D1688847

Der Staat im Recht

Festschrift für Eckart Klein
zum 70. Geburtstag

Schriften zum Öffentlichen Recht

Band 1232

Foto: K. Fritze

Der Staat im Recht

Festschrift für Eckart Klein
zum 70. Geburtstag

Herausgegeben von

Marten Breuer
Astrid Epiney
Andreas Haratsch
Stefanie Schmahl
Norman Weiß

Duncker & Humblot · Berlin

Bibliografische Information der Deutschen Nationalbibliothek

Die Deutsche Nationalbibliothek verzeichnet diese Publikation in
der Deutschen Nationalbibliografie; detaillierte bibliografische Daten
sind im Internet über http://dnb.d-nb.de abrufbar.

Alle Rechte vorbehalten
© 2013 Duncker & Humblot GmbH, Berlin
Fremddatenübernahme: Konrad Triltsch GmbH, Ochsenfurt
Druck: AZ Druck und Datentechnik GmbH, Berlin
Printed in Germany

ISSN 0582-0200
ISBN 978-3-428-13738-1 (Print)
ISBN 978-3-428-53738-9 (E-Book)
ISBN 978-3-428-83738-0 (Print & E-Book)

Gedruckt auf alterungsbeständigem (säurefreiem) Papier
entsprechend ISO 9706 ♾

Internet: http://www.duncker-humblot.de

Vorwort

Die Herausgeber ehren mit dieser Festschrift Eckart Klein zu seinem 70. Geburtstag. Sie und die breite Autorenschar zollen dem Wissenschaftler Respekt und erweisen dem Menschen ihre Reverenz. Sie alle vereint die Hoffnung, dem Jubilar mit dieser Festschrift eine Freude zu bereiten.

Eckart Klein hat sich als Wissenschaftler dem Öffentlichen Recht in seiner ganzen Bandbreite gewidmet, wenngleich die Tätigkeit am Heidelberger Max-Planck-Institut für ausländisches öffentliches Recht und Völkerrecht (1968–1971 und 1976–1981) und die Zeit als wissenschaftlicher Mitarbeiter am Bundesverfassungsgericht (1974–1976) seine Interessen nachhaltig geprägt und fokussiert haben. Wichtige Themen seiner Publikationstätigkeit während seiner gesamten wissenschaftlichen Laufbahn sind dementsprechend das Verfassungsprozessrecht, das allgemeine Völkerrecht, das Recht der internationalen Organisationen und der internationale Menschenrechtsschutz.

Nach der Heidelberger und Karlsruher Zeit wirkte Eckart Klein in Mainz (1981–1994), wo er seine Beschäftigung mit der deutschen Frage intensivierte und am Wiedervereinigungsgebot des Grundgesetzes auch dann festhielt, als dies in der öffentlichen Wahrnehmung zu einer randständigen Position zu werden drohte. Als freiheitsliebenden Patrioten freilich konnten ihn die Lage der Deutschen in der DDR und die Teilung Deutschlands nicht ungerührt lassen. Dementsprechend hat er sich nach dem Fall der Mauer und der Vereinigung frühzeitig in den neuen Bundesländern engagiert und wechselte schließlich an die Universität Potsdam (1994–2008). Hier gründete er auch das MenschenRechtsZentrum der Universität Potsdam, dem er während dieser Zeit (ab 2001 gemeinsam mit Christoph Menke) als Direktor vorstand.

Der Jurist Eckart Klein ergänzte seine Tätigkeit als Hochschullehrer durch die Wahrnehmung von Richterämtern an den Oberverwaltungsgerichten in Koblenz (1984–1994) und Frankfurt/Oder (1995–2001) sowie am Staatsgerichtshof der Freien Hansestadt Bremen (1995–2011). Außerdem war er Mitglied des Menschenrechtsausschusses der Vereinten Nationen (1995–2003) und wirkte mehrfach als deutscher Ad-hoc-Richter an Verfahren vor dem Europäischen Gerichtshof für Menschenrechte mit. Aktivitäten für die Deutsche Forschungsgemeinschaft, im Rahmen der akademischen Selbstverwaltung und in wissenschaftlichen Vereinigungen sind ebenso zu erwähnen wie Politikberatung und Gutachtertätigkeiten.

Dass bei alldem die akademische Lehre nicht zu kurz kam, war für Eckart Klein oberstes Gebot. Wer ihn als Student im Hörsaal erleben durfte, weiß, wie motivierend die von ihm aufrichtig verkörperte Verbindung von Pflichtbewusstsein, Kenntnisreichtum und Begeisterung für die Sache gewirkt hat. Seine Beliebtheit als Hochschullehrer lässt sich auch daran ablesen, dass er nicht nur an seinen Heimatuniversitäten unterrichtete, sondern auch in Paris, Szeged und Miami gefragt war und ist.

Eine staatliche Ordnung, deren Funktionsfähigkeit gesichert ist, um ihre Aufgaben nach innen und außen effektiv zu erfüllen, steht im Mittelpunkt seines wissenschaftlichen Wirkens. Der Staat im Recht – getragen vom und gebunden durch das Recht, orientiert an Gemeinwohl und Individualrechten gleichermaßen – ist Gegenstand und Ziel des Rechtswissenschaftlers Eckart Klein.

Schüler und Weggefährten haben in dieser Festschrift Beiträge aus den Bereichen des Völkerrechts, des Europarechts und des nationalen Rechts versammelt, um die Position des Staates im Recht aus unterschiedlichen Blickwinkeln auszuloten. Sie alle danken Eckart Klein für wissenschaftliche Begegnung und persönliche Gespräche. Die herausgebenden Schüler fügen den ganz besonderen Dank an den akademischen Lehrer hinzu, der Vorbild war und ist.

Marten Breuer
Astrid Epiney
Andreas Haratsch
Stefanie Schmahl
Norman Weiß

Inhaltsverzeichnis

A. Staatsrecht

Heinz Joachim Bonk
  Betrachtungen zum Staatshaftungsrecht in Deutschland 17

Christian Calliess
  Eigentumsrechtlicher Bestandsschutz und staatliche Genehmigung: Was man
  hat, das hat man? 37

Thomas Giegerich
  The German Federal Constitutional Court's Misguided Attempts to Guard the
  European Guardians in Luxemburg and Strasbourg 49

Rolf Grawert
  Vom Staat zur Demokratie. Eine staatstheoretische Skizze 65

Andreas Haratsch
  Das Integrationsstaatsprinzip des Grundgesetzes 79

Stephan Hobe
  Grundrechtsbindung der Streitkräfte im Ausland? – Zugleich Vorüberlegungen
  zu einem Streitkräfte-Entsendegesetz 95

Peter M. Huber
  Rolle der Verfassungsgerichte in der europäischen Integration – Die Karlsruher
  Perspektive 111

Norbert Janz
  Koste es, was es wolle?! – Zum Stand der Akkreditierung an den Branden-
  burger Hochschulen 127

Daniel-Erasmus Khan
  Der Staat im Unrecht: Luftsicherheit und Menschenwürde 143

Paul Kirchhof
  Annäherung an das Recht 157

Hans Hugo Klein
  Staatsminister Goethe und das Grundgesetz des Großherzogtums Sachsen-Weimar-Eisenach vom 5. Mai 1816 177

David Kretzmer
  The State of Israel in its Legal Dimension: The Constitutional Debate 203

Wolfgang Loschelder
  Und nun: Islamische Theologische Fakultäten an staatlichen Universitäten? – Kritische Fragen zu einem fragwürdigen Projekt 217

Dietrich Murswiek
  Die inhaltslose Gesetzesvorlage 229

Andreas Musil
  Steuergerechtigkeit im Verfassungsstaat. Über die Bedeutung der Grundrechte im Steuerrecht 237

Reinhard Mußgnug
  Das Mehrheitsprinzip 249

Michael Nierhaus
  Rechtsprobleme des Rücktritts des Bundespräsidenten 259

Esin Örücü
  Constructing a legal system without its history: the Turkish experience 275

Dietrich Rauschning
  Verfassungspflicht zur Befolgung völkerrechtlicher Verträge 287

Alfred Rinken
  Schuldenbremse und Landesverfassung 305

Michael Sachs
  Zur Bedeutung der Menschenrechtsgarantien der EMRK für das deutsche (Verfassungs-)Recht 321

Carola Schulze
  Minderheitenschutz und Minderheitenrechte in der Bundesrepublik Deutschland 335

Christian Walter
  Grundrechtliche und rechtsstaatliche Bindungen der Bundeswehr beim Einsatz im Ausland 351

Norman Weiß
  Der Rechtsstaat im Risiko 365

Heinrich Amadeus Wolff
  Die europäisierte deutsche Verfassung 385

B. Prozessrecht

Michael Dawin
  Aufhebung der Ernennung eines Beamten bei Vereitelung oder Missachtung eines gerichtlichen Ernennungsverbots. Ein erster Schritt der Rechtsprechung zur Rückführung des beamtenrechtlichen Konkurrentenrechtsschutzes in das Rechtsschutzsystem der VwGO 399

Matthias Dombert
  Am Beispiel des kommunalen Finanzausgleichs: Gedanken zur Bestimmung der verfassungsgerichtlichen Beschwerdebefugnis 411

Oliver Klein
  Das Bundesverfassungsgericht als gesetzlicher Richter – Gefährdungen „von innen" 425

Christoph Menke
  Privatrecht, Klagerecht, Grundrecht. Zur Einheit der modernen Rechtsidee ... 439

Wolf-Rüdiger Schenke
  Die Überprüfung fachgerichtlicher Entscheidungen durch das Bundesverfassungsgericht 453

Thorsten Ingo Schmidt
  Der Anspruch auf Entschädigung wegen unangemessener Verfahrensdauer und die Verzögerungsbeschwerde 485

C. Unionsrecht

Andreas von Arnauld
  „Unions(ergänzungs)völkerrecht". Zur unions- und verfassungsrechtlichen Einbindung völkerrechtlicher Instrumente differenzierter Integration 509

Wolf-Rüdiger Bub und *Frank Glienicke*
  Informationsinteressen der deutschen Finanzämter im Konflikt mit dem Recht der Niederlassungsfreiheit inländischer Kreditinstitute und ihrer unselbständigen Zweigstellen im europäischen Ausland am Beispiel Österreichs. Zu den Grenzen des § 33 Abs. 1 ErbStG aus unionsrechtlicher Sicht 527

Astrid Epiney
  Zur Gewährleistung von „Homogenität" in Verträgen der EU mit Drittstaaten unter besonderer Berücksichtigung der Bilateralen Abkommen Schweiz – EU 541

Christine Langenfeld
Einwanderungssteuerung im Spannungsfeld zwischen nationalem und europäischem Recht – Was bleibt vom Gestaltungsrecht des Gesetzgebers? 553

Werner Meng
Die „Dienste von allgemeinem wirtschaftlichen Interesse" – ein Problem der Normenklarheit im EU-Recht 569

Martin Nettesheim
Der Schuldentilgungsfonds: Rechtliche Rahmenbedingungen eines umstrittenen Instruments zur Eurorettung 603

Matthias Pechstein
Die Kodifizierung der AETR-Rechtsprechung durch den Vertrag von Lissabon 619

Walter Rudolf
Datenschutz und Europa 633

Matthias Ruffert
Die organisatorische Pluralität der EU 643

Torsten Stein
Der Beitritt der Europäischen Union zur EMRK im Hinblick auf mögliche Konsequenzen für die Gemeinsame Außen- und Sicherheitspolitik 655

Klaus Stern
Die Charta der Grundrechte der Europäischen Union vor und nach Lissabon 669

Rudolf Streinz
EU und EMRK: Beitritt ermöglicht, aber nicht leicht gemacht. Probleme des Beitritts der Europäischen Union zur Europäischen Menschenrechtskonvention nach dem Vertrag von Lissabon 687

Dirk A. Verse
Kapitalverkehrsfreiheit, VW-Gesetz und VW-Satzung – eine unendliche Geschichte? 701

D. Völkerrecht

Hartmut Bauer und *Kai-Holmger Kretschmer*
Das Völkerrecht als Referenzgebiet für eine Allgemeine Vertragsrechtslehre . 727

Marten Breuer
Souveränität in der Staatengemeinschaft 747

Oliver Dörr
Völkerrechtliche Deliktsansprüche Privater – auf der Grundlage und in den Grenzen einer völkerrechtlichen Schutznormlehre 765

Robin Geiß
Der Menschenrechtsrat der Vereinten Nationen. Eine Standortbestimmung nach Abschluss des „Review"-Prozesses 783

Markus Kotzur
Der Rechtsstaat im Völkerrecht 797

Heike Krieger
Der Einfluss der Menschenrechte auf den Rechtsetzungsprozess im humanitären Völkerrecht: Das Beispiel der kriegerischen Repressalie 811

Karin Oellers-Frahm
Der Staat im Völkerrecht 823

Stefan Ulrich Pieper
Staatenimmunität – eine Bestandsaufnahme 839

Stefanie Schmahl
Deutschland und die Vereinten Nationen: Zwischen staatlicher Souveränität und multilateraler Kooperation 861

Meinhard Schröder
Die Völkerrechtsdoktrin im Nationalsozialismus. Rückblick nach 80 Jahren .. 885

Gerd Seidel
Souveräne Gleichheit und faktische Ungleichheit der Staaten 897

Daniel Thürer
Demokratie und Völkerrecht – eine schweizerische Perspektive zu einer komplexen Beziehung 913

Christian Tomuschat
Positive Duties under General International Law 923

Robert Uerpmann-Wittzack
Rechtsfortbildung durch Europaratsrecht 939

Andreas Zimmermann
Zuständigkeit des Internationalen Gerichtshofs und Treaty Bodies 953

E. Menschenrechte

Nisuke Ando
Reservation to the International Covenant on Civil and Political Rights and the Human Rights Committee: Personal Experience of its former Member 977

Rudolf Bernhardt
Der Europäische Menschenrechtsschutz in Gefahren 985

Ulrich Beyerlin
Access of indigenous peoples to natural resources from a human rights perspective 993

Michael Bothe
Tatsachenfeststellung (Fact-finding) als Mittel der Durchsetzung von Menschenrechten und humanitärem Völkerrecht 1007

K. Peter Fritzsche
Menschenrechtskultur – Zwischen Vision und Wissenschaft 1041

Jochen A. Frowein
Is the European Court of Human Rights in the danger of overreaching? 1053

Christoph Grabenwarter
„Third Parties" im Verfahren vor dem Europäischen Gerichtshof für Menschenrechte 1057

Kay Hailbronner
Deutsche, Ausländer, Gastarbeiter, Flüchtlinge, Migranten, ausländische Mitbürger – Überlegungen zur Entwicklung der Menschenrechte im Ausländerrecht 1067

Josef Isensee
Die heikle Weltherrschaft der Menschenrechte. Zur Dialektik ihrer Universalität 1085

Markus Krajewski
Menschenrechtliche Anforderungen an Investitionsgarantien der Bundesrepublik Deutschland 1113

Dieter Kugelmann
Die Meinungs- und Pressefreiheit des Art. 10 EMRK und die Bildung von Kategorien und Fallgruppen 1127

Hans-Werner Laubinger
Das Streikverbot für Beamte unter dem Anpassungsdruck des Europarechts .. 1141

Georg Lohmann
　Menschenrechte zwischen Verfassung und Völkerrecht 1175

Claudia Mahler
　Endlich gleichberechtigt – die Anerkennung der Justiziabilität von wirtschaftlichen, sozialen und kulturellen Rechten! 1189

Angelika Nußberger
　Die Verantwortung des Staates für das Handeln Dritter auf der Grundlage der Europäischen Konvention für Menschenrechte 1203

Roza Pati
　The Categorical Imperative to End Modern-Day Slavery: Subsidiarity, Privatization, and the State's Duty to Protect 1219

Arnd Pollmann
　Heimkehr aus der Sklaverei. Der Schriftsteller Hermann Broch als vergessener Vordenker des völkerrechtlichen Zusammenhangs von Menschenrechten und Menschenwürde 1235

Georg Ress
　Statusvertragliche Interpretationsprobleme der EMRK beim Dayton-Peace Agreement 1253

Dagmar Richter
　Die Verteidigung tradierter Identitätsräume als Schranke der Religionsfreiheit 1263

Eibe Riedel
　Global Human Rights Protection at the Crossroads: Strengthening or Reforming the System 1289

Yuval Shany
　The Effectiveness of the Human Rights Committee and the Treaty Body Reform 1307

Dominik Steiger
　Menschenrechtliche Bestrafungspflichten: Inhalt und Einfluss auf das Weltrechtsprinzip sowie die Immunität *ratione materiae* 1325

Wolfgang Graf Vitzthum
　« L'homme ne doit pas faire de l'homme un esclave! ». Les droits de l'homme dans les débats des intellectuels européens émigrés aux Etats-Unis 1345

Siegfried Wiessner
　The State and Indigenous Peoples: The Historic Significance of ILA Resolution No. 5/2012 1357

Rüdiger Wolfrum
  The Freedom of Religion: New, or Not so New, Challenges 1369

Schriftenverzeichnis von Prof. Dr. iur. utr. Eckart Klein 1379

Autorenverzeichnis 1403

A. Staatsrecht

Betrachtungen zum Staatshaftungsrecht in Deutschland

Von *Heinz Joachim Bonk*

I. Ausgangslage

Vor rund 30 Jahren ist die Reform des Staatshaftungsrechts gescheitert. Denn das nach langen Beratungen im Gesetzgebungsverfahren schließlich ohne gleichzeitige Grundgesetzänderung zustande gekommene Staatshaftungsgesetz vom 26. Juni 1981[1] wurde auf die Klage mehrerer Bundesländer vom Bundesverfassungsgericht mit Urteil vom 19. Oktober 1982[2] wegen damals fehlender Gesetzgebungskompetenz des Bundes für dieses Gesetz für nichtig erklärt. Im Jahr 1994 wurden sodann Art. 74 Abs. 1 Nr. 25 und Abs. 2 in das Grundgesetz neu eingefügt, durch die der Bund eine – an die Zustimmung des Bundesrats geknüpfte – konkurrierende Gesetzgebungszuständigkeit für dieses Rechtsgebiet erhielt. Die frühere Kompetenzunklarheit ist damit beseitigt: Gleichwohl gibt es seitdem trotz einiger zögerlicher Bemühungen in Bund und Ländern[3] zum Staatshaftungsrecht bisher weder ein Gesetz noch einen Gesetzentwurf auf Bundesebene. Ersichtlich ist es zumal in Zeiten knapper öffentlicher Kassen nicht möglich, einen neuen Gesetzentwurf für das Staatshaftungsrecht in das Gesetzgebungsverfahren zu bringen, der heutigem Rechtsverständnis entspricht und trotzdem möglichst „kostenneutral" ist.

Diese langjährige Abstinenz des Gesetzgebers ist an sich überraschend. Denn in Deutschland haben sonst die strengen rechtsstaatlichen Anforderungen des Vorrangs und Vorbehalts des Gesetzes sowie die Gebote der Vollständigkeit, Klarheit und Bestimmtheit von Normen zur nahezu völligen und detaillierten gesetzlichen Durchnormierung bis in Kleinigkeiten in nahezu allen Lebensbereichen geführt. Das Staatshaftungsrecht ist demgegenüber nach wie vor nur teilweise und uneinheitlich gesetzlich geregelt, es beruht auf unterschiedlichen Grundvorstellungen und besteht aus einem komplizierten Nebeneinander von Europa-, Verfassungs-, Gesetzes-, Gewohnheits- und Richterrecht. Die Rechtsprechung hat die bestehenden Lücken

---

[1] BGBl I S. 556. Vgl. dazu die Gesetzentwürfe der Bundesregierung zur Änderung des GG (zu Art. 34) und für ein Staatshaftungsgesetz aus dem Jahr 1978, BT-Drs. 8/2079 und 8/2080. Zu den Grundsatzüberlegungen vgl. *H. J. Vogel*, DVBl. 1978, 657.

[2] Vgl. BVerfGE 61, 149 ff.

[3] Nachweise bei *H.-J. Bonk*, in: M. Sachs (Hrsg.), GG, 6. Aufl. 2011, Art. 34 Rn. 13 ff. Der Koalitionsvertrag von 2009 enthält im Abschnitt „Rechtspolitik" den knappen Satz „Wir wollen das Staatshaftungsrecht kodifizieren und gerecht ausgestalten".

und Ungereimtheiten im Wege richterlicher Rechtsfortbildung zwar behelfsmäßig geschlossen, das Staatshaftungsrecht bleibt aber normatives Defizitgebiet.

Das Thema ist auch deshalb aktuell, weil die nationale Rechtsordnung zunehmend vom Europarecht beeinflusst und überlagert wird, was auch in der Rechtsprechung des Europäischen Gerichtshofs in Luxemburg und des Menschenrechtsgerichtshofs in Straßburg zum Ausdruck kommt. Daher stellt sich auch hier die sonst bedeutsame Frage nach dem Verhältnis zwischen dem deutschen und dem europäischen Recht.

Nachfolgend sollen jedenfalls einige grundsätzliche Aspekte des gegenwärtigen Zustands des Staatshaftungsrechts näher betrachtet werden.

II. Begriff und Bedeutung des Staatshaftungsrechts

1. Begriff

Der Begriff „Staatshaftungsrecht" ist nicht mit dem Amtshaftungsrecht des § 839 BGB identisch, denn er umfasst auch die damit in engem sachlichen Zusammenhang stehenden geschriebenen und richterrechtlichen Institute der öffentlich-rechtlichen Ersatz- und Ausgleichsleistungen im weiteren Sinne. Da der in Art. 74 Abs. 1 Nr. 25 GG n.F. ausdrücklich genannte Begriff an das gescheiterte Staatshaftungsgesetz von 1981 anknüpft, entspricht der grundgesetzliche Kompetenzbegriff – in Anknüpfung und Konkretisierung des Art. 34 GG (hierzu nachfolgend) – im Wesentlichen dem im StHG 1981 enthalten gewesenen, über § 839 BGB hinausgehendem Regelungsbereich.[4] Er erstreckt sich daher auf alle Staatsgewalten der Legislative, Exekutive und Judikative von Bund, Ländern und Kommunen, soweit sie öffentlich-rechtlich tätig sind und zur öffentlichen Gewalt i.S. von Art. 19 Abs. 4 GG gerechnet werden. Er umfasst die Haftung, also Einstandspflicht und Verantwortlichkeit für rechtswidriges bürgerschädigendes Handeln oder Unterlassen der staatlichen Organe und Organwalter unabhängig davon, ob es schuldhaft erfolgte oder nicht. Auch die im Zusammenhang mit § 839 BGB richterrechtlich entwickelten Haftungsinstitute des enteignenden und enteignungsgleichen Eingriffs sowie der Aufopferung und der Folgenbeseitigung gehören dazu, ebenso die Haftung des Staates aus öffentlich-rechtlichen Vertrags- und sonstigen Schuldverhältnissen sowie des sog. Plangewährleistungsanspruchs und der öffentlich-rechtliche Gefährdungshaftung (zu alledem nachfolgend VI.).

---

[4] H.M., vgl. etwa *S. Oeter*, in: H. v. Mangoldt/F. Klein/C. Starck (Hrsg.), GG, 6. Aufl. 2010, Art. 74 Rn. 213 ff.; *C. Degenhart*, in: Sachs (Fn. 3), Art. 74 Rn. 106 ff.; *H. D. Jarass/B. Pieroth*, GG, 12. Aufl. 2012, Art. 74 Rn. 71; *I. v. Münch/P. Kunig*, GG, 6. Aufl. 2012, Art. 74 Rn. 108.

2. Zentrale Bedeutung des Art. 34 GG

Art. 34 GG ist die zentrale Verfassungsnorm für die Haftung des Staates für sein fehlsames, insbesondere rechtswidriges und bürgerschädigendes Handeln. Die Regelung hat bei verfassungskonformer Auslegung und Anwendung mehrfache rechtliche Bedeutung:

a) Als Regelung im Abschnitt „Bund und Länder" erzeugt er zunächst unmittelbare Bindungswirkungen für alle staatlichen Ebenen von Bund, Ländern und Kommunen. Die dort gewährleistete grundsätzliche Haftung des Staates für pflichtwidriges und einem Dritten gegenüber bestehendes Organ- und Organwalterhandeln ist eine Institutsgarantie. Sie stellt eine Mindestgarantie der Haftung des Staates dar, die er – gemessen an § 839 BGB – überschreiten, aber nicht unterschreiten darf.[5] Art. 34 S. 1 GG enthält ein grundrechtsähnliches Recht für die Betroffenen und kann mit Hilfe der Verfassungsbeschwerde verfolgt werden.[6]

b) Art. 34 S. 1 GG wird vielfach – unter Berücksichtigung der historischen Entwicklung – als bloße „Schuldübernahmenorm" auf den Staat für eine durch § 839 BGB begründete Haftung für die zivilrechtliche Schuld eines Dritten („Beamten") ausgelegt. Damit wird aber der eigenständige öffentlich-rechtliche Gehalt des Art. 34 GG als Bestandteil nunmehr des öffentlichen Rechts[7] relativiert, denn eine Verfassungsnorm darf nicht allein am Maßstab einer – zumal vor dem Grundgesetz erlassenen – zivilrechtlichen einfachgesetzlichen Regelung gemessen und inhaltlich danach bestimmt werden. Art. 34 GG begründet nach Wortlaut und Sinn selbst eine unmittelbare grundsätzliche Verantwortlichkeit des Staates für fehlsam ausgeübte öffentliche Gewalt eines Organwalters und ist damit die Anspruchsgrundlage für die Haftung des Staates bei drittgerichteten Pflichtverletzungen. § 839 BGB und die anderen Staatshaftungsinstitute sind wichtige „Ausführungsgesetze", die sich daher im Rahmen der Verfassung halten müssen und verfassungskonform auszulegen und anzuwenden sind.[8]

c) Art. 34 GG ist gleichzeitig als Konkretisierung des Rechtsstaatsprinzips zu verstehen,[9] denn dieses und das Verhältnismäßigkeitsprinzip gebieten, dass ein von öffentlicher Gewalt rechtswidrig Geschädigter nicht grundsätzlich ohne jedwede Kompensation in Geld oder durch sonstigen Schadensausgleich bleiben darf, wenn die einem Dritten gegenüber bestehende Rechtspflicht verletzt wurde. Das ist zugleich

---

[5] Vgl. BVerfGE 61, 149 (199); BVerfG (K) NVwZ 1998, 272.

[6] Vgl. BVerfGE 86, 6 (12); *T. v. Danwitz*, in: v. Mangoldt/Klein/Starck (Fn. 4), Art. 34 Rn. 39; *H.-J. Papier*, in: T. Maunz/G. Dürig, GG, Art. 34 Rn. 87 (64. EL Januar 2009); *K. Stern*, Staatsrecht III/1, 1988, 1378; *Jarass/Pieroth* (Fn. 4), Art. 34 Rn. 1, 2; *S. Pieper*, in: B. Schmidt-Bleibtreu/H. Hofmann/A. Hopfauf (Hrsg.), GG, 12. Aufl. 2011, Art. 34 Rn. 2.

[7] So ausdrücklich BVerfGE 61, 149 (176).

[8] Vgl. BVerfGE 61, 149 (199).

[9] So inzwischen h.M., vgl. etwa *Papier* (Fn. 6), Art. 34 Rn. 12; *J. Wieland*, in: H. Dreier (Hrsg.), GG, 2. Aufl. 2007, Art. 34 Rn. 22; *v. Danwitz* (Fn. 6), Art. 34 Rn. 40; *F. Ossenbühl*, Staatshaftungsrecht, 5. Aufl. 1998, S. 9.

ein allgemeiner Rechtsgrundsatz auch des Gemeinschaftsrechts.[10] Das entspricht ferner deutscher Rechtstradition seit Art. 74, 75 EinlALR von 1794 mit dem gewohnheitsrechtlich anerkannten Aufopferungsgedanken, wonach derjenige, der seine wohl erworbenen und anerkannten individuellen Rechte im Interesse des Allgemeinwohls „aufzuopfern genötigt wird", grundsätzlich nicht ohne jedwede Kompensation bleiben darf, wobei das Ausmaß der Einstands- und Ausgleichspflicht von der Intensität, Schwere und Zumutbarkeit des Eingriffs und der verletzten Rechtsgüter abhängt (dazu noch III.).

d) Da Art. 34 GG nur „grundsätzlich" eine Verantwortlichkeit des Staates für Rechtspflichtverletzungen gegenüber Dritten gewährleistet, kann bei begründeten Ausnahmefällen davon unter Berücksichtigung des Verhältnismäßigkeitsprinzips gesetzlich abgewichen werden.[11] Das ist derzeit vor allem bei sog. Gebührenbeamten – etwa Notaren (§ 19 BNotO) – der Fall, weil sie zwar Aufgaben der öffentlichen Gewalt wahrnehmen, aber dafür Gebühren erheben und behalten dürfen. Die Eigenhaftung ist dann dafür das angemessene Äquivalent.[12]

e) Art. 34 Satz 2 GG enthält eine Rechtswegzuweisung an die ordentlichen Gerichte. Diese Regelung ist nur historisch zu verstehen. Bei der Reform des Staatshaftungsrechts sollte Art. 34 GG neu gefasst und durch eine allgemeine Rechtsweggewährleistung ersetzt werden. Auf dieser Grundlage sollten der primäre und sekundäre Rechtsschutz zusammengefasst werden, so dass in der Regel die Verwaltungsgerichte auch für Staatshaftungsstreitigkeiten zuständig geworden wären. Die dafür erforderliche Änderung des Art. 34 Satz 2 GG ist schon vor 30 Jahren nicht zustande gekommen. Auch danach haben sich Justizministerkonferenzen mehrfach mit dem Thema befasst.[13] Es ist bisher nicht erkennbar, dass Rechtswegänderungen ernsthaft bevorstehen.

f) Die Staatshaftung gehört zum sog. sekundären Rechtsschutz. Unberührt davon bleibt der durch Art. 19 Abs. 4 GG gewährleistete subjektive primäre Rechtsschutz gegen Akte der öffentlichen Gewalt. Das gilt auch im Staatshaftungsrecht: Sofern und soweit ein Schaden daher durch zumutbaren Gebrauch eines Rechtsbehelfs gegen die den Schaden verursachende öffentliche Gewalt abgewendet werden kann, muss der Betroffene davon in zumutbarer Weise Gebrauch machen. Das kommt schon in § 839 Abs. 3 BGB zum Ausdruck und ist als allgemeiner Rechtsgrundsatz sowohl vom Bundesverfassungsgericht[14] als auch vom EuGH[15] anerkannt. Auch der BGH hat seine früher gegenteilige Auffassung von der Fortgeltung des Satzes „dulde und liquidiere" inzwischen in ständiger Rechtsprechung aufgegeben.[16]

---

[10] Vgl. EuGH, Rs. C-470/03, A.G.M.-COS.MET, Slg. 2007 I-2749, Rn. 77 ff., 94.

[11] Vgl. etwa BVerfGE 61, 149 (199); BGHZ 62, 372 (377); 99, 62 (64); 162, 49 (62).

[12] Vgl. BGHZ 135, 354 (356).

[13] Nachweise bei *Bonk* (Fn. 3), Art. 34 Rn. 13 ff.

[14] Vgl. BVerfGE 58, 300 (322).

[15] Vgl. EuGH, Rs. C-445/06, Danske Slagterier, 2009 I-2119, Rn. 60 ff.

[16] Vgl. BGHZ 90, 17 (31); 113, 17.

Unter welchen Umständen und inwieweit einem Betroffenen der Verweis auf primären Rechtsschutz zumutbar ist, hängt von den Umständen des Einzelfalls ab.[17] Der BGH prüft dieses Merkmal einzelfallbezogen auch unter dem Aspekt des Mitverschuldens.[18]

III. Einzelne Staatshaftungsinstitute

Das Staatshaftungsrecht besteht aus verschiedenen Anspruchsgrundlagen und ist nur teilweise gesetzlich geregelt. Zur Lückenschließung haben sich deshalb neben der Amtshaftung verschiedene Haftungsinstitute im Wege richterlicher Rechtsfortbildung entwickelt. Gerade dieses unklare Nebeneinander von Verfassungs-, Gesetzes-, Gewohnheits- und Richterrecht im Staatshaftungsrecht sollte mit der früher geplanten gesetzlichen Neuregelung beseitigt werden. Gerade weil die Rechtsprechung nach dem Scheitern der Reformbemühungen das nur lückenhaft und uneinheitlich geregelte Staatshaftungsrecht anhand von Einzelfällen zu einem judikativen Ersatzsystem fortentwickelt, soll – ohne Anspruch auf Vollständigkeit – jedenfalls auf einige rechtssystematisch wichtige Punkte der einzelnen Haftungsinstitute schlagwortartig eingegangen werden.

1. Amtshaftung

Das praktisch wichtigste Staatshaftungsinstitut war und ist die Haftung wegen Amtspflichtverletzung nach § 839 BGB i.V.m. Art. 34 GG.

a) Schon das Zusammenspiel von Art. 34 GG mit § 839 BGB zeigt die nur historisch zu erklärende systematische Ungereimtheit der Konstruktion der sog. Amtshaftung als auf den Staat übergeleitete zivilrechtliche Eigenhaftung des „Beamten". Gerade dies sollte mit § 1 Abs. 1 StHG 1981 beseitigt werden.[19] Im *Ergebnis* bestehen zwischen mittelbarer und unmittelbarer Staatshaftung zwar keine Unterschiede, aber die öffentlich-rechtliche Konstruktion ist systemgerechter, denn das Staatshaftungsrecht als Teil des öffentlichen Rechts lässt eine unterschiedliche Behandlung des Organwalterhandelns im primären und sekundären Rechtsschutz nicht zu.[20]

b) Die Amtshaftung des § 839 BGB ist – als beamtenschützende Norm konstruiert – subsidiär und verschuldensabhängig. Beide Merkmale hat die Rechtsprechung mit Recht eng ausgelegt: Aus dem Beamtenprivileg des § 839 Abs. 1 S. 2 BGB darf kein Fiskalprivileg werden.[21] Die Verschuldenserfordernisse bestimmen sich nach der Rechtsprechung – ebenfalls zu Recht – nicht nach den individuellen Kenntnissen

---

[17] Zu Verjährungsfragen bei unionsrechtlichen Staatshaftungsansprüchen vgl. etwa BGH NVwZ 2007, 362, 365 Nr. 23; *C. Dörr*, EuZW 2012, 86.

[18] Übersicht etwa bei *H. Sprau*, in: O. Palandt, BGB, 71. Aufl. 2012, § 839 Rn. 68 ff. m.w.N.

[19] Die Regelung lautete: „Verletzt die öffentliche Gewalt jemanden in seinen Rechten, so haftet ihr Träger nach den Vorschriften dieses Gesetzes."

[20] Vgl. BVerfGE 61, 149 (176).

[21] Vgl. etwa BGHZ 37, 375 (377); 42, 176 (181); 113, 164 (166); 120, 124 (125).

und Fähigkeiten der zuständigen Bediensteten, sondern nach objektiv erforderlichen und beschaffbaren Kenntnissen und Fähigkeiten eines gut qualifizierten Durchschnittsbediensteten einer sachgerecht organisierten Behörde.[22] Die Amtshaftung ist daher – wie im primären Rechtsschutz – bereits jetzt mit Recht weitgehend entindividualisiert und verobjektiviert.

c) Die Frage einer Amtshaftung ist ferner nach § 839 BGB davon abhängig, dass die einem Dritten gegenüber bestehende „Amts"-pflicht (besser: Rechtspflicht im Außenverhältnis) verletzt wurde. Dieser notwendige Drittbezug einer verletzten Norm ist Tatbestandsvoraussetzung auch nach Art. 34 Satz 1 GG. Das BVerfG hat dieses Merkmal in seinem Grundsatzurteil vom 19. Oktober 1982[23] unbeanstandet gelassen und die Zulassung einer reinen Kausal- und Rechtswidrigkeitshaftung für verfassungsrechtlich möglich, aber nicht für zwingend erachtet.

Die Prüfung, ob eine einem Dritten gegenüber obliegende, im Außenverhältnis bestehende Rechtspflicht verletzt wurde, führt in der Praxis zu einer umfangreichen Kasuistik, weil in jedem Fall in jedem Rechtsgebiet bei jeder einschlägigen Normverletzung der notwendige Drittbezug gesondert zu prüfen ist.[24] Auch die Rechtsprechung des EuGH zur Haftung wegen Verletzung von Gemeinschafts-(Unions-)recht kennt dieses Merkmal, stellt aber geringere Anforderungen an den Drittbezug (dazu nachfolgend V.).

d) Bei der Amtshaftung spielt bisher überwiegend die Frage nach den Voraussetzungen für einen Schadensersatz bei Eingriffen in vermögenswerte Rechte eine Rolle. In letzter Zeit ist die Frage nach der Bedeutung der Amtshaftung bei nichtvermögenswerten Rechten in den Vordergrund gerückt.

Das LG Frankfurt hat – im Anschluss an ein Urteil des Europäischen Gerichtshofs für Menschenrechte vom 1. Juni 2010[25] im Fall Gäfgen – in seinem den gleichen Kläger betreffenden Urteil vom 4. August 2011[26] unter Berufung auf den BGH[27] entschieden, dass ein auf Geld gehender Amtshaftungsanspruch nach § 839 BGB auch bei einer schwer wiegenden Verletzung der Menschenwürde (Art. 1 Abs. 1 GG, Art. 3 EMRK) und des aus Art. 1 und 2 Abs. 1 GG hergeleiteten Persönlichkeitsrechts in Betracht kommen kann. Dieser Entscheidung ist bei den rechtlichen Obersätzen im Grundsatz zuzustimmen. Auf einem anderen Blatt steht allerdings, ob die Subsumtion des LG Frankfurt im konkreten Fall zwingend ist. Das Ergebnis ist jedenfalls ersichtlich von der Vorentscheidung des Menschenrechtsgerichtshofs beein-

---

[22] St. Rspr., etwa BGHZ 106, 323 (329); 117, 240 (249).
[23] Vgl. BVerfGE 61, 149 ff.
[24] Nachweise aus der umfangreichen Rechtsprechung etwa bei *H.-J. Papier*, in: Münch-Komm-BGB., 5. Aufl. 2009, § 839 Rn. 227 ff.; *Sprau* (Fn. 18), § 839 Rn. 43 ff., 91 ff.
[25] EGMR (GK), Gäfgen ./. Deutschland, Nr. 22978/05, EuGRZ 2010, 417.
[26] Beck RS 2011, 21493; bestätigt durch OLG Frankfurt vom 10.10.2012 – 1 U 201/11 –.
[27] BGH NJW 2005, 58 (59).

flusst. Wegen Entschädigungsansprüchen auf der Grundlage von Art. 5 Abs. 5 EMRK und/oder § 7 StrEG vgl. nachfolgend zu 6.[28]

e) Umstritten ist nach wie vor die Staatshaftung für legislatives und sonstiges normatives Unrecht. Nach der bisherigen Rechtsprechung des BGH besteht beim Erlass von Normen grundsätzlich keine – wie von § 839 BGB und Art. 34 GG vorausgesetzt – personale Drittgerichtetheit, weil sich Normen als abstrakte und generelle Regelungen grundsätzlich nur an die Allgemeinheit und damit einen abstrakten Normadressatenkreis richten, so dass sich hiervon kein von ihm geschützter individualisierbarer spezieller Personenkreis unterscheiden lasse. Dies bejaht der BGH in der Regel bei als Satzung erlassenen Bebauungsplänen[29] sowie bei sog. Maßnahme-, Einpersonen- und Einzelfallgesetzen, weil hier der notwendige konkretisierbare Drittbezug der Rechtspflichten gegenüber bestimmten Normadressaten im Regelfall anerkannt wird.[30] In der Literatur[31] werden die Differenzierungsmerkmale des BGH teilweise kritisiert, weil die strenge Unterscheidbarkeit zwischen abstrakten Normen, konkreten Normadressaten und speziell geschützten Personenkreisen nicht für machbar und überzeugend gehalten wird. Erkennbar ist die von der Rechtsprechung des BGH praktizierte strenge Prüfung auch davon geleitet, eine ausufernde Staatshaftung zu vermeiden, denn diese ist auch nach der Rechtsprechung des BVerfG[32] auf der Grundlage von Art. 34 GG keine reine Rechtswidrigkeits- und Kausalhaftung, sondern eine davon zu unterscheidende Pflichtwidrigkeitshaftung bei Verletzung von Normen mit personalem Drittbezug. Auch der EuGH[33] vermeidet pauschale Formeln und nimmt im Rahmen der von ihm geforderten Einzelfallprüfung des „qualifizierten" Rechtsverstoßes eine ähnliche Prüfung vor, bei der aber die Umstände des Einzelfalls stärker berücksichtigt werden können (vgl. nachfolgend VI.). Insgesamt bleibt die Haftung für normatives Unrecht auch wegen der EuGH-Rechtsprechung weiterhin ein Dauerthema.

f) Für die Haftung bei judikativem Unrecht enthält § 839 Abs. 2 BGB eine Sonderregelung. Danach besteht eine Staatshaftung bei einem „Urteil in einer Rechtssache" nur dann, wenn die Pflichtverletzung in einer Straftat besteht. Hierzu gab es bis vor einiger Zeit kaum eine substanzielle Grundsatzdiskussion[34], weil die Regelung des § 839 Abs. 2 Satz 1 und 2 BGB die notwendige Differenzierung zwischen der privilegierten Richterspruchtätigkeit und dem sonstigen Justizhandeln ermöglichte. Geschützt werden soll mit § 839 Abs. 2 BGB nicht der Spruchrichter als Person, son-

---

[28] Hierzu auch OLG Naumburg NVwZ-RR 2012, 366.

[29] Vgl. etwa BGHZ 84, 292 (300); 94, 34 (51); 106, 323 (331); 108, 224 (227); 142, 259 (268).

[30] Vgl. etwa BGHZ 56, 40 (46); 84, 292 (299); 87, 321 (335); 102, 350 (367); 134, 30 (32).

[31] Zusammenstellung dazu etwa bei *H. Maurer*, Allgemeines Verwaltungsrecht, 18. Aufl. 2011, § 25 Rn. 51 ff.

[32] Vgl. BVerfGE 61, 149 ff.

[33] Hierzu etwa *Dörr*, EuZW 2012, 86.

[34] Zusammenfassend die Habilitationsschrift von *M. Breuer*, Staatshaftung für judikatives Unrecht, 2011, 750 Seiten (mit internationalem Rechtsvergleich).

dern sein Arbeitsprodukt, nämlich die rechtskraftfähige und streitbeendende richterliche Entscheidung. Daher enthält die Norm kein (subjektives) Spruchrichterprivileg, sondern ein (objektives) Richterspruchprivileg, weil nicht ein Berufsstand geschützt werden soll, sondern der erstrebte Rechtsfrieden infolge einer rechtskräftigen Entscheidung eines Gerichts.[35] Damit soll die erneute Aufrollung von Prozessen auf dem Umweg über einen Amtshaftungsprozess verhindert werden.

Die Regelung des § 839 Abs. 2 BGB hat der EuGH in seinen Urteilen vom 30. September 2003 und 13. Juni 2006[36] modifiziert und eine Staatshaftung auch bei einer offenkundig gegen Gemeinschafts-(Unions-)recht verstoßenden höchstrichterlichen Entscheidung für möglich erachtet. Damit soll ersichtlich im Gemeinschaftsinteresse verhindert werden, dass die Rechtsprechung des EuGH durch die höchstrichterliche Rechtsprechung der Einzelstaaten ignoriert und konterkariert wird. Der BGH hat die Vorgaben des EuGH flexibel umgesetzt.[37]

2. Folgenbeseitigungsanspruch

Auch der Folgenbeseitigungsanspruch i. e. S. ist ein richterrechtliches Haftungsinstitut, das vor allem vom Bundesverwaltungsgericht entwickelt wurde.[38] Er dient der Schließung einer Lücke, die vor allem deshalb entstanden war, weil der BGH den Kompensationsanspruch bei Amtspflichtverletzungen in st. Rechtsprechung mit der Begründung auf reinen Geldersatz beschränkt, ein Beamter könne als Privatperson keine Amtshandlung erbringen, daher sei – nicht recht überzeugend – nur Geldzahlung zulässig, nicht aber eine Realhandlung.[39]

Dieser richterrechtliche Folgenbeseitigungsanspruch geht primär nicht auf Geld, sondern auf Wiederherstellung tatsächlicher Zustände, die vor dem rechtswidrigen Eingriff in das betroffene Rechtsgut bestanden. Er ist verschuldensunabhängig und setzt voraus, dass die Wiederherstellung rechtlich zulässig und tatsächlich möglich ist. Nur ausnahmsweise kann auch die zusätzliche Zahlung eines Geldbetrags in

---

[35] Vgl. BGHZ 10, 55 (60); 50, 14 (19); 64, 347 (349), 155, 306 (308); *S. Detterbeck/K. Windthorst/H. D. Sproll,* Staatshaftungsrecht, 2000, § 10 Rn. 36 ff.; *Bonk* (Fn. 3), Art. 34 Rn. 93, 94.

[36] Vgl. EuGH, Rs. C-224/01, Köbler, Slg. 2003, I-10239 und Rs. C-173/03„ Traghetti, Slg. 2006, I-5177; hierzu etwa *W. Kluth,* DVBl. 2004, 393; *A. Epiney,* NVwZ 2004, 1067; *L. Rademacher,* NVwZ 2004, 1415; *S. Storr,* DÖV 2004, 545.

[37] Vgl. hierzu die Nachweise bei *Breuer* (Fn. 34), 485 ff.

[38] Vgl. BVerwGE 28, 155; 69, 366; 82, 76; 94, 100; 112, 308; *F. Schoch,* VerwArch 79 (1988), 1. Es gibt daneben den vom BSozG entwickelten sog. sozialrechtlichen Herstellungsanspruch, der auch die faktische Korrektur von Sozialleistungsbescheiden ermöglicht, vgl. etwa BSozGE 49, 78; 50, 12; 63, 112; 65, 21; 73, 19; ablehnend BVerwG NJW 1997, 2966; BVerwGE 140, 103 für das Verwaltungsrecht im Hinblick auf §§ 48, 49 VwVfG.

[39] St. Rspr seit BGHZ 34, 99. Außerhalb der Amtshaftung erkennt der BGH den Folgenbeseitigungsanspruch an, vgl. etwa BGHZ 183, 35 Nr. 21.

Betracht kommen. Eine der Rechtsprechung entsprechende Regelung war auch im § 3 StHG 1981 vorgesehen.

Zum Folgenbeseitigungsanspruch i.w.S. gehören auch öffentliche Willenserklärungen und Äußerungen, etwa die Richtigstellung oder Unterlassung amtlicher Äußerungen und öffentlicher Warnungen.[40] Die Rechtsprechung zu diesem Bereich hat wegen des hohen Stellenwerts des Persönlichkeitsschutzes und den vielfältigen Abwägungserfordernissen widerstreitender öffentlicher und privater Interessen besondere Bedeutung. Eine rechtsystematische Zuordnung dieses Persönlichkeitsschutzes und die Klärung des Verhältnisses zum Staatshaftungsrecht stehen noch aus.

3. Enteignung, enteignender und enteignungsgleicher Eingriff

a) Entschädigung bei Enteignung

Die Entschädigung bei einer unter den Voraussetzungen des Art. 14 Abs. 3 Satz 1 und 2 GG zulässigen Enteignung ist ein besonders geregelter Fall der Aufopferung.[41] Sie gehört zur Staatshaftung im weiteren Sinne. Denn Wesensmerkmal der Enteignung ist ein zum Wohl der Allgemeinheit erfolgender, den Geboten der Verhältnismäßigkeit entsprechender und damit hoheitlicher rechtmäßiger Zugriff auf fremdes Eigentum, der verbunden ist mit einer vollständigen oder teilweisen Entziehung eines bereits vorhandenen konkreten, von der Rechtsordnung anerkannten vermögenswerten privaten oder öffentlichen Rechts[42]. Dazu sind viele hier nicht darstellbare Einzelheiten umstritten und Gegenstand einer umfangreichen Judikatur, etwa die Abgrenzung zwischen entschädigungslos hinzunehmender zulässiger Inhalts- und Schrankenbestimmung des Eigentums und einer darüber hinausgehenden entschädigungspflichtigen unzumutbaren bzw. schweren Sonderbelastung einzelner Personen.

Liegt eine entschädigungspflichtige Enteignung vor, so sind nach der Junktimklausel des Art. 14 Abs. 3 Satz 2 und 3 GG auf der Rechtsfolgenseite Art und Ausmaß der Entschädigung zu regeln und unter gerechter Abwägung der Interessen der Allgemeinheit und der Beteiligten zu bestimmen. Dabei hat der Gesetzgeber einen relativ weiten Einschätzungs- und Gestaltungsspielraum, so dass die zulässige Skala vom vollen Wertersatz wie bei §§ 85 ff. BauGB bis zu einer deutlich darunter liegenden Entschädigungsleistung reichen kann.[43]

---

[40] Vgl. hierzu etwa BVerfGE 105, 252 (268); BVerwGE 71, 183 (198); OVG Münster NVwZ 2012, 767.

[41] Vgl. BGHZ 90, 17; 91, 20.

[42] Vgl. etwa BVerfGE 58, 300 (331 ff.); 70, 191 (199); 79, 174 (191); 102, 1 (15); 104, 1 (9).

[43] Vgl. die Nachweise aus der Rechtsprechung etwa bei *O. Depenheuer*, in: v. Mangoldt/Klein/Starck (Fn. 4), Art. 14 Rn. 443 ff.; *R. Wendt*, in: Sachs (Fn. 3), Art. 14 Rn. 166 ff.; *Jarass/Pieroth* (Fn. 4), Art. 14 Rn. 6 ff., 35 ff., 69 ff.

b) Entschädigung bei enteignendem Eingriff

Der sog. enteignende Eingriff ist eine Schöpfung des BGH. Die Entschädigung betrifft vor allem solche Fälle, in denen Privatpersonen durch „an sich" rechtmäßige, vom Staat veranlasste und über eine längere Zeit andauernde Bau- und Infrastrukturmaßnahmen wirtschaftlich erheblich betroffen werden, etwa durch Bauarbeiten an öffentlichen Straßen. Die Maßnahme muss in eine Eigentumsposition i.S. des Art. 14 GG unmittelbar eingreifen und die Schwelle des enteignungsrechtlich Zumutbaren überschreiten und den Betroffenen ein Sonderopfer auferlegen.[44] Strukturell handelt es sich dabei nicht um rechtswidrige Akte, sondern um die atypische und ungewollte, aber unausweichliche Nebenwirkung eines an sich rechtmäßigen Handelns, bei dem es auf rechtswidriges und schuldhaftes Verhalten bei Planung und Ablauf nicht ankommt.

Eine Entschädigungspflicht setzt voraus, dass die Beeinträchtigungen nach Art, Dauer und Intensität so nachhaltig sind, dass sie für den Betroffenen ein besonderes, anderen nicht zugemutetes Sonderopfer bedeuten und die Schwelle der Sozialbindung des Eigentums und der Zumutbarkeit überschreiten. Wann das der Fall ist, hängt von den Umständen des Einzelfalls ab und ist Gegenstand einer umfangreichen Rechtsprechung.

Die Frage, ob der BGH mit seiner Rechtsprechung die Grenze zulässiger Rechtsfortbildung überschritten hat, war früher aufgrund der Nassauskiesungsentscheidung des BVerfG[45] umstritten. Der BGH hat das Institut als solches aufrecht erhalten, aber in Übereinstimmung mit dem BVerfG von Art. 14 GG abgekoppelt und die Entschädigungspflicht mit Recht aus dem richterrechtlich fortgebildeten Aufopferungsanspruch hergeleitet, weil auch hier eine vermögenswerte Rechtsposition zugunsten der Allgemeinheit „aufgeopfert" und abgenötigt wurde.[46]

c) Entschädigung bei enteignungsgleichem Eingriff

Auch das Institut des sog. enteignungsgleichen Eingriffs ist eine zur Lückenschließung entwickelte Schöpfung des BGH. Sie wurde im Wege eines Erst-recht-Schlusses bei Eigentumsverletzungen i.S. von Art. 14 GG entwickelt, in denen rechtswidrig, aber schuldlos gehandelt wurde, so dass dann eine Amtshaftung ausschied. Denn wenn – so der BGH – für rechtswidrig schuldhafte hoheitliche Eingriffe in ein vermögenswertes Recht von Art. 14 GG eine Kompensationspflicht nach § 839 BGB bestand, muss dies „erst recht" bei rechtswidrig schuldloser Tätigkeit gelten.[47] Auch diesen Anspruch hat der BGH inzwischen von Art. 14 GG abgekoppelt und

---

[44] Vgl. etwa BGHZ 80, 111 (114 ff.); 100, 136 (144); 117, 240 (252); 125, 258 (264); 129, 124 (134); 166, 37 (41).
[45] Vgl. BVerfGE 58, 300.
[46] Vgl. BGHZ 91, 20; 92, 34; 110, 12.
[47] Grundlegend BGHZ 32, 208.

seine Wurzeln mit Recht im Aufopferungsgedanken gesehen.[48] Dieses richterlich geschaffene Institut sollte durch § 14 Abs. 3 StHG 1981 anerkannt werden und eine normative Grundlage erhalten.

Ein Anspruch aus enteignungsgleichem Eingriff setzt voraus, dass rechtswidrig in eine durch Art. 14 GG geschützte Rechtsposition von hoher Hand unmittelbar eingegriffen wird, die hoheitliche Maßnahme eine wesentliche Beeinträchtigung des Eigentums bewirkt und dem Betroffenen ein andern nicht zugemutetes (Sonder-)Opfer für die Allgemeinheit auferlegt.[49] Auch hier ist im Einzelfall zu entscheiden, ob noch eine zulässige und entschädigungslos hinzunehmende Inhalts- und Schrankenbestimmung des Eigentums vorliegt oder ob diese Grenze überschritten ist und dem Geschädigten ein darüber hinausgehendes unzumutbares Sonderopfer abverlangt wird. Ob diese Voraussetzungen vorliegen, ist vom Einzelfall abhängig und Gegenstand einer umfangreichen Judikatur.

d) Subsidiarität

Weil die Haftungsinstitute des enteignenden und enteignungsgleichen Eingriffs vom BGH im Wege richterlicher Rechtsschöpfung und Rechtsfortbildung zur Schließung sonst bestehender Haftungslücken entwickelt wurden, gelten sie nur subsidiär. Sie treten zurück, wenn anderweitige gesetzliche Regelungen bestehen, die eine Schadenskompensation vorsehen.

Solche Regelungen bestehen etwa in §§ 42, 43 BImSchG und den einschlägigen Rechtsverordnungen, wonach bei Überschreitung bestimmter Lärmgrenzwerte Schutzvorkehrungen und/oder Entschädigungsleistungen gefordert werden können. Auch die Regelungen über den Anspruch für Betroffene auf aktive und passive Schutzvorkehrungen, Anlagen und Geldsurrogate in Planfeststellungsverfahren etwa bei Bahnanlagen, Straßen oder Flughäfen auf der Grundlage von § 74 Abs. 2 VwVfG[50] von Bund und Ländern sind von den Betroffenen vorrangig in Anspruch zu nehmen und können zu einem Anspruchsverlust führen, wenn sie nicht oder nicht rechtzeitig geltend gemacht wurden.

4. Aufopferungsanspruch im engeren Sinne

Der allgemeine Aufopferungsanspruch geht zurück auf Art. 74, 75 EinlALR. Dort ist eine Duldungspflicht für alle staatlichen Maßnahmen ohne Begrenzung auf bestimmte Rechtsgüter angeordnet, die für das gemeine Wohl zu erbringen („aufzuopfern") sind. Zugleich besteht aber dafür eine grundsätzliche Entschädigungspflicht.

---

[48] Vgl. BGHZ 90, 17 (30, 31).
[49] Vgl. etwa BGHZ 100, 136 (145); 102, 350 (359); 132, 181 (188); 170, 260 Rn. 33.
[50] Hierzu im Einzelnen etwa *F. Kopp/U. Ramsauer*, VwVfG, 13. Aufl. 2012, § 74 Rn. 96 ff.; *H. J. Bonk/W. Neumann*, in: P. Stelkens/H. J. Bonk/M. Sachs, VwVfG, 8. Aufl. 2013, § 74 Rn. 164 ff.

Diese gewohnheitsrechtliche Aufopferung i.w.S. ist der Oberbegriff für Eingriffe in vermögenswerte Rechte i.S. von Art. 14 GG, sie umfasst nach diesem Ursprung aber auch nichtvermögenswerte Rechte i.S. von Art. 1 und Art. 2 Abs. 2 GG.

Da die Enteignung eine spezielle Form der Aufopferung im weiteren Sinne ist und sich rechtlich als Institut verselbstständigt hat, bezieht sich die Aufopferung im engeren Sinne nach heutigem Verständnis auf Eingriffe in nichtvermögensrechtliche Rechte. Art. 74, 75 EinlALR sind in der Rechtsprechung und Literatur als ungeschriebener Bestandteil des Bundesrechts und somit als bundesweit geltendes Gewohnheitsrecht anerkannt. Voraussetzung für einen solchen Anspruch ist a) ein unmittelbarer hoheitlicher Eingriff in nichtvermögenswerte Rechte und b) ein für den Betroffenen unzumutbares Sonderopfer.[51]

Auch der Aufopferungsanspruch in seiner richterrechtlichen Ausprägung hat subsidiäre Wirkung und tritt zurück, sofern und soweit spezialgesetzliche Regelungen vorhanden sind.

5. Sonstiger Persönlichkeitsschutz

a) Für Eingriffe in nichtvermögenswerte Rechte gibt es eine Reihe von Vorschriften im Bundes- und Landesrecht, mit denen der allgemeine Rechtsgrundsatz der Aufopferung konkretisiert ist. Zu nennen ist etwa das Strafverfolgungsentschädigungsgesetz (StrEG), in dem eine Kompensationspflicht für bestimmte Strafverfolgungs- und Strafvollstreckungsmaßnahmen angeordnet ist. Für Impfschäden sehen etwa §§ 51 ff. BSeuchG unter bestimmten Voraussetzungen Entschädigungsregelungen vor. Zu nennen sind ferner die landesrechtlichen Regelungen über die Entschädigungspflicht für sog. polizeiliche Nichtstörer sowie § 51 BGSG.

Auch die Entschädigungsansprüche nach Art. 5 Abs. 5 EMRK sind von zunehmender Bedeutung, zumal der Europäische Gerichtshof für Menschenrechte in Straßburg nach Art. 41 EMRK Geschädigten selbst Entschädigungsansprüche zubilligen kann.[52]

In Deutschland gibt es seit kurzer Zeit ferner nach § 198 GVG n.F. unter bestimmten Voraussetzungen einen Entschädigungsanspruch in Geld bei überlangen Gerichtsverfahren. Dies ist ein staatshaftungsrechtlicher Anspruch sui generis; er schließt einen Amtshaftungsanspruch nach § 839 BGB nicht von vornherein aus.[53]

b) Im StHG 1981 war – als einer der wichtigsten Punkte der geplanten Neuregelung – in § 2 Abs. 2 eine Staatshaftung für alle rechtswidrigen Eingriffe in alle

---

[51] Vgl. etwa grundlegend BGHZ 9, 83 – Impfschaden – ; 45, 58 (81); 65, 196 (205); 90, 17; 91, 20; *Maurer* (Fn. 31), § 26 Rn. 1 ff. m.w.N.

[52] Vgl. BGHZ 45, 58 (81); *E. Klein/M. Breuer*, in: H.-T. Soergel, BGB, 13. Aufl. 2005, Anhang zu § 839 Rn. 450 ff.; vgl. auch OLG Naumburg NVwZ-RR 2012, 366.

[53] Vgl. BGH NJW 2011, 873; *C. Althammer/D. Schäuble*, NJW 2012, 5; *W.-R. Schenke*, NVwZ 2012, 257 (260); *R. Zuck*, NVwZ 2012, 205.

Grundrechte vorgesehen.[54] Das wurde und wird teilweise auch in der Literatur gefordert[55] und ist an sich angesichts der heutigen rechtlichen und praktischen Bedeutung der Grund- und Menschenrechte auch konsequent. Gleichwohl war § 2 Abs. 2 StHG 1981 in der Vergangenheit ein wesentlicher Grund für den Widerstand gegen die Reform des Staatshaftungsrechts, weil die finanziellen Folgen vor allem für die Länder und Kommunen nicht absehbar und quantifizierbar waren. Daran hat sich ersichtlich bis heute nichts geändert. Auch in der Rechtsprechung ist bisher ein solcher allgemeiner Anspruch auf Entschädigung bei jedweder Rechtswidrigkeit nicht anerkannt.[56] Die Rechtsprechung hat insbesondere eine Ausdehnung der Entschädigungsregelung des Art. 14 GG auf Art. 12 GG abgelehnt.[57]

Die Rechtsprechung gewährt immerhin seit längerer Zeit einen unmittelbaren Schutz im Bereich des Persönlichkeitsschutzes (Art. 2 Abs. 2 GG) vor allem bei unrichtigen Tatsachenbehauptungen auch durch Schadensersatz in Geld sowie durch Unterlassungs-, Widerrufs-, Richtigstellungs- und Beseitigungsansprüche.[58] Das gleiche gilt bei Verletzungen der Menschenwürde nach Art. 1 Abs. 1 GG.[59] Damit wird jedenfalls teilweise die fehlende gesetzliche Regelung zur Haftung bei rechtswidrigen Grundrechtseingriffen kompensiert. Eine systematische Aufarbeitung dieses wichtigen Komplexes steht hier aber noch aus.

6. Öffentlich-rechtliche Vertrags- und sonstige Schuldverhältnisse

Eine Staatshaftung im weiteren Sinne besteht auch bei öffentlich-rechtlichen Vertrags- und sonstigen Schuldverhältnissen, wenn der öffentlich-rechtliche Rechtsträger seine Pflichten nicht erfüllt.

a) Bei öffentlich-rechtlichen Verträgen im engeren Sinne der §§ 54 ff. VwVfG verweist § 62 Satz 2 VwVfG auf die ergänzende und entsprechende Anwendung des BGB. Daher sind auch alle wesentlichen zivilrechtlichen schuldrechtlichen Haftungsvorschriften anwendbar, ebenso die allgemeinen Institute der culpa in contrahendo und der positiven Vertragsverletzung.[60]

---

[54] § 2 Abs. 2 StHG 1981 lautete: „Besteht die Pflichtverletzung in einem rechtswidrigen Grundrechtseingriff, so ist der Schaden auch bei Beachtung der nach Absatz 1 erforderlichen Sorgfalt in Geld zu ersetzen". Hierzu *Vogel*, DVBl. 1978, 657 ff.

[55] Vgl. die Nachweise bei *Maurer* (Fn. 31), § 26 Rn. 106, § 27 Rn. 3 ff.

[56] Vgl. BGHZ 132, 181 (188); BGH NVwZ-RR 2000, 744; *E. Rinne/W. Schlick*, NVwZ 1997, 34 (42).

[57] Vgl. etwa BGHZ 111, 349 (352 ff.); 132, 181 (188), bestätigt durch BVerfG (K) NVwZ 1998, 271.

[58] Vgl. etwa BGH NJW 1996, 985 – Caroline-Urteil, BGHZ 161, 33; zusammenfassend *Maurer* (Fn. 31), § 26 Rn. 106 m.w.N.

[59] Vgl. die Nachweise in Fn. 25 f.

[60] Zu näheren Einzelheiten vgl. *Bonk/Neumann* (Fn. 50), § 62 Rn. 45 ff. m.w.N.

b) Öffentlich-rechtliche (sog. einseitige) Schuldverhältnisse im weiteren Sinne entstehen dort, wo zwischen einem Träger öffentlicher Gewalt und Privatpersonen besonders enge Beziehungen entstehen, die es rechtfertigen, auf sie im Interesse gleichmäßiger Lastentragung die schuldrechtlichen Vorschriften des BGB entsprechend anzuwenden. Das ist etwa der Fall bei der öffentlich-rechtlichen Anstaltsnutzung, der öffentlich-rechtlichen Verwahrung (§§ 688 ff. BGB), der öffentlich-rechtlichen Geschäftsführung ohne Auftrag (§§ 677 ff. BGB) und bei der öffentlich-rechtlichen Erstattung, auf die auch §§ 812 ff. BGB mit Modifikationen entsprechend anwendbar sind.[61] Diese Bereiche haben beachtliche praktische Bedeutung.

7. Öffentlich-rechtliche Gefährdungshaftung

Hierbei handelt es sich um die Frage, wann für Schaffung, Betrieb und Unterhaltung von Gefahrenlagen durch sog. gefährliche Gerätschaften, Betriebe und Anlagen eine Haftung unabhängig von Rechtswidrigkeit und Verschulden eingreifen soll. Für eine solche sog. Gefährdungshaftung gibt es in der Rechtsordnung einige spezialgesetzliche Vorschriften, etwa in § 833 BGB, § 7 StVG, §§ 1, 2 HaftPflG, § 33 LuftVG, § 22 WHG, § 25 AtomG a.F., § 32 GentechnikG, § 1 UmweltHaftG. Diese Vorschriften treffen jeden Inhaber bzw. Betreiber einer solchen Einrichtung oder Anlage, auch den Staat. Dabei ist es unerheblich, ob Einrichtung, Betrieb und Unterhaltung solcher Anlagen den Staat oder Private trifft und ob im Außenverhältnis zivilrechtlich oder öffentlich-rechtlich gehandelt wird.

Eine darüber hinausgehende allgemeine Gefährdungshaftung des Staates unabhängig von Rechtswidrigkeit und Verschulden zur Abwendung und Kompensation allgemeiner Lebensrisiken besteht – von den grundrechtlichen Schutzpflichten abgesehen – nicht.[62]

8. Plangewährleistungsanspruch

Auch der sog. Plangewährleistungsanspruch gehört zur Staatshaftung im weiteren Sinne. Bei ihm geht es um die spezielle Konstellation vor allem im Bauplanungsrecht, wenn und soweit der Staat insbesondere im Kommunalbereich durch sein vorangegangenes hoheitliches Verhalten bestimmte Vertrauenstatbestände gesetzt hat, die Privatrechtssubjekte zu bestimmten Vermögensdispositionen veranlasst haben, das entstandene Vertrauen auf den Fortbestand und die Gültigkeit der Planung in der Folgezeit aber enttäuscht wurde. Hierfür enthalten §§ 39 ff. BauGB spezialgesetzliche Regelungen, mit denen unter bestimmten Umständen das Vertrauen in den Fortbestand und die Gültigkeit der kommunalen Planung geschützt und ein gerechter Interessenausgleich zwischen den Beteiligten erreicht werden soll.

---

[61] Vgl. *Bonk*, in: Sachs (Fn. 3), Art. 34 Rn. 48 ff. m.w.N.

[62] Vgl. etwa BGHZ 102, 350 – Waldschäden –; zu grundrechtlichen Schutzpflichten vgl. etwa *Jarass/Pieroth* (Fn. 4), vor Art. 1 Rn. 6 f.; *Sachs*, in: ders. (Fn. 3), vor Art. 1 Rn. 35 ff. m.w.N.

Rechtssystematisch handelt es sich dabei um einen staatshaftungsrechtlichen Anspruch sui generis. Er kann nicht aus dem Aufopferungsgedanken abgeleitet werden, weil die (Vor-)Leistungen der Privatpersonen vom Staat nicht abgefordert wurden, sondern tendenziell freiwillig und mit einem Schuss Spekulation auf eigenes Risiko erbracht wurden. Weitergehende Ansprüche bedürfen spezialgesetzlicher Regelungen.

9. Fazit

Eine Gesamtbetrachtung der vorgenannten Staatshaftungsinstitute macht deutlich, dass es ein sich geschlossenes gesetzliches Staatshaftungs-„System" auf einheitlicher Rechtsgrundlage nicht gibt. Die wenigen gesetzlichen und die richterrechtlich entwickelten Anspruchsgrundlagen werden den Anforderungen der verfassungsrechtlichen Prinzipien nach Bestimmtheit, Klarheit und Vollständigkeit der einschlägigen Rechtsnormen nur unzureichend gerecht. Insofern wäre die Schaffung einheitlicher und klarer Rechtsgrundlagen durch ein umfassendes Gesetz in der Tat ein rechtsstaatlicher Gewinn, wenn nicht sogar rechtsstaatlich geboten.

Andererseits bestehen auch bei dem derzeitigen Rechtszustand keine wesentlichen Haftungsdefizite, weil die Rechtsprechung die bestehenden normativen Lücken durch eine Rechtsfortbildung mit Augenmaß im Wesentlichen sachgerecht geschlossen hat. Allerdings ist dieses Richterrecht kein hinreichender Ersatz für zeitgemäße gesetzliche Regelungen. Das Staatshaftungsrecht bleibt rechtsnormatives Defizitgebiet.

IV. Mitgliedstaatliche Staatshaftung nach Gemeinschafts-(Unions)recht

Auch im Staatshaftungsrecht spielt das Gemeinschaftsrecht – nach dem Lissabon-Vertrag als Unionsrecht zu bezeichnen – eine zunehmende Rolle. Das Kernproblem besteht hier in der Frage, ob und unter welchen Voraussetzungen, in welchen Verfahren und in welchem Umfang Staatshaftungsansprüche im Staat-Bürger-Verhältnis bestehen, wenn das Gemeinschafts-(Unions)recht von den Mitgliedstaaten durch deren nationale Stellen verletzt wurde. Denn das EU-Recht als eigenständige Rechtsordnung bindet alle Staatsgewalten und hat im Rahmen seines Geltungsbereichs auch im Staatshaftungsrecht Anwendungsvorrang vor dem nationalen Recht.[63]

1. Rechtsgrundlagen und Tatbestandsmerkmale der Haftung der Mitgliedstaaten

Bei der Frage nach einer Haftung für Verstoß gegen EU-Recht sind zwei Bereiche zu unterscheiden: a) die Eigenhaftung der Union bei eigenen Rechtsverstößen, b) die Haftung der Mitgliedstaaten bei Verstößen gegen Gemeinschafts-(Unions)recht im

---

[63] Zum Lissabon-Vertrag vgl. BVerfGE 123, 267; zur Ultra-vires-Kontrolle vgl. BVerfGE 126, 286.

Staat-Bürger-Verhältnis. Nur um diesen zweiten Bereich geht es hier. Diese Frage ist von praktischer Bedeutung, weil die nationale Rechtsordnung zunehmend in immer mehr Bereichen vom europäischen Recht überlagert wird und Anwendungsvorrang vor nationalem Recht genießt.

Für die Haftung der Mitgliedstaaten wegen Verstoßes gegen primäres und sekundäres Gemeinschafts-(Unions)recht fehlt – anders als bei der Eigenhaftung nach Art. 340 AEUV (= Art. 288 EGV) – eine ausdrückliche vertragliche Regelung.

Der EuGH hat hierzu seit 1991 in ständiger Rechtsprechung im Wege richterlicher Rechtsschöpfung und Rechtsfortbildung aus dem Gemeinschaftsrecht allgemeine (europäische) Rechtsgrundsätze der Staatshaftung entwickelt und dabei auf die vorhandenen Regelungen über die Eigenhaftung der Union nach Art. 288 EGV (= 340 AEUV) zurückgegriffen.[64] Getragen ist diese – in Deutschland anfangs kritisierte[65] – Rechtsprechung von dem Kerngedanken, dass die Anwendung und Umsetzung von Gemeinschafts-(Unions)recht nicht im freien Belieben der Mitgliedstaaten und ihrer Organe stehen darf, sondern als bindendes Recht strikt anzuwenden ist und nicht praktisch unmöglich gemacht oder übermäßig erschwert werden darf. Die Haftung der Mitgliedstaaten im Staat-Bürger-Verhältnis ist daher auch ein effektives Mittel zur Durchsetzung und Wahrung des sie bindenden Gemeinschafts-(Unions)rechts.

Der EuGH hat eine Staatshaftung wegen Verstoßes gegen Gemeinschaftsrecht seit den Grundsatzentscheidungen Francovich und Brasserie du Pêcheur[66] unter drei kumulativ zu erfüllenden Voraussetzungen bejaht:

a) Es ist eine Rechtsnorm des Gemeinschaftsrechts verletzt worden, die die Verleihung von Rechten an den Einzelnen bezweckt; b) der Verstoß ist hinreichend qualifiziert, c) zwischen der Verletzung und dem entstandenen Schaden besteht ein unmittelbarer Kausalzusammenhang.

Diese Vorgaben enthalten überwiegend Kriterien, die der deutschen Rechtsordnung nicht völlig fremd, sondern aus ihr teilweise sogar übernommen sind. Da der Rechtsprechung des EuGH richtlinienähnlicher Charakter[67] zukommt, ist auch der BGH an die Vorgaben des EuGH in seiner Rechtsprechung gebunden. Sie sind nach der Rechtsprechung des EuGH im Rahmen des nationalen Haftungsrechts zu beheben und dürfen unter Berücksichtigung der Grundsätze der Gleichwertigkeit

---

[64] Grundlegend EuGH, verb. Rs. C-6/90 und C-9/90, Francovich, Slg. 1991 I-5357; EuGH, verb. Rs. C-46/93 und C-48/93, Brasserie du Pêcheur, Slg. 1996 I-1029; ferner etwa EuGH, Rs. C-424/97, Haim, Slg. 2000 I-5123, Rn. 36; Rs. C-470/03, A.G.M.-COS.MET, Slg. 2007 I-2749, Rn. 77 ff.; Rs. C-445/06, Danske Slagterier, 2009 I-2119; instruktiv *Detterbeck/Windthorst/Sproll* (Fn. 35), § 6; *W. Frenz/V. Götzkes*, JA 2009, 759; *Dörr*, EuZW 2012, 86.

[65] Vgl. hierzu etwa die Nachweise bei *v. Danwitz* (Fn. 6), Art. 34 Rn. 138 ff.; *Detterbeck/Windthorst/Sproll* (Fn. 35), § 6.

[66] Vgl. die Nachweise Fn. 64.

[67] So mit Recht *E. Klein*, in: Soergel (Fn. 52), Anhang zu § 839 Rn. 435.

und Effektivität nicht hinter dem vom EuGH vorgegebenen Standard zurückbleiben.[68]

Zu a): Erste Anspruchsvoraussetzung ist eine Verletzung von Gemeinschafts-(Unions)recht. Wer den Verstoß auf nationaler Ebene begeht, ist nach der Rechtsprechung des EuGH unerheblich. Es gehören dazu also die Legislative, die Exekutive und die Judikative. Verstöße der Legislative können in einer Nicht-, Spät- oder Schlechtumsetzung von Richtlinien als sekundäres Gemeinschaftsrecht liegen, ebenso in einem Verstoß gegen Primärrecht, etwa wenn der Gesetzgeber nationales Recht nicht ändert oder anpasst und Gemeinschaftsrecht entgegensteht. Die verletzte gemeinschaftsrechtliche Norm kann zum primären oder sekundären Recht gehören, durch aktives Tun oder pflichtwidriges Unterlassen geschehen, ferner geschrieben sein oder zu den ungeschriebenen allgemeinen Rechtsgrundsätzen gehören.

Es ist nicht erforderlich, dass die verletzte Norm dem Einzelnen bereits ein Recht verliehen hat; es genügt, wenn die Norm die Gewährung eines Rechts nur bezweckt. Ein subjektives Recht im Sinne deutscher Dogmatik wird nicht verlangt. Es genügt jedes vom Gemeinschafts-(Unions)recht geschützte individuelle Interesse. Der Kreis der begünstigten Personen muss nicht abgrenzbar sein und sich auch nicht von der Allgemeinheit unterscheiden, so dass sich eine Individualbegünstigung auch auf eine Gesamtheit bestimmter Personen beziehen kann. Insoweit will der EuGH bei der Haftung für normatives Unrecht ersichtlich großzügiger sein als der BGH außerhalb von Einzelfall- und Maßnahmegesetzen. Die Rechtsprechung hierzu ist im Fluss.

Zu b): Zweite Voraussetzung ist ein „hinreichend qualifizierter" Rechtsverstoß gegen Gemeinschafts-(Unions)recht. Dafür reicht – ähnlich wie bei den Folgen eines Verstoßes gegen ein gesetzliches Verbot i.S. von §134 BGB im öffentlichen Recht[69] – nicht jedwede unerhebliche formale Rechtswidrigkeit gegen Gemeinschaftsrecht für eine Staatshaftung aus. Hinreichend qualifiziert ist der Verstoß eines Mitgliedstaats gegen gemeinschaftsrechtliche Vorgaben vor allem erst dann, wenn seine Befugnisse offenkundig und erheblich überschritten wurden.[70] Wann das der Fall ist, obliegt einer Einzelfallprüfung. Zu berücksichtigen ist nach der Rechtsprechung des EuGH bei der Entscheidung insbesondere[71] das mehr oder weniger große Maß an Klarheit und Genauigkeit der verletzten Norm, der mehr oder weniger große oder kleine Umfang eines Ermessensspielraums für diese oder jene Entscheidung, aber auch die Frage eines Verschuldens und einer vorsätzlichen Schädigung. Bei einem etwaigen Rechtsirrtums kann berücksichtigt werden, ob eine ver-

---

[68] Vgl. EuGH, verb. Rs. C-46/93 und C-48/93, Brasserie du Pêcheur, Slg. 1996 I-1029, Rn. 51; Rs. C-127/95, Norbrook Laboratories, Slg. 1998 I-1531, Rn. 107.

[69] Vgl. etwa BVerwGE 89, 7 (10); 92, 56 (63); 98, 58 (63); *Stelkens/Bonk/Sachs* (Fn. 50), § 59 Rn. 49 ff.; *Kopp/Ramsauer* (Fn. 50), § 59 Rn. 9 ff., jeweils m.w.N.

[70] Vgl. EuGH, verb. Rs. C-46/93 und C-48/93, Brasserie du Pêcheur, Slg. 1996 I-1029, Rn. 55; Rs. C-470/03, A.G.M.-COS.MET, Slg. 2007 I-2749, Rn. 80.

[71] Einzelnachweise bei *Frenz/Götzkes*, JA 2009, 759; *Dörr*, EuZW 2012, 86.

tretene Rechtsauffassung in gutem Glauben vorgenommen wurde und vertretbar ist, etwa bei unklarer Rechtsprechung auch des EuGH selbst. Das gleiche gilt bei einer etwaigen Mitverursachung des Rechtsverstoßes durch das Verhalten eines Gemeinschaftsorgans. Das individuelle Verschulden eines speziellen Bediensteten darf aber nicht zur Voraussetzung einer Haftung gemacht werden.[72]

Es liegt auf der Hand, dass diese Kriterien einerseits ziemlich weich und flexibel sind, so dass sie Spielräume für angemessene nationale Interpretationen und Entscheidungen auch bei Fällen der Haftung für normatives Unrecht eröffnen. Andererseits führen sie dazu, dass damit auch einer ausufernden europaweiten Haftung der Mitgliedstaaten entgegengewirkt werden kann. Auch hier sind die Umstände des Einzelfalls von maßgeblicher Bedeutung.

Zu c): Für eine Haftung ist schließlich erforderlich, dass zwischen dem Unionsrechtsverstoß und dem auf Seiten des Geschädigten entstandenen Schaden ein unmittelbarer Kausalzusammenhang bestehen muss. Der Schadenseintritt muss – ähnlich wie bei der deutschen Adäquanztheorie – im Rahmen des normal Vorhersehbaren und nicht außerhalb jeder Wahrscheinlichkeit liegen.[73]

Fasst man diese Kriterien zusammen, so lässt sich sagen, dass die Rechtsprechung des EuGH nicht zwangsläufig zu einer weitergehenden Haftung als nach nationalem Recht führt. Im Ansatz geht der EuGH zwar beim normativen Unrecht etwas weiter als der BGH, weil er auch das Handeln der Legislative ohne weiteres dem Staat zurechnet. Das ist auch bei der gebotenen verfassungsrechtlichen Auslegung und Anwendung des Art. 34 GG nicht anders (vgl. II. 2.). Allerdings stellt der EuGH bei der Frage nach der Drittgerichtetheit einer Pflicht geringere Anforderungen an den geschützten Personenkreis und verlangt nicht explizit einen von der Allgemeinheit unterscheidbaren, individuell abgrenzbaren und nach dem Willen des Gesetzes deshalb speziell geschützten Personenkreis (hierzu vorstehend V. 2.). Auch beim Merkmal des qualifizierten Rechtsverstoßes bleiben Auslegungs- und Anwendungsspielräume für die nationale Rechtsprechung im Einzelfall. Insofern stellt sich das Zusammenspiel von nationaler und europäischer Rechtsprechung als zukunftsgerichtete europäische Gemeinschaftsaufgabe zur gemeinsamen Optimierung des Rechts dar.

2. Rechtsnatur des Anspruchs, Rechtsfolgen

a) Umstritten bei der Staatshaftung wegen Verstoßes gegen Gemeinschafts-(Unions)recht ist, ob es sich um einen nationalen oder einen europäischen Anspruch handelt.[74] Die Antwort kann nur zweiteilig ausfallen:

---

[72] Vgl. EuGH, verb. Rs. C-46/93 und C-48/93, Brasserie du Pêcheur, Slg. 1996 I-1029.
[73] Vgl. EuGH, Rs. 64/76, Dumortier, Slg. 1979, 3091; Rs. C-363/89, Roux, Slg. 1991, 273.
[74] Hierzu m.w.N. etwa *Detterbeck/Windthorst/Sproll* (Fn. 35), § 6; *Frenz/Götzkes*, JA 2009, 759.

Der Anspruch ist ein nationaler, weil die Folgen gemeinschaftswidrigen Handelns im Rahmen des nationalen Rechts zu beheben sind. Die deutschen Gerichte – unter Kontrolle des EuGH – haben in eigener Kompetenz und Unabhängigkeit zu entscheiden, ob und in welchem Umfang ein Verstoß gegen Unionsrecht durch nationale Stellen zu einer Staatshaftung führt. Da die Tatbestandsvoraussetzungen für einen Staatshaftungsanspruch nach § 839 BGB und nach EuGH-Rechtsprechung nicht voll übereinstimmen, kann ein solcher Anspruch nicht allein schon aus Ersterem hergeleitet werden. Auch bei einem rechtserheblichen Verstoß gegen Gemeinschafsrecht ist vielmehr Art. 34 GG die maßgebliche Anspruchsgrundlage (hierzu vorstehend II. 2. b)), da es sich dabei um die fehlerhafte Anwendung von Gemeinschafts-(Unions)recht durch deutsche öffentliche Gewalt auf Bundes-, Landes- oder Kommunalebene handelt. Der Anspruch ist aber insofern ein europäischer, als das Unionsrecht als eigenständige Rechtsordnung zugleich Bestandteil auch der nationalen Rechtsordnung ist. Insoweit erweitert das Gemeinschaftsrecht die denkbaren Fälle von haftungsbegründendem Fehlverhalten nationaler Stellen. Nationales Recht und europäisches Recht ergänzen und verzahnen sich bei der Haftung der Mitgliedstaaten wegen Verletzung von Gemeinschafts-(Unions)recht. Daraus folgt die Doppelnatur eines solchen Staatshaftungsanspruchs. Diese Haftung darf im nationalen Recht aber nicht so ausgestaltet sein, dass eine Entschädigung praktisch unmöglich gemacht oder übermäßig erschwert wird.[75]

b) Auf der Rechtsfolgenseite ist als Kompensation nicht voller Schadensersatz i.S. von §§ 249 ff. BGB gefordert, es reicht als Untergrenze eine angemessene Kompensation in Geld oder ein Schadensausgleich in sonstiger Form.[76]

c) Ferner gilt der Grundsatz des Vorrangs des Primärrechtsschutzes, bei dem die Zumutbarkeit vorherigen Rechtsschutzes im konkreten Fall anhand aller Umstände des Ausgangsrechtsstreits (auch in Bezug auf Vorabentscheidungsersuchen zum EuGH) eine besondere Rolle spielt.[77]

d) Passiv legitimiert für einen solchen Staatshaftungsanspruch wegen Verstoßes gegen Gemeinschaftsrecht ist nicht zwangsläufig die Bundesrepublik Deutschland als Vertragspartner und Mitgliedsstaat.[78] Auch die Länder können (allein) dann verantwortlich sein, wenn sie selbst den haftungsbegründenden Rechtsverstoß begangen haben.[79]

---

[75] Vgl. EuGH, verb. Rs. C-6/90 und C-9/90, Francovich, Slg. 1991 I-5357; Rs. C-127/95, Norbrook Laboratories, Slg. 1998 I-1531, Rn. 111; Rs. C-470/03, A.G.M.-COS.MET, Slg. 2007 I-2749,, Rn. 89. Zu weiteren verfahrensrechtlichen Regelungen, etwa bei der Verjährung vgl. *Dörr,* EuZW 2012, 86 ff.

[76] Vgl. EuGH, Rs. C-470/03, A.G.M.-COS.MET, Slg. 2007 I-2749, Rn. 77 ff.

[77] Hierzu etwa EuGH, Rs. C-445/06, Danske Slagterier, 2009 I-2119, Rn. 58 ff.; BGHZ 156, 294 (297); *Dörr,* EuZW 2012, 86.

[78] Vgl. EuGH Slg. 1999 I-3099, Rn. 61 ff.

[79] Vgl. BGHZ 161, 224 (234 ff.).

V. Zusammenfassung

1. Das Staatshaftungsrecht in Deutschland ist nach dem Scheitern der Reformbemühungen vor rund 30 Jahren nach wie vor ein nur teilweise und uneinheitlich geregeltes Rechtsgebiet mit einem unübersichtlichen und uneinheitlichen Nebeneinander von Gemeinschafts-(Unions)-, Verfassungs-, Gesetzes-, Gewohnheits- und Richterrecht. Das Staatshaftungsrecht ist immer noch normatives Defizitgebiet.

2. Da in Deutschland ein neuer konkreter Anlauf zu einer gesetzlichen Regelung des Staatshaftungsrechts auf einheitlicher Rechtgrundlage offenbar nicht in Sicht ist, kommt der Rechtsprechung eine besonders wichtige Funktion zu, bestehende Haftungslücken sinnvoll und mit Augenmaß zu schließen. Diese Aufgabe haben die Gerichte im Wege richterlicher Rechtsfortbildung bisher in durchaus zufrieden stellender Weise gelöst. Dass erst aus Einzelfallentscheidungen der Gerichte ein „normatives System" herausgefiltert werden muss und oft Zweifelsfragen verbleiben, liegt in der Natur der Sache.

3. Das Gemeinschafts-(Unions)recht mit seinem Anwendungsvorrang vor nationalem Recht wirkt auch auf das Staatshaftungsrecht ein. Damit ist in Deutschland vor allem die Rechtsprechung des EuGH wichtig und zu berücksichtigen. Dass sich hieraus teilweise neue gedankliche Ansätze und Entwicklungen ergeben, ist insgesamt nicht abträglich und dient der Einheit und Fortentwicklung des Rechts in Europa.

4. Es fällt auf, dass auch im Staatshaftungsrecht Grundfreiheiten und Menschenrechte von zunehmender Bedeutung sind, wie wichtige Entscheidungen des Europäischen Gerichtshofs in Luxemburg und des Europäischen Gerichtshofs für Menschenrechte in Straßburg zeigen. Auch das liegt im historischen Trend. Denn wenn in Europa das Gemeinschafts-(Unions)recht und die Grund- und Menschenrechte mehr und mehr rechtliche und praktische Bedeutung erlangen, muss sich das auch im Staatshaftungsrecht auswirken.

Eigentumsrechtlicher Bestandsschutz und staatliche Genehmigung: Was man hat, das hat man?

Von *Christian Calliess*

I. Einführung

Dem Eigentumsgrundrecht kommt im gemeineuropäischen Grundrechtsschutz eine zentrale Bedeutung zu.[1] Es ist in Art. 1 des Ersten Zusatzprotokolls der Europäischen Menschenrechtskonvention (EMRK)[2], im Recht der Europäischen Union – basierend auf den gemeinsamen Verfassungsüberlieferungen der Mitgliedstaaten und der EMRK – als allgemeiner Rechtsgrundsatz und nunmehr auch explizit in Art. 17 der Grundrechtecharta der EU[3] sowie schließlich im deutschen Grundgesetz verankert.

Das Bundesverfassungsgericht hat mit Blick auf das in Art. 14 GG geschützte Eigentum eine fein ausdifferenzierte Dogmatik entwickelt, die durchaus auch für das europäische Eigentumsgrundrecht als Vorbild dienen kann. Es lässt sich insoweit von einem Grundverständnis leiten, das es überzeugend wie folgt zusammenfasst: „Geschichtlich und in ihrer heutigen Bedeutung ist die Garantie des Eigentums ein elementares Grundrecht, das im engeren inneren Zusammenhang mit der persönlichen Freiheit steht. Ihr kommt im Gesamtgefüge der Grundrechte die Aufgabe zu, dem Träger des Grundrechts einen Freiheitsraum im vermögensrechtlichen Bereich zu sichern und ihm dadurch eine eigenverantwortliche Gestaltung seines Lebens zu ermöglichen ...".[4] Das verfassungsrechtliche Eigentum ist in seinem rechtlichen

---

[1] Es liegt nahe, *Eckart Klein*, dem Gründer und langjährigen Direktor des angesehenen Menschenrechtszentrums der Universität Potsdam, einen Beitrag aus dem Themenfeld der Grund- und Menschenrechte zu widmen. Dies gilt umso mehr, als er zu diesem Thema immer wieder in Beiträgen Stellung genommen hat.

[2] Dazu *E. Klein*, in: B. Kempen (Hrsg.), Die rechtsstaatliche Bewältigung der demokratischen Bodenreform, Kölner Schriften zu Recht und Staat, Bd. 26, 2005, 67–91.

[3] Dazu *C. Calliess*, in: D. Ehlers (Hrsg.), Europäische Grundrechte und Grundfreiheiten, 3. Aufl. 2009, 593 ff.

[4] BVerfGE 50, 290 (339) und E 14, 263 (277); *R. Wendt*, in: M. Sachs, Grundgesetz-Kommentar, 6. Aufl. 2011, Art. 14, Rn. 4; *F. Ossenbühl*, AöR 115 (1990), 1 (27); *R. Stober*, Grundrechtsschutz der Wirtschaftstätigkeit, 1989, 89 f.; krit. *K. Hesse*, Grundzüge des Verfassungsrechts der Bundesrepublik Deutschland, 20. Aufl. 1999, Rn. 443 mit Blick auf den Funktionswandel des Eigentums in der modernen Gesellschaft: „Grundlage individueller Existenzsicherung und Lebensgestaltung ist überwiegend nicht mehr das private Eigentum im

Kern durch Privatnützigkeit gekennzeichnet. In seiner abwehrrechtlichen Funktion soll Art. 14 Abs. 1 GG dem Einzelnen durch die Zubilligung von Herrschafts-, Nutzungs- und Verfügungsrechten ökonomisch nutzbare Freiräume sichern.[5] Nach der Rechtsprechung des Bundesverfassungsgerichts schützt Art. 14 GG nicht nur das subjektive Recht des Eigentümers, sondern in Form der Institutsgarantie auch die Existenz des Privateigentums als solches in der Gesellschaft. Während die individualrechtliche Bestandsgarantie das bestehende, konkrete Eigentum in der Hand individueller Eigentümer gewährleistet, sorgt der objektivrechtliche, ordnungspolitische Ansatz der Institutsgarantie dafür, dass die Rechtsordnung hinreichend Eigentum und damit einen hinreichenden Freiraum für individuelle Betätigungen im vermögensrechtlichen Bereich bereithält.[6]

Das Eigentumsrecht des Einzelnen setzt das Rechtsinstitut Eigentum voraus, so dass die Institutsgarantie einen Kernbestand von Normen, die die Existenz und Funktionstüchtigkeit privatnützigen Eigentums ermöglichen, sichert.[7] Art. 14 Abs. 1 GG gewährleistet die Substanz des Eigentums, umfasst jedoch in seinem verfassungsrechtlich geschützten Kern nicht zwingend alle Befugnisse, die von der Sache her möglich sind und die sich einem wirtschaftlich denkenden Eigentümer als die lohnendste und ertragreichste Nutzung anbieten.[8] Dem Grundrechtsträger wird vor allem Rechtssicherheit hinsichtlich der durch die Rechtsordnung anerkannten Vermögensrechte und Vertrauensschutz in den Bestand seiner Rechte gewährt.[9] Die Bestandsgarantie erschöpft sich dabei nicht, wie der Begriff vermuten lassen könnte, in der Erhaltung der sachenrechtlichen Zuordnung. Vielmehr sieht das BVerfG von ihr „die Erhaltung des Zuordnungsverhältnisses und der Substanz des Eigentums" um-

---

überkommenen Sinne des bürgerlichen Rechts, sondern die eigene Arbeit und die Teilhabe an den Leistungen staatlicher Daseinsvorsorge und Fürsorge." Das BVerfG hat diesem Aspekt jedoch in seiner Rechtsprechung Rechnung getragen, indem es auch die Berufsfreiheit des Art. 12 GG als Grundlage der Lebensführung auslegt (BVerfGE 7, 377, 397) und indem es den Schutzbereich des Art. 14 GG ausgeweitet hat (BVerfGE 53, 257, 289).

[5] Wie sich darüber hinaus die Privatnützigkeit genau definieren lässt, ist freilich konkret nicht hinreichend klar, vgl. dazu etwa BVerfGE 100, 226 (243); eine Ausrichtung an § 903 BGB – vgl. etwa *O. Depenheuer*, Politische Studien Sonderheft 1/2000, 29 (39 f.) – kommt insoweit in Betracht, als sie eine Orientierung geben kann.

[6] Ein instruktives Beispiel lieferte das BVerfG insoweit kürzlich mit Blick auf das Naturschutzrecht, vgl. BVerfGE 100, 226 (240 ff., hier 243); diesen Aspekt der Institutsgarantie würdigt *O. Depenheuer*, Politische Studien Sonderheft 1/2000, 29 (32 ff.) nicht hinreichend; wie hier *P. Huber*, Politische Studien Sonderheft 1/2000, 45 (46 f., 49 f.) m.w.N.

[7] BVerfGE 24, 367 (389); 58, 300 (339); 100, 226 (243); *Stober* (Fn. 4), 91; *Wendt* (Fn. 4), Art. 14, Rn. 10; *G. Schwerdtfeger*, JuS 1983, 104 (105 ff.) erläutert anhand der „Nassauskiesungsentscheidung" des BVerfG den inneren Zusammenhang von Instituts- und Bestandsgarantie; *H.-J.Papier*, in: T. Maunz/G. Dürig, Grundgesetz-Kommentar, 64. Aufl. 2012, Art. 14, Rn. 11 ff.

[8] BVerfGE 58, 300 (345); BVerwG, NVwZ 1985, 41.

[9] BVerfGE 24, 367 (389); 51, 193 (218); 79, 292 (303 f.).

fasst.[10] Die Eigentumsgarantie erfüllt in dem so skizzierten Rahmen sowohl eine freiheitssichernde, als auch eine rechtsbewahrende Funktion.[11]

Eigentum unterscheidet sich als Schutzgegenstand eines Abwehrrechts grundlegend dadurch von den Schutzgegenständen anderer Grundrechte, dass es normativ erst geschaffen werden muss. Während etwa die Freiheit der Person oder die Meinungsfreiheit auch ohne eine rechtliche Ordnung gedacht werden können, setzt Eigentum Normen voraus.[12] Das verfassungsrechtlich geschützte Eigentum, das in seinem Kern durch die erwähnte Privatnützigkeit geprägt und in seinem Grundbestand durch die Institutsgarantie abgesichert wird, stellt insoweit eine Schöpfung der Rechtsordnung dar.[13] Man spricht daher auch vom normgeprägten Schutzbereich des Eigentums, aus dem einige dogmatische Besonderheiten folgen. Denn welche konkreten vermögenswerten Rechtspositionen dem Eigentumsbegriff des Art. 14 GG unterfallen, bestimmt sich nach dem dargestellten Zweck und der Funktion der Eigentumsgarantie unter Berücksichtigung ihrer Bedeutung im Gesamtgefüge der Verfassung. Daher muss der Begriff des von der Verfassung gewährleisteten Eigentums aus der Verfassung selbst gewonnen werden.[14] Dabei werden Inhalt und Schranken des Eigentums gem. Art. 14 Abs. 1 S. 2 GG konstitutiv durch den einfachen Gesetzgeber bestimmt. Demnach kann Eigentum in konkreten Einzelausgestaltungen erst dann an der individualrechtlichen Bestandsgarantie teilhaben, wenn der genaue Eigentumsinhalt einfachgesetzlich festgelegt worden ist. Im Hinblick hierauf ergeben sich aus der Institutsgarantie des Art. 14 Abs. 1 S. 1 GG objektivrechtlich-institutionelle Verfassungsdirektiven, nach denen der einfache Gesetzgeber den Eigentumsinhalt auszugestalten hat.[15]

---

[10] BVerfGE 42, 263 (295); E 87, 114 (139).

[11] *Wendt* (Fn. 4), Art. 14, Rn. 4.

[12] *J. Wieland*, in: H. Dreier (Hrsg.), Grundgesetz-Kommentar, Bd. I, 2. Aufl. 2004, Art. 14, Rn. 21; *Huber*, Politische Studien Sonderheft 1/2000, 45 (46 f.) m.w.N.

[13] BVerfGE 20, 351 (355); 31, 229 (240); 58, 300 (336); *Schwerdtfeger*, JuS 1983, 104 (105); *Huber*, Politische Studien Sonderheft 1/2000, 45 (46 f., 49 f.) m.w.N.; mitunter kritisch *Depenheuer*, Politische Studien Sonderheft 1/2000, 29 (32 ff.), der freilich die Institutsgarantie bzw. die Privatnützigkeit als verfassungsrechtlichen Kernbestand des Eigentums nicht genügend berücksichtigt.

[14] BVerfGE 42, 263 (292 f.); 58, 300 (335); 89, 1 (6); *Stober* (Fn. 4), 93; *Schwerdtfeger*, JuS 1983, 104 (105); *Depenheuer*, Politische Studien Sonderheft 1/2000, 29 (40); a.A. *Wieland* (Fn. 12), Art. 14, Rn. 63.

[15] *Huber*, Politische Studien Sonderheft 1/2000, 45 (46 f., 49 f.) m.w.N.; kritisch hierzu W. *Leisner*, Eigentum, 2. Aufl. 1998, 99 ff. und 419 ff.; in der Tendenz auch *Depenheuer*, Politische Studien Sonderheft 1/2000, 29 (32 ff.).

II. Die Ausformung des Bestandsschutzes in Art. 14 GG

1. Ausgangspunkt: Der normgeprägte Schutzbereich des Eigentums

Die Bestandsgarantie des Art. 14 Abs. 1 S. 1 GG kann durch ein Gesetz nur dann verletzt werden, wenn gleichzeitig eine bisher gesetzlich geltende Inhaltsbestimmung verändert oder aufgegeben wird: „Aus der Gesamtheit der verfassungsmäßigen Gesetze, die den Inhalt des Eigentums bestimmen, ergeben sich somit Gegenstand und Umfang des durch Art. 14 Abs. 1 S. 1 GG gewährleisteten Bestandsschutzes …".[16] Im Ergebnis bestimmt also ein Gesetz, das die Vorgaben der Institutsgarantie bzw. der Privatnützigkeit respektiert, den Inhalt der Rechte aus dem Eigentum und regelt damit zugleich ihre Ausübung im Hinblick auf die Rechte und Interessen Dritter (z. B. der Nachbarn des Grundeigentümers) sowie die öffentlichen und sozialen Erfordernisse.[17]

Als Position, die mit Blick auf die hier interessierende Fragestellung von der Figur des Bestandsschutzes geschützt sein soll, kommt nicht die Genehmigung selbst in Betracht.[18] Denn sie verkörpert eine öffentlich-rechtliche Position, zu der keine „den Eigentumsschutz rechtfertigende Leistung des einzelnen hinzutritt".[19] Als geschützte Position ist vielmehr das Grundeigentum selbst oder aber, im Anlagenrecht, der eingerichtete und ausgeübte Gewerbebetrieb[20], verstanden als Gesamtheit aller in einem solchen wirtschaftlichen Unternehmen zusammengefassten Rechtspositionen und Vermögenswerte, anzusehen. Er stellt die aufgrund der Genehmigung durch persönliche Leistung oder Kapitaleinsatz entwickelte eigentumsrechtlich allein relevante Vermögensposition dar.[21]

---

[16] Ständige Rspr., vgl. grundlegend BVerfGE 58, 300 (334 ff.); *Schwerdtfeger*, JuS 1983, 106; *Wendt* (Fn. 4), Art. 14, Rn. 41; *P. Badura*, in: E. Benda/W. Maihofer/H.-J. Vogel (Hrsg.), Handbuch des Verfassungsrechts der Bundesrepublik Deutschland, 2. Aufl. 1994, § 10, Rn. 54.

[17] *Wendt* (Fn. 4), Art. 14, Rn. 41; *Badura* (Fn. 16), § 10, Rn. 54; *Huber*, Politische Studien Sonderheft 1/2000, 45 (46 ff.).

[18] So aber *H. Maurer*, Allgemeines Verwaltungsrecht, 18. Aufl. 2011, § 26, Rn. 19; offen gelassen in BVerfGE 17, 232 (247 f.); *C. Engel*, Planungssicherheit für Unternehmen durch Verwaltungsakt, 1992, 86 f.; *H. Jarass*, Die Anwendung neuen Umweltrechts auf bestehende Anlagen, 1987, 81 f.; ausführlich *K. Jankowski*, Bestandsschutz für Industrieanlagen, 1999, 42 ff. jeweils m.w.N.

[19] Vgl. zu dieser Voraussetzung BVerfGE 48, 403 (413); E 69, 272 (300 ff.).

[20] Letzteres offen in BVerfGE 77, 84 (118); E 81, 208 (227 f.); E 105, 252 (278).

[21] *Jarass* (Fn. 18), 81 f.; ausführlich *Jankowski* (Fn. 18), 42 ff. m.w.N.

2. Ausprägung und Reichweite des Bestandsschutzes im Rahmen des Art. 14 GG

Unter den Bestandsschutz im weiteren Sinne fallen alle diejenigen Regelungen, die zugunsten der Bewahrung eines tatsächlichen oder rechtlichen status quo wirken und so den Begünstigten vor einer Schmälerung seiner Rechtsposition schützen.[22] Im engeren Sinne ist Inhalt des Bestandsschutzes der „Schutz des durch materiell legale Eigentumsausübung Geschaffenen".[23] Nach Art. 14 Abs. 1 S. 2 GG werden Inhalt und Schranken des Eigentums durch die Gesetze bestimmt. Dies schließt die Umgestaltung bestehender alter Rechtspositionen im Wege der Inhaltsbestimmung ein.[24] In der Folge ist es Aufgabe des Gesetzgebers, die Reichweite des Bestandsschutzes festzulegen. Nach der mittlerweile herrschenden Dogmatik des verfassungsrechtlichen Eigentumsbegriffs ist Bestandsschutz also grundsätzlich keine bestimmte verfassungsmäßig vorgegebene Position. Auch das BVerwG, das insoweit lange unmittelbar Rückgriff auf Art. 14 Abs. 1 S. 1 GG nahm, lässt in seiner neueren Rechtsprechung einen Rückgriff auf Art. 14 Abs. 1 S. 1 GG nicht mehr zu, wenn auf einfachgesetzlicher Ebene eine abschließende Regelung besteht.[25]

Freilich ist der Gesetzgeber bei der Ausgestaltung des Eigentums und des von ihm mitumfassten Bestandsschutzes nicht frei. Die einfachgesetzliche Regelung der zeitlichen Stabilität muss, ebenso wie dies für alle anderen Aspekte der Inhaltsbestimmung des Eigentums zu fordern ist, den verfassungsrechtlichen Anforderungen der erwähnten Institutsgarantie entsprechen. Insoweit muss die Privatnützigkeit, also die Nutzung des Eigentums zum eigenen Vorteil, sowie die grundsätzliche Verfügungsbefugnis über die Eigentumsgegenstände gewährleistet bleiben. Des Weiteren stößt der Gesetzgeber bei der Umgestaltung bestehender Rechte an die Grenzen der Bestandsgarantie, die das bestehende konkrete Eigentum in der Hand individueller Eigentümer und damit deren Kontinuitätsinteressen schützt.

Im Unterschied zu anderen Grundrechten unterscheidet man insoweit bei Art. 14 GG zwei Arten des Grundrechtseingriffs, die Enteignung i.w.S. in Abs. 3 S. 1 sowie die Inhalts- und Schrankenbestimmung in Abs. 1 S. 2. Diese Unterscheidung ist auch für das Thema des Bestandsschutzes maßgeblich, da Art. 14 Abs. 1 S. 2 GG und Art. 14 Abs. 3 GG unterschiedliche Prüfungsmaßstäbe für die verfassungsrechtliche Zulässigkeit enthalten.[26] Eine Enteignung ist auf den vollständigen oder teilweisen Entzug konkreter subjektiver Eigentumspositionen zur Erfüllung bestimmter öffent-

---

[22] *H. Schulze-Fielitz*, Die Verwaltung 20 (1987), 307; *A. Schmehl*, DVBl. 1999, 19 (20); *M. Röckinghausen*, UPR 1996, 50.
[23] Vgl. nur BVerwGE 50, 49 (57).
[24] BVerfGE 58, 300 (334 ff.).
[25] BVerwGE 84, 322 (334); E 88, 191 (203); BVerwG, UPR 1998, 32; vgl. zur Entwicklung der Rechtsprechung *Jankowski* (Fn. 18), 28 ff., insbesondere 34 ff.
[26] Vgl. BVerfGE 58, 300 (330 f.) – „Nassauskiesung"; hierzu *Schwerdtfeger*, JuS 1983, 104 ff.; zu den Schwierigkeiten bei der Abgrenzung am Beispiel des Konfliktfelds von Landwirtschaft und Umweltschutz: *P. Axer*, DVBl. 1999, 1533 (1537 ff.).

licher Aufgaben gerichtet.[27] Eine Inhalts- und Schrankenbestimmung ist demgegenüber eine generelle und abstrakte Festlegung der Rechte und Pflichten, die sich aus dem Eigentum ergeben. Sie ist auf die Normierung objektiv rechtlicher Vorschriften gerichtet, die den Inhalt der Eigentumsrechte in allgemeiner Form bestimmen.[28] Da Eigentumsnutzungen und -verfügungen nicht selten die Sphäre des Eigentümers überschreiten und die Belange der Allgemeinheit und anderer Rechtssubjekte berühren, gilt mit Blick auf Art. 14 Abs. 2 GG: „Je intensiver jener Dritt- oder Allgemeinbezug der Eigentumsnutzung und -verfügung ist, je elementarer jene mitbetroffenen Drittinteressen sind, desto mehr hat der Gesetzgeber im Rahmen des Art. 14 Abs. 1 S. 2 GG auf jene Belange Rücksicht zu nehmen und desto stärker sind jene Fremd- oder Allgemeinbelange im Abwägungsprozess zu gewichten".[29] Anders ausgedrückt: Die Befugnis des Gesetzgebers zur Inhalts- und Schrankenbestimmung ist umso weiter, je mehr das Eigentumsobjekt in einem sozialen Bezug bzw. in einer sozialen Funktion steht, sie ist umso enger, je mehr die Funktion des Eigentums als Element der Sicherung der persönlichen Freiheit des Einzelnen betroffen ist.[30] Ob der Gesetzgeber in diesem Rahmen seinen relativ weiten Gestaltungsspielraum überschritten hat, beurteilt sich nach dem Grundsatz der Verhältnismäßigkeit und dem Übermaßverbot.[31]

Ohne auf das Institut der Enteignung zurückgreifen zu müssen, kann der Gesetzgeber eine bestehende Rechtsposition für die Zukunft einem neuen Rechtszustand nur dann anpassen, wenn Gründe des öffentlichen Interesses dies rechtfertigen und der Eingriff verhältnismäßig ist.[32] In diesem Rahmen ist das Vertrauen des Eigentümers in den Fortbestand der Rechtslage zu berücksichtigen. Dieses wird allerdings nach der Amortisation der Investition schwächer.[33] Im Übrigen kommt es dann darauf an, ob der Gesetzgeber hinreichend lange Übergangsfristen eingeräumt hat.[34] Ganz maßgeblich wird die Verhältnismäßigkeitsprüfung von der Frage geprägt, in-

---

[27] Vgl. BVerfGE 70, 191 (199 f.); E 72, 66 (76).

[28] Vgl. BVerfGE ebenda; ferner E 72, 66 (76).

[29] *Papier* (Fn. 7), Art. 14, Rn. 311 f. unter Berufung auf BVerfGE 68, 361; E 79, 292 (302); 83, 82.

[30] Ständige Rspr., vgl. nur BVerfGE 50, 290 (340 f.); *K. Friauf*, WiVerw 1989, 121 (144 ff.).; *K.-P. Dolde*, NVwZ 1986, 873 (875); *Jarass* (Fn. 18), 83 f.; *Papier* (Fn. 7), Art. 14, Rn. 311 ff. m.w.N.; kritisch *Leisner* (Fn. 15), 419 ff.

[31] Ständige Rspr., vgl. nur BVerfGE 50, 290 (341); 58, 137 (148); 79, 174 (198); *Papier* (Fn. 7), Art. 14, Rn. 315 ff.; *Schwerdtfeger*, JuS 1983, 104 (107 f.); *D. Ehlers*, VVDStRL 51 (1991), 211 (277 ff.).

[32] Vgl. nur BVerfGE 8, 71 (80); E 50, 290 (339); E 53, 257 (292); E 58, 300 (350 ff.) sowie mit Blick auf das Umweltrecht *H.-H. Trute*, Vorsorgestrukturen und Luftreinhalteplanung im Bundesimmissionsschutzgesetz, 1989, 245 ff. und 262; *R. Wahl/G. Hermes/K. Sach*, in: R. Wahl, Prävention und Vorsorge, 1995, 233 ff.; *Jarass* (Fn. 18), 83 f.

[33] *D. Murswiek*, Die Staatliche Verantwortung für die Risiken der Technik, 1985, 266 f.; *Trute* (Fn. 32), 249 und 263 f.; *Wahl/Hermes/Sach* (Fn. 32), 236; *Jankowski* (Fn. 18), 56, 63; ähnlich *Dolde*, NVwZ 1986, 873 (878).

[34] Ausführlich *Schulze-Fielitz*, Die Verwaltung 20 (1987), 307 (332 ff.).

wieweit die Eigentumsposition in einem sozialen Bezug steht. Je stärker dies der Fall ist, desto weiter reicht nach allgemeiner Meinung die Ausgestaltungsbefugnis des Gesetzgebers.[35]

So steht zum Beispiel im Baurecht das raumbeanspruchende Bauwerk an und für sich im Vordergrund, das bestimmten planerischen und ordnungsrechtlichen Anforderungen genügen muss. Seine Hauptnutzung findet im Schwerpunkt „nach innen" statt, störende Wirkungen der Umgebung werden über das Recht der nicht genehmigungsbedürftigen Anlagen nach §§ 22 ff. BImSchG begrenzt. Demgegenüber wirkt sich der Betrieb einer nach §§ 4 ff. i.V.m. der 4. Bundesimmissionsschutzverordnung genehmigten Anlage typischerweise „nach außen" aus, da von ihr in aller Regel in besonderem Maße schädliche Umwelteinwirkungen ausgehen. Die genehmigungsbedürftigen Anlagen stehen daher in einem gesteigerten sozialen Bezug. Vor diesem Hintergrund sind die im Baurecht entwickelten Grundsätze des Bestandsschutzes auf die genehmigungsbedürftigen Anlagen nicht einfach übertragbar.[36]

Bestandsschutz ist demnach nicht von feststehender verfassungsrechtlicher Qualität sondern, wie im Übrigen auch ein Blick auf die Verschiedenartigkeit seiner Ausgestaltung im Gesetzesrecht zeigt,[37] eine relative Rechtsposition. Demgemäß hat die Prüfung der Reichweite des Bestandsschutzes immer im Verhältnis zum konkreten sozialen Bezug der Anlage und damit mit Blick auf das mehrpolige Verfassungsrechtsverhältnis,[38] das die Eckdaten dieses sozialen Bezugs determiniert, zu erfolgen.

III. Bestandsschutz und staatliche Genehmigung

Vor diesem Hintergrund muss der Inhaber einer Genehmigung ganz allgemein gesprochen nicht damit rechnen, dass eine ihm erteilte Genehmigung, die er zur Grundlage von Investitionen macht, alsbald schon wieder an eine veränderte Sach- und Rechtslage angepasst wird. Jedoch kann er in entwicklungsoffenen Sachbereichen wie z.B. dem Umweltschutz nicht darauf vertrauen, dass die Genehmigung über lange Zeit – etwa über den Zeitpunkt der Amortisation der getätigten Investitionen hinaus – gänzlich unverändert erhalten bleibt.[39] Das Instrument zu einer zum Beispiel aus Gründen des Umweltschutzes sachlich gebotenen Flexibilisierung des Bestandsschutzes sind die sog. Änderungsvorbehalte.

---

[35] Vgl. nur BVerfGE 50, 290 (340 f.); E 64, 87 (101 ff.).

[36] *Wahl/Hermes/Sach* (Fn. 32), 236; ferner *Stober* (Fn. 4), 96 f. und 104 f.; ausführlich – auch zur Entwicklung des Bestandsschutzes aus dem Baurecht unter direktem Rückgriff auf Art. 14 GG – *Schulze-Fielitz*, Die Verwaltung 20 (1987), 307 (309 ff.).

[37] Instruktiv dazu der Überblick von *H. Sendler*, WiVerw 1993, 235 (insbes. 245 ff.).

[38] Dazu *C. Calliess*, Rechtsstaat und Umweltstaat, 2001, 269 ff.

[39] *Trute* (Fn. 32), 263 f. m.w.N.

1. Möglichkeiten und Grenzen der Flexibilisierung des Bestandsschutzes

Dabei unterfällt die gesetzgeberische Einrichtung von Änderungsvorbehalten zur Genehmigung als Inhaltsbestimmung des Eigentums ebenso den Anforderungen des Art. 14 GG wie deren konkretisierende Wahrnehmung im Einzelfall. Zwar könnte man insoweit einwenden, dass die Genehmigung aufgrund des Änderungsvorbehalts von vornherein mit dem Makel ihrer Beseitigungsfähigkeit belastet ist, so dass der Bestand des Genehmigten aus dem Gewährleistungsbereich des Eigentums herausfallen würde und damit gegen die bloße Aktualisierung eines Änderungsvorbehalts nicht geschützt wäre. Demgegenüber ist jedoch zu bedenken, dass die konkreten Bedingungen der Änderung immer erst im Rahmen der Aktualisierung des Vorbehalts festgelegt werden. Insoweit hat der Gesetzgeber zumindest immer dann, wenn der Behörde Alternativen oder ein Ermessen hinsichtlich der Ausübung des Änderungsvorbehalts eingeräumt wird und sie daher noch eine eigenständige Entscheidung zu treffen hat, seinen Gestaltungsauftrag aus Art. 14 Abs. 1 S. 2 GG an die Verwaltung delegiert, so dass die Eigentumsgewährleistung auch im Einzelfall berücksichtigt werden muss. Freilich wirken die potentiellen Änderungsmöglichkeiten auf die Beurteilung der Rechtmäßigkeit der späteren Eigentumsbeeinträchtigung, konkret die Würdigung der Verhältnismäßigkeit und des Vertrauensschutzes, zurück.[40] Im Ergebnis vermögen gesetzgeberische Änderungsvorbehalte zur Genehmigung also nicht den grundrechtlichen Bestandsschutz auszuschließen, sie können jedoch in gewissem Umfang verhindern, dass der bereits rechtmäßig geschaffene Bestand als ein zugunsten der Kontinuität sprechender Aspekt bei der späteren Entscheidung über eine Änderung berücksichtigt wird.

Dies ist insbesondere eine Frage des Vertrauensschutzes.[41] Hinsichtlich des verfassungsrechtlichen Grundsatzes des Vertrauensschutzes ist nach wie vor ungeklärt, ob er im Rechtsstaatsprinzip oder in den Grundrechten verankert ist.[42] Anerkannt ist jedenfalls, dass der Vertrauensschutz im vermögensrechtlichen Bereich – auch nach Auffassung des Bundesverfassungsgerichts – speziell im Rahmen des Art. 14 GG seine Wirkung entfaltet. Dabei ist der Vertrauensschutz dann neben dem Grundsatz der Verhältnismäßigkeit eine Direktive bei der Inhalts- und Schrankenbestimmung durch den Gesetzgeber.[43] Insoweit bewirkt der Vertrauensschutz im Verhältnis zum Bestandsschutz einen Ausbau des verfassungsrechtlichen Schutzniveaus, indem er die Berücksichtigung zusätzlicher Aspekte, insbesondere des Umfangs

---

[40] Zu alledem *Schmehl*, DVBl. 1999, 19 (21 f.) m.w.N.

[41] Ausführlich und sehr differenziert *Schmehl*, DVBl. 1999, 19 (22 ff.).

[42] Vgl. hierzu den ausführlichen Überblick bei *H.-J. Blanke*, Vertrauensschutz im deutschen und europäischen Verwaltungsrecht, 2000.

[43] BVerfGE 58, 81 (121); E 70, 101 (111 f.); ähnlich BVerfGE 72, 200 (242 f.); E 77, 370 (378 f.); *H. Maurer*, in: J. Isensee/P. Kirchhof (Hrsg.), Handbuch des Staatsrechts, Bd. IV, 3. Aufl. 2006, § 79, Rn. 68; *Schmehl*, DVBl. 1999, 19 (23); *Wahl/Hermes/Sach* (Fn. 32), 236; *Blanke* (Fn. 42), Erster Teil, Achtes Kapitel.

der im Vertrauen getroffenen Dispositionen fordert. Konkret muss sich die geschaffene Situation aus der Sicht des Betroffenen als nur eingeschränkt wandelbar darstellen, was bei Verwaltungsakten und Gesetzen durch Auslegung festzustellen ist. Zu den Voraussetzungen für das Eingreifen des Vertrauensschutzes zählen eine vom Staat gesetzte Vertrauensgrundlage, ein daran anknüpfendes schutzwürdiges Vertrauen des Bürgers (ausgewiesen durch eine entsprechende „Betätigung" des Vertrauens z. B. in Form einer Investition) und ein dieses Vertrauen enttäuschendes Verhalten des Staates. Der so definierte Vertrauenstatbestand muss bei einer Neuregelung dann dahingehend berücksichtigt werden, dass die alte Regelung ganz oder teilweise erhalten bleibt, eine schonende Übergangsregelung geschaffen wird oder ein finanzieller Ausgleich vorgesehen wird. Das insofern aus dem Vertrauensschutz fließende Gebot der Berücksichtigung ist um so stärker, je mehr der Staat Einfluss auf die privaten Dispositionen genommen hat, je mehr er also durch sein Verhalten die freie Entscheidung des Bürgers determiniert hat.

Bei der Genehmigung reicht diese Steigerung des Vertrauensschutzes von der bloßen Anzeige eines Vorhabens über die gebundene Genehmigung bis hin zu Ermessensentscheidungen.[44] In diesem Rahmen entfalten Änderungsvorbehalte mit der ihnen immanenten potentiellen Flexibilität auch Auswirkungen auf die jeweils bestehende Schutzintensität des Vertrauens und damit auf die Rechtmäßigkeit späterer Eigentumsbeeinträchtigungen. Sie vermögen grundrechtlichen Schutz zwar nicht auszuschließen, schwächen aber den Vertrauensschutz unter dem Aspekt der Vorhersehbarkeit ab.[45]

2. Der Anfang vom Ende des Bestandsschutzes?

Die zunehmende Flexibilisierung von staatlichen Genehmigungen und damit einhergehend des eigentumsrechtlichen Bestandsschutzes kann als Beispiel für eine im Schrifttum immer wieder konstatierte Aushöhlung der Wirtschaftsfreiheit angesehen werden.[46]

Ein Grund für diese Entwicklung besteht in der vielzitierten Risikogesellschaft, im Zuge derer der Staat in vielen Bereichen immer mehr zum „Vorsorgestaat" wird.[47] Das Umweltrecht ist insoweit nur ein Referenzgebiet. Die dem umweltrechtlichen Vorsorgeprinzip immanente Dynamik zur Bewältigung von Risiken gerät in Konflikt mit dem unternehmerischen Interesse an Investitions- und Planungssicherheit. Dabei stößt der grundrechtlich in Art. 14 Abs. 1 GG sowie im Rechtsstaatsprinzip verankerte Bestandsschutz angesichts der Ungewissheitsbedingungen, unter denen die Genehmigung tatsächlich und rechtlich erteilt wird, auf die Notwendigkeit

---

[44] Zum ganzen *Schmehl*, DVBl. 1999, 19 (23 f.); *Trute* (Fn. 32), 247 ff.; *G. Kisker*, VVDStRL 32 (1974), 149 (166, 195).
[45] *Schmehl*, DVBl. 1999, 19 (22 ff., 26).
[46] Vgl. zuletzt *M. Ruffert*, AöR 134 (2009), 197 (222 ff.); zuvor z. B. *P. Tettinger*, NuR 1997, 1 (5 und 8); *H. Wagner*, NVwZ 1995, 1046 (1049).
[47] Dazu *Calliess* (Fn. 38), 2 ff. und 66 ff.

einer Anpassung an sich verändernde Umstände.[48] Überall dort also, wo der Gesetzgeber in Umsetzung des Vorsorgeprinzips eine Dynamisierung und Flexibilisierung gesetzlich festschreibt (vgl. etwa die Betreiberpflicht nach § 5 Abs. 1 Nr. 2 BImSchG i.V.m. § 17 BImSchG), wird das Problem des Bestandsschutzes aufgeworfen.[49]

Dementsprechend wird in der Literatur zunehmend ein „revisionsoffenes Verwaltungshandeln", das durch flexible anstelle von dauerhaft stabilen Entscheidungen geprägt ist, gefordert.[50] In der Folge entwickelt sich insbesondere in der umweltrechtlichen Gesetzgebung und Verwaltungspraxis eine Tendenz, Genehmigungen in Form von sog. Änderungsvorbehalten (Widerrufsvorbehalte, Vorbehalte der nachträglichen Änderung, befristete und vorläufige Verwaltungsakte) von vornherein so auszugestalten, dass spätere Modifikationen ihres Inhalts ermöglicht werden. Ziel ist es, die Stabilität des Bestands- und Vertrauensschutzes so zu steuern, dass die Umsetzung nachträglicher Änderungsoptionen erleichtert wird. Mittels ihrer zeitlichen Dimension gestalten Änderungsvorbehalte die zeitliche Komponente der Gestattungswirkung und durch ihren inhaltlichen Einfluss auf die Voraussetzungen nachträglicher Änderungen beeinflussen sie auch den materiellen Genehmigungsinhalt. Über Änderungsvorbehalte, die Bestandteil der durch die Genehmigung festgelegten Rechtsstellung des Berechtigten sind, versucht die Verwaltung das genehmigte Vorhaben „in der Hand" zu behalten.[51] Nicht zuletzt verbindet sich damit die Hoffnung, aus dieser relativ stärkeren Stellung bestehenden Vollzugsdefiziten besser entgegenwirken zu können.[52]

3. Schlussfolgerungen

Wo aber verläuft nunmehr genau die Grenze zwischen Bestandsschutz und Flexibilität, gibt es insoweit Anhaltspunkte? In das Blickfeld rückt vor dem Hintergrund der gesetzgeberischen Befugnis zur Inhalts- und Schrankenbestimmung des Eigentums wiederum die Genehmigung. Die rechtlichen Wirkungen der Genehmigung müssen im Verhältnis zwischen Staat und Begünstigtem darüber Auskunft geben, in welchem Umfang und nach welchen Regeln nachträgliche Anforderungen im öffentlichen Interesse an das genehmigte Vorhaben gestellt werden dürfen. Und insoweit, als das genehmigte Vorhaben nicht nur mit Belangen des Gemeinwohls, sondern auch mit Rechten betroffener Dritter in Konflikt geraten kann, entscheiden

---

[48] *Wahl/Hermes/Sach* (Fn. 32), 221 ff.; *W. Hoffmann-Riem*, AöR 119 (1994), 590 (614 f.); ähnlich auch *Friauf*, WiVerw 1989, 121 (126); *Dolde*, NVwZ 1986, 873; *U. Di Fabio*, Risikoentscheidungen im Rechtsstaat, 1994, 304 ff.; *Röckinghausen*, UPR 1996, 50.

[49] Ausführlich hierzu *Trute* (Fn. 32), 255 ff.; *Jankowski* (Fn. 18), 38 ff.

[50] Vgl. *W. Hoffmann-Riem*, DVBl. 1994, 1381 (1389 f.); ähnlich *U. Volkmann*, VerwArch 89 (1998), 363 (396); *H. Hill*, UTR 27, 1994, 91 (114).

[51] Vgl. *Schmehl*, DVBl. 1999, 19 f.; *Hoffmann-Riem*, DVBl. 1994, 1385 (1389 f.); ders., in: W. Hoffmann-Riem/E. Schmidt-Aßmann (Hrsg.), Innovation und Flexibilität des Verwaltungshandelns, 1994, 9 (60 ff.); *E.-H. Ritter*, DÖV 1992, 641 (645 f.); *Di Fabio* (Fn. 48), 453; *Hill* (Fn. 50), 113 f.

[52] Zu diesem Aspekt *G. Lübbe-Wolff*, NuR 1993, 217 ff.

die Genehmigungswirkungen sowohl darüber, in welchem Umfang der Staat die Betroffenen bei veränderten Sachlagen schützen kann und muss, als auch darüber, wie sich das – ursprünglich zivilrechtlich ausgestaltete – Verhältnis zwischen Begünstigtem und Betroffenem verändert.

Die Frage nach der über das Eigentumsgrundrecht verbürgten Investitionssicherheit bedeutet vor diesem Hintergrund, inwieweit der sich genehmigungskonform verhaltende Inhaber einer Genehmigung die rechtlich abgesicherte Gewissheit hat, dass er Belastungen, Verpflichtungen und Eingriffen, die an das genehmigte Tun anknüpfen, in der Zukunft nicht ausgesetzt sein wird. Es geht also darum, wie sich die Folgelasten von Ungewissheit aufgrund der Genehmigung zugunsten des Begünstigten verschieben.[53] Insoweit bildet der „Mehrwert" in Form der Stabilisierungswirkung, der dem Begünstigten aufgrund der Genehmigung entsteht, einen maßgeblichen Anknüpfungspunkt. Insoweit bietet es sich an, die Normallage ohne Genehmigung zu betrachten. Denn allein auf diesem Wege wird deutlich, was den Genehmigungsinhaber von demjenigen unterscheidet, der ein nicht genehmigungsbedürftiges Vorhaben betreibt und ohne genehmigungsrechtliche Schutzwirkungen den allgemeinen gesetzlichen Regeln unterworfen bleibt.

Die „Normalverteilung des Investitionsrisikos"[54] lässt sich als Ausdruck des „neminem-laedere-Gebots"[55], wie es gesetzlich ausgestaltet ist, beschreiben: Zivilrechtliche Abwehr- und Schutzansprüche sowie öffentlich-rechtliche Eingriffsermächtigungen geben dem betroffenen Nachbarn oder dem Staat Möglichkeiten, drohende oder andauernde Beeinträchtigungen für die Zukunft zu verhindern. Im Zivilrecht wird das Risiko sich verändernder Umstände und damit die Verantwortlichkeit gegenüber dem betroffenen Nachbarn in der Regel dem Verursacher der Beeinträchtigungen auferlegt. Wenn eine bisherige Grundstücksnutzung aufgrund geänderter technischer Standards oder neuer Erkenntnisse nicht mehr zu dulden ist, steht dem Betroffenen gem. §§ 1004, 906 BGB ein Beseitigungsanspruch zu.[56] Und im öffentlichen Recht erlauben spezielle Regelungen der Gefahrenabwehr (vgl. etwa §§ 22 ff. BImSchG) oder aber die polizeirechtliche Generalklausel, ein Vorhaben, das sich aufgrund veränderter Erkenntnisse als Störung der öffentlichen Sicherheit und Ordnung herausgestellt hat, für die Zukunft entschädigungslos zu beschränken und zu untersagen.[57] Deutlich wird, dass die zivil- und verwaltungsrechtliche Nichtstörungspflicht in der Normallage dem Verursacher einer Beeinträchtigung das volle Investitionsrisiko auferlegt.

---

[53] Grundlegend insoweit und zum folgenden *G. Hermes*, Die Wirkung behördlicher Genehmigungen, in: Becker-Schwarze u. a. (Hrsg.), Wandel der Handlungsformen im Öffentlichen Recht, 1991, 187 (190, 193 ff.); im Anschluss hieran *Wahl/Hermes/Sach* (Fn. 32), 245 ff.

[54] *Hermes* (Fn. 53), 187 (193 ff.).

[55] Dazu *J. Isensee*, in: J. Isensee/P. Kirchhof (Hrsg.), Handbuch des Staatsrechts, Bd. IX, 3. Aufl. 2011, § 191, Rn. 100 f.

[56] Ausführlich hierzu *Calliess* (Fn. 38), 351 ff.

[57] Vgl. nur *V. Götz*, Allgemeines Polizei- und Ordnungsrecht, 14. Aufl. 2008, § 9, Rn. 1 ff., insbesondere Rn. 60.

Die so skizzierte Normallage verändert sich aufgrund einer staatlichen Genehmigung. Es kommt zu einer Art Überlagerung des Zivilrechts durch das Öffentliche Recht mittels der Präklusionswirkung spezieller Kollisionsnormen. Im Öffentlichen Recht selbst lässt sich der Zugewinn an Sicherheit für den Begünstigten zunächst allgemein anhand der Rechtswirkungen der Genehmigung bestimmen. Zum einen stellt sie im Rahmen ihrer Feststellungswirkung klar, dass das Vorhaben zum Zeitpunkt der Eröffnungskontrolle im Einklang mit den bei der Entscheidung zu prüfenden Rechtsvorschriften steht. Zum anderen wird die Schranke, die die Genehmigungspflicht aufrichtet, für den Begünstigten geöffnet, sein Vorhaben ist infolge der Gestattungswirkung der Genehmigung erlaubt.[58]

Maßgeblich für die materielle Schutzwirkung der Genehmigung ist jedoch, ob und in welcher Weise das spezielle Genehmigungsrecht die allgemeinen Regeln der vorstehend skizzierten Normallage modifiziert.[59] Ihre Ausgestaltung – in Form von Befristungen, Widerrufs- und Auflagenvorbehalten – markiert die rechtliche Grenze, die die Genehmigung nachträglich verschärften Anforderungen zieht, wenn solche vom Staat im Interesse des Gemeinwohls oder betroffener Dritter an das genehmigte Vorhaben herangetragen werden.[60]

Demnach ist die Reichweite der Gestattungswirkung nicht durch eine umfassende „Legalisierungswirkung" definiert, die – unter dem Gesichtspunkt der Einheit der Rechtsordnung – zu einer befreienden Risikoverlagerung vom Verursacher auf den Staat bzw. zu einer staatlichen Zukunftsgarantie für die Gemeinwohlverträglichkeit einmal genehmigter Anlagen führen würde.[61]

Dies bedeutet im Ergebnis, dass die über das Eigentumsgrundrecht verbürgte Bestandskraft einer Genehmigung schon per se nicht als Freibrief verstanden werden kann und darf. Vielmehr ist die Bedeutung der eigentumsrechtlichen Bestandskraft immer im Vergleich zur vorstehend skizzierten „Normallage" zu sehen. Die vom Gesetzgeber gestaltete „Genehmigungslage" ist demnach immer auch ein im Interesse der Wirtschaftsfreiheit vom Gesetzgeber gewährter Mehrwert, der in der Folge auch seiner weiter reichenden Gestaltungsfreiheit unterliegt.

---

[58] *Wahl/Hermes/Sach* (Fn. 32), 248; ausführlich *Engel* (Fn. 18), 14 ff.
[59] *Wahl/Hermes/Sach* (Fn. 32), 249 f.
[60] Vgl. dazu den Überblick von *Sendler*, WiVerw 1993, 235 (273 ff.).
[61] Ausführlich *Hermes* (Fn. 53), 187 (205 f.); *K. Sach*, Genehmigung als Schutzschild?, 1994, 150 ff. und 196 ff. jeweils m.w.N. zum Diskussionsstand.

The German Federal Constitutional Court's Misguided Attempts to Guard the European Guardians in Luxemburg and Strasbourg

By *Thomas Giegerich*

I. The Federal Constitutional Court's Unique Role in the European Integration Process

1. Broad Review Powers and Broad Popular Access

The Federal Constitutional Court (FCC) which is called upon to uphold and enforce the Basic Law (BL)[1] has enormous powers: It cannot only strike down any statute which it considers as unconstitutional but also review constitutional amendments as to whether they are inadmissible pursuant to the so-called 'eternity clause' of Art. 79 (3) BL.[2] These broad review powers are conjoined with broad popular access to the Court through constitutional complaints which can be lodged by any person who claims that one of his or her basic rights has been violated by public authority.[3] This has turned the FCC into a popular and therefore rather overburdened protector of powerless citizens against powerful governmental institutions which have to reckon with judicial interferences also in political decision-making. The following remarks analyse the FCC's interventions in the European integration process that includes both the European Union (EU) and the (European) Convention for the Protection of Human Rights and Fundamental Freedoms (ECHR) – two separate but closely connected avenues towards a value-based united Europe.

2. Openness for Eurosceptic Challenges

Unsurprisingly, citizens have also turned to the FCC to complain about decisions taken in the course of European integration whose institutions are further detached than the institutions of the German Federal or State Governments. This applies firstly to EU interferences with basic rights. Despite the claim of European law to primacy

---

[1] Basic Law for the Federal Republic of Germany of 23 May 1949 (as amended).

[2] The provision reads as follows: "Amendments to this Basic Law affecting the division of the Federation into *Länder*, their participation on principle in the legislative process, or the principles laid down in Articles 1 and 20 shall be inadmissible." (Translation published by the German Parliament, available at https://www.btg-bestellservice.de/pdf/80201000.pdf – accessed on 9 May 2012).

[3] Arts. 93 (1) No. 4a, 94 (2) BL.

over national law, natural and legal persons in Germany have repeatedly called upon the FCC to protect their basic rights from the EU. This led to the famous *'Solange'* jurisprudence of the FCC, in which it claimed the guardianship over human rights in Germany also vis-à-vis the secondary EU law.[4]

Secondly, however, the form and speed of achieving European unification in general was also challenged in the FCC. Germany's integration into a united Europe has been provided by the BL since 1949[5] and continuously been supported by sizeable and mostly overwhelming majorities both in the Federal Parliament and in the electorate. But the same is not necessarily true for particular steps toward 'an ever closer union among the peoples of Europe'.[6] As no referendum is available in Germany on EU issues, the Court has assumed the function of a safety valve: since 1992, some of the discontents have tried to deploy the FCC against what they depict as an elite project beyond the control of the ordinary electorate that jeopardizes German sovereign statehood. In reality, however, the political and legal struggles over Germany's participation in the European unification project take place between two elites – one more national-minded and the other one more European-minded.

The national-minded elite's complaints have encountered a Court determined to protect both the essential constitutional values of the BL and its own influence from the transfer of ever more sovereign powers from Germany to the uniting Europe.[7] Accordingly, the FCC developed a procedural device enabling it to co-determine the speed and direction of European integration: The Court admitted the filing of constitutional complaints by each and every voter in Germany against acts of assent by the German Parliament under Art. 23 (1) BL that pertain to treaty amendments in the sense of Art. 48 TEU. This effectively enables (and indeed invites) each member of the population at large to submit to the FCC for review any step toward deepening the integration. According to the underlying theory, whenever the German Parliament approves transfers of sovereign powers to the EU, it loses autonomous powers and thereby depletes the value of the democratic right to vote that is protected by Art. 38 BL. By lodging constitutional complaints, individual voters can challenge any power transfers that arguably void their basic right to vote. The FCC has recently narrowed the popular access in EU matters to complainants who can show that the power transfers are so far-reaching as to undermine the Federal Parliament's legis-

---

[4] See *infra* II.

[5] According to the preamble, as it was formulated by the *pouvoir constituant* in 1949, the German people, in the exercise of their constituent power, adopted the BL "inspired by the determination ... to promote world peace as an equal partner in a united Europe". Since 1992, the new Art. 23 BL formulates an obligation of the German State to "participate in the development of the European Union". See *H. Steiger,* EuR 2010, Beiheft 1, 57 *et seq.*

[6] See the 13th consideration in the Preamble of the Treaty on European Union.

[7] BVerfGE 123, 267. English translation available at http://www.bverfg.de/entscheidungen/es20090630_2bve000208en.html (accessed on 2 May 2012).

lative and supervisory powers or budgetary autonomy to an extent that it could no longer function as the representation of the will of the people.[8]

3. Critical Sympathy toward the EU and the ECHR

Going far beyond the *Solange* jurisprudence, the FCC has more recently reserved for itself review powers intended to preserve democratic government and the rule of law both in Germany and on the EU level. It first claims the power of *ultra vires* review to ensure that EU institutions, including the Court of Justice of the EU (CJEU), do not transgress the boundaries of their competences in accordance with the principles of conferral and subsidiarity.[9] The FCC secondly claims the power of what it calls 'identity review'. This means that it reviews "whether the inviolable core content of the constitutional identity of the Basic Law ... is respected."[10] As the Court explained, both the *ultra vires* review and the identity review "may result in ... Union law being declared inapplicable in Germany."[11] Both are therefore serious challenges to the primacy of EU law, and the FCC acknowledged as much when it made clear that in order to preserve the 'viability' *(Funktionsfähigkeit)* of the EU legal order it alone and no other German court was competent to exercise both powers.[12]

Despite all this Eurosceptic posturing, the FCC has repeatedly underlined the BL's and its own openness towards the European integration project. The Court's jurisprudence conveys the overall impression of critical sympathy towards the EU. The FCC is less critical toward the ECHR and the ECtHR. It has considerably enhanced the status and enforceability of the Convention rights and the Strasbourg Court's jurisprudence in Germany.[13] However, the Court maintains some reservations also in their regard.

All those reservations are based on the Court's belief that the BL requires the German State in general and the FCC in particular to retain the final say *vis-à-vis* the EU, the Convention system and international law in general.[14] This belief is erroneous because the BL's provisions on German integration into the united Europe and the international community as a whole were not only designed as an antithesis to traditional concepts of national sovereignty.[15] The integration of the re-organized German

---

[8] FCC, judgment of 7 September 2011 (2 BvR 987/10 and others), margin note 102.
[9] Judgment of 30 June 2009 (note 7), margin note 240.
[10] *Id.*
[11] *Id.*, margin note 241.
[12] *Id.*
[13] BVerfGE 111, 307; 128, 326.
[14] BVerfGE 111, 307 (319); 112, 1 (25 *et seq.*); 123, 267 (347 *et seq.*).
[15] *Th. Giegerich,* in: id. (ed.), Der „offene Verfassungsstaat" des Grundgesetzes nach 60 Jahren, 2010, 13 *et seq.*

State into the Council of Europe and the EU was moreover specifically intended to stabilize the new democratic BL and protect it against totalitarian challenges.[16]

II. The FCC's Claim of Guardianship over Human Rights in Germany in Theory and Practice

The first instance in which the FCC demonstrated its critical sympathy coupled with review powers is the famous *Solange* jurisprudence that has changed considerably over time.[17] Today, it means that the FCC will not review EU secondary legislation by the basic rights of the BL, as long as the level of basic rights protection provided by the CJEU generally meets the indispensable minimum standards required by the BL.[18] Since the Charter of Fundamental Rights of the EU was made part of the primary law,[19] the *Solange* jurisprudence has definitely become obsolete. The ECtHR has used a similar approach with regard to the responsibility under the Convention of EU Member States for EU secondary law[20] which will become obsolete as soon as the EU accedes to ECHR and becomes directly subject to the Strasbourg Court's review powers.

The FCC claims the guardianship over human rights in Germany also *vis-à-vis* the ECtHR. While generally paying deference to the Strasbourg jurisprudence, the FCC has held that the enforcement of an ECtHR judgment in Germany in a schematic way, in violation of higher-ranking German constitutional law, could violate the basic rights of the party negatively affected thereby, in particular where conflicting basic rights of several persons had to be balanced in multipolar basic rights situations.[21] But the FCC has never found a conflict between the ECHR and the BL and it is almost inconceivable that it would openly defy a judgment of the ECtHR. It has rather demonstrated its readiness to adapt its own jurisprudence to the jurisprudence of the Strasbourg Court.[22]

---

[16] *I. Pernice,* in: R. Bieber/P. Widmer (ed.), L'espace constitutionnel européen, 1995, 225 et seq.

[17] BVerfGE 37, 271 (*Solange I* [1974]) – 2 CMLR 540; 73, 339 (*Solange II* [1986]) – 3 CMLR 225.

[18] BVerfGE 102, 147.

[19] Art. 6 (1) TEU as amended by the Treaty of Lisbon. For the text of the Charter see OJ 2007 C 303, 1.

[20] ECtHR, judgment of 30 June 2005 (No. 45036/98) – *Bosphorus.*

[21] BVerfGE 111, 307. English translation available at http://www.bverfg.de/entscheidungen/rs20041014_2bvr148104en.html?Suchbegriff=G%F6rg%FCl%FC (accessed on 9 May 2012).

[22] BVerfGE 120, 180; 128, 326. The former judgment was upheld by the ECtHR (judgment of 7 February 2012 [Nos. 40660/08 and 60641/08 – *von Hannover (no. 2)*]).

III. The FCC's Claim of Guardianship
over the Principles of Conferral and Subsidiarity
in Theory and Practice

1. The FCC's Deference to the CJEU in the Honeywell Case

The Court's determination to actually use its claimed review powers and declare EU acts, including judgments of the CJEU *ultra vires* and inapplicable in Germany, was seriously tested in 2010 *Honeywell* Case. It concerned the prohibition of age discrimination in EU employment law. The constitutional complaint by the employer *Honeywell* against a judgement by the German Federal Labour Court squarely called upon the FCC to declare the *Mangold* judgment of the CJEU[23] *ultra vires* and thus irrelevant in the German legal order.

In *Mangold*, the CJEU held that the prohibition of age discrimination in employment in the so-called Framework Directive[24] precluded the enactment of a German statutory provision which authorized, without restriction, the conclusion of fixed-term employment contracts with workers older than 52, whereas such contracts with younger workers were only permitted if based on objective grounds.[25] Although Germany had introduced the authorization before the expiration of the transposition period set by the directive, the CJEU reaffirmed that Member States were not permitted to frustrate the objectives of the directive by enacting contrary laws during the transposition period. The CJEU also decided that the directive had negative (indirect) horizontal effects in the employer – employee relation, rendering inapplicable the employer's specific statutory authorization to discriminate older workers.[26] This effectively transformed the fixed-term employment contracts based on that authorization into unlimited contracts under the otherwise applicable general rules of German labour law. Although the holdings of the *Mangold* judgment were reasonable, they were certainly not self-evident. The judgment was therefore heavily criticized,[27] especially in Germany, where legal provisions and practices discriminating on grounds of age have been pervasive and regularly upheld by the courts, including the FCC.[28]

The FCC nevertheless dismissed *Honeywell's* constitutional complaint by a majority of 7:1.[29] The majority explained that the *ultra vires* review of EU acts had to be

---

[23] Judgment of 22 November 2005 (Case C-144/04), ECR 2005, I-9981.

[24] Council Directive 2000/78/EC of 27 November 2000 establishing a general framework for equal treatment in employment and occupation (OJ 2000 L 303, 16). The directive was adopted unanimously by the Council.

[25] § 14 (3) sentence 4 of the Law on Part-Time Working and Fixed-Term Contracts *(Teilzeit- und Befristungsgesetz)* as of 1 January 2003.

[26] See also CJEU, judgment of 19 January 2010 (C-555/07 – *Kücükdeveci*), §§ 44 *et seq.*

[27] One critic was Advocate General Mazák in his opinion of 15 February 2007 in the case C-411/05 *(Palacios)*.

[28] BVerfGE 103, 172; EuGRZ 1994, 803.

[29] BVerfGE 126, 286. See *Th. Giegerich*, GYIL 53 (2010), 867 *et seq.*

coordinated with the CJEU's function to interpret and apply the Treaties and thereby preserve the unity and coherence of EU law. If each Member State claimed the right to have its own courts decide on the validity of EU acts, the primacy in application of EU law could be undermined and its uniform application throughout the EU jeopardized. On the other hand, the Member States could not completely forego *ultra vires* review because that would relinquish the disposal over the treaty basis of European integration completely to the EU institutions, including the power effectively to amend the Treaties. In view of the procedural and substantive precautions of EU law in respect of the principles of conferral and subsidiarity, however, *ultra vires* acts could occur only in rare borderline cases. Consequently, the FCC would exercise *ultra vires* review only with restraint and benign respect for European law (*"europarechtsfreundlich"*). The Court would accordingly only intervene when the violation of the principle of conferral was evident. That required a manifest and sufficiently serious transgression of the powers conferred resulting in a structurally significant shift to the detriment of the Member States within the EU system of competences. In applying that deferential review standard, the FCC concluded that the Federal Labour Court had rightly applied the *Mangold* judgment in the *Honeywell* Case.

With regard to ECtHR, reservations by the FCC concerning *ultra vires* decisions, although they probably exist, have not been made explicit so far. The German Federal Administrative Court (FAC), however, some years ago refused to follow a certain line of cases of the Strasbourg Court which it considered *ultra vires:* the ECtHR had applied Art. 3 ECHR to the deportation of aliens likely to face inhuman treatment by non-State actors in the country of destination whereas the FAC held that Art. 3 ECHR covered inhuman treatment only if inflicted by State actors. It then, however, used alternative reasoning based on national law to come to the conclusion required by the ECHR – that the aliens could not be deported.[30]

2. Misguided Institutional Distrust on Shaky Constitutional Ground

The FCC's claimed powers of *ultra vires* review are obviously and admittedly incompatible with the EU Treaties which clearly attribute the function of ultimate arbiter of EU law to the CJEU.[31] The EU is a democratic union of Member States and EU citizens tied together by law, leaving no room for extra-legal resistance by national courts against final judgments of the CJEU. That would put the axe to the roots of the EU as a legal community. Similarly, Art. 46 ECHR provides that the judgments of the ECtHR are binding on the parties to the respective cases. For the other Convention States, they have an "at least practical precedential function".[32]

---

[30] BVerwGE 99, 331 (335 *et seq.*); 104, 265.

[31] See Art. 267 (3) TFEU. See also ECJ, ECR 1987, 4199 (Case C-314/85 – *Foto-Frost*).

[32] BVerfGE 128, 326 (368 *et seq.*).

The FCC has tried to justify its *ultra vires* review of EU acts by reference to the BL's principle of democracy. Democracy is said to require not only that the powers of the EU remain contingent on joint transfers by Germany and the other Member States through the Treaties but also that the EU organs' exercise of those powers remains under the continuous supervision of the FCC (and the courts of the other Member States). This interpretation of the BL equates democracy with national sovereignty, even though the BL's openness towards international law and European integration was specifically intended to overcome the classical notion of sovereignty. One clear indication that the BL's concept of openness includes the submission to binding decisions by international courts and tribunals can be found in Art. 24 (3) BL.[33] Moreover, Art. 23 (1) sentence 1 BL expressly defines the EU as an organization committed to the rule of law which presupposes that the finality of the decisions of the CJEU are respected by the national courts.[34] One could imagine a very narrow and utterly theoretical exception to that rule, according to which judgments of the CJEU, like judgments of international courts and tribunals, and for that matter also national courts, are void in extreme cases such as lack of jurisdiction or corruption of members.[35] But the FCC intends to go much further.

The FCC obviously mistrusts the CJEU's willingness to faithfully and vigorously implement the principles of conferral and subsidiarity enshrined in Art. 5 TEU. The Luxemburg Court's jurisprudence has indeed not exactly championed Member States' rights and powers by construing the competences of the EU and the scope of EU law narrowly. If it had, the EU would never have become the effective supranational organization that it is today and that the Member States have always intended it to be. The CJEU did no more than making the implicit legal logic of the Treaties visible – with the implicit consent of the Member States, at least in general terms. The Court could indeed occasionally have demonstrated more sensitivity toward Member States' rights and supported its judgments with more extensive and thorough reasoning, taking into consideration the different legal and judicial cultures in the Member States. But this does not mean that it has functioned improperly, abused its powers or even perverted justice.

Contrary to prejudices prevalent in some quarters, the judges of the CJEU do not personify any particular institutional bias in favour of the EU, inherently striving for aggrandizement of Union power and influence at any cost. They are much less dependent on the EU than on the Member States. It should be remembered that they are appointed for the relatively short period of six years not by any EU institution but by common accord of the governments of the Member States, with the possibility of reappointment.[36] Their reappointment depends in practice on the proposal by their re-

---

[33] *C. D. Classen*, JZ 64 (2009), 881 (888).

[34] *Th. Giegerich*, GYIL 52 (2009), 9, 25 *et seq.*

[35] See *K. Oellers-Frahm*, in: R. Wolfrum (ed.), The Max Planck Encyclopedia of Public International Law, Oxford University Press, 2008, online edition (www.mpepil.com).

[36] Art. 19 (2) TEU, Art. 253 TFEU.

spective national government. They usually come from and return to their national legal systems and professional backgrounds. They depend on the cooperation of the national judiciaries via the reference procedure.[37] The enforcement of their decisions rests with those that possess political power in the EU – first and foremost the Member States.

In multilevel (federal or quasi-federal) constitutional systems of government, the interpretation of the constitution of each level is inevitably (and therefore invariably) entrusted to a court organized on that same level, because the purview of the constitution and the jurisdiction of its final interpreter must be coextensive. Any other solution would be dysfunctional, jeopardizing the uniform interpretation and thus the effectiveness of the constitution. The BL does not prescribe such a dysfunctional solution which would ultimately pose a threat to the survival of the system. In the *Honeywell* Case, the FCC's majority belatedly recognized as much. Instead of threatening the CJEU with resistance, the FCC should rather enter into a constructive dialogue with the Luxemburg Court through the reference procedure (Art. 267 (3) TFEU). That would enable the latter to better explain its jurisprudence and perhaps even modify it and thus remove any remaining doubts which the FCC might have as to the scope of the EU's conferred powers. But that would of course presuppose the acceptance by the FCC of the CJEU's final say and thus amount to an act of submission.

IV. The FCC's Claim of Guardianship over Germany's 'Constitutional Identity' in Theory and Practice

1. Legitimate Means for Protecting Core National Constitutional Values from European 'Encroachments'

The FCC's claim of guardianship over Germany's 'constitutional identity' is the enhanced successor to the now defunct *Solange* review. The BL explicitly provides that Germany can only participate in the EU, if the treaty foundations of that organization, including later amendments, do not affect the unalterable core concepts of the German constitution which are not even subject to constitutional amendments.[38] These core concepts such as democratic government, the rule of law, the separation of powers, federalism and human dignity make up Germany's constitutional identity as part of its national identity in the sense of Art. 4 (2) TEU. Quite consequentially the FCC can use these unalterable constitutional standards to review the German laws assenting to Treaty amendments under Art. 48 TEU, before these are ratified by Germany and become legally binding. Although such review may prevent the German ratification and thus ultimately foil the realization of further steps towards European unity, it is the price to be paid by an EU made up of constitutional States.

---

[37] Art. 267 TFEU.

[38] Art. 23 (1) sentence 3 in conjunction with Art. 79 (3) BL.

In a recent judgment, the FCC extended its identity review to German laws adopted to implement political decisions which were made within the (European) Council and closely connected with the EU, although they technically remained outside the scope of the Treaties.[39] That judgment concerned the laws enacted to enable German participation in the bailout of Greece and the European Financial Stability Mechanism (EFSM).[40] The German contribution, which was essential for the effectiveness of both projects and the stabilization of the financial markets in Europe and beyond, amounted to guarantees of up to € 170 billion. This sum makes up roughly one half of the annual expenditures of Germany. The FCC found a democracy problem in that the budgetary autonomy of the German Parliament was affected. In the Court's view, it was indispensable that every grant of larger amounts of financial aid by Germany out of solidarity with other Member States remained subject to Parliamentary consent. The FCC would, however, only look for manifest violations of Parliament's budgetary autonomy because it had to respect the legislature's margin of appreciation, in particular with regard to the risk assessment concerning financial guarantees. This was because the legislature had an expertise in these regards which the Court was lacking. In applying this standard, the FCC found that the Parliament had constrained but not impermissibly depleted its budgetary autonomy. The principle of democracy had therefore not been violated.

The FCC here once again used a very deferential standard of review. It took exception, however, to the impermissibly weak position that Parliament was accorded in the EFSM Law. In this regard, the FCC insisted that the Federal Government must obtain the Parliamentary Budget Committee's prior consent before making any financial commitment, except in cases of extreme urgency in which there were compelling reasons for the immediate assumption of the guarantees. It 're-interpreted' the Law accordingly so as to preserve its constitutionality. More recently, the FCC insisted that the German Parliament's plenary could delegate its participation rights and thus its budgetary responsibility to a committee only when this was necessary to maintain the functioning of Parliament in cases of extreme urgency or need of secrecy.[41] Since the pertinent German statutes had not been enacted to transpose any EU law obligation but "only" important political commitments assumed by the German government within the EU, the FCC's 'identity review' in these cases was compatible with EU law. It nevertheless created political and financial uncertainty for a considerable period of time in an already tense international situation.

---

[39] FCC, 2 BvR 987/10 *et al.*, judgment of 7 September 2011, available at http://www.bverfg.de/entscheidungen/rs20110907_2bvr098710.html. Press release in English available at http://www.bverfg.de/pressemitteilungen/bvg11–055en.html (both accessed on 9 May 2012).

[40] See *Th. Giegerich*, GYIL 54 (2011), 639 *et seq.*

[41] FCC, judgment of 28 February 2012 (2 BvE 8/11), margin notes 123 et seq. (available at http://www.bverfg.de/entscheidungen/es20120228_2bve000811.html [accessed on 3 May 2012]).

It would cause a veritable constitutional crisis of the EU, however, if the FCC conducted an 'identity review' of binding provisions of EU primary or secondary law and came to a negative result, declaring those provisions to be inapplicable in Germany. It has fortunately never exercised this purported competence which seems misplaced in a union of constitutional States that are all – and by virtue of EU law and the ECHR have to be – committed to the very same values which form the core of Germany's constitutional identity.[42] In this context, we should not forget that the integration of the German State and people in the "united Europe" which comprises both the EU and the ECHR has always been an important element of Germany's constitutional and national identity.[43] Nor should we forget that the firm integration of Germany (and the other Member States) into the EU has always been intended to provide additional safeguards against totalitarian temptations.

The FCC claims the power to exercise 'identity review' also *vis-à-vis* the ECHR and the ECtHR. But as the BL and the ECHR are cut from the same cloth, it is practically inconceivable that the Convention or the jurisprudence of the ECtHR should ever come into conflict with the essential constitutional values of the BL.

In view of its openness toward European integration, the BL does not legitimate the FCC's exercise of 'identity review' if it results in the disapplication of binding provisions of either EU law or the ECHR in Germany. The FCC can practically always avoid such an unnecessarily disruptive outcome. First, it will usually be possible to interpret the BL's rather abstract 'inviolable core content' in the sense of Art. 79 (3) BL in a way that harmonizes with the parameters of European law. This is indeed required by the positive attitude of the BL towards European integration.[44] Secondly, any remaining shortcomings can be fixed sufficiently through 'in-house means' under national law within the framework of EU law and the ECHR. Thus, if the transfer of powers to the EU interferes with German federalism by taking away competences from the German *Länder*, they can and must be compensated by increasing their co-determination powers through the Federal Council with regard to the formulation of Germany's EU policy.[45] Where the Treaties do not permit the EU courts to sufficiently protect natural and legal persons from interferences by EU institutions,[46] the Member States can and must provide them with the national judicial remedies which are required to protect their basic rights.[47] If the democratic legiti-

---

[42] See Arts. 2, 49 TEU.

[43] G. *Nicolaysen,* EuR 2010, Beiheft 1, 9 (18); *I. Pernice,* AöR 136 (2011), 185 (198, 200 *et seq.*).

[44] See *Giegerich* (note 34), 24 *et seq.*

[45] BVerfGE 92, 203.

[46] While Art. 263 (4) TFEU on direct action by natural and legal persons against EU acts was broadened by the Treaty of Lisbon, there are still gaps to be closed by national judicial remedies (see General Court, Order of 6 September 2011 [Case T-18/10 – *Inuit Tapriit Kanatami*], appeal pending [Case C-583/11 P]).

[47] See Art. 19 (1) sentence 2 TEU which codifies the case law of the CJEU (ECR 2002, I-6677 margin note 41 [Case C-50/00 P – *Unión de Pequeños Agricultores*]).

macy of certain EU decisions appears to be deficient, the preparatory national decision-making process in Germany can and must be improved, for instance by enhancing the influence of the German Parliament on how the German representatives in the Council vote.[48] The FCC used this approach in both the Treaty of Lisbon Case and in the Euro Crisis Management Case where it held that certain important decisions on Germany's EU policy were reserved to the German Parliament.

2. Can the FCC's 'Identity Review' be Justified in Terms of EU Law?

In its judgment on the Treaty of Lisbon,[49] the FCC also referred to EU law in an attempt to justify its power of identity review, invoking both Art. 4 (2) TEU and the *Kadi* judgment of the CJEU.[50] Pursuant to Art. 4 (2) TEU, the EU shall respect Member States' national identities inherent in their fundamental political and constitutional structures. This is an EU-incumbent aspect of the reciprocal obligation of the Union and the Member States to engage in sincere cooperation (Art. 4 (3) TEU).[51] Therefore Art. 4 (2) TEU gives Member States no unfettered discretion to override the primacy of binding EU law by invoking their national or constitutional identity.[52] While the latter is to be respected by the EU, it is by no means made sacrosanct.

Art. 4 (2) TEU does not function as a general reservation with regard to the Member States' treaty commitments. In this respect, the provision resembles Arts. 345 and 347 TFEU which also seemingly establish general exceptions to EU law but have been interpreted much more narrowly by the CJEU.[53] Rather, the EU's obligation to respect the Member States' constitutional identity has to be brought into a proper balance with the equally general obligation of the Member States under Art. 4 (3) TEU to "facilitate the achievement of the Union's task and refrain from any measure which could jeopardise the attainment of the Union's objectives". The place to strike that balance is the definition and proper weighting of the 'national identity' on the one hand and the Union's constitutional 'tasks' and 'objectives' which determine the Union's identity[54] on the other hand.[55] Ultimately, a synthesis of national and EU constitutional values, interests and identities needs to be developed. As the

---

[48] See the references supra in notes 7, 39 and 41.

[49] Note 7, margin notes 234, 240, 339, 340.

[50] Judgment of 3 September 2008 (Joined Cases C-402/05 P and C-415/05 P).

[51] A. Puttler, in: Ch. Calliess/M. Ruffert (eds.), EUV/AEUV (4th ed. 2011), Art. 4 TEU margin note 10.

[52] A. von Bogdandy/St. Schill, ZaöRV 70 (2010), 701 (725 et seq.); Pernice (note 43), 194 et seq.; B. Nabli, RDUE 2012, 210 (214 et seq.). But see Puttler (note 51), Art. 4 TEU margin note 22.

[53] See e.g. the *Kadi* judgment (note 50), margin notes 300 et seq.

[54] See para. 11 of the Preamble of the TEU.

[55] See, e.g., the Opinion of Advocate General Kokott in Joined Cases C-428/06 to 434/06 (*UGT-Rioja*), ECR 2008, I-6747, paras 54 et seq.

CJEU has never explained the exact relation between Art. 4 (2) and (3) TEU, it is regrettable that the FCC failed to make a reference under Art. 267 (3) TFEU in this regard.[56]

The application of Art. 4 (2) and (3) TEU in a given case requires cooperation between the national courts and the CJEU.[57] It is a matter for the national court – in Germany ultimately the FCC – to define the content of that State's constitutional identity and assess the constitutional importance of the specific element applicable in the pertinent case. It thereby determines the object of the EU's duty to respect pursuant to Art. 4 (2) TEU. In this definitional and weighting process, however, the national organ is also bound by Art. 4 (3) TEU to pay due regard to the Union's tasks and objectives that need to be defined and weighted as well. Since this requires a balancing of the reciprocal obligations of the EU and the Member State pursuant to Art. 4 (2) and (3) TEU, the outcome is ultimately determined by EU law.[58] Accordingly, the development of the synthesis from Art. 4 (2) and (3) TEU by the competent national organ is subject to review by the CJEU.[59] In that context, the CJEU cannot redefine the substance of the national constitutional value but determine whether it is compatible with Art. 2 TEU and re-evaluate the weight attributed to it by the competent national organ in the concrete circumstances relative to the weight of the opposing EU values. The Court can also review the proportionality of the means used by the Member State to protect its constitutional identity.

The *Omega* Case[60] provides a good example: There, the German FAC held that consenting adults who in a war game ('laserdrome') shoot at each other with laser weapons that cause no actual physical harm still violate each other's human dignity and thus Germany's constitutional identity. This assumption is obviously not beyond doubt. If it had seriously interfered with an essential EU objective,[61] it would have been appropriate for the CJEU to accord the questionable human dignity violation lesser weight and thus tip the balance in favour of that essential EU objective. In other words, the competent national organ is not empowered to make the final determination on the proper balance between the reciprocal obligations flowing from Art. 4 (2) and (3) TEU, since this is a question of EU law which the CJEU alone

---

[56] See *E.-J. Mestmäcker*, EuR 2010, Beiheft 1, 35 (37).

[57] See *L.F.M. Besselink*, Utrecht Law Review Vol. 6 Issue 3 (November) 2010, 36 *et seq.* (http://www.utrechtlawreview.org). See also *R. Streinz*, in: id. (ed.), EUV/AEUV (2nd ed. 2012), Art. 4 EUV margin note 20; *M. Walter*, ZaöRV 72 (2012), 177 (196 *et seq.*).

[58] This becomes particularly clear when the balancing is done with regard to an existing act of secondary law because the outcome then simultaneously determines if that act is void because the EU legislature violated Art. 4 (2) TEU when enacting it.

[59] *von Bogdandy/Schill* (note 52), 728 *et seq.*; *Pernice* (note 43), 213 *et seq.*; *S. Platon*, RDUE 2012, 150 *et seq.*

[60] ECJ, judgment of 14 October 2004 (Case C-36/02), ECR 2004, I-9609.

[61] In reality, it had only been used to justify a restriction on the freedom to provide services under (now) Arts. 62, 52 TFEU.

can answer definitely.⁶² Accordingly, the CJEU rejected the "national identity" claim by which a Member State sought to justify the general exclusion of nationals of the other Member States from access to the profession of civil-law notary in contravention of Art. 49 TFEU because that Member State's interest could be effectively safeguarded otherwise.⁶³

The FCC wrongly assumes that only the autonomous enforcement of Art. 4 (2) TEU by the national courts can, "with progressing integration, safeguard the fundamental political and constitutional structures of sovereign Member States."⁶⁴ One can just as well state that only the centralized enforcement of Art. 4 (2) TEU by the CJEU can safeguard the uniformity and effectiveness of EU law and thus ultimately the survival of the EU. The primary safeguard for the Member States' constitutional identity actually consists in the EU's decision-making process in which the Council of national ministers plays such an important role. According to the long-standing practice of the Council, which antedates the inclusion of Art. 4 (2) in the EU Treaty, constitutional 'red lines' invoked by any member during decision-making are taken seriously in the sense that the Council strives for finding a solution acceptable to all members.⁶⁵

There is no reason either to assume that the CJEU will not adequately fulfil its function under Art. 19 (1) sentence 1 TEU to ensure that a proper balance between Art. 4 (2) and (3) TEU is established in a certain case. The constitutional identity of Member States has been invoked before the Court only three times so far,⁶⁶ and in all cases the CJEU, after critical scrutiny, ultimately paid deference to the Member State's identity claim. In the *Omega* Case, the CJEU allowed Germany to restrict the freedom to provide services (Art. 56 TFEU) for the sake of protecting human dignity. In the *Sayn-Wittgenstein* Case, the CJEU held that Austria was not precluded from enforcing the law on the abolition of nobility which was an element of national identity, even if that restricted the freedom of movement (Art. 21 TFEU) of an Austrian resident in Germany who could not use her German title of nobility in Austria. The Court determined that the Austrian measure was proportionate.⁶⁷

In the more recent *Runevič-Vardyn* Case,⁶⁸ Lithuania invoked Art. 4 (2) TEU to justify rules providing that the name of a Lithuanian citizen belonging to the Polish minority might be entered on the Lithuanian certificates of official status only in a form which complied with the rules governing the spelling of Lithuanian, the official national language. The Lithuanian language was categorised as a "constitutional

---

⁶² Art. 19 (1) sentence 1 TEU; Art. 267 (1) (a), (3) TFEU.

⁶³ Judgment of 24 May 2011 (Case C-51/08 – *Commission v. Luxemburg*), margin note 124.

⁶⁴ Lisbon judgment (note 7), margin note 240.

⁶⁵ BVerfGE 89, 155 (202). See also *Pernice* (note 43), 212 *et seq.*

⁶⁶ There are further cases concerning Member States' "national identity", *e.g.* ECJ, ECR 1989, 3967 (Case 379/87 – *Groener*); ECR 1996, I-3207 (Case C-473/93 – *Commission v. Luxemburg*); judgment of 24 May 2011 (Case C-51/08 – *Commission v. Luxemburg*).

⁶⁷ Judgment of 22 December 2010 (Case C-208/09), margin notes 74, 83 *et seq.*

⁶⁸ Judgment of 12 May 2011 (Case C-391/09).

asset which preserves the nation's identity". There the CJEU left it for the national court to decide both whether the application of those spelling rules constituted a restriction on the freedoms conferred by Art. 21 TFEU and, if so, whether that restriction was proportionate, also in view of Art. 7 of the EU Charter of Fundamental Rights and Art. 8 ECHR. In this context, the CJEU, however, mentioned two factors that indicated the disproportionate nature of the restriction.[69] It is unclear why the Court did not carry out the proportionality review on its own in *Runevič-Vardyn*, as it had done in *Sayn-Wittgenstein*. Perhaps that indicates the CJEU willingness to accord the national courts a margin of appreciation with regard to the striking of the balance between Art. 4 (2) and (3) TEU.

In support of its alleged identity review powers, the FCC also invoked the *Kadi* judgment in which the CJEU annulled an EC Regulation that had been enacted to implement a UN Security Council resolution imposing individualized financial sanctions.[70] While in *Kadi* the CJEU protected the EU's constitutional identity with regard to human rights from interferences originating in the sphere of public international law, the circumstances of that case were very different from those in which the FCC intends to undertake its own 'identity review'. In *Kadi,* the EC as such, not being a member of the UN, was not legally bound to implement the resolution so that the Luxemburg judgment did not directly violate the UN Charter.[71] In contrast to that, by ordering the non-application of an act of EU secondary law in Germany for incompatibility with the inviolable core content of the BL, the FCC would automatically and seriously violate the EU Treaty. Secondly, in *Kadi* no judicial protection whatsoever was available on the UN level for the core constitutional values of the EU, whereas the EU Treaty provides for an effective judicial protection of the Member States' constitutional identity, as has been explained above.

The FCC should thus abandon its claim of autonomous identity review or at least suspend it in the sense of the *Solange II* approach, declaring that it would not exercise that power as long as the CJEU generally ensured effective protection to Member States' constitutional identities.

V. Maintaining the Rule of Law in Multilevel Europe – a Joint Responsibility of European and National Courts

With regard to both ultra vires and identity review, the FCC claims the role of Europe's ultimate arbiter, in particular *vis-à-vis* the CJEU, to a lesser extent also *vis-à-vis* the ECtHR. Although FCC decisions are binding only within Germany, its EU-

---

[69] *Id.*, margin notes 91 *et seq.*

[70] Lisbon judgment (note 7), margin note 340.

[71] The EU Member States, however, were under such an obligation, and the CJEU prevented them from fulfilling it. One could therefore characterize the *Kadi* judgment as an indirect violation of the UN Charter.

related jurisprudence has – and is intended to have – repercussions throughout Europe. It sets the tone of the discussion, trying to influence the jurisprudence of the European courts and giving bad examples to other national courts. It is no accident that the FCC publishes English and sometimes even further translations of its most important decisions on EU law and the ECHR on its website.[72] The FCC's claims pose a threat to the cohesion of the EU, since they encourage courts in the 26 other Member States to each second-guess different parts of the jurisprudence of the Luxemburg and Strasbourg Courts. National courts have no legitimation to undermine the common goal of creating "firm bases for the construction of the future Europe" which the Member States have laid down in the TEU.[73] Various advances to amend the Treaties and replace the CJEU by a joint chamber of the highest national courts for adjudicating competence conflicts have never seriously been contemplated at the governmental level.[74]

The FCC's dysfunctional claims are unsustainable not only under EU law but also under German constitutional law which abandoned the traditional concept of national sovereignty in favour of facilitating the creation of the 'United States of Europe'.[75] These claims are apparently unsustainable in practice either. When called upon to carry out its threats, the FCC has fortunately defined its review powers so narrowly that any concrete violation of EU law could be avoided. Instead, the Court rightly used 'in-house means' where necessary to offset shortcomings on the EU level. There are, however, two instances in which the FCC accepted temporary violations of EU law: in both instances, it struck down German statutes transposing EU directives which had not duly respected the BL's basic rights provisions when making use of regulatory margins left by the directives.[76] That left Germany in violation of its obligation to transpose those directives until new laws could be enacted. With regard to the ECHR, the Court has adapted its own jurisprudence to the demands of the Convention as defined by the ECtHR instead of creating a conflict between the BL and the ECHR.

Apparently, the FCC has meanwhile recognized that the maintenance of the rule of law in the European integration process can only be successful if it is conceived as a common endeavour and joint responsibility of the European Courts in Luxembourg and Strasbourg as well as the national courts and not as an antagonistic adventure. These courts all owe each other cooperation, critical respect and constant dialogue in the multilevel and pluralist constitutional system of the EU. One of them should not threaten to use unlawful acts of resistance against imaginary perversions of jus-

---

[72] The FCC judgment on the Treaty of Lisbon is currently available in English, French and Spanish.

[73] 3rd preambular paragraph of the TEU.

[74] Th. Giegerich, Europäische Verfassung und deutsche Verfassung im transnationalen Konstitutionalisierungsprozeß, 2003, 717 et seq.

[75] Giegerich (note 34), 9 et seq.

[76] BVerfGE 113, 273 (European Arrest Warrant); 125, 260 (Data Retention Directive).

tice which the others will anyhow never commit. Such aggressive rhetoric is misplaced in a system of joint responsibility for the rule of law and amounts to an abstract treaty violation. The FCC should therefore abandon its misguided attempts to guard the guardians in Luxemburg and Strasbourg since these attempts are both unsound in theory and impracticable.

Vom Staat zur Demokratie

Eine staatstheoretische Skizze[1]

Von *Rolf Grawert*

I.

In Deutschland herrschte lange Zeit der Staat. Dann herrschte der Führer. Jetzt herrscht das Volk. Löst die Demokratie den Staat in der Führung der politischen Gemeinschaft ab? Vom Status zum Fluxus? Von der Konstitution zur Kommunikation?

Der Nationalstaat gilt heute als Angelpunkt der politischen Ordnung Europas. Auf ihn sind die Erwartungen politischer Stabilität nach innen und außen konzentriert, weil er Völker enquadriert, Wirtschaften reglementiert und eine Entscheidungseinheit bildet. Seinem historischen Konzept nach fußt er auf einer einigen Nation. Zwar kann kein europäischer Staat sich heute einer solchen Einheit rühmen; sie war von vornherein ein typologisches Konstrukt; doch gilt das Vertrauen keinem theoretischen Staatsmodell, sondern den bestehenden, institutionell gefestigten Staaten, weshalb Balkanisierungen nicht als Erfolge der Selbstbestimmung, sondern als Störungen gelten. Der Nationalstaat, der als Ordnungsfaktor hervorgehoben wird, hält seine Minderheiten im Zaum und definiert sein Staatsvolk selbst. Sein Aktionszentrum bildet die Staatsleitung, die die Staatsgewalt nach innen und außen ausübt. Sie ist effektiv, wenn sie die Einheitsbildung auf den organisierten Staat konzentrieren und andere, auch grenzüberschreitend tätige Kräfte wie Religionen, Kirchen, Parteien, Verbände, Wirtschaftsunternehmen steuern, also in ihre Rechtsordnung zwingen kann. Auf den Nationalstaat bauen, heißt mithin, der im Staat institutionalisierten Macht die Führung zu reservieren und zu überantworten. Damit wird die Konsequenz aus dem Untergang von Feudalitäten, Dynastien, Imperien und Blöcken gezogen und an den seit Beginn des 19. Jahrhundert vorherrschenden Strukturen festgehalten. Die Staaten waren und sind in Europa die Maßeinheiten für politisches Gleichgewicht, auf das seit dem Zweiten Weltkrieg wieder nachhaltig abgestellt wird. Die Europäische Union hat diesen Zustand zwar funktional verändert; sie hat aber zugleich den Staat als Zentrum der Stabilität ins supranationale Bewusstsein gehoben, und zwar umso intensiver, je stärker die europäische Integration wirkt und das allgemeine Bewusstsein bestimmt. In Deutschland kann der Staat sich idealiter auf Hegel, und der

---

[1] Herrn Prof. Dr. Eckart Klein zur Vollendung seines 70. Lebensjahres und in Erinnerung an gemeinsame Heidelberger Jahre sowie an die Gründung der Juristischen Fakultät der Universität Potsdam und deren Menschenrechtsinstitut. Die Festschriftdisziplin gestattet nur die sparsam belegte „Skizze" eines weitläufigen Themas.

Nationalstaat sich realiter auf Bismarck stützen. Wie stabil sind diese Stützen heute noch?

II.

Hegel brachte den „Staat" auf die Höhe eines Begriffs, die in der Welt nicht zu übertreffen war. Selbstverständlich war vom Staat auch vordem schon die Rede. Doch erst Hegel überhöhte deren Objekt, indem er im „Staat" den säkularisierten Geist Gottes subjektivierte: „Der Staat ist die Wirklichkeit der sittlichen Idee."[2] Das ist keine Beschreibung, sondern die Idee von einer ontologisch und ethisch begründeten und legitimierten Organisation der politischen Gemeinschaft. Im Staat erfahren deren Mitglieder die Sublimierung ihrer individuellen Freiheiten zu einer institutionellen, allgemeinen Freiheit. Der Vorgang verläuft dialektisch, aber asymmetrisch: Es ist der – konkret: historisch existierende – Staat, der eine Menge Menschen zu einer Nation und damit zu seiner Grundlage fügt und ein allgemeines Bewusstsein der dem Individuum überlegenen Organisation schafft. Für Hegel ist das Allgemeine mehr als das Gemeinschaftliche im Sinne Rousseaus Vertragsmodell. Seine Idee setzt allerdings vernünftige, dem Gemeingeist durch Gemeinsinn verpflichtete Staatsbürger voraus, die ihre Einzelinteressen der „substantiellen Einheit" mitgliedschaftlich einpassen. Deren Substanz besteht in einer dem Gemeinwohl dienenden, freiheitlichen Rechtsordnung. Hegel hielt seinerzeit die konstitutionelle Monarchie – preußischer Provenienz – für den Höhepunkt der historischen Entwicklung.[3] Man kann heute darüber hinwegsehen und im Prinzip festhalten, dass er dem Staat eine zukunftsträchtige Position zugeschrieben hat. Erstens: Die abstrakte Institution ist als ein „Kunstwerk" ein historisches Subjekt eigener Art und Legitimität, das über den ihm angehörenden Menschen und Körperschaften rangiert und anderen Staaten selbstbewusst gegenübertritt; als derart komplexes Gebilde ist er eine „organische Totalität".[4] Zweitens: Der Staat formiert den Gemeingeist seiner Angehörigen, die sich ihrerseits retrospektiv in die Einheit einbringen, so dass ein asymmetrisch dialogisches Korrespondenzverhältnis stattfindet, das in der Korrespondenz von Untertan und Staatsbürger, Gesellschaft und Staat[5] seine Konkretion gewinnt. Drittens: Die Bürger genießen den Respekt ihrer Freiheit, deren Umsetzung der bürgerlichen Ge-

---

[2] *G. F. Hegel*, Grundlinien der Philosophie des Rechts, 1821, § 257; § 258 Zusatz: „… es ist der Gang Gottes in der Welt, dass der Staat ist … Bei der Idee des Staats muss man nicht besondere Staaten vor Augen haben, … man muss vielmehr die Idee, diesen wirklichen Gott, für sich betrachten." Ebenso *ders.*, Vorlesungen über die Philosophie der Geschichte, 1837/40, 2. Teil 3. Kap. Anfang. Zu Hegels Staatstheologie *F. Rosenzweig*, Hegel und der Staat, 1920, Nachdruck 2010, 355 ff.; *M. Pawlik*, Der Staat 41 (2002), 183 ff.; eingehend *K. Löwith*, Von Hegel zu Nietzsche, 1941), 1995, 59 ff., 351 ff.

[3] *Hegel*, Rechtsphilosophie (Fn. 2), § 273. In *Hegel*, Die Verfassung Deutschlands, 1800 – 1802, plädiert Hegel für eine starke Staatsmacht, die den „gemeine(n) Haufen des deutschen Volkes" zu einem Staat zwingt; von einer „demokratischen Verfassung" hielt er damals nichts.

[4] A.a.O., § 256. Dazu ergänznd *R. Grawert*, in: Lucas/Pöggeler (Hrsg.), Hegels Rechtsphilosophie im Zusammenhang der europäischen Verfassungsgeschichte, 1986, 257 ff.

[5] A.a.O, §§ 256, 258.

sellschaft und, transformiert, dem Staat Dynamik vermittelt; sie haben an Hegels „moderne(m) Staat" jedoch nur durch ihren – unterstellten – staatsbürgerlichen Gemeinsinn, an den „allgemeinen Geschäften" des Staates dagegen nur einen beschränkten Anteil; auf ihren „Patriotismus"[6] ist der Staat jedoch angewiesen, sonst „steht" er „in der Luft".[7] Viertens: Der Staat funktioniert als institutionell gegliederte Organisation, deren Funktionsweisen nicht mechanisch, sondern organologisch, nämlich dem „allgemeinen Geist", dem „Vernünftigen", dem ontologischen Dasein des Staates im Sinne der „Einheit" folgen. Fünftens: So gesehen, ist der Staat mehr als die Staatsgewalt und deren Träger; er vereinigt vielmehr diese mit dem Volk bzw. der Nation sowie der Staatsräson zu einem Wesen, dessen Wertigkeit in der hochqualifizierten Legitimität und in der Harmonisierung der individuellen mit der allgemeinen Freiheit besteht. So abstrahiert und qualifiziert, steht der Staat als Idee zeitlos über allen politischen Kräften. Er ist ein Prinzip kollektiver Identität, das unterschiedlichen Ausformungen zugänglich ist. Seine Räson der Freiheit beinhaltet, zum politischen Programm gewendet, sowohl ein Moment der Befriedung wie ein Moment der Umwälzung.

III.

In Preußen verwirklicht sich die Staatsidee in einem Administrativstaat, dessen Mitte die monarchische Regierung auch dann noch bildet, als die Legislative konstitutionell ausbalanciert wird.[8] Bismarcks Reichsgründung setzt diese Tradition fort. Sie stärkt zwar den Reichstag als repräsentatives Organ der zu einer staatlichen Einheit gelangten Nation, doch geht die Reichsgewalt von den vereinigten Bundesfürsten, nicht vom Volk aus; ihr Zentrum wird die Regierung. Dieser Lage entspricht ein Positivismus in der Rechtsordnung, in der Kollektivethik und in der Staatstheorie. Die Bewegungen, die 1848/49 Deutschland und 1871 Frankreich aufrühren, kommen im „juste milieu" zur Ruhe. In der deutschen Staats(rechts)lehre kann sich deshalb ein festes Vertrauen in den organisierten Staat etablieren. Paul Laband hält 1876 die Errichtung des Reiches für eine „unabänderliche Tatsache".[9] Damit setzte er den organisierten Staat als Institution voraus. Zwar konzedierte er Georg Jellinek[10], dass die Entstehung eines Staates „an sich ... juristisch unfassbar" ist, doch scheidet er vorrechtliche „Tatsachen" aus dem Staatsrecht aus.[11] Nicht auf das „Substrat" legitimer Herrschaft – die „Volksgemeinschaft", beim Reich aber „die 1867 vorhanden gewesenen deutschen Staaten" – , sondern deren „Subjekt" komme es von Rechts

---

[6] A.a.O., § 268.

[7] A.a.O., § 255 mit § 261: „Teil nur in Beziehung auf das Ganze zu betrachten"; § 265 Zusatz: betr. „Luft".

[8] Dazu *E.-W. Böckenförde*, in: ders., Staat, Gesellschaft, Freiheit, 1976, 112 ff., 118 ff.

[9] *P. Laband*, Das Staatsrecht des Deutschen Reiches, 1. Bd., 5. Aufl., 1911, V: Vorwort zur 1. Aufl. 1876.

[10] *G. Jellinek*, Die Lehre von den Staatenverbindungen, 1882, 253 ff.

[11] *Laband*, Staatsrecht (Fn. 9), 33 ff.

wegen an, und dieses sei allein der Staat als juristische Person. Gierkes Theorie von der genossenschaftlichen Verbandspersönlichkeit stellt er die juristisch unteilbare Einheit der Staatsperson als Abstraktionsvorgang[12] entgegen. Das ist formal gedacht in der Nachfolge Hegels und formuliert in der Nachfolge von Albrechts „staatsrechtliche(r)" Begriffsbildung[13], reißt aber Staat und Volk auseinander, wie Gierke kritisiert, durchaus auch im Sinne Hegels.[14] Für den die Bismarcksche Reichspublizistik anführenden Laband und dessen Kollegen ist der Staat organisierter Mittelpunkt des politischen Systems. Er, nicht ein Organ, gilt als Subjekt der Souveränität. Diese Dogmatik folgt ganz Bismarcks Vorgaben[15] und dessen Behauptung, die Reichssouveränität ruhe auf den verbündeten „Staaten". Der Zusammenhalt dieses Bundes ergebe sich aufgrund der „Existenz der Bundesstaaten" sowie aus deren politischer Homogenität, indem „die wesentlichen politischen Interessen für alle dieselben" seien.[16] Hinter dieser herrschaftlichen Homogenitätstheorie steht allerdings Preußen „als Verwalter der Machtmittel des Reiches"[17], das heißt: Oberbefehl über Heer und Kriegsmarine, dazu die Befugnis, den innerstaatlichen „Kriegszustand" zu erklären und ihn mit Hilfe jener „Machtmittel" zu beheben.[18] Die politische Einheit findet in diesem Staat, der als erster deutscher Nationalstaat begrüßt wird, ihre existentielle Sicherung in einem zwar rechtlich geordneten, aber physisch starken Staat, einem Machtstaat. Staat und Staatsrecht dieser Zeit stabilisieren die gegebene Lage.[19] Dass diese Abstraktion gesellschaftliche Spannungen überdeckt, kommt hier ebensowenig zum Vorschein wie in der zeitgleichen Definition Meyers, der Staat sei das Gemeinwesen, das andere zu einer „Einheit" zusammenfasse und rechtlich unbeschränkte „Herrschaft" über sie ausübe; der „Organismus" der Menschen sei für die „juristische Construction des Staates" irrelevant; die in einem „natürlichen Sinne" irgendwie einige „Nation" sei staatsrechtlich ohne Interesse.[20]

Nach dem Ersten Weltkrieg fügt Anschütz diesen schlichten Feststellungen eine erklärende Fußnote hinzu,[21] dergemäß die organisierte Nation „eine Gemeinsamkeit,

---

[12] *Laband*, Staatsrecht (Fn. 9), 78, 84f., 94ff.

[13] *E. Albrecht*, Rezension über Maurenbrechers Grundsätze des heutigen deutschen Staatsrechts, 1837, 1962, 4.

[14] *O. von Gierke*, Labands Staatsrecht und die deutsche Rechtswissenschaft, Nachdruck 1961, 29ff., 35 (Zitat).

[15] *O. Fürst von Bismarck*, Gedanken und Erinnerungen. Neue Ausgabe, 1. Bd., 1922, 178ff. zur „Legitimität", 336ff.: zu „Dynastien".

[16] *Laband*, Staatsrecht (Fn. 9), 97, 129, 139.

[17] *Laband*, Staatsrecht (Fn. 9), 232f.

[18] *Laband*, Staatsrecht (Fn. 9), 233; Art. 68 RV 1871; dazu *G. Meyer*, Lehrbuch des deutschen Staatsrechts, 1878, 509: „Das Heer repräsentiert die physische Kraft, deren der Staat zur Durchführung seiner Aufgaben bedarf", zitiert nach dem in der 7. Aufl. (bearb. von G. Anschütz, 1919) tradierten Text.

[19] *H. Hof*, Laband, in: G. Kleinheyer/J. Schröder, Deutsche Juristen aus fünf Jahrhunderten, 3. Aufl. 1989, 158ff.

[20] *Meyer*, Lehrbuch (Fn. 18), 4ff.

[21] *Meyer/Anschütz*, Lehrbuch (Fn. 18), 11f.

eine Einheit ist auch abgesehen von dem rechtlichen Ausdruck dieser Einheit, dem Staat", eine „außerstaatliche Einheit" also, die nicht nach objektiven Kriterien wie Sprache oder Kultur bestimmbar sei, sondern im Subjektiven, nämlich im Nationalbewusstsein, existiere. Anschütz beruft sich dabei auf Renans Metaphorik von 1882,[22] die das Bundesverfassungsgericht noch heute anzieht.[23] Renan appellierte für eine patriotische Wiederbelebung Frankreichs. Anschütz respektiert das „Nationalbewusstsein" als Phänomen, vertraut aber auf „die nationalisierende Kraft der gemeinsamen politischen Organisation, des Staates". Dessen Werk ist die Staatsnation, deren Innenleben es zu organisieren gilt. Für diesen Etatismus kann vor allem Georg Jellinek als Gewährsmann zitiert werden. Er weist die in die rechtswissenschaftliche Dogmatik einbrechenden Sozialwissenschaften mustergültig in ihre Schranken, indem er die gesellschaftlichen Kräfte und die so genannten Seinsgegebenheiten des Staates im Rahmen seiner Lehre vom Staat berücksichtigt, sie dann aber an dessen Eigenart nicht heranlässt. Zwar erscheint der Staat als eine „Funktion der menschlichen Gemeinschaft", beherrscht von den „Mächten des sozialen Lebens".[24] Doch sein eigentliches Wesen bestehe in der von diesen Phänomenen abstrahierenden Rechtssubjektivität und der staatlichen „Herrschermacht", an die der Begriff des Politischen anknüpft,[25] den Carl Schmitt später davon ablöst[26] und der Dezision überantwortet. Juristisch ist der Staat nach Jellineks wegweisender Definition „die mit ursprünglicher Herrschermacht ausgestattete Gebietskörperschaft".[27] Damit behauptet er seine spezifische Qualität. Nur durch die einheitliche Staatsgewalt wird demnach die „Vielheit der Genossen zur Einheit des Volkes zusammengefasst"; außerhalb des Staates sei „Volk im Rechtssinne" gar nicht denkbar; die „romanischen" Vorstellungen von einer eigenständigen Nation werden deshalb als Irrtümer abgetan.[28] Auch nach Weimar und Versailles „ist" der Staat die „oberste Herrschermacht", die als „Souveränität" ausgewiesen wird.[29] Das Bundesverfassungsgericht greift diese begriffliche Ineinssetzung später ohne Quellennachweis auf.[30] Man kann dar-

---

[22] *E. Renan*, Qu'est-ce qu'une nation? (1882), ed. J. Roman, 1992, 37 ff., 55: „L'existence d'une nation est (pardonnez-moi cette métaphore) un plébiscite de tous les jours comme l'existence de l'individu est une affirmation perpétuelle de la vie".

[23] BVerfGE 123, 267 ff., 359 f., 363.

[24] *G. Jellinek*, Allgemeine Staatslehre (1900), 3. Aufl. 1928/1960, 119 ff., 125 (Zitat), 175 (Zitat).

[25] *Jellinek*, Staatslehre (Fn. 24), 180.

[26] *C. Schmitt*, Der Begriff des Politischen (1932), 1963, 21: „Der Begriff des Staates setzt den Begriff des Politischen voraus."

[27] *Jellinek*, Staatslehre (Fn. 24), 183; ähnlich *J. Hatschek*, Deutsches und preußisches Staatsrecht, 1. Bd., 1922, 3 f.

[28] *Jellinek*, Staatslehre (Fn. 24), 427.

[29] *Hatschek*, Staatsrecht (Fn. 27), 4 f.; die Theorie von der staatlichen Rechtssubjektivität wird speziell der Kritik „im Auslande" entgegnet, die auf demokratische und interessensolidarische Strukturen hinweist.

[30] BVerfGE 89, 155, 182 ff.; 123, 267 ff., 347 f.; kritisch dazu *R. Grawert*, Der Staat 51 (2012), 189 ff., 201 ff.

aus schließen, dass der Staat als Subjekt nach wie vor Garant der Macht-, Friedens-, Rechts- und politischen Einheit ist und zugleich ein institutionalisierter Inbegriff von politischer Identität.

IV.

Dabei sind schon die Jahre vor dem Ersten Weltkrieg von Unsicherheit und Unruhe erfüllt. Das äußert sich in der Kunst, in der Literatur, auch in der Politik. Die Erfahrung von Krisen erschüttern das konservative Vertrauen in den Staat, genauer gesagt: in dessen organisierte Institutionen. Hugo Preuß kritisiert die Anschauung, dass ein auf Heer und Beamtentum beruhendes „straffes Obrigkeitssystem" eine notwendige Voraussetzung für Deutschlands „Machterhalt" sei und plädiert für Demokratisierung und Parlamentarisierung.[31] Den Phänomenen Nation, Nationalbewusstsein und nationale Identität begegnet er skeptisch, da sie innen- und außenpolitische Konflikte veranlassen können.[32] Immerhin plädiert er für eine Republik im Sinne der „nationalen Demokratie", die in „nationaler Solidarität" gründet.[33] Ungeachtet derartiger Rückhalte kann das „Deutsche Volk" in der Weimarer Verfassung lesen, dass von nun an die „Staatsgewalt" von ihm ausgeht.[34] Dies lässt argwöhnen, der Umbruch des Verfassungsgefüges habe das bisherige Staatswesen erledigt. Doch es behauptet sich der etablierte Staat als Rechtssubjekt sowohl in der Verfassungstheorie wie im Versailler Vertrag, ganz so wie bereits Bismarcks Reich mit dem Norddeutschen Bund identifiziert werden konnte.[35] Denn: „Immer bleibt eine höchste herrschende Macht im Staate bestehen."[36] Demokratie und Volkssouveränität können deshalb nur in dessen Innenraum stattfinden.

Den dort wirkenden sozialen und politischen Kräften gilt das staatstheoretische Interesse in der Zwischenkriegszeit. Während Laband dem Staat die feste Statur gibt, begreifen Smend, Heller und Schmitt ihn in der endogenen Bewegung. Die Vorstellung von der Rechtspersönlichkeit wird zwar nicht aufgegeben, nicht als staatsrechtliche, erst recht nicht als völkerrechtliche Qualität des Staates. Aber der Blick richtet sich nun auf den inneren Zusammenhalt des Staates und damit zugleich auf das Demokratieprinzip. Schmitt berichtigt deshalb auch die älteren Thesen von der Kontinuität des Reiches: Es entspreche „der Logik der demokratischen Verfassung", dass ein Staat derselbe bleibe, solange das Volk seinen „Willen zur politischen Einheit" habe.[37] Während Heller die „soziale" und Schmitt die „nationale Homogenität"

---

[31] H. Preuß, Deutsche Demokratisierung (1917), in: ders., Staat, Recht und Freiheit, 1964, 339 ff., 342 f.; ders., Nationaler Gegensatz und internationale Gemeinschaft (1918), a.a.O., 345 ff., 350.

[32] Preuß, Nationaler Gegensatz (Fn. 31), 355 ff.

[33] Preuß, Nationale Demokratie (1920), in: ders., Staat, Recht und Freiheit, 1964, 429 ff.

[34] Art. 1 Satz 2 WRV.

[35] Laband, Staatsrecht (Fn. 9), 44, 48; Meyer, Lehrbuch (Fn. 18), 145.

[36] Meyer / Anschütz, Lehrbuch (Fn. 18), 18.

[37] C. Schmitt, Verfassungslehre (1928), 3. Aufl. 1957, 94 ff.

als Grundlagen[38] eines vom „Volk" aus zu begreifenden Staates thematisieren, begreift Smend den Staat als Vorgang notwendiger Integration durch Interaktionen. Daran ist der Staat selbst aktiv und passiv beteiligt. Smend erläutert die „soziale Verschränkung" von „Individuum und Gemeinschaft"[39] als wechselbezügliches, vornehmlich sozialpsychologisch funktionierendes Wirksystem, dabei das Sein eines bereits bestimmten Volkes unterstellend.[40] In Anlehnung an Renans Metapher und Hegels Idee wirkt die Integration als „Lebensvorgang des Staates" durch die „Einordnung in ihren Sinnzusammenhang als Verwirklichung der Wertgesetzlichkeit des Geistes":[41] Wertgemeinschaft und Beteiligungsinteresse seien die festen Grundlagen im „fließenden Leben der politischen Integration". Fehlten sie, degeneriere der Staat zu einem „Betrieb". Smend distanziert sich so von liberalen Staatstheorien[42] – und rekapituliert implizit Hegels Kritik am Maschinenstaat.

Mit der „deutschen" und „starke(n) Demokratie" im „sozialen Geist", die Ebert, Ehrenpräsident der Nationalversammlung, im Anschluss an Wilsons Idee von der „Selbstbestimmung" erwartet hatte, um die „eigene oberste Gewalt" des Volkes einzurichten,[43] haben jene esoterischen Integrationstheorien wenig zu tun. Denn jene Idee setzt das Volk als organisierte Entscheidungseinheit voraus; sie degradiert den Staat zu deren Instrument. Folgerichtig nennt Heller die Theorie von der Staatsperson denn auch eine „juristische Konstruktion" und „Maske", hinter der die „Totalität einer lebendigen Willenseinheit" wirksam sei, und identifiziert die Staats- mit der Volkssouveränität.[44] Ähnlich argumentiert Schmitt, wenn er die Demokratie im Sinne einer Identität von Herrschern und Beherrschten versteht; da dies eine grundständige Hierarchie ausschließt, ist das Konzept des abstrakten Staates erledigt: „Alles demokratische Denken bewegt sich ... in Immanenzvorstellungen."[45]

Der nationalsozialistische „Bewegungsstaat" überholt diese Diskussionen. Sein „völkisches" Prinzip befördert das deutsche Volk zurück in eine „lebendige", „naturhafte Einheit", die zum Dasein, zur Akklamation und Gefolgschaft, doch nicht mehr

---

[38] Dazu näher mit Nachweisen *Grawert* (Fn. 30), 189 ff.

[39] *R. Smend*, in: ders., Staatsrechtliche Abhandlungen und andere Aufsätze, 2. Aufl. 1968, 119 ff., 128; der zitierte Begriff stammt von *T. Litt*, Individuum und Gemeinschaft, 3. Aufl. 1926, 246 ff., an dessen Thesen Smend sich orientiert, sich dabei ausdrücklich vom Neukantanismus distanzierend. Die vielen Wirkkräfte, die Smend aufzählt, zeigen, dass die Integrationstheorie keine neue Erfahrung, sondern ein neues Deutungskonzept ist.

[40] *Smend* (Fn. 39), 132 f.

[41] *Smend* (Fn. 39), 136, 141, hier unter Berufung auf die „Literatur des Faschismus", Mussolini und *E. Spranger*, Lebensformen, 1921, und *ders.*, Psychologie des Jugendalters, 1924.

[42] *Smend* (Fn. 39), 185; Distanz zu Max Weber, Thomas Mann, Hans Kelsen.

[43] *F. Ebert*, in: Heilfron (Hrsg.), Die Deutsche Nationalversammlung im Jahre 1919, 1. Bd., Hauptteil, 1 ff., 1. Sitzung am 6.2.1919.

[44] *H. Heller*, in: ders., Gesammelte Schriften, 2. Bd., 1992, 31 ff., 99, 120, 122; ebd., 96: „Staatsabstraktum"; *ders.*, Politische Demokratie und soziale Homogenität, ebd., 421 ff., 426 f.: Volksherrschaft = Entscheidungs- und Wirkeinheit.

[45] *C. Schmitt* (Fn. 37), 234 ff.

zur Herrschaft taugt.[46] Die Metapher vom Leben versenkt Volk und Staat ins urwüchsig Vegetative. Ob der „totale Staat", den man nach Hitlers „Machtübernahme" ins Programm stellt, den liberalen außer Kraft setzen oder als gefügte Institution der politischen „Bewegung" die Stirn bieten soll, wird nach dem Zusammenbruch streitig diskutiert; doch ändert dies nichts an dem Befund, dass die NS-Herrschaft weder das Staats- noch das Demokratieprinzip anerkannte.

V.

Nach 1945 steht die Demokratie in Deutschland erneut auf dem Programm. Das Grundgesetz wiederholt nicht nur den Satz von der Staatsgewalt, die vom Volke ausgeht, sondern erklärt das Demokratieprinzip sogar für unantastbar. So prononciert ist vom Staat nicht mehr die Rede: Die „staatliche Einheit", zu der die Erstfassung der Präambel aufrief, ist in der Neufassung verschwunden; der Bundesstaat wird in der Ewigkeitsklausel nur als Gliederungsprinzip berücksichtigt; die Staatsperson und Staatsgewalt sind Angelegenheiten staatsbewusster Interpreten geworden. In der Staats(rechts)lehre scheiden sich heute die Geister. Manche bevorzugen den personifizierten, subjektivierten Staat, andere das demokratische Volk, um den Grund und den Zusammenhalt der deutschen politischen Gemeinschaft zu erklären; manche respektieren die Herrschaft des Staates, manche den Wert der Demokratie; letztlich enthüllen axiomatische Fundamentalismen die gesuchte Ursprünglichkeit des Staates oder des Volkes.

In der aktuellen Staats(rechts)lehre wird diese Alternative allerdings oft durch den Begriff des Verfassungsstaates überdeckt. Der Begriff umfasst den Staat als organisierte Institution und das Volk als normativ geeintes Kollektiv, stellt aber die Verfassung in den Scheitelpunkt des Geschehens.[47] Sie bestimmt dann die Identität der politischen Gmeinschaft, fast so wie einst bei Aristoteles,[48] und sie besetzt den Platz, den im 18. Jahrhundet die Natur, die Vernunft oder die Geschichte einnahmen. Manchmal erscheint sie sogar in der produktiven Funktion der subjektivierten Verfassungskultur einer Staatsbürgergesellschaft statt als Produkt.[49] Sofern der Begriff sich mit dem Dogma vom pouvoir constituant verbindet, tritt jedoch als dessen Quelle das vorkonstitutionelle Volk aktiv in den Vordergrund. Doch das Projekt der Selbstbestimmung, das die aktuellen Staats-, Demokratie- und Völkerrechttheorien leitet, gibt die kollektive Identitätsfindung zu finden auf. Sofern jener Begriff sich dagegen mit dem der Staatsgewalt verbindet, ist deren Inthronisation erklärungsbedürftig. Als konstituiertes Gebilde hat der Verfassungsstaat die evolutionären Statio-

---

[46] Vgl. dazu *R. Grawert*, in: J. Isensee/P. Kirchhof (Hrsg.), Handbuch des Staatsrechts der Bundesrepublik Deutschland, Bd. I, 3. Aufl. 2003, § 6 Rn. 14 ff., 35.

[47] Kritisch ablehnend *J. Isensee,* in: J. Isensee/P. Kirchhof (Hg.), Handbuch des Staatsrechts der Bundesrepublik Deutschland, Bd. II, 3. Aufl. 2004, § 15 Rn. 6 f.

[48] *Aristoteles*, Politik, 1276b: Die Änderung der Verfassung (politeía) ändere die Identität der politischen Gemeinschaft (koinonia).

[49] *J. Habermas*, Faktizität und Geltung, 2. Aufl. 1992, 162 f., 642 f.

nen jedenfalls so oder so hinter sich; sein Begriff integriert, hierarchisiert und legitimiert dann ein Rechtssystem. Pragmatiker werden sich dagegen wie einst Aristoteles auf Erfahrungen berufen: in Europa, da der Staat eine europäische Findung oder Erfindung ist. Hier haben die meisten Völker bereits zu ihrer historisch gefestigten Staatsorganisation, also zum Staat als Integrationskraft, gefunden. Chaostheorien wirken hier wenig anschaulich; denn Kräfteverschiebungen finden gemeinhin im Rahmen der etablierten Staatenwelt statt. Zerfällt eine Staatsorganisation kann deshalb immerhin noch von einer staatenlosen Staatsbürgergesellschaft die Rede sein. Selbst die dem Zerfall Jugoslawiens folgenden Staatsbildungen sind nicht wie aus einem Urschaum entstanden, da ehemals staatstragende Kräfte und altstaatliche Restorganisationen mitwirkten. Im heutigen Europa stehen gesellschaftliche, staatliche und supranationale Kräfte in intensiven Wechselwirkungen.

Dogmen, die Eindeutigkeit anstreben, werden hingegen gemäß christlicher und rationalistischer Tradition monokausal in den Kategorien von Ursprung und Folgen gedacht.[50] Demgemäß geht es um den Primat der Ursprünglichkeit. Fast unausweislich landet dieser Ansatz bei einem teleologisch ausgerichteten Axiom, dessen Bekenntnisqualität für argumentative Sicherheit sorgen soll und doch den Disput nur zu Bekenntnissen zuspitzt. Die Alternativen: Staat vor Volk oder Volk vor Staat? lassen sich zwar mit Traditionen des Machtwettbewerbs verbinden: mit der hochmittelalterlichen Konkurrenz von Papst und Kaiser sowie von Kaiser und den Großen des Reiches; mit der frühneuzeitlichen Auseinandersetzung zwischen Fürsten und Untertanen, insbesondere im Zusammenhang von Theorien zur Begründung der Monarchie; doch greifen die jetztzeitlichen Dogmen ähnlich den frühneuzeitlichen lieber auf Unvorgreifliches zurück: auf die Natur des Menschen oder auf die Natur des Staates. „Natur" wirkt jeweils ohne weitere Begründung assoziativ: als etwas, das jenseits menschlicher Einwirkungen stattfindet, so wie einst Hegels „Geist". Dieser Geist begründet heute konkurrierende Vorstellungen von Gesellschaft und Staat, die entweder diesen oder jene für maßgebend halten. Wer der Gesellschaft den Vorrang einräumt, degradiert den Staat zu deren zweckbegrenzter Funktion und institutionalisiertem Teilsystem.[51] Wer dem Staat den Vorrang einräumt, betont dessen souveräne Kompetenz zur Formierung der Gesellschaft – zur Zivil- und Staatsbürgergesellschaft ebenso wie zum Staatsvolk – kraft seiner kohärenten Rechtsordnung. Diese Auffassung weiß sich in der bewährten Tradition der westeuropäischen Neuzeit sowie in der Sicherheit einer vom Wechsel der Personen und deren Wankelmütigkeiten abstrahierenden Institution. Aber auch sie bemüht sich um naturhafte Rückversicherungen. In diesem, ideengeschichtlich moderierten, Sinne wird von einem „staatlichen Leben" und von der „Natur der Sache Staat" gesprochen, zu der außer den „raum-zeitlichen Gegebenheiten" auch die „Staatsbegriffe, Leitbilder

---

[50] Auch die Tradition der römischrechtlichen causa-actio-Struktur mag hier bedeutsam sein.

[51] *N. Luhmann*, Rechtssoziologie 2, 1972, 44 ff.

und Ordnungsmodelle" gerechnet werden,[52] Umstände also, die sich wechselseitig konstituieren, sofern sie nicht dank der so genannten Natur „gegeben" sind.

Das Bundesverfassungsgericht, das der gegebenen Verfassung verpflichtet ist, hat im Laufe seiner langen Rechtsprechung wechselhaft, insgesamt gesehen aber vermittelnd argumentiert. Dass der – deutsche – Staat ein staats- und völkerrechtliches Rechtssubjekt ist, diese Auffassung hat es anfangs kräftig unterstützt, nach dem Ende der Besatzungsherrschaft aber nicht mehr derart betont, wie es ihm später wegen der Verträge von Maastricht und Lissabon notwendig erscheint.[53] Statt vom „starken Staat", nach dem in den zwanziger Jahren des 20. Jahrhunderts verlangt wurde, argumentiert das Gericht häufiger – bei grundsätzlicher Unterscheidung von Staat und Gesellschaft – mit Begriffen und Formeln der Integration. In einer sozial-politik-rechtswissenschaftlichen Fachsprachenmelange spricht es vom Gemeinwesen, von der politischen bzw. staatlichen Gemeinschaft und vom – „homogenen" – Staatsvolk als „Personengesamtheit" einer „zur Einheit verbundene(n) Gruppe von Menschen", die „Subjekt" der Staatsgewalt und maßgebende Veranstalter der Staatsorganisation seien.[54] Deren repräsentativer Aufbau soll – seit Hellers Formel[55] – von unten nach oben erfolgen – eine merkwürdige Formel der Untertänigkeit, die die Staatsleitung wieder in die Position eins Hegelianischen Monarchen über den Wählermassen befördert. Der Staat, der dabei als Einheit angesprochen wird, ist der Staat des Grundgesetzes, also ein konstitutionelles Spezifikum, das dem staatstheoretischen Staatsbegriff nur noch grundständig verbunden ist. Die Verbindung erlaubt aber eine Interpretation unterschiedlicher Schwerpunktverlagerungen. Das Maastricht- und das Lissabon-Urteil belegen diesen Vorteil: Als die Richter des Zweiten Senats meinten, Deutschland gegen den Moloch Union schützen zu müssen, aktivierten sie die tradierten Begriffe und Denkmuster des typologischen Staates nationalstaatlicher Provenienz wie Herrschaft, Kompetenz-Kompetenz, Drei-Elemente-Dogma, Impermeabilität, Souveränität, und passten sie dem Prinzip der Verhältnismäßigkeit abwägend ein. Das im Grundgesetz nicht erwähnte Souveränitätsdogma wird mit dem dort positivierten Integrationsprinzip abgewogen.

Bei dieser Abwägung fällt aber noch ein weiterer Staatsbegriff ins Gewicht, der den Staat des Grundgesetzes materiell qualifiziert: der „demokratische Staat". Dieser Begriff, den Art. 20 Abs. 1 GG einschließt, normiert das Demokratische scheinbar nur in der Rolle eines Adjektivs. Doch seine Ausdeutung überlagert allmählich das Institutionell-Staatliche, so dass das Demokratieprinzip sich vor das Bild des Staates schiebt. Dies lässt sich an manchen Entscheidungen des Bundesverfassungs-

---

[52] *Isensee* (Fn. 47), § 15 Rn. 20; a.a.O., in § 15 Rn. 7, heißt es, die Verfassung werde „ihrerseits durch ihren Gegenstand", den Staat, „determiniert", der folglich vorverfassungsrechtlicher Provenienz ist.

[53] Vgl. die Materialübersicht von *J. Alshut*, Der Staat in der Rechtsprechung des Bundesverfassungsgerichts, 1999, 72 ff.; zur unionsspezifischen Rechtsprechung vgl. *Grawert* (Fn. 30), passim.

[54] BVerfGE 83, 377 ff., 50 f.; BVerfGE 20, 56 ff., 99: zum Staatsaufbau.

[55] *Heller* (Fn. 44), 426.

gerichts ablesen, die die Freiheit nicht dem „Staat" schlechthin, sondern der „freiheitlichen Demokratie" anvertrauen,[56] und prägt sogar das souveränitätsbewusste Maastricht-Urteil.[57] In der einschlägigen Literatur wird dieser Trend oft noch deutlicher verfolgt: Dem „Herrschaftstyp" der „freiheitlichen Demokratie" soll eine „Herrschaftsordnung" entsprechen, die für Entscheidungskomptenz, Partizipation, Sozialität und Systemschutz einzurichten ist,[58] Angelegenheiten, die einst dem „Staat" überantwortet waren. Die „Herrschaft des Volkes" wird andererseits mit der „Herrschaft des Rechts" identifiziert, das aus einem „dialektisch nach prozessualen Regeln" ablaufenden Diskurs hervorgehe.[59] Diese These wird auch rechtsphilosophisch begründet: durch eine „Diskurstheorie des Rechts und des demokratischen Rechtsstaats", die dem Verfahrensprinzip des kommunikativen Handelns folgt.[60] Es hat seinen positivrechtlichen Grund in den grundgesetzlichen Kommunikationsrechten, die auch den „ständigen Prozess der politischen Meinungsbildung" ermöglichen,[61] der die Demokratie nach der Überzeugung des Bundesverfassungsgerichts voraussetzt, bevor die öffentliche Meinung in die „Entscheidungsverfahren der Hoheitsgewalt ausübenden Organe" einmündet.[62] Diese sich in Verfahren ohne inhaltliche Vorgegebenheiten, prädestinationslos verwirklichende Demokratie lässt sich idealtypisch zwar auf Rousseau zurückführen.[63] Man sollte jedoch nicht übersehen, dass dieser Philosoph[64] seinerzeit seine Bürgerstadt Genf vor Augen hatte, und vor allem bedenken, dass die Kommunikationsgrundrechte des Grundgesetzes jedermann zustehen, während die Staatsorgane durch die deutsche Wählerschaft – vereinfacht: die Staatsbürger – legitimiert werden. In dem jeweils wirksamen Demokratieprinzip stoßen also Konzepte der Offenheit und Geschlossenheit aufeinander. Das Bundesverfassungsgericht perfektioniert die Inklusion, indem es jeden Wahlbürger aufgrund des Art. 38 Abs. 1 GG ermächtigt, die deutsche Demokratie sogar individuell zu schultern und gegen einen integrativen Ausverkauf im Wege der Verfassungsbeschwerde zu verteidigen. Das dieser Rechtsauffassung entsprechende Demokratiemodell könnte sich auf Rousseau berufen: nicht auf dessen idealisierte „volonté générale", sondern auf die dem Massenzeitalter entsprechende „volonté de tous", deren Subjekte private Individuen sind. Diese Idee brauchte kein verselbständigtes

---

[56] BVerfGE 123, 267 ff., 356 ff.

[57] BVerfGE 89, 155 ff., 182 ff.

[58] *E. Denninger*, Staatsrecht 1, 1973, 63 f.

[59] *M. Kriele,* VVDStRL 29 (1971), 46 ff., 49 ff.

[60] *Habermas* (Fn. 49), passim: zitiert wird der Untertitel des Werkes. – Neuerdings, nach „Stuttgart 21", wird häufiger gefordert, Partizipation zur direkten Demokratie auszubauen; der Plan bewegt auch Richter des Bundesverfassungsgerichts, die immer häufiger außerhalb des Richterkollegiums Verfassungspolitik per Interview betreiben, vgl. zum Thema Frankfurter Allgemeine Zeitung Nr. 296 v. 20.12.2011: Im Gespräch: Bundesverfassungsrichter *P. M. Huber* – „Selbstbestimmung wird als Störung empfunden".

[61] BVerfGE 44, 125 ff., 139 f.; ebenso E 97, 350 ff., 368 ff.

[62] BVerfGE 97, 369 ff.; 89, 155 ff., 185.

[63] So u. a. *Denninger* (Fn. 58), 64.

[64] Geboren in Genf im Jahre 1712 – also 300 Jahre vor 2012, als dieser Beitrag in Satz ging.

Staatssubjekt. So weit zurück geht das Bundesverfassungsgericht nicht. Seine Integrationsrechtsprechung spricht von der Demokratie, wenn es um die Polis der angehörigen Menschen und um deren Zusammenwirken geht; insoweit ist von Vielfalt, Kommunikation, Kooperation und Integration die Rede. Richtet die Rechtsprechung sich aber abwehrend nach außen, gegen andere, eventuell konkurrierende Völkerrechtssubjekte, kommt der Mantel des Staates zum Einsatz: Das Volk wird Staatsvolk, die Kommunikationsgemeinschaft erfährt ihre nationale Identität und Verstaatlichung zur souveränen Staatlichkeit; statt von der Demokratie ist vom Staat die Rede, vornehmlich vom Staat als Solisten, weniger vom Staat als Mitglied einer Gemeinschaft.[65]

VI.

Indizieren die argumentativen Bewegungen zwischen Staat und Demokratie Veränderungen des Verfassungssystems? oder der Identität der politischen Gemeinschaft?[66] oder nur modische Textvarianten?

Im Kontext des Grundgesetzes kommen die beiden an sich blassen Abstrakta „Staat" und „Demokratie", normativ konkretisiert, zur konzeptionellen und strukturellen Deckung. Sowohl der demokratische Staat wie die verstaatlichte Demokratie folgen dem Prinzip der Volkssouveränität und sind zugleich dem Prinzip der Freiheit verpflichtet. Die Idee[67] der Volksgemeinschaft sorgt für die Integration, klassisch: für die „Vereinigung der Menschen",[68] und für die Legitimation der Regierung; die Freiheitsrechte scheiden von dieser die Gesellschaft und hindern die Despotie[69] der Mehrheit; sowohl der Staat wie die Demokratie des Grundgesetzes heißen dank ihrer verfassungsrechtlichen Ausprägungen „liberal"; beide sind funktional und institutionell-organisatorisch gegliedert. Und dennoch differieren die Farben dieses Bildes, wenn „der" Staat sich begrifflich „das" bzw. „sein" Volk als Element einverleibt oder wenn „das Volk als Staat"[70] seine Staatsgewalt und -organisation konstituiert. Die Unterschiede fallen verfassungsnormativ nicht ins Gewicht, beeinflussen aber das Verständnis des Systems sowie das Verhalten und Verhältnis von Bürokratie und Bürgerschaft. Der Wandel äußert sich in anschwellenden Forderungen weiterer Demokratisierungen und in deren politischer und medialer Anerkennung. Die neuen Forderungen zergliedern allerdings die idealtypische Vereinigung „des" Volkes, da sie von Gruppen ad-hoc-Interessierter und -Betroffener vorgetragen werden. Dadurch verändert die verstaatlichte Demokratie nicht nur in praxi, sondern auch der Idee nach ihre Idealtypik.

---

[65] BVerfGE 89, 155 ff., 1182 ff.
[66] Vgl. Fn. 48.
[67] *I. Kant,* Metaphysik der Sitten, 1797, 2. Teil § 47.
[68] *Kant* (Fn. 68), 2. Teil § 45.
[69] Ein die Demokratie betreffender, verbreiteter Topos des 18. Jh.
[70] *Kant* (Fn. 68), 2. Teil § 47.

Bedarf es zur Entscheidungsfähigkeit des Kollektivs der Konstruktion einer subjektivierten Einheit? Schon Aristoteles war insoweit skeptisch, da die Polis eigentlich eine Vielheit sei.[71] Inzwischen hat der Staat sich vom Eigenleben der Gesellschaft distanziert, und die Demokratie respektiert die Privatheit ihrer Mitglieder. Die Vielheit hat dadurch eine neue Façon erhalten. Tatsächlich handelt weder der demokratische Staat als eine organische, noch das verstaatlichte Volk als eine politischsoziale Einheit. Vielmehr strukturiert das Grundgesetz eine multipolare Gesamtheit von Akteuren zur Gemeinschaft, um sie zusammenzufügen – definitiv oder offen – und ihnen zu nützen: zugunsten der kollektiven Existenz, Autonomie und Wohlfahrt sowie der privaten Freiheit(en). Angesichts der neueren strukturellen Diversifikationen erfordern mögliche Konflikte zwischen den Bereichen von Gesellschaft und Staat und innerhalb derselben Lösungen, zu denen Konstruktionen subjektivierter Einheiten nichts Substantielles beitragen. Aber sie lassen sich als Schutzmäntel für die handelnden Eliten verwenden und gestatten rechtstechnische Vereinfachungen; vor allem befriedigen sie theologische und ästhetische Interessen der Staats- oder Demokratietheorie.

Gemäß einer weithin anerkannten Auffassung gilt die Demokratie, die das Grundgesetz rechtsnormativ verfasst, als Staats- und Regierungsform aufgrund des Prinzips der Volkssouveränität.[72] Formaliter verträgt diese Demokratie sich zwar mit dem Einheitspostulat, setzt aber, wird ihre Formulierung beim Wort genommen, als Form einen Stoff voraus, den sie formt und der sie seinerseits strukturiert, der Formulierung nach: das Volk, den Staat und die Verfassung. Die ungleichen Voraussetzungen passen auf ein Niveau, wenn noch zuvor ein demos anerkannt wird, der den pouvoir constituant zu betätigen imstande ist. In der Präambel des Grundgesetzes und in dessen letztem Artikel tritt ein solcher demos an das genormte Licht. Man kann nun darüber philosophieren, ob dieser demos ein gedachtes oder existentes Phänomen ist und letzterenfalls das bisherige Staatsvolk oder Sieyès Nation oder die ansässige Bevölkerung erfasst. Realiter bemerkenswert ist es, dass die „lebendige Demokratie", mit der das Bundesverfassungsgericht argumentiert, heute kommunikativ über Staaten und Verfassungen hinweg funktioniert und deren formgewisse Einheitsbildungen im weltweiten Diskurs entgrenzt. Die Entgrenzung erfasst auch die konventionell unterschiedenen Bereiche von Gesellschaft und Staat sowie des Privaten und Öffentlichen. Dass derartige Vorgänge dem Demokratieprinzip gutgeschrieben werden, zeugt einerseits von der Offenheit des Begriffs der Demokratie, andererseits aber von der Attraktivität seines Gegenstandes. Der Demokratiebegriff nimmt, nicht zuletzt unter dem Eindruck seiner völker- und unionsrechtlichen Vorgaben, Fahrt auf. Er fordert die Interpreten des Grundgesetzes und die Staatstheorie heraus, der zeitgenössischen Entwicklung begrifflich und dogmatisch Rechnung zu tragen. Zurückhaltend, wie es Gerichten geziemt, hält das Bundesverfassungsgericht in seinen Ur-

---

[71] *Aristoteles*, Politik, 1261a.
[72] *E.-W. Böckenförde,* in: J. Isensee/P. Kirchhof (Hg.), Handbuch des Staatsrechts der Bundesrepublik Deutschland, Bd. II, 3. Aufl. 2004, § 24, Rn. 1.

teilen zum Maastricht- und zum Lissabonvertrag jedoch an jenen Strukturen fest, die den etablierten Staat seit dem 19. Jahrhundert kennzeichnen.

Das Integrationsstaatsprinzip des Grundgesetzes

Von *Andreas Haratsch*

I. Einleitung

Die Rechtsordnung der Bundesrepublik Deutschland wird vom Integrationsstaatsprinzip des Grundgesetzes überwölbt und geprägt. Das Grundgesetz konstituiert Deutschland nicht nur als demokratischen Staat, als republikanischen Staat, als Bundesstaat, als Rechtsstaat, als Sozialstaat, sondern auch als „Integrationsstaat". Dieser Begriff geht auf *Eckart Klein* zurück,[1] der sich in den Jahrzehnten seines wissenschaftlichen Wirkens immer wieder mit dem Wesen des Staates, seiner Stellung in der Staatengemeinschaft und insbesondere im Prozess der europäischen Integration intensiv auseinandergesetzt hat. Prägend sind dabei einerseits das Festhalten an der Institution des Staates an sich, der unabdingbarer Garant von Freiheit und Sicherheit ist,[2] andererseits die Öffnung des Staates für das Völkerrecht und das supranationale Recht der Europäischen Union sowie der damit einhergehende Wandel.[3] Im Folgenden soll der Versuch unternommen werden, dem Begriff des Integrationsstaates Kontur zu geben und aus den einschlägigen verfassungsrechtlichen Bestimmungen ein Integrationsstaatsprinzip herauszudestillieren.

II. Die Erosion des überkommenen Nationalstaates

Der Nationalstaat überkommenen Zuschnitts ist heute kaum mehr in der Lage, Frieden und Freiheit, Wohlfahrt, Solidarität und Gerechtigkeit sowie den Schutz der natürlichen Lebensgrundlagen allein zu gewährleisten.[4] Der klassische Nationalstaat scheint daher überholt.[5] Die Integration des Staates in supranationale Zusammenhänge hat weitreichende Auswirkungen auf die rechtliche Struktur und Verfasstheit des Staates. Der Wandel der Staatlichkeit erscheint dabei so tiefgreifend, dass der

---

[1] Vgl. *E. Klein*, in: Bremische Bürgerschaft (Hrsg.), Charta der Grundrechte der Europäischen Union, 2000, 79 (86).

[2] Dazu *E. Klein*, in: O. Depenheuer/Ch. Grabenwarter (Hrsg.), Verfassungstheorie, 2010, 635 ff.

[3] Dazu etwa *E. Klein*, in: FS Stern, 1997, 1301 ff.; ders. (Fn. 1), 79 ff.; ders., in: D. Holtmann/P. Riemer (Hrsg.), Europa: Einheit und Vielfalt. Eine interdisziplinäre Betrachtung, 2001, 261 ff.

[4] *W. Graf Vitzthum*, JZ 1998, 161 (167).

[5] *G. Nicolaysen*, in: FS Everling, 1995, 945 (945).

bislang vorherrschende Begriff der „offenen Staatlichkeit"[6] das Erscheinungsbild des heutigen Staates wohl nur mehr unvollkommen zu beschreiben vermag.[7] Die staatliche Öffnung gegenüber dem supranationalen Recht hat ein Maß erreicht, das für manchen sogar Anlass gibt, darüber nachzusinnen, ob nicht bereits ein Auflösungsprozess des staatlichen Verfassungsrechts und damit des Staates zu verzeichnen ist.[8] Solchen Überlegungen ist das Bundesverfassungsgericht in seiner Entscheidung zum Vertrag von Lissabon in jüngerer Zeit allerdings deutlich entgegengetreten, indem es feststellt, dass das Grundgesetz die souveräne Staatlichkeit Deutschlands nicht nur voraussetze, sondern auch garantiere.[9] Jedenfalls dürfen die Errungenschaften des modernen Verfassungsstaates im Prozess der Integration durch die Übertragung von Hoheitsgewalt auf eine überstaatliche Einheit nicht preisgegeben werden. Sie bilden in neuen Wirkungszusammenhängen das Fundament für die künftige Entwicklung der Europäischen Union. Dies gilt in erster Linie für die Notwendigkeit demokratischer Legitimation von Hoheitsgewalt, ihre rechtsstaatliche Zügelung und Mäßigung sowie ihre Grundrechtsgebundenheit.

III. Die Elemente des grundgesetzlichen Integrationsstaatsprinzips

1. Die verfassungsrechtliche Verankerung

Normativer Anknüpfungspunkt sowohl für die weitreichende Öffnung des Staates als auch für die Sicherung der fundamentalen Prinzipien moderner Verfassungsstaatlichkeit ist Art. 23 GG. Mit dieser im Zuge der Gründung der Europäischen Union in das Grundgesetz aufgenommenen Bestimmung soll die Weiterentwicklung der europäischen Integration verfassungsrechtlich abgesichert werden.[10] Art. 23 GG normiert dabei zusammen mit der Präambel des Grundgesetzes, wonach Deutschland als gleichberechtigtes Glied in einem vereinten Europa dem Frieden der Welt dienen

---

[6] Vgl. *K. Vogel*, Die Verfassungsentscheidung des Grundgesetzes für eine internationale Zusammenarbeit, 1964, 42; vgl. auch *S. Hobe*, Der offene Verfassungsstaat zwischen Souveränität und Interdependenz, 1998; *U. Di Fabio*, Das Recht offener Staaten, 1998; *B. Beutler*, in: FS Böckenförde, 1995, 109 (109 ff.).

[7] *Klein*, in: Holtmann/Riemer (Fn. 3), 261 (277); *ders.* (Fn. 1), 79 (86). – *K.-P. Sommermann*, in: D. Merten (Hrsg.), Der Staat am Ende des 20. Jahrhunderts, 1998, 19 (30 ff.), erkennt eine Entwicklung vom „offenen Verfassungsstaat" hin zum „entgrenzten Verfassungsstaat". *R. Grawert*, in: FS Böckenförde, 1995, 125 (141), fragt, ob eine „immerwährende" Vergemeinschaftung wesentlicher Staatsbereiche den Typus Staat verändert oder gar in Frage stellt.

[8] *Th. Öhlinger*, in: ders., Verfassungsfragen einer Mitgliedschaft zur Europäischen Union, 1999, 125 (136, 138).

[9] BVerfGE 123, 267 (343) – *Lissabon*.

[10] *U. Di Fabio*, Der Staat 32 (1993), 191 (195); *J. Schwarze*, JZ 1993, 585 (589); *Ch. Tomuschat*, EuGRZ 1993, 489 (493); *P. Badura*, in: FS Schambeck, 1994, 887 (889).

soll, nicht nur eine Staatszielbestimmung.[11] Der normative Gehalt von Art. 23 GG geht darüber hinaus. Bewirkt wird eine weitreichende Öffnung der staatlichen Rechtsordnung. Zugleich werden materielle Vorgaben gemacht für die Struktur sowohl der Integrationsgemeinschaft, in die sich der Staat integrieren soll, als auch für den sich integrierenden Staat. Diese Vorgaben aus Art. 23 GG lassen sich als Integrationsstaatsprinzip auffassen,[12] welches die Struktur der deutschen Verfassungsordnung maßgeblich prägt. Elemente dieses Staatsstrukturprinzips sind die Öffnung der nationalen Rechtsordnung für einen integrationsbedingten Wandel und das Aufbrechen der prägenden Strukturelemente moderner Verfassungsstaatlichkeit (2.), die rechtsordnungsübergreifende Verwirklichung der tragenden Strukturprinzipien von Mitgliedstaaten und Europäischer Union (3.) sowie die Errichtung eines Systems wechselseitiger Verfassungsstabilisierung (4.).

2. Die integrationsbedingte Öffnung der nationalen Rechtsordnung

a) Die Perforation des staatlichen „Souveränitätspanzers"

Das Grundgesetz enthält in Art. 23 Abs. 1 GG die grundsätzliche Ermächtigung, Hoheitsrechte durch Gesetz auf die Europäische Union zu übertragen. Diese Integrationsgewalt ermöglicht eine Öffnung der nationalen Rechtsordnung, so dass der ausschließliche Herrschaftsanspruch der Bundesrepublik Deutschland im Geltungsbereich des Grundgesetzes zurückgenommen und der unmittelbaren Geltung und Anwendbarkeit des Unionsrechts insoweit Raum gelassen wird.[13] Der den Staat umgebende Souveränitätspanzer wird infolge der Übertragung von Hoheitsrechten teilweise geöffnet, um das Recht der Europäischen Union in der Bundesrepublik Deutschland zur Anwendung kommen zu lassen.

b) Die Ermöglichung des Vorrangs des Rechts der Europäischen Union

Die Öffnung der nationalen Rechtsordnung ist dabei so tiefgreifend, dass Art. 23 Abs. 1 GG die Anordnung des Vorrangs des Rechts der Europäischen Union ermöglicht.[14] Anders als der Gerichtshof der Europäischen Union, der den Anwendungsvorrang des Unionsrechts allein aus dem europäischen Primärrecht ableitet,[15] be-

---

[11] *Badura* (Fn. 10), 887 (887 ff.); *K.-P. Sommermann*, DÖV 1994, 596 (598 ff.); *U. Everling*, DVBl. 1993, 936 (943); *Ch. Heitsch*, EuGRZ 1997, 461 (462 f.).

[12] Ähnlich bereits *M. Kaufmann*, JZ 1999, 814 ff., der von „integrierter Staatlichkeit" als Staatsstrukturprinzip spricht.

[13] Grundlegend dazu BVerfGE 37, 271, 280 – *Solange I*; BVerfGE 73, 339, 375 – *Solange II*.

[14] *S. Schmahl*, in: H. Sodan (Hrsg.), Grundgesetz, 2. Aufl., München 2011, Art. 23 Rn. 15.

[15] Grundlegend EuGH, Rs. 6/64, Slg. 1964, 1251 (1269) – *Costa/ENEL*.

gründet das Bundesverfassungsgericht den Anwendungsvorrang aus dem Grundgesetz heraus. Es ist ein „Vorrang kraft verfassungsrechtlicher Ermächtigung".[16] Die der Europäischen Union zugrunde liegenden Verträge verpflichten die Mitgliedstaaten, den innerstaatlichen Anwendungsvorrang des Unionsrechts herbeizuführen. Der in den innerstaatlichen Zustimmungsgesetzen zu den Unionsverträgen liegende Rechtsanwendungsbefehl erstreckt sich auf diese unionsrechtliche Verpflichtung und bewirkt konstitutiv den Anwendungsvorrang.[17]

c) Das integrationsbedingte Aufbrechen der staatlichen Strukturprinzipien

Mit der Einbettung des Staates in supranationale Zusammenhänge geht ein Wandel in Bezug auf die prägenden staatlichen Strukturprinzipien einher. Das Demokratieprinzip, das Rechtsstaatsprinzip, die staatliche Grundrechtsbindung, das Bundesstaatsprinzip, das Sozialstaatsprinzip und das Republikprinzip sind offen für integrationsbedingte Einflüsse, die den Inhalt dieser Prinzipien neu justieren.

So ist etwa das Demokratieprinzip in der kommunalen Selbstverwaltung zugunsten nichtdeutscher Unionsbürger geöffnet worden. Die Staatsangehörigen anderer Integrationsstaaten wirken innerstaatlich an der Legitimation der von den Kommunen ausgeübten Hoheitsgewalt mit. In Art. 28 Abs. 1 Satz 3 GG hat diese Öffnung auch expliziten Niederschlag im Text des Grundgesetzes gefunden. Auch die Vermittlung demokratischer Legitimation an die von Deutschland in das Europäische Parlament entsandten Abgeordneten erfolgt nicht mehr allein durch das deutsche Volk, da auch hier die in Deutschland lebenden Unionsbürger anderer Mitgliedstaaten wahlberechtigt sind.

Das Rechtsstaatsprinzip muss sich in entsprechender Weise, da es seine machtbegrenzende Funktion nicht verlieren will, integrationsbedingten Einflüssen öffnen. Die innerstaatliche Bindung der vollziehenden Gewalt und der Rechtsprechung an „Recht und Gesetz" gemäß Art. 20 Abs. 3 GG erstreckt sich auf die Gesamtheit der materiellen Rechtsvorschriften, zu denen auch das Europäische Unionsrecht zählt. Der innerstaatliche Vorbehalt des Gesetzes ist nicht mehr nur der Vorbehalt des innerstaatlichen Gesetzes, sondern wird geöffnet für gesetzliche Ermächtigungsnormen, welche die europäische Rechtsordnung generiert. Als Rechtsgrundlage für einen staatlichen Eingriff in die Rechtssphäre des Einzelnen kann auch europäisches Recht dienen. Der Begriff des gesetzlichen Richters aus Art. 101 Abs. 1 Satz 2 GG wird unter dem Eindruck der europäischen Integration und dem Gebot, effektiven Rechtsschutz zu gewährleisten, unionsrechtlich „aufgeladen" und um den Gerichtshof der Europäischen Union ergänzt.[18] Die Garantie effektiven Rechtsschutzes nach

---

[16] BVerfGE 123, 267 (397) – *Lissabon*; ablehnend W. *Frenz*, EWS 2009, 297 (303).

[17] BVerfGE 73, 339 (374 f.) – *Solange II*.

[18] BVerfGE 73, 339 (366 f.) – *Solange II*; BVerfGE 82, 159 (192 ff.); BVerfGE 126, 286 (315 ff.) – *Honeywell*.

Art. 19 Abs. 4 GG erfasst auch aus der europäischen Rechtsordnung herrührende subjektive Rechte.[19] Bei der Anwendung des rechtsstaatlichen Verhältnismäßigkeitsgrundsatzes müssen die Integrationsstaaten bei der vorzunehmenden Abwägung auch dem Interesse der Europäischen Union Rechnung tragen.

Auch der staatliche Grundrechtsschutz erfährt durch die Integration Modifikationen. Nach der jüngeren Rechtsprechung des Bundesverfassungsgerichts erfolgt eine Anwendungserweiterung der nationalen Grundrechte durch die Diskriminierungsverbote des Europäischen Unionsrechts, die sich aus den Grundfreiheiten sowie aus Art. 18 AEUV ergeben.[20] Grundrechte, die nach ihrem Wortlaut in ihrem persönlichen Schutzbereich auf deutsche Staatsangehörige beschränkt sind, erlangen auch Anwendung auf nicht-deutsche Unionsbürger.[21] Entsprechend ist Art. 19 Abs. 3 GG auch auf ausländische juristische Personen anzuwenden, die ihren Sitz im EU-Gebiet haben.[22] Das Bundesverfassungsgericht geht in Bezug auf Art. 19 Abs. 3 GG davon aus, dass die darin vorgesehene Beschränkung der Grundrechtserstreckung auf inländische juristische Personen aufgrund des Anwendungsvorrangs des Unionsrechts unangewendet bleiben muss.[23] Diese Rechtsprechung des Bundesverfassungsgerichts ist auf die übrigen Deutschengrundrechte der Art. 8, Art. 9, Art. 11 und Art. 12 GG zu übertragen.

Auf das innerstaatliche Bundesstaatsprinzip wirkt die Integration in überstaatliche Zusammenhänge derart ein, dass eine Aushöhlung der Länderkompetenzen zu verzeichnen ist. Um dieser Erosion von Landesstaatsgewalt entgegenzuwirken, sind den Ländern mit einem neuen Art. 23 GG über den Bundesrat innerstaatlich Mitwirkungsrechte in Angelegenheiten der Europäischen Union sowie die Möglichkeit eingeräumt worden, den Gesamtstaat auf Unionsebene zu vertreten.

Im Bereich des Sozialstaatsprinzips vermitteln die unionsrechtlichen Diskriminierungsverbote, insbesondere die Unionsbürgerschaft, einen Anspruch auf Teilhabe an den mitgliedstaatlichen Systemen sozialer Sicherheit zu denselben Bedingungen, wie sie der Integrationsstaat für die eigenen Staatsangehörigen vorsieht.[24]

---

[19] *O. Dörr*, Der europäisierte Rechtsschutzauftrag deutscher Gerichte, 2003, 168.

[20] BVerfGE 129, 78 (94 ff.).

[21] Zur Frage der Anwendbarkeit der nationalen Grundrechte im Anwendungsbereich des Unionsrechts vgl. *A. Haratsch*, in: J. Isensee/P. Kirchhof (Hrsg.), Handbuch des Staatsrechts der Bundesrepublik Deutschland, Bd. X, 3. Aufl. 2012, § 210 Rn. 42.

[22] So bereits früher *Ch. Degenhart*, EuGRZ 1981, 161 (168); *D. Ehlers*, JZ 1996, 776 (781); *Th. Giegerich*, in: Ch. Grabenwarter u. a. (Hrsg.), Allgemeinheit der Grundrechte und Vielfalt der Gesellschaft, 1994, 101 (123 f.).

[23] BVerfGE 129, 78 (97); in der dogmatischen Begründung anders *Klein*, in: FS Stern (Fn. 3), 1301 (1310), der zum gleichen Ergebnis über eine unionsrechtskonforme Auslegung gelangt.

[24] Vgl. Etwa EuGH, Rs. C-224/98, Slg. 2002, I-6191, Rn. 33 ff. – *D'Hoop*; BSGE 107, 66.

Das republikanische Prinzip erfährt ebenfalls eine integrationsbedingte Öffnung. Versteht man es, wie *Eckart Klein* dies eindrucksvoll dargelegt hat,[25] als Garantie einer Staatsform, die auf Bürgergleichheit und -freiheit beruht, die daher jeglicher Despotie und Tyrannei abhold ist und in der die Verwirklichung des öffentlichen Wohls institutionell Personen anvertraut ist, die in einem öffentlichen Amtsverhältnis stehen und dem Volk verantwortlich sind, ist offenkundig, dass die europäische Integration einen Wandel bewirkt. Das Integrationsstaatsprinzip erlaubt es, die Definitionskompetenz in Bezug auf das öffentliche Wohl europäischen Institutionen zu übertragen, die dem deutschen Volk nur noch mittelbar verantwortlich sind. Das republikanische Verantwortungsband wird damit integrationsbedingt gelockert.

3. Die rechtsordnungsübergreifende Verwirklichung der Strukturprinzipien

Das Aufbrechen der wesentlichen Strukturelemente des Integrationsstaates geht einher mit einer kompensatorischen und komplementären rechtsordnungsübergreifenden Gewährleistung dieser grundlegenden Prinzipien durch die Mitgliedstaaten und die Europäische Union. Beispielhaft hierfür steht das Demokratieprinzip. Demokratische Legitimation wird in den Mitgliedstaaten und in der Europäischen Union rechtsordnungsübergreifend vermittelt. Die unionsrechtliche und die nationale Legitimation stehen in einem untrennbaren Zusammenhang.[26] So können demokratische Defizite in der unionsrechtlichen Legitimationsstruktur europäischer Organe durch eine Verstärkung nationaler Legitimationselemente teilweise kompensiert werden.[27] Vor dem Hintergrund dieser Überlegungen ist die Integrationsverantwortung der innerstaatlichen Gesetzgebungsorgane zu sehen. Das Bundesverfassungsgericht nimmt etwa im Rahmen der sogenannten Notbremsemechanismen Weisungsrechte von Bundestag und Bundesrat gegenüber dem deutschen Regierungsvertreter im Rat an (vgl. (Art. 48 Abs. 2, Art. 82 Abs. 3, Art. 83 Abs. 3, Art. 86 Abs. 1 UAbs. 2 und UAbs. 3, Art. 87 Abs. 3 UAbs. 2 und UAbs. 3 AEUV). Nur auf diese Weise lasse sich, so das Bundesverfassungsgericht, das grundgesetzlich notwendige Maß an demokratischer Legitimation über die mitgliedstaatlichen Parlamente gewährleisten.[28] Entsprechendes muss für nationale Legitimationsdefizite der mit dem Vollzug betrauten nationalen Stellen gelten, die durch eine verstärkte unionsrechtliche Legitimation aufgewogen werden können.[29] Diesen kompensatorischen Zusammenhang anerkennt auch das Bundesverfassungsgericht in seiner *Maastricht*-Entscheidung.[30]

---

[25] *E. Klein*, DÖV 2009, 741 (742 ff.).

[26] *F. Brosius-Gersdorf*, EuR 1999, 133 (167).

[27] *Brosius-Gersdorf*, EuR 1999, 133 (167 f.); *P. M. Huber*, Recht der Europäischen Integration, 2. Aufl. 2002, § 5 Rn. 39.

[28] BVerfGE 123, 267 (413 f.) – *Lissabon*.

[29] *Brosius-Gersdorf*, EuR 1999, 133 (168); *P. M. Huber*, in: J. Ipsen u. a. (Hrsg.), Verfassungsrecht im Wandel, 1995, 349 (366).

[30] BVerfGE 89, 155 (213) – *Maastricht*.

Die mit einer weiteren Übertragung von Gesetzgebungsbefugnissen auf die Union verbundene Schwächung der legitimationsvermittelnden Funktion des Bundestages muss durch eine Stärkung demokratischer Strukturen auf Unionsebene ausgeglichen werden. In entsprechender Weise wie der Grundrechtsschutz in einem „Kooperationsverhältnis" von Europäischem Gerichtshof und vom Bundesverfassungsgericht gewährleistet wird,[31] muss auch demokratische Legitimation in einem Kooperationsverhältnis zwischen den mitgliedstaatlichen Parlamenten und dem Europäischen Parlament vermittelt und demokratische Kontrolle ausgeübt werden. Die mitgliedstaatlichen Parlamente werden, indem sie auch den Organen der Europäischen Union demokratische Legitimation vermitteln, funktional auch zu Unionsparlamenten,[32] die sogar verstärkt in den Rechtsetzungsprozess der Europäischen Union einbezogen werden. Verwiesen sei nur auf die nunmehr bestehende Möglichkeit der Subsidiaritätsrüge im Vertrag von Lissabon.[33] Dies erkennt auch das Bundesverfassungsgericht, wenn es im Urteil zum Europäischen Stabilitätsmechanismus und zum Fiskalpakt hervorhebt, das Legitimationsreservoir der nationalen Parlamente für europäische Prozesse sei in den vergangenen Jahren fruchtbar gemacht worden, etwa um fehlende parlamentarische Kontrollmöglichkeiten durch das Europäische Parlament auszugleichen.[34]

Auch Rechtsstaatlichkeit wird rechtsordnungsübergreifend gewährleistet. Schlägt beispielsweise das mit Anwendungsvorrang ausgestattete Unionsrecht den mitgliedstaatlichen Gerichten grundgesetzliche Prüfungsmaßstäbe, etwa die rechtsstaatlichen Gebote des Vertrauensschutzes oder der Rechtssicherheit im Einzelfall aus der Hand, ist dies für sich genommen noch kein hinreichender Anlass, den änderungs- und übertragungsfesten Verfassungskern angetastet zu sehen und eine Identitätskontrolle in die Wege zu leiten. Vielmehr müssen hier die vom Bundesverfassungsgericht in seiner *Solange*-Rechtsprechung in Bezug auf die Grundrechte entwickelten Grundsätze entsprechend herangezogen werden. Für eine Überprüfung am Maßstab des grundgesetzlichen Rechtsstaatsprinzips besteht kein Anlass, solange der Gerichtshof der Europäischen Union rechtsstaatliche Grundsätze in einer Weise schützt, die dem vom Grundgesetz geforderten Schutz im Wesentlichen entspricht. Selbst für das Gewaltenteilungsprinzip gelten dabei die gleichen Grundsätze, die das Bundesverfassungsgericht in seiner *Maastricht*-Entscheidung für das Demokratieprinzip aufgestellt hat.[35] Je mehr Kompetenzen auf die Europäische Union übertragen werden, umso mehr müssen die gewaltenteilenden Regelungen des Eu-

---

[31] Vgl. BVerfGE 89, 155 (175) – *Maastricht*; BVerfGE 102, 147 (163) – *Bananenmarktordnung*.

[32] Ähnlich *I. Pernice*, in: H. Bauer u. a. (Hrsg.), Ius Publicum im Umbruch, 2000, 25 (37).

[33] Dazu *A. Haratsch/Ch. Koenig/M. Pechstein*, Europarecht, 8. Aufl. 2012, Rn. 170.

[34] BVerfG, Urt. v. 12. Sept. 2012, 2 BvR 1390/12 u. a., NJW 2012, 3145, Rn. 257 – *ESM u. Fiskalpakt*.

[35] *A. Haratsch*, in: M. Demel u. a. (Hrsg.), Funktionen und Kontrolle der Gewalten, 2001, 199 (217).

ropäischen Unionsrechts ausdifferenziert und gestärkt werden.[36] Die Kompetenzverlagerungen von der nationalen auf die supranationale Ebene haben allerdings die innerstaatliche Gewaltenverteilung in Mitleidenschaft gezogen. Horizontal hat sich das Gewicht zulasten der Legislativen (Bundestag, Bundesrat und Landtage) und zugunsten der Exekutiven (Bundesregierung und Landesregierungen), die im Rat an der Rechtsetzung der Union mitwirken,[37] verschoben.[38] Eine schleichende Erosion der Landesebene im europäischen Integrationsprozess wird seit langem beklagt.[39] Der innerstaatliche Verlust an horizontaler und vertikaler Gewaltenteilung konnte jedoch zunächst durch den mit der Übertragung von Hoheitsgewalt auf eine weitere Ebene erzielten Zuwachs an vertikaler Gewaltenteilung zwischen mitgliedstaatlicher und europäischer Ebene als kompensiert angesehen werden.[40] Mit fortschreitender Integration und dem sich abzeichnenden Kompetenzzuwachs der supranationalen europäischen Ebene durch den Vertrag von Maastricht[41] sah man sich aber dennoch innerstaatlich veranlasst, den beschriebenen Machtverschiebungen mit den Absätzen 2 bis 7 des neuen Art. 23 GG[42] entgegenzuwirken. Indem Bundestag, Bundesrat und den Ländern verstärkte Mitwirkungsmöglichkeiten in unionsrechtlichen Angelegenheiten eingeräumt werden, sollte die gestörte Balance der Verfassungsstruktur wiederhergestellt werden. Auch auf europäischer Ebene wurden mit der Einrichtung des Ausschusses der Regionen, in dem Länder und Kommunen vertreten sind, mit der Möglichkeit der Mitgliedstaaten, sich im Rat durch einen Landesminister vertreten zu lassen, und mit der Einführung des Subsidiaritätsprinzips Maßnahmen zur Berücksichtigung von Länderinteressen und zur Schonung von Länderkompetenzen ergriffen. Auch dies dient letztlich der Wiederherstellung oder Sicherung der innerstaatlichen Macht- und Gewaltenbalance.[43]

Entsprechende Überlegungen stellt das Bundesverfassungsgericht in Bezug auf den Grundrechtsschutz in seiner *Solange*-Rechtsprechung an, wenn es die Zurücknahme seiner Grundrechtsprüfung zugunsten des Europäischen Gerichtshofs davon abhängig macht, dass die Rechtsprechung des Gerichtshofs einen wirksamen Schutz der Grundrechte gewährleistet, der dem vom Grundgesetz gebotenen Grundrechtsschutz im Wesentlichen gleichzuachten ist.[44]

---

[36] *Ch. Kirchner/J. Haas*, JZ 1993, 760 (768); *F. Rittner*, EuZW 2000, 129 (129).

[37] Vgl. Art. 16 Abs. 1 Satz 1 EUV; Art. 23 Abs. 6 GG.

[38] *F. Ossenbühl*, DVBl. 1993, 629 (635 f.); *R. Breuer*, NVwZ 1994, 417 (425 f.).

[39] Vgl. etwa *R. Streinz*, in: D. Heckmann/K. Meßerschmidt (Hrsg.), Gegenwartsfragen des öffentlichen Rechts, 1988, 15 ff.; *M. Borchmann*, AöR 112 (1987), 586 (622); *Ch. Tomuschat*, in: S. Magiera/D. Merten (Hrsg.), Bundesländer und Europäische Gemeinschaft, 1988, 21 (21 ff.).

[40] *E.-W. Fuß*, DÖV 1964, 577 (584 f.); *I. Pernice*, JZ 2000, 866 (871).

[41] BGBl. 1992 II S. 1253.

[42] Gesetz zur Änderung des Grundgesetzes vom 21. Dez. 1992, BGBl. 1992 I 2086.

[43] *Haratsch* (Fn. 31), 199 (219).

[44] BVerfGE 73, 339 (377) – *Solange II*; BVerfGE 102, 147 (162 ff.) – *Bananenmarktordnung*; vgl. auch BVerfGE 37, 271 – *Solange I*.

Auch das republikanische Prinzip wird in einer die Rechtsordnungen übergreifenden Weise gewährleistet. Dort, wo die Verantwortung für die Gemeinwohlverwirklichung auf europäische Institutionen übertragen worden ist, erfolgt die Sorge um das öffentliche Wohl durch die Europäische Union, die sich ihrerseits durch eine republikanische Ämterverfassung auszeichnen muss.

4. Das System wechselseitiger Verfassungsstabilisierung

Die rechtsordnungsübergreifende Prinzipiengewährleistung wird durch das Integrationsstaatsprinzip normativ abgesichert, indem Art. 23 GG die Schaffung eines Systems der wechselseitigen Verfassungsstabilisierung verlangt. Dieses System besteht materiell aus zwei Struktursicherungsklauseln (Art. 23 Abs. 1 Satz 1 und Satz 3 GG), die prozedural durch eine verfassungsgerichtliche Kontrolle abgesichert werden. Während auf der Ebene der Europäischen Union die Verwirklichung der wesentlichen Bauelemente moderner Verfassungsstaatlichkeit, Demokratie, Rechtsstaatlichkeit, Grundrechtsgebundenheit, Sozialstaatlichkeit und republikanische Gemeinwohlverantwortung, angestrebt werden soll (europäische Struktursicherungsklausel), dürfen genau diese tragenden Strukturprinzipien innerstaatlich durch die Integration nicht beeinträchtigt werden (nationale Struktursicherungsklausel). Art. 23 Abs. 1 GG findet hier auf europarechtlicher Ebene Anschluss an Art. 2 EUV, der einerseits die Europäische Union an diese Grundsätze bindet und andererseits die Beachtung dieser Grundsätze von den Mitgliedstaaten einfordert. Diese wechselseitige normative Bindung durch das integrationsstaatliche Verfassungsrecht und das Recht der Europäischen Union lässt ein System wechselseitiger Verfassungsstabilisierung entstehen,[45] wobei das staatliche Verfassungsrecht und das Unionsrecht eine funktionale Einheit bilden.[46]

a) Die europäische Struktursicherungsklausel

Die europäische Struktursicherungsklausel des Art. 23 Abs. 1 Satz 1 GG erlaubt eine Mitwirkung Deutschlands an einer Europäischen Union nur, sofern diese demokratischen, rechtsstaatlichen, sozialen und föderativen Grundsätzen und dem Grundsatz der Subsidiarität verpflichtet ist und einen dem Grundgesetz im Wesentlichen vergleichbaren Grundrechtsschutz verbürgt. Das republikanische Prinzip ist in Art. 23 Abs. 1 Satz 1 GG mit Rücksicht auf die in Europa bestehenden Monarchien zwar nicht ausdrücklich aufgeführt, als Prinzip der Gemeinwohlorientierung in einer freiheitlichen Rechtsordnung ist es jedoch gewiss mitgedacht.[47] Die grundgesetzlichen Vorgaben betreffen die organisatorische Struktur der Europäischen Union und deren Kompetenzausübung. Die verfassungsrechtlichen Forderungen sind

---

[45] *Pernice* (Fn. 29), 25 (35).
[46] W. *Hertel*, Supranationalität als Verfassungsprinzip, 1999, 218.
[47] *Klein*, DÖV 2009, 741 (747).

zwar zwangsläufig nur auf europäischer Ebene einlösbar, Normadressat des Art. 23 Abs. 1 Satz 1 GG kann jedoch allein die deutsche Hoheitsgewalt sein.[48] Alle Verfassungsorgane, insbesondere Bundestag, Bundesrat und Bundesregierung, haben auf die Verwirklichung dieser Strukturmerkmale in der Europäischen Union hinzuwirken.[49] Die Struktursicherungsklausel ist Handlungsmaßstab der deutschen Integrationsgewalt und Rechtmäßigkeitsmaßstab für die von ihr vollzogenen Integrationsschritte.[50] Auf die Europäische Union und ihre Organe wirkt Art. 23 Abs. 1 Satz 1 GG nur mittelbar ein.[51] Die Europäische Union kann rechtlich durch innerstaatliche (Verfassungs-)Normen nicht verpflichtet werden,[52] da eine rechtliche Bindung der supranationalen Ebene jenseits der Regelungsmacht des innerstaatlichen, auch des verfassungsändernden Gesetzgebers liegt.[53] Jedoch kommt der grundgesetzlichen Struktursicherungsklausel eine erhebliche rechtspolitische Bedeutung zu. Integrationsschritte, die grundlegende Prinzipien negieren, bleiben zwar möglich, jedoch wäre Deutschland die weitere Mitwirkung an der Europäischen Union versagt.[54]

Die Struktursicherungsklausel verlangt dabei keine vollständige Kongruenz der europäischen Unionsordnung mit dem Grundgesetz, sondern eine „strukturangepasste Grundsatzkongruenz" mit dem Grundgesetz;[55] das *Lissabon*-Urteil des Bundesverfassungsgerichts zitiert den Begriff der „strukturellen Kompatibilität".[56] Der gegenüber einem Mitgliedstaat andersartigen Struktur der Europäischen Union und der unterschiedlichen Verfassungstraditionen der anderen Mitgliedstaaten ist bei der Konkretisierung der Anforderungen Rechnung zu tragen.[57]

---

[48] *Th. Schmitz*, Integration in der Supranationalen Union, 2001, 352; *Sommermann*, DÖV 1994, 596 (602).

[49] *W. Fischer*, ZParl 1993, 32 (38); *Heitsch*, EuGRZ 1997, 461 (463); *Breuer*, NVwZ 1994, 417 (421); *Badura* (Fn. 10), 887 (889); *R. Streinz*, ThürVBl. 1997, 73 (78).

[50] *K. Schmalenbach*, Der neue Europaartikel 23 des Grundgesetzes, 1996, 62; *Schmitz* (Fn. 44), 352.

[51] *Sommermann*, DÖV 1994, 596 (602); *Schmitz* (Fn. 44), 352; *K. Heckel*, Der Föderalismus als Prinzip überstaatlicher Gemeinschaftsbildung, 1998, 195.

[52] *Sommermann*, DÖV 1994, 596 (602); *Schmitz* (Fn. 44), 352.

[53] *Schmitz* (Fn. 44), 352.

[54] *Haratsch* (Fn. 31), 199 (214).

[55] So *R. Streinz*, in: FS Steinberger, 2002, 1437 (1446); *U. Kischel*, Der Staat 39 (2000), 523 (530).

[56] BVerfGE 123, 267 (365) – *Lissabon*, unter Verweis auf *V. Röben*, Außenverfassungsrecht, 2007, 321.

[57] *Streinz* (Fn. 55), 1437 (1446); *Breuer*, NVwZ 1994, 417 (422); *Badura* (Fn. 10), 887 (889); *Heitsch*, EuGRZ 1997, 461 (463); *Everling*, DVBl. 1993, 936 (944); *M. Kuschnick*, Integration in Staatenverbindungen. Vom 19. Jahrhundert bis zur EU nach dem Vertrag von Amsterdam, 1999, 191 f., 219.

b) Die nationale Struktursicherungsklausel

Die nationale Struktursicherungsklausel des Art. 23 Abs. 1 Satz 3 GG erklärt die unaufgebbaren Essentialia deutscher Staatlichkeit gemäß Art. 79 Abs. 3 GG im Integrationsprozess für unantastbar. Für die Bundesrepublik Deutschland entzieht Art. 79 Abs. 3 GG wichtige Grundprinzipien des Grundgesetzes einer Änderung und verleiht so den identitätsbegründenden Verfassungsgütern Standfestigkeit.[58] Besonderes Augenmerk hat das Bundesverfassungsgericht in seiner jüngeren Rechtsprechung dabei auf die Garantie der Staatlichkeit der Bundesrepublik Deutschland sowie auf die Bewahrung der innerstaatlichen Demokratie gelegt.

Das Bundesverfassungsgericht hat in seiner *Lissabon*-Entscheidung ausgeführt, das Grundgesetz setze die Staatlichkeit Deutschlands nicht nur voraus, sondern garantiere sie in Art. 79 Abs. 3 GG.[59] Zwar hänge das Grundgesetz keiner Vorstellung von einer selbstherrlichen Souveränität, sondern vielmehr von einer völkerrechtlich geordneten und gebundenen Freiheit an,[60] gleichwohl ermächtige es den Integrationsgesetzgeber nicht, durch einen Eintritt in einen europäischen Bundesstaat das Selbstbestimmungsrecht des deutschen Volkes in Gestalt der völkerrechtlichen Souveränität Deutschlands aufzugeben.[61] Ein solcher endgültiger Schritt der Entstaatlichung sei allein dem unmittelbar erklärten (verfassunggebenden) Willen des deutschen Volkes gemäß Art. 146 GG vorbehalten. Unter dem Grundgesetz müsse die Union auf der Grundlage von Art. 23 Abs. 1 GG daher „eine enge, auf Dauer angelegte Verbindung souverän bleibender Staaten" bleiben,[62] in welcher die Mitgliedstaaten dauerhaft die „Herren der Verträge" seien.[63] Die Übertragung einer Kompetenz-Kompetenz auf die Union sei daher ebenso unzulässig wie eine unwiderrufliche Hoheitsrechtsübertragung.[64] Dem kann man im Grundsatz zustimmen.[65]

Besonderen Gefährdungen ausgesetzt ist nach Auffassung des Bundesverfassungsgerichts das demokratische Prinzip. Der Grundsatz der Volkssouveränität verlangt, dass alles staatliche Handeln demokratisch legitimiert sein muss, ohne im Einzelnen festzulegen, wie der Vermittlungsprozess zwischen Bürgerwillen und Staatshandeln organisiert zu sein hat. Im Zuge der europäischen Integration dürfen innerstaatliche Wahlen nicht dadurch ihrer demokratischen Legitimation beraubt werden, dass sie der Hervorbringung eines Parlaments dienen, dem kaum noch Kompetenzen

---

[58] *K. Stern*, Das Staatsrecht der Bundesrepublik Deutschland, Bd. III/2, 1994, 1087.
[59] BVerfGE 123, 267 (343) – *Lissabon*.
[60] BVerfGE 123, 267 (346) – *Lissabon*.
[61] BVerfGE 123, 267 (347 f.) – *Lissabon*.
[62] BVerfGE 123, 267 (348) – *Lissabon*.
[63] BVerfGE 123, 267 (349) – *Lissabon*.
[64] BVerfGE 123, 267 (349 f.) – *Lissabon*; ebenso BVerfG, Urt. v. 12. Sept. 2012, 2 BvR 1390/12 u. a., NJW 2012, 3145, Rn. 209 – *ESM u. Fiskalpakt*.
[65] Ebenso *E. Klein*, in: R. Th. Baus/M. Borchard/G. Krings (Hrsg.), Europäische Integration und deutsche Verfassungsidentität, 2010, 99 (100 ff.).

zur Ausübung verblieben sind.[66] Vielmehr muss der Bundestag eigene Aufgaben und Befugnisse von substantiellem politischem Gewicht behalten oder die ihm politisch verantwortliche Bundesregierung maßgeblichen Einfluss auf die europäische Entscheidungsfindung ausüben.[67] Insbesondere darf eine Übertragung von Hoheitsrechten nicht dazu führen, die Haushaltsautonomie und das Budgetrecht des Bundestages zu untergraben.[68] In seiner Entscheidung zum Vertragsgesetz zum Vertrag von Lissabon identifiziert das Bundesverfassungsgericht allerdings vermeintlich wesentliche Bereiche, in denen Deutschland ein ausreichender Raum zur politischen Gestaltung der wirtschaftlichen, kulturellen und sozialen Lebensverhältnisse verbleiben müsse.[69] Eine tragfähige Begründung, warum einem demokratischen Verfassungsstaat gerade die Bereiche des Bildungs-, Familien- und Sozialrechts vorbehalten bleiben sollen, liefert das Bundesverfassungsgericht nicht.[70] In dieser sehr staatszentrierten Sichtweise des *Lissabon*-Urteils schenkt das Bundesverfassungsgericht einem Aspekt zu wenig Beachtung. Demokratie kann im Rahmen der Europäischen Union nur strukturangepasst, also unter Beachtung ihrer föderalen Struktur verwirklicht werden, und das Grundgesetz öffnet die deutsche Verfassungsordnung gerade für eine solchermaßen legitimierte Hoheitsgewalt. Wenn das Bundesverfassungsgericht im *Lissabon*-Urteil feststellt, die Europäische Union sei „überföderalisiert",[71] aber unterdemokratisch,[72] werden diese beiden Prinzipien in unzutreffender Weise gegeneinander ausgespielt. Raum für künftige Integrationsschritte bleibt hier kaum.[73]

Einen Schritt in die richtige Richtung bedeutet daher das jüngste Urteil des Bundesverfassungsgerichts zum Europäischen Stabilitätsmechanismus und zum Fiskalpakt, wenn es ausführt, Art. 79 Abs. 3 GG gewährleiste nicht den unveränderten Bestand des geltenden Rechts.[74] Eine integrationsbedingte Selbstbindung der Parlamente könne durchaus zu einer fühlbaren Beschränkung etwa der haushaltspolitischen Handlungsfähigkeit führen.[75] Es sei Sache des Gesetzgebers abzuwägen, ob und in welchem Umfang eine Verringerung des Gestaltungs- und Entscheidungs-

---

[66] BVerfGE 89, 155 (172, 182, 186, 207 ff.) – *Maastricht*; M. *Herdegen*, EuGRZ 1992, 589 (590).

[67] BVerfGE 89, 155 (207) – *Maastricht*, BVerfGE 123, 267 (356) – *Lissabon*.

[68] BVerfGE 129, 124 (177 ff.) – *Euro-Rettungsschirm*; BVerfG, Urt. v. 12. Sept. 2012, 2 BvR 1390/12 u. a., NJW 2012, 3145, Rn. 210 ff. – *ESM u. Fiskalpakt*.

[69] BVerfGE 123, 267 (358) – *Lissabon*.

[70] Kritisch auch M. *Nettesheim*, Entmündigung der Politik, in: FAZ, Nr. 198 v. 27. Aug. 2009, 8; *ders.*, NJW 2009, 2867 (2868); E. *Röper*, DÖV 2010, 285 (287 ff.).

[71] BVerfGE 123, 267 (376 f.) – *Lissabon*.

[72] BVerfGE 123, 267 (370) – *Lissabon*.

[73] Sehr kritisch dazu auch *Klein* (Fn. 61), 99 (104).

[74] BVerfG, Urt. v. 12. Sept. 2012, 2 BvR 1390/12 u. a., NJW 2012, 3145, Rn. 222 – *ESM u. Fiskalpakt*.

[75] BVerfG, Urt. v. 12. Sept. 2012, 2 BvR 1390/12 u. a., NJW 2012, 3145, Rn. 224 – *ESM u. Fiskalpakt*.

spielraums hinzunehmen sei.[76] Was für Beschränkungen der parlamentarischen Handlungsbefugnisse durch Selbstbindungen des Gesetzgebers gilt, muss entsprechend auch für Beschränkungen aufgrund von Hoheitsrechtsübertragungen gelten.

c) Die prozedurale Verfassungsstabilisierung

Neben die materielle Verfassungsstabilisierung mittels der Struktursicherungsklauseln tritt die prozedurale Verfassungsstabilisierung durch das Bundesverfassungsgericht, das über die Wahrung der Integrationsgrenzen des Art. 23 Abs. 1 i.V.m. Art. 79 Abs. 3 GG wacht. Ansatzpunkte für diese verfassungsgerichtliche Kontrolle sind zum einen die nationalen Vertragsgesetze zu den die Europäische Union begründenden Verträgen und zum anderen Akte der Unionsorgane. Wird ein Vertragsgesetz vom Bundesverfassungsgericht auf seine Verfassungsmäßigkeit überprüft und hält es dieser Überprüfung nicht stand, kann es nicht in Kraft treten oder es wird, sofern es bereits in Kraft getreten ist, für nichtig erklärt.

Wesentlich umstrittener ist die Kontrolle, die das Bundesverfassungsgericht gegenüber Unionsrechtsakten ausübt. Hält ein Unionsrechtsakt der verfassungsgerichtlichen Überprüfung nicht stand, darf er innerstaatlich nicht angewendet werden.[77] Der dem supranationalen Unionsrecht regelmäßig zukommende Anwendungsvorrang vor nationalem Recht wird so durchbrochen. Nach Auffassung des Bundesverfassungsgerichts handelt es sich beim Vorrang des Unionsrechts ohnehin lediglich um ein „abgeleitetes Institut".[78] Das Bundesverfassungsgericht hat in seiner Rechtsprechung drei Schranken des Anwendungsvorrangs des Europäischen Unionsrechts entwickelt und sich die Wächterrolle über die Schranken vorbehalten.

aa) Die Identitätskontrolle

Unionsrecht kann nach Ansicht des Bundesverfassungsgerichts im Kollisionsfall keinen Vorrang vor dem grundgesetzlich abgesicherten Kerngehalt der Verfassungsidentität gemäß Art. 23 Abs. 1 Satz 3 i.V.m. Art. 79 Abs. 3 GG haben.[79] Diese Identitätskontrolle ist dem Bundesverfassungsgericht vorbehalten.[80] Einem Fachgericht wäre es verwehrt, einen Unionsrechtsakt in der vom Europäischen Gerichtshof gefundenen Auslegung eigenverantwortlich zu verwerfen oder nicht anzuwenden, selbst wenn es den integrationsfesten Kern des Grundgesetzes, etwa grundlegende rechtsstaatliche Garantien, angetastet sähe. Vielmehr wäre es nach den Grundsätzen der *Solange*-Rechtsprechung des Bundesverfassungsgerichts in analoger Anwendung des konkreten Normenkontrollverfahrens gemäß Art. 100 Abs. 1 GG verpflich-

---

[76] BVerfG, Urt. v. 12. Sept. 2012, 2 BvR 1390/12 u. a., NJW 2012, 3145, Rn. 228 – *ESM u. Fiskalpakt*.
[77] BVerfGE 123, 267 (354) – *Lissabon*.
[78] Vgl. BVerfGE 123, 267 (400) – *Lissabon*.
[79] BVerfGE 123, 267 (353, 397) – *Lissabon*.
[80] BVerfGE 123, 267 (354 f.) – *Lissabon*.

tet,[81] die Frage nach der innerstaatlichen Verbindlichkeit des fraglichen Unionsrechtsakts dem Bundesverfassungsgericht vorzulegen.[82] Die verfassungsgerichtliche Kontrolle ist freilich nicht auf Normenkontrollverfahren beschränkt, sondern kann grundsätzlich auch im Rahmen der übrigen grundgesetzlich vorgesehenen Verfahrensarten inzident erfolgen.[83]

bb) Die Ultra-vires-Kontrolle

Neben die Identitätskontrolle stellt das Bundesverfassungsgericht die *Ultra-vires*-Kontrolle.[84] Diese muss gemäß der *Honeywell*-Entscheidung des Bundesverfassungsgerichts allerdings „zurückhaltend und europarechtsfreundlich" erfolgen.[85] Ein Ultra-vires-Akt kann danach nur angenommen werden, wenn Handlungen der Unionsorgane und -einrichtungen ersichtlich außerhalb der übertragenen Kompetenzen ergangen sind. Ersichtlich ist ein Kompetenzverstoß nur, wenn er „hinreichend qualifiziert" ist.[86] In Anlehnung an die Formulierung des Tatbestandsmerkmals der hinreichenden Qualifikation im unionsrechtlichen Haftungsrecht setzt dies voraus, dass das kompetenzwidrige Handeln der Union offensichtlich ist (Evidenz des Verstoßes) und der angegriffene Akt im Kompetenzgefüge zwischen Mitgliedstaaten und Union im Hinblick auf das Prinzip der begrenzten Einzelermächtigung und die rechtsstaatliche Gesetzesbindung erheblich ins Gewicht fällt (Erheblichkeit des Verstoßes).[87] Keine Beachtung schenkt das Bundesverfassungsgericht bei seinen Überlegungen allerdings der Tatsache, dass die Mitgliedstaaten die Überwachung der Verträge und der auf ihnen beruhenden Rechtsakte der Union bewusst einer Gerichtsinstanz, dem Gerichtshof der Europäischen Union, übertragen haben.[88] Das Bundesverfassungsgericht verkennt, dass die Zurücknahme des ausschließlichen Herrschaftsanspruchs der innerstaatlichen Rechtsordnung für alle Verfassungsorgane gilt, also auch für das Bundesverfassungsgericht selbst.[89] Es muss sich wie alle Staatsorgane damit abfinden, dass die Eingliederung Deutschlands in die Europäische Union seine Zuständigkeiten beschränkt.[90] Das Grundgesetz hat sich für die Integrationsoffenheit entschieden und die Mitwirkung bei der Entwicklung der Europäischen Union zum Staatsziel erhoben. Die Wächterfunktion des Bundesverfas-

---

[81] Gegen eine analoge Anwendung von Art. 100 Abs. 1 GG allerdings *K. F. Gärditz/Ch. Hillgruber*, JZ 2009, 872 (874).

[82] Vgl. BVerfGE 37, 271 (285 ff.) – *Solange I*.

[83] Zur Anregung des Bundesverfassungsgerichts, *de lege ferenda* ein eigenes Integrationskontrollverfahren einzuführen (BVerfGE 123, 267 (355) – *Lissabon*), vgl. *Klein* (Fn. 61), 99 (107); *H. A. Wolff*, DÖV 2010, 49 (52 ff.); *H. Sauer*, ZRP 2009, 195 ff.

[84] BVerfGE 89, 155 (188, 210) – *Maastricht*; BVerfGE 123, 267 (353 ff.) – *Lissabon*.

[85] BVerfGE 126, 286 (303) – *Honeywell*.

[86] BVerfGE 126, 286 (304) – *Honeywell*.

[87] BVerfGE 126, 286 (304) – *Honeywell*.

[88] Vgl. BVerfGE 123, 267 (397 f.) – *Lissabon*.

[89] *U. Everling*, in: GS Grabitz, 1995, 57 (69).

[90] *Everling* (Fn. 81), 57 (69).

sungsgerichts kann sich vor dem Hintergrund dieser Überlegungen daher nur darauf erstrecken, ob die verfassungsrechtlichen Grenzen der Übertragung von Hoheitsgewalt auf die Union eingehalten sind.[91] Seine Kontrollbefugnis greift erst, wo der einer Hoheitsübertragung verschlossene Bereich gemäß Art. 23 Abs. 1 Satz 3 i.V.m. Art. 79 Abs. 3 GG beginnt,[92] d.h. die Grenze des Übertragbaren überschritten wird.[93] Die *Ultra-vires*-Kontrolle kann daher lediglich ein Unterfall der verfassungsgerichtlichen Identitätskontrolle sein.[94]

cc) Die Grundrechtskontrolle gemäß der Solange-Rechtsprechung

Im Bereich des Grundrechtsschutzes nimmt das Bundesverfassungsgericht seine Wächterrolle mit besonderem Nachdruck wahr. Die verfassungsgerichtliche Kontrolle setzt nach Auffassung des Bundesverfassungsgerichts ein, wenn die Rechtsprechung des Europäischen Gerichtshofs keinen wirksamen Schutz der Grundrechte gewährleistet, der dem vom Grundgesetz gebotenen Grundrechtsschutz im Wesentlichen gleichzuachten ist.[95] Doch auch hier muss gelten, dass eine Überprüfung sekundären Unionsrechts am Maßstab deutscher Grundrechte durch das Bundesverfassungsgericht nur dann erfolgen darf, wenn ein Rechtszustand drohte, an dessen Schaffung sich die Bundesrepublik Deutschland verfassungsrechtlich nicht beteiligen dürfte, weil gemäß Art. 79 Abs. 3 GG unabänderliche Essentialia des Grundgesetzes in Frage stehen.[96] Auch die *Solange*-Rechtsprechung muss daher als Unterfall der Identitätskontrolle verstanden werden.

IV. Fazit

Der eingetretene Wandel moderner Staatlichkeit lässt sich normativ festmachen an dem neben die bisherigen prägenden Staatsstrukturprinzipien tretenden Integrationsstaatsprinzip. Art. 23 Abs. 1 GG normiert nicht allein eine Staatszielbestimmung, eine programmatische Direktive für den Staat, die er nach Kräften anzustreben und nach der er sein Handeln auszurichten hat.[97] Es handelt sich zugleich um eine Strukturbestimmung, die eine tragende Konstitutionsaussage über den Staat und des-

---

[91] *A. Weber*, in: FS Everling, 1995, 1625 (1637, 1639); *Everling* (Fn. 81), 57 (70 f.); *M. Selmayr/N. Prowald*, DVBl. 1999, 269 (274).

[92] Grundlegend *E. Klein*, Der Verfassungsstaat als Glied einer europäischen Gemeinschaft, VVDStRL 50 (1991), 56 (68 ff.); vgl. auch Schmahl, in: Sodan (Fn. 14), Art. 23 Rn. 23.

[93] *O. Dörr*, in: H. Sodan/J. Ziekow (Hrsg.), Verwaltungsgerichtsordnung, 3. Aufl. 2010, 33, Rn. 204 ff.

[94] *A. Haratsch*, ZJS 2010, 122 (127); a.A. *R. Streinz*, ZfP 56 (2009), 467 (480).

[95] BVerfGE 73, 339 (377) – *Solange II*; BVerfGE 102, 147 (164) – *Bananenmarktordnung*.

[96] Siehe *Selmayr/Prowald*, DVBl. 1999, 269 (271 f.); *G. Hirsch*, NJW 2000, 1817 (1819); *G. Nicolaysen/C. Nowak*, NJW 2001, 1233 (1237 f.).

[97] Vgl. die Definition des Begriffs der Staatszielbestimmung bei *D. Merten*, DÖV 1993, 368 (370).

sen Baugesetze trifft.[98] Das Integrationsstaatsprinzip geht über einen bloßen Grundsatz der Europarechtsfreundlichkeit der nationalen Rechtsordnung[99] hinaus. Es bricht die anderen prägenden Strukturelemente moderner Staatlichkeit auf und öffnet sie für die Integrationswirkungen. Der Anwendungsvorrang des Rechts der Europäischen Union und mit ihm die einheitliche Wirksamkeit des Unionsrechts ist eine dem Integrationsstaatsprinzip des Art. 23 Abs. 1 GG zu entnehmende verfassungsrechtliche Grundentscheidung.[100] Zugleich enthält das Integrationsstaatsprinzip die normative Vorgabe, die prägenden Strukturprinzipien moderner Staatlichkeit wie das Demokratieprinzip, das Rechtsstaatsprinzip, die Grundrechtsbindung jeglicher Hoheitsgewalt und das Sozialstaatsprinzip in dem von Integrationsverband und Integrationsstaaten gebildeten System zu wahren und strukturangepasst zu verwirklichen. Darüber hinaus verpflichtet das Integrationsstaatsprinzip zur Wahrung der Staatlichkeit des Integrationsstaates. Die Bundesrepublik Deutschland als moderner Integrationsstaat weist weit über die nationalstaatliche Begrenztheit hinaus und öffnet sich weit nach Europa. Mit seinem Integrationsstaatsprinzip des Art. 23 Abs. 1 GG erweist sich das Grundgesetz einerseits als wandlungsfähig genug, um sich integrationsbedingten Einflüssen anzupassen, andererseits aber auch als bewahrend im besten Sinne, indem es die Errungenschaften moderner Verfassungsstaatlichkeit im Prozess der europäischen Integration nicht gefährdet sehen will.

---

[98] Vgl. die Definition des Begriffs des Staatsstrukturprinzips bei *Merten*, DÖV 1993, 368 (370).

[99] Dazu vgl. BVerfGE 123, 267 (347) – *Lissabon*.

[100] *M. Kaufmann*, Der Staat 36 (1997), 521 (544).

Grundrechtsbindung der Streitkräfte im Ausland? – Zugleich Vorüberlegungen zu einem Streitkräfte-Entsendegesetz

Von *Stephan Hobe*[1]

I. Einleitung

Ungeachtet der zunehmenden Einbeziehung deutscher Soldatinnen und Soldaten in Auslandseinsätze zumeist unter internationalem Mandat, wie sie insbesondere seit dem Kosovo- und dem Afghanistan-Einsatz in das öffentliche Bewusstsein gerückt sind, fehlt es bislang an klaren rechtlichen Vorgaben für solche Auslandseinsätze. Dies gilt weniger für die Frage des „Ob" einer Entsendung von Streitkräften. Hier ist es – insbesondere befördert durch die dies anmahnende Rechtsprechung des Bundesverfassungsgerichts[2] – zuletzt nach längeren Beratungen zur Verabschiedung des sogenannten Parlamentsbeteiligungsgesetzes[3] gekommen. Den demokratischen Aspekt im Gewalten teilenden Staat und insbesondere im sehr stark exekutiv bestimmten Bereich der auswärtigen Gewalt betonend, sucht das Parlamentsbeteiligungsgesetz grob gesprochen, unter Berücksichtigung der politischen Bedeutung eines Auslandseinsatzes sowie der Grundrechte der entsendeten Soldaten die Notwendigkeit parlamentarischer Legitimation einer entsprechenden Streitkräfteentsendung vorzusehen. Doch ist umso erstaunlicher, dass die Frage des „Wie" der Streitkräfteentsendung, also des Vorhandenseins von Maßgaben für das Verhalten deutscher Soldatinnen und Soldaten bei Auslandseinsätzen, die Frage des Maßstabscharakters des Grundgesetzes, und hier besonders der Grundrechte, bislang nicht Gegenstand eines Gesetzes geworden ist. In der Literatur nehmen – bislang allerdings nur in ersten Ansätzen – Fragen nach der Fassung eines „Bundeswehr-Auslandseinsatzgesetzes" zu.[4] Müsste nicht auch, so der Ansatzpunkt der hiesigen Überlegungen, die Frage einer Regelung unterzogen werden, ob und inwieweit Maßnahmen deutscher

---

[1] Ich danke Herrn Wiss. Mitarbeiter *Felix Daubenbüchel* für die hilfreiche Unterstützung bei den vorbereitenden Recherchen für diesen Beitrag.

[2] Beginn dieser Rspr. war BVerfGE 90, 286 ff. Diese Rspr. wurde bestätigt und fortentwickelt, s. BVerfGE 121, 135 ff. Zum Ganzen *S. Hobe*, in: K. H. Friauf/W. Höfling (Hrsg.), Berliner Kommentar zum Grundgesetz, Art. 24 GG, Rn. 60 ff., 127 ff.

[3] BGBl 2005 I, 775 ff. Dazu *Hobe* (Fn. 2), Art. 24 GG, Rn. 63 f.

[4] So etwa bei der Fachtagung des DIMR und der DG Wehrrecht und Hum. VR im Oktober 2011 sowie unlängst *C. Tomuschat*, FAZ vom 19. April 2012, 8.

Soldatinnen und Soldaten im Auslandseinsatz an die Grundrechte des Grundgesetzes gebunden sind?[5]

Der nachfolgende Beitrag will zunächst die in der deutschen Grundrechtsdogmatik bislang zaghaft behandelte Problematik der Grundrechtsbindung im Ausland einer näheren Untersuchung unterziehen und darauf aufbauend einen Beitrag für die Skizzierung möglicher Konturen eines solchen „Bundeswehr-Auslandseinsatzgesetzes" zu leisten versuchen. Dabei ist allerdings die grundsätzliche Frage höchst umstritten, ob es überhaupt eines solchen Gesetzes bedarf bzw. ob der gegenwärtige *Status quo* im rechtlichen Sinne ausreichend ist.[6]

Diese Überlegungen sollen *Eckart Klein* ehren, der in seinem umfangreichen Oeuvre[7] neben europarechtlichen vor allem völkerrechtliche und staatsrechtliche Themen bearbeitet hat. Einen ganz besonderen Stellenwert in diesen Beiträgen nehmen die Menschenrechte auf nationaler und internationaler Ebene sowie die Einbindung Deutschlands in die internationale Gemeinschaft ein. Ein Beitrag an der Schnittstelle von Völkerrecht und Staatsrecht erscheint deshalb in besonderer Weise geeignet, das Schaffen *Eckart Kleins* angemessen zu würdigen, der selbst im Jahre 2008 zur Rechtsprechung des Bundesverfassungsgerichts (BVerfG) zu den Auslandseinsätzen der Streitkräfte Stellung genommen hat.[8]

II. Wann wird ein Gesetz benötigt?

Vorab soll zunächst einmal deutlich gemacht werden, dass die Frage der Ausgestaltung der Auslandseinsätze der Bundeswehr in erster Linie eine verfassungsrechtliche Frage ist. Der Vorbehalt des Gesetzes fordert für Eingriffe in grundrechtsrelevante Bereiche ein Parlamentsgesetz. Ein Gesetz wird nach ständiger Rechtsprechung des BVerfG immer dann benötigt, wenn in dem interessierenden Bereich „wesentliche" Fragen zu regeln sind.[9] Hierbei gilt, dass sich die Anforderungen an die Bestimmtheit der Regelungen mit dem Grad der Wesentlichkeit erhöhen.[10] Ein entscheidendes Kriterium für den unbestimmten Begriff der Wesentlichkeit ist dabei die Berührung grundrechtlich geschützter Lebensbereiche sowie die Intensität der Grundrechtsbetroffenheit.[11] Grundrechtseingriffe bedürfen regelmäßig eines Parla-

---

[5] So auch *C. Tomuschat*, FAZ vom 19. April 2012, 8.
[6] Siehe dazu etwa die in Fn. 4 genannten Stellen.
[7] Siehe die eindrucksvolle Liste am Ende dieses Bandes.
[8] *E. Klein*, FS Bothe, 2008, 157 ff.
[9] BVerfGE 34, 165 ff. (192 f.); BVerfGE 49, 89 ff. (126); BVerfGE 83, 130 ff. (142, 151 f.); BVerfGE 101, 1 ff. (34).
[10] *R. Herzog/B. Grzeszick*, in: T. Maunz/G. Dürig (Begr.), Grundgesetz Kommentar, Art. 20 GG Rn. 105 f.
[11] BVerfGE 40, 237 ff. (249); BVerfGE 49, 89 ff. (127); BVerfGE 98, 218 ff. (251 ff.); BVerfGE 101, 1 ff. (34); aus der Literatur *M. Sachs,* in: M. Sachs (Hrsg.), GG-Kommentar, Art. 20 GG, Rn. 117; ähnlich *Herzog/Grzeszick* (Fn. 10), Art. 20 GG, Rn. 107; *K.-P. Som-*

mentsgesetzes.¹² Für das Recht auf Leben und körperliche Unversehrtheit, welches bei Streitkräfteeinsätzen naturgemäß eine besondere Rolle spielt, ist in Art. 2 Abs. 2 S. 3 GG ausdrücklich ein Gesetzesvorbehalt vorgegeben. Ob und in welcher Form ein Gesetz über den Auslandseinsatz deutscher Streitkräfte erforderlich ist, bestimmt sich daher maßgeblich nach der Grundrechtsrelevanz solcher Einsätze. Ein weiteres Kriterium ist sodann die politische Relevanz eines Regelungsgebiets. Dabei ist zu beachten, dass die Erforderlichkeit flexibler Regelungen sowie der fehlende Sachverstand des Parlaments gegen die Wesentlichkeit sprechen können.¹³ *Gramm* vertritt in diesem Zusammenhang die Auffassung, dass die Wesentlichkeitstheorie im Wehrrecht nur in eingeschränkter Weise gelte.¹⁴ Daran ist richtig, dass aufgrund der regelmäßig komplexen Lage bei Auslandseinsätzen Einschränkungen bezüglich der Bestimmtheit einer möglicherweise erforderlichen Regelung hinzunehmen wären.

III. Geltungsbereich der Grundrechte bei Ausübung von Hoheitsgewalt im Ausland

Untrennbar mit der Frage nach einem „Auslandseinsatzgesetz" verknüpft ist nach alledem die Frage der Grundrechtsbindung der deutschen Staatsgewalt im Ausland. Denn nur dann, wenn die Grundrechte überhaupt außerhalb des deutschen Staatsgebietes zur Anwendung kommen können, kann auch die Frage nach einer parlamentarischen Regelung sinnvoll gestellt werden. Insofern soll diese Problematik zunächst in einem ersten Abschnitt unserer Überlegungen dargestellt werden. Und es ist gleich vorab festzustellen, dass in diesem Bereich – bei erstaunlicher Zurückhaltung der Rechtsprechung des Bundesverfassungsgerichts – ein tiefgreifender Meinungsstreit in der Literatur besteht. Ausgangspunkt ist dabei Art. 1 Abs. 3 GG, die „Schlüsselnorm",¹⁵ bzw. „Leitnorm"¹⁶ des Grundgesetzes.¹⁷

1. Keine Grundrechtsbindung bei Sachverhalten mit Auslandsberührung

Teilweise wird pronounciert die Auffassung vertreten, die Grundrechte könnten außerhalb der Grenzen der Bundesrepublik Deutschland und damit exterritorial keine

---

mermann, in: H. v. Mangoldt/F. Klein/C. Starck, Kommentar zum Grundgesetz, Art. 20 GG, Rn. 276 ff.; *A. Voßkuhle*, JuS 2007, 118 f. (119); *K. U. Voss*, ZRP 2007, 78 ff. (79).

¹² *Herzog/Grzeszick* (Fn. 10), Art. 20 GG Rn. 111.

¹³ *Herzog/Grzeszick* (Fn. 10), Art. 20 GG Rn. 107.

¹⁴ *C. Gramm*, DV 2008, 375 ff. (378 f.) tendiert dazu, die notwendigen Eingriffsgrundlagen unmittelbar aus der Verfassung zu ziehen; s. auch *ders.*, Thesenpapier zum Juristischen Fachgespräch am 24. Okt. 2011 des Deutschen Instituts für Menschenrechte und der Deutschen Gesellschaft für Wehrrecht und Humanitäres Völkerrecht.

¹⁵ *K. Stern*, Das Staatsrecht der Bundesrepublik Deutschland, Bd. III/1, 1178.

¹⁶ BVerfGE 31, 58 ff. (72).

¹⁷ Zustimmend *D. Merten*, in: FS Stern, 2012, 483 ff. (487).

Geltung erlangen. Gelegentlich wird die Gebietshoheit fremder Staaten als Argument bemüht.[18] Auch wird etwa die Überzeugung geäußert, es sei geradezu „absurd", den Einsatz der Bundeswehr im Verteidigungs- oder Bündnisfall am Maßstab der Grundrechte zu messen.[19] Zudem wird, das Argument modifizierend, die Auffassung vertreten, militärische Gewalt, die im Rahmen des Völkerrechts im Ausland ausgeübt werde, stelle überhaupt keine Staatsgewalt im Sinne von Art. 1 Abs. 3 GG dar. Man könne nicht von der Ausübung von Staatsgewalt sprechen, weil im Ausland eine für die Geltung von Grundrechten konstituierende Unterordnung unter deutsches Militär nicht vorliege.[20] An anderer Stelle wird versucht, die Grundrechtsbindung im Ausland zu negieren, indem auf die Art der Ausübung von Staatsgewalt abgestellt wird. Grundrechte könnten demnach immer nur dann gelten, wenn sich der Einzelne im dafür typischen *status subjectionis* befinde, also eine der innerstaatlichen Ausübung von Hoheitsgewalt vergleichbare Form auch im Ausland gelte. Es komme darauf an, „jedenfalls de facto eine konsolidierte und hinreichend beständige Stellung zu erwerben."[21] Insofern könnten die Grundrechte etwa im Falle eines internationalen bewaffneten Konflikts keine Rechtsposition vermitteln,[22] bzw. erst bei Begründung eines Herrschaftsverhältnisses, wie etwa nach der Gefangennahme feindlicher Soldaten, gelten.[23]

2. Grundrechtsbindung bei Streitkräfteeinsätzen

Andere Auffassungen betonen hingegen, dass das Grundgesetz nicht zwischen Inlands- und Auslandssachverhalten unterscheide.[24] Insofern sei die deutsche Verfassung als räumlich unbegrenzte Rechtsordnung zu verstehen.[25] Dabei wird ausdrücklich die Auffassung vertreten, dass die Streitkräfte grundsätzlich vollumfänglich an

---

[18] *V. Olshausen,* DVBl 1974, 652 ff. (656).

[19] So *J. Isensee,* in: J. Isensee/P. Kirchhof (Hrsg.), Handbuch des Staatsrechts der Bundesrepublik Deutschland, Bd. 5, 2. Auflage 2000, § 115, Rn 90, Fn. 201.

[20] *M. Heintzen,* in: D. Merten/H.-J. Papier (Hrsg.), Handbuch der Grundrechte in Deutschland und Europa, Bd. II, Allgemeine Lehren, 2006, § 50, Rn. 31.

[21] *M. Nettesheim,* in: T. Maunz/G. Dürig (Begr.), Grundgesetz Kommentar, Art. 59 GG, Rn. 230.

[22] *H. Krieger,* in: D. Fleck (Hrsg.) Rechtsfragen der Terrorismusbekämpfung durch Streitkräfte, 2004, 223, 237. Ähnlich *Nettesheim* (Fn. 21), Art. 59 GG, Rn. 230; *M. Oldiges,* in: N. Achterberg/G. Püttner/T. Würtenberger (Hrsg.), Besonderes Verwaltungsrecht Bd. II, 2. Auflage 2000, § 23, Rn. 96.

[23] *Nettesheim* (Fn. 21), Art. 59 GG, Rn. 230.

[24] *D. Lorenz,* Der territoriale Anwendungsbereich der Grund- und Menschenrechte, Diss. 2005, 171; *R. Poscher,* VVDStRL 67, 160 ff. (191); *C. Hillgruber,* in: V. Epping/C. Hillgruber (Hrsg.), Grundgesetz Kommentar, Art. 1 GG, Rn. 75; *V. Epping,* in: Epping/Hillgruber, ebd., Art. 87 a GG, Rn. 31; *J. Kokott,* in: M. Sachs (Hrsg.), GG-Kommentar, Art. 87a GG, Rn. 52 ; für die EMRK *M.L. Fremuth,* NZWehrr 2012, 89 ff. (97 ff.).

[25] Siehe *A. Werner,* Die Grundrechtsbindung der Bundeswehr bei Auslandseinsätzen, 2006, 98 f.

die Grundrechte gebunden seien.[26] Auffällige Spannungsfragen würden entsprechend nach dem Grundsatz der Verhältnismäßigkeit bzw. im Wege praktischer Konkordanz zwischen einerseits etwa der Verwirklichung der Menschenwürde und andererseits einer wirksamen militärischen Verteidigung abgewogen.[27] Einig ist man sich innerhalb dieser Ansicht aus verschiedenen Gründen allerdings darüber, dass diese Bindungswirkung ggf. nicht die gleiche Intensität wie im Inland erreichen kann.[28]

3. Aussagen des Bundesverfassungsgerichts

Für Sachverhalte mit Auslandsberührung hat das Bundesverfassungsgericht an verschiedenen Stellen im Sinne einer grundsätzlichen Grundrechtsbindung, die aber den Gegebenheiten angepasst sein müsse, entschieden.[29] Für die hier interessierende Konstellation findet sich ein allerdings nur indirekter Hinweis im Chemiewaffenurteil des Gerichts vom 29. Oktober 1987, welches sich mit dem Spannungsverhältnis zwischen den Geboten einer effektiven Landesverteidigung und dem Geltungsbereich der Grundrechte befasste. Dort heißt es unter anderem, dass staatliche Maßnahmen zur Abwehr eines bewaffneten Angriffs von außen mit Gefahren für die eigene Zivilbevölkerung verbunden sein könnten. Solche Gefahren auszuschließen, überschreite indes die staatlichen Möglichkeiten, wenn eine wirkungsvolle Landesverteidigung gewährleistet bleiben solle. Mit der Entscheidung für die militärische Landesverteidigung (Art. 24, Abs. 2, 87a, 115a ff. GG) habe das Grundgesetz zu erkennen gegeben, dass der Schutzbereich des Art. 2 Abs. 2 S. 1 GG Rückwirkungen auf die Bevölkerung bei einem völkerrechtsgemäßen Einsatz von Waffen gegen den militärischen Gegner im Verteidigungsfall nicht umfasse.[30]

Diese Rechtsprechung versucht, entsprechende Spannungsverhältnisse zwischen effektiver Landesverteidigung und dem Geltungsanspruch der Grundrechte im Wege praktischer Konkordanz aufzulösen. Dabei ist zu beachten, dass die Entscheidung,

---

[26] *M. Baldus,* in: H. v. Mangoldt/F. Klein/C. Starck, Kommentar zum Grundgesetz, Art. 87a GG, Rn. 89, 96; *W. Höfling,* in: M. Sachs (Hrsg.), GG-Kommentar, Art. 1 GG, Rn. 86. Ähnlich *Hillgruber* (Fn. 24), Art. 1 GG, Rn. 75.

[27] So *M. Ladiges,* Die Bekämpfung nicht-staatlicher Angreifer im Luftraum, 2007, 331, 339 und 343; auch *R. Poscher* will für Sachverhalte mit Auslandsberührung „Maßnahmen rechtfertigen, die unter den Verhältnissen des Inlands nicht gerechtfertigt wären", s. *ders.* VVDStRL 67, 160 ff. (191 f.).

[28] *Baldus* (Fn. 26), Art. 87a GG, Rn. 89; wohl zustimmend auch *Epping* (Fn. 24), Art. 87a GG, Rn. 32 f; *Kokott* (Fn. 24), Art. 87a GG, Rn. 52; *A. Zimmermann/S. Jötten,* MRM 2010, 5 ff. (11) für den Bereich der EMRK.

[29] BVerfGE 31, 58 ff. (71 ff.). Im IPR wurde explizit auf eine Auffassung des BGH verwiesen, wonach „die Grundsätze der Verfassung nicht gegenüber dem ausländischen Recht zur Anwendung kommen sollen". Das BVerfG entschied, dass auch im internationalen Privatrecht „von der Leitnorm des Art. 1 Abs. 3 GG auszugehen sei, die im Geltungsbereich des Grundgesetzes alle staatliche Gewalt mit unmittelbarer Wirkung an die Grundrechte binde"; s.a. BVerfGE 100, 313 ff. (362 f.). Demnach sei die Reichweite der Grundrechtsbindung unter Berücksichtigung von Art. 25 GG aus dem Grundgesetz selbst zu ermitteln.

[30] BVerfGE 77, 170, 3a und b, sowie 221.

den Schutzbereich von Art. 2 Abs. 2 GG einzuschränken, damit zusammenhängen dürfte, dass hier letzten Endes fremde Hoheitsgewalt in Form eines Militärschlags gegen die Bundesrepublik Deutschland für die Schutzbereichsbeeinträchtigung verantwortlich wäre. Maßnahmen, die der Landesverteidigung dienen, grundlegend vom Schutzbereich des Art. 2 Abs. 2 GG auszunehmen, sofern sie mit dem humanitären Völkerrecht vereinbar sind, scheint aufgrund dieser Rechtsprechung daher nicht angezeigt.[31] Dieser Interpretation liegt die – in der Literatur hervorgehobene[32] – Auffassung zugrunde, das Gericht habe im Wege der praktischen Konkordanz die Begrenzung wesentlicher Grundrechte für möglich gehalten. Im konkreten Fall ging es allerdings nur um die Rückwirkung eines Waffeneinsatzes fremder Hoheitsgewalt auf die deutsche Bevölkerung. Wenn aber eine solche Abwägung schon im Inland, wo die Grundrechte zweifellos gelten, möglich ist, so muss sie erst Recht für Sachverhalte außerhalb des Bundesgebiets gelten. Eine neuere Entscheidung zum „G 10-Gesetz" bestätigt diesen Befund. Im Bereich der nachrichtendienstlichen Telekommunikationsüberwachung von im Ausland befindlichen Ausländern entschied das Bundesverfassungsgericht, dass der räumliche Geltungsbereich der Grundrechte in Art. 1 Abs. 3 GG festgelegt sei. Allerdings müssten die Besonderheiten von Sachverhalten mit Auslandsbezügen berücksichtigt werden. Maßgeblich seien das Maß der Verantwortlichkeit deutscher Staatsorgane sowie das nach Art. 25 GG zu beachtende Völkerrecht.[33] In einer neuen Entscheidung hat sich auch das Verwaltungsgericht Köln ausdrücklich mit der Bindung der Streitkräfte an Grundrechte im Ausland befasst.[34] Ein von der Marine festgenommener mutmaßlicher Pirat hatte das Recht auf unverzügliche Vorführung vor einen Richter aus Art. 104 Abs. 3 GG geltend gemacht. Das VG Köln äußerte sich zur Grundrechtsbindung im Sinne der soeben dargestellten Rspr. des Bundesverfassungsgerichts.[35]

4. Bewertung

Die Entscheidungen der Gerichte verdeutlichen zweierlei. Zum einen gelten die Grundrechte bei Sachverhalten, die auf ausländischem Staatsgebiet stattfinden. Zum anderen kommt der Grundrechtsbindung bei Auslandssachverhalten nicht zwangsläufig eine mit inländischen Sachverhalten vergleichbare Reichweite zu. Es ist entsprechend zu berücksichtigen, dass die im Ausland ausgeübte Staatsgewalt erheblichen Beschränkungen unterliegt. Nach der Entscheidung des VG Köln wird zudem deutlich, dass Grundrechte für im Ausland gegen Ausländer gerichtete Handlungen deutscher Soldaten gelten können. Auch wenn diese Entscheidung der Auffassung, welche die Bindung an Grundrechte von einem Über- bzw. Unterordnungsverhältnis

---

[31] So aber *D. Wiefelspütz,* NZWehrr 2008, 89 ff. (102).

[32] Siehe *M. Sachs,* in: K. Stern, Das Staatsrecht der Bundesrepublik Deutschland, Bd. III/2, 1994, § 81 V 4 c (585 f.).

[33] BVerfGE 100, 313 ff. (362 ff.).

[34] Zu diesem Fall *H.P. Aust,* DVBl 2012, 484 ff.

[35] VG Köln, Urteil vom 11. Nov. 2011 – 25 K 4280/09, abgedruckt in JZ 2012, 366 ff.

abhängig machen will, nicht den Boden entziehen kann, weil der Pirat immerhin gefangen genommen wurde und sich daher im *status subjectionis* befand, wird doch deutlich, dass die Rechtsprechung von einer Geltung der Grundrechte bei Auslandseinsätzen ausgeht. Entsprechend wird gefordert, die in der oben angesprochenen „G 10-Entscheidung" getroffenen Vorgaben auf den Auslandseinsatz von Streitkräften zu erstrecken.[36]

Im Kern scheint es deshalb in Bestätigung dieser grundlegenden Auffassung so zu sein, dass Art. 1 Abs. 3 des GG auf die Lückenlosigkeit staatlicher Grundrechtsbindung abhebt.[37] Diese Bestimmung nennt keine verpflichteten Grundrechtsadressaten, sondern grundrechtsgebundene Staatsfunktionen. Daraus wird ersichtlich, dass die Grundrechtsbindung nach dem Grundgesetz nicht territorial angeknüpft ist, sondern sich funktional auf die Ausübung deutscher Staatsgewalt erstreckt. Entscheidend ist, dass deutsche Staatsgewalt ausgeübt wird,[38] was jedenfalls auf dem deutschen Territorium unzweifelhaft der Fall ist. Territorialität ist aber eben nicht das für Art. 1 Abs. 3 GG entscheidende Kriterium. Vielmehr geht es um die Bindung der gesamten deutschen Staatsgewalt dort, wo diese tätig wird bzw. auch wo diese sich auswirkt.[39] Insbesondere ist in diesem Zusammenhang darauf hinzuweisen, dass Art. 1 Abs. 3 GG im Rahmen der Wehrnovelle des Jahres 1956 bei der Einführung der Bundeswehr dahingehend geändert worden war, dass nunmehr von vollziehender Gewalt statt von Grundrechten unterworfener Verwaltung zu sprechen war.[40] Das sollte im engen Kontext mit der verfassungsrechtlichen Einhegung des Wirkens der Bundeswehr deutlich darauf hindeuten, dass die Auffassung vorherrschte, die Bundeswehr solle an die Grundrechte gebunden werden.[41] Und dies musste, da absehbar auch im Rahmen kollektiver Selbstverteidigung außerhalb der Staatsgrenzen Deutschlands möglich – nur aus politischen Gründen wurde davon während der Zweistaatlichkeit Deutschlands kein Gebrauch gemacht –, auch implizit auf die Auffassung hindeuten, Streitkräfte auch beim Auslandseinsatz für grundrechtsgebunden zu halten.

Es bleibt also festzuhalten, dass in einem noch genauer darzustellenden Umfang von einer Grundrechtsbindung auch der Streitkräfte bei Kampfeinsätzen im Ausland auszugehen ist. Dabei ist allerdings zu bemerken, dass natürlich einerseits die Er-

---

[36] *D. Wiefelspütz,* NZWehrr 2008, 89 ff.

[37] *Baldus* (Fn. 26), Art. 87a GG, Rn. 96 für den Verteidigungsfall; *M. Herdegen,* in: T. Maunz/G. Dürig (Begr.), Grundgesetz Kommentar, Art. 1 Abs. 3 GG, Rn. 11; *W. Rüfner,* in: J. Isensee/P. Kirchhof, Handbuch des Staatsrechts der Bundesrepublik Deutschland, Bd 5, § 117, Rn. 1; Stern (Fn. 15), 1230 sowie *Höfling* (Fn. 26), Art. 1 Rn. 84.

[38] *W. Graf Vitzthum,* FS Bothe, 2008, 1213 ff. (1213); ähnlich *M.L. Fremuth,* NZWehrr 2012, 89 ff. (97 f.); für die EMRK *A. Zimmermann,* ZRP 2012, 116 ff. (117).

[39] *Höfling (Fn. 26),* Art. 1, Rn. 86; in diesem Sinne *Herdegen* (Fn. 37), Art. 1 Abs. 3 GG, Rn. 71. Es komme demnach darauf an, dass „deutsche Hoheitsgewalt auf Grundrechtssubstanz einwirkt." Ferner *Stern* (Fn. 15), 1230.

[40] *A. Zimmermann,* Thesenpapier (Fn. 14), 1.

[41] *Baldus* (Fn. 26), Art. 87a GG, Rn. 7 und 89.

mächtigung zum Einsatz der Streitkräfte zu Verteidigungszwecken, wie sie in Art. 87 a GG ausdrücklich vorgesehen ist, für den Verteidigungsfall als grundlegende Verfassungsentscheidung in einer generellen Weise Grundrechtsbeschränkungen zu rechtfertigen vermag. Es wird dann allerdings andererseits, wie in der Literatur[42] und vom Bundesverfassungsgericht in der Chemiewaffenentscheidung angedeutet,[43] abzuwägen sein, wie im Lichte der Notwendigkeit effektiver Landesverteidigung auch die Grundrechte der von Streitkräfteeinwirkungen Betroffenen optimal zu Geltung gelangen können.

IV. Notwendigkeit und Sinnhaftigkeit einer gesetzlichen Grundlage für den Auslandseinsatz

Die also festzustellende grundrechtliche Relevanz von Auslandseinsätzen der Bundeswehr eröffnet die weitere Frage der Notwendigkeit einer entsprechenden gesetzlichen Ermächtigung. Mögliche grundrechtsbeschränkende Handlungen der Streitkräfte nicht nur im Falle der gezielten Tötung gegnerischer Kombattanten, sondern auch von Nicht-Kombattanten, bzw. auch Handlungen der Streitkräfte mit Grundrechtsrelevanz für Dritte, werden auch zukünftig Begleiterscheinungen von Auslandseinsätzen sein. Die Staatspraxis bis in unsere Tage geht allerdings dahin, dass ein „Auslandseinsatzgesetz" nicht für notwendig befunden wird. Insofern seien zunächst einmal die Argumente gegen ein solches Gesetz geschildert.

1. Argumente gegen ein Auslandseinsatzgesetz

Erstens bestehen Zweifel bezüglich der Frage, ob und inwieweit der Gesetzgeber hier eigentlich detaillierte Regelungen *ex ante* vornehmen kann.[44] Diese Bedenken sind durchaus ernst zu nehmen, da es die Komplexität von Streitkräfteeinsätzen schwer machen dürfte, alle erforderlichen Maßnahmen vorherzusehen und zu normieren. Ob dies auch ein relevanter Einwand sein mag, kann auf den ersten Blick möglicherweise aus der „Osho-Rechtsprechung" geschlossen werden. Denn hier hat sich das Gericht pronounciert zu den Schwierigkeiten entsprechender Gesetzgebung geäußert. Ein Parlamentsgesetz sei nur dann erforderlich, wenn der fragliche Gegenstand „einer Normierung zugänglich" sei. Letzteres hänge von den Erkenntnis- und Handlungsmöglichkeiten des Gesetzgebers ab.[45] Scheinbar geht das Gericht im Sinne der hier dargestellten Ansicht also davon aus, dass schon Schwierigkeiten bei der Normierungsmöglichkeit die Notwendigkeit eines Gesetzes entfallen lassen können.

---

[42] So z.B. *Sachs* (Fn. 32), § 81 V 4 c (585 f.).

[43] BVerfGE 77, 170 ff.

[44] *C. Gramm*, DV 2008, 375 ff. (379) für Angriffe auf das Gemeinwesen; ferner *C. Tomuschat*, FAZ vom 19. April 2012, 8.

[45] BVerfGE 105, 279 ff. (303).

Zweitens wird eingewendet, Auslandseinsätze der Streitkräfte seien verfassungsunmittelbar geregelt. Verwiesen wird auf das über Art. 25 GG geltende entsprechende Völkergewohnheitsrecht. Erwogen wird auch, ob Art. 24 Abs. 2 GG, ggf. in Verbindung mit der nach § 1 Abs. 2 Parlamentsbeteiligungsgesetz erforderlichen parlamentarischen Zustimmung, eine ausreichende Ermächtigung für Streitkräftehandlungen im Ausland enthalten kann.[46] Was letztlich in Ausübung der kollektiven Verteidigung passiere, sei in seinem Detaillierungsgrad jedenfalls nicht spezifischer als das, was das Grundgesetz über Art. 87 a GG legitimiere. Und schließlich sei ja auch nach der bisherigen Staatspraxis ein solcher Auslandseinsatz ohne einfachgesetzliche Bestimmungen möglich gewesen – es sei nicht recht ersichtlich, warum nun doch ein solches Gesetz erforderlich sein solle.

2. Stellungnahme

Diese Bedenken gegen ein Auslandseinsatzgesetz können freilich insgesamt nicht überzeugen.

Das erste Argument, welches die Unmöglichkeit der Normierung von Auslandseinsätzen der Streitkräfte behauptet, ist rechtsstaatlichen Bedenken ausgesetzt und überzeugt auch mit Blick auf die Praxis nicht. Die Aussage des Bundesverfassungsgerichts, dass Schwierigkeiten bei der Normierung das Bedürfnis für ein Gesetz entfallen lassen könnten, ist mit Recht kritisiert[47]und soweit ersichtlich auch nicht wiederholt worden.[48] Der Gesetzgeber strafte das Gericht später Lügen, indem er mehrere Normen erließ,[49] die staatliche Warnungen ermöglichen. Als Beispiel dafür, dass auch der staatliche Einsatz von Gewalt normierungsfähig ist, mögen ferner die Polizeigesetze, insbesondere die Regeln über den „finalen Rettungsschuss", dienen.[50] Diese Normierung war ebenfalls nicht einfach, aber offensichtlich möglich.[51] Der Gesetzgeber hat es geschafft, hier Eingriffstatbestände zu normieren, die rechtsstaatlichen Anforderungen trotz einer gewissen Vagheit noch genügen.[52] So bestimmt § 54 Abs. 2 des BWPolG für auch hier relevante, der deutschen Staatsgewalt zuzurechnende Tötungshandlungen, dass ein Schuss, der mit an Sicherheit grenzender Wahrscheinlichkeit tödlich wirken wird, nur zulässig ist, wenn er das einzige Mittel

---

[46] *Gramm*, Thesenpapier (Fn. 14), 2. Dazu auch *A. Zimmermann,* in: Anhörung BTA vom 17 Dez. 2008, 12.

[47] *J. H. Klement*, DÖV 2005, 507 ff. (513 f.); *P. Knitsch*, ZRP 2003, 113 ff. (116 f.).

[48] Entsprechend stellt *A. Voßkuhle* fest, dass sich der Vorbehalt des Gesetzes auch auf staatliche Warnungen erstreckt, s. *ders.*, JuS 2007, 118 f. (119).

[49] s. z. B. § 40 LFBG, § 26 Abs. 2 Nr. 9 ProdSG.

[50] Auf Ähnlichkeiten weist auch *D. Thym* hin, s. *ders.,* DÖV 2010, 621 ff. (623).

[51] So schreiben *J.H. Klement und P. Knitsch* mit Recht, dass die „Osho-Rspr." letztlich die Generalklauseln im Gefahrenabwehrrecht überflüssig machen würde, s. *dies.,* a.a.O. Zur ausreichenden Bestimmtheit von § 8 PolG NRW s. *L.J. Tetsch/M. Baldarelli,* § 8 PolG NRW, Ziff. 2 und 3.

[52] *C. Gramm*, DV 2008, 375 ff. (379) sieht diese Unbestimmtheit kritisch.

zur Abwehr einer gegenwärtigen Lebensgefahr oder der gegenwärtigen Gefahr einer schwerwiegenden Verletzung der körperlichen Unversehrtheit ist. Eine solch vage Regelung ist nach Sinn und Zweck von Wesentlichkeitstheorie und Zitiergebot immer noch besser als gar keine Regelung.[53]

Zudem haben Auslandseinsätze der Bundespolizei in den §§ 6 und 8 des Bundespolizeigesetzes eine – freilich knappe – Regelung gefunden. Beispielsweise ermöglicht § 8 Abs. 2 BPolG die Verwendung der Bundespolizei zur Rettung von Staatsangehörigen im Ausland, eine durchaus gefahrenträchtige Aufgabe.[54] Abs. 3 stellt klar, dass sich die Aufgabenwahrnehmung der Bundespolizei im Auslandseinsatz „nach den dafür geltenden völkerrechtlichen Vereinbarungen oder den auf Grund solcher Vereinbarungen getroffenen Regelungen" richte. Hier hat also ein möglicherweise grundrechtsbeschränkendes Verhalten durch Angehörige der Bundespolizei im Ausland den Gesetzgeber zum Tätigwerden bewogen. Insofern liegt das Argument auf der Hand, dass *a minore ad maius* erst recht der potentiell sehr viel grundrechtsintensivere Einsatz deutscher Streitkräfte im Ausland in Gesetzesform ausgestaltet werden muss. Es erscheint bezeichnend, dass der Gesetzgeber hier für das Handeln der Bundespolizei eine entsprechende gesetzliche Grundlage für erforderlich hält. Insofern ist schwer ersichtlich, warum die parallele Situation des Handelns der Streitkräfte – potentiell durchaus noch „grundrechtsintensiver" für Dritte – nicht erst recht unter Wesentlichkeitsgesichtspunkten normierungsbedürftig sein soll.

Für den Erlass eines Auslandseinsatzgesetzes streiten in diesem Zusammenhang auch Sinn und Zweck des in Art. 19 Abs. 1 S. 2 GG vorgegebenen Zitiergebots, welches dem Gesetzgeber aufzeigen soll, welche Grundrechte er mit dem konkreten Gesetz einschränkt.[55] Auch soll das Zitiergebot eine öffentliche Debatte über das einschränkende Gesetz ermöglichen.[56] Diese Zwecke könnten nicht erfüllt werden, würde man auf die Normierung allzu komplexer Gegenstände verzichten; folglich ist auch aufgrund dieser formalen Vorgabe ein „Auslandseinsatzgesetz" erforderlich.

Wenig überzeugend sind ferner jene Ansichten, welche die bisherige Rechtslage als ausreichende Regelung des Auslandseinsatzes ansehen. Teilweise wird, wie bereits skizziert, die grundgesetzliche Befugnis zum Führen eines Verteidigungskrieges[57] oder Art. 24 Abs. 2 GG, ggf. noch in Verbindung mit den Beschlüssen des Systems kollektiver Sicherheit, oder gar Art. 25 GG als ausreichende gesetzliche Grundlage für den Einsatz von Streitkräften angesehen. An einer solchen Lösung ist zunächst zu kritisieren, dass internationale Übereinkommen oder Beschlüsse schwer-

---

[53] Ähnlich *J.H. Klement*, DÖV 2005, 507 ff. (514 f.).

[54] Zu Evakuierungseinsätzen der Bundeswehr s. *Hobe* (Fn. 2), Art. 24 GG, Rn. 64. sowie *C. Kreß*, ZaöRV 57 (1997), 329 ff.

[55] *C. Enders,* in: V. Epping/C. Hillgruber (Hrsg.), Grundgesetz Kommentar, Art. 19 GG, Rn. 15; *B. Remmert,* in: T. Maunz/G. Dürig (Begr.), Grundgesetz Kommentar, Art. 19 Abs. 1 GG, Rn. 40; Sachs, in: M. Sachs (Hrsg.), GG-Kommentar, Art. 19 GG, Rn. 25.

[56] BVerfGE 85, 386 ff. (403 f.); zustimmend *Enders* (Fn. 55), Art. 19 GG, Rn. 15.

[57] So *Murswiek,* in: M. Sachs (Hrsg.), GG-Kommentar, Art. 2 GG, Rn. 172.

lich eine originäre Entscheidung des Deutschen Bundestages über Befugnisse von Streitkräften bei Auslandseinsätzen ersetzen können. Denn diese Entscheidung soll, indem die Gefahren möglicher Grundrechtseingriffe ausdrücklich benannt werden, gegenüber den abstimmenden Parlamentariern eine Warnfunktion erfüllen.[58] Es erscheint wichtig, dass sich die Abgeordneten des Deutschen Bundestages bei einer Abstimmung über die im Rahmen von Auslandseinsätzen zu treffenden Maßnahmen deutscher Soldatinnen und Soldaten auf das Äußerste bewusst machen, welche Gefahren für Leib oder Leben fremder an dem bewaffneten Konflikt bzw. einer friedensstabilisierenden Mission Beteiligter auf dem Spiele stehen, um den Anforderungen des Zitiergebots in Art. 19 Abs. 2 GG zu entsprechen. Auch sind die genannten grundgesetzlichen Normen viel zu unbestimmt. Speziell Art. 24 Abs. 2 GG eignet sich nicht als Grundlage für Grundrechtseingriffe durch Streitkräfte im Ausland. Denn Beschlüsse des kollektiven Sicherheitssystems befassen sich nicht zwangsläufig mit den Modalitäten eines konkreten Einsatzes, und in dieser Bestimmung ist nur sehr allgemein vom Beitritt zum System kollektiver Sicherheit die Rede. Im Falle unilateraler Einsätze, also z.B. Hilfseinsatze zur Rettung eigener Staatsangehöriger im Ausland,[59] kann Art. 24 Abs. 2 GG gar nicht angewendet werden. Denn vorausgesetzt wird ein Einsatz im Rahmen eines Systems gegenseitiger kollektiver Sicherheit.[60]

Das Parlamentsbeteiligungsgesetz kann ebenfalls nicht als Regelung von Maßnahmen der Streitkräfte im Ausland angesehen werden.[61] Es regelt ausschließlich die Frage, wie im Bereich der exekutiv determinierten auswärtigen Gewalt das Parlament Zustimmungsrechte erhalten kann, wofür die Frage der Grundrechtsbetroffenheit deutscher Soldaten freilich eine Rolle spielt.[62] Allerdings wird man darauf basierende und dieses Parlamentsbeteiligungsgesetz beachtende Beschlüsse des Deutschen Bundestages, welche die Mandate für entsprechende Auslandseinsätze der Bundeswehr erteilen, wohl nicht für ausreichend erachten können, um entsprechend als gesetzliche Grundlage angesehen zu werden. Denn der Bundestag entscheidet hier ja lediglich über das „Ob", nicht aber das „Wie" des Einsatzes. Zu beachten ist auch, dass eine Einzelentscheidung des Parlaments keinesfalls eine gesetzliche Grundlage entbehrlich macht,[63] und auch nicht den Anforderungen des Zitiergebots genügt.

Mit der überwiegenden Literaturauffassung kann Art. 24 Abs. 2 GG also auch wegen seiner entsprechenden Konturlosigkeit nicht als Grundlage für einen Eingriff

---

[58] Dazu bereits oben, III.2.
[59] Solche Einsätze sind in § 8 Abs. 2 BPolG ausdrücklich erwähnt.
[60] So auch *A. Zimmermann*, ZRP 2012, 116 ff. (118).
[61] s. zum Parlamentsbeteiligungsgesetz *Hobe* (Fn. 2), Art. 24 GG Rn. 63 f. Die hier vertretene Einschätzung teilen *Baldus* (Fn. 26), Art. 87a GG, Rn. 94 und *A. Zimmermann*, ZRP 2012, 116 ff. (119).
[62] Hierzu *Hobe* (Fn. 2), Art. 24 GG, Rn. 62.
[63] So auch *Baldus* (Fn. 26), Art. 87a GG, Rn. 94.

in die Individualrechte in Betracht kommen.[64] Das dürfte auch dann gelten, wenn das Tätigwerden der Streitkräfte nach Art. 24 Abs. 2 GG zunächst einem Mandat der Vereinten Nationen folgt, und der Einsatz, wie in der Staatspraxis üblich, durch einen entsprechenden Parlamentsbeschluss konkretisiert wird.

Schließlich vermag auch der Einwand, der Erlass einer entsprechenden gesetzlichen Regelung könne als ein „Absegnen" von Tötungshandlungen angesehen werden, nicht zu verfangen.[65] Eine solche Regelung ist vielmehr grundsätzlich geeignet, ein (Mindest-)Maß an Rechtssicherheit zu gewähren und Tötungshandlungen zu begrenzen. Insofern ist *Baldus* zuzustimmen, der feststellt, das Fehlen einer gesetzlichen Grundlage führe zu einer auch für die Soldaten belastenden Rechtsunsicherheit.[66]

Diese soeben angestellten Überlegungen lassen sich also dahingehend zusammenfassen, dass zwar deutsche Streitkräfte im Ausland den Grundrechten unterworfen sind, es aber bislang an einer gesetzlichen Regelung für einen solchen Streitkräfteeinsatz im Ausland fehlt. Ein solches Gesetz ist durchaus gestaltbar, wie auch die Regelungen über den Einsatz der Bundespolizei und außerdem die in Österreich geltende Gesetzeslage zeigen.[67] Rechtsstaatlich vorbildlich besagt § 53 des österreichischen MBG:[68] „Jedermann hat Anspruch darauf, dass ihm gegenüber die in diesem Bundesgesetz vorgesehenen militärischen Maßnahmen nur in den Fällen und der Art gesetzt werden, die gesetzlich vorgesehen sind."

V. Eckpunkte eines Auslandseinsatzgesetzes

Schwierigkeiten bereitet nun in der Tat, wie schon angedeutet, die Frage der konkreten Ausgestaltung eines solchen Auslandseinsatzgesetzes. Es ist klar, dass Einsätze Maßnahmen mit unterschiedlicher Grundrechtsintensität im Gefolge haben. Schwierigkeiten können sich ergeben in Bezug auf die gesetzgeberische Fassung möglicher Kampfhandlungen der Streitkräfte, wie etwa der (gezielten) Tötung von Kombattanten,[69] bzw. anderer grundrechtsintensiver Eingriffe im Rahmen bewaffneter Konflikte. Auch die Reichweite möglicher Eingriffe gegenüber Nichtkombattanten ist schwer in Gesetzesform zu gießen.[70] Als durchaus geeignet zur Beschränkung erscheint hier der – ggf. modifizierte – Grundsatz der Verhältnismäßigkeit.[71]

---

[64] Wie hier *Baldus* (Fn. 26), Art. 87a GG, Rn. 99.
[65] So aber *C. Tomuschat*, FAZ vom 19. April 2012, 8.
[66] *Baldus* (Fn. 26), Art. 87a GG, Rn. 104.
[67] s. dazu das österreichische Auslandseinsatzgesetz sowie das österreichische MBG.
[68] Militärbefugnisgesetz, ÖBGBl. I Nr. 86/2000, i. d. F. v. BGBl. I Nr. 3/2009.
[69] Siehe dazu insbesondere *D. Thym,* DÖV 2010, 621 ff.
[70] s. zu dieser Problematik *Hobe*, Völkerrecht, 2008, 572 ff.
[71] So auch *C. Tomuschat*, FAZ vom 19. April 2012, 8; A. Zimmermann, ZRP 2012, 116 ff. (117).

Besonders grundrechtsintensive Handlungen, die typischerweise mit (Auslands-) Einsätzen verbunden sind, also insbesondere Tötungs- und Verletzungshandlungen, sollten jedenfalls Gegenstand eines Parlamentsgesetzes sein. Aufgrund der geringeren Anforderungen an die ausreichende Bestimmtheit eines entsprechenden Gesetzes sollte hier eine generalklauselartige Regelung, ggf. orientiert an den Polizeigesetzen, angestrebt werden. Dabei ist zu beachten, dass das Handeln der Streitkräfte mit dem humanitären Völkerrecht in Einklang steht. Pate könnte hier § 8 i.V.m. § 14 BPolG stehen, die für Auslandseinsätze der Bundespolizei Maßnahmen im Einklang mit den völkerrechtlichen Verpflichtungen vorsehen.

Als Orientierungspunkt könnte auch die bereits angesprochene österreichische Gesetzeslage von Interesse sein. In dem umfangreichen Militärbefugnisgesetz[72] sind die meisten für Streitkräfte denkbaren Maßnahmen umfassend geregelt. In § 6a Abs. 3 Auslandseinsatzgesetz[73] ist die Möglichkeit vorgesehen, für konkrete Einsätze Rechtsverordnungen über die erlaubten Zwangsmaßnahmen zu erlassen. Dies erscheint als eine interessante und pragmatische Regelung, die einen angemessenen Ausgleich zwischen parlamentarischer Rückbindung und Praktikabilität zu treffen verspricht. Angesichts der geringeren Grundrechtsbindung im Ausland, mit der gleichzeitig ein geringeres Maß an Regelungsintensität einhergeht, scheint eine solche Lösung mit dem Gesetzesvorbehalt noch vereinbar zu sein.

Natürlich ist die soeben skizzierte Lösung rechtsstaatlich nicht ideal. Sie ist aber entgegen teils vorgebrachter Kritik[74] besser als ein rechtliches Niemandsland, in welchem die Streitkräfte ohne jegliche Gesetzesbindung Maßnahmen ergreifen dürfen, solange kein Konflikt mit dem humanitären Völkerrecht besteht. Eine grenzenlose Ermächtigung für den Verordnungsgeber würde darin allein schon aufgrund der Anforderungen des Art. 80 GG nicht liegen. Um Bedenken entgegenzutreten, wäre es denkbar, die im Verordnungswege vorgegebenen Maßnahmen eines Ablehnungsvorbehalts des Bundestages zu unterwerfen, um der besonderen Eilbedürftigkeit, die bei Auslandseinsätzen gegeben sein kann, gerecht zu werden.[75] So kann ein angemessener Ausgleich zwischen Eilbedürftigkeit, Flexibilität und parlamentarischer Kontrolle hergestellt werden, die zudem angesichts der geringeren Bindungsintensität verfassungsrechtlich möglich sein dürfte. Jenen Stimmen, welche bei einer „Verordnungslösung" die parlamentarische Beteiligung vermissen, kann so begegnet werden.[76] Eine solche Lösung müsste allerdings beachten, dass sie mit der in diesem Bereich angestrebten Rechtssicherheit in Einklang zu bringen ist.

---

[72] ÖBGBl. I Nr. 86/2000 in der Fassung der BMG-Novelle ÖBGBl. I Nr. 3/2009.

[73] Aktuellste Fassung: ÖBGBl. I Nr 105/2011.

[74] s. dazu *Gramm*, Thesenpapier (Fn. 14), 2.

[75] Zur allgemeinen Zulässigkeit dieser Methode, s. *M. Brenner*, in: H. v. Mangoldt/F. Klein/ C. Starck, Kommentar zum Grundgesetz, Art. 80 GG, Rn. 102; *T. Mann*, in: M. Sachs (Hrsg.), GG-Kommentar, Art. 80 GG, Rn. 42; *A. Uhle*, in: V. Epping/C. Hillgruber (Hrsg.), Grundgesetz Kommentar, Art. 80 GG, Rn. 54 f.; vertiefend *ders.*, NVwZ 2002, 15 ff.

[76] *Gramm*, Thesenpapier (Fn. 14), 2.

Insgesamt hat zu gelten, dass der schwerwiegendere und intensivere Grundrechtseingriff auch jeweils detaillierter zu regeln ist, dennoch sollte die Möglichkeit eines Rückgriffs auf Generalklauseln in die Überlegungen einbezogen werden.[77] Berücksichtigt man diese Kriterien und die bereits vorhanden Anwendungsbeispiele des Einsatzes der Bundespolizei und der einfachen Polizeigesetze der Länder sowie des österreichischen Streitkräfteeinsatzgesetzes, so könnte ein solches Auslandseinsatzgesetz in seinen Grundzügen etwa folgendes Aussehen haben:

Auslandseinsatzgesetz für die Streitkräfte
der Bundesrepublik Deutschland (SkAG)

§ 1

Wird die Bundeswehr im Ausland tätig, so richten sich die dort möglichen Maßnahmen nach diesem Gesetz.

§ 2

(1) Im Einklang mit dem humanitären Völkerrecht und dem Grundsatz der Verhältnismäßigkeit darf deutschen Soldatinnen und Soldaten im Einsatz der Befehl gegeben werden, tödliche Gewalt gegen feindliche Kombattanten anzuwenden.

(2) Soldatinnen und Soldaten dürfen auf Befehl tödliche Gewalt gegen feindliche Kombattanten anwenden.

§ 3

Soldaten, die im Auslandseinsatz mit einer anders nicht abwendbaren, erheblichen Gefahr konfrontiert werden, dürfen gegen den Angreifer unmittelbaren Zwang bis hin zu tödlicher Gewalt einsetzen.

§ 4

Zudem können die Streitkräfte die Erfüllung konkreter Befugnisse eines Streitkräfteeinsatzes im Ausland nach Maßgabe des Völkerrechts zur Eigensicherung oder zur Sicherung sonstiger Personen oder Sachen im jeweils erforderlichen Umfang wahrnehmen.

§ 5

(1) Einzelne Maßnahmen, welche geeignet sind, Grundrechte außer das Recht auf Leben und auf körperliche Unversehrtheit zu beeinträchtigen [die genaueren Vorgaben müssen hier aus Platzgründen ausbleiben], können für den jeweiligen Einsatz vom Bundesminister der Verteidigung durch Rechtverordnung geregelt werden.

(2) Über eine solche Verordnung ist der Bundestag unverzüglich zu informieren.

(3) Mit der Mehrheit seiner Mitglieder kann der Bundestag beschließen, die Verordnung abzulehnen.

§ 6

Alle Maßnahmen des Streitkräfteeinsatzes sind nach Maßgabe des Grundsatzes der Verhältnismäßigkeit durchzuführen.

---

[77] So auch *A. Zimmermann*, ZRP 2012, 116 ff. (119).

§ 7

Aufgrund dieses Gesetzes dürfen die Grundrechte

- Leben und körperliche Unversehrtheit (Artikel 2 Abs. 2 Satz 1 des Grundgesetzes),
- Freiheit der Person (Artikel 2 Abs. 2 des Grundgesetzes) und
- Unverletzlichkeit der Wohnung (Artikel 13 des Grundgesetzes)

eingeschränkt werden.

VI. Ausblick

Abschließend bleibt zu hoffen, dass sich die Einsicht von der Notwendigkeit der noch stärkeren parlamentarischen Legitimation des Einsatzes der Streitkräfte im Bereich der Legislative durchsetzt und es deshalb schon in absehbarer Zeit zur Verabschiedung eines entsprechenden Gesetzes kommt. In der Logik der bisherigen Bestimmungen, die offenbar von einer extraterritorialen Geltung der Grundrechte ausgehen, läge dies allemal. Die Grundkonturen dieses Gesetzes sollen vorstehend aufgezeigt werden. Wichtig sind dabei nicht die Nuancen, sondern wichtig ist das generelle Tätigwerden des rechtsstaatlich orientierten und demokratisch legitimierten Gesetzgebers, der es niemandem freistellen sollte, sich im auswärtigen Bereich ohne die Bindung an die Grundrechte des Grundgesetzes aufzuhalten. Es bleibt zu hoffen, dass es Deutschland gelingt, in absehbarer Zeit die gesetzgeberischen Voraussetzungen zu gewährleisten. Ein derartiger Legislativakt wäre dabei ganz zweifelsohne ein Gewinn an rechtsstaatlicher Qualität und damit, wie zutreffend hervorgehoben wurde, ein wesentlicher Bestandteil der modernen deutschen Verfassungsentwicklung.[78]

---

[78] *A. Zimmermann*, ZRP 2012, 116 ff. (119).

Rolle der Verfassungsgerichte in der europäischen Integration – Die Karlsruher Perspektive

Von *Peter M. Huber*

I. Die Rolle der nationalen Verfassungsgerichtsbarkeit in der EU

Als „auf eine dynamische Entwicklung angelegter ... Verbund demokratischer Staaten"[1] beruht die Europäische Union auf den völkerrechtlichen Verträgen, die das primäre Unionsrecht ausmachen und inhaltlich den nationalen Zustimmungsgesetzen entsprechen. Sie ist historisch, politisch und rechtlich ein Geschöpf ihrer Mitgliedstaaten, die in der viel zitierten Terminologie des Bundesverfassungsgerichts nach wie vor „Herren der Verträge" sind.[2]

Die überwiegende Zahl der nationalen Verfassungen enthält insoweit ausdrückliche oder implizite – durch Rechtsprechung und Rechtswissenschaft herausgearbeitete – Bestimmungen, die der offenen Staatlichkeit des jeweiligen Mitgliedstaates Grenzen setzen. Wo diese konkret verlaufen, ist bis heute zwar in keinem Mitgliedstaat wirklich geklärt;[3] ihre Existenz aber ist gemeineuropäischer Befund. In Griechenland sind die Menschenrechte und die Grundlagen der demokratischen Staatsordnung integrationsfest ausgestaltet (Art. 28 Abs. 2 und 3 GriechVerf.) sowie die in Art. 110 Abs. 1 GriechVerf. aufgeführten Schutzgüter der „präsidierten" parlamentarischen Demokratie, die Menschenwürde, der gleiche Zugang zu öffentlichen Ämtern, die freie Entfaltung der Persönlichkeit, die Freiheit der Person oder die in Art. 26 GriechVerf. verankerte Gewaltenteilung.[4] In Dänemark ist es das Erfordernis souveräner Staatlichkeit,[5] in Großbritannien die Sovereignty of Parliament,[6] in Ita-

---

[1] BVerfGE 89, 155 (184) – Maastricht.

[2] BVerfGE 75, 223 (242); 89, 155 (190); für Österreich *T. Öhlinger*, Verfassungsfragen einer Mitgliedschaft zur Europäischen Union, 1999, 165 (185).

[3] Für eine restriktive Interpretation *K. P. Sommermann*, in: A. von Bogdandy/P. Cruz Villalón/P. M. Huber (Hrsg.), IPE II, § 14 Rn. 25.

[4] Zu den Auslegungsproblemen *J. Iliopoulos-Strangas*, in: A. von Bogdandy/P. Cruz Villalón/P. M. Huber (Hrsg.), IPE II, § 16 Rn. 41 ff.

[5] Oberster Gerichtshof, Højesteret, Urteil v. 6. April 1998 I 361/1997, EuGRZ 1999, 49 (52) Rn. 9.8; *F. Thomas*, ZaöRV 58 (1998), 879 (898).

[6] Zu der Frage, ob es verfassungsrechtliche Prinzipien gibt, die auch das souveräne Parlament nicht abschaffen darf, *P. Birkinshaw/M. Künnecke*, in: A. von Bogdandy/P. Cruz Villalón/P. M. Huber (Hrsg.), IPE II, § 17 Rn. 41.

lien und Frankreich[7] die republikanische Staatsform, in der Tschechischen Republik das nationalstaatlich verstandene Demokratieprinzip[8] und in Österreich sind es die „Baugesetze der Bundesverfassung" in der Form, die sie durch das EU-Beitritts-BVG 1994 erhalten haben.[9] Die schwedische Regierungsform benennt „die Prinzipien betreffend den Zustand des Staates" als Grenze für die Integration (Kapitel 10 § 5), wozu die Literatur vor allem die Druckfreiheitsverordnung, die Transparenz und den Zugang zu Dokumenten rechnet,[10] und in Spanien hat das Tribunal Constitucional auf einen „Kern" von integrationsfesten „Werten und Prinzipien" erkannt, deren genauere Konturierung jedoch offen gelassen.[11] Nur die Niederlande normieren für die Übertragung von Hoheitsrechten lediglich eine prozedurale Hürde (Art. 91 Abs. 3 *Grondwet*).

Für Deutschland hat das Bundesverfassungsgericht diese Grenzen in einer langen Rechtsprechungslinie[12] herausgearbeitet und immer weiter verfeinert. Schon 1974 hat es zu Art. 24 Abs. 1 GG ausgesprochen, dass dieser nicht dazu ermächtige, „im Wege der Einräumung von Hoheitsrechten für zwischenstaatliche Einrichtungen die Identität der geltenden Verfassungsordnung durch Einbruch in ihr Grundgefüge, in die sie konstituierenden Strukturen, aufzugeben",[13] was der verfassungsändernde Gesetzgeber 1992 aufgenommen und in Art. 23 Abs. 1 Satz 3 GG bestimmt hat, dass für

> „[...] die Begründung der Europäischen Union und für die Änderung ihrer vertraglichen Grundlagen, durch die [... das] Grundgesetz seinem Inhalt nach geändert oder ergänzt wird oder solche Änderungen oder Ergänzungen ermöglicht werden, [...] Art. 79 Abs. 2 und 3"

---

[7] Art. 89 Abs. 5 CF; dazu CC 312 DC vom 2. Sept. 1992, Rec. Cons. const., 76 – Maastricht II; 469 DC vom 26. März 2003, Rec. Cons. const., 293; *J. F. Flauss*, in: J. Schwarze (Hrsg.), Die Entstehung einer europäischen Verfassungsordnung, 2000, 25 (79): „[...] le principe de la souveraineté du peuple français ou/et le principe démocratique ne pourraient être abrogés que par le corps électoral agissant non pas dans le cadre d'un acte de révision constitutionnelle, mais au moyen d'un acte constituant nullifiant la constitution préexistante".

[8] Tschech.VerfG, Urteil vom 26. Nov. 2008 – Az. Pl. ÚS 19/08 – Vertrag von Lissabon.

[9] *C. Grabenwarter*, in: A. von Bogdandy/P. Cruz Villalón/P. M. Huber (Hrsg.), IPE II, § 20 Rn. 34, 55; *T. Öhlinger*, in: ders., Verfassungsfragen einer Mitgliedschaft zur Europäischen Union, 1999, 165 (179); *ders.*, in: W. Hummer (Hrsg.), Die Europäische Union nach dem Vertrag von Amsterdam, 1998, 297 (300 f.).

[10] *J. Nergelius*, in: A. von Bogdandy/P. Cruz Villalón/P. M. Huber (Hrsg.), IPE II, § 22 Rn. 19, 34.

[11] TC, Decl. 64/1991; TC, Decl. 1/2004; *A. López Castillo*, in: A. von Bogdandy/P. Cruz Villalón/P. M. Huber (Hrsg.), IPE II, § 24 Rn. 21, 63 ff.

[12] BVerfGE 37, 271 ff. – Solange I; 73, 339 ff. – Solange II; 75, 223 ff. – 6. UStRiL; 80, 74 ff. – e. A. Fernsehrichtlinie.

[13] BVerfGE 73, 339 (375 ff.) – Solange II.

gelten.¹⁴ Insoweit sind „die Gliederung des Bundes in Länder, die grundsätzliche Mitwirkung der Länder bei der Gesetzgebung, aber auch die in Art. 1 und 20 niedergelegten Grundsätze" für den Integrationsgesetzgeber tabu. Die dem verfassungsändernden Gesetzgeber gezogenen Grenzen gelten m.a.W. auch für den Fortgang der europäischen Integration. Sie machen die (verfassungsrechtliche) Identität der Bundesrepublik Deutschland aus.

Über die verfassungsrechtlichen Anforderungen an die Integration zu wachen, ist Sache der nationalen Gerichte, insbesondere der Verfassungsgerichte. Und diese Aufgabe wird immer schwieriger. Ging es in den 1960er und 1970er Jahren noch eher um punktuelle Berührungen zwischen Unionsrecht und nationalem Recht und um ein vorsichtiges Abtasten eines bis dahin unbekannten Phänomens, so hat sich die Verflechtung von Verfassungs- und Unionsrecht mit dem Fortschritt der Integration in einer Weise verdichtet, dass heute in nahezu allen Fällen die Grenzen der Integration und die Reichweite des Integrationsprogramms eine Rolle spielen.

II. Kontrolle des Primärrechts

Seit Beginn der 1990er Jahre sind Vertragsänderungen im Rahmen des Art. 48 EUV zunehmend zum Gegenstand prinzipaler verfassungsgerichtlicher Kontrolle geworden – nicht nur in Deutschland. Hier haben der Vertrag von Maastricht,¹⁵ der – gescheiterte – Vertrag über eine Verfassung für die Europäische Union (VVE)¹⁶ und der Vertrag von Lissabon¹⁷ das Bundesverfassungsgericht beschäftigt, während der französische Conseil constitutionnel allein drei Mal zum Vertrag von Maastricht zu entscheiden hatte,¹⁸ zum Vertrag von Amsterdam¹⁹ sowie zum VVE.²⁰ Das spanische Tribunal constitucional musste den Vertrag von Maastricht²¹ und den VVE²² prüfen, das House of Lords und das Dänische Højesteret den Vertrag von Maastricht, das polnische und das tschechische Verfassungsgericht den Vertrag von Lissabon.²³ Zwar hat keines dieser Gerichte bislang eine zur Ratifizierung anstehende Bestimmung beanstandet oder einen völkerrechtlich relevanten Vorbehalt oder

---

¹⁴ Für einen eher großzügigen Umgang mit diesen Grenzen *J. Schwarze*, JZ 1999, 637 (640).

¹⁵ BVerfGE 89, 155 ff.

¹⁶ BVerfGE 112, 303 ff. – VVE.

¹⁷ BVerfG, 2 BvE 2/08; 2 BvE 5/08; 2 BvR 1010/08; 2 BvR 1259/08; 2 BvR 182/09.

¹⁸ CC No. 92–308 DC vom 9. April 1992, EuGRZ 1993, 187 (192) – Maastricht I; CC No. 92–312 DC vom 2. Sept. 1992, EuGRZ 1993, 193 – Maastricht II; CC No. 92–313 DC v. 23. Sept. 1992, EuGRZ 1993, 196 – Maastricht III.

¹⁹ CC No. 97–394 DC vom 31. Dez. 1997, EuGRZ 1998, 27 – Amsterdam.

²⁰ CC No. 2004–505 DC v. 19. Nov. 2004, EuGRZ 2005, 45 – VVE.

²¹ TC, Decl. 108/1992 vom 1. Juli 1992, EuGRZ 1993, 285 – Maastricht.

²² TC, Decl. 1/2004 vom 13. Dez. 2004, EuR 40 (2005), 339 ff. – VVE.

²³ Tschech.VerfG Az. Pl. ÚS 19/08.

Nachverhandlungen gefordert; „Segelanweisungen" für den nationalen Integrationsgesetzgeber gab es aber durchaus.

1. Das Maastricht-Urteil

Das Bundesverfassungsgericht hat in seinem *Maastricht-Urteil* versucht, einzelne Bestimmungen des Primärrechts – konkret ging es um Art. 6 Abs. 4 EU [jetzt Art. 3 Abs. 6 EUV] sowie die Art. 121 EG [Art. 140 AEUV], 205 EG [Art. 238 AEUV] und Art. 308 EG [Art. 352 AEUV] – einer verfassungskonformen Auslegung zu unterwerfen[24] – mit begrenztem Erfolg. Sein vollmundiges Postulat, die heute in Art. 140 AEUV i. V. m. dem Protokoll über die Konvergenzkriterien niedergelegten Kriterien für den Eintritt in die 3. Stufe der Wirtschafts- und Währungsunion im Jahre 1999 seien strikt zu verstehen,[25] erwies sich als komplette Fehleinschätzung.[26] Ob es einen Einzelfall einer etwas blauäugigen Rechtsanwendung darstellt oder einen Referenzfall für die letztlich doch nur begrenzte Durchsetzungskraft des Rechts soll hier nicht weiter vertieft werden. Fest steht jedoch: Hätte das BVerfG gegen die Europäischen Organe und gegen die Bundesregierung auf der strikten Einhaltung der Verträge bestanden, wäre es nicht zu einem Eintritt Belgiens, Italiens und Griechenlands in die Währungsunion gekommen und vermutlich auch nicht zu der aktuellen Krise des Währungssystems.

2. Das Lissabon-Urteil

Letzter großer Integrationsschritt war wohl für längere Zeit der Vertrag von Lissabon. Er konnte erst in Kraft treten, nachdem ihn das Bundesverfassungsgericht mit Urteil vom 30. Juni 2009 gebilligt hatte. Obwohl es nach einem berühmten Diktum *Dworkins* vor allem darauf ankommt, was Richter tun – „fitting what judges did is more important than what they said"[27] – erntete das Gericht mit diesem Urteil kein Lob dafür, dass es den Weg für die Vertragsreform frei gemacht hatte, sondern harsche Kritik über alle Parteigrenzen hinweg wie auch in weiten Teilen des Schrifttums. Hier wurde das Urteil mit dem sarkastischen Bonmot quittiert: „Bundesverfassungsgericht sagt ‚Ja zu Deutschland'".[28]

Wenn auch Duktus und Diktion zur Kritik herausfordern mögen, so hat das Gericht in seinem *Lissabon-Urteil* doch nur konsequent zu Ende buchstabiert, was zumindest im objektiven Regelungsgehalt des Grundgesetzes von Anfang an angelegt

---

[24] Zu diesem methodischen Ansatz *P. M. Huber*, Recht der Europäischen Integration, 2002, § 10 Rn. 12 ff.

[25] BVerfGE 89, 155 (202 ff.).

[26] BVerfGE 97, 350 ff. – EURO; zur Kritik daran *M. Brenner/P. M. Huber*, DVBl 1999, 1559 (1565).

[27] *R. Dworkin*, Law's Empire, 1986, 248.

[28] *D. Halberstam/Chr. Möllers*, 10 GERM LJ 2009, 1241 ff.

war und bei nahezu allen anderen Mitgliedstaaten als blanke Selbstverständlichkeit gelten würde:

– dass das Grundgesetz den verfassungsändernden wie den Integrationsgesetzgeber bindet und Bundestag, Bundesrat und Bundesregierung, die sog. pouvoirs constitués, natürlich nicht dazu ermächtigt, Deutschland als souveränen Nationalstaat über die Köpfe des Volkes hinweg zu beseitigen, sondern dass es dazu einer Betätigung der verfassungsgebenden Gewalt, des pouvoir constituant, bedarf (Art. 79 Abs. 3, 146 GG);[29]

– dass die EU allen sich um den Begriff des „multi-level-constitutionalism" rankenden Utopien zum Trotz ein Staaten- und Verfassungsverbund auf völkerrechtlicher Grundlage ist und deshalb auch in Zukunft von den Staaten getragen wird, die, wie es schon in der *Solange II-Entscheidung* so schön heißt, „Herren der Verträge"[30] sind und bleiben. Wer wollte daran angesichts der Erfahrungen der letzten eineinhalb Jahre ernsthaft zweifeln?

– dass das Demokratieprinzip des Grundgesetzes den gesetzgebenden Körperschaften eine besondere Integrationsverantwortung auferlegt und eine aktivere Rolle der nationalen Parlamente in europäischen Angelegenheiten fordert. Das ist nur die verfassungsrechtliche Entsprechung der Rolle, die Art. 12 EUV und die Protokolle über die Rolle der nationalen Parlamente in der EU und über die Anwendung der Grundsätze über die Subsidiarität und die Verhältnismäßigkeit heute auch aus unionsrechtlicher Sicht fordern;

– dass lebendige Demokratie auf der Ebene der Mitgliedstaaten ausreichende Spielräume verlangt. Zugegeben: die im Urteil genannten Materien lassen sich aus dem Grundgesetz nicht ohne Weiteres ableiten und vielleicht war es auch nicht klug, das „Übergewicht von Aufgaben und Befugnissen", das das Maastricht-Urteil für die Mitgliedstaaten fordert, konkretisieren zu wollen. Als exemplarische Umschreibung des allgemeinen Befundes gibt die Auflistung bestimmter Materien jedoch einen richtigen Grundansatz wieder.

– und dass schließlich das Bundesverfassungsgericht über jene grundgesetzlichen Grenzen wacht; wer sollte es sonst?

3. Urteil zu Griechenlandhilfe und EFSF

Zur Kontrolle des Primärrechts im weiteren Sinne dürften auch Entscheidungen zu rechnen sein, die intergouvernementales und völkerrechtliches Handeln im Kontext der europäischen Integration betreffen. Der bislang wichtigste Fall ist insoweit das Urteil vom 7. September 2011 zur Griechenlandhilfe und zur Beteiligung Deutschlands an der EFSF. Dort hat das BVerfG deutlich gemacht, dass sich die der Integration gezogenen Grenzen aus Art. 23 Abs. 1 Satz 3 i. V. m. Art. 79

---

[29] Erstmals *P. M. Huber*, AöR 116 (1991), 210 (250).
[30] BVerfGE 72, 223 (242); 89, 155 (190); *Huber* (Fn. 24), § 5 Rn. 13 ff.

Abs. 3 GG nicht dadurch umgehen lassen, dass man die Erweiterung des Integrationsprogramms statt im Wege der Vertragsänderung nach Art. 48 EUV durch völkerrechtliche Anbauten ins Werk setzt. Wörtlich heißt es:

> „... Als Repräsentanten des Volkes müssen die gewählten Abgeordneten des Deutschen Bundestages auch in einem System intergouvernementalen Regierens die Kontrolle über grundlegende haushaltspolitische Entscheidungen behalten.
>
> 3. a) Der Deutsche Bundestag darf seine Budgetverantwortung nicht durch unbestimmte haushaltspolitische Ermächtigungen auf andere Akteure übertragen. Insbesondere darf er sich, auch durch Gesetz, keinen finanzwirksamen Mechanismen ausliefern, die – sei es aufgrund ihrer Gesamtkonzeption, sei es aufgrund einer Gesamtwürdigung der Einzelmaßnahmen – zu nicht überschaubaren haushaltsbedeutsamen Belastungen ohne vorherige konstitutive Zustimmung führen können.
>
> b) Es dürfen keine dauerhaften völkervertragsrechtlichen Mechanismen begründet werden, die auf eine Haftungsübernahme für Willensentscheidungen anderer Staaten hinauslaufen, vor allem wenn sie mit schwer kalkulierbaren Folgewirkungen verbunden sind. Jede ausgabenwirksame solidarische Hilfsmaßnahme des Bundes größeren Umfangs im internationalen oder unionalen Bereich muss vom Bundestag im Einzelnen bewilligt werden.
>
> c) Darüber hinaus muss gesichert sein, dass hinreichender parlamentarischer Einfluss auf die Art und Weise des Umgangs mit den zur Verfügung gestellten Mitteln besteht."[31]

Hinsichtlich der Wahrscheinlichkeit, ob die Bundesrepublik Deutschland für derartige Gewährleistungen einstehen muss, kommt dem Gesetzgeber natürlich ein erheblicher Einschätzungsspielraum zu. Dieser ist vom Bundesverfassungsgericht ebenso zu respektieren wie die Abschätzung der künftigen Tragfähigkeit des Bundeshaushalts und des wirtschaftlichen Leistungsvermögens der Bundesrepublik Deutschland.[32]

III. Das Kooperationsverhältnis mit dem EuGH bei der Kontrolle von Sekundär- und Tertiärrecht

Über die verfassungsrechtlichen Anforderungen an die Integration zu wachen, ist nicht nur im Rahmen des Verfahrens der Vertragsänderung nach Art. 48 EUV Sache der nationalen (Verfassungs-)Gerichte; sie sind dazu, jedenfalls nach eigenem Selbstverständnis, auch mit Blick auf die von den EU-Organen erlassenen Rechtsakte des Sekundär- und Tertiärrechts berufen.

Das gilt vor allem im Hinblick auf die Grundrechte (1.) sowie im Hinblick auf die der EU übertragenen Kompetenzen (2.).

---

[31] BVerfG, NJW 2011, 2946 ff.
[32] BVerfG, a.a.O.

1. Grundrechte

Die „offene Staatlichkeit" des Grundgesetzes gestattet zur Verwirklichung des „Integrationsprogramms" Eingriffe in einzelne Verfassungsgarantien bis zur Grenze des Art. 79 Abs. 3 GG (Art. 23 Abs. 1 Satz 3 GG)[33] und ermächtigt in diesem Zusammenhang auch zu einer Zurücknahme der verfassungsrechtlichen Anforderungen an das Handeln deutscher Staatsorgane.[34] Die Geltung der Art. 1 bis 19 GG beim Vollzug des Unionsrechts stellt in der verfassungsrechtlichen Auseinandersetzung bis heute eines der zentralen Probleme dar und hat das Bundesverfassungsgericht bislang zu fünf bedeutenden Entscheidungen veranlasst, der *Solange I-*[35], der *Vielleicht-*[36], der *Solange II*[37]-, der *Maastricht-*[38] und der *Bananenmarkt-*[39]*Entscheidung*. In allen fünf Fällen ging es um die Frage, ob und inwieweit deutsche Verwaltungsbehörden und Gerichte, wenn sie das Unionsrecht vollziehen, an die Grundrechte des GG gebunden sind.

Der Vollzug des Unionsrechts, von Richtlinien, Verordnungen und Beschlüssen, erfolgt grundsätzlich[40] durch die Behörden und Gerichte der Mitgliedstaaten. Soweit deutsche Behörden und deutsche Gerichte in diese Aufgabe eingebunden sind, üben sie *deutsche Staatsgewalt* aus, auch wenn diese Rechtsakte ihre Grundlage im Unionsrecht finden. Aus der *Sicht des Grundgesetzes* besteht mit Blick auf Art. 1 Abs. 3 GG deshalb kein Zweifel daran, dass Behörden und Gerichte in diesen Fällen an die durch Art. 1 bis 19 GG verbürgten Grundrechte gebunden sind. Aus der *Sicht des Unionsrechts* ergibt sich dagegen die Notwendigkeit, für eine in der gesamten Europäischen Union einheitliche Geltung zu sorgen, was nicht sichergestellt werden kann, wenn für den Vollzug des sekundären und tertiären Unionsrechts (Richtlinien, Verordnungen etc.) von Mitgliedstaat zu Mitgliedstaat unterschiedliche verfassungsrechtliche Voraussetzungen gelten.

a) Rücknahme der Maßstäblichkeit

Das Grundgesetz fordert deshalb lediglich die Gewährleistung eines *Mindeststandards* an Grundrechtsschutz durch das Unionsrecht und relativiert seine Maßstäblichkeit mit Blick auf das von den EU-Organen gesetzte Recht. Konsequenterweise

---

[33] Siehe auch das obiter dictum in BVerfGE 83, 37 (59) – kommunales Ausländerwahlrecht S. H.
[34] BVerfGE 118, 79 (95 ff.) – TEHG.
[35] BVerfGE 37, 271 ff.
[36] BVerfGE 52, 187 ff.
[37] BVerfGE 73, 339 ff.
[38] BVerfGE 89, 155 ff. – Maastricht.
[39] BVerfG, Beschluss vom 7. Juni 2000 – 2 BvL 1/97.
[40] Der direkte Vollzug durch Einrichtungen der EU, insbesondere ihre Agenturen, nimmt allerdings rapide zu und stellt das exekutiv-föderalistische Modell des EUV zunehmend in Frage.

können und müssen deutsche Staatsorgane das Unionsrecht auch dann umsetzen und anwenden, wenn es hinter dem „regulären" Grundrechtsstandard des Grundgesetzes zurückbleibt.[41]

Da das Unionsrecht zunächst keine Grundrechtsgarantien kannte, sah sich das Bundesverfassungsgericht in seinem *Solange I-Beschluss* veranlasst, eine Geltung der deutschen Grundrechte bei dessen Vollzug durch deutsche Behörden zu fordern. Ausgehend von dem Grundsatz, dass es Art. 24 [23] Abs. 1 GG nicht gestatte, die Identität der geltenden Verfassungsordnung durch Einbruch in die sie konstituierenden Strukturen aufzuheben, hat es den Grundrechtsteil des GG als ein unaufgebbares, zur Verfassungsstruktur des Grundgesetzes gehörendes Essentialium[42] bezeichnet. Dementsprechend seien die deutschen Grundrechte beim Vollzug des Unionsrechts solange beachtlich, solange dieses nicht selbst den vom Grundgesetz geforderten Mindeststandard sichere.

Seit der *Vielleicht-*[43], jedenfalls aber seit der *Solange II-Entscheidung*[44] geht das Bundesverfassungsgericht freilich davon aus, dass das Unionsrecht, insbesondere die Rechtsprechung des Europäischen Gerichtshofs, einen wirksamen Schutz der Grundrechte gewährleistet, „der dem vom Grundgesetz als unabdingbar gebotenen Grundrechtsschutz im wesentlichen gleich zu achten ist, zumal er den Wesensgehalt der Grundrechte *generell* verbürgt. …".

Das *Maastricht-Urteil*[45] hat sich zu diesen Wertungen des *Solange II-Beschlusses* bekannt, jedoch eine wichtige Klarstellung vorgenommen:[46] Schwang in dem Bindewort „Solange" die unausgesprochene Vorstellung mit, dass es nur eine Frage der Zeit sein würde, bis der unionale Grundrechtsschutz einen Entfaltungsgrad erreicht haben würde, der den Rückgriff auf die deutschen Grundrechte entbehrlich machen würde, so hat das *Maastricht-Urteil*[47] dem eine Absage erteilt und das Spannungsverhältnis zum Unionsrecht und dem über seine Anwendung wachenden Europäischen Gerichtshof bei der Grundrechtskontrolle zum Dauerzustand erklärt.[48] Es hat mit Blick auf den Grundrechtsschutz nämlich eingehend dargelegt, dass es

> „seine Gerichtsbarkeit über die Anwendbarkeit von abgeleitetem Gemeinschaftsrecht in Deutschland in einem *Kooperationsverhältnis*[49] zum Europäischen Gerichtshof aus[übe],

---

[41] BVerfGE 118, 79 (95 ff.) – TEHG; BVerfG, NJW 2000, 2015 – Alcan; *Huber* (Fn. 24), § 4 Rn. 4; *R. Streinz*, Bundesverfassungsgerichtlicher Grundrechtsschutz und Europäisches Gemeinschaftsrecht, 1989, 227 ff., 253 ff.

[42] BVerfGE 37, 271 (280) – Solange I.

[43] BVerfGE 52, 187 ff. – Absatzfonds.

[44] BVerfGE 73, 339 ff. – Solange II.

[45] BVerfGE 89, 155 (174 f.) – Maastricht.

[46] *P. M. Huber*, EuZW 1997, 517 (519).

[47] BVerfGE 89, 155 ff. – Maastricht.

[48] *P. M. Huber*, EuZW 1997, 517 (519); *ders.*, in: H. von Mangoldt/F. Klein/C. Starck (Hrsg.), Kommentar zum Grundgesetz, Art. 19 Abs. 2 Rn. 198.

[49] Hervorheb. d. Verf.

in dem der Europäischer Gerichtshof den Grundrechtsschutz in jedem Einzelfall für das gesamte Gebiet der EG [EU] garantiert, das Bundesverfassungsgericht sich deshalb auf eine generelle Gewährleistung der unabdingbaren Grundrechtsstandards [...] beschränken kann".[50]

Die aktuelle Rechtsprechung geht, wie der sog. *Bananenmarkt-Beschluss* herausgearbeitet hat, freilich nur dann von einem (subsidiären) Eingreifen des nationalen Grundrechtsschutzes aus, wenn das Unionsrecht unter den grundgesetzlich geforderten Mindeststandard absinkt,[51] d.h. wenn es den Wesensgehalt der betroffenen Grundrechte generell nicht zu sichern vermag.[52] Unionale Rechtsakte, die diese Schwelle unterschreiten, sind vom Bundesverfassungsgericht in Deutschland für unanwendbar zu erklären.[53]

b) Die generelle Sicherung des Wesensgehalts in Theorie und Praxis

Der *Wesensgehalt* der deutschen Grundrechte (Art. 19 Abs. 2 GG) muss also bei der Anwendung des Unionsrechts stets respektiert werden. Da Art. 23 Abs. 1 Satz 3 GG auf Art. 79 Abs. 3 GG verweist, darf auch die Freistellung des Unionsrechts von der Bindung an die deutschen Grundrechte nicht so weit gehen, dass durch oder aufgrund von unionalen Rechtsakten in den durch Art. 19 Abs. 2 i.V.m. Art. 1 Abs. 1 GG geschützten Bereich eingegriffen wird. Darüber wacht das Bundesverfassungsgericht.[54]

Allerdings fordert das Bundesverfassungsgericht lediglich eine *generelle* Gewährleistung des vom Grundgesetz geforderten Mindeststandards. Wie aber eine generelle Gewährleistung im konkreten Fall aussehen soll, wo das Gericht doch stets im Einzelfall entscheidet, bereitet bis auf den heutigen Tag Schwierigkeiten.[55] Das Abstellen auf eine bloß generelle Gewährleistung kann jedenfalls nicht dazu führen, dass dem einen Rechtsuchenden verwehrt wird, was dem Nächsten zugesprochen werden muss. Auch das Bundesverfassungsgericht kann nicht einem Beschwerdeführer entgegenhalten, er könne auf eine Verwirklichung des grundrechtlichen Mindeststandards nicht hoffen, weil der nach deutschem Recht grundrechtswidrige Akt des Unionsrechts nur ein „Ausreißer" sei, die verschiedenen „Ausreißer" im nächsten

---

[50] BVerfGE 89, 155 (175).

[51] BVerfGE 102, 147 (164) – Bananenmarkt.

[52] In diesem Sinne auch *D. Grimm*, RdA 1996, 66, 68; *P. M. Huber*, EuZW 1997, 517 (519); *M. Zuleeg*, NJW 1997, 1201.

[53] *Huber* (Fn. 48), Art. 19 Abs. 2 Rn. 187.

[54] BVerfGE 37, 271 (280ff.) – Solange I; 73, 339 (376) – Solange II; 89, 155 – Maastricht 102, 147 (164) – Bananenmarkt; *P. M. Huber*, AöR 116 (1991), 210 (235f.); anders *H. Dreier*, in: ders. (Hrsg.), GG, Band I, 2. Aufl., 2004, Art. 19 Abs. 2 Rn. 5 mit Einwänden, die vor allem dem Unwillen entspringen, sich auf Strukturen und Mechanismen „offener Staatlichkeit" einzulassen.

[55] Siehe nur *H.-D. Horn*, DVBl 1995, 89 (91).

Fall jedoch zu einem strukturellen Defizit addieren und die „generelle" Gewährleistung des unabdingbaren Grundrechtsstandards in Frage stellen, weil es zur Gewährleistung von Grundrechtsschutz *im Einzelfall* verpflichtet ist.[56]

Gegenwärtig erscheint es jedenfalls nicht sehr wahrscheinlich, dass das Bundesverfassungsgericht zur Gewährleistung des vom Grundgesetz geforderten Minimums an Grundrechtsschutz tätig werden wird.[57] Schon in seiner *Solange II-Entscheidung*[58] hat es davon gesprochen, dass insbesondere durch die Rechtsprechung des Europäischen Gerichtshofs ein Maß an Grundrechtsschutz entwickelt worden sei, das „nach Konzeption, Inhalt und Wirkungsweise dem Grundrechtsstandard des Grundgesetzes im Wesentlichen gleichzuachten" ist. Seitdem hält es Verfassungsbeschwerden und konkrete Normenkontrollen für *unzulässig*, wenn sie nicht darlegen, dass der unional gewährleistete Grundrechtsstandard unter das dort diagnostizierte Niveau abgesunken sei. Beschwerdeführer und Gerichte müssen in ihrer Begründung darlegen,

> „dass die europäische Rechtsentwicklung einschließlich der Rechtsprechung des Europäischen Gerichtshofs nach Ergehen der Solange II-Entscheidung [...] unter den erforderlichen Grundrechtsstandard abgesunken sei. Deshalb muss die Begründung der Vorlage eines nationalen Gerichts oder eine Verfassungsbeschwerde, die eine Verletzung in Grundrechten des Grundgesetzes durch sekundäres Gemeinschaftsrecht geltend macht, im Einzelnen darlegen, dass der jeweils als unabdingbar gebotene Grundrechtsschutz generell nicht gewährleistet ist. Dies erfordert eine Gegenüberstellung des Grundrechtsschutzes auf nationaler und auf Gemeinschaftsebene in der Art und Weise, wie sie [...] BVerfGE 73, 339 (378 bis 381) geleistet hat."[59]

Dem muss zwar der Nachweis gleichstehen, dass die Wertung des Bundesverfassungsgerichts unzutreffend war. Die jüngere Rechtsprechung des EuGH, der jedenfalls seit dem Jahr 2005 mit einer effektiven Sicherung auch der unionalen Freiheitsrechte ernst zu machen scheint,[60] das Inkrafttreten der Europäischen Grundrechtecharta und der sich abzeichnende Beitritt der EU zur EMRK (Art. 6 Abs. 2 EUV) lassen eine Unterschreitung des vom Grundgesetz geforderten Mindeststandards an Grundrechtsschutz in der Zukunft jedoch unwahrscheinlich werden.

---

[56] Siehe dazu *P. M. Huber*, AöR 116 (1991), 210 (241 ff.) m.w.N.; *ders.* (Fn. 48) Art. 19 Abs. 2 Rn. 201.

[57] Dazu *Huber* (Fn. 24), § 21 Rn. 20.

[58] BVerfGE 73, 339 (378 ff.).

[59] BVerfGE 102, 147 (164) – Bananenmarktordnung.

[60] EuGH, Urteil v. 6. Dez. 2005, Rs. C 453/03, *The Queen ex parte: ABNA Ltd./Secretary for Health and Food Standards Agency*, Slg. 2005, I-10423, Rn. 85 ff.; verb. Rs. C-402/05P und C-415/05P, *Kadi und Al Barakaat*, Slg. 2008, I-6351, Rn. 335; Urteil v. 9. Nov. 2010, C–92/09, *Volker und Markus Schecke u. a. / Land Hessen*, Slg. 2010, I-00000.

2. Integrationsprogramm (Kompetenzen)

Das Kooperationsverhältnis zwischen Bundesverfassungsgericht und Europäischem Gerichtshof besteht jedoch nicht nur für den Bereich des Grundrechtsschutzes. Es gilt im Grunde für alle Felder, auf denen der Geltungsanspruch des Unionsrechts und jener der deutschen Rechtsordnung miteinander kollidieren können, insbesondere bei der Abgrenzung der Kompetenzsphären von Europäischer Union und Mitgliedstaaten.[61]

Die grundsätzliche Zuständigkeit des Europäischen Gerichtshofes, über die Einhaltung der Kompetenzverteilung zwischen der EU und den Mitgliedstaaten zu wachen, findet – jedenfalls im Hinblick auf Deutschland – dort ihre Grenze, wo er das durch das nationale Zustimmungsgesetz bestimmte Integrationsprogramm verlässt oder der Europäischen Union Kompetenzen zuspricht, deren Übertragung das Grundgesetz nicht mehr gestattet (Art. 23 Abs. 1 Satz 3 i. V. m. Art. 79 Abs. 3 GG). Da es hier um Grenzen geht, die die deutsche Rechtsordnung für die Mitgliedschaft Deutschlands in der Europäischen Union aufrichtet, geht es insoweit nicht primär um eine Frage des Unionsrechts und seiner Auslegung. Es geht vielmehr um die Auslegung deutschen (Verfassungs-)Rechts, zu der naturgemäß auch nur die nationalen Gerichte berufen sind, allen voran das Bundesverfassungsgericht, dem die Befugnis zur letztverbindlichen Entscheidung und Auslegung des Grundgesetzes zukommt.

Bei der Kontrolle der unionalen Kompetenzordnung besteht damit ein Spannungsverhältnis zwischen der Zuständigkeit des Europäischen Gerichtshofes auf der einen und der des Bundesverfassungsgerichts auf der anderen Seite, das sich mit jenen Koordinaten deckt, wie sie auch für das Verhältnis zwischen dem Anwendungsvorrang des Unionsrechts und seinen – der deutschen Rechtsordnung zu entnehmenden – materiell-rechtlichen Schranken[62] bestehen. Damit stellt sich die Frage nach der gerichtlichen Zuständigkeit als Annex zu den materiell-rechtlichen Rangordnungsfragen dar.[63]

In den Grenzen des im EUV niedergelegten Integrationsprogramms gilt der Anwendungsvorrang des Unionsrechts, mit der prozessualen Konsequenz, dass die insoweit letztverbindliche Entscheidung in der Hand des Europäischen Gerichtshofes liegt (Art. 19 EUV). Dieser entscheidet insbesondere auch darüber, ob die Mitgliedstaaten die Kompetenz der Europäischen Union hinreichend beachten und beim Erlass nationaler Gesetze und Vollzugsakte dem Anwendungsvorrang des Unionsrechts Rechnung getragen haben. Die insoweit einschlägigen Verfahren sind das Vertragsverletzungsverfahren (Art. 258 f. AEUV) und das Vorabentscheidungsverfahren (Art. 267 AEUV).

---

[61] *P. M. Huber*, AöR 116 (1991), 210 ff.
[62] Dazu *Huber* (Fn. 24), § 9 Rn. 13 ff.
[63] *Huber* (Fn. 24), § 21 Rn. 63 ff.

Soweit Art. 23 Abs. 1 Satz 3, 79 Abs. 3 GG bzw. das im Zustimmungsgesetz enthaltene Integrationsprogramm der Tätigkeit der Organe der Europäischen Union jedoch Grenzen ziehen, ist es Aufgabe der deutschen Gerichte, die Beachtung dieser Maßstäbe sicherzustellen – natürlich nur im Hinblick auf die Mitgliedschaft Deutschlands in der Europäischen Union. Dabei trägt das Bundesverfassungsgericht eine besondere Verantwortung, die es in seinem *Maastricht-Urteil* wie folgt umschrieben hat:

„Würden etwa europäische Einrichtungen oder Organe den Unions-Vertrag in einer Weise handhaben oder fortbilden, die von dem Vertrag, wie er dem deutschen Zustimmungsgesetz zugrunde liegt, nicht mehr gedeckt wäre, so wären die daraus hervorgehenden Rechtsakte im deutschen Hoheitsbereich nicht verbindlich. Die deutschen Staatsorgane wären aus verfassungsrechtlichen Gründen gehindert, diese Rechtsakte in Deutschland anzuwenden. Dementsprechend prüft das Bundesverfassungsgericht, ob Rechtsakte der europäischen Einrichtungen und Organe sich in den Grenzen der ihnen eingeräumten Hoheitsrechte halten oder aus ihnen ausbrechen [...]".[64]

Für das Kooperationsverhältnis zwischen dem Europäischen Gerichtshof und der deutschen Gerichtsbarkeit gilt somit, dass die nationalen Gerichte – einschließlich des Bundesverfassungsgerichts – dem Europäischen Gerichtshof zunächst im Verfahren nach Art. 267 AEUV Gelegenheit zu geben haben, eine von ihnen angenommene Überschreitung der durch das Integrationsprogramm gezogenen Grenzen durch Kassation des unionalen Rechtsaktes zu korrigieren.[65] Wo dies nicht gelingt, der Europäische Gerichtshof also eine Maßnahme aufrecht erhält, die vom Integrationsprogramm des Zustimmungsgesetzes nicht gedeckt ist oder an den Identitätskern des Grundgesetzes rührt, kommt weder der Maßnahme noch dem sie bestätigenden Urteil des Europäischen Gerichtshofes in Deutschland Verbindlichkeit zu. Das Bundesverfassungsgericht müsste die Anwendung der Entscheidung des Gerichtshofes für Deutschland aussetzen und den unionalen Rechtsakt für unanwendbar erklären.[66]

Die Konstellation lag möglicherweise bei dem vor knapp einem Jahr ergangenen *Honeywell-Beschluss* des Gerichts vor. In der Sache ging es – wie bei der in Deutschland so umstrittenen Rechtssache *Mangold*[67] – um die unionsrechtlichen Anforderungen an den Schutz gegen Altersdiskriminierung. Der Zweite Senat verneinte jedoch einen ausbrechenden Rechtsakt und präzisierte die Anforderungen an eine Ultra-vires-Kontrolle durch das Bundesverfassungsgericht:

„a) Eine Ultra-vires-Kontrolle durch das Bundesverfassungsgericht kommt nur in Betracht, wenn ein Kompetenzverstoß der europäischen Organe hinreichend qualifiziert ist. Das setzt voraus, dass das kompetenzwidrige Handeln der Unionsgewalt offensichtlich ist und der an-

---

[64] BVerfGE 89, 155 (188); früher schon BVerfGE 75, 223 (235, 242).
[65] BVerfG, EuGRZ 1989, 339 (340).
[66] BVerfGE 89, 155 (195, 210).
[67] EuGH, Urteil v. 22. Nov. 2005, C-144/04, *Mangold/Helm*, Slg. 2005, I-9981.

gegriffene Akt im Kompetenzgefüge zu einer strukturell bedeutsamen Verschiebung zulasten der Mitgliedstaaten führt.

b) Vor der Annahme eines Ultra-vires-Akts ist dem Gerichtshof der Europäischen Union im Rahmen eines Vorabentscheidungsverfahrens nach Art. 267 AEUV die Gelegenheit zur Vertragsauslegung sowie zur Entscheidung über die Gültigkeit und die Auslegung der fraglichen Handlungen zu geben, soweit er die aufgeworfenen Fragen noch nicht geklärt hat."[68]

In der Sache enthält diese bislang letzte Äußerung des Bundesverfassungsgerichts zwei Aussagen: Auf einen ultra-vires-Akt wird es nur bei einer willkürlichen Auslegung durch den EuGH erkennen, weil es sonst die diesem zugewiesene Aufgabe, die Wahrung des Rechts bei der Auslegung und Anwendung der Verträge zu sichern (Art. 19 Abs. 1 Satz 2 EUV), unterlaufen würde, und es wird dies auch nur dann tun, wenn es ihm im Verfahren der Vorabentscheidung Gelegenheit zur Abhilfe gegeben hat.[69]

3. Vorlagepflicht und die Garantie des gesetzlichen Richters

a) Allgemeines

Der EUV hat den Europäischen Gerichtshof – wie das Bundesverfassungsgericht schon in der *Solange II-Entscheidung* anerkannt hat – als hoheitliches Rechtspflegeorgan errichtet, „das im Rahmen normativ festgelegter Kompetenzen und Verfahren Rechtsfragen nach Maßgabe von Rechtsnormen […] in richterlicher Unabhängigkeit […] entscheidet".[70] Da die Verfahren vor dem Europäischen Gerichtshof auch im Hinblick auf die Gewährleistung rechtlichen Gehörs, die Zulassung von Rechtsbeiständen etc. rechtsstaatlichen Anforderungen genügen, konnte ihn das Bundesverfassungsgericht als „gesetzlichen Richter" i. S. v. Art. 101 Abs. 1 GG anerkennen, der im Kern ein Recht auf den örtlich, sachlich, funktional und instanziell zuständigen Richter garantiert und dadurch die Einhaltung der gesetzlichen Zuständigkeitsordnung der Gerichte gewährleistet. Damit erfährt das in Art. 267 AEUV angelegte Kooperationsverhältnis von Europäischem Gerichtshof und nationalen Gerichten für Deutschland – Vergleichbares gilt etwa auch für Spanien (Art. 24 CE) und andere Mitgliedstaaten – eine besondere verfassungsrechtliche Absicherung.

Verstöße gegen die dem Europäischen Gerichtshof zugewiesenen Kompetenzen sind deshalb genauso zu behandeln wie sonstige Verstöße gegen die gerichtliche Zuständigkeitsordnung. Dabei ist zu berücksichtigen, dass nicht jeder Verstoß gegen die gerichtliche Zuständigkeitsordnung zugleich auch einen Verstoß gegen die Garantie des gesetzlichen Richters darstellt. Zweck von Art. 101 Abs. 1 Satz 2 GG ist vielmehr, die Rechtsprechung vor manipulierender Einflussnahme zu schützen. Um die-

---

[68] BVerfG, E 126, 286 (304).
[69] Dazu, dass dieser Auftrag, wie jede Rechtsprechungsermächtigung, auch die Befugnis zu Fehlurteilen umfasst, *P. M. Huber*, AöR 116 (1991), 210 (240f.).
[70] BVerfGE 73, 339 (366 ff.) – Solange II.

sen Zweck zu erreichen, muss das Bundesverfassungsgericht nicht zu einem die gesamte gerichtliche Zuständigkeitsordnung bis ins Einzelne sichernden Kontrollorgan werden. Vielmehr genügt insoweit eine Überprüfung am Willkürmaßstab.

Auch ein Verstoß gegen die Zuständigkeiten des Europäischen Gerichtshofs führt deshalb nur dann zu einer Verletzung von Art. 101 Abs. 1 Satz 2 GG, wenn er willkürlich geschieht. Das ist nach ständiger Rechtsprechung nur dann der Fall, wenn die Auslegung von Zuständigkeitsnormen durch die Fachgerichte „bei verständiger Würdigung [...] nicht mehr verständlich (erscheint) und offensichtlich unhaltbar" ist.[71]

b) Die C.I.L.F.I.T.-Rechtsprechung im Lichte von Art. 101 GG

Eine Verletzung von Art. 101 Abs. 1 Satz 2 GG durch Missachtung des Kooperationsverhältnisses zwischen dem Europäischen Gerichtshof und den nationalen Gerichten setzt deshalb zunächst voraus, dass das deutsche Gericht eine Frage zur Gültigkeit oder Auslegung des Unionsrechts entgegen Art. 267 AEUV nicht dem Europäischen Gerichtshof vorlegt.[72]

Auf der ersten Stufe ist deshalb zunächst anhand der einschlägigen Rechtsprechung des Gerichtshofes festzustellen, ob das letztinstanzliche Gericht nach Art. 267 Abs. 3 AEUV zur Vorlage an den Europäischen Gerichtshof verpflichtet ist, wobei der *C.I.L.F.I.T.-Entscheidung* zentrale Bedeutung zukommt. Auf der zweiten Stufe ist sodann zu entscheiden, unter welchen Voraussetzungen ein Verstoß gegen Art. 267 Abs. 3 AEUV in dieser Auslegung durch den Europäischen Gerichtshof als „willkürlich" eingestuft werden kann. Das ist nach der gefestigten Rechtsprechung des Bundesverfassungsgerichts der Fall, wenn ein deutsches Gericht zwar die Entscheidungserheblichkeit einer unionsrechtlichen Frage bejaht, die Vorlage trotz eigener Zweifel hinsichtlich ihrer richtigen Beantwortung jedoch überhaupt nicht in Erwägung zieht (*grundsätzliche Verkennung der Vorlagepflicht*), es bewusst von der entscheidungserheblichen Rechtsprechung des Europäischen Gerichtshofs abweicht ohne vorzulegen (*bewusstes Abweichen ohne Vorlagebereitschaft*) oder es bei einer vom Europäischen Gerichtshof noch nicht abschließend behandelten Rechtsfrage – das Bundesverfassungsgericht spricht insoweit von einer „Unvollständigkeit der Rechtsprechung"[73] – den ihm zukommenden Beurteilungsspielraum in unvertretbarer Weise überschreitet. Das ist der Fall, wenn eine mögliche Gegenauffassung zur entscheidungserheblichen Frage gegenüber der vom Gericht vertretenen

---

[71] BVerfGE 29, 198 (207); 82, 159 (194).

[72] Siehe nur BVerfGE 75, 223 ff. – 6.USt-RiL; 82, 159 ff. – Absatzfonds; BVerfG, DÖV 2001, 379 ff. – Teilzeitqualifizierung zum Allgemeinarzt = JZ 2001, 923 f. mit Anmerkung *A. Voßkuhle*.

[73] BVerfGE 82, 159 (195 f.).

Meinung eindeutig vorzuziehen ist (*grundsätzliche Verkennung des Beurteilungsrahmens*).[74]

Es zeigt sich somit, dass die unionsrechtliche Vorlagepflicht und ihre verfassungsrechtliche Absicherung durch die Garantie des gesetzlichen Richters keineswegs deckungsgleich sind. Vielmehr trägt der auf eine Willkürkontrolle begrenzte Maßstab des Art. 101 Abs. 1 Satz 2 GG dazu bei, dass die verfassungsgerichtliche Kontrolle deutlich hinter den Anforderungen des Art. 267 AEUV zurückbleibt.[75] Durch diese unterschiedlichen Anforderungen von Art. 267 AEUV und Art. 101 Abs. 1 Satz 2 GG wird zugleich verhindert, dass das Bundesverfassungsgericht in die Rolle eines obersten „Vorlage-Kontrollgerichts" gerät.

c) Divergenzen zwischen Erstem und Zweitem Senat?

Allerdings hat die 2. Kammer des Ersten Senats eine Intensivierung des verfassungsgerichtlichen Kontrollzugriffs angedeutet und diese damit begründet, dass die bundesverfassungsgerichtliche Kontrolle über die Anwendung von sekundärem und tertiärem Unionsrecht seit der Entscheidung zur Bananenmarktordnung im Jahre 2000 faktisch zum Erliegen gekommen sei: Der

> „Grundrechtsschutz [...] liefe ins Leere, wenn das Bundesverfassungsgericht mangels Zuständigkeit keine materielle Prüfung anhand der Grundrechte vornehmen kann und der Europäische Gerichtshof mangels Vorabentscheidungsersuchens nicht die Möglichkeit erhält, sekundäres Gemeinschaftsrecht anhand der für die Gemeinschaft entwickelten Grundrechtsverbürgungen zu überprüfen."[76]

Der *Honeywell-Beschluss* des Zweiten Senats hat dagegen die alte Linie noch einmal bestätigt:

> „Nicht jede Verletzung der unionsrechtlichen Vorlagepflicht stellt einen Verstoß gegen Art. 101 Abs. 1 Satz 2 GG dar. Das Bundesverfassungsgericht beanstandet die Auslegung und Anwendung von Zuständigkeitsnormen nur, wenn sie bei verständiger Würdigung der das Grundgesetz bestimmenden Gedanken nicht mehr verständlich erscheinen und offensichtlich unhaltbar sind. Dieser Willkürmaßstab wird auch angelegt, wenn eine Verletzung von Art. 267 Abs. 3 AEUV in Rede steht (Bestätigung von BVerfGE 82, 159 (194)"[77].

Mittlerweile folgen alle Kammern zwar wieder dieser gefestigten Rechtsprechung; ob damit aber auch in der Sache alle Divergenzen beseitigt sind, wird sich erst zeigen müssen.[78]

---

[74] BVerfGE 75, 223 (228 ff.) – 6. UStRiL; 82, 159 (194 ff.) – Absatzfonds.
[75] *Huber* (Fn. 24), § 21 Rn. 57.
[76] BVerfG, DÖV 2001, 379 f. – Nichtvorlage bei Richtlinienkollision.
[77] BVerfGE 126, 286 ff. – Honeywell.
[78] Zuletzt BVerfG, Beschl. v. 7. Juni 2011 – 1 BvR 2109/09 – unter Hinweis auf BVerfGE 82, 159 (195 f.); BVerfG, Beschl. des Zweiten Senats vom 6. Juli 2010 – 2 BvR 2661/06 –, NJW 2010, 3422 (3427); Beschl. der 3. Kammer des Ersten Senats vom 25. Feb. 2010 – 1 BvR 230/09 –, NJW 2010, 1268 (1269).

IV. Fazit

Europa ist eine Daueraufgabe für das Bundesverfassungsgericht wie auch für andere nationale Verfassungs- und Obergerichte. Letztere sind dabei nicht nur in das Dreieck Straßburg-Luxemburg-Karlsruhe, Wien etc. eingebunden, sondern auch in eine Art Solidar- und Schicksalsgemeinschaft mit den anderen nationalen Verfassungs- und Obergerichten.

Das erfordert Offenheit und Kommunikationsbereitschaft, aber auch ein Mindestmaß an – wenn auch nicht doktrinärer – Standfestigkeit. Vor diesem Hintergrund besteht ein großer, für die breite Öffentlichkeit nicht immer sichtbarer Teil seiner Aufgabe auch im Gespräch mit jenen anderen Akteuren – natürlich nicht über anhängige Entscheidungen. Leitlinie sind dabei weniger Macht- und Prestigedenken oder Fragen der Eitelkeit, die natürlich nie völlig ausgeschlossen werden können, sondern die Wohlfahrt der Bürger, zu deren auch langfristigem Schutz Verfassungsgerichte tätig werden.

Koste es, was es wolle?! – Zum Stand der Akkreditierung an den Brandenburger Hochschulen

Von *Norbert Janz*

I. Einleitung

Bachelor und Master statt Diplom und Magister: Der Bologna-Prozess hat die deutsche Hochschullandschaft von Grund auf neu gestaltet. Parallel zur Umstellung der Studiengänge auf Bachelor-/Masterabschlüsse entstand eine große Anzahl neuer, bisher unbekannter Studiengänge. Um die hohe Qualität deutscher Hochschularbeit auch in Zukunft zu gewährleisten, müssen sich nun grundsätzlich alle Studiengänge einer externen Qualitätskontrolle stellen, sie müssen sich *akkreditieren* lassen. § 17 Abs. 6 des Brandenburgischen Hochschulgesetzes (BbgHG) regelt seit 2010 für Brandenburg die Akkreditierungspflicht für neue und wesentlich geänderte Bachelor- und Masterstudiengänge.[1]

Diese Akkreditierung wird im einschlägigen Schrifttum und von den betroffenen Hochschulen nicht eben durchweg positiv eingeschätzt.[2] Besonders die „ungeheuren Ressourcen an Zeit, Energie und Geld"[3], kurz die „irrwitzige Belastung der Hochschulen",[4] stehen im Fokus.

Der Jubilar hat sich bisher – soweit ersichtlich – literarisch nicht mit dieser landesgesetzlich determinierten Verpflichtung der Hochschulen auseinandergesetzt. Wohl aber stieß eine andere hochschulrechtliche Reform in Brandenburg auf seinen erbitterten Widerstand: 1999/2000 mitinitiierte er eine Verfassungsbeschwerde gegen Vorschriften des Brandenburgischen Hochschulgesetzes, durch die Organisationsstrukturen der Hochschulen des Landes Brandenburg verändert worden sind. Im Kern ging es bei dieser Novelle um die gesetzliche Zuweisung von Entscheidungs-

---

[1] Diese Norm ersetzte (und präzisierte) den alten § 17 Abs. 5 Satz 3 bis 6 BbgHG a.F. aus dem Jahr 2008; dazu näher *K. Herrmann*, in: L. Knopp/F.-J. Peine (Hrsg.), Brandenburgisches Hochschulgesetz – Kommentar, 2. Aufl. 2012, § 17, Rn. 21.

[2] *J. F. Lindner*, in: M. Hartmer/H. Detmer (Hrsg.), Hochschulrecht, 2. Aufl. 2010, 530; *N. Bolz*, Forschung & Lehre 2011, 8 f.; *M. Winter*, Forschung & Lehre 2008, 98 (100).

[3] So etwa *J. Hörisch*, Forschung & Lehre 2011, 1.

[4] *Herrmann* (Fn. 1), § 17, Rn. 28.

kompetenzen an monokratische Leitungsorgane von Hochschulen. Ein Erfolg blieb ihm dann aber 2004 in Karlsruhe leider versagt.[5]

Der Beitrag wird die Brandenburger Akkreditierungssituation beleuchten. Basis der Ausführungen ist eine Prüfung des Landesrechnungshofes (LRH) Brandenburg, die in den Jahren 2010 und 2011 stattfand und die einen Beitrag im Jahresbericht des LRH Brandenburg 2011 bildete.[6] Der LRH Brandenburg hatte hier erstmalig in Brandenburg die absoluten Ausgaben für Akkreditierungen von Studiengängen auf belastbare Zahlen hin ermittelt und Schwachstellen im Akkreditierungsverfahren aufgezeigt.

Eingangs der Ausführungen seien zunächst der Bolognaprozess als solcher sowie die in Deutschland erfolgte Umsetzung skizziert. Insbesondere gilt das Augenmerk den einzelnen Akkreditierungsarten sowie den Beteiligten im Verfahren. Die seinerzeitigen Prüfergebnisse und Anregungen des LRH Brandenburg werden sodann referiert und hinsichtlich der Folgerungen und Konsequenzen deutlicher formuliert, als es seinerzeit Prüfungsmitteilung und Jahresberichtsbeitrag zuließen.[7] Besonderes Augenmerk wird – pars pro toto für den Reformbedarf – auf die Reakkreditierung gelegt.

Nicht Gegenstand der Ausführungen bildet die Sinnesfülle der Akkreditierung im Allgemeinen. An dieser fundamentalen Einbruchstelle in das deutsche Hochschulwesen gehen die Meinungen bekanntlich weit auseinander. Eine hinreichende Beschäftigung mit der Gretchenfrage des deutschen Hochschulsystems der vergangenen Jahre, einschließlich einer profunden Entscheidung, sprengte den Umfang dieses Festschriftenbeitrages.

II. Der Bologna-Prozess und die deutsche Umsetzung

Im Zuge des Bologna-Prozesses müssen fast alle Hochschulstudiengänge in Deutschland ein Akkreditierungsverfahren durchlaufen; in Brandenburg gilt diese Akkreditierungspflicht gem. § 17 Abs. 6 BbgHG. Die Norm lautet:

„Neu eingerichtete und wesentlich geänderte Bachelor- und Masterstudiengänge sind durch eine anerkannte unabhängige Einrichtung daraufhin zu überprüfen, ob fachlich-inhaltliche Mindeststandards und die Berufsrelevanz der Abschlüsse gewährleistet sind (Akkreditie-

---

[5] BVerfGE 111, 333 ff. Dazu *I. Geis*, Forschung & Lehre 2005, 188 f. Zu einem Teilaspekt des Verfahrens (Zusammenlegung bzw. Auflösung von Hochschulen via Rechtsverordnung (!) [§ 1 Abs. 3 BbgHG a.F.]), der in der Entscheidung jedoch keine Rolle spielte, *S. Rademacher/ N. Janz*, LKV 2001, 147 ff. Die Hochschulgesetznovelle 2008 tilgte zu Recht diese Kompetenz der Landesregierung. Allgemein zu „Wissenschaftsfreiheit und Hochschulmanagement" der gleichnamige Aufsatz von *C. Görisch*, DÖV 2003, 583 ff.

[6] Abrufbar unter www.lrh-brandenburg.eu. Die im Folgenden im Text wiedergegebenen Sachverhalte oder Prüferkenntnisse finden sich in diesem Jahresbeitrag.

[7] Dabei handelt es sich um eine private – und nicht etwa um eine dienstliche – Äußerung des Verfassers.

rung). Künstlerische Studiengänge an Kunsthochschulen sollen akkreditiert werden. Im Rahmen der Akkreditierung sind auch die Schlüssigkeit des Studienkonzepts und die Studierbarkeit des Studiums unter Einbeziehung des Selbststudiums, die Voraussetzungen für die Vergabe von Leistungspunkten sowie die wechselseitige Anerkennung von Leistungen bei einem Hochschul- oder Studiengangwechsel zu überprüfen und zu bestätigen. Die Akkreditierung ist regelmäßig und in angemessenen Zeitabständen zu wiederholen (Reakkreditierung). Wird die Akkreditierung oder Reakkreditierung verweigert, entscheidet die für die Hochschulen zuständige oberste Landesbehörde gemäß Absatz 5 Satz 1 über die Aufhebung des Studienganges. Das gleiche gilt, wenn Akkreditierungsauflagen nicht erfüllt werden."

Untergesetzliche Regelungen bestehen in Brandenburg nicht.

Das Verfahren soll die Vergleichbarkeit von Studienabschlüssen herstellen, für Qualitätssicherung im Hochschulwesen sorgen und der Profilbildung der Hochschulen dienen. *Akkreditierung*[8] bedeutet im staatlichen Hochschulbereich die zeitlich begrenzte formelle Anerkennung von Studienprogrammen bzw. hochschulinternen Qualitätssicherungssystemen.

Im Rahmen der sogenannten Bologna-Erklärung[9] verpflichteten sich im Jahr 1999 Regierungsvertreter aus 30 europäischen Staaten, das Zusammenwachsen Europas auf dem Gebiet der Hochschulbildung zu ermöglichen und einen durchlässigen europäischen Hochschulraum zu bilden, der international wettbewerbsfähig und global attraktiv ist. Ein zentrales Mittel für die Einrichtung eines europäischen Hochschulraumes war die Umstellung auf eine zweistufige Studienstruktur mit Bachelor- und Masterstudiengängen. Die Einzelstaaten verpflichteten sich, mit Hilfe eines europaweit kompatiblen Punktsystems, gestufte („konsekutive") Studiengänge mit Mindeststandards, unter Berücksichtigung bestimmter Strukturvorgaben, einzurichten. Die dadurch bewirkte Modularisierung des Studiums gilt als wichtiges Element der Bologna-Deklaration. Die nationalen Studienabschlüsse waren – bis auf vereinzelte Ausnahmen[10] – durch die international anerkannten Hochschulgrade „Bachelor" („undergraduate") und „Master" („graduate") zu ersetzen.[11]

Mit dem Bachelor ist ein Studienabschluss eingeführt worden, der bereits nach sechs bzw. acht Semestern zu einem berufsbefähigenden Abschluss führt. Das anschließende Masterstudium soll in der Regel nur bei erfolgreichem Bestehen des ers-

---

[8] Vom lateinischen „accredere": Glauben schenken, geneigt sein zu glauben (*sic!*).

[9] Namensgeberin des Prozesses ist die 1999 abgehaltene Konferenz in Bologna.

[10] In Deutschland sind vor allem die Studiengänge mit einer abschließenden staatlichen oder kirchlichen Prüfung (Rechtswissenschaft, Lehramt, Medizin, Pharmazie, Theologie) von der zweistufigen Struktur im Grundsatz ausgenommen. Ein eindringlicher und lesenswerter Appell für ein „Bologna? – nein danke" in der rechtswissenschaftlichen Ausbildung findet sich in verschiedenen Beiträgen bei *C. Baldus/T. Finkenauer/T. Rüfner* (Hrsg.), Bologna und das Rechtsstudium. Fortschritte und Rückschritte der europäischen Juristenausbildung, 2011.

[11] Allerdings ist in der Bologna-Erklärung von „Bachelor" und „Master" nicht unmittelbar die Rede (wohl aber von „undergraduate" und „graduate"); dazu *Lindner* (Fn. 2), 529 mit Fn. 57.

ten Studienzyklus begonnen werden. Für eine Übergangszeit bleibt es bei einer Parallelität der „herkömmlichen" und der neuen Studiengänge.[12]

Für die Qualitätssicherung der neu geschaffenen und umstrukturierten Studiengänge machte die Bologna-Deklaration keine einheitlichen europaweit geltenden Vorgaben. Es blieb also den Vertragsstaaten überlassen, wie die politischen Absichtserklärungen auf nationaler Ebene umzusetzen sind.[13] In Deutschland kommt diese Transformationsaufgabe dem Bund und den Ländern im Rahmen ihrer jeweiligen Zuständigkeiten zu. Angesichts der Kultushoheit der Länder (Art. 30, 70 Abs. 1 GG) obliegt die Rechtsetzungskompetenz den Ländern.[14] § 19 Abs. 1 Hochschulrahmengesetz (HRG) stellt die Einführung von Bachelor- und Masterstudiengängen (nur) in das Ermessen der Länder, konstituiert also keine legislatorische Pflicht zum Tätigwerden. Alle Länder haben mittlerweile formell-gesetzliche Vorschriften zur Akkreditierung erlassen. Diese landesrechtlichen Regelungen folgen keinem einheitlichen Schema, sondern differieren hinsichtlich ihrer Regelungsbreite und -tiefe ganz erheblich.[15]

In Deutschland führten Ende 1998 die Hochschulrektorenkonferenz (HRK) und die Kultusministerkonferenz (KMK) das Akkreditierungsverfahren ein, nachdem zuvor der Bundesgesetzgeber mit der 4. Novellierung des Hochschulrahmengesetzes (IIRG) die Voraussetzungen für ein neues Graduierungssystem mit gestuften Abschlüssen geschaffen hatte.[16] Es ist seither weiterentwickelt worden. Die Akkreditierung hat erklärtermaßen zum Ziel, Hochschulen, Studierenden und Arbeitgebern eine verlässliche Orientierung hinsichtlich der Qualität der neuen Bachelor- und Masterstudiengänge zu geben. Gleichzeitig soll sie die nationale und internationale Anerkennung der Studienabschlüsse erleichtern.[17] Zeitlich kam der Reformprozess in Deutschland damit noch vor der Verabschiedung der Bologna-Erklärung in Gang.

Der Akkreditierung sollen nach einer Länderübereinkunft die Vorgaben des HRG und die von der KMK beschlossenen Strukturvorgaben zugrunde gelegt werden.

---

[12] *K. Wilhelm*, Verfassungs- und verwaltungsrechtliche Fragen der Akkreditierung von Studiengängen, 2009, 45.

[13] *Wilhelm* (Fn. 12), 2009, 38; *Lindner* (Fn. 2), 529 f.; *R. Müller-Terpitz*, WissR 42 (2009), 117 (119).

[14] Überblick über die Rechtsquellen der Regelung von Akkreditierungsfragen bei *R. Brinktrine*, WissR 42 (2009), 164 (166 ff.); *ders.*, Forschung & Lehre 2009, 808 ff.

[15] s. dazu *Lindner* (Fn. 2), 580; *Herrmann* (Fn. 1), § 17, Rn. 9.

[16] Gesetz v. 20. August 1998, BGBl. I 2190. Einzelheiten bei *Wilhelm* (Fn. 12), 42 ff. und 86 ff.; ferner *Herrmann* (Fn. 1), § 26, Rn. 20; *Lindner* (Fn. 2), 579 ff.; *C. Heitsch*, DÖV 2007, 770 f.; *J. Lege*, JZ 2005, 698 (699 f.).

[17] Ein „ganzes Bündel an Zwecken" präsentiert *Brinktrine*, WissR 42 (2009), 164 (175).

III. Akkreditierungsarten und Beteiligte im Verfahren

Die Hochschulen beantragen bei einer Akkreditierungsagentur die Durchführung des Akkreditierungsverfahrens. Dabei kann eine Akkreditierung auf verschiedene Ergebnisse gerichtet sein. Zu unterscheiden sind zunächst Programm- und Systemakkreditierung:

Bei der *Programmakkreditierung*[18] als Einzelakkreditierung wird die Übereinstimmung eines einzelnen Studiengangs mit bestimmten Qualitätskriterien überprüft und abschließend bestätigt. Hat ein Studiengang ein Akkreditierungsverfahren erfolgreich absolviert, erhält er eine befristete Akkreditierung. Das durch die Agenturen durchgeführte Akkreditierungsverfahren ist durch das Prinzip des „peer review" gekennzeichnet. Die Hochschulen wählen aus dem Kreis der vom Akkreditierungsrat akkreditierten Agenturen aus. Es obliegt also allein der jeweiligen Hochschule, welche Agentur sie mit einer Akkreditierung beauftragt.

Einen speziellen Fall der Programmakkreditierung stellt die *Reakkreditierung*[19] dar. Hier wird das Akkreditierungsverfahren innerhalb vorgeschriebener Zeiträume erneut gestartet und durchgeführt.

Eine besondere Ausprägung der Programmakkreditierung bildet die *Bündel- oder Clusterakkreditierung*.[20] Durch die Bündelung mehrerer Verfahren einer Programmakkreditierung kann die Hochschule die auf sie zukommenden Belastungen reduzieren.

Gegenstand der – erst seit 2008 möglichen – *Systemakkreditierung*[21] ist das interne Qualitätssicherungssystem einer Hochschule. Eine positive Systemakkreditierung bescheinigt der Hochschule, dass ihr Qualitätssicherungssystem im Bereich von Studium und Lehre geeignet ist, die Qualifikationsziele zu erreichen und die Qualitätsstandards ihrer Studiengänge zu gewährleisten. Studiengänge, die nach der Systemakkreditierung eingerichtet werden, sind somit automatisch akkreditiert.[22]

Derzeit gibt es in Deutschland zehn *Akkreditierungsagenturen*, die das Qualitätssiegel des Akkreditierungsrates an von ihnen akkreditierte Studiengänge mit den Abschlüssen Bachelor und Master vergeben. Diese sind teilweise fachspezifisch, teilweise auch fächerübergreifend ausgerichtet. Sie sind allesamt auf unterschiedliche

---

[18] Instruktiv *M. Martini*, WissR 41 (2008), 232 (241 ff.); ferner *Brinktrine*, WissR 42 (2009), 164 (179); *U. Hommel*, Forschung & Lehre 2009, 498 f.

[19] *Wilhelm* (Fn. 12), 137 f.; *Brinktrine*, WissR 42 (2009), 164 (186). Auch Systemakkreditierungen können reakkreditiert werden.

[20] *Wilhelm* (Fn. 12), 65 f.

[21] *Brinktrine*, WissR 42 (2009), 164 (180); *Martini*, WissR 41 (2008), 232 (249 ff.); *Wilhelm* (Fn. 12), 68 ff.

[22] In Brandenburg ist seit September 2012 die Universität Potsdam als eine der ersten deutschen Hochschulen überhaupt systemakkreditiert. Die Technische Hochschule Wildau (FH) strebt ebenfalls eine Systemakkreditierung an.

Weise privat- und nicht etwa öffentlich-rechtlich organisiert.[23] Alle Agenturen sind an dieselben Kriterien und Standards des Akkreditierungsrats gebunden.

Der *Akkreditierungsrat* ist eine (nordrhein-westfälische) Stiftung des öffentlichen Rechts, die den gesetzlichen Auftrag hat, das System der Qualitätssicherung in Studium und Lehre durch Akkreditierung von Studiengängen zu organisieren.[24] Der Akkreditierungsrat definiert die Grundanforderungen an das Akkreditierungsverfahren. Zur Anwendung der Kriterien für die Akkreditierung werden die Akkreditierungsagenturen vom Akkreditierungsrat in einem eigenen Verfahren zugelassen. Den Agenturen wird im Falle einer erfolgreichen Begutachtung das Qualitätssiegel des Akkreditierungsrates eingeräumt.

IV. Einzelheiten des Akkreditierungsverfahrens

Das (Programm-) Akkreditierungsverfahren selbst umfasst mehrere Stufen: zunächst eine Selbstbewertung des Studiengangs durch die Programmverantwortlichen, dann eine externe Begutachtung, die Grundlage der Akkreditierungsentscheidung ist. Das Verfahren kann grob wie folgt umrissen werden:[25]

Nach der Antragstellung wird der Antrag von der Agentur geprüft. Anschließend werden in der Regel Verhandlungen mit der Hochschule geführt, an deren Ende bei einer Einigung ein Vertrag geschlossen wird. Der Hochschule werden üblicherweise Verfahrensunterlagen übermittelt, mit deren Hilfe sie die Selbstdokumentation zu dem Studiengang erstellen kann. Sie wird über die von der Agentur benannten Gutachter informiert; diese prüfen die Selbstdokumentation bevor sie in Absprache mit der Hochschule eine zweitägige Begehung durchführen („peer review"). Die Gutachtergruppe verfasst einen Bewertungsbericht und einen Beschlussvorschlag. Die Hochschule kann zu dem Bewertungsbericht Stellung nehmen. Die Akkreditierungskommission der Agentur entscheidet über eine Akkreditierung, eine Akkreditierung mit Auflagen oder eine Ablehnung.[26] Im Falle einer Akkreditierung oder einer Akkreditierung mit Auflagen vergibt sie das Siegel des Akkreditierungsrates. Eine Akkreditierung wird in der Regel für fünf Jahre erteilt. Die Zeit von der Antragstellung bis zur Akkreditierungsentscheidung beträgt zwischen vier und sechs Monaten.

---

[23] Im Einzelnen *Wilhelm* (Fn. 12), 120 ff.; *Lindner* (Fn. 2), 581.

[24] Gesetz zur Errichtung einer Stiftung ‚Stiftung zur Akkreditierung von Studiengängen in Deutschland' v. 15. Februar 2005, GVBl. NRW 2005, 45. Dazu *Herrmann* (Fn. 1), § 17, Rn. 23; ferner *Heitsch*, DÖV 2007, 770 (771 und 773 ff.); *U. Quapp*, DÖV 2011, 68 (69).

[25] s. dazu Hochschulrektorenkonferenz (Hrsg.), Bologna-Reader III – Beiträge zur Hochschulpolitik 8/2008, 133 ff.; ferner *Brinktrine*, WissR 42 (2009), 164 (182 ff.); *Martini*, WissR 41 (2008), 232 (241 ff.); *Wilhelm* (Fn. 12), 128 ff.

[26] Besonders bemerkenswert ist es, dass die Akkreditierung der Studiengänge an den Brandenburger Hochschulen in keinem einzigen Fall verweigert wurde. Das bedeutet, dass allen Studiengängen, bei denen die Hochschulen ein förmliches Akkreditierungsverfahren eingeleitet hatten, das angestrebte Gütesiegel – wenn auch ggf. unter Auflagen – einer Akkreditierung verliehen wurde.

Die Akkreditierungsagenturen überprüfen bei der Akkreditierung, ob die gestuften Studiengänge den ländergemeinsamen Strukturvorgaben der KMK und den Beschlüssen des Akkreditierungsrates entsprechen. Sie haben dabei die Aufgabe, die Zielsetzung des Studiengangkonzepts und die Plausibilität der Umsetzung zu beurteilen, sowie die Gewährleistung fachlich-inhaltlicher Mindeststandards zu sichern. Die Kriterien beziehen sich im Kern auf die Qualität des Curriculums, die Berufsqualifizierung, das personelle Potenzial und die materielle Ausstattung. Ein Beispiel für die zu überprüfenden Kriterien ist die transparente Beschreibung der Lernziele und Module.[27]

V. Verfassungsrechtliche Bedenken

Das VG Arnsberg hält das Akkreditierungsverfahren an Hochschulen für verfassungswidrig. Das Gericht hat daher 2010 das zugrunde liegende Gerichtsverfahren ausgesetzt und diese Frage dem BVerfG im Wege einer konkreten Normenkontrolle nach Art. 100 Abs. 1 GG zur Entscheidung vorgelegt.[28]

Kurz zum Hintergrund: Eine private, staatlich anerkannte nordrhein-westfälische Fachhochschule hatte ihren Lehrbetrieb im Präsenz- und Fernstudiengang Logistik mit Bachelorabschluss aufgenommen. Eine Akkreditierungsagentur hatte 2008 die von der Hochschule beantragte Akkreditierung der beiden Studiengänge verweigert. Daraufhin hatte die Hochschule Klage beim VG Arnsberg erhoben mit dem Ziel, die Akkreditierungsagentur zu verpflichten, die Studiengänge zu akkreditieren.

Das VG Arnsberg hat sich zwar nur mit der nordrhein-westfälischen Rechtslage auseinandergesetzt. Da jedoch § 17 Abs. 6 BbgHG für Brandenburg eine inhaltlich entsprechende Rechtslage schafft, hat die Entscheidung auch für Brandenburg Relevanz. Denn sollte das BVerfG die Akkreditierungspflicht in Nordrhein-Westfalen (ganz oder teilweise) für verfassungswidrig erklären, gälte dies mittelbar auch in Brandenburg.

Im Kern geht es um die Frage, ob eine Pflicht zur Akkreditierung in die durch Art. 5 Abs. 3 Satz 1 GG geschützte Lehrfreiheit eingreift und ob dieser Eingriff gerechtfertigt ist.

Das VG Arnsberg bejaht einen Eingriff in die Lehrfreiheit, weil von den Hochschulen ein erheblicher zeitlicher, organisatorischer und finanzieller Aufwand ver-

---

[27] Dazu auch *Heitsch*, WissR 42 (2009), 136 (137 f.).
[28] VG Arnsberg, Beschluss vom 16. April 2010, Aktenzeichen: 12 K 2689/08, bei juris abrufbar. Dazu *S. Meyer*, NVwZ 2010, 1010 ff.; *M. Mühl-Jäckel*, FAZ vom 5. August 2010, 6. Auch im Schrifttum bestehen Bedenken gegen die Verfassungsmäßigkeit des Akkreditierungszwanges, s. *Herrmann* (Fn. 1), § 17 Rn. 24 und 27; *K. Grünewald*, NWVBl. 2011 132 (133 ff.); *Quapp*, DÖV 2011, 68 (69 ff.); *U. Mager*, VBlBW 2009, 9 ff.; *Heitsch*, DÖV 2007, 770 (771 ff.); früher schon *Lege*, JZ 2005, 698 (703 ff.). Knapp *Winter*, Forschung & Lehre 2008, 98 (100). Differenzierend *Meyer*, NVwZ 2010, 1010 (1011 ff.). Auch *Lindner* (Fn. 2), 582, hält das geltende Akkreditierungsverfahren nur unter bestimmten (engen) Voraussetzungen für wissenschaftsadäquat.

langt werde und die betroffenen Hochschullehrer ausführlich Rechenschaft über Inhalt, Ziel und Methode der Lehrveranstaltung ablegen müssten. Ein Eingriff sei zwar grundsätzlich durch Gesetz möglich, jedoch scheide die Ermächtigungsgrundlage aus, weil die Norm gegen den Bestimmtheits- und Wesentlichkeitsgrundsatz (Art. 20 Abs. 3 GG) verstoße. Weder formelle noch materielle Kriterien einer Akkreditierung einschließlich ihrer Durchführung seien parlamentsgesetzlich festgelegt. Ferner sei nicht bestimmt, welche Entscheidungsbefugnisse die Agenturen haben, ob und in welchem Umfang die Agenturen einer Aufsicht unterliegen und ob und ggf. welche Rechtsbehelfe den Beteiligten zur Verfügung stehen. Das Gericht rügt also, dass der Landesgesetzgeber die wesentlichen Entscheidungen zur Akkreditierung offen gelassen und die Entscheidungsbefugnisse unzulässigerweise auf die Exekutive übertragen hat.

Sollte das BVerfG die Akkreditierungspflicht für verfassungswidrig erklären, wären die einzelnen Landesgesetzgeber aufgerufen, die betroffenen Rechtsgrundlagen zu novellieren, wenn und soweit sie am hergebrachten System festhalten wollten.

In Brandenburg stellt sich die Gesetzeslage folgendermaßen dar. § 17 Abs. 6 BbgHG n.F. bildet ein spärliches normatives Grundgerüst. Es begründet eine Akkreditierungspflicht, und zwar für faktisch alle Bachelor- und Masterstudiengänge, soweit sie neu eingerichtet oder wesentlich geändert werden.[29] Eine Systemakkreditierung ist nicht speziell geregelt. Gleichfalls unerwähnt ist es, welche Stelle die Akkreditierung vorzunehmen hat. Verlangt wird lediglich, dass es sich um eine anerkannte unabhängige Einrichtung handeln muss. Die im Zentrum des Akkreditierungssystems stehende Stiftung nordrhein-westfälischen Rechts (!) wird nicht genannt. Dadurch bleiben wichtige formale Anforderungen offen.

Gesetzlich fixiert sind hingegen bestimmte sachliche Anforderungen an ein erfolgreiches Akkreditierungsverfahren. Auch ist eine Reakkreditierung vorzunehmen; die Erstakkreditierung entfaltet also nur eine begrenzte zeitliche Wirkung. Über den erforderlichen zeitlichen Abstand trifft der Gesetzgeber allerdings keine Aussage. Andere Einzelheiten des mehrstufigen Akkreditierungsprozesses wie Verfahrenscharakter, Verfahrensausgestaltung oder Verfahrensrechte und -pflichten der Beteiligten sind ebenfalls ungeklärt.

Im Übrigen finden sich keine Regelungen zur Akkreditierungsentscheidung selbst sowie zu Rechtswirkungen oder -folgen, die mit einer Akkreditierung einhergehen. Somit bleiben der Rechtscharakter der Akkreditierung und der zu beschreitende Rechtsweg ungeklärt. Rechtliche Einordnung der Akkreditierungsentscheidung und die Wahl des Rechtsweges werfen jedoch diffizile rechtliche Fragen auf.[30] Ebenso ist es offen, was passiert, wenn die Hochschulen der Pflicht zur Akkre-

---

[29] Zur Feststellung einer „wesentlichen Änderung" näher *Herrmann* (Fn. 1), § 26 Rn. 21.

[30] Für die Zuständigkeit der ordentlichen Gerichtsbarkeit *Meyer*, DÖV 2010, 475 (477 ff.); für den Verwaltungsrechtsweg *Herrmann* (Fn. 1), § 17 Rn. 24 f.; *A. Merschmann*, NVwZ 2011, 847 (848); *Heitsch*, WissR 42 (2009), 136 ff.; wohl auch *Lindner* (Fn. 2), 580, und *Lege*, JZ 2005, 698 (702). *Winter*, Forschung & Lehre 2008, 98 (100), spricht von einer „Art ho-

ditierung nicht nachkommen. Es wird jedoch deutlich, wer bei negativem Akkreditierungsergebnis welche Konsequenzen zu ziehen hat. Schließlich enthält das BbgHG keinerlei Regelung zu den Kosten des Akkreditierungsverfahrens bei den „anerkannten unabhängigen Einrichtungen".

Zusammenfassend lässt sich feststellen, dass der Gesetzgeber nur Teilregelungen zum Brandenburger Akkreditierungswesen getroffen hat. Umfassende oder nähere inhaltliche Vorgaben für die Akkreditierung werden nicht gemacht mit der Folge, dass es noch einer notwendigen Konkretisierung durch die Verwaltung bzw. die Hochschulen bedarf.[31] Dadurch bestehen erhebliche Bedenken an der Messbarkeit und Berechenbarkeit des staatlichen Handelns und somit an der Vereinbarkeit der Regelungen mit dem verfassungsrechtlich verbürgten Bestimmtheits- und Wesentlichkeitsgrundsatz (Art. 20 Abs. 3 GG / Art. 2 Abs. 1 LV Bbg.).[32] Nimmt man diese tragenden Staatsstrukturprinzipien als Maßstab für rechtmäßiges Staatshandeln ernst, so liegt der Schluss auf ein verfassungsrechtliches Verdikt nahe.

VI. Zahlen

Die neun Brandenburger Hochschulen boten zum 31. Dezember 2009 insgesamt 397 Studiengänge an. Davon werden nur noch 40 Studiengänge (10 %) mit einem klassischen Studienabschluss[33] abgeschlossen. 357 Studiengänge (90 %) hingegen führen zu einem Bachelor- oder Masterabschluss.

In Brandenburg haben an allen neun Hochschulen 167 von insgesamt 357 Bachelor- und Masterstudiengängen ein (Erst-) Akkreditierungsverfahren durchlaufen. Dies entspricht einer Akkreditierungsquote von 47 %. Diese Quote ist mit derjenigen auf Bundesebene in etwa identisch: Die Hälfte aller in Deutschland und in Brandenburg angebotenen Bachelor- und Masterstudiengänge ist mittlerweile akkreditiert. Reakkreditiert bis Ende 2009 wurden 26 Studiengänge.

Die Quote der bereits akkreditierten Studiengänge variiert bei den einzelnen Hochschulen ganz erheblich. So liegt einerseits der Akkreditierungsgrad der Studiengänge an sieben Hochschulen zwischen 66 und 90 %. Andererseits beträgt der Anteil der akkreditierten Studiengänge an der Universität Potsdam nur 13 % und an der Hochschule für Film und Fernsehen „Konrad Wolf" (HFF) Potsdam gar 0 %. Da knapp die Hälfte aller Studiengänge an der Universität Potsdam angeboten wird,

---

heitlichem Akt, der aber ohne eine rechtsstaatliche Sicherung ausgeführt wird". Diese Ansicht dürfte indes angesichts der Justizgewährleistungsklausel des Art. 19 Abs. 4 GG nicht zu halten sein.

[31] Kritisch auch zur Lückenhaftigkeit aller deutschen Landesregelungen *Brinktrine*, Forschung & Lehre 2010, 808 (811).

[32] Zu diesen Bedenken VG Arnsberg (Fn. 28), Rn. 59 ff., soweit sie die nordrhein-westfälische Rechtslage betreffen.

[33] Darunter fallen Diplom, Magister und Staatsprüfung.

führt diese geringe Akkreditierungsdichte zu der insgesamt knapp hälftigen Akkreditierungsrate im Land.

Diese beiden geringen Quoten erklären sich daraus, dass sich die Universität Potsdam seit Jahren um eine Systemakkreditierung (nunmehr mit Erfolg!) bemüht hat und in Konsequenz dieser Entscheidung nur eine geringe Zahl von Einzelakkreditierungen durchführen musste. Bei der HFF Potsdam hingegen stehen nach eigener Aussage grundsätzliche Bedenken einer Akkreditierung von künstlerischen Studiengängen entgegen.

VII. Ausgaben

Den neun Brandenburger Hochschulen entsteht für die extern durchzuführenden Akkreditierungsverfahren durch die Akkreditierungsagenturen ein erheblicher Aufwand. Zu den Ausgaben für das Akkreditierungsverfahren selbst summieren sich solche Ausgaben, die an den Hochschulen für das Personal und die Sachmittel entstehen. Im einschlägigen Schrifttum wird durchgängig behauptet, dass sich die Ausgaben für eine Akkreditierung auf etwa 10.000 bis 15.000 Euro beliefen.[34] Diese Angaben sind jedoch nur insofern zutreffend, wie sie sich allein auf die Ausgaben für die Agenturen beziehen. Sie ignorieren dabei einen entscheidenden Faktor: Die an den Hochschulen selbst anfallenden Ausgaben bleiben unberücksichtigt, auch wenn im Schrifttum bisweilen deren Existenz immerhin erkannt wird, ohne jedoch die Höhe zu beziffern.[35]

In diesem Zusammenhang zu unterscheiden sind Ausgaben für die Agenturen, das Personal und die Sachmittel. Bei den *Agenturkosten* handelt es sich um Entgelte für die Akkreditierungsagenturen. *Personalausgaben* entstehen dadurch, dass auf verschiedenen Arbeitsebenen innerhalb der Hochschulen den Akkreditierungsagenturen zugearbeitet wird. Es geht also um den Arbeitszeitaufwand von Professoren und sonstigen Hochschulmitarbeitern. *Sachaufwendungen* dienen der Vorbereitung und Durchführung des Akkreditierungsverfahrens; es entstehen Telefon-, Kopier- und Transportkosten.

Im untersuchten Prüfungszeitraum 2005 bis 2009 beliefen sich die Gesamtausgaben der neun Brandenburger Hochschulen für Akkreditierungen auf 4,8 Mio. Euro. Davon entfallen

– 935.000 Euro (knapp 20 %) auf Agenturen,

– 3.795.000 Euro (= 80 %) auf das Personal und

– 39.000 Euro (unter 1 %) auf Sachmittel.

---

[34] So *Herrmann* (Fn. 1), § 17 Rn. 28; *Quapp*, DÖV 2011, 68; *Mühl-Jäckel*, FAZ vom 5. August 2010, 6; *Lege*, JZ 2005, 698 (701). *Meyer*, DÖV 2010, 475, und *Winter*, Forschung & Lehre 2008, 98 (99), sprechen von 13.000 Euro; *Hörisch*, Forschung & Lehre 2011, 1, nennt 15.000 Euro.

[35] *Winter*, Forschung & Lehre 2008, 98 (99).

VIII. Vorhandene Defizite und Lösungsmöglichkeiten

Der LRH Brandenburg stellte im Rahmen seiner Prüfung zunächst fest, dass die Akkreditierungsausgaben bei den Hochschulen auch bei sehr ähnlich strukturierten Studiengängen höchst unterschiedlich sind.[36] Nachvollziehbare Gründe waren nicht zu ermitteln.

Fernerhin ergab ein Vergleich von Einzel- und Clusterakkreditierung, dass im Durchschnitt aller akkreditierten Studiengänge sämtlicher Hochschulen die Agenturkosten für Clusterakkreditierungen nur 3.799 Euro je Studiengang betragen, wohingegen einzelne Akkreditierungen mit 10.108 Euro fast drei Mal so teuer sind.

Insgesamt lag eine den Ansprüchen des Haushaltsrechts genügende Planung der Ausgaben auf keiner Stufe der Akkreditierungsbürokratie vor: weder bei dem als Stiftung des öffentlichen Rechts organisierten Akkreditierungsrat noch bei den operativen Akkreditierungsagenturen, beim Brandenburger Wissenschaftsministerium oder bei den Hochschulen selbst. Auch begleitende oder abschließende Wirtschaftlichkeitsbetrachtungen waren nicht vorhanden; keine der befragten Stellen konnte Auskunft über die Ausgaben abgeschlossener Akkreditierungen geben. Bundes- und Landeshaushaltsrecht schreiben jedoch völlig einheitlich vor, dass für alle finanzwirtschaftlichen Maßnahmen angemessene Wirtschaftlichkeitsuntersuchungen durchzuführen sind.[37] Sie sind bei der Planung, während der Durchführung und nach Abschluss der Maßnahme durchzuführen (VV Nr. 2 zu § 7 BHO/LHO).

Es ergaben sich insbesondere wegen der enormen Kostenhöhe für den LRH Brandenburg verschiedene Folgerungen, die kurz nachzuzeichnen sind:

Eine Systemakkreditierung ist eine sinnvolle und zudem preisgünstige Alternative zur Programmakkreditierung. Ein hochschulinternes Qualitätssicherungssystem ist sachgerecht und entspricht einer vom Gesetzgeber gewollten Hochschulautonomie. Durch eine solche „interne Akkreditierungsagentur" können die Hochschulen selbst über ihre Studiengänge „wachen".[38] In Brandenburg ist seit kurzem die Universität Potsdam – nach einem mehrjährigen Verfahren – systemakkreditiert. Zukünftig sollten die anderen Brandenburger Hochschulen den Weg einer Akkrediti-

---

[36] So wurde der Bachelorstudiengang Wirtschaftsinformatik an der Fachhochschule Brandenburg für 116.848 Euro und an der Technischen Hochschule Wildau (FH) für 22.951 Euro akkreditiert. Die Akkreditierung des Bachelorstudiengangs Betriebswirtschaftslehre kostete an der Fachhochschule Brandenburg 116.848 Euro, an der Technischen Hochschule Wildau (FH) hingegen nur 27.646 Euro.

[37] Dazu näher *C. Gröpl*, in: ders. (Hrsg.), BHO/LHO, 2011, § 7 Rn. 29 ff.

[38] In diese Richtung auch der Sonderbericht 2011 des LRH Schleswig-Holstein „Die schleswig-holsteinische Hochschullandschaft und ihre Finanzierung", 153 (abrufbar unter www.landesrechnungshof-sh.de). Ferner: *J. Suchanek et al.*, Bologna (aus)gewertet, 2012, S. 92.

rung eigener Qualitätssicherungssysteme zumindest ernsthaft ins Auge fassen.[39] Dazu sind entsprechende Wirtschaftlichkeitsberechnungen zu erstellen.

Da Einzelakkreditierungen weit teurer als Clusterakkreditierungen sind, sollten die Hochschulen in geeigneten Fällen mehr als bisher Clusterakkreditierungen vornehmen. Dabei können nicht wahllos verschiedene Studiengänge zu einem „Clusterpaket" zusammengeschnürt werden. Vielmehr muss es sich um thematisch verwandte Studiengänge handeln, die eine Akkreditierungsagentur sinnvollerweise gemeinsam begutachtet und bewertet. Dabei entzieht sich diese Bündelung von Studiengängen einer schematischen Betrachtung; sie ist einzelfallweise zu entscheiden.

Die Hochschulen haben den Akkreditierungsagenturen eine umfassende Selbstdokumentation des zu akkreditierenden Studiengangs als Basis für die durchzuführende Akkreditierung zu erstellen und vorzulegen. Dieser hohe bürokratische Aufwand für eine Akkreditierung sollte gesenkt werden. Die Hochschulen sollten sich – ggf. gemeinsam mit der Landesregierung – gegenüber den Akkreditierungsagenturen und dem Akkreditierungsrat um eine entsprechende Reduzierung bemühen.

Planungsgrößen über die Gesamtausgaben einer Akkreditierung sind weder in Brandenburg noch in anderen Bundesländern vorhanden. Auch der Akkreditierungsrat erfasst diese Kosten nicht. Nur die reinen Agenturausgaben sind bekannt. Sie variieren zwischen 10.000 und 15.000 Euro. Diese Ausgaben machen jedoch nur einen Bruchteil der Gesamtausgaben für ein Akkreditierungsverfahren aus. Der Haushaltsgrundsatz der Wirtschaftlichkeit und Sparsamkeit lässt es daher ratsam erscheinen, entsprechende Planungsgrößen für vergleichbare Studiengänge zu bilden. Für die Berechnung ließe sich auf die vom LRH Brandenburg ermittelten Ausgaben zurückgreifen. Die Folge wären identische Ansätze für die Akkreditierung vergleichbarer Studiengänge. Kostenspreizungen der beschriebenen Art um das Vierfache gehörten dann der Vergangenheit an.

IX. Insbesondere Reakkreditierungen

§ 17 Abs. 6 Satz 4 BbgHG schreibt eine Reakkreditierung für alle bereits akkreditierten Studiengänge vor. Die Hochschulen sollen sich aus Gründen der Qualitätssicherung nicht auf einer einmaligen Qualitätskontrolle ausruhen.[40]

Ein bestimmter Turnus für eine Reakkreditierung findet sich im Brandenburgischen Hochschulgesetz nicht. Es ist nur, aber immerhin, von „regelmäßigen" Wie-

---

[39] Auch der Wissenschaftsrat stellte 2012 in seinen „Empfehlungen zur Akkreditierung als Instrument der Qualitätssicherung" (10 f., abrufbar unter www.wissenschaftsrat.de) die Systemakkreditierung als ein besonders geeignetes Instrument heraus, mit dem autonome Hochschulen die Verantwortung für ihre Studiengänge vollständig übernehmen könnten. Einen einheitlichen Weg, Studienqualität zu entwickeln und zu prüfen, gebe es indes nicht. Daher befürwortet der Wissenschaftsrat die Wahlmöglichkeit zwischen Programm- und Systemakkreditierung.

[40] *Herrmann* (Fn. 1), § 17, Rn. 20.

derholungen in „angemessenen Zeitabständen" die Rede. Auch die anderen Länder lassen diese – sehr wichtige – Frage in ihren Hochschulgesetzen offen; Bundesregelungen bestehen nicht.

Es wird durchweg eine Reakkreditierung alle fünf Jahre praktiziert.[41]

Für die im Untersuchungszeitraum 2005 bis 2009 an den Hochschulen Brandenburgs durchgeführten 26 Reakkreditierungen wurden nach Feststellungen des LRH Brandenburg insgesamt ca. 550.000 Euro aufgewandt. Cum grano salis lässt sich feststellen, dass sie ebenso kostspielig wie Erst-Programmakkreditierungen sind. Auch die personelle Belastung ist nach Aussagen der Hochschulen und nach Erkenntnissen des LRH Brandenburg vergleichbar.

§ 7 Abs. 2 Satz 1 LHO sieht für alle finanzwirksamen Maßnahmen angemessene Wirtschaftlichkeitsuntersuchungen vor. Sie bilden in der Planungsphase die Grundlage für begleitende und abschließende Erfolgskontrollen.[42] Reakkreditierungen stellen erhebliche finanzwirtschaftliche Maßnahmen im Sinne des § 7 Abs. 2 Satz 1 LHO dar.

Der LRH Brandenburg hatte festgestellt, dass Wirtschaftlichkeitsuntersuchungen zur Durchführung der Reakkreditierung nicht vorlagen. Weder der Akkreditierungsrat noch die einzelnen Agenturen, die KMK, das Ministerium für Wissenschaft, Forschung und Kultur oder die Hochschulen hatten geprüft, ob mit dem gegenwärtigen System der fünfjährigen Reakkreditierung der Zweck der Maßnahme erreicht und ob wirtschaftlich vorgegangen wurde.

Es ist sachgerecht, die praktizierte fünfjährige Reakkreditierungsfrist zumindest für einen gewissen Zeitraum gänzlich auszusetzen[43] oder zumindest den Zeitraum deutlich zu strecken. Ob nämlich mit dem gegenwärtigen System der fünfjährigen Reakkreditierung der Zweck der Maßnahme erreicht und ob dabei wirtschaftlich vorgegangen wird, ist weder empirisch untersucht noch gar erwiesen. Hierfür sind aber die Kosten zu hoch – und dürften angesichts der drohenden Reakkreditierungswelle noch beträchtlich steigen. Die für eine Bewertung zugrunde zu legende Abschlusskohorte ist zu klein, da letztlich nur ein einziger Abschlussjahrgang herangezogen werden kann. Mittlerweile sind fast entweder alle Studiengänge programmakkreditiert oder es ist gar die Hochschule in toto systemakkreditiert. Die Anzahl der Reakkreditierungen wird sprunghaft steigen.

Die Landesregierung sollte angesichts des erheblichen Finanzvolumens und des großen bürokratischen Aufwandes die Notwendigkeit und die Frequenz der Reakkreditierungspflicht nicht nur auf den Prüfstand stellen, sondern kurzfristig handeln. So-

---

[41] Eine normative Grundlage hierfür ist nicht auszumachen. Den Hintergrund für diese Fünf-Jahres-Sequenz dürfte bilden, dass nach dem vom Akkreditierungsrat herausgegebenen Leitfaden zur Akkreditierung bzw. Reakkreditierung einer Agentur vom Mai 2010 eine erfolgreiche (Erst-) Akkreditierung auf fünf Jahre zu begrenzen ist.

[42] VV Nr. 2.1 zu § 7 LHO.

[43] Für eine Abschaffung auch *Winter*, Forschung & Lehre 2008, 98 (101).

weit auf eine Reakkreditierung vorläufig oder für immer verzichtet werden soll, müsste der Gesetzgeber aktiv werden und § 17 Abs. 6 Satz 4 BbgHG in dieser Weise anpassen. Eine Verlängerung des Reakkreditierungsturnus hingegen käme ohne ein Zutun der Landeslegislative aus. Ein untergesetzliches Handeln – etwa in Form einer Rechtsverordnung – reichte aus.

Die dadurch frei werdenden, erheblichen finanziellen und personellen Kapazitäten stehen umgehend wieder der Forschung und Lehre uneingeschränkt zur Verfügung. Über Jahre hinweg sind diese Kapazitäten von den aufwändigen und langwährenden Akkreditierungsverfahren gebunden gewesen. Es ist höchste Zeit, das System des fünfjährigen Reakkreditierungszeitraums zu überwinden und den Hochschulen wieder die Möglichkeit zu geben, sich auf ihre Kernaufgaben zu konzentrieren, und zwar finanziell und personell.

Mehr Geld an den Hochschulen tut auch dringend not: Doppelte Abiturjahrgänge in den bevölkerungsstarken Westflächenländern in den nächsten Jahren, mehr Schulabsolventen mit Studierberechtigung und außerdem ansteigende Studierquoten führen zu einer langfristig hohen Zahl an Studierenden. Entgegenstehende Prognosen der KMK, die lange Zeit ab 2015 sinkende Studierendenzahlen prognostiziert hatte, sind vor kurzem revidiert worden.[44] Der anhaltenden Studierendenschwemme muss mit vielerlei Maßnahmen begegnet werden, der Verzicht auf kurze Reakkreditierungszeiträume stellt hier nur eine kleine Handlungsoption dar.

Unterstützung vom Wissenschaftsrat gibt es nicht. Im Gegenteil: „Vor einer eventuellen Neujustierung des Systems sind Ergebnisse einer größeren Zahl von Studiengangs-Reakkreditierungen und insbesondere von abgeschlossenen Systemakkreditierungen abzuwarten", so jüngst der Wissenschaftsrat in seinen „Empfehlungen zur Akkreditierung als Instrument der Qualitätssicherung".[45]

X. Schluss

Der vorliegende Beitrag hatte nicht nur zum Ziel, das deutsche Akkreditierungssystem darzustellen, die Kosten in Brandenburg aufzudecken und Optimierungsmöglichkeiten innert dieses Systems aufzuzeigen. Der Beitrag möchte sich auch als Plädoyer verstanden wissen, dass die fünfjährige Reakkreditierungspflicht überwunden wird. So sie denn nicht gänzlich aufgegeben wird, so sollte sie doch signifikant – etwa auf zehn Jahre – prolongiert werden. Brandenburg könnte hier eine bundesweite Vorreiterrolle übernehmen. Die Entlastung der Hochschulen in personeller und fachlicher Hinsicht – Reakkreditierungen sind vergleichbar kostenintensiv wie

---

[44] Nach der Anfang 2012 veröffentlichten „Vorausberechnung der Studienanfängerzahlen 2012 bis 2025" der KMK (abrufbar unter www.kmk.de) bleiben die Studienanfängerzahlen bundesweit bis zum Ende des Vorausberechnungszeitraums (als bis in das Jahr 2025 hinein) deutlich über dem Stand des Jahres 2005. Auch für Brandenburg werden – trotz der negativen demographischen Entwicklung – konstant hohe Studienanfängerzahlen prognostiziert.

[45] S. 10; abrufbar unter www.wissenschaftsrat.de.

Erstakkreditierungen! – wäre signifikant; wiedergewonnene Kapazitäten ließen sich ohne Abzug in Forschung und Lehre (re-)integrieren.

Der Staat im Unrecht:
Luftsicherheit und Menschenwürde

Von *Daniel-Erasmus Khan*

I.

Die Frage nach den äußersten Grenzen einer legitimen staatlichen Reaktion auf die Gefahr „terroristischer Luftpiraten" hat in den vergangenen Jahren zu lebhaften, ja teilweise erbitterten Auseinandersetzungen geführt – unter Juristen ebenso wie in der politischen und ethischen Debatte. Das geflügelte Wort „Zwei Juristen – Drei Meinungen" ist bekannt – und gerade bei diesem Thema zeigt sich erneut, dass die Rechtswissenschaft eben doch alles andere ist als eine exakte Wissenschaft.[1] Die Auseinandersetzung über aktuelle rechtspolitische Fragen, an der Eckart Klein seit vielen Jahrzehnten immer wieder lebhaft Anteil genommen hat,[2] ist sozusagen unser Lebenselixier – und darin unterscheiden wir uns kaum vom politischen Betrieb. In einer freiheitlich-demokratischen Staats- und Gesellschaftsordnung kann und sollte das aber auch gar nicht anders sein.

Der juristische Diskurs ist gelegentlich ein ermüdendes, wenig inspirierendes, wenn auch wohl unvermeidbares Werkeln am Detail. Manchmal scheint es gar, dass es nicht nur die berühmten berichtigenden Worte des Gesetzgebers sind,[3] erfolgt oder unterlassen, die eine Diskussion immer wieder anheizen und am Leben erhalten, sondern die Lust am Streiten selbst. Wer von uns wüsste das nicht. In der vorliegenden Fallkonstellation indes geht es um alles andere als eine rechtstechnische Detailfrage. Im Raum steht vielmehr eine im wahrsten Sinne des Wortes existentielle Frage des Staat-Bürger Verhältnisses: Darf unser Staat, die Bundesrepublik Deutschland, in einer Ausnahmelage vorsätzlich unschuldige Bürger töten? Das ist nun tatsächlich eine Frage, die den Rahmen gewöhnlicher Rechtsanwendung und -gestaltung

---

[1] Es ist an dieser Stelle gar nicht möglich, die Vielzahl der einschlägigen Veröffentlichungen von Straf- und Öffentlichrechtlern auch nur annähernd vollständig aufzulisten; vgl. zu den wesentlichen Protagonisten der intellektuellen Debatte im Grenzbereich des überhaupt Regelbaren daher nur die Nachweise bei *C. Roxin*, ZIS 6/2011, 552 ff.

[2] Schon seine allererste Veröffentlichung überhaupt führt *Eckart Klein* mitten in die lebhaften rechts- und gesellschaftspolitischen Kontroversen der 1968er Jahre: Begeht ein Soldat, der zur Kriegsdienstverweigerung auffordert, ein Dienstvergehen?, *E. Klein*, NZWehrr 1969, 93–100, und auch zum Thema des vorliegenden Beitrags hat der Jubilar (natürlich!) engagiert Stellung genommen (Das Gesetz zur Neuregelung von Luftsicherheitsaufgaben (LuftSiG) auf dem Prüfstand, ZG 2005, 289–299).

[3] *J. von Kirchmann*, Die Werthlosigkeit der Jurisprudenz als Wissenschaft, 1848, 23.

sprengt. In dieser „tragisch-monströsen Entscheidungslage" – wie *Manfred Baldus* es einmal treffend ausgedrückt hat[4] – stößt das Recht an seine Grenzen und die Debatte über Legitimität und Grenzen der Terrorismus-Bekämpfung in eine Tiefendimension vor, die vorschnelle Antworten verbietet.[5]

Grenzen – zumal des eigenen Wirkungsbereiches – werden instinktiv als etwas Ärgerliches und schwer zu Akzeptierendes empfunden. Aber es ist die Grenzsituation, die den Blick frei macht für das Wesentliche, das Charakteristische einer Sache – hier unserer (Verfassungs-)Rechtsordnung und unseres Staates: „Ein individuelles System" – so schreibt *Niklas Luhmann* – „kann sich selbst beobachten und beschreiben, wenn es dafür Differenzen und Limitationen organisieren kann"[6], und über die eben nicht nur in räumlicher Hinsicht formgebende Kraft der Begrenzung können wir bei *Robert Musil* lesen: „Schließlich besteht das Ding nur durch seine Grenzen …"[7].

Konkret sehen sich politische und juristische Verantwortungsträger in einer Grenzsituation wie derjenigen, um die es im vorliegenden Beitrag geht, nicht nur mit dem alltäglichen Problem konfrontiert „Wie soll ich etwas tun?" Vielmehr müssen oder sollten sich die unmittelbar, vorbereitend oder auch nur kommentierend am Gesetzgebungs- oder Rechtsprechungsprozess Beteiligten ausnahmsweise auch einmal mit der für sie vielleicht etwas ungewohnten Frage auseinandersetzen: „Darf ich überhaupt etwas tun?" Gerade wir Juristen sollten dabei bereit sein, immer auch die Grenzen des regulativ Machbaren mit zu bedenken und letztlich auch zu akzeptieren. Dies fällt offensichtlich nicht immer leicht. Man mag in letzter Zeit sogar eine gewisse Tendenz erkennen, dass die rote Linie zwischen dem, was der Staat darf, und dem, was er eben nicht darf (deswegen ist er „verfasster" Staat), vom Gesetzgeber, aber auch einer zunehmenden Zahl von Interpreten, bewusst überschritten oder – vielleicht besser etwas vorsichtiger – dass diese Linie zunehmend auf ihre Elastizität hin getestet wird.[8] Die Haltung, dass man mit einem „grenzwertigen" Gesetzgebungsvorhaben in Karlsruhe vielleicht doch „mit einem blauen Auge" davonkom-

---

[4] *M. Baldus*, NVwZ 2006, 532.

[5] So zu Recht *G. Beestermöller*, Herder Korrespondenz 7/2007, 339. Auch hier wird dann allerdings aus moraltheologischer Sicht eine eher hilflose Antwort gegeben: „Das Eintreten für Nachdenklichkeit ist vielleicht einer der wichtigsten Beiträge, den Theologie hier leisten kann."

[6] *N. Luhmann*, Soziale Systeme, 2. Aufl. 1985, 360: Für die autopoietische Systemtheorie ist Abgrenzung die entscheidende Voraussetzung für Identitätsfindung überhaupt.

[7] *R. Musil*, Der Mann ohne Eigenschaften, 16. Aufl. 2002, 26.

[8] Man mag hier nur an die intensive, ja erregte Diskussion über eine (mögliche) Einschränkung des absoluten Folterverbots bei Rettungsfolter (s. statt aller m.w.N. nur *H. Bielefeldt* (Zur Unvereinbarkeit von Folter und Rechtsstaatlichkeit) einerseits und *W. Brugger* (Einschränkung des absoluten Folterverbots bei Rettungsfolter?) andererseits, APuZ 36, 2006, 3 ff. und 9 ff.) oder bei der Zusammenarbeit mit ausländischen Staaten im Rahmen der Terrorbekämpfung sowie an die Anordnung einer nachträglichen Sicherungsverwahrung denken. In einem ganz anderen, nicht menschenrechtlichen Kontext mag man ähnliches auch konstatieren im Hinblick auf die schleichende Erosion mit verfassungsrechtlicher Bestandskraft ausgestatteter nationaler Vorbehaltsreservate zugunsten der europäischen Integration.

men könnte, aus politischem Kalkül aber jedenfalls wertvolle Zeit gewonnen sei, ist gleichermaßen bedauerlich wie bedenklich.[9] Gleiches gilt letztlich auch, wenn ein oberstes Verfassungsorgan, der Bundespräsident, die ihm obliegende Verantwortung zur materiellen Verfassungsmäßigkeitsprüfung[10] trotz „erheblicher Zweifel" an der Verfassungskonformität eines konkreten Gesetzes nach Karlsruhe delegiert. Handelt ein Bundespräsident, der ein Gesetz unterzeichnet, obwohl er zu der Erkenntnis gelangt, dass „nach bisher übereinstimmender Auffassung in der Verfassungsrechtsprechung und -literatur [...] eine Abwägung Leben gegen Leben im Rahmen des Art. 2 Abs. 2 GG (Schutz des Lebens und der körperlichen Unversehrtheit) in Verbindung mit Art. 1 Abs. 1 GG (Achtung der Menschenwürde) unzulässig [sei]"[11] und es die Verfassung daher verbiete, zur Abwehr einer terroristischen Bedrohung von Staats wegen Leben zugunsten anderen Lebens zu opfern, eigentlich noch in Übereinstimmung mit seinem Amtseid (Art. 56 GG)? Er wolle den Weg freimachen – so *Horst Köhler* im Januar 2005 – „für eine verfassungsgerichtliche Überprüfung, die jeder Betroffene auch unter Hinweis auf die von mir aufgezeigten Bedenken durch das Bundesverfassungsgericht vornehmen lassen kann."[12] Kann sich der höchste Repräsentant unseres Staates, dessen Amtseid ihn dazu verpflichtet „das Grundgesetz ... [zu] wahren und [zu] verteidigen", und dem im Hinblick auf die Gesetzeskontrolle mit Art. 82 Abs. 1 GG insoweit auch ein adäquates Instrumentarium zur Verfügung steht, wirklich auf diese Weise seinen Amtspflichten entziehen?

II.

Worum geht es konkret? Am 15. Januar 2005 ist in Deutschland das „Luftsicherheitsgesetz" (LuftSiG) in Kraft getreten.[13] Aus verfassungsrechtlicher Sicht war die-

---

[9] Der Bundestag selbst war sich dieser Problematik im konkreten Fall durchaus bewusst und hat sich die Entscheidung nicht leicht gemacht, dies sei hier ausdrücklich betont: Das Parlament sah sich schlichtweg vor die Alternative gestellt „im Angesicht des „Terrorismus nach dem Muster des 11. September 2001" untätig zu bleiben oder „eine Regelung zu treffen, die in den Grenzbereich des überhaupt Regelbaren hineinreichen müsse" (BVerfGE 115, 129).

[10] Nach herrschender und zutreffender aber bekanntermaßen nach wie vor umstrittener Ansicht weist Art. 82 Abs. 1 GG dem Bundespräsidenten nicht nur die Rolle eines „Staatsnotars" zu, sondern ist dieser auch zu einer materiellen Verfassungsmäßigkeitsprüfung der ihm unterbreiteten (einfachen) Bundesgesetze berechtigt und verpflichtet. Dies folgt schon aus der umfassenden Verfassungsbindung aller Staatsorgane (Art. 20 Abs. 3, Art. 1 Abs. 3 GG), aus der folgt, dass auch der Bundespräsident nur solche Rechtshandlungen vornehmen darf, die mit dem Grundgesetz vereinbar sind (vgl. nur *R. Stettner*, Art. 82 Rdnr. 13 in: Dreier (Hrsg), Grundgesetzkommentar, Bd. II, 2. Aufl. 2006).

[11] Bundespräsident Horst Köhler, Pressemitteilung vom 12. Januar 2005 : abrufbar unter: www.bundespraesident.de/DE/Amt-und-Aufgaben/Wirken-im-Inland/Amtliche-Funktionen/ Entscheidung-Januar-2005.html (besucht am 22. Mai 2012).

[12] www.bundespraesident.de/DE/Amt-und-Aufgaben/Wirken-im-Inland/Amtliche-Funktionen/Entscheidung-Januar-2005.html (besucht am 22. Mai 2012).

[13] Art. 1 des Gesetzes zur Neuregelung von Luftsicherheitsaufgaben (BGBl I 2005 Nr. 3 v. 14.1.2005).

ses Gesetzgebungsvorhaben aus einer Reihe von Gründen von Anfang an umstritten: Lässt die Kompetenzordnung des Grundgesetzes die Übernahme von Aufgaben der Luftsicherung durch die Bundeswehr überhaupt zu – und wenn ja, in welchem sachlichen Umfang und auf welcher Rechtsgrundlage (Art. 73 Nr. 1 GG – Art. 73 Nr. 6 GG – unmittelbar aus Art. 35 Abs. 2 S. 2 und Abs. 3 GG)? Hätte es unter dem Gesichtspunkt des Art. 87d Abs. 2 GG nicht einer – konkret nicht eingeholten – Zustimmung des Bundesrates bedurft? Durfte der Bundesgesetzgeber die klare Vorgabe des Verfassungstextes, wonach im Falle des überregionalen Katastrophennotstandes (also des Szenarios des Art. 35 Abs. 3 GG) nur die Bundesregierung als Ganzes, nicht aber ein einzelner Bundesminister, zuständig sein soll, einfach ignorieren? Der Grat zwischen Gedanken- und Respektlosigkeit des einfachen Gesetzgebers gegenüber dem Verfassungstext ist hier in der Tat ein sehr schmaler.

Dennoch, in seinem Urteil vom 15. Februar 2006[14] hat das Bundesverfassungsgericht dem Parlament im Hinblick auf die formellen Defizite des im Grundsatz gutgeheißenen Gesetzgebungsvorhabens „goldene Brücken" für eine verfassungskonforme Ausgestaltung gebaut – insbesondere durch eine sehr weite Auslegung des Begriffs „Unglücksfall" im Sinne des Art. 35 Abs. 2 S. 2 GG und die Herleitung einer Gesetzgebungskompetenz des Bundes unmittelbar aus Art. 35 Abs. 2 S. 2 und Abs. 3 GG selbst. Angesichts einer komfortablen 2/3 Mehrheit im Parlament standen der Regierung seinerzeit auch alle parlamentarischen Ressourcen zur Verfügung, um die vom BVerfG insoweit für erforderlich gehaltenen gesetzgeberischen Korrekturen vorzunehmen.

Im Zentrum der politischen und rechtlichen Auseinandersetzung aber stand ein ungleich schwerwiegenderes Problem: Ein möglicher Menschenwürdeverstoß des § 14 Abs. 3 LuftSiG:

> „Die unmittelbare Einwirkung mit Waffengewalt ist nur zulässig, wenn nach den Umständen davon auszugehen ist, dass das Luftfahrzeug gegen das Leben von Menschen eingesetzt werden soll, und sie das einzige Mittel zur Abwehr einer gegenwärtigen Gefahr ist."

Das Szenario, welches dem Gesetzgeber für diese ultima ratio-Klausel[15] vor Augen stand, ist bekannt: die terroristischen Anschläge vom 11. September 2001 in den USA, aber auch eine von Kriminellen ohne politische Absichten oder geistig verwirrten Einzeltätern verursachte Bedrohungslage, wie die Entführung eines Motorseglers am 5. Januar 2003 in Frankfurt/Main.[16]

---

[14] 1 BvR 357/05 (BVerfGE 115, 118).

[15] So ganz explizit auch die Gesetzgebungsmaterialien (vgl. BT-Drucks. 15/2361 v. 14. Jan. 2004, 21).

[16] Vgl. BT-Drucks. 15/2361, 14. Im letzteren Szenario stellt sich die Menschenwürdeproblematik indes nicht in der gleichen Schärfe, sind mit dem Piloten Täter und (potentielles) Opfer doch identisch und ist – vergleichbar mit dem „finalen Rettungsschuss" des Polizeirechts – eine Tötungshandlung in einem derartigen Fall als ultima ratio staatlicher Gefahrenabwehr allgemein anerkannt (auf diesen Unterschied weist zu Recht auch hin *E. Klein*, ZG, 2005, 294 f.).

Das Bundesverfassungsgericht hat diese Bestimmung in vollem Umfang für verfassungswidrig und nichtig erklärt (§ 95 Abs. 3 S. 1 BVerfGG): Die Norm sei unvereinbar (auch) mit der „Menschenwürde als tragendem Konstitutionsprinzip und oberstem Verfassungswert".[17] Die am 6. März 2006 im Bundesgesetzblatt veröffentlichte,[18] mit Gesetzeskraft versehene Entscheidungsformel (§ 31 Abs. 2 BVerfGG) lässt insoweit keinen Zweifel: § 14 Abs. 3 LuftSiG ist mit Art. 1 Abs. 1 GG unvereinbar und nichtig. Für die praktische Politik hat die damalige Justizministerin *Brigitte Zypries* aus diesem Verdikt die einzig mögliche Konsequenz gezogen: „Für mich ist das Thema als Gegenstand der Gesetzgebung erledigt."[19] Die vorbehaltlos gewährte und mit Ewigkeitsgarantie (Art. 79 Abs. 3 GG) ausgestattete Menschenwürdegarantie des Grundgesetzes ließen ihr jedenfalls für das zur Entscheidung stehende Szenario wohl schlichtweg auch keinen Handlungsspielraum.[20] Karlsruhe locuta, causa finita?

Mitnichten: Nicht nur in der Literatur ging die Diskussion lebhaft, ja mit zunehmender Schärfe weiter. Das Urteil sei „die Unvernunft selbst",[21] „verhängnisvoll",[22] es falle „den Bemühungen zum Schutz vor terroristischen Anschlägen in den Rücken"[23] und führe „zu einem widersinnigen Ergebnis."[24] Auch der damalige Präsident des Bundesverfassungsgerichts, *Hans-Jürgen Papier*, sah sich genötigt mit ungewohnt klaren Worten in die andauernde sicherheitspolitische Debatte einzugreifen und dabei einer von den Bundesministern *Franz Josef Jung* und *Wolfgang Schäuble* ungeachtet des Diktums des Bundesverfassungsgerichts erwogenen Grundgesetzänderung eine kategorische Absage zu erteilen.[25] Dennoch, durch diese und eine ganze Anzahl weiterer Publikationen scheint der intellektuelle Boden für eine Abkehr von der kategorischen Abwägungsresistenz der Menschenwürdegarantie bereitet: „Wenn […] die Zeichen der gegenwärtigen Debatte nicht trügen, wird die Verfassungs-

---

[17] BVerfGE 115, 152 (mit Verweis auf seine std. Rspr.: BVerfGE 39, 1 (42); 72, 105 (115); 109, 279 (311)).

[18] BGBl. 2006 I Nr. 10, 466.

[19] Süddeutsche Zeitung v. 29. Febr. 2008, 6.

[20] Jedenfalls für das hier allein realistische und entscheidungserhebliche Szenario eines „nichtkriegerischen Luftzwischenfalls" (vgl. BVerfGE 115, 153, 157 sowie BT-Drucks. 16/7738 – Antwort der Bundesregierung auf eine Kleine Anfrage der Fraktion BÜNDNIS 90/DIE GRÜNEN et al.).

[21] *J. Isensee*, FS Jakobs, 2007, 229.

[22] *H.-J. Hirsch*, FS Küper, 2007, 172.

[23] *K. Rogall*, NStZ, 2008, 5.

[24] *A. Hillgruber*, JZ 2007, 217.

[25] Der Spiegel 3/2008 (14.01.2008), 24 f.: „Die Menschenwürde ist nicht abwägbar, sie ist vor allen Dingen auch nicht wegwägbar. Wir müssen uns allerdings auf den absoluten Gehalt, den Kerngehalt der Menschenwürde zurückbesinnen. Dieser ist dann aber strikt zu schützen, ohne Wenn und Aber." Ganz in diesem Sinne bereits zuvor *D. Khan*, Der Spiegel 2/2007 (8.1.2007), 17.

rechtspraxis und -wissenschaft nicht mehr allzu lange in diesem Zustand verharren."[26] Und die Begründung?: „[E]s existiert keine Alternative."[27]

Huldigt man widersinniger Unvernunft und fällt den Bemühungen zum Schutz vor terroristischen Anschlägen in den Rücken, wenn man den Kernaussagen des Bundesverfassungsgerichts zur Menschenwürdegarantie vorbehaltlos Beifall zollt und sich nicht an der mitunter polemischen Schelte des Karlsruher Gerichts beteiligt? In einer Minderheitsposition scheint man sich damit inzwischen tatsächlich zu befinden.[28] Dies ist überraschend, denn selten ist ein Urteil, eine Argumentation so klar und kompromisslos gewesen, selten die Handlungsanweisung für den Normgeber so eindeutig – und selten im Übrigen auch so wenig überraschend: Wer die bisherige Rechtsprechung des Gerichts kennt – stets geteilt übrigens auch von der ganz überwältigenden Mehrheit der Verfassungsinterpreten – konnte schlichtweg nichts anderes erwarten. Dieses Urteil ist weder besonders lang, noch besonders kompliziert – und dennoch wird so heftig darüber diskutiert. Wie lässt sich das erklären?

Wir leben in Zeiten der Unsicherheit. Diese Unsicherheit betrifft alle Lebensbereiche und sie reicht von der persönlichen Biographie über soziale, gesellschaftliche und politische Strukturen bis hin zum Klimawandel und eben auch zum internationalen Terrorismus. Diese Unsicherheit stellt nicht zuletzt die Politik und damit auch die Rechtsordnung vor ganz besondere und möglicherweise qualitativ neue Herausforderungen. *Bardo Fassbender* hat jüngst überzeugend dargelegt, dass unser Staat ein „Staat des rationalen Wissens" ist.[29] Das Vorhandensein von Wissen gehört damit zu den Grundlagen, den Voraussetzungen staatlichen Handelns, und damit natürlich auch zum Selbstverständnis dessen, wie hierzulande planend Politik gemacht wird: Expertenanhörungen, wissenschaftliche Dienste, Gutachten, Statistiken, technischer Sachverstand: All dies sind Charakteristika eines Staates, der seine Entscheidungen, ja seine Autorität und Legitimität auf Wissen gründet. Für den modernen Staat in der aufklärerisch-westlichen Verfassungstradition gilt: „Wer Autorität in Anspruch nimmt, muss diese auf Wissen gründen".[30] Kein Orakel, kein heiliges Wissen, keine Magie oder Prophetie, keine charismatische Herrscher- oder gar Führerpersönlichkeit schafft heute mehr Legitimität!

Und wenn wir schlichtweg nichts wissen? Ja, dann reagiert auch dieser Staat, aber auch dessen vielleicht prominenteste Interpreten, wir Juristen, irritiert, unsicher – wir wähnen uns im Ausnahmezustand oder jedenfalls ganz nahe daran. Selbst nach Fukushima mag man der Auffassung sein, dass der Super-GAU eines Atomkraftwerkes bis zu einem gewissen Grad planend beherrschbar sei: Man weiß zumindest, wo sich

---

[26] *M. Baldus*, AöR, 2011, 551.

[27] *M. Baldus*, AöR, 2011, 548.

[28] Ebenso im Ergebnis aber etwa auch *S. Hobe*, ZLW 2006, 335 sowie *D. Winkler*, NVwZ 2006, 538.

[29] *B. Fassbender*, in: Isensee/Kirchhof (Hrsg.), Handbuch des Staatsrechts, Bd. IV, Aufgaben des Staates, 3. Aufl. 2006, 245.

[30] *N. Luhmann*, Die Wissenschaft der Gesellschaft, 1990, 149.

die Gefahrenquelle befindet, wie sich äußere Einflüsse (Erdbeben, Flugzeugabsturz, Tsunami ...) möglicherweise auf diese auswirken können, man verfügt über statistische Wahrscheinlichkeiten und man kann entsprechende Notfallpläne ausarbeiten und sich damit der Erwartung oder auch nur der Illusion hingeben, dieses Risiko auf der Grundlage gesicherten Wissens beherrschen zu können.

Aber wo, wann, gegen wen und mit welchen Mitteln (Sprengstoffgürtel oder Atomwaffe) ein Terroranschlag bevorsteht, das weiß wohl schlichtweg niemand. Und beim Szenario des Luftsicherheitsgesetzes potenziert sich das Unwissen noch einmal: Wer weiß schon wo ein gekapertes Flugzeug abstürzen wird und mit welchen Folgen, auf dem Wannsee (vielleicht sogar mit einer kleinen Überlebenschance für den einen oder anderen Passagier) oder doch mitten in Potsdam? Sind die fast 900 Menschen an Bord eines voll besetzten Airbus A 380 wirklich nicht zu retten oder könnte ein „Pittsburgh Szenario"[31] nicht doch noch in allerletzter Minute Erfolg haben?[32] Wäre die Zahl der unschuldigen Flugopfer denn trotz dieser unvermeidbaren Prognoseunsicherheit zumindest in jedem Fall geringer als diejenige der Opfer am Boden, etwa bei einem Absturz auf eine Kleingartensiedlung?

Wenn die Herausforderung irrational wird, wenn es um eine wirklich diffuse Bedrohungslage geht, die nicht mehr in unser möglicherweise auch nur auf statistischer Wahrscheinlichkeit beruhendes Koordinatensystem rationaler Seins-Erwartung passt, dann werden Urängste eines Staates geweckt, der – um seiner Existenz willen – letztlich alles aufzugeben bereit ist:

„Wo es um das Sein oder Nichtsein des Vaterlandes geht, gibt es kein Bedenken, ob gerecht oder ungerecht, mild oder grausam, löblich oder schimpflich. Man muss vielmehr alles beiseitesetzen und die Maßregel ergreifen, die ihm [dem Staat] das Leben rettet und die Freiheit erhält."[33]

Nun hat dieses Machiavellisieren natürlich auch seinerseits wieder etwas Irrationales: Denn niemand wird behaupten können, dass die Anschläge vom 11. September 2001 die Existenz der USA tatsächlich ernsthaft in Frage gestellt hätten, noch dass dies der internationale Terrorismus seither zu irgendeinem Zeitpunkt vermocht hat. Dies gilt natürlich erst Recht für die Bundesrepublik Deutschland. Das von Kritikern des Bundesverfassungsgerichts beschworene Menetekel terroristischer Angriffe, durch welches Zusammenbruch und Zerstörung des rechtlich verfassten Gemeinwesens drohten, stellt damit ein völlig hypothetisches, wirklichkeitsfernes Sze-

---

[31] Zahlreiche Passagiere an Bord des United Airlines Flugs 93 hatten am Morgen des 11. September 2011 vergeblich versucht, ihre Entführer zu überwältigen. Infolge dieses Befreiungsversuchs zerschellte das Flugzeug auf unbesiedeltem Gebiet 100 km von Pittsburgh/ Pennsylvania entfernt und nicht – wie geplant – mitten im Regierungsviertel von Washington (The 9/11 Commission Report, 2004, 13/14).

[32] Wohl zu Recht hatte die Unabhängige Flugbegleiter Organisation UFO vor dem Bundesverfassungsgericht vorgetragen, dass die Gefahr bestünde, dass von der Erde aus die Situation an Bord falsch eingeschätzt werde. Dort könne praktisch nicht beurteilt werden, ob die [engen] Voraussetzungen des § 14 Abs. 3 LuftSiG wirklich vorlägen (BVerfGE 115, 135).

[33] *N. Machiavelli*, Discorsi, III, 1517, 41.

narium dar, das nicht zur rechtlichen Beurteilung anstand.[34] Und auch in absehbarer Zukunft ist ernsthaft keine Bedrohungslage denkbar, welche einen Anlass zum Nachdenken über ein mögliches Bürgeropfer zugunsten des Fortbestandes staatlicher Existenz bieten könnte.

Gefährdet sehen wir durch einen diffusen Gegner daher wohl in erster Linie unsere Lebensordnung, unsere Wertordnung – unseren „way of life". Terroristische Akte werden inzwischen (anders als noch in den 70er und 80er Jahren zu Zeiten des RAF-Terrorismus) eben wohl nicht mehr nur als höchstpotenzierte Verbrechen, sondern in ihrem Bedrohungspotential als etwas qualitativ anderes empfunden. Müssen oder dürfen wir diesem „qualitativ anderen" dann auch mit „qualitativ anderen Mitteln" begegnen, einem „Feindstrafrecht" etwa?[35] Oder für die verfassungsrechtliche Ebene: Hat das Grundgesetz damit wirklich nur eine „Schönwetterwertordnung" geschaffen, die sich zwar für den Normalfall leichter bis mittlerer Brisen bewährt, beim ersten Anzeichen des Aufkommens eines Sturmes aber ihre Untauglichkeit für die Herausforderungen der realen Welt erweist und damit der Relativierung preisgegeben werden muss?

Hier – und genau an diesem Punkt – stellt sich nun die Gretchenfrage: Wie hältst Du es mit der Menschenwürde? Die Antwort von Faust war bekanntermaßen ausweichend,[36] und so ist es auch die Antwort des Gesetzgebers des Luftsicherheitsgesetzes sowie leider auch einer wachsenden Zahl von Verfassungsinterpreten: Bildet das Würdegebot gerade in den Situationen, in denen die rechtsstaatliche Ordnung der Bundesrepublik Deutschland vor einer echten Bewährungsprobe steht, dann letztlich doch nur ein „sozialethisches Tabu … jenseits der rechtsstaatlichen Rationalität?" und ist es wirklich eine „zukunftsweisende"[37] Perspektive, den Absolutheitsanspruch der Menschenwürde aufzugeben? In seiner bekannt pointierten Art hatte sich *Carlo Schmid* im Parlamentarischen Rat zu dieser existentiellen Frage des Staat-Bürger-Verhältnisses unter dem Grundgesetz wie folgt positioniert: „Der Staat soll nicht alles tun können, was ihm gerade bequem ist, wenn er nur einen willfährigen Gesetzgeber findet, sondern der Mensch soll Rechte haben, über die auch der Staat nicht soll verfügen können."[38] Der Verfassungsgeber ist ihm gefolgt.

Die Menschenwürdegarantie des Grundgesetzes ist die unmittelbare Reaktion auf ein zivilisatorisches Versagen des deutschen Staates von monströsem Ausmaß. Dieser Staat sollte nie wieder die absolute Verfügungsgewalt über die ihm unterworfenen

---

[34] So zu Recht auch BVerfGE 115, 159.

[35] Umfassende Auseinandersetzung mit einem insbes. von *G. Jakobs* wiederbelebten, aber auch in der Staatsrechtslehre vereinzelt positiv rezipierten Feindstrafrechtskonzept jüngst bei *T. Marzahn*, Das Feindstrafrecht als Komponente des Präventionsstaats?, 2011.

[36] *J.W. Goethe*, Faust. Der Tragödie erster Teil, Vers 3418 ff. (Marthens Garten).

[37] *J. Isensee*, in: Merten/Papier (Hrsg.), Handbuch der Grundrechte, Bd. IV, 2010, 94; *M. Baldus*, AöR, 2011, 551.

[38] Rede vom 8. Sept. 1948 (Zweite Sitzung des Plenums), Der Parlamentarische Rat 1948–1949. Akten und Protokolle, Bd. 9 – Plenum, 1996, 37.

Individuen haben. Die bundesdeutsche Staatsgewalt nach 1945 verfügt eben nicht mehr über eine „General- und Blankovollmacht [...], sich nach eigenem Gutdünken mit allen Mitteln versehen zu dürfen, deren es zur Auseinandersetzung mit eingetretenen oder drohenden Lagen bedarf."[39] Und damit handelt es sich bei der „Absolutheitsthese [auch nicht etwa nur] um einen Lehrsatz einer weltlichen und mithin auch wandelbaren Dogmatik des positiven Verfassungsrechts"[40]. Die auch einem Abwägungsprozess nicht zugängliche Unverfügbarkeit über die Würde jedes einzelnen Menschen stellt vielmehr das Fundament unserer staats- und verfassungsrechtlichen Ordnung selbst dar, und es gibt weder einen Anlass noch eine Berechtigung, dieses die deutsche Verfassungsordnung der Gegenwart in besonderer Weise prägende und charakterisierende Konzept[41] in irgendeiner Weise zu relativieren. Das „hohe Lied der absoluten Geltung"[42] sollte ganz selbstverständlich in Friedenszeiten gesungen werden, aber eben gerade auch im Ausnahmezustand einer „kriegerischen Auseinandersetzung". Einen „totalen Krieg" nach innen oder nach außen sollte es nie mehr geben. Und deshalb kann man wohl auch recht optimistisch sein, dass das Bundesverfassungsgericht – sollte es hierzu die Gelegenheit erhalten – den Kern der Menschenwürdegarantie auch für den Fall eines Verteidigungsszenarios dem immer lauteren Ruf, sich „von den Lasten idealistisch-überhöhenden Denkens (zu) befreien und bei der Anwendung der Würdegarantie den Mut ... zu mehr juristischer Rationalität, Rechtsklarheit und Verfassungsehrlichkeit" zu finden,[43] noch lange widerstehen wird.

Trotz aller Schwierigkeiten, die Verständnis, Auslegung und Konkretisierung des Art. 1 Abs. 1 GG dem Rechtsanwender bereiten und ungeachtet aller berechtigten Versuche, die Menschenwürdegarantie nicht zu kleiner Münze verkommen zu lassen,[44] sollte ganz unbeirrt daran festgehalten werden, dass das Grundgesetz eine Wertordnung errichtet hat, die der staatlichen Gewalt in guten wie in schlechten, in sicheren wie in weniger sicheren Zeiten und gegenüber jedem einzelnen „Gutmenschen", aber (etwa bezogen auf das Folterverbot) eben gerade auch „Schlechtmenschen" schlichtweg unüberschreitbare Grenzen zieht. Das Bundesverfassungsgericht hat diese Grenzen zutreffend definiert: Es ist „unter der Geltung des Art. 1 Abs. 1 GG schlechterdings unvorstellbar, auf der Grundlage einer gesetzlichen Ermächtigung

---

[39] So noch *H. Krüger*, Allgemeine Staatslehre, 1964, 818.

[40] So aber *M. Baldus*, AöR, 2011, 529 ff.

[41] Die Rezeptionsgeschichte des Menschenwürdekonzeptes des Grundgesetzes ist lang; vgl. nur Art. 1 Charta der Grundrechte der Europäischen Union, ABl. 2010 C/83/389). Wieso ein im Verfassungsvergleich angeblicher „Sonderweg" , was die konsequente Beachtung von Geist und Text der grundgesetzlichen Menschenwürdegarantie angeht, zu internationaler Isolation „mit allen Gefahren, die nationale Selbstbezogenheiten mit sich bringen können", führen soll, bleibt unerfindlich. *M. Baldus,* AöR 2011, 548.

[42] Eine doch wohl unverkennbar ironisierende Formulierung: *M. Baldus*, AöR, 2011, 529.

[43] *M. Baldus*, AöR, 2011, 551.

[44] Teilweise absurd anmutende Beispiele einer Trivialisierung des Menschenwürdekonzepts aus der Gerichtspraxis bei *H. Dreier*, Art. 1 Rn. 45 ff. in: Dreier (Hrsg), Grundgesetzkommentar, Bd. I, 2. Aufl. 2004.

unschuldige Menschen, die sich wie die Besatzung und die Passagiere eines entführten Luftfahrzeugs in einer für sie hoffnungslosen Lage befinden, [...] vorsätzlich zu töten."[45]

Viel ist in letzter Zeit vom „Tabubruch" die Rede:[46] Folter – „rechtsstaatlich domestiziert", wie man lesen kann – und Menschenopfer sind hier nur die weitreichendsten Versuche, eine Grenze zu testen. Rasterfahndung, Online-Durchsuchung, Vorratsdatenspeicherung, biometrische Daten und so weiter sind andere, in ihrer Kumulation nicht weniger bedenkliche Beispiele. Der „Tabubruch" hat in der Tat etwas verharmlosend Voyeuristisches an sich: Der Bruch eines Tabus hat seine ganz besonderen Reize, es heißt, alte Zöpfe abzuschneiden, modern zu sein, mit der Zeit zu gehen, ja wahrhaft aufgeklärt zu sein. Diesem Reiz sollten wir nicht erliegen und uns auch bereits vor der bedenkenlosen Verwendung dieses Begriffs hüten, jedenfalls wenn es um die Diskussion von Kernelementen unserer Verfassungsordnung geht.

III.

Zugegeben, die Konsequenzen dieser kompromisslosen Auffassung sind weitreichend: *Andreas Hillgruber* hat Recht, dieser Staat ist nur „bedingt abwehrbereit";[47] und auch *Christoph Gramm* beklagt ganz zutreffend, dass dieser Staat bis zu einem gewissen Grad „wehrlos" sei.[48] Auch der von *Otto Depenheuer* mit staatsphilosophischer Eleganz, aber einem klar definierten rechtspolitischen Ziel diskutierte Weg erzwungener Menschenopfer bietet keinen Ausweg.[49] Natürlich bleibt es jedem Einzelnen unbenommen, in einer Notsituation durch die Hingabe des eigenen Lebens das größtmögliche Opfer für die Gemeinschaft zu erbringen. Dies ist ehren- und anerkennenswert.[50] Aber es ist eben das Element der Freiwilligkeit, welches hier den qualitativen Unterschied ausmacht, und die Annahme, dass Passagiere und Besatzungsmitglieder eines Flugzeugs antizipiert eine Einwilligung in ihre Tötung von Staats wegen abgeben würden, ist vom BVerfG völlig zu Recht als „lebensfremde Fiktion"[51] zurückgewiesen worden. Dass man aus dem Grundverhältnis zwischen

---

[45] BVerfGE 115, 157.

[46] So formuliert etwa *J. Isensee:* „Wenn die Rettungsfolter dennoch [wegen der angeblichen grundrechtlichen Patt-Lage zwischen der Würde des Rechtsbrechers und der Würde seines Opfers] in der Judikatur wie in der Literatur für verfassungswidrig erklärt wird, so liegt der Grund jenseits der rechtsstaatlichen Rationalität in der Wahrung eines sozialethischen Tabus." *J. Isensee* (Fn. 37), 93 ff., 94.

[47] *A. Hillgruber,* JZ 2007, 209 ff.

[48] *Ch. Gramm,* DVBl. 2006, 653 (659).

[49] *O. Depenheuer,* FS Isensee, 2007, 43 ff.

[50] Ein wenig aus der Zeit gefallen erscheint in diesem Zusammenhang aber dann doch folgende Aussage: „Ein historischer Wert kommt einer Sache erst dann zu, wenn es Menschen gib, die dafür in den Tod gehen, und Politiker, die diese Opfer positiv würdigen." (*Depenheuer* (Fn. 49), 59).

[51] BVerfGE 115, 157.

Bürger und Staat ein derartiges Opfer soll verlangen können, das setzt dann wohl doch eine Staatsvorstellung voraus, die *Herbert Krüger* noch 1964 wie folgt formuliert hat:

> „Der Bürger vollendet sein Werk der Staatshervorbringung als Untertan, indem er durch absoluten Gehorsam dem Staat zu jener unbedingten Wirksamkeit verhilft, ohne die er seinen Sinn, die die Gruppen bedrohenden Lagen zu meistern, nicht erfüllen könnte. [...] Die Leistung von Gehorsam gegenüber dem Staat [ist ...] höchste irdische Selbsterfüllung der Menschenwürde."[52]

Das aber ist offensichtlich nicht der Staat des Grundgesetzes. In der Tat, was bei *Depenheuer* als kritikwürdig erscheint, nämlich dass „die Unantastbarkeit der Menschenwürde ... zum absoluten und unübersteigbaren Reflexions- und Handlungsstopp staatlicher Selbstbehauptung" werde[53] – ist der eigentliche Kern des Menschenwürdekonzeptes des Grundgesetzes. Unsere Verfassungsordnung kennt eben keine Sicherheit um jeden Preis – niemals und unter keinen Umständen. Das ist die eigentliche Botschaft des Bundesverfassungsgerichts. Und es ist eine gute Botschaft. Der Preis unserer in besonderer Weise durch die Menschenwürdegarantie geprägten freiheitlichen Grundordnung ist (zumindest ein gewisses Maß an) Unsicherheit.

Selbstverständlich gehört die Gewährung von Sicherheit auch zu den sozusagen „natürlichen" Aufgaben des Staates[54] – ein Grundrecht auf Sicherheit aber existiert mit Sicherheit nicht: Das folgt nicht nur aus einer schlichten Lektüre des Verfassungstextes, sondern wäre auch das Ende der durch seine positivrechtlich spezifizierten Freiheitsgrundrechte charakterisierten Grundrechtskonzeption.[55] Der „verfasste" Staat westlich-demokratischer Prägung definiert sich eben wesentlich nicht über das, was er tun darf, sondern über das, was er nicht tun darf, also über seine Grenzen: Die wichtigste, ja vielleicht sogar einzige „rote Linie", die unsere Verfassungsordnung für staatliches Handeln markiert, ist die Menschenwürdegarantie des Art. 1 Abs. 1 GG: Wer auf dieser „roten Linie" balanciert, gerät zumindest in die Gefahr, den Boden unserer Verfassungsordnung zu verlassen.

Nun sind Grenzen natürlich immer nur theoretisch raumlose Linien; eine gewisse Grauzone gibt es schon – und darüber lässt sich sicher diskutieren – zumal der Begriff der Menschenwürde „mit zweieinhalbtausend Jahren Philosophiegeschichte belastet

---

[52] *Krüger* (Fn. 39), 941 und 988. Mit dieser letzteren Feststellung endet das Werk.

[53] *Krüger* (Fn. 39), 47.

[54] Die Angst vor der lebensbedrohlichen Unsicherheit des Naturzustandes war bekanntermaßen bereits eines der zentralen Motive für den Abschluss des (fiktiven) Gesellschaftsvertrages: *T. Hobbes*, Leviathan (1651), Kap. XVII; *J. Locke*, Über die Regierung, 1690, Kap. 8, 95.

[55] „Das Grundgesetz kennt den ... gerne beschworenen Widerspruch zwischen Freiheit und Sicherheit nicht. Sicherheit dient der Freiheit, sie ist kein Selbstzweck", *C. Möllers*, Das Grundgesetz. Geschichte und Inhalt, 2009, 102. Zu eingehender Kritik an der gegenteiligen Auffassung (*J. Isensee*, Das Grundrecht auf Sicherheit. Zu den Schutzpflichten des freiheitlichen Verfassungsstaates, 1983) ist hier kein Raum.

ist".⁵⁶ Was man zur Zeit aber wohl beobachten muss, ist eben doch mehr als ein normaler juristischer Diskurs in einer rechtlichen Grauzone: Nämlich die bewusste Grenzverletzung, manchmal vielleicht auch die Lust am provokativ-intellektuellen Tabubruch – und mit letzter Konsequenz damit wohl der Abschied vom „unbestrittenen normativen Höchstrang" der Menschenwürde, „einem Absolutum in einer zutiefst relativistischen Welt" – wie man ganz treffend bei *Horst Dreier* lesen kann.⁵⁷ Und die Begründung für die Relativierung der Menschenwürdegarantie ist letztlich sehr einfach und wenig überzeugend: „Der Staat darf nicht untätig bleiben, nur weil sich für ihn das Dilemma Leben gegen Leben nicht ohne Einbuße an Leben auflösen lässt".⁵⁸ Doch, in der hier vorliegenden Fallkonstellation darf der Staat nicht nur untätig bleiben, er muss es sogar!

Müssen wir dann unsere Verantwortungsträger auf allen Ebenen in einer tragischen Entscheidungssituation allein lassen? Ja und Nein.

Ja: Die regulative Kraft des Rechts hat Grenzen – und hier ist eine solche erreicht. Hier geht es um einen Konflikt, der mit den Mitteln des Rechts schlichtweg nicht lösbar ist – und ein guter Jurist und ein weiser Gesetzgeber sollte dies anerkennen und akzeptieren. Es muss vielmehr geradezu als ein Zeichen der Reife und Stärke einer Rechtsordnung angesehen werden, wenn sie in der Lage und bereit dazu ist, sich in bestimmten extremen Situationen selbst zugunsten übergeordneter Erwägungen und Prinzipien zu öffnen und zurückzunehmen, ohne damit als Ganzes daran zu zerbrechen. Die Menschenwürde aber ist eine solche „Öffnungsklausel": Sie öffnet den Blick der Verfassung auf Räume jenseits ihrer selbst: Nicht mehr der rechtlichen Normierung zugänglich, ist hier letztlich nur Eines gefragt: Individuelle Übernahme von Verantwortung: „Man muss Gott mehr gehorchen als den Menschen"⁵⁹ oder – vielleicht etwas weltanschaulich neutraler – die Berufung der Antigone auf die „festen Satzungen im Himmel"⁶⁰ – mag dieser für den Einzelnen Moral, Gewissen oder Gottesfurcht bedeuten.

Natürlich ist Verantwortungsübernahme risikobehaftet. Aber dieses Risiko kann man dem, der „in der Verantwortung steht" – wie eine beliebte Politikerfloskel lautet – eben nicht abnehmen: „Hier stehe ich, ich kann nicht anders – Gott helfe mir Amen." Für Luther war das Risiko seiner Gewissensentscheidung auf dem Reichstag in Worms 1521 ein latentes Todesurteil durch Vogelfreiheit und Bann. Welches Risiko geht ein Politiker eigentlich heute ein, wenn er in einer „tragisch-monströsen Entscheidungslage" dann doch einen Abschussbefehl gibt? Wegen Verletzung von

---

⁵⁶ *B. Pieroth/B. Schlink*, Grundrecht – Staatsrecht II, 26. Aufl. 2010, 85. Tatsächlich lassen sich zentrale Wurzeln des Menschenwürdegedankens bereits in der stoischen Philosophie nachweisen (vgl. *A. Margalit*, Politik der Würde. Über Achtung und Verachtung, 1999, insbes. 39 ff.).
⁵⁷ Grundgesetzkommentar (Fn. 44), Art. 1 Abs. 1 Rn. 41.
⁵⁸ *Isensee*, FS Jakobs, 2007, 229.
⁵⁹ Apostelgeschichte 5, 29.
⁶⁰ *Sophokles*, Antigone (442 v. Chr.), 2. Akt.

Verfassung und Amtseid wäre ein Rücktritt wohl unvermeidbar. Ein solches Opfer aber wird man einem politischen Verantwortungsträger durchaus abverlangen können.

Nein: Ganz allein lässt die Rechtsordnung den Handelnden in einer solch tragischen Lage nicht: Wir können sicher davon ausgehen, dass unsere Rechtsordnung für eine zurückhaltend, in aller Ernsthaftigkeit, verantwortungsvoll und nur für den Extremfall getroffene Entscheidung wider das positive Recht Verständnis aufbringen wird. Das Bundesverfassungsgericht deutet dies im Übrigen auch ganz explizit an: „Dabei ist hier nicht zu entscheiden, wie ein gleichwohl vorgenommener Abschuss und eine auf ihn bezogene Anordnung strafrechtlich zu beurteilen wären."[61] Aber ein übergesetzlicher Notstand[62] ist eben schon begrifflich ein Konflikt, der außerhalb der positiven Rechtsordnung angesiedelt ist: Rechtens kann eine Tötung unbeteiligter Passagiere damit nie und nimmer sein – aber die Rechtsgemeinschaft kann hier unter Umständen Milde walten lassen. Bei dieser Wertung muss und sollte man es belassen.

IV.

Aharon Barak war von 1995–2006 Präsident des Israeli Supreme Court und so auch in einem Verfahren, in dem es um die Anwendung von Folter durch israelische Sicherheitskräfte ging. Aus dem in dieser Sache am 14. Dezember 2006 ergangenen Urteil stammen die folgenden Worte:

„Gerade wenn die Kanonen dröhnen, brauchen wir die Gesetze ganz besonders … Jeder Kampf des Staats – gegen Terrorismus oder gegen einen anderen Feind – wird nach Recht und Gesetz geführt … Es gibt keine ‚schwarzen Löcher'. … Das Prinzip, das diesem Ansatz zugrunde liegt … ist Ausdruck des Unterschieds zwischen einem demokratischen Staat, der um sein Leben kämpft, und dem Kampf von Terroristen, die sich gegen ihn auflehnen. Der Staat kämpft im Namen des Rechts und im Namen der Aufrechterhaltung des Rechts. Die Terroristen kämpfen gegen das Recht und verletzen es gleichzeitig. Der Kampf gegen den Terrorismus ist auch der Kampf des Rechts gegen diejenigen, die sich gegen das Recht auflehnen."[63]

„Gerade wenn die Kanonen dröhnen" – und in Israel dröhnen sie ja regelmäßig noch in ganz anderem Masse als man sich das für Deutschland jemals vorstellen könnte – ja gerade dann geht es für den freiheitlich-demokratischen Staat darum, seine Überlegenheit zu demonstrieren. Und diese Überlegenheit besteht nicht in Waffen, sondern in der Legitimität, die sich auch und gerade in der Begrenztheit des Einsatzes eben derselben ausdrückt. Das Bundesverfassungsgericht hat Recht: Es gibt

---

[61] BVerfGE 115, 157.

[62] Die Strafrechtswissenschaft diskutiert in diesem Zusammenhang eine Vielzahl von Modellen: Vgl. hierzu nur *Roxin* (Fn. 1), 552 ff. sowie *Roxin*, GA 2011, 1 ff.

[63] HCJ 769/02 (The Public Committee against Torture in Israel (et al.) v. The Government of Israel (et al.) Rn. 61 ff.) http://elyon1.court.gov.il/Files_ENG/02/690/007/a34/02007690.a34.pdf (besucht am 24. Mai 2012).

keinen totalen Krieg gegen den Terrorismus – und es darf einen solchen auch nicht geben. Andernfalls hätte der Terrorismus den Kampf schon halb gewonnen.

Ist der Staat also immer im Recht? Nein, und es ist beruhigend zu wissen, dass der Gesetzgeber, jedenfalls unter der Geltung des Grundgesetzes, durch einen bloßen Federstrich eben doch nicht alle Bibliotheken zu Makulatur werden lassen kann.[64]

---

[64] *von Kirchmann* (Fn. 3), 23.

Annäherung an das Recht

Von *Paul Kirchhof*

I. Streben nach Bildung und Recht

Eckart Klein und ich sind neun Jahre zusammen in das humanistische Bismarck-Gymnasium Karlsruhe gegangen, haben dort die griechischen, römischen, deutschen Klassiker – auch Johann Peter Hebel – zu lesen begonnen, einen modernen Blick auf Naturwissenschaften, Geschichtlichkeit und das gerade im Badischen gegenwärtige Europa geworfen, schließlich 1962 gemeinsam Abitur gemacht.

Doch dieses Bemühen um Bildung und Ausbildung war und ist stets nur Annäherung an das Ideal, in Schrift, Kunst und Erfahrung die Welt begreifen, verstehen, ergründen zu können, im Zusammenwirken von Erfahrungswissen und Orientierungswissen eine Lebenssicht zu entwickeln, die zur Vernunft, Urteilskraft, Zuversicht führt. Uns verbindet das Bewusstsein, stets strebend auf dem Weg zu sein, uns einem Ziel anzunähern, aber es nie ganz erreichen zu können. Diese Erfahrung lässt hoffen, macht gelassen.

Gleiches gilt für das Recht. Eckart Klein hat in seinem „Verfassungsprozessrecht"[1] eindrucksvolle Beispiele aus der Verfassungsgerichtsbarkeit dargestellt und kritisch analysiert. Das Grundgesetz fasst in seinen Texten die elementaren Gerechtigkeitswertungen in positiven Rechtssätzen zusammen, an denen die gesamte Rechtsordnung zu messen ist. Entspricht eine Norm nicht der Verfassung, so wird sie vom Bundesverfassungsgericht für nichtig erklärt. Die Norm ist von Anfang an ohne rechtliche Wirkung; sie ist nichtig.[2] Doch kann diese Nichtigkeit zur Folge haben, dass der dadurch hergestellte Rechtszustand der verfassungsgemäßen Ordnung noch ferner steht als der beanstandete Rechtsfehler. Gewährt eine Besoldungsvorschrift einem Beamten ein zu geringes Gehalt, so würde eine Nichtigkeit der beanstandeten Vorschrift die Rechtsgrundlage für die Gehaltszahlung völlig entfallen lassen, dem Beamten also nicht ein zu geringes, sondern gar kein Gehalt zustehen.[3] Gleiches gilt, wenn das Gesetz den Status eines Amtsträgers (Abgeordneter, Richter, Staatsanwalt) nicht sachgerecht ausgestaltet hat, die Nichtigkeit dieser Aus-

---

[1] *E. Benda/E. Klein/O. Klein*, Verfassungsprozessrecht, Ein Lehr- und Handbuch, 3. Aufl., 2012.

[2] BVerfGE 114, 316 (338) – Zweitwohnsteuer (gemeinsame Ehewohnung).

[3] BVerfGE 8, 1 (19 f.) – Teuerungszulage; 32, 199 (217 f.) – Richterbesoldung (Gesetzgebungskompetenzen); 34, 9 (43 f.) – Besoldungsvereinheitlichung.

gestaltung nunmehr dem Status die Rechtsgrundlage gänzlich entziehen[4] oder Fehler des Wahlrechts der parlamentarischen Tätigkeit die Rechtsgrundlage nehmen würde.[5] In derartigen Fällen muss die Rechtsordnung hinnehmen, dass ein als verfassungswidrig erkanntes Recht vorübergehend weiter angewandt wird, bis der Gesetzgeber eine verfassungsgemäße Regel geschaffen hat.

Bei unserem „Abiturium aureum" hat Eckart Klein von einer Schulstunde über einen Cicero-Text berichtet, nach dem Cicero das damals in dem Zwölf-Tafel-Gesetz zusammengefasste Recht als Schüler auswendig lernen musste, er sich dieses Rechtswissens in seinen großen Reden bediente, dabei aber seine Erinnerung an diesen Text so großzügig handhabe, dass er auch neue Rechtsprinzipien hinzufügte und für diese ebenfalls die Autorität des Zwölf-Tafel-Gesetzes beanspruchte. Neben die Annäherung an das geschriebene Recht tritt eine Annäherung an das „bessere" Recht, die sich vom geschriebenen Recht entfernt, aber dessen Geltungsgrund und Verbindlichkeit zu nutzen sucht. Die Aufträge zur Rückgewinnung und zur Fortbildung des Rechts begegnen sich in einem Rechtstext, der die Wiederherstellung des Rechts noch nicht leisten, die Veränderung des Rechts nicht hindern kann.

Das Handbuch des Verfassungsprozessrechts entfaltet große Wirkkraft. Es ist von Ernst Benda und Eckart Klein begründet worden, wird nunmehr in der dritten Auflage von Eckart Klein und seinem Sohn Oliver Klein fortgeführt. Das Bemühen um das bessere Recht braucht den langen Atem, die Kontinuität über die Generationen hinweg findet hier in der Familie eine gediegene, zu wissenschaftlichem Erneuern und Fortschreiten drängende Grundlage. Eckart Klein weiß eigene Erfahrungen als wissenschaftlicher Mitarbeiter am Bundesverfassungsgericht mit humanistischen Ursprüngen, mit seiner Kraft juristischer Analyse und Systematisierung, auch mit der Gegenseitigkeit familiärer Zusammenarbeit zu vereinen. Das ist mir Anlass, Eckart Klein einige Überlegungen zur Annäherung an das Recht zu widmen.

II. Die unermüdliche Suche nach dem Recht

Art. 20 Abs. 3 GG bindet Organe des Verfassungsstaates an „Gesetz und Recht". Diese vom Allgemeinen Redaktionsausschuss des Parlamentarischen Rates vorgeschlagene Entgegensetzung[6] hält im Bewusstsein, dass das geschriebene Recht der Idee der Gerechtigkeit widersprechen kann und in der neueren deutschen Rechtsgeschichte widersprochen hat,[7] das gesetzesanwendende Staatsorgan also stets die Vereinbarkeit des Gesetzes mit höherrangigem Recht zu prüfen hat. Dabei folgt der Ver-

---

[4] BVerfGE 40, 296 (329 f.) – Abgeordnetendiäten; 56, 146 (169) – Überleitung herausgehobener Richterämter in neues Besoldungsrecht; 56, 175 (184) – Erste Landesanwälte; 64, 367 (388) – Bundesentschädigungsgesetz.

[5] BVerfGE 121, 266 (310 f.) – Landeslisten; zum Ganzen *E. Klein*, in: Benda/Klein/Klein (Fn. 1), Rn. 1392.

[6] *K.-B. von Doemming/R. W. Füsslein/W. Matz*, JöR NF 1 (1951), 195 (197 ff.).

[7] Vgl. BVerfGE 3, 225 (233 f.) – Gleichberechtigung; 95, 96 (134 f.) – Mauerschützen.

fassungsstaat dem Rechtsoptimismus, dass die positiven Rechtssätze der Verfassung die elementaren Erfordernisse der Gerechtigkeit aufnehmen und verbindlich machen.[8] Dennoch bleibt dem Gesetzesanwender stets bewusst, dass geschriebenes Recht vom Ideal der Gerechtigkeit abweichen kann, er dieses in seinem Rechtsalltag zu bedenken hat.

Das Recht wird in dem geschriebenen Gesetzestext sichtbar, gewinnt in seinen generellen Tatbeständen eine Grundlage für die Gleichheit vor dem Gesetz, erreicht durch die Verkündung im Gesetzblatt die Allgemeinheit der Adressaten, bietet in dem auf Dauer geltenden Text Planbarkeit und Rechtssicherheit, versucht in der Bestimmtheit der geschriebenen Aussage jedem Adressaten und Rechtsverantwortlichen dieselbe Rechtsinformation zu vermitteln, gewährleistet im Gesetzessystem der Kodifikation Folgerichtigkeit und Widerspruchsfreiheit.[9] Dennoch stellt die Wirklichkeit neue Anfragen an den Gesetzestext, die vom Gesetzgeber nicht vorausgesehen werden konnten, auch in generell-abstrakten Regeln nicht so vorausgeschrieben worden sind, dass ihre Besonderheit in der Norm beantwortet wäre. Die DDR-Grenzsoldaten waren nach dem Text der §§ 26, 27 DDR-GrenzG beauftragt, auf „Republikflüchtige" zu schießen, um diese an der Flucht in die Bundesrepublik Deutschland zu hindern. Wer diese Aufgabe erfüllte, erwartete im damaligen Staat Anerkennung und Honorar. Nach der Wiedervereinigung Deutschlands allerdings stellte sich die Frage grundlegend anders: Das Recht der Vereinten Nationen, dem auch die DDR beigetreten war, die Elementarwertungen der europäischen Rechtskultur und die jedem Menschen eigene Vorstellung von Humanität und „gutem Leben",[10] sollten auch den Grenzsoldaten bewusst machen, dass sie auf einen in der Spree schwimmenden, gänzlich wehrlosen Menschen nicht schießen dürfen.[11] Das Bundesverfassungsgericht hat hier ausdrücklich auf die Radbruchsche Formel zurückgegriffen.[12]

Die vom Grundgesetz vorgesehene Rationalitätsordnung des geschriebenen Gesetzes sichert Allgemeinheit, Gleichheit, Nachvollziehbarkeit, gerichtliche Kontrolle, Planbarkeit und Rechtssicherheit, besagt aber nicht, dass das positive Gesetz ohne prinzipielle Gerechtigkeitsansprüche auskommen solle.[13] Dennoch legen das Erfor-

---

[8] Vgl. BVerfGE 84, 90 (121) – Bodenreform I (Enteignung vor 1949); 94, 12 (34) – Bodenreform II (Restitutionsausschuss); auch 102, 254 (299) – EALG.

[9] Vgl. *A. von Arnauld*, in: O. Depenheuer/Ch. Grabenwarter (Hg.), Verfassungstheorie, 2010, § 21, Rn. 20 ff.; *G. Kirchhof*, Die Allgemeinheit des Gesetzes, 2009, 67 ff.; *G. Herrmann*, Gerechtigkeit! Impulse für ein menschliches Rechtsleben, 2011, 40 f.; *B. Rüthers/Ch. Fischer/A. Birk*, Rechtstheorie, 6. Aufl., 2011, Rn. 48 f.

[10] *F. Ricken*, Gemeinschaft. Tugend. Glück. Platon und Aristoteles über das gute Leben, 2004, 78.

[11] BVerfGE 95, 96 – Mauerschützen.

[12] BVerfGE 95, 96 (134 f.) – Mauerschützen; dazu *H. Dreier*, JZ 1997, 421 f.; *Rüthers/Fischer/Birk* (Fn. 9), Rn. 49.

[13] *B. Grzeszick*, in: O. Depenheuer/Ch. Grabenwarter (Hg.), Verfassungstheorie, 2010, § 12, Rn. 64.

dernis der demokratischen Legitimation – die Rückführung allen verbindlichen Rechts auf das vom Staatsvolk gewählte Parlament – und das Vertrauen der Bürger eines Verfassungsstaates auf die geschriebene Rechtsordnung es nahe, das kodifizierte Recht grundsätzlich nicht für ungeschriebene Rechtsvorstellungen zu öffnen.[14] Ein Vorbehalt gilt nur für elementare Gerechtigkeitsanforderungen. Diese sind im Gemeinsinn der Bürger verankert und in der Versicherung der Amtsträger, „Gerechtigkeit gegenüber jedermann üben" zu wollen,[15] verwurzelt. In dieser rationalen Ordnung wird es notwendig, die Grundprinzipien des Rechts sprachlich zu begreifen, damit der gesamten Rechtsordnung ein Ethos des Juristen,[16] eine stets zur Selbstvergewisserung drängende Beunruhigung der rechtlich Mächtigen, ein allgemeines Maß zu geben.

Zu den Elementarwerten des Rechts gehören:[17] Das Verbot, die Rechte anderer – Leib und Leben, körperliche und seelische Integrität, Eigentum – zu verletzen, damit den Frieden unter den Menschen zu wahren und ein rechtlich diszipliniertes Gewaltmonopol dem Staat zu überlassen. Das Recht eines jeden Menschen, sein Glück selbst zu suchen, die Freiheit zu haben, Herr seiner selbst und seines eigenen Lebensbereichs zu sein. Die Zuweisung von Verantwortlichkeiten, nicht von Herrschaftsräumen, die jede Bestimmung über andere Menschen auf dessen Würde und Freiheit verpflichtet. Die Wahrnehmung von Verantwortlichkeiten nach Handlungsmaßstäben, die sich verallgemeinern lassen, eine Grundregel, die im kategorischen Imperativ wie in einer allgemeinen Volksweisheit (Was Du nicht willst, dass man Dir tu, das füg auch keinem anderen zu), auch in allen monotheistischen Religionen geläufig ist. Schließlich eine Kultur des Maßes, die aller Maßstablosigkeit, auch der grenzenlosen Steigerung von Umsatz und Gewinn, einen Rahmen setzt.

Dabei geht es dem Juristen wie dem Arzt. Der Arzt wird die Gesundheit kaum definieren können, weiß aber, was eine Krankheit ist und mit welchen Eingriffen und Medikamenten man diese heilt. Der Jurist weiß, was Unrecht ist, dient in der alltäglichen Anwendung der Gesetze dem Vermeiden und Ausgleichen von Unrecht, anerkennt dabei selbstbewusst, dass diese Teilmaßstäbe letztlich nur Bausteine im Gesamtgebäude der Gerechtigkeit sind.

Rechtlich handeln und insbesondere Rechtsprechen bleibt ein Weg zu einem unerreichbaren Ideal. Dies zeigt insbesondere das Sprechen über das Recht im Gerichtssaal, wenn der Richter den Beteiligten rechtliches Gehör gewährt, die Öffentlichkeit den Rechtsprechungsvorgang kritisch beobachtet, der Richter sein Urteil begründet und dabei das bloße Zitat des Gesetzes nicht annähernd genügt, ein Instanzenzug die Korrektur des erstinstanzlichen Richterspruchs erlaubt, die höchstrichterliche Rechtsprechung ihre Ergebnisse in Leitsatzentscheidungen veröffentlicht, also die tragen-

---

[14] *Grzeszick* (Fn. 13), § 12, Rn. 71 f.
[15] Dazu *Herrmann* (Fn. 9), 106 f.
[16] E.-W. *Böckenförde*, Vom Ethos der Juristen, 2010, 18 f., 40 f.
[17] P. *Kirchhof*, Das Maß der Gerechtigkeit, 2009, 10 f., 46 f.

den Gründe – sprachlich in Tatbestand und Rechtsfolge verallgemeinert – publiziert, um Rechtssicherheit und Frieden jenseits des Gesetzes zu schaffen.[18]

Die Rechtsprechung hat die Aufgabe, den Einzelfall, der sich vom Recht entfernt hat, in die Rechtsordnung zurückzuführen, also den Rechtsfehler zu berichtigen oder zumindest durch Ausgleichsmaßnahmen erträglicher zu machen. Rechtsprechen ist eine Annäherung an das Recht im individuellen und konkreten Fall. Dieser Auftrag ist auf verschiedene Gerichte – Fachgerichte und im Instanzenzug – aufgeteilt, kann auch verschiedenen Gerichten – insbesondere dem Bundesverfassungsgericht und dem EuGH – nach unterschiedlichen Maßstäben anvertraut sein. Dann fordert die Annäherung an das Recht im Einzelfall auch eine Annäherung der Rechtsmaßstäbe, sucht zu vermeiden, dass eine Teilordnung des Rechts inhaltlich hinter der anderen zurückbleibt.

III. Annäherung an das staatspolitisch noch nicht erreichbare positive Recht

1. Wiedervereinigung

Der Auftrag, die gegenwärtige Ordnung dem Verfassungsrecht anzunähern, ohne das Ziel vollständig erreichen zu können, stellt sich insbesondere, wenn die politischen Verhältnisse die Staatsorgane zwingen, einen Rechtszustand jenseits des geltenden Verfassungsrechts vorläufig hinzunehmen. Den Modellfall bietet das Wiedervereinigungsgebot.[19] Mit der Errichtung der Bundesrepublik Deutschland wurde ein neuer westdeutscher Staat gegründet, der die Identität mit dem bisherigen deutschen Staat beanspruchte, in der räumlichen Ausdehnung allerdings nur „teilidentisch" war. Der Wiedervereinigungsauftrag war ein verfassungsrechtliches Gebot, das allerdings den zu politischem Handeln berufenen Organen die Entscheidung überlässt, welche Wege sie als politisch richtig und zweckmäßig ansehen, um die Wiedervereinigung zu erreichen. Der Anspruch auf Wiedervereinigung darf nicht aufgegeben, wohl aber eine derzeit mögliche Teilannäherung an dieses Ziel hingenommen werden. Die Einschätzung, ob der Grundlagenvertrag zwischen der Bundesrepublik und der DDR die rechtliche und politische Realität der Wiedervereinigung eher annähert oder sie erschwert, ist grundsätzlich Sache des Parlaments und der Regierung.[20]

Der Wiedervereinigungsauftrag fordert auch, den Zusammenhalt eines einheitlichen deutschen Staatsvolkes und damit einer einheitlichen Staatsangehörigkeit möglichst zu bewahren. Mit dem Erwerb der Staatsbürgerschaft der Deutschen Demokratischen Republik ist grundsätzlich auch für die Rechtsordnung der Bundesrepublik Deutschland die deutsche gemeinsame Staatsangehörigkeit erworben worden.[21]

---

[18] Zur besonderen Bindungswirkung der „tragenden Gründe" in der Rechtsprechung des Bundesverfassungsgerichts vgl. O. Klein, in: Benda/Klein/Klein (Fn. 1), Rn. 450 f.
[19] BVerfGE 36, 1 (16) – Grundlagenvertrag.
[20] BVerfGE 36, 1 (18 f.) – Grundlagenvertrag.
[21] BVerfGE 77, 137 (147 f.) – Teso.

Die Vereinbarung „beitrittsbedingter Änderungen des Grundgesetztes" im Einigungsvertrag hatte zwar zur Folge, dass der Bundestag hierüber nur in der Form eines Zustimmungsgesetztes nach Art. 59 Abs. 2 GG und nicht in dem Regelverfahren des Art. 79 Abs. 2 GG befinden konnte. Es nimmt jedoch „die historische Chance der Herstellung der Einheit Deutschlands" nach pflichtgemäßer Einschätzung der zuständigen Verfassungsorgane wahr, ist deshalb verfassungsrechtlich nicht zu beanstanden.[22] Das Ziel der Wiedervereinigung bindet Verfassungsorgane, deren verfassungsbegründete Staatsgewalt aber nicht so weit reicht, dass sie aus eigener Kompetenz und Befugnis dieses Ziel allein verwirklichen könnten. Sie müssen sich deshalb mit einer Annäherung zufrieden geben. Lässt sich im Einigungsvertrag das Ziel unmittelbar verwirklichen, gewinnen dafür elementare Verfassungsgarantien – dort die verfassungsweitergebende und verfassungsändernde Gewalt – einen neuen Inhalt.

In der Entscheidung über den Schwangerschaftsabbruch nach der Wiedervereinigung Deutschlands hatte das Bundesverfassungsgericht eine gespaltene Rechtslage zu beurteilen. Im alten Bundesgebiet war der Schwangerschaftsabbruch strafbar, in den neuen Bundesländern bestand ein Anspruch auf Schwangerschaftsabbruch nach ärztlichem Konsilium. Der Gesetzgeber versuchte diesen innerstaatlichen Bruch elementarer Rechtswertungen und deren Folgerungen durch eine Regelung zu überbrücken, die den Schwangerschaftsabbruch nach Beratung für nicht rechtswidrig erklärte. Diese Neuregelung verstieß gegen Art. 1 Abs. 1 i.V.m. Art. 2 Abs. 2 S. 1 GG und war insgesamt nichtig. Diese Nichtigkeitserklärung aber hätte zur Folge gehabt, dass die vorhergehende, gespaltene Rechtslage im wiedervereinigten Deutschland fortgelten müsste. Deswegen hat das Bundesverfassungsgericht[23] für eine Übergangszeit nach § 35 BVerfGG gesetzesersetzendes Übergangsrecht angeordnet, um dem verfassungsrechtlichen Schutzgut in dieser Zeit nicht jeden Schutz durch das Recht vorzuenthalten. Ein im Bundesgebiet einheitlich geltendes, verfassungsgemäßes Recht war nicht erreichbar, musste deshalb durch die Nichtigkeitserklärung und eine judikativ gesetzesersetzende Regelung hergestellt werden. Im Übrigen regelt das Grundgesetz in seinem Text ausdrücklich einen stufenförmigen Rechtsanpassungsprozess für die Wiedervereinigung.[24] Für eine Übergangszeit zur inneren Wiedervereinigung Deutschlands erlaubt Art. 143 GG[25], von Verfassungsnormen des Grundgesetzes abzuweichen, soweit dabei die unverzichtbaren Grundprinzipien der Verfassung nicht berührt werden.

2. Besatzungsrecht

Der Maßstab einer Annäherung an das Grundgesetz ist vom Bundesverfassungsgericht für die Kollision zwischen Grundgesetz und Besatzungsrecht entwickelt wor-

---

[22] BVerfGE 82, 316 (319 f.) – Einigungsvertrag, dort gestützt auf Art. 23 S. 2 GG a.F.

[23] BVerfGE 88, 203 (209 f.) – Schwangerschaftsabbruch II (Beratungskonzept).

[24] *R. Scholz*, in: T. Maunz/G. Dürig (Hg.), Grundgesetz, Art. 143, Rn. 2.

[25] Eingefügt durch Art. 4 Nr. 5 des Vertrages zwischen der Bundesrepublik Deutschland und der DDR über die Herstellung der Einheit Deutschlands vom 31.08.1990 (BGBl. II, S. 889).

den. In der Entscheidung zum Saarstatut[26] hat das Bundesverfassungsgericht völkerrechtliche Verträge anerkannt, die eine in einem Teil Deutschlands bestehende besatzungsrechtliche Ordnung schrittweise abbauen, der dadurch geschaffene Rechtszustand zwar weiterhin der Verfassung widerspricht, aber „näher beim Grundgesetz steht" als der vorher bestehende. Derartige Einschränkungen von Verfassungsnormen werden für eine Übergangszeit hingenommen, wenn die dabei ins Werk gesetzte Gesamtregelung „in ihrer gesamten Tendenz darauf gerichtet ist, dem der Verfassung vollentsprechenden Zustand näherzukommen"[27]. Unverzichtbare Verfassungsgrundsätze dürfen dabei nicht angetastet werden.

In der Entscheidung zum Überleitungsvertrag[28] anerkennt das Bundesverfassungsgericht den Ausschluss des Rechtsweges für bürgerlich-rechtliche Ansprüche, der nach dem Grundgesetz schlechthin unzulässig wäre, der jedoch von den Besatzungsbehörden nach gültigem Besatzungsrecht beibehalten worden ist. Die Bundesrepublik durfte die bereits unter Besatzungsrecht abgeschlossenen Rechtsgeschäfte weiterhin vom Grundrecht die Justizgewähr ausnehmen, um der Rechtsbeständigkeit den Vorrang vor der Forderung nach möglichst weitgehender Rechtsweggarantie einzuräumen.[29]

In der Entscheidung über die Höfeordnung für die britische Zone hatte das Bundesverfassungsgericht[30] ein Vertragswerk zu beurteilen, das der Bundesregierung nach Aufhebung des Besatzungsregimes „die volle Macht eines souveränen Staats über ihre inneren und äußeren Angelegenheiten" einräumte, im Rahmen dieses „großen Schritts in Richtung auf eine grundgesetzmäßige Ordnung" aber einen kleinen Bestand von verfassungswidrigen Besatzungsnormen aufrecht erhielt. Eine verfassungsrechtlich befriedigendere Vereinbarung war politisch nicht erreichbar, die getroffene Regelung aber „näher am Grundgesetz". Hinzu kam, dass der Gesetzgeber gehalten war, die mit dem Grundgesetz unvereinbaren besatzungsrechtlichen Vorschriften durch eine dem Grundgesetz entsprechende Rechtsordnung zu ersetzen.[31] Ähnliche Grundgedanken vertritt das Bundesverfassungsgericht zum vertraglichen Verzicht auf Entschädigungsansprüche wegen Besatzungsschäden als Bedingung, den deutschen Gesetzgeber von besatzungsrechtlichen Schranken zu befreien.[32]

---

[26] BVerfGE 4, 157 (168 f.) – Saarstatut.
[27] BVerfGE 4, 157 (Leitsatz 4) – Saarstatut.
[28] BVerfGE 14, 1 (7) – Joint Export-Import Agency (JEIA).
[29] BVerfGE 14, 1 (7) – Joint Export-Import Agency (JEIA).
[30] BVerfGE 15, 337 (348 f.) – Höfeordnung für die britische Zone (Vorrang des männlichen Geschlechts bei der gesetzlichen Erbfolge).
[31] BVerfGE 15, 337 (349 f.) – Höfeordnung für die britische Zone (Vorrang des männlichen Geschlechts bei der gesetzlichen Erbfolge).
[32] BVerfGE 87, 253 (282) – Besatzungsschäden.

3. Staatsverschuldung

Eine aktuelle Unmöglichkeit, von einem unmittelbar verfassungswidrigen in einen verfassungsgemäßen Zustand zurückzukehren, schafft die Staatsverschuldung, die der deutsche Staat eigenverantwortlich herbeigeführt hat, gegenwärtig in den Bedrängnissen der Euro-Gemeinschaft aber als eine Fahrt ins Ungewisse verantworten muss. Der Staat hat sich in einer über vierzigjährigen Praxis darauf eingelassen, Teile des Haushalts durch Schulden zu finanzieren. Dadurch ist die staatliche Gesamtschuld – trotz der Schuldengrenze von 60 % des Bruttoinlandsproduktes[33] – auf 81,22 % des Bruttoinlandsprodukts im Jahre 2010 angestiegen. Wollte der Staat in einem kühnen Sprung vom Unrecht zum Recht zurückkehren, müsste er bei einer Gesamtschuldenlast von mehr als zwei Billionen Euro bald nahezu 800 Milliarden Euro zurückzahlen, bei einem Gesamtsteueraufkommen von rund 530 Milliarden Euro (2010) ein ersichtlich unmögliches Unterfangen. Der Weg zurück zum Recht braucht schonende Übergänge. Deshalb sieht Art. 143d GG ausdrücklich zeitliche Übergänge vor, bis der Verfassungstatbestand eines ausgeglichenen Staatshaushalts ohne Schulden erreicht sein muss. Das Prinzip der Annäherung des verfassungswidrigen an den verfassungsgemäßen Haushalt ist für das Problem überhöhter Schulden im Grundgesetz anerkannt und geregelt.

Allerdings ist die überhöhte Staatsverschuldung in Deutschland Teil einer Verschuldungsentwicklung in Gesamteuropa, die für die Europäische Union insgesamt die Stabilität des Rechts und des Geldes bedroht. Im Jahre 2011 haben in der Europäischen Union nur 13 der 27 Mitgliedsstaaten die 60 %-Grenze eingehalten. Der durchschnittliche Schuldenstand hat sich im Euroraum im Jahre 2011 auf 87,4 %, in der gesamten Europäischen Union auf 82,2 % erhöht.[34] Das Europarecht versucht eine überhöhte Staatsverschuldung zu vermeiden, weist aber kaum finanzpolitische Wege, um eine dennoch eingetretene Schuldenkrise zu beenden und zur Normalität eines ausgeglichenen Haushaltes zurückzufinden. Dieser Mangel des Vertrages wäre Anlass, den Vertrag zu ändern. Eine solche Änderung ist allerdings gegenwärtig wegen des Einstimmigkeitserfordernisses nicht erreichbar. Deswegen sucht eine europäische Praxis einen Stabilisierungsweg am Rande oder jenseits des Rechts zu erschließen. Die Regel (Art. 123 Abs.1 AEUV), dass die Staaten ihre Kredite unmittelbar am Markt nachfragen sollen, um zu erleben, dass bei guter Bonität die Zinsen sinken, bei schlechter steigen, wird nicht mehr beachtet. Die finanzielle Eigenverantwortlichkeit, die jede Hoffnung auf ein finanzielles „Haften" oder „Eintreten" anderer Staaten ausschließt (Art. 125 Abs.1 AEUV),[35] scheint gegenwärtig in ihr Gegenteil verkehrt zu werden. Der Europäische Stabilitätsmechanismus (ESM) will den Mitgliedstaaten permanent ermöglichen, anderen Mitgliedstaaten finanzielle Hilfe

---

[33] Art. 126 AEUV i.V.m. Art. 1 des Protokolls über das Verfahren bei einem übermäßigen Defizit vom 07.02.1992 (ABl. C 191, 84), zuletzt geändert durch das Protokoll Nr. 1 zum Vertrag von Lissabon vom 13.12.2007 (ABl. C 306, 163).

[34] Euro-Stat, Pressemitteilung Euroindikatoren, Nr. 20/2012 vom 06.02.2012, 1 f.

[35] *H. Kube/E. Reimer*, ZG 2011, 332 (336).

zu leisten.[36] Die Verpflichtung auf quantifizierte Maßstäbe der Verschuldungsbegrenzung und der Geldwertstabilität (Art. 126 AEUV) scheinen gelockert, wenn gegenwärtig der Geldmarkt mit Geldmengen ausgestattet wird, die das Geld kaum noch ein rares Gut sein lassen.

In dieser normativen Bedrängnis wird an die dem Völkerrecht nicht unbekannte Rechtsfigur „Not kennt kein Gebot" erinnert.[37] Doch ein Lossagen von der Verbindlichkeit des Rechts würde der Stabilität des Rechts und damit des Geldes die Grundlage entziehen. Das Stabilisierungsziel wäre unverbindlich, der Darlehensvertrag brauchte nicht mehr erfüllt zu werden, die politischen Akteure würden ihr rechtliches Mandat verlieren.

Auch der Versuch, die Regeln des verfassungsrechtlichen Verschuldungsverbots (Art. 109, Art. 115 GG) und die europarechtlichen Präventivregeln – die Verschuldungsgrenze (Art. 126 AEUV), das Einstandsverbot (Art. 125 AEUV), das Verbot marktferner Kreditvergabe (Art. 123 AEUV) – in die Nähe der Unverbindlichkeit umzudeuten, würde das Ziel, die Unrechtslage dem Recht anzunähern, verfehlen. Teilruinen des Rechts blieben zurück. Eine Instabilität des Rechts aber gefährdet die Rechtsgemeinschaft der Union und vermag den Euro nicht zu stabilisieren. Deswegen stellen sich gegenwärtig die Anforderungen an eine Stabilisierung des Rechts, damit des Geldes und der Währungsunion, in besonderer Dringlichkeit. Die Rechtswissenschaft muss Instrumentarien entwickeln, die sich nicht – präventiv – mit dem Vermeiden von Unrecht begnügen, vielmehr – ausgleichend und sanierend – Recht wiederherstellen.

IV. Arbeitsteilige Annäherung

1. Bundesverfassungsgericht und Gesetzgeber

Der Verfassungsstaat verzichtet auch auf die sofortige vollständige Rückkehr in die Rechtmäßigkeit, wenn mehrere Staatsorgane bei der Wiederherstellung des Rechts zusammenwirken. Stellt das Bundesverfassungsgericht einen Verstoß gegen den Gleichheitssatz fest, weil eine Person zu hoch belastet[38] oder zu wenig begünstigt ist,[39] so stehen dem Gesetzgeber regelmäßig verschiedene Möglichkeiten offen, um diesen Verfassungsverstoß zu beseitigen. Er kann alle Betroffenen in höherer oder niedrigerer Last, in höherer oder niedrigerer Gunst gleich behandeln. Deswegen gilt bei einem Verstoß gegen den allgemeinen Gleichheitssatz „nach ständiger Rechtsprechung des Bundesverfassungsgerichts" ein umgekehrtes Regel-Ausnah-

---

[36] Art. 10 I ESM-Vertrag.
[37] *Th. Oppermann*, FS Möschel, 2011, 909 (913); *Ch. Calliess*, in: ders./M. Ruffert (Hg.), EUV/AEUV, Kommentar, 4. Aufl., 2011, Art. 3 AEUV, Rn. 11, Art. 5 AEUV, Rn. 5.
[38] BVerfGE 84, 239 (283) – Zinsurteil; 110, 94 (138) – Spekulationssteuer.
[39] BVerfGE 22, 349 (359) – Aussetzung des Verfahrens; 62, 256 (289) – Kündigungsfristen; 111, 160 (175 f.) – Kindergeld an Ausländer; 113, 1 (25 f.) – Kindererziehungszeiten in der Anwaltsversorgung.

me-Verhältnis: Regelfolge ist die Unvereinbarkeit,[40] während Nichtigkeit die Ausnahme darstellt.[41] Das Bundesverfassungsgericht spricht die Nichtigerklärung bei Gleichheitsverstößen nur aus, wenn das Verfassungsrecht nur eine die Verfassungswidrigkeit ausräumende Rechtsfolge vorsieht.[42] Im Übrigen ist es Sache des Gesetzgebers, unter den verfassungsrechtlich eröffneten Regelungsalternativen zu wählen.[43]

Die Finanzverfassung ist in besonderer Weise auf Entscheidungen des Gesetzgebers angelegt. Der Gesetzgeber hat einen weiten Beurteilungsraum bei der Auswahl der Steuergegenstände und von Steuertarif oder Steuersatz,[44] den das Bundesverfassungsgericht bei Gleichheitsverstößen achtet. Auf der Ausgabenseite ist das Budgetrecht eine Kernkompetenz des Parlaments, ein staatsleitender Hoheitsakt in Gesetzesform,[45] der in der jüngsten Rechtsprechung gerade auch gegenüber der Europäischen Union verfassungsrechtlich abgeschirmt worden ist.[46] Wenn das Haushaltgesetz und der Haushaltsplan ein verfassungsrechtliches Zuviel oder Zuwenig vorsehen, darf die Rechtsprechung grundsätzlich nicht einen Mosaikstein im Gesamtgefüge des Haushaltsplans neu zuschneiden, weil damit der Ausgleich von Einnahmen und Ausgaben ohne Kredite (Art. 109 Abs. 3 S. 1, 115 Abs.2 S. 1 GG) gefährdet wird. Beim Finanzausgleich kommt dem Gesetzgeber die Aufgabe zu, die generalklauselartigen Tatbestände des Grundgesetzes zunächst in konkreteren Maßstäben zu verdeutlichen, um dann auf der Grundlage dieses langfristig in die Zukunft vorgreifenden, die konkreten Ausgleichsfolgen noch nicht erfassenden Maßstäbegesetzes in einem Finanzausgleichsgesetz die Ausgleichsansprüche und Ausgleichspflichten regeln zu können.[47]

---

[40] BVerfGE 110, 94 (178) – Spekulationssteuer, unter Hinweis auf BVerfGE 99, 280 (298) – Aufwandsentschädigung – Ost; 105, 73 (133) – Rentenbesteuerung.

[41] BVerfGE 110, 94 (138) – Spekulationssteuer, unter Hinweis auf BVerfGE 88, 87 (101 f.) – Transsexuelle II (Namensrecht); 92, 91 (121) – Feuerwehrabgabe (Baden-Württemberg und Bayern); 99, 69 (83) – Kommunale Wählervereinigungen.

[42] BVerfGE 55, 100 (113) – Kinderzuschuss.

[43] Kritisch zum Argument, den Gestaltungsraum des Gesetzgebers zu respektieren, *Klein* (Fn. 5), Rn. 1394.

[44] BVerfGE 93, 121 (135) – Bewertung bei der Vermögenssteuer; 107, 27 (47) – Doppelte Haushaltsführung; 105, 17 (46) – Sozialpfandbriefe; 117, 1 (30) – Erbschaftsteuer.

[45] BVerfGE 45, 1 (32) – Haushaltsüberschreitung; 70, 324 (355) – Haushaltskontrolle der Nachrichtendienste; 79, 311 (328) – Staatsverschuldung (Haushaltsgesetz 1981).

[46] BVerfGE 89, 155 (172) – Maastricht; 123, 267 (356 f.) – Lissabon; BVerfG, NJW 2011, 2946 (2947 f.) – Euro-Rettungsschirm.

[47] BVerfGE 101, 158 (216 f., 226) – Maßstäbegesetz; Die Frage, inwieweit das zeitlich nachfolgende Haushaltsgesetz die vorausgehende gesetzliche Zweckbindung abändern könnte, findet eine Antwort in der Qualifikation des Haushaltsgesetzes als Einspruchsgesetz, das Zustimmungsgesetze – das Finanzausgleichsgesetz (Art. 106 III 2, Art. 107 I 2 GG) oder die Steuergesetze (Art. 105 III GG) – nicht abändern kann; *Ch. Waldhoff*, in: Isensee/Kirchhof (Hg.), HStR Band V, 3. Aufl., 2007 § 116 Rn. 142. Im Übrigen gilt das Gebot gesetzlicher Folgerichtigkeit gerade im Finanz- und Steuerrecht, BVerfGE 84, 239 (271) – Kapitalertrag-

Eine Arbeitsteilung zwischen Rechtsprechung und Gesetzgebung bei der Beseitigung von Unrecht ergibt sich auch aus der unterschiedlichen Zeitperspektive beider Staatsorgane: Der Gesetzgeber greift weit in die Zukunft voraus, regelt in seinen Vorschriften generell abstrakt die Zukunft, während die Rechtsprechung die mit der Vergangenheit befasste Gewalt ist, die aus dem Urteilsgegenstand vorsichtig verallgemeinernde Folgen ableitet. Deswegen ist das Gericht bei komplexen Sachverhalten[48] und bei schwerwiegenden, für das Gericht in seinem Auftrag und seinem Verfahren nicht abzuschätzenden Folgen[49] nicht in der Lage, Verantwortung für die generelle Lösung zu übernehmen. Dieses ist dem parlamentarischen Gesetzgebungsverfahren in seiner Legitimationskraft, Zukunftsverantwortung, Grundsatzkompetenz, Debattenkultur und Öffentlichkeit vorbehalten. Zudem hat es Fälle gegeben, bei denen das Verfassungsgericht die Unzulänglichkeit der geltenden Regelung festgestellt hat, sich aber nicht sicher war, ob dieses Recht reparierbar ist.[50]

Eine unübersichtliche Rechtslage, die das Bundesverfassungsgericht von einer Nichtigerklärung absehen lässt, ergibt sich insbesondere, wenn das Zusammenwirken verschiedener Normensysteme eine verfassungswidrige Rechtslage begründet,[51] wenn das Bundesverfassungsgericht in seiner verfassungsrechtlichen Beurteilung auf eine Neuerung vorbereitet,[52] wenn die Rentenüberleitung (DDR) das vorherige Sammeln von Erfahrungen und Erkenntnissen voraussetzt.[53]

Auch bei gesetzlichen Verstößen gegen Freiheitsgewährleistungen kann der Gesetzgeber beauftragt sein, unter verschiedenen Wegen zur Beseitigung der Verfassungswidrigkeit zu entscheiden. Verstößt ein Hoheitsakt gegen die Berufsfreiheit (Art. 12 GG),[54] gegen die Eigentümerfreiheit,[55] gegen die Justizgewähr (Art. 19

---

steuer; 93, 121 (136) – Bewertung bei der Vermögenssteuer; 98, 83 (100) – Abfallabgaben; 122, 210 (231) – Pendlerpauschale.

[48] BVerfGE 54, 173 (202) – Ausbildungskapazitäten; 56, 54 (81 f.) – Fluglärm; 85, 97 (107) – Lohnsteuerhilfevereine; *K. Schlaich/S. Korioth*, Das Bundesverfassungsgericht, 8. Aufl., 2010, Rn. 432 f.; vgl. auch BVerfGE 41, 126 (167) – Reparationsschädensgesetz; 53, 257 (312 f.) – Versorgungsausgleich nach Ehescheidung; 55, 274 (308) – Berufsausbildungsabgabe; 73, 118 (121) – Niedersächsisches Landesrundfunkgesetz; 80,1 (31 f.) – Ärztliche Prüfungen; 92, 365 (396) – Neutralität der Bundesanstalt für Arbeit und Arbeitskämpfe.

[49] BVerfGE 109, 190 (235 f.) – Nachträgliche Sicherheitsverwahrung; 121, 266 (310 f.) – Landeslisten; 125, 104 (136) – Kompetenzen Vermittlungsausschuss.

[50] BVerfGE 93, 121 (146 f.) – Bewertung bei der Vermögenssteuer; vgl. auch BVerfGE 93, 165 (178 f.) – Erbschaftssteuer.

[51] BVerfGE 82, 60 (84 f., 97, 102 f.) – Kindergeld (Haushaltsbegleitgesetz 1983); 102, 127 (145 f.) – Sozialversicherungsbeiträge für Weihnachtsgeld oder Urlaubsgeld.

[52] BVerfGE 34, 9 (25 f.) – Besoldungsvereinheitlichung; vgl. auch BVerfGE 33, 1 (12) – Strafgefangene; 39, 169 (194) – Hinterbliebenenrente; 78, 249 (286 f.) – Fehlbelegungsabgabe – jeweils: „noch verfassungsgemäß"; dazu *Klein* (Fn. 5), Rn. 1397.

[53] BVerfGE 100, 59 (101 f.) – Rentenanwartschaften der DDR (bei Ausübung systemnaher Funktionen): Verfassungswidrigkeit erst ab einem späteren Zeitpunkt (01.07.1993).

[54] BVerfGE 85, 226 (237 f.) – Hessisches Sonderurlaubsgesetz; 96, 260 (264) – Normwiederholung; 99, 202 (215) – Erstattungspflicht des Arbeitgebers.

Abs. 4 GG),[56] gegen Art. 10 GG,[57] so hat der Gesetzgeber eingrenzende, ersetzende, ergänzende Entscheidungen zu treffen oder auch unter Alternativen für verfassungsgemäße Regelungen zu wählen. Diese Linie der Rechtsprechung wird – so sagt Eckart Klein zutreffend[58] – zur Folge haben, dass „die Unvereinbarerklärung entgegen der gesetzlichen Wertung bald ganz generell die Regel sein wird". Je mehr das Gericht bei der gegenwärtigen Entscheidung über einen vergangenen Fall in die Zukunft vorgreifen muss, stellt sich die Frage eines Zusammenwirkens mit dem Gesetzgeber. Wird das Bundesverfassungsgericht bei der Normenkontrolle als „negativer Gesetzgeber" tätig, ist der positive Gesetzgeber verfahrenstypisch angesprochen.

2. Bundesverfassungsgericht und EuGH

Den Auftrag zu arbeitsteiligem Annähern des Unrechts an das Recht ist gegenwärtig besonders bedeutsam im Recht der Europäischen Union. Europarecht wird in Deutschland verbindlich, weil der deutsche Gesetzgeber im gesetzlichen Rechtsanwendungsbefehl diesem Recht eine Brücke baut, dadurch die deutsche Rechtsordnung für das europäische Recht öffnet.[59] Damit benennt der Text des primären Europarechts einerseits das vom EuGH zu kontrollierende und fortzubildende Europarecht, andererseits das an deutsches Verfassungsrecht gebundene Gesetz, das Hoheitsgewalt auf die Europäische Union überträgt und diese Ermächtigung staatsrechtlich begrenzt, so dass es zum Gegenstand und Maßstab verfassungsgerichtlicher Kontrolle wird. Europarecht gilt in Deutschland, soweit das Grundgesetz und das nach Art. 23 Abs. 1 GG gebundene übertragende Gesetz dazu ermächtigt ist. Unter dieser Voraussetzung allerdings gilt das Europarecht mit Vorrang auch vor deutschem Verfassungsrecht. Deswegen sind der EuGH und das Bundesverfassungsgericht gemeinsam – auf Kooperation angelegt[60] – zur Gewährleistung dieses Rechts verpflichtet. Das Bundesverfassungsgericht garantiert mit seiner Zuständigkeit, dass die Wahrnehmung von Hoheitsgewalt durch die Organe der EU in den Grenzen der gesetzlichen Hoheitsübertragung verbleibt. Der EuGH gewährleistet, dass das europäische Recht im gesamten Gebiet der Europäischen Union einheitlich angewandt und fortgebildet wird.

Im Rahmen dieser sich überschneidenden Zuständigkeiten hat sich das Bundesverfassungsgericht darauf beschränkt, den unabdingbaren Grundrechtsstandard in Europa generell zu gewährleisten.[61] Grundsätzlich darf der EuGH die Verträge aus-

---

[55] BVerfGE 98, 17 (46) – Sachenrechtsmoratorium; 100, 226 (247) – Denkmalschutz.
[56] BVerfGE 101, 106 (131) – Aktenvorlage.
[57] BVerfGE 100, 313 (385) – Telekommunikationsüberwachung.
[58] *Klein* (Fn. 5), Rn. 1394.
[59] BVerfGE 89, 155 (167) – Maastricht.
[60] BVerfGE 89, 155 (174 f.) – Maastricht.
[61] BVerfGE 73, 339 (387) – Solange II; 89, 155 (175) – Maastricht.

legen und fortbilden, aber nicht erweitern.[62] Die Mitgliedstaaten haben die Europäische Union mit einem Gericht ausgestattet, von dem eine Rechtfortbildung auf der Grundlage herkömmlicher Rechtsüberlieferung und Rechtskultur erwartet wird.[63] Dieser Rahmen bietet eine sehr allgemeine, das Kooperationsangebot großzügig bemessende Zusammenarbeit an, erwartet aber Rechtsprechungsergebnisse, die sich in die Verfassungstradition der Mitgliedsstaaten einfügen und diese nachhaltig an die Zukunft weitergeben.

Bei dieser Kooperation ist der EuGH nicht „Motor der Integration", sondern im Rahmen der Elementarunterscheidung zwischen der den Mitgliedstaaten vorbehaltenen Änderung des Unionsvertrages und der Auslegung des Unionsvertrages an Text und Idee der Unionsverträge gebunden. „Bei der Auslegung von Befugnisnormen durch Einrichtungen und Organe" der Union „ist zu beachten, dass der Unions-Vertrag grundsätzlich zwischen der Wahrnehmung einer begrenzt eingeräumten Hoheitsbefugnis und der Vertragsänderung unterscheidet, seine Auslegung in ihrem Ergebnis deshalb nicht einer Vertragserweiterung gleichkommen darf".[64] Wenn das Grundgesetz in der Struktursicherungsklausel des Art. 23 Abs. 1 S.1 GG voraussetzt, dass die Europäische Union einen „dem Grundgesetz im Wesentlichen vergleichbaren Grundrechtsschutz" gewährleistet, Art. 48 Abs. 4 UAbs. 2 EUV für die Vertragsänderung ein Vertragsänderungsverfahren aller Mitgliedstaaten „nach Maßgabe ihrer verfassungsrechtlichen Vorschriften" fordert, ist das Verfassungsrecht Ausgangsmaßstab und Erneuerungsinstrument des Unionsrechts. Das Problem des gegenseitigen Wächteramtes scheint – auf der Grundlage richterlicher Weitsicht und Selbstdisziplin – gelöst: Das mitgliedstaatliche Verfassungsgericht prüft nur noch generell die Gleichwertigkeit des europäischen Grundrechtsschutzes.[65] Der EuGH sollte sich im Rahmen des erweiterten europäischen Grundrechtsschutzes ebenfalls auf eine gegenläufige Gleichwertigkeitskontrolle in den Mitgliedstaaten beschränken.[66] Hier wird sich das Kooperationsverhältnis im gegenseitigen Gedanken der „Reservekompetenz"[67] bewähren müssen.

Im Rahmen dieser Kooperation haben die Verfassungsgerichte für das primäre Europarecht eine judizielle Demokratisierungsinitiative auf den Weg gebracht, die den inhaltlichen Zusammenklang von staatlichem Verfassungsrecht und primärem Unionsrecht durch Unvereinbarkeitsurteile, Anpassungsaufträge und Nichtigkeitsvorbehalte stärken.[68] Dieses Stück Verfassungskultur ist für die gesamte Union un-

---

[62] BVerfGE 89, 155 (210) – Maastricht.
[63] BVerfGE 126, 286 (306) – Honeywell.
[64] BVerfGE 89, 155 (Leitsatz 6) – Maastricht.
[65] BVerfGE 123, 267 (401) – Lissabon.
[66] Vgl. aber die „Anti-Terror"-Fälle EuGH, Rs. C-402/05 (Kadi), Slg. 2008, I-6351; EuGH, Rs. T-306/01 (Yusuf), Slg. 2005, II-3533.
[67] BVerfGE 123, 267 (401) – Lissabon.
[68] Vgl. *U. Hufeld*, in: ders./A. Epiney (Hg.), Europäisches Verfassungsrecht, 2010, 33 (65 f.); *P. Kirchhof*, in: Isensee/Kirchhof (Hg.), HStR Band X, 3. Aufl., 2012, § 214, Rn. 166 ff.

verzichtbar. Dieses gilt umso mehr, als der EuGH sich bei seiner Entwicklung einer Grundrechtskultur weniger auf die gemeineuropäische Tradition der mitgliedstaatlichen Verfassungsüberlieferung stützt und mehr auf das geschriebene Recht des Art. 17 Grundrechtecharta und des § 1 Erstes Zusatzprotokoll zur EMRK zurückgreift.[69]

Die Verfassungsgerichte werden die Verbindlichkeit des Europarechts und das Vertrauen in diese Rechtsordnung dadurch stärken, dass sie die vom EuGH zu wahrende Einheit und auch die Fortbildung des Europarechts prinzipiell mittragen. Dabei ist die Unterscheidung zwischen Vertragsauslegung und Vertragsänderung von fließenden Übergängen bestimmt, auch durch eine strenge Methodenlehre kaum rational verlässlich fixierbar, je mehr der Unionsvertrag Kompetenzen nicht instrumentell nach Sachbereichen, sondern final nach Vertragszielen unterscheidet.[70] Dadurch verlieren die Interpretationsgrenzen des EuGH an Schärfe. Die Integrationsverantwortung der nationalen Verfassungsgerichte steigt. Die Verfassungsgerichte müssen alle europäischen Rechtsakte zurückweisen, die eine vertraglich nicht übertragene Kompetenz beanspruchen. Gleiches gilt, wenn europäische Rechtsakte zwar eine vertraglich geschriebene Kompetenz beanspruchen dürfen, diese Kompetenzen jedoch nicht übertragbar sind, sie insbesondere die Identitätsgarantie[71] oder die Struktursicherungsklausel[72] berühren.[73]

Die Rechtsprechung hat die Aufgabe, den Einzelfall, der sich vom Recht entfernt hat, in die Rechtsordnung zurückzuführen, also den Rechtsfehler zu berichtigen oder zumindest durch Ausgleichsmaßnahmen erträglicher zu machen. Rechtsprechung dient der Annäherung an das Recht im individuellen und konkreten Fall. Wenn dieser Auftrag auf verschiedene Gerichte – insbesondere das Bundesverfassungsgericht und den EuGH – aufgeteilt und nach unterschiedlichen Maßstäben zu erfüllen ist, nähert die Annäherung des Einzelfalls an das Recht auch die Rechtsmaßstäbe aneinander an, wirkt einer Entwicklung entgegen, in der eine Teilordnung des Rechts inhaltlich hinter der anderen zurückbleibt.

Das Problem liegt nun darin, dass der EuGH in einer final konzipierten Kompetenzordnung den Text des primären Europarechts – insbesondere das Prinzip der begrenzten Einzelermächtigung – eher dynamisch auslegt, während das Bundesverfassungsgericht in einer instrumentalen Verfassungsordnung eine Verletzung des Vertragstextes nicht durch Zielprojektionen auffängt, vielmehr den „ausbrechenden"

---

[69] *P. Tettinger/K. Stern*, Kölner Gemeinschaftskommentar zur Europäischen Grundrechte-Charta, 2011, Art. 17.

[70] Die EMRK pflegt eine dynamische, evolutive Auslegung; die historische Auslegung tritt zurück, *A. Nußberger*, in: Isensee/Kirchhof (Hg.), HStR Band X, 3. Auflage, 2012, § 208 Rn. 35 ff.

[71] Art. 20 I 3 i.V.m. Art. 79 II und III GG.

[72] Art. 23 I 1 GG.

[73] BVerfGE 123, 89 (155, 187 f.) – Maastricht; 123, 267 (348 f.) – Lissabon.

Rechtsakt,[74] also eine offensichtliche Vertragsverletzung, als im deutschen Hoheitsbereich unverbindlich behandelt. Wenn nunmehr im Rahmen eines judiziellen Kooperationsverhältnisses das Bundesverfassungsgericht die deutsche Verfassung nur wahrt, wenn die Kompetenzüberschreitung im Kompetenzgefüge zwischen Europäischer Union und Mitgliedstaat „zu einer strukturell bedeutsamen Verschiebung" führt,[75] so erwartet dieser Maßstab vom Richter eine Zukunftsdiagnose, die sich erst in einer langjährigen verfestigten Rechtsprechung feststellen lässt. Strukturell bedeutsame Kompetenzverschiebungen beginnen mit der Fehlentscheidung eines Einzelfalls, der in nachfolgenden Parallelentscheidungen zum Präzedenzfall wird, später die vollzogene Strukturveränderung als „ständige Rechtsprechung" fixiert. Die durch die Rechtsprechung geformte Rechtswirklichkeit nähert sich nicht dem Vertragstext an, sondern schreibt eine Entfernung vom Vertragstext fort.

Das Bundesverfassungsgericht sucht einen Konflikt zwischen Verfassungsrecht und Europarecht vorab zu vermeiden. Um den Gegensatz zwischen dem Prüfungsanspruch des Verfassungsgerichts und des EuGH in das Kooperationsverhältnis hineinzuführen, erklärt das Bundesverfassungsgericht, es werde eine Kompetenzüberschreitung erst feststellen, nachdem es dem EuGH Gelegenheit gegeben hat, seine Vertragsauslegung darzulegen und zu begründen. In einer förmlichen Vorlage könnte das Gericht damit den EuGH auf den drohenden Kompetenzkonflikt hinweisen, ihm Gelegenheit geben, seine Rechtsauffassung zu überprüfen und klarzustellen, dabei die Verantwortlichkeit des Bundesverfassungsgerichts zur Wahrung des deutschen Verfassungsrechts – insbesondere des Hoheitsgewalt übertragenden Gesetzes – hervorheben. Das Vorabentscheidungsverfahren kann zu einem Konfliktvermeidungsverfahren werden.[76]

Für das sekundäre Gemeinschaftsrecht bemüht sich das Bundesverfassungsgericht um eine weitere Entflechtung, wenn es sich grundsätzlich gehindert sieht, über die Gültigkeit von Gemeinschaftsrecht zu entscheiden, „da es sich hierbei nicht um einen Akt deutscher Staatsgewalt" handle.[77] Soweit eine Verfassungswidrigkeit in diesem Rahmen beseitigt werden kann, ist ein Vorabentscheidungsverfahren vor dem EuGH (Art. 267 AEUV) nicht veranlasst.[78] Sind die angegriffenen Vorschriften mit dem Grundgesetz vereinbar, kommt es wiederum auf die Auslegung unionsrechtlicher Bestimmungen nicht entscheidungserheblich an. Eine Vorlage

---

[74] BVerfGE 89, 155 (188, 210) – Maastricht.

[75] BVerfGE 126, 306 – Honeywell.

[76] BVerfGE 126, 286 – Ultra-vires-Kontrolle, Mangold.

[77] BVerfGE 118, 79 (95) – Treibhausgasemissionshandel; insoweit abweichend von BVerfGE 89, 155 (188, 210) – Maastricht; zur Überprüfung des dem deutschen Staatsorgan belassenen Umsetzungsraums, insbesondere bei der Richtlinie, vgl. BVerfGE 95, 173 (180) – Tabakrichtlinie; 113, 273 (300) – Europäischer Haftbefehl; 115, 81 – Rechtsschutz gegen Rechtsverordnungen; 118, 79 (96) – Treibhausgasemissionshandel.

[78] BVerfGE 125, 260 (308 f.) – Speicherung von Telekommunikationsverkehrsdaten.

ist in diesem Fall weder geboten noch zulässig.[79] Diese Entflechtungsstrategie ist im Rahmen des Kooperationsverhältnisses eine Vorleistung des Bundesverfassungsgerichts, die auf eine entsprechende Antwort des EuGH wartet.

Die gegenwärtige Verschuldungskrise droht zu einer Krise des Rechts zu werden. Deshalb ist es erste Aufgabe der Gerichte, in gegenseitiger Abstimmung dem Recht zur Geltung zu verhelfen, der Missachtung der Unionsverträge Einhalt zu gebieten, damit die europarechtliche Änderung der mitgliedstaatlichen Verfassung in ihre verfassungsrechtlichen Voraussetzungen zurückzuführen. Die wohl größte Krise des Rechts seit Bestehen der Europäischen Union fordert die Rückkehr zu einem klaren, verständlichen, voraussehbaren Recht. Die Annäherung der Krisenrealität an das Recht fordert auch und insbesondere Rechtsdisziplin von den obersten Gerichten. Dieses ist beiden Gerichten bewusst. Wir warten auf das gemeinsame Signal: Zurück zu einer Union, die nach „rechtsstaatlichen Grundsätzen"[80] handelt.

V. Das wirtschaftlich Unmögliche

Eine rechtswidrige Wirklichkeit kann nicht in das Recht zurückgeführt werden, wenn dieses tatsächlich unmöglich ist. Dieser Ausnahmesatz wird vielfach verwendet, um eine tatsächliche oder vermeintliche wirtschaftliche Unmöglichkeit dem Recht entgegenzustellen, die Macht des Rechts durch die Macht des Geldes zu brechen. Die Bindung der Finanzen durch die Verbindlichkeit des Rechts wird in der gegenwärtigen Verschuldungskrise zu einem Kernauftrag des Rechts.

Wenn die Bürger vom Staat höhere Leistungen, aber geringere Steuern erwarten, weicht der Staat in die Staatsverschuldung aus, um der Gegenwart mehr geben zu können als ihr zusteht. Die Lasten von Tilgung, Zins und Zinseszins trägt die nächste Generation. Lässt die öffentliche Hand ihren Schuldenberg stetig wachsen, steigen die Schulden durch den Zinseszins-Effekt progressiv an, eine Konsolidierung des Staatshaushaltes ist kaum noch möglich. Schließlich werden Kredite aufgenommen, um Zinsen für die Schulden zu bezahlen. Der Kredit vermittelt keine zusätzliche Finanzkraft mehr. Der Zinseszins droht unser politisches und wirtschaftliches System zu zerstören. Wenn dann der staatliche Schuldner seine Schulden nicht mehr bezahlen kann, droht der Maßstab des Rechts durch das Maß des ökonomisch Möglichen ersetzt zu werden.[81] Entscheidungskompetenzen verschieben sich von den parlamentarisch gewählten Regierungen zu den anonymen Mächten des Finanzmarktes.

Eine überhöhte Verschuldung führt bei privaten Unternehmen in die Insolvenz. Wer sich im Markt nicht bewährt, scheidet aus. Der erfolgreichere Konkurrent über-

---

[79] BVerfGE 125, 260 (308 f.) – Speicherung von Telekommunikationsverkehrsdaten; 128, 1 (35 f.) – Gentechnikgesetz.

[80] Art. 23 Abs. 1 S.1 GG; zu Parallelvorschriften in anderen Staatsverfassungen vgl. *Hufeld* (Fn. 68), 65 f.

[81] Vgl. BVerfGE 15, 126 (143) – Staatsbankrott; 27, 253 (285) – Kriegsfolgeschäden; 41, 126 (151 f.) – Reparationsschäden.

nimmt die Aufgaben und Ertragschancen des Ausgeschiedenen. Dieser Weg zur Wiederherstellung des Rechts ist für den Staat nicht gangbar. Der Staat ist nicht auf Liquidierbarkeit und Untergang, sondern auf Fortexistenz angelegt. Die Vereinten Nationen bauen auf den Grundsatz der „souveränen Gleichheit aller ihrer Mitglieder".[82] Das Staatsvolk beansprucht, frei und ohne Einmischung von außen über seinen politischen Status zu entscheiden und seine wirtschaftliche, soziale und kulturelle Entwicklung frei zu gestalten.[83] Dieses völkerrechtliche Konzept der Souveränität stellt jeden Staat finanzwirtschaftlich grundsätzlich auf sich selbst, macht dem Staat keine Vorgaben für Haushaltsführung und Finanzgebaren, sieht andererseits internationale Finanzhilfen, allenfalls situationsabhängig und freiwillig, vor.[84]

Die Finanzverfassung des Grundgesetzes geht davon aus, dass der Finanzstaat wegen der Knappheit des Geldes „immer ein wenig in der Nähe des Ausnahmezustandes" steht.[85] Wenn der Staat dabei zu einem Verschuldensübermaß neigt, braucht die Staatengemeinschaft eine Resolvenzordnung, die einen Weg zurück zur ökonomischen Grundlage für die Zukunft des Staates bahnt, der Frieden sichert, ein soziales und politisches Leben gewährleistet, dem Bürger Existenz, Freiheit und Gleichheit vor dem Gesetz garantiert. In diesem Ziel – nicht in der vermeintlich unbegrenzten Zahlungskraft der Steuerzahler – liegt der Grund für die „Insolvenzunfähigkeit" des Staates.[86] Der Verfassungsstaat wird die rechtlichen Forderungen seiner Gläubiger beachten, sie aber mit dem Risiko für die eigene Fortexistenz abwägen und würdigen. Wege weisen die Umschuldung, die Kürzung der allgemeinen Staatsleistungen, die strukturelle Verbesserung des Steuersystems, Steuererhöhungen, die Nutzung von frei verfügbarem Staatsvermögen, im äußersten Fall eine einmalige Vermögensabgabe.[87] Der erste und wichtigste Schritt ist die Beschränkung zukünftiger staatlicher Kreditaufnahme.[88] Bei der Staatssanierung ist eine weitere Entfernung vom Recht nicht zulässig, jeder Sanierungsschritt ist auf eine „Sanierungsgerechtigkeit" verpflichtet.[89] Die Schuldenlast des Staates ist rechtlich geordnet zu mindern. Dabei ist stets zu bedenken, dass der Kreditgeber an der finanzwirtschaftlichen Ge-

---

[82] Art. 2 Nr. 1 der Charta der Vereinten Nationen; zum modernen Konzept einer völkerrechts- und menschenrechtsoffenen Souveränität vgl. BVerfGE 90, 286 (346 f.) – Somalia; *Ch. Kreuter-Kirchhof*, AVR 2010, 338 f.

[83] *K. Hailbronner/M. Kau*, in: W. Graf Vitzthum (Hg.), Völkerrecht, 5. Aufl., 2010, 3. Abschnitt Rn. 122 f.; das Völkerrecht erkennt die Existenz und den Fortbestand jedes Staates nach dem Grundsatz der souveränen Gleichheit aller ihrer Mitglieder an; hierzu *Graf Vitzthum*, in: ebd., Rn. 46 f.

[84] *K. von Lewinski*, Öffentlichrechtliche Insolvenz – Rechtliche Bewältigung finanzieller Krisen der öffentlichen Hand, Jahr?, 476 f.

[85] *K. M. Hettlage*, VVDStRL 14 (1956), 2 (13).

[86] BVerfGE 15, 126 (141) – Waldenfels.

[87] Vgl. im Einzelnen *P. Kirchhof*, Deutschland in der Schuldenfalle – Ein Weg zurück vom Bürgen zum Bürger, 2012, 53 f.

[88] Vgl. Art. 109 II, Art. 115 GG; Art. 126 AEUV.

[89] *A. von Arnauld*, in: K. von Lewinski (Hg.), Staatsbankrott als Rechtsfrage, 2011, 125 (134 f.).

fährdung des Staates mitgewirkt hat, seine Forderungen wegen des in dieser ökonomischen Entwicklung angelegten Abschreibungsbedarfs als Eigentumsrechtsposition substantiell gemindert, teilweise die Forderungswerte durch staatliche Hilfsmaßnahmen gestützt worden sind, die Vermögenswerte insoweit nicht in die Eigentumsgarantie hineinwachsen.[90]

VI. Rechtsfolgen einer Annäherung

Eine die Rechtmäßigkeit noch nicht erreichende, sich dem rechtlich gewollten Zustand aber annähernde Rechtskorrektur führt in die Bahnen des Rechts zurück zum Rechtsstaat und zur europäischen Rechtsgemeinschaft, wenn die sofortige und vollständige Rückkehr zum Recht noch nicht möglich ist. Ein solcher Rückkehrakt ist als ein Schritt zu mehr Rechtlichkeit zu rechtfertigen, untersteht einem starken Druck einer Rechtsannäherungseffizienz. Alle Maßnahmen bleiben eine rechtfertigungsbedürftige Ausnahme, berühren also den Inhalt und den Verbindlichkeitsgrund des Rechts der Normallage nicht.

Die annähernde Rechtsanpassung ist auf das baldige Erreichen der rechtlichen Normalität angelegt, erlaubt also strukturell nur Übergangsmaßnahmen. Die Fortsetzung des bisherigen Weges in die Rechtswidrigkeit, insbesondere die Fortsetzung einer stabilitätsgefährdenden Verschuldungspolitik, ist schlechthin ausgeschlossen. Gerechtfertigt sind nur verlässliche Übergänge, die den Abstand zwischen bisherigem Unrecht und Recht verringern. Diese Annäherung an das Recht muss so erkennbar und greifbar sein, dass die Rechtsgemeinschaft und die rechtskontrollierenden Organe den Annäherungswillen und den Annäherungserfolg als ersichtlich empfinden.

Jede Annäherung ist ein Schritt auf dem Weg zur vollständigen Rechtmäßigkeit, kann also nur eine vorläufige Maßnahme sein. Eine endgültige Veränderung des Rechts, insbesondere die Begründung von Institutionen wie einem dauerhaften Beistandsmechanismus (ESM), ist im Rahmen dieses Annäherungsprozesses nicht zulässig. Jeder Annäherungsschritt steht unter dem Vorbehalt der rechtlichen Unzulänglichkeit, der sich nur durch die Fortsetzung des Weges zum Recht rechtfertigt. In dieser Vorläufigkeit kommen insbesondere auch der Parlamentsvorbehalt und die damit verbundene Öffentlichkeit zur Wirkung.

Schritte zur Annäherung an das Recht dürfen nicht unaufgebbare Grundprinzipien der Verfassung oder des primären Rechts lockern oder gar aufgeben. Stabilisierungsschritte, die den Haushaltsvorbehalt der mitgliedstaatlichen Parlamente, den Schutz des verfassungsrechtlich garantierten Eigentumsinstituts als objektiv-rechtliche Barriere gegen eine gezielte Inflationspolitik oder das Prinzip der begrenzten Einzelermächtigung (Art. 5 AEUV) in Frage stellen, sind unzulässig.

---

[90] Vgl. dazu BVerfGE 100, 1 (38) – Rentenanwartschaften der DDR; 117, 272 (294) – Beschäftigungsförderungsgesetz.

Eine Annäherung an das Recht fordert, dass das annähernde Organ sich ständig vergewissert, ob die schrittweise Annäherung an das Stabilisierungsziel es rechtfertigt, erneut von der rechtlichen Normallage abzuweichen. Dabei ist stets zwischen Erreichtem und Unerreichbarem abzuwägen. Jeder einzelne Schritt muss als Teil des derzeit noch nicht möglichen, großen Schritts zur Normalität legitimiert werden. Dies setzt ein prägnantes Ziel der rechtmäßigen Normalität voraus. Pauschalberufungen auf die Europäische Integration, auf das „magische Viereck", auf Wirtschaftsstabilität und Wachstum sind zu vage, als dass sie rechtfertigende Kraft entfalten könnten.

Eine Annäherung an das Recht folgt nachhaltig dem Weg zur gerechtfertigten Normalität. Kommt diese Bewegung ins Stocken, fällt die materielle Rechtfertigung durch das Annäherungskonzept weg. Es bleibt nur die schroffe Alternative, entweder den Rechtsmaßstab zu ändern oder die Annäherungsmaßnahme zu unterlassen.

Die Rechtsprechung schafft grundsätzlich die Rechtswidrigkeit aus der Welt, erklärt rechtswidrige Akte für nichtig oder nimmt ihnen durch Einschränkung oder Ausgleich die Wirkungen des Rechtswidrigen. Wenn das Bundesverfassungsgericht insbesondere bei der Normenkontrolle einen rechtmäßigen Zustand durch den Urteilstenor nicht herstellen kann, enthält die Unvereinbarkeitserklärung oder die Appellentscheidung in der Regel den Auftrag, an die zur Herstellung der Rechtmäßigkeit befähigten Organe, das geltende Recht innerhalb einer gesetzten Frist zu korrigieren. Soweit dabei verschiedene Gerichte mit verschiedenen Rechtsmaßstäben zusammenwirken, bedarf es einer bewussten Kooperation, die bei der Kompetenzwahrnehmung eine Kultur des Maßes pflegt, in den Rechtsfolgen möglichst die Verlässlichkeit des geschriebenen Textes nicht verlässt. Die Gerichte suchen in beidseitigem Zusammenwirken nach dem besseren Recht und nehmen die Durchsetzung des „eigenen" Rechts dementsprechend zurück.

Wenn gegenwärtig die Verletzung der Verschuldungsgrenze im Unionsvertrag wie im Grundgesetz eine Stabilitätskrise für Recht und Währung verursacht, wird den beteiligten Gerichten in gesteigerter Weise bewusst, dass Rechtsprechen hier vor allem ein Sprechen über Autorität, Geltungsgrund und Verbindlichkeit des Rechts erforderlich macht. Geldwertstabilität ohne Stabilität des Rechts ist nicht möglich. Eine Missachtung des Rechts – auch durch interpretatorisches Überdehnen der Ermächtigungstatbestände – hinterlässt Ruinen des Rechts, auf denen keine Art der Stabilität wachsen kann. Wir stehen unverhofft erneut vor der Aufgabe, bewährte Rechtsprinzipien der europäischen Rechtstradition wieder so ins Werk und in Wirkung zu setzen, dass der Verfassungsstaat ein Rechtsstaat, die Europäische Union eine Rechtsgemeinschaft bleibt.

Staatsminister Goethe und das Grundgesetz des Großherzogtums Sachsen-Weimar-Eisenach vom 5. Mai 1816

Von *Hans Hugo Klein*

I. Einführung

Gerne wäre Herzog *Carl August von Sachsen-Weimar und Eisenach* als neuer König von Sachsen vom Wiener Kongress (1. November 1814 – 8. Juni 1815) zurückgekehrt, an dem er, vor allem beraten durch das jüngste Mitglied seines Geheimen Consiliums, *Ernst Christian August von Gersdorff*,[1] vom 17. November 1814 bis zum 2. Juni 1815 teilnahm. Der Wunsch kam nicht von ungefähr: König *Friedrich August I.* von Sachsen (1806 – 1827) hatte sich als letzter der Rheinbundfürsten, nämlich erst nach der Völkerschlacht bei Leipzig (16. – 19. Oktober 1813), von *Napoleon* abgewandt. Er war einer der Verlierer des großen Krieges, sein Schicksal stand deshalb durchaus zur Disposition der in Wien versammelten Sieger.[2] Eine Chance, seinen Wunsch in Erfüllung gehen zu sehen, hatte *Carl August* gleichwohl nie.[3] Denn die Großmächte (Österreich, Preußen, Russland, Frankreich und England) einigten sich, wennschon unter erheblichen Konvulsionen, auf den Fortbestand des Königreichs Sachsen, das allerdings etwa zwei Fünftel seines Territoriums an Preußen abtreten musste.[4] Indes: *Carl August* kam keineswegs mit leeren Händen aus Wien zurück: Wie die Herzöge von Oldenburg und der beiden Mecklenburg durfte auch er künftig den Titel eines Großherzogs mit der Anrede Königliche Hoheit füh-

---

[1] *Gersdorff* (1781 – 1852) wurde 1811 in das Geheime Consilium berufen und gehörte seit dessen Bildung am 1. Dezember 1815 bis zu seinem Rücktritt im März 1848 dem Staatsministerium des nunmehrigen Großherzogtums Sachsen-Weimar-Eisenach an. Vgl. v. a. H. *Tümmler*, Ernst August von Gersdorff. Weimars Reformminister der Goethezeit, 1980.

[2] Das damalige Völkerrecht gewährte dem Sieger ein „Recht des Erwerbs durch rechtmäßige Eroberung": E. R. *Huber*, Deutsche Verfassungsgeschichte seit 1789, 1. Band, 1957, 565 mit Fn. 3.

[3] Eingehend: F. *Hartung*, Das Großherzogtum Sachsen unter der Regierung Carl Augusts 1775 – 1828, 1923, 266 ff.; s.a. H. *Patze*, in: Handbuch der historischen Stätten, 9. Band: Thüringen, 1968, LXI.

[4] Art. 17 der Wiener Kongressakte vom 9. Juni 1815 (abgedruckt bei G. F. *von Martens*, Recueil de traitées depuis 1808 jusqu'à présent, tom. II, 379). S.a. *Huber* (Fn. 2), 571 f.; F. *Facius*, FS Tümmler, 1977, 163 ff. (186 ff.).

ren,[5] und durch zwei Verträge mit Preußen vom 1. Juni und 22. September 1815[6] erzielte er auch einen nicht unbeträchtlichen Gebietszuwachs.[7]

Nun hatte *Carl August* die teure Reise[8] nach Wien allerdings nicht etwa nur unternommen, um persönlichen Gewinn einzuheimsen. Ihm und seinen Mitstreitern[9] ging es um Deutschland: um die „Beförderung des Wohls des gemeinsamen deutschen Vaterlandes" durch „Kräftigung des föderativen Bandes" und um die Gewähr einer vom künftigen Deutschen Bund zu garantierenden „ständischen Verfassung" für die Einzelstaaten.[10] Die Deutsche Bundesakte vom 8. Juni 1815[11] blieb dann zwar hinter den Erwartungen der Weimarer Diplomatie deutlich zurück,[12] aber es war doch eine zu diesem Zeitpunkt durchaus entwicklungsfähig erscheinende rechtliche Grundlage für das Zusammenwirken der (41) Mitgliedstaaten des Deutschen Bundes geschaffen. Was die Bundesgarantie für die mitgliedstaatlichen Verfassun-

---

[5] Vgl. Art. 24 bis 36 der Kongressakte. – *Goethe* beglückwünschte *Carl-August* zu dieser Rangerhöhung mit Schreiben vom 22. April 1815 (*Goethe*, Briefe [Hamburger Ausgabe], Band III 1805 bis 1821, 1988, 298).

[6] *Martens* (Fn. 4), tom. II 324 und tom. III 323. Der Vertrag vom 22. September 1815 ist auch abgedruckt bei *H. Tümmler* (Hrsg.), Politischer Briefwechsel des Herzogs und Großherzogs Carl August von Weimar, Band 3: Von der Rheinbundzeit bis zum Ende der Regierung 1808–1828, 1973, 324 ff. (künftig abgekürzt: *Tümmler*, PB).

[7] Der Umfang des Großherzogtums wuchs von 36 auf 66 Quadratmeilen, die Zahl seiner Einwohner von 112.000 auf ca. 190.000. Auch jetzt verfügte Sachsen-Weimar-Eisenach allerdings nicht über ein geschlossenes Territorium. Zum Weimar-Jenaer Kreis (zu dem auch das Amt Ilmenau gehörte) kamen das im Westen gelegene, seinerseits zerstückelte Fürstentum Eisenach und der südöstlich der Saale gelegene Neustädter Kreis. Im Einzelnen: *C. W. Schweitzer*, Öffentliches Recht des Großherzogthumes Sachsen-Weimar-Eisenach, 1825, 1–23 (zur territorialen Entwicklung des Weimarer Staates); *H. Tümmler*, Carl August von Weimar, Goethes Freund, 1978, 256; *Hartung* (Fn. 3), 269. S.a. die Karte bei *H. Eberhardt*, in: Schriften zur Geschichte des Parlamentarismus in Thüringen, Heft 1, 1992, 107 ff. (109).

[8] Vgl. *Tümmler* (Fn. 7), 248; *Hartung* (Fn. 3), 267.

[9] Neben *Gersdorff* war dies v. a. *Albert Cajetan Graf von Edling* (1772–1841), zur Zeit des Wiener Kongresses Oberhofmarschall und Geheimer Rat, seit 1814 Mitglied der Theaterleitung in Weimar (und damit Stellvertreter *Goethes*) und von 1815 bis 1819 Staatsminister mit der Zuständigkeit für Angelegenheiten des Hofes und die auswärtige Politik; zu ihm *Tümmler*, Carl August (Fn. 7), 246, 260, 299 ff.

[10] Vgl. die Instruktion des Herzogs an *Gersdorff* vom 22. Sept. 1814 (*Tümmler*, PB [Fn. 6], 256 ff.). *Carl August*, vor allem aber *Gersdorff*, vertraten aus Überzeugung die wichtigsten der sich aus der westeuropäischen Verfassungstheorie – die Vorbildfunktion der US-amerikanischen Verfassung trat dahinter zurück – ergebenden Ergebnisse.

[11] Abgedruckt bei *E.R. Huber*, Dokumente zur deutschen Verfassungsgeschichte, Band 1, 1962, Nr. 29. Sachsen-Weimar-Eisenach trat dem Bund am 5. Juni 1815 bei.

[12] Die ursprüngliche Zielsetzung lässt sich einem Vorschlag *Gersdorffs* zu einer Note an Preußen und Österreich vom 20. März 1815 (*Napoleon* war gerade aus Elba zurück) entnehmen. „Verfassungsgrundsätze", eine „kräftige Militärverfassung", „gehörige Maßregeln zur Organisation unabhängiger Rechtspflege", die Bestimmung staatsbürgerlicher Rechte und ein höchstes Bundesgericht „zur Schlichtung der Streitigkeiten zwischen Staat und Staat, Fürst und Ständen" werden hier eingefordert: *Tümmler*, Gersdorff (Fn. 1), 76.

gen betrifft, fand sie erst in die Wiener Schlussakte vom 15. Mai 1820[13] Eingang, was den Bundestag allerdings nicht hinderte, schon vorher in einigen Fällen, zuerst demjenigen des Großherzogtums Sachsen-Weimar-Eisenach, eine solche Garantie zu übernehmen.[14]

II. Das Grundgesetz vom 5. Mai 1816

Die Aufgabe, vor die sich *Carl August* nach seiner Rückkehr aus Wien gestellt sah, war die gleiche, vor der die anderen von den vielfältigen territorialen Veränderungen der letzten anderthalb Jahrzehnte betroffenen deutschen Staaten standen: die Herstellung der staatlichen Einheit durch die Vereinheitlichung von Recht[15] und Verwaltung.

1. Das Staatsministerium

In einem ersten Schritt wurde das Geheime Consilium[16] nach preußischem Vorbild[17] durch ein Staatsministerium ersetzt:[18] „In Erwägung der Notwendigkeit einer organisch bestimmten Verfassung der obersten Beratungs- und Regierungsbehörde eines jeden Staats und Betracht der Unentbehrlichkeit einer gesetzmäßigen Verantwortlichkeit der höhern Staatsbeamten vor dem Fürsten und den Landesständen [...]" (Präambel). Dabei handelte es sich um einen „epochalen Verfassungsakt".[19] Während die (politische und rechtliche) Verantwortlichkeit des Ministeriums gegenüber den (in der geplanten Form noch nicht bestehenden) Landesständen in der Verordnung unausgeführt blieb, erhielt sie gegenüber dem Fürsten konkrete Gestalt durch die Einführung der Kontrasignatur. *Gersdorff*, der eigentliche Autor der Verordnung, hatte in einer seiner Denkschriften[20] deren Bedeutung klar beschrieben:

---

[13] Abgedruckt bei *Huber*, Dokumente (Fn. 11), Nr. 30. – Art. 60 WSA lautete: „Wenn von einem Bundesgliede die Garantie des Bundes für die in seinem Lande eingeführte landständische Verfassung nachgesucht wird, so ist die Bundesversammlung berechtigt, solche zu übernehmen. Sie erhält dadurch die Befugniß, auf Anrufen der Betheiligten, die Verfassung aufrecht zu erhalten, und die über Auslegung oder Anwendung derselben entstandenen Irrungen, so fern dafür nicht anderweitig Mittel und Wege gesetzlich vorgeschrieben sind, durch gütliche Vermittelung oder compromissarische Entscheidung beizulegen."

[14] Näher *Huber* (Fn. 2), 649 ff.

[15] Den Vorschlag, ein Lehrbuch über die wichtigsten Gesetze und Verfassungsverhältnisse im Großherzogtum zu erarbeiten, fand die Regierung zu Weimar (worunter nicht das Staatsministerium sondern die für Fragen der Justizverwaltung zuständige Behörde zu verstehen ist) wohl löblich. Sie wies aber darauf hin, dass es zunächst einmal gelte, die bestehenden acht Partikulargesetzgebungen der verschiedenen Landesteile zu vereinheitlichen – vgl. *K.-H. Hahn*, FS Tümmler, 1977, 29 ff. (29).

[16] Dazu *H.H. Klein*, Die Reorganisation des Herzogtums Sachsen-Weimar und Eisenach durch die Konstitution vom 26. September 1809, 2001, 28 f.

[17] Vgl. *Huber* (Fn. 2), 149 f.

[18] Verordnung des Großherzogs vom 1. Dezember 1815 (teilw. abgedruckt bei *Tümmler*, PB [Fn. 6], 340 f.).

[19] *Huber* (Fn. 2), 150.

[20] Vom 19. Oktober 1815, abgedruckt bei *Tümmler*, PB (Fn. 6), 331 ff. (335 f.).

Nicht der Landesherr, der „als heilig und unverletzlich zu betrachten" sei,[21] sondern die „Behörden, mit Einschluss des Staatsministerii", trügen die Verantwortung für die mit ihrer Unterschrift versehenen landesherrlichen Erlasse. Der „Fürstendiener" der Vergangenheit war nun von Rechts wegen gehalten, sich nicht ohne Weiteres dem Willen des Landesherrn zu fügen, sondern ihm, sei es auch um den Preis des Amtsverlustes, zu widersprechen, wo die eigene Überzeugung von dem, was Recht und politische Vernunft geboten, eine andere war[22] – jedenfalls galt das für die Mitglieder der obersten Regierungsbehörde, die Staatsminister. Die maßgeblichen Bestimmungen der Verordnung vom 1. Dezember 1815 wurden wenig später in die Verfassung des Großherzogtums vom 5. Mai 1816 übernommen (§§ 111 ff.).

Die hohe Konstanz in der Besetzung der Ministerämter mit bedeutenden, durchweg sehr selbstbewussten Persönlichkeiten[23] und die außerordentliche staatspolitische Gewissenhaftigkeit vor allem *Carl Augusts*, aber auch seines Sohnes und Nachfolgers, zeigen, dass jedenfalls im Großherzogtum Sachsen-Weimar-Eisenach der Grundgedanke der Ministerverantwortlichkeit schnell Fuß gefasst hat. Das Staatsministerium tagte grundsätzlich und regelmäßig unter dem Vorsitz des Großherzogs.[24]

2. Die Beratungsversammlung

Am 30. Januar 1816 erging, wiederum vor allem von *Gersdorff* konzipiert,[25] die großherzogliche Verordnung „die Bildung und Zusammenberufung einer ständischen Beratungsversammlung zur Entwerfung der Landesverfassungsurkunde betreffend",[26] womit *Carl August* als einer der ersten[27] die Initiative ergriff, dem Gebot

---

[21] Die Formel „heilig und unverletzlich" z. B. in § 5 Abs. 2 der Verfassungsurkunde für das Großherzogtum Baden vom 22. Aug. 1818. Dazu *V. Sellin*, Gewalt und Legitimität, 2011, 79 ff.

[22] Näher zur Ministerverantwortlichkeit in der konstitutionellen Monarchie: *R. Herzog*, FS Müller, 1970, 117 ff. (118 ff.); *H. Maurer*, FS Carstens, 1984, 2. Band, 701 ff. (702 f.).

[23] Dem Staatsministerium gehörten 1815 an: *Christian Gottlob von Voigt* als Präsident bis zu seinem Ableben am 22. März 1819 (der Präsidentenposten wurde danach nicht wieder besetzt); *Karl Wilhelm Freiherr von Fritsch*; *Ernst Christian August Freiherr von Gersdorff* und *Albert Cajetan Graf von Edling* (*Edling* schied 1819 aus dem Amt. An seine Stelle trat der Jenaer Juraprofessor *Christian Wilhelm Schweitzer*). *Fritsch*, *Gersdorff* und *Schweitzer* traten erst im Zuge der Revolution von 1848 von ihren Ämtern zurück. Über die Position *Goethes* s. u. III.1.

[24] Dazu *Hartung* (Fn. 3), 274; ebd., 277 ff., auch zur Neuorganisation der Verwaltung (und deren Trennung von der Justiz) auf der mittleren und unteren Ebene.

[25] Vgl. seine Denkschrift vom 19. Oktober 1815 (*Tümmler*, PB [Fn. 6], 329) und sein Schema über Grundzüge konstitutioneller Monarchie (ebd., 330). Schon am 2. September 1815 hatte *Gersdorff* dem *Freiherrn vom Stein* eine Aufzeichnung übermittelt, in welcher er die ihm vorschwebende „Idee einer echten Repräsentativverfassung" im Detail entfaltete. Eingehend: *Hartung* (Fn. 3), 290 ff.; *Tümmler*, Gersdorff (Fn. 1), 38 ff.

[26] Abgedruckt bei *Tümmler*, PB (Fn. 6), 340 ff.

[27] Zeitlich vorangegangen war u. a. die Verfassung des Herzogtums Nassau vom 1./2. Sept. 1814; dazu: *P. M. Ehrle*, Volksvertretung im Vormärz, 1973, 53 ff.; *Hartung* (Fn. 3), 306 f.

des Art. 13 der Bundesakte[28] nachzukommen. Er erfüllte damit auch das Versprechen, das er in seinen Besitzergreifungspatenten vom 15. November 1815 und 24. Januar 1816 für die hinzugewonnenen Teile seines Staatsgebietes gemacht hatte, „Uns mit den Ständen unserer alten und mit einer Auswahl der Vasallen und Unterthanen der neuen Lande [...] über die zweckmäßige Abfassung der Verfassungsurkunde zu berathen".[29] Der so zusammengesetzten Versammlung war aufgegeben, den Entwurf einer Verfassung zu erarbeiten, deren Inhalt allerdings weitgehend vorgezeichnet war. Zu bestimmen war u. a., „wie durch Wahl der Staatsbürger aller Klassen Repräsentanten der Gesamtheit Unserer Untertanen zu der Landstandschaft berufen werden sollen", und wie die Landstände ihre Befugnisse bei der Gesetzgebung, der Steuerbewilligung, der „gutachtlichen Vorschläge zu Abstellung von Mängeln und Missbräuchen in der Verwaltung und Gesetzgebung, der Klage über willkürliche Eingriffe der Staatsbeamten in die Freiheit, die Ehre und das Eigentum der Staatsbürger oder in die Verfassung des Landes, gesetzmäßig auszuüben haben".[30] Sehr zu Recht hat *Georg-Christoph von Unruh* hervorgehoben, dass in diesem Dekret *Carl Augusts* erstmals in einem deutschen Gesetzestext der Begriff „Staatsbürger" auftaucht,[31] womit der (allmähliche) Übergang von der ständischen zur staatsbürgerlichen Gesellschaft vorgezeichnet war.[32] Die künftigen Landstände sollten „aus Repräsentanten aller Klassen der Staatsbürger bestehen" (§ 2). Die Verordnung enthielt detaillierte Vorschriften über die Zahl und (Aus-)Wahl der Mitglieder der Versammlung, die Teilnahme von (stimmberechtigten) Beauftragten des Landesherrn an ihren Verhandlungen (einer von ihnen führte den Vorsitz) und den Geschäftsgang. Die Versammlung trat am 7. April 1816 zusammen. Nachdem sie ihre Beratungen bereits am 23. April abgeschlossen hatte, formulierte *Schweitzer*[33] den Text der Verfassung, die *Carl August* mit einigen keineswegs nur unbedeutenden Abweichungen vom Entwurf am 5. Mai 1816 sanktionierte.[34]

3. Vollverfassung oder Organisationsstatut?

Im Vorfeld der Verfassungsberatungen war es zu einer heftigen Kontroverse innerhalb der weimarischen Regierung gekommen. *Carl August* hatte ja keineswegs

---

[28] „In allen Bundesstaaten wird eine landständische Verfassung statt finden."
[29] Präambel der Verordnung vom 30. Januar 1816.
[30] Der Text stimmt nahezu wörtlich mit *Gersdorffs* „Schema" (Fn. 25) überein.
[31] Reformen im Sinne des Freiherrn vom Stein außerhalb Preußens, Die Verwaltung 13 (1980), 356 ff. (356, 361).
[32] Dazu: *T. Nipperdey*, Deutsche Geschichte 1800–1866. Bürgerwelt und starker Staat, 1984, 255 ff.
[33] Vgl. *G. Lingelbach*, FS Becker, 2009, 125 ff.
[34] „Grundgesetz über die landständische Verfassung des Großherzogtums Sachsen-Weimar-Eisenach" – Text bei *Tümmler*, PB (Fn. 6), 373 ff., und in: 175 Jahre Parlamentarismus in Thüringen (1817–1992) Schriften zur Geschichte des Parlamentarismus in Thüringen, Heft 1, 1992, 58 ff.

die Absicht, der Diskussion in der Beratungsversammlung freien Lauf zu lassen oder gar deren Ergebnis ungeprüft zu übernehmen. Um einem möglichen Fehlverlauf zu steuern, wurden die von der Regierung entsandten, wie gesagt: stimmberechtigten, Mitglieder der Versammlung an eine landesherrliche Instruktion gebunden, die den Adressaten „und der Beratungsversammlung zur einzigen Richtschnur dienen wird".[35] *Gersdorffs* Entwurf dieser Instruktion[36] – er zielte auf eine Vollverfassung, die, etwa nach dem Vorbild der französischen Charte Constitutionelle von 1814, von der Stellung des Landesherrn, den Befugnissen der Landstände und den politischen und staatsbürgerlichen Rechten der „Staatsbürger" handeln sollte – wurde vom Großherzog kurzerhand „verworfen".[37] Ziel der Regierung und das Ergebnis der Verhandlungen der Beratungsversammlung war eine Teilverfassung, die sich im Wesentlichen auf die Regelung der Einberufung, Vertagung und Auflösung sowie die Zusammensetzung und die Befugnisse der Landstände und schließlich die Grundzüge des parlamentarischen Geschäftsgangs beschränkte – auf die Übernahme der Vorschriften über das Staatsministerium wurde schon hingewiesen. Vertretbar schien dies nicht zuletzt deshalb, weil die Rechtsstellung des Landesherrn durch dessen bundesrechtlich garantierte[38] Souveränität und die Rechte der Bürger durch das im Großherzogtum schon geltende Recht geregelt waren.[39]

4. Der wesentliche Inhalt der Verfassung

Das Grundgesetz vom 5. Mai 1816, das auch deshalb in so kurzer Zeit entworfen und verkündet werden konnte, weil es in vielerlei Hinsicht an das bereits geltende Recht anknüpfte, blieb also „bei einem Theile der Staatsverfassung stehen, bestimmte nun die Landstände, ihre Vertretung, ihre Rechte – das Weitere, die Fort- und Ausbildung des Ganzen, dem Gebrauche dieser Rechte überlassend."[40]

---

[35] *Carl Augusts* Anweisung bei *Tümmler*, PB (Fn. 6), 359; deren Inhalt ebd., 355 ff.

[36] Ebd., 347 ff.; dazu die „Notwendigen Bemerkungen" des Geheimen Referendarius *Ackermann*, ebd., 352 ff.

[37] So der handschriftliche Vermerk *Carl Augusts* auf dem von *Gersdorff* vorgelegten Papier. Was *Carl August* zu dieser schroffen Reaktion auf Vorschläge, über die deren Verfasser sich mit seinem Landesherrn einig zu sein durchaus anzunehmen Grund hatte, bewog, mag dahinstehen. Ein Grund war sicher *Carl Augusts* konsequent verfolgtes Bemühen, für die Verfassung die Garantie des Bundes zu erlangen. Sie wäre, wäre man *Gersdorffs* Vorstellungen gefolgt, schwerlich zu bekommen gewesen. Näheres bei *Hartung* (Fn. 3), 294 ff.; *Tümmler*, Carl August (Fn. 7), 264 ff.; *ders.*, Gersdorff (Fn. 1), 41 ff.

[38] Vgl. die Präambel sowie Art. 1 der Bundesakte.

[39] In § 5 Abs. 5 und 6 des Grundgesetzes wurden „die Freiheit, die Ehre und das Eigenthum der Staatsbürger" als deren normativ gesicherte Rechte vorausgesetzt. Dazu: *Schweitzer* (Fn. 7), 52 f. – im Einzelnen: 53 ff.

[40] *Schweitzer* (Fn. 7), 29. Zum Folgenden: *H. Ortloff*, Zeitschr. des Vereins für Thüringische Geschichte und Altertumskunde 1907, 14 ff.; *Hartung* (Fn. 3), 297 ff.; *Ehrle* (Fn. 27), 112 ff.; *R. Jonscher*, in: Schriften zur Geschichte des Parlamentarismus in Thüringen, Heft 3, 1993, 7 ff. (12 ff.); *G. Engelbert*, Der Staat, Beiheft 1, 1975, 103 ff. (106 ff.).

Der Landtag (§ 53 des Grundgesetzes) bestand aus einer Kammer (was dem Lande die mannigfachen Probleme des Zweikammersystems ersparte) und setzte sich zusammen aus 31 Abgeordneten,[41] die je gesondert von den drei Ständen – Rittergutsbesitzern,[42] Bürgern und Bauern[43] – auf sechs Jahre (§ 30) gewählt wurden (§§ 2, 3).[44] Indes: „Jeder Abgeordnete, von welchem Stande, von welchem Kreise, von welchem Bezirke er auch sey, ist Vertreter aller Staatsbürger [...]" (§ 67 – s.a. § 3).[45] In dieser Vorschrift manifestierte sich das von den Monarchen gefürchtete Repräsentationsprinzip, ausgedünnt freilich durch die partielle Beibehaltung des ständischen Prinzips, die in der Wahl der Abgeordneten durch die genannten drei Stände und deren unterschiedlichem Repräsentationsgrad zum Ausdruck kam.[46] Der Landtag trat alle drei Jahre, regelmäßig in der ersten Januarwoche, zu einer ordentlichen Sitzung, im Übrigen auf Anordnung des Großherzogs zu außerordentlichen Sitzungen zusammen (§ 54) – ein Selbstversammlungsrecht besaß der Landtag nicht. Die Abgeordneten waren Inhaber eines freien Mandats (§ 67), genossen Indemnität (§ 68) und während der Sitzungsperioden Immunität (§ 69). Sie erhielten eine „Auslösung" sowie „Reise- und Zehrungskosten" (§ 70). Wähler und Wahlmänner aus dem Bürger- und Bauernstand mussten über ein bestimmtes Vermögen verfügen (§§ 19, 21); Entsprechendes galt für die Abgeordneten (§§ 24–26). Der Landtag konnte vom Großherzog jederzeit vertagt oder aufgelöst werden; im letztgenannten Fall war der Landtag binnen drei Monaten neu zu wählen (§ 96).

An der Spitze des Landtags stand ein Vorstand, bestehend aus dem Landmarschall[47] und zwei „Gehilfen". Sie waren vom Landtag aus dessen Mitte mit der absoluten Mehrheit der abgegebenen Stimmen (§ 82)[48] zu wählen, die Wahl des Landmarschalls bedurfte der Bestätigung durch den Landesherrn (§§ 57, 61). Dem Vorstand oblagen insbesondere die „Zusammenberufung" der Abgeordneten zu den an-

---

[41] Jeder der drei Stände entsandte zehn Abgeordnete; dazu kam als 31. Mitglied der Repräsentant der „Akademie Jena", da diese sich im Besitz von Rittergütern befand (§ 10).

[42] Auf deren Zugehörigkeit zum Adel kam es nicht an (§ 14). Die Zahl der Rittergutsbesitzer im Großherzogtum belief sich 1819 auf 172: *Hartung* (Fn. 3), 298.

[43] Für deren Berücksichtigung hatte sich v. a. *Gersdorff* eingesetzt; vgl. seine Stellungnahme vom 31. Okt. 1815, in: *Tümmler*, PB (Fn. 6), 337 f.

[44] Das Wahlrecht wurde für die drei Stände in der Verfassung jeweils eingehend geregelt. Die Wahlen waren nicht geheim. – Adelsprivilegien in Ansehung staatsbürgerlicher Rechte kannte das weimarische Staatsrecht nicht: *Schweitzer* (Fn. 7), 59. Zum Wahlrecht – die Abgeordneten aus dem Stand der Rittergutsbesitzer wurden direkt, die der Bürger und Bauern indirekt gewählt – näher *Hartung* (Fn. 3), 298 f.

[45] Sehr deutlich *Schweitzer* (Fn. 7), 101 f. – Allgemein: *F. Shirvani*, Der Staat 46 (2007), 541 ff.

[46] Allgemein: *F. Shirvani*, Der Staat 46 (2007), 541 ff. (547 f.).

[47] Das Amt des Landmarschalls bekleidete vom ersten Zusammentritt des Landtags zu Beginn des Jahres 1817 bis 1847 *Georg Riedesel Freiherr zu Eisenbach* (1785–1854) – zu ihm: *H. Blesken*, in: Schriften zur Geschichte des Parlamentarismus in Thüringen, Heft 2, 1992, 16 ff.

[48] Der Landtag war nur beschlussfähig, wenn mindestens 21 Abgeordnete anwesend waren (§ 80).

stehenden Sitzungen, deren Vorbereitung einschließlich der Abklärung von Fragen mit den Staatsbehörden und die Geschäftsleitung während der Sitzungen. War der Landtag nicht versammelt, nahm der Vorstand in der Art eines ständigen Ausschusses bestimmte Aufgaben des Landtags wahr, im Bedarfsfall konnte er die Abhaltung eines außerordentlichen Landtags beantragen (§ 62).

Der Landtag verhandelte unter Ausschluss der Öffentlichkeit.[49] Abstimmungen durften nicht nach Ständen vorgenommen werden, vielmehr stimmte jeder Abgeordnete gesondert ab nach seiner persönlichen Überzeugung. Das imperative Mandat war damit abgeschafft. Es galt jedoch ein ständischer Vorbehalt: Wenn alle Abgeordneten eines Standes oder Kreises sich einig waren, dass ein Beschluss der Mehrheit ihren Stand oder Kreis beschwere, konnten sie ein Separatvotum abgeben, welches die Kraft eines suspensiven Vetos hatte und dem Landesherrn nebst dem Mehrheitsbeschluss zur Entscheidung vorzulegen war (§§ 83–86).[50] Die Mitglieder des Staatsministeriums waren bei den Beratungen des Landtags nur anwesend, wenn der Landesherr es für geboten hielt, sie zur Erläuterung seiner „Propositionen" dahin abzuordnen; der Abstimmung durften sie jedoch nicht beiwohnen (§ 88).[51]

Das Parlament hatte weitreichende Befugnisse (§ 5): ein allerdings auf das Staatsvermögen beschränktes[52] Budgetrecht (s.a. §§ 97 ff.);[53] ein umfassendes Steuerbewilligungsrecht, welches auch die Rechnungsprüfung einschloss (s.a. §§ 101, 105 ff.); das Recht zur Mitwirkung an der Gesetzgebung, einschließlich des (auch dem Landesherrn zustehenden) Gesetzesinitiativrechts (§ 117) – ohne die Zustimmung des Landtags konnte kein Gesetz zustande kommen, welches die Verfassung oder die persönliche Freiheit, die Ehre und das Eigentum der Untertanen betraf;[54] ein

---

[49] Die Frage der Öffentlichkeit war schon in der Beratungsversammlung streitig gewesen. Der Landtag selbst sprach sich zunächst entgegen dem Vorschlag des Großherzogs gegen die Öffentlichkeit seiner Verhandlungen aus (*Schweitzer* [Fn. 7], 106 ff.), änderte aber später seine Meinung – dazu: *Blesken* (Fn. 47), 10 f., 24 ff.

[50] Das Separatvotum – auch: itio in partes – fand sich typischer- und logischerweise in Einkammersystemen: *Ehrle* (Fn. 27), 488 ff.

[51] Die Vorschrift belegt den Exekutivvorbehalt des Monarchen und die fehlende parlamentarische Verantwortlichkeit der Minister. Sie gehörte zu denjenigen, die Carl August dem Entwurf der Beratungsversammlung einfügte, bevor er ihm am 5. Mai 1816 die Sanktion erteilte: *Hartung* (Fn. 3), 303 f. – dort auch zu den weiteren, wie das Beispiel zeigt, keineswegs unerheblichen, Ergänzungen des Großherzogs.

[52] Das Kammervermögen blieb der ausschließlichen Verfügung durch den Großherzog überlassen: *Schweitzer* (Fn. 7), 43 f.

[53] Im Unterschied zu den meisten anderen Verfassungen des Frühkonstitutionalismus war im weimarischen Grundgesetz auch das Ausgabenbewilligungsrecht verankert (§ 5 Abs. 1), was damit zusammenhing, dass das Kammergut und seine Erträge der Disposition des Landtags entzogen blieben – vgl. *R. Mußgnug*, in: K. Jeserich u.a. (Hrsg.), Deutsche Verwaltungsgeschichte, 2. Band, 1983, 95 ff. (103 mit Fn. 35), der darauf hinweist, dass die Bundesversammlung das parlamentarische Ausgabenbewilligungsrecht für mit dem Bundesrecht unvereinbar erklärte (104).

[54] Allgemein zur Tragweite des Gesetzgebungsrechts im Frühkonstitutionalismus *Mußgnug* (Fn. 53), 97 ff.

allgemeines Petitionsrecht in Bezug auf Mängel und Missbräuche in der Verwaltung, einschließlich des Rechts zu Vorschlägen, wie dem Übelstand abzuhelfen sei; ein Recht auf Beschwerde und Klage gegen Mitglieder des Staatsministeriums und anderer Staatsbehörden wegen Verletzung der Verfassung und rechtswidriger Eingriffe in Freiheit und Eigentum der Staatsbürger (§§ 109 ff.);[55] schließlich ein Mitentscheidungsrecht bei der Besetzung bestimmter Ämter in der Verwaltung. Einen rechtsverbindlichen Einfluss auf die Zusammensetzung des Staatsministeriums hatte der Landtag aber nicht.

Staatsdiener waren vor Amtsantritt auf die Verfassung zu verpflichten (§ 124), und der Landesfürst war gehalten, zu Beginn seiner Regierung „sich schriftlich bei fürstlichen Worten und Ehren verbindlich (zu) machen, die Verfassung […] zu beobachten, aufrecht zu erhalten und zu schützen" (§ 126).

Die Verfassung bestimmte selbst, dass dem Bund die Garantie ihrer Sicherstellung zu übertragen sei. Die Landstände sollten sich im Falle einer Verfassungsverletzung an den Bundestag wenden dürfen, insbesondere dann, wenn einer Entscheidung des Oberappellationsgerichts im Anklageverfahren gegen Staatsbedienstete keine Folge gegeben werden sollte (§ 129). *Carl August* wollte dem Landtag auf diese Weise eine externe Gewähr für die Unverbrüchlichkeit der Verfassung bieten.[56]

Einen Grundrechtskatalog, wie von *Gersdorff* anfänglich gewünscht,[57] enthielt die Verfassung nicht. Sie setzte indessen, wie gezeigt,[58] die rechtliche Gewähr der persönlichen Freiheit, der Ehre und des Eigentums der Staatsbürger als bestehend voraus und hob in der Schlussformel des großherzoglichen Publikationspatents vom 5. Mai 1816 die Anerkennung der folgenden, „bereits anerkannte(n)" Rechte besonders hervor: „das Recht auf eine, auch die Verbindlichkeiten des Fiscus umfassende, in drei Instanzen geordnete, unparteiische Rechtspflege, und das Recht auf

---

[55] Die Beschwerde war an den Großherzog zu richten, die förmliche Klage von diesem an das Oberappellationsgericht in Jena abzugeben. *v. Unruh* (Fn. 31), 363, sieht in dieser (Minister-) Anklage den Anfang zur Entwicklung der Verfassungsgerichtsbarkeit in Deutschland – schon im Blick auf die Zuständigkeiten von Reichshofrat und Reichskammergericht im alten Reich wäre wohl genauer von einem frühen Fall der juristischen Ministerverantwortlichkeit im konstitutionellen Zeitalter zu sprechen. – In Ausführung des Art. XII der Bundesakte wurde am Jahresende 1816 das gemeinsame Oberappellationsgericht der thüringischen Fürstentümer errichtet. Dazu: *G. Lingelbach*, FS zur Wiedererrichtung des Oberlandesgerichts in Jena, 1994, 3 ff. (24 ff.); *Schweitzer* (Fn. 7), 123 ff.

[56] s. schon oben I. am Ende. – Die Garantie, die niemals praktisch geworden ist, wurde von der Bundesversammlung erst nach einigem Zögern (die großen Staaten hatten sich über *Carl Augusts* Vorpreschen in der Verfassungsfrage weidlich geärgert) am 13. März 1817 erteilt, nachdem der weimarische Antrag bereits im Juli 1816 gestellt worden war. *Metternichs* Widerstand wurde vom preußischen Staatskanzler *Hardenberg* mit dem Argument überwunden, im Fall einer Ablehnung könne der Eindruck entstehen, man wolle Art. XIII der Bundesakte einschlafen lassen – vgl. die Dokumentation bei *Tümmler*, PB (Fn. 6), 391 ff., 403 ff. (mit Fn. 8); s.a. *Hartung* (Fn. 3), 307 f.

[57] Oben unter 3.

[58] Oben zu Fn. 55.

Freiheit der Presse [...]".⁵⁹ Wenn auch nicht mit der gleichen Deutlichkeit, deren sich die Verfassungen des süddeutschen Konstitutionalismus befleißigten, garantierte das weimarische Grundgesetz den Status des Staatsbürgers mit gleichen Freiheitsrechten.⁶⁰

5. Eine frühkonstitutionelle Verfassung

In einem an den Landtag gerichteten Ministerialdekret vom 29. Januar 1819 findet sich eine Art authentischer Interpretation der weimarischen Verfassungsverhältnisse: „Die Regierungs-Form des Großherzogthums ist nicht Dyarchie, sondern konstitutionelle Monarchie. Das Charakteristische der Monarchie ist es, daß die Staatsgewalt in der Person des Monarchen vereiniget ist. Die Konstitution bedingt einzelne Äußerungen der Staatsgewalt, aber sie theilt nicht die Staatsgewalt selbst."⁶¹ Der Landtag hat sich dieser Auffassung, seine ursprüngliche Ansicht korrigierend, in einer Erklärung vom 3. Februar 1819 angeschlossen.⁶²

Die Verfassung des Großherzogtums entsprach dem monarchischen Prinzip, wie es später in Art. 57 der Wiener Schlussakte definiert worden ist: Der Monarch vereinigte alle Staatsgewalt in sich, ließ aber gewisse Beschränkungen ihrer Ausübung zu, die er auch als für sich selbst verbindlich anerkannte.⁶³ Der Monarch „trat unter das Dach der Verfassung".⁶⁴ Das kam vor allem auch darin zum Ausdruck, dass eine Aufhebung oder Änderung der Verfassung, also die Ausübung der pouvoirs constituant und constituée des Landesherrn, nur im Einvernehmen zwischen ihm und dem Landtag erfolgen durfte (vgl. § 123 des Grundgesetzes von Weimar). Dem Prinzip der Gewaltenteilung war damit, insbesondere in Ansehung der gesetzgebenden Gewalt, eine definitive Absage erteilt.⁶⁵

Auch der ursprüngliche verfassungsgebende Akt war Ausfluss der monarchischen Gewalt. Zwar hatte sich der Großherzog im Vorfeld des Rates der Stände bedient, auch ist er ihren Vorschlägen (die ihrerseits der „Instruktion" des Landesherrn ziemlich genau entsprachen) weitgehend gefolgt, doch ließ er in seinem Publikationspatent vom 5. Mai 1816 keinen Zweifel daran, dass er es war, dem es zukam, den „Ent-

---

⁵⁹ Auch auf diese, als integraler Bestandteil der Verfassung anzusehenden Gewährleistungen erstreckte sich die bundesrechtliche Garantie – was *Metternichs* anfänglichen Widerstand hinreichend erklären dürfte.

⁶⁰ Vgl. zur württembergischen Verfassung vom 25. Sept. 1819 *R. Grawert*, in: C. Jamme/ O. Pöggeler (Hrsg.), „o Fürstin der Heimath! Glükliches Stutgard". Politik, Kultur und Gesellschaft im deutschen Südwesten um 1800, 1988, 126 ff. (158).

⁶¹ Zitiert nach *Schweitzer* (Fn. 7), 35 Fn. 56.

⁶² Ebd., 36 Fn. 56.

⁶³ Vgl. nur *E.-W. Böckenförde*, in: ders. (Hrsg.), Moderne deutsche Verfassungsgeschichte (1815–1918), 1972, 146 ff. (148); D. Grimm, Deutsche Verfassungsgeschichte 1776–1866, 1988, 114 f.; *Huber* (Fn. 2), 652 ff.

⁶⁴ *Grawert* (Fn. 60), 153.

⁶⁵ *Huber* (Fn. 2), 653: „Das monarchische Prinzip war die Gegenlehre des Gewaltenteilungsprinzips."

wurf" der Beratungsversammlung zu „bestätigen".[66] Dem Wunsch der Versammlung, dass „die neue Verfassung als das Resultat gegenseitiger Übereinkunft festgestellt werde",[67] hat sich *Carl August* bei aller Anerkennung ihrer Leistung[68] demonstrativ versagt. Eine „paktierte Verfassung" wie die des Königreichs Württemberg war das Grundgesetz von Sachsen-Weimar-Eisenach also nicht,[69] wenn man auch im Blick auf die weithin einvernehmliche Feststellung ihres Inhalts zögern wird, von einem Oktroi zu sprechen.[70] Indes: der juristische Geltungsgrund der Verfassung lag im Willen des Landesherrn.[71]

Wesentlich für die verfassungsgeschichtliche Verortung des Weimarer Grundgesetzes sind ferner die Zusammensetzung des Landtags, das Verfahren der Gesetzgebung und die Ausgestaltung des Budgetrechts. Im ersten Punkt erwies sich die Anknüpfung an altständische Strukturen als zählebig,[72] wenngleich die Verfassung es jedem Abgeordneten zur Pflicht machte, *alle* Staatsbürger und nicht die Interessen ihres Standes zu vertreten (§ 67). Hinsichtlich der Gesetzgebungsfunktion war die Mitwirkungsbefugnis des Landtags weitreichend,[73] und Gleiches gilt in Ansehung der Budgetfunktion mit der allerdings nicht unerheblichen Einschränkung, dass sie das Kammervermögen nicht einbezog.

Im Ergebnis ist die Verfassung des Großherzogtums Sachsen-Weimar-Eisenach dem Typus der frühkonstitutionellen Verfassungen zuzuordnen.[74] Sie hielt entschie-

---

[66] Vgl. die Präambel des Grundgesetzes. – Von bloßer Beratung ist auch im Einberufungsdekret *Carl Augusts* vom 30. Januar 1816 die Rede; vgl. dessen Einleitung (*Tümmler*, PB [Fn. 6], 342). *Carl August* hat zudem, wie schon erwähnt, den Verfassungsentwurf aus eigener Machtvollkommenheit in einer Reihe von Punkten geändert.

[67] Vgl. das Schreiben der drei in die Beratungsversammlung entsandten Regierungskommissare an *Carl August* zur Vorlage des Verfassungsentwurfs vom 28. April 1816 (*Tümmler*, PB [Fn. 6], 365 ff. [366 f.]).

[68] Ausgesprochen u. a. in dem Reskript *Carl Augusts* an die Regierungskommission bei der Beratungsversammlung vom 5. Mai 1816 (*Tümmler*, PB [Fn. 6], 370 f.).

[69] A. M. etwa *Ehrle* (Fn. 27), 114; *Böckenförde* (Fn. 63), 164 Fn. 22; wie hier *Tümmler*, Carl August (Fn. 7), 268.

[70] Vgl. *Blesken* (Fn. 47), 9.

[71] Dazu allgemein: *D. Grimm*, in: ders., Die Zukunft der Verfassung, 1991, 31 ff. (59).

[72] Vgl. *Grimm*, ebd., 60. Die Wahl erfolgte in den drei Ständen getrennt, an den Vorbehalt der Curiatstimme sei erinnert. Im Ablauf der Zeit dürften sich die Abgeordneten von ihren ständischen Bindungen zunehmend emanzipiert haben.

[73] In seiner Stellungnahme zum Verfassungsentwurf bemerkte der weimarische Kanzler (Chef der Justizverwaltung) *Friedrich Theodor Adam Heinrich von Müller* (1779–1849), *Goethes* Vertrauter, es werde schwer halten, irgendeinen Gegenstand der Gesetzgebung aufzufinden, den die Formel des § 5 Abs. 6 der Verfassung (s. o. zu Fn. 54 im Text) nicht umfasse; abgedruckt bei *Tümmler*, PB (Fn. 6), 368 ff. (369). Zu *Müller* vgl. *E. Biedrzynski*, Goethes Weimar, 2. Aufl., 1993, 288 ff.; *E. Grumach*, in: R. Grumach (Hrsg.), Kanzler Friedrich v. Müller. Unterhaltungen mit Goethe, 2. Aufl., 1982, 215 ff.; *R. Grumach*, in: B. Witte u. a. (Hrsg.), Goethe Handbuch, Band 4/2, 1998, 719 f.

[74] Zu restriktiv *M. Kirsch*, Monarch und Parlament im 19. Jahrhundert, 1999, 57: „Präkonstitutionalismus".

den fest am monarchischen Prinzip mit all seinen Implikationen, verband Reste des überkommenen altständischen Systems[75] mit dem modernen Repräsentativsystem,[76] bahnte der Herausbildung der durch die politische Gleichheit der Staatsbürger gekennzeichneten bürgerlichen Gesellschaft den Weg, verzichtete zwar auf einen Grundrechtskatalog, anerkannte aber teils direkt, teils indirekt die wichtigsten Freiheitsrechte, womit die Grundlage für die Trennung von Staat und Gesellschaft gelegt wurde, und betrat so, mit *Hans Tümmler*[77] zu reden, das ausgedehnte „Zwischengelände" zwischen den von *Friedrich Gentz*[78] herausgearbeiteten Formen der landständischen und der Repräsentativverfassungen.[79] Der aufs Ganze gesehen ruhige Verlauf des Verfassungslebens im Großherzogtum,[80] bedingt durch die einsichtsvolle Politik *Carl Augusts*, das wachsende Selbstbewusstsein des Parlaments,[81] aber auch das begrenzte politische Interesse der Bevölkerung,[82] wie überhaupt die eher eine Nischenexistenz führende Politik des Kleinstaates Sachsen-Weimar-Eisenach, ermöglichten „eine schrittweise Modernisierung der staatlichen und gesellschaftlichen Verhältnisse".[83] Zu parlamentarischen Eruptionen wie in anderen Gliedstaaten des Deutschen Bundes ist es in Weimar nicht gekommen.

Der Landtag trat erstmals am 2. Februar 1817 zusammen.[84]

---

[75] Die in den Verfassungen mit Zweikammersystem, nicht nur, aber besonders sichtbar, in der Ersten Kammer fortbestanden.

[76] *Ortloff* (Fn. 40), 18.

[77] Carl August (Fn. 7), 269; vgl. auch *ders.*, Gersdorff (Fn. 1), 44: „erster Schritt in frühkonstitutionelles Neuland".

[78] Über den Unterschied zwischen den landständischen und Repräsentativ-Verfassungen, 1819; abgedruckt in: J.L. Klüber/C. Welcker (Hrsg.), Wichtige Urkunden für den Rechtszustand der deutschen Nation, 2. Aufl., 1845, 213 ff.; Auszüge in: *H. Brandt* (Hrsg.), Restauration und Frühliberalismus 1814–1840, Quellen zum politischen Denken der Deutschen im 19. und 20. Jahrhundert, Band III, 1979, 218 ff. Die Abgeordneten des weimarischen Landtags waren, in den Worten *Gentz'*, „die Gesamtmasse des Volkes vorzustellen berufen", die Verfassung des Großherzogtums also im Sinne von *Gentz'* Definition eine Repräsentativverfassung.

[79] Über *Gentz: Huber* (Fn. 2), 143; über die genannte Schrift ebd., 643 ff.

[80] Auf die Konflikte der ersten Jahre ist zurückzukommen.

[81] Dazu: *H. Gottwald/G. Müller*, in: 175 Jahre Parlamentarismus in Thüringen (1817–1992), Schriften zur Geschichte des Parlamentarismus in Thüringen, Heft 1, 1992, 8 ff. (12).

[82] Vgl. *Blesken* (Fn. 47), 47 ff.

[83] *Jonscher* (Fn. 40), 15, der v.a. die durch die Reform des Finanz- und Steuerwesens bewirkte Beseitigung ständischer Steuerprivilegien (1821) und die Befreiung der Bauern aus grundherrlichen Abhängigkeiten (1821–1826) hervorhebt.

[84] Vgl. *K.-J. Winkler*, in: Schriften zur Geschichte des Parlamentarismus in Thüringen, Heft 4, 1994, 19.

III. Goethe und die Verfassung

1. Staatsminister Goethe

Goethe hat, obschon er das politische Geschehen wie stets so auch in dem ereignisreichen Jahr 1815 mit großer Aufmerksamkeit beobachtete, an der großen Staatsreform, die *Carl August* nach seiner Rückkehr aus Wien tatkräftig in Angriff nahm, keinen unmittelbaren Anteil genommen. Von seiner mehrmonatigen Reise an Rhein, Main und Neckar[85] kam *Goethe* am 11. Oktober 1815 nach Weimar zurück. Noch immer war er (seit 1776) Mitglied des Geheimen Consiliums, der obersten Regierungsbehörde des durch die Kongressakte zum Großherzogtum erhobenen Kleinstaates Sachsen-Weimar-Eisenach. Seit seiner Rückkehr aus Italien von der Pflicht zur regelmäßigen Teilnahme an den Sessionen des Consiliums entbunden, war *Goethe* gleichwohl in einer stattlichen Reihe von Kommissionen in leitender Funktion tätig. Bei diesen Kommissionen – für die Zeit vor der Italienreise sei als Beispiel die Kriegskommission, für die Zeit danach die Schlossbaukommission genannt – handelte es sich um (meist nicht auf Dauer gestellte) dem Landesherrn unmittelbar unterstehende Sonderbehörden, die mit einer bestimmten Aufgabe betraut wurden.[86]

Die im Herbst 1815 zügig in Angriff genommene Neuorganisation der Staatsverwaltung muss *Goethe* im Blick auf seine dienstliche Stellung und auf seinen Zuständigkeitsbereich in einige Unruhe versetzt haben.[87] Ende November sah er sich nämlich veranlasst, seine diesbezüglichen Sorgen gegenüber *Voigt* zum Ausdruck zu bringen. Infolge dieser Demarche wurde *Voigt* unverzüglich bei *Carl August* vorstellig, und man beeilte sich, die Dinge in einer *Goethe* zufrieden stellenden Weise zu klären. Einem Schreiben *Voigts* vom 30. November 1815[88] konnte *Goethe* entnehmen, wie „der Großherzog aus höchsteigener Erfindung" einerseits über seinen künftigen protokollarischen Rang und andererseits über seinen amtlichen Aufgabenbereich Bestimmung getroffen hatte. Danach sollte seinem Dienstalter entsprechend *Goethes* „Namen und Würde in dem neuen Staatskalender [...] mit den übrigen Exzellenzien sogleich nach den hohen Personen aufgeführt, alsdann aber erst das Ministerium benannt" werden. „Auch soll bei den gelehrten und Kunstinstituten ausdrücklich erwähnt werden, dass solche unter der unmittelbaren Direktion Sr. König-

---

[85] Dazu *H. H. Klein*, FS Winkler, 1997, 411 ff. (424 ff.).

[86] Vgl. *I.* und *G. Schmid*, in: dies. (Hrsg.), Johann Wolfgang Goethe, Amtliche Schriften Teil II, 1999 (Band 27 der im Deutschen Klassiker Verlag erschienenen Sämtlichen Werke), 1109, 1112. – Den gleichen Zweck erfüllten die Direktionen wie die Theaterdirektion, deren Leitung *Goethe* von 1791 bis 1817 angehörte.

[87] *I.* und *G. Schmid* (Fn. 86), 1106, halten es für möglich, dass der Großherzog und seine Berater erwogen haben, *Goethe* bei dieser Gelegenheit aus seinen dienstlichen Verhältnissen zu entlassen.

[88] *H. Tümmler* (Hrsg.), Goethes Briefwechsel mit Christian Gottlob Voigt, Band IV, 1962, 174 f.

lichen Hoheit von Ew. Exzellenz als ein eigenes Departement dirigiert werden." *Goethe* äußerte sich noch am gleichen Tag zustimmend und hochzufrieden.[89]

Dem am 1. Dezember 1815 gebildeten Staatsministerium[90] gehörte *Goethe* also nicht an. Gleichwohl erhielt er mit Reskript des Großherzogs vom 12. Dezember 1815 den Titel Staatsminister.[91] In einem Schreiben an *Voigt* vom 15. Dezember 1815 schlug *Goethe* vor, „mich bei dem Hofetat aufzuführen, und zwar sogleich nach dem Hofmarschallamte […] Die Überschrift (gemeint: die amtliche Bezeichnung seiner Behörde) könnte vielleicht sein: Oberaufsicht über die unmittelbaren Anstalten für Wissenschaft und Kunst in Weimar und Jena".[92]

Carl August ist diesem Vorschlag gefolgt. In einem Schreiben, das er am 31. Dezember 1815 an den Präsidenten des zu Monatsbeginn gebildeten Staatsministeriums richtete, den Wirklichen Geheimen Rat *von Voigt*,[93] bestimmte er Namen und Zuständigkeitsbereich der Oberaufsicht ganz nach *Goethes* Wünschen, mit der diesem durchaus entgegenkommenden Maßgabe, dass *Voigt* die Geschäfte gemeinsam mit *Goethe* zu führen habe.[94,95]

Mit seiner energischen Intervention hatte *Goethe* sich nicht nur seinen hohen Rang in der Beamtenhierarchie des Großherzogtums gesichert, sondern auch einen Aufgabenbereich, dem er sich durch seine bisherige Tätigkeit verbunden wusste und der seinen Neigungen entsprach. Die Oberaufsicht, dieser „wunderliche Anstalten-Körper",[96] war eine neben und außerhalb der allgemeinen Staatsverwaltung angesiedelte, dem Landesherrn unmittelbar unterstehende, aus der Zuständigkeit des Staatsministeriums ausgegliederte Zentralbehörde. Obgleich *Goethe* vermöge dieser Konstruktion in der Leitung der Oberaufsicht eine große Selbständigkeit genoss, war durch die von *Carl August* verfügte Beteiligung eines Mitglieds des Staatsministeriums an deren Führung die Koordination mit der allgemeinen Politik des Staates verbürgt. *Goethe* hat sich seinen dienstlichen Aufgaben unter erheblichem Aufwand an Zeit und Mühe, mitunter auch an Kosten,[97] buchstäblich fast bis zu seinem letzten Atemzug[98] gewidmet.

---

[89] Brief an *Voigt*, ebd., 175 f.

[90] Oben II. 1.

[91] *I.* und *G. Schmid* (Fn. 86), 1098; *H. Tümmler*, Goethe als Staatsmann, 1976, 86.

[92] In: Amtliche Schriften II (Fn. 86), 969; auch: *Tümmler* (Fn. 88), 177 f.

[93] *Voigt* führte diesen Titel wie *Goethe* seit dem 13. September 1804. Zu Voigts und Goethes freundschaftlichem Verhältnis s. ausführlich *H. Tümmler*, Goethe der Kollege, 1970.

[94] Zur „Oberaufsicht" gehörten danach elf Institute, von denen zwei ihren Sitz in Weimar hatten, die Herzogliche Bibliothek und die Freie Kunstanstalt, die anderen in Jena; dazu *Tümmler*, Goethe als Staatsmann (Fn. 91), 87.

[95] Nach *Voigts* Ableben (1819) trat *Christian Wilhelm Schweitzer* (Mitglied des Staatsministeriums von 1819 bis 1848) an seine Stelle, der nach dessen Tod auch *Goethe* als Chef der Oberaufsicht ablöste, die damit ihren Sonderstatus (vgl. sogleich im Text) verlor.

[96] So *Goethe* in einem Votum vom 23. April 1814, Amtliche Schriften II (Fn. 86), 886.

[97] Die Kanzleigeschäfte wurden vielfach in *Goethes* Haushalt, auch unter Einsatz seines Schreibers *Johann August Friedrich John* (zu ihm: *Biedrzynski* [Fn. 73], 215 f.), ausgeführt.

An einer Reihe repräsentativer Staatsakte rund um die Neuordnung der weimarischen Verfassungsverhältnisse hat *Goethe* teilgenommen. Am 30. Januar 1816 – nicht zufällig der Geburtstag von Großherzogin Luise – erhielt er bei einer Feier „auf dem Schlosse"[99] das Großkreuz des von *Carl August* gestifteten[100] „Ordens der Wachsamkeit oder vom weißen Falken",[101] wobei ihm die Aufgabe zufiel, eine „kleine Danksagungsrede"[102] zu halten. Am Palmsonntag, dem 7. April 1816, war *Goethe* bei der feierlichen Eröffnung der Beratungsversammlung[103] zugegen,[104] die mit der Erbhuldigung der neuerworbenen Gebiete verbunden worden war. *Goethe* stand dabei zusammen mit *Voigt* „zur rechten Seite am Throne" *Carl Augusts*, wofür er nur seinen „devotesten Dank abstatten konnte".[105] Sein Erscheinen war zunächst fraglich, da er am 2. April „von einem wunderlichen, nicht gefährlichen, aber doch starken rheumatischen Übel befallen" wurde, wie er *Zelter*[106] berichtete.[107] Rechtzeitig fiel ihm jedoch „ein Napoleontischer Spruch ins Gedächtnis: ‚L'empereur ne connaît pas autre maladie que la mort'" – und tatsächlich: „die Natur nahm sich diesen tyrannischen Spruch zu Gemüte",[108] so dass der Herr Staatsminister pünktlich zur

---

Goethes schon in seinem Gutachten vom 18. Dez. 1815 ausgesprochene Bitte, für seinen Sohn *August* in der Kanzlei der Oberaufsicht eine Stelle zur Verfügung zu stellen, wurde im Juli 1816 erfüllt. Zum Ganzen wie zu *Goethes* Arbeitsweise: *I.* und *G. Schmid*, in: Amtliche Schriften II (Fn. 85), 1100 f., 1109 ff.

[98] Vgl. die ebd., 508 ff., 542, 595, 599, 996, abgedruckten Dokumente sowie *Biedrzynski* (Fn. 73), 297. Für die geistige Regsamkeit, das umfassende Interesse an allen großen und kleinen Staatsangelegenheiten – von der Weltliteratur bis zu der 1829 gegründeten „Gewerkschule" – vgl. die Aufzeichnungen der Großherzogin *Maria Pavlovna* über ihre Besuche bei *Goethe* 1829 bis 1832: *Raphael Utz* (Hrsg.), Besuch bei Goethe, 2011.

[99] So lautet der Eintrag im Tagebuch – zitiert nach *R. Steiger/A. Reimann*, Goethes Leben von Tag zu Tag, Band IV 1814–1820, 1993, 321.

[100] Genau genommen handelte es sich um die Erneuerung des von Herzog *Ernst August* (1688/1707–1748), *Carl Augusts* Großvater, am 2. August 1732 gestifteten, inzwischen aber in Vergessenheit geratenen Ordens: *Tümmler*, Carl August (Fn. 7), 272.

[101] Außer ihm wurden die Minister *v. Fritsch* und *v. Gersdorff* ausgezeichnet (*Voigt* hatte den Orden schon am 23. Dezember 1815 erhalten) sowie der Generalmajor *August Friedrich Carl von Eggloffstein* (zu ihm: *Biedrzynski* [Fn. 73], 66 ff.). – *Goethe* wurden insgesamt sechs Orden verliehen; vgl. *M. Kahler*, in: Goethe Handbuch (Fn. 73), Band 4/2, 1998, 810 ff.

[102] So *Voigt* in einem Brief an *Karl August Böttiger* (zu ihm: *Biedrzynski* [Fn. 73], 37 f.) vom 8. Feb. 1816 (in: Goethes Gespräche, Biedermannsche Ausgabe, Band 2: 1805–1817, 1998, 1129).

[103] Oben II. 2.

[104] Protokoll abgedruckt bei *Tümmler*, PB (Fn. 6), 360 ff.

[105] Brief an *Voigt* vom 23. März 1816 – bei *Tümmler* (Fn. 88), 206 f.

[106] *Karl Friedrich Zelter* (1758–1832) – zu ihm: *Biedrzynski* (Fn. 73), 49 f.

[107] Brief vom 3. Mai 1816, in: M. Hecker (Hrsg.), Briefwechsel zwischen Goethe und Zelter, 1. Band: 1799–1818, 1987, 502 ff. Über *Goethes* Krankheiten: *M. Wenzel*, Goethe und die Medizin, 1992.

[108] Ebd.

Stelle sein konnte.[109] Nach Jahresfrist, als – wiederum am 30. Januar (1817), der Großherzog legte feierliche Akte gern auf diesen Ehrentag, um seiner Gattin sich dankbar zu zeigen für die Großmut, mit der sie sein Verhältnis mit *Caroline Jagemann* (seit 1809 Frau *von Heygendorf*)[110] duldete – das fürstliche Haus *Thurn und Taxis* erneut mit dem Postregal belehnt wurde, waren mit *Goethe*, der von einem „Symbol der Souverainetät" sprach, die „sämtlichen Diener in geziemendem Schmuck nach Rangesgebühr erschienen".[111]

2. Ein Mann des Ancien Régime

Auch am 2. Februar 1817 war *Goethe* anwesend, als der Landtag eröffnet wurde. Dass er damit Zustimmung zu der nun für jedermann sichtbar ins Werk gesetzten Verfassung habe bekunden wollen, ist nicht anzunehmen. *Goethe* teilte die Empfindungen seines Freundes *Voigt*, der, als es galt, dem Großherzog die Ergebnisse der verfassungsberatenden Versammlung vorzutragen, seinen Kollegen *v. Fritsch* bat, den Vortrag zu übernehmen, „da ich selbst mit dem Ganzen und einzelnen nicht so vertraut bin wie Euer Exzellenz und meine Anhänglichkeit an das Alte nicht auf dem Platze oder auch unzeitig sein möchte".[112] *Goethe* war und blieb ein Mann des ancien régime.[113] Die Despotie war ihm verhasst,[114] aber die Repräsentativverfassung der konstitutionellen Monarchie und schon gar das demokratische Prinzip, welches sich in ihr ankündigte, blieben ihm fremd – auch deshalb, weil er in dem Kleinstaat, in dem er lebte, der Erfahrung des sich stetig steigernden Zugriffs auf die Rechte und die Freiheit des Einzelnen ermangelte, wie er in den großen Staaten längst üblich geworden war. Am 7. Oktober 1815, zu Beginn der Rückfahrt nach Weimar, bemerkte *Goethe* gegenüber *Sulpiz Boisserée*,[115] der ihn bis Würzburg begleitete, von der stän-

---

[109] *Charlotte von Stein* bemerkte etwas boshaft in einem Brief an *Carl Ludwig von Knebel* (zu ihm: *Biedrzynski* [Fn. 73], 243 ff.), *Goethe* habe „durch eine große Menge Blutigel, spanische Fliegen usw. erzwungen, bei der […] Zeremonie als erster Geheimrat mit allen seinen Orden dicht neben dem Großherzog zu paradieren": Goethe in vertraulichen Briefen seiner Zeitgenossen, zusammengestellt von *W. Bode*, Band 2: 1794–1816, 1979, 647.

[110] Zu ihr: *Biedrzynski* (Fn. 73), 209 ff.

[111] Tag- und Jahreshefte 1817: Goethe's sämmtliche Werke in vierzig Bänden, 1840, 27. Band, 337; dazu *Tümmler*, Carl August (Fn. 7), 275 f.; *ders.*, PB (Fn. 6), 408 f.: Rede des Kanzlers *v. Müller* aus diesem Anlass. – In der Zeit des Deutschen Bundes wurde die Post vor allem in etlichen Kleinstaaten noch vom Hause *Thurn und Taxis* betrieben; vgl. *E. Schilly*, in: G. A. Jeserich u. a. (Hrsg.), Deutsche Verwaltungsgeschichte, Band 2, 1983, 257 ff. (270 f.).

[112] Brief *Voigts* vom 30. April 1816: *Tümmler*, PB (Fn. 6), 368.

[113] *I.* und *G. Schmid*, in: Amtliche Schriften II (Fn. 86), 1115; s.a. *W. Ogris*, in: K. Lüderssen (Hrsg.), „Die wahre Liberalität ist Anerkennung". Goethe und die Jurisprudenz, 1999, 271 ff. (305 f.).

[114] Vgl. nur seine Noten und Abhandlungen zu besserem Verständnis des Westöstlichen Divans, in: Goethes Werke, Hamburger Ausgabe, Band 2, 126 ff. (236 f.), sowie seine Äußerungen im Gespräch mit *Eckermann* am 4. Januar 1824; zusammenfassend *R. Vierhaus*, in: Goethe Handbuch (Fn. 72), Band 4/1, 184 ff.

[115] Zu ihm: *Biedrzynski* (Fn. 73), 36.

dischen Verfassung sei „keine Umwälzung zu fürchten, wenn die Fürsten nur halbwegs ihren Vorteil kennen und einigermaßen den gerechten Wünschen entgegenkommen wollten". „Aristokratismus im eigentlichen Sinne" sei „das einzige und Rechte".[116] *Goethe* setzte – seinen Freund *Carl August* und auch die Tatsache vor Augen, dass im Weimarer Staatsdienst Adelsprivilegien keine große Rolle spielten – (zu) großes Vertrauen in die Einsicht der nach seiner Meinung zur Regierung Berufenen (ohne gegenüber ihren Schwächen blind zu sein), und er misstraute dem Dilettantismus derer, die das Regieren nicht gelernt hatten (ohne die Augen vor den Nöten der Gedrückten zu verschließen). Sein Staatsideal war die wohlmeinend-patriarchalische Monarchie, die auf die Untertanen wohl hörte und auf ihr Wohl Bedacht nahm, sich aber die Entscheidung vorbehielt.

Aus seinen Erfahrungen mit der Revolution in Frankreich hatte *Goethe* den Schluss gezogen: „Es ist besser, es geschehe dir unrecht, als die Welt sei ohne Gesetz."[117] Er war ein Mann der Ordnung, wie in seinen privaten Verhältnissen und in der gelegentlich geradezu pedantischen Führung seiner Amtsgeschäfte[118] so auch in Staatsangelegenheiten. An deren „beweglicher Ordnung", wie er sie in der Welt der Tiere entdeckt zu haben glaubte,[119] keineswegs also an ihrer Erstarrung, war ihm gelegen. Nun knüpfte das weimarische Grundgesetz zwar in vielerlei Hinsicht an die Reformen an, die im Herzogtum Sachsen-Weimar und Eisenach schon in rheinbündischer Zeit vorgenommen worden waren.[120] Indessen war *Goethe* scharfsichtig genug, um in der Einführung des Repräsentativprinzips, wie es ja auch *Metternich* beurteilte, die grundsätzliche Infragestellung des monarchischen Legitimitätsprinzips zu erkennen, dem der einstige Bürger der Freien Reichsstadt Frankfurt nun einmal verhaftet blieb.[121]

Goethes Distanz zur Verfassung erhellt aus jener Anekdote, die *Treitschke*[122] überliefert: Selbstverständlich unterlag auch der Etat der Oberaufsicht der Bewilligung durch den Landtag und seiner Rechnungskontrolle. Was *Goethe* davon hielt, zeigte

---

[116] In: Goethes Gespräche (Fn. 102), 1120. – Zu *Goethes* politischen Vorstellungen s. *H. H. Klein*, FS Thieme, 1993, 71 ff. (86 ff.); vor allem aber *W. Mommsen*, Die politischen Anschauungen Goethes, 1948, insb. 179 ff.

[117] Maximen und Reflexionen, in: Goethes Werke (Hamburger Ausgabe), Band XII, 379.

[118] *I. und G. Schmid*, in: Amtliche Schriften II (Fn. 86), 1113.

[119] „Dieser schöne Begriff von Macht und Schranken, von Willkür und Gesetz, von Freiheit und Maß, von *beweglicher Ordnung*, Vorzug und Mangel, erfreue dich hoch!": Metamorphose der Tiere, V. 50–52, in: Goethes Werke (Hamburger Ausgabe) Band I, 201 ff.

[120] Dazu: *H. H. Klein* (Fn. 16), 19 ff.

[121] Vgl. *Tümmler*, Goethe als Staatsmann (Fn. 91), 97: „Ruhiges Wiederaufbauen, tüchtiges Fortentwickeln unter den alten Gesetzlichkeiten (sic!) und im Zeichen wissenschaftlichen Strebens – das war [...] Goethes Plan und Ziel nach der Wiederherstellung des Friedens [...]" Zum Ganzen auch: *R. Weber-Fas*, Goethe als Jurist und Staatsmann, 1974, bes. 13 ff.

[122] *H. von Treitschke*, Deutsche Geschichte im Neunzehnten Jahrhundert, 2. Teil, 1927, 399. – Im Landtag hatte sich *Luden* gegen *Goethes* selbstherrliches Gebaren ausgesprochen; dazu: *H. Luden*, Rückblicke in mein Leben, 1847, 128 ff. (zit. nach *Mommsen* [Fn. 116], 198). Vgl. auch *Blesken* (Fn. 47), 38 f.; *Ogris* (Fn. 113), 311.

sich, als der Landtag von ihm Rechenschaft erbat über den Etat der Oberaufsicht in Höhe von 11.787 Talern. *Treitschke:* „Da beschloss der alte Herr ein Exempel zu statuieren, diktierte seinem Schreiber drei Worte und drei Zahlen – Einnahme, Ausgabe, Kassenbestand – setzte majestätisch seinen Namen darunter und sandte den Zettel dem Landtag. Die Entrüstung war groß. Aber dann entschloss man sich zu einer Tat konstitutioneller Selbstverleugnung, welche in der pedantischen Geschichte des deutschen Parlamentarismus einzig dasteht: der Buchstabe der Verfassung ward der Pietät geopfert, die derzeitige Rechnung stillschweigend genehmigt."

3. Goethe und die Burschenschaft

In der Zeit des Absolutismus wie der Restauration ermangelte die Vereinigungsfreiheit, d.i. die staatsunabhängige Assoziation Privater zu einem von ihnen selbst bestimmten Zweck, der rechtlichen Gewährleistung.[123] Da Kollektivität eher politische Unruhe stiften kann als Individualität,[124] begegneten die Regierungen des Vormärz der Assoziationsfreiheit mit grundsätzlicher Ablehnung. Sie erklärt sich sowohl aus den Erfahrungen mit den im letzten Viertel des 18. Jahrhunderts aufgekommenen Geheimgesellschaften, die im Zeichen der Aufklärung die Legitimität fürstlicher Herrschaft in Frage stellten, als auch aus dem Ruf, den sich die aus dem Schatten des Geheimnisses heraustretenden politischen Vereinigungen in der Ära der französischen Revolution – die „Clubs" – erworben hatten.[125] Gleichwohl entwickelte sich in den bildungsbürgerlichen Schichten um die Wende vom 18. zum 19. Jahrhundert ein vielfältiges, sich zunächst als unpolitisch verstehendes Vereinsleben, das jedoch in Deutschland im Zuge des Kampfes gegen die napoleonische Fremdherrschaft sich alsbald auch wieder politische Ziele setzte. Der kurzlebige (1808/09) Tugendbund war das erste Beispiel,[126] andere, auf nationale Einheit und demokratische Teilhabe zielende „politische Vereine"[127] folgten. Der wichtigste war die Burschenschaft.[128]

Die „Urburschenschaft" wurde am 12. Juni 1815 in Jena gegründet, andere Universitäten folgten nach. Am 18. Oktober 1818 entstand die – staatenübergreifende – Deutsche Burschenschaft. Weimars Großherzog zeigte sich erfreut, vor allem weil

---

[123] Das Preuß. Allgemeine Landrecht erlaubte immerhin „Verbindungen mehrerer Mitglieder des Staats", wenn der von ihnen verfolgte Zweck „mit dem gemeinen Wohl bestehen kann" – ein staatlicher Verbotsvorbehalt war selbstverständlich; vgl. *H. Bauer*, in: H. Dreier (Hrsg.), Grundgesetz. Kommentar, 2. Aufl., Band I, 2004, Art. 9 Rn. 2 mit Nachw.

[124] *D. Merten*, in: J. Isensee/P. Kirchhof, Handbuch des Staatsrechts, 3. Aufl., Band VII, 2009, 1035 ff. (1037).

[125] Zum Ganzen: *W. Hardtwig*, in: O. Brunner u. a. (Hrsg.), Geschichtliche Grundbegriffe (Studienausgabe), Band 6, 2004, 789 ff. (798 ff.).

[126] Vgl. *Huber* (Fn. 2), 702 f.

[127] Der Begriff geht auf den Rechtsgelehrten *Theodor Schmalz* (1760–1831), den ersten Rektor der 1810 gegründeten Berliner Universität zurück: *Hardtwig* (Fn. 125), 803 f. Einige von *Schmalz'* Schriften, genauer: Papierbündel, auf denen ihr Titel stand, gingen beim Wartburgfest in Flammen auf. Zu *Schmalz* vgl. *Huber* (Fn. 2), 144 f.

[128] Vgl. *Huber* (Fn. 2), 705 ff.; *W. Hardtwig*, HZ 242 (1986), 581 ff.

die Burschenschaft jene nationalen Bestrebungen aufnahm, die *Carl August* selbst – ohne Erfolg – in Wien verfolgt hatte. Außerdem ließ es sich die Burschenschaft angelegen sein, mit den Missständen aufzuräumen, die der herzoglichen Regierung in der Vergangenheit so manches Kopfzerbrechen bereitet hatten:[129] der Rohheit und Disziplinlosigkeit, deren sich die Studenten, ihre untereinander verfeindeten „Landsmannschaften" und „Orden", nicht zuletzt gegenüber den Professoren und Bürgern immer wieder schuldig gemacht hatten – nicht nur, aber auch in Jena.[130] Die freie Vereinsbildung, der die Obrigkeit sonst oft mit harten Verboten und meist vergeblich entgegenzutreten versucht hatte, wurde von der Regierung in diesem Falle beifällig begleitet.[131]

Das Verdienst der Burschenschaft bestand vor allem darin, die Vielzahl der bestehenden Korporationen durch eine einheitliche Organisation abzulösen, womit erheblicher Konfliktstoff aus der Welt geschafft wurde. Ein anderer Hauptzweck aber war die Bündelung der Kräfte für die nationale Aufgabe, die sich die Burschenschaft gestellt hatte, die Forderung nach staatlicher Einheit aller deutschen Territorien.[132] Da indessen die Entscheidung, wie es mit Deutschland weitergehen sollte, auf dem Wiener Kongress längst gefallen war, und zwar anders, als es sich die „Burschen" vorstellten, lag genau hier der Keim für künftige Auseinandersetzungen. Sie wurden dadurch verschärft, dass der Staat des 19. Jahrhunderts die seit dem Mittelalter ausgebildete weitreichende Selbständigkeit der Universitäten, insbesondere die akademische Gerichtsbarkeit,[133] einzuschränken bestrebt war.

Wann *Goethe* die politische Brisanz der burschenschaftlichen Bewegung erkannt hat, ist schwer auszumachen. Nach dem Wartburgfest (18./19. Oktober 1817), am 16. Dezember 1817, schrieb er an *Zelter*[134], es müsse „erlaubt sein, sich mit einiger Selbstgefälligkeit zu sagen, dass er das alles wo nicht voraus gesehn, doch voraus

---

[129] Hingewiesen sei auf *Goethes* Gutachten betr. die Abschaffung der Duelle (Januar 1793) und sein Promemoria zur Verbesserung der akademischen Disziplin (Juni 1795): Amtliche Schriften II (Fn. 86), 12 ff., 21 ff. Ferner: *Tümmler*, Carl August (Fn. 7), 100 f., 132 f., 280 f.; ders., Goethe der Kollege (Fn. 93), 62 ff.

[130] Zu alledem: *Hartung* (Fn. 3), 159 ff.; *Hardtwig* (Fn. 128), 588, spricht von der „studentischen Sozietätsbewegung als einer Gesittungs- und Disziplinierungsbewegung".

[131] Es wäre verfehlt, daraus verallgemeinernde Schlüsse zu ziehen. Die Situation der im Genuss der akademischen Freiheit und korporativen Unabhängigkeit stehenden Universitäten war eine besondere. Deshalb war ja auch das behördliche Einschreiten gegen das überkommene studentische Verbindungswesen immer wieder gescheitert.

[132] *Hardtwig* (Fn. 128), 610.

[133] Dazu H. *Maack*, Grundlagen des studentischen Disziplinarrechts, 1956, 47 ff. – Zwar duldete schon der moderne Territorialstaat keine von ihm unabhängigen öffentlichen Gewalten neben sich – die staatliche Kirchenhoheit ist dafür das markanteste Beispiel –, die „korporative Grundstruktur der [...] unter die Oberaufsicht der Staatsgewalt gezwungenen Einheiten" (wie namentlich der Universitäten) wurde damit jedoch nicht aufgehoben: A. *Köttgen*, Deutsches Universitätsrecht, 1933, 37 f. – Über die Entwicklung der Universität Jena in den Jahren 1815 bis 1819 s. *Tümmler*, Goethe der Kollege (Fn. 93), 172 ff.

[134] Karl Friedrich Zelter (1758–1832). Zu ihm: *Biedrzynski* (Fn. 73), 491 ff.; *E. Zehm*, in: Goethe Handbuch (Fn. 73), 1213 ff.

gefühlt, dass er in denen Punkten die ihm klar geworden nicht allein *wider*raten sondern auch *ab*geraten, und zwar das was alle, da die Sache schief geht, getan haben möchten".[135] Und Kanzler *v. Müller* notiert am 5. März 1818, *Goethe* habe von seinen „Vorahndungen des Unheils" erzählt und mehrmals ausgerufen: „Quiconque rassemble le peuple, l'émeut." „Gegen *Voigt* habe ihm die Missbilligung der Erlaubnis zur Wartburgsfeier schon auf den Lippen gesessen, aber er habe sie verschluckt, um sich nicht zu kompromittieren […]".[136] Im Juni 1817 äußerte sich *Goethe* gegenüber *Voigt* zu den Bestrebungen, die an verschiedenen Universitäten bestehenden Burschenschaften deutschlandweit zusammenzuschließen, mit deutlich ironischem Unterton: das sei „der Zeit ganz gemäß, und der allerliebste Zeitgeist präsidiert auch hier"; es entstünden „Korporationen, […] vor denen der Bundestag sich entsetzen müsste".[137]

Andererseits war *Goethe* vom Verlauf des Wartburgfestes zunächst durchaus angetan.[138] Während seines mehrwöchigen Aufenthalts in Jena im Winter 1817/18[139] war er häufig im Hause seines Verlegers *Karl Friedrich Frommann* (1756–1837) zu Gast, wo er auch dessen Sohn *Friedrich Johannes Frommann* (1797–1886) und seine Freunde traf, die zu den führenden Köpfen der Jenenser Burschenschaft gehörten. Nach einer solchen Begegnung meinte er nach dem Zeugnis der Dame des Hauses, *Johanna Charlotte Frommann* (1765–1831): „ob es etwas Schöneres geben könne, als wenn die Jugend aus allen Weltgegenden zusammenkäme, um sich fester für das Gute zu verbünden […]".[140] *Goethe* stellte sich vor die Studenten – er nannte sie seine „lieben Brauseköpfe"[141] – und neigte dazu, den professoralen Mentoren[142] Schuld an den ärgerniserregenden Exzessen zu geben. Bei dieser Linie blieb er auch, als im Auftrag *Metternichs* der österreichische Diplomat *Franz Stephan Graf von Zichy*[143] nach Jena kam, um zu sehen, welche Gefahren von dem „garstigen Wartburger Feuerstank"[144] ausgingen. *Zichy* ließ sich beruhi-

---

[135] Goethes Briefe (Hamburger Ausgabe), 3. Aufl., Band 3: 1805–1821, 1988, 408 ff. (409).

[136] Kanzler *Friedrich von Müller*, Unterhaltungen mit Goethe, hrsg. von R. Grumach, 1959, 26.

[137] Brief vom 5. Juni 1817: *Tümmler* (Fn. 88), 301 ff. (302 f.).

[138] So *Tümmler*, Carl August (Fn. 7), 281.

[139] *Goethe* weilte vom 21. November 1817 bis 21. Februar 1818 in Jena – es ging um Angelegenheiten der Universitätsbibliothek; vgl. *Hartung* (Fn. 3), 436 f.

[140] Goethes Gespräche (Fn. 102), Band III/1, Nr. 4512.

[141] Ebd., Nr. 4514 (*Johanna Frommann* am 15. Dezember 1817 an ihren Sohn): *Goethe* sagte, „er täte jetzt nichts als niederschlagende Pülverchen einzurühren, damit sie nur seinen lieben jungen Leuten nichts täten, seinen lieben Brauseköpfen".

[142] Außer *Luden* und *Oken* nahmen *Jakob Friedrich Fries* (1773–1843; Professor der Philosophie in Jena) und *Dietrich Georg Kieser* (1779–1862; Professor der Medizin und Botanik in Jena) am Wartburgfest teil.

[143] *Zichy* kam zusammen mit dem preußischen Staatskanzler *Hardenberg*, was zeigt, welch immensem politischen Druck das kleine Weimar durch die Großmächte ausgesetzt war und was es bedeutete, dass *Carl August* diesem Druck im Wesentlichen standhielt.

[144] *Goethe,* wie Fn. 135.

gen,[145] *Metternich* aber nicht. Das im Gefolge der Karlsbader Beschlüsse am 20. September 1819 von der Bundesversammlung erlassene Universitätsgesetz[146] verbot die Burschenschaft, und zwar vor allem deshalb, weil ihr „die schlechterdings unzulässige Voraussetzung einer fortdauernden Gemeinschaft und Correspondenz zwischen den verschiedenen Universitäten zum Grunde liegt" (§ 3).

Zu erwähnen bleibt, dass *Goethe*, der an seinem 70. Geburtstag (28. August 1819) zur Kur in Karlsbad eintraf, dort eben noch die letzten Tage der Karlsbader Konferenz miterlebte (sie endete am 31. August). In seinem Glückwunschschreiben an *Carl August* zu dessen 62. Geburtstag am 3. September[147] erwähnt er „die rauschende Bewegung, womit gestern der diplomatische Kreis auseinanderging". *Goethe* hatte sich beeilt, „denen Fürsten *Metternich* und *Kaunitz*[148] aufzuwarten". Mit den Ergebnissen der Konferenz zeigte er sich zufrieden, wohl ohne sie zu diesem Zeitpunkt schon genau zu kennen, und meinte – ganz zu Unrecht – diese Zufriedenheit auch bei seinem Landesherrn voraussetzen zu dürfen.[149]

4. Goethe und die Pressefreiheit

Die Pressefreiheit war, anders als die Vereinigungsfreiheit, in der Verfassung von 1816 ausdrücklich verbürgt.[150] Da die bundesrechtliche Garantie der Verfassung ohne Vorbehalt galt, war auch die Pressefreiheit in sie eingeschlossen.[151] Das Großherzogtum Sachsen-Weimar-Eisenach stand damit keineswegs allein,[152] und selbst Art. 18 der Bundesakte stellte in Aussicht, dass sich die Bundesversammlung „bey ihrer ersten Zusammenkunft mit Abfassung gleichförmiger Verfügungen über die Preßfreyheit […] beschäftigen" werde. Indes waren es vor allem Vorgänge im Großherzogtum, nicht zuletzt die Umtriebe der Burschenschaft sowie das im Ausland vielfach und nicht immer absichtslos missdeutete Wartburgfest und seine Be-

---

[145] Vgl. seinen Bericht an den österreichischen Staatskanzler, in: Goethes Gespräche (Fn. 102), III/1, Nr. 4516.

[146] Abgedruckt bei *Huber*, Dokumente (Fn. 11), Nr. 31; dazu: *ders.* (Fn. 2), 739 ff. *Hardtwig* (Fn. 128), 627 f., macht darauf aufmerksam, dass die Verbotsnormen des Universitätsgesetzes bis in die Einzelheiten mit dem Reichsgutachten „die auf den Universitäten und Akademien sich verbreitenden geheimen Ordensverbindungen betreffend" vom 19. Juni 1793 übereinstimmten.

[147] Goethes Briefe (Fn. 135), 463.

[148] *Aloysius Fürst von Kaunitz-Questenburg*, österreichischer Gesandter beim päpstlichen Stuhl.

[149] Wie Fn. 147. – *Goethe* war über die Haltung der Regierung seines Landes zu den in Karlsbad verhandelten Fragen offensichtlich nicht informiert – siehe auch unten Fn. 178.

[150] s. o. II. 4. a.E. Die Zensur war damit von Verfassungs wegen unzulässig.

[151] Dazu *Carl Augusts* Reskript an seinen Gesandten beim Bundestag *Franz Josias von Hendrich*, in: *Tümmler*, PB (Fn. 6), 491 f.

[152] Vgl. *Huber* (Fn. 2), 742.

gleitumstände,[153] die zu der repressiven Pressegesetzgebung des Bundes im Rahmen der Karlsbader Beschlüsse Veranlassung gaben.[154]

In Weimar hatte sich früh, schon vor den Befreiungskriegen mit *Ludens* „Nemesis" beginnend,[155] eine muntere und mit der Zeit aufmüpfiger werdende politische Publizistik entwickelt, in welcher neben der „Nemesis" vor allem die „Isis" eine herausragende Rolle spielte, die der an der Universität Jena lehrende Naturwissenschaftler *Lorenz Ockenfuß gen. Oken* (1779–1851)[156] herausgab.[157] *Carl Augusts* Minister waren sich – mit unterschiedlicher Akzentsetzung – früh darüber im Klaren, dass es einer die Missbrauchsgrenzen der Pressefreiheit aufzeigenden Gesetzgebung bedürfe. Denn ihnen war bewusst, dass es auf Dauer gesehen ein Ding der Unmöglichkeit war, in einem zunehmend restaurativ ausgerichteten bundespolitischen Umfeld die liberale Weimarer Pressepolitik uneingeschränkt beizubehalten.[158] Nach *Gersdorffs* Vorstellungen galt es, „alles Injuriante", „alle Gotteslästerung" und „alles, was die Sicherheit des Staates und sein Verhältnis zu anderen Staaten kompromittiert", zu unterbinden.[159] Und *Voigt*, aufgeschreckt durch einen Brief *Carl Augusts*, in dem dieser sich empört über die „Isis" äußerte,[160] beauftragte den Jenaer Professor und Oberappellationsgerichtsrat *Christoph Reinhard Dietrich Martin* (1772–1857),[161] ein Pressegesetz zu entwerfen, „wonach, bei der gestatteten Freiheit der Presse, ihr Miss-

---

[153] Ebd., 705 ff., 717 ff.; *Tümmler*, Das klassische Weimar und das große Zeitgeschehen, 1975, 123 ff.

[154] Text des Preßgesetzes vom 20. Sept.1819 bei *Huber*, Dokumente (Fn. 11), Nr. 32.

[155] *Goethe* hatte in seinem berühmten Gespräch mit *Luden* (am 21. Nov. 1813), der seinen Rat erbat, mit seiner Skepsis gegenüber dem Blatt nicht hinter dem Berg gehalten: vgl. *Luden*, Rückblicke (Fn. 122), zit. nach Goethes Gespräche (Fn. 102), 862 ff. – Zur „Nemesis": *Tümmler*, Goethe in Staat und Politik, 1964, 245 f.

[156] Zu *Oken*: A. Lang in: Allgemeine Deutsche Bibliographie, 24. Band, 1887, 216 ff.; zur „Isis": *Tümmler*, ebd., 247 f.

[157] Näheres bei *Tümmler*, Carl August (Fn. 7), 275 ff.; Hartung (Fn. 3), 319 ff.; grundlegend: H. Ehrentreich, Die freie Presse in Sachsen-Weimar von den Freiheitskriegen bis zu den Karlsbader Beschlüssen, 1907 – dort auch zum Folgenden.

[158] Dass in anderen Bundesstaaten verbotene Presseprodukte im Großherzogtum unbehelligt erscheinen konnten (s.u. Fn. 161), musste Ärgernis erregen – umso mehr, wenn vom (vermeintlich) sicheren Boden Weimars aus an anderen Staaten und deren Regierungen Kritik geübt wurde.

[159] Vgl. seinen Vermerk vom 20. Aug. 1816, abgedruckt bei *Tümmler*, PB (Fn. 6), 395, und sein diesen ergänzendes Gutachten vom 8. September 1816 – dazu Hartung (Fn. 3), 321.

[160] „[…] geschmackloseste Schmiererei", „Unkraut", „stinkender Schaum": Carl August an *Voigt*, in: *Tümmler*, PB (Fn. 6), 394. – Gegenstand der fürstlichen Empörung (und derjenigen *Voigts*) war zu dieser Zeit allerdings vor allem der Umstand, dass die „Isis" auch Rezensionen veröffentlichte, was bisher der von *Goethe* und *Voigt* begründeten „Jenaischen Allgemeinen Literaturzeitung" vorbehalten war; vgl. *Tümmler*, Goethe in Staat und Politik (Fn. 155), 252 ff.

[161] *Martin* gab zeitweilig den „Neuen Rheinischen Merkur" heraus, nachdem *Joseph Görres'* liberales Kampfblatt „Rheinischer Merkur" in Preußen verboten worden war. Die Beauftragung des liberalen *Martin* zeigt, dass auch *Voigt* keineswegs geneigt war, die Pressefreiheit prinzipiell in Frage zu stellen.

brauch in Zukunft rechtlich beurteilt und bestraft werden kann".[162] *Martins* Entwurf[163] stieß, da er „die gegebene Preßfreiheit völlig zerstöre",[164] auf heftigen Widerstand. *Voigt*, der sich gegenüber *Goethe* zunächst positiv über *Martins* Gutachten geäußert hatte, sprach sich nun überhaupt gegen eine Pressegesetzgebung aus, „nachdem die einzige zum Zweck führende Regel, eine verständige Zensur, aufgegeben worden".[165] Vorerst bewendete er es daraufhin bei einer Anweisung, gegen etwaige kompromittierende „Ausfälle" der Presse gegen fremde Regierungen auf polizeilichem Wege „durch Beschlagnahmung und Unterdrückung der den Beschwerdegegenstand enthaltenden Schrift ungesäumt" vorzugehen.[166] Das Wartburgfest hat dann allerdings den Zorn der auswärtigen Mächte in einem Maße heraufbeschworen,[167] dass der Großherzog sich gezwungen sah, noch vor den Karlsbader Bundesbeschlüssen der Pressefreiheit in seinen Landen scharfe Grenzen zu ziehen.[168]

Goethe war, was die Pressefreiheit anlangt, gewiss ein Skeptiker.[169] Im Gedankenaustausch mit *Voigt* redeten die beiden von der „Preßfrechheit".[170] Aber *Goethes* Ablehnung galt nicht dem freien Wort schlechthin. Es lag ihm fern, Kunst und Wissenschaft einer Zensur unterwerfen zu wollen. Seiner allgemeinen politischen Einstellung entsprechend begegnete er aber der politischen Tagespresse mit äußerstem, durch die Erfahrungen der Zeit nach der Aufhebung der Zensur geschärftem Misstrauen. Nicht von ungefähr hatte er schon *Luden* zu dessen Verdruss vorgehalten, er

---

[162] Schreiben vom 17. September 1816, in: *Tümmler*, PB (Fn. 6), 397; s.a. *Voigt* an *Böttiger* (17. November 1816), ebd., 402 f.

[163] Näheres bei *Hartung* (Fn. 3), 323; *Ehrentreich* (Fn. 157), 34 f.

[164] So die Stellungnahme der „Landesregierung" in Weimar, einer dem Staatsministerium unterstellten Oberbehörde, an deren Spitze der Kanzler *Friedrich von Müller* stand; abgedruckt bei *Tümmler*, PB (Fn. 6), 412 ff.

[165] Votum vom 10. April 1817, in: *Tümmler*, PB (Fn. 6), 415 f.; Brief an *Goethe* vom 12. Sept. 1816 bei *Tümmler* (Fn. 87), 251 f.

[166] Reskript *Carl Augusts* vom 13. April 1817, bei *Tümmler*, PB (Fn. 6), 417 f.

[167] Vgl. *Hartung* (Fn. 3), 326 ff.; *Tümmler*, Carl August (Fn. 7), 291 ff., 297 ff.

[168] Verordnung gegen Pressemissbräuche vom 6. April 1818 (abgedruckt bei *Tümmler*, PB [Fn. 6], 493 ff.): zum Inhalt: *Ehrentreich* (Fn. 157), 78 f. Der Landtag machte sich die Verordnung am 2. Feb. 1819 zu eigen, woraufhin sie von *Carl August* am 18. Mai 1819 als Gesetz verkündet wurde. – Die Verordnung verdient die Aufmerksamkeit des heutigen Juristen in zweierlei Betracht. Indem sich die Regierung auf den Standpunkt stellte, sie rufe nur bereits geltendes Recht in Erinnerung, umging sie (zunächst) den in § 5 Abs. 6 des Grundgesetzes verankerten Vorbehalt des Parlamentsgesetzes für freiheitsbeschränkende Gesetze. Zum anderen argumentierte sie damit, dass die Pressefreiheit keineswegs von der Beachtung der allgemeinen Gesetze entbinde: „[…] so wie Jedermann zwar sprechen darf, was er will, aber dennoch gestraft werden kann, sobald er etwas gesetzlich strafbares gesprochen, eben so auch das gedruckte Wort vor dem Gesetze zu verantworten bleibt."

[169] Vgl. nur *H. H. Klein*, in: ders., Das Parlament im Verfassungsstaat, 2006, 500 ff. (500 f.); *Ogris* (Fn. 113), 312 f. In einem Schreiben an *Voigt* Ende 1816 (bei *Tümmler* [Fn. 88], 267) erhofft sich *Goethe* „bei soviel Preßfreiheit" doch auch die Erhaltung der „Nicht-Lesefreiheit".

[170] *Tümmler*, Carl August (Fn. 7), 280; siehe auch *Voigt* an *Goethe* am 26. März 1817 (bei *Tümmler* [Fn. 88], 274 f.).

solle sich besser seiner Wissenschaft als der Herausgabe eines politischen Magazins – der „Nemesis" – widmen „und sich nicht in die Zwiste der Könige […] mischen, in welchen doch niemals auf Ihre und meine Stimme gehört werden wird".[171]

Carl Augusts Haltung gegenüber der Pressefreiheit war um vieles liberaler als die *Goethes*. Gleichwohl ersuchte er ihn im Herbst 1816 um eine gutachtliche Äußerung zu den Erwägungen der „obern Polizeibehörde" über ein mögliches Vorgehen gegen *Oken* und seine bereits in mehreren Ausgaben erschienene „Isis".[172] In seiner umfänglichen Stellungnahme vom 5. Oktober 1816[173] erklärte *Goethe* zwar des Herausgebers Unternehmen für „catilinarisch", die von den Mitgliedern jener Behörde in Vorschlag gebrachten Schritte – *Oken* solle verwarnt und ihm das Verbot seiner Zeitschrift angedroht werden – hielt er jedoch für ungeeignet. *Oken* wie „einen Schulknaben herunter zu machen", zieme sich nicht. Er sei „ein Mann von Geist, von Kenntnissen, von Verdienst". *Goethe* rät zum Verbot, weil dahinter zurückbleibende Maßnahmen, etwa eine gerichtliche Anklage, bei dem Charakter *Okens* keinen Erfolg versprächen. Anstelle eines Vorgehens gegen den verdienten Hochschullehrer empfahl *Goethe*, sich an den Buchdrucker zu halten und diesem den Druck des Blattes zu untersagen.

Voigt hat sich *Goethes* Empfehlung angeschlossen. Indem man den Druck im Großherzogtum untersage, werde „die Schande von der Universität abgewendet und der Schein einer inländischen Autorität und Duldung vermieden".[174] *Goethe* und *Voigt* erkannten gleichermaßen die – sich alsbald aktualisierende – Gefahr außenpolitischer Verwicklungen, denen ein kleiner Staat wie Sachsen-Weimar-Eisenach nicht werde standhalten können. Indem sie zur Schonung *Okens* rieten, hielten sie zugleich ihre schützende Hand über die Universität und einen ihrer – trotz seines „partiellen Wahnsinns"[175] – angesehensten Gelehrten.[176] *Carl August* aber, bei allem Unmut über die „Isis" und ihren Herausgeber, konnte sich zu dem ihm angeratenen „männlichen Schritt"[177] nicht entschließen. Solange es die Verhältnisse zuließen, blieb er seinen Grundsätzen[178] und der Verfassung treu.[179]

---

[171] In dem oben Fn. 125 erwähnten Gespräch; s.a. Goethes Gespräche (Fn. 101), 862 ff. (864).

[172] Schreiben *Carl Augusts* an *Goethe*, abgedruckt bei *Tümmler*, PB (Fn. 6), 397.

[173] Ebd., 398 ff.; auch in: Amtliche Schriften II (Fn. 85), 51 ff.

[174] Votum *Voigts* 12. Okt. 1816, bei *Tümmler*, PB (Fn. 6), 402.

[175] So *Goethe* in seinem Gutachten.

[176] Auch in den durch das Wartburgfest ausgelösten Turbulenzen verteidigten *Carl August* und seine Regierung die akademische Freiheit; vgl. die Erklärung *Carl Augusts* und des Herzogs *August von Gotha* – beide Staaten waren „Nutritoren", d. h. Träger, der Universität Jena – gegenüber dem Bundestag vom 1. April 1819 (*Tümmler*, PB [Fn. 6], 510 ff.).

[177] So *Goethe*.

[178] Sie waren eindrucksvoll in der Instruktion vom 8. Nov. 1819 formuliert, die *Carl August* seinem Minister v. *Fritsch* mit auf den Weg gab, als dieser zur abschließenden Beratung der Wiener Schlussakte nach Wien reiste. Zur Pressefreiheit heißt es da: „[…] indem Wir der festen Überzeugung sind, dass die Freiheit der Presse weniger ein Mittel sei, wodurch auf das

Goethes temperamentvolle Stellungnahme zu einem möglichen Verbot der „Isis" war seine letzte amtliche Äußerung in einer hochpolitischen Angelegenheit. Als *Carl August Goethe* das Amt des Kurators der Universität Jena antrug, dem es nach dem „Provisorischen Bundesbeschluss über die in Ansehung der Universitäten zu ergreifenden Maßregeln" vom 20. September 1819[180] oblag, „über die strengste Vollziehung der bestehenden Gesetze und Disciplinar-Vorschriften zu wachen" (§ 1 Abs. 2), sagte der jetzt 70-Jährige unter Hinweis auf sein Alter ab.[181] Aber nicht nur darum: Nicht erst jetzt und nicht nur mit Rücksicht auf seine fortgeschrittenen Jahre, sondern schon seit geraumer Zeit empfand *Goethe* es als „höchst nöthig", sich „aus der wirklichen Welt, die sich selbst offenbar und im Stillen bedrohte, in eine ideelle zu flüchten, an welcher vergnüglichen Theil zu nehmen meiner Lust, Fähigkeit und Willen überlassen war".[182] Großherzog *Carl August* zeigte dafür – einmal mehr – Verständnis.[183]

Volk gefährlich eingewirkt werden kann, als ein Mittel, welches die Regierungen den geistigen und sittlichen Zustand ihres Volkes erkennen lässt […]" (zitiert nach *Tümmler*, Goethe in Staat und Politik, 1964, 269.

[179] Nach den Karlsbader Beschlüssen war dies nicht länger möglich. Zwar bemühte man sich im Großherzogtum nach Kräften um deren maßvolle Ausführung. Aber es ließ sich nicht leugnen: Die liberale Vorreiterrolle, die Weimar für eine kurze Zeit hatte übernehmen können, ließ sich nicht beibehalten; vgl. *Tümmler*, Das klassische Weimar und das große Zeitgeschehen, 1975, 164 ff.

[180] Abgedruckt bei *Huber*, Dokumente (Fn. 11), Nr. 31.

[181] Vgl. *Hartung* (Fn. 3), 429.

[182] Tag- und Jahreshefte 1814 (Fn. 111), 304.

[183] *Carl August* an *Goethe* am 23. Oktober 1819 (*Tümmler*, PB [Fn. 6], 530 f.). Zum Vorgang: *Hartung* (Fn. 3), 429 ff.; *Tümmler*, Carl August (Fn. 7), 318 f.

The State of Israel in its Legal Dimension: The Constitutional Debate

By *David Kretzmer*[1]

I. Introduction

International law was traditionally unconcerned with the internal division of power within a state. From its perspective if the entity initially met the criteria for statehood under international law, one of which is effective government over the population in its territory, the system of government within the state was not the business of the international community.[2]

This is still the position in regard to existing states, in that the form and nature of the regime does not affect their international status as states. However, when considering whether to grant recognition to new states that have risen out of situations of conflict, members of the international community have made demands that relate to the prospective states' internal constitutional regimes.[3] Such demands were made especially when there were fears for the fate of minorities. Thus, for example, when faced with the break-up of the Soviet Union and Yugoslavia the European Community issued guidelines for recognition of new states.[4] One of the demands under these Guidelines was that the entities seeking recognition as states had constituted themselves on a democratic basis. Recognition was also made dependent on guarantees for the rights of ethnic groups and minorities.

The international stamp of legitimacy that was given in 1947 to creation of a Jewish state in Palestine is another example of demands relating to the internal constitutional regime of a new state. Resolution 181 of the General Assembly, passed by a 2/3

---

[1] Professor Emeritus of International Law, Hebrew University of Jerusalem; Professor of Law, Sapir Academic College. Eckart Klein is not only an esteemed friend and colleague of the writer. He is also a friend of the authors' country, Israel. Professor Klein has visited the country many times and has participated in variegated academic activities there. In tribute to him and his attachment to Israel, I decided it would be appropriate to devote my contribution to the Festschrift to the State of Israel in its Legal Dimension.

[2] *K. Knop*, "Statehood: territory, people, government", in: J. Crawford/M. Koskenniemi/S. Ranganathan (eds.), The Cambridge Companion to International Law, Cambridge University Press 2012, 95.

[3] *Knop* (n. 2), 96.

[4] European Council of Ministers, Declaration on the 'Guidelines on the Recognition of New States in Eastern Europe and in the Soviet Union' (16 December 1991), available at http://207.57.19.226/journal/Vol4/No1/art6.html (visited 24 May 2012).

majority on 29 November 1947, and generally known as the Partition Resolution, recommended that the territory of Palestine to be evacuated by Great Britain, which had governed the territory since 1922 under a Mandate of the League of Nations, should be divided between two new states, an Arab state and a Jewish state.[5] Within two months of the withdrawal of the Mandatory Power in each of these states a Constituent Assembly was to be elected on democratic lines, with women being able to vote and to be elected. The elected Constituent Assembly of each state was to draw up a democratic constitution, which was to provide, inter alia, for

a) Establishing a legislative body elected by universal suffrage and by secret ballot on the basis of proportional representation, and an executive body responsible to the legislature; and

b) Guaranteeing to all persons equal and non-discriminatory rights in civil, political, economic and religious matters and the enjoyment of human rights and fundamental freedoms, including freedom of religion, language, speech and publication, education, assembly and association.

The provisional government of each of the new states was to make a declaration to the United Nations before independence that contained stipulations, inter alia, on protection of the holy places and freedom of religion and conscience, and prohibiting discrimination of any kind based on race, religion, language or sex. The stipulations in the Declaration were to be 'recognized as fundamental laws of the State and no law, regulation or official action shall conflict or interfere with these stipulations, nor shall any law, regulation or official action prevail over them'.[6]

The Partition Resolution was accepted by the political leadership of the Jewish community in Palestine, but was rejected both by the Arabs in Palestine and the surrounding Arab countries. Civil war between Arabs and Jews broke out in the country immediately after the Resolution was passed and when the Mandate ended with the withdrawal of the Mandatory Power on May 15, 1948, five Arab states invaded the territory of Palestine with the intent of frustrating the creation of a Jewish state. The hopes that the Partition plan would be implemented peacefully and with co-operation of all parties were dashed. Nevertheless when the political leaders the Jewish community in Palestine declared the establishment of the State of Israel on the eve of the British withdrawal, they were fully mindful of the need to show that they were meeting the demands of the international community. Hence, the Declaration on Establishment of the State of Israel, known now as the Declaration of Independence, stipulated that the provisional organs of government would remain in power until permanent institutions were elected under a constitution to be drawn up by an elected Constituent Assembly. Furthermore, the Declaration proclaimed that the new State 'will ensure complete equality of social and political rights to all its inhabitants irrespec-

---

[5] UN General Assembly Resolution 181 of 29 November, 1947, A/Res/181 (II) A, available at http://daccess-dds-ny.un.org/doc/RESOLUTION/GEN/NR0/038/88/IMG/NR003888.pdf?OpenElement, visited 24 May, 2012.

[6] Ibid.

tive of religion, race or sex; it will guarantee freedom of religion, conscience, language, education and culture; it will safeguard the Holy Places of all religions; and it will be faithful to the principles of the Charter of the United Nations.'[7]

The language adopted clearly reveals the intention of meeting the demands mentioned in the Partition Resolution. A permanent constitution was supposed to drawn up by an elected constituent assembly and the permanent institutions of state were to be established according to the norms of that constitution. A commitment was made to guarantee complete equality to all citizens regardless of race, religion or sex, to respect freedom of religion and conscience and to safeguard the holy places. Furthermore, in line with the demands of the Partition Resolution, Israel adopted a democratic parliamentary regime in which the elections are based on universal suffrage and proportional representation.

Yet, despite the demands of the international community, sixty-four years after the Partition Resolution a formal constitution has yet to be adopted. In this paper I address the following issues that are essential for understanding the legal dimensions of the State of Israel, at least from an internal, domestic perspective:

1. Why the State departed from the commitment made in the Declaration of Independence to adopt a formal constitution.
2. How the courts coped with the legal dimensions of a newly established state that has no formal constitution.
3. The place of human rights in a state that for many years had no bill of rights and has no formal constitution.
4. Recent developments – Basic Laws and the judicial creation of a formal constitution.
5. Future prospects.

II. Departing from the Demands for a Formal Constitution

While the reference to a constitution to be drawn up by an elected Constituent Assembly displayed willingness to meet the demands of the international community, it did not really reflect a commitment of the Mapai party, the main and dominant political party at the time of Israel's independence. For a variety of reasons the leaders of that party were not keen on adoption of a formal constitution. In the first place, as their party was the hegemonic political force and they did not perceive any threat to its political power, they saw no reason to support a constitution that would place significant restrictions on the power of the majority. They also realized that some of Israel's emergency and security laws, inherited from the British Mandate, or passed

---

[7] Declaration on Establishment of the State of Israel, 14 May 1949 (Declaration of Independence), available at http://www.mfa.gov.il/MFA/Peace+Process/Guide+to+ the+Peace+Process/Declaration+of+Establishment+of+State+of+Israel.htm (visited 25 May 2012).

after the State was established, were not compatible with a modern democratic constitution. Given the precarious security position and their perception of the needs of nation-building they were keen on retaining these laws and did not want any restraints on the parliamentary majority required to do so. Serious problems remained to be solved regarding the relationship between state and religion and the place in the Jewish state of a significant minority of Palestinian Arabs. The borders of the State had not been formalized and the international community refused to recognize Israeli sovereignty over West Jerusalem, that had been taken by Israeli forces during the 1948 War.

Notwithstanding this reluctance to adopt a formal constitution, following the commitment in the Declaration of Independence, elections for the Constituent Assembly were held in January 1949. But before these elections took place a momentous decision was taken which reflected the ambiguity towards the idea of a constitution to be adopted by a constitutional assembly. Under the vision presented in the Declaration of Independence the provisional organs of the state were to be replaced once the permanent institutions had been constituted under the norms laid down in the new constitution that would be drawn up by the Constituent Assembly. Nevertheless, before the Constituent Assembly was elected, a law was passed in the Provisional Council of State, the provisional legislative body, according to which upon the election of the Constituent Assembly the Provisional Council of State would be dissolved and all its powers would be transferred to the Constituent Assembly. Hence, despite its original name, the Constituent Assembly was in fact also elected as the legislature of the new state. In the first law the Constituent Assembly enacted soon after its election it formalized this deviation from the original plan by changing its own name to the *Knesset,* Israel's parliament.

Having become the legislature in a parliamentary democracy the *Knesset* saw no immediate need to fulfill the task for which it was ostensibly elected, namely drawing up a formal constitution for the State. Instead it concentrated on its functions as a legislature. A year after the Constituent Assembly/Knesset was elected a parliamentary debate was held on adoption of the constitution, with the opposition parties from the left and the right demanding that the Constituent Assembly fulfill its function and draw up the constitution. The Prime Minister, David Ben Gurion and his party, Mapai, objected. They were supported by the religious parties. The more extreme, non-Zionist religious parties, objected on ideological grounds. According to their view, the Jewish people have a constitution in the Torah, and should not purport to replace this with another constitution. The Zionist religious parties feared that a constitution would be used by the secular majority to undermine what was known as the 'status quo' in matters of state and religion – a political arrangement under which marriage and divorce were ruled by religious law and certain aspects of the sabbath observance rules were respected in the public sphere.

At the end of the Knesset debate a compromise resolution was passed. Known as the Harari Resolution, this resolution stated that a formal constitution would be adopted. However, the whole constitution would not be drawn up immediately by the elected Constituent Assembly/Knesset. Instead a series of Basic Laws would be drafted in the Knesset's Constitution and Law Committee and presented to the Knesset for approval. Once completed these Basic Laws would together form the constitution of the State.

In the First Knesset that had been elected as a Constituent Assembly no Basic Laws were adopted. When this Knesset was dissolved pending new elections a law was passed stating that all its powers would be transferred to the Second Knesset and to every subsequent Knesset.[8]

The first Basic Law, Basic Law: the Knesset was enacted in 1958. Subsequently Basic Laws dealing with the powers and functions of the different organs of government were passed. Attempts to enact a Basic Law on human rights were frustrated. However, in 1992 a political compromise was achieved and two Basic Laws dealing with some (but by no means all) human rights were enacted – Basic Law: Freedom of Occupation and Basic Law: Human Dignity and Liberty.

III. Living without a Constitution

How does a newly established state live without a formal constitution? What do the courts do when faced with questions that are constitutional in the substantive sense?

These questions had to be addressed soon after Israel became an independent state. Israel followed the English legal tradition that had been introduced during the British Mandate period. According to this tradition the ordinary courts have the power to consider petitions challenging administrative action. The British had placed this power in the hands of the Supreme Court and it remained there after independence. In petitions challenging administrative decisions petitioners attempted to raise arguments challenging the validity of primary legislation on constitutional grounds.[9] The main argument was that the Declaration of Independence should be regarded as the formal constitution of the State, and that legislation that was incompatible with the principles in the Declaration should be regarded as invalid.[10] The Supreme Court judges, influenced no doubt by the British tradition which regards parliamentary legislation as supreme, were not impressed with the argument. They regarded the Declaration of Independence purely as a political expression of the new State's credo, that had no constitutional status. Primary legislation, even if enacted by the British Mandatory authorities, could certainly not be challenged on the grounds that it was incompatible with the Declaration.

---

[8] Transition to Second Knesset Law, 1951.

[9] *Ziv* v. *Gubernik* (1948), HCJ 10/48, PD 1, 85; *Leon* v. *Gubernik* (1948), HCJ 5/48, PD 1, 58.

[10] *Ziv* v. *Gubernik* (1948), HCJ 10/48, PD 1, 85.

But would the courts be indifferent to the legal dimensions of the fundamental principles mentioned both in the Partition Resolution and in the Declaration of Independence itself, that Israel was to be both a Jewish and a democratic state? The answer was given in two cardinal judgments of the Supreme Court.

In 1953 the Court heard a petition by owners of two newspapers aligned with the Communist Party against an order of the minister of interior ordering suspension of the newspapers for ten days.[11] The minister based this order on a provision in the Press Ordinance, legislation passed during the British Mandate period under which the minister was authorized to order suspension of a newspaper if, in his opinion, matters published therein "were likely to endanger public peace". In one of the most important judgments in Israel's history the Court held that since Israel was a democratic state, as evidenced by the Declaration of Independence and its election laws, freedom of speech is a protected value in its legal system. In the absence of a formal constitution the courts may not invalidate legislation that limits freedom of speech, but they are bound to interpret such legislation in a manner that is compatible with this right, an essential component of a democratic regime. Hence the term 'likely' in the Press Ordinance provisions could not be interpreted to allow suspension of a newspaper merely because the minister thinks there is some risk of future harm to the public peace. He has to be convinced that such harm is 'probable'. Applying this interpretation to the facts of the case the Court overruled the minister's order. This judgment laid the foundation for judicial protection of human rights.

Israel's elections are based on the proportional representation system, in which party lists compete on a national basis. One of the lists submitted to the Central Elections Committee prior to the 1965 elections was comprised of persons half of whom had been members of *El Ard*, a radical Arab nationalist organization that identified with the Nasserist movement dominant in the Arab world at the time. The organization had been refused the right to register as a voluntary organization and this refusal had been upheld by the Court.[12] The Elections Law did not at that time grant the Elections Committee or the courts the power to disqualify a party list submitted for elections that met the formal demands for registration. Seemingly, this should have meant that any list which meet the formal demands may participate in the elections. Nevertheless, the Elections Committee, acting on the advice of its chairman, a justice of the Supreme Court, disqualified the list as an unlawful organization that identified with the State's enemies. In the appeal to the Supreme Court, one judge took the position that in the absence of clear statutory authority, neither the Committee nor the Court had the power to disqualify a list.[13] The majority on the Court disagreed. Chief Justice Agranat, who had delivered the judgment in the newspaper case, mentioned that not only was Israel a democratic state, but it was a Jewish state too. A party which rejects

---

[11] *Kol Ha'am* v. *Minister of Interior* (1953), HCJ 87/53, PD 7, 871.

[12] *Jerys* v. *District Officer of Northern District* (1964), HCJ 253/64, PD 18 (4), 673.

[13] Dissenting opinion of Justice *Haim Cohn*, in: *Yeredor* v. *Chairman of Central Elections Committee* (1965), E.A. 1/65, P.D. 19 (3), 365.

this fundamental principle, and aligns with Israel's enemies committed to overthrow of the Jewish State, may not be represented in the Knesset, the supreme body of the state which exemplifies its sovereignty.

These two judgments took two political principles that lay at the foundation of the State, both of which were reflected in the Partition Resolution, and gave them constitutional status. Subsequently, these principles were adopted in Basic Laws which refer to Israel as a "Jewish and democratic state". The Basic Law: the Knesset now states expressly that a party may not participate in the elections 'if it rejects the existence of the State of Israel as a Jewish and democratic state'.[14]

IV. Human Rights: The Legal Dimension

Lacking a formal constitution or bill or rights, what was the place of human rights in the legal system? We have seen that in the newspaper case, the Supreme Court held that fundamental rights connected to the democratic nature of the state, such as freedom of expression, are legal principles that must be taken into account in interpreting legislation.

In a case heard soon after the State was established the Court stressed another basic principle of a Rechtsstaat: that no governmental authority may limit the liberties of the individual without clear statutory power to do so. This principle has been employed in various contexts to protect individual liberties, such as freedom of religion and freedom of association. It was on the basis of this very principle that the Supreme Court held that the security authorities do not have the power to use any form of force in interrogation of terrorist suspects.[15] The Court has given the principle extra bite, by including the purpose of legislation (even when not mentioned in the legislation itself) as part of statutory power.[16] Thus even if a municipal council has the power to regulate the hours of places of entertainment if it uses this power in order to enforce religious precepts it has acted *ultra vires*.[17] This served as a powerful weapon in protecting the individual against religious coercion.

A further step by the Court advanced protection of fundamental rights even further. The Court held that when a statutory body has been given express power to limit a liberty such as freedom of expression, in using that power it must give adequate weight to the liberty that will be limited.[18] Furthermore, the Court itself will establish the appropriate test to be used in judging the adequacy of the weight assigned to the

---

[14] Article 7 A Basic Law: The Knesset. This article mentions two further grounds for disqualification of a party from participation in the elections: incitement to racism and support for an armed struggle, of an enemy state or of a hostile organization, against the State of Israel.

[15] *Public Committee Against Torture* v. *Government of Israel* (1999), HCJ 5100/94, PD 53 (4), 817.

[16] *Kardosh* v. *Register of Companies* (1960), HCJ 241/60, PD 15, 1151.

[17] *State of Israel* v. *Kaplan, Cr.C (J-m)* (1987), 3471/87, PM 5748 (2), 26.

[18] *Ulpanei Hasrata* v. *Gery* (1962), HCJ 242/62, PD 16, 2407.

affected interest and will review administrative decisions to ensure that this test has been employed. The principle has been applied to protect freedom of expression, freedom of assembly, freedom of movement and other basic liberties.

V. Basic Laws – Legal Dimension

On the basis of the Harari Resolution mentioned above a series of Basic Laws dealing with the institutions of the State were enacted. When it first considered the legal status of these Basic Laws the Supreme Court refused to regard them as laws which had any superior constitutional status.[19] The Court was indeed prepared to require that the Knesset respect a provision in the Basic Law: The Knesset, which demands that any change in the principles of the elections be passed by an absolute majority of Knesset members, rather than the simple majority normally required for legislative amendments.[20] However, it accepted that a Basic Law could be amended by ordinary legislation.[21] In the absence of a special provision in the Basic Law such an amendment does not require more than a simple majority of Knesset members participating in the vote.

In 1992 the Knesset enacted two Basic Laws on human rights. The Basic Law: Freedom of Occupation, deals with freedom of vocation, protected under article 12 of the German Constitution. The Basic Law: Human Dignity and Liberty covers a number of fundamental rights: the right to life, bodily integrity and human dignity; personal liberty; property; the right of a citizen to enter the country and of any person to leave it; and privacy. All the rights are defined without qualification, but article 8 of the Basic Law contains a general limitations clause that states:

> No rights in this Basic Law shall be restricted except by or under a law befitting the values of the State of Israel, enacted for a proper purpose, and to an extent no greater than is required.

What are "values of the State of Israel". The answer is provided in article 1 which declares that the purpose of the Basic Law to protect human dignity and liberty, in order to establish in a Basic Law the values of the State of Israel as a Jewish and democratic state.

A simple reading of article 8 would seem to imply that if a protected right is restricted by a law which does not meet the stipulated conditions, the right will prevail over the said law. But this reading requires overcoming two difficulties:

---

[19] *Kaniel* v. *Minister of Justice* (1973), HCJ 148/73, PD 27 (1), 794; *Ressler* v. *Minister of Finance* (1977), HCJ 563/75, PD 30 (2), 337.

[20] *Bergman* v. *Minister of Finance* (1969), HCJ 98/69, PD 23 (1), 693; *Agudat Derekh Eretz* v. *Broadcasting Authority* (1981), HCJ 246/81, PD 38 (4), 1; *Rubinstein* v. *Knesset Speaker* (1982), HCJ 141/82, PD 37 (3) 141.

[21] *Bergman* v. *Minister of Finance* (1969), HCJ 98/69, PD 23 (1), 693; *Kaniel* v. *Minister of Justice* (1973), HCJ 148/73, PD 27 (1), 794.

a) The Basic Law was enacted by the Knesset, the same legislative body that enacts other legislation. Does the Basic Law: Human Dignity and Liberty prevail over a later law passed by the Knesset, or does the principle *lex posterior derogate priori* apply? Put in another way: does one elected Knesset possess the power to bind itself and a future Knesset, or does Israel follow the traditional English view that parliament can do anything except limit its own powers?[22]

b) Does a court have the power to rule that a law passed by the Knesset should have no effect because it limits a protected right and does not meet the conditions in the limitations clause?

These two questions were addressed by the Supreme Court in the Mizrahi Bank case.[23] The case involved a law which was enacted to deal with a debt crisis in the agricultural sector. Banks affected by the law argued that it violated their right to property and did not meet the demands of the limitations clause. The Supreme Court held that while the law did indeed restrict the right to property it met the conditions of the limitations clause. It could therefore have sidestepped the question of whether the Court could have invalidated the law if it had not met those conditions. However, it decided not to do so and in lengthy judgments the judges dealt with the above questions at great length.

The first and most fundamental question related to the status of the Basic Law: Human Dignity and Liberty. Does this Basic Law have superior constitutional status, or is it merely an ordinary statute with a special name? In order to answer this question the Court had to consider whether the Knesset has the power to enact a law with special constitutional status. On this question there was a serious division of opinion in the Court.

The incoming president of the Court, Justice Aharon Barak, presented the view that each Knesset inherits the constituent powers of the first Knesset, which, as will be recalled, had been elected as a constituent assembly. In enacting Basic Laws the Knesset exercises its constituent power. Such Basic Laws are therefore chapters in Israel's formal constitution. As such they have superior normative status. Ordinary laws that are incompatible with the Basic Laws are invalid. Furthermore, following the reasoning of the US Supreme Court in the Marbury v. Madison case[24], Justice Barak held that it was clearly the function of the courts to interpret the Basic Laws and to decide whether ordinary legislation was compatible with them. They may declare a law invalid if is incompatible with a Basic Law.

Justice Mishael Cheshin took an entirely different approach. He argued that the Constituent Assembly did not have the authority to transfer its constitution-making power to any other body. No other Knesset has constituent power. Constitutions are

---

[22] V. Bogdanor, "Imprisoned by a Doctrine: The Modern Defence of Parliamentary Sovereignty", 2011, Oxford Journal of Legal Studies, Vol. 32, 1093.

[23] *United Mizrachi Bank v. Migdal* (1995), C.A. 6821/92, P.D. 49 (4), 221.

[24] *Marbury v. Madison* (1803), 5 U.S. 137 (1803).

not drawn up by the legislature without any public discussion or even awareness that the legislature is adopting a constitution, rather than enacting legislation. A constitution must be drawn up by a constituent assembly especially elected for this purpose, or at least adopted by a special affirmative act, such as a referendum. The Knesset may demand that amendment of certain legislation requires an absolute majority of Knesset members, rather than a simple majority of those participating in the vote, but it may not bind itself by requiring a special majority (such as 2/3 of Knesset members) for change of legislation.

The debate between the judges in the Mizrahi Bank case relates to a fundamental issue regarding the very nature of the State. Is Israel a parliamentary democracy like the UK, which exists to this day without a formal constitution, and in which Parliament is supreme? Or does the State already have a formal constitution, albeit in the form of Basic Laws?

Justice Cheshin was in the minority on these questions. Justice Barak's view was accepted both by the majority in the Mizrahi Bank case and in later jurisprudence. Thus the Court in fact effected a revolution in the constitutional development of the country. The accepted jurisprudence of the Court is that all Basic Laws, and not only the Basic Law: Human Dignity and Liberty, have formal constitutional status. They may only be amended by other Basic Laws. Legislation that is incompatible with them may be declared invalid by the courts. The Supreme Court has exercised this power on a number of occasions, and has declared ordinary legislation that is incompatible with a Basic Law to be invalid.[25]

VI. Attempts to Adopt a Constitution

The jurisprudence of the Supreme Court in the Mizrahi Bank case did not end the debate in Israel over adoption of a formal constitution. Even those who accept the legitimacy of the 'judicial constitutional revolution' concede that the position is far from ideal. Firstly, there are some glaring lacunae in the Basic Laws. Thus, the Basic Law: Human Dignity and Liberty does not mention all of the rights one would expect to find in a modern democratic constitution, such as equality, freedom of expression, freedom of religion and conscience and freedom of movement. Secondly, the present system has created a legitimacy gap. Large segments of the public, led by those aligned with religious parties, do not accept the legitimacy of the Court's jurisprudence on the constitutional status of the Basic Laws, and especially the power of judicial review over legislation. Thirdly, most of the Basic Laws are not entrenched and may be amended by a simple majority in the Knesset. Finally, even those who reject Justice Cheshin's view, that absent some affirmative act by the public a law,

---

[25] Examples are *Bureau of Investment Managers* v. *Minister of Finance* (1997), HCJ 1715/97, PD 51 (4), 423; *Zemach* v. *Minister of Defence* (1997), HCJ 6055/95, P.D. 53 (5), 241; *Center for Law and Business* v. *Minister of Finance* (2009), HCJ 2605/05, Takdin-Elyon 2009 (4), 2405.

whatever its name, cannot be part of the constitution, accept that adoption of a formal constitution by an affirmative constituent act would be preferable to the present situation.

A number of serious attempts have therefore been made to advance adoption of a formal constitution. Two of these attempts were made by chairpersons of the Knesset Constitution and Law Committee. Another major effort to advance adoption of a constitution was made by a private research institution, which promoted a massive campaign for adoption of 'a constitution by consensus'. While all these efforts led to debate over substantive issues to be resolved in the constitution, in the end they were all frustrated by the realities of Israeli political life.

What issues divide the public and prevent adoption of a formal constitution? In answering this question we must distinguish between substantive and institutional issues.

On the substantive level the most divisive issue is that of state and religion. Political Zionism, founded by Theodor Herzl, author of Der Judenstaat, was a secular movement with roots in the liberal national movements of the 19th Century. The founders of the State, all steeped in Zionist philosophy, and most of them aligned with socialist parties, perceived the State as the national State of the Jewish People, rather than a State with any religious connotations. Nevertheless, religious political parties were part of the coalition government from the day the State was established and political compromises had to be worked on issues regarding state and religion.

The most important issue in the eyes of the religious parties is the monopoly of religious law and religious courts in matters of marriage and divorce. Under the millet system which had existed throughout the Ottoman Empire, that included Palestine until 1917, matters of marriage and divorce were in the hands of the religious communities. The British left this system intact during the Mandate Period and it remained in force after the State of Israel was established. A law passed in 1953 declared that marriage and divorce of Jews in Israel would be conducted according the law of the Torah and that matters of marriage and divorce would be in the hands of the rabbinical courts. Parallel arrangements exist for marriage and divorce of Muslims, Druze and the recognized Christian communities. There is no civil marriage in Israel and interfaith marriages are possible only if allowed under the religious law of a given community. Jewish law does not permit such marriages. Besides the obvious problems here of the right to marry a person of one's choice and of freedom of conscience, the existing system discriminates against women. Not only are women not equal under Jewish and Muslim law, but they are not qualified to be judges in the Jewish rabbinical and Muslim Sharia courts.

Religious parties fear that a formal constitution, which would obviously protect freedom of conscience and equality, could be used to undermine the religious monopoly over marriage and divorce. In order to gain assent of such parties to a proposed constitution, most proposals have included a clause that would exempt laws on marriage and divorce and certain other laws regarding religious norms (such a Sabbath observance laws) from judicial review. Many people who are opposed to religious coercion, especially in the field of personal status, are not prepared to support a constitution that includes such a clause.

Another clearly divisive issue is the definition of the State as a "Jewish and democratic state". This definition now appears in three Basic Laws. Leaders of the Palestinian Arab community in the country oppose the very idea of defining the state as a "Jewish state". They argue that there is an inherent contradiction between the definition of the state as Jewish and its definition as democratic. Consequently they will not support a constitution which expressly defines the state as "Jewish and democratic".

On the institutional level, the big issue is that of judicial review. Religious parties, and many on the right of the political spectrum, are highly antagonistic to the Supreme Court. They regard the Court's commitment to universal values with hostility and are not prepared to countenance expressly granting it the power of judicial review over legislation. At the time of writing the minister of justice has proposed a new Basic Law that would accept judicial review but would include a 'notwithstanding clause' under which the Knesset, by a majority of 65 out of its 120 members, could re-enact a statute that had been declared unconstitutional by the Court. Many proponents of a formal constitution find this proposal unacceptable.

VII. Conclusions: What Are the Legal Dimensions of Israel's Political System?

I started this article by describing the demands of the international community for the two states that were to be created on the territory of Palestine. So far only the Jewish State, Israel, has been created. To what extent has Israel met the original demands?

The answer to this question is not simple. In the first place, there is still debate in the country over whether Israel has a formal constitution or not. To the extent that it does have one it very much looks a constitution that is more the work of the Supreme Court than of a democratically elected constituent assembly.

Basic rights are indeed protected in the legal system, but given the fragility of the constitutional framework, they could still be undermined by a parliamentary majority insensitive to the rights of minorities, and especially the Palestinian minority in the country. The Furthermore, equality is not expressly mentioned in the Basic Law: Human Dignity and Liberty. The Supreme Court has indeed take an expansive approach, and includes most aspects of equality as part of the notion of human dignity, but this does not provide adequate constitutional protection for a vulnerable minority in times of stress. The Basic Law: Human Dignity and Liberty may be changed by a simple majority in the Knesset.

Finally there is the very struggle over the fundamental definition of Israel as a Jewish and democratic state. The idea of a "Jewish state" received international legitimacy in the 1947 Partition Resolution, adopted in the UN General Assembly by a 2/3 majority. While this idea is now entrenched in Israel's Basic Laws, in today's world there are many, both among the Palestinians in Israel and the Occupied Territories and others who have no specific involvement in the Israel/Palestine conflict, who question its legitimacy. This has implications that go far beyond the constitutional and legal spheres. At the time of writing it has become an issue in the negotiations between Israel and the Palestinians. The present Government of Israel demands that the Palestinians recognize this fundamental legal dimension of the State. The Palestinians refuse to do so, arguing that recognition of the State of Israel is adequate and they have no duty to recognize its legal dimensions. Thus the legal dimensions of the State have become a burning political issue.

Und nun: Islamische Theologische Fakultäten an staatlichen Universitäten? – Kritische Fragen zu einem fragwürdigen Projekt

Von *Wolfgang Loschelder*

1. Die deutsche Gesellschaft, ihre Politiker und Medien tun sich schwer, sich etwas Fremdes – oder als fremd Empfundenes – zu eigen zu machen. Kaum irgendwo hat sich dies so deutlich – und ernüchternd – gezeigt wie beim Prozess der Wiedervereinigung nach 1989. Die Mühen, unter denen sich auch heute noch Ost und West – nach der ersten Euphorie – auf einander zubewegen, stehen nicht im Verhältnis zu den wirklichen Problemen. Eine andere politisch und sozial vorrangige und dringliche Aufgabe, bei der dieses Unvermögen die notwendigen Fortschritte behindert, ist die Eingliederung der in den vergangenen Jahrzehnten eingewanderten Muslime – Türken zunächst, dann Angehörige zahlreicher anderer Staaten. Ihre Zahl wird inzwischen auf rund vier Millionen geschätzt.[1]

Zu einem zentralen – und kontroversen – Diskussionspunkt hat sich dabei innerhalb der deutschen Politik, und später mit den Migranten selbst, die Frage nach der religiösen Erziehung der muslimischen Kinder und Jugendlichen in den öffentlichen Schulen entwickelt. Trotz langjähriger Bemühungen ist man in dieser Frage von akzeptablen – vor allem: von allgemein akzeptierten – Ergebnissen weit entfernt. Die praktischen Lösungen, die man von Bundesland zu Bundesland verschieden umgesetzt hat und umsetzt, bilden einen Flickenteppich. Inzwischen haben sich die Überlegungen, in der Sache folgerichtig, auf ein zweites Thema ausgedehnt: ob es nicht auch geboten sei, an staatlichen Universitäten Islamische Theologische Fakultäten einzurichten. Auch hier zeichnen sich übergreifende Lösungen bis auf weiteres nicht ab.[2]

Beide Forderungen sind inhaltlich eng miteinander verknüpft. Wenn man islamischen Religionsunterricht an öffentlichen Schulen anbieten will, muss man über entsprechend ausgebildete Lehrkräfte verfügen. Die Aushilfe, diese aus dem Ausland zu

---

[1] Mangels sicherer statistischer Grundlagen schwanken die Angaben nicht unerheblich, stimmen aber in der Größenordnung überein; vgl. *W. Loschelder*, in: L. Gall (Hrsg.), Judaism, Christianity and Islam in the course of history, 2011, 197 (200, Fn. 17); *Ch. Hillgruber*, KuR 2011, 225 (227 f.).

[2] Zu diesem Thema umfänglich die „Empfehlungen" des Wissenschaftsrats „zur Weiterentwicklung von Theologien und religionsbezogenen Wissenschaften an deutschen Hochschulen", Drs. 9678–10, Berlin 29.1.2010, S. 37 ff., 73 ff.

rekrutieren,[3] ist sicherlich auf Dauer nicht tragbar. Also müssen Alternativen innerhalb des eigenen akademischen Ausbildungssystems gefunden werden. Dazu gibt es inzwischen verschiedene Ansätze, die mit steigendem Nachdruck vorangetrieben werden.[4] Dabei sind die rechtlichen Grundlagen – und Grenzen – auch hier keineswegs geklärt. Als Reaktion auf diese unbefriedigende Situation und unter zunehmendem politischem Druck geht die Landespolitik nun mehr und mehr dazu über, vollendete Tatsachen zu schaffen. Man schiebt die juristischen Bedenken beiseite und setzt unter Berufung auf die Dringlichkeit der Problematik dienlich erscheinende Modelle in den Schulen und Hochschulen um.[5] Diese Vorgehensweise fordert kritische Fragen heraus: ob es grundsätzlich legitim ist, rechtliche Zweifel unter Verweis auf tatsächliche Bedürfnisse zurückzustellen, und vor allem, ob die Konzepte, für die man sich entschieden hat, den verfassungsrechtlichen Anforderungen und insbesondere den staatskirchenrechtlichen Vorgaben entsprechen.

2. Die Bemühungen um eine angemessene religiöse Unterweisung für muslimische Schüler haben eine lange Entwicklung durchlaufen. Dabei haben sich die maßgeblichen Umstände mehrfach tiefgreifend geändert, und es ist aufschlussreich zu beobachten, wie Politik, Bürokratie und Öffentlichkeit damit jeweils umgegangen sind. Augenscheinlich hat man sich um so schwerer getan, je klarer sich zeigte, dass die große „fremde" Bevölkerungsgruppe auf Dauer integriert werden musste.[6]

Zunächst, in den 60er Jahren, wurden bekanntlich im Zuge des starken Wirtschaftswachstums ausländische Arbeitskräfte in großer Zahl angeworben. Dabei gingen alle Beteiligten davon aus, dass die „Gastarbeiter" – Türken, Italiener usw. – nach wenigen Jahren in ihre Herkunftsländer zurückkehren würden. Entsprechend ließen diese ihre Familien in der Heimat zurück. Die Frage nach der Eingliederung der Kinder stellte sich nicht. Allenfalls wäre kritisch anzumerken, dass nennenswerte Aktivitäten, den „Gästen" die deutsche Gesellschaft etwas näher zu bringen, auch nicht unternommen wurden – eine im Hinblick auf die weitere Entwicklung verpasste Gelegenheit.

Einige Jahre später wurde klar, dass sich die Betroffenen auf einen längeren Verbleib einrichten mussten, weswegen sie in großer Zahl ihre Angehörigen nachholten. Allerdings war man immer noch der Überzeugung, dass es sich um einen begrenzten Aufenthalt handele. Deswegen ergab sich für die Bundesländer nun, in Übereinstim-

---

[3] *S. Spriewald*, Rechtsfragen im Zusammenhang mit der Einführung von islamischem Religionsunterricht als ordentliches Lehrfach an deutschen Schulen, 2003, 228 f.; *A. Aslan*, Religiöse Erziehung der Kinder in Deutschland und Österreich, 1998, 161 ff.; *M. Dietrich*, Islamischer Religionsunterricht. Rechtliche Perspektiven, 2006, 89 f.

[4] Überblick (zum damaligen Stand): „Empfehlungen" des Wissenschaftsrats (Fn. 2), S. 74 ff.

[5] Zum Religionsunterricht vgl. insbes. die Praxis in Nordrhein-Westfalen seit dem Schuljahr 2012/13, dazu unten bei Fn. 14 ff.; zur universitären Ebene insbes. das Beispiel der Universität Münster, unten bei Fn. 18 ff.

[6] Hierzu und zum folgenden *Loschelder* (Fn. 1), 197 (197 ff.).

mung mit einer entsprechenden EG-Richtlinie,[7] die Aufgabe, einen, wie man es nannte, „Muttersprachlichen Ergänzungsunterricht" einzurichten,[8] der den jungen Muslimen durch kulturelle und religiöse Betreuung die Rückkehr in die Heimat erleichtern sollte. Dieser Zielsetzung gemäß wurde der Unterricht in türkischer, später auch in arabischer und bosnischer Sprache erteilt. Zum Teil legte man türkische Lehrpläne zugrunde und zog türkische Lehrkräfte bei, die für diese Aufgabe auf Zeit abgeordnet waren.[9] Die deutsche Gesellschaft sah sich von dieser Entwicklung kaum betroffen. Denn das Thema „Integration" war – noch – nicht angesprochen.

Erst in den späten 90er Jahren war schließlich nicht mehr zu übersehen, dass ein Großteil der Einwanderer in Deutschland bleiben würde. Das veränderte die Situation von Grund auf. Unter anderem musste der „Islamunterricht" umgestellt werden. Es konnte nun nicht mehr darum gehen, die Kinder und Jugendlichen auf die Rückkehr in ihre frühere Heimat vorzubereiten. Sie mussten vielmehr auf Dauer an die neue – deutsche – Heimat herangeführt werden. Also wurde der Unterricht künftig in deutscher Sprache erteilt – gegen vielfältigen Widerstand, nicht zuletzt von Seiten des türkischen Staates.[10] Vor allem war es nötig, die Lehrkonzepte zu überarbeiten. Hierüber begann eine mühsame Diskussion, bei der ein länderübergreifendes Ergebnis nicht zustande kam. Angesichts der verfassungsrechtlichen Bedenken entschied man sich mehrheitlich für ein Fach „Religionskunde",[11] das in staatlicher Verantwortung angeboten wurde und – ohne Einbeziehung religiöser Instanzen – Sachkenntnisse über den Islam vermittelte. Muslimische Verbände, aber auch zahlreiche Eltern forderten demgegenüber nachdrücklich die Einführung eines „regulären" Religionsunterrichts – was wiederum von den Landesbehörden abgelehnt wurde. Das hinderte freilich nicht, dass parallel dazu allerlei problematische „Schulversuche" ins Werk gesetzt wurden, die auf Kompromisse angelegt waren.[12]

Wie schwer sich Politik und Gesellschaft damit taten, konstruktive Antworten auf die Frage der Integration der Einwanderer zu finden, zeigt überdeutlich der völlig unsinnige politisch-ideologische Streit, der nun losbrach. Es ging darum, ob es überhaupt vertretbar und wünschenswert sei, die Einwanderer in die deutsche Gesellschaft einzubinden. Als Alternative entwickelten die Vertreter der entsprechenden politischen Ausrichtung das Bild einer sogenannten „multikulturellen Gesellschaft", in der alle Gruppierungen sich unabhängig von der Mehrheitsgesellschaft – und natürlich vom Staat – nach ihren eigenen Maßstäben einrichten können. Dass diese Vor-

---

[7] Richtlinie des Rates der Europäischen Gemeinschaft vom 25. Juli 1977, ABl. EG 1977 L 199/32.

[8] *Dietrich* (Fn. 3), 88 f.; *Aslan* (Fn. 3), 159 ff.

[9] Dazu die Nachweise Fn. 3.

[10] *Dietrich* (Fn. 3), 80, 90 f.; *Aslan* (Fn. 3), 149 ff.

[11] Vgl. BVerfGE 74, 244 (252 f.) zur Abgrenzung von einem Religionsunterricht im engeren Sinne; *M. Heckel*, in: U. Baumann, (Hrsg.), Islamischer Religionsunterricht, 2001, 79 (122 ff.).

[12] Zu diesen Projekten wiederum *Dietrich* (Fn. 3), 121 ff.

stellung bar aller Realität war, war und ist offensichtlich.[13] Allerdings gilt für die These der Gegenseite, Deutschland sei kein Einwanderungsland, nichts anderes.[14] Jedenfalls wurden auf diese Weise wertvolle Zeit und Kraft verschwendet.

Auf der Länderebene blieb es in der Folgezeit vorwiegend bei einem staatlich verantworteten „Religionskundeunterricht". Die verschiedenen Modelle, mit denen man hier und dort den Bedürfnissen nach einer religiösen Unterweisung durch muslimische Lehrer Rechnung zu tragen sucht, sind sachlich und rechtlich von unterschiedlicher Qualität.[15] Wirkliche Fortschritte zu einem Gesamtkonzept zeichnen sich nicht ab. Die Landespolitik reagiert auf diese Situation inzwischen zunehmend mit dem beschriebenen Aktionismus, der teilweise entschieden fragwürdige Ergebnisse hervorbringt.

Ein bemerkenswertes Beispiel bietet dazu jüngst die nordrhein-westfälische Landespolitik. Hier ist durch Landesgesetz ab dem Schuljahr 2012/13 ein islamischer Religionsunterricht eingeführt worden, und zwar zunächst für den Grundschulbereich.[16] Die ersten Lehrkräfte für diesen Bekenntnisunterricht werden, so Presseberichte,[17] aus dem Kontingent der bisherigen „Islamkunde" rekrutiert, d. h. es dürfte sich bei ihnen vor allem um Islamwissenschaftler oder Sprachlehrer handeln. Eine – nicht verpflichtende, weil am dienstfreien Wochenende durchgeführte(!) – „dienstliche Unterweisung", so die Zeitungsmeldung,[18] sei die einzige Handreichung gewesen, die ihnen bislang zuteil geworden ist. Fachlich ausgebildete Religionslehrer – was immer man darunter verstehen mag – seien erst in einigen Jahren zu erwarten. Die Verleihung der „Lehrerlaubnis" sei einem aus acht Personen bestehenden „Beirat für die Einführung des islamischen Religionsunterrichts in NRW" übertragen, der von Gesetzes wegen ein Organ des Ministeriums, also eine staatliche Angelegenheit ist.[19]

Verglichen mit den langjährigen Bemühungen um einen islamischen Religionsunterricht sind die Überlegungen, an staatlichen Hochschulen islamische Fakultäten einzurichten, jungen Datums. Um so ungeduldiger zielen sie nun offenbar ebenfalls auf eine alsbaldige Umsetzung ihrer Konzepte in die Praxis.[20] Auch hier werden unterschiedliche „Beirats"-Modelle ins Spiel gebracht, mit deren Hilfe der Mangel eines „kirchlichen" Partners auf muslimischer Seite überbrückt werden soll.

---

[13] Dazu etwa *J. Isensee*, in: FS Starck, 2007, 55 ff., 56 ff.; *W. Loschelder*, in: FS Isensee, 2007, 149 (159 ff.).
[14] So ausdrücklich die Koalitionsvereinbarung von CDU/CSU und FDP von 1982.
[15] Vgl. Fn. 12.
[16] *H. Horstkotte*, in: FAZ v. 25. Juli 2012, S. N 5.
[17] Ebd.
[18] Ebd.
[19] Ebd.
[20] Dazu *H. M. Heinig*, ZevKR 56 (2011), 238 (248 f.).

Wie wenig trittfest der Boden ist, auf dem man sich dabei bewegt, zeigt das Beispiel der Universität Münster.[21] Im Jahr 2003 gründete diese ein „Centrum für religiöse Studien" als zentrale wissenschaftliche Einrichtung, das u. a. „die Studiengänge zum Erwerb der Staatsprüfung zur Erteilung von Islamunterricht und orthodoxer Religionslehre an öffentlichen Schulen" betreuen soll.[22] Die Einrichtung wurde mit vier Professuren ausgestattet: für orthodoxe Theologie, Judaistik, Religion des Islam und Islamische Religionspädagogik.[23] Man verzichtete auf eine „Rückbindung an religiöse Autoritäten" und bildete einen Beirat für das Centrum insgesamt „mit Vertretern der religiösen Organisationen und anderen Fachleuten."[24] Das Konzept bewährte sich nicht. Aus theologisch begründetem Protest gegen Veröffentlichungen des Inhabers der Professur „Religion des Islam" verließen die Vertreter der islamischen Verbände den Beirat. Inzwischen ist ein neues Gremium gebildet worden, das aus acht Mitgliedern besteht: vier Vertretern muslimischer Organisationen, zwei muslimischen „Religionsgelehrten" und zwei „muslimischen Persönlichkeiten des öffentlichen Lebens".[25] Die Bestellung erfolgt in einem komplizierten Verfahren mit mehrfachen Mehrheiten, wobei ein Einfluss der Universität in der Sache sorgfältig vermieden wird. Alles in allem handelt es sich um eine Lösung, die erkennbar darauf angelegt ist, die begangenen Fehler auszuräumen und die Gefahr von Konflikten möglichst gering zu halten. Die weitere Entwicklung ist hier nicht zu vertiefen. Es kommt lediglich auf das Modell an. Und was dieses angeht, ist festzustellen, dass mit ihm die Bedenken keineswegs ausgeräumt sind. Sie werden nicht einmal gemindert.

3. Worauf gründen sich nun diese Bedenken – und wie schwer wiegen sie? Dass sie, jedenfalls im Grundsatz, klar zutage liegen, haben die Auseinandersetzungen um den islamischen Religionsunterricht gezeigt. Denn dass sich die Mehrzahl der Bundesländer bereits früh dafür entschied, statt eines solchen Religionsunterrichts das Fach „Religionskunde" in staatlicher Verantwortung einzurichten, beruhte gerade auf der Einsicht, dass die verfassungsrechtlichen Bedingungen für eine weitergehende Lösung nicht erfüllt sind. Daran hat sich nichts geändert.

Der Religionsunterricht ist in Art. 7 Abs. 3 Satz 1 GG institutionell und grundrechtlich verbürgt[26] und wird dieser Bestimmung zufolge „unbeschadet des staatlichen Aufsichtsrechtes in Übereinstimmung mit den Grundsätzen der Religionsgemeinschaften erteilt." Er ist mithin konfessioneller Natur, allgemein gesprochen: inhaltlich an die jeweiligen Religionsgemeinschaften gebunden, und vermittelt dem-

---

[21] Dazu des näheren *J. Oebbecke*, ZevKR 56 (2011), 262 (264 ff.).
[22] *Oebbecke*, ZevKR 56 (2011), 262 (265).
[23] Ebd.
[24] Ebd.
[25] Ebd.
[26] *A. Hollerbach*, in: J. Isensee/P. Kirchhof (Hrsg.), Handbuch des Staatsrechts, Bd. VI, 1989, § 140 Rn. 34; *W. Loschelder*, in: D. Merten/H.-J. Papier (Hrsg.), Handbuch der Grundrechte, Bd. IV, 2011, § 110, Rn. 43 ff., 52 ff.

gemäß deren Glaubensinhalt als „verbindlichen Normbestand".[27] Das heißt: Es handelt sich um eine sogenannte „gemeinsame Angelegenheit", eine „res mixta",[28] bei der Staat und Kirche, gestützt auf ihre jeweils eigene Kompetenz und geleitet von ihrem jeweils eigenen Interesse zu einem gemeinsamen Zweck zusammenwirken. Einerseits ist er eine Veranstaltung des Staates, der als „Unternehmer"[29] die sächlichen und personellen Mittel zur Verfügung stellt und, insbesondere, für die schulische Organisation und die (allgemeine) Aufsicht zuständig ist. Andererseits haben die Religionsgemeinschaften, da der weltanschaulich neutrale Staat in religiösen Fragen nichts zu befinden hat, allein über die Inhalte des Religionsunterrichts das erste und letzte Wort.[30] Diese Aufgabenteilung folgt zwingend aus dem fundamentalen Verfassungsprinzip der Trennung von Staat und Kirche.[31] Daraus ergibt sich für einen islamischen Religionsunterricht: Der Staat dürfte ihn in seinen – das heißt also: der Bundesländer – öffentlichen Schulen nur einrichten, wenn er dabei mit einer „Religionsgemeinschaft" im Sinne des Art. 7 Abs. 3 Satz 1 GG zusammenwirken könnte. Dabei muss es sich keineswegs – was in der öffentlichen Diskussion und von interessierter Seite häufig falsch dargestellt wird – um eine „Körperschaft des öffentlichen Rechts" im Sinne von Art. 140 GG i.V.m. Art. 137 Abs. 5 WRV handeln.[32] Es genügt eine Gruppierung, ein Mitgliederbestand, der auf einem gemeinsamen religiösen Glauben beruht und eine mindeste Stabilität sowie eine hinreichende institutionelle Verfestigung aufweist.[33] Letzteres ist deswegen unverzichtbar, weil der Staat entsprechend der Verteilung der Kompetenzen auf ein Gegenüber angewiesen ist, dessen Vertreter kraft ihrer Aufgabe – ihres „Amtes" – verbindliche Aussagen über den Inhalt ihrer Religion treffen können. Derartige überpersonale – „kirchliche" – Strukturen sind dem Islam aber prinzipiell fremd. Über feste mitgliedschaftliche Zuordnungen verfügt er ebenfalls nicht – schon deswegen müsste ein Religionsunterricht gemäß Art. 7 Abs. 3 Satz 1 GG scheitern, weil eine Teilnahmepflicht – wie sie bei einem „ordentlichen Lehrfach" besteht – eine klare Zuordnung der Schüler zu den verschiedenen Religionsgemeinschaften notwendig macht, die jedoch der religiös neutrale Staat selbst nicht vornehmen kann.[34] Und für verbindliche „amtliche" Aussagen über die religiösen Inhalte fehlen dem Islam – als einer „pries-

---

[27] *P. Badura*, in: Th. Maunz/G. Dürig (Hrsg.), Grundgesetz, Art. 7 Rn. 70; *Hollerbach* (Fn. 26), Rn. 37.

[28] Grundlegend *Hollerbach* (Fn. 26), Rn. 32; vgl. auch *Loschelder* (Fn. 26), Rn. 41 f.

[29] Zum Begriff *Ch. Link*, in: J. Listl/D. Pirson (Hrsg.), HdbStKR, Bd. II, 1995, 439 (472).

[30] *Hollerbach* (Fn. 26), Rn. 37; *Loschelder* (Fn. 26), Rn. 58.

[31] Dazu *A. Frhr. v. Campenhausen/H. de Wall*, Staatskirchenrecht, 4. Aufl. 2006, § 13, 90 ff., m.w.N.; grundlegend *M. Heckel* und *A. Hollerbach*, VVDStRL 26 (1968), 5 ff., 57 ff.

[32] *v. Campenhausen/de Wall* (Fn. 31), S. 216; *Link* (Fn. 29), 500.

[33] Dazu näher *Loschelder* (Fn. 26), Rn. 60.; eingehend, allerdings hinsichtlich des Körperschaftsstatus zu eng: *S. Korioth*, in: W. Bock (Hrsg.), Islamischer Religionsunterricht?, 2. Aufl. 2007, 33 (47 ff.).

[34] *Loschelder* (Fn. 1), 205 f.

terlosen" Religion[35] – auch die organisatorischen Voraussetzungen. Persönliche Autorität – anerkannter muslimischer Religionsgelehrter etwa – vermag einen solchen überpersönlichen Auftrag nicht zu ersetzen. Die Vertreter der islamischen Verbände, die sich auf diesem Feld von verschiedenen Seiten zu Wort melden, sprechen für politisch orientierte Zusammenschlüsse, bis zum Beweis des Gegenteils aber nicht für religiöse Vereinigungen.[36]

Da es somit an den verfassungsrechtlichen Grundbedingungen für die Einführung eines islamischen Religionsunterrichts fehlt, geht schon das zentrale praktische Argument für die Einrichtung islamischer theologischer Fakultäten ins Leere: der Bedarf an Lehrkräften für einen solchen Religionsunterricht.[37] Damit hat sich freilich die Frage, ob es solcher Fakultäten an den Universitäten bedarf und ob die rechtlichen Voraussetzungen für ihre Etablierung vorliegen, noch nicht erledigt.

Insoweit ist zunächst festzustellen, dass es sich auch bei den theologischen Fakultäten um „gemeinsame Angelegenheiten", um „res mixtae" handelt, die von Staats wegen nur im Zusammenwirken mit einer Kirche, allgemein: mit einem hinreichend formierten und aussagefähigen religiösen Partner betrieben werden können. Historisch wie verfassungsrechtlich gehören sie zu den zentralen Elementen der deutschen staatskirchenrechtlichen Ordnung.[38] Anders als in der Weimarer Verfassung[39] sind sie im Grundgesetz zwar nicht ausdrücklich garantiert, doch beruht diese Zurückhaltung ausschließlich darauf, dass nunmehr die Länder für diese Materie zuständig sind.[40] Die entsprechenden Verbürgungen der Landesverfassungen – nebst den einschlägigen landesrechtlichen Regelungen – sowie vor allem die alten und neuen konkordatären und kirchenvertraglichen Bestimmungen lassen daran keinen Zweifel.[41]

Die theologischen Fakultäten sind, wie die übrigen Fakultäten auch, Untergliederungen der staatlichen Universitäten, also staatliche Einrichtungen.[42] Von diesen unterscheiden sie sich aber dadurch, dass sie über die wissenschaftlichen und kulturellen Aufgaben, die sich daraus ergeben, auch einen zentralen kirchlichen Dienst erfüllen, indem sie den geistlichen Nachwuchs wissenschaftlich heranbilden und die „kirchliche Lehre" entfalten.[43] Wiederum, da es unter beiden Gesichtspunkten um religiöse Fragen geht, hat der Staat keinerlei Einwirkungsbefugnisse auf die Inhalte

---

[35] Zur Problematik insgesamt *Loschelder* (Fn. 1), 204 ff.
[36] *Loschelder* (Fn. 1), 205 m.w.N.; *ders.*, in: FS Bethge, 2009, 17 (24 f.).
[37] Dazu *WissRat* (Fn. 2), S. 75 ff.
[38] *v. Campenhausen/de Wall* (Fn. 31), § 27, S. 219 ff.; eingehend *Hollerbach* (Fn. 26), Rn. 44 ff.
[39] Art. 149 Abs. 3 WRV.
[40] *v. Campenhausen/de Wall* (Fn. 31), § 27, S. 221 m.w.N.; *Hollerbach* (Fn. 26), Rn. 44.
[41] Vgl. Fn. 40.
[42] *v. Campenhausen/de Wall* (Fn. 31), § 27, S. 221; *Hollerbach* (Fn. 26), Rn. 44.
[43] Zu dieser kirchlichen Aufgabe *v. Campenhausen/de Wall* (Fn. 31), § 27, S. 221; dazu auch *Hollerbach* (Fn. 26), Rn. 44 f.

von Lehre und Forschung.[44] Schon gar nicht wäre er daher legitimiert, in eigener Regie theologische Fakultäten – welcher Religion auch immer – an seinen Universitäten zu installieren.[45] Darin läge ein eindeutiger Verstoß gegen Art. 140 GG i.V.m. Art. 137 Abs. 1 WRV: „Es besteht keine Staatskirche." An diesem Maßstab muss sich auch die Praxis messen lassen, von Staats wegen geschaffene „Beiräte" als Ersatz für das Zusammenwirken mit Religionsgemeinschaften vorzuschieben.

Jenseits aller verfassungsrechtlichen Einzelfragen besteht der grundlegende Einwand gegen die gegenwärtige politische Vorgehensweise aber darin, dass die Abwägung zwischen Rechtslage und Sachlage, die all diesen Versuchen zugrunde liegt, im Rechtsstaat keinen Platz haben kann.[46] Wenn die tatsächlichen Gegebenheiten eine Entscheidung nötig machen, die mit dem geltenden Recht nicht im Einklang steht, müssen die rechtlichen Regelungen – gegebenenfalls und in den bestehenden Grenzen auch die Verfassung selbst – geändert werden. Dabei fordert der Respekt vor Recht und Verfassung allerdings auch – dies ist ebenfalls in Erinnerung zu rufen –, dass zunächst ernsthaft und gründlich geprüft wird, ob sich nicht angemessene Alternativen de lege lata finden lassen. Gerade in dieser Hinsicht sind – das bestätigt die Eingangsfeststellung – die politischen Reaktionen merkwürdig starr. Man könnte sie phantasielos nennen, wenn man den Eindruck hätte, dass den Akteuren überhaupt an Alternativen gelegen ist. Statt dessen scheinen sie darauf fixiert zu sein, die vorhandenen staatskirchenrechtlichen Modelle den Beziehungen zu der „fremden" Religion Islam schlichtweg „überzustülpen", ohne Rücksicht darauf, ob man damit den Eigengesetzlichkeiten dieser Beziehungen, so, wie sie sich derzeit darstellen, gerecht wird. Es fehlt offenbar die Bereitschaft, die fremde Kultur als „andere" zu begreifen und sie als solche in die eigenen Strukturen einzubeziehen. Dass die Vertreter des offiziellen, d. h. des politischen Islam diesen Kurs vielfach unterstützen, ist zwar nachvollziehbar, rechtfertigt aber nichts.

Ein besonders irritierendes Beispiel für die Tendenz, die staatskirchenrechtliche Dimension gegenüber „praktischen" Erwägungen zu vernachlässigen, bieten die „Empfehlungen" des Wissenschaftsrats „zur Weiterentwicklung von Theologien und religionsbezogenen Wissenschaften an deutschen Hochschulen".[47] Seine Ausführungen erwecken den Anschein, als handele es sich bei der Kompetenzverteilung zwischen Staat und Kirche eher um eine bloß ordnungspolitische Regelung, die man so oder anders hätte treffen können. Es wird in ihnen nicht erkennbar, dass es dabei um das Fundament geht, auf dem das historisch gewachsene, rechtlich, politisch, kulturell und gesellschaftlich prägende Verhältnis von Staat und Religion unter dem Grundgesetz beruht.

---

[44] *Hollerbach* (Fn. 26), Rn. 44 ff., inbes. Rn. 47.

[45] Dezidiert *Hollerbach* (Fn. 26), Rn. 45.

[46] Zum Folgenden grundsätzlich *K. Hesse*, Grundzüge des Verfassungsrechts der Bundesrepublik Deutschland, 18. Aufl. 1991, Rn. 41 ff., insbes Rn. 47 f.; vgl. auch Rn. 77 f.

[47] Oben Fn. 2.

Es überrascht daher auch nicht, dass der Wissenschaftsrat die Frage weitgehend ausklammert, worin denn die Eigengesetzlichkeit der Theologie als Wissenschaft besteht, die diese von vornherein jeder staatlichen Einwirkung entzieht.[48] Dazu hat sich in seiner Auseinandersetzung mit den „Empfehlungen" *Martin Heckel* grundlegend geäußert:[49] Danach setzt sich jede Theologie mit ihrem Gegenstand, ihrem Glauben – wie jede andere Disziplin auch – wissenschaftlich auseinander, aber – und das ist entscheidend – sie tut dies unter der Prämisse, dass es sich bei diesem Glauben um den *wahren*, d. h. den *einzig wahren* Glauben handelt. Entsprechend hat aus der Sicht jeder Theologie jede andere nicht den wahren Glauben – das ist der, in geduldiger wissenschaftlicher Sachlichkeit auszuhaltende und ständig neu durchzuhaltende, Inhalt ihres wissenschaftlichen Disputs.[50]

Damit ist zugleich das Moment bezeichnet, welches die Theologie von der allgemeinen Religionswissenschaft unterscheidet – und da der Wissenschaftsrat dies nicht einbezieht, werden seine Vorschläge zur organisatorischen Zuordnung beider Bereiche, etwa in einer gemeinsamen Fakultät, den Eigengesetzlichkeiten beider nicht gerecht.[51] Denn die Religionswissenschaft betrachtet die verschiedenen Religionen – sozusagen von außen – als Gegenstände der vergleichenden kulturellen, historischen, soziologischen usw. Analyse. Die Frage nach ihrem Wahrheitsgehalt liegt außerhalb ihres Blickfelds. Daher eben ist es, um eine wichtige Konsequenz herauszugreifen, vom Ansatz her problematisch, theologische Einrichtungen einer bestimmten religiösen Richtung, etwa islamische, in religionswissenschaftliche Fakultäten einzugliedern.[52] Dies würde den Eigengesetzlichkeiten nicht gerecht, nach denen die theologischen Fakultäten der verschiedenen Religionsgemeinschaften ihre Aufgaben erfüllen und die von Verfassungs wegen institutionell gesichert sind.[53]

4. Welche Schlussfolgerungen ergeben sich aus alledem für die weitere Entwicklung der Islamwissenschaft innerhalb des deutschen Wissenschaftssystems?

---

[48] Zum korrespondierenden Schutz dieses Bereichs durch das kirchliche Selbstbestimmungsrecht *Hollerbach* (Fn. 26), Rn. 47.

[49] *M. Heckel*, in: ZevKR 55 (2010), 117 ff.

[50] *Heckel*, in: ZevKR 55 (2010), 117 (158 ff.); vgl. auch *Hollerbach* (Fn. 26), Rn. 44; grundlegend W. *Kasper*, Wissenschaftliche Freiheit und lehramtliche Bindung der Katholischen Theologie, in: Essener Gespräche zum Thema Staat und Kirche, Bd. 16, 1982, 12 ff., 26 ff.

[51] *Heckel* (Fn. 49), 174 ff.

[52] *Heckel* (Fn. 49), 188 ff.

[53] Zum Zusammenwirken der institutionellen Sicherung der kirchlichen Selbstbestimmung gemäß Art. 140 GG i.V.m. Art. 137 Abs. 3 WRV und ihres grundrechtlichen Schutzes durch Art. 4 Abs. 1, 2 GG *K. Hesse*, in: J. Listl/D. Pirson (Hrsg.), HdbStKirchR 1. Bd., 2. Aufl. 1995, 522 ff.; *A. Hollerbach*, in: J. Listl/D. Pirson (Hrsg.), HdbStKR, 2. Bd., 2. Aufl. 1995, 556 f.; zur Problematik der „Vergrundrechtlichung" der staatskirchenrechtlichen Institutionen in diesem Zusammenhang *Heckel*, in: ZevKR 55 (2010), 117 (132 m.w.N.); W. *Loschelder*, KuR 1999, 31 (33 f.).

Zum ersten ist nicht zu bezweifeln, dass die Interessenkonstellation, auf die das Instrument der „gemeinsamen Angelegenheiten" zugeschnitten ist, auch im Verhältnis von Staat und Muslimen besteht. Auch hier streben die Religionsvertreter die organisatorische und finanzielle Unterstützung ihrer Aktivitäten an und damit, legitimerweise, auch die Ausweitung ihrer gesellschaftlichen Wirkungsmöglichkeiten. Der Staat andererseits verfolgt mit seinen religionsfördernden Maßnahmen ebenfalls nicht allein „altruistische" Zwecke, indem er den grundrechtlich gewährleisteten Glaubensbedürfnissen der Religionsangehörigen Rechnung trägt und zugleich seiner Verantwortung als Kulturstaat in einem zentralen Bereich nachkommt. Er stärkt damit auch Einrichtungen, die sich auf einem Gebiet bewegen, das ihm selbst – jenseits enger Grenzen – verschlossen, für ihn aber von essentieller Bedeutung ist: der Vermittlung der grundlegenden ethischen und sozialen Werte, auf denen der gesellschaftliche Zusammenhang und damit er selbst beruhen.[54] Was die christlichen Kirchen angeht, muss die historisch begründete Gemeinsamkeit der Werte nicht näher erörtert werden. Was die islamischen Glaubensinhalte betrifft, so liegen auch ihnen zweifellos, in der Breite der gemeinsamen kulturellen Wurzeln, auch die zentralen ethischen Werte zugrunde, welche die kulturellen Regeln des gesellschaftlichen Miteinanders bestimmen.[55] Was andererseits die ebenso unbezweifelbaren Unterschiede angeht, so kann ein intensiver wissenschaftliche Dialog das wechselseitige Verständnis und eine sachliche Annäherung nur befördern.

Zum zweiten hat sich gezeigt, dass die Interessenkonstellation zwischen Staat und Religion im Falle des Islam mit den Mitteln des gewachsenen staatskirchenrechtlichen Instrumentariums nicht zu bewältigen ist. Denn dieses Instrumentarium der res mixtae setzt jeweils eine institutionalisierte Religionsgemeinschaft als Partner voraus, die im Falle des Islam nicht vorhanden ist. Die Versuche, diesem Mangel durch staatlich geschaffene „Beiräte" welchen Zuschnitts auch immer abzuhelfen, führen nur dazu, dass sich der Staat dabei selbst begegnet, nicht einer Religionsgemeinschaft als Partner. Sie sind, weil „staatskirchlicher" Natur, verfassungswidrig und lassen überdies den gebotenen Respekt gegenüber den Eigengesetzlichkeiten der religiösen Ordnung des Islam vermissen.

Zum dritten: Dass die vorhandenen staatskirchenrechtlichen Mittel im Verhältnis von Staat und Islam nicht tauglich sind, ändert nichts an den gemeinsamen Problemen, die auf Lösungen drängen. Also müssen diese jenseits der eingefahrenen Wege gesucht werden.

Im Falle des islamischen Religionsunterrichts zeichnen sich schon des längeren Ansätze ab, wie man dabei verfahren könnte. Da die staatlich verantwortete „Religionskunde" das Bedürfnis nach einem Unterricht aus der eigenen Religion heraus nicht befriedigen konnte, andererseits aber ein Religionsunterricht im Sinne des Art. 7 Abs. 3 GG an den verfassungsrechtlichen Vorgaben scheitert, haben sich ver-

---

[54] Dazu grundlegend *E.-W. Böckenförde*, Recht, Staat, Freiheit, 2. Aufl. 2006, 111; im vorliegenden Zusammenhang *Loschelder* (Fn. 1), 207; *ders.* (Fn. 26), Rn. 42 m.w.N.

[55] *Loschelder* (Fn. 1), 207 f. m.w.N.

schiedene Initiativen entwickelt, die einen weiteren Ausbau verdienen. Sie haben das Ziel, den Unterricht selbst inhaltlich in muslimische Hände zu legen, möchten ihn aber im Zusammenwirken mit den staatlichen Schulverwaltungen innerhalb der staatlichen Schulen durchführen. Diese Konzepte werden zumeist von den Eltern der Schüler getragen, die sich, etwa in Form von Vereinen, zusammenschließen und mit den Schulen zusammenarbeiten.[56] Art. 7 Abs. 3 GG steht dem nicht im Wege, weil die Voraussetzungen für einen Religionsunterricht im Sinne dieser Bestimmung nicht vorliegen. Art. 141 GG, die „Bremer Klausel", ist daher auch kein Hindernis, weil es entsprechend keiner Ausnahme von Art. 7 Abs. 3 GG bedarf.[57]

Eine derartige Kreativität ist auch im Hinblick auf die Frage der Islamischen Fakultäten nötig. Da solche Fakultäten innerhalb der staatlichen Universitäten nicht eingerichtet werden können – insbesondere nicht mit Hilfe apokrypher „Beiräte" –, müssen auch hier andere Wege beschritten werden. Erstaunlicherweise sind in dieser Richtung bislang noch keine nennenswerten Aktivitäten sichtbar geworden. Dabei würde es sich etwa anbieten, die islamische Theologie in Hochschulen unter privater Trägerschaft anzusiedeln. Diese Alternative wird allerdings vom Wissenschaftsrat sehr distanziert behandelt.[58] Die etatistische Tendenz, die sich darin äußert, ist in Deutschland – auch über 1919 hinaus – nicht neu.[59]

Demgegenüber weist insbesondere das Beispiel der jüdischen Theologie in eine andere Richtung, die ihren Platz – anders als die Judaistik – im Schwerpunkt außerhalb der staatlichen Universitäten gefunden hat.[60] Welche Dialog- und Kooperationsmöglichkeiten ein solches Modell eröffnet, ist hier nicht zu vertiefen. Und was die Zusammenarbeit, etwa in logistischer und organisatorischer Hinsicht, angeht, so bietet sich ein weites Feld – man muss es nur betreten und bestellen.

Um beim Beispiel der jüdischen Gemeinschaften zu bleiben: Es zeigt eindrücklich, wie wenig auf diesem Gebiet politische Kurzatmigkeit ausrichtet. Die allmähliche Verfestigung der Gemeinden, die Entwicklung der Rabbiner zu Amtsträgern reichen bis in die Epoche der Aufklärung zurück.[61] Dass solche Entwicklungen andererseits auch im Islam denkbar sind, zeigen spezifische ältere Diasporasituationen,

---

[56] Dazu *Loschelder* (Fn. 1), 210 ff., insbes. 212 f.

[57] *Loschelder* (Fn. 1), 211.

[58] *Wissenschaftsrat* (Fn. 2), S. 76 ff., deutlich zweifelnd und nach Übergangslösungen suchend *Heckel*, in: ZevKR 55 (2010), 117 (221 ff.).

[59] Zu den Widerständen von Ministerialbürokratie und Rechtslehre gegen eine Aufgabe der gewohnten Aufsichtsrechte über die Kirchen („Korrelatentheorie") v. *Campenhausen/de Wall* (Fn. 31) § 33, S. 32 f. m.w.N.

[60] Dazu im Überblick – Judaistik und Jüdische Studien einbegreifend – Wissenschaftsrat (Fn. 2), S. 31 ff., 69 ff.; speziell zur Rabbinerausbildung an der Hochschule für Jüdische Studien Heidelberg und am Abraham Geiger Kolleg Potsdam, ebd., S. 33 ff., 69 ff.

[61] Dazu *W. Homolka*, Der moderne Rabbiner. Ein Rollenbild im Wandel, 2012, 11 f. und passim; vgl. auch *D. Khálid*, in: W. Ende/U. Steinbach (Hrsg.), Der Islam in der Gegenwart, 1984, 440 (457).

etwa in Südafrika.⁶² Bis dahin ist, Schritt für Schritt, Zusammenarbeit gefordert, in wechselseitiger Offenheit für die Position des anderen, in wechselseitigem Vertrauen zueinander und in wechselseitiger Festigkeit, was den eigenen Standpunkt betrifft.⁶³

---

⁶² *Khálid* (Fn. 61), 457.

⁶³ Zur Problematik von Integration und Selbstbehauptung *Loschelder* (Fn. 13), 149 (159 ff.).

Die inhaltslose Gesetzesvorlage

Von *Dietrich Murswiek*

I. Vorbemerkung zum Einbringungsverfahren

Verfassungsrechtliche Probleme hat das Gesetzgebungsverfahren bislang überwiegend hinsichtlich der Mitwirkung des Bundesrates aufgeworfen. Auch Fragen der Beschlussfähigkeit oder der Rolle des Vermittlungsausschusses haben die Rechtsprechung beschäftigt. Das Einleitungsverfahren hingegen gilt als relativ unproblematisch. Diskutiert wird, ob die geschäftsordnungsrechtliche Konkretisierung des Initiativrechts für Gesetzesvorlagen „aus der Mitte des Bundestages" – nach § 76 GOBT sind eine Fraktion oder 5 % der Abgeordneten initiativberechtigt – das Quorum zu hoch festgesetzt hat.[1] Das Standardproblem, ob es eine unzulässige Umgehung der Pflicht zur Zuleitung einer Gesetzesvorlage an den Bundesrat (Art. 76 Abs. 2 Satz 1 GG) ist, wenn die Bundesregierung einen von ihr ausgearbeiteten Gesetzentwurf von den Regierungsfraktionen einbringen lässt, gilt in der Staatspraxis als geklärt. Hier hat sich eine formale Betrachtungsweise durchgesetzt, die allein darauf abstellt, wer den Entwurf eingebracht hat, während es in der Literatur auch kritische Stimmen gibt.[2]

Keine Beachtung fand hingegen bislang die Frage, was überhaupt eine Gesetzesvorlage im Sinne des Grundgesetzes ist. Offenbar muss es sich um einen Text handeln, dessen Inhalt geeignet ist, Gesetz zu werden. Insoweit scheint es noch keine praktischen Probleme gegeben zu haben, bis die Bundesregierung auf die Idee kam, mit dem Entwurf eines Gesetzes zur finanziellen Beteiligung am Europäischen Stabilitätsmechanismus (ESM-Finanzierungsgesetz – ESMFinG) einen Gesetzentwurf in den Bundestag einzubringen, in dem nur einer von zwei zentralen Regelungsgegenständen ausformuliert und der zweite Regelungsgegenstand durch eine Leerstelle „[…]" offengehalten war. Dies wirft die Frage auf, ob eine solche inhaltslose Gesetzesvorlage verfassungsrechtlich zulässig ist.

---

[1] Vgl. *J. Masing*, in: H. v. Mangoldt/F. Klein/Ch. Starck (Hrsg.), GG II, 6. Aufl. 2010, Art. 76 Abs. 2, 3 Rn. 35 f. m.w.N.

[2] Vgl. *Masing* (Fn. 1), Rn. 97 ff. m.w.N.

II. Die inhaltslose Gesetzesvorlage am Beispiel des ESM-Finanzierungsgesetzes

Der Entwurf des ESM-Finanzierungsgesetzes ist von der Bundesregierung ausgearbeitet worden und in textidentischen Fassungen sowohl von den Koalitionsfraktionen[3] als auch – nach Zuleitung an den Bundesrat[4] – von der Bundesregierung[5] in den Bundestag eingebracht worden.

Das Gesetz hat zwei Regelungsschwerpunkte: Zum einen regelt es die Beteiligung Deutschlands am Stammkapital des Europäischen Stabilitätsmechanismus (ESM) und ermächtigt das Bundesministerium der Finanzen, für das abrufbare Kapital Gewährleistungen zu übernehmen (§ 1 Abs. 1 und 2).[6] Zum anderen regelt das ESM-Finanzierungsgesetz die Beteiligung des Parlaments an der laufenden Tätigkeit des ESM, soweit dies nicht schon im ESM-Gesetz geregelt ist.

Der ESM – der dauerhafte „Euro-Rettungsschirm" – wird durch einen völkerrechtlichen Vertrag, den Vertrag zur Errichtung des Europäischen Stabilitätsmechanismus (ESM-Vertrag), errichtet. Der ESM verfügt über ein Stammkapital von 700 Mrd. Euro, an dem Deutschland mit 27 % beteiligt ist. Daraus resultieren für den Bundeshaushalt Zahlungspflichten in Höhe von 190 Mrd. Euro, die in Höhe von 22 Mrd. Euro sofort, in Höhe von 168 Mrd. Euro gegebenenfalls später auf Abruf zu erfüllen sind. Bundestag und Bundesrat haben dem Vertrag am 29.6.2012 mit dem ESM-Gesetz[7] zugestimmt.

Da der ESM-Vertrag den Organen des ESM (Gouverneursrat und Direktorium) Entscheidungsbefugnisse überträgt, die sich in gravierendem Maße auf die Haushaltsverantwortlichkeit des Bundestages auswirken, muss nach der Rechtsprechung des Bundesverfassungsgerichts in der Begleitgesetzgebung sichergestellt werden, dass die deutschen Vertreter in den ESM-Organen haushaltsrelevante Entscheidungen größeren Umfangs nicht ohne vorherige konstitutive Zustimmung des Bundestages treffen dürfen.[8]

Da das ESM-Gesetz – also das Zustimmungsgesetz zum ESM-Vertrag – nur zwei Gesetzesvorbehalte für Vertragsänderungen enthält (Art. 2 Abs. 1 und 2 ESMG), liegt der deutliche Schwerpunkt der Regelung der Parlamentsbeteiligung im ESM-Finanzierungsgesetz. Ohne ein Begleitgesetz, das umfassende Parlamentsvorbehalte für die Stimmabgabe des deutschen Gouverneursratsmitglieds und des von Deutsch-

---

[3] Gesetzentwurf der Fraktionen der CDU/CSU und FDP, BT-Drs. 17/9048.

[4] BR-Drs. 166/12.

[5] BT-Drs. 17/9371.

[6] § 2 dürfte nur deklaratorische Bedeutung haben. Der deutsche Gesetzgeber kann nicht regeln, was der ESM darf; das ergibt sich aus dem ESM-Vertrag. Somit verdeutlicht § 2 lediglich den Regelungsgehalt des § 1.

[7] BT-Drs. 17/9045.

[8] BVerfG, Urt. v. 7. Sept. 2011 – 2 BvR 987/10 u.a. – „Rettungsschirm", Abs.-Nr. 128; BVerfG, Urt. v. 28. Febr. 2012 – 2 BvE 8/11 – Geheimgremium, Abs.-Nr. 109, 112.

land benannten Direktoriumsmitglieds bezüglich die Haushaltsverantwortung des Bundestages berührender Entscheidungen des Gouverneursrats und des Direktoriums vorsieht, wäre das ESM-Gesetz evident verfassungswidrig. Die Exekutive darf nicht ohne konstitutive parlamentarische Zustimmung über zwei- oder sogar dreistellige Milliardenbeträge zulasten des Bundeshaushalts verfügen. Die Regelung einer den Anforderungen des Grundgesetzes entsprechenden Parlamentsbeteiligung war eine zentrale Aufgabe, die mit dem ESM-Finanzierungsgesetz zu leisten war – eine conditio sine qua non für die Verfassungsmäßigkeit des Gesamtpakets, das aus dem Zustimmungsgesetz zum ESM-Vertrag und dem ESM-Finanzierungsgesetz als zusätzlichem Begleitgesetz bestand.

Der in den Bundestag eingebrachte Gesetzentwurf kündigt aber lediglich in der Einleitung an, dass im Rahmen dieses Gesetzes „Regelungen für die parlamentarische Beteiligung ... getroffen werden" sollen,[9] lässt jedoch diese zentrale Frage völlig ungeregelt und deutet lediglich mit einer Leerstelle an, dass es einer Regelung noch bedarf. § 3 des Entwurfs lautet:

§ 3 „[Beteiligungsrechte]
(1) [...]"

In dieser Fassung wurde der Entwurf in erster Lesung im Bundestag beraten. Erst im Laufe des Beratungsverfahrens im Bundestag sind dann Vorschriften über die Parlamentsbeteiligung in den Entwurf eingefügt worden.

In der vom Bundestag schließlich beschlossenen Fassung sind aus der Leerstelle in § 3 des Entwurfs die §§ 3–7 geworden. Enthielt die Gesetzesvorlage insgesamt vier Paragraphen, von denen einer aus der Leerstelle bestand und ein weiterer das Inkrafttreten regelte, also zwei Paragraphen über die Finanzierung des ESM und einen – inhaltsleeren – über die Parlamentsbeteiligung, so enthält das endgültige Gesetz weiterhin zwei Paragraphen über die Finanzierung des ESM und jetzt aber fünf Paragraphen über die Parlamentsbeteiligung. Auch übertrifft der Umfang dieser Paragraphen den Umfang der die Finanzierung regelnden Paragraphen um ein Mehrfaches.

Nicht nur quantitativ, sondern auch qualitativ ist die Parlamentsbeteiligung am ESM ein eigenständiger Regelungsgegenstand. Bei den Vorschriften über die Parlamentsbeteiligung handelt es sich nicht um unwesentliche Einzelheiten, die man zunächst noch offengelassen hat, sondern um einen von zwei Regelungsgegenständen des Gesetzes. Einer dieser beiden Regelungsgegenstände wurde in der Gesetzesvorlage nicht in einem nebensächlichen Detail, sondern vollständig ungeregelt gelassen. Eingebracht in den Bundestag wurde eine leere Gesetzeshülle.

Daran ändert auch der Umstand nichts, dass der Gesetzentwurf nicht vollständig leer war, sondern in §§ 1 und 2 ja Ermächtigungen zu haushaltswirksamen Entscheidungen regelte. Die Parlamentsbeteiligung ist ein anderes Thema. Sie hätte ebenso

---

[9] BT-Drs. 17/9048, S. 2, letzter Abs. des Abschnitts B. „Lösung".

gut in einem separaten Gesetz oder im Zustimmungsgesetz zum ESM-Vertrag, dem ESM-Gesetz, geregelt werden können. Die Regelung der Parlamentsbeteiligung ist also in einer Gesetzesvorlage in den Bundestag eingebracht worden, die zu diesem Thema keinen Inhalt hatte, sondern lediglich eine Leerstelle bezeichnete, in die dieser Inhalt später eingefügt werden sollte.

Dieses Vorgehen entspricht nicht den Anforderungen des Art. 76 Abs. 1 und 2 GG. Unter „Gesetzesvorlagen" im Sinne von Art. 76 GG sind Gesetzentwürfe zu verstehen, die einen beratungsfähigen Inhalt haben. Dies ist hier eindeutig nicht der Fall. Vielmehr handelt es sich – soweit es um den zweiten Regelungsgegenstand geht – um einen bloßen Gesetzesmantel ohne Inhalt. Dies ist keine Gesetzesvorlage im Sinne von Art. 76 Abs. 1 und 2 GG. Man kann dieses Vorgehen nicht damit vergleichen, dass ein Gesetzentwurf ein Thema eingehend regelt und eine Detailfrage zunächst offenlässt, wie das beispielsweise der Fall gewesen wäre, wenn lediglich offengeblieben wäre, ob es ein „Rückholrecht" des Plenums für die Fälle gibt, in denen nach dem Entwurf der Haushaltsausschuss zuständig sein soll. Im Entwurf des ESM-Finanzierungsgesetzes war das gesamte Thema „Parlamentsbeteiligung" überhaupt nicht geregelt, und hier handelte es sich nicht um eine nebensächliche Thematik, sondern um eine solche, von deren Regelung die Verfassungsmäßigkeit des ganzen Gesetzespakets (EMS-Gesetz und ESM-Finanzierungsgesetz) abhing. In einem zentralen und verfassungsrechtlich entscheidenden Punkt war somit der Gesetzentwurf ohne Inhalt.

Ein solches Vorgehen genügt nicht den Anforderungen von Art. 76 Abs. 1 und 2 GG. Das Gesetzgebungsverfahren ist im Grundgesetz formalisiert worden, um die Rechte aller Beteiligten zu wahren. Die förmliche Einbringung einer Gesetzesvorlage schafft Verfahrenstransparenz. Sie macht allen Beteiligten klar, dass ein Gesetzgebungsverfahren mit einem bestimmten Gegenstand beginnt und legt den Beratungsgegenstand fest. Damit wird die parlamentarische Willensbildung so strukturiert, dass alle Abgeordneten des Bundestages sowie auch die Mitglieder des Bundesrates mit gleichem Informationsstand und gleichen Startbedingungen sich am Beratungsprozess beteiligen können. Darüber hinaus wird auch die Öffentlichkeit über Gesetzgebungsvorhaben informiert. Gesetzesvorlagen werden als Drucksachen publiziert und sind für alle Bürger zugänglich. Somit haben alle die gleiche Chance, sich am Prozess der Meinungsbildung über das Gesetzgebungsvorhaben zu beteiligen. Insbesondere die Medien können über das Vorhaben berichten und es kommentieren.

Das Bundesverfassungsgericht hat gerade in seiner neueren Rechtsprechung die Bedeutung der Öffentlichkeit der parlamentarischen Beratung hervorgehoben. Öffentliches Verhandeln von Argument und Gegenargument, öffentliche Debatte und öffentliche Diskussion seien wesentliche Elemente des demokratischen Parlamentarismus. Das im parlamentarischen Verfahren gewährleistete Maß an Öffentlichkeit der Auseinandersetzung und Entscheidungssuche eröffne Möglichkeiten eines Ausgleichs widerstreitender Interessen.[10] Die parlamentarische Öffentlichkeit schaffe die Voraussetzungen für eine Kontrolle durch die Bürger.[11] Die parlamentarische Verantwortung gegenüber den Bürgern sei wesentliche Voraussetzung des von Art. 20 Abs. 2 Satz 2 GG geforderten effektiven Einflusses des Volkes auf die Ausübung der Staatsgewalt.[12] Entscheidungen von erheblicher Tragweite müsse deshalb grundsätzlich ein Verfahren vorangehen, das der Öffentlichkeit Gelegenheit bietet, ihre Auffassungen auszubilden und zu vertreten, und das die Volksvertretung dazu anhält, Notwendigkeit und Umfang der zu beschließenden Maßnahmen in öffentlicher Debatte zu klären.[13]

Diesen Anforderungen kann ein Gesetzgebungsverfahren nicht gerecht werden, das durch eine inhaltslose Gesetzesvorlage eingeleitet wird. Es ist für die Öffentlichkeit nicht möglich, den Gesetzgebungsprozess kritisch zu begleiten und mit Meinungsäußerungen auf die Willensbildung der Abgeordneten Einfluss zu nehmen, wenn sie von dem Gesetzgebungsverfahren nichts erfährt und die Verhandlungen in kleinen Kreisen von Abgeordneten hinter verschlossenen Türen stattfinden. Auch aus diesem Grunde ist die ordnungsgemäße Einbringung einer Gesetzesvorlage ein notwendiges Erfordernis der parlamentarischen Demokratie.

Somit hat die Bundesregierung gegen Art. 76 Abs. 1 und 2 GG verstoßen, indem sie mit dem Entwurf des ESM-Finanzierungsgesetzes eine Gesetzesvorlage eingebracht hat, die nicht den Anforderungen dieser Bestimmungen entsprach und – soweit es das Thema Parlamentsbeteiligung an den ESM-Aktivitäten betraf – nicht beratungsfähig und für die Öffentlichkeit unbrauchbar, weil inhaltsleer, war. Weder war es dem Bundestag möglich, den nicht vorhandenen Inhalt der Vorschrift über die Parlamentsbeteiligung zu beraten, noch war es dem Bundesrat möglich, sein Recht zur Stellungnahme gemäß Art. 76 Abs. 2 GG zu diesem Regelungsgegenstand auszuüben. Und schon gar nicht konnte die allgemeine Öffentlichkeit sich an der Willensbildung beteiligen.

Der Bundestag hat gegen Art. 76 Abs. 1 GG verstoßen, indem er im Gesetzgebungsverfahren über einen Text beraten hat, der nicht die verfassungsrechtliche Qualifikation einer Gesetzesvorlage erfüllte, weil er zum Regelungsgegenstand Parlamentsbeteiligung keinen beratungsfähigen Inhalt hatte, und indem er dann gesetzli-

---

[10] BVerfG, Urt. v. 7. Sept. 2011–2 BvR 987/10 u.a. – „Rettungsschirm", Abs.-Nr. 128; BVerfG, Urt. v. 28. Febr. 2012–2 BvE 8/11 – Geheimgremium, Abs.-Nr. 108 m. Hinw. auf BVerfGE 40, 237 (249); 70, 324 (355); BVerfG, Urt. v. 19. Juni 2012–2 BvE 4/11 – Unterrichtungspflichten, Abs.-Nr. 113.

[11] BVerfG, Urt. v. 7. Sept. 2011–2 BvR 987/10 u.a. – Abs.-Nr. 128; BVerfG, Urt. v. 28. Febr. 2012–2 BvE 8/11, Abs.-Nr. 108; BVerfG, Urt. v. 19. Juni 2012–2 BvE 4/11, Abs.-Nr. 113 m. Hinw. auf BVerfGE 125, 104 (125).

[12] BVerfG, Urt. v. 19. Juni 2012–2 BvE 4/11, Abs.-Nr. 113 m.w.N.

[13] BVerfG, Urt. v. 7. Sept. 2011–2 BvR 987/10 u.a. – Abs.-Nr. 128; BVerfG, Urt. v. 28. Febr. 2012–2 BvE 8/11, Abs.-Nr. 108 m. Hinw. auf BVerfGE 85, 386 (403 f.); 95, 267 (307 f.); 108, 282 (312).

che Vorschriften als Teil des ESM-Finanzierungsgesetzes beschlossen hat, die nicht als Gesetzesvorlage gemäß Art. 76 Abs. 1 und 2 GG in den Bundestag eingebracht worden waren.

Im Verfassungsbeschwerdeverfahren gegen das ESM-Gesetz und das ESM-Finanzierungsgesetz, an dem ich als Bevollmächtigter eines Beschwerdeführers beteiligt war, hat der Bundestag dieser Argumentation entgegengehalten, dass es durchaus möglich sei, dass ein Gesetz aus dem parlamentarischen Gesetzgebungsverfahren völlig anders herauskommt als es im Entwurf ausgesehen hat.[14] Damit wird das Problem verkannt. Selbstverständlich steht es dem Bundestag frei, jede Gesetzesvorlage im Laufe der parlamentarischen Beratung vollständig umzugestalten. Dazu muss aber eine beratungsfähige Gesetzesvorlage zunächst einmal vorhanden sein. Nach Auffassung der Prozessvertreter des Bundestages genügt es den Anforderungen des Art. 76 GG, wenn sich aus der Bezeichnung des Gegenstandes und aus dem Zusammenhang, in welchen die Leerstelle eingefügt wurde, ergibt, was der Gegenstand der Beratung sein soll.[15]

Mit dieser Argumentation müsste es auch möglich sein, ein Gesetzgebungsverfahren mit einer Gesetzesvorlage einzuleiten, die lediglich aus einer Überschrift besteht, die den Gegenstand dessen, was geregelt werden soll, hinreichend genau beschreibt, den Inhalt der Regelung aber völlig offenlässt, z. B. „Gesetz zur Verbesserung des Schutzes personenbezogener Daten", § 1 [...], § 2 Inkrafttreten: Dieses Gesetz tritt am Tage nach seiner Verkündung in Kraft. Es ist evident, dass dies keine Gesetzesvorlage im Sinne von Art. 76 GG wäre.

Wer demgegenüber einen Leertext genügen lassen will, verkennt insbesondere die Bedeutung des Öffentlichkeitsprinzips für die demokratische Legitimation. Die Funktion des Einbringungsverfahrens besteht neben der Wahrung der Rechte aller Abgeordneten und des Bundesrates darin, der Öffentlichkeit von vornherein die kritische Begleitung des Gesetzgebungsverfahrens zu ermöglichen. Wenn – wie im Fall des ESM-Finanzierungsgesetzes – mangels ordentlicher Einbringung der Gesetzesvorlage der Beratungsgegenstand seinen Inhalt in kleinen Zirkeln erhält, die unter Ausschluss sowohl der Öffentlichkeit als auch der allermeisten Abgeordneten tagen, dann in einen Ausschuss eingebracht wird, der ebenfalls nichtöffentlich tagt und als Bundestagsdrucksache erst zwei Tage vor der Schlussabstimmung das Licht der Öffentlichkeit erblickt, dann ist eine öffentliche Diskussion nicht möglich.

III. Rechtsfolgen der fehlerhaften Einbringung

Es fragt sich, ob es sich bei den Vorschriften des Art. 76 GG um bloße Ordnungsvorschriften handelt, deren Verletzung keine weiteren Folgen für das Zustandekom-

---

[14] Schriftsatz vom 7. Juli 2012 im Verfahren 2 BvR 1390/12, S. 99.
[15] Fn. 11, S. 100.

men des Gesetzes haben, oder ob der hier vorliegende Verfahrensfehler so schwerwiegend ist, dass er dem Zustandekommen des Gesetzes entgegensteht.

Um diese Frage zu beantworten, muss man sich die Bedeutung des Einbringungsverfahrens vergegenwärtigen. Mit der Einbringung einer Gesetzesvorlage beginnt das Gesetzgebungsverfahren. Mit ihr ist der Beratungsgegenstand identifiziert. Die Identifizierung des Beratungsgegenstandes wirkt in drei Dimensionen:

– Für den Bundestag und alle seine Abgeordneten wird geklärt, worüber beraten wird.
– Der Bundesrat kann sich auf einen Gegenstand einstellen, über den er selbst wird entscheiden müssen. Bei Regierungsvorlagen erhält er nach Art. 76 Abs. 2 GG bereits vor Beschlussfassung des Bundestages – im Regelfall sogar bereits vor Zuleitung der Vorlage an den Bundestag – Gelegenheit zur Stellungnahme.
– Die Öffentlichkeit kann aufgrund der Gesetzesvorlage die parlamentarischen Beratungen verfolgen und auf den Gang der Beratungen – etwa durch Kommentare in den Medien, durch Leserbriefe, durch Demonstrationen usw., nicht zuletzt auch durch Gespräche zwischen Wählern und Abgeordneten – Einfluss zu nehmen versuchen.

Diese Funktionen kann ein als leere Hülle eingebrachter Gesetzentwurf nicht leisten. Womit soll sich die Öffentlichkeit auseinandersetzen, wozu der Bundesrat Stellung nehmen, wenn der Entwurf inhaltsleer ist und der Inhalt erst allmählich hinter den verschlossenen Türen von Fraktionen oder Ausschüssen Gestalt annimmt?

Es ist für die Öffentlichkeit nicht möglich, den Gesetzgebungsprozess kritisch zu begleiten und mit Meinungsäußerungen auf die Willensbildung der Abgeordneten Einfluss zu nehmen, wenn sie von dem Gesetzgebungsverfahren nichts erfährt und die Verhandlungen in kleinen Kreisen von Abgeordneten hinter verschlossenen Türen stattfinden. Auch aus diesem Grunde ist die ordnungsgemäße Einbringung einer Gesetzesvorlage ein notwendiges Erfordernis der parlamentarischen Demokratie.

Auch die Mitwirkungsrechte der einzelnen Abgeordneten werden wesentlich verkürzt, wenn ein Gesetzentwurf als leere Hülle eingebracht wird. Sie werden unter Umständen erst etliche Wochen später über Änderungsanträge in Kenntnis gesetzt, die jetzt erstmalig überhaupt einen Inhalt enthalten, und haben dann kaum noch Möglichkeiten, auf diesen Inhalt einzuwirken, besonders dann, wenn die Terminierung so aussieht, dass nach Verabschiedung des Änderungsantrags im zuständigen Ausschuss nur wenige Tage bis zur Verabschiedung in zweiter und dritter Lesung im Plenum zur Verfügung stehen.

Im Hinblick auf die zentrale Bedeutung der Einbringung einer Gesetzesvorlage für die demokratische Öffentlichkeit sowie für die Wahrnehmung ihrer Aufgaben seitens der Abgeordneten und seitens des Bundesrates ist die Einbringung einer bloßen Gesetzeshülle ein so gravierender Verstoß gegen die verfassungsrechtlichen Vorschriften des Gesetzgebungsverfahrens, dass ein solches Gesetz nicht entsprechend den Vorschriften des Grundgesetzes im Sinne von Art. 78 und Art. 82 GG zustande gekommen ist.

Steuergerechtigkeit im Verfassungsstaat

Über die Bedeutung der Grundrechte im Steuerrecht

Von *Andreas Musil*

I. Einleitung

Die wissenschaftliche Arbeit von Eckart Klein war und ist von dem Gedanken beseelt, dass grundrechtliche Gewährleistungen Maßstab und Richtschnur jeglichen staatlichen Handelns sein sollen. Eindrucksvolles Zeugnis seiner wissenschaftlichen Leistung im Bereich des Menschenrechtsschutzes legt die Arbeit des von ihm gegründeten Menschenrechtszentrums an der Universität Potsdam ab.[1] Grund- und Menschenrechte beanspruchen in allen Lebensbereichen Geltung. Dies ist an sich eine Binsenweisheit, sieht man jedoch genauer hin, so verflüchtigt sich die Gewissheit in vielen Lebensbereichen zu einem Geflecht aus Problemlagen und offenen Fragen. Das Steuerrecht ist ein solcher Lebensbereich. Die Reichweite grundrechtlicher Gewährleistungen ist hier mit vielen Fragezeichen versehen. Das liegt an der besonderen Struktur steuerlicher Normen, die unabhängig von einer staatlichen Gegenleistung den Finanzbedarf des Staates sicherstellen sollen.[2] Die Unabhängigkeit materieller Steuernormen von einem sachlichen Lebensbereich erschwert die Abwägung, die normalerweise ein Kernelement grundrechtlicher Dogmatik bildet.

Demgegenüber sind die Erwartungen der Steuerbürger, aber auch der Steuerrechtspraxis an die lenkende Kraft der Grundrechte im Steuerrecht sehr hoch. Wenn von Steuergerechtigkeit die Rede ist, meint man in der Regel nicht ein esoterisches oder philosophisches Problem, sondern erwartet begrenzende normative Ableitungen aus grundrechtlichen Gewährleistungen. Steuergerechtigkeit wird immer wieder als Desiderat an Rechtsprechung und Steuerrechtswissenschaft herangetragen, wobei die Grundrechte als normative Verortung von Steuergerechtigkeit verstanden werden.

Dem folgend hat es die Steuerrechtswissenschaft in den letzten 30 Jahren unternommen, der Staatsgewalt auch im Bereich des Steuerrechts belastbare Grenzen ihres Handelns aufzuzeigen.[3] Jedoch sind die unterschiedlichen Ansätze nicht frei

---

[1] Dazu www.uni-potsdam.de/mrz (besucht am 21. Juni 2012).

[2] Zum Steuerbegriff im Unterschied zu anderen Abgaben siehe grundlegend *M. Heintzen* in: I. v. Münch/P. Kunig (Hrsg.), Grundgesetz-Kommentar, Bd. I, 2012, Art. 105 Rn. 12 ff.

[3] Siehe etwa das Grundlagenwerk von *K. Tipke*, Die Steuerrechtsordnung, 3 Bände, Bd. I, 2. Aufl. 2000, Bd. II, 2. Aufl. 2003, Bd. III, 1993.

von Zweifeln und Widersprüchen geblieben. Gerechtigkeit ist auch im Steuerrecht etwas, was das Recht nur im Rahmen seiner Anwendungs- und Wirkbedingungen gewährleisten kann. Die Schaffung einer gerechten Gesellschaftsordnung ist nicht Aufgabe von Juristen, sondern geschieht im politischen Prozess. Im Folgenden wird es deshalb darum gehen, Möglichkeiten und Grenzen grundrechtlicher Kontrolle im Bereich des Steuerrechts aufzuzeigen.

Zunächst wird es dabei um die gleichheitsrechtlichen Gewährleistungen gehen, weil diese im Steuerrecht traditionell die Hauptrolle spielen (II.). Sodann werden die verbreiteten Ansätze untersucht, auch die Freiheitsrechte für die Begrenzung der Besteuerungsgewalt und die Herstellung von Steuergerechtigkeit fruchtbar zu machen (III.). Auch das Existenzminimum wird wegen seiner besonderen Bedeutung für das Steuerrecht explizit hervorgehoben (IV.). Es wird sich zeigen, dass die Steuerrechtswissenschaft und die Gerichte in der Vergangenheit bisweilen den Schutzumfang der Grundrechte sehr weit gezogen, bisweilen überzogen haben (V.). Angesichts dessen fragt sich, wie ein maßvoller und doch wirkungsvoller Schutzumfang gewährleistet werden kann (VI.).

II. Gleichheitsrechtliche Gewährleistungen

1. Grundlegendes

Der Gleichheitssatz ist die Grundgesetznorm mit der mit Abstand stärksten Wirkkraft im Bereich des Steuerrechts.[4] Sie wird deshalb auch als „magna charta" des Steuerrechts bezeichnet.[5] Nach Art. 3 Abs. 1 GG ist jeder Mensch vor dem Gesetz gleich. Eine Ausprägung des allgemeinen Gleichheitssatzes ist im Steuerrecht der Grundsatz der Gleichheit der Belastung und das Prinzip der Steuergerechtigkeit.[6] Das Prinzip der Steuergerechtigkeit verlangt, dass die Besteuerung nach der wirtschaftlichen Leistungsfähigkeit ausgerichtet wird.[7] Bei der Ausgestaltung des steuerrechtlichen Ausgangstatbestands muss die einmal getroffene Belastungsentscheidung nach der Rechtsprechung des Bundesverfassungsgerichts folgerichtig im Sinne der Belastungsgleichheit umgesetzt werden. Ausnahmen von einer solchen folgerichtigen Umsetzung bedürfen eines besonderen sachlichen Grundes.[8]

---

[4] Grundlegend *Tipke*, Die Steuerrechtsordnung, Bd. I, 2. Aufl. 2000, 283 ff.

[5] So *R. Herzog* in: Bund der Steuerzahler (Hrsg.), VI. Deutscher Steuerzahlerkongress 1991, 11.

[6] BVerfG, Beschluss v. 17. Jan. 1957 – 1 BvL 4/54, BVerfGE 6, 55 (70); BVerfG, Beschluss v. 22. Febr. 1984 – 1 BvL 10/80, BVerfGE 66, 214 (223).

[7] Aus der jüngeren Rechtsprechung des BVerfG vgl. stellvertretend nur BVerfG, Beschluss v. 13. Okt. 2009 – 2 BvL 3/05, nicht veröffentlicht, Rn. 34; BVerfG, Beschluss v. 12. Mai 2009 – 2 BvL 1/00, BFH/NV 2009, 1382 (1384).

[8] BVerfG, Beschluss v. 12. Mai 2009 – 2 BvL 1/00, BFH/NV 2009, 1382 (1384); BVerfG, Beschluss v. 30. Sept. 1998 – 2 BvR 1818/91, BVerfGE 99, 88 (95); BVerfG, Beschluss v. 21. Juni 2006 – 2 BvL 2/99, BVerfGE 116, (164, 180 f.).

Diese allgemeinen Formulierungen bilden den Anknüpfungspunkt für eine weit verästelte Dogmatik, die sich mittlerweile im Steuerverfassungsrecht gebildet hat. Dabei herrscht innerhalb der Steuerrechtswissenschaft durchaus keine Einigkeit darüber, welche Dichte die gleichheitsrechtlichen Vorgaben mit Blick auf steuerliche Einzelvorschriften entfalten.

2. Die verfassungsrechtliche Absicherung des objektiven Nettoprinzips

Dies soll im Folgenden zunächst am Beispiel des objektiven Nettoprinzips näher beleuchtet werden.[9] Das objektive Nettoprinzip ist ein Grundprinzip des Einkommensteuerrechts und verlangt, dass erwerbsnotwendige Aufwendungen von der Bemessungsgrundlage abziehbar sein müssen.[10] Das objektive Nettoprinzip leitet sich als Unterprinzip aus dem Leistungsfähigkeitsprinzip ab, weil eine gerechte Lastenverteilung im Einkommensteuerrecht davon abhängt, dass Aufwendungen, die für den Erwerb notwendig sind, auch abgezogen werden können.[11] Über grundrechtliche Absicherung und Reichweite des objektiven Nettoprinzips herrscht indes innerhalb der Steuerrechtswissenschaft Streit.

Nach einer im Schrifttum weit verbreiteten Auffassung hat das objektive Nettoprinzip unmittelbar an der verfassungsrechtlichen Gewährleistung des Leistungsfähigkeitsprinzips durch Art. 3 Abs. 1 GG teil.[12] Das wird damit begründet, dass Leistungsfähigkeit im Einkommensteuerrecht sachgerecht nur unter Berücksichtigung der Erwerbsaufwendungen gewährleistet werden könne. Danach bedürften Abweichungen vom objektiven Nettoprinzip einer verfassungsrechtlichen Rechtfertigung. In deren Rahmen solle ein strenger Maßstab dahingehend angelegt werden, ob es sich um eine systematisch stringente Abweichung handele.[13] Es scheint auf, dass dieser Auffassung eine systembezogene und prinzipiengeleitete Auslegung von Art. 3 Abs. 1 GG zugrunde liegt. Sie unterscheidet sich nicht unerheblich von der Auslegung des Gleichheitssatzes, wie sie vom Bundesverfassungsgericht in anderen Sachbereichen geprägt wird.

Das Bundesverfassungsgericht und ihm folgend Teile der Literatur gehen mit Blick auf das objektive Nettoprinzip und seine verfassungsrechtliche Verankerung konstruktiv einen anderen Weg. Das Gericht lässt in ständiger Rechtsprechung

---

[9] Die folgenden Beispiele entstammen im Übrigen meist dem Bereich des Einkommensteuerrechts, weil hier die wissenschaftliche Durchdringung des Steuerrechts am weitesten fortgeschritten ist.

[10] Zum Begriff *D. Birk*, Steuerrecht, 14. Aufl. 2011, Rn. 615; *J. Lang*, in: K. Tipke/J. Lang, Steuerrecht, 20. Aufl. 2010, § 9, Rn. 54 ff.

[11] Grundlegend *C. Seiler*, in: J. Hey (Hrsg.), Einkünfteermittlung, DStJG 34 (2011), S. 62 ff.

[12] *Tipke*, Die Steuerrechtsordnung, Bd. II, 2. Aufl. 2003, 763 f.; *J. Lang*, StuW 2007, 3 ff.; *J. Englisch*, DStR 2009, Beih. zu Nr. 34, 92 ff.

[13] Zur Dogmatik des objektiven Nettoprinzips siehe *Lang*, StuW 2007, 3 (9).

offen, ob es sich beim objektiven Nettoprinzip um ein Verfassungsprinzip handele.[14] Jedenfalls aber sei es ein Strukturprinzip des Einkommensteuerrechts, das der Gesetzgeber aufgrund seiner Verpflichtung zu folgerichtiger Gesetzgebung zu beachten habe. Damit gewinnt das Folgerichtigkeitsgebot in der Rechtsprechung des Bundesverfassungsgerichts eine entscheidende Bedeutung.[15] Folgerichtigkeit ist dabei weniger als Systemgerechtigkeit. Die Entscheidung über die Verfassungskonformität fällt unterschiedlich danach aus, welchen Maßstab man anwendet. Dies sei im Folgenden an einem Beispiel illustriert.

Die Entfernungspauschale wurde zum Veranlagungszeitraum 2007 für Fahrten zwischen Wohnung und Arbeitsstätte gestrichen. Erst ab einer Entfernung von 21 Kilometern sollte eine Berücksichtigung möglich sein. Fordert man Systemkonformität der Regelung, so ist die Abschaffung der Entfernungspauschale ohne Weiteres als verfassungswidrig anzusehen.[16] Fahrtkosten haben als Erwerbsaufwendungen an der Gewährleistung des objektiven Nettoprinzips teil und dürfen nur bei Vorliegen eines sachlichen Grundes nicht berücksichtigt werden. Ein solcher verfassungsrechtlich valider Grund fehlte dem Gesetzgeber.

Das Bundesverfassungsgericht urteilte im Ergebnis ähnlich, aber mit anderer Begründung.[17] Das objektive Nettoprinzip sei ein Grundprinzip des Einkommensteuerrechts, das der Gesetzgeber nur unter Beachtung des Grundsatzes folgerichtiger Ausgestaltung der Belastungsentscheidung durchbrechen dürfe. Eine solche zulässige Durchbrechung könne das sogenannte Werkstorprinzip sein, wonach Kosten für Fahrten zwischen Wohnung und Arbeitsstätte als der steuerlich irrelevanten Sphäre der Vermögensverwendung zugeordnet würden. Durch die Berücksichtigung der Kosten ab dem 21. Kilometer habe der Gesetzgeber aber zu erkennen gegeben, dass er das Werkstorprinzip nicht folgerichtig umgesetzt habe. Gleichzeitig wurde aber betont, dass es auch folgerichtig sein könne, auf die Berücksichtigung von Fahrtkosten ganz zu verzichten.[18]

Es zeigt sich, dass nach Auffassung des Bundesverfassungsgerichts der Gesetzgeber einen relativ weiten Spielraum bei der Ausgestaltung des Steuersystems hat. Er muss nur folgerichtig agieren.[19] Systemgerechtigkeit im Sinne eines aufeinander abgestimmten Normengeflechts wird nicht gefordert.[20]

---

[14] Vgl. BVerfG, Beschluss v. 6. Juli 2010 – 2 BvL 13/09, BVerfGE 126, 268 = NJW 2010, 2643 (2645); BVerfG, Urteil v. 9. Dez. 2008 – 2 BvL 1/07 u. a., BVerfGE 122, 210 (234); BVerfG, Beschluss v. 12. Mai 2009 – 2 BvL 1/00, BVerfGE 123, 111 (121); nach S. *Schneider*, DStR 2009, Beih. Zu Nr. 34, 87 (89), besitzt es keinen Verfassungsrang; differenzierend *Seiler* (Fn. 11), 67.

[15] Ebenso *Seiler* (Fn. 11), 64.

[16] So dezidiert K. *Tipke*, BB 2007, 1525 ff.

[17] BVerfG, Urteil v. 9. Dez. 2008 – 2 BvL 1/07 u. a., BVerfGE 122, 210 (234); siehe auch den Vorlagebeschluss des BFH, Beschluss v. 10. Jan. 2008 – VI R 17/07, BStBl. II 2008, 234.

[18] BVerfG, Urteil v. 9. Dez. 2008 – 2 BvL 1/07 u. a., BVerfGE 122, 210 (238).

[19] Zu Unsicherheiten bei der Beurteilung der Folgerichtigkeit siehe aber *Seiler* (Fn. 11), 70.

Dem Bundesverfassungsgericht ist zuzustimmen. Jede andere Auffassung engte die Gesetzgebungsbefugnis des Parlaments zu sehr in Richtung auf eine Inhaltskontrolle durch nicht legitimierte Sachverständige ein. Damit ist aber die begrenzende Kraft von Art. 3 Abs. 1 GG eine nur eingeschränkte. Der Gesetzgeber muss sich nur folgerichtig innerhalb seiner eigenen Prämissen bewegen, Systemgerechtigkeit ist nicht erforderlich.

3. Abgeltungssteuer

Die Ausführungen zum objektiven Nettoprinzip haben gezeigt, dass die Erwartungen an die begrenzende Kraft von Art. 3 Abs. 1 GG teilweise zu hoch gesteckt werden. Dieser Eindruck wird bestärkt durch einen Blick auf die sogenannte Abgeltungssteuer. Diese zum Veranlagungszeitraum 2009 eingeführte Besteuerungsform führt zu einer abgeltenden Besteuerung von Einkünften aus Kapitalvermögen zu einem Steuersatz von 25 %.[21] Die Schuldner der Kapitalerträge, häufig Banken, werden für den Einbehalt und die Abführung der Steuer in Dienst genommen. Die Verfassungskonformität der Abgeltungssteuer, insbesondere ihre Vereinbarkeit mit Art. 3 Abs. 1 GG, war von Anfang an umstritten.[22] Es leuchtet auch nicht unmittelbar ein, dass die Einkünfte aus den übrigen Einkunftsarten der Einkommensteuer dem persönlichen Steuersatz von bis zu 45 % unterliegen, während bei der Abgeltungssteuer nur 25 % anfallen. Dafür ist bei der Abgeltungssteuer kein realitätsgerechter Werbungskostenabzug möglich.

Sieht man Systemgerechtigkeit als Element der verfassungsrechtlichen Anforderungen an das Steuerrecht, so fällt eine Rechtfertigung der Abgeltungssteuer schwer.[23] Die Einführung der Abgeltung führt zu einer partiellen Schedulierung der Einkommensteuer mit Blick auf eine einzelne Einkunftsart, während die übrigen Einkunftsarten weiterhin im Zuge der synthetischen Einkommensteuer zu einer gemeinsamen Bemessungsgrundlage zusammengezogen werden. Damit erscheint die Abgeltungssteuer als Systembruch, der schwer zu rechtfertigen ist. Fordert man Systemgerechtigkeit, so reichen Argumente wie ein besserer Vollzug oder die Minimierung von strukturellen Erhebungsdefiziten nicht zur Rechtfertigung aus.

Auch hier gilt jedoch, dass der Spielraum des Gesetzgebers weiter ist, als es in der Literatur teilweise angenommen wird. Schon das Bundesverfassungsgericht hat in seinen Entscheidungen zum strukturellen Erhebungsdefizit angedeutet, dass die Abgeltungssteuer ein gangbarer Weg wäre, die Defizite zu beheben.[24] Es ist zwar zuzu-

---

[20] In diesem Sinne auch *R. Herzog* in Th. Maunz/G. Dürig (Hrsg.), GG, Art. 3, Anhang, Rn. 31, St. Mai 1994.

[21] Siehe dazu den Überblick bei *Birk*, Steuerrecht, 14. Aufl. 2011, Rn. 760 ff.; grundlegend *M. Jachmann*, in: Hey (Hrsg.), Einkünfteermittlung, DStJG 34 (2011), 251 ff.

[22] Sehr kritisch etwa *J. Englisch*, StuW 2007, 221 ff.; differenzierend *R. Eckhoff*, FR 2007, 989 ff., m.w.N. in Fn. 1; vgl. auch *A. Musil*, FR 2010, 149 ff.

[23] Kritisch deshalb das Fazit von *Englisch*, StuW 2007, 221 (239); ähnlich *Lang*, in: Tipke/Lang, Steuerrecht, 20. Aufl. 2010, § 9, Rn. 505 ff.

[24] BVerfG, Urteil v. 9. März 2004–2 BvL 17/02, BVerfGE 110, 94.

geben, dass die neu geschaffene Schedule einen Fremdkörper im deutschen Einkommensteuersystem bildet. Jedoch führt der Systembruch per se noch nicht zur Verfassungswidrigkeit. Vielmehr ist zu fragen, ob die Steuersatzabweichungen einem sachlichen Grund folgen. Dies kann man mit Blick auf die ebenfalls verfassungsrechtlich gebotene Behebung struktureller Erhebungsdefizite bejahen.[25]

4. Steuersatz und Gleichheitssatz

Auch bei Fragen des Einkommensteuersatzes werden gerne Argumente des Gleichheitssatzes verwendet, um die eine oder andere Auffassung über dessen zutreffende normative Ausgestaltung zu fundieren. Bei näherer Betrachtung kann allerdings Art. 3 Abs. 1 GG nur grobe Leitlinien vorgeben, innerhalb derer der Gesetzgeber weitgehende Spielräume zu politischer Gestaltung besitzt.[26]

So ist etwa die grundsätzliche Entscheidung, ob ein proportionaler oder progressiver Einkommensteuersatz gewählt wird, verfassungsrechtlich nicht präjudiziert. Es darf nur nicht dazu kommen, dass die Besteuerung unterschiedlich hoher Einkommen nicht mehr dem Gerechtigkeitsgebot unterliegt.[27] Das Erfordernis der vertikalen Steuergerechtigkeit zieht dem Steuergesetzgeber nur schwer konkretisierbare Grenzen.[28] Die Frage, wie der geltende progressive Einkommensteuertarif verfassungsrechtlich zu rechtfertigen ist, wird indes nicht einheitlich beurteilt. Zum Teil wird darauf abgestellt, dass die progressive Belastung eine Abweichung vom Leistungsfähigkeitsprinzip beinhalte, aber durch sozialstaatliche Umverteilungsaspekte zu rechtfertigen ist.[29] Man kann aber auch annehmen, dass das Leistungsfähigkeitsprinzip in Gestalt des Prinzips vertikaler Steuergerechtigkeit keine proportionale Belastungssteigerung verlange. Dann sind die Spielräume für die Normierung progressiver Belastungen weiter gezogen.[30]

Umgekehrt müsste sich nach modernerer Auffassung ein proportionaler Tarif, eine flat tax, nicht verfassungsrechtlich rechtfertigen. Sie führt zu einer proportionalen Gleichbehandlung unterschiedlicher Einkommensgruppen und ist daher gleichheitsrechtlich unbedenklich.[31]

---

[25] Näher *Musil*, FR 2010, 149 (153).

[26] Grundlegend *L. Lammers*, Die Steuerprogression im System der Ertragsteuern und ihr verfassungsrechtlicher Hintergrund, 2008, 138 ff.

[27] Im Einzelnen *Lammers* (Fn. 26), 152 ff.

[28] BVerfG, Beschluss v. 29. Mai 1990–1 BvL 20, 26/84, BVerfGE 82, 60 (89); hierzu grundlegend *D. Birk*, Das Leistungsfähigkeitsprinzip als Maßstab der Steuernormen, 1983, 165, 170.

[29] So etwa *Tipke*, Die Steuerrechtsordnung, Bd. I, 2. Aufl. 2000, 403 ff.; *Lang* in Tipke/Lang, Steuerrecht, 20. Aufl. 2010, § 4, Rn. 187.

[30] In diesem Sinne etwa die frühere verfassungsgerichtliche Rechtsprechung, BVerfG, Beschluss v. 24. Juni 1958–2 BvF 1/57, BVerfGE 8, 51(68 f.).

[31] Anders aber noch BVerfG, Beschluss v. 24. Juni 1958–2 BvF 1/57, BVerfGE 8, 51 (68 f.).

Im Ergebnis zeigt sich, dass zwar unterschiedliche Ansätze für eine verfassungsrechtliche Beurteilung des Steuertarifs existieren, dass im Ergebnis aber doch bei der Ausgestaltung durch den Gesetzgeber mit Blick auf die grundlegende Belastungsentscheidung ein weiter Spielraum besteht.[32] So bestehen gegen den derzeit geltenden linear-progressiven Tarif keine durchgreifenden verfassungsrechtlichen Bedenken, ebenso möglich wären aber auch Stufen- oder Proportionaltarife.

III. Freiheitsrechtliche Gewährleistungen

1. Grundlegende Probleme

Nachdem an Beispielen gezeigt werden konnte, welche gleichheitsrechtlichen Vorgaben dem Steuergesetzgeber aus dem Grundgesetz erwachsen, geht der Blick nun in Richtung Freiheitsrechte. Diese sind nach traditioneller Lesart die primären Begrenzungsnormen für die Staatsgewalt. Im Steuerrecht muss die begrenzende Kraft der Freiheitsrechte allerdings teilweise versagen. Das liegt an der Gegenleistungsfreiheit der Steuer. Diese erschwert die klassische grundrechtliche Abwägung, weil als Zweck der Steuererhebung global immer nur die Einnahmeerzielung anzugeben ist. Der Finanzbedarf des Staates ist aber immer als hoch zu veranschlagen, so dass eine Verhältnismäßigkeitsprüfung strukturell an ihre Grenzen gerät.

Die Probleme beginnen bereits bei der Frage des Schutzbereichs. Insbesondere bei Art. 14 Abs. 1 GG wurde lange diskutiert, ob die steuerliche Belastung die Eigentumsfreiheit tangiere. Der erste Senat des Bundesverfassungsgerichts hatte das lange Jahre mit dem Argument verneint, Steuern griffen nur auf das Vermögen als solches zu, nicht aber auf geschützte Vermögenspositionen.[33] Etwas anderes gelte nur im Falle der erdrosselnden Besteuerung. Der zweite Senat hat davon abweichend dann einen Eingriff angenommen, wenn auf konsolidiertes Vermögen zugegriffen werde.[34] Diese Auffassung darf mittlerweile als herrschend bezeichnet werden, so dass insbesondere Ertrag- und Vermögensteuern überwiegend als Eingriff in den Schutzbereich der Eigentumsfreiheit gesehen werden.

2. Verfassungsrechtliche Rechtfertigung der Besteuerung

Damit verlagert sich die Fragestellung auf die bereits angesprochene Ebene der verfassungsrechtlichen Rechtfertigung von Eingriffen. Die strukturellen Schwierig-

---

[32] In diesem Sinne auch BVerfG, Beschluss v. 18. Jan. 2006–2 BvR 2194/99, BVerfGE 115, 97 (117).

[33] Dazu instruktiv das Sondervotum von *Böckenförde* (dort S. 153 f.) zum Vermögensteuerbeschluss des Bundesverfassungsgerichts, BVerfG, Beschluss v. 22. Juni 1995–2 BvL 37/91, BVerfGE 93, 121, Sondervotum ab S. 149 ff.; mit Nachweisen zur ständigen Rechtsprechung.

[34] BVerfG, Beschluss v. 22. Juni 1995–2 BvL 37/91, BVerfGE 93, 121 (137); BVerfG, Beschluss v. 18. Jan. 2006–2 BvR 2194/99, BVerfGE 115, 97 (110).

keiten wurden bereits skizziert; es haben sich in der Vergangenheit mehrere Lösungsansätze herausgebildet, mittels derer man die Kontur der Freiheitsrechte im Zusammenhang mit der Besteuerung schärfen wollte.

Den herausragendsten Ansatz hat Kirchhof mit seinem Halbteilungsgrundsatz entwickelt. Er geht davon aus, dass die Gesamtbelastung mit Abgaben höchstens fünfzig Prozent des Vermögenszuwachses ausmachen dürfe.[35] Normativ sieht Kirchhof diese hälftige Teilung in Art. 14 Abs. 2 GG verortet, wonach das Eigentum „zugleich" dem Wohle der Allgemeinheit zu dienen habe. Das Bundesverfassungsgericht hat indes diesen Ansatz mittlerweile ausdrücklich verworfen.[36] Dem ist zuzustimmen, weil er sich nicht aus den grundgesetzlichen Vorgaben ableiten lässt.[37] Gleichwohl bleibt es eine politische Forderung, die Abgabenlast der Bürger möglichst gering zu halten. Vor diesem Hintergrund erscheint eine Obergrenze in der Nähe einer hälftigen Teilung als plausible und gut begründbare Forderung.

Teilweise wird auch versucht, die Abwägung im Rahmen der Verhältnismäßigkeitsprüfung durch die Einspeisung legitimer Sachzwecke aufzuladen.[38] So sei der Steuergesetzgeber nur dann zur Normierung einer hohen Steuerbelastung berechtigt, wenn er sich auf der anderen Seite um eine vernünftige und maßvolle Haushaltspolitik bemühe. Dieser Ansatz geht allerdings fehl. Er durchbricht den Steuerbegriff in unzulässiger Weise.[39] Die Gegenleistungslosigkeit der Steuer ist die Grundvoraussetzung für das Funktionieren des Steuerstaates. Der Gesetzgeber soll im Zuge der Steuererhebung gerade nicht an die Erfüllung bestimmter Sachaufgaben gebunden werden. Erst recht kann sich eine Bindung dann auch nicht aus allgemeinen Haushaltsanforderungen oder einem globalen Interesse der Bevölkerung an einer geringen Abgabenlast ergeben.

Das Bundesverfassungsgericht schließlich lehnt zwar den Halbteilungsgrundsatz ab, möchte aber die Verhältnismäßigkeitsprüfung für eine Begrenzung steuergesetzgeberischer Tätigkeit fruchtbar machen, indem bei der Angemessenheit durchaus auch inhaltliche Aspekte eine Rolle spielen sollen.[40] So kann man sich die Feststellung einer Unangemessenheit vorstellen, wenn die Besteuerungsentscheidung zu einer Einkommensbelastung führt, die den wirtschaftlichen Erfolg der Tätigkeit grundlegend beeinträchtigt.[41] Dieser Ansatz ist zwar grundsätzlich sachgerecht,

---

[35] *P. Kirchhof*, in: J. Isensee/P. Kirchhof (Hrsg.), Handbuch des Staatsrechts der Bundrepublik Deutschland, Bd. V, § 118, Rn. 126 ff.; bereits *ders.*, VVDStRL 39 (1981), 213 ff.

[36] BVerfG, Beschluss v. 18. Jan. 2006–2 BvR 2194/99, BVerfGE 115, 97 (114); zuvor hatte es den Halbteilungsgrundsatz in seine Rechtsprechung aufgenommen, siehe BVerfG, Beschluss v. 22. Juni 1995–2 BvL 37/91, BVerfGE 93, 121 (138).

[37] Ebenso *D. Birk*, DStJG 22 (1999), 7 ff., 20 f.; *H. Weber-Grellet*, BB 1996, 1415 (1417); *J. Wieland*, DStJG 24 (2001), 29 (37 ff.).

[38] So insbesondere *M. Elicker*, DVBl. 2006, 480 ff.

[39] So bereits ausführlich *A. Musil*, DVBl. 2007, 1526 ff.

[40] BVerfG, Beschluss v. 18. Jan. 2006–2 BvR 2194/99, BVerfGE 115, 97 (115).

[41] BVerfG, Beschluss v. 18. Jan. 2006–2 BvR 2194/99, BVerfGE 115, 97 (117).

hat aber den Nachteil einer kaum zu bestimmenden Begrenzungswirkung für den konkreten Fall. Die Angemessenheit kann jenseits einer Erdrosselungsschwelle keine wirklich begrenzenden Wirkungen haben.

Es bleibt damit bei dem Anfangsbefund, dass die Freiheitsrechte, insbesondere die Eigentumsfreiheit, gegenüber dem materiellen Steuerrecht keinen wirksamen grundrechtlichen Schutz bieten. Dies ist aus Sicht der Bürger misslich, aber vor dem Hintergrund der Errungenschaften des Steuerstaates hinzunehmen. Die Forderung nach Steuergerechtigkeit lässt sich mit den Freiheitsrechten kaum untermauern. Wirksamen Schutz bieten die Freiheitsgrundrechte allerdings vor den Bedrohungen durch die Steuerverwaltung und ihre administrativen Befugnisse. Das ist aber ein anderes Thema, das hier nicht vertieft werden kann.

IV. Das Existenzminimum im Steuerrecht

Eine absolute Grenze ist dem Steuergesetzgeber dort gezogen, wo die Erfordernisse der Freistellung des Existenzminimums dies gebieten.[42] Die Gewährleistung des Existenzminimums lässt sich aus dem Zusammenspiel der Menschenwürde mit dem Sozialstaatsprinzip ableiten und ist eine den Gesetzgeber unmittelbar bindende Grenzlinie.[43] So ergibt sich aus dem Existenzminimum die Forderung, einen für seine Aufrechterhaltung notwendigen Anteil von der Besteuerung freizulassen. Derzeit beträgt aufgrund dessen der Grundfreibetrag bei der Einkommensteuer 8.004 Euro.[44] Er ist jedoch aus verfassungsrechtlichen Gründen bald anzuheben, weil die gestiegenen Lebenshaltungskosten regelmäßig Berücksichtigung finden müssen.

Aber auch hinsichtlich der begrenzenden Wirkung des Existenzminimums für den Gesetzgeber gibt es Unklarheiten. So wird vom Bundesverfassungsgericht aus dem Grundsatz des Existenzminimums abgeleitet, dass der existenznotwendige Aufwand für den Unterhalt eigener Kinder steuerlich im Zuge eines Freibetrags zu berücksichtigen sei. Deshalb sei es nicht zulässig, diesen Grundbedarf ausschließlich in Form eines Kindergeldes zu berücksichtigen. Dieses müsse zwingend durch einen steuerlichen Freibetrag flankiert werden.[45]

Diese Rechtsprechung ist zu kritisieren.[46] Sie führt dazu, dass die steuerliche Entlastungswirkung bei den Eltern des Kindes mit steigendem Einkommen ebenfalls

---

[42] Zum Begriff des Existenzminimums siehe ausführlich *von A. v. Arnauld*, in: A. v. Arnauld/A. Musil (Hrsg.), Strukturfragen des Sozialverfassungsrechts, 2009, 251 ff.

[43] Zu den steuerrechtlichen Implikationen siehe *Birk*, Steuerrecht, 14. Aufl. 2011, Rn. 197; *Lang*, in: Tipke/Lang, Steuerrecht, 20. Aufl. 2010, § 1, Rn. 24 ff.; § 4, Rn. 185 (197).

[44] Vgl. § 32a Abs. 1 Satz 2 Nr. 1 EStG.

[45] BVerfG, Beschluss v. 10. Nov. 1998 – 2 BvR 1057, 1226, 980/91, BVerfGE 99, 216.

[46] Ebenso und mit ausführlicher Begründung *T. Leibohm*, Bedarfsorientierung als Prinzip des öffentlichen Finanzrechts, 2011, 211 ff.; kritisch auch *Birk,* Steuerrecht, 14. Aufl. 2011, Rn. 198.

steigt. Damit wird aber der Unterhalt von Kindern umso attraktiver, je mehr die Eltern verdienen. Dieser Effekt ist zwar dem progressiven Steuersatz geschuldet, weshalb er als verfassungsrechtlich noch als hinnehmbar anzusehen ist. Jedoch geht es meines Erachtens zu weit, die steigende Entlastung als verfassungsrechtlich geboten zu deklarieren. Vielmehr muss ein hinreichend hohes Kindergeld, das den existenziellen Grundbedarf zur Unterhaltung eines Kindes berücksichtigt, unter verfassungsrechtlichen Gesichtspunkten ausreichen. Die völlige Gleichstellung mit dem Grundfreibetrag der Eltern ist ohnehin geboten, weil die Kinder ohne eigenes Einkommen selbst nicht der Einkommensteuer unterliegen. Tun sie es doch, so steht ihnen selbst der Grundfreibetrag zu.

V. Gefahr der Überdehnung des Schutzumfangs der Grundrechte

Die vorstehenden Überlegungen haben gezeigt, dass die Grundrechte, insbesondere der Gleichheitssatz und die Gewährleistung des Existenzminimums, der Steuergesetzgebung wirksame Grenzen zu setzen vermögen. Steuergerechtigkeit materialisiert sich in diesem Fällen in grundrechtlichen Geboten und Verboten für den Gesetzgeber. Es sind jedoch auch Fälle zu Tage getreten, in denen in Rechtsprechung und Literatur postulierte Grenzen der Besteuerungsgewalt weniger belastbar sind, in denen insbesondere Zweifel hinsichtlich deren dogmatischer Herleitung bestehen.

So geht es zu weit, den Gesetzgeber des Einkommensteuergesetzes an Anforderungen der Systemgerechtigkeit binden zu wollen.[47] In einer Demokratie muss sich der Gesetzgeber nicht einem von Gerichten oder Wissenschaftlern entwickelten Subsystem unterwerfen. Das widerspräche seiner verfassungsrechtlichen Stellung. Vielmehr muss sich der Gesetzgeber nur an einmal getroffenen Entscheidungen festhalten lassen, wenn er seinen Willen zu abweichender Gestaltung nicht eindeutig zum Ausdruck bringt. Dieser Grundsatz der Folgerichtigkeit kann sehr wohl gesetzgeberisches Handeln im Bereich des Steuerrechts begrenzen. Bei alledem ist allerdings nicht aus dem Blick zu verlieren, dass der Gleichheitssatz eine relative Grundrechtsgewährleistung enthält. Ohne den Vergleich zu anderen Vergleichssachverhalten kann kein grundrechtlicher Schutz gelingen. Dies gerät in der Steuerrechtswissenschaft gelegentlich aus dem Blick, wenn etwa strukturelle Prinzipien verabsolutiert werden.[48]

Bei den Freiheitsrechten ist die Lage noch problematischer. Hier wird schon lange versucht, einen mit anderen Sachmaterien vergleichbaren Schutzstandard sicherzustellen. Dieses Bemühen muss jedoch bereits am Wesen der Steuer scheitern. Steuern sind begriffsnotwendig gegenleistungsunabhängig. Zwar sind sogenannte Zwecksteuern zulässig, deren Aufkommen im Voraus gesetzgeberisch für bestimmte

---

[47] In diesem Sinne auch *Herzog*, in: Maunz/Dürig (Hrsg.), GG, Art. 3, Anhang, Rn. 31, St. Mai 1994.

[48] Zu den Schwächen der Methodendiskussion im Steuerrecht siehe auch ausführlich *R. Schenke*, Die Rechtsfindung im Steuerrecht, 2007; passim, etwa 393 ff.

Zwecksetzungen gebunden wird.[49] Ein Anspruch auf eine solche Verwendung besteht indes auch hier nicht. Es bleibt also dabei, dass mangels Zusammenhangs mit einem konkreten Sachzweck eine Abwägung nur in begrenztem Umfang möglich ist. Versuche, hier inhaltliche Begrenzungsmarken einzuziehen, dürfen als gescheitert angesehen werden. Vor dem Hintergrund der Freiheitsrechte kann also vor dem staatlichen Finanzierungsbedarf nur in extremen Einzelfällen ein wirksamer Schutz gewährleistet werden. Etwas anderes gilt freilich, wenn steuerliche Lenkungsnormen in Rede stehen, weil hier der Lenkungszweck den Abwägungsmaßstab konturieren kann.[50] Auch Maßnahmen des Steuervollzugs sind ebenso wie andere Materien der Eingriffsverwaltung grundrechtlich umhegt und abgesichert.

Die Gewährleistung des Existenzminimums schließlich stellt eine wirksame absolute Grenze der Besteuerung dar. Allerdings sollte insbesondere das Bundesverfassungsgericht bei der Argumentation mit Erfordernissen des Existenzminimums darauf achten, dass eigene politische, insbesondere familienpolitische Vorstellungen nicht rechtlich zementiert werden. Auch im Bereich der Familienbesteuerung gilt das Primat der Politik.

VI. Grundrechte und Steuergerechtigkeit

Was folgt aus alledem für das Verhältnis von Grundrechten und Steuergerechtigkeit? Die Grundrechte sind in ihren Wirkungen naturgemäß begrenzt. Sie wollen der Staatsgewalt Grenzen ihres Handelns aufzeigen, ansonsten aber keine Hürden gesetzgeberischer Gestaltungsfreiheit aufrichten. Was Steuergerechtigkeit ist, muss letztlich die Politik entscheiden. Das Verfassungsrecht sollte seitens der Rechtsprechung und der Rechtslehre nicht instrumentalisiert werden, um eigene politische Vorstellungen durchzusetzen.

Gleichwohl können Grundrechte auch im Steuerrecht maßgebliche Leitlinien für die Verwirklichung von Steuergerechtigkeit aufzeigen. Insbesondere der Gleichheitssatz ist geeignet, den Steuergesetzgeber wirksam zu binden. Das aus ihm ableitbare Leistungsfähigkeitsprinzip formuliert im Zusammenspiel mit dem Folgerichtigkeitsgrundsatz wirkmächtige Grenzen für staatliches Handeln. Die zahlreichen Gerichtsentscheidungen der letzten Jahre haben gezeigt, dass der Gesetzgeber oft genug nicht in der Lage ist, grundrechtlichen Mindestanforderungen zu genügen. Hier muss Steuergerechtigkeit durch das Recht durchgesetzt werden.

Ansonsten tun Juristen manchmal gut daran, sich bei der Findung der gerechtesten Lösung Zurückhaltung aufzuerlegen. Das Bundesverfassungsgericht hat dies in den letzten Jahren verstärkt und in wohltuender Weise getan. Andere Gerichte indes soll-

---

[49] Dazu ausführlich *C. Waldhoff*, StuW 2002, 285 ff.

[50] Dazu ausführlich *R. Wernsmann*, Verhaltenslenkung in einem rationalen Steuersystem, 2005, passim; zu den verfassungsrechtlichen Implikationen zusammenfassend *Birk*, Steuerrecht, 14. Aufl. 2011, Rn. 202 ff.

ten sich auf ihren originären Rechtsprechungsauftrag besinnen und nicht Ersatzgesetzgeber spielen wollen.

Das Mehrheitsprinzip[1]

Von *Reinhard Mußgnug*

I.

"Die demokratische Gesinnung der Mehrheit erkennt man daran, wie sie ihre Minderheiten behandelt." Diesen Lehrsatz verdanken wir Mahatma Gandhi. Leider hat uns Gandhi nicht überliefert, wie er ihn hat verstanden wissen wollen. Die Kreise, die ihn zu zitieren lieben, führen ihn jedenfalls nicht im Munde, um die Mehrheit zum selbstbewußten Überstimmen der Minderheit zu ermuntern. Im Gegenteil: Sie sehen in Gandhis Vermächtnis die Ermahnung an die Adresse der Mehrheit, konsequent auf genau die Macht zu verzichten, die ihr die Demokratie anvertraut. Diese Kreise glauben mit anderen Worten, daß ein guter Demokrat die Minderheit niemals überstimmt, sondern ihr stets und in allem bereitwillig folgt.

Das klingt zwar political correct, ist aber gleichwohl Unsinn. Dennoch sollte man es ernst nehmen. Es fördert die politische und soziale Integration der Minderheiten, wenn die Mehrheit ihnen mit Konzessionsbereitschaft entgegenkommt. Wer die Erfüllung eines jeden Wunsches einer jeden Minderheit zum kategorischen Imperativ der Demokratie erhebt, schießt jedoch weit über das Ziel hinaus. Wollte seine Formel die Mehrheit wirklich dazu anhalten, ihre demokratische Gesinnung durch prinzipielles Abstimmen zugunsten der Minderheit unter Beweis zu stellen, so wäre Gandhi entgangen, daß es sowohl auf dem rechten, als auch auf dem linken Flügel des politischen Spektrums und selbst in seiner Mitte Minderheiten gibt, die wegen der Fragwürdigkeit ihrer Anliegen eher beherzte Zurückweisung als beflissene Unterstützung verdienen. Diesen Minderheiten sollten aufrechte Demokraten besser nicht zu Willen sein. Es ist schließlich einer der Vorzüge der Demokratie, daß sie diese Minderheiten von der Macht fernhält.

Dessen war sich gewiß auch Gandhi bewußt. Er hat jedoch den Begriff „Minderheit" in einer allzu undifferenzierten Weise gebraucht. Seine Formel berücksichtigt zu wenig, daß es zwei Arten von Minderheiten gibt:
– die rein quantitativen, die sich von der Mehrheit durch nichts als durch die geringere Zahl ihrer Anhänger unterscheiden;

---

[1] Überarbeitete Fassung eines Referats, das der Verf. am 28. Okt. 2011 unter dem Titel „The rule of Majority" an der Babeș-Bolyai-Universität Cluj-Napoca (Klausenburg) im Rahmen eines Symposiums „Cha(ll)enging Democracy at the beginning of the 21th Century" gehalten hat.

– diejenigen, die sich zusätzlich zu ihrer zahlenmäßigen Unterlegenheit durch eine bestimmte Eigenschaft von rechtlicher Relevanz, z. B. durch ihre ethnische Identität, ihre Sprache, ihre Religion, ihre soziale Zugehörigkeit etc., abheben.

Nur für die zweite dieser beiden Kategorien besitzt Gandhis Formel uneingeschränkte Plausibilität. Diesen Minderheiten garantieren Recht und Verfassung unverletzbare Rechte: Autonomie, Gebrauch ihrer Sprache, Ausübung ihrer Religion, vollen Genuß aller staatsbürgerlichen Rechte, Schutz vor Diskriminierung. Die Mißachtung dieser Rechte ist ein schwerer Rechtsbruch. Aber „undemokratisch" ist nicht das richtige Adjektiv für die Kränkung der Minderheitsrechte. Das korrekte Wort für die Mißachtung der Minderheitsrechte heißt „rechtsstaatswidrig". Darauf zu bestehen, ist keine Juristen-Pedanterie. Es dient der Klarheit der Begriffe und schärft den Blick sowohl dafür, was „Demokratie" und „Rechtsstaat" bedeuten, als auch dafür, wie sie zusammenspielen.

Bei der anderen Erscheinungsform der Minderheit – der rein quantitativen – zielt Gandhis Formel dagegen weit daneben. Diese Minderheiten sind kurz gesagt und nur mäßig vereinfacht die Verlierer der letzten Wahlen. Statt „Minderheit" sollten wir sie besser „Opposition" nennen. Ihnen die Teilhabe an der politischen Macht zu versperren, entspricht der raison d'être der Demokratie. Drum entspricht es keineswegs der demokratischen Pflicht und Schuldigkeit der Mehrheit, den Minderheiten auf Schritt und Tritt Zugeständnisse zu machen. In der Demokratie regiert die Mehrheit. Die Minderheit hat das Recht, von ihr *gehört* zu werden. Das Recht von ihr *erhört* zu werden, hat sie nicht.

Das kommt in Gandhis Mahnung nicht klar genug zum Ausdruck. Sie vernachlässigt, daß die wohlverstandene Demokratie die Mehrheit nicht zurückdrängt, sondern sie zum Souverän krönt. Aus diesem Grunde dürfen wir nicht nur von den Minderheitsrechten reden. Wir müssen ebenso im Auge behalten, daß die Demokratie auf dem Mehrheitsprinzip beruht, und daß aus diesem Grunde die Mehrheit keineswegs unmoralisch handelt, wenn sie ihre Macht beherzt zum Überstimmen der Minderheit nutzt.

II.

Demokratie bedeutet Volksherrschaft. Ihre Einsetzungsworte „Alle Staatsgewalt geht vom Volke aus" verlangen, daß jedes Handeln der öffentlichen Gewalt sich vom Volke herleitet.

Diese Anbindung des Staatshandelns an den Volkswillen begründet die Stärke und zugleich die Schwäche der Demokratie. Denn das Volk ist von Natur aus uneinig. Die Verschiedenheit seiner Meinungen, seiner wirtschaftlichen, sozialen und kulturellen Interessen, die Pluralität seiner politischen Parteien, seiner Verbände, Religionen, Philosophien, Berufe, seiner regionalen Eigenheiten und nicht zuletzt der nie endende Konflikt zwischen arm und reich, jung und alt, Mann und Frau, anspruchsvoll und bescheiden erlauben politische Entscheidungen, hinter denen das

Volk einmütig und geschlossen steht, wenn überhaupt, so nur unter exzeptionellen Umständen. Auf Einstimmigkeit ist daher nicht zu hoffen, und deshalb kann das demokratische Verfassungsrecht Einstimmigkeit nicht zur Voraussetzung des demokratischen Entscheidens erheben. Wäre Einstimmigkeit die Bedingung des demokratischen Handelns, so wäre die Demokratie handlungsunfähig.

Daher kann die Demokratie nur bestehen, wenn sie den Volkswillen nach dem Mehrheitsprinzip definiert. Es ist das Mehrheitsprinzip, das den homerischen Bannfluch gegen die Demokratie löst „Selten tut Vielherrschaft gut, einer sei König, einer Herrscher allein"[2]. Dieses Prinzip formt den nicht zu identifizierenden Willen aller – in den Worten Rousseaus die volonté de tous – um in den identifizierbaren Volkswillen, die volonté générale.

Wie Art. 20 Abs. 3 GG sagt, spricht das Volk seinen Willen „in Wahlen und Abstimmungen" aus. Daß bei diesen „Wahlen und Abstimmungen" das Mehrheitsprinzip den Ausschlag gibt, stellt Art. 20 Abs. 3 GG nicht ausdrücklich klar. Aber das gehört zu jenen Selbstverständlichkeiten des demokratischen Verfassungsrechts, die auch ohne ausdrückliche Anordnung gelten. Ebenso selbstverständlich ist, daß für die Mehrheit das Minimum von einer Stimme über 50 % ausreicht. In manchen Fällen gibt es gute Gründe, sich damit nicht zufrieden zu geben, sondern eine sogenannte „qualifizierte Mehrheit", etwa von 2/3, zu fordern. Aber die qualifizierte Mehrheit ist mitnichten demokratischer als die kleinste denkbare Mehrheit von 50 % + 1. Denn qualifizierte Mehrheiten installieren „Sperrminoritäten", die sich mit der Grundidee der Demokratie ganz und gar nicht vertragen. Darauf wird zurückzukommen sein.

Wer die kleinstmögliche Mehrheit von nur einer einzigen Stimme erreicht, ist zur demokratischen Herrschaft legitimiert. Wer diese Mehrheit auch nur um eine einzige Stimme verfehlt, muß sich mit der beschwerlichen Rolle des Opponenten bescheiden. Er darf die Mehrheit kritisieren, bekämpfen, ja verdammen; aber er hat sich ihr unterzuordnen. „Mehrheit ist Mehrheit" rechtfertigen wir das, seit Konrad Adenauer im September 1949 mit der Mehrheit von nur einer Stimme zum ersten Kanzler der Bundesrepublik gewählt worden ist. Auch diese hauchdünne Mehrheit, die er sich eingestandenermaßen mit seiner eigenen Stimme gesichert hat, hat ihn zur Kabinettsbildung und dazu berechtigt, dem Nachkriegsdeutschland den Weg in die zweite Hälfte des 20. Jahrhunderts zu weisen.

Daß auch eine dünne Mehrheit eine Mehrheit ist, gehört zu den ehernen Prinzipien der Demokratie. Hinderte es die Mehrheit an der Verwirklichung ihres politischen Programms, wenn eine verfassungsrechtlich festgelegte Sperrminorität ihr widerspricht, so schlüge die Demokratie um in eine Oligarchie, in der diese Sperr-Minorität die dominante Rolle spielt. Ein Minderheitenschutz, der die Rechte der Mehrheit zum Handeln nach ihrem Willen beschneidet, mag gut gemeint sein. Aber

---

[2] Ilias 204/5: „Οὐκ ἀγαθὸν πολυκοιρανίη, εἷς κοίρανος ἔστω, εἷς βασιλεύς.

wir dürfen ihn nicht akzeptieren, weil er das demokratische Regierungssystem verfälscht und, wenn wir ihn auf die Spitze treiben, sogar zerstört.

Deshalb ist Gandhis Lehrsatz falsch. Die richtige Formel lautet: „Die demokratische Gesinnung der Mehrheit erkennt man daran, wie selbstbewußt sie ihren Kurs steuert." Es ist ihr unentziehbares Recht, ihre zahlenmäßige Überlegenheit zu nutzen. Eine Mehrheit, die davor zurückschreckt, hat die Demokratie nicht begriffen.

III.

Das alles klingt minderheitsfeindlich und wäre es auch, wenn es bei dem Axiom „In der Demokratie ist die Mehrheit der Souverän" sein Bewenden fände. Dann wandelte die Demokratie Ludwig XIV. despotisches „L'etat, c'est moi" in der Tat lediglich um in ein kaum minder despotisches „L'etat, ce sommes nous". Es ist jedoch nicht das Ziel des Mehrheitsprinzips, die Minderheiten wehrlos einer tyrannischen Unterdrückung, Diskriminierung und Mißachtung durch die Mehrheit auszuliefern. Daß es dazu nicht kommen kann, stellt die strikte Bindung der Mehrheit an das Rechtsstaatsprinzip sicher.

Demokratie und Rechtsstaat sind siamesische Zwillinge. Die Demokratie schützt die Mehrheit vor der Tyrannei der Minderheiten; sie vertraut der Erfahrung, daß mehr Augen mehr sehen, und mißtraut den Minderheiten, die dazu neigen, fehlgeleitet durch ihre eigenen partikulären Interessen die Belange des Volkes in seiner Gesamtheit zu verkennen. Das Rechtsstaatsprinzip schützt demgegenüber die Minderheiten vor der Tyrannei der Mehrheit; es vertraut der Macht des Rechts und mißtraut der Mehrheit, weil die Geschichte lehrt, daß die Mehrheit keineswegs stets eine Bastion der Weisheit und Gerechtigkeit ist, sondern, wenn sie ihren Verstand verliert, wie das die Mehrheit der Deutschen 1933 getan hat, sehr wohl in Wahnsinn und Verbrechen verfallen und zum Tyrannen entarten kann.

Aus diesem Grund haben wir es uns angewöhnt, dem Substantiv „Demokratie" stets das Adjektiv „rechtsstaatlich" und dem Substantiv „Rechtsstaat" stets das Adjektiv „demokratisch" hinzuzufügen oder wenigstens hinzuzudenken. Das ist schwer ins Englische zu übertragen. Die Übersetzer der EU behelfen sich mit „constitutional democracy". Das trifft den Nagel zwar nicht genau auf den Kopf. Aber es hat sich herumgesprochen, was es meint: Die deutschen façons de parler „rechtsstaatliche Demokratie" und „demokratischer Rechtsstaat", bei denen das Attribut „rechtsstaatlich" klarstellt, daß das Mehrheitsprinzip durch die Rechte der Minderheiten gebändigt wird, welche die Mehrheit bei all ihrem politischen Entscheiden und Handeln gewissenhaft zu beachten hat.

Das ist im Grunde banal. Trotzdem verdient es, in Erinnerung behalten zu werden. Das dialektische Zusammenspiel von Demokratie und Rechtsstaat liefert den Wegweiser, den wir brauchen, um die Grenze ziehen zu können zwischen dem weiten Feld, auf dem das Mehrheitsprinzip der Politik Raum für ein freies Schalten gewährt, und dem deutlich engeren, auf dem die Politik die rechtlichen Grenzen einzuhalten hat, mit denen das nationale Verfassungsrecht und das internationale Recht die Minoritäten vor der allgegenwärtigen Gefahr schützen, von der Mehrheit unterdrückt zu werden. Dieses Zusammenspiel zieht zugleich auch die Grenze zwischen den politischen Fragen, die durch Abstimmen nach dem Mehrheitsprinzip entschieden werden, und den Rechtsfragen, die von den Gerichten nach Gesetz und Recht sowie in den komplizierten Verfahren geklärt werden müssen, die den Prozeß des gerichtlichen von dem des politischen Entscheidens unterscheiden.

Die Unterscheidung zwischen dem politischen Entscheiden und dem Entscheiden nach Recht und Gesetz bildet den Kern der rechtsstaatlichen Demokratie. Wir verrieten die Demokratie, wenn wir uns über sie hinwegsetzten, wie das Pontius Pilatus getan hat, als er das Volk von Jerusalem über das Leben von Jesus und Barabbas abstimmen lies. Pilatus vergaß, daß Rechtsfragen unter keinen Umständen dem Plebiszit der öffentlichen Meinung und auch nicht dem ihrer Repräsentanten in den Parlamenten überantwortet werden dürfen. Die rechtsstaatliche Demokratie verlangt für Rechtsfragen die Entscheidung „due process of law".

Es gehört zu den Merkwürdigkeiten unsrer Zeit, daß sich nach wie vor immer wieder „Demokraten" vom Schlage des Pilatus mit der Parole zu Wort melden „Man kann nicht gegen die Mehrheit regieren!" Sie hätten ohne Zweifel Recht, wenn sie „regieren" im eigentlichen Sinne dieses Wortes meinten. Aber das tun sie nicht. Sie protestieren gegen die rechtlichen Bindungen der Politik und fordern „Flexibilität" im Umgang mit ihnen, mit anderen Worten also die Geringachtung des Rechts. Sie mißbrauchen das Mehrheitsprinzip, um die rechtsstaatliche Bindung der Politik an Recht und Verfassung aus den Angeln zu heben.[3]

IV.

Das ist freilich nur eine der Gefahren, vor der wir uns im Zusammenhang mit dem Mehrheitsprinzip hüten müssen. Eine nicht minder gravierende Gefahr droht von der Unklarheit, wie die jeweils ausschlaggebende Mehrheit zu berechnen ist. Denn die erwähnte Formel „50 % + 1" läßt im Dunkeln, worauf sich ihre ominösen 50 % beziehen: Auf alle, die zur Abstimmung aufgerufen sind, oder nur auf diejenigen, die tatsächlich an ihr teilnehmen?

1. Mit einer unanfechtbaren Mehrheit haben wir es nur dann zu tun, wenn sie mehr als die Hälfte aller Abstimmungsberechtigten ausmacht. Das nennen wir die „absolute Mehrheit". Das Verfassungsrecht begnügt sich jedoch in aller Regel mit der Mehrheit derer, die sich an der Abstimmung beteiligen. Diese relative Mehrheit kann fragwürdig ausfallen. Eine Wahl mit einer Beteiligung von unter 50 % kreiert

---

[3] Das deckt schon der Bericht des Evangelisten Matthäus über das Pilatus-Plebiszit auf. Es lohnt, ihn nachzulesen: „Pilatus sprach zu ihnen: Was soll ich denn machen mit Jesus, von dem gesagt wird er sei Christus? Sie sprachen alle: Laß ihn kreuzigen! Der Landpfleger sagte: *Was hat er denn Übles getan?* Sie schrieen aber noch mehr und sprachen: Laß ihn kreuzigen!" (Matthäus 27, 22 f.).

z. B. keine Repräsentation des Volkes in seiner Gesamtheit. Selbst wenn sämtliche Stimmen auf eine Partei, oder – bei einer Präsidentenwahl – auf einen Kandidaten entfallen, so steht hinter den oder dem Gewählten nur eine Minderheit, im schlimmsten Fall eine sehr kleine Minderheit. Wer bei einer Präsidentenwahl mit einer Wahlbeteiligung von nur 25 % und ein paar Stimmen mehr als der Hälfte der abgegebenen Stimmen erhält, kann sich schwerlich brüsten, der Repräsentant seiner gesamten Nation zu sein. Hinter ihm steht lediglich gerade eben ein Achtel des Wählervolks; sieben Achtel haben ihm die kalte Schulter gezeigt. Nichts desto trotz akzeptieren die meisten Verfassungen auch eine solche Wahl als gültig.

Verträgt sich das mit dem Mehrheitsprinzip? Erlaubt das Mehrheitsprinzip wirklich, Parlamentsmehrheiten, Regierungen und Staatsoberhäupter zu inthronisieren, denen die Mehrheit der Wählerschaft mit ihrem Fernbleiben von der Wahl oder mit der Abgabe eines leeren Stimmzettels ihre Ablehnung bekundet hat? Geht es um die Wahl der leitenden Staatsorgane, so bleibt wenig anderes übrig, als vor dieser beunruhigenden Situation eines nur neugewählten, aber nicht hinreichend legitimierten Staatsoberhaupts oder Parlaments und der von ihm gebildeten Regierung zu kapitulieren. Wo das Verfassungsrecht das tut, bleibt es den Betroffenen überantwortet, einen Ausweg zu finden, sei es mit der Ablehnung ihrer wenig überzeugenden Wahl oder – sofern das Verfassungsrecht es zuläßt – mit dem Herbeiführen baldiger Neuwahlen. Bessere Lösungen gibt es nicht. Ich jedenfalls sehe keine.

2. Bei den Plebisziten der direkten Demokratie gilt es allerdings, genauer hinsehen. Hier ist die Gefahr besonders akut, daß eine kleine Schar engagierter Steckenpferd-Reiter einer überwältigenden Mehrheit Desinteressierter ihren Willen aufzwingt. Denn es versteht sich, daß die Unterstützer eines jedweden Referendums geschlossen mit „ja" stimmen werden. Die dissentierende Mehrheit dagegen wird nicht etwa ebenso geschlossen mit „nein" stimmen, sondern zu einem großen Teil die Last des Gangs zur Urne scheuen. So kann es zum Triumph einiger weniger Votanten über eine überwältigende Mehrheit der Stimmverweigerer kommen. Daß dies ein wohlverdienter Sieg der Agilität über die politische Lethargie wäre, wird zwar immer wieder behauptet. Aber das beruht auf einem Mißverständnis des Mehrheitsprinzips, das nicht auf die Mehrheit der Betriebsamen, sondern auf die Mehrheit des Volkes in seiner Gesamtheit abstellt und auch diejenigen mitzählt, die nicht gewillt sind, sich fortwährend zu Abstimmungen über Dinge kommandieren zu lassen, die sie bei den von ihnen gewählten Repräsentanten in guten Händen glauben.

Wer das Mehrheitsprinzip ernst nimmt, muß dem Rechnung tragen. Deshalb hat sich eingebürgert, den Erfolg der Plebiszite nicht einfach von der relativen Mehrheit der Abstimmenden, sondern von einer bestimmten Mindestzahl von Stimmen, dem sogenannten Quorum, abhängig zu machen. Die Saarländische Landesverfassung ist darin besonders konsequent. Sie verlangt für einen erfolgreichen Volksentscheid die Zustimmung von mehr als der Hälfte der Stimmberechtigten;[4] damit stellt sie sicher, daß es im Saarland kein Plebiszit gegen die Volksmehrheit gibt. Die übrigen Bundesländer sind weniger streng. Baden-Württemberg und Mecklenburg fordern ein Quorum von 33,3 % der Stimmberechtigten.[5] Standard ist ein Quorum von 25 % der Stimmberechtigten.[6]

Selbst der Standard von 25 % wird freilich unterboten. Das bremische und das hamburgische Quorum betragen 20 %[7], das nordrhein-westfälische 15 %. Rheinland-Pfalz geht in raffiniert verklausulierter Diktion noch tiefer: Art. 109 Abs. 4 seiner LVerf beziffert das Quorum zwar mit den üblichen 25 %; er meint aber nicht etwa das gängige Viertel des stimmberechtigten Wählervolkes; das rheinland-pfälzische Quorum ist vielmehr schon dann erfüllt, „wenn sich mindestens ein Viertel der Stimmberechtigten an der Abstimmung beteiligt". Rheinland-Pfalz ebnet den Volksabstimmungen daher schon dann den Weg zum Erfolg, wenn sie lediglich von der bescheidenen Minderheit von einer Stimme mehr als der Hälfte von einem Viertel der Gesamtbevölkerung getragen werden. Das heißt im Klartext: Für den Sieg bei den rheinland-pfälzischen Volksabstimmungen reichen bezogen auf die Gesamtzahl der Stimmberechtigten 12,5 % + 1 aus. Das als demokratische Mehrheit auszugeben, wirkt kühn.

Bayern, Hessen und Sachsen sind freilich noch großzügiger. Sie kennen beim Plebiszit überhaupt kein Quorum, so daß de iure selbst eine minimale Beteiligung ausreicht und – bezogen auf die Gesamtbevölkerung – sogar Zustimmungsraten im Promille-Bereich genügen. Eine bestimmte Mindestzahl von Unterstützern, verlangen Bayern, Hessen und Sachsen nur bei den ihren Volksabstimmungen vorausgehenden Volksbegehren.[8] Bei der eigentlichen Abstimmung dagegen gilt eine

---

[4] Art. 100 Abs. 3 LVerf: „Das Gesetz ist durch Volksentscheid beschlossen, wenn ihm mehr als die Hälfte der Stimmberechtigten zustimmt."

[5] Art. 60 Abs. 5 der LVerf BW und Art. 60 Abs. 4 Satz 1 LVerf MePo.

[6] Dieses Quorum gilt in Berlin, Brandenburg, Niedersachsen, Sachsen-Anhalt, Schleswig-Holstein und Thüringen.

[7] In Hamburg mit einer Sonderregelung für den Fall, daß der Volksentscheid zugleich mit einer Bürgerschaftswahl stattfindet; dann gilt der Stimmanteil der Regierungs-Koalition bei der vorausgegangenen Bürgerschaftswahl als Quorum (Art. 48 LVerf).

[8] Dabei gelten auch in Bayern, Hessen und Sachsen Quoren, die Volksentscheiden ohne jeden Rückhalt bei der Gesamtbevölkerung vorbeugen. In Bayern muß das Volksbegehren von 10 % der Stimmberechtigten unterstützt werden (Art. 71 Abs. 1 LWahlG), in Hessen von einem Fünftel (also von 20 %; Art. 124 Abs. 1 LVerf) und in Sachsen von 15 % (§ 22 des Gesetzes über Volksantrag, Volksbegehren und Volksentscheid). Unterstellt man, daß sämtliche Unterzeichner der Volksbegehren deren Anliegen auch beim Volksentscheid unterstützen werden, so besteht allerdings nur in Hessen kein allzu dringender Anlaß zu Bedenken. Von Bayern und Sachsen, wo der Volksentscheid von nur 10 % bzw. 15 % erwirkt und dann in aller Regel auch durchgesetzt werden kann, sehen die Dinge anders aus. Diese beiden Länder gehen gemeinsam mit Rheinland-Pfalz, was das Zulassen von „Volks"-Entscheiden durch kleine Minderheiten angeht, deutlich weiter, als dies dem Grundverständnis der Demokratie – die direkte Demokratie eingeschlossen – entspricht.

trügerische Version des Mehrheitsprinzips, die negiert, daß der Begriff „Mehrheit" einen Bezugspunkt braucht.

„Die Mehrheit" als solche gibt es nicht. Wer von „der Mehrheit" spricht, denkt stets an die Mehrheit einer bestimmten Menge. Der Mathematiker, der mit Modellen arbeitet, darf diese Menge nach Gutdünken abgreifen. Der Jurist indessen, der die Spielregeln der demokratischen Mehrheitsentscheide festzulegen hat, darf das nicht. Für ihn gewinnt die Definition des Bezugspunkts, auf den sich die bei Wahlen und Abstimmungen ausschlaggebende Mehrheit bezieht, eine verfassungsrechtliche Dimension. Er muß sich an das halten, was die Grundgedanken der Demokratie dem aus ihnen abgeleiteten Mehrheitsprinzip vorgeben. Allem voran verpflichten ihn die Idee der Volkssouveränität und die mit ihr untrennbar verbundene Vorstellung vom Volk als einer nicht aufspaltbaren Gesamtheit.

Das verbietet Mehrheits-Konstruktionen, die verkappten Minderheitsentscheiden Vorschub leisten, keineswegs kategorisch. Daß sie bei den Wahlen der Verfassungsorgane nicht zu vermeiden und daher hinzunehmen sind, wurde bereits gesagt. Hier gebietet der Zwang, die staatlichen Leitungspositionen zu besetzen, Abstriche von der Reinerhaltung des Mehrheitsprinzips. Bei den Plebisziten indessen besteht kein solcher Zwang. Das Staatsleben geht auch dann weiter, wenn sie scheitern. Dann ist der Versuch einer Entscheidung auf dem Wege der direkten Demokratie mißlungen; die indirekte Demokratie der Volksrepräsentation durch Parlament und Regierung tritt wieder in ihr Recht. Kein Grund also für Großzügigkeiten.

Dennoch werden solche Großzügigkeiten immer wieder und mit ständiger wachsender Vehemenz gefordert. Die Gegner des Bahnhofs-Neubaus in Stuttgart haben sich damit besonders hervorgetan. Sie waren sich sicher, bei der Volksabstimmung vom 27. November 2011 zwar die Mehrheit der abgegebenen Stimmen zu erhalten, fürchteten aber, das Quorum von 33,3 % der Stimmberechtigten.[9] Deshalb haben sie lautstark auf eine Abschaffung dieses Quorums gedrungen. Sie bedienten sich der altbekannten Argumente: Das Aushebeln der „Mehrheit" durch Quoren sei undemokratisch; in der Demokratie komme es auf die Engagierten an, die für ihre Überzeugungen kämpften; die Uninteressierten, Indifferenten zählten nicht; wer nicht ausdrücklich „nein" sage, sage damit „ja", etc. etc. Sonderlich überzeugend klang das alles nicht. Demokratie bedeutet Herrschaft des gesamten Volkes, nicht Herrschaft der Geschäftigen, der Lauten und der Aufgeregten. Deshalb kommen demokratische Referenden nicht ohne ein auf die Gesamtzahl der Abstimmungsberechtigten bezogenes Quorum aus.

Ich halte schon das baden-württembergische Quorum von 30 % für einen Kompromiß, erst recht das in den meisten anderen Bundesländern gültige von nur 25 %. Nimmt man es mit dem Mehrheitsprinzip genau, so verlangt es ein Quorum von 50 %, wie es im Saarland gilt. Gleichwohl wird man es der Gestaltungsfreiheit

---

[9] Bei der Abstimmung vom 27. Nov. 2011 sind sie freilich nicht am Quorum, sondern daran gescheitert, daß sie nur 1.507.961 (41,1 %) Stimmen erhalten haben, während die Befürworter des Neubau-Projekts auf 2.160.411 (58,9 %) Stimmen gekommen sind.

des Verfassungsgebers zugestehen müssen, niedrigere Quoren einzuführen. 25 % sind indessen die äußerste Grenze. Was darunter liegt, verfälscht mit dem Mehrheitsprinzip einen der Angelpunkte der Demokratie. Es läuft auf eine Perversion des eingangs angesprochenen Gandhi-Diktums hinaus: Die demokratische Gesinnung der Mehrheit erkennt man daran, wie ungehindert sie die Minderheiten mit ihren Plebisziten schalten läßt. Diese allzu nonchalante Sicht der Dinge hat sich wie die Lage in Bayern, Hessen, Rheinland-Pfalz und Sachsen zeigt, bereits zu viel Bahn gebrochen. Art. 28 Abs. 1 Satz 1 und Art. 84 Abs. 3 Satz 1 GG verpflichten den Bund, dem entgegenzutreten.

V.

Es gäbe noch weit mehr zum Mehrheitsprinzip anzumerken. Aber dafür fehlt hier der Raum. Als Letztes sei daher lediglich die verbreitete Geringachtung knapper Mehrheiten und der Drang angesprochen, ihnen mit dem Bestehen auf qualifizierten Mehrheiten die Wirksamkeit abzuschneiden.

Wir neigen dazu, eine Mehrheit als umso überzeugender einzuschätzen, je größer sie ausfällt. Das hat einen wahren Kern. Als Italien und Belgien am Ende des Zweiten Weltkriegs über ihre Monarchie abstimmten, wären beide mit einer deutlichen Mehrheit, in Italien für die Republik,[10] in Belgien für die Monarchie,[11] besser gefahren. Die knappen Mehrheiten, die sich in beiden Nationen stattdessen ergaben, konnten die royalistischen Passionen in Italien ebensowenig dämpfen wie in Belgien die republikanischen. Erfahrungen wie diese nähren den Wunsch nach qualifizierten Mehrheiten für jede bedeutsamere politische Entscheidung.

Aus diesem Grund verlangt Art. 79 Abs. 2 GG für Verfassungsänderungen im Bundestag wie im Bundesrat eine 2/3 Mehrheit. Das leuchtet auch ohne weiteres ein. Aber die politischen Parteien haben im Laufe der letzten drei Dekaden gelernt, davon einen höchst fragwürdigen Gebrauch zu machen: Angefeuert von Interessengruppen greifen sie populäre Postulate auf und fechten für deren „Verankerung in der Verfassung". So kam 1994 mit Art. 20 a der Tierschutz in das Grundgesetz; er steht seither in einer wenig durchdachten Konkurrenz mit dem Grundrecht der Wissenschaftsfreiheit. Zur Zeit wird über die verfassungsrechtliche Festschreibung der Sport- und Kultur-Förderung diskutiert, die beiden in den Haushaltsverhandlungen der Zukunft eine gegen Kürzungen abgeschottete Sonderstellung verschaffen würde.

Derartige Aufnahmen politischer Anliegen in die Verfassung sind wegen der erforderlichen qualifizierten Mehrheit nicht gerade leicht zu erreichen. Sind sie aber

---

[10] Für sie hatten 54,3 % votiert.

[11] Insgesamt 57,68 % haben für die Rückkehr des Königs gestimmt. Aber das hat den Konflikt zwischen den Royalisten und den Republikanern und die Spaltung Belgiens in Flamen und Wallonen nur vertieft. Denn in Wallonien hielten die Gegner der Monarchie mit 58 % und in Brüssel mit 52 % die Mehrheit; in Flandern dagegen behaupteten sich die Royalisten mit 72 %.

erreicht, so fällt es ebenso schwer, sie zu korrigieren. Das macht das „Verankern" politischer Entscheidungen in der Verfassung bedenklich. Es untergräbt die demokratische Grundregel, nach der die Mehrheit stets nur zur Herrschaft auf Zeit berechtigt. Wäre es unbegrenzt erlaubt, politische Fragen statt durch einfaches Gesetz durch Verfassungsänderung zu regeln, so könnten kurzlebige 2/3-Mehrheiten Entscheidungen treffen, die die einfachen Mehrheiten künftiger Wahlperioden nicht mehr ändern können. Das Mehrheitsprinzip gilt daher für diese Entscheidungen nur, wenn sie in der Verfassung festgenagelt werden. Für ihre Änderung indessen tritt es außer Kraft. Wo qualifizierte Mehrheiten gefordert sind, geht die Macht auf die Sperrminoritäten über, die ohne eigene Mehrheit alles zu blockieren vermögen, was ihnen nicht gefällt.

Das lehrt, daß das Verlangen nach qualifizierten Mehrheiten nicht der demokratischen Weisheit letzter Schluß ist. Qualifizierte Mehrheiten haben ihren guten Sinn, wenn es um Grundsatz-Entscheidungen von bleibendem Gewicht geht, die die Politik langfristig binden sollen. Sie taugen jedoch nicht für das Alltagsgeschäft der Gesetzgebung, das nur dann in den Bahnen der Demokratie verläuft, wenn das Prinzip der einfachen Mehrheit es vor den Blockaden schützt, denen sie das überbordende Verlangen nach qualifizierten Mehrheiten aussetzen würde.

Rechtsprobleme des Rücktritts des Bundespräsidenten

Von *Michael Nierhaus*

I. Einleitung und Fragestellung

Der Rücktritt Christian Wulffs vom Amt des Bundespräsidenten am 17. Februar 2012 hat hohe politische Wellen geschlagen. Auch in der staatsrechtlichen Literatur wurde – teilweise sehr hektisch[1] – der zweite Amtsverzicht nach dem Rücktritt Horst Köhlers (31. Mai 2010) streitig diskutiert.[2] Dabei wurden nicht selten verfassungsrechtliche Fragen der Amtsaufgabe mit Problemen seiner Altersversorgung („Ehrensold") und der Suche nach der Stelle verbunden, die über den Sold und die nachamtliche Ausstattung zu entscheiden habe. Die Zeiten engagierter Aufgeregtheit sind vorbei, eine rückschauende Betrachtung erscheint nunmehr angebracht: Wie stellt sich die verfassungsrechtliche Lage hinsichtlich des Präsidentenrücktritts dar, welche Folgerungen für mögliche Neuregelungen sind zu ziehen? Weil an anderer Stelle ausführlich behandelt,[3] soll die sicherlich zentrale Frage des Wahlsystems für das Staatsoberhaupt in einer parlamentarischen Demokratie wie der unsrigen nicht erneut thematisiert werden. Insoweit sollte an den alles in allem bewährten Strukturen einer föderal erweiterten Legitimationsvermittlung durch die Bundesversammlung nach Art. 54 GG festgehalten werden.[4] Die Aufwertung des Amtes durch das doppelte demokratische Legitimationsstränge vereinigende Kreationsorgan sollte weiterhin nicht unterschätzt werden.[5]

---

[1] *H. H. v. Arnim*, NVwZ-Extra 4/2012, 1 ff.

[2] *R. Herzog*, in: Th. Maunz/G. Dürig, GG, Art. 54 Rn. 59 Fn. 1, hält die „Floskeln „ „Verzicht" oder „Amtsverzicht" in diesem Zusammenhang für zu defensiv. Das mag sensiblen Staatsrechtslehrern, insbesondere wenn sie selbst das Amt des Bundespräsidenten einmal innehatten, so vorkommen, verfassungsrechtlich relevant sind die unterschiedlichen Begriffe jedoch nicht. *T. Hebeler*, DVBl 2011, 317 (318), definiert den Begriff des Rücktritts in einem deskriptiven Sinne als „die Beendigung der Innehabung eines öffentlichen Amtes, die auf eine freiwillige, einseitige Erklärung des Amtsinhabers zurückzuführen ist."

[3] Z.B. von *J. Ipsen*, in: FS H.-P. Schneider, 2008, 197 ff. (kritisch) und *M. Nierhaus*, in: FS Bethge, 2009, 39 ff. (befürwortend) jew. m.w.Nachw. Davon nimmt *v. Arnim*, NVwZ-Extra 5/2012, 1 ff., offenbar keine Kenntnis.

[4] *v. Arnim*, NVwZ-Extra 5/2012, 1 (2 ff.).

[5] Zutreffend jüngst wieder *D. Grimm*, FAZ Nr. 16 v. 19. Jan. 2012, S. 29.

II. Der Rücktritt und seine Grenzen

Im Zuge des Rücktritts von Wulff war tatsächlich teilweise zu lesen, der Bundespräsident könne im Grunde gar nicht zurücktreten.[6] Eine gehörige Angst vor Staatskrisen mag hinter dieser Meinung stecken. Sie ist im übrigen zumindest mißverständlich. In ihr schwingen monarchische Reminiszenzen mit: Ein Monarch tritt nicht zurück, denn Person und Krone sind identisch. Dies trifft auf die dualistische Struktur des Bundespräsidentenamtes sicher nicht zu. Amt und Amtswalter sind hier strikt getrennt.[7]

Bei der Erörterung verfassungsrechtlicher Probleme des Rücktritts des Bundespräsidenten, die sich im übrigen – nicht zuletzt Dank des Art. 69 Abs. 3 GG – von der Problematik des Kanzlerrücktritts nicht unerheblich unterscheiden,[8] geraten andere Aspekte in den Vordergrund des Interesses. Es gibt keine Veröffentlichung zum Thema Amtsverzicht des Staatsoberhauptes, in der nicht in sublimer, wenn nicht gar solenner Form die Würde des Amtes des Bundespräsidenten beschworen würde. Das verwundert: Das Amt hat keine Würde (lies Art. 1 Abs. 3 GG). Es ist apersonal und institutionell geprägt. Würde hat nur, aber immerhin der Amtsinhaber als Mensch und individuelle Person.[9] Fehlt es nun an der (verfassungsrechtlich notwendigen?) Würde eines einzelnen Amtsinhabers, so stellt sich mit einiger Sicherheit die Frage nach seinem Verbleiben im Amt. Auf eine zwangsweise, nämlich verfassungsgerichtliche Entfernung aus dem Amt soll hier nur am Rande eingegangen werden. Dies ist das gesondert zu behandelnde Thema des Art. 61 GG.[10]

Bislang offen geblieben ist allerdings die Grund- und Ausgangsfrage, ob der Bundespräsident überhaupt berechtigt ist, sein Amt „niederzulegen" (unten 1.) und unter welchen verfassungslegitimen Voraussetzungen und unter Beachtung welcher Grenzen es ihm erlaubt ist, von dem Amt zurückzutreten (unten 2.).

---

[6] Z.B. ausdrücklich von *v. Arnim*, NVwZ-Extra 4/2012, 1; siehe aber auch *P. Nolte*, Focus 52/1, 2011/12, S. 36 f.; *S. Gabriel*, zit. nach R. Pfister, Der Spiegel, 3/2012, S. 28.

[7] s. nur *H. Maurer*, BK, Art. 54 Rn. 39 (Erstbearbeitung), mit der zutreffenden Differenzierung zwischen Amtstätigkeit und Amtsinhaber. Kaum nachvollziehbar demgegenüber *Fr. E. Schnapp*, JuS 1995, 286: Nur das „Organ" Bundespräsident sei verpflichtet, verfassungs*mäßige* Gesetze auszufertigen, nicht jedoch der „Organwalter"!?

[8] Vgl. dazu nur *H.-W. Arndt/M. Schweitzer,* JuS 1974, 622 ff.; *M. Nierhaus,* JR 1975, 265 ff.

[9] A. A. *U. Schliesky*, FAZ Nr. 10 v. 12. Jan. 2012, S. 8, der eine Brücke zu schlagen versucht zwischen der Amtswürde einerseits und der Würde des Amtsinhabers andererseits.

[10] s. dazu *M. Nierhaus,* in: M. Sachs (Hrsg.), GG, 6. Aufl. 2011, Art. 61 GG m. w. N.; jüngst *G. P. Hefty* zu *Herzog*, FAZ Nr. 43 v. 20. Febr. 2012, S. 10 („Strukturfehler"). Zu Art. 61 GG siehe aber unten 1.

1. Das Recht zum Rücktritt

Die Rücktrittsmöglichkeit wird in der Literatur kaum erwähnt,[11] jedenfalls nicht ernsthaft bestritten. Mit der Demission von Bundespräsident Wulff hat sich dieser Befund geändert, freilich vorwiegend mit Blick auf die nicht unproblematische Rechtsfolge des Bezuges von „Ehrensold" und sonstiger amtsnachfolgender Begünstigungen.[12] Zur verfassungsrechtlichen Zulässigkeit des Rücktritts des Bundespräsidenten bedarf es in der Tat keiner längeren Erörterungen. Der Amtsverzicht ist zwar als Rücktrittsmöglichkeit im GG nicht ausdrücklich vorgesehen, seine Zulässigkeit ergibt sich aber nahezu zwangsläufig aus folgenden Überlegungen: Immerhin erkennt das GG in Art. 54 Abs. 4 S. 1 allgemein an, daß eine vorzeitige Beendigung der Amtszeit des Bundespräsidenten in Betracht kommen kann. In diesem Fall muß nämlich die Bundesversammlung spätestens dreißig Tage nach diesem Zeitpunkt zusammentreten.[13] Da abgesehen davon Art. 61 GG mit seiner staatsrechtlichen Verantwortung das Recht eines jeden Bundespräsidenten, von seinem Amt z. B. auch aus politischen Gründen zurückzutreten, nicht beschränkt, bleibt der Rücktritt eine „Selbstverständlichkeit eines säkularen Amtes auf Zeit"[14] oder eine „selbstverständliche Folge der demokratischen Ämterverfassung."[15] Dieser verfassungsrechtliche Ausgangsbefund wird im übrigen einfachgesetzlich bestätigt durch die Regelungen der § 51 BVerfGG und § 1 des Gesetzes über die Ruhebezüge des Bundespräsidenten (BPräsRuhebezG[16]).

Das GG läßt auch die Frage offen, ob der Bundespräsident seinen Rücktritt informell der Öffentlichkeit gegenüber erklären kann oder ob er dies streng formal gegenüber einem oder mehreren der obersten Bundesorgane tun muß. Nicht nur aus Gründen der Courtoisie, sondern auch der politischen Zweckmäßigkeit wegen sollte der primäre Erklärungsempfänger der Rücktrittserklärung der Bundes*tags*präsident sein, welcher dem Sinn des Art. 54 Abs. 4 S. 2 GG folgend der geborene Präsident der Bundesversammlung ist (siehe auch § 8 S. 1 WahlG BPräs).[17] Aus Gründen der Verfassungsorgantreue sollte das rücktrittswillige Staatsoberhaupt aber auch den Bundeskanzler und den Bundesratspräsidenten unterrichten; letzterer nimmt immerhin nach Art. 57 GG im Falle vorzeitiger Beendigung des Amtes des Bundespräsidenten dessen Befugnisse wahr. Aus dem GG

---

[11] Vgl. nur *U. Fink*, in: H. v. Mangoldt/F. Klein/Ch. Starck (Hrsg.), GG, Art. 54 Rn. 26 f.

[12] Aus dem staatsrechtlichen Schrifttum siehe nur *v. Arnim*, NVwZ-Extra 4/2012, 1 ff.; *dens.*, NVwZ-Extra 5/ 2012, 1 ff.; *Ch. Degenhart*, ZRP 2012, 74 ff.; allgemein zum Rücktritt von öffentlichen Ämtern *T. Hebeler*, DVBl 2011, 317 ff. (318 f., speziell zum Rücktritt des Bundespräsidenten).

[13] Dies wird von vielen Autoren übersehen, mit löblicher Ausnahme von *Hebeler*, DVBl, 2011, 317 (318).

[14] *Ch. Waldhoff/H. Grefrath*, FAZ Nr. 7 v. 9. Jan. 2012, S. 7.

[15] *Nierhaus* (Fn. 10), Art. 54 GG Rn. 20.

[16] Zuletzt geändert am 5. Febr. 2009, BGBl. 2009 I 160.

[17] Zutreffend *Herzog*, in: Maunz/Dürig, Art. 54 Rn. 59; wohl auch *Fink*, in: v. Mangoldt/Klein/Starck, GG, Art. 54 Rn. 27.

lassen sich diese „Gepflogenheiten" freilich nicht ableiten. Der Satz, das Beste am GG sei sein Schweigen, bedarf wegen dieses Umstandes sicherlich nicht der Relativierung; Überfrachtungen, auch und gerade formeller Natur (vgl. nur Art. 13 und 16 a GG), sind der Konsistenz des GG eher abträglich.

2. Verfassungsrechtliche Grenzen des Rücktrittsermessens

Der Rücktritt des Bundespräsidenten ist nach allem an keine weiteren ausdrücklichen verfassungsrechtlichen Voraussetzungen gebunden. Es mag insoweit auf den ersten Blick gleichgültig sein, ob für den Rückzug aus dem Amt politische, persönliche, gesundheitliche oder sonstige Gründe maßgeblich sind.[18] Dennoch erscheint es erforderlich, vor der Erörterung der Rechtsfolgen des Rücktritts (unten IV.) zunächst noch verfassungsrechtlichen Grenzmarkierungen nachzuspüren, die dem „Rücktrittsermessen" des Bundespräsidenten Grenzen setzen könnten.

Der Bundespräsident ist sicherlich ein verfassungswahrendes Kontrollorgan.[19] Auf die damit verbundenen Prüfungsbefugnisse soll im Rahmen dieses Beitrages nicht eingegangen werden.[20] Es dürfte ohne weiteres einleuchten, daß das Staatsoberhaupt schwierigen und verfassungsrechtlich umstrittenen Situationen etwa bei der Ausfertigung und Verkündung von Gesetzen nach Art. 82 Abs. 1 S. 1 GG nicht einfach durch seinen Rücktritt ausweichen kann. Entscheidungen über das Inkrafttreten von Gesetzen gehören zum Alltagsgeschäft des Bundespräsidenten. Auch in Krisenfällen wie z. B. bei der Entscheidung von Bundespräsident K. Carstens über die Ausfertigung des höchst umstrittenen Staatshaftungsgesetzes 1981[21] (als angeblicher Jahrhundertreform!) darf sich der „Staatsnotar" nicht um die ihm obliegende Wahrnehmung seiner Pflichten drücken.

Weitere verfassungsrechtliche Grenzen des präsidentiellen Rücktrittsermessens werden sichtbar, wenn als eine – von mehreren – staatsrechtlichen Funktionen der Präsidialgewalt die *Wahrung der staatlichen Kontinuität* in die Analyse einbezogen wird. Es ist das bleibende Verdienst von Otto Kimminich, die Kontinuitätswahrung als wesentliche Funktion des Staatsoberhauptes in der parlamentarischen Demo-

---

[18] So etwa *Hebeler*, DVBl 2011, 317 (318).

[19] Eingehend *S. U. Pieper*, in: GS Bleckmann, 2007, 289 ff.; ebenso *Fritz*, in: BK, Art. 54 (Zweitbearbeitung 2001) Rn. 93; *Nierhaus* (Fn. 10), Art. 82 Rn. 10 jew. m. N. Auf die Kritik, „verschiedenste Denkfiguren ... in das Amt des Bundespräsidenten hineinzulesen" (z.B. von *Waldhoff/Grefrath*, FAZ Nr. 7 v. 9. Jan. 2012, S. 7) kann hier aus Raumgründen nicht eingegangen werden. Jedenfalls ist der Bundespräsident kein freischwebendes Verfassungsorgan unter Verfassungsorganen.

[20] s. hier nur *Herzog*, in: Maunz/Dürig, Art. 54 Rn. 75 ff. und *Nierhaus*, in: FS Friauf, 1996, 233 ff. jew. m.w.N.

[21] Bulletin der Bundesregierung Nr. 64 v. 2. Juli 1981; dazu *K. Carstens*, Politische Führung, 1971, 103 f.; *Nierhaus*, in: FS Friauf, 1996, 233 (247 f.).

kratie herausgearbeitet zu haben.[22] Bei der Aufgabe der Wahrung der staatlichen Kontinuität mag man zunächst an die Ausnahmesituationen der Art. 39 Abs. 3, 68 Abs. 1, 69 Abs. 3, 81 Abs. 1[23] oder 115 a Abs. 3, 4 GG denken, welche durchweg eine funktionale *Legalitätsreserve* des Staatsoberhauptes beinhalten. Aus Gründen der Aufrechterhaltung der Stabilität des Staates ist aber ganz speziell die Amtsenthebung des Bundespräsidenten an die engen formellen und gravierenden materiellen Gründe der Präsidentenanklage nach Art. 61 GG gebunden (vorsätzlicher Verstoß gegen das GG oder andere Bundesgesetze, Zwei-Drittel-Mehrheiten in Bundestag und Bundesrat). Wenn auch diese Bestimmung nicht rücktrittsausschließend wirkt, so ist doch auch beim Amtsverzicht aus verfassungssystematischen Gründen stets das Grundanliegen des Art. 61 GG im Auge zu behalten, im Interesse der Staatsstabilität nicht ohne staatswohlorientierte Not zu handeln.[24]

Aber auch jenseits dieser Einzelbestimmungen erscheint es berechtigt, dem Bundespräsidenten die Aufgabe zuzusprechen, die Kontinuität „des Staates als Einheit" sichtbar zu machen.[25] C. Schmitt formulierte bereits im Jahre 1929 den gleichen Grundgedanken: Das Staatsoberhaupt in einem parlamentarischen Verfassungsstaat stelle über die ihm zugewiesenen Zuständigkeiten hinaus „die Kontinuität und Permanenz der staatlichen Einheit und ihres einheitlichen Funktionierens" dar.[26] Ein frei gewählter Rücktritt, der rein persönlichen Interessen dient und auf das Staatswohl keine Rücksicht nimmt, wäre mit diesem Kontinuitätsgedanken kaum vereinbar.

Sicher ist der Bundespräsident nur ein auf Zeit gewählter Organwalter (Art. 54 Abs. 2 GG). Aber auch seinem Amt ist die Prägung durch die „Kontinuität als Verfassungsprinzip"[27] nicht fremd. So hat z.B. Anna Leisner besondere Formen rechtlicher Kontinuität durch die Überlappung der Wahlperioden verschiedener Verfassungsorgane herausgearbeitet.[28] Im Zusammenhang mit den Periodenüberlappungen hat sie insbesondere auf die Amtsperiode des Bundespräsidenten hingewiesen, die über wesentliche Veränderungen der Mehrheitsverhältnisse im Bundestag (und den Bundesländern) hinweg ein Mindestmaß an politischer Kontinuität verbürge.[29] Diese Kontinuitätseffekte würden auf das Empfindlichste gestört, wenn dem Bundespräsidenten das Recht zustünde, in freier Entscheidung sein Amt jederzeit und ohne Rücksicht auf etwa geänderte Mehrheitsverhältnisse in der Bun-

---

[22] *O. Kimminich,* BK, Vorbem. zu Art. 54 ff. Rn. 44 f. (Erstbearbeitung); *ders.,* VVDStRL 25 (1967), 87 ff.; dazu *Nierhaus,* Entscheidung, Präsidialakt und Gegenzeichnung, 1973, 185 ff. m.w.N.

[23] s. dazu die Kommentierung des Art. 81 GG von *E. Klein* in: BK.

[24] So auch *R. Leicht,* Die Zeit Nr. 1 v. 29. Dez. 2011, S. 3.

[25] *Kimminich,* BK, Vorbem. zu Art. 54 ff. Rn. 45 (Erstbearbeitung).

[26] *C. Schmitt,* AöR 55 (1929), 216. Ähnlich *G. Burdeau,* zit. nach P. Haungs, Überparteiliches Staatsoberhaupt und parlamentarische Parteiregierung, in: FG Sternberger, 1968, 341.

[27] So die gleichnamige Schrift von *A. Leisner,* 2002; dazu *Nierhaus,* DÖV 2002, 1007 f.

[28] *Leisner,* Kontinuität als Verfassungsprinzip, 2002, 389.

[29] *Leisner,* a.a.O.

desversammlung zur Verfügung zu stellen. Bereits die kurze Amtszeit von Wulff hat Anschauungsmaterial für Brüche geliefert, die durch eine frühzeitige Beendigung des Amtes entstanden sind, ohne auf geänderte Mehrheitsverhältnisse zurückgeführt werden zu können.

Wenn § 1 BPräsRuhebezG bestimmt, daß der Bundespräsident einen „Ehrensold" nur unter der Voraussetzung erhält, daß er (1) mit Ablauf seiner Amtszeit oder vorher (2) aus politischen oder (3) gesundheitlichen Gründen aus seinem Amt ausscheidet, so enthält insbesondere der 2. Rücktrittsgrund keine Blankovollmacht zur jederzeitigen Amtsbeendigung. Diese einfachgesetzliche Bestimmung muß im Lichte der Bedeutung seiner grundsätzlichen Pflicht zur Wahrnehmung der gesamten Amtszeit und zur Aufrechterhaltung der Verfassungskontinuität restriktiv interpretiert werden. Eine andere Sichtweise würde das Amt des Bundespräsidenten schlimmstenfalls zum Spielball politischer Interessen und Spekulationen machen.

Selbstverständlich muß aber auch der Mit-Hüter der Verfassung[30] das Recht haben, von seinem Amt zurückzutreten (siehe oben 1.), wenn sich dessen Fortführung für ihn als unerträglich erweist. Dies dürfte der Fall sein bei objektiver und auch subjektiv empfundener *Unzumutbarkeit* eines Verbleibens im Amte. Diese Konstellation kann sowohl den Tatbestand der „politischen" Gründe erfüllen als auch denjenigen der „gesundheitlichen." Eine trennscharfe Abgrenzung dieser potentiellen Rücktrittsgründe gleichsam more geometrico verbietet sich angesichts der Vielgestaltigkeit der Lebensverhältnisse. Die späte Amtszeit von Bundespräsident Lübke kann für Außenstehende als ein solcher Fall (kombinierter) subjektiver und objektiver Unzumutbarkeit der Amtsfortführung gedeutet oder empfunden werden, ohne sogleich die Keule der krankheitsbedingten Amtsunfähigkeit zu schwingen.

Gewisse Unsicherheiten bei der Einschätzung der auf der Ebene der Unzumutbarkeit angesiedelten Rücktrittsgründe sind in dem Umstand begründet, daß naturgemäß gerade das Staatsoberhaupt selbst muß beurteilen können, wie es um ihn steht. M. a. W.: Der Bundespräsident ist Inhaber der *Einschätzungsprärogative*, ob ihm eine Fortführung seines Amtes im Sinne des Zumutbarkeitskriteriums noch möglich ist.[31] Insoweit mag die Hinzuziehung eines weiteren Kriteriums hilfreich sein, das auch Dritte einigermaßen zuverlässig einschätzen können: Das Verbleiben des Bundespräsidenten im Amte muß zusätzlich das *Staatswohl in hohem Maße gefährden oder beschädigen*. Es ist ohne weiteres zuzugeben, daß auch dieser Rücktrittsgrund sehr weit gefaßt ist und seine Handhabung in der Staatspraxis große Schwierigkeiten bereiten kann. Die Einleitung staatsanwaltlicher Ermittlungen gegen das Staatsoberhaupt stellt insofern sicher einen Grenzfall dar. Hier muß man sich entscheiden, ob bereits das Staatswohl gefährdet ist, wenn nur, aber immerhin

---

[30] *Herzog*, in: Maunz/Dürig, Art. 54 Rn. 78 Fn. 2, hält den von *Nierhaus* (Fn. 10), Art. 54 Rn. 5, geprägten Begriff des „Mit-Hüters der Verfassung" immerhin für „sehr plastisch".

[31] Konstellationen der (objektiven) *Unmöglichkeit* der Amtswahrnehmung werden hier als zu weit führend nicht behandelt (z. B. Geisteskrankheit).

das Ansehen des Amtes des Bundespräsidenten beschädigt ist, ein Ansehen, das durch einen fähigen Nachfolger ohne weiteres und binnen relativ kurzer Zeit wiederhergestellt werden kann. Von dieser Entscheidung hängt im übrigen auch die Schärfe einer Diskrepanz ab, die in folgendem sichtbar wird: Auf der einen Seite schützt der mächtige Schutzwall des Art. 61 GG vor einer politisch willkürlichen Entfernung des Staatsoberhauptes aus dem Amt durch Bundestag, Bundesrat und Bundesverfassungsgericht. Auf der anderen Seite vermögen bereits staatsanwaltliche Vorermittlungen einen Rücktritt auszulösen, ohne daß zuvor der Antrag auf Aufhebung der Immunität (Art. 60 Abs. 4 GG) gestellt zu werden braucht.[32]

3. Rücktrittsgründe

Zieht man abschließend noch einmal die Regelung des § 1 BPräsRuhebezG zu Rate, so fällt im Gegenschluß auf, daß einfachgesetzlich ein Rücktritt des Bundespräsidenten auch aus „persönlichen" Gründen zulässig sein muß, allerdings mit der Folge, daß er den Anspruch auf Zahlung des „Ehrensoldes" in Höhe der bisherigen Amtsbezüge verliert. Denn die Aufzählung des Gesetzes (Amtszeit vollendet, vorheriger Rücktritt aus politischen oder gesundheitlichen Gründen) als allein maßgebliche Tatbestände ist für den Bezug einer nachamtlichen Versorgung abschließend.[33] Eine andere Auslegung läßt sich auch nicht aus Art. 61 GG ableiten. Wenn das Bundesverfassungsgericht einen Bundespräsidenten nach Art. 61 GG für schuldig erklären sollte, so hat es gemäß § 5 BPräsRuhebezG auch darüber zu entscheiden, ob und in welcher Höhe die in diesem Gesetz vorgesehenen Bezüge zu gewähren sind. Aus dieser Entscheidungsvariante kann schlechterdings nicht im Erst-Recht-Schluß gefolgert werden, der Anspruch auf Ehrensold müsse auch dann erhalten bleiben, wenn der Rücktritt aus persönlichen Gründen erfolgt.[34]

Jedenfalls sind bei allen Demissionen die oben (2.) dargestellten verfassungsrechtlichen Restriktionen zu beachten, weil sie generellen normenhierarchischen Vorrang genießen. Insoweit geht es schon nicht an – wie es v. Arnim[35] versucht –, unter persönlichen Gründen schlicht solche zu verstehen, „die in der Person des Bundespräsidenten wurzeln."[36] Es liegt auf der Hand, daß eine derartige „Wurzeltheorie" viele Verästelungen hervorzubringen geeignet ist, die weit in den Bereich auch des Politischen und sogar des Gesundheitlichen reichen können. Als Folge dessen wären die drei Rücktrittsgründe „politisch", „gesundheitlich" und „persön-

---

[32] s. zu den Bedenken von Herzog *Hefty*, FAZ Nr. 43 v. 20. Febr. 2012, S. 10; vgl. auch *J. v. Altenbockum*, FAZ Nr. 53 v. 2. März 2012, S. 1. Zur verfassungsrechtlichen Problematik siehe näher unten III.

[33] Zutreffend *v. Arnim*, NVwZ-Extra 4/2012, 1.

[34] *von Altenbockum*, FAZ Nr. 53 v. 2. März 2012, S. 1; zu Recht krit *v. Arnim*, NVwZ-Extra 5/2012, 1 (7).

[35] NVwZ-Extra 4/2012, 1 (3); NVwZ-Extra 5/2012, 1 (7).

[36] *v. Arnim*, a.a.O., nennt als Beispiele die Konzentration auf das Privatleben oder ein lukratives Angebot aus der Wirtschaft.

lich" beliebig austauschbar, weil alle irgendwie, jedenfalls letztlich auf die Person oder Persönlichkeit des Amtsinhabers rückführbar sind. Mehr Erkenntnisgewinn mag erzielt werden, wenn man die Gründe, die im privaten Verhalten des Präsidenten liegen, von den politischen Gründen her abzugrenzen versucht. Diesen Weg hat offenbar der Wissenschaftliche Dienst des Deutschen Bundestages beschritten: Politische Gründe seien solche, „die weder gesundheitlicher, privater noch persönlicher Natur sind, da sie im Zusammenhang mit der Gestaltung des öffentlichen Lebens stehen müssen", insbesondere „schwerwiegende Differenzen über die Innen- oder Außenpolitik der Regierung" betreffen.[37] Diese Definition enthält zutreffend Elemente der oben (2.) dargestellten Gefährdung oder Beschädigung des Staatswohls als ungeschriebener verfassungsrechtlicher Grenze des Rücktrittermessens. Damit ist sichergestellt, daß auch und gerade im Rahmen des Rücktrittmotivs „Privatinteressen" ein „freier" Rücktritt im Sinne autonomer Entscheidung des Amtsträgers nicht zulässig ist. Im übrigen hat der amtsmüde Präsident beim Rücktritt aus persönlichen Gründen ebenfalls den kontinuitätswahrenden Charakter seines Amtes im Auge zu behalten. Ein Rücktritt etwa mit der Begründung, von der Industrie einen besser dotierten Posten angeboten bekommen zu haben, wäre danach verfassungsrechtlich grundsätzlich nicht gerechtfertigt. Das Bundespräsidentenamt ist kein Sprungbrett für eine Karriere in der Wirtschaft![38] So haben sich die Bundespräsidenten nach Beendigung ihrer Amtszeit auch nicht mehr wirtschaftlich betätigt, was ab diesem Zeitpunkt freilich keine verfassungsrechtliche, sondern eine Frage des politischen Stils darstellt.

III. Immunität des Bundespräsidenten

1. Geltende Rechtslage

Abgesehen von den bislang behandelten verfassungsrechtlichen Problemen hat der Rücktritt von Christian Wulff auch die Frage der *Immunität* des Bundespräsidenten aktuell werden lassen.[39]

Nach der geltenden Rechtslage stellt Art. 60 Abs. 4 GG für die sog. Verfolgungsimmunität durch Verweisung nach Art. 46 Abs. 2–4 GG auf die Bundestagsabgeordneten ab. Die Bedeutung dieser Regelung ist einerseits praktisch sehr gering, andererseits bringt sie den Bundespräsidenten, der nicht Abgeordneter des Deutschen Bundestages ist (Art. 55 Abs. 1 GG), in eine Abhängigkeit vom Parlament, das ihn nicht (allein) gewählt hat. So ist beispielsweise völlig unstreitig, daß bereits staatsanwaltliche (Vor)Ermittlungen unter den Begriff des „zur Verantwor-

---

[37] Zit. nach FAZ Nr. 42 v. 18. Febr. 2012, S. 4.
[38] Im Ergebnis offenbar a. A. v. *Arnim* (Fn. 35).
[39] s. *D. Hömig*, ZRP 2012, 110 ff. m.w.N.

tungsziehens" nach Art. 46 Abs. 2 GG fallen[40] und damit das parlamentarische Privileg des Verfolgungsschutzes aktivieren können. Dieser kommt allerdings dem Bundespräsidenten nur während der Dauer seiner Amtszeit zugute, weil die präsidentielle Immunität nach allgemeiner Auffassung dem Schutz des (innegehabten) Amtes und seiner Funktionsfähigkeit, nicht aber dem Staatsoberhaupt als Person dient.[41] Ein Rücktritt wirkt in dieser Hinsicht rechtsverkürzend.

Diese Ungereimtheiten, aber auch und vor allem die fehlende (zumindest) gesetzliche Unterwerfung des Bundespräsidenten unter das Geschäftsordnungsrecht des Deutschen Bundestages[42] bereiten verfassungsrechtliche, zumindest verfassungspolitische Bedenken.[43] Diese erweisen sich als besonders gravierend, wenn es um die Unterrichtung des Bundespräsidenten über die Stellung des Immunitätsantrages oder die Verfolgung von Bagatellsachen[44] geht. Die Verweisungsnorm des Art. 60 Abs. 4 GG erweist sich unter rechtsstaatlichen Bestimmtheitsanforderungen als völlig insuffizient. Hier muß zumindest das Geschäftsordnungsrecht der herausgehobenen Stellung des Amtsinhabers und dem hohen Rang dieses Verfassungsorgans Rechnung tragen. Die den Bundespräsidenten betreffenden Immunitätsregelungen sind gesondert zu normieren; in ihnen muß sichergestellt sein, daß sowohl der Bundespräsident als auch der Bundestagspräsident in jedem Fall unverzüglich über Immunitätsaufhebungsanträge zu informieren sind.[45]

Wer sich mit derartigen „Reparaturen" auf untergesetzlicher Ebene nicht zufrieden geben will, muß andere Varianten in Betracht ziehen, um die Verfassungswidrigkeit der das Staatsoberhaupt betreffenden Immunitätsregelungen auszumerzen. Soll der Präsident in Immunitätsangelegenheiten vollends vom Bundestag unabhängig gemacht werden, so verbleiben als mögliche Entscheidungsträger für Immunitätsfragen des Bundespräsidenten nur die Bundesversammlung (unten 2.) oder das Bundesverfassungsgericht (unten 3.). Beide sind Verfassungsorgane, deren Rang der Verfassungsorganqualität und Bedeutung des Bundespräsidentenamtes gerecht wird.

2. Entstehungsgeschichte

Im Verfassungsentwurf von Herrenchiemsee war in der Tat ursprünglich vorgesehen, daß die Bundesversammlung Entscheidungen über Immunitätsfragen des

---

[40] *Hömig*, in: ders., GG, 9. Aufl. 2010, Art. 46 Rn. 7. Der Genehmigungsvorbehalt des Art. 46 Abs. 2 GG dient auch und gerade der Aufrechterhaltung der Arbeits- und Funktionsfähigkeit des Bundestages, siehe grundsätzlich BVerfGE 104, 310 ff.

[41] Umf. Nachw. bei *Hömig*, ZRP 2012, 110 in Fn. 4.

[42] § 107 Geschäftsordnung des Bundestages (GOBT) i.d.F. v. 2. Juli 1980 (BGBl 1980 I 1237) i.V.m. Anlage 6 (Immunitätsgrundsätze).

[43] s. die Nachw. bei *Hömig*, ZRP 2012, 110 (112 Fn. 27 ff.).

[44] Abschnitt A Nr. 12 f. der Grundsätze in Immunitätsangelegenheiten.

[45] So dem Vernehmen nach auch das Vorgehen der Staatsanwaltschaft Hannover, die auf die normativen Dissonanzen sensibel reagiert hat.

Bundespräsidenten trifft.[46] Im Hinblick auf die Wahlfunktion der Bundesversammlung nach Art. 54 Abs. 1 S. 1 GG und die angestrebte Befugnis, sie über das weitere Schicksal des Bundespräsidenten umfassend entscheiden zu lassen, mag es nahe gelegen haben, den Vorschlag im Parlamentarischen Rat zu übernehmen. Dies scheiterte aber schließlich zu Recht an der Überlegung, daß die Bundesversammlung kein sog. permanentes Verfassungsorgan darstellt und im übrigen auch viel zu schwerfällig ist, um zeit- und sachgerecht Immunitätsanträge zu bearbeiten.[47]

3. Zuständigkeit des BVerfG

Demgegenüber liegt es näher, im Rahmen einer Reform der präsidentiellen Immunitätsvorschriften das Bundesverfassungsgericht als Entscheidungsträger einzusetzen.[48] Aus verfassungspolitischen Gründen der prinzipiellen Gleichrangigkeit von Verfassungsorganen ist es angebracht, nicht einem Parlamentsausschuß, sondern dem Bundesverfassungsgericht als Verfassungsorgan die Zuständigkeit für die Entscheidung über Immunitätssachen des Bundespräsidenten zu übertragen. Der Umstand, daß Immunitätsentscheidungen mitunter hochpolitischer Natur sein können, schreckt jedenfalls Verfassungsprozessualisten (und Bundesverfassungsrichter) nicht ab, die den politischen Charakter etwa von Organstreitverfahren (Art. 93 Abs. 1 GG) oder des Verfahrens über das Verbot politischer Parteien (Art. 21 Abs. 2 GG)[49] kennen. Beim Bundesverfassungsgericht ist institutionell sichergestellt, daß neben der Unabhängigkeit und Neutralität die notwendige Distanz zum polischen Tagesgeschäft gewahrt ist.[50] Abgesehen davon ist zwischen der Immunitätszuständigkeit einerseits und der Entscheidung nach Art. 61 GG i. V. m. § 5 BPräsRuhebezG, ob und in welcher Höhe die Ruhebezüge trotz Verurteilung zu gewähren sind, andererseits eine gewisse Ähnlichkeit festzustellen.[51] Auch insofern ist die Gerichtszuständigkeit einer Entscheidungsbefugnis der nur zeitaufwendig einzuberufenden Bundesversammlung vorzugswürdig.

IV. Rechtsstatus ehemaliger Bundespräsidenten

Schließlich hat der Rücktritt des damals relativ jungen (52jährigen) Bundespräsidenten Chr. Wulff nach nur 597 Amtstagen weitere verfassungsrechtliche und einfachgesetzliche Fragen nach dem *Rechtsstatus ehemaliger Bundespräsidenten*

---

[46] s. JöR n. F. Bd. 1 (1951), 416 f., 419.

[47] Vgl. auch *Menzel*, BK, Art. 60 Erl. II c 2 (Erstbearbeitung). *Hömig*, ZRP 2012, 110 (112), schlägt demgegenüber ein permanentes Unterorgan der Bundesversammlung als Immunitätsausschuss vor.

[48] s. dazu ebenfalls *Hömig*, ZRP 2012, 111 (112 f.) m.w.N.

[49] s. nur BVerfGE 2, 1 ff. (SRP-Verbot); 5, 85 ff. (KPD-Verbot); 107, 339 ff. (NPD-Verbot).

[50] So auch *Hömig*, ZRP 2012, 110 (112/113).

[51] Die abw. Meinung von *Nierhaus* (Fn. 10), Art. 61 Rn. 14, wird aufgegeben.

aufgeworfen.[52] Die gegenwärtige Rechtslage wird gemessen am Ansehen des Amtes des Staatsoberhauptes und der Würde seines (ehemaligen) Inhabers allgemein als imperfekt angesehen und für reformbedürftig gehalten. Diesem Aspekt des Themas sollen die abschließenden Betrachtungen dieses Beitrags dienen. Hierbei ist sowohl der Bedeutung des Amtes als auch der Wertschätzung der Altbundespräsidenten in angemessener Weise Rechnung zu tragen. Daß in dieser Abwägung Symbolgehalt und normative Ausgestaltung eine Symbiose eingehen müssen, wird beim Jubilar als Bearbeiter u. a. des Art. 22 GG im Bonner Kommentar[53] sicher nicht auf Ablehnung stoßen.

Alle Segmente des hier zu behandelnden *finanziellen Status* des Bundespräsidenten – Amtsbezüge, Ehrensold und nachamtliche Ausstattung – sind entweder gesetzlich gar nicht oder höchst unbefriedigend geregelt. Damit sind zumindest die Rechtsstaatsgebote sowohl des Gesetzesvorbehalts als auch der Rechtssicherheit und -klarheit als Prüfungsgegenstände aufgerufen.[54]

1. Amtsbezüge

Eine gesetzliche Regelung der *Amtsbezüge* gibt es im Gegensatz zur Besoldung anderer Amtsträger (Ministergesetze, Abgeordnetengesetze) nicht. Die Amtsbezüge des „ersten Bürgers" im Staate ergeben sich nur aus dem Haushaltsplan,[55] der bekanntlich nach § 3 Abs. 2 BHO keine Ansprüche begründet. Der Bundespräsident muß sich freilich darob nicht grämen, weil der Regelung des Art. 55 Abs. 2 GG („…kein *anderes* besoldetes Amt…") jedenfalls dem Grunde nach ein Anspruch auf Besoldung zu entnehmen ist.

2. Verdoppelung des Ehrensoldes

Den finanziellen Status früherer Bundespräsidenten regelt immerhin ein Gesetz, das bereits zitierte BPräsRuhebezG. § 1 des Gesetzes sieht in seiner seit 1959 geltenden Fassung vor, daß dem Bundespräsidenten unter bestimmten Voraussetzungen (Ablauf einer Amtszeit oder vorheriger Rücktritt aus politischen oder gesundheitlichen Gründen) auch nach seinem Ausscheiden aus dem Amt die Amtsbezüge (allerdings ohne Aufwandsgeld) weiterhin zustehen. Die Einzigartigkeit dieses in altem Militärdeutsch so genannten *Ehrensoldes* liegt nicht in dessen Höhe (199.000 Euro p. a.),[56] sondern vor allem in dem doppelten Umstand begründet, daß der

---

[52] s. *Degenhart*, ZRP 2012, 74 ff.; *v. Arnim*, NVwZ-Extra 5/2012, 1 ff. jew. m.w.N.

[53] *E. Klein*, BK, Art. 22 (Drittbearbeitung 2008).

[54] s. vor allem *v. Arnim*, NVwZ-Extra 5/2012, 1 (4 ff.) und *Degenhart*, ZRP 2012, 74 ff. jew. m.w.N.

[55] Einzelplan 2001, Titel 42101.

[56] Vergleiche mit Vorstandsbezügen (mit oder ohne Boni) in der Wirtschaft verbieten sich wegen der Besonderheiten des öffentlichen Dienstes und würden dem Amt des Bundespräsidenten im Übrigen auch nicht schmeicheln.

Versorgungsanspruch ohne Rücksicht auf das Alter des Präsidenten und die Dauer der Amtszeit entsteht. Es fehlen u. a. die das gesamte Beamten-, Versorgungs-, Minister- und Abgeordnetenrecht durchziehenden Bestimmungen über die Altersgrenze, Höchstversorgungsberechtigung (zum Vergleich: bei der Bundeskanzlerin und den Bundesministern 71,75 % nach 22 Amtsjahren) sowie die Abstufung des Ruhegehalts entsprechend den vollendeten Amtsjahren. Um die im Vergleich zu der Ursprungsregelung (1953) im Jahre 1959 erfolgte *Verdoppelung des Ehrensoldes*[57] zu verstehen, muß man sich ein ebenso geheimes wie peinliches Gesetzgebungsverfahren vorstellen, mit dem Konrad Adenauer als damaligem Präsidentenanwärter nicht „verjagt" werden sollte. Der Wunsch, Adenauer damit den Weg in die Villa Hammerschmidt zu ebnen, zerplatzte letztlich, als ein Rechtsgutachten von Friedrich Klein den Bundeskanzler von den relativ geringen Befugnissen des Bundespräsidenten vor allem im Bereich der auswärtigen Gewalt (Art. 59 GG) zu überzeugen wußte.

3. Festhalten an „politischen" und „gesundheitlichen" Gründen

Im Gegensatz zu den dargestellten reformbedürftigen Bezüge- und Versorgungsregelungen sollte an dem verfassungslegitimen „Rücktrittspaar" politisch oder gesundheitlich unter Ausschluß persönlicher Gründe festgehalten werden. Diese unbestimmten Gesetzesbegriffe sind sicherlich nur unter großem Interpretationsaufwand voneinander abzugrenzen. Jeder Versuch der Konkretisierung, die ohnehin nur nach Maßgabe eines Einzelfalles zu leisten ist, setzt sich nahezu zwangsläufig Gegeneinwänden aus. So muß z. B. v. Arnim, der eine sehr weite Auslegung des Begriffes „persönliche Gründe" vertritt,[58] zugeben, daß der Bundespräsident aber auch durch ein „besonderes Treueverhältnis" gebunden sei und nicht „einfach hinschmeißen" könne. Dieses Spannungsverhältnis versucht Hans Meyer aus Sicht der politischen Gründe aufzulösen, wenn er ausführt: „Ob ein politischer Grund vorliegt, lässt sich nur aus der Stellung des Bundespräsidenten im Gefüge der Staatsorgane bestimmen. … Kein Bundespräsident … sollte … sich dem Zwang unterwerfen müssen, politische Staatsakte vorzunehmen oder eine politische Linie vertreten zu müssen, die seiner politischen Überzeugung widersprechen," nur um seinen Ehrensold nicht zu gefährden."[59] Dies These entspricht im wesentlichen der oben (II. 2.) behandelten Fallkonstellation der subjektiven Unzumutbarkeit. Es mag weitere Interpretationsvarianten zu den einzelnen Rücktrittsgründen (z. B. die mißbräuchliche Verweigerung der Gegenzeichnung nach Art. 58 GG) geben; unvertretbar erscheint aber in jedem Fall die Schwarz-Weiß-Alternati-

---

[57] In Anlehnung an die Regelung in der Weimarer Republik bestand der Ehrensold zunächst aus der Hälfte der Amtsbezüge. Das Gesetz v. 24. Juli 1959 (BGBl 1959 I 525) hob dann das Ruhegehalt des Bundespräsidenten auf 100 % an; w. Nachw. bei *v. Arnim*, NVwZ-Extra 5/2012, 1 (5 f.).

[58] Z. B. in NVwZ-Extra 5/2012, 1 (7).

[59] *H. Meyer*, FAZ v. 8. März 2012, S. 8.

ve: Jeder Rücktritt vom Amt des Bundespräsidenten sei seiner Art nach (hoch) politischer Natur oder jeder Rücktrittsgrund wurzele letztlich in der Person des Präsidenten, der über seine eigene Demission entscheide. Schwarz und Weiß haben mehr Farben als man denkt; zumindest Schattierungen sollten erkannt werden.

4. Nachamtliche Ausstattung

In der Staatspraxis wird den ehemaligen Bundespräsidenten zusätzlich noch eine *nachamtliche Ausstattung* gewährt, die in der Regel ein Sekretariat mit Bürokraft, einen persönlichen Referenten sowie einen Fahrer mit Dienstwagen umfasst. Diese soll einen finanziellen Rahmen von rund 280 000 Euro haben.[60] Auch für diese Zuwendung gibt es keine gesetzliche Grundlage; im Haushaltsplan sind lediglich entsprechende Planstellen für die Altbundespräsidenten eingerichtet. Auch wenn auf diese Ausstattung wiederum nach § 3 Abs. 2 BHO kein Rechtsanspruch besteht, so könnte sie doch im Hinblick auf die Repräsentationsaufgaben früherer Präsidenten als sachlich gerechtfertigt erscheinen. Bei der Beantwortung der Frage nach der finanziellen Berechtigung dieser nachamtlichen Ausstattung und ihrer Konkretisierung durch die Staatspraxis muß stets in Rechnung gestellt werden, daß die Erhöhung der Ruhegehaltsbezüge auf das volle Amtsgehalt 1959 mit den Repräsentationsbelastungen auch ehemaliger Staatsoberhäupter begründet wurde. Selbst wenn man nicht so weit gehen möchte wie v. Arnim, der deshalb die Gewährung des hundertprozentigen Ehrensolds und die nachträgliche Amtsausstattung für einen Widerspruch in sich hält[61], sollte doch bei den Altbundespräsidenten je nach Alter und individueller Bedarfslage über die notwendigen Sach- und Personalausgaben differenziert entschieden werden.[62]

5. Entscheidungszuständigkeit für Ehrensold und nachamtliche Ausstattung

Abschließend bleibt wiederum unter dem Gesichtspunkt des Gesetzesvorbehalts die Frage zu beantworten, bei welcher Stelle die *Entscheidungszuständigkeit* für die Gewährung von Ehrensold und nachamtlicher Ausstattung angesiedelt ist oder zukünftig angesiedelt werden sollte. Zwischen beiden Befugnissen ist sicher zu unterscheiden. Aus Zeit- und Raumgründen, die bei einer Festschrift den Beitragenden noch stärker in die Pflicht nehmen als dies ohnehin schon in anderen literarischen Bereichen der Fall ist, darf die Konzentration auf das Aktuelle und Proble-

---

[60] Angabe nach *v. Arnim*, NVwZ-Extra 5/2012, 1 (9).

[61] *v. Arnim*, NVwZ-Extra 5/2012, 1 (6).

[62] So ist anzunehmen, daß die Bedarfe bei Scheel, von Weizsäcker, Herzog und Köhler ganz unterschiedlich ausfallen und von ihnen auch nur bedarfsgerecht angefordert werden. Der Fall Wulff ist wegen seines Alters und der nur sehr kurzen Amtszeit von knapp 20 Monaten ein Sonderfall, der die Reformbedürftigkeit der Verwaltungspraxis umso deutlicher hervortreten lässt.

matische im Vordergrund stehen. Dies ist die Entscheidungsbefugnis über die Zahlung des *Ehrensoldes*.[63]

Das BPräsRuhebezG schweigt zu der Frage der Zuständigkeit für die Gewährung des Ehrensoldes. Die Anlehnung dieses Gesetzes an die entsprechenden Regelungen für den Reichspräsidenten[64] sprechen für eine Entscheidungskompetenz der Bundesregierung, allerdings nur in isoliert historischer Auslegung. Indirekt scheint dieses Auslegungsergebnis § 4 BPräsRuhebezG zu bestätigen: Danach sind die für die Bundesbeamten geltenden beihilfe- und versorgungsrechtlichen Vorschriften sinngemäß anzuwenden. In § 49 Abs. 3 Beamtenversorgungsgesetz heißt es: „Entscheidungen in versorgungsrechtlichen Angelegenheiten, die eine grundsätzliche, über den Einzelfall hinausgehende Bedeutung haben, sind von den für das Versorgungsrecht zuständigen Ministerien zu treffen."[65] Wie auch immer, das Bundespräsidialamt hat bekanntlich die Kompetenz an sich gezogen und selbst über die Ruhebezüge von Wulff entschieden. Ohne jegliche rechtliche Absicherung geschah dies freilich nicht. Das Innenministerium hielt nicht sich, sondern das Bundespräsidialamt für zuständig und stützte sich dabei auf eine Fußnote 8 zu Anlage 1 der Beamtenversorgungs-Zuständigkeitsanordnung des Bundesfinanzministers vom 26. Juni 2010, die u. a. angeblich mit Zustimmung des Chefs des Bundespräsidialamtes ergangen sein soll. Dort heißt es: „Die Zuständigkeit für die erstmalige Berechnung und Festsetzung des Ehrensolds für einen aus dem Amt ausscheidenden Bundespräsidenten verbleibt beim Bundespräsidialamt."[66] Unter „erstmaliger Berechnung und Festsetzung" im Sinne dieser Verordnungsbestimmung nicht zugleich auch die *Entscheidung* über den Ehrensold zu verstehen, bleibt das Geheimnis von v. Arnim.[67] Eine ganz andere Frage ist freilich, ob diese Form der Zuständigkeit nicht rechtsstaatlich unter dem Gesichtspunkt der Gewaltenteilung ein *Skandal* sondergleichen ist. Die Zuerkennung des Ehrensoldes durch Beamte des Präsidialamtes, dessen „Spitze" bis vor kurzem noch der nunmehr versorgungsrechtlich auszustattende (Alt)Bundespräsident selbst war, löst in der Regel Befangenheit (§ 21 VwVfG) aus, die als Ausdruck von Loyalität allenfalls menschlich verständlich sein kann. Entsprechend hart und kritisch sind dann auch die publizistischen Äußerungen zum Fall Wulff / Hagebölling (damaliger Chef des Bundespräsidial-

---

[63] Zur nachträglichen Amtsausstattung siehe *v. Arnim*, NVwZ-Extra 5/2012, 1 (11). Nach ihm soll mangels unabweisbaren Bedarfs erst im Bundeshaushalt für das Jahr 2013 über die Amtsausstattung Wulffs entschieden werden. Diese Bewilligungen erfolgen im normalen Haushaltsverfahren durch Gesetzesbeschluss unter Mitwirkung von Bundesregierung und Bundesrat.

[64] Begr. des Entw. des Gesetzes über das Ruhegehalt des Reichspräsidenten, Reichstag, Aktenstück Nr. 5153, S. 5614: „Die Beurteilung im Einzelfall obliegt der Reichsregierung mit Rücksicht auf die pflichtgemäßen Erklärungen des Reichspräsidenten."

[65] s. dazu näher und m.w.N. *v. Arnim*, NVwZ-Extra 5/2012, 1 (10 f.).

[66] Wiedergegeben in der FAZ Nr. 45 v. 22. Febr. 2012, S. 4 und bei *v. Arnim*, NVwZ-Extra 5/2012, 1 (10); in der Sache zustimmend *M. Wagner*, DÖV 2012, 517 (518).

[67] *v. Arnim*, NVwZ-Extra 5/2012, 1 (10).

amtes) ausgefallen.[68] Organwalter oberster Bundesorgane sollten nicht einmal in die Nähe eines verbotenen „In-Sich-Geschäftes"[69] kommen.

V. Ausblick: Reform

Abgesehen von diesem fruchtlosen Streit um Zuständigkeiten im Dschungel von sich widersprechenden Vorschriften, sollte im Rahmen einer dringend notwendigen Reform des Rücktritts-, Immunitäts-, Versorgungs- und Ausstattungsrechts ausgeschiedener Bundespräsidenten auch die zentrale Frage klar geregelt werden, welches Verfassungsorgan (Bundestag oder Bundesversammlung) oder welches Ministerium (und damit unter Ausschluß des Bundespräsidialamtes) über die das Staatsoberhaupt betreffenden Fragen, einschließlich seiner Ruhegehaltsbezüge und der nachamtlichen Ausstattung, zu entscheiden hat.[70] Der Korrekturbedarf u. a. im Hinblick auf die Berücksichtigung der Dauer der Amtszeit (Mindestamtszeit mit abgestuften Ruhestandsbezügen sowie das Erreichen einer bestimmten Altersgrenze) und der Art sowie der Höhe der Nebenleistungen (nicht pauschal, sondern nach Maßgabe notwendigen Bedarfs) stellen Hauptdesiderate dar. Die Schaffung von Rechtsklarheit und Rechtssicherheit verlangt eine Schießung der dargestellten Regelungslücken, das Gewaltenteilungsprinzip verbietet für die Zukunft ein Belassen der Zuständigkeit des Bundespräsidialamtes für den Ehrensold. Von Verfassungs wegen sollte ein formelles Gesetz, wo immer möglich, das Reforminstrument sein. Da das Verbot des Art. 55 Abs. 2 GG, ein besoldetes Amt innezuhaben oder einen Beruf oder ein Gewerbe auszuüben, für nicht mehr amtierende Bundespräsidenten nicht gilt,[71] sind der Reform einerseits keine störenden Fesseln angelegt. Andererseits enthalten u. a. das Beamten- und Ministerrecht viele vergleichbare Anhaltspunkte für eine angemessene und gesellschaftspolitisch akzeptable Neuregelung für das Staatsoberhaupt. Es sollte möglich sein, die Sonderstellung des Bundespräsidenten als nur protokollarisch höchstes Verfassungsorgan unter Verfassungsorganen auch im Falle seiner Demission zu wahren.

---

[68] s. nur die Nachw. bei *v. Arnim*, NVwZ-Extra 5/2012, 1 (10 Fn. 72).
[69] *Prantl*, SZ v. 29. Febr. 2012.
[70] In der Frage der Reformbedürftigkeit an sich besteht, soweit ersichtlich, kein Dissens; siehe neben *v. Arnim* vor allem *Degenhart*, ZRP 2012, 74 ff.
[71] *Nierhaus* (Fn. 10), Art. 55 Rn. 5; *Degenhart*, ZRP 2012, 74 (76).

Constructing a legal system without its history: the Turkish experience

By *Esin Örücü*

Prelude

I have known Professor Dr Eckart Klein for nearly forty years! We first met in Dallas at the SMU and had a lovely time, interacting, learning and even singing. Then for quite a while I lost track of him until our two Universities had a common project. He also contributed to one of our publications with an essay on German Unification. We both appreciate the burden of history for a State, a legal system and a people, although the baggage carried differ. Both Turkey and Germany tried to impact their history in their different ways, but in the end the outcome is the same: change. I thus find it fitting to write the following piece to be included in a commemoration of Professor Klein's 70th birthday.

I. Introduction

In order to demonstrate the Turkish legal system as one with no endogenous history, in this paper, I will present rather than assess this synthetically constructed legal system with its diverse foreign sources – still alive and used as source-laws today. This is so, in spite of the fact that the Turkish Republic is heir to the Ottoman Empire, which lasted for 600 years. Though the imported foreign sources are referred to by courts and academics even today, the indigenous socio-culture is not related to the socio-cultures of the source laws and neither are the histories. Turkish judges try to navigate while they try to cater for the needs and clashing values of the people, always keeping within the synthetic framework

Following the collapse of the Ottoman Empire and the founding of the Republic in 1923, Turkey went through a process of total and global modernisation, westernisation, secularisation, democratisation and constitutionalism with efforts of reform resting solely on import from the major continental jurisdictions both as to form and content. Thus a legislative framework was constructed by receiving, adapting and mixing laws from various foreign western sources with very different historical antecedents and melting them down in the Turkish legal pot, through 'imposed receptions', voluntary 'receptions', 'imitations', 'adaptations' and 'adjustments'.

The outcome was an 'eclectic', 'synthetic' and 'hyphenated' legal system.[1] Rather than being home-grown, legal evolution has been through a succession of imports and has relied on major translation work.

All this was achieved between 1926 and 1930. By the adoption and adaptation of Codes of foreign origin from Switzerland, Italy, Germany and France, the *élite dirigeante* not only constructed the legal framework but passed a series of far-reaching radical social reform laws[2] to supplement these Codes, which aimed at 'changing the people' and forging a new identity to fulfil the requirements of the vision, the most significant import being 'modernity'. This was an import on a major scale.

The Turkish revolution aimed at the basics: language reform, a new system of law, a new sense of national identity based on a newly created culture excluding the Ottoman heritage (the Islamic and Arabic elements).

II. The vision, the reasoning and the people

What instigated the legal evolution was a strong aspiration to become western and contemporary. Turkey became 'European by law'.[3] Even today, rapid law reforms are being made in the same manner, in the hope of joining the European Union and in order to fulfil the requirements of the European Union *acquis communautaire*.[4] These current 'receptions' in Turkey vis-a-vis European Union law are examples of weak 'imposed receptions', the qualifier 'weak' being attached to this analysis since the element of choice is still there.[5] None of the models chosen represent an Eastern or religious viewpoint and yet 98 % of the population in Turkey are of the Islamic faith, and many conservative in outlook.

Homogeneity – one language, one religion, one Volk – was considered to be the prerequisite of a strong and independent state, and therefore, the ideology underlying the Republic drew on "some of the more extreme concepts of 'modern' nationalism which were current in late-nineteenth-and early-twentieth-century Europe".[6] The scientific spirit of the Republic found the multi-ethnic, decentralised, and in many ways tolerant Ottoman Empire, unacceptable. The Turkish legal system tried to trans-

---

[1] See for further analysis *E. Örücü*, Journal of Comparative Law 2006, 27–47.

[2] The social reforms were introduced by the eight reform laws (İnkilap Kanunları), establishing secular education and civil marriage, adopting the Latin alphabet and the international numerals, introducing the hat, closing the dervish convents, abolishing certain titles, and prohibiting the wearing of certain garments. These laws are still protected by the 1982 Constitution (art 174).

[3] The clause is borrowed from the title of Herrnfeld's book. See, *H. Herrnfeld*, European by Law, 1996.

[4] For a thorough analysis of Turkey/EU relations see, *A. Sözen*, in: K. Inglis/A. Ott (eds), The Constitution for Europe an Enlarging Union: Unity in Diversity?, 2005, 279–305.

[5] See E. *Örücü*, European Law Review 25 (2000), 57.

[6] *N. Ascherson*, Black Sea (Vintage), 1995, 197.

form the social, political, ideological, religious and economic systems it encountered, from its very inception. Since it represents the passage of a legal system from one legal culture to another, historians and comparatists alike have hailed the Turkish experience as unique.

The ideological message, the original version of which is sometimes referred to as the tenets of 'Kemalism', was symbolised by 'Six Arrows': nationalism, laicism, republicanism, populism, statism and reformism. Today this vision also includes westernisation, commitment to Kemal Atatürk's nationalism, the rule of law, the welfare state, human rights and democracy. The above, all interlocked, constitute the official world-view, or the vision. Over the years parts of this vision have found their way into the preambles of Constitutions, at present the 1982 Constitution.

Furthermore, articles 1–3 of the Constitution, which are immutable, pose the characteristics of the Republic and reiterate that the State is a Republic, that it is democratic, laic and social, governed by the rule of law, respecting human rights within the concepts of public peace, national solidarity and justice, loyal to the nationalism of Kemal Atatürk, and based on the fundamental tenets set forth in the Preamble; the Republic is an indivisible whole comprising its territory and the nation; and its official language is Turkish. The manoeuvrability of the courts is limited by these articles and their immutable character, while they adjust the law to the needs and mores of the people.

Though in Turkey, there is assumed similarity of culture with the Turkic and Islamic States, alongside assumed similarity of culture with Europe, Turkey's legal system is based solely on the legal systems of European states, now most of them in the European Union. A minority of the population, living mainly in urban areas, is western in outlook and mentality: the Westernised-Turk. Yet, a much larger part of the population is rural and has a traditional outlook, which is maintained even when this population moves into the cities. Some of these poorly educated, rural Anatolians have become wealthy and politically effective. In addition, in the cities, the gap between the rich and the poor is wide and the middle class has shrunk. Then there are those who, having started with a traditional rural existence, have worked in other countries in Europe for some time and having returned, fit neither into the first category, nor the second. They are referred to in Turkey as '*Alman-Türkler*' (German-Turks) or '*Almancılar*', irrespective of which country they may have been working in! It must also be remembered that though 98 % of the population of Turkey is of the Islamic faith, they are not all of the same sect or school. The inherent problems are not difficult to contemplate, and the courts try to mould the diversities into a unity.[7]

As stated earlier, existing customs, usages and religious mores were not recognised as the basis of legal relationships in Turkey. To achieve a modern, western, laic and civilian democracy by creating a revolution, not only in the legal but also in the socio-cultural fabric, was a radically reformist attempt. The Turkish Republic

---

[7] See *E. Örücü*, International Journal of Law in Context 2008, 35–61.

being based on a vision, all her institutions were geared to the achievement of this vision, regardless, or in spite of its endogenous history.

III. The legal system and its living sources

In historical terms, the Ottoman Empire went through a number of phases of development: an Islamic state between 1299 and 1839, a mixed legal system with considerable French influence from 1839 to the fall of the Empire in 1920. Since 1923, the Turkish Republic, her heir, but not an heir to her legal tradition, is a modern, western, laic and civilian democracy. Even today law is principally regarded in instrumental terms. When the ideological and technological decision was made in 1924 to move outside the framework of the endogenous system of laws rather than to integrate and modernise the existing systems, and use the tool of reception as the sole method of law reform, a commission of twenty-six members was set the task of translating first the Swiss Civil Code from its French version. Subsequently, a number of special committees translated most of the important commentaries on various branches of law into Turkish. Within the year 1926 Turkish legal experts produced three entirely new codes, and there were more to follow. The main aim of this 'purposive use of law' was to demolish the foundations of the old legal system by creating completely new laws, and to regulate the relationships of the people according to what was thought these relationships ought to be: a prime example of 'social engineering through law'.

When discussing 'legal transplants', the Turkish experience was referred to as the most extreme example by Watson and other scholars.[8] Here, history was shifted. The old roots were cut and new roots had to be put down. These roots were put down into foreign soil. The switch in Turkey was to Roman law based legal systems. One should start a study of the Turkish legal system with the history of a revolution and the history of a transplant. The question whether a legal system can be understood without its own legal history becomes crucial in such a study. By stressing the universal dimension of law, it is possible to analyse a law without reference to its historical origins or ethical significance, as long as law is regarded as a natural object governed by a-temporal and a-spatial laws of the physical world.

The various source-codes were selected from what were seen to be 'the best' in their field for various reasons. No single legal system served as the model and modernisation and westernisation were not based on any one dominant culture. The fact that a number of different models were chosen may have given the borrowings 'cultural legitimacy'. The choice was driven at times by the perceived 'prestige' of the model, and at other times by 'efficiency', sometimes by 'chance', or 'historical ac-

---

[8] See for example, K. *Zweigert*/H. *Kötz*, An Introduction to Comparative Law, 2008, 3rd ed., trans. T. Weir. As recently as 2000, Alan Watson cited the Turkish example to support his views. See A. *Watson*, Ius Commune Lectures on European Private Law 2000: 2, available at www.ejcl.org/ejcl/44/44−2.html (visited March, 3rd 2012). So does William Twining consider this example in W. *Twining*, Journal of Law and Society 32 (2005), 203 (223−228).

cident'. The civil law, the law of obligations and civil procedure were borrowed from Switzerland, commercial law, maritime law and criminal procedure from Germany, criminal law from Italy and administrative law from France; all translated, adapted and adjusted to interlock and solve the social and legal problems of Turkey.

Even though Hoffman claims that distortions occur in translation of even a single word in 'transporting human meaning from one culture to another' unless 'the entire language' around the word or its audience are transported,[9] and that 'legislation cannot make mores',[10] the entire Turkish legal system is built on such institutional transfers and translations.

When problems arise even today, models are sought according to the 'prestige' and/or the 'efficiency' of a foreign model, always within the framework of a democratic, liberal market economy, human rights and the overall requirements of the 'immutable articles' of the Constitution. For example, the area of administrative law, born from the French model, has been influenced recently by Anglo-American institutions.[11]

In addition, the *Yargıtay* (The Court of Last Instance) was enabled to make adjustments to the law by the flexible rules present in the 1926 Civil Code sections 1, 2 and 4, which correspond *verbatim* to sections 1, 2 and 4 of the Swiss Civil Code. These are rules on justice and equity, objective good faith and the principles of the rule of law. For the development of the Turkish law and legal system, the most important section is section 1:

> The law must be applied in all cases that come within the letter and the spirit of its provisions. If no relevant provision can be found in the statute, the judge must decide in accordance with the customary law and, in its absence, in accordance with the rule which he would lay down, were he the legislator. In so doing, he must be guided by accepted legal doctrine and case law.

Indeed, in a legal system such as the Turkish, the source of law is determined by the formal legal framework, and custom and tradition become a source of law only when recognised by courts.

When Turkish courts look for new ways of dealing with emerging problems and difficult cases where matters of principle are to be settled, Turkish legal scholars and the higher courts scrutinise the reception models, the so-called 'source-laws' (*kaynak kanunlar*), thus the term 'hyphenated legal system' becomes appropriate in depicting this legal system: at times reference is made to *İsviçre-Türk Hukuku* (Swiss-Turkish Law) to be seen below. Although interpretation tends to introduce subjective and cultural tonalities and values, foreign law always provides inspiration and stimulus.

---

[9] E. *Hoffman*, Lost in Translation Minerva, 1991, 272, 275.

[10] Used by P. *Legrand*, Maastricht Journal of Comparative and European Law 1997, 111 (119).

[11] The 'independent regulatory agency model' is becoming increasingly important as a model for Turkish administrative institutions, although, in the last decades, there has been a growing tendency to create an independent Turkish administrative law.

In sum, private law, administrative law, constitutional law, criminal law, civil and criminal procedures, commercial law, maritime law and the law of bankruptcy were reshaped, resting solely on import from the major continental jurisdictions both as to form and content. Other laws such as Labour Law and Social Security Law were passed later, again based on foreign models. Significant developments in the fields of democracy, fundamental rights and freedoms and review of constitutionality found their way into Turkish law, the last by the 1961 Constitution in the preparation of which wide use was made of the West German and the Italian models. Thus we can speak of a 'synthetic legal system', constructed artificially, solely by legislation; a system cut off from its old roots altogether.

It is worth remembering that Turkish academics who undertook the 'fitting' of models to the Turkish situation and the 'tuning' of them, had most of their training in universities in the countries from where the receptions came. Language training and translations were extensive. In addition, in the early years of the Republic, Swiss, Austrian and German academics, given sanctuary in Turkey before the Second World War, contributed to the new legal system, greatly helping the imported system to take root. This was the consequence of a historical accident. The presence of such German and Austrian professors in Turkey fuelled the spread of legal ideas in support of the received. In time, many of their Turkish assistant lecturers themselves became influential professors and so helped the internalisation of law.

The claim that, once transplanted, the cord tying the transplanted to its model is severed, is not true for Turkey. In fact, in Turkey the cord cut at the time of receptions was that with the national past. This cord was then re-attached to the new models. The new attachments are constantly reinforced. It has been claimed that a borrowing once 'cut off from its roots' ceases to be part of that culture. Generally speaking, this is not the case in Turkey either, as the borrowings have never been severed from their roots. As will be observed below, these attachments are still being strengthened, so contributing to and maintaining the 'hyphenated' nature of the legal system, in spite of developing differences of interpretation due to context.

Over the years, a Turkish Civil law, a Turkish Commercial law, and a Turkish Civil Procedure and other laws have developed, slowly diverging from 'the source-laws'. A new history is being formed. However even today, the higher courts make use of the models when reaching decisions, though never basing a decision solely on 'the source-laws', which are seen as aids to further modernisation.

1. The First New Root: Swiss-Turkish Law

In the early years following the receptions, Turkish private law was referred to as '*İsviçre-Türk Hukuku*' (Swiss-Turkish law). There are still references to Swiss-Turkish law, thus indicating that the 'hyphenated' legal system is still in existence even more than 80 years after the first import. Obviously the ties are not as strong today as they were, but especially in times of developing principles, changing general policy or introducing far-reaching change into Turkish law, and notably in 'unification of precedents', the judiciary use such references either for justification or for comfort. Such references are frequent also in the usage of sections 1, 2, and 4 of the Civil Code. In addition, reference to 'the source-law' is often made in dissenting opinions in support of views for opposing majority decisions. In doctrinal works the references have always been there. Both the doctrine and the judges refer frequently to von Tuhr, Merz, Andrew Schwartz, Karl Lorenz, Hedemann, Egger, Escher, the ZGB and the BGB.

Reference to Swiss-Turkish law is frequent for instance, in developing the principle of 'adapting contractual terms to changing circumstances' in private law contracts. Faced with extreme inflation and economic difficulties in the 1990's, the *Yargıtay* held the view that judges should have the power to interfere in contractual relationships and apply *clausula rebus sic stantibus* to private law contracts, or the '*imprévision*' theory, normally used for administrative contracts

One of the most interesting of these cases deals with '*force majeure*', the 'collapse of the foundation of contract', 'the intervention of the judge into the contract', and 'adapting the contract to changing circumstances' in 'real property sales contracts by instalments' with payments to be made in foreign currency. In this case,[12] the *Yargıtay* indicated that *pacta sunt servanda* is limited by other principles of private law, the most important arising when the equilibrium of interests is distorted by supervening events. The *Yargıtay* stated that an insistence on performance may lead to a violation of section 2/2 of the Code (bad faith) and that, as an exceptional and secondary possibility, the judge can use his powers arising from section 1/1, and create rules for the facts before him to fill the gaps. The *Yargıtay* referred to a Swiss Federal Court decision, pointing out that this principle could also apply to contracts which would have future results and contracts which do not terminate by performance. Here justification was sought from the Federal Court of 'the source-law' when sections 1, 2 and 4 of the Civil Code were put into action and developments in the principle of adaptation were suggested.[13]

While dealing with 'arbitration agreements' in a unification of precedents decision,[14] the *Yargıtay* first determined that a number of different systems were accepted by the laws of Switzerland, Germany, Austria and France, and then said:

> Section 533 of the Turkish Code of Civil Procedure is differently arranged to "the source-law", the Neuchatel Code of Civil Procedure section 488. Somehow, the words "unless otherwise contracted" in section 488/1 have not been incorporated into section 533. The translation leaves a gap. Neither does section 533 have any indication as to what would lead to an

---

[12] 95/145; 95/3339; 6.4.1995; 21 YKD 1995, 911. Turkish cases have been translated by the author.

[13] The Federal Court accepted the doctrine of 'adaptation' on 4.5.1952 at 916.

[14] 93/4; 94/1; 28.1.1994; 20 YKD 1994, 519.

appeal. We therefore think that section 533 should be interpreted anew, as the existing interpretations and practices do not give satisfactory results.[15]

Then the *Yargıtay* unified various decisions emanating from its chambers stating: 'During the discussions some judges have said that we cannot follow "the source-law". The majority however, is of the view that we can. Thus, an arbitration award not in accordance with the law can be appealed against.'[16]

In another unification of precedents decision, this time in a very different area, that of natural paternity, illegitimacy and inheritance rights, the *Yargıtay* unified the decisions of various of its chambers to the effect that when a natural child's paternity is determined by a court decision, that child becomes an illegitimate child and can inherit from the father according to the amended section 443 of the then Civil Code.[17] The *Yargıtay*, looked specifically to the developments that have taken place in Switzerland as 'the source-law', 'the jurisdiction from where we took our Civil Code',[18] and pointed to the reforms there in 1976, stating that the two types of suits for paternity have been abolished and that no difference now exists between children who are acknowledged and those whose paternity has been determined by court decision. The *Yargıtay* then held that this was the path to be followed, and that. Turkish law should be evaluated in keeping with contemporary and comparative developments.

There is also reliance on 'the source-law' where dissenting opinions seek support in opposing the majority decisions. In a case revolving around whether the invalidation of the inheritance rights of a father could have an impact on the rights of his heir,[19] the dissenting opinion discussed Swiss law, although the decision itself did not.

Swiss and Turkish doctrine, Swiss and German laws, and the decisions of the Swiss Federal Court were used for support in another case[20] related to the determination of rent and interest, in a dissenting opinion. One dissenting judge said: 'This view is supported by the BGB and ZGB as well as Swiss-Turkish law.'[21]

This time, in a case[22] revolving around the right to ask for interest in late payment for the expropriation price, dissenting opinions claimed that the issue should be regulated according to the understanding in 'the source-law'. Reference was made to the BGB and principles of liability law from Swiss and German laws, when looking for a basis for additional damages as a result of devaluation.

Professor Schwartz, one of the most influential and important of the foreign professors teaching in the İstanbul and Ankara University Law Faculties in the years fol-

---

[15] Id at 526.

[16] Id at 528.

[17] 96/1; 97/1; 22.2.1997; 23 YKD 1997, 853.

[18] ZGB sections 252, 261. Id at 856.

[19] 96/2–888; 97/306; 9.4.1997; 23 YKD 1997, 1687.

[20] 94/2;95/2; 24.11 1995; 22 YKD 1996, 165.

[21] Id at 172.

[22] 96/5–144; 96/503; 19.6.1996; 23 YKD 1997, 168.

lowing the receptions, whose works are among the reference books still in use, is frequently relied upon for support.

2. The Second New Root: German-Turkish Law

In a case, in which sections 3 and 21 of the Commercial Code were applied, the *Yargıtay* had to determine what was a commercial act and whether delictual activities could be considered commercial acts in relation to insurance policies.[23] The *Yargıtay* said: 'In Turkish, German and Swiss laws, in order to consider the possibility of drawback interest for delictual acts, this delictual act should be regulated by the Commercial Code or be regarded as a commercial act both in view of the victim and the perpetrator.'[24] There was also some discussion of German 'source-law' and doctrine on this issue in the dissenting opinions.

In another case[25] dealing with letters of guarantee, bills of lading and 'clear on board', and the resolution of the question as to whether the carrier is free of liability when the sender enters wrong information into the bill of lading, the *Yargıtay* indicated that the topic had been widely discussed in international law, and then referred to letters of guarantee (clean on board) in the French and the German Commercial Codes, showing that there is no agreement on the point. A dissenting opinion referred to German, Italian and French doctrine, and English doctrine and cases on misrepresentation. It was then suggested that:

> Since the applicable provision, section 1064/11 of the Turkish Commercial Code, does not exist in "the source German law" (HGB) and neither was it in the Turkish Government Draft Bill when it went to Parliament, then this must mean that the Judicial Committee added this in haste and it went through Parliament without discussion. If regarded in this light, the rules of the Hamburg Convention on Carriage of Goods by Sea could apply and section 1064/11 should be thus interpreted.[26]

3. The Third New Root: Italian-Turkish Law

In the area of criminal law and criminal procedure, there are also references to 'the source-laws', the Italian Penal Code and German Code of Criminal Procedure, though, as would be expected, in the area of criminal law and criminal procedure there are fewer references to 'the source-laws'. These references are mostly in dissenting opinions rather than in the decisions themselves and are resorted to in order to challenge mistaken interpretation of the then 1926 Turkish Criminal Code and the 1929 Code of Criminal Procedure. Mistakes in translation at the time of reception

---

[23] 94/2242; 94/7490; 10.11.1994; 21 YKD 1995, 425.
[24] Id at 428.
[25] 93/565; 94/3295; 21.4.1994; 20 YKD 1994, 1782.
[26] Id at 1789.

are pointed out and the *Yargıtay* is called upon to search for the true meanings in the original versions.

For instance, in a case concerning 'murder to facilitate the committing of another crime', the dissenting opinion claimed that the term 'crime' in sections 135, 150 and 163 of the Code of Criminal Procedure was a mistaken translation of the term 'act' in 'the source-law', the term 'action' used in section 257 was the correct translation.[27] The dissenting judge said, 'as can be seen, as a result of giving wrong meanings to terms and concepts, the Turkish practice has become divorced from the laws of the legal systems that inspired it'.[28]

In a case[29] related to causing bodily harm to, and the maltreatment of members of the family, again the dissenting judge referred to mistakes in translation and interpretation. He criticised the established view of the *Yargıtay* that regards the term 'a number of persons' as more than three, and 'a few persons' as three. According to him these variations do not exist in the Italian 'source-law', where the term '*plu persone*' is used to indicate more than two persons. The dissenting judge said:

> While the law was being interpreted, "the-source law" should have been consulted. It should not have been forgotten that the Turkish Criminal Code is the outcome of a reception and translation. Therefore, it is necessary to correct mistakes in translation by "corrective interpretation". The only acceptable departure from "the source-laws" is where the legislature has shown reasons for this departure in debate in Parliament. Therefore, whenever necessary the Italian Code and reasoning must be used.[30]

Where the right to defence of the suspect was being determined,[31] two dissenting opinions, referred to 'the source German Code of Criminal Procedure' sections 243 and 130 which have the same text as the Turkish sections 236 and 135, and extensively discussed decisions of the German Federal Court (BGH)[32] with further references to foreign doctrine on criminal procedure. The *Yargıtay* was criticised for not applying the aforementioned sections in line with the German Federal Court practice and for not using its discretion in determining the value of such procedural niceties and taking them as absolutes.

4. The Fourth New Root: French-Turkish Law

The source French administrative law and the decisions of the French *Conseil d'Etat* are integral parts of administrative law scholarship and teaching in Turkish Law Faculties. Young administrative law academics are expected to know or to

---

[27] 97/1–76; 97/114; 13.5.1997; 23 YKD 1997, 1608 at 1615.
[28] Id at 1616.
[29] 96/8022; 96/9095; 3.12.1996; 23 YKD 1997, 617.
[30] Id at 620.
[31] 95/7; 95/302; 24.10.1995; 22 YKD 1996, 103.
[32] Id at 109, 113–115.

learn French, if they aim to be good and creative researchers. From time to time *Danıştay* (the Turkish *Conseil d'Etat*) decisions also make reference to French doctrine and very occasionally to French cases, though the frequency of these references has decreased, and over the years a strong local administrative law scholarship has developed. The *Danıştay* is an active court, which applies judicial review effectively without much reference to domestic and foreign doctrine or foreign judicial decisions.

IV. Concluding remarks

Laws of European origin, themselves the product of centuries long inter-receptions, displacements and translocations, had their full impact on Turkey in the past century. This blend gave Turkish law its civilian laic character. Law developed after 1930 in Turkey is the continuation of the trend that was established between 1926–1930. Developments today with the aim of further integration with Western Europe and the European Union, can be regarded as related to this steady line of development.

The initial official programme was geared to eliminate any kind of personal choice regarded as undesirable by the formal legal system and to this end cultural and legal pluralism was not acceptable. Thus this 'non socio- and non-legal culture bound' approach was indifferent to its own legal history. Now, the desire is to connect to transnational history.

There were special conditions of the 'historical accident', which contributed to the Turkish experience. The Republic was established after the collapse of the Ottoman Empire and the war of independence. A firm decision was made for an independent, modern, viable Turkey and national unity was the driving force. The charismatic leader, Kemal Atatürk, had a vision. This was a 'paternalistic imposition of purpose'. The country was reduced in size inside compact borders. It had ten million people and an eighty percent illiteracy rate. The high rate of illiteracy actually helped in the process of changing from the old script to the Latin alphabet and the Roman numerals, since many were going to learn to read from scratch.

The borrowing took place while the legal system was in the process of evolving and incomplete. The legal tradition was certainly 'weak' and widely open to foreign cultural intrusion.[33] In fact, some of the existing institutions were themselves objects of earlier transplant. Therefore this case vindicates the view that, 'between two totally different systems, an overall reception is easier than wide-ranging imitation of particular rules and institutions.'[34]

It was the desire to belong to and harmonise with a particular group, the western world, and ease of access, which were the important causal factors in the selectivity in

---

[33] P. *Monateri*, in: Italian National Reports to the XVT International Congress of Comparative Law Bristol, 1998, 85.

[34] R. *Sacco*, American Journal of Comparative Law 39 (1991), 343 (400).

these borrowings.[35] Yet, as there was no direct social contact between the models and the recipient, the culture of the masses, though changed, remained on the whole unrelated to the models in spite of domestic efforts to change the people.

We know that, 'borrowing and imitation is [...] of central importance to understanding the course of legal change', and 'the birth of a rule or institution is a rarer phenomenon than its imitation'.[36] Monateri goes even further and says that practically every system has grown from 'contaminations'.[37] Moreover the Turkish case provides additional evidence that there is not much that is original in law.

Turkey is a country of paradoxes. As noted earlier, by choice, desire and design, the old legal system was discarded and a new one was reconstructed, by borrowing from foreign legal systems alone. History was thus shifted. The legal system is secular and yet 98 % of the people are Moslems. In Turkey, domestic integration and the centralised system are considered as *sine quo non* of each other even today, and the unification of diverse socio- and legal cultures through centrally imposed laws and integration are seen to go hand in hand. The legal system is still legalistic and positivist, that is, created top-down. Legal pluralism has never been on the agenda since the collapse of the Ottoman Empire.

A comparatist would have expected the system to become an overt mixed legal system, maybe even similar to Algeria. Yet, the old institutions were destroyed, and the new ones erected in their place mainly by legislative enactments and enforcement of translocated laws from western countries. Using law as an instrument of 'social engineering' was an example of 'optimistic normativism'. The absence of 'bottom-up' law-making in Turkey was and is compensated for by the role allocated to the High Courts at the level of civil (*Yargıtay*), administrative (*Danıştay*) and constitutional (*Anayasa Mahkemesi*) matters.

The past was erased by the Turkish Republic. The Turkish legal system was legislatively constructed without a domestic history. The decision was to go about the future without minding the past. The history that is being woven is therefore a new history, slightly older than 80 years. History having been made irrelevant to law, the Turkish experience is an a-historical episode.

---

[35] See *F. Schauer*, The Politics and Incentives of Legal Transplantations, Law and Development Paper, No: 2 CID Working Paper No: 44, 2000, available at: www.cid.harvard.edu-cidwp/044.htm.

[36] *Sacco*, American Journal of Comparative Law 39 (1991), 343 (394, 397).

[37] *Monateri* (fn. 33), 107.

Verfassungspflicht zur Befolgung völkerrechtlicher Verträge

Von *Dietrich Rauschning*

Die deutschen bundesstaatlichen Verfassungen seit 1871 enthalten keine ausdrücklichen Bestimmungen darüber, wie die Staatsorgane zur Befolgung völkerrechtlicher Verträge verpflichtet werden. Staatstheorie und Praxis sind ausgehend von der Übung in Preußen von der Vorstellung ausgegangen, dass der Vertrag in deutsches innerstaatliches Recht transformiert oder umgeformt werden müsse und dass dies und die Verpflichtung zur Befolgung stillschweigend und ohne einen ausdrücklichen Anwendungsbefehl geschehe. Die grundlegenden Veränderungen sowohl in der Staatsauffassung und den Verfassungen als auch im Verständnis des Völkerrechts und seinem Verhältnis zum nationalen Recht haben bisher keine einschneidenden Veränderungen in der Begründung der Folgepflicht ausgelöst.

Das Einfrieren von herrschender Lehre und Praxis auf den Stand von vor 140 Jahren führt für die deutschen Rechtsanwender zu keinen unangemessenen Ergebnissen, wenn angenommen wird, sie seien durch völkerrechtliche Verträge mit der Kraft von Gesetzen gebunden. Dass ein Verfassungsproblem entsteht, wenn durch Gesetzgebung völkerrechtliche Vertragspflichten verletzt werden, hat der Jubilar in seinem Beitrag über die völkerrechtlichen Verpflichtungen Deutschlands 1996 aufgezeigt.[1] Er wirft die Frage nach einer innerstaatlichen Pflicht des Gesetzgebers zur Erfüllung völkerrechtlicher Verträge auf, auch wenn er vorzieht, Kollisionen zwischen einem Gesetz und einem Vertrag durch Auslegung oder nach der Vorrangregelung für Verträge als Spezialvorschriften zu vermeiden. Dieser Beitrag ist der aufgeworfenen Frage gewidmet.[2]

Klaus Vogel hat 2004 darauf hingewiesen, dass die deutsche Staatsrechtslehre von Verletzungen völkerrechtlicher Verträge durch innerstaatliche Gesetzgebung praktisch keine Kenntnis genommen hat[3] – sie befasse sich eben nicht mit Steuerverträ-

---

[1] *E. Klein*, Die völkerrechtlichen Verpflichtungen Deutschlands und ihre Bedeutung für die drei Staatsgewalten, in: P. Koeppel (Hrsg.), Kindschaftsrecht und Völkerrecht, 1996, 46 f. Entsprechende Fragen behandelt *E. Klein* in der Anmerkung zum Görgülü-Beschluss, JZ 2004, 1176 ff.

[2] Die Erwägungen führen meine Erörterungen in der Kommentierung zu Art. 59 GG, – *D. Rauschning*, in: Bonner Kommentar, Grundgesetz, 2009, Rn. 104 ff., 137 ff. – fort und weiter aus, ohne dass jeweils auf die Kommentierung verwiesen wird.

[3] *K. Vogel*, Keine Bindung an völkervertragswidrige Gesetze im offenen Verfassungsstaat, in: FS Häberle, 2004, 498.

gen. Aber auch der deutsche Gesetzgeber hat im Steuerrecht die Figur des Treaty Overriding in einer Reihe von Konstellationen angewandt: Darunter wird verstanden, dass mit Wissen und Wollen Bestimmungen erlassen sind, die in klarem Widerspruch zu in Doppelbesteuerungsabkommen übernommenen Verpflichtungen stehen.[4] Ein Beispiel dafür ist § 50d Abs. 8 EStG. Der Erste Senat des Bundesfinanzhofs hat mit Beschluss vom 10. Januar 2012 diese Vorschrift als verfassungswidrig bewertet und sie dem Bundesverfassungsgericht zur Entscheidung über die Verfassungsmäßigkeit nach Art. 100 Abs. 1 GG vorgelegt.[5] Dieser Vorlagebeschluss zeigt die Aktualität der Erwägungen. Sie richten sich aber nicht in erster Linie auf das Steuerrecht, sondern auf die grundsätzliche Frage, welche nationalen Rechtsnormen das Befolgen gültiger völkerrechtlicher Verträge Deutschlands sichern.

I. Innerstaatliche Anwendung völkerrechtlicher Verträge unter der Verfassung von 1871

Nach Art. 11 Abs. 1 der Verfassung des Deutschen Reiches von 1871 (Verf1871) schloss der Kaiser Verträge im Namen des Reiches. Soweit die Verträge Gesetzgebungsmaterien des Reiches betrafen, war zu „ihrem Abschluß die Zustimmung des Bundesrates und zu ihrer Gültigkeit die Genehmigung des Reichstages erforderlich" (Art. 11 III).

Das Zusammenwirken mit Bundesrat und Reichstag kann am Auslieferungsvertrag mit Großbritannien, unterzeichnet am 14. Mai 1872, gezeigt werden. Der Vertragstext wird dem Reichstag am 24. Mai 1872 mit einer Denkschrift als Anlage 98 zu den Reichstagsprotokollen vorgelegt. Die erste und zweite Beratung findet am 3. Juni 1872 statt. Mit Abstimmung durch Aufstehen wird in der dritten Beratung am 5. Juni 1872 der Vertrag genehmigt. Der Präsident stellt als Ergebnis fest „Die Genehmigung ist erteilt". Der bloße Vertragstext ohne jede Einleitungsformel ist im Reichsgesetzblatt 1872, 229 abgedruckt worden.[6]

Weder in der Vorlage des Reichskanzlers noch im Text der Beratungen oder im Reichsgesetzblatt findet sich ein Hinweis darauf, dass der Vertrag den Charakter einer innerstaatlich vollziehbaren Rechtsnorm erhalten solle oder dass seine Befolgung anderweit angeordnet werde. Der Vertrag ist ratifizierungsbedürftig, eine Ratifizierung wird jedoch nicht bekannt gemacht. Damit wird für das Reich die zurückhaltende vorkonstitutionelle preußische Praxis übernommen, während die Verkündungsformeln in anderen deutschen Gliedstaaten durchaus den Befehl enthalten,

---

[4] Begriffsbestimmung nach *D. Gosch*, Über das Treaty Overriding, IStR 2008, 413.

[5] BFH Vorlagebeschluss 10. Jan. 2012, I R 66/09, BFHE 236, 304.

[6] Stenographische Berichte der Verhandlungen des Deutschen Reichstages, Erste Legislatur-Periode, III. Session. 2. Bd, 647 und 725 – digitalisierte Ausgabe unter www.reichstagsprotokolle.de.

den Vertrag zu befolgen.[7] Das dargestellte Verfahren wird so bis zum Ende des Kaiserreichs 1918 für Verträge durchgeführt.

An dem angeführten Beispiel lässt sich auch zeigen, dass Verträge nach Durchlaufen dieses Verfahrens von den Rechtsanwendern angewandt wurden. Der 4. Strafsenat des Reichsgerichts hat diesen Auslieferungsvertrag seinem Urteil vom 22. November 1885 zugrunde gelegt. Zur Rechtsqualität führt das Urteil aus:

„Der Auslieferungsvertrag vom 14. Mai 1872 ist gemäß Art. 11 Abs. 3 und Art. 4 Nr. 11 der Verfassung des Deutschen Reiches nach erfolgter Zustimmung des Bundesrates im Allerhöchsten Auftrage seiner Majestät des Kaisers dem Reichstage zur Genehmigung vorgelegt, von diesem genehmigt und demnächst durch das Reichsgesetzblatt vom 8. Juli 1872 verkündet. Er hat nach Artt. 2. 5 der Verfassung des Deutschen Reiches dadurch die formelle Gültigkeit eines Reichsgesetzes erlangt, ist in der Form eines solchen zu Stande gekommen und publiziert."[8]

Das Reichsgericht hat in einer Mehrzahl von Entscheidungen mit noch kürzeren Bemerkungen ohne weitere Begründungen die Gesetzesqualität von völkerrechtlichen Verträgen angenommen.[9]

In der Rechtswissenschaft ist die Praxis der Veröffentlichung völkerrechtlicher Verträge unter anderem von Triepel dahingehend kritisiert worden, dass aus ihr eine ausdrückliche Erklärung des Willens, etwas zum Rechtssatze zu erheben, nicht zu erkennen sei. Es werde erwartet, dass dieser Wille aus anderen Tatsachen erschlossen werde. Die Beteiligung des Parlaments sei aus der Veröffentlichung nicht zu erkennen, man finde keine Unterschrift des Kaisers und keine Gegenzeichnung eines Ministers. Es sei unklar, welche Teile des Vertrages der Staat zum Rechte zu erheben beabsichtige.[10] Laband weist darauf hin, dass eine Anordnung, den Vertrag zu befolgen, als stillschweigend erteilt nur intellektuell begriffen werden könne und sinnlich nicht wahrnehmbar sei. Die für jedes Gesetz erforderliche Anordnung, die Rechtssätze zu beachten und zu befolgen, fehle. Der Abdruck im Reichsgesetzblatt erscheine als Mitteilung und nicht als Befolgungsbefehl; es könne daraus nicht einmal auf eine stillschweigende Anordnung geschlossen werden. Laband meint dann jedoch, dass man sich durch die fehlerhafte Art der Verkündung nicht hindern lassen dürfe, „denjenigen Willensakt aus dem Dunkel hervorzuholen", auf welchem die staatsrechtliche Bedeutung eines Staatsvertrages allein beruhe.[11]

---

[7] Nachweise und Beispiele bei *E. Meier*, Über den Abschluss von Staatsverträgen, 1874, 330 ff.

[8] RGSt 12, 381 (384).

[9] U.a. RGSt 43, 420; 53, 39; 57, 61. RGZ 7, 52; 26, 123; 72, 242. Weitere Nachweise bei *G.A. Walz*, Völkerrecht und staatliches Recht, 1933, 214, Fn. 130.

[10] Repräsentativ für Stellungnahmen der Rechtswissenschaft *H. Triepel*, Völkerrecht und Landesrecht, 1899, 389 ff. und *P. Laband*, Das Staatsrecht des Deutschen Reiches, 5. Aufl., 1911, Bd. 2, 130–133, 163 f.

[11] *Laband* (Fn. 10), 132.

Die in Art. 11 III Verf1871 als erforderlich festgesetzte Zustimmung und Genehmigung zum Abschluss eines Vertrages zu Gesetzgebungsmaterien des Reiches durch den Bundesrat bzw. den Reichstag sind in der Bundesstaatlichkeit und der konstitutionellen Monarchie begründete Mitwirkungsakte dieser Organe für Abschluss und Gültigkeit des Vertrages. Sie beschränken die kaiserliche Regierung derart, dass die Entscheidungsmacht der an der Gesetzgebung beteiligten Organe nicht ohne deren Mitwirkung durch den Vertragsschluss eingeengt werden kann. Andererseits sollen sie sicherstellen, dass die von diesen Organen vorher akzeptierten Verträge mit Hilfe von Gesetzgebung dann auch erfüllt werden können.

Solange der Monarch die einzige Autorität zum Erlass von Verhaltensnormen war, „machte es keinen Unterschied, ob der Vertrag lediglich die Verwaltungstätigkeit oder auch die Rechtsordnung berührte", doch nach Einführung der konstitutionellen Verfassungsform musste der Befehl zum Befolgen von Vertragsnormen aus dem Gesetzgebungsbereich mit von den Gesetzgebungsorganen ausgehen.[12] Laband bezeichnet diese Übung als verwerflich. Man behelfe sich mit der Notlösung, eine stillschweigende Anordnung anzunehmen.

II. Fortführung der Praxis des Kaiserreichs unter der Weimarer Verfassung

Art. 45 Abs. 3 der Verfassung für das Deutsche Reich von 1919 (WRV) verlangte nur noch die Zustimmung des Reichstags. Während die Kriegserklärung und der Friedensschluss ein Reichsgesetz erforderten (Art. 45 Abs. 2 WRV), wurde für die Zustimmung zu Gesetzgebungsverträgen die Form des Gesetzes nicht vorgesehen. In der Praxis stimmte der Reichstag den Verträgen in der Form eines Gesetzes zu. Die Verkündungsformel verweist (überflüssigerweise) auf die Zustimmung des Reichsrates. In Art. 1 der Vertragsgesetze wird der Vertrag genannt und festgestellt, [ihm] „wird zugestimmt". Abs. 2 des Artikels stellt fest, dass der Vertrag nachstehend veröffentlicht werde.

Die Zustimmung ist erforderlich, damit der Reichspräsident den Vertrag ratifizieren kann.[13] Die Verfassungsvorschrift und auch das Vertragsgesetz enthalten, wie schon die Publikation im Kaiserreich, keine ausdrückliche Anordnung zur Befolgung der Vertragsbestimmungen. Wie bisher wird dem Zustimmungsbeschluss des Reichstags in Form des Gesetzes ohne entsprechenden Wortlaut – also wieder stillschweigend – die Wirkung beigelegt, dass der Vertrag innerstaatlich anzuwenden sei. Nach der damals herrschenden Transformationstheorie wird also angenommen, dass der Beschluss außer der Zustimmung zum Vertragsschluss den Staatsvertrag in

---

[12] *Laband* (Fn. 10), 130 f.

[13] „So betrachtet ist die Zustimmung kein Gesetz", *G. Anschütz,* Die Verfassung des Deutschen Reiches, 13. Aufl., 1930, Art. 45 Nr. 8; ebenso *H. Kraus,* in: G. Anschütz/R. Thoma (Hrsg.), Handbuch des Deutschen Staatsrechts, Bd. 2, 1932, 350.

Reichsrecht verwandele.[14] Die Übernahme der Theorie und Praxis aus dem Kaiserreich, den Rechtsanwendern aufzuerlegen, die stillschweigende Anordnung zur Befolgung des Vertrages zu erkennen, wird weiterhin kritisiert. In dieser Funktion der Zustimmung geht es darum,

> „den Inhalt des perfekten Vertrages durch einen Befehl in innerstaatliches Recht zu verwandeln und so für die Untertanen verbindlich zu machen. Diesen Gesetzesbefehl in die Worte zu kleiden: „Dem nachstehend abgedruckten Vertrag wird zugestimmt", ist so verkehrt wie möglich. Die Dinge stehen ja dann geradezu auf dem Kopf. Was nicht Gesetz zu sein braucht (die Zustimmung des Reichstags zum Vertragsentwurf), wird als Gesetz formuliert, und was Gesetz sein müsste (der für die Untertanen als verbindlich zu erklärende Vertragsinhalt), tritt nicht in der Form des Gesetzes auf".[15]

Die Aufnahme von Art. 4 in die Reichsverfassung von 1919 ist ein bedeutsamer Schritt zur Öffnung der deutschen Rechtsordnung für das Völkerrecht: „Die allgemein anerkannten Regeln des Völkerrechts gelten als bindende Bestandteile des Deutschen Reichsrechts". Diese Verfassungsvorschrift wird bezeichnet als „der allgemeine, dauernde Transformator des gemeinen, internationalen, für die Staaten als solche verbindlichen Völkerrechts in nationales, für die Behörden und Staatsbürger verbindliches ‚Landesrecht'"[16]. Unbestritten werden damit die allgemeinen Regeln des Völkergewohnheitsrechts übernommen.[17] Anschütz betont, dass die Vorschrift nicht zwischen den beiden Arten von Völkerrecht – Gewohnheitsrecht und Vertragsrecht – unterscheide. Auch auf (in Verträgen) vereinbarte allgemeine Regeln sei Art. 4 anzuwenden. Allerdings könne die Anerkennung von Vertragsrecht als allgemein nur im Verfahren nach Art. 45 III WRV vorgenommen werden, für Gesetzgebungsmaterien eben unter Zustimmung des Reichstags.[18] *Kraus* ist der Ansicht, dass die Praxis durch die Anwendung des Verfahrens nach Art. 45 III zum Ausdruck bringe, dass der Generaltransformator des Art. 4 WRV zur innerstaatlichen Inkraftsetzung von Vertragsrecht zu dienen nicht fähig sei.[19]

Auch nach der knappen Formulierung gelten nach dem neu eingeführten Art. 4 WRV die allgemeinen Regeln des Völkerrechts für Individuen und Staatsorgane (vorab für die Gerichte) unmittelbar und ohne weiteres berechtigend und verpflichtend, wenn sie dem Inhalt nach dafür geeignet sind.[20] Erörtert wird unter dieser

---

[14] So *H. Triepel*, Der Weg der Gesetzgebung nach der neuen Reichsverfassung, AöR 39 (1920), 505 f.; *Anschütz* (Fn. 13); *Kraus* (Fn. 13), 353 ff.

[15] So *J. Heckel*, Verträge des Reiches und der Länder mit auswärtigen Staaten nach der Reichsverfassung, AöR NF 7 (1924), 222 f.; *Kraus* (Fn. 13), 352.

[16] So *Anschütz* (Fn. 13), Art. 4 Nr. 2 am Ende.

[17] *Walz* (Fn. 9), 310 m.w.N.

[18] *Anschütz* (Fn. 13), Art. 4 Nr. 3, 6 mit Hinweis auf die Gegenmeinung, dass die Vorschrift nur für das Gewohnheitsrecht praktische Bedeutung habe. Wie *Anschütz* auch *H. Preuß/G. Anschütz* (Hrsg.), Reich und Länder, 1928, 97; *F. Stier-Somlo*, Deutsches Reichs- und Landesstaatsrecht I, 1924, 343.

[19] *Kraus* (Fn.13), 353.

[20] *Anschütz* (Fn. 13), Art 4 Nr. 2.

Vorschrift auch, ob über den allgemeinen Satz des Völkerrechts *pacta sunt servanda* völkerrechtliche Verträge mittelbar rechtsverbindlich werden. Kraus[21] zieht den Satz als allgemeine Regel des Völkerrechts dafür durchaus in Betracht.

Auf die Diskussion der Regel *pacta sunt servanda* verweist Walz und tritt der Argumentation vehement entgegen. Zunächst bestreitet er, dass der Satz überhaupt Rechtsqualität im Völkerrecht habe; es mangele ihm an der präzisen juristischen Bestimmtheit[22], er stelle „eine totale Blankettformel dar". Des Weiteren benutzt er[23] – unschlüssig – ein *argumentum ad absurdum*: … „durch diese Formel [würden] schlechthin alle Staatsverträge von Art. 4 ergriffen … gleichgültig ob sie selber allgemein anerkannt wären oder nicht, gleichgültig endlich, ob das Reich überhaupt Vertragspartner wäre oder nicht". Es bleibt dem Leser verschlossen, warum die Anwendung des Satzes aufgrund von Art. 4 WRV diese Folgen haben sollte. Schließlich stellt Walz das Verfahren des Vertragsschlusses nach Art. 45 III WRV dar und gibt der Zustimmung in Form des formellen Gesetzes auch die Funktion, dem Vertrag die Geltung eines innerstaatlichen Gesetzes zuzuordnen. Indem er diese Wirkung, die nicht ausdrücklich in der Verfassung und auch nicht im Zustimmungsgesetz angeordnet wird, sondern erschlossen werden muss, als ein „nach deutschem Verfassungsrecht … viel feiner ausgebildetes Spezialverfahren" bezeichnet, sieht er kein Bedürfnis für eine Erstreckungswirkung gemäß Art. 4 WRV. Die Erstreckung nach Art. 4 WRV wird s. E. durch die Spezialregelung des Art. 45 III WRV verdrängt.[24]

Aus der Rechtsprechung sind keine Entscheidungen bekannt geworden, die die Anwendbarkeit eines völkerrechtlichen Vertrages auf Art. 4 WRV stützen.

III. Folgerung aus der neueren Entwicklung seit dem Grundgesetz: Verfassungspflicht zur Befolgung völkerrechtlicher Verträge

1. Kontinuität und Wandel unter dem Grundgesetz

Das Grundgesetz übernimmt in Art. 59 II 1 das schon aus dem Kaiserreich überkommene System der Zustimmungsbedürftigkeit. Die Formulierung passt sich der Praxis unter der Weimarer Verfassung an: Die Zustimmung ergeht „in der Form eines Bundesgesetzes". Auch wird die Länderkammer, die in Gestalt des Reichsrats auch bisher an der Zustimmung beteiligt war, nun im Rahmen der Zuständigkeit des Bundesrates mit einbezogen. Die Veröffentlichungspraxis entspricht der aus dem

---

[21] *Kraus* (Fn. 13), 353.

[22] *Walz* (Fn. 9), 311 f.

[23] *Walz* (Fn. 9), 313. Seine Argumentierweise erscheint rechthaberisch: „Ich denke, die Aufzeichnung dieser Konsequenzen muss genügen, ein für alle Mal das gedankenlose Operieren mit der Formel pacta sunt servanda im Sinne einer Rechtsnorm als eine schwere logische Verirrung zu erweisen".

[24] *Walz* (Fn. 9), 372 ff., 384.

Kaiserreich überkommenen. Die Publikationsformel, regelmäßig in Art. 2 des Zustimmungsgesetzes, lautete bis zum Jahr 1955: „Der Vertrag wird nachstehend *mit Gesetzeskraft* veröffentlicht. ...". Weil manche Verträge keine transformierbaren Rechtssätze enthielten, wurden danach die Verträge wie unter der Weimarer Verfassung ohne Hinweis auf Gesetzeskraft veröffentlicht.[25]

Art. 59 II 1 GG begründet die Zustimmungsbedürftigkeit, und die gesetzgebenden Organe erteilen die Zustimmung – funktionell betrachtet – durch einen Regierungsakt in der Form eines Bundesgesetzes.[26] Der in der Rechtswissenschaft früher für die innerstaatliche Wirkung völkerrechtlicher Verträge gerügte Mangel besteht weiter: Die Grundgesetzvorschrift ordnet nicht die Befolgung der Verträge an, und das Gesetz über die Zustimmung sagt gleichfalls nichts zur Rechtspflicht, den Vertrag zu befolgen. Wie im Kaiserreich und unter der Weimarer Verfassung wird die Notkonstruktion verwendet, dass der Anwendungsbefehl stillschweigend und unter der Bedingung, dass der Vertrag in Kraft trete und bleibe, ergeht. In der Erörterung im Parlamentarischen Rat ist das Bewusstsein erkennbar, dass die Zustimmung kein Gesetz und dass auch eine Transformation in nationales Recht vor Inkrafttreten des Vertrages nicht möglich ist.[27]

Dem Wortlaut nach wird die Verbindlichkeit der allgemeinen Regeln des Völkerrechts durch Art. 25 GG gestärkt: In Satz 1 wird, anders als in Art. 4 WRV, nicht die *allgemeine* Anerkennung zur Voraussetzung gemacht; damit soll der Beschränkung durch das Argument, Deutschland habe nicht anerkannt, vorgebeugt werden.[28] Satz 2 präzisiert die Wirkung der allgemeinen Regeln des Völkerrechts und baut sie aus: „Sie gehen den Gesetzen vor und erzeugen Rechte und Pflichten unmittelbar für die Bewohner des Bundesgebietes." Diese Ergänzung gewinnt allerdings in den ersten vier Jahrzehnten der Geltung des Grundgesetzes kaum eine Bedeutung. Rechtswissenschaft und Praxis gehen nicht einmal auf die von Anschütz vertretene Auffassung ein, dass allgemeine Regeln des Völkerrechts, selbst wenn sie durch Verträge begründet werden, ihre Verbindlichkeit aus diesem allgemeinen Anwendungsbefehl herleiten.[29]

---

[25] Dazu. *J. Partsch*, Bericht: Die Anwendung des Völkerrechts im innerstaatlichen Recht (1964 – Partsch-Bericht), 53 f.; *G. Boehmer*, Der völkerrechtliche Vertrag im deutschen Recht, 1965, 27 f.

[26] So BVerfGE 1, 372 (395); 90, 286 (357).

[27] Ausführungen von *Carlo Schmid* als Vorsitzendem des Hauptausschusses, Entstehungsgeschichte der Artikel des Grundgesetzes, JÖR NF 1 (1951), 415; auch *Boehmer* (Fn. 25), 25.

[28] So die Abgeordneten *Schmid* und *Zinn* im Hauptausschuss des Parlamentarischen Rates, JÖR NF 1 (1951), 233 f.

[29] Siehe *Anschütz* bei Fn. 18. – Die Kommentierungen trennen die Regeln (dann als ungeschriebene Bestandteile des Völkergewohnheitsrechts) von den Konventionen ab: *Ch. Tomuschat*, in: Bonner Kommentar, Grundgesetz, Zweitbearbeitung 2009, Art. 25, Rn. 36; *M. Herdegen*, in: Th. Maunz/G. Dürig (Hrsg.), Grundgesetz-Kommentar, 2000, Art. 25, Rn. 20.

In der zweiten Hälfte des vorigen Jahrhunderts vollzogen sich jedoch einschneidende Entwicklungen, die das Verständnis über völkerrechtliche Verträge und deren Verbindlichkeit verändern:

- Die von Triepel zusammengefasste und von ihm vertretene Theorie, dass Völkerrecht und Landesrecht zwei völlig verschiedene Rechtskreise seien und dass folglich Sätze des Völkerrechts in innerstaatliches Recht transformiert werden müssten, damit ihr Inhalt innerstaatlich verbindlich werde (Transformationslehre), wurde aufgegeben. Es setzt sich die Vollzugslehre durch, nach der Normen des Völkerrechts innerstaatlich aufgrund eines nationalen Anwendungsbefehls anzuwenden seien, aber ihre Qualität als Völkerrecht bewahren.[30]

- Die Einwohner werden nicht mehr vollständig gegenüber dem Völkerrecht mediatisiert, sondern werden unmittelbare Völkerrechtssubjekte. Sie haben Rechte nach Völkerrecht, die sie zum Beispiel vor dem Europäischen Menschenrechtsgerichtshof entsprechend der EMRK geltend machen können. Sie haben Pflichten unmittelbar aus Völkerrecht, deren Verletzung nach Völkerstrafrecht von internationalen Gerichten geahndet werden kann.

- Handeln und Leben der Bürger wird in hohem Maße durch den internationalen Verkehr – persönlicher Verkehr, Warenverkehr, Nachrichtenverkehr etc. – bestimmt und entsprechend zunehmend dichter durch völkerrechtliche Verträge geregelt.

- Allgemeine Regeln über völkerrechtliche Verträge werden in Gestalt der Wiener Vertragsrechts-Konvention kodifiziert. Gemäß Art. 26 WVK bindet ein in einem ordentlichen Verfahren wirksam abgeschlossener Vertrag die Vertragsparteien und ist von ihnen nach Treu und Glauben zu erfüllen (*pacta sunt servanda*). Unabhängig von der Kodifizierung wird dieser Satz als Norm des Völkergewohnheitsrechts angesehen.[31]

- Der Vertrag bindet den Staat als Vertragspartner mit allen seinen Ämtern und Organen. Das spiegelt sich in den von der International Law Commission der UN-Generalversammlung vorgelegten Articles on Responsibility of States for Internationally Wrongful Acts, die die Generalversammlung den Mitgliedstaaten mit der Resolution 56/83 vom 28. Januar 2002[32] zur Beachtung empfohlen hat. Dort heißt es in Art. 4: „Das Verhalten eines jeden Staatsorgans ist als Handlung des Staates im Sinne des Völkerrechts zu werten, gleichviel ob das Organ Aufgaben der Gesetzgebung, der vollziehenden Gewalt, der Rechtsprechung oder andere Aufgaben

---

[30] Partsch-Bericht (Fn. 25), Zusammenfassung, 162 f.; *H. Steinberger*, Allgemeine Regeln des Völkerrechts, in: J. Isensee/P. Kirchhof (Hrsg.), HStR VII, 1992, § 173, Rn. 42 f.; *A. v. Arnauld*, Völkerrecht, 2012, Rn. 499; *Rauschning* (Fn. 2), Rn. 145 ff.

[31] So *K. Schmalenbach*, in: O. Dörr/K. Schmalenbach (Hrsg.), Vienna Convention on the Law of Treaties, 2012, 436 f.; *J. Salmon*, in: O. Corten/P. Klein (Hrsg.), The Vienna Conventions on the Law of Treaties, 2011, 662; *M. Villiger*, Commentary on the 1969 Vienna Convention on the Law of Treaties, 2009, 366.

[32] UN-Dok. A/RES/56/83.

wahrnimmt, welche Stellung es innerhalb des Staatsaufbaus einnimmt und ob es sich um ein Organ der Zentralregierung oder einer Gebietseinheit des Staates handelt."

- Die Entwicklung des Verfassungsrechts in den europäischen Staaten seit der Mitte des vorigen Jahrhunderts geht dahin, dass für den Fall eines Widerspruchs zwischen nationalem Gesetzesrecht und Bestimmungen eines mit Zustimmung des Parlaments ratifizierten völkerrechtlichen Vertrags der Vertrag anzuwenden ist. Eine entsprechende Verfassungsnorm – Art. 60e, inzwischen Art. 94 – wurde 1953 in die niederländische Verfassung aufgenommen; Vogel weist 2004 solche ausdrücklichen Verfassungsbestimmungen für 17 europäische Staaten nach;[33] für andere Staaten besteht eine entsprechende Verfassungspraxis, sodass für 28 von 41 kontinentaleuropäischen Staaten verfassungsrechtlich die Regel gilt, dass völkerrechtliche Verträge den innerstaatlichen Gesetzen vorgehen.

Erst 40 Jahre nach Inkrafttreten des Grundgesetzes nimmt das Bundesverfassungsgericht Gedanken aus dem im Grundgesetz intendierten Verständnis des Völkerrechts in Entscheidungsgründe auf[34]: „Das Grundgesetz geht von der Eingliederung des von ihm verfassten Staates in die Völkerrechtsordnung der Staatengesellschaft aus (Präambel, Art. 24–26 GG). Auch das Demokratieprinzip des Art. 20 GG ist im Lichte dieser Einordnung zu sehen". Als weiteres Element der Völkerrechtsoffenheit wird das Vorlageverfahren nach Art. 100 II GG bezeichnet, das einen Dienst zur Durchsetzung des Völkerrechts darstelle.[35] In der Begründung zum Görgülü-Beschluss wird die Völkerrechtsfreundlichkeit des Grundgesetzes näher ausgeführt.[36]

Im dann folgenden Alteigentümer-Beschluss formuliert das Bundesverfassungsgericht die sich aus der Völkerrechtsfreundlichkeit des Grundgesetzes ergebende Pflicht, das Völkerrecht zu respektieren[37]: ... „die deutschen Staatsorgane [sind] verpflichtet, die die Bundesrepublik Deutschland bindenden Völkerrechtsnormen zu befolgen und Verletzungen nach Möglichkeit zu unterlassen". Was unter der Einschränkung „nach Möglichkeit", zu verstehen ist, ist dem vorangehenden Görgülü-Beschluss zu entnehmen[38]: „Insofern widerspricht es nicht dem Ziel der Völkerrechtsfreundlichkeit, wenn der Gesetzgeber ausnahmsweise Völkervertragsrecht nicht beachtet, sofern nur auf diese Weise ein Verstoß gegen tragende Grundsätze der Verfassung abzuwenden ist." Jüngst hat der Erste Senat des Bundesverfassungsgerichts in der Entscheidung zum Asylbewerberleistungsgesetz[39] festgestellt, dass der Ge-

---

[33] Siehe *Vogel* (Fn. 3), 489 ff.; *ders.*, Völkerrechtliche Verträge und innerstaatliche Gesetzgebung, IStR 2005, 29.
[34] BVerfGE 63, 343 (370).
[35] BVerfGE 109, 13 (23 f.).
[36] BVerfGE 111, 307 (317 f.); auch E 112, 1 (24 f.).
[37] BVerfGE 112, 1 (26).
[38] BVerfGE 111, 307 (319).
[39] Urteil v. 18. 07.2012, 1 BvL 10/10 und 2/11, Internet-Wiedergabe RN 94.

setzgeber aus völkerrechtlichen Konventionen – denen er durch Gesetz zugestimmt habe – verpflichtet sei.

Diesen allgemein formulierten Sätzen kann voll zugestimmt werden. Ihre verfassungsrechtliche Begründung bedarf aber weiterer Erörterung.[40]

2. Pflicht zur Befolgung völkerrechtlicher Verträge nach Art. 25 GG

Der zitierte allgemeine Satz über die Pflicht zum Befolgen der Völkerrechtsnormen stammt aus dem Alteigentümerbeschluss. Zu entscheiden war dabei, ob eine allgemeine Regel des Völkerrechts gebietet, Völkerrechtsverletzungen außerhalb des staatlichen Verantwortungsbereichs zu heilen – was verneint wurde. Hätte das Bundesverfassungsgericht sie feststellen können, dann wäre sie als Rechtssatz schon nach dem Wortlaut von Art. 25 GG ohnehin unmittelbar anzuwenden. Zu den allgemeinen Regeln des Völkerrechts i. S. von Art. 25 gehören unbestritten die allgemeinen Rechtsgrundsätze des Völkerrechts und die Sätze des Völkergewohnheitsrechts.[41] Wenn Sätze des Gewohnheitsrechts in völkerrechtlichen Verträgen kodifiziert werden, verlieren sie nicht ihre Geltungskraft auch als Gewohnheitsrecht. Auf der völkerrechtlichen Ebene hat das der Internationale Gerichtshof im Urteil Nicaragua v. Vereinigte Staaten festgestellt.[42] Gleichermaßen gilt das für die Anwendung von Art. 25 GG: Die allgemeinen Regeln gelten nach Art. 25 und nebenher aufgrund des Vertrags.[43]

Wenn Völkerrechtsregeln als allgemein qualifiziert werden dann, wenn sie einen allgemeinen Geltungsbereich haben, also etwa fast universell gelten, dann müssen auch allgemeine Regeln unter Art. 25 GG fallen, die aus universellen Verträgen erst hervorgehen. Im Anschluss an Anschütz[44] wurde Art. 25 GG dahingehend ausgelegt, dass auch diejenigen allgemeinen Regeln erfasst werden, die Gegenstand völkerrechtlicher Verträge sind[45] (unabhängig davon, ob sie vorher bestehendes Ge-

---

[40] Siehe auch *E. Klein*, JZ 2004, 1176 zum Görgülü-Beschluss.

[41] Siehe *Herdegen* (Fn. 29), Rn. 15–17.

[42] ICJ, Military and Paramilitary Activities in und against Nicaragua, (Nicaragua v. United States of America), Merits, Judgment. I.C.J. Reports 1986, No 176.

[43] So zum Beispiel schon *F. Klein*, Die Europäische Menschenrechts-Konvention und Art. 25 des Bonner Grundgesetzes, in: FS Laun, 1962 = JIR 11, 170. Jetzt u. a. *Tomuschat* (Fn. 29), Rn. 36 f.; *O. Rojahn*, in: I. v. Münch/P. Kunig (Hrsg.), Grundgesetz-Kommentar, 6. Aufl., 2012, Art. 25, Rn. 19. Aus der Rspr. BVerwGE 72, 241 (247); BVerfG 2. Senat 4. Kammer, Nichtannahmebeschluss v. 12. Dez. 2000–2 BvR 1290/99 (juris), Rn. 16.

[44] *Anschütz* (Fn. 13), Art. 4, Nr. 3, 6.

[45] *H. v. Mangoldt*, Das Bonner Grundgesetz, 1953, 168; *H. v. Mangoldt/F. Klein*, Das Bonner Grundgesetz, 2. Aufl., 1957, 1126; *E. Menzel*, Bonner Kommentar, Art. 25 (Erstbearbeitung 1950) Erl. II 2 Abs. 4 zu Art. 25; *Th. Maunz*, in: Th. Maunz/G. Dürig (Hrsg.), Grundgesetz-Kommentar, Kommentierung 1964, Art. 25, Rn. 16; *W. Pigorsch*, Die Einordnung völkerrechtlicher Normen in das Recht der Bundesrepublik Deutschland, 1959, 10 f.; *F.*

wohnheitsrecht kodifizieren). Weder der Wortlaut von Art. 25 GG noch der Begriffssinn der allgemeinen Regel des Völkerrechts rechtfertigen eine Beschränkung auf das Völkergewohnheitsrecht.[46] Als Beispiele solcher vereinbarter allgemeiner Regeln des Völkerrechts werden umfassende multilaterale Verträge genannt, wie die Genfer Konventionen oder die Haager Abkommen von 1899 und 1907.[47] Zu nennen ist hier auch als allgemeine Regel des Völkerrechts der Internationale Pakt über bürgerliche und politische Rechte von 1966, der 167 Staaten als Vertragspartner bindet. Für Konventionen von fast universeller Geltung erscheint es dann als gekünstelt, die im Vertrag formulierten allgemeinen Regeln von ihm zu trennen und als *nebenher geltend* anzusehen.[48] Die mit einem völkerrechtlichen Vertrag von fast universeller Geltung formulierten allgemeinen Regeln bleiben integrale Bestandteile des Vertrages, dessen Bestimmungen ihre Verbindlichkeit im deutschen Rechtssystem aus Art. 25 GG herleiten.[49]

Herdegen bezeichnet das dargelegte Verständnis von Art. 25 GG als „gelegentlich vertretene Meinung", die sich nicht durchgesetzt habe.[50] Der Verweis auf die Kommentierung von Rojahn reicht als Beleg dafür nicht aus. Nach Rojahn erhalten die allgemeinen Regeln des Völkergewohnheitsrechts, die aus internationaler Vertragspraxis mit Beteiligung Deutschlands erwachsen, neben ihrer Qualität als Vertragsnormen ihre Geltung aus Art. 25 GG.[51]

Bilaterale oder regionale völkerrechtliche Verträge schaffen keine allgemeinen Regeln und gehen folglich nicht unmittelbar nach Art. 25 GG den Gesetzen vor.[52] Erneut zu diskutieren ist jedoch, welche Bedeutung im deutschen Rechtssystem der allgemeine Satz des Völkerrechts, Verträge sind zu erfüllen (*pacta sunt servanda*)

Klein (Fn. 43), 168 f., bezeichnet diese Auffassung als „ganz überwiegend anerkannt", gibt allerdings eine Vielzahl von Gegenstimmen an.

[46] So *F. Klein* (Fn. 43), 170.

[47] *F. Klein* (Fn. 43), 170. Siehe auch den Hinweis auf die Genfer Abkommen von 1949 bei *Tomuschat* (Fn. 29), Rn. 37.

[48] So aber auch *Tomuschat* (Fn. 29), Rn. 36, der die durch universelle völkerrechtliche Verträge begründeten allgemeinen Regeln dem Gewohnheitsrecht zuordnet und so einen Widerspruch zu seinem Satz (Rn. 35) vermeidet, „dass vertragliche Bestimmungen, auch wenn sie sehr grundsätzlicher Natur sind, von Art. 25 nicht erfasst werden".

[49] Der Nichtannahmebeschluss der 4. Kammer des 2. Senats des Bundesverfassungsgerichts zur Völkermordkonvention (oben, Fn. 43) mag aus prozessualen Gründen richtig sein, weil die Strafgerichte sich auf die Konvention mit ihrem Text und nicht auf eine gleichlautende allgemeine Regel gestützt haben, so dass eine Vorlage nach Art. 100 II GG nicht geboten war. Nicht notwendig war jedoch dafür, das Verbot des Völkermords als allgemeine Regel von der Konvention zu trennen.

[50] *Herdegen* (Fn. 29), Rn. 21.

[51] *Rojahn* (Fn. 43) zu Art. 25, Rn. 19; ähnlich schon in der von *Herdegen* zitierten 3. Auflage, dort Rn. 11.

[52] Wenn ein bilateraler Vertrag allgemeine Regeln etwa des Völkergewohnheitsrechts in sich aufnimmt, dann behalten diese allgemeinen Regeln ihre Geltungskraft nach Art. 25 GG, aber sie gehen nicht aus diesem Vertrag hervor.

hat. Dieser Satz ist in Art. 26 des Wiener Übereinkommens über das Recht der Verträge (WÜV) mit folgendem Wortlaut kodifiziert: „Ist ein Vertrag in Kraft, so bindet er die Vertragsparteien und ist von ihnen nach Treu und Glauben zu erfüllen." Bisher sind 31 Staaten Vertragspartner der Konvention[53], und sie tritt erst nach Ratifikation oder Beitritt von vier weiteren Staaten in Kraft (Art. 84 WÜV). Der Rechtssatz *pacta sunt servanda* wird unabhängig von der Konvention als allgemeiner Satz des Völkergewohnheitsrechts und damit als allgemeine Regel des Völkerrechts im Sinne von Art. 25 GG qualifiziert.[54]

Dem Wortlaut nach enthält der Satz die Anordnung, in Kraft befindliche – also ordentlich abgeschlossene, in Kraft getretene und nicht erloschene – völkerrechtliche Verträge zu erfüllen. Der Einwand von F. Klein, als Rechtsnorm besage der Satz nur, dass völkerrechtliche Verträge nicht einseitig aufgelöst werden dürften,[55] schöpft den Wortlaut nicht aus: Sie sind zu erfüllen! So zieht H. Kraus den Rechtssatz durch Vermittlung von Art. 4 WRV für die Geltung einfacher völkerrechtliche Verträge durchaus heran;[56] allerdings meint er, dass nach dem Entstehungsvorgang Art. 4 nur auf solches Völkergewohnheitsrecht mit allgemeinem Geltungsumfang gemünzt sei, das in sich völkerrechtliche Sachregelungen enthalte; der Satz *pacta sunt servanda* enthalte aber „Recht über Recht". Aus der Entstehungsgeschichte von Art. 25 GG lässt sich diese Begrenzung nicht ableiten; dass Art. 4 WRV aus der Entstehungsgeschichte derart begrenzt sei, wird in der Literatur nicht dargestellt.

Der häufigste Einwand dagegen, dass die völkerrechtliche Erfüllungspflicht als von Art. 25 GG gestützte Rechtsnorm auch innerstaatlich das Befolgen aller Deutschland bindenden völkerrechtlichen Verträge anordne, ist der Hinweis auf die Spezialregelung für das Inkrafttreten völkerrechtlicher Verträge in Art. 59 II 1 GG.[57] Dem Wortlaut nach behandelt diese Vorschrift nur, dass vor Abschluss von Gesetzgebungsverträgen und politischen Verträgen durch die Gubernative die Zustimmung der gesetzgebenden Körperschaften in Form eines Gesetzes einzuholen ist. Dabei handelt es sich um einen Regierungsakt in der Form eines Gesetzes, nicht um ein materielles Gesetz.[58] Im Parlamentarischen Rat hat der Vorsitzende des Hauptausschusses, *Carlo Schmid*, klargestellt, dass eine Zustimmung dieser Art kein Gesetz sei, sondern ein „Beschluss" der Körperschaft, die man höchstens als

---

[53] Daten der Vertragsabteilung der Vereinten Nationen, http://treaties.un.org/pages/_ViewDetails.aspx?src=TREATY&mtdsg_no=XXIII-3&chapter=23&lang=_en, aufgerufen am 13. Juli 2012.

[54] Auf der Ebene des Völkerrechts siehe die Kommentatoren oben bei Fn. 31. Unter dem Gesichtspunkt von Art. 25 GG *Tomuschat* (Fn. 29), Rn. 114; *Rojahn* (Fn. 43), Art. 25, Rn. 18; *Steinberger* (Fn. 30), Rn. 53; BVerfGE 31, 145 (178).

[55] *F. Klein* (Fn. 43), 153.

[56] *Kraus* (Fn. 13), 353.

[57] Für die Weimarer Verfassung vor allen *Walz* (Fn. 9), 372 ff. – s. o. bei Fn. 24 f. Unter dem GG *Tomuschat* (Fn. 29), Rn. 35; *Herdegen* (Fn. 29), Rn. 20; *Rojahn* (Fn. 43), Art. 25, Rn. 18; *Steinberger* (Fn. 30), Rn. 9.

[58] Siehe für die Weimarer Reichsverfassung *Kraus* (Fn. 13), 350; *Anschütz*, Fn. 13.

„Art von Ermächtigungsgesetz zum Abschluss eines Vertrages" bezeichnen könne.[59] Diesem Zustimmungsgesetz wird als weitere Funktion die Transformation des Vertrages, seine Umformung, in innerstaatliches Recht beigelegt, ohne dass das im Wortlaut zum Ausdruck kommt. Wie schon für die Zeit des Kaiserreichs und der Weimarer Republik kritisiert soll es sich um eine stillschweigende Anordnung mit Gesetzeskraft handeln.[60] Diese Notkonstruktion wurde bei der Beratung von Art. 25 GG im Parlamentarischen Rat von dem Abgeordneten *Schmid* dahingehend charakterisiert, dass „… die von der Judikatur des Reichsgerichts und von der Deutschen Völkerrechtswissenschaft bislang vertretene ‚Transformationstheorie', nach der das Völkerrecht nur einen Adressaten, den Staat, verpflichte und nur als in Landesrecht transformiertes Recht das Individuum binde. Die Transformation des Völkerrechtes in Landesrecht sei nicht von Natur aus oder begrifflich schlechthin notwendig, sondern eine Konvention gewesen, auf die sich Staatsmänner und Professoren geeinigt hätten."[61] Es mag sein, dass in dem praktischen Bedürfnis nach einer Begründung für das innerstaatliche Anwenden völkerrechtlicher Verträge die Notkonstruktion mit einem stillschweigenden Gesetzesbefehl als gewohnheitsrechtliche Praxis angesehen werden kann.[62] Ein spezielles, die innerstaatliche Anwendung völkerrechtlicher Verträge regelndes Gesetz (*lex specialis*) ist in der Verfassungsvorschrift des Art. 59 II 1 GG nicht zu erkennen. Nach der Entstehungsgeschichte und der Diskussion zwischen den „Verfassungseltern" kann sie auch nicht als Wille des Verfassungsgebers unterstellt werden. Nur eine ausdrückliche Spezialregelung könnte eine Geltungsanordnung durch den Satz *pacta sunt servanda* im Rahmen von Art. 25 GG verdrängen.

Nach Aufgeben der Transformationstheorie ist erforderlich ein Vollzugs- oder Anwendungsbefehl für völkerrechtliche Vertragsnormen, den der Satz *pacta sunt servanda* gerade zum Inhalt hat. T. Stein ist beizupflichten zu der Bemerkung[63]: „Wie anders hält man völkerrechtliche Verträge ein, als durch ihre Anwendung auf Sachverhalte, die von ihren Regelungen erfasst werden?" Das bedeutet positiv, dass die deutschen Staatsorgane je nach ihrer Kompetenz die in dem Vertrag niedergelegten Regeln befolgen müssen und, negativ, sich aller Handlungen zu enthalten haben, die Ziel und Zweck eines Vertrages vereiteln würden. Nach deutschem Verfassungsrecht sind also völkerrechtliche Verträge nach Art. 25 GG und der in Art. 27 WÜV zutreffend formulierten allgemeinen Völkerrechtsregel *pacta sunt servanda* zu befolgen. Die Anwendungspflicht aus Art. 25 GG geht den Gesetzen vor und richtet sich von Verfassungs wegen an alle Ämter und Organe Deutschlands.

---

[59] JÖR NF 1 (1951), 415. *Dr. Schmid* war im Fach Völkerrecht habilitiert und Privatdozent in Tübingen.

[60] Siehe oben Text bei Fn. 11 und bei Fn. 26.

[61] JÖR NF 1, 230.

[62] So *R. Bernhardt*, Verfassungsrecht und völkerrechtliche Verträge, in: J. Isensee/P. Kirchhof (Hrsg.), HStR VII, 1992, § 174, Rn. 28.

[63] *T. Stein*, Völkerrecht und nationales Steuerrecht im Widerstreit?, IStR 2006, 508.

3. Verfügungsmacht des Gesetzgebers wegen des Gesetzesranges des Vollzugsbefehls?

Das Bundesverfassungsgericht leitet die oben dargestellten von ihm formulierten verfassungsrechtlichen Rechtssätze über die Bindung der deutschen Staatsorgane an das Völkerrecht aus dem Grundsatz der Völkerrechtsfreundlichkeit ab.[64] Dieser Grundsatz ergibt sich aus einer Zusammenschau der Präambel, der Art. 23–26 und von Art. 59 Abs. 2 sowie Art. 100 Abs. 2 GG. Die Bindung an das Völkerrecht folgt dann aus Art. 20 Abs. 3 GG, dem Rechtsstaatsprinzip. Entsprechend fasst auch der Vorlagebeschluss des Bundesfinanzhofs die vom Bundesverfassungsgericht formulierten Grundsätze zusammen.[65] Dem ist zuzustimmen. Der Grundsatz der Völkerrechtsfreundlichkeit begründet in Verbindung mit dem Rechtsstaatsprinzip auch die prinzipielle Verfassungspflicht zur Befolgung völkerrechtlicher Verträge.

Diese Begründung aus dem allgemeinen Grundsatz tritt neben die spezielle Begründung der Verfassungspflicht zur Befolgung völkerrechtlicher Verträge aus Art. 25 GG in Verbindung mit der allgemeinen Regel des Völkerrechts *pacta sunt servanda*, sie verdrängt diese konkretere Begründung nicht. Die Argumentation des Bundesverfassungsgerichts ist nicht immer konsistent. In Görgülü-Beschluss findet sich der Satz: Mit dem Zustimmungsgesetz habe der Bundesgesetzgeber die Konvention „in das deutsche Recht transformiert und einen entsprechenden Anwendungsbefehl erteilt."[66] Diese Formulierung vermengt die Elemente von Transformationstheorie und Vollzugslehre und nimmt entgegen der eigenen Rechtsprechung wieder die Vorstellung auf, der Vertrag müsse für die innerstaatliche Anwendung in nationales Recht umgeformt werden.[67] Im Beschluss zur Sicherheitsverwahrung[68] heißt es dann 2011 wieder entsprechend der Vollzugslehre: „Damit hat er einen entsprechenden Anwendungsbefehl erteilt". Auch im Rahmen der Vollzugslehre hält das Bundesverfassungsgericht aber an seiner Rechtsprechung und der Rechtsprechung der anderen Gerichte und der allgemein herrschenden Lehre fest, dass mit dem förmlichen Zustimmungsgesetz auch dem Vertrag im deutschen Recht der Rang eines einfachen Gesetzes zugeordnet werde.[69]

Für die im 19. Jahrhundert entwickelte Vorstellung, dass der Vertrag zur innerstaatlichen Anwendung in nationales Recht umgewandelt (transformiert) werden müsse, ist es selbstverständlich, dass er nach Umwandlung den Rang des Transformationsgesetzes hat. Diese Vorstellung wird allgemein auch für die Vollzugslehre derart übernommen, dass sich der Rang der völkerrechtlichen Verträge im Verhältnis

---

[64] BVerfGE 111, 307 (316 ff.); 112, 1 (24 ff.).

[65] BFH Vorlagebeschluss 10. Jan. 2012, I R 66/09, BFHE 236, 304; zitiert nach Juris, dort Rn. 18.

[66] BVerfGE 111, 307 (316 f.).

[67] Siehe die Kritik von *E. Klein*, JZ 2004, 1176 und von *S. Schmahl*, Europäischer und internationaler Menschenrechtsschutz, Jahrbuch des Föderalismus 2005, 293.

[68] BVerfGE 128, 326 (367).

[69] BVerfGE 128, 326 (367).

zum nationalen Recht nach dem Zustimmungsgesetz, das den Anwendungsbefehl enthalten soll, richte. Zunächst ist allerdings fraglich, ob Kollisionen nicht nur dann nach dem jeweiligen *Rang* der kollidierenden Rechtsnormen bereinigt werden, wenn die Rechtsnormen der gleichen Rechtsordnung angehören. Es geht hier um die Wahl für die Anwendung unterschiedlicher Rechtsordnungen.[70] Weiterhin ist es nicht selbstverständlich, dass der Rang der Vertragsnormen dem Rang des (mit dem Zustimmungsgesetz angenommenen) Vollzugsbefehls gleichen muss.[71] Und vor allem ist zu verneinen, dass der Schluss vom Rang des Zustimmungsgesetzes auf einen Rang der Vertragsnormen die über Art. 25 GG und aus der Völkerrechtsfreundlichkeit des Grundgesetzes begründete Verfassungspflicht zur Befolgung völkerrechtlicher Verträge relativieren kann.

Es ist schon dargelegt[72], dass das Zustimmungsgesetz nach Art. 59 II 1 GG nach der Verfassungsvorschrift und auch nach dem Wortlaut des Gesetzes zunächst einen Regierungsakt in Form eines Bundesgesetzes, eben über die Zustimmung zum Vertragsschluss, darstellt. Rechtsprechung und Wissenschaft legen in dieses formale Gesetz den stillschweigenden Anwendungsbefehl hinein, der im Wortlaut der Verfassung und des Gesetzes nicht zum Ausdruck kommt und vom Adressaten in das Zustimmungsgesetz hineingedacht werden soll. Diese aus der preußischen Praxis vor Gründung des Deutschen Reiches und im Kaiserreich entwickelte Vorstellung[73] soll nach gegenwärtiger Rechtsprechung und Lehre für Zwecke der innerstaatlichen Anwendung den Rang der Vertragsnormen bestimmen. Mit Art. 4 WRV sollte die deutsche Rechtsordnung dem Völkerrecht weiter geöffnet werden; durch die Argumentation, dass allgemein *anerkannte* Regeln des Völkerrechts nur solche seien, die auch von Deutschland anerkannt seien, wurde jedoch der Verfassungsvorschrift jede praktische Bedeutung genommen. In Art. 25 GG wird, um diese Verengung zu überwinden, nicht mehr auf die Anerkennung der Regeln abgestellt; die Öffnung zum Völkerrecht hin wird durch den Satz 2 über den Anwendungsvorrang und die Einbeziehung der Bewohner des Bundesgebiets in den Adressatenkreis verstärkt. Mit Hilfe der aus dem 19. Jahrhundert übernommenen Vorstellung von einem stillschweigenden Gesetzesbefehl zur innerstaatlichen Anwendung wird auch im 21. Jahrhundert den völkerrechtlichen Verträgen der Rang des Zustimmungsgesetzes zugeordnet und so die mit Zustimmung des Gesetzgebers abgeschlossenen und ratifizierten Verträge der Disposition des Gesetzgebers unterstellt. Dieses Verfahren nimmt der begrüßten Völkerrechtsfreundlichkeit des Grundgesetzes für die Anwendung völkerrechtlicher Verträge die wesentliche Wirkung.

---

[70] Entsprechend regelt zum Beispiel Art. 25 I EGBGB, welche Rechtsordnung auf einen Erbfall anzuwenden sei, ordnet aber nicht die Rechtsordnungen nach ihrem Rang.
[71] Siehe *Ph. Kunig*, in: W. Graf Vitzthum (Hrsg.), Völkerrecht, 5. Aufl., 2010, 2. Abschnitt, Rn. 113.
[72] Siehe Text bei Fn. 26 ff., 58 ff.
[73] Siehe oben Text bei Fn. 8 ff.

Selbst wenn man die langdauernde Praxis, im Zustimmungsgesetz einen gesetzlichen Anwendungsbefehl zu sehen, als (Verfassungs-?) Gewohnheitsrecht ansieht und dann die Zuordnung des Gesetzesranges folgert[74], wird damit die Verfassungspflicht zur Erfüllung völkerrechtlicher Verträge aus Art. 25 GG und nach dem Grundsatz der Völkerrechtsfreundlichkeit nicht aufgehoben. Wie schon ausgeführt sind Rechtssätze, die allgemeine Regeln des Völkerrechts darstellen, nach Art. 25 GG unmittelbar anzuwenden und gehen den Gesetzen vor. Wenn sie in völkerrechtliche Verträge aufgenommen werden oder aber aus von Deutschland mit abgeschlossenen Verträgen hervorgehen, mögen sie durch einen mit dem Zustimmungsgesetz gedachten Anwendungsbefehl auf der Ebene des Gesetzes verbindlich werden, ohne den Anwendungsvorrang nach Art. 25 Satz 2 GG zu verlieren.[75] Auch hier schließt nach herrschender Meinung die Herleitung der Verbindlichkeit aus dem Zustimmungsgesetz nicht den Anwendungsvorrang nach Art. 25 GG aus.

Selbst wenn also dem Zustimmungsgesetz stillschweigend der gesetzliche Anwendungsbefehl beigelegt wird und selbst wenn daraus für Kollisionsfälle dem völkerrechtlichen Vertrag der Rang von einfachen Gesetzen zugeordnet werden soll, können dadurch die gesetzgebenden Organe nicht entgegen der Verfassungspflicht aus der Völkerrechtsfreundlichkeit des Grundgesetzes und aus Art. 25 GG berechtigt werden, Gesetze zu erlassen, die dem völkerrechtlichen Vertrag widersprechen.

Mit der Herleitung der Pflicht zur Befolgung völkerrechtlicher Verträge aus Art. 25 GG oder auch aus dem Grundsatz der Völkerrechtsfreundlichkeit des Grundgesetzes werden gerade auch die gesetzgebenden Organe – vom entwerfenden Ministerium über die Regierung, den Bundestag und den Bundesrat bis hin zum Bundespräsidenten – zur Erfüllung des Vertrages verpflichtet; die übrigen Rechtsanwender waren schon nach herkömmlicher Lehre an den Vertrag gebunden. Die rechtstheoretischen Erwägungen haben also einen demokratietheoretischen Hintergrund: Soll die Entscheidungsfreiheit des demokratischen Gesetzgebers so hoch geachtet werden, dass ihm auch völkerrechtswidriges Handeln offenstehen muss?[76] Auch nach bisheriger Lehre war allerdings der Gesetzgeber nicht frei, sich über einen völkerrechtlichen Vertrag hinwegzusetzen. Es ist von Beginn der Beteiligung des Parlaments an mit die Funktion der vorherigen Zustimmung, dass die vertragsschließenden Organe sich vor Vertragsschluss vergewissern, dass die gesetzgebenden Organe an der Erfüllung des Vertrages mitwirken werden. Dieser Zweck ist obsolet, wenn sich das Parlament nach Zustimmung weigern kann, an der Erfüllung des Vertrages mitzuwirken. Rojahn[77] spricht von Selbstverpflichtung des Gesetzgebers, doch welchen rechtlichen Charakter soll diese Bindung haben? Es dürfte dem Demokratieprinzip nicht widersprechen, wenn die gesetzgebenden Organe von Verfassungs

---

[74] Siehe *Bernhardt* (Fn. 62).

[75] Siehe oben, Text bei Fn. 43.

[76] Siehe *M. Nettesheim,* in: Th. Maunz/G. Dürig (Hrsg.), Grundgesetz-Kommentar, Art. 59, Rn. 183 f.

[77] *Rojahn* (Fn. 43), Art. 59, Rn. 39; auch *Nettesheim* (Fn. 76), Rn. 184.

wegen mit zur Erfüllung von Verträgen verpflichtet sind, deren Abschluss sie in Form eines Gesetzes zugestimmt haben. Die Praxis zeigt zudem, dass abgesehen von Steuerrechtsbestimmungen, die Doppelbesteuerungsabkommen verletzen, ein bewusstes vertragswidriges Handeln durch die gesetzgebenden Organe nicht vorkommt, ein Bedürfnis dafür also nicht besteht. Auch ist nicht bekannt geworden, dass die europäischen Staaten wie die Niederlande, die in ihren Verfassungen anordnen, dass ordnungsgemäß abgeschlossene völkerrechtliche Verträge den Gesetzen vorgehen,[78] deswegen in Schwierigkeiten geraten sind.

Nach der historischen und dogmatischen Argumentation sei abschließend schlicht die Frage gestellt: Wenn nach Art. 25 GG die allgemeinen Regeln des Völkerrechts den Gesetzen vorgehen und der Satz *pacta sunt sevanda* eine solche Regel des Völkerrechts ist, wie sollte dann begründet werden, dass es dem Grundgesetz entspricht, wenn der deutsche Gesetzgeber der Vertragspflicht zuwiderhandelt?

---

[78] Siehe oben, bei Fn. 33.

Schuldenbremse und Landesverfassung

Von *Alfred Rinken*

Es ist ein Charakteristikum des Berufslebens des Jubilars, dass dieser nicht nur als engagierter akademischer Lehrer und profunder wissenschaftlicher Forscher und Autor gewirkt, sondern zugleich seine verwaltungs-, verfassungs-, europa- und völkerrechtliche Kompetenz als Richter in die juristische Praxis eingebracht hat. Als Phase der Information und Einübung kann die Abordnung als wissenschaftlicher Mitarbeiter an das Bundesverfassungsgericht von 1974 bis 1976 gesehen werden. Parallel zur Haupttätigkeit als Professor an den Universitäten Mainz (1981–1994) und Potsdam (1994–2008) war Eckart Klein Richter im Nebenamt an Oberverwaltungsgericht Rheinland-Pfalz in Koblenz von 1984 bis 1994 und am Oberverwaltungsgericht Brandenburg in Frankfurt/Oder von 1995 bis 2001. Die in seiner Potsdamer Zeit in seinem wissenschaftlichen Werk erkennbare stärkere Ausrichtung auf europa- und völkerrechtliche Themen hat ihr berufspraktisches Pendant in seiner Tätigkeit als Mitglied des Menschenrechtsausschusses der Vereinten Nationen von 1995 bis 2002 und als Ad-hoc-Richter am Europäischen Gerichtshof für Menschenrechte in Straßburg 1998/99, 2007/08 und 2008/09. Über sechzehn Jahre, von September 1995 bis November 2011, war Eckart Klein Mitglied des Staatsgerichtshofs der Freien Hansestadt Bremen, eine Tätigkeit, für die er vor allem durch seine Kommentierungen im Standardwerk „Benda/Klein" in exzellenter Weise ausgewiesen war.[1] Es war diese „Bremer Zeit", in der auch der Autor dieses Beitrags dem Bremischen Staatsgerichtshof angehört hat,[2] eine Zeit fruchtbarer professioneller Kooperation und aufgeschlossener, ja herzlicher Kollegialität, eine Zeit, auf die ich mit Freude und Dankbarkeit zurückblicke. Es liegt deshalb nahe, für diese den Jubilar ehrende Festschrift einen Gegenstand aus dieser gemeinsamen richterlichen Praxisphase zu wählen. Wegen der hohen Aktualität der Problemstellung drängt sich das Urteil des Staatsgerichtshofs vom 24. August 2011[3] als Gegenstand des folgenden Beitrags geradezu auf. Denn in diesem Urteil geht es in einem exemplarischen Einzelfall um die zurzeit national, supranational und international hochaktuellen und

---

[1] *E. Benda/E. Klein*, Lehrbuch des Verfassungsprozeßrechts, 1991; *dies.*, Verfassungsprozeßrecht. Ein Lehr- und Handbuch, 2., völlig neubearb. Aufl. 2001.

[2] Der Verfasser war seit Dezember 1979 Mitglied, seit 1995 Vizepräsident und seit April 2002 Präsident des Staatsgerichtshofs der Freien Hansestadt Bremen.

[3] Staatsgerichtshof der Freien Hansestadt Bremen (BremStGH), Urteil vom 24. Aug. 2011 – St 1/11 –, NordÖR 2011, 484 ff. (gekürzt); hier zitiert nach der ungekürzten Veröffentlichung auf der Internetseite des BremStGH unter www.bremen.de/staatsgerichtshof; die Randnummern verweisen auf die einzelnen Absätze des Urteilstextes.

drängenden Probleme der Staatsverschuldung und der Schuldenbremse, dies allerdings nicht im umfassenden Sinne einer ökonomischen und soziologischen Analyse, sondern unter normativer und damit eingeschränkter Perspektive: als Verfassungsproblem, genauer: als *landes*verfassungsrechtliches Problem. Allerdings verbieten professionelle „Anstandsregeln" einem mitwirkenden Richter eine sei es positive, sei es kritische Kommentierung der Rechtsprechung des eigenen Gerichts. Ich werde mich deshalb einer solchen Kommentierung enthalten und darauf beschränken, zunächst die allgemeine Rechtslage zu schildern, die den Ausgangspunkt und normativen Rahmen des Urteils bildet (Abschnitt I.). Ich werde dann den Inhalt der Entscheidung referieren, dessen Besonderheit auf diesem Hintergrund deutlich erkennbar ist (Abschnitt II.), und mit einigen rechtspolitischen Überlegungen schließen (Abschnitt III.).

I.

1. Die *Verschuldung von Bund und Ländern* lässt sich nicht mehr als ein technisch zu bewältigendes ökonomisches und fiskalisches Problem betrachten; die Höhe der seit den neunziger Jahren rapide ansteigenden öffentlichen Verschuldung[4] macht diese zu einem ernsten *Verfassungsproblem*. Ende 2011 betrugen die Kreditmarktschulden von Bund, Ländern und Gemeinden insgesamt 1,95 Billionen Euro, davon entfielen auf den Bund 1,27 Billionen, auf die Länder 589,04 Milliarden und auf die Gemeinden 84,89 Milliarden.[5] Die Schuldenstandsquote, d. h. die gesamten Staatsschulden im Verhältnis zum Bruttoinlandsprodukt (BIP), betrug nach einem Hoch im Jahr 2010 mit 83,0 % im Jahr 2011 81,2 %[6] und liegt damit deutlich über der Maastricht-Grenze von 60 %. Nachdem die Neuverschuldung des Bundes mit 17,3 Milliarden Euro im Jahr 2011[7] eine Konsolidierungstendenz erkennen ließ, wird sie sich im Jahr 2012 über geplante 26,1 Milliarden durch den Beitrag zum Euro-Rettungsschirm auf 34,8 Milliarden Euro erhöhen.[8]

Schon längst dient die jährliche Nettoneuverschuldung der öffentlichen Haushalte nicht mehr nur der Finanzierung öffentlicher Aufgaben, sondern in beträchtlichem Umfang der Zahlung aufgelaufener Schuldzinsen (vgl. dazu auch die Angaben im Abschnitt III. 1.). Damit ist Realität, was im Minderheitsvotum der Bundesverfassungsrichter Di Fabio und Mellinghoff schon 2007 als Gefahrenszenario beschrieben worden ist. Die Schuldenpolitik wirke nicht nur als Konjunkturbremse, sondern ver-

---

[4] Zur Entwicklung der öffentlichen Verschuldung vgl. *Chr. Ryczewski,* Die Schuldenbremse im Grundgesetz, 2011, 17 ff., 53 ff.

[5] Statistisches Bundesamt, Fachserie 14, Reihe 2, 1.–4.Vierteljahr 2011, 43; Stichtag: 31. Dez. 2011; Zahlen im Text gerundet.

[6] Eurostat, April 2012; zitiert nach Statistisches Bundesamt www.destatis.de (besucht am 4. Juni 2012) unter „Europäische Union (EU)-Stabilitätspakt".

[7] Bundesministerium der Finanzen, Pressemitteilung Nr. 3/2012 vom 12. Jan. 2012.

[8] Bundesministerium der Finanzen, Regierungsentwurf des Nachtragshaushalts 2012; Bundesministerium der Finanzen, Mitteilung vom 21. März 2012, www.bundesfinanzministerium.de (abgerufen am 5. Juni 2012).

ringere auch die praktischen Möglichkeiten, dem Sozialstaatsprinzip durch ausgleichende, vorsorgende und fördernde Maßnahmen zu entsprechen. Die Richter weisen auf die Belastung künftiger Generationen und den Verlust an demokratischer Gestaltungsfreiheit hin. Insgesamt gefährde eine Staatsverschuldung, die im Sockel bei guter Konjunktur nicht oder nicht nennenswert sinke und bei schlechter konjunktureller Lage immer wieder deutlich steige, schleichend die praktische Möglichkeit zur Beachtung wichtiger Staatsstrukturprinzipien. Sie begünstige eine Tendenz zur De-Konstitutionalisierung, weil das politische Handeln sich immer mehr fessele und zur Überschreitung verfassungsrechtlicher Grenzen dränge.[9]

2. Die verfassungsrechtlich bedenkliche Zunahme der Staatsverschuldung vollzog sich unter der Geltung des 1967 in das Grundgesetz eingefügten *Art. 109 Abs. 2* und des im Rahmen der sog. großen Haushalts- und Finanzreform von 1969 neugefassten *Art. 115 GG*. Mit diesen Neuregelungen erfolgte eine „keynesianisch fundierte" wirtschaftspolitische Instrumentalisierung von Haushalt und Haushaltsrecht, um Verschuldung als Instrument einer antizyklischen Finanzpolitik einsetzen zu können.[10] Das Regelungskonzept lässt sich als ein dreistufiges System beschreiben, dessen maßgeblicher Orientierungsrahmen das gesamtwirtschaftliche Gleichgewicht bildet.[11] Den Ausgangspunkt bildet die Grundregel des Art. 109 Abs. 2, nach der Bund und Länder bei ihrer Haushaltswirtschaft und damit bei jeder Kreditaufnahme den Erfordernissen des gesamtwirtschaftlichen Gleichgewichts Rechnung zu tragen haben (Stufe 1). Ergänzend verfügt Art. 115 Abs. 1 Satz 2 Halbs. 1, dass (auch wenn es die gesamtwirtschaftliche Lage zulassen würde) die Einnahmen aus Krediten die Summe der im Haushaltsplan veranschlagten Ausgaben für Investitionen nicht überschreiten dürfen; sog. Kredit-Investitions-Junktim (Stufe 2). Nach Art. 115 Abs. 1 Satz 2 Halbs. 2 dürfen Kredite die Obergrenze des Investitionsvolumens ausnahmsweise überschreiten, wenn sie der Abwehr einer Störung des gesamtwirtschaftlichen Gleichgewichts dienen (Stufe 3). Die meisten Bundesländer übernahmen das skizzierte Regelungskonzept in ihre Landesverfassungen.[12]

3. Die verfassungsgesetzlichen Regelungen der staatlichen Kreditaufnahme wurden in der Folgezeit durch eine umfangreiche *verfassungsgerichtliche Rechtspre-*

---

[9] BVerfG, Urteil vom 9. Juli 2007, BVerfGE 119, 96, abweichende Meinung 155 ff., 173. Zur Staatsverschuldung als Verfassungsproblem vgl. auch *H. Neidhardt,* Staatsverschuldung und Verfassung, 2010, 2 ff.; *M. Koemm,* Eine Bremse für die Staatsverschuldung?, 2011, 6 f.

[10] Vgl. dazu *W. Höfling/S. Rixen,* in: R. Dolzer/W. Kahl/Chr. Waldhoff (Hrsg.), Bonner Kommentar zum Grundgesetz, Art. 115 (106. Lfg. Juli 2003), Rn. 310 ff.; *H. Pünder,* in: K. H. Friauf/W. Höfling (Hrsg.), Berliner Kommentar zum Grundgesetz, Bd. 4, Art. 115 (30. Erg.-Lfg. VII/10), Rn. 14.

[11] So und zum Folgenden *G. F. Schuppert,* in: D.C. Umbach/Th. Clemens (Hrsg.), Grundgesetz, Mitarbeiterkommentar und Handbuch, Bd. II, 2002, Art. 115, Rn. 15 ff.; *Ryczewski* (Fn. 4), 27 f.

[12] Ein Überblick über die Verschuldungsgrenzen auf Landesebene bei *Ryczewski* (Fn. 4), 76 ff., und bei *Koemm* (Fn. 9), 376 ff.

chung ergänzt. Zwei „Rechtsschöpfungen" dieser Rechtsprechung sind im Zusammenhang dieses Beitrags von besonderem Interesse: die Darlegungslast des Gesetzgebers bei Überschreitung der Investitionsgrenze und eine ungeschriebene Ausnahme vom Kredit-Investitions-Junktim bei einer extremen Haushaltsnotlage.

Die *Darlegungslast* ist eine „Erfindung" des Bundesverfassungsgerichts. In seiner Leitentscheidung zum Bundeshaushalt 1981, in dem die Höhe der Ermächtigung zur Kreditaufnahme die Höhe der Investitionsausgaben überstieg, stellte das Gericht fest, bei der Beurteilung, ob eine Störung des gesamtwirtschaftlichen Gleichgewichts vorliegt oder unmittelbar droht, und bei der Einschätzung, ob eine erhöhte Kreditaufnahme zu ihrer Abwehr geeignet ist, stehe dem Haushaltsgesetzgeber ein Einschätzungs- und Beurteilungsspielraum zu. Nehme er die Befugnis des Art. 115 Abs. 1 Satz 2 Halbs. 2 GG in Anspruch, so treffe ihn im Gesetzgebungsverfahren eine Darlegungslast für die Erfüllung der Voraussetzungen dieser Vorschrift. Die Unbestimmtheit des materiellen Maßstabs finde ein Stück weit ihren Ausgleich in formell-verfahrensmäßigen Anforderungen.[13] Die Rechtsprechung der Landesverfassungsgerichte zu den entsprechenden Normen der Landesverfassungen hat diese Grundsätze übernommen und zum Teil in ihren Anforderungen an die Darlegung noch verschärft.[14] In der Literatur ist die Figur einer für die Verwaltung typischen, hier aber dem Gesetzgeber auferlegten Darlegungslast auf ein geteiltes Echo gestoßen.[15]

Eine *ungeschriebene Ausnahme vom Kredit-Investitions-Junktim bei einer extremen Haushaltsnotlage* bejaht der Verfassungsgerichtshof des Landes Berlin in seinem Urteil zum Berliner Haushaltsgesetz 2002/2003.[16] Wenn ein Bundesland sich in einer extremen Haushaltsnotlage[17] befinde, habe es die Fähigkeit zu einem konjunkturgerechten Haushaltsgebaren und zu konjunktursteuerndem Handeln verloren. Im Zusammenhang mit der bundesstaatlichen Finanzverfassung, aus der sich sowohl Rechte als auch Pflichten der einzelnen Bundesländer ergäben, sei das Kreditbegrenzungsgebot der Berliner Landesverfassung (das Art. 115 Abs. 1 Satz 2 GG in der Fassung von 1969 entspricht) dahingehend zu modifizieren, dass im Falle einer extremen Haushaltsnotlage die Einnahmen aus Krediten gleichwohl die Summe der im Haushaltsplan veranschlagten Ausgaben für Investitionen überschreiten dürfen.

---

[13] BVerfG, Urteil vom 18. April 1989, BVerfGE 79, 311, 343, 344 f.

[14] NdsStGH, Urteil vom 10. Juli 1997, NdsStGHE 3, 279 = DÖV 1997, 549 = NVwZ 1998, 1288, mit erhöhten Anforderungen an die Darlegungslast; MVVerfG, Urteil vom 7. Juli 2005, LVerfGE 16, 333 = LKV 2006, 23, mit Distanz zu einer verschärften Darlegungslast; HessStGH, Urteil vom 12. Dez. 2005, LVerfGE 16, 262 = NVwZ-RR 2006, 657; NWVerfGH, Urteil vom 15. März 2011, LKV 2011, 363 = NVwZ 2011, 805.

[15] Eine Übersicht über die Rechtsprechung der Landesverfassungsgerichte und den Stand der Diskussion bei *Neidhardt* (Fn. 9), 123 ff.; kritisch *W. Heun*, in: H. Dreier (Hrsg.), Grundgesetz, Kommentar, Bd. III, 2000, Art. 115, Rn. 28.

[16] BerlVerfGH, Urteil vom 31. Okt. 2003, LVerfGE 14, 104, 118 = LKV 2004, 76 = NVwZ 2004, 210 = DVBl. 2004, 308.

[17] Mit dem Begriff der „extremen Haushaltsnotlage" knüpft der Berliner Verfassungsgerichtshof an die Rechtsprechung des Bundesverfassungsgerichts zu den Bundesergänzungszuweisungen an; vgl. BVerfGE 86, 148, 263 ff.; 116, 327, 377.

Auch bei Inanspruchnahme dieses ungeschriebenen Ausnahmetatbestandes habe der Gesetzgeber umfangreiche Darlegungspflichten. Er habe im Gesetzgebungsverfahren im Einzelnen darzulegen, dass eine extreme Haushaltsnotlage gegeben sei sowie dass und aus welchen Gründen eine geringere Kreditaufnahme aus bundesverfassungsrechtlicher Sicht nicht zulässig wäre, weil anderenfalls das Land seine bundesrechtlich festgelegten sowie seine auf landesverfassungsrechtlichen Vorgaben beruhenden Ausgabenverpflichtungen nicht erfüllen könnte. Im Rahmen eines schlüssigen Sanierungskonzepts müsse er detailliert darlegen, dass im Haushaltsplan veranschlagte Ausgaben zwingend erforderlich sind und alle möglichen Einnahmequellen und Ausgabeneinschränkungen ausgeschöpft wurden. Dieser Rechtsprechung des Berliner Verfassungsgerichtshofs hat sich der Hessische Staatsgerichtshof[18] angeschlossen. Der Verfassungsgerichtshof des Landes Nordrhein-Westfalen hat sie „als von ihrem Ansatz her nicht überzeugend" abgelehnt und hervorgehoben, die Art. 115 Abs. 2 Satz 2 GG entsprechende landesverfassungsrechtliche Kreditbegrenzung dürfe nur in den im Verfassungstext ausdrücklich genannten Ausnahmefällen überschritten werden.[19] In der Literatur ist die Entscheidung des Berliner Verfassungsgerichtshofs auf eine unterschiedliche, überwiegend wohl kritische Aufnahme gestoßen.[20]

An dieser Stelle sei nur auf ein Problem hingewiesen, das durch die Forderung ausgelöst wird, im Rahmen eines schlüssigen Sanierungskonzepts müsse der Gesetzgeber *detailliert* darlegen, dass im Haushaltsplan veranschlagte Ausgaben *zwingend* erforderlich sind und *alle möglichen* Einnahmequellen und Ausgabeneinschränkungen ausgeschöpft wurden. Für die durch Bundesrecht festgelegten Ausgaben mag diese Forderung praktikabel sein. Für die „auf landesverfassungsrechtlichen Vorgaben beruhenden Ausgabenverpflichtungen" aber stößt sie auf Schwierigkeiten. Welche Konsequenzen aus Staatszielbestimmungen und Grundrechten gezogen werden, ist nicht juristisch deduzierbar, sondern beruht auf politischen Entscheidungen. Dasselbe gilt für die Einnahmen. Die Frage, ob ein Land Studiengebühren erhebt oder nicht, hat sicherlich einen Verfassungsbezug, bedarf aber letztlich einer politischen Entscheidung. Damit erweist sich der Kontrollmaßstab als *funktionellrechtlich bedenklich*. Entweder überlässt er die jeweiligen Fragen der Beurteilungsprärogative von Parlament und Regierung, dann ist er wirkungslos, oder er verlagert die politische Gestaltungsentscheidung auf das Verfassungsgericht, wenn dieses vorrechnet, auf welche Aufgaben hätte verzichtet und welche Einnahmen hätten erzielt werden können. Das Vorgehen des Bundesverfassungsgerichts in seiner Entscheidung zum Anspruch des Landes Berlin auf Bundesergänzungszuweisungen bestätigt diese funktionellrechtlichen Bedenken. Wenn das Bundesverfassungsgericht in einem

---

[18] HessStGH (Fn. 14), Internetabdruck Rn. 147 ff.
[19] NWVerfGH, Urteil vom 24. Apr. 2007, OVGE MüLü 51, 262 = DÖV 2007, 698 = NVwZ 2007, 1422; Internetabdruck Rn. 51 ff., 63.
[20] Vgl. dazu den Überblick bei *Neidhardt* (Fn. 9), 113 ff.; zur Kritik vgl. *Koemm* (Fn. 9), 382 ff.; *W. Heun*, in: H. Dreier (Hrsg.), Grundgesetz, Kommentar, Supplementum 2010, Art. 115, Rn. 46; jeweils mit weiteren Nachweisen.

Städtevergleich Berlin – Hamburg feststellt, Berlin hätte wie Hamburg den landeseigenen Wohnungsbestand verkaufen können,[21] dann ist das nur scheinbar ein technisch-unpolitischer Finanzierungsvorschlag. In Wirklichkeit trifft das Bundesverfassungsgericht damit eine eminent politische Entscheidung, wie aus den Kontroversen über die Funktion eines öffentlichen Wohnungsbestandes zwischen den unterschiedlichen politischen Lagern hervorgeht.

4. Die Regelungen der Art. 109 Abs. 2 GG (1967) und 115 Abs. 1 Satz 2 GG (1969) und die entsprechenden Bestimmungen der Länderverfassungen haben ihre Aufgabe einer Verschuldungsbegrenzung nicht nur nicht erfüllt, sie werden sogar als eine Mitursache für den wachsenden Schuldensockel und die immense Zinslast angesehen.[22] Mit der Einsetzung der vom Bundestag und Bundesrat gemeinsam gebildeten *Föderalismuskommission II* am 15. Dezember 2006 reagierte der Gesetzgeber auf den Hinweis des Bundesverfassungsgerichts, es sei notwendig, „verbesserte Grundlagen für wirksame Instrumente zum Schutz gegen eine Erosion gegenwärtiger und künftiger Leistungsfähigkeit des demokratischen Rechts- und Sozialstaats zu schaffen"[23]. Die Kommission erarbeitete Vorschläge für eine grundlegende Neugestaltung des Staatsschuldenrechts,[24] die durch das Gesetz zur Änderung des Grundgesetzes vom 29. Juli 2009[25] in das jetzt geltende Verfassungsrecht umgesetzt worden sind.[26]

Kernstück der Reform ist die *Grundsatzbestimmung des Art. 109 Abs. 3 Satz 1 GG n. F.*, die zwingend vorschreibt, dass die Haushalte von Bund und Ländern grundsätzlich ohne Einnahmen aus Krediten auszugleichen sind. Während dem Bund eine begrenzte Kreditaufnahme gestattet ist, wenn diese 0,35 vom Hundert im Verhältnis zum nominalen Bruttoinlandsprodukt nicht überschreitet (Art. 109 Abs. 3 Satz 4, 115 Abs. 2 Satz 2 GG n. F.), gilt das Verschuldungsverbot für die Länder ohne einen solchen Spielraum (vgl. Art. 109 Abs. 3 Satz 5 GG n. F.). Die nach Schweizer Vorbild als *Schuldenbremse* bezeichnete Neuregelung stellt mit dem grundsätzlichen *Verbot der strukturellen Neuverschuldung* einen Paradigmenwechsel im Verhältnis zur bisherigen Verfassungslage dar, in der die Kreditaufnahme ein reguläres, im Regelfall nur durch das Kredit-Investitions-Junktim begrenztes Instrument der Staats-

---

[21] BVerfG, Urteil vom 19. Okt. 2006, BVerfGE 116, 327, 410 ff.

[22] Vgl. schon BVerfGE 79, 311, 355 f.; vgl. auch *Koemm* (Fn. 9), 32, 64 f.

[23] BVerfGE 119, 96, 142.

[24] Deutscher Bundestag/Bundesrat/Öffentlichkeitsarbeit (Hrsg.), Die gemeinsame Kommission von Bundestag und Bundesrat zur Modernisierung der Bund-Länder-Finanzbeziehungen. Die Beratungen und ihre Ergebnisse, 2010 [zitiert: Föderalismuskommission II], 49 – 171.

[25] BGBl. I, 2248.

[26] Vgl. zum Folgenden *W. Heun,* in: H. Dreier (Hrsg.), Grundgesetz, Kommentar, Supplementum 2010, Art. 109, Rn. 35 ff.; *G. Kirchhof,* in: Chr. Starck (Hrsg.), Kommentar zum Grundgesetz, 6. vollst. neubearb. Aufl., Bd. 3, 2010, Rn. 73 ff.; *Pünder* (Fn. 10), Rn. 17 ff.; *H. Kube,* in: T. Maunz/G. Dürig (Hrsg.), Grundgesetz, Kommentar, Lfg. 62 Mai 2011, Rn. 113 ff.; *Chr. Mayer,* AöR 136 (2011), 266 ff.

finanzierung war. Die Neuregelung enthält nur zwei eng begrenzte Ausnahmeregelungen. Nach Art. 109 Abs. 3 Satz 2 GG n. F. können Bund und Länder erstens Regelungen zur im Auf- und Abschwung symmetrischen Berücksichtigung der Auswirkungen einer von der Normallage abweichenden konjunkturellen Entwicklung (konjunkturbedingte Kreditaufnahme) erlassen; sie können zweitens eine Ausnahmeregelung für Naturkatastrophen oder außergewöhnliche Notsituationen, die sich der Kontrolle des Staates entziehen und die staatliche Finanzlage erheblich beeinträchtigen (Kreditaufnahme in außergewöhnlichen Fällen), vorsehen. Die Neuregelung ist erstmals für das Haushaltsjahr 2011 anzuwenden; den Ländern wird eine Übergangsfrist für die Zeit von 2011 bis 2019 eingeräumt, in der sie nach Maßgabe der geltenden landesrechtlichen Regelungen von den Vorgaben des strikten Verschuldungsverbots abweichen dürfen; jedoch muss das Ziel des Art. 109 Abs. 3 GG n. F. im Haushaltsjahr 2020 erreicht werden (Art. 143d Abs 1 Sätze 2–4 GG n. F.).

Der Föderalismuskommission II war klar, dass dieses Ziel trotz der relativ langen Übergangsfrist von einigen hochverschuldeten Ländern aus eigener Kraft nicht erreicht werden würde. Deshalb ermächtigt Art. 143d Abs. 2 Satz 1 GG n. F. den Bund, den Ländern Berlin, Bremen, Saarland, Sachsen-Anhalt und Schleswig-Holstein für den Zeitraum 2011 bis 2019 *Konsolidierungshilfen* aus dem Haushalt des Bundes in Höhe von insgesamt 800 Millionen Euro jährlich zu gewähren; davon entfallen 300 Millionen Euro auf Bremen. Die Hilfen werden auf der Grundlage des Konsolidierungshilfengesetzes[27] und einer Verwaltungsvereinbarung gewährt (Art. 143d Abs. 2 Satz 3 GG n. F.). Die fünf Notlageländer werden einem strikten *Konsolidierungsregime* mit fest vereinbarten jährlichen Abbauschritten der Finanzierungsdefizite und einer Überwachung durch einen Stabilitätsrat unterstellt, um sicherzustellen, dass die Finanzierungsdefizite bis zum Jahresende 2020 vollständig abgebaut sind (Art. 143d Abs. 2 Sätze 4 u. 5 GG n. F. i. V. m. Einzelregelungen des Konsolidierungshilfengesetzes).

II.

1. Gegenstand des Urteils des Bremischen Staatsgerichtshofs vom 24. August 2011 ist die Frage, ob es mit der Bremischen Landesverfassung vereinbar ist, dass das Haushaltsgesetz der Freien Hansestadt Bremen (Land) für das Haushaltsjahr 2011 vom 14. Dezember 2010 (Brem.GBl., 678) die in Art. 131a Satz 2 BremLV festgelegte, an das Kredit-Investitions-Junktim gebundene Obergrenze für die Kreditaufnahme um rund 431 Millionen Euro überschreitet. Art. 131a Satz 2 BremLV stimmt wortgleich mit Art. 115 Abs. 1 Satz 2 GG a. F. überein. Die Antragsteller – 26 Abgeordnete der Bremischen Bürgerschaft – berufen sich auf die oben referierte Rechtsprechung zur Darlegungslast; sie halten die überhöhte Kreditaufnahme vor allem deshalb für verfassungswidrig, weil der Haushaltsgesetzgeber seiner Pflicht zur Darlegung der Voraussetzungen des Ausnahmetatbestands des Art. 131a

---

[27] Gesetz zur Gewährung von Konsolidierungshilfen (KonsHilfG) vom 10. Aug. 2009 (BGBl. I, 2702).

Satz 2 Halbs. 2 BremLV (Abwehr der Störung des gesamtwirtschaftlichen Gleichgewichts) nicht nachgekommen sei. Nach Auffassung des Senats der Freien Hansestadt Bremen ist die Überschreitung der Regelkreditobergrenze des Art. 131a Satz 2 BremLV wegen des Vorliegens einer extremen Haushaltsnotlage verfassungsgemäß. Die vom Verfassungsgerichtshof des Landes Berlin in seinem Urteil vom 31. Oktober 2003 für den ungeschriebenen Ausnahmetatbestand der extremen Haushaltsnotlage entwickelten Voraussetzungen seien gegeben: Bremen befinde sich in einer extremen Haushaltsnotlage; die erhöhte Kreditaufnahme sei zur Finanzierung von bundesrechtlich festgelegten oder auf landesverfassungsrechtlichen Vorgaben beruhenden, in diesem Sinne zwingenden Ausgabeverpflichtungen erforderlich; die der Freien Hansestadt Bremen zur Verfügung stehenden möglichen Einnahmequellen seien ausgeschöpft.

2. Vor Eintritt in die Sachprüfung hatte der Staatsgerichtshof die Frage des *Prüfungsmaßstabs* zu beantworten. Was bedeutet es, dass die Bremische Landesverfassung mit Art. 131a Satz 2 BremLV die Kreditaufnahme weiterhin als nur durch das Kredit-Investitions-Junktim beschränktes Finanzierungsmittel betrachtet, während das ab 2011 grundsätzlich anwendbare strikte Neuverschuldungsverbot des Art. 109 Abs. 3 Satz 1 GG n. F. keine Privilegierung von Investitionen vorsieht – zwei prinzipiell und auf Dauer unvereinbare Regelungskonzepte![28] Was bedeutet es insbesondere, dass der bremische Landeshaushalt des Jahres 2011 dem strikten Konsolidierungsregime des Art. 143d Abs. 2 GG n. F. unterstellt ist. Ist damit das Landesrecht bereits so durch Bundesrecht überformt, dass für die Anwendung der „Altregelung" des Art. 131a Satz 2 BremLV kein Raum mehr ist?

Der Staatsgerichtshof bejaht für die Beurteilung der Verfassungsmäßigkeit des Bremischen Haushaltsgesetzes für das Haushaltsjahr 2011 die *Anwendbarkeit des Art. 131a Satz 2 BremLV.* Zwar ständen das Kredit-Investitions-Junktim des Art. 131a Satz 2 Halbs. 1 BremLV sowie der Ausnahmetatbestand des Art. 131a Satz 2 Halbs. 2 BremLV in einem Spannungsverhältnis zu der auch für die Länder verbindlichen strikten Schuldenbremse des Art. 109 Abs. 3 GG. Die Länder dürften aber bis Ende 2019 nach Maßgabe der geltenden landesrechtlichen Regelungen von den Vorgaben des Art. 109 Abs. 3 GG abweichen (Art. 143d Abs. 1 Satz 3 GG). Das gelte grundsätzlich auch für die Länder, die wie Bremen Konsolidierungshilfen gemäß Art. 143d Abs. 2 Satz 1 GG erhalten. Die nach Maßgabe des Kredit-Investitions-Junktims des Art. 131a Satz 2 BremLV berechnete Nettokreditaufnahme sei auch während des Konsolidierungsverfahrens des Art. 143d Abs. 2 Sätze 3 bis 5 GG zumindest solange unproblematisch wie die Höhe der Kreditaufnahme die in der Verwaltungsvereinbarung nach Art. 143d Abs. 2 Satz 3 GG festgelegte Kreditobergrenze nicht übersteigt. Diese Voraussetzung sei, was im Einzelnen dargelegt wird, erfüllt.[29]

---

[28] Zur Derogation entgegenstehenden Landesverfassungsrechts vgl. *Heun* (Fn. 20), Rn. 51.
[29] BremStGH (Fn. 3), Rn. 40–43.

3. Der Staatsgerichthof kommt zu dem einstimmigen Ergebnis, dass das *Haushaltsgesetz 2011 mit Art. 131a Satz 2 BremLV vereinbar* ist.

a) Die Verfassungsmäßigkeit ergebe sich allerdings *nicht aus der Ausnahmevorschrift des Art. 131a Satz 2 Halbs. 2 BremLV* (Abwehr einer Störung des gesamtwirtschaftlichen Gleichgewichts). Die tatsächlichen Voraussetzungen für die Inanspruchnahme dieses Ausnahmetatbestands hätten in der Freien Hansestadt Bremen zu jenem Zeitpunkt nicht vorgelegen. Das Land Bremen befinde sich seit mehr als zwanzig Jahren in einer Haushaltsnotlage, aufgrund derer es nicht oder nur sehr eingeschränkt in der Lage sei, durch die Gestaltung seiner Haushaltswirtschaft konjunktursteuernd auf den Wirtschaftsprozess einzuwirken, insbesondere den Erfordernissen des gesamtwirtschaftlichen Gleichgewichts Rechnung zu tragen. Im Jahre 2010 sei die Kreditfinanzierungsquote Bremens fast dreimal so hoch gewesen wie der Länderdurchschnitt (23,1 % gegenüber 8,3 %), die Zins-Steuer-Quote mehr als doppelt so hoch (24,7 % gegenüber 11,3 %). Diese Indikatoren zeigten an, dass das Land aufgrund seiner finanziellen Leistungsschwäche nur eine sehr eingeschränkte Handlungsfähigkeit besitze. Länder, deren Haushalte die in jenen Indikatoren ausgedrückten Merkmale aufweisen, seien daran gehindert, „durch ihre Haushaltswirtschaft und die Gestaltung der Haushaltspolitik den Erfordernissen des gesamtwirtschaftlichen Gleichgewichts Rechnung zu tragen; sie verlieren die Fähigkeit zu einem konjunkturgerechten Haushaltsgebaren und zu konjunktursteuerndem Handeln" (BVerfGE 86, 148, 266; vgl. auch BVerfGE 116, 327, 386 ff.). In dieser Situation habe sich – wie im Einzelnen dargelegt wird – der Bremische Haushaltsgesetzgeber zum Zeitpunkt der Verabschiedung des Haushaltsgesetzes für das Haushaltsjahr 2011 befunden.[30]

b) Die Verfassungsmäßigkeit des Haushaltsgesetzes für das Haushaltsjahr 2011 ergebe sich aus dem *ungeschriebenen landesverfassungsrechtlichen Rechtfertigungsgrund der Bewältigung einer extremen Haushaltsnotlage*, der zur Überschreitung der Kreditobergrenze des Art. 131a Satz 2 Halbs. 1 BremLV befuge. Dieser Rechtfertigungsgrund folge aus dem bundesstaatlichen Prinzip der Wiederherstellung vollständiger staatlicher Handlungsfähigkeit in Haushaltsnot geratener Glieder des Bundesstaates (Prinzip der Haushaltsnotbewältigung).

Der Begriff der extremen Haushaltsnotlage kennzeichne den Sachverhalt eines „bundesstaatlichen Notstandes". Er liege darin, dass ein Land in dieser Situation nicht oder nur eingeschränkt in der Lage sei, die ihm verfassungsrechtlich zugewiesenen Aufgaben zu erfüllen. „Absolut" sei eine Haushaltsnotlage, „wenn sie auch absolut – nach dem Maßstab der dem Land verfassungsrechtlich zugewiesenen Aufgaben – ein so extremes Ausmaß erreicht hat, dass ein bundesstaatlicher Notstand im Sinne einer nicht ohne fremde Hilfe abzuwehrenden Existenzbedrohung des Landes als verfassungsgerecht handlungsfähigen Trägers staatlicher Aufgaben eingetreten ist" (BVerfGE 116, 327, 377). Im Falle einer absoluten Haushaltsnotlage griffen

---

[30] BremStGH (Fn. 3), Rn. 44–54.

die für die haushaltswirtschaftliche Normallage geltenden verfassungsrechtlichen Institutionen und Instrumente nicht.[31]

> „Für die Bewältigung einer solchen Notlage muss das Verfassungsrecht Instrumente entwickeln, um zu verhindern, dass sich eine Staatspraxis außerhalb des Rahmens der Verfassung und ihrer begrenzenden Vorkehrungen entwickelt. Ein solches Instrument lässt sich in Gestalt des Rechtfertigungsgrundes der Bewältigung einer Haushaltsnotlage durch eine zeitlich begrenzte, durch rechtliche Verfahren kontrollierte und im Hinblick auf das Ziel der Haushaltskonsolidierung effektive Überschreitung der Kreditobergrenze aus der Landesverfassung ableiten."[32]

Die normative Ordnung des bundesstaatlichen Gefüges des Grundgesetzes setze voraus, dass die in dessen Präambel aufgezählten Länder die ihnen durch das Grundgesetz und ihre eigenen Verfassungen zugewiesenen Funktionen unter Wahrung ihrer Autonomie erfüllen können. Zur bundesstaatlichen Ordnung gehöre weiterhin die Beistandspflicht der bundesstaatlichen Gemeinschaft mit dem Ziel der Überwindung der haushaltswirtschaftlichen Ausnahmesituation des Landes. Nehme man diese beiden Verfassungsprinzipien zusammen, so könne eine Lösung der Zwangslage des in Haushaltsnot geratenen Landes nur darin bestehen, die Verfassung des Landes um eine ungeschriebene Ausnahmebefugnis zur Überschreitung der landesverfassungsrechtlich festgeschriebenen Kreditobergrenze zu ergänzen. Diese Ausnahme könne – in der Gewissheit des verfassungsrechtlich gebotenen und daher zu erwartenden Beistandes der bundesstaatlichen Gemeinschaft – nur für eine zeitlich begrenzte Übergangszeit bis zur Wiederherstellung der haushaltswirtschaftlichen Normalität und vollständigen Handlungsfähigkeit des Landes gelten. Daher dürfe die dadurch ermöglichte, die verfassungsrechtliche Obergrenze überschreitende Kreditaufnahme auch nur dem Ziel der Wiederherstellung der haushaltswirtschaftlichen Normallage dienen.[33]

> „Es handelt sich bei diesem Ausnahmetatbestand um eine die Verfassung vervollständigende, ihren Sinn wahrende Ergänzung (vgl. hierzu Badura in: Isensee/Kirchhof (Hrsg.), Handbuch des Staatsrechts der Bundesrepublik Deutschland. Bd. VII. 1992, § 160, S. 57 ff., Rdnr. 9). Denn die funktionell auf die Wiederherstellung einer Normallage gerichtete, zeitlich begrenzte und durch rechtliche Verfahren kontrollierte Ausnahmebefugnis der Haushaltsnotlage hat eine strukturelle Ähnlichkeit mit der bis 2009 in Art. 115 Abs. 1 Satz 2 GG a. F. und bis heute in mehreren Landesverfassungen, darunter in Art. 131a Satz 2 Halbs. 2 BremLV bereits bestehenden Ausnahmebefugnis der Überschreitung der Kreditobergrenze zur Abwehr einer Störung des gesamtwirtschaftlichen Gleichgewichts. Auch jene Ausnahmebefugnisse, die dem in Art. 109 Abs. 2 a. F. GG entworfenen Leitbild einer ,Stetigkeit des Ablaufs und des Wachstums der Wirtschaft bei optimaler Nutzung der verfügbaren Ressourcen' folgten (Fischer-Menshausen, in: von Münch / Kunig, Grundgesetz-Kommentar, Bd. 3, 3. Aufl., 1996, Art. 109 Rdnr. 11)[34], dienten und dienen der Wie-

---

[31] BremStGH (Fn. 3), Rn. 55 f.

[32] BremStGH (Fn. 3), Rn. 57.

[33] BremStGH (Fn. 3), Rn. 59, unter Bezugnahme auf BerlVerfGH (Fn. 16).

[34] Die im Urteil abgekürzte Zitierweise ist hier ergänzt.

derherstellung einer vorausgesetzten wirtschaftlichen Normallage. Unter dem neuen Leitbild haushaltswirtschaftlicher Disziplin, das den im Zuge der Föderalismusreform II neu gefassten Artikeln 109 Abs. 2 und 3, 109a und 115 GG zugrunde liegt, besteht die Ausnahme von der haushaltswirtschaftlichen Normallage in erster Linie in der durch Staatsverschuldung gekennzeichneten Haushaltsnotlage. Die Befugnis zur vorübergehenden und zeitlich befristeten Erhöhung der Kreditobergrenze mit dem Ziel der Wiederherstellung einer haushaltswirtschaftlichen Normallage, d. h. der uneingeschränkten Handlungsfähigkeit des Staates, liegt daher in der inneren Logik einer Verfassung, die in wirtschaftlichen Ausnahmesituationen eine Überschreitung der durch die Höhe der Investitionen bestimmten Kreditobergrenze ermöglicht. Solange, wie im bremischen Verfassungsrecht, beide Leitbilder nebeneinander existieren, stellt die ungeschriebene Ausnahmebefugnis ein zu Art. 131a Satz 2 Halbs. 2 BremLV komplementäres Instrument der Herbeiführung eines haushaltsrechtlichen Normalzustandes dar."[35]

c) In Anwendung dieser normativen Vorgaben stellt der Staatsgerichtshof fest, die Freie Hansestadt Bremen habe sich zum Zeitpunkt der Verabschiedung des Haushaltsgesetzes 2011 in einer Situation befunden, deren Umstände die *Inanspruchnahme des ungeschriebenen Ausnahmetatbestandes der Bewältigung einer Haushaltsnotlage* rechtfertigten.

Im Dezember 2010 hätten die zur Bewertung einer Haushaltssituation verwendeten Indikatoren die Annahme begründet, dass sich das Land in einer *extremen Haushaltsnotlage* befand. Der Staatsgerichtshof verweist u. a. auf die im „Evaluationsbericht Bremen" vom 10. März 2011 vorgelegten Daten,[36] die eine Haushaltssituation kennzeichneten, in der das Land nicht nur nicht gegensteuernd auf Störungen des gesamtwirtschaftlichen Gleichgewichts reagieren, sondern auch die Erfüllung seiner laufenden Ausgaben nicht ohne regelmäßige Kreditaufnahme erfüllen könne.[37]

Das Haushaltsgesetz 2011 erfülle auch die für die Inanspruchnahme des ungeschriebenen Ausnahmetatbestandes der Bewältigung einer Haushaltsnotlage erforderliche Bedingung, dass es sich um *eine zeitlich begrenzte, durch rechtliche Verfahren kontrollierte und im Sinne der Haushaltskonsolidierung effektive Übergangsmaßnahme* handeln muss. Denn das Haushaltsgesetz 2011 unterliege dem seit dem 1. August 2009 geltenden Regime der Haushaltskonsolidierung, das u. a. durch Art. 143d Abs. 2 GG und das auf seiner Grundlage erlassene Konsolidierungshilfegesetz vom 10. August 2009 errichtet worden sei. Bremen habe von der durch Art. 143d Abs. 2 GG geschaffenen Möglichkeit der Haushaltskonsolidierung Gebrauch gemacht. Auf der Grundlage des Konsolidierungshilfegesetzes habe der Senat der Freien Hansestadt Bremen am 15. April 2011 eine Verwaltungsvereinbarung mit dem Bund über die Bedingungen der Gewährung von Konsolidierungshilfen aus dem Haushalt des Bundes geschlossen. Diese Vereinbarung fixiere u. a. den Aus-

---

[35] BremStGH (Fn. 3), Rn. 60.

[36] Evaluationsbericht Bremen – Bericht des Evaluationsausschusses an den Stabilitätsrat über die Ergebnisse der Prüfung einer drohenden Haushaltsnotlage nach § 4 Abs. 2 Stabilitätsratsgesetz in der Freien Hansestadt Bremen, 10. März 2011, 3.

[37] BremStGH (Fn. 3), Rn. 61–63.

gangswert des Finanzierungsdefizits des Jahres 2010 für die jährlichen, im Haushaltsjahr 2011 beginnenden Abbauschritte (§ 3), die jährlichen um jeweils rund 122 Millionen Euro herabgesetzten Obergrenzen des zulässigen Finanzierungsdefizits bis zum vollständigen Abbau im Jahre 2020 (§ 4), sowie Verfahrensregeln für die Überwachung der Einhaltung der Obergrenze des Finanzierungssaldos durch den Stabilitätsrat (§ 5). Der Konsolidierungsplan erfülle somit die Bedingungen, die an die Inanspruchnahme des ungeschriebenen Ausnahmetatbestandes der Bewältigung einer Haushaltsnotlage durch den Haushaltsgesetzgeber geknüpft sind. Er sei zeitlich begrenzt und gelte daher nur für eine genau definierte Übergangsphase; seine Durchführung unterliege dem Verfahren der Kontrolle durch den Stabilitätsrat. Darüber hinaus habe der Bremische Gesetzgeber die Landeshaushaltsordnung durch die Vorschrift des § 18a ergänzt, in der die Verpflichtung zur Einhaltung der in der Verwaltungsvereinbarung festgelegten Obergrenzen des Finanzierungsdefizits angeordnet wird. Der Konsolidierungsplan sei auch im Hinblick auf das Ziel der Haushaltskonsolidierung effektiv. Er erlaube für das Haushaltsjahr 2011 eine Kreditaufnahme von rund 601 Millionen Euro für das Land (ohne Städte Bremen und Bremerhaven und Sondervermögen). Der Betrag der Obergrenze sei im Haushaltsgesetz 2011 eingehalten worden. Daraus werde deutlich, dass das von der Freien Hansestadt Bremen eingeschlagene Konsolidierungsprogramm nach den Vorgaben des Art. 143d Abs. 2 GG und des auf dessen Grundlage geschaffenen Regelwerks effektiv umgesetzt werde und zu wirken begonnen habe.[38]

III.

Mit „Staatsverschuldung" und „Schuldenbremse" werden in dem in seinen Grundzügen referierten Urteil des Bremischen Staatsgerichtshofs zentrale Probleme der europäischen, ja der globalen Politik auf der Ebene einer Landesverfassung thematisiert. Zwar hat die Staatsverschuldung in einigen europäischen Staaten ganz andere Dimensionen als in Deutschland. So betrug 2011 im Vergleich zu der oben als bedenklich eingestuften Schuldenstandsquote Deutschlands in Höhe von 81,2 % die Quote in Griechenland 165,3 %, in Irland 108,2 %, in Italien 120,1 % und in Portugal 107,8 %.[39] Ist man sich dieser sicher nicht nur quantitativen Differenzen bewusst, so lassen sich aus einer Betrachtung der Probleme auf Landesebene durchaus einige allgemeine Überlegungen als *rechtspolitische Thesen* ableiten. Als recht*spolitische* sind diese Überlegungen selbstverständlich solche *persönlicher* Art, die keinen Mehrwert aus der auf *Rechts*entscheidungen gerichteten Kompetenz als Verfassungsrichter schöpfen können.

1. Für ein großes Defizit der Arbeit der Föderalismuskommission II halte ich die *Ausklammerung des Altschuldenproblems*. Zwar ist das Problem in den Kommissionsberatungen behandelt und von mehreren Mitgliedern sind unterschiedliche Mo-

---

[38] BremStGH (Fn. 3), Rn. 64–69.
[39] Eurostat, April 2012 (Fn. 6).

delle eines zentralen Altschuldenfonds vorgestellt worden.[40] Nach einer kontroversen Diskussion wurde die Frage des Einstiegs in die Altschuldenregelung aber als nicht entscheidungsreif zurückgestellt. Eine verbindliche Neuverschuldungsbegrenzung, die die Schuldenstandsquote Jahr für Jahr konsequent senke, sei ein erster notwendiger Schritt zur nachhaltigen Konsolidierung der Haushalte in Bund und Ländern. Das Problem der Altschulden solle in einer mittelfristigen Perspektive erneut aufgerufen und nach Erreichen strukturell ausgeglichener Haushalte in Bund und Ländern gelöst werden.[41] Es besteht begründeter Anlass zu der Befürchtung, dass diese Verschiebung auf das Jahr 2020 der Brisanz des Verschuldungsstandes der öffentlichen Haushalte nicht gerecht wird, und dies vor allem aus zwei Gründen. Erstens berücksichtigt sie nicht hinreichend die Unwägbarkeiten der durch die Finanzmarktkrise verursachten *internationalen Verbindlichkeiten*, die zu einer Situation geführt haben, die zu Recht als „schizophren" bezeichnet worden ist: „Einerseits wird auf den drei ‚nationalen Verschuldungsebenen' Bund, Länder und Kommunen versucht, die Verschuldung durch Schuldenbremse und Entschuldungsprogramme einzudämmen und die Situation hierdurch zu stabilisieren. Andererseits wird gleichzeitig auf EU-Ebene durch die unterschiedlichen Stabilisierungsmaßnahmen eine neue Verschuldungsebene mit direkter Rückwirkung auf den nationalen Haushalt geschaffen."[42] Zweitens und vor allem verkennt die Vertagung des Altschuldenproblems die hohe *Dynamik der Zinsbelastung*. Im Bundeshaushalt der letzten Jahre nehmen die Zinsausgaben nach den Ausgaben für Arbeit und Soziales den zweiten Platz ein; im Bundeshaushalt 2011 beliefen sie sich auf 32,8 Milliarden und damit auf 11,1 % der Gesamtausgaben,[43] 2012 entfallen auf sie ca. 12,5 % der Gesamtausgaben.[44] Noch eindrucksvoller als diese Momentaufnahmen ist eine Gesamtübersicht über die Zeit von 1950 bis zum Beginn der Finanzkrise 2008. Während dieses Zeitraums haben Bund, Länder und Gemeinden zusammen rund 1,6 Billionen Euro Kredite zur Haushaltsfinanzierung eingenommen und in derselben Zeit für dieselben Kredite rund 1,5 Billionen Euro Zinsen ausgegeben. „Das heißt: Von den Krediteinnahmen ist nach Abzug der für sie zu erbringenden Zinsausgaben für die Finanzierung staatlicher Leistungen wenig übrig geblieben. Oder anders ausgedrückt: In dem gesamten Zeitraum von 1950 bis 2008 hätte der Staat, fast ohne Neuverschuldung und die dafür zu zahlenden Zinsen, die Leistungen finanzieren können, die er tatsächlich erbracht hat."[45] Die Neuverschuldung dient somit nicht mehr zur Finanzierung öffentlicher

---

[40] Föderalismuskommission II (Fn. 24), 118 ff.

[41] Föderalismuskommission II (Fn. 24), 124.

[42] Institut für den öffentlichen Sektor. Runter vom Schuldenberg, 2011, 10; abrufbar unter: www.publicgovernance.de/Publikationen/24158.htm (besucht am 15. Juni 2012).

[43] Bundesfinanzministerium, Monatsbericht vom 22. März 2012, Tabelle 6: Gesamtübersicht über die Entwicklung des Bundeshaushalts 1969 bis 2012.

[44] Eckwerte des Bundeshaushalts 2012; zitiert nach www.crp-infotec.de/01deu/finanzen/bundeshaushalt_aktuell.html (abgerufen am 5. Juni 2012).

[45] Institut für den öffentlichen Sektor (Fn. 42), 11, und Tabelle „Schulden und Zinsausgaben in Deutschland von 1950 bis 2010, 28.

Aufgaben, sondern zur Finanzierung der von den Krediten selbst erzeugten steigenden Zinslasten, d. h. zur Finanzierung der Altschulden.[46]

Die durch Art. 109 Abs. 3/115 Abs. 2 GG n. F. eingeführte Schuldenbremse, die lediglich eine schrittweise Rückführung der jährlichen Netto*neu*verschuldung vorschreibt, ändert an der dramatischen Verschuldungssituation nichts Wesentliches. Im Finanzplan des Bundes 2011 bis 2015 soll die der Ausgabenfinanzierung dienende Nettokreditaufnahme zwar schrittweise zurückgeführt werden und zwar von 48,4 Milliarden im Jahr 2011 auf 14,7 Milliarden im Jahr 2015. Dem stehen aber unverändert hohe Milliardenbeträge für Tilgungen und Zinsen gegenüber und zwar 2011: 273,1; 2012: 244,4; 2013: 259,7; 2014: 255,7; 2015: 265,6. Dabei sind die Kreditaufnahmen durch drei Sondervermögen des Bundes, den Finanzmarktstabilisierungsfond, den Investitions- und Tilgungsfond sowie den Restrukturierungsfond noch nicht berücksichtigt. Die Zinsausgaben werden nach derzeitiger Schätzung kontinuierlich steigen und im Jahr 2015 die Summe von 49 Milliarden übersteigen. Als Schuldenstandsquote des Bundes wird für dieses Jahr ein Betrag von 71 % angenommen.[47]

Der Schuldenstand der Länder ist sehr unterschiedlich. Während Ende 2011 die Schulden aus Kreditmarktmitteln je Einwohner in Sachsen 1.405 Euro und in Bayern 2.315 Euro betrugen, beliefen sie sich im Stadtstaat Bremen auf 27.653 Euro.[48] Wie stellt sich im „Konsolidierungsland" Bremen die Belastung durch Altschulden und Zinszahlungen dar? Auch nach Gegenrechnung der Konsolidierungshilfen von jährlich 300 Millionen Euro wird der Schuldenstand 2020 am Ende des Konsolidierungszeitraums 20,3 Milliarden betragen und damit 1,9 Milliarden (+ 10,2 %) über dem Wert des Jahres 2011 liegen; die Zins-Steuer-Quote wird um 19,6 % betragen. Infolge der anhaltenden Neuverschuldung nehmen auch die Zinslasten der bremischen Haushalte im Konsolidierungszeitraum zu. Die Zins*mehr*ausgaben gegenüber 2011 werden – bei einem unterstellten (günstigen) Durchschnittszinssatz von 3,7 % – unter Berücksichtigung der zinsentlastenden Effekte der Konsolidierungshilfen bis 2020 einen Wert von rd. 195 Millionen Euro erreichen.[49]

Es ist deshalb dringend erforderlich, die in der Föderalismuskommission abgebrochene Diskussion über einen Abbau der Altschulden wieder aufzunehmen und nicht alle Hoffnung auf ein Wunder im Jahre 2020 zu setzen.[50]

---

[46] Vgl. dazu auch *D. Meyer*, Die Schuldenfalle (Bearbeitungsstand 7. Juni 2011), Internetausgabe, 5 ff.

[47] Vorstehende Zahlen aus dem Finanzplan des Bundes 2011 bis 2015, Bundestags-Drucks. 17/6601 vom 12. Aug. 2011, 9, 10, 36 f., 60.

[48] Bundesministerium der Finanzen, Die Entwicklung des Schuldenstands des Bundes und der Länder, Dok-Nr. 2012/0073205 vom 27. Jan. 2012.

[49] Freie Hansestadt Bremen. Die Senatorin für Finanzen, Finanzplan 2011–2016, Stadtstaat Bremen. Beschlossen vom Senat am 14. Febr. 2012, 15 ff., 43 f.

[50] Neuere Vorschläge zum Altschuldenabbau aus Wissenschaft und Politik: Institut für den öffentlichen Sektor (Fn. 42), 13 ff.; *W. Scholz*, Stabilität, Sicherheit und Handlungsfähigkeit – Strukturelle Lösung für das Problem der Altschulden der Länder – April 2012, abrufbar unter:

2. Der Gesetzgeber hatte den Auftrag an die Föderalismuskommission II, Vorschläge zur Modernisierung der Bund-Länder-Finanzbeziehungen auszuarbeiten, mit der Zielsetzung verbunden, diese Vorschläge sollten dazu führen, „die Eigenverantwortung der Gebietskörperschaften und ihre aufgabenadäquate Finanzausstattung zu stärken".[51] Dass die Kommission das Thema der *aufgabenadäquaten Finanzausstattung* ebenso wie das Altschuldenproblem ausgeklammert hat, stellt ein zweites erhebliches Defizit ihrer Arbeit dar. Wie W. Höfling zutreffend festgestellt hat, sind aber Konsolidierung, Sanierung und dauerhafte Reorganisation der Staatsfinanzen nur denkbar in einer finanzverfassungsrechtlichen Ordnung, in der Aufgabenverantwortung, Lastentragung und Ertragskompetenzen föderativ austariert sind.[52]

Wie eng die Themen Verschuldung und Finanzausstattung miteinander verbunden sind, lässt sich an der *Schuldensituation der Gemeinden* verdeutlichen. Hier sind alarmierend nicht einmal in erster Linie die oben genannten Kreditmarktschulden in Höhe von 84,89 Milliarden Euro, sondern die *Kassenkredite*, die Ende 2011 auf den Rekordwert von 44,99 Milliarden angewachsen waren.[53] Zwar hat sich die Finanzlage der Kommunen insgesamt gebessert; so war das Defizit im Jahr 2011 mit 2,5 Milliarden geringer als erwartet. Aber die Zunahme der Kassenkredite seit Beginn der Finanzkrise 2008 um mehr als 14,5 Milliarden, was einem Zuwachs von nahezu 50 % in drei Jahren entspricht, belegt, dass die Gemeinden ihre laufenden Verpflichtungen nur mit neuen Schulden erfüllen und deshalb keine ausreichenden Erhaltungs- und Zukunftsinvestitionen machen können.[54] Es häufen sich die Meldungen, dass Gemeinden nicht mehr in der Lage sind, ihre Aufgaben der Daseinsvorsorge in angemessener Weise zu erfüllen. Es ist deshalb dringend erforderlich, die Debatte über Schuldenbremse und Altschulden im staatlichen Bereich um Vorschläge und Maßnahmen zur Entschuldung und Konsolidierung der Kommunen zu ergänzen.[55]

Der prekäre Zusammenhang von Verschuldung und Aufgabenwahrnehmung ist nicht nur ein Problem der Gemeinden, sondern betrifft auch die Länder, hier wiederum besonders die hochverschuldeten „Konsolidierungsländer" und in herausragender Weise die Stadtstaaten. Deutlich wird das – um wiederum ein Beispiel aus dem Stadtstaat Bremen zu nehmen – an der gegenläufigen Bewegung von Zins- und Investitionsausgaben. Während im Zeitraum von 2011 bis 2016 die Zinsausgaben von 678,9 Millionen Euro auf 806,7 Millionen steigen werden, werden in dem von der Schuldenbremse gezogenen Rahmen die Investitionsausgaben (ohne Tilgungsausga-

---

www.olafscholz.de; *P. Heesen* (Vorsitzender des Deutschen Beamtenbundes), dbb report – Ausgabe 1/2011, 7; abrufbar unter: www.dbb-bremen.de.

[51] Föderalismuskommission II (Fn. 24), 19.
[52] *W. Höfling*, Der Staat 46 (2007), 163, 178.
[53] Statistisches Bundesamt (Fn. 5), 43.
[54] Zu den vorstehenden Angaben vgl. Deutscher Städtetag, Aktuelle Finanzlage der Städte – Rückblick auf 2011 und Prognose für 2012; abrufbar unter: www.städtetag.de.
[55] Vgl. dazu einen Überblick bei *B. Frischmuth*, der städtetag 5/2011.

ben) von 425,6 auf 388,9 Millionen sinken. Nachvollziehbar stellt der „Finanzplan 2011–2016" des Stadtstaats Bremen fest, dass die zur Einhaltung der Schuldengrenzen notwendigen Eigenanstrengungen zur Haushaltssanierung eine große Herausforderung darstelle und die Gefahr berge, „dass die Mindeststandards staatlicher Leistungen unterschritten sowie die Wettbewerbsfähigkeit und Qualität des Standortes beschädigt werden könnten".[56] So zeigen sich auf der Ebene von Land und Kommunen Notwendigkeit und Grenzen einer Austeritätspolitik, die in ganz anderen Dimensionen ein europäisches, ja globales Thema ist.

Nachtrag (Stand 17.12.2012): Da die Gesamtwirtschaft in Deutschland sich im Jahre 2012 unerwartet deutlich belebt hat, sind auch die Steuereinnahmen von Bund, Ländern und Gemeinden günstiger und die Verschuldungsziffern niedriger ausgefallen, als in den Prognosen vorhergesagt worden war. Während die *Neuverschuldung des Bundes* im Zweiten Nachtragshaushalt noch mit 28,1 Milliarden Euro veranschlagt war, wird im Jahresergebnis mit einem Finanzierungsdefizit von nur 25 Milliarden Euro gerechnet; für das Finanzplanjahr 2016 soll der Bundeshaushalt ohne neue Schulden ausgeglichen werden können. Auch das *Finanzierungsdefizit der Ländergesamtheit* liegt mit 6 Milliarden deutlich unter dem Vorjahreswert und die *Gemeinden* können sogar erstmals seit 2008 wieder ein Plus von 3 Milliarden erwarten. Doch ändern diese für die *Neu*verschuldung gemeldeten erfreulichen Zahlen nichts an der im Text dargestellten skeptischen Gesamteinschätzung. Die *Schuldenstandsquote* bleibt mit 81,5 % unverändert hoch. Die *Zinsausgaben des Bundes* werden bis 2016 auf rd. 41,2 Milliarden ansteigen; dies entspricht 13,3 % der Gesamtausgaben.[57] Und in den *Gemeinden* sind – bei großen Unterschieden zwischen „reichen" und „armen" Gemeinden – die *Kassenkredite* insgesamt allein im ersten Halbjahr 2012 auf fast 48 Milliarden Euro gestiegen, so dass das durch die Höhe dieser Kredite angezeigte Strukturproblem der Unterfinanzierung der Gemeinden unverändert fortbesteht.[58]

---

[56] Finanzplan 2011–2016 (Fn. 49), 21; die Zahlen S. 12.

[57] Zu den vorstehenden Zahlen vgl.: Deutscher Bundestag, Finanzplan des Bundes 2012 bis 2016, Drucks. 17/10201 vom 10. Aug. 2012, S. 7, 36; Bundesministerium der Finanzen, Pressemitteilung Nr. 79 vom 3. Dez. 2012.

[58] Deutscher Städtetag, Pressemitteilung vom 23. Okt. 2012 „Städtetag veröffentlicht Gemeindefinanzbericht 2012".

Zur Bedeutung der Menschenrechtsgarantien der EMRK für das deutsche (Verfassungs-)Recht

Von *Michael Sachs*

I. Einführung

Eckart Klein hat in seinem Beitrag zur gerade erschienenen Festschrift für *Klaus Stern* von der souveränen Warte des allseits erfahrenen Großmeisters „die Grundrechtsgesamtlage" unter Berücksichtigung „aller einschlägigen grund- und menschenrechtlichen Bestimmungen" analysiert.[1] Die dabei festgestellte „Notwendigkeit der Gesamtschau" auch über den Bereich der EMRK[2] hinaus[3] ist gerade in Bezug auf diese und die einschlägige Rechtsprechung des EGMR in den letzten Jahren, insbes. mit den Entscheidungen Görgülü[4], Caroline von Hannover[5] und zuletzt zur Sicherungsverwahrung,[6] in spektakulärer Weise ins Bewusstsein gerückt worden.[7] Hatte das BVerfG anfangs die Bedeutung der EMRK für die deutsche Rechts-

---

[1] *E. Klein*, Die Grundrechtsgesamtlage, in: FS Stern, 2012, 389 (390 ff.); zur Bedeutung für die Ebene der Landesverfassungen *ders.*, in: P. Macke (Hrsg.), Verfassung und Verfassungsgerichtsbarkeit auf Landesebene, 1998, 33 ff.; zur Bedeutung der EMRK für die EU *ders.*, in: GS Bleckmann, 2007, 257 ff.; allg. auch *ders.*, Menschenrechte, 1997.

[2] Für deren in Deutschland in Kraft getretene Zusatzprotokolle gilt Entsprechendes.

[3] Hierzu finden sich in der Judikatur des BVerfG bislang eher spärliche Belege, vgl. etwa aus BVerfGE 101–128 lt. Register zum IPBR nur BVerfGE 112, 1 (34), zum IPWSKR nur BVerfGE 112, 226 (245), jeweils beiläufig; sie werden daher hier nicht näher behandelt, ohne aber „ausgeblendet" (dagegen *Klein* [Fn. 1], 390) werden zu sollen. Anforderungen anderer Verträge, die über die der EMRK hinausgehen, ist in entsprechender Weise zusätzlich Rechnung zu tragen. Bei sonst nicht auszuräumenden Normwidersprüchen zwischen in Deutschland geltender völkerrechtlicher Verträge dürfte der später in Kraft getretene nach der lex posterior-Regel (unten II. 2.) innerstaatlich Vorrang beanspruchen.

[4] EGMR, NJW 2004, 3397 ff., und BVerfGE 111, 307 (315 ff.); s. noch Fn. 69.

[5] EGMR, NJW 2004, 2647 ff., und BVerfGE 101, 361 ff. sowie 120, 180 ff.; dazu etwa *E. Benda*, AnwBl 2005, 602 ff.; die Beiträge in H. Prütting (Hrsg.), Das Caroline-Urteil des EGMR und die Rechtsprechung des Bundesverfassungsgerichts, 2005; *A. Heldrich*, NJW 2004, 2634 ff.; *R. Mann*, NJW 2004, 3220 ff.; *C. Starck*, JZ 2006, 76 ff.; zuletzt ohne Beanstandung EGMR (GK), DÖV 2012, 362 Nr. 330 LS.

[6] BVerfGE 128, 326 (365 ff.), m.N. zu einschlägigen Urteilen des EGMR (342 f.). Bemerkenswert zuletzt EGMR, NJW 2012, 1707 (1708 Rn. 41), wo der Ansatz des BVerfG ausdrücklich begrüßt wird.

[7] Zu nennen ist ferner die Entscheidung EGMR GK im Fall Gäfgen gegen Deutschland, NJW 2010, 3145 ff.

ordnung (bei Ablehnung der Möglichkeit der Verfassungsbeschwerde)[8] durchweg offen lassen können, da es deren Garantien ohnehin keine über die des deutschen Rechts hinausgehenden Anforderungen entnehmen mochte,[9] hat sich inzwischen die Möglichkeit, dass der EGMR Verstöße deutscher Staatsorgane gegen die Verpflichtungen aus der EMRK feststellt, nicht mehr nur vereinzelt manifestiert.[10]

Das Schrifttum trägt der damit auch praktisch erlangten Bedeutung dieser Menschenrechtsgarantien und ihrer Anwendung durch den EGMR inzwischen auf breiter Front Rechnung.[11] Der Gesetzgeber hat Möglichkeiten geschaffen, vom EGMR beanstandete, aber – anders als beim BVerfG, vgl. § 95 Abs. 2 BVerfGG – ja nicht zu-

---

[8] Nachdem dies in BVerfGE 6, 290 (296) und 9, 36 (39) offen gelassen worden war, so BVerfGE 10, 271 (274); 34, 384, (395); 41, 88 (105 f.); 41, 126 (149); 64, 135 (157); 74, 102 (128); 96, 152 (170); 124, 300 (319).

[9] Ausdrücklich etwa BVerfGE 6, 389 (440 f.); 14, 1 (8); s. gegen weitergehende Bedeutung der EMRK auch BVerfGE 9, 36 (39); 18, 112 (118); 35, 185 (191); 58, 233 (253 f.); 92, 277 (323); ohne sachliche Stellungnahme ferner BVerfGE 4, 110 ff.; 6, 290 (296); 10, 271 (274); 19, 394 (396); 30, 409 (412); 34, 384 (395).

[10] Für die Zeit von 1959 bis 2009 werden 99 Verurteilungen Deutschlands angeführt, vgl. ECHR, 50 Years of Activity, 2010, 14.

[11] Vgl. nur *T. Giegerich*, in: R. Grote/T. Marauhn (Hrsg.), EMRK/GG, 2006, Kap. 2 Rn. 41 ff.; *D. Ehlers*, in: ders. (Hrsg.), Europäische Grundrechte und Grundfreiheiten, 3. Aufl. 2009, § 2 Rn. 10 ff.; *J.A. Frowein*, HStR VII, 1992, § 180 Rn. 5 ff., 17 ff.; *C. Grabenwarter*, HGrR IV/2, 2009, § 169 Rn. 7 ff.; *C. Grabenwarter/K. Pabel*, Europäische Menschenrechtskonvention, 5. Aufl. 2012, § 3 Rn. 6 ff., sowie bei Unterschieden im Einzelnen etwa *A. Haratsch*, MRM 2000, 62 ff.; *E. Klein*, in: Mélanges Ryssdal, 2000, 705 ff.; *ders.*, in: A. Spenlé (Hrsg.), Die Europäische Menschenrechtskonvention und die nationale Grundrechtsordnung, 2007, 11 ff.; *J. Bergmann*, EuGRZ 2004, 620 ff.; *E. Pache*, EuR 2004, 393 ff.; *J.A. Frowein*, in: Weltinnenrecht, 2005, 279 ff.; *K. Grupp/U. Stelkens*, DVBl 2005, 133 ff.; *R. Jaeger*, EuGRZ 2005, 193 ff.; *S. Kadelbach*, Jura 2005, 480 ff.; *H.-H. Kühne*, GA 2005, 195 (207 ff.); *J. Meyer-Ladewig/H. Petzold*, NJW 2005, 15 ff.; *S. Mückl*, Staat 44 (2005), 403 ff.; *K. Vogel*, IStR 2005, 29 ff.; *H.-J. Papier*, ZSchwR 124 (2005) II, 113 ff.; *ders*, EuGRZ 2006, 1 ff.; *D. Diehm*, Die Menschenrechte der EMRK und ihr Einfluss auf das deutsche Strafgesetzbuch, 2006, 65 ff.; *G. Hirsch*, EuR 2006 Beih. 1, 7 (10 ff.); *W. Kahl*, AöR 131 (2006), 579 (582 ff.); *J. Oster*, JA 2007, 96 ff.; *M. Ruffert*, EuGRZ 2007, 245 (251 ff.); *R. Wahl*, in: Menschenrechte, Demokratie und Rechtsstaat, 2007, 865 ff.; *C. Walter*, in: Spenlé (a.a.O.), 53 ff.; *H. Landau*, DVBl 2008, 1269 (1272 ff.); *S. Schmahl*, EuR 2008, Beih. 1, 7 (30 f., 36 f.); *K. Rohleder*, Grundrechtsschutz im europäischen Mehrebenen-System, 2009, 145 ff.; *U. Steiner*, in: FS Bethge, 2009, 653 ff.; *M. Gerhardt*, ZRP 2010, 161 f.; *C. Grabenwarter*, JZ 2010, 857 ff.; *J. M. Schilling*, Deutscher Grundrechtsschutz zwischen staatlicher Souveränität und menschenrechtlicher Europäisierung, 2010; *O. Klein*, NVwZ 2010, 221 ff.; *A. Voßkuhle*, NVwZ 2010, 1 ff.; *D. Hömig*, NdsVBl 2011, 126 ff.; *F. Kirchhof*, NJW 2011, 3681 (3862 f.); *A. Kregel-Olff*, Der Einfluss der Europäischen Menschenrechtskonvention und der Rechtsprechung des Europäischen Gerichtshofs für Menschenrechte auf das deutsche Erbrecht, 2011, 23 ff.; *M. Payandeh*, DÖV 2011, 382 ff.; *L. Viellechner*, EuGRZ 2011, 203 ff.; *M. Wittinger*, VBlBW 2011, 218 ff.; *H.-J. Papier*, in: FS Wolfrum, Vol. II, 2012, 2041 ff.; aus österr. Sicht *H. Schäffer*, ZÖR 62 (2007), 1 (11 ff.). Vgl. ferner *W. Unkel*, Berücksichtigung der Europäischen Menschenrechtskonvention in der neueren Rechtsprechung der bundesdeutschen Verwaltungsgerichte, 2004.

gleich kassierte Gerichtsentscheidungen ungeachtet ihrer Rechtskraft[12] aufzuheben.[13] Das BVerfG hat im Fall Görgülü und erneut zur Sicherungsverwahrung ausführlich und grundsätzlich zum Umgang mit solchen Fällen, aber auch zu weitergehenden Konsequenzen der Entscheidungen des EGMR im Rahmen der deutschen Rechtsordnung Stellung genommen; beide Entscheidungen sind im Schrifttum ausgiebig diskutiert worden.[14] Gleichwohl bleiben Fragen offen, die schon mit der Bedeutung der EMRK im deutschen Recht zu tun haben.

II. Zur Bedeutung der EMRK im deutschen Recht

1. Der Rang der EMRK in der deutschen Rechtsordnung

Nach st. Rspr. des BVerfG steht die EMRK innerhalb der deutschen Rechtsordnung „im Rang(e) eines Bundesgesetzes",[15] der ihr aufgrund des Zustimmungsgesetzes nach Art. 59 Abs. 2 GG zukommt.[16] Im Schrifttum vertretene Modelle, der EMRK einen höheren Rang zuzusprechen, von der Annahme einer supranationalen,

---

[12] Zu deren Bestand ungeachtet einer Beanstandung durch den EGMR BVerfG (K), NJW 1986, 1425 (1426 f.); grundsätzlich bestätigt in BVerfGE 111, 307 (325).

[13] S. § 359 Nr. 6 StPO (1998); § 580 Nr. 8 ZPO (2006) und auf die ZPO verweisend §§ 153 VwGO, § 179 SGG, § 134 FGO. Entsprechendes gilt wegen der dynamischen Verweisung des § 51 Abs. 1 Nr. 3 VwVfG auf § 580 ZPO auch für Verwaltungsakte, vgl. *M. Sachs*, in: P. Stelkens/H.-J. Bonk/M. Sachs (Hrsg.), VwVfG, 8. Aufl. (im Erscheinen), § 51 Rn. 125a.

[14] Vgl. neben den in Fn. 11 genannten Titeln zu Görgülü insbes. *E. Klein*, JZ 2004, 1176 ff., sowie etwa *E. Benda*, AnwBl 2005, 602 ff.; *M. Breuer*, NVwZ 2005, 412 ff.; *H.-J. Cremer*, EuGRZ 2004, 683 ff.; *T. Purps*, ZOV 2004, 278 f.; *G. Rixe*, FamRZ 2004, 1863 ff.; *U. Di Fabio*, in: H. Prütting (Fn. 5), 87 ff.; *P. Hoffmann*, ZfJ 2005, 44 ff.; *C. Lenz*, in: FS Zuleeg, 2005, 234 ff.; *H.-G. Dederer*, ZaöRV 66 (2006), 575 (591 ff., 610 f.); *F. Hoffmeister*, Int'l J Con Law 4 (2006), 722 ff.; *G. Lübbe-Wolff*, HumboldtForumRecht 2006, 138 ff.; *R. v. Ooyen*, Die Staatstheorie des Bundesverfassungsgerichts und Europa, 4. Aufl. 2011, 43 ff.; zur neueren Entwicklung *C. Hohmann-Dennhardt*, in: FS Jaeger, 2011, 653 ff.; zu Konsequenzen für Einzelbereiche auch *H. Alexy*, DVBl 2011, 1185 (1190 ff.); zur Sicherungsverwahrung etwa *H. Jung*, GA 2010, 639 ff.; *M. Möllers*, ZRP 2010, 153 ff.; *R. Esser*, JA 2011, 727 (729 ff.); *J. Peglau*, NJW 2011, 1924 ff.; *B. Quarthal*, Jura 2011, 495 ff.; *J. Renzikowski*, Ad Legendum 2011, 401 ff.; *F. Streng*, JZ 2011, 827 ff.; *U. Volkmann*, JZ 2011, 835 ff.; *A. Windoffer*, DÖV 2011, 590 ff.; *B. Zabel*, JR 2011, 467 ff.; *M. Payandeh/H. Sauer*, Jura 2012, 289 ff.; *H. Schöch*, GA 2012, 14 ff.

[15] So BVerfGE 74, 358 (370) (die dortigen, auf die Anerkennung der Unschuldsvermutung bezogenen Verweise [„vgl."] auf BVerfGE 19, 342 [347], wo die EMRK immerhin für das „positive Recht" angesprochen wird; BVerfGE 22, 254 [265]; 25, 327 [331]; 35, 311 [320], wo Art. 6 Abs. 2 EMRK im Anschluss an eine Inhaltsbestimmung der Unschuldsvermutung genannt ist, sagen nichts zum Rang der EMRK); BVerfGE 82, 106 (114), unter Bezugnahme auf eine „st. Rspr."; BVerfGE 111, 307 (317); 128, 326 (367); unter Bezugnahme auf die genannten Präjudizien, offenbar ohne abweichen zu wollen, spricht BVerfGE 120, 180 (200) vom „Rang von einfachem Bundesrecht".

[16] Darauf verweisend explizit wohl erstmalig BVerfGE 111, 307 (316 f.) und dann BVerfGE 128, 326 (367).

dem EU-Recht vergleichbaren Qualität über die generelle[17] Einstufung als allgemeine Regel des Völkerrechts nach Art. 25 GG und eine „Inkorporation ... in das Rechtsstaatsprinzip" bis zur Annahme von Verfassungsrang aufgrund von Art. 1 Abs. 2 GG,[18] haben jedenfalls bislang nicht zu überzeugen vermocht.[19]

Geht man vom Rang des förmlichen Bundesgesetzes aus, genießt die EMRK aufgrund der Normenhierarchie des GG[20] Vorrang vor den untergesetzlichen Normen des Bundesrechts ebenso wie nach Art. 31 GG vor dem gesamten Landesrecht.[21] Sie hat zudem am Vorrang des Gesetzes vor Rechtsakten der vollziehenden Gewalt[22] einschließlich ihrer Verwaltungsvorschriften Teil.[23] Dagegen steht sie auf einer Rangstufe mit (anderen) förmlichen Bundesgesetzen und im Rang unterhalb des GG.[24] Letzteres würde im Konfliktfall bedeuten, dass die grundgesetzwidrige Bestimmung der EMRK in Deutschland keine Geltung beanspruchen könnte; die Konsequenz, dass dann das Völkerrecht verletzt würde, gibt Anlass zu Überlegungen, inwieweit dieses Ergebnis vermieden werden kann (unten 3.).

2. Allgemeine Derogationsregeln

Zwischen Rechtsnormen derselben Geltungsstufe[25] finden grundsätzlich die allgemeinen Derogationsregeln[26] zugunsten späterer und spezieller Rechtsnormen[27]

---

[17] Die Möglichkeit, dass einzelne Bestimmungen der EMRK inhaltlich einem allgemeinen Grundsatz des Völkerrechts entsprechen, bleibt unberührt; s. für einen solchen Grundsatz im Sinne des Anspruchs auf einen Dolmetscher, wie er sich auch aus Art. 6 Abs. 3 lit. e EMRK ergibt, BVerfG, NJW 1988, 1462 (1463 f.).

[18] Vgl. insgesamt nur *A. Haratsch*, MRM 2000, passim; *F. Hoffmeister,* Staat 40 (2001), 349 (364 ff.); *Giegerich* (Fn. 11), Rn. 47 ff. m.w.N. Zur allgemeinen Völkerrechtsregel „pacta sunt servanda" noch unten zu Fn. 52.

[19] So ausdrücklich etwa *Grabenwarter/Pabel* (Fn. 11), § 3 Rn. 7; *Ehlers* (Fn. 11), § 2 Rn. 12.

[20] Allgemein für förmliche Gesetze mit dieser Begründung *M. Sachs,* in: ders. (Hrsg.), GG, 6. Aufl. 2011, Art. 20 Rn. 102, auch 101 und 109.

[21] Dieser wäre bei förmlichen Gesetzen ggf. nach Art. 100 Abs. 1 S. 2 GG durchzusetzen, vgl. etwa *G. Ulsamer,* in: Maunz et al. (Hrsg.), Bundesverfassungsgerichtsgesetz, 36. Ergänzungslief. – September 2011, § 80 Rn. 152, 165.

[22] s. allgemein nur *Sachs* (Fn. 20), Art. 20 Rn. 112.

[23] Zu einem Anwendungsfall s. BVerfGE 76, 1 (79 f.).

[24] Ein denkbarer Vorrang auch allgemeiner Regeln des Völkerrechts nach Art. 25 GG soll hier ebenso außer Betracht bleiben wie das Verhältnis zum in Deutschland geltenden Recht der EU.

[25] Ob und inwieweit auch bei später erlassenen Normen höheren Rangs die lex posterior-Regel herangezogen werden kann, ablehnend etwa *L. Renck,* JZ 1970, 770 ff. m.w.N.; auch *E. Klein,* in: E. Benda/E. Klein/O. Klein (Hrsg.), Verfassungsprozessrecht, 3. Aufl. 2012, Rn. 787; wie hier etwa BVerfGE 2, 124 (130); *Ulsamer* (Fn. 21), § 80 Rn. 27, 70 m.w.N.; von lex posterior-Regelung spricht auch *C. Pestalozza,* Verfassungsprozeßrecht, 3. Aufl. 1991, § 13 Rn. 12 Fn. 32.

Anwendung, also namentlich auch auf die EMRK im Verhältnis zu (anderen) formellen Bundesgesetzen.[28] So setzen Garantien der EMRK vor ihrem Wirksamwerden in Deutschland bestehende[29] formelle Bundesgesetze, die ihren Anforderungen widersprechen, außer Kraft;[30] stellen sie gegenüber (später in Kraft getretenen) formellen Bundesgesetzen Spezialregelungen dar,[31] schließen sie deren Anwendung im Umfang ihrer Reichweite aus. Umgekehrt heben auch allgemeine Bestimmungen der EMRK ältere Spezialgesetze auf. Dies muss nicht mit einem allgemeinen Vorrang der lex posterior-Regel[32] vor der zur Spezialität[33] begründet werden, sondern beruht auf dem umfassenden Geltungsanspruch der Garantien der EMRK, der *jeden* entgegenstehenden staatlichen Rechtssatz, auch wenn er eine noch so begrenzte Reichweite hat, prinzipiell verbietet. Nach Inkrafttreten der EMRK in Deutschland erlassene formelle Bundesgesetze, gegenüber denen sich eine ihnen widersprechende Bestimmung der EMRK[34] nicht als lex specialis behaupten kann, müssten dieser allerdings als leges posteriores vorgehen; die Konsequenz, dass damit völkerrechtliche Verpflichtungen Deutschlands verletzt würden, gibt auch hier Anlass zu weitergehenden Überlegungen (unten 3.).

---

[26] Zur uneinheitlichen Qualifikation dieser Regeln etwa *E. Vranes*, ZaöRV 65 (2005), 391 (392 ff.) m. N.; zu ihnen ferner etwa *T. Schilling*, Rang und Geltung von Normen in gestuften Rechtsordnungen, 1994, 447 ff.; auch *D. Heckmann*, Geltungskraft und Geltungsverlust von Rechtsnormen, 1997, 157 ff. (nicht zur lex specialis).

[27] „Lex posterior derogat legi priori" bzw. „lex specialis derogat legi generali".

[28] Vgl. allg. etwa *R. Uerpmann*, Die Europäische Menschenrechtskonvention und die deutsche Rechtsprechung, 1993, 81 ff., 86 ff.; *A. Zimmermann*, in: R. Blackburn/J. Polakiewicz (Hrsg.), Fundamental Rights in Europe, 2011, 336 (339 f. m.w.N.); unbefriedigend pauschal Rangfragen und Derogationsregeln ausblendend BVerfGE 111, 307 (329): „Auch [sic] auf der Ebene des Bundesrechts genießt die Konvention nicht automatisch Vorrang vor anderem Bundesrecht", gefolgt von dem kryptischen Nachsatz: „zumal wenn es in diesem Zusammenhang nicht bereits Gegenstand der Entscheidung des Gerichtshofs war."

[29] Zum für die Qualität als lex posterior maßgeblichen Kriterium (Verkündung oder Inkrafttreten) etwa *Pestalozza* (Fn. 25), § 13 Rn. 13.

[30] s. schon BVerfGE 6, 389 (440), für den recht selbstverständlich verneinten Fall eines Widerspruchs der §§ 175 f. StGB zur EMRK.

[31] Dies ist nicht schon dann der Fall, wenn sie gegenüber dem Bundesgesetz zusätzlich einzuhaltende Anforderungen aufstellen; daher dürften die bei *Zimmermann* (Fn. 28), 340 zu Fn. 24, aufgeführten Entscheidungen des OLG Saarbrücken (richtig: NJW 1961, 377, nicht 337) und des LG Bonn zur Dauer der Untersuchungshaft nicht hierher gehören; beide Entscheidungen berufen sich für die Anwendung der EMRK auch nicht auf deren Spezialität.

[32] Dafür spricht allerdings, dass der Vorrang der lex posterior die Aufhebung der älteren Norm, ihren Geltungsvorrang, bedeutet, während der Anwendungsvorrang der lex specialis deren Geltung voraussetzt.

[33] Grundsätzlich sogar für einen umgekehrten Vorrang *T. E. Schmidt,* JuS 2003, 649 (650) bei Fn. 11.

[34] An einem Widerspruch fehlt es, wenn gesetzliche Regelungen abweichende Anforderungen der EMRK unberührt lassen, so etwa BVerfGE 74, 51 (66 f.), für Abschiebungsschutz aus der EMRK bei nach den späteren deutschen Gesetzen möglicher Abschiebung.

3. Zur Bedeutung der Völkerrechtsfreundlichkeit des GG

a) Verfassungswidrigkeit und konventionskonforme Auslegung (sonst) völkervertragswidriger deutscher Gesetze

Das BVerfG hat wohl zuerst 1987 ganz allgemein die Auslegung von Gesetzen (sic) „im Einklang mit den völkerrechtlichen Verpflichtungen" Deutschlands gefordert, *„selbst wenn* sie zeitlich später erlassen worden sind als ein geltender völkerrechtlicher Vertrag".[35] Die Begründung, es sei „nicht anzunehmen, daß der Gesetzgeber, sofern er dies nicht klar bekundet, von völkerrechtlichen Verpflichtungen der Bundesrepublik Deutschland abweichen oder die Verletzung solcher Verpflichtungen ermöglichen will", passt freilich nur auf das zeitlich später erlassene Gesetz. Im Übrigen, also soweit sich die EMRK aufgrund ihres Ranges oder nach den allgemeinen Derogationsregeln gegenüber nationalem Recht durchsetzen würde, spielt die Vermeidung von Völkerrechtsverstößen keine Rolle, besteht insoweit kein Problem.[36] Die geforderte völkerrechts-, hier: konventionskonforme Auslegung folgt damit anders als die verfassungskonforme Auslegung nicht dem vom Respekt vor dem Gesetzgeber getragenen normerhaltenden Prinzip,[37] sondern dem Prinzip der Vermeidung von Völkerrechtsverstößen.

Was dabei in dem angeführten Zitat nach einer auf die unterstellte Achtung des Gesetzgebers vor dem Völkerrecht oder doch seinem staatsklugen Willen, gegenüber den Vertragspartnern nicht vertragsbrüchig zu werden oder auch nur Sanktionen für Völkerrechtsverstöße zu vermeiden,[38] klingt, erscheint in späteren Entscheidungen als Rechtsfolge der „Völkerrechtsfreundlichkeit des Grundgesetzes". So wird die „sich aus der Völkerrechtsfreundlichkeit des Grundgesetzes ergebende Pflicht, das Völkerrecht zu respektieren"[39] anerkannt, die – mit ihrem ersten Element – „die deutschen Staatsorgane verpflichtet, die die Bundesrepublik Deutschland bindenden Völkerrechtsnormen zu befolgen und Verletzungen nach Möglichkeit zu unterlassen."[40]

---

[35] BVerfGE 74, 358 (370), auch zur nachstehend zitierten Begründung.

[36] Vgl. *Uerpmann* (Fn. 28), 73 und ff. m. N.

[37] Vgl. etwa BVerfGE 86, 288 (320) m. w. N.; 110, 226 (267). Das normerhaltende Prinzip greift allerdings durch, wenn durch späteres nach Art. 59 Abs. 2 GG rezipiertes Völkervertragsrecht überholte Gesetze der Derogation durch diese lex posterior durch völkerrechtskonforme Auslegung entzogen und mit dadurch modifiziertem Inhalt in Geltung gehalten werden.

[38] Zu diesen Zielen allgemein auch etwa BVerfGE 58, 1 (34); 59, 63 (89), zur erweiterten Kontrolle gerichtlicher Entscheidungen durch das BVerfG; BVerfGE 109, 13 (23 f.), zum Sinn des Normenverifikationsverfahrens und der erweiterten Kontrolle der Vorlagepflicht.

[39] BVerfGE 112, 1 (26), wobei allerdings das den Satz einleitende „Diese" dahin verstanden werden kann, dass nur die vorher erwähnte, ihrerseits durch ein nicht klar ausgerichtetes „solche" verunklarte „verfassungsunmittelbare Pflicht" gemeint ist, die „nicht unbesehen für jede beliebige Bestimmung des Völkerrechts anzunehmen" sein soll.

[40] BVerfGE 112, 1 (26); ähnlich BVerfGE 128, 326 (368 f.: „Das Grundgesetz will ... Konflikte zwischen den völkerrechtlichen Verpflichtungen der Bundesrepublik Deutschland und dem nationalen Recht nach Möglichkeit vermeiden."; auch S. 365).

In der keine 14 Tage zuvor erlassenen, explizit in Bezug genommenen Görgülü-Entscheidung heißt es dazu negativ: „Insofern widerspricht es nicht dem Ziel der Völkerrechtsfreundlichkeit, wenn der Gesetzgeber ausnahmsweise Völkervertragsrecht nicht beachtet, *sofern nur auf diese Weise* ein Verstoß gegen tragende Grundsätze der Verfassung abzuwenden ist."[41] Wenn damit die möglichen Ausnahmen abschließend bezeichnet sind, was das „sofern nur auf diese Weise" zumindest nahe legt, ist hier die Verpflichtung zur Einhaltung auch der völkerrechtlichen Verträge, und nicht etwa nur der allgemeinen Regeln des Völkerrechts oder sonst qualifizierter Teile des Völkerrechts,[42] ausgesprochen, und zwar nicht nur für (andere?) deutsche Staatsorgane im Allgemeinen,[43] sondern gerade (auch) für die Gesetzgebungsorgane, und unter normativer Beschränkung der zulässigen Ausnahmen auf Fälle des Widerspruchs zu tragenden Verfassungsgrundsätzen.[44]

Tatsächlich ist es kaum konsistent anzunehmen, dass die Völkerrechtsfreundlichkeit des GG (!) zwar die Gerichte und Behörden verpflichten soll, (neue) Gesetze so auszulegen und anzuwenden, dass Verstöße gegen Völkervertragsrecht vermieden werden, dem Gesetzgeber aber (materiell) freie Hand zum Vertragsbruch zuzugestehen; dass er dies in unmissverständlicher Weise tun muss, um damit gegenüber der Gesetzesanwendungspraxis durchzudringen, hilft zwar, (schon die Bedeutung des Gesetzes verkennende) völkerrechtswidrige Rechtsanwendung zu vermeiden, sorgt aber andererseits dafür, dass der Völkerrechtsbruch in besonders eklatanter, die Vertragspartner brüskierender Weise erfolgt.

---

[41] BVerfGE 111, 307 (319) (Hervorhebung nicht im Original).

[42] BVerfGE 112, 1 (25), will die (unklar: „solche") „verfassungsunmittelbare Pflicht ... nicht unbesehen für jede beliebige Bestimmung des Völkerrechts annehmen"; für welche Teile des Völkerrechts die wohl gemeinte Pflicht zur Beachtung durchgreifen soll, macht der Nachsatz „sondern nur, soweit es dem in den Art. 23 bis 26 GG sowie in den Art. 1 Abs. 2, Art. 16 Abs. 2 Satz 2 niedergelegten Konzept des Grundgesetzes entspricht", nur begrenzt deutlich.

[43] BVerfGE 112, 1 (24, 26), scheint die Gesetzgebungsorgane nicht zu den gebundenen Staatsorganen zu zählen, weil der für die Bindung bemühte Art. 20 Abs. 3 GG den Gesetzgeber in seinem HS 1 nur an die „verfassungsmäßige Ordnung bindet" und weil der Gesetzgeber verpflichtet wird, die Korrektur der von (offenbar anderen) Staatsorganen begangenen Völkerrechtsverstöße zu ermöglichen.

[44] Mit letzteren scheint der Görgülü-Beschluss auf den zuvor, BVerfGE 111, 307 (318), angeführten „Rahmen des demokratischen und rechtsstaatlichen Systems des Grundgesetzes" Bezug zu nehmen, also etwa die freiheitliche demokratische Grundordnung oder auch (unvollständig) auf die Grundsätze des Art. 1 und 20 GG nach Art. 79 Abs. 3 GG; ähnlich auch *U. Di Fabio*, in: A. Zimmermann (Hrsg.), Deutschland und die internationale Gerichtsbarkeit, 2004, 107 (111), der, freilich für das BVerfG, eine (im Rahmen seiner Zuständigkeiten) umfassende Pflicht zur Vermeidung von Völkerrechtsverstößen annimmt, begrenzt nur durch die „Identität der Verfassungsordnung." Demgegenüber will BVerfGE 112, 1 (26) an der dem GG zugewiesenen „letzte(n) Verantwortung für die Achtung der Würde des Menschen und die Beachtung der Grundrechte durch die deutsche öffentliche Gewalt" festhalten. In Art. 79 Abs. 3 GG sieht wohl auch BVerfGE 123, 267 (344) die Grenze der Völkerrechtsfreundlichkeit.

Allerdings stellt sich die Frage, ob die konsequente Einbeziehung auch der nach Art. 20 Abs. 3 GG an die verfassungsmäßige Ordnung gebundenen Gesetzgebung in eine über die Völkerrechtsfreundlichkeit des Grundgesetzes verfassungsrechtlich begründete Pflicht, völkerrechtliche Verpflichtungen einzuhalten, tatsächlich aus dem GG hergeleitet werden kann. Immerhin hat das BVerfG die erste Proklamation der Völkerrechtsfreundlichkeit des GG sogleich mit der Einschränkung versehen, dass sie „nicht so weit geht, die Einhaltung bestehender völkerrechtlicher Verträge durch eine Bindung des Gesetzgebers ... zu sichern."[45] Ob dies aus dem (nur) gleichen Rang der Zustimmungsgesetze nach Art. 59 Abs. 2 GG mit der formellen Bundesgesetzgebung herzuleiten ist, ist allerdings fraglich: Zum einen setzt die Bindungswirkung einer Norm nicht notwendig ihren Vorrang voraus,[46] zum anderen wäre Grundlage der Bindung ja nicht das frühere Zustimmungsgesetz, sondern das GG mit der in ihm verankerten Völkerrechtsfreundlichkeit. Der Umkehrschluss aus Art. 25 GG, der den allgemeinen Grundsätzen des Völkerrechts Vorrang vor den Gesetzen einräumt,[47] verfängt deshalb nicht,[48] weil der Bestand dieser Grundsätze nicht von der vertraglichen Selbstverpflichtung Deutschlands abhängig ist.

Eine verfassungsrechtliche Verpflichtung der Bundesgesetzgebung, völkervertragliche Verpflichtungen zu respektieren, würde auch nicht den perhorreszierten Verzicht auf „die in dem letzten Wort der deutschen Verfassung liegende Souveränität"[49] bedeuten, da durch Verfassungsänderung der Grundsatz der Völkerrechtsfreundlichkeit (in den Grenzen des Art. 79 Abs. 3 GG[50]) aufgegeben oder jedenfalls in Einzelpunkten durchbrochen oder gesetzlichen Durchbrechungen unterworfen werden könnte. Ebenso wenig würde der Vorrang der Verfassung in Frage gestellt, da der Grundsatz der Völkerrechtsfreundlichkeit die sonstigen verfassungsrechtlichen Bindungen der öffentlichen Gewalt einschließlich der Zustimmungsgesetzgebung unberührt lässt und folgerichtig dann auch nur die Respektierung *der* Völkerverträge verlangt, die dem GG nicht widersprechen. Soweit dies doch der Fall ist,

---

[45] BVerfGE 6, 309 (362 f.); 41, 88 (120 f.).

[46] Dies wird jedenfalls überwiegend für das HGrG so gesehen, vgl. (selbst skeptisch) nur *H. Siekmann*, in: Sachs (Fn. 20), Art. 110 Rn. 101 ff. m.w.N. Gegen die Identifikation von Vorrang und Bindungswirkung beim Vorrang der Verfassung bzw. des Gesetzes nach Art. 20 Abs. 3 GG *Sachs* (Fn. 20), Art. 20 Rn. 95, 112. Zum Ausschluss der lex posterior-Regel bei der EMRK selbst ablehnend *Uerpmann* (Fn. 28), 81 ff.

[47] Auch dafür BVerfGE 6, 309 (363); zur umstrittenen Rangfrage im Einzelnen etwa *R. Streinz*, in: Sachs (Fn. 20), Art. 25 Rn. 85 ff. m.w.N.

[48] Dagegen im Ergebnis etwa auch *Giegerich* (Fn. 11), Rn. 61.

[49] BVerfGE 111, 307 (319); für ein völkerrechtsfreundliches Souveränitätsverständnis zuletzt BVerfGE 128, 326 (369); im Ansatz auch BVerfGE 123, 267 (344 ff.).

[50] Diese dürften zu Art. 1 Abs. 2 GG allerdings eher weit gesteckt sein, vgl. *Sachs* (Fn. 20), Art. 79 Rn. 54.

hindert die Völkerrechtsfreundlichkeit des GG den Gesetzgeber nicht daran, den Verfassungsverstoß durch völkerrechtswidrige Gesetzgebung zu beseitigen.[51]

Für eine nicht verfassungsunmittelbar, sondern durch den Grundsatz „pacta sunt servanda" vermittelt über Art. 25 GG begründete Pflicht der Gesetzgebung zur Respektierung geltender völkerrechtlicher Verträge[52] gilt dies wegen des fehlenden Verfassungsrangs erst recht.

Die nicht verfassungsändernde Gesetzgebung könnte allerdings nicht mehr ohne Weiteres von einmal eingegangenen völkerrechtlichen Verpflichtungen abweichende Gesetze erlassen, bedürfte vielmehr der Mitwirkung der Bundesregierung und (mangels einseitiger Kündigungs- oder Rücktrittmöglichkeit) auch der jeweiligen Vertragspartner, um zunächst die völkervertragliche Verpflichtung aufzuheben. Angesichts der Möglichkeiten, in Verträge Rücktritts- oder Kündigungsmöglichkeiten aufzunehmen, und der bei gravierenden Änderungen unabhängig davon durchgreifenden clausula rebus sic stantibus (vgl. Art. 62 WVK) erscheint eine solche für das Völkerrecht ja ohnehin bestehende Selbstbindung auch für den innerstaatlichen Bereich unbedenklich.

Eine Völkerrechtsfreundlichkeit, die diesen Namen verdient, kann es auch der Bundesgesetzgebung nicht freistellen, die völkervertraglichen Verpflichtungen Deutschlands zu verletzen; es ist daher an der Zeit, der Begründung der Völkerrechtsfreundlichkeit durch das GG durch Anerkennung der Verpflichtung auch des Bundesgesetzgebers durch mit seiner Zustimmung eingegangene völkerrechtliche Verträge Rechnung zu tragen. Die völkerrechtskonforme Auslegung deutscher Gesetze behält auch bei diesem Verständnis ihre Bedeutung, sie ist dabei zugleich verfassungskonforme Auslegung, da sie nicht nur den Völkerrechtsverstoß vermeidet, sondern zugleich das prima facie der Völkerrechtsfreundlichkeit des GG widersprechende deutsche Gesetz in Geltung hält.

b) Konventionskonforme oder konventionsschützende Auslegung des GG

Die neuere Judikatur des BVerfG setzt nicht (unmittelbar) bei prima facie konventionswidriger Gesetzgebung und ihrer konventionskonformen Auslegung an, sondern postuliert eine Ebene höher die namentlich auf Art. 1 Abs. 2 i. V. mit Art. 59 Abs. 2 GG gestützte „verfassungsrechtliche Pflicht, auch bei der Anwendung der deutschen Grundrechte die Europäische Menschenrechtskonvention als Auslegungshilfe heranzuziehen." Durch Art. 1 Abs. 2 GG werde dabei „verdeutlicht, dass die

---

[51] Dies geht über BVerfGE 111, 307 (319) hinaus, wo die Nichtbeachtung des Völkervertragsrechts nur zugelassen wurde, soweit „ein Verstoß gegen tragende Grundsätze der Verfassung abzuwenden ist."

[52] Diese setzt nicht den Vorrang der Vertragsgesetze, dagegen etwa *Streinz* (Fn. 47), Art. 25 Rn. 30 m.N., voraus, s. zu Fn. 46.

Grundrechte auch als Ausprägung der Menschenrechte zu verstehen sind und diese als Mindeststandard aufgenommen haben ... ."[53]

Soweit es dabei darum gehen sollte, *Völkerrechtsverstöße durch Bestimmungen des GG selbst* gegen die Garantien der EMRK zu vermeiden, bleibt die Reichweite begrenzt; wie *Eckart Klein* angemerkt hat, wird dieser Fall „in der Praxis angesichts der identischen Wertungsgrundlagen kaum vorkommen."[54] Dies gilt vor allem dann, wenn man nicht den Fehler macht, die mehr oder weniger weitgehende Reichweite in dieselbe Richtung wirkender Grund- und Menschenrechte[55] als Normwiderspruch aufzufassen.[56] Wie im Verhältnis von Bundes- zu Landesgrundrechten[57] setzt eine Kollision vielmehr konträre, gegenläufige Normanordnungen voraus, wobei die Bestimmungen der einen Ebene genau das verbieten, was die der anderen Ebene selbst beinhalten oder gebieten. Auch dies kann allerdings der Fall sein,[58] wenn eine Freiheitsgarantie der EMRK auf ein verfassungsrechtliches oder verfassungsrechtlich zwingend gefordertes Verbot trifft,[59] das sich auch aus grundrechtlich abgeleiteten Schutzpflichten ergeben kann,[60] oder wenn umgekehrt eine Schutzpflicht nach der

---

[53] BVerfGE 128, 326 (369) unter nicht ganz exaktem Verweis „vgl. BVerfGE 74, 358 (370); 111, 307 (329)"; im Rahmen der Auslegung bzw. Anwendung des GG war die EMRK schon weit früher (in unterschiedlicher Weise) berücksichtigt worden, vgl. etwa BVerfGE 14, 174 (186); 19, 342 (347 f.); 20, 162 (208); 31, 58 (67 f.); 35, 202 (232 f.); 35, 311 (320); 42, 243 (251); 47, 46 (69, 77); 57, 250 (283); 71, 206 (216 f.); 74, 102 (121); später ferner etwa BVerfGE 82, 106 (114 ff., Abw. M.: 122 ff.); 83, 119 (128); 92, 158 (163) (nur tatbestandliche Bezugnahme); 94, 166 (219; mit anderem Ergebnis Abw. M. S. 230 ff.); 96, 152 (170); 100, 313 (363); 103, 44 (62); 107, 339 (Abw. M. 394, zur eigentlich anstehenden Verfassungsrechtsfortbildung mit Blick auf EMRK und Entscheidungen des EGMR); 107, 395 (408 f.); 113, 273 (316: gegen materielle Synchronisierung der Rechtsordnungen); 123, 267 (373).

[54] FS Stern, 396.

[55] Zutreffend für einen gegenüber Art. 16 Abs. 2 S. 2 GG a. F. möglicherweise weitergehenden Abschiebungsschutz aus Art. 3 EMRK etwa ganz „selbstverständlich" BVerfGE 74, 51 (67); auch BVerfGE 80, 315 (346) (für Ausweisung und Abschiebung); 81, 142 (155 f.); eher neben den grundrechtlichen Anforderungen nennen BVerfGE 108, 282 (311), Art. 9 EMRK; BVerfGE 108, 129 (147 abw. M.), Art. 3 EMRK; BVerfGE 110, 226 (253), Art. 6 Abs. 3c EMRK.

[56] In diese Richtung aber wohl *Di Fabio* (Fn. 44), 110, der für den Fall, dass aufgrund einer Grundrechtsinterpretation „das Schutzniveau unterhalb der Konventionsgewährleistung läge", ggf. einen „offenen Widerspruch" annähme, der „regelmäßig nicht in Einklang mit dem Grundgesetz zu bringen wäre".

[57] Dazu näher *M. Sachs*, DÖV 1985, 469 ff.; *H. Maurer*, HGrR III, 2009, § 82 Rn. 62 f.

[58] Zu Fällen der Beteiligung mehrerer Grundrechtsträger s. auch *E. Klein*, in: FS Stern, 2012, 396 f., mit Kritik an BVerfGE 111, 307 (327 f.).

[59] Denkbar etwa für ein durch Art. 33 Abs. 5 GG gefordertes Streikverbot für Beamte gegenüber einem in der EMRK begründeten Beamtenstreikrecht; dazu aus neuerer Zeit OVG NRW mit Anm. *M. Sachs*, NWVBl 2012, 306 m.w.N.; ferner *J. M. Hoffmann*, NdsVBl 2012, 151 ff. *Klein* (Fn. 58), 399, nimmt dazu an, es könne „an dem Streikverbot für alle Beamten nicht mehr festgehalten werden".

[60] So, wenn die staatliche Schutzpflicht für Leben und Unversehrtheit seiner Bürger den Staat zwänge, gefährliche Wiederholungstäter entgegen den Vorgaben der EMRK in Haft zu behalten.

EMRK den Staat zu gesetzlichen Freiheitsbeschränkungen zwänge, die im Gegensatz zu Grundrechten des GG stünden.[61]

Letztlich geht es dem BVerfG wohl eher darum, durch Angleichung der Anforderungen des GG an die der EMRK sicherzustellen, dass konventionswidrige Bundesgesetze bzw. ihre konventionswidrige Auslegung zugleich Verletzungen des GG darstellen, damit sie dann schon auf der innerstaatlichen Ebene verfassungswidrig sind bzw. verhindert werden können.[62] Die dazu bemühte Figur der „Auslegungshilfe", der Ausschluss einer Einschränkung des Grundrechtsschutzes des GG,[63] die Absage an eine „schematische Parallelisierung" grundgesetzlicher Begriffe, die Grenze methodischer Unvertretbarkeit und die Notwendigkeit schonender Einpassung in das nationale Rechtssystem, die gar mit dem Passepartout des Verhältnismäßigkeitsprinzips bewältigt werden soll,[64] sind mit all ihren Unsicherheiten entbehrlich,[65] wenn – wie oben vorgeschlagen – Verstöße gegen die Garantien der EMRK als solche gegen den Verfassungsgrundsatz der Völkerrechtsfreundlichkeit des GG gesehen werden. Verfassungsprozessual besteht auch bei diesem Ansatz die vom BVerfG über das „in seinem Schutzbereich berührte Grundrecht in Verbindung mit dem Rechtsstaatsprinzip" eröffnete Möglichkeit der Verfassungsbeschwerde[66] (wie der Vorlage nach Art. 100 Abs. 1 GG), weil das konventionswidrige Gesetz das berührte parallele Grundrecht des GG, notfalls das Auffanggrundrecht des Art. 2 Abs. 1 GG, wegen der Vernachlässigung des Grundsatzes der Völkerrechtsfreundlichkeit in nicht in jeder Hinsicht verfassungsgemäßer Weise beschränkt.

III. Zur Bedeutung der Rechtsprechung des EGMR für das deutsche Recht

Dass die erhöhte Bedeutung der EMRK, unabhängig von der Konstruktion im Einzelnen, auch auf die der Rechtsprechung des EGMR ausstrahlen muss, liegt

---

[61] So die Grundkonstellation in den sog. Caroline-Fällen (Fn. 5).

[62] Deutlich in diese Richtung BVerfGE 128, 326 (369): Die Heranziehung der EMRK ... „als Auslegungshilfe auf der Ebene des Verfassungsrechts über den Einzelfall dient dazu, den Garantien der Menschenrechtskonvention in ... Deutschland möglichst umfassend Geltung zu verschaffen, und kann ... Verurteilungen der Bundesrepublik ... vermeiden helfen." Zur Frage der Verstöße des BVerfG selbst gegen die EMRK etwa *R. Fiedler,* Bundesverfassungsgericht und Völkerrecht, 2010, 87 ff.

[63] Der für die Fälle von „Grundrechtskollisionen" nicht gedacht und gerade bei diesen kaum durchzuhalten ist. Jedenfalls hat dieses „Rezeptionshemmnis", BVerfGE 128, 326 (371), das BVerfG nicht gehindert, die frühere Sicht der Pressefreiheit des GG im Verhältnis zum allgemeinen Persönlichkeitsrecht, vgl. BVerfGE 101, 361 (391 ff.), im Sinne des EGMR zu korrigieren, s. BVerfGE 120, 180 (199 ff.).

[64] BVerfGE 128, 326 (368 ff.) m.w.N.

[65] Zurückhaltend gegenüber völkerrechtskonformer Verfassungsauslegung etwa *R. Bernhardt,* in: FS Steinberger, 2002, 391 (395 ff.).

[66] So ausdrücklich (gegenüber Gerichtsentscheidungen) BVerfGE 111, 307 (316, 328 ff.); 124, 300 (319).

auf der Hand, ebenso, dass die damit aufgeworfenen Fragen für den Jubilar als Menschen- und Verfassungsprozessrechtler von besonderem Interesse sein müssen.[67] Aus Raumgründen müssen gleichwohl einige Bemerkungen genügen.

Was den vom EGMR entschiedenen Einzelfall betrifft,[68] hat das BVerfG in der Sache Görgülü einige Mühe darauf verwenden müssen, die Bedeutung der Entscheidung in den Grenzen ihrer res iudicata gegenüber beanstandeten, aber ja vom EGMR nicht aufgehobenen Gerichtsentscheidungen klarzustellen und durchzusetzen;[69] allerdings bleiben die Konturen der angenommenen, auf Art. 20 Abs. 3 GG gestützten Berücksichtigungspflicht[70] doch etwas vage. Später hat es zur Sicherungsverwahrung die Rechts- und Gesetzeskraft einer eigenen Vereinbarerklärung nach einem Verdikt des EGMR über eben dieses Gesetz zurücktreten lassen, indem es dessen Urteil wie eine Änderung der Rechtslage behandelt hat;[71] der Umstand, dass die Berücksichtigung der EMRK in der der Auffassung des EGMR entsprechenden Interpretation auch vorher schon möglich gewesen wäre, blieb unberücksichtigt. Die anschließende Feststellung der Verfassungswidrigkeit der gesetzlichen Bestimmungen zur Sicherungsverwahrung nahm den Gesetzgeber aus der eigentlich ihn treffenden Pflicht, seinerseits die Konsequenzen aus dem Straßburger Spruch zu ziehen und die beanstandeten Normen aufzuheben.[72] In anderem Zusammenhang hat das BVerfG eine Übergangsregelung getroffen, um sicherzustellen, dass eine vom EGMR für konventionswidrig erklärte, auch verfassungswidrige Gesetzesbestimmung von den Gerichten nicht mehr übergangsweise angewendet würde.[73]

Darüber hinaus nimmt das BVerfG allgemein[74] eine den Einzelfall überschreitende Bedeutung von Aussagen des EGMR aufgrund der „jedenfalls faktischen Orientierungs- und Leitfunktion" oder auch „zumindest faktischen Präzedenzwirkung" dieser Entscheidungen an, um Konflikte mit dem Völkerrecht nach Möglichkeit

---

[67] Vgl. zu den Wirkungen der Urteile des EGMR allgemein nur *E. Klein,* HGrR VI/1, 2010, § 150 Rn. 117 ff.

[68] Dazu instruktiv schon *E. Klein,* JZ 2004, 1176 ff.

[69] Nach BVerfGE 111, 307 (319 ff.) noch BVerfG (K) NJW 2005, 1105 ff., 1765 ff. und 2685 ff.; dazu etwa *R. Lamprecht,* NJW 2007, 2744 ff.

[70] Erneut BVerfGE 128, 326 (368).

[71] BVerfGE 128, 326 (364 f.); in BVerfGE 92, 91 (107 f.), war wegen der Abhängigkeit der Entscheidung des EGMR von den tatsächlichen Gegebenheiten in dem betroffenen Land noch offen geblieben, ob für eine Parallelvorschrift eines anderen Landes die Beachtenspflicht des Art. 53 EMRK a.F. deren (ipso iure) Unanwendbarkeit zur Folge haben könnte.

[72] Demgegenüber sehr kritisch *Ch. Hillgruber,* JZ 2011, 861 (870 f.).

[73] BVerfGE 127, 132 (163 f.).

[74] Auf die Besonderheiten bei Entscheidungen im sog. Pilotverfahren kann hier nur hingewiesen werden, s. dazu etwa EGMR, NJW 2010, 3355 Rn. 59 ff. m. Anm. *J. Meyer-Ladewig*; *Grabenwarter/Pabel* (Fn. 11), § 16 Rn. 7; *J. Meyer-Ladewig,* EMRK, 3. Aufl. 2011, Art. 46 Rn. 7 ff.; *J. Eschment,* Musterprozesse vor dem Europäischen Gerichtshof für Menschenrechte, 2011, jeweils m.w.N.; zuletzt *M. Breuer,* EuGRZ 2012, 1 ff. Zu Konsequenzen etwa das Gesetz v. 24.11.2011, BGBl I, 2302, und dazu *A. Guckelberger,* DÖV 2012, 289 ff.

zu vermeiden.[75] Sieht man auch dies in noch näher zu bestimmenden Grenzen[76] als Ausdruck des Verfassungsgrundsatzes der Völkerrechtsfreundlichkeit des GG, könnte auch insoweit zwanglos eine verfassungsrechtliche, vom BVerfG auf Verfassungsbeschwerde hin zu kontrollierende Pflicht der Staatsorgane einschließlich der Gesetzgebung angenommen werden.

---

[75] BVerfGE 128, 326 (368 f.); nur andeutungsweise schon in BVerfGE 111, 307 (320).

[76] BVerfGE 128, 326 (403), lehnt zutreffend eine strenge Präjudizienbindung ab, die es freilich selbst über § 31 Abs. 1 BVerfGG für sich in Anspruch nimmt; dem zustimmend *Klein* (Fn. 25), Rn. 1450 ff. m.w.N.; ablehnend *M. Sachs*, in: FS Kriele, 1997, 431 (439 ff.) m.w.N. Vorsicht ist mit Rücksicht auf die oft maßgeblichen Unterschiede der nationalen Rechtsordnungen insbes. bei nicht gegen Deutschland ergangenen Entscheidungen des EGMR angezeigt; allerdings für die Anknüpfung an die zur Türkei ergangenen Entscheidungen des EGMR (hinsichtlich des Streikverbots für Beamte) *Klein* (Fn. 59).

Minderheitenschutz und Minderheitenrechte in der Bundesrepublik Deutschland

Von *Carola Schulze*

I. Einleitung

Im Rahmen meines Beitrages zur Festschrift anlässlich des 70. Geburtstages des Staats- und Völkerrechtlers *Eckart Klein* ist es mir ein besonderes Anliegen, aus seinem umfangreichen wissenschaftlichen Werk eines seiner Themen aufzugreifen, mit dem er sich während seines gesamten wissenschaftlichen Lebens immer wieder auseinandergesetzt hat. Das ist die Frage der Konzeption und Durchsetzung des Minderheitenschutzes und von Minderheitenrechten. Sie stand zwar nicht im Vordergrund seiner Forschungstätigkeit, ist aber mit seinem Hauptthema – der Problematik des Menschenrechtsschutzes – untrennbar verknüpft. Zudem zeigt sich gerade an der Behandlung des Minderheitenschutzes die für *Eckart Klein* typische streitbare, konsequente und konservative Haltung im positiven Sinne des Wortes.

II. Bedeutung des Minderheitenschutzes

Das Recht der Minderheiten ist nicht nur ein weltweites und insbesondere auch ein europäisches, sondern auch ein deutsches Problem. Nicht einmal zehn Prozent der rund 200 Mitglieder der Vereinten Nationen sind ethnisch homogen. Ebenso beherbergen nahezu alle europäischen Staaten – auch Deutschland – Minderheiten, einschließlich ethnischer Volksgruppen.[1]

Nachdem in der Zeit des Zusammenbruchs der osteuropäischen Staaten – einschließlich der DDR – das Minderheitenproblem in den 90er Jahren des 20. Jahrhunderts in das Zentrum der völkerrechtlichen und zunehmend auch der staatsrechtlichen Diskussion gerückt worden war, ist heute hinsichtlich dieser Frage – zumindest in Deutschland – Ruhe eingekehrt. Minderheitenschutz wird in Deutschland routinemäßig und ohne größere Konflikte, insbesondere auf der Ebene der Länder, in denen Minderheiten leben, verwirklicht. Eine minderheitenfreundliche Haltung kann sich Deutschland auch deshalb erlauben, weil die hier lebenden Minderheiten nach Kulturautonomie und staatlicher Förderung, aber nicht nach staatlicher Abspaltung und Eigenstaatlichkeit streben.[2] Dabei sind eine Reihe von politischen und rechtlichen

---

[1] *M. Krugmann*, Das Recht der Minderheiten. Legitimation und Grenzen des Minderheitenschutzes, 2004, 48.

[2] *D. Franke/R. Hofmann*, EuGRZ 1992, 401 (402).

Problemen, die mit der Wende 1989/90 hinsichtlich des Minderheitenschutzes aufgetreten sind, bis heute ungelöst. Das betrifft den Minderheitenschutz als Verknüpfung von Staatszielbestimmung, Volksgruppenrecht und individuellen Minderheitenrechten. Das tangiert auch den Verzicht auf Schaffung der multikulturellen Gesellschaft und die auch gesetzlich im Zuwanderungsrecht geregelte Forderung nach Integration in die nationalstaatliche Gesellschaft bezüglich der sog. neuen Minderheiten. Das berührt last but not least die politische Interessenvertretung der nationalen Minderheiten.

In meinem Beitrag, der sich mit staatsrechtlichen Problemen des Minderheitenschutzes beschäftigt, will ich auf einige neue, offene und streitige wissenschaftliche Fragestellungen eingehen und die Rechtslage der Minderheiten in Deutschland charakterisieren.

1. Innerstaatlicher Minderheitenschutz

Minderheitenschutz ist eine völkerrechtliche und eine innerstaatliche Aufgabe.[3] Das ergibt sich *zum einen* daraus, dass ethnische Konflikte in den sog. Vielvölkerstaaten die internationale Sicherheit berühren, *zum anderen* auch daraus, dass Minderheiten nationale Minderheiten sind, die ihre sich in der Gruppenzugehörigkeit ausdrückende Identität als Ausdruck ihrer Autonomie und der Menschenwürde bewahren möchten.

Die Bedeutung des Minderheitenschutzes für die Bundesrepublik Deutschland zeigt sich vor allem unter zwei Aspekten:

Zum einen sind in Deutschland einige Bevölkerungsgruppen beheimatet, die sich als nationale Minderheiten verstehen. *Zum anderen* begreift sich Deutschland als Fürsprecher der deutschen Minderheiten in den ehemals sozialistischen Ländern (Sowjetunion, Ungarn u. a.) und ist aufgrund der großzügigen Handhabung des Art. 116 GG zum Einwanderungsland für die deutschen Minderheiten dieser Länder geworden.[4]

Obwohl der innerstaatliche Minderheitenschutz entscheidende Impulse vom völkerrechtlichen Minderheitenschutz empfängt und der nationale Staat an die völkerrechtlichen Minderheitenstandards gebunden ist, hängt seine Qualität letztlich vom innerstaatlichen Minderheitenschutz ab. Der nationale Staat kann weit über das völkerrechtlich vorgegebene Maß des Minderheitenschutzes hinausgehen und i. d. R. werden im Vergleich zum völkerrechtlichen Minderheitenschutz Minderheitenrechte erst durch das staatliche Recht begründet.[5] Der innerstaatliche Minderheitenschutz für Minderheiten zielt darauf ab, diesen Personengruppen lebenswerte Bedingungen

---

[3] *D. Murswiek*, in: J. Isensee/P. Kirchhof (Hrsg.), HStR, Bd. VIII, 1995, § 201, Rn. 5.
[4] *Franke/Hofmann*, EuGRZ 1992, 401 (402).
[5] *Murswiek* (Fn. 3), Rn. 5.

für ihr Verbleiben in dem angestammten Siedlungsgebiet des Landes, in dem sie leben und dessen Staatsangehörigkeit sie besitzen, zu schaffen.[6]

Bei der Gewährleistung von innerstaatlichem Minderheitenschutz hat sich der Staat „jeder Steuerung der Zuordnung von Personen zu einer Minderheit"[7] zu enthalten. Er muss von der Autonomie des Einzelnen, die wesentlich auf der Selbstzuordnung beruht, ausgehen. So wird in Deutschland auch vom freien Bekenntnis zu anerkannten nationalen Minderheiten ausgegangen. Das erhöht die Identifikation derjenigen, die sich zu einer nationalen Minderheit bekennen, zu dieser Volksgruppe und verhindert die mit einer staatlichen Verordnung der Gruppenzugehörigkeit verbundenen Missbrauchsgefahren und die Gefahr der bloßen Folklorisierung von nationalen Minderheiten. Der Staat sollte bei der Festschreibung des Minderheitenschutzes auch auf Regelungen verzichten, die den Angehörigen nationaler Minderheiten ein höheres Maß an Loyalität auferlegen als den übrigen Staatsangehörigen.[8] So ist nach Auffassung von *Eckart Klein* schon der Hinweis in den Landesverfassungen, die Minderheitenschutzregelungen enthalten, verfehlt, dass das Bekenntnis zu einer nationalen Minderheit nicht von den allgemeinen staatsbürgerlichen Pflichten entbindet.[9]

Für den Minderheitenschutz im föderalistischen Staat der Bundesrepublik Deutschland bietet das bundesstaatliche Prinzip günstige Rahmenbedingungen. So ist es für die innerstaatliche rechtliche Ausgestaltung des Minderheitenschutzes einerseits von großer Bedeutung, dass die Grundlegung für den individual- und kollektivrechtlichen Minderheitenschutz bereits in der bundesstaatlichen Verfassung erfolgt. Eine Ergänzung des Grundgesetzes über das Diskriminierungsverbot ethnischer Minderheiten um eine Minderheitenschutzklausel in Bezug auf die nationalen Minderheiten wäre für die Effektivität und Vollständigkeit des Minderheitenschutzes zukünftig wünschenswert. Hinzu kommt die sachnahe Regelung des Minderheitenschutzes vor allem in den Landesverfassungen Sachsens, Brandenburgs und Schleswig-Holsteins, die nicht nur das Bewusstsein für die Verschiedenartigkeit des Minderheitenschutzes und für seine Akzeptanz fördert, sondern zugleich zu einer Entlastung des Gesamtstaates und zum Zusammenwirken von Bund und Ländern beim Minderheitenschutz beitragen kann.[10]

---

[6] *E. Klein*, in: J. Isensee/P. Kirchhof (Hrsg.), HStR, Bd. VIII, 1995, § 200, Rn. 12.

[7] *E. Klein*, in: D. v. Blumenwitz/H. v. Mangoldt (Hrsg.), Neubestätigung und Weiterentwicklung von Menschenrechten und Volksgruppenrechten in Mitteleuropa, 1991, 51 (55).

[8] *Klein*, a.a.O., 56.

[9] Ebenda.

[10] Ebenda.

2. Minderheitenbegriffe

Die Definition der Minderheit gehört nach Auffassung *Eckart Kleins*[11] zu den schwierigsten Fragen des Minderheitenrechts. Dies hat seiner Meinung nach dazu geführt, „dass eine einheitliche Begriffsbestimmung, die allgemein konsensfähig ist, bislang nicht gefunden wurde".[12] Das ist bis heute der Fall. Primär geht es dabei um die Frage, ob für den Minderheitenstatus die Verleihung der Staatsangehörigkeit des Staates konstituierend ist, in dem die Minderheiten leben.[13] In der rechtlichen Praxis arbeitet man mit dem völkerrechtlichen und dem staatsrechtlichen Begriff der Minderheiten. Kritisch anzumerken ist, dass beide nicht oder nur unzureichend die aufgrund der umfangreichen Migrationsbewegungen hinzu gekommenen neuen Minderheiten umfassen.

a) Die völkerrechtliche Definition der Minderheit

Die Definition des völkerrechtlichen Begriffs der Minderheit ist bis heute umstritten. Dem Völkerrecht selbst kann keine Legaldefinition von Minderheiten entnommen werden. Im Internationalen Pakt über bürgerliche und politische Rechte (IPBPR)[14] und im Rahmenübereinkommen des Europarates zum Schutz nationaler Minderheiten[15] wurde von einer Legaldefinition abgesehen.

Trotz aller Meinungsverschiedenheiten orientiert sich der überwiegende Teil des völkerrechtlichen Schrifttums an einem Vorschlag der Definition der Minderheit von *Francesco Capotorti*, die dieser als Berichterstatter der Unterkommission über die Verhinderung der Diskriminierung und des Schutzes von Minderheiten der UN-Menschenrechtskommission für das Minderheitenbegriffsverständnis des Art. 27 IPBPR unterbreitet hat. Bezogen auf Art. 27 IPBPR[16] sei eine Minderheit zu definieren als „eine der übrigen Bevölkerung eines Staates zahlenmäßig unterlegene Gruppe, die keine herrschende Stellung einnimmt, deren Angehörige – Bürger dieses Staates – in ethnischer, religiöser oder sprachlicher Hinsicht Merkmale aufweisen, die sie von der übrigen Bevölkerung unterscheiden, und die, zumindest implizit, ein Gefühl

---

[11] *E. Klein*, in: M. Mohr (Hrsg.) Friedenssichernde Aspekte des Minderheitenschutzes in der Ära des Völkerbundes und der Vereinten Nationen in Europa, 1996, 211.

[12] Ebenda.

[13] *Krugmann* (Fn. 1), 51.

[14] BGBl. II v. 20. Nov. 1973, 1533.

[15] BGBl. II v. 29. Juli 1997, 1408 sowie EuGRZ 1995, 268 ff.

[16] Art. 27 IPBPR hat folgenden Wortlaut: „In Staaten mit ethnischen, religiösen oder sprachlichen Minderheiten darf Angehörigen solcher Minderheiten nicht das Recht vorenthalten werden, gemeinsam mit anderen Angehörigen ihrer Gruppe ihr eigenes kulturellen Leben zu pflegen, ihre eigene Religion zu bekennen und auszuüben oder sich ihrer eigenen Sprache zu bedienen." BGBl. II v. 20. Nov. 1973, 1533.

der Solidarität bezeigen, das auf die Bewahrung der eigenen Tradition, der eigenen Religion oder der eigenen Sprache gerichtet ist".[17]

Die Merkmale dieser Definition kann man unter vier relativ klaren und unumstrittenen Kriterien zusammenfassen: die numerische Inferiorität, die schwächere Position der Minderheit gegenüber der Mehrheit, die spezifischen, ethnischen, religiösen und/oder sprachlichen Charakteristika der Minderheitengruppe und das Vorhandensein eines gewissen Solidaritätsgefühls innerhalb der Minderheit.[18] Geht eines dieser Kriterien verloren, geht die Personengruppe der Minderheitenidentität verlustig.

Streitig diskutiert wird bis heute die Frage, ob die Minderheit die Staatsangehörigkeit des Staates besitzen muss, dessen Minderheitsstatus sie beansprucht.

Für die Anwendung von Art. 27 IPBPR wird nach wie vor als die herrschende Ansicht vertreten, dass Personen, die die Staatsbürgerschaft ihres Aufenthaltsstaates nicht besitzen, nicht unter den völkerrechtlichen, sondern nur unter den faktischen Minderheitenbegriff fallen. Das führt zur Begrenzung des Minderheitenschutzes ausdrücklich auf die seit jeher im Staatsgebiet lebenden Minderheiten – die sog. autochthonen Minderheiten – und schließt den Minderheitenschutz von Zuwanderern ausdrücklich aus. Dieser Ansatz ist nach Auffassung *Eckart Kleins* vernünftig, weil eine „Erstreckung des Minderheitenschutzes auf Nichtstaatsangehörige eine unrealistische Überforderung der Staaten bedeuten"[19] würde.

b) Staatsrechtlicher Minderheitenbegriff

Einen einheitlichen staatsrechtlichen Minderheitenbegriff gibt es in Deutschland nicht. Es mangelt bereits wegen der fehlenden Minderheitenschutzklausel im Grundgesetz auf der Ebene des Bundesrechts an einer Minderheitendefinition. So muss man zur Auslegung des Rechtsbegriffs Minderheit auf die von der Bundesregierung außenpolitisch vertretene Minderheitendefinition zurückgreifen, die anlässlich der deutschen Unterzeichnung und Ratifizierung des Rahmenabkommens des Europarates zum Schutz nationaler Minderheiten gegeben wurde.[20] Danach haben de lege lata die Dänen und Sorben Minderheitenstatus. Gemäß der Erklärung zum Rahmenabkommen wird das Übereinkommen auch auf die Nordfriesen sowie die Sinti und Roma angewandt. Dabei existiert in Deutschland Konsens darüber, dass sich nur Minderheitsangehörige mit deutscher Staatsangehörigkeit auf Minderheitenrechte berufen können.[21] Das hat zur Folge, dass zumindest auf Bundesebene Ausländer und Zuwanderungsgruppen – analog dem völkerrechtlichen Minderheitenbegriff –

---

[17] *F. Capotorti*, Minorities, in: R. Bernhardt u. a. (Hrsg.), Encyclopedia of Public International Law, Vol. 8, 1985, 385 f.
[18] So *M. Pallek*, AöR 125 (2000), 587 (594).
[19] *Klein* (Fn. 6), Rn. 43.
[20] BT-Drucks. 13/6912, 18.
[21] *Pallek*, AöR 125 (2000), 587 (610).

sich nicht auf den Minderheitenstatus und die damit verknüpften Minderheitenrechte berufen können.

Im Vergleich zur Bundesebene sind die auf Landesebene in den Landesverfassungen vertretenen Minderheitenbegriffe allerdings ausgesprochen heterogen. Neben dem traditionellen Minderheitenbegriff, der nur die klassischen Minderheiten in den Schutz und die Förderung einbezieht (Verfassung des Landes Brandenburg in Bezug auf die sorbische Minderheit z. B.)[22], werden auch weite Minderheitenbegriffe vertreten (Verfassung des Freistaates Sachsen, die neben der traditionellen nationalen Minderheit der Sorben auch die Interessen ausländischer Minderheiten und derer Angehörigen schützt[23]).

Auch in der Wissenschaft wird neben dem traditionellen Minderheitenbegriff[24] ein weiter Minderheitenbegriff befürwortet.[25]

c) Exkurs: Weiter Minderheitenbegriff

Wie bereits gezeigt, wird der weite Minderheitenbegriff insbesondere in der Literatur und im rechtlichen Rahmen z. T. auf der Ebene der Landesverfassungen verwendet.

Nach *Krugmann* umfasst der Begriff neue ethnische Minderheiten diejenigen Personen und Personengruppen, die aus den unterschiedlichsten Gründen trotz der bestehenden Nähe nicht zum Kreis der rechtlich anerkannten Minderheiten gezählt werden.[26] Damit sollen im Ergebnis diese Personen und Personengruppen vom Minderheitenschutz ausgeschlossen werden. Betroffen hiervon sind insbesondere Zuwanderungsminderheiten und Ausländer. In erster Linie spielen dafür die Befürchtungen vieler Staaten eine Rolle, dass diese neuen Minderheiten Minderheitenrechte und damit Sonderrechte beanspruchen könnten.[27] Deshalb beharren sie – einschließlich Deutschland – bis heute auf den Kriterien der Staatsangehörigkeit und dem Erfordernis des Bestehens langjähriger, fester und dauerhafter Beziehungen zum Aufenthaltsstaat für die Anerkennung des Minderheitenstatus, erkennen aber zunehmend wegen der menschenrechtlichen Begründung und Entwicklung der Minderheitenrechte, die gerade nicht am Kriterium der Staatsangehörigkeit anknüpfen, auch für die neuen Minderheiten die Notwendigkeit von Minderheitenschutz an. Dieser hat eine spezifische Zielstellung:[28] Denn während der traditionelle Minderheitenschutz darauf gerichtet ist, Hergebrachtes und Traditionelles zu bewahren und deshalb die

---

[22] v. 20. Aug. 1992, GVBl., 293.

[23] v. 27. Mai 1992, GVBl., 243.

[24] D. *Blumenwitz*, in: Forschungsergebnisse der Studiengruppe Politik und Völkerrecht, 1992, 27.

[25] C. *Tomuschat*, in: FS Mosler, 1993, 949 (960).

[26] *Krugmann* (Fn. 1), 50.

[27] H. *Klebes*, EuGRZ 1993, 148 (150).

[28] Ebenda.

Kulturerhaltungsfunktion und die Kulturautonomie im Zentrum stehen und damit die Abwendung des Assimilationsdrucks, der von der Mehrheitsbevölkerung ausgeht, ist das Schutzbedürfnis der Zuwanderungsminderheit darauf gerichtet, eine nachhaltige Integration in den Aufenthaltsstaat zu erreichen und diese Integration durch einen effektiven Diskriminierungsschutz zu garantieren.[29] Das spiegelt wider, dass sich bei der Zuwanderungsminderheit der Minderheitenschutz mit der Zuwanderungs- und Einbürgerungspolitik überschneidet[30] und von deren Zielen wesentlich mitbestimmt wird.

Geht man realitätsbezogen neben den traditionellen auch von den neuen Minderheiten in Deutschland aus, dann ist die Lösung in der differenzierten rechtlichen Ausgestaltung des Minderheitenschutzes zu suchen. Neben einem allgemeinen Achtungsanspruch für alle Minderheiten ist ein Schutz- und Förderungsanspruch für die traditionellen Minderheiten mit Sonderrechten für diese zu installieren.

Im Ergebnis ist *Eckart Klein* zuzustimmen, der fordert, sich von einer für alle Zusammenhänge gültigen Minderheitendefinition zu verabschieden und bereichsspezifische Minderheitenbegriffe zu erarbeiten, die mit einer unterschiedlichen Qualität des Minderheitenschutzes verbunden sind.[31]

3. Arten des Minderheitenschutzes

Im Verlauf der geschichtlichen Entwicklung haben sich verschiedene Grundtypen des Minderheitenschutzes herausgebildet. Ihre gemeinsamen Ziele bei unterschiedlichen Methoden sind die friedenswahrende Wirkung effektiven Minderheitenschutzes und die Sicherung eines menschenwürdigen Lebens der Minderheitsangehörigen[32] bei Wahrung ihrer Kulturautonomie.

Die grundsätzlichen Lösungsmodelle für den staatlichen Minderheitenschutz sind:

– Diskriminierungsverbot,

– Staatsziel Minderheitenschutz und Minderheitenförderung,

– Minderheitenschutz als individualrechtlicher Schutz,

– kollektiver Minderheitenschutz.

---

[29] M. *Pallek*, Der Minderheitenschutz im deutschen Verfassungsrecht, 2001, 444; auch S. *Walz*, Gemeinschaftsgrundrechte und der Schutz von Minderheiten, 2006, 53.
[30] *Franke/Hofmann*, EuGRZ 1992, 401.
[31] *Klein* (Fn. 11), 211.
[32] So A. *Siegert*, Minderheitenschutz in der Bundesrepublik Deutschland, 1998, 54.

a) Diskriminierungsverbot

Die Bedeutung des Diskriminierungsverbots unter den Arten des Minderheitenschutzes besteht vor allem darin, dass Minderheitsangehörige, insbesondere wegen ihrer Andersartigkeit im Vergleich zu der Bevölkerungsmehrheit, stark gefährdet sind, benachteiligt zu werden.[33] Deshalb haben die staatlichen Behörden diskriminierende Maßnahmen nicht nur gegenüber Einzelpersonen (individuelles Diskriminierungsverbot), sondern auch gegenüber Personengruppen (kollektives Diskriminierungsverbot) zu unterlassen.[34] Das individuelle Diskriminierungsverbot verbietet die Benachteiligung des einzelnen Minderheitenangehörigen sowohl in den Freiheitsrechten als auch in den staatsbürgerlichen Rechten.[35]

Da der Integrationsprozess Minderheiten verstärkt Assimilationstendenzen aussetzt und die Minderheit durch einfache Diskriminierung nicht ausreichend geschützt werden kann, bedarf es auch Maßnahmen der positiven Diskriminierung,[36] die sich in einer temporären Bevorzugung von Minderheitsangehörigen zeigen und ausdrücklich besonderen Minderheiten eine spezielle Förderung der Gruppe oder der Gruppenangehörigen gewähren.[37] Trotz seiner Bedeutung darf Minderheitenschutz nicht auf ein Diskriminierungsverbot verkürzt werden: Es ist nur der Anfang des Minderheitenschutzes[38] und setzt weitere Arten des Minderheitenschutzes voraus. Zudem entzieht eine strikte Gleichbehandlung dem Minderheitenschutz nach Auffassung *Eckart Kleins* letztlich die Grundlage.[39]

b) Staatsziel Minderheitenschutz und Minderheitenförderung

Die Staatszielbestimmung Minderheitenschutz und -förderung sollte einen Achtungsanspruch und eine Schutz- und Förderklausel umfassen. Während die Achtungsklausel auch die sog. neuen Minderheiten umfassen sollte, sollte die Schutz- und Förderklausel auf die autochthonen Minderheiten begrenzt sein. Während die Achtungsklausel lediglich fordert, dass alle staatlichen Maßnahmen, die sich gegen die Minderheiten und deren ethnische kulturelle und sprachliche Identität richten, zu unterlassen sind, verpflichtet die Schutz- und Förderklausel den Staat auf positive Maßnahmen gegenüber den nationalen Minderheiten.[40] Eine solche Staatszielbestimmung zum Minderheitenschutz hat die Aufgabe, der Staatstätigkeit die fort-

---

[33] *Walz* (Fn. 29), 69.
[34] *Blumenwitz* (Fn. 24), 66.
[35] *Blumenwitz*, a.a.O., 65.
[36] Affirmative actions.
[37] *Siegert* (Fn. 32), 64.
[38] *O. Kimmich*, Rechtsprobleme der polyethnischen Staatsargumentation, 1985, 87.
[39] *Klein* (Fn. 7), 53.
[40] *T. Pastor*, Die rechtliche Stellung der Sorben in Deutschland, 1997, 76.

dauernde Beachtung der Erfüllung bestimmter Aufgaben mit rechtlich verbindlicher Wirkung vorzuschreiben.[41] Sie ist eine Verfassungsnorm mit rein objektiv-rechtlicher Dimension und sieht demzufolge subjektive und damit einklagbare Rechte für die Minderheiten nicht vor.[42]

c) Minderheitenschutz als individualrechtlicher Schutz

Nach Auffassung von *Eckart Klein* findet der Minderheitenschutz seinen gedanklichen Ausgangspunkt in der Würde des Menschen.[43] Dieser Ansatz verleiht dem Minderheitenschutz eine individualrechtliche Dimension. Der individualrechtliche Minderheitenschutz ist das bevorzugte Modell des Minderheitenschutzes des freiheitlich-demokratischen Staates. Sein Schwerpunkt liegt weniger darin, den einzelnen Angehörigen einer Minderheit den vollen Schutz der Menschenrechte zukommen zu lassen, sondern darin, den Minderheitenangehörigen als Träger der Menschenrechte anzuerkennen.[44] Darüber hinaus sind den Angehörigen von Minderheiten auch minderheitenspezifische Individualgrundrechte zu gewähren, die speziell für Minderheitenangehörige gelten.[45] Diese setzen die Existenz einer Minderheit voraus und knüpfen tatbestandlich an bestimmte Gruppenmerkmale an, schützen aber das Individuum. Dazu gehören z.B. das Recht auf politische Mitwirkung, das Recht auf Führung eines muttersprachlichen Namens, das Recht auf Gebrauch der Muttersprache in der Öffentlichkeit.[46]

d) Kollektiver Minderheitenschutz

Das kollektive Minderheitenschutzrecht dient dem Schutz der durch spezifische Merkmale definierten Gruppe, die sich durch diese Merkmale von der Mehrheitsbevölkerung unterscheidet. Es ist seiner Funktion und seinem Inhalt nach ein Korporationsrecht. Es schützt die Minderheit als Gruppe und ist für die Aufrechterhaltung der Identität der betreffenden Minderheit von großer Bedeutung.[47] Für die Anerkennung eines Gruppenrechts neben dem Individualanspruch sprechen nach Auffassung von *Eckart Klein* zwei Gründe: „Einmal wird der Minderheitenschutz auf diese Weise staatlichem Druck gegenüber resistenter. Zum anderen impliziert die Anerkennung eines Gruppenrechts die Notwendigkeit einer Gruppenorganisation."[48]

---

[41] Bericht der Sachverständigenkommission, 1983, 21, Rz. 7.
[42] *Pastor* (Fn. 40), 73.
[43] *Klein* (Fn. 7), 51.
[44] *Siegert* (Fn. 32), 59.
[45] *Murswiek* (Fn. 3), Rn. 13.
[46] Ebenda.
[47] *Murswiek* (Fn. 3), Rn. 9, 10, 11.
[48] *Klein* (Fn. 7), 52.

Der kollektive Minderheitenschutz kann bestimmte organisatorische Vorkehrungen verlangen, die nur mit Blick auf die Existenz einer bestimmten Minderheit getroffen werden, nicht aber zugunsten eines einzelnen Individuums. In Betracht kommen:

– eine Regelung über die politische Selbstverwaltung und/oder die kulturelle Autonomie der Minderheit in ihrem angestammten Siedlungsgebiet,
– eine Garantie des staatlichen Schulunterrichts in der Minderheitensprache,
– das Recht, in der eigenen Sprache vor den Gerichten zu verhandeln.

Schlussfolgernd bleibt festzustellen, dass die vier Grundtypen des Minderheitenschutzes verschiedene rechtliche Möglichkeiten zur effektiven Verwirklichung der Ziele des Minderheitenschutzes darstellen, die nicht einzeln oder alternativ, sondern im föderalen Staat auf der Ebene der Verfassung des Bundes und der Verfassungen der Länder in Kombination auszugestalten sind.

III. Die rechtliche Lage der Minderheiten in Deutschland

Die rechtliche Lage der Minderheiten in der Bundesrepublik Deutschland ergibt sich aus internationalen Vereinbarungen, Minderheitenregelungen in den Verfassungen auf Bundes- und Landesebene, Minderheitengesetzen und sonstigen Gesetzen und Verordnungen der Länder, die die verschiedenen Interessen der nationalen Minderheiten berücksichtigen.

1. Internationale Vereinbarungen

Unter den internationalen Vereinbarungen sind insbesondere die Europäische Charta der Regional- und Minderheitensprachen vom 05. November 1992[49] und das Rahmenübereinkommen des Europarates zum Schutz nationaler Minderheiten aus dem Jahr 1995[50] zu nennen, das die Bundesrepublik Deutschland am 11. Mai 1995 unterzeichnet hat und das am 01. Februar 1998 auch für Deutschland in Kraft getreten ist.[51]

Für den Minderheitenschutz der nationalen Minderheit der Dänen in Schleswig-Holstein spielen die Bonn-Kopenhagener Erklärungen von 1995, für die Sorben die Protokollnotiz Nr. 14 zu Art. 35 EinigungsV[52] zwischen der BRD und der DDR eine große Rolle. Die Protokollnotiz Nr. 14 schützt die Freiheit des Bekenntnisses zum

---

[49] Abgedruckt in EuGRZ 1993, 154 ff.
[50] Abgedruckt in EuGRZ 1995, 268 ff.
[51] BGBl. 1998 II, 1314 ff.
[52] Vertrag zwischen der Bundesrepublik Deutschland und der Deutschen Demokratischen Republik über die Herstellung der Einheit Deutschlands v. 31. Aug. 1990, BGBl. 1990 II, 903.

sorbischen Volkstum und die sorbische Kultur und sichert die Zweisprachigkeit im öffentlichen Leben.

2. Minderheitenregelungen in den Verfassungen

Eine besondere Bedeutung für die Rechtslage der Minderheiten und den Minderheitenschutz spielen die Minderheitenregelungen auf der Ebene des Grundgesetzes und auf der Ebene der Landesverfassungen, insbesondere in den Ländern, in denen Minderheiten leben.

a) Minderheitenregelung im Grundgesetz

Trotz entsprechender deutscher Verfassungstradition[53] ist der Minderheitenschutz im Grundgesetz bis jetzt nicht ausdrücklich geregelt. Versuche, im Rahmen der vereinigungsbedingten Revision des Grundgesetzes eine Minderheitenschutzklausel in das Grundgesetz aufzunehmen, sind gescheitert, auch als eine „Folge der Unfähigkeit, sich über den Inhalt des Begriffs der Minderheit zu verständigen"[54]. Dennoch sind die Angehörigen von Minderheiten auf der Ebene des Grundgesetzes nicht ohne jeden Schutz. Ihnen kommt entsprechend dem menschenrechtlichen Ansatz des Minderheitenschutzes zum einen der Schutz aus den Freiheitsrechten und zum anderen der Schutz aus den Diskriminierungsverboten des Art. 3 III GG (Verbot der Diskriminierung aufgrund der Abstammung, der Rasse, der Sprache, der Religion) zu.

b) Schutzbestimmungen in den Landesverfassungen

Die sehr konträre Diskussion bezüglich des Minderheitenbegriffs auf der Bundesebene im Zusammenhang mit der Revision des Grundgesetzes im Jahr 1994 spiegelte sich auch auf der Landesebene wider und führte wegen der nahezu zeitgleichen Diskussion um die Landesverfassungen insbesondere in den neuen Bundesländern zur Aufnahme von sehr unterschiedlichen und kompromissformelhaften Minderheitenschutzartikeln[55] in die Landesverfassungen bei Hervorhebung des freien Bekenntnisses zur nationalen Minderheit. Dabei gibt es Landesverfassungen wie die Verfassung des Landes Schleswig-Holsteins[56] und die Verfassung des Landes Brandenburgs[57], die implizieren, dass nur die in ihren Territorien lebenden nationalen Minderheiten (bzw. Volksgruppen) einen Schutz- und Förderungsanspruch genießen, die sog. neuen Minderheiten jedoch vom Minderheitenschutz ausgenommen werden sollen.

---

[53] Vgl. die Minderheitenschutzbestimmungen des Art. 18 der Paulskirchenverfassung und den Art. 113 der Weimarer Reichsverfassung.
[54] *Pallek*, AöR 125 (2000), 587 (588).
[55] *Pallek*, a.a.O., 587 (604 f.).
[56] v. 13. Juni 1990, GVBl., 391.
[57] v. 20. Aug. 1992, GVBl. I, 298.

Andere Landesverfassungen wie z. B. die Verfassung des Freistaates Sachsen[58] und die Verfassung des Landes Sachsen-Anhalt[59] gehen von einem weiten Minderheitenbegriff aus und differenzieren hinsichtlich des Schutzniveaus nach Zuwanderungsgruppen und nationalen Minderheiten.

Schließlich gibt es auch andere Landesverfassungen, in denen z. B. wie in der Verfassung des Freistaates Thüringen[60] lediglich ein Diskriminierungsverbot bezüglich der ethnischen Zugehörigkeit geregelt ist.

Erwähnenswert ist die unterschiedliche Regelungsmethodik hinsichtlich der inhaltlichen Ausgestaltung der Minderheitenschutzklauseln für die nationalen Minderheiten der Sorben. Sie zeigt sich in besonderer Weise anhand des Art. 6 I der Verfassung des Freistaates Sachsens und anhand des Art. 25 I der Verfassung des Landes Brandenburg. Während Art. 6 I S. 1 Verfassung des Freistaates Sachsen die kollektive Gleichberechtigung des sorbischen Volkes gegenüber der deutschen Mehrheitsbevölkerung festschreibt, was sich auch in objektiven Einrichtungsgarantien für sorbische Schulen, vorschulischen und kulturellen Einrichtungen in Art. 6 I S. 2 manifestiert,[61] besteht die Besonderheit der Regelung des Minderheitenschutzes in Art. 25 I S. 1 Verfassung des Landes Brandenburg darin, dass er als Staatszielbestimmung und kollektives Grundrecht festgeschrieben wurde, bei dem die sich hieraus ergebende prozessuale Problematik nur teilweise gelöst wurde.[62] Diese unterschiedliche Regelungsmethodik spiegelt deutlich wider, dass der verfassungsrechtliche Status der Sorben in Sachsen „durchweg auf der Ebene des objektiven Verfassungsrechts geregelt wurde"[63], während der verfassungsrechtliche Status der Sorben im Land Brandenburg durch Staatsziele geregelt wird, die mit Förderungsaufträgen verbunden sind, die in Teilbereichen grundrechtlich verstärkt werden[64].

3. Minderheitenschutzgesetze

Besondere Gesetze – die sog. Minderheitenschutzgesetze – gibt es in den Bundesländern, in denen nationale Minderheiten leben, so
– im Freistaat Sachsen das Gesetz über die Rechte der Sorben v. 31. März 1999 (SächsSorbG)[65],

---

[58] v. 27. Mai 1992, GVBl., 243.

[59] v. 16. Juli 1992, GVBl., 600.

[60] v. 25. Okt. 1992, GVBl., 625.

[61] *Pastor* (Fn. 40), 95.

[62] *D. Franke/R. Kier*, in: H. Simon/D. Franke/M. Sachs (Hrsg.), Handbuch der Verfassung des Landes Brandenburg, 1994, § 10, Rn. 5.

[63] *Pastor* (Fn. 40), 106, auch 100.

[64] *Franke/Kier* (Fn. 62), § 10, Rn. 5.

[65] SächsGVBl. 1999, 161.

- im Land Brandenburg das Gesetz zur Ausgestaltung der Rechte der Sorben (Wenden) v. 07. Juli 1994[66] (SWG),
- in Schleswig-Holstein das Gesetz zur Förderung des Friesischen im öffentlichen Raum v. 13. Dezember 2004 (FriesischG).[67]

Diese Gesetze regeln die spezifischen Belange der nationalen Minderheiten, insbesondere ihre Rechte zur Beteiligung am politischen Leben sowie die Förderung ihrer Sprache, Kultur und Bildung.

Bisher liegen insbesondere rechtliche Analysen zum SWG vor, die zeigen, dass es trotz eines insgesamt hohen Niveaus des Minderheitenschutzes der Sorben (Wenden) seinem Anspruch, den Gesetzgebungsauftrag aus Art. 25 der Verfassung des Landes Brandenburg umzusetzen, nicht vollständig gerecht wird.[68] Teilweise wiederholt es nur den Verfassungstext, teilweise bleibt es hinsichtlich der Förderklauseln zu allgemein. Die Begriffsbestimmung und die Rechtsstellung der sorbischen Verbände bleiben ungelöst. Damit verbunden ist auch die nicht geklärte Frage der Einklagbarkeit der Rechte der Sorben durch ihre Verbände.[69] Vor allem hinsichtlich der wirksamen Teilnahme der sorbischen (wendischen) Minderheit an öffentlichen Angelegenheiten wird das SWG den europarechtlichen und verfassungsrechtlichen Vorgaben nicht in allen Punkten gerecht. Aus diesen lassen sich vier Gruppen der wirksamen Teilnahme nationaler Minderheiten an den öffentlichen Angelegenheiten herauskristallisieren: Autonomie und Minderheitenselbstverwaltungen; Vertretung im Parlament durch eigene Mandatare; Minderheitenbeiräte oder beratende Gremien auf verschiedenen Ebenen sowie informelle Konsultationen der Regierungen mit den Repräsentanten der Minderheiten.[70]

Das Recht der Sorben (Wenden) auf demokratische Mitsprache wird im Land Brandenburg dadurch verwirklicht, dass ein Rat für sorbische Angelegenheiten auf der Grundlage des SWG besteht, der jeweils für die Dauer einer Wahlperiode vom Landtag gewählt wird. § 5 III des SWG legt fest, dass der Rat für sorbische Angelegenheiten den Landtag berät und bei allen Beratungsgegenständen, durch die die Rechte der Sorben (Wenden) berührt werden können, die Interessen der Sorben (Wenden) zu wahren hat. Das SWG sieht darüber hinaus Beauftragte für die Angelegenheiten der Sorben (Wenden) bei den Ämtern, den amtsfreien Städten und Gemeinden sowie den Landkreisen in dem angestammten sorbischen Siedlungsgebiet vor, die die Belange der sorbischen Mitbürger vertreten, Ansprechpartner für die Sor-

---

[66] GVBl. Bbg 1994 I, 202.
[67] GVBl. 2004, 481.
[68] *Pastor* (Fn. 40), 116; *Siegert* (Fn. 32), 122 f.
[69] *Pastor* (Fn. 40), 106–116.
[70] L. Elle, in: R. Prescher/K.J. Leistner (Hrsg.), Minderheiten für Europa. Conditio sine qua non einer gemeinsamen Identität, 2009, 71 (84).

ben sind und ein gedeihliches Zusammenleben zwischen sorbischer und nichtsorbischer Bevölkerung fördern.[71]

Die Räte und Beauftragten für sorbische Angelegenheiten erweisen sich als geeignete Instrumente für die Einbeziehung der Sorben in die politischen Prozesse. Eine Form der politischen Mitwirkung allerdings sucht man im SWG vergeblich: die politische Mitwirkung in Form von Minderheitenselbstverwaltungen. Bisher werden bei allgemeinen Wahlen keine eigenen sorbischen Selbstverwaltungsorgane gewählt.

Seit Mitte 2011 wirbt eine Initiative in Brandenburg und Sachsen für die Bildung einer eigenen Volksvertretung der Sorben. Sie hat Anfang des Jahres 2012 erstmals ein konkretes Modell für den Serbski sejmik vorgestellt,[72] das sich an der Minderheitenselbstverwaltung in Ungarn orientiert. Der Serbski sejmik soll zweistufig aufgebaut werden. In einem ersten Schritt sollen die Sorben zunächst das Recht erhalten, kommunale Minderheiten-Vertretungen zu wählen (sog. Sorben-Ortschaftsräte). In einem zweiten Schritt könnten die Sorben-Ortschaftsräte dann die Mitglieder der Serbski sejmik wählen.

4. Sonstige Gesetze

Über die genannten Regelungen hinaus sind in den Ländern in sonstigen Gesetzen die Interessen und Belange der nationalen Minderheiten, die hier ihr angestammtes Siedlungsgebiet haben, zu berücksichtigten. Das betrifft insbesondere die Wahlgesetze und Wahlordnungen und die kommunalverfassungsrechtlichen Regelungen. Vor allem die Kommunalverfassungen enthalten spezifische Regelungen zum Minderheitenschutz. So legt § 2 I S. 3 Kommunalverfassung des Landes Brandenburg (BbgKommVerf)[73] fest, dass die Gemeinden im angestammten Siedlungsgebiet der Sorben (Wenden) im Rahmen des SWG zusätzlich die sorbische Kultur und Sprache fördern. Das Nähere dazu regeln die Gemeinden in ihren Hauptsatzungen. Als Beispiel soll die Hauptsatzung der kreisfreien Stadt Cottbus/Chozebuz[74] angeführt werden. Sie regelt in § 3 I, dass die Angehörigen des sorbischen (wendischen) Volkes das Recht auf freie und gleichberechtigte Entfaltung ihrer Sprache, Kultur, Sitten und Bräuche sowie auf Erschließung, Bewahrung und Vermittlung ihres kulturellen Erbes im Rahmen des SWG haben. Die Stadt Cottbus tritt für die Sicherung der Gleichberechtigung der ethnischen Minderheit der Sorben (Wenden) und für die Möglichkeit ihrer wirksamen politischen Mitwirkung ein. Gem. § 3 II wird auf Vorschlag des Oberbürgermeisters durch die Stadtverordnetenversammlung ein Beauftragter für sorbische (wendische) Angelegenheiten benannt, dessen Aufgabe die För-

---

[71] § 6 SWG.

[72] http://sorbenland.info/wie-das-sorbische-parlament-funktionieren-soll v. 12. März 2012 (Text: Miriam Schönbach).

[73] v. 18. Dez. 2007 GVBl. I 2007, 286, zuletzt geändert durch Art. 4 des Gesetzes v. 13. März 2012.

[74] v. 23. März 2009.

derung der sorbischen (wendischen) Minderheit gem. § 7, insbesondere in Bezug auf den Erhalt der Sprache darstellt.

Insgesamt kann davon ausgegangen werden, dass das rechtliche Niveau des Schutzes und der Förderung der nationalen Minderheiten auf der Landesebene gut entwickelt ist. Das betrifft insbesondere die Kulturautonomie der nationalen Minderheit (Bildung, Sprache, Kultur). Allerdings sind die Mitwirkungsmöglichkeiten der nationalen Minderheiten auf politischem Gebiet weiter auszubauen, so die Wahl von eigenen Selbstverwaltungsorganen und die Vertretung durch ihre Verbände. Die neuen Minderheiten werden im Vergleich zu den nationalen Minderheiten auf der Ebene der Länder nur teilweise durch einfache Achtungsklauseln geschützt.

IV. Resümee

Erforderlich ist perspektivisch die Anerkennung eines weiten Minderheitenbegriffs (nationale Minderheiten, neue Minderheiten) mit einem abgestuften System des rechtlichen Minderheitenschutzes: Achtungsanspruch und Diskriminierungsverbot für die neuen Minderheiten und Förderungspflichten in Form von Staatszielbestimmungen, Gruppen- und ausgewählten Individualrechten (Sonderrechten) für die nationalen Minderheiten mit angestammtem Siedlungsgebiet. Ein solcher abgestufter Minderheitenschutz hat den Vorzug, den Staat gerade nicht finanziell zu überfordern.

Grundrechtliche und rechtsstaatliche Bindungen der Bundeswehr beim Einsatz im Ausland

Von *Christian Walter*

Das außerordentlich breite Arbeitsfeld von *Eckart Klein* macht es nicht leicht, einen geeigneten Gegenstand für einen Festschriftbeitrag auszuwählen. Im Völkerrecht überschneiden sich unsere Interessen vor allem beim Recht der internationalen Organisationen und beim Schutz der Menschenrechte. Und im Bereich des nationalen Rechts kommt niemand, der am Verfassungsprozessrecht interessiert ist oder mit diesem praktisch zu tun hat, am *Benda/Klein* vorbei.[1] Den Ausschlag für den vorliegenden Beitrag gibt die Begegnung auf einer Tagung zu den Grundrechtsbindungen der Bundeswehr beim Einsatz im Ausland. Mit solchen Begegnungen verbindet sich neben dem fachlichen Austausch vor allem Dankbarkeit für *Eckart Kleins* persönliche Aufgeschlossenheit und sein Interesse gerade auch an der Arbeit jüngerer Kollegen. Die Thematik des Auslandseinsatzes hat nichts von ihrer praktischen Bedeutung eingebüßt. Drei praktische Beispiele mögen dies belegen:

Erstens: Von dem Verfahren *Saramati* vor dem Europäischen Gerichtshof für Menschenrechte war zunächst auch die Bundesrepublik Deutschland betroffen. Es ging um einen Kosovo-Serben, der durch Entscheidungen der von den Vereinten Nationen autorisierten NATO-Truppe KFOR über ein halbes Jahr lang ohne eine erkennbare Rechtsgrundlage inhaftiert worden war. Während des Verfahrens vor dem EGMR stellte sich heraus, dass deutsche Teile von KFOR nicht in die Verhaftung einbezogen waren, obwohl sie in einem von Deutschland verwalteten Sektor erfolgte. Das Verfahren gegen Deutschland wurde deshalb eingestellt und die – die Beschwerde zurückweisende – Entscheidung des EGMR erging nur gegen Frankreich und Norwegen[2]. Unabhängig von dieser prozessualen Entwicklung zeigt das Verfahren, dass potentiell auch der deutsche Grundrechtsschutz betroffen sein kann, wenn entsprechende Maßnahmen in einem internationalen Truppenverband von der Bundeswehr ergriffen werden.

Zweitens: Im April 2007 erließ das Bundesministerium der Verteidigung in Ergänzung eines allgemeinen Befehls zu den Einsätzen der Bundeswehr im Ausland

---

[1] Jetzt in der dritten Auflage als *E. Benda/E. Klein/O. Klein*, Verfassungsprozessrecht, 3. Aufl. Heidelberg 2011.
[2] EGMR (GK.), Appl. Nr. 71412/01 und Appl. Nr. 78166/01, *Behrami gg. Frankreich*, sowie *Saramati gg. Deutschland, Frankreich und Norwegen*, EuGRZ 2007, 522.

eine Einzelweisung für das deutsche Einsatzkontingent im Rahmen der ISAF-Mission in Afghanistan: Nach dieser Einzelweisung auf der Grundlage der Resolutionen des Sicherheitsrats der Vereinten Nationen ist das deutsche Einsatzkontingent im Rahmen von ISAF ermächtigt, alle zur Erfüllung des Mandats, insbesondere die zur Aufrechterhaltung der Sicherheit notwendigen Maßnahmen zu ergreifen, sicherheitsbezogene Hilfe zu leisten und mithin zur Durchsetzung des Auftrags auch Personen vorübergehend festzuhalten. Für vorübergehend festgehaltene Personen wird angeordnet, dass sie „möglichst innerhalb von 96 Stunden freizulassen oder an die zuständigen afghanischen Stellen zu übergeben" seien.[3]

Der zuletzt genannte Punkt macht die Problematik der Grundrechtsbindung bei Auslandseinsätzen deutlich. Die dort genannte Frist von „möglichst innerhalb von 96 Stunden" ist angesichts der praktischen Erfordernisse eines Auslandseinsatzes einerseits verständlich, andererseits aber vor dem Hintergrund des Wortlauts von Art. 104 Abs. 2 und Abs. 3 GG höchst problematisch.

Drittens: Derzeit ist vor dem OVG Münster ein Berufungsverfahren gegen eine Entscheidung des VG Köln im Verfahren eines somalischen Staatsangehörigen anhängig, der wegen des Verdachts der Beteiligung an Piratenangriffen von einem im Rahmen der EU-Operation Atalanta operierenden Marineschiff der Bundeswehr festgenommen und – nach einer Fahrt von mehreren Tagen, in denen er an Bord festgehalten wurde – an die kenianischen Strafverfolgungsbehörden übergeben wurde. Das VG Köln geht von einer grundsätzlichen Bindung der Bundeswehr an die Grundrechte aus, kommt aber im Wege einer (problematischen) völkerrechtsfreundlichen Auslegung zum Ergebnis, dass nicht gegen Art. 104 Abs. 2 Satz 3 GG verstoßen wurde.[4]

Die Beispiele belegen: Mit dem Einsatz der Bundeswehr in verschiedenen Teilen der Welt stellt sich die bislang eher theoretische Frage der extraterritorialen Wirkung von Grundrechten und rechtsstaatlichen Garantien des Grundgesetzes ganz handfest und praktisch. Dass der Einsatz militärischer Streitkräfte einen Akt öffentlicher Gewalt darstellt, dürfte außer Frage stehen. Fraglich bleibt aber, wem dieser Akt zuzurechnen ist und welchen Rechtsbindungen er unterliegt.

Ein erster Fragenkreis rankt sich darum, ob und unter welchen Voraussetzungen es ganz grundsätzlich denkbar erscheint, dass deutsche Grundrechte im Ausland zur Anwendung kommen (I.). Dieser Teil wird mit einem rechtsvergleichenden Abschnitt zur territorialen Reichweite internationaler Menschenrechtsgarantien veran-

---

[3] Antwort der Bundesregierung auf die Kleine Anfrage mehrerer Abgeordneter und der Grünen Fraktion vom 29.08.2007, BT Drucksache 16/6282, S. 7.

[4] VG Köln, Urteil v. 11.11.2011–25 K 4280/09, JZ 2012, 366, mit Anm. *C. Globke*; dazu *H. Aust*, Pirateriebekämpfung im Lichte von Grundgesetz und Völkerrecht auf dem verwaltungsgerichtlichen Prüfstand, DVBl. 2012, 484 ff.; *M. Ladiges*, Festnahme und Strafverfolgung von Piraten, NZWehrR, 2012, 56 ff.; *C. Walter/A. von Ungern-Sternberg*, Piratenbekämpfung vor Somalia – Zum Zusammenspiel europäischer und deutscher Grundrechte, DÖV 2012, 861 ff.

schaulicht. Bejaht man die grundsätzliche Geltung der Grundrechte im Ausland, dann schließt sich die Folgefrage nach möglichen Modifikationen wegen des Auslandsbezugs an (II.). Neben den Grundrechtsgarantien wird schließlich in einem dritten Schritt die Frage nach der Geltung des im Rechtsstaatsprinzip verankerten Grundsatzes vom Vorbehalt des Gesetzes gestellt (III.). Der Beitrag mündet in die Forderung nach einer verfassungsrechtlichen Regelung des Auslandseinsatzes der Bundeswehr und einer einfachgesetzlichen Ausgestaltung in einem Auslandseinsatzgesetz (IV.).

I. Grundsätzliche extraterritoriale Anwendbarkeit der Grundrechte

Die Frage nach der extraterritorialen Geltung wird für die verfassungsrechtlichen Grundrechtsgarantien ebenso gestellt wie für völkerrechtliche Verträge des Menschenrechtsschutzes. Dabei gibt es eine breitere Anwendungspraxis im Bereich des Menschenrechtsschutzes. Sowohl der Menschenrechtsausschuss nach dem Internationalen Pakt über bürgerliche und politische Rechte als auch der Europäische Gerichtshof für Menschenrechte haben zu der Frage judiziert.

Für den Internationalen Pakt über bürgerliche und politische Rechte (IPbpR) ist dessen Art. 2 Abs. 1 maßgeblich. Darin verpflichtet sich jeder Vertragsstaat, „die in diesem Pakt anerkannten Rechte zu achten und sie allen in seinem Gebiet befindlichen und seiner Herrschaftsgewalt unterstehenden Personen [...] zu gewährleisten".[5] Unter der EMRK ist nur von „allen ihrer Hoheitsgewalt unterstehenden Personen" die Rede (Art. 1 EMRK). Ein Hinweis auf das Staatsgebiet fehlt.

Anders als man auf den ersten Blick erwarten könnte, wird die Formulierung in Art. 2 IPbpR in der Praxis nicht enger verstanden als diejenige in Art. 1 EMRK. Im Gegenteil: Der Europäische Gerichtshof für Menschenrechte hat ungeachtet des Wortlauts, der keinen territorialen Bezug aufweist, in das Konzept der „jurisdiction" eine territoriale Beschränkung hineingelesen. In dem Verfahren *Bankovic*, welches die Bombardierung eines serbischen Senders in Belgrad durch die NATO betraf, entschied der Gerichtshof, dass mangels einer echten Kontrolle des serbischen Gebiets durch die Mitgliedstaaten der NATO eine Bindung an die EMRK ausscheide. Die reine Lufthoheit genüge nicht.[6] Der Gerichtshof verfolgt damit zumindest im Ausgangspunkt ein territoriales Konzept der „jurisdiction" und beschränkt eine extraterritoriale Anwendung auf Fälle, in denen eine effektive Kontrolle des Territoriums vorliegt. Für die vollständige Kontrolle über eine Person im Rahmen einer Inhaftierung ist allerdings inzwischen klargestellt, dass die Konvention Anwendung findet,

---

[5] Im englischen Original: „individuals within its territory and subject to its jurisdiction".

[6] EGMR (GK), Appl. Nr. 52207/99 – *Bankovic*, Rn. 71, 74 ff., EuGRZ 2002, 133; vgl. für eine nähere Auseinandersetzung mit dem Begriff der jurisdiction auch *H. Krieger*, Die Verantwortlichkeit Deutschlands nach der EMRK für seine Streitkräfte im Auslandseinsatz, ZaöRV 62 (2002), 669 ff. (670 f.); ferner *M. Jankowska-Gilberg*, Extraterritorialität der Menschenrechte, Baden-Baden 2008, 42 ff., 136 ff.

auch wenn Festnahme und Inhaftierung außerhalb des Staatsgebiets des betreffenden Mitgliedstaats erfolgen.[7]

Dagegen verstehen der Menschenrechtsausschuss und – ihm folgend der Internationale Gerichtshof – die Formulierung des Zivilpakts gerade nicht kumulativ (im Gebiet *und* unter der Hoheitsgewalt), sondern alternativ.[8] Der Ausschuss operiert mit einem Erst-recht-Schluss und argumentiert, dass ein Staat nicht auf fremdem Territorium etwas tun dürfe, was ihm auf seinem eigenen verboten sei.[9] Ein wichtiger Gesichtspunkt ist dabei auch die Entstehungsgeschichte.[10] Diese Interpretation ist im Übrigen mit dem Wortlaut durchaus vereinbar.[11] Sie hat es dem IGH in seinem Gutachten zur israelischen Mauer ermöglicht, Israel auch bei Maßnahmen in den besetzten palästinensischen Gebieten als an den Pakt gebunden anzusehen.[12] Der Menschenrechtsausschuss hielt im Fall der Entführung einer aus Uruguay vor politischer Verfolgung nach Argentinien geflohenen Person durch uruguayische Geheimdienste sogar für die nur punktuelle Tätigkeit außerhalb des eigenen Staatsgebiets die Garantien des Pakts für einschlägig[13].

Unter dem Grundgesetz ist der Ausgangspunkt für die Geltung der Grundrechte die Regelung in Art. 1 Abs. 3 GG. Das Bundesverfassungsgericht hat in seiner G10-Entscheidung allerdings betont, dass sich aus dem Umstand, dass diese Vorschrift eine umfassende Bindung von Gesetzgebung, vollziehender Gewalt und Rechtsprechung an die Grundrechte vorsieht, noch keine abschließende Festlegung der räumlichen Geltungsreichweite der Grundrechte ergebe.[14] Umgekehrt gilt es allerdings auch festzuhalten, dass der Wortlaut keine ausdrückliche territoriale Beschränkung

---

[7] EGMR (GK), Appl. Nr. 3394/03 – *Medvedyev*, Rn. 67.

[8] Vgl. für den Menschenrechtsausschuss etwa: General Comment No. 23: The Rights of Minorities (Art. 27) (1994), HRI/GEN/1/REV.6, S. 158, § 4; *Gedumbe v. Democratic Republic of Congo*, Communication No. 641/1995, Bemerkungen vom 26.07.2002, CCPR/C/75/D/641/1995, § 6.3.

[9] *López Burgos / Uruguay*, Communication No. 52/1979, Bemerkungen vom 29.07.1981, UN doc. Supp. No. 40 A/36/40, S. 176, „12.3 Article 2 (1) of the Covenant places an obligation upon a State party to respect and to ensure rights ‚to all individuals within its territory and subject to its jurisdiction', but it does not imply that the State party concerned cannot be held accountable for violations of rights under the Covenant which its agents commit upon the territory of another State, [...] In line with this, it would be unconscionable to so interpret the responsibility under article 2 of the Covenant as to permit a State party to perpetrate violations of the Covenant on the territory of another State, which violations it could not perpetrate on its own territory."

[10] Vgl. dazu die Hinweise im Sondervotum des damaligen Mitglieds des Menschenrechtsausschusses *Christian Tomuschat* im Fall *López Burgos / Uruguay* (Fn. 9), 176 ff.

[11] Vgl. *K. Stoltenberg*, Auslandseinsätze der Bundeswehr im menschenrechtlichen Niemandsland?, ZRP 2008, 111 ff. (114).

[12] IGH, Legal consequences of the construction of a wall in the occupied Palestinian Territory, Advisory Opinion vom 09.07.2004, ICJ Reports 2004, 136 ff., Rn. 106, 109, 112.

[13] *López Burgos / Uruguay* (Fn. 9), S. 176.

[14] BVerfGE 100, 313 (362).

enthält.¹⁵ Der für die EMRK entwickelte Gedanke einer territorialen Beschränkung wurde in der deutschen Literatur nun herangezogen, um eine vergleichbare Beschränkung in Art. 1 Abs. 3 GG hineinzulesen. Entsprechend wird eine „regelmäßige Ausübung von Hoheitsgewalt [...] im Sinne einer generalisierten Kontrolle" verlangt.¹⁶ Allerdings bleibt unklar, woher die generalisierte Kontrolle und die Regelmäßigkeit der Ausübung der Hoheitsgewalt abgeleitet werden. Da der Wortlaut gerade keinen Anhaltspunkt liefert, könnten nur systematische und teleologische Argumente das Ergebnis tragen.¹⁷

Im Hintergrund steht eine durchaus verständliche Zurückhaltung gegenüber extraterritorialen Maßnahmen, die grundsätzlich das Potential in sich bergen, in fremde Souveränitätsansprüche einzugreifen. Allerdings ist noch einmal genauer zu fragen, in welchen Konstellationen die grenzüberschreitende Anwendung von Grundrechtsstandards fremde Souveränitätsansprüche berühren kann. Beim Auslandseinsatz der Bundeswehr liegt der Eingriff in fremde Souveränitätsrechte regelmäßig schon darin, dass deutsches Militär auf fremdem Staatsgebiet tätig ist. Soweit die Grundrechte hier lediglich zur Begrenzung des Einsatzes herangezogen werden, ergibt sich daraus keine über die ohnehin schon bestehende extraterritoriale Handlung hinausgehende Wirkung. Jedenfalls in ihrer abwehrrechtlichen Dimension wirken die Grundrechte nicht zuständigkeitserweiternd, sondern zuständigkeitsbeschränkend.¹⁸ Aus diesem Grund ist auch eine mögliche Sorge vor einem „völkerrechtlichen Grundrechtsimperialismus"¹⁹ unbegründet. Für die anderen Grundrechtsdimensionen, also die Leistungs- oder Teilhaberechte mag die Situation anders aussehen, weshalb diese in der Literatur zu den Auslandswirkungen der Grundrechte zu Recht gesondert behandelt werden.²⁰ Im Ergebnis ist deshalb auch beim Einsatz im Ausland von einer

---

¹⁵ Dieser Gesichtspunkt wird zu Recht betont bei *M. Herdegen*, Art. 1 Abs. 3 Rn. 71, in: Maunz-Dürig, Grundgesetz-Kommentar (Loseblatt – Stand: 64. Ergänzungslieferung, Januar 2012).

¹⁶ *H. Krieger*, Die gerichtliche Kontrolle militärischer Operationen, in: D. Fleck (Hrsg.), Rechtsfragen der Terrorismusbekämpfung durch Streitkräfte, Baden-Baden 2004, S. 223 ff. (237); zudem *Krieger* (Fn. 6), 672.

¹⁷ Zur kritischen Auseinandersetzung mit einer in Art. 1 Abs. 3 GG hineingelesenen territorial begrenzten Bindung siehe auch *D. Lorenz*, Der territoriale Anwendungsbereich der Grund- und Menschenrechte, Berlin 2005, 159 f.; zudem *A. Werner*, Die Grundrechtsbindung der Bundeswehr bei Auslandseinsätzen, Frankfurt a. M. 2007, 78 f.: Art. 1 Abs. 3 GG regele nur die Art der Bindung, dem Wortlaut nach knüpfe die Vorschrift an keine räumliche Bedingung an, so dass die Annahme grundrechtsfreier Räume für das Handeln deutscher Organe nicht gestattet sei; kritisch auch *M. Yousif*, Die extraterritoriale Geltung der Grundrechte bei der Ausübung deutscher Staatsgewalt im Ausland, Frankfurt a. M. 2007, 92 ff.

¹⁸ Vgl. auch *Lorenz* (Fn. 17), 82 f., 149.

¹⁹ *J. Isensee*, Grundrechtsvoraussetzungen und Verfassungserwartungen, in: ders./ P. Kirchhof (Hrsg.), Handbuch des Staatsrechts der Bundesrepublik Deutschland, Bd. V, 1. Aufl. Heidelberg 1992, § 115, Rn. 79, unter Verweis auf BVerfGE 18, 112 (120 ff.).

²⁰ Vgl. *H. D. Jarass*, Art. 1, Rn. 33, in: ders./B. Pieroth, GG-Kommentar, 11. Aufl. München 2010; *Yousif* (Fn. 17), S. 147.

grundsätzlichen Bindung der Bundeswehr an die Grundrechte des Grundgesetzes auszugehen.[21]

II. Modifikation der Grundrechtsbindung

Damit stellt sich die Frage nach möglichen Modifikationen. Modifikationen der Grundrechtsbindung könnten sich einmal allein aus dem Umstand ergeben, dass ein Sachverhalt mit Auslandsbezug vorliegt (1.), oder sich aus der Einordnung in eine internationale Organisation (UN) oder der Eingliederung der Truppen in Ordnungskräfte des Aufenthaltsstaats ergeben (2.).

1. Modifikation allein wegen des Auslandsbezugs?

Die Rechtsprechung des Bundesverfassungsgerichts zu inländischen Sachverhalten mit Auslandsbezug hat teilweise mit einer Anpassung der anwendbaren Grundrechtsmaßstäbe operiert. So wurde etwa in den 1960er Jahren mit der „Achtung vor fremden Rechtsordnungen und Rechtsanschauungen" begründet, dass das Grundgesetz auch im Falle drohender Todesstrafe einer Auslieferung nicht entgegenstehe[22] – eine Rechtsprechung, die inzwischen überholt ist.[23] Generell ist in diesem Bereich die Formel maßgeblich, dass die ausländischen Akte nicht gegen den „völkerrechtlich verbindlichen Mindeststandard, der nach Art. 25 GG von den Gerichten der Bundesrepublik Deutschland zu beachten ist, sowie gegen unabdingbare verfassungsrechtliche Grundsätze ihrer öffentlichen Ordnung" verstoßen dürfen.[24] Ganz ähnlich sind die Motive für eine Reduzierung des Schutzstandards bei der Anwendung ausländischen Rechts im Rahmen des Kollisionsrechts. Hier hat das Bundesverfassungsgericht im berühmt gewordenen Spanier-Beschluss zwar zunächst die Geltung der Grundrechte angenommen[25], dann aber ausgeführt, dass aufgrund des Auslandsbezugs eine uneingeschränkte Anwendung der Grundrechte den „Sinn des Grundrechtsschutzes verfehlen" könne. Deshalb könnten Differenzierungen zulässig oder gar geboten sein.[26]

Den genannten (und einigen weiteren) Fällen[27] ist gemeinsam, dass es um ein Zusammenwirken deutscher und ausländischer Hoheitsgewalt geht: Bei der Auslieferung ermöglicht der deutsche Akt die Ausübung fremder Hoheitsgewalt, im Kollisi-

---

[21] Vgl. neben den Nachweisen in Fn. 17 *A. Zimmermann*, Grundrechtseingriffe durch deutsche Streitkräfte im Ausland und das Grundgesetz, ZRP 2012, 116.

[22] BVerfGE 18, 112 (116).

[23] BVerfGE 60, 348 (354); vgl. allgemein die Nachweise zur Entwicklung unter der EMRK und im deutschen Recht bei *R. Alleweldt*, Kap. 28 Rn. 4 und 6 ff., in: R. Grote/Th. Marauhn (Hrsg.), EMRK/GG-Konkordanzkommentar, Tübingen 2006.

[24] Nachweise bei *Lorenz* (Fn. 17), Fn. 657.

[25] BVerfGE 31, 58 (74 f.).

[26] BVerfGE 31, 58 (77); vgl. auch die Darstellung bei *D. Beck*, Auslandseinsätze deutscher Streitkräfte, Hamburg 2008, 72 f.

[27] Zu weiteren Fallgruppen siehe *Lorenz* (Fn. 17), 133 f.

onsrecht wird die deutsche Rechtsordnung für das fremde Recht geöffnet und die deutschen Gerichte wenden dieses an. Auch die Rechtfertigung für die Modifikation des Grundrechtsschutzes ergibt sich in diesen Fällen aus dem Bezug zu einer fremden Rechtsordnung. Aus diesem Grund können diese Grundsätze aber nicht für den Auslandseinsatz der Bundeswehr herangezogen werden, denn dort geht es zunächst einmal ausschließlich um die Bindung deutscher Hoheitsgewalt an die Grundrechte des Grundgesetzes, ohne dass die Ausübung fremder Hoheitsgewalt oder die Anwendung fremden Rechts in Rede steht.[28]

Allerdings ist es denkbar, dass im Rahmen der grundrechtlichen Verhältnismäßigkeitsprüfung der Auslandsbezug einen Abwägungsfaktor darstellt.[29] So hat das Bundesverfassungsgericht schon in der Elfes-Entscheidung anerkannt, dass außenpolitische Belange bei der Abwägung eine Rolle spielen können.[30] Solche Modifikationen bewegen sich im Rahmen der normalen grundrechtlichen Dogmatik. Sie stellen dementsprechend keine pauschale Freizeichnung dar[31] und sie greifen insbesondere nur dort, wo überhaupt eine Abwägung stattfindet.

Möglicherweise lässt sich zusätzlich ein Gedanke fruchtbar machen, den das Bundesverfassungsgericht in der Zweitregister-Entscheidung[32] herangezogen hat. In dieser Entscheidung ging es um die Einführung eines zweiten Seeschifffahrtregisters, mit dem einem Ausflaggen von Schiffen dadurch entgegengewirkt werden sollte, dass für die in dieses Register eingetragenen Schiffe ein verringerter arbeitsrechtlicher Schutzstandard möglich gemacht wurde. Das Bundesverfassungsgericht hat dem Gesetzgeber hier einen besonderen Gestaltungsraum zuerkannt[33]:

> „Berührt die Ausübung des Grundrechts zwangsläufig die Rechtsordnungen anderer Staaten und werden die widerstreitenden Interessen der Grundrechtsträger in einem Raum ausgetragen, der von der deutschen Rechtsordnung nicht mit alleinigem Gültigkeitsanspruch beherrscht wird, ist die Gestaltungsbefugnis des Gesetzgebers größer als bei der Regelung von Rechtsbeziehungen mit inländischem Schwerpunkt."

Der Gesetzgeber stehe vor der Alternative, entweder den deutschen Grundrechtsstandard ungeschmälert zu wahren, ihm damit aber im Bereich der Handelsschifffahrt wegen des Ausflaggens weitgehend den Anwendungsbereich zu entziehen, oder ihm ein Anwendungsfeld zu erhalten, dies aber um den Preis eines verringerten

---

[28] *Beck* (Fn. 26), 123.
[29] Eine entsprechende Position auch bei *Yousif* (Fn. 17), 125 f., 145; ferner *Krieger*, in: Fleck (Fn. 16), 242.
[30] BVerfGE 6, 32 (43 f.).
[31] Vgl. *Yousif* (Fn. 17), 135, 145 f.
[32] BVerfGE 92, 26.
[33] BVerfGE 92, 26 (41); vgl. auch die kritische Auseinandersetzung mit einer Übertragbarkeit und einer Rechtfertigung eines verminderten Grundrechtsstandards im Rahmen der extraterritorialen Geltung bei der Ausübung deutscher Staatsgewalt im Ausland bei *Yousif* (Fn. 17), 109 ff.

Schutzniveaus.[34] Im Rahmen der vorzunehmenden Abwägung betont das Bundesverfassungsgericht im Anschluss, dass die Regelung zum Zweitregister dem Schutz wichtiger Gemeinschaftsgüter diene und damit Vorrang vor entgegenstehenden anderen Interessen habe, auch wenn diese grundrechtlich geschützt seien. Im Ergebnis ließ das Gericht ausdrücklich offen, ob der Erhalt einer Handelsflotte über Art. 27 GG den Rang eines verfassungsrechtlich geschützten Gutes erhält.[35] Im Ergebnis wird damit eine einfachgesetzliche Rechtfertigung möglich, obwohl Art. 9 Abs. 3 GG vorbehaltlos gewährleistet ist.[36]

Die Beschreibung dieses Dilemmas ähnelt durchaus der Problematik bei der Grundrechtsbindung beim Auslandseinsatz der Bundeswehr. Die Einordnung und Mitwirkung in einem System gegenseitiger kollektiver Sicherheit ist in Art. 24 Abs. 2 GG ebenso verfassungsrechtlich verankert wie die damit einhergehende Beteiligung an kollektiven Maßnahmen der Friedenssicherung. Das ist der Gedanke, mit dem das Bundesverfassungsgericht in den verschiedenen Entscheidungen zum „Ob" des Auslandseinsatzes der Bundeswehr einen solchen Einsatz auch außerhalb genuiner Verteidigungslagen für verfassungsrechtlich zulässig gehalten hat, obwohl es keine ausdrückliche Regelung dafür gibt.[37] Gleichzeitig ist offensichtlich, dass das uneingeschränkte Festhalten an eigenen Grundrechtsvorstellungen und -standards die Zusammenarbeit in multinationalen Verbänden erschwert[38] und die Fristen und Verfahrensanforderung in Art. 104 Abs. 2 und Abs. 3 GG für die Bedingungen des Auslandseinsatzes wohl vielfach unrealistisch sind.[39]

Es bleiben aber zwei wichtige Fragezeichen, mit welchen die Übertragung der Zweitregister-Argumentation zu versehen ist. Zum einen handelte es sich beim Zweitregister um eine im förmlichen Gesetzgebungsverfahren vom Parlament selbst getroffene Entscheidung und nicht um ein im Kern exekutivisches Vorgehen. Und zum zweiten sind die Regelungen zur Frist in Art. 104 Abs. 2 und Abs. 3 GG so eindeutig, dass man die Vorschriften wohl im Sinne der Unterscheidung zwischen abwägungsfähigen „Prinzipien" und abwägungsfesten „Regeln" als „Regeln" einstufen muss. Eine Abwägung scheidet damit aus und der in der Zweitregisterentscheidung eröffnete Weg ist versperrt. Schließlich stellt sich auch die für die Zweitregisterentscheidung maßgebliche Erwägung eines „race to the bottom" beim Auslandseinsatz der Bundeswehr nicht. Die Bundesrepublik Deutschland ist hier gleichberechtigter Partner in einer multilateralen Kooperation und kann die bei dieser anwendbaren Rechtsgrundsätze selbst mitgestalten.

---

[34] BVerfGE 92, 26 (42).

[35] BVerfGE 92, 26 (43).

[36] Noch weitergehend *R. Lagoni*, Koalitionsfreiheit und Arbeitsverträge auf Seeschiffen, JZ 1995, 499 ff. (500 f.), nach dessen Auffassung die Koalitionsfreiheit gar nicht berührt ist.

[37] BVerfGE 90, 286 (355 f.); BVerfGE 104, 151 ff.

[38] Siehe *Werner* (Fn. 17), 235 ff.

[39] Vgl. *Yousif* (Fn. 17), 190 f.

Es kommt hinzu, dass Art. 115c Abs. 2 Nr. 2 GG selbst für den Verteidigungsfall eine Änderung der Fristen dem parlamentarischen Gesetzgeber vorbehält und auf höchsten 4 Tage begrenzt. Wenn man die Argumentation zur Abwägungsfeindlichkeit von Art. 104 Abs. 2 und Abs. 3 GG teilt, dann müsste für Freiheitsentziehungen durch die Bundeswehr im Ausland eine Art. 115c Abs. 2 Nr. 2 GG vergleichbare Regelung geschaffen werden. Geht man von einer Regelungslücke für den Auslandseinsatz aus, dann kommt man kaum an einer Analogie zu Art. 115c Abs. 2 Nr. 2 GG vorbei.[40] Man kann nicht annehmen, dass eine Vorgabe, welche sogar für den Verteidigungsfall als bindend angesehen werden soll, beim Auslandseinsatz nicht gelten soll. Wir bräuchten demnach zumindest eine ausdrückliche gesetzliche Regelung für die Viertagesfrist. An einer solchen fehlt es aber.

2. Modifikation wegen der Eingliederung
in eine internationale Organisation

Man kann schließlich erwägen, ob sich aus der Eingliederung in eine internationale Organisation Modifikationen der Grundrechtsbindung ergeben können.[41] Es dürfte unmittelbar einleuchten, dass die Zusammenarbeit in größeren Verbänden schwieriger wird, wenn jeder truppenstellende Staat seine eigenen rechtlichen Bindungen mitbringt. Bei der Tätigkeit im Rahmen einer internationalen Organisation stellt sich freilich zunächst einmal die Vorfrage nach dem handelnden Rechtssubjekt. Auf dieser Basis hat etwa der EGMR den eingangs erwähnten Fall aus dem Kosovo entschieden. Unter Hinweis auf die von Resolution 1244 (1999) ausgelöste Legitimationskette lässt der Gerichtshof „ultimate authority and control" ausreichen, um das Handeln von KFOR letztlich dem Sicherheitsrat zuzurechnen.[42]

Dieser „zurechnungsrechtliche" Blickwinkel auf das Problem ist aus mindestens zwei Gründen problematisch: Zum einen sagt der Maßstab der „effective control" etwas über die völkerrechtliche Haftung des Rechtssubjekts aus, welches effektive Kontrolle ausübt. Damit ist aber nichts über eine parallele verfassungsrechtliche Bindung eines mithandelnden anderen Rechtssubjekts ausgesagt. Anstelle der Alternative zwischen einerseits Staatsorgan oder andererseits Eingliederung in einen anderen, dann allein verantwortlichen Verband, kann auch eine doppelte Bindung wegen doppelter Organstellung in Betracht kommen.[43] Auch wird die Frage ausgeblendet,

---

[40] Siehe auch *Zimmermann* (Fn. 21), 117.

[41] Siehe etwa *M. Heintzen,* Auswärtige Beziehungen privater Verbände, Berlin 1988, 97 ff., insbes. 130 ff.

[42] EGMR (Fn. 2), Rn. 133 ff.

[43] Vgl. auch *Werner* (Fn. 17), 168–226 mit einer Differenzierung zwischen der jeweiligen Organqualität der Streitkräfte innerhalb der einzelnen internationalen Kooperationen und der daraus folgenden Grundrechtsbindung, welche vor dem Hintergrund einer dynamischen Weiterentwicklung jener Bindung keinesfalls durch die „Flucht in das Völkerrecht bzw. die Internationalität" umgangen werden dürfe; ferner *Yousif* (Fn. 17), 62 ff.; sowie *Beck* (Fn. 26), 136 f.

welche Rechtsfolgen eintreten, wenn das nach dem effective-control-Maßstab handelnde Rechtssubjekt keinen hinreichenden Grundrechtsschutz gewährleistet. Vor dem Hintergrund der Solange-I, und Solange-II Rechtsprechung des Bundesverfassungsgerichts[44], aber auch unter Berücksichtigung der Bosphorus-Entscheidung des EGMR[45] liegt es nahe, zumindest dann eine Bindung an die Grundrechte des Grundgesetzes anzunehmen, wenn ansonsten kein effektiver Grundrechtsschutz gewährleistet wäre.

Für das besondere Verhältnis zwischen Union und Mitgliedstaaten ist schließlich zu bedenken, dass ganz generell nicht von einer alternativen Zurechnung von Handlungen ausgegangen wird, wenn es um rechtliche Bindungen geht. Im Gegenteil ist für den gesamten Bereich der ehemaligen ersten Säule des Unionsvertrags eine Verschränkung von europäischen und nationalen Bindungen anerkannt. Es kommen beide Rechtsordnungen (bei Anwendungsvorrang des Unionsrechts) grundsätzlich parallel zur Anwendung, und der Rechtsschutz obliegt dezentral den mitgliedstaatlichen Gerichten. Soweit das Unionsrecht Umsetzungsspielräume belässt, zieht das Bundesverfassungsgericht die Grundrechte des Grundgesetzes dazu heran, um dem Gesetzgeber grundrechtliche Schranken bei der Ausgestaltung aufzuerlegen.[46] Deshalb ist in dem eingangs erwähnten Beispiel der Beteiligung der Bundeswehr an der ATALANTA-Mission der EU, die auf einem GASP-Beschluss beruht,[47] die alternative Zurechnung, welche das VG Köln im Rahmen der Ermittlung des richtigen Klagegegners vorgenommen hat,[48] verfehlt.[49]

3. In welchem Umfang gilt der Vorbehalt des Gesetzes?

Eine besonders schwierige Frage ist die nach der Geltung und den Wirkungen des Vorbehalts des Gesetzes. Die Frage spielt bei den Grundrechten eine Rolle, wenn diese einen Gesetzesvorbehalt aufweisen. Sie reicht aber nach der deutschen Dogmatik darüber hinaus, denn der Grundsatz vom Vorbehalt des Gesetzes wird als ein allgemeines rechtsstaatliches Prinzip angesehen, welches in Art. 20 Abs. 3 GG normativ verankert ist. Er verlangt, dass staatliches Handeln in bestimmten Kernbereichen durch ein Gesetz legitimiert sein muss.[50] In Deutschland wird der Vorbehalt des Gesetzes zudem als ein Parlamentsvorbehalt verstanden.[51] Er wird außerdem durch die

---

[44] BVerfGE 37, 271.

[45] EGMR, Urteil vom 30.06.2005, Nr. 45036/98, *Bosphorus gg. Irland* = EuR 2006, 78.

[46] Das ist namentlich in der Entscheidung zum Europäischen Haftbefehl deutlich geworden, siehe BVerfGE 113, 273 (300 ff.).

[47] Gemeinsame Aktion 2008/851/GASP, ABl. L 301/33 vom 11.12.2008.

[48] VG Köln, JZ 2012, 366.

[49] Dazu *Walter/von Ungern-Sternberg* (Fn. 4), 862 f.

[50] BVerfGE 40, 237 (248 f.); 49, 89 (126); 98, 218 (251).

[51] *H. D. Jarass*, Art. 20 Rn. 53, in: ders./B. Pieroth, GG-Kommentar, 11. Aufl., München 2011; *H. Schulze-Fielitz*, Art. 20 (Rechtsstaat) Rn. 119 ff., in: H. Dreier (Hrsg.), GG-Kommentar, Bd. II, 2. Aufl. Tübingen 2006.

sog. „Wesentlichkeitstheorie" ergänzt, nach der der Gesetzgeber gehalten ist, alle wesentlichen Entscheidungen selbst durch förmliches Gesetz zu treffen. Die Wesentlichkeitstheorie verlangt, dass der parlamentarische Gesetzgeber „die für die Grundrechtsverwirklichung maßgeblichen Regelungen selbst zu treffen" hat.[52] In verfassungstheoretischer Perspektive werden dem Vorbehalt des Gesetzes im Wesentlichen zwei Funktionen zugeschrieben, die der Rechtsstaatlichkeit und Machtbegrenzung, sowie die der Demokratie und Legitimationsvermittlung[53]. Letztere kann bei Auslandseinsätzen der Bundeswehr nur eine eingeschränkte Rolle spielen, denn die Legitimation des Eingriffs auf fremdem Territorium kann nur sehr begrenzt aus der Zustimmung des von den Betroffenen nicht mitgewählten Deutschen Bundestages folgen. Seine Zustimmung ist aber auch nicht gänzlich bedeutungslos, denn sie vermittelt immerhin überhaupt parlamentarische Legitimation, was gänzlich nicht der Fall ist, wenn der Einsatz allein von der Regierung beschlossen wird. Insgesamt muss der Schwerpunkt der Betrachtungen zum Vorbehalt des Gesetzes aber bei dessen rechtsstaatlicher Funktion liegen und nicht bei seiner legitimatorischen. Aus diesem Grund kann auch die Ermächtigung eines Militäreinsatzes durch den UN-Sicherheitsrat auf der Basis von Kapitel VII UN-Charta kein funktionelles Äquivalent bieten, denn dieser ist ein von den Exekutiven der Mitgliedstaaten bestimmtes Organ.

Betrachtet man den Auslandseinsatz aus dieser Perspektive, so wäre zunächst zu fragen, ob es entsprechende gesetzliche Regelungen gibt. Das Parlamentsbeteiligungsgesetz kommt hierfür nicht in Betracht, denn es regelt ausschließlich das Verhältnis von Exekutive und Legislative beim Auslandseinsatz,[54] enthält aber keine näheren Regelungen für die Einsätze. Auch das Soldatengesetz scheidet insoweit aus, denn sein Regelungsgegenstand sind die Pflichten der Soldaten im Verhältnis zum Dienstherrn.[55] Schließlich bleibt noch das Gesetz über den unmittelbaren Zwang der Bundeswehr, welches aber territorial auf die Bundesrepublik beschränkt ist und außerdem den Schutz militärischer Objekte zum Gegenstand hat.[56] Damit fehlt es an einer spezifischen gesetzlichen Grundlage für die Vornahme von grundrechtsrelevanten Handlungen durch Soldaten der Bundeswehr im Ausland.[57]

Man kann nun die Frage stellen, ob sich aus Art. 24 Abs. 2 GG in Verbindung mit dem Zustimmungsgesetz des Bundestages zur UN-Charta, den betreffenden Sicherheitsratsresolutionen und konkreten Einsatzbefehlen (rules of engagement) ein funk-

---

[52] BVerfGE 108, 282 (311).

[53] Ibid.; vgl. ausführlich *C. Seiler*, Der einheitliche Parlamentsvorbehalt, Berlin 2000, 64 ff., 73 ff., 103 ff.; *A. von Arnauld*, Die Freiheitsrechte und ihre Schranken, Baden-Baden 1999, 145 ff.

[54] Vgl. § 1 Parlamentsbeteiligungsgesetz, BGBl. 2005 I S. 775; siehe auch *K. U. Voss*, Rechtsstaat ad hoc? - Anwendung von Gesetzesvorbehalt und Parlamentsvorbehalt bei Auslandseinsätzen der Bundeswehr, ZRP 2007, 78 ff. (80 f.).

[55] Vgl. *Yousif* (Fn. 17), 173 f.

[56] Vgl. §§ 1 und 2 Abs. 1 UZwGBw; *Zimmermann* (Fn. 21), 118.

[57] *M. Kutscha*, Das Grundrecht auf Leben unter Gesetzesvorbehalt – ein verdrängtes Problem. In memoriam Hans Lisken, NVwZ 2004, 801 ff. (803).

tionales Äquivalent bilden lässt. Wenn man die Maßstäbe heranzieht, welche nach nationalem Recht für den Vorbehalt des Gesetzes gelten, ist eine solche Konstruktion aber nicht ausreichend.[58] Zum einen ist es gerade der Sinn des Vorbehalts des Gesetzes in seiner Gestalt als Parlamentsvorbehalt, dass die Entscheidung durch das Parlament selbst getroffen wird. In diese Richtung zielt auch der zentrale Gedanke der Wesentlichkeitstheorie. Betrachtet man etwa die Vorgaben in der Resolution 1244 (1999) für den Einsatz von KFOR im Kosovo, dann wird deutlich, dass die Sicherheitsratsresolutionen auch inhaltlich nicht hinreichend bestimmt sind, um konkrete Eingriffsmaßnahmen in rechtsstaatlich bestimmter Weise vorab zu regeln.[59] Mithin ist inhaltlich wie formal dem rechtsstaatlichen Anliegen nicht genügt, welches der Grundsatz vom Vorbehalt des Gesetzes zum Ausdruck bringt.[60]

Ein Auslandseinsatzgesetz müsste – ähnlich wie es das im Gesetz über die Bundespolizei erfolgt ist – die Befugnisse beim Auslandseinsatz regeln. Dazu könnte – wiederum wie in den Polizeigesetzen – eine Generalklausel mit bestimmten Standardmaßnahmen kombiniert werden. Auch wäre wohl nach den unterschiedlichen Einsatzarten zu unterscheiden. Hierfür liefert wiederum das Bundespolizeigesetz eine Typisierung (VN, Regionalorganisationen, EU, WEU). Schließlich gibt es Vorbilder im Ausland[61] und erste, freilich noch sehr allgemeine Vorschläge in der Literatur.[62]

III. Konsequenz:
Notwendigkeit eines Auslandseinsatzgesetzes
und einer Verfassungsänderung

Welche konkreten Folgerungen lassen sich aus den vorstehenden Überlegungen ableiten? Zunächst und vor allem unterstützen sie die Forderung nach einem Auslandseinsatzgesetz für die Bundeswehr, denn mit einem solchen Gesetz würde dem Vorbehalt des Gesetzes genügt, wenn die Eingriffsbefugnisse von Soldaten im Auslandseinsatz dort geregelt würden.

Darüber hinaus stellt sich aber die noch weitergehende Frage, wie man mit der sehr klaren Fristregelung in Art. 104 Abs. 2 Satz 3 GG umgehen soll.[63] Das VG Köln hat in seiner Entscheidung den Weg einer völkerrechtsfreundlichen Auslegung des Grundgesetzes gewählt.[64] Aber damit werden die Grenzen des methodisch Ak-

---

[58] Vgl. *Yousif* (Fn. 17), 180 ff.

[59] SC Res. 1244, insbes. Ziff. 7–9; weitere entspr. Nachweise bei *Yousif* (Fn. 17), Fn. 867.

[60] *Zimmermann* (Fn. 21), 118 f.

[61] Dazu die Nachweise zum österreichischen, finnischen, französischen und schwedischen Recht bei *Zimmermann* (Fn. 21), 119.

[62] *Voss* (Fn. 54), 81; *Zimmermann* (Fn. 21), 119.

[63] Für ein Festhalten am Wortlaut zu Recht *A. Fischer-Lescano/L. Kreck*, Piraterie und Menschenrechte: Rechtsfragen der Bekämpfung der Piraterie im Rahmen der europäischen Operation Atalanta, AVR 47 (2009), 481 ff. (497 f.).

[64] VG Köln, JZ 2012, 366 (368).

zeptablen überschritten.[65] Selbst im Unionsrecht wird eine unionsrechtskonforme Auslegung gegen den Wortlaut ganz überwiegend abgelehnt.[66] Im konkreten Fall des VG Köln kommt hinzu, dass gar keine völkerrechtliche Pflicht zur Mitwirkung an einem Einsatz zur Pirateriebekämpfung besteht. Deutschland würde also nicht völkerrechtswidrig handeln, wenn es an dem ATALANTA-Einsatz nicht mitwirkte. Das VG Köln spricht insofern durchaus treffend vom völkerrechtlich „Erwünschten".[67] Wenn aber das völkerrechtlich Erwünschte den Sieg über das verfassungsrechtlich Gebotene davon trägt, dann wird der Auslegungsgrundsatz der Völkerrechtsfreundlichkeit des Grundgesetzes überdehnt.

Abhilfe kann hier nur eine Verfassungsänderung schaffen. Eine solche wäre menschenrechtlich durchaus möglich, denn der EGMR hat anerkannt, dass die notwendigerweise immer wieder über große Distanzen erfolgende Bekämpfung organisierter Kriminalität durchaus als Rechtfertigungsgrund für eine auch längere Inhaftierung ohne richterlichen Haftbefehl dienen kann.[68] Vergleicht man die detaillierten, aber bislang (zum Glück) niemals praktisch relevant gewordenen Regelungen des Grundgesetzes zum Verteidigungsfall mit dem verfassungsrechtlich ungeregelten, praktisch aber enorm bedeutsam gewordenen Auslandseinsatz der Bundeswehr, dann zeigt sich ein deutliches Missverhältnis zwischen Regelungsintensität und praktischer Relevanz. Damit soll keineswegs die Detailfreudigkeit von Art. 115 ff. GG zum Vorbild einer Regelung für den Auslandseinsatz erhoben werden. Aber ein ausdrückliches Bekenntnis des Grundgesetzes zum Auslandseinsatz der Bundeswehr ist – nicht zuletzt im Interesse der betroffenen Soldaten – ein seit der Wiedervereinigung unerfülltes verfassungspolitisches Desiderat. Für Fälle wie den vom VG Köln entschiedenen ist die Änderung der Fristregelung in Art. 104 Abs. 2 Satz 3 GG noch weitergehend eine verfassungsrechtliche Notwendigkeit.

---

[65] Vgl. zum Wortlaut als Grenze der völkerrechtsfreundlichen Auslegung die klare Aussage in BVerfGE 111, 307 (328).

[66] Sehr deutlich: *E. Klein*, Objektive Wirkungen von Richtlinien, FS für Ulrich Everling, Bd. I, Baden-Baden 1995, 641 ff. (646 Fn. 28) und 647; siehe auch *R. Streinz*, Europarecht, 9. Aufl. Heidelberg 2012, Rn. 501; *W. Schroeder*, Art. 288 Rn. 128, in: R. Streinz (Hrsg.), EUV/AEUV-Kommentar, 2. Aufl. München 2012.

[67] VG Köln, JZ 2012, 366 (368).

[68] Siehe den Nachweis in Fn. 7, Rn. 127 ff.

Der Rechtsstaat im Risiko

Von *Norman Weiß*

I. Einleitung

Für *Eckart Klein* stellen Staat und Recht keine Zwecke an sich dar, beider Bestimmung ist es vielmehr, im Dienste des Menschen[1] diesem ein Leben in Freiheit und Verantwortung zu ermöglichen. Welche Aufgabe der Staat Bundesrepublik Deutschland in diesem Zusammenhang auch wahrnimmt, er muss dabei als Rechtsstaat in den ihm vom Grundgesetz gesteckten Rahmen agieren.

Hierbei können Grenzsituationen oder Entscheidungslagen entstehen, die vom Rechtsstaat viel fordern: etwa der allgemeine Notstand oder die terroristische Bedrohung. Der Jubilar hat sich zu diesen und verwandten Fragen wissenschaftlich geäußert[2] und er hat sie auch im universitären Seminar immer wieder behandelt. Als einer seiner begeisterten Hörer in Mainz und später als sein Assistent in Potsdam habe ich aus nächster Nähe miterleben dürfen, wie Eckart Klein hier als Rechtslehrer und als Erzieher gewirkt und so vielen Studentengenerationen den Rechtsstaat als bewahrenswert nahegebracht hat.

Besondere Anforderungen an den Rechtsstaat (II.) stellt auch der Umgang mit Risiken (III.). Dabei sind die spezifischen Anforderungen der Notwendigkeit, unter der Bedingung von Ungewissheit, ja sogar von Nichtwissen, Lösungen finden zu müssen, die gleichzeitig dem Gemeinwohl und Individualinteressen dienen sollen und sich im rechtsstaatlichen Rahmen bewegen müssen, nicht zu unterschätzen. Die anthropozentrische Funktion des rechtlich gebundenen staatlichen Handelns ist hier ebenso evident wie herausgefordert. Die nachfolgenden Überlegungen wollen diesen

---

[1] *M. Breuer* et al. (Hg.), Im Dienste des Menschen: Recht, Staat und Staatengemeinschaft, 2009.

[2] *E. Klein*, The States of Emergency According to the Basic Law of the Federal Republic of Germany, in: Reports on German Law, XIIIth International Congress of Comparative Law Montréal 1990 (1990), 63–83; *ders.*, Der innere Notstand, in: J. Isensee/P. Kirchhof (Hg.), Handbuch des Staatsrechts, Bd. VII (1993), § 169, 387–414; *ders.*, Die Herausforderung durch den internationalen Terrorismus – hört hier das Völkerrecht auf?, in: J. Isensee (Hg.), Der Terror, der Staat und das Recht, 2004, 9–39; *ders.*, Das Gesetz zur Neuregelung von Luftsicherheitsaufgaben (LuftSiG) auf dem Prüfstand, in: Zeitschrift für Gesetzgebung 2005, 289–299.

Teilbereich des Rechtsstaatsdiskurses, der seit rund zwanzig Jahren geführt wird,[3] resümieren und auf wichtige Fragestellungen hin untersuchen (IV.).

II. Rechtsstaat

Im Rechtsstaat soll das Recht herrschen, was bedeutet, dass jedes hoheitliche Handeln einer Rechtsgrundlage bedarf, deren Voraussetzungen und Grenzen beachten muss und auch darüber hinaus im Einklang mit Recht und Gesetz, vor allem mit dem Verfassungsrecht, zu stehen hat.[4] Letztlich bedeutet das nicht nur Verlässlichkeit und Berechenbarkeit für die der Rechtsordnung unterworfenen Bürger, auch ihrerseits setzt die Rechtsordnung ein gewisses Maß an Verlässlichkeit und Berechenbarkeit des Tatsächlichen voraus. Zwar erlaubt der hohe Abstraktionsgrad guten Rechts die notwendige Flexibilität, um eine Vielzahl von Lebenswirklichkeiten zu erfassen. Immer aber bilden diese Lebenswirklichkeiten den Ausgangspunkt für die Typisierungen, die der Normgeber vornimmt.

Das Recht knüpft also in erster Linie an in der Lebenswirklichkeit gründende Fakten an. Dies gilt auch für das Gefahrenabwehrrecht, das eine Sachlage zum Bezugspunkt nimmt, die bei verständiger Würdigung in naher Zukunft mit hinreichender Wahrscheinlichkeit einen Schadenseintritt bedeutet. Die herkömmliche Regel- und Tatsachenorientierung des Rechtsstaats werden insbesondere von den sich teilweise sehr schnell wandelnden wissenschaftlich-technischen Veränderungen beeinflusst und kategorial herausgefordert, weil diese häufig von Risiken begleitet werden, die Elemente der Unsicherheit und des Nichtwissens in den Regelungszusammenhang einbringen. Hierdurch können Verlässlichkeit und Berechenbarkeit beeinträchtigt werden.

Da der Staat seinen Gestaltungsanspruch auch gegenüber Risikosituationen behalten und ausüben will, stellen sich für das öffentliche Recht die Fragen, an welche Tatsachen anzuknüpfen ist, welche Regelhaftigkeiten gelten sollen, ob Verantwortlichkeiten ausgemacht werden können und generell, ob und in welchem Umfang Risiken zuzurechnen sind. Die überkommenen Strukturen des Verwaltungsrechts, in erster Linie diejenigen des Gefahrenabwehrrechts, sind in den hier relevanten Konstellationen berührt und gefordert. Die Entwicklung speziell des Atom- und Umweltrechts mit besonderen Risikolagen und komplexen Planungs- und Prognoseentscheidungen hat diese Herausforderungen klar hervortreten lassen.

---

[3] Vgl. etwa *K. H. Ladeur*, Risikowissen und Risikoentscheidung, in: KritV1991, 241 ff.; *U. di Fabio*, Risikoentscheidungen im Rechtsstaat, 1994.

[4] Zum Staatsstrukturprinzip des Rechtsstaats vgl. nur *E. Schmidt-Aßmann*, Der Rechtsstaat, in: J. Isensee/P. Kirchhof (Hg.), Handbuch des Staatsrechts der Bundesrepublik Deutschland, Bd. II (3. Aufl. 2004), § 26, 541–612. Aus der Perspektive des Europarates vgl. *European Commission for Democracy Through Law (Venice Commission)*, Report on the Rule of Law, CDL-AD(2011)003rev, 4. April 2011.

Allerdings handelt es sich hierbei nicht nur um Fragen, die sich aus der Sondersituation Risiko ergeben, sondern auch solche, die mit Entwicklungen im Rechtsstaat selbst, insbesondere der Beeinflussung und Weiterentwicklung des Verwaltungsrechts durch das Grundgesetz und die Rechtsprechung des Bundesverfassungsgerichts, zu tun haben. Die Risikosituation als im Bereich des Faktischen zu verortendes Problem traf und trifft auf eine politisch und gesellschaftlich begründete „Renaissance des Staatszwecks der Gefahrenabwehr"[5], die quer zu älteren „Entpolizeilichungstendenzen"[6] liegt und durch die grundrechtsschützende und individualrechtliche Aufladung des Verwaltungsrechts[7] paradoxerweise unterstützt wird. Wenn schon Freiheit, Sicherheit und polizeiliche Gefahrenabwehr im Rechtsstaat eigentümlich miteinander verkettet sind, so bringt der Umgang mit Risiken weitere Verwicklungen mit sich.

III. Risiko

1. Begriffsgeschichte und Neueinführung

Der Begriff des Risikos ist nicht neu.[8] Doch als Paradigma der von Ulrich Beck beschriebenen „neuen Gesellschaft der Moderne"[9] hat das Risiko veränderte Aufmerksamkeit erfahren[10] und ist inzwischen zu einem Schlüsselbegriff der Rechtsordnung geworden.

---

[5] *Di Fabio* (Fn. 3), 27, 35 ff.

[6] Beginnend mit dem Kreuzberg-Urteil, PrOVGE 9, 353.

[7] Paradigmatisch die Überlegungen zum Status activus prozessualis bei *P. Häberle*, Grundrechte im Leistungsstaat, in: VVDStRL 30 (1972), 43–141 (81).

[8] Laut *N. Luhmann*, Die Moral des Risikos und das Risiko der Moral, in: G. Bechmann (Hg.), Risiko und Gesellschaft, Grundlagen und Ergebnisse interdisziplinärer Risikoforschung, 2. Aufl. 1997, 327–338 (327), ist er „seit mehreren Jahrhunderten bekannt und geläufig".

[9] *U. Beck*, Risikogesellschaft, Auf dem Weg in eine andere Moderne 1986. Mit erweitertem, bereits 1986, S. 48–58 knapp umrissenem Bezugsrahmen dann *ders.*, Weltrisikogesellschaft, Auf der Suche nach der verlorenen Sicherheit, 2007. Vgl. als frühe kritische Stimme *P. Wagner*, Sind Risiko und Unsicherheit neu oder kehren sie wieder?, in: Leviathan 1988, 288–296, der beklagt, dass der zu groß geratene Theorieentwurf die notwendigen Erklärungen schuldig bleibe.

[10] Vgl. etwa *Bechmann* (Fn. 8); *J. Beaufort/E. Gumpert/M. Vogt* (Hg.), Fortschritt und Risiko, Zur Dialektik der Verantwortung in der (post-)modernen Gesellschaft, 2003; *T. Sutter-Somm* u. a. (Hg.), Risiko und Recht, Festgabe zum Schweizerischen Juristentag 2004, 2004.

Die im Jahre 1995 ausgedrückte Skepsis, die Analysen Becks beruhten „auf einer zu kurzfristigen, zu wenig auf historischem Material basierenden Betrachtung" und taugten daher nicht zu einer tragfähigen Theorie – so *H. Strasser*, Theorien des sozialen Wandels, in: D. Nohlen/R.-O. Schulze (Hg.), Politische Theorien (Lexikon der Politik, Bd. 1), 1995, 665–670 (666) – kann nicht aufrechterhalten werden; Becks Befunde haben sich immer wieder bestätigt.

Der Umgang mit Risiken prägt zahlreiche Spezialgebiete[11] des Verwaltungsrechts wie Technik- oder Umweltrecht, Biomedizin- und Biotechnologierecht, Lebensmittel- und Arzneimittelrecht. Darüber hinaus haben Regelungen zur Produkthaftung im Zivilrecht[12] und im Strafrecht[13] über den Bezug zu eingetretenen Schäden hinaus auch risikosteuernde Wirkung. Im Mehrebenensystem ist die Fragestellung ebenfalls seit langem angekommen, weil viele der vorgenannten Rechtsbereiche Politikfeldern angehören, die im Zuständigkeitsbereich des EU-Rechts liegen oder auf Grund ihrer grenzüberschreitenden Natur nach einer weltweiten Regelung verlangen. Das Phänomen des Risikos wird vom Recht vor allem durch das inzwischen etablierte Instrument der Vorsorge einzuhegen versucht.[14] Dem Pflichtigen wird das risikobehaftete Verhalten gestattet, wobei er aber – beispielsweise bei Errichtung und Betrieb immissionsschutzrechtlich genehmigungsbedürftiger Anlagen – „zur Gewährleistung eines hohen Schutzniveaus für die Umwelt insgesamt [...] Vorsorge gegen schädliche Umwelteinwirkungen und sonstige Gefahren, erhebliche Nachteile und erhebliche Belästigungen [treffen muss], insbesondere durch die dem Stand der Technik entsprechenden Maßnahmen" (§ 5 Abs. 1 Nr. 2 BImSchG).

Der methodisch am Marxismus orientierte ursprüngliche Theorieansatz Becks ist von ihm[15] und weiteren Autoren[16] längst auf eine tragfähigere, breitere Grundlage gestellt worden.[17]

---

[11] Aus der zahlreichen neueren Literatur vgl. nur *H. Mrasek-Robor*, Technisches Risiko und Gewaltenteilung, Ist Risikobewältigung politisch und juristisch machbar?, 2000; *K. Vieweg* (Hg.), Risiko – Recht – Verantwortung, Erlanger Symposium am 9./10. Juli 2004, 2006; *S. Leible/A. H. Meyer* (Hg.), Risiko als Thema des Lebensmittelrechts: Risikobewertung, Risikomanagement, Risikokommunikation, 2008.

[12] Produkthaftungsgesetz vom 15. Dezember 1989 (BGBl. I S. 2198), beruhend auf einer EG-Richtlinie aus dem Jahre 1985. Das Produkthaftungsgesetz sieht gegenüber dem Deliktsrecht eine Gefährdungshaftung vor.

[13] BGHSt 37, 106 ff. Die Entscheidung knüpft die strafrechtliche Verantwortlichkeit an zivilrechtlich relevantes, pflichtwidriges Verhalten.

[14] Vgl. nur *F. Ossenbühl*, Vorsorge als Rechtsprinzip im Gesundheits-, Arbeits- und Umweltschutz, in: NVwZ 1986, 161–171; *R. Wahl* (Hg.), Prävention und Vorsorge, 1995.

[15] Ursprünglich stand Risiko bei *Beck*, Risikogesellschaft (Fn. 9), 25 ff. und öfter, in Spannung zu „Reichtum" und war u. a. eingebunden in Überlegungen zu Klasse und Schicht, S. 121 ff. Später erfasst das Konzept der reflexiven Moderne die Bewältigung selbstgeschaffener Probleme, vgl. *U. Beck/C. Lau* (Hg.), Entgrenzung und Entscheidung, Was ist neu an der Theorie reflexiver Modernisierung? 2004. *Beck*, Weltrisikogesellschaft (Fn. 9), 37 ff. und öfter, betont diesen Ansatz und verbindet ihn mit der Erfahrung des Kontrollverlusts.

[16] Vor allem *N. Luhmann*, Soziologie des Risikos, 1991; *K. P. Japp*, Mehr Sicherheit durch Technik?, in: Technik und Gesellschaft Jahrbuch 6, 1992, 175–191. Einen guten Überblick gibt *J. Weyer*, Techniksoziologie, Genese, Gestaltung und Steuerung sozio-technischer Systeme, 2008, 212–236.

[17] Dass die griffige Rede von der Risikogesellschaft oftmals bewusst im Sinne von Angst und Lähmung falsch gebraucht wird, liegt auf der Hand. Besondere Beachtung verdienen deshalb Ansätze, die eine andere Perspektive vorschlagen, vgl. *E. Teufel* (Hg.), Von der Risikogesellschaft zur Chancengesellschaft, 2001.

Die Rede von der Risikogesellschaft ist – und sei es in sich wandelnden Konstellationen – zeitgemäß, denn Risiken sind gleichermaßen Grundmelodie und Fanal unserer Zeit. Sie fordern den Rechtsstaat deshalb besonders heraus, weil sie einerseits dessen „Leitbild der Sicherheit"[18] in Frage stellen. Sicherheit ist im Angesicht des Risikos nur schwierig oder kaum mehr zu gewährleisten. Andererseits wird der Anspruch des Staates, das öffentliche Gut der Sicherheit zu produzieren und anzubieten, „aufgeblasen". Der Staatszweck der Sicherheitsgewährung erlebt, in Kombination mit dem Grundrecht auf Sicherheit,[19] angesichts des Risikos eine deutliche Aufwertung.[20]

Dabei hat der Begriff des Risikos markante Wandlungen durchlaufen. Seit dem 14./15. Jahrhundert wurde als „Risiko" ein Versicherungsproblem im Sinne einer Kosten-Nutzen-Analyse bezeichnet, das Frachtverluste bei Seereisen berechenbar machen sollte. Von dort her ist das Risiko mit der Kalkulierbarkeit eng verbunden (Risiko erster Ordnung).[21] Allerdings können Nachteils- und damit Risikoperzeption von Individuen und Gesellschaften erheblich voneinander abweichen (dazu unten III.3). Insbesondere war es keineswegs vorgezeichnet, dass Risiko zu einem Rechtsbegriff geworden ist.[22]

2. Gefahr und Risiko

Risiko ist im modernen Verständnis vor allem als gefährliche, aber unkalkulierbare Nebenfolge menschlichen Tuns zu bezeichnen (Risiko zweiter Ordnung)[23] und rückt dadurch ab von der klassischen Gefahr und der auf diese reagierenden Gefahrenabwehr.

Das Polizeirecht regelt Maßnahmen zur Gefahrenabwehr; die dafür relevanten Gefahren können konkret oder abstrakt sein. Eine konkrete Gefahr liegt vor, wenn eine Sachlage besteht, die im Einzelfall tatsächlich oder ex ante aus der Sicht der handelnden Person bei verständiger Würdigung der Sachlage in naher Zukunft die hinreichende Wahrscheinlichkeit eines Schadenseintrittes bedeutet. Eine solche konkre-

---

[18] *R. Wolf*, Die Risiken des Risikorechts, in: A. Bora (Hg.), Rechtliches Risikomanagement. Form, Funktion und Leistungsfähigkeit des Rechts in der Risikogesellschaft, 1999, 65–91 (68).

[19] Vgl. *J. Isensee*, Das Grundrecht auf Sicherheit, Zu den Schutzpflichten des freiheitlichen Verfassungsstaates, 1983.

[20] Kritisch bereits *di Fabio* (Fn. 3), 41 ff. Resümierend *G. Frankenberg*, Staatstechnik, Perspektiven auf Rechtsstaat und Ausnahmezustand, 2010.

[21] Prägnante Übersicht zu Begriffsgeschichte und Verwendungszusammenhängen bei *Luhmann* (Fn. 16), 16–23. Ferner *A. Scherzberg*, Risikosteuerung durch Verwaltungsrecht: Ermöglichung oder Begrenzung von Innovation?, in: VVDStRL 63 (2004), 214–258 (219 ff.).

[22] Vgl. *O. Lepsius*, Risikosteuerung durch Verwaltungsrecht: Ermöglichung oder Begrenzung von Innovation?, in: VVDStRL 63 (2004), 264–308 (267).

[23] *Scherzberg* (Fn. 21), 220 f.; vgl. auch Luhmann (Fn. 16), 235 ff.

te Gefahr berechtigt die Ordnungsbehörden zu unmittelbaren Eingriffen in die Freiheitssphäre der Bürger. Eine abstrakte Gefahr liegt vor, wenn

„eine generell-abstrakte Betrachtung für bestimmte Arten von Verhaltensweisen oder Zuständen zu dem Ergebnis führt, daß mit hinreichender Wahrscheinlichkeit ein Schaden im Einzelfall einzutreten pflegt und daher Anlaß besteht, diese Gefahr mit generell-abstrakten Mitteln, also einem Rechtssatz, insbesondere einer Polizeiverordnung zu bekämpfen, was wiederum zur Folge hat, daß auf den Nachweis eines Schadens im Einzelfall verzichtet werden kann."[24]

Der Begriff des Risikos unterscheidet sich kategorial von dem der Gefahr.[25] Während die polizeiliche Gefahrenabwehr auf einem Kausalitätsmodell beruht und davon ausgeht, dass die Verknüpfung von Störungsursache und Schadenseintritt durch das polizeiliche Handeln gelöst werden kann, operiert der traditionelle, versicherungsmathematische Begriff des Risikos mit der Eintrittshäufigkeit eines schädigenden Ereignisses und dem möglichen Schadensausmaß. Dementsprechend finden sich Risikobezüge im juristischen Diskurs zunächst im Zivilrecht.[26] Das Bundesverfassungsgericht hat – bezeichnenderweise in der Kalkar-Entscheidung – dann zwischen Gefahrenabwehr, Schadensvorsorge und Restrisiko unterschieden. Angesichts der neuen, noch unerprobten Technik und der daraus folgenden kognitiven Unsicherheit über Eintrittswahrscheinlichkeit und Ausmaß von Schäden kommt der Vorsorge hohe Bedeutung zu.[27] Staatliche Eingriffe zur Sicherung dieser Vorsorgepflichten sind erlaubt, unterfallen aber dem Vorbehalt technischer Möglichkeiten und der Verhältnismäßigkeit von Aufwand und Nutzen. Das Bundesverwaltungsgericht geht dementsprechend von einem eigenständigen Auftrag zur Risikovorsorge gemäß § 7 Abs. 2 Nr. 3 AtomG bei zurückgenommener Kontrolldichte aus.[28] Rechtstechnisch ist das Risiko im Atomrecht im Genehmigungstatbestand verortet und bleibt damit gefahrenbezogen, während im Immissionsschutzrecht ein eigenständiger Risikobegriff an die Seite des Gefahrenbegriffs getreten ist (§ 5 Abs. 1 Nr. 2 BImSchG). Zwischen dem zu vernachlässigenden Restrisiko und der Gefahr liegt der Bereich des durch Vorsorgemaßnahmen abzusichernden – denkbaren, aber noch nicht erkennbaren – Risikos.[29]

---

[24] BVerwG, Urteil vom 26. Juni 1970, DÖV 1970, 713 (715).

[25] Vgl. *K.-H. Ladeur*, Risiko und Recht, Von der Rezeption der Erfahrung zum Prozeß der Modellierung, in: Bechmann (Fn. 8), 209–233.

[26] Etwa beim Wegfall der Geschäftsgrundlage, vgl. BGHZ 15, 27; 74, 370; heute ausdrücklich in § 311 BGB geregelt.

[27] BVerfGE 49, 89 (134 ff.).

[28] BVerwGE 72, 300 (314).

[29] Ähnlich die entwicklungsgeschichtliche Analyse von *Lepsius* (Fn. 22), 268 ff.: Drei- und Zweistufenmodell.

3. Risiko, Katastrophe und Gegenmaßnahmen

Anders als Naturkatastrophen früherer Zeiten sind oder gelten die meisten Risiken heute als selbsterzeugt,[30] weil sie sich auf menschliches Handeln zurückführen lassen. Durch die rasante technologische Entwicklung sind den Menschen zuvor ungekannte Handlungs- und Entscheidungsmöglichkeiten eingeräumt worden, wodurch sich auch die Risiken vervielfacht haben. Gegenüber dem alten Risikobegriff können die neuen Risiken als „undefiniert"[31] beschrieben werden: Unklar bleiben die betroffenen Personen, Art und Ausmaß von Schäden sowie der Zeitraum, in dem sich die Risiken realisieren können. Dies erschwert das rechtliche Anknüpfen.[32]

Der komplexe Vorgang der Risikobewältigung ist als Prozess der „Risk governance" beschrieben worden, der zwei Dimensionen aufweist: Einerseits muss das Problem erkannt, analysiert und verstanden werden, andererseits geht es darum, Entscheidungen zu treffen, um das Problem zu lösen. Hierfür ist es unerlässlich, das in Rede stehende Risiko auf Akzeptanz und Toleranz hin zu untersuchen.[33] Daran schließt sich die Entscheidung an, ob überhaupt Maßnahmen zu treffen sind.

Diese Maßnahmen sind sodann zu ergreifen und durchzuführen, wobei es neben der hier als selbstverständlich vorausgesetzten Rechtmäßigkeit erneut auf Akzeptanz ankommt. Hier besteht eine Korrelation zwischen der Bedrohung durch das vergegenwärtigte Risiko und der Toleranz gegenüber Belastungen durch Abwehrmaßnahmen.

Wenn sie Gegenmaßnahmen formulieren oder Entscheidungen über die Inkaufnahme von Risiken treffen sollen, sind Regierung und Parlament in einer Ex-ante-Situation. Anders als die Bewältigung akuter Krisen setzt der Umgang mit Risiken früher an und erfordert eine besondere Herangehensweise. Die Akteure stehen dabei unter höchster Anspannung, gegebenenfalls auch unter starkem Druck der Öffentlichkeit, ja sehen sich möglicherweise Panik gegenüber. Problematisch ist es aber ebenfalls, wenn das Publikum interesselos oder apathisch ist und das Risiko nicht als solches erkennt; der Sinn von belastenden oder beschränkenden Maßnahmen ist dann kaum zu vermitteln.

Während risikoinduziertes Zivil-[34] und Strafrecht[35] an bereits eingetretene Schäden anknüpfen und so nur eine indirekte Präventivwirkung entfalten, versucht das

---

[30] *Beck*, Risikogesellschaft (Fn. 9), 300; *N. Luhmann*, Risiko und Gefahr, in: ders., Soziologische Aufklärung, Konstruktivistische Perspektiven, 3. Aufl. 2005 (Erstveröffentlichung 1990), 126–162 (127 ff.).

[31] *Mrasek-Robor* (Fn. 11), 14.

[32] Prägnant *Lepsius* (Fn. 22), 277 ff. mit zahlreichen Nachweisen.

[33] International Risk Governance Council, An introduction to the IRGC Risk Governance Framework, 2008, 8 ff.; http://www.irgc.org/IMG/pdf/An_introduction_to_the_IRGC_Risk_Governance_Framework.pdf (abgerufen am 12. Juli 2012).

[34] Zur Präventionswirkung des Haftungsrechts angesichts von Steuerungsdefiziten des öffentlichen Rechts vgl. *M. L. Mewes*, Öffentliches Recht und Haftungsrecht in der Risikoge-

öffentliche Risikorecht unmittelbar präventiv zu wirken, indem risikobehaftetes Verhalten Privater durch diesen auferlegte Vorsorgepflichten entschärft werden soll oder die öffentliche Gewalt bereits auf Risiken und nicht erst auf Gefahren mit Gegenmaßnahmen – etwa im Bereich der Terrorismusabwehr – reagiert. Die ungleichen Geschwister Technik und Terror illustrieren so den Prospekt eines aufwendigen Bedrohungsszenarios, in dem die Grenzen zwischen fürsorglicher Vorsorge und pathologischer Präventionsmanie zu verschwimmen drohen.

Denn um die Katastrophe abwenden zu können und die dafür erforderliche Handlungsbereitschaft herzustellen, muss zuvor das Risiko vergegenwärtigt werden. Angesichts der Ungewissheiten und der schwierigen tatsächlichen Fasslichkeit erfolgt diese Vergegenwärtigung zwangsläufig als soziale Konstruktion, ja als Inszenierung.[36] Dies bringt Unschärfen mit sich und eröffnet die Möglichkeit von Manipulationen. Die beteiligten Akteure – Anlagenbetreiber, Forscher/Entwickler, Politiker, Medien, Betroffene, allgemeine Öffentlichkeit – agieren hierbei geleitet von jeweils eigenen Maximen, Sachzwängen und Interessen. Diese können im Ergebnis aus unterschiedlichen Motiven in einer kollektiven Verdrängung von Risiken zusammenfallen: Häufig sind „Risiken Vermeidungsgüter, *deren Nichtexistenz bis auf Widerruf unterstellt wird*"[37]. Genausogut können Risiken „überinszeniert" werden, um bestimmte intendierte Folgen herbeiführen zu können oder um die Akzeptanz für belastende Gegenmaßnahmen zu erhöhen. Die Rede von „systemrelevanten Banken" und befürchteten „Dominoeffekten" im Rahmen der Finanzmarkt- und Staatsschuldenkrise dürfte in diese Kategorie der Risikoinszenierung fallen.

Ungeachtet der erwähnten Schwierigkeiten ist die Vergegenwärtigung von Risiken[38] Voraussetzung dafür, dass politische Abwehrstrategien entwickelt werden, die auch das Recht als Mittel der Zielerreichung einschließen.[39]

---

sellschaft, Die Defizite des öffentlichen Rechts und die Möglichkeiten und Grenzen der Risikosteuerung durch Haftungsrecht und Haftpflichtversicherung, 2006.

[35] *K. Reus*, Das Recht in der Risikogesellschaft, Der Beitrag des Strafrechts zum Schutz vor modernen Produktgefahren, 2010.

[36] Hierzu *B. Kleinwellfonder*, Der Risikodiskurs, Zur gesellschaftlichen Inszenierung von Risiko, 1996, die aus soziologischer Perspektive wichtige Hinweise auf die Bedeutung von Risikowahrnehmung, Risikobewertung und Risikokommunikation gibt.

[37] *Beck*, Risikogesellschaft (Fn. 9). 45, Hervorhebung im Original.

[38] Zur besonderen Rolle der Medien hierbei vgl. *A. Görke*, Risikojournalismus und Risikogesellschaft, Sondierung und Theorieentwurf, 1999.

[39] Skeptisch *Beck*, Risikogesellschaft (Fn. 9), 300 ff., 357 ff.; *ders.*, Weltrisikogesellschaft (Fn. 9), 175 ff. sieht später zwei Aktionsarenen der Globalisierung; die Globalisierung von oben bedient sich internationaler Verträge und Institutionen, diejenige von unten setzt auf nicht-staatliche, transnationale Kooperation. In beiden Arenen ist die Bedeutung von Völkerrecht hoch.

Zustimmend hingegen *T. Schwabenbauer*, Legislative Reaktionen auf Risiken, in: M. Dalibur et al. (Hg.), Risiko im Recht – Recht im Risiko, 2011, 157–176 (160 f., 175): „rechtliche Regelung unentbehrlich" (160). Eindeutig bejahend auch *Luhmann* (Fn. 16), 177 f., mit dem wichtigen Hinweis, dass das politische System ein Problem an das Rechtssystem weiterrei-

Es muss aber an dieser Stelle gefragt werden, inwieweit mit der volatilen, von Zufälligkeiten abhängigen Vergegenwärtigung von Risiken eine tragfähige Grundlage für rechtsstaatskonforme Rechtslösungen geschaffen wird. Die erweiterten Risikokonzepte sind zwar notwendig, um die meisten komplexen, mit hohen Ungewissheiten verbundenen Risikosituationen sinnvoll – manchmal auch nur annähernd – zu erfassen.[40] Denn bloß technische Risikoanalysen, die kausal zuordnungsfähige Konsequenzen und ihre Ursachen identifizieren und deren Erfolgswahrscheinlichkeit und Schadensausmaß quantitativ bestimmen, reichen dafür evident nicht aus, passen aber gut zu traditionellen rechtlichen Lösungsmodellen von Gefahrenabwehr, Störerinanspruchnahme und Haftung.

Ist es möglich, den Anforderungen des Gesetzesvorbehaltes, der erkennbar für andere Konstellationen erdacht wurde, auch bei komplexen Risikoentscheidungen zu entsprechen?[41] Welche Strukturen müssen Eingriffstatbestände haben, welche Rechtsgüterabwägungen muss der Gesetzgeber zumindest vorzeichnen und was darf an die Verwaltung oder mittels der Figur des Standes der Technik gar an die Wissenschaft delegiert werden? Und schließlich: Wie kann in diesen gewandelten Zusammenhängen sinnvollerweise Rechtsschutz gewährleistet werden?

Immer mitgedacht werden muss zudem die grenzüberschreitende Dimension mancher Risiken und der darauf bezogenen Präventions- und Abwehrstrategien. Dass rechtsstaatliche Mindestanforderungen in völker- und europarechtlichen Regelungszusammenhängen überhaupt erst stark gemacht werden müssen, hat exemplarisch das Sanktionsregime des UN-Sicherheitsrates gezeigt.[42] Dass sie selbst in einem weitaus stärker verrechtlichten System wie der Europäischen Union ständig unter dem Damoklesschwert nationalstaatlicher Macht- und Interessenpolitik stehen, wird bei jedem Bericht aus Brüssel über die Staatsschuldenkrise im Euroraum deutlich.

---

chen und dieses so dem fremden Druck einer Risikolage mit ungewisser Zeitdimension aussetzen kann. Äußerst skeptisch demgegenüber auch deswegen *Lepsius* (Fn. 22), 283: „unerfüllbare Aufgaben".

[40] Näher *O. Renn/A. Klinke*, Risikoabschätzung und -bewertung, Ein neues Konzept zum Umgang mit Komplexität, Unsicherheit und Ambiguität, in: J. Beaufort/E. Gumpert/M. Vogt (Fn. 10), S. 21–51. *K.-D. Nowitzki*, Konzepte zur Risiko-Abschätzung und -Bewertung, in: Bechmann (Fn. 8), S. 125–144, gibt einen frühen Überblick zur Akzeptanzforschung; zum akzeptablen und akzeptierten Risiko im aktuellen Lebensmittelrecht siehe *G. Zellner*, Risikomanagement im Spannungsverhältnis zwischen Lebensmittelsicherheit und Unternehmerinteressen, in: S. Leible/A. H. Meyer (Fn. 11), S. 11–30 (18 ff.).

[41] Ähnliche Fragen auch bei *Schwabenbauer* (Fn. 39), 172 ff.

[42] Vgl. nur *S. Schmahl*, Effektiver Rechtsschutz gegen „targeted sanctions" des UN-Sicherheitsrats?, in: Europarecht 2006, 566–576.

IV. Rechtsstaat und Risiko

1. Grundüberlegungen

Zunächst ist klar, dass der Rechtsstaat des Grundgesetzes als Figuration des politischen Systems[43] mit Risiken wie mit anderen lebenswirklichen Phänomenen umgehen (können) muss. Festzuhalten ist aber auch, dass es nicht gelungen ist und vielleicht gar nicht gelingen kann, den Umgang mit bestimmten Risiken vom politischen System weg in die Zuständigkeit anderer gesellschaftlicher Systeme zu verlagern. Eigenverantwortung steht derzeit nicht hoch im Kurs – vielen Bürgern ist sie Zumutung, mancher ist zu ihr schlicht nicht in der Lage, für die Politik bedeutet sie den Verlust von Steuerungsmöglichkeiten.[44] Somit häufen sich die Risiken, mit denen das politische System, und zwar überwiegend durch Recht, umgehen muss. Treffend ist von „aufgefallenen Risiken" die Rede,[45] die an das Rechtssystem zur Problemlösung delegiert und dort weiterbearbeitet werden.

Die Wissenschaft wird gerade bei Risikolagen verstärkt in diese Bearbeitung eingebunden; so erhält sie die Aufgaben, Grenzwerte zu ermitteln und technische Abläufe zu überprüfen. Gleichzeitig findet aber auch eine Verlagerung der Entscheidung statt: Durch den Verweis auf den Stand der Technik – legaldefiniert in § 3 Abs. 6 S. 1 BImSchG und bezugnehmend auf den Entwicklungsstand fortschrittlicher Verfahren, Einrichtungen oder Betriebsweisen – gewinnt die wissenschaftliche Entscheidung darüber, was dieser Stand erfordere oder ermögliche, ausschlaggebende Bedeutung für die letztendlich zu ergreifende Vorsorgemaßnahme. Die behördliche Entscheidung darüber, wie mit einem Risiko umzugehen ist, wird durch den von dritter Seite festgestellten Stand der Technik determiniert.

Der Umgang mit Risiken wird vor allem durch ihre Zukunftgerichtetheit geprägt.[46] Der Staat ist notwendigerweise in der Zeit existent und tätig. Dabei beschäftigt er sich mit Vergangenheit, Gegenwart und Zukunft.[47] Prägung durch Zukunftgerichtetheit bedeutet zum einen Erschwernis, weil die Anknüpfung an Zukünftiges dem Rechtsstaat und seinen Maßnahmen ein Element der Unsicherheit aufnötigt, das ihm eigentlich wesensfremd ist. Prävention kommt ohne Prognosen nicht aus.

---

[43] In ihm verortet *Luhmann* (Fn. 16), 155 ff., sowohl die risikobehaftete Entscheidung als auch die Entscheidung über den Umgang mit Risiken. Darauf wird bei der Fallgruppenbildung zurückzukommen sein.

[44] Zum Gewährleistungsstaat bilanzierend G. F. *Schuppert* (Hg.), Der Gewährleistungsstaat – Ein Leitbild auf dem Prüfstand, 2005. Ferner W. *Kersting*, Sicherheit, Freiheit, Gerechtigkeit – zur Verantwortlichkeit des Staates in der neueren Staatszieldiskussion, in: L. Heidbrink/A. Hirsch (Hg.), Staat ohne Verantwortung, Zum Wandel der Aufgaben von Staat und Politik, 2007, 87–117.

[45] *Luhmann* (Fn. 16), 175.

[46] Hierzu A. *Bora*, Zukunftsfähigkeit und Innovationsverantwortung, in: M. Eifert/W. Hoffmann-Riem (Hg.), Innovationsverantwortung, Innovation und Recht III, 2009, 45–67 (52 ff.).

[47] E. *Klein*, Staat und Zeit, 2006, 15 ff. und öfter.

Zum anderen erlaubt das Kriterium der Zukunftgerichtetheit auch Differenzierungen zwischen den Risiken – nach Eintrittswahrscheinlichkeit, -zeitpunkt und -folgen – und damit Abstufungen der rechtsstaatlichen Reaktionen auf dieselben.

Früh vorhergesagt und im Anti-Terror-Kampf weltweit bestätigt wurde eine existenzielle Bedrohung für den Rechtsstaat, die aus der Reaktion auf Risiken hervorgeht: die Aufhebung seiner Grundlagen.

> „Die Risikogesellschaft ist eine katastrophale Gesellschaft. In ihr droht der Ausnahmezustand zum Normalzustand zu werden."[48]

Bevor dieser Punkt erörtert wird (unten 5) sind kurz die Fallgruppen des Risikos darzustellen (unten 2), ist danach auf Reaktionen gegenüber grenzüberschreitenden Risiken einzugehen (unten 3) und sind die Reaktionsmöglichkeiten mit Blick auf die Risikofallgruppen zu spezifizieren (unten 4).

2. Risikofallgruppen

Viele, aber nicht alle Risiken, die in unserem Zusammenhang relevant sind, resultieren aus technischen Entwicklungen. Luhmann hat bündig herausgearbeitet, welche Bedeutung dem Zukunftselement zukommt[49] – das gerade auch den nicht-technischen Bereich erfasst – und am Beispiel der Hochtechnologie exemplifiziert, welche Risikoformen zu unterscheiden sind[50]. Es lassen sich die folgenden Gruppen von Risiken unterscheiden:

– gegenwärtige oder potenzielle Risiken aus früheren oder aktuellen gesellschaftlichen Aktionen, überwiegend im Technikbereich (Kernenergie, Industrialisierung, Autoverkehr)

– Risiken, die bei Entscheidungen über zukünftiges Handeln im Raum stehen (sogenannte risikobehaftete Entscheidungen, etwa über die Zulassung von Nanotechnologie, Gentechnik)

– Risiken aus bewusstem oder unbewusstem Fehlverhalten (Lebensmittelverunreinigungen)

– externe Risiken, die auf menschlichem Verhalten beruhen, das zwar einer Binnenlogik folgen, von außen betrachtet aber irrational erscheinen kann (Terrorismus, Amokläufe).

Eine Verbindung und Potenzierung dieser Risiken ist möglich, wenn etwa Terroristen sich Handlungsmöglichkeiten des Internets zunutze machen und vernetzte Systeme angreifen.

---

[48] *Beck*, Risikogesellschaft (Fn. 9), 31. Vgl. auch *G. Agamben*, Ausnahmezustand, 2003, dt. 2004.
[49] *Luhmann* (Fn. 16), 40 ff.
[50] *Luhmann* (Fn. 16), 93 ff.

Im Zentrum dieses Beitrages stehen Risiken der beiden ersten Fallgruppen; die der letzten Fallgruppe spielen im Bereich der Notstandsproblematik eine Rolle. Besonderheiten im Zusammenhang mit grenzüberschreitenden Risiken werden vorab behandelt (unten 3), bevor die fallgruppenspezifischen Reaktionsmöglichkeiten erörtert werden (unten 4).

3. Reaktionen auf grenzüberschreitende Risiken

Angesichts grenzüberschreitender, nicht mehr im nationalstaatlichen Rahmen effektiv bekämpfbarer Risiken ist es mittlerweile selbstverständlich geworden, nach „europäischen" und „weltweiten" Gegenmaßnahmen zu rufen.[51] Eine europarechtliche, im Rahmen der Europäischen Union zu treffende Reaktion ist für die Bundesrepublik Deutschland wie für die anderen Mitgliedstaaten in vielen Fällen ohnehin zwingend, wenn und soweit die Kompetenz der Union gegeben ist.[52] Dass auch eine solche, regional begrenzte Reaktion sachlich gegenüber dem weltumspannenden Risiko nicht ausreichend ist, lässt in diesem wie in den Fällen, in denen die EU-Mitgliedstaaten allein zuständig sind, die Suche nach einer (zusätzlichen) völkerrechtlichen Antwort auf das Risiko selbstverständlich erscheinen. Entgegen einer hohen Erwartungshaltung an die Gestaltungskraft der internationalen Gemeinschaft einerseits und an die Wirkkraft des Völkerrechts andererseits nach dem Aufbrechen der Blockkonfrontation ist die Euphorie der 1990er Jahre sowohl den Akteuren als auch dem Publikum in den politischen und völkerrechtlichen Untiefen des Jahrzehnts nach der Jahrtausendwende weitgehend abhanden gekommen.[53] Veränderte Akteurskonstellationen haben ebenso wie neue macht- und wirtschaftspolitische Gewichtungen dazu geführt, dass ein Konsens über Risiken und Reaktionen immer schwieriger herbeizuführen ist. Nichts führt dies deutlicher vor Augen als ein Vergleich zwischen den Umweltkonferenzen in Rio de Janeiro im Jahre 1992 und zwanzig Jahre später.[54]

Ein übersteigertes Souveränitätsverständnis, Kooperationsverweigerung aus Gründen tatsächlicher oder vermeintlicher, traditioneller oder neuerworbener mili-

---

[51] Dies ist die Kehrseite der schon länger konstatierten Schwächung der Nationalstaaten, vgl. *F.W. Scharpf*, Globalisierung als Beschränkung der Handlungsmöglichkeiten nationalstaatlicher Politik, in: Jahrbuch für Neue Politische Ökonomik 17 (1998), 41–66; *M. Mann*, Has Globalization Ended the Rise and Rise of the Nation-state?, in: Review of International Political Economy, 1997 4/3, 472–496.

[52] Vgl. Art. 2–6 AEUV.

[53] Hierzu etwa *H. Breitmeier*, Weltordnungspolitik in sektoraler Perspektive, in: ders./M. Roth/D. Senghaas (Hg.), Sektorale Weltordnungspolitik, Effektiv, gerecht und demokratisch?, 2009, 15–27 (16 ff.).

[54] Siehe die Stellungnahmen von *J. Martens*, Rio + 20: die UN-Konferenz für nachhaltige Entwicklung 2012: Hintergründe, Konflikte, Perspektiven, 2012; *M. Beisheim/B. Lode/N. Simon*, Rio+20-Realpolitik und die Folgen für „Die Zukunft, die wir wollen", 2012. Allgemein zum Problem der Konsensfindung: *P. Khanna*, Der Kampf um die Zweite Welt, Imperien und Einfluss in der neuen Weltordnung, 2008.

tärischer oder wirtschaftlicher Stärke, demographischem Schwung oder politischer Präpotenz sind gemeinwohlorientierten Lösungen stets abträglich, egal welche Staaten und Gesellschaften sie aus welchen Gründen vertreten. Da aber auch das Kooperationsvölkerrecht[55] auf den Konsens angewiesen bleibt und es sich erweisen muss, ob die beschworenen Konstitutionalisierungstendenzen[56] auch unter Druck Bestand haben werden, dürften die völkerrechtlichen Reaktionszeiten eher langsam bleiben. Etwas anderes gilt freilich dann, wenn das Risiko für eine hinreichende Zahl von Akteuren fassbar wird. Während die Inszenierung des mit dem Klimawandel verbundenen Risikos offenbar schwierig ist,[57] boten die Terroranschläge des 11. September 2001 – auch angesichts des Umfelds, in dem sie ausgeführt wurden – genau jenes Moment der erfahrbaren Bedrohung, das sofortige und weitreichende Gegenmaßnahmen[58] ermöglichte. Hinzu kam das Interesse von unmittelbar gar nicht betroffenen Akteuren wie der Russländischen Föderation und der VR China, Maßnahmen des Antiterrorkampfs gegen Regimegegner und nach Unabhängigkeit strebende Gruppierungen in den eigenen Imperien nutzen zu können.

Zu den Bereichen, in denen völkerrechtliche Gegenmaßnahmen besonders aktuell sind, zählt neben dem internationalen Terrorismus und dem Klimawandel auch die Finanz- und Staatsschuldenkrise; gerade in diesem Bereich soll der Primat der Politik gegenüber „den Märkten" demonstriert werden. Die Staaten suchen ihr Heil in einer stärkeren Zusammenarbeit und wollen sich selbst, vor allem aber auch dritte Akteure an Regeln binden. Dementsprechend werden die betroffenen Politikfelder zunehmend „reguliert"; dies geschieht graduell abgestuft und nicht zwingend durch die sogenannte Verrechtlichung. Gerade die Kooperation der G-20-Staaten bewegt sich häufig im Bereich des politisch koordinierten Handelns.

---

[55] Hierzu etwa *A. Bleckmann*, Allgemeine Staats- und Völkerrechtslehre, Vom Kompetenz- zum Kooperationsvölkerrecht, 1995.

[56] Aus der Fülle der Literatur seien nur genannt: *J. A. Frowein*, Konstitutionalisierung des Völkerrechts, in: Berichte der Deutschen Gesellschaft für Völkerrecht 39 (2000), 427 ff.; *R. Uerpmann*, Internationales Verfassungsrecht, in: JZ 2001, 565 ff.; *M. Nettesheim*, Das kommunitäre Völkerrecht, in: JZ 2002, 569 ff.; *S. Kadelbach/T. Kleinlein*, Überstaatliches Verfassungsrecht, AVR 2006, 235 ff.

[57] Weltuntergangsszenarien können sich freilich abnutzen. Erinnert sei an das deutsche Waldsterben – vgl. *Presse- und Informationsamt der Bundesregierung*, Umweltpolitik gegen Waldsterben, 1983 – oder die düsteren Prognosen des Club of Rome in *D. L. Meadows* u. a. (Hg.), Die Grenzen des Wachstums, Bericht des Club of Rome zur Lage der Menschheit, 1972.

Allerdings können diese Szenarien auch stimulierend wirken, indem die Ursachen der Probleme genauer erforscht und Lösungsansätze sowie Vermeidungsstrategien (strengere Grenzwerte für Schadstoffe, Suche nach alternativen Energiequellen) entwickelt werden. Der Risikofaktor Technik kann eben auch positiv gewendet werden!

[58] Vgl. SR-Resolution 1373 vom 28. September 2001.

Während viel über Möglichkeiten, Probleme und Wirkungen einer Zusammenarbeit von oben diskutiert wird,[59] kommt es seit einiger Zeit abseits vom Fokus des öffentlichen Interesses zu einer pragmatischen Vernetzung von unten. Neuartige globale Rechtsstrukturen, die als „globales Verwaltungsrecht" den grenzüberschreitenden Alltag prägen, entfalten allmählich ihre Wirkung.[60]

4. Reaktionsmöglichkeiten auf die Risikofallgruppen

Neben diesen besonderen globalen Risiken, auf die dem Rechtsstaat eine ihm angemessene Lösung zu finden gelegentlich schwer fällt, sei es, weil es keine echten Lösungen gibt und allenfalls Handlungsfähigkeit vorgespielt werden kann, sei es, weil das Publikum Ergebnisse fordert und nicht nach Rechtsstaatlichkeit fragt, oder sei es schließlich, weil nicht alle Akteure ein gleiches Rechtsstaatsverständnis haben, gibt es auch andere, sozusagen noch nicht entfesselte Risiken der oben angeführten ersten beiden Risikofallgruppen.

Diese können sich als längerfristige Folgen technikbasierter Handlungspotentiale einstellen.[61] Zwar sind mit Gentechnik, Bio- und Nanotechnologie oder Kommunikationstechnologie Steigerungen von Wohlfahrt und Sicherheit intendiert, aber die Ungewissheit über das Eintreten der auf diesen Technologien beruhenden Risiken für Mensch und Umwelt, insbesondere die fehlende Prognostizierbarkeit von Wirkungszusammenhängen untereinander und in oder mit der Natur bergen ein immenses Unsicherheitspotenzial. Dieses Unsicherheitspotenzial könnte nach einer staatlichen Risikoreduzierung durch umfassende Regulierung rufen. Doch entspricht dies eher dem überkommenen, steuerungsfreudigen Modell der „guten Policey"[62] als dem Verständnis eines freiheitsorientierten Rechtsstaats. Individuelle Freiheitsrechte, nicht zuletzt Forschungs- und Wissenschaftsfreiheit, aber auch die Prinzipien des freien Binnenmarkts und des freien Welthandels zeigen aber klar, dass Innovationen in einer modernen Rechts- und Gesellschaftsordnung gewollt, geschützt und auch notwendig sind.[63] Demgegenüber muss sich staatliche Risikosteuerung auf die Ge-

---

[59] Etwa *R. Forst* (Hg.), Die Herausbildung normativer Ordnungen, Interdisziplinäre Perspektiven, 2011; *G. Napolitano*, The two ways of global governance after the financial crisis, Multilateralism versus cooperation among governments, in: International journal of constitutional law 2011, 310–339.

[60] Dazu *K. H. Ladeur*, Die Herausbildung des globalen Verwaltungsrechts und seine Verknüpfung mit dem innerstaatlichen Recht, in: DÖV 2012, 369–378. Vgl. auch *Beck*, Weltrisikogesellschaft (Fn. 9), 175 ff. zur „Globalisierung von unten".

[61] Ich schließe mich hier und im Folgenden *A. Scherzberg*, Risikosteuerung durch Recht am Beispiel der Nanotechnologie, in: U. Nembach (Hg.) Informationes Theologiae Europae, 16. Jahrgang, 2012, 262–292 (S. 268 ff.), an.

[62] Siehe *M. Stolleis*, Geschichte des öffentlichen Rechts in Deutschland, 1. Bd.: Reichspublizistik und Policeywissenschaft 1600–1800, 1988, 334 ff., 338 ff., 345 f. m.w.Nw.

[63] Vgl. statt vieler *W. Hoffmann-Riem*, Innovation durch Recht und im Recht, in: M. Schulte (Hg.), Technische Innovation und Recht, Antrieb oder Hemmnis, 1997, 3–32; umfassend *M. Eifert/W. Hoffmann-Riem* (Fn. 46). Zu den Voraussetzungen von Innovation vgl.

währleistung von Sicherheit beschränken, diese – ebenfalls grundrechtlich gesichert! –[64] freilich auch leisten, ohne Innovationen dabei per se als schädlich zu verdammen. Übersteigerte Sicherheitserwartungen dürfen im Interesse der Freiheit nicht geschürt werden; sie wären auch nicht erfüllbar.[65]

Innovationsoffenheit und -verantwortung müssen Hand in Hand gehen.[66] Die Schwerpunktsetzung blieb und bleibt dabei stets schwierig und nicht auf semantische Verschiebungen des Verhältnisses zu innovativen Techniken beschränkt.[67] Jedenfalls sollte ein staatlicher Gestaltungsanspruch als politische Aufgabe nicht vorschnell aufgegeben werden; Risikosteuerung, Technikfolgenabschätzung und die gezielte wissenschaftliche Suche nach Alternativen erscheinen als unentbehrliche Instrumente der Politik.[68] Die Verfahren zur Entscheidungsfindung müssen den Bedingungen der Unsicherheit angepasst sein.[69]

Im weltweiten Rahmen darf nicht vergessen werden, dass Innovationen zur Erhaltung oder Bereitstellung globaler öffentlicher Güter (z. B. Biodiversität, Weltklima) notwendig sind.[70] Innovationsverweigerung kann – nicht nur auf diesen Feldern – zu gravierenden Wettbewerbsnachteilen führen.[71]

Zwar wäre eine bloße Gefahrenabwehr dem hohen Schädigungspotenzial vieler Risikotechnologien nicht angemessen, weshalb dem Rechtsstaat abgefordert wird, auch solche Risiken langfristig zu vermeiden oder zu minimieren, deren Eintreten nach derzeitigem Erfahrungswissen gerade noch nicht vorhersagbar ist.[72] Die entsprechenden Maßnahmen zur Risikominimierung dürfen als Grundrechtseingriffe aber nur „auf der Grundlage einer hinreichenden, zumindest auf theoretischen Überlegungen und Berechnungen gestützten Besorgnis des Eintritts von Schäden an Leben, Gesundheit, der Umwelt und an sonstigen, legitimerweise vom Gesetzgeber

---

R. Kaiser, Innovationspolitik, Staatliche Steuerungskapazitäten beim Aufbau wissensbasierter Industrien im internationalen Vergleich, 2008.

[64] *Isensee* (Fn. 19).

[65] Eindeutig *Lepsius* (Fn. 22), 308.

[66] Überzeugend *W. Hoffmann-Riem*, Recht als Instrument der Innovationsoffenheit und der Innovationsverantwortung, in: H. Hof/U. Wengenroth (Hg.), Innovationsforschung, – Ansätze, Methoden, Grenzen und Perspektiven, 2007, 387–401.

[67] Vgl. etwa die Wortwahl der nachfolgenden Titel: *C. Zöpel* (Hg.), Technikkontrolle in der Risikogesellschaft, 1988; *J. J. Hesse/R. Kreibich/C. Zöpel* (Hg.), Zukunftsoptionen – Technikentwicklung in der Wissenschafts- und Risikogesellschaft, 1989.

[68] So nach wie vor überzeugend *C. Zöpel*, Technikbeherrschung – eine Einleitung, in: ders. (Hg.), Technikkontrolle (Fn. 67), S. 7–17 (13 f.).

[69] Ausführlich *I. Spiecker gen. Döhmann*, Staatliche Entscheidungen unter Unsicherheit, 2011.

[70] Hierzu *I. Kaul* u. a. (Hg.), Providing Global Public Goods – Managing Globalization, 2003.

[71] Eindringlich *T. Altenburg/B. Rennkamp*, Globalisierung von Wissenschaft und Innovationsprozessen, in: T. Debiel u. a. (Hg.), Globale Trends 2010, 2010, 357–377 (365 ff.).

[72] So zutreffend *Scherzberg* (Fn. 61), S. 270.

geschützten Gütern" erfolgen.[73] Überdies sind bei einer Abwägung nicht nur die nachteiligen Folgen einer ohne staatliche Intervention verlaufenden technologischen Entwicklung zu berücksichtigen. Auch die negativen Auswirkungen überflüssiger oder zu weitreichender staatlicher Regulierungsmaßnahmen müssen – als Wegfall von Chancen! – bedacht werden[74]: Es kann zur Verhinderung weiterer technologischer Entwicklungen kommen, Erprobungs- und Anwendungserfahrungen fallen aus, Lerneffekte unterbleiben.[75]

5. Antezipierte und tatsächliche Notstandslagen

Als Reaktion auf schwerste Formen grenzüberschreitender organisierter Kriminalität und auf den international agierenden Terrorismus ist in den zurückliegenden Jahren eine präventiv agierende Sicherheitspolitik entworfen und zu großen Teilen auch verwirklicht worden. In der Stunde der Not fanden warnende Stimmen zunächst wenig Gehör; das am 11. September 2001 an zwei zentralen Orten der westlichen Welt verwirklichte Risiko, das medial weltweit in Echtzeit miterlebt wurde, bewirkte eine weitgehende Geschlossenheit und Unterstützung für Gegenmaßnahmen. Es wurden Burgfrieden-Reden gehalten.[76] Gleichzeitig begann der Aufbau einer „neuen Sicherheitsarchitektur" mit – in Deutschland – drei gesetzgeberischen „Anti-Terror-Paketen", die unter anderem einen systematischen Zugriff auf Daten und deren behördenübergreifendem Austausch sowie Verschärfungen des Versammlungs-, Aufenthalts- und Strafrechts beinhalten. Parallele Entwicklungen sind in vielen Staaten und auf internationaler Ebene zu verzeichnen.[77] Die Leistungen des deutschen Gesetzgebers sind vielfach kritisiert worden: wenig durchdacht, wirkungslos, zu weitreichend, eines Rechtsstaats nicht würdig.[78] Die Forderung nach Wehrhaftigkeit findet umgekehrt natürlich Unterstützung, und dies mit gutem Grund.[79]

---

[73] BVerwGE 72, 300 (315).

[74] Zum „doppelseitigen Wesen des Risikos" vgl. *A. Rapoport*, Risiko und Sicherheit in der heutigen Gesellschaft: Die subjektiven Aspekte des Risikobegriffs, in: Leviathan 1988, 123–136 (127 f.).

[75] So dezidiert auch *Japp* (Fn. 16), S. 176, anknüpfend an *G. Burgess*, Social and Political Pathologies of Risk Decision, in: D. E. Mann (Hg.), Environmental Policy Formation, 1981, 149–159.

[76] Vgl. Deutscher Bundestag, 14. Wahlperiode, 186. Sitzung vom 12.09.2001, Stenographischer Bericht (Plenarprotokoll 14/186).

[77] Hierzu nur *H. Keller*, Nach dem 11. September 2001 – Terrorismusbekämpfung als Herausforderung des Rechtsstaates, in: R. Kappel/H.W. Tobler/P. Waldmann (Hg.), Rechtsstaatlichkeit im Zeitalter der Globalisierung, 2005, 255–280, die auf die USA, das Vereinigte Königreich und die Schweiz sowie das Sanktionsregime des UN-Sicherheitsrates eingeht.

[78] Vgl. nur *T. Walter*, Der Rechtsstaat verliert die Nerven, in: Kritische Justiz 2008, 443–450; *G. Frankenberg*, Kritik des Bekämpfungsrechts, in: Kritische Justiz 2005, 370–386; sowie die Beiträge in *S. Huster/K. Rudolph* (Hg.), Vom Rechtsstaat zum Präventionsstaat, 2008.

Manche verbale Schneidigkeit, die in diesem Zusammenhang zu vernehmen war, könnte man mit dem Hinweis abtun, dass hier in „bester" Tradition das Wort die Tat ersetze. Gefährlich ist es aber, dass solche Worte ihrerseits Taten den Boden bereiten können. Es gibt Worte, die Zündkraft besitzen, Nachhall finden, ja, Saatkörnern gleichen. Wissenschaftler aber sollten nicht predigen! Als der damalige Bundesminister des Innern öffentlich ein Buch[80] zur Lektüre empfahl, konnte man darin ohne überspannt zu sein die Aufforderung erblicken, jenes dort beschriebene Bürgeropfer demnächst gegebenenfalls selbst erbringen zu müssen.

Das Bundesverfassungsgericht hat den Gesetzgeber in mehreren Entscheidungen an die sich aus dem Grundgesetz ergebenden rechtsstaatlichen Verpflichtungen erinnert und der als Reaktion auf die terroristische Bedrohung errichteten „neuen Sicherheitsarchitektur" insgesamt ein schlechtes Zeugnis ausgestellt.[81] Gleichzeitig hat das Gericht in diesen Entscheidungen die Wehrhaftigkeit des Rechtsstaats als legitime Staatsaufgabe angesehen. Das Dilemma des Rechtsstaats bleibt damit bestehen: Wie weit kann er zu seiner Verteidigung gehen, ohne sich dabei selbst aufzugeben?[82] Hier muss immer wieder neu austariert werden, welche für notwendig erachteten Maßnahmen noch zulässig sind.

Der Jubilar selbst hat immer darauf hingewiesen, dass Notstandslagen nicht vorhersehbar und durchplanbar sind, und an die Verantwortung der handelnden Personen erinnert, auf unvorhergesehene und unvorhersehbare Risiko- und Notstandslagen ad hoc und höchstwahrscheinlich auch außerhalb des Verfassungsrahmens reagieren zu müssen, wobei die Struktur- und Grundprinzipien des Grundgesetzes handlungsleitend sein müssten und eine schnellstmögliche Rückkehr in den Verfassungsrahmen anzustreben sei.[83] Um eine Selbstdemontage des Rechtsstaats zu vermeiden, ist es jedenfalls notwendig, sich das Handeln nicht von Terroristen diktieren zu lassen, die diese Folge ja gerade anstreben.[84]

---

[79] Legitime Sicherheitserwartungen der Bürger erfordern eine handlungsfähige Polizei, gerade weil es den terroristischen Angreifern darum geht, den freiheitlich-westlichen Staat zu beseitigen.

[80] *O. Depenheuer*, Selbstbehauptung des Rechtsstaats, 1. Aufl. 2007.

[81] BVerfGE 115, 118 – Luftsicherheitsgesetz; 115, 320 – Rasterfahndung; 120, 274 – Computergrundrecht; 125, 260 – Vorratsdatenspeicherung; vgl. auch *C. Gusy*, Die Vernetzung innerer und äußerer Sicherheitsinstitutionen in der Bundesrepublik Deutschland, in: W. Weidenfeld (Hg.), Herausforderung Terrorismus, Die Zukunft der Sicherheit, 2004, 197–221; *F. Roggan*, Das neue BKA-Gesetz: zur weiteren Zentralisierung der deutschen Sicherheitsarchitektur, in: NJW 2009, 257–262.

[82] Pointiert hierzu *H. Kaschner*, Neues Risiko Terrorismus, 2008, 258 ff.

[83] *Klein*, Der innere Notstand (Fn. 2), Rn. 61 ff.; *ders.*, Die Staatsräson der Bundesrepublik Deutschland – Staats- und völkerrechtliche Elemente, in: G. Heydemann/ders. (Hg.), Staatsräson in Deutschland, 2003, 89–103 (95 ff.).

[84] Zutreffend *Frankenberg* (Fn. 78), 231 ff.

„Mit der Bedrohung [...] wächst die dirigistische Politik des Ausnahmezustandes, die aus dem drohenden Verhängnis ihre erweiterten Eingriffsmöglichkeiten zieht. Dort, wo die Gefahr zur Normalität wird, nimmt diese institutionalisierte Gestalt an."[85]

In Richtung einer selbstbestimmten Politik gegenüber Risiken weisen Lösungsansätze, die empfehlen, die Empörung gering zu halten, das Risiko also nicht überzuinszenieren. Die „Steigerung der Reaktionselastizität"[86] ermögliche es im Wortsinne, entspannt zu bleiben. Da dies aber in der Praxis schwer zu erreichen sei, wird die „resignative Verdrängung" empfohlen. Da man nichts ändern könne, müsse man nicht auch noch Freiheitsrechte einschränken; ein solcher Lösungsansatz könne nicht aktiv durch die Regierung hergestellt werden, sondern müsse von selbst aus der Gesellschaft kommen.[87]

Abzulehnen ist auch der präventive Zugriff auf die Gesinnung der Bürger. Der Staat will gerade in der Terrorismusabwehr nicht erst auf Normverstöße reagieren, sondern bereits die Verbreitung von Gedankengut verhindern, das solche Normverstöße bewirkt oder vorbereitet. Dies ist jedoch angesichts der Gedanken- und Meinungsfreiheit und ihrer hohen Bedeutung für den freiheitlichen und demokratischen Rechtsstaat sehr problematisch, auch wenn das Bundesverfassungsgericht hier mit Blick auf nationalsozialistisches Gedankengut die Systematik von Art. 5 Abs. 1 und 2 GG bereits entsprechend gedehnt hat.[88] Im Rahmen des § 129b StGB – Mitgliedschaft in einer ausländischen terroristischen Vereinigung – ist die Strafverfolgungspraxis bereits auf Fälle ausgerichtet, in denen ein des Terrorismus Verdächtiger nach Deutschland einreist, und operiert zwangsläufig im Ungefähren.[89] Ob Risikoabwehr auf der Grundlage von Vagheiten legitim und effektiv erfolgen kann, muss bezweifelt werden.

V. Ausblick

Risiken sind auch zukünftig Herausforderungen für staatliches Handeln. Der Rechtsstaat steht gegenüber seinen Bürgern in der Verantwortung, sie nicht nur vor Gefahren, sondern auch vor Risiken zu schützen. Dabei ist in einem politischen Prozess auszuhandeln, welche Risiken – als mögliche Folge von Chancen zukunftgerichteten Handelns – für hinnehmbar erachtet werden. Diesen Risiken ist dann mit dem Steuerungsinstrument der Vorsorge zu begegnen, wobei reale Freiheiten nicht gegen eventuelle Sicherheiten eingetauscht werden sollen.

---

[85] *U. Beck*, Politische Wissenstheorie der Risikogesellschaft, in: Bechmann (Fn. 8), 305–326 (324); ähnlich bereits *ders.*, Risikogesellschaft (Fn. 9), 31.

[86] *Kaschner* (Fn. 82), 273 ff.

[87] *Kaschner* (Fn. 82), 277 f.

[88] BVerfGE 124, 300, 1. Leitsatz : „§ 130 Abs. 4 StGB ist auch als nichtallgemeines Gesetz mit Art. 5 Abs. 1 und 2 GG vereinbar."

[89] Ausführlich hierzu *K.T. Barisch*, Die Bekämpfung des internationalen Terrorismus durch § 129b StGB, Verfassungswidrig politisiertes symbolisches Feindstrafrecht zum Schutze eines Scheinrechtsgutes oder sinnvolles Strafanwendungsrecht eines streitbaren demokratischen Rechtsstaates in der Weltgesellschaft?, 2009.

Diejenigen Entscheidungsträger, die im und für den Rechtsstaat Verantwortung tragen, benötigen daher eine hohe Risikosensibilität. Risiken müssen erkannt und umfassend gewürdigt werden. Risikopolitik im Rechtsstaat darf nicht zum Risiko für den Rechtsstaat und damit für die Bürger werden. Neben den rechtsstaatsbewußten Entscheidungsträgern bedarf es freilich auch der freiheitsliebenden Bürger. Ihr Zusammenwirken „[i]m Bewußtsein [der] Verantwortung vor Gott und den Menschen" stellt eine gute Grundlage für die Zukunft des Rechtsstaats dar.

Die europäisierte deutsche Verfassung

Von *Heinrich Amadeus Wolff*

I. Europäisierung als zulässige Fragestellung

Angesichts der weitreichenden und umfassenden Durchdringung der nationalen Rechtsordnungen durch das Unionsrecht sowie der stärkeren Verflechtung der mitgliedstaatlichen Rechtsordnungen untereinander erscheint es fast rechtfertigungsbedürftig, wenn man nur die Europäisierung einer Teilrechtsordnung thematisiert und nicht die Entstehung eines Verbundes zum Gegenstand der Untersuchung macht. Während mit der Frage nach dem Verfassungsverbund das Geflecht supranationaler, transnationaler und nationaler Regeln verfassungsrechtlicher Natur thematisiert wird, meint die Europäisierung der Verfassung demgegenüber nur den durch die europäische Integration ausgelösten Veränderungsprozess des Grundgesetzes.[1] Die Europäisierung ist als Fragestellung folglich beschränkter als die Frage nach dem Verbund. Dennoch besitzt diese Betrachtungsweise noch ihre Berechtigung. Sie erfasst erstens Aspekte, die die Verbundbetrachtung nicht erklären kann, wie etwa die Verschiebungen des Verhältnisses der Staatsorgane zueinander. Zum anderen konzentriert sich die Frage der Europäisierung mehr darauf, die Veränderung des geltenden Rechts offenzulegen. Sie ist daher deutlich praxisorientierter als die Lehre vom Verbund.

Fragt man nur nach den Veränderungen des deutschen Verfassungsrechts, die die europäische Einigung bewirkte, sind dogmatisch folgende Arten des Einflusses zu unterscheiden:

- die Änderungen des Normtextes durch förmliche Verfassungsänderungen;
- die Änderungen einzelner Verfassungsnormen ohne förmliche Verfassungsänderung;
- die Änderung der Reichweite von Verfassungsnormen durch die Integration der Unionsgewalt als öffentliche Gewalt in die Garantien des GG;
- die Veränderung deutscher Verfassungsgrundsätze durch Verquickung von Unionsrecht und Verfassungsrecht.

---

[1] *P. M. Huber*, Das europäisierte Grundgesetz, in: DVBl 2009, 574 (575).

II. Die Änderungen durch Verfassungsänderungen

1. Die bisherigen textlichen Änderungen

Die erste gemeinschaftsrechtsbezogene Verfassungsänderung dürfte die Festlegung der Ertragshoheit des Bundes für Abgaben der Union im Jahre 1969 in Art. 106 GG gewesen sein.[2] Die nächste spezifische Änderung bildeten dann schon die Änderungen im Zusammenhang mit dem Vertrag zu Maastricht im Jahre 1992,[3] d.h. die Einfügung des Art. 23 GG, die den Wechsel von einer Wirtschaftsunion zu einer politischen Union verfassungsrechtlich absichern sollte. Eingefügt wurde auch das Wahlrecht von Unionsbürgern auf Kommunalebene[4] in Art. 28 Abs. 1 S. 3 GG. Diese Änderung war durch die Entscheidung des BVerfG im Jahr 1990 motiviert worden, die ausdrücklich, bezogen auf ein rein nationales Landesgesetz, die Einführung des Kommunalwahlrechts für Ausländer auf der Basis einer einfachgesetzlichen Grundlage nicht für möglich hielt.[5] Die Frage, ob diese Änderung angesichts des Anwendungsvorrangs zwingend gewesen wäre, bedarf daher nicht unbedingt einer Beantwortung. Eingefügt wurden weiter die Zuständigkeit des Bundesrates auch für Angelegenheiten der europäischen Einigung (Art. 50 GG) und die Europaausschüsse im Bundestag und Bundesrat (Art. 45 GG und Art. 52 GG). Zu erwähnen ist auch noch die Einfügung von Art. 88 S. 2 GG, mit der die Übertragungsmöglichkeit der Befugnisse der Bundesbank vorgesehen wurde. Diese Einfügung diente der verfassungsrechtlichen Absicherung der Übertragung der Währungshoheit auf die damalige Gemeinschaft zum Zwecke der Erreichung einer europäischen Währungsunion. Anliegen des S. 2 war es auch, Vorgaben für die künftige europäische Geldpolitik vorzusehen, indem diese auf das vorrangige Ziel eines stabilen Geldwertes verpflichtet wurde.[6]

Ein Jahr später wurden im Rahmen des Asylkompromisses die Folgen eines gemeinsamen Asylrechts im Grundgesetz mit bedacht, indem Art. 16a Abs. 5 GG die Grundlage für die Umsetzung des Schengen-Übereinkommens schuf. Darüber hinaus öffnete Art. 16a GG die Asylpolitik für völkerrechtliche Regelungen, wie bilaterale und multilaterale Verträge.[7] Ähnlich multikausal war die im Jahr 2000 erfolgte Änderung des Auslieferungsschutzes, die zumindest auch die Auslieferung zwischen den Mitgliedstaaten der Europäischen Union erleichtern sollte, in Art. 16 Abs. 2 GG.[8] Eine Auslieferung zwischen den Mitgliedstaaten der Union hätte Art. 16 GG

---

[2] 21. ÄG v. 12.05.1969 (Finanzverfassung) (BGBl. I 359).

[3] 38. ÄG v. 21.12.1992 (Maastrichtvertrag) (BGBl. I 2086).

[4] Art. 20 II 2 lit. b, 22 I AEUV (Art. 17 Abs. 2, Art. 19 Abs. 1 EGV).

[5] BVerfG, Urt. v. 31.10.1990, 2 BvF 2, 6/89, BVerfGE 83, 37 ff.

[6] Der Vollständigkeit halber sei noch die Änderung des Art. 115e II 2 GG – Gemeinsamer Ausschuss – zu nennen: Der Gemeinsame Ausschuss darf im Verteidigungsfall keine Hoheitsrechte auf internationale Organisationen und auch nicht auf die Union übertragen.

[7] 39. ÄG v. 28.06.1993 (BGBl. I 1002).

[8] 47. ÄG v. 29.11.2000 (BGBl. I 1633).

in seiner ursprünglichen Fassung nicht gestattet. Die Rechtsakte der damaligen Union im Bereich der Sicherheit waren Rahmenbeschlüsse, denen kein Anwendungsvorrang zukam. Zur Umsetzung dieses europäischen Begehrens war daher eine Verfassungsänderung erforderlich. Das Umsetzungsgesetz, das Gesetz zum Europäischen Haftbefehl vom 21. 07. 2004, hat das Bundesverfassungsgericht zunächst für verfassungswidrig erklärt.[9]

Als der EuGH am 11. Januar 2000 entschied, dass die RL 76/207/EWG[10] der Anwendung nationaler Bestimmungen entgegensteht, die Frauen allgemein vom Dienst mit der Waffe ausschließen,[11] entstand die Frage, ob dies eine Verfassungsänderung erzwinge. Nach Auffassung des Bundesverwaltungsgerichts schloss Art. 12a GG in der damaligen Fassung den Dienst an der Waffe für Frauen aus.[12] Der verfassungsändernde Gesetzgeber ging den sicheren Weg und änderte Art. 12a Abs. 4 S. 2 GG, indem er dort die Wörter „Dienst mit der Waffe leisten" durch die Wörter „zum Dienst mit der Waffe verpflichtet werden" ersetzte.[13]

Im Rahmen der Föderalismusreform I kam es im Jahr 2006 zu einer ganzen Reihe von kleineren Änderungen.[14] Zunächst wurden in Art. 23 Abs. 6 S. 1 GG die Wörter eingefügt: „auf den Gebieten der schulischen Bildung, der Kultur und des Rundfunks". Weiter wurde das Wort „soll" durch „wird" ersetzt und das Wort „werden" am Ende gestrichen, um auf diese Weise eine stärkere Länderbeteiligung sicherzustellen.

Mit Art. 104a Abs. 6 GG sollte das Problem der Haftung für finanzwirksame Entscheidungen der Europäischen Union und anderer zwischenstaatlicher Einrichtungen geklärt werden. Gedacht war in erster Linie an durch den EuGH verhängte Zwangsgelder oder Pauschalbeträge (Art. 260 AEUV), Anlastungen aufgrund der fehlerhaften Verausgabung von Unionsmitteln und durch den EGMR angeordnete Entschädigungen (Art. 43 EMRK). Eingeführt wurde das Verursacherprinzip, d. h. grundsätzlich haftet der, der die Pflichtverletzung begangen hat.[15] Ein Verschulden ist unerheblich.[16] In Art. 108 Abs. 1 S. 1 GG wurde die Konsequenz aus der Gesetzgebungskompetenz des Art. 106 Abs. 1 Nr. 7 GG gezogen und dem Bund die Verwaltungskompetenz für Abgaben im Rahmen der EU zugewiesen. Schließlich wurde in

---

[9] BVerfGE 113, 273 ff.

[10] RL 76/207/EWG des Rates vom 9. Februar 1976 zur Verwirklichung des Grundsatzes der Gleichbehandlung von Männern und Frauen hinsichtlich des Zugangs zur Beschäftigung, zur Berufsbildung und zum beruflichen Aufstieg sowie in Bezug auf die Arbeitsbedingungen (ABl. L 39, S. 40).

[11] EuGH, Urt. v. 11.01.2000, C-285/98, Slg. 2000, I-69 (Tanja Kreil).

[12] BVerwGE 103, 301 (303).

[13] 48. ÄG v. 19.12.2000 (BGBl. I 1755).

[14] 52. ÄG v. 28.08.2006 (Föderalismusreform I) (BGBl. I S. 2034).

[15] *Siekmann*, in: Sachs (Hg.), GG, 6. Auflage, 2011, Art. 104a Rn. 57.

[16] Der Abs. 6 Satz 4 ist ausgeführt worden durch das Gesetz zur Anlastung im Bund-Länder-Verhältnis bei Verletzung von supranationalen oder völkerrechtlichen Verpflichtungen (Lastentragungsgesetz – LastG).

Art. 109 Abs. 5 GG aufgenommen, dass Verpflichtungen der Bundesrepublik Deutschland aus Rechtsakten der Europäischen Union aufgrund von Art. 104 des Vertrages zur Gründung der Europäischen Gemeinschaft (jetzt Art. 126 AEUV) zur Einhaltung der Haushaltsdisziplin von Bund und Ländern gemeinsam zu erfüllen sind. Die Regelung wurde mit dem 57. Änderungsgesetz des GG v. 29.07.2009[17] in Art. 109 Abs. 2 S. 1 übernommen.

Die gegenwärtig letzte Normtextänderung vollzog sich durch das 53. ÄG v. 08.10. 2008, mit dem Änderungen im Rahmen der Umsetzung des Vertrags zu Lissabon vorgenommen wurden.[18] Eingefügt wurde in Umsetzung von Art. 12 EUV und des Art. 8 des Subsidiaritätsprotokolls der Art. 23 Abs. 1a GG, der der Subsidiaritätsklage Form gibt und klärt, wer innerstaatlich die Kompetenz zur Entscheidung darüber hat. Verfassungsrechtlich bestehen gegen die Regelung keine Bedenken.[19] Weiter wurde Art. 45 GG ergänzt. Die Einfügung von Art. 45 S. 3 GG erweitert die Befugnisse des Europaausschusses auf die Rechte des Bundestages, die im Unionsrecht vorgesehen sind.

2. Bewertung

Die förmlichen Verfassungsänderungen sind alle für sich genommen gut verständlich, beruhen aber auf unterschiedlichen Gedanken. Sofern es um die Verwirklichung von europäischem Recht ohne Anwendungsvorrang geht (Art. 16, Art. 16a GG) waren sie erforderlich, als Verfassungsrecht den völkerrechtlichen Bindungen entgegenstand. Helfen die Verfassungsänderungen demgegenüber den Anwendungsvorrang von Unionsrecht zu verdeutlichen, wären sie dogmatisch nicht zwingend gewesen, unter dem Gesichtspunkt der Rechtsklarheit und der Rechtssicherheit aber zumindest sehr zu begrüßen. Die Auswahl der Themen der aus diesem Grunde motivierten Verfassungsänderungen beruht auf unterschiedlichen Aspekten und besitzt etwas Willkürliches. Entweder sind es konkrete Gerichtsentscheidungen (Art. 12a GG, Art. 28 GG) oder Grundsatzfragen (Art. 23 GG), innenpolitische Streitfragen (Anlastungen, Art. 45, Art. 53 GG) bis hin zu Umsetzungen, die zwingend nur auf Verfassungsebene möglich waren (Art. 23 Abs. 1a GG, Art. 42 GG, Art. 53 GG). Es darf als sicher gelten, dass auch noch andere Fragen einer verfassungsrechtlichen Absicherung würdig gewesen wären, aber keine erhielten (Bindungswirkung der Entscheidung des EuGH, Geltung der Grundrechte auch Unionsbürgern gegenüber).

Die Verfassungsänderungen sind dabei – von Art. 23 GG und Art. 42 GG sowie Art. 53 GG abgesehen – immer punktuell. Das grundsätzliche Verhältnis von nationalem Recht und Unionsrecht und die dabei entstehenden Friktionen werden nicht ausreichend detailliert untersucht. Die Realisierung des Anwendungsvorrangs, die Realisierung der Integrationsgrenzen, die Umsetzung der Normenhierarchie für die Exekutive, die Umsetzung von Unionsrecht durch Rechtsverordnungen, die Gel-

---

[17] 57. ÄG v. 29.07.2009 (BGBl. I 2248).
[18] 53. ÄG v. 08.10.2008 (BGBl. I 1926).
[19] BVerfGE 123, 267, 431 f.

tung der verfassungsrechtlichen Prinzipien zugunsten der Bürger auch für Unionsrecht (Art. 19 Abs. 4, Art. 103 Abs. 1 GG) – all dies bleibt weitgehend offen. Auch insoweit würden Verfassungsänderungen aber aus Gründen der Rechtsklarheit gut tun.

III. Die Änderungen des Normtextes ohne Verfassungsänderung

Neben den förmlichen Verfassungsänderungen stehen Änderungen von Verfassungsnormen ohne eine Normtextänderung. Gemeint sind dabei nur Inhaltsänderungen, die konkret einer Norm zugewiesen werden. Als Fall der Normänderung ohne Textänderung werden nicht begriffen die Verschiebungen des Machtgefüges der Verfassungsorgane untereinander und die veränderten Wirkungen von alten Befugnissen und Rechten, sondern nur die deutlich konkretere Inhaltsänderung einzelner Verfassungsnormen, die vergleichbar ist mit einer Inhaltsänderung durch eine Normtextänderung.

Methodisch kann es aus drei Gründen zu einer Änderung einer Norm ohne Normtextänderung kommen, und zwar aufgrund

1. des Gebots der europarechtskonformen Auslegung,
2. des Gebots der europafreundlichen Auslegung und
3. der gemeinsamen Verfassungstradition als Auslegungstopos.

1. Europarechtskonforme Auslegung

Der Anwendungsvorrang des Unionsrechts gilt auch gegenüber dem Verfassungsrecht. Der Anwendungsvorrang ist nicht auf das primäre Unionsrecht beschränkt und ist von jedermann zu beachten. Widersprechen Normen des GG Unionsrecht mit Anwendungsvorrang, geht das Europarecht im Rahmen des Widerspruchs diesen vor. Dies hat zur Folge, dass die Normen im Ergebnis – solange der Anwendungsvorrang besteht – anders zu lesen sind als sie geschrieben sind. Will man ein Beispiel für diese Textänderungen, muss man seit der Entscheidung des BVerfG vom 19.07.2011[20] nicht mehr angestrengt suchen. Mit dieser Entscheidung bestätigt das BVerfG die überwiegende Auffassung, dass wegen des in Art. 18 AEUV verankerten Diskriminierungsverbots das Merkmal „inländisch" in Art. 19 Abs. 3 GG entgegen dem Wortlaut auch von juristischen Personen mit Sitz innerhalb der Union, aber außerhalb Deutschlands erfüllt wird, sofern ihre Tätigkeit in Deutschland unter den Anwendungsbereich der Verträge i.S.v. Art. 18 AEUV fällt. Danach können auch ausländische juristische Personen mit Sitz in EU-Mitgliedstaaten Träger materieller Grundrechte des GG sein. Das Gericht weist ausdrücklich darauf hin, diese Anwendungserweiterung ließe sich nicht bereits mit dem Wortlaut des Art. 19 Abs. 3 GG begrün-

---

[20] BVerfG, Beschl. v. 19.07.2011, 1 BvR 1916/09 (Cassina).

den. Die Möglichkeit, sich auf Grundrechte des GG zu berufen, setze einen hinreichenden Inlandsbezug der ausländischen juristischen Person voraus, der die Geltung der Grundrechte ebenso wie für inländische juristische Personen geboten erscheinen lässt. In gleicher Weise ist auch die Beschränkung der Bürgerrechte auf Deutsche (Art. 8, Art. 9, Art. 11, Art. 12 GG) zu Gunsten einer Erweiterung auf Unionsbürger aufzugeben, sofern ansonsten Art. 18 AEUV nicht Genüge getan werden kann.[21]

Nicht immer ist die Reichweite des Anwendungsvorrangs ganz klar. So kann man etwa fragen, ob der Anwendungsvorrang der ausschließlichen Unionskompetenzen gem. Art. 3 AEUV, wie etwa bei der Festlegung der Zolltarife, dazu führt, dass dem Bund die entsprechenden Kompetenztitel des GG überhaupt nicht mehr zustehen.[22] Dies dürfte wohl eher zu verneinen sein. Betroffen von einer ausschließlichen Gesetzgebungskompetenz des Unionsrechts sind Art. 73 Abs. 1 Nr. 4 (Währungswesen) und Nr. 5 (Zölle).

2. Die europarechtsfreundliche Auslegung

Von der korrigierenden Auslegung von Verfassungsnormen, die vorgenommen wird, um dem Anwendungsvorrang zu genügen, ist die europarechtsfreundliche Auslegung zu unterscheiden. Diese soll nicht den Anwendungsvorrang umsetzen, sondern findet ihren Grund vielmehr in der Realisierung des Staatsziels der Europäischen Einigung i.S.v. Art. 23 Abs. 1 GG.

Gemäß Art. 23 Abs. 1 soll Deutschland an der europäischen Einigung mitwirken, was mehr verlangt als nur die Umsetzung zwingenden Rechts. Eine nationale Rechtsordnung kann mehr oder weniger funktionstauglich für die Geltungskraft supranationalen Rechts sein. Es entspricht dem Gebot der Europarechtsfreundlichkeit, wenn Deutschland bestimmte verfassungsrechtliche Mechanismen so interpretiert, dass auf diese Weise die europäische Einigung leichter erreicht werden kann. Das bekannteste Beispiel für eine europarechtsfreundliche Auslegung ist der Einbezug des EuGH als gesetzlicher Richter i. S. v. Art. 101 Abs. 1 S. 2 GG. Verweigert ein deutsches Gericht die Vorlage zum EuGH gemäß Art. 267 AEUV, verletzt es Art. 101 Abs. 1 S.2 GG. Im Falle einer willkürlichen Verweigerung kann dagegen Verfassungsbeschwerde zum Bundesverfassungsgericht eingelegt werden.[23] Auf diese Weise unterstützt die nationale Verfassung die europarechtlich begründete Vorlagepflicht und effektuiert somit die einheitliche Anwendung des Unionsrechts in Deutschland.

Etwas anders gelagert, aber ebenfalls als europarechtsfreundliche Auslegung anzusehen, ist die Heranziehung des Art. 100 Abs. 1 GG analog für die Frage der Un-

---

[21] *Huber* (Fn. 1), 575 mit einem zu zaghaften Lösungsvorschlag.

[22] So *B. Pieroth*, in: H. Jarass/ders., GG, 11. Auflage, 2011, Art. 70, Rn. 2; a.A. *M. Heintzen*, in: BK-GG, 109. Lfg., Art. 70, Rn. 152.

[23] BVerfG, Beschl. v. 09.01.2001, 1 BvR 1036/99, juris Rn. 18, m. w. N.; *Pieroth*, in: Jarass/Pieroth, GG (Fn. 22), Art. 101, Rn. 12.

anwendbarkeit von Unionsrecht wegen Verstoßes gegen die Integrationsschranken gemäß Art. 23 Abs. 1 GG. Ebenso wie das Staatsziel der europäischen Einigung sind auch die Integrationsgrenzen in Art. 23 Abs. 1 GG niedergelegt. Das Bundesverfassungsgericht hat durch die Monopolisierung der Frage der Unanwendbarkeit von Unionsrecht wegen Verletzung der Integrationsgrenzen den anderen Gerichten die Möglichkeit genommen, in eigener Autonomie Unionsrecht wegen Verstoßes gegen Art. 23 Abs. 1 GG unangewendet zu lassen. Es hat auf diese Weise den Geltungsanspruch des Unionsrechts, der in der Verankerung von Integrationsgrenzen liegt, auf ein Minimum reduziert.[24] Mit dem Normtext von Art. 100 Abs. 1 GG ist der Einbezug von Unionsrecht nicht vereinbar. Ein weiteres Beispiel ist die Annahme des Vorliegens des Merkmals der Erforderlichkeit i.S.v. Art. 72 Abs. 2 GG, wenn Unionsrecht eine deckungsgleiche Übernahme in nationales Recht erfordert.[25] Zwar können die Länder durch ein abgestimmtes Verhalten ebenfalls gleichlautendes Landesrecht herstellen, andererseits wird durch die Annahme eines Bundesgesetzes die gleichförmige Geltung deutlich erleichtert.

3. Gemeinsame Verfassungstradition als Auslegungstopos

Die Auslegung geschriebenen Rechts ist kein rein logischer Vorgang, sondern in vielfältiger Weise von Wertungen abhängig. Für die Interpretation von Verfassungsnormen gilt dies über weite Strecken in besonderer Weise, weil diese aufgrund ihrer Funktion von einer besonderen Offenheit geprägt sind. Man spricht daher mitunter im Unterschied zur Auslegung von Normen bei Verfassungsbestimmungen von Konkretisierung.[26] Bei der Konkretisierung fließen in vielfältiger Weise Vorstellungen des Norminterpreten ein. Ändern sich diese Vorstellungen, ändert sich auch das Ergebnis der Norminterpretation. Auf diesem Umstand beruht das Phänomen, dass Verfassungsnormen ohne jede Änderung des Normtextes und ohne normative Erfordernisse einer höherrangigen Rechtsordnung ihre Bedeutung allein durch einen Wechsel der Wertvorstellung der Norminterpreten verändern können. Dies ist einer der wesentlichen Gründe für den sogenannten Verfassungswandel.[27] Die europäische Einigung entfaltet auf die Verfassungsinterpretation dabei nicht nur Einfluss über den Anwendungsvorrang und die Berücksichtigung des Staatsziels, sondern auch, weil sich durch ein zusammenwachsendes Europa die Vorstellung dessen, was einen Staat ausmacht, verändert.

Ein Beispiel des Einflusses der veränderten Ordnungsvorstellung im Wege der Europäischen Union ist die Qualifizierung der hergebrachten Grundsätze des Berufsbeamtentums. So wirkte auf den Streit, ob es einen hergebrachten Grundsatz des Be-

---

[24] BVerfG, Urt. v. 30.06.2009, 2 BvE 2/08 u.a., Rn. 240; BVerfGE 123, 267 (354).
[25] *H. Jarass*, in: Jarass/Pieroth, GG (Fn. 22), Art. 72, Rn. 17.
[26] *H. A. Wolff*, Ungeschriebenes Verfassungsrecht unter dem Grundgesetz, 2000, 162.
[27] s. dazu *Wolff* (Fn. 26), 98 ff.

rufsbeamtentums gibt, nach dem nur Staatsangehörige Beamtinnen und Beamte sein durften, der europäische Grundpfeiler der Dienstleistungsfreiheit insofern ein, als man nun gemeinschaftlich der Ansicht war, dass es einen solchen hergebrachten Grundsatz überhaupt nicht gibt (vergleiche nunmehr § 1 Abs. 1 Nr. 1 Beamtenstatusgesetz).[28] Ein weiteres Beispiel liegt in der Relativierung des Fördergebots der Ehe aus Art. 6 Abs. 1 GG durch Art. 3 Abs. 1 GG. Das Unionsrecht kennt im Gegensatz zum nationalen Recht das ausdrückliche Verbot der Diskriminierung wegen der sexuellen Ausrichtung (Art. 19 Abs. 1a EUV, Art. 21 Grundrechtecharta). Die Frage, inwiefern Art. 6 Abs. 1 GG eine Schlechterstellung der gleichgeschlechtlichen Lebensgemeinschaft gegenüber der Ehe rechtfertigen könnte, stellte sich nach dem Bundesverfassungsgericht jetzt plötzlich nicht mehr, da in seiner Auslegung der Art. 6 GG nun kein Fördergebot mehr enthält, das gegenüber der gleichgeschlechtlichen Lebensgemeinschaft eingreift.[29]

IV. Die Integration der Unionsrechtsordnung in das GG

1. Grundlagen

Durch den Anwendungsvorrang des EU-Rechts ist die öffentliche Gewalt, die die Bürger in Deutschland trifft, nicht mehr ausschließlich Deutschland zuzurechnen, sondern besteht aus einem verwobenen Netz aus nationalen und unionsrechtlichen Normen. Dies führt dazu, dass viele Normen des GG, v. a. solche, die das Verhältnis Bürger – Staat treffen und bei denen mit dem Begriff des Rechts oder der öffentlichen Gewalt die deutsche öffentliche Gewalt gemeint war, nun an Stelle dieser nationalen öffentlichen Gewalt die verbundene (nationale + unionsrechtliche) Gewalt tritt. Auf diese Weise wird der Anwendungsvorrang verstärkt, weil die deutschen Organe verfassungsrechtlich an das Unionsrecht gebunden werden. Das Öffentliche Recht ist heute ein „Mehrebenensystem". Aus der Sicht des Grundgesetzes bedeutet dies, dass die betreffenden Verfassungsnormen zwar keinen geänderten Text erhalten, der Sinn und der Anwendungsbereich ihres Geltungsanspruchs sich aber erheblich verändert haben. So ist immer zu fragen, ob unter die Garantie der Verfassungsbestimmungen nun auch das Unionsrecht als Teil der öffentlichen Gewalt mitzufassen ist.

Eine abschließende Aufzählung der Normen, bei denen sich der Begriff gewandelt hat, ist kaum möglich. Ohne Anspruch auf Vollständigkeit wird man drei Gruppen bilden können: eine Gruppe, bei der das Unionsrecht als Teil der öffentlichen Gewalt zu verstehen ist, eine Gruppe, bei der es auszugliedern ist, und ein Gruppe, bei der man trefflich streiten kann.

---

[28] *Huber* (Fn.1), 577.
[29] BVerfG, Beschl. v. 07.07.2009, 1 BvR 1164/07, juris Rn. 105; BVerfGE 124, 199 ff.

2. Unionsrecht als Teil des Hoheitsrechts

Der Gesetzesvorbehalt der nationalen Grundrechte kann auch durch eine unionale Norm erreicht werden. Sofern gemäß der Wesentlichkeitstheorie eine normative Grundlage erforderlich ist, kann diese auch durch Unionsrecht mit Anwendungsvorrang erfüllt werden. Es ist daher nur naheliegend, dass das Unionsrecht mit Anwendungsvorrang als Teil der verfassungsmäßigen Ordnung i.S.v. Art. 2 Abs. 1 GG verstanden wird.[30] In gleicher Weise gilt Unionsrecht mit Anwendungsvorrang als Teil von „Gesetz" i.S.v. Art. 20 Abs. 3 GG, während noch offen ist, ob es auch einen Teil der „verfassungsmäßigen Ordnung" bildet.[31] Die Verwaltung ist an das Unionsrecht auch verfassungsrechtlich gebunden und muss dies bei der gesamten Verwaltungstätigkeit beachten. Weiter ist unstreitig, dass Unionsrecht öffentliche Gewalt i.S.v. Art. 19 Abs. 4 GG ist. Die Gerichte müssen wegen Art. 19 Abs. 4 GG unmittelbar gegenüber Unionsrecht Rechtsschutz gewähren, unionsrechtlich ist dies durch Art. 19 Abs. 1 UAbs. 2 EUV abgesichert. Nicht ernsthaft streitig dürfte sein, dass Art. 21 GG auch für die Parteien gelten dürfte, die nur an Wahlen für das europäische Parlament teilnehmen, auch wenn § 2 PartG dies nicht deckt.[32] Verletzt ein deutscher Hoheitsträger schuldhaft Unionsrecht mit Anwendungsvorrang gegenüber einem Bürger, löst dies unabhängig von dem unionsrechtlichen Haftungsanspruch einen Anspruch wegen Amtspflichtverletzung i.S.v. Art. 34 GG i.V.m. § 839 BGB aus.[33] Weiter gilt die Unionsgewalt als öffentliche Gewalt i.S.v. Art. 93 Abs. 1 Nr. 4a GG, wenn die Verletzung der Integrationsschranken von Art. 23 Abs. 1 GG geltend gemacht wird. In gleicher Weise ist „Gesetz" i.S.v. Art. 100 Abs. 1 GG auch sekundäres Unionsrecht, sofern als „verfassungswidrig" nur die Verletzung von Art. 23 Abs. 1 GG verstanden wird. Urteile von Unionsgerichten (im Ordnungswidrigkeitenbereich) gelten als Entscheidungen im Sinne des ne bis in idem Grundsatzes, wobei das Verbot der Doppelbestrafung sich aber wiederum nur an deutsche Gerichte wendet.[34]

3. Kein Einbezug der Unionsgewalt

Demgegenüber gibt es auch Normen des Grundgesetzes, bei denen die Unionsgewalt nicht als Teil der öffentlichen Gewalt verstanden wird. So greift die Bindungswirkung des Art. 1 Abs. 3 GG nur gegenüber der nationalen öffentlichen Gewalt, nicht aber der Unionsgewalt. Das Zitiergebot des Art. 80 Abs. 1 S. 3 GG greift nicht, wenn die Rechtsverordnung auch der Umsetzung von Unionsrecht dient.

---

[30] *D. Murswiek*, in: Sachs, GG, Art. 2 Rn. 89.

[31] *M. Sachs*, in: Sachs (Hg.), GG (Fn. 15), 2011, Art. 20, Rn. 107.

[32] *Pieroth*, in: Jarass/Pieroth, GG (Fn. 22), Art. 21, Rn. 7; *J. Ipsen*, in: Sachs (Hg.). GG (Fn. 15), 2011, Art. 21, Rn. 20; *R. Sannwald*, in: Schmidt-Bleibtreu, GG, 12. Auflage 2011, Art. 21, Rn. 20.

[33] *Jarass*, in: Jarass/Pieroth, GG (Fn. 22), Art. 34, Rn. 4.

[34] BGHSt 24, 54, 57; *C. Degenhart*, in: Sachs (Hg.), GG (Fn. 15), 2011, Art. 103, Rn. 81 – bezogen auf Bußgeldbescheid nach Art. 15 der EWG-VO Nr. 17 (a.F.).

4. Fragliche Fälle

Noch einer näheren Erörterung bedarf es, ob sich das Prüfungsrecht des Bundespräsidenten gem. Art. 82 GG auch auf die Vereinbarkeit von Gesetzen mit EU-Recht bezieht.[35] Die besseren Gründe dürften dafür sprechen, den Normtext zu überwinden und das Prüfungsrecht anzuerkennen, da auf diese Weise, ähnlich wie bei Art. 101 GG, die einheitliche Geltung des Unionsrechts durch die nationale Rechtsordnung erhöht wird.

Gemäß Art. 84 Abs. 1 S. 6 GG bedürfen die Regelungen des Verwaltungsverfahrens ohne Abweichungsmöglichkeit des Landes der Zustimmung durch den Bundesrat. Fraglich kann sein, ob dies auch dann gilt, wenn die bundesrechtlichen Verfahrensregelungen Unionsrecht nur wiederholen. Überzeugend dürfte sein, hier das Zustimmungsrecht dennoch anzunehmen, da die Frage der Reichweite des Anwendungsvorrangs zweifelhaft sein kann und das Letztinterpretationsrecht bei dem Organ liegen muss, das innerstaatlich verdrängt wird.[36]

V. Die Verschiebung von Verfassungsprinzipien

Eine von den bisherigen Europäisierungen zu unterscheidende Kategorie ist die Veränderung grundlegender Verfassungsprinzipien durch das Unionsrecht. Die Veränderung ist dabei nicht normativ, sondern bezieht sich nur auf die Reichweite ihrer Geltung. Die Verfassung stand ursprünglich an oberster Stelle, sodass die von ihr normierten Grundsätze als allumfassende durchdringende Grundsätze für die Ausübung von Hoheitsrecht innerhalb Deutschlands galten. Öffnet die Verfassung ihren Raum für die Geltung einer selbstständigen supranationalen Ordnung, nimmt sie damit auch den Ausschließlichkeitsanspruch ihrer grundlegenden Verfassungsprinzipien zurück. So kennt das Grundgesetz eine Reihe von Prinzipien, die in dieser Form das Unionsrecht nicht prägen. Die Folge ist, dass diese verfassungsrechtlichen Prinzipien nur noch so weit gelten, wie das nationale Verfassungsrecht Entfaltungsmöglichkeiten besitzt. Das bedeutet, dass der Bürger nun einer Hoheitsgewalt insgesamt gegenübersteht, die nicht mehr nur durch die Verfassungsprinzipien des Grundgesetzes geprägt ist. Die so gekennzeichneten Veränderungen beziehen sich auf den unausgesprochenen früheren Ausschließlichkeitsanspruch derselben. Da das Unionsrecht weitgehend anderen Prinzipien folgt als die Verfassungsordnung, muss diese Betrachtung auf die wesentlichen Prinzipien beschränkt bleiben.

---

[35] Verneinend *Pieroth*, in: Jarass/Pieroth, GG, (Fn. 22), Art. 82, Rn. 3; a.A. *Sannwald* (Fn. 32), Rn. 17.

[36] A.A. *Pieroth*, in: Jarass/Pieroth, GG, (Fn. 22), Art. 84, Rn. 12.

1. Veränderung des Vorrangs des förmlichen Gesetzes

Nach den rechtsstaatlichen und demokratischen Grundsätzen des GG besitzen förmliche Gesetze einen besonderen Rechtsschein, der nur vom BVerfG oder bei vorkonstitutionellen Gesetzen von den Gerichten in Frage gestellt werden darf. Beim Anwendungsvorrang des EU-Rechts gilt dies so aber nicht. Der Anwendungsvorrang des Unionsrechts gestattet es deutschen Behörden und Gerichten, auch Parlamentsgesetze unangewendet zu lassen, wenn sie mit unionsrechtlichen Regelungen kollidieren.[37] Die Achtung der nationalen Behörde vor dem nationalen Gesetz wird gemindert.[38]

2. Veränderung des Vorbehalts des Gesetzes und des Wesentlichkeitsgrundsatzes

Beruht ein Einzelakt der Exekutive unmittelbar auf einer europäischen Verordnung, gilt der Grundsatz des Vorbehalts des Gesetzes nicht mehr in gewohnter Form. Auf diese Weise verschiebt sich die Verantwortung für politische Entscheidungen zugunsten der im Rat vertretenen Regierung. Das Parlament ist vielfach in die Rolle eines Notars gedrängt, der von der Exekutive im Rat beschlossene perfektionistische Richtlinien nunmehr wortgetreu in innerstaatliches Recht zu transformieren hat.[39]

3. Verschiebung der Gewaltenteilung

Das Unionsrecht nimmt innerstaatlich die Funktion von formellen Gesetzen ein, da es nicht auf dem Prinzip der Delegation des Parlaments beruht. Deutschland wird innerhalb der europäischen Rechtssetzungsorgane von Mitgliedern der Regierung vertreten, sodass sich die Rechtssetzung mittelbar zugunsten der Verwaltung verschiebt.[40]

4. Verschiebung des Bundesstaatsprinzips

Die Teilnahme an Rechtssetzungsakten der Union in Bereichen, in denen die Länder die Gesetzgebungsbefugnisse besitzen, nehmen Bundesorgane wahr. Art. 23 Abs. 3 bis 6 GG versucht, diese Folgen abzumildern, aufheben kann er sie nicht. Die Verteilung der Hoheitsgewalt auf Bund und Länder durch das Grundgesetz stimmt so jetzt nicht mehr.[41]

---

[37] EuGH, Slg. 1978, 629 – Simmenthal, Rz. 24; 1989, 1869 – Costanzo/Mailand, Rz. 31.
[38] *Huber* (Fn. 1), 575.
[39] Ausführlich *Huber* (Fn. 1), 575.
[40] *Huber* (Fn. 1), 576.
[41] *Huber* (Fn. 1), 576.

VI. Schluss

Die europäische Einigung ist vom Grundgesetz gewollt und wird von ihm auch gesteuert. Gleichzeitig ist das Grundgesetz aber nicht frei von eigenen Veränderungen, die es durch die Umsetzung des Staatsziels der Europäischen Union selbst treffen. Die Entwicklung ist nicht abgeschlossen und ist sowohl von ihrem Erscheinungsbild als auch von ihrem dogmatischen Gehalt her sehr vielfältig. Die genauere Betrachtung ergibt jedoch, dass die Veränderungen dogmatisch durchaus zu erklären und zu systematisieren sind, auch wenn man über einzelne Fragen trefflich wird streiten können.

B. Prozessrecht

Aufhebung der Ernennung eines Beamten bei Vereitelung oder Missachtung eines gerichtlichen Ernennungsverbots

Ein erster Schritt der Rechtsprechung zur Rückführung des beamtenrechtlichen Konkurrentenrechtsschutzes in das Rechtsschutzsystem der VwGO

Von *Michael Dawin*

I. Vorbeugendes Begehren auf Unterlassung der Ernennung des Konkurrenten statt deren Anfechtung

Die Verwaltungsgerichtsordnung sieht gerichtlichen Rechtsschutz gegen Verwaltungsakte, die belastend oder beschränkend in eine Rechtsposition des privaten Rechtsträgers eingreifen, durch die mittels Anfechtungsklage zu erreichende Kassation des Verwaltungsaktes vor. Der Rechtsschutz setzt mithin einen bereits erlassenen Verwaltungsakt als Angriffsgegenstand voraus.[1] Der Rechtsschutz in dieser nachgehenden Form belässt der Verwaltung die ihr im Verwaltungsverfahrensgesetz verliehene Befugnis, die als gestaltungsbedürftig erkannte Situation mittels einer Erstentscheidung zu regeln und erst dann eine Korrektur durch das Gericht akzeptieren zu müssen. Vorbeugender Rechtschutz in der Form, dass der Verwaltungsbehörde bereits der Erlass des belastenden Verwaltungsakts gerichtlich untersagt wird, ist deshalb nur in Ausnahmefällen statthaft. Als ein Merkmal dieser Ausnahmefälle wird es angesehen, dass dem Privaten aus besonderen Gründen nicht zuzumuten ist, das Ergehen des Verwaltungsakts abzuwarten. Eine derartige Unzumutbarkeit besteht beispielsweise, wenn mit dem Erlass des Verwaltungsakts schädigende Folgen verbunden sind, die sich durch eine Kassation des Aktes, ggfs. in Verbindung mit einer Verpflichtung der Behörde zur Folgenbeseitigung, nicht wieder aus der Welt schaffen lassen.[2] Erst recht kann der Private nicht auf nachträglichen Rechtsschutz durch gerichtliche Kassation verwiesen werden, wenn das materielle Recht den ergangenen Verwaltungsakt generell für unaufhebbar erklärt oder wenn das Verwaltungsverfahren so strukturiert ist, dass der Verwaltungsakt wegen der ihm vorausgehenden Vorfestlegungen und Vorentscheidungen nicht mehr mit Erfolg angefochten

---

[1] Vgl. statt vieler *J. Pietzcker*, in: F. Schoch/J.-P. Schneider/W. Bier, VwGO, § 42 Abs. 1 Rn. 89.

[2] OVG Berlin, NJW 1977, 2283.

werden kann. Diese Situation besteht nach einer über Jahrzehnte aufrechterhaltenen Rechtsprechung,[3] wenn ein Bewerber um ein beamtenrechtliches Amt sich rechtswidrig übergangen sieht und die Behörde die Ernennung eines Mitbewerbers beabsichtigt. Denn die Vergabe eines beamtenrechtlichen Amtes und die Besetzung der zugehörigen Planstelle seien endgültig und könnten nicht mehr rückgängig gemacht werden.[4] Dieses nach der bisherigen Rechtsprechung ausnahmslos geltende Prinzip wird nach dem Urteil des Bundesverwaltungsgerichts vom 4. November 2010[5] in den Fällen durchbrochen, in denen der Dienstherr den übergangenen Bewerber gehindert hat, die vor der Ernennung des Konkurrenten eröffneten Rechtsschutzmöglichkeiten auszuschöpfen.[6] Daran, dass eine beamtenrechtliche Ernennung grundsätzlich unaufhebbar ist, hält auch das Urteil vom 4. November 2010 fest.

Um das Rechtsschutzdefizit, das sich für den nicht berücksichtigten Bewerber aus der prinzipiellen Unanfechtbarkeit der Ernennung des Konkurrenten ergibt, wieder auszugleichen und dem verfassungsrechtlichen Gebot des Art. 19 Abs. 4 GG gerecht zu werden, hat sich eine Praxis der Verwaltungsgerichte herausgebildet, die den gerichtlichen Rechtsschutz in den Zeitraum zwischen der Entscheidung, mit der die Behörde ihre Auswahl unter den mehreren Bewerbern trifft, und der nachfolgenden Ernennung des Ausgewählten verlagert: Der unterlegene Bewerber ist darauf verwiesen, dem Dienstherrn durch eine einstweilige Anordnung nach § 123 VwGO die Ernennung des Konkurrenten verbieten zu lassen.[7]

Da dieses einstweilige Anordnungsverfahren an die Stelle des als ausgeschlossen erachteten Anfechtungsverfahrens in der Hauptsache tritt, darf es nach Prüfungsmaßstab, -umfang und -tiefe nicht hinter den dort geltenden Maßstäben zurückbleiben. Anderenfalls wäre den Anforderungen des Art. 19 Abs. 4 GG nicht genügt. Darauf ist in der Rechtsprechung immer wieder hingewiesen worden.[8] Insofern kann die Rechtsprechung zur Unanfechtbarkeit beamtenrechtlicher Ernennungen nicht als verfassungswidrig gescholten werden. Eine andere Frage ist jedoch, ob sie auch mit dem Rechtsschutzsystem der VwGO konform geht.

In den Überlegungen, die das Bundesverwaltungsgericht für die Unaufhebbarkeit der beamtenrechtlichen Ernennung anführt, findet sich ein bemerkenswerter Wechsel. Nach der bisherigen Auffassung des Gerichts stand einer gerichtlichen Kassation der Ernennung des Mitbewerbers auf Anfechtungsklage des Unterlegenen entgegen, dass sich diese Klage gegen einen Verwaltungsakt richtete, der nach der bestands-

---

[3] Zu den Facetten dieser Rechtsprechung einschließlich erster Ansätze, sie aufzulockern, siehe *M. Dawin*, in: C. Schulze (Hrsg.), Aktuelle Probleme des Öffentlichen Rechts in Deutschland und Russland, 2011, 23 ff.

[4] St. Rspr., vgl. BVerwGE 118, 370 m.w.N.

[5] BVerwGE 138, 102.

[6] Dem muss der Fall gleichstehen, dass er den Rechtsschutz, den das Fachgericht in Gestalt eines einstweiligen Ernennungsverbots gewährt hat, missachtet.

[7] Siehe die Nachweise in BVerwGE 138, 102 Rn. 31 ff.

[8] Vgl. die Nachweise BVerwGE 138, 102 Rn. 32.

kräftigen Auswahlentscheidung zugunsten des Konkurrenten den Unterlegenen nicht – mehr – „betraf"[9] – mit der Folge, dass seine Klage mangels Klagebefugnis, § 42 Abs. 2 VwGO, unzulässig ist.[10]

Im Urteil vom 4. November 2010 hat das Bundesverwaltungsgericht zum einen die Konstruktion aufgegeben, wonach die der Ernennung vorausgehende Auswahlentscheidung die Qualität eines Verwaltungsakts hat. Aufgrund der früher angenommenen Verwaltungsaktqualität der Ernennung war die bessere Eignung des Ausgewählten verbindlich und nach Eintritt der Bestandskraft der Auswahlentscheidung sogar mit Maßgeblichkeit festgestellt.[11] Nunmehr qualifiziert das Bundesverwaltungsgericht die Auswahlentscheidung als einen der Ernennung vorausgehenden unselbständigen – wenn auch den Bewerbern mitzuteilenden – Akt der behördlichen Entscheidungsfindung.[12] Folgerichtig hierzu sieht es erst in der nachfolgenden Ernennung einen Verwaltungsakt, der, wenn weitere Bewerber vorhanden sind, diesen Dritten gegenüber belastend wirkt. Der Umstand, der einen Erfolg der Klage eines übergangenen Mitbewerbers gegen die Ernennung des von der Behörde Ausgewählten verhindert, besteht nach Meinung des Gerichts in der sogenannten „Ämterstabilität". Nach diesem Prinzip „soll das Amt mit der Ernennung des ausgewählten Bewerbers unwiderruflich vergeben sein, ohne dass es darauf ankommt, ob die Ernennung mit Art. 33 Abs. 2 GG in Einklang steht".[13] Nur wenn der Dienstherr den Konkurrenten ernennt, ohne dass dem bei der Auswahl nicht zum Zuge Gekommenen Gelegenheit gegeben wurde, von den ihm vor der Ernennung offenstehenden Rechtsschutzmöglichkeiten Gebrauch zu machen, soll eine Kassation der Ernennung statthaft sein.

Das Urteil vom 4. November 2010 ist ein erster wichtiger Schritt zur Revision der Auffassung, dass die beamtenrechtliche Ernennung einer gerichtlichen Kassation entzogen ist. Unausgesprochene Prämisse dieses Urteils ist ja, dass die Ernennung kein Verwaltungsakt ist, der schlechthin und ausnahmslos im verwaltungsgerichtlichen Anfechtungsrechtsstreit unaufhebbar ist. Denn indem das Bundesverwaltungs-

---

[9] BVerwGE 80, 127; BVerwG, Buchholz 232 § 8 BBG Nr. 49.

[10] Als Fehlen der Klagebefugnis interpretiert auch *T. v. Roetteken*, ZBR 2011, 73 (76), die Aussage der früheren Rechtsprechung, die Ernennung „betreffe" den bei der Auswahlentscheidung nicht Berücksichtigten nach Rechtskraft dieser Entscheidung nicht.

[11] Für den Verwaltungsaktcharakter der Auswahlentscheidung gerade aufgrund ihrer Charakterisierung im Urteil BVerwGE 138, 102 *T. v. Roetteken*, ZBR 2011, 73 ff. Die dafür herangezogene Sentenz unter Rn. 27 des Urteils, ein unter Beachtung des Art. 33 Abs. 2 GG ausgewählter Bewerber habe einen Anspruch auf Verleihung des Amtes durch Ernennung, meint jedoch nicht die Schaffung eines Ernennungsanspruchs als Regelungswirkung der Auswahlentscheidung, sondern, wie die Zitierung von BVerwGE 129, 272 Rn. 45 an der fraglichen Stelle zeigt, die Reduzierung der Beurteilungsermächtigung und die Schrumpfung des Ernennungsermessens des Dienstherrn als Folge der Auswahlentscheidung. Gegen den Verwaltungsaktcharakter der Auswahlentscheidung auch *W.-R. Schenke,* NVwZ 2011, 321 (322).

[12] Im Sinne der bisherigen Rspr. weiterhin OVG Lüneburg.

[13] BVerwGE 138, 102.

gericht die Ernennung eines Beamten auf Klage eines Konkurrenten um das vergebene Amt in den Fällen für aufhebbar erklärt, in denen der Rechtsschutz des Konkurrenten vereitelt worden ist, erkennt es die Fehlerhaftigkeit der Ansicht an, dass der nicht berücksichtigte Bewerber gegen die Ernennung des Konkurrenten keine zulässige Anfechtungsklage erheben kann, also §§ 42, 113 Abs. 1 S.1 VwGO letztlich nicht anwendbar sind. Die Frage lautet deshalb nicht mehr, ob auf die beamtenrechtliche Ernennung die Vorschriften über die Anfechtung und Aufhebung eines Verwaltungsaktes anwendbar sind oder nicht, sondern, ob sie auch dann anwendbar sind, wenn die Ernennung aus anderen Gründen als wegen Vereitelung des vorverlagerten Rechtsschutzes rechtswidrig ist. Denn warum soll die Rechtswidrigkeit einer Ernennung, die sich aus einer Verletzung des Art. 19 Abs. 4 GG herleitet, mit Erfolg im Anfechtungsrechtsstreit des Konkurrenten geltend gemacht werden können, diejenige, die in einer Verletzung des Art. 33 Abs. 2 GG gründet, hingegen nicht?

II. Die Ernennung des Konkurrenten als Verwaltungsakt, den der erfolglos gebliebene Bewerber zulässigerweise anfechten kann

Gegen die Anwendbarkeit der §§ 42, 113 Abs. 1 S. 1 VwGO auf beamtenrechtliche Ernennungen generell und damit auch auf die aus anderen Gründen als wegen Vereitelung des einstweiligen Rechtsschutzes rechtswidrige Ernennungen[14] bestehen unter dem Gesichtspunkt der allgemeinen Rechtsschutzfunktion der Anfechtungsklage und im Hinblick auf deren Statthaftigkeit und Zulässigkeit keine Bedenken.

Ein Bewerber um ein beamtenrechtliches Amt, der nicht hinnehmen will, dass nicht ihm, sondern einem Mitbewerber das Amt übertragen worden ist, und der nunmehr mittels gerichtlichen Rechtsschutzes die Übertragung des Amtes an sich erstrebt, sieht sich der Situation gegenüber, dass das Amt bereits vergeben ist und damit nicht mehr zur Vergabe zur Verfügung steht. Eine erfolgreiche Anfechtungsklage gegen die Ernennung des Konkurrenten hätte die Wirkung, dass diese Ernennung aufgehoben wird, damit das Amt wieder für eine Vergabe zur Verfügung steht und der Übergangene seinen Bewerbungsverfahrensanspruch, also seinen letztlich in Art. 33 Abs. 2 GG wurzelnden Anspruch, dass über die von ihm beantragte Übertragung des Amtes nur nach Eignung und Leistung entschieden wird, mittels einer Bescheidungsklage weiterverfolgen kann. Eine Anfechtungsklage gegen die Ernennung des Mitbewerbers wäre statthaft und zulässig.

Die Ernennung eines Beamten, hier in der Form Verleihung eines anderen Amtes,[15] ist nach allgemeiner Auffassung ein Verwaltungsakt,[16] falls noch Mitbewer-

---

[14] Ein Überblick über den Meinungsstand findet sich in BVerwGE 138, 102 Rn. 59 a.E.

[15] Für die Ernennung als Begründung eines Beamtenverhältnisses oder als dessen Umwandlung in ein solches anderer Art, vgl. §§ 4 BeamtStG, 10 BBG, stellen sich die unter dem Gesichtspunkt „Ämterstabilität" zu diskutierenden Fragen nicht.

ber um das Amt vorhanden sind, ein Verwaltungsakt mit – einer diese Mitbewerber belastenden – Drittwirkung.[17] Verwaltungsakte werden nach § 42 Abs. 1 VwGO mit der Anfechtungsklage angegriffen. Wegen dieser Drittwirkung und weil die der Ernennung vorausgehende Auswahl unter den Bewerbern, wie das Bundesverwaltungsgericht nunmehr entschieden hat, kein Verwaltungsakt ist, durch den im Falle seiner Bestandskraft mit Maßgeblichkeit bestimmt wäre, dass der Ausgewählte der nach Eignung und Leistung zu Ernennende ist, so dass die anderen Bewerber durch dessen Ernennung auch nicht – mehr – in ihrem Bewerbungsverfahrensanspruch betroffen wären, ließe sich die Zulässigkeit der Anfechtungsklage schwerlich bezweifeln.

Wäre die Ernennung des Konkurrenten aus einem anderen Grund als dem der Vereitelung des vorverlagerten Rechtsschutzes rechtswidrig, wäre die Anfechtungsklage gegen die Ernennung des Konkurrenten[18] jedoch auch nach der nunmehrigen Rechtsauffassung des Bundesverwaltungsgerichts erfolglos. Das Bundesverwaltungsgericht hält nämlich auch in diesem Urteil an der Auffassung fest, dass die Bewerbungsverfahrensansprüche der anderen Bewerber durch die Ernennung des Ausgewählten untergehen, wenn die Ernennung das Auswahlverfahren endgültig abschließt. Dies sei regelmäßig der Fall, weil die Ernennung nach dem Grundsatz der Ämterstabilität nicht mehr rückgängig gemacht werden könne.[19] Bei dieser Sichtweise – „die Bewerbungsverfahrensansprüche der unterlegenen Bewerber gehen unter" – überrascht es zunächst, dass das Gericht ihre Klage, mit der eben dieser Anspruch verfolgt wird, bereits als unzulässig[20] und nicht – erst – als unbegründet ansieht. Anzumerken ist weiter, dass das Bundesverwaltungsgericht den der Ernennung des Beigeladenen anhaftenden Rechtsmangel, nämlich die Verletzung des Art. 19 Abs. 4 GG, dessen Geltendmachung die Klage zulässig macht und den es als gegeben ansieht, bei Prüfung der Begründetheit der Anfechtungsklage nicht auch als Aufhebungsgrund i.S. des § 113 Abs. 1 S. 1 VwGO anführt.

Der Untergang des Bewerbungsverfahrensanspruchs infolge der Ernennung eines Bewerbers, der nicht der am besten geeignete ist und deshalb keinen Anspruch auf die Ernennung hatte, ist kein Untergang des Anspruchs durch Erfüllung.[21] Denn der Anspruch desjenigen, der einen Anspruch auf leistungsgerechte Einbeziehung in die Bewerberauswahl und im Ausnahmefall auf Ernennung hat, wird nicht dadurch er-

---

[16] BVerwGE 138, 102 Rn. 27.

[17] BVerwGE 138, 102.

[18] Und in der Folge auch die Bescheidungsklage auf erneute Entscheidung des Dienstherrn über die Ernennung.

[19] BVerwGE 138, 102 Rn. 17.

[20] Auch das OVG Rheinland-Pfalz, von dem das vorinstanzliche Urteil zum Urteil BVerwGE 138, 102 stammt, hatte die Klage für unzulässig erachtet; vgl. OVG Rheinland-Pfalz, DVBl. 2009, 659 (66).

[21] Vgl. § 362 Abs. 1 BGB.

füllt, dass – rechtswidrig – ein Nichtberechtigter ernannt wird.[22] Der vom Bundesverwaltungsgericht angenommene[23] Untergang des Anspruchs kann deshalb nur darin begründet sein, dass die Anspruchserfüllung unmöglich geworden ist. Als Grund hierfür nennt das Bundesverwaltungsgericht den „Grundsatz der Ämterstabilität". Sie verhindere, dass die Ernennung durch gerichtliches Kassationsurteil rückgängig gemacht wird.[24]

III. Keine gerichtliche Unaufhebbarkeit der Ernennung des Konkurrenten wegen Ämterstabilität

Geltungsgrund und Reichweite des Grundsatzes der Ämterstabilität auch für den verwaltungsgerichtlichen Prozess hat die Rechtsprechung in der Vergangenheit niemals vertieft dargelegt, sondern sie hat sich damit begnügt, die beamtenrechtlichen Vorschriften[25] anzuführen, nach denen die Ernennung eines nur unter – im Vergleich zu § 48 VwVfG – eingeschränkten Voraussetzungen durch den Dienstherrn zurückzunehmen ist. So heißt es in einem Urteil vom 23. Februar 1989:[26] „Die Regelungen über die Nichtigkeit oder die Rücknehmbarkeit einer Ernennung stellen für das Beamtenrecht spezielle Regelungen dar, die die Anwendbarkeit der §§ 44, 48 VwVfG ausschließen. §§ 8 und 9 BRRG sind Ausdruck des hergebrachten Grundsatzes, (Art. 33 Abs. 5 GG), der ‚Rechtsbeständigkeit' bzw. der ‚gesteigerten Bestandskraft' der Ernennung, wonach im Interesse der Rechtssicherheit und Ämterstabilität die Nichtigkeits- und Rücknahmetatbestände durch eine abschließende und erschöpfende Regelung beschränkt werden sollen". Neben dieser rechtlichen Herleitung mögen auch an den tatsächlichen Konsequenzen orientierte Überlegungen den Glauben an die Notwendigkeit der „Ämterstabilität" befördert haben. Würde die Ernennung des rechtswidrig Ausgewählten rückwirkend aufgehoben, wie es bei einem gerichtlichen Kassationsurteil regelmäßig geschieht, müsste es so angesehen werden, als habe er sein früheres Amt nie verloren. Dieses Amt ist aber oft schon einem anderen übertragen worden, dem es, da er es rechtmäßig erlangt habe, nicht wieder genommen werden kann. Zwei in Vollzeit beschäftigte Beamte könnten aber ein und dasselbe Amt nicht gleichzeitig innehaben; dem Amt ist nur eine haushaltsrechtliche Planstelle zugeordnet. Im Hintergrund mag ferner der Gedanke eine Rolle spielen, eine einmal ausgesprochene Ernennung könne auch weitreichende und nur schwer rückgängig zu machende Folgen für das Personaltableau des Dienstherrn insgesamt haben. So könne die Stelle, die der Ernannte freigemacht hat, schon wieder besetzt sein, ebenso die Stelle, die der Nachrücker zuvor innehatte. Personen in dieser Besetzungs- und Beförderungskette seien vielfach schon an den neuen Dienstort umgezo-

---

[22] In diesem Sinne auch *R. Wahl/P. Schütz*, in: Schoch/Schneider/Bier, VwGO, § 42 Abs. 2 Rn. 326 a.E.
[23] BVerwGE 138, 102 Rn. 27, 30 ff.
[24] BVerwGE 138, 102 Rn. 27.
[25] §§ 12 BBG, 12 BeamtStG.
[26] BVerwGE 81, 282 (284).

gen, wenn nach Jahr und Tag offenbar werde, dass der am Anfang dieser Kette Stehende zu Unrecht ernannt worden ist.

Alle diese Gründe vermögen die Anerkennung eines Prinzips der „Ämterstabilität", verstanden als Unaufhebbarkeit der Ernennung durch verwaltungsgerichtliches Urteil, nicht zu rechtfertigen.

Die Erkenntnis aus der Analyse des früheren § 9 BRRG und der jetzigen §§ 12 BeamtStG, 14 BBG über die Einschränkungen, die der Behörde bei der Rücknahme des Verwaltungsakts „Ernennung" auferlegt sind, gilt nicht per se auch für die Kassation des Verwaltungsakts durch verwaltungsgerichtliches Urteil. Im Gegenteil – der Rechtsprechung ist der Anwendungsvorrang verfahrensrechtlicher Normen, die speziell für das gerichtliche Verfahren gelten, vor solchen, die das Verwaltungsverfahren betreffen, geläufig. Als Beispiel sei genannt das Verhältnis der Bestimmungen des Informationsfreiheitsgesetzes[27] und des Umweltinformationsgesetzes,[28] die der Behörde die Offenbarung bestimmter Informationen verbieten, einerseits, und § 99 Abs. 1 S. 2 VwGO, nach dem die oberste Aufsichtsbehörde die Befugnis besitzt, nach Ermessen auch solche Informationen offen zu legen, die „nach einem Gesetz geheim gehalten werden *müssen*", andererseits. Insoweit ist geklärt, dass in Bezug auf die Ermächtigung zur Ermessensentscheidung die Prozessrechtsnorm des § 99 Abs. 2 VwGO als lex specialis den Bestimmungen des Umweltinformationsgesetzes und des Informationsfreiheitsgesetzes vorgeht.[29] Insoweit werden die einschlägigen Fachgesetze mit ihren Beschränkungen für die Verwaltungstätigkeit der Behörden in dem besonderen Verhältnis zwischen Aufsichtsbehörde und Gericht von den Prozessrechtsnormen verdrängt.[30]

Die Erwägungen, mit denen *Schenke*[31] eine auf die beamtenrechtlichen Rücknahmevorschriften gestützte teleologische Reduktion des § 113 Abs. 1 S. 1 VwGO im Sinne einer Unanwendbarkeit dieser Bestimmung in den Fällen befürwortet, in denen die Ernennung wegen der besseren Eignung des Mitbewerbers rechtswidrig ist, überzeugen letztlich nicht. Zweifelhaft erscheint bereits, ob sich den beamtenrechtlichen Rücknahmevorschriften entnehmen lässt, dass dem i. S. dieser Vorschriften rechtswidrig Ernannten ein *Anspruch* auf Rücknahme der Ernennung abgesprochen werden soll – mit der Folge, dass es wegen dieser Aberkennung des Anspruchs auf Beseitigung des rechtswidrigen Verwaltungsakts auch keine Aufhebung der Ernennung nach § 113 Abs. 1 S. 1 VwGO gibt. Die Verleihung eines beamtenrechtlichen Amtes ist ein begünstigender Verwaltungsakt (vgl. § 48 Abs. 1 S. 2 VwGO); da sich die verfassungsrechtliche Garantie, von rechtswidrigen Belastungen frei zu sein,

---

[27] Gesetz zur Regelung des Zugangs zu Informationen des Bundes – Informationsfreiheitsgesetz v. 5. Sept. 2005 (BGBl. 2005 I 2722).

[28] Umweltinformationsgesetz v. 22. Dez. 2004 (BGBl. 2004 I 3704).

[29] St. Rspr., siehe zuletzt BVerwG, DVBl. 2011, 1092 l; zu diesem Urteil auch *F. Schoch*, NVwZ 2012, 85, ferner *Dawin* (Fn. 3), 36.

[30] *F. Schoch*, NVwZ 2012, 85 (87).

[31] NVwZ 2011, 321 (324 ff.).

nicht auf derartige Verwaltungsakte erstreckt, können die beamtenrechtlichen Rücknahmevorschriften schwerlich als Einschränkung dieser Garantie verstanden werden. Jedenfalls kann aber aus der gesetzgeberischen Entscheidung, wonach im Verhältnis des rechtswidrig Ernannten zum Dienstherrn in der Mehrzahl der Fälle letzterer an einer einmal ausgesprochenen Ernennung festhalten muss und jenem das Amt nicht wieder entziehen kann, nicht geschlossen werden, dass auch dem übergangenen besser Qualifizierten, dessen Rechte durch die Ernennung des weniger geeigneten Mitbewerbers nach der neueren Rechtsprechung ja verletzt sind, der verfassungsrechtliche Beseitigungsanspruch und damit die Möglichkeit, die ihn belastende Ernennung nach § 113 Abs. 1 S. 1 VwGO aufheben zu lassen, abgesprochen worden ist.

Die „Ämterstabilität", in dem Sinne verstanden, dass eine beamtenrechtliche Ernennung auch durch ein verwaltungsgerichtliches Urteil nicht aufgehoben werden kann, ist kein hergebrachter Grundsatz des Beamtentums, der nach Art. 33 Abs. 5 GG vom Gesetzgeber und von der Rechtsprechung zu berücksichtigen ist.[32] Mit den hergebrachten Grundsätzen des Berufsbeamtentums i. S. des Art. 33 Abs. 5 GG ist der Kernbestand von Strukturprinzipien gemeint, die allgemein oder doch ganz überwiegend während eines längeren, traditionsbildenden Zeitraums, mindestens unter der Reichsverfassung von Weimar, als verbindlich anerkannt und gewahrt worden sind.[33] Die von der Rechtsprechung lange Zeit angenommene Festigkeit der Beamtenernennung gegenüber verwaltungsgerichtlichen Aufhebungsurteilen gehört bereits nicht zu diesem Kernbestand. Denn sie ist keines der Strukturprinzipien, die das Berufsbeamtentum in seiner überkommenen Gestalt maßgeblich prägen und deren Beseitigung sein Wesen antasten würde.[34]

Außerdem ist die angebliche Unaufhebbarkeit der Beamtenernennung im verwaltungsgerichtlichen Rechtsstreit auch kein *hergebrachter* Grundsatz. Von einer Exemtion der Beamtenernennung von dem Grundsatz, dass Verwaltungsakte auf Klage vom Gericht aufgehoben werden können, kann man erst sprechen, seit es diesen Grundsatz überhaupt gibt. Solange die Aufhebbarkeit durch verwaltungsgerichtliches Urteil kein Merkmal der Verwaltungsakte allgemein war, weil seinerzeit eben Verwaltungsakte generell nicht oder nur Verwaltungsakte bestimmter Art gerichtlich aufhebbar waren, konnte es auch keinen speziell auf die Beamtenernennung bezogenen Grundsatz geben, dass – gerade – dieser Verwaltungsakt „stabil" gegenüber einer verwaltungsgerichtlichen Aufhebung ist. Dass durch Klage des belasteten Adressaten die gerichtliche Aufhebung eines Verwaltungsakts jeder Art erreicht werden kann,[35] wurde erst in der Zeit nach dem Zweiten Weltkrieg geltendes Recht. In

---

[32] *W.-R. Schenke,* NVwZ 2011, 321 (323; 324) m.w.N.; a.A. EGMR, Kübler ./. Deutschland, 32715/06, Urteil v. 13. Jan. 2011, NJW 2011, 3703, Rn. 32; offengelassen von BVerwGE 138, 102 Rn. 38 mit Hinweisen auf die insoweit kontroverse Literatur.

[33] St. Rspr, z. B. BVerfGE 121, 205 m.w.N.

[34] So die Kennzeichnung der Strukturprinzipien u. a. in BVerfGE 114, 258 (286) m.H. auf die st. Rspr.

[35] Verwaltungsgerichtliche Generalklausel.

der Weimarer Republik wurde noch nach einem – wenn auch breit angelegten – von den einzelnen Gerichten uneinheitlich gehandhabten Enumerationsprinzip verfahren.[36]

Bemerkenswert ist ferner, dass das Bundesverfassungsgericht den die bisherige Rechtsprechung tragenden Grundsatz der „Ämterstabilität" zuletzt als Argument nicht mehr herangezogen hat. Über Jahrzehnte, bis in das Jahr 2006, hatte es die fachgerichtliche höchstrichterliche Rechtsprechung, wonach dieses Prinzip der gerichtlichen Kassation einer rechtswidrigen Ernennung entgegensteht, nicht beanstandet. Noch im Jahr 2006 heißt es in einem Beschluss über die Nichtannahme der Verfassungsbeschwerde eines erfolglosen Bewerbers um eine Notarstelle: „Der angegriffenen Entscheidung des Bundesgerichtshofs liegt die Auffassung zugrunde, dass der Beschwerdeführer seinen Bewerbungsverfahrensanspruch nach der Ernennung des Mitbewerbers auf die letzte ausgeschriebene Stelle – selbst bei entgegenstehender einstweiliger Anordnung des Bundesverfassungsgerichts – aus Gründen der Unmöglichkeit nicht mehr mit dem Ziel der Bestellung zum Notar weiterverfolgen kann (…). Der Bundesgerichtshof verneint die Möglichkeit der Besetzung einer der sechs ausgeschriebenen Notarstellen mit dem Beschwerdeführer unter Bezugnahme auf den Grundsatz der Ämterstabilität. Dies findet seine gesetzliche Grundlage in der abschließenden Regelung der Gründe für das Erlöschen des Notaramtes in § 47 BNotO; insbesondere stellt es nach § 50 BnotO keinen Grund für die in § 47 Nr. 5 BNotO aufgeführte Amtsenthebung eines Notars dar, dass er unter Missachtung einer einstweiligen Anordnung bestellt worden ist".[37] Im Beschluss vom 24. September 2007[38], der die Verfassungsbeschwerde des übergangenen Bewerbers gegen das vorinstanzliche Urteil zur Entscheidung des Bundesverwaltungsgerichts vom 4. November 2010[39] betrifft, trägt das Bundesverfassungsgericht dem Bundesverwaltungsgericht hingegen Folgendes auf: Im Verfahren zur Hauptsache möge es wegen der Verletzung des Art. 19 Abs. 4 GG die Möglichkeit einer Gewährung effektiven Rechtsschutzes – der hier nach Lage der Dinge nur in der Aufhebung der Ernennung des Konkurrenten bestehen konnte – und wegen der behaupteten materiellen Rechtsmängel der angefochtenen Ernennung des Konkurrenten den in der höchstrichterlichen Rechtsprechung nicht mehr unumstrittenen Grundsatz der Ämterstabilität überprüfen.

Nach alledem sind keine Normen ersichtlich, die als gegenüber §§ 42 Abs. 1, 113 Abs. 1 S. 1 VwGO höherrangige oder spezialgesetzliche Vorschriften eine gerichtliche Aufhebung des Verwaltungsakts „Beamtenernennung" hindern.

---

[36] Siehe zur Rechtslage in der Weimarer Republik *E. Schmidt-Aßmann*, in: Schoch/Schneider/Bier, VwGO, Einl. Rn. 80.
[37] BVerfG, NJW 2006, 2395.
[38] NVwZ 2008, 70.
[39] BVerwGE 138, 102.

IV. Keine Aufhebung der Ernennung *ex tunc*

Allerdings kann diese Kassation der Verleihung eines Beförderungsamtes keine Aufhebung ex tunc, d. h. eine auf den Zeitpunkt des Erlasses dieses Verwaltungsakts zurückwirkende, sein. Die Rechtsordnung lässt den Erwerb eines beamtenrechtlichen Status, also der Rechtsstellung „Beamter" und „Inhaber eines bestimmten Amtes", überhaupt nicht und die Entziehung dieses Status nur in wenigen Fällen mit Ex-tunc-Wirkung zu. So ist eine Ernennung auf einen zurückliegenden Zeitpunkt unzulässig und unwirksam.[40] Die disziplinarrechtliche Entfernung aus dem Dienst wirkt nach § 10 Abs. 2 und 4 des Bundesdisziplinargesetzes[41] für den Zeitpunkt der Unanfechtbarkeit des disziplinargerichtlichen Urteils. Die Beamtengesetze sehen die – als „Rücknahme der Ernennung" bezeichnete – Entziehung eines beamtenrechtlichen Status wegen Rechtsmängeln des Ernennungsaktes mit Ex-tunc-Wirkung nur in den wenigen in §§ 12 Abs. 1 und 2 BeamtStG, 14 Abs. 1 und 2 BBG genannten Fällen vor, in denen die Ernennung durch Zwang, arglistige Täuschung oder Bestechung herbeigeführt worden ist und in denen die Ernennungsentscheidung der Behörde davon bestimmt war, dass sie von einer rechtskräftigen Verurteilung des Ernannten nichts wusste. In diesen Fällen erschien dem Gesetzgeber die Wiederherstellung der unbeeinflussten Entscheidungsfreiheit des Dienstherrn, die durch das unlautere Verhalten des Ernannten und durch die Fehlvorstellung der Ernennungsbehörde von dessen Integrität eingeschränkt war, vorrangig. Wegen des Gewichts dieses Interesses hat der Gesetzgeber von der Entziehung eines Beförderungsamtes ex tunc nicht einmal wegen der Schwierigkeiten abgesehen, die wegen der vom Haushaltsrecht angeordneten Anbindung eines solchen Amtes an eine besetzbare Planstelle[42] eintreten können. Denn wird die Verleihung eines Beförderungsamtes rückwirkend beseitigt, gilt, dass sich der Beamte nach wie vor in dem Amt befindet, das er vor der Beförderung bekleidet hat. Die daraus resultierende ununterbrochenen Innehabung dieses Amtes gerät aber immer dann in Widerspruch zu dem haushaltsrechtlichen Grundsatz, wonach die Innehabung eines Statusamtes auch den Besitz der entsprechenden Planstelle erfordert, wenn die dem Amt zugehörige Planstelle inzwischen von einem Nachfolger in das vermeintlich freigewordene Statusamt besetzt ist.

Daraus, dass die Beseitigung der Beförderung eines Beamten in den Fällen des §§ 12 Abs. 1 und 2 BeamtStG, 14 Abs. 1 und 2 BBG in den Kreis der statusbegründenden Akte einbezogen ist, die ex tunc zurückgenommen werden können, kann indessen nicht geschlossen werden, dass auch in einem verwaltungsgerichtlichen Konkurrentenstreitverfahren die gerichtliche Kassation einer Beförderung mit Ex-tunc-Wirkung zulässig ist. Der Rechtsfehler, der darin besteht, dass ein zu besetzendes Beförderungsamt nicht dem am besten Geeigneten von mehreren Bewerbern über-

---

[40] Vgl. §§ 8 Abs. 4 BeamtStG, 12 Abs. 2 BBG.

[41] Bundesdisziplinargesetz v. 9. Juli 2001 (BGBl. 2001 I 1510), zuletzt geändert durch Art. 4 des Gesetzes v. 6. Dez. 2011 (BGBl. 2011 I 2554).

[42] Vgl. § 49 Abs. 1 BHO: Ein Amt darf nur zusammen mit der Einweisung in eine besetzbare Planstelle verliehen werden.

tragen worden ist, steht in keinem Zusammenhang mit der Entschließungsfreiheit des Dienstherrn bei der Ämtervergabe. Die Beeinträchtigung dieser Freiheit als Grund für die Hinnahme einer Beseitigung der Ernennung ex tunc, wie durch §§ 12 Abs. 1 und 2 BeamtStG, 14 Abs. 1 und 2 BBG geschehen, besteht nicht.

Nach § 113 Abs. 1 S. 1 VwGO hebt das Gericht den Verwaltungsakt auf, „soweit" er rechtswidrig ist. Die mit dem Wort „soweit" ausgedrückte Einschränkung der (Reichweite der) Aufhebung kann sachlich-gegenständlich i.S. einer Aufhebung des Verwaltungsakts zu einem Teil, aber auch i.S. einer zeitlichen Begrenzung der Aufhebung verstanden werden:[43] Der Verwaltungsakt wird nicht für die gesamte Zeit seiner Existenz, also ab dem Augenblick seines Erlasses, sondern mit Wirkung erst ab einem danach liegenden Zeitpunkt kassiert. Die Rechtsprechung praktiziert diese Einschränkung bei Verwaltungsakten, die, z.B. durch Rechtsänderung, nachträglich rechtswidrig werden.[44] Diese bei einem zunächst rechtmäßigen, später rechtswidrig gewordenen Verwaltungsakt anerkannte Aufhebung ex nunc ist aber ebenso geboten bei einem von Anfang an rechtswidrigen Verwaltungsakt, dessen Aufhebung ex tunc an Normen scheitert, die, wie § 49 BHO, es nicht zulassen, dass ein rechtswidrig Beförderter in sein früheres Amt, das nebst zugehöriger Planstelle inzwischen von einem Nachfolger besetzt ist, zurückfällt. In diesem Punkt vermag das Urteil des Bundesverwaltungsgerichts vom 4. November 2010[45] uneingeschränkt zu überzeugen. Der Bayerische Verwaltungsgerichtshof hat den Gedanken, dass ein und dieselbe mit einer finanziellen Ausstattung versehene Stelle nicht gleichzeitig von zwei Stelleninhabern besetzt sein kann, aufgegriffen und bei der erfolgreichen Anfechtungsklage eines Schornsteinfegers gegen die Vergabe eines Kehrbezirks an einen Konkurrenten angewandt.[46]

Schochs Charakterisierung des Urteils des Bundesverwaltungsgerichts vom 4. November 2010[47] als eine „überfällige Kehrtwende"[48] dürfte nach allem wohl weniger als Lob einer – wenn auch späten – gelungenen Richtungsänderung der Rechtsprechung zur beamtenrechtlichen Konkurrentenabwehrklage, sondern als Ermunterung, den nunmehr eingeschlagenen Weg zu Ende zu gehen, gemeint sein.

---

[43] BVerwG, Beschluss v. 5. Jan. 2012 – BVerwG 8 B 62/11 (juris); BW VGH, NVwZ-RR 2011, 994 (995).

[44] Vgl. BayVGH, NVwZ-RR 1995, 218; ebenso u.a. S. *Kunze*, in: J. Bader/M. Funke-Kaiser/S. Kunze/J. von Albedyll, Verwaltungsgerichtsordnung, 4. Aufl. 2007, § 113 Rn. 22.

[45] BVerwGE 138, 102.

[46] BayVGH, NVwZ-RR 2012, 391. Die – vom VGH wohl zur Vermeidung eines Widerspruchs zum Urteil BVerwGE 138, 102 für erforderlich gehaltene – Erwägung, die „Ämterstabilität" stehe der Aufhebung der Bestellung zum Bezirksschornsteinfeger nicht entgegen, weil diese nur befristet sei, die „Ämterstabilität" hingegen im beamtenrechtlichen Lebenszeitprinzip wurzele, überzeugt nicht. Die Ämterstabilität kann auch nicht aus dem Lebenszeitprinzip hergeleitet werden, wie schon die Innehabung eines Amtes durch einen Beamten im Beamtenverhältnis auf Zeit zeigt.

[47] BVerwGE 138, 102.

[48] *F. Schoch*, in: Schoch/Schneider/Bier, VwGO, § 80 Rn. 48.

Am Beispiel des kommunalen Finanzausgleichs: Gedanken zur Bestimmung der verfassungsgerichtlichen Beschwerdebefugnis

Von *Matthias Dombert*

I. Vorbemerkung

Die „Woche des Deutschen Rechts" führt seit einigen Jahren die Potsdamer Juristische Fakultät nach Moskau. Alle zwei Jahre wechseln sich dort in der *Akademie Kutafin* für eine Woche Vorlesungen zu den maßgeblichen Aspekten des deutschen Rechts ab. Man tritt keinem der russischen Studentinnen und Studenten zu nahe, wenn man den Vorlesungen – welch fachlicher Provenienz auch immer – eher Grundlagencharakter beimisst. Gerade darum geht es den russischen Zuhörern. Sie wollen rechtliche Grundstrukturen, Regelungstypen, Normstrukturen und -zusammenhänge des deutschen Rechts kennenlernen. Dementsprechend groß ist ihr Interesse. Dies führt zu Reaktionen, die dem deutschen Wissenschaftler eher fremd sind, jedenfalls nicht seinen täglichen Erfahrungen entsprechen. *Eckart Klein* dürfte es jedenfalls aus deutschen Hörsälen nicht gewohnt sein, – wie im Dezember 2011 in Moskau geschehen – von Studentinnen und Studenten seiner völkerrechtlichen Vorlesung zu einem gemeinsamen Foto vor die Hörsaaltür gebeten zu werden. Damit nicht genug: Rang und Namen *Kleins* führten nicht nur zu dieser eher ungewöhnlichen Bitte, sondern auch zu dem Wunsch der russischen Gastgeber, der deutsche Universitätslehrer möge als wissenschaftlicher Ehrengast einem zeitgleich stattfindenden russischen Seminar zum Völker- und Europarecht beiwohnen – man wollte sich die Gelegenheit seiner Anwesenheit in Moskau schlichtweg nicht entgehen lassen und sie gleichzeitig zur Erinnerung festhalten. Dass dies beim deutschen Besucher zu Lasten des Terminkalenders ging, *Eckart Kleins* persönlicher Bescheidenheit widersprach, ja ihm eher unangenehm war, war für den Mitreisenden deutlich sichtbar. Den Bitten der russischen Gastgeber entzog er sich gleichwohl nicht. Denn darum ging es ihm und geht es ihm auch weiter: wissenschaftlich weiterhin fachliches Interesse zu wecken und wissenschaftlichen Eifer zu fördern, kurzum weiterhin juristisch seinen Beitrag leisten zu können.

II. Verfassungsprozessrecht: Die Beschwerdebefugnis bei der Individualverfassungsbeschwerde

Das Lehr- und Handbuch Kleins zum Verfassungsprozessrecht[1] war den Moskauer Akademieangehörigen übrigens bestens bekannt. Er verfüge sogar über beide[2] Auflagen, beeilte sich ein Gesprächspartner, stolz zu berichten. Dass das Verfassungsprozessrecht Eckart Klein Zeit seines wissenschaftlichen Lebens beschäftigt hat, war dem Moskauer Juristen vielleicht nicht klar. Tatsächlich belegen aber die Mitarbeit in den Jahren 1974–1976 am Bundesverfassungsgericht und die eigene richterliche Tätigkeit als Mitglied des Staatsgerichtshofs der Freien Hansestadt Bremen (1995–2011), dass *Eckart Klein* sich ein Berufsleben lang zum einen mit der theoretische Bestimmung des prozessualen Rahmens für die Verfassungsgerichtsbarkeit, zum anderen mit dessen praktischer Anwendung befasst hat. Diesem Rahmen kommen gerade gegenüber dem Bundesverfassungsgericht gewichtige Funktionen zu: Einmal dient das Prozessrecht als Mittel der Kontrolle gegenüber der verfassungsgerichtlichen Tätigkeit, daneben ist es nach zutreffender Beschreibung *Kleins* das Fundament, von dem aus sich das Wirken und die Judikatur des Gerichtes noch wirksamer entfalten kann:[3] Dieser Arbeitsschwerpunkt *Eckart Kleins* verbunden mit der letztgenannten Zwecksetzung dürfte es rechtfertigen, sich gerade im Rahmen eines solchen Beitrages mit einem elementaren Baustein des deutschen Verfassungsprozessrechts auseinanderzusetzen – der Beschwerdebefugnis.

III. Zur verfassungsgerichtlichen Beschwerdebefugnis im Allgemeinen

Die Beschwerdebefugnis kennzeichnet wie die ähnlich ausgestaltete Klage- oder Widerspruchsbefugnis wie kaum ein anderes Institut die Struktur des öffentlich-rechtlichen Streitverfahrens in Deutschland. Öffentlich-rechtliche Rechtsbehelfe sind – die sachgegebene Beschränkung dieser Ausführungen verhindert es, gegenläufige Ausstrahlungen des Europäischen Gemeinschaftsrechts auf diese Systementscheidung des nationalen Rechts breiter darzustellen[4] – in erster Linie ein Instrument des Individualrechtsschutzes. Das Verfahren der Verfassungsbeschwerde macht hiervon keine Ausnahme. Auch sie ist kein Verfahren vorwiegend der objektiven Verfassungssicherung, in welchem dem Antragsteller eine bloße Anstoßfunktion für die Eröffnung des Verfahrens zukäme. Der Beschwerdeführer muss daher prinzipiell sein eigenes Grundrecht einklagen. Eine Popularverfassungsbeschwerde ist ausgeschlos-

---

[1] Dazu aktuell nur E. Benda/E. Klein, Verfassungsprozessrecht, 3. Auflage, 2012.

[2] Anmerkung des Verfassers: die aktuelle – dritte – Auflage lag zum Zeitpunkt des Besuches noch nicht vor.

[3] So das Vorwort zur 1. Auflage Verfassungsprozeßrecht, 1991, S. VIII.

[4] s. dazu nur EuGH, Urteil v. 12. Mai 2011 – Rs. C-115/09 – juris.

sen.⁵,⁶ Angerufen werden kann das Verfassungsgericht auf Bundes- wie Landesebene daher nur dann, wenn der Beschwerdeführer hinreichend substantiiert behaupten kann, in Grundrechten verletzt zu sein.⁷

Dabei gehen die Anforderungen insbesondere des BVerfG über den Wortlaut des § 90 BVerfGG deutlich hinaus. Die bloße Verbalbehauptung einer eigenen Grundrechtsverletzung genügt danach regelmäßig nicht. In Zusammenfassung der Anforderungen aus den §§ 90, 23 Abs. 1 S. 2 HS 1, 92 BVerfGG fordert das BVerfG, dass der Beschwerdeführer die Möglichkeit einer Verletzung seiner Grundrechte oder grundrechtsgleichen Rechte hinreichend deutlich aufzeigt.⁸ Die notwendige Substantiierung muss dabei so weit gehen, dass dem Gericht eine Beurteilung des Falles ohne Beiziehung der Akten ermöglicht wird.⁹ Für die Urteilsverfassungsbeschwerde werfen dabei die vom BVerfG formulierten Anforderungen regelmäßig wenig Probleme auf. Als Partei des Ausgangsverfahrens ist der Beschwerdeführer in jedem Falle selbst, gegenwärtig und unmittelbar betroffen und damit beschwerdebefugt.¹⁰ Erhöhte Darlegungserfordernisse erwarten den Beschwerdeführer aber regelmäßig im Zusammenhang mit der Rechtssatzverfassungsbeschwerde. Es reicht nicht aus, die beanstandete Norm anzugeben, auch eine pauschale Bezugnahme auf Normenpakete ist unzureichend.¹¹ Vielmehr muss der Beschwerdeführer darlegen, dass die als verfassungswidrig gerügte Norm nach Struktur und Inhalt geeignet ist, eine grundrechtlich geschützte Position zu seinem Nachteil zu verändern;¹² dartun muss der Beschwerdeführer auch, durch das Gesetz selbst, gegenwärtig und unmittelbar verletzt zu sein.¹³ Seine Darlegung muss „die Brücke zwischen dem angegriffenen Hoheitsakt und der eigenen Rechtsverletzung ... schlagen".¹⁴ Der Beschwerdeführer muss demnach vortragen, inwieweit die angegriffene Maßnahme ihn gerade in seinen verfassungsmäßigen Rechten verletzt haben soll.¹⁵

---

⁵ Wie hier *H. Bethge*, in: T. Maunz/B. Schmidt-Bleibtreu/B. Klein/H. Bethge, BVerfGG, 37. Ergänzungslieferung 2012, § 90 Rn. 336.
⁶ BVerfGE 60, 360 (370).
⁷ M.w.N. *Benda/Klein* (Fn. 1), Rn. 556.
⁸ BVerfG, Nichtannahmebeschluss vom 26. April 2011 – 1 BvR 2658/10, m.w.N.
⁹ *K. Schlaich/S. Korioth*, Das Bundesverfassungsgericht, 8. Auflage, 2010, Rn. 216.
¹⁰ Etwa dazu BVerfGE 53, 30 (48); dazu ausführlich *Benda/Klein* (Fn. 1), Rn. 556, 558.
¹¹ BVerfGE 109, 279 (305).
¹² BVerfGE 40, 141 (156); 114, 258 (275).
¹³ BVerfGE 120, 247 (299).
¹⁴ So ausdrücklich *Benda/Klein* (Fn. 1), Rn. 597.
¹⁵ BVerfGE 99, 84 (87).

IV. Die Beschwerdebefugnis im Verfahren der kommunalen Verfassungsbeschwerde und ihre herkömmliche Bestimmung

Das Erfordernis der Beschwerdebefugnis findet sich auch in jenen Verfassungsbeschwerdeverfahren wieder, in denen Landkreise und Gemeinden als Beschwerdeführer auftreten. Sie können nach Art. 93 Abs. 1 Nr. 4b GG, §§ 13 Nr. 8a, 91 BVerfGG Verfassungsbeschwerde mit der Behauptung erheben, ein Gesetz des Bundes oder des Landes verletze sie in ihrem durch Art. 28 Abs. 2 GG garantierten Recht auf gemeindliche Selbstverwaltung; die Verfassungen der Länder und die auf ihrer Grundlage ergangenen Landesverfassungsgerichtsgesetze regeln Vergleichbares.

1. Exkurs: Die Rechtsnatur der kommunalen Verfassungsbeschwerde

Mit dem Hinweis auf die vorstehend genannten Normen ist allerdings noch nicht gesagt, dass die Kommunalverfassungsbeschwerde ihrer Rechtsnatur nach der individuellen Verfassungsbeschwerde gleichzustellen wäre. Ihre dogmatische Qualifizierung ist vor allem in der Literatur umstritten. Sie wird teils der Verfassungsbeschwerde, teils dem abstrakten Normenkontrollverfahren zugeordnet, sie wird an anderer Stelle auch als Beschwerderecht eigener Art oder als eine „unsystematische Mixtur aus Organstreit, Bund-Länder-Streit, Normenkontrolle und Verfassungsbeschwerde" gewertet.[16]

Gegen die ungeprüfte Gleichstellung mit der Individualverfassungsbeschwerde spricht bereits der Umstand, dass ihr Entscheidungsziel stets die Normenkontrolle ist, sodass die vom Gesetzgeber auf Landesebene vorgenommene Qualifizierung als „Normenkontrolle auf kommunalen Antrag"[17] und damit als eigenständiges Normenkontrollverfahren mit gegenständlich begrenzter Antragsbefugnis einiges für sich hat.[18] Das BVerfG hat sich zur Frage dogmatischer Einordnung bisher nicht geäußert, wohl aber darauf hingewiesen, die kommunale Verfassungsbeschwerde sei „nur als Rechtssatzverfassungsbeschwerde" möglich.[19] Es hat im Übrigen als Zulässigkeitsvoraussetzung postuliert, das angegriffene Gesetz müsse die Gemeinde „unmittelbar in ihrem Selbstverwaltungsrecht" verletzen.[20] All dies spricht dafür, dass das BVerfG das Verfahren eher in der Nähe der Individualverfassungsbeschwerde sieht. Da damit auch für Anträge von Kommunen die Regelungen der §§ 92 ff. BVerfGG gelten,[21] setzt auch die Kommunalverfassungsbeschwerde zu ihrer Zulässigkeit eine Beschwerdebefugnis des Antragstellers voraus.

---

[16] *S. Magen*, in: D. C. Umbach/T. Clemens/F.-W. Dollinger (Hrsg.), BVerfGG, 2. Aufl. 2005, § 91 Rn. 12.

[17] So etwa § 7 Nr. 8 SächsVerfGHG.

[18] Wie hier *K. Stern*, Staatsrecht II, 1980, S. 1024; kritisch *Benda/Klein* (Fn. 1), Rn. 689.

[19] BVerfGE 79, 127 (140); dazu auch wie hier *Benda/Klein* (Fn. 1), Rn. 637.

[20] BVerfGE 25, 124; 71, 25 (34); 76, 107 (112).

[21] *Magen* (Fn. 16), § 91, Rn. 12.

2. Die Bestimmung der Beschwerdebefugnis in der kommunalen Verfassungsbeschwerde

Die Beschwerdebefugnis bestimmt sich auch in den Verfahren der Art. 93 Abs. 1 Nr. 4b GG, §§ 13 Nr. 8a, 91 BVerfGG nach den gleichen Grundsätzen, wie sie zur Bürgerverfassungsbeschwerde entwickelt wurden.[22] Prüfungsmaßstab der Verfassungsgerichte ist regelmäßig nur die Selbstverwaltungsgarantie nach Art. 28 Abs. 2 GG – oder der entsprechenden Normen des Landesverfassungsrechts –, die zwar keine Grundrechtsqualität hat,[23] die aber ein subjektives Recht im „Minimalsinn" schafft, auf das die Kommunen sich berufen können.[24] Über Art. 28 Abs. 2 GG hinaus ist der Schutz der kommunalen Verfassungsbeschwerde von der Rechtsprechung auf alle Normen des Grundgesetzes erstreckt worden, soweit diese „das verfassungsrechtliche Bild der Selbstverwaltung mit zu bestimmen" geeignet sind.[25]

Aus dem Vortrag des kommunalen Beschwerdeführers muss sich demnach die Möglichkeit einer Verletzung der Selbstverwaltungsgarantie ergeben, zudem muss die Kommune selbst, gegenwärtig und unmittelbar durch das Gesetz betroffen sein.[26] Allerdings ist auch hier mehr als der bloße Vortrag des Sachverhalts gefordert. Die Anforderungen an die Darlegung richten sich im Falle des Bundesverfassungsrechts nach §§ 23 Abs. 1 S. 2, 92 BVerfGG und gehen über den Vortrag des jeweiligen Sachverhaltes hinaus. Auch von Kommunen erwartet das BVerfG, in die Lage versetzt zu werden, aus sich selbst heraus, also ohne weitere Ermittlungen über die Sachentscheidungsvoraussetzungen zu befinden und sich im Hinblick auf das Annahmeverfahren eine Meinung über die Erfolgsaussichten des Begehrens zu bilden.[27]

3. Die Bestimmung der Beschwerdebefugnis in Verfahren des kommunalen Finanzausgleichs

Die beschriebenen Grundstrukturen in Bezug auf die Bestimmung der Beschwerdebefugnis lassen sich auch in jenen Verfahren feststellen, in denen es um das Geld der Kommunen, präziser formuliert um den kommunalen Finanzausgleich geht. Unter diesem Stichwort werden die Finanzausstattungsansprüche zusammengefasst, die auf der Ebene des Verfassungsrechtes vor allem durch die Länderverfassungen ausgestaltet[28] und in der Rechtsprechung der Landesverfassungsgerichte[29] sowie

---

[22] *Magen* (Fn. 16), § 91, Rn. 18.
[23] *Schlaich/Korioth* (Fn. 9), Rn. 192.
[24] *Magen* (Fn. 16), § 91, Rn. 12.
[25] BVerfGE 56, 298 (310 f.); 71, 25 (37); 91, 228 (224).
[26] BVerfGE 71, 25 (34 ff.); 76, 107 (112).
[27] *Magen* (Fn. 16), § 92, Rn. 12.
[28] s. Art. 99 S. 2 und 3 BbgVerf.
[29] Dazu etwa nur NWVerfGH, NVwZ-RR 1999, 81.

der Literatur[30] anerkannt sind, und von den Landesgesetzgebern entweder in Gestalt der Finanzausgleichsgesetze, oder Gemeindefinanzierungsgesetze nachvollziehbar und sichtbar gemacht werden.[31] Das Recht auf kommunale Selbstverwaltung findet in dem Anspruch der Gemeinden und Gemeindeverbände auf Finanzausstattung durch das Land damit seine notwendige finanzielle Absicherung.[32] Auf der Ebene des Bundesverfassungsrechts macht vor allem der im Zuge der Verfassungsreform von 1994[33] eingefügte Art. 28 Abs. 2 S. 3 GG deutlich, dass „die Gewährleistung der Selbstverwaltung auch die Grundlagen der finanziellen Eigenverantwortung umfasst".[34]

Dabei ist in diesem Zusammenhang zwischen drei Ansprüchen zu differenzieren. Sie bestimmen die finanzverfassungsrechtlichen Rechtspositionen der Kommunen gegenüber dem Land. Geht es um Fragen der kommunalen Finanzausstattung, ist es einmal der Anspruch auf angemessene Finanzausstattung, der sicherstellen soll, dass Landkreise und Gemeinden über die zur Aufgabenerfüllung erforderlichen Mittel verfügen können. Daneben tritt jener mit dem Schlagwort des strikten Konnexitätsprinzips gekennzeichnete Anspruch, der finanzielle Ausgleichsansprüche der Kommunen für den Fall vorsieht, dass ihnen staatliche Aufgaben zur Erledigung übertragen werden. Und schließlich geht es mit dem Anspruch auf finanzielle Mindestausstattung um die „Armutsgrenze" der Kommunen, also das Ausmaß dessen, was der Staat „seinen" Kommunen mindestens zuwenden muss. Die unterschiedliche Ausgestaltung all dieser Ansprüche findet ihre Entsprechung in den Anforderungen an die Bestimmung der Beschwerdebefugnis im Verfahren der kommunalen Verfassungsbeschwerde.

a) Allgemeine Finanzausstattung und Beschwerdebefugnis

Meint der Beschwerdeführer, vom Gesetzgeber nicht die Mittel zugewiesen bekommen zu haben, die zu seiner Aufgabenerfüllung notwendig sind, genügt die schlichte Behauptung, durch das jeweilige Gemeindefinanzierungs- oder Finanzausgleichsgesetz in seinem Anspruch auf angemessene Finanzausstattung verletzt zu sein, regelmäßig nicht.[35] Die Rechtsprechung verlangt, dass der Beschwerdeführer innerhalb der Beschwerdefrist die Bezeichnung des angeblich verletzten Rechts und des die Verletzung enthaltenden Vorgangs substantiiert und schlüssig vorträgt.[36] Er muss den Lebenssachverhalt, aus dem er die Rechtsverletzung ableitet, aus sich

---

[30] Aktuell *T. I. Schmidt*, DÖV 2012, 8; *K. Schwarz*, ZKF 2011, 220; *W. Hoppe*, DVBl. 1992, 117; *D. Birk/M. Inhester*, DVBl. 1993, 1281.
[31] Näher *T. I. Schmidt*, DÖV 2012, 8, 9.
[32] BbgVerfG, NVwZ-RR 2000, 129.
[33] BGBl. I S. 3146.
[34] Näher dazu *R. Scholz*, in: T. Maunz/G. Dürig (Hrsg.), Grundgesetz-Kommentar, 64. Ergänzungslieferung 2012, Art. 28 Rn. 84a.
[35] *R. Zuck*, Das Recht der Verfassungsbeschwerde, 3. Auflage 2006, Rn. 682.
[36] *Bethge* (Fn. 5), § 90, Rn. 124.

selbst heraus verständlich wiedergeben und im Einzelnen aufzeigen, mit welchen verfassungsrechtlichen Anforderungen die angegriffene Maßnahme kollidieren soll.[37] Damit wird vor allem gefordert, dass der Beschwerdeführer die Tatsachen im Finanzausgleichsgesetz/Gemeindefinanzierungsgesetz benennt, die eine Verletzung in seinem Recht auf Selbstverwaltung möglich erscheinen lassen.[38] Den Beschwerdeführer trifft also auch insoweit die Darlegungslast für die maßgeblichen Sachentscheidungsvoraussetzungen. Es ist auch in diesem Zusammenhang nicht Aufgabe der Verfassungsgerichte, durch eigene Nachforschungen einen zu überprüfenden Sachverhalt zu ermitteln. Geht es zum Beispiel darum, dass mit den zugewiesenen Finanzmitteln ein angemessener Kostendeckungsgrad nicht erreicht wird, ist den Darlegungserfordernissen in Bezug auf die Beschwerdebefugnis nur dann Genüge getan, wenn der Beschwerdeführer darlegt, für welche der in Betracht kommenden Aufgaben sich das Ausgabenvolumen durch welchen Kostenanstiegs-Umfang verändert hat.[39] Dies schließt die detaillierte Auseinandersetzung mit den Kostenansätzen des Gesetzgebers mit ein.[40] Jedenfalls nach herrschender Auffassung muss die Kommune explizit darlegen, dass sie durch den geminderten Mittelzufluss ihre Aufgaben nicht mehr angemessen erfüllen kann. Sie muss also eine spezifische, konkret auf sie bezogene Beeinträchtigung nachvollziehbar darlegen.[41] Die Verfassungsgerichte verlangen, die Aufgaben darzulegen – sei es des eigenen und/oder des übertragenen Wirkungskreises –, die sie nach ihrer eigenen, gegenwärtigen und in absehbarer Zeit zu erwartenden Haushaltslage ohne Änderung des Finanzausgleiches nicht mehr werden erfüllen können.[42] Dabei ist nicht eine Auseinandersetzung mit allen Aufgaben und Bewertungsansätzen des Gesetzgebers erforderlich. Die Anforderungen dürfen nicht überspannt werden. Die Nennung bedeutsamer und daher insgesamt aussagekräftiger Beispiele genügt.[43] Freilich muss sich aus dem Vortrag deutlich ergeben, dass das Selbstverwaltungsrecht verletzt ist. Die bloße Kritik am Gesetz reicht nicht aus, wenn der Beschwerdeführer nicht gleichzeitig hinreichend auf seine eigene Lage Bezug nimmt.[44]

Nach diesem Meinungsstand ist die Darlegung der materiellen Beeinträchtigung durch das angegriffene Gesetz, also der konkreten Auswirkungen auf die eigene Selbstverwaltung zwingend erforderlich. Ob und inwieweit diese Anforderungen mit Blick auf Prüfungsspielräume und Prüfungsvorgang der Verfassungsgerichte zu modifizieren sind, wird zu prüfen sein.

---

[37] SächsVerfGH, Beschluss v. 28. Sept. 2006 – Vf. 16-IV-06 –, juris; BbgVerfG, Beschluss v. 28. Sept. 2006, VfGBbg 19/06 –, juris.
[38] BbgLVerfG, Beschluss v. 15. Juni 2006 – VfGBbg 61/06 –, juris.
[39] BbgLVerfG, Urteil v. 22. Nov. 2007 – VfGBbg 75/05 –, www.verfassungsgericht.brandenburg.de.
[40] *M. Dombert*, LKV 2009, 343.
[41] ThürVerfGH, LKV 2004, 259; *A. Leisner-Egensperger*, DÖV 2010, 705 (706).
[42] *A. Leisner-Egensperger*, DÖV 2010, 705 (708).
[43] *A. Leisner-Egensperger*, DÖV 2010, 705 (708).
[44] *A. Leisner-Egensperger*, DÖV 2010, 705 (709).

b) Beschwerdebefugnis und finanzielle Mindestausstattung

Bei der Verletzung des Gebotes finanzieller Mindestausstattung gilt für die Bestimmung der Beschwerdebefugnis ein „vergleichsweise strenger Maßstab".[45] Die Kommune muss geltend machen können, wegen Befrachtung mit anderweitigen Aufgaben und trotz Ausschöpfung aller Einsparmöglichkeiten über keinerlei Spielraum für die Finanzierung freiwilliger Selbstverwaltungsaufgaben mehr verfügen zu können.[46] Es muss nicht nur dargelegt, sondern auch belegt und somit bewiesen werden, dass der Beschwerdeführer so unterfinanziert ist, dass für Selbstverwaltung kein Raum mehr bleibt.[47] Dabei kann eine Verletzung des Anspruchs auf finanzielle Mindestausstattung nur geltend gemacht werden, wenn die Kommune gleichzeitig darlegt, alle Einsparmöglichkeiten ausgeschöpft[48] und alle Einnahmemöglichkeiten wahrgenommen zu haben.[49] Dieses Erfordernis ist gerade aus der Sicht der anwaltlichen Vertretung von Kommunen nicht zu unterschätzen. Auch wenn insoweit die Rechtsprechung die Anforderungen nicht überspannen will,[50] können die materiellen Voraussetzungen des Anspruchs auf finanzielle Mindestausstattung es erforderlich machen, – etwa im Zusammenhang mit der erforderlichen Ausschöpfung aller Einsparmöglichkeiten – Organisationsgutachten vorzulegen, aus denen sich ergibt, dass die Verwaltung in personeller Hinsicht optimal organisiert ist und – um nur ein Beispiel zu nennen – Personalüberhänge vermieden worden sind. Erhöhte Darlegungsanforderungen können auch jene Sachverhalte schaffen, die vor allem in Ostdeutschland anzutreffen sind. Kommunen haben oftmals Einrichtungen von den früheren Räten der Kreise, Städte oder Gemeinden übernehmen müssen, die objektiv dem Selbstverwaltungsbereich zuzuordnen sind, nun aber Kosten verursachen, bei denen die Kommunen faktisch keine Möglichkeiten haben, sich von ihnen zu trennen. Das objektiv zu große Jugendheim, die – infolge demographischen Wandels leer stehende, Unterhaltungsaufwand schaffende – ehemalige Bürgerbegegnungsstätte oder der vom Rat der Stadt übernommene Tierpark machen es in kommunalen Verfassungsbeschwerdeverfahren um die finanzielle Mindestausstattung erforderlich, im Zusammenhang mit der Beschwerdebefugnis darzulegen, welche Möglichkeiten unternommen worden sind, die durch derartige Einrichtungen geschaffene Kostenbelastung zu reduzieren. Geht es daneben um die Darlegung, alle Möglichkeiten zur Erzielung von Einnahmen ausgeschöpft zu haben, gebieten die Anforderungen an die Beschwerdebefugnis die Darlegung, dass etwa im Zusammenhang bei der Erhebung kommunaler Steuern die möglichen Hebesätze auch tatsächlich ausgeschöpft worden sind. Dabei kommt es immer auf die individuelle Situation an. Beschwerdeführer

---

[45] BbgLVerfG, NVwZ-RR 2000, 129.
[46] BbgLVerfG, NVwZ-RR 2000, 129.
[47] Vgl. *M. Dombert*, LKV 2009, 343.
[48] BbgLVerfG, LKV 2006, 506.
[49] BbgLVerfG, LKV 2006, 506.
[50] BbgLVerfG, Urteil v. 22. Nov. 2007 – VfGBbg 75/05 –, www.verfassungsgericht.brandenburg.de.

müssen jeweils ihre eigenen Verhältnisse darstellen, nicht genügend ist die Darstellung der Verhältnisse in anderen Kommunen oder gar deren Gesamtheit.[51]

c) Beschwerdebefugnis und strikte Konnexität

In den Anforderungen an die Darlegung der Beschwerdebefugnis bei geltend gemachter Verletzung des Konnexitätsprinzips schließlich herrscht bei den Verfassungsgerichten Einigkeit.[52] Aus der Begründung der kommunalen Verfassungsbeschwerde muss sich zunächst ergeben, dass das angegriffene Gesetz eine Pflicht zur Erfüllung einer Aufgabe enthält.[53] Der Beschwerdeführer muss sich mit den Bestimmungen des angegriffenen Gesetzes auseinandersetzen und darlegen, worin im Vergleich zur bisherigen Rechtslage die Pflicht „zur Erfüllung neuer Aufgaben" konkret liegt und in welchem Umfang diese Aufgaben „zu einer Mehrbelastung" führen.[54] Die Verfassungsgerichte erwarten, dass die mit den behaupteten Mehrbelastungen verbundene Beschwer „im Einzelnen herausgearbeitet" wird.[55] Macht – um ein Beispiel zu nennen – die kommunale Beschwerdeführerin geltend, durch eine Erhöhung von fachlichen Standards im Kindertagesförderungsgesetz sei es bei ihr zu Mehrkosten gekommen, muss diese Mehrbelastung konkret dargelegt werden. Betreibt die Beschwerdeführerin mehrere Kindertageseinrichtungen, ist für alle dieser Kindertageseinrichtungen die Mehrbelastung darzulegen. Es reicht nicht aus, wenn die Darlegung sich im Zusammenhang mit der Beschwerdebefugnis nur auf einige dieser Einrichtungen beschränkt.[56] Die Anforderungen an die Beschwerdebefugnis erfordern zudem die Darlegung, dass die errechneten Mehrkosten auch Folge der gesetzlichen Neuregelung sind, und nicht etwa auf veränderte Belegungszahlen oder gestiegene Betriebskosten zurückgehen.[57]

V. Die allgemeine Finanzausstattung der Kommunen: Verfahrensfehler und Beschwerdebefugnis

Es kann kein Zweifel bestehen, dass sich mit den voranstehend dargestellten Darlegungsvoraussetzungen die Bestimmung der Beschwerdebefugnis auch in Verfahren um den kommunalen Finanzausgleich in den althergebrachten Bahnen bewegt. Nach den herkömmlichen Begründungsansätzen erfordert die Darlegung der Beschwerdebefugnis in Zusammenhang mit der Geltendmachung einer unzureichen-

---

[51] LVerfG MV, Urteil v. 11. Mai 2006 – LVerfG 1/05, 5/05, 9/05 – juris, Rn. 83; Urteil v. 26. Jan. 2006 – LVerfG 15/04 – juris, Rn. 22.
[52] *M. Dombert*, LKV 2009, 343.
[53] LVerfG MV, LKV 2006, 217.
[54] LVerfG MV, LKV 2006, 217.
[55] LVerfG MV, Urteil v. 26. Jan. 2006 – LVerfG 15/04 – juris, Rn. 22.
[56] LVerfG MV, a.a.O., Rn. 23.
[57] LVerfG MV, a.a.O., Rn. 23.

den Finanzausstattung demnach die Darlegung der konkreten Haushaltslage sowie der Begrenzungen, denen sich eine Gemeinde bei ihrer Aufgabenerfüllung gegenübersieht.[58] Ob und inwieweit der Gesetzgeber bei Bestimmung der finanziellen Größen weitergehende – aus der Verfassung zu gewinnende – Vorgaben beachtet hat, insoweit also das angegriffene Gesetz ordnungsgemäß zustande gekommen ist, ist zur Begründung der Beschwerdebefugnis nach gegenwärtiger Beurteilung der Verfassungsgerichte unerheblich. Die Darlegung eines bloßen – so verstandenen – Verfahrensfehlers soll dementsprechend nicht ausreichen.[59]

Dass die Frage nach prozeduralen Anforderungen bei der Bestimmung des kommunalen Finanzausgleichs und damit nach möglichen Verfahrensfehlern überhaupt aufkommt, ist der jüngeren Rechtsprechung geschuldet. Die Verfassungsgerichte tragen in ihrer Rechtsprechung der Schwierigkeit Rechnung, das Ergebnis des kommunalen Finanzausgleichs – vereinfacht formuliert: die Summe staatlicher Zuwendungen an die Kommunen des Landes – auf inhaltliche Richtigkeit zu überprüfen. Der kommunale Finanzausgleich ist auch innerhalb der verfassungsrechtlichen Grenzen vor allem politisch determiniert. Was unter angemessener Finanzausstattung zu verstehen ist, lässt sich regelmäßig der Verfassung nicht entnehmen. Dies schränkt gleichzeitig die verfassungsgerichtliche Kontrolle ein. Dementsprechend ist anerkannt, dass es der Verfassungsgerichtsbarkeit schlichtweg unmöglich ist, die finanzielle Ausstattung kommunaler Gebietskörperschaften im gesamtwirtschaftlichen Gefüge der öffentlichen Haushalte des Bundes und der Länder genau zu bemessen und festzulegen. Verfassungsrichter werden kaum jemals in der Lage sein, zur Entwicklung von Steuereinnahmen und Personalausgaben, zum Mindestbestand freiwilliger Selbstverwaltungsaufgaben, zur Erhöhung von Hebesätzen und Umlagen verbindliche Aussagen zu treffen.[60]

Um die verfassungsgerichtliche Kontrolle nicht leerlaufen zu lassen, treten an die Stelle inhaltlicher Richtigkeitskontrollen verfahrensbezogene rechtliche Maßstäbe.[61]

1. Institutionenschutz und Verfahren:
Zur Rolle des Verfahrens beim kommunalen Finanzausgleich

Bei Betonung verfahrensrechtlicher Anforderungen erkennen die Verfassungsgerichte durchaus an, dass sich der Verfassung als der Grundlage für den kommunalen Finanzausgleich[62] keine Anforderung an das Verfahren entnehmen lassen. Die Verfassungen – Beispiel sind die Art. 76 ff. GG – treffen nur Bestimmungen zum äußeren Gesetzgebungsverfahren, regeln aber Anforderungen an die Begründung und Erläuterung von Gesetzen als Teil des sog. inneren Gesetzgebungsverfahrens nicht aus-

---

[58] ThürVerfGH, Urteil v. 18. März 2010 – VerfGH 52/08 – juris, Rn. 41.
[59] ThürVerfGH, a.a.O., Rn. 43.
[60] So ausdrücklich ThürVerfGH, Urteil v. 21. Juni 2005 – VerfGH 28/03 – juris, Rn. 156.
[61] ThürVerfGH a.a.O., Rn. 157.
[62] Nur etwa Art. 97 LV Bbg, Art. 93 ThürVerf.

drücklich.⁶³ Dies bedeutet allerdings nicht, dass damit dem Gesetzgeber eine uneingeschränkte Gestaltungsbefugnis zukommen würde. Die Rechtsprechung des BVerfG geht stärker denn je dazu über, prozedurale Anforderungen an das Gesetzgebungsverfahren zu formulieren.⁶⁴ Gerade wenn die Verfassung in Bezug auf finanzwirksame Leistungen keine quantifizierbaren Vorgaben liefert, sind prozedurale Sicherheitsanforderungen das Mittel, um die Einhaltung verfassungsrechtlicher Gestaltungsdirektiven zu erreichen.⁶⁵ Die Vorverlagerung der verfassungsgerichtlichen Kontrolle ist nicht neu, sondern in anderen Sachzusammenhängen unter dem Stichwort Grundrechtsschutz durch Verfahren anerkannter Topos. Kennzeichnend für jene Konstellationen ist es, dass im Falle einer bloßen Ergebniskontrolle das in Rede stehende Grundrecht leerzulaufen droht.⁶⁶ Ähnliches gilt auch im Zusammenhang mit dem – grundrechtsähnlichen – Institut der kommunalen Selbstverwaltung. Auch hier ist ein Schutz der Finanzgarantie nur wirkungsvoll durchführbar, wenn die verfassungsgerichtliche Kontrolle im Sinne einer Rationalisierung des staatlichen Entscheidungsprozesses in das Stadium der Entscheidungsfindung vorverlegt wird.⁶⁷

Das Rechtsinstitut, das diese prozeduralen Sicherungsmechanismen gewährleistet und von der Rechtsprechung in ganz unterschiedlichen Zusammenhängen, aber eben auch im Verfahren des kommunalen Finanzausgleichs aktualisiert wird, ist das Abwägungsgebot.⁶⁸ Das LVerfG Bbg hat die Verpflichtung zur Abwägung auf alle Entscheidungen des Gesetzgebers mit „prognostischen Bewertungen" oder „gestalterischen Charakter" erstreckt und hieraus abgeleitet, dass sich die gerichtliche Kontrolle „wegen des sich aus dem Kontext ergebenen Beurteilungsspielraums auf den Abwägungsvorgang und nicht auf dessen Ergebnis zu konzentrieren" habe.⁶⁹ Für den Gesetzgeber kommunaler Finanzausgleichsgesetze bedeutet dies, dass nach mittlerweile ständiger Rechtsprechung von einer ordnungsgemäßen Wahrnehmung seines gesetzlichen Gestaltungsspielraumes und einer ordnungsgemäßen Bestimmung der kommunalen Finanzausgleichsmasse nur dann die Rede sein kann, wenn er – dem Abwägungsgebot entsprechend – überhaupt in eine echte Abwägung eingetreten ist, alles an Belangen, was nach Lage der Dinge durch seine Entscheidung berührt sein kann, in seine Entscheidung eingestellt hat und zudem der Ausgleich der von seiner Entscheidung berührten Interessen in einer vertretbaren Art und Weise erfolgt ist.⁷⁰ Dem wird er nur gerecht, wenn er im Gesetzgebungsverfahren zum allgemeinen kommunalen Finanzausgleich seiner Verpflichtung zu einer

---

⁶³ T. Hebeler, DÖV 2010, 754 (755).
⁶⁴ Vgl. nur BVerfG, Urteil v. 14. Feb. 2011 – 2 BvL 4/10 – juris; Beschluss v. 18. Juli 2012 – 1 BvL 10/10 – juris.
⁶⁵ BVerfG, a.a.O.
⁶⁶ BVerfG, Urteil v. 22. Feb. 1994 – 1 BvL 30/88 – juris.
⁶⁷ StGHBW, Urteil v. 10. Mai 1999 – 2/97 – juris.
⁶⁸ StGHBW, Urteil v. 10. Mai 1999 – 2/87 – juris; Beschluss v. 9. März 1994 – 1 BvR 682/88, 1 BvR 712/88 – juris Rn. 34.
⁶⁹ LVerfG Bbg, Beschluss v. 26. Aug. 2011 – VfG Bbg 6/11 – juris, Rn. 41.
⁷⁰ Grundlegend zum Abwägungsgebot BVerwGE 34, 304 ff.

fundierten Prognose etwa der durch die Aufgabenübertragung verursachten Kostenbelastung der kommunalen Haushalte nachgekommen ist.[71] Kostensenkungsspielräume der Kommunen – mit der Folge verminderter Zuschüsse – dürfen nicht abstrakt und „ins Blaue hinein", sondern nur im Einklang mit den tatsächlichen Gegebenheiten pauschalierend bewertet werden, Annahmen des Gesetzgebers haben sich auf konkrete Fakten zu stützen.[72] Die Rechtsfolgen liegen bei einer Orientierung der gerichtlichen Überprüfung anhand der Abwägungserfordernisse auf der Hand. Verzichtet der Gesetzgeber darauf, sich „einen realistischen Eindruck vom Finanzbedarf der Gesamtheit der Kommunen des Landes" zu verschaffen, ermittelt er die kommunalen Kosten nicht nachvollziehbar,[73] ist ein Abwägungsausfall gegeben, das Gesetz über den kommunalen Finanzausgleich damit verfassungswidrig.

2. Auswirkungen auf die Bestimmung der Beschwerdebefugnis?

Ob allein der Verstoß gegen das Abwägungsgebot für eine Kommune eine Beschwerdebefugnis schafft und damit eine gegen den kommunalen Finanzausgleich gerichtete Verfassungsbeschwerde zulässig ist, ist bisher nicht näher ausgeleuchtet. Der *ThürVerfGH* lehnt es ab, allein den Verfahrensverstoß zur Begründung der Beschwerdebefugnis ausreichend sein zu lassen.[74] Eine Beschwerdebefugnis soll nach seiner Auffassung nur gegeben sein, wenn die Gemeinde neben dem Abwägungsfehler gleichzeitig darlegt, wie die ungenügende Zuweisung von Finanzmitteln sie bei der Erfüllung ihrer Aufgaben in verfassungswidriger Weise einschränkt. Ob mit dem zusätzlichen Kriterium einer materiellen Auswirkung allerdings der Kontrollverlagerung vom Ergebnis hin zum Verfahren ausreichend Rechnung getragen wird, ist fraglich. Gerade weil die Rechtsprechung hieraus – zutreffend – mit Blick auf den „politischen" Charakter finanzausgleichsrechtlicher Entscheidungen eine „direkte, auf die Überprüfung inhaltlicher Richtigkeit abzielende Ergebniskontrolle des kommunalen Finanzausgleichs" für nicht möglich gehalten und sich stattdessen auf die Kontrolle des Verfahrens konzentriert hat,[75] muss dem auch bei Bestimmung der Beschwerdebefugnis Rechnung getragen werden. Erkennt man in Übereinstimmung mit der Rechtsprechung an, dass die kommunalen Gebietskörperschaften „wirksamen Rechtsschutz ... in diesem Bereich letztlich nur erlangen" können, „indem die verfassungsgerichtliche Entwicklung und Kontrolle verfahrensbezogener rechtlicher Maßstäbe zu einer Versachlichung der künftigen Finanzausgleichsgesetzgebung führt",[76] heißt dies, dass eine Beschwerdebefugnis nicht erst dann anzunehmen ist,

---

[71] ThürVerfGH, Urteil v. 21. Juni 2005 (Fn. 60), Rn. 166; LVerfG Bbg, DÖV 2002, 522 (524).

[72] ThürVerfGH, a.a.O., Rn. 166; LVerfG Bbg, DÖV 2002, 522 (523); *Henneke*, LKV 2004, 166 (190).

[73] ThürVerfGH, a.a.O., Rn. 191.

[74] Urteil v. 18. März 2010 – VerfGH 52/08 – juris.

[75] ThürVerfGH, Urteil v. 21. Juni 2005 (Fn. 60), Rn. 156.

[76] ThürVerfGH, a.a.O., Rn. 157.

wenn die Durchführung des kommunalen Finanzausgleiches für die Beschwerdeführer Belastungen mit sich bringt, sie also – verglichen mit den Vorjahren – weniger Zuweisungen erhalten. Eine Beschwerdebefugnis ist bei der gebotenen verfahrensbezogenen Betrachtung bereits dann anzunehmen, wenn nicht ausgeschlossen werden kann, dass bei der Bestimmung der „richtigen Finanzausstattung" verfahrensbezogene Maßgaben der Verfassung und damit Belange des Beschwerdeführers missachtet worden sind.

Würde man bei Bestimmung der kommunalen Beschwerdebefugnis neben der Darlegung des Abwägungsfehlers gleichzeitig auch noch die Darlegung verlangen, ob und inwieweit die Kommune durch die Mängel des Verfahrens in ihrer Aufgabenwahrnehmung beeinträchtigt ist, würde sich ein unübersehbarer Widerspruch zu jener prozessualen Behandlung auftun, die Abwägungsfehler in anderem Sachzusammenhang erfahren. Im Planungsrecht – dem klassischen Vorbild für das Kontrollinstitut des Abwägungsgebotes – etwa ist anerkannt, dass es zur Begründung der Antragsbefugnis nach § 47 Abs. 2 VwGO ausreicht, wenn der Antragsteller Tatsachen vorträgt, die eine fehlerhafte Behandlung seiner Belange in der Abwägung als möglich erscheinen lassen.[77] Antragsbefugt ist regelmäßig hiernach, wer sich überhaupt auf einen abwägungserheblichen Belang, d.h. ein mehr als nur geringfügig schützenswertes Interesse berufen kann. Gibt es einen solchen Belang, besteht grundsätzlich die Möglichkeit, dass damit die Abwägungsentscheidung anders ausgefallen wäre.[78] Gleiches muss dann aber auch im verfassungsrechtlichen Zusammenhang gelten. Die verfassungsgerichtliche Bestimmung der Beschwerdebefugnis ist um einen verfahrensbezogenen Ansatz ergänzt worden. Der „Rechtsschutz durch Verfahren", der die Bestimmung des verfassungsgerichtlichen Kontrollspielraumes in Verfahren um den kommunalen Finanzausgleich prägt, findet seine Entsprechung in der Bestimmung der Beschwerdebefugnis. Danach ist eine Beschwerdebefugnis jedenfalls dann anzunehmen, wenn nicht ausgeschlossen werden kann, dass die von der Rechtsprechung der Verfassungsgerichte entwickelten verfahrensbezogenen rechtlichen Maßstäbe keine hinreichende Beachtung gefunden haben.

Auf diese Weise findet die prozedurale Sicherung, die die Rechtsprechung des BVerfG dem Grundrechtsgehalt entnimmt und die sich in der kommunalfinanzrechtlichen Rechtsprechung der Landesverfassungsgerichte wiederfindet, ihre verfahrensrechtliche Entsprechung. Gerade wenn man davon ausgeht, dass die von der Rechtsprechung bejahten prozeduralen Dimensionen im Hinblick auf die betroffenen Grundrechte und grundrechtsähnlichen Rechte Schutz- und Ausgleichsfunktion haben,[79] bedarf es bei der Bestimmung der Beschwerdebefugnis im verfassungsgerichtlichen Verfahren einer verfahrensrechtlichen Ergänzung. Dass eine solcherma-

---

[77] BVerwGE 107, 215 (218); so auch BVerwG, Beschluss v. 8. Juni 2011 – 4 BN 42/10 – juris, Rn. 3.

[78] BVerwG, Urteil v. 30. April 2004 – BVerwG 4 CN 1.03 – juris; BVerwG, Beschluss v. 8. Juni 2011 – 4 BN 42/10 – Rn. 3.

[79] So wörtlich BVerfG, Beschluss v. 14. Feb. 2012 – 2 BvL 4/10 – juris, Rn. 164.

ßen verfahrensbezogene Bestimmung der Beschwerdebefugnis in Einklang mit verfassungsrechtlichen Intentionen steht, lässt sich vor allem Ansätzen in den Verfassungen der Länder entnehmen. Zwar kann eine generelle verfahrensrechtliche Schutzposition aus Art. 28 Abs. 2 GG nicht hergeleitet werden, doch enthalten einige Landesverfassungen Vorschriften, die einen eigenständigen, von der materiell-rechtlichen Ausprägung der Selbstverwaltungsgarantie unabhängigen Verfahrensschutz im Falle gesetzgeberischer Eingriffe in kommunale Selbstverwaltungspositionen bezwecken wollen. Regelungen wie Art. 84 Abs. 2 SächsVerf, Art. 91 Abs. 4 ThürVerf oder Art. 97 Abs. 4 BbgVerf[80] unterstreichen das verfassungsrechtliche Bemühen, die kommunale Selbstverwaltungsgarantie verfahrensrechtlich zu umhegen. Die verfahrensbezogene Bestimmung der verfassungsgerichtlichen Beschwerdebefugnis entspricht dieser Intention.

---

[80] *K. Vetzberger*, LKV 2004, 433 (434).

Das Bundesverfassungsgericht als gesetzlicher Richter – Gefährdungen „von innen"

Von *Oliver Klein*

I. Einführung

Die Garantie des gesetzlichen Richters aus Art. 101 Abs. 1 Satz 2 GG ist Gefährdungen aus zwei Richtungen ausgesetzt: Von außen, etwa durch manipulative Eingriffe von Legislative oder Justizverwaltung, aber auch durch andere Gerichte, die Entscheidungskompetenzen an sich ziehen und die gebotene Abgabe oder Vorlage an das gesetzlich zuständige Gericht unterlassen. Und von innen, nämlich durch die zuständigen Gerichte und ihre Richter selbst, die durch Maßnahmen der Gerichtsorganisation, Geschäftsverteilung und Verfahrenszuweisung Einfluss nehmen und damit in die Zuständigkeit und Besetzung des konkret zur Entscheidung berufenen Einzelrichters, der Spruchgruppe oder des Spruchkörpers eingreifen können.[1]

Die Ausgestaltung von Art. 101 Abs. 1 Satz 2 GG als grundrechtsgleiches, nach Art. 93 Abs. 1 Nr. 4a GG, §§ 13 Nr. 8a, 90 ff. BVerfGG verfassungsbeschwerdebewehrtes Recht hat zwei unmittelbare Konsequenzen: Zum einen zeigt sie den im Ausgangspunkt individualrechtlichen Charakter, die Anspruchsqualität von Art. 101 Abs. 1 Satz 2 GG. Zum anderen überantwortet sie die letztverbindliche Verantwortung für Einhaltung und Verteidigung des Rechts auf den gesetzlichen Richter dem Bundesverfassungsgericht. Es ist originäre Aufgabe des Bundesverfassungsgerichts, im Verfahren der Verfassungsbeschwerde behauptete Verletzungen des Rechts auf den gesetzlichen Richter zu überprüfen und dieser grundrechtsgleichen Garantie auch im Einzelfall Geltung zu verleihen.[2] Das Bundesverfassungsgericht verschafft dabei nicht nur dem rechtsuchenden Bürger den Zugang zu „seinem" Richter, sondern sichert im Rechtsreflex auch die Zuständigkeitsabgrenzungen und Kompetenzen der einzelnen Gerichte und ihrer Spruchkörper. Geschützt wird in der Summe der Verfahren nicht nur das subjektive Recht des Einzelnen auf Entscheidung seines Rechtsstreits durch den gesetzlich hierzu berufenen Richter, geschützt wird vielmehr auch die objektive Einhaltung der Zuständigkeits-, Verfahrens- und Geschäftsord-

---

[1] BVerfGE 4, 412 (416); 82, 286 (298); *Sodan*, in: Isensee/Kirchhof (Hrsg.), Handbuch des Staatsrechts, Bd. V, 3. Aufl., 2007, § 113, Rn. 62.

[2] Aus der Kammerpraxis z. B. BVerfG (Kammer) NJW 2005, 2689; NJW 2009, 1734.

nungsbestimmungen der betroffenen Gerichte.[3] Die Überwachung der Vorlageverpflichtung an den EuGH nach Art. 267 Abs. 3 AEUV ist nur ein Beispiel für diesen doppelten Verdienst des Bundesverfassungsgerichts um individuellen Rechtsschutz und Sicherung gerichtlicher Zuständigkeiten.[4]

Art. 101 Abs. 1 Satz 2 GG „gilt für alle gerichtlichen Verfahren, also auch für Prozesse vor Verfassungsgerichten".[5] Im Rahmen seiner Zuständigkeiten ist das Bundesverfassungsgericht folglich zugleich selbst gesetzlicher Richter[6]. Es ist insofern in der kommoden Position, eigenhändig für die Beachtung der eigenen Zuständigkeiten Sorge tragen und sie gegen Gefährdungen von außen verteidigen zu können. Das Bundesverfassungsgericht macht von dieser Kompetenz wenn nötig auch Gebrauch. So hat es in der Vergangenheit schon mehrfach die Notwendigkeit einer Vorlage der Fachgerichte an sich geprüft und auf diese Weise an seine (verfassungs-) gesetzlichen Zuständigkeiten im konkreten Normenkontrollverfahren nach Art. 100 Abs. 1 GG[7] sowie im völkerrechtlichen Verifikationsverfahren nach Art. 100 Abs. 2 GG[8] erinnert; für die Verfahren der Divergenzvorlage nach Art. 100 Abs. 3 GG[9] und der Vorlage nach § 36 Abs. 2 Untersuchungsausschussgesetz (PUAG)[10] gälte nichts anderes.

Gegen Gefährdungen des Rechts auf Entscheidung durch das Bundesverfassungsgericht als gesetzlichen Richter von außen ist folglich effektiv Sorge getragen. Das Bundesverfassungsgericht ist gegen derartige Angriffe hinreichend gewappnet; und der Gleichlauf der Interessen des Bundesverfassungsgerichts an der Beachtung seiner Kompetenzen sowie des Rechtsuchenden an einer Entscheidung des zuständigen Gerichts sichert die Wahrnehmung dieser Abwehrmöglichkeiten zugunsten des Einzelnen auch in rechtstatsächlicher Hinsicht. Etwas anderes gilt jedoch, wenn der aus Art. 101 Abs. 1 Satz 2 GG folgende subjektive Anspruch des Rechtsuchenden auf eine Entscheidung des Bundesverfassungsgerichts als dem gesetzlichen Richter nicht von einem außerhalb des Bundesverfassungsgerichts liegenden Dritten, sondern durch gerichts*interne* Einflussnahme auf die Bestimmung des zuständigen Spruchkörpers oder der zur Entscheidung berufenen Richter, also gleichsam von innen, durch das Bundesverfassungsgericht selbst, Gefährdungen ausgesetzt wird. In diesem Fall scheidet das Bundesverfassungsgericht denknotwendig als verlässli-

---

[3] Zur subjektiven und objektiven Funktion der Verfassungsbeschwerde s. *E. Benda/E. Klein/O. Klein*, Verfassungsprozessrecht, 3. Aufl., 2012, Rn. 432 ff. m.w.N.

[4] BVerfGE 73, 339 (366 ff.); 82, 159 (192 f.); 126, 286 (315 ff.); 128, 157 (187); aus der Literatur zuletzt *G. Britz,* NJW 2012, 1313; kritisch etwa *U. Fastenrath,* FS Ress, 2009, 461; *ders.,* NJW 2009, 272. S. auch unten III.2.

[5] BVerfGE 82, 286 (296).

[6] BVerfGE 40, 356 (361).

[7] Vgl. BVerfGE 13, 132 (142 ff.); 117, 330 (356).

[8] BVerfGE 18, 441 (447 f.); 23, 288 (315, 320); 64, 1 (12 f.); 96, 68 (77); 109, 13 (22 f.).

[9] *Benda/Klein* (Fn. 3), Rn. 974.

[10] Gesetz zur Regelung des Rechts der parlamentarischen Untersuchungsausschüsse des Deutschen Bundestages vom 19.6.2001 (BGBl. I, 1142), zum Verfahren s. *Benda/Klein* (Fn. 3), Rn. 1281.

cher Garant aus, setzt effektive Kontrolle doch eine externe Kontrollinstanz voraus.[11] Da Art. 101 Abs. 1 Satz 2 GG in Art. 6 Abs. 1 Satz 1 EMRK keine Entsprechung findet[12] und somit auch der Europäische Gerichtshof für Menschenrechte insofern keine Kontrollfunktion ausüben kann, bleiben mögliche Verstöße des Bundesverfassungsgerichts gegen das Recht auf den gesetzlichen Richter im Verfahren unbeanstandet.

Umso wichtiger erscheinen klare normative Vorgaben über die interne Verteilung der Zuständigkeiten und Geschäfte im Bundesverfassungsgericht sowie die kritische Begleitung der (Fach-) Öffentlichkeit an deren Handhabung durch das Gericht. Hierin ist kein unangebrachtes Misstrauen gegenüber einem zu Recht hochangesehenen Verfassungsorgan und seinen Mitgliedern zu sehen. Die Vergangenheit hat gezeigt, dass auch das Bundesverfassungsgericht vor Fehltritten nicht gefeit ist, die man wohl keinem Fachgericht jemals hätte durchgehen lassen. Erinnert sei an dieser Stelle lediglich an die erfolgreiche Bitte der damaligen Gerichtspräsidentin und Vorsitzenden des Zweiten Senats Limbach um faktische Verlängerung der Amtszeiten der Richter Böckenförde und H. H. Klein, die auch durch den – unbestritten dahinter stehenden – guten Zweck nicht zu rechtfertigen ist und die ein bezeichnendes Licht auf das gelegentlich fehlende Problembewusstsein des Gerichts in eigenen Angelegenheiten wirft.[13]

Vergleichbares hat sich – soweit bekannt geworden – seitdem nicht wiederholt. Es soll daher an dieser Stelle auch nicht erneut aufgewärmt werden. Im Folgenden soll vielmehr das Augenmerk auf einige aktuelle Schwachstellen der gerichtsinternen Handhabung des Rechts auf den gesetzlichen Richter gelenkt werden, die eher subkutaner Natur sind und nicht ganz so offen zu Tage treten. Nicht eingegangen wird dabei auf die mitunter auch unter Art. 101 Abs. 1 Satz 2 GG subsumierten Bedenken gegen die Arbeit der wissenschaftlichen Mitarbeiter des Bundesverfassungsgerichts und die Funktionsweise des Allgemeinen Registers.[14] Diese Bedenken werden hier nicht geteilt.[15] Erörtert werden nachfolgend vielmehr zwei Problemkreise,[16] die sich

---

[11] Zur wesensimmanenten Schwäche von Eigenkontrolle *Voßkuhle,* Rechtsschutz gegen den Richter, 1993, 142 f., 256 ff., 287 ff.

[12] *Grabenwarter/Pabel,* in: Grote/Marauhn (Hrsg.), EMRK/GG, 2006, 663 Rn. 43; *Meyer-Ladewig,* EMRK, 3. Aufl., 2011, Art. 6 Rn. 73 ff.; *K. Graßhof,* in: Maunz/Schmidt-Bleibtreu/Klein/Bethge, BVerfGG, Losebl. Stand 36. Lfg., 2011, § 93b Rn. 6.

[13] Hierzu die zu Recht scharfe Kritik von *Wassermann,* NJW 1996, 702; *Rüthers,* NJW 1996, 1867; *Höfling/Roth,* DÖV 1997, 67; a. A. *Sangmeister,* NJW 1996, 2561; *U. Kischel,* in: Isensee/Kirchhof (Fn. 1), Bd. III, 3. Aufl., 2005, § 69, Rn. 61 f.

[14] *Lamprecht,* NJW 2001, 419; *Zuck,* in: van Ooyen/Möllers (Hrsg.), BVerfG im politischen System, 2006, 283 (291 ff.); *Selder,* ZRP 2011, 164 ff.

[15] s. *Benda/Klein* (Fn. 3), Rn. 185, 461.

[16] Ein dritter zu problematisierender Punkt wäre die Geschäftsverteilung zwischen den Senaten des Bundesverfassungsgerichts nach § 14 BVerfGG i.V.m. den ergänzend ergangenen Plenumsbeschlüssen (zuletzt Beschl. vom 22.11.2011, BGBl. I 2012, 71), die aufgrund ihrer unterschiedlichen Anknüpfungspunkte (Verfahrensart, in Rede stehende Grundgesetzartikel und/oder betroffene Gebiete des einfachen Rechts) und Schwerpunktmaßgeblichkeiten nicht

zum einen aus Ungereimtheiten bei der Zuständigkeitsabgrenzung zwischen Senat und Kammern (III. 1.) und zum anderen aus dem berüchtigten *horror pleni*, der Umgehung einer an sich gebotenen Plenumsanrufung (III. 2.), ergeben. Zuvörderst ist jedoch der vom Bundesverfassungsgericht selbst ausbuchstabierte Prüfungsmaßstab nachzuzeichnen (II.).

II. Maßstab

Das Bundesverfassungsgericht hat mit Plenarentscheidung vom 8. April 1997 Inhalt und Reichweite der Garantie des gesetzlichen Richters wie folgt festgeschrieben:

„Mit der Garantie des gesetzlichen Richters will Art. 101 Abs. 1 Satz 2 GG der Gefahr vorbeugen, daß die Justiz durch eine Manipulation der rechtsprechenden Organe sachfremden Einflüssen ausgesetzt wird. Es soll vermieden werden, daß durch eine auf den Einzelfall bezogene Auswahl der zur Entscheidung berufenen Richter das Ergebnis der Entscheidung beeinflußt werden kann, gleichgültig, von welcher Seite eine solche Manipulation ausgeht... Aus diesem Zweck des Art. 101 Abs. 1 Satz 2 GG folgt, daß im einzelnen bestimmt werden muß, wer im Sinne dieser Vorschrift ‚gesetzlicher' Richter ist. Art. 101 Abs. 1 Satz 2 GG enthält also nicht nur das Verbot, von Regelungen, die der Bestimmung des gesetzlichen Richters dienen, abzuweichen. Die Forderung nach dem ‚gesetzlichen' Richter setzt vielmehr einen Bestand von Rechtssätzen voraus, die für jeden Streitfall den Richter bezeichnen, der für die Entscheidung zuständig ist. Art. 101 Abs. 1 Satz 2 GG verpflichtet demnach auch dazu, Regelungen zu treffen, aus denen sich der gesetzliche Richter ergibt... Darüber hinaus müssen Regelungen über den gesetzlichen Richter, wenn sie ihre rechtsstaatliche Funktion wirksam erfüllen sollen, hinreichend bestimmt sein. Da ... gesetzliche Richter im Sinne von Art. 101 Abs. 1 Satz 2 GG auch die im Einzelfall zur Mitwirkung berufenen Richter sind, muß sich die abstrakt-generelle Vorausbestimmung bis auf die letzte Regelungsstufe erstrecken, auf der es um die Person des konkreten Richters geht."[17]

Im Ergebnis entnimmt das Bundesverfassungsgericht Art. 101 Abs. 1 Satz 2 GG folglich über das *Verbot* einer unlauteren Manipulation des gesetzlichen Richters hinaus das *Gebot*, eine normenklare und hinreichend bestimmte Regelung zu treffen, die es ermöglicht, ein Gerichtsverfahren „‚blindlings', aufgrund allgemeiner, vorab festgelegter Merkmale" dem entscheidenden Richter zuzuordnen.[18] Diese Regelung muss nicht notwendig umfassend in Form eines formellen Parlamentsgesetzes getroffen werden. Ausreichen soll vielmehr, dass der Gesetzgeber die fundamentalen Zuständigkeitsregeln vorgibt. Die Feinheiten der Geschäftsverteilung können die Gerichte dann selbst durch untergesetzliche Bestimmungen treffen, etwa durch Ge-

---

in jedem Fall der gebotenen Normenklarheit genügen. Hierzu jedoch bereits *Benda/Klein* (Fn. 3), Rn. 154 f.

[17] BVerfGE 95, 322 (327 ff.). Fundstellen-Nachweise im Originaltext wurden jeweils ausgelassen.

[18] BVerfGE 95, 322 (329).

schäftsverteilungspläne. Auch bei diesen Festlegungen unterliegen die Gerichte allerdings den Bindungen aus Art. 101 Abs. 1 Satz 2 GG.[19]

Bezogen auf das Bundesverfassungsgericht umfasst die Garantie des gesetzlichen Richters neben dem Gericht als Gesamtorgan und seinen Richtern sämtliche Spruchkörper, also die Senate (§ 2 BVerfGG), das Plenum (§ 16 BVerfGG), die Kammern (§ 15a BVerfGG) und die Beschwerdekammer (§ 97c BVerfGG). In all seinen Spruchkörpern spricht das Bundesverfassungsgericht als „das Bundesverfassungsgericht", worauf das Gericht in anderem Zusammenhang selbst des Öfteren hingewiesen hat.[20] Die Garantie des gesetzlichen Richters erstreckt sich im Bereich des Bundesverfassungsgerichts folglich – wie bei anderen Gerichten auch – vom Gericht als solchem über sämtliche Spruchkörper bis zu den einzelnen Richtern. Sie gilt zudem für alle gerichtlichen Zuständigkeiten des Bundesverfassungsgerichts und kommt all denjenigen zugute, die nach den Verfahrensnormen parteifähig oder von dem Verfahren unmittelbar betroffen sind.[21]

Der Schutz des Art. 101 Abs. 1 Satz 2 GG richtet sich dabei gegen Eingriffe aus zwei möglichen Richtungen: Zum einen, historisch älter und in Abgrenzung zur Kabinettsjustiz auf der Entwicklung des Grundsatzes der Gewaltenteilung beruhend, gegen ein Eingreifen von außen, meist in Form von Maßnahmen der Exekutive und Legislative. Aber auch andere Gerichte, die im Rahmen ihrer Spruchtätigkeit Zuständigkeiten des betroffenen Gerichtes nicht beachten, können von außen in die normative Vorausbestimmtheit des zur Entscheidung berufenen Richters eingreifen. Zum anderen zielt der Schutz des Art. 101 Abs. 1 Satz 2 GG nach innen, auf das zuständige Gericht selbst und auf seine Binnenorganisation; mit den Worten des Bundesverfassungsgerichts also „darauf, daß niemand durch Maßnahmen der Gerichtsorganisation dem in seiner Sache gesetzlich berufenen Richter entzogen wird."[22] Diese mit der „Verfeinerung"[23] des Rechtsstaatsprinzips und seiner Verfahrensgarantien unter dem Grundgesetz einhergehende zweite Schutzrichtung nimmt die gerichts*interne* Verteilung der Geschäfte, ihre Regelung und ihre Handhabung in den Blick und unterwirft sie ebenfalls dem Maßstab des Art. 101 Abs. 1 Satz 2 GG. Dabei ist freilich zu beachten, dass im Bereich der Rechtsanwendung nicht jede (einfachrechtlich und oftmals gar nur untergesetzlich) fehlerhafte Handhabung der Zuständigkeits- und Geschäftsverteilungsregeln zu einem Verfassungsverstoß führen kann, weil andernfalls die Anwendung des einfachen Rechts auf die Ebene des Verfassungsrechts gehoben würde.[24] Als spezifischer Verfassungsverstoß können daher nur solche internen Zuteilungs- und Verfahrensfehler angesehen werden, die

---

[19] BVerfGE 95, 322 (328).
[20] BVerfGE 1, 14 (29); 2, 79 (90, 95); 7, 17 (18); 7, 239 (243); 18, 37 (38); 18, 440; 19, 88 (90).
[21] BVerfGE 82, 286 (294 ff.); 96, 231 (244).
[22] BVerfGE 4, 412 (416); 82, 286 (298).
[23] BVerfGE 95, 322 (333).
[24] BVerfGE 82, 286 (299).

willkürlich oder unter grundlegender Verkennung von Bedeutung und Tragweite des Art. 101 Abs. 1 Satz 2 GG erfolgen;[25] die Abgrenzung wird freilich nicht in jedem Einzelfall trennscharf gelingen können.

Im Ergebnis wird das Bundesverfassungsgericht als gesetzlicher Richter durch die gerichtsinterne Schutzdimension des Art. 101 Abs. 1 Satz 2 GG selbst in zweifacher Hinsicht in die Verantwortung genommen: Erstens muss es in normativer Hinsicht seinen Teil dazu beitragen, dass dem verfassungsrechtlichen Gebot der normenklaren Vorausbestimmung des gesetzlichen Richters genüge getan wird. Soweit also die normative Ausgestaltung der Geschäfts- und Zuständigkeitsverteilung dem Bundesverfassungsgericht selbst obliegt, etwa in Gestalt der Plenumsbeschlüsse nach § 14 Abs. 4 BVerfGG, der Geschäftsordnungsautonomie des § 1 Abs. 3 BVerfGG oder der senatsinternen Geschäftsverteilung auf die Berichterstatter und Kammern nach § 15a Abs. 2 BVerfGG, müssen diese Regelungen so normenklar und vorausbestimmend sein, dass ein eingehendes Verfahren „blindlings" seinen gesetzlichen Richtern des Bundesverfassungsgerichts zugeordnet werden kann. Soweit das Bundesverfassungsgericht ihm vom Gesetzgeber vorgegebene oder selbst gesetzte Zuständigkeitsregeln anwendet, muss es dies zweitens im Bewusstsein von Bedeutung und Tragweite der auch individualschützenden Dimension des Rechts auf den gesetzlichen Richter tun. Auch die selbstgesetzten Zuständigkeitsregeln stehen insoweit nicht zu seiner Disposition. Allein die Tatsache, dass das Bundesverfassungsgericht insofern keiner gerichtlichen Kontrolle unterliegt, entbindet es nicht von seiner Bindung an Recht und Gesetz (Art. 20 Abs. 3 GG).

III. Monita

Die aktuelle Relevanz der inneren Schutzdimension des Rechts auf den gesetzlichen Richter beim Bundesverfassungsgericht soll im Folgenden durch Negativbeispiele aus der Gerichtspraxis illustriert werden. Lücken bei der normativen Vorausbestimmung des gesetzlichen Richters zeigen die Bestimmungen über die Abgrenzung der Zuständigkeiten von Senat und Kammern (III. 1.). Defizite bei der Anwendung an sich klarer Regelungen über die Anrufung des Plenums treten derzeit im Zusammenhang mit der Frage zu Tage, welcher Maßstab für die verfassungsgerichtliche Kontrolle der Vorlageverpflichtung nach Art. 267 Abs. 3 AEUV gelten soll (III. 2.).

1. Unzureichende Zuständigkeitsabgrenzung
zwischen Senat und Kammern

Gemäß § 15a Abs. 1 Satz 1 BVerfGG berufen die Senate für die Dauer des Geschäftsjahres mehrere (in der Praxis: jeweils drei) Kammern. Die Kammern sind zuständig für die Entscheidung über konkrete Normenkontrollen, sofern der Antrag un-

---

[25] BVerfGE 82, 286 (299); 109, 13 (23 f.). Weitergehend jetzt BVerfG (Kammer), NJW 2012, 2334 (2335).

zulässig ist (Umkehrschluss aus § 81a Satz 1 BVerfGG) und weder von einem obersten Gerichtshof des Bundes noch von einem Landesverfassungsgericht gestellt wurde (§ 81a Satz 2 BVerfGG).[26] Die Kammern sind ferner zuständig für Entscheidungen im Verfassungsbeschwerdeverfahren, soweit die Verfassungsbeschwerde entweder nach § 93a BVerfGG nicht zur Entscheidung angenommen werden soll oder die Annahmevoraussetzungen vorliegen und ihr wegen offensichtlicher Begründetheit im Sinne des § 93c Abs. 1 BVerfGG stattzugeben ist (§ 93b BVerfGG). Stattgebende Entscheidungen über Verfassungsbeschwerden von grundsätzlicher verfassungsrechtlicher Bedeutung (§ 93a Abs. 2 Buchst. a BVerfGG) sowie über Verfassungsbeschwerden gegen Gesetze bleiben den Senaten vorbehalten (§ 93c Abs. 1 Satz 1, Satz 3 BVerfGG).

Die Bestimmung des zuständigen Spruchkörpers – Kammer oder Senat – setzt unter diesen Bedingungen die fachliche Bewertung des Antrags und seiner Erfolgsaussichten bereits voraus: Bei konkreten Normenkontrollen nimmt das Bundesverfassungsgericht bereits auf der Zulässigkeitsebene eine strenge Prüfung der Kriterien der Entscheidungserheblichkeit und Überzeugung des vorlegenden Gerichts von der Verfassungswidrigkeit der verfahrensgegenständlichen Norm vor, die es mit hohen Begründungsanforderungen flankiert.[27] Bei der Verfassungsbeschwerde nimmt die Prüfung der Annahmevoraussetzungen sowie der Frage der „offensichtlichen Begründetheit" das Endergebnis in noch weiterem Umfang regelmäßig vorweg.[28] Die Entscheidung über die Zuständigkeit des Senats statt der Kammer kann folglich erst am Ende einer intensiven Prüfung stehen, sie ist von der endgültigen Prozess- oder Sachentscheidung im Ergebnis kaum zu trennen.

Die Verfahrensbestimmungen des Gesetzes über das Bundesverfassungsgericht sowie der Geschäftsordnung des Gerichts tragen diesem Umstand Rechnung, indem sie eingehende Verfahren zunächst nicht dem Senat oder einer bestimmten Kammer, sondern lediglich einem bestimmten Richter des Senats als Berichterstatter zuweisen (§ 15a Abs. 2 BVerfGG, § 20 Abs. 1 Satz 1 GeschO BVerfG). Es ist der Berichterstatter, der (erst) nach eigenständiger Prüfung und auf Grundlage eines von ihm erarbeiteten Entscheidungsvotums entscheidet (und entscheiden kann), ob er die Sache der Kammer oder dem Senat zur Entscheidung unterbreitet.[29]

---

[26] Trotz der Verweisung in § 82a Abs. 1 Satz 1 BVerfGG auf § 81 BVerfGG besteht von vornherein keine Zuständigkeit der Kammer für Vorlageverfahren nach § 36 Abs. 2 PUAG, da diese nur von BGH und Ermittlungsrichter beim BGH eingeleitet werden können und insofern automatisch die Ausnahme des § 81a Abs. 1 Satz 2 BVerfGG („oberster Gerichtshof des Bundes") greift; vgl. BT-Drs. 14/9220, 5.

[27] Statt aller *Benda/Klein* (Fn. 3), Rn. 806 ff.

[28] Zu den formellen wie materiellen Voraussetzungen der Annahme *Benda/Klein* (Fn. 3), Rn. 449 ff.

[29] Im Rahmen dieser Prüfung kann der Berichterstatter auch schon Stellungnahmen der Äußerungsberechtigten oder Dritter einholen und sich mit Ersuchen an die in § 82 Abs. 4 BVerfGG genannten Gerichte wenden, s. § 41 GeschO BVerfG.

Gleichwohl ist dies unter dem Gesichtspunkt des gesetzlichen Richters im Ausgangspunkt nicht zu beanstanden, wenn und weil die Bestimmung des zuständigen Spruchkörpers durch den Berichterstatter allein nach abstrakt-generellen und vorausbestimmten Kriterien erfolgt und der Berichterstatter insofern gebunden ist. Dies wird nach allgemeiner Auffassung jedenfalls für das Verfahren der Verfassungsbeschwerde angenommen: Ist die Entscheidungskompetenz der Kammer im Verfassungsbeschwerdeverfahren eröffnet, ist die Kammer der gesetzliche Richter. Der Senat entscheidet nur „im übrigen"[30]; weder besteht ein Wahlrecht des Berichterstatters noch kann der Senat eine Entscheidung an sich ziehen.[31] Auch wenn der Berichterstatter sein Votum unmittelbar dem Senat vorlegt, ist darin keine Umgehung der vorrangigen Kammerzuständigkeit zu sehen, sondern deren inzidente Prüfung und Verneinung. Dies steht dem Berichterstatter aus verfahrensökonomischen Gründen zu, entfällt doch bereits mit seinem Votum für den Senat die für eine Kammerentscheidung notwendige Einstimmigkeit der Kammermitglieder.[32]

Anderes soll nach vorherrschender Literatur für die Zuständigkeit der Kammer im konkreten Normenkontrollverfahren gelten. Hier habe der Berichterstatter je nach Bedeutung der Sache ein Wahlrecht, ob er sein Votum der Kammer oder dem Senat unterbreite.[33] Ein solches Wahlrecht würde dem Anspruch auf den gesetzlichen Richter jedoch ersichtlich nicht genügen. Liegen die Voraussetzungen für eine Kammerentscheidung vor, ist allein die Kammer zuständig. Die Kann-Bestimmung des § 81a Satz 1 BVerfGG ist daher im Lichte des Art. 101 Abs. 1 Satz 2 GG zwingend als reines Befugnis-Kann („Die Kammer entscheidet") und nicht als Ermessens-Kann („Die Kammer darf entscheiden") zu deuten.[34]

Nicht zu beanstanden ist im Ausgangspunkt auch, wenn die Kammer ein zunächst ihr vom Berichterstatter vorgelegtes Verfahren im Verlauf der Kammerberatungen in den Senat gibt, etwa im Falle der Nichteinstimmigkeit[35] oder weil die Kammer abweichend vom ursprünglichen Votum des Berichterstatters zu dem Ergebnis kommt, die Sache habe grundsätzliche verfassungsrechtliche Bedeutung im Sinne des § 93a Abs. 2 Buchst. a BVerfGG oder sei zulässig im Sinne des § 81a BVerfGG.[36] Zu be-

---

[30] § 93b Satz 2 BVerfGG. Vgl. auch *K. Graßhof* (Fn. 12), § 93b, Rn. 5; *Sperlich*, in: Umbach/Clemens/Dollinger (Hrsg.), BVerfGG, 2. Aufl., 2005, § 93b, Rn. 4.

[31] *G. Hermes*, FS 50 Jahre BVerfG, 2001, Bd. 1, 725 (726).

[32] Vgl. § 93d Abs. 3 Satz 1 BVerfGG und *R. Herzog*, FS Mahrenholz, 1994, 899 (900).

[33] *Dollinger*, in: Umbach/Clemens/Dollinger (Fn. 30), § 81a, Rn. 6; *Ulsamer/Müller-Terpitz*, in: Maunz/Schmidt-Bleibtreu/Klein/Bethge (Fn. 12), § 81a, Rn. 6; *Lechner/Zuck*, BVerfGG, 6. Aufl., 2011, § 81a Rn. 3. Die dort jeweils als Beleg angegebene Entscheidung BVerfGE 105, 61 ist freilich insofern wenig hilfreich, als auch ihr zunächst der gedankliche Zwischenschritt der fehlenden Einstimmigkeit der Kammermitglieder vorausgegangen sein könnte, womit die Kammerzuständigkeit eben nicht mehr gegeben gewesen wäre.

[34] In diesem Sinne ist auch § 40 Abs. 1 Satz 1 GeschO BVerfG („Im Rahmen ihrer Befugnisse entscheiden die Kammern ...") zu verstehen.

[35] §§ 81a Satz 1, 93d Abs. 3 Satz 1 BVerfGG.

[36] In diesen Fällen ist die Entscheidungsbefugnis der Kammer eben nicht (mehr) gegeben.

anstanden ist insofern jedoch, dass das Bundesverfassungsgericht diese Abgabe von der Kammer an den Senat ausgesprochen formlos handhabt. Weder erfolgt eine förmliche Abgabeentscheidung der Kammer noch eine Übernahmeerklärung des Senats, auch wird der Antragsteller von der Abgabe an den Senat nicht unterrichtet.[37] Zu welcher Nonchalance diese Formlosigkeit im Umgang mit Zuständigkeitsbestimmungen verleitet, zeigen in umgekehrter Richtung gelegentlich vom Bundesverfassungsgericht selbst offen gelegte „Testläufe", in denen Verfassungsbeschwerden im Senat „anberaten" werden, um sie auf Basis dieses Stimmungsbildes einer „schlanken" Erledigung durch die Kammer zuzuführen.[38] Hat der Senat einmal seine Zuständigkeit angenommen und mit der Beratung begonnen, ist eine Erledigung durch die Kammer ohne förmliche (Rück-) Übertragung nicht möglich. Die in diesen Fällen vom Bundesverfassungsgericht praktizierte *„liquid jurisdiction"*, dieser sehr freihändige Zuständigkeitswechsel zwischen Senat und Kammer, Kammer und Senat mag ressourcenschonend sein, ist jedoch ein eklatanter Verstoß gegen die Garantie des gesetzlichen Richters.[39]

Eine Klarstellung der Zuständigkeitsabgrenzung zwischen Kammer und Senat wäre auch und gerade auf dem Gebiet der Nebenentscheidungen geboten. Nach § 93d Abs. 2 Satz 1 BVerfGG „kann" die Kammer alle das Verfahren betreffenden Entscheidungen erlassen, solange und soweit der Senat nicht über die Annahme der Verfassungsbeschwerde entschieden hat. Damit wird eine vorrangige Kammerkompetenz für Entscheidungen über den Ausschluss und die Ablehnung von Richtern, über den Erlass einstweiliger Anordnungen, die Bewilligung von Prozesskostenhilfe und die Zulassung eines Beistandes begründet[40] – und zwar unberührt von einer möglichen (späteren) Zuständigkeit des Senats in der Hauptsache. Umgekehrt bleiben einstweilige Anordnungen, mit denen die Anwendung eines Gesetzes ganz oder teilweise ausgesetzt wird, dem Senat vorbehalten (§ 93d Abs. 2 Satz 2 BVerfGG) – und zwar unabhängig davon, ob die Hauptsache letztlich von der Kammer entschieden wird. Diese Konstruktion hat die doppelt verwirrende Konsequenz, dass auf der einen Seite Nebenentscheidungen von der Kammer getroffen werden, die Hauptsache jedoch absehbar vom Senat zu entscheiden ist,[41] während auf der an-

---

[37] Vgl. *Graßhof* (Fn. 12), § 93a, Rn. 43; § 93b, Rn. 24 f.

[38] BVerfG (Kammer) NJW 2001, 670; LKV 2001, 72 (73); NJW-RR 2002, 492; NVwZ 2002, 851 (852); s. auch *Hömig*, FS Driehaus, 2005, 463 (466).

[39] So bereits *Henschel*, FS H.-L. Schreiber, 2003, 127 (132 ff.); a. A. *Graßhof* (Fn. 12), § 93a, Rn. 43. Die Praxis mag aus der Tradition der früheren Vorprüfungsausschüsse heraus erklärbar sein, der heutigen Rechtsnatur der Kammern als selbständigen Spruchkörpern wird sie nicht gerecht.

[40] Vgl. *Schemmer*, in: Umbach/Clemens/Dollinger (Fn. 30), § 93d Rn. 10. Entgegen *Schemmer* ist allerdings auch das „Kann" in § 93d Abs. 2 Satz 1 BVerfGG nicht als „dürfen", sondern im Lichte von Art. 101 Abs. 1 Satz 2 GG als vorrangige Zuständigkeitszuweisung zu verstehen.

[41] Vgl. zuletzt etwa das Verfahren 2 BvR 2015/09 (Dublin-II-Verordnung) mit einstweiligen Anordnungen der 1. Kammer des Zweiten Senats vom 8.9.2009 (DVBl. 2009, 1304), 25.2.2010 und 17.8.2010 und die mit Pressemitteilung vom 17.9.2010 angekündigte

deren Seite der Senat – teilweise über mehrere Jahre hinweg – einstweilige Anordnungen in Verfahren trifft, deren abschließende Entscheidung er dann formlos der Kammer überlässt.[42] Vollends unübersichtlich wird die Situation, wenn sich – in ein und demselben Verfahren! – Senats- und Kammerentscheidungen munter abwechseln.[43]

Dies ist mit der individualrechtlichen Dimension des Anspruchs auf den gesetzlichen Richter nur schwerlich zu vereinbaren. Dem Antragsteller und den weiteren Beteiligten ist nicht klar, welchem Spruchkörper – Kammer oder Senat – sein Antrag aktuell zur Bearbeitung vorliegt. Er kann verfahrensbegleitende Anträge, etwa zur Befangenheit beteiligter Richter, daher nicht zielgerichtet stellen. Auch in den genannten Konstellationen wäre es deshalb nicht nur wünschenswert, sondern im Lichte von Art. 101 Abs. 1 Satz 2 GG geboten, wenn Kammer und Senat eine förmliche Entscheidung über ihre Zuständigkeit oder deren Ende träfen, die den Schwebezustand zwischen Kammer und Senat beendete.[44]

Im Ergebnis könnte das normative Defizit der Vorausbestimmung des gesetzlichen Richters erstens durch eine Klarstellung der vorrangigen Zuständigkeit der Kammer in §§ 81a Satz 1, 93b Satz 1, 93d Abs. 2 Satz 1 BVerfGG behoben werden.[45] Zweitens durch eine Ergänzung in der Geschäftsordnung des Bundesverfassungsgerichts,[46] die den Fall der Übertragung des Rechtsstreits von der Kammer auf den Senat oder der (Rück-) Übertragung von dem Senat auf die Kammer regelt, wenn

---

mündliche Verhandlung des Zweiten Senats; zur abschließenden Entscheidung des Senats s. BVerfGE 128, 224.

[42] Vgl. im Verfahren 1 BvR 1651/94 die einstweiligen Anordnungen des Ersten Senats vom 15.9.1994 (NJW 1995, 771), 11.10.1994, 7.3.1995, 9.8.1995, 12.3.1996, 23.8.1996, 25.2.1997, 21.8.1997, 10.3.1998, 31.8.1998, 24.2.1999, 16.8.1999, 8.3.2000, 4.9.2000 und die abschließende Nichtannahmeentscheidung der 2. Kammer des Ersten Senats vom 14.3.2001 (NJW 2002, 357) sowie im Verfahren 1 BvR 2492/08 die einstweiligen Anordnungen des Ersten Senats vom 17.2.2009 (BVerfGE 122, 342), 4.8.2009, 2.10.2010 und die abschließende Nichtannahmeentscheidung der 1. Kammer des Ersten Senats vom 21.3.2012.

[43] So im Mauerschützen-Verfahren 2 BvR 1875/94: Entscheidung des Zweiten Senats vom 12.10.1994 über die Selbstablehnung der Richterin Limbach (BVerfGE 91, 226), Entscheidung der 2. Kammer des Zweiten Senats vom 13.10.1994 (einen Tag später!) über eine einstweilige Anordnung (NJ 1995, 28), in der Folge weitere die einstweilige Anordnung bestätigende Kammerbeschlüsse, Entscheidung des Zweiten Senats vom 24.10.1996 in der Hauptsache (BVerfGE 95, 96).

[44] In diese Richtung bereits *Graßhof* (Fn. 12), § 93b, Rn. 25. Statt des dort für maßgeblich erachteten Zeitpunktes der Annahme der Verfassungsbeschwerde muss allerdings bereits der Zeitpunkt der Aufnahme der Beratungen entscheidend sein.

[45] Statt „Die Kammer kann..." „Die Kammer stellt fest/lehnt ab/nimmt an/erlässt". Die Formulierung in § 40 Abs. 1 Satz 1 GeschO BVerfG scheint insofern nicht hinreichend klar zu sein.

[46] Die Regelung auf Geschäftsordnungsebene wäre vorliegend ausreichend (BVerfGE 95, 322 [328]). Sollte sich das Bundesverfassungsgericht einer solchen Regelung dauerhaft verschließen, wäre allerdings der Gesetzgeber aufgerufen, die entsprechende Regelung im Gesetz über das Bundesverfassungsgericht vorzunehmen.

dieser bereits in die Beratungen eingetreten war.⁴⁷ Die fachgerichtlichen Verfahrensordnungen sehen vergleichbare Regelungen vor, auf deren Vorbild insofern zurückgegriffen werden könnte.⁴⁸

2. Anrufung des Plenums

Gesetzlicher Richter im Sinne des Art. 101 Abs. 1 Satz 2 GG sind nicht nur die Senate und Kammern, gesetzlicher Richter ist auch das Plenum des Bundesverfassungsgerichts.⁴⁹ Will ein Senat des Bundesverfassungsgerichts daher in einer Rechtsfrage von der in einer Entscheidung des anderen Senats enthaltenen Rechtsauffassung abweichen, ist er zur Anrufung des Plenums nicht nur einfachgesetzlich (§ 16 Abs. 1 BVerfGG), sondern auch verfassungsrechtlich verpflichtet. Gleichwohl ist es in der Vergangenheit schon mehrfach zu der stillschweigenden Umgehung einer an sich gebotenen Plenumsanrufung gekommen.⁵⁰ Die Gründe hierfür sind vielgestaltig, sie dürften von atmosphärischen über arbeitsökonomische bis hin zu taktischen Erwägungen reichen. Ein besonders augenfälliges Beispiel für den nahezu sprichwörtlichen *horror pleni* bildet die aktuelle Dissonanz zwischen Erstem und Zweitem Senat über den Maßstab, der an die Handhabung der Vorlageverpflichtung nach Art. 267 Abs. 3 AEUV gelegt wird.

Der EuGH ist gesetzlicher Richter im Sinne des Art. 101 Abs. 1 Satz 2 GG. Legt ein deutsches Gericht eine Rechtsfrage nicht dem EuGH vor, obwohl es nach Art. 267 Abs. 3 AEUV dazu verpflichtet wäre, werden die Rechtsschutzsuchenden ihrem gesetzlichen Richter entzogen. Dies können sie mit der Verfassungsbeschwerde als Verstoß gegen Art. 101 Abs. 1 Satz 2 GG rügen. Das Bundesverfassungsgericht nimmt – entsprechend seiner Zurückgenommenheit auf „spezifisches Verfassungsrecht"⁵¹ – einen Verstoß gegen Art. 101 Abs. 1 Satz 2 GG nur an, wenn das Absehen von einer Vorlage an den EuGH „offensichtlich unhaltbar" war. Dies ist nach ständiger Rechtsprechung des Bundesverfassungsgerichts der Fall bei grundsätzlicher Verkennung der Vorlagepflicht (1. Fallgruppe), bewusstem Abweichen von der Rechtsprechung des EuGH (2. Fallgruppe) oder unvertretbarem Überschreiten des dann notwendig gegebenen Beurteilungsspielraums bei Unvollständigkeit der Rechtsprechung des EuGH, wenn also die einschlägige europarechtliche Frage noch nicht zweifelsfrei geklärt ist (3. Fallgruppe).⁵²

---

⁴⁷ Worunter im Hinblick auf das oben Gesagte auch die Beratung über einen mit dem Hauptsacheantrag verbundenen Antrag auf einstweilige Anordnung oder über ein Befangenheitsgesuch zu verstehen wäre.

⁴⁸ Vgl. §§ 348, 348a ZPO, § 209 StPO, § 6 VwGO.

⁴⁹ BVerfGE 2, 79 (91); *Ulsamer,* in: Maunz/Schmidt-Bleibtreu/Klein/Bethge (Fn. 12), § 16, Rn. 10; *Benda/Klein* (Fn. 3), Rn. 171.

⁵⁰ Beispiele bei *Sattler,* in: Starck (Hrsg.), BVerfG und GG, 1976, Bd. I, 104 (139 f.); *Ulsamer* (Fn. 49), § 16, Rn. 5; *E. Klein,* AöR 108 (1983), 560 (615); *Gaier,* JuS 2011, 961 (963).

⁵¹ Ständige Rechtsprechung seit BVerfGE 1, 418 (420).

⁵² BVerfGE 19, 38 (43), 82, 159 (194 ff.)

Über die Konkretisierung des Vertretbarkeitskriteriums der 3. Fallgruppe hat sich in den letzten Jahren ein bemerkenswerter Dissens zwischen den Senaten des Bundesverfassungsgerichts entwickelt. Nach der überkommenen – und bis ins Jahr 2010 auch vom Ersten Senat praktizierten – Rechtsprechung des Zweiten Senats ist vorliegend die *materielle* Vertretbarkeit der fachgerichtlichen Entscheidung maßgeblich, ist ein Verstoß gegen Art. 101 Abs. 1 Satz 2 GG folglich erst dann anzunehmen, „wenn mögliche Gegenauffassungen zu der entscheidungserheblichen Frage des Gemeinschaftsrechts gegenüber der vom Gericht vertretenen Meinung eindeutig vorzuziehen sind."[53] Dagegen soll es nach der jüngeren Rechtsprechung des Ersten Senats auf die *prozessuale* Vertretbarkeit der Nichtvorlage ankommen. Bezugspunkt der Vertretbarkeitsprüfung ist danach nicht die Auslegung der im Ausgangsrechtsstreit zu entscheidenden Frage des materiellen Unionsrechts, sondern die verfahrensrechtliche Handhabung der Vorlagepflicht nach Art. 267 Abs. 3 AEUV.[54] Diese richtet sich nach der C.I.L.F.I.T.-Rechtsprechung des EuGH, wonach eine Vorlagepflicht nur dann nicht besteht, wenn die betreffende unionsrechtliche Frage bereits Gegenstand einer Auslegung durch den EuGH war (acte éclairé) oder die richtige Anwendung des Unionsrechts derart offenkundig ist, dass für einen vernünftigen Zweifel keinerlei Raum bleibt (acte clair).[55] Der prozessrechtliche Bezugspunkt des Ersten Senats ist damit deutlich strenger, da er den Prüfungsmaßstab des EuGH inkorporiert, der von einem geradezu umgekehrten Regel-Ausnahme-Verhältnis ausgeht. Eine lediglich graduelle Annäherung beider Maßstäbe bringt der Umstand, dass auch der Erste Senat insoweit keine Vollkontrolle vornimmt, sondern sich mit einer „vertretbaren Begründung" des Ausgangsgerichts über die Prüfung der C.I.L.F.I.T.-Kriterien begnügt.[56] Diese Zurücknahme der Prüfungs*tiefe* verringert lediglich die Quantität der von beiden Senaten im Ergebnis unterschiedlich zu entscheidenden Fälle, an der unterschiedlichen Qualität der anzulegenden Prüfungs*maßstäbe* ändert sie nichts.[57]

Die inhaltliche Streitfrage ist im Rahmen der vorliegenden Überlegungen nicht zu beantworten.[58] Entscheidend ist vorliegend allein der in seltener Öffentlichkeit ausgetragene Dissens zwischen den beiden Senaten: Auf den Positionswechsel der

---

[53] BVerfGE 82, 159 (196).

[54] BVerfGE 128, 157 (188); NJW 2011, 3428 (3433); NJW 2012, 45 (46). Die Senatsentscheidungen wurden vorbereitet von den Kammerentscheidungen NJW 2010, 1268 (1269) und NJW 2011, 288 f.

[55] EuGH, Slg. 1982, 3415, Rn. 21.

[56] BVerfG NJW 2011, 3428 (3434); BVerfG (Kammer) NJW 2010, 1268 (1269).

[57] *Kokott/Henze/Sobota,* JZ 2006, 633 (636); *A. Proelß,* EuR 2011, 241 (259); *Bäcker,* NJW 2011, 270 (271 f.). Die praktische Relevanz des strengeren Prüfungsmaßstabs zeigt sich etwa in BVerfG (Kammer) EuGRZ 2011, 713 (715). A. A. *L. Michael,* JZ 2012, 870 (872): „überinterpretierte Divergenz".

[58] Siehe aber EGMR, Ullens de Schooten u. Rezabek . / . Belgien, 3989/07, Entsch. v. 20. 9. 2011; *Bäcker,* NJW 2011, 270; *J. Hofmann,* in: Emmenegger/Wiedmann (Hrsg.), Linien der Rechtsprechung des BVerfG, Bd. 2, 2011, 573 (593 ff.); *A. Proelß,* EuR 2011, 241; *G. Britz,* NJW 2012, 1313; *E. Klein,* FS Stern, 2012, 389 (400 f.).

3. Kammer des Ersten Senats vom 25. Februar 2010[59] hat der Zweite Senat bereits am 6. Juli 2010 unübersehbar und in aller Deutlichkeit geantwortet: Zu verneinen sei ein Verstoß gegen Art. 101 Abs. 1 Satz 2 GG bereits dann, wenn das Ausgangsgericht die entscheidungserhebliche Frage in zumindest vertretbarer Weise beantwortet habe. Die Bezugnahme auf die materielle Europarechtsfrage wurde ausdrücklich bestätigt, die Entscheidung der 3. Kammer des Ersten Senats explizit verworfen.[60] Die Kammern des Ersten Senats haben sich hiervon jedoch nicht von ihrem Weg abhalten lassen und an ihrem abweichenden Prüfungsmaßstab festgehalten.[61] Diese Vorgehensweise hat der Erste Senat mit Beschlüssen vom 25. Januar 2011[62] und vom 19. Juli 2011[63] schließlich ausdrücklich gebilligt und mit einer Chuzpe, die man wohl nur aus der Karlsruher Binnensicht als „weitere Konkretisierung"[64] bezeichnen kann, eine Übereinstimmung mit der explizit gegenteiligen Auffassung des Zweiten Senats behauptet. Vorläufiger Schlusspunkt dieser durchaus beachtlichen Entwicklung ist die Resignation der Kammern des Zweiten Senats, die im Ergebnis an ihrer überkommenen Rechtsprechung festhalten, sich für die Begründung des von ihnen angewendeten Prüfungsmaßstabs jedoch nur noch auf „die ständige Rechtsprechung des *Zweiten* (!) Senats" berufen, ohne auf die andere Rechtsauffassung des Ersten Senats auch nur einzugehen.[65]

Im Ergebnis verstoßen mittlerweile beide Senate gegen ihre Pflicht, nach § 16 BVerfGG das Plenum anzurufen. Wäre es zunächst allein am Ersten Senat gelegen, dies zu tun, ist seit der dies übergehenden und ihn ungewollt vereinnahmenden Entscheidung des Ersten Senats vom 25. Januar 2011[66] nunmehr auch der Zweite Senat hierzu aufgerufen, will er an seiner gegenteiligen Auffassung festhalten. Es entbehrt nicht einer gewissen Ironie, dass die beiden Senate des Bundesverfassungsgerichts ausgerechnet ihre Meinungsverschiedenheit über die richtige Kontrolle der Garantie des gesetzlichen Richters nicht dem hierfür zuständigen gesetzlichen Richter, nämlich dem Plenum, zur Entscheidung vorlegen.

IV. Schlussbemerkung

Zu Recht legt das Bundesverfassungsgericht bei der Wacht über die Garantie des gesetzlichen Richters einen strengen Maßstab an andere an. Zu monieren ist jedoch,

---

[59] NJW 2010, 1268 (1269).
[60] BVerfGE 126, 286 (Leitsatz 3, 315 ff.).
[61] NJW 2011, 288 f.; ZUM 2011, 236.
[62] BVerfGE 128, 157 (188) („Dies entspricht dem Beschluss des Zweiten Senats vom 6.7. 2010"). s. auch BVerfG (Kammer) NJW 2011, 1131.
[63] BVerfG NJW 2011, 3428 (3434) („ ... der Sache nach ebenso gehandhabt in BVerfGE 126, 286 [317 f.]").
[64] *G. Britz,* NJW 2011, 1313 (1314). *J. Hofmann* spricht insofern treffender von einer „trickreichen Umarmungsstrategie" (Fn. 58), 573 (597).
[65] Vgl. etwa BVerfG (Kammer) NJW 2012, 598 (599).
[66] BVerfGE 128, 157 (188).

dass es selbst diesem Maßstab nicht immer gerecht wird. Die vom Bundesverfassungsgericht in anderem Zusammenhang erhobene Forderung, es dürfe „nicht mit dem selben Maß wie andere Gerichte gemessen werden"[67], endet hier wie dort an der Bindung des Gerichts an Recht und Gesetz (Art. 20 Abs. 3 GG). In diesem Sinne muss sich das Bundesverfassungsgericht auch die im Laufe der Zeit – nicht zuletzt durch seine eigene Rechtsprechung – entstandene Verfeinerung der Maßstäbe entgegen halten lassen und sie für die Zukunft auch in eigenen Angelegenheiten akzeptieren.[68]

Dabei hilft vielleicht die Erinnerung daran, dass es sich rechtlich eben nicht um ausschließlich eigene Angelegenheiten des Gerichts, um die Regelung lediglich interner Arbeits- und Entscheidungsabläufe handelt. Art. 101 Abs. 1 Satz 2 GG ist ein grundrechtsgleiches Recht des Einzelnen, das sich auch gegen das Bundesverfassungsgericht richtet. Die Besinnung auf diese subjektive Komponente des Art. 101 Abs. 1 Satz 2 GG sollte die sich offenbar gelegentlich einschleichende Gutsherrenart schnell bewusst werden lassen. Die vorgeschlagene normative Präzisierung der Zuständigkeitsregeln zwischen Kammer und Senat könnte zusätzlich zur inneren Klarheit beitragen.

Quod licet Iovi, non licet bovi hat als römische Sittenregel sicherlich historischen Charme. Als Wahlspruch für ein von seiner Autorität lebendes Verfassungsorgan eignet es sich nicht.[69] Führung durch Leistung lautet die einem institutionellen Vorbild gemäßere Handlungsmaxime.

---

[67] BVerfGE 2, 79 (86).
[68] Vgl. BVerfGE 95, 322 (333).
[69] Vgl. *Rüthers*, NJW 1996, 1867 (1868).

Privatrecht, Klagerecht, Grundrecht.
Zur Einheit der modernen Rechtsidee

Von *Christoph Menke*

Die neuzeitliche Rechtstheorie und -praxis sind entscheidend dadurch charakterisiert, daß sie ein radikal neues Verständnis des Rechts im subjektiven Sinn eines Anspruchs entwickeln.[1] Daß sich zwischen dem Recht als Ordnung von Gesetzen (*lex, law*) und dem Recht als dem, was einer Person aufgrund dieser Ordnung zusteht (*ius, right*), unterscheiden läßt, ist bereits der klassischen Tradition des römischen Rechtsdenkens bewußt – auch wenn diese Unterscheidung dort keine terminologische Ausprägung gewinnt.[2] Der entscheidende Unterschied zwischen dem klassischen und dem neuzeitlichen Rechtsdenken besteht aber darin, wie sie das Recht, das einer Person zukommt, verstehen. Im klassischen Rechtsdenken ist das Recht des Einzelnen sein gerechter Anteil an der gemeinsamen Sache, am gemeinsamen Guten. Die klassische Rechtsidee „Jedem das Seine" besagt, jedem dasjenige zuzuteilen, das ihm nach der Gerechtigkeit zukommt. Im neuzeitlichen Rechtsdenken hingegen ist das Recht des Einzelnen sein durch ein Gesetz der Gleichheit äußerlich begrenzter „natürlicher" Anspruch. Die moderne Rechtsidee „Gleichheit der Rechte" besagt, daß jeder die gleiche Chance haben soll, nach eigenem Belieben diejenigen Interessen zu verwirklichen, die er „von Natur aus", also vorrechtlich, hat. An die Stelle des gerechten Anteils am Guten setzen die neuzeitliche Rechtstheorie und -praxis die gleiche Chance zur Verwirklichung des Natürlichen, des Willkürlichen und Individuellen.

Dieser Umbruch betrifft zuerst das Verständnis privatrechtlicher Ansprüche, die Einzelne gegeneinander haben; das setze ich hier voraus. Ich möchte im folgenden zeigen, daß dieser Umbruch jedoch nicht auf das Privatrecht beschränkt ist, sondern ebenso das „öffentliche" Verhältnis zwischen den Einzelnen und dem politischen Allgemeinen betrifft (zu dieser Differenz siehe Abs. 1). Ein entscheidendes Zwischenglied ist dabei die Neubestimmung des Klagerechts (Abs. 2 und 3). Sie impliziert die Vorstellung, die für das neuzeitliche Verständnis des politischen Ver-

---

[1] Ich folge hier der Deutung des Unterschieds von klassischem und modernem Rechtsdenken, die *Michel Villey* in einer Fülle von Texten seit den 1950er Jahren entwickelt hat. Für eine systematische Zusammenfassung siehe seine Vorlesungen: La formation de la pensée juridique moderne, Paris 2001. Für eine Kritik im historischen Detail siehe *R. Tuck*, Natural Rights Theories, 1979.

[2] Anders als Hobbes es nahelegt, wenn er seine Unterscheidung von *law* und *right* auf die römische von *lex* und *ius* zurückführt; siehe *T. Hobbes*, Leviathan, hrsg. von R. Tuck, 1996, Kap. XXVI, 200.

hältnisses grundlegend ist: die Vorstellung, daß die Einzelnen Ansprüche an den Staat haben – die Idee der Grundrechte (Abs. 4).

I. Das „heutige römische Recht" (Savigny)

Savigny, dem wir die Erläuterung der terminologischen Unterscheidung zwischen *lex* und *ius*, *law* und *right* als das „Recht im subjectiven Sinn" und das „Recht im objectiven Sinn", des Rechts als „Befugnis" und als „Gesetz" verdanken[3], hat durch den Titel seines Werkes auch klar gemacht, wo wir uns mit dieser Unterscheidung befinden: Die Unterscheidung zwischen dem subjektiven und dem objektiven Sinn des Rechts gehört nach Savigny in das „System des heutigen römischen Rechts". Das bedeutet zweierlei: Die Idee des subjektiven Rechts gehört erstens in das „*heutige* römische Recht". Savigny versteht den Begriff eines subjektiven Rechts ausdrücklich so, daß er der ersten und grundlegenden Unterscheidung, die das römische Recht bezüglich der Personen trifft, die Unterscheidung in Freie und Unfreie, widerspricht: Das Subjekt der Rechte ist im heutigen römischen Recht jeder Mensch.

Zweitens besagt Savignys Titel, daß die Idee des subjektiven Rechts in das „heutige *römische* Recht" gehört. Nach Savigny findet das Recht im subjektiven Sinn seine Anwendung ausschließlich im Feld des Zivil- oder Privatrechts, das Savigny scharf vom öffentlichen unterscheidet: „Das [Staatsrecht] hat zum Gegenstand den Staat, das heißt die organische Ganzheit des Volks: das [Privatrecht] die Gesammtheit der Rechtsverhältnisse, welche den einzelnen Menschen umgeben."[4] Oder genauer: Privatrecht ist das „Rechtsverhältniß als eine Beziehung zwischen Person und Person, durch eine Rechtsregel bestimmt".[5] Nur hier hat das „Recht im subjectiven Sinn" seinen Ort: Weil „in dem öffentlichen Recht das Ganze als Zweck, der Einzelne als untergeordnet erscheint"[6], kann es hier auch keine Rechte des Einzelnen geben; im öffentlichen Recht herrscht das Gesetz, das Pflichten auferlegt. Im privaten Rechtsverhältnis zwischen Personen gibt es hingegen Rechte im subjektiven Sinn, als Befugnisse oder Ansprüche. Während das Staats- oder öffentliche Recht sich auf das logisch asymmetrische oder vertikale, nämlich politische Verhältnis von Allgemeinem und Einzelnem bezieht, in dem allein die normative Struktur von Gesetz und Pflicht herrscht, bezieht sich das Zivilrecht auf das horizontale, private Verhältnis zwischen einander Gleichen, die gegeneinander Berechtigungen und Verpflichtungen haben können.

Das subjektive Recht meint den privatrechtlichen Anspruch, den eine Person gegen (*adversos*) eine andere Person zu erheben berechtigt sein kann, so wie sie das

---

[3] *F. C. von Savigny*, System des heutigen römischen Rechts, Berlin 1840, Reprint 1981, Bd. 1, 7.

[4] *Savigny* (Fn. 3), 22.

[5] *Savigny* (Fn. 3), 333.

[6] *Savigny* (Fn. 3), 23.

im öffentlichen oder politischen Verhältnis dem eigenen Gemeinwesen gegenüber niemals sein kann; denn im öffentlichen oder politischen Verhältnis der Mitgliedschaft gibt es kein „Gegenüber". Es kann nach Savigny im öffentlichen Recht keine „subjektiven" Rechte des Einzelnen geben, weil subjektive Rechte an das Verhältnis der Gleichheit zwischen privaten Einzelnen gebunden sind. Das öffentlich-rechtliche Verhältnis ist dagegen als politisches Verhältnis eines zwischen Einzelnen und Allgemeinem, das Savigny teleologisch versteht: Hier erscheint „das Ganze als Zweck, der Einzelne als untergeordnet". Rechte gegeneinander, so Savigny, gibt es nur in einer Relation von Gleichen; das öffentliche Allgemeine oder Ganze ist aber der immanente Zweck des Einzelnen, *gegen* den der Einzelne daher gar keinen Anspruch haben *kann* – es sei denn in der pervertierten Form eines Anspruchs gegen sich selbst.

Savignys strikte Scheidung von privatem und öffentlichem Recht ist richtig und falsch zugleich. Sie ist richtig, weil sie auf der unterschiedlichen Logik zweier Rechtsverhältnisse insistiert, die es von vornherein ausschließt, daß die Begriffe von Recht und Pflicht, Anspruch und Berechtigung in ihnen *dasselbe* bedeuten können: Weil das (private) Verhältnis der Gleichheit zwischen Einzelnen und das (politische) Verhältnis der Ungleichheit zwischen Einzelnen und Allgemeinem *logisch* verschieden sind, müssen sie es auch normativ sein; die Logik geht der Normativität vorher. Beide Verhältnisse mit demselben Begriff des „Rechts" – des Rechts des privaten Einzelnen gegen einen anderen privaten Einzelnen, das zugleich oder gleichermaßen ein Recht des Einzelnen gegen das politische Allgemeine sein soll – zu analysieren[7], kann nur um den Preis einer Einebnung ihres logischen Unterschieds geschehen, letztlich um den Preis einer Privatisierung des politischen Verhältnisses. Das ist richtig an Savignys strikter Scheidung von privatem und öffentlichem Recht: Die Logik – und deshalb auch die Normativität – des privaten und des politischen Grundverhältnisses müssen unterschieden werden.

Daraus zieht Savigny aber eine falsche Konsequenz. Das zeigt sich darin, wie er den Unterschied des öffentlichen oder politischen Verhältnisses beschreibt. Savigny versteht dieses Verhältnis als eines der Ungleichheit oder „Unterordnung", weil er den Staat als den „Zweck" des Einzelnen begreift. Während also Savigny auf der einen Seite den privatrechtlichen Anspruch modern, als rechtliche Chance auf Verwirklichung seiner natürlichen Interessen nach eigenem Belieben denkt, versteht er auf der anderen Seite das öffentliche Verhältnis traditionell, als teleologische Hinordnung des Besonderen auf das Allgemeine; Savigny will seinen Kuchen essen und zugleich behalten. Er muß dabei annehmen, daß die neuzeitliche Neubestimmung des privatrechtlichen Anspruchs keine Konsequenzen für das politische Verhältnis zwischen den Einzelnen und der Rechtsordnung habe, das er weiterhin als eines der „Unterordnung" begreift. Das ist falsch an Savignys Trennung

---

[7] Wie es etwa *R. Alexy*, Theorie der Grundrechte, 1996, 194 ff., tut, wenn er die Hohfeldsche Analyse, die eindeutig privatrechtlich ausgerichtet ist, für eine Systematik der Grundrechte benutzt.

zwischen privatem und öffentlichem Recht; denn die Neubestimmung des privatrechtlichen Anspruchs, als rechtlich begrenzter Anspruch auf Natürliches, bedeutet zugleich einen Wandel in der Herrschaftsweise des Rechts – einen Wandel in der Weise, wie das Recht über die Einzelnen herrscht und dadurch ihre Rechtsverhältnisse, ihre Rechte und Pflichten hervorbringt.

Das folgt aus dem Abhängigkeitsverhältnis zwischen Privat- und öffentlichem Recht. Der Anspruch auf Verwirklichung seiner natürlichen Interessen nach eigenem Belieben, den der eine gegenüber dem anderen erhebt, wird nur dadurch verpflichtend, daß er durch eine rechtliche Regel begrenzt ist. Erst die Rechtsregel bringt den privatrechtlichen Anspruch hervor: Die Rechtsregel legalisiert die natürlichen Interessen und Freiheit der Einzelnen in den Grenzen eines Gesetzes der Gleichheit und *macht* sie dadurch zu einem Anspruch, der die Anderen verpflichtet. Damit geht ein grundlegender Wandel in der Bezugnahme der Rechtsordnung auf den Einzelnen einher. Die Rechtsordnung ist nicht mehr der Zweck des Einzelnen, sondern, umgekehrt, ermöglicht die Rechtsordnung, indem sie die Ansprüche des Einzelnen bestimmt und sichert, die Verwirklichung von dessen natürlichen Interessen und Freiheit. Diese Umkehrung des öffentlich-rechtlichen Verhältnisses, die mit der neuzeitlichen Neufassung des privatrechtlichen Begriffs der subjektiven Rechte einhergeht, zeigt sich daran, wie jetzt die Rechtsklage verstanden wird.

II. Das „politische Recht" der Klage (Kelsen)

Eine Rechtsordnung, die festlegt, worin der gerechte Teil eines Jeden an der gemeinsamen Sache besteht, das *ius suum cuique*, erlegt damit dem Einzelnen die Verpflichtung auf, diesen gerechten Teil der Anderen zu respektieren. Darin besteht hier der rechtliche „Befehl": Er definiert die Verpflichtungen, die sich aus der gerechten Verteilung ergeben. Diese Verpflichtungen werden in der Regel so ausgedrückt, daß festgelegt wird, was derjenige wieder zu geben hat – häufig: sein Leben –, der gegen die gerechte Teilung verstoßen, einen Anderen um seinen gerechten Teil gebracht hat.[8] Von einem „Recht" des Anderen *auf* seinen gerechten Teil ist hier nur an zweiter Stelle die Rede: Das Recht, der berechtigte Anspruch kommt nach traditioneller Auffassung nach der Verpflichtung.

---

[8] Ein Beispiel für diese Form des Rechtsbefehls sind die Gesetze des Hammurabi: „§ 6 Gesetzt, ein Mann hat Eigentum des Gottes oder des Palastes gestohlen, so wird dieser Mann getötet; und wer das Gestohlene aus seiner Hand in Empfang genommen hat, wird getötet." – „§ 7 Gesetzt, ein Mann hat entweder Silber oder Gold oder einen Sklaven oder eine Sklavin oder ein Rind oder ein Schaf oder einen Esel oder irgend etwas aus der Hand eines Freigeborenen oder jemandes Sklaven ohne Zeugen und Vertrag gekauft oder in Verwahrung genommen, so gilt dieser Mann als Dieb, er wird getötet." – „§ 8 Gesetzt, ein Mann hat entweder ein Rind oder ein Schaf oder einen Esel oder ein Schwein oder ein Schiff gestohlen; gesetzt, es ist Eigentum des Gottes oder des Palastes, so wird er es dreißigfach geben. Gesetzt, es ist Eigentum eines Muskenu, so wird er es zehnfach ersetzen. Gesetzt, der Dieb hat nichts zu geben, so wird er getötet." Usw.

Das gilt auch dort, wo die Rechtsordnung einen Schritt weiter geht und dem Einen, der sich durch den Anderen um seinen gerechten Teil gebracht sieht, das Recht gibt, dessen Wiedererlangung selbst zu betreiben. Das ist das Recht der Klage. Wo die Rechtsordnung das Klagerecht gewährt, hat der Einzelne nicht nur, aufgrund der in der Rechtsordnung definierten gerechten Teilung, einen Anspruch gegen den Anderen auf seinen gerechten Teil, sondern er hat *auch noch* einen – in seiner Logik und Normativität – *ganz anderen* Anspruch: Der Einzelne hat einen Anspruch an die Rechtsordnung darauf, daß sie mit ihren Machtmitteln, wenn er es will, die Verpflichtung des Anderen ihm gegenüber im Fall der Verweigerung oder Verletzung auch tatsächlich durchsetzt. Das Recht zur Klage betrifft mithin nicht das Verhältnis unter gleichen Einzelnen, sondern das Verhältnis von Einzelnem und rechtlicher Ordnung.

Hans Kelsen hat diesen Aspekt des Klagerechts klar bezeichnet:

„Erkennt man das Wesen des für das Privatrecht charakteristischen subjektiven Rechts (im Sinne von Berechtigung) darin, daß die auf die Unrechtsfolge gerichtete Willensäußerung des Interessenten – seine Klage oder Beschwerde – als wesentlicher Bestandteil in das Verfahren aufgenommen ist, in dem die individuelle Norm des richterlichen Urteils erzeugt wird, das an einen konkreten Unrechtstatbestand eine konkrete Unrechtsfolge knüpft: dann bedeutet die Einräumung eines subjektiven Rechts die Gewährung der Teilnahme an der Rechtserzeugung."[9]

Kelsen legt hier nahe, daß das Recht des Einzelnen auf Klage unmittelbar aus dem Recht des Einzelnen gegen den Anderen *folge*; das ist, wie wir gleich sehen werden, ohne weiteres keineswegs der Fall. Instruktiv ist aber, wie Kelsen das Klagerecht selbst versteht: Indem die Rechtsordnung dem Einzelnen das Recht auf Klage gewährt, gibt die Rechtsordnung dem Einzelnen – so Kelsen – das Recht, an der Rechtsordnung teilzunehmen; durch die Verleihung des Klagerechts macht die Rechtsordnung aus dem privatrechtlich Berechtigten einen aktiven Teilnehmer an der Rechtsordnung. Das ist der Grund, aus dem Kelsen das Klagerecht als „politisches" Recht bezeichnet. Generell sind politische Rechte nach Kelsen „dadurch charakterisiert, daß sie dem Berechtigten einen Anteil an der Bildung des staatlichen Willens gewähren." Der „staatliche Wille" nun „drückt sich in der individuellen Norm des richterlichen Urteils nicht minder aus als in der generellen Norm des Gesetzes." Wenn das richterliche Urteil an die Voraussetzung der Klage gebunden wird, kommt mithin im Klagerecht „die gleiche Rechtsfunktion" wie in den unmittelbar politischen Teilnahmerechten zum Ausdruck: „die Beteiligung der Normunterworfenen an der Rechtserzeugung, die Rechtserzeugungsfunktion also."[10]

Das Klagerecht ist politisch, weil es sich, anders als der privatrechtliche Anspruch des Einen gegen den Anderen, auf die Teilnahme des Einzelnen an der Rechtserzeugung und damit auf sein Verhältnis zur Rechtsordnung bezieht. In

---

[9] *H. Kelsen*, Reine Rechtslehre, hrsg. von M. Jestaedt, 2008, 61.

[10] *Kelsen* (Fn. 9), 62 f.

welchem Verhältnis stehen aber diese beiden Rechte – der Anspruch gegen den Anderen und der Anspruch an die Rechtsordnung?

III. Vom „Ausdruck" zum „Ausfluß" (Windscheid)

Traditionell stehen das Privatrecht und das Klagerecht in keinem direkten Verhältnis. Wie gesehen, ist der privatrechtliche Anspruch gegenüber dem Anderen ursprünglich ein sekundäres, abgeleitetes Element einer Rechtsordnung, die durch ihre Befehle die Verpflichtungen spezifiziert, durch die die gerechte Verteilung im Fall ihrer Verletzung wiederhergestellt wird. Das Klagerecht dagegen hat ursprünglich den Sinn, die Macht des Einzelnen zur rächenden Verfolgung der ihm oder einem der Seinen angetanen Verletzung in der neuen Ordnung des Rechts anzuerkennen – in der vorrechtlichen Gerechtigkeitsordnung der Rache ist es der Einzelne, dem, als Vollstrecker eines anonymen Auftrags, die Wiederherstellung der Gerechtigkeit obliegt[11] – und diese Macht durch ihre Anerkennung zugleich rechtlich einzuhegen. Daher geht mit der Einräumung des Klagerechts ursprünglich die schärfste Drohung gegen seinen Mißbrauch einher. Und daraus erklärt sich weiterhin im Römischen Recht die strikte Formalisierung der Akte, *actiones*, die der Einzelne vollziehen muß, um sein Recht vor Gericht einklagen zu können. Im wörtlichen Nachsprechen der vorgeschriebenen Formeln mobilisiert der Einzelne das Recht für seine Rache-Zwecke, aber nur um den Preis der jedesmal erneuerten symbolischen Unterwerfung unter die neue Ordnung und Sprache des Rechts. Die Einräumung eines Klagerechts ist, wie alle juridische Berechtigung, Ermächtigung und Entmächtigung des Einzelnen zugleich.

Diese kurze Erinnerung legt die Vermutung nahe, daß das Klagerecht ursprünglich völlig unabhängig von dem privatrechtlichen Anspruch besteht. In der Einräumung des Klagerechts geht es um das Verhältnis des Einzelnen zur Rechtsordnung. Es geht um Politik – oder um Macht: um eine Regelung des Verhältnisses zwischen der Macht des Einzelnen zur Vollstreckung der Gerechtigkeit der Rache und der Macht der öffentlichen Ordnung, in die sich die Gerechtigkeit durch ihre Verrechtlichung transformiert hat. Das Klagerecht bewahrt im Recht ein Moment der vorrechtlichen Macht, die der Einzelne aufgeben muß, wenn er zum Bürger einer Rechtsordnung wird. Deshalb ist das Klagerecht eines der ältesten Rechte. Und deshalb kommt dem Klagerecht ursprünglich eine viel größere Bedeutung für das Operieren der Rechtsordnung zu: Ohne Klageerhebung gibt es ursprünglich überhaupt keine Rechtsprechung.

Im direkten Gegensatz steht dazu, wie die moderne Rechtstheorie das Klagerecht versteht: Hier wird das Recht auf Klage zu einem definierenden Merkmal des privatrechtlichen Anspruchs – ja, der privatrechtliche Anspruch und das Recht auf Klage werden als so eng verbunden angesehen, daß die Rechtstheorie seit dem 19. Jahrhundert jenen mit diesem zu identifizieren beginnt. Das Recht auf Klage ist

---

[11] Siehe *C. Menke*, Recht und Gewalt, 2011, 15–20.

demnach in dem richtig verstandenen privatrechtlichen Anspruch bereits enthalten: es folgt aus ihm. „Das Kriterium [der „Rechte des Privatrechts"] besteht nach römischem Recht in der Klage".[12] „Formelle positive rechtliche Ansprüche entstehen [...] durch Anerkennung eines individualisirten Rechtsschutzanspruchs für die in Rede stehenden Verhältnisse zwischen Individuum und Staat."[13] Das gilt auch der gegenwärtigen Rechtsphilosophie als selbstverständliche Annahme: „Having rights, of course, makes claiming possible."[14] Das Recht auf Klage ist demnach eine Implikation des normativen Gehalts, der im privatrechtlichen Anspruch bereits enthalten ist – so daß, umgekehrt, erst dort wahrhaft von einem *Recht* des Einzelnen gesprochen werden kann, wo dieser im Fall der Verletzung für die Durchsetzung seines privatrechtlichen Anspruchs gegen den Anderen die Machtmittel der Rechtsordnung zur Hilfe rufen kann. Der „privatrechtliche Anspruch auf Erfüllen, Leisten, Dulden, Unterlassen an den Anderen [...] fällt in der Civilrechtspflege zusammen mit dem Anspruch an den Staat auf Rechtsschutzgewährung."[15]

Wenn Jellinek zugleich aber feststellt, „dass [privatrechtliches] Recht und Anspruch auf Rechtsschutz zweierlei sind und der letztere rein publicistisch ist"[16], dann deutet sich an, wie voraussetzungsvoll, ja begründungsbedürftig ihre als selbstverständlich (*of course*) präsentierte Verknüpfung ist. In der begrifflich-kriteriell verstandenen Verbindung von Anspruch und Klage wird nämlich nicht weniger als der „publicistische" (Jellinek) oder „politische" (Kelsen) Anspruch an den Staat auf den privaten Anspruch *zurückgeführt* bzw. aus ihm hergeleitet. Was zunächst als bloße Definition privatrechtlicher Ansprüche überhaupt auftritt – daß sie, recht verstanden, das Recht auf Klage schon *enthalten* –, muß daher in Wahrheit als ein Grundzug ihrer spezifisch modernen Form verstanden werden. Die Vorstellung, daß zwischen dem privatrechtlichen Anspruch und dem „publicistischen" oder „politischen" Klagerecht ein Verhältnis der Implikation, der Begründung oder der Ableitung bestehe, gehört erst dem Standpunkt des „heutigen römischen Rechts" an.

---

[12] *R. v. Jhering*, Geist des römischen Rechts auf den verschiedenen Stufen seiner Entwicklung, Teil 3, Reprint der 10. unv. Aufl., 1968, 353.

[13] *G. Jellinek*, System der subjektiven öffentlichen Rechte, 1892, 71.

[14] *J. Feinberg*, in: ders., Rights, Justice, and the Bounds of Liberty, 143 (151). (*Feinberg* fährt allerdings fort: „but it is claiming that gives rights their special moral significance.") – Der Ausdruck „claim", und daher Feinbergs Formulierung, ist (wie die deutsche Übersetzung „Anspruch") in sich selbst zweideutig. Es geht um das Verhältnis zwischen (1.) dem Anspruch *auf* eine Sache, (2.) dem Anspruch *gegen* einen Anderen sowie (3.) dem Anspruch *an* die Rechtsordnung auf die Durchsetzung des Anspruchs auf eine Sache gegen einen Anderen. Wenn – wie im neuzeitlichen Rechtsverständnis – Anspruch (1) und Anspruch (2) identifiziert werden (so *Feinberg*, S. 154, gegen die Interessentheorie des Rechts), dann scheint in der Tat Anspruch (3) unmittelbar aus ihnen zu folgen.

[15] *Jellinek* (Fn. 13), 123. So auch *Kelsen:* „Eine Berechtigung liegt dann vor, wenn unter die Bedingungen der Unrechtsfolge eine auf diese gerichtete, in der Form einer Klage oder Beschwerde abzugebende Willensäußerung des durch den Unrechtstatbestand in seinen Interessen Verletzten aufgenommen ist." (*Kelsen* (Fn. 9), 60).

[16] *Jellinek* (Fn. 13), 123.

So lautet die These, zu der Bernhard Windscheid die Historisierung des römischen Zivilrechts, die Savigny und Hegel begonnen haben, radikalisiert hat.[17] Wenn Savigny „unter Klagrecht das durch die Verletzung eines Rechts erzeugte Recht auf gerichtlichen Schutz, dasjenige Recht, in welches sich ein Recht durch seine Verletzung verwandelt"[18], versteht, dann gibt er damit nach Windscheid nur das „heutige Rechtsbewußtsein" wieder. „Für das heutige Rechtsbewußtsein ist das Recht das Prius, die Klage das Spätere, das Recht das Erzeugende, die Klage das Erzeugte."[19] Im römischen Rechtsverständnis dagegen war es so, daß *„an die Stelle des Rechts die Actio"* trat:

> „Die Rechtsordnung [in Rom] sagt nicht zu dem Individuum: du hast dieses und dieses Recht, sondern: du hast diese und diese Actio. Sie sagt nicht: in dieser Beziehung ist dein Wille für die anderen Individuen Gesetz, sondern: in dieser Beziehung kannst du deinen Willen den anderen Individuen gegenüber gerichtlich geltend machen. Die Rechtsordnung ist nicht die Ordnung der Rechte, sondern der gerichtlich verfolgbaren Ansprüche. Sie gibt dadurch Rechte, daß sie gerichtliche Verfolgung bewilligt. Die Actio ist nichts Abgeleitetes, sie ist etwas Ursprüngliches und Selbständiges."[20]

„Die Rechtsordnung ist [in Rom] nicht die Ordnung der Rechte, sondern der gerichtlich verfolgbaren Ansprüche": Es ist kaum überraschend, daß diese Behauptung auf krasses Unverständnis stoßen mußte – scheint sie doch die Rechtsklage zu einem grundlosen Akt zu machen. Aber das ist exakt die – falsche – Alternative, auf deren Zurückweisung und Auflösung Windscheids gesamte Argumentation gerichtet ist. Der privatrechtliche Anspruch ist nicht, wie es uns anzunehmen natürlich erscheinen mag, der einzig mögliche, selbstverständliche Grund des Klagerechts – so daß ein Klagerecht, das nicht in ihm begründet wäre, als grundlos erschiene. Der privatrechtliche Anspruch ist vielmehr ein besonderer, unwahrscheinlicher Grund, dessen Anerkennung das heutige scharf vom römischen Rechtsverständnis unterscheidet, in dem das Klagerecht ganz anders verstanden war:

---

[17] B. *Windscheid*, Die Actio des römischen Zivilrechts vom Standpunkte des heutigen Rechts, Düsseldorf 1856, Reprint 1984. Der Reprint enthält auch eine Kritik von *T. Muther* (Zur Lehre von der römischen Actio, 1857) und *Windscheids* Antwort (Die Actio. Abwehr gegen Theodor Muther, 1857). Eine hilfreiche Rekonstruktion der Diskussion gibt *J. Schapp*, Das subjektive Recht im Prozeß der Rechtsgewinnung, 1977, 69.

[18] „Manche haben die Klagenrechte als eine selbständige Klasse von Rechten, auf gleicher Linie stehend mit den Rechten der Familie, dem Eigenthum u.s.w., ansehen wollen, und es muß hier an den Widerspruch erinnert werden, der schon oben (§ 59) gegen diese Auffassung erhoben worden ist. Es gehören vielmehr diese Rechte nur zu dem Entwicklungsprozeß oder eben der Metamorphose, die in jedem selbständigen Rechte eintreten kann, und sie stehen daher auf gleicher Linie mit der Entstehung und dem Untergang der Rechte, welche gleichfalls nur als einzelne Momente in dem Lebensprozeß der Rechte, nicht als Rechte für sich, aufgefaßt werden dürfen." (*Savigny* (Fn. 3), Bd. 5, 3).

[19] *Windscheid* (Fn. 17), 3.

[20] *Windscheid* (Fn. 17), 3.

„Ich wiederhole es also: die Actio ist *anstatt* des Rechtes; sie ist nicht ein Ausfluß des Rechtes. Man kann eine Actio haben, ohne ein Recht zu haben, und keine Actio, wenn Einem ein Recht zusteht. Also darf man auch in dem Falle, wo Actio und Recht zusammen sind, wo die Actio gerade auf Anerkennung des Rechtes geht, wenn man genau sein will, nicht sagen, daß die Actio durch das Recht da sei; sie ist durch die Thätigkeit des Magistratus da, der sie auch hätte verweigern können. – Aber wenn die Actio auch nicht der *Ausfluß* des Rechtes, so ist sie doch der *Ausdruck* desselben. Der Magistratus, der sie gibt und versagt, thut das nicht willkührlich. Wenn er dabei nicht geradezu die Vorschriften des Rechtes befolgt, so handelt er doch in Anerkennung einer Ordnung der Dinge, welche zwar nicht Rechtsordnung ist, welche aber gerade er durch seine Thätigkeit zur Rechtsordnung macht."[21]

Man kann, so unterscheidet Windscheid zwischen dem römischen und dem heutigen Rechtsbewußtsein, das Klagerecht als „Ausdruck" oder aber ganz anders, als „Ausfluß" des privatrechtlichen Rechtsanspruchs verstehen. Wenn es als *Ausdruck* verstanden wird, so heißt das: Die Rechtsordnung gewährt das Recht zur Klage, weil sie die Klage als Teil des Verfahrens versteht, in dem diejenige „Ordnung der Dinge", die gerechte Teilung wiederhergestellt wird, in der der Einzelne das Seine oder sein Recht erhält. Primär ist hier die rechtliche Tätigkeit (des Gerichts), in der die gerechte Ordnung der Dinge festgestellt wird; darin erhalten die Einzelnen ihr Recht, und dazu verleiht die Rechtsordnung ihnen das Klagerecht. Wenn das Klagerecht hingegen als *Ausfluß* verstanden wird, dann muß ihm der privatrechtliche Anspruch, als Quelle oder Grund, vorangehen; er darf nicht gleich-, sondern muß logisch vorgeordnet sein. Wo das Klagerecht als „Ausfluß des [privaten] Rechts" verstanden wird, ist dieses Recht also vorgängig da: Die Rechtsordnung muß das Recht des Einzelnen auf Klage gewähren, *weil* er einen privatrechtlichen Anspruch hat; weil dies daraus *folgt*, daß er bereits einen privatrechtlichen Anspruch *hat*.

Seitdem „das materielle subjektive Recht als Ursache (*causa*) der *actio* verstanden" wurde[22], ist damit nicht nur der Status des Klagerechts, sondern vor allem auch derjenige des privatrechtlichen Anspruchs neu bestimmt. Der privatrechtliche Anspruch wird zum Grund – zum Grund für die Rechtsordnung, ein anderes Recht, das Recht auf Klage, zu gewähren. Kelsen hat gegen die Ideologie „natürlicher" Rechte, die der Rechtsordnung vorhergehen sollen, festgehalten, was der gesamten rechtstheoretischen Diskussion um das „subjektive Recht" im 19. Jahrhundert selbstverständliche Voraussetzung war: „es gibt so etwas wie ein subjektives Recht nur, weil und sofern es das objektive Recht normiert."[23] Die historisch entgegengesetzte Bestimmung des Verhältnisses zwischen privatrechtlichem Anspruch und publizistischem Klagerecht zeigt jedoch, daß eine ganz andere Frage die eigentlich entscheidende ist: nicht die Frage, ob das subjektive Recht vorrechtlich, von Natur gegeben oder ein Produkt der Normierung durch objektives Recht ist – es ist

---

[21] *Windscheid* (Fn. 17), 4 f.
[22] *H. Coing*, in: ders., Zur Geschichte des Privatrechtssystems, 1962, 40.
[23] *Kelsen* (Fn. 9), 60.

selbstverständlich das letztere –, sondern die Frage nach den verschiedenen Normierungs*weisen* des objektiven Rechts; nicht bloß die Einsicht also, daß, sondern *wie* „das objektive Recht normiert". Eben darauf zielt Windscheids Unterscheidung zwischen dem Klagerecht als „Ausdruck" und als „Ausfluß": Wenn das moderne Recht dem Einzelnen als „Ausfluß" seines privatrechtlichen Anspruchs ein Recht auf Klage gewährt, dann gibt es beide nur deshalb, weil das objektive Recht es so normiert. Aber diese Normierung hat den spezifischen Charakter, *aufgrund* der privatrechtlichen Berechtigung des Einzelnen zu geschehen. Die moderne Rechtsordnung normiert so, daß sie den privatrechtlichen Anspruch als einen Grund für rechtliche Regelungen anerkennt.

IV. Grundrecht (Schmitt)

Daß der privatrechtliche Anspruch zur „Ursache (*causa*) der *actio*" (Coing), also zum Grund wird, hat zunächst eine relative Bedeutung für die Neubestimmung des Rechts zur Klage als dessen „Ausfluß". Dieser Schritt bedeutet jedoch nicht weniger, als daß dadurch – wie gesehen – zwei logisch verschiedene Rechtsverhältnisse systematisch miteinander verklammert werden: das privatrechtliche Rechtsverhältnis zwischen gleichen Einzelnen und das öffentlich-rechtliche oder politische Rechtsverhältnis zwischen den Einzelnen und dem Allgemeinen der Rechtsordnung. Ihre Verklammerung besteht darin, daß die Rechtsordnung den privatrechtlichen Anspruch des Einzelnen *gegen* einen Anderen zum Grund für einen öffentlich-rechtlichen Anspruch des Einzelnen *an* sie, die Rechtsordnung selbst, also an das Allgemeine, macht. An der Neubestimmung des Klagerechts zeigt sich damit, daß der neuzeitliche Wandel im Verständnis des privatrechtlichen Anspruchs eine *politische Bedeutung* hat: Sie bedeutet eine Neuordnung des Verhältnisses von Einzelnem und Allgemeinem – der Normierungs- oder Herrschaftsweise des Rechts. Das Recht normiert oder herrscht jetzt so, daß es die von ihm selbst geschaffene Tatsache, daß die Einzelnen private Rechte gegeneinander haben, als einen verbindlichen Grund dafür ansieht, ihnen mit dem Klagerecht einen Anspruch an die Rechtsordnung zuzusprechen.

Die Ein- und Durchsetzung einer Privatrechtsordnung ist eine politische Tätigkeit. Im klassischen Recht besteht der Sinn dieser politischen Tätigkeit in der Gewährleistung der gerechten Teilung; dazu ist die Privatrechtsordnung hier da. Die privaten Zwecke, zu denen der Einzelne seinen gerechten Teil, das „Seine", nutzt, sind rechtlich freigegeben, aber sie sind klassisch verstanden nicht der Zweck des Rechts: „il n'a rien dit sur ce sujet."[24] Die Rechtsordnung hat nur die Sicherung der privatrechtlichen Verhältnisse der Einzelnen, die Gerechtigkeit oder den Rechtsfrieden zum Zweck, gleichgültig welche privaten Zwecke die Einzelnen damit verbinden. Rechtszwecke – die Gerechtigkeit der Teilung – und Privatzwecke – die Verwirklichung der natürlichen Interessen und Freiheit – sind getrennt.

---

[24] *M. Villey*, Archives de philosophie du droit, Bd. IX (1964), 97 (109).

Windscheids Argument zum modernen Verständnis des Klagerechts – als „Ausfluß" des privaten Rechtsanspruchs – bedeutet, daß diese Trennung jetzt nicht mehr aufrecht erhalten werden kann. Denn wenn das moderne Recht (1.) die privatrechtlichen Ansprüche als Ansprüche auf die Verwirklichung natürlicher Interessen und Freiheit begreift und wenn das moderne Recht (2.) so herrscht, daß es die privatrechtlichen Ansprüche als Grund staatlichen Handelns anerkennt – dann übt die moderne Rechtsordnung die politische Tätigkeit der Sicherung einer Privatrechtsordnung so aus, daß sie die Gewährleistung privater Ansprüche selbst zu ihrem Zweck macht. In der Einräumung von Klagerechten aufgrund von privatrechtlichen Ansprüchen stellt die Rechtsordnung die Verfolgung privater Zwecke nicht mehr nur frei, die Rechtsordnung stellt sich selbst der Verfolgung privater Zwecke zur Verfügung. Für die moderne Rechtsordnung gilt nach Niklas Luhmanns prägnanter Formulierung: Das objektive Recht „will nur wollen, wenn und soweit der Einzelne will und nicht wollen, wenn der Einzelne nicht will; es nimmt seinen Willen nach Maßgabe privaten Wollens zurück."[25] Das private Wollen wird nun zur Maßgabe für das Recht; es geht der Rechtsordnung nun selbst darum, die Verfolgung privater Ansprüche möglich zu machen. Die politische Tätigkeit der Ein- und Durchsetzung der Privatrechtsordnung ist damit nicht mehr negativ als die Freigabe, sondern positiv als die Sicherung und Ermöglichung der Ausübung privater Tätigkeiten definiert. Das ist die neue Herrschaftsweise des Rechts, die mit der Neubestimmung des rechtlichen Anspruchs einhergeht: Das Recht wird von der Herrschaft der Gerechtigkeit, die das Recht in der Regelung der Ansprüche, die die Einzelnen gegeneinander erheben, verwirklicht, zur Herrschaft als sichernder Ermöglichung privater Tätigkeiten, die das Recht durch die relative Begrenzung ihrer jeweiligen Ausübung gewährleistet.

In dieser politischen Konsequenz des neuen Begriffs privatrechtlicher Ansprüche hat Carl Schmitt den Kerngedanken des liberalen Begriffs der Grundrechte gesehen. Im Begriff der Grundrechte kommt eine radikale Neuordnung des Verhältnisses von Bürger und Staat zum Ausdruck. Hier ist der Staat nicht mehr, wie Savigny und Hegel es sahen, der Zweck der Einzelnen, die ihm deshalb untergeordnet sind, sondern, umgekehrt, haben die Bürger nun unverlierbare Ansprüche an den Staat. Die Grundrechte betreffen daher das öffentliche Recht. Aber die umstürzende Neuordnung des Verhältnisses von Staat und Bürger durch die Einführung von Grundrechten zieht nach Schmitt nur den Schluß aus der Neubestimmung der Herrschaftsweise des Rechts, von der sich in der Diskussion der Klage gezeigt hat, daß sie mit dem modernen Verständnis der privaten Rechte zwingend verbunden ist:

> „Für die systematische Betrachtung des modernen Rechtsstaates handelt es sich darum, daß der Gedanke der Grundrechte das fundamentale *Verteilungsprinzip* enthält, auf welchem der konsequent durchgeführte bürgerlich-freiheitliche Rechtsstaat beruht. Das bedeutet, daß die Freiheitssphäre des einzelnen prinzipiell *unbegrenzt*, die Befugnisse des Staates prinzipiell *begrenzt* sind. Der antike Staat kannte keine Freiheitsrechte, weil eine

---

[25] *N. Luhmann*, in: ders., Gesellschaftsstruktur und Semantik, Bd. 2, 1981, 45 (66).

private Sphäre mit einem selbständigen Recht gegenüber der politischen Gemeinschaft undenkbar schien und der Gedanke der Freiheit des einzelnen, die von der politischen Freiheit seines Volkes und Staates unabhängig wäre, als absurd, unmoralisch und eines freien Mannes unwürdig betrachtet wurde."[26]

Entscheidend für den modernen Begriff der Grundrechte ist nach Schmitt, daß es sich um private Ansprüche des Einzelnen auf die Verwirklichung *seiner natürlichen Interessen und Freiheit* handelt, aber nicht mehr bloß gegenüber anderen Einzelnen, sondern *an den Staat*. Das bedeutet in keiner Weise, die logische Struktur von Privat- und Grundrechten zu identifizieren; es bedeutet nicht einmal, Grundrechte mit der Möglichkeit ihrer Einklagbarkeit zu verbinden. Es bedeutet jedoch, die Anerkennung von grundrechtlichen Ansprüchen an den Staat als konsequente Fortentwicklung derjenigen Neuordnung des öffentlichen Rechts zu verstehen, deren erster Schritt darin besteht, daß der Staat die privatrechtlichen Ansprüche als Grund für die Gewährleistung von Klagerechten anerkennt. Privatrechtliche Ansprüche im modernen Sinn sind nicht nur Ansprüche von Privaten gegenüber Privaten, sondern *auf* Privates oder Natürliches: auf die Ausübung öffentlich nicht normierbarer Tätigkeiten. In der Gewährleistung von Klagerechten zur Durchsetzung privatrechtlicher Ansprüche hat der Staat mithin selbst die Berechtigung des Privaten oder Natürlichen bereits implizit (mit-)anerkannt: Er hat diese Berechtigung als *Grund* weiterer Rechte anerkannt. Die Idee der Grundrechte – versteht man sie als Ausdruck eines neuen „Verteilungsprinzips" zwischen dem öffentlichen Gemeinwesen und den privaten Einzelnen – zieht daraus nur die Konsequenz. Sie macht die im Klagerecht implizierte Anerkennung der Berechtigung des Einzelnen auf private Tätigkeit explizit: Die Grundrechte *verpflichten* den Staat auf die Gewährleistung privater Tätigkeiten.

In der Institution von Grundrechten werden die Machtverhältnisse zwischen öffentlich und privat neu verteilt – ihr Verhältnis wird umgedreht: Der Staat definiert seine Macht nun so, daß sie ihren Sinn und Zweck darin hat, jedem die Chance auf die Verwirklichung natürlicher Interessen und Freiheit zu sichern. Wenn Schmitt schreibt, das bedeute, „daß die Freiheitssphäre des einzelnen prinzipiell *unbegrenzt*, die Befugnisse des Staates prinzipiell *begrenzt* sind", so ist das deshalb richtig, weil die Ansprüche des Einzelnen auf Natürliches selbst natürlich und daher ihrem inneren Sinn nach „prinzipiell unbegrenzt" sind – und die Befugnisse des Staates darauf begrenzt sind, diese Ansprüche, und zwar durch ihre äußere Begrenzung, zu gewährleisten. Die Asymmetrie der Verteilung, die Schmitt im Begriff der Grundrechte am Werk sieht, hat daher nicht so sehr einen normativen, als vielmehr einen

---

[26] *C. Schmitt*, Verfassungslehre, 1993, § 14, S. 158. Auf dieses neue „Verteilungsprinzip" kommt Schmitt mehrfach zurück; vgl. S. 164, 168, 181. Dazu *A. Peukert*, Güterzuordnung als Rechtsprinzip, 2008, 77, 786. – Vgl. auch Marx' Bemerkung, in der modernen Privatrechtsordnung sei „der *Staat*, das *Gesetz*, die *Verfassung* das Herrschende, ohne daß er wirklich herrsche, d.h. den Inhalt der übrigen nicht politischen Sphären materiell durchdringe." (*K. Marx*, „Kritik des Hegelschen Staatsrechts", in: Karl Marx/Friedrich Engels, *Werke*, Bd. 1, 1977, 232).

ontologischen Grund: Im Begriff der Grundrechte geht der Einzelne nicht deshalb dem Staat vorher, weil er einen unendlich größeren „Wert" hätte, sondern weil seine Interessen und Freiheit als natürlich, als sowohl faktisch unhintergehbar gegeben wie in sich unbegrenzt, ohne eigenes Maß verstanden werden. Ihnen gegenüber ist die Aktivität des Staates sekundär: Sie ermöglicht die Verwirklichung der natürlichen Interessen und Freiheit, indem sie die privaten Ansprüche äußerlich durch ein Gesetz der Gleichheit begrenzt. Das muß aber keineswegs bedeuten – wie Schmitts Formulierung auch nahe legt –, daß der Staat deshalb in seiner Macht und seinen Befugnissen eingeschränkt wäre. Mit der Begrenzung der politischen Aufgaben auf die Ermöglichung privater, natürlicher Ansprüche geht vielmehr umgekehrt die Entgrenzung der staatlichen Tätigkeit einher; die Ermächtigung der Privaten ist zugleich und in einem die Ermächtigung des Staats. Gerade weil das, was der Staat durch seine Rechtsordnung ermöglicht, natürlich und daher ohne inneres Maß ist, ist die staatliche Tätigkeit seiner Gewährleistung ein prinzipiell unbegrenztes Feld.

*

Die neuzeitliche Rechtsidee faßt den Begriff des privatrechtlichen Anspruchs, seine Begründung des Klagerechts und die liberale Idee von Grundrechten so, daß zwischen ihnen ein innerer, systematischer Zusammenhang besteht. Dieser Zusammenhang läßt sich von beiden Seiten her lesen. Die erste Lesart beginnt mit dem *privaten Anspruch des Einzelnen* auf die Verwirklichung seiner natürlichen Interessen nach eigenem Belieben, der auf dem Weg der Klage gegen Andere durchgesetzt und von der Rechtsordnung als grundlegend vorausgesetzt wird. Die zweite Lesart beginnt am anderen Ende mit *der politischen Anerkennung grundlegender Ansprüche* auf die Verwirklichung natürlicher Bedürfnisse, die von Einzelnen auf dem Weg der Klage gegen Andere durchgesetzt und zu beliebigen privaten Zwecken genutzt werden können. Der Zusammenhang der drei Elemente – privatrechtlicher Anspruch, Klagerecht, Grundrechte – kann von der Realisierung privater Interessen her oder von der politischen Bestimmung und Begrenzung der natürlichen Bedürfnisse und Freiheit her gelesen und praktiziert werden. In der Klage überkreuzen sich diese beiden Lesarten und die ihnen entsprechenden Praktiken: Die Rechtsklage ist ebenso ein Mittel des Einzelnen zur Durchsetzung seiner privaten Zwecke wie eine Weise seiner Teilnahme an der politischen Tätigkeit der Formulierung und Verwirklichung grundlegender Ansprüche. In der Rechtsklage werden private Ansprüche politisiert und politische Erfolge privatisiert.[27] In seiner systematischen Stellung zwischen privatem Anspruch und politischem Grundrecht verdichtet sich damit im Klagerecht die ambivalente Natur der neuzeitlichen Idee der Rechte zum Paradox. Dies ist das Paradox einer Rechtsordnung, in der private Interessenverfolgung und politische Selbstregierung einander entgegengesetzt sind

---

[27] Siehe *W. Brown*, in: dies., States of Injury. Power and Freedom in Late Modernity, 1995, 96–134; *dies.*, in: Ch. Menke/F. Raimondi (Hrsg.), Die Revolution der Menschenrechte, 2011, 454.

und ineinander umschlagen: Die Privatrechtsordnung ist Ausdruck einer politischen Selbstregierung, die sich auf die Ermöglichung von privater Interessenverfolgung zurücknimmt. Umgekehrt nimmt die Durchsetzung privater Ansprüche, wie auch immer indirekt, teil an der politischen Bestimmung und Begrenzung des Natürlichen.

Das führt auf die folgende Frage: Können wir dieses Paradox nur „ertragen" (wie Wendy Brown es nahezulegen scheint, wenn sie – im Original ihres Titels – von „suffering the paradoxes of rights" spricht) oder können wir es gestalten, indem wir es reflexiv vollziehen?

Die Überprüfung fachgerichtlicher Entscheidungen durch das Bundesverfassungsgericht

Von *Wolf-Rüdiger Schenke*

I. Einführung in die Problematik

Seit es eine Verfassungsbeschwerde gibt, stellt sich die Frage nach deren Verhältnis zur Fachgerichtsbarkeit. Dabei geht es vor allem darum, in welchem Umfang das Bundesverfassungsgericht im Rahmen einer Urteilsverfassungsbeschwerde befugt ist, fachgerichtliche Entscheidungen zu überprüfen. Hierzu gibt es sowohl in der verfassungsgerichtlichen Judikatur wie auch im rechtswissenschaftlichen Schrifttum unzählige Stellungnahmen,[1] ohne dass allerdings bisher ein grundsätzlicher Konsens

---

[1] Vgl. hierzu aus der Spezialliteratur z.B. *R. Alexy/P. Kunig/W. Heun/G. Hermes*, Verfassungsrecht und einfaches Recht – Verfassungsgerichtsbarkeit und Fachgerichtsbarkeit, VVDStRL 61 (2002), 7 ff.; *R. Alleweldt*, Bundesverfassungsgericht und Fachgerichtsbarkeit, 2006; *J. Berkemann*, DVBl. 1996, 1028 ff.; *J. Burmeister*, DVBl. 1969, 605 ff.; *M. Düwel*, Kontrollbefugnisse des Bundesverfassungsgerichts bei Verfassungsbeschwerden gegen gerichtliche Entscheidungen, 2000; *C. Gusy*, in: Festschrift 50 Jahre Bundesverfassungsgericht, Bd. I, 2001, 641 ff.; *R. Herzog*, in: Festschrift für Dürig, 1990, 431 ff.; *M. Jestaedt*, DVBl. 2001, 1309 ff.; *W. Heun*, Funktionell-rechtliche Schranken der Verfassungsgerichtsbarkeit, 1992; *M. Kenntner*, NJW 2005, 785 ff.; *H.-J. Koch*, in: Festschrift für Jeand'Heur, 1999, 135 ff.; *S. Korioth,* in: Festschrift 50 Jahre Bundesverfassungsgericht, Bd. I, 2001, 55 ff.; *F. Ossenbühl*, in: Festschrift für H. P. Ipsen, 1977, 129 ff.; *H.-J. Papier*, in: Bundesverfassungsgericht und Grundgesetz, Festgabe aus Anlass des 25jährigen Bestehens des Bundesverfassungsgerichts, Bd. I, 1976, 432 ff.; *ders.,* DVBl. 2009, 473 ff.; *ders.*, in: Festschrift für Peter Badura, 2004, 411 ff.; *K. Rennert*, NJW 1991, 12 ff.; *G. Robbers*, NJW 1998, 935; *W. Roth*, AöR 121 (1996), 544 ff.; *W.-R. Schenke*, Verfassungsgerichtsbarkeit und Fachgerichtsbarkeit, 1987, 27 ff.; *A. Scherzberg*, Grundrechtsschutz und „Eingriffsintensität", 1989; *E. Schumann*, Verfassungs- und Menschenrechtsbeschwerde gegen richterliche Entscheidungen, 1963; *C. Starck*, JZ 1996, 1033 ff.; *U. Steinwedel,* „Spezifisches Verfassungsrecht" und „einfaches Gesetz", 1976; *R. Zuck*, JZ 2007, 1036 ff. Aus der Kommentar- und Lehrbuchliteratur *E. Benda/E. Klein/O. Klein,* Verfassungsprozessrecht, 3. Aufl. 2012, Rn. 466 ff.; *H. Bethge*, in: T. Maunz/B. Schmidt-Bleibtreu/F. Klein/H. Bethge (Hrsg.), Bundesverfassungsgerichtsgesetz, Stand 2011, § 90, Rn. 279 ff.; *C. Hillgruber/C. Goos*, Verfassungsprozessrecht, 3. Aufl. 2010, Rn. 178 ff.; *H. Lechner/R. Zuck*, Bundesverfassungsgerichtsgesetz, 6. Aufl. 2011, § 90, Rn. 97 ff.; *W. Löwer,* in: J. Isensee/P. Kirchhof (Hrsg.), Handbuch des Staatsrechts, Bd. III, 3. Aufl. 2006, § 70, Rn. 204 ff.; *C. Pestalozza*, Verfassungsprozessrecht, 3. Aufl. 1991, § 12, Rn. 13 ff. und 28 ff.; *K. Schlaich/S. Korioth*, Das Bundesverfassungsgericht, 8. Aufl. 2010, Rn. 280 ff.; *K. Stern*, in: Bonner Kommentar zum Grundgesetz (Zweitbearbeitung), 1982, Art. 93, Rn. 686 ff.; *A. Voßkuhle*, in: H. v. Mangoldt/F. Klein/C. Starck (Hrsg.), Grundgesetz, Bd. III, 6. Aufl. 2010, Art. 93, Rn. 54 ff.; *R. Zuck*, Das Recht der Verfassungsbeschwerde, 3. Aufl. 2006, Rn. 579 ff. mit weit. eingeh. Nachweisen in Rn. 579, Fn. 860.

erzielt wurde oder sich auch nur andeutet. Mit den sich hier stellenden Problemen befasst sich auch das Lehr- und Handbuch des Verfassungsprozessrechts, das der Jubilar zusammen mit seinem Sohn und dem inzwischen verstorbenen ehemaligen Präsidenten des Bundesverfassungsgerichts Ernst Benda verfasst hat.[2] Die Darstellung orientiert sich dabei eng an der bundesverfassungsgerichtlichen Rechtsprechung und den dort entwickelten Abgrenzungskriterien, speziell der sog. Heckschen Formel.[3] Freilich stellt sich hierbei das Problem, dass deren Geltung im rechtswissenschaftlichen Schrifttum keineswegs unumstritten ist. Zudem hält sich selbst das BVerfG nicht immer an diese Grundsätze, sondern ergänzt sie häufig durch andere Gesichtspunkte. Problematisch ist in diesem Zusammenhang vor allem, dass sich das BVerfG bei der Bestimmung des Umfangs seiner Prüfungsbefugnis selbst einen gewissen Freiraum zubilligt, ohne dessen Verhältnis zu Art. 101 Abs. 1 S. 2 GG auch nur zu diskutieren.

Dadurch entsteht im Ergebnis eine weit gefächerte und in ihren zahlreichen Verästelungen selbst für den Fachmann kaum noch übersehbare Kasuistik, die zwangsläufig auf Kosten der Rechtssicherheit gehen muss und die den Erfolg einer Verfassungsbeschwerde noch schwerer kalkulierbar macht, als dieser – nicht zuletzt vor dem Hintergrund des in § 93a BVerfGG geregelten Annahmeverfahrens – ohnehin schon ist. Freilich stellt gerade die auf diese Weise erzeugte Unberechenbarkeit der verfassungsgerichtlichen Rechtsprechung für Personen, die vor den Fachgerichten gescheitert sind, oftmals einen Anreiz dar, die letzte Chance eines verfassungsgerichtlichen Rechtsschutzes zu nutzen. Dies trägt nicht unwesentlich zur Überlastung der Verfassungsgerichtsbarkeit bei, die zwangsläufig auf Kosten der Effektivität des verfassungsgerichtlichen Rechtsschutzes gehen muss. Die Dynamisierung und Expansion des Verfassungsrechts, wie sie durch dessen immer stärkere Aufladung mit unterverfassungsrechtlichen Rechtsgehalten erzeugt wird, muss diese Entwicklung noch verstärken.

Der Dschungel an Lösungsansätzen zur Bewältigung der Problematik lässt den Versuch lohnend erscheinen, eine Systematik zu entwickeln, mittels derer die Überprüfungsbefugnis des BVerfG in Bezug auf fachgerichtliche Entscheidungen anhand messbarer Kriterien konturiert werden kann. Dabei wird sich zu zeigen haben, ob ein solches Unterfangen tatsächlich – wie mitunter angenommen wird[4] – hoffnungslos und zum Scheitern verurteilt ist oder ob doch auf diesem Wege eine zumindest partielle Reduktion von Komplexität möglich erscheint. Einer solchen verfassungs- und gesetzesgeleiteten Systematik steht jedenfalls nicht von vornherein entgegen, dass das BVerfG sich bei seiner Rechtsprechung von dieser Systematik möglicherweise teilweise entfernt hat, denn selbstverständlich ist auch das BVerfG nicht davor gefeit,

---

[2] s. hierzu *Benda/Klein/Klein* (Fn. 1), Rn. 466 ff.

[3] Entwickelt in BVerfGE 18, 85, 92 f. durch den früheren Richter am BVerfG und Berichterstatter des Verfahrens; s. zur Heckschen Formel *Benda/Klein/Klein* (Fn. 1), Rn. 478 f.; *Bethge* (Fn. 1), § 90, Rn. 316; *Lechner/Zuck* (Fn. 1), § 90, Rn. 48.

[4] *Korioth* (Fn. 1), 74.

rechtsfehlerhaft zu handeln, und ein Ausbrechen aus einer rechtlich geleiteten Systematik kann diese – zumal vor dem Hintergrund des Art. 101 Abs. 1 S. 2 GG – allein noch nicht in Frage stellen.

II. Zur Notwendigkeit einer Begrenzung der verfassungsgerichtlichen Überprüfungsbefugnis auf unmittelbare Grundrechtsverletzungen

Ausgangspunkt bei einer Bestimmung der Grenzen verfassungsgerichtlicher Überprüfung fachgerichtlicher Entscheidungen hat die Unterscheidung zwischen Verfassungsrecht, speziell Grundrechten, und einfachem, unter der Verfassung angesiedeltem Recht zu sein. Das ergibt sich aus Art. 93 Abs. 1 Nr. 4a GG und § 90 BVerfGG, wonach der Beschwerdeführer einen Akt öffentlicher Gewalt nur mit der Behauptung angreifen kann, hierdurch in einem seiner Grundrechte oder in einem seiner in Art. 20 Abs. 4, Art. 33, 38, 101, 103 und 104 GG enthaltenen Rechte verletzt zu sein. An dieser Regelung wird deutlich, dass die Prüfungsbefugnis des BVerfG auf die Verletzung von Grundrechten und grundrechtsähnlichen Rechten beschränkt ist, also keine allgemeine Rechtskontrolle stattzufinden hat, wie sie den Fachgerichten obliegt. Erhärtet wird dieser Befund durch Art. 95 GG, der die Auslegung und Anwendung des einfachen Rechts grundsätzlich den einzelnen Zweigen der Fachgerichtsbarkeit zuweist und damit einer Deutung des Verfassungsbeschwerdeverfahrens als einer Superrevisionsinstanz in Bezug auf unterverfassungsrechtliche Bestimmungen entgegensteht. Die Bejahung einer solchen Kompetenz ginge auch daran vorbei, dass die Fachgerichte im Hinblick auf ihre größere Sachnähe und Fallanschauung wie auch ihre stetige Befassung mit Fragen des jeweiligen Fachrechts dem BVerfG auf diesem Sektor zwangsläufig überlegen sein müssen. Aus diesem Grund verbietet sich erst recht ein Verständnis der Verfassungsbeschwerde als Superberufungsverfahren,[5] dem dann grundsätzlich auch die Feststellung des entscheidungserheblichen Sachverhalts obliegen müsste.

Schwierigkeiten bei einer Abgrenzung verfassungsgerichtlicher und fachgerichtlicher Prüfungskompetenzen, die an die Unterscheidung von Verfassungsrecht und Unterverfassungsrecht anknüpft, ergeben sich allerdings daraus, dass die Verletzung einfachen Rechts durch einen den Grundrechtsträger belastenden Akt der öffentlichen Gewalt in Konsequenz des Elfes-Urteils[6] immer mit einer mittelbaren Verletzung von Freiheitsgrundrechten einhergeht. Dies folgt daraus, dass die speziellen Freiheitsgrundrechte ebenso wie das allgemeine Grundrecht der Handlungsfreiheit (Art. 2 Abs. 1 GG) vor jedem, aus welchen Gründen auch immer rechtswidrigen Eingriff in ihren Schutzbereich schützen. Überdies begründet ein solches rechtswidriges Verhalten zudem stets eine Verletzung des Gleichheitsgrundrechts. Jenes ist dabei nicht nur dann verletzt, wenn eine fachgerichtliche Entscheidung zu einer rechtswid-

---

[5] s. hierzu auch *Schenke* (Fn. 1), 27 f.
[6] BVerfGE 6, 32 ff.

rigen Beschneidung von Freiheitsrechten führt, sondern ebenso dann, wenn sie dem Grundrechtsträger Ansprüche, die ihm rechtlich zustehen, aberkennt oder verkürzt. Würde man solche mittelbaren Grundrechtsverletzungen bereits ausreichen lassen, um eine Prüfungsbefugnis des BVerfG zu begründen, so stimmte dessen Prüfungsbefugnis voll mit jener der Fachgerichte überein.

Deshalb besteht heute weitgehende Einigkeit, dass das BVerfG bei einer Verfassungsbeschwerde gegen gerichtliche Entscheidungen nicht jede mittelbare Verletzung von Grundrechten zu überprüfen hat, sondern grundsätzlich nur unmittelbare Grundrechtsverletzungen. Eine Ausnahme hiervon ist nur dann zu machen, wenn die mittelbare Grundrechtsverletzung aus einer unmittelbaren Verletzung sonstiger grundgesetzlicher Bestimmungen resultiert. Bei einer Überprüfung fachgerichtlicher Entscheidungen anhand solcher grundgesetzlicher Bestimmungen bewegt sich das BVerfG nämlich in seinem ureigensten Funktionsbereich. Es nimmt hier seine Aufgabe als Hüter der Verfassung wahr, die ihm durch Fachgerichte nicht entzogen und die deshalb nicht durch eine Unkontrollierbarkeit fachgerichtlicher Entscheidungen angetastet werden darf. Zu beachten ist freilich auch hier, dass eine nur mittelbare Verletzung von sonstigem Verfassungsrecht und eine auf diese Weise begründete mittelbare Grundrechtsverletzung nicht ausreichen, um die Kontrollkompetenz des BVerfG zu aktivieren. So lässt sich die verfassungsgerichtliche Überprüfungsbefugnis nicht daraus ableiten, dass die fachgesetzliche Fehlinterpretation unterverfassungsrechtlicher Rechtsvorschriften stets eine Verletzung des Art. 20 Abs. 3 GG nach sich zieht. Andernfalls müsste auch dies eine umfassende verfassungsgerichtliche Kontrolle fachgerichtlicher Entscheidungen nach sich ziehen und damit die Grenze zwischen Verfassungs- und Fachgerichtsbarkeit aufheben.

Dass mittelbare Grundrechtsverstöße, die nur aus der Verletzung unterverfassungsrechtlicher Bestimmungen resultieren, durch das BVerfG grundsätzlich nicht überprüft werden dürfen, ist denn auch heute opinio communis. Davon geht auch das BVerfG[7] aus, wenn es sich auf die Prüfung spezifischer Grundrechtsverletzungen beschränkt und zugleich betont, dass es für eine Überprüfung fachgerichtlicher Entscheidungen, die lediglich auf einem Verstoß gegen unterverfassungsrechtliche Bestimmungen beruhen, nicht zuständig ist. Freilich wird mit dieser zutreffenden Erkenntnis das Problem mehr umschrieben als gelöst. Die entscheidende und durch die Formel von der Verletzung spezifischen Verfassungsrechts noch nicht beantwortete Frage ist nämlich, wann nur von einer Verletzung einfachen Rechts und wann auch von einer unmittelbaren Verletzung von Verfassungsrecht, insbesondere von Grundrechten, auszugehen ist. Da das Fachgericht seine Entscheidung sowohl am einfachen Recht wie auch am Verfassungsrecht zu orientieren hat, bedarf es einer Klärung, wann von einer Verletzung von einfachem Recht und wann (möglicherweise zugleich) von einer Verletzung von Verfassungsrecht auszugehen ist. Anders for-

---

[7] Vgl. schon BVerfGE 1, 418, 420; 18, 85, 92; 34, 384, 397; s. hierzu eingehend *Steinwedel* (Fn. 1).

muliert gilt es zu klären, wie das Verfassungsrecht aus dem ausschließlich vom Fachgericht anwendbaren Recht herausdestilliert werden kann.

Das scheint zwar zunächst relativ klar zu sein, wenn die fachgerichtliche Entscheidung zu einem Ergebnis führt, das von den Grundrechten missbilligt wird.[8] Aber schon hier ergeben sich Schwierigkeiten daraus, dass einfachgesetzliche Regelungen vielfach als konkretisiertes Verfassungsrecht verstanden werden und damit die Abgrenzung zwischen Verfassungsrecht und Unterverfassungsrecht zu einem Problem wird. Die einfachgesetzliche Bestimmung, die das Fachgericht möglicherweise nicht beachtet hat, trägt ihren gleichzeitigen Verfassungsrang nicht auf der Stirn, sondern muss erst herauspräpariert werden. Das stellt das BVerfG vor allem deshalb vor erhebliche Probleme, weil der einfache Gesetzgeber bei seiner Konkretisierung grundrechtlicher Bestimmungen häufig über das verfassungsrechtlich gebotene Mindestmaß hinausgeht, was eine trennscharfe Grenzziehung zwischen Verfassungsrecht und dem der Jurisdiktion des BVerfG grundsätzlich entzogenen Unterverfassungsrecht zwangsläufig kompliziert. Deutlich werden die sich hier stellenden Schwierigkeiten insbesondere im Verwaltungsrecht, das in Anlehnung an eine häufig zitierte Formulierung des früheren Präsidenten des BVerwG Fritz Werner[9] vielfach als „konkretisiertes Verfassungsrecht" verstanden wird.

Die Abgrenzung zwischen einer Verletzung nur einfachgesetzlicher Bestimmungen und einer Verletzung von Verfassungsrecht wird zusätzlich dadurch erschwert, dass – wie noch später näher zu zeigen sein wird – eine unmittelbare Verletzung von Verfassungsrecht keineswegs nur daraus zu resultieren braucht, dass das Ergebnis einer fachgerichtlichen Entscheidung verfassungsrechtlich zu beanstanden ist. Deren Verfassungswidrigkeit kann sich nämlich auch daraus ergeben, dass die fachgerichtliche Willensbildung rechtlich zu beanstanden und deren Ergebnisrelevanz nicht auszuschließen ist. Dabei braucht die entsprechende Willensbildung der Fachgerichte keineswegs nur auf einer Verletzung prozessualer Grundrechte zu beruhen. Sie kann vielmehr auch daraus resultieren, dass die Fachgerichte materiell-rechtliche grundrechtliche Vorgaben bei ihrer Entscheidungsfindung nicht ausreichend beachtet haben.

In Übereinstimmung mit dem vorher Gesagten empfiehlt es sich bei der Bestimmung der Grenzen, die dem BVerfG bei der Überprüfung fachgerichtlicher Entscheidungen gesetzt sind, danach zu differenzieren, ob deren Ergebnis unmittelbar verfassungsrechtlich zu beanstanden ist (dazu III.) oder ob die Beanstandung nur bei der fachgerichtlichen Willensbildung ansetzt (dazu IV.).

---

[8] s. zur Überprüfungsbefugnis des BVerfG bei einem unmittelbaren Verstoß des Auslegungsergebnisses einer fachgerichtlichen Entscheidung gegen das GG z. B. BVerfGE 32, 311, 316; 35, 202, 218 f. und dazu *Herzog* (Fn. 1), 438.

[9] *F. Werner*, DVBl. 1959, 527.

III. Das grundrechtlich zu beanstandende Ergebnis einer fachgerichtlichen Entscheidung

1. Fehlen einer wirksamen Ermächtigungsgrundlage

Das Ergebnis einer fachgerichtlichen Entscheidung ist unter unmittelbar grundrechtlichen Gesichtspunkten immer dann zu beanstanden, wenn die Entscheidung auf einem verfassungswidrigen und deshalb grundsätzlich nichtigen Parlamentsgesetz beruht.[10] In diesem Fall führt die gebotene verfassungsgerichtliche Überprüfung des Gesetzes immer zugleich zu einer durch das BVerfG feststellbaren Grundrechtsverletzung. Bei dieser überschreitet das Verfassungsgericht seine Funktion als Hüter der Verfassung nicht, sondern nimmt sie ganz im Gegenteil in der gebotenen Weise wahr.[11] Eine Kollision mit den Kompetenzen der Fachgerichte scheidet bei formellen nachkonstitutionellen Gesetzen, die gegen höherrangiges Recht verstoßen, im Übrigen schon deshalb aus, weil hier die Fachgerichte – anders als das BVerfG – gar nicht befugt sind, ein gegen das Grundgesetz oder (bei Landesgesetzen) gegen höherrangiges Bundesrecht verstoßendes formelles nachkonstitutionelles Gesetz zu verwerfen. Vielmehr haben sie dieses gem. Art. 100 GG dem BVerfG vorzulegen.

Auf untergesetzliche Vorschriften ist Art. 100 GG zwar nicht anwendbar. Verstoßen diese aber unmittelbar gegen das Grundgesetz, liegt in der fachgerichtlichen Anwendung einer solchen den Beschwerdeführer belastenden Norm dennoch immer ein im Wege der Verfassungsbeschwerde zu rügender Grundrechtsverstoß. Das BVerfG nimmt auch hier bei der Inanspruchnahme einer Kontrollbefugnis seine Funktion als Hüter der Verfassung wahr, wie sie u. a. in Art. 93 Abs. 1 Nr. 2 GG ihren Ausdruck findet. So ist beispielsweise eine fachgerichtliche Entscheidung, die auf der Basis einer bundesgesetzlichen Rechtsverordnung erlassen wurde, der es an der nach Art. 80 Abs. 1 S. 1 GG erforderlichen gesetzlichen Ermächtigungsgrundlage fehlt, durch das BVerfG aufzuheben. Dasselbe gilt, wenn zwar eine gesetzliche Ermächtigungsgrundlage vorhanden ist, der Verordnungsgeber es aber versäumte, diese in der Rechtsverordnung anzugeben, und dadurch Art. 80 Abs. 1 S. 3 GG verletzte. Genügt die gesetzliche Ermächtigungsgrundlage nicht dem in Art. 80 Abs. 1 S. 2 GG aufgestellten Bestimmtheitserfordernis, ergibt sich die verfassungsgerichtliche Aufhebungsbefugnis (zusätzlich) bereits aus der unmittelbaren Verfassungswidrigkeit der Gesetzesermächtigung.

Schwieriger zu beantworten ist die Frage, ob eine verfassungsgerichtliche Überprüfungsbefugnis besteht, hingegen dann, wenn die Nichtigkeit einer vom Fachgericht angewendeten untergesetzlichen bundesrechtlichen Vorschrift nur auf einem Verstoß gegen unterverfassungsrechtliches Bundesrecht beruht. Bei einer dadurch begründeten mittelbaren Grundrechtsverletzung lassen sich Art. 93 Abs. 1 Nr. 2

---

[10] BVerfGE 68, 337, 344 f.; 86, 71, 77; 97, 117, 122.

[11] s. auch *Herzog* (Fn. 1), 433: „Hauptaufgabe des Bundesverfassungsgerichts (ist) die Überprüfung des diesen (gemeint sind Verwaltungs- bzw. Gerichtsakte) zugrundeliegenden Gesetzes".

GG – anders als bei mit Bundesrecht unvereinbaren landesrechtlichen Rechtsverordnungen – prima facie keine Anhaltspunkte für eine Überprüfungsbefugnis des BVerfG entnehmen. Das gilt jedenfalls dann, wenn man Art. 93 Abs. 1 Nr. 2 GG mit der heute wohl h. M.[12] so interpretiert, dass einfache Bundesgesetze als unmittelbarer Prüfungsmaßstab für untergesetzliches Bundesrecht ausscheidet.[13]

Trotzdem wäre es voreilig bereits hieraus abzuleiten, dass dasselbe auch für eine Urteilsverfassungsbeschwerde (wie auch für eine Rechtssatzverfassungsbeschwerde) zu gelten habe. Anders als bei Art. 93 Abs. 1 Nr. 2 GG liegt hier in der fachgerichtlichen Anwendung der nichtigen Norm zugleich eine mittelbare Verletzung von Grundrechten, womit materiell-rechtlich in der Tat ein Brückenschlag zur Verfassung möglich ist. Die besonderen funktionell-rechtlichen Gründe, welche sonst bei mittelbaren fachgerichtlichen Grundrechtsverletzungen deren verfassungsgerichtliche Überprüfung aus prozessrechtlichen Gesichtspunkten grundsätzlich ausschließen, treffen bei der Anwendung einer nichtigen Norm durch die Fachgerichte aber gerade nicht zu. Bei Bejahung einer diesbezüglichen Prüfungsbefugnis ist das BVerfG nämlich nach § 95 Abs. 3 S. 2 BVerfGG[14] zwangsläufig zur prinzipalen Feststellung der Nichtigkeit der Norm verpflichtet, die das Fachgericht zu Unrecht angewandt hat. Insoweit tritt das BVerfG aber gerade nicht in Konkurrenz zur Fachgerichtsbarkeit, denn dieser ist – vorbehaltlich des § 47 VwGO – eine prinzipale Normenkontrolle nicht erlaubt. Die verfassungsgerichtliche prinzipale Normenkontrolle stellt damit keinen Übergriff in die durch Art. 95 GG institutionell gesicherte Zuständigkeit der Fachgerichte dar. Sie tastet auch nicht deren Interpretationskompetenz in Bezug auf unterverfassungsrechtliche Bestimmungen an, denn das BVerfG hat bei der Überprüfung der Gültigkeit einer Norm grundsätzlich sowohl deren fachgerichtliche Auslegung wie auch die fachgerichtliche Auslegung des Bundesgesetzes zugrunde zu legen, das es als Prüfungsmaßstab heranzieht. Hätte das Fachgericht sich rechtmäßig verhalten, hätte es eine bundesrechtliche Rechtsverordnung oder Satzung, die gegen einfaches Bundesgesetz verstieß, schon wegen Art. 20 Abs. 3 GG nicht anwenden dürfen. Wenn es diese Normen dennoch in rechts- und verfas-

---

[12] So z.B. *Benda/Klein/Klein* (Fn. 1), Rn. 690 f.; *B. Pieroth*, in: H. Jarass/B. Pieroth (Hrsg.), Grundgesetz, 11. Aufl. 2011, Art. 93, Rn. 27; *Pestalozza* (Fn. 1), § 8, Rn. 11; *Schlaich/Korioth* (Fn. 1), Rn. 131.

[13] Geht man hingegen davon aus, dass Art. 93 Abs. 1 Nr. 2 GG auch die Kontrolle untergesetzlicher bundesrechtlicher Vorschriften unmittelbar am Maßstab einfacher Bundesgesetze zulässt (so *C. Degenhart*, Staatsrecht I, 27. Aufl. 2011, Rn. 779; *S. Detterbeck*, Streitgegenstand und Entscheidungswirkungen im Öffentlichen Recht, 1995, 424; *K. Hesse*, Grundzüge des Verfassungsrechts der Bundesrepublik Deutschland, 20. Aufl. 1995, Rn. 681; *A. v. Mutius*, Jura 1987, 540 f.; *A. Rinken*, in: AK-GG, Bd. II, 3. Aufl. 2002, Art. 93, Rn. 27; *Stern* [Fn. 1], Art. 93, Rn. 264), so ergibt sich schon allein hieraus, dass das BVerfG auch im Rahmen einer Urteilsverfassungsbeschwerde die Gesetzmäßigkeit auch untergesetzlichen Bundesrechts zu überprüfen hat.

[14] Dass unter Gesetz i. S. des § 95 Abs. 3 BVerfGG auch untergesetzliche Rechtsvorschriften zu verstehen sind, entspricht einhelliger Rechtsauffassung, vgl. z.B. *D. Hömig,* in: T. Maunz/B. Schmidt-Bleibtreu/F. Klein/H. Bethge (Hrsg.), BVerfGG, § 95, Rn. 36.

sungswidriger Weise anwendet, verdient es keinen Schutz gegenüber dem BVerfG, das einen solchen Rechtsverstoß korrigiert.

Für eine Prüfungskompetenz des BVerfG spricht vor allem die (auch) objektivrechtliche Funktion, die einer Urteilsverfassungsbeschwerde zukommt und die u. a. in § 95 Abs. 3 S. 2 BVerfGG ihren Ausdruck findet. Die prinzipale und allgemeinverbindliche Feststellung der Nichtigkeit einer Norm kommt eine Funktion zu, die der Fachgerichtsbarkeit grundsätzlich nicht offen steht und die außerhalb des den Fachgerichten durch Art. 95 GG reservierten Zuständigkeitsbereichs liegt. Sie sprengt den Rahmen tradierter Rechtsprechung. Es handelt sich bei ihr um eine typische verfassungsgerichtliche Tätigkeit. Deshalb wird sie häufig auch als materielle Verfassungsgerichtsbarkeit bezeichnet, die als solche grundsätzlich in den Zuständigkeitsbereich des BVerfG und nicht der Fachgerichte (s. Art. 95 GG) falle.[15] Für diese Ansicht spricht neben anderen, an dieser Stelle nicht weiter ausbreitbaren Argumenten[16] auch, dass das BVerfG[17] bei der Beurteilung landesverfassungsrechtlicher Bestimmungen, welche – anders als Art. 100 Abs. 1 GG – eine konkrete verfassungsgerichtliche Kontrolle auch gegen untergesetzlichen Rechtsvorschriften am Maßstab von höherrangigem Recht vorsehen (so Art. 92 BayVerf.), gleichfalls die Ansicht vertrat, dass es sich bei einer solchen Normenkontrolle um materielle Verfassungsgerichtsbarkeit handele und deshalb eine derartige landesrechtliche Ausgestaltung der Normenkontrolle nicht beanstandete. Ebenso ging der Gesetzgeber[18] bei der Schaffung des § 47 VwGO davon aus, dass die prinzipale Überprüfung untergesetzlicher Rechtsvorschriften „ihrem Wesen nach an sich zur Verfassungsgerichtsbarkeit gehört" und schränkte deshalb die oberverwaltungsgerichtliche Normenkontrolle durch die noch heute geltende Vorbehaltsklausel des § 47 Abs. 3 VwGO ein.

Selbst wenn man die Qualifikation prinzipaler Normenkontrolle als materielle Verfassungsgerichtsbarkeit wegen der mit ihr verbundenen Konsequenzen in Verbindung mit § 40 Abs. 1 S. 1 VwGO ablehnt,[19] steht aber jedenfalls fest, dass die Grün-

---

[15] Zum Charakter prinzipaler Normenkontrollen als materielle Verfassungsgerichtsbarkeit s. näher *W.-R. Schenke*, AöR 131 (2006), 117, 130 ff.; *J. Kraayvanger*, Der Begriff der verfassungsrechtlichen Streitigkeit i. S. des § 40 Abs. 1 S. 1 VwGO, 2004, 103 ff.; *R. Pietzner*, in: F. Schoch/E. Schmidt-Aßmann/R. Pietzner (Hrsg.), VwGO, § 183, Rn. 24; *J. Ziekow*, in: H. Sodan/J. Ziekow (Hrsg.), VwGO, 3. Aufl. 2010, § 47, Rn. 9 m. w. Nachw. in Fn. 10.

[16] Hierzu eingehender *Schenke*, AöR 131 (2006), 130 ff.

[17] BVerfGE 1, 184, 201; 4, 178, 188.

[18] BT-Dr. 3/55, 33. Nicht überzeugend ist es deshalb, wenn *Bethge* (Fn. 1), § 90, Rn. 392 gerade § 47 VwGO als Beweis dafür anführt, dass die prinzipale Normenkontrolle untergesetzlicher Rechtsvorschriften keine materielle Verfassungsgerichtsbarkeit darstelle. Im Übrigen schließt die Qualifikation der prinzipalen Normenkontrolle als materielle Verfassungsgerichtsbarkeit keineswegs aus, diese – vorbehaltlich grundgesetzlicher Regelungen wie Art. 100 Abs. 1 GG – (auch) den Fachgerichten zuzuweisen, um dadurch das BVerfG zu entlasten.

[19] So z.B. *H. Bethge*, Jura 1998, 553; *ders.,* in: Festschrift für Schenke, 2011, 61, 77 f.; *ders.* (Fn. 1), § 90, Rn. 392; *J.-H. Pielow*, DV 1999, 445 (468); *H. Sodan*, in: Festschrift für

de, welche sonst für eine Beschränkung der verfassungsgerichtlichen Überprüfung von fachgerichtlichen Entscheidungen sprechen, auch für eine Kontrolle untergesetzlichen Bundesrechts am Maßstab von einfachen Bundesgesetzen nicht gelten. Deshalb wird denn durchaus zu Recht ganz überwiegend für eine uneingeschränkte Prüfungsbefugnis des BVerfG auch in Bezug auf untergesetzliche Normen plädiert[20], die der angegriffenen fachgerichtlichen Entscheidung zugrunde liegen.

Eine zusätzliche Stütze für die bundesverfassungsgerichtliche Kontrolle untergesetzlichen Bundesrechts auf seine Vereinbarkeit mit einfachen Bundesgesetzen ergibt sich im Übrigen auch aus der neueren bundesverfassungsgerichtlichen Rechtsprechung zu Art. 93 Abs. 1 Nr. 2 GG. Das BVerfG hatte sich hier mit der Frage zu befassen, ob es trotz der in Art. 93 Abs. 1 Nr. 2 GG normierten Beschränkung der Überprüfung bundesrechtlicher Vorschriften auf ihre Vereinbarkeit mit dem Grundgesetz vorfrageweise die Vereinbarkeit einer Rechtsverordnung mit einfachgesetzlichem Bundesrecht zu überprüfen habe. Es bejahte dies mit der Begründung, „nur so läßt sich feststellen, daß für die Prüfung, ob die Verordnung mit dem Grundgesetz übereinstimmt, ein gültiger Gegenstand gegeben ist. Anders als im konkreten Normenkontrollverfahren nach Art. 100 Abs. 1 GG ist hier ein anderes für diese Entscheidung zuständiges Organ nicht vorhanden"[21]. In Konsequenz dieser Entscheidung hat das BVerfG nicht nur zu überprüfen, ob für eine Rechtsverordnung eine dem Art. 80 Abs. 1 S. 2 GG entsprechende Ermächtigungsgrundlage vorhanden ist, sondern auch, ob sie im Übrigen mit einfachen Bundesgesetzen übereinstimmt. Entsprechendes muss dann aber für eine Urteilsverfassungsbeschwerde gelten. Wenn das BVerfG in diesem Zusammenhang zu prüfen hat, ob die fachgerichtliche Interpretation einer untergesetzlichen Norm spezifisches Verfassungsrecht verletzt, setzt dies in der Logik der bundesverfassungsgerichtlichen Rechtsprechung gleichfalls voraus, dass die Norm nicht bereits wegen eines Verstoßes gegen einfaches Bundesgesetz ungültig ist. Eine solche Überprüfung ist hier sogar in besonderem Maße angezeigt, weil es zum einen bei einer Urteilsverfassungsbeschwerde – anders als bei Art. 93 Abs. 1 Nr. 2 GG – um den Schutz subjektiver Grundrechte geht, zum anderen es aber bei einer Verfassungsbeschwerde – auch insoweit abweichend von Art. 93 Abs. 1 Nr. 2 GG – an einer ausdrücklichen Beschränkung der bundesverfassungsgerichtlichen Kontrolle am Maßstab von einfachen Bundesgesetzen fehlt.

Schenke, 2011, 1259, 1272 ff.; ebenso in der Rspr. BVerwGE 80, 355, 357 und unter Berufung hierauf BVerfG, NVwZ 1998, 169, 170.

[20] *Burmeister*, DVBl. 1969, 610; *Pestalozza* (Fn. 1), § 12, Rn. 15; *H.H. Rupp*, NJW 1966, 2038 ff.; *W.-R. Schenke*, Rechtsschutz bei normativem Unrecht, 1979, 264 ff.; *ders.* (Fn. 1), 58 ff.; *Schumann* (Fn. 1), 181 ff.; *Stern* (Fn. 1), Art. 93, Rn. 713; *R. Zuck*, Das Recht der Verfassungsbeschwerde, 2. Aufl. 1988, Rn. 472, Fn. 726 (der sich aber de lege ferenda für eine tatbestandsmäßige Beschränkung der bundesverfassungsgerichtlichen Normenkontrolle aussprach); ebenso in der verfassungsgerichtlichen Rspr. BVerfGE 7, 111, 118 f.; 9, 3, 12; 19, 248 f.; 45, 400, 413; 53, 366, 390; a. A. *K.A. Bettermann*, AöR 86 (1986), 129 (157); *Papier*, in: Bundesverfassungsgericht (Fn. 1), 439 ff.

[21] BVerfGE 101, 1, 31; ebenso BVerfGE 106, 1, 12; zustimmend *Pieroth* (Fn. 12), Art. 93, Rn. 27; *R. Tillmanns*, DÖV 2001, 728 ff.; a. A. aber *Benda/Klein/Klein* (Fn. 1), Rn. 691.

Auch wenn das BVerfG nach dem vorher Gesagten nicht darauf beschränkt ist, nur die unmittelbare Grundgesetzwidrigkeit von Normen zu überprüfen, die einer fachgerichtlichen Entscheidung zugrunde liegen, bedeutet dies allerdings nicht, dass es diese Normen uneingeschränkt auf ihre Vereinbarkeit mit höherrangigem Recht zu überprüfen hat. Einschränkungen seiner Überprüfungsbefugnis ergeben sich vielmehr aus den Kompetenzen der Landesverfassungsgerichte. Zu Recht hat es deshalb das BVerfG[22] abgelehnt, eine landesrechtliche Vorschrift auf ihre Vereinbarkeit mit Landesverfassungsrecht zu überprüfen. Zwar liegt in einem entsprechenden Verstoß zugleich eine mittelbare Verletzung des Art. 2 Abs. 1 GG bzw. spezieller Freiheitsgrundrechte, jedenfalls zumindest eine Verletzung des Art. 3 GG. Würde das BVerfG aber eine Norm aus diesem Grunde für nichtig erklären, so läge hierin ein unzulässiger Übergriff in die den Ländern reservierte Landesverfassungsgerichtsbarkeit.

Aus entsprechenden Gründen ist es dem BVerfG untersagt, eine durch das Fachgericht angewandte Norm daraufhin zu überprüfen, ob sie mit europäischem Gemeinschaftsrecht bzw. Unionsrecht in Einklang steht.[23] Andernfalls griffe es unzulässig in die Kompetenzen des EuGH ein. Bei nicht mehr verständlicher und offensichtlich unhaltbarer Nichtvorlage hat es aber das BVerfG im Rahmen einer Urteilsverfassungsbeschwerde zu beanstanden, wenn es ein Fachgericht entgegen Art. 267 Abs. 3 AEUV versäumt hat, einer Vorlageverpflichtung nachzukommen.[24] Hierin liegt eine Verletzung des Art. 101 Abs. 1 S. 2 GG, da auch der EuGH ein gesetzlicher Richter i. S. des Art. 101 Abs. 1 S. 2 GG ist.[25] In Verbindung mit einer auf Art. 101 Abs. 1 S. 2 GG gestützten Verfassungsbeschwerde hat das BVerfG Unionsrecht vorfrageweise zu überprüfen.

Noch nicht geklärt ist, ob und ggf. inwieweit das BVerfG auch bei einer Verfassungsbeschwerde, die sich gegen eine oberverwaltungsgerichtliche Normenkontrollentscheidung gem. § 47 VwGO richtet, zu überprüfen hat, ob das OVG zu Recht davon ausging, dass die untergesetzliche Rechtsnorm nicht gegen Gesetzesrecht verstößt. Hier sprechen im Hinblick auf die durch § 47 VwGO bezweckte Entlastung des BVerfG gute Gründe dafür, die verfassungsgerichtliche Überprüfung der Vereinbarkeit der landesrechtlichen untergesetzlichen Vorschrift mit höherrangigem Bundesrecht zu limitieren und insoweit nur auf die allgemeinen Grundsätze zurückzugreifen, welche für die Überprüfung fachgerichtlicher Entscheidungen gelten.[26] Rechtfertigen lässt sich dies zum einen durch die Entlastungsfunktion, die dem § 47 VwGO im Verhältnis zur Verfassungsbeschwerde zukommen soll, zum anderen aber auch dadurch, dass eine oberverwaltungsgerichtliche Feststellung der Unwirk-

---

[22] BVerfGE 41, 88, 119 f.; 60, 175, 208; 64, 301, 317.

[23] BVerfGE 31, 145, 174 f.; 82, 159, 191; 110, 141, 154 f.; 115, 276, 299; *Benda/Klein/Klein* (Fn. 1), Rn. 470.

[24] Zum Umfang der Vorlageverpflichtung gem. Art. 267 Abs. 3 AEUV s. *F. Kopp/W.-R. Schenke*, Verwaltungsgerichtsordnung, 18. Aufl. 2012, § 94, Rn. 20 ff.; BVerfG, NJW 2010, 3422.

[25] BVerfGE 73, 339, 366 ff.; *Benda/Klein/Klein* (Fn. 1), Rn. 471.

[26] s. schon *Schenke* (Fn. 1), 59.

samkeit einer Norm ebenso wie die verfassungsgerichtliche Feststellung ihrer Nichtigkeit allgemein verbindlich ist. Deshalb gilt hier das einschränkende Erfordernis einer spezifischen Verfassungsrechtsverletzung ohne Einschränkung. Bezeichnenderweise hat denn auch das BVerfG[27] in seinem Urteil zu den Hamburger Bebauungsplangesetzen, gegen die es – wenn auch zu Unrecht – eine Normenkontrolle gem. § 47 Abs. 1 Nr. 1 VwGO als statthaft ansah, auf die Formel vom spezifischen Verfassungsrecht rekurriert.

2. Unvereinbarkeit mit verfassungskonformer Auslegung eines Gesetzes

Ebenso wie das BVerfG grundsätzlich zu überprüfen hat, ob die mit einer Urteilsverfassungsbeschwerde angegriffene fachgerichtliche Entscheidung zu Unrecht von der Gültigkeit einer nichtigen gesetzlichen Regelung ausging, hat es – aus entsprechenden Gründen – auch zu kontrollieren, ob die fachgerichtliche Entscheidung auf einer Missachtung der gebotenen verfassungskonformen Auslegung der Norm beruht.[28] Da hier nur eine, nämlich die durch die Verfassung gebotene Auslegung der Norm in Betracht kommt, liegt in der Korrektur einer solchen fachgerichtlichen Entscheidung nie ein unzulässiger Eingriff in die Zuständigkeit der Fachgerichte zur Auslegung unterverfassungsrechtlicher Normen.

Verfassungsgerichtlich zu beanstanden ist es gleichermaßen, wenn das Fachgericht einer nichtigen Norm unter Überdehnung der verfassungskonformen Auslegung einen Inhalt gibt, der sich bei Zugrundelegung herkömmlicher, jedenfalls partiell bereits im Grundgesetz angelegten Auslegungsregelungen nicht mehr vertreten lässt. In diesem Fall ergibt sich die Kontrollbefugnis des BVerfG zusätzlich daraus, dass sich das Fachgericht die Funktion eines Ersatzgesetzgebers angemaßt hat[29] und das BVerfG dazu berufen ist, die Einhaltung der Grenzen richterlicher Rechtsfortbildung zu überwachen[30] (s. dazu auch näher unter III. 7.). Bei formellen nachkonstitutionellen Gesetzen begründet es zudem einen Verstoß gegen Art. 100 Abs. 1 GG, wenn das Fachgericht es unterlassen hat, ein nichtiges Gesetz nach dieser Vorschrift vorzulegen. Dieser Verstoß führt zu einer im Wege der Verfassungsbeschwerde rügbaren Verletzung des Art. 101 Abs. 1 S. 2 GG (s. dazu unten IV. 1.).

Das BVerfG ist allerdings bei mehreren durch die Verfassung erlaubten Auslegungen einer Norm nicht befugt, eine fachgerichtliche Entscheidung deshalb zu beanstanden, weil sie nicht diejenige Auslegung gewählt hat, die dem betroffenen Grund-

---

[27] BVerfGE 70, 36, 56; dazu *Schenke*, DVBl. 1985, 1367 ff.
[28] s. zur Prüfungsbefugnis des BVerfG in diesen Fällen BVerfGE 62, 323, 333; 66, 313, 319; 69, 1, 55.
[29] s. hierzu *Schenke* (Fn. 1), 41 f.
[30] s. hierzu auch *Benda/Klein/Klein* (Fn. 1), Rn. 487 sowie *Alleweldt* (Fn. 1), 302 ff.

recht zur optimalen Wirksamkeit verhilft.[31] Wäre man hier anderer Ansicht, müsste dies zwangsläufig einfaches Recht und Verfassungsrecht unzulässig vermischen und damit die verfassungsgerichtliche Kontrolle ausufern lassen.[32]

3. Unmittelbarer Verstoß gegen Verfassungsrecht

Eine Prüfungsbefugnis des BVerfG ist ferner immer dann gegeben, wenn das Fachgericht bei der Entscheidung eines Einzelfalls unmittelbar Verfassungsrecht auszulegen hatte und es dabei fehlinterpretierte. Das gilt z. B. dann, wenn es den Begriff des politisch Verfolgten i. S. des Art. 16a GG verkennt, an den die Gewährung des Asylrechts geknüpft ist.[33] Ein solcher Fall liegt etwa dann vor, wenn das Fachgericht zu Unrecht davon ausgeht, dass eine von ihm festgestellte Verfolgung aus religiösen Gründen keine politische Verfolgung i. S. des Art. 16a GG darstellt, und deshalb einen Asylantrag ablehnt. Dabei spielt es für die verfassungsgerichtliche Überprüfungsbefugnis keine Rolle, ob der Gesetzgeber den Begriff in dem einfachen Gesetz, das das Asylrecht konkretisiert, ebenfalls verwandt hat, denn der einfache Gesetzgeber ist jedenfalls wegen des Vorrangs des Verfassungsrechts nicht befugt, diesen Begriff enger zu interpretieren als der Verfassungsgesetzgeber. Hat das Fachgericht nicht geprüft, ob eine Verfolgung aus religiösen Gründen vorliegt, und hat es diesbezüglich keine eigenen Feststellungen getroffen, kann das BVerfG die diesbezüglichen Feststellungen selbst treffen. Es ist aber auch nicht gehindert, die Entscheidung aufzuheben, die Sache gem. § 95 Abs. 2 BVerfGG zurückzuverweisen und dem Fachgericht damit zugleich aufzugeben, die zu treffenden Feststellungen unter Beachtung der Rechtsauffassung des BVerfG nachzuholen.

4. Die Schumannsche Formel

Über die genannten Fälle noch hinausreichen, ist von einer Prüfungsbefugnis des BVerfG immer auch dann auszugehen, wenn der fachgerichtlichen Entscheidung eine Rechtsauffassung zugrunde liegt, die verfassungswidrig und nichtig wäre, wenn sie allgemein als Norm gedacht würde. Bei einer solchen Fallkonstellation, die der sogenannten Schumannschen Formel[34] zugrunde liegt, wird der in der Methodenlehre zunehmenden Erkenntnis vom rechtsschöpferischen Charakter der richterlichen Tätigkeit Rechnung getragen. Dieser rechtfertigt es, Rechtsnormen und das der Konkretisierung dieser Rechtsnormen dienende Richterrecht gleich zu behandeln, wenn der Entscheidung des Fachgerichts eine Rechtsauffassung zugrunde

---

[31] s. hierzu *Schenke* (Fn. 1), 41; *K. A. Bettermann*, Die verfassungskonforme Auslegung, Grenzen und Gefahren, 1986, 44; der Sache nach auch BVerfGE 40, 88, 94; a. A. aber wohl BVerfGE 8, 210, 221.

[32] Vgl. auch *Starck*, JZ 1996, 1036.

[33] *Schlaich/Korioth* (Fn. 1), Rn. 328; vgl. prinzipiell auch BVerfGE 76, 143, 161 f.; 83, 216, 234; a. A. *Starck*, JZ 1996, 1037 ff.

[34] *Schumann* (Fn. 1), 206 ff.

liegt, die dann, wenn sie allgemein gedacht würde, genauso gegen Grundrechte verstieße wie eine vom Gesetzgeber getroffene inhaltsgleiche Regelung.[35] Dem Fachgericht kann nicht mehr erlaubt sein als dem Gesetzgeber. Mit dieser Methode, die auf ein „Umdenken" der Rechtsfolge in einen Rechtssatz zielt, wird in der Tat auch der Ähnlichkeit von Normenkontrolle und Interpretationskontrolle Rechnung getragen.[36] Beruht die fachgerichtliche Entscheidung eines Rechtsstreits auf einer Normauslegung, die – allgemein gedacht – eine unmittelbare Verletzung von Verfassungsrecht beinhaltete, besteht die Gefahr, dass diese Interpretation für andere vergleichbare Fälle eine präjudizierende Wirkung entfaltet und damit – ebenso wie eine verfassungswidrige Rechtsnorm – eine Vielzahl von unmittelbaren Verfassungsverstößen zur Folge hat.

Für die Feststellung der Verfassungs- und Grundrechtswidrigkeit der fiktiven Norm, die einer fachgerichtlichen Entscheidung zugrunde liegt, spielt es – ähnlich wie bei der verfassungsgerichtlichen Kontrolle der Gültigkeit einer der fachgerichtlichen Entscheidung real zugrunde liegenden Norm – keine Rolle, ob die Fehleinschätzung des Fachgerichts in Bezug auf die Gültigkeit der fiktiven Norm auf einer grundsätzlich unrichtigen Vorstellung von der Bedeutung und Tragweite eines Grundrechts beruht. Die Auslegung der fiktiven Norm ist vielmehr – genauso wie die einer existenten Norm – voll auf ihre Vereinbarkeit mit höherrangigem Recht zu überprüfen.[37]

Die Feststellung der fiktiven Norm, die der fachgerichtlichen Entscheidung zugrunde liegt, kann freilich zuweilen erhebliche Probleme aufwerfen. Sie beruhen darauf, dass es im Einzelfall schwierig sein kann, die einer fachgerichtlichen Entscheidung zugrunde liegende allgemeine Rechtsauffassung herauszudestillieren, dies u. U. sogar ganz unmöglich ist. Letzteres trifft insbesondere in den sogenannten „Pannenfällen" zu, die auf einem einmaligen fachgerichtlichen „Ausrutscher" beruhen. Die hier fehlende Möglichkeit, eine entscheidungsleitende allgemeine ratio zu bestimmen, kann aber keinen Grund dafür bieten, auch in denjenigen Fällen auf die Heranziehung der Schumannschen Formel zu verzichten, in denen sich die die Entscheidung tragende Rechtsauffassung ermitteln lässt. Wo die Anwendung der Schumannschen Formel ihre Grenzen findet, muss dann nach anderen Möglichkeiten Ausschau gehalten werden, um eine verfassungsgerichtliche Kontrolle zu begründen (s. dazu unter III. 5.).

Gänzlich unproblematisch ist die Heranziehung der Schumannschen Formel dann, wenn die fachgerichtliche Entscheidung auf einer Fehlinterpretation eines verfassungsrechtlichen Begriffs beruht, wie dies etwa in dem oben genannten Beispiel eines Fehlverständnisses des Begriffs des „politisch Verfolgten" i. S. des Art. 16 a

---

[35] s. auch *Schenke* (Fn. 1), 43.

[36] So zutreffend *Schumann* (Fn. 1), 207.

[37] Eine Anknüpfung an die Hecksche Formel, die für die Überprüfung der fachgerichtlichen Willensbildung wichtige Hinweise liefert (s. dazu unten IV. 2.), findet insoweit nicht statt (s. dazu *Herzog* [Fn. 1], 442 mit Nachweisen aus der Rspr. des BVerfG).

GG zutrifft. In diesem Fall bedarf es freilich ohnehin keines Rückgriffs auf die Schumannsche Formel, um eine Prüfungsbefugnis des BVerfG zu begründen, obwohl sie sicher auch hier zur Begründung einer solchen Prüfungsbefugnis tauglich ist.

Schwierigkeiten ergeben sich aber dort, wo es um die Kontrolle von Abwägungsentscheidungen geht, die sich in Verbindung mit einem durch die Fachgerichte gebilligten Grundrechtseingriff stellen. Das trifft insbesondere dann zu, wenn der Grundrechtseingriff einem Schutzgut dienen soll, das in der Verfassung noch nicht näher konkretisiert ist, wie z.B. der Begriff des „allgemeinen Gesetzes" i. S. des Art. 5 Abs. 2 GG. Mit der bundesverfassungsgerichtlichen Definition des allgemeinen Gesetzes als Gesetz, das „weder gegen eine bestimmte Meinung noch gegen den Prozess der freien Meinungsbildung oder gegen freie Informationen als solche gerichtet (ist), sondern auf die Wahrung eines ... allgemeinen Rechtsguts, dessen Schutzgut unabhängig davon ist, ob es durch Meinungsäußerungen oder auf andere Weise gefährdet oder verletzt wird"[38], ist noch keine Aussage darüber getroffen, um den Schutz welcher Rechtsgüter es hier geht. Es muss sich allerdings um Rechtsgüter handeln, welche in ihrer Wertigkeit mit den durch Art. 5 Abs. 1 GG geschützten Rechtsgütern vergleichbar sind. Bei der Bestimmung dieser Wertigkeit kommt zum einen den in Art. 5 Abs. 1 GG genannten Grundrechten und ihrer besondere Bedeutung für die Entfaltung der Persönlichkeit wie auch für das Demokratieprinzip Relevanz zu. Zum anderen leistet aber auch der systematische Zusammenhang der allgemeinen Gesetze mit den in Art. 5 Abs. 2 GG namentlich benannten Rechtsgütern wichtige Hilfe bei der Beantwortung der Frage nach der Gleichwertigkeit.

Bei diesen „weichen" verfassungsgesetzlichen Vorgaben ist dem Gesetzgeber zwangsläufig ein gewisser Beurteilungsspielraum bei der Bestimmung der Wertigkeit der durch die allgemeinen Gesetze geschützten Rechtsgüter zuzugestehen. Ergänzt wird dieser Beurteilungspielraum durch einen legislativen Abwägungsspielraum. Beide müssen sich zwangsläufig auf die verfassungsgerichtliche Kontrollintensität auswirken. Sie erschweren dem Verfassungsgericht die positive Beantwortung der Frage, ob die der fachgerichtlichen Entscheidung zugrunde liegende Auslegung – allgemein als Gesetz gedacht – mit der Verfassung im Einklang steht, erheblich und schränken damit die verfassungsgerichtliche Kontrolle fachgerichtlicher Entscheidungen nicht unbeträchtlich ein.

Das vorher Gesagte gilt (wenn auch in abgeschwächtem Umfang) selbst dann, wenn die zur Einschränkung eines Grundrechts ermächtigenden Rechtsgüter in der Verfassung ausdrücklich benannt sind, wie es z.B. in Bezug auf den Schutz der Ehre in Art. 5 Abs. 2 GG geschehen ist. Zwar steht dem BVerfG die Interpretation des verfassungsrechtlichen Begriffs der Ehre i. S. des Art. 5 Abs. 2 GG in vollem Umfang zu. Das ändert aber nichts an dem Abwägungsspielraum, der dem Gesetzgeber bei der konkreten Ausgestaltung des Ehrenschutzes durch das Grundgesetz aus funktionell-rechtlichen Gründen eingeräumt ist, und muss auch auf die verfassungsgerichtliche Kontrolle fachgerichtlicher Entscheidungen durchschlagen. Eine dies-

---

[38] BVerfGE 111, 147, 155; 113, 63, 79; 117, 244, 260; 120, 180, 200.

bezügliche gesetzliche Regelung kann daher, wenn man die der fachgerichtlichen Entscheidung zugrundeliegende Auslegung verallgemeinert, nur darauf überprüft werden, ob sie sich unter Beachtung der besonderen Bedeutung, die den in Art. 5 Abs. 1 GG genannten Grundrechten zukommt, als noch vertretbar darstellt.

Bei dieser Vertretbarkeitskontrolle kommt nicht nur dem abstrakten Stellenwert des durch die fachgerichtliche Entscheidung eingeschränkten Grundrechts, sondern auch der Schwere und Intensität des Grundrechtseingriffs besondere Bedeutung zu.[39] Es ist dies eine Konsequenz des Verhältnismäßigkeitsgrundsatzes. Je schwerer der Eingriff wiegt, umso mehr verengte sich bei einer unterstellten gesetzlichen Regelung der legislatorische Abwägungsspielraum, und umso dichter hat folglich das BVerfG unter Zugrundelegung der Schumannschen Formel zu kontrollieren.

Von diesen „Schwerefällen" abgesehen, wird die Schumannsche Formel dem BVerfG im Hinblick auf die oben beschriebenen Beurteilungs- und Abwägungsspielräume des Gesetzgebers jedoch nur in relativ seltenen Fällen eine Aufhebung der fachgerichtlichen Entscheidung erlauben. Allerdings: In dem Maße, in dem die Verfassung aufgeladen und rechtlich überfrachtet wird, gewinnt die Schumannsche Formel zunehmend an praktischer Bedeutsamkeit und droht das BVerfG zu einem obersten Fachgericht denaturiert zu werden. Entsprechende Fehlentwicklungen sind dann aber nicht (vermeintlichen) Schwächen der Schumannschen Formel anzulasten, sondern beruhen auf einer Expansion des Verfassungsrechts, die dessen Rahmencharakter verkennt und zu einer Verwischung der Trennungslinien zwischen Verfassungsrecht und einfachem Gesetzesrecht führt.[40]

5. Offensichtlich unhaltbare „Auslegung" eines Gesetzes

Eine Prüfungsbefugnis des BVerfG ist nach überwiegender Meinung auch dann zu bejahen, wenn die fachgerichtliche Entscheidung auf einer offensichtlich unhaltbaren „Auslegung" eines Gesetzes beruht.[41] Bei ihr fehlt es in Wahrheit an der vom Fachgericht behaupteten Anbindung seiner Entscheidung an Gesetz und Recht. In der Tat wird man auch hier eine verfassungsgerichtliche Kontrollbefugnis zu bejahen haben. Die dafür gegebenen Begründungen sind allerdings unterschiedlich. Z. T. legitimiert man die Prüfungsbefugnis des BVerfG damit, dass hier ein Verstoß gegen den Gleichheitssatz vorliege.[42] Das ist allerdings nicht unproblematisch, weil – wie oben schon ausgeführt – letztlich jede Fehlinterpretation eines Gesetzes einen Verstoß gegen den Gleichheitssatz beinhaltet, ein solcher (mittelbarer) Verstoß gegen

---

[39] Vgl. hierzu z. B. BVerfGE 42, 163, 168 f.; 72, 122, 138; 119, 1, 29; *Schenke* (Fn. 1), 53; s. auch mit teilweise unterschiedlicher Bewertung *Bethge* (Fn. 1), § 90, Rn. 316 c; *Scherzberg* (Fn. 1), 101 ff.; *Schlaich/Korioth* (Fn. 1), Rn. 307.

[40] s. zu diese Fehlentwicklungen näher *Schenke* (Fn. 1), 32 ff.

[41] BVerfGE 42, 64, 73 f.; 52, 133, 157 f.; 66, 199, 206; im Ergebnis zustimmend *Schlaich/Korioth* (Fn. 1), Rn. 299 f.

[42] BVerfGE 58, 163, 167 f.; 64, 389, 394; 80, 48, 52.

den Gleichheitssatz aber grundsätzlich gerade noch nicht ausreicht, um eine diesbezügliche Kontrollkompetenz des BVerfG zu begründen. Der „Gleichheitsverstoß" weist allerdings in den hier angesprochenen Fällen eine ganz spezifische Qualität auf, da eine Entscheidung, die auf einer offensichtlich unhaltbaren „Auslegung" beruht, sich als nicht mehr rechtsgeleitet darstellt.[43] Das zwingt zu einem sehr restriktiven Verständnis dieser Fallgruppe, was durch das BVerfG jedoch nicht immer ausreichend beachtet wird.[44] Bei der gebotenen Limitierung dieser Fallgruppe erfasst sie im Wesentlichen nur die seltenen „Pannenfälle", in denen sich das Fachgericht der Sache nach völlig von positivgesetzlichen Vorgaben gelöst hat. Dadurch wird die Interpretationskompetenz der Fachgerichte in Bezug auf unterverfassungsrechtliche Regelungen nicht in Frage gestellt. Das gilt umso mehr, als in Fällen dieser Art die verfassungsgerichtliche Kontrollkompetenz oftmals schon dadurch begründet wird, dass solche „Überraschungsentscheidungen" das Grundrecht des rechtlichen Gehörs (Art. 103 Abs. 1 GG) verletzen. Überdies wird durch derartige fachgerichtlichen Entscheidungen in der Regel auch das verfassungsrechtliche Postulat einer rationalen Rechtsfindung missachtet, wodurch die verfassungsrechtlichen Grenzen richterlicher Rechtsfortbildung eindeutig überschritten werden (s. unter III 7). Das gilt unabhängig davon, ob man dieses Rationalitätserfordernis in Art. 20 Abs. 2 GG oder in Art. 20 Abs. 3 GG verankert.[45]

6. Offensichtlich fehlerhafte Ermittlung des Sachverhalts

Den Fällen einer offensichtlichen Fehlinterpretation einer Norm werden mitunter die Fälle einer offensichtlich fehlsamen Sachverhaltsermittlung gleichgesetzt.[46] Allerdings ist hierbei zu beachten, dass die Ermittlung des Sachverhalts grundsätzlich in den Aufgabenbereich der damit weit vertrauteren Fachgerichte und nicht in den des BVerfG fällt,[47] das bei einer allgemeinen Aufbürdung dieser Kontrolle hoffnungslos überfordert wäre. Zusätzlich ist zu bedenken, dass Fehler, die sich daraus ergeben, dass die Fachgerichte ihrer Entscheidung einen offensichtlich unzutreffenden Sachverhalt zugrunde legen, in aller Regel keine über den unmittelbaren Streitfall hinausreichende Bedeutung besitzen. Einer bundesverfassungsgerichtlichen Sachverhaltskorrektur kommt deshalb für die allgemeine Wahrung des Verfassungsrechts als einem der zentralen Aufgabenbereiche des BVerfG trotz § 26 BVerfGG keine nennenswerte Relevanz zu.

Aus den besagten Gründen wird daher das BVerfG meist schon von einer Annahme der Verfassungsbeschwerde absehen. Etwas anderes kommt allerdings dann in

---

[43] s. auch *Schlaich/Korioth* (Fn. 1), Rn. 300, wo von einer „Notkompetenz" des BVerfG gesprochen wird.

[44] s. dazu mit Beispielen aus der Rechtsprechung *Schenke* (Fn. 1), 37 f.

[45] Für ein Nebeneinander von Art. 20 Abs. 2 und Art. 20 Abs. 3 GG plädieren in diesem Fall *Benda/Klein/Klein* (Fn. 1), Rn. 487.

[46] Dafür *Starck*, JZ 1996, 1039; s. auch BVerfGE 57, 39, 42.

[47] *Bethge* (Fn. 1), § 90, Rn. 322; *Schenke* (Fn. 1), 31; *Schlaich/Korioth* (Fn. 1), Rn. 287.

Betracht, wenn sich die Unrichtigkeit des von dem Fachgericht angenommenen Sachverhalts geradezu aufdrängt und die „Pannenhilfe" des BVerfG keinen größeren Ermittlungsaufwand des BVerfG erfordert. Im Übrigen werden die Fälle, in denen einer Entscheidung ein grob fehlerhaft ermittelter Sachverhalt zugrunde lag, häufig mit einer Verletzung prozessualer Grundrechte einhergehen, so dass sich eine Überprüfungskompetenz des BVerfG bereits hierauf stützen lässt.[48] Teilweise lässt sich eine Verletzung von Verfahrensgrundrechten ohnehin nur bei einer damit einhergehenden Ermittlung des Sachverhalts feststellen. Im Übrigen wurde schon oben (s. III. 3.) betont, dass es dem BVerfG bei einer unmittelbaren Grundrechtsverletzung nicht untersagt ist, an Stelle der Rückverweisung des Rechtsstreits an das Fachgericht selbst die noch erforderlichen Sachverhaltsfeststellungen zu treffen. Das dürfte allerding in praxi nur dort in Betracht kommen, wo eine Entscheidung besonders eilbedürftig ist und sich der verfassungsgerichtliche Zeitaufwand für eine Sachverhaltsermittlung in engen Grenzen hält.

7. Unzulässige richterliche Rechtsfortbildung

Das BVerfG nimmt auch für sich in Anspruch, die Grenzen einer fachgerichtlichen Rechtsfortbildung zu überwachen.[49] Diese Grenzen zu bestimmen ist allerdings nicht einfach, da die Befugnis zu einer richterlichen Rechtsschöpfung durch das BVerfG und die heute ganz h. M. prinzipiell anerkannt ist und auch in den Prozessordnungen ihren Niederschlag gefunden hat (s. § 11 Abs. 4 VwGO, § 132 Abs. 4 GVG). Das BVerfG bestimmt deren Grenzen – wie Benda/Klein/Klein[50] zu Recht betonen – bereichsspezifisch und nach den „allgemein anerkannten Regeln der Methodenlehre". Letzteres ist freilich nicht unproblematisch und setzt implizit voraus, dass die allgemein anerkannten Regeln der Methodenlehre in vollem Umfang verfassungsrechtlich determiniert sind.[51] Das ist aber durchaus fraglich. Jedenfalls spricht viel dafür, dass die Verfassung auch in Bezug auf die Methodenlehre nur einen Rahmen bildet und damit der Steuerungsfunktion der Verfassung materielle Grenzen gesetzt sind.[52] So dürfte etwa der Streit zwischen einer objektiven und einer subjektiven

---

[48] *Benda/Klein/Klein* (Fn. 1), Rn. 485.

[49] Vgl. hierzu BVerfGE 63, 266, 289; 71, 122, 136; *Alleweldt* (Fn. 1), 302 ff.; *Benda/Klein/Klein* (Fn. 1), Rn. 487; *B. Pieroth/T. Aubel*, JZ 2003, 504 ff.; *Schlaich/Korioth* (Fn. 1), Rn. 301 ff.

[50] *Benda/Klein/Klein* (Fn. 1), Rn. 487.

[51] Dahin tendierend z. B. *Hermes* (Fn. 1), VVDStRL 61 (2002), 119 (144): „Die Auslegungsprinzipien können – soweit sie im Gesetz nicht ausreichend deutlichen Niederschlag gefunden haben – in der durch das Grundgesetz konstituierten Ordnung nur aus der Verfassung, nicht aus Naturrecht, Weltanschauungen oder sonstigen Vorverständnissen gewonnen werden".

[52] Zu dieser hier nicht weiter vertiefbaren Frage s. näher *Ralf P. Schenke*, Die Rechtsfindung im Steuerrecht: Konstitutionalisierung, Europäisierung, Methodengesetzgebung, 2007. Dazu, dass sich das BVerfG bei der Bestimmung der Grenzen der richterlichen Rechtsfortbildung sehr großzügig erweist, s. auch *Starck*, JZ 1996, 1033, 1039 Fn. 75 mit Nachw. aus der

Auslegungstheorie auf der Verfassungsebene allein noch nicht endgültig entschieden sein. Dementsprechend muss auch die Prüfungskompetenz des BVerfG als Hüter der Verfassung begrenzt sein und erfasst die „allgemein anerkannten Regeln der Methodenlehre" – so es solche überhaupt gibt – nicht in vollem Umfang. Selbst wenn man aber von einer weitgehenden Konstitutionalisierung der Methodenlehre ausgeht, kann das BVerfG die Grenzziehung jedenfalls dann nicht beanstanden, „wenn das Fachgericht die klassischen canones der Auslegung eingehalten und in vertretbarer Weise eine Gesetzeslücke angenommen und geschlossen hat; dabei dürfen insbesondere nichtgrundrechtlich geschützte Rechtspositionen verkürzt werden"[53].

Das Hauptproblem, das sich in diesem Zusammenhang stellt, betrifft die Frage, wie die Grenze zwischen richterlicher Rechtsfortbildung und den grundrechtlichen Gesetzesvorbehalten zu ziehen ist. Zwar dürfte es zu weit gehen, wenn man aus dem grundrechtlichen Gesetzesvorbehalt ableitet, dass belastende Grundrechtseingriffe – über Art. 103 Abs. 2 GG hinausreichend – generell nicht auf eine gesetzliche Analogie gestützt werden dürfen.[54] Handelt es sich aber um schwerwiegende Grundrechteingriffe, lassen sich diese – auch jenseits des Art. 103 Abs. 2 GG – nicht mehr auf eine richterliche Rechtsfortbildungskompetenz stützen. Vielmehr bedarf es hier einer hinreichend bestimmten gesetzlichen Grundlage.[55]

IV. Verfassungsrechtlich zu beanstandende Fehler der fachgerichtlichen Willensbildung

Wie schon oben unter I ausgeführt, können unmittelbare Verstöße gegen Verfassungsrecht ihre Ursache auch in einer rechtlich fehlerhaften Willensbildung der Fachgerichte haben, selbst wenn nicht feststeht, dass diese auch im Ergebnis wegen eines unmittelbaren Verfassungsverstoßes rechtlich zu beanstanden ist. Immer muss es aber möglich erscheinen, dass die fehlerhafte Willensbildung Einfluss auf das Ergebnis der fachgerichtlichen Entscheidung haben konnte. Fehler der Willensbildung, die sich aus einem unmittelbaren Verstoß gegen Grundrechte ergeben, können dabei sowohl aus der Nichtbeachtung von Verfahrensgrundrechten wie auch aus der Außerachtlassung bzw. nicht ausreichenden Beachtung von materiellen Grundrechten resultieren.

Rspr. des BVerfG. Ein Beispiel hierfür liefert die vom BVerfG (BVerfG, NJW 1997, 2165) in Bezug auf den Rechtsschutz gegen erledigte Strafverfolgungsmaßnahmen der Polizei tolerierte strafgerichtliche Analogie zu § 98 Abs. 2 S. 2 StPO, obschon dieser Rechtsschutz in § 28 Abs.1 S. 4 EGGVG ausdrücklich geregelt ist (s. *W-R. Schenke*, NJW 2011, 2838, 2839 ff.).

[53] *Pieroth/Aubel*, JZ 2003, 504, 510.
[54] So aber BVerfG, DVBl. 1997, 351 ff. mit krit. Anmerkung von Schwabe.
[55] Vgl. hierzu BVerfGE 34, 293, 301 f.; 54, 224, 234 ff.; *Alleweldt* (Fn. 1), 304 ff.

1. Nichtbeachtung von Verfahrensgrundrechten

Verfahrensgrundrechte, die durch fachgerichtliche Entscheidungen verletzt werden können, sind insbesondere das Recht auf den gesetzlichen Richter (Art. 101 Abs. 1 S. 2 GG), das Recht auf rechtliches Gehör (Art. 103 Abs. 1 GG) und – bei verwaltungsgerichtlichen Entscheidungen – die Garantie eines effektiven Rechtsschutzes gem. Art. 19 Abs. 4 GG bzw. – bei zivilgerichtlichen Entscheidungen – der in Art. 2 Abs. 1 GG in Verbindung mit dem Rechtsstaatsprinzips verortete allgemeine Justizgewährungsanspruch.

Bei diesen Verfahrensgrundrechten stellt sich freilich ebenfalls das Problem, dass sie grundsätzlich auf eine nähere Ausgestaltung durch das einfache Gesetzesrecht angelegt sind und z. T. sogar ausdrücklich darauf verweisen (s. Art. 101 Abs. 1 S. 2 GG). Eine solche Bezugnahme auf das einfache Gesetzesrecht darf nicht dahingehend verstanden werden, dass hierdurch die einfachgesetzlichen Verfahrensvorschriften in vollem Umfang zu einer Aufladung des Verfassungsrechts führen und damit die Nichtbeachtung einfachgesetzlicher Bestimmungen immer zugleich eine durch das BVerfG feststellbare Grundrechtsverletzung impliziert. Vielmehr führt eine Verletzung einfachgesetzlicher Verfahrensbestimmungen oftmals nur zu einer mittelbaren Verletzung von Verfahrensgrundrechten, die aber ebenso wie andere mittelbare Grundrechtsverletzungen der Jurisdiktion des BVerfG grundsätzlich entzogen ist.

Deutlich wird dies bereits an dem Grundrecht auf Wahrung des gesetzlichen Richters. Die Verfassung schreibt dem Gesetzgeber hier nicht vor, welches Gericht er mit der Entscheidung von Rechtsstreitigkeiten betraut. Äußerste Grenzen ergeben sich nur aus Art. 95 GG, der aber auch nur grundsätzliche Vorgaben für gesetzliche Rechtswegzuweisungen beinhaltet und dem insbesondere keine Aussagen darüber zu entnehmen sind, welchem Gericht innerhalb eines Rechtswegs die Entscheidung bestimmter Rechtsstreitigkeiten anzuvertrauen ist. Deshalb beschränkt sich das BVerfG bei der Prüfung fachgerichtlicher Zuständigkeiten grundsätzlich zu Recht auf die Überprüfung willkürlicher Zuständigkeitsverletzungen, d. h. auf die Fälle, in denen offenkundig ist, dass ein Fachgericht sich über die gesetzlichen Zuständigkeitsbestimmungen hinweggesetzt hat.

Bei einer Verletzung einfachgesetzlicher Bestimmungen, die die Gewährung rechtlichen Gehörs durch die Fachgerichte zum Gegenstand haben, ist die Zuständigkeit des BVerfG in Konsequenz des oben Gesagten gleichfalls beschränkt. Die Einhaltung einfachgesetzlicher Ausgestaltungen des rechtlichen Gehörs kann deshalb nur insoweit verfassungsgerichtlich überprüft werden, als sie das verfassungsrechtliche Mindestmaß an rechtlichem Gehör umfassen und dieses durch die fachgerichtliche Entscheidung nicht eingehalten wurde.[56] Zudem muss – wie bei allen durch das BVerfG feststellbaren Verletzungen von Verfahrensgrundrechten – die Möglichkeit bestehen, dass ein solcher Verstoß das Entscheidungsergebnis beeinflussen konnte.

---

[56] BVerfGE 60, 305, 311; 69, 126, 138 f.; 74, 228, 233; 81, 97, 105; 87, 282, 284 f.

Fälle dieser Art sind in praxi relativ häufig und drohten deshalb in der Vergangenheit zu einer Überlastung des BVerfG zu führen. Durch die auf Initiative des BVerfG[57] eingeführte Anhörungsrüge (s. z. B. § 152a VwGO) ist nunmehr ein Korrektiv geschaffen worden, das einen wichtigen Beitrag zu einer Entlastung des BVerfG leistet.[58]

Ähnliches wie für das rechtliche Gehör gilt auch für die Garantie eines effektiven Rechtsschutzes durch Art. 19 Abs. 4 GG sowie für den Justizgewährungsanspruch,[59] der bei zivilrechtlichen Streitigkeiten eine dem Art. 19 Abs. 4 GG entsprechende Funktion erfüllt. Auch hier kann das BVerfG nur überprüfen, ob die angegriffene fachgerichtliche Entscheidung den Mindesterfordernissen für einen effektiven Rechtsschutz genügt. Dabei ist zu beachten, dass das verfassungsrechtliche Postulat der Rechtsschutzeffektivität keine Optimierung des Rechtsschutzes erfordert.[60] Reicht die gesetzliche Ausgestaltung des Rechtsschutzes über das verfassungsrechtlich geforderte Mindestmaß hinaus, fehlt es dem BVerfG an einer Kontrollkompetenz, wenn das Fachgericht zumindest das verfassungsgesetzliche Minimum eingehalten hat.

Zu beachten ist allerdings, dass sich aus Art. 19 Abs. 4 GG u. U. auch über die einfachgesetzliche Ausgestaltung des Rechtsschutzes hinausreichende Forderungen ergeben können,[61] die die Fachgerichte grundsätzlich zu berücksichtigen haben und deren Einhaltung das BVerfG zu überwachen hat. In diesem Zusammenhang ist zudem darauf hinzuweisen, dass Art. 19 Abs. 4 GG durch die Gerichte unmittelbar anwendbar ist, wo es der einfache Gesetzgeber versäumte, dem Gebot eines effektiven Rechtsschutzes Rechnung zu tragen. Die Fachgerichte sind – wie sich u. a. aus dem Rechtsgedanken des Art. 19 Abs. 4 S. 2 GG entnehmen lässt[62] – in einem solchen Fall verpflichtet, Rechtsschutzlücken im einfachgesetzlichen Rechtsschutzsystem unmittelbar zu beheben und können sich beim Fehlen entsprechender Rechtsschutzmöglichkeiten grundsätzlich nicht auf eine Säumnis des Gesetzgebers berufen. Erfüllen sie hier den ihnen durch Art. 19 Abs. 4 S. 2 GG auferlegten Rechtsschutzauftrag nicht, ist dies durch das BVerfG im Rahmen einer Verfassungsbeschwerde zu beanstanden.

---

[57] BVerfG, NJW 2003, 1924 ff.

[58] s. hierzu näher *Kopp/Schenke* (Fn. 24), § 152a, Rn. 16 ff.

[59] s. zu diesem näher *W.-R. Schenke*, in: D. Merten/H.-J. Papier (Hrsg.), Handbuch der Grundrechte in Deutschland und Europa, Bd. III, 2009, 923 ff.

[60] s. hierzu näher *W.-R. Schenke*, in: Bonner Kommentar zum Grundgesetz (Drittbearbeitung), 2009, Art. 19 Abs. 4, Rn. 640.

[61] s. hierzu in Bezug auf den früheren § 99 VwGO, der den verfassungsrechtlichen Anforderungen an einen effektiven gerichtlichen Rechtsschutz nicht genügte und der deshalb durch ein „in-camera-Verfahren" zu ergänzen war, BVerfGE 101, 106 ff. und dazu *Schenke* (Fn. 60), Art. 19 Abs. 4, Rn. 710 f.

[62] *Schenke* (Fn. 60), Art. 19 Abs. 4, Rn. 110 f.

2. Nichtbeachtung materieller grundrechtlicher Vorgaben bei der Willensbildung der Fachgerichte

a) Zur Notwendigkeit einer durch materielle Grundrechte geleiteten Willensbildung der Fachgerichte

Fachgerichtliche Entscheidungen sind durch das BVerfG auch darauf zu überprüfen, ob bei der vorangegangenen Willensbildung die hierfür geltenden grundrechtlichen Vorgaben in der gebotenen Weise berücksichtigt wurden. In Fällen dieser Art steht zwar nicht fest, ob das Ergebnis der fachgerichtlichen Entscheidung zu missbilligen ist. Eine solche Feststellung ist dem BVerfG nämlich verwehrt, weil sie nur unter Heranziehung und Auslegung einfachgesetzlicher Bestimmungen getroffen werden könnte, deren Aktivierung und Interpretation dem BVerfG grundsätzlich untersagt ist. Immerhin ist hier aber eine Unrichtigkeit der fachgerichtlichen Entscheidung, die auf der Nichtbeachtung grundrechtlicher Vorgaben beruht, oftmals nicht auszuschließen. Anders als in den oben unter III untersuchten Konstellationen steht zwar nicht fest, dass die fachgerichtliche Entscheidung im Ergebnis unmittelbar Grundrechte verletzt. Es bedeutete aber eine erhebliche Verkürzung der normativen Wirkungskraft materieller Grundrechte, wenn dem BVerfG die Feststellung, dass im Rahmen der fachgerichtlichen Willensbildung Grundrechte nicht beachtet wurden, trotz deren möglicher Ergebnisrelevanz untersagt würde. Deshalb griffe es zu kurz, wenn man die Überprüfungsbefugnis des BVerfG auf die Fälle beschränkte, in denen lediglich das Entscheidungsergebnis unmittelbar gegen grundrechtliche Bestimmungen verstößt.

b) Anwendungsfelder

Bedeutsam werden materiell-grundrechtliche Vorgaben für fachgerichtliche Entscheidungen in den verschiedensten Konstellationen. Das trifft beispielsweise zu, wenn verwaltungsgerichtliche Entscheidungen über die Rechtmäßigkeit von Verwaltungsakten zu befinden haben, bezüglich derer der Gesetzgeber den Verwaltungsbehörden einen Ermessens- oder Beurteilungsspielraum einräumt. Bei der Ausübung dieser gesetzlich eingeräumten Spielräume kann grundrechtlichen Vorgaben eine erhebliche Bedeutung zukommen. Nicht selten führen solche Vorgaben zu einer weitreichenden Einschränkung der der Exekutive durch den Gesetzgeber zugebilligten Handlungsoptionen, u. U. sogar zu einer Schrumpfung von Ermessens- und Beurteilungsspielräumen auf Null. In solchen Fällen können u. U. sogar das Ergebnis des Verwaltungshandelns und ein dieses bestätigendes verwaltungsgerichtliches Urteil unmittelbar gegen Grundrechte verstoßen.

Deutlich wird die Ausstrahlung von Grundrechten etwa dann, wenn es um den polizeilichen Schutz besonders hochwertiger grundrechtlicher Rechtsgüter – wie Leben und Gesundheit – geht, die in schwerwiegender Weise gefährdet sind. Hier ist die Polizei häufig zum Schutz dieser Rechtsgüter verpflichtet, so dass für sie hinsichtlich des „Ob" ihres Handelns kein oder nur ein sehr reduzierter Handlungsspielraum besteht, während sich hinsichtlich des „Wie" der von ihr zu treffenden Schutzmaßnahmen in größerem Umfang Handlungsoptionen ergeben.[63] Die Einschränkung des polizeilichen Ermessensspielraums ergibt sich in Fällen dieser Art unmittelbar aus Grundrechten, die auf das einfache Gesetzesrecht ausstrahlen, indem sie die Ausübung des gesetzlich eingeräumten Ermessens grundrechtlich dirigieren. Beachtet die Polizei derartige Direktiven bei der Entscheidung über das „Ob" und „Wie" ihres Handelns nicht und wird sie nicht zum Schutz bedrohter Personen tätig, so liegt hierin eine unmittelbare Grundrechtsverletzung durch die Verwaltung. Tolerieren die Verwaltungsgerichte ein solches nicht grundrechtsgeleitetes Handeln, so verletzten sie ebenfalls Grundrechte.[64]

Auf einer Grundrechtsbindung der Verwaltung beruht auch deren Selbstbindung. Sie untersagt es, von einer sonst allgemein geübten Praxis im Einzelfall ohne triftigen Grund abzuweichen. Fehlt es an Erwägungen zu einem solchen Grund, so liegt ein unmittelbarer Grundrechtsverstoß selbst dann vor, wenn ein solcher Grund objektiv vorliegt. Ein derartiger Verstoß gegen den Gleichheitssatz kann sich im Übrigen keineswegs nur in Verbindung mit der gesetzlichen Einräumung von Handlungsermächtigungen ergeben, sondern ebenso im Bereich der sogenannten „gesetzesfreien" Verwaltung, für die der Gesetzesvorbehalt nicht gilt und bei der deshalb eine Verletzung von einfachem Gesetzesrecht durch die Verwaltung und die Verwaltungsgerichte, die deren Handeln bestätigen, von vorneherein ausscheidet.

Eine Überlastung, die aus der Nichtbeachtung der Selbstbindung der Verwaltung resultiert, wird das Verfassungsgericht vielfach dadurch vermeiden, dass es auf die Verletzung des Gleichheitssatzes gestützte Verfassungsbeschwerden nicht annimmt, weil ihnen keine allgemeine Bedeutung zukommt und die Bejahung einer Gleichheitsverletzung im Regelfall tatsächliche Feststellungen zur Verwaltungspraxis verlangt.

Eine unmittelbare Verletzung von Grundrechten durch eine fehlerhafte Willensbildung der Fachgerichte kommt aber keineswegs nur dort in Betracht, wo für die Verwaltung Handlungs- und Beurteilungsspielräume bestehen. Sie kann gleichermaßen im Bereich der gesetzesgebundenen Verwaltung gegeben sein. Deren Handeln wird vielfach durch gesetzliche Regelungen determiniert, bei deren Ausgestaltung sich der Gesetzgeber sowohl auf der Tatbestands- wie auch auf der Rechtsfolgenseite unbestimmter Rechtsbegriffe bedient. Bezüglich solcher unbestimmter Rechtsbe-

---

[63] s. dazu näher die Beispiele bei *W.-R. Schenke*, Polizei- und Ordnungsrecht, 7. Aufl. 2011, Rn. 101.

[64] Dass diese Grundrechtsverletzung sich über das Medium der polizeirechtlichen Ermessensermächtigungen vollzieht, steht der Bejahung einer unmittelbaren Grundrechtsverletzung nicht entgegen. Die unmittelbare Grundrechtsverletzung vollzieht sich hier nur mittelbar über die durch den einfachen Gesetzgeber geschaffenen Ermächtigungsgrundlagen. Die Situation ist damit eine durchaus andere als bei einer Verletzung einfachgesetzlicher Rechtsvorschriften, die in Konsequenz der Elfes-Rechtsprechung grundsätzlich eine mittelbare Grundrechtsverletzung nach sich zieht. Bei der Nichtbeachtung grundrechtlicher Ausstrahlungen wird hingegen unmittelbar gegen Grundrechte verstoßen und erst dieser Verstoß hat die Verletzung der einfachgesetzlichen Ermächtigungsnorm zur Folge.

griffe, die zu ihrer Auslegung und Anwendung einer wertenden Konkretisierung bedürfen, besteht aber nach heute h. M.[65] im Hinblick auf Art. 19 Abs. 4 GG grundsätzlich kein behördlicher Beurteilungsspielraum. Bei der Ausfüllung dieser wertgeladenen unbestimmten Rechtsbegriffe kommt den grundrechtlichen Wertgehalten erhebliche Bedeutung zu. Die Grundrechte strahlen damit auf die Auslegung solcher unbestimmter Rechtsbegriffe aus und prägen deren inhaltliche Konturierung. Wenn die Verwaltung und die (vorbehaltlich einer verfassungsgerichtlichen Kontrolle) letztverbindlich über die Auslegung befindenden Verwaltungsgerichte diesen grundrechtlichen Ausstrahlungen nicht in der gebotenen Weise Rechnung tragen, begründet dies eine unmittelbare Grundrechtsverletzung.

Davon ist z. B. auszugehen, wenn einem Gewerbetreibenden nach § 35 GewO die Ausübung seines Gewerbes wegen Unzuverlässigkeit trotz eines nur relativ geringfügigen Vergehens untersagt wird, ohne hierbei zu berücksichtigen, dass in einer solchen Untersagung ein schwerer Eingriff in die Berufswahl vorliegt, der nach Art. 12 GG nur unter sehr eingeschränkten Voraussetzungen zulässig ist. In einem solchen Fall wird die Nichtbeachtung grundrechtlicher Vorgaben zwar häufig dazu führen, dass bereits das Ergebnis der fachgerichtlichen Entscheidung unmittelbar gegen Grundrechte verstößt. Das braucht aber keineswegs immer der Fall zu sein. Wenn etwa das Verwaltungsgericht, das über die Rechtmäßigkeit der Gewerbeuntersagung zu befinden hat, im genannten Beispielsfall davon ausgeht, dass das relativ geringfügige Vergehen bereits ausreicht, um die Unzuverlässigkeit zu begründen und deshalb weiteren Vorwürfen, auf welche die zuständige Behörde die Untersagung gestützt hat, nicht nachgeht, so steht nicht fest, dass die Gewerbeuntersagung zu Unrecht erfolgte. An der Verletzung des Art. 12 GG durch das Verwaltungsgericht ändert dies aber nichts, so dass das BVerfG die fachgerichtliche Entscheidung aufheben und gem. § 95 Abs. 2 BVerfGG zur erneuten Verhandlung zurückverweisen kann.

Eine unmittelbare Verletzung von Grundrechten kann ferner nicht nur aus einer unter Missachtung von Grundrechten erfolgenden Konkretisierung unbestimmter Rechtsbegriffe resultieren. Sie kann auch durch eine sonstige Fehlinterpretation einfachgesetzlicher Rechtsbestimmungen begründet werden, die zugleich eine unmittelbare Grundrechtsverletzung impliziert. Das trifft beispielsweise zu, wenn die ordentlichen Gerichte im Rahmen eines Amtshaftungsprozesses im Hinblick auf den Wortlaut des § 48 Abs. 1 S. 2 VwVfG davon ausgehen, dass die Rücknahme eines noch nicht bestandskräftigen belastenden Verwaltungsakts durch die Verwaltung nur in deren Ermessen stehe und wegen der von ihnen bejahten fehlerfreien Ausübung dieses Ermessens nicht prüfen, ob dem Betroffenen wegen des Nichtergreifens von Rechtsbehelfen gem. § 839 Abs. 3 BGB i. V. mit Art. 34 GG möglicherweise kein Amtshaftungsanspruch zusteht. In diesem Fall verkennt das über den Amtshaftungsanspruch entscheidende ordentliche Gericht, dass die Verwaltungsbehörde aus grundrechtlichen Gesichtspunkten vor Eintritt der Bestandskraft eines rechtswidri-

---

[65] s. hierzu näher *Schenke* (Fn. 60), Art. 19 Abs. 4, Rn. 517 ff.

gen Verwaltungsakts zu dessen Rücknahme verpflichtet ist.[66] Zwar kann aus dieser Rücknahmeverpflichtung noch nicht auf das Bestehen eines Amtshaftungsanspruchs geschlossen werden, da dieser wegen § 839 Abs. 3 BGB ausgeschlossen sein kann. In diesem Fall steht nur fest, dass das Unterlassen der Rücknahme entgegen der Ansicht des zuständigen Gerichts eine Grundrechtsverletzung impliziert. Ob die Abweisung der Amtshaftungsklage auch im Ergebnis zu beanstanden ist, kann durch das BVerfG hingegen nicht festgestellt werden. Auch in diesem Fall wird das BVerfG deshalb nach Aufhebung der Entscheidung die Sache an das Fachgericht zurückzuverweisen. Dieses hat dann darüber zu befinden, ob die Voraussetzungen des § 839 Abs. 3 BGB vorliegen.

Unter grundrechtlichen Gesichtspunkten kann auch das Verhalten der ordentlichen Gerichte, die über einen zivilrechtlichen Anspruch zu befinden haben, durch das BVerfG zu beanstanden sein. Das ist in Konsequenz der seit dem Lüth-Urteil des BVerfG[67] anerkannten mittelbaren Drittwirkung der Grundrechte dann der Fall, wenn die Zivilgerichte bei ihrer Entscheidung die Ausstrahlung der Grundrechte nicht ausreichend beachtet haben. Deshalb überprüft das BVerfG[68] seitdem zivilgerichtliche Entscheidungen darauf, ob bei ihnen die grundrechtlichen Ausstrahlungen auf das Zivilrecht, insbesondere auf die zivilrechtlichen Generalklauseln, in gebotener Weise berücksichtigt wurden. Wenn dies nicht zutrifft, hat es die zivilgerichtlichen Urteile unter grundrechtlichen Gesichtspunkten zu beanstanden[69] und aufzuheben sowie bei mangelnder Entscheidungsreife den Rechtsstreit gem. § 95 Abs. 2 BVerfGG an das zuständige Zivilgericht zurückzuverweisen.

c) Die Konkretisierung der Prüfungskriterien

Hat das BVerfG bei der Kontrolle fachgerichtlicher Entscheidungen zu prüfen, ob die Fachgerichte bei ihrer Willensbildung materiellen grundrechtlichen Vorgaben ausreichend Rechnung getragen haben, so ist hiermit noch keine nähere Aussage darüber getroffen, auf welche Topoi bei dieser Prüfung im Einzelnen abzuheben bzw. wie das Prüfungsprogramm näher zu konkretisieren ist. Gemeinsame Voraussetzung für eine verfassungsgerichtliche Aufhebung fachgerichtlicher Entscheidung, die auf die Nichtbeachtung grundrechtlicher Vorgaben gestützt wird, ist bei allen hier in Betracht kommenden, und im Folgenden näher darzulegenden Fallkonstellationen, dass die Nichtbeachtung grundrechtlicher Vorgaben auf das Entscheidungsergebnis Ein-

---

[66] s. hierzu näher *P. Baumeister*, Der Beseitigungsanspruch als Fehlerfolge des rechtswidrigen Verwaltungsakts, 2006; *ders.*, in: Festschrift für Schenke, 2011, 601 ff.; *Schenke*, in: Festschrift für Maurer, 2001, 723, 725 ff.

[67] BVerfGE 7, 198, 207.

[68] BVerfGE 73, 261, 269; 84, 192, 195; 89, 214, 229; 96, 375, 398; 103, 89, 100; 112, 332, 358; 114, 339, 348.

[69] Die subjektivrechtliche Relevanz der Nichtbeachtung dieser Grundsätze erklärt sich mühelos aus der Elfes-Rechtsprechung (nicht durchschlagend deshalb die diesbezüglichen Bedenken von *Starck*, JZ 1996, 1036).

fluss gehabt haben kann. Fehlt es an dieser Voraussetzung, scheidet eine Überprüfung durch das BVerfG von vorneherein aus.

Die Nichtbeachtung möglicherweise entscheidungsrelevanter grundrechtlicher Vorgaben kann sich aus verschiedenen Umständen ergeben, die sich systematisieren lassen. Neben den schon oben unter III angesprochenen Fallkonstellationen, bei denen die Fachgerichte nicht beachtet haben, dass ihnen eine ganz bestimmte Entscheidung – unabhängig von den einfachrechtlichen Regelungen – grundrechtlich abverlangt wird, kann die verfassungsgerichtlich feststellbare Fehlerhaftigkeit der fachgerichtlichen Entscheidung u. a. auch darauf beruhen, dass die Fachgerichte gar nicht erkannt haben, dass das Ergebnis ihrer Entscheidung durch grundrechtliche Vorgaben beeinflusst werden kann, weil diese im Schwerefeld materieller Grundrechte liegt.[70] Denkbar ist ferner, dass die Fachgerichte den Inhalt einschlägiger Grundrechte verkannt haben, weil sie diese fehlinterpretierten und damit nicht in der gebotenen Weise in ihre Entscheidung einfließen lassen konnten.

Verletzt werden Grundrechte schließlich auch dann, wenn die Fachgerichte die Bedeutung und Tragweite eines Grundrechts für ihre Entscheidung nicht erkannten und dieses damit nicht mit dem ihm zukommenden Gewicht in ihre Abwägungsentscheidung einstellten.[71] Dabei ist allerdings die Überprüfungsbefugnis des BVerfG wegen Verkennung der Bedeutung und Tragweite eines Grundrechts im Hinblick auf die objektivrechtliche Funktion des Verfassungsbeschwerdeverfahrens – nicht zuletzt auch vor dem Hintergrund des § 93a Abs. 2 S. 1 BVerfGG – nur dann zwingend geboten, wenn diesem Verkennen allgemeine und nicht nur singuläre Bedeutung zukommt. Hier drängt sich ein Brückenschlag zur Schumannschen Formel auf, obschon – anders als bei dieser – nicht feststeht, ob die fachgerichtliche Entscheidung im Ergebnis gleichfalls rechtlich zu beanstanden ist. Das Gewicht eines Grundrechts bei der Abwägungsentscheidung wird im Übrigen vor allem auch durch die Schwere des entsprechenden Grundrechtseingriffs bestimmt.[72] Je schwerer ein Eingriff ist, umso größeren Einfluss kommt dem betroffenen Grundrecht bei der fachgerichtlichen Entscheidung zu. Eine nicht hinreichende Beachtung dieses Gesichtspunkts hat deshalb vielfach die Disproportionalität der Entscheidung zur Folge.

Die Grundsätze, die bei der bundesverfassungsgerichtlichen Überprüfung der fachgerichtlichen Willensbildung anwendbar sind, stimmen in auffälliger Weise mit den Grundsätzen überein, die bei der gerichtlichen Überprüfung von Ermessensentscheidungen zum Tragen kommen. So entspricht die Verkennung der vollständigen inhaltlichen Determinierung der fachgerichtlichen Entscheidung durch Grundrechte der Ermessensüberschreitung, das Außerachtlassen grundrechtlicher Vorgaben dem Ermessensnichtgebrauch und die Fehlinterpretation grundrechtlicher Vorgaben dem Ermessensfehlgebrauch. Die nicht ausreichende Gewichtung grundrecht-

---

[70] Vgl. z. B. BVerfGE 43, 130, 139; 67, 213, 228 f.; 95, 28, 37; 97, 391, 406.
[71] Vgl. z. B. BVerfGE 100, 214, 222; 112, 332, 358 f.
[72] Vgl. z. B. BVerfGE 42, 143, 148 f.; 60, 79, 90 f.; 68, 176, 190; 119, 1, 22; s. zur Bedeutung dieses Kriteriums auch *Scherzberg* (Fn. 1).

licher Vorgaben entspricht schließlich den Fällen einer Ermessensdisproportionalität.

Diese Übereinstimmungen sind kein Zufall, sondern die Folge struktureller Gemeinsamkeiten zwischen der verfassungsgerichtlichen Überprüfung fachgerichtlicher Entscheidungen und der fachgerichtlichen Kontrolle verwaltungsbehördlichen Ermessens. Sie ergeben sich daraus, dass beide Male Entscheidungen zwar durch Normen beeinflusst, aber im Regelfall nicht voll determiniert werden und überdies beide Male ein Gericht dazu berufen ist, die Durchsetzung eben dieser normativen Vorgaben sicherzustellen, zugleich aber an einer darüber hinausreichenden Kontrolle der Entscheidung gehindert ist. Dementsprechend obliegt dem BVerfG in Bezug auf fachgerichtliche Entscheidungen die Kontrolle, ob jene die grundrechtlichen Vorgaben ausreichend beachtet haben. Hingegen ist es aus Kompetenzgründen daran gehindert, die fachgerichtliche Entscheidung darauf zu überprüfen, ob sie mit unterverfassungsrechtlichen Bestimmungen im Einklang steht. Entsprechend haben die Fachgerichte bei Ermessensentscheidungen zu kontrollieren, ob diese normativen Vorgaben genügen. Ihnen ist es aber aus Kompetenzgründen untersagt, die Zweckmäßigkeit von Ermessensentscheidungen der Verwaltung zu überprüfen.

Auf die hier bestehenden strukturellen Gemeinsamkeiten der verfassungsgerichtlichen Kontrolle fachgerichtlicher Entscheidungen einerseits und der fachgerichtlichen Kontrolle von Ermessensentscheidungen andererseits habe ich bereits früher hingewiesen.[73] Der diesbezügliche Hinweis hat im rechtswissenschaftlichen Schrifttum teilweise Zustimmung gefunden,[74] ist aber auch auf Kritik gestoßen.[75]

Die Kritik geht insoweit fehl, als sie der hier gezogenen Parallele vorwirft,[76] dass sie auf der Annahme beruhe, den Fachgerichten werde durch die Verfassung ein Entscheidungsspielraum eingeräumt und überdies – damit einhergehend – die strikte Bindungskraft verfassungsrechtlicher Verhaltenssteuerung in Frage stelle. Beides trifft nicht zu, denn selbstverständlich sind die Fachgerichte bei ihrer Entscheidung

---

[73] *Schenke* (Fn. 1), 46 ff.

[74] Zustimmend z. B. *G. Roellecke*, in: J. Isensee/P. Kirchhof (Hrsg.), Handbuch des Staatsrechts, Bd. II, 1. Aufl. 1987, § 54, Rn. 27; ebenso der Sache nach *Berkemann*, DVBl. 1996, 1035; dahin tendierend wohl auch *Pestalozza* (Fn. 1), § 12, Rn. 13 („interessanter Vorschlag an die verwaltungs[prozeß]rechtliche Ermessenslehre anzuknüpfen"). Auch *Alleweldt* (Fn. 1), 153 stellt diese Parallele nicht in Frage, sondern meint nur, eine solche Vorgehenskontrolle sei unvollständig, da sie nicht die Fälle einbeziehe, in denen ein Eingriff im Ergebnis eindeutig verfassungswidrig sei. Dieser Einwand zieht aber nicht gegenüber der oben im Text näher ausgeführten Parallele, denn diese bezieht nunmehr ausdrücklich auch die Fälle ein, in denen die verfassungsgerichtliche Entscheidung bereits im Ergebnis grundrechtlich zu beanstanden ist. Im Übrigen wird bereits in *Schenke* (Fn. 1), 39 ff. auf Fälle eingegangen, in denen die fachgerichtliche Entscheidung im Ergebnis mit den Grundrechten unvereinbar ist.

[75] Kritisch *Scherzberg* (Fn. 1), 236; *H. Sendler*, DVBl. 1988, 370; *Zuck* (Fn. 20), Rn. 487.

[76] So *Scherzberg* (Fn. 1), 236.

in vollem Umfang normativ gebunden.[77] Allerdings sind die sich unmittelbar aus der Verfassung ergebenden Bindungen begrenzt, was an deren strikter normativer Verbindlichkeit jedoch nichts ändert. Diese verfassungsrechtlichen Bindungen bestehen im Übrigen – entgegen Scherzberg[78] – völlig unabhängig davon, ob es sich bei der Verfassung um eine Rahmenordnung handelt oder diese durch verfassungsgerichtliche Konkretisierungen in einer Weise aufgeladen wird, die deren Rahmencharakter sprengt.

Auch der Umstand, dass die verfassungsgerichtliche Kontrolle fachgerichtlicher Entscheidungen hinsichtlich der Feststellung des diesen zugrunde gelegten Sachverhalts im Regelfall – wenn auch keineswegs immer (s. oben III. 6.) – nur eingeschränkt erfolgt, ändert an der prinzipiellen Berechtigung der hier befürworteten Parallele nichts.[79] Insoweit bestehende Unterschiede beruhen lediglich auf Besonderheiten des verfassungsgerichtlichen Verfahrens, die sich nicht nur daraus ergeben, dass das BVerfG – trotz der ihm durch § 26 BVerfGG eingeräumten Kompetenz zu Beweiserhebungen – schon aus rein tatsächlichen Gründen nicht in der Lage ist, allgemein eine den Fachgerichten vergleichbare Sachverhaltsfeststellung vorzunehmen. Ursächlich hierfür sind auch funktionell-rechtliche Gründe, da eine fehlerhafte fachgerichtliche Sachverhaltsfeststellung im Regelfall keine über den Einzelfall hinausreichende Bedeutung besitzt. Soweit tatsächliche Feststellungen zur Aktivierung seiner (unmittelbaren) grundrechtlichen Kontrollbefugnisse geboten sind, weil nur auf ihrer Basis eine Klärung grundrechtlicher Fragen von allgemeiner Bedeutung möglich ist, hält sich denn auch das BVerfG für befugt, fachgerichtliche Sachverhaltsfeststellungen zu überprüfen und gegebenenfalls sogar selbst gem. § 26 BVerfGG Beweis zu erheben. Funktionell-rechtliche Gründe sind es denn auch, die das BVerfG dazu veranlassen, bei seiner im Rahmen einer Urteilsverfassungsbeschwerde erfolgenden Überprüfung fachgerichtlicher Entscheidungen auf die Grundsätzlichkeit dieser anhaftender grundrechtlicher Defizite abzustellen. Die im Übrigen bestehende Parallele zur fachgerichtlichen Kontrolle von Ermessensentscheidungen der Verwaltung wird hierdurch nicht in Frage gestellt.

Nicht zu überzeugen vermag schließlich auch der Einwand, dass eine Bestimmung der verfassungsgerichtlichen Kontrollkompetenz in Anlehnung an die verwal-

---

[77] Dass der fachgerichtlichen Konkretisierung unbestimmter Rechtsbegriffe in beträchtlichem Umfang ein rechtsschöpferisches Element zukommt (s. *Schenke* [Fn. 1], 46), ist rechtstheoretisch unbestreitbar, ändert aber – rechtsdogmatisch betrachtet – nichts daran, dass der Judikative grundsätzlich das Letztentscheidungsrecht in Bezug auf die Auslegung wie auch die Anwendung unbestimmter Rechtsbegriffe zukommt. Die normative Verbindlichkeit unbestimmter Rechtsbegriffe und das grundsätzliche Fehlen von gerichtlich nur begrenzt kontrollierbaren Beurteilungsspielräumen wird durch die nicht voll behebbare Unschärfe unbestimmter Rechtsbegriffe in keiner Weise in Frage gestellt (s. hierzu näher *Schenke* (Fn. 60), Art. 19 Abs. 4, Rn. 516 ff.).

[78] *Scherzberg* (Fn. 1), 236.

[79] A. A. *Zuck* (Fn. 20), Rn. 487.

tungsrechtliche Ermessenslehre ersterer die Konturenschärfe nehme.[80] Das Gegenteil trifft zu: Die hier aufgezeigte Parallele dient ja gerade dazu, die verfassungsgerichtlichen Kontrollbefugnisse näher zu konkretisieren, indem an die heute von der ganz h. M. anerkannten und in § 40 VwVfG bzw. § 114 VwGO sogar partiell normierten Grundsätze der verwaltungsrechtlichen Ermessensfehlerlehre angeknüpft wird.

Bezeichnenderweise orientiert sich denn auch die bundesverfassungsgerichtliche Rechtsprechung der Sache nach in weitem Umfang an den Grundsätzen der verwaltungsrechtlichen Ermessensfehlerlehre, auch wenn sie sich darauf nicht ausdrücklich bezieht. So klingt die hier befürwortete Konkretisierung der bundesverfassungsgerichtlichen Überprüfungsbefugnis bereits in der sogenannten Heckschen Formel an, an der das BVerfG seine spätere Rechtsprechung vielfach ausrichtete. Danach kontrolliert das BVerfG nur, „ob Auslegungsfehler sichtbar werden, die auf einer grundsätzlich unrichtigen Anschauung von der Bedeutung eines Grundrechts, insbesondere vom Umfang seines Schutzbereichs beruhen und auch in ihrer materiellen Bedeutung von einigem Gewicht sind"[81]. Im Übrigen finden sich für alle der oben genannten Konkretisierungen (und ihren Entsprechungen in der verwaltungsrechtlichen Ermessenslehre) Beispiele in der bundesverfassungsgerichtlichen Judikatur. So prüft das BVerfG auch, ob nicht bereits das Ergebnis der fachgerichtlichen Entscheidung Grundrechte verletzt.[82] Ebenso kontrolliert es, ob das Fachgericht bei seiner Entscheidungsfindung erkannt hat, dass hierfür Grundrechte von Einfluss sind oder dass es um die Abwägung widerstreitender Grundrechtsinteressen geht.[83] Ferner erstreckt sich seine Frage auf die Prüfung, ob das Fachgericht bei seiner Entscheidungsfindung von einer „grundsätzlich unrichtigen Anschauung von der Bedeutung eines Grundrechts, insbesondere vom Umfang seines Schutzbereichs" ausging.[84] Das durch das BVerfG in diesem Zusammenhang nicht weiter begründete und konkretisierte einschränkende Merkmal der Grundsätzlichkeit ist dann nicht zu beanstanden[85] – und findet eine Entsprechung in der in dieser Untersuchung vertretenen Konzeption – , wenn man es in dem Sinn deutet, dass hier auf die allgemeine Bedeutung der grundrechtlichen Defizite der fachgerichtlichen Entscheidung abgestellt wird.

---

[80] So aber *Sendler*, DVBl. 1988, 370.

[81] BVerfGE 18, 85, 93; vgl. aus neuerer Zeit z. B. BVerfGE 102, 347, 362; 111, 366, 373. Zur Heckschen Formel s. näher *Herzog* (Fn. 1), 432 ff.

[82] BVerfGE 7, 198, 205; 30, 173, 188; 35, 202, 219.

[83] BVerfGE 43, 130, 135; 59, 231, 270 f.; 71, 162, 178 f.; 77, 346, 359; 97, 391, 406; 95, 28, 37.

[84] Vgl. z. B. BVerfGE 60, 234, 239; 61, 18, 25; 62, 230, 242 f.; 66, 116, 131; 73, 261, 269; 89, 1, 10; 89, 276, 285; 95, 96, 128; 100, 214, 222; 112, 332, 358 f.

[85] Kritisch zu dieser Einschränkung aber *Schlaich/Korioth* (Fn. 1), Rn. 296 und schon früher *Schenke* (Fn. 1), 45.

Letztlich kann die Berechtigung dieser Parallele zur verwaltungsrechtlichen Ermessensfehlerlehre aber ohnehin dahingestellt bleiben,[86] denn die oben dargelegten Grundsätze für die Überprüfung fachgerichtlicher Entscheidungen auf ihre unmittelbare Vereinbarkeit mit Grundrechten sind grundrechtlich zwingend vorgegeben und ergeben sich insoweit bereits aus der Natur der Sache. Sie umschreiben die Fälle, in denen eine unmittelbare Verletzung von Grundrechten durch die Fachgerichte möglich ist, jedenfalls abschließend. Andere Formen eines Verstoßes der Fachgerichte gegen grundrechtliche Vorgaben sind nicht denkbar und bezeichnenderweise bisher auch nicht benannt worden.

d) Keine Kompetenz-Kompetenz des BVerfG

Zwar hält das BVerfG die oben genannten Grenzen seiner richterlichen Prüfungsbefugnis meist ein. Es betont aber zugleich, dass sich die Grenzen seiner Eingriffe in die fachgerichtliche Rechtsprechung nicht „starr und gleichbleibend ziehen" ließen und dem BVerfG „ein gewisser Spielraum bleiben (müsse), der die Berücksichtigung der besonderen Lage des Einzelfalls ermöglicht"[87]. Diese salvatorische Klausel provoziert aber unter dem Aspekt des Art. 101 Abs. 1 S. 2 GG gravierende Bedenken,[88] die nicht dadurch ausgeräumt werden, dass sich das BVerfG mit ihnen bisher nicht auseinandergesetzt hat. Während für eine (auch partielle) Restriktion der Prüfungsbefugnis des BVerfG § 93a BVerfGG normative Ansätze bereitstellt, fehlt es für eine solche verfassungsgerichtliche Extension der Prüfungsbefugnis des BVerfG jedenfalls an einer normativen Grundlage.

Problematisch erscheint die vom BVerfG für sich in Anspruch genommene Kompetenz-Kompetenz zudem insoweit, als der Freiraum, den sich das BVerfG hier selbst zugesteht, für den durch eine fachgerichtliche Entscheidung enttäuschten Bürger ein Prinzip Hoffnung begründet, das sich zwar in den wenigsten Fällen erfüllen dürfte, aber dennoch einen nicht unbeträchtlichen Anreiz für die Erhebung von Verfassungsbeschwerden bildet. Das trägt zur Überlastung des BVerfG bei und gefährdet – damit einhergehend – zugleich die Effektivität des verfassungsgerichtlichen Rechtsschutzes. Zwar mag es von der Zielsetzung verständlich erscheinen, dass sich das BVerfG die Möglichkeit eines Zugriffs auf fachgerichtliche Entscheidungen offen halten

---

[86] s. auch *Alleweldt* (Fn. 1), 153: „Schenke beschreibt ein noch hinreichend klar strukturiertes dogmatisches Modell, bei dem man sich allenfalls fragen kann, ob es der Parallele zur Ermessensfehlerlehre zur Beschreibung der Ausstrahlungsfunktion der Grundrechte wirklich bedurft hätte. Er versteht seinen Beitrag eher als eine Beschreibung der grundrechtlichen Bindungen der Gerichte; für die Prüfung durch das Bundesverfassungsgericht erwähnt er keine Begrenzung, sondern geht offenbar von einer vollständigen Prüfung dieser Bindungen aus".

[87] BVerfGE 18, 85, 93; 54, 129, 135 f.; 60, 79, 90 f.; 61, 1, 6; s. auch das Minderheitsvotum *Rupp-v. Brünnecks*, BVerfGE 42, 154, demzufolge die Frage nach dem Umfang der Überprüfungsbefugnis „nicht zu dogmatisch beantwortet werden" soll.

[88] Dass Richter i. S. des Art. 101 Abs. 1 S. 2 GG auch das Verfassungsgericht ist, erkennt auch das BVerfG an (vgl. BVerfGE 13, 132, 140).

will, die solche Grundrechte betreffen, die – wie das Grundrecht der Meinungsfreiheit – für das Demokratieprinzip besonders bedeutsam sind. Aber auch hier gilt, dass der Zweck nicht die Mittel heiligt und eine verfassungsprozessuale Sonderdogmatik jedenfalls nicht zu legitimieren vermag.

V. Resümee

Die vorstehenden Überlegungen dürften gezeigt haben, dass es durchaus möglich ist, die Grenzen der verfassungsgerichtlichen Überprüfung fachgerichtlicher Entscheidungen dogmatisch „einzufangen". Dies kann sicher nicht in dem Sinne der Entwicklung einer „Großformel" erfolgen, aus der sich mittels Subsumtion immer bereits eine trennscharfe Konturierung der Kontrollbefugnisse des BVerfG ableiten lässt. Wohl aber bietet sich eine Bildung von Fallgruppen an, die an verschiedene verfassungsrechtliche Topoi anknüpft. Sie vermag einen wesentlichen Beitrag zu einer rational nachvollziehbaren Abgrenzung der Kompetenzen von Verfassungsgerichtsbarkeit und Fachgerichtsbarkeit zu liefern. Eine auf diese Weise mögliche Grenzziehung dient nicht nur der Rechtssicherheit, sondern trägt zugleich zu einer Entlastung des BVerfG bei. Wichtige Ansätze zu einer solchen Systematisierung lassen sich – ungeachtet einzelner „Ausreisser" – bereits jetzt der Rechtsprechung des BVerfG entnehmen,[89] die freilich einer teilweisen Korrektur bedarf. Abzulehnen ist auf jeden Fall eine vom BVerfG verschiedentlich für sich in Anspruch genommene Kompetenz-Kompetenz. Sie lässt sich mit Art. 101 Abs. 1 S. 2 GG nicht in Einklang bringen. Gerade das BVerfG als Hüter der Verfassung trifft in Bezug auf die Einhaltung dieses Verfahrensgrundrechts eine besondere Verantwortung. Mit rechtsstaatlicher Transparenz ist ein „Arkanum"[90] des BVerfG, das dieses zur Abgrenzung von Verfassungsgerichtsbarkeit und Fachgerichtsbarkeit heranzieht, sicher nicht vereinbar. Nicht weiter hilft deshalb auch der Versuch, die Kompetenzproblematik dadurch zu entschärfen, dass man von einem „Kooperationsverhältnis zwischen Bundesverfassungsgericht und Fachgerichtsbarkeit" ausgeht,[91] denn die entscheidende Frage, wie dieses Kooperationsverhältnis auszusehen hat, bleibt hierbei unbeantwortet.

Hervorzuheben ist zudem, dass die hier befürwortete, an formale Kriterien anknüpfende Grenzziehung zwischen Bundesverfassungsgerichtsbarkeit und Fachgerichtsbarkeit allein noch keinen wirksamen Schutz vor einer materiell-rechtlichen Überfrachtung der Verfassung und vor der Aufgabe des Rahmencharakters der Verfassung bietet. Eine solche Überdehnung der Verfassung verändert nicht nur das Verhältnis von Verfassungsgerichtsbarkeit und Fachgerichtsbarkeit und beschränkt sich damit nicht auf den intrajudikativen Bereich. Es prägt vielmehr auch das Verhältnis

---

[89] s. demgegenüber aber *Korioth* (Fn. 1), 74, wonach sich die einschlägige Rechtsprechung des BVerfG nicht in ein System bringen lasse.

[90] *E.-W. Böckenförde*, in: ders. (Hrsg.), Staat, Verfassung und Demokratie, 1991, 159 (169).

[91] So *Robbers*, NJW 1998, 935 (938); krit. hierzu auch *Koch* (Fn. 1), 138 und 165; *Korioth* (Fn. 1), 79.

von Judikative und Legislative und droht damit in seiner letzten Konsequenz in einen Richterstaat einzumünden, der unter den Aspekten sowohl der Gewaltenteilung wie auch des Demokratieprinzips höchst problematisch wäre.

Der Anspruch auf Entschädigung wegen unangemessener Verfahrensdauer und die Verzögerungsbeschwerde

Von *Thorsten Ingo Schmidt*

I. Einführung

Bereits als Student war ich von den Schriften *Eckart Kleins*, insbesondere von seinem Lehr- und Handbuch zum Verfassungsprozessrecht, sehr beeindruckt. Umso größer war meine Freude, ihn nach meiner Berufung nach Potsdam im Jahr 2009 als Fakultätskollegen kennen und schätzen lernen zu dürfen. Daher lag es für mich nahe, mich für diese Festschrift einem Thema aus der Schnittmenge unserer beider wissenschaftlichen Interessen, dem Verfassungsprozessrecht, zuzuwenden. So möchte ich die nachfolgenden Ausführungen über die Verzögerungsbeschwerde dem verehrten Jubilar zu seinem 70. Geburtstag widmen. Zunächst werde ich auf die Vorgeschichte dieser Verfahrensart eingehen (II.), sie sodann systematisch einordnen (III.) und den zu Grunde liegenden Entschädigungsanspruch (IV.) untersuchen, bevor die Verzögerungsbeschwerde selbst in den Fokus der Betrachtung rückt (V.).

II. Vorgeschichte

Der Rechtsstaat des Grundgesetzes ist ein Rechtswegestaat. Der beste Rechtsschutz nützt aber nichts, wenn er zu spät kommt. Das Gebot des effektiven Rechtsschutzes nach Art. 19 IV GG, der Anspruch auf rechtliches Gehör nach Art. 103 I GG sowie das Rechtsstaatsprinzip gemäß Art. 20 III GG gebieten daher gerichtlichen Rechtsschutz in angemessener Frist.[1] Leider wurde in der Rechtswirklichkeit dieses rechtsstaatliche Postulat vielfach nicht eingelöst. So hat auch das BVerfG auf Verfassungsbeschwerden hin wiederholt rechtsstaatswidrige Verzögerungen im gerichtlichen Verfahrensablauf gerügt.[2]

Zusätzlich zu diesen grundgesetzlichen Gewährleistungen sehen auch zwei Landesverfassungen[3] ausdrücklich einen Rechtsschutz in angemessener Frist vor, der in

---

[1] Zur Herleitung dieses Gebots aus Art. 19 IV; 20 III GG siehe *M. Heine*, MDR 2012, 327 (328); zur Begründung aus dem Justizgewährungsanspruch siehe *W.-R. Schenke*, NVwZ 2012, 257.

[2] Z.B. BVerfGE 40, 237 (256); 55, 349 (369); 93, 1 (13).

[3] Art. 52 IV 1 BbgV; Art. 78 III 1 SächsV.

diesen Ländern mit der Verfassungsbeschwerde[4] vor dem jeweiligen Landesverfassungsgericht geltend gemacht werden kann. Eine verfassungsgerichtliche Feststellung der überlangen Verfahrensdauer vermag für sich alleine die mit einem lange dauernden Gerichtsverfahren verbundenen Nachteile aber nicht immer auszugleichen. Für eine weitergehende Wirkung hat sich der BGH[5] in Strafsachen entschieden. Im Rahmen seiner so genannten Vollstreckungslösung lässt er nunmehr zwar den Schuld- und Strafausspruch des in einem überlangen Gerichtsverfahren verurteilten Täters unberührt, gibt aber vor, im Rahmen der Strafvollstreckung die überlange Verfahrensdauer zu berücksichtigen und deshalb die zu verbüßende Strafe zu mindern.

In überlangen Gerichtsverfahren liegt nicht nur ein Verstoß gegen innerstaatliche Gewährleistungen, sondern zugleich auch eine Missachtung der Europäischen Menschenrechtskonvention. Art. 6 I EMRK garantiert nämlich, dass über Streitigkeiten in Bezug auf zivilrechtliche Ansprüche und Verpflichtungen oder über strafrechtliche Anklagen von einem unabhängigen und unparteiischen, auf Gesetz beruhenden Gericht in einem fairen Verfahren, öffentlich und *innerhalb angemessener Frist* verhandelt wird.[6] Des Weiteren sieht Art. 13 EMRK vor, dass jede Person, die in ihren Konventionsrechten verletzt worden ist, das Recht hat, bei einer innerstaatlichen Instanz eine *wirksame* Beschwerde zu erheben, auch wenn die Verletzung von Personen begangen worden ist, die in amtlicher Eigenschaft gehandelt haben.[7] Wegen der Missachtung dieser Gewährleistungen durch überlange Gerichtsverfahren ist Deutschland wiederholt durch den Europäischen Gerichtshof für Menschenrechte verurteilt worden, wobei der EGMR zuletzt nicht mehr nur von Einzelfällen ausging, sondern ein strukturelles Problem des deutschen Rechts annahm und die Bundesrepublik wiederholt und nachdrücklich aufforderte, Abhilfe zu schaffen.[8]

In dieser Situation hat der Bundesgesetzgeber sich entschlossen, durch Einführung der Verzögerungsklage vor den einfachen Gerichten und der Verzögerungsbeschwerde vor dem BVerfG dieser konventionswidrigen Lage abzuhelfen. Nachdem

---

[4] Art. 6 II; 113 Nr. 4 BbgV; Art. 81 I Nr. 4 SächsV. Siehe auch die Entscheidungen des Brandenburgischen Verfassungsgerichts vom 20. März 2003, VfGBbg 108/02, NVwZ 2003, 1379 (=LKV 2003, 427), sowie des Sächsischen Verfassungsgerichtshofes vom 24. April 2003, Az. Vf. 4-IV-03, LKV 2003, 426.

[5] Seit dem Beschluss des Großen Senats in Strafsachen vom 17. Jan. 2008, BGHSt. 52, 124, betrachtet der BGH eine rechtsstaatswidrige Verfahrensverzögerung nicht mehr als Strafmilderungsgrund, sondern will diese bei der Vollstreckung der Strafe unter analoger Anwendung des § 51 I 1, IV 2 StGB berücksichtigt wissen.

[6] Siehe beispielhaft EGMR, Urteil vom 28. Juni 1978, Nr. 6232/73 (*König*); Urteil vom 5. Okt. 2006, Nr. 66491/01 (*Grässer*); Urteil vom 11. Jan. 2007, Nr. 20027/02 (*Herbst*); Urteil vom 13. Nov. 2008, Nr. 10597/03 (*Ommer*); Urteil vom 22. Jan. 2009, Nr. 45749/06 (*Kaemena und Thöneböhn*); Urteil vom 2. Sept. 2010, Nr. 46344/06 (*Rumpf*).

[7] Vgl. EGMR, Urteil vom 8. Juni 2006, Nr. 75529/01, Z. 115 (*Sürmeli*). Siehe dazu *C. Althammer/D. Schäuble*, NJW 2012, 1.

[8] So ausdrücklich in dem Urteil vom 2. Sept. 2010, Nr. 46344/06 (*Rumpf*).

ein erster Gesetzentwurf eines Untätigkeitsbeschwerdengesetzes 2005[9] noch gescheitert war, wurde mit dem Gesetz über den Rechtsschutz bei überlangen Gerichtsverfahren und strafrechtlichen Ermittlungsverfahren vom 24. November 2011[10] durch Ergänzung des Gerichtsverfassungsgesetzes und weiteren Änderungen in mehr als 20 anderen Gesetzen die Verzögerungsklage umfassend im deutschen Prozessrecht verankert. Zusätzlich wurden in das BVerfGG Vorschriften über die Verzögerungsbeschwerde aufgenommen. Diese verfassungsprozessuale Verzögerungsbeschwerde und der ihr zu Grunde liegende Anspruch auf Wiedergutmachung bei überlanger Verfahrensdauer sollen im Zentrum der nachfolgenden Ausführungen stehen.

III. Systematische Einordnung der Verzögerungsbeschwerde

Die Verzögerungsbeschwerde ist zunächst ein prozessualer Behelf, ist aber in einem weiteren Kontext zu sehen und muss von dem zu Grunde liegenden materiellrechtlichen Anspruch und den vorangegangenen Gerichtsverfahren unterschieden werden. Nimmt man bspw. von einem Zivilrechtsstreit seinen Ausgang, so ist zwischen folgenden Ansprüchen und Klagen zu differenzieren:

1. Zunächst besteht ein materieller Anspruch eines Gläubigers gegen einen Schuldner, z. B. auf Werklohnforderung nach § 631 BGB.

2. Dieser Anspruch wird prozessual geltend gemacht durch Erhebung einer Klage vor dem Zivilgericht gemäß § 253 ZPO mit dem Gläubiger des Anspruchs als Kläger und dem Schuldner als Beklagten.

3. Im Rahmen dieses zivilgerichtlichen Verfahrens besteht ein Anspruch des Klägers auf Rechtsschutz in angemessener Frist gemäß Art. 6 I EMRK und den weiteren Bestimmungen über die Justizgewährleistung gegen das Land bzw. den Bund als Träger der Justizgewalt.[11] Auch die übrigen Prozessbeteiligten, z. B. Beigeladene oder Nebenkläger, können eine Entscheidung in angemessener Frist verlangen.

4. An diesen Anspruch auf Rechtsschutz in angemessener Frist aus 3. wird prozessual erinnert durch Erhebung einer Verzögerungsrüge gemäß § 198 III 1 GVG n.F. Dabei handelt es sich um eine Rügeobliegenheit, nicht um einen weiteren selbstständigen Rechtsbehelf.[12]

5. Wird trotz Erhebung einer Verzögerungsrüge das Verfahren nicht in angemessener Frist zu Ende geführt, so besteht ein Entschädigungsanspruch des Klägers

---

[9] Referentenentwurf eines Gesetz über die Rechtsbehelfe bei Verletzung des Rechts auf ein zügiges gerichtliches Verfahren (Untätigkeitsbeschwerdengesetz) vom 22. Aug. 2005. Siehe dazu *C. Steinbeiß-Winkelmann*, ZRP 2010, 205 (206).

[10] BGBl. I, 2302.

[11] Siehe dazu *V. Schlette*, EuGRZ 1999, 369 ff.

[12] Ebenso *D. Burhoff*, VRR 2012, 44 (47); *Schenke*, NVwZ 2012, 257 (260).

gegen den Träger der Justizgewalt gemäß § 198 I 1 GVG wegen Verletzung seines Anspruchs auf Rechtsschutz in angemessener Frist.

6. Dieser Entschädigungsanspruch ist prozessual geltend zu machen durch Erhebung einer gesonderten Entschädigungsklage gemäß § 198 V GVG vor dem Entschädigungsgericht nach § 201 I GVG.

7. Steht das letztinstanzliche Zivilurteil in Widerspruch zu der Rechtsordnung, liegt darin zugleich eine Grundrechtsverletzung des unterlegenen Prozessbeteiligten. Zumindest kommt eine Verletzung in der Allgemeinen Handlungsfreiheit nach Art. 2 I GG in Betracht, weil diese nur durch rechtmäßige hoheitliche Maßnahmen eingeschränkt werden darf, sowie in dem Allgemeinen Gleichheitssatz nach Art. 3 I GG, weil der von einem rechtswidrigen Urteil betroffene Verfahrensbeteiligte ungleich behandelt wird im Vergleich zu den Beteiligten anderer Gerichtsverfahren, die rechtmäßige Urteile erstritten haben.

8. Wegen dieser so genannten Verletzung spezifischen Verfassungsrechts aus 7. kann der unterlegene Prozessbeteiligte gegen das letztinstanzliche Zivilurteil Verfassungsbeschwerde gemäß Art. 93 I Nr. 4a GG; § 13 Nr. 8a; §§ 90; 92 ff. BVerfGG zum BVerfG erheben.

9. Zumindest soweit man den Anspruch auf Rechtsschutz in angemessener Frist aus dem Rechtsstaatsprinzip herleitet, besteht er auch für Verfahren vor dem BVerfG.

10. Auch an diesen Anspruch auf Rechtsschutz in angemessener Frist aus 9. wird durch Erhebung einer Verzögerungsrüge gemäß § 97b I 2 BVerfGG erinnert. Diese ist wie bei einfachgerichtlichen Prozessen nach § 198 III 1 GVG n.F. gleichfalls als Rügeobliegenheit ausgestaltet und nicht als selbstständiger Rechtsbehelf.

11. Wird ungeachtet der Erhebung einer Verzögerungsrüge das Verfahren vor dem BVerfG nicht in angemessener Frist zu Ende geführt, so besteht ein Entschädigungsanspruch des Beschwerdeführers gegen den Bund als Träger der Justizgewalt des BVerfG aus § 97a I 1 BVerfGG wegen Verletzung dieses Anspruchs.

12. Schließlich ist dieser Entschädigungsanspruch aus 11. prozessual geltend zu machen durch Erhebung einer gesonderten Verzögerungsbeschwerde gemäß § 97b I 1 BVerfGG.

Überblickt man diese zwölf Konstellationen, so haben die Gestaltungen 1. bis 6. die unterverfassungsgerichtliche, einfache Gerichtsbarkeit zum Gegenstand, während die Situationen 7. bis 12. das BVerfG betreffen. Die Fälle mit ungerader Nummer bezeichnen jeweils einen materiellrechtlichen Anspruch, diejenigen mit gerader Nummer die prozessuale Umsetzung des vorangegangenen Anspruchs durch Erhebung eines Rechtsbehelfs. Außerdem zeigt sich bereits auf den ersten Blick ein gewisser Gleichlauf zwischen den Rechtsschutzansprüchen nach 3. und 9., den Rügeobliegenheiten nach 4. und 10., den Entschädigungsansprüchen nach 5. und 11. sowie der prozessualen Geltendmachung der Entschädigungsansprüche nach 6. und 12. Mit gewissen Vorbehalten könnte man auch noch eine gewisse Ähnlichkeit zwischen dem materiellrechtlichen Anspruch nach 1. und der Grundrechtsverletzung nach 7. sowie der Klage vor dem Zivilgericht nach 2. und der Verfassungsbeschwerde nach 8. erkennen.

Durch das Gesetz über den Rechtsschutz bei überlangen Gerichtsverfahren und strafrechtlichen Ermittlungsverfahren wurden nunmehr erstmalig ausdrücklich die Rügeobliegenheit aus 4., der materiellrechtliche Entschädigungsanspruch aus 5. und dessen prozessuale Geltendmachung in 6. vor den einfachen Gerichten sowie in Anlehnung daran (aber nicht in genauer Parallele dazu) die Rügeobliegenheit in 10., der Entschädigungsanspruch aus 11. sowie dessen prozessuale Geltendmachung in 12. vor dem BVerfG geregelt. Im Ergebnis sind damit durch dieses Gesetz zwei neue Entschädigungsansprüche eingeführt worden, die jeweils eine prozessuale Rügeobliegenheit in einem vorangegangenen Verfahren voraussetzen und ihrerseits prozessual geltend gemacht werden können.

Im Folgenden soll zunächst der Entschädigungsanspruch nach dem BVerfGG und danach dessen prozessuale Durchsetzung betrachtet werden. Dabei erfolgt jeweils ein Seitenblick auf den entsprechenden Anspruch nach dem GVG und dessen Durchsetzung vor den einfachen Gerichten.

IV. Der Anspruch auf Entschädigung oder sonstige Wiedergutmachung wegen überlanger Verfahrensdauer

1. Anspruchsgrundlage

Der Anspruch auf Entschädigung wegen überlanger Verfahrensdauer vor dem BVerfG findet seine Grundlage in § 97a I 1 BVerfGG. Dies stellt den materiellen Kern der Neuregelung dar. Es handelt sich dabei um kein präventives prozessuales Mittel, sondern um einen repressiven Entschädigungsanspruch.[13] Diese staatshaftungsrechtliche Vorschrift stellt eigentlich einen Fremdkörper im BVerfGG als Prozessordnung dar. Selbst wenn man deshalb die Gesetzgebungskompetenz für diese Regelung nicht aus Art. 94 II GG herleitete, so ließe sich die Zuständigkeit des Bundes immer noch aus Art. 74 I Nr. 25; 72 II GG ermitteln.[14] Das Gegenstück dieses Anspruchs vor den einfachen Gerichten ist der Entschädigungsanspruch nach § 198 I 1 GVG. Auch für die Regelung jenes Anspruchs ist der Bund, wenn nicht nach Art. 74 I Nr. 1 GG, so doch mindestens nach Art. 74 I Nr. 25; 72 II GG zuständig. Das Bedürfnis nach Wahrung der Rechts- und Wirtschaftseinheit nach Art. 72 II GG liegt vor, weil landesrechtlich unterschiedliche Entschädigungsregelungen zur Klageerhebung nur in bestimmten Ländern einlüden und so die Dauer der Gerichtsverfahren in den einzelnen Ländern künftig noch weiter differieren würde.[15]

---

[13] Von einer Kombination präventiver und repressiver Elemente geht noch *Steinbeiß-Winkelmann*, ZRP 2010, 205 (206), aus.

[14] Darauf stellt BT-Drs. 17/3802, 17, ab.

[15] Kritischer *A. Guckelberger*, DÖV 2012, 289 (292).

2. Tatbestandliche Voraussetzungen

Der Anspruch auf Entschädigung nach § 97a I 1 BVerfGG ist nur gegeben, wenn eine Vielzahl tatbestandlicher Voraussetzungen vorliegen.

a) Verfahren vor dem BVerfG

Zunächst muss die Verzögerung in einem Verfahren vor dem BVerfG aufgetreten sein. Sowohl aus dem Wortlaut des § 97a I 1 BVerfGG als auch aus seiner systematischen Stellung in dem neuen Vierten Teil des Gesetzes, der für alle Verfahrensarten Geltung beansprucht, lässt sich zunächst keine Beschränkung des Entschädigungsanspruchs auf vorangegangene Verfahren der Verfassungsbeschwerde oder der konkreten Normenkontrolle entnehmen. Auch aus den Gesetzgebungsmaterialien ist eine solche Eingrenzung nicht zu ermitteln. Vielmehr kann der Anspruch auf Entschädigung wegen unangemessen langer Verfahrensdauer auch an andere Normenkontrollverfahren, kontradiktorische Verfahren wie den Organstreit und den Bund-Länder-Streit oder Verfassungsschutzverfahren wie das Parteiverbot, die Anklage des Bundespräsidenten oder die Richteranklage anschließen. Der Entschädigungsanspruch knüpft nicht nur an ein verzögertes Hauptsacheverfahren an, sondern kann auch erhoben werden, soweit ein Antrag auf Erlass einer einstweiligen Anordnung gemäß § 32 BVerfGG nicht rechtzeitig beschieden wurde.

Im Ergebnis ist der dem § 97a I 1 BVerfGG zu Grunde liegende Verfahrensbegriff also genausoweit wie derjenige in § 198 I 1 GVG. Denn dort wird nach der Legaldefinition des § 198 VI Nr. 1 GVG – abgesehen von einer Sonderregelung für Insolvenzverfahren – jedes Gerichtsverfahren erfasst.

b) Anspruchsteller

§ 97a I 1 BVerfGG spricht lapidar von „wer [...] als Verfahrensbeteiligter", um den Anspruchsteller zu kennzeichnen. Hintergrund dieser Regelung dürfte sein, dass das BVerfGG im Unterschied etwa zu §§ 61; 63 VwGO keine allgemeinen Regelungen über die Beteiligung an Verfahren enthält, vielmehr für jede Verfahrensart gesondert festgestellt werden muss, wer Beteiligter ist.[16] Danach ist geeigneter Anspruchsteller eines Anspruchs auf Entschädigung gemäß § 97a I 1 BVerfGG zumindest derjenige, der Beteiligter des entsprechenden Verfahrens ist; also der Beschwerdeführer einer Verfassungsbeschwerde nach § 90 BVerfGG, der Antragsteller einer abstrakten Normenkontrolle nach § 76 BVerfGG, der Antragsteller und der Antragsgegner eines Organstreits gemäß § 63 BVerfGG oder der Angeklagte einer Richteranklage nach § 58 BVerfGG oder die Partei, gegen die sich ein Verbotsverfahren nach § 44 BVerfGG richtet. Hingegen sind bloß Äußerungsberechtigte wie in den Konstellationen der § 77 und § 82 I BVerfGG keine Verfahrensbeteiligten und können keinen

---

[16] Zutreffend *R. Zuck*, NVwZ 2012, 265 (266).

Anspruch auf Entschädigung wegen unangemessener Verfahrensdauer erheben.[17] Beitrittsberechtigte wie in den Fällen des Organstreits nach § 65 BVerfGG, der konkreten Normenkontrolle gemäß § 82 II BVerfGG oder der Nachprüfung von Völkerrecht gemäß § 83 II 2 BVerfGG werden erst mit erfolgtem Beitritt zu Verfahrensbeteiligten. Dann können sie aber auch alle Rechte von Verfahrensbeteiligten wahrnehmen und haben ebenfalls einen Anspruch auf Rechtsschutz in angemessener Frist.[18] Deshalb wird man auch ihnen grundsätzlich die Geltendmachung des Entschädigungsanspruchs nach § 97a I 1 BVerfGG zubilligen müssen, und zwar unabhängig von dem Antragsteller bzw. Beschwerdeführer, der ursprünglich das Verfahren eingeleitet hat.

Hingegen zählen zu den möglichen Anspruchstellern des Entschädigungsanspruchs nach § 97a I 1 BVerfGG nicht die obersten Gerichtshöfe des Bundes oder oberste Landesgerichte, die zwar nach § 82 IV BVerfGG vom BVerfG um Mitteilung und Stellungnahme ersucht werden können, dadurch aber nicht selbst zu Verfahrensbeteiligten werden.

Der Kreis der möglichen Anspruchsteller wird in § 97a I 1 Alt. 2 BVerfGG noch erweitert um die Beteiligten in einem zur Herbeiführung der Entscheidung des BVerfG ausgesetzten Verfahren. Dies bezieht sich vor allem auf die konkrete Normenkontrolle nach Art. 100 I GG; § 13 Nr. 11; §§ 80 ff. BVerfGG und ergreift die Beteiligten des Ausgangsverfahrens vor dem einfachen Gericht. Ebenfalls erfasst sind die Nachprüfung von Völkerrecht gemäß Art. 100 II GG; § 13 Nr. 12; §§ 83 f. BVerfGG sowie der Vorlagebeschluss eines Landesverfassungsgerichts gemäß Art. 100 III GG; § 13 Nr. 13; § 85 BVerfGG.

Schließlich könnte man zum Kreis potentieller Anspruchsteller gemäß § 97a I 1 Alt. 2 BVerfGG auch sonstige Verfahrensbeteiligte von Verfahren vor einfachen Gerichten zählen, soweit diese nach § 94 VwGO und vergleichbaren Vorschriften in den anderen Prozessordnungen[19] ausgesetzt worden sind im Hinblick auf eine noch ausstehende vorgreifliche Entscheidung des BVerfG. Wenn diese Verfahren aber nicht unmittelbar zur Herbeiführung eines Verfahrens vor dem BVerfG ausgesetzt werden, genügt dies noch nicht, um den dortigen Verfahrensbeteiligten einen Anspruch nach § 97a I 1 BVerfGG zu vermitteln, weil sonst der Kreis möglicher Anspruchsteller kaum noch zu überblicken wäre.[20] Möglicherweise kommt in einem solchen Fall aber ein Anspruch nach § 198 I 1 GVG in Betracht.

Vergleicht man diese stattliche Anzahl potentieller Anspruchsberechtigter nach § 97a I 1 BVerfGG mit den möglichen Anspruchstellern eines Entschädigungsanspruchs nach § 198 I 1 GVG, so ist dort der Kreis der Berechtigten gemäß § 198 VI Nr. 2 GVG deutlich eingeschränkter. Ausgenommen werden Verfassungsorgane,

---

[17] Ebenso *Zuck*, NVwZ 2012, 265 (266).
[18] Wie hier *Zuck*, NVwZ 2012, 265 (266).
[19] Siehe §§ 148 ff. ZPO; § 114 SGG; § 74 FGO.
[20] Im Ergebnis ebenso *Zuck*, NVwZ 2012, 265 (267).

Träger öffentlicher Gewalt und sonstige öffentliche Stellen, es sei denn, diese wären in Wahrnehmung eines Selbstverwaltungsrechts an dem Verfahren beteiligt.

Erwägenswert erscheint, diese Einschränkung aus § 198 VI Nr. 2 GVG im Wege der Analogie auf den Anspruch aus § 97a I 1 BVerfGG zu übertragen.[21] Eine Regelungslücke ist zu bejahen, weil es für den Entschädigungsanspruch aus § 97a I 1 BVerfGG an einer entsprechenden Einschränkung fehlt. Zweifelhaft erscheint indes, ob diese Regelungslücke auch planwidrig ist, wurden beide Ansprüche doch durch dasselbe Artikelgesetz und dann auch noch in aufeinanderfolgenden Normen geregelt, so dass man dem Gesetzgeber nicht ohne Weiteres unterstellen kann, ihm sei die Problematik der Geltendmachung des Entschädigungsanspruchs vor dem BVerfG durch Verfassungsorgane nicht bewusst gewesen. Vielmehr ist gerade eine Fülle staatsorganisationsrechtlicher Klagemöglichkeiten zum BVerfG eröffnet. Allerdings wurde der Entschädigungsanspruch gerade wegen der Rechtsprechung des Europäischen Gerichtshofs für Menschenrechte ausdrücklich gesetzlich normiert und auf die EMRK können sich zwar Privatpersonen, aber keine Verfassungsorgane des verpflichteten Staates selbst berufen.

Die Rechtslage zwischen dem geregelten Fall, dem Ausschluss des Anspruchs aus § 198 I 1 GVG durch § 198 VI Nr. 2 GVG, und dem ungeregelten Fall, der fehlenden ausdrücklichen personellen Einschränkung des Anspruchs aus § 97a I 1 BVerfGG, erscheint auch tatbestandlich vergleichbar. In beiden Konstellationen geht es darum, dem Anspruchsteller Genugtuung zu verschaffen für die mit einem überlangen Gerichtsverfahren verbundenen Beeinträchtigungen. Dabei muss die Beeinträchtigung aber in einer individualisierbaren Rechtsposition auftreten. Während dies bei einer Individualverfassungsbeschwerde wegen der möglichen Grundrechtsverletzung ohne Weiteres zu bejahen ist, und auch bei einem Organstreit hinsichtlich der denkbaren Beeinträchtigung einer Kompetenz eventuell noch bejaht werden kann, dürfte es zumindest bei einer abstrakten Normenkontrolle an einer verteidigungsfähigen subjektiven Rechtsposition, die dann einen Entschädigungsanspruch zu stützen vermag, fehlen. Hier dominiert die objektive Funktion des verfassungsgerichtlichen Verfahrens, das Grundgesetz zu wahren, über die subjektive Rechtsschutzfunktion. Es ist aber kein Grund ersichtlich, warum dem Antragsteller einer abstrakten Normenkontrolle, der durch seinen Antrag das Verfahren angestoßen hat, eine Entschädigung zukommen soll. Vielmehr erscheint es geboten, die Rechtsfolge des § 198 VI Nr. 2 GVG, den Ausschluss der Entschädigung für Verfassungsorgane, Träger öffentlicher Gewalt und sonstige öffentliche Stellen grundsätzlich zu übertragen. Allerdings sollte auch hier eine Gegenausnahme gemacht werden für die Fälle der Wahrnehmung eines Selbstverwaltungsrechts, also z.B. im Rahmen einer Kommunalverfassungsbeschwerde nach Art. 93 I Nr. 4b GG; § 13 Nr. 8a; § 91 BVerfGG, oder bei Individualverfassungsbeschwerden gemäß Art. 93 I Nr. 4a GG; § 13 Nr. 8a; §§ 90; 92 ff. BVerfGG von Kirchen, Rundfunkanstalten oder Uni-

---

[21] Ablehnend *O. Klein*, in: E. Benda/E. Klein/O. Klein (Hrsg.), Verfassungsprozessrecht, 3. Aufl. 2012, Rn. 1294; *Zuck*, NVwZ 2012, 265 (266).

versitäten und Fakultäten wegen Verletzung der Rechte aus Art. 4 und 5 I, III GG. Auch bei von politischen Parteien erhobenen Verfahren, sei es im Wege einer Verfassungsbeschwerde, sei es in Form eines Organstreits, wäre ein Entschädigungsanspruch noch zuzubilligen. Zweifelhaft ist dies bei sonstigen Formen des Organstreits: Stellt man dessen subjektive Rechtsschutzfunktion in den Vordergrund, spricht dies für einen Entschädigungsanspruch, betont man hingegen seine objektive Rechtswahrungsfunktion, lässt dies eine Entschädigung nicht als geboten erscheinen.

c) Unangemessene Dauer

Der Anspruch aus § 97a I 1 BVerfGG setzt weiterhin eine „unangemessene Dauer" eines Verfahrens vor dem BVerfG voraus. Satz 2 dieser Norm bestimmt sodann, dass die Angemessenheit der Verfahrensdauer sich nach den Umständen des Einzelfalles unter Berücksichtigung der Aufgaben und der Stellung des BVerfG richtet. Bemerkenswert erscheint zunächst, dass keine summenmäßig bestimmte Verfahrensdauer angegeben wird, der Gesetzgeber also davon Abstand genommen hat, die übliche oder eine seiner Auffassung nach wenigstens noch vertretbare Verfahrensdauer explizit zu normieren, obwohl dies angesichts der begrenzten Anzahl möglicher Verfahren vor dem BVerfG wohl leichter möglich gewesen wäre als bei der Fülle denkbarer Prozesskonstellationen vor den einfachen Gerichten.[22]

Allerdings knüpfen die Verfassungsbeschwerde oder die konkrete Normenkontrolle als besonders wichtige Verfahrensarten vor dem BVerfG an die unterschiedlichsten einfachrechtlichen Konstellationen an, was eine große Vielgestaltigkeit der Lebenssachverhalte mit sich bringt. Außerdem hat das BVerfG vielfach grundlegende verfassungsrechtliche Fragen zu beantworten, wobei seine Entscheidung in den Grenzen des § 31 BVerfGG gar in Gesetzeskraft erwachsen kann.[23] Dabei muss es dem BVerfG freistehen, Verfahren wegen ihrer politischen Bedeutung, ihrer besonderen Eilbedürftigkeit oder ihrer Auswirkungen auf eine Vielzahl weiterer Verfahren abweichend von ihrem späteren Eingang vorzuziehen und vorrangig zu entscheiden. Übermäßiges Drängen durch Festlegung verbindlich einzuhaltender Fristen wäre diesen Konstellationen nicht gerecht geworden. Hingegen können bloße Organisationsmängel wie die unzureichende Ausstattung des BVerfG mit Mitarbeitern oder technischer Infrastruktur die verzögerte Bearbeitung des Verfahrens nicht rechtfertigen.

Die längere Dauer eines Verfahrens erscheint auch nicht unangemessen, soweit die Verfahrensbeteiligten selbst eine verzögerte Behandlung des Verfahrens angeregt haben, z. B. wenn der Antrag vor dem BVerfG ausdrücklich nur zur Fristwahrung gestellt wurde oder bei einem kontradiktorischen Verfahren noch Verhandlungen zwi-

---

[22] Zur Ablehnung starrer Fristen siehe *Guckelberger*, DÖV 2012, 289 (295), sowie *Steinbeiß-Winkelmann*, ZRP 2010, 205 (207).

[23] Zur Sondersituation bei Verfassungsgerichten siehe BT-Drs. 17/3802, 26, sowie *J. Meyer-Ladewig*, Kommentar zur EMRK, 3. Aufl. 2011, Art. 6 EMRK, Rn. 206.

schen den Beteiligten schweben. Auch sofern ein Verfahrensbeteiligter die Aussetzung des Verfahrens angeregt oder dessen Ruhen beantragt hat, kann darin die Einwilligung in die Verlängerung der Verfahrensdauer liegen.

Letztlich erweist sich die Entscheidung des Gesetzgebers für den unbestimmten Rechtsbegriff der unangemessenen Verfahrensdauer – trotz der damit verbundenen Unsicherheit für den Rechtsschutzsuchenden hinsichtlich des Zeitpunkts der Erhebung einer Verzögerungsrüge – vorzugswürdig gegenüber einer rein schematischen Fristbestimmung. Die gewählte Lösung verhindert auch, dass Prozessbevollmächtigte nach Fristüberschreitung quasi automatisch eine Verzögerungsrüge erheben, um ihrerseits nicht in die Anwaltshaftung zu geraten.

Wortgleich bestimmt auch § 198 I 1 GVG, dass eine „unangemessene Dauer" eines Gerichtsverfahrens Voraussetzung für einen Entschädigungsanspruch ist. Dieser Begriff der Unangemessenheit wird dann allerdings in § 198 I 2 GVG leicht abweichend bestimmt. Denn in § 198 I 2 GVG wird zwar generell auf die Umstände des Einzelfalls verwiesen, dies wird aber näher erläutert mit der Schwierigkeit und Bedeutung des Verfahrens sowie dem Verhalten der Verfahrensbeteiligten und Dritter. Auch hier kann alleine die finanzielle Belastung durch eine adäquate Gerichtsausstattung nicht zur Rechtfertigung einer Verfahrensverzögerung dienen. Bei § 97a I 2 BVerfGG werden im Unterschied zu § 198 I 1 GVG die Umstände des Einzelfalles nicht näher aufgeschlüsselt, stattdessen aber die Aufgaben und die Stellung des BVerfG herausgekehrt.

d) Nachteil

Der Entschädigungsanspruch nach § 97a I 1 BVerfGG besteht nur, soweit für den Verfahrensbeteiligten ein „Nachteil" eingetreten ist. Nachteil ist dabei ein umfassender Begriff, der in seiner Reichweite über den Begriff des Schadens nach § 839 BGB, Art. 34 GG deutlich hinausgeht. Nachteil wird hier verwendet als Oberbegriff für eine Einbuße an Vermögen oder an sonstigen Rechtspositionen. Im Unterschied zum herkömmlichen deutschen Delikts- und Staatshaftungsrecht gibt es einen Ausgleich von Nichtvermögensschäden also nicht nur in den Fällen des § 253 II BGB.[24]

Eine erhebliche Erleichterung für den Anspruchsteller bedeutet § 97a II 1 BVerfGG, wonach ein Nachteil, der nicht Vermögensnachteil ist, vermutet wird, wenn ein Verfahren vor dem BVerfG unangemessen lange gedauert hat. Ein solcher Nichtvermögensschaden kann etwa für den Verfassungsbeschwerdeführer in der psychischen Belastung durch einen Prozess vor dem BVerfG liegen. Bei strafähnlichen Verfahren, wie der Richteranklage, kann der bereits mit dem Verfahren verbundene Ansehensverlust in die Betrachtung eingehen. Bei kontradiktorischen Verfahren wie dem Organstreit könnte die mit einer Kompetenzüberschreitung des Antragsgegners einhergehende Einbuße in eigenen Wirkungsmöglichkeiten als immaterieller Nachteil betrachtet werden.

---

[24] Auf diese Abweichung von der allgemeinen deutschen Dogmatik weisen *Althammer/ Schäuble*, NJW 2012, 1 (4), hin.

Diese Vermutung immaterieller Nachteile durchbricht das herkömmliche System des deutschen Haftungsrechts, wonach der Anspruchsteller grundsätzlich selbst den Eintritt der Einbuße darlegen und ggf. beweisen muss.[25] Theoretisch ist diese Vermutung widerlegbar; praktisch ist kaum vorstellbar, wie der Anspruchsgegner diese Widerlegung führen soll. In der Rechtspraxis wird diese Vermutung die Durchsetzung entsprechender Entschädigungsansprüche erheblich erleichtern. Allerdings können sich die Art des Schadens und die Form seines Nachweises auf die Höhe der Entschädigung auswirken.

Für Vermögensschäden gilt diese Regelung ihrem Wortlaut nach nicht. Sie ist auch nicht analog anwendbar, weil sie eine Ausnahme von der herkömmlichen Beweislastverteilung darstellt. Insoweit bleibt es bei der allgemeinen Regelung, dass derjenige, der einen Vermögensschaden behauptet, diesen ggf. beweisen muss.

Was den Entschädigungsanspruch nach § 198 I 1 GVG bei Verfahren vor einfachen Gerichten angeht, so sind hier nach § 198 I 1 GVG ebenfalls Nachteile zu entschädigen. Auch hier wird nach § 198 II 1 GVG ein immaterieller Schaden vermutet. Insoweit ergeben sich keine Abweichungen von dem verfassungsgerichtlichen Entschädigungsanspruch.

e) Kausalität

Wie sich aus dem Begriff „infolge" in § 97a I 1 BVerfGG ergibt, ist für einen Entschädigungsanspruch Kausalität zwischen der unangemessen langen Verfahrensdauer und dem Eintritt des Nachteils erforderlich. Zunächst darf im Sinne der Äquivalenztheorie die unangemessen lange Verfahrensdauer nicht hinweggedacht werden können, ohne dass der Nachteil entfiele.

Da die Entstehung eines Nichtvermögensnachteils vermutet wird (s. o.), ist insofern auch die Kausalität zwischen der Verfahrensdauer und dem Nichtvermögensnachteil zu vermuten. Ansonsten liefe die Regelung des § 97 II 1 BVerfGG leer. Weil für Vermögensnachteile eine entsprechende Vermutung nicht gilt, ist insoweit auch ein vollständiger Nachweis der Kausalität zu fordern.

Wegen der bekannten Weite der Äquivalenztheorie ist eine Einschränkung erforderlich. Diese sollte bei dem Entschädigungsanspruch wie bei zivilrechtlichen Ansprüchen auch durch den Aspekt der Adäquanz erfolgen.[26] Danach sind nur solche Nachteile infolge der unangemessen langen Verfahrensdauer entstanden, die adäquat kausal auf die Verfahrensdauer zurückgeführt werden können – mit anderen Worten, die nicht völlig unwahrscheinlich sind.

Diese Überlegungen können entsprechend auf den Entschädigungsanspruch aus § 198 I 1 GVG übertragen werden. Auch dieser Anspruch verlangt eine Kausalität zwischen der unangemessen langen Verfahrensdauer und dem Eintritt des Nachteils, wobei diese Kausalität im Falle von Nichtvermögensnachteilen vermutet wird.

---

[25] Ebenso *Althammer/Schäuble*, NJW 2012, 1 (4).
[26] Wie hier *Heine*, MDR 2012, 327 (330).

f) Verschulden?

Sowohl der Anspruch aus § 97a I 1 BVerfGG als auch sein Pendant aus § 198 I 1 GVG setzen kein Verschulden voraus.[27] Dies ist systematisch konsequent, weil auch sonst in der deutschen Rechtsordnung Entschädigungsansprüche im Unterschied zu Schadensersatzansprüchen regelmäßig nicht verschuldensabhängig sind.

g) Verzögerungsrüge

Hinsichtlich der Erhebung einer Verzögerungsrüge vor Geltendmachung des Entschädigungsanspruchs wegen unangemessener Verfahrensdauer hat der Gesetzgeber bei der Ergänzung des BVerfGG einerseits, des GVG andererseits zwei verschiedene Ausgestaltungen gewählt, die sich in wenigstens drei Punkten unterscheiden:

Was das Verfahren vor dem BVerfG anbelangt, so ist die Rüge gemäß § 97b I 3 BVerfGG schriftlich und unter Darlegung der Umstände einzulegen, welche die Unangemessenheit der Verfahrensdauer begründen sollen. Gemäß § 97b I 2 BVerfGG ist eine zum BVerfG erhobene anschließende Verzögerungsbeschwerde nur zulässig, wenn der Verzögerungsbeschwerdeführer zuvor beim BVerfG die Dauer des ursprünglichen Verfahrens gerügt hatte. Die Verzögerungsrüge stellt also ein Vorverfahren für die anschließende Verzögerungsbeschwerde dar.[28]

Bei einem Entschädigungsanspruch nach § 198 I 1 GVG fehlt es hingegen an einer ausdrücklichen Formvorschrift für die Erhebung einer Verzögerungsrüge.[29] Theoretisch könnte die Rüge also auch mündlich oder gar konkludent erhoben werden, wenngleich in der Praxis schon die sonst auftretenden Beweisprobleme eine schriftliche Einlegung als zweckmäßig erscheinen lassen.[30] Eine gewisse inhaltliche Vorgabe ergibt sich daraus, dass gemäß § 198 III 3 GVG die Rüge auf solche Umstände hinweisen muss, die noch nicht in das Verfahren eingeführt worden waren, aber möglicherweise einen Nachteil begründen können. Schließlich erhält ein Verfahrensbeteiligter gemäß § 198 III 1 GVG nur dann Entschädigung, wenn er bei dem mit der Sache befassten Gericht die unangemessene Dauer des Verfahrens gerügt hat. Bei Verfahren vor einfachen Gerichten stellt die Verzögerungsrüge nach § 198 III 1 GVG also keine Zulässigkeitsvoraussetzung für eine anschließende Ver-

---

[27] Vgl. *Heine*, MDR 2012, 327 (328, 330).

[28] Vgl. BT-Drs. 17/3802, 27. Hingegen nimmt *O. Klein* (Fn. 21), Rn. 1298, weitergehend an, dass die Erhebung der Verzögerungsrüge nicht nur Zulässigkeitsvoraussetzung der späteren Verzögerungsbeschwerde, sondern – ebenso wie bei dem Anspruch aus § 198 I 1 GVG – auch materielle Anspruchsvoraussetzung sei. Diese Auffassung findet im Gesetzeswortlaut m. E. keine hinreichende Stütze.

[29] *Schenke*, NVwZ 2012, 257 (260), scheint hingegen davon auszugehen, dass die Verzögerungsrüge, wenn sie außerhalb der mündlichen Verhandlung erhoben wird, bereits wegen ihrer Funktion als Prozesshandlung schriftlich erfolgen muss; anders wohl BT-Drucks. 17/3802, 22.

[30] Vgl. *Burhoff*, VRR 2012, 44 (46); *Guckelberger*, DÖV 2012, 289 (293).

zögerungsklage dar, sondern eine tatbestandliche Voraussetzung für den materiellrechtlichen Entschädigungsanspruch nach § 198 I 1 GVG.[31] Ohne die Erhebung der Rüge ist bereits die Entstehung des Anspruchs selbst ausgeschlossen, nicht erst seine prozessuale Geltendmachung.

Diese unterschiedliche Behandlung der Verzögerungsrüge vor dem BVerfG einerseits, vor den einfachen Gerichten andererseits durch die mit demselben Gesetz über den Rechtsschutz bei überlangen Gerichtsverfahren und strafrechtlichen Ermittlungsverfahren eingeführten Regelungen vermag nicht zu überzeugen. Es sind keine Gründe ersichtlich, warum eine fehlende Verzögerungsrüge in dem einen Fall nur die prozessuale Geltendmachung des Anspruchs hindern soll, in dem anderen Fall jedoch bereits seine Entstehung. Nimmt man die Regelung in § 97b I 2 BVerfGG beim Wort, so sind Konstellationen denkbar, in denen zwar ein Entschädigungsanspruch eines von dem BVerfG zu lange hingehaltenen Verfahrensbeteiligten besteht, dieser Anspruch aber nicht einklagbar ist. Hier sollte der Gesetzgeber möglichst schnell die Regelung im BVerfGG an die entsprechende Vorschrift des GVG angleichen.

Was hingegen die Form der Erhebung der Verzögerungsrüge betrifft, so vermag das Schriftformerfordernis in § 97 I 3 BVerfGG eher zu überzeugen als die Formlosigkeit der Verzögerungsrüge nach § 198 III GVG. Die der Verzögerungsrüge zugedachte Appellfunktion an das säumige Gericht, das Verfahren nunmehr zu beschleunigen, kann besser erfüllt werden, wenn die Verzögerungsrüge schriftlich erhoben werden muss, weil ein dauerhaft vorhandener Schriftsatz stärker mahnt als das flüchtige gesprochene Wort. Gleiches gilt für die mit der Verzögerungsrüge ebenfalls verbundene Warnfunktion.[32] Der dem Rügenden möglicherweise zukommende Entschädigungsanspruch wird dem säumigen Gericht durch eine schriftliche Rüge nachhaltiger vor Augen geführt als durch eine nur mündliche oder gar konkludente Aufforderung, das Verfahren zu intensivieren. Die Einführung eines Schriftformerfordernisses auch für die Rüge vor den einfachen Gerichten könnte auch den Rügenden selbst vor Beweisschwierigkeiten in einem anschließenden Entschädigungsprozess bewahren, die bei einer vorangegangenen nur mündlichen oder gar konkludenten Rüge mit großer Wahrscheinlichkeit zu erwarten wären. Schließlich erscheint eine auch formlos mögliche Rüge, deren Erhebung immerhin Voraussetzung für einen staatshaftungsrechtlichen Entschädigungsanspruch ist, als systemwidrig im Vergleich zu gerichtlichen Anträgen, Klagen und Rechtsbehelfen, die in ihrer ganz überwiegenden Zahl schriftlich oder zur Niederschrift des Urkundsbeamten der Geschäftsstelle des Gerichts erhoben werden müssen. So sollte auch für die Verzögerungsrüge vor den einfachen Gerichten möglichst bald ein entsprechendes Schriftformerfordernis eingeführt werden.

---

[31] Ebenso *Burhoff*, VRR 2012, 44 (46); *Guckelberger*, DÖV 2012, 289 (292).
[32] Dazu BT-Drs. 17/3802, 20, sowie *Steinbeiß-Winkelmann*, ZRP 2010, 205 (206).

h) Anspruchsgegner

Der Anspruch auf Entschädigung muss sich gegen einen Anspruchsgegner richten. Dafür fehlt es im BVerfGG an einer ausdrücklichen Regelung. Für den Entschädigungsanspruch vor einfachen Gerichten bestimmt hingegen § 200 GVG, dass für Nachteile, die auf Grund von Verzögerungen bei Gerichten eines Landes eingetreten sind, das jeweilige Land haftet, für Nachteile, die wegen Verzögerungen bei Bundesgerichten eingetreten sind, aber der Bund. Daraus lässt sich der allgemeine Rechtsgedanke entnehmen, dass der jeweilige Träger der Gerichtsbarkeit Anspruchsgegner sein soll. Dies hat gleichfalls für Entschädigungsansprüche wegen Säumnis des BVerfG zu gelten; auch hier wird der Antrag gegen den Bund zu richten sein.

3. Rechtsfolgen

Sind die tatbestandlichen Voraussetzungen des Anspruchs erfüllt, steht dem Anspruchsteller als Rechtsfolge ein Ausgleich zu. §§ 97a ff. BVerfGG sehen dafür die Entschädigung und die Wiedergutmachung vor. Dabei scheint dem Gesetzgeber selbst die Beziehung dieser beiden Begriffe zueinander nicht immer hinreichend deutlich gewesen zu sein. Während in § 97b I 1 BVerfGG Entschädigung und Wiedergutmachung nebeneinander erwähnt werden, so dass eigentlich ein anderer Terminus wie „Ausgleich" als Oberbegriff dienen müsste, deutet die auf die Erwähnung der Entschädigung folgende Formulierung in § 97a II 2 BVerfGG „Wiedergutmachung auf andere Weise" darauf hin, dass die Wiedergutmachung den Oberbegriff darstellen soll. Dieser Deutung schließen sich die nachfolgenden Ausführungen an. Danach sind bei einem Anspruch wegen unangemessener Verfahrensdauer drei mögliche Rechtsfolgen zu unterscheiden. Diese sind die Entschädigung, die Feststellung der unangemessenen Verfahrensdauer sowie die Wiedergutmachung auf andere Weise.

a) Entschädigung

Die Entschädigung ist die typische Rechtsfolge dieses Anspruchs und gibt diesem sein Gepräge. Sie beträgt gemäß § 97a II 3 BVerfGG für jedes Jahr der Verzögerung 1.200 €, wobei dieser Betrag darauf hindeutet, dass der Gesetzgeber auch eine Quotelung nach jedem der zwölf Monate eines Jahres für möglich erachtete.[33] Gemäß § 97a II 4 BVerfGG kann ein abweichender Betrag festgesetzt werden, wenn dies der Billigkeit entspricht.[34] Dabei ist sowohl eine Abweichung nach oben als auch nach unten statthaft. In gleicher Weise sieht auch § 198 II 3 GVG bei unangemessener Verfahrensdauer vor einfachen Gerichten einen Entschädigungsanspruch in derselben Höhe vor. Auch hier besteht eine Abweichungsmöglichkeit nach Billigkeit gemäß § 198 II 4 GVG. In beiden Fällen ist der entgangene Gewinn nicht umfasst,

---

[33] Ebenso *Schenke*, NVwZ 2012, 257 (262); a.A. offenbar *Steinbeiß-Winkelmann*, ZRP 2010, 205 (207).

[34] Dazu *Zuck*, NVwZ 2012, 265 (269).

worin gerade der wesentliche Unterschied zu einem Schadensersatzanspruch liegt.[35] Für einen Anspruchsteller wird sich nach dem Vorbild des Schmerzensgeldanspruchs gemäß § 253 II BGB in beiden Fällen empfehlen, einen angemessenen Betrag zu fordern, mindestens aber 1.200 € pro Jahr Verzögerung.[36] Bedeutsam ist, dass für die Höhe des Anspruchs jeweils nur der Zeitraum der Verzögerung, nicht aber die gesamte Verfahrensdauer maßgebend ist. Zudem trifft den Anspruchsteller in Anlehnung an den Rechtsgedanken des § 254 BGB eine Nachteilsminderungspflicht.[37]

b) Feststellung der unangemessenen Verfahrensdauer

Gemäß § 97a II 2 BVerfGG kann auch eine Feststellung der unangemessenen Verfahrensdauer ausgesprochen werden. Einen solchen Feststellungsausspruch sieht auch § 198 IV 1 GVG durch das einfache Entschädigungsgericht vor. Dabei soll die Feststellung vorrangig vor der Entschädigung sein. Dies ergibt sich für den verfassungsgerichtlichen Entschädigungsanspruch aus § 97a II 2 BVerfG, wonach Entschädigung nur verlangt werden kann, soweit nicht die Feststellung der Unangemessenheit der Verfahrensdauer ausreichend ist. Für den einfachgerichtlichen Entschädigungsanspruch folgt das Gleiche aus § 198 II 2 GVG. Für die Feststellung der unangemessenen Verfahrensdauer vor den einfachen Gerichten ergeben sich darüber hinaus drei weitere Anwendungsfälle gemäß § 198 IV GVG:

Diese Feststellung kann nämlich erstens nach § 198 IV 2 GVG selbst dann erfolgen, wenn der Anspruchsteller gar keinen entsprechenden Antrag gestellt hat. Diese Konstellation wird man auch auf Verfahren vor dem BVerfG anwenden müssen. Denn wenn schon für den einfachgerichtlichen Anspruch das Antragsprinzip nach § 308 ZPO bzw. § 88 VwGO durchbrochen wird, hat dies erst recht für verfassungsgerichtliche Verfahren zu gelten, bei denen das BVerfG auch in anderen Fällen bereits eine strikte Antragsbindung unter Berufung auf den auch objektiven Charakter entsprechender Verfahren abgelehnt hat. Überdies wird man auch bei einem verfassungsgerichtlichen Verfahren die Feststellung der unangemessenen Verfahrensdauer als ein Minus zu der Entschädigung betrachten müssen, weil die Entschädigung ihrerseits eine solche Feststellung voraussetzt.[38]

Zum Zweiten kann die Feststellung der unangemessenen Verfahrensdauer in schwerwiegenden Fällen gemäß § 198 IV 3 Hs. 1 GVG außerdem *neben* der Entschädigung ausgesprochen werden. Für den Anspruch aus § 97a BVerfGG fehlt es an einer entsprechenden ausdrücklichen Regelung der Kumulation von Entschädigung und Feststellung. Allerdings sind auch bei Verfahren vor dem BVerfG Konstellationen denkbar, in denen die Prozessdauer dermaßen lang ist, dass ein Ausgleich nur

---

[35] Vgl. *Althammer/Schäuble*, NJW 2012, 1 (3); *Burhoff*, VRR 2012, 44 (48); *Guckelberger*, DÖV 2012, 289 (296); *Heine*, MDR 2012, 327 (330).
[36] Überhaupt keine Bezifferung verlangen *Althammer/Schäuble*, NJW 2012, 1 (6).
[37] Wie hier *Heine*, MDR 2012, 327 (331); *Zuck*, NVwZ 2012, 265 (268).
[38] Vgl. *Heine*, MDR 2012, 327 (330) zum Anspruch nach § 198 GVG.

durch die Kombination von Entschädigung und Feststellung erfolgen kann. Es sind keine Gründe ersichtlich, warum ein solcher Rechtsfolgenausspruch dann nicht möglich sein sollte, obgleich jede Rechtsfolge für sich genommen auch in einem verfassungsgerichtlichen Verfahren verhängt werden kann.

Drittens kann eine Feststellung gemäß § 198 IV 3 Hs. 2 GVG auch dann erfolgen, wenn eine oder mehrere Voraussetzungen des § 198 III GVG nicht erfüllt sind, vor allem also wenn keine entsprechende Verzögerungsrüge vorangegangen ist. Der Absenkung der Anforderungen auf Tatbestandsseite korrespondiert in diesen Fällen eine eingeschränkte Sanktion auf Rechtsfolgenseite. Diese Fallgestaltung erscheint auf Verfahren vor dem BVerfG nicht übertragbar. Denn nach § 97b I 2 BVerfGG ist die Verzögerungsbeschwerde nur zulässig, wenn der Verzögerungsbeschwerdeführer zuvor eine Verzögerungsrüge erhoben hat. Dieses Rügeerfordernis ist nach § 97b I 2 BVerfGG unabhängig von der Art der im einzelnen Fall als Rechtsfolge von dem BVerfG zugesprochenen Wiedergutmachung. Sollte keine Rüge erhoben worden sein, ist das BVerfG nicht in Anlehnung an § 198 IV 3 Hs. 2 GVG auf die Feststellung der unangemessenen Verfahrensdauer beschränkt, sondern es kann überhaupt keine Feststellung treffen, weil eine darauf gerichtete Verzögerungsbeschwerde mangels vorangegangener Verzögerungsrüge bereits unzulässig ist. Unabhängig von dieser prozessualen Situation kann materiellrechtlich natürlich in gleicher Weise ein gegen den Bund als Anspruchsgegner gerichteter Anspruch auf Feststellung der unangemessenen Verfahrensdauer bestehen wie auch ein entsprechender Anspruch auf Entschädigung gegeben sein kann, weil die Verzögerungsrüge vor dem BVerfG nur eine Zulässigkeitsvoraussetzung für die Verzögerungsbeschwerde, aber kein Tatbestandsmerkmal des Anspruchs auf Wiedergutmachung ist. Indes besitzt auch dieser Anspruch praktisch nur geringen Wert, weil er nicht einklagbar ist.

c) Wiedergutmachung in sonstiger Weise

Schließlich sehen sowohl § 97a II 2 BVerfGG als auch § 198 IV GVG vor, dass eine Wiedergutmachung auch noch auf eine andere Weise als durch Entschädigung oder durch Feststellung der unangemessenen Verfahrensdauer erfolgen kann, wie sich aus der Verwendung des Wortes „insbesondere" ergibt, was jeweils eine nur exemplarische Bedeutung der Feststellung der unangemessenen Verfahrensdauer anzeigt.

Fraglich ist, welche anderen Rechtsfolgen als die Entschädigung oder die Feststellung überhaupt in Frage kommen sollen, um gerade denjenigen Nachteil auszugleichen, der sich durch die Verzögerung ergibt. Die Gesetzesbegründung scheint hier in erster Linie an die strafprozessuale Vollstreckungslösung gedacht zu haben, wie sie von dem BGH entwickelt wurde, um die Nachteile eines besonders langen Strafverfahrens für den verurteilten Straftäter durch Anrechnung auf die Vollstreckung der Strafe zu kompensieren.[39] Geht man davon aus, dass es sich in diesem

---

[39] Vgl. BT-Drs. 17/3802, 19 sowie *Heine*, MDR 2012, 327 (330).

Wiedergutmachungsverfahren um Rechtsfolgen handeln muss, die sich von denjenigen des verzögerten Verfahrens unterscheiden, so gelangen in der Tat vor allem Aspekte der Durchsetzung der Entscheidung des verzögerten Verfahrens oder eines anderen Verfahrens in den Blick. So erscheint es denkbar, eine Wiedereinsetzung in den vorigen Stand oder die Wiederaufnahme eines anderen Verfahrens vorzusehen. Auch könnte die Aussetzung der Vollstreckung einer anderen Entscheidung erwogen werden. All diese Maßnahmen finden ihre Grenze aber zumindest an den Rechtspositionen Dritter, die sich aus der anderen Entscheidung bereits ergeben, insbesondere an deren Grundrechten.[40] Außerdem ist diese Form der Wiedergutmachung abzustimmen mit den Rechtsfolgen, die sich bereits aus dem verzögerten Verfahren selbst ergeben, für das BVerfG insbesondere aus §§ 79; 95 BVerfGG.

4. Verhältnis zu anderen staatshaftungsrechtlichen Ansprüchen

Durch die neu eingeführten Entschädigungsansprüche nach § 97a I 1 BVerfGG und § 198 I 1 GVG wird das Konglomerat der staatshaftungsrechtlichen Ansprüche noch unübersichtlicher. Es stellt sich vor allem die Frage, ob neben den neuen Entschädigungsansprüchen auch noch andere staatshaftungsrechtliche Ansprüche anwendbar bleiben, wenn eine gerichtliche Entscheidung verzögert wird. In Betracht kommen vor allem der Anspruch aus Amtshaftung, die allgemeinen Aufopferungsansprüche, der Folgenbeseitigungsanspruch sowie der öffentlich-rechtliche Erstattungsanspruch.

a) Amtshaftungsanspruch

Der Anspruch aus Amtshaftung gemäß § 839 BGB, Art. 34 GG ist im Unterschied zu den im GVG und im BVerfGG geregelten Ansprüchen auf Schadensersatz gerichtet, nicht nur auf Entschädigung. Er umfasst deshalb auch einen Anspruch auf entgangenen Gewinn nach § 252 BGB und ist schon wegen dieser weitergehenden Rechtsfolge neben den Entschädigungsansprüchen wegen unangemessener Verfahrensdauer noch anwendbar.[41] Dabei steht zwar das so genannte Spruchrichterprivileg nach § 839 II 1 BGB regelmäßig einem Anspruch auf Schadensersatz wegen unangemessener Verfahrensdauer nicht entgegen, weil gemäß § 839 II 2 BGB dieses Vorrecht auf eine pflichtwidrige Verweigerung oder Verzögerung der Amtsausübung keine Anwendung findet.[42] Allerdings setzt dieser Schadensersatzanspruch im Unterschied zu den Entschädigungsansprüchen wegen unangemessener Verfahrensdau-

---

[40] Vgl. *Guckelberger*, DÖV 2012, 289 (296) zur Wiedergutmachung in sonstiger Weise bei dem Anspruch aus § 198 I 1 GVG.

[41] So auch BT-Drs. 17/3802, 16, 19; ebenso *Althammer/Schäuble*, NJW 2012, 1 (5); *Burhoff*, VRR 2012, 44 (48); *Guckelberger*, DÖV 2012, 289 (297); *Heine*, MDR 2012, 327 (331).

[42] Siehe dazu *Althammer/Schäuble*, NJW 2012, 1 (5), die darauf hinweisen, dass der BGH (Z 187, 287) das Spruchrichterprivileg auch auf prozessleitende Maßnahmen erstreckt, die dazu dienen, die Grundlagen für die Sachentscheidung zu gewinnen.

er tatbestandlich Verschulden voraus, was in der Praxis sowohl einem einfachen Gericht als auch dem BVerfG kaum nachweisbar sein dürfte.

b) Aufopferungsansprüche

Die Ansprüche aus enteignendem und enteignungsgleichem Eingriff auf der Grundlage von §§ 74; 75 Einleitung Preußisches Allgemeines Landrecht dürften hingegen ausgeschlossen sein.[43] Sie sind in gleicher Weise wie der Anspruch wegen unangemessener Verfahrensdauer auf Entschädigung gerichtet und werden durch diesen spezielleren Anspruch verdrängt.[44]

c) Folgenbeseitigungsanspruch

Keine Konkurrenzsituation dürfte zwischen dem Anspruch auf Entschädigung wegen unangemessener Verfahrensdauer und dem Folgenbeseitigungsanspruch bestehen. Selbst wenn man Folgenbeseitigungsansprüche auch auf gerichtliches, nicht nur auf behördliches Handeln für anwendbar hielte, so könnte die erstrebte Rechtsfolge des Ausgleichs für die Verzögerung des gerichtlichen Verfahrens nicht durch einen Folgenbeseitigungsanspruch erlangt werden. Denn mit diesem können nur die Folgen rechtswidrigen hoheitlichen Handelns beseitigt werden, nicht aber diejenigen hoheitlicher Untätigkeit.

d) Öffentlich-rechtlicher Erstattungsanspruch

Auch der öffentlich-rechtliche Erstattungsanspruch wird aller Voraussicht nach nicht mit den Ansprüchen wegen unangemessener Verfahrensdauer kollidieren. Denn durch die Verzögerung des Verfahrens hat die öffentliche Hand regelmäßig nichts erlangt; dem Nachteil des Verfahrensbeteiligten entspricht auf Seiten des Staates kein Vorteil.

V. Die Verzögerungsbeschwerde

Der materiellrechtliche Anspruch auf Wiedergutmachung wegen unangemessener Verfahrensdauer ist prozessual durch Erhebung einer eigenen Klage vor dem BVerfG gemäß § 97b BVerfGG durchzusetzen. Auch bei dieser Verzögerungsbeschwerde genannten Klage sind Zulässigkeit und Begründetheit zu unterscheiden.

---

[43] *Schenke*, NVwZ 2012, 257 (261), weist zwar auf die Verwandtschaft beider Anspruchsgruppen hin, äußert sich aber nicht zur Konkurrenz.

[44] *Zuck*, NVwZ 2012, 265 (268) spricht von einem „Aufopferungsanspruch sui generis", was ebenfalls einen Vorrang nahelegt.

1. Zulässigkeit

Dabei stellt § 97b BVerfGG nur wenige Zulässigkeitsvoraussetzungen auf: So wie jeder Verfahrensbeteiligte Anspruchsteller des Anspruchs auf Wiedergutmachung gemäß § 97a I 1 BVerfGG sein kann, so kann auch jedermann prozessual als Beschwerdeführer die Verzögerungsbeschwerde erheben. Insoweit ähnelt das Verhältnis zwischen dem Anspruch und seiner prozessualer Durchsetzung der Beziehung zwischen einem Grundrecht und seiner Geltendmachung durch Erhebung einer Verfassungsbeschwerde. Einen Antragsgegner sieht das Verfahren nach § 97b BVerfGG nicht ausdrücklich vor, selbst wenn es sich bei dem ursprünglich zu Grunde liegenden Rechtsstreit um ein kontradiktorisches Verfahren gehandelt haben sollte. Auch insoweit zeigt sich die Parallele zur Verfassungsbeschwerde. Während eine Verfassungsbeschwerde aber herkömmlich gegen eine hoheitliche Maßnahme gerichtet ist, ist Beschwerdegegenstand der Verzögerungsbeschwerde der Anspruch auf Wiedergutmachung. Diese Beschwerde ist grds. als Leistungsklage einzuordnen; als Feststellungsklage jedoch in den Fällen, in denen von vornherein nur Feststellung der überlangen Verfahrensdauer begehrt wird. Die Verzögerungsbeschwerdebefugnis ist gegeben, soweit es zumindest möglich erscheint, dass dem Beschwerdeführer ein Anspruch auf Wiedergutmachung zusteht. Dies dürfte in der Praxis vor allem in denjenigen Konstellationen ausgeschlossen erscheinen, in denen der Beschwerdeführer nicht zum Kreis der möglichen Anspruchsberechtigten zählt.

Gemäß § 97b I 2 BVerfGG ist die Verzögerungsbeschwerde nur zulässig, wenn der Beschwerdeführer beim BVerfG zuvor die Dauer des Verfahrens gerügt hat. Die Verzögerungsrüge erweist sich damit als Vorverfahren für das anschließende gerichtliche Verfahren, so wie der Widerspruch nach §§ 68 ff. VwGO das Vorverfahren vor Erhebung einer Anfechtungs- oder Verpflichtungsklage ist.

Dies bedeutet zugleich, dass keine prozessuale Einheit zwischen der Verzögerungsrüge und der Verzögerungsbeschwerde besteht, die Rüge vielmehr eine Prozesshandlung in dem vorangegangenen Hauptsache- oder Eilverfahren vor dem BVerfG darstellt und das Verzögerungsbeschwerdeverfahren ein davon zu unterscheidendes neues Hauptsacheverfahren begründet. Fehlt es an einer entsprechenden Verzögerungsrüge, macht dies die Erhebung der Verzögerungsbeschwerde unzulässig. Es sind auch keine Gründe dafür ersichtlich, dass die Verzögerungsrüge entbehrlich sein oder das BVerfG als Entschädigungsgericht auf ihre Erhebung verzichten könnte.[45]

Gemäß § 97b II 2 BVerfGG ist die Verzögerungsbeschwerde schriftlich zu erheben und gleichzeitig zu begründen, was ebenfalls an die Anforderungen an eine Verfassungsbeschwerde nach § 23 I; § 93 I 1 BVerfGG erinnert. Anwaltszwang besteht grundsätzlich nicht, allerdings muss sich der Verzögerungsbeschwerdeführer, wenn das BVerfG eine mündliche Verhandlung anordnet, nach der allgemeinen Vorschrift des § 22 I 1 Hs. 2 BVerfGG in dieser mündlichen Verhandlung durch einen Prozess-

---

[45] A.A. *Schenke*, NVwZ 2012, 257 (261).

bevollmächtigten vertreten lassen. Für die Verzögerungsklage nach § 198 V GVG vor den einfachen Gerichten fehlt es an speziellen Regelungen hinsichtlich der Form und des Anwaltszwanges. Allerdings sind nach § 253 ZPO Klagen ohnehin schriftlich zu erheben und es besteht Anwaltszwang gemäß § 78 I ZPO, da für die Entscheidung über die Entschädigungsklage gemäß § 201 GVG das OLG bzw. der BGH zuständig ist.

Die Verzögerungsbeschwerde ist nur in einem engen Zeitkorridor zulässig: Gemäß § 97b II 1 Hs. 1 BVerfGG kann die Beschwerde frühestens sechs Monate nach Erhebung einer Verzögerungsrüge eingereicht werden. In gleicher Weise bestimmt § 198 V 1 GVG, dass die Entschädigungsklage frühestens sechs Monate nach Erhebung einer Verzögerungsrüge vor dem einfachen Gericht geltend gemacht werden kann. Die Verzögerungsrüge bestimmt also hier den Beginn der Klagefrist in gleicher Weise wie ein behördlicher Widerspruchsbescheid regelmäßig erst die Klagefrist nach § 74 VwGO zum Laufen bringt.

Gemäß § 97b II 1 Hs. 2 BVerfGG ist die Verzögerungsbeschwerde binnen drei Monaten nach einer Entscheidung des BVerfG oder anderweitigen Erledigung des Verfahrens zu erheben. Ist nun die Erledigung des Verfahrens nur kurze Zeit, z. B. einen Monat, nach Erhebung der Verzögerungsrüge eingetreten, so könnte sich die für den Verzögerungsbeschwerdeführer scheinbar ausweglose Situation ergeben, dass die Geltendmachung einer Verzögerungsbeschwerde nach § 97b II 1 HS. 1 BVerfGG *noch nicht*, gemäß § 97b II 1 Hs. 2 BVerfGG aber *nicht mehr* zulässig wäre. Um dieses Dilemma zu vermeiden, ist die Dreimonatsfrist in § 97b II 1 Hs. 2 BVerfGG nicht nur als Höchstfrist zu begreifen, sondern zugleich als Ausnahme zu § 97b II 1 Hs. 1 BVerfGG zu verstehen, die für den Fall der Erledigung des Verfahrens die umgehende Erhebung der Verzögerungsbeschwerde gestattet, selbst wenn die Sechsmonatsfrist aus § 97b II 1 Hs. 1 BVerfGG nicht eingehalten werden sollte. Bei Erhebung der Entschädigungsklage nach § 198 V GVG stellt sich das Problem nicht in vergleichbarer Schärfe, weil nach § 198 V 2 GVG die Höchstfrist zur Erhebung der Klage ebenso wie die Mindestfrist nach § 198 V 1 GVG sechs Monate (und nicht nur drei) nach Erledigung des Verfahrens beträgt und somit jedenfalls der ursprüngliche Zeitraum zwischen Geltendmachung der Verzögerungsrüge und Erledigung des Verfahrens verschoben um sechs Monate zur Erhebung der Klage zur Verfügung steht. Gleichwohl dürfte auch § 198 V 2 GVG bei Erhebung der Entschädigungsklage in dem Sinne zu verstehen sein, dass die Sechsmonatsmindestfrist aus § 198 V 1 GVG dann nicht mehr gilt, wenn sich das Verfahren durch rechtskräftige Entscheidung oder in anderer Weise erledigt hat.[46]

---

[46] Eine teleologische Reduktion will *Schenke*, NVwZ 2012, 257 (263), für diesen Fall vornehmen.

2. Begründetheit

Die Verzögerungsbeschwerde ist begründet, soweit der Beschwerdeführer als Beteiligter oder Aussetzungsbeteiligter in Folge unangemessener Dauer eines Verfahrens vor dem BVerfG einen materiellen und/oder immateriellen Nachteil erlitten hat und deswegen Entschädigung oder eine andere Form der Wiedergutmachung beanspruchen kann. Insoweit kann auf die obigen Ausführungen zu dem Entschädigungsanspruch verwiesen werden.

3. Rechtsfolgenausspruch

Soweit die Verzögerungsbeschwerde erfolglos bleibt, so wird sie zurückgewiesen, wie sich mittelbar aus § 97d II 2 BVerfGG entnehmen lässt. Im Übrigen trifft das BVerfGG keine eindeutigen Vorgaben für den gerichtlichen Entscheidungsausspruch für den Fall des Erfolgs der Verzögerungsbeschwerde. Zunächst ist angesichts des § 97a II 2 BVerfGG festzustellen, dass die Verfahrensdauer unangemessen war. Soweit dies nicht ausreichend erscheint, ist im Übrigen eine Entschädigung zuzusprechen. Sollte der Verzögerungsbeschwerdeführer nur teilweise erfolgreich sein, also eine Entschädigung beantragt haben, aber nur die Feststellung der unangemessenen Verfahrensdauer erhalten, so dürfte die Verzögerungsbeschwerde im Übrigen zurückzuweisen sein. Da das Verfahren vor dem BVerfG gemäß § 34 I BVerfGG kostenfrei ist, hat keine Entscheidung über die Kosten zu erfolgen. In Betracht kommt aber eine Entscheidung über die Erstattung von Auslagen des Verzögerungsbeschwerdeführers. Zwar ist die Verzögerungsbeschwerde in § 34a I, II BVerfGG nicht ausdrücklich genannt, jedoch kann das BVerfG gemäß § 34a III BVerfGG auch in sonstigen Fällen volle oder teilweise Erstattung der Auslagen anordnen. Zumindest soweit die Verzögerungsbeschwerde sich auf die Verzögerung in einem der in § 34a I, II BVerfGG genannten Verfahren bezieht, dürfte sich das Ermessen des BVerfG gemäß § 34a III BVerfGG regelmäßig zu einer Pflicht verdichten, die Erstattung der Auslagen anzuordnen. Aber auch in sonstigen Fällen kann eine Erstattung in Betracht kommen. Schließlich kann das BVerfG eine Vollstreckungsregelung gemäß § 35 BVerfGG treffen, wofür aber regelmäßig kein Bedarf bestehen dürfte.

VI. Schlussbetrachtung

Die vorstehenden Ausführungen haben ein Bild voller Licht und Schatten des Entschädigungsanspruchs und der Verzögerungsbeschwerde gezeichnet. Grundsätzlich ist es zu begrüßen, dass mit Einräumung dieses Anspruches auf Wiedergutmachung endlich der Forderung der EMRK sowie den grundgesetzlichen Vorgaben Genüge getan wurde.[47] Indes haben sich erhebliche Probleme im Detail offenbart. Die Einordnung eines staatshaftungsrechtlichen Anspruches in die Prozessordnungen stellt einen Fremdkörper dar und ist systematisch fragwürdig. Nur schwer nachvollziehbar

---

[47] Kritischer äußert sich *Zuck*, NVwZ 2012, 265 (270), der von einem „Torso" spricht.

erscheint auch die unterschiedliche tatbestandliche Ausgestaltung beider Entschädigungsansprüche, wobei die Rüge in dem einen Fall als materiellrechtliche Voraussetzung des Anspruchs ausgeformt wurde, in dem anderen Fall aber nur eine prozessuale Voraussetzung seiner gerichtlichen Geltendmachung darstellt. Ein schlüssiges System der Rechtsfolgen des Wiedergutmachungsanspruchs ist allenfalls in Ansätzen erkennbar. Schließlich lässt die prozessuale Ausgestaltung der Verzögerungsbeschwerde manche Frage offen. Es bleibt zu hoffen, dass der Jubilar mit seinen umfangreichen prozessualen Forschungen noch vieles zur Beantwortung dieser Fragen beitragen wird.

C. Unionsrecht

„Unions(ergänzungs)völkerrecht"

Zur unions- und verfassungsrechtlichen Einbindung völkerrechtlicher Instrumente differenzierter Integration

Von *Andreas von Arnauld**

I. Völkerrechtliche Anbauten an die Europäische Union

Das Phänomen ist keineswegs neu: Vor allem das Schengener Abkommen von 1985 und das Durchführungsübereinkommen von 1990 („Schengen II") stehen für die Bereitschaft der EU-Mitgliedstaaten, Integrationsschritte, die innerhalb des rechtlichen und politischen Rahmens der Union nicht zu realisieren sind, zunächst über völkerrechtliche Verträge außerhalb dieses Rahmens zu gehen.[1] Bereits die Schengener Abkommen, mehr aber noch den 2005 abgeschlossenen Vertrag von Prüm,[2] kennzeichnete, dass sie in inhaltlicher Hinsicht eng mit Zielen und Politiken der Union verzahnt waren und diese – gewissermaßen als „Anbauten"[3] an das „europäische Haus" – völkerrechtlich ergänzten. Dieses „Unions(ergänzungs)völkerrecht"[4] erlebt derzeit im Zuge der Banken- und Staatsschuldenkrise in der Euro-Zone eine Renaissance: So hat der dauerhafte Euro-Stabilitätsmechanismus ESM (*European Stability Mechanism*) seine Rechtsgrundlage in einem völkerrechtlichen Abkommen.[5] Auch für den sog. EU-Fiskalpakt, der v. a. eine Schuldenbremse in die Haushaltsverfassungen aller EU-Mitgliedstaaten einführen soll, wurde Anfang 2012

---

* Für Anregungen und Hinweise bin ich *Ulrich Hufeld* in Dank verbunden.

[1] Zum Schengener Recht als Paradigma differenzierter Integration vgl. *D. Thym*, Ungleichzeitigkeit und europäisches Verfassungsrecht, 2004, 81 ff.; *V. Grieser*, Flexible Integration in der Europäischen Union, 2003, 222 ff.; *F. Tuytschaever*, Differentiation in European Union Law, 1999, 226 ff.

[2] *D. Kietz/A. Maurer*, integration 3/2006, 201 ff.; *T. Würtenberger/S. Mutschler*, in: S. Breitenmoser (Hrsg.), Schengen und Dublin in der Praxis: Weiterentwicklung der Rechtsgrundlage, 2010, 137 (138 f.).

[3] Zu dieser Metapher vgl. Vortrag der Antragstellerin, vertreten durch Ulrich Hufeld und den Verfasser, in BVerfG, Urteil vom 19. Juni 2012, 2 BvE 4/11, Rn. 46.

[4] Verwandte Begriffe: „(völkerrechtliches) Komplementärrecht": *J. Wuermeling*, Kooperatives Gemeinschaftsrecht, 1988, 164 ff.; *D. Thym*, EuZW 2011, 167 (168 Fn. 17); „Ersatzunionsrecht": *R. A. Lorz/H. Sauer*, DÖV 2012, 573 ff.

[5] T/ESM, vom 2. Feb. 2012, deutsche Fassung T/ESM/de 1 u. a. abrufbar über die Website des Bundesministeriums der Finanzen (besucht am 22. Aug. 2012).

die Form eines völkerrechtlichen Abkommens zwischen 25 der 27 EU-Mitgliedstaaten gewählt.[6]

Setzen diese Abkommen weitgehend das „Schengener Modell" fort, zeugen andere Abkommen zur Euro-Rettung von einer weiteren Differenzierung der Handlungsinstrumente: So ist der vorübergehende „Rettungsschirm" EFSF (*European Financial Stability Facility*), gegründet zur Ersten Hilfe akut bedrohter Eurozonen-Länder, eine Gesellschaft luxemburgischen Rechts; die Kreditvergabe durch die EFSF findet ihre Rechtsgrundlage in einem Vertrag (Rahmenübereinkommen) nach englischem Recht mit den Staaten der Euro-Gruppe als Garantiegebern. Das EFSF-Konstrukt wiederum wurde vorbereitet durch den EFSM (*European Financial Stability Mechanism*) auf Grundlage einer EU-Verordnung nach Art. 122 Abs. 2 AEUV.[7] Noch weiter geht die Vernetzung unterschiedlicher Handlungsformen im „Euro-Plus-Pakt",[8] der zur strukturellen Verringerung der Gefahr von Währungskrisen im Euro-Raum eine wirtschaftspolitische Koordinierung u. a. im Arbeits- und Tarifrecht, Bildungswesen, Handels- und Insolvenzrecht, Rentensystem sowie im Steuerrecht bezweckt: Der „Pakt" beansprucht zwar selbst keine Rechtsverbindlichkeit, sieht aber ein *benchmarking* mit starker Stellung der Kommission vor,[9] erweitert die Überwachung nach den Art. 121, 126 AEUV auf zwischenstaatliches *soft law* und ist über das „Europäische Semester" sowie die als „Sixpack" bekannt gewordenen Verordnungen und Richtlinien[10] mit dem supranationalen Unionsrecht verzahnt. Solche hybriden Lösungen sind es, die Bundeskanzlerin Merkel in einer Rede am Europa-Kolleg in Brügge als die „neue Unionsmethode" bezeichnet hat:[11]

„Wenn alle wichtigen Akteure – die Organe der Union, die Mitgliedstaaten und ihre Parlamente – abgestimmt und komplementär in ihrer Verantwortung handeln, dann wird es gelingen, die großen Herausforderungen Europas erfolgreich anzugehen. […] Wir müssen das Lagerdenken […] überwinden, wir müssen uns gemeinsame Ziele setzen und gemeinsame Strategien festlegen. Vielleicht können wir das ja dann gemeinsam so beschreiben: Abge-

---

[6] Vertrag über Stabilität, Koordinierung und Steuerung in der Wirtschafts- und Währungsunion, T/SCG, vom 2. März 2012, BGBl. 2012 II 1008.

[7] Näher zur Rechtsnatur der EFSF *H. Kube/E. Reimer*, NJW 2010, 1911 ff.; *P.-C. Müller-Graff*, integration 4/2011, 289 (293 ff.).

[8] Schlussfolgerungen des Europäischen Rates vom 24./25. März 2011, EUCO 10/1/11 REV 1, Anlage I, 13 ff. Siehe auch *D. Schwarzer*, APuZ 4/2012, 17 (20 f.).

[9] Zu faktischen Steuerungswirkung solcher Verfahren am Beispiel der Offenen Koordinierungsmethode *D. Hodson/I. Maher*, JCMS 39 (2001), 719 (723 ff.); *S. Regent*, ELJ 9 (2003), 190 (191, 200 ff.); *A. v. Arnauld*, in: J. P. Terhechte (Hrsg.), Verwaltungsrecht der Europäischen Union, 2011, § 2, Rn. 13. Allgemein *M. John-Koch*, in: J. Oebbecke (Hrsg.), Nicht-normative Steuerung in dezentralen Systemen, 2005, 363 ff.

[10] Verordnungen des Europäischen Parlaments und des Rates 1173–1177/2011, ABl. EU Nr. L 306/1 sowie Richtlinie des Rates 2011/85/EU, ABl. EU Nr. L 306/41.

[11] Rede vom 2. Nov. 2010 anlässlich der Eröffnung des 61. akademischen Jahres des Europakollegs Brügge, http://www.bundeskanzlerin.de/Content/DE/Rede/2010/11/ 2010–11–02-merkel-bruegge.html (besucht am 22. Aug. 2012).

stimmtes solidarisches Handeln – jeder in seiner Zuständigkeit, alle für das gleiche Ziel. Das ist für mich die neue ‚Unionsmethode'. Ich glaube, darauf kommt es an."

So sinnfällig derartige Instrumente politisch sein mögen – Unionsrecht und Verfassungsrecht stellen sie vor Herausforderungen, drohen sie doch Verfahren und Standards zu unterlaufen, die an kategoriale Unterscheidungen anknüpfen: zwischen Völkerrecht und Europarecht, zwischen intergouvernementalem und supranationalem Handeln, zwischen *hard law* und *soft law*, zwischen Außenpolitik und Europapolitik. Diese Herausforderungen gilt es im Folgenden zu skizzieren, um Wege anzudeuten, auf denen ihnen begegnet werden kann und sollte.

II. Die Unionsverträge und ihr „Nebenvölkerrecht"

1. Generelle Bedenken gegenüber der Handlungsform?

Europarechtlich stellt sich zunächst die Frage, ob und inwieweit das Instrument völkerrechtlicher Verträge den Mitgliedstaaten im Bereich des Unionsrechts überhaupt noch zur Verfügung steht, wo diese nicht ausdrücklich primärrechtlich gestattet sind. Dies könnte man in Anknüpfung an die Rechtsprechung des EuGH[12] verneinen und den Unionsverträgen eine Selbstbindung der Mitgliedstaaten entnehmen, nur in den von ihnen gesteckten Grenzen und in den primärrechtlich vorgesehenen Verfahren völkerrechtliche Abkommen untereinander zu schließen.[13] Für eine solche Lesart mag der funktionale Verfassungscharakter des Primärrechts sprechen; die Mitgliedstaaten mögen zwar nach wie vor die „Herren der Verträge" sein, haben aber eine supranationalen Ordnung geschaffen, der sie sich nicht nach freiem Belieben entziehen können.[14] Dennoch gilt es, die spezifische „bündische" Struktur der Union zu erfassen: Diese ist charakterisiert als ein Bund (oder „Verbund") souveräner Staaten, durch Aufteilung der Kompetenzen und das Prinzip der begrenzten Einzelermächtigung. Mehr noch als bei den Gliedstaaten eines Bundesstaates muss das Recht zum Abschluss von Verträgen zwischen den Mitgliedstaaten der EU als fortbestehend betrachtet werden.[15] Dieses Recht endet allerdings dort, wo sich den Uni-

---

[12] Vgl. insbes. EuGH, *Defrenne*, Rs. 43/75, Slg. 1976, 455, Rn. 56/58: „Änderungen des Vertrages sind – vorbehaltlich etwaiger Sondervorschriften – nur im Wege des Änderungsverfahrens nach Artikel 236 möglich."

[13] So etwa, mit im Detail abweichenden Begründungen, *V. Constantinesco*, RTDE 1997, 751 (755); *T. Giegerich*, Europäische Verfassung und deutsche Verfassung im transnationalen Konstitutionalisierungsprozess, 2003, 538 f.; *T. Oppermann*, Europarecht, 3. Aufl. 2005, 191, 227; *Wuermeling* (Fn. 4), 205.

[14] Zutreffend *Thym* (Fn. 1), 300, gegenüber *R. Hofmann*, EuR 1999, 713 (728).

[15] *E. Philippart/G. Edwards*, JCMS 37 (1999), 87 (90); *G. Gaja*, CMLR 35 (1998), 855 (869); *C.-D. Ehlermann*, EuR 1997, 362 (372); *A. Hatje*, in: J. Schwarze (Hrsg.), EU-Kommentar, 3. Aufl. 2012, Art. 20, Rn. 36; *H.-J. Blanke*, in: E. Grabitz/M. Hilf (Hrsg.), Das Recht der Europäischen Union, 40. Aufl. 2009, Art. 43 EU (Nizza), Rn. 15; *B. Brackhane*, Differenzierte Integration im Recht der Europäischen Union, 2008, 114 f.; *M. Kort*, JZ 1997, 640 (640 f., 645).

onsverträgen entnehmen lässt, dass zwischenstaatliche Verträge als Instrumente gerade nicht zur Verfügung stehen sollen.[16] Es bedarf also des positiven Nachweises des Ausschlusses, nicht der Gestattung des völkerrechtlichen Vertrags zwischen den Mitgliedstaaten als Handlungsform.

2. Unzulässigkeit zwischenstaatlicher Abkommen im Bereich ausschließlicher Unionskompetenzen?

Ein solcher Ausschluss ist regelmäßig anzunehmen, wenn der Union ausschließliche Kompetenzen übertragen worden sind,[17] gemäß Art. 3 Abs. 1 lit. c AEUV somit auch im Bereich der Währungspolitik für den Euro-Raum.[18] Es gehört geradezu zum Wesen ausschließlicher Zuständigkeiten, dass anderen Hoheitsträgern der Zugriff verwehrt ist.[19] Damit ist den EU-Mitgliedstaaten im Bereich ausschließlicher Unionskompetenzen der Abschluss völkerrechtlicher Abkommen untereinander jedoch nicht kategorisch untersagt. Eine solche ausschließliche Kompetenz hindert in einer Union souveräner Staaten die Mitglieder nicht daran, Abkommen bloß ausgestaltender Natur zu schließen.[20] Die Mitgliedstaaten sind insoweit nur „Sachwalter des Unionsinteresses"[21]. Um das politische Direktivrecht der Union nicht zu usurpieren, wird man hier allerdings verlangen müssen, dass in die Ausarbeitung solcher Abkommen die Unionsorgane maßgeblich eingebunden sind. Wo die Grenzen der Ausgestaltung überschritten werden, wo also Ausgestaltung in Gestaltung umschlägt, können die Mitgliedstaaten im Bereich ausschließlicher Unionskompetenzen nur tätig werden, wenn sie hierzu ausdrücklich ermächtigt wurden (durch Primär- oder Sekundärrecht, vgl. Art. 2 Abs. 2 Halbs. 2 Fall 1 AEUV).[22] Diese Funktion erfüllt für den ESM der neue Art. 136 Abs. 3 AEUV:[23]

---

[16] So wohl auch *Thym* (Fn. 1), 303 f.

[17] *Thym* (Fn. 1), 298 f.; *Hatje* (Fn. 15), Art. 20, Rn. 36; *ders.*, EuR 2005, 148 (160); *T. Bender*, ZaöRV 61 (2001), 729 (745). Differenzierend nach dem Charakter der Kompetenz auch EuGH, *Parlament ./. Rat und Kommission*, verb. Rs. C-181 und 248/91, Slg. 1993 I-3685, Rn. 16. Vergleichbares dürfte im Grundsatz gelten, soweit (!) die Union von einer geteilten Kompetenz Gebrauch gemacht hat: vgl. *U. Häde*, EuZW 1996, 138 (141); *A. Fischer-Lescano/ S. Kommer*, KJ 2011, 412 (414 f.).

[18] Zur Einschlägigkeit für die aktuellen Verträge zur Euro-Stabilisierung *J. Heß*, ZJS 2011, S. 207 (210 f.). Enger *C. Calliess*, in: ders./Matthias Ruffert (Hrsg.), EUV/AEUV, 4. Aufl. 2011, Art. 3, Rn. 12: Beschränkung der ausschließlichen Kompetenz auf finanzpolitische Währungsfragen.

[19] *M. Nettesheim*, in: A. v. Bogdandy/J. Bast (Hrsg.), Europäisches Verfassungsrecht, 2. Aufl. 2009, 389, 424.

[20] Vgl., *mutatis mutandis*, die Differenzierung zwischen unterstützender Ausgestaltung und Änderung in EuGH, *Defrenne*, Rs. 43/75, Slg. 1976, 455, Rn. 56/58.

[21] *R. Streinz*, in: I. Härtel (Hrsg.), Handbuch Föderalismus, Bd. 4, 2012, § 85, Rn. 29.

[22] *Nettesheim* (Fn. 19), 389, 424. Vgl. auch näher *C. Schaefer*, EuR 2008, 721 ff.

[23] Beschluss des Europäischen Rates 2011/199/EU, ABl. EU Nr. L 91/1. Näher *H. Rathke*, DÖV 2011, 753 ff.

"Die Mitgliedstaaten, deren Währung der Euro ist, können einen Stabilitätsmechanismus einrichten, der aktiviert wird, wenn dies unabdingbar ist, um die Stabilität des Euro-Währungsgebiets insgesamt zu wahren. Die Gewährung aller erforderlichen Finanzhilfen im Rahmen des Mechanismus wird strengen Auflagen unterliegen."

Diese Regelung, die im Wege der vereinfachten Vertragsänderung nach Art. 48 Abs. 6 EUV eingeführt werden soll, ist insoweit konstitutiv, als sie den Mitgliedstaaten Gestaltungsbefugnisse in einem Bereich ausschließlicher Unionskompetenzen einräumt und ihnen ermöglicht, untereinander einen völkerrechtlichen Vertrag zu schließen.[24]

Auf einem anderen Blatt steht, ob der neue Art. 136 Abs. 3 AEUV in inhaltlicher Hinsicht konstitutive oder bloß deklaratorische Bedeutung hat. Nicht wenige Stimmen lesen in Art. 125 Abs. 1 AEUV ein Verbot des *bail out* hinein, der bestimmt, dass weder die Union noch andere Mitgliedstaaten für die Verbindlichkeiten eines Mitgliedstaates haften.[25] Versteht man dies so, dass nach Art. 125 AEUV kein Mitgliedstaat für die Schulden eines anderen Mitglieds haften darf, wären Finanzhilfen ein unzulässiges *bail out*, das allenfalls unter dem Aspekt des „Notrechts"[26] ausnahmsweise gerechtfertigt werden könnte. Bessere Gründe sprechen jedoch dafür, in Art. 125 Abs. 1 AEUV eine an potenzielle Gläubiger adressierte Bestimmung zu sehen, wonach die Wirtschafts- und Währungsunion nicht automatisch auch eine Haftungsunion darstellt.[27] Für eine Beschränkung des souveränen Rechts zur freiwilligen Haftungsübernahme[28] hätte es einer ausdrücklichen Regelung bedurft. Die Mitgliedstaaten sind durch Art. 125 Abs. 1 AEUV somit nicht generell an einer finanziellen Unterstützung notleidender Mitgliedstaaten gehindert. Wo es allerdings um die Etablierung eines ständigen Hilfsmechanismus geht, bedarf es der konstitutiven Freigabe, um den Weg zur ansonsten ausgeschlossenen Handlungsform des völkerrechtlichen Vertrages zwischen den Mitgliedern der Euro-Zone zu eröffnen.

---

[24] Die Möglichkeit einer solchen Freigabe würdigt *Heß* (Fn. 18) nicht und gelangt so zum Ergebnis einer europarechtlichen Unzulässigkeit des ESM-Vertrags.

[25] So z. B. *K. Hentschelmann*, EuR 2011, 282 (291 f.); *D. Hattenberger*, in: Schwarze (Fn. 15), Art. 125 AEUV, Rn. 5; *B. Kempen*, in: R. Streinz (Hrsg.), EUV/AEUV, 2. Aufl. 2012, Art. 125 AEUV, Rn. 4; *D.-E. Khan*, in: R. Geiger/D.-E. Khan/M. Kotzur, EUV/AEUV, 5. Aufl. 2012, Art. 125 AEUV, Rn. 5; *M. Rodi*, in: C. Vedder/W. Heintschel v. Heinegg (Hrsg.), Europäisches Unionsrecht, 2012, Art. 125 AEUV, Rn. 11; *M. Seidel*, EuR 2011, 529 f.; *W. Frenz/C. Ehlenz*, EWS 2010, 65 (67); *K. Faßbender*, NVwZ 2010, 799 (800).

[26] Zur Rechtfertigung der EFSF als Notstand *praeter legem* z. B. *U. Hufeld*, integration 2/2011, 117 (122, 130 f.); *A. Weber*, EuZW 2011, 935 (937); *U. Häde*, EuR 2010, 854 (860). Lösung über Art. 122 Abs. 2 AEUV bei *J.-V. Louis*, CMLR 47 (2010), 971 (984); dagegen *H. Kube/E. Reimer*, ZG 2011, 332 (336).

[27] In diesem Sinne u. a. *C. Herrmann*, EuZW 2010, 413 (415); *J. Wieland*, NVwZ 2011, 341 (342).

[28] *P.-C. Müller-Graff*, integration 4/2011, 289 (293); *J. Wieland*, NVwZ 2011, 341–343 (342).

3. Konkurrenz zur Verstärkten Zusammenarbeit?

Ein Ausschluss des zwischenstaatlichen Vertrags als Handlungsform könnte schließlich aus den Regeln über die Verstärkte Zusammenarbeit (VZA) herausgelesen werden. Diese wurde mit dem Vertrag von Amsterdam gerade als eine Art „Königsweg" differenzierter Integration geschaffen, um zwischen Integrationsziel und desintegrierender Drift von Ungleichzeitigkeit der Entwicklung zu vermitteln.[29] Die detaillierte Ausgestaltung in den Art. 20 EUV, Art. 326–334 AEUV zielt genau hierauf. Könnten die Mitgliedstaaten alternative Wege einschlagen, um im kleineren Kreis integrationspolitisch voranzuschreiten, könnten diese Regelungen leerlaufen. Getreu der Maxime, dass Normen so zu interpretieren sind, dass sie einen praktischen Sinn erhalten (*verba ita sunt intelligenda ut res magis valeat quam pereat*), ließe sich erwägen, ob die Bestimmungen zur VZA den alleinigen Weg zur differenzierten Integration festlegen sollen.[30] Für die Annahme einer so drastischen Beschneidung der souveränen Vertragsschlussrechte durch die Regeln zur VZA fehlt es indes an einer eindeutigen Grundlage im Primärrecht der Union.[31] Dass in Art. 20 Abs. 1 EUV davon die Rede ist, dass die Mitgliedstaaten eine VZA begründen „können", spricht im Gegenteil für das Fortbestehen politischer Gestaltungsmacht. Hinzu kommt, dass für die Auslegung völkerrechtlicher Verträge auch die Praxis der Vertragsparteien zu berücksichtigen ist (vgl. Art. 31 Abs. 3 lit. a der Wiener Vertragsrechts-Konvention)[32] – und diese haben sich zu keinem Zeitpunkt auf die VZA als exklusiven Pfad zur differenzierten Integration festgelegt verstanden.

Eine derartige restriktive Auslegung dürfte in der Praxis auch auf wenig Resonanz stoßen, denn das „Ausweichen" auf das Völkerrecht befriedigt praktisch-politische Bedürfnisse, wie die Beispiele in Vergangenheit und Gegenwart zeigen:[33] Erstens können die Voraussetzungen der VZA nicht erfüllt (vgl. den Vertrag von Prüm mit nur sieben Vertragsparteien) oder strittig sein (z. B. die Weite der geteilten Kompetenzen); u. U. wäre eine Vertragsänderung nötig, ist aber nicht durchsetzbar. Es kann sich, zweitens, um einen besonders souveränitätssensiblen Bereich handeln (wie z. B. innere Sicherheit), in dem der Weg über die VZA bereits einen stärkeren Integrationsimpuls setzen würde: Der VZA ist das Ziel eines möglichst großen Teil-

---

[29] Näher *A. Marchetti*, in: ders./Claire Demesmay (Hrsg.), Der Vertrag von Lissabon: Analyse und Bewertung, 2010, 213 ff.; *Thym* (Fn. 1), 43 ff., passim; *G. Linke*, Das Instrument der verstärkten Zusammenarbeit im Vertrag von Nizza, 2006, 34 f.

[30] So auch, gestützt auf Spezialität und Gemeinschaftstreue, *Constantinesco*, RTDE 33 (1997), 751 (755); *B. Martenczuk*, ZEuS 1998, 447 (464). Speziell kritisch zum Fiskalpakt *S. Pilz/H. Dittmann*, ZEuS 2012, 53 (86).

[31] *B. de Witte*, in: G. de Búrca/J. Scott (Hrsg.), Constitutional Change in the EU, 2000, 31 (40); *Thym* (Fn. 1), 308; *Linke* (Fn. 29), 190 ff.; *R. Hofmann*, EuR 1999, 713 (728 f.).

[32] Speziell zur späteren Vertragspraxis im Rahmen Internationaler Organisationen *E. Klein*, in: R. Bieber/G. Ress (Hrsg.), Die Dynamik des Europäischen Gemeinschaftsrechts, 1987, 101 ff.

[33] *Tuytschaever* (Fn. 1), 226 ff.; *A. Hatje*, EuR 2005, 148 (159 f.).

nehmerkreises normativ eingeschrieben (vgl. Art. 328 Abs. 1 UAbs. 2 AEUV); ein Vertrag trägt integrationspolitisch dagegen stärker das Etikett einer *res inter alios acta*, an der sich zu beteiligen in das souveräne Belieben jedes Staates gestellt ist. In dieser Perspektive erscheint die VZA als integrationspolitische „zweite Stufe", um eine Überführung in den Unionsrahmen zu bewerkstelligen (vgl. z. B. Protokoll 19 zum Vertrag von Lissabon über den Schengen-Besitzstand). Hinzu kann, drittens, eine aus Regierungssicht möglicherweise nicht unwillkommene Intransparenz diplomatischer Verfahren im Vergleich zu europarechtlich regulierten Verfahren treten, in die Kommission, Parlament und Rat einbezogen sind und in denen letztlich auch der EuGH über das Vertragsverletzungsverfahren Kontrollrechte besitzt.

Dass eine „Flucht ins Völkerrecht" die VZA leerlaufen ließe, ist im Übrigen auch tatsächlich nicht (mehr) zu besorgen: Wenn man davon absieht, dass in Protokoll 19 zum EUV der Schengen-Besitzstand als VZA von 25 Mitgliedstaaten geführt wird, lag die VZA zwar trotz ihres großen integrationstheoretischen Potenzials lange Zeit im Dornröschenschlaf; mit den Initiativen im Bereich des Ehescheidungsrechts (2010) und des Patentrechts (2011) sowie die französische Initiative zur Einführung einer Finanztransaktionssteuer (2012)[34] hat sie nun jedoch den Weg von der Theorie zur Praxis beschritten.[35]

4. Unionsrechtliche Vorgaben für Unions(ergänzungs)völkerrecht

a) Unionstreue und Vorrang des Unionsrechts als Scharnierprinzipien

Vorzuziehen (und dem ergebnisorientierten Europarecht gemäß) ist es, nicht die Handlungsform des völkerrechtlichen Vertrages auszuschließen, wohl aber an die Prinzipien und Standards des Unionsrechts rückzukoppeln. Als Scharniere fungieren hier namentlich der Vorrang des Unionsrechts und die „Unionstreue". Die apodiktische Aussage im Urteil Hurd (1986), wonach die Gemeinschaftstreue sich nicht auf Verträge zwischen den Mitgliedstaaten jenseits des gemeinschaftsrechtlichen Rahmens erstrecke,[36] wird man integrationspolitisch heute für überholt halten dürfen.[37]

---

[34] Vgl. dazu Schlussfolgerungen des Europäischen Rates vom 28./29. Juni 2012, EUCON 76/12, S. 13.

[35] ABl. EU 2010 Nr. L 343/10 bzw. ABl. EU 2011 Nr. L 76/53. Näher *A. Fiorini*, ICLQ 59 (2010), 1143 ff.; *J.-J. Kuipers*, ELJ 18 (2012), 201 ff.; *S. Peers*, EuConst 6 (2010), 339 ff.; *S. Zeitzmann*, ZEuS 2011, 87 ff.

[36] EuGH, *Hurd*, Rs. 44/84, Slg. 1986, 29, Rn. 38. Zu Inkonsistenzen der Rechtsprechung zu den Europäischen Schulen *S. Schadendorf*, EuZW 2011, 670 (672 ff.).

[37] Vgl. z. B. EuGH, *Kommission ./. Luxemburg*, Rs. C-266/03, Slg. 2005, I-4805, Rn. 61 (völkerrechtlicher Vertrag eines Mitgliedstaates); EuGH, *Pupino*, Rs. C-105/03, Slg. 2005 I-5285, Rn. 42 (intergouvernementales Handeln innerhalb der damaligen Dritten Säule der EU). Wie auch *Thym* (Fn. 1), 309 ff.; *Hatje* (Fn. 15), Art. 20, Rn. 36; *Blanke* (Fn. 15), Art. 43 EU (Nizza), Rn. 15; *Grieser* (Fn. 1), 170 ff.; *R. Hofmann*, EuR 1999, 713 (728); *P. Unruh*, EuR 2002, 41 (64); *C.-D. Ehlermann*, EuR 1997, 362 (372); *M. Kort*, JZ 1997, 640 (645).

Nach dem Grundsatz der „loyalen Zusammenarbeit" in Art. 4 Abs. 3 EUV „unterlassen" die Mitgliedstaaten insbesondere „alle Maßnahmen, die die Verwirklichung der Ziele der Union gefährden könnten" (UAbs. 3). Welche rechtlichen Vorgaben hieraus für „unions(ergänzungs)völkerrechtliche" Verträge folgen, soll nachstehend entlang den Bestimmungen zur VZA skizziert werden. Die VZA unterliegt im Wesentlichen fünf Voraussetzungen:[38] Subsidiarität, Achtung des Unionsrechts, Rücksichtnahme, Beteiligung und institutionellen Regeln.

(1) Subsidiarität

Die VZA muss *ultima ratio* sein; die Ziele der Zusammenarbeit lassen sich ohne sie nicht innerhalb eines vertretbaren Zeitraums verwirklichen, Art. 20 Abs. 2 EUV. Damit ist die innervertragliche VZA formell subsidiär ausgestaltet. „Echte" Subsidiarität greift zwar zwischen supranationalem Handeln im Rahmen der Union und völkervertraglichem Handeln der Mitgliedstaaten nicht: diese schützt die niedrigere Ebene, nicht Intergouvernementalität; wo jedoch ein Handeln im unionalen Rahmen möglich wäre, lässt sich aus dem Grundsatz der loyalen Zusammenarbeit eine Verpflichtung der Mitgliedstaaten ableiten, keine „Flucht ins Völkerrecht" anzutreten, bevor nicht auf Ebene und im Rahmen der EU die Möglichkeiten einer Einigung ausgelotet wurden.[39] Sehr viel mehr als eine Pflicht zu Dialog und Verhandlung allerdings wird man der Unionstreue hier nicht entnehmen können.[40]

(2) Achtung des Unionsrechts

Die VZA erfolgt im Rahmen geteilter Zuständigkeit und unter Achtung des Unionsrechts, Art. 20 Abs. 1 EUV, Art. 326 AEUV. Auch bei Durchführung der Maßnahmen ist auf Sicherung der Kohärenz mit der Politik der Union zu achten, vgl. Art. 334 AEUV.

Dass das Unionsrecht die Mitgliedstaaten auch in ihren unionsbezogenen völkerrechtlichen Abkommen bindet,[41] folgt prinzipiell aus dem Gedanken der Selbstbin-

---

Distanziert *Linke* (Fn. 29), 193 („reine Appellfunktion"); ähnlich *F. Wittreck*, in: I. Härtel (Hrsg.), Handbuch Föderalismus, Bd. 1, 2012, § 18, Rn. 17, der für das deutsche Bundesverfassungsrecht das analoge Institut der Bundestreue dekonstruiert.

[38] *Thym* (Fn. 1), identifiziert „zehn Gebote" der VZA (62 ff.), denen er „fünf Gebote für die völkerrechtliche Kooperation einiger Mitgliedstaaten" (308 ff.) gegenüberstellt. Die hier vorgenommene Zusammenfassung einzelner Voraussetzungen der VZA soll diese Gegenüberstellung weiter zuspitzen. Gegen eine schematische Übertragung *de Witte* (Fn. 31), 56 f., der aber ebenfalls Grenzen der Vertragsschlussfreiheit aus der Gemeinschaftstreue anerkennt (ebd., 42).

[39] *R. Hofmann*, EuR 1999, 713 (728).

[40] So auch *Thym* (Fn. 1), 309 ff., der aus der Unionstreue ein „Recht des ersten Zugriffs" ableitet.

[41] Vgl. beispielhaft *P.-C. Müller-Graff*, ZHR 2012, 2 (9) zur Bindung des ESM an das unionsrechtliche Wettbewerbsrecht.

dung an eine supranationale Ordnung[42] und aus dem Verfassungscharakter der Gründungsverträge, die wohl „Anbauten" an die, nicht aber „Umbauten" der Union gestatten.[43] Hinzu kommt bei solchen Verträgen, die nur einige Mitgliedstaaten untereinander abschließen, dass diese nicht das für alle geltende Recht abändern können: Über die Bestimmungen der Gründungsverträge können nur alle Mitgliedstaaten gemeinsam verfügen. Die Pflicht zur Achtung des Unionsrechts lässt sich auch positivrechtlich unter Verweis auf Art. 351 AEUV begründen: Sind die Mitgliedstaaten schon bei völkerrechtlichen Verträgen aus der Zeit vor ihrem Beitritt verpflichtet, alle geeigneten Mittel anzuwenden, um Unvereinbarkeiten mit dem Unionsrecht zu beheben, so müssen sie erst recht die Vereinbarkeit noch zu schließender Verträge mit ihren unionsrechtlichen Bindungen beachten, namentlich dann, wenn Vertragspartner andere EU-Staaten sind (sog. *Inter-se*-Verträge[44]) und der Vertrag ein Näheverhältnis zu den Politiken der Union aufweist.[45]

Auch im Vollzug der Abkommen folgt aus dem Vorrang des Unionsrechts und der Pflicht zu loyaler Zusammenarbeit, dass auf Kohärenz mit der Politik der Union zu achten ist.[46] Dies ergibt sich für solche Abkommen, die – der „neuen Unionsmethode" *Merkels* gemäß – in den unionsrechtlichen Bereich ausgreifen, gewissermaßen von selbst, ist aber auch hierüber hinaus dem „ergänzenden" Charakter solcher Verträge geschuldet: Das Unionsrecht bleibt die Leitstimme, der sich das Abkommen grundsätzlich harmonisch anzupassen hat. Die kompetenzrechtlichen Beschränkungen der VZA gelten für völkerrechtliche Abkommen der Mitgliedstaaten selbstverständlich nicht;[47] der Weg über solche Abkommen kann gerade ein politisch wie rechtlich probates Mittel sein, diese Beschränkungen zu überwinden.

(3) Rücksichtnahme

Die an einer VZA beteiligten und nicht beteiligten Mitgliedstaaten sind einander zur wechselseitigen Rücksichtnahme verpflichtet, Art. 327 AEUV. Vergleichbares gilt im Grundsatz auch für völkerrechtliche Kooperationen einiger Mitgliedstaaten. Unzulässig ist es, völkerrechtliche Vereinbarungen einzusetzen, um Entscheidungen auf EU-Ebene zu blockieren bzw. in die eigene Richtung zu lenken. Ob Vorabstim-

---

[42] EuGH, *Costa/E.N.E.L.*, Rs. 6/64, Slg. 1964, 1251 (1270): „Die Staaten haben [...] dadurch, daß sie nach Maßgabe der Bestimmungen des Vertrages Rechte und Pflichten [...] der Regelung durch die Gemeinschaftsrechtsordnung vorbehalten haben, eine endgültige Beschränkung ihrer Hoheitsrechte bewirkt, die durch spätere einseitige, mit dem Gemeinschaftsbegriff unvereinbare Maßnahmen nicht rückgängig gemacht werden kann." Ähnlich *R. Hofmann*, EuR 1999, 713 (728).

[43] Vgl. EuGH, *Defrenne*, Rs. 43/75, Slg. 1976, 455, Rn. 56/58.

[44] Zum Begriff *E. Pache/J. Bielitz*, EuR 2006, 316 (332).

[45] Analoge Anwendung bei *Hatje* (Fn. 15), Art. 20, Rn. 36.

[46] Vgl. zur Bindung an das Unionsrecht in der Anwendungsdimension völkerrechtlicher Verträge EuGH, *Gottardo*, Rs. C-55/00, Slg. 2002 I-413, Rn. 33.

[47] Zur Frage der Zulässigkeit völkerrechtlicher Verträge der Mitgliedstaaten im Bereich der ausschließlichen Unionskompetenzen s. oben II.2.

mungen in der Euro-Gruppe hierzu zählen,[48] wird man zurückhaltend beurteilen müssen, sofern solche Absprachen (wie in der Praxis üblich) auf informeller Ebene verbleiben. Eine Grenze dürfte der Grundsatz der loyalen Zusammenarbeit dort ziehen, wo die Beschlussfassung im Rat – und damit das Mitspracherecht der übrigen EU-Mitglieder – zur Farce verkommt. Die Pflicht zur Rücksichtnahme verstärkt somit die oben erwähnte Pflicht zum Dialog, errichtet aber nur im Extremfall harte Grenzen.

(4) Beteiligung

Die VZA verlangt ein Beteiligungsquorum von mindestens neun Mitgliedstaaten und muss allen anderen Mitgliedstaaten zur Teilnahme offen stehen, Art. 20 Abs. 1, 2 EUV, Art. 328 AEUV. Ein Beteiligungsquorum gibt es für vertragliche Kooperationen von EU-Mitgliedstaaten untereinander verständlicherweise nicht. Wollen sich weitere EU-Mitglieder an der Kooperation beteiligen, wäre ihre Abweisung zumindest dann treuwidrig, wenn diese bereit und in der Lage sind, die vertraglich vereinbarten Regeln zu akzeptieren, und der Vertrag das Unionsrecht komplementiert.[49] Zwar ist ein Anspruch auf Mitgliedschaft in einem Vertrag dem Völkerrecht fremd (sofern nicht der Vertrag selbst einen solchen Anspruch begründet[50]); hier kommen jedoch die Bezugnahme auf das (teilweise sogar die Verschränkung mit dem) Unionsrecht als Angelegenheit aller Mitglieder und die desintegrierende Dynamik von Ungleichzeitigkeit hinzu, die dem Ziel der „Verwirklichung einer immer engeren Union der Völker Europas" (Art. 1 Abs. 2 EUV) entgegenarbeitet. Statt einer Aufnahme anderer Mitgliedstaaten kommt freilich auch, wie im Fall des Vertrags von Prüm,[51] eine Überführung in den Rechtsrahmen der Union in Betracht.

(5) Institutionelles

Die Ermächtigung zur Einleitung der VZA muss vom Rat auf Vorschlag der Kommission und nach Zustimmung des Europäischen Parlaments erteilt werden, Art. 329, 331 AEUV (für die GASP gelten Sonderregeln). Einer vergleichbaren Genehmigung durch EU-Organe bedarf eine „völkerrechtliche ‚VZA'" als Ausdruck souveräner, wenn auch sachlich gebundener, Staatlichkeit begreiflicherweise nicht. Umgekehrt können sich die vertraglich kooperierenden Mitglieder aber auch nicht eigenmächtig Organe der EU für ihre Zwecke ausborgen. Dies folgt

---

[48] So *Thym* (Fn. 1), 313 f., unter Verweis auf die Figur eines „Abstimmungssyndikats" („voting syndicate") bei *G. Gaja*, CMLR 35 (1998), 855 (870).

[49] Vgl. *R. Hofmann*, EuR 1999, 713 (728): kein Ausschluss bestimmter Mitgliedstaaten *a priori*. Zumindest für eine Rechtfertigungspflicht *F. Cromme*, EuR 2007, 821 (825). A.A. *Thym* (Fn. 1), 314.

[50] Vgl. zu Art. 4 UN-Charta IGH, *Conditions of Admission of a State to Membership in the United Nations (Article 4 of the Charter)*, Gutachten vom 28. Mai 1948, ICJ Rep. 1947/48, 57.

[51] Beschluss des Rates 2008/615/JI vom 23. Juni 2008, ABl. EU Nr. L 210/1.

aus der Selbständigkeit der Union als Völkerrechtssubjekt und lässt sich bei bloßer Teilkongruenz der Vertragsparteien auch nicht über die Rolle der Mitgliedstaaten als „Herren der Verträge" aus dem Weg argumentieren. Hierfür bedarf es – wie z. B. im Rahmen der Wirtschafts- und Währungsunion (als primärrechtlich geregeltem Spezialfall einer VZA) vorgesehen – einer Ermächtigung im Primärrecht oder einer gesonderten Vereinbarung aller Mitgliedstaaten.[52] Ein solcher „Organleihe"-Beschluss liegt aktuell z. B. der Indienstnahme von Kommission und EuGH im ESM-Vertrag zu Grunde.[53]

Eine Konsequenz aus der Komplementärstruktur ist, dass die politische Verantwortlichkeit der Kommission (Art. 17 Abs. 8 EUV) gegenüber dem Europäischen Parlament auch auf solche „übertragenen Aufgaben" zu erstrecken ist. Schon sachlich lassen sich die Aufgaben nicht immer trennscharf voneinander unterscheiden, insbesondere dort nicht, wo, wie z. B. beim Euro-Plus-Pakt, die Einhaltung von Standards unterschiedlicher Provenienz in ein und demselben Verfahren überwacht wird. Hinzu kommt, dass durch die hiesige Form der Indienstnahme die Kommission nicht zu einem Organ der gemeinschaftlich handelnden Mitgliedstaaten wird (insofern ist der Begriff der „Organleihe" technisch nicht korrekt), sondern – der sachlichen Nähe wegen – regelmäßig als Unionsorgan mandatiert wird.[54] Somit ist das Parlament auch unabhängig von einem „Ausborgen" des Gesetzgebungsverfahrens in die Kontrolle derartiger „Anbauten" einzubeziehen. Unabhängig davon verfügen auch die mitgliedstaatlichen Parlamente über mittelbare Kontrollrechte gegenüber Maßnahmen der völkervertraglich geschaffenen und beliehenen Organe.[55]

b) Folgen eines Verstoßes

Verstöße gegen die soeben skizzierten Pflichten können im Wege des Vertragsverletzungsverfahrens vom EuGH auf Antrag der Kommission oder eines Mitgliedstaates festgestellt werden. Da aus dem Grundsatz der loyalen Zusammenarbeit primär prozedurale Pflichten folgen, führen Rechtsverstöße insoweit nicht zur Nichtigkeit oder automatischen Unanwendbarkeit des Vertrages.[56]

Aber auch bei Verstößen gegen Unionsrecht würde diese Rechtsfolge den Unterschied zwischen supranationaler Vorrangdoktrin und völkerrechtlichen Handlungs-

---

[52] Zutreffend *Thym* (Fn. 1), 317 f. Speziell zum ESM-Vertrag *P.-C. Müller-Graff*, integration 4/2011, 289 (299). Kritisch zur Indienstnahme des EuGH im Fiskalpakt *H. Kube*, WM 2012, 245 (251).

[53] Beschluss der Vertreter der Regierungen der Mitgliedstaaten der Europäischen Union vom 24. Juni 2011, Anlage zum Ratsdokument 12114/11, ECOFIN 62.

[54] Anders wohl *Thym* (Fn. 1), 315.

[55] BVerfG, Beschluss vom 12. Sept. 2012, 2 BvR 1390/12 u. a., Rn. 257. Zu der (durch den Vertrag von Lissabon eingeführten) verstärkten Einbeziehung der nationalen Parlamente in die Europapolitik bereits 1990 *E. Klein*, VVDStRL 50 (1991), 56 (75 ff.).

[56] So überzeugend *Thym* (Fn. 1), 310 f.; *A. Epiney*, in: FS Ress, 2005, 441 (448 f.). Vgl. auch *A. Hatje*, Loyalität als Rechtsprinzip in der Europäischen Union, 2001, 72 ff.

formen zu stark einebnen.⁵⁷ Dem Völkerrecht ist eine solche Wirkung von Vertragsnormkollisionen grundsätzlich fremd.⁵⁸ Der Verpflichtung in Art. 351 Abs. 2 AEUV, „alle geeigneten Mittel" zur Behebeung von Unvereinbarkeiten anzuwenden, lässt sich entnehmen, dass auch das Unionsrecht die supranationale Logik nicht auf völkerrechtliche Abkommen der Mitgliedstaaten erstreckt. Es entlässt sie jedoch im Gegenzug auch nicht aus einer vorrangig zu beachtenden Pflicht.⁵⁹ Das Ergebnis ähnelt somit der „gelockerten" Direktivkraft von Rahmenbeschlüssen in der früheren Dritten Säule der EU:⁶⁰ Die Mitgliedstaaten trifft unionsrechtlich eine Pflicht, derartige Verträge so weit als irgend möglich im Einklang mit ihren unionsrechtlichen Verpflichtungen auszulegen und anzuwenden und bei Unauflösbarkeit des Widerspruchs auf eine Änderung, im äußersten Fall eine Auflösung⁶¹ des Vertrages hinzuwirken – angesichts dessen, dass in den hier untersuchten Fällen alle Vertragsparteien dieselbe Pflicht trifft, eine zu bewältigende Aufgabe.

Die gängige Praxis vermeidet den Konfliktfall. Typischerweise enthalten solche Verträge einen expliziten Hinweis, dass sie nur im Rahmen der unionsrechtlichen Verpflichtungen ihrer Parteien verbindlich sind. So lautet z. B. Art. 2 Abs. 2 des Fiskalpakts:⁶²

> „Dieser Vertrag gilt insoweit, wie er mit den Verträgen, auf denen die Europäische Union beruht, und mit dem Recht der Europäischen Union vereinbar ist. Er lässt die Handlungsbefugnisse der Union auf dem Gebiet der Wirtschaftsunion unberührt."

III. Verfassungsrechtliche Rückkopplungen

1. „Angelegenheiten der Europäischen Union" (Art. 23 Abs. 2 GG)

Der Weg über „Unions(ergänzungs)völkerrecht" hat Rückwirkungen auch auf das deutsche Verfassungsrecht. Im Mittelpunkt stehen dabei die Mitwirkungsrechte von

---

⁵⁷ Vertiefend *E. Pache/J. Bielitz*, EuR 2006, 316 (332 ff.). Wohl a.A. *K. Vogel*, in: FS Knöpfle, 1996, 387 (395). Unklar insoweit *Thym* (Fn. 1), 313: „Wenn völkerrechtliche Verträge einiger Mitgliedstaaten im Widerspruch zum Gemeinschaftsrecht geraten, müssen sie wegen des Vorrangs des Gemeinschaftsrechts unangewendet bleiben."

⁵⁸ Speziell zum Verhältnis von Unionsrecht zu völkerrechtlichen Verträgen der Mitgliedstaaten *H. Krück*, Völkerrechtliche Verträge im Recht der Europäischen Gemeinschaften, 1977, 146 ff.; *Epiney* (Fn. 56), 453. Allgemein *A. v. Arnauld*, Völkerrecht, 2012, Rn. 289 f. Vertiefend *N. Matz-Lück*, Treaties, Conflicts between, in: Max Planck Encyclopedia of Public International Law (Stand: Juni 2006).

⁵⁹ *J. P. Terhechte*, in: Schwarze (Fn. 15), Art. 351 AEUV, Rn. 9 ff.

⁶⁰ Vgl. EuGH, *Pupino*, Rs. C-105/03, Slg. 2005 I-5285, Rn. 41 ff.

⁶¹ *E. Pache/J. Bielitz*, EuR 2006, 316 (335), sprechen von einer Pflicht zur sofortigen Auflösung von Inter-se-Verträgen. Man wird hier indes berücksichtigen müssen, ob der Unionsrechtsverstoß den Vertrag insgesamt oder nur einzelne Teile erfasst. Im zweiten Fall genügt die Änderung den Forderungen des Unionsrechts.

⁶² Siehe oben bei Fn. 6.

Bundestag und Bundesrat, wobei der Fokus in diesem Beitrag auf den Rechten des Bundestags liegen soll; für den Bundesrat gilt Entsprechendes. Ausgangspunkt ist, dass Außenpolitik traditionell Hausgut der Regierung ist.[63] Zustimmungsgesetze zu völkerrechtlichen Verträgen gemäß Art. 59 Abs. 2 GG hat das BVerfG als atypischen Einbruch des Parlamentarismus in den Bereich der Gubernative behandelt und als „Regierungsakte in Form eines Parlamentsgesetzes"[64] bezeichnet. Dabei garantiert Art. 59 Abs. 2 GG vordergründig eine starke Stellung des Parlaments, da – anders als bei Sekundärrechtsakten, die über die Brücke des Zustimmungsgesetzes in das deutsche Recht gelangen – das Parlament das letzte Wort hat. Dieses letzte Wort besteht allerdings in einer Ja/Nein-Entscheidung, die oft unter erheblichem politischem Druck getroffen werden muss. Wenn ein Vertrag auf intergouvernementaler Ebene ausverhandelt ist, kommt nur noch in Ausnahmefällen eine Nachverhandlung in Betracht; wird zudem über das Argument der Bewältigung akuter Krisen zusätzlich politischer und zeitlicher Druck aufgebaut, sind die Einflussmöglichkeiten des Bundestages begrenzt.[65] Eine Pflicht zur Unterrichtung während der laufenden Vertragsverhandlungen hat die Bundesregierung wohl gegenüber den Bundesländern im Rahmen des Lindauer Abkommens übernommen; Informationspflichten zugunsten des Bundestages folgen jedoch aus Art. 59 Abs. 2 GG, zumindest *prima facie*, nicht.[66]

Sie folgen jedoch aus Art. 23 Abs. 2 GG, der bestimmt, dass die Bundesregierung über „Angelegenheiten der Europäischen Union" Bundestag und Bundesrat „umfassend und zum frühestmöglichen Zeitpunkt zu unterrichten" hat. Die in Satz 1 der Vorschrift formulierten Mitwirkungsrechte (und Mitwirkungspflichten) von Bundestag und Bundesrat in der Europapolitik lassen sich nicht länger als eine bloße Erweiterung der parlamentarischen Mitwirkungsrechte in der Außenpolitik gemäß Art. 59 Abs. 2 GG begreifen, sondern ziehen die Konsequenz aus der immer stärkeren Verschränkung nationalstaatlicher und unionaler Politik.[67] Dies hat Auswirkungen auch auf das Verständnis dessen, was zu den „Angelegenheiten der Europäischen Union" rechnet, über die die Bundesregierung zu unterrichten hat.

Schon aus der systematischen Stellung des Art. 23 Abs. 2 GG folgt, dass er sich jedenfalls auf die EU-Gesetzgebung bezieht, um die es in den folgenden Absätzen

---

[63] Zu Ausgangspunkt und Spannungen im Prozess der europäischen Integration *A. v. Arnauld*, in: ders./U. Hufeld (Hrsg.), Systematischer Kommentar zu den Lissabon-Begleitgesetzen, 2011, Abschn. 2, Rn. 3 ff.

[64] BVerfGE 1, 372 (394 f.); 90, 286 (357).

[65] Vgl. *E. Klein*, Gesetzgebung ohne Parlament, 2004, 8 ff. *M. Nettesheim*, in: T. Maunz/G. Dürig (Begr.), Grundgesetz [Stand 1/2009], Art. 59, Rn. 147 f.

[66] Zu dieser Inkongruenz vgl. m.w.N. *v. Arnauld* (Fn. 63), Rn. 2 f.

[67] Vgl. BVerfGE 89, 155 (191); 123, 267 (406 ff.); *W. Heintschel v. Heinegg*, in: V. Epping/ C. Hillgruber (Hrsg.), Grundgesetz [Stand 1.4.2011], Art. 23, Rn. 29; *I. Pernice*, in: H. Dreier (Hrsg.), Grundgesetz, 2. Aufl. 2006, Art. 23, Rn. 95; *R. Streinz*, in: M. Sachs (Hrsg.), Grundgesetz, 5. Aufl. 2009, Art. 23, Rn. 91. A.A. *R. Scholz*, in: Maunz/Dürig (Fn. 65), Art. 23, Rn. 131, 133 ff.

geht; ihrer Teleologie nach muss die Unterrichtungspflicht erst recht für Änderungen des Primärrechts gelten, die in Abs. 1 behandelt werden – obgleich auch hier Bundestag und Bundesrat (wie bei Art. 59 Abs. 2 GG) das letzte Wort haben.[68] Dass auch völkerrechtliche Abkommen mit EU-Bezug als „Angelegenheiten der Europäischen Union" gelten, hat das BVerfG nun in seinem Grundsatzurteil vom 19. Juni 2012 klargestellt:[69]

> „Zu den Angelegenheiten der Europäischen Union im Sinne von Art. 23 Abs. 2 GG gehören Vertragsänderungen und entsprechende Änderungen auf der Ebene des Primärrechts (Art. 23 Abs. 1 GG) sowie Rechtsetzungsakte der Europäischen Union (Art. 23 Abs. 3 GG). Um eine Angelegenheit der Europäischen Union handelt es sich auch bei völkerrechtlichen Verträgen, wenn sie in einem Ergänzungs- oder sonstigen besonderen Näheverhältnis zum Recht der Europäischen Union stehen. Maßgebend dafür ist eine Gesamtbetrachtung der Umstände, einschließlich der Regelungsinhalte, -ziele und -wirkungen."

Zur Begründung führt das Gericht zunächst den Wortlaut an, der mit dem Begriff „Angelegenheiten" nicht auf bestimmte Rechtsakte beschränkt sei, und verweist auf den systematischen Widerspruch zu Art. 23 Abs. 1 S. 1 GG, der entstünde, wenn „weite Teile des dynamischen und vielgestaltigen Prozesses der Integration im Rahmen der Europäischen Union von vornherein aus dem parlamentarischen Mitwirkungsrecht auszuklammern" wären.[70] Abgestützt wird dies durch eine historisch-genetische Interpretation: In der Gemeinsamen Verfassungskommission sei es stets darum gegangen, den Bundestag über den Akt der Übertragung von Hoheitsrechten hinaus auch an der weiteren Gestaltung der Union teilhaben zu lassen; außerdem sei zur Zeit der Änderung von Art. 23 GG die EU nur in einer ihrer damals drei Säulen supranational verfasst gewesen, weswegen ein Ausschluss intergouvernementalen Handelns vom Begriff der „Angelegenheiten der Europäischen Union" nicht überzeugen könne.[71] Diese Absage an eine Auslegung, die allein nach der völkerrechtlichen Natur eines Vertrages fragt, ist zu begrüßen. Über die genannten Argumente hinaus gibt es drei weitere wichtige Gründe für eine Einbeziehung der völkerrechtlichen „Anbauten" in Art. 23 Abs. 2 GG:

Erstens sind supranationale und völkerrechtlich-intergouvernementale Handlungsformen in der Europapolitik funktional weitgehend austauschbar. Dass die gewählte Rechtskonstruktion oftmals nur politischen Machbarkeiten geschuldet ist, verdeutlichen z.B. die sehr verschiedenen Rechtsgrundlagen von EFSM und ESM. Das BVerfG spricht dies in seinem Urteil an, wenn es ein besonderes Näheverhältnis insbesondere dann bejaht, „wenn der Weg der völkerrechtlichen Koordination

---

[68] Vgl. *S. Neumann*, in: v. Arnauld/Hufeld (Fn. 63), 8. Abschn. Rn. 1, 5.

[69] BVerfG, Urteil vom 19. Juni 2012, 2 BvR 4/11, Ls. 1. Übereinstimmend *S. Hölscheidt*, DÖV 2012, 105 (108); *C. Calliess*, NVwZ 2012, 1 (5); *R. A. Lorz/H. Sauer*, DÖV 2012, 573 (575 Fn. 20). Für Art. 23 Abs. 1 GG auch *H. Kube/E. Reimer*, ZG 2011, 332 (342); *F. Schorkopf*, Bonner Kommentar zum Grundgesetz, Art. 23 (153. Aktualisierung 8/2011), Rn. 140.

[70] BVerfG (Fn. 69), Rn. 101 f. Zum Begriff auch vertiefend *A. Koch*, in: v. Arnauld/Hufeld (Fn. 63), 9. Abschn. Rn. 10 ff.

[71] BVerfG (Fn. 69), Rn. 103 f.

gewählt wird, weil gleichgerichtete Bemühungen um eine Verankerung im Primärrecht der Union nicht die notwendigen Mehrheiten gefunden haben".[72] Zugleich klingt darin an, dass parlamentarische Mitwirkungsrechte andernfalls umgangen werden könnten.

Zweitens sind solche „komplementärrechtlichen" Verträge mit dem Unionsrecht eng verbunden, wie das Beispiel des ESM-Vertrags zeigt: Neben den ökonomischen und politischen Zusammenhang der Euro-Stabilisierung mit der supranational verfassten Wirtschafts- und Währungsunion tritt eine normative Verklammerung über den neuen Art. 136 Abs. 3 AEUV einerseits und die auf die Währungsunion orientierten Zielvorgaben des ESM (Art. 12 Abs. 1) andererseits. Entstehungsgeschichtlich waren der Europäische Rat und die Kommission in die Ausarbeitung des Vertrages involviert;[73] in institutioneller Hinsicht überträgt der ESM-Vertrag operative Aufgaben auf eine Troika aus Kommission, Europäischer Zentralbank und Internationalem Währungsfonds (Art. 13) und räumt Rat und EuGH Kontrollbefugnisse ein (Art. 37 Abs. 3).[74]

Drittens schließlich ist es die Vernetzung der unterschiedlichen Handlungsformen, wie sie mit besonderer Deutlichkeit im Euro-Plus-Pakt zum Ausdruck kommt, die eine materiale Auslegung des Art. 23 Abs. 2 GG fordert.[75] Gerade wenn es Zeichen der eingangs zitierten „neuen Unionsmethode" sein soll, Trennungen zwischen supranationalem, intergouvernementalem und einzelstaatlichem Handeln aufzuheben („abgestimmtes solidarisches Handeln – jeder in seiner Zuständigkeit, alle für das gleiche Ziel"), darf die Verfassungsinterpretation diese Trennung nicht zulasten parlamentarischer Mitwirkung perpetuieren.

2. Folgen für die Unterrichtungsrechte des Bundestages

Art. 23 Abs. 2 GG gebietet somit eine umfassende und frühestmögliche Information über alle Angelegenheiten der Europäischen Union i.w.S., d.h. unter Einschluss „unionsrechtsergänzender" völkerrechtlicher Verträge. Dies setzt institutionelle Vorkehrungen nicht nur auf Seiten des Bundestages voraus;[76] auch die Bundesregierung muss hier Routinen entwickeln, um den Bundestag an der gemeinsamen Integrationsverantwortung teilhaben zu lassen. Diese Verantwortung ist in Art. 23 GG Bundesregierung, Bundestag und Bundesrat zur gesamten Hand anvertraut.[77] Dies bedeutet

---

[72] BVerfG (Fn. 69), Rn. 100.

[73] Vgl. insbes. Schlussfolgerungen des Europäischer Rates vom 24./25. März 2011, EUCO 10/11 mit Anlage II.

[74] Vgl. auch insoweit BVerfG (Fn. 69), Rn. 100 (allgemein) und 135 ff. (zum ESM-Vertrag). Zu letzterem bereits *U. Hufeld*, integration 2/2011, 117 (124 f.).

[75] Vgl. BVerfG (Fn. 69), Rn. 155 ff.

[76] Dazu *v. Arnauld* (Fn. 63), Rn. 35.

[77] *M. Fuchs*, DÖV 2001, 233 (235); *P. Häberle*, JöR 58 (2010), 317 (325) mit Verweis auf *E. Friesenhahn*, VVDStRL 16 (1958), 9 (38). Zur Integrationsverantwortung speziell des

indes keine Assimilierung von Parlament und Regierung, vielmehr bleiben für eine angemessene Differenzierung der verfassungsrechtlichen Rollen funktionale Unterschiede zu beachten: Die Bundesregierung vertritt die Bundesrepublik nach außen und führt die Verhandlungen, das Parlament ist der Ort für Deliberation, Legitimation und Kontrolle.

Diese funktionale Differenzierung verpflichtet zur Anerkennung eines gubernativen Eigenbereichs, der auch einen parlamentsexemten „Kernbereich exekutiver Eigenverantwortung"[78] kennt. Dieser erstreckt sich auch, aber nicht allein auf die Willensbildung innerhalb der Bundesregierung; ebenso bezieht er, in organfunktionaler Deutung, Sondierungen mit den Regierungen anderer EU-Mitgliedstaaten ein. Der geschützte Kernbereich der Regierung wird jedoch verlassen, wo Entscheidungsprozesse im institutionellen Gefüge der EU angestoßen werden. Bevor sie Initiativen auf EU-Ebene einbringt – auch solche, die in völkerrechtliche Abkommen der EU-Mitglieder untereinander münden sollen –, hat die Bundesregierung dem Bundestag Gelegenheit zur Stellungnahme zu geben. Auch insoweit hat das BVerfG in seinem Grundsatzurteil vom Juni 2012 die Informations- und Mitwirkungsrechte des Parlaments in Angelegenheiten der Europäischen Union klarstellend gestärkt.[79]

Die Rechte auf Unterrichtung und Stellungnahme in EU-Angelegenheiten müssen vor dem Hintergrund der neuesten Verfassungsjudikatur unabhängig von den Entscheidungskompetenzen begriffen werden. Die *Mitwirkungsrechte* von Bundestag und Bundesrat folgen für die Sekundärrechtsetzung aus Art. 23 Abs. 3–7 GG i.V.m. EUZBBG bzw. EUZBLG, für Änderungen des Primärrechts aus Art. 23 Abs. 1 GG i.V.m. IntVG und EUZBBG bzw. EUZBLG.[80] Für die völkerrechtlichen Verträge „in einem Ergänzungs- oder sonstigen besonderen Näheverhältnis zum Recht der Europäischen Union" bleibt es auf Ebene der Mitwirkungs- und Entscheidungskompetenzen bei der Regelung in Art. 59 Abs. 2 GG, einfachgesetzlich ergänzt um die Stellungnahmerechte aus §§ 9 f. EUZBBG. Die Einzelheiten der Mitwirkung des Parlaments „im Betrieb" der neuen Institutionen zur „Euro-Rettung" (EFSF, ESM) schließlich richten sich nach den besonderen „Begleitgesetzen" (§§ 3–4 StabMechG, §§ 4–6 ESMFinG[81]).

Bundestages S. *Hölscheidt*, DÖV 2012, 105 ff.; A. *Engels*, JuS 2012, 210 ff.; C. *Calliess*, ZG 2010, 1 ff. Zur Integrationsverantwortung generell BVerfGE 123, 267 (351 ff.), vgl. auch bereits BVerfGE 104, 151 (209). Aus der Literatur: N. *Sonder*, KritV 2011, 214 ff.; M. *Nettesheim*, NJW 2010, 177 ff.; M. *Spörer*, in: v. Arnauld/Hufeld (Fn. 63), Abschn. 5.

[78] BVerfGE 67, 100 (139); 77, 1 (59); 110, 199 (214); 124, 78 (120). Aufgegriffen für europapolitische Fragen in BVerfG (Fn. 69), Rn. 115.

[79] BVerfG (Fn. 69), Rn. 124.

[80] Eingehend zu den Mitwirkungsrechten Beiträge von H. *Rathke*, M. *Kötter* (zum IntVG und Art. 23 Abs. 1 GG) und von A. *Koch*, C. *Hinsch*, L. *Saberzadeh*, L. *Böhmer* und M. *Laas* (zu EUZBBG, EUZBLG und Art. 23 GG) in: v. Arnauld/Hufeld (Fn. 63).

[81] BGBl. 2012 I 1918. Dazu näher Beschlussempfehlung des Haushaltsausschusses vom 27. Juni 2012, BT-Drs. 17/10126 und Bericht vom 28. Juni, BT-Drs. 17/10172.

Für alle diese Fälle gilt jedoch, dass über sie als „Angelegenheiten der Europäischen Union" die Bundesregierung den Bundestag und den Bundesrat gemäß Art. 23 Abs. 2 S. 2 GG umfassend und zum frühestmöglichen Zeitpunkt zu *unterrichten* hat. Der Bundesgesetzgeber hat dem im Vollzug des Urteils vom 19. Juni 2012 durch klarstellende Ergänzung des § 3 EUZBBG Rechnung getragen.[82] Gemäß § 3 Abs. 1 Nr. 15 und 16 (neu) gelten als „Vorhaben der Europäischen Union" im Sinne des Gesetzes auch:

> „15. Entwürfe zu völkerrechtlichen Verträgen und sonstigen Vereinbarungen, wenn sie in einem Ergänzungs- oder sonstigen besonderen Näheverhältnis zum Recht der Europäischen Union stehen,
>
> 16. Beratungsgegenstände, Vorschläge und Initiativen, die im Rahmen des Vertrags über die Stabilität, Koordinierung und Steuerung in der Wirtschafts- und Währungsunion (Fiskalvertrag) und sonstigen, die Wirtschafts- und Währungsunion betreffenden völkerrechtlichen Verträgen und Vereinbarungen behandelt werden."

Gemäß dem neuen Absatz 3 des § 3 gelten die „Unterrichtungspflichten nach diesem Gesetz […] insbesondere auch für die Eurogruppe, Eurogipfel und Treffen der Mitgliedstaaten im Rahmen von Absatz 1 Nummer 15 und 16 sowie für alle diese jeweils vorbereitenden Arbeitsgruppen und Ausschüsse". Inhalt und Umfang dieser Unterrichtungspflichten werden neben dem IntVG (§ 13) und dem EUZBBG (§§ 4–8, 11) für den ESM künftig in § 7 ESMFinG konkretisiert.

IV. Fazit: Von der Sache her denken!

Die jüngsten Abkommen zur Stabilisierung des Euro und zur Bekämpfung von Staatsschuldenkrisen in der Euro-Zone werden vermutlich nicht die letzten Fälle sein, in denen Mitgliedstaaten auf völkerrechtliche oder hybride Konstruktionen ausweichen, um politische oder rechtliche Hindernisse im Rahmen der EU zu umgehen. Der europäische Integrationsprozess nutzt und braucht solche Flexibilität[83] – nicht zuletzt als Korrektiv einer politisch im Prinzip erwünschten, aber in manchem vielleicht überhasteten Erweiterungspolitik. Die Begleitschäden dieser Ausweichstrategie jedoch sind Defizite bei Transparenz, demokratischer Legitimation und Kontrolle, gerade in sensiblen („wesentlichen") Fragen wie der inneren Sicherheit oder des Staatshaushalts.

Wo Europapolitik informelle oder hybride Lösungen wählt, ist auch rechtlich eine funktionale statt einer formellen Betrachtung geboten. Die kategorische Unterscheidung zwischen Völkerrecht und Europarecht, zwischen intergouvernementalem und supranationalem Handeln, zwischen *hard law* und *soft law*, zwischen Außenpolitik

---

[82] Dazu Beschlussempfehlung des Haushaltsausschusses vom 27. Juni 2012, BT-Drs. 17/10125, S. 5. Der Entwurf wurde in der vom Ausschuss geänderten Fassung ebenfalls am 29. Juni 2012 vom Bundestag beschlossen: BGBl. 2012 II 1006.

[83] *E. Klein/S. Schmahl*, in: W. Graf Vitzthum (Hrsg.), Völkerrecht, 5. Aufl. 2010, Abschnitt 4, Rn. 258.

und Europapolitik muss einer auf die Realitäten europäischer Integration fokussierenden Betrachtung weichen. Diese kann über die einschlägigen Scharniernormen des Unionsrechts (v. a. Art. 4 Abs. 3 EUV) und des Verfassungsrechts (v. a. Art. 23 GG) Eingang in die Rechtsanwendung finden und über den EuGH (v. a. im Rahmen von Vertragsverletzungsverfahren) bzw. das BVerfG (im Wege des Organstreits oder der Verfassungsbeschwerde wegen Verletzung von Art. 38 Abs. 1 GG) gerichtlich durchgesetzt werden.

Nur so ist sicherzustellen, dass unvermeidliche Sonderwege an die Grundsätze und Grundwerte des unionalen wie des deutschen Europaverfassungsrechts rückgebunden bleiben; nur so gelingt die Vermittlung zwischen Einheit und Differenz in einer Europäischen Union, die – hoffentlich – noch nicht zu groß geworden ist für gemeinsame Antworten auf Fragen, die allen ihren Mitgliedern gestellt sind.

Informationsinteressen der deutschen Finanzämter im Konflikt mit dem Recht der Niederlassungsfreiheit inländischer Kreditinstitute und ihrer unselbständigen Zweigstellen im europäischen Ausland am Beispiel Österreichs

Zu den Grenzen des § 33 Abs. 1 ErbStG aus unionsrechtlicher Sicht

Von *Wolf-Rüdiger Bub* und *Frank Glienicke*

Dieser Beitrag ist *Eckart Klein* gewidmet, einem Hochschullehrer von altem Schlage, dem die Universität Potsdam, an der er als Inhaber des Lehrstuhls für Staats-, Völker- und Europarecht von Juni 1994 bis Juli 2008 lehrte, auch über seine Emeritierung hinaus, eine Herzensangelegenheit ist. Eckart Klein hat es wie kein anderer vermocht, mit seinen klaren Vorstellungen von Lehre, Wissenschaft und akademischer Selbstverwaltung die Universität Potsdam zu prägen.

Er ist national wie international ein höchst geachteter und geschätzter Rechtswissenschaftler mit einem umfangreichen Wirkungskreis. Sein reichhaltiges Œuvre zeugt von einem arbeitsreichen, in bedeutendem Umfang der Rechtswissenschaft gewidmeten Leben. Die intensive Befassung des zu Ehrenden mit dem so facettenreichen Europarecht hat auch – sich unweigerlich ergebende – steuerrechtliche Bezüge nicht ausgespart.[1] Dies wird zum Anlass genommen, in dem folgenden Beitrag eine Norm des deutschen Steuerrechts, und zwar den § 33 Abs. 1 Erbschaftsteuergesetz (ErbStG)[2], im Lichte der Niederlassungsfreiheit des Art. 49 des Vertrages über die Arbeitsweise der Europäischen Union (AEUV)[3] in einer besonderen Anwendungskonstellation mit grenzüberschreitendem Bezug näher zu betrachten.

---

[1] Vgl. etwa *E. Klein*, in FS Eickhof, 2008, 339–353; *ders.*, Der Einfluß des Europarechts auf das deutsche Steuerrecht, Bd. 19 der Veröffentlichungen der Deutschen Steuerjuristischen Gesellschaft e.V., 1996, 7–29.

[2] Erbschaftsteuer- und Schenkungsteuergesetz in der Fassung der Bekanntmachung vom 27. Feb. 1997 (BGBl. I 378), das zuletzt durch Artikel 5 des Gesetzes vom 15. März 2012 (BGBl. 2012 II 178) geändert worden ist.

[3] Vertrag über die Arbeitsweise der Europäischen Union, ABl. EU 2008 Nr. C 115/47.

I. Einführung

Wie der EuGH bereits frühzeitig festgestellt hat, haben die Mitgliedstaaten mit dem Gemeinschaftsrecht eine eigene Rechtsordnung in Geltung gebracht, die seit ihrem Inkrafttreten in den Mitgliedstaaten wirkt und für die Staaten wie für ihre Staatsangehörigen verbindlich ist.[4] Der Anwendungsvorrang des Unionsrechts vor dem Recht der Mitgliedstaaten ist heute unumstritten.[5] Dieser Anwendungsvorrang des Unionsrechts bleibt für die nationale Rechtsanwendung freilich nicht folgenlos. Hiervon macht auch das nationale Steuerrecht keine Ausnahme.[6]

Die Grundfreiheiten des Unionsrechts, namentlich die Warenverkehrsfreiheit (Art. 34 AEUV), die Dienstleistungsfreiheit (Art. 56 AEUV), die Niederlassungsfreiheit (Art. 49 AEUV), die Kapitalverkehrsfreiheit (Art. 64 AEUV) und die Arbeitnehmerfreizügigkeit (Art. 45 AEUV) sind das zentrale Element zur Verwirklichung des Vertragsziels (vgl. Art. 3 Abs. 3 S. 1 EU[7]) der Errichtung eines gemeinsamen Marktes.[8] Dass es zwischen diesen europäischen Grundfreiheiten und nationalem Steuerrecht zu Spannungen oder sogar Konflikten kommen kann, liegt auf der Hand.[9]

Eine solche Konstellation, in der nationales Steuerrecht, namentlich der § 33 Abs. 1 ErbStG, mit dem Recht der Niederlassungsfreiheit kollidiert, wird im Folgenden untersucht.

II. Die Norm des § 33 Abs. 1 ErbStG

1. Vorbemerkung

§ 33 Abs. 1 ErbStG verpflichtet Vermögensverwahrer oder Verwalter, die sich geschäftsmäßig mit der Verwahrung oder Verwaltung fremden Vermögens befassen, diejenigen in ihrem Gewahrsam befindlichen Vermögensgegenstände und diejenigen gegen sie gerichteten Forderungen, die beim Tod eines Erblassers zu dessen Vermögen gehörten oder über die dem Erblasser zur Zeit seines Todes die Verfügungsmacht zustand, dem für die Verwaltung der Erbschaftsteuer zuständigen Finanzamt schriftlich anzuzeigen. Die Anzeigepflicht gilt in erster Linie für Kreditinstitute, wobei hierunter auch Postbanken und Bausparkassen fallen.[10] Die Einzelheiten der Anzeigepflicht und deren Form werden in der Erbschaftsteuerdurchführungsverordnung

---

[4] EuGH, Rs. 6/64, Slg. 1964, 1269 (Costa/E.N.E.L.).

[5] *B. W. Wegener*, in: C. Calliess/M. Ruffert (Hrsg.), EUV/AEUV, 4. Aufl. 2011, EUV Art. 19 Rn. 29.

[6] *Klein* (Fn. 1), 8.

[7] Konsolidierte Fassung des Vertrags über die Europäische Union, ABl. EU 2008 Nr. C 115/13.

[8] *R. Bieber/A. Epiney/M. Haag*, Die Europäische Union, 8. Aufl. 2009, § 10 Rn. 1.

[9] *J. Kokott/H. Ost*, EuZW 2011, 496.

[10] *J. P. Meincke*, ErbStG, 16. Aufl. 2012, § 33 Rn. 3.

(ErbStDV)[11] geregelt. Dem Wortlaut des § 33 ErbStG ist zwar keine ausdrückliche Erstreckung der Norm auch auf ausländische Zweigstellen zu entnehmen, diese Erstreckung ergibt sich aber explizit aus Muster 1 zu § 1 ErbStDV.[12] Danach sollen von der Mitteilungspflicht der Vermögensverwahrer und Vermögensverwalter gegenüber den zuständigen Erbschaftsteuerfinanzämtern auch Guthaben von Konten unselbständiger Zweigniederlassungen im Ausland erfasst sein.[13] Die Bundesfinanzverwaltung hat bereits im Jahre 2000 im Rahmen eines koordinierten Ländererlasses verfügt, dass eine Meldeverpflichtung inländischer Kreditinstitute besteht, wenn Vermögen des Erblassers auf Konten und Depots einer rechtlich unselbständigen ausländischen Niederlassung einer inländischen Bank verwahrt wird.[14]

Ein im unionsrechtlichen Sinne grenzüberschreitender Bezug, der die Anwendbarkeit der unionsrechtlichen Grundfreiheiten eröffnet, liegt sonach vor, wenn ein inländisches Kreditinstitut eine unselbständige Zweigstelle in einem Mitgliedstaat der Union unterhält und dort Vermögenswerte eines inländischen Erblassers verwaltet oder verwahrt werden. Unionsrechtlich interessant wird der Sachverhalt, wenn die Anzeigepflichten des § 33 Abs. 1 ErbStG mit den Regeln des Bankgeheimnisschutzes im Aufnahmemitgliedstaat kollidieren. So kennen beispielsweise die Länder Österreich[15], Belgien und Luxemburg ein innerstaatliches Bankgeheimnis.[16] Vorliegend soll das Spannungsverhältnis zwischen deutscher und österreichischer Rechtslage näher betrachtet werden.

2. Zweck der Norm

Der § 33 ErbStG ergänzt die Bestimmung des § 30 ErbStG, dessen Zweck es ist, durch normierte Anzeigepflichten, insbesondere für Banken und Versicherungsunternehmen,[17] das zuständige Finanzamt von einem Steuerfall in Kenntnis zu setzen und es in die Lage zu versetzen, nähere Feststellungen durchzuführen, ob ein steuerpflichtiger Erwerb vorliegt.[18] Die Anzeigepflicht der Vermögensverwahrer und Vermögensverwalter ist gleichsam Appell an den anzeigepflichtigen Steuerschuldner selbst, seinen Anzeigepflichten nachzukommen, da ihm aufgrund des § 33

---

[11] Erbschaftsteuer-Durchführungsverordnung vom 8. Sept. 1998 (BGBl. I 2658), die zuletzt durch Artikel 27 des Gesetzes vom 8. Dez. 2010 (BGBl. I 1768) geändert worden ist.

[12] Zur Rechtsprechung des Bundesfinanzhofes vgl. unten sub II. 3.

[13] Vgl. Fn. 11.

[14] Vgl. BMF v. 22. Dez. 1999, IV C 7 – S 3844–14–99 und v. 13. Juni 2000, IV C 7 – S 3844–7–00, DStR 2000, 1475; vgl. auch Erl. des FinMin. Nordrhein-Westfalen v. 20. Dez. 1999 S 3844–2 – V A 2, DStR 2000, 878, und des FinMin. Baden-Württemberg v. 10. Jan. 2000 S 3844/20, DB 2000, 252.

[15] öBGBl. I Nr. 532/1993, zuletzt geändert durch öBGBl. I Nr. 108/2007.

[16] *R. Pöllath/A. Lohbeck*, in: K. Vogel/M. Lehner (Hrsg.), Doppelbesteuerungsabkommen, 5. Auflage 2008, OECD-MA Artikel 11 Rn. 8.

[17] *Meincke* (Fn. 10), Rn. 2.

[18] *M. Troll*, in: M. Troll/D. Gebel/M. Jülicher, Erbschaftsteuergesetz, 44. Erg.-Lfg., März 2012, § 30 Rn. 2.

Abs. 1 ErbStG gewahr sein soll, dass ererbtes Vermögen durch den Fiskus nicht unentdeckt bleibt.[19] Ferner wird die Finanzverwaltung durch die ihr zuzuleitenden Informationen in die Lage versetzt, durch Abgleichen die Plausibilität der Angaben des Steuerpflichtigen nachzuprüfen.[20] Im Ergebnis lässt sich der Normzweck des § 33 ErbStG dahingehend zusammenfassen, dass die in dieser Vorschrift begründeten Anzeigepflichten dazu beitragen sollen, die vollständige Erfassung des vererbten Vermögens für die Erbschaftsteuer sicher zu stellen.[21]

3. Die Rechtsprechung des Bundesfinanzhofes

Die Frage der Anwendbarkeit des § 33 Abs. 1 ErbStG auf ausländische Zweigstellen inländischer Kreditinstitute war bislang ein einziges Mal Gegenstand höchstrichterlicher Befassung.[22] Der Bundesfinanzhof hatte darüber zu entscheiden, ob die Klägerin, ein national und international tätiges Kreditinstitut, deren Rechtsvorgängerin im Jahre 1978 eine Zweigniederlassung in London errichtet hatte, in Bezug auf die von dieser Zweigniederlassung geführten Konten unter die Anzeigepflicht nach § 33 Abs. 1 ErbStG fällt. Für die von dieser Zweigniederlassung geführten Konten bestand die bankinterne Anweisung, diese nicht in die beim Tod eines Kunden zu erstattende Anzeige nach § 33 Abs. 1 ErbStG einzubeziehen. Zwar hatte sich der Bundesfinanzhof mit zusätzlich relevanten Rechtsfragen, insbesondere in völkerrechtlicher Hinsicht, zu befassen, die es für sich genommen im Besonderen wert sind, sie einer genauen Betrachtung zu unterziehen[23], aber der Gegenstand dieses Beitrages leitet das Augenmerk auf die Feststellungen des Gerichts ausschließlich in europarechtlicher Hinsicht, namentlich zu der Niederlassungsfreiheit des ex-Art. 43 EG (Art. 49 AEUV n.F.). Der Bundesfinanzhof führte in diesem Zusammenhang aus:

> „Die durch Art. 43 des Vertrags zur Gründung der Europäischen Gemeinschaft (in der Fassung des Vertrags von Nizza vom 26. Februar 2001, BGBl II 2001, 1666) garantierte Niederlassungsfreiheit ist nicht verletzt, da die ausländische Niederlassung nicht als Anknüpfung für die Auferlegung einer zusätzlichen Pflicht dient. Die Klägerin, deren Geschäftsbetrieb sich sowohl auf das Inland als auch auf das Gebiet eines anderen EU-Mitgliedstaats erstreckt, wird hinsichtlich der Anzeigepflicht vielmehr genauso behandelt wie ein Kreditinstitut, dessen Geschäftsbetrieb sich auf das Inland beschränkt. Eine Diskriminierung liegt hierin nicht."

Der Bundesfinanzhof hat einen Verstoß gegen die Niederlassungsfreiheit also deshalb verneint, weil er eine gemeinschaftsrechtlich unzulässige Diskriminierung der Klägerin nicht erkannt hat. Aus europarechtlicher Sicht kann heute die Frage eines Verstoßes des § 33 Abs. 1 ErbStG gegen das Recht des klagenden Kreditinsti-

---

[19] *Meincke* (Fn. 10), Rn. 2.
[20] *M. Jülicher*, in: Troll/Gebel/Jülicher (Fn. 18), § 33 Rn. 1.
[21] FG Baden-Württemberg, Urt. v. 12. März 2004 – 9 K 338/99 = DStRE 2005, 836.
[22] BFH, Urt. v. 31. Mai 2006 – II R 66/04 = BeckRS 2006, 24002741; BStBl. II 2007, 49.
[23] Vgl. *K. F. Gärditz*, WM 2010, 437.

tuts aus ex-Art. 43 EG nicht allein mit dem zwar an sich zutreffenden Argument, dass eine Diskriminierung im konkreten Fall nicht vorgelegen hat, vollständig beantwortet werden. Den Grundfreiheiten wird nämlich längst nicht mehr nur der Status reiner Diskriminierungsverbote zugeschrieben.[24] Dies war bereits zum Zeitpunkt der Entscheidung des Bundesfinanzhofes anerkannt (hierzu sub III. 1.).[25]

III. Anzeigepflichten des § 33 Abs. 1 ErbStG versus Niederlassungsfreiheit des Art. 49 AEUV

1. Vorbemerkung

Wie eingangs bereits ausgeführt, ist seit der frühen Grundentscheidung in der Rechtssache Costa/E.N.E.L.[26] der Anwendungsvorrang des Gemeinschaftsrechts vor jeder Norm des mitgliedstaatlichen nationalen Rechts anerkannt. Dieser Anwendungsvorrang verpflichtet vor allem Gerichte[27] und Behörden[28] den Vorschriften des Unionsrechts den Vorrang in jedem konkret zu entscheidenden Fall einzuräumen und gemeinschaftsrechtswidriges nationales Recht im betreffenden Fall außer Anwendung zu lassen, so dass auch die aus § 33 Abs. 1 ErbStG resultierenden Anzeigepflichten, ebenso wie deren hoheitliche Durchsetzbarkeit, an den Vorgaben des Unionsrechts zu messen sind.

2. Die Niederlassungsfreiheit des Art. 49 AEUV als allgemeines Beschränkungsverbot

Unter die Niederlassungsfreiheit fällt jede tatsächliche Ausübung einer wirtschaftlichen Tätigkeit mittels einer festen Einrichtung in einem anderen Mitgliedstaat auf unbestimmte Zeit.[29] Erfasst ist auch die Errichtung unselbständiger Zweigstellen deutscher Unternehmen im EU-Ausland.[30] Der EuGH hat die Niederlassungsfreiheit anfangs lediglich als Diskriminierungsverbot verstanden.[31] Seit längerer Zeit ist indes allgemein anerkannt, dass die Niederlassungsfreiheit über ein reines Diskriminierungsverbot hinausgehend auch ein allgemeines Beschränkungsverbot ent-

---

[24] Vgl. *U. Immenga/E.-J. Mestmäcker*, EU-Wettbewerbsrecht, 5. Auflage 2012, I. B. Die Bedeutung der Wettbewerbsregeln in der Wirtschaftsverfassung der EU, Rn. 42–65.

[25] Vgl. insoweit die Rechtsprechungsnachweise bei *E. Pache*, in: R. Schulze/M. Zuleeg/S. Kadelbach (Hrsg.), Europarecht, 2. Aufl. 2010, § 10 Rn. 22–27.

[26] Vgl. *Klein* (Fn. 1), 8.

[27] EuGH, Rs. C-106/77, Slg. 1978, 629, Rn. 13–24 (*Simmenthal II*).

[28] EuGH, Rs. C-431/92, Slg. 1995, I-2189, Rn. 37 ff. (*Großkrotzenburg*).

[29] EuGH, Rs. C-221/89, Slg. 1991, I-3905, Rn. 20 (*Factortame I*); EuGH, Rs. C-470/04, Slg. 2006, I-7409, Rn. 26 (*Almelo*).

[30] Vgl. Art. 49 Abs. 1 S. 2 AEUV.

[31] Vgl. insbesondere: Schlussanträge des GA *Lenz* zu EuGH, Rs.C- 221/85, Slg. 1987, 719 Rn. 29 f. (*Kommission/Belgien*).

hält.[32] Die Entwicklung der Niederlassungsfreiheit von dem Verständnis als bloßes Gebot der Inländergleichbehandlung zu einem allgemeinen Beschränkungsverbot hat der EuGH vor allem über seine Rechtsprechung in den Rechtssachen *Klopp*, *Vlassopolou*, *Kraus*, *Inasti* und *Gebhard*[33] vollzogen.

So hat der EuGH ausdrücklich klargestellt, dass ex-Art. 52 EGV grundsätzlich jeder nationalen Regelung entgegensteht, die

„zwar ohne Diskriminierung aus Gründen der Staatsangehörigkeit anwendbar"

ist, aber geeignet ist, die

„Ausübung der durch den EWG-Vertrag garantierten grundlegenden Freiheiten durch die Gemeinschaftsangehörigen einschließlich der Staatsangehörigen des Mitgliedstaats, der die Regelung erlassen hat, zu behindern oder weniger attraktiv zu machen."[34]

In der Rechtssache *Inasti* stellte der EuGH zudem ausdrücklich fest, dass die Beschränkungen der freien Niederlassung aufzuheben sind und daher nationale Regelungen, die die Ausdehnung der Betätigung über das Gebiet eines Mitgliedstaates hinaus behindern, unzulässig sind.[35] Der Anwendungsbereich des Gemeinschaftsrechts bezieht sich nach der Rechtsprechung des EuGH zudem auch auf die (noch) nicht harmonisierten Bereiche. So prüft der EuGH regelmäßig auch in nicht harmonisierten Bereichen, ob eine Beschränkung von Marktfreiheiten vorliegt. Beispielsweise fallen die direkten Steuern zwar grundsätzlich in die Zuständigkeit der Mitgliedstaaten, die Mitgliedstaaten müssen nach ständiger Rechtsprechung des EuGH jedoch auch im Bereich der direkten Steuern ihre Befugnisse unter Wahrung des Gemeinschaftsrechts, also auch der Marktfreiheiten, ausüben.[36]

Mit der Richtlinie 2006/48/EG (KreditinstRL) über die Tätigkeit von Kreditinstituten erfolgte eine sekundärrechtliche Konkretisierung der Niederlassungsfreiheit für den Bankensektor.[37] Die auf der Grundlage des ex-Art. 47 Abs. 2 EG erlassene Richtlinie konkretisiert die näheren Voraussetzungen der Aufnahme wirtschaftlicher Tätigkeit durch Kreditinstitute in einem anderen Mitgliedstaat der Union. Art. 31 KreditinstRL stellt klar, dass die wirtschaftliche Tätigkeit der Institute resp. ihrer

---

[32] A. *Randelzhofer/U. Forsthoff*, in: E. Grabitz/M. Hilf/M. Nettesheim (Hrsg.), Das Recht der Europäischen Union, Bd. II, EL 18. Mai 2001, Art. 43 Rn. 84.

[33] EuGH, Rs. C-107/83, Slg. 1984, 2971 (*Klopp*); EuGH, Rs. C-340/89, Slg. 1991, I-2357 (*Vlassopoulou*); EuGH, Rs. C-19/92, Slg. 1993, 1663 (*Kraus*); EuGH, Rs. C-53/95, Slg. 1996, I-703 (*Inasti*); EuGH, Rs. C-55/94, Slg. 1995, 4165 (*Gebhard*).

[34] EuGH, Rs. C-19/92, Slg. 1993, 1663, Rn. 32 (*Kraus*).

[35] EuGH, Rs. C-53/95, Slg. 1996, I-703, Rn. 9, 11 (*Inasti*) = NZA 1997, 117.

[36] Vgl. R. *Voß*, in: M. A. Dauses (Hrsg.), EU-Wirtschaftsrecht, 30. Erg.-Lfg. 2012, J. Steuerrecht Rn. 20–36 m.w.N.; C. *Stumpf*, in: J. Schwarze (Hrsg.), EU-Kommentar, 3. Aufl. 2012, Art. 110 Rn. 33; N. *Zorn/B. Twardosz*, DStR 2007, 2185 (2191).

[37] Richtlinie 2006/48/EG des Europäischen Parlaments und des Rates vom 14. Juni 2006 über die Aufnahme und Ausübung der Tätigkeit der Kreditinstitute (ABl. Nr. L 177 S. 1) zuletzt geändert durch Anh. III 3. ÄndEU-BeitrAkt2013 v. 9. Dez. 2011 (ABl. 2012 Nr. L 112 S. 21).

Zweigstellen dem materiellen Recht des Aufnahmestaates unterliegt, der gesetzliche Bestimmungen „aus Gründen des Allgemeininteresses" erlassen kann, die die wirtschaftliche Tätigkeit der Kreditinstitute regeln. Dies bedeutet, dass zwar die Zweigniederlassung grundsätzlich als Teil des Mutterunternehmens behandelt wird und primär der Bankenaufsicht des Herkunftslandes untersteht, die Tätigkeit selbst aber den Bedingungen unterliegt, die der Aufnahmestaat durch allgemeine – nichtdiskriminierende – Gesetze festgelegt hat.[38]

Gemessen an diesen Maßstäben stellt sich die Frage, ob § 33 Abs. 1 ErbStG auch auf Zweigstellen inländischer Kreditinstitute im Ausland anwendbar ist, wenn die Rechtsordnung des Aufnahmemitgliedstaates die von deutschen Erbschaftsteuerfinanzämtern begehrten Mitteilungen von Bankinformationen verbietet und Verstöße hiergegen sanktioniert. Die gegenständliche Konstellation ist dadurch gekennzeichnet, dass Adressat einer nach § 33 Abs. 1 ErbStG auferlegten Auskunftspflicht allein ein der deutschen Rechtsordnung unterworfener Vermögensverwalter/-verwahrer ist. Dessen im europäischen Ausland befindliche Zweigstellen werden durch die Erbschaftsteuerfinanzämter zwar nicht direkt angegangen, der grenzüberschreitende Bezug wird aber durch den Regelungsinhalt der Auskunftsverfügung hergestellt. Inländische Vermögensverwahrer/-verwalter werden per Finanzverwaltungsakt dazu verpflichtet, auch solche Vermögensgegenstände anzuzeigen, die auf Konten und Depots unselbständiger Zweigstellen im Ausland entfallen.[39]

3. § 33 Abs. 1 ErbStG und das Österreichische Bankgeheimnis gemäß §§ 38, 101 österreichisches Bankwesengesetz (BWG)

Nach § 9 Abs. 1, 7 BWG i.V.m. § 38 BWG[40] sind ausländische Kreditinstitute in Österreich an das Bankgeheimnis, das in Österreich Verfassungsrang besitzt,[41] gebunden. Gemäß § 101 Abs. 1 BWG ist der Bruch des Bankgeheimnisses mit Kriminalstrafe bedroht:

„Wer Tatsachen des Bankgeheimnisses offenbart oder verwertet, um sich oder einem anderen einen Vermögensvorteil zu verschaffen oder um einem anderen einen Nachteil zuzufügen, ist vom Gericht mit Freiheitsstrafe bis zu einem Jahr oder mit Geldstrafe bis zu 360 Tagessätzen zu bestrafen."[42]

Die Einhaltung der Vorschriften des Bankwesengesetzes stellt die Österreichische Finanzmarktaufsicht (FMA) sicher (vgl. § 1 Abs. 1, § 2 Abs. 1 bis 4 Finanzmarktaufsichtsbehördengesetz – FMABG[43]). Erhält sie Kenntnis von einem Verstoß gegen das BWG, ist sie zur Evaluierung von Maßnahmen gemäß § 15 BWG gezwungen. Dem-

---

[38] *Gärditz*, WM 2010, 437 (441, 442).
[39] Vgl. Fn. 11, Muster 1.
[40] öBGBl. Nr. 532/1993, zuletzt geändert durch öBGBl. I Nr. 35/2012.
[41] Vgl. *M. Klamert*, EuZW 2008, 227.
[42] Vgl. Fn. 40.
[43] öBGBl. I Nr. 97/2001, zuletzt geändert durch öBGBl. I Nr. 145/2011.

nach hat die FMA u. a. bei Verletzung des Bankgeheimnisses das Kreditinstitut aufzufordern, den rechtmäßigen Zustand wieder herzustellen (sohin das Bankgeheimnis zu wahren) und bei weiterer Verletzung zudem die Möglichkeit, den verantwortlichen Leitern der Zweigstelle die Führung der Geschäfte und bei weiteren Verstößen generell die Aufnahme neuer Geschäftstätigkeiten in Österreich zu untersagen.

4. Anzeigepflichten des § 33 Abs. 1 ErbStG als Beschränkung der Niederlassungsfreiheit des Art. 49 AEUV für Zweigstellen inländischer Kreditinstitute in Österreich

Somit kollidieren die Informationsinteressen des deutschen Fiskus mit den kriminalstrafbewehrten österreichischen Bankgeheimnisvorschriften. Die deutsche Vermögensverwahrer/-verwalter treffenden gesetzlichen Imperative beider Rechtsordnungen bedingen eine unauflösbare Pflichtkollision, die sich zwangsläufig aus der Unterwerfung unter beide nationale Rechtsordnungen ergibt. Eine Befolgung der aus § 33 Abs. 1 ErbStG resultierenden Informationspflichten bedingt einerseits in Österreich strafbares Handeln und zeitigt aufsichtsrechtliche Konsequenzen durch die österreichische Bankenaufsicht, die in letzter Konsequenz zur Untersagung der Geschäftstätigkeit auf österreichischem Hoheitsgebiet führen kann. Andererseits droht deutschen Kreditinstituten bei Nichterfüllung von auf § 33 Abs. 1 ErbStG gestützten Auskunftsverlangen der deutschen Erbschaftsteuerfinanzämter u. a. die Verhängung von Bußgeldern nach § 33 Abs. 4 ErbStG. Zudem löst eine Weigerung, der Auskunftpflicht nachzukommen, den Haftungstatbestand des § 20 Abs. 6 S. 2 ErbStG aus.[44] In letzter Konsequenz setzen sich Kreditinstitute zudem der Gefahr aufsichtsrechtlicher Maßnahmen der Bundesanstalt für Finanzdienstleistungsaufsicht nach § 6 Abs. 3 KWG aus. In Betracht kommt beispielsweise ein Verstoß gegen § 25a KWG, wonach die ordnungsgemäße Geschäftsorganisation eines Kreditinstituts die Beachtung der zu befolgenden gesetzlichen Bestimmungen zu gewährleisten hat. Im Extremfall droht die Abberufung der Geschäftsleitung des Instituts gemäß § 36 Abs. 2 KWG.

Fraglich ist, wie diese Kollisionslage unter Geltung der Niederlassungsfreiheit, von der die betroffenen Kreditinstitute in zulässiger Weise Gebrauch gemacht haben, zu behandeln ist. Ausgangspunkt der Betrachtung ist das unionsrechtliche Grundverständnis, dass Art. 49 AEUV die Aufhebung sämtlicher Beschränkungen vorschreibt, wobei als solche Beschränkungen alle Maßnahmen anzusehen sind, die die Ausübung dieser Freiheit unterbinden, behindern oder weniger attraktiv machen.[45] Das Kernproblem liegt darin, dass die deutschen Erbschaftsteuerfinanzämter den Strafvorschriften anderer EU-Mitglieder im Zusammenhang mit ihren Auskunftsbegehren jede rechtliche Relevanz absprechen.[46] Hierdurch ergibt sich die

---

[44] Vgl. hierzu *D. Gebel*, in: Troll/Gebel/Jülicher (Fn. 18), § 20 Rn. 65–71.

[45] EuGH, Rs. C-439/99, Slg. 2002, I-305, Rn. 22 (*Kommission/Italienische Republik*).

[46] Vgl. Urt. des FG München – Außensenate Augsburg v. 25. Juli 2012, Az. 4 K 2675/09.

Konsequenz, dass inländische Kreditinstitute, wenn sie Zweigstellen in entsprechenden anderen Mitgliedstaaten gegründet haben oder gründen wollen, in die Situation gedrängt werden, deutsche steuerrechtliche Pflichten nur noch durch eine Verletzung strafbewehrter Geheimnispflichten am Ort der Niederlassung erfüllen zu können. Dies führt dazu, dass die Gründung resp. Unterhaltung von Zweigstellen in EU-Mitgliedstaaten mit einem strikten Bankgeheimnis tatsächlich nur sehr eingeschränkt möglich ist, denn der von § 33 ErbStG vorausgesetzte Todesfall wird jede natürliche Person naturgemäß irgendwann treffen. Um strafbare Handlungen im Aufnahmemitgliedstaat auszuschließen, wären die Institute gezwungen, nur noch ausschließlich inländische juristische Personen als Kunden ihrer ausländischen Zweigniederlassungen zu akzeptieren und bestehende Geschäftsbeziehungen zwischen natürlichen inländischen Personen und ihren Auslandsniederlassungen zu beenden, was sie freilich auch nicht von den aus laufenden Geschäftsbeziehungen – nach Ansicht der deutschen Finanzverwaltung – resultierenden Anzeigepflichten freizeichnet. Das verbleibende wirtschaftliche Betätigungsfeld wäre so um einen ganz wesentlichen Bereich zulässiger Finanzdienstleistungen innerhalb der EU-Niederlassungsfreiheit beschnitten.[47] Fraglos liegt hierin eine Beeinträchtigung des Rechts auf unbeeinträchtigte Niederlassung deutscher Kreditinstitute im EU-Ausland, die von der bundesdeutschen Rechtsordnung ausgeht.

Es stellt sich die Frage der unionsrechtlichen Rechtfertigung einer solchen Beeinträchtigung: Seit der Rechtssache Gebhard[48] hat der EuGH in einer Vielzahl von Entscheidungen[49] hinsichtlich nationaler Maßnahmen, die „die Ausübung der durch den Vertrag garantierten grundlegenden Freiheiten behindern oder weniger attraktiv machen können", vier Voraussetzungen aufgestellt, die für die Rechtfertigung einer solchen Maßnahme erfüllt sein müssen. Im Einzelnen darf die staatliche Maßnahme danach nur (1) in nicht diskriminierender Weise angewandt werden, (2) sie muss aus zwingenden Gründen des Allgemeininteresses gerechtfertigt sein, (3) sie muss geeignet sein, die Verwirklichung des mit ihr verfolgten Zieles zu gewährleisten und (4) sie darf nicht über das hinausgehen, was zur Erreichung dieses Ziels erforderlich ist.[50]

Wie oben sub II. dargelegt, ist Sinn und Zweck des § 33 ErbStG die Sicherstellung einer gleichmäßigen Besteuerung im Erbfall oder anders gewendet, sollen die aus § 33 Abs. 1 ErbStG resultierenden Anzeigepflichten einer wirksamen und umfassenden steuerlichen Kontrolle zur Durchsetzung verhelfen.

---

[47] Vgl. *Gärditz*, WM 2010, 437 (442).
[48] EuGH, Rs. C-55/94, Slg. 1995, 4165 (*Gebhard*).
[49] Vgl. pars pro toto: EuGH, Rs. C-330/03, Slg. 2006, I-801, Rn. 30 (*Colegio de Ingenieros*); EuGH, Rs. C-234/03, Slg. 2005, I-9315, Rn. 25 (*Contse SA*); EuGH, Rs. C- 299/02, Slg. 2004, I-9761, Rn. 17, 18 (*Kommission/Niederlande*); EuGH, Rs. C-167/01, Slg. 2003, I-10155, Rn. 133 (*Inspire Art*); EuGH, Rs. C-294/00, Slg. 2002, I-6515, Rn. 38, 39 (*Gräbner*).
[50] *Bröhmer*, in: Calliess/Ruffert (Fn. 5), Art. 49, Rn. 28 m.w. Nachw.

Ganz unabhängig davon, ob die auf § 33 Abs. 1 ErbStG basierenden Maßnahmen der deutschen Steuerverwaltung, namentlich von Auskunftsverfügungen gegenüber deutschen Kreditinstituten, die Zweigstellen im europäischen Ausland unterhalten, überhaupt geeignet sind, dieses Ziel zu erreichen, bestehen im Ergebnis hinsichtlich der Verhältnismäßigkeit solcher Maßnahmen überwiegende Zweifel.

Vorausgeschickt werden muss, dass durch den EuGH als mögliche Rechtfertigungsgründe für Grundfreiheiten beschränkende staatliche Maßnahmen u. a. die Kohärenz des Steuersystems[51] und die Erhaltung der Wirksamkeit staatlicher Steuerkontrollen[52] anerkannt wurden. Selbst wenn im Einzelfall Erkenntnisdefizite auf Seiten der deutschen Finanzverwaltung zu befürchten sind, die durch Auskunftsverpflichtungen gemäß § 33 Abs. 1 ErbStG beseitigt werden können, kann sich die Finanzverwaltung grundsätzlich nicht darauf berufen, dass für den Fall nicht erfolgender Auskünfte Steuerausfälle für den deutschen Fiskus drohen würden. In seinem Schlussantrag in der Rechtssache Rewe Zentralfinanz hat sich Generalanwalt *Maduro* ausführlich mit dem von Deutschland vorgebrachten *„Einnahmeausfallargument"* auseinandergesetzt und es abgelehnt, dieses als Rechtfertigungsrund anzuerkennen.[53] Dies ist insoweit von Bedeutung, als das Gebrauchmachen von der Niederlassungsfreiheit für die Mitgliedstaaten auch zu Steuerausfällen führen kann, was hinzunehmen ist, solange – was von dem betreffenden Mitgliedstaat darzulegen wäre – keine gravierenden Auswirkungen auf das finanzielle Gleichgewicht eines Mitgliedstaates vorliegen.[54]

Insoweit ließe sich als zwingender Grund nur das nationale Interesse an der Durchsetzung legitimer Besteuerungsinteressen in Bezug auf von Erblassern hinterlassene Auslandskonten und -depots denken, das dadurch beeinträchtigt würde, wenn die einzige Erkenntnisquelle der deutschen Finanzverwaltung die freiwillige Offenlegung durch die Erben wäre und gravierende Auswirkungen auf das finanzielle Gleichgewicht eines Mitgliedstaates, hier der Bundesrepublik, drohen würden, wenn es an den Auskünften der Kreditinstitute gemäß § 33 Abs. 1 ErbStG fehlte. Zum einen kann dies kaum angenommen werden, zum anderen ist indes Erkenntnisquelle für die Erbschaftsteuerfinanzämter in erster Linie der Steuerpflichtige selbst (vgl. § 90 AO). Die Steuerverwaltung kann den Steuerpflichtigen jederzeit in die Pflicht nehmen. Zudem können die zuständigen Steuerbehörden auch nach § 162 AO schätzen, soweit der Steuerpflichtige keine glaubhaften Angaben macht oder gemacht hat, somit also seine Mitwirkungspflichten aus § 90 Abs. 2 AO verletzt oder

---

[51] EuGH, Rs. C-264/96, Slg. 1998, I-4695, Rn. 29 (*Imperial Chemical Industries/Her Majesty's Inspector of Taxes*); EuGH, Rs. C-471/04, Slg. 2006, I-2109, Rn. 40 (*Keller Holding*).

[52] EuGH, Rs. C-250/95, Slg. 1997, I-2471, Rn. 31 (*Futura Participations SA und Singer gegen Administration des contributions*); C-167/01; EuGH, Rs. C-167/01 (*Inspire Art*), Slg. 2003, I-10155, Rn. 132.

[53] EuGH, Rs. C-347/04. Slg. 2007, I-2647, Rn. 28–34 (*Rewe Zentralfinanz*).

[54] EuGH, Rs. C-347/04. Slg. 2007, I- 2668, Rn. 39 ff. (*Rewe Zentralfinanz*).

verletzt hat. Im Verdachtsfalle können zudem weitere Ermittlungen gegen den Steuerpflichtigen aufgenommen werden.

Aber selbst wenn gravierende Auswirkungen auf das finanzielle Gleichgewicht der Bundesrepublik zu gewärtigen wären, und vorliegend nicht vielmehr bloß das fiskalpolitische Interesse einer Vermeidung von Steuerausfällen im Vordergrund stünde, fehlte es an der Verhältnismäßigkeit der Maßnahme. Die Verfolgung von zwingenden staatlichen Interessen unterliegt nämlich auch unionsrechtlich dem strikten Gebot der Verhältnismäßigkeit.[55] Beschränkungen von Grundfreiheiten müssen daher geeignet und erforderlich sein. An der Verhältnismäßigkeit fehlt es beispielsweise, wenn es andere, weniger eingreifende steuerverwaltungstechnische Maßnahmen zur Erreichung des gleichen Zwecks gibt.[56]

Entscheidend ist demnach, ob ein milderes Mittel zur Durchsetzung der staatlichen steuerlichen Interessen zur Verfügung steht. Ein milderes Mittel zur Durchsetzung steuerlicher Interessen der Mitgliedsstaaten, die im Rechtfertigungsgrund „Wirksamkeit der steuerlichen Kontrolle" zum Ausdruck kommen, sieht der EuGH bereits in der gegenseitigen Amtshilfe zwischen den zuständigen Behörden gemäß RL 77/799[57]. Der EuGH betont ausdrücklich, dass dem nicht entgegengehalten werden könne, die Richtlinie sei im Blick auf Länder mit strengem Bankgeheimnis wirkungslos, weil die für die steuerliche Behandlung relevanten Nachweise jedenfalls vom Steuerschuldner verlangt werden könnten.[58] So stellt der EuGH im Urteil vom 4. März 2004 (*Kommission/Frankreich*) fest:[59]

> „Das Vorbringen der französischen Regierung, dass diese Richtlinie in Mitgliedstaaten, die das Bankgeheimnis schützen, wirkungslos sei, hat der Gerichtshof bereits in seinem Urteil vom 28. Januar 1992 in der Rechtssache C-300/09 (Kommission / Belgien, Slg. 1992, I-305, Rn. 13) zurückgewiesen. Die Versagung eines steuerlichen Vorteils für Einkünfte aus diesen Ländern kann daher nicht damit gerechtfertigt werden, dass eine derartige Zusammenarbeit unmöglich sei."

Im Urteil des EuGH vom 28. Januar 1992 (Kommission der Europäischen Gemeinschaften / Königreich Belgien) heißt es ferner:[60]

> „Insoweit ist festzustellen, daß die Finanzbehörden der Mitgliedsstaaten nach Art. 8 Abs. 1 der Richtlinie nicht zur Zusammenarbeit verpflichtet sind, wenn der Durchführung von Ermittlungen oder der Beschaffung oder Verwertung von Auskünften durch die zuständige Be-

---

[55] EuGH, Rs. 178/84, Slg. 1987, 1227, Rn. 28 (*Kommission/Deutschland*).
[56] Vgl. bspw. EuGH, Rs. C-118/86, Slg. 1987, 3883 Rn. 13 ff. (*Nertsvoederfabriek*); Bröhmer, in: Calliess/Ruffert (Fn. 5), Art. 65 Rn. 21.
[57] RL 77/799/ EWG des Rates v. 19. Dez. 1977 über die gegenseitige Amtshilfe zwischen den zuständigen Behörden der Mitgliedstaaten im Bereich der direkten Steuern (ABl. EG Nr. L 336, 15, zuletzt geändert durch Richtlinie 2006/98/EWG des Rates v. 20. Nov. 2006, ABl. EU Nr. L 363, 129).
[58] EuGH, Rs. C-300/90, Slg. 1992, I-305, Rn. 13 (*Kommission / Belgien*).
[59] EuGH, Rs. C-334/02, Slg. 2004 I-2229 Rn. 32 (*Kommission/Frankreich*).
[60] EuGH, Rs. C-300/90, Slg. 1992 I-305, Rn. 13 (*Kommission / Belgien*).

hörde für die eigenen Zwecke dieses Staates gesetzliche Vorschriften oder ihre Verwaltungspraxis entgegen stünden. Daß eine solche Zusammenarbeit nicht verlangt werden kann, vermag jedoch die Nichtabzugsfähigkeit der Versicherungsbeiträge nicht zu rechtfertigen, denn nichts würde die Belgischen Finanzbehörden daran hindern, vom Betroffenen die für erforderlich gehaltenen Belege zu verlangen und ggf. den Abzug bei Nichtvorlage dieser Belege zu verweigern."

Übertragen auf die gegenständliche Konstellation bedeutet dies, dass das Argument, dass ohne die in Streit stehende Pflicht zur Auskunftserteilung gemäß des deutschen § 33 Abs. 1 ErbStG wegen in einzelnen Mitgliedstaaten der Union geltenden Bankgeheimnisvorschriften eine effektive steuerliche Kontrolle nicht möglich sei, für die Rechtfertigung beeinträchtigender Maßnahmen nicht durchgreift.

Hinzu kommt, dass seit dem 1. März 2012 das neue Doppelbesteuerungsabkommen Deutschland-Österreich in Kraft getreten ist.[61] Das Abkommen regelt den rechtsförmlich zu beschreitenden Weg der Erlangung von Bankinformationen zwischen beiden Staaten. Art. II. lit. b) des Protokolls zwischen der Bundesrepublik Deutschland und der Republik Österreich zur Abänderung des am 24. August 2000 unterzeichneten Abkommens zur Vermeidung der Doppelbesteuerung auf dem Gebiet der Steuern vom Einkommen und vom Vermögen lautet:

„Es besteht Einvernehmen, dass die in Art. 26 vorgesehene Amtshilfe nicht Maßnahmen einschließt, die lediglich der Beweisausforschung durch anlasslose Ermittlungen ‚ins Blaue' dienen (‚fishing expeditions')."

Für eine Informationserlangung außerhalb des Doppelbesteuerungsabkommens über § 33 Abs. 1 ErbStG ist daher kein Raum. Eine Rechtfertigung von auf § 33 Abs. 1 ErbStG gestützten Maßnahmen der Finanzverwaltung scheidet sonach aus. Zudem ist zu bedenken, dass das deutsche Vorgehen, die eigenen Besteuerungsinteressen durchzusetzen, indem es den betroffenen Vermögensverwahrern/-verwaltern hoheitlich die Pflicht auferlegt, in einem anderen EU-Mitgliedstaat Straftaten zu begehen, signifikant das Gebot gegenseitiger Rücksichtnahme verletzt, die sich die Mitgliedstaaten schon nach Art. 4 Abs. 3 EUV untereinander schulden.

Im Ergebnis lässt sich somit festhalten, dass Maßnahmen nach § 33 Abs. 1 ErbStG zur Informationserlangung nach unionsrechtlichem Rechtsverständnis unverhältnismäßig sind, wenn ihre Erfüllung deutsche Vermögensverwahrer/-verwalter im Aufnahmemitgliedstaat der unselbständigen Zweigniederlassung zur Begehung von Straftaten wegen dort geltender Bankgeheimnisschutzvorschriften nötigen.

5. Die Handhabung vergleichbarer Sachverhalte in der deutschen Rechtsordnung

Die vorstehende Einschätzung fügt sich auch zwanglos in die gesetzliche Handhabung vergleichbarer Sachverhalte ein. Dass eine auf § 33 Abs. 1 ErbStG gestützte

---

[61] Vgl. BGBl. 2011 II 1210; BGBl. 2012 II 146; öBGBl. III Nr. 32/2012.

Verpflichtung zur Offenlegung von Vermögenswerten auch nicht aus zwingenden Gründen des Allgemeinwohls erforderlich ist, zeigt zum einen die Regelung des § 24 c KWG und zum anderen der § 10 Zinsinformationsverordnung (ZIV). Beide betreffen § 33 Abs. 1 ErbStG vergleichbare Sachverhalte.

Gemäß § 24 c KWG hat jedes deutsche Kreditinstitut eine sog. Kontoabrufdatei zu führen. Das in § 24 c KWG geregelte Kontenabrufverfahren findet indes u. a. keine Anwendung auf Zweigstellen deutscher Kreditinstitute in Österreich. Aufgrund des in Österreich geltenden strengen Bankgeheimnisses (§§ 9 Abs. 7, 38, 101 BWG) werden die Konten und Depots, die bei in Österreich betriebenen Geschäftsstellen deutscher Institute geführt werden, mit Billigung des Bundesfinanzministeriums und der Bundesanstalt für Finanzdienstleistungsaufsicht (BaFin) nicht in die Kontoabrufdatei des § 24 c KWG eingestellt. Dies ist nicht zuletzt eine Folge der Geltung des völkerrechtlichen Territorialitätsprinzips, wonach das Kontoabrufverfahren nicht für Zweigniederlassungen deutscher Banken im EU-Ausland gilt.[62]

Dass die Achtung mitgliedstaatlicher nationaler Rechtsvorschriften zur Wahrung des in einzelnen Mitgliedstaaten der Union geltenden Bankgeheimnisses weiterhin europäischer Rechtsüberzeugung entspricht, ergibt sich ferner auch aus der RL 2003/48/EG.[63,64] § 10 Zinsinformationsverordnung (ZIV)[65] nimmt gemäß der unionsrechtlichen Vorgaben der RL 2003/48/EG die Geltung von Abschnitt 2 der Verordnung – Datenübermittlung – u. a. für Österreich aus und erkennt an, dass Österreich die Bestimmungen des Abschnitts 2 (Kapitel II) der RL für einen Übergangszeitraum nicht anwenden muss. Anstatt des automatischen Informationsaustausches hat Österreich von den anfallenden Zinserträgen eine Quellensteuer zu erheben, von der ein festgelegter Prozentsatz an den Mitgliedstaat zu überweisen ist, in dem der wirtschaftliche Eigentümer ansässig ist.

Für eine mit Blick auf diese Regelungen andere Handhabung des § 33 Abs. 1 ErbStG ist daher kein Raum. Es handelt sich um vergleichbare Sachverhalte. Unions-

---

[62] *S. Hahn/J. Rößler*, Grenzüberschreitende Bankdienstleistungen in der EU, 2009, 37 f.

[63] Richtlinie 2003/48/EG des Rates vom 3. Juni 2003 im Bereich der Besteuerung von Zinserträgen, ABl. EG L 157/38.

[64] Die Präambel lautet wie folgt: Ziff. (4) Gemäß Artikel 58 Absatz 3 des Vertrags dürfen die steuerrechtlichen Vorschriften der Mitgliedstaaten zur Bekämpfung von Missbrauch und Steuerhinterziehung weder ein Mittel zur willkürlichen Diskriminierung noch eine verschleierte Beschränkung des freien Kapital- und Zahlungsverkehrs im Sinne des Artikels 56 des Vertrags darstellen. Ziff. (17) In Anbetracht struktureller Unterschiede können Österreich, Belgien und Luxemburg die automatische Auskunftserteilung nicht zur gleichen Zeit wie die anderen Mitgliedstaaten anwenden. Da ein Minimum an effektiver Besteuerung durch Erhebung einer Quellensteuer, insbesondere einer solchen, deren Steuersatz schrittweise auf 35 % angehoben wird, gewährleistet werden kann, sollten diese drei Mitgliedstaaten während eines Übergangszeitraums eine Quellensteuer auf die von dieser Richtlinie erfassten Zinserträge anwenden.

[65] Zinsinformationsverordnung v. 26. Jan. 2004 (BGBl. I 128; 2005 I 1695), die zuletzt durch Artikel 1 der Verordnung v. 5. Nov. 2007 (BGBl. I 2562) geändert worden ist.

rechtlich nicht zu rechtfertigen ist daher eine rechtlich abweichende Bewertung von Auskunftsverlangen der Finanzämter gegenüber deutschen Kreditinstituten, die Zweigstellen im europäischen Ausland mit strengem Bankgeheimnis unterhalten.

6. Zwischenfazit

Das zweifellos legitime staatliche Anliegen, jedes Verborgenbleiben steuerbarer Sachverhalte auszuschließen, gerät jedenfalls dort an seine Grenze, wo es in die Rechtsordnung eines anderen Mitgliedstaates der Union derart eingreift, dass es dem Adressaten des hoheitlichen Handlungsbefehls ein rechtswidriges Verhalten im Aufnahmemitgliedstaat – im Falle Österreichs konkret ein strafbares – abnötigt. Im Einklang mit dem Unionsrecht sind unselbständige Zweigniederlassungen nationaler Kreditinstitute aus dem Anwendungsbereich des § 33 ErbStG auszunehmen. Die nationale deutsche Regelung hat dann außer Anwendung zu gelangen, wenn Zweigstellen nationaler Kreditinstitute im europäischen Ausland betroffen sind, in denen die Erfüllung der Auskunftspflicht nach § 33 Abs. 1 ErbStG rechtswidrig wäre. Dies ist auch die rechtslogische Konsequenz aus Art. 31 KreditinstRL (RL 2006/48/EG)[66], wonach es die Herkunftsmitgliedstaaten hinzunehmen haben, dass Zweigstellen zugelassener Kreditinstitute in anderen Mitgliedstaaten auch den materiell-bankenrechtlichen Regelungen des Aufnahmemitgliedstaates unterliegen.[67]

IV. Schlussbetrachtung und Ausblick

Vorstehende Ausführungen haben gezeigt, dass das Problem der Anwendbarkeit der Norm des § 33 Abs. 1 ErbStG auf Zweigstellen inländischer Kreditinstitute im europäischen Ausland weit über die Frage nicht diskriminierender Handhabung im Lichte des Art. 49 AEUV (ex-Art. 43 EG) hinausgeht. Der Bundesfinanzhof wird zu überprüfen haben, ob seine Entscheidung vom 31. Mai 2006, in der er die Niederlassungsfreiheit allein als Diskriminierungsverbot interpretiert hat und seine Auslegung des § 33 ErbStG auch ausschließlich hieran orientiert hat, an die Rechtsprechung des EuGH, nach der sich die Niederlassungsfreiheit zu einem allgemeinen Beschränkungsverbot entwickelt hat, anzupassen ist.[68] Gelegenheit hierzu bietet ein Nichtzulassungsbeschwerdeverfahren.[69]

---

[66] Richtlinie 2006/48/EG des Europäischen Parlaments und des Rates v. 14. Juni 2006 über die Aufnahme und Ausübung der Tätigkeit der Kreditinstitute, ABl. EU Nr. L 177/1.

[67] Art. 31 KreditinstRL lautet: „Die Artikel 29 und 30 berühren nicht die Befugnis des Aufnahmemitgliedstaats, geeignete Maßnahmen zu ergreifen, um Unregelmäßigkeiten in seinem Gebiet zu verhindern oder zu ahnden, die den gesetzlichen Bestimmungen zuwiderlaufen, die er aus Gründen des Allgemeininteresses erlassen hat. Dies umfasst auch die Möglichkeit, einem Kreditinstitut, bei dem Unregelmäßigkeiten vorkommen, die Aufnahme neuer Geschäftstätigkeiten in seinem Hoheitsgebiet zu untersagen."

[68] Vgl. *Wegener*, in: Calliess/Ruffert (Fn. 5), Art. 267 Rn. 49.

[69] Az. II B 116/12.

Zur Gewährleistung von „Homogenität" in Verträgen der EU mit Drittstaaten unter besonderer Berücksichtigung der Bilateralen Abkommen Schweiz – EU

Von *Astrid Epiney*

I. Einleitung

In manchen der von der EU mit Drittstaaten abgeschlossenen Abkommen finden sich Bestimmungen, die sich entweder sehr stark an EU-Recht anlehnen oder gar direkt auf EU-Recht (insbesondere Sekundärrechtsakte) verweisen. Derartige völkervertragsrechtliche Bestimmungen werfen komplexe Auslegungsfragen auf, insbesondere soweit es um ihre (mögliche) parallele Auslegung wie die entsprechenden unionsrechtlichen Bestimmungen geht.[1] Darüber hinaus fragt es sich, ob und auf welche Weise aus institutioneller Sicht ggf. sichergestellt werden kann, dass die Vertragsparteien (wobei es aus der Sicht der EU hier im Wesentlichen um die Drittstaaten geht) solche Abkommen bzw. Abkommensbestimmungen auch in Anlehnung an das Unionsrecht auslegen und anwenden, dies für den Fall, dass sich ein solcher Grundsatz in Anwendung der einschlägigen (völkerrechtlichen) Auslegungsmethoden nachweisen lässt.

Diese Fragestellungen sind insbesondere in den Konstellationen relevant, in denen es in den völkerrechtlichen Abkommen letztlich um eine Art partielle Teilnahme am Binnenmarkt oder anderen bedeutenden Teilen des unionsrechtlichen Besitzstands geht. Denn hier haben Drittstaaten auf der einen Seite privilegierten Zugang zu einigen „Vorteilen" einer EU-Mitgliedschaft, ohne jedoch – da es sich um völkerrechtliche Abkommen handelt – die „Nachteile" in der Form strenger Kontrollmechanismen und einer obligatorischen gerichtlichen Kontrolle (durch den EuGH) in Kauf nehmen zu müssen. Relevant geworden ist dies in der Vergangenheit in erster Linie im Rahmen des Europäischen Wirtschaftsraums,[2] und derzeit aktuell ist diese

---

[1] Eine Fragestellung, mit der sich auch der Jubilar eingehend befasst hat, vgl. *E. Klein*, in: A. Epiney/F. Rivière (Hrsg.), Auslegung und Anwendung von „Integrationsverträgen", 2006, 1 ff.

[2] Zur institutionellen Ausgestaltung des EWR, m.w.N., *M. Vahl/N. Grolimund*, Integration ohne Mitgliedschaft. Die Bilateralen Verträge der Schweiz mit der Europäischen Gemeinschaft, 2007, 94 ff.; *A. Epiney*, Zur rechtlichen Tragweite eines Einbezugs der Schweiz in den unionsrechtlichen Besitzstand im Bereich des Dienstleistungsverkehrs, 2011, 59 ff.; s. auch EP, Internal Market beyond the EU: EEA and Switzerland, 2010, 12 ff.

Fragestellung im Zusammenhang mit der institutionellen Ausgestaltung der sog. Bilateralen Abkommen der Schweiz mit der EU.[3] Dieser „Bilaterale Weg" steckt derzeit in einer gewissen Sackgasse: Die Europäische Union und die Schweiz können sich über eine Reihe institutioneller Fragen sowie über die konkrete Verhandlungsführung bei den derzeit anstehenden zusätzlichen Dossiers[4] und damit über das konkrete weitere Vorgehen nicht einigen: Während die EU offenbar davon ausgeht, dass vor der Aufnahme bzw. der Fortführung und dem Abschluss von Verhandlungen in den derzeit in Erwägung gezogenen materiellen Bereichen[5] die ihrer Ansicht nach zentralen institutionellen Fragen einer Lösung zuzuführen sind, so dass nicht parallel über die materiellen Aspekte und die institutionellen Fragen verhandelt werden soll, strebt die Schweiz diesbezüglich ein paralleles Vorgehen an.[6] Auch inhaltlich sind in Bezug auf diese institutionellen Fragen (die in erster Linie die „automatische" Übernahme des unionsrechtlichen Besitzstands und seiner Weiterentwicklung, die „einheitliche" Auslegung der Abkommen, die Kontrolle der Anwendung der Abkommen in der Schweiz und die gerichtliche Streitbeilegung betreffen) beachtliche Differenzen zu verzeichnen.[7]

---

[3] Im Zuge der Ablehnung des Europäischen Wirtschaftsraums in einem Referendum 1992 haben die Schweiz und die EU durch den Abschluss sog. Bilateraler oder Sektorieller Abkommen in verschiedenen Bereichen ihre Beziehungen in für mindestens eine der Parteien wichtigen Bereichen geregelt. Bislang wurden zwei große „Pakete" solcher Abkommen abgeschlossen, nämlich die „Bilateralen I" im Jahr 1999 (Inkrafttreten 2002) und die „Bilateralen II" im Jahr 2004 (sukzessives Inkrafttreten seitdem mit einer Ausnahme). Das erste Paket umfasst folgende Bereiche: Personenfreizügigkeit, Forschung, technische Handelshemmnisse, landwirtschaftliche Produkte, Landverkehr, Luftverkehr, öffentliches Auftragswesen, s. den Text aller Abkommen in ABl. 2002 L 114, 1 ff.; das zweite Paket betrifft folgende Bereiche: Besteuerung der Ruhegehälter von in der Schweiz ansässigen EU-Beamten, verarbeitete Landwirtschaftsprodukte, Teilnahme der Schweiz an der Europäischen Umweltagentur, Statistik, Teilnahme der Schweiz an verschiedenen Programmen in den Bereichen Bildung, Berufsbildung und Jugend, „Schengen/Dublin", Zinsbesteuerung und Betrugsbekämpfung, s. den Text der Bilateralen II in BBl. 2004, 5965 ff. Hinzukommen einige weitere Abkommen. Vgl. zu den Bilateralen Abkommen, m.w.N., *A. Epiney/B. Metz/B. Pirker*, Zur Parallelität der Rechtsentwicklung in der EU und in der Schweiz. Ein Beitrag zur rechtlichen Tragweite der „Bilateralen Abkommen", 2012, 95 ff.

[4] Es geht hier im Wesentlichen um folgende Gebiete: Agrar- und Lebensmittelbereich, Produktsicherheit und öffentliche Gesundheit, Elektrizität, Emissionshandel, Chemikalienrecht, Satellitennavigation, Friedensförderung sowie Zusammenarbeit mit der Europäischen Verteidigungsagentur, vgl. zum jeweiligen Stand europa.admin.ch.

[5] Fn. 4.

[6] Vgl. NZZ v. 3.2.2011, 15; NZZ v. 21.3.2012, 1, 11.

[7] Hierzu *Epiney*, Dienstleistungsverkehr (Fn. 2), 2 f. S. zur Problematik bzw. den verschiedenen Interessen und zum derzeitigen Stand der Dinge auch NZZ v. 3.2.2011, 15; NZZ v. 21.3.2012, 1, 11. Im Juli 2010 wurde beschlossen, eine bilaterale Arbeitsgruppe EU – Schweiz einzusetzen, die die angesprochenen institutionellen Fragen erörtern soll. Erste Ergebnisse wurden für Ende 2010 erwartet. Vgl. NZZ v. 20.7.2010, 9; NZZ v. 21.7.2010, 9. Ergebnisse wurden aber bislang noch nicht veröffentlicht. Weiter gab der Bundesrat Gutachten über diese Fragen in Auftrag, die jedoch nicht veröffentlicht wurden. Im Sommer 2012 unterbreitete die Schweiz der EU Vorschläge zur Lösung dieser Fragen, die in erster Linie die grundsätzliche Anerkennung einer „homogenen" Auslegung der Abkommen und die Ein-

Soweit die Ausgestaltung der gerichtlichen Kontrolle solcher Abkommen betroffen ist, geht es jedoch nicht nur um politische Differenzen; vielmehr sind hier auch unionsrechtliche Grenzen zu beachten. Vor diesem Hintergrund geht die Zielsetzung des folgenden Beitrags dahin, unter Berücksichtigung der einschlägigen Rechtsprechung des EuGH den rechtlichen Handlungsspielraum in Bezug auf die Regelung der gerichtlichen Kontrolle der Auslegung und Anwendung solcher Abkommen aufzuzeigen (III.), dies auf der Grundlage der Skizzierung der für die Auslegung solcher Abkommen zur Anwendung kommenden Grundsätze (II.). Dies erlaubt es, danach zu fragen, auf welche Weise die Zielsetzungen solcher „Integrationsabkommen" verwirklicht werden können, dies am Beispiel der Abkommen Schweiz – EU (IV.).

II. Zu den Voraussetzungen der Auslegung völkerrechtlicher Abkommen der EU mit Drittstaaten in Anlehnung an die Auslegung des EU-Rechts

Falls völkerrechtliche Abkommen der EU mit Drittstaaten Bestimmungen enthalten, die an das EU-Recht angelehnt sind bzw. dieses übernehmen, stellt sich die Frage, ob und inwieweit auch bei der Auslegung derartiger Vorschriften eine Anlehnung an das EU-Recht erfolgen soll. Ausgehend von den hier maßgeblichen völkerrechtlichen Auslegungsgrundsätzen[8] kann jedenfalls nicht schon aus einem parallelen Wortlaut auf eine parallele Auslegung geschlossen werden. Vielmehr ist unter Berücksichtigung von Ziel und Gegenstand des jeweiligen Abkommens bzw. der Abkommensbestimmungen danach zu fragen, ob die unionsrechtliche Auslegung auch für diese zum Zuge kommen soll. Auf dieser Grundlage sind in denjenigen Fällen, in denen Abkommen mit Drittstaaten Teile des *acquis* übernehmen und die Zielsetzung des jeweiligen Abkommens gerade dahin geht, das in der EU geltende Rechtsregime auf das Verhältnis zu Drittstaaten auszuweiten, die entsprechenden Abkommensbestimmungen grundsätzlich parallel zu den einschlägigen Vertragsbestimmungen auszulegen; ist dies zu verneinen, so kommt eine „automatische" Übertragung der unionsrechtlichen Auslegungsgrundsätze nicht in Betracht. Maßgeblich sind damit die entsprechende Zielsetzung des Abkommens bzw. der jeweiligen Abkommensbestimmungen sowie ihr Gegenstand.[9]

---

richtung einer unabhängigen nationalen Kontrollbehörde umfassen. Die EU hat hierauf noch nicht offiziell geantwortet. Vgl. www.europa.admin.ch.

[8] Vgl., m.w.N., *Klein* (Fn. 1), 1 (11 ff.); aus der Rechtsprechung schon EuGH, Rs. 270/80 (Polydor), Slg. 1982, 329; EuGH, Rs. 104/81 (Hauptzollamt Mainz/Kupferberg), Slg. 1982, 3641 (3663); s. sodann etwa EuGH, Rs. C-312/91 (Metalsa), Slg. 1993, I-3751, Rn. 11 f. EuGH, Rs. C-465/01 (Kommission/Österreich), Slg. 2004, I-8291; EuGH, Rs. C-467/02 (Cetinkaya), Slg. 2004, I-10895.

[9] Ausführlich, m.w.N. aus Literatur und Rechtsprechung, *Epiney/Metz/Pirker* (Fn. 3), 5 ff. (auch unter beispielhafter Bezugnahme auf eine Reihe völkerrechtlicher Abkommen der EU mit Drittstaaten).

Allerdings ändern auch solche allgemeinen Grundsätze nichts daran, dass die Auslegung konkreter Bestimmungen häufig mit Unsicherheiten behaftet sein wird, dies auch in denjenigen Fällen, in denen es grundsätzlich um Abkommen geht, die eine „Einbindung" des Drittstaats in einen Teil des unionsrechtlichen Besitzstands bezwecken: Schon das Vorliegen eines Rückgriffs auf unionsrechtliche Begriffe bzw. die genaue Reichweite eines solchen Rückgriffs kann fraglich sein; weiter ist die Maßgeblichkeit der Weiterentwicklung der Auslegung auf EU-Ebene – insbesondere durch die Rechtsprechung des EuGH – häufig unklar. Daher besteht in Bezug auf die genaue Tragweite solcher abkommensrechtlicher Bestimmungen – jedenfalls, soweit die Reichweite ihrer Anlehnung an EU-Recht betroffen ist – häufig eine nicht zu unterschätzende Rechtsunsicherheit, zumal solche Abkommen in Anwendung der allgemeinen völkerrechtlichen Grundsätze von den Vertragsparteien jeweils „autonom" ausgelegt werden.

Dies kann am Beispiel des Personenfreizügigkeitsabkommens der EU (und ihrer Mitgliedstaaten) und der Schweiz (FZA) – zu dem es bereits einige wenige Urteile des EuGH und zahlreiche Urteile des Schweizerischen Bundesgerichts gibt – aufgezeigt werden: Die Zielsetzung des Abkommens geht gemäß seiner Präambel dahin, die Personenfreizügigkeit zwischen der Schweiz und der EU „auf der Grundlage der in der Europäischen Gemeinschaft geltenden Bestimmungen" zu verwirklichen. Offenbar geht es also um eine Einbindung der Schweiz in einen Teil des unionsrechtlichen Besitzstands, eine Zielsetzung, die in Art. 1 FZA näher konkretisiert wird. Die Formulierungen des Abkommens lehnen sich denn auch im Abkommenstext selbst und in Anhang I sehr eng an die entsprechenden unionsrechtlichen Bestimmungen an, und in den Anhängen II, III wird gar direkt auf Sekundärrechtsakte Bezug genommen, die für beide Vertragsparteien maßgeblich sind.

Gleichwohl wirft die Auslegung konkreter Abkommensbestimmungen immer wieder komplexe Auslegungsfragen auf, wie anhand der bisherigen Rechtsprechung des EuGH illustriert werden kann:[10]

– In der Rs. C-351/08[11] ging es um die Frage, ob sich auch juristische Personen auf die im Abkommen verankerte Niederlassungsfreiheit berufen können. Der Gerichtshof hält zunächst allgemein fest, die Auslegung unionsrechtlicher Bestimmungen lasse sich nicht „automatisch" auf die entsprechenden Bestimmungen des Abkommens übertragen, sofern dies nicht im Abkommen selbst vorgesehen sei. Er unterlässt es jedoch zu präzisieren, unter welchen Voraussetzungen davon ausgegangen werden kann, dass „dies" im Abkommen vorgesehen ist. Vielmehr wendet er sich sogleich der Frage zu, ob auch juristische Personen in den Schutzbereich der im Abkommen gewährleisteten Niederlassungsfreiheit fallen, was er im Ergebnis in Anlehnung an

---

[10] Vgl. hierzu bereits ausführlich *Epiney/Metz/Pirker* (Fn. 3), 157 ff.

[11] EuGH, Rs. C-351/08 (Grimme), Slg. 2009, I-10777; s. letztlich die parallele Entscheidung in EuGH, Rs. C-541/08 (Fokus Invest), Slg. 2010, I-1025. S. auch EuGH, Rs. C-13/08 (Hauser), Slg. 2008, I-11087, wo der Gerichtshof feststellt, das in Art. 15 Anhang I FZA verankerte Diskriminierungsverbot sei auch für selbständige Grenzgänger anwendbar.

den Wortlaut der in Frage kommenden Bestimmungen des Abkommens verneint, dies im Gegensatz zur Dienstleistungsfreiheit, seien die juristischen Personen doch ausdrücklich in Art. 5 Abs. 1 FZA erwähnt.

– In der Rs. C-70/09[12] stand eine österreichische Regelung zur Debatte, wonach gegen Zahlung einer „Pacht" der „Pächter" in einem bestimmten Gebiet zur Ausübung der Jagd berechtigt ist, wobei der zu entrichtende Betrag für Personen mit Wohnsitz im Inland und Unionsbürger niedriger ausfällt als für sonstige Personen, so dass auch von in der Schweiz wohnhaften Schweizer Bürgern der höhere Tarif verlangt wurde. Der Gerichtshof stellt zunächst fest, der „Pachtvertrag" beziehe sich auf eine Dienstleistung, die im Ausgangsfall auch einen grenzüberschreitenden Charakter aufweise, so dass die schweizerischen Pächter als Empfänger einer Dienstleistung anzusehen seien, die sich für den Empfang dieser Dienstleistung nach Österreich begeben. Der EuGH erachtet jedoch die im Abkommen garantierte Dienstleistungsfreiheit nicht als einschlägig, da das Freizügigkeitsabkommen keine spezifische Regelung enthalte, wonach Dienstleistungsempfängern der Grundsatz der Nichtdiskriminierung im Rahmen der Anwendung fiskalischer Regelungen über gewerbliche Transaktionen, die eine Dienstleistung zum Gegenstand haben, zugutekommt. Letztlich nicht näher geprüft wird die Einschlägigkeit des Art. 2 FZA, die pauschal abgelehnt wurde, ohne auf die Frage der parallelen Auslegung dieser Bestimmung mit Art. 18 AEUV einzugehen.

Damit stellt der Gerichtshof auch hier ausdrücklich auf den Wortlaut der vertraglichen Bestimmungen ab, wobei eine gewisse Zurückhaltung des Gerichtshofs in Bezug auf eine parallele Auslegung des Abkommens mit unionsrechtlichen Bestimmungen nicht zu verkennen ist, deren Begründung (die Schweiz sei dem EWR nicht beigetreten) jedoch kaum überzeugt: Denn der Umstand, dass die Schweiz nicht am EWR teilnimmt, bedeutet gerade nicht, dass Abkommen, die lediglich Teilbereiche des EWR betreffen (wie das Freizügigkeitsabkommen), nicht das Ziel einer solchen teilweisen Einbindung der Schweiz in den unionsrechtlichen Besitzstand verfolgen können. Weiter wäre zu wünschen gewesen, dass sich der Gerichtshof mit der rechtlichen Tragweite des Art. 16 Abs. 2 S. 1 FZA (Grundsatz der Auslegung von in das Abkommen übernommenen unionsrechtlichen Begriffen gemäß der vor der Unterzeichnung des Abkommens ergangenen Rechtsprechung des EuGH) – der in dem Urteil nicht erwähnt wird – auseinander gesetzt hätte. Bemerkenswert ist nämlich, dass der Gerichtshof auf der einen Seite bei der Frage, ob es im Ausgangssachverhalt um eine Dienstleistung geht, ersichtlich auf den unionsrechtlichen Begriff abstellt; der Gerichtshof verweist hier sogar auf ein Urteil des EuGH zum AEUV, das nach der Unterzeichnung des Abkommens ergangen ist.[13] Damit dürfte der Gerichtshof davon ausgehen, dass der Begriff der Dienstleistung im Freizügigkeitsabkommen deckungsgleich mit demjenigen des Unionsrechts ist, so dass im Abkommen offen-

---

[12] EuGH, Rs. C-70/09 (Hengartner), Urt. v. 15.7.2010.
[13] EuGH, Rs. C-70/09 (Hengartner), Urt. v. 15.7.2010, Rn. 33, wo auf EuGH, Rs. C-97/98 (Jägerskiöld), Slg. 1999, I-7319 (Urt. v. 21.10.1999) hingewiesen wird.

sichtlich ein unionsrechtlicher Begriff herangezogen wurde; dann aber hätte es sich aufgedrängt, zur Begründung der Heranziehung der Rechtsprechung des EuGH auf Art. 16 Abs. 2 S. 1 FZA zu verweisen. Auf der anderen Seite dürfte er in Bezug auf Art. 2 FZA einen solchen Rückgriff verneinen, legt er diese Bestimmung doch offensichtlich gerade nicht wie Art. 18 AEUV aus, dem Art. 2 FZA wohl nachgebildet ist. Hier hätte interessiert, warum der Gerichtshof eine Anknüpfung an Unionsrecht letztlich verneint und damit Art. 16 Abs. 2 S. 1 FZA nicht zur Anwendung gelangt.

– Schließlich[14] ist auf das Urteil des Gerichtshofs in der Rs. C-506/10[15] hinzuweisen. Hier ging es um die Auslegung des Art. 15 Abs. 1 Anhang I FZA, der den Grundsatz der Gleichbehandlung betreffend den Zugang zu einer selbständigen Erwerbstätigkeit und deren Ausübung für Selbständige verankert. Der Gerichtshof hält hier in Bezug auf die allgemeinen Grundsätze, die bei der Auslegung des Abkommens zum Zuge kommen, fest, dass die Schweiz sich zwar nicht für eine Teilnahme am EWR und am EU-Binnenmarkt entschieden habe, aber gleichwohl durch eine Vielzahl von Abkommen mit der Union verbunden sei, die weite Bereiche abdeckten und spezifische Rechte und Pflichten vorsähen, die in mancher Hinsicht den im Vertrag festgelegten entsprächen; die allgemeine Zielsetzung dieser Abkommen (einschließlich des FZA) bestehe darin, die wirtschaftlichen Beziehungen zwischen der EU und der Schweiz zu intensivieren. Ausgehend von diesen Grundsätzen legt der Gerichtshof zunächst den Begriff der Diskriminierung – unter Rückgriff auf die Rechtsprechung des EuGH vor dem Datum der Unterzeichnung des Abkommens – ebenso wie im Unionsrecht aus, so dass dieser auch materielle Diskriminierung umfasse. Weiter greift er auch bei der Auslegung des Rechtfertigungsgrundes der öffentlichen Ordnung im Sinne des Art. 5 Abs. 1 Anhang I FZA auf die einschlägigen unionsrechtlichen Grundsätze zurück, indem er diese Einschränkung eng auslegt und die Anliegen der Raumordnung sowie der angemessenen Aufteilung landwirtschaftlicher Flächen nicht unter diese Ausnahme subsumiert. Interessanterweise weist der Gerichtshof zwar darauf hin, dass die genannten Anliegen unter bestimmten Umständen berechtigte Ziele des Allgemeininteresses darstellen könnten; allerdings prüft er nicht wirklich, ob derartige Anliegen auch die durch das Abkommen gewährleisteten Rechte einschränken können (wie dies im EU-Recht bei materiellen Diskriminierungen der ständigen Rechtsprechung entspricht), sondern beschränkt sich darauf festzuhalten, dass Vorschriften wie die im Ausgangsverfahren fraglichen unter keinen Umständen dem Begriff „öffentliche Ordnung" im Sinne des Art. 5 Abs. 1 Anhang

---

[14] s. darüber hinaus noch EuGH, Rs. C-257/10 (Bergström), Urt. v. 15.12.2011: Hier stand eine sozialversicherungsrechtliche Frage im Vordergrund, nämlich diejenige, ob bei einem in einem Mitgliedstaat geltend gemachten Anspruch auf Familienleistungen in Gestalt eines einkommensabhängigen Ausgleichs für die Kinderbetreuung die diesbezüglichen Anspruchsvoraussetzungen auch durch Arbeit und Versicherung in der Schweiz erfüllt werden können und ob diese Arbeit in der Schweiz bei der Berechnung der Höhe dieses Anspruchs zu berücksichtigen ist. Der Gerichtshof bejahte beide Fragen in Anwendung der entsprechenden Vorschriften der VO 1408/71 und stellte damit die Schweiz in dieser Beziehung vollumfänglich einem EU-Mitgliedstaat gleich.

[15] EuGH, Rs. C-506/10 (Graf), Urt. v. 6.10.2011.

I FZA zugeordnet werden und die aufgrund dieses Abkommens eingeräumten Rechte einschränken könnten. Diese Schlussfolgerung kann entweder darauf beruhen, dass der Gerichtshof der Ansicht ist, zwingende Erfordernisse des Allgemeinwohls könnten die durch das Abkommen eingeräumten Rechte grundsätzlich nicht beschränken, oder aber, dass es sich im konkreten Fall um Anliegen handelt, die von vornherein keine solchen zwingenden Erfordernisse des Allgemeinwohls darstellen können, was angesichts des Umstands, dass es hier letztlich um wirtschaftliche Erwägungen ging (nämlich „Wettbewerbsverzerrungen" dadurch zu vermeiden, dass Schweizer Pächter die in Deutschland auf gepachtetem Land produzierten Produkte in der Schweiz teurer verkaufen können als in Deutschland und damit eine höhere Pacht in Deutschland zu zahlen bereit waren als deutsche Landwirte), nahe liegen könnte; denn ein allgemeiner Ausschluss der Möglichkeit der Einschränkung der Abkommensrechte durch zwingende Ziele des Allgemeinwohls schränkte den Gestaltungsspielraum der Vertragsparteien zumindest in gewissen Konstellationen weitergehender ein als dies im Unionsrecht der Fall ist. Jedenfalls lehnt sich der EuGH bei der Auslegung der in Frage stehenden Begriffe des Abkommens in diesem Urteil unter Hinweis auf die Zielsetzung des Abkommens eng bzw. quasi vollumfänglich an die Rechtslage im Unionsrecht an und weist insbesondere auch darauf hin, dass zahlreiche Verpflichtungen der Abkommen der Union mit der Schweiz unionsrechtlichen Vorschriften entsprechen.

Das Schweizerische Bundesgericht hatte sich bereits in zahlreichen Urteilen zur Auslegung des Freizügigkeitsabkommens zu äußern,[16] wobei es regelmäßig bei zentralen Begriffen bzw. Konzepten des Freizügigkeitsabkommens davon ausgeht, dass unionsrechtliche Begriffe übernommen wurden und daher die entsprechenden abkommensrechtlichen Bestimmungen in Anknüpfung an die Rechtsprechung des EuGH auszulegen seien. So lehnt sich das Bundesgericht z. B. bei folgenden Fragen an die (mitunter auch nach der Unterzeichnung des Abkommens ergangene) Rechtsprechung des EuGH und damit an das Unionsrecht an: Begriff des Arbeitnehmers,[17] Beendigung des Aufenthaltsrechts aus Gründen der öffentlichen Ordnung und Sicherheit[18] oder die Qualifizierung auch von Stiefkindern als nachzugsberechtigte Familienangehörige.[19] Zudem betonte das Bundesgericht in einem neueren Grundsatzurteil[20], dass für die Berücksichtigung neuer EuGH-Rechtsprechung das Abkommensziel einer parallelen Rechtslage maßgebend sei. Um dieses Ziel nicht zu gefährden, werde das Gericht auch Rechtsprechung des EuGH nach Vertragsunterzeichnung in „angemessener Weise" in seine Beurteilung einbeziehen und dieser „Rechnung tragen", soweit das Abkommen auf unionsrechtliche Grundsätze zurückgreife.

---

[16] Vgl. die periodischen Überblicke über die Rechtsprechung des Bundesgerichts jeweils im Jahrbuch für Migrationsrecht, zuletzt *A. Epiney/B. Metz*, in: Achermann u. a. (Hrsg.), Jahrbuch für Migrationsrecht 2011/2012, 2012, 223 ff.

[17] BG, 2 A.753/2004, Urt. v. 29.4.2005; BGE 131 II 339, Erw. 3.1.

[18] BGE 136 II 5; BGE 130 II 488; BGE 130 II 176.

[19] BGE 136 II 65.

[20] BGE 136 II 5.

Da dem EuGH nicht die verbindliche Auslegungshoheit für die Schweiz zukomme, stehe es dem Bundesgericht aber weiterhin offen, aus „triftigen Gründen" zu einer anderen Rechtsauffassung als der EuGH zu kommen. Allerdings würden „nicht leichthin" abweichende Auffassungen vertreten.[21] Damit geht das Gericht nicht nur von einem Grundsatz der parallelen Auslegung von Abkommensbestimmungen, die sich an das Unionsrecht anlehnen, sondern darüber hinaus von einer grundsätzlichen „Übernahme" auch neuer Urteile des EuGH aus. Auch dieser Ansatz ändert jedoch nichts daran, dass die genaue Reichweite des Rückgriffs auf unionsrechtliche Begriffe und die Voraussetzungen, unter denen das Bundesgericht – wenn auch „nicht leichthin" – von der Rechtsprechung des EuGH abzuweichen bereit ist, mit Unsicherheiten behaftet sind.

III. Zur gerichtlichen Kontrolle der Auslegung und Anwendung völkerrechtlicher Abkommen der EU mit Drittstaaten: die Schranken des EU-Rechts nach der Rechtsprechung des EuGH

Vor dem Hintergrund solcher Unklarheiten bei der Auslegung von Abkommensbestimmungen, die sich an Unionsrecht anlehnen, wird immer wieder die Frage diskutiert, auf welche Weise durch eine (ggf. für beide Parteien zum Zuge kommende) gerichtliche Kontrolle eine einheitliche Auslegung des Abkommensrechts sichergestellt werden kann. Die hierfür in Betracht kommenden „Modelle" müssen notwendigerweise die diesbezüglich vom Gerichtshof bislang in erster Linie in zwei Gutachten formulierten Vorgaben beachten:

– In seinem Gutachten zum Abkommen zur Schaffung des Europäischen Wirtschaftsraums (EWR)[22] betonte der Gerichtshof, dass der Autonomie der Rechtsordnung der EU (auch) eine Autonomie des Systems der gerichtlichen Kontrolle entsprechen müsse. In ihrer Rechtsfindung müssten die Richter des EuGH also frei sein. Dies sei jedoch in Bezug auf den (ursprünglich vorgesehenen) EWR-Gerichtshof nicht gegeben: Denn da sich das EWR-Abkommen in materiell-rechtlicher Hinsicht sehr weitgehend an Unionsrecht anlehne und zudem eine homogene Auslegung dieser Bestimmungen im gesamten EWR-Raum anstrebe, könne die Rechtsprechung des EWR-Gerichtshofs Auswirkungen auf diejenige des EuGH entfalten, was mit dem im Vertrag verankerten System der gerichtlichen Kontrolle nicht in Einklang stehe.

---

[21] BGE 136 II 5. Vgl. ausführlich zu diesem Urteil schon *A. Epiney/B. Metz*, in: Achermann u. a. (Hrsg.), Jahrbuch für Migrationsrecht 2009/2010, 2010, 243 (259 ff.).

[22] Gutachten 1/91, Slg. 1991, I-6079 (EWR I), Rn. 30 ff.; s. auch Gutachten 2/92, Slg. 1992, I-2821 (EWR II), Rn. 21 ff. Vgl. zu beiden Gutachten teilweise kritisch *A. Epiney*, SZIER 1992, 275 ff.

– In seinem Gutachten 1/09[23] bestätigte der Gerichtshof diesen Ansatz im Zusammenhang mit dem Entwurf des Übereinkommens über das sog. Europäische Patentgericht, das für eine Reihe von Klagen Einzelner im Zusammenhang mit Patenten ausschließlich zuständig sein und hierbei auch Unionsrecht auslegen und anwenden soll. Zudem hält der EuGH hier noch fest, das geplante Gericht träte für die Anwendung des Unionsrechts an die Stelle nationaler Gerichte, die dem Gerichtshof keine Vorabentscheidungsersuchen mehr unterbreiten könnten, so dass es das durch die Unionsverträge geschaffene System der gerichtlichen Kontrolle und die Zuständigkeiten der Unionsorgane und der Mitgliedstaaten in diesem Zusammenhang, die für die Wahrung der Natur des Unionsrechts wesentlich seien, verfälschte. An diesem Schluss ändere auch die vorgesehene Möglichkeit des Patentgerichts, dem EuGH Vorabentscheidungsersuchen zu unterbreiten, nichts, da das Patentgericht als internationales Gericht nicht den Kontrollmechanismen des Unionsrechts (Möglichkeit Einzelner, ggf. Schadensersatz aufgrund einer Verletzung des EU-Rechts durch ein mitgliedstaatliches Gericht zu erlangen, und die Vertragsverletzungsklage) unterliege. Damit verdeutlicht der EuGH, dass der bereits im Gutachten 1/91 entwickelte Grundsatz auch dann zum Zuge kommt, wenn das internationale Gericht dem EuGH Vorabentscheidungsersuchen vorlegen kann bzw. muss.

Aus dieser Rechtsprechung des Gerichtshofs lässt sich ableiten, dass ein durch einen völkerrechtlichen Vertrag begründetes Gerichtssystem kein (einziges) Element des gerichtlichen Streitbeilegungsmechanismus in der EU in seiner Wirkung beeinträchtigen darf. Eine solche Beeinträchtigung wird jedenfalls dann angenommen, wenn ein solches internationales Gericht für beide Parteien (und damit auch den EuGH) verbindlich über die Auslegung von Abkommensbestimmungen entscheidet, die dem EU-Recht nachgebildet sind, dies offenbar unabhängig von der Frage, ob eine parallele Auslegung dieser Bestimmung im Verhältnis zum Unionsrecht anzunehmen ist oder nicht, da allein die „Gefahr" einer Beeinträchtigung der Unabhängigkeit des Gerichtshofs bzw. seiner Rechtsprechung für ausreichend erachtet wird. Allerdings – wie der Gerichtshof auch ausdrücklich betont – impliziert dieser Ansatz nicht die grundsätzliche Unzulässigkeit internationaler Gerichte in von der EU abgeschlossenen Abkommen mit Drittstaaten. Diese sind vielmehr immer unter der Voraussetzung zulässig, dass sie das durch die Verträge geschaffene gerichtliche System und die Autonomie der Unionsrechtsordnung nicht beeinträchtigen, was im Wesentlichen dann der Fall sein wird, wenn solche Gerichte „nur" Abkommensrecht, das keinen Bezug zum (internen) EU-Recht aufweist, anzuwenden und auszulegen haben.

---

[23] Gutachten 1/09, Gutachten v. 8.3.2011 (Europäisches Patentgericht). Zu diesem etwa *J. F. Delile*, RMCUE 2011, 642 ff.; *M. Müller*, EuR 2011, 575 ff.

IV. Schluss: zu den Möglichkeiten der Sicherstellung einer „einheitlichen Auslegung" völkerrechtlicher Abkommen im Verhältnis zum EU-Recht am Beispiel der Abkommen Schweiz – EU

Die Rechtsprechung des EuGH lässt damit sehr enge Grenzen erkennen, soweit es um die Einrichtung gerichtlicher Organe durch mit Drittstaaten abgeschlossene völkerrechtliche Verträge geht: Eine Übertragung der gerichtlichen Zuständigkeit an ein solches Gericht mit Bindungswirkung für die Vertragsparteien kommt letztlich immer schon dann nicht in Betracht, wenn die Abkommensbestimmungen dem Unionsrecht nachgebildet sind und die Abkommen zumindest grundsätzlich erkennen lassen, dass eine parallele Auslegung wie im Unionsrecht angestrebt wird. Diese Voraussetzungen liegen aber bei fast allen Bilateralen Abkommen der Schweiz mit der EU vor, so jedenfalls beim bereits erwähnten Personenfreizügigkeitsabkommen, aber auch bei anderen bedeutenden Abkommen, wie etwa dem Landverkehrsabkommen oder der Schengen-/Dublin-Assoziierung.[24]

Aufgeworfen wird damit die bereits eingangs angesprochene Frage, auf welche Weise das Anliegen der Union, eine einheitliche Anwendung und Auslegung der Abkommen im Verhältnis zur Rechtslage in der EU sowie einen (internationalen) gerichtlichen Kontroll- und Streitbeilegungsmechanismus sicherzustellen, realisiert werden kann, dies auch vor dem Hintergrund, dass davon auszugehen ist, dass auch zukünftige Abkommen der Schweiz mit der EU auf dem bestehenden (und weiterentwickelten) unionsrechtlichen Besitzstand aufbauen werden. Auf der Grundlage der skizzierten Rechtsprechung des Gerichtshofs bleiben letztlich nur zwei grundsätzliche Möglichkeiten:

– Erstens könnten dem EuGH selbst auch mit Wirkung gegenüber der Schweiz Kompetenzen eingeräumt werden, so dass die Schweiz im Anwendungsbereich der Abkommen im Wesentlichen wie ein Mitgliedstaat der Gerichtsbarkeit des EuGH unterworfen wäre. Diese – bereits im Luftverkehrsabkommen in weiten Teilen verwirklichte – Variante brächte in Bezug auf die Rechtssicherheit gewichtige Vorteile mit sich, dürfte aber in der Schweiz auf beachtliche Akzeptanzprobleme stoßen und erscheint daher kaum realisierbar.

– Zweitens könnten die Zuständigkeiten des für die Auslegung des EWR-Rechts in den EFTA-Staaten zuständigen EFTA-Gerichtshofs erweitert werden. So könnte man diesen Gerichtshof (ggf. unter Beteiligung eines Schweizer Vertreters) auch mit gewissen Zuständigkeiten für die Auslegung und Streitbeilegung im Zusammenhang mit den Bilateralen Abkommen ausstatten.[25] Ein solches „Andocken" an den EFTA-Gerichtshof (und diesfalls wohl auch an die EFTA-Überwachungsbehörde) stößt

---

[24] Vgl. zu den einzelnen Abkommen den Überblick, m.w.N., bei *Epiney/Metz/Pirker* (Fn. 3), 95 ff.

[25] In diese Richtung dezidiert der derzeitige Präsident des EFTA-Gerichtshofs, *C. Baudenbacher*, vgl. NZZ v. 29.10.2011, 13.

aber auf die Schwierigkeit, dass nicht einsichtig ist, warum auch Richter aus Norwegen, Island und Liechtenstein über die Auslegung der Bilateralen Abkommen nur in der Schweiz entscheiden können sollen. Der EFTA-Gerichtshof, dem zweifellos große Verdienste in Bezug auf die Auslegung des EWR-Rechts zukommen, ist für den multilateralen Integrationsansatz des EWR konstruiert worden; er dürfte zumindest ohne größere Modifikationen (etwa im Sinne einer Art de facto-(Teil-)EWR-Mitgliedschaft der Schweiz, was die Komplexität der Struktur der Bilateralen Abkommen wohl nicht wirklich reduzierte) keine Zuständigkeiten in Bezug auf Nicht-EWR-Staaten übernehmen können, ohne dass hier nicht gewisse institutionelle Inkohärenzen zu gewärtigen wären.[26]

Angesichts dieser letztlich beschränkten Möglichkeiten der Einrichtung eines Gerichts, das mit der Auslegung des dem Unionsrecht nachgebildeten Abkommensrechts sowie ggf. mit der Feststellung einer Abkommensverletzung betraut wäre, stellt sich die Frage, ob das Ziel einer „einheitlichen Auslegung" nicht auch auf andere Weise erreicht werden könnte. Analysiert man nämlich – unter Berücksichtigung der bisherigen Rechtsprechung zu den Bilateralen Abkommen (im Wesentlichen dem Personenfreizügigkeitsabkommen) in der Schweiz und in der EU – die Schwierigkeiten bei der Auslegung der Abkommen, so betreffen diese im Wesentlichen solche Abkommensbestimmungen, die (lediglich) sinngemäß an Unionsrecht anknüpfen und in Bezug auf welche im Abkommen keine klare Aussage der Reichweite der „Anlehnung" an Unionsrecht zu erkennen ist, dies insbesondere auch, weil Elemente der dynamischen Rechtsübernahme fehlen. Diese Rechtsunsicherheit ist aber nicht in erster Linie darauf zurückzuführen, dass es keine obligatorische Gerichtsbarkeit für die Schweiz „über" dem Bundesgericht gibt, sondern beruht maßgeblich auf der diesbezüglich nicht immer klaren Ausgestaltung der Abkommen selbst, die den Rechtsanwender vor teilweise sehr schwierige Auslegungsfragen stellt.

Nur am Rande sei in diesem Zusammenhang auch darauf hingewiesen, dass der EuGH einerseits und das Bundesgericht andererseits in Bezug auf die Auslegung des Freizügigkeitsabkommens durchaus unterschiedliche Akzente setzen: Während das Bundesgericht in einer mittlerweile gefestigten Rechtsprechung im Ergebnis von dem Grundsatz ausgeht, dass sich das Abkommen an EU-Recht anlehnen will, so dass im Zweifel von einer parallelen Auslegung des Abkommens mit unionsrechtlichen „Vorbildern" auszugehen ist, was im Grundsatz auch die Berücksichtigung neuer Rechtsprechung des EuGH impliziert, ist der EuGH selbst in seiner bisherigen Rechtsprechung zum Freizügigkeitsabkommen deutlich zurückhaltender: Er betont die Unterschiede des Abkommens im Verhältnis zum EWR und dürfte daraus, zumindest in Bezug auf gewisse Fragen (wie etwa die Auslegung des allgemeinen Verbots der Diskriminierung aus Gründen der Staatsangehörigkeit), nicht nur schließen,

---

[26] Eine andere, hier nicht zu diskutierende Frage ist, ob es für die Schweiz nicht vorteilhafter wäre, dem EWR beizutreten, statt den „Bilateralen Weg" fortzuführen (wenn schon ein Beitritt aus politischer Sicht derzeit nicht in Betracht kommt), vgl. hierzu *A. Epiney*, FS Marc Amstutz, 2012, 35 (47 ff.).

dass das Freizügigkeitsabkommen eine weniger weitgehende Integration als der EWR anstrebe, sondern auch, dass in Bezug auf eine parallele Auslegung abkommensrechtlicher Bestimmungen mit EU-Recht Zurückhaltung geboten sei.[27]

Insgesamt drängt sich vor diesem Hintergrund der Schluss auf, dass die Antwort auf die Frage, auf welche Weise eine parallele Auslegung von Bestimmungen Bilateraler Abkommen, die an EU-Recht angelehnt sind, mit den unionsrechtlichen „Vorbildern" sichergestellt werden kann, weniger auf einer institutionellen Ebene i. e. S., denn auf der Ebene der Rechtsetzung – d. h. einer klaren Ausgestaltung der Abkommen, soweit Umfang und Reichweite der Anlehnung an das EU-Recht betroffen sind – zu suchen sein könnte. Die Schengen-/Dublin-Assoziierungen dürften denn auch durchaus in diese Richtung weisen: Diese knüpfen ausdrücklich an Unionsrecht an, und ihnen ist im Ergebnis auch eine Verpflichtung der Schweiz zur Beachtung der Rechtsprechung des EuGH zu entnehmen, wobei sich beide Aspekte auch auf Weiterentwicklungen beziehen, so dass diesen Abkommen letztlich ein recht klar formulierter Grundsatz der parallelen Auslegung im Verhältnis zum Unionsrecht zu entnehmen ist.[28] Es ist zu erwarten, dass bei einer derartigen Ausgestaltung eines völkerrechtlichen Abkommens sowohl der EuGH als auch das Bundesgericht diesem Grundsatz auch zum Durchbruch verhelfen.

Zwar können auch auf diese Weise nicht alle Probleme gelöst werden; insbesondere vermag auch eine derartige Ausgestaltung eines Abkommens nicht zu verhindern, dass das Bundesgericht möglicherweise zuerst mit einer bestimmten Auslegungsfrage befasst ist und diese dann entscheiden muss, ohne auf die Rechtsprechung des Gerichtshofs zurückgreifen zu können. Auch wäre ohne die Ermöglichung eines Vorabentscheidungsverfahrens für Schweizer Gerichte nicht in allen Fällen gewährleistet, dass das Unionsrecht bzw. die Rechtsprechung des Gerichtshofs „richtig" ausgelegt bzw. angewandt wird. Gleichwohl dürfte auf diese Weise jedoch – ohne die „Preisgabe" des grundsätzlich völkerrechtlichen Ansatzes der Abkommen – dem Anliegen einer „einheitlichen Auslegung" und auch einer effektiven Beachtung der abkommensrechtlichen Vorgaben im Drittstaat Schweiz Rechnung getragen werden können. Im Falle einer Ausweitung eines solchen Ansatzes auf beachtliche (weitere) Bereiche des unionsrechtlichen Besitzstands sind aber die europapolitischen Optionen „Bilateraler Weg" und EU-Beitritt wieder neu zu bewerten, könnte doch ggf. über den Abschluss Bilateraler Abkommen eine Teilnahme der Schweiz an weiten Teilen des unionsrechtlichen Besitzstands realisiert werden, ohne dass diese an seiner Entstehung mitwirken kann, was aus institutioneller Sicht wenig befriedigend erscheint.

---

[27] Vgl. die Nachweise in Fn. 11 ff.
[28] Im Einzelnen hierzu *Epiney/Metz/Pirker* (Fn. 3), 151 ff., 175 ff., 198.

Einwanderungssteuerung im Spannungsfeld zwischen nationalem und europäischem Recht – Was bleibt vom Gestaltungsrecht des Gesetzgebers?

Von *Christine Langenfeld*

I. Einführung in die Problematik und Gang der Überlegungen

Die Stichworte Einwanderung und Einwanderungssteuerung sind heute in aller Munde. Wer und unter welchen Bedingungen soll das Recht haben, nach Deutschland zu kommen und sich hier niederzulassen? Und wer entscheidet darüber? Festzuhalten ist zunächst, dass EU-Angehörige und ihre Familien volle Freizügigkeit innerhalb der EU genießen.[1] Sie dürfen sich unabhängig von einer wirtschaftlichen Betätigung überall frei bewegen und niederlassen, auch in Deutschland.[2] Dies ist Ausdruck des Konzepts von der Unionsbürgerschaft, das mit der Gründung der Europäischen Union eingeführt worden ist.[3]

Drittstaatsangehörige, d. h. Personen, die nicht aus einem EU-Staat stammen und auch nicht Familienangehörige eines Unionsbürgers sind, können sich demgegenüber auf die unionsrechtliche Freizügigkeit nicht berufen.[4] Ihr Aufenthalt unterliegt im Grundsatz weiterhin dem nationalen Recht. Aber auch hier wird der Einfluss des

---

[1] Dies folgt für Unionsbürger aus Art. 21 Abs. 1 AEUV, der ein allgemeines Freizügigkeitsrecht für Unionsbürger gewährleistet. Die Modalitäten der Rechte auf Aus- und Einreise sowie auf Aufenthalt werden in der Unionsbürger-RL (Richtlinie 2004/38/EG des Europäischen Parlaments und des Rates vom 29. Apr. 2004, ABl. EU 2004 Nr. L 158, 77, ber. ABl. EU 2004 Nr. L 229, 35), auch für die Familienangehörigen, geregelt. Die Unionsbürger-RL hat die Bestimmungen der VO 1612/68 über die Familienangehörigen der Arbeitnehmer sowie eine Reihe von Richtlinien über die Freizügigkeit aufgehoben und ersetzt.

[2] Die Unionsbürger-RL hat der deutsche Gesetzgeber durch den Erlass des Gesetzes über die allgemeine Freizügigkeit von Unionsbürgern (FreizügG/EU) vom 30. Juli 2004 (BGBl. 2004 I 2004 1950), zuletzt geändert durch Gesetz vom 20. Dez. 2011 (BGBl. 2011 I 2854), umgesetzt.

[3] Zur Entwicklung von der „Marktbürgerschaft" hin zur Unionsbürgerschaft siehe *F. Wollenschläger*, Grundfreiheit ohne Markt, 2007, 101 ff.; *S. Kadelbach*, in: D. Ehlers (Hrsg.), Europäische Grundrechte und Grundfreiheiten, 2009, § 19, Rn. 4 ff.; *Ch. Calliess*, EuR 2007, Beiheft 1, 7 (9 ff.).

[4] Vgl. dazu näher *W. Kluth*, in: Ch. Calliess/M. Ruffert (Hrsg.), EUV/AEUV, 2011, Art. 21 AEUV, Rn. 13; *M. Wollenschläger*, in: S. Heselhaus/C. Nowak (Hrsg.), Handbuch der Europäischen Grundrechte, § 15, Rn. 55; *W. Frenz*, ZAR 2011, 221 (223).

Europarechts, d. h. des EU-Rechts, aber auch der EMRK, immer größer.[5] Dieser Befund ist weder neu noch revolutionär, aber die Intensität der Einwirkung hat – vor allen Dingen angetrieben durch eine vorrangig auf die Stärkung individueller Aufenthaltsrechte ausgerichtete Rechtsprechung von EuGH und EGMR[6] – ein bislang noch nicht gekanntes Ausmaß erreicht. Um die Folgen dieser Rechtsprechung für den nationalen Gesetzgeber soll es im Folgenden gehen. Welche Spielräume bleiben diesem noch im Bereich von Migration und Integration? Der skizzierte Befund soll anhand dreier ausgewählter Urteile aus der jüngeren Zeit schlaglichtartig verdeutlicht werden.

II. Familienzusammenführung – Integrationsanforderungen – Sprachkenntnisse

Bei dem ersten Urteil, das hier vorzustellen ist, handelt es sich um eine Entscheidung des Bundesverwaltungsgerichts vom März 2010.[7] Sie betraf die Rechtmäßigkeit des Nachweises von deutschen Sprachkenntnissen für den Ehegattennachzug nach dem deutschen Aufenthaltsgesetz (AufenthG).[8] Im konkreten Fall begehrten die Klägerin, eine türkische Staatsangehörige, und ihre fünf Kinder den Nachzug nach Deutschland zum Zwecke der Familienzusammenführung. Der Ehemann der Klägerin, ebenfalls türkischer Staatsangehöriger und Inhaber eines unbefristeten Aufenthaltsrechts, war bereits 1998 nach Deutschland gekommen. Im März 2001 – nach einem erfolglosen Asylverfahren – hatte er mit einer Deutschen die Ehe geschlossen. Nach der Scheidung heiratete er 2006 die Klägerin, mit der er bereits fünf gemeinsame Kinder hatte. Der nach der Eheschließung gestellte Nachzugsantrag wurde abgelehnt, weil die Ehefrau die geforderten deutschen Sprachkenntnisse nicht nachweisen konnte. Die Klägerin machte demgegenüber geltend, dass es sich bei ihr um einen Härtefall handele. Sie sei Analphabetin, lebe in einem ostanatolischen Dorf und sei mit der Betreuung ihrer fünf Kinder ausgelastet. Ein Erwerb

---

[5] Siehe dazu etwa *J. Bast*, Aufenthaltsrecht und Migrationssteuerung, 2011, 140 ff.; 190 ff.; 195 ff.; *Wollenschläger* (Fn. 4), § 15, Rn. 34 i.V.m. 20 ff.; *H. Dörig*, NVwZ 2010, 921 ff.

[6] Zur sog. Subjektivierung des nationalen Aufenthaltsrechts *Bast* (Fn. 5), 213 f.; *I. Kraft*, ZAR 2009, 41; speziell für das Ausweisungsrecht auch *D. Thym*, Migrationsverwaltungsrecht, 2010, 197 ff.

[7] BVerwGE 136, 231 mit Anmerkung von *A. Pfersich*, ZAR 2011, 34 f.

[8] Gesetz über den Aufenthalt, die Erwerbstätigkeit und die Integration von Ausländern im Bundesgebiet (AufenthG) in der Fassung der Bekanntmachung vom 25. Feb. 2008 (BGBl. 2008 I 162), zuletzt geändert durch Gesetz vom 20. Dez. 2011 (BGBl. 2011 I 2854, 3037 und 3044). Die Notwendigkeit dieses Nachweises ist in § 30 Abs. 1 S. 1 Nr. 2 AufenthG für den Nachzug zu einem ausländischen Staatsangehörigen festgelegt und gilt für den Familiennachzug zu einem deutschen Ehegatten nach § 28 Abs. 1 S. 5 AufenthG entsprechend. Zu beachten sind indes die vielgestaltigen Ausnahmetatbestände, die in § 30 Abs. 1 S. 2 und 3 AufenthG normiert sind. Siehe zum Problem *K. Dienelt*, in: G. Renner (Begr.), Ausländerrecht, 2011, § 30 AufenthG, Rn. 65 f.; *H. Hoffmann*, in: M. Hofmann/H. Hoffmann (Hrsg.), HK-Ausländerrecht, 2008, § 30, Rn. 20 ff.; *Ch. Hillgruber*, ZAR 2006, 304 (315 ff.).

selbst einfachster deutscher Sprachkenntnisse in der Türkei sei ihr daher nicht möglich.

Nach § 30 Abs. 1 S. 1 Nr. 2 AufenthG setzt ein Anspruch auf Ehegattennachzug zu einem in Deutschland ansässigen Ausländer, aber auch zu einem deutschen Ehegatten, voraus, dass sich der nachziehende Ehegatte zumindest auf einfache Art in deutscher Sprache verständigen kann.[9] Die Vorschrift findet keine Anwendung auf den Nachzug zu Unionsbürgern, da diese europarechtlich privilegiert sind. Eine Verständigung auf einfache Art in deutscher Sprache bedeutet, dass der nachziehende Ehegatte ganz einfache Sätze, die der Befriedigung konkreter Bedürfnisse dienen, sowohl schriftlich als auch mündlich verstehen und verwenden können soll. Im Fall von Krankheit oder Behinderung kann vom Spracherfordernis abgesehen werden (§ 30 Abs. 1 S. 3 Nr. 2 AufenthG). Das Spracherfordernis beim Ehegattennachzug ist im Zuge der Umsetzung der sog. Familienzusammenführungsrichtlinie[10] nach breiter und kontroverser politischer Debatte im Jahr 2007 in das Aufenthaltsgesetz eingefügt worden.[11] Laut Gesetzesbegründung soll es der präventiven Integrationsförderung und der Verhinderung von Zwangsehen dienen und ist bereits vor der Einreise nach Deutschland zu erfüllen.[12] Zuvor hatten bereits die Niederlande eine entsprechende Regelung erlassen.[13] Andere europäische Staaten sind gefolgt.[14] Deutschland ist damit Teil eines europäischen Trends, der dahin geht, Integrationsleistungen in das Herkunftsland vorzuverlagern und damit den Familiennachzug stärker zu steuern.[15]

In seinem Urteil setzte sich das Bundesverwaltungsgericht zunächst mit der Vereinbarkeit des Spracherfordernisses mit der Familienzusammenführungsrichtlinie auseinander. Nach der Richtlinie haben Ehegatten grundsätzlich einen Anspruch auf Nachzug zu ihrem in der EU ansässigen drittstaatsangehörigen Ehepartner. Allerdings eröffnet die Richtlinie den Mitgliedstaaten ausdrücklich die Möglichkeit, den Ehegattennachzug vom Nachweis von Integrationsmaßnahmen abhängig zu ma-

---

[9] Vgl. dazu die Legaldefinition in § 2 Abs. 8 AufenthG, die auf das Niveau A 1 des Gemeinsamen Europäischen Referenzrahmens für Sprachen (Empfehlung des Ministerkomitees des Europarates an die Mitgliedstaaten Nr. R (98) 6 vom 17. März 1998 zum Gemeinsamen Europäischen Referenzrahmen für Sprachen – GER) verweist.

[10] Richtlinie 2003/86/EG des Rates vom 22. Sept. 2003 betreffend das Recht auf Familienzusammenführung, ABl. EU 2003 L 251, 12.

[11] Dazu aus der Literatur etwa *Th. Kingreen*, ZAR 2007, 13; *Ch. Hillgruber*, ZAR 2006, 304 ff.; *R. Gutmann*, ZAR 2010, 90 ff.; *R. Marx*, ZAR 2011, 15 ff.

[12] BT-Drs. 16/5065, S. 173.

[13] Dazu *Ch. Hauschild*, ZAR 2003, 266 (271). Mittlerweile haben die Niederlande das Spracherfordernis aber wieder aufgehoben.

[14] Vgl. dazu näher Sachverständigenrat deutscher Stiftungen für Integration und Migration, Migrationsland, Jahresgutachten 2011, 108 ff.

[15] *K. Groenendijk*, ZAR 2007, 320 (324).

chen.[16] Diese Regelung ist u. a. auf Drängen Deutschlands in die Richtlinie aufgenommen worden. Aus der Entstehungsgeschichte der Richtlinie ergebe sich – so das Bundesverwaltungsgericht –, dass unter dem Begriff der Integrationsmaßnahme nicht lediglich die Anstrengung, die deutsche Sprache zu erlernen, zu verstehen sei, sondern dass auch das Vorhandensein bestimmter Sprachkenntnisse verlangt werden könne. Hierbei dürften die Anforderungen allerdings nicht zu hoch sein. Hinsichtlich der grundsätzlichen Zulässigkeit des Spracherfordernisses sei von einem acte clair auszugehen. Einer Vorlage an den EuGH bedürfe es deswegen nicht.[17]

Das Spracherfordernis widerspricht nach Ansicht des Bundesverwaltungsgerichts auch nicht dem besonderen Schutz von Ehe und Familie in Art. 6 GG, Art. 8 EMRK (und Art. 7 EU-GRCharta). Nach der ständigen Rechtsprechung von Bundesverfassungsgericht und EGMR ergebe sich aus diesen Rechten kein Anspruch auf Einreise und Aufenthalt zu einem hier lebenden Ehegatten.[18] Gefordert sei allerdings eine Abwägung zwischen den privaten Interessen an einem ehelichen Zusammenleben im Bundesgebiet mit gegenläufigen öffentlichen Belangen. Dieser Abwägung werde die Regelung in § 30 AufenthG gerecht, da sie regelmäßig nur für einen überschaubaren Zeitraum, d. h. die Zeit des Besuches eines Sprachkurses das eheliche Zusammenleben verhindere. Eine Verfassungswidrigkeit des Spracherfordernisses ergebe sich schließlich auch nicht daraus, dass keine Härtefallregelung für jene Fälle vorgesehen sei, in denen der Spracherwerb nicht möglich und die Herstellung der ehelichen Gemeinschaft im Ausland nicht zumutbar sei. In diesen Fällen könne der verfassungsrechtlich gebotene Interessenausgleich einfachgesetzlich auf andere Weise herbeigeführt werden, etwa durch die Erteilung einer vorübergehenden Aufenthaltserlaubnis zum Zweck des Spracherwerbs (§ 16 Abs. 5 AufenthG). Soweit – in Kurz-

---

[16] Vgl. Art. 7 Abs. 2 Familienzusammenführungs-RL, wobei allerdings umstritten ist, wie der Begriff der Integrationsmaßnahme ausgelegt werden muss. Einerseits wird vertreten, dass Integrationsmaßnahmen nur solche nach Durchführung des Ehegattennachzugs sein können, so etwa *Th. Groß*, ZAR 2007, 315 (318); *ders.*, Gutachterliche Stellungnahme für den Innenausschuss des Deutschen Bundestags vom 30. Mai 2011, Ausschuss-Drs. 17(4) 266 C, S. 5 f.; *Bast* (Fn. 5), 254 f.; *R. Marx*, ZAR 2011, 15 (19 f.); andererseits wird angenommen, dass mit Integrationsmaßnahmen auch die Verpflichtung zum Erwerb von Sprachkenntnissen vor der Einreise gemeint sein kann, so etwa *Dienelt* (Fn. 8), § 30, Rn. 42; *K. Breitkreutz/B. Franßen-de la Cerda/C. Hübner*, ZAR 2007, 381 (382); *R. Gutmann*, ZAR 2010, 90 (91).

[17] BVerwGE 136, 231, 240 ff. (insbes. 242, 243). Das Gericht nimmt in seiner Argumentation u. a. Bezug auf die damalige Auffassung der Kommission in ihrem Bericht vom 8. Okt. 2008 an das Europäische Parlament und den Rat.

[18] Aus der Rspr. des BVerfG siehe etwa BVerfGE 51, 386 (396 f.); 76, 1 (47 ff.); 80, 81 (93); BVerfG (K), NVwZ 2004, 606; NVwZ 2007, 1302 f.; NVwZ-RR 2011, 387 (390); EGMR, *Abdulaziz et al. ./. Vereinigtes Königreich*, 9214/80 u. a., Urteil vom 28. Mai 1985; NJW 1986, 3007 (3009), Rn. 67; Kammerurteil (I. Sektion), *Mubilanzila Mayeka u. Kaniki Mitunga ./. Belgien*, 13178/03, Entsch. vom 12. Okt. 2006, NVwZ-RR 2008, 573 (575), Rn. 75 ff.; Kammerentscheidung (III. Sektion), *Dragan et. al. ./. Bundesrepublik Deutschland*, 33743/03, Entsch. vom 7. Okt. 2004, NVwZ 2005, 1043 (1045). Zusammenfassend dazu und mit weiteren Nachweisen BVerwGE 136, 231 (245 f.).

form – das Grundsatzurteil des Bundesverwaltungsgerichts. Die hiergegen eingelegte Verfassungsbeschwerde wurde nicht zur Entscheidung angenommen.[19]

Die Regelung zum Spracherfordernis war von Anfang an heftig umstritten. Die Kritik entzündete sich u. a. am gesetzgeberischen Anliegen zur Verhinderung von Zwangsehen und der präventiven Förderung der Integration.[20] Der Erwerb von nur rudimentären Sprachkenntnissen sei – so die Kritik – nicht geeignet, diese Ziele zu erreichen und beeinträchtige das eheliche Leben im Übrigen in unangemessener Weise.[21] Dem sind Bundesverwaltungsgericht und Bundesverfassungsgericht – zu Recht – nicht gefolgt. Es ist nicht erkennbar, dass ein vor der Einreise zu erfüllendes Spracherfordernis zur Erreichung der genannten Ziele offensichtlich ungeeignet ist. Dem Gesetzgeber kommt an dieser Stelle ein weiter Beurteilungsspielraum zu. Demgegenüber steht eine in der Regel nur geringfügige Beeinträchtigung des ehelichen Zusammenlebens. Dies entspricht auch dem empirischen Befund. Nach den aktuellen Zahlen ist ein nachhaltiger Rückgang der Familienmigration, die von jeher die wichtigste Dimension der dauerhaften Zuwanderung nach Deutschland darstellt, nicht zu belegen.[22] Das Niveau vor der Einführung des Sprachnachweises ist mittlerweile wieder nahezu erreicht. Ein weites Netz von Deutschkursangeboten in den wichtigsten Herkunftsländern ist heute etabliert.[23] Dies bedeutet, dass der Sprachnachweis sich nicht als nachhaltiges Hindernis für den Ehegattennachzug erwiesen hat. Verbleibende Härtefälle können – wie gezeigt – vermieden werden.

Die Kritik am Spracherfordernis ist freilich mit der Entscheidung des Bundesverwaltungsgerichts nicht verstummt. Eine Klärung durch den EuGH steht aus, nachdem ein Vorabentscheidungsersuchen zu der dem deutschem Recht entsprechenden niederländischen Regelung[24] wegen der nach Einleitung des Verfahrens erfolgten Aufhebung des Spracherfordernisses nicht entschieden worden ist. Jedoch ist eine erneute Befassung mit der Thematik wahrscheinlich und auch geboten. Die Kommission hat mittlerweile ihre Haltung zur Vereinbarkeit des vorherigen Spracherforder-

---

[19] BVerfG (K), NVwZ 2011, 870 f.

[20] Skeptisch in Hinblick auf die Verhinderung von Zwangsehen als legitimem Zweck *Th. Kingreen*, ZAR 2007, 13 (15).

[21] So wird darauf verwiesen, dass der Erwerb von Sprachkenntnissen im Inland ein weniger einschneidendes Mittel wäre, siehe etwa *R. Göbel-Zimmermann*, in: B. Huber (Hrsg.), Aufenthaltsgesetz, 2010, § 30 AufenthG, Rn. 9; *ders.*, ZAR 2008, 169 (172 f.); *N. Truchseß/N. Markard*, NVwZ 2007, 1025 (1027).

[22] Sachverständigenrat deutscher Stiftungen für Integration und Migration, Migrationsland, Jahresgutachten 2011, 99.

[23] Mittlerweile existieren in fast allen Ländern mit Ausnahme von Montenegro und dem Kosovo Standorte bzw. Verbindungsbüros des Goethe-Instituts; abrufbar unter: www.goethe.de/uun/adr/wwt/est/deindex.htm (besucht am 17. Apr. 2012). Siehe auch die Stellungnahme des Goethe-Instituts für den Innenausschuss des Deutschen Bundestages, Ausschuss-Drs. 17 (4) 266 A, S. 3.

[24] EuGH, *Imran*, C-155/11, Urteil vom 10. Juni 2011, dazu näher auch *V. Pfaff*, FPR 2011, 428 f.

nisses mit Art. 7 Abs. 2 der Familienzusammenführungsrichtlinie geändert.[25] Von einem acte clair, wie ihn das Bundesverwaltungsgericht u. a. unter Hinweis auf die frühere Haltung der Kommission angenommen hatte[26], kann angesichts dieser Umstände nicht gesprochen werden. Damit ist der EuGH zur Entscheidung berufen.

III. Spracherfordernis für türkische Ehegatten und Assoziationsrecht

Eine weitere Kritik am Urteil des Bundesverwaltungsgerichts zum Spracherfordernis beim Ehegattennachzug entzündet sich daran, dass das Gericht einen Verstoß des Sprachnachweises für türkische Ehegatten gegen die assoziationsrechtlichen Stillhalteklauseln für türkische Staatsangehörige verneint hat.[27] Einschlägig ist hier vorrangig Art. 13 des Beschlusses Nr. 1/80 des Assoziationsrats EWG/Türkei (ARB) vom 19. 9. 1980. Danach dürfen die Mitgliedstaaten für türkische „Arbeitnehmer und ihre Familienangehörigen, deren Aufenthalt und Beschäftigung in ihrem Hoheitsgebiet ordnungsgemäß sind, keine neuen Beschränkungen für den Zugang zum Arbeitsmarkt einführen." Diese Klausel ist nach ständiger Rechtsprechung des EuGH auch auf solche Regelungen anwendbar, die nicht unmittelbar den Arbeitsmarktzugang betreffen, sondern die aufenthaltsrechtlichen Voraussetzungen, die sich lediglich mittelbar auf den Arbeitsmarktzugang auswirken. Dies gilt, obwohl das Assoziationsrecht nur über den Zugang zu wirtschaftlicher Betätigung konkrete Entscheidungen enthält. Diese Deutung bekräftigte der EuGH im Urteil *Toprak und Oguz*.[28] Darüber hinaus stellte er klar, dass die Stillhalteklausel nicht nur verbietet, die Rechtsstellung türkischer Staatsangehöriger, die sich ordnungsgemäß in einem EU-Mitgliedstaat aufhalten, im Vergleich zu der Rechtslage zu verschlechtern, die bei Inkrafttreten des Assoziationsratsbeschlusses am 1.12.1980 galt. Verboten ist nach dem Urteil vielmehr auch, zwischenzeitlich eingeführte Vergünstigungen für

---

[25] So hat das BVerwG anlässlich einer Kostenentscheidung nach Erledigung eines Rechtsstreits über die Verpflichtung zur Erteilung eines Visums (zum Zwecke des Familiennachzugs) darauf hingewiesen, dass die Europäische Kommission in dem Verfahren in der Rs. *Imran* eine abweichende Stellungnahme abgegeben habe und deshalb die Rechtslage, d. h. die Vereinbarkeit des § 30 Abs. 1 S. 1 Nr. 2 AufenthG unter anderem mit Art. 7 Abs. 2 Familienzusammenführungs-RL, als „offen" anzusehen sei, siehe in: NVwZ 2012, 61 (62). In der Stellungnahme der Kommission vom 4. Mai 2011, Sj.g (2011) 540657, Ziffer 21 heißt es dazu: „Es geht hier in erster Linie nicht um Bedingungen, gemäß Artikel 7 (1), für die ein Nachweis erbracht werden muss, sondern um ‚Integrationsmaßnahmen', denen das jeweilige Familienmitglied auf Verlangen des Mitgliedstaates nachkommen muss. Artikel 7 (2) formuliert – mit anderen Worten – keine Bedingungen, von denen das Recht auf Familienzusammenführung selbst abhängig ist."

[26] Vgl. Fn. 17.

[27] BVerwGE 136, 231 (236 f.); kritisch dazu *Groß* (Fn. 16), S. 7; *A. Farahat*, NVwZ 2011, 343 (345 f.).

[28] EuGH, *Toprak und Oguz*, C-300/09 und C-301/09, Urteil vom 9. Dez. 2010, NVwZ 2011, 349, Rn. 49 u. 60 f.; bestätigt in: *Dereci*, C-256/11, Urteil vom 15. Nov. 2011, NVwZ 2012, 97 (101 f.), Rn. 80 ff.

diesen Personenkreis zurückzunehmen, selbst wenn dies keine Verschlechterung der Rechtsstellung im Vergleich zum Zeitpunkt des Inkrafttretens des Beschlusses am 1.12.1980 bedeutet. Der EuGH versteht Art. 13 ARB 1/80 entgegen dem Wortsinn damit als „zeitliche Meistbegünstigungsklausel"[29]. Anwendbar ist für türkische Staatsangehörige die jeweils günstigste aufenthaltsrechtliche Regelung. Ergibt sich dabei, dass zu irgendeinem Zeitpunkt eine Aufenthaltserlaubnis erteilt worden wäre, ist sie auch heute zu erteilen. Rechtlicher Anknüpfungspunkt für den EuGH ist das im Assoziationsratsbeschluss zum Ausdruck kommende Ziel, günstige Bedingungen für die schrittweise Herstellung der Freizügigkeit der türkischen Arbeitnehmer zu schaffen.

Das Urteil des EuGH hat weit reichende Folgen für die Gestaltung aufenthaltsrechtlicher Bestimmungen im nationalen Ausländerrecht, soweit türkische Staatsbürger betroffen sind. Unvereinbar mit der neuen Rechtsprechung dürfte danach die vom deutschen Gesetzgeber beschlossene Heraufsetzung der Mindestehebestandszeit von zwei auf drei Jahre durch das Gesetz zur Bekämpfung von Zwangsheiraten sein.[30] Hierbei handelt es sich zwar nicht um eine Verschlechterung der Rechtslage assoziationsberechtigter türkischer Staatsangehöriger im Vergleich zur Rechtslage am 1.12.1980, wohl aber um eine Verschlechterung gegenüber einer zwischenzeitlich eingeführten Vergünstigung.[31] Denn bislang konnte ein vom Bestand der Ehe unabhängiges Aufenthaltsrecht bereits nach einer Ehebestandszeit von zwei Jahren erworben werden.

Auch der Sprachnachweis beim Ehegattennachzug, der Gegenstand der unter II. referierten Entscheidung des Bundesverwaltungsgerichts war, wird im Hinblick auf die Rechtsprechung des EuGH zur Verknüpfung von assoziationsrechtlichem Arbeitsmarktzugang und Aufenthaltsrecht in Frage gestellt.[32] Gefordert wird, die assoziationsrechtlichen Freizügigkeitsregelungen auch auf den Ehegattennachzug zu erstrecken. Denn schließlich beeinträchtige das Spracherfordernis das Recht auf Familienzusammenführung des in Deutschland mit einem gesicherten Aufenthaltsrecht lebenden Ehegatten und Arbeitnehmers und damit letztlich auch seine Freizügigkeit.[33] Ein solches Verständnis des Art. 13 ARB 1/80 wird allerdings vom Wortlaut der Norm nicht gedeckt. Denn dieser erfasst nur solche Regelungen, die als neue Beschränkung der *Ausübung einer Erwerbstätigkeit* qualifiziert werden können. Würde man Art. 13 ARB 1/80 auch auf die Familienzusammenführung anwenden, würde der Anwendungsbereich der Stillhalteklausel über das Verbot von Beschränkungen

---

[29] Begriff nach A. *Farahat*, NVwZ 2011, 343 (344).

[30] Mit Wirkung zum 1. Juli 2011 ist die Ehebestandszeit von zwei auf drei Jahre heraufgesetzt worden durch das Gesetz zur Bekämpfung der Zwangsheirat und zum besseren Schutz der Opfer von Zwangsheirat sowie zur Änderung weiterer aufenthalts- und asylrechtlicher Vorschriften vom 23. Juni 2011 (BGBl. 2011 I 1266).

[31] Siehe A. *Faharat*, NVwZ 2011, 343 (345); R. *Gutmann*, NJW 2011, 2776.

[32] A. *Faharat*, NVwZ 2011, 343 (345 f.); ebenso *Groß* (Fn. 16), S. 7; A. *Pfersich*, ZAR 2011, 34 f.

[33] A. *Farahat*, NVwZ 2011, 343 (345).

der Ausübung einer Erwerbstätigkeit hinaus erweitert auf den Ehegattennachzug. Dieser könnte dann nicht mehr von der Erfüllung bestimmter – neu eingeführter – Voraussetzungen wie etwa einem Sprachnachweis abhängig gemacht werden. Denn besteht erst einmal ein assoziationsrechtliches Aufenthaltsrecht, kommt es wegen des Anwendungsvorrangs des Unionsrechts auf entgegenstehendes nationales Recht nicht mehr an. Zwar können sich nach der EuGH-Rechtsprechung[34] nicht nur solche türkische Staatsangehörige auf die Stillhalteklausel berufen, die bereits ordnungsgemäß in einen EU-Mitgliedstaat eingereist sind, sondern auch solche, die dies lediglich beabsichtigen oder sich in einem Mitgliedstaat – etwa nach einem erfolglosen Asylantrag – faktisch aufhalten, allerdings ändert dies nichts daran, dass Beschränkungen des Ehegattennachzugs – wie das Bundesverwaltungsgericht zu Recht hervorhebt[35] – nicht als Beschränkung der Arbeitnehmerfreizügigkeit (oder der Dienstleistungsfreiheit) im Sinne von Art. 13 ARB 1/80 angesehen werden können.[36]

Letztlich wird der EuGH diese Frage klären müssen. Angesichts der der Rechtsprechung eigenen Dynamik ist offen, wie er sich dazu stellen wird. Denkbar wäre etwa, dass er den assoziationsrechtlich begründeten Arbeitsmarktzugang mit dem Schutz von Ehe und Familie in EMRK und Grundrechtecharta verknüpft. Ein solcher Schritt läge durchaus auf der Linie einer Judikatur, die die Freizügigkeitsrechte aus dem Assoziationsrecht immer stärker an die Grundfreiheiten des Vertrages angleicht. Eine weitere Stärkung der Rechte türkischer Staatsangehöriger ist aber nicht vorrangig durch die Rechtsprechung herbeizuführen, sondern im Rahmen der assoziationsrechtlich vorgesehenen Verfahren zu beschließen. Zuständig hierfür ist der Assoziationsrat, der unter Berücksichtigung der politischen und wirtschaftlichen Entwicklung die weitere Vertiefung der Assoziation EU-Türkei vorantreibt. Auf die Bedeutung des Assoziationsrates als „Motor der Integration" hat auch das Bundesverwaltungsgericht im Zusammenhang mit der Frage der Erstreckung der Ausweisungsregeln für Unionsbürger (Art. 27, Art. 28 Unionsbürger-RL) auf assoziationsberechtigte türkische Staatsangehörige hingewiesen.[37] Im Assoziationsrat, der einstimmig beschließt, sind neben den EU-Organen die Regierungen der EU-Mitgliedstaaten vertreten. Die Deutung der Stillhalteklausel als „Einbahnstraße", die nur in eine Richtung weist und jede nachfolgende Regelung für unzulässig er-

---

[34] EuGH, *Tum und Dari ./. Vereinigtes Königreich*, C-16/05, Urteil vom 20. Sep. 2007, NVwZ 2008, 61, Rn. 59 u. 68.

[35] BVerwGE 136, 231 (237 f.).

[36] *K. Hailbronner*, ZAR 2011, 322 (328).

[37] BVerwG, NVwZ 2010, 392 (395). Vgl. dazu jetzt EuGH, *Ziebell*, C-371/80, Urteil vom 8. Dez. 2011, NVwZ 2012, 422. Gegenstand der Entscheidung war die Frage nach der entsprechenden Anwendung des Art. 28 Abs. 3 Unionsbürger-RL auf türkische Assoziierungsberechtigte. Zu Recht lehnte der EuGH eine entsprechende Anwendung ab, da die aus dem Assoziationsrecht abgeleiteteten Rechte nicht denjenigen aus der Unionsbürgerschaft gleichwertig seien. Im Gefolge der Entscheidung des EuGH hat das BVerwG einen seinerseits ergangenen Vorlagebeschluss aufgehoben: BVerwG, 1 C 25/08 (1 C 19/11), Beschluss vom 20. Dez. 2011. Gegenstand der Entscheidung des EuGH war der entsprechende Vorlagebeschluss des VGH Mannheim (siehe: NVwZ-RR 2009, 82).

klärt, sofern sie den einmal erreichten individuellen Status schmälert, verbunden mit einem über den unmittelbaren Arbeitsmarktzugang hinausreichenden Verständnis des Beschränkungsbegriffs, entwertet demgegenüber die Funktion des Assoziationsrates weiter. An die Stelle politischer Entscheidungen demokratisch legitimierter Organe tritt Richterrecht.

IV. *Zambrano* – die neue Kernbereichsdoktrin[38]

Das dritte und letzte Urteil, das vorliegend betrachtet werden soll, erging im März 2011. Es handelte sich um die Entscheidung des EuGH (Große Kammer) im Fall *Zambrano*.[39] Worum ging es? Ein kolumbianisches Ehepaar hielt sich nach erfolglosem Asylverfahren ohne gesicherten Aufenthaltsstatus seit 1999 in Belgien auf. Mehrere Anträge auf Legalisierung des Aufenthaltes des Ehepaares blieben erfolglos. Während des Aufenthaltes in Belgien bekam es zwei Kinder, die, nachdem die Eltern es – offenbar bewusst – versäumt hatten, für ihre Kinder die kolumbianische Staatsangehörigkeit zu beantragen, zur Vermeidung der Staatenlosigkeit nach Maßgabe des belgischen Rechts die belgische Staatsangehörigkeit erwarben. Auf die Vorlage des Tribunal du Travail Brüssel sprach der EuGH Herrn *Zambrano* einen Anspruch auf Legalisierung seines Aufenthalts sowie auf Erteilung einer Arbeitserlaubnis zu. Er leitete dieses Recht[40] aus dem in Art. 20 AEUV verbürgten Unionsbürgerstatus der belgischen Kinder von Herrn *Zambrano* ab, denn – so die Argumentation des Gerichtshofs – „eine Aufenthaltsverweigerung hat nämlich zur Folge, dass sich die Kinder – Unionsbürger – gezwungen sehen, das Gebiet der Union zu verlassen, um ihre Eltern zu begleiten. (...) Unter diesen Umständen wäre es den genannten Unionsbürgern de facto unmöglich, den *Kernbestand der Rechte* (Hervorhebung durch Verf.), die ihnen der Unionsbürgerstatus verleiht, tatsächlich in Anspruch zu nehmen" (Rdnr. 44). Mit anderen Worten: Unrechtmäßig in der EU lebende Ausländer dürfen bleiben, wenn ihr Kind EU-Bürger ist und sie ihm Unterhalt gewähren. Sicher mögen gewichtige humanitäre Gründe dafür sprechen, Familie *Zambrano* den Aufenthalt in Belgien zu ermöglichen. Es stellt sich nur die Frage, auf welcher rechtlichen Grundlage dies geschieht. Bislang war klar, dass die Unionsbürgerschaft mit ihren aufenthaltsrechtlichen Schutzwirkungen nur in einem Fall mit grenzüberschreitendem Bezug zur Anwendung kommt, z.B. dann, wenn ein Unionsbürger

---

[38] Zum Urteil *Zambrano* vgl. bereits *Ch. Langenfeld*, Die neue Rechtsprechung zur Unionsbürgerschaft – Wie weit geht der Expansionskurs des EuGH?, in: Konrad-Adenauer-Stiftung (Hrsg.), 60 Jahre Bundesverfassungsgericht – Grenzüberschreitende Herausforderungen für Karlsruhe, 2012, S. 69. Teile der hier abgedruckten Analyse des Urteils finden sich auch dort.

[39] EuGH, *Zambrano*, C-34/09, Urteil vom 8. März 2011, NJW 2011, 2033 ff.

[40] Der EuGH hat sich ausdrücklich nicht auf die in Art. 21 AEUV garantierte Freizügigkeit berufen, die in diesem Fall auch nicht betroffen war.

sein Land verlässt, um in einem anderen EU-Staat eine Arbeit aufzunehmen.[41] Diese Linie gibt der EuGH nun auf. Erstmals gewährt er einem Drittstaatsangehörigen, der immer nur in einem EU-Staat gelebt hat, einen unionsrechtlichen Anspruch auf Legalisierung des unrechtmäßigen Aufenthalts und auf Arbeitsmarktzugang. Rechtsgrundlage für das Aufenthaltsrecht ist die Unionsbürgerschaft des unterhaltsberechtigten Angehörigen. Das entscheidend Neue an dem Urteil ist der Verzicht auf das Element des grenzüberschreitenden Bezugs. Das Unionsrecht greift damit auf den Status von Unionsbürgern und ihren Familienangehörigen unabhängig davon zu, ob diese von ihren Freizügigkeitsrechten Gebrauch gemacht haben. Soweit der EuGH die aufenthaltsrechtlichen Schutzwirkungen der Unionsbürgerschaft auch in reinen Inlandsfällen auf Familienangehörige aus einem Drittstaat erstreckt, wird das nationale Ausländerrecht verdrängt und damit die Möglichkeit des Gesetzgebers, den Aufenthalt von Drittstaatsangehörigen zu regulieren.

In der Praxis werden insbesondere solche Staaten von den Auswirkungen der *Zambrano*-Rechtsprechung betroffen sein, in denen aufgrund der Ausgestaltung des Staatsangehörigkeitsrechts die Situation eintreten kann, dass Eltern und Kinder nicht dieselbe Staatsangehörigkeit besitzen. In Deutschland ist dies zunehmend der Fall. Nach dem jüngsten Migrationsbericht des Bundesamtes für Migration und Flüchtlinge kommen wegen der seit 2000 geltenden ius soli-Regelung (§ 4 Abs. 3, § 40 b) i.V.m. § 29 StAG) in Deutschland über 30000 Kinder von Ausländern pro Jahr auf die Welt, die von Geburt an Deutsche sind.[42] Hinzu kommt eine hohe Zahl von Kindern aus binationalen Verbindungen (in 2009: ca. 83000 von insgesamt 682514 Geburten).[43] Regelmäßig ist es in diesen Fällen freilich so, dass die ausländischen Eltern bereits nach dem deutschen Aufenthaltsrecht über einen gesicherten Aufenthaltsstatus verfügen.[44] Halten sich die Eltern oder ein Elternteil allerdings nicht rechtmäßig in Deutschland auf, dann kann – seit *Zambrano* – unmittelbar aus dem unionsrechtlichen Freizügigkeitsrecht des unterhaltsberechtigten Kindes ein Recht des drittstaatsangehörigen Elternteils auf Aufenthalt und Arbeitsmarktzugang bestehen.

Wenige Wochen nach seinem Urteil in der Rs. *Zambrano* musste sich der Gerichtshof mit der Frage der Auswirkungen der Entscheidung auf den Ehegattennach-

---

[41] *Kluth* (Fn. 4) Art. 21 AEUV Rn. 4; *M. Hilf*, in: E. Grabitz/M. Hilf, 40. Ergänzungslieferung (Stand: Okt. 2009), Art. 18 EGV, Rn. 7: „Art. 18 gewährleistet das Recht, aus einem Mitgliedstaat *auszureisen*, in *einen anderen Mitgliedstaat* (Hervorhebung durch Verf.) *einzureisen* und sich dort ohne zeitliche und grundsätzlich ohne inhaltliche Begrenzung *aufzuhalten.*"

[42] Migrationsbericht 2010, S. 222, abrufbar unter: www.bamf.de.

[43] A.a.O.

[44] So verlangt etwa § 4 StAG für den Erwerb der deutschen Staatsangehörigkeit nach dem ius soli-Grundsatz, dass sich mindestens ein Elternteil seit acht Jahren gewöhnlich im Bundesgebiet bis zur Geburt des Kindes aufgehalten hat und ein unbefristetes Aufenthaltsrecht besitzt.

zug befassen.⁴⁵ Es ging um den Fall einer irisch-britischen Staatsangehörigen, Frau *McCarthy*, die unter Berufung auf ihre irische Staatsangehörigkeit und ihren Status als Unionsbürgerin die Legalisierung des unrechtmäßigen Aufenthalts ihres jamaikanischen Ehemanns anstrebte. Frau *McCarthy* hatte ihre Heimat Großbritannien noch nie verlassen. Kurz vor der Entscheidung des EuGH in der Rs. *McCarthy* hatte bereits das OVG Münster in einem anderen Fall unter Hinweis auf die Besonderheiten der Konstellation *Zambrano* abgelehnt, die dort ausgesprochenen Grundsätze auf einen drittstaatsangehörigen Ehemann einer Deutschen zu erstrecken.⁴⁶ Dieser wollte – im Ergebnis erfolglos – aus der Unionsbürgerschaft seiner Ehefrau, die Deutschland noch nie verlassen hatte, ein Aufenthaltsrecht ableiten, ohne die im Aufenthaltsgesetz vorgesehenen Verpflichtungen zum Besuch eines Integrationskurses zu erfüllen (§ 44a AufenthG). Diese Verpflichtung findet nämlich auf freizügigkeitsberechtigte EU-Bürger und ihre Familienangehörigen keine Anwendung.

Im Ergebnis lehnte auch der EuGH die Erstreckung der *Zambrano*-Rechtsprechung auf die Forderung der Klägerin *McCarthy* nach Ehegattennachzug ab. Es sei nicht ersichtlich, dass die Verweigerung des Ehegattennachzugs die Klägerin in ihrem Recht beeinträchtige, sich innerhalb der EU-Staaten frei zu bewegen. Die Entscheidung des Gerichtshofs ist richtig. Sie begrenzt die Folgen der *Zambrano*-Rechtsprechung. Zur Sicherung des Aufenthaltsrechts im eigenen Heimatstaat bedarf es nicht des Rückgriffs auf die unionsrechtliche Freizügigkeit. Denn das über die Staatsangehörigkeit vermittelte Aufenthaltsrecht ist unbedingt und besteht unabhängig vom Aufenthaltsrecht des drittstaatsangehörigen Ehegatten. Entgegen dem Vorschlag der Generalanwältin *Sharpston* im Fall *Zambrano*⁴⁷ verbindet der Gerichtshof die Rechte aus der Unionsbürgerschaft an dieser Stelle auch nicht mit den Rechten aus der Grundrechtecharta, etwa dem Schutz von Ehe und Familie in Art. 7. Die Konsequenzen einer derartigen Fortentwicklung der Unionsbürgerschaft, d.h. ihre grundrechtliche Verstärkung verbunden mit der Aufgabe ihrer transnationalen Begrenzung, wären erheblich, nicht nur für das nationale Einwanderungsrecht.⁴⁸ Eine beträchtliche Ausweitung des Anwendungsbereichs der EU-Grundrechte wäre die Folge zulasten von Grundgesetz und Bundesverfassungsgericht.⁴⁹

Es kommt Folgendes hinzu: Die Möglichkeit der Berufung auf die Unionsbürgerschaft und die damit verbundenen Vergünstigungen auch gegenüber dem eigenen Herkunftsstaat liefe auf ein „Rosinenpicken" hinaus: Denn der Unionsbürger könnte einerseits die Vorteile des Unionsbürgerstatus für die Familienzusammenführung in Anspruch nehmen, andererseits müsste er die Anforderungen für die Wahrnehmung der unionsrechtlichen Freizügigkeit wie etwa das Erfordernis der wirtschaftlichen

---

⁴⁵ Rs. *McCarthy*, Urteil vom 5. Mai 2011, Rs. C-434/09, NVwZ 2011, 867 ff.
⁴⁶ OVG Münster, NVwZ 2011, 955 (956).
⁴⁷ Schlussanträge vom 30. Sept. 2010 in der Rs. *Zambrano*, C-34/09, Rn. 81 ff.
⁴⁸ Zu den möglichen Auswirkungen auf das Aufenthaltsrecht siehe auch *B. Huber*, NVwZ 2011, 856 (858 ff.).
⁴⁹ Vgl. dazu näher *Langenfeld* (Fn. 38), 4.b.

Unabhängigkeit nicht erfüllen, da sein Aufenthalt im Heimatstaat – anders als der Aufenthalt eines Ausländers – ohnehin nicht beendet werden kann. Dies entspräche nicht dem Geist und der Zielsetzung der unionsrechtlichen Bestimmungen über Freizügigkeit und Aufenthaltsrecht.

Welche weiteren Konsequenzen wird die *Zambrano*-Rechtsprechung haben? Zunächst einmal wird Rechtsunsicherheit die Folge sein ebenso wie eine weitere Erhöhung der Komplexität ausländerrechtlicher Entscheidungen. Zahlreiche Fragen werden EuGH und nationale Gerichte so rasch als möglich zu klären haben: Für welchen Zeitraum etwa sind die Eltern von EU-Bürgern aufenthalts- und arbeitsberechtigt? Ist nach Erreichung der Volljährigkeit eine Beendigung des Aufenthalts der Eltern überhaupt noch möglich? Können die Mitgliedstaaten einem Elternteil einen Aufenthaltstitel verweigern, wenn dieser z. B. nicht bereit ist, sich an Integrationsmaßnahmen zu beteiligen oder wenn er eine schwere Straftat begangen hat? Und wie steht es angesichts der Verpflichtung der Mitgliedstaaten, den unrechtmäßigen Aufenthalt der Eltern eines Unionsbürgers zu legalisieren, eigentlich mit dem in Art. 79 AEUV niedergelegten Ziel, die illegale Einwanderung verstärkt zu bekämpfen?[50] Auf alle diese Fragen geht der Gerichtshof nicht ein. Angesichts der unvorhersehbaren Konsequenzen des Urteils ist die Apodiktizität, mit der der EuGH die bisherige Rechtsprechung auf den Kopf stellt, nicht nachvollziehbar. Selbst für Luxemburger Verhältnisse ist die Argumentation wenig fundiert und dies, obwohl acht Regierungen und die Europäische Kommission im Verfahren übereinstimmend vorgetragen hatten, dass das Unionsrecht auf den konkreten Sachverhalt mangels grenzüberschreitenden Bezugs keine Anwendung findet.

Umso mehr ist es zu begrüßen, dass es der Gerichtshof selbst ist, der sich in der nachfolgenden Rechtsprechung – hervorzuheben ist hier neben der oben referierten Entscheidung im Fall *McCarthy* das Urteil in der Rechtssache *Dereci* vom November 2011[51] – um Präzisierung und Begrenzung der im *Zambrano*-Urteil ausgesprochenen Grundsätze bemüht. Nach *Dereci* soll der Kernbereich der Unionsbürgerschaft – jedenfalls im Grundsatz – nur betroffen sein in jenen Fällen, in denen „sich der Unionsbürger *de facto* gezwungen sieht, nicht nur das Gebiet des Mitgliedstaats, dem er angehört, zu verlassen, sondern das Gebiet der Union als Ganzes."[52] Das bedeutet wohl, dass sich aus der *Zambrano*-Rechtsprechung Folgen für das Ausländerrecht in Bezug auf Drittstaatsangehörige regelmäßig nur in Ausnahmefällen ergeben, d.h. dann, wenn sich die Ausübung der Unionsbürgerrechte infolge der Beendigung des Aufenthalts eines Drittstaatsangehörigen als unmöglich erweist, wenn also – wie

---

[50] Zu den zahlreichen offenen Fragen der *Zambrano*-Rspr. vgl. etwa *D. Thym/K. Hailbronner*, NJW 2011, 2008 (2012).

[51] EuGH, *Dereci*, C-256/11, Urteil vom 15. Nov. 2011, NVwZ 2012, 97 mit Anmerkung von *D. Thym*, a.a.O., der dort ebenfalls eine stark restriktive Tendenz in der Handhabung der neuen Kernbereichsdoktrin erkennt; dennoch möchte *M. Nettesheim*, JZ 2011, 1030 (1032 f.) in der *Zambrano*-Rechtsprechung nur einen weiteren Schritt in der Entwicklung der Unionsbürgerschaft hin zu einem föderalen Bürgerrecht sehen.

[52] EuGH, *Dereci*, C-256/11, Urteil vom 15. Nov. 2011, NVwZ 2012, 97 (100).

dies im Fall *Zambrano* der Fall war – die Fortsetzung des Aufenthalts innerhalb der EU für den Unionsbürger ohne die gleichzeitige Gestattung des Aufenthalts des drittstaatsangehörigen Familienangehörigen innerhalb der EU unmöglich würde. Damit dürfte auch Klarheit für jene Ausweisungsfälle geschaffen sein, mit denen sich deutsche Oberverwaltungsgerichte in der jüngeren Zeit unter Auseinandersetzung mit den Folgen der *Zambrano*-Rechtsprechung zu befassen hatten.[53] Gegenstand dieser Verfahren war die Ausweisung von ausländischen Vätern deutscher Kinder, die seit ihrer Geburt oder jedenfalls seit Jahren in Deutschland lebten und wegen schwerster Straftaten verurteilt worden waren. Nun ist es ja ohnehin so, dass nach Maßgabe der Rechtsprechung des EGMR zu Art. 8 EMRK bei der Ausweisung stets die Belange des Auszuweisenden in einer streng einzelfallbezogenen Betrachtung zu berücksichtigen sind, also das Maß der familiären Bindungen, die Verwurzelung im Aufenthaltsstaat usw.[54] Hierauf hat der EuGH in der Entscheidung *Dereci* auch explizit hingewiesen.[55] Die Regelungen des deutschen Aufenthaltsgesetzes, die in typisierender Betrachtung im Fall straffällig gewordener Ausländer je nach Schwere der Straftat eine Ausweisung zwingend, als Regelfall oder im Ermessenswege vorsehen[56], werden von dieser Rechtsprechung überlagert. Eine weitergehende Sicherung des Aufenthalts über die Berufung auf Art. 20 AEUV kommt demgegenüber nur dann in Betracht, wenn dies dazu führt, dass dem betroffenen Unionsbürger „der tatsächliche Genuss des Kernbestands der Rechte, die der Unionsbürgerstatus verleiht, verwehrt wird."[57] Nur in diesen Fällen findet eine Verdrängung aufenthaltsrechtlicher Regelungen in Bezug auf Drittstaatsangehörige durch Art. 20 AEUV statt.[58] Festzuhalten bleibt danach: „Der Kernbereichsschutz betrifft Grenzsituationen eines „Sein" oder „Nichtsein" der Unionsbürgerrechte. Eine derartige existenzielle Beeinträchtigung ist die Ausnahme, nicht die Regel."[59] Allein der Umstand, dass es aus Sicht des be-

---

[53] VGH Baden-Württemberg, NVwZ 2011, 1210; VGH Baden-Württemberg, DVBl. 2012, 174; Hess. VGH, InfAuslR 2012, 63.

[54] Vgl. dazu im Einzelnen *Ch. Langenfeld*, in: FS Herzog, 2009, 247.

[55] Rs. C-256/11, *Dereci*, NVwZ 2012, 97 (100).

[56] Siehe dazu das System der sog. Ist-, Regel- und Ermessensausweisung der §§ 53 bis 55 AufenthG, welches allerdings bereits durch den besonderen Ausweisungsschutz nach § 56 Abs. 1 und 2 AufenthG modifiziert wird. Näher dazu *Langenfeld* (Fn. 54), 248 f.

[57] Rs. C-256/11, Urteil vom 15. Nov. 2011, *Dereci*, NVwZ 2012, 97 (100).

[58] Ebenso OVG Nordrhein-Westfalen, 18 B 377/11, Beschluss vom 29. Apr. 2011, Hessischer VGH, 3 A 554/11.Z, Beschluss vom 20. Okt. 2011. Demgegenüber nahm der VGH Baden-Württemberg, (11 S 207/11, Urteil vom 4. Mai 2011, InfAuslR 2011, 291) einen Eingriff in den Kernbereich der Unionsbürgerrechte und damit die Anwendbarkeit von Art. 20 AEUV bereits bei dem Vorliegen einer objektiven Behinderung des Freizügigkeitsrechts des Unionsbürgers an. Eine solche liege dann vor, wenn von der Beendigung des Aufenthalts des familienangehörigen Drittstaatsangehörigen ein mittelbarer Zwang für den Unionsbürger ausgeht, zur Herstellung der Familieneinheit das Gebiet der EU zu verlassen. An dieser Rechtsprechung kann spätestens nach der vom EuGH im Fall *Dereci* vorgenommenen Konkretisierung nicht mehr festgehalten werden.

[59] *D. Thym*, Anmerkung zu: EuGH, *Dereci*, C-256/11, Urteil vom 15. Nov. 2011, NVwZ 2012, 97 (103).

troffenen Unionsbürgers zur Aufrechterhaltung der Familieneinheit oder aus wirtschaftlichen Gründen wünschenswert erscheint, dass der Familienangehörige, der nicht die Staatsangehörigkeit eines EU-Staates besitzt, innerhalb der EU verbleibt, reicht zur Begründung einer solchen Ausnahme regelmäßig nicht aus.[60] Der Gerichtshof machte weiter deutlich, dass nur im Rahmen des so definierten Kernbereichs der Unionsbürgerschaft auch die EU-Grundrechte Geltung haben. Die Grenzen des Art. 51 GRCharta, wonach die Mitgliedstaaten an die EU-Grundrechte ausschließlich bei der Durchführung des Unionsrechts gebunden sind, werden gewahrt.[61] Abgesehen von Sonderfällen à la *Zambrano* hält der Gerichtshof damit an der im Vertrag niedergelegten Grundkonzeption von der Unionsbürgerschaft fest, deren Gehalt im Recht auf Freizügigkeit und Aufenthalt in den anderen EU-Mitgliedstaaten und Inländergleichbehandlung besteht.

V. Schluss

Die im Vorangegangen durchaus kritische Betrachtung der europarechtlichen Rechtsprechung soll nicht den Blick dafür verstellen, welch hohe Bedeutung die Ermöglichung der gerichtlichen Überprüfung von staatlichen Beschränkungen der Rechte von Migranten im freiheitlichen Rechtsstaat hat. Die Dichte der europarechtlichen Vorgaben, denen sich der Gesetzgeber mittlerweile gegenübersieht und die immer wieder zu einer Korrektur gesetzgeberischer Entscheidungen und auch der Rechtsprechung nationaler Gerichte führt, gibt allerdings Anlass, nach der Berechtigung einer Rechtsprechungslinie zu fragen, die – nicht selten contra legem – Menschen- und Unionsbürgerrechte einseitig als Optimierungsgebote versteht, die zugunsten des Einzelnen zu entfalten und verstärken sind. Gestaltungsbefugnisse des Gesetzgebers, d.h. der Raum für eine politisch determinierte und demokratisch verantwortete Gestaltung von Einwanderung werden damit – und zwar auch außerhalb der menschenrechtlich eingehegten Flüchtlingsmigration – stetig enger. Die von der Rechtsprechung vorgegebene einzelfallbezogene Betrachtung, etwa im Ausweisungsrecht, macht es dem Gesetzgeber überdies schwer, klare Regelungen zu schaffen, auf deren Grundlage vorhersehbare Entscheidungen getroffen werden können. Man könnte geradezu von einer Umkehrung der Wesentlichkeitstheorie sprechen: Denn gerade wegen der hohen grundrechtlichen Relevanz müssen die gesetzlichen Vorgaben möglichst offen ausgestaltet sein, da Typisierungen in der Gefahr stehen, den Einzelfall nicht hinreichend zu berücksichtigen. Die Folge ist eine weitere Verlagerung der Aufgabe aktiver Gestaltung von Migration von der Legislative auf die Verwaltung und letztlich auf die Gerichte. Dies ist insofern bemerkenswert, als die stärkere gesetzliche Systematisierung des Ausweisungsrechts von 1965 als notwendige rechtsstaatliche Domestizierung des Ausländerrechts begrüßt worden ist.

---

[60] EuGH, *Dereci*, C-256/11, Urteil vom 15. Nov. 2011, NVwZ 2012, 97 (100).

[61] A.a.O.

Ausländer- und Migrationsrecht berühren seit jeher Grundfragen des staatlichen und gesellschaftlichen Selbstverständnisses. Daher besteht gerade in diesem Feld der europäischen Integration unter Legitimations- und Akzeptanzaspekten ein Bedürfnis, das geltende Recht auch in Zukunft in einem gewissen Umfang an nationale politische Diskurse – und damit an nationale Parlamente – zurückzukoppeln. Diese Feststellung richtet sich nicht nur an den europäischen Gesetzgeber, sondern vor allen Dingen an die supranationale Gerichtsbarkeit, die die migrations- und integrationspolitischen Spielräume der Mitgliedstaaten nicht ohne Not einschnüren sollte.

Die „Dienste von allgemeinem wirtschaftlichen Interesse" – ein Problem der Normenklarheit im EU-Recht

Von *Werner Meng*

I. Normenklarheit

Die Normenklarheit ist ein rechtsstaatliches Postulat, ein hohes Gut in der staatlichen Rechtsordnung.[1] Sie schafft Erwartungs- und Planungssicherheit für den Bürger. In der Vorhersehbarkeit, die sie schafft, begründet oder verstärkt sie das Steuerungspotential der Rechtsnorm und ihres Normsetzers. Unklare Normen sind immer ein Problem, für den Adressaten natürlich zuerst, aber dann auch für die Rechtsanwender, die Richter, Anwälte und Funktionäre des Staates, wenngleich sie gerade auch für die Aufklärung in verschiedenen Verfahrenssituationen ausgebildet werden.

Im Völkerrecht liegt das Problem etwas anders, denn in der weitaus größten Zahl der Fälle sind hier die Normsetzer und die Normadressaten identisch, eine Konsequenz des Koordinationscharakters des Völkerrechts. Der Inhalt der Norm ist also an sich den Adressaten bekannt, wobei nicht verkannt werden soll, dass hier durch Zeitablauf und Generationenwechsel ungeahnte Verständnisprobleme auftreten können. Nun ist es aber denkbar, dass Staaten bewusst Norminhalte durch kryptische Formulierungen offenhalten. Dies könnte bei der Formulierung des Gewaltverbots der Satzung der Vereinten Nationen passiert sein, wenn man sich die extensive nachfolgende Diskussion um die „wirtschaftliche Gewalt" ansieht. Hinzu kommt, dass immer noch viele völkerrechtliche Normen Gewohnheitsrecht sind, die ohnehin inhaltlich mehr Grauzonen haben. Und schließlich ist es nicht ungewöhnlich, dass der Norminhalt durch Entwicklungen in der Zeit unbestimmt oder unbestimmter wird. Dies gilt insbesondere deswegen, weil sehr häufig die Norm nicht justitiabel ist und auch meist keine authentische Interpretation vorgesehen ist. Dann sind die Adressaten von Normen und ihre Interpreten identisch, was zu schwer vorhersehbaren Ergebnissen führen kann und die Feststellung des Norminhalts mit machtpolitischen Elementen verbinden kann. Etwas anderes gilt in völkerrechtlichen Teilrechtsordnungen, in denen die Klarheit und Durchsetzbarkeit der Norm zum Programm der Effizienz dieser Rechtsordnungen gehört, wie etwa im Recht der WTO, welches dieses Ziel durch eine obligatorische und exklusive Streit-

---

[1] *R. Bartone*, in: H. Rensen/S. Brink (Hrsg.), Linien der Rechtsprechung des Bundesverfassungsgerichts, 2009, 305–328.

schlichtung erreicht, um damit den internationalen Handel durch größere rechtliche Berechenbarkeit anzuregen.

Zwischen diesen beiden Polen steht das Europarecht. Es enthält Rechtsbeziehungen zwischen Völkerrechtssubjekten,[2] aber es ist auch eine Rechtsordnung supranationaler Natur, welche Individuen ähnlich verpflichtet, wie dies Normen des staatlichen Rechts tun.[3] Beide der vorstehend genannten Aspekte kommen also zusammen. Weiter gibt es durchgehend Rechtsschutz für Individuen und Staaten und ein Auslegungsmonopol des Europäischen Gerichtshofs, so dass auch vage oder unklare Normen, wo erforderlich, eine verbindliche Interpretation erhalten. Normenklarheit wird so zumindest sekundär hergestellt.

Die Normenklarheit ist im Recht der Europäischen Union ebenso ein fundamentaler rechtsstaatlicher Grundsatz wie in den Rechten der Mitgliedsstaaten, so auch in der Bundesrepublik Deutschland. Und Tomuschat[4] betont zu Recht, die Union müsse sich mehr als jede staatliche Organisationen darum bemühen, das von ihr erlassene Recht dem Bürger näherzubringen und für dieses Recht im eigentlichen Sinne zu werben. Dem ist beizupflichten: Erstens sollte die Union nicht hinter den Rechtsstaatsanforderungen des Grundgesetzes zurückstehen. Und zweitens sollte die Union aufgrund ihrer speziellen nichtstaatlichen Situation besonders exakt sein, wenn es um die Entwicklung und die Vermittlung ihres Rechts an die Bürger geht.

Trotzdem kennen wir immer wieder auch im EU-Recht Normen, deren Formulierungen Rätsel aufgeben. Das kann eine Folge von Redaktionsversehen oder es können auch Inhomogenitäten aufgrund Zeitdrucks bei den Verhandlungen über die Verträge oder die Vertragsänderungen sein. Hier lässt sich als Beispiel der Art. 263 Abs. 4 AEUV anführen. Weiter kann die Konkretisierung einer Norm der Judikatur überlassen worden sein, um die Flexibilität über die Zeit hinweg sicherzustellen. Hierfür stehen etwa die Art. 114 und 352 AEUV. Und schließlich kann es auch Normen geben, die bewusst offen formuliert wurden, um damit einen Dissens zu verschleiern. Dies ist beim Gegenstand dieser Betrachtung der Fall, bei den Normen über die „Dienste von allgemeinem wirtschaftlichen Interesse", den Art. 14, Art. 106 Abs. 2 AEUV und dem Protokoll Nr. 26 zum Vertrag von Lissabon. Nun entzieht auch ein solcher Dissens die resultierenden Normen nicht der obligatorischen Gerichtsbarkeit des EuGH. Aber dieser müsste sich zum Ersten fragen, inwieweit er selbst die Konkretisierung vornimmt oder den Mitgliedstaaten bzw. den Organen der Union einen eigenen Auslegungsspielraum vorgibt. Weiter müsste er sich aber auch

---

[2] Und ist insoweit eine neue Entwicklungsstufe des Völkerrechts, siehe *W. Meng*, Das Recht der Internationalen Organisationen – eine Entwicklungsstufe des Völkerrechts – Zugleich eine Untersuchung zur Rechtsnatur des Rechts der Europäischen Gemeinschaften, 1979. Dieser völkerrechtliche (Teil-)Aspekt des EU-Rechts wird auch in den Entscheidungen des Bundesverfassungsgerichts zu den Verträgen von Maastricht und Lissabon betont.

[3] Siehe auch für den Vergleich *E. Klein*, Unmittelbare Geltung, Anwendbarkeit und Wirkung von europäischem Gemeinschaftsrecht. Vortrag vor dem Europa-Institut der Universität des Saarlandes, Saarbrücken, 2. Febr. 1988, 1988.

[4] *Ch. Tomuschat*, in: FS Kutscher, 1981, 461–480.

fragen, ob angesichts einer Unbestimmtheit überhaupt noch eine Vorschrift mit Normcharakter vorliegt.

Allerdings ist das Gebot der Normenklarheit nicht absolut. Es steht zunächst selbstverständlich in einem Spannungsverhältnis zu dem Erfordernis der Anwendung von abstrakt-generellen Normen auf eine unbestimmte Vielzahl von Anwendungsfällen in der Zukunft. Es kann sein, dass Normen wegen zukünftiger Entwicklungsperspektiven oder wegen der Entwicklungsdynamik der Erkenntnisse über den geregelten Sachbereich – etwa im Bereich des Umweltschutzes – notwendig offen formuliert werden müssen, was dann mit den Erfordernissen des Rechtsstaats in Konkordanz gebracht werden muss. Auch ist das Erfordernis der Normenklarheit nicht generell gleichmäßig anzuwenden. Sicherlich gibt es für Strafrechtsnormen andere Anforderungen als für wirtschaftsverwaltungsrechtliche Gestaltungsnormen.

Dies entspricht der Rechtsprechung des Bundesverfassungsgerichts und auch derjenigen des Europäischen Gerichtshofs. Während letzterer sich mit den Fragen der Normklarheit, also der Bestimmtheit der Norm, nur im Zusammenhang mit insbesondere strafrechtlichen Sanktionen befasst und dem Bestimmtheitsgebot dabei rechtsstaatlichen und grundrechtsbewehrten Charakter zugesprochen hat[5], ist das Bundesverfassungsgericht wesentlich ausführlicher.[6] Es misst dem „Grundsatz der Normenbestimmtheit und Normenklarheit" drei Funktionen zu: Steuerung und Begrenzung der gesetzesausführenden Verwaltung, Rechtskontrolle durch die Gerichte und die Möglichkeit des Bürgers, sich auf mögliche belastende Maßnahmen einstellen zu können.

Die konkreten Anforderungen an Bestimmtheit und Klarheit einer Ermächtigungsnorm richteten sich „nach der Art und Schwere des Eingriffs", wobei es um die Schwere für den Betroffenen geht. Allerdings finde der Gesetzgeber „je nach der zu erfüllenden Aufgabe zur Rechtfertigung der Eingriffsvoraussetzungen und zu ihrer Umsetzung unterschiedliche Möglichkeiten vor". Die Anforderungen des Bestimmtheitsgrundsatzes richteten sich „nach diesen Regelungsmöglichkeiten". Zusätzlich weist das Gericht darauf hin, dass ein Mangel an Normenklarheit erst dann angenommen werden dürfe, wenn eine Aufklärung nicht mit den üblichen Auslegungsmethoden erfolgen könne.[7]

In der Tat gebe es, fährt das Gericht fort, sicherlich Normbefehle, bei denen absolute Bestimmtheit aus der Sicht des Normadressaten nicht notwendig ist. Es möge hier ausreichen, dass die juristischen Experten und letztlich die zuständigen Entscheidungsträger bei den Gerichten in der Lage sind, aus dem Normtext den Norm-

---

[5] EuGH, 10. Nov. 2011, Rs. C-405/10 – *Garenfeld*; EuG, 8. Juli 2008, Rs. T-99/04 – *AC Treuhand*. Zu den Verwaltungssanktionen EuGH, 25. Sept. 1984, Rs. 117/83 – *Könecke*, und EuGH, 18. Nov. 1987, Rs. 137/85 – *Maizena*.

[6] Vgl. etwa BVerfG, 1 BvR 2368/06 v. 23. Febr. 2007, Absatz-Nr. 1–58, http://www.bverfg.de/entscheidungen/rk20070223_1bvr236806.html, Rn. 46–48.

[7] BVerfG, 2 BvL 9/08 v. 4. Juni 2012, Absatz-Nr. 1–111, http://www.bverfg.de/entscheidungen/ls20120604_2bvl000908.html, Rn. 100–102.

inhalt mit der üblichen juristischen Methodik zu erschließen. Es sei folglich „nicht generell das Verständnis des rechtsunkundigen Bürgers maßgebend", der die juristischen Auslegungsmethoden nicht kenne. Dies ist im Übrigen eine interessante Verbindung zu einer sehr interessanten und gedankenreichen Überlegung von Towfigh,[8] ob nicht generell die Normenklarheit dadurch definiert werden solle, dass juristische Experten die Normen verstehen und dem einfachen Bürger erklären können. Ihm ist zuzugeben, dass oft das Normenverständnis des einfachen Bürgers eine pure Postulation ist, eine Fiktion, wie sie im Strafrecht in Gestalt der „Parallelwertung in der Laiensphäre" existiert. Allerdings ist andererseits mit dem Bundesverfassungsgericht darauf zu bestehen, dass dort, wo es um Verhaltensnormen geht, deren Verletzung zu Sanktionen, besonders strafrechtlicher Natur führt, die reine Normverständlichkeit für Experten zur Sanktion nicht ausreicht. Aber im vorliegenden Bereich der Festlegung von gemeinwohlorientiertem Status dürfte die Experten-Verständlichkeit auch nach rechtsstaatlichen Grundsätzen ausreichen.

Das Erfordernis der Normenklarheit sei umso strenger, je intensiver ein Grundrechtseingriff sei, den eine Norm vorsehe. Der Grundsatz gelte andererseits auch für die Gewährung von Leistungen, dort sei er aber nicht in jedem Fall verletzt, in dem der Norminhalt sich nur Experten erschließt. Wo keine oder nur geringfügige Grundrechtseingriffe folgen können, sind daher auch die Bestimmtheitsanforderungen geringer.

Man wird ohne größere Probleme diese rechtsstaatlichen Prinzipien gemäß dem Homogenitätsgebot Art. 23 Abs. 1 GG auch auf die Europäische Union übertragen und unterstellen können, dass sie ebensolchen Grundsätzen der Rechtsstaatlichkeit folgt, weist doch die Rechtsprechung des EuGH in die gleiche Richtung. Man wird also deshalb wohl durchaus davon ausgehen können, dass auch im Unionsrecht das Prinzip der Normenklarheit gilt, das umso strengere Anforderungen stellt, je intensiver in individuelle grundrechtliche Positionen eingegriffen wird, das aber ansonsten der Union die Möglichkeit gibt, insbesondere leistungsrechtliche Positionen mit einer der Komplexität des Sachverhalts angemessenen Regelungsdichte vorzugehen. Nach diesem Maßstab soll daher im Folgenden eine Beurteilung des Inhalts der Normen über die „Dienste von allgemeinem wirtschaftlichen Interesse" erfolgen.

Als Maßstab können wir nach dem Gesagten also zunächst heranziehen, ob die fraglichen Normen sich in ihrem Inhalt wenigstens dem juristischen Experten erschließen. Die Anforderungen an die Normklarheit dürften nicht darüber hinausgehen, weil hier regelmäßig nur Eingriffe in die Positionen von Wettbewerbern vorliegen, aber dies keine Grundrechtseingriffe sind, weil auch im EU-Recht die Wettbewerbsfreiheit nur Erwerbschancen vermittelt, die keine solche Qualität besitzen.[9] Ansonsten geht es bei Art. 106 Abs. 2 AEUV um eine ordnungspolitische Vorgabe,

---

[8] *E. V. Towfigh*, Komplexität und Normenklarheit oder: Gesetze sind für Juristen gemacht, 2008.

[9] Der EuGH ist insoweit allerdings noch unentschieden, vgl. *R. Streinz,* Europarecht, 9. Aufl. 2012, Rn. 767.

nämlich den Schutz des freien Wettbewerbs gegen unnötige Beschränkungen aus Gemeinwohlgründen.

Schließlich muss noch berücksichtigt werden, dass in Art. 106 Abs. 3 und in Art. 14 AEUV zwei Rechtsetzungsermächtigungen vorliegen, welche jedenfalls nach deutschem Verfassungsrecht in besonderem Maße der Normenklarheit bedürfen, weil sie mit einer Kompetenzabtretung durch die Mitgliedstaaten einhergehen.[10] Wie aber noch zu zeigen sein wird, ist insoweit ausreichende Normen-Konkretisierung gegeben, weil es bei der ersten Vorschrift um die Ausführung einer ausreichend konkretisierten Kontrollaufgabe der Kommission geht und bei der zweiten um die normative Niederlegung von Grundsätzen und Bedingungen, die überwiegend bereits durch die Rechtsprechung konkretisiert wurden.

Somit ist zu erwarten, dass man den fraglichen Normen nicht wegen mangelnder Klarheit den Normcharakter absprechen kann. Dies beseitigt aber nicht gleichzeitig die Schwierigkeiten der Konkretisierung einer solchen Norm. Es ist nur natürlich, dass hier schwierige Fragen nicht des „Ob", aber des „Wie" der Justiziabilität aufgeworfen werden. Mindestens zwei Alternativen sind denkbar. Einerseits könnte man annehmen, dass die Mitgliedstaaten, also die Herren der Verträge, die Konkretisierung dem EuGH überlassen haben. Andererseits ist es aber auch möglich, dass sie diese Konkretisierung sich selbst vorbehalten wollten. Da aber der Gerichtshof über die genannten Vorschriften volle und unbeschränkte Gerichtsbarkeit hat, muss er selbst zwischen diesen beiden Alternativen entscheiden. Dies eröffnet jedenfalls die Frage, ob mangelnde Normklarheit auch eine Beschränkung der Jurisdiktion des Gerichtshofs bedeuten kann.

Vor diesem Hintergrund können wir uns nun zunächst in die Aporie hineinbegeben. Dabei werden wir uns auch ein wenig mit den materiellen Regeln des Rechtsbereichs befassen müssen, welchen wir betrachten. Aber es geht primär nicht darum, sondern um die Fragen des Umgangs mit Normunklarheit unter den vorstehend aufgezeigten Bedingungen.

II. Das Problem

Was sind im EU-Recht „Dienste von allgemeinem wirtschaftlichen Interesse"?[11] Sie werden an verschiedenen Stellen des Primärrechts der EU erwähnt. Dem deutschen Recht war bis 1958 dieser Begriff nicht bekannt. Im EU-Recht ist er nicht definiert und es wird sich zeigen, dass auch bis heute keine solche Definition entwickelt wurde. Wenn der Begriff verwendet wird, dann wird sein Inhalt umschrieben, durch

---

[10] Vgl. insoweit insbesondere die Lissabon-Entscheidung des Bundesverfassungsgerichts, 2 BvE 2/08 v. 30. Juni 2009, Absatz-Nr. 1–421, http://www.bverfg.de/entscheidungen/es20090630_2bve000208.html, unter Rn. 306 ff. zu einzelnen Ausprägungen der Bestimmtheitsanforderung.

[11] Siehe insgesamt die hervorragende Darstellung des europäischen wie auch des nationalen Rechtszustandes in *M. Krajewski*, Grundstrukturen des Rechts öffentlicher Dienstleistungen, 2011.

Einordnung in Begriffs-Gebäude, durch Verweis auf Beispielsfälle in der Praxis, durch den Hinweis, man müsse ohnehin den Begriffsinhalt in jedem Einzelfall festlegen, und durch Verlautbarungen der Kommission (die selbstverständlich nicht bindend sind) darüber, wie sie diesen Begriff zu verwenden gedenkt. Und gleichzeitig zeigt sich auch, dass die Entwicklung dieser Auslegung vor dem Hintergrund sehr unterschiedlicher nationaler Rechtslagen zu sehen ist, welche hierbei eine erhebliche Rolle spielen. Man wird sehen, dass diese Unterschiede das eigentliche Problem der Auslegung und Anwendung der fraglichen Normen sind.

Die älteste Norm im EU-Recht findet man in diesem Zusammenhang heute in Art. 106 Abs. 2 AEUV:

„(2) Für Unternehmen, die mit Dienstleistungen von allgemeinem wirtschaftlichem Interesse betraut sind oder den Charakter eines Finanzmonopols haben, gelten die Vorschriften der Verträge, insbesondere die Wettbewerbsregeln, soweit die Anwendung dieser Vorschriften nicht die Erfüllung der ihnen übertragenen besonderen Aufgabe rechtlich oder tatsächlich verhindert. Die Entwicklung des Handelsverkehrs darf nicht in einem Ausmaß beeinträchtigt werden, das dem Interesse der Union zuwiderläuft."

Und im nächsten Absatz findet sich dann eine zugehörige Handlungsermächtigung für die Kommission:

„(3) Die Kommission achtet auf die Anwendung dieses Artikels und richtet erforderlichenfalls geeignete Richtlinien oder Beschlüsse an die Mitgliedstaaten."

Die Kommission achtet darauf, dass die Voraussetzungen von Art. 106 Abs. 2 AEUV eingehalten werden, dass also die Liberalisierung des Handelsverkehrs und die Einhaltung der Vorschriften des unverfälschten Wettbewerbs nicht ohne die Notwendigkeit, wie sie in Art. 106 Abs. 2 umschrieben wurde, modifiziert werden.

Der Vertrag von Amsterdam brachte dann eine zweite Regelung ins primäre Gemeinschaftsrecht (Art. 7d), die heute – erweitert – im Unionsrecht in Art. 14 AEUV zu finden ist:[12]

„Unbeschadet des Artikels 4 des Vertrags über die Europäische Union und der Artikel 93, 106 und 107 dieses Vertrags und in Anbetracht des Stellenwerts, den Dienste von allgemeinem wirtschaftlichem Interesse innerhalb der gemeinsamen Werte der Union einnehmen, sowie ihrer Bedeutung bei der Förderung des sozialen und territorialen Zusammenhalts tragen die Union und die Mitgliedstaaten im Rahmen ihrer jeweiligen Befugnisse im Anwendungsbereich der Verträge dafür Sorge, dass die Grundsätze und Bedingungen, insbesondere jene wirtschaftlicher und finanzieller Art, für das Funktionieren dieser Dienste so gestaltet sind, dass diese ihren Aufgaben nachkommen können."

Dies wurde dann im Vertrag von Lissabon noch um eine Rechtsetzungsermächtigung ergänzt:

---

[12] Zur historischen Entwicklung siehe *W. Frenz*, EuR 2000, 901–925, der auch sehr deutlich zeigt, wie es sich bei dieser Vorschrift um einen Formelkompromiss u.a. zwischen der deutschen und der französischen Vorstellungswelt handelt.

"Diese Grundsätze und Bedingungen werden vom Europäischen Parlament und vom Rat durch Verordnungen gemäß dem ordentlichen Gesetzgebungsverfahren festgelegt, unbeschadet der Zuständigkeit der Mitgliedstaaten, diese Dienste im Einklang mit den Verträgen zur Verfügung zu stellen, in Auftrag zu geben und zu finanzieren."

Diese Rechtsetzungsermächtigung geht in eine andere Richtung als Art. 106 Abs. 2 AEUV. Denn während jene zur Überwachung der Staaten gedacht ist, wenn sie sich im Bereich des Artikels 106 Abs. 2 befinden, betrifft Art. 14 eine Kompetenz zur Rahmensetzung und damit zur allgemeinen Herstellung von Rechtssicherheit im Bereich der Dienste von allgemeinem wirtschaftlichen Interesse. Es handelt sich um eine ordentliche Rechtsetzungskompetenz, also eine Kompetenz von Rat und Parlament. Die Mitgliedstaaten spielen bei der Rahmensetzung also eine entscheidende Rolle. Sie werden nicht kontrolliert, sondern sie beschränken oder regulieren sich selbst. Sie können ein gemeinsames europäisches Regelwerk vor die Klammer der dann individuellen nationalen Gemeinwohl-Aktivitäten ziehen.

Man beachte dabei eine terminologische Differenz, denn es ist von „Diensten" die Rede, was allerdings nur eine Besonderheit der deutschen Übersetzung ist, der im Englischen und Französischen der einheitlich gebrauchte Begriff „Services" entspricht. Also kann man getrost unterstellen, dass in dieser Vorschrift vom gleichen Sachverhalt die Rede ist wie in Art. 106 Abs. 2 AEUV. Eine zweite Verweisung in Art. 14 vermag jedoch wieder Unsicherheit zu erzeugen, nämlich diejenige auf Art. 93 AEUV:

„Mit den Verträgen vereinbar sind Beihilfen, die den Erfordernissen der Koordinierung des Verkehrs oder der Abgeltung bestimmter, mit dem Begriff des öffentlichen Dienstes zusammenhängender Leistungen entsprechen."

Auch der affirmative Verweis auf den „Begriff des Öffentlichen Dienstes" vermag die Unsicherheit darüber nicht zu minimieren, was denn mit diesem Begriff gemeint ist. Im Deutschen jedenfalls wird er völlig anders verstanden als sein französisches Äquivalent, der „service public". Während es sich im Deutschen um die Beschreibung der Tätigkeit von Beamten und öffentlichen Angestellten handelt,[13] finden sich im Französischen Definitionen wie „une activité … assurée ou assumée par une personne publique en vue d'un intérêt public"[14] oder in der griechischen Rechtsordnung, ebenfalls in französischer Sprache, die Definition als „action de l'autorité publique ou du concessionnaire qui consiste à la fourniture de biens ou de services aux administrés pour la satisfaction de certains besoins fondamentaux".[15]

---

[13] Im Duden findet sich „1. Gesamtheit der Tätigkeiten im öffentlichen Bereich auf der Ebene von Bund, Ländern und Gemeinden. 2. Gesamtheit der im öffentlichen Bereich Beschäftigten."

[14] R. Chapus, Droit administratif general, 2001, 579.

[15] G. Dellis, in: G. Marcou/F. Moderne (Hrsg.), Droit de la régulation, service public et intégration régionale. Tôme 2: Expériences européenes, 2008, 307 (307 mit weiteren Literaturangaben in Fn. 1 dort).

Zum Begriff in Frankreich bleibt aber auch festzuhalten, dass es weder eine verfassungsrechtliche noch eine einfachgesetzliche noch eine autoritative gerichtliche Definition des Service Public gibt, sondern nur Beschreibungen verschiedener Inhaltselemente.[16] Dienstleistungen im Sinne von „services" sind auch in Frankreich von Waren („biens") zu unterscheiden.[17] Die „Öffentlichkeit" wird nicht im Hinblick auf die Organisation des Leistenden postuliert, sondern auf das öffentliche Interesse am Inhalt dieser Leistung. Zwei essentielle Elemente werden postuliert: „1°- qu'existe un lien de rattachement matériel direct ou indirect entre cette activité et une personne publique; 2° – que cette activité soit exercée en vue d'un intérêt public ou, plus justement, dans un but d'intérêt général".[18] Das „rattachement" kann aber auch indirekt sein, der Leistende selbst muss also nicht öffentlich-rechtlich organisiert sein. Funktional geht es um ein „intérêt général", einen Dienst an der Allgemeinheit. Klarer werden die Definitionen hier nicht, eine gewisse proteische Wandelbarkeit[19] scheint dem Konzept inhärent: „La notion de service public est donc une notion résiduelle, une notion dont les contours évoluent avec le temps, une notion dont les effets dépendent bel et bien des politiques juridiques, sociales et économiques, menées par les pouvoirs publics".[20]

Aus dem Versuch der Klärung der Bedeutung des Begriffs „öffentlicher Dienst" in Art. 93 AEUV ergibt sich wohl unzweifelhaft der Schluss, dass die französische Bedeutung der sprachlichen Fassungen gemeint sei, ohne dass sich hieraus ergäbe, der „service public" sei hiermit generell zum unionsrechtlichen Begriff avanciert. Dazu ist die französische Konzeption zu singulär. So schreibt Henri Oberdorff[21] mit einer gewissen Leidenschaft, welche für einen Juristen nicht alltäglich ist: „Notre conception du service public est de nature philosophique et idéologique" und er zitiert den Minister D. Perben mit dem Satz aus dem Jahre 1995: „Par rapport à d'autres pays de l'Union européenne, nous avons une conception différente du service public, qui fait partie en quelque sorte de notre patrimoine culturel".[22]

Aufgrund der Differenz zur Formulierung in Art. 106 Abs. 2 ergibt sich vielmehr eine zusätzliche Ratlosigkeit, was denn mit den beiden Begriffen der „Dienstleistungen von allgemeinem wirtschaftlichen Interesse" und des „Öffentlichen Dienstes" wirklich gemeint sei. Die Kommission hat bereits im Jahre 2000 auf die Verwechse-

---

[16] *G. J. Guglielmi/G. Koubi*, Droit du service public, 2. Aufl. 2007, Rn. 188 ff.

[17] *A.-S. Mescheriakoff*, Droit des services publics, 2. Aufl. 1997. Anders wird das offensichtlich im griechischen Recht gesehen, vgl. Fn. 15.

[18] *Guglielmi/Koubi* (Fn. 16), Rn. 190.

[19] Vergleichbar der Wandelbarkeit des Meeresgottes Proteus, von dem auch Homers Odyssee berichtet.

[20] *Guglielmi/Koubi* (Fn. 16), Rn. 219.

[21] *H. Oberdorff*, in: R. Kovar./D. Simon (Hrsg.), Service public et Communauté européenne: entre l'intérêt général et le marché. Tôme II: Approche transversale et conclusions, 1998, 89–102.

[22] A.a.O., 91.

lungsgefahren bei Verwendung des Begriffs des öffentlichen Dienstes hingewiesen[23] und vorgeschlagen, sich um der Vermeidung der Mehrdeutigkeit willen auf den Gebrauch desjenigen der Dienste von allgemeinem (wirtschaftlichen) Interesse zu beschränken.[24] Man wird also am ehesten die Formulierung des Artikels 93 AEUV als ein Redaktionsversehen ansehen können, das aber nicht völlig ohne Grund entstanden ist. Denn man hat auch noch in Art. 14 AEUV den Versuch gesehen, die französische Konzeption im Europarecht wenn nicht zu verankern, so doch ihr einen unionsrechtlichen Freiraum zu verschaffen. Allerdings hat man das Ergebnis auch in Frankreich bestenfalls als „Trostpreis" angesehen, weil auch hier das unionsrechtliche Konzept der „Dienstleistungen von allgemeinem wirtschaftlichen Interesse" erneut angesprochen und dabei eben keine Brücke zur französischen Konzeption geschlagen wurde.[25] Darüber hinaus stellte die 13. Erklärung zum Vertrag von Amsterdam fest, dass Art. 7d EGV (heute Art. 14 AEUV) im Lichte der Rechtsprechung des EuGH zu den gemeinschaftsrechtlichen Schranken der nationalen Dienste auszulegen sei.[26]

Trotzdem oder gerade deswegen blieb es bei einer gewissen Ratlosigkeit zur Relation der beiden Konzepte zueinander. Das wurde durch Art. 36 der EU-Grundrechte-Charta nicht verbessert, der postulierte:

„Die Union anerkennt und achtet den Zugang zu Dienstleistungen von allgemeinem wirtschaftlichen Interesse, wie er durch die einzelstaatlichen Rechtsvorschriften und Gepflogenheiten im Einklang mit den Verträgen geregelt ist, um den sozialen und territorialen Zusammenhalt der Union zu fördern."

Hierdurch wurde gerade nach dem Wortlaut eben kein Grundrecht verliehen, sondern auf nationale Zugangsrechte verwiesen, die aber durch diese Norm nicht von dem Erfordernis freigestellt wurden, mit dem Europarecht im Einklang stehen zu müssen.

Die Ratlosigkeit wurde auch durch einen weiteren Zusatz zum Unionsrecht nicht beseitigt, welchen der Vertrag von Lissabon in Gestalt des „Protokolls Nr. 26 über Dienste von allgemeinem Interesse" brachte.[27] Dort heißt es zunächst mit Bezug auf den Art. 14 AEUV in Art. 1:

---

[23] *Europäische Kommission*, Mitteilung: Leistungen der Daseinsvorsorge in Europa, KOM (2000) 580 endgültig v. 20. Sept. 2000, Anhang 2.

[24] *Europäische Kommission*, Mitteilung: Ein Qualitätsrahmen für Dienstleistungen von allgemeinem Interesse in Europa, KOM (2011) 900 endg. v. 20. Dez. 2011, 4.

[25] *W. Sauter*, Services of general economic interest and universal service in EU law, TILEC Discussion Paper, http://ssrn.com/abstract=1136105 (besucht am 9. Sept. 2012), 6.

[26] „Der die öffentlichen Dienste betreffende Artikel 7d des Vertrags zur Gründung der Europäischen Gemeinschaft wird unter uneingeschränkter Beachtung der Rechtsprechung des Gerichtshofs, u.a. in Bezug auf die Grundsätze der Gleichbehandlung, der Qualität und der Dauerhaftigkeit solcher Dienste, umgesetzt."

[27] Die Protokolle sind nach Art. 51 EUV Bestandteile der Verträge.

„Zu den gemeinsamen Werten der Union in Bezug auf Dienste von allgemeinem wirtschaftlichem Interesse im Sinne des Artikels 14 des Vertrags über die Arbeitsweise der Europäischen Union zählen insbesondere:

die wichtige Rolle und der weite Ermessensspielraum der nationalen, regionalen und lokalen Behörden in der Frage, wie Dienste von allgemeinem wirtschaftlichem Interesse auf eine den Bedürfnissen der Nutzer so gut wie möglich entsprechende Weise zur Verfügung zu stellen, in Auftrag zu geben und zu organisieren sind;

die Vielfalt der jeweiligen Dienstleistungen von allgemeinem wirtschaftlichem Interesse und die Unterschiede bei den Bedürfnissen und Präferenzen der Nutzer, die aus unterschiedlichen geografischen, sozialen oder kulturellen Gegebenheiten folgen können;

ein hohes Niveau in Bezug auf Qualität, Sicherheit und Bezahlbarkeit, Gleichbehandlung und Förderung des universellen Zugangs und der Nutzerrechte."

In Art. 2 wird dann ein neuer Begriff erwähnt, die „Dienste von allgemeinem Interesse":

„Die Bestimmungen der Verträge berühren in keiner Weise die Zuständigkeit der Mitgliedstaaten, nichtwirtschaftliche Dienste von allgemeinem Interesse zur Verfügung zu stellen, in Auftrag zu geben und zu organisieren."

Offensichtlich wird hier ein neuer Oberbegriff ins Primärrecht eingeführt, die „Dienste von allgemeinem Interesse", welche auch „nichtwirtschaftlich" sein können, nachdem zuvor das Unionsrecht nur ihre „wirtschaftlichen" Teilbereiche behandelt hat. Diese Ergänzung des Rechts dient aber nur dazu festzustellen, dass hier das Unionsrecht keine Zuständigkeit beinhaltet. Das heißt aber, wie noch zu sehen sein wird, nicht, dass es auch für diese Dienste keine unionsrechtlichen Beschränkungen gibt. Trotzdem ist es aber nach wie vor entscheidend, die Abgrenzung zwischen beiden Teilbereichen der Dienste von allgemeinem Interesse vorzunehmen.

Das Protokoll Nr. 26 war politisch ein erneuter Versuch der französischen Politik zur Aufwertung des „service public"-Konzepts bei der Einpassung des Textes der gescheiterten EU-Verfassung in den Vertrag von Lissabon.[28] Umso interessanter mag deshalb ein durchaus zustimmender Text der deutschen Bundesregierung hierzu erscheinen:[29]

„Unter der Daseinsvorsorge versteht man die staatliche Aufgabe, die gleichmäßige Versorgung der Menschen mit lebensnotwendigen Gütern und Leistungen sicherzustellen. Diese Daseinsvorsorgeleistungen wie zum Beispiel Strom, Gas und Wasser sowie Entsorgung werden hauptsächlich von den Städten und Gemeinden erbracht. Ihre konkrete Umsetzung stand bisher in einem Spannungsverhältnis zum europäischen Wettbewerbsrecht.

Die langjährige Debatte um diese ‚Dienste von allgemeinem wirtschaftlichen Interesse' drehte sich im Kern um die Frage, wie das Verhältnis von nationalstaatlicher, gemeinwohlorientierter Politik und europäischem Wettbewerbsrecht zu gestalten und zu gewichten sei.

---

[28] Die Verfassung enthielt keinen entsprechenden Text.
[29] Aus dem „Magazin Europapolitik", gefunden unter http://www.bundesregierung.de/Content/DE/Magazine/MagazinEuropapolitik/066/th-2-der-vertrag-von-lissabon-staerkt-die-kommunen.html (besucht am 9. Sept. 2012).

Die deutschen Kommunen verteidigen ihre Organisationshoheit und Vergabefreiheit, um zum Beispiel öffentliche Subventionen für diese Dienstleistungen trotz europäischen Wettbewerbsrechts zu gewähren.

Die Festschreibung des Prinzips der kommunalen Selbstverwaltung hat nun zur Folge, dass viele öffentliche Dienstleistungen nicht mehr automatisch vom Wettbewerbsrecht der EU betroffen sind. Das Recht der eigenverantwortlichen Erbringung von Leistungen der Daseinsvorsorge wird garantiert.

Im Protokoll Nr. 26 des Vertrags von Lissabon wird dies nun ausdrücklich festgehalten: …".

Hier kommt jetzt begrifflich ein anderes, völlig verschiedenes nationales Konzept ins Spiel, die Daseinsvorsorge. Es wird geltend gemacht, das Protokoll betreffe dieses Konzept, wobei sich dann sofort die Frage stellt, ob es sich hier nur um eine deutsche Interpretationsvariante handelt oder um ein inhaltlich alternatives Verständnis des Protokolls.

Die Verwirrung wird noch verstärkt durch eine Kommissionsmitteilung aus dem Jahre 2000 über die „Leistungen der Daseinsvorsorge",[30] welche definiert, solche Leistungen (alternativ als gemeinwohlorientierte Leistungen bezeichnet) seien marktbezogene oder nicht marktbezogene Tätigkeiten, die im Interesse der Allgemeinheit erbracht und daher von den Behörden mit spezifischen Gemeinwohlverpflichtungen verknüpft werden. Die englische Fassung dieser Mitteilung spricht von „services of general interest", die französische von „services d'intérêt général" und nimmt damit einen Begriff vorweg, der erst durch das Protokoll Nr. 26 in das Unionsrecht eingeführt wurde. Um noch einmal daran zu erinnern: Dort wurde ein Oberbegriff eingeführt, der wirtschaftliche und nichtwirtschaftliche „Dienste" von allgemeinem Interesse zu umfassen scheint, während zuvor primärrechtlich nur die Dienste „von wirtschaftlichem Interesse" vom Primärrecht angesprochen wurden.

Diese Begrifflichkeit war allerdings bereits im Grünbuch des Jahres 2003[31] und im Weißbuch 2004[32] vorbereitet worden, in denen die Kommission bereits von den Diensten im allgemeinen Interesse sprach, marktbezogene wie auch nicht marktbezogene, „die von staatlichen Stellen im Interesse der Allgemeinheit erbracht und von ihnen daher mit spezifischen Gemeinwohlverpflichtungen verknüpft werden".[33] Später wird die „Marktbezogenheit" durch die „wirtschaftliche Natur" der Tätigkeit er-

---

[30] A.a.O (Fn. 23).

[31] *Europäische Kommission*, Grünbuch zu Dienstleistungen von allgemeinem Interesse, KOM (2003) 270 endg. v. 21. Mai 2003.

[32] *Europäische Kommission*, Weißbuch zu Dienstleistungen von allgemeinem Interesse, KOM (2004) 374 endg. v. 12. Mai 2004.

[33] Ebenso Ziff. 3,4 in: *Europäische Kommission*, Mitteilung: Ein Qualitätsrahmen für Dienstleistungen von allgemeinem Interesse in Europa, KOM (2011) 900 endg. v. 20. Dez. 2011 und 2.1 in: *Europäische Kommission*, Leitfaden zur Anwendung der Vorschriften der Europäischen Union über staatliche Beihilfen, öffentliche Aufträge und den Binnenmarkt auf Dienstleistungen von allgemeinem wirtschaftlichem Interesse inklusive Sozialdienstleistungen, SEC (2010) 1545 endg. v. 7. Dez. 2010.

setzt und die Dienstleistungen wirtschaftlicher Natur mit den Diensten von allgemeinem wirtschaftlichen Interesse gleichgesetzt (was zeigt, dass es nach Auffassung der Kommission hier eigentlich nicht um das Interesse, sondern um die Natur der Tätigkeit geht). Weil es sich um wirtschaftliche Tätigkeiten handelt, unterliegen sie grundsätzlich den Regeln des Binnenmarkts und des Wettbewerbs.[34] Dies gilt nicht für nichtwirtschaftliche Tätigkeiten, wozu „traditionell dem Staat vorbehaltene Bereiche wie Polizei, Justiz oder die gesetzliche Sozialversicherung gehören".[35]

Das führt aber immer noch zu keiner gesteigerten Normenklarheit. Denn die wirtschaftlichen und die nicht-wirtschaftlichen Dienste müssen generell voneinander unterschieden werden, weil auf sie das Unionsrecht in unterschiedlichem Maße anwendbar ist. Hier aber sagt die Europäische Kommission nur, es gebe keine Pauschalantwort auf die Frage nach der Abgrenzung, diese könne vielmehr nur von Fall zu Fall vorgenommen werden, weil die Merkmale und Erbringungsformen dieser Leistungen teilweise bereits auf lokaler Ebene unterschiedlich seien.[36]

Die Gleichsetzung der services d'interêt général mit der deutschen Daseinsvorsorge kommt in den späteren Publikationen der Kommission nicht mehr vor. Gleichwohl sollte man kurz das deutsche Konzept umreißen, um feststellen zu können, ob es vom gemeinschaftsrechtlichen Begriff ebenfalls umfasst sein könnte, ohne damit dem französischen Konzept identisch zu sein. Dann wäre der unionsrechtliche Begriff weiter und flexibler als die nationalrechtlichen Konzepte und damit unbezweifelbar selbständiges Unionsrecht, welches verschiedene solcher Konzepte abdeckt.

Der Begriff der Daseinsvorsorge[37] wurde in Deutschland im Jahre 1938 durch Ernst Forsthoff geprägt,[38] welcher nach dem Zweiten Weltkrieg das Konzept selbst fortentwickelte.[39] Es handelt sich um eine verwaltungsrechtliche Kategorie, deren wichtigste Konsequenz ist, dass die Rechtsbeziehungen bei der Daseinsvorsorge dem öffentlichen Recht unterliegen sollen. Ansonsten ist in der deutschen Rechtsdogmatik häufig bemängelt worden, dass der Begriff wenig trennscharf ist. Sicherlich kann er helfen, die Position des Staates bei der Erbringung von Gemeinwohl-Diensten besser zu qualifizieren. Auch die moderne Entwicklung von der Leistungs-

---

[34] *Europäische Kommission*, Dienstleistungen von allgemeinem Interesse unter Einschluss von Sozialdienstleistungen: Europas neues Engagement – Begleitdokument zu der Mitteilung „Ein Binnenmarkt für das Europa des 21. Jahrhunderts", KOM (2007) 725 endg. v. 20. Nov. 2007, Ziff. 2.1.

[35] A.a.O., hier wird aber auch klargestellt, dass unter Umständen das unionsrechtliche Diskriminierungsverbot Anwendung finden kann. Dies wird man auch angesichts der apodiktischen Formulierung von Art. 2 des Protokolls Nr. 26 zum Vertrag von Lissabon (s. o.) für richtig halten können. Vgl. auch Ziff. 4 der Mitteilung 2011 (Fn. 18).

[36] Vgl. Ziff. 2.1. des Dokuments 2007 (Fn. 34), Ziff. 50 des Grünbuchs (Fn. 31).

[37] Allgemein zur Entwicklung dieser Dogmatik in Lehre, Rechtsprechung und Gesetzgebung *Krajewski* (Fn. 11), 15–43.

[38] *E. Forsthoff*, Die Verwaltung als Leistungsträger, 1938.

[39] *E. Forsthoff*, Rechtsfragen der leistenden Verwaltung, 1959; *ders.*, Der Staat der Industriegesellschaft, dargestellt am Beispiel der Bundesrepublik Deutschland, 1971.

verwaltung über die Gewährleistungsverwaltung hin zur Regulierungsverwaltung wird in der Verwaltungsrechtslehre aufschlussreich systematisiert.[40] Nur selten wird der Versuch unternommen, aus dieser Qualifikation die Identifizierung einer verpflichtenden Staatsaufgabe abzuleiten.[41] Dies ist sicherlich sehr umstritten.[42] Andererseits aber kann man aus anderen Normen der Rechtsordnung, aus allen Bereichen des Rechts, gewisse Rechtsfolgen ableiten, welche nicht der Daseinsvorsorge speziell zukommen, die aber wegen der Besonderheiten der Daseinsvorsorge auch in diesem Bereich anwendbar sind. Man kann die Daseinsvorsorge jedenfalls z. B. auch mit dem Sozialstaatsprinzip in Verbindung bringen, soweit sie die Versorgung aller zu tragbaren und angemessenen Preisen postuliert.[43] Insofern ist sie Ausdruck eines verfassungsrechtlich verankerten Solidaritätsprinzips, das in Wechselwirkung mit dem Gedanken der Daseinsvorsorge rechtliche Bindungen zu schaffen vermag. Aber aus sich selbst heraus schafft sie keine Rechtsfolgen.

Die Daseinsvorsorge in Deutschland betrifft unter anderem die Versorgung mit Energie, mit Wasser, die Abfallbeseitigung, die Post und die Telekommunikation, den Transport, den Finanzdienst und die öffentlichen Versicherungen, die Bildung und Ausbildung, die innere und äußere Sicherheit sowie die Bereitstellung öffentlicher Einrichtungen wie Schwimmbäder, Kindergärten, Bibliotheken etc.

Mit dem Konzept des „service public" hat die Daseinsvorsorge theoretisch wenig gemeinsam. Es ist zu Genüge untersucht und dargestellt worden, dass beide Begriffe inhaltlich nicht deckungsgleich, sondern disparat sind.[44] In Frankreich umfasst der Begriff des service public etwa viel weitergehend alle Leistungen im öffentlichen Interesse. Dazu gehören auch reine Erwerbstätigkeiten, wenn diese zur Finanzierung einer Tätigkeit im öffentlichen Interesse dienen. Dabei müssen drei Voraussetzungen erfüllt sein: Mutabilité (jederzeitige Anpassung an veränderte Bedingungen), Continuité (jederzeitige Sicherstellung durch den Staat) und Égalité (gleiche Zugangs-Bedingungen aller potentieller Benutzer).

Der Begriff der „Daseinsvorsorge" ist also im Vergleich zu demjenigen des „service public" eher diffus, eine Beschreibung von Tätigkeiten der Leistungsverwaltung, aber auch der Wahrnehmung von Gemeinwohlinteressen durch Privatunternehmen, und es ist kein Konzept öffentlicher Aufgaben, auf deren Wahrnehmung Private

---

[40] Vgl. etwa *H. Maurer*, Allgemeines Verwaltungsrecht, 17. Aufl. 2009, insbesondere 7 und 614.

[41] Insbesondere Ronellenfitsch betont, es handele sich bei der Daseinsvorsorge um einen echten Rechtsbegriff, nicht einen rein deskriptiven oder soziologischen Begriff, vgl. *M. Ronellenfitsch*, in: W. Blümel (Hrsg.), Kolloquium aus Anlass des 100. Geburtstag von Prof. h.c. Ernst Forsthoff, 2003, 53–114; *ders.*, in: Daseinsvorsorge und Infrastrukturgewährleistung, 2009, 27–63.

[42] *Krajewski* (Fn. 11), 93.

[43] *H.-G. Henneke*, in: A. Krautscheid (Hrsg.), Die Daseinsvorsorge im Spannungsfeld von Europäischem Wettbewerb und Gemeinwohl, 2009, 17 (19).

[44] Siehe die gute Übersicht über die verschiedenen Vorstellungen hinsichtlich des Begriffs in *Krajewski* (Fn. 11), 15–77.

einen Anspruch hätten (der ja auch durch Art. 36 der Grundrechte-Charta nicht unionsrechtlich begründet oder mandatiert wird). Auch die Daseinsvorsorge wird vom Begriff der Dienste im allgemeinen Interesse umfasst. Soweit sie Eingriffsverwaltung ist, ist sie in jedem Falle nichtwirtschaftlicher Natur. Aufgrund der mangelnden Konturierung des deutschen Konzepts der Daseinsvorsorge und aufgrund der vom Europarecht völlig unterschiedlichen Aspekte der deutschen Rechtsdogmatik erscheint es weder notwendig noch sinnvoll, Begriff und Dogmatik mit dem Europarecht zu verbinden. Vielmehr muss man feststellen, dass dieses durchaus den Problemkreis der Gemeinwohl-Leistungen selbstständig angeht.

Allerdings kann man in Deutschland, ebenso wie in Frankreich, ein Beharrungsvermögen hinsichtlich der Bewahrung der klassischen Strukturen von Gemeinwohlleistungen konstatieren. Aus der modernen Diskussion ergibt sich, dass die Daseinsvorsorge in Deutschland, die primär kommunal erbracht wird, gegen die europäischen Bestrebungen für mehr Wettbewerb verteidigt werden soll. Es geht also mehr um eine Bewahrung von Herkömmlichem als um ein Ringen um die beste und effizienteste Erbringungsform. Damit steht das deutsche Konzept aber sozusagen quer zu dem europäischen, erbringerorientiert statt leistungsorientiert,[45] und kann zur europäischen Dogmatik wohl ebenso wenig beitragen wie der service public der lateinischen Länder Europas.

So bleiben wohl die nationalen und die europäische Rechtsordnung zwar miteinander verzahnt, aber ihr Verhältnis in diesem Sachbereich ist eher von einer Spannung geprägt. Auch hieraus rechtfertigt sich die Folgerung, dass die europäischen Rechtsvorschriften über die „Dienste von allgemeinem wirtschaftlichen Interesse" selbstständig sind und nicht auf nationale Konzepte zurückgeführt werden können. Vielmehr ist es umgekehrt ihre Aufgabe, diese nationalen Konzepte zu bewerten und zu begrenzen. Allerdings ist die weitestgehende Zurücknahme der Rechtskontrolle nationaler Handlungen in diesem Bereich der Grund dafür, dass hiervon nur eine Plausibilitätskontrolle übrig geblieben ist.[46]

Man kann also feststellen, dass das Unionsrecht auf die Mitgliedstaaten verweist, ihnen ihre verschiedenen Konzepte im Bereich der Dienste im allgemeinen Interesse lässt, ganz im Sinne des Subsidiaritätsprinzips, aber dann, wenn es sich um Dienste im wirtschaftlichen Interesse handelt, den Staaten Schranken auferlegt, um zu verhindern, dass der Binnenmarkt durch unnötige Privilegierungen nationaler Unternehmen Schaden leidet. Damit wäre es dann auch unvereinbar, die unionsrechtlichen Begriffe in Verbindung mit den nationalen Begriffen zu bringen. Sie bleiben selbständig

---

[45] Dazu *Henneke* (Fn. 43), 35 f.

[46] Dies ist wohl auch der Grund, warum Krajewski die Rechtsprechung wegen einer ausgesprochen nachlässigen Begründungspraxis rügt, a.a.O. (Fn. 11), 87 f. Sicherlich ist es eine unbestreitbare Untugend neuerer Zeit, Dinge als „unbestreitbar" oder „unbezweifelbar" zu akzeptieren (wie dies ja auch von der in Argumentationshöhe ähnlich anzusiedelnden „Alternativlosigkeit" der Fall ist), aber solche Nachlässigkeit schleicht sich leicht ein, wenn die Aufgabe nur die Identifikation grober Fehler ist, nicht die positive Einordnung in Definitionen.

und dienen zur Kontrolle der Staaten, was einer Identifikation mit dem einen oder anderen Konzept gerade widerspricht.

Die Komplexität wird noch dadurch verstärkt, dass mit den „Universaldiensten" ein weiterer Begriff eingeführt wird, der in Konkurrenz zu den nationalen Konzepten zu stehen scheint. Es handelt sich um europaweit geregelte große netzgebundene Dienste wie Telekommunikation, Strom, Gas, Verkehr und Post, in einigen Aspekten auch der öffentliche Rundfunk,[47] die von der Union gegenüber früheren nationalen Sonderregeln des service public bzw. der regulierten Daseinsvorsorge relativ liberalisiert wurden, jedoch unter Aufrechterhaltung bestimmter Gemeinwohlverpflichtungen, die jetzt aber unionsrechtlich verbindlich sind, nämlich „dass bestimmte Dienstleistungen allen Verbrauchern und Nutzern in einem Mitgliedstaat unabhängig von ihrem Standort in dem betreffenden Mitgliedstaat unter Berücksichtigung der landesspezifischen Gegebenheiten in einer vorgegebenen Qualität zu einem erschwinglichen Preis zur Verfügung gestellt werden".[48]

Hierzu werden den Anbietern bestimmte Verpflichtungen auferlegt, es wird also hoheitlich in den Markt eingegriffen, nunmehr aber nicht mehr durch die Mitgliedstaaten, sondern durch die Union. Da dies auch ein Eingriff in die Wettbewerbsfreiheit und in die Dienstleistungsfreiheit sein kann und regelmäßig auch sein wird, muss sich die Union ebenfalls an Art. 106 Abs. 2 halten, der nicht nur ein Ordnungsprinzip des gemeinsamen Binnenmarktes, der Gemeinwohl-Wertordnung ist, sondern auch ein Schutz der potentiellen Marktteilnehmer. Dies ist eine Parallele zu der analogen Ausdehnung der Marktfreiheiten, deren Schutz zunächst gegen die Mitgliedstaaten konzipiert ist, auf eine Freiheit auch gegenüber der Union selbst.[49]

Darüber hinaus muss die Union für eine solche Regelung zunächst einmal eine Rechtsetzungskompetenz haben, die sich bereits nach dem Wortlaut weder aus Art. 14 AEUV noch aus dem Protokoll Nr. 26 ergibt, welche beide auf die bestehende Kompetenzabgrenzung zwischen Union und Mitgliedstaaten verweisen. Hier kommt es also auf die begrenzte Einzelermächtigung bzw. die ansonsten bestehende Allzuständigkeit der Mitgliedstaaten an. Hier kann man dann etwa auf Art. 194 AEUV für die Energiepolitik hinweisen oder Art. 170 ff. für die transeuropäischen Netze.

Die Universaldienste[50] bedeuten also eine begrenzte Ablösung einzelstaatlicher Gemeinwohlregelungen durch Unionsrecht, aber kein Ende der Probleme der Anwendung von Art. 106 Abs. 2. Sie werden durch Art. 14 und das Protokoll Nr. 26 zusätzlich rechtspolitisch legitimiert, wenngleich auch nicht mit einer generellen Normsetzungsermächtigung an die Union überwiesen. Allerdings hat diese in den genannten Fallgruppen kein echtes umfassendes europäisches Gemeinwohlrecht entwickelt, sondern die einzelnen Bereiche nur punktuell geregelt. Jedoch findet man in

---

[47] A.a.O.
[48] S. 4 der Mitteilung 2011 (Fn. 33).
[49] Siehe dazu *Streinz* (Fn. 9), Rn. 849.
[50] Hierzu etwa *Sauter* (Fn. 25); *Krajewski* (Fn. 11), 111 f.

der Richtlinie zum Telekommunikations-Universaldienst Umrisse einer spezifisch europarechtlichen Form der Daseinsvorsorge.[51] Die Probleme der Auslegung, was denn Dienste von allgemeinem wirtschaftlichen Interesse sind, sind aber auch in diesem Fall gegeben, weil eben Art. 106 Abs. 2 auch hier zur Anwendung kommt. Die Kommission selbst spricht deshalb im Grünbuch auch richtig davon, dass sich die Universaldienste zu einer „sehr wichtigen, unverzichtbaren Säule der Gemeinschaftspolitik im Bereich der Dienstleistungen von allgemeinem wirtschaftlichen Interesse entwickelt" hätten.[52]

Man kann die Universaldienste als eine konkrete Ausprägung der Dienstleistungen von allgemeinem wirtschaftlichen Interesse bezeichnen.[53] Allerdings bleibt auch in diesen, vom Gemeinschaftsrecht geregelten Bereichen die grundsätzliche Arbeitsteilung erhalten, welche sich in Art. 14 AEUV findet. Letztendlich wird die Dienstleistung selbst in den Mitgliedstaaten geleistet, beauftragt und finanziert.

Nur scheinbar tritt eine weitere Komplikation auf durch den Begriff der „Sozialdienstleistung von allgemeinem Interesse", welchen die Kommission in einer Mitteilung von 2006[54] thematisiert und in vier große Kategorien unterteilt: gesetzliche Regelungen und ergänzende Systeme der sozialen Sicherung zur Absicherung elementarer Lebensrisiken, persönliche Dienste für Individuen zur Bewältigung von Lebenskrisen und Sicherstellung des sozialen Zusammenhalts, Maßnahmen für die Eingliederung Kranker und Behinderter und schließlich die Sozialwohnungen. Diese Sozialdienstleistungen können wirtschaftlich oder nicht-wirtschaftlich sein. Eine entsprechende Einordnung wird hier aufgrund der allgemeinen Kriterien für die Dienstleistungen von allgemeinem wirtschaftlichen Interesse vorzunehmen sein, zu denen wirtschaftliche Sozialdienstleistungen ebenfalls zu zählen sind.

Im Ergebnis reduziert sich die Komplexität der Begriffsfindung also wieder, weil es letztlich aus rechtlichen Gründen nur darauf ankommt, die Charakteristika der Dienstleistungen von wirtschaftlichem Interesse zu bestimmen und diese damit von den nicht-wirtschaftlichen Dienstleistungen abzugrenzen. Zu dieser Aufgabe äußert sich die Kommission deutlich:

„Terminologische Unterschiede, semantische Unklarheit und unterschiedliche Traditionen in den Mitgliedstaaten haben in der Diskussion auf europäischer Ebene zahlreichen Missverständnissen Nahrung gegeben. Bezüglich der Dienstleistungen von allgemeinem Interesse werden in den Mitgliedstaaten unterschiedliche Begriffe und Definitionen gebraucht, was Ausdruck der jeweiligen geschichtlichen, wirtschaftlichen, kulturellen und politischen

---

[51] *M. Knauff*, EuR 2010, 725 (728).

[52] A.a.O. (Fn. 31), Rn. 53.

[53] *Th. v. Danwitz*, in: A. Krautscheid (Hrsg.), Die Daseinsvorsorge im Spannungsfeld von Europäischem Wettbewerb und Gemeinwohl (2009), 103 (120).

[54] *Europäische Kommission*, Mitteilung: Umsetzung des Gemeinschaftsprogramms von Lissabon. Die Sozialdienstleistungen von allgemeinem Interesse in der Europäischen Union, KOM (2006) 177 endg. v. 26. April 2006.

Entwicklung ist. Mit der von der Gemeinschaft verwendeten Terminologie wird versucht, diesen Unterschieden Rechnung zu tragen."[55]

In ihrer Mitteilung 2011[56] formuliert sie ähnliche Klagen und bemerkt mit Hinweis auf Bitten von „einschlägigen Akteuren" um Klärung, schließlich sei sie an Primärrecht und Rechtsprechung des Gerichtshofs gebunden, „und überdies handelt es sich um dynamische, sich wandelnde Konzeptionen".

Auch in der rechtswissenschaftlichen Literatur findet sich häufig die bedauernde Feststellung, Art. 106 Abs. 2 AEUV habe zu wenig Konturen und sei schwer konkretisierbar.[57] Jung stellt in seiner Kommentierung zu Art. 106 AEUV fest,[58] eine exakte Definition dieses Begriffes gebe es auf europarechtlicher Ebene nicht. Vielmehr müssten die nationalen Regierungen solche Dienstleistungen definieren. Trotzdem aber können wir es hier jetzt wagen, mit juristischer Methodik den europarechtlichen Begriff zu definieren und damit wieder aus der Aporie herauszukommen.

III. Was sind „Dienste von allgemeinem wirtschaftlichen Interesse"?

1. Methodische Überlegungen

Es gibt sicherlich keine Legal-Definition für diesen Begriff, noch nicht einmal eine autoritative Umschreibung des Begriffes durch den historischen Gesetzgeber. Immerhin kann man sich dem Begriff annähern mit der Bemerkung der europäischen Kommission in ihrem „Grünbuch zu Dienstleistungen von allgemeinem Interesse" im Jahre 2003, es herrsche in der Gemeinschaftspraxis „weit gehende Übereinstimmung dahingehend, dass der Begriff sich auf wirtschaftliche Tätigkeiten bezieht, die von den Mitgliedstaaten oder der Gemeinschaft mit besonderen Gemeinwohlverpflichtungen verbunden werden und für die das Kriterium gilt, dass sie im Interesse der Allgemeinheit erbracht werden". Beispiele hierfür seien „die großen netzgebundenen Wirtschaftszweige des Verkehrswesens, der Postdienste, des Energiesektors und der Telekommunikation". Der Begriff gelte aber auch für jede sonstige wirtschaftliche Tätigkeit, die mit Gemeinwohlverpflichtungen verknüpft sei.[59]

Krajewski weist auf den typischen Befund hin,[60] dass, mit Ausnahme einiger Versuche in der Literatur, kaum der Versuch unternommen wurde, den Begriff quasi Wort für Wort zu explizieren. Er wird in der Rechtsprechung, in der Praxis und auch meist in der Lehre als einheitlicher Begriff verstanden, der einen einheitlichen Sachverhalt bezeichnet, welcher in den Mitgliedstaaten qualifiziert wird. Nur eine

---

[55] Grünbuch (Fn. 31), Rn. 15. Ebenso das Weißbuch (Fn. 32) Anhang I.
[56] s. Fn. 33, 3.
[57] Zusammenfassend *Krajewski* (Fn. 11).
[58] *Ch. Jung*, in: Ch. Calliess/M. Ruffert (Hrsg.), EUV/AEUV, 2011, Art. 106 AEUV Rn. 37.
[59] Ziff. 17 des Grünbuchs 2003.
[60] A.a.O. (Fn. 11), 89.

topische Annäherung an diesen Begriff als Ganzen ist deshalb angemessen. Trotz der nationalen Unterschiede wird man durchaus eine gemeinsame Schnittmenge der Sachverhalte[61] finden, weil die Bedürfnisse der Menschen jedenfalls in Europa durchaus sehr ähnlich sein dürften: Sie brauchen zumindest Strom, Wasser, Kommunikation per Post und Telekommunikation, die Möglichkeit, das nächste Zentrum durch Verkehr zu erreichen, und Ähnliches mehr und ihre Versorgung kann als Gemeinwohlangelegenheit angesehen werden.

Es dürfte unter dem Gesichtspunkt einer angemessenen Normenklarheit auch nicht zu beanstanden sein, dass man sich damit zufrieden gibt, überhaupt keine endgültige Definition haben zu können. Die oben erwähnte Ablehnung einer Pauschalantwort im Sinne einer echten Definition und der Verweis auf die Notwendigkeit einer Kasuistik wird man nicht beanstanden können, denn die pauschale Festlegung etwa der Stromversorgung oder der Wasserversorgung als Gemeinwohlaufgabe aller Staaten oder gar der Union würde regionalen und sozialen Unterschieden keine Rechnung tragen. Gerade auch unter dem Gesichtspunkt des Subsidiaritätsprinzips müssen hier die Entscheidungen vor Ort getroffen werden, nach den örtlichen Erfordernissen, und das mag dann auch in regionalen Einheiten unterhalb der Ebene der Mitgliedstaaten erfolgen. Schon gar nicht wäre es adäquat, insoweit großflächige rechtswissenschaftliche Definitionen zu entwickeln.

Man wird einfach zugeben müssen, dass die von der Kommission betonte Vielgestaltigkeit der Sachverhalte, sächlich, temporal und regional nicht einfach eine vordergründige Definition erlaubt, welche manche Vorgänge generell als zulässig, andere generell als unzulässig qualifiziert. Bereits das Fehlen von scharfen Abgrenzungen in den Mitgliedstaaten (siehe oben zum service public und zur Daseinsvorsorge) zeigt, dass der Sachbereich wohl inhärent komplex ist. Die Festlegung eines Gemeinwohlinteresses kann in verschiedenen historischen, sozialen und politischen Situationen unterschiedlichen Vorgaben genügen. Das Gleiche gilt für die Methode seiner Gewährleistung, die ebenso flexibel zu beurteilen sein wird. Eine Generaldefinition wird also nicht geeignet und damit auch nicht notwendig sein.

Dies heißt nicht, dass in der konkreten Situation eine klare Beurteilung, eine Subsumtion in concreto durch die Experten der beteiligten Materien, insbesondere des Rechts, nicht möglich ist. Die Tatsache, dass es sich hier um Ermessensentscheidungen der letztlich für das Gemeinwohl politisch verantwortlichen Staatsorgane im Rahmen ihres nationalen Verfassungsrechts handelt, entspricht der Natur der Sache. Das Gemeinwohl ist keine primär rechtliche Kategorie, das Recht muss bei der Beurteilung dessen, was eine Gemeinwohlfestlegung ist, daher Spielräume einräumen. Es bleibt also nur die kasuistische Annäherung an die Sache.

Kasuistik heißt aber nicht: Beliebigkeit. Aus Art. 106 Abs. 2 i.V.m. Art. 14 AEUV und dem Protokoll Nr. 26 können Kriterien entwickelt werden, wie im konkreten Einzelfall die Entscheidung gegen den völlig liberalisierten Markt für eine ge-

---

[61] *Krajewski* (Fn. 11), 92, 114 f.

meinwohlorientierte minder, mehr oder voll öffentlich regulierte Lösung gefällt werden kann, und welche Dienste dermaßen gemeinwohlorientiert sind, dass man sie also als solche „von allgemeinem wirtschaftlichen Interesse" qualifizieren kann mit der Folge, dass bestimmte Modifikationen hinsichtlich der rechtlichen Anforderungen des EU-Rechts an sie gerechtfertigt sein können.

Die notwendigen Entscheidungskriterien können aus diesen Vorschriften gewonnen werden. Sie können dann auch ein objektiver Maßstab für die Überprüfung der Rechtmäßigkeit dieser Entscheidungen sein. Sie sind unionsrechtliche Kriterien, weil das Unionsrecht den Staaten ausweislich der genannten Vorschriften Grenzen setzen und ihre Einhaltung auch kontrollierbar machen will, weil sonst das Gemeinwohlargument Marktfreiheit und Wettbewerb aushebeln könnte. Hinsichtlich der Auslegung der genannten Vorschriften sind zwei Vorüberlegungen notwendig. Zum einen ist fraglich, ob Art. 106 Abs. 2 AEUV als Ausnahmevorschrift eng auszulegen ist, zum anderen muss man systematisch den Versuch unternehmen, dieser Vorschrift zusammen mit den beiden anderen im Wege der Auslegung einen sinnvollen Inhalt zu geben und nicht bei der Klage über die Inhomogenität und schwere Verständlichkeit der Regelungen stehenzubleiben.

Von seinem Wortlaut her ist Art. 106 Abs. 2 AEUV als eine Ausnahmevorschrift zu den übrigen Regeln des EU-Rechts formuliert.[62] Liest man allerdings Art. 14 und das Protokoll Nr. 26 hinzu, dann kann man eine andere Deutung finden. Hier ist die Rede von einer gemeinsamen Werteordnung, in der die Dienste von allgemeinem wirtschaftlichen Interesse (einschließlich der, so wird man hinzusetzen können, Universaldienste) einen eigenen Stellenwert haben.[63] Hierfür spricht auch die Rahmenkompetenz in Art. 14 zur Regelung von „Grundsätzen und Bedingungen" der Wahrnehmung der Gestaltung einer solchen Gemeinwohl-Ordnung. Zwar soll diese so wenig wie möglich das Funktionieren des Wettbewerbs und des Binnenmarkts beeinträchtigen, aber die Betonung der besonderen Wertorientierung mit bestimmten Kriterien, die im Protokoll Nr. 26 genannt sind, lässt es angemessen erscheinen, den Art. 106 Abs. 2 nicht mehr als eine bloße Ausnahmevorschrift zu sehen, die nach allgemeinen methodischen Grundsätzen dann eng auszulegen wäre.[64] Vielmehr dürften der freie Markt einerseits und seine erlaubten Korrekturen zu Sicherung des Gemeinwohls andererseits auf gleicher Stufe stehen und damit die Suche nach einer praktischen Konkordanz gleichrangiger Rechtsgüter[65] zur gängigen Methode werden. So ist wohl auch die oben genannte Stellungnahme der Bundesregierung zum Protokoll

---

[62] Vgl. zur kartellrechtlichen Sicht *V. Emmerich*, Kartellrecht, 11. Aufl. 2008.

[63] *Knauff* (Fn. 51) spricht von einem Unions-Strukturprinzip.

[64] Ebenso *J. Ruthig/S. Storr*, Öffentliches Wirtschaftsrecht, 3. Aufl. 2011, 106. Anders wohl *Wernicke*, in: E. Grabitz/M. Hilf, Das Recht der Europäischen Union. Kommentar (Loseblatt), Art. 106 AEUV Rn. 62 ff. Man kann dies als „Äquivalenztheorie" im Bereich der Gemeinwohlleistungen bezeichnen, während man die Meinung, dass ein Regel-Ausnahmeverhältnis vorliege, als „Ausnahmetheorie" bezeichnen kann. Diese Terminologie soll im Folgenden verwendet werden.

[65] So auch *v. Danwitz* (Fn. 53), 124; *Frenz* (Fn. 12), 917.

Nr. 26 zu verstehen.[66] Man kann mit Berechtigung von einem eigenständigen Wirtschaftsmodell sprechen.[67]

Damit wird auch die zeitliche Abfolge der Normentwicklung im Bereich der Dienstleistungen von allgemeinem wirtschaftlichen Interesse verständlich. Ursprünglich konnte Art. 106 Abs. 2 so verstanden werden, dass es sich um eine eng begrenzte Ausnahme zu dem allgemeinen Grundsatz der Errichtung eines Marktes mit offenem und unverfälschtem Wettbewerb handeln solle. Diese Interpretation wurde jedoch sicherlich nicht von allen Mitgliedstaaten getragen. Bei diesen wurden Besorgnisse geweckt, als die Kommission im Jahre 1980 mit der Transparenzrichtlinie in ihrem Kompetenzbereich nach Art. 106 Abs. 3 tätig wurde.[68] Frankreich, Italien und das Vereinigte Königreich klagten erfolglos gegen die Kommission,[69] welche auf der anderen Seite durch Deutschland als Streithelfer unterstützt wurde, was ein Beweis für die Spaltung der Mitgliedstaaten in der Frage der Dienstleistungen von allgemeinem wirtschaftlichen Interesse war. In der Entscheidung findet sich in Rn. 12 die Passage:

> „Artikel 90 dagegen betrifft nur die Unternehmen, für deren Verhalten die Staaten aufgrund des Einflusses, den sie auf dieses Verhalten ausüben können, besondere Verantwortung tragen. Er unterstreicht, daß für diese Unternehmen vorbehaltlich der in Absatz 2 getroffenen näheren Bestimmungen sämtliche Vorschriften des Vertrages gelten; er verpflichtet die Mitgliedstaaten zur Einhaltung dieser Vorschriften in ihren Beziehungen zu diesen Unternehmen, und er überträgt der Kommission insoweit eine Überwachungsaufgabe, die erforderlichenfalls durch den Erlaß von Richtlinien und Entscheidungen an die Mitgliedstaaten erfüllt werden kann."

Dies konnte jedenfalls so ausgelegt werden, dass die Kommission als die Hüterin nicht nur der Verträge, sondern auch des Gemeinsamen Marktes nicht nur im Einzelfall tätig werden könne, um die Mitgliedstaaten zu kontrollieren, sondern auch abstrakt generelle Vorschriften über die Gestaltung der Rechtsverhältnisse von gemeinwohlorientierten Diensten erlassen könne.

Da wurde deutlich, dass jedenfalls die klagenden Mitgliedstaaten die Kommission möglichst aus den Gemeinwohlbereichen heraushalten wollten, die aber ihrerseits auf ein in Art. 106 Abs. 2 verbrieftes Regel-Ausnahme-Verhältnis zugunsten des Marktes pochte. Die „strategische Unbestimmtheit" dieser Norm drohte, für die klagenden Staaten in das Gegenteil umzuschlagen. Als danach die Kommission im Bereich der Universaldienste Telekommunikation und Post den Art. 106 Abs. 3 als Grundlage zu einer – wenn auch nicht vollständigen – Liberalisierung dieser Universaldienste nutzte und damit erheblich in den Bereich der historisch gewachsenen Gemeinwohl-Dienste in den Mitgliedstaaten hineinwirkte, ergänzte man im Vertrag von

---

[66] In diesem Sinne auch *Knauff* (Fn. 51), 744 f.

[67] *Jung* (Fn. 58), 44.

[68] Zur Geschichte der Kommissionstätigkeit in diesem Bereich umfassend *Jung* (Fn. 58), Rn. 58–73.

[69] EuGH, 6. Juli 1982, Rs. 188–190/80 – *Transparenzrichtlinie*.

Amsterdam im Jahre 1999 die Regeln über die Dienstleistungen von allgemeinem wirtschaftlichen Interesse um den damaligen Art. 16 des EG-Vertrages, der heute der erste Satz des Artikels 14 des AEUV ist.

Auch diese Norm ist offensichtlich wiederum ein Kompromiss zu unterschiedlichen Auffassungen in den Mitgliedstaaten. Einerseits soll nichts an den bestehenden Vorschriften und Kompetenzen geändert werden, andererseits wird aber eindringlich betont, die Dienste von allgemeinem wirtschaftlichen Interesse hätten einen Stellenwert innerhalb der gemeinsamen Werte der Union. Weiter hätten sie eine Bedeutung bei der Förderung des sozialen und territorialen Zusammenhalts der Union, aber natürlich damit auch der Mitgliedstaaten. Deshalb müssten beide Seiten im Rahmen ihrer jeweiligen Buchmesse zusammenarbeiten. Diese Erhebung der Gemeinwohldienste in den Status von Unionswerten kann man nur als Signal auslegen, dass diese nunmehr nicht weiterhin als Ausnahmen am Rande einer freien Marktwirtschaft anzusehen sind, sondern als ein Wirtschaftsbereich mit modifizierten Ordnungsregeln. Über diese Entwicklung mag man ökonomisch-theoretisch durchaus geteilter Auffassung sein, aber die Mitgliedstaaten als Herren der Verträge haben, wenngleich auch nicht in beispielhafter Klarheit, damit die Äquivalenztheorie ratifiziert. Es geht nicht mehr um die enge Anwendung einer Ausnahmevorschrift,[70] sondern um die Austarierung von Markt- und Gemeinwohlprinzipien nach dem Prinzip der praktischen Konkordanz.[71]

Man wird insoweit auch noch mitberücksichtigen müssen, dass zu Art. 14 eine zusätzliche Erklärung im Vertrag von Amsterdam vorliegt,[72] die allerdings ebenso eine Meisterleistung der Doppeldeutigkeit ist: der Verweis auf die 1999 bereits existierende Rechtsprechung des EuGH zu Art. 106 Abs. 2 AEUV, welche, wie noch zu sehen sein wird, nicht nur wie in der Entscheidung über die Transparenz-Richtlinie Kompetenzen der Union und speziell der Kommission konsolidierte, sondern auch die Positionen der Mitgliedstaaten insbesondere gegenüber der Kommission, aber auch den Gerichten gestärkt hat. Wenn die Mitgliedstaaten auf diese Rechtsprechung verweisen, dann ist es jedenfalls im Ergebnis doppeldeutig.

Auch wenn sich nach dem Vertrag von Amsterdam die Rechtsprechung und letztlich auch die Praxis der Kommission im Bereich der Dienstleistungen von allgemeinem wirtschaftlichen Interesse sehr viel vorsichtiger verhalten hat, hat Frankreich am Ende der Verhandlungen zum Vertrag von Lissabon doch die Notwendigkeit (und die

---

[70] So jedenfalls die herrschende methodische Lehre zu Ausnahmevorschriften, die sich auch in EuGH, 23. Okt. 1997, Rs. C-159/94 – *Kommission/Frankreich*, Rn. 53 widerspiegelt. Gerade dies ist nach der Äquivalenztheorie aber nicht zulässig, weil es die Gewichte der Rechtsgüter einseitig zugunsten des Wettbewerbs und des freien Marktes verschiebt.

[71] Es bleibt eine zeitlos gültige Erkenntnis von *K. Hesse*, Grundzüge des Verfassungsrechts der Bundesrepublik Deutschland, Neudruck der 20. Aufl. 1999, Rn. 72, die auch über das deutsche Verfassungsrecht hinaus gültig bleibt, dass gleichwertige Rechtsgüter in der Problemlösung einander so zugeordnet werden müssen, „daß jedes von ihnen Wirklichkeit gewinnt".

[72] 13. Erklärung zum Vertrag von Amsterdam, vgl. oben Fn. 26.

Gelegenheit) gesehen, mit dem Protokoll Nr. 26 einen weiteren Pflock zu Gunsten seiner Konzeption des Service Public einzuschlagen. Damit wird der allgemeine Verweis auf die gemeinsame Wertordnung in der Union erheblich konkretisiert. Auch dieses Protokoll ist, wie man angesichts der Interessenunterschiede leicht verstehen kann, nicht völlig eindeutig. Es scheint aber, dass die Gleichwertigkeit der freien Binnenmarktordnung mit der Ordnung der Gemeinwohlleistungen nunmehr in ausreichendem Maße klargemacht worden ist.

2. Festlegung der Kriterien und ihre Kontrolle

Vor dem Hintergrund der soeben erörterten Grundlagen erscheint die neuere Praxis der Union im Bereich der Dienstleistungen von allgemeinem wirtschaftlichen Interesse konsequenter und konsistenter, als dies auf den ersten Blick der Fall war. Insbesondere die Zurückhaltung bei der Norm-Konkretisierung scheint konsequent zu sein, und in keinem Fall ein Versäumnis.

Letztlich müssen für die Anwendung der genannten Rechtsnormen vier Schritte vollzogen werden. zunächst einmal muss festgelegt werden, was der Begriff „Dienstleistungen von allgemeinem wirtschaftlichen Interesse" meint, um den Anwendungsbereich der Normen festzulegen. Im nächsten Schritt gilt es zu definieren, was die „übertragene besondere Aufgabe" ist. Danach muss festgestellt werden, warum die Erfüllung dieser Aufgabe rechtlich oder tatsächlich ein Sonderregime im Vergleich zum Binnenmarkt verlangt, also notwendig ist. Und schließlich bleibt zu überlegen, wer denn diese Entscheidungen nach der Kompetenzordnung der Union prozedural treffen darf.

3. Dienstleistungen von allgemeinem wirtschaftlichen Interesse

Hinsichtlich der Begriffsbestimmung kann man zunächst überlegen, ob sich die genannten Vorschriften auf Dienstleistungen im engeren Sinne, also demjenigen des Art. 56 AEUV beziehen oder im weiteren Sinne auf „Dienste" im Sinne einer wirtschaftlichen Tätigkeit am Markt einschließlich des Handels und der Produktion von Waren.[73] Dies spielte, soweit ersichtlich, in keinen einzigen Fall in der Praxis eine Rolle. Die Rechtsprechung thematisiert diese Problematik bisher gar nicht, während die Literatur zuweilen darauf eingeht.[74] Die Befunde in Staaten des service public sind unterschiedlich, negativ in Frankreich, positiv dagegen in Griechenland. Die Ambiguität der Sprache (Dienstleistungen/Dienste), die aber lediglich auf Übersetzungsproblemen beruht, könnte für eine Erweiterung sprechen. Aber wenn man auf die Begriffe der „services" im Englischen zurückgreift, so kommt man nicht wei-

---

[73] So *Ch. Müller-Graff*, in: Ch. Vedder/W. Heintschel von Heinegg (Hrsg.), Europäisches Unionsrecht, Art. 106 AEUV Rn. 15 m.w.N. auf die Literatur.

[74] *Krajewski* (Fn. 11), 92.

ter, weil diese auch in den entsprechenden sprachlichen Fassungen des Art. 56 zu finden sind. Eine textuelle Argumentation muss deshalb scheitern.

Andererseits spricht vom Regelungsbereich her, also teleologisch, Entscheidendes dafür, eine Ausdehnung des Begriffs der Dienste auch auf die Warenproduktion vorzunehmen. Wenn eine Warenlieferung etwa aus sozialen Gründen zum Gemeinwohlbelang erklärt werden müsste, dürfte nicht das liberale Marktrecht dem entgegenstehen, dass mit besonderen Anreizen eine Produktion und Lieferung diese Waren etwa an Bedürftige bewerkstelligt werden dürfte. Auch hier sollte die Äquivalenz des Gemeinwohlzwecks mit der Marktfreiheit dazu führen, dem Art. 106 Abs. 2 eine weite Auslegung zu geben. Dies entspricht wohl auch der ganz herrschenden Auffassung in der Literatur. Der Regelungsbereich geht daher über die Dienstleistungen im technischen Sinne hinaus und erfasst alle Leistungen, auch Warenlieferungen, wie sie von Staaten zur Daseinsvorsorge erbracht werden.

Was sind also nun Dienste von allgemeinem wirtschaftlichen Interesse in diesem weiteren Sinne? Die wichtigsten Kriterien werden in der BUPA-Entscheidung des allgemeinen Gerichts zusammengestellt:[75] Es muss eine Betrauung eines Privaten mit einer gemeinwirtschaftlichen Aufgabe durch Hoheitsakt vorliegen, es muss um eine „Aufgabe von allgemeinem wirtschaftlichen Interesse" gehen (was offensichtlich identisch mit dem Begriff der gemeinwirtschaftlichen Aufgabe ist) und der Charakter der Aufgabe muss universal und obligatorisch sein. Sie muss ohne Rücksicht auf Sonderfälle und auf die Wirtschaftlichkeit des einzelnen Vorgangs erbracht werden müssen.[76]

Es kommt bei der Anwendbarkeit von Art. 106 Abs. 2 und Art. 14 AEUV auf die objektive Erbringungs- und Finanzierungsart an, nicht auf die Bezeichnung der Tätigkeit.[77] Die hoheitliche Betrauung, auch wenn dieser Begriff nicht immer verwendet wird, ist aber immer notwendig.

In früheren Zeiten tauchte bei der Kommission immer wieder der Begriff der „marktbezogenen Tätigkeit" auf, der allerdings im Jahre 2007[78] durch den Begriff der „wirtschaftlichen Tätigkeit" ersetzt wurde. Letzterer entspricht wohl eher der Tatsache, dass es um die Beschreibung eines Sonderregimes für Tätigkeiten geht, auf die ansonsten die Vorschriften über den Binnenmarkt und den Wettbewerb anwendbar wären, um Tätigkeiten, die gegen Entgelt erbracht werden, wenngleich dieses auch nicht notwendig vom Empfänger bezahlt werden muss.

Was ist das „allgemeine wirtschaftliche Interesse"? In der Rechtsprechung wird diese Frage damit beantwortet, dass es um ein allgemeines wirtschaftliches Interesse

---

[75] EuG, 12. Febr. 2008, Rs. T-289/03 – *BUPA/Kommission*, Rn. 172, siehe auch EuG, 15. Juli 2005, Rs. T-17/02 – *Fred Olsen*, Rn. 216, und EuG, 22. Okt. 2008, Rs. T-309/04 – *TV2*, Rn. 113 ff.

[76] EuGH, 19. Mai 1993, Rs. C-320/91 – *Corbeau*.

[77] Leitfaden 2010 (Fn. 33), Ziff. 2.2.

[78] A.a.O. (Fn. 34).

geht, das sich von dem Interesse an anderen Tätigkeiten des Wirtschaftslebens unterscheidet.[79] Es geht also um den Gemeinwohlaspekt der wirtschaftlichen Tätigkeit. Dieser ist nach der BUPA-Entscheidung etwa immer (auch) dann anzunehmen, wenn der Dienstleistende einem Kontrahierungs- und Leistungszwang unterliegt. Dieses spezifische Interesse ist also das Gemeinwohlinteresse.

Somit erscheint es richtig, den Anwendungsbereich des Art. 106 Abs. 2 AEUV auf „wirtschaftliche Dienste im Gemeinwohlinteresse" festzulegen.[80] Die erfasste Tätigkeit ist also wirtschaftlich (im Gegensatz zu hoheitlich[81]). Das „Gemeinwohlinteresse" wird festgelegt in den Bedingungen, welche der Staat dem in diesem Bereich tätigen Unternehmer auferlegt, wenn er den Dienst nicht selbst wahrnimmt. Solches Interesse steht im Gegensatz zum Partikular- oder Individualinteresse.[82]

Der Gegensatz zu der „wirtschaftlichen Tätigkeit" ist eine Tätigkeit, bei der Hoheitsgewalt ausgeübt wird. Aber auch dort, wo der Staat bei einer Tätigkeit keinerlei Erwerbsinteresse verfolgt, wie etwa im Bildungsbereich[83] oder bei den Grundversorgungssystemen der sozialen Sicherheit,[84] liegt keine wirtschaftliche Tätigkeit vor.[85] Dies gilt auch noch für eine Vielzahl anderer staatlicher Tätigkeiten gerade im karitativen, kulturellen und sozialen Bereich.

Nicht entscheidend ist dagegen die Rechtsstellung des Dienstleisters, Hoheitsträger, Behörde oder privater Unternehmer, und auch nicht die inhaltliche Art der Dienstleistung. Vielmehr entscheidet die Ausführung, Organisation und Finanzierung der konkreten Dienstleistung über ihre rechtliche Beurteilung.[86]

Eine umfassende Aufzählung der Kriterien findet sich in jüngster Zeit in der Kommissionsmitteilung aus dem Jahre 2011:[87]

> „Dienstleistungen von allgemeinem wirtschaftlichen Interesse sind wirtschaftliche Tätigkeiten, die dem Allgemeinwohl dienen und ohne staatliche Eingriffe am Markt überhaupt nicht oder in Bezug auf Qualität, Sicherheit, Bezahlbarkeit, Gleichbehandlung oder universaler Zugang nur zu anderen Standards durchgeführt würden. Die Gemeinwohlverpflichtung wird dem Leistungserbringer im Wege eines Auftrags auferlegt, der eine Gemeinwohl-

---

[79] EuGH, 10. Dez. 1991, Rs. C-179/90 – *Merci convenzionali porto di Genova*, Rn. 27; EuGH, 17. Juli 1997, Rs. C-242/95 – *GT-Link A/S*, Rn. 53, und EuGH, 18. Juli 1998, Rs. C-266/96 – *Corsica Ferries France SA*, Rn. 45.

[80] So auch *Krajewski* (Fn. 11), 96.

[81] Hierzu *Krajewski* (Fn. 11), 110.

[82] *Voet van Vormizeele*, in: J. Schwarze (Hrsg.), EU-Kommentar, 3. Aufl. 2012, Art. 106 AEUV Rn. 64; EuGH, 27. März 1974, Rs. 127/73 – *BRT/SABAM*, Rn. 23.

[83] EuGH, 27. Sept. 1988, Rs. C-263/86 – *Humbel*.

[84] EuGH, 17. Febr. 1993, verb. Rs. C-169 u. 160/91 – *Poucet*.

[85] Dass es hier inzwischen auch bereits private Konkurrenz auf dem Markt gibt, macht die staatliche Tätigkeit nicht zu einer wirtschaftlichen Tätigkeit.

[86] A.a.O. (Fn. 34) Ziff. 2.1.

[87] A.a.O. (Fn. 24), 4.

komponente enthält, sodass sichergestellt ist, dass die Dienstleistung unter Bedingungen erbracht wird, die es dem Leistungserbringer ermöglichen, seinen Auftrag zu erfüllen."

Hiermit sind auch zusammenfassend die Kriterien und Grundsätze der Rechtsprechung wiedergegeben.

Die Qualifikation als Dienstleistung von allgemeinem wirtschaftlichen Interesse ist ein Recht des Staates, hierzu hat er aber gemeinschaftsrechtlich keine Pflicht. Dies schließt aber nicht aus, dass eine solche Pflicht aus nationalem Recht besteht.

4. Gemeinwohlaufgabe

Nach dem Protokoll Nr. 26 zum Vertrag von Lissabon wird das Gemeinwohl nur umschrieben. Es steht in Relation zu den Unterschieden in Bedürfnissen und Präferenzen der Nutzer, die aus unterschiedlichen geografischen, sozialen oder kulturellen Gegebenheiten folgen können. Angesichts dieser Diversität kann das Gemeinwohl nur von dem zuständigen Hoheitsträger definiert werden. Das werden in der Regel die Mitgliedstaaten sein, aber wo die Union Kompetenzen zum Tätigwerden hat, kann auch sie Gemeinwohlsaufgaben bestimmen (wie sich im Übrigen bei den geregelten Universaldiensten zeigt.) Es muss seitens des Empfängers ein Bedürfnis vorliegen, das auf einem hohen Niveau in Bezug auf Qualität, Sicherheit und Bezahlbarkeit, unter Gleichbehandlung und Förderung des universellen Zugangs und der Nutzerrechte befriedigt werden soll. Wie schon erwähnt wurde, gibt es hier sicherlich im europäischen Rahmen einen Kernbereich, der in allen Staaten und damit gemeinsam auch in der Union als Gemeinwohlaufgabe angesehen wird wie insbesondere die netzgebundenen Dienste.

In diesem Zusammenhang sagt die BUPA-Entscheidung vorsichtig:

> „Diese Befugnis des Mitgliedstaats zur Definition der Dienstleistungen von allgemeinem wirtschaftlichem Interesse wird sowohl durch das Fehlen einer der Gemeinschaft speziell zugewiesenen Befugnis als auch durch das Fehlen einer präzisen und vollständigen Definition des Begriffs der Dienstleistungen von allgemeinem wirtschaftlichem Interesse bestätigt. Denn die Bestimmung der Art und des Umfangs einer Aufgabe von allgemeinem wirtschaftlichem Interesse für bestimmte Tätigkeitsbereiche, die entweder nicht in die Zuständigkeit der Gemeinschaft im Sinne von Art. 5 Abs. 1 EG fallen oder auf einer lediglich begrenzten oder geteilten Gemeinschaftszuständigkeit im Sinne von Art. 5 Abs. 2 EG beruhen, gehört grundsätzlich weiterhin zu den Aufgaben der Mitgliedstaaten."[88]

Diese Überlegung, die sich hier nur auf die Mitgliedstaaten konzentriert, geht von einer Definitionshoheit des Trägers der Kompetenz für die Gemeinwohlleistungen aus. Mangels eines klaren Anhaltspunktes im Unionsrecht und doch angesichts des geregelten Sachbereichs erscheint dies folgerichtig und angemessen. Bei dieser Beurteilung sollte im Übrigen auch nicht außer Acht gelassen werden, dass die Gewährleistung und Aufrechterhaltung des Gemeinwohls zu den unmittelbarsten Leis-

---

[88] Ibid. (Fn. 102), Rn. 167.

tungen des Staates für die Bürger zählt, welche diese bei der Beurteilung von Wert oder Versagen des zuständigen Hoheitsträgers auch in ihrer Wahlentscheidung einfließen lassen werden. Es erscheint deswegen auch politisch konsequent, dass die Verantwortung für die Entscheidung demjenigen übertragen wird, welcher im Auge des Bürgers am Ende zur Verantwortung gezogen wird.

5. Sonderregime

Gemeinwohldienste müssen nicht unbedingt dem Markt entzogen werden. Solange der Markt die Ziele der allgemeinen, verlässlichen und preiswerten Versorgung erbringt, bedarf es keines Sonderregimes. Nur dann, wenn es am Markt nicht genügend Anreize gibt, darf ein solches Regime errichtet werden.[89] Das ist nicht identisch mit der Feststellung eines „Marktversagens",[90] denn dies ist gerade nicht der Grund der Erforderlichkeit besonderer Gemeinwohlverpflichtungen.[91] Private sind ab initio nicht in ihrem wirtschaftlichen Verhalten dem Gemeinwohl verpflichtet. Ein Busoder Bahnunternehmer, der sich dafür entscheidet, nicht mehr auch noch die in der Landschaft entlegenen Stationen anzufahren, mag ökonomisch sehr rational handeln, ein Unternehmer sein, wie ihn Volks- und Betriebswirtschaft verlangen, und trotzdem mag er für den Staat ein Grund sein, warum Sonderregeln eingeführt und Anreize gegeben werden, damit jemand auch noch diese entlegenen Weiler anfährt.

Gemeinwohl ist eben nicht notwendig beim Markt am besten aufgehoben, denn dieser basiert auf dem Eigennutz. Zwar lehrt uns Adam Smith, dass damit eine unsichtbare Hand unser aller Wohl gewährleiste,[92] aber dies entspricht nicht unserer alltäglichen Erfahrung. Bestimmte Dienste wird der rationale Markt nicht oder nicht zu akzeptablen Preisen erbringen. Der Staat muss also dafür sorgen und entweder selbst den Dienst erbringen oder Privaten einen Anreiz dafür bieten, dass sie etwas tun, was eigentlich ihrer wirtschaftlichen Vernunft ohne den Anreiz nicht entsprechen würde. Dies ist die Basis der Altmark-Entscheidung des EuGH,[93] welche einen sachgerechten Ausgleich zwischen dem Beihilfenrecht und den Besonderheiten der Finanzierung von wirtschaftlichen Gemeinwohldiensten vorgenommen hat. Sie geht übrigens

---

[89] *Kommission*, Mitteilung 2000 (Fn. 23) Rn. 14–35.

[90] Für die Universaldienstleistungen aber so *Sauter* (Fn. 25), 30. Wie hier *Mestmäcker/Schweitzer*, in: U. Immenga/E.-J. Mestmäcker (Hrsg.), EU-Wettbewerbsrecht, 5. Aufl. 2012, Art. 106 Abs. 2 AEUV Rn. 82.

[91] Ebenso *Krajewski* (Fn. 11), 97 f., der richtig bemerkt, ein Modell „Daseinsvorsorge durch Wettbewerb" sei den europäischen Verträgen nicht zu entnehmen.

[92] *A. Smith*, The Wealth of Nations, 1776, IV.2.

[93] EuGH, 24. Juli 2003, Rs. C-280/00 – *Altmark Trans*. Diese Entscheidung ist besonders wichtig für die Frage, welche Finanzierungsmechanismen für Dienstleistungen im allgemeinen wirtschaftlichen Interesse zulässig sein können, ohne eine verbotene Beihilfe zu sein. Dieser ganze Finanzierungsbereich muss, so entscheidend er ist, hier unberücksichtigt bleiben.

zu Recht nicht davon aus,[94] dass dieser Anreiz eine Beihilfe im unionsrechtlichen Sinne ist, weil sie eben ein Ausgleich für die Übernahme einer unwirtschaftlichen, aber gemeinwohlorientierten Leistung ist. Auch hier greift die Äquivalenztheorie: Was im normalen Wettbewerb an sich rechtswidrig wäre, ist im gemeinwohlorientiert moderierten Wettbewerb per se nicht nur zulässig, sondern sogar notwendig.

Es geht also eher darum zu bestimmen, wann und unter welchen Umständen die Anbieter am Markt eine Leistung nicht mehr in vertretbarer Menge, Qualität und zu einem erschwinglichen Preis anbieten werden. Die Kommission weist zu Recht darauf hin, dass viele Grundbedürfnisse ausschließlich oder überwiegend vom Markt geregelt werden. Nur wenn Staaten der Auffassung sind und die Berechtigung dieser Auffassung belegen können, dass dies nicht mehr in zureichendem Maße geschieht, können sie „konkrete Leistungsanforderungen" festlegen, d. h. die Dienste regulieren. Die Verpflichtungen können allen oder nur bestimmten Anbietern auferlegt werden. Dies kann, muss aber nicht mit besonderen Rechten und Finanzierungsmechanismen einhergehen. Auch kann eine bestimmte Art der Leistungserbringung festgelegt werden. Schließlich bleibt noch festzuhalten, dass der Sonderstatus nicht ausschließlich nur mit wirtschaftlichen Gesichtspunkten begründet werden muss. Hier können auch zusätzlich andere wirtschaftliche Argumente wie etwa Regional- oder Umweltpolitik eine Rolle spielen.[95] Insoweit hat der EuGH die Grenzen äußerst weit gezogen, wenn er im Jahre 2010 befand, die Mitgliedstaaten dürften „unter Beachtung des Rechts der Union den Umfang und die Organisation ihrer Dienstleistungen von allgemeinem wirtschaftlichem Interesse ... bestimmen. Sie können insbesondere Ziele berücksichtigen, die ihrer nationalen Politik eigen sind."[96] Damit ist ein äußerst weiter Rahmen für die möglichen Gemeinwohlziele gezogen worden.

Wenn ein Dienstleister mehrere Dienste erbringt, so sind die Sonderregeln für die Gemeinwohldienstleistungen nur für diejenigen anwendbar, welche diesen Charakter haben. Ein Dienstleister kann daher nach mehreren rechtlichen Standards tätig werden,[97] einmal als „normaler" Dienstleister am Markt, andererseits als Erbringer von Gemeinwohldiensten. Dies ist eine Konsequenz eines umfassenderen Prinzips, welches hier zur Anwendung kommt, desjenigen der Verhältnismäßigkeit. Dies wird im Europarecht immer häufiger in dem umfassenden Sinne verstanden, den es in der deutschen Rechtsordnung hat: Geeignetheit, Erforderlichkeit und Proportionalität im engeren Sinne. Allerdings ist bekannt, dass gerade der EuGH diese Prüfung gelegentlich etwas pauschal vornimmt, was auch im vorliegenden Problemkreis der

---

[94] Anders als das allgemeine Gericht in EuG, 27. Febr. 1997, Rs. T-106/95 – *FFSA*, das eine Beihilfe annahm, die aber gerechtfertigt sein könnte.

[95] EuGH, 3. Juli 2003, verb. Rs. C-83/01 P, C-93, 94/01 P – *Chronopost*, für die Post-Dienstleistungen.

[96] EuGH, 20. April 2010, Rs. C-265/08 – *Federutility*, Rn. 29.

[97] So die Entscheidungen EuGH, 24. Juli 2003, Rs. C-280/00 – *Altmark Trans*, und EuGH, 24. Okt. 2002, Rs. C-82/01 – *Aéroports de Paris*.

Fall ist. Sein entscheidender Gesichtspunkt ist, ob eine Abweichung von den Marktprinzipien für die Erfüllung des Gemeinwohlauftrags erforderlich ist.[98]

Die Kommission formuliert das so:[99] Die Mittel zur Erfüllung des Versorgungsauftrags dürfen nicht unnötige Handelshemmnisse erzeugen, die Abweichungen von den Regeln des freien Marktes müssen erforderlich sein und die Dienste müssen leistungsfähig und effizient sein. Nach der Äquivalenztheorie muss diese Prüfung aber nicht in einem strikten Regel-Ausnahme-Verhältnis erfolgen.

Auch die Auswahl zwischen verschiedenen Lösungen des Gemeinwohlproblems, Übertragung an ein Monopol oder Oligopol bzw. Auferlegung an Gemeinwohlverpflichtungen an alle oder nur bestimmte Anbieter sowie verschiedene Finanzierungsmodelle muss dem Staat überlassen bleiben, wenn er nicht die Grenze des Regelungsmissbrauchs überschreitet. Auch hier dürfen dem Staat keine zu engen Fesseln, weder materiell- noch verfahrensrechtlich auferlegt werden.

Auch der Gerichtshof nimmt unter der Flagge des Verhältnismäßigkeitsprinzips eine relativ freie Abwägung vor, welche v. Danwitz deshalb eher eine Konkordanzprüfung nennen möchte.[100] Dies trifft sich mit den hier zur Äquivalenztheorie gemachten Bemerkungen vollständig. Es trägt dem Rechnung, dass es zwischen Markt und Gemeinwohl-Sonderordnung kein Regel-Ausnahme-Prinzip gibt. Allerdings ist der Markt immer noch ein wichtiger Referenzpunkt für die Konkordanzprüfung. Die äußerste Grenze des Sonderregimes legt auf jeden Fall Art. 106 Abs. 2 S. 2 fest: „Die Entwicklung des Handelsverkehrs darf nicht in einem Ausmaß beeinträchtigt werden, das dem Interesse der Union zuwiderläuft."

6. Kontrolldichte

Daraus ergibt sich, dass die Bestimmung der Voraussetzungen für die Anwendung eines Sonderregimes für Gemeinwohldienste in den meisten Fällen bei den Mitgliedstaaten, nur bei eigenen Kompetenzen dagegen bei der Union liegt. Bei ihren Qualifikations- und Gestaltungstätigkeiten müssen die Mitgliedstaaten notwendigerweise unionsrechtlich gebunden und damit auch kontrollierbar sein,[101] weil ansonsten die Integrität des Binnenmarktes zur Disposition der Mitgliedstaaten stünde. Die Kontrolle liegt bei der Kommission, wie sich aus Art. 106 Abs. 3 AEUV ergibt (und weiter auch allgemein aus Art. 258 AEUV) sowie beim Europäischen Gerichtshof. Allerdings sind die Kontrollmaßstäbe denkbar unscharf formuliert, wie wir bereits gesehen haben. Daraus kann notwendigerweise nur eine geringe Kontrolldichte folgen.

---

[98] Vgl. etwa EuGH, 23. Okt. 1997, Rs. C-157/94 – *Stromhandelsmonopole*.
[99] Mitteilung 2000 (Fn. 23), Rn. 23–25.
[100] A.a.O. (Fn. 53), 123 f.
[101] *Voet van Vormizeele*, in: Schwarze (Fn. 82), Art. 106 AEUV Rn. 62.

Aus den vorstehenden Überlegungen wird auch verständlich, dass der methodische Ausgangspunkt der Kontrollkriterien in der Rechtsprechung wie auch der Kommissionspraxis die Einräumung eines weiten Entscheidungsspielraums[102] an die Mitgliedstaaten ist, der nur im äußersten Falle eines Missbrauchs zu Kontrollkorrekturen führen kann, wie sich etwa aus der beispielhaften BUPA-Entscheidung[103] des allgemeinen Gerichts der EU ergibt:

> „Vorab ist festzuhalten, dass ein Mitgliedstaat, selbst wenn er über ein weites Ermessen bei der Bestimmung dessen verfügt, was er als Dienstleistung von allgemeinem wirtschaftlichem Interesse ansieht, nicht davon befreit ist, wenn er sich auf das Vorliegen und die Erforderlichkeit des Schutzes einer gemeinwirtschaftlichen Aufgabe beruft, dafür Sorge zu tragen, dass diese Aufgabe bestimmten, von der Rechtsprechung herausgearbeiteten Mindestkriterien genügt, die für alle gemeinwirtschaftlichen Aufgaben im Sinne des EG-Vertrags gelten, und zu beweisen, dass diese Kriterien im jeweiligen Fall auch erfüllt sind.
>
> Dazu gehören insbesondere das Vorliegen eines Hoheitsakts, der den betreffenden Wirtschaftsteilnehmern eine Aufgabe von allgemeinem wirtschaftlichem Interesse überträgt, und der universale und obligatorische Charakter der Aufgabe.
>
> Umgekehrt kann, wenn der Mitgliedstaat den Beweis nicht erbracht hat, dass diese Kriterien erfüllt sind, oder wenn er sie nicht beachtet hat, dies einen offenkundigen Beurteilungsfehler begründen, den die Kommission beanstanden muss, um nicht selbst einen offenkundigen Fehler zu begehen.
>
> Außerdem geht aus der Rechtsprechung zu Art. 86 Abs. 2 EG hervor, dass der Mitgliedstaat angeben muss, weshalb er der Auffassung ist, dass die fragliche Dienstleistung es aufgrund ihres besonderen Charakters verdient, als Dienstleistung von allgemeinem wirtschaftlichen Interesse eingestuft und von anderen wirtschaftlichen Aktivitäten unterschieden zu werden. … Ohne eine derartige Begründung wäre nämlich eine – selbst beiläufige – Kontrolle der Gemeinschaftsorgane aufgrund der ersten im oben in Randnr. 89 angeführten Urteil Altmark genannten Voraussetzung und aufgrund von Art. 86 Abs. 2 EG, ob dem Mitgliedstaat bei der Ausübung seines Ermessens ein offenkundiger Fehler unterlaufen ist, nicht möglich."

Die Definition liegt also bei den Mitgliedstaaten, soweit nicht die Union insoweit von einer eigenen Kompetenz Gebrauch macht, die unter Einhaltung der sonstigen Grenzen hierfür u. a. auch in Art. 114 AEUV gefunden werden kann, um selbst einen zu regulierenden Gemeinwohlbereich zu definieren.[104] Dies ist in der Praxis insbesondere hinsichtlich mehrerer „Universaldienst-Bereiche" geschehen, wie etwa im Bereich der Post- und Telekommunikationsdienste.

Der geringen Regelungsdichte der relevanten Normen korrespondiert quasi als Kompensation ein verfahrensrechtliches Erfordernis: Der Staat trägt die Behauptungs- und Beweislast für seine Entscheidung. Er muss im Einzelnen dartun, welche

---

[102] Hierzu auch *R. Ringwald*, Daseinsvorsorge als Rechtsbegriff, 2008, 174 ff.

[103] EuG, 12. Febr. 2008, Rs. T-289/03 – *BUPA/Kommission*, Rn. 172, siehe auch EuG, 15. Juli 2005, Rs. T-17/02 – *Fred Olsen*, Rn. 216, und EuG, 22. Okt. 2008, Rs. T-309/04 – *TV2*, Rn. 113 ff.

[104] Anders wohl *Wernicke*, in: Grabitz/Hilf (Fn. 64), Art. 106 AEUV Rn. 46.

Kriterien ihn zu seiner Regulierungsentscheidung gebracht haben. Der Kontrollmaßstab ist dann wieder mild, es geht nur um „offenkundige Ermessensfehler", also eine wenig durchschlagende Kontrollkonzeption. Wenn aber ein solcher vorliegt, dann muss die Kommission die Rechtswidrigkeit der staatlichen Entscheidung beanstanden.

Das weite Ermessen des Staates bezieht sich, wie gezeigt wurde, auch auf die Verhältnismäßigkeit. An die Beweislast darf man insoweit keine überzogenen Anforderungen stellen. Eine Plausibilität muss ausreichen, um ihr zu genügen.

Im Weißbuch 2004 hat die Kommission es unternommen, die Prärogative der Mitgliedstaaten zu relativieren, insbesondere in Erwartung der dann gescheiterten EU-Verfassung, welche eine Vorschrift enthielt, die dann in Art. 14 Eingang in den Vertrag von Lissabon fand und die Gemeinsamkeiten in der Union eher betont als die Verschiedenheit der Konzepte von den Dienstleistungen von allgemeinem wirtschaftlichen Interesse. Zwar wird dort betont, dass „die genaue Festlegung des Dienstleistungsangebots und die Erbringung der einzelnen Dienstleistungen nach wie vor Aufgabe der Mitgliedstaaten" ist.[105] Gleichzeitig wird aber auch das europäische Interesse betont. Dienstleistungen von allgemeinem wirtschaftlichen Interesse sind danach „unerlässlich für die Abhaltung sozialer und territorialer Kohäsion und für die Wettbewerbsfähigkeit der europäischen Wirtschaft".[106] Die Union werde daher bei den politischen Maßnahmen und Tätigkeiten, die in ihre Zuständigkeiten fallen, der spezifischen Rolle der Dienstleistungen von allgemeinem Interesse in vollem Umfang Rechnung tragen.

Dies betont etwas, was oben bereits gesagt wurde, dass nämlich die Zuständigkeit der Mitgliedstaaten nicht immer exklusiv ist. In Bereichen der Gemeinschaftszuständigkeit kann auch die Union festlegen, welche Dienstleistungen von allgemeinem wirtschaftlichen Interesse notwendig sind. Die Festlegung der Gemeinwohlaufgaben obliegt „den öffentlichen Instanzen auf der jeweiligen Ebene".[107] Auf der anderen Seite scheint es, als habe nach dem Scheitern der Verfassung der Elan der Kommission drastisch abgenommen, selbst Gemeinwohlbereiche zu definieren.

Die Vielfalt der möglichen Gemeinwohlinteressen wird auch im Protokoll Nr. 26 betont. Im Ergebnis wird man sagen müssen, dass es nur schwer möglich ist, sie positiv zu definieren, dass es aber wohl die Möglichkeit einer negativen Abgrenzung gibt, also die Feststellung eines „manifest error". Worin ein solcher Fehler bestehen könnte, ergibt sich aus einer, wenn auch nicht sehr zahlreichen, Entscheidungspraxis des Gerichtshofs: Ein rechtmäßiger Sonderstatus wird dort etwa abgelehnt „bei einem Unternehmen, das der Staat mit keiner besonderen Aufgabe betraut hat und das Privatinteressen wahrnimmt".[108] Weitere Beispiele finden sich in der Rechtspre-

---

[105] Weißbuch 2004, Nr. 2.
[106] Ibid., Nr. 2.1.
[107] Ibid., Nr. 2.2.
[108] EuGH, 27. März 1974, Rs. 127/73 – *BRT/SABAM*.

chung zu den Hafendienstleistungen[109] und Werbung, e-commerce, Sponsoring und Merchandising in öffentlich-rechtlichen Rundfunkanstalten.[110]

Die Einräumung eines weiten Ermessensspielraums in diesem Sachbereich ist der tatsächlichen Entscheidungskompetenz und Sachnähe angemessen, sie ist aber auch ansonsten nicht erstaunlich, weil der EuGH in seiner gesamten Rechtsprechung immer wieder den Unionsorganen bei wirtschaftspolitischen Entscheidungen einen weiten Ermessensspielraum einräumt.[111] Bei der Kontrolle der Mitgliedstaaten ist seine Prüfungsdichte insoweit eher variabel, aber ein weites Ermessen ist angemessen, wenn die Entscheidung überhaupt nur von den Staaten oder ihren Untergliederungen von der Sachkompetenz her getroffen werden kann.

Zum Kontrollmaßstab gehört nach der Rechtsprechung auch eine Darlegungs- und Beweislast des Mitgliedstaats. Aber diese ist nicht sehr strikt.[112] Der Mitgliedstaat müsse nicht beweisen, dass „keine andere vorstellbare, der Natur der Sache nach hypothetische Maßnahme es erlaubte, die Erfüllung dieser Aufgaben zu solchen Bedingungen sicherzustellen".[113] Der Beweis einer Gefährdung des öffentlichen Zwecks reiche hier aus. Auch sei es „nicht seine Aufgabe, auf der Grundlage allgemeiner Bemerkungen unter Berücksichtigung wirtschaftlicher, finanzieller und sozialer Gesichtspunkte die Maßnahmen zu würdigen, die ein Mitgliedstaat erlassen könnte, um die Lieferung von Elektrizität und Gas in seinem Gebiet, die Ständigkeit der Versorgung und die Gleichbehandlung der Kunden sicherzustellen".

Damit ist die Verhältnismäßigkeitsprüfung sehr abgemildert, auch gemessen an dem, was der Gerichtshof sonst gegenüber wirtschaftspolitischen Entscheidungen der Union und insbesondere der Mitgliedstaaten für sich in Anspruch nimmt. Dies wird auch an erstaunlichen Formulierungen sichtbar wie etwa:

> „In Anbetracht der Komplexität einer solchen Bewertung sowie der Risiken, die die Gewährung von Freistellungen für das finanzielle Gleichgewicht des Betriebsrentenfonds und damit für die Erfüllung der ihm übertragenen sozialen Aufgabe mit sich bringt, kann ein Mitgliedstaat der Auffassung sein, daß die Freistellungsbefugnis keiner anderen Stelle eingeräumt werden darf."[114]

Dies kann man wohl ohne Unterstellung als Ausdruck einer reinen Plausibilitätskontrolle bezeichnen, einer weitgehenden Überlassung der Entscheidung an die Mitgliedstaaten, die nur noch in vereinzelten Ausnahmefällen falsifiziert werden können. Das ist eine konsequente Entwicklung des Konzepts der Primärrechtsvorschrif-

---

[109] Siehe EuGH, 10. Dez. 1991, Rs. C-179/90 – *Merci convenzionali porto di Genova*.

[110] Mitteilung der Kommission über die Anwendung der Vorschriften über staatliche Beihilfen auf den öffentlich-rechtlichen Rundfunk, ABl. C 257 v. 27. Dez. 2009, 1.

[111] Vgl. etwa EuGH, 10. Dez. 2002, Rs. C-491/01 – *BAT*.

[112] EuGH, 23. Okt. 1997, Rs. C-159/94 – *Kommission/Frankreich*.

[113] Hierzu auch *v. Danwitz* (Fn. 53), 124.

[114] EuGH, 21. Sept. 1999, Rs. C-67/96 – *Albany*, Rn. 120.

ten, zeigt aber auch, dass es angemessen ist, von der Gleichrangigkeit von Gemeinwohlgewährleistungen und Wettbewerbsordnung auszugehen.

IV. Bewertung des Ergebnisses

Die Regelung der Dienstleistungen von allgemeinem wirtschaftlichen Interesse im EU-Recht weist interessante Sonderaspekte auf. Es handelte sich offensichtlich ursprünglich um eine planmäßige Unbestimmtheit des Rechts, die ordnungspolitische Differenzen zwischen den Mitgliedstaaten verdecken sollte. Es gab verschiedene Konkretisierungsmöglichkeiten, was dem Bestimmtheitserfordernis im Europarecht insbesondere angesichts der verbindlichen Entscheidungskompetenz des europäischen Gerichtshofs noch genügen dürfte. Als dieser aber die offensichtliche Absicht der Kommission, mehr Marktliberalisierung in den Gemeinwohlbereich hineinzubringen, nicht begrenzen zu wollen schien, versuchten die Mitgliedstaaten, durch Ergänzungen des Primärrechts dem einen Riegel vorzuschieben.

Da sie aber gleichwohl insoweit nicht alle derselben Meinung waren, blieben auch die Ergänzungen zunächst durch Art. 14 AEUV und dann durch das Protokoll Nr. 26 zum Vertrag von Lissabon ambivalent. Die Interessengegensätze bestehen dabei nicht so sehr zwischen Kommission und Mitgliedstaaten, sondern vielmehr unter den Mitgliedstaaten selbst. Diese haben unterschiedliche Traditionen. Während die einen nur den allgemeinen Markt zur Versorgung aller Bedürfnisse benötigen, haben andere eine ausgeprägte Parallelwirtschaft für Gemeinwohlaufgaben. Diese hat häufig ein Beharrungsvermögen und will vor Zugriffen der marktorientierten Europäer geschützt werden, so lange noch das staatliche Budget die notwendigen Zusatzbelastungen tragen kann. Die Vorreiter der Marktwirtschaft wollen nicht nur eine andere Ordnungspolitik, sondern auch Auslandsmärkte öffnen. Beide Lager können sich schwerlich auf einen eindeutig klaren Bestand an gemeinsamen Rechtsnormen für den Bereich der Dienstleistungen von allgemeinem wirtschaftlichen Interesse einigen. So begnügen sie sich mit sibyllinischen Formulierungen, die beide Seiten in ihrem Sinne auslegen können.

Allerdings führten nunmehr die Unbestimmtheiten der Normen dazu, dass man die Konkretisierung weitestgehend den Mitgliedstaaten überließ und nur eine Art Plausibilitätskontrolle übrig ließ. Dies ist insofern bemerkenswert, als es um einen Regelungsbereich geht, welcher quer zur ursprünglichen liberalen Ordnungspolitik des Binnenmarktes liegt. Gerade die hier relevanten Vorgänge um den Vertrag von Lissabon haben aber gezeigt, dass offensichtlich Mitgliedstaaten nichts Schreckliches mehr darin sehen, dass es gemeinschaftsweite oder auch auf einzelne Mitgliedstaaten begrenzte Sonderordnungen einer gemeinwohlorientierten Wirtschaft gibt.

Art. 106 Abs. 2 AEUV verweist in dieser Lesart auf die nationalen Gemeinwohlkonzepte, räumt den Staaten die Qualifizierungshoheit mit weitem Ermessen ein und legitimiert diese Konzepte auch im Binnenmarkt. Er statuiert nur eine Missbrauchskontrolle, um zu verhindern, dass die Mitgliedstaaten das Gemeinwohl benutzen, um den Binnenmarkt schrittweise auszuhöhlen.

Andererseits führt die fortbestehende Existenz von Grauzonen im relevanten Primärrecht dazu, dass gegebenenfalls Fehlentwicklungen durch die Rechtsprechung, die Praxis der Kommission oder auch durch die Inanspruchnahme der neuen Rechtsetzungskompetenz nach Art. 14 Satz 3 AEUV rechtzeitig gegengesteuert werden kann.

So vermag Normenunklarheit zu politisch durchaus positiv zu sehenden Ergebnissen führen.

Der Schuldentilgungsfonds:
Rechtliche Rahmenbedingungen eines umstrittenen Instruments zur Eurorettung

Von *Martin Nettesheim*

I. Szenarien der Bewältigung der Euro-Krise

Die seit nunmehr vier Jahren schwelende Schuldenkrise im Euro-Raum hat verschiedene Ursachen. In einigen der betroffenen Staaten ist sie primär eine Staatsschuldenkrise, die ihre Wurzeln in einer Fiskalpolitik ohne Nachhaltigkeit hat. In anderen Staaten liegt die tiefere Ursache in einer Blasenbildung im privaten Bereich. Staatliche Maßnahmen, die nach dem Platzen der Blase zur Stabilisierung des Privat-, insbesondere Bankensektors ergriffen wurden, haben dann zu einer übermäßigen Belastung der öffentlichen Haushalte geführt. Mit der Einrichtung der stabilisierenden Institutionen EFSF und ESM haben die Mitgliedstaaten der Euro-Zone einen Rahmen geschaffen, innerhalb dessen den Mitgliedstaaten die Rückkehr auf den Weg einer dauerhaft nachhaltigen Fiskal- und Wirtschaftspolitik ermöglicht werden soll. Damit verbindet sich die Hoffnung, dass es den betroffenen Mitgliedstaaten gelingt, durch eine Verbindung von Sparanstrengungen und wachstumsfördernder Politik die Grundlagen für eine Entwicklung zu schaffen, die zur Wiederherstellung von Wettbewerbsfähigkeit und fiskalpolitischer Nachhaltigkeit führt.

Es liegt nicht in der Kompetenz eines Rechtswissenschaftlers, beurteilen zu können, wie groß die Wahrscheinlichkeit ist, dass den Peripheriestaaten der Euro-Zone diese Entwicklung gelingt. Ebenso ist es ihm unmöglich, eine fundierte Aussage dazu zu treffen, ob der Absicherung eines Konsolidierungskurses durch die realisierten Garantie- und Hilfsinstitutionen ein hinreichend vertrauensstiftender Effekt innewohnt. Der Primärzweck dieser Institutionen liegt bekanntlich in der Stiftung von Vertrauen: Den betroffenen Mitgliedstaaten soll es ermöglicht werden, auf den Märkten (Re-)Finanzierungskonditionen zu erhalten, die sie erst in die Lage versetzen, ihre Schulden zu bedienen und abzutragen. Schließlich vermag ein Rechtswissenschaftler auch keine gesicherten Aussagen darüber zu treffen, ob es den betroffenen Staaten überhaupt möglich ist, im Prozess der Wiedererstarkung die aufgetürmten Schulden abzutragen oder auf ein verträgliches Maß zurückzuführen. Manche Beobachter haben Zweifel, ob die Wachstumsmöglichkeiten (insbesondere Italiens) so groß sind, dass ein Schuldenabbau selbst bei günstigen Refinanzierungsbedingungen möglich ist. Es ist offenkundig, dass die verschiedenen Problemkreise in einer Wechselwirkungsbeziehung stehen. Je ungünstiger die (Re-)Finanzierungsbedingungen sind, desto größer ist die Erwartung, dass ein Staat ohne Schuldenschnitt nicht wieder auf eigene Beine kommen wird.

1. Der Vorschlag zur Errichtung eines Schuldentilgungsfonds

Den skeptischen Stimmen kommt eine nicht unerhebliche argumentative Plausibilität zu. Es erscheint *wissenschaftlich* und *politisch* nicht sinnvoll, die Beschäftigung mit diesen Szenarien von vornherein zurückzuweisen. Politische Entscheidungen darüber, wie in der Schuldenkrise zu verfahren ist, werden dadurch erst ermöglicht – und keineswegs präjudiziert. In diesem Sinne verdient der Vorschlag des *Sachverständigenrats zur Begutachtung der gesamtwirtschaftlichen Entwicklung*, zur Bewältigung der Staatsschuldenkrise einen sog. „Schuldentilgungsfonds" einzuführen,[1] einer näheren (auch rechtswissenschaftlichen) Analyse.[2] Der Vorschlag läuft darauf hinaus, einen gemeinsamen Tilgungsfonds zu gründen, in den die Mitgliedstaaten Schulden, die den Referenzwert des Vertrags von Maastricht in Höhe von 60 % v.H. des Bruttoinlandsprodukts übersteigen, hineinverlagern. Für diesen Fonds würden die Mitgliedstaaten gemeinsam haften. Die Übertragung würde schrittweise in dem Umfang geschehen, in dem die Mitgliedstaaten für Altschulden bzw. Kreditneuaufnahme einen Finanzierungsbedarf haben („roll-in"). Diese Phase würde mehrere Jahre dauern.[3] Zur gleichen Zeit würden sich die Mitgliedstaaten dazu verpflichten, auf einen Konsolidierungspfad einzuschwenken, in dessen Rahmen sie die übertragenen Schulden mit einem Zeithorizont von 20 bis 25 Jahren tilgen. Der Vorschlag lehnt sich an die Regelung des reformierten Stabilitäts- und Wachstumspakts an, wonach sich die Mitgliedstaaten dazu verpflichten, die über der Grenze von 60 % v.H. liegende Verschuldung in jährlichen Schritten von 1/20 abzubauen.

Der Sachverständigenrat schlägt vor, die Teilnahme an dem Fonds auf Mitgliedsstaaten der Euro-Zone zu beschränken, für die sich die Möglichkeit eines Solvenzproblems noch nicht abzeichnet. Staaten, die sich schon in ein Anpassungsprogramm begeben haben und über die EFSF, den ESM, den IWF oder bilaterale Kredite finanziert werden, sollen danach nicht an dem Schuldentilgungsfonds teilnehmen können. Der Rat schlägt ferner vor, dass die teilnehmenden Staaten den Stand der bei ihnen verbleibenden Schulden durch die Einführung nationaler Schuldenbremsen begrenzen. Er schlägt Maßnahmen zur Sicherung der Rückzahlungsverpflichtung ebenso

---

[1] Jahresgutachten des Sachverständigenrats 2011/12, Ziff. 184 ff.

[2] Rechtswissenschaftliche Analysen bei: *Ch. Herrmann*, Kurzgutachten Europarechtliche Zulässigkeit der Einführung eines „Schuldentilgungspakts", 21. März 2012; *F. Schorkopf*, Verfassungsrechtliche Grenzen und Möglichkeiten für eine Umsetzung des Schuldentilgungspaktes des Sachverständigenrates, Gutachten v. 20. Juli 2012.

[3] Die aktuelle Schuldenstandsquote und Fristenstruktur der bestehenden Staatsschulden eines Landes bestimmen die Dauer des „roll-in".

wie Vorkehrungen vor, durch die verhindert wird, dass die Regeln des Fonds nachträglich geändert oder aufgeweicht werden.

Der Schuldentilgungsfonds würde für Staaten, die gegenwärtig Schwierigkeiten haben, sich in nachhaltiger Weise auf den Kapitalmärkten zu finanzieren, eine erhebliche Entlastung bewirken. Die Zinskosten würden für diese Mitgliedstaaten sinken; zudem hätten sie auf einen großen und vergleichsweise liquiden Markt für Anleihen Zugriff. Die Finanzierungskosten für manche Staaten würden steigen, und zwar nicht nur für die eingelagerten Schulden. Allerdings wäre in diesem Zusammenhang zu berücksichtigen, dass sich im Kreis der Teilnehmerstaaten mehrheitlich Staaten befinden, die bislang keine Schwierigkeiten auf den Kapitalmärkten haben; die Stabilität des Schuldentilgungsfonds wäre damit höher als jene von EFSF und ESM. In der Phase des „roll in" müssten die Mitgliedstaaten Reformversprechen einlösen; im Fall einer Verletzung dieser Versprechen würde die Einlagerung gestoppt und die bereits eingelagerten Beträge fällig gestellt. Dieser Anreizmechanismus ist wesentlich wirksamer als der im Bereich von EFSF und ESM bestehende Mechanismus, der die Geberstaaten zur aktiven Durchsetzung von Konditionalität zwingt und ggf. auch erpressbar machen kann. Die Schaffung eines Schuldentilgungsfonds würde einen zugleich umfassenden und liquiden Markt mit Anleihen mit hoher Bonität entstehen lassen. Weitere Vorteile werden vom Sachverständigenrat benannt.

2. Chancen und Risiken eines Schuldentilgungsfonds

Wenn sich die nachfolgende Untersuchung mit der unions- und verfassungsrechtlichen Bewertung eines derartigen Schuldentilgungsfonds befasst, dann erfolgt dies in der Annahme, dass die Mitgliedstaaten der EU mit den Maßnahmen der bisherigen „Euro-Rettungspolitik" zwar Zeit gekauft haben, die Ursachen für die gegenwärtige Krise aber bislang nicht beseitigt haben. Die strukturellen Probleme, die dazu geführt haben, dass Mitgliedstaaten der Euro-Zone Probleme bei der (Re-)Finanzierung haben, lassen sich nur im Übergang in eine dauerhaft angelegte Stabilitätsordnung bewältigen. Eine derartige Ordnung setzt vor allem voraus, dass alle Mitgliedstaaten der Eurozone ihre Wettbewerbsfähigkeit zurückgewinnen, auf einen Wachstumspfad einschwenken, der es ihnen ermöglicht, ihre Schulden abzutragen, eine langfristig angelegte nachhaltige Haushaltspolitik betreiben und sich einem effektiven Staateninsolvenzregime zur Disziplinierung[4] unterwerfen. Sie haben zudem das Banken- und Finanzsystem zu stabilisieren. Der Vorschlag zur Einrichtung eines Schuldentilgungsfonds zielt darauf ab, den Übergang in eine derartige Ordnung zu erleichtern. Er ersetzt nicht die Regelungen, die zur Etablierung einer Stabilitätsordnung notwendig sind, erleichtert aber die Refinanzierung in einem Umfeld, in dem Finanzmarkt-

---

[4] Analyse und Vorschläge etwa bei: *A. O. Krueger*, A New Approach to Sovereign Debt Restructuring, 2002; *Ch. G. Paulus*, ZRP 2002, 383–388; *ders.*, ZG 25 (2010), 313–330; Bundesministerium für Wirtschaft, Monatsbericht 2–2011, 14 ff.; *K. von Lewinski*, Öffentlichrechtliche Insolvenz und Staatsbankrott, 2011.

teilnehmer nicht immer rationale Zweifel an der längerfristigen Solvenz von Staaten entwickelt haben.

Nachfolgend wird nicht in Abrede gestellt, dass es als „first-best-solution" anzusehen wäre, wenn die Bewältigung der Krise dadurch gelingen könnte, dass die betroffenen Mitgliedstaaten zügig und kurzfristig ihre wirtschaftliche Leistungs- und Wettbewerbsfähigkeit zurückgewinnen könnten und dabei lediglich vorübergehend Liquiditätshilfen in Anspruch nähmen. Diese Rückkehr zum Selbststand und zu Eigenverantwortung wäre zugleich eine Rückkehr zu den „Ideen von Maastricht". Auf diese Weise ließe sich nicht nur dem Fairnessprinzip zur Geltung verhelfen, wonach niemand für Schulden haften sollte, an deren Zustandekommen er nicht beteiligt und von denen er nicht profitiert hat. Es wäre auch deshalb die „first-best-solution", weil sie absicherte, dass Handlung und Verantwortung zugeordnet werden und eine Abwälzung von Folgenlasten auf Dritte (moral hazard) verhindert wird.

Ohne Frage kann einem Schuldentilgungsfonds daher allenfalls die Qualität einer Lösung mit „second-best"-Charakter zukommen. Ihm wird immerhin die Qualität eines „game changer" zugeschrieben, ohne zugleich die Nachteile anderer Optionen (Euro-Bonds[5], Umformulierung der Aufgabe der EZB als „lender of last resort" etc.[6]) aufzuweisen. Die Befürworter dieser Option sehen die damit verbundenen Risiken, meinen aber, dass man bei geeigneter Ausgestaltung die Gefahr einer Missachtung seiner Regeln reduzieren kann. Die Gegner wenden sich dagegen, dass von dem Prinzip der Eigenverantwortung abgewichen wird, und meinen im Übrigen, dass die Aufweichung und Durchbrechung der Regeln des Schuldentilgungsfonds unvermeidlich wären. Diese Befürchtungen sind ernst zu nehmen; sie haben verfassungsrechtliche Relevanz. Bereits die Wahrscheinlichkeit, dass es schon im Prozess der Einbringung von Schulden zu Änderungswünschen und Pflichtverletzungen kommen wird, ist nicht klein. Die Wahrscheinlichkeit, dass es zum Versuch der Änderung, Umgehung oder Verletzung der Pflicht zur Rückführung eingelagerter Schulden kommen wird, ist sogar ausgesprochen hoch. Eine rechtliche Beurteilung des Schuldentilgungsfonds hängt immer auch von der Art und Qualität der Absicherung seiner Regeln ab.

Die Einrichtung eines Schuldentilgungsfonds, in dem auf Formen der Absicherung verzichtet wird, wäre, wie noch zu zeigen sein wird, verfassungswidrig. Die erforderliche Absicherung muss sich strukturell darauf beziehen, dass die Regelungen des Pakts nicht nachträglich geändert oder umgangen werden. Insbesondere muss verhindert werden, dass die Endlichkeit des Fonds – der Schuldentilgungsfonds „schafft sich der Idee nach selbst ab" – aufgehoben und dauerhafte Lösungen gewählt

---

[5] Hierzu *P. De Grauwe/W. Moesen*, Intereconomics May/June 2009, 132–141; *M. K. Brunnermeier/L. Garicano* u.a., European Safe Bonds: ESBies, Euronomics.com v. 26. Sept. 2011; vorsichtig dann Europäische Kommission, Grünbuch über die Durchführbarkeit der Einführung von Stabilitätsanleihen, KOM (2011) 818 endg. v. 23. Nov. 2011. Zur Analyse *F. C. Mayer/Ch. Heidfeld*, NJW 2012, 422; *S. Müller-Franken*, JZ 2012, 219.

[6] Mit Blick auf die ebenfalls erforderliche Bankensicherung werden eine supranationale Bankenaufsicht und ein gemeinsames Einlagensicherungssystem als Option angesehen, die in grundsätzlicher Weise eine Änderung des Entwicklungsverlaufs bewirken würde.

werden. Der Verfasser dieser Untersuchung schlägt diesbezüglich vor, dass die Befugnis zur Verfügung über das Regelwerk nicht in die Hände des Gesetzgebers gelegt wird – die Erfahrung zeigt, dass dieser sich dem Druck der Gubernative zum Nachvollzug überstaatlich oder transnational gefundener Kompromisse nur unzureichend entziehen kann. Es wird vielmehr vorgeschlagen, verfassungsrechtlich vorzusehen, dass eine Änderung der Regeln nur durch Volksabstimmung möglich ist; dies wäre durch Änderung des Grundgesetzes (Art. 79 Abs. 1, Abs. 2 GG) abzusichern. Zudem bedarf es Vorkehrungen, mit denen sichergestellt wird, dass sich die teilnehmenden Staaten nicht der Verpflichtung entziehen, auf einen Konsolidierungspfad einzukehren und diesen dauerhaft zu beschreiten. Die Beschreitung eines Konsolidierungspfads muss als Voraussetzung dafür gelten, dass mit der Einlagerung von Schulden in den Fonds begonnen werden und diese Einlagerung über den festgelegten Zeitraum auch fortgeführt werden darf; die Konditionalität muss strikt festgeschrieben werden. Ferner muss gesichert werden, dass ein Mitgliedstaat sich der Pflicht zur Rückzahlung nicht verweigert.

II. Unionsrechtliche Vorgaben für die Einrichtung eines Schuldentilgungsfonds

Die Rechtsprobleme, die sich den Mitgliedstaaten beim Abschluss eines (völkerrechtlichen) Vertrags stellen, in dessen Rahmen es zur Einrichtung eines Schuldentilgungsfonds kommt,[7] liegen nur zu einem geringen Teil auf unionsrechtlicher Ebene. Die Mitgliedstaaten haben die Befugnis zur Vergemeinschaftung ihrer Schulden nicht verloren. Nach Art. 2 Abs. 1 AEUV ist in diesem Bereich kein abschließender und umfassender Kompetenzübergang erfolgt.[8] Eine ausschließliche Kompetenz der EU, die mitgliedstaatliches Handeln gänzlich unmöglich machen würde, besteht offensichtlich nicht. Lediglich die „Währungspolitik für die Mitgliedstaaten, deren Währung der Euro ist", obliegt nach Art. 3 Abs. 1 lit. c) AEUV ausschließlich der Europäischen Union; die Mitgliedstaaten haben ihre währungspolitischen Befugnisse verloren. Die diesbezüglichen Befugnisse werden auf EU-Ebene in Art. 127–133 AEUV abgebildet. Nur in den dort umschriebenen Bereichen sind die mitgliedstaatlichen Zuständigkeiten entfallen. Die Aufnahme von Schulden sowie deren Vergemeinschaftung im Rahmen eines Schuldentilgungsfonds liegen allerdings außerhalb des damit angesprochenen Bereichs. Sie sind vielmehr dem Bereich der Wirtschaftspolitik zuzuordnen und fallen damit in den Bereich des Art. 5 Abs. 1 AEUV. Die Bestimmung sieht vor, dass die Mitgliedstaaten *ihre* Wirtschaftspolitik *innerhalb der Union* koordinieren. Der EU steht nur eine begleitende Kompetenz ohne Sperrwirkung zu.

---

[7] Ebenso *Herrmann* (Fn. 2).
[8] Hierzu *M. Nettesheim*, in: E. Grabitz/M. Hilf/M. Nettesheim (Hrsg.), Das Recht der Europäischen Union, Loseblatt, Stand 2012, Art. 2 AEUV Rn. 1 ff.

Die Einrichtung eines Schuldentilgungsfonds würde auch nicht gegen Art. 125 Abs. 1 Satz 2 AEUV verstoßen. Die Bestimmung besagt einerseits, dass ein Mitgliedstaat „nicht für die Verbindlichkeiten der Zentralregierungen, der regionalen oder lokalen Gebietskörperschaften, sonstiger Einrichtungen des öffentlichen Rechts oder öffentlicher Unternehmen eines anderen Mitgliedstaats" haftet. Die Inanspruchnahme eines Mitgliedstaats durch dritte Gläubiger eines anderen Mitgliedstaats ist damit ausgeschlossen; ebenfalls kann ein Schuldner nicht verlangen, dass ein Mitgliedstaat der Euro-Zone für seine Schulden haftet. Die Vertragsgeber wollten klarstellen, dass die Einführung der WWU nicht zu einem automatischen Haftungsverbund zwischen den Mitgliedstaaten oder zwischen der EU und ihren Mitgliedstaaten führt. Andererseits ist es den Mitgliedstaaten der Euro-Zone untersagt, für die Verbindlichkeiten eines anderen Staats „einzutreten". Vom Wortlaut her ist es einem Mitgliedstaat damit untersagt, eine Mithaftung der bestehenden Schulden von Mitgliedern der Euro-Zone zu übernehmen. Der Wortlaut schließt es demgegenüber nicht aus, dass die Mitgliedstaaten der Euro-Zone sich an einem Mechanismus beteiligen, der Anleihen ausgibt und die so aufgenommenen Beträge an Mitgliedstaaten weiterreicht. In diesem Fall kommt es nicht zu einer Haftung für die Schulden eines Mitgliedstaats, sondern zur Haftung für die Garantie der Verpflichtungen eines anderen Rechtssubjekts.

Bekanntlich wird seit nunmehr über zwei Jahren darüber gestritten, ob nicht eine teleologische Extension von Art. 125 AEUV über seinen Wortlaut hinaus erforderlich ist.[9] Teilweise wird die Bestimmung auch auf Hilfskredite zwischen Mitgliedstaaten der Euro-Zone angewandt; teilweise soll auch die Gewährleistung von Verpflichtungen von Fonds und Stabilisierungsmechanismen erfasst werden. Die Darlegungslast dafür, dass eine derartige Extension nicht nur zweckmäßig, sondern auch normativ geboten ist, liegt bei deren Befürwortern.[10] Üblicherweise wird in diesem Zusammenhang darauf hingewiesen, dass sich nur so jene Disziplinierung durch Marktkräfte herstellen lässt, über die nach der Konstruktionsidee der Währungsunion der Anreiz zur eigenverantwortlichen und nachhaltigen Haushaltsführung gesetzt wird.

Die Argumentation trägt allerdings aus mehreren Gründen nicht. Die Destabilisierung der Währungsunion hat inzwischen einen Grad erreicht, in der die geforderte Erweiterung des Anwendungsbereichs von Art. 125 AEUV nicht der Sicherung der

---

[9] Ausführlich mit weiteren Nachweisen: *M. Nettesheim*, in: S. Kadelbach (Hrsg.), Nach der Finanzkrise, 2012, 31 (56 ff.); *Ch. Herrmann*, EuZW 2010, 413 (415 f.); *Ch. Calliess*, Finanzkrisen als Herausforderung des internationalen, europäischen und nationalen Rechtsetzung, Berliner Online-Beiträge zum Europarecht Nr. 72, 16. Nov. 2011, 36 ff.; *R. Bandilla*, in: E. Grabitz/M. Hilf/M. Nettesheim (Hrsg.), Das Recht der Europäischen Union, Loseblatt, Stand 2012, Art. 125 AEUV, Rn. 2, 11 ff.; *U. Everling*, in: FS Scheuing, 2011, 526 (540 ff.).

[10] Nicht immer werden diese Zusammenhänge richtig dargestellt. Teilweise wird in Art. 125 AEUV ohne Rücksicht auf Wortlaut und Genese ein allgemeines „bail-out"-Verbot hineingelesen, das alle Formen der Hilfeleistung verbiete. Zur Begründung wird dann auf den vermeintlichen „Zweck des Vertrags" verwiesen.

Währungsunion dienen würde, sondern mit Wahrscheinlichkeit deren Auseinanderbrechen herbeiführen würde. Die geforderte Erweiterung hätte insofern nicht sichernde, sondern zerstörende Wirkungen; sie lässt sich teleologisch nicht rechtfertigen. Von Bedeutung ist ferner, dass die Bestimmungen über die Wirtschafts- und Währungsunion in den zwanzig Jahren ihrer Existenz nie mit der Striktheit interpretiert und gehandhabt wurden, wie dies nunmehr in der Krise gefordert wird. Im Prozess der Aufnahme von Mitgliedstaaten und in der Handhabung der Stabilitätskriterien wurde integrationspolitischen Erwägungen jeweils eine erhebliche Bedeutung eingeräumt. Auch wenn man dies heute bedauert: Man kann die Rechtspraxis des Umgangs mit Art. 125 AEUV nicht einfach übergehen. Teleologisch ist schließlich darauf hinzuweisen, dass ein Schuldentilgungsfonds gerade nicht zur Disziplinlosigkeit führen würde, sondern – bei entsprechender Ausgestaltung – erhebliche Anreize zu einer stabilitätsorientierten Haushaltspolitik setzen würde. Die vertraglichen Anliegen der Ziele einer haushaltspolitischen Koordinierung und Kontrolle (Art. 3 Abs. 4 EUV i.V.m. Art. 119, 120 und 126 AEUV) werden so gefördert.

Auch aus teleologischen Gründen überzeugt eine extensive Lesart des Art. 125 AEUV nicht. Wer die Bestimmung im Lichte des Ziels einer Erhaltung und stabilitätsorientierten Zukunftssicherung der Währungsunion liest, wird sie nicht als Verbotsvorschrift lesen, die einem Schuldentilgungsfonds entgegengestellt werden könnte. Der Fonds wäre vielmehr ein Element, mit dem die Effektivität und Zukunftsmächtigkeit der Bestimmungen über die Wirtschafts- und Währungsunion („effet utile") gesichert werden kann. Nach jahrelangen Fehlentwicklungen unvermittelt darauf zu bestehen, dass die Mitgliedstaaten zu Eigenstand gezwungen und dem Druck der Märkte ausgesetzt werden, wäre demgegenüber kontraproduktiv: Die Freisetzung des Disziplinierungsdrucks der Märkte würde zum gegenwärtigen Zeitpunkt bloß zerstörerisch wirken. Demgegenüber würden die Marktkräfte nach dem „roll in" ihre präventive Wirkung zurückgewinnen können.

Der Rechtskörper des EU-Rechts kann auch nicht als „geschlossenes Regime" angesehen werden, das ein zwischenstaatliches Handeln a limine ausschließt. Die horizontale Koordination ist den Mitgliedstaaten gerade im Bereich der Wirtschaftspolitik nicht von vorneherein untersagt. Auch ein Schuldentilgungsfonds, der auf völkerrechtlicher Grundlage geschlossen wurde, ist damit nicht per se unionsrechtswidrig. Bei der Ausgestaltung des Schuldentilgungsfonds wäre allerdings sicherzustellen, dass die Bestimmungen des Unionsrechts nicht verletzt werden. Dies könnte insbesondere durch eine allgemeine Vereinbarkeitsklausel sicher gestellt werden, wie sie sich auch in Art. 2 Abs. 2 des Vertrags über Stabilität, Koordinierung und Steuerung in der Wirtschafts- und Währungsunion vom 12. März 2012 („Fiskalvertrag") findet. Auf die Widerspruchsfreiheit von Unionsrecht und Schuldentilgungsfonds ist insbesondere bei jenen Bestimmungen zu achten, mit denen die haushaltspolitische Nachhaltigkeit der Politik der teilnehmenden Staaten sichergestellt werden soll.

Die vorstehenden Überlegungen machen deutlich, dass sich gegen die völkervertragliche Einrichtung eines Schuldentilgungsfonds im Kreis der Mitgliedstaaten keine durchschlagenden unionsrechtlichen Bedenken formulieren lassen. Es ist aber auch deutlich geworden, dass im Kreis der Verfassungs- und Europarechtswissenschaft Zweifel an der Tragfähigkeit dieser Sichtweise geäußert werden. Insofern liegt es nahe, eine vertragliche Bestimmung einzuführen, mit der den Mitgliedstaaten explizit die Befugnis zur Begründung eines Schuldentilgungsfonds eingeräumt wird. Dies wäre im Wege des vereinfachten Vertragsänderungsverfahrens (Art. 48 Abs. 6–7 EUV) möglich. Art. 136 Abs. 3 AEUV n.F. bewirkt eine derartige Absicherung nicht.[11] Ebenso wenig ließe sich die Einrichtung eines Schuldentilgungsfonds über Art. 125 Abs. 2 AEUV absichern.[12]

III. Verfassungsrechtlicher Rahmen

1. Grundsätzliche Entscheidungsprärogative des Gesetzgebers

Die wesentlichen Hürden bei der Einrichtung eines Schuldentilgungsfonds ergäben sich aus den Bestimmungen des deutschen Verfassungsrechts. Mustert man die Entscheidungen des BVerfG – Entscheidungen zu den Verträgen von Maastricht[13] und Lissabon[14], zur Griechenlandhilfe[15], zum Sondergremium[16], zu den Informationsrechten des Bundestages bei der Aushandlung des ESM[17] und zum ESM-/Fiskalvertrag[18] im Gesamtzusammenhang,[19] so ergibt sich ein gewisser Spielraum zur Einführung eines Schuldentilgungsfonds. Immerhin hat das BVerfG wiederholt ausgesprochen, dass die Teilnahme der Bundesrepublik Deutschland an der WWU und die Mitwirkung an deren Weiterentwicklung nur dann zulässig ist, wenn diese eine hinreichende Stabilität aufweist.[20] Institutionelle Maßnahmen, mit denen die Stabilisierung der WWU betrieben werden soll, sind damit nicht grundsätzlich unzulässig. Das BVerfG erzwingt in einem Szenario, in dem sich eine destabilisierende Entwicklung abzeichnet oder schon eingetreten ist, nicht eine bestimmte Entscheidung. Es verweist vielmehr auf die politische Verantwortung der handelnden Entscheidungsträger, die diese im Rahmen der verfassungsrechtlichen Mechanismen demokratischer Kontrolle zu verantworten haben. Die diesbezüglichen Prognoseentscheidungen sind von den hierfür besonders befähigten Institutionen – namentlich der Gubernative und des diese kontrollierenden Parlaments – zu treffen. Sollten diese Institutionen zum Schluss kommen, dass zur Bewältigung der gegenwärtigen Krise „first-best"-Lösun-

---

[11] *F. C. Mayer/Ch. Heidfeld*, NJW 2012, 422.
[12] *Herrmann* (Fn. 2).
[13] BVerfGE 89, 155 – *Maastricht*.
[14] BVerfGE 123, 267 – *Lissabon*.
[15] BVerfG, Urt. v. 7. Sept. 2011, 2 BvR 987/10 u.a., NJW 2011, 2946 – *Griechenlandhilfe*.
[16] BVerfG, Urt. v. 28. Febr. 2012, 2 BvE 8/11, NVwZ 2012, 495 – *Sondergremium*.
[17] BVerfG, Urt. v. 19. Juni 2012, 2 BvE 4/11, noch nicht veröffentlicht.
[18] BVerfG, Urt. v. 12. Sept. 2012, 2 BvR 1390/12 u.a., noch nicht veröffentlicht.
[19] *M. Nettesheim*, EuR 2011, 765 (772 ff.).
[20] BVerfGE 89, 155 (dort Rn. 148).

gen keine hinreichende Stabilisierungswirkung entfalten und ohne Einrichtung eines Schuldentilgungsfonds ein Abgleiten der WWU in ein instabiles Gebilde ohne Geldwertstabilität droht, dann hat diese Entscheidung grundsätzlich vor dem Grundgesetz Bestand. Würde hierüber im Wege gründlicher und tiefgehender parlamentarischer Beratung entschieden, wäre aus verfassungsrechtlicher, vor allem demokratischer Sicht kein grundsätzlicher Einwand zu erheben.

2. Sicherung der Budgetverantwortung des Parlaments

a) Wahrung der haushaltspolitischen Eigenverantwortung

Bei der Ausgestaltung eines Schuldentilgungfonds ist allerdings zu beachten, dass es nicht zu einer übermäßigen Beeinträchtigung der parlamentarischen Budgethoheit kommt. Dies bedeutet zunächst, dass es nicht zu einer Situation der Fremdbesetzung des Haushaltsgesetzgebers kommen darf.[21] Budgetpolitische *Fremdbestimmung* tritt ein, wenn Entscheidungen mit unmittelbarer haushaltsbedeutsamer Relevanz außerhalb des Gesetzgebungsverfahrens getroffen werden können.[22] Die Entscheidungsbefugnis darf nicht abwandern.[23] Die Teilnahme an einem Schuldentilgungsfond würde dann nicht in eine Situation der Fremdbestimmung münden, wenn verschiedene – jeweils hinreichend bestimmt ausformulierte - Vorkehrungen getroffen würden. Zunächst muss sichergestellt werden, dass dem „roll-in" in sachlicher und zeitlicher Hinsicht ein Parlamentsbeschluss (und zwar des ganzen Parlaments) zugrunde liegt. Man könnte dabei ein Verfahren jährlicher Billigung vorsehen. Dabei müsste sicher gestellt werden, dass das Parlament hinreichende und unabhängige Informationen darüber erhält, ob die Reformverpflichtungen, die als Voraussetzung für die Teilnahme am Fonds eingegangen wurden (Konditionalität), auch tatsächlich eingehalten werden. Sinnvoll wäre eine unabhängige Begutachtung. Die Einschätzung der EU-Organe oder auch der deutschen Regierung wäre hier möglicherweise von allgemeinen oder integrationspolitischen Erwägungen getragen, mit denen sich das Parlament nicht identifizieren muss. Es geht gerade um die Kontrolle der Regierung durch das Parlament; diese wird effektiviert, wenn die zu bewertende Lage auf unabhängigem Sachverstand beruht.

Mit Blick auf das Kriterium der Fremdbestimmung wäre es zudem erforderlich, dass die Festlegungen zum Umfang und zu den Konditionen des „roll in" und zur Rückführung der eingelagerten Schulden nicht ohne parlamentarische Zustimmung geändert werden können. Den Organen des Fonds darf ebenso wenig wie der mitgliedstaatlichen Gubernative die Befugnis erteilt werden, über die vertraglichen

---

[21] So insbesondere BVerfG, Urt. v. 12. Sept. 2012, 2 BvR 1390/12 u. a., Rn. 213.

[22] Eindringlich: BVerfG, Urt. v. 7. Sept. 2011, 2 BvR 987/10 u. a., NJW 2011, 2946, Rn. 124. Vgl. auch Rn. 127: „Sicherung politischer Freiräume".

[23] BVerfG, Urt. v. 7. Sept. 2011, 2 BvR 987/10 u. a., NJW 2011, 2946, Rn. 105. Allgemein zur parlamentarischen Absicherung: *F. Schorkopf*, in: Bonner Kommentar, Art. 23 GG, Rn. 26 ff.; *M. Nettesheim*, in: M. Pechstein (Hrsg.), Integrationsverantwortung, 2012, 11 ff.

Grundlagen zu verfügen, ohne dass zuvor eine parlamentarische Zustimmung erfolgt ist. Wichtig erscheint es, die vorherige parlamentarische Zustimmung zur Aufnahme von Verhandlungen über eine mögliche Modifikation zu verlangen, um das Parlament aus der Zwangslage zu befreien, die entsteht, wenn es schon getroffene Vereinbarungen bewerten muss. Autonome Entscheidungen eines Gouverneur-Gremiums des Fonds sind damit auszuschließen; dies gilt auch dann, wenn eine „Notsituation" oder ein „Dringlichkeitsbedarf" geltend gemacht wird.

Schließlich muss zur Sicherung hinreichender parlamentarischer Mitsprache auch gewährleistet sein, dass die Sanktionierung eines Verstoßes gegen die Vertragspflichten nicht von den Organen des Fonds oder von den mitgliedstaatlichen Gubernativen ausgesetzt werden kann, ohne dass zuvor eine parlamentarische Zustimmung ergangen ist.

b) Vermeidung unbegrenzter und unübersehbarer Folgewirkungen

Der Rechtsprechung des BVerfG lässt sich ferner entnehmen, dass eine Beeinträchtigung des parlamentarischen Budgetrechts auch dann eintreten kann, wenn sich die Bundesrepublik Deutschland an einem Mechanismus beteiligt, der Belastungen mit sich bringt, deren *Folgewirkungen schwer kalkulierbar* sind (*Unbegrenztheit der Auswirkungen, Unübersehbarkeit der Folgewirkungen*).[24] Der Bundestag dürfe, so das Gericht, sich nicht „finanzwirksamen Mechanismen ausliefern, die ... zu nicht überschaubaren haushaltsbedeutsamen Belastungen ohne vorherige konstitutive Zustimmung führen können."[25] Das Gericht stellt in diesem Zusammenhang fest, dass die Wirksamkeit der Zustimmungs- und Ablehnungsrechte sowie Kontrollbefugnisse des Deutschen Bundestages in dem Umfang zunehmen müsse, in dem das finanzielle Ausmaß von Haftungsübernahmen oder Verpflichtungsermächtigungen zunimmt.[26]

Diesem Erfordernis ist nur dann Genüge getan, wenn Einlagerungs- und Rückzahlungspflicht in den vertraglichen Grundlagen modellkonform so ausgestaltet werden, dass ein Höchstumfang und eine Höchstlaufzeit festgelegt werden. Es ist in diesem Zusammenhang wichtig, dass die Verfügungsbefugnis über die Grundlagen des Fonds nicht in die Hand der Gubernative gelegt wird. Der Gesetzgeber selbst ist vor unbegrenzten und unübersehbaren Folgewirkungen geschützt, wenn er die Kontrolle über die Fortentwicklung der vertraglichen Grundlagen in seiner Zuständigkeit behält. Zudem ist sicherzustellen, dass hinreichend effektive Vorkehrungen getroffen werden, damit die teilnehmenden Staaten einen Konsolidierungskurs verfolgen und ihre Rückzahlungspflichten erfüllen. Wird dem entsprochen, drohen keine unbegrenzten Folgewirkungen.

---

[24] BVerfG, Urt. v. 7. Sept. 2011, 2 BvR 987/10 u.a., NJW 2011, 2946, Rn. 128 Satz 1.

[25] BVerfG, Urt. v. 7. Sept. 2011, 2 BvR 987/10 u.a., NJW 2011, 2946, Rn. 125 Satz 2. Ähnlich BVerfG, Urt. v. 12. Sept. 2012, 2 BvR 1390/12 u.a., Rn. 212.

[26] BVerfG, Urt. v. 12. Sept. 2012, 2 BvR 1390/12 u.a., Rn. 212.

Verfassungsrechtliche Bedenken können auch dann entstehen, wenn der Haushaltsgesetzgeber oder das Parlament zwar formal ein Zustimmungsrecht haben, vorhersehbar aber mit Entwicklungsverläufen konfrontiert werden, in denen sie einem „alternativlosen" Zwang des Nachvollzugs ausgesetzt werden. Die Teilnahme der Bundesrepublik Deutschland an Einrichtungen, deren vertragliche Struktur möglicherweise oder wahrscheinlich im weiteren Verlauf aufgeweicht, abgeändert oder durchbrochen wird, brächte möglicherweise „unübersehbare Folgewirkungen" mit sich. Dem ist dadurch entgegen zu wirken, dass schon bei der Ausgestaltung der vertraglichen Grundlagen Sicherungen eingefügt wurden, mit denen die Entstehung eines derartigen Zwangs verhindert oder abgefangen werden kann. Politische Zwangslagen, in denen eine freie Entscheidung zwischen verschiedenen Optionen nicht mehr möglich ist, müssen a limine verhindert werden. Der Schuldentilgungsfonds ist insofern so auszugestalten, dass gegen Folgeentwicklungen mit „nicht überschaubarer haushaltsbedeutsamer Belastungswirkung" von vornherein Vorkehrungen getroffen werden. In der rechtlichen Ausgestaltung müssen sich die prognostizierbaren politischen Entwicklungsverläufe abbilden. Die Ausgestaltung der Bedingungen für den „roll-in" und die Rückzahlung ist dann nicht lediglich eine Frage politischer Klugheit, sondern auch Ausdruck einer verfassungsrechtlichen Pflicht.

Dabei geht es einerseits darum, Vorkehrungen dagegen zu treffen, dass der teilnehmende Staat den Pfad einer nachhaltigen Haushaltspolitik verlässt und die Schwelle von 60 % für die nicht eingelagerten Schulden wieder überschreitet. Es ist schon darauf hingewiesen worden, dass erheblicher politischer Druck zu erwarten ist, die Bedingungen der Einlagerung von Schulden, vor allem aber die Rückzahlungspflicht aufzuweichen.[27] Dieser Druck lässt sich dadurch reduzieren, dass Mechanismen geschaffen werden, mit denen von vornherein verhindert wird, dass Schuldenstände wieder so anwachsen, dass ihre Bedienung auf Probleme stößt. Die „Folgewirkungen" eines Schuldentilgungsfonds sind im verfassungsrechtlichen Sinne nicht hinreichend übersehbar, wenn gegen die absehbare Möglichkeit nicht Vorkehrungen getroffen werden, dass es zu einem unkontrollierten Anwachsen des Schuldenstands und, in der Folge, zu politischen Forderungen nach „Erleichterung" kommen wird. Es bedarf insofern eines Mechanismus, der im Falle der Überschreitung der 60 %-Schwelle einen Übergang haushaltspolitischer Verantwortung auf eine supranationale Institution (Zustimmungserfordernis der Kommission) vorsieht.

Der Prozess wird zudem zu „nicht überschaubaren haushaltswirksamen Belastungen" führen, wenn es im Nachhinein zu einer Veränderung der vertraglichen Grundlagen kommen kann. Derartige Entwicklungen sind zu erwarten; auch hierauf ist bereits hingewiesen worden. Es erscheint ausgeschlossen, dass nicht schon in der Einlagerungsphase, vor allem aber nach Abschluss der Einlagerung betroffene Staaten den Wunsch äußern, zusätzliche Schulden einlagern zu können oder bei der Rückzahlung Erleichterungen zu erhalten. Dieser Druck wird stark sein; es ist keinesfalls

---

[27] Oben unter A. II.

sicher, dass sich die Regierung ihm im überstaatlichen Verhandlungskontext wird entziehen können. Es ist in diesem Zusammenhang selbstverständlich, dass jede Veränderung der vertraglichen Grundlagen der gesetzgeberischen Zustimmung bedürfte und so nicht am Parlament vorbei bewirkt werden könnte.[28] Allerdings könnte sich möglicherweise auch das Parlament dem Druck nicht ohne weiteres entziehen. In einer Situation, in der sich die Regierung zur „solidarischen" Aufstockung des Fonds oder zur Erleichterung der Rückzahlungsbedingungen bereit erklärt, wird das Parlament sich schwerlich entgegenstellen können. Man wird diese (vorsehbaren) Abläufe nur dann durchbrechen, wenn von vornherein vorgesehen wird, dass über die vertragliche Ausgestaltung des Fonds nur im Wege der Volksabstimmung verfügt werden kann. Dies würde die Verhandlungsmuster erheblich ändern und den Druck auf Zugeständnisse der (eben nicht allein entscheidungsbefugten) repräsentativen Entscheidungsträger reduzieren. Im Wege der Verfassungsänderung nach Art. 79 Abs. 1, Abs. 2 GG könnte in das Grundgesetz zugleich eine Ermächtigungsklausel zur Teilnahme am Schuldentilgungsfonds aufgenommen und vorgesehen werden, dass Änderungen des Gründungsvertrags oder Abweichungen in der praktischen Handhabung seiner Bestimmungen einer Zustimmung durch das Volk im Wege des Plebiszits bedürfen.

c) Höhe der Belastungen

Verfassungsrechtliche Bedenken erwachsen zudem aus der absoluten Belastungshöhe einer Beteiligung an einem Schuldentilgungsfonds. In der Entscheidung vom 7. September 2011 deutet das BVerfG an, dass es bei der Begründung von haushaltswirksamen Belastungen eine numerisch quantifizierbare Grenzlinie geben könne, jenseits derer es zu einer unverhältnismäßigen Beeinträchtigung der Gestaltungsfreiheit künftiger Haushaltsgesetzgeber kommt. Das Gericht räumt ein, dass das Grundgesetz eine derartige Grenze nicht ausdrücklich vorsieht,[29] schließt aber zugleich nicht aus, dass es „unmittelbar aus dem Demokratieprinzip" Begrenzungen ableiten könne.[30] Ein Einschreiten „im Hinblick auf den Umfang der Gewährleistungsübernahme" sei allerdings erst bei „evidenten" Verletzungen möglich.[31] Ein Verfassungsverstoß könne nur dann festgestellt werden, wenn die Haushaltsautonomie „über einen nennenswerten Zeitraum" „praktisch vollständig leerliefe".[32] In der Entscheidung vom 12. September 2012 greift das Gericht diese Überlegung auf,[33] betont aber stärker als zuvor die zu respektierende politische Einschätzungsprärogative des Haushaltsgesetzgebers. Im Subsumtionsteil geht das Gericht auf die Frage, ob die

---

[28] Nach der Entscheidung des BVerfG v. 19. Juni 2012, 2 BvE 4/11, müssten schon die Verhandlungen über eine Änderung parlamentarisch begleitet werden.

[29] Anders Art. 115 Abs. 1 GG für Kreditaufnahmen.

[30] BVerfG, Urt. v. 7. Sept. 2011, 2 BvR 987/10 u.a., NJW 2011, 2946, Rn. 131.

[31] BVerfG, Urt. v. 7. Sept. 2011, 2 BvR 987/10 u.a., NJW 2011, 2946, Rn. 130.

[32] BVerfG, Urt. v. 7. Sept. 2011, 2 BvR 987/10 u.a., NJW 2011, 2946, Rn. 135.

[33] BVerfG, Urt. v. 12. Sept. 2012, 2 BvR 1390/12 u.a., Rn. 216 f.

durch die Mitgliedschaft im ESM entstehende (Gesamt-)Belastung deutscher Haushaltsgesetzgebung die nach Art. 20 Abs. 1, 2 i.V.m. Art. 79 Abs. 3 GG gezogenen Grenzen überschritte, mit vergleichsweise wenigen Worten ein. Es erkennt an, dass die Einschätzung des Gesetzgebers, dass „mit der Zurverfügungstellung der deutschen Anteile am Europäischen Stabilitätsmechanismus noch überschaubare Risiken eingegangen würden, während ohne die Gewährung von Finanzfazilitäten durch den Europäischen Stabilitätsmechanismus nicht absehbare, schwerwiegende Konsequenzen für das gesamte Wirtschafts- und Sozialsystem drohten", jedenfalls nicht evident fehlerhaft sei.[34] Es dürfe daher seine Einschätzung nicht an die Stelle derjenigen des Gesetzgebers setzen. Diese Zurückhaltung dürfte das Gericht auch bei der Beurteilung der Frage zeigen, ob die mit der Gründung eines Schuldentilgungsfonds verbundenen Risiken – auch angesichts möglicher Alternativszenarien – noch tragbar sind.

Insofern erscheint es einerseits als sicher, dass das BVerfG das Kriterium einer absoluten Begrenzung der Belastungshöhe bei der Beurteilung des Schuldentilgungsfonds heranziehen würde. Andererseits erscheinen tragfähige Aussagen darüber, wo das Gericht die in Art. 20 Abs. 1, 2 i.V.m. Art. 79 Abs. 3 GG begründete Grenze verorten würde, kaum möglich. Verfassungsrechts*wissenschaftlich* ist es natürlich statthaft, eigene Vorstellungen darüber zu äußern, wann eine absolute Grenze erreicht sein soll. Dabei wäre allerdings zu berücksichtigen, dass in der Bundesrepublik Deutschland inzwischen eine Gesamtstaatsverschuldung von 2000 Mrd. Euro aufgetürmt worden ist, ohne dass das BVerfG hierin einen Verfassungsverstoß erblickt hat. Die Autorität einer Interpretationsäußerung, die einen wesentlichen Rückhalt in der Rechtsprechung des BVerfG finden, hätten derartige Vorschläge nicht. Immerhin lässt sich die Diskussion dadurch ein Stück weit rationalisieren,[35] dass nach Maßstäben der Schuldentragfähigkeit gefragt wird.[36] Allerdings hängt diese ihrerseits wesentlich von politischen Vorentscheidungen ab, die nicht verfassungsrechtlich determiniert sind. Grundsätzlich ist von der politischen Freiheit des Gesetzgebers auszugehen, auch weitreichende Belastungen zu begründen, ohne dass damit die Verfassung verletzt wird.

Wer den Versuch der Festlegung absoluter Grenzen unternimmt, muss jedenfalls eine Einschätzung der Risiken und Belastungen vornehmen, die den Haushaltsgesetzgeber bei einem Scheitern der Stabilisierungsversuche treffen würden. Das Verfassungsrecht verpflichtet den Gesetzgeber nicht dazu, vor den Folgen des Nichthandelns die Augen zu verschließen. Es ist dem Gesetzgeber vielmehr – so die zeitliche Perspektive – möglich, zum Schutz der Erhaltung künftiger Gestaltungsspielräume in der Gegenwart Beschränkungen und Lasten zu übernehmen; es ist – so die inhalt-

---

[34] BVerfG, Urt. v. 12. Sept. 2012, 2 BvR 1390/12 u. a., Rn. 271.

[35] Eine Grenze jedenfalls von 9 Bio. Euro nehmen *F. C. Mayer/Ch. Heidfeld*, NJW 2012, 422 (427), an. Die Gesamtsumme von 1,7–1,8 Bio. Euro liegt für *Ch. Herrmann*, Ergänzendes Kurzgutachten – Verfassungsrechtliche Aspekte der Zulässigkeit der Einführung eines „Schuldentilgungsfonds" vom 5. Juni 2012, 6, noch im Rahmen des Zulässigen.

[36] So *F. Schorkopf* (Fn. 2), Gliederungspunkt 3.2.

liche Perspektive – ihm möglich, auch weitgehende Lasten zu schultern, wenn dies zur Vermeidung eines Szenarios mit noch größerer Belastungsqualität dient. Die diesbezügliche Entscheidung obliegt primär dem Gesetzgeber selbst; er hat dabei einen Spielraum. Nur die Einhaltung der Grenzen dieses Einschätzungsspielraums wird vom Bundesverfassungsgericht kontrolliert.

Schließlich müsste bei dem Versuch der Festlegung absoluter Grenzen berücksichtigt werden, dass das Ausfallrisiko von Gewährleistungen sehr unterschiedlich ausfallen kann. Eine pauschale Gleichbehandlung aller Garantien wäre offensichtlich wenig sachgerecht. Mit Blick auf den Schuldentilgungsfonds ist dies nicht ohne Bedeutung. Dessen Verfassungskonformität bestimmt sich nicht lediglich nach der absoluten Höhe, sondern auch nach der Art der Sicherungen, die getroffen werden, um ein Ansteigen der nicht eingelagerten Schulden zu verhindern und die Rückzahlungsverpflichtung durchzusetzen. Ein Schuldentilgungsfonds wäre umso eher mit den Vorgaben des Grundgesetzes vereinbar, je geringer das Risiko ist, dass die Bundesrepublik Deutschland für die eingelagerten Schulden der anderen Mitglieder einstehen muss. Mit dem Grad der Absicherung der Strukturen des Pakts und der Durchsetzung seiner Verpflichtungen wächst die verfassungsrechtliche Unbedenklichkeit. Würde sich der demokratisch verantwortliche Gesetzgeber zu einer Gestaltung entschließen, die eine Aufweichung der Regeln oder eine Nichterfüllung der Rückzahlungspflicht mit hinreichender Sicherheit ausschließt, dann könnte das BVerfG die von ihm als Grenze gezogene „evidente" Überschreitung der gesetzgeberischen Grenzen schwerlich feststellen. Dies gilt nicht zuletzt, weil vom Schuldentilgungsfonds auch die bereits beschriebenen Stabilisierungswirkungen ausgehen.

d) Erforderlichkeit eines Gesetzes nach Art. 23 Abs. 1 Satz 3 GG – Erforderlichkeit parlamentarischer Begleitung

Es besteht kein Zweifel, dass die Mitwirkung der Bundesrepublik Deutschland bei der Errichtung, dem Aufbau und der Abwicklung eines Schuldentilgungsfonds einer gesetzlichen Grundlage bedürfte. Nicht abschließend geklärt ist demgegenüber, inwieweit es für die Beschlussfassung über dieses Gesetz der besonderen Mehrheitsverhältnisse nach Art. 79 Abs. 2 GG bedarf. Die Konstruktion des Schuldentilgungsfonds würde eine Änderung des Textes des Grundgesetzes nicht erzwingen; ein Fall des Art. 79 Abs. 1 Satz 1 GG läge damit grundsätzlich[37] nicht vor. Wird der Schuldentilgungsfonds auf völkervertraglicher Ebene begründet, kommt es auch nicht zu einer „Änderung der vertraglichen Grundlagen" der Europäischen Union (Art. 23 Abs. 1 Satz 3, 2. Alt. GG); insofern greift die Regelung des Art. 23 Abs. 1 Satz 3 GG hier nicht. Denkbar wäre es allerdings, in der Begründung des Schuldentilgungsfonds (es handelt sich jedenfalls um eine „Angelegenheit der Europäischen Union"

---

[37] Zur Zweckmäßigkeit und Notwendigkeit einer Verfassungsänderung nachfolgend unter 3.

i.S.d. Art. 23 Abs. 2 Satz 1 GG) eine Regelung zu sehen, „durch die dieses Grundgesetz seinem Inhalt nach geändert oder ergänzt wird" (Art. 23 Abs. 1 Satz 3, 3. Alt. GG). Eine derartige Änderung bzw. Ergänzung wird nicht durch jene Bestimmungen des Schuldentilgungsfonds bewirkt, die eine Einlagerung bzw. die Rückzahlungspflicht regeln. Die Bestimmungen, die die Rückzahlungspflicht unmittelbar[38] und mittelbar[39] absichern, führen allerdings zu Beschränkungen der Gestaltungsfreiheit des Gesetzgebers, des Parlaments und der Regierung, die in ihrer Wirkung so einschneidend sind, dass Art. 23 Abs. 1 Satz 3 GG zum Tragen kommt. Ein hinreichend effektiv ausgestalteter Schuldentilgungsfonds kann damit nur durch Gesetz geschaffen werden, dessen Zustandekommen der Mehrheit nach Art. 79 Abs. 2 GG bedarf.

Im Lichte der Entscheidung des BVerfG vom 28. Februar 2012[40] steht darüber hinaus fest, dass die Entscheidungen darüber, ob ein Mitgliedstaat im Prozess des „roll in" seine Verpflichtungen erfüllt, vom Parlament getroffen werden muss; eine Delegation der Entscheidungsgewalt an den Haushaltsausschuss oder an Sondergremien wäre unzulässig.

3. Notwendigkeit einer Verfassungsänderung

Im Lichte der vorstehenden Überlegungen wird deutlich, dass die Einführung eines hinreichend effektiven Schuldentilgungsmechanismus ohne eine ausdrückliche Absicherung im Grundgesetz nicht möglich wäre. Zwar ließen sich der Mechanismus des „roll in", der Gewährleistungsübernahme und der Rückzahlung auch ohne verfassungsrechtliche Verankerung realisieren. Die Bestimmungen des Grundgesetzes werden durch einen Mechanismus, mit dem Schulden über einen „roll in" in einen Fonds verlagert, eine gemeinschaftliche Haftung begründet und die Rückzahlungspflicht statuiert wird, nicht tangiert. Hier ist nach dem Gesagten sicherzustellen, dass es nicht zu einer übermäßigen Beeinträchtigung der Budgethoheit des Haushaltsgesetzgebers kommt. Wird diese Bindung beachtet, bewegte sich der Fonds im Rahmen der vom Grundgesetz errichteten Finanz- und Haushaltsordnung.

Die zur Durchsetzung der Teilnahmevoraussetzungen erforderlichen Aufsichts- und Eingriffsrechte greifen aber so weitgehend in die grundgesetzlichen Strukturen der Fiskalverantwortung ein, dass sie ohne Grundgesetzänderung nicht statthaft wären. Den Institutionen des Fonds oder – im Wege der Organleihe – den Organen der EU würden Eingriffsbefugnisse in die mitgliedstaatliche Fiskal- und Haushaltsautonomie eingeräumt werden, die zu einer strukturellen Qualitätsänderung führten. Eine solche Beeinträchtigung wäre nicht nur dann zu beobachten, wenn die Kommission die Befugnis hätte, das Budget eines am Fonds teilnehmenden Mitgliedstaats zu

---

[38] Bestimmungen über die Stellung von Sicherheiten und die Abgabe budgetärer Befugnisse im Falle von Fehlentwicklungen.

[39] Bestimmungen, mit denen eine nachhaltige Wirtschaftspolitik abgesichert und ein Wiederansteigen der Verschuldung bekämpft wird.

[40] BVerfG, Urt. v. 28. Febr. 2012, 2 BvE 8/11, NVwZ 2012, 495 – *Sondergremium*.

verwerfen oder aufzuheben. Sie träte auch dann ein, wenn sich Mitgliedstaaten dazu verpflichteten, das Aufkommen einer bestimmten Steuer ganz oder in erheblichem Umfang durch eine Einrichtung des Fonds oder der EU verwalten zu lassen und so die Erfüllung der Rückzahlungspflicht garantieren. Derartige Gestaltungen greifen in Entscheidungsspielräume des Bundesgesetzgebers ein, die von der Verfassung jedenfalls implizit garantiert werden. Es ist in diesem Fall unerheblich, dass kein expliziter Konflikt mit einer Bestimmung des Grundgesetzes auftritt. Insofern bedarf es einer Klarstellung im Grundgesetz, dass die Eingriffsbefugnisse, die durch Durchsetzung der Verpflichtungen aus dem Fonds geschaffen werden, verfassungsrechtlichen Bestand haben. Ein effektiver und veränderungsfester Schuldentilgungsfonds lässt sich damit nicht ohne Änderung des Grundgesetzes einrichten.

Verfassungspolitisch sinnvoll ist es darüber hinaus, die Regelungen über den Schuldentilgungsfonds dadurch abzusichern, dass jede Änderung oder Abweichung nur auf der Grundlage einer Volksabstimmung möglich ist. Zwar wäre es ohne weiteres möglich, dies durch Gesetz zu regeln. Es gibt im Grundgesetz keine Bestimmung, die besagte, dass Plebiszite nur in Fällen möglich sind, in denen dies ausdrücklich in der Verfassung vorgesehen ist. Art. 20 Abs. 2 GG belegt vielmehr, dass die gesetzliche Einführung eines Plebiszitvorbehalts möglich wäre. Eine gesetzliche Regelung könnte aber – unter dem Druck eines Verhandlungsszenarios, in dem eine Relativierung der Verpflichtungen aus dem Schuldentilgungsfonds als „alternativlos" dargestellt werden – auch wieder durch Gesetz aufgehoben werden. Insofern empfiehlt es sich, dieses Erfordernis im Grundgesetz selbst zu verankern.

Die Kodifizierung der AETR-Rechtsprechung durch den Vertrag von Lissabon

Von *Matthias Pechstein*

I. Einleitung

Das AETR-Urteil[1] des EuGH aus dem Jahre 1971 hat maßgeblich dazu beigetragen, die damalige Gemeinschaft als völkerrechtlichen Akteur zu etablieren. Mit diesem Urteil wuchsen der Gemeinschaft Kompetenzen zum Abschluss völkerrechtlicher Verträge zu, die der insoweit sehr zurückhaltende EG-Vertrag nicht ausdrücklich vorgesehen hatte. In der Folge ist die Gemeinschaft weltweit zu einem der bedeutendsten Partner völkerrechtlicher Verträge geworden. Der Gerichtshof hat seine Rechtsprechung zu den ungeschriebenen Vertragsschließungskompetenzen der Gemeinschaft kontinuierlich fortentwickelt.[2] Dabei hat er insgesamt Maß gehalten und keineswegs jede Gelegenheit zur Erweiterung der Vertragsschließungskompetenzen genutzt, wie dies z. T. von der Kommission gefordert worden war.[3] Im Vordergrund stand stets die Sicherung der Funktionsfähigkeit der Gemeinschaft nach innen, eine Kompetenzmaximierung um ihrer selbst willen war ersichtlich nicht die Maxime dieser Rechtsprechung.

Knapp 40 Jahre später, mit dem Vertrag von Lissabon, haben es die Mitgliedstaaten unternommen, diese Rechtsprechung zu kodifizieren und ihr damit Anerkennung gezollt. Dabei hat die Anzahl der ausdrücklich der Union zugewiesenen Vertragsschlusskompetenzen mittlerweile deutlich zugenommen.[4] Trotzdem sind die impliziten Vertragsschlusskompetenzen weiterhin von großer Bedeutung. In Art. 216 Abs. 1 AEUV sind drei Konstellationen impliziter Vertragsschlusskompetenzen der Union vorgesehen (Zielvariante, Rechtsaktvariante, AETR-Variante[5]). Art. 3 Abs. 2 AEUV definiert – im Wortlaut nicht auf Art. 216 Abs. 1 AEUV abgestimmt – den ausschließlichen Charakter dieser Kompetenzen.

---

[1] EuGH, Rs. 22/70, Slg. 1971, 263 – *AETR*.

[2] Vgl. insbesondere EuGH, verb. Rs. 3/76, 4/76 und 6/76, Slg. 1976, 1279 – *Kramer*; Gutachten 1/76, Slg. 1977, 741 – *Stilllegungsfonds*; Gutachten 2/91, Slg. 1993, I-1061 – *ILO*; Gutachten 1/94, Slg. 1994, S. I-5267 – *GATS/TRIPS/WTO*; Rs. C-476/98, Slg. 2002, I-9855 – *Open Skies*.

[3] Z.B. EuGH, Gutachten 1/94, Slg. 1994, I-5267, Rn. 82 ff.; Gutachten 2/91, Slg. 1993, I-1061, Rn. 19 ff.

[4] Auflistung bei *R. Mögele*, in: R. Streinz (Hrsg.), EUV/AEUV, 2012, Art. 216 AEUV, Rn. 15 ff.

[5] So die Bezeichnung durch *Mögele* (Fn. 4), Art. 216 AEUV, Rn. 30 ff.

Diese Kodifikation wirft Fragen auf. Zum einen bedürfen die tatbestandlichen Vorgaben beider Normen der Konkretisierung. Dabei stellt sich zunächst die Frage, ob nicht zumindest in einzelnen Konstellationen über die Vorgaben des EuGH hinausgegangen wurde, also eine insoweit überschießende, zu Lasten der Mitgliedstaaten gehende Definition der impliziten Vertragsschlusskompetenzen der Union vorgenommen wurde – die Mitgliedstaaten also ihre Selbstentmachtung weiter vorangetrieben haben als der EuGH dies vorgab. Zum anderen wird auch durch die Neuregelung der Kompetenzstatus vor Eintritt der Ausschließlichkeit der Unionskompetenzen nicht geklärt. Diese Frage war auch schon vor der Kodifikation problematisch. Ob insoweit von einer konkurrierenden Kompetenzlage gesprochen werden konnte[6] – und kann –, lediglich weil der EuGH die impliziten Außenkompetenzen ab dem Zeitpunkt der Ausübung der Innenkompetenzen als „ausschließliche" Kompetenzen bezeichnet, oder ob es sich zuvor nur um „virtuelle"[7] oder „potentielle"[8] Unionskompetenzen handelt oder ob die Union vor diesem Zeitpunkt schlicht unzuständig ist für entsprechende völkerrechtliche Regelungen, wird jedenfalls durch den Vertrag nicht geklärt.

Der folgende Beitrag zeichnet zunächst die Rechtsprechung des EuGH zum Umfang der impliziten Vertragsschließungskompetenzen nach, um sodann den Aussagegehalt der Art. 216 Abs. 1 und Art. 3 Abs. 2 AEUV darauf zu projizieren. Der Frage nach dem Kompetenzstatus vor dem Eintritt der Ausschließlichkeit der Unionskompetenz wird gesonderte Beachtung geschenkt. Vollständig ausgeblendet wird dagegen die Problematik der „gemischten Abkommen", auch wenn der Ausschließlichkeitsbegriff bzgl. der impliziten Vertragsschlusskompetenzen damit in Beziehung steht.

II. AETR- und Folgerechtsprechung

In der Rechtssache AETR hatte der Gerichtshof sich mit der Frage der Zuständigkeit der Gemeinschaft im Verhältnis zu den Mitgliedstaaten hinsichtlich des Abschlusses des Europäischen Übereinkommens über die Arbeit der im internationalen Straßenverkehr beschäftigten Fahrzeugbesatzungen (AETR) zu beschäftigen. Der Rat legte in diesem Zusammenhang eine gemeinsame Position fest, welche die Mitgliedstaaten in den Verhandlungen über dieses Abkommen einnehmen sollten. Entsprechend diesem Beschluss wurden die Verhandlungen abgeschlossen und das Abkommen zur Unterzeichnung durch die Staaten aufgelegt. Die Kommission vertrat in der von ihr gegen den Ratsbeschluss erhobenen Nichtigkeitsklage dagegen die Position, der Gemeinschaft stünde in dieser Angelegenheit die ausschließliche Ver-

---

[6] Nach der Terminologie des Vertrags von Lissabon wäre dies heute als „geteilte" Zuständigkeit (Art. 4 AEUV) anzusehen, welche die Fallgruppe der konkurrierenden Zuständigkeiten mit umfaßt, vgl. *A. Haratsch/C. Koenig/M. Pechstein*, Europarecht, 2012, Rn. 149.

[7] *D. Simon*, in: D. Simon/E. Grillo Pasquarelli/N. Kleman (Hrsg.), La Communauté Économique Européenne dans les relations internationales, 1972, 3 (93).

[8] *J. Nolte*, Die völkerrechtliche Vertragspraxis der EG und die Haftung der Mitgliedstaaten am Beispiel der Fischereipolitik, 2004, 36.

tragsabschlusskompetenz zu, da es sich um eine Frage des grenzüberschreitenden Verkehrs mit Drittstaaten handele und Art. 71 Abs. 1 lit. a) EG (heute Art. 91 Abs. 1 lit. a) AEUV) der Gemeinschaft eine derartige ausschließliche Kompetenz einräume, welche die Gemeinschaft auch schon wahrgenommen hatte. Nach Art. 228 EWG-Vertrag (heute modifiziert Art. 218 AEUV) wäre insoweit das Vorschlags- und Verhandlungsrecht der Kommission zu beachten gewesen. Die Klage wurde zwar abgewiesen, da die Verhandlungen über das Abkommen schon lange vor Ablauf der Übergangszeit begonnen hatten. Gleichwohl hat der Gerichtshof entschieden:

> „(…) die Inkraftsetzung der Verordnung Nr. 543/69 des Rates über die Harmonisierung bestimmter Sozialvorschriften im Straßenverkehr (…) am 25. März 1969 hat jedoch zwangsläufig die Zuständigkeit der Gemeinschaft für alle Abkommen mit dritten Staaten nach sich gezogen, welche das in der Verordnung geregelte Sachgebiet betreffen.
>
> Da das im AETR geregelte Sachgebiet zum Anwendungsbereich der Verordnung Nr. 543/69 gehört, liegt die Zuständigkeit zur Aushandlung und zum Abschluß dieses Abkommens seit Inkrafttreten der Verordnung bei der Gemeinschaft. Neben dieser Gemeinschaftszuständigkeit kann es keine konkurrierende Zuständigkeit der Mitgliedstaaten geben, da alles, was außerhalb der Gemeinschaftsorgane geschieht, mit der Einheit des gemeinsamen Marktes und der einheitlichen Anwendung des Gemeinschaftsrechts unvereinbar ist."[9]

Damit war das Prinzip der Parallelität von Innen- und Außenkompetenzen der Gemeinschaft im Grundsatz etabliert. Freilich wies der AETR-Fall auch Besonderheiten auf, welche die Klärung wichtiger Fragen der nachfolgenden Rechtsprechung vorbehielt. Insbesondere die Tatsache, dass bereits die Innenkompetenz einen Drittstaatsbezug aufwies („für den internationalen Verkehr aus oder nach dem Hoheitsgebiet eines Mitgliedstaats (…)"), war eine Ausnahme. Auch war das Verhältnis von Innen- und Außenkompetenz im Hinblick auf die Reihenfolge der Inanspruchnahme nicht grundsätzlich geklärt.

Im Kramer-Urteil hatte die EG – im Unterschied zu der AETR-Konstellation – noch keine internen Maßnahmen getroffen, welche durch völkerrechtliche Verpflichtungen der Mitgliedstaaten im Rahmen des Übereinkommens über die Fischerei im Nordostatlantik hätten beeinträchtigt werden können. Dennoch entschied der EuGH:

> „Aus den Pflichten und Befugnissen, die das Gemeinschaftsrecht im Innenverhältnis den Gemeinschaftsorganen zugewiesen hat, ergibt sich daher die Zuständigkeit der Gemeinschaft, völkerrechtliche Verpflichtungen zur Erhaltung der Meeresschätze einzugehen."[10]

Da die Gemeinschaft diese Innenzuständigkeiten jedoch noch nicht ausgeübt hatte, sprach der EuGH den Mitgliedstaaten das Recht zu, die völkerrechtlichen Verpflichtungen einzugehen.

Wichtige Klarstellungen im Hinblick auf die impliziten Außenkompetenzen der EG ergaben sich insbesondere aus dem Gutachten 1/94 bzgl. des GATS- und TRIPS-

---

[9] EuGH, Rs. 22/70, Slg. 1971, 263, Rn. 23/29, 30/31 – *AETR*.
[10] EuGH, verb. Rs. 3/76, 4/76 und 6/76, Slg. 1976, 1279, Rn. 30/33 – *Kramer*.

Abkommens. Der Gerichtshof interpretierte dabei seine eigene Rechtsprechung und stellte Folgendes klar:

> „Selbst im Verkehrssektor folgt jedoch die ausschließlich externe Zuständigkeit der Gemeinschaft nicht ohne weiteres aus ihrer Befugnis zum Erlaß von Vorschriften auf interner Ebene. Nach dem Urteil AETR (Randnrn. 17 und 18) verlieren die Mitgliedstaaten, ob einzeln oder gemeinsam handelnd, das Recht zum Eingehen von Verpflichtungen gegenüber Drittstaaten nur in dem Maße, wie gemeinsame Rechtsnormen erlassen werden, die durch diese Verpflichtungen beeinträchtigt werden könnten. Nur in dem Maße, wie gemeinsame Vorschriften auf interner Ebene erlassen werden, wird die externe Zuständigkeit der Gemeinschaft zu einer ausschließlichen.
>
> (...)
>
> Im Unterschied zum Kapitel über den Verkehr enthalten die Kapitel über das Niederlassungsrecht und den freien Dienstleistungsverkehr keine Bestimmung, die die Zuständigkeit der Gemeinschaft ausdrücklich auf ‚Beziehungen..., die dem internationalen Recht unterliegen', erstreckt. (...) Es ist daher ausgeschlossen, aus diesen Kapiteln von vornherein eine ausschließliche Zuständigkeit der Gemeinschaft dafür abzuleiten, mit Drittstaaten ein Abkommen zur Liberalisierung der ersten Niederlassung und des Zugangs zu den Märkten für andere Dienstleistungen als diejenigen, die Gegenstand einer grenzüberschreitenden Erbringung im Sinne des GATS sind und unter Artikel 113 fallen (vgl. Randnr. 42 dieses Gutachtens), zu schließen.
>
> (...)
>
> Hat die Gemeinschaft in ihre internen Rechtsetzungsakte Klauseln über die Behandlung der Angehörigen von Drittstaaten aufgenommen oder hat sie ihren Organen ausdrücklich eine Zuständigkeit zu Verhandlungen mit Drittstaaten übertragen, so erwirbt sie eine ausschließliche externe Zuständigkeit nach Maßgabe des von diesen Rechtsakten erfaßten Bereichs.
>
> Dies gilt jedenfalls — selbst in Ermangelung einer ausdrücklichen Klausel, mit der die Organe zu Verhandlungen mit Drittstaaten ermächtigt werden — auch dann, wenn die Gemeinschaft eine vollständige Harmonisierung der Regelung des Zugangs zu einer selbständigen Tätigkeit verwirklicht hat, denn die insoweit erlassenen gemeinsamen Rechtsnormen könnten im Sinne des Urteils AETR beeinträchtigt werden, wenn die Mitgliedstaaten die Freiheit zu Verhandlungen mit Drittstaaten behielten."[11]

Da eine vollständige Harmonisierung nicht vorlag, schloss der EuGH auf eine zwischen Mitgliedstaaten und EG geteilte Zuständigkeit.

Eine Ausnahme vom Erfordernis der vorgängigen Ausübung der Innenkompetenz erkannte der Gerichtshof nur in dem Sonderfall des Gutachtens 1/76 an, in dem aufgrund der notwendigen Beteiligung eines Drittstaats an einer Regelung – konkret der Schweiz bzgl. Fragen der Rheinschifffahrt – eine EG-interne Regelung keinerlei Sinn gehabt hätte bzw. zur Zielerreichung nur zugleich mit der Außenkompetenz ausgeübt werden konnte[12].

---

[11] EuGH, Gutachten 1/94, Slg. 1994, I-5267, Rn. 77, 81, 95 f. – *GATS/TRIPS/WTO*.
[12] EuGH, Gutachten 1/76, Slg. 1977, 741, Rn. 3 ff. – *Stillegungsfonds*.

Damit betrifft die Rechtsprechung des EuGH zu den impliziten Außenkompetenzen der EG und jetzt Union drei Fallkonstellationen, welche der Gerichthof in der Rs. C-467/98 (Open Skies) folgendermaßen zusammengefasst hat:

„Nach der Rechtsprechung des Gerichtshofes ist dies der Fall, wenn die völkerrechtlichen Verpflichtungen in den Anwendungsbereich der gemeinsamen Rechtsnormen fallen (Urteil AETR, Randnr. 30) oder jedenfalls ein Gebiet erfassen, das bereits weitgehend von solchen Rechtsnormen erfasst ist (Gutachten 2/91, Randnr. 25). Im letztgenannten Fall hat der Gerichtshof entschieden, dass die Mitgliedstaaten außerhalb des Rahmens der Gemeinschaftsorgane völkerrechtliche Verpflichtungen nicht eingehen können, auch wenn kein Widerspruch zwischen diesen Verpflichtungen und den Gemeinschaftsvorschriften besteht (Gutachten 2/91, Randnrn. 25 und 26).

Hat die Gemeinschaft in ihre internen Rechtsetzungsakte Klauseln über die Behandlung der Angehörigen von Drittstaaten aufgenommen oder hat sie ihren Organen ausdrücklich eine Zuständigkeit zu Verhandlungen mit Drittstaaten übertragen, erwirbt sie somit eine ausschließliche Außenkompetenz nach Maßgabe des von diesen Rechtsakten erfassten Bereichs (Gutachten 1/94, Randnr. 95, und 2/92, Randnr. 33).

Dies gilt — selbst in Ermangelung einer ausdrücklichen Klausel, mit der die Organe zu Verhandlungen mit Drittstaaten ermächtigt werden — auch dann, wenn die Gemeinschaft eine vollständige Harmonisierung auf einem bestimmten Gebiet verwirklicht hat, denn die insoweit erlassenen gemeinsamen Rechtsnormen könnten im Sinne des Urteils AETR beeinträchtigt werden, wenn die Mitgliedstaaten die Freiheit zu Verhandlungen mit Drittstaaten behielten (vgl. Gutachten 1/94, Randnr. 96, und 2/92, Randnr. 33)".[13]

Dabei ergänzt die dritte Option die erste, ursprüngliche AETR-Konstellation insofern, als sie die mögliche Beeinträchtigung des Unionsrechts im Falle der Vollharmonisierung eines Bereichs von jeglichem Drittstaatsbezug des evtl. betroffenen Unionsrechts entbindet. Auf einen Widerspruch zwischen den (geplanten) mitgliedstaatlichen Verträgen und dem Unionsrecht kommt es dabei nicht an.[14] Mit Blick auf die Freiheit des Unionsgesetzgebers, das Sekundärrecht zu ändern, ist dies konsequent. Wenn dagegen das sekundäre Unionsrecht nur Mindeststandards in Form von Harmonisierungsrichtlinien vorsieht, werden die Mitgliedstaaten nicht aus ihrer Vertragsschließungsfreiheit verdrängt, weitergehende völkerrechtliche Verpflichtungen zu akzeptieren.[15]

Der Leitgedanke der komplexen und keineswegs einheitlich interpretierten Judikatur des EuGH zu den impliziten Vertragsschlusskompetenzen der Gemeinschaft/ Union ist eindeutig die Absicht, Widersprüche zwischen den Umsetzungspflichten der Mitgliedstaaten aus von ihnen geschlossenen völkerrechtlichen Verträgen und dem Binnenrecht der Gemeinschaft/Union zu vermeiden. Dabei würde sich zwar das Unionsrecht aufgrund seines Anwendungsvorrangs vor nationalem Recht[16] letztlich stets durchsetzen können, so dass die Sorge vor einer Beeinträchtigung des Uni-

---

[13] EuGH, Rs. C-476/98, Slg. 2002, I-9855, Rn. 82 ff. – *Open Skies*.
[14] EuGH, Gutachten 2/91, Slg. 1993, I-1061, Rn. 25 f. – *ILO*.
[15] EuGH, Gutachten 2/91, Slg. 1993, I-1061, Rn. 16 ff., 21 – *ILO*.
[16] Vgl. dazu *Haratsch/Koenig/Pechstein* (Fn. 6), Rn. 178 ff.

onsrechts auf den ersten Blick überflüssig zu sein scheint. Dennoch könnte sich der Unionsgesetzgeber – und im Rat sind die Mitgliedstaaten die Wahrer ihrer Interessen – veranlasst sehen, seine Gestaltungsmacht im Lichte der Vertragsschlusswünsche oder -praktiken der Mitgliedstaaten einzuschränken oder gar nicht auszuüben. Dort hingegen, wo eine Beeinträchtigung der unionsrechtlichen Gestaltungsmöglichkeiten im Binnenbereich nicht zu gewärtigen ist, bleiben die Mitgliedstaaten völkerrechtlich zuständig. Auf diesen Leitgedanken lässt sich auch die Konstellation der (primärrechtskonformen) sekundärrechtlichen Einbeziehung von Drittstaatsangehörigen projizieren: Wenn insoweit eine unionsbinnenrechtliche Regelung programmiert ist, soll sie nicht mit abweichenden völkerrechtliche Regelungen der Mitgliedstaaten in Kollision geraten. Aufgrund der Durchsetzungsmacht des Unionsrechts über den Anwendungsvorrang schützt diese Rechtsprechung daher vor allem auch die Mitgliedstaaten vor völkerrechtlichen Schadenersatzansprüchen ihrer potentiellen Vertragspartner aufgrund fehlender Umsetzung der vertraglichen Verpflichtungen.

III. Überschießende Kodifikation durch Art. 216 Abs. 1 i.V.m. Art. 3 Abs. 2 AEUV?

1. Der Wortlaut der vertraglichen Regelung

Nach Art. 216 Abs. 1 AEUV kann die Union völkerrechtliche Verträge schließen,

„wenn dies in den Verträgen vorgesehen ist oder wenn der Abschluss einer Übereinkunft im Rahmen der Politik der Union entweder zur Verwirklichung eines der in den Verträgen festgesetzten Ziele erforderlich oder in einem verbindlichen Rechtsakt der Union vorgesehen ist oder aber gemeinsame Vorschriften oder deren Anwendungsbereich ändern könnte."

Begrifflich abweichend formuliert Art. 3 Abs. 2 AEUV, dass die Union

„ferner die ausschließliche Zuständigkeit (hat) für den Abschluss internationaler Übereinkünfte, wenn der Abschluss einer solchen Übereinkunft in einem Gesetzgebungsakt der Union vorgesehen ist, wenn er notwendig ist, damit sie ihre interne Zuständigkeit ausüben kann, oder wenn er gemeinsame Regeln beeinträchtigen oder deren Tragweite verändern könnte."

Auffällig ist dabei zunächst, dass die in beiden Normen vorgesehene, wenn auch nicht identisch formulierte Trias der Konstellationen impliziter Vertragsschlusskompetenzen der Union nicht übereinstimmt mit den vom EuGH in der Open Skies-Entscheidung angegebenen drei Fallgruppen. Während der Gerichtshof darin die Sonderkonstellation des Gutachtens 1/76 nicht als eigene Kategorie anführt, wird sie nunmehr vom Vertrag als „Zielvariante" dominant an erster Stelle angeführt. Dies ist immerhin überraschend, auch wenn die Typologie des EuGH bzgl. der Abgrenzung der von ihm genannten ersten und dritten Variante durchaus auch zweifelhaft ist.

2. Die Zielvariante

Die Formulierung des Art. 216 Abs. 1 AEUV „wenn der Abschluss einer Übereinkunft im Rahmen der Politik der Union entweder zur Verwirklichung eines der in den Verträgen festgesetzten Ziele erforderlich (ist)" nimmt Bezug auf das Gutachten 1/76, also eine sehr spezielle Sondersituation der auch für die Innenregelung notwendigen Drittstaatsbeteiligung. Der EuGH hatte in diesem Gutachten zwar ausgeführt:

„(...) daß, wenn das Gemeinschaftsrecht den Gemeinschaftsorganen im Hinblick auf ein bestimmtes Ziel im Innenverhältnis eine Zuständigkeit verleiht, die Gemeinschaft befugt ist, die zur Erreichung dieses Ziels erforderlichen völkerrechtlichen Verpflichtungen einzugehen, auch wenn eine ausdrückliche diesbezügliche Regelung fehlt."[17]

Die Regelung in Art. 216 Abs. 1 AEUV entbindet nun jedoch die implizite Außenkompetenz von ihrer in der Rechtsprechung vorgenommenen Verkoppelung mit der Innenkompetenz, indem das Bestehen der Vertragsschlusskompetenz nur noch an das Bestehen eines Unionsziels geknüpft wird. Damit wird die implizite Vertragsschlusskompetenz in der Zielvariante potentiell allumfassend. Sie macht – nimmt man den Wortlaut ernst – auch die beiden weiteren Varianten der impliziten Außenkompetenzen obsolet, da auch diesen letztlich stets eine Zielsetzung der Verträge zugrunde liegt.[18] Die Entgrenzung der Vertragsschlusszuständigkeit von allen weiteren tatbestandlichen Voraussetzungen ist jedoch mit dem Prinzip der Einzelermächtigung nicht zu vereinbaren. Selbst die ebenfalls auf die Erreichung der Unionsziele abstellende Kompetenzabrundungsklausel des Art. 352 AEUV – deren Inanspruchnahme das BVerfG in der Lissabon-Entscheidung aus Gründen der unzulänglichen Bestimmtheit innerstaatliche Fesseln angelegt hat[19] – ist im Vergleich mit der Zielvariante des Art. 216 Abs. 1 AEUV tatbestandlich wesentlich konkreter ausgeformt. Auch verlangt Art. 352 AEUV immerhin Einstimmigkeit im Rat und nicht nur, wie Art. 218 Abs. 8 AEUV, grundsätzlich qualifizierte Mehrheit. Mögele hat daher mit Blick auf das Anliegen des Vertrags von Lissabon, die Unionszuständigkeiten möglichst genau zu formulieren, die Zielvariante zu Recht als „Fremdkörper im Vertragsgefüge" bezeichnet.[20]

Bei der dem Wortlaut nach gegebenen Entkoppelung der Außen- von der Innenkompetenz der Union stellt sich überdies die Frage, was die verbliebenen Innenkompetenzen der Mitgliedstaaten in derartigen Bereichen noch wert wären. Immerhin wären sie nach Art. 216 Abs. 2 AEUV auch an derartige Abkommen der Union gebunden. Die Union würde also mit dem Abschluss derartiger Abkommen, denen

---

[17] EuGH, Gutachten 1/76, Slg. 1977, 741, Rn. 3 – *Stillegungsfonds*.
[18] Vgl. *Mögele* (Fn. 4), Art. 216 AEUV, Rn. 30 ff.
[19] BVerfGE 123, 267, 393 ff.
[20] *Mögele* (Fn. 4), Art. 216 AEUV, Rn. 31; kritisch auch *S. Vöneky/B. Beylage-Haarmann*, in: E. Grabitz/M. Hilf/M. Nettesheim (Hrsg.), Das Recht der Europäischen Union, 2011, Art. 216 AEUV, Rn. 9 ff.; *K. Schmalenbach*, in: C. Calliess/M. Ruffert (Hrsg.), EUV/AEUV, 2011, Art. 216 AEUV, Rn. 12 f.

keine ausgewiesene EU-Innenkompetenz entspricht, auch die innerunionale Rechtslage bestimmen, selbst wenn sie hierzu förmlich unzuständig wäre. Der Vertragsschluss würde sich damit zum Instrument der materiellrechtlichen Besetzung auch derjenigen Rechtsgebiete darstellen, für die der Union nach innen hin die Kompetenzen fehlen. Und dies geschähe mit qualifizierter Mehrheit!

Die Verschärfung des Prinzips der Einzelermächtigung durch wiederholte Hinweise auf den Verbleib nicht übertragener Zuständigkeiten bei den Mitgliedstaaten (Art. 4 Abs. 1 EUV, Art 5 Abs. 2 Satz 2 EUV) zeugt jedoch von der Sorge der Mitgliedstaaten vor einem vertraglich unkonditionierten Kompetenzverlust. Der reine Wortlaut des Art. 216 Abs. 1 AEUV trägt dieser Sorge in der Zielvariante jedoch in keiner Weise Rechnung. Zu konstatieren ist daher zunächst, dass der Vertrag von Lissabon mit dieser Variante impliziter Vertragsschlussbefugnisse dem Wortlaut nach in besonders deutlicher Weise die Basis der Rechtsprechung des EuGH verlassen und eine insoweit klar überschießende Kodifikation vorgenommen hat. Dies steht den Vertragsstaaten als Herren der Verträge freilich offen und kann als solches noch keinen Grund für eine restriktive Auslegung darstellen. Dies gilt auch unabhängig von der Frage, ob sich die Vertragsstaaten diese Rechtsprechung zum Vorbild genommen haben. Anlass zu einer restriktiven Interpretation bieten jedoch die dargestellten systematischen Probleme und die Notwendigkeit, eine in sich stimmige Auslegung der Norm im Gesamtkontext des Vertrags, also auch unter Berücksichtigung der besonderen Betonung des Prinzips der Einzelermächtigung sicherzustellen.

Zunächst muss die Interpretation des Art. 216 Abs. 1 AEUV darauf gerichtet sein, allen drei darin genannten Varianten einen abgrenzbaren eigenen Anwendungsbereich zuzuweisen. Umfasst dagegen die Zielvariante die beiden anderen Konstellationen, so wird die Norm zum größeren Teil obsolet. Dies war fraglos nicht die Intention der Vertragsstaaten. Von daher liegt es nahe, zunächst den beiden anderen Varianten ihren Anwendungsbereich zuzuweisen und der Zielvariante nur eine Residualfunktion zuzugestehen. Abweichend von der Reihenfolge der Aufzählung in Art. 216 Abs. 1 AEUV kommt die Zielvariante daher als letzte und nur subsidiär in Betracht. Auch dann bedarf sie noch der tatbestandlichen Konkretisierung, um nicht sämtliche zuvor abgearbeiteten Differenzierungen wieder obsolet zu machen. Es liegt mithin eine Orientierung an der den Ausgangspunkt bildenden Judikatur des EuGH nahe. Danach ist zum einen die Ankoppelung an eine entsprechende Innenkompetenz zu fordern. Diese Verkoppelung sichert sowohl eine differenzierte normative Grundlage für die Entfaltung der Außenzuständigkeit als auch zugleich die Achtung des Prinzips der Einzelermächtigung.

Da diese Verkoppelung allerdings grundsätzlich auch bei den beiden anderen Varianten besteht, ist fraglich, ob der Zielvariante unter dieser Maßgabe überhaupt noch ein eigener Anwendungsbereich bleibt. Auch dies wäre freilich geboten. Der naheliegende Ausweg ist insoweit der Rekurs auf die sehr spezielle Sondersituation des Gutachtens 1/76, in der die Innenkompetenz nicht ohne den Abschluss eines völkerrechtlichen Vertrages wahrgenommen werden konnte. Ob insoweit freilich eine Wiederholung zu erwarten ist, mag fraglich sein. Gleichwohl wäre für derartige Sondersituationen ein sinnvoller eigener Anwendungsbereich der Zielvariante gegeben.

3. Rechtsaktvariante

Die zweite Variante impliziter Vertragsschlusskompetenzen nach Art. 216 Abs. 1 AEUV („wenn der Abschluss einer Übereinkunft im Rahmen der Politik der Union [...] in einem verbindlichen Rechtsakt der Union vorgesehen ist") ist im Vergleich zu der Zielvariante wesentlich deutlicher an der Rechtsprechung des EuGH aus dem Gutachten 1/94 orientiert. Dabei kommt es zunächst auf die Einordnung der Rechtsakte als Gesetzgebungsakte (Art. 289 Abs. 3 AEUV) oder exekutive Rechtsakte (Art. 290, 291 AEUV) nicht an. Verbindlich sind Verordnungen, Richtlinien und Beschlüsse – ungeachtet des Verfahrens, welches ihrem Erlass vorangeht.

Die Problematik dieser Variante – die aber auch schon in der entsprechenden Rechtsprechung des EuGH angelegt ist – besteht in der dadurch ermöglichten Selbstermächtigung der Union. Sieht sie in einem verbindlichen Rechtsakt „Klauseln über die Behandlung der Angehörigen von Drittstaaten (vor) oder hat sie ihren Organen ausdrücklich eine Zuständigkeit zu Verhandlungen mit Drittstaaten übertragen, so erwirbt sie eine ausschließliche externe Zuständigkeit nach Maßgabe des von diesen Rechtsakten erfaßten Bereichs."[21] Die einzig mögliche Begrenzung kann sich insoweit aus dem Primärrecht, aus den einschlägigen Ermächtigungsgrundlagen ergeben. Explizite primärrechtliche Ermächtigungen zur Aufnahme von Verhandlungen mit Drittstaaten nehmen der Norm jedoch den Charakter der impliziten Vertragsschlusskompetenz und kommen daher nicht in Betracht. Mit einer primärrechtlich nicht ausdrücklich legitimierten entsprechenden (Selbst-)Beauftragung der Unionsorgane wird jedoch in gleicher Weise wie bei der Zielvariante das Prinzip der Einzelermächtigung systematisch in Frage gestellt. Gleichwohl muss im Lichte einer konkordanten Interpretation des Primärrechts der nunmehr von Art. 216 Abs. 1 AEUV ausdrücklich vorgesehenen Möglichkeit dieser Zuständigkeitsbegründung Rechnung getragen werden. Unabhängig davon, dass die Rechtsaktvariante sich nicht als überschießende Kodifikation der EuGH-Rechtsprechung darstellt, bedarf sie somit der restriktiven Interpretation.[22] Ein entsprechendes Vorgehen bedarf daher einer Rechtfertigung aus einer im Tatsächlichen wurzelnden Verknüpfung der Regelungsmaterie mit dem internationalen Rechtsverkehr. Eine daraus folgende Gebotenheit der Regelung der Verhältnisse Drittstaatsangehöriger innerhalb der Union ist vielfach vorstellbar und darf dann ebenfalls nicht mit völkerrechtlichen Verträgen der Mitgliedstaaten in Kollision geraten. Mit der Forderung nach einem diesbezüglichen Nachweis wird nicht nur dem Prinzip der Einzelermächtigung Rechnung getragen, sondern auch der Grundgedanke der AETR-Rechtsprechung gewahrt: Die Sicherung

---

[21] EuGH, Gutachten 1/94, Slg. 1994, I-5267, Rn. 81 – *GATS/TRIPS/WTO*.

[22] Einschränkend auch *M. Nettesheim* in: E. Grabitz/M. Hilf/M. Nettesheim (Hrsg.), Das Recht der Europäischen Union, 2011, Art. 3 AEUV, Rn. 22.

der Funktionsfähigkeit der Union nach innen hin durch die Wahrnehmung dafür zwingend erforderlicher Außenkompetenzen.

4. AETR-Variante

Mit der dritten Variante des Art. 216 Abs. 1 AEUV wird die ursprüngliche AETR-Variante aufgegriffen. Allerdings ist zunächst die redaktionelle Fassung der dritten Variante nach allgemeiner Ansicht misslungen.[23] Die Formulierung

> „(…) wenn der Abschluss einer Übereinkunft im Rahmen der Politik der Union [...] gemeinsame Vorschriften beeinträchtigen oder deren Anwendungsbereich ändern könnte"

stellt – ebenso wie Art. 3 Abs. 2 AEUV – auf ein Abkommen der Union als störendes Element ab. Das liegt neben der Sache. Gemeint sein konnte nur, dass von den Mitgliedstaaten abgeschlossene völkerrechtliche Verträge inhaltlich mit abgeleitetem Unionsrecht unvereinbar sein können. Dies entspricht der ursprünglichen AETR-Konstellation – aber auch der in der Open Skies-Entscheidung angeführten dritten Variante möglicher impliziter Vertragsschlusskompetenzen der Union. Diese stellt auf die vollständige Harmonisierung eines Rechtsgebiets ab, unabhängig von einem evtl. Drittstaatsbezug der einschlägigen Primärrechtsnorm. In der Sache kann dies auch keinen Unterschied machen, da mitgliedstaatliche Umsetzungsmaßnahmen bzgl. von ihnen abgeschlossener völkerrechtlicher Verträge in beiden Fällen in Kollision mit abgeleitetem Unionsrecht geraten können. Die dritte Variante setzt daher – von dem redaktionellen Fehler abgesehen – die Rechtsprechung des EuGH korrekt um.

Unter die AETR-Variante dürften auch die Außenkompetenzen der Union bezüglich der nach Art. 3 Abs. 1 AEUV ausschließlichen EU-Innenkompetenzen zu rubrizieren sein.[24] Insoweit eine eigene Kategorie der impliziten Außenkompetenzen anzusetzen oder diese der Zielvariante zuzuordnen überzeugt nicht.[25] Gegen die erste These spricht, dass der Vertrag die impliziten Außenkompetenzen ausdrücklich in Art. 3 Abs. 2 AEUV regelt. Gegen die zweite These spricht die oben dargestellte eingeschränkte Bedeutung der Zielvariante. Allerdings bedeutet dies, dass die EU auch im Bereich der ausschließlichen Innenkompetenzen nach Art. 3 Abs. 1 AEUV erst dann völkerrechtliche Verträge schließen darf, wenn sie diese Innenkompetenzen ausgeübt hat. Da dies freilich systemkonform ist, ist dieser Ansatz überzeugend. Vor der Ausübung der ausschließlichen Innenzuständigkeit wird man insoweit ebenfalls die Mitgliedstaaten als zuständig für die völkerrechtliche Regelung ansehen müssen, da die Art der Innenzuständigkeit der Union insoweit keinen Unterschied bewirken kann (zur Konfliktbereinigung s. u. IV., a. E.).

---

[23] *Mögele* (Fn. 4), Art. 216 AEUV, Rn. 36.
[24] *Mögele* (Fn. 4), Art. 216 AEUV, Rn. 37.
[25] *Mögele* (Fn. 4), Art. 216 AEUV, Rn. 37 m.w.Nw.

IV. Der Kompetenzstatus vor Eintritt der Ausschließlichkeit der Unionskompetenz

Der Gerichtshof hat in seinen Entscheidungen zu den impliziten Vertragsschlusskompetenzen der Union regelmäßig ausgeführt, dass mit der Ausübung der entsprechenden Innenkompetenz der EU deren Vertragsschlusszuständigkeit eine ausschließliche wird. So beispielhaft in dem Gutachten 1/94:

„Nur in dem Maße, wie gemeinsame Vorschriften auf interner Ebene erlassen werden, wird die externe Zuständigkeit der Gemeinschaft zu einer ausschließlichen."[26]

Dies lässt es zunächst als plausibel erscheinen, für den Zeitraum vor der Inanspruchnahme der Innenkompetenz von einer konkurrierenden EU-Außenkompetenz auszugehen, da eine irgendgeartete Zuständigkeit der Union vor diesem Zeitpunkt ersichtlich unterstellt wird („wird die ..."). Damit würde die Ausübung der Innenkompetenz nur einen qualitativen Umschlag hinsichtlich der Kompetenzart der Außenzuständigkeit bewirken.[27] Nimmt man das ernst, so würde dies freilich auf eine Entkoppelung der Inanspruchnahme der Innen- und der Außenkompetenz hinauslaufen: Die Union könnte bei Bestehen einer vorlaufenden konkurrierenden Zuständigkeit für die Außenregelung diese auch ohne bestehende Innenregelung nutzen und dann die Mitgliedstaaten im Umfang der Nutzung der konkurrierenden Kompetenz aus ihrer Vertragsschlusskompetenz verdrängen. Immerhin kann sie ihre internen konkurrierenden Zuständigkeiten jederzeit ausüben – warum sollte dies bei externen konkurrierenden Kompetenzen anders sein?

Und umgekehrt könnten die Mitgliedstaaten – nach dem Windhundprinzip – vor der Nutzung der noch lediglich konkurrierenden Außenkompetenz der Union Verträge in diesen Bereichen abschließen, welche sich im weiteren Fortgang als Hindernis für die Ausübung der einschlägigen Innenkompetenzen der Union darstellen könnten. Denn eine konkurrierende Vertragsschlusskompetenz der Mitgliedstaaten hat der EuGH in der AETR-Entscheidung erst für den Zeitpunkt ab Entstehen der Ausschließlichkeit der EU-Außenkompetenz durch Inanspruchnahme der Innenkompetenz ausgeschlossen:

„(...) liegt die Zuständigkeit zur Aushandlung und zum Abschluß dieses Abkommens seit Inkrafttreten der Verordnung bei der Gemeinschaft. Neben dieser Gemeinschaftszuständigkeit kann es keine konkurrierende Zuständigkeit der Mitgliedstaaten geben (...)."[28]

Letzteres überzeugt natürlich: Wenn die Union ab Ausübung der Innenkompetenz eine ausschließliche Vertragsschließungskompetenz besitzt, so sind die Mitgliedstaaten aus diesem Bereich kompetentiell vollständig verdrängt worden. Eine irgendgeartete Zuständigkeit, also auch eine konkurrierende, steht ihnen dann insoweit nicht mehr zu: Regelungsbefugt auf völkerrechtlicher Ebene ist nur noch die Union.

---

[26] EuGH, Gutachten 1/94, Slg. 1994, I-5267, Rn. 77 – *GATS/TRIPS/WTO*.
[27] Kritisch *Nolte* (Fn. 8), 26.
[28] EuGH, Rs. 22/70, Slg. 1971, 263, Rn. 30/31 – *AETR*.

Die Frage nach einer evtl. konkurrierenden Vertragsschlusskompetenz der Union vor Ausübung der Innenkompetenz bedarf allerdings einer Antwort. Da die Option einer Entkoppelung von Innenrechtssetzung und Außenzuständigkeit durch Ansetzung einer derartigen vorgängigen konkurrierenden Außenkompetenz dem Grundanliegen des EuGH, der Sicherung der Funktionsfähigkeit der Union durch die Vermeidung von Normkollisionen, zuwiderläuft, ist sie nicht überzeugend. Eine Verdrängung der Mitgliedstaaten aus ihrer Fähigkeit zum Abschluss völkerrechtlicher Verträge ist nur und erst dann geboten, wenn eine damit kollidierende EU-Innenrechtsetzung existiert bzw. erfolgt. Überzeugend ist daher allein die Annahme, dass der Union vor der Inanspruchnahme der Innenkompetenz überhaupt keine Vertragsschlusszuständigkeit zusteht. Selbst die Qualifizierung als „virtuell" oder „potentiell" insinuiert noch zu Unrecht das Bestehen einer irgend gearteten Außenkompetenz in dieser Phase. Die Inanspruchnahme der Innenkompetenz führt daher nicht zu einem Umschlag der Art der Unionskompetenzen, sondern überhaupt erst zur Entstehung der Unionskompetenz – dann aber sogleich zum Entstehen einer ausschließlichen, die Mitgliedstaaten verdrängenden Außenkompetenz.[29]

Auch wenn die Innenkompetenz – ob als ausschließliche oder als konkurrierende – schon vor ihrer Ausübung bestand, die Außenkompetenz dagegen erst mit deren Ausübung als sofort ausschließliche entsteht, bedeutet dieser Erklärungsansatz nicht die Aufgabe des Prinzips der Parallelität der Innen- und Außenkompetenz[30], sondern lediglich seine Modifikation.

Die Thesen von vor der Ausübung der EU-Innenkompetenzen bestehenden „konkurrierenden", „virtuellen" oder „potentiellen" Unionsaußenkompetenzen sind jedoch von einer nicht völlig unberechtigten Sorge angeregt. Wenn nämlich die Mitgliedstaaten mangels jedweder EU-Außenkompetenz vor der Ausübung von Innenkompetenzen völkerrechtlich uneingeschränkt zuständig sind, droht der EU zu einem späteren Zeitpunkt bei Ausübung ihrer Innenkompetenz eine Einschränkung ihrer Gestaltungsfähigkeit durch das Bestehen (keineswegs notwendig identischer) völkerrechtlicher Verpflichtungen der Mitgliedstaaten in diesen Bereichen. Zwar könnte sie die entsprechenden Umsetzungsmaßnahmen durch den Anwendungsvorrang ihrer internen Maßnahmen überspielen. Ob sich aber im Rat bei einer derartigen Situation die erforderlichen Mehrheiten finden, ist fraglich.

Dieser berechtigten Sorge vor künftigen Kollisionen ist jedoch durch die Ansetzung eines noch zumal unklaren Kompetenzstatus der Union für Außenmaßnahmen vor der Ausübung der Innenkompetenz gar nicht zu begegnen. Eine Art schwebende kompetentielle Besetztheit des Feldes kann es so nicht geben. Die Mitgliedstaaten werden hierdurch an nichts gehindert. Der Ansatzpunkt zur Lösung dieses Problems muss daher ein anderer sein und dürfte sich in den Unterstützungspflichten nach Art. 4 Abs. 3 EUV finden lassen. Damit der Union die künftige Ausübung ihrer Innenkompetenzen – und damit zugleich die Nutzung der zugleich entstehenden aus-

---

[29] Vgl. *Nolte* (Fn. 8), 31.
[30] *R. Geiger*, JZ 1995, 973 (979).

schließlichen Außenzuständigkeit – nicht erschwert oder unmöglich gemacht wird, ist auf der Grundlage des Art. 4 Abs. 3 EUV zu fordern, dass die Mitgliedstaaten in sämtliche völkerrechtliche Verträge mit anderen Völkerrechtssubjekten, die Innenkompetenzen der Union berühren, eine Kündigungsklausel aufnehmen für den Fall, dass die Union ihre Innenzuständigkeit auszuüben gedenkt. Die Ausübung dieses Kündigungsrechts wird man für diesen Fall als unionsrechtlich geboten und daher notfalls im Wege der Aufsichtsklage einklagbar ansehen müssen. Sind entsprechende Verträge gekündigt, so steht der Union der Weg frei sowohl für die ungehinderte Ausübung der Innenkompetenz als auch für die Ausübung der zugleich entstehenden ausschließlichen Außenzuständigkeit. Auf diese Weise wird zum einen die völkerrechtliche Handlungsfreiheit der Mitgliedstaaten vor Ausübung der EU-Innenkompetenzen gesichert, zum anderen die Funktionsfähigkeit der Union nach innen wie nach außen garantiert.[31]

V. Schluss

Die Kodifikation der AETR-Rechtsprechung einschließlich der Folgejudikatur durch den Vertrag von Lissabon ist nicht in zufriedenstellender Weise gelungen. Zwar stellt das Faktum einer vertraglichen Regelung impliziter Vertragsschlusskompetenzen der Union in Art. 216 Abs. 1 AEUV, Art. 3 Abs. 2 AEUV eine Anerkennung der Rechtsprechung des Gerichtshofs dar. Seine Rechtsprechung wurde jedoch vom Wortlaut der Norm her zum einen in hochgradig bedenklicher Weise denaturiert (Zielvariante), zum anderen wurden die in ihr angelegten Probleme der Selbstermächtigung der Union und der vor der Ausübung der EU-Innenkompetenzen bestehenden Kompetenzlage nicht geklärt. Dem Gerichtshof wird es obliegen, die neuen Regelungen auszulegen. Wenn er dabei seinem bisherigen Weg der nüchternen Analyse möglicher Einschränkungen der Funktionsfähigkeit der Union folgt und seine bisherige Rechtsprechung als Maß zugrundelegt, besteht Hoffnung für eine überzeugende Auslegung der neuen Bestimmungen.

---

[31] So auch *C.Vedder*, EuR 2007, Beiheft 3, 57 (63).

Datenschutz und Europa

Von *Walter Rudolf*

1. Die digitale Informations- und Kommunikationstechnik fand zuerst in den USA Verbreitung. Dort wurde auch die Diskussion um das dadurch entstehende Gefährdungspotenzial für das Recht auf Privatheit angestoßen. Das erste Gesetz zum Schutze persönlicher Daten gegenüber dem Staat wurde 1970 in der Bundesrepublik Deutschland erlassen.[1] Das Bundesdatenschutzgesetz (BDSG), das auch den nicht-öffentlichen Datenschutz unter Privaten regelt, folgte erst sechs Jahre später. Als erstes Land verankerte Nordrhein-Westfalen den Datenschutz im Grundrechtsteil seiner Verfassung.[2] Seit dem „Volkszählungsurteil" vom 15.12.1983, in dem das Bundesverfassungsgericht das auf Art. 1 Abs. 1 i.V.m. Art. 2 Abs. 1 GG gestützte Grundrecht auf „informationelle Selbstbestimmung" entwickelte,[3] ist Deutschland Vorreiter des Datenschutzes. Im Gefolge des Volkszählungsurteils entstanden über tausend z. T. sehr detaillierte und umfangreiche bereichsspezifische Datenschutzregelungen, die wie das Bundesdatenschutzgesetz der technischen Entwicklung des digitalen Informations- und Kommunikationswesens angepasst wurden. Gab es im Zeitpunkt des Volkszählungsurteils nur wenige teure Großgeräte zur Datenübermittlung und -verarbeitung beim Staat und bei großen Unternehmen, sind inzwischen kleine preiswerte, schnell arbeitende und relativ leicht zu bedienende Geräte vorhanden, so dass inzwischen der größte Teil der Bevölkerung in Deutschland von ihnen Gebrauch macht und täglich Millionen von Datenbewegungen im Inland und ins und vom Ausland stattfinden. Die deutsche Datenschutzgesetzgebung hat mit dieser Entwicklung einigermaßen Schritt halten können, auch wenn der Datenschutz zwischen Privaten nur unvollkommen durchgesetzt werden konnte. Trotzdem ist im Vergleich mit den meisten anderen europäischen Staaten der Schutz personenbezogener Daten in Deutschland ganz gut aufgestellt.

Dass dem so ist, ist auch der Rechtsprechung und vor allem dem Bundesverfassungsgericht zu verdanken, das das Recht auf informationelle Selbstbestimmung ge-

---

[1] DSG Hessen vom 7.10.1970 (GVBl. I S. 625) – Zur Entwicklung des Datenschutzrechts vgl. vor allem *S. Simitis*, Bundesdatenschutzgesetz, 7. Aufl. 2011, 78 ff.

[2] Art. 4 Abs. 2 Verf. N.-W. i.d.F. des Gesetzes vom 19.12.1978 (GV S. 632). Das in den Landesverfassungen verankerte Grundrecht auf Datenschutz spielt in der Praxis kaum eine Rolle, z.B. hat das OVG Rh.-Pf. in seiner Entscheidung vom 10. Juli 2009 zur Veröffentlichung von Subventionsempfängern im Internet (Az. 10 B 10 607/09.OVG) nur die Vereinbarkeit eines wirksamen Verzichts mit Art. 2 Abs. 1, Art. 1 Abs. 1 GG geprüft, Art. 4a der Verf. Rh.-Pf. aber nicht erwähnt.

[3] BVerfGE 65, 1 (41 ff.).

festigt und präzisiert, den datenschutzrechtlichen Gehalt anderer Grundrechte – wie der Telekommunikationsfreiheit und der Unverletzlichkeit der Wohnung – herausgearbeitet und das „Computer-Grundrecht" auf Gewährleistung der Vertraulichkeit und Integrität informationstechnischer Systeme entwickelt hat. So konnten trotz der rasanten Entwicklung der Informations- und Kommunikationstechnik die rechtlichen Instrumentarien zur Gewährleistung des Schutzes personenbezogener Daten leidlich à jour gebracht werden.

2. Um den Datenverkehr in Europa zu harmonisieren, erließ die Europäische Gemeinschaft 1995 die europäische Datenschutzrichtlinie, deren Vorgaben, soweit das überhaupt notwendig war, im Bund und in den Ländern (allerdings meist nicht rechtzeitig) umgesetzt wurden. Der Richtlinie unterlagen allerdings nicht die Organe der EG. Der interne Datenschutz der EG wurde gemäß Art. 288 des am 01.01.1999 in Kraft getretenen Amsterdamer Vertrages eingeführt. Die Datenschutzkontrolle innerhalb der EG, die durch eine Verordnung geregelt wurde,[4] kam erst mit der Bestellung eines Datenschutzbeauftragten 2004 in Gang.[5] Im Gegensatz zum deutschen Recht, das grundsätzlich zwischen öffentlichem Datenschutz gegenüber Hoheitsträgern und nicht-öffentlichem Datenschutz unter Privaten unterscheidet, behandelte die Datenschutzrichtlinie beide Bereich einheitlich; doch gelten Abweichungen von der Einheitlichkeit z.B. im Sicherheitsbereich. Versuche, die prinzipielle deutsche Unterscheidung von öffentlicher und nicht-öffentlicher Datenverarbeitung auch in der Datenschutzrichtlinie zu fixieren, misslangen. Der britische Berichterstatter im Europaparlament erklärte z.B. dem Verfasser, dass das Gefährdungspotenzial für das Recht auf Privatheit gleichermaßen hoch sei unabhängig davon, ob die Gefahr von öffentlichen oder privaten Stellen ausgehe; er habe schon als Student die Unterscheidung von Akten iure imperii und iure gestionis nicht nachvollziehen können. Auch in Deutschland hat das BDSG die private Datenverarbeitung *im Ergebnis* einem Verbot mit Erlaubnisvorbehalt unterworfen und insoweit dem staatsgerichteten Datenschutz scheinbar gleichgestellt. Der Hinweis, die Technologie kenne „keine Grenzen zwischen öffentlichem und nicht-öffentlichem Bereich"[6] dürfte juristisch nicht relevant sein, wie z.B. deutlich wird, dass Handels- und Kriegsschiffe nach denselben technischen Voraussetzungen betrieben werden, aber (nicht nur) nach Völkerrecht sehr unterschiedlich zu behandeln sind.

Das Problem der Unterscheidung von öffentlichem und privatem Datenschutz schlug sich auch in der Datenschutzkontrolle nieder. Für die öffentliche Datenverarbeitung sind der Bundesbeauftragte und die Landesbeauftragten für den Datenschutz zuständig; diese sind weisungsfrei und parlamentarisch nicht verantwortlich, denn sie haben wie die Rechnungshöfe nur beratende und beanstandende, aber keine exekutiven Funktionen. Für die private Datenverarbeitung sind die Aufsichtsbehörden zuständig, die Anordnungen treffen können und deshalb Teil der vollziehenden Ge-

---

[4] Richtlinie 95/46 EG vom 24.10.1995 (ABl. EG Nr. I 2 281/31 v. 23.11.1995).

[5] VO (EG) Nr. 45/2001 vom 18.12.2000.

[6] S. *Simitis*, DuD 2000, 714 (723).

walt i.S.v. Art. 20 Abs. 2 Satz 2 GG und damit parlamentarisch verantwortlich sind. Die Datenschutzrichtlinie bestimmt demgegenüber, dass sämtliche Kontrollstellen „völlig unabhängig" sein müssen, also nicht Teil einer Verwaltungsbehörde sein dürfen. Nach Ansicht der Kommission sei diese völlige Unabhängigkeit der deutschen Aufsichtsbehörden nicht gewährleistet, selbst wenn diese – was nicht bestritten wird – funktional durchaus unabhängig seien. Der EuGH hat in einem Vertragsverletzungsverfahren der Kommission gegen die Bundesrepublik deshalb die deutsche Regelung der Aufsicht über den privaten Datenschutz in den Ländern für nichtig erklärt.[7] Inzwischen sind die Landesdatenschutzbeauftragten auch die Kontrollstellen für die nicht-öffentliche Datenverarbeitung.[8] Soweit die Datenschutzbeauftragten Aufsichtsbehörde sind, unterliegen sie auch einer Rechtsaufsicht.

3. Die Unterscheidung von öffentlichem und nicht-öffentlichem Datenschutz ist in Deutschland verfassungsrechtlich geboten. Das Bundesdatenschutzgesetz trägt dem auch Rechnung, da es gesonderte Regeln für die Datenverarbeitung der öffentlichen (§§ 12 ff.) und der nicht-öffentlichen (§§ 27 ff.) Stellen, denen öffentlichrechtliche Wettbewerbsunternehmen gleichgestellt sind, getroffen hat. Abgesehen von Art. 9 Abs. 3 GG gelten Grundrechte *unmittelbar* nur im Verhältnis der Bürger zum Staat, wie es schon der Text von Art. 1 Abs. 3 GG zum Ausdruck bringt. Dies gilt selbstverständlich auch für das Recht auf informationelle Selbstbestimmung und andere datenschutzrechtlich relevante Grundrechte. Im Verhältnis der Bürger untereinander hat der Staat Schutzpflichten, um durch *mittelbare* Drittwirkung das Persönlichkeitsrecht des Einzelnen zu gewährleisten. Der Bürger kann sein Handeln nach subjektiven Präferenzen in Freiheit gestalten, ohne hierfür grundsätzlich *rechenschaftspflichtig* zu sein.[9] „Während der Bürger grundsätzlich frei ist, ist der Staat prinzipiell gebunden."[10] Der Staat ist für sein Handeln rechenschaftspflichtig. „Seine Aktivitäten verstehen sich nicht als Ausdruck freier subjektiver Überzeugungen in Verwirklichung persönlicher Individualität, sondern bleiben in distanziertem Respekt vor den verschiedenen Überzeugungen der Staatsbürger und werden dementsprechend von der Verfassung umfassend an die Grundrechte gebunden."[11] Der Gesetzgeber muss Kriterien für die Abwägung des Persönlichkeitsschutzes einerseits mit dem Schutz der Handlungsfreiheit, der Kommunikationsfreiheit und anderer Freiheitsrechte andererseits festlegen. Dabei muss er selbstverständlich darauf achten, dass die freie Kommunikation mittels welchen Mediums auch immer grundsätzlich gewährleistet bleibt, solange nicht die Rechte anderer, die verfassungsmäßige Ordnung oder das Sittengesetz verletzt werden. Bei Kollisionen des Rechts auf die freie Entfaltung der Persönlichkeit mit Grundrechten anderer Privater oder mit

---

[7] EuGH (GK) Rs. C-518/07 Kommission ./. Deutschland vom 9.3.2010, NJW 2010, 1265 ff.

[8] Mit Ausnahme von Bayern, wo die unabhängige Aufsichtsbehörde noch der Bezirksregierung Mittelfranken in Ansbach angegliedert ist. Vgl. *T. Giesen*, CR 2012, 550 (556).

[9] BVerfGE 128, 226 (244 f.); *J. Masing*, NJW 2012, 2305 (2306 f.).

[10] BVerfGE 128, 226 (245).

[11] BVerfGE ibid.

höherrangigen staatlichen Interessen muss der Gesetzgeber Regeln für die Konfliktlösung schaffen.[12] Die Datenverarbeitung *insgesamt* unter den Vorbehalt des Gesetzes zu stellen, wäre nur zulässig, wenn diese als solche eine Gefahr für die Rechte anderer oder die verfassungsmäßige Ordnung darstellen würde, wovon sicher keine Rede sein kann. Ebenso wenig wie z. B. die Presse, das Fernmeldewesen oder der Straßenverkehr insgesamt unter Vorbehalt des Gesetzes stehen, sondern nur bestimmten Ordnungsregeln unterliegen, ebenso wenig ist die Datenverarbeitung als freie Entfaltung der Persönlichkeit einem Verbot mit Genehmigungsvorbehalt zu unterwerfen.

4. Die Rechtsprechung des Bundesverfassungsgerichts seit dem Volkszählungsurteil betraf nahezu ausschließlich den öffentlichen Datenschutz, der seit dem hessischen Datenschutzgesetz von 1970 im Mittelpunkt stand, weil Eingriffe des Staates das Persönlichkeitsrecht bedrohten oder bedrohen würden.[13] Die Entscheidungen des 1. Senats, die das Recht auf informationelle Selbstbestimmung konturierten und präzisierten, ergingen in Normenkontrollverfahren aus dem Sicherheitsbereich.[14] Fast alle Fälle betrafen vom Gesetzgeber vorgesehene Maßnahmen der Prävention, ohne dass eine konkrete Gefahr bestand; denn im Gegensatz zum „klassischen" Polizeirecht, das abgesehen vom polizeilichen Notstand nur Eingriffe gegen konkrete Störer vorsah, hat sich unter dem Eindruck der Bekämpfung von organisierter Kriminalität und Terrorismus die präventive Tätigkeit der Polizei immer mehr in das Gefahrenvorfeld und die Strafverhütung vorverlagert mit der Folge, dass vor allem personenbezogene Daten auch unbeteiligter Personen – und oft in großem Umfang nur Unbeteiligten – erhoben werden.[15] Diese Praxis war in einigen ausländischen Staaten bereits früher üblich und beherrschte die datenschutzrechtliche Diskussion bei den Verhandlungen des Schengener Durchführungsabkommens und des Europol-Übereinkommens.

Der hoheitlich handelnde Staat besitzt das „Gewaltmonopol"; der Mensch steht dem Staat nicht gleichgewichtig gegenüber und bedarf deshalb des grundrechtlichen Schutzes. Datenschutz gegenüber dem Staat ist „vertikal", zwischen Privaten „hori-

---

[12] *J. Masing*, NJW 2012, 2305 (2307).

[13] *J. Masing*, NJW 2012, 2305 (2306).

[14] BVerfGE 67, 1 (Überwachung nach dem G-10-Gesetz); 109, 279 (Großer Lauschangriff); 113, 348 (Vorbeugende Telefonüberwachung); 115, 320 (Rasterfahndung); 120, 274 (Online-Durchsuchung); 120, 378 (Kfz-Abgleich); 122, 342 (Präventive Videoüberwachung); 125, 260 (Vorratsdaten-Speicherung) – 2. Senat BVerfGE 115, 166 (TV-Verbindungsdaten). Vgl. schon vor dem Volkszählungsurteil (BVerfGE 65, 1) die Entscheidung zum Mikrozensus (BVerfGE 29, 1).

[15] Vgl. jetzt auch den Vorschlag der EU-Richtlinie zum Schutz natürlicher Personen bei der Verarbeitung personenbezogener Daten durch die zuständigen Behörden zum Zwecke der Verhütung, Aufdeckung, Untersuchung oder Verfolgung von Straftaten oder der Strafvollstreckung sowie zum freien Datenverkehr (KOM 2012 (10) endg. vom 18.12.2000). *D. Kugelmann*, DuD 2012, 581 ff. Zur Prävention vgl. *M. Albers*, in: J.-H. Schmidt/T. Weichert (Hrsg.), Datenschutz, 2012, 102 ff.; *B. Sokol*, in: J.-H. Schmidt/T. Weichert (ibid.), 137 (139 ff.); *T. Petri*, in: J.-H. Schmidt/T. Weichert (ibid.), 113 (115 ff.).

zontal". Privatpersonen dürfen grundsätzlich ihre Persönlichkeit frei entfalten, der Staat darf nur aufgrund gesetzlicher Ermächtigung in Freiheitsrechte der Bürger eingreifen: „Während der Bürger prinzipiell frei ist, ist der Staat prinzipiell gebunden."[16] Die Ermächtigung zum Eingriff muss detailliert, „normenklar" sein, so dass generalklauselartig formulierte Befugnisse in einem Gesetz nicht ausreichen, um einen Eingriff in das Grundrecht zu gestatten. Nach dem Gebot der Verhältnismäßigkeit darf der Staat nur solche Mittel anwenden, die erforderlich, geeignet und angemessen, d. h. so wenig einschneidend wie möglich sind, um ein bestimmtes legitimes Ziel zu erreichen. Ein Eingriff in das Recht auf informationelle Selbstbestimmung darf nicht in einem unangemessenen Verhältnis zum Ziel und Zweck des Eingriffs stehen. Nicht mehr benötigte Daten sind deshalb zu löschen oder zu sperren; der Erhebungszweck ist nach dem Grundsatz der datenschutzrechtlichen Zweckbindung bei weiterer Datenverarbeitung oder (soweit erlaubt) -übermittlung zu beachten. Die erhobenen Daten müssen bei der Behörde unter Verschluss bleiben und dürfen nach dem Grundsatz der „datenschutzrechtlichen Gewaltenteilung" nur unter gesetzlich geregelten Voraussetzungen innerhalb der Behörde an andere Dienststellen oder an andere Behörden übermittelt werden. Datenübermittlung *innerhalb* einer Behörde unterliegt den Regeln des Datenschutzes, Datenübermittlung zwischen Behörden ist prinzipiell amtshilferesistent. Daten aus dem Kernbereich persönlicher Lebensgestaltung sind gegen Eingriffe tabu; werden sie aus technischen Gegebenheiten trotzdem erhoben, sind sie, soweit sie als Daten des Kernbereichs identifiziert sind, sofort zu löschen. Bestehen Zweifel, ob es sich um Informationen aus dem Kernbereich handelt, sind die Daten bis zur Entscheidung darüber zu sperren.[17] Im öffentlichen Datenschutz sind die handelnden Personen kraft Amtes zur Beachtung der datenschutzrechtlichen Regeln bei ihrer Amtstätigkeit verpflichtet. Ihre Kontrolle durch die Datenschutzbeauftragten bereitet grundsätzlich keine unüberwindbaren Schwierigkeiten, zumal die einschlägigen Rechtsnormen meist mit den materiellen Regelungen bereichsspezifisch verknüpft sind, wie etwa ein Blick in die Polizei- und Ordnungsgesetze zeigt.

Private Datenverarbeitung ist demgegenüber kraft Verfassungsrechts grundsätzlich frei und nur mit Rücksicht auf die Rechte anderer und die verfassungsmäßige Ordnung Schranken unterworfen. Die prinzipielle Unterscheidung zwischen öffentlichem und privatem Agieren ist für den freiheitlichen Rechtsstaat existenziell. Gibt man diese Unterscheidung auf, verletzt man den verfassungsänderungsfesten Art. 1 Abs. 3 GG; um es mit an uns Assistenten in Tübingen vor einem halben Jahrhundert eindringlich gerichteten Worten Günter Dürigs zu formulieren: Dann „gehen die Lichter in Europa aus".

5. Ob überhaupt ein Eingriff in das Grundrecht vorliegt, lässt sich an der Art der personenbezogenen Daten nicht festmachen. Da es nach der Rechtsprechung des

---

[16] BVerfGE 128, 226 (244 ff.).
[17] BVerfGE 109, 279 (318 ff.); 120, 274 (329 ff.). *A. Voßkuhle*, in: HdG, Bd. V, 2012, § 131.

Bundesverfassungsgerichts keine schlechthin belanglosen Daten gibt,[18] weil scheinbar „harmlose" Informationen angesichts der der Informationstechnologie eigenen Verarbeitungs- und Verknüpfungsmöglichkeiten durchaus brisant werden können, ist die Frage, ob ein Eingriff vorliegt, über den Bagatellvorbehalt nicht zu beantworten. Treten überhaupt keine Rechtsfolgen ein, wird man einen Eingriff verneinen müssen; doch weiß man nicht vorher, ob später vielleicht in einem ganz anderen Kontext nicht doch Rechtsfolgen eintreten können. Gleichwohl schließen faktische Grenzen einen Eingriff in die informationelle Selbstbestimmung von vornherein aus. Da der Einzelne als Teil seines sozialen Umfeldes keinen Anspruch darauf hat, vor allen Nachteilen geschützt zu werden – es sei denn, der Kernbereich seiner persönlichen Lebenssphäre ist betroffen – fehlt bei Maßnahmen, die im Ergebnis keine oder nur unwesentliche Nachteile verursachen, der Eingriffscharakter.[19] So ist bei ungewollten technisch bedingten und spurenlosen Datenerhebungen ein Eingriff in den Schutzbereich des Grundrechts nicht anzunehmen. Deshalb dürfte die Masse aller Videoüberwachungen z. B. zur Sicherung des Straßenverkehrs datenschutzrechtlich irrelevant sein.

6. Obwohl der öffentliche Datenschutz in Deutschland im Allgemeinen funktionsfähig ist, sind nicht alle Gesetze den technisch bedingten und sonstigen Entwicklungen des Datenschutzrechts angepasst. So fehlt bis jetzt eine überzeugende Regelung der Frage, wie weit die Sicherheitsbehörden auf Dateien privater Unternehmen zugreifen dürfen, um deren Daten abzugleichen und auszuwerten. Die bisher großzügigen Beschlagnahmemöglichkeiten privater Dateien durch die Strafverfolgungsbehörden ebenso wie die Zugriffe auf Aufzeichnungen privater Überwachungskameras sollten überprüft und datenschutzgerechte praktikable Regelungen gefunden werden, ohne eine zügige Strafverfolgung zu behindern.[20]

Der Vorschlag der Kommission vom 25. Januar 2012 einer europäischen Datenschutz-Grundverordnung[21] trennt öffentlichen und privaten Datenschutz grundsätzlich nicht; allerdings soll die Verhütung, Aufdeckung, Untersuchung und Verfolgung von Straftaten nicht durch die Grundverordnung, sondern durch Richtlinie[22] geregelt werden. Weitere Rechtsakte bleiben vorbehalten. Ziel und Zweck von Verordnung und Richtlinie ist die Harmonisierung des Datenschutzes in der Europäischen Union; denn die Datenschutzrichtlinie von 1995 reiche offensichtlich nicht aus, um einen einheitlichen Datenschutz zu gewährleisten. Als Ermächtigungsgrundlage nennt der Vorschlag Art. 16 Abs. 2 AEUV. Diese Vorschrift lässt allerdings eine Totalregelung des Datenschutzes nicht zu, da gemäß Art. 39 EUV Datenschutz von der Europäischen Union nur „im Rahmen der Ausübung der Tätigkeiten, die in den Anwendungsbereich der gemeinsamen Außen- und Sicherheitspolitik fallen", geregelt

---

[18] BVerfGE 65, 1 (45).
[19] BVerfGE 115, 320 (343); 120, 378 (398 f.); *W. Rudolf*, in: HdG, Bd. IV, 2011, Rn. 65.
[20] *J. Masing*, NJW 2012, 2305 (2309).
[21] KOM (2012) 11 endg. – 2012/0011 (CoD), Drs. 52, 12.
[22] Vgl. oben Fn. 15.

werden darf. Den Datenschutz grundlegend durch eine Verordnung zu regeln, fällt sicher nicht darunter und dürfte als Kompetenzanmaßung vertragswidrig und unzulässig sein. Anders als in der deutschen Textfassung wird im englischen und französischen Text des Verordnungsvorschlags die Ermächtigung, Vorschriften zu erlassen, auf den grenzüberschreitenden Datenverkehr eingeschränkt.[23] Nach dem deutschen Text von Art. 16 Abs. 2 AEUV wäre eine Gesamt-Modernisierung des Datenschutzes durch die Europäische Union dann zulässig, wenn sie nicht gegen den Subsidiaritäts- und Verhältnismäßigkeitsgrundsatz des Art. 5 EUV verstoßen würde. Da es sich beim Datenschutz um eine Querschnittsmaterie handelt, die nahezu sämtliche Rechtsgebiete betrifft, wäre der Charakter der Union als Staatenverbund in den eines staatlichen Gebildes verändert; denn wer den Datenschutz zentral regelt, regelt das Fachrecht.[24] Die vom Verordnungs-Vorschlag vorgesehene Zentralisierung des Datenschutzes im öffentlichen Bereich ist – soweit man sich mit der Kompetenzfrage überhaupt beschäftigt hat – auf nahezu einhellige Kritik gestoßen.[25] Der deutsche Bundesrat, der französische Senat, die italienische Abgeordnetenkammer und das schwedische Parlament haben gegenüber dem Verordnungs-Vorschlag Subsidiaritätsrüge erhoben.[26]

Gerügt wird die Harmonisierung im Wege einer Verordnung. Da europäische Verordnungen unmittelbar geltendes Recht sind, würde der Datenschutz nahezu vollständig in die Zuständigkeit der Europäischen Union fallen, und der EuGH würde die Letztentscheidung bei der Auslegung nicht nur der Verordnung, sondern aller nachfolgenden von der Kommission erlassenen Akte des sekundären Unionsrechts zum Datenschutz treffen. Das Bundesverfassungsgericht wäre ausgeschaltet und damit der Rechtsschutz der Bürger in Sachen Datenschutz in der Bundesrepublik ausgeschlossen. Insbesondere gäbe es keinen zeitgerechten einstweiligen Rechtsschutz mehr; denn die Art. 251 ff. EUV sehen keine Rechtsbehelfe für den Bürger bei Vertragsverletzungen durch die Kommission vor. Ein Volkszählungsurteil, das das Recht auf Datenschutz entwickelt hat, und eine höchstrichterliche Rechtsprechung, die das Grundrecht laufend aktualisiert hat, wäre in Europa unmöglich. Ebenso zu kritisieren ist die Ermächtigung der Kommission, Dekrete und Durchführungsrechtsakte zur Anwendung der Grundverordnung als bindendes Sekundärrecht zu erlassen (Art. 86). Die Kommission wäre unkontrolliert; die Betroffenen wären rechtsschutzlos.

Die bei der Erfüllung der ihnen übertragenen Aufgaben und Befugnisse völlig unabhängigen nationalen Datenschutzbeauftragten (Art. 47 Nr. 1) müssten nach dem neu einzuführenden Kohärenzverfahren (Art. 57 ff.) einer Stellungnahme der Kom-

---

[23] *M. Ronellenfitsch*, DuD 2012, 561 (562).

[24] *C. Rogall-Grothe*, ZRP 2012, 193.

[25] Vgl. etwa die Beiträge in DuD 2012, 297 ff. und DuD 2012, 553 ff.; *T. Giesen*, CR 2012, 550 (554 ff.); *C. Rogall-Grothe*, ZRP 2012, 193 f.; *G. Hornung*, ZD 2012, 99 (100, 103 ff.). *H.H. Schild/M.C. Tinnefeld*, DuD 2012, 312 (313 f.); *E. Wagner*, DuD 2012, 303 f.

[26] *C. Rogall-Grothe,* ZRP 2012, 193; auch gegen den Vorschlag der Richtlinie (Fn. 15) haben der Bundesrat und das schwedische Parlament Subsidiaritätsrüge erhoben.

mission soweit wie möglich Rechnung tragen. Tun sie das nicht, könnte die Kommission selbst letztendlich Durchführungsakte erlassen (Art. 62). Im Ergebnis wären die nationalen Datenschutzbeauftragten zwar unabhängig von allen nationalen parlamentarisch verantwortlichen Stellen, aber dem Octroi der parlamentarisch nicht verantwortlichen Kommission unterworfen. Die bewährte gut funktionierende Datenschutzkontrolle im öffentlichen Bereich in Deutschland wäre damit ausgehebelt. Schließlich wären durch die Grund-Verordnung die eingespielten Experimentiermöglichkeiten, im Bund und in den 16 Ländern rechtliche Neuregelungen partiell auszuprobieren, nicht mehr gegeben. Die Vorteile des deutschen Föderalismus müssten bürokratischem Zentralismus zum Opfer fallen. Alexander Roßnagel, einer der ausgewiesenen Kenner des europäischen Datenschutzes, befürchtet zu Recht, dass die Monopolisierung und Zentralisierung der Datenschutzrechtsetzung bei der Kommission die politische Datenschutzdiskussion austrocknen und durch einen Lobby-Diskurs in Brüssel ersetzen würde.[27]

Dass die Datenschutzrichtlinie 1995 die erwünschte Harmonisierung nicht erbracht hat, hat die Kommission selbst mit zu verantworten. Wenn sie in eineinhalb Jahrzehnten zwar mithilfe eines Vertragsverletzungsverfahrens in formalistischer Auslegung die „völlige Unabhängigkeit" der deutschen Aufsichtsbehörden durchgesetzt hat und jetzt die Ausgliederung der österreichischen Datenschutzbeauftragten aus dem Bundeskanzleramt zu erzwingen sucht, aber offenbar die Praktizierung des Datenschutzes in den Mitgliedstaaten nicht wirklich beanstanden konnte oder wollte, sondern sich allein auf den Wortlaut der Datenschutzgesetze konzentrierte, trägt sie eine Mitverantwortung an dem von ihr zu Recht kritisierten jetzigen Zustand des Datenschutzes in Europa. Datenschutz ist nicht allein dadurch zu harmonisieren und zu gewährleisten, dass man die notwendigen rechtlichen Rahmenbedingungen schafft, sondern diese müssen auch in der Praxis durchgesetzt werden. Wenn schon nationale Aufsichtsbehörden nicht Herr der Lage werden konnten, wie will dann die Kommission mit einer zentralistischen Regelung die Harmonisierung realiter durchsetzen? Solange Datenschutzregeln nicht überall in Europa als zwingende Gebote, sondern als bloße Angebote betrachtet werden, ist von einer zentralistischen Regelung der Materie keine Besserung zu erwarten. Die Kommission „ist weder politisch unabhängig noch durch Datenschutzerfahrung ausreichend kompetent, schon gar nicht verfügt sie über die notwendige demokratische Legitimation".[28] Es sollte deshalb dabei bleiben, den öffentlichen Datenschutz, so wie er bisher eingebunden in die jeweiligen Fachregelungen organisiert ist, zu belassen. Die Kommission sollte besser auf die *Einhaltung* der datenschutzrechtlichen Bestimmungen achten. Das insgesamt in der Verwaltungspraxis bewährte Instrumentarium des Datenschutzes sollte durch den Verordnungsvorschlag nicht zerschlagen werden, zumal das deutsche Datenschutzniveau keinesfalls von den Verordnungsvorschlägen erreicht würde.

---

[27] *A. Roßnagel*, DuD 2012, 553.
[28] *A. Roßnagel*, DuD 2012, 553.

7. Die Harmonisierung des privaten Datenschutzes durch die vorgeschlagene Grund-Verordnung würde hingegen für Wirtschaft und Privatpersonen von Vorteil sein. Ein einheitliches europäisches Datenschutzrecht würde den grenzüberschreitenden Datenverkehr in der Union für die ex- und importierende Wirtschaft erleichtern und Zeit und Kosten für datenschutzrechtliche Beratungen sparen – sofern die harmonisierten Regeln tatsächlich angewendet werden. Die Reaktion auf die einzelnen Vorschläge im Bereich des privaten Datenschutzes ist durchweg positiv, doch wird Änderungs- und vor allem Präzisierungsbedarf angemeldet.[29] Grundsätzliche Fragen sind allerdings noch nicht beantwortet: Würde eine neue Richtlinie den privaten Datenschutz in Europa ebenso oder noch wirkungsvoller verbessern können als eine Verordnung? Widerspricht das Verbot mit Erlaubnisvorbehalt der privaten Datenverarbeitung prinzipiell dem Recht auf freie Entfaltung der Persönlichkeit und damit auch Art. 8 der Charta der Grundrechte der Europäischen Union? Auch müsste die Kommission ihr Augenmerk stärker auf die offensichtlichen Gefährdungen des Datenschutzes durch die wenigen international operierenden großen Informations- und Kommunikationsunternehmen mit ihren Netzwerken richten, um den Schutz des allgemeinen Persönlichkeitsrechts und der Privatheit gegenüber Rechtsverstößen dieser Unternehmen auch durchsetzen zu können.

8. Im Ergebnis ist festzuhalten, dass der materielle Regelungsgehalt des Vorschlags der Kommission grundsätzlich zu begrüßen ist, doch müssten zahlreiche Bestimmungen noch präzisiert und im Einzelnen verändert werden. Der nationale Datenschutzstandard dürfte nicht beeinträchtigt werden, weshalb eine Richtlinie zu weiterer Harmonisierung aus der Sicht der Mitgliedstaaten mit einem hohen Datenschutzniveau vorteilhafter wäre als eine Verordnung. Den privaten Datenschutzverkehr insgesamt und gar lückenlos unter Kontrolle zu bringen, ist unmöglich. Wenn 98 % aller Zwölf- bis Neunundzwanzig-Jährigen Internetzugang im Haushalt und 57 % sogar persönlichen Internetzugang haben und 51 % (täglich!) Netzwerke und Communitys mit bis zu 250 Kontaktpersonen nutzen,[30] also Millionen von Informationen ausgetauscht werden, kann dies kaum wirksam kontrolliert werden. Überhaupt sollte der rein private Informationsfluss – wie es auch der Kommissionsvorschlag vorsieht – prinzipiell frei fließen und unkontrolliert bleiben. Denn es würde schon genügen, auf Missbräuche durch die großen Netzwerke zu reagieren, um den Schutz der Persönlichkeit zu verbessern.

Eine Gesamtregelung des öffentlichen Datenschutzes durch die EU wäre primärrechtlich unzulässig und im Übrigen nicht nötig, also kontraproduktiv. Roßnagel weist darauf hin, dass der Vorschlag der Kommission „keine Zwangsläufigkeit in der historischen Entwicklung hin zu Europa, sondern der Versuch der Kommission ist, sich mehr Macht anzueignen, als ihr nach den Verträgen zusteht".[31]

---

[29] Statt aller: *C. Rogall-Grothe*, ZRP 2012, 193 (194 ff.); *G. Hornung,* ZD 2012, 99 (102 ff.).

[30] *W. Klingler/A. Vlašić/F. Widmayer*, Media Perspektiven 2012, 433 (435 ff.).

[31] *A. Roßnagel*, DuD 2012, 553.

Die organisatorische Pluralität der EU

Von *Matthias Ruffert**

I. Ausgangspunkt

Eigentlich müßte durch eine aus nur vier Wörtern bestehende Norm im EUV alles geklärt sein: „Die Union besitzt Rechtspersönlichkeit." Mit diesem Wortlaut von Art. 47 EUV endet nach dem mühsamen Reformprozeß im Vertrag von Lissabon jene Zweiteilung in EU und EG, die nicht nur lebhafte Auseinandersetzungen über die Gestalt der Union hervorgerufen hat – in der Entgegensetzung von „Einheitsthese" und „Trennungsthese" –, sondern die, wie es *Eckart Klein* 2002 ausgedrückt hat, „… nicht nur komplex, sondern höchst kompliziert"[1] gewesen ist und in dieser Kompliziertheit den Blick auf das Europarecht getrübt hat. Nun also gründen die Mitgliedstaaten mit Wirkung zum 1. Dezember 2009 eine einheitliche Europäische Union als Rechtsnachfolgerin der Europäischen Gemeinschaft (Art. 1 Abs. 1 und Abs. 3 S. 3 EUV), die eben nach Art. 47 EUV Völkerrechtssubjekt ist[2].

Entgegen dieser eindeutigen normativen Anordnung ist indes die Komplexität der Europäischen Union keineswegs in befriedigender Weise reduziert, ist ihre Organisationsstruktur nach wie vor durch eine nahezu maßlose Kompliziertheit beeinträchtigt. Mehr noch: Trotz der Grundentscheidung für eine einheitliche Europäische Union im Vertrag von Lissabon – der insoweit die Ergebnisse des Verfassungsgebungsprozesses in Konvent und Regierungskonferenz nachzeichnet –[3] scheinen Einheitlichkeit, Ordnung und Übersicht weiter entfernt denn je. Die Europarechtslehre muß sich erneut und intensiv der organisatorischen Pluralität der EU annehmen. Dies soll im folgenden Beitrag geschehen, indem zunächst die Typologie der organisatorischen Pluralität entfaltet (s.u. II.) und sodann aufgezeigt wird, warum diese Pluralität Probleme verursacht (s.u. III.). In den Folgerungen für

---

* Meinem Assistenten *Dr. Enrico Peuker* danke ich für hilfreiche Kritik, meinem studentischen Mitarbeiter *Eric Urzowski* für wertvolle Unterstützung bei der Zusammenstellung der Literatur.

[1] *E. Klein,* in: M. Ruffert (Hrsg.), Recht und Organisation, 2003, 119 (130), dort 124 ff. auch zur seinerzeitigen Kontroverse über die Rechtsnatur der EU (m.w.N. zu den zentralen Positionen); s. jüngst *H. Hofmann/A. Morini,* ELRev. 37 (2012), 419.

[2] s. nur *C. Calliess,* Die neue Europäische Union nach dem Vertrag von Lissabon, 2010, 82 f.; *F. Erlbacher,* in: W. Hummer/W. Obwexer (Hrsg.), Der Vertrag von Lissabon, 2009, 123.

[3] s. insoweit *B. Faßbender,* ArchVR 42 (2004), 26; *M. Ruffert,* in: C. Calliess/ders. (Hrsg.), EUV/AEUV, 4. Aufl. 2011, Art. 47 EUV, Rn. 2.

die Europarechtswissenschaft wird es unternommen, Theorieelemente für ein EU-Organisationsrecht vorzubereiten (s. u. IV.).

II. Typologie der Pluralität

1. Pluralität kraft Primärrechts

a) Pluralität und schrittweise Unitarisierung als Merkmale der Gründungsphase

Im Grunde ist die Annäherung an das Thema von einem durch Art. 47 EUV induzierten Einheitsideal her ahistorisch. Der europäische Integrationsprozeß hat zunächst eine Pluralität von Organisationen hervorgebracht, indem mit der EGKS 1952 sowie EWG und EAG 1958 drei Organisationen gegründet wurden, unabhängig davon, ob eine rasche Einheitsbildung intendiert war, die mit dem Scheitern der EVG in der französischen Nationalversammlung in der ursprünglichen Form ihre Perspektive verlor.[4] Diese ursprüngliche Pluralität hatte lang anhaltende Folgewirkungen. Erst 1967 wurden die für jede der drei Organisationen existierenden Organe Rat und Kommission/Hohe Behörde fusioniert[5] – Versammlung und Gerichtshof bereits 1958[6], und die dadurch bedingte Auslagerung zentraler organisationsrechtlicher Vorschriften dauerte bis zum Vertrag von Maastricht fort[7]. Mit dem vertraglich bestimmten Ende der EGKS 2002[8], vor allem aber durch den Wandel der EWG über die EG (Maastricht, Amsterdam und Nizza) zur EU (Lissabon) endete diese Form der Pluralität allerdings. Die auch nach Lissabon fortdauernde Abtrennung der EAG von der EU ist angesichts der gewichtigeren Elemente dieser Typologie von zu vernachlässigender Bedeutung, zumal für die EAG nunmehr die Bestimmungen über die Organe von EUV und AEUV anwendbar sind.[9]

---

[4] s. ausf. *H. Schulz-Forberg/B. Stråth*, The political history of European integration: the hypocrisy of democracy-through-market, 2010, 21 ff., sowie bereits *H.-P. Ipsen*, Europäisches Gemeinschaftsrecht, 1972, 6/16. Im Überblick *T. Oppermann/C. D. Classen/M. Nettesheim*, Europarecht, 5. Aufl. 2011, § 2, Rn. 9 ff.

[5] Vertrag zur Einsetzung eines gemeinsamen Rates und einer gemeinsamen Kommission der Europäischen Gemeinschaften vom 8. April 1965, in Kraft getreten am 1. Juli 1967; ABl.EG 1967 Nr. P 152/2.

[6] Abkommen über gemeinsame Organe für die Europäischen Gemeinschaften, BGBl. 1957 II, 1156.

[7] s. Art. P Abs. 1 EUV i. d. F. des Vertrags von Maastricht.

[8] s. das Protokoll über die finanziellen Folgen des Ablaufs des EGKS-Vertrages und über den Forschungsfonds für Kohle und Stahl, ABl.EG 2001 Nr. C 80/67 f. 2002 wurden einige Übergangsbestimmungen erlassen und verschiedene Sonderregelungen im Sekundärrecht fortgeführt. Dazu umfassend *W. Obwexer*, EuZW 2002, 517.

[9] Art. 3 des Protokolls Nr. 2 (zum Vertrag von Lissabon) zur Änderung des Vertrags zur Gründung der Europäischen Atomgemeinschaft, ABl.EU 2007 Nr. C 306/199. Zum Ganzen *Oppermann/Classen/Nettesheim* (Fn. 4), § 23, Rn. 15 ff.

b) Intergouvernementale Kooperation und Auskopplung

Auch der zweite Typus innerhalb der primärrechtlichen Pluralitätsphänomene scheint auf den ersten Blick allein von historischer Bedeutung zu sein. Es geht um die eingangs erwähnte Aufspaltung von EU und EG im Vertrag von Maastricht, die von 1993 bis 2009 europarechtswissenschaftlich zu verarbeiten war. Kennzeichnend ist die Weiterentwicklung der Integration durch intergouvernementale Kooperation zur Überwindung von Souveränitätsbedenken der Mitgliedstaaten, um nach entsprechenden Fortschritten der intergouvernemental verfolgten Politiken zu einer Einbeziehung in den supranationalen Rahmen zu kommen[10]. Letztlich bringt der Vertrag von Lissabon diesen Prozeß für die innen- und außenpolitischen Felder der Maastrichter EU zum Abschluß, ohne daß allerdings Besonderheiten in diesen Feldern – wie z. B. die Einstimmigkeit bei Abstimmungen im Rahmen der GASP – vollständig verschwänden[11].

In der Staatsschuldenkrise seit 2010 erlebt das intergouvernementale Modell eine Renaissance. Der permanente Rettungsschirm ESM (European Stability Mechanism) ist als separate Internationale Organisation außerhalb der EU geplant[12], und auch der neue Fiskalvertrag wird außerhalb des EU-Rahmens als völkerrechtliche Vereinbarung errichtet werden[13]. Die EFSF (European Financial Stability Facility) wurde sogar als privatrechtliche Institution, nämlich als Zweckgesellschaft nach luxemburgischem Recht neben der EU gegründet[14].

c) Differenzierte Integration

Gerade im Bereich der Wirtschafts- und Währungsunion überschneidet sich der pluralitätsbildende Typus der Intergouvernementalität mit demjenigen der differenzierten Integration. Während es in Maastricht noch gelungen war, für die intergouvernemental konzipierten „Säulen" (nämlich die zweite und dritte) durch Opt-Out-Regelungen ein grundsätzlich einheitliches Vertragswerk zu schaffen[15], werden

---

[10] Im Überblick *M. Schweitzer/W. Hummer/W. Obwexer*, Europarecht, 2007, Rn. 49 ff.

[11] s. im Detail *Calliess* (Fn. 2), 390 ff. und 443 ff.

[12] Vertragstext in BGBl. 2012 II, 981. Ausführliche Analyse bei *C. Ohler*, GYIL 54 (2011), 47 ff.

[13] Vertrag über Stabilität, Koordinierung und Steuerung in der Wirtschafts- und Währungsunion vom 2. März 2012, Vertragstext in BT-Drucks. 17/9046. Grundlage: Erklärung der Staats- und Regierungschefs des Euro-Währungsgebiets, 9. Dez. 2011, Ziff. 4–7. Grundlegende Kritik: *P. Craig*, ELRev. 37 (2012), 231.

[14] Deutscher Text der Rahmenvereinbarung zwischen den Euro-Staaten und der EFSF, abrufbar unter: http://www.bundesfinanzministerium.de/content/DE/Downloads/Europa/Einleitungstext_Anlage_EFSF_Rahmenvertrag.html (besucht am 24. Okt. 2012). Dazu kritisch *J. Schröder*, DÖV 2011, 61 (63 ff.). Allgemein zur EFSF *K. Regling*, EWS 2011, 261.

[15] Zu derartigen Sonderregelungen als Basis für differenzierte Integration *Ruffert*, in: Calliess/ders. (Fn. 3), Art. 20 EUV, Rn. 7–9.

die neuen intergouvernemental verfaßten Kooperationsformen von vornherein nur von einem Teil der Mitgliedstaaten genutzt. Der ESM liegt prinzipiell nur den Mitgliedstaaten der Euro-Zone zu Unterzeichnung und Ratifikation auf; der Fiskalvertrag wird möglicherweise von allen Mitgliedstaaten außer dem Vereinigten Königreich und der Tschechischen Republik ratifiziert werden. Dadurch, daß beispielsweise mit dem ESM eine neue, rechtsfähige Internationale Organisation neben der EU gegründet wird, der nicht alle Mitgliedstaaten angehören, verkomplizieren sich die organisationsrechtlichen Verhältnisse erheblich[16]. Das Ziel, in der Zukunft alle Organisationsausgliederungen wieder zusammenzuführen und auch alle Mitgliedstaaten im Grundsatz einzubeziehen, bleibt erhalten – wie realistisch dies ist, entzieht sich jedoch einer streng verfassungsjuristischen Beurteilung. Daß es von Maastricht bis Lissabon 16 Jahre gedauert hat, ermutigt nicht.

d) Organverselbständigung

Eine ganz andere Pluralisierung im Primärrecht entsteht dadurch, daß sich Organe der Union rechtlich verselbständigen[17]. Zu beobachten ist dies beispielsweise für die Europäische Zentralbank (EZB), die nach Art. 282 Abs. 3 S. 1 AEUV Rechtspersönlichkeit besitzt, gleichzeitig jedoch seit dem Vertrag von Lissabon zu den Organen der EU gehört (Art. 13 Abs. 1 UAbs. 2 EUV)[18]. Sieht man hierin mehr als die Fähigkeit, nach dem Recht der Mitgliedstaaten privatrechtlich zu handeln[19], so stellt sich mindestens die Frage, ob die EZB für sich selbst oder für die EU als Ganzes tätig wird. Mit weniger großer Tragweite kommt auch der Europäischen Entwicklungsbank EIB Rechtspersönlichkeit zu[20].

2. Pluralisierung kraft Sekundärrechts

a) Agenturwesen

Die organisatorische Pluralisierung durch Agenturen befindet sich schon länger im kritischen Blickfeld der Europarechtslehre[21]. Verwaltungseinheiten werden aus

---

[16] s. kritisch *M. Ruffert*, CMLRev. 48 (2011), 1777 (1788 ff.).

[17] Verwandt hiermit ist die inkohärente Handhabung der Vertretung der EU nach außen: *O. Dörr*, in: E. Grabitz/M. Hilf/M. Nettesheim (Hrsg.), EU, Art. 47 EUV (2011), Rn. 37.

[18] Dazu *U. Häde*, in: Calliess/Ruffert (Fn. 3), Art. 282 AEUV, Rn. 33.

[19] *B. Kempen*, in: R. Streinz (Hrsg.), EUV/AEUV, 2. Aufl. 2012, Art. 283 AEUV, Rn. 8; *Häde*, in: Calliess/Ruffert (Fn. 318), Art. 282 AEUV, Rn. 34 a.E.

[20] Als „unionsinterne Rechtspersönlichkeit" ebenso wie als partielles Völkerrechtssubjekt: *M. Rossi*, in: Calliess/Ruffert (Fn. 3), Art. 308 AEUV, Rn. 7 und 9. Differenzierend zur Völkerrechtssubjektivität *C. Ohler*, in: Streinz (Fn. 19), Art. 308 AEUV, Rn. 10.

[21] Aus neuerer Zeit s. die Analyse bei *S. Augsberg*, in: J. P. Terhechte (Hrsg.), Verwaltungsrecht der EU, 2011, § 6, Rn. 38 ff. und 73 ff. m.w.N. Frühe Analyse unter organisationsrechtlichen Gesichtspunkten bereits bei *M. Hilf*, Die Organisationsstruktur der Europäischen Gemeinschaften, 1982, 132 ff.

der Kommission ausgegliedert oder – bei entsprechender Aufgabenverlagerung – neu geschaffen. Für nur geringe Pluralisierung sorgen insoweit die sechs Exekutivagenturen, deren Ausgliederung aus der Kommissionsverwaltung allein zur Effektuierung der (zumeist vertragsbasierten) Programmverwaltung erfolgt ist, um Ineffizienz und Intransparenz innerhalb der Kommission abzubauen[22]. Erheblich gewichtiger unter dem Gesichtspunkt der Pluralisierung sind die Regulierungsagenturen, die permanent mit der selbständigen Wahrnehmung bestimmter Sachaufgaben betraut sind – und deren Anzahl ständig steigt. Aktuell werden 27 Regulierungsagenturen gezählt[23]. Wichtiger als der quantitative Zuwachs ist aber die qualitative Veränderung: Mit den drei 2011 gegründeten Agenturen der Finanzmarktaufsicht – EBA (European Banking Authority), EIOPA (European Insurance and Occupational Pensions Authority) und ESMA (European Securities and Markets Authority) wird bei Agenturen mit weitreichenden Entscheidungsbefugnissen erstmals das Unabhängigkeitspostulat besonders herausgestellt, das zuvor nur eine nominelle Rolle gespielt hatte[24]. Insoweit ist es gerechtfertigt, von Agenturen der zweiten Generation zu sprechen[25].

In Agenturen wirken die Kommission und die Mitgliedstaaten in sekundärrechtlich geschaffenen rechtsfähigen Verwaltungseinheiten zusammen. Sie gehören zu den wichtigsten organisatorischen Ausprägungen des europäischen Verwaltungsverbundes, und innerhalb der Agenturen ist der Verwaltungsrat das Organ, in dem der Verbund hergestellt wird[26]. Die primärrechtliche Verankerung ist mit dem Vertrag von Lissabon im Prinzip durch Art. 298 Abs. 1 AEUV erfolgt – allerdings nicht ohne Einschränkungen und Defizite[27].

b) Weitere sekundärrechtliche Pluralisierung

Die Agenturen sind zwar die bekanntesten, jedoch nicht die einzigen sekundärrechtlich veranlaßten organisatorischen Verselbständigungen. Aus der EU-Forschungspolitik können die gemeinsamen Unternehmen gemäß Art. 187 AEUV ge-

---

[22] Grundlage: Verordnung (EG) Nr. 58/2003 des Rates vom 19. Dez. 2002 zur Festlegung des Statuts der Exekutivagenturen, die mit bestimmten Aufgaben bei der Verwaltung von Gemeinschaftsproprammen beauftragt werden, ABl.EG 2003 Nr. L 11/1. s. nur *P. Craig*, EU Administrative Law, 2. Aufl. 2012, 57 ff. (auch zur Reform durch die geplante ÄnderungsVO, Dok. KOM(2010) 815 endg.). Im Überblick *Ruffert*, in: Calliess/ders. (Fn. 3), Art. 298 AEUV, Rn. 9.

[23] s. die Auflistung bei *Augsberg* (Fn. 21), Rn. 40 ff.

[24] s. *N. Kohtamäki*, Die Reform der EU-Bankenaufsicht, 2012, 203 ff. Zur Bewertung *M. Ruffert*, in: FS Scheuing, 2011, 399 (401 ff.).

[25] Zu anderen Generationenkonzepten *Augsberg* (Fn. 21), Rn. 45; *C. Görisch*, Demokratische Verwaltung durch Unionsagenturen, 2009, 187 ff.

[26] *M. H. Koch*, Die Externalisierungspolitik der Kommission, 2004, 89 f.; *Görisch* (Fn. 25), 193 ff.; *W. Weiß*, Der Europäische Verwaltungsverbund, 2010, 101 ff.

[27] *Ruffert*, in: Calliess/ders. (Fn. 3), Art. 298 AEUV, Rn. 1; enger als hier *R. Streinz*, in: ders. (Fn. 19), Art. 298 AEUV, Rn. 1 mit Fn. 1.

nannt werden[28]. Diese werden – zum Teil unter Beteiligung von Drittstaaten – mit dem Zweck gegründet, die Forschungs(rahmen)programme der EU umzusetzen[29]. Hinzu treten in diesem Feld der Europäische Forschungsrat (ERC)[30] oder das European Institute of Technology im Rahmen der Industriepolitik[31]. Derartige Einheiten sind sämtlich außerhalb der Kommission angesiedelt, wenngleich sich die Kommission an ihnen beteiligt.

III. Pluralisierungsprobleme

1. Kohärenz der rechtlichen und institutionellen Ordnung

Daß Pluralisierungstendenzen den Rahmen des Unionsrechts einhalten müssen, steht außer Frage – und doch wird dies nur mit Mühe oder teilweise überhaupt nicht erreicht. So ist es beispielsweise kaum möglich, durch völkerrechtliche Vereinbarung neben EUV und AEUV Regelungen zu etablieren und zu institutionalisieren, die gegen Vorschriften des Vertragswerks verstoßen oder über dieses hinausgehen. Daher verstößt der intergouvernemental-privatrechtliche EFSF (sowie der vergleichbar geschaffene Griechenland-Fonds) gegen Art. 125 Abs. 1 S. 2 AEUV[32]. Dies ist zwar nicht unumstritten, doch zeigt das Bestreben um die legalisierende

---

[28] s. *Ruffert,* in: Calliess/ders. (Fn. 3), Art. 187 EUV, Rn. 7; insgesamt gibt es mittlerweile sieben solcher Unternehmen: Galileo (Satellitennavigation), Clean Sky (umweltfreundlicher Luftverkehr), ENIAC (Nanoelektronik), IMI (innovative Arzneimittel), Artemis (Informations- und Kommunikationstechnologie, SESAR (Flugverkehrsmanagement) sowie FCH (Brennstoffzellen und Wasserstoff). Die Errichtung eines weiteren Unternehmens zur Globalen Überwachung für Umwelt und Sicherheit (Global Monitoring for Environment and Security – GMES) ist gegenwärtig ausgesetzt.

[29] s. auch die – allgemeine – Verordnung (EG) Nr. 723/2009 des Rates vom 25. Juni 2009 über den gemeinschaftlichen Rechtsrahmen für ein Konsortium für eine europäische Forschungsinfrastruktur (ERIC), ABl.EU 2009 Nr. L 206/1. Dazu *H.-H. Trute/A. Pilniok,* in: Streinz (Fn. 19), Art. 187 AEUV, Rn. 9.

[30] Beschluß 2007/134/EG der Europäischen Kommission vom 2. Feb. 2007 zur Einrichtung des Europäischen Forschungsrates, ABl.EU 2007 Nr. L 57/14. Dazu *A. v. Bogdandy/ D. Westphal,* WissR 37 (2004), 224; *J. F. Lindner,* Die Europäisierung des Wissenschaftsrechts, 2009, 63 ff.; *M. Ruffert/S. Steinecke,* The Global Administrative Law of Science, 2011, 71 ff.

[31] Auf Grundlage der Verordnung (EG) Nr. 294/2008 des Europäischen Parlaments und des Rates vom 11. März 2008 zur Errichtung des Europäischen Innovations- und Technologieinstituts, ABl.EU 2008 Nr. L 97/1. S. *Lindner* (Fn. 30), 65 ff.; *Ruffert/Steinecke* (Fn. 30), 73 f.

[32] *Kempen,* in: Streinz (Fn. 19), Art. 125 AEUV, Rn. 4 und 6; *K. Faßbender,* NVwZ 2010, 799 (801); *H. Kube/E. Reimer,* NJW 2010, 1911 (1913 f.); *Ruffert,* CMLRev. 48 (2011), 1777 (1785 ff.); *ders.,* in: Stiftung Gesellschaft für Rechtspolitik/Institut für Rechtspolitik an der Universität Trier (Hrsg.), Bitburger Gespräche Jahrbuch 2011/I, 2012, 15 (16 ff.). A.A. als hier *C. Calliess,* ZEuS 2011, 213 (268 ff.); *U. Häde,* EuR 2010, 854 (857 sowie 859 f.)*; ders.,* in: Calliess/Ruffert (Fn. 3), Art. 125 AEUV, Rn. 8; *U. Everling,* in: FS Scheuing (Fn. 24), 526 (541); *M. Herdegen,* Europarecht, 13. Aufl. 2011, § 23, Rn. 5; *C. Herrmann,* EuZW 2010, 413 (415 f.).

Vertragsergänzung in Art. 136 Abs. 3 AEUV[33] den Wunsch nach einer Beseitigung rechtlicher Zweifel auf. Auch der Fiskalvertrag[34] droht aus dem vertraglichen Rahmen auszuscheren. Die ursprünglich wohl intendierte Verschärfung des Sanktionsmechanismus bei übermäßigem Defizit in der Weise, daß anstelle einer qualifizierten Mehrheit – ohne den betroffenen Mitgliedstaat – *für* entsprechende Sanktionen im Defizitverfahren des Art. 126 AEUV (dort Abs. 13 UAbs. 3) nun eine qualifizierte Mehrheit *gegen* die Sanktionen stimmen sollen muß, um diese zu unterbinden, hätte sich nicht ohne Vertragsänderung erreichen lassen. Zwar wäre es nach den Regeln der Wiener Vertragsrechtskonvention möglich, eine solche Änderung durch späteren Vertrag herbeizuführen, dem nicht alle Vertragspartner (also hier: „27 minus 2") beitreten, denn dann gilt gemäß Art. 30 Abs. 3 und Abs. 4 lit. a WVRK der spätere Vertrag, d.h. der Fiskalvertrag im Verhältnis der Neukontrahenten zueinander vor dem früheren (d.h. Art. 126 AEUV). Art. 30 WVRK kann jedoch durch abweichendes Völkervertragsrecht verdrängt werden[35], und so steht die Vereinbarung bestimmter Verfahren zur Vertragsänderung in Art. 48 EUV einer einfachen Modifikation durch spätere Vereinbarung entgegen[36]. Art. 7 S. 2 des Fiskalvertrages, der insoweit die Erklärung der Staats- und Regierungschefs vom 9. Dezember 2011 umsetzen soll, ist daher erheblich weniger scharf formuliert als die Erklärung. Dort geht es allenfalls um eine begrenzte Bindung des Abstimmungsverhaltens der Staaten der Euro-Zone, nicht mehr um einen Automatismus wie noch in der Erklärung[37]. Abgesehen von der mangelhaften Effizienz eines solchen Vorgehens schafft die mit ihm verbundene Pluralisierung erhebliche Rechtsunsicherheit.

Auf institutioneller Ebene besteht diese Unsicherheit ohnehin. Bei einer Vielzahl (völker-)rechtsfähiger Akteure, die sämtlich im institutionellen Kontext der Europäischen Union handeln, geht rasch der Überblick verloren und sind Widersprüche und Inkonsistenzen unvermeidbar. Dies gilt auch für das sekundärrechtlich geschaffene Agenturwesen, denn Handlungsrichtung der Kommission sowie der Agenturen (und auch sonst sekundärrechtlich geschaffenen Stellen) können erheblich auseinanderdriften.

---

[33] Beschluß (2011/199/EU) des Europäischen Rates vom 25. März 2011 zur Änderung des Artikels 136 des Vertrags über die Arbeitsweise der Europäischen Union hinsichtlich eines Stabilitätsmechanismus für die Mitgliedstaaten, deren Währung der Euro ist, ABl.EU 2011 Nr. L 91/1.

[34] s.o. Fn. 13.

[35] Statt aller *K. Odendahl,* in: O. Dörr/K. Schmalenbach (Hrsg.), Vienna Convention on the Law of Treaties – A Commentary, 2012, Art. 30, Rn. 16.

[36] Deutlich zur Exklusivität der Verfahren des Art. 48 EUV *C. Ohler,* in: Grabitz/Hilf/Nettesheim (Fn. 17), Art. 48 EUV (2011), Rn. 26. Ähnlich *M. Pechstein,* in: Streinz (Fn. 19), Art. 48 EUV, Rn. 14.

[37] Ausführlich *C. Calliess/C. Schoenfleisch,* JZ 2012, 477 (482 f.).

2. Legitimation

Rechtliche und institutionelle Inkohärenz schafft Legitimationsdefizite. Intergouvernementale Auskopplungen können sich dem in Art. 10 Abs. 2 EUV vorgezeichneten Rahmen demokratischer Legitimation faktisch entziehen[38]: Einerseits droht das Europäische Parlament (Art. 10 Abs. 2 UAbs. 1 EUV) seiner Kontrollfunktion enthoben zu werden, wenn intergouvernementale Vereinbarungen keine parlamentarische Einflußnahme auf EU-Ebene mehr vorsehen, wie dies beim ESM der Fall ist. Andererseits verlieren auch die nationalen Parlamente (Art. 10 Abs. 2 UAbs. 2 EUV) an Einflußmöglichkeiten, wenn Regierungen versuchen, die für EU-Angelegenheiten entwickelten Kontrollmechanismen für den Bereich der intergouvernementalen Zusammenarbeit außer Kraft zu setzen, wie dies die Bundesregierung im Kontext des ESM unternommen hat[39]. Weitere Probleme demokratischer Legitimation entstehen, wenn sekundärrechtlich veranlaßte Auskopplungen nur sehr begrenzte parlamentarische Kontrollrechte vorsehen, hier vor allem durch das für die supranationale Ebene angesprochene Europäische Parlament. Auf eine Faustformel gebracht: je weiter die Pluralisierung voranschreitet, desto schwächer die parlamentarisch-demokratische Legitimation.

Auch jenseits des primärrechtlich verankerten Anspruchs demokratischer Legitimation bleiben Legitimationsdefizite nicht aus. Es ist ein Gemeinplatz, daß die institutionelle Unübersichtlichkeit die EU in der allgemeinen Öffentlichkeit in hohem Maße Akzeptanz kostet. Auch der legitimationsstiftende Eigenwert bürokratischer Rationalität – keineswegs im offenen Gegensatz mit der demokratischen Legitimation[40] – leidet in institutionell inkohärenten Gebilden.

IV. Institutionelle, normative und politische Verknüpfungen als Strategien zur Problembewältigung

1. Verknüpfungsansätze

Die Organpraxis hat die institutionelle und juristische Inkohärenz durch Pluralisierung nicht tatenlos akzeptiert, sondern durchweg als Problem wahrgenommen. Hiervon zeugen die Fusionsvereinbarungen der 1960er Jahre und die Unitarisierung

---

[38] Zu diesem *M. Nettesheim,* in: Grabitz/Hilf/ders. (Fn. 17), Art. 10 EUV (2010), Rn. 22 ff.; *Ruffert,* in: Calliess/ders. (Fn. 3), Art. 10 EUV, Rn. 5 ff., sowie – mit anderer Gewichtsverteilung, aber im Ergebnis für das vorliegende Problem wie hier *P. M. Huber,* in: Streinz (Fn. 19), Art. 10 EUV, Rn. 33 ff.

[39] Konsequent daher die Verurteilung durch das BVerfG, Urteil vom 19. Juni 2012, 2 BvE 4/11; s. dort insbesondere die ausführliche Schilderung des Sachverhalts sowie Ziff. 100 ff. zum Ergänzungs-/Näheverhältnis zwischen Völkerrecht und Angelegenheiten der EU.

[40] Grundlegend *E. Peuker,* Bürokratie und Demokratie in Europa, 2011, insbesondere 228 ff.

durch den Vertrag von Maastricht[41]. Die Organleihekonstruktionen zur Herstellung der Handlungsfähigkeit der EU zwischen 1993 und 2009 gehen in die gleiche Richtung, wenn auch mit vermindertem Erfolg hinsichtlich der unionsverfassungsrechtlichen Überzeugungskraft[42]. Wenig überzeugend ist es auch, supranational konstituierten Organen wie Kommission oder EZB in intergouvernementalen Strukturen lediglich eine Beobachterrolle zuzuweisen, wie dies im permanenten Rettungsschirm ESM angestrebt wird[43].

Als normative Verknüpfung zwischen EU und EG vertraglich festgeschrieben und praktiziert wurde eine bedeutsame Regelung im Sanktionsregime nach der GASP. GASP-Embargobeschlüsse in gemeinsamen Standpunkten oder gemeinsamen Maßnahmen nach dem EUV wurden gemäß Art. 301 EGV umgesetzt, soweit sie den Außenhandel betrafen, ergänzt um Art. 60 EGV für Kapitalverkehrsbeschränkungen ("Einfrieren" von Konten). Diese Schnittstelle zur GASP ist in Art. 215 AEUV erhalten geblieben[44].

2. Juristische Personen und Aufsichtsstrukturen

Darüber hinausgehend sind jedoch nicht alle denkbaren Strategien zur Überwindung der Pluralisierungsnachteile genutzt worden. Dies gilt vor allem für die sekundärrechtlich induzierte Pluralität. Hier konzentriert sich die Diskussion vielfach auf die Anwendung der „Meroni"-Rechtsprechung auf das Agenturwesen[45], und es ist noch kaum der Bedarf erkannt worden, die Vielfalt der Verselbständigungen dogmatisch so zu fassen, daß die Figur einer juristischen Person des Unionsrechts entsteht, deren Rechtsfähigkeit innerhalb der EU über die bloße Handlungsfähigkeit in privatrechtlichen Angelegenheiten in den Mitgliedstaaten hinausgeht und als solche des Unionsrechts gleichsam öffentlich-rechtliche Anerkennung erfährt, die aber andererseits nicht zur partiellen Völkerrechtssubjektivität erstarkt und konkurrierend neben die aus Art. 47 EUV abzuleitende Völkerrechtsfähigkeit tritt. Zu leisten ist dies in Anknüpfung an die in den Verträgen häufig verwendete Formulierung „Einrichtungen und sonstige Stellen" sowie dort, wo das Sekundärrecht (und auch das Primärrecht wie bei der EIB) eine partielle Völkerrechtssubjektivität anerkennt, in der Beschränkung dieser Rechtssubjektivität auf den Abschluß von Verwaltungsabkommen.[46]

---

[41] s. o. II. 1. b).

[42] Zur seinerzeitigen Auseinandersetzung *W. Schroeder*, in: A. v. Bogdandy (Hrsg.), Europäisches Verfassungsrecht, 1. Aufl. 2003, 373 (401 f. m.w.N.).

[43] Art. 5 Abs. 1 und 3 ESM-Vertragsentwurf (s. o. Fn. 12).

[44] Zur Verzahnung *H.-J. Cremer*, in: Calliess/Ruffert (Fn. 3), Art. 215 AEUV, Rn. 10 ff.

[45] s. nur den umfassenden Überblick bei *Calliess*, in: ders./Ruffert (Fn. 3), Art. 13 EUV, Rn. 47 ff.

[46] *C. Ohler*, in: Streinz (Fn. 19), Art. 308 AEUV, Rn. 10 a.E.

Formuliert worden ist bereits das an derartige Verselbständigungen anknüpfende rechtspolitische Desiderat, die Vielfalt der Agenturen und Verwaltungsstellen auch durch eine interne Rechtsaufsicht vor allem dann zur konsistenten Anwendung des Unionsrechts zu bringen, wenn ihnen immer weiterreichende Befugnisse verliehen werden, wie dies bei den Finanzaufsichtsinstitutionen im Ansatz der Fall ist[47]. Als normativer Anknüpfungspunkt für eine solche Rechtsaufsicht durch die Kommission drängt sich Art. 17 Abs. 1 EUV auf, dort die Sätze 2, 3 und 5. Nach diesen Vorschriften ist die Kommission Hüterin des Unionsrechts – insoweit wie schon nach den Vorläuferbestimmungen in EWGV und EGV. Sie sorgt für die Anwendung des Primär- und Sekundärrechts und überwacht die Anwendung des Unionsrechts unter Kontrolle des EuGH. Ferner nimmt sie nach Maßgabe der Verträge Verwaltungsfunktionen wahr. Da sie überdies an der Spitze der in Art. 298 Abs. 1 AEUV erstmals in das Vertragswerk integrierten europäischen Verwaltung steht, erweist sie sich in der Zusammenschau der genannten Normen als Rechtsaufsichtsinstanz *par excellence*. Ihre Verantwortlichkeit gegenüber dem Europäischen Parlament nach Art. 17 Abs. 8 EUV kann schließlich die Verbindung zwischen demokratischer Legitimation und Gesetzmäßigkeit der Verwaltung herstellen[48].

Argumente gegen eine solche Aufsicht überzeugen letztlich nicht. Eine Rechtsaufsicht der Kommission über Agenturen und andere Verwaltungsstellen muß nicht zur Entstehung staatsanaloger Strukturen führen („Staatsaufsicht"). Die Aufsichtsrolle wird nicht im Institutionengefüge usurpiert, sondern durch den Vertragstext dem hierfür geeigneten Organ zugewiesen. Auch ist das Vertragsverletzungsverfahren nach Art. 258 AEUV nicht das einzige, abschließend geregelte Aufsichtsmittel zur Erfüllung der Hüteraufgabe gemäß Art. 17 Abs. 1 S. 3 EUV. Die Komplexität der EU-Eigenverwaltung ist heute eine andere als bei Einführung des Vertragsverletzungsverfahrens durch die Römischen Verträge. Überwachung der Anwendung der Verträge kann auch interne Überwachung bedeuten. Rechtsaufsicht durch die Kommission ist auch mit Verbundstrukturen kompatibel, denn Verbund ist nicht nur Kooperation unter Gleichen, sondern bezieht auch die supranationale Ebene ein. Allerdings muß auf die konkreten Gründungsrechtsakte der Agenturen, Einrichtungen oder wie auch immer zu benennenden Organisationseinheiten rekurriert werden. Nur vereinzelt wird eine Rechtsaufsicht durch die Kommission vorgesehen[49]. Daraus folgt zwar nicht im Umkehrschluß, daß es einer ausdrückli-

---

[47] *Kohtamäki* (Fn. 24), 206 f. und 214; *N. Sonder*, in: A. G. Debus et al. (Hrsg.), Verwaltungsrechtsraum Europa, 51. Assistententagung Öffentliches Recht, 2011, 239 (246 f.).

[48] Zu dieser *Ruffert*, in: Calliess/ders. (Fn. 3), Art. 17 EUV, Rn. 56; zu ihren Grenzen *Peuker* (Fn. 40), 165 f.

[49] Namentlich für das Harmonisierungsamt für den Binnenmarkt (Marken, Muster und Modelle) in Art. 122 der Verordnung (EG) Nr. 207/2009 des Rates vom 26. Feb. 2009 über die Gemeinschaftsmarke, ABl.EU 2009 Nr. L 78/1, bzw. Art. 97 der Verordnung (EG) Nr. 6/2002 des Rates vom 12. Dez. 2001 über das Gemeinschaftsgeschmacksmuster, ABl.EG 2002 Nr. L 3/1, geändert durch Verordnung (EG) Nr. 1891/2006 des Rates vom 18. Dez. 2006 zur Änderung der Verordnungen (EG) Nr. 6/2002 und (EG) Nr. 40/94, mit der dem Beitritt der Europäischen Gemeinschaft zur Genfer Akte des Haager Abkommens über die internationale

chen Ermächtigung an die Kommission im jeweiligen Gründungsakt bedarf. Die konkrete Fassung der Gründungsrechtsakte wirkt aber auf die Ausformung der Aufsichtsmöglichkeiten zurück: Unbenommen ist der Kommission die jederzeitige rechtliche Prüfung von Verwaltungshandeln innerhalb der Eigenverwaltung und die Feststellung von Rechtsverstößen. Über Art. 17 Abs. 1 S. 2 und 3 hinaus bedarf dies keiner besonderen Befugnis. Für rechtsaufsichtliche Weisungen, für Möglichkeiten der Aufhebung von Rechtsakten oder Ersatzvornahmerechte kann sich die Kommission indes nicht allein hierauf stützen. Die Rechtsaufsichtstätigkeit der Kommission ist vielmehr in die konkrete Verwaltungstätigkeit zu integrieren. Ein Beispiel kann wiederum die Bankenaufsichtsbehörde EBA liefern. Sie arbeitet nach der einschlägigen Verordnung im Zusammenwirken mit der Kommission technische Regulierungsstandards aus[50]. In diesem Rahmen hat die Kommission die Möglichkeit, die Standardsetzungstätigkeit der EBA rechtlich zu kontrollieren, also Standards zu rügen und zu verwerfen, die mit höherrangigen Vorschriften unvereinbar sind. Ähnliche Kooperationsverhältnisse zwischen Kommission und Agentur sind auch bei der Informationsermittlung und -verarbeitung denkbar.

3. Rechtliche und politische Verknüpfungen

Über diese – teilweise realisierten, teilweise noch zu verwirklichenden – Optionen hinaus bleibt der EU zur Bewältigung der Pluralisierungsprobleme nur die Chance, durch politische Verknüpfungen zwischen den organisatorischen Einheiten Dissonanzen, Inkohärenzen und Legitimationsverluste zu verhindern. Art. 13 Abs. 1 S. 1 EUV enthält insoweit den Auftrag zu einer „organisationsrechtlichen Kohärenzvorsorge"[51]. Wie alle politisch wirksamen Maßnahmen stößt eine solche Strategie jedoch an Grenzen. Sie setzt tendenziell auf Verhandlungslösungen mit ihren bekannten Transparenz- und Legitimationsmängeln. Sie kann sich auch nicht bei politischem Dissens entfalten, und sie vermag „harte" Verstöße gegen rechtsverbindliche Normen nicht zu beseitigen.

V. Folgerungen für die Europarechtswissenschaft

Eckart Klein hat bereits vor gut zehn Jahren die Problematik der organisatorischen Pluralität auf europäischer Ebene – seinerzeit verkörpert in der EU-EG-Dichotomie – mit der Diskussion um die Grundlagen des Organisationsrechts in der deutschen Staats(-rechts-)lehre verknüpft, wie sie seit dem 19. Jahrhundert geführt wird[52]. In der Tat kann die Suche nach einem richtigen Verständnis vom Staat für

---

Eintragung gewerblicher Muster und Modelle Wirkung verliehen wird, ABl.EG 2006 Nr. L 386/14.

[50] Einzelheiten bei *Kohtamäki* (Fn. 24), 177 f.

[51] So *E. Schmidt-Aßmann*, in: FS Wahl, 2011, 819 (828 – Begriff – sowie 825). Ferner *Streinz,* in: ders. (Fn. 19), Art. 13 EUV, Rn. 9.

[52] *Klein* (Fn. 1), 125 ff.

die Entwicklung eines organisationsrechtlichen Konzepts für die Europäische Union lehrreich sein. Hier ist das Augenmerk bislang auf Art und Intensität der Verselbständigung der EU von den Mitgliedstaaten gelegt worden[53]. Schlüsselbegriffe sind insoweit Supranationalität und Intergouvernementalität, sind Kooperation und Integration; Kernvorstellung diejenige eines Verbundes, sei es als Staaten- oder Verfassungsverbund[54]. Die Bestandsaufnahme zur Pluralisierung verlangt indes nach einer Ausdehnung der theoretischen Suchbewegungen, und die Parallele zur Situation der „klassischen" Staatsrechtslehre in Deutschland ist nicht von der Hand zu weisen: Die Diskussion um die Rechtsnatur des Staates als juristische Person einerseits oder als Organisation andererseits ist neben die Diskussion um die Verortung der Souveränität namentlich im Bundesstaat getreten[55].

Die traditionelle Staatsrechtslehre hat sich dabei tendenziell stärker darum bemüht, die organisationsrechtliche Realität nachzuzeichnen und abzubilden als Vorgaben für die Staats- und Verwaltungsorganisation zu formulieren[56]. Die Neigung der Europarechtslehre ist eine andere – die bloße Erfassung der organisatorischen Rechtswirklichkeit wird als apologetisch empfunden, und es wird eher nach Konzepten gesucht, die „wahre" Gestalt der EU aufzuspüren. Das ist im Kern auch weniger rechthaberisch oder gar utopistisch, als auf den ersten Blick vermutet werden könnte. Schließlich sind die erörterten Probleme der Pluralisierung nicht von der Hand zu weisen und bedürfen schlagkräftiger Strategien, ihnen zu begegnen. Wenn man sich hierbei am Idealbild einer einheitlichen, völkerrechtsfähigen und prinzipiell zu supranationalem Handeln fähigen EU orientiert – und nicht primär Vorteile in der Pluralität sieht[57] –, liegt darin keine Realitätsblindheit, sondern der Versuch, den angezeigten Problemen tatkräftig entgegenzutreten.

---

[53] s. nur *U. Everling,* in: A. v. Bogdandy/J. Bast (Hrsg.), Europäisches Verfassungsrecht, 2. Aufl. 2009, 961 (1004 f.).

[54] s. statt aller *Calliess* (Fn. 2), 47 ff. m. zahlr. w.N. Zur Idee des Bundes („union") jüngst erneut *M. Avbelj,* ELRev. 36 (2011), 818.

[55] Zu letzterer Debatte s. vor allem *S. Oeter,* ZaöRV 55 (1995), 659 (664 ff.).

[56] s. die grundlegende Analyse bei *E.-W. Böckenförde,* in: FS Wolff, 1973, 269, dazu im vorliegenden Kontext *A. von Bogdandy/M. Nettesheim,* NJW 1995, 2324 (2325 f.).

[57] Wie etwa in der neueren Literatur ausf. insbesondere *G. Majone,* Europe as the Would-be World Power, 2010, 205 ff.

Der Beitritt der Europäischen Union zur EMRK im Hinblick auf mögliche Konsequenzen für die Gemeinsame Außen- und Sicherheitspolitik

Von *Torsten Stein*

I. Ausgangslage*

Der Beitritt der Europäischen Union zur Europäischen Konvention zum Schutze der Menschenrechte und Grundfreiheiten ist ein Projekt, welches ausgehend von den 1970er Jahren bis heute fortwährend diskutiert,[1] kontrovers kommentiert und analysiert wird.[2]

Trotz des In-Kraft-Tretens des Vertrags von Lissabon am 1. Dezember 2009 und der in Art. 6 Abs. 2 EUV enthaltenen Beitrittsverpflichtung der Europäischen Union zur EMRK, sowie der rechtsverbindlichen Geltung der EU-Grundrechtecharta, zieht sich der erfolgreiche Abschluss dieses Vorhabens wegen unionsinterner Differenzen in die Länge.[3] Neben den im Rahmen der Verhandlungen zum Entwurf eines Beitrittsabkommens behandelten und teilweise gelösten Problemstellungen[4] soll in diesem Artikel der zunächst vielfach vernachlässigte Aspekt der möglichen Auswirkungen eines solchen Beitritts auf die Gemeinsame Außen- und Sicherheitspolitik der Europäischen Union dargestellt werden.

---

* Dank für die Unterstützung bei der Erstellung dieses Beitrags geht an meinen Mitarbeiter am Europa-Institut, Herrn MMag. *Oskar Josef Gstrein*, LL.M.

[1] Vgl. die Äußerungen von *Ulrich Everling* im Rahmen eines Kolloquiums zum Thema „Grundrechtsschutz in Europa – EMRK und EG" aus dem Jahr 1976, nachzulesen bei *H. Mosler* u. a. (Hg.), Grundrechtsschutz in Europa – Europäische Menschenrechtskonvention und Europäische Gemeinschaften, 1977, 188.

[2] Vgl. stellvertretend. die Diskussion im zuständigen Ausschuss des Europäischen Parlaments und insb. die Äußerungen des EuGH-Richters *Bonichot*, J.C., in: Libe_PV(2010) 0621_1, S. 6.

[3] Vgl. das Dokument des Rates der Europäischen Union mit der Nr. 18117/11 vom 6. Dezember 2011 und die Aussage von *R. Bernhardt*, Probleme eines Beitritts der Europäischen Gemeinschaft zur Europäischen Menschenrechtskonvention, in: FS für Ulrich Everling, 1995, S. 103: „Die Diskussion über den Beitritt der EG zur EMRK ist kein Ruhmesblatt für die Gemeinschaft und ihre Mitgliedstaaten. Über Jahrzehnte hat man das Für und Wider erörtert und ist regelmäßig bei einem Ja-Aber geblieben. […]".

[4] Für eine umfassende Übersicht vgl. den Bericht des *CDDH-UE* an das Ministerkomitee des ER, CDDH(2011)009, vom 14. Oktober 2011.

1. Status quo

Als am 6. Juli 2010 im Agora-Gebäude des Europarates zu Straßburg die Verhandlungen zum Entwurf eines Beitrittsabkommens durch eine eigens eingerichtete informelle Arbeitsgruppe (CDDH-UE) aufgenommen wurden, schien der Beitritt der EU zur EMRK unmittelbar bevorzustehen.[5] Acht plus eine außerordentliche Verhandlungsrunde später geriet der Prozess aber am 14. Oktober 2011 wieder ins Stocken, nachdem insbesondere von französischer und britischer Seite wesentliche Aspekte der Auswirkungen eines Beitritts der Union zur EMRK nach wie vor als ungeklärt angesehen wurden.[6] Obwohl grundsätzlich alle involvierten Parteien auch nach diesem Ereignis an einem zeitnahen Abschluss des Beitrittsabkommens festhielten,[7] zeigte sich doch gerade im Bezug auf den Bereich der Gemeinsamen Außen- und Sicherheitspolitik der Union, dass die Bereitschaft zum Abschluss und der Ratifikation eines solchen Abkommens durch alle Mitglieder der EU der weiteren internen Abstimmung bedurfte. Eine gemeinsame Position war, trotz der umfangreichen Vorarbeiten auf Seiten der EU und des ER,[8] immer noch nicht vorhanden. Seit dem Scheitern der Beitrittsverhandlungen wurde daher im Rahmen der „FREMP"-Arbeitsgruppe[9] der Europäischen Kommission und den zuständigen Gremien in Straßburg versucht, in periodisch stattfindenden Treffen eine Grundlage für weitere Verhandlungen zum Abschluss des Beitrittsabkommens herzustellen.[10]

Am 21. Juni 2012 kam es schließlich zur erneuten Aufnahme der direkten Gespräche.[11] Doch obwohl der Vorsitz unverändert von der Norwegerin Tonje Meinich geführt wurde,[12] sollte eine Erweiterung der an den Verhandlungen teilnehmenden Parteien vorgenommen werden. Statt sieben Vertretern der EU auf der einen und sieben der restlichen Staaten des Europarates auf der anderen Seite, nahmen nun alle 47 Mit-

---

[5] Vgl. die Presseaussendung des *ER*, Nr. 545(2010), vom 7. Juli 2010.

[6] Vgl. *CDDH-UE*, CDDH(2011)009, Rn. 9 ff.; *K.O. Sattler*, Ein Strassburger Projekt droht zu scheitern, in: Neue Zürcher Zeitung, Ausgabe vom 29. Februar 2012; *C. Brand*, Humanrights convention deal blocked, in: European Voice, Ausgabe vom 26. Januar 2012.

[7] Vgl. das Abschlussdokument der Konferenz zur Zukunft des EGMR in Brighton vom 19. April 2012 und 20. April 2012 des *ER*, Rn. 36 verfügbar unter: www.coe.int/en/20120419-brighton-declaration/, besucht am 12. Juni 2012; bzw. den vorab vom *Guardian* am 28. Februar 2012 veröffentlichten Entwurf der vom 23. Februar 2012, S. 12, Rn. 43; online verfügbar unter: www.bit.ly/AjTXjc, besucht am 6. März 2012.

[8] Vgl. *E. Pache/F. Rösch*, Die neue Grundrechtsordnung der EU nach dem Vertrag von Lissabon, in: EuR, 2009, 779 ff.; *J. Cassebohm*, Beitritt der Europäischen Union zur Europäischen Menschenrechtskonvention: Voraussetzungen, Wege und Folgen, in: Zentrum für europäische Rechtspolitik, Diskussionspapier, 5, 2008, 7 ff.

[9] FREMP = „Working Party on fundamental rights, citizen's rights and free movement of persons".

[10] Vgl. das Dokument des Rates der Europäischen Union, Nr. 18117/11, vom 6. Dezember 2011.

[11] 47+1(2012)R01, S. 2.

[12] Vgl. ibid.

gliedstaaten des Europarates plus der Europäischen Kommission unmittelbar teil.[13] Dies hatte zur Folge, dass bereits vollendet geglaubte Bereiche des Entwurfs für das Beitrittsabkommen wieder Gegenstand der Debatte waren. Weitere Treffen in dieser Zusammensetzung fanden im September und November 2012 statt.[14] Und auch für das Jahr 2013 sind bereits Termine vorgesehen.[15]

2. Besonderheiten der GASP / GSVP

Grundsätzlich können die bestehenden Herausforderungen eines Beitritts der EU zur EMRK in zwei Kategorien eingeteilt werden. Anpassungen sind notwendig sowohl in Bezug auf das politisch-institutionelle Gefüge als auch hinsichtlich des rechtlichen Verfahrens vor dem EGMR.

Erstgenanntes manifestiert sich etwa in dem Diskurs rund um die Mitwirkung der EU im Ministerkomitee des ER, der Möglichkeit der Union einen eigenen Richter nach Straßburg zu entsenden, oder der Beteiligung des Europäischen Parlamentes.[16]

Um hingegen das Rechtsschutzsystem der EMRK auch nach dem Beitritt der Union effektiv zu gestalten, müssen vor allem die neu hinzukommenden potenziellen Konstellationen des Verfahrensablaufs in das Konventionssystem eingearbeitet werden. Hier ist etwa das vieldiskutierte „Mitbeklagten-" bzw. „Co-Respondent-" -Verfahren zu nennen.[17]

a) Intergouvernementalismus und Supranationalität

Die Gemeinsame Außen- und Sicherheitspolitik der Europäischen Union lässt sich als Einheit aber keinem dieser beiden Problembereiche zuordnen. Sie nimmt eine Sonderstellung ein, welche sich aus ihrer Position im Spannungsfeld zwischen Intergouvernementalismus und Supranationalität ergibt.

Im Primärrecht der Union wird dies insbesondere durch Art. 24 EUV festgehalten. So ist im ersten Satz des Abs. 1 UA 2 ausdrücklich davon die Rede, dass für diesen Politikbereich „besondere Bestimmungen" gelten. Die Stellung der einzelnen MS ist bekanntlich äußerst prominent ausgestaltet, die Europäischen Institutionen

---

[13] So wurde aus den „7+7" die Gruppe der „47+1".

[14] Vgl. 47+1(2012)R02; 47+1(2012)R03.

[15] Vgl. 47+1(2012)R03, S. 5, Rn. 23.

[16] Vgl. *X. Groussot* u. a., EU Accession to the European Convention on Human Rights: a Legal Assessment of the Draft Accession Agreement of 14th October 2011, Fondation Robert Schuman Policy Paper, in: European Issues, Nr. 218 vom 7. November 2011, 3; *J. P. Jacqué*, Les droits fondamentaux dans le traité de Lisbonne, in: W. Benedek et. al. (Hg.), European Yearbook on Human Rights 2011, 2001, 157 f.; Entschließung des *Europäischen Parlaments* vom 19. Mai 2010 zu den institutionellen Aspekten des Beitritts der EU zur EMRK, INI/2009/2241.

[17] Vgl. *CDDH-UE*, CDDH(2011)009, Art. 3.

agieren hingegen nur innerhalb eines eingeschränkten Aktionsradius. Der EuGH kann seine Rolle als „Motor der Integration" nicht einnehmen,[18] da er in Bezug auf die Bestimmungen der GASP schlicht und ergreifend „nicht zuständig"[19] ist.

Selbst wenn die Union, gerade im Zuge der Lissaboner Vertragsreform, darum bemüht ist, die Tätigkeit ihrer MS nach außen einheitlicher zu gestalten,[20] so muss generell dennoch festgestellt werden, dass eine gemeinsame Außenpolitik auch im Jahr 2012 nur in Einzelbereichen[21] existiert und nach wie vor von den traditionell auf diesem Gebiet dominierenden Staaten der EU geprägt wird.

b) Zu berücksichtigende Handlungen

Bekanntlich sehen die Verträge des Weiteren nicht vor, dass im Bereich der GASP bzw. GSVP Gesetzgebungsakte erlassen werden.[22] Vorgesehen sind lediglich die in Art. 25 EUV angeführten allgemeinen Leitlinien und Beschlüsse,[23] sowie der Ausbau der systematischen Zusammenarbeit in diesem Politikbereich. Allerdings ist die Möglichkeit zur Annahme von Empfehlungen und Stellungnahmen ebenso zu befürworten,[24] wie die in Art. 33 EUV angeführten Befugnisse zum Abschluss internationaler Übereinkünfte und zur Ernennung von Sonderbeauftragten.[25] Im Regelfall kommen diese Rechtsakte nur bei Einstimmigkeit im Europäischen Rat bzw. im Rat zustande. Daher muss die GASP im Ergebnis als ein Forum souveräner Staaten verstanden werden, welches lediglich Instrumente zur Umsetzung gemeinsamen außenpolitischen Handelns zur Verfügung stellt.

c) Wesentliche Akteure

Aus dem bisher Festgestellten folgt überdies, dass die Staaten der Union rechtlich gesehen praktisch uneingeschränkte Hauptakteure sind. Allerdings bedingt der

---

[18] Vgl. *J. Vondung*, Die Architektur des Europäischen Grundrechtsschutzes nach dem Beitritt der EU zur EMRK, 2012, 74.

[19] Art. 24 Abs. 1 UA 2 EUV.

[20] Institutionell lässt sich dies vor allem an der Einrichtung des Amtes der Hohen Vertreterin nach Art. 18 EUV festmachen. Diese wird durch den Europäischen Auswärtigen Dienst unterstützt, wie es Art. 27 Abs. 3 EUV vorsieht. Am langwierigen und umständlichen Prozess der Identitätsfindung dieses Dienstes lässt sich allerdings ablesen, wie schwer es für die Union und ihre MS ist, im Bereich der GASP Zuständigkeiten aufzuteilen; vgl. *V. Misteli*; vgl. die Anhörung im Ausschuss für Auswärtige Angelegenheiten des Europ. Parlaments vom 21. März 2012, online verfügbar unter: www.bit.ly/GRMg1T, besucht am 26. März 2012.

[21] Ein Bsp. stellt die Gemeinsame Handelspolitik dar.

[22] *Cremer*, Art. 24 EUV, II., Rn. 5, in: C. Calliess/M. Ruffert (Hg.), EUV – AEUV Kommentar, 4. Aufl., 2011.

[23] Diese gliedern sich in Aktionen, Standpunkte und Beschlüsse zur Durchführung.

[24] *Cremer*, Art. 25 EUV, II., Rn. 7, in: Calliess/Ruffert (Fn. 17).

[25] Vgl. ibid., Rn. 5.

schwindende außenpolitische Einfluss der einzelnen Mitglieder angesichts globaler Herausforderungen, der teils enorme finanzielle Aufwand bei der Durchführung von Operationen im zivilen und militärischen Bereich[26] sowie die allgemeine Dynamik rund um den europäischen Einigungsprozess, dass gemeinsame außenpolitische Positionen oft der einzige Weg sind, um tatsächlich Einfluss auf die geopolitischen Verhältnisse auszuüben. Die Zahl der von der EU durchgeführten Operationen im Ausland nimmt daher zu.[27] Und die verstärkte Aktivität bei der Bewältigung von Aufgaben, welche traditionell den Staaten zuzuordnen sind – etwa im Zusammenhang mit der Aufrechterhaltung der öffentlichen Ordnung – macht klare Aussagen über die Qualität des auswärtigen Handelns schwieriger.[28]

Konkret genannt werden können hier etwa Einrichtungen wie FRONTEX,[29] EUROPOL[30] oder EUROJUST,[31] welche rechtlich als Agenturen der Europäischen Kommission zu qualifizieren sind und deren Kompetenzen und Tätigkeitsbereiche fortlaufend erweitert werden.[32]

Umso mehr diese Agenturen, und damit die EU, direkt in MS und gegenüber Individuen innerhalb und außerhalb des Unionsgebietes tätig werden, umso mehr stellt sich die Frage nach der Vereinbarkeit ihrer Handlungen mit den Grund- und Menschenrechten.[33] Nichtsdestotrotz müssen die gesetzten Handlungen an denselben Maßstäben gemessen werden, welche auch für nationale Behörden maßgeblich sind.

Dabei muss aber bedacht werden, dass bisher Staaten bei der Ausübung von Tätigkeiten im Rahmen internationaler Organisationen wie der UNO, der NATO oder

---

[26] Die exakten Kosten lassen sich aufgrund der komplexen Aufgabenverteilung zwischen MS und EU nur schwer beziffern. Der Haushaltsbericht der EU für das Jahr 2010 legt die Ausgaben für die Punkte „EU als globaler Akteur" und „Unionsbürgerschaft, Freiheit, Sicherheit und Recht" mit insgesamt etwas mehr als 7 % des Gesamtbudgets bzw. ca. 8.5 Milliarden Euro fest; vgl. KOM, 2011, S. 12, 34 ff., 46 ff.; vgl. *T. Vogel*, 2012; Rat der Europäischen Union, Beratungsergebnisse vom 22. März 2012, 7960/12 COPS 85 COSDP 244 PESC 379 POLMIL 11.

[27] Vgl. *D. Thym*, Integrationsziel europäische Armee?, in: EuR-Bei, 2010, 171–191, 180 ff.; *T. Stein*, Militärische Operationen der Europäischen Union, in: GS Albert Bleckmann, 2007, 389–400; eine Übersicht zu den 24 militärischen und zivilen EU-Operationen mit Stand März 2012 ist unter „www.bit.ly/xcd0ze" verfügbar, besucht am 9. März 2012.

[28] Vgl. *S. Lavenex*, Channels of Externalisation of EU Justice and Home Affairs, in: M. Cremona et. al. (Hg.), The External Dimension of the European Union's Area of Freedom, Securtiy and Justice, 2011, 119 ff. (136 f.); *J. Monar*, The Outcomes of the External Dimension of the AFSJ. Forms, Effectiveness, Prospects and Specificity, ebenda, 409 ff. (430); *P. Koutrakos*, The External Dimension of the AFSJ and Other EU External Policies. An Osmotic Relationship, ebenda, 139 ff. (160 ff.).

[29] EG-VO Nr. 2007/2004, vom 26. Oktober 2004.

[30] Beschluss des Rates der Europäischen Union, Nr. 2009/371/JI, vom 06. April 2009.

[31] Konsolidierte Fassung der betreffenden Beschlüsse des Rates der Europäischen Union, Dokument mit der Nr. 5347/3/09 REV 3, vom 15. Juli 2009.

[32] Vgl. *O. Philipp*, Effektivere Grenzkontrollen durch Frontex, in: EuZW, 2011, S. 813; *S. Poli*, The Institutional Setting and the Legal Toolkit, in: Cremona (Fn. 23), 25 ff (42 ff.).

[33] *Vondung* (Fn. 13), 74 f., 211 ff.

der EU nicht damit rechnen mussten, unmittelbar für die durchgeführten Handlungen vor einem Gericht verantwortlich gemacht zu werden.[34] Schließlich ist die Verantwortung für diese Handlungen im Regelfall bei der jeweiligen Organisation anzusiedeln. Diese sind aber regelmäßig nicht Mitglieder der maßgeblichen internationalen Abkommen.[35]

Sollte die EU nun aber dem Straßburger System beitreten, stellt sich die Frage, inwiefern die ihr zurechenbaren Handlungen im Bereich der Außen- und Sicherheitspolitik vor dem EGMR anfechtbar werden könnten. Müssen die Union und ihre Mitglieder beispielsweise damit rechnen, dass die EU – mutatis mutandis – wie das Vereinigte Königreich in den Rs. „Al-Skeini et. al."[36] bzw. „Al-Jedda"[37] verurteilt werden kann, sofern sie in einem Krisengebiet Hoheitsgewalt ausübt und in der Folge Verpflichtungen aus der EMRK verletzt?

II. Konkrete Szenarien

1. Sanktionen - Die Ausnahme des Art. 275 Abs. 2 AEUV

Um diese Fragen zu beantworten, muss der jeweilige Anwendungsfall betrachtet werden. Eine in der internationalen Außenpolitik immer wichtigere Rolle kommt etwa der Durchführung von gezielten Sanktionen gegen Regime und in einschlägigen Listen angeführten Individuen zu.[38] Der Vollzug solcher „smart sanctions"[39] ist aus rechtsdogmatischer Sicht im Bereich des Unionsrechts insbesondere deswegen interessant, weil es hier regelmäßig zu einer Verzahnung des intergouvernementalen Bereichs der GASP und des supranationalen Bereichs der Wirtschafts- bzw. Binnenmarktregulierung kommt.[40] Somit lässt sich auch erklären, wieso im Zuge der Lis-

---

[34] Vgl. *T. Lock*, Beyond Bosphorus: The European Court of Human Rights' Case Law on the Responsibility of Member States of International Organisations under the European Convention of Human Rights, in: Human Rights Law Review, 2010, 529–545 (544); EGMR, *Bosphorus Hava Yollari Turizm Ve Ticaret Anonim Sirketi gg. Irland*, Bnr. 45036/98, Urteil vom 30. Juni 2005, EGMR, *Behrami und Behrami gg.FRA*, Bnr. 71412/01; *Saramati gg. FRA, GER, NOR*, Bnr. 78166/01, Urteile vom 31. Mai 2007.

[35] Vgl. EGMR, *Connoly gg. 15 MS der EU*, Bnr. 73274/01, Urteil vom 09. Dezember 2008; *Boivin gg. 34 MS des Europarates*, Bnr. 73250/01, Urteil vom 09. September 2008; *Biret gg. 15 MS der EU*, Bnr. 13762/04, Urteil vom 09. Dezember 2008.

[36] EGMR, *Al-Skeini und andere gg. VK*, Bnr. 55721/07, Urteil vom 07. Juli 2011.

[37] EGMR, *Al-Jedda gg. VK*, Bnr. 27021/08, Urteil vom 07. Juli 2011.

[38] Vgl. hierzu die Auflistung aller sich gegenwärtig inkraftbefindlichen Sanktionen des Europäischen Auswärtigen Dienstes, Version vom 06. März 2012, online verfügbar unter der Adresse: www.eeas.europa.eu/cfsp/sanctions/docs/measures_en.pdf, besucht am 23. März 2012.

[39] Vgl. *T. Stein/C. von Buttlar*, Völkerrecht, 13. Aufl. 2012, 316, Rn. 860d.; *T. Stein*, Too „smart" for legal protection? UN Security Council's targeted sanctions and a pladoyer for another UN Tribunal, in: Liber Amicorum Rüdiger Wolfrum, 2011, 1527 ff.

[40] Vgl. *F. Fritzsch*, Zur Bindungswirkung der EU-Terrorliste im Rahmen ausländerrechtlicher Maßnahmen, in: ZAR 2010, 333 ff. (336 f.).

saboner Vertragsänderung durch die Einführung von Art. 275 Abs. 2 AEUV dem EuGH die Möglichkeit eingeräumt wurde, über Nichtigkeitsbeschwerden nach Art. 263 Abs. 4 AEUV zu befinden, welche von Einzelpersonen vorgebracht werden, die von der Durchführung solcher Sanktionen unmittelbar und individuell betroffen sind.[41] Neben der Abgrenzung der Zuständigkeiten nach Art. 40 EUV handelt es sich hierbei um den einzigen Bereich der Außen- und Sicherheitspolitik der Union, in welchem eine Rechtsprechung des Luxemburger Gerichtshofs zulässig ist.[42]

Anhand der Urteile zu den Rs. der „People's Mojahedin Organization of Iran"[43] kann die Anwendung und Auslegung der maßgeblichen Bestimmungen und Grundsätze konkret erläutert werden. Die soeben genannte Vereinigung wurde am 02. Mai 2002 mittels des Gemeinsamen Standpunktes 2002/340/GASP[44] und der Entscheidung des Rates 2002/334/EG[45] einer Liste von natürlichen und juristischen Personen hinzugefügt, gegen welche restriktive Maßnahmen zur Bekämpfung des Terrorismus durchgeführt werden sollten.[46] Eine solche Aufnahme erfolgt auf Vorschlag einer nationalen Regierung, hier konkret jener des Vereinigten Königreichs.[47] Allgemein betrachtet muss also zur Durchführung von Wirtschaftssanktionen in der Europäischen Union zunächst ein Rechtsakt im Rahmen der GASP erlassen werden, welcher ausschließlich Wirkung auf der intergouvernementalen Ebene der Außenpolitik entfaltet und nur im Verhältnis der Staaten zueinander bindend wirkt. Dieser Rechtsakt wird aber in einem zweiten Schritt durch eine VO bzw. durch einen gesonderten Beschluss supranational und somit allgemein verbindlich umgesetzt.[48]

Im konkreten Anwendungsfall sah es das Gericht der Europäischen Union aber als unzulässig an, dass die People's Mojahedin Organization of Iran ohne jegliche Ge-

---

[41] Vgl. *Cremer*, Art. 275 AEUV, III., Rn. 9 ff., in: Calliess/Ruffert (Fn. 17).

[42] Vgl. ibid., Art. 275 AEUV, I., Rn. 2 f.

[43] EuGH, Urteil vom 12. Dezember 2006, *People's Mojahedin Organization of Iran gg. Rat der Europäischen Union*, T-228/02, Slg. 2006, S. II-04665 ff.; Urteil vom 23. Oktober 2008, *People's Mojahedin Organization of Iran gg. Rat der Europäischen Union*, T-256/07, Slg. 2008, S. II-03019 ff.; Urteil vom 04. Dezember 2008, *People's Mojahedin Organization of Iran gg. Rat der Europäischen Union*, T-284/08, Slg. 2008, S. II-03487 ff.; Urteil vom 21. Dezember 2011, *Französische Republik gg. People's Mojahedin Organization of Iran*, C-27/09P, Slg. noch nicht veröffentlicht.

[44] Rat der Europäischen Union, Gemeinsamer Standpunkt vom 2. Mai 2002, betreffend die Aktualisierung des Gemeinsamen Standpunkts 2001/931/GASP über die Anwendung besonderer Maßnahmen zur Bekämpfung des Terrorismus (2002/340/GASP).

[45] Rat der Europäischen Union, Beschluss vom 2. Mai 2002, Nr. 2002/334/EG, zur Durchführung von Art. 2 Abs. 3 der VO(EG)Nr. 2580/2001 über spezifische, gegen bestimmte Personen und Organisationen gerichtete restriktive Maßnahmen zur Bekämpfung des Terrorismus und zur Aufhebung des Beschlusses 2001/927/EG.

[46] Nun wird auch ersichtlich, wie sich die soeben angesprochene „Verzahnung" institutionell erklären lässt. Für eine chronologische Übersicht der Vorgänge im Beispiel empfiehlt sich die Studie des Annexes des Schlussantrags von Generalanwalt *E. Sharpston*, vom 14. Juli 2011, Rs. C-27/09P.

[47] Vgl. *Vondung* (Fn. 13), 62.

[48] Vgl. den Wortlaut des Art. 288 UA 2 AEUV und die VO(EG) Nr. 2580/2001.

legenheit zur Stellungnahme für die Aufnahme in die Liste vorgeschlagen worden war. Dies sei mit den wesentlichen Verfahrensgrundrechten einer Partei, insbesondere jenem des rechtlichen Gehörs, nicht vereinbar.[49] Der Rat folgte dieser Entscheidung zunächst aber nicht und behielt die Organisation auf der Liste, nachdem mit Frankreich im Jahr 2007 ein weiterer MS die Aufnahme vorschlug.[50] Allerdings erhob die People's Mojahedin Organization of Iran auch gegen diesen zweiten Eingriff, aufgrund der andauernden Verletzung ihrer Grundrechte, Klage in Luxemburg. Letztlich folgte die Große Kammer in einer Berufungsentscheidung ihrer Argumentation und bestätigte die Verletzung des Rechts auf vorherige bzw. ehest mögliche Anhörung der Partei im Zusammenhang mit der Aufnahme in Sanktionslisten der Union. Es musste somit eine Streichung erfolgen.[51] Die Erschöpfung des internen Rechtsweges vorausgesetzt, könnte nach dem Beitritt der Union zur EMRK in einer solchen Konstellation auch eine Beschwerde in Straßburg folgen.[52]

Unabhängig von den zahlreichen Implikationen dieser Rspr. zeigt sich vor allem, dass die Staaten der Union eine Bindung an internationale Gerichte im Bereich der Außen- und Sicherheitspolitik nur vorsichtig und zögerlich annehmen. Grundsätzlich akzeptieren die einzelnen Länder bisher keine Einschränkung ihrer Souveränität in diesem Bereich.[53] Die Durchsetzung von Grund- und Menschenrechten steht hier erst an ihrem Anfang und es bleibt abzuwarten, wie die weitere Entwicklung verläuft.

2. Regelfälle

a) GASP-Rechtsakte

Der Beitritt der Union zur EMRK würde voraussichtlich bedingen, dass GASP-Rechtsakte durch den EGMR geprüft werden können, während dies für den EuGH, von der soeben dargestellten Ausnahme abgesehen, nicht möglich ist.

Die Überprüfungsbefugnis der Straßburger Richter ist schließlich weder auf Gesetzgebungsakte der Union[54] noch sonst in besonderer Weise beschränkt.[55] Zu über-

---

[49] EuGH, Urteil vom 12. Dezember 2006, *People's Mojahedin Organization of Iran gg. Rat der Europäischen Union*, T-228/02, Slg. 2006, S. II-04665 ff., Rnr. 137.

[50] *Sharpston*, Schlussantrag vom 14. Juli 2011, Rs. C-27/09P.; Annex zur Chronologie.

[51] Vgl. EuGH, Urteil vom 21. Dezember 2011, *Französische Republik gg. People's Mojahedin Organization of Iran*, C-27/09P, Slg. noch nicht veröffentlicht, Rn. 75.

[52] Vgl. *Vondung* (Fn. 13), 210 mit der Feststellung, dass dies nur für den Fall gilt, in dem eine Klage vor dem EuGH überhaupt zulässig ist. Ist eine solche hingegen nicht möglich, wäre eine direkte Beschwerde an den EGMR das einzige Mittel.

[53] Überdies ist fraglich, welche Grundsätze sich generell in der Rspr. der internationalen Gerichte durchsetzen können; Vgl. das Urteil des Internationalen Gerichtshofs vom 03. Februar 2012, Rs. *Deutschland gg. Italien*.

[54] Vgl. *CDDH-UE*, CDDH(2011)009, Art. 1 lit.c.

[55] Vgl. *J.-C. Bonichot*, Appendix VII – Intervention by Mr Jean-Claude Bonichot, Judge of the Court of Justice of the European Union related to the European Union's Accession to the European Convention of Human Rights (ECHR), in: CAHDI(2001)5, 32 ff. (33); *A. Tizzano*,

prüfen sind laut dem vorliegenden Entwurf für das Beitrittsabkommen alle Handlungen, Maßnahmen und Unterlassungen, welche aufgrund einer primär- oder sekundärrechtlichen Ermächtigung von der EU vorgenommen werden.[56] Der Kreis der möglichen Beschwerdeführer umfasst überdies nicht nur Unionsbürger bzw. Staatsangehörige eines Mitgliedstaates, sondern jede unter der Hoheitsgewalt der Union stehende Person.[57]

Der im Verhältnis zum EuGH wesentlich erweiterte Zuständigkeitsbereich des Straßburger Gerichts wurde besonders im fortgeschrittenen Verlauf der Verhandlungen zum Entwurf des Beitrittsabkommens vehement kritisiert und gilt als wesentlicher Mitgrund für das vorläufige Scheitern des Beitrittsprozesses.[58] Bemerkenswert ist insbesondere, dass der letztlich vorgelegte Entwurf für das Abkommen für den Bereich der Gemeinsamen Außen- und Sicherheitspolitik keine spezifischen Bestimmungen enthält.[59] In der Literatur lässt sich dazu die Anmerkung finden, dass GASP-Rechtsakte wohl nur in Ausnahmefällen Individuen auf eine Art und Weise betreffen können, dass die Voraussetzungen der Opfereigenschaft im Sinne des Art. 34 EMRK erfüllt werden.[60] Doch selbst wenn dies bei Betrachtung des gegenwärtigen Standes der europäischen Integration im Bereich der GASP / GSVP zutreffen mag, so ist diese Möglichkeit einerseits eben nicht gänzlich ausgeschlossen,[61] und andererseits stellt sich die Frage nach der Zukunftssicherheit eines Abkommens, dass das wesentliche Entwicklungspotenzial dieses Politikbereichs nicht berücksichtigt.

b) Realakte

Noch gravierender könnte sich dies jedoch auswirken, wenn man die Durchführung ziviler Missionen und militärischer Operationen durch die Union betrachtet. So

---

Les cours européennes et l'adhésion de l'union à la CDDH, in: Il Diritto dell'Unione Europea 2011, Punkt 3, 4. Spiegelstrich; *Vondung* (Fn. 13), 210 f.; Dies widerspräche auch dem Gleichbehandlungsgrundsatz aller Konventionsparteien.

[56] Das sind alle Organe (Art. 13 EUV), Körper, Einrichtungen und Agenturen, sowie die für sie tätigen Personen. Der umfassende Wortlaut des Art. 1 Abs. 2 lit. c des Entwurfs für das Beitrittsabkommen spricht für eine weite Auslegung.

[57] Vgl. den Wortlaut der Art. 1 EMRK, Art. 34 EMRK, sowie die allgemeinen Zulässigkeitsvoraussetzungen des Art. 35 EMRK.

[58] *C. Brand*, Human-rights convention deal blocked, in: European Voice, Ausgabe vom 26. Januar 2012.

[59] Vgl. *CDDH-UE*, CDDH(2011)009, S. 5 ff.

[60] Vgl. *J. Polakiewicz*, The European Union's Accession to the European Convention on Human Rights – A report on work in rapid progress, in: Europäische Integration und Globalisierung – Festschrift zum 60-jährigen Bestehen des Europa-Instituts, 2011, S. 375 ff. (379).

[61] Denken kann man etwa an die im vorherigen Abschnitt beschriebenen Wirtschaftssanktionen gegen Einzelpersonen, abgesehen von der Listung an sich. In der Praxis würde sich hier aber kein Problem ergeben, da sich ein potenzieller Beschwerdeführer immer gegen den zweiten, supranationalen Rechtsakt der Union in Straßburg nach Erschöpfung des internen Instanzenzuges zur Wehr setzen könnte.

kann etwa an die noch mindestens bis Dezember 2014 andauernde EU NAVFOR-Operation[62] am Horn von Afrika gedacht werden.[63] Zwar wird diese primär zum Schutz von Schiffen des Welternährungsprogramms sowie zur Sicherung der zivilen Schifffahrtsrouten in der Region durchgeführt,[64] doch die konstant instabile Lage in Somalia hat die Außenminister der Union im März 2012 dazu veranlasst, das Mandat der Operation auf die Verfolgung von Personen in die nationalen Hoheits- und Binnengewässer und die Bekämpfung an der Küste zu erweitern.[65] Dies erregte nicht nur viel Aufmerksamkeit in der Öffentlichkeit,[66] sondern bedingt auch die Frage, inwiefern im Falle des Beitritts der Union zum Straßburger System die Anwendbarkeit der EMRK gegeben sein könnte.

Ohne einer konkreten Beurteilung im Einzelfall vorgreifen zu können, lässt sich bereits heute absehen, dass sich gerade bei derartigen militärischen Operationen die Möglichkeit einer Verletzung von Verpflichtungen aus der EMRK nicht gänzlich ausschließen lässt.[67] Insbesondere wenn man bedenkt, dass als potenzielle Beschwerdeführer in Straßburg alle Personen in Frage kommen, welche sich im Krisengebiet befinden.[68]

Die extraterritoriale Wirkung der EMRK ist schon seit längerer Zeit ein in der Fachliteratur und Rechtsprechung vielfach diskutierter Gegenstand. Verwiesen werden kann etwa auf die Entscheidungen des EGMR in den Rs. „Banković"[69], „Behrami" bzw. „Saramati gg. Frankreich"[70] und der Feststellung der Verletzung der Kon-

---

[62] Besser bekannt unter dem Namen „Atalanta".

[63] Die Operation wurde am 10. November 2008 mit der Gemeinsamen Aktion des Rates der Europäischen Union, Nr. 2008/851/GASP ins Leben gerufen und am 23. März 2012 verlängert. Eine umfassende Übersicht findet sich unter: www.eunavfor.eu/, besucht am 28. März 2012.; Vgl. Rat der Europäischen Union, Aussendung vom 23. März 2012, Nr. 7216/12, Presse 92.

[64] Vgl. Rat der Europäischen Union, Gemeinsame Aktion vom 10. November 2008, Nr. 2008/851/GASP, Art. 1 Abs. 1.

[65] Vgl. Rat der Europäischen Union, Aussendung vom 23. März 2012, Nr. 7216/12, Presse 92.

[66] Vgl. *M. Gebauer*, EU will Seeräuber auch im Landesinneren jagen, in: Der Spiegel online, Text vom 26. März 2012, online verfügbar unter: www.spiegel.de/politik/ausland/0,1518,823845,00.html, besucht am 29. März 2012; *N. Nielsen*, EU gives free rein to antipirate warships, in: EUobserver, Ausgabe vom 26. März 2012, online verfügbar unter: www.euobserver.com/24/115706, besucht am 29. März 2012.

[67] Die erste Operation der EU-NAVFOR an Land fand am 15. Mai 2012 statt. In der entsprechenden Presseaussendung wurde ausdrücklich festgestellt, dass keine Zivilisten betroffen waren. Vgl. EU-NAVFOR, Aussendung vom 15. Mai 2012, verfügbar unter: www.eunavfor.eu/2012/05/eu-naval-force-delivers-blow-against-somali-pirates-on-shoreline/, besucht am 12. Juni 2012.

[68] Vgl. dazu Art. 1 EMRK und sogleich.

[69] EGMR, *Vladimir und Borka Banković gg. Belgien & 16 andere NATO-Staaten*, Bnr. 52207/99, Urteil vom 12. Dezember 2001.

[70] EGMR, *Behrami und Behrami gg. Frankreich*, Bnr. 71412/01; *Saramati gg. Frankreich, Deutschland, Norwegen*, Bnr. 78166/01, Urteile vom 31. Mai 2007.

vention durch eine Partei bei der Durchführung militärischer Operationen in den Rs. „Al-Skeini et. al."[71] und „Al-Jedda".[72]

Als wesentliches Kriterium der Abgrenzung kann dabei die sogenannte „Boivin-Formel"[73] angesehen werden, wonach jede „intervention directe ou indirecte de l'Etat ou des Etats mis en cause"[74] dazu geeignet ist, die extraterritoriale Anwendbarkeit der EMRK auszulösen,[75] selbst wenn diese nicht den Regelfall darstellt.[76] Gerade wenn es aber um Auslandseinsätze der Mitglieder der EMRK zu gehen scheint, lässt sich in letzter Zeit eine Tendenz des EGMR feststellen, den Schutzbereich der Konvention ausdehnen zu wollen.[77] Dies ist keineswegs unumstritten[78] und es gibt noch keine gesicherte Praxis in der Rspr. des Straßburger Gerichts.

Resümieren lässt sich aber schon jetzt, dass ein Beitritt der Union zur EMRK den Spielraum der MS der Union einengen würde. Die Umsetzung des Prinzips der Intergouvernementalität im Bereich der GASP / GSVP würde aufgeweicht werden, da mit der nach dem gegenwärtigen Stand der Dinge zu erwartenden Rechtsprechungskompetenz des EGMR eine Art „supranationale" Kontrolle für diesen Bereich etabliert werden würde.

Am wichtigsten erscheint aber, dass angesichts der unklaren Rahmenbedingungen im Hinblick auf die bisher nicht eindeutige Rspr. des EGMR in diesem Bereich, kombiniert mit der unzureichenden Ausgestaltung des vorliegenden Entwurfs für das Beitrittsabkommen, nach einem Beitritt der Union zur EMRK ein Zustand der Rechtsunsicherheit geschaffen würde, der weder den Befürwortern noch den Gegnern eines Beitritts der EU zur EMRK willkommen sein kann.

III. Bewertung

1. Die wichtigsten Konsequenzen und deren Auswirkungen

Das wesentlichste Resultat eines Beitritts der Union zur EMRK im Hinblick auf die GASP / GSVP ist sicherlich, dass die Tätigkeit der Staaten in diesem Bereich von

---

[71] EGMR, *Al-Skeini et. al. gg. Großbritannien*, Bnr. 55721/07, Urteil vom 7. Juli 2011.

[72] EGMR, *Al-Jedda gg. Großbritannien*, Bnr. 27021/08, Urteil vom 7. Juli 2011.

[73] Benannt nach der Entscheidung des EGMR, *Boivin gg. Frankreich u. a.*, Bnr. 73250/01, Urteil vom 9. September 2008.

[74] Vgl. ibid., letzte Sektion zur Zulässigkeit.

[75] Vgl. *C. Janik*, Die EMRK und internationale Organisationen – Ausdehnung und Restriktion der *equivalent protection*-Formel in der neuen Rechtsprechung des EGMR, in: ZaöRV 2010, 127–179 (176 ff.).

[76] Vgl. *T. Beushausen*, Völkerrechtliche Pflichten und Rechte von (EU-) Küstenstaaten gegenüber Migranten auf See, in: ZAR 2010, 45 ff. (48).

[77] Vgl. ibid.

[78] Vgl. *G. Ress*, Der Europäische Gerichtshof für Menschenrechte als *pouvoir neutre*, in: ZaöRV 2009, S. 289–309 (304 f.).

einem weitestgehend von zwingenden rechtlichen Verpflichtungen befreiten Raum in ein neuartiges Umfeld verlagert werden würde. Eine externe, verhältnismäßig und an objektiven Kriterien orientierte Kontrolle über die Einhaltung der grund- und menschenrechtlichen Standards im Bereich der GASP / GSVP würde dem Handeln der Union in diesem Bereich ein Prädikat verleihen, das weltweit einzigartig wäre. Keine andere globale Macht unterstellte bisher ihr Handeln im Bereich der Außen- und Sicherheitspolitik einem der EMRK vergleichbaren System. Es würde aber gerade den Europäern, mit ihrer langen Tradition im Menschenrechtsschutz, gut anstehen, diesen mutigen Schritt zu setzen und mit gutem Beispiel voranzugehen. Sollte es schließlich zur Durchführung eines Verfahrens vor dem EGMR mit Bezug zum äußeren Handeln der Union kommen, scheint die Durchführung eines „Co-Respondent"-Verfahrens nach Art. 3 des Entwurfs für das Beitrittsabkommen aufgrund der engen Verzahnung von staatlichem und gemeinschaftlichem Handeln wahrscheinlich zu sein.

Zudem fällt insbesondere auf, dass aufgrund der kaum vorhandenen Zuständigkeiten des EuGH im Bereich der GASP nach einem Beitritt der Union zur EMRK dem Straßburger Gericht weitere Befugnisse zukommen, als dem unionseigenen Gericht.[79] Dies verwundert und wurde gerade auch in Luxemburg zur Äußerung von ablehnenden Stellungnahmen zum Beitritt zum Anlass genommen.[80] Andererseits kann man jedoch auch die Frage stellen, weshalb dem EuGH bei der gemeinsamen Durchführung von Operationen durch die Union keine Rechtsprechungskompetenz zukommen soll. Eine aktive Auseinandersetzung des Europäischen Gerichtshofs mit Menschenrechten wird schließlich vielfach gefordert und immer wieder angemahnt.[81] Außerdem lassen Entwicklungen, wie die mit dem im Rahmen der Lissaboner Vertragsänderung festgelegte Rechtsverbindlichkeit der Grundrechtecharta der Union, darauf schließen, dass eine Stärkung der Rolle des EuGH in Grundrechtsfragen einerseits zeitgemäß und andererseits notwendig ist. Desweiteren erhält die Union auch in anderen, im Hinblick auf den Schutz der Grundrechte sensiblen Bereichen, in letzter Zeit erweiterte Kompetenzen.[82]

Eine Stärkung des EuGH im Bereich der GASP würde vor Allem zweierlei bedeuten: Erstens wäre es ein starkes Signal dafür, dass die Union den Schutz der Grund- und Menschenrechte in allen Bereichen ihrer Tätigkeit berücksichtigt.

Zweitens könnte durch einen aktiveren Ansatz des EuGH im Bereich des Menschenrechtsschutzes der Straßburger Gerichtshof in seiner Tätigkeit entlastet werden. Diese große Möglichkeit zur Profilierung sollte aktiv von den Vertretern des Luxemburger Gerichts wahrgenommen werden. Und auch die Mitgliedstaaten der

---

[79] Vgl. *Vondung* (Fn. 13), 211.

[80] *Tizzano* (Fn. 50) Punkt 12.

[81] Vgl. etwa W. *Schröder*, Neues zur Grundrechtskontrolle in der Europäischen Union, in: EuZW 2011, 462–467 (467).

[82] Vgl. *Poli* (Fn. 27), 72 ff.

Union sollten eine solche Entwicklung unter dem Gesichtspunkt einer notwendigen Reform des EMRK-Systems unterstützen.[83]

2. Notwendigkeit der Änderung des Beitrittsabkommens?

Mit den bisherigen Ausführungen ist die Notwendigkeit einer Änderung des im Oktober 2011 vorgelegten Entwurfs für ein Beitrittsabkommen, gerade im Hinblick auf die Erzielung der für alle Akteure erforderlichen Rechtssicherheit, offensichtlich geworden.

Es ist grundsätzlich möglich sich in zwei Richtungen zu orientieren. Einerseits könnte die potenziell umfassende Prüfkompetenz der Straßburger Richter, wie sie sich bisher nur aus einer Ableitung aus den allgemeinen Bestimmungen für das Verhältnis nach dem Beitritt schlussfolgern lässt, durch Einfügung einer klarstellenden Bestimmung im Beitrittsdokument präzisiert werden.

Andererseits könnte die Union versuchen, den EGMR im Bereich der Außenpolitik einzuschränken. Denkbar wäre etwa eine Klausel in das Abkommen einzuarbeiten, die dem Straßburger Gericht nur in jenen Bereichen eine Prüfkompetenz zukommen lässt, in denen eine solche auch für den EuGH vorgesehen ist.[84] Dies würde zwar die Einwände von Seiten der Mitglieder der Union und einigen Vertretern des Luxemburger Gerichts adressieren, gleichzeitig aber eine kaum zu rechtfertigende Bevorzugung der EU im Verhältnis zu den anderen Mitgliedern der EMRK darstellen.

Der aktuell von Seiten der Europäischen Union vorgeschlagene Entwurf sieht hingegen vor, dass durch mehrere Bestimmungen im Beitrittsabkommen festgehalten wird, dass abgesehen von eigens festgelegten Ausnahmen die Verantwortlichkeit für das auswärtige Handeln jeweils bei den ausführenden Mitgliedstaaten festgemacht wird.[85] Die Union soll also im Sinne von Art. 1 EMRK nur für Handlungen belangt werden können, welche auf dem Territorium ihrer Mitglieder gesetzt wurden. Ob sich dieser Vorschlag durchsetzen kann, wird sich erst im Verlauf der Verhandlungen zeigen.[86]

---

[83] Der Vorschlag zur Reform bzw. Entlastung des EGMR-Systems durch einen verstärkten und verbesserten subsidiären Menschenrechtsschutz in den Rechtsordnungen der einzelnen Mitglieder lässt sich etwa finden in *CDDH*, Opinion on the issues to be covered at the Interlaken Conference, CDDH(2009)019, Addendum 1, Rn. 20; bzw. das Abschlussdokument der Konferenz zur Zukunft des EGMR in Brighton vom 19. April 2012 und 20. April 2012 des *ER*, Rn. 7 ff., verfügbar unter: www.coe.int/en/20120419-brighton-declaration/, besucht am 12. Juni 2012.

[84] Vgl. *O. J. Gstrein*, Das Verhältnis der Luxemburger und Straßburger Gerichtshöfe nach Beitritt der Europäischen Union zur Europäischen Menschenrechtskonvention, Magisterarbeit am Europa – Institut der Universität des Saarlandes, 2012, 43.

[85] Vgl. 47+1(2012)R03, S. 14 f.

[86] Vgl. ibid.

Neben der unmittelbaren Regelung im Beitrittsabkommen kommt auch noch die Abgabe eines Vorbehalts zur EMRK in Betracht.[87] Es darf aber bezweifelt werden, dass ein solches Vorgehen aus juristischer und politischer Sicht erfolgreich durchgeführt werden kann.

Würde etwa der gesamte Bereich der Außenpolitik ausgenommen, so müsste die Abgabe eines unzulässigen allgemeinen Vorbehalts im Sinne von Art. 19 WVK und Art. 57 Abs. 1 EMRK angenommen werden. Zudem deutet Art. 1 EMRK vor dem Hintergrund der in diesem Artikel angesprochenen Tendenz in der jüngeren Rspr. des EGMR in Bezug auf Auslandsmissionen darauf hin, dass außen- und sicherheitspolitische Aktivitäten durchaus am Maßstab der Konvention gemessen werden können. Daher könnte ein Vorbehalt auch gegen Ziel und Zweck des Vertrages verstoßen.[88]

Und letztlich würde jeglicher Versuch der Union in diese Richtung den politischen Vorwurf nach sich ziehen, einen in Hinblick auf die Gleichbehandlung aller Konventionsparteien nicht zu rechtfertigenden Sonderstatus beanspruchen zu wollen.[89]

3. Resümee

Letztlich kann festgestellt werden, dass eine externe Kontrolle der Tätigkeiten der Union im Bereich der GASP / GSVP grundsätzlich zu begrüßen ist. Diese hat das Potenzial, die in ganz Europa anerkannten und durch die EMRK garantierten Menschenrechte auch im Bereich der Außen- und Sicherheitspolitik zu einem lebendigen Versprechen zu machen.

Allerdings sind mit dem vorliegenden Entwurf für das Beitrittsabkommen noch nicht die notwendigen rechtlichen Rahmenbedingungen für eine gelungene Umsetzung geschaffen worden. Vor dem Vollzug des Beitritts muss in dieser Hinsicht nachgebessert werden.

Die dazu notwendige engere Kooperation der einzelnen Staaten der Union im Bereich des auswärtigen Handelns ist im Geiste einer voranschreitenden europäischen Integration zum Wohle aller Beteiligten und zur Wahrung der Sicherheit inner- und außerhalb des Kontinents zu befürworten.

---

[87] Beachtlich sind hierfür die Regeln des allgemeinen Völkerrechts, wie sie durch Art. 19 ff. WVK festgehalten werden.
[88] Vgl. Art. 19 lit. c WVK.
[89] Vgl. *M. Kuijer*, S. 29.

Die Charta der Grundrechte der Europäischen Union vor und nach Lissabon

Von *Klaus Stern*

I.

Die Grundrechtsentwicklung in den europäischen Staaten der Nachkriegszeit ruht auf zwei Säulen: den nationalen Verfassungen sowie internationalen Rechteerklärungen, beginnend mit der Allgemeinen Erklärung der Menschenrechte vom 10.12. 1948, fortgesetzt mit einer Vielzahl weiterer spezieller Dokumente[1], und vor allem europäischen Konventionen, die ihre rechtliche Mitte in der Europäischen Konvention zum Schutz der Menschenrechte und Grundfreiheiten vom 4.11.1950 nebst inzwischen 14 Zusatzprotokollen haben.[2] Sie gewährt, insbesondere durch den Europäischen Gerichtshof für Menschenrechte, das „Fundament eines gesamteuropäischen Menschenrechtsschutzes".[3] Schlussstein oder vielleicht sogar Krönung der europäischen Grundrechtsentwicklung ist die – allerdings nur für die Mitgliedstaaten der Europäischen Union geltende – Charta der Grundrechte der Europäischen Union, die ein bewegtes Schicksal mit der Zäsur des Vertrages von Lissabon vom 13. 12.2007 vorweisen kann.

Eckart Klein hat das Werden und Wachsen dieses europäischen Grundrechtsprozesses wissenschaftlich engagiert begleitet und an maßgeblicher Stelle, vor allem im United Nations Human Rights Committee in New York und in anderen öffentlichen

---

[1] Vgl. *K. Stern*, Das Staatsrecht der Bundesrepublik Deutschland, Bd. III/2, 1994, § 94 II; Texte bei *Chr. Tomuschat*, Menschenrechte. Eine Sammlung internationaler Dokumente zum Menschenrechtsschutz, 2. Aufl. 2002; ferner zuletzt auch bei *B. Simma/U. Fastenrath*, Menschenrechte – Ihr internationaler Schutz, 6. Aufl. 2010.

[2] Vgl. *R. Scholz*, Nationale und europäische Grundrechte – unter besonderer Berücksichtigung der Europäischen Grundrechtecharta, in: Merten/Papier (Hrsg.), HGR VI/2, 2009, § 170 Rn. 3; *Chr. Grabenwarter/K. Pabel*, Europäische Menschenrechtskonvention. Ein Studienbuch, 5. Aufl. 2012 m. w. N.; *Chr. Grabenwarter*, European Convention for the Protection of Human Rights and Fundamental Freedoms (ECHR), 2012.

[3] *E. Klein*, Der Schutz der Grund- und Menschenrechte durch den Europäischen Gerichtshof für Menschenrechte, in: Merten/Papier (Hrsg.), HGR VI/1, 2010, § 150 Rn. 142; *A. Nußberger*, Der Wandel der Grund- und Menschenrechte, in: FS für Klaus Stern, 2012, S. 117 ff.

Ämtern tatkräftig gefördert[4]. Insbesondere ist ihm die Gründung des Menschen-RechtsZentrums (MRZ) an der Universität Potsdam zu verdanken, das eine reichhaltige Bibliothek zu den nationalen und internationalen Grundrechten enthält und zugleich sein lebhaftes Interesse für Deutschlands Wiedervereinigung im europäischen Verbund bekundet. 2004 schrieb er in dem von *Detlef Merten* und *Hans-Jürgen Papier* herausgegebenen Handbuch der Grundrechte im Abschnitt „Von der Spaltung zur Einigung Europas" in seiner zusammenfassenden Betrachtung, die zugleich sein wissenschaftliches europäisches Grundrechts-Credo zum Ausdruck bringt: „Ein entscheidendes Element der Grundrechtsentwicklung der Bundesrepublik Deutschland in den letzten fünfzig Jahren ist ihre internationale universelle und regionale Einbindung. Die hierdurch ermöglichte Wechselwirkung zwischen nationaler und internationaler Ebene hat zusammen mit der Tatsache, daß das ganze Deutschland seit 1990 von freiheitlichen Staaten umgeben ist, zu einem Gesamtraum ‚der Freiheit, der Sicherheit und des Rechts', [in dem die Grundrechte und die verschiedenen Rechtsordnungen und -traditionen der Mitgliedstaaten geachtet werden] (Art. 67 Abs. 1 AEUV), geführt, in dem Deutschland eine bislang unbekannte Stabilisierung erfahren hat."[5]

Diese Wechselwirkung zwischen nationalem und europäischem Grundrechtsschutz ist durch die Charta der Grundrechte der Europäischen Union (EU-GRCh) noch verstärkt worden. Ihr gilt im Folgenden das Augenmerk, wobei es angebracht ist, zwischen der Rechtslage vor und nach dem Vertrag von Lissabon zu differenzieren.

---

[4] Vgl. etwa *E. Klein*, Einwirkungen des europäischen Menschenrechtsschutzes auf Meinungsäußerungsfreiheit und Pressefreiheit, AfP 1994, S. 9 ff.; *ders.*, Universeller Menschenrechtsschutz – Realität oder Utopie?, EuGRZ 1999, S. 109 ff.; *ders.*, 50 Jahre Europarat – Seine Leistungen beim Ausbau des Menschenrechtsschutzes, AVR Bd. 39 (2001), S. 121 ff.; *ders./F. Brinkmeier*, Internationaler Pakt und EMRK – Ein Vergleich der Rechtsprechung des Menschenrechtsausschusses der Vereinten Nationen und des Europäischen Gerichtshofs für Menschenrechte, Vereinte Nationen 2002, S. 99 ff.; *E. Klein*, Bedeutung des Gewohnheitsrechts für den Menschenrechtsschutz, in: ders. (Hrsg.), Menschenrechtsschutz durch Gewohnheitsrecht, 2003, S. 11 ff.; *ders.*, Wesensgehalt von Menschenrechten. Eine Studie zur Judikatur des Europäischen Gerichtshofs für Menschenrechte, in: K. Dicke/St. Hobe u. a. (Hrsg.), Weltinnenrecht. Liber amicorum Jost Delbrück, 2005, S. 385 ff.; *ders.*, Ergänzungen zum gerichtlichen Rechtsschutz im Bereich der Menschenrechte, in: W. Karl (Hrsg.), Internationale Gerichtshöfe und nationale Rechtsordnung, 2005, S. 145 ff.; *ders.*, Menschenrechte und Ius cogens, in: FS für Georg Ress zum 70. Geburtstag am 21. Januar 2005, 2005, S. 151 ff.; *ders.*, Dogmatische und methodische Überlegungen zur Einordnung der Europäischen Menschenrechtskonvention in den Grundrechtsfundus der Europäischen Union, in: Gedächtnisschrift für Albert Bleckmann, 2007, S. 257 ff.; *ders.*, Die Rundfunkfreiheit als europäische Rechtsgarantie, in: K. Stern (Hrsg.), Die Bedeutung des Europäischen Rechts für den nationalen Rundfunk, 2007, S. 11 ff. (speziell zur Europäischen Grundrechte-Charta S. 22 ff.); *ders.*, Zur Effektuierung des vertragsbasierten Menschenrechtsschutzes – Kommentar, in: ders./Chr. Menke (Hrsg.), Universalität – Schutzmechanismen – Diskriminierungsverbote. 15 Jahre Wiener Weltmenschenrechtskonferenz, 2008, S. 159 ff.; *ders.*, Die Grundrechtsgesamtlage, in: FS für Klaus Stern, 2012, S. 389 ff.

[5] *E. Klein*, Von der Spaltung zur Einigung Europas, in: Merten/Papier (Hrsg.), HGR I, 2004, § 5 Rn. 124.

II.

1. Grundrechte waren in der Montanunion und in den Europäischen Gemeinschaften über lange Zeit kein Thema[6], nicht weil man sie vergessen hätte, sondern weil man das Schwergewicht der Integration auf andere Fragen legte, nachdem der „Vertrag über die Gründung der Europäischen Verteidigungsgemeinschaft" vom 25. Mai 1952[7] in der französischen Nationalversammlung gescheitert war. Dieser hatte in seinem Art. 3 § 1 vorgesehen, dass die Gemeinschaft bei der Erfüllung ihrer Aufgaben „die staatsbürgerlichen Rechte und die Grundrechte des einzelnen" „wahrt". Auch der „Entwurf zu einem Vertrag über die Satzung der Europäischen (Politischen) Gemeinschaft" vom 10. März 1953[8] sah in Art. 2 und in Art. 45 Regelungen zum Grundrechtsschutz vor.[9] Zudem sollte nach Maßgabe des Art. 3 der materiell-rechtliche Teil der Europäischen Konvention zum Schutz der Menschenrechte und Grundfreiheiten zum integrierenden Teil der Satzung werden.

Immerhin lassen sich in den Verträgen der Europäischen Gemeinschaft für Kohle und Stahl, der Europäischen Wirtschaftsgemeinschaft und der Europäischen Atomgemeinschaft grundrechtsähnliche Rechte feststellen, die seit 1957[10] vertraglich verankert sind und spätestens seit der *Casati*-Entscheidung durch den Europäischen Gerichtshof im Jahre 1981[11] gemeinhin als die sog. Grundfreiheiten bezeichnet wer-

---

[6] Mitunter hielt man sie sogar für gefährlich für die Wirksamkeit des Gemeinschaftsrechts, vgl. z. B. *P. Pescatore*, Integration, 1969, S. 109 (S. 126); *H.-W. Rengeling*, Entwicklungen des Grundrechtsschutzes in der Europäischen Union, in: FS für Klaus Stern, 2012, S. 881 ff. (S. 882).

[7] BGBl. II 1954, S. 343.

[8] Dieser Entwurf ist im Internet abrufbar unter http://www.politische-union.de/.

[9] Sie lauteten: Art. 2: „Die Gemeinschaft hat folgende allgemeine Ziele und Aufgaben: zur Wahrung der Menschenrechte und Grundfreiheiten in den Mitgliedstaaten beizutragen [...]"; Art. 45: „§ 1 Streitigkeiten, die aus einer Entscheidung oder sonstigen Maßnahme eines Organs der Gemeinschaft entstehen und welche die von der Konvention zur Wahrung der Menschenrechte und Grundfreiheiten anerkannten Rechte berühren, sind bei dem Gerichtshof anhängig zu machen. § 2 Wird unter den Voraussetzungen des § 1 bei dem Gerichtshof von einer natürlichen oder juristischen Person Klage erhoben, so gilt diese Klage als nach den Bestimmungen des Artikels 26 der Konvention zur Wahrung der Menschenrechte und Grundfreiheiten erhoben. § 3 Wird nach der Schaffung der in der Konvention zur Wahrung der Menschenrechte und Grundfreiheiten vorgesehenen Instanzen in einer Streitigkeit eine grundsätzliche Frage bezüglich der Auslegung oder des Umfangs der Verpflichtungen aus der genannten Konvention aufgeworfen, die alle an ihr beteiligten Vertragspartner berührt, so ist der Gerichtshof verpflichtet, das Verfahren auszusetzen, bis die grundsätzliche Frage durch die in der Konvention zur Wahrung der Menschenrechte und Grundfreiheiten geschaffenen Instanzen geklärt ist" – zitiert nach dem auf der Internetpräsenz http://www.politische-union.de/ wiedergegebenen Wortlaut.

[10] Vgl. hierzu die Ausführungen bei *W. Frenz*, Handbuch Europarecht, Bd. 1 Europäische Grundfreiheiten, 2004, Rn. 43, der darauf hinweist, dass die Etablierung der Grundfreiheiten im Jahr 1957 mit der Entstehung der Europäischen Wirtschaftsgemeinschaft einherging.

[11] EuGH, Urt. v. 11.11.1981, Slg. 1981, S. 2595 ff. (S. 2614 Rn. 8) – *Guerrino Casati*; vgl. hierzu die Ausführungen bei *W. Pfeil*, Historische Vorbilder und Entwicklung des Rechtsbegriffs der „Vier Grundfreiheiten" im Europäischen Gemeinschaftsrecht, 1998, S. 4 (auch

den[12]. In diesem Zusammenhang stellte *Th. Kingreen* allerdings fest, dass die Frage nach der eigentlichen Urheberschaft bzw. – mit den Worten von *Kingreen* – „das Copyright für den Begriff" nicht endgültig geklärt und damit „ungewiss" sei.[13]

Vor allem wurden dazu die Warenverkehrsfreiheit, die Personenverkehrsfreiheiten – Freizügigkeit der Arbeitnehmer, Niederlassungsfreiheit und Dienstleistungsfreiheit –, die Kapitalverkehrsfreiheit und die Freiheit des Zahlungsverkehrs gerechnet. Darüber hinaus begannen die Organe der Gemeinschaft über den Beitritt der Gemeinschaft zur Europäischen Menschenrechtskonvention zu diskutieren, um auf diese Weise etwaige Grundrechtsdefizite aufzufangen[14].

2. Vor allem aber war es der Europäische Gerichtshof, der nach anfänglicher Grundrechtsindifferenz[15] die Grundrechtsentwicklung in der Union vorantrieb. 1969 war es das Urteil *„Stauder"*, das anerkannte, dass die Grundrechte als allgemeine Rechtsgrundsätze auch dem Gemeinschaftsrecht immanent sind[16] und ein Jahr später noch deutlicher die Entscheidung in der Rechtssache *„Einfuhr- und Vorratsstelle für Getreide- und Futtermittel gegen Köster, Berodt & Co."*[17].

Besonders nachdrücklich bekannte sich der Gerichtshof dann in der Rechtssache *Nold* zur Anwendung der Grundrechte. In dem Urteil vom 14. Mai 1974 heißt es: „Der Gerichtshof hat bereits entschieden, daß die Grundrechte zu den allgemeinen Rechtsgrundsätzen gehören, die er zu wahren hat, und daß er bei der Gewährleistung

---

S. 33), der im Übrigen darauf hinweist, dass der Begriff der Grundfreiheiten gleichfalls in einer Stellungnahme der Bundesregierung zu diesem Verfahren Verwendung findet (a.a.O. S. 2603).

[12] Vgl. *I. Pernice*, Grundrechtsgehalte im Europäischen Gemeinschaftsrecht, 1979, S. 125 ff.; *A. Bleckmann*, Die Freiheiten des Gemeinsamen Marktes als Grundrechte, in: Gedächtnisschrift Chr. Sasse, 1981, S. 665 ff.; *Chr. Starck*, Ein Grundrechtskatalog für die Europäischen Gemeinschaften, EuGRZ 1981, S. 545 ff.; hierzu insbesondere auch *W. Pfeil*, ebda.; *Th Kingreen*, Grundfreiheiten, in: A. von Bogdandy/J. Bast (Hrsg.), Europäisches Verfassungsrecht. Theoretische und dogmatische Grundzüge, 2. Aufl. 2009, S. 705 ff. (S. 705 f.).

[13] Vgl. *Th Kingreen*, Grundfreiheiten, ebda., S. 705 ff. (S. 706), der in diesem Zusammenhang in Fn. 4 als früheste von ihm erkannte Quelle auf *H. Runge*, Das Recht der Europäischen Gemeinschaften, JuS 1964, S. 305 ff. (S. 307) verweist.

[14] Vgl. *EG-Kommission*, „Memorandum betreffend den Beitritt der Europäischen Gemeinschaften zur Konvention über den Schutz der Menschenrechte und Grundfreiheiten", EuGRZ 1979, S. 330 ff.; siehe hierzu auch die „Bemerkungen" von *R. Bieber*, EuGRZ 1979, S. 338 ff.; *M. A. Dauses*, Der Schutz der Grundrechte in der Europäischen Gemeinschaft, in: JöR. Neue Folge, Band 31 (1982), S. 1 ff. (S. 1 f.).

[15] Vgl. EuGH, Urt. v. 15. Juli 1960, Slg. 1960, S. 887 (920 f.); hierzu auch *H.-W. Rengeling*, Entwicklungen des Grundrechtsschutzes in der Europäischen Union, a.a.O (Fn. 6)., S. 881 ff. (S. 883); ferner *ders.*, Grundrechtsschutz in der Europäischen Gemeinschaft, 1992, S. 1; zuletzt *Th. von Danwitz*, Aktuelle Entwicklungen im Grundrechtsschutz der Europäischen Union, in: FS für Klaus Stern, 2012, S. 669 ff.; weitere Nachweise bei *E. Chwolik-Lanfermann*, Grundrechtsschutz in der Europäischen Union, 1994, S. 49.

[16] EuGH, Urt. v. 12. November 1969, Slg. 1969, S. 419 (S. 425 Rn. 7) – *Erich Stauder.*

[17] EuGH, Urt. v. 17. Dezember 1970, Slg. 1970, S. 1161 (S. 1176 Rn. 22) – *Köster.*

dieser Rechte von den gemeinsamen Verfassungsüberlieferungen der Mitgliedstaaten auszugehen hat. Hiernach kann er keine Maßnahmen als Rechtens (sic!) anerkennen, die unvereinbar sind mit den von den Verfassungen dieser Staaten anerkannten und geschützten Grundrechten. Auch die internationalen Verträge über den Schutz der Menschenrechte, an deren Abschluß die Mitgliedstaaten beteiligt waren oder denen sie beigetreten sind, können Hinweise geben, die im Rahmen des Gemeinschaftsrechts zu berücksichtigen sind"[18]. Grundrechte galten sonach im Wege der Rechtsfortbildung des Gemeinschaftsrechts auf prätorischem Wege, als Richterrecht. Jedoch waren Inhalt und Umfang der Rezeption durchaus zweifelhaft[19].

Daran änderte auch Art. 6 Abs. 2 EUV i.d.F. des Vertrags von Amsterdam vom 2. Oktober 1997 in der Nachfolge des Art. F Abs. 2 des EU-Vertrags i.d.F. des Vertrags von Maastricht vom 07. Februar 1992[20] nichts, wenn er als Orientierung noch zusätzlich die Europäische Menschenrechtskonvention als Rechtserkenntnisquelle benennt[21], aber eben nur als solche, ohne die unmittelbare rechtliche Verbindlichkeit einer Rechtsquelle zu besitzen.

3. Es überrascht daher nicht, wenn die rechtlich nicht voll überzeugende Anerkennung der Grundrechte in der Europäischen Union die politischen Organe der Union aktiv werden ließ. Am 5. April 1977 verabschiedeten das Europäische Parlament, der Rat und die Europäische Kommission eine Erklärung, in der sie die „vorrangige Bedeutung" der „Achtung der Grundrechte" betonten[22]. Darin lag ein engagiertes Bekenntnis zu Grundrechten auch auf der Unionsebene, dem ein normativer Charakter nicht abgesprochen wurde[23]. In der Folgezeit rückte dann vor allem der Beitritt der Union zur Europäischen Konvention zum Schutz der Menschenrechte und Grund-

---

[18] EuGH, Urt. v. 14. Mai 1974, Slg. 1974, S. 491 (S. 507 Rn. 13) – *Nold*; siehe hierzu auch *H.-W. Rengeling*, Entwicklungen des Grundrechtsschutzes in der Europäischen Union, a.a.O. (Fn. 6), S. 881 ff. (S. 883 f.).

[19] Vgl. etwa die Ausführungen zur Entwicklung der Grundrechtsjudikatur durch den Europäischen Gerichtshof bei *D. Grimm*, Zur Bedeutung nationaler Verfassungen in einem vereinten Europa, in: Merten/Papier (Hrsg.), HGR VI/2, 2009, § 168 Rn. 33, 39; *Chr. Walter*, Geschichte und Entwicklung der Europäischen Grundrechte und Grundfreiheiten, in: Ehlers (Hrsg.), Europäische Grundrechte und Grundfreiheiten, 3. Aufl. 2009, § 1 Rn. 27 ff. (insbesondere auch Rn. 31 ff.).

[20] ABl. EG, Nr. C 224 vom 31.8.1992, S. 2 ff.

[21] Siehe hierzu auch *H. F. Köck*, Das Verhältnis des Grundrechtsschutzes nach der Europäischen Menschenrechtskonvention und nach dem Recht der Europäischen Union unter besonderer Berücksichtigung des Beitritts der Letzteren zur EMRK, in: FS für Klaus Stern, 2012, S. 785 ff. (S. 790).

[22] ABl. 1977 Nr. C 103 vom 27.4.1977, S. 1.

[23] Vgl. etwa *H. Kutscher*, Der Schutz von Grundrechten, in: Kutscher/Rogge/Matscher, Der Grundrechtsschutz im Europäischen Gemeinschaftsrecht, 1982, S. 35 (S. 43); BVerfGE 73, 339 (378); EuGH, Urt. v. 13. Dezember 1979, Slg. 1979, S. 3727 (S. 3744 f. Rn. 15) – *Hauer*.

freiheiten sowie zu den Grundrechten der Europäischen Sozialcharta in den Fokus der Politik[24].

Die Präambel der Einheitlichen Europäischen Akte vom 28. Februar 1986 bekundete demgemäß ausdrücklich:„[...] Entschlossen, gemeinsam für die Demokratie einzutreten, wobei sie sich auf die in den Verfassungen und Gesetzen der Mitgliedstaaten, in der Europäischen Konvention zum Schutze der Menschenrechte und Grundfreiheiten und der Europäischen Sozialcharta anerkannten Grundrechte, insbesondere Freiheit, Gleichheit und soziale Gerechtigkeit, stützen [...]"[25].

4. Wesentlich für die Verankerung von Grundrechten im Recht der Europäischen Union wurde dann die Diskussion um eine Europäische Verfassung. Zwar wurden die Gründungsverträge von Montanunion, Europäischer Wirtschaftsgemeinschaft und Europäischer Atomgemeinschaft nicht selten als „Verfassung der Gemeinschaft" bezeichnet[26], aber den Charakter einer Vollverfassung, vergleichbar der für den souveränen Staat geltenden Verfassung hatten sie nicht. Es fehlten wichtige Ingredienzien, darunter eben auch ein ausführlicher Grundrechtskatalog. Deshalb begann man auf verschiedenen Ebenen echte Verfassungsentwürfe zu erarbeiten.

1983 unterbreiteten Abgeordnete der Europäischen Volkspartei einen „Entschließungsantrag über die Ausarbeitung einer Europäischen Verfassung" zusammen mit dem Text einer „Verfassung der Europäischen Union", der ein Kapitel mit den wichtigsten liberalen und sozialen Grundrechten enthielt[27].

1993 folgte der „Institutionelle Ausschuß des Europäischen Parlaments" mit dem „Entwurf eines Arbeitsdokuments zu der Verfassung der Europäischen Union" (sog. Herman-Entwurf), der ein Bekenntnis zu den Menschenrechten enthielt und in Art. 8 ebenfalls die wichtigsten Freiheits- und sozialen Grundrechte festlegte[28]. Schon früher hatte das Plenum des Parlaments in mehreren Entschließungen die Bedeutung der Grundrechte hervorgehoben und auf eine Formulierung und Durchsetzung der Grundrechte in der Europäischen Union gedrungen[29]. Zu mehr als dem bereits er-

---

[24] Vgl. Entschließung des Europäischen Parlaments vom 27. April 1979, abgedruckt, in: EuGRZ 1979, S. 257; hierzu auch *M. A. Dauses*, Der Schutz der Grundrechte in der Europäischen Gemeinschaft, a.a.O. (Fn. 14), S. 18 mit Fn. 55; „Feierliche Deklaration zur Europäischen Union" der Mitgliedstaaten vom 19. Juni 1983, (Bulletin EG Nr. 6–1983, S. 26).

[25] ABl. EG, Nr. L 169 v. 29.6.1987, S. 1 (S. 2).

[26] Vgl. *J. Schwarze*, Verfassungsentwicklung in der Europäischen Gemeinschaft, in: ders./Bieber (Hrsg.), Eine Verfassung für Europa. Von der Europäischen Gemeinschaft zur Europäischen Union, 1984, S. 15 ff. (S. 23 m. N. Fn. 39).

[27] Abgedruckt bei Schwarze/Bieber, ebda., S. 572 ff.

[28] Vgl. ABl. EG, Nr. C 61 v. 28.2.1994, S. 155 ff.; siehe hierzu *D. Th. Tsatsos/ P. Schiffauer*, Das Europäische Parlament als Verfassungsgeber? Legitimation und Grenzen der parlamentarischen Mitwirkung an der Entwicklung der Unionsgrundordnung, in: D. Th. Tsatsos, Zur Verfassungsentwicklung Europas – Beiträge aus den Jahren 1997 bis 2008 –, S. 25 ff. (S. 32 mit Fn. 25).

[29] Vgl. namentlich die Entschließung vom 14.2.1984 (ABl. EG, Nr. C 77 vom 19.3.1984, S. 53 unter Bezugnahme u.a. auf die Entschließung vom 14. September 1983, ABl. EG Nr. C

wählten Art. F Abs. 2 i. d. F. des Vertrags von Maastricht aus dem Jahr 1992 bzw. dem Art. 6 Abs. 2 EU i. d. F. des Amsterdamer Vertragswerks von 1997[30] führten die Vorstöße allerdings nicht.[31]

5. Einen großen Schritt vorwärts in der Schaffung eines detailliert und positiviert formulierten Grundrechtskatalogs brachte erst die Tagung des Europäischen Rats in Köln am 3./4. Juni 1999. Dort wurde die Einsetzung eines „Gremiums" mit dem Auftrag beschlossen, den Entwurf einer Charta der Grundrechte der Europäischen Union zu erarbeiten[32].

Dieser Beschluss beruhte vor allem auf einer deutschen Initiative; er zielte darauf ab, „die überragende Bedeutung der Grundrechte und ihre Tragweite für die Unionsbürger sichtbar zu verankern"[33]. In die Charta sollten vor allem die „Freiheits- und Gleichheitsrechte sowie die Verfahrensgrundrechte [...], wie sie in der Europäischen Konvention zum Schutz der Menschenrechte und Grundfreiheiten gewährleistet sind und wie sie sich aus den gemeinsamen Verfassungsüberlieferungen der Mitgliedstaaten als allgemeine Grundsätze des Gemeinschaftsrechts" ergeben, ferner die Grundrechte, „die nur den Unionsbürgern zustehen", aufgenommen werden. Außerdem sollten die sozialen Grundrechte der Arbeitnehmer „berücksichtigt" werden. Hintergrund des Auftrags des Europäischen Rats war die Erkenntnis, dass trotz der grundsätzlich positiv zu bewertenden Grundrechtsrechtsprechung des Europäischen Gerichtshofs angesichts der grundrechtlichen Defizite im Vertragstext, vor allem unter dem Aspekt der Rechtssicherheit, der fehlenden Präzisierung und der Sichtbarkeit der Grundrechte, die ausdrückliche Formulierung eines Grundrechtskatalogs für erforderlich gehalten wurde. Die Grundrechte seien nicht zuletzt ein Stück europäische Identität[34] und ein wichtiger Teil des europäischen Konstitutionalisierungsprozesses[35].

---

277 v. 17.10.1983, S. 95 ff.); Entschließung vom 12.4.1989 (ABl. EG, Nr. C 120 vom 16.5. 1989, S. 51).

[30] Vgl. den Abdruck des Vertragswerks bei *Chr. Thun-Hohenstein*, Der Vertrag von Amsterdam. Die neue Verfassung der EU, 1997, S. 131 ff.

[31] Siehe zu diesen Entwicklungen auch die Ausführungen bei *H.-W. Rengeling*, Entwicklungen des Grundrechtsschutzes in der Europäischen Union, a.a.O. (Fn. 6), S. 881 ff. (S. 887 f.).

[32] Vgl. Bulletin EU 6–1999, Nr. I.18 mit Anhang 4 („Beschluß des Europäischen Rates zur Erarbeitung einer Charta der Grundrechte der Europäischen Union") unter Nr. I.64. Das Dokument ist – wie auch die weiteren Ausgaben des Bulletin der Europäischen Union (ab dem Jahrgang 1996) – abrufbar auf der Webseite der *EU-Kommission* u. http://ec.europa.eu/archives/bulletin/de/bullset.htm.

[33] Ebda. Nr. I. 64.

[34] Zur Bedeutung eines Grundrechtskatalogs für die Identitätsstiftung siehe *A. Weber*, Europäische Verfassungsvergleichung, 2010, S. 437.

[35] Vgl. *K. Stern*, Von der Europäischen Menschenrechtskonvention zur Europäischen Grundrechte-Charta. Perspektiven des Grundrechtsschutzes in Europa, in: ders./Tettinger (Hrsg.), Die Europäische Grundrechte-Charta im wertenden Verfassungsvergleich, 2005, S. 13 (S. 20); siehe in diesem Zusammenhang auch die Ausführungen zu den verfassungsstaatlichen

In organisatorischer Hinsicht legte der Rat in Köln die Grundzüge der Zusammensetzung des „Gremiums" fest, das sich später selbst „Konvent" titulierte und *Roman Herzog*, ehedem deutscher Bundespräsident und Präsident des Bundesverfassungsgerichts, zu seinem Vorsitzenden wählte. Weitere Details bestimmte der Europäische Rat vom 15./16. Oktober 1999 in Tampere[36]. Am 2. Oktober 2000 beendete der Konvent seine Arbeit und verabschiedete in feierlicher Sitzung den Charta-Entwurf[37]. Unmittelbar darauf wurde dieser in Biarritz dem Europäischen Rat übergeben, der ihm „einmütig zustimmte"[38]. Am 7. Dezember 2000 wurde die Charta in Nizza vom Europäischen Parlament, vom Europäischen Rat und von der Europäischen Kommission „feierlich proklamiert"[39], aber (noch) nicht in die Verträge integriert, also förmlich zu europäischem Primärrecht gemacht[40]. Vom Präsidium des Konvents selbst wurden der Charta Erläuterungen beigegeben, die vor allem der Verdeutlichung der Grundrechte und der Auslegung dienen sollten.

6. Das Schicksal der EU-Grundrechte-Charta mündete in der Folgezeit in die Diskussionen ein, die der vom Europäischen Rat am 14./15. Dezember 2001 in Laeken eingesetzte Europäische Konvent zur Erarbeitung einer Verfassung der Europäischen

---

und grundrechtlichen Entwicklungstendenzen im Verhältnis der Europäischen Union zu ihren Mitgliedstaaten von *R. Scholz*, Nationale und europäische Grundrechte – unter besonderer Berücksichtigung der Europäischen Grundrechtecharta, a.a.O. (Fn. 2), § 170 Rn. 17, 22; siehe zur Bedeutung speziell der Grundrechte-Charta im Rahmen der jüngsten Vertragsentwicklungen auf EU-Ebene *W. Frenz*, Handbuch Europarecht, Band 4, Europäische Grundrechte, 2009, § 1 Rn. 15 ff.; vgl. zum Bedeutungsgehalt der EU-Grundrechte im Hinblick auf die „rechtsstaatliche Legitimation der EU" auch *C. Nowak*, Europarecht nach Lissabon, 2011, Vierter Teil Rn. 2.

[36] Vgl. Bulletin EU 10–1999 Nr. I.2 (nebst Anlage). Zur Zusammensetzung im Einzelnen *P. M. Mombaur*, in: Tettinger/Stern (Hrsg.), Kölner Gemeinschafts-Kommentar. Europäische Grundrechte-Charta, 2006, B IV Rn. 12.

[37] Dokument Charta 4487/00. Näheres zur Konventsarbeit bei *Stefan Barriga*, Die Entwicklung der Charta der Grundrechte der Europäischen Union – Eine Analyse der Arbeiten im Konvent und kompetenzrechtliche Fragen, 2003; *N. Bernsdorff/ M. Borowsky*, Die Charta der Grundrechte der Europäischen Union. Handreichungen und Sitzungsprotokolle, 2002; siehe hierzu auch die Ausführungen bei *H. F. Köck*, a.a.O. (Fn. 21), S. 791, der die dennoch fehlende Rechtsverbindlichkeit der Charta in treffender Weise als „Schönheitsfehler" bezeichnet.

[38] Vgl. Bulletin EU 10–2000, Nr. 1.2.1.

[39] Verkündung im ABl. EG 2000 Nr. C 364 vom 18.12.2000; siehe auch Bulletin EU 12–2000, Nr. 1.3.2.

[40] Vgl. *A. Weber*, Einheit und Vielfalt der Europäischen Grundrechtsordnungen, DVBl. 2003, S. 220 (S. 221); *M. Knecht*, in: J. Schwarze (Hrsg.), EU-Kommentar, 2. Aufl. 2009, Präambel GRC Rn. 1; *P. M. Huber*, Auslegung und Anwendung der Charta der Grundrechte, NJW 2011, S. 2385 ff. (S. 2385); siehe zu den auf der damals noch fehlenden Rechtsverbindlichkeit und primärrechtlichen Integration der Charta beruhenden Anforderungen an den Vertrag von Lissabon die Ausführungen bei *E. Pache/F. Rösch*, Europäischer Grundrechtsschutz nach Lissabon – die Rolle der EMRK und der Grundrechtecharta in der EU, EuZW 2008, S. 519 ff. (S. 519); siehe zu den Entwicklungslinien bezüglich der rechtlichen Qualität der Grundrechte-Charta auch *R. Scholz*, Nationale und europäische Grundrechte – unter besonderer Berücksichtigung der Europäischen Grundrechtecharta, a.a.O. (Fn. 2), § 170 Rn. 12 ff.

Union führte. In diesem Rahmen sollte vor allem geklärt werden, ob die Charta in die Verträge aufzunehmen sei und „ob die Europäische Gemeinschaft der Europäischen Menschenrechtskonvention beitreten" solle[41]. Im Konvent bestand sehr rasch Einigkeit, dass die Rechte der Charta grundsätzlich unverändert bleiben und sie als Teil II im Entwurf eines Verfassungsvertrags festgelegt werden sollten[42]. Wenn auch der Verfassungsvertrag – aus Gründen, die hier nicht ausgebreitet werden müssen – scheiterte,[43] so blieb doch die Integration der Charta in das Vertragsrecht unumstritten, wie der am 29. Oktober 2004 unterzeichnete Teil II des Verfassungsvertrags (Art. II – 61 ff.) auswies[44].

Jedoch blieb das Schicksal der Charta in der 2005 einsetzenden und bis zur Tagung des Europäischen Rates am 21./22. Juni 2007 dauernden „Reflexionsphase" rechtlich in der Schwebe. Erst auf dieser Tagung in Brüssel wurde ein Mandat für einen sog. Reformvertrag erteilt, den eine Regierungskonferenz erarbeiten sollte. Für die Charta hieß es, dass den mit den Mitgliedstaaten geführten Konsultationen über Änderungen Rechnung getragen werden sollte. Dies führte dazu, dass in Straßburg eine Proklamation der geänderten Fassung der Charta erfolgte und ihr Text im Amtsblatt der Union veröffentlicht wurde[45].

Rechtsverbindlich wurde die Charta damit jedoch noch nicht.[46] Es fehlte die Aufnahme in die Verträge oder wenigstens die Verbindung mit ihnen. Sie erfolgte erst mit Inkrafttreten des Reformvertrags. Dieser wurde am 13. Dezember 2007 in Lissabon unterzeichnet, musste aber für sein Inkrafttreten noch das Ratifikationsverfahren in allen Mitgliedstaaten überstehen. Dieses verlief nicht problemfrei – vor allem in Irland –, denn der Reformvertrag führte zu erheblichen Veränderungen der Gemeinschaftsverträge – nunmehr als Vertrag über die Europäische Union i. d. F. des Vertrags von Lissabon und als Vertrag über die Arbeitsweise der Europäischen Union i. d. F.

---

[41] Bulletin EU 12–2001, Nr. I. 27.

[42] Vgl. *M. Niedobitek*, Die Grundrechtecharta der Europäischen Union – Entwicklung und allgemeine Grundsätze, in: Merten/Papier (Hrsg.), HGR VI/1, 2010, § 159 Rn. 12 ff. m. w. N.

[43] Vgl. ausführlich etwa *K. H. Fischer*, Der Vertrag von Lissabon. Text und Kommentar zum Europäischen Reformvertrag, 2. Aufl. 2010, S. 21 ff.; *R. Streinz/Chr. Ohler/ Chr. Herrmann*, Der Vertrag von Lissabon zur Reform der EU. Einführung mit Synopse, 3. Aufl. 2010, § 2 II; *Chr. Calliess*, in: Calliess/Ruffert, EUV/AEUV, 4. Aufl. 2011, Art. 1 EUV Rn. 50 ff. m. weit. Nachw.; *F. C. Mayer*, Wege aus der Verfassungskrise – Zur Zukunft des Vertrags über eine Verfassung für Europa, JZ 2007, S. 592 ff.; *Th. Oppermann*, in: Oppermann/Classen/ Nettesheim, Europarecht, 5. Aufl. 2011, § 3 Rn. 10 ff.

[44] Vertrag über eine Verfassung für Europa (VVE), ABl. EU Nr. C 310 vom 16. Dezember 2004, S. 1 ff.; der Text ist auch abgedruckt bei *K. H. Fischer*, Der Europäische Verfassungsvertrag, 2005, S. 222 ff. oder bei *Streinz/Ohler/Herrmann*, Die neue Verfassung für Europa, 2005, S. 158 ff.

[45] ABl. EU, Nr. C 303 vom 14. 12. 2007, S. 1 ff.

[46] Unbestritten; s. *M. Niedobitek*, a.a.O. (Fn. 42), Rn. 23; zum Zeitpunkt der Rechtsverbindlichkeit auch *C. D. Classen/M. Nettesheim*, in: Oppermann/Classen/Nettesheim, Europarecht, 5. Aufl. 2011, § 17 Rn. 8 f.

der Bekanntmachung vom 9. Mai bezeichnet[47]. Beide Verträge konnten erst zum 1. Dezember 2009 in Kraft treten.

Bedauerlicherweise wurde die Charta der Grundrechte nicht ausdrücklich in den Text der Verträge integriert[48]. Wohl aber erklärte man die Charta in Art. 6 Abs. 1 UAbs. 1 Halbsatz 2 EUV mit den Verträgen für „rechtlich gleichrangig".[49] Die Charta tritt damit neben die beiden vorgenannten Verträge und ist mit Wirkung vom 13. Dezember 2009 die dritte (rechtsverbindliche) Säule des europäischen Primärrechts.[50] Allerdings gelten für Großbritannien, Polen und die Tschechische Republik hinsichtlich der Charta Besonderheiten[51].

III.

Die Rechtsverbindlichkeit der Charta durch ihre Einbeziehung in das europäische Primärrecht (Art. 6 Abs. 1 UAbs. 1 EUV) bedeutet eine beachtliche Aufwertung der Charta und eine erhebliche Verstärkung des Grundrechtsschutzes in der Europäischen Union. Gleichwohl bleibt die Charta neben den Verträgen ein selbständiges

---

[47] Konsolidierte Fassungen des Vertrags über die Europäische Union und des Vertrags über die Arbeitsweise der Europäischen Union, ABl. EU, Nr. C 115 vom 9.5.2008, S. 1 ff.

[48] Die Gründe hierfür sind nicht offenkundig. Wahrscheinlich dürfte die fehlende Integration der Charta in den eigentlichen Vertragstext am Widerstand Großbritanniens gescheitert sein, vgl. hierzu *H.-W. Rengeling*, Entwicklungen des Grundrechtsschutzes in der Europäischen Union, a.a.O. (Fn. 6), S. 881 ff. (S. 894).

[49] Hierzu *J. Ziller*, Die Konstitutionalisierung der Grundrechte-Charta und die gemeinsamen Verfassungsüberlieferungen der Mitgliedstaaten, in: FS für Klaus Stern, 2012, S. 1015 ff. (S. 1015).

[50] Siehe zur primärrechtlichen Geltung der Europäischen Grundrechte-Charta die Ausführungen bei *F. Schorkopf*, in: Grabitz/Hilf/Nettesheim (Hrsg.), Das Recht der Europäischen Union, 2010, Art. 6 EUV Rn. 28 ff.; *Th. Kingreen*, in: Calliess/Ruffert, EUV/AEUV, 4. Aufl. 2011, Art. 6 EUV Rn. 8 ff. (Rn. 12); *H.-P. Folz*, in: Vedder/Heintschel von Heinegg (Hrsg.), Europäisches Unionsrecht. EUV/AEUV/Grundrechte-Charta. Handkommentar, 2012, Art. 6 EUV Rn. 2 ff. (insbesondere Rn. 3); *R. Streinz*, in: ders. (Hrsg.), EUV/AEUV, 2. Aufl. 2012, Art. 6 EUV Rn. 2; mit einem Hinweis auf die nach wie vor bestehenden Vorbehalte im Zusammenhang mit der primärrechtlichen Geltung der Charta *Chr. Grabenwarter/K. Pabel*, a.a.O. (Fn. 2), § 4 Rn. 10.

[51] „Protokoll Nr. 30 über die Anwendung der Charta der Grundrechte der Europäischen Union auf Polen und das Vereinigte Königreich", abgedruckt, in: ABl. EU, Nr. C 113 vom 9.5. 2008, S. 313 f.; zu diesen Vorbehalten s. *D. Ehlers*, Allgemeine Lehren der Unionsgrundrechte, in: ders. (Hrsg.), Europäische Grundrechte und Grundfreiheiten, 3. Aufl. 2009, § 14 Rn. 26; *W. Frenz*, Handbuch Europarecht, Band 4, Europäische Grundrechte, § 1 Rn. 19 ff.; *E. Pache/F. Rösch*, EuR 2009, S. 769 ff. (S. 783 ff.); *R. Scholz*, Nationale und europäische Grundrechte – unter besonderer Berücksichtigung der Europäischen Grundrechtecharta, a.a.O. (Fn. 2), § 170 Rn. 14; *R. Geiger*, in: ders./Khan/Kotzur, EUV/AEUV, 5. Aufl. 2010, Art. 6 Rn. 10 f. unter Bezugnahme auf einzelne Erklärungen der genannten Mitgliedstaaten der EU; *M. Borowsky*, in: Meyer (Hrsg.), Charta der Grundrechte der Europäischen Union, 3. Aufl. 2011, Vor Titel VII Rn. 16 ff.; *J. Ziller*, a.a.O. (Fn. 49), S. 1028 ff.

„Rechtskorpus"[52]. Das zeigt sich schon darin, dass ihre Artikel eine eigene Zählung besitzen und eine eigene Präambel vorausgestellt ist. Wichtiger als diese Äußerlichkeit ist jedoch, dass sie eigenen Auslegungsgrundsätzen unterworfen ist[53]. Wie kaum ein anderer Teil des europäischen Primärrechts kann sie auf gemeinsame Rechtsvorstellungen der Völker Europas zurückblicken[54]. Sie erweitert die Grundrechtshomogenität der nationalen Verfassungen der Mitgliedstaaten in den Bereich der Europäischen Union hinein[55], was gewissermaßen zu einer – wenn auch teilweise noch begrenzten – Transzendierung der mitgliedstaatlichen Grundrechtsüberzeugungen auf die Ebene der Europäischen Union führt. Gleichzeitig verkörpert sie materielles europäisches Verfassungsrecht, weil sie Vorrang gegenüber dem europäischen Sekundärrecht besitzt und alle Unionsorgane daran gebunden sind (Art. 6 Abs. 1 UAbs. 1 Halbsatz 1). Dennoch erwachsen aus dieser Rechtsqualität der Charta einige Probleme. Sie sind weniger inhaltlicher Natur als dem Verhältnis der Grundrechtsregime zueinander geschuldet.

1. Was den Inhalt der in der Charta garantierten Rechte betrifft, so entspricht er im Wesentlichen den in der Europäischen Menschenrechtskonvention und in den nationalen Verfassungen der Mitgliedstaaten gewährleisteten Grundrechten. Insoweit ist sie Ausdruck der europäischen Grundrechtshomogenität[56]. Zu den tradierten Frei-

---

[52] Guter Begriff von *F. Schorkopf*, a.a.O. (Fn. 50), Art. 6 EUV Rn. 21.

[53] Dazu *A. Weber*, in: Tettinger/Stern (Hrsg.), Kölner Gemeinschafts-Kommentar. Europäische Grundrechte-Charta, 2006, B V Rn. 1 ff. (insbesondere auch Rn. 14 f.); *J. Meyer*, in: ders. (Hrsg.), Charta der Grundrechte der Europäischen Union, 3. Aufl. 2011, Präambel Rn. 9 ff. (Rn. 13).

[54] Vgl. zu den „Grundlagen der Gemeinsamen Verfassungsüberlieferungen" die auf einzelne Mitgliedstaaten der Europäischen Union bezogenen Erörterungen bei Tettinger/Stern, Kölner Gemeinschaftskommentar, Teil A.

[55] Dies wird nicht zuletzt auch durch den Text der Charta-Präambel deutlich, der in besonderer Weise die „Grundlage gemeinsamer Werte" und die „gemeinsamen Verfassungstraditionen" gewissermaßen als Ausgangspunkt für das Anliegen betont, den „Schutz der Grundrechte zu stärken, indem sie in einer Charta sichtbarer gemacht werden", vgl. hierzu auch die Kommentierung bei *J. Meyer*, a.a.O. (Fn. 53), Präambel etwa Rn. 28, 31 ff.; siehe in diesem Zusammenhang auch bereits die Ausführungen von *Chr. Grabenwarter*, in: Tettinger/Stern (Hrsg.), Kölner Gemeinschafts-Kommentar. Europäische Grundrechte-Charta, 2006, B III Rn. 12 ff.

[56] Siehe zur „Vereinheitlichung des Grundrechtsschutzes" in der EU *H. F. Köck*, a.a.O. (Fn. 21), S. 794; eine wesentliche Bedeutung kommt in Bezug auf den Homogenitätsgedanken insofern auch der Auslegungsklausel des Art. 52 EU-GRCh zu, wonach solche Grundrechte, die neben ihrer Verankerung im Charta-Text auch „den gemeinsamen Verfassungsüberlieferungen der Mitgliedstaaten" immanent sind, „im Einklang mit diesen Überlieferungen" auszulegen sind, vgl. zu dieser Klausel etwa *C. Ladenburger*, in: Tettinger/Stern (Hrsg.), Kölner Gemeinschafts-Kommentar, Europäische Grundrechte-Charta, 2006, Art. 52 Rn. 65 ff. (insbesondere auch Rn. 75); siehe auch die etwas skeptischere Betrachtungsweise von *R. Scholz*, der anstatt einer ausdrücklichen Homogenität lediglich davon spricht, dass „die Europäische Grundrechtecharta doch ,im wesentlichen' den Grundrechtsstandard des Grundgesetzes erfüllt", vgl. *R. Scholz*, Nationale und europäische Grundrechte – unter besonderer Berücksichtigung der Europäischen Grundrechtecharta, a.a.O. (Fn. 2), Rn. 24. Von „grundrechtlichen Parallelwelten" spricht *Ch. Grabenwarter*, EuGRZ 2012, S. 507.

heits-, Gleichheits-, politischen und justiziellen Grundrechten sind allerdings einige neue, aus der aktuellen Bedrohung des Menschen erwachsene Rechte hinzugetreten. Das gilt beispielsweise für Art. 4 EU-GRCh (Verbot der Folter und unmenschlicher oder erniedrigender Strafe oder Behandlung) und vor allem für die den besonderen Schutz gegenüber Eingriffen „im Rahmen der Medizin und der Biologie" nach Art. 3 Abs. 2 EU-GRCh garantierten Rechte. Darüber hinaus haben moderne technische und ökonomische Entwicklungen, aus denen sich Gefahren für menschliches Leben oder seine Ausgestaltung ergeben können, Eingang in die Charta gefunden, etwa in Art. 8 EU-GRCh – Datenschutz –, Art. 11 Abs. 2 EU-GRCh – Gesundheits-, Umwelt- und Verbraucherschutz sowie Zugang zu Dienstleistungen von allgemeinem wirtschaftlichen Interesse (Daseinsvorsorgeeinrichtungen). Überhaupt ist den sozialen und Solidaritätsgrundrechten größere Aufmerksamkeit gewidmet worden als dies etwa im Grundgesetz der Fall ist (Art. 24 bis 26 und Art. 27 ff. EU-GRCh unter dem Titel Solidarität). Hervorzuheben sind unter dem Titel „Bürgerrechte" auch das sehr detailfreudig ausgestaltete Recht auf eine gute Verwaltung und das „Recht auf Zugang zu den Dokumenten der Union" (Art. 41 und 42 EU-GRCh).[57]

Allerdings ist es durchaus zweifelhaft, ob alle diese Verbürgungen den Charakter subjektiver Rechte besitzen oder ob es sich insoweit nur um „Grundsätze" im Sinne des letzten Satzes der Präambel, des Art. 51 Abs. 1 Satz 2 EU-GRCh und des Art. 6 Abs. 1 UAbs. 3 EUV handelt[58] oder nur „Ziele für das Handeln der Union" begründet werden sollen[59]. Die in Art. 6 Abs. 1 UAbs. 3EUV und Art. 52 Abs. 7 EU-GRCh erwähnten und für die Auslegung der Charta als bedeutungsvoll erachteten „Erläuterungen" des Präsidiums des Konvents helfen in diesem Punkt nicht weiter[60]. Insoweit

---

[57] Hierzu *D.-U. Galetta*, Das Recht auf eine gute Verwaltung und Fehlerfolgenlehre nach dem Inkrafttreten des Lissabonner Vertrages: Der Fall Deutschlands und Italiens, in: FS für Klaus Stern, 2012, S. 1051 ff.

[58] Vgl. hierzu beispielhaft in Bezug auf Art. 24 EU-GRCh die die Grundrechtsqualität bejahenden und die Annahme eines bloßen Grundsatzes verneinenden Ausführungen bei *R. Streinz*, a.a.O. (Fn. 50), Art. 24 GR-Charta Rn. 5; a. A. hingegen *J. Ennuschat*, in: Tettinger/Stern (Hrsg.), Kölner Gemeinschafts-Kommentar. Europäische Grundrechte-Charta, 2006, Art. 24 Rn. 5 f.; einen Überblick über den Meinungsstand gibt *F. Ross*, in: Schwarze (Hrsg.), EU-Kommentar, 2. Aufl. 2009, Art. 24 GRC Rn. 3; allgemein: *R. Scholz*, Nationale und europäische Grundrechte – unter besonderer Berücksichtigung der Europäischen Grundrechtecharta, a.a.O. (Fn. 2), Rn. 94, der den objektiv-rechtlichen Gewährleistungsgehalt dieser Grundrechte betont und ihnen den Charakter „unmittelbar-einklagbarer" Grundrechtspositionen abspricht.

[59] Vgl. Europäischer Rat, in: Bulletin EU 6–1999, Nr. I.64.

[60] Die ursprünglichen Erläuterungen sind abgedruckt in: EuGRZ 2000, S. 559; aufgrund der in der Europäischen Grundrechte-Charta vorgenommenen Anpassungen wurden auch die Erläuterungen dem aktuellen Chartatext angeglichen. Die aktualisierten Erläuterungen wurden veröffentlicht in: ABl. EU, Nr. C 303 vom 14.12.2007, S. 17 ff.; siehe hierzu auch *J. Ziller*, a.a.O. (Fn. 49), S. 1016 mit Fn. 3.

besteht also noch erheblicher Klärungsbedarf hinsichtlich der rechtlichen Qualität der nicht klar als subjektive Rechte auszumachenden Verbürgungen[61].

2. Neben den Grundrechten, die in der Charta positiviert sind, existieren noch weitere Unionsgrundrechte als „allgemeine Grundsätze", „wie sie in der Europäischen Konvention zum Schutz der Menschenrechte und Grundfreiheiten gewährleistet sind und wie sie sich aus den gemeinsamen Verfassungsüberlieferungen der Mitgliedstaaten ergeben" (Art. 6 Abs. 3 EUV). Diese Vorschrift ist aus Art. 6 Abs. 2 EU i. d. F. des Vertrags von Amsterdam vom 2. 10. 1997 übernommen worden und ist erstmals mit dem Vertrag von Maastricht kodifiziert worden (Art. F Abs. 2 EU i. d. F. vom 7. 2. 1992).[62] Man kann an der Notwendigkeit dieser Vorschrift zweifeln[63], nachdem die Grundrechte-Charta durch Art. 6 Abs. 1 UAbs. 1 EUV verbindliches unionales Primärrecht geworden ist, das mit den Verträgen gleichrangig ist.[64]

Liegt der Sinn der Umwidmung der von der Rechtsprechung des Europäischen Gerichtshofs geschaffenen Rechtserkenntnisquelle der allgemeinen Rechtsgrundsätze in eine Rechtsquelle lediglich in einer Klarstellung oder wollte man die Möglichkeit einer Grundrechtsfortentwicklung durch die Rechtsprechung des Gerichts schaffen? Die Fragen stehen noch im Raum[65]. Sicher ist, dass jedenfalls zwei Ebenen des Grundrechtsschutzes im Recht der EU existieren, bei denen Konflikte nicht ausgeschlossen werden können, weil das Verhältnis beider Grundrechtsgarantien nicht

---

[61] Vgl. dazu etwa *R. Streinz*, a.a.O. (Fn. 50), Vor GR-Charta Rn. 12; *M. Niedobitek*, a.a.O. (Fn. 42), Rn. 62, 67.

[62] Vgl. zu den Unterschieden im Wortlaut der aktuellen Vorschrift gegenüber der ursprünglichen Norm des Vertrags von Maastricht *J. Ziller*, a.a.O. (Fn. 49), S. 1020.

[63] *F. Schorkopf*, a.a.O. (Fn. 50), Art. 6 EUV Rn. 52: „anachronistisch und […] verzichtbar" m. w. N.; hierzu auch *H.-P. Folz*, a.a.O. (Fn. 50), Art. 6 EUV Rn. 12 ff. m. w. N.

[64] *H.-W. Rengeling* sieht hingegen (unter Bezugnahme auf die Ausführungen von *E. Pache/ F. Rösch*, Die neue Grundrechtsordnung der EU nach dem Vertrag von Lissabon, EuR 2009, S. 769 ff. (S. 772 f.)) in der Regelung des Art. 6 Abs. 3 EUV „eine Kontinuität des Grundrechtsschutzes", s. *H.-W. Rengeling*, Entwicklungen des Grundrechtsschutzes in der Europäischen Union, a.a.O. (Fn. 6), S. 881 ff. (S. 892).

[65] Siehe etwa *Chr. Calliess*, Die neue Europäische Union nach dem Vertrag von Lissabon, 2010 S. 322 ff. (insbesondere auch S. 324 f.); *R. Geiger* sieht in der entsprechenden Kodifizierung wohl den vorläufigen Höhepunkt einer Reihe von Verstärkungen der bisherigen Heranziehung dieser „allgemeinen Grundsätze" durch den EuGH (ehedem als Rechtserkenntnisquelle), wobei er die dann aufgeworfene Abgrenzungsfrage allerdings nicht klärt, vgl. *R. Geiger*, a.a.O. (Fn. 51), Art. 6 EUV Rn. 23 ␣ff.; *R. Streinz/W. Michl* behandeln Art. 6 Abs. 3 EUV unter anderem in einem mit „Kodifizierung der Rechtsprechung des EuGH" überschriebenen Gliederungspunkt, der insofern eine Deutung i.S. einer Klarstellung nahelegt, vgl. *R. Streinz/W. Michl*, in: Streinz, EUV/AEUV, 2. Aufl. 2012, Art. 6 EUV Rn. 24; *H.-P. Folz* spricht lediglich davon, dass Art. 6 Abs. 3 die „Existenz und Fortentwicklung dieser allgemeinen Rechtsgrundsätze unberührt" lasse und dass „die Vorschrift die Anerkennung neuer Grundrechte zu(lasse), wenn die Verfassungsordnungen der Mitgliedstaaten solche Rechte konsolidieren", vgl. *H.-P. Folz*, a.a.O. (Fn. 50), Art. 6 EUV Rn. 14; „Art. 6 Abs. 3 EUV als Öffnungsklausel zur Optimierung des Grundrechtsschutzes" ansehend *M. Borowsky*, a.a.O. (Fn. 51), Vor Titel VII Rn. 15 f.; gegen das Verständnis als „Entwicklungsklausel" *F. Schorkopf*, a.a.O. (Fn. 50), Art. 6 EUV Rn. 52 f.

klar bestimmt ist⁶⁶. Zwar wird angesichts weitreichender Grundrechtshomogenität im europäischen Raum ein Konflikt die Ausnahme bleiben, aber im Zweifel muss entschieden werden, welche Rechtsquelle Vorrang hat.⁶⁷ Das Problem wird nicht dadurch entschärft, dass Art. 6 Abs. 2 EU-GRCh den Beitritt zur Europäischen Konvention zum Schutz der Menschenrechte und Grundfreiheiten verlangt. Art. 6 Abs. 2 ist „Beitrittsermächtigung und Beitrittsverpflichtung" in einem⁶⁸. Erfolgt dieser Beitritt⁶⁹, so ist auch die Europäische Konvention zum Schutz der Menschenrechte und Grundfreiheiten Teil des unionalen Primärrechts⁷⁰. Die darin festgelegten Grundrechte bilden dann ein weiteres Corpus des „unionalen Grundrechtsschutzes"⁷¹. Darin liegt ein Stück Grundrechtshypertrophie, die die für den Bürger erstreb-

---

⁶⁶ So wird teilweise in der Literatur etwa auf die Bedeutung der als allgemeine Grundsätze gewonnenen Grundrechte für solche Grundrechte betont, die über den Gewährleistungsgehalt der Grundrechte aus der Grundrechte-Charta hinausgehen, vgl. *C. Nowak*, a.a.O. (Fn. 35),Rn. 5; *F. Schorkopf* geht von einer vorrangigen Anwendung der Charta-Grundrechte „gegenüber den allgemeinen Grundsätzen" aus, vgl. *ders.*, a.a.O. (Fn. 50), Art. 6 EUV Rn. 56 (zum Verhältnis Charta-EMRK Rn. 57); siehe ferner die Ausführungen zur „Abstimmung des dreifachen Grundrechtsschutzes" und zur diesbezüglichen kollisionsrechtlichen Behandlung bei *R. Streinz*, a.a.O. (Fn. 50), Art. 6 EUV Rn. 35 f.; siehe aber auch *R. Geiger*, a.a.O. (Fn. 51), Rn. 27, der davon ausgeht, dass sich Grundrechtsgewährleistungen dieser beiden Ebenen „inhaltlich weitestgehend decken", es jedoch gleichwohl für möglich hält, dass die „sich weiter entwickelnden Grundrechte einen weiteren Schutzbereich umfassen als die Charta"; weitergehend zur generellen Frage des Vorrangs „zwischen Grundrechten und anderen Rechten" *J. Ziller*, a.a.O. (Fn. 49), S. 1017 f.; siehe bereits zur grundrechtlichen Kollisionsproblematik im mehrdimensionalen Grundrechtsschutz auf europäischer Ebene nach EU-/EG-Recht vor Inkrafttreten des Lissabon-Vertrages *J. F. Lindner*, Grundrechtsschutz in Europa – System einer Kollisionsdogmatik, EuR 2007, S. 160 ff.

⁶⁷ Einen zusätzlichen Hinweis auf das Homogenitätsbemühen auf der Ebene des Grundrechtsschutzes in der Europäischen Union gibt auch Art. 52 Abs. 4 EU-GRCh, vgl. hierzu die Ausführungen bei *J. Ziller*, ebda. (Fn. 49), S. 1024 f., 1027 ff.

⁶⁸ H. M.; vgl. etwa *Chr. Calliess*, a.a.O. (Fn. 65), S. 328; *R. Geiger*, a.a.O. (Fn. 51), Art. 6 EUV Rn. 21; *M. Borowsky*, a.a.O. (Fn. 51), Vor Titel VII Rn. 14; *C. Nowak*, a.a.O. (Fn. 35),Rn. 14; siehe allgemein zum bevorstehenden Beitritt der EU zu dieser in regionalvölkerrechtlicher und grundrechtlicher Hinsicht bedeutsamen Konvention auch *H. F. Köck*, a.a.O. (Fn. 21) S. 794 ff.; *H. W. Rengeling*, Entwicklungen des Grundrechtsschutzes in der Europäischen Union, a.a.O. (Fn. 6), S. 881 ff. (S. 894 f.).

⁶⁹ Zum Stand der Beitrittslage siehe *W. Obwexer*, Der Beitritt der EU zur EMRK: Rechtsgrundlagen, Rechtsfragen und Rechtsfolgen, EuR 2012, S. 115 ff.; vgl. zum „Beitrittsprozedere" auch die Ausführungen bei *H. F. Köck*, a.a.O. (Fn. 21), S. 809 f.; siehe ferner zu verfahrensrechtlichen Anforderungen im Hinblick auf den beabsichtigten Beitritt der EU zur EMRK auch die „Gemeinsame Erklärung der Präsidenten von EGMR (Straßburg) und EuGH (Luxemburg) vom 24. Januar 2011 / ‚Parallele Auslegung' von GRCh und EMRK sowie Beitritt der EU zur EMRK", abgedruckt und übersetzt in: EuGRZ 2011, S. 95 f.

⁷⁰ Vgl. *W. Weiß*, ZEuS 2005, S. 323 (S. 348 f.); *C. Nowak*, a.a.O. (Fn. 35), Rn. 14; differenzierend und bezüglich des endgültigen Ranges der EMRK wohl zweifelnd *H.-P. Folz*, a.a.O. (Fn. 50), Art. 6 EUV Rn. 8 f.

⁷¹ *R. Streinz*, a.a.O. (Fn. 50), Vor GR-Charta, Rn. 13; siehe allgemein zu den drei voneinander zu unterscheidenden „Grundrechtskategorien" im künftigen Unionsrecht *H.-W. Rengeling*, Entwicklungen des Grundrechtsschutzes in der Europäischen Union, a.a.O. (Fn. 6), S. 881 ff. (S. 896).

te Transparenz in der Grundrechtsgeltung eher verdunkelt als erhellt. Es bleibt abzuwarten, wie der Gerichtshof der Europäischen Union und der Europäische Gerichtshof für Menschenrechte das Dilemma bereinigen. Vieles spricht für die Ansicht von *Chr. Calliess*, dass aus der Voranstellung des Art. 6 Abs. 1 UAbs. 1 EUV zu schließen sei, dass die Charta-Grundrechte den Vorrang genießen[72]. Allerdings dürfte entsprechend dem Art. 52 Abs. 3 und 4 EU-GRCh eine Auslegung der Charta-Grundrechte nach Maßgabe der EMRK-Rechte und der gemeinsamen Verfassungsüberlieferungen Platz zu greifen haben. Auch dieses Verhältnis bleibt klärungsbedürftig.

3. Art. 51 EU-GRCh legt den Anwendungsbereich der Grundrechte-Charta hinsichtlich der Grundrechtsverpflichteten fest. Verpflichtet sind danach die „Organe, Einrichtungen und sonstigen Stellen der Union", aber auch die „Mitgliedstaaten", jedoch „ausschließlich bei der Durchführung des Rechts der Union".[73] Die Vorschrift scheint klar; dennoch wirft sie eine Reihe von Streitfragen auf. Der „alte" Art. 6 Abs. 2 EU (i.d.F. der Verträge von Amsterdam und Nizza) hatte lediglich die Union verpflichtet. Jedoch hatte der Europäische Gerichtshof in ständiger Rechtsprechung angenommen, die Mitgliedstaaten seien auch dann an europäische Grundrechte gebunden, „wenn sie im ‚Anwendungsbereich des Gemeinschaftsrechts' [...] handelten"[74]. Das gilt vor allem für die Umsetzung von Richtlinien in nationales Recht und die in ihnen eingeräumten Ermessensspielräume sowie bei der administrativen Durchführung von Gemeinschaftsrecht schlechthin[75].

In diesen Konstellationen stoßen die Unionsgrundrechte aber gleichzeitig auf den Geltungsbereich der nationalen Grundrechte; denn diese müssen ebenfalls beachtet werden, wenn der nationale Gesetzgeber oder die nationale Exekutive tätig wird (Art. 1 Abs. 3 GG). Gebunden ist darüber hinaus auch die nationale Judikative. Die daraus resultierende Doppelbindung wirft ebenfalls Probleme auf, die in der Frage gipfeln, „inwieweit die nationalen Grundrechte bei besserer ‚Bonität' des Grundrechtsschutzes neben den Unionsgrundrechten anwendbar bleiben"[76]. Die Antwort dürfte Art. 53 EU-GRCh geben, der eine Art „Meistbegünstigungsklausel"[77] vorsieht, wenn er normiert, dass die Bestimmungen der Charta weitergehenden

---

[72] Vgl. *Chr. Calliess*, a.a.O. (Fn. 65), S. 322.

[73] Vgl. auch *W. Cremer*, Grundrechtsverpflichtete und Grundrechtsdimensionen nach der Charta der Grundrechte der Europäischen Union, EuGRZ 2011, S. 545 ff.; *H.-W. Rengeling*, Entwicklungen des Grundrechtsschutzes in der Europäischen Union, a.a.O. (Fn. 6), S. 881 ff. (S. 882) m. w. N. in dortiger Fn. 6; *H. D. Jarass*, Die Bindung der Mitgliedstaaten an die EU-Grundrechte, NVwZ 2012, S. 457 ff.

[74] So mit entsprechenden Nachweisen zur Rechtsprechung des EuGH auch *Chr. Calliess*, a.a.O. (Fn. 65), S. 343 mit Fn. 295.

[75] Vgl. EuGH, Urt. v. 24. März 1994, Slg. 1994, I-955 (I-983 Rn. 14 ff. [Rn. 16] – *Bostock*; EuGH, Urt. v. 12. Dezember 1996, Slg. 1996, I-6609 (I-6636 f. Rn. 24 ff.) – *Strafverfahren gegen X*; EuGH, NVwZ 2006, S. 1033 (dazu *P. Szczekalla*, Grenzenlose Grundrechte, NVwZ 2006, S. 1019 (S. 1020)).

[76] So *Chr. Calliess*, ebda., S. 353.

[77] Der Begriff wurde wohl von *M. Borowsky*, in: J. Meyer (Hrsg.), Kommentar zur Charta der Grundrechte der Europäischen Union, 1. Aufl. 2003, Art. 53 Rn. 14 eingeführt; über-

Rechten der nationalen Grundrechtskataloge oder der Europäischen Menschenrechtskonvention nicht entgegenstehen. Es soll mithin eine Parallelität des Schutzniveaus geschaffen werden[78].

Diese Lösung wäre zu glatt. Sie könnte vor allem mit dem Vorrang des Unionsrechts in Konflikt geraten.[79] Das sieht *Th. Kingreen* richtig, wenn er sagt: „Die Konkurrenzregel ‚Anwendungsvorrang des Gemeinschaftsrechts' verträgt sich [...] mit der Konkurrenzregel ‚Günstigkeitsprinzip' nicht"[80]. Die Bereinigung des Konflikts stößt auf Grundfragen des Verhältnisses des Unionsrechts zum nationalen Verfassungsrecht und auf widerstreitende Prinzipien in diesem Beziehungssystem, in das vor allem die jeweiligen Höchstgerichte involviert sind. Sie haben bisher noch nicht die Klarheit geschaffen, die erforderlich wäre, um das Verhältnis der durch Art. 53 EU-GRCh angesprochenen Grundrechtsregime zu klären. Der Prozess ist noch im Gange und in seinem Ausgang nicht leicht „prognostizierbar"[81]. Er verläuft in einem hochsensiblen Rahmen[82].

---

nommen von *R. Streinz/W. Michl*, a.a.O. (Fn. 65), Art. 53 GR-Charta Rn. 3; *Th. von Danwitz*, in: Tettinger/Stern, Kölner Gemeinschafs-Kommentar. Europäische Grundrechte-Charta, 2006, Art. 53 Rn. 1 m. w. N., die auch zu anderen Bezeichnungen für diese Klausel führen; *Th. Kingreen*, a.a.O. (Fn. 50), Art. 53 GRCh Rn. 3.

[78] Vgl. *W. Frenz*, Handbuch Europarecht, Band 4, Europäische Grundrechte, 2009, § 4 Rn. 131; *U. Becker* stellt insofern zutreffend fest, dass nach Maßgabe des Art. 53 EU-GRCh „andere Grundrechtsverbürgungen unberührt bleiben" sollen und „der Umfang des Schutzes aus den betroffenen Grundrechten selbst zu bestimmen" sei, vgl. *U. Becker*, in: Schwarze (Hrsg.), EU-Kommentar, 2. Aufl. 2009, Art. 53 GRC Rn. 1 bzw. 9; *H. D. Jarass*, Charta der Grundrechte der Europäischen Union. Kommentar, 2010, Art. 53 Rn. 1 m. w. N.; abweichend zu dieser Deutung *M. Niedobitek*, a.a.O. (Fn. 42), § 159 Rn. 73.

[79] Siehe zu diesem Vorrangverhältnis (noch unter Verwendung der Terminologie des „Gemeinschaftsrechts") *A. Voßkuhle*, Der europäische Verfassungsgerichtsverbund, NVwZ 2010, S. 1 ff. (S. 5 f.).

[80] *Th. Kingreen*, a.a.O. (Fn. 50), Art. 53 GRCh Rn. 5; siehe in diesem Zusammenhang auch bereits die Ausführungen bei *Th. von Danwitz*, a.a.O. (Fn. 77), Art. 53 Rn. 12 f.; *A. Wehlau/N. Lutzhöft*, Grundrechte-Charta und Grundrechts-Checkliste – eine dogmatische Selbstverpflichtung der EU-Organe, EuZW 2012, S. 45 ff.

[81] So bereits *Th. von Danwitz*, a.a.O. (Fn. 77), Art. 53 Rn. 21.

[82] Vgl. zum Verhältnis der Europäischen Gerichte zu den nationalen Höchstgerichten *G. Ress*, Der Europäische Gerichtshof für Menschenrechte, seine Reform und die Rolle der nationalen Gerichte, in: W. Karl (Hrsg.), Internationale Gerichtshöfe und nationale Rechtsordnung, 2005, S. 39 ff.; siehe auch *Th. Öhlinger*, Perspektiven des Grundrechtsschutzes in Europa: Das Zusammenspiel von EGMR, EuGH und VfGH im Lichte des Verfassungsentwurfs der Europäischen Union, in: W. Karl (Hrsg.), Internationale Gerichtshöfe und nationale Rechtsordnung, 2005, S. 123 ff.; *Chr. Grabenwarter*, Wirkungen eines Urteils des Europäischen Gerichtshofs für Menschenrechte – am Beispiel des Falls M. gegen Deutschland, JZ 2010, S. 857 ff.; *A. Voßkuhle*, a.a.O. (Fn. 79), S. 1 ff. mit Ausführungen zum „Begriff des europäischen Verfassungsgerichtsverbundes", ebda. S. 3 ff.; *Th. Schilling*, Die Kontrolle von Nichtvorlagen letztinstanzlicher Gerichte an den EuGH, EuGRZ 2012, S. 133.

Nach einigem Schwanken in seiner Rechtsprechung hat das Bundesverfassungsgericht[83] nunmehr zu verstehen gegeben, dass es „seine Gerichtsbarkeit über die Anwendbarkeit von Gemeinschafts- oder nunmehr Unionsrecht, das als Grundlage für ein Verhalten deutscher Gerichte und Behörden im Hoheitsbereich der Bundesrepublik Deutschland in Anspruch genommen wird, grundsätzlich nicht aus(übt) und dieses Recht nicht am Maßstab der Grundrechte des Grundgesetzes (überprüft), solange die Europäischen Gemeinschaften (beziehungsweise heute die Europäische Union), insbesondere die Rechtsprechung des Europäischen Gerichtshofs, einen wirksamen Schutz der Grundrechte generell gewährleisten, der dem vom Grundgesetz jeweils als unabdingbar gebotenen Grundrechtsschutz im Wesentlichen gleich zu achten ist, zumal den Wesensgehalt der Grundrechte generell verbürgt (vgl. BVerfGE 73, 339 [387]; 102, 147 [162 f.]). Diese Grundsätze gelten auch für innerstaatliche Rechtsvorschriften, die zwingende Vorgaben einer Richtlinie in deutsches Recht umsetzen. [...] Beschwerdeführer können sich auf die Grundrechte des Grundgesetzes jedoch insoweit berufen, als der Gesetzgeber bei der Umsetzung von Unionsrecht nicht determiniert ist (vgl. BVerfGE 121, 1 [15])"[84]. Allerdings macht das Gericht sofort für den konkreten Fall eine Ausnahme, wenn es erklärt: „Darüber hinaus sind die Verfassungsbeschwerden vorliegend aber auch insoweit zulässig, als die angegriffenen Vorschriften auf Richtlinienbestimmungen beruhen, die einen zwingenden Inhalt haben"[85].

Noch dürfte es also an Stringenz der bundesverfassungsgerichtlichen Rechtsprechung fehlen, die in ihrer letzten Entscheidung, die nach der Rechtsverbindlichkeit der Charta ergangen ist, jeden Hinweis auf Art. 53 EU-GRCh vermissen läßt. Gleiches gilt für eine Auseinandersetzung mit der Rechtsprechung des Europäischen Gerichtshofs, der auch bei der Durchführung des Unionsrechts eine Bindung an die Unionsgrundrechte verlangt[86].

Der derzeitige Stand der Entscheidungen der beiden Höchstgerichte erlaubt daher noch keine Antwort auf die Frage nach einer gesicherten Anwendung eines kumulativen oder alternativen Schutzniveaus der Grundrechte. Die Auslegung des

---

[83] Vgl. BVerfGE 37, 271 (280) – Solange I; 52, 187 (202 f.); einschränkender ab BVerfGE 73, 339 (378 ff.) – Solange II; 102, 147 (164) – Bananenmarktordnung; 118, 79 (95) – Emissionshandel I; BVerfG (K), NVwZ 2007, S. 942 – Emissionshandel II; BVerfGE 123, 267 – Lissabon (kritisch zum Lissabon-Urteil *M. Sachs*, Grundrechtsschutz der Staatlichkeit und der Staatsstrukturprinzipien?, in: FS für Klaus Stern, 2012, S. 597 (S. 599, 609 m. w. N.), insbesondere hinsichtlich des Ansatzes für eine Verfassungsbeschwerde aus Art. 38 Abs. 1 und Art. 20 IV GG); BVerfG (K), NJW 2012, S. 1202 f.; siehe zur Rechtsprechungsentwicklung des Bundesverfassungsgerichts auch die Ausführungen bei *A. Voßkuhle*, ebda., S. 6; *H.-W. Rengeling*, Entwicklungen des Grundrechtsschutzes in der Europäischen Union, a.a.O. (Fn. 6), S. 881 ff. (S. 884 f.).

[84] BVerfG vom 2.3.2010, E 125, 260 (306 f.) – Vorratsdatenspeicherung.

[85] Ebda., S. 307.

[86] Vgl. EuGH, Urt. v. 13. Juli 1989, Slg. 1989, 2609 (2639 Rn. 17 ff. [19]) – *Wachauf*; EuGH, Urt. v. 24. März 1994, Slg. 1994, I-955 (I- 983 Rn. 14 ff. [16]) – *Bostock*; EuGH, NVwZ 2006, 1033 Tz. 105 mit Anmerkung von *P. Szczekalla*, ebda., S. 1019.

Art. 53 EU-GRCh ist noch in der Schwebe. *Streinz/Michl* empfehlen dem Europäischen Gerichtshof um der „Rechtssicherheit und der Wahrung nationaler Eigenheiten" willen gegenüber mitgliedstaatlichen Gerichten Zurückhaltung bei Vorgaben hinsichtlich konkreter Abwägungsergebnisse; er sollte sich darauf beschränken, „die Bedeutung und Tragweite der beteiligten Grundrechte [wohl gemeint Grundrechtsregime] dem Grunde nach zu umreißen"[87].

Auf der anderen Seite muss an die nationalen Höchstgerichte die Aufforderung gerichtet werden, Zurückhaltung zu üben und den nationalen Grundrechtsschutz nur dann zur Geltung zu bringen, wenn der Unionsgrundrechtsschutz versagt. Bei der Abwägung zwischen den möglicherweise kollidierenden Prinzipien des Anwendungsvorrangs und der Günstigkeit gilt das Gebot der „praktischen Konkordanz"[88]. Beiden Prinzipien muss Rechnung getragen werden; keines darf auf Kosten des anderen durchgesetzt werden.

---

[87] *R. Streinz/W. Michl*, a.a.O. (Fn. 65), GR-Charta Art. 53 Rn. 6.
[88] Zu ihm *K. Stern*, a.a.O. (Fn. 1), § 82 II 4 c).

EU und EMRK: Beitritt ermöglicht, aber nicht leicht gemacht

Probleme des Beitritts der Europäischen Union
zur Europäischen Menschenrechtskonvention
nach dem Vertrag von Lissabon

Von *Rudolf Streinz*

I. Einleitung

Der Schutz der Menschenrechte ist ein, wenn nicht der Schwerpunkt im weitgespannten wissenschaftlichen Werk von *Eckart Klein*. Davon zeugt insbesondere das von ihm gegründete und geleitete MenschenRechtsZentrum der Universität Potsdam[1]. Er verband dies mit dem Einsatz für die Menschenrechte in der Praxis[2]. Sieben Jahre (1995–2002) war er Mitglied des Menschenrechtsausschusses der Vereinten Nationen[3]. Mehrmals wurde er zum Ad-hoc-Richter des Europäischen Gerichtshofs für Menschenrechte berufen[4]. Als einer der ersten untersuchte er die Bedeutung der Europäischen Konvention zum Schutz der Menschenrechte und Grundfreiheiten (EMRK) für die Europäischen Gemeinschaften bzw. die Europäische Union[5]. Durch den Vertrag von Lissabon, gemäß dessen Art. 6 Abs. 2 EUV die Union der EMRK „beitritt", wurden die Hindernisse fehlender Kompetenz, die das Gutachten des EuGH zum EMRK-Beitritt vom 28. März 1996 gesehen hat[6], beseitigt. Dadurch erhält das Thema neue Aktualität. Eckart Klein widmete sich der Bedeutung der

---

[1] Vgl. dazu die seit 1996 erscheinenden Berichte des MenschenRechtsZentrums in: MenschenRechtsMagazin Informationen – Meinungen – Analysen.

[2] Gewürdigt wurde dies u. a. mit der Magdeburger Menschenrechtsmedaille der Otto-von-Guericke-Universität Magdeburg.

[3] Dieser in Genf und New York tagende Ausschuss (Human Rights Committee) überprüft die Staatenberichte der Vertragsstaaten des Internationalen Pakts über bürgerliche und politische Rechte (CCPR), BGBl. 1973 II S. 1534 (vgl. Art. 28 ff. CCPR). Er ist nicht zu verwechseln mit dem Menschenrechtsrat der Vereinten Nationen (Human Rights Council), der 2006 die UN-Menschenrechtskommission abgelöst hat.

[4] Zuletzt z. B. in den Rechtssachen S./Deutschland (Beschwerde Nr. 18136/02), Urt. vom 3. Feb. 2011 und W./Deutschland (Beschwerde Nr. 12884/03), Urt. vom 17. Feb. 2011.

[5] *E. Klein*, in: Mosler/Bernhardt/Hilf (Hrsg.), Grundrechtsschutz in Europa, 1979, 133 ff. bzw. 160 ff.

[6] EuGH, Gutachten 2/94, erstattet auf Ersuchen des Rates, Slg. 1996, I-1763, Rn. 29 ff.: Art. 235 EWGV (später Art. 308 EGV, jetzt Art. 352 AEUV) ist danach keine hinreichende Rechtsgrundlage.

EMRK für die Europäische Union u. a. in der Gedächtnisschrift für Albert Bleckmann[7] und im Handbuch der Grundrechte für Deutschland und Europa[8]. Mit der Einfügung des Art. 59 Abs. 2 EMRK durch das am 1. Juni 2010 in Kraft getretene Protokoll Nr. 14[9] ist seitens der EMRK der Weg zum Beitritt ermöglicht. Die Verhandlungen des Beitrittsabkommens zeigen aber, dass auf dem Weg dazu noch einige Hindernisse zu überwinden sind. Diesen soll sich folgender Beitrag widmen.

II. Die Grundlagen des Beitritts der EU zur EMRK

1. Die Vorgaben des Art. 6 Abs. 2 EUV

Art. 6 Abs. 2 EUV bestimmt: „Die Union tritt der Konvention zum Schutz der Menschenrechte und Grundfreiheiten bei. Dieser Beitritt ändert nicht die in den Verträgen festgelegten Zuständigkeiten der Union". Damit wurde die entsprechende Bestimmung des Art. I-9 Abs. 2 des Vertrags über eine Verfassung für Europa (EVV)[10] übernommen. Anders als noch im ersten Entwurf des Präsidiums des Verfassungskonvents, der den Beitritt lediglich ermöglichte[11], und im den überarbeiteten Entwurf des Präsidiums[12] übernehmenden Entwurf des Verfassungskonvents für den EVV, wonach der Beitritt „anzustreben" war[13], wird durch diesen „Beitrittsimperativ"[14] die Pflicht zum Beitritt begründet. Da dieser Beitritt aber nicht durch einseitige Erklärung erfolgt, sondern eines völkerrechtlichen Vertrags mit allen Vertragsparteien der EMRK bedarf und dieser Vertrag den besonderen Anforderungen des Unionsrechts genügen muss, ist die Union nicht verpflichtet, „um jeden Preis" Vertragspartei der EMRK zu werden. Die Verpflichtung ist somit dahingehend zu verstehen, dass sie einerseits jeden Zweifel an der hinreichenden Rechtsgrundlage beseitigt und andererseits den programmatischen Willen zum Beitritt ausdrückt[15]. Die Ergänzungen durch das Beitrittsprotokoll des Vertrags von Lissabon und die Erklärung zu Art. 6 Abs. 2 EUV tragen dem Rechnung.

---

[7] *E. Klein*, in: GS Bleckmann, 2007, 257 (257 ff.) mit Hinweisen auf frühere Publikationen.

[8] *E. Klein*, in: Merten/Papier (Hrsg.), Handbuch der Grundrechte in Deutschland und Europa, Bd. VI/1 (Europäische Grundrechte I), 2010, § 167, Rn. 65 ff.

[9] BGBl. 2006 II 138; BGBl. 2010 II 1198.

[10] ABl. 2004 Nr. C 310/1.

[11] Dok. CONV 528/03, S. 3 (Art. 5 Abs. 2) vom 6. Feb. 2003: „Die Europäische Union kann der Europäischen Konvention zum Schutz der Menschenrechte und Grundfreiheiten beitreten."

[12] Dok. CONV 724/03, S. 5 (Art. I-7 Abs. 2) vom 24. Mai 2003.

[13] Dok. CONV 850/03 vom 18. Juli 2003.

[14] *Schorkopf*, in: Grabitz/Hilf/Nettesheim (Hrsg.), Das Recht der Europäischen Union. Kommentar (Loseblatt, EL 41/2010), Art. 6 EUV, Rn. 37.

[15] So *Schorkopf*, ebd.

2. Das Beitrittsprotokoll (Nr. 8) zu Art. 6 Abs. 2 EUV

Bereits der Verfassungskonvent erkannte, dass der Beitritt der EU zur EMRK den im Vergleich zur Rechtsordnung eines Staates besonderen Merkmalen der Union und des Unionsrechts Rechnung tragen muss. Das Protokoll (Nr. 32) zum Verfassungsvertrag[16] stellte daher Mindestanforderungen an ein Beitrittsabkommen auf, die Erklärung (Nr. 2) der Schlussakte[17] bekräftigt die Notwendigkeit, „die Besonderheiten der Rechtsordnung der Union zu wahren". Bis auf dem Scheitern des Verfassungsvertrags angepasste redaktionelle Änderungen wurde beides in das entsprechende Protokoll (Nr. 8)[18] und die Erklärung (Nr. 2)[19] der Schlussakte zum Vertrag von Lissabon übernommen. Das Protokoll, das gemäß Art. 51 EUV Bestandteil der Verträge ist und daher deren Rang als Primärrecht teilt, fordert, dass im Beitrittsabkommen dafür Sorge getragen wird, „dass die besonderen Merkmale der Union und des Unionsrechts erhalten bleiben", insbesondere in Bezug auf die „etwaige Beteiligung der Union an den Kontrollgremien" der EMRK und die nötigen Mechanismen zur ordnungsgemäßen Übermittlung von Beschwerden der Nichtmitgliedstaaten der EU und Individualbeschwerden an die Mitgliedstaaten und/oder die EU. Ferner soll sichergestellt werden, dass der Beitritt der EU die Zuständigkeiten der Union und ihrer Organe unberührt lässt. Die besondere Situation der Mitgliedstaaten in Bezug auf die EMRK soll unberührt bleiben, insbesondere in Bezug auf die (nicht von allen Mitgliedstaaten unterzeichneten bzw. ratifizierten) Protokolle zur EMRK, auf gemäß Art. 15 EMRK getroffene Notstandsmaßnahmen und auf gemäß Art. 57 EMRK angebrachte Vorbehalte. Schließlich muss Art. 344 AEUV, wonach sich die Mitgliedstaaten verpflichten, Streitigkeiten über die Anwendung und Auslegung der Verträge nicht anders als in diesen vorgesehen zu regeln, unberührt bleiben.

3. Die Erklärung (Nr. 2) zu Art. 6 Abs. 2 EUV

In dieser Erklärung kommt die Konferenz der Staats- und Regierungschefs der Mitgliedstaaten der EU überein, dass der Beitritt der Union zur EMRK unter Bedingungen erfolgen soll, „die es gestatten, die Besonderheiten der Union zu wahren". Der EuGH und der EGMR stehen danach in einem regelmäßigen Dialog, der beim Beitritt der Union zur EMRK intensiviert werden könnte.

---

[16] Protokoll zu Artikel I-9 Absatz 2 der Verfassung über den Beitritt der Union zur Europäischen Konvention zum Schutz der Menschenrechte und Grundfreiheiten, ABl. 2004 Nr. L 310/378.

[17] Erklärung zu Artikel I-9 Absatz 2, ABl. 2004 Nr. L 310/420.

[18] Protokoll zu Artikel 6 Absatz 2 des Vertrags über die Europäische Union über den Beitritt der Europäischen Union zur Europäischen Konvention zum Schutz der Menschenrechte und Grundfreiheiten, ABl. 2008 Nr. C 115/273; ABl. 2010 Nr. C 83/273.

[19] Erklärung zu Artikel 6 Absatz 2 des Vertrags über die Europäische Union, ABl. 2008 Nr. C 115/337; ABl. 2010 Nr. C 83/337.

4. Das Verhandlungsmandat

Unmittelbar nach dem Inkrafttreten des Vertrags von Lissabon ersuchte auf Vorschlag der schwedischen Ratspräsidentschaft der Europäische Rat die Kommission, einen Vorschlag für den Beitritt der EU zur EMRK vorzulegen[20]. Die folgenden drei Vorsitze (Spanien, Belgien, Ungarn) erklärten, dieser Beitritt habe für sie „Priorität"[21]. Am 4. Juni 2010 erteilte der Rat der Kommission das Verhandlungsmandat[22], das aus verhandlungstaktischen Gründen nicht veröffentlicht wurde[23], dessen wesentlicher Inhalt aber durch die Unterrichtung des österreichischen Nationalrats durch die österreichische Bundesregierung über die „wichtigsten Elemente des Verhandlungsmandats" bekannt ist[24]. Grundsätze der Verhandlungsleitlinien sind „Neutralität in Bezug auf die Unionsbefugnisse, Bewahrung des EMRK-Systems, Neutralität in Bezug auf die Verpflichtungen der Mitgliedstaaten als EMRK-Vertragsparteien, Grundsatz der autonomen Auslegung des Unionsrechts und Grundsatz der Gleichberechtigung der EU in den Organen des Europarates". Die EU soll die Möglichkeit erhalten, der EMRK und allen bestehenden und künftigen Zusatzprotokollen beizutreten, zunächst aber nur den Protokollen beitreten, die von allen Mitgliedstaaten ratifiziert wurden. Die EU soll in den Organen des Europarats (Ministerkomitee, Parlamentarische Versammlung, EGMR) vertreten sein. Es soll ein „Co-Verteidigungs-Mechanismus geschaffen werden, der es der Union erlaubt, sich an gegen einen Mitgliedstaat gerichtete Verfahren als mitbeklagte Partei anzuschließen, sofern eine potentielle Konventionsverletzung auf einen Unionsrechtsakt zurückzuführen ist." Dadurch soll eine Zuweisung der Verantwortlichkeit für eine Grundrechtsverletzung und damit die implizite Kompetenzauslegung durch den EGMR vermieden werden. Außerdem soll die vorherige Befassung des EuGH in Fällen sichergestellt werden, in denen der EGMR über die Konventionskonformität von sekundärem Unionsrecht zu urteilen hat, ohne dass der EuGH davor die Möglichkeit hatte, die Vereinbarkeit von sekundärem Unionsrecht mit den Unionsgrundrechten zu prüfen. Die Wahrung der vorherigen Kontrolle des EuGH soll im Beitrittsabkommen verankert werden.

5. Der vorliegende Entwurf eines Beitrittsabkommens

Auf der Grundlage dieses Mandats wurden die Beitrittsverhandlungen seitens der EU durch die Kommission im Benehmen mit der als Sonderausschuss gemäß Art. 218 Abs. 4 AEUV eingerichteten Gruppe „Grundrechte, Bürgerrechte und Freizügigkeit" geführt. Auf Seiten des Europarats betraute der Lenkungsausschuss für

---

[20] Dok. 17024/09, S. 11 f. vom 2. Dez. 2009.

[21] Dok. 17696/09, S. 74 vom 22. Dez. 2009.

[22] Dok. 10817/10/EXT 2, S. 2 vom 27. Sept. 2010.

[23] Erklärung für die Geheimhaltung Dok. 12679/10 vom 13. Sept. 2010. Sehr kritisch dazu *T. Schilling*, Humboldt Forum Recht 8/2011, S. 82 (85).

[24] http://www.parlament.gv.at/PAKT/VHG/XXIV/III/III_00050/imfname_1533386.pdf (besucht am 30.10.2012).

Menschenrechte eine informelle Arbeitsgruppe. Diese bestand aus 14 Sachverständigen aus sieben EU- und sieben Nicht-EU-Staaten, die zur Vermeidung von In-sich-Verhandlungen wegen der andernfalls durch das Loyalitätsgebot des Art. 4 Abs. 3 EUV bestehenden Bindung als Privatpersonen, nicht als Regierungsvertreter agierten[25]. Als Beobachter nahmen eine mit Völkerrecht befasste Arbeitsgruppe des Europarats (CAHDI) und die Kanzlei des EGMR teil. Am 16. Juli 2011 wurde ein Entwurf für ein Beitrittsabkommen inklusive eines erläuternden Berichts vorgelegt[26]. Darin wird der Beitritt der EU zur EMRK sowie zu den von allen Mitgliedstaaten der EU ratifizierten Zusatzprotokollen Nr. 1 (Schutz des Eigentums, Recht auf Bildung und Recht auf freie Wahlen) und Nr. 6 (Verbot der Todesstrafe) vorgesehen[27]. Ein etwaiger Beitritt zu anderen Protokollen wird offen gehalten[28]. Als Ziele werden die Verbesserung der Kohärenz des Schutzes der Menschenrechte und die Unterstellung der Handlungen, Maßnahmen und Unterlassungen der EU unter die externe Kontrolle des EGMR genannt[29]. Die Verhandlungsphase wurde mit einer außerordentlichen Sitzung des Lenkungsausschusses für Menschenrechte des Europarats vom 12. bis 14. Oktober 2011 beendet. Der Abschlussbericht stellte fest, dass die EU angesichts der bei der Tagung des Ausschusses der Ständigen Vertreter am 6. Oktober 2011 geäußerten Vorbehalte einiger Mitgliedstaaten[30] keinen einheitlichen Standpunkt zum Verhandlungsergebnis vertreten konnte[31]. Seither wird unionsintern in der Gruppe „Grundrechte, Bürgerrechte und Freizügigkeit" versucht, diese Vorbehalte auszuräumen. Diese betreffen u. a. die Tragweite des Beitritts (insbesondere Einbeziehung der GASP), die Unberührtheit der im Vertrag von Lissabon mehrfach erwähnten Zuständigkeit der Mitgliedstaaten, den Anwendungsbereich des Mechanismus der „Co-Verteidigung" sowie die Ausübung der Stimmrechte der EU und ihrer Mitgliedstaaten im Ministerkomitee des Europarats bei der Überwachung der Urteile des EGMR gegen die EU. Die Beratungen der Kommission mit den Vertretern des Europarats sollen erst nach der Erzielung eines gemeinsamen Standpunkts der EU wieder aufgenommen werden[32]. Dies ist bislang nicht geschehen.

---

[25] Vgl. *Obwexer*, EuR 2012, 115 (123); *Schilling*, HFR 8/2011, S. 82 (84) m.w.N.

[26] CDDH-UE(2011)16 Final Version vom 19. Juli 2011: 8th Working Meeting of the CDDH informal working group on the accession of the European Union to the European Convention on Human Rights (CDDH-UE) with the European Commission, Draft legal instrument on the accession of the European Union to the European Convention on Human Rights. Deutsche Übersetzung in BR-Drs. 563/11.

[27] Art. 1 Nr. 1 Entwurf Beitrittsvertrag.

[28] Vgl. dazu Entwurf des Erläuternden Berichts, Nr. 19.

[29] Präambel, Erwägungsgründe 2 und 3 Entwurf Beitrittsvertrag.

[30] Vgl. Rat der EU, Dok. 18117/11 vom 6. Dez. 2011.

[31] CDDH-UE(2011)009 vom 14. Okt. 2011, S. 4 (http://www.coe.int/t/dghl/standardsetting/hrpolicy/Accession/Meeting_reports/CDHH_2011_009_en.pdf; besucht am 30.10.2012). Vgl. dazu *Mader*, AVR 2011, 435 (444).

[32] *Obwexer*, EuR 2012, 115 (122).

III. Rechtliche Probleme des Beitritts

1. Die Tragweite des Beitritts

a) EMRK im Rahmen des Anwendungsbereichs des EU-Rechts

Art. 6 Abs. 2 S. 2 EUV sowie Art. 2 des dazu vereinbarten Protokolls Nr. 8 legen fest, dass der Beitritt der EU zur EMRK die in den Verträgen festgelegten Zuständigkeiten der Union nicht ändert. Dementsprechend erwachsen gemäß Art. 59 Abs. 2 lit. c EMRK durch den Beitritt allein der EU und ihren Organen, einschließlich des EuGH[33], Verpflichtungen. Die EU darf durch keine Bestimmungen der EMRK und ihrer Protokolle dazu verpflichtet werden, Handlungen vorzunehmen oder Maßnahmen zu treffen, für die sie nach dem Recht der EU nicht zuständig wäre[34].

b) Beitritt zu den (Zusatz-) Protokollen

Die Beschränkung des Beitritts der EU auf diejenigen Zusatzprotokolle, die von allen Mitgliedstaaten ratifiziert wurden, wird im Entwurf des Erläuternden Berichts nicht begründet. Offenbar soll dadurch insoweit die externe Prüfung durch den EGMR verhindert werden. Die autonome Bezugnahme der EMRK durch Art. 52 Abs. 3 S. 1 und Art. 52 Abs. 7 der EU-Grundrechtecharta geht darüber hinaus, da dabei ausdrücklich auch Zusatzprotokolle erfasst werden, die von manchen Mitgliedstaaten nicht ratifiziert bzw. nicht einmal unterzeichnet wurden[35]. Art. 59 Abs. 2 lit. a EMRK soll immerhin den Beitritt zu weiteren Protokollen ermöglichen.

2. Der Rang der EMRK

Als von der Union geschlossene Übereinkunft bindet die EMRK die Organe der EU und die Mitgliedstaaten (Art. 216 Abs. 2 AEUV). Die Bindung der Organe der EU, die diese bei der Rechtsetzung (vgl. Art. 288 AEUV) beachten müssen, begründet den Vorrang vor dem Sekundärrecht. Gemäß Art. 218 Abs. 11 AEUV müssen völkerrechtliche Verträge der EU mit dem Primärrecht vereinbar sein und können daraufhin in einem präventiven Verfahren vom EuGH überprüft werden, was hinsichtlich des Beitrittsabkommens zur EMRK auch vorgesehen ist[36]. Danach erhält das Beitrittsabkommen als „integrierender Bestandteil des Unionsrechts" einen Zwischenrang („Mezzaninrang"[37]) zwischen Primär- und Sekundärrecht[38]. Allerdings

---

[33] Ausdrücklich hervorgehoben in Nr. 21 Entwurf des Erläuternden Berichts.

[34] Art. 1 Nr. 2 Entwurf Beitrittsvertrag.

[35] Vgl. dazu *W. Michl*, Die Überprüfung des Unionsrechts am Maßstab der EMRK. Individualgrundrechtsschutz im Anwendungsbereich des Unionsrechts unter den Vorzeichen des Beitritts der EU zur EMRK, Diss. München 2012, S. 124 f. m.w.N.

[36] BR-Drs. 563/11, S. 1 f.

[37] *Obwexer*, EuR 2012, 115 (143).

sieht Art. 218 Abs. 8 UAbs. 2 S. 2 AEUV vor, dass das Beitrittsabkommen der EU zur EMRK eines einstimmigen Beschlusses des Rates bedarf, der wiederum nur nach der Zustimmung durch alle 27 Mitgliedstaaten im Einklang mit ihren jeweiligen verfassungsrechtlichen Vorschriften in Kraft tritt. In Deutschland ist dafür gemäß § 3 Abs. 1 IntVG ein Beschluss des Bundestages gemäß Art. 23 Abs. 1 GG erforderlich[39]. Wegen dieses „Ratifikationserfordernisses" wird zum Teil eine unionsinterne Anhebung der EMRK in den Rang von Primärrecht angenommen, wobei die sekundärrechtliche Qualität des Beschlusses des Rates als solchem die Überprüfungsmöglichkeit durch den EuGH unberührt lässt[40]. Wegen der weitreichenden Bezüge auf die EMRK in den für das unionale Grundrechtsregime entscheidenden primärrechtlichen Normen (Art. 6 Abs. 3 EUV, Art. 6 Abs. 1 EUV i.V.m. Art. 52 Abs. 3, Art. 53 GRCh) kommt der EMRK aber jedenfalls faktisch eine dem Primärrecht vergleichbare Wirkung in der Unionsrechtsordnung zu[41].

3. Die Bindung der Mitgliedstaaten

Gemäß Art. 216 Abs. 2 AEUV bindet das von der EU abgeschlossene Beitrittsabkommen auch die Mitgliedstaaten. Im Rahmen seiner Tragweite, d.h. im Rahmen der Kompetenzen der EU, aber auch darauf beschränkt[42], hat es am Vorrang des Unionsrechts vor dem nationalen Recht Teil und führt insoweit gegebenenfalls (z.B. in Deutschland[43]) zu einer Rangerhöhung der EMRK im Verhältnis zum nationalen Recht.

4. Das Verhältnis des EuGH zum EGMR

Nach dem Beitritt zur EMRK ist die EU wie alle anderen Vertragsparteien in allen Rechtssachen, in denen sie Partei ist, verpflichtet, ein endgültiges Urteil des EGMR zu befolgen (Art. 46 Abs. 1 EMRK). Dies gilt für alle Organe der Vertragsparteien und somit auch für den EuGH als Organ der EU (vgl. Art. 13 EUV). Der EuGH hat bereits bislang „in zunehmend pointierter Weise" auf die Rechtsprechung des EuGH

---

[38] So *R. Streinz/W. Michl*, in: R. Streinz (Hrsg.), EUV/AEUV-Kommentar, 2. Aufl. 2012, Art. 6 EUV, Rn. 21 m.w.N.

[39] Mangels Kompetenzerweiterung kommt Art. 23 Abs. 1 S. 2 GG, nicht die qualifizierte Mehrheit des Art. 23 Abs. 1 S. 3 GG zum Tragen, während in Österreich gemäß Art. 50 Abs. 1 Nr. 2 die doppelt qualifizierte Mehrheit des Art. 50 Abs. 4 B-VG erforderlich ist, *Streinz/Michl* (Fn. 38), Art. 6 EUV, Rn. 20 m.w.N.

[40] So *Obwexer*, EuR 2012, 117 (144).

[41] *Streinz/Michl* (Fn. 38), Art. 6 EUV, Rn. 21; *W. Weiß*, ZEuS 2005, 323 (348).

[42] Vgl. *Michl* (Fn. 35), S. 144 f. m.w.N.

[43] Zum einfachgesetzlichen, aber faktisch durch die Rechtsprechung des BVerfG erhöhten Rang der EMRK in Deutschland vgl. *R. Streinz*, in: M. Sachs, Grundgesetz-Kommentar, 6. Aufl. 2011, Art. 59, Rn. 65a m.w.N. Zur Rangaufwertung nach dem Beitritt der EU zur EMRK vgl. *Klein* (Fn. 8), Rn. 68.

Bezug genommen⁴⁴. Die Transferklausel des Art. 52 Abs. 3 EU-Grundrechtecharta verpflichtet den EuGH dazu unionsrechtlich. Im Bosphorus-Urteil hatte der EGMR bei der Überprüfung einer auf EU-Recht gestützten und vom EuGH zuvor gebilligten Maßnahme eines Mitgliedstaats⁴⁵ entschieden, „dass der vom Gemeinschaftsrecht vorgesehene Grundrechtsschutz zu dem für die Beschwerde relevanten Zeitpunkt als „äquivalent" mit dem Schutzmechanismus der Konvention angesehen werden kann" und demzufolge die „Vermutung" bestehe, dass der Mitgliedstaat (Irland) „nicht von seinen Verpflichtungen unter der Konvention abgewichen ist, als er die aus der EG-Mitgliedschaft folgenden völkerrechtlichen Verpflichtungen umsetzte"⁴⁶. Diese Vermutung könne widerlegt werden, „wenn im Hinblick auf die Umstände eines bestimmten Falles anzunehmen ist, dass der Schutz der Grundrechte offenkundig unzureichend war"⁴⁷, was der EGMR im konkreten Fall verneinte. Dies erinnert an die „Solange"-Rechtsprechung des BVerfG gegenüber Urteilen des EuGH⁴⁸, allerdings mit dem Unterschied, dass der EGMR anders als das BVerfG, dem eine (wie auch immer ohne konkrete Prüfung festzustellende) „generelle Gewährleistung" genügt, eine Prüfung des Einzelfalles vornimmt. Nach dem Beitritt der EU zur EMRK unterliegt aber der EuGH derselben Kontrolle wie die anderen (Verfassungs-) Gerichte der Vertragsparteien. Eine mit der „Bosphorus"-Vermutung verbundene Privilegierung der EU lässt sich daher nicht aufrechterhalten⁴⁹. Dies könnte für den EGMR Anlass sein, sich verstärkt darum zu bemühen, das richtige Maß zwischen der notwendigen externen Grundrechtskontrolle und der gebotenen Einräumung von Beurteilungsspielräumen (margin of appreciation) zu finden⁵⁰.

---

⁴⁴ So das Reflexionspapier des Gerichtshofs der EU zu bestimmten Aspekten des Beitritts der EU zur EMRK vom 5. Okt. 2010, EuGRZ 2010, 366, Rn. 3. Nachweise bei *M. Dauses*, Der Schutz der Grundrechte in der Rechtsordnung der Europäischen Union, 2010, S. 25 ff.; *B. Schneiders*, Die Grundrechte der EU und die EMRK, 2010, S. 44 ff.

⁴⁵ EuGH, Rs. C-84/95, Bosphorus/Minister for Transport, Energy and Communications ua, Slg. 1996, I-3953.

⁴⁶ EGMR (Große Kammer), Rechtssache Bosphorus Hava Yollari Turizm/Irland (Beschwerde Nr. 45036/98), Urt. vom 30. Juni 2005, EuGRZ 2007, 662 (667), Nr. 165.

⁴⁷ Ebd., S. 666, Nr. 156.

⁴⁸ BVerfGE 73, 339 – Solange II ; präzisiert in BVerfGE 102, 147 – Bananenmarktordnung und BVerfGE 126, 286 – Honeywell.

⁴⁹ Zutreffend *J. Baumann*, EuGRZ 2011, 1 (10); *T. Lock*, ELR 2010, 777 (798). A.A. wohl *N. Reich*, EuZW 2011, 379 (379 f.), der insoweit das Verhältnis des BVerfG zum EuGH mit dem des EGMR zum EuGH vergleicht. Zutreffend ist dabei der Ansatz gegenseitiger Rücksichtnahme, wobei der EGMR aber alle Höchstgerichte der Vertragsparteien einheitlich behandeln muss und sich Differenzierungen nur aufgrund von deren konkreter Rechtsprechung ergeben können.

⁵⁰ Anhand konkreter Beispiele in anderem Zusammenhang angemahnt anlässlich seiner Verabschiedung vom Präsidentenamt des BVerfG *H.J. Papier*, EuGRZ 2010, 368. Zur (uneinheitlichen) Rechtsprechung des EGMR vgl. *E. Klein*, in: Merten/Papier (Fn. 8), § 150, Rn. 48 ff.; *J.A. Frowein*, in: J.A. Frowein/W. Peukert, EMRK-Kommentar, 3. Aufl. 2009, Vorbemerkung zu Art. 8–11, Rn. 13 ff; *J. Meyer-Ladewig*, EMRK-Handkommentar, 3. Aufl. 2011, Einleitung, Rn. 45 ff.; *F.C. Mayer*, in: U. Karpenstein/F.C. Mayer (Hrsg.), EMRK-

5. Besondere Verfahrensfragen

Der Entwurf des Beitrittsvertrages sieht zwei Regelungen vor, die den Besonderheiten der EU gegenüber einem Staat Rechnung tragen sollen. Strittig ist, ob sich diese gegenüber den anderen Vertragsparteien der EMRK rechtfertigen lassen und ob sie inhaltlich sachgerecht sind.

a) Der Co-Verteidigungsmechanismus

Art. 36 EMRK, der die „Beteiligung Dritter" („Third party intervention") vorsieht, soll um einen „co-respondent mechanism" ergänzt werden[51]. Dafür existieren unterschiedliche deutsche Übersetzungen: „Co-Verteidigung"[52], „Mechanismus des weiteren Beschwerdegegners"[53], „Mechanismus des Mitbeschwerdegegners"[54] „Mitbeklagtenmechanismus"[55]. Damit soll der Besonderheit der EU Rechnung getragen werden, dass die zu vollziehende Rechtsnorm (Verordnung, Richtlinie der EU) von einer anderen Vertragspartei der EMRK herrührt als der Rechtsakt, der sie vollzieht (Verwaltungsakt, Gesetz eines Mitgliedstaates). Betroffen sind zwei Fallkonstellationen[56]: Die sog. Bosphorus-Konstellation[57], in der der Mitgliedstaat, gegen den sich die Beschwerde richtet, die behauptete Verletzung der EMRK nur durch die Nichtbeachtung seiner unionsrechtlichen Verpflichtung hätte vermeiden können[58]; die sog. Matthews-Konstellation[59], in sich die Beschwerde gegen die EU richtet und die Vereinbarkeit einer Bestimmung des Primärrechts mit der EMRK bezweifelt wird[60], der Mitgliedstaat aber insoweit betroffen ist, als er das Primärrecht vollzieht bzw. beachtet. Dadurch soll die Möglichkeit geschaffen werden, die jeweils (mit-) verantwortliche Vertragspartei der EMRK am Verfahren vor dem EGMR zu beteiligen und durch dessen Urteil gemäß Art. 46 EMRK zu binden, ohne dass dabei über die unionsinterne Kompetenzverteilung entschieden werden muss[61]. Dadurch wird der unionsrechtlichen Vorgabe Rechnung getragen, das autonome Entscheidungsmonopol des EuGH über die Konkretisierung der seit dem Vertrag von

---

Kommentar, 2012, Einleitung, Rn. 60ff.; speziell zu Art. 9 EMRK (Religionsfreiheit) *A. von Ungern-Sternberg*, ebd., Art. 9, Rn. 43 ff.

[51] Art. 3 Entwurf Beitrittsabkommen.
[52] So *C. Kohler/L. Malferrari*, EuZW 2011, 855; *Schilling*, HFR 8/2011, S. 88.
[53] So BR-Drs. 563/11, S. 3.
[54] So *Obwexer*, EuR 2012, 115 (127).
[55] So *Michl* (Fn. 35), S. 81.
[56] Näher dazu *Obwexer*, EuR 2012, 115 (128 f.) m.w.N.
[57] s.o. Fn. 45.
[58] Art. 3 Abs. 2 Entwurf Beitrittsabkommen.
[59] EGMR (Große Kammer), Rechtssache Denise Matthews/Vereinigtes Königreich, Urt. vom 18. Feb. 1999 (Beschwerde Nr. 24833/94), EuGRZ 1999, 200.
[60] Art. 3 Abs. 3 Entwurf Beitrittsabkommen.
[61] *Obwexer*, EuR 2012, 115 (129).

Lissabon in Art. 5 EUV, Art. 2–6 AEUV geregelten Kompetenzverteilung zu bewahren. Der Beitrittsvertrag sieht lediglich die Möglichkeit, keine Verpflichtung der EU bzw. der Mitgliedstaaten vor, einen entsprechenden Antrag zu stellen „may become"). Eine entsprechende Verpflichtung kann sich allerdings unionsrechtlich aus dem allgemeinen Loyalitätsgebot ergeben (Art. 4 Abs. 3 EUV) und sekundärrechtlich näher festgeschrieben werden[62]. Auf den Rechtsschutz des Beschwerdeführers hat der Co-Verteidigungsmechanismus keine Auswirkungen, da bei der Beurteilung der Zulässigkeit einer Beschwerde die Beteiligung eines Mitbeschwerdegegners außer Betracht bleibt[63], es dafür somit unerheblich ist, ob der angegriffene mitgliedstaatliche Akt auf Unionsrecht beruht oder der Akt der EU durch das Primärrecht determiniert ist. Der EGMR kann bei der nachfolgenden Prüfung der Begründetheit davon ausgehen, dass allein der Beschwerdegegner für den betreffenden Akt verantwortlich ist. Somit ist der Co-Verteidigungsmechanismus keine Privilegierung der EU[64].

b) Die vorherige interne Kontrolle durch den EuGH

Der Co-Verteidigungsmechanismus wird durch eine Bestimmung ergänzt, die sicherstellen soll, dass vor einem Urteil des EGMR in einem Verfahren, in dem die EU „co-respondent" ist, somit in der sog. „Bosphorus-Konstellation", jedenfalls der EuGH mit der Grundrechtsprüfung am Maßstab der Konventionsrechte befasst wird. War dies nämlich noch nicht der Fall, ist dem EuGH für eine solche Prüfung und anschließend den Parteien für die Vorlage ihrer Stellungnahmen an den EGMR die notwendige Zeit zu gewähren. Die EU „hat dafür Sorge zu tragen, dass diese Prüfung rasch erfolgt", so dass das Verfahren vor dem EGMR „nicht ungerechtfertigt verzögert wird". Die Befugnisse des EGMR bleiben davon unberührt[65]. Letzteres ist selbstverständlich, da andernfalls das Kontrollsystem der EMRK ausgehöhlt würde. Danach kommt die „Letztentscheidungskompetenz" hinsichtlich der Vereinbarkeit einer Maßnahme mit der EMRK dem EGMR zu. Die Frage nach der „Letztentscheidungskompetenz" bzw. ihren Grenzen stellt sich im Verhältnis des EGMR zum EuGH nicht anders als im Verhältnis des EGMR zu nationalen Verfassungsgerichten, z. B. zum BVerfG[66]. Soweit dieses Verfahren zur „Kooperation unter gegenseitiger Rücksichtnahme"[67] und damit zur Vermeidung von Konflikten zwischen den Höchstgerichten beiträgt, kann dies im Interesse des Menschenrechtsschutzes in der EU nur begrüßt werden. Denn wie der EuGH ist auch – und dies vielleicht noch

---

[62] Ebd.

[63] Art. 3 Nr. 1b Entwurf Beitrittsvertrag; Art. 36 Abs. 4 S. 3 EMRK n.F.

[64] *Obwexer*, EuR 2012, 115 (130); *Schilling*, HFR 8/2011, S. 90; BR-Drs. 563/11, Nr. 33.

[65] Art. 3 Nr. 6 Entwurf Beitrittsvertrag.

[66] Vgl. dazu BVerfGE 111, 307 (317 ff.) – Görgülü. Zur folgenden Praxis des BVerfG vgl. *Streinz* (Fn. 43), Art. 59, Rn. 65a und 65b.

[67] So der Präsident des EuGH *W. Skouris*, FAZ vom 22. Sept. 2011, S. 8. In diesem Sinne auch die gemeinsame Erklärung der Präsidenten von EGMR (*J.P. Costa*) und EuGH (*W. Skouris*) vom 24. Jan. 2011, EuGRZ 2011, 95 f.

mehr – der EGMR im Verhältnis zu den Mitgliedstaaten auf Akzeptanz angewiesen[68].

Gleichwohl ist dieses Verfahren der „Vorabbefassung" des EuGH auf Kritik gestoßen[69]. Diese überzeugt letztlich nicht. Soweit befürchtet wird, dadurch drohe „die von der EMRK dem EGMR zugewiesene Verantwortung verwischt zu werden"[70], liegt es am EGMR selbst, dieser Verantwortung gerecht zu werden, dabei aber auch die eben beschriebene erforderliche Balance zu finden. Die gerügte Sonderbehandlung der EU[71] liegt insoweit nicht vor, als dadurch dem EuGH wie nationalen Verfassungsgerichten (z.B. dem BVerfG) auch die Möglichkeit eingeräumt wird, den gerügten Mangel intern zu beseitigen[72]. Dies entspricht sowohl dem Gedanken der Subsidiarität der Menschenrechtsbeschwerde (vgl. Art. 35 Abs. 1 EMRK) als auch dem Bestreben, Konflikte möglichst gütlich zu bereinigen (vgl. Art. 39 EMRK). Kritisiert werden kann allerdings, dass die fehlende vorhergehende Befassung des EuGH an Defiziten im Rechtsschutzsystem der EU selbst liegt, diese aber auf deren Ebene beseitigt werden könnten. Eine Folge dieses Defizits ist, dass die Nichtbefassung des EuGH nicht dem Beschwerdeführer angelastet werden kann, somit das Vorabentscheidungsverfahren gemäß Art. 267 AEUV, das er selbst unionsrechtlich[73] nicht erzwingen kann, nicht als Rechtsbehelf gewertet werden kann, den er gemäß Art. 35 Abs. 1 EMRK erschöpfen muss[74]. Der mit dem Vorabbefassungsverfahren verbundenen Verzögerung ist durch ein beschleunigtes Verfahren vor dem EuGH zu begegnen[75]. Somit lässt sich dieses Verfahren in einer Weise ausgestalten, dass die damit verbundenen Erschwernisse gegenüber den Vorteilen, bei einer für den Beschwerdeführer günstigen Entscheidung des EuGH auch für diesen, zurücktreten. „Protokollarische Empfindlichkeiten des EuGH"[76] mögen bei Höchstgerichten nicht

---

[68] Zur erforderlichen Balance zwischen der Kontrolle der Einhaltung der Anforderungen der EMRK, die nicht als bloßer Mindeststandard verstanden wird, und Beurteilungs- und Wertungsspielräumen der Mitgliedstaaten in „sensiblen" Fragen s.o. Fn. 50. Zu (potentiellen) Konflikten des EGMR mit Mitgliedstaaten vgl. auch *Streinz*, ZfP 2009, 267 (483 ff.).

[69] Eingehende Kritik bei *Schilling*, HFR 8/2011, S. 93 ff.

[70] So *Kohler/Malferrari*, EuZW 2011, 849 (850).

[71] So *Schilling*, HFR 8/2011, S. 94 ff.

[72] In diesem Sinne auch *Obwexer*, EuR 2012, 115 (132).

[73] Darauf kommt es hier alleine an. Zur Möglichkeit einer verfassungsrechtlichen Erzwingung in Deutschland mittels Verfassungsbeschwerde wegen Entzug des EuGH als gesetzlichem Richter (Art. 101 Abs. 1 S. 2 GG) vgl. *R. Streinz*, Europarecht, 9. Aufl. 2012, Rn. 260, 710 f. m.w.N.

[74] Entwurf Erläuternder Bericht, BR-Drs. 563/11, Nr. 57. Vgl. dazu *Obwexer*, EuR 2012, 115 (132); *Lock*, ELR 2010, 777 (790 ff.). Bei Beschwerden gegen Maßnahmen der EU-Organe selbst muss dagegen zuvor eine durch Art. 263 Abs. 4 AEUV eröffnete Nichtigkeitsklage (bzw. eine durch Art. 265 Abs. 3 AEUV eröffnete Untätigkeitsklage) zum EuG mit Rechtsmittel zum EuGH zur von Art. 35 Abs. 1 EMRK geforderten Erschöpfung des Rechtswegs vorausgehen, vgl. *Lock*, ELR 2010, 777 (788 ff.).

[75] So Entwurf Erläuternder Bericht, BR-Drs. 563/11, Nr. 61. Vgl. das Eilverfahren gemäß Art. 104b VerfOGH.

[76] So *Schilling*, HFR 8/2011, S. 99.

auszuschließen sein. Die Vorabbefassung des EuGH ist aber aus den genannten Gründen sachlich gerechtfertigt[77].

6. Die Vertretung der EU
in den mit der EMRK befassten Organen

Als Vertragspartei soll die EU auch „gleichberechtigt" nicht nur in den Organen der EMRK, d.h. dem EGMR selbst[78], und an deren Finanzierung[79], sondern auch in den mit der EMRK befassten Organen des Europarats vertreten sein, ohne selbst Mitglied des Europarats zu werden. Dies erforderte besondere Regelungen. An der Wahl der Richter des EGMR nimmt eine Delegation des Europäischen Parlaments mit 18 Vertretern teil[80]. Am Ministerkomitee des Europarats nimmt die EU bei den auf die EMRK bezogenen Aufgaben teil[81], wozu insbesondere die Überwachung der Durchführung der Urteile des EGMR (Art. 46 EMRK) sowie der gütlichen Einigungen (Art. 39 EMRK) gehört. Diese Aufgabe würde wegen der unionsrechtlichen Verpflichtung der Union und ihrer Mitgliedstaaten zu einheitlicher Stimmabgabe bei einer Verurteilung der EU allein oder der EU und eines oder mehrerer Mitgliedstaaten wegen deren Blockademehrheit (28 von 48 Stimmen) beeinträchtigt. Daher müssen die Regeln des Ministerkomitees insoweit entsprechend angepasst werden[82]. In diesem Fall hat dies zur Folge, dass insoweit nur die Stimmen der 20 Staaten, die nicht der EU angehören, sowie jene der EU selbst zählen[83]. Die weiteren Regelungen tragen dem unionsrechtlichen Erfordernis Rechnung, die Kompetenzen der EU nicht durch den Beitritt zur EMRK auszuweiten[84].

IV. Fazit und Ausblick

Durch den Vertrag von Lissabon und die Änderung der EMRK durch das 14. Zusatzprotokoll wurden die Voraussetzungen für den seit langem angestrebten Beitritt der EU zur EMRK geschaffen. „Eine schier unendliche Geschichte"[85] hat damit aber noch nicht ihren Abschluss gefunden. Die Beitrittsverhandlungen haben sich als schwierig erwiesen. Ob die anderen Vertragsstaaten den Beitritt am Vorabbefassungsverfahren scheitern lassen[86], ist zweifelhaft. Problematischer erscheint die Un-

---

[77] Zu den Problemen der rechtlichen Verankerung im Unionsrecht vgl. *Obwexer*, EuR 2012, 115 (133 ff.).

[78] Die EU erhält wie alle anderen Vertragsparteien auch einen Richter. Dies ergibt sich ohne Vertragsänderung aus Art. 20 und Art. 22 EMRK.

[79] Art. 8 Entwurf Beitrittsabkommen.

[80] Art. 6 Entwurf Beitrittsvertrag i.V.m. Art. 26 Satzung des Europarats.

[81] Art. 7 Nr. 1 Entwurf Beitrittsabkommen.

[82] Art. 7 Nr. 2 a Entwurf Beitrittsvertrag.

[83] *Obwexer*, EuR 2012, 115 (140).

[84] Art. 7 Nr. 2 b und c Entwurf Beitrittsvertrag.

[85] So *S. Leutheusser-Schnarrenberger*, in: FS R. Jaeger, 2011, 135.

[86] So mehr oder weniger die Empfehlung von *Schilling*, HFR 8/2011, S. 99.

einigkeit der EU-Mitgliedstaaten selbst zu sein. Hier wirken offenbar die unterschiedlichen Standpunkte ungeachtet des mit dem Vertrag von Lissabon ja einstimmig beschlossenen Beitritts fort. Auch wenn die Folgen des Beitritts angesichts der inhaltlichen Übereinstimmung mit dem in der EU bestehenden Grundrechtsschutz materiell „überschaubar bleiben" mögen[87], ist die ausdrückliche Unterstellung unter die externe Kontrolle des EGMR doch ein wesentlicher Schritt. Der Zeitplan, das Beitrittsabkommen in der zweiten Jahreshälfte 2012 zur Zeichnung aufzulegen[88], dürfte daher schon jetzt überholt sein, zumal das Thema derzeit offenbar nicht zu den dringlichsten Angelegenheiten innerhalb der EU gehört. Eine weitere Verzögerung tritt durch das geplante Gutachten des EuGH über die Vereinbarkeit des Vertragsentwurfs mit dem Unionsrecht ein. Ist das Beitrittsabkommen von allen 48 Vertragsparteien unterzeichnet, bedarf es gegebenenfalls der Ratifikation[89]. Bis dahin bleibt es beim Grundrechtsschutz in der EU über die Charta der Grundrechte (Art. 6 Abs. 1 EUV) und die allgemeinen Rechtsgrundsätze des Unionsrechts (Art. 6 Abs. 3 EUV).

---

[87] *Obwexer*, EuR 2012, 115 (148).
[88] So BR-Drs. 563/11.
[89] Art. 10 Nr. 1 Entwurf Beitrittsabkommen sieht die Bindung ohne oder mit Ratifikationsvorbehalt vor.

Kapitalverkehrsfreiheit, VW-Gesetz und VW-Satzung – eine unendliche Geschichte?

Von *Dirk A. Verse*

I. Einführung: *Golden shares* und der neuerliche Streit um Volkswagen

Zu den spektakulärsten Entscheidungsreihen des EuGH im Bereich der europäischen Grundfreiheiten gehören sicherlich seine Urteile zu den „goldenen Aktien" (*golden shares*). Gemeint sind damit Sonderrechte, die sich die Mitgliedstaaten in privatrechtlich organisierten Unternehmen vorbehalten, um auf wichtige unternehmenspolitische Entscheidungen Einfluss nehmen zu können. In der Regel geht es dabei um vormals staatseigene und nunmehr (teil-)privatisierte Unternehmen sowie um Unternehmen aus bestimmten Schlüsselindustrien, die nationale Interessen wirklich oder vermeintlich besonders stark berühren. Typische Sonderrechte, die den EuGH wiederholt beschäftigt haben, sind etwa Genehmigungsvorbehalte bei wesentlichen Veränderungen im Aktionärskreis, Vetorechte in zentralen unternehmerischen Fragen oder Entsendungsrechte, mit denen sich die öffentliche Hand einen besonderen Einfluss auf die Besetzung der Leitungsgremien der betroffenen Gesellschaften zu sichern sucht[1]. In diesen und ähnlichen Fallgestaltungen erblickt der EuGH regelmäßig ohne Umschweife eine Beschränkung der Kapitalverkehrsfreiheit (Art. 63 Abs. 1 AEUV, ex Art. 56 Abs. 1 EG), da das staatliche Sonderrecht eine Beteiligung privater Investoren weniger attraktiv mache und daher geeignet sei, Investoren aus anderen Mitgliedstaaten abzuschrecken[2]. Da der Gerichtshof zugleich strenge Anforderungen an die Rechtfertigung der Beschränkung – sei es nach Art. 65 AEUV, sei es wegen zwingender Gründe des Allgemeininteresses – stellt, ist es den Mitgliedstaaten in den immerhin 16 bisher entschiedenen Fällen[3] nur ein einziges Mal gelungen,

---

[1] Überblick über die Kasuistik bei *M. Lutter/W. Bayer/J. Schmidt*, Europäisches Unternehmens- und Kapitalmarktrecht, 5. Aufl. 2012, § 15 Rn. 11.

[2] Daneben kann auch die Niederlassungsfreiheit (Art. 49 AEUV, ex Art. 43 EG) betroffen sein; näher zu der im Folgenden nicht weiter interessierenden Abgrenzung beider Grundfreiheiten *St. Grundmann*, Europäisches Gesellschaftsrecht, 2. Aufl. 2011, Rn. 643 f.; *M. Habersack/D. Verse*, Europäisches Gesellschaftsrecht, 4. Aufl. 2011, § 3 Rn. 32; *Lutter/Bayer/Schmidt* (Fn. 1), § 15 Rn. 3 ff.; jeweils mit zahlreichen Nachw.

[3] EuGH v. 23. Mai 2000, Rs. C-58/99 (Kommission/Italien), Slg. 2000, I-3811; EuGH v. 4. Juni 2002, Rs. C-367/97 (Kommission/Portugal), Slg. 2002, I-4731; EuGH v. 4. Juni 2002, Rs. C-483/99 (Kommission/Frankreich), Slg. 2002, I-4781; EuGH v. 4. Juni 2002, Rs. C-503/99 (Kommission/Belgien), Slg. 2002, I-4809; EuGH v. 13. Mai 2003, Rs. C-463/00 (Kommission/Spanien), Slg. 2003, I-4581; EuGH v. 13. Mai 2003, Rs. C-98/01 (Kommission/Ver-

ein staatliches Sonderrecht erfolgreich zu verteidigen[4]. In allen anderen Fällen hat die Kommission die Vertragsverletzungsverfahren vor dem EuGH für sich entschieden.

Dieser rigiden Haltung gegenüber „goldenen Aktien" ist im Jahr 2007 bekanntlich auch das (alte) VW-Gesetz[5] zum Opfer gefallen. Anlässlich der Privatisierung von Volkswagen 1960 erlassen, sah das VW-Gesetz diverse aktienrechtliche Sondervorschriften für die Volkswagen AG vor, die den Einfluss der öffentlichen Hand stärken sollten. So gewährte das Gesetz dem Bund und dem Land Niedersachsen ein Entsendungsrecht für je zwei Aufsichtsratsmandate, solange sie auch nur mit einer Aktie an der Volkswagen AG beteiligt waren (§ 4 Abs. 1 VW-Gesetz a.F.). Ferner war das Stimmrecht jedes Aktionärs unabhängig von der Größe des Aktienbesitzes auf maximal 20 % des stimmberechtigten Grundkapitals beschränkt (Höchststimmrecht, § 2 Abs. 2 VW-Gesetz a.F.). Angesichts einer Beteiligung des Landes Niedersachsen in Höhe von gut 20 % der Stammaktien war damit sichergestellt, dass kein einzelner Großaktionär größeren Einfluss als das Land ausüben konnte. Ebenfalls auf die Beteiligungshöhe des Landes zugeschnitten war – und ist nach wie vor – eine dritte Vorschrift, nach der satzungsändernde Beschlüsse der Volkswagen AG einer Mehrheit von 80 % des bei der Beschlussfassung vertretenen Grundkapitals bedürfen (§ 4 Abs. 3 VW-Gesetz). Diese Regelung sichert dem mit knapp über 20 % beteiligten Land eine Sperrminorität, die im aktienrechtlichen Normalfall (vorbehaltlich abweichender Satzungsbestimmung) erst bei 25 % plus einer Aktie erreicht wäre (§ 179 Abs. 2 S. 1 AktG). Wie allenthalben erwartet[6] hatten diese Regelungen vor dem

---

einigtes Königreich), Slg. 2003, I-4641; EuGH v. 2. Juni 2005, Rs. C-174/05 (Kommission/Italien), Slg. 2005, I-4933; EuGH v. 28. Sept. 2006, Rs. C-282/04 u. C-283/04 (Kommission/Niederlande), Slg. 2006, I-9141; EuGH v. 23. Okt. 2007, Rs. C-112/05 (Kommission/Deutschland), Slg. 2007, I-8995; EuGH v. 6. Dez. 2007, Rs. C-464/04 (Kommission/Italien), Slg. 2007, I-10419; EuGH v. 17. Juli 2008, Rs. C-207/07 (Kommission/Spanien), Slg. 2008, I-111; EuGH v. 26. März 2009, Rs. C-326/07 (Kommission/Italien), Slg. 2009, I-2291; EuGH v. 8. Juli 2010, Rs. C-171/08 (Kommission/Portugal), Slg. 2010, I-6817; EuGH v. 11. Nov. 2010, Rs. C-543/08 (Kommission/Portugal), Slg. 2010, I-11241; EuGH v. 10. Nov. 2011, Rs. C-212/09 (Kommission/Portugal), NZG 2011, 1339; EuGH v. 8. Nov. 2012, Rs. C-244/11 (Kommission/Griechenland), BeckRS 2012, 82371.

[4] EuGH v. 4. Juni 2002, Rs. C-503/99 (Kommission/Belgien), Slg. 2002, I-4809. Dieser Fall war durch die Besonderheit gekennzeichnet, dass die Sonderrechte, die sich der belgische Staat in zwei vormals staatseigenen Energieversorgungsunternehmen vorbehalten hatte, inhaltlich allein auf Entscheidungen bezogen waren, welche die Energieversorgung Belgiens im Krisenfall gefährden konnten.

[5] Gesetz über die Überführung der Anteilsrechte an der Volkswagenwerk Gesellschaft mit beschränkter Haftung in private Hand vom 21. Juli 1960 (BGBl. I, 585).

[6] Vgl. nur *W.-G. Ringe*, Cambridge Law Journal 69 (2010), 378, 386: „It has been a long time since the outcome of a European judgment has been as almost unanimously predicted as in this case."

EuGH keinen Bestand: § 4 Abs. 1 sowie § 2 Abs. 1 „in Verbindung mit" § 4 Abs. 3 VW-Gesetz – so der Tenor des Urteils – verletzen die Kapitalverkehrsfreiheit[7].

Wer gedacht hätte, dass die genannten Sonderregeln für VW damit der Vergangenheit angehörten, sah sich in der Folge gründlich getäuscht. Der Bundestag beschloss zwar Ende 2008 eine Novellierung des VW-Gesetzes[8]. Aus dem Gesetz gestrichen wurden aber nicht alle drei beanstandeten Vorschriften, sondern nur zwei: das Entsendungs- und das Höchststimmrecht. Beibehalten wurde dagegen die gesetzliche Absenkung der Sperrminorität (§ 4 Abs. 3 VW-Gesetz). Aus dem Umstand, dass der EuGH die Sperrminorität im Tenor seines Urteils nur „in Verbindung" mit dem Höchststimmrecht beanstandet hat, zieht die Bundesrepublik nämlich die Schlussfolgerung, dass § 4 Abs. 3 VW-Gesetz für sich allein unbedenklich sei[9]. Damit nicht genug: Im Dezember 2009 beschloss die Hauptversammlung der Volkswagen AG mit den Stimmen des Landes und weiterer Aktionäre – insbesondere der inzwischen zur Mehrheitsaktionärin aufgestiegenen Porsche Holding SE und einer Beteiligungsgesellschaft des Emirats von Katar – Änderungen der VW-Satzung. Mit diesen Änderungen wurde das zwischenzeitlich gestrichene Entsendungsrecht des Landes für zwei Aufsichtsratsmandate wieder eingeführt (§ 11 Abs. 1 VW-Satzung) und die Absenkung der Sperrminorität in modifizierter Form neu beschlossen (§ 25 Abs. 2 VW-Satzung)[10].

Der Kommission waren die Bestrebungen, die Sonderregeln des VW-Gesetzes so weit wie möglich zu retten, von Anfang an ein Dorn im Auge[11]. Auf die Novelle des VW-Gesetzes reagierte sie mit der Einleitung eines neuerlichen Vertragsverletzungsverfahrens, das im Frühjahr 2012 zu einer erneuten Klage vor dem EuGH führte, dieses Mal in dem für die Durchsetzung von Urteilen vorgesehenen besonderen Verfahren nach Art. 260 Abs. 2 AEUV, das neben der Feststellung der Vertragsverletzung

---

[7] EuGH v. 23. Okt. 2007, Rs. C-112/05 (Kommission/Deutschland), Slg. 2007, I-8995; dazu etwa *J. v. Bekkum/J. Kloosterman/J. Winter*, European Company Law 5 (2008), 6 ff.; *M. Kerber*, NZG 2008, 9 ff.; *W. Kilian*, NJW 2007, 3469 ff.; *G. Parleani*, Revue des sociétés 2007, 874 ff.; *M. Pießkalla*, EuZW 2007, 702 f.; *J. Rickford*, in: M. Tison/H. de Wulf/Ch. van der Elst/R. Steennot (Hrsg.), Perspectives in Company Law and Financial Regulation, Essays in Honour of E. Wymeersch, 2009, S. 61, 76 ff.; *W.-G. Ringe*, CMLR 45 (2008), 537 ff.; *F. Sanders*, Columbia Journal of European Law 14 (2008), 359 ff.; *U.H. Schneider*, WuB II Q Art. 56 EG 1.08; *Ch. Teichmann/E. Heise*, BB 2007, 2577 ff.; *D. Verse*, GPR 2008, 31 ff.; *G.-J. Vossestein*, ECFR 2008, 115 ff.; *E. Werlauff*, EBLR 2009, 101 ff.; *P. Zumbansen/D. Saam*, German Law Journal 8 (2007), 1027 ff.

[8] Gesetz zur Änderung des Gesetzes über die Überführung der Anteilsrechte an der Volkswagenwerk Gesellschaft mit beschränkter Haftung in private Hand vom 8. Dezember 2008 (BGBl. I, 2369).

[9] Vgl. Begründung des Regierungsentwurfs zur Änderung des VW-Gesetzes, BT-Drucks. 16/10389, S. 6; ferner Pressemitteilung des Bundesministeriums der Justiz vom 30. Jan. 2009, „Bundesregierung: Urteil des EuGH zum VW-Gesetz eins zu eins umgesetzt".

[10] Näher dazu unter III. 1. Die Satzung der Volkswagen AG ist abrufbar unter www.volkswagenag.com unter Investor Relations (zuletzt abgerufen am 31. Aug. 2012).

[11] s. Pressemitteilungen der Kommission vom 5. Juni 2008 (IP/08/873) und vom 27. Nov. 2008 (IP/08/1797).

auch die Verhängung finanzieller Sanktionen (Pauschalbetrag, Zwangsgeld) ermöglicht[12]. Gegenstand des Verfahrens ist allerdings ausweislich der öffentlichen Verlautbarungen nur die Beibehaltung der Sperrminoritätsregelung in § 4 Abs. 3 VW-Gesetz. An den neu gefassten Bestimmungen der VW-Satzung hat die Kommission dagegen – jedenfalls bisher – keinen Anstoß genommen[13].

Der Fall Volkswagen berührt eine Reihe von offenen Grundfragen zur Reichweite der Kapitalverkehrsfreiheit in gemischtwirtschaftlichen Unternehmen und lohnt daher eine nähere Betrachtung. Ziel der folgenden Überlegungen ist es, zunächst das neu gefasste VW-Gesetz (II.) und sodann die Neufassung der VW-Satzung (III.) auf ihre Vereinbarkeit mit dem Unionsrecht zu untersuchen. Gewidmet seien diese Überlegungen mit herzlichen Glückwünschen und in familiärer Verbundenheit dem Jubilar – *avunculo sapienti ad multos annos!*

II. Neufassung des VW-Gesetzes

1. Ausgangspunkt

Ob das neue VW-Gesetz – genauer: die Beibehaltung der Sperrminoritätsregelung in § 4 Abs. 3 VW-Gesetz – einer unionsrechtlichen Überprüfung standhält, wird in (instanzgerichtlicher) Rechtsprechung und Schrifttum bisher sehr unterschiedlich beurteilt[14]. In der Diskussion wird allerdings nicht immer hinreichend deutlich, dass schon im Ansatz zwei Argumentationsebenen zu trennen sind, da es zwei verschiedene Ansatzpunkte für mögliche Verstöße seitens der Bundesrepublik gibt. Der erste Ansatzpunkt besteht in der von der Kommission geltend gemachten Verletzung des Art. 260 Abs. 1 AEUV (Nichtumsetzung des EuGH-Urteils). Dieser Vorwurf setzt voraus, dass der Gerichtshof in seinem Urteil vom 23. Oktober 2007 bereits darüber entschieden hat, dass die Absenkung der Sperrminorität auch für sich allein gegen die Kapitalverkehrsfreiheit verstößt. Dies ist eine Frage der Auslegung des Ur-

---

[12] In ihrer Klageschrift beantragt die Kommission die Zahlung eines Zwangsgeldes in der Höhe von 282.725,10 EUR pro Tag (!) sowie eines Pauschalbetrags von 31.114,72 EUR pro Tag; vgl. Mitteilung über die Klageeinreichung, ABl. EG Nr. C 118/19 f. vom 21. April 2012.

[13] Von der Kommission weiterhin unbeanstandet bleibt auch die Regelung des § 4 Abs. 2 VW-Gesetz, nach der die Errichtung und Verlegung von Produktionsstätten einer Zustimmung des Aufsichtsrats mit Zweidrittelmehrheit bedarf (also nicht ohne Mitwirkung der Arbeitnehmervertreter beschlossen werden kann). Zur Brisanz dieser hier nicht weiter zu erörternden Vorschrift s. *J. Jahn*, AG 2008, R 55.

[14] Für Unbedenklichkeit des neuen VW-Gesetzes insbesondere LG Hannover v. 27. Nov. 2008, ZIP 2009, 666 ff.; *B. Rapp-Jung/A. Bartosch*, BB 2009, 2210 ff.; ferner *O. Müller-Michaels*, BB 2010, 2395, 2396; *U.H. Schneider* WuB, II Q Art. 56 EG 1.08 (S. 115 re. Sp.); *H. Hilgers*, ZIP 2012, 1535. Dagegen jedoch *W. Bayer/J. Schmidt*, BB 2010, 387, 394 und BB 2012, 3, 13; *Ph. Holle*, AG 2010, 14, 16 ff.; *J. Lieder*, ZHR 172 (2008), 306, 338; *Lutter/Bayer/Schmidt* (Fn. 1), § 15 Rn. 11; *Ph. Rühland*, in: H. Baum/A. Fleckner/A. Hellgardt/M. Roth (Hrsg.), Perspektiven des Wirtschaftsrechts, Beiträge für K.J. Hopt aus Anlass seiner Emeritierung, 2009, S. 501, 513 f., 515 f.; *D. Verse*, GPR 2008, 31, 33; *M. Weiss*, EWS 2008, 13, 16; ferner der frühere Generalanwalt *S. Alber*, FAZ v. 24. April 2008, S. 14.

teilstenors, in die auch die Entscheidungsgründe mit einzubeziehen sind (dazu unter 2.). Hat der Gerichtshof über die Zulässigkeit einer isolierten Sperrminoritätsabsenkung noch nicht entschieden, bleibt als zweiter Ansatzpunkt zu prüfen, ob in dieser Regelung unabhängig von dem ersten Urteil ein neuerlicher Verstoß gegen die Kapitalverkehrsfreiheit (Art. 63 Abs. 1 AEUV) zu erblicken ist (dazu unter 3.). Die Unterscheidung beider Ebenen ist schon deshalb von erheblicher Bedeutung, weil nur ein Verstoß gegen Art. 260 Abs. 1 AEUV die Festsetzung finanzieller Sanktionen nach Art. 260 Abs. 2 AEUV (Pauschalbetrag, Zwangsgeld) gegen die Bundesrepublik zu tragen vermag.

2. Verstoß gegen die Pflicht zur Umsetzung des VW-Urteils?

Das VW-Urteil des EuGH wird von Kommission und Bundesrepublik genau gegensätzlich interpretiert. Während die Kommission meint, der Gerichtshof habe Höchststimmrecht und Absenkung der Sperrminorität auch jeweils für sich allein beanstandet[15], zieht die Bundesrepublik aus der Formulierung im Tenor („in Verbindung mit") den Umkehrschluss, dass der Gerichtshof beide Instrumente für sich allein jeweils als unbedenklich eingestuft habe[16]. Als Mittelweg zwischen diesen beiden konträren Interpretationen ist allerdings – was vielfach übersehen wird – auch eine dritte Lesart denkbar, nämlich die, dass der EuGH über die Zulässigkeit einer isolierten Sperrminoritätsregelung weder positiv noch negativ, sondern überhaupt nicht entschieden hat[17]. Bei genauerer Lektüre des Urteils zeigt sich, dass nur diese dritte Lesart überzeugt.

Die Formulierung „in Verbindung mit" als unbedeutend abzutun, wie es die Kommission tut, verträgt sich nicht mit der Tatsache, dass auch die Entscheidungsgründe gleich an mehreren Stellen zum Ausdruck bringen, dass der Gerichtshof beide Instrumente nur in ihrem Zusammenwirken geprüft und verworfen hat. Schon zu Beginn seiner Prüfung hält der Gerichtshof fest, dass die beiden ersten Rügen (Höchststimmrecht und Sperrminorität) „angesichts des Vorbringens der Parteien (…) und der kumulativen Wirkungen der beiden damit beanstandeten Bestimmungen des VW-Gesetzes gemeinsam zu prüfen" sind[18]. Konsequent untersucht er im weiteren Verlauf beide Bestimmungen in ihrer „Wechselwirkung" (Rn. 43 des Urteils) und hält als Zwischen- bzw. Endergebnis seiner Prüfung fest, dass beide Vorschriften in ihrem „Zusammenspiel" (Rn. 56) bzw. „in Verbindung" miteinander (Rn. 82) die Kapitalverkehrsfreiheit beschränken und mangels Rechtfertigung auch verletzen. All das

---

[15] Für diese Lesart auch *W. Bayer/J. Schmidt*, BB 2012, 3, 13; *Lutter/Bayer/Schmidt* (Fn. 1), § 15 Rn. 11.

[16] Ebenso LG Hannover v. 27. Nov. 2008, ZIP 2009, 666, 667 ff.

[17] So *H. Hammen*, Konzern 2009, 391, 397; zweifelnd *Ph. Holle*, AG 2010, 16, 17 f.

[18] EuGH v. 23. Okt. 2007, Rs. C-112/05 (Kommission/Deutschland), Slg. 2007, I-8995, Rn. 30. Ebenso auch schon Generalanwalt *D. Ruiz-Jarabo Colomer*, Schlussanträge v. 13. 2. 2007 aaO., Rn. 76 ff.

spricht sehr deutlich dafür, dass der Gerichtshof die Formulierung im Tenor mit Bedacht gewählt hat und beide Vorschriften tatsächlich nur gemeinsam verworfen hat.

Daraus folgt jedoch nicht der von der Bundesrepublik gezogene Umkehrschluss, dass der Gerichtshof die Absenkung der Sperrminorität für sich allein als unionsrechtlich unbedenklich eingestuft hat. In den Entscheidungsgründen wird dies an keiner Stelle positiv festgestellt. Vielmehr beschränkt sich der EuGH wie dargelegt von vornherein auf eine Würdigung des Gesamtpakets von Höchststimmrecht und Sperrminorität. Zu einer Prüfung, ob § 4 Abs. 3 VW-Gesetz auch für sich allein gegen die Kapitalverkehrsfreiheit verstößt, hat der Gerichtshof offenbar keinen Anlass gesehen, da das alte VW-Gesetz über eine isolierte Sperrminoritätsregelung hinausging. Vielmehr ist er ersichtlich davon ausgegangen, dass dem Klagebegehren der Kommission in Bezug auf die Kapitalverkehrsfreiheit bereits vollumfänglich Rechnung getragen ist, wenn § 2 Abs. 1 und § 4 Abs. 3 VW-Gesetz in ihrem Zusammenspiel verworfen werden[19]. Dazu passt, dass der Gerichtshof als Ergebnis seiner Prüfung ohne Einschränkung festhält, dass „den auf einen Verstoß gegen Art. 56 Abs. 1 EG [jetzt Art. 63 Abs. 1 AEUV] gestützten Rügen der Kommission zu folgen" ist (Rn. 81). Hätte der Gerichtshof zugleich feststellen wollen, dass die Sperrminoritätsregelung für sich allein unbedenklich ist, hätte man dagegen erwarten müssen, dass er die auf die Kapitalverkehrsfreiheit gestützte Rüge der Kommission teilweise zurückweist. Dies ist jedoch gerade nicht geschehen[20].

Die Entscheidungsgründe lassen somit nur den Schluss zu, dass der Gerichtshof die Frage, ob die abgesenkte Sperrminorität auch für sich allein gegen die Kapitalverkehrsfreiheit verstößt, weder im positiven noch im negativen Sinne, sondern überhaupt nicht entschieden hat[21]. Diese Vorgehensweise des Gerichtshofs hat sich, wie der derzeit anhängige Folgerechtsstreit zeigt, als wenig glücklich erwiesen. Auch mag man mit guten Gründen der Auffassung sein, dass der Gerichtshof die genannte Frage hätte entscheiden müssen, um das Klagebegehren der Kommission erschöpfend zu würdigen[22]. Das rechtfertigt es jedoch nicht, nachträglich mehr in das Urteil hineinzulesen, als der Gerichtshof tatsächlich entschieden hat.

---

[19] Das ist auch zumindest in dem Sinne richtig, als jedenfalls bis zur Novelle des VW-Gesetzes sowohl § 2 Abs. 1 als auch § 4 Abs. 3 VW-Gesetz unanwendbar waren; zutr. *H. Hammen*, Konzern 2009, 391, 396; abw. aber LG Hannover v. 27. Nov. 2008, ZIP 2009, 666.

[20] Etwas anderes ergibt sich auch nicht daraus, dass der EuGH die Klage im Übrigen abgewiesen hat (Ziff. 2 des Tenors). Da der Gerichtshof den Rügen zur Kapitalverkehrsfreiheit ausdrücklich folgt (Rn. 81), erstreckt sich die Klageabweisung im Übrigen erkennbar nur darauf, dass der von der Kommission zusätzlich gestellte Antrag auf Feststellung eines Verstoßes gegen die Niederlassungsfreiheit (Art. 49 AEUV, ex Art. 43 EG) mangels hinreichender Substantiierung keinen Erfolg hatte (Rn. 16); in diese Richtung auch *H. Hammen*, Konzern 2009, 391, 395 re. Sp.; a.A. aber LG Hannover v. 27. Nov. 2008, ZIP 2009, 666, 668.

[21] Wie hier *H. Hammen*, Konzern 2009, 391, 397.

[22] Wie aus den Schlussanträgen des Generalanwalts *D. Ruiz-Jarabo Colomer* hervorgeht, hatte die Kommission jedenfalls zunächst gerügt, dass jede der Bestimmungen auch für sich

Aus dem Vorstehenden folgt, dass die Bundesrepublik mit der Neufassung des VW-Gesetzes nicht gegen ihre Pflicht zur Umsetzung des EuGH-Urteils (Art. 260 Abs. 1 AEUV) verstoßen hat. Die an einen solchen Verstoß anknüpfenden finanziellen Sanktionen nach Art. 260 Abs. 2 AEUV können und dürfen folglich nicht verhängt werden[23]. Eine Verletzung des Art. 260 Abs. 1 AEUV käme allenfalls unter einem anderen Gesichtspunkt in Betracht, nämlich dem, dass das VW-Gesetz möglicherweise zu spät neu gefasst wurde[24]. Immerhin hat es nach Verkündung des Urteils gut 13 Monate gedauert, bis das Entsendungsrecht und das Höchststimmrecht aus dem Text des VW-Gesetzes gestrichen wurden. Dieser Umstand wird indes von der Kommission nicht gerügt, die Frage soll daher hier nicht vertieft werden[25].

3. Neuerlicher Verstoß gegen die Kapitalverkehrsfreiheit?

Damit bleibt die in einem Vertragsverletzungsverfahren nach Art. 258 AEUV (nicht Art. 260 Abs. 2 AEUV!) zu klärende Frage, ob § 4 Abs. 3 VW-Gesetz auch für sich genommen gegen die Kapitalverkehrsfreiheit (Art. 63 Abs. 1 AEUV) verstößt.

a) Beurteilung auf Grundlage der bisherigen EuGH-Rechtsprechung

Auch wenn der EuGH diese Frage im VW-Urteil noch nicht entschieden hat, liegt es doch aus einer Reihe von Gründen recht deutlich auf der Linie seiner bisherigen Rechtsprechung, diese Frage zu bejahen[26].

aa) Hierfür spricht zuerst und vor allem die Überlegung, dass der EuGH im VW-Urteil den Anwendungsbereich seiner *golden-shares*-Rechtsprechung erheblich erweitert hat[27]. Ursprünglich richtete sich diese Rechtsprechung nur gegen Sonderrechte, die dem Staat einen gemessen an seiner Beteiligung überproportionalen Einfluss einräumen. Diese Ebene hat der EuGH im VW-Urteil indes verlassen, indem er auch das Höchststimmrecht in Kombination mit der Absenkung der Sperrminorität als Be-

---

allein einen Verstoß begründe; s. Schlussanträge v. 13. Feb. 2007, Rs. C-112/05 (Kommission/Deutschland), Slg. 2007, I-8997, Rn. 82.

[23] Weitergehend hält *H. Hammen*, Konzern 2009, 391, 392 ff., einen Antrag nach Art. 260 Abs. 2 AEUV nicht nur für unbegründet, sondern sogar für unzulässig, da die Kommission aus Gründen der Verhältnismäßigkeit vorrangig das Urteilsauslegungsverfahren nach Art. 43 EuGH-Satzung habe betreiben müssen.

[24] Zur Pflicht der Mitgliedstaaten, die Urteile unverzüglich umzusetzen, statt vieler *W. Cremer*, in: Ch. Calliess/M. Ruffert, EUV/AEUV (Hrsg.), 4. Aufl., Art. 260 AEUV Rn. 6 m.w.N.

[25] Näher dazu aber *H. Hammen*, Konzern 2009, 391, 397 ff., der im Ergebnis eine übermäßige Verzögerung verneint.

[26] Zum Streitstand s. nochmals die Nachw. in Fn. 14.

[27] Deutlich herausgestellt etwa bei *J. v. Bekkum/J. Kloosterman/J. Winter*, European Company Law 5 (2008), 6, 8 f.

schränkung der Kapitalverkehrsfreiheit angesehen hat. Diese beiden Instrumente begründen keine Sonderrechte, sondern sind auf alle Aktionäre unterschiedslos anwendbar (kein Aktionär darf mehr als 20 % der Stimmrechte ausüben, jeder Aktionär mit mehr als 20 % kommt in den Genuss der Sperrminorität). Anstatt auf dem Sonderrechtscharakter zu bestehen, hat es der Gerichtshof genügen lassen, dass die beiden Regelungen gerade auf die Beteiligung des Landes Niedersachsen von gut 20 % der Stammaktien zugeschnitten waren. Vor diesem Hintergrund – so die entscheidende Urteilspassage – ermögliche es die abgesenkte Sperrminorität der öffentlichen Hand, sich „*mit einer geringeren Investition als nach allgemeinem Gesellschaftsrecht erforderlich*" eine Position vorzubehalten, mit der sie wichtige Entscheidungen blockieren kann[28]. Auf derselben Linie heißt es sodann zum Höchststimmrecht, dass dieses Instrument einen rechtlichen Rahmen vervollständige, der den öffentlichen Akteuren die Möglichkeit einräumt, „mit einer solchen geringeren Investition wesentlichen Einfluss auszuüben"[29].

Die darin liegende Kernaussage ist klar: Für das Vorliegen einer Beschränkung des Kapitalverkehrs kommt es nicht auf die Begründung eines staatlichen Sonderrechts an. Vielmehr genügt auch eine unterschiedslos auf alle Aktionäre anwendbare Regelung, sofern diese darauf zugeschnitten ist, dem Staat Einflussrechte zu sichern, die ihm nach allgemeinem Gesellschaftsrecht normalerweise nicht zustünden. Diese Voraussetzung trifft aber uneingeschränkt auch auf das neue VW-Gesetz zu: Weiterhin ist § 4 Abs. 3 VW-Gesetz auf die Beteiligung des Landes zugeschnitten, und weiterhin ermöglicht es diese Regelung dem mit gut 20 % beteiligten Land, sich mit einer geringeren Investition als nach allgemeinem Gesellschaftsrecht erforderlich eine Sperrminorität zu sichern[30].

bb) Da der EuGH in seinem Urteil auf die Kumulation von abgesenkter Sperrminorität und Höchststimmrecht abgestellt hat, könnte man allerdings einwenden, dass der potenzielle Investoren abschreckende Effekt einer isolierten Sperrminoritätsregelung graduell weniger stark ins Gewicht fällt. Darauf ließe sich womöglich das Argument aufbauen, die abschreckende Wirkung der Sperrminoritätsregelung sei für sich allein „zu ungewiss und zu indirekt"[31], um eine Beschränkung der Kapitalverkehrsfreiheit zu begründen. Vergegenwärtigt man sich die besondere Bedeutung der

---

[28] EuGH v. 23. Okt. 2007, Rs. C-112/05 (Kommission/Deutschland), Slg. 2007, I-8995, Rn. 50.

[29] EuGH v. 23. Okt. 2007, Rs. C-112/05 (Kommission/Deutschland), Slg. 2007, I-8995, Rn. 51.

[30] s. bereits *D. Verse*, GPR 2008, 31, 33; zustimmend *Rühland* (Fn. 14), S. 501, 513 f.; ferner *Ph. Holle*, AG 2010, 14, 18; a.A. *B. Rapp-Jung/A. Bartosch*, BB 2009, 2210, 2213, die den fehlenden Sonderrechtscharakter für entscheidend halten.

[31] Zu dieser Wendung, die der EuGH bisweilen zur Eingrenzung des Schutzbereichs der Grundfreiheiten heranzieht, etwa *Th. Kingreen*, in: Calliess/Ruffert (Fn. 24), Art. 34 – 36 AEUV Rn. 55. Auch in der *golden-shares*-Rechtsprechung findet diese Einschränkung gelegentlich Erwähnung; s. etwa EuGH v. 28. Sept. 2006, Rs. C-282/04 u. C-283/04 (Kommission/Niederlande), Slg. 2006, I-9141 Rn. 29 (dort aber im Ergebnis verneint).

Sperrminorität, die es ermöglicht, sämtliche Satzungsänderungen und grundlegende Strukturmaßnahmen zu blockieren, wäre eine derartige Argumentation allerdings wenig überzeugend[32].

cc) Ebenso wenig entspricht es der Linie der bisher ergangenen Rechtsprechung, § 4 Abs. 3 VW-Gesetz als bloße Handelsmodalität für Kapital im Sinne der *Keck*-Rechtsprechung[33] anzusehen und deshalb vom Schutzbereich der Kapitalverkehrsfreiheit auszunehmen[34]. Der EuGH hat stets betont, dass „goldene Aktien" nicht unter die *Keck*-Formel fallen, da sie die Situation des Erwerbers einer Beteiligung als solche berühren und daher geeignet sind, den Marktzugang zu beeinflussen[35]. Ersichtlich geht der Gerichtshof hiervon auch in Bezug auf die faktisch den Staat begünstigende Absenkung der Sperrminorität nach § 4 Abs. 3 VW-Gesetz aus; denn andernfalls hätte er diese Regelung im VW-Urteil nicht, auch nicht gemeinsam mit dem Höchststimmrecht, beanstanden dürfen.

dd) Eher schon ließe sich der Einwand vorbringen, dass der EuGH im VW-Urteil gerade auf die Beeinträchtigung von Direktinvestitionen (mithin Investitionen, die auf einen unternehmerischen Einfluss in der Gesellschaft zielen) abgestellt hat[36]. Diese Art der Investition kommt aber – so ließe sich argumentieren – wegen der inzwischen veränderten Aktionärsstruktur der Volkswagen AG derzeit faktisch ohnehin nicht in Betracht, da sich inzwischen über 87 % der Stammaktien in den Händen von strategischen Investoren befinden (Porsche Holding SE, Katar und Niedersachsen)[37]. Aber auch dieser Einwand wird vor dem EuGH kaum Gehör finden. Zum einen beansprucht das VW-Gesetz auch dann Geltung, wenn sich die Zusammensetzung des Aktionärskreises wieder ändert. Und zum anderen hat der EuGH bereits wiederholt ausgesprochen, dass die Befugnis des Staates, wichtige Entscheidungen der Gesellschaft zu blockieren, auch geeignet ist, sog. Portfolioinvestitionen abzu-

---

[32] Das besondere Gewicht der Sperrminorität betonen auch der frühere Generalanwalt *S. Alber*, FAZ v. 24. April 2008, S. 14, sowie *H. Hammen*, Konzern 2009, 391, 392 mit Fn. 8.

[33] EuGH v. 24. Nov. 1993, Rs. C-267/91 (Keck u. Mithouard), Slg. 1993, I-6097 (zur Warenverkehrsfreiheit).

[34] So aber *B. Rapp-Jung/A. Bartosch*, BB 2009, 2210, 2214.

[35] EuGH v. 13. Mai 2003, Rs. C-463/00 (Kommission/Spanien), Slg. 2003, I-4581, Rn. 59 ff.; EuGH v. 13. Mai 2003, Rs. C-98/01 (Kommission/Vereinigtes Königreich), Slg. 2003, I-4641, Rn. 47; EuGH v. 8. Juli 2010, Rs. C-171/08 (Kommission/Portugal), Slg. 2010, I-6817, Rn. 65 ff.; EuGH v. 11. Nov. 2010, Rs. C-543/08 (Kommission/Portugal), Slg. 2010, I-11241, Rn. 65 ff.; EuGH v. 10. Nov. 2011, Rs. C-212/09 (Kommission/Portugal), NZG 2011, 1339, Rn. 62 ff.

[36] EuGH v. 23. Okt. 2007, Rs. C-112/05 (Kommission/Deutschland), Slg. 2007, I-8995, Rn. 54: „Wie die Kommission vorträgt, betreffen nämlich die Beschränkungen […] eher die Direktinvestitionen in das Kapital von Volkswagen als die Portfolio-Investitionen, die allein in der Absicht einer Geldanlage getätigt werden."

[37] Zu diesem Argument (wenngleich in anderem Zusammenhang) *H. Hammen*, Konzern 2009, 391, 399.

schrecken[38]. Dabei stützt sich der EuGH in ständiger Rechtsprechung auf die Erwägung, dass der Wert der Geldanlage beeinträchtigt werden kann, wenn der Staat in Verfolgung von öffentlichen Interessen (z.B. dem Anliegen, einen bestimmten Standort zu erhalten) anstelle von Renditeinteressen die Zustimmung zu einer wichtigen Maßnahme ablehnt, die von den Gesellschaftsorganen als im Interesse der Gesellschaft liegend vorgeschlagen wird[39]. Geht man mit dem EuGH von dieser Erwägung aus, gibt es keinen Grund, sie nicht auch auf VW anzuwenden.

ee) *Summa summarum* führt damit bei konsequenter Fortführung der bisherigen EuGH-Rechtsprechung kein Weg an dem Ergebnis vorbei, dass § 4 Abs. 3 VW-Gesetz auch für sich allein die Kapitalverkehrsfreiheit beschränkt. Nach den Feststellungen des EuGH im VW-Urteil lässt sich diese Beschränkung auch nicht rechtfertigen, da keine zwingenden Gründe des Allgemeininteresses für die Verstärkung des staatlichen Einflusses bestehen[40].

b) Zur Kritik an der EuGH-Rechtsprechung

Auf einem anderen Blatt steht, ob man den vom EuGH eingeschlagenen Weg für überzeugend hält. Wer der *golden-shares*-Rechtsprechung schon im Grundansatz ablehnend gegenübersteht – namentlich mit dem Argument, dass aus dem Grundsatz der Eigentumsneutralität der Verträge (Art. 345 AEUV, ex Art. 295 EG) ein weiterer Handlungsspielraum der Mitgliedstaaten abzuleiten sei[41] –, der wird auch der im VW-Urteil vorgenommenen Ausdehnung dieser Rechtsprechung mit Skepsis gegenüberstehen[42]. Aber auch wenn man nicht so weit gehen will, die *golden shares*-Recht-

---

[38] EuGH v. 28. Sept. 2006, Rs. C-282/04 u. C-283/04 (Kommission/Niederlande), Slg. 2006, I-9141, Rn. 27 f.; EuGH v. 8. Juli 2010, Rs. C-171/08 (Kommission/Portugal), Slg. 2010, I-6817, Rn. 61; EuGH v. 11. Nov. 2010, Rs. C-543/08 (Kommission/Portugal), Slg. 2010, I-11241, Rn. 57; EuGH v. 10. Nov. 2011, Rs. C-212/09 (Kommission/Portugal), NZG 2011, 1339, Rn. 58.

[39] Nachw. wie vor.

[40] EuGH v. 23. Okt. 2007, Rs. C-112/05 (Kommission/Deutschland), Slg. 2007, I-8995, Rn. 72 ff.

[41] So insbesondere Generalanwalt *D. Ruiz-Jarabo Colomer*, Schlussanträge v. 3. Juli 2001, Rs. C-367/98, C-483/99 u. C-503/99 (Kommission/Portugal, Kommission/Frankreich, Kommission/Belgien), Slg. 2001, I-4731, Rn. 39 ff.; *ders.*, Schlussanträge v. 6. Feb. 2003, Rs. 463/00 u. Rs. 98/01 (Kommission/Spanien, Kommission/Vereinigtes Königreich), Slg. 2003, I-4581, Rn. 37, 54 ff.; ferner etwa *S. Soltysinski*, FS Hopt, Bd. 2, 2010, S. 2571, 2575 ff.; *G. Spindler*, RIW 2003, 850, 853; *P. Müller-Graff*, EWS 2009, 489, 497. Der EuGH hat diesen Einwand jedoch wiederholt zurückgewiesen, s. etwa EuGH v. 13. Mai 2003, Rs. C-463/00 (Kommission/Spanien), Slg. 2003, I-4581, Rn. 67; EuGH v. 8. Nov. 2012, Rs. C-244/11 (Kommission/Griechenland), BeckRS 2012, 82371, Rn. 15 ff. m.w.N. aus der Rechtsprechung; nähere Diskussion bei *A. Kömpf*, Staatseinfluss auf die Volkswagen AG, 2010, S. 254 ff.

[42] Ablehnend denn auch *Soltysinski* (Fn. 41), S. 2571, 2578 ff.; ferner *C. Gerner-Beuerle*, C.M.L.Rev. 49 (2012), 97 ff., der seine Kritik allerdings nicht auf Art. 345 AEUV stützt, sondern dem EuGH vorhält, private Gewinninteressen der Investoren einseitig über öffentliche

sprechung in Bausch und Bogen zu verwerfen, kann man sich fragen, ob die im VW-Urteil vorgenommene Ausdehnung der Rechtsprechung auch auf unterschiedslos anwendbare Gestaltungen ohne Sonderrechtscharakter das Richtige trifft.

aa) Nachdenklich stimmt insbesondere, dass der EuGH das nationale Gesellschaftsrecht als Maßstab heranzieht, um eine Beschränkung der europäischen Kapitalverkehrsfreiheit zu begründen („mit einer geringeren Investition als nach allgemeinem Gesellschaftsrecht erforderlich"). Angesichts der Tatsache, dass die nationalen Gesellschaftsrechte nur in Teilbereichen harmonisiert sind, ist diese Vorgehensweise geeignet, europaweit uneinheitliche Ergebnisse zu produzieren. Das Beispiel der Sperrminorität illustriert dies trefflich: Die Sperrminorität liegt in Frankreich bei mehr als einem Drittel des bei der Beschlussfassung vertretenen Grundkapitals (art. L 225–96 Abs. 3 code de commerce), in Deutschland und vielen anderen Mitgliedstaaten bei mehr als einem Viertel (§ 179 Abs. 2 S. 1 AktG). Wenn nun der französische Staat mit gut 25 % des Grundkapitals an einer französischen Aktiengesellschaft beteiligt wäre und die Sperrminorität in dieser Gesellschaft abweichend vom französischen Normalstatut auf 25 % plus eine Stimme festsetzen würde, dann müsste darin nach dem geschilderten Gedankengang des VW-Urteils ebenfalls eine Beschränkung der Kapitalverkehrsfreiheit liegen, da der Staat sich mit einer „geringeren Investition als nach allgemeinem Gesellschaftsrecht erforderlich" eine wichtige Blockadeposition verschafft. Würde sich dagegen die öffentliche Hand in Deutschland an einer Aktiengesellschaft mit gut 25 % des Grundkapitals beteiligen und damit in den Genuss einer Sperrminorität kommen, würde der EuGH daran keinen Anstoß nehmen, da keine Abweichung vom allgemeinen Gesellschaftsrecht vorliegt.

Weitere Fragen schließen sich an: Wenn man mit dem EuGH von der Prämisse ausgeht, dass staatliche Mitentscheidungs- und Vetorechte Investoren abschrecken können, warum kommt es dann überhaupt auf den Sonderrechtscharakter oder die Abweichung vom allgemeinen Gesellschaftsrecht an? Sofern man der staatlichen Sperrminorität abschreckende Wirkung auf Investoren beimisst, müsste man dies dann nicht auch bei einer nach allgemeinem Gesellschaftsrecht erreichten Sperrminorität des Staates annehmen? Anders gewendet: Muss man von diesem Ansatz aus nicht zu einer uferlosen Ausdehnung der Kapitalverkehrsfreiheit gelangen?

bb) Es ist zweifellos ein Defizit der Rechtsprechung des EuGH, auf diese Fragen bisher keine klare Antwort gegeben zu haben. Dennoch lässt sich m. E. eine Erklärung für die vom EuGH zugrunde gelegte Differenzierung finden, die zwar nicht zwingend, aber immerhin plausibel ist. Diese Erklärung ergibt sich aus dem bereits erwähnten Grundsatz der Eigentumsneutralität der Verträge (Art. 345 AEUV). Da-

---

Interessen zu stellen und damit eine dem Gerichtshof nicht zustehende politische Grundentscheidung für eine allein am *shareholder value* orientierte Wirtschaftsordnung zu treffen; vgl. zu diesem Argument auch die Diskussion bei *P. Leyens*, in: T. Eger/H.-B. Schäfer (Hrsg.), Ökonomische Analyse des Europarechts: Primärrecht, Sekundärrecht und die Rolle des EuGH, 2012, S. 83, 88 ff.

nach steht es den Mitgliedstaaten frei, ob sie ein Unternehmen ganz in staatlicher Hand führen oder es ganz oder teilweise privatisieren. Auch wenn dieser Grundsatz den Mitgliedstaaten nach der Rechtsprechung des EuGH keinen Freibrief gewährt, sich Sonderrechte in (teil-)privatisierten Unternehmen vorzubehalten, so ist ihm doch zumindest zu entnehmen, dass der AEUV an der Staatsbeteiligung als solcher keinen Anstoß nimmt. Deshalb kann allein in der bloßen Staatsbeteiligung keine rechtfertigungsbedürftige Beschränkung der Kapitalverkehrsfreiheit liegen, selbst wenn diese ab einem bestimmten Umfang durchaus den vom EuGH angenommenen abschreckenden Effekt auf Investoren entfalten mag. Wenn aber das Unionsrecht der Staatsbeteiligung als solcher neutral gegenüber steht, dann liegt die Folgerung nahe, dass damit auch diejenigen Mitgliedschaftsrechte des Staates, die mit der gehaltenen Beteiligung nach dem Gesellschaftsrecht des jeweiligen Mitgliedstaats normalerweise verbunden sind, nicht zu beanstanden sind. Folgt man dem, so wird verständlich, warum der EuGH in seiner Rechtsprechung nicht an der Staatsbeteiligung als solcher mit den damit gewöhnlich verbundenen Rechten Anstoß nimmt, sondern erst an darüber hinausgehenden Sonderrechten oder (wie im Fall VW) sonstigen vom Normalstatut abweichenden Gestaltungen, die im Ergebnis primär dem Staat zugutekommen.

Gewiss ist dieser Ansatz nicht frei von Schwächen. Dass der Rückgriff auf das nationale Gesellschaftsrecht als Bezugsrahmen uneinheitliche Ergebnisse in den Mitgliedstaaten hervorrufen kann, wurde bereits erwähnt. Auch bedarf bei diesem Ansatz im Einzelfall weiterer Konkretisierung, wann genau der staatliche Einfluss über das hinausgeht, was mit der Beteiligung nach allgemeinem Gesellschaftsrecht „normalerweise" an Einfluss verbunden ist. Da Normtext und Entstehungsgeschichte der Verträge nicht klar zu entnehmen ist, wie sich Eigentumsneutralität und Kapitalverkehrsfreiheit zueinander verhalten, erscheint der gelegentlich erhobene Vorwurf einer unzulässigen Rechtsfortbildung durch den EuGH[43] indes überzogen.

cc) Abzuwarten bleibt freilich, ob sich die Mitgliedstaaten als Herren der Verträge auf Dauer mit der vom EuGH eingeschlagenen Linie zufrieden geben werden. Insbesondere unter dem Eindruck der Finanzmarktkrise und der dadurch notwendig gewordenen Maßnahmen zur Finanzmarktstabilisierung, die neue Anwendungsfälle staatlicher *golden shares* hervorgebracht haben[44], wird das Verhältnis von Markt und staatlicher Intervention heute vielfach (wieder) anders beurteilt als früher. Daher ist bereits angeregt worden, im Rahmen künftiger Änderungen der europäischen Verträge auch darüber nachzudenken, die Handlungsspielräume der Mitgliedstaaten zur Ausgestaltung ihrer Industriepolitik wieder zu erweitern[45].

---

[43] *Soltysinski* (Fn. 41), S. 2571, 2581: „example of excessive judicial law-making".

[44] Zur unionsrechtlichen Beurteilung der Sonderrechte, die zugunsten des staatlichen Finanzmarktstabilisierungsfonds (SoFFin) geschaffen wurden, ausführlich insbesondere *J. Lübke*, EWS 2010, 407 ff.

[45] *W. Bayer/J. Schmidt*, BB 2012, 3, 13.

4. Ergebnis

Als erstes Ergebnis der Untersuchung bleibt festzuhalten: Der EuGH hat im VW-Urteil noch nicht darüber befunden, ob § 4 Abs. 3 VW-Gesetz auch für sich allein gegen die Kapitalverkehrsfreiheit verstößt. Deshalb liegt in der Beibehaltung dieser Vorschrift kein Verstoß gegen Art. 260 Abs. 1 AEUV, so dass aus diesem Grund auch keine finanziellen Sanktionen nach Art. 260 Abs. 2 AEUV verhängt werden dürfen. Es liegt aber in der Konsequenz der bisherigen Rechtsprechung des EuGH, § 4 Abs. 3 AEUV auch für sich allein als Verstoß gegen die Kapitalverkehrsfreiheit (Art. 63 Abs. 1 AEUV) anzusehen. Obwohl diese Rechtsprechung nicht unumstritten ist, deutet gegenwärtig nichts darauf hin, dass der EuGH eine Kurskorrektur vornehmen wird.

III. Neufassung der VW-Satzung

Sollte der EuGH die Unionsrechtswidrigkeit des § 4 Abs. 3 VW-Gesetz feststellen, wäre dies allerdings für die Corporate Governance der Volkswagen AG praktisch folgenlos, wenn die Bestimmungen der VW-Satzung weiterhin Bestand hätten[46]. Auch wenn die Kommission ihr Vorgehen allein gegen das VW-Gesetz richtet, ist daher im Folgenden auch die Frage der Vereinbarkeit der VW-Satzung mit der Kapitalverkehrsfreiheit mit in den Blick zu nehmen. Diese Frage wird im Schrifttum bisher nur selten näher behandelt und im Ergebnis uneinheitlich beantwortet[47].

1. Inhalt der neuen VW-Satzung

Die VW-Satzung sah seit 1960 durchgehend eine § 4 Abs. 3 VW-Gesetz entsprechende Absenkung der Sperrminorität vor. Auch in Reaktion auf das VW-Urteil des EuGH wurde die betreffende Satzungsbestimmung nicht gestrichen. Im Gegenteil hat die Hauptversammlung der Volkswagen AG die Absenkung der Sperrminorität ausdrücklich bestätigt, indem sie diese im Dezember 2009 in redaktionell überarbeiteter und (zumindest dem Wortlaut nach) sogar erweiterter Fassung erneut beschlossen hat (§ 25 Abs. 2 VW-Satzung)[48]. In der Hauptversammlungseinladung heißt es

---

[46] Pointiert *H. Hilgers*, ZIP 2012, 1535: „kostspieliger Streit um des Kaisers Bart".

[47] Bedenken gegen die Unionsrechtskonformität der VW-Satzung bei *Ph. Holle*, AG 2010, 14, 20 ff.; differenzierend dagegen *W. Bayer/J. Schmidt*, BB 2012, 3, 13, die die Satzungsbestimmung zur Sperrminorität für unzulässig halten (s. dazu unten bei Fn. 63), nicht aber das Entsendungsrecht.

[48] Die Erweiterung des Wortlauts besteht darin, dass nach § 4 Abs. 3 VW-Gesetz und der alten Satzungsbestimmung die Absenkung der Sperrminorität nur Beschlüsse umfasst, die „nach dem Aktiengesetz" einer Dreiviertelmehrheit bedürfen, während nach der neuen Satzungsbestimmung alle Fälle erfasst sind, in denen „nach gesetzlichen Vorschriften" (also auch außerhalb des Aktiengesetzes z.B. nach Vorschriften des Umwandlungsgesetzes) eine Dreiviertelmehrheit erforderlich ist. Offen bleiben mag hier die Frage, ob der vor Einführung des UmwG geschaffene § 4 Abs. 3 VW-Gesetz nicht ohnehin so zu interpretieren wäre, dass er auch die im UmwG geregelten qualifizierten Mehrheitserfordernisse erfasst.

hierzu ausdrücklich, diese Regelung solle auch unabhängig vom VW-Gesetz gelten[49]. Das Ziel der Satzungsänderung besteht mithin ersichtlich darin, die Absenkung der Sperrminorität auch und gerade für den Fall zu „retten", dass § 4 Abs. 3 VW-Gesetz einer neuerlichen Überprüfung durch den EuGH nicht standhält.

Dagegen wurden das Entsendungsrecht und das Höchststimmrecht, die zunächst jeweils auch in der Satzung verankert waren, im Juni 2009 aus der Satzung gestrichen[50]. In der Hauptversammlung vom Dezember 2009 wurde aber beschlossen, das Entsendungsrecht erneut in die Satzung aufzunehmen. Die Bedingungen für das Entsendungsrecht wurden bei dieser Gelegenheit in zweifacher Hinsicht modifiziert. Nach § 4 Abs. 1 VW-Gesetz a.F. und der alten Satzungsregelung stand sowohl dem Land Niedersachsen als auch der Bundesrepublik ein Entsendungsrecht über je zwei Aufsichtsratsmandate zu, soweit sie – und sei es nur mit einer einzigen Aktie – an der Volkswagen AG beteiligt waren. Theoretisch hätten also bis zu vier der zehn Anteilseignermandate im Aufsichtsrat der Volkswagen AG von dem Entsendungsrecht nach § 4 Abs. 1 VW-Gesetz a.F. erfasst werden können. Darin lag eine Abweichung vom allgemeinen Aktienrecht, da § 101 Abs. 2 S. 4 AktG maximal ein Drittel der Anteilseignermandate für Entsendungsrechte öffnet. Da die Bundesrepublik schon seit 1988 nicht mehr zum Aktionärskreis zählt, verhielt es sich praktisch allerdings schon seit langem so, dass das Entsendungsrecht nur für die beiden Entsandten des Landes Bedeutung hatte. In der neuen Fassung der Satzung ist daher von vornherein nur noch das auf zwei Aufsichtsratsmitglieder beschränkte Entsendungsrecht des Landes vorgesehen. Die zweite Modifikation besteht darin, dass das neue Entsendungsrecht nur noch ausgeübt werden kann, solange das Land mit mindestens 15 % der Stammaktien an der Volkswagen AG beteiligt ist (§ 11 Abs. 1 VW-Satzung). Praktisch ergibt sich allerdings auch daraus bei den gegenwärtigen Beteiligungsverhältnissen keine Veränderung, da das Land nach wie vor eine Beteiligung von gut 20 % der Stammaktien hält.

Beide Beschlüsse – derjenige zur Sperrminorität ebenso wie derjenige zum Entsendungsrecht – wurden in der Hauptversammlung der Volkswagen AG mit jeweils über 98 % der abgegebenen Stimmen gefasst[51]. Das Land hat sich an beiden Abstimmungen beteiligt (was aktienrechtlich unbedenklich ist, da die Selbstbegünstigung des Landes nicht zu einem Stimmverbot nach § 136 Abs. 1 AktG führt). Die von diversen Kleinaktionären erhobenen Anfechtungsklagen gegen diese Hauptversamm-

---

[49] Einladung zur Hauptversammlung der Volkswagen AG am 3. Dez. 2009; abrufbar unter www.volkswagenag.com unter Investor Relations (zuletzt abgerufen am 31. Aug. 2012). Die im Text in Bezug genommene Passage findet sich unter Ziff. 3 lit. a.

[50] Eintragung im Handelsregister des AG Braunschweig (HRB 100484) vom 5. Juni 2009. Grundlage war ein Beschluss des Aufsichtsrats vom 22. April 2009 (Fassungsänderung nach § 179 Abs. 1 S. 2 AktG).

[51] Die Abstimmungsergebnisse sind auf der in Fn. 49 angegebenen Internetseite abrufbar.

lungsbeschlüsse wurden nach Abschluss eines Vergleichs gegen Erstattung aller Kosten der Kläger zurückgenommen[52].

2. Verstoß gegen die Kapitalverkehrsfreiheit?

a) Ausgangspunkt, Präzisierung der Fragestellung

Von den Bestimmungen des alten bzw. neuen VW-Gesetzes über das Entsendungsrecht und die Sperrminorität unterscheiden sich die entsprechenden Satzungsregelungen vor allem in zweierlei Hinsicht. Der erste Unterschied besteht darin, dass sie nicht in hoheitlicher Handlungsform durch ein eigenes Gesetz geschaffen worden sind, sondern in *privatrechtlicher Handlungsform* durch Satzungsänderung unter Beachtung der Vorgaben des allgemeinen Gesellschaftsrechts. Dieses lässt in § 101 Abs. 2 AktG die Schaffung von Entsendungsrechten in dem hier vorgesehenen Umfang ebenso zu wie in § 179 Abs. 2 S. 2 AktG die Absenkung der Sperrminorität. Der zweite Unterschied liegt darin, dass die Bestimmungen der VW-Satzung nicht allein vom Staat eingeführt worden sind, sondern das Land Niedersachsen lediglich als Minderheitsaktionär *im Zusammenwirken mit anderen, nicht-staatlichen Aktionären* gehandelt hat.

Dem ersten Unterschied (privatrechtliche Handlungsform) kommt indes nach der Rechtsprechung des EuGH keine entscheidende Bedeutung zu. Dies ergibt sich mit besonderer Deutlichkeit aus einem Urteil aus dem Jahr 2006 zur Privatisierung des niederländischen Post- und Telekommunikationswesens[53]. In dem zugrunde liegenden Fall hatte der niederländische Staat zu einer Zeit, als er noch Alleinaktionär war, durch Satzungsänderung bestimmte Sonderrechte des Staates in der Satzung der zu privatisierenden Gesellschaft verankert, die ihm nicht gegen seinen Willen entzogen werden konnten. Dies geschah innerhalb der Grenzen des allgemeinen Aktienrechts, d. h. auch ein privater Gesellschafter hätte sich derartige Rechte in gleicher Form vorbehalten können[54]. Den darauf gestützten Einwand der Niederlande, es fehle bereits an einer an die Grundfreiheiten gebundenen staatlichen Maßnahme, hat der EuGH zurückgewiesen[55]. Stattdessen hat er die statutarischen Sonderrechte des Staates in gleicher Weise an der Kapitalverkehrsfreiheit gemessen und als unzulässig beanstandet, wie er es in anderen Entscheidungen mit gesetzlich begründeten Sonderrechten des Staates getan hat. Der dahinter stehende Leitgedanke, der auch in weiteren Ent-

---

[52] Bekanntmachung der Volkswagen AG entsprechend §§ 249, 248a AktG vom 30. Nov. 2010, veröffentlicht im Elektronischen Bundesanzeiger am 3. Dez. 2010.

[53] EuGH v. 28. Sept. 2006, Rs. C-282/04 u. C-283/04 (Kommission/Niederlande), Slg. 2006, I-9141.

[54] So das (insoweit unbestrittene) Vorbringen der niederländischen Regierung, wiedergegeben bei Generalanwalt *M. Poiares Maduro*, Schlussanträge v. 6. April 2006, Rs. C-282/04 u. C-283/04 (Kommission/Niederlande), Slg. 2006, I-9141, Rn. 20.

[55] EuGH v. 28. Sept. 2006, Rs. C-282/04 u. C-283/04 (Kommission/Niederlande), Slg. 2006, I-9141, Rn. 22; zust. *A. Looijestijn-Clearie*, European Business Organization Law Review 8 (2007), 429 ff., insbes. 442 ff.

scheidungen des EuGH zum Ausdruck kommt[56], liegt auf der Hand und ist vom Parallelproblem der Grundrechtsbindung im Verfassungsrecht vertraut: Der Staat soll sich seiner Bindung an die Grundfreiheiten nicht durch eine „Flucht ins Privatrecht" entziehen können. Daher macht es keinen Unterschied, ob er sich Sonderrechte hoheitlich durch ein eigenes Privatisierungsgesetz oder privatrechtlich im Wege einer nicht gegen seinen Willen abänderbaren Satzungsgestaltung in Ausnutzung von Spielräumen des allgemeinen Gesellschaftsrechts verschafft[57].

Von erheblicher Bedeutung könnte jedoch der zweite Unterschied (Handeln im Zusammenwirken mit Privaten) sein. Da das Land lediglich Minderheitsaktionär ist und die Satzungsänderungen auch und sogar überwiegend mit den Stimmen von nicht-staatlichen Aktionären beschlossen wurden, liegt es insoweit anders als in dem genannten niederländischen Fall, in dem der Staat die Satzungsänderungen noch als Alleinaktionär beschlossen hatte. Daher bedarf im Folgenden näherer Prüfung, ob *aus diesem Grund* (nicht schon wegen der privatrechtlichen Handlungsform) eine staatliche Maßnahme zu verneinen ist (dazu unter lit. b)). Von dem Ausgang dieser Prüfung hängt es ab, ob – bei Einstufung als staatliche Maßnahme – die strengen Grundsätze der *golden-shares*-Rechtsprechung zur Anwendung kommen oder – bei Einstufung als privatautonome Maßnahme – Raum für eine großzügigere Beurteilung bleibt, da Private nicht oder nur eingeschränkt an die Grundfreiheiten gebunden sind (dazu unter lit. c) und d)).

b) Staatliche Maßnahme?

aa) Ob dem Staat auch solche Satzungsbestimmungen als staatliche Maßnahmen zuzurechnen sind, die er nicht allein (als Alleinaktionär oder Inhaber einer qualifizierten Mehrheit), sondern – wie bei VW – gemeinsam mit privaten Aktionären beschlossen hat, wird bisher kaum diskutiert. In einer Entscheidung aus dem Jahr 2007 (Kommission/Italien) hat der EuGH diese Frage zwar angesprochen, aber letztlich nicht entschieden. In dem zu entscheidenden Fall hielt es der Gerichtshof für unerheblich, ob sich die Stadt Mailand allein oder im Zusammenwirken mit privaten An-

---

[56] Dass die privatrechtliche Handlungsform der Annahme einer staatlichen Maßnahme nicht entgegensteht, hat der EuGH wiederholt betont; s. neben dem Urteil Kommission/Niederlande (Fn. 55) etwa EuGH v. 10. Nov. 2011, Rs. C-212/09 (Kommission/Portugal), NZG 2011, 1339, Rn. 49 ff.; ferner EuGH v. 11. Aug. 1995, Rs. C-16/94 (Dubois), Slg. 1995, I-2421, Rn. 20 (zur Zollverkehrsfreiheit). Allgemein dazu *Th. Kingreen*, in: Calliess/Ruffert (Fn. 24), Art. 34–36 AEUV 105 ff. m.w.N.; speziell im hier interessierenden Kontext auch *W.-G. Ringe*, in: Baum/Fleckner/Hellgardt/Roth (Fn. 14), S. 217, 228 ff.; *Rühland* (Fn. 14), S. 501, 504 f.

[57] Etwas anderes ergibt sich nach der Rechtsprechung des EuGH auch nicht aus Art. 345 AEUV (ex Art. 295 EG). Nach dieser Vorschrift ist nur die staatliche Beteiligung mit den Mitgliedschaftsrechten, die mit einer Beteiligung in entsprechender Höhe normalerweise verbunden sind, unbedenklich (s. o. II. 3. b), nicht auch eine Satzungsgestaltung, die dem Staat darüber hinaus besondere Rechte einräumt. In der Entscheidung Kommission/Niederlande (Fn. 55) ist der EuGH daher auf Art. 345 AEUV gar nicht erst eingegangen.

teilseignern die fraglichen Sonderrechte im Wege der Satzungsänderung verschafft hatte. Als ausreichend sah er es stattdessen an, dass die gesetzliche Ermächtigungsgrundlage, auf deren Basis die Satzungsänderung beschlossen wurde, nur die Einführung von Sonderrechten zugunsten der öffentlichen Hand ermöglichte[58]. Für den Fall VW lässt sich daraus jedoch nichts ableiten, da hier die gesetzlichen Vorschriften, auf deren Grundlage die beiden Satzungsänderungen beschlossen wurden (§ 101 Abs. 2 und § 179 Abs. 2 S. 2 AktG), nicht allein zu Regelungen zugunsten der öffentlichen Hand ermächtigen. Damit bleibt die hier interessierende Frage offen: Wo verläuft bei Beschlüssen, die der Staat gemeinsam mit Privaten fasst und die im Ergebnis den Staat begünstigen, die Trennlinie zwischen staatlicher und privater Maßnahme?

bb) Auch wenn die Frage bisher nicht entschieden wurde, liegt es nahe, einen gemeinsam von Staat und Privaten gefassten Beschluss zumindest immer dann dem Staat zuzurechnen, wenn die erforderliche (qualifizierte) Beschlussmehrheit in der Hauptversammlung nur mithilfe der Stimmen des Staates erreicht wurde. In diesem Fall haben es die privaten Akteure allein nicht vermocht, die betreffende Entscheidung zustande zu bringen; vielmehr hat der Staat maßgeblichen Einfluss auf die Beschlussfassung genommen. Unter diesen Umständen kann er sich schwerlich darauf berufen, es handle sich um eine rein privatautonome Entscheidung[59].

Im Fall VW verhält es sich allerdings so, dass die betreffenden Beschlüsse jeweils mit über 98 % der abgegebenen Stimmen gefasst worden sind. Daraus ergibt sich, dass die qualifizierte Mehrheit auch dann bei weitem erreicht worden wäre, wenn man die Stimmen des Landes aus dem Abstimmungsergebnis herausrechnet. Die Stimmabgabe des Landes hat mit anderen Worten das Beschlussergebnis nicht entscheidend beeinflusst. An dem Abstimmungsergebnis hätte sich im Übrigen selbst dann nichts Entscheidendes geändert, wenn das Land schon im Vorfeld der Hauptversammlung erklärt hätte, an der Beschlussfassung nicht mitzuwirken, und dadurch möglicherweise mehr Streubesitzaktionäre zur Teilnahme an der Hauptversammlung veranlasst worden wären. Da die Großaktionäre Porsche Holding SE und Katar[60] die Satzungsänderungen unterstützten, war auch ohne Mitwirkung des Landes von vornherein gesichert, dass die qualifizierte Mehrheit erreicht würde[61]. Allein

---

[58] EuGH v. 6. Dez. 2007 (Kommission/Italien), Slg. 2007, I-10419, Rn. 34.

[59] In diesem Sinne wohl auch *J. Lieder*, ZHR 172 (2008), 306, 324 f., der ebenfalls darauf abstellt, ob der Staat „maßgeblichen Einfluss" genommen hat.

[60] Das Emirat Katar, das über eine in Deutschland ansässige Tochtergesellschaft an der Volkswagen AG beteiligt ist, gilt für die hier interessierenden Zwecke als „privater" Aktionär, da es sich nicht um einen der Mitgliedstaaten der EU handelt und eine Bindung an die Grundfreiheiten daher nur nach den für Private geltenden Grundsätzen in Betracht kommt.

[61] Am Tag der Hauptversammlung am 3. Dez. 2009 war Porsche Holding SE mit knapp über 50 % und Katar mit 10 % der Stammaktien an der Volkswagen AG beteiligt. Dem standen eine Beteiligung des Landes von gut 20 % und eine Beteiligung des Streubesitzes von knapp unter 20 % der Stammaktien gegenüber. Daraus ergibt sich, dass Porsche Holding SE und Katar bereits für sich genommen eine qualifizierte Mehrheit gehabt hätten, wenn sich das Land nicht an der Beschlussfassung beteiligt hätte.

der Umstand, dass sich das Land an der Beschlussfassung beteiligt hat, vermag unter diesen Umständen die Annahme einer staatlichen Maßnahme nicht zu tragen[62].

cc) Zu fragen bleibt allerdings, ob das Land *außerhalb der Hauptversammlung* in einer Weise Einfluss auf die beschlossenen Satzungsänderungen genommen hat, die zur Einordnung als staatliche Maßnahmen führt.

Was die Beschlussfassung über die Sperrminorität anbetrifft, so könnte man eine derartige staatliche Einflussnahme möglicherweise darin sehen, dass der Gesetzgeber die Absenkung der Sperrminorität in § 4 Abs. 3 VW-Gesetz festgelegt und die entsprechende Satzungsbestimmung damit vorgezeichnet hat. Im Schrifttum wird daraus in der Tat teilweise abgeleitet, dass es am privatautonomen Charakter dieser Satzungsänderung fehle[63]. Diesem Einwand ist indes nicht zu folgen. Wie erwähnt[64] geht aus der Hauptversammlungseinladung deutlich hervor, dass die Satzungsänderung ausdrücklich auch und gerade für den Fall gedacht und gewollt war, dass § 4 Abs. 3 VW-Gesetz keinen Bestand haben wird. Es ging den zustimmenden Aktionären also ersichtlich nicht nur darum, § 4 Abs. 3 VW-Gesetz rein deklaratorisch in der Satzung nachzuvollziehen. Vielmehr wollten sie eine eigene, von der gesetzlichen Vorgabe unabhängige und darüber hinausgehende Satzungsregelung treffen[65]. Daher lässt sich mit dem Hinweis auf § 4 Abs. 3 VW-Gesetz der privatautonome Charakter richtigerweise nicht in Frage stellen.

Die entscheidende Frage ist vielmehr eine andere. Da die Satzungsänderungen das Land Niedersachsen begünstigen, liegt der Verdacht nahe, dass das Land aktiv auf die Großaktionäre eingewirkt hat, um diese zu den Satzungsänderungen zu bewegen. Warum sollten die Großaktionäre aus eigenem Antrieb darauf hinwirken, ihren Einfluss auf die Volkswagen AG zugunsten des Landes zu schmälern? Sollte das Land also Einfluss genommen haben, schließt sich die Frage an, welcher Qualität diese Einwirkung war und ob sie dazu führt, die Satzungsänderungen doch noch als staatliche Maßnahmen zu qualifizieren. Genügt hierfür bereits, dass der Staat den gedanklichen Anstoß für die Satzungsänderungen gegeben hat und durch diese im Ergebnis begünstigt wird?[66] Oder ist die Grenze zur staatlichen Maßnahme erst überschritten, wenn der Staat die Beschlussfassung nicht nur angeregt, sondern die Privaten unter Androhung von erheblichen Nachteilen zu der Beschlussfassung gedrängt hat?

Wie der EuGH diese Fragen beantworten würde, muss als völlig offen angesehen werden. Viel spricht aber für die Annahme, dass eine bloße Anregung den privatautonomen Charakter der getroffenen Entscheidung noch nicht beeinträchtigt. Aller-

---

[62] A.A. *Ph. Holle*, AG 2010, 14, 21, der allerdings die fehlende Kausalität der Stimmen des Landes für das Beschlussergebnis nicht thematisiert.

[63] *W. Bayer/J. Schmidt*, BB 2012, 3, 13; zweifelnd *Ph. Holle*, AG 2010, 14, 21 f.

[64] Oben III. 1. im Text zu Fn. 49.

[65] Was auch durch den weiter gefassten Wortlaut der Satzungsbestimmung unterstrichen wird; s. oben III. 1. mit Fn. 48.

[66] So offenbar *Ph. Holle*, AG 2010, 14, 22.

dings wird eine Abgrenzung zwischen bloßer Anregung und massiveren Formen der Einflussnahme häufig schwer fallen, da der genaue Grad der Einflussnahme schwer aufklärbar sein wird. Eine denkbare Lösung bestünde daher darin, bei Satzungsänderungen, die – wie bei VW – zugunsten des Staates erfolgen, widerleglich zu vermuten, dass die staatliche Einflussnahme über eine bloße Anregung hinausgegangen ist. Dann wäre es Sache des Staates, darzulegen und ggf. zu beweisen, dass er sich auf eine bloße Anregung beschränkt hat und die privaten Aktionäre sich ohne staatlichen Druck freiwillig für die Satzungsänderungen entschieden haben. Als Indiz für eine privatautonome Entscheidung wird dabei insbesondere dem Umstand Bedeutung zukommen, ob es plausible Gründe dafür gibt, warum es im eigenen Interesse der nichtstaatlichen Großaktionäre lag, den Einfluss des Landes zu stärken.

c) Konsequenzen der Einordnung als staatliche Maßnahme

Die Antwort auf die soeben behandelte Frage ist, wie schon angedeutet, für die Beurteilung der hier interessierenden Satzungsbestimmungen von entscheidender Bedeutung. Sollte der Nachweis einer privatautonomen Entscheidung nämlich nicht gelingen, wären die fraglichen Satzungsbestimmungen als staatliche Maßnahme uneingeschränkt an den strengen Vorgaben der *golden-shares*-Rechtsprechung zu messen. Legt man diesen strengen Maßstab an, werden beide Satzungsbestimmungen kaum zu halten sein.

Für die Sperrminoritätsregelung ergibt sich dies daraus, dass die auf die Beteiligung des Landes zugeschnittene und damit faktisch gerade das Land begünstigende Absenkung der Sperrminorität bei konsequenter Fortführung der EuGH-Rechtsprechung auch für sich allein eine nicht gerechtfertigte Beschränkung der Kapitalverkehrsfreiheit darstellt (oben II. 3.). Ob diese Regelung wie in § 4 Abs. 3 VW-Gesetz gesetzlich vorgegeben oder mit maßgeblichem Einfluss des Staates in der Satzung verankert worden ist und nicht mehr ohne dessen Zustimmung gestrichen werden kann, ist nach der Rechtsprechung des EuGH unerheblich (oben III. 2. lit. a)).

Nichts anderes gilt für das Entsendungsrecht, bei dem es sich um ein klassisches staatliches Sonderrecht handelt, das der EuGH bereits wiederholt beanstandet hat[67]. Zwar mag man einwenden, dass der EuGH im VW-Urteil gerade an der besonderen Ausgestaltung des Entsendungsrechts nach § 4 Abs. 1 VW-Gesetz a.F. Anstoß genommen hat, namentlich an der Überschreitung der nach § 101 Abs. 2 S. 4 AktG zulässigen Höchstgrenze[68] sowie der Tatsache, dass das Entsendungsrecht nicht an die Voraussetzung einer nennenswerten Beteiligung der öffentlichen Hand geknüpft

---

[67] s. neben dem VW-Urteil (dazu sogleich im Text) noch EuGH v. 6. Dez. 2007 (Kommission/Italien), Slg. 2007, I-10419, Rn. 22 ff.; EuGH v. 8. Juli 2010, Rs. C-171/08 (Kommission/Portugal), Slg. 2010, I-6817, Rn. 6, 57 ff.; EuGH v. 10. Nov. 2011, Rs. C-212/09 (Kommission/Portugal), Slg. 2011, I-11241, Rn. 12 f., 41 ff.

[68] EuGH v. 23. Okt. 2007, Rs. C-112/05 (Kommission/Deutschland), Slg. 2007, I-8995, Rn. 60–62.

war[69]. Diese beiden Besonderheiten sind bei der Neufassung des Entsendungsrechts entfallen (oben III. 1.). Das ändert jedoch nichts daran, dass auch das modifizierte Entsendungsrecht ein Sonderrecht zugunsten des Staates ist, das anderen in gleicher Höhe beteiligten Aktionären nicht zusteht[70] und damit der öffentlichen Hand einen größeren Einfluss verschafft, als er normalerweise mit einer Beteiligung von gut 20 % verbunden wäre. Zudem lässt sich nicht leugnen, dass auch das modifizierte Entsendungsrecht insbesondere Direktinvestitionen weniger attraktiv macht, da es in Verbindung mit der paritätischen Mitbestimmung der Volkswagen AG dazu führt, dass die vom Land entsandten Mitglieder gemeinsam mit der Arbeitnehmerseite die Mehrheit im Aufsichtsrat bilden können. Geht man von einer staatlichen Maßnahme aus, wird folglich bei konsequenter Fortführung der EuGH-Rechtsprechung auch das Entsendungsrecht in seiner neuen Ausgestaltung als Beschränkung und mangels Rechtfertigung auch als Verletzung der Kapitalverkehrsfreiheit einzustufen sein[71].

Folge der Einordnung als staatliche Maßnahme wäre somit jeweils ein Verstoß gegen die Kapitalverkehrsfreiheit und damit wegen des Anwendungsvorrangs des Unionsrechts[72] die Unanwendbarkeit der beiden Satzungsbestimmungen.

d) Konsequenzen der Einordnung als nicht-staatliche Maßnahme

Geht man hingegen von einer nicht-staatlichen Maßnahme aus, weil der Einfluss der öffentlichen Hand nachweislich nicht über eine bloße Anregung hinausgegangen ist, ändert sich das Bild. In diesem Fall stellt sich die Frage, ob einer der Fälle vorliegt, in denen die Kapitalverkehrsfreiheit (ausnahmsweise) auch Rechtsakten Privater Schranken setzt. Damit ist die umstrittene Frage nach der Drittwirkung der Kapitalverkehrsfreiheit aufgeworfen.

aa) In der Rechtsprechung des EuGH gibt es bekanntlich diverse Ansätze, um die Grundfreiheiten, die in erster Linie die Mitgliedstaaten binden, in gewissem Umfang auch vor Beschränkungen durch Private zu schützen[73]. So hat der EuGH für die Personenverkehrsfreiheiten (Art. 45 und 49 AEUV) und die Dienstleistungsfreiheit (Art. 56 AEUV) wiederholt anerkannt, dass besonders wirkmächtige nicht-staatliche Organisationen wie Sport(dach)verbände oder Gewerkschaften, deren Regelungen

---

[69] EuGH v. 23. Okt. 2007, Rs. C-112/05 (Kommission/Deutschland), Slg. 2007, I-8995, Rn. 63 a.E. („ohne dass dabei der Umfang ihrer Beteiligung berücksichtigt würde"); ebenso schon Generalanwalt *D. Ruiz-Jarabo Colomer* a.a.O. Rn. 72 („vollständig vom Umfang ihrer jeweiligen Aktienpakete losgelöst").

[70] Zu diesem Gesichtspunkt auch *Rickford* (Fn. 7), S. 61, 78 f.

[71] s. bereits *D. Verse*, GPR 2008, 31, 33; ebenso *J. Lieder*, ZHR 172 (2008), 306, 324 f.; *Rühland* (Fn. 14), S. 505, 513.

[72] Dazu statt vieler *M. Ruffert*, in: Calliess/Ruffert (Fn. 24), Art. 1 AEUV Rn. 16 ff.

[73] Ausführliche und aktuelle Analyse der Rechtsprechung etwa bei *W.-H. Roth*, FS Medicus, 2009, S. 393, 396 ff.

und Maßnahmen der Einzelne nicht ausweichen kann, an die Grundfreiheiten gebunden sind (unmittelbare Drittwirkung)[74]. In der viel diskutierten *Angonese*-Entscheidung ist er darüber noch hinausgegangen, indem er eine faktisch nach der Staatsangehörigkeit diskriminierende Stellenausschreibung einer privaten Bank unmittelbar an der Arbeitnehmerfreizügigkeit (Art. 45 AEUV) gemessen hat[75]. Ferner hat der EuGH in seinen Entscheidungen zur Warenverkehrsfreiheit (Art. 34 AEUV) anerkannt, dass sich aus den Grundfreiheiten nach Abwägung mit den Freiheitsrechten der Betroffenen eine Schutzpflicht des Mitgliedstaates ergeben kann, gegen Beeinträchtigungen der Grundfreiheiten durch das Handeln Privater einzuschreiten (mittelbare Drittwirkung)[76].

Auf die Einzelheiten dieser noch im Fluss befindlichen Drittwirkungsrechtsprechung sowie die Frage ihrer Übertragbarkeit auf die Kapitalverkehrsfreiheit[77] kann und muss hier aber nicht näher eingegangen werden. Jedenfalls für die hier interessierenden Satzungsregelungen hat der EuGH im VW-Urteil nämlich bereits recht deutlich erkennen lassen, dass ihnen die Kapitalverkehrsfreiheit *nicht* entgegensteht, sofern sie von Privaten beschlossen werden. So hat der Gerichtshof gleich mehrfach betont, dass ein entscheidender Unterschied zwischen den zwingenden Vorgaben des (alten) VW-Gesetzes und der Möglichkeit Privater besteht, freiwillig im Rahmen des allgemeinen Gesellschaftsrechts Satzungsbestimmungen wie ein Höchststimmrecht, die Absenkung der Sperrminorität oder ein Entsendungsrecht einzuführen[78]. Unter Berufung auf das VW-Urteil hat denn auch der BGH im Fall ThyssenKrupp ein von Privaten begründetes Entsendungsrecht zugunsten der Krupp-Stiftung ohne Umschweife als unionsrechtlich unbedenklich eingestuft, obwohl es Übernahmen der Gesellschaft erheblich erschwert[79].

Dieses vom EuGH vorgezeichnete Ergebnis lässt sich auch dann gut begründen, wenn man – was die skizzierte Rechtsprechung zu den anderen Grundfreiheiten nahe

---

[74] s. etwa EuGH v. 12. Dez. 1974, Rs. 36/74 (Walrave und Koch), Slg. 1974, 1405, Rn. 16/19; EuGH v. 15. Dez. 1995, Rs. C-415/93 (Bosman), Slg. 1995, I-4921, Rn. 82 ff.; EuGH v. 13. April 2000, Rs. C-176/96 (Lehtonen), Slg. 2000, I-2681, Rn. 35 f.; EuGH v. 11. Dez. 2007, Rs. C-438/05 (Viking), Slg. 2007, I-10779, Rn. 33 ff., 56 ff.; EuGH v. 18. Dez. 2007, Rs. C-341/05 (Laval), Slg. 2007, I-11767, Rn. 98.

[75] EuGH v. 6. Juni 2000, Rs. C-281/98 (Angonese), Slg. 2000, I-4139, Rn. 29 ff., 36.

[76] EuGH v. 9. Dez. 1997, Rs. C-265/95 (Kommission/Frankreich), Slg. 1998, I-6959, Rn. 30 ff.; EuGH v. 12. Juni 2003, Rs. C-112/00 (Schmidberger), Slg. 2003, I-5695, Rn. 58 ff.

[77] Dazu etwa *G. Ress/J. Ukrow*, in: E. Grabitz/M. Hilf/M. Nettesheim (Hrsg.), Das Recht der Europäischen Union, 46. Erg-Lfg. 2011, Art. 63 AEUV Rn. 99 ff.; *D. Verse*, ZIP 2008, 1754, 1759 f.; Überblick über den Meinungsstand auch bei *M. Demirakou*, Europäische Kapitalverkehrsfreiheit und deutsches Aktienrecht, 2011, S. 127 ff.

[78] EuGH v. 23. Okt. 2007, Rs. C-112/05 (Kommission/Deutschland), Slg. 2007, I-8995, Rn. 38, 40 (zum Höchststimmrecht), Rn. 45 (zur Sperrminorität), Rn. 60 (zum Entsendungsrecht).

[79] BGH v. 8. Juni 2009, ZIP 2009, 1566; zust. *G. Bachmann*, AcP 210 (2010), 425, 464; *O. Remien*, GS Wolf, 2011, S. 717, 721 f.; zuvor bereits *K.-U. Neumann/M. Ogorek*, NZG 2008, 892 ff.; *D. Verse*, ZIP 2008, 1754, 1758 ff.; a.A. *F. Möslein*, AG 2007, 770, 776 f.

legt – einer Drittwirkung der Kapitalverkehrsfreiheit nicht generell ablehnend gegenübersteht[80]. So lässt sich an die im neueren Schrifttum entwickelte Differenzierung von marktkonformem und marktregulierendem Privatverhalten anknüpfen und argumentieren, dass Entscheidungen der Gesellschafter, ob und inwieweit sie ihre Gesellschaft für den Kapitalmarkt öffnen und attraktiv gestalten, lediglich Ausdruck eines *marktkonformen* Privatverhaltens sind, das dem Zugriff der Grundfreiheiten von vornherein entzogen ist[81]. Aber auch wenn man den Anwendungsbereich der Grundfreiheiten weiter fasst, kann eine wie auch immer (unmittelbar oder mittelbar) zu konstruierende Drittwirkung selbstverständlich nicht daran vorbeigehen, dass Private in Ausübung ihrer auch auf Unionsebene grundrechtlich abgesicherten[82] Privatautonomie agieren. Daher läuft jede Form der (unmittelbaren oder mittelbaren) Drittwirkung auf eine Abwägung zwischen der Beschränkung der Grundfreiheit und der Privatautonomie hinaus[83]. Dass diese Abwägung bei einer vergleichsweise schwachen und ausländische Investoren nicht diskriminierenden Beeinträchtigung des freien Kapitalverkehrs, wie sie hier in Rede steht, zugunsten der Privatautonomie der Aktionäre ausfällt, leuchtet unschwer ein[84].

bb) Eine Besonderheit des Falles VW besteht allerdings darin, dass die von den Privaten beschlossenen Modifizierungen der Satzung nicht wie im Normalfall einer privatautonomen Gestaltung einem privaten Akteur, sondern dem Staat zugutekommen. Das führt zu der auf den ersten Blick kurios anmutenden Konsequenz, dass mithilfe der privaten Aktionäre eine Regelung zugunsten des Staates getroffen wird, die der Staat selbst nicht treffen dürfte. Muss man wegen dieser Besonderheit im vorliegenden Fall nicht doch eine strengere Haltung einnehmen und eine Schutzpflicht des Staates befürworten, wenigstens solche Beschränkungen des freien Kapitalverkehrs durch Private zu unterbinden, die ihn selbst begünstigen und die er selbst nicht vornehmen dürfte?

Letztlich wird man diese Frage verneinen müssen. Der Umstand, dass der Staat durch die getroffenen Regelungen selbst begünstigt wird, legt zwar den Verdacht nahe, dass er auf die Beschlussfassung der privaten Aktionäre Einfluss genommen hat. Diesem Umstand ist aber wie dargelegt (III. 2. b)) schon dadurch Rechnung

---

[80] Daher überzeugt es nicht, in das VW-Urteil eine Absage an jedwede Form der Drittwirkung der Kapitalverkehrsfreiheit hineinzulesen; so aber etwa *S. Pläster*, EWS 2008, 173, 174.

[81] So nachdrücklich *G. Bachmann*, AcP 210 (2010), 425, 473 f., 475 i.V.m. 464: „Marktkonform in diesem Sinne ist nicht nur die Entscheidung, ein importiertes Produkt nachzufragen oder nicht, sondern auch der freie Beschluss der Gesellschafter, durch Schaffung von Sonderrechten oder ähnliche Maßnahmen [...] ihre Gesellschaft dem Kapitalmarkt mehr oder weniger weit zu öffnen. Das muss ihnen grundsätzlich ebenso frei stehen wie die Entscheidung des Verbrauchers, seinen Briefkasten für Werbesendungen zu öffnen oder nicht."

[82] Zum grundrechtlichen Schutz der Privatautonomie auch auf Unionsebene *Ph. Förster*, Die unmittelbare Drittwirkung der Grundfreiheiten, 2007, S. 126 f., mit zahlreichen Nachw.

[83] *G. Bachmann*, AcP 210 (2010), 424, 471 f.

[84] Näher dazu am Beispiel des Entsendungsrechts *D. Verse*, ZIP 2008, 1754, 1760 f.

zu tragen, dass besonders sorgfältig zu prüfen ist, ob der Grad der Einflussnahme nicht doch die Zurechnung als staatliche Maßnahme trägt. Sofern dagegen am privatautonomen Charakter der Entscheidung nicht zu rütteln ist, kann die weitere Beurteilung nicht mehr davon abhängen, ob die von den Privaten getroffenen Satzungsbestimmungen (nur) diese selbst oder (auch) den Staat oder einen sonstigen Dritten begünstigen, da in diesen Fällen der Schutz der Privatautonomie gleichermaßen betroffen ist. Hiermit übereinstimmend wird denn auch im Schrifttum von einer Unbedenklichkeit nicht nur privater, sondern auch staatlicher Sonderrechte ausgegangen, sofern nur der Staat keinen maßgeblichen Einfluss genommen hat[85].

IV. Zusammenfassung in Thesen

Die wesentlichen Ergebnisse der Untersuchung lassen sich nach alledem in sechs Thesen zusammenfassen:

1. Der EuGH hat im VW-Urteil aus dem Jahr 2007 noch nicht darüber befunden, ob die in § 4 Abs. 3 VW-Gesetz vorgesehene Verschärfung des Mehrheitserfordernisses in der Hauptversammlung der Volkswagen AG, die im Ergebnis dem Land Niedersachsen schon bei einer Beteiligung von knapp über 20 % der Stammaktien zu einer Sperrminorität verhilft, auch für sich allein gegen die Kapitalverkehrsfreiheit verstößt. Deshalb liegt in der Beibehaltung dieser Vorschrift im neu gefassten VW-Gesetz kein Verstoß gegen die Pflicht zur Umsetzung des EuGH-Urteils (Art. 260 Abs. 1 AEUV). Folglich können hieraus auch keine finanziellen Sanktionen (Art. 260 Abs. 2 AEUV) gegen die Bundesrepublik hergeleitet werden.

2. Es liegt aber in der Konsequenz der bisherigen Rechtsprechung des EuGH, § 4 Abs. 3 VW-Gesetz auch für sich allein als Verstoß gegen die Kapitalverkehrsfreiheit anzusehen. Ausschlaggebend ist insoweit die Überlegung, dass die Regelung das Land ohne hinreichende Rechtfertigung in die Lage versetzt, sich mit einer geringeren Investition als nach allgemeinem Gesellschaftsrecht normalerweise erforderlich eine Sperrminorität vorzubehalten.

3. Die Beurteilung der Ende 2009 neu gefassten Bestimmungen der VW-Satzung, mit denen die Sperrminorität auch unabhängig vom Fortbestand des VW-Gesetzes bestätigt und ein Entsendungsrecht zugunsten des Landes in der Satzung (wieder-) verankert wurde, hängt entscheidend davon ab, ob die gemeinsam vom Land und nicht-staatlichen Aktionären beschlossenen Satzungsänderungen als staatliche Maßnahme einzustufen sind. Bejahendenfalls verstoßen auch sie gegen die Kapitalverkehrsfreiheit; bei Einordnung als privatautonome Maßnahmen sind sie dagegen nicht zu beanstanden.

4. Die somit entscheidende Frage, ob die Satzungsänderungen dem Land Niedersachsen als staatliche Maßnahme zuzurechnen sind, ist durch die bisherige EuGH-Rechtsprechung nicht präjudiziert. Ihre Beantwortung richtet sich danach, in welcher

---

[85] *J. Lieder*, ZHR 172 (2008), 306, 325; *G. Bachmann*, AcP 210 (2010), 424, 464 Fn. 201.

Weise die öffentliche Hand auf die Beschlussfassung Einfluss genommen hat. Allein der Umstand, dass das Land sich in der Hauptversammlung an der Beschlussfassung beteiligt hat, ist dabei unschädlich, da die Stimmen des Landes das Beschlussergebnis nicht beeinflusst haben.

5. Die Tatsache, dass die Satzungsänderungen unmittelbar das Land begünstigen, legt aber die Vermutung nahe, dass es außerhalb der Hauptversammlung auf die übrigen Großaktionäre eingewirkt hat, um diese zu den Satzungsänderungen zu bewegen. Nach hier vertretener Ansicht lässt eine derartige Einflussnahme den privatautonomen Charakter der Entscheidung der Aktionäre nur dann unberührt, wenn sie nachweislich nicht über eine bloße Anregung hinausgegangen, d. h. nicht unter Androhung erheblicher Nachteile für die übrigen Großaktionäre durchgesetzt worden ist. Als Indiz für eine privatautonome Entscheidung wird dabei insbesondere dem Umstand Bedeutung zukommen, ob es plausible Gründe dafür gibt, warum es im eigenen Interesse der nicht-staatlichen Großaktionäre lag, den Einfluss des Landes zu stärken.

6. Während somit das neue VW-Gesetz einen wenig aussichtsreichen Versuch darstellt, den Einfluss des Landes zu sichern, muss das Schicksal der VW-Satzung einstweilen als offen angesehen werden. Da die VW-Satzung aber nicht Gegenstand des laufenden Vertragsverletzungsverfahrens ist, zeichnet sich schon jetzt ab, dass die Vereinbarkeit des staatlichen Einflusses auf die Volkswagen AG mit der Kapitalverkehrsfreiheit auch nach abermaliger Befassung des EuGH nicht definitiv geklärt sein wird – Stoff für eine unendliche Geschichte!

D. Völkerrecht

Das Völkerrecht als Referenzgebiet für eine Allgemeine Vertragsrechtslehre

Von *Hartmut Bauer* und *Kai-Holmger Kretschmer*

Eckart Klein ist einer der wohl nur wenigen Staatsrechtslehrer, die publizistisch über die Grenzen der einzelnen Rechtsmaterien hinweg im Öffentlichen Recht vom Völkerrecht über das Europarecht und das nationale Verfassungsrecht bis hin zum Verwaltungsrecht und zudem vereinzelt sogar im Zivilrecht gearbeitet haben. Die breit gefächerten, mehrere Rechtsebenen und Rechtsgebiete umfassenden wissenschaftlichen Interessen regen dazu an, in dieser Festschrift teilrechtsordnungsübergreifenden Aspekten nachzugehen und Überlegungen zu einer gleichsam vor die Klammer gezogenen Rechtslehre anzustellen. Ein wichtiges Segment einer solchen Allgemeinen Rechtslehre ist eine Allgemeine Vertragsrechtslehre. Denn Verträge oder wenigstens vertragsähnliche Bindungen sind in nahezu allen Rechtsbereichen anzutreffen. Aus öffentlich-rechtlicher Perspektive bietet sich als Referenzgebiet für die Ausbildung der Allgemeinen Vertragsrechtslehre nicht zuletzt eine Materie an, mit der sich auch der Jubilar wiederholt befasst hat[1]: das Völkervertragsrecht. Jenseits des Zivilrechts ist das Völkerrecht nämlich eines der Gebiete, in denen Verträge traditionell und aktuell eine herausragende Rolle spielen. Deshalb sind vom Völkervertragsrecht weiterführende Beiträge zu einer Allgemeinen Vertragsrechtslehre zu erwarten.

I. Vom Nutzen einer Allgemeinen Vertragsrechtslehre

1. Einsatzbreite und konventionelle dogmatische Aufbereitung des Vertrags

Der Vertrag hat Konjunktur. Im Zivilrecht ist er ohnehin seit langem Selbstverständlichkeit[2]. Aber auch im Verwaltungsrecht konnte der Vertrag in den vergangenen Jahrzehnten einen lange Zeit kaum für möglich gehaltenen[3] Bedeutungszuwachs

---

[1] *E. Klein*, Statusverträge im Völkerrecht, 1980; *E. Klein/M. Pechstein*, Das Vertragsrecht internationaler Organisationen, 1985; vgl. auch *E. Klein*, Bundesverfassungsgericht und Ostverträge, 2. Aufl. 1985.

[2] Dazu statt vieler *K. Larenz*, Allgemeiner Teil des Deutschen Bürgerlichen Rechts, 7. Aufl. 1989, S. 29, 315 und insbes. 515.

[3] Eher skeptische Stellungnahmen finden sich noch in jüngerer Zeit etwa bei *F. O. Kopp/ U. Ramsauer*, Verwaltungsverfahrensgesetz, 9. Aufl. 2005, § 54 Rn. 12, die ihre Zurückhaltung allerdings seit der 11. Aufl. 2010, § 54 Rn. 12 grundlegend korrigierten; s. ferner

verzeichnen. Wichtige Belege sind neben anderen die Teilkodifizierung des Verwaltungsvertragsrechts in den Verwaltungsverfahrensgesetzen[4] des Bundes und der Länder, die Etablierung spezifisch städtebaurechtlicher Verträge[5], die „zum Standardinstrument der Naturschutzverwaltung"[6] herangewachsenen Naturschutzverträge[7] und die geradezu explosionsartige Verbreitung vertraglichen Verwaltungshandelns namentlich in der sozialrechtlichen Massenverwaltung[8]. Außerdem ist der Vertrag über das Verfassungsrecht[9] und das Europarecht[10] bis hin zum Völkerrecht[11] auch in anderen Segmenten des Öffentlichen Rechts[12] präsent. Neuerdings ist bisweilen sogar davon die Rede, der Vertrag sei „zugleich prinzipielle Grundlage und zentrale Erscheinungsform der verfassungsrechtlichen Ordnung, damit (auch) des gesamten Öffentlichen Rechts"[13].

In jedem dieser Segmente hat sich eine mehr oder weniger ausgefeilte eigene Vertragsrechtsdogmatik entwickelt. Dabei ist in der jüngeren Vergangenheit vor allem

---

V. Schlette, Die Verwaltung als Vertragspartner, 2000, S. 174 ff., 198 und 254 („quantitativ gesehen [... nur] wenig bedeutsame bis unbedeutende Rolle"); *J. Ziekow/T. Siegel*, VerwArch 94 (2003), 593 (593: „ein an der gesamten außenwirksamen Tätigkeit der Verwaltung nur geringer quantitativer Anteil"); prinzipielle Vorbehalte namentlich gegen den sog. subordinationsrechtlichen Vertrag bei *G. Püttner*, in: FS Maurer, 2001, 713 (718 f.: „Sonderinstitut für Ausnahmefälle").

[4] Exemplarisch sei auf Bundesebene auf die mit dem Verwaltungsverfahrensgesetz am 1. Januar 1977 in Kraft getretenen §§ 54 ff. VwVfG (BGBl. I 1976, S. 1253) verwiesen.

[5] Z. B. Durchführungsverträge nach § 12 Abs. 1 BauGB.

[6] *H.-W. Rengeling/M. Gellermann*, ZG 6 (1991), 317 (329).

[7] s. dazu §§ 3 Abs. 3, 21 Abs. 4, 32 Abs. 4 und 44 Abs. 4 Satz 3 BNatSchG.

[8] Zu den nach der gesetzgeberischen Konzeption millionenfach abzuschließenden Eingliederungsvereinbarungen nach § 15 SGB II s. eingehend *K.-H. Kretschmer*, Das Recht der Eingliederungsvereinbarung des SGB II, 2012; vgl. ferner zum gesetzlich intendierten Einzug des Vertrags in Gestalt der Integrationsvereinbarungen im Ausländer- bzw. Migrationsverwaltungsrecht *D. Thym*, Migrationsverwaltungsrecht, 2010, S. 312 ff., 317 ff. m.w.N.; Näheres bei *H. Bauer*, in: W. Hoffmann-Riem/E. Schmidt-Aßmann/A. Voßkuhle (Hrsg.), Grundlagen des Verwaltungsrechts, Bd. II, 2. Aufl. 2012, § 36 Rn. 37 ff. m.w.N.

[9] s. dazu etwa *C. Vedder*, Intraföderale Staatsverträge, 1996; *M. Schladebach*, VerwArch 98 (2007), S. 238 ff.; *H. Bauer/F. Brosius-Gersdorf*, in: Evangelisches Staatslexikon, Neuausgabe 2006, Sp. 2340 ff., 2612 ff.

[10] Zur Bedeutung von Verträgen im früheren Gemeinschafts- und jetzigen Unionsrecht s. an dieser Stelle nur *Bauer* (Fn. 8), Rn. 22 ff. m.w.N.

[11] s. dazu vorerst nur *T. Schweisfurth*, Völkerrecht, 2006, S. 151 ff.; *T. Stein/C. v. Buttlar*, Völkerrecht, 12. Aufl. 2009, § 1 Rn. 25 ff.; außerdem *E. Schmidt-Aßmann*, Der Staat 45 (2006), 315 (328 f.). Kritisch zur Einordnung des Völkerrechts als Öffentliches Recht *P. Kunig*, in: GS Grabitz, 1995, 325 ff.

[12] Überblick bei *Bauer* (Fn. 8), Rn. 20; vgl. auch *N. Achterberg*, Allgemeines Verwaltungsrecht, 2. Aufl. 1986, § 21 Rn. 228 ff.

[13] *W. Leisner*, Vertragsstaatlichkeit, 2009, S. 11 (im Original teilweise hervorgehoben); zur Kritik solcher Überzeichnungen Näheres bei *H. Bauer*, in: W. Heun/C. Starck (Hrsg.), Das Gesetz, 2012, 171 (190 ff.).

die Dogmatik des Verwaltungsvertrages über die im langen Schatten *Otto Mayers*[14] diskussionsbeherrschende, unzulässig simplifizierende und wirklichkeitsabgewandte Frage des „Ob" hinaus- und in der Frage des „Wie" große Schritte vorangekommen[15]. In der Gesamtbetrachtung rücken die Teildogmatiken allgemeingültige, teilrechtsordnungsübergreifende Aspekte und Perspektiven freilich kaum ins Blickfeld. Das überrascht, weil schon die kontext-, grenz- und gebietsüberschreitende Verbreitung des Vertrages für das Bestehen wenigstens vergleichbarer Gesetzmäßigkeiten spricht. Einige intra- und interdisziplinäre Ansätze lassen sich immerhin in der Lehre zum Verwaltungsvertrag ausmachen, die sich nach den normativen Direktiven damit auseinandersetzen muss, dass die einschlägigen öffentlich-rechtlichen Vorschriften für viele Problemfelder auf das Bürgerliche Gesetzbuch weiterverweisen[16].

2. Mehrwert und Referenzgebiete
einer Allgemeinen Vertragsrechtslehre

Gleichwohl fehlt bislang eine Allgemeine Vertragsrechtslehre ebenso wie ein entsprechender Seitenstrang der Allgemeinen Rechtslehre[17]. Auch dies überrascht, und zwar nicht allein wegen der im Recht ubiquitären Vertragspräsenz[18], sondern auch wegen der immer wieder anzutreffenden Bezeichnung des Vertrags als „Figur der allgemeinen Rechtslehre"[19] und dessen systematischer Einordnung als „Kategorie des Rechts überhaupt"[20]. Besonders erstaunlich ist dieser Befund, weil mit der Ent-

---

[14] Dazu *Bauer* (Fn. 8), Rn. 1 ff.

[15] Die enormen dogmatischen Fortschritte dokumentieren trotz aller Unterschiedlichkeit nicht zuletzt insbes. die Habilitationsschriften von *E. Gurlit*, Verwaltungsvertrag und Gesetz, 2000, *H. C. Röhl*, Verwaltung durch Vertrag, Typoskript, o.J., *Schlette* (Fn. 3), und *W. Spannowsky*, Grenzen des Verwaltungshandelns durch Verträge und Absprachen, 1994; aus der österreichischer Literatur *H. Eberhard*, Der verwaltungsrechtliche Vertrag, 2005.

[16] Insbes. § 62 Satz 2 VwVfG. Die Anwendbarkeit der Vorschriften des Bürgerlichen Gesetzbuches auf den öffentlich-rechtlichen Vertrag ist freilich nach einer verbreiteten Auffassung für jeden Einzelfall gesondert zu prüfen und zu begründen; vgl. dazu *H. J. Bonk*, in: P. Stelkens/H. J. Bonk/M. Sachs (Hrsg.), Verwaltungsverfahrensgesetz, 7. Aufl. 2008, § 62 Rn. 22; *E. Gurlit*, Verwaltungsrechtlicher Vertrag und andere verwaltungsrechtliche Sonderverbindungen, in: H.-U. Erichsen/D. Ehlers (Hrsg.), Allgemeines Verwaltungsrecht, 14. Aufl. 2010, § 30 Rn. 10.

[17] Namentlich die Lehrbücher zur Allgemeinen Rechtslehre streifen die Vertragsthematik nur am Rande und sind von der Entfaltung einer Allgemeinen Vertragsrechtslehre weit entfernt; aus der jüngeren Literatur exemplarisch *K. F. Röhl/H. C. Röhl*, Allgemeine Rechtslehre, 3. Aufl. 2008, S. 475 f.; aus der älteren Literatur s. etwa *H. Kelsen*, Reine Rechtslehre, 2. Aufl. 1960, insbes. S. 261 ff. sowie 263 ff., und *H. Nawiasky*, Allgemeine Rechtslehre, 2. Aufl. 1960, insbes. S. 217 ff., 225 ff.

[18] Außer Betracht bleiben hier Verträge aus dem „metajuristischen Raum"; dazu und zur Begriffsbildung *N. Achterberg*, JA 1979, 356 (356 f.).

[19] *C. Pestalozza*, JZ 1975, 50 (55); ähnlich *H. Maurer*, Allgemeines Verwaltungsrecht, 18. Aufl. 2011, § 14 Rn. 6; *Nawiasky* (Fn. 17), S. 217 ff.; *Röhl/Röhl* (Fn. 17), S. 475 f.

[20] *H. Maurer*, DVBl. 1989, S. 798 (800); s. auch *W. Apelt*, AöR 84 (1959), 249 (249); ferner zum apriorischen Charakter des Vertrags *E. Forsthoff*, Lehrbuch des Verwaltungsrechts,

wicklung einer Allgemeinen Vertragsrechtslehre gegenüber der weithin isolierten dogmatischen Aufbereitung in den einzelnen Teilrechtsordnungen ein spürbarer Mehrwert verbunden wäre. So ließe sich nicht zuletzt zur Entlastung der einzelnen Vertragsdogmatiken ein gemeinsamer, universell einsetzbarer Kernbestand vertragsbezogener Begriffe, Institute, Grundsätze und Regeln herausarbeiten[21]. Dadurch würden übereinstimmende Grundstrukturen des Vertragsrechts verdeutlicht, die Rechtsanwendung für den Umgang mit einheitlichen Prinzipien in der Handhabung von Verträgen sensibilisiert und überdies Innovationsimpulse für vertraglich unterentwickelte Teilrechtsordnungen angeregt. Außerdem vereinfachte der erwähnte Kernbestand die Rechtsvergleichung und unterstützte die Rechtsangleichung namentlich in Europa bis hin zur Generierung eines derzeit nicht nur im Verwaltungsrecht defizitären, sondern auch im Zivilrecht im Werden begriffenen[22] europäischen Vertragsrechts. Schließlich profitierte auch die Praxis ganz beträchtlich von einer grundsätzlich auf alle Vertragsbeziehungen anwendbaren, leicht zugänglichen Vertragsrechtslehre, die letzten Endes die Handhabung von Verträgen harmonisiert, vereinfacht und insgesamt erleichtert[23].

Als Referenzgebiete für eine Allgemeine Vertragsrechtslehre kommen alle Teilrechtsordnungen in Betracht, in denen Verträgen anzutreffen sind. Das lenkt den Blick früher oder später unweigerlich auch auf das in nationalen rechtswissenschaftlichen Debatten außerhalb der spezifisch völkerrechtlichen Gruppierungen in der scientific society oft nur am Rande wahrgenommene Völkerrecht. Denn Völkerrecht ist „zu einem ganz erheblichen Teil Völkervertragsrecht"[24] und daher ein ideales Beobachtungsfeld für die Analysen einer Allgemeinen Vertragsrechtslehre.

Bd. I, 10. Aufl. 1973, S. 277 mit Fn. 2; vgl. auch *Gurlit* (Fn. 16), § 30 Rn. 1; *E. Ruppert*, Der öffentlich-rechtliche Vertrag im Verwaltungsrecht, 1935, S. 1; *K. Stern*, VerwArch 49 (1958), 106 (123); ferner *Schlette* (Fn. 3), S. 12 („*Kategorie des Rechts schlechthin*") m.zahlr.w.N. in Fn. 13.

[21] Dazu und zum Folgenden bereits *Bauer* (Fn. 13), S. 186 ff.

[22] Zum Projekt eines Gemeinsamen Europäischen Kaufrechts als optionales Instrument s. O. Remien/S. Herrler/P. Limmer (Hrsg.), Gemeinsames Europäisches Kaufrecht für die EU, 2012; *H. Eidenmüller/N. Jansen/E.-M. Kieninger/G. Wagner/R. Zimmermann*, JZ 2012, 269 ff., jeweils m.w.N. Zu dem vorausgegangenen Strategiewechsel der Kommission hin zu einer Vollharmonisierung des Europäischen Verbrauchervertragsrechts vgl. *B. Gsell/C. Herresthal* (Hrsg.), Vollharmonisierung im Privatrecht, 2009.

[23] s. dazu auch *Bauer* (Fn. 8), Rn. 88; *ders.* (Fn. 13), S. 186 ff. Allgemein zum Anliegen einer Allgemeinen Rechtslehre vgl. *Röhl/Röhl* (Fn. 17), S. 1 f.; aus der älteren Literatur *Nawiasky* (Fn. 17), S. 1 ff.

[24] *Schlette* (Fn. 3), S. 11; vgl. außerdem *O. Dörr*, in: ders./K. Schmalenbach (Hrsg.), Vienna Convention on the Law of Treaties, 2012, Introduction Rn. 1; *O. Dörr/K. Schmalenbach*, Preface, ebenda, 2012, S. V; *M. Krajewski*, Wirtschaftsvölkerrecht, 2. Aufl. 2009, § 1 Rn. 73; *M. Ruffert*, Rechtsquellen und Rechtsgeschichte des Verwaltungsrechts, in: W. Hoffmann-Riem/E. Schmidt-Aßmann/A. Voßkuhle (Hrsg.), Grundlagen des Verwaltungsrechts, Bd. I, 2. Aufl. 2012, § 17 Rn. 41; *E. Schmidt-Aßmann*, Der Staat 45 (2006), 315 (329); aus der älteren Literatur *G. Grosch*, JöR 5 (1911), 267 (275 ff., insbes. 277 f.).

II. Begriffliche Annäherung an den völkerrechtlichen Vertrag

Jede Beschäftigung mit dem Völkervertragsrecht fordert zuallererst Klarheit über den Begriff des völkerrechtlichen Vertrages. Nach den Bestimmungen des Wiener Übereinkommens über das Recht der Verträge von 1969 (Wiener Vertragsrechtskonvention – WVK)[25] gilt als Vertrag eine „in Schriftform geschlossene und vom Völkerrecht bestimmte internationale Übereinkunft zwischen Staaten"[26]. Diese Definition erfasst allerdings nur einen Teil der Rechtswirklichkeit. Völkerrechtliche Verträge können nämlich auch mit und zwischen anderen Völkerrechtssubjekten[27] und grundsätzlich auch ohne Wahrung der Schriftform zustande kommen[28]. Die Wiener Vertragsrechtskonvention findet auf solche Übereinkünfte zwar keine Anwendung[29], stellt deren rechtliche Gültigkeit aber auch nicht in Frage[30]. Vielmehr sollen die „Sätze des Völkergewohnheitsrechts weiterhin für Fragen gelten, die in diesem Übereinkommen nicht geregelt sind"[31]. Im Völkergewohnheitsrecht aber ist ein völkerrechtlicher Vertrag gemeinhin jede Vereinbarung zwischen wenigstens zwei Völkerrechtssubjekten, die auf die Begründung, Änderung oder Aufhebung von völkerrechtlichen Beziehungen gerichtet ist[32]. Dieses weiterreichende, im Wesentlichen auf die Rechtsnatur des Vertragsgegenstandes abstellende Begriffsverständnis schließt zwar noch immer wichtige Bereiche der vertraglichen Betätigung von Völkerrechtssubjekten aus[33]. Es soll den nachfolgenden Ausführungen aber gleichwohl zu Grunde liegen, weil es dem derzeitigen Erkenntnisstand im Völkerrecht entspricht, das vorliegend nicht fortzuentwickeln, sondern nur als Referenzgebiet zu rezipieren ist.

---

[25] Vienna Convention on the Law of Treaties, amtliche Bekanntmachung bei United Nations Treaty Series, vol. 1155, p. 331; für die Bundesrepublik Deutschland ist das Übereinkommen 1987 in Kraft getreten (BGBl. II S. 757).

[26] Art. 2 Abs. 1 a) WVK.

[27] *W. Heintschel v. Heinegg*, in: K. Ipsen, Völkerrecht, 5. Aufl. 2004, § 9 Rn. 2; *M. Herdegen*, Völkerrecht, 9. Aufl. 2010, § 15 Rn. 1; *Schweisfurth* (Fn. 11), S. 59; *Stein/v. Buttlar* (Fn. 11), § 1 Rn. 27 ff.

[28] *Schweisfurth* (Fn. 11), S. 58; *Stein/v. Buttlar* (Fn. 11), § 1 Rn. 28. Zur Verbreitung mündlich geschlossener völkerrechtlicher Verträge und zur Kritik an der Formlosigkeit *K. Schmalenbach*, in: Dörr/Schmalenbach (Fn. 24), Art. 3 Rn. 3 ff.

[29] Art. 1, Art. 2 Abs. 1 a) und Art. 3 WVK.

[30] Art. 3 a) WVK. s. dazu *Schmalenbach* (Fn. 28), Art. 3 Rn. 1 und 16.

[31] s. den letzten Absatz der Präambel der WVK; dazu knapp *Schmalenbach* (Fn. 28), Preamble Rn. 17.

[32] s. nur *Stein/v. Buttlar* (Fn. 11), § 1 Rn. 27, und *Heintschel v. Heinegg* (Fn. 27), § 9 Rn. 1; außerdem *Klein* (Fn. 1), S. 24. Als Völkerrechtssubjekt gilt dabei jedes Rechtssubjekt, das nach Völkerrecht rechtsfähig ist. Zu anderen, vertragsähnlichen Übereinkommen im Völkerrecht knapp *Heintschel v. Heinegg*, a.a.O., § 9 Rn. 14 ff.

[33] Zur vergleichbaren Problematik im Zusammenhang mit dem Begriff des Verwaltungsvertrages im Überblick *Bauer* (Fn. 8), Rn. 70 ff.

III. Rechtsregime und dogmatischer Ordnungsrahmen des Völkervertragsrechts

1. Rechtsregime

Die terminologische Vorklärung deutet bereits an, dass das Recht der völkerrechtlichen Verträge mindestens dem Grunde nach uneinheitlich verfasst ist. Lange Zeit basierte es zwar ausschließlich auf völkerrechtlichem Gewohnheitsrecht[34].[35] Mit der 1980 in Kraft getretenen Wiener Vertragsrechtskonvention wurde das Völkervertragsrecht aber teilweise kodifiziert[36]. Die Kodifikation enthält wichtige Regelungen über Abschluss, Wirksamkeit, Durchführung, Änderung und Beendigung völkerrechtlicher Verträge. Im Wesentlichen bildet das Übereinkommen in seinem Anwendungsbereich die zuvor schon gewohnheitsrechtlich anerkannten (ungeschriebenen) Regeln des Völkervertragsrechts ab[37], so dass es unmittelbar oder in weiten Teilen mittelbar für alle völkerrechtlichen Verträge zur Anwendung kommen kann[38].

Der völkergewohnheitsrechtliche Ursprung der vertragsrechtlichen Normen erteilt noch einmal eine klare Absage an die oft kolportierte und durch die Verweisungstechnik der deutschen Verwaltungsverfahrensgesetze[39] scheinbar bestätigte Aussage, wonach der Vertrag eigentlich ein „Rechtsinstrument privater Hand"

---

[34] Zur umstrittenen Herleitung von Völkergewohnheitsrecht insbes. mit Blick auf Art. 38 Abs. 1 b) IGH-Statut *Herdegen* (Fn. 27), § 16 Rn. 1 ff.; *S. Hobe*, Einführung in das Völkerrecht, 9. Aufl. 2008, S. 190 f.; *J. P. Kelly*, The Twilight of Customary International Law, VJoIL 40 (2000), 449 (insbes. 459 ff.). Zu der in der kommunistischen Völkerrechtslehre vertretenen bemerkenswerten Auffassung, nach der „das Gewohnheitsrecht nichts anderes als das Ergebnis eines stillschweigenden Vertragsabschlusses sein soll" (*C. Tomuschat*, in: R. Herzog u.a. [Hrsg.], Evangelisches Staatslexikon, Bd. II, 3. Aufl. 1987, Sp. 3875 [3882]), s. etwa *H. Kröger u.a.*, Völkerrecht, Bd. 1, 2. Aufl. 1981, S. 174 f.

[35] *K. Doehring*, Völkerrecht, 2. Aufl. 2004, § 5 Rn. 327; *Herdegen* (Fn. 27), § 15 Rn. 4; *Schweisfurth* (Fn. 11), S. 151; vgl. auch *Tomuschat* (Fn. 34), Sp. 3881.

[36] Das Wiener Übereinkommen über das Recht der Verträge gilt unmittelbar nur für schriftliche und vom Völkerrecht bestimmte Verträge zwischen Staaten (Art. 1, Art. 2 Abs. 1 a] und Art. 3 WVK), und auch nur mit Blick auf Staaten, die das Übereinkommen auch ratifiziert haben. Im Übrigen gilt bis auf weiteres das – allerdings weitgehend deckungsgleiche – (ungeschriebene) vertragsbezogene Völkergewohnheitsrecht fort; vgl. dazu *Schmalenbach* (Fn. 28), Art. 4 Rn. 1 und 4 ff. Das Wiener Übereinkommen über die Staatennachfolge in Verträge vom 23. Aug. 1978 (United Nations, Treaty Series, vol. 1946, p. 3) ist zwar am 6. Nov. 1996 in Kraft getreten, bislang aber nur von wenigen Staaten ratifiziert und daher noch von geringerer praktischer Bedeutung. Das Wiener Übereinkommen über das Recht der Verträge zwischen Staaten und Internationalen Organisationen oder zwischen Internationalen Organisationen vom 21. März 1986 (United Nations publication, Sales No. E.94.V.5; s. auch BGBl. 1990 II S. 1415) ist noch nicht in Kraft getreten. Vgl. zum Ganzen nur die knappen Hinweise bei *Stein/v. Buttlar* (Fn. 11), § 1 Rn. 36 f., und *Schweisfurth* (Fn. 11), S. 151 f.

[37] Näher dazu *Schmalenbach* (Fn. 28), Art. 4 Rn. 4 ff. und 8 ff.

[38] *Schweisfurth* (Fn. 11), S. 151 f.; *Stein/v. Buttlar* (Fn. 11), § 1 Rn. 34.

[39] Exemplarisch § 62 VwVfG; s. dazu im Überblick *Bonk* (Fn. 16), § 62 Rn. 22 ff.

sei⁴⁰. Die gewohnheitsrechtliche Anerkennung und die Konvention bestätigen die lange eigenständige Tradition des im Völkerrecht verselbständigten Vertrags⁴¹ und prädestinieren ihn damit zugleich als Gegenstand einer Allgemeinen Rechtslehre.

2. Dogmatischer Ordnungsrahmen

Verträge zwischen Völkerrechtssubjekten sind nach verbreitetem Verständnis auf „die Begründung, Änderung oder Aufhebung von völkerrechtlichen Beziehungen gerichtet"⁴² und dementsprechend auf „ein Rechtsverhältnis zwischen" den Parteien⁴³ bezogen. Demnach orientiert sich das Völkervertragsrecht bereits terminologisch am dogmatischen Ordnungsrahmen der Rechtsverhältnislehre, mit der die Begriffe Rechtssubjekt und Rechtsverhältnis oder -beziehung eng verbunden sind⁴⁴.

Auch in der Sache bleiben die Darstellungen zum völkerrechtlichen Vertrag üblicherweise nicht allein mit der Handlungsform als künstlich isoliertem Kristallisationspunkt⁴⁵ verhaftet. Vielmehr nehmen sie die komplexe Realität und Dynamik rund um den völkerrechtlichen Vertrag im Sinne der Rechtsverhältnislehre⁴⁶ umfassend auf und konzipieren die Völkervertragsrechtsdogmatik prozedural⁴⁷, nach dem Modell eines auch normativ angelegten⁴⁸ Prozesses. Das führt zu einer Anknüpfung an die rechtlichen Beziehungen zwischen den vertragschließenden Völkerrechtssubjekten im Zeitverlauf, soweit diese Beziehungen einen Bezug zu dem jeweiligen Ver-

---

⁴⁰ *P. Kirchhof*, in: J. Isensee/P. Kirchhof (Hrsg.), Handbuch des Staatsrechts, Bd. V, 3. Aufl. 2007, § 99 Rn. 158; ebenso *J. Burmeister*, VVDStRL 52 (1993), 190 (212); in dieselbe Richtung wohl auch *Kelsen* (Fn. 17), S. 285. Nachweise zu weiteren in diese Richtung weisenden Stellungnahmen bei *Schlette* (Fn. 3), S. 12.

⁴¹ Zur langen selbstständigen Geschichte des völkerrechtlichen Vertrages s. *Dörr* (Fn. 24), Introduction Rn. 2 ff.

⁴² *Stein/v. Buttlar* (Fn. 11), § 1 Rn. 27; ebenso *W. Graf Vitzthum*, in: ders. (Hrsg.), Völkerrecht, 5. Aufl. 2010, 1. Abschnitt Rn. 115; s. auch *Herdegen* (Fn. 27), § 15 Rn. 1, und *Krajewski* (Fn. 24), § 1 Rn. 74.

⁴³ *Hobe* (Fn. 34), S. 185; *Schweisfurth* (Fn. 11), S. 62 f.

⁴⁴ s. etwa *D. Ehlers*, DVBl. 1986, 912 (912 f.); *F. Fleiner*, Institutionen des deutschen Verwaltungsrechts, 8. Aufl. 1928, §§ 10 und 11; *H. Hill*, NJW 1986, 2602 (2605 ff.); *M. Schulte*, DVBl. 1988, 512 (513 f.).

⁴⁵ Begriff nach *E. Schmidt-Aßmann*, DVBl. 1989, 533 (533).

⁴⁶ Zum Anliegen der Rechtsverhältnislehre s. etwa *R. Gröschner*, Die Verwaltung 30 (1997), 301 (308 ff.); *P. Häberle*, Das Verwaltungsrechtsverhältnis – eine Problemskizze, in: ders. (Hrsg.), Die Verfassung als Pluralismus, 1980, S. 248 (251 ff., insbes. 264); *M. Schulte*, DVBl. 1988, 512 (514); mit theoretischer Ausrichtung *N. Achterberg*, Die Rechtsordnung als Rechtsverhältnisordnung, 1982; zur hier vertretenen Konzeption *H. Bauer*, Die Verwaltung 25 (1992), 301 (319 f.).

⁴⁷ Dazu in verwaltungsvertraglichem Kontext *W. Krebs*, VVDStRL 52 (1993), 248 (258 f.).

⁴⁸ Vgl. nur die Überschriften zu den Teilen II bis V der WVK, die von Abschluss und Inkrafttreten über Einhaltung und Anwendung, Änderung und Modifikation bis hin zur Beendigung von Verträgen und den daran anknüpfenden Rechtsfolgen wichtige Entwicklungsstationen im Lebenszyklus von Verträgen thematisieren.

trag haben, seinem Abschluss vor- oder nachgelagert sind[49]. In diese Betrachtungen sind dann zwanglos auch der Vertrag und Fragen seines Abschlusses, seiner Gestaltung, Wirksamkeit und Auslegung eingebettet[50].

Die erfolgreiche Einstellung des Völkervertragsrechts in den dogmatischen Ordnungsrahmen der Rechtsverhältnislehre bestätigt einmal mehr deren universelle Einsetzbarkeit. Im Zivilrecht ist das Denken in Rechtsverhältnissen selbstverständlich[51], und auch im Verwaltungsrecht findet in immer stärker werdendem Ausmaße ein Rückgriff auf die Rechtsverhältnislehre statt[52]. Über das Vertragsvölkerrecht empfiehlt sich die Rechtsverhältnislehre daher auch für eine Allgemeine Vertragsrechtslehre, die dann zugleich eine Rechtsverhältnislehre ist[53].

IV. Bausteine völkervertraglicher Rechtsverhältnisse

1. Parteien völkerrechtlicher Verträge

Völkerrechtliche Verträge kommen zustande durch eine von mindestens zwei Völkerrechtssubjekten erklärte Willensübereinstimmung (Einigung) über die Begründung, Abänderung oder Aufhebung völkerrechtlicher Beziehungen[54]. Völkerrechtssubjekt – und damit auch Vertragspartei – kann sein, wer durch die Völkerrechtsordnung als Träger entsprechender Rechte und Pflichten anerkannt ist[55]. Das

---

[49] Zu den damit bezeichneten Merkmalen der Rechtsverhältnislehre noch einmal *Bauer* (Fn. 8), Rn. 105; *M. Schulte*, DVBl. 1988, 512 (514).

[50] Exemplarisch für eine entsprechende Darstellung des Völkervertragsrechts *Schweisfurth* (Fn. 11), S. 150 ff.; s. auch *Heintschel v. Heinegg* (Fn. 27), §§ 10 ff., und *Hobe* (Fn. 34), S. 214 ff.

[51] s. dazu beispielhaft *W. Flume*, Allgemeiner Teil des Bürgerlichen Rechts, Bd. 2 – Das Rechtsgeschäft, 4. Aufl. 1992, S. 601 f.; *Larenz* (Fn. 2), S. 194 ff.

[52] Für den Bereich des Verwaltungsvertragsrechts s. etwa *W. Henke*, Das Recht der Wirtschaftssubventionen als öffentliches Vertragsrecht, 1979; ferner *Gurlit* (Fn. 15), S. 7 ff.; *Robert Keller*, Vorvertragliche Schuldverhältnisse im Verwaltungsrecht, 1997; *Kretschmer* (Fn. 8); in der Sache letztlich auch *Schlette* (Fn. 3), der das nach außen hin allerdings nicht einräumt (*Schlette*, a.a.O., S. 211 ff.). Über den Bereich des Verwaltungsvertragsrechts hinaus s. u. a. *R. Gröschner*, Das Überwachungsrechtsverhältnis, 1992; *M. Kellner*, Haftungsprobleme bei informellem Verwaltungshandeln, 2004; *T. Meysen*, Die Haftung aus Verwaltungsrechtsverhältnis, 2000; *S. U. Pieper*, Aufsicht, 2006, S. 213 ff.; *R. Regler*, Das Vergaberecht zwischen öffentlichem und privatem Recht, 2007; *M. Schulte*, Schlichtes Verwaltungshandeln, 1995; *M. Winkler*, Verwaltungsträger im Kompetenzverbund, 2009, insbes. S. 181 ff.

[53] Allgemein zum Rechtsverhältnis als Institut der Allgemeinen Rechtslehre s. etwa *N. Achterberg*, Rechtstheorie 1978, 385 (385); *Kelsen*, Rechtslehre (Fn. 17), S. 167 ff.; *Maurer*, (Fn. 19), § 8 Rn. 17; *Nawiasky* (Fn. 17), S. 153 ff., 229 ff. und 237 ff.; *Röhl/Röhl* (Fn. 19), S. 401 ff.

[54] Vgl. etwa *Graf Vitzthum* (Fn. 42), 1. Abschnitt Rn. 115; *Heintschel v. Heinegg* (Fn. 27), § 9 Rn. 1; *Hobe* (Fn. 34), S. 217; *Stein/v. Buttlar*, Völkerrecht (Fn. 11), § 1 Rn. 27.

[55] *V. Epping*, in: K. Ipsen, Völkerrecht, 5. Aufl. 2004, Einleitung zum 2. Kapitel; *Herdegen* (Fn. 27), § 7 Rn. 1 und 3 ff.

sind in erster Linie die Staaten⁵⁶. Daneben treten nach Maßgabe ihrer jeweiligen völkerrechtlichen Rechtsfähigkeit „die Internationalen Organisationen sowie die sonstigen traditionell als Völkerrechtssubjekte anerkannten Verbandseinheiten"⁵⁷. So kann es zu Verträgen nur zwischen Staaten, zwischen Staaten und sonstigen Völkerrechtssubjekten sowie nur zwischen sonstigen Völkerrechtssubjekten kommen. Die Frage, ob auch Private als Partei völkerrechtlicher Verträge in Betracht kommen, ist zwar noch nicht abschließend geklärt⁵⁸. Doch genügt es an dieser Stelle, den im Völkerrecht üblichen dogmatischen Ansatz allgemein an der Rechtssubjektivität der Parteien vorzustellen. Anders als bei einer Perspektivenverengung etwa auf Verträge nur zwischen Staaten⁵⁹ lassen sich so alle denkbaren Vertragskonstellationen mit unterschiedlichen Parteitypen – und zwar auch in der Vergangenheit ungebräuchlichere wie die Einbeziehung von Privaten als Vertragspartner – problemlos erfassen und verarbeiten⁶⁰. Dieser Zugang empfiehlt sich daher auch für eine Allgemeine Vertragsrechtslehre.

2. Anbahnung völkerrechtlicher Verträge

Völkerrechtlichen Verträgen geht wie grundsätzlich jedem Vertrag ein mehr oder weniger intensiver Aushandlungs- und Einigungsprozess voraus⁶¹. Die künftigen

---

⁵⁶ So für den Anwendungsbereich der Wiener Vertragsrechtskonvention ausdrücklich Art. 2 Abs. 1 a) WVK. Exemplarisch für die bis zum Beginn des 20. Jahrhunderts übliche Beschränkung völkerrechtlicher Verträge auf Verträge zwischen Staaten s. etwa *G. Grosch*, JöR 5 (1911), 267 (277 f.); vgl. dazu auch *K. Hailbronner*, in: Graf Vitzthum (Fn. 42), 3. Abschnitt Rn. 4, und ausführlich *H. Mosler*, Die Erweiterung des Kreises der Völkerrechtssubjekte, ZaöRV 22 (1962), 1 (1 ff.); ferner *H.-W. Rengeling*, Privatvölkerrechtliche Verträge, 1971, S. 26 m.w.N.

⁵⁷ *Heintschel v. Heinegg* (Fn. 27), § 9 Rn. 2; *Schweisfurth* (Fn. 11), S. 6 ff. Zu den Internationalen und den Supranationalen Organisationen eingehend *E. Klein*, in: Graf Vitzthum (Fn. 42), 4. Abschnitt passim, und *I. Seidl-Hohenveldern/G. Loibl*, Das Recht der Internationalen Organisationen einschließlich der Supranationalen Gemeinschaften, 7. Aufl. 2000, passim.

⁵⁸ s. dazu *Doehring* (Fn. 35), § 5 Rn. 397 ff.; *Heintschel v. Heinegg* (Fn. 27), § 9 Rn. 8 ff.; *Herdegen* (Fn. 27), § 15 Rn. 1, § 12 Rn. 1 ff. und § 7 Rn. 1. Im Überblick ferner *J. Stoll*, Vereinbarungen zwischen Staat und ausländischem Investor, 1982, S. 23 ff.

⁵⁹ Impulse für eine solche Verengung hätte die bislang bedeutendste Kodifikation zum Völkervertragsrecht, nämlich die Wiener Vertragsrechtskonvention geben können, deren Anwendungsbereich nach Art. 1 WVK auf Verträge zwischen Staaten begrenzt ist und die den Vertrag in Art. 2 Abs. 1 a) WVK auch nur unter diesem Eindruck definiert. Doch handelt es sich, wie bereits dargelegt, bei der Konvention um keine abschließende Regelung des gesamten Völkervertragsrechts. Zu Parallelproblemen einer unzutreffenden Gegenstandsverengung auf Staat-Bürger-Verträge in der deutschen Verwaltungsvertragsrechtslehre vgl. *Bauer* (Fn. 8), Rn. 106.

⁶⁰ In dieser Entwicklungsoffenheit zeigt sich ein weiterer Vorteil der Rechtsverhältnislehre gegenüber einer staatenzentrierten und -fokussierten dogmatischen Betrachtungsweise.

⁶¹ Für den Bereich des Verwaltungsrechts eingehend *R. Keller*, Vorvertragliche Schuldverhältnisse im Verwaltungsrecht, 1997, passim; ferner *Bauer* (Fn. 8), Rn. 110 ff.; *Schlette* (Fn. 3), S. 411 ff.; exemplarisch für die sozialrechtliche Eingliederungsvereinbarung unlängst

Vertragsparteien befinden darin über Abschluss und Inhalt des Vertrages und stellen die Weichen für den Austausch von Leistungen, die künftige Kooperation, eine konsensuale Konfliktbeilegung und anderes mehr. Dieser wichtigen vorvertraglichen Phase schenken sowohl die Wiener Vertragsrechtskonvention als auch die völkerrechtliche Literatur nur wenig Beachtung. Die Aushandlung des Vertragstextes gilt als „weißes Feld", das „Strategien und Taktiken" unterliege, die sich angeblich „rechtlicher Normierung entziehen"[62]. Indes trifft es zwar zu, dass Vertragsverhandlungen stark durch außerrechtliche Aspekte geprägt sind[63]. Doch ist die vorvertragliche Phase auch im Völkerrecht weder ein rechtsfreier noch ein rechtsfolgenfreier Raum.

So muss jeder Beteiligte sein Verhalten vor allem an den Maßstäben von Treu und Glauben ausrichten[64], deren Vorgaben sich zu konkreten Rechten und Pflichten verdichten können. Spätestens mit der Aufnahme von Vertragsverhandlungen sind die Beteiligten daher zu gegenseitiger Rücksichtnahme und Loyalität verpflichtet, was zu entsprechenden Aufklärungs-, Sorgfalts-, Verschwiegenheits- und sonstigen weiteren Verhaltenspflichten führen kann[65]. Haben die Parteien einen Vertrag beispielsweise unter Vorbehalt einer endgültigen Bindungserklärung unterzeichnet, müssen sie sich grundsätzlich aller Handlungen enthalten, die Ziel und Zweck des Vertrages vereiteln würden[66].

Kretschmer (Fn. 8), S. 189 ff. und 227 ff.; zum Zivilrecht statt vieler *K. Larenz*, Lehrbuch des Schuldrechts, Bd. I, 14. Aufl. 1987, S. 106 ff.

[62] So ausdrücklich *Schweisfurth* (Fn. 11), S. 154. Anders liegen die Dinge freilich mit Blick auf die möglichen Vertragsabschlussverfahren, auf die unter III. zurückzukommen sein wird.

[63] Vgl. dazu im Einzelnen *Bauer* (Fn. 8), Rn. 111; *Kretschmer* (Fn. 8), S. 271.

[64] Zur Geltung des Grundsatzes von Treu und Glauben auch im Völkerrecht s. *Graf Vitzthum* (Fn. 42), 1. Abschnitt Rn. 59 a.E., 142 und 159. S. außerdem Absatz 3 der Präambel der Wiener Vertragsrechtskonvention; dazu *H. Pazarci*, in: O. Corten/P. Klein (Hrsg.), The Vienna Conventions on the Law of Treaties, Bd. 1, 2011, Preamble Convention of 1969 Rn. 17; *Schmalenbach* (Fn. 28), Preamble Rn. 7, und Art. 26 Rn. 15. Für das Verwaltungsrecht s. nur *Keller* (Fn. 61), S. 96 ff., und für das Bürgerliche Recht *Larenz*, Schuldrecht I (Fn. 61), S. 106 ff. und 125 ff.

[65] Vorvertragliche Pflichten werden in der völkerrechtlichen Literatur oft nur punktuell thematisiert, beispielsweise im Zusammenhang mit dem sogleich noch zu erwähnenden Art. 18 WVK. Aus verwaltungsrechtlicher Perspektive vgl. aber etwa *Bonk* (Fn. 16), § 54 Rn. 31 und § 62 Rn. 45, sowie *Keller* (Fn. 52), S. 142 ff. und 161 ff., zum Zivilrecht etwa *Larenz* (Fn. 61), S. 10, 106 ff., und *C. Grüneberg*, in: O. Palandt (Begr.), Bürgerliches Gesetzbuch, 71. Aufl. 2012, § 311 Rn. 11 und 29 ff.

[66] So für den Anwendungsbereich der Wiener Vertragsrechtskonvention ausdrücklich Art. 18 WVK; dazu *L. Boisson de Chazournes/A.-M. La Rosa/M. Moïse Mbengue*, in: Corten/Klein (Fn. 64), Art. 18 Convention of 1969 Rn. 1 ff. und 55 ff. (mit Hinweis darauf, dass es sich bei Art. 18 WVK um eine Ausprägung von Treu und Glauben handele [Rn. 56]), und *Dörr* (Fn. 24), Art. 18 Rn. 1 ff. (insbes. Rn. 4) und 30 ff. Ob dieser Rechtssatz auch aus dem Völkergewohnheitsrecht folgt, ist allerdings umstritten; s. dazu nur *Doehring* (Fn. 35), § 5 Rn. 338, und *Dörr*, a.a.O., Art. 18 Rn. 5.

Eine Pflicht zur Aufnahme von Verhandlungen oder sogar zum Abschluss eines Vertrages begründet der Grundsatz von Treu und Glauben dagegen prinzipiell nicht. Allerdings können die Parteien in einer anderweitigen Vereinbarung bereits eine solche Verhandlungs- oder Abschlusspflicht festgelegt haben[67]. Die daraus resultierenden Verhandlungen sind dann vorbehaltlich einer anderweitigen Regelung wieder nach Treu und Glauben über einen angemessenen Zeitraum, mit Rücksicht auf die Interessen der anderen Partei und mit dem beharrlichen Streben nach einer akzeptablen Verständigung zu führen[68]. Allein eine Verletzung der jeweils maßgeblichen vorvertraglichen völkerrechtlichen Pflichten berührt den Fortbestand dieser Pflichten grundsätzlich nicht[69]. Sie kann aber unabhängig davon zu Ansprüchen auf Wiedergutmachung und dort insbesondere auf Restitution und Schadenersatz führen[70].

3. Abschluss, Wirksamkeit und Gestaltung völkerrechtlicher Verträge

a) Inkurs: Vertragsfreiheit im funktionellen Kontext des Völkerrechts

Wie bereits erwähnt[71], kommen völkerrechtliche Verträge dadurch zustande, dass sich die Parteien durch übereinstimmende Willenserklärungen auf den Vertragsschluss verständigen, über den Vertragsgegenstand und gegebenenfalls nähere Vertragsmodalitäten einigen. Dabei genießen sie grundsätzlich Vertragsfreiheit[72], die

---

[67] Zu vertraglichen Vereinbarungen einer Verhandlungspflicht (pactum de negotiando) und einer Abschlusspflicht (pactum de contrahendo) vgl. *Heintschel v. Heinegg* (Fn. 27), § 9 Rn. 4; *Stein/v. Buttlar* (Fn. 11), § 1 Rn. 45.

[68] Vgl. Arbitration Tribunal, Aminoil, ILM 1982, 976 (1014), mit Blick auf die Folgen eines pactum de negotiando; außerdem IGH, Deutschland gegen Dänemark und Niederlande, ICJ Rep. 1969, 3 (47 f., Rn. 85).

[69] Allgemein für die Verletzung völkerrechtlicher Pflichten Art. 29 des Regelungsentwurfs der International Law Commission zur Responsibility of States for internationally wrongful acts vom November 2001 (ILC-Haftungsentwurf), abgedruckt in: Report of the International Law Commission on the work of its 56th session, Official Records of the General Assembly, Fifty-sixth session, Supplement No. 10 (A/56/10), chp. IV.E.1. Die Bestimmungen des ILC-Haftungsentwurfes sind aus dem Völkergewohnheitsrecht abgeleitet (*Doehring* [Fn. 35], § 5 Rn. 372; *M. Schröder*, in: Graf Vitzthum [Fn. 42], 7. Abschnitt Rn. 7), gelten also – soweit sie Völkergewohnheitsrecht rezipieren und abbilden – auch ohne entsprechende Kodifizierung. s. dazu ferner – auch aus vertraglicher Perspektive – *Schweisfurth* (Fn. 11), S. 244.

[70] Allgemein für die Verletzung völkerrechtlicher Pflichten Art. 31 i.V.m. 34 ff. ILC-Haftungsentwurf (Fn. 69); ferner *Herdegen* (Fn. 27), § 60 Rn. 1 ff., und *Schweisfurth* (Fn. 11), S. 245 ff. Mit Blick auf vertragliche Pflichten *Doehring* (Fn. 35), § 5 Rn. 373. Zu den Folgen einer Verletzung der Pflichten aus Art. 18 WVK s. *Boisson de Chazournes/La Rosa/Mbengue* (Fn. 66), Art. 18 Rn. 70 ff.

[71] Oben IV. 1.

[72] s. insbes. Absatz 3 der Präambel der WVK; dazu *Schmalenbach* (Fn. 28), Preamble Rn. 7; *Doehring* (Fn. 35), § 5 Rn. 333; *Pazarci* (Fn. 64), Preamble Convention of 1969 Rn. 10; *Stein/v. Buttlar* (Fn. 11), § 1 Rn. 39 ff.

freilich keine „Freiheit zur Beliebigkeit" ist. Vielmehr sind Abschluss und Gestaltung völkerrechtlicher Verträge in vielerlei Hinsicht durch die tatsächlichen Gegebenheiten vorgeprägt, vor allem aber völkerrechtlich dirigiert:

Das für den jeweiligen Vertrag einschlägige Völkerrecht steuert die Parteien zunächst durch normative Direktiven, welche die Entscheidungsfreiheit über „Ob" und „Wie" von Verträgen und Vertragsgestaltungen begrenzen (*negative Funktion* des [Völker-]Vertragsrechts)[73]. So kennt das Völkerrecht zur Gewährleistung des friedlichen Zusammenlebens von Staaten zwingende Vorschriften (ius cogens), deren Missachtung auf den Bestand des von den Parteien vereinbarten Vertrages zurückwirkt. Dazu enthalten etwa Art. 53, 64 WVK Regelungen über die Rechtsfolge der Nichtigkeit und Art. 65 f. WVK Vorgaben für die Geltendmachung von Rechtsfehlern[74]. Steht ein Vertrag im Widerspruch zu Art. 103 der Charta der Vereinten Nationen, dann soll er ohne weiteres unwirksam sein[75]. In anderen Konstellationen können frühere Vereinbarungen und Absprachen dem Abschluss bestimmter Verträge entgegenstehen[76]. Liegen beim Vertragsabschluss wenigstens bei einer Partei bestimmte Willensmängel vor, führt dies nicht von vornherein zur Unwirksamkeit, aber doch zur Anfechtbarkeit des Vertrages[77]. In ganz anderer Richtung können völkerrechtliche Direktiven und vertragliche Regelungen in bestimmten Fallgestaltungen auch zum Abschluss eines bestimmten Vertrages verpflichten[78] und auf diese Weise die Vertragsfreiheit einschränken.

Derartige Einschränkungen und Begrenzungen sind allerdings nur eine Seite des internationalen Rechts. Hier wie andernorts[79] noch weitaus wichtiger ist die *positive Funktion* des (Völker-)Vertragsrechts. Das Völkervertragsrecht beschränkt nämlich nicht nur vertragliches Handeln. Vielmehr stellt es mit dem Vertrag auch ein Institut bereit, das den Staaten und anderen Völkerrechtssubjekten die einvernehmliche Regelung ihrer Rechtsbeziehungen erschließt. Erst der Vertrag erlaubt den Vertragsparteien nämlich die verbindliche Bestimmung dessen, was zwischen ihnen rechtens

---

[73] Vgl. zur parallel gelagerten Steuerung von Verwaltungsverträgen durch die negative und die positive Funktion des Verwaltungsvertragsrechts *H. Bauer*, FS Knöpfle, 1996, S. 11 (13 f., 14 ff.).

[74] Dazu *Stein/v. Buttlar* (Fn. 11), § 1 Rn. 41 f.; knapp auch *Herdegen* (Fn. 27), § 16 Rn. 14 f.; dogmatisch teilweise undeutlich *Schmalenbach* (Fn. 28), Art. 53 Rn. 24 ff. und 57 ff., und *E. Suy*, in: Corten/Klein (Fn. 64), Bd. 2, 2011, Art. 53 Convention of 1969 Rn. 6 ff., 17.

[75] *Stein/v. Buttlar* (Fn. 11), § 1 Rn. 44; s. dazu aber auch *K. Odendahl*, in: Dörr/Schmalenbach (Fn. 24), Art. 30 Rn. 14 f., und eingehend *A. Orakhelashvili*, in: Corten/Klein (Fn. 64), Art. 30 Convention of 1969 Rn. 41 ff., jeweils m.w.N. Vgl. ferner den Überblick zur Ungültigkeit von Verträgen bei *Schweisfurth* (Fn. 11), S. 178 ff.

[76] s. dazu für die besondere Konstellation eines noch nicht in Kraft getretenen Vertrages Art. 18 WVK und oben bei Fn. 66.

[77] s. etwa Art. 48 ff. WVK; dazu *Herdegen* (Fn. 27), § 15 Rn. 26 f.; *Schweisfurth* (Fn. 11), S. 180 f.

[78] Dazu oben bei Fn. 67.

[79] Vgl. bereits Fn. 73.

sein soll. Das richtet den Vertrag positiv auf die Bereitstellung eines Völkervertragsrechts aus, das im Rechtsverkehr den am Vertrag beteiligten Rechtssubjekten die Wahrnehmung ihrer Interessen und die Erfüllung ihrer Aufgaben beträchtlich erleichtert und mangels funktioneller Äquivalente nicht selten sogar erst ermöglicht.

Das völkerrechtliche Vertragsrechtsregime schließt vielfältige Optionen zur schöpferischen Gestaltung der vertraglichen Rechtsbeziehungen und Freiräume zur Optimierung von Vertragsinhalten ein. Wegen der im Völkerrecht noch vergleichsweise geringen Regulierungsdichte[80] sind solche Gestaltungsspielräume dort sogar in ganz erheblichem Umfang vorhanden. Das eröffnet Möglichkeiten zur vertraglichen Selbststeuerung und verdeutlicht den hohen Stellenwert der Vertragsgestaltung, der auch in anderen Teilrechtsgebieten zu beobachten ist und deshalb die Kautelarjurisprudenz[81] als Kandidatin für die Aufnahme in eine Allgemeine Vertragsrechtslehre empfiehlt.

Alles in allem lässt sich demnach präzisierend und unbeschadet innerstaatlicher Vorgaben von einer eher großzügig angelegten und bemessenen (völker-)rechtsdirigierten Vertragsfreiheit sprechen.

b) Abschluss und Wirksamkeit

Die völkerrechtsdirigierte Vertragsfreiheit schlägt sich bereits in der Wahl der Vertragsform nieder. Der Vertragsschluss kann schriftlich, mündlich oder durch konkludentes Verhalten erfolgen[82].

Entscheiden sich die Parteien für den Abschluss eines schriftlichen Vertrages, können sie dessen Bindungswirkung bereits mit der Unterzeichnung durch das jeweils abschlussbefugte Organ oder den Austausch der vertragsbildenden Urkunden herbeiführen (sog. einfaches Abschlussverfahren)[83]. Schriftliche Verträge von besonderer Bedeutung stehen allerdings regelmäßig unter einem Ratifikationsvorbehalt.

---

[80] Zur immer noch geringen Regelungsdichte im Völkerrecht vgl. etwa *Doehring* (Fn. 35), § 5 Rn. 327; *Stein/v. Buttlar* (Fn. 11), § 1 Rn. 39.

[81] Zur „verwaltungsvertraglichen Kautelarjurisprudenz" begriffsprägend *W. Krebs*, VVDStRL 52 (1993), 248 (271); zur Bedeutung in der Verwaltungspraxis *Bauer* (Fn. 8), Rn. 121 ff. m.w.N.

[82] *I. Brownlie*, Public International Law, 7. Aufl. 2008, S. 609; *Doehring* (Fn. 35), § 5 Rn. 334; *Stein/v. Buttlar* (Fn. 11), § 1 Rn. 39. Die Vorschriften der Wiener Vertragsrechtskonvention zum Abschluss von Verträgen (Art. 6 ff. WVK) finden freilich nur auf schriftliche Verträge unmittelbare Anwendung (Art. 2 Abs. 1 a) WVK), was insbes. mündliche Verträge aber nicht in ihrer rechtlichen Bindungswirkung beschneidet; s. nur *Schmalenbach* (Fn. 28), Art. 2 Rn. 19.

[83] *Heintschel v. Heinegg* (Fn. 27), § 10 Rn. 8 und 21; *Doehring* (Fn. 35), § 5 Rn. 336, und *Stein/v. Buttlar* (Fn. 11), § 2 Rn. 52. Für den Anwendungsbereich der Wiener Vertragsrechtskonvention s. Art. 12 und 13 WVK; dazu nur *F. Hoffmeister*, in: Dörr/Schmalenbach (Fn. 24), Art. 12 Rn. 1 ff. (Teleologie und Geschichte) und 10 ff. (Voraussetzungen und Rechtsfolgen), sowie Art. 13 Rn. 1 ff. (Teleologie und Geschichte) und 6 ff. (Voraussetzungen und Rechtsfolgen).

Dann legen die Parteien den Vertragstext nach Abschluss der Verhandlungen durch Unterzeichnung oder Paraphierung zunächst zwar „als authentisch und endgültig" fest. Abschließende Bindungswirkung entfaltet der Vertrag aber erst nach der zusätzlich vorgesehenen Ratifikation (sog. zusammengesetztes Abschlussverfahren)[84]. Völlig ungebunden sind die Parteien zwischenzeitlich gleichwohl nicht, haben sie sich bis zur Ratifikation doch bereits „aller Handlungen zu enthalten, die Ziel und Zweck" des „Vertrags vereiteln würden"[85].

c) Vertragsgestaltung

Dass Vertragsgestaltung ähnlich wie in anderen Rechtsmaterien auch im Völkerrechtsverkehr einen hohen Stellenwert besitzt, wurde beiläufig schon erwähnt[86] und ist auch an dieser Stelle nur kurz anzusprechen. Insoweit ist bemerkenswert, dass sich im Völkervertragsrecht im Laufe der Zeit besondere Vertragstypen[87] herausgebildet haben, die für die Gestaltung der Vertragsinhalte eine erste Orientierung geben. Typenunabhängig bzw. -übergreifend finden sich häufig vergleichbare vertragliche Grundstrukturen. Danach legt die Völkerrechtspraxis üblicherweise besonderen Wert auf Präambeln und einleitende Bestimmungen zur Klarstellung der wichtigsten im Vertrag verwendeten Begriffe. Dem folgt der eigentliche Vertragstext. Den Abschluss bilden oft Vorschriften, die das Inkrafttreten, die Geltungsdauer, die Vorgehensweise zur Beilegung von Streitigkeiten und vertragsinterne Konfliktlösungsmechanismen regeln[88]. Trotz mancher Besonderheit handelt es sich dabei in der Grundstruktur um Gestaltungselemente, die aus anderen Einsatzfeldern des Vertrags bekannt und vertraut sind.

Als „genuin völkerrechtliches Rechtsinstitut"[89] der Vertragsgestaltung gilt hingegen manchem die Möglichkeit, bei Vertragsschluss einen sog. Vorbehalt anzubringen[90]. Der Vorbehalt ist ein einseitiger völkerrechtlicher Akt, durch den etwa ein

---

[84] *Heintschel v. Heinegg* (Fn. 27), § 10 Rn. 8 und 9 ff.; außerdem *Doehring* (Fn. 35), § 5 Rn. 337; *Hobe* (Fn. 34), S. 185; s. auch *Brownlie* (Fn. 82), S. 610 f., und *Stein/v. Buttlar* (Fn. 11), § 2 Rn. 52. Für den Anwendungsbereich der Wiener Vertragsrechtskonvention s. Art. 10 und 14 WVK; dazu nur *Hoffmeister* (Fn. 83), Art. 10 Rn. 1 ff. (Teleologie und Geschichte) und 6 ff. (Voraussetzungen und Rechtsfolgen) sowie Art. 14 Rn. 1 ff. (Teleologie und Geschichte) und 9 ff. (Voraussetzungen und Rechtsfolgen).

[85] Art. 18 WVK und bereits oben bei Fn. 66. Ob diese „Quasibindung" auch Völkergewohnheitsrecht darstellt, ist umstritten; dazu *Doehring* (Fn. 35), § 5 Rn. 338.

[86] Oben bei Fn. 81.

[87] Zur Typisierung völkerrechtlicher Verträge s. etwa *Doehring* (Fn. 35), § 5 Rn. 328 ff.; *Hobe* (Fn. 34), S. 187; *Schmalenbach* (Fn. 28), Art. 2 Rn. 8 ff.; exemplarisch eingehend zum Typus der Statusverträge *Klein* (Fn. 1).

[88] *Stein/v. Buttlar* (Fn. 11), § 1 Rn. 40; s. auch *Schweisfurth* (Fn. 11), S. 58, und zur möglichen Regelung des Inkrafttretens *Herdegen* (Fn. 27), § 15 Rn. 14.

[89] *Schweisfurth* (Fn. 11), S. 161.

[90] Für den Anwendungsbereich der Wiener Vertragsrechtskonvention s. Art. 19 ff. WVK. Eingehend dazu etwa *P. Hilpold*, AVR 24 (1996), 376 (376 ff.). Umfassend, insbes. auch mit

„Staat bezweckt, die Rechtswirkung einzelner Vertragsbestimmungen in der Anwendung auf diesen Staat auszuschließen oder zu ändern"[91], um mit anderen Worten „*relative* vertragsbezogene Rechtsverhältnisse" zu generieren[92]. Anwendung findet diese Vorgehensweise bei multilateralen Verträgen, um auch solchen Staaten eine Parteistellung zu ermöglichen, die nur mit bestimmten Vertragsklauseln einverstanden sind[93]. Zulässigkeit, Abgrenzung und Folgen insbesondere eines unzulässigen Vorbehalts sind im Einzelnen umstritten und führen zu entsprechenden Unsicherheiten in der Rechtsanwendung[94]. Die Wiener Vertragsrechtskonvention enthält für ihren Anwendungsbereich zum Umgang mit Vorbehalten zwar ein sehr ausdifferenziertes Regelwerk[95]. Noch besser, umfassender und punktgenauer lassen sich die Herausforderungen um den sog. Vorbehalt, die dahinter stehenden Interessen und die mit den einzelnen Vorbehalten verfolgten Motive allerdings mit einer vorausschauenden Vertragsgestaltung umsetzen. Das deuten auch die einschlägigen Bestimmungen der Wiener Vertragsrechtskonvention an, die vertraglichen Regelungen zum Vorbehalt stets den Vorrang einräumen[96].

4. Durchführung und Beendigung
völkerrechtlicher Verträge

Ist ein völkerrechtlicher Vertrag in Kraft getreten, sind die Parteien an das Vereinbarte rechtlich gebunden: pacta sunt servanda[97]! Die rechtliche Verbindlichkeit grenzt den Vertrag – nicht nur im Völkerrecht – von anderen konsensualen, aber

---

historischen Bezügen *R. Kühner*, Vorbehalte zu multilateralen völkerrechtlichen Verträgen, 1986, passim. Für einen ersten Überblick s. *Brownlie* (Fn. 82), S. 612 ff., und *Hobe* (Fn. 34), S. 221 ff. m.w.N.

[91] Art. 2 Abs. 1 d) WVK; zur Definition in der Wiener Vertragsrechtskonvention s. *P. Gautier*, in: Corten/Klein (Fn. 64), Art. 2 Convention of 1969 Rn. 39 ff.

[92] *Graf Vitzthum* (Fn. 42), 1. Abschnitt Rn. 122.

[93] *Herdegen* (Fn. 27), § 15 Rn. 20; *Schweisfurth* (Fn. 11), S. 161; eingehender *Gautier* (Fn. 91), Art. 2 Convention of 1969 Rn. 43 f.

[94] *Schweisfurth* (Fn. 11), S. 161, bemerkt dazu, das Rechtsinstitut habe „eine spannungsreiche, sich bis in die Gegenwart fortsetzende Geschichte"; s. auch *Brownlie* (Fn. 82), S. 612 f., und *A. Pellet*, in: Corten/Klein (Fn. 64), Art. 19 Convention of 1969 Rn. 28 ff. m.w.N.

[95] Art. 19 ff. WVK.

[96] s. etwa Art. 19 a) oder Art. 20 Abs. 1 WVK; dazu *C. Walter*, in: O. Dörr/K. Schmalenbach (Hrsg.), Vienna Convention on the Law of Treaties, 2012, Art. 19 Rn. 55 ff. und 60 ff. sowie Art. 20 Rn. 7 ff. und 25. Zu Alternativtechniken im Zusammenhang mit Vorbehalten vgl. *Schweisfurth* (Fn. 11), S. 167.

[97] So für seinen Anwendungsbereich ausdrücklich der mit „pacta sunt servanda" überschriebene Art. 26 WVK. Auch für das Völkergewohnheitsrecht wird die Verbindlichkeit völkerrechtlicher Verträge aus dem Grundsatz „pacta sunt servanda" hergeleitet; dazu *Graf Vitzthum* (Fn. 42), 1. Abschnitt Rn. 13; *J. Salmon*, in: Corten/Klein (Fn. 64), Art. 26 Convention of 1969 Rn. 6 m.zahlr.w.N. Zur universellen Geltung des Grundsatzes „pacta sunt servanda" s. nur *Schlette* (Fn. 3), S. 16 f.

rechtlich unverbindlichen Handlungsformen wie etwa dem gentlemen's agreement[98] ab. Wie weit die Bindungswirkung im Einzelnen reicht und was die Parteien zur Erfüllung des Vertrages unternehmen müssen, ist im Wege der Auslegung zu ermitteln. Dabei sind insbesondere die Maßstäbe des auch bei der Vertragsdurchführung wieder omnipräsenten[99] Grundsatzes von Treu und Glauben zu berücksichtigen[100]. Dementsprechend richtet sich die Vertragserfüllung nach den Direktiven dieses Grundsatzes[101]. Daraus können wiederum zahlreiche, im Vertrag nicht explizit festgelegte weitere Verhaltenspflichten folgen, die eine ordnungsgemäße Vertragsdurchführung gewährleisten sollen[102]. Kommt eine Partei ihren Vertragspflichten nicht nach, kann dies zu Ansprüchen auf Wiedergutmachung, in Sonderheit auf Restitution und Schadenersatz führen[103]. Die verletzte Pflicht bleibt daneben grundsätzlich bestehen; sie erlischt regelmäßig erst mit ihrer Erfüllung.

Eine erhebliche Pflichtverletzung oder die Unmöglichkeit der Pflichterfüllung kann die andere Partei allerdings zur einseitigen Beendigung oder Suspendierung des Vertrages berechtigen[104]. Im Übrigen können die Parteien unbeschadet nachträglicher einvernehmlicher Regelungen[105] die Beendigung oder Suspendierung eines Vertrages prinzipiell nur nach Maßgabe entsprechender Vertragsbestimmungen erreichen[106], womit erneut die Schlüsselfunktion umsichtiger Vertragsgestaltung thematisiert ist. Die grundlegende Änderung der beim Vertragsschluss gegebenen Um-

---

[98] Dazu *Gautier* (Fn. 91), Art. 2 Convention of 1969 Rn. 26; *Schweisfurth* (Fn. 11), S. 61 und 92 ff.

[99] Auch der Grundsatz pacta sunt servanda wird zum Teil als Ausprägung des Grundsatzes von Treu und Glauben angesehen; s. dazu nur *Salmon* (Fn. 97), Art. 26 Convention of 1969 Rn. 24 ff. m.w.N.

[100] Insbes. die Wiener Vertragsrechtskonvention enthält in ihren Art. 31 ff. vergleichsweise ausführliche Auslegungsregeln. Zur im Übrigen auch gewohnheitsrechtlichen Geltung der in der Wiener Vertragsrechtskonvention niedergelegten Auslegungsregeln s. IGH, Iran gegen USA, ICJ Reports 1996, S. 803 (812, Nr. 23). Allgemein zur Auslegung völkerrechtlicher Verträge s. *Herdegen* (Fn. 27), § 15 Rn. 28 ff.; *Doehring* (Fn. 35), § 5 Rn. 390; umfassend – auch mit historischen Bezügen – *R. K. Gardiner*, Treaty Interpretation, 2008.

[101] Für seinen Anwendungsbereich deutlich Art. 26 WVK a. E.; s. dazu nur *Schmalenbach* (Fn. 28), Art. 26 Rn. 46 ff.

[102] Zu den weiteren Verhaltenspflichten, die sich unter anderem in Leistungstreue, Aufklärungs-, Unterlassungs- und Obhutspflichten äußern können, vgl. aus verwaltungsrechtlicher Perspektive nur *H. Schmitz*, in: P. Stelkens/H. J. Bonk/M. Sachs (Hrsg.), Verwaltungsverfahrensgesetz, 7. Aufl. 2008, § 9 Rn. 35 f.

[103] Zur entsprechenden Rechtslage in der vorvertraglichen Phase s. die Nachweise in Fn. 70.

[104] Näher dazu *Herdegen* (Fn. 27), § 15 Rn. 37 f., und *Stein/v. Buttlar*, Völkerrecht (Fn. 11), § 6 Rn. 105 ff. Für den Anwendungsbereich der Wiener Vertragsrechtskonvention s. Art. 60 WVK (erhebliche Pflichtverletzung) und Art. 61 WVK (Unmöglichkeit).

[105] Zur Beendigung oder Suspendierung eines Vertrags durch Abschluss eines späteren Vertrages s. Art. 59 WVK.

[106] s. dazu die ausführlichen Regelungen in den Art. 54 ff. WVK; näher etwa *Stein/v. Buttlar* (Fn. 11), § 5 Rn 97 ff., und *Schweisfurth* (Fn. 11), S. 192 ff.

stände, die von den Parteien bei Vertragsschluss nicht vorausgesehen wurde, kann auch im Völkerrecht nur ausnahmsweise zur Beendigung oder Suspendierung des Vertrages führen. Sie richtet sich nach dem allgemeinen Rechtsprinzip der clausula rebus sic stantibus[107], das seinerseits wieder aus dem Grundsatz von Treu und Glauben folgt[108].

V. Resümee

Die zunehmende Verbreitung von Verträgen in allen Bereichen des Rechtslebens weckt das Bedürfnis nach einer Allgemeinen Vertragsrechtslehre. Konzeptionell wäre eine solche Lehre in eine Allgemeine Rechtslehre einzustellen, die über die Grenzen der Teilrechtsordnungen hinweg dort wiederkehrende Elemente einschließlich funktioneller Äquivalente sichtet, ordnet und dogmatisch aufbereitet. Im Anschluss daran zielt die Allgemeine Vertragsrechtslehre auf die Ermittlung von Ordnungsideen, Begriffen, Instituten, Grundsätzen und Regeln, die sich als gemeinsame Elemente der Vertragsrechtsordnungen identifizieren und (gegebenenfalls mit bereichsspezifischer Konkretisierung) universell einsetzen lassen. Die Bereitstellung eines derartigen Kernbestands vertragsdogmatischer Erkenntnisse hätte beträchtlichen Mehrwert. Der Mehrwert zeigte sich unter anderem in der transparenzerhöhenden Offenlegung übergeordneter Grundstrukturen, in der Entlastung der auf die einzelnen Teilrechtsordnungen bezogenen Vertragsdogmatiken, in der Vereinfachung der praktischen Handhabung des Vertragsrechts, in der Benennung von gesetzlichen Regelungsbedarfen und in der Erleichterung von Rechtsangleichungsprozessen, und zwar perspektivisch bis hin zur Ausbildung eines derzeit noch in vielerlei Hinsicht defizitären oder im Werden begriffenen europäischen Vertragsrechts.

Als Referenzgebiet für die Allgemeine Vertragsrechtslehre geradezu prädestiniert ist aus der Sicht des Öffentlichen Rechts das Völkerrecht. Denn Völkerrecht ist über weite Strecken Völkervertragsrecht. Das Völkervertragsrecht beruht auf einem traditionsreichen Gewohnheitsrecht, das allerdings zunehmender Kodifizierung unterworfen ist. Eine besonders wichtige Kodifikation ist die Wiener Vertragsrechtskonvention. Sie setzt, ähnlich wie das herkömmliche Gewohnheitsrecht, an den möglichen Vertragsparteien und der Vertragsfreiheit an und kennt neben bilateralen auch multilaterale Verträge mit bisweilen abgestufter Bindungswirkung für einzelne Parteien in relativen vertragsbezogenen Rechtsverhältnissen. Im Übrigen legt die Wiener Vertragsrechtskonvention, wiederum ähnlich wie das Völkervertragsgewohnheitsrecht, das Vertragsrechtsregime in der Grundstruktur prozedural an, richtet das Vertragsrecht also auf die prozesshafte Entwicklung vertraglicher Beziehungen aus. Die schlagwortartig verkürzbare Deutung von „Vertrag als Prozess" relativiert

---

[107] Für den Anwendungsbereich der Wiener Vertragsrechtskonvention s. Art. 62 WVK; dazu *T. Giegerich*, in: Dörr/Schmalenbach (Fn. 24), Art. 62 Rn. 8 ff.; s. außerdem *Stein/v. Buttlar* (Fn. 11), § 6 Rn. 105 f.

[108] Deutlich *R. Seer*, Verständigungen im Steuerverfahren, 1996, S. 424 m.w.N. auch zur Gegenansicht; s. auch *Schlette* (Fn. 3), S. 607, und *R. Stober*, in: ders./W. Kluth, Verwaltungsrecht I, 12. Aufl. 2007, § 54 Rn. 68.

jede dogmatische Fokussierung auf den Vertrag als Handlungsform und rückt die sich zwischen den Parteien entwickelnden Vertragsrechtsverhältnisse in den Vordergrund. Das ermöglicht eine sachgerechte, den gesamten Lebenszyklus völkerrechtlicher Vertragsbeziehungen erfassende Systematisierung. Danach lassen sich an Hand des Rechtsregimes mehr oder weniger deutlich eine vorvertragliche Phase, eine Abschlussphase und eine Durchführungsphase unterscheiden, an die sich eine nachvertragliche Phase anschließen kann. All diese Phasen sind normativ in besonderem Maße durch den Grundsatz von Treu und Glauben geprägt, der sich „wie ein roter Faden" durch die vertragsbezogenen Völkerrechtsverhältnisse zieht, nach Vertragsschluss ergänzt vor allem um den Grundsatz pacta sunt servanda, der freilich seinerseits wiederum auf Treu und Glauben zurückgeht und beruht. Wegen der insgesamt im unmittelbaren Vergleich mit anderen Vertragsordnungen geringen normativen Regelungsdichte ist im Völkervertragsrecht außerdem die Vertragsgestaltung durch die Parteien von herausragender Bedeutung.

Zur Rezeption in einer Allgemeinen Vertragsrechtslehre bestätigt das Völkervertragsrecht zunächst die universelle Einsetzbarkeit des Vertrags, dessen Verständnis als einvernehmlich-verbindliche Übereinkunft zwischen zwei oder mehreren Rechtssubjekten und dessen Rückführung auf eine normativ konstituierte Vertragsfreiheit. Gleiches gilt für die Doppelfunktion des (Völker-)Vertragsrechts, das einerseits die Entscheidungsfreiheit über den Abschluss und die inhaltliche Ausgestaltung von Verträgen beschränkt (negative Funktion), andererseits mit dem Vertrag aber auch ein durch zwingendes und dispositives Recht gestaltetes Institut bereitstellt, das den Völkerrechtssubjekten die einvernehmliche Regelung ihrer Rechtsbeziehungen und damit nicht selten die Wahrnehmung ihrer Interessen überhaupt erst ermöglicht (positive Funktion). Daran kann sich zwanglos die Aufnahme verallgemeinerungsfähiger Regelungstechniken des Vertragsrechts, die hier nur gestreift werden konnten, anschließen – so etwa Formerfordernisse, Vorbehalte, Wirksamkeitsbeschränkungen, Kündigungstatbestände und Auslegungsregeln. Weitere Impulse für die Allgemeine Vertragsrechtslehre gehen von der Deutung des Vertrags als Prozess aus und von der daran anknüpfenden phasenspezifischen Betrachtung der sich entwickelnden vertraglichen Beziehungen. Für die Allgemeine Vertragsrechtslehre rezeptionsfähig ist auch der gleichsam als „Auffangrechtsordnung" fungierende allgemeine Rechtsgrundsatz von Treu und Glauben mit all seinen Sub-Grundsätzen wie pacta sunt servanda und clausula rebus sic stantibus. Mit hierher gehören außerdem Fragen der Vertragsgestaltung, die eine Allgemeine Vertragsgestaltungslehre namentlich mit der Aufbereitung von Vertragstypen und Vertragsklauseln aufnehmen könnte.

Schließlich und nicht zuletzt: Nach verbreitetem Verständnis sind völkerrechtliche Verträge auf die Begründung, Änderung und Aufhebung von Rechtsverhältnissen gerichtet[109]. Das entspricht in dem hier interessierenden Zusammenhang der Le-

---

[109] Oben IV. 2.

galdefinition des öffentlich-rechtlichen Vertrags[110] ebenso wie zivilrechtlichem Denken und drängt es förmlich auf, die Allgemeine Vertragsrechtslehre in den dogmatischen Ordnungsrahmen der Rechtsverhältnislehre einzustellen[111]. Für die dogmatische Verarbeitung (auch) des Vertragsrechts und all der erwähnten Aspekte vertraglicher Völkerrechtsverhältnisse ist die Rechtsverhältnislehre bestens geeignet und gut gerüstet. Das betrifft insbesondere die von ihr dogmatisch aufbereiteten Kategorien der zwei-, drei- und mehrpoligen Rechtsverhältnisse, die dogmatische Ausrichtung auf die sich entwickelnden Rechtsbeziehungen in der Zeit und die Offenheit sowohl für die Auffangfunktion allgemeiner Rechtsgrundsätze als auch für Optionen der Selbststeuerung durch Vertragsgestaltung. Am Ende bestätigt damit auch das Völkervertragsrecht mit seinen Beiträgen zu einer Allgemeinen Vertragsrechtslehre die Leistungsfähigkeit der Rechtsverhältnislehre als Teil der Allgemeinen Rechtslehre.

---

[110] § 54 Satz 1 VwVfG.
[111] Näheres dazu aus verwaltungsvertragsrechtlicher Sicht bei *Bauer* (Fn. 8), Rn. 103 ff.

Souveränität in der Staatengemeinschaft

Von *Marten Breuer*

I. Einleitung

Souveränität ist ein Zentralbegriff der heutigen Völkerrechtsordnung.[1] Er ist Ausdruck des mit dem Frieden von Münster und Osnabrück 1648 entstandenen „westfälischen Systems", welches auf dem gleichberechtigten Nebeneinander unabhängiger, territorial bezogener Herrschaftseinheiten beruht: Völkerrecht ist seither Koordinationsrecht. In der Charta der Vereinten Nationen findet dieser Befund seinen Ausdruck in der Formulierung von der „souveränen Gleichheit" aller Staaten (Art. 2 Ziff. 1 SVN).

Angesichts dieses zentralen Charakters mag es überraschen, dass Souveränität zugleich einer der umstrittensten Begriffe des modernen Völkerrechts ist.[2] Die Grabgesänge auf die Souveränität als ein – angeblich – überholtes Konzept erklingen freilich nicht erst, seit die Handlungsmacht des Staates durch Internationalisierung und Globalisierung zunehmend unter Druck geraten ist.[3] Schon im Jahr 1922 forderte kein Geringerer als Karl Strupp, der „ganze Begriff der Souveränität [solle] aus dem Völkerrecht verschwinden".[4]

Und doch erweist sich der Souveränitätsbegriff als erstaunlich langlebig. Das hängt nicht zuletzt mit der Entwicklungsoffenheit dieses Begriffs zusammen: Das Verständnis von Souveränität unterliegt im Laufe der Zeit Wandlungen und reflektiert auf diese Art und Weise den jeweiligen Entwicklungsstand des Völkerrechts. Gegenwärtig sieht sich die staatliche Souveränität immer öfter eingebunden in ein Konzept der „Staatengemeinschaft". Damit sind grundlegende Fragen nach dem Charakter der Völkerrechtsordnung angesprochen: Kann das Völkerrecht heute überhaupt noch zutreffend als eine auf dem Konsens aller Staaten gründende Rechts-

---

[1] Vgl. *E. Klein*, in: FS Fiedler, 2011, 541 (543): „Grundelement der geltenden Völkerrechtsordnung"; siehe auch *M. Herdegen*, in: FS Herzog, 2009, 117 (118): „Schlüsselbegriff des Völkerrechts"; IGH, Case Concerning Military and Paramilitary Activities in and against Nicaragua (Nicaragua v. United States of America), Merits, Judgment, ICJ Reports 1986, 14, Rn. 263: „fundamental principle […] on which the whole of international law rests".

[2] *H. Steinberger*, Sovereignty, in: R. Bernhardt (Hrsg.), Encyclopedia of Public International Law [EPIL], Bd. IV, 2. Aufl. 2000, 500.

[3] Hierzu *S. Oeter*, in: FS Steinberger, 2002, 259 ff.

[4] *K. Strupp*, Grundzüge des positiven Völkerrechts, 2. Aufl. 1922, 44.

ordnung charakterisiert werden? Oder erleben wir mit dem Aufstieg der „Staatengemeinschaft" vielmehr eine Kommunitarisierung[5] des Völkerrechts?

Eckart Klein hat entschieden vor einer Völkerrechtswissenschaft gewarnt, die selbstherrlich das Ende der staatlichen Souveränität „als eines verabscheuungswürdigen ‚s-word'" verkünde und damit eine Völkerrechtsordnung künstlich kreiere, „die als bloßes gedankliches Konstrukt ohne Boden unter den Pfeilern ist, die [sie] doch fundieren soll".[6] In anderem Zusammenhang äußerte er einmal mir gegenüber ganz allgemein, das Recht dürfe keine illusorischen Anordnungen treffen. Daran wird deutlich, wie sehr das Denken Eckart Kleins vom Völkerrecht geprägt war, handelt es sich doch dabei um eine Rechtsordnung, die in besonderem Maße vom Grundsatz der Effektivität geprägt ist.[7] Die nachfolgenden Ausführungen sind Eckart Klein in Erinnerung an meine „Lehrjahre" in Potsdam sowie in großer Dankbarkeit für vielfältig gewährte Förderung und Unterstützung gewidmet.

II. Der Begriff der „Souveränität" im Völkerrecht

Bevor etwaigen neueren Entwicklungstendenzen nachgegangen werden kann, erscheint es zunächst angebracht, zumindest kurz das Verständnis von „Souveränität" zu erläutern, das den nachfolgenden Ausführungen zugrunde liegt. Der Begriff der „Souveränität" ist bekanntlich untrennbar verknüpft mit dem Namen Jean Bodin und seinem Hauptwerk „Les Six Livres de la République" (1576). Eine häufig anzutreffende Fehlvorstellung ist es, Souveränität mit Bindungslosigkeit, mit absoluter Freiheit gleichzusetzen. Dass dem nicht so ist, zeigt sich bereits bei Bodin, liegt doch seinem Werk die Vorstellung zugrunde, dass der Souverän zumindest an das göttliche Recht sowie an das Naturrecht gebunden ist.[8] „Souveränität" ist für Bodin daher „Souveränität *im* Recht", nicht „Souveränität *über* dem Recht".

Dieser Gesichtspunkt kommt auch in einer noch heute gebräuchlichen völkerrechtlichen Definition von Souveränität zum Ausdruck. Souveränität bedeutet danach „Völkerrechtsunmittelbarkeit":[9] Souverän ist ein Herrschaftsverband, wenn er nicht dem Recht eines anderen Staates, sondern nur dem Völkerrecht untersteht. Damit wird aber zugleich ausgesagt, dass der Herrschaftsverband *jedenfalls* an das

---

[5] Symptomatisch für diesen Ansatz der Titel der Dissertation von *M. Payandeh*, Internationales Gemeinschaftsrecht, 2010.

[6] *E. Klein*, in: FS Ress, 2005, 151 (154 f.).

[7] Vgl. *M. Breuer*, Effektivitätsprinzip, in: B. Schöbener (Hrsg.), Grundbegriffe des Völkerrechts (i.E.); *H. Krieger*, Das Effektivitätsprinzip im Völkerrecht, 2000, *passim*; *H. Krüger*, in: FS Spiropoulos, 1957, 265 ff.

[8] Vgl. *D. Grimm*, Souveränität, 2009, 25 f.; zum Souveränitätsbegriff bei Bodin vgl. ferner *H. Quaritsch*, AVR 17 (1977/78), 257 ff.

[9] Vgl. etwa *J. Delbrück*, in: G. Dahm/J. Delbrück/R. Wolfrum, Völkerrecht, Bd. I/1 1989, § 23 II 1; *K. Hailbronner/M. Kau*, in: W. Graf Vitzthum (Hrsg.), Völkerrecht, 5. Aufl. 2010, 3. Abschnitt, Rn. 83; *T. Schweisfurth*, Völkerrecht, 2006, Rn. 41; *Steinberger* (Fn. 2), 512.

Völkerrecht gebunden ist und nicht im Sinne einer völligen Bindungslosigkeit über dem Völkerrecht steht.

Auch wenn der Begriff der „Völkerrechtsunmittelbarkeit" somit einen wichtigen Aspekt von Souveränität zutreffend beschreibt, erweist er sich doch aus anderen Gründen für eine umfassende Definition als ungeeignet. Bereits Alfred Verdross hat darauf hingewiesen, völkerrechtsunmittelbar seien auch „bestimmte Individuen, Treuhandgebiete und internationale Organisationen".[10] Im Folgenden wird daher ein anderer Souveränitätsbegriff zugrunde gelegt. Dieser orientiert sich bewusst an tradierten Elementen der Souveränitätsvorstellung, da nur so etwaige Entwicklungstendenzen im Völkerrecht offengelegt werden können. „Souverän" im Sinne des Völkerrechts ist ein Herrschaftsverband danach zum einen, wenn er nicht ohne seine Zustimmung rechtlichen Bindungen unterliegt.[11] Dieser Aspekt der Souveränität verweist auf den Charakter des Völkerrechts als traditionell konsensuale Rechtsordnung. Zum anderen soll Souveränität im hier verwendeten Sinne die Eigenschaft eines Herrschaftsverbands bezeichnen, andere Herrschaftsgewalt von seinem Territorium ausschließen zu können.[12] Hierin kommt der Territorialitätsbezug von Souveränität zum Ausdruck.

III. Fallstudien

Vor diesem begrifflichen Hintergrund sollen nun drei jüngere Phänomene näher betrachtet werden, um einem etwaigen Wandel des Souveränitätsbegriffs nachzuspüren: Das sind zum einen das Phänomen des ius cogens (1.), die Frage nach der Immunität von Staatsoberhäuptern vor internationalen Gerichten (2.) und schließlich die Auswirkungen, die das Konzept der „responsibility to protect" für den Souveränitätsbegriff mit sich bringt (3.).

1. Ius cogens

Ius cogens wird in Art. 53 WVK definiert als

„eine Norm, die von der internationalen Staatengemeinschaft in ihrer Gesamtheit angenommen und anerkannt wird als eine Norm, von der nicht abgewichen werden darf und die nur durch eine spätere Norm des allgemeinen Völkerrechts derselben Rechtsnatur geändert werden kann."

Mittlerweile hat das Konzept des ius cogens den engen vertragsrechtlichen Zusammenhang allerdings abgelegt. Ius-cogens-Normen werden heute allgemein verstanden als Normen, denen ein höherer Rang im Vergleich zu sonstigem Völkerrecht

---

[10] *A. Verdross*, Völkerrecht, 2. Aufl. 1950, 9.
[11] Vgl. *B. Fassbender*, in: FS Jayme, Bd. 2, 2004, 1089 (1090); *C. Hillgruber*, JZ 2002, 1072 (1075).
[12] Vgl. *Fassbender* (Fn. 11), 1090: „Impermeabilität des eigenen Territoriums".

zukommt[13] und die nicht nur entgegenstehende Verträge, sondern auch einseitige völkerrechtliche Rechtsakte wie z. B. Vorbehalts- oder Verzichtserklärungen invalidieren.[14] Zudem gilt nach den ILC-Artikeln über die Staatenverantwortlichkeit für Ius-cogens-Verstöße ein Sonderregime.[15]

Typischerweise handelt es sich beim ius cogens um Normen des Völkergewohnheitsrechts.[16] Dem herkömmlichen Souveränitätsverständnis trägt das Völkergewohnheitsrecht durch das Element der opinio iuris Rechnung: Ein Gewohnheitsrechtssatz bedarf für seine Entstehung neben einer länger andauernden Staatenpraxis (consuetudo) noch der Rechtsüberzeugung, dass das praktizierte Verhalten auch tatsächlich rechtlich geboten ist. Freilich wäre die Bildung von Völkergewohnheitsrecht in der Praxis so gut wie ausgeschlossen, verlangte man eine *alle* Staaten umfassende Praxis und entsprechende opinio iuris. Abzustellen ist daher auf die „überwiegende Mehrheit der Staaten".[17] Das freilich bedeutet, dass Völkergewohnheitsrecht auch ohne oder sogar gegen den Willen einzelner Staaten zustande kommen kann.

Das Dilemma, welches sich hieraus für das traditionelle Souveränitätskonzept ergibt, löst die Völkerrechtslehre durch die Figur der „persistent objection".[18] Ein Staat kann durch beharrliches Widersprechen zwar die Entstehung neuen Völkergewohnheitsrechts nicht verhindern, der persistent objector ist aber an die neue Regel nicht gebunden. An dieser Stelle kommt nun das ius cogens ins Spiel: Da das ius cogens auch auf einseitige Rechtsakte bezogen wird, soll nach einer im Vordringen befindlichen Auffassung eine persistent objection insoweit ausgeschlossen sein.[19] Damit

---

[13] Str., für Höherrangigkeit von ius cogens z. B. *M. Knauff*, Der Regelungsverbund. Recht und Soft Law im Mehrebenensystem, 2010, 56 ff. (mit zahlreichen Nachweisen zum Streitstand); *M. Nettesheim*, JZ 2002, 569 (576); ablehnend *C. Hillgruber*, JöR 54 (2006), 57 (87 ff.); zurückhaltend auch *Klein* (Fn. 6), 152 f.; aus menschenrechtlicher Perspektive *ders.*, Israel Law Review 41 (2008), 477 ff.

[14] Vgl. *Klein* (Fn. 6), 152; *A. Paulus*, Die internationale Gemeinschaft im Völkerrecht, 2001, 351 f.

[15] Art. 40 f. ILC-Artikel (Responsibility of States for internationally wrongful acts, GA Res. 56/83, Annex).

[16] Zur Frage, ob auch aus völkerrechtlichen Verträgen ius cogens entstehen kann, S. *Kadelbach*, Zwingendes Völkerrecht, 1992, 184 f.; ablehnend *Klein* (Fn. 6), 153 f.

[17] BVerfGE 15, 25 (35).

[18] Hierzu allgemein *I. Brownlie*, Principles of International Law, 7. Aufl. 2008, 11; *O. Elias*, Denning Law Journal 6 (1991) 37 ff.; *A. Orakhelashvili*, The Interpretation of Acts and Rules in Public International Law, 2008, 94 ff.; *T. L. Stein*, Harvard International Law Journal 26 (1985), 457 ff.; in der Völkerrechtslehre wird diese Rechtsfigur aus unterschiedlichen Gründen kritisiert, vgl. etwa *J. Charney*, BYIL 56 (1985), 1 ff.; *H. Lau*, Chinese Journal of International Law 6 (2005–2006), 495 ff.; skeptisch auch *C. Tomuschat*, RdC 241 (1993-IV), 195 (284 ff.).

[19] Vgl. z. B. *J. Delbrück*, in: G. Dahm/J. Delbrück/R. Wolfrum, Völkerrecht, Bd. I/3, 2002, § 152 III.1.b; *C. G. Guldahl*, NJIL 77 (2008), 51 (61 f.); *M. Herdegen*, Völkerrecht, 10. Aufl. 2011, § 3 Rn. 8; *S. Hobe/O. Kimminich*, Einführung in das Völkerrecht, 9. Aufl. 2008, 181 f.; *A. E. Roberts*, AJIL 95 (2001), 757 (784); *A. Steinfeld*, Brooklyn Law

freilich kommt es endgültig zum Bruch mit dem traditionellen Souveränitätsverständnis: Ein Staat sieht sich auch gegen seinen expliziten Willen an rechtliche Regeln gebunden, und zwar ohne die Möglichkeit, sich deren Geltung durch persistent objection zu entziehen. Als „Gesetzgeber" scheint am Horizont vielmehr die „internationale Staatengemeinschaft" auf, welche den zwingenden Charakter des Gewohnheitsrechtssatzes anerkannt hat.[20] Andreas Paulus zieht aus diesem sowie weiteren Befunden die Konsequenz, bei der „internationalen Staatengemeinschaft" handele es sich bereits um ein Völkerrechtssubjekt, welches zwar mangels eigener Organe handlungsunfähig sei. Bei Versagen institutionalisierter Mechanismen wie etwa der Vereinten Nationen könne jedoch gegebenenfalls auch die nicht-organisierte Staatengemeinschaft für das Völkerrechtssubjekt „internationale Gemeinschaft" handeln.[21] In ähnlicher Weise sieht Antonio de Luna bei der Schaffung von ius cogens nicht die Staaten in ihrer Eigenschaft als Individuen, sondern als Organe der internationalen Gemeinschaft (sic!) am Werk.[22]

An dieser Sichtweise erscheinen Zweifel berechtigt. Mit dem Konzept des ius cogens haben zunächst einmal materielle Rechtswerte – im Sinne eines „völkerrechtlichen ordre public" – Einzug in das ansonsten wertneutrale Völkerrecht gehalten. Insoweit mag ein Vergleich mit der Europäischen Menschenrechtskonvention (EMRK) weiterführen, welche ja vom Europäischen Gerichtshof für Menschenrechte (EGMR) bisweilen ebenfalls als ein Instrument des ordre public (nämlich des „ordre public européen") bezeichnet wird:[23] Die darin erfolgte Anerkennung materieller (menschenrechtlicher) Rechtswerte führt nicht zum Postulat einer hinter den Konventionsstaaten stehenden, mit eigenständiger Völkerrechtspersönlichkeit ausgestatteten „Konventionsgemeinschaft". Auch lässt sich die EMRK aufgrund ihrer Entstehungsweise als völkerrechtlicher Vertrag ohne weiteres mit dem traditionellen Souveränitätsbegriff in Einklang bringen, hat doch schon der StIGH den Abschluss eines völkerrechtlichen Vertrags gerade als Ausdruck richtig verstandener Souveränität bezeichnet.[24] Wenn die Staaten auf universeller Ebene durch Übereinkunft in Form einer gemeinsamen opinio iuris und eine entsprechende consuetudo materielle Rechtswerte als ius cogens anerkennen, ist insoweit ebenfalls kein Bedürfnis nach einem gewandelten Souveränitätskonzept ersichtlich.

Review 62 (1996), 1635 (1677 ff.); *C. Tomuschat*, RdC 241 (1993-IV), 195 (306 f.); *W. Graf Vitzthum*, in: ders. (Fn. 9), 1. Abschnitt, Rn. 126.

[20] Vgl. *P.-M. Dupuy*, RGDIP 93 (1989), 569 (592); *Tomuschat* (Fn. 19), 307.

[21] *Paulus* (Fn. 14), 423 f.; ähnlich *Payandeh* (Fn. 5), 357 (zur Gesetzgebung durch die internationale Gemeinschaft); 439 ff. (zur Völkerrechtssubjektivität der internationalen Gemeinschaft); krit. *C. Hillgruber*, JöR 54 (2006), 57 (83 ff.); *A. Rausch*, Responsibility to protect, 2011, 82 ff.

[22] *A. de Luna*, YBILC (1966 vol. I/1), 39, Rn. 34; dagegen *G. M. Danilenko*, Law-Making in the International Community, 1993, 230 f.

[23] EGMR, Loizidou ./. Türkei (Vorgängige Einreden), Series A no. 310, Rn. 75, 93.

[24] StIGH, S.S. „Wimbledon", PCIJ Series A No. 1 (1923), 15 (25): „[…] the right of entering into international engagements is an attribute of State sovereignty."

Ein Unterschied freilich bleibt: An die EMRK sind nur die Konventionsstaaten, nicht aber Drittstaaten gebunden.[25] Das ist im Fall des ius cogens anders, sofern man der Auffassung zuneigt, eine persistent objection sei hier ausgeschlossen. Dieser Widerspruch lässt sich dogmatisch auf zwei Weisen auflösen: Entweder man folgt der traditionellen Sichtweise, die eine persistent objection auch gegenüber Ius-cogens-Normen zulässt.[26] Dieses Ergebnis steht freilich im Widerspruch zu dem Ziel des ius cogens, den geschützten materiellen Rechtswerten so weit wie möglich zur Durchsetzung zu verhelfen. Zudem verschafft sich der persistent objector mit seinem Widerspruch einen strategischen Vorteil gegenüber der übrigen Staatenwelt, welche an das ius cogens gebunden ist.[27]

Um dieses Ergebnis zu vermeiden, bietet es sich an, das Verbot der persistent objection gegenüber einer noch im Werden befindlichen Ius-cogens-Norm seinerseits als völkergewohnheitsrechtlich akzeptiert zu betrachten. Der Ausschluss der persistent objection wird also an einen vorausliegenden Gewohnheitsrechtssatz angeknüpft. Ob der Nachweis für die insoweit erforderliche consuetudo und opinio iuris gelingen kann, erscheint angesichts der spärlichen Staatenpraxis in diesem Bereich fraglich: Hinsichtlich der consuetudo könnte auf den in der Literatur immer wieder angeführten Fall der Verurteilung Südafrikas wegen seiner Apartheid-Politik durch die Vereinten Nationen verwiesen werden.[28] Für den Nachweis der opinio iuris wird argumentiert, im Rahmen der Ausarbeitung der Wiener Vertragsrechtskonvention habe Frankreich einen Vorschlag, persistent objection gegenüber Ius-cogens-Normen zuzulassen, mangels Unterstützung der Vertragsrechtskonferenz wieder zurückgezogen;[29] die Motivlage ist insoweit allerdings nicht ganz eindeutig, so dass der Fall auch andere Interpretationen zulässt.[30] All dies kann vorliegend auf sich beruhen. Entscheidend ist allein, dass sich das Problem der persistent objection gegen Ius-cogens-Sätze durchaus mit den traditionellen Instrumenten der Völkerrechtsdogmatik fassen und erklären lässt. Eines Gesetzgebers „internationale Staatengemeinschaft" bedarf es daher nicht.

---

[25] Vgl. EGMR, Soering ./. Vereinigtes Königreich, Series A no. 161 = EGMR-E 4, 376, Rn. 86.

[26] Vgl. *C. Hillgruber*, JöR 54 (2006), 57 (84 f.); *Kadelbach* (Fn. 16), 194 f.; *Knauff* (Fn. 13), 55 f.; in diese Richtung auch *O. Elias*, Persistent Objector, in: R. Wolfrum (Hrsg.), Max Planck Encyclopedia of Public International Law (MPEPIL), Rn. 18 (Stand: September 2006).

[27] *A. Steinfeld*, Brooklyn Law Review 62 (1996), 1635 (1679).

[28] Vgl. *Paulus* (Fn. 14), 347; *Tomuschat* (Fn. 19), 289; skeptisch jedoch *Elias* (Fn. 26), Rn. 4; *C. Hillgruber*, JöR 54 (2006), 57 (84) mit Fn. 108; *Kadelbach* (Fn. 16), 195.

[29] So *Paulus* (Fn. 14), 346.

[30] Vgl. *Danilenko* (Fn. 22), 235 mit Fn. 88.

2. Immunität von Staatsoberhäuptern vor internationalen Strafgerichten

Ein ähnliches Phänomen wie beim ius cogens begegnet uns im Rahmen der internationalen Strafgerichtsbarkeit, und zwar im Hinblick auf die Geltung des Grundsatzes der Immunität von Staatsoberhäuptern. Die Beispiele sind wohlbekannt: Slobodan Milošević hatte sich vor dem Jugoslawien-Kriegsverbrechertribunal zu verantworten und entging einer zu erwartenden Verurteilung nur durch seinen vorzeitigen Tod. Der ehemalige liberianische Präsident Charles Taylor ist vom Sondergericht für Sierra Leone zu 50 Jahren Haft verurteilt worden,[31] und der sudanesische Präsident Al Bashir sieht sich vor dem Internationalen Strafgerichtshof (IStGH) angeklagt.[32] Am 27. Juni 2011 stellte der IStGH gegen den libyschen Revolutionsführer Muammar Al-Gaddafi einen internationalen Haftbefehl aus,[33] der sich mittlerweile freilich durch den gewaltsamen Tod Gaddafis erledigt hat. Schließlich ist Ende November 2011 der ehemalige Präsident der Elfenbeinküste, Gbagbo, an den IStGH überstellt worden.[34]

Traditionell schützt das Völkerrecht Staatsoberhäupter für die Dauer ihrer Amtszeit umfassend als Person vor strafrechtlicher Verfolgung (sog. Immunität *ratione personae*). Dahinter steht der Gedanke, dass der Staat auf seine zur Außenvertretung befugten Organe angewiesen ist, so dass die Funktionsfähigkeit des zwischenstaatlichen Verkehrs insgesamt von der unbeeinträchtigten Handlungsfähigkeit dieser Organe abhängt.[35] Für ehemalige Staatsoberhäupter gilt der umfassende Schutz der Immunität *ratione personae* zwar nicht mehr, fort wirkt aber die sog. Immunität *ratione materiae*, d. h. das ehemalige Staatsoberhaupt braucht sich für in amtlicher Eigenschaft begangene Straftaten nicht zu verantworten.[36] Traditionell zielt die Immunität auf den Schutz vor den nationalen Gerichtsbarkeiten anderer Staaten ab. Das hängt damit zusammen, dass bei einer Verurteilung für in amtlicher Eigenschaft begangene Taten mittelbar ein Urteil auch über den fremden Staat gefällt würde.[37] Das aber stünde mit fundamentalen Grundsätzen der souveränen Gleichheit in Widerspruch (*par in parem non habet iudicium* bzw. *imperium*).

Die funktionell wirkende Immunität *ratione materiae* sieht sich seit Jahren in zunehmendem Maße unter Druck – als Stichwort sei hier nur auf das Urteil des House of

---

[31] „Charles Taylor zu 50 Jahre Haft verurteilt", F.A.Z. vom 31. Mai 2012, 1.
[32] Az. ICC-02/05–01/09 vom 4. März 2009.
[33] Az. ICC-01/11 vom 27. Juni 2011.
[34] „Gbagbo in Den Haag vor Gericht", F.A.Z. vom 1. Dez. 2011, 1.
[35] IGH, Arrest Warrant of 11 April 2000 (Democratic Republic of the Congo v. Belgium), Judgment, ICJ Rep. 2002, 3, Rn. 53; siehe auch *R. Uerpmann-Wittzack*, AVR 44 (2006), 33 (34).
[36] Vgl. nur *G. Werle*, Völkerstrafrecht, 2. Aufl. 2007, Rn. 607.
[37] *A. Paulus*, NJW 1999, 2644 (2645).

Lords im Fall des chilenischen Ex-Diktators Augusto Pinochet verwiesen.[38] Die Immunität amtierender Staatsoberhäupter – die Immunität *ratione personae* also – ist von dieser Entwicklung bislang verschont geblieben, jedenfalls was die Strafverfolgung durch nationale Gerichtsbarkeiten angeht. Eine Bestätigung für die nach wie vor absolute Geltung der Immunität *ratione personae* vor nationalen Gerichten findet man im Urteil des IGH zum Fall Kongo gegen Belgien, der zwar nicht ein amtierendes Staatsoberhaupt, wohl aber einen amtierenden Außenminister betraf, für welchen vergleichbare Überlegungen gelten. Zentral für die Bejahung der Immunität durch den IGH war die Überlegung, „immunity" sei nicht gleichzusetzen mit „impunity", mit Straflosigkeit also.[39] Vielmehr könne auch ein amtierender Außenminister unter bestimmten Umständen gleichwohl strafrechtlich belangt werden. Und in diesem Zusammenhang verweist der IGH nun auf die Möglichkeit, einen amtierenden Außenminister vor internationalen Gerichten wie dem Jugoslawien-Kriegsverbrechertribunal, dem Ruanda-Tribunal oder dem Internationalen Strafgerichtshof anzuklagen.

Als Begründung für diese Immunitätsausnahme wird regelmäßig angeführt, der Gedanke „*par in parem non habet iudicium*" greife hier nicht, da nicht ein einzelner Staat, sondern die Staatengemeinschaft insgesamt über das ausländische Staatsoberhaupt zu Gericht sitze.[40] Die staatliche Souveränität sieht sich hier also zugunsten einer – wie auch immer näher zu definierenden – „internationalen Staatengemeinschaft" eingeschränkt. Trat beim ius cogens die Staatengemeinschaft in ihrer Funktion als „Gesetzgeber" auf, wird sie hier strafverfolgend tätig. Besonders deutlich wird die Parallelität der Argumentationsmuster bei Markus Benzing, wenn dieser davon ausgeht, durch den IStGH übe die internationale Staatengemeinschaft originäre (!) Staatsgewalt aus, die bis zur Schaffung des IStGH mangels institutioneller Verfestigung lediglich latent vorhanden gewesen sei. Sofern die Staaten völkerrechtliche Verbrechen verfolgen, übten sie lediglich derivative Gerichtsbarkeit aus.[41]

Diese These verlangt nach einer kritischen Überprüfung. Zu fragen ist, ob die fehlende Immunität von Staatsoberhäuptern vor internationalen Gerichten nicht auch in Übereinstimmung mit der traditionellen Völkerrechtsdoktrin erklärt, also letztlich

---

[38] *House of Lords*, Regina–Bow Street Metropolitan Stipendiary Magistrate and Others, Ex parte Pinochet Ugarte (No. 3), (1999) 2 Weekly Law Reports 825; hierzu statt vieler K. *Ambos*, JZ 1999, 16 ff.; R. *Bank*, ZaöRV 59 (1999), 677 ff.; J. *Bröhmer*, LJIL 13 (2000), 229 ff.; A. *Paulus*, NJW 1999, 2644 ff.

[39] IGH (Fn. 35), Rn. 60.

[40] Special Court for Sierra Leone, Appeals Chamber, Prosecutor v. Charles Ghankay Taylor, Case Number SCSL-2003–01-I, Beschluss vom 31. Mai 2004, Rn. 51; P. *Gaeta*, JICJ 7 (2009), 315 (320 f.); R. *Wolfrum*, in: Dahm/Delbrück/Wolfrum (Fn. 19), § 197 II.8. Anderer Ansatz bei D. *Robinson*, in: R. Cryer et al., An Introduction to International Criminal Law and Procedure, 2007, 20.2.3: Das Völkerrecht könne nicht bestimmte Verbrechen verbieten und zugleich die Täter schützen.

[41] M. *Benzing*, in: D. König/P.-T. Stoll/V. Röben/N. Matz-Lück (Hrsg.), International Law Today: New Challenges and the Need for Reform?, 2008, 17 (24); für eine originäre Strafgewalt des IStGH auch O. *Lagodny*, ZStW 113 (2001), 800 (803 ff.).

aus dem souveränen Willen der Staaten hergeleitet werden kann. Insoweit ist zwischen den beiden Tribunalen für Ex-Jugoslawien (ICTY) und Ruanda einerseits sowie dem IStGH andererseits zu differenzieren.[42]

a) Jugoslawien-Kriegsverbrechertribunal und Ruanda-Tribunal

aa) Errichtung

Die beiden Tribunale für Ex-Jugoslawien und Ruanda basieren jeweils auf einer Resolution des UN-Sicherheitsrates gem. Kap. VII der UN-Charta.[43] Die Errichtung der Tribunale lässt sich somit zumindest indirekt auf die Mitgliedschaft in den Vereinten Nationen zurückführen. Die Souveränität der Staaten wird hierdurch nicht prinzipiell in Frage gestellt:[44] Die Mitgliedschaft in einer Internationalen Organisation lässt die Souveränität ihrer Mitgliedstaaten nämlich unberührt, jedenfalls solange die Kompetenz-Kompetenz nicht von den Staaten auf die Organisation übergegangen ist.

Mit Blick auf das ehemalige Jugoslawien bedürfen diese Ausführungen freilich der Präzision: War doch nach dem Zerfall des Vielvölkerstaates zu Beginn der 1990er Jahre gerade strittig, ob der jugoslawische Staat im Wege der Dismembration untergegangen war (und mit ihm auch die UN-Mitgliedschaft) oder ob sich lediglich einzelne Republiken im Wege der Sezession von dem fortexistierenden Mutterstaat abgespalten hatten. Das Kriegsverbrechertribunal hat sich im Fall Milutinović auf den Standpunkt gestellt, die Mitgliedschaft Jugoslawiens in den Vereinten Nationen dauere angesichts des Sui-generis-Charakters der vorliegenden Situation fort[45] – eine Einschätzung, der von Seiten des IGH später jedoch widersprochen wurde. Der IGH ging vielmehr davon aus, die Bundesrepublik Jugoslawien sei jedenfalls im Jahr 1999 nicht Mitglied der Vereinten Nationen gewesen.[46] Dann aber konnte die 1993 erfolgte Einsetzung des ICTY ebenfalls nicht mit der Mitgliedschaft in der Weltorganisation begründet werden.

---

[42] Das Sondergericht für Sierra Leone betrifft einen Spezialfall, der aus Platzgründen hier nicht weiter behandelt werden kann; dazu *V. Klingberg*, in: GYIL 46 (2003), 537 ff.; *R. Uerpmann-Wittzack*, AVR 44 (2006), 33 (51 f.) m.w.N.

[43] SR-Res. 827 (1993) vom 25. Mai 1993; SR-Res. 955 (1994) vom 8. Nov. 1994.

[44] Souveränitätsrechtlich problematisch erschien zunächst, dass die Errichtung internationaler Straftribunale nicht zu den typischen Maßnahmen nach Kap. VII gehörte (hierzu *K. Oellers-Frahm*, in: FS Bernhardt, 1995, 733 [736 ff.]). Das ICTY hat im Fall Tadić die Kompetenz des Sicherheitsrats bejaht, vgl. ILM 35 (1996), 32 (35). Seither ist es um dieses Problem still geworden, heute jedenfalls bestreitet – soweit ersichtlich – niemand mehr ernstlich die Kompetenz des Sicherheitsrats zur Einrichtung der Tribunale, vgl. *J. A. Frowein/ N. Krisch*, in: B. Simma (Hrsg.), The Charter of the United Nations, 2. Aufl. 2002, Art. 41 Rn. 19.

[45] ICTY, Milutinović et al., Az. IT-99-37-PT, Beschluss vom 6. Mai 2003, Rn. 44.

[46] IGH, Legality of Use of Force (Serbia and Montenegro v. Belgium), Preliminary Objections, Judgment, ICJ Rep. 2004, 279, Rn. 79.

Das Kriegsverbrechertribunal hat im Fall Milutinović freilich noch eine hilfsweise Begründung für den Fall angeboten, dass die Bundesrepublik Jugoslawien nicht als Mitglied der Vereinten Nationen anzusehen sein sollte. Dann, so das Tribunal, sei die Gerichtsbarkeit aus der Mitgliedschaft des Vorgängerstaates, welcher sogar zu den Gründungsmitgliedern der Vereinten Nationen gehört habe, herzuleiten. Die Mitgliedschaft der Sozialistischen Föderativen Republik Jugoslawien in den Vereinten Nationen bis zu ihrem Auseinanderbrechen habe eine Zuständigkeit des UN-Sicherheitsrates begründet, auch nach einem etwaigen Untergang des Staates für Frieden und Sicherheit in der Region zu sorgen.[47]

Die Begründungen des ICTY in der Milutinović-Entscheidung mögen im Einzelnen anfechtbar sein.[48] Worauf es für den vorliegenden Zusammenhang ankommt, ist die Tatsache, dass die angebotenen Begründungen ganz in den Bahnen des traditionellen, konsensbasierten Völkerrechts verbleiben. Ein fundamental verändertes Völkerrechtsverständnis, gar der Anspruch, gänzlich losgelöst vom souveränen Willen des betroffenen Jugoslawien im Namen der Staatengemeinschaft originäre Strafgewalt ausüben zu können, lässt sich nicht nachweisen.

bb) Immunität

Von der Frage nach der zulässigen Errichtung der Tribunale zu unterscheiden ist die weitere Frage, ob sich amtierende (oder auch ehemalige) Staatsoberhäupter dort auf ihre Immunität berufen können. Dass das Jugoslawien-Tribunal nach der Milutinović-Entscheidung zulässigerweise Gerichtsbarkeit über die Geschehnisse im ehemaligen Jugoslawien ausübte, bedeutete nicht notwendigerweise, dass es auch über Slobodan Milošević als den ehemaligen Staatspräsidenten urteilen durfte. Die Immunität Miloševićs konnte vielmehr nur dann als aufgehoben betrachtet werden, wenn auf sie wirksam verzichtet worden war. Nun wurde Milošević bekanntlich nach seinem Sturz als Präsident von der dann amtierenden jugoslawischen Regierung unter Ministerpräsident Djindjić an das Tribunal in Den Haag ausgeliefert. Darin wird man einen impliziten Verzicht auf die Immunität Miloševićs als ehemaliges Staatsoberhaupt erblicken können.[49]

Aus dogmatischer Sicht problematisch ist allerdings, dass der erste Haftbefehl durch das Jugoslawien-Tribunal bereits im Jahr 1999 und damit zu einem Zeitpunkt ausgestellt wurde, da Milošević noch im Amt war. Völkerrechtlich legitimieren lässt sich dieses Vorgehen nur, wenn man dem Sicherheitsrat die Kompetenz zubilligt, auf Grundlage des Kap. VII nicht nur die Gerichtsbarkeit zu begründen, sondern auch die

---

[47] ICTY, Milutinović (Fn. 45), Rn. 59.

[48] Krit. *D. Akande*, J Int'l Crim Justice 1 (2003), 618 (629 f.); *S. Talmon*, BYIL 57 (2004), 101 (156 ff.), behandelt allgemein das Problem der gegen die Bundesrepublik Jugoslawien als Nicht-Mitglied der VN ergriffenen Maßnahmen, rechtfertigt diese aber mit einem Satz des Völkergewohnheitsrechts, wonach der Sicherheitsrat zum Erlass bindender Resolutionen auch gegenüber Nicht-Mitgliedern befugt sei.

[49] *D. Akande*, AJIL 98 (2004), 407 (417) mit Fn. 70.

Immunität eines amtierenden Staatsoberhauptes aufzuheben. Allerdings bleibt auch dann das Problem, dass SR-Resolution 827 hierzu keinerlei explizite Aussagen enthält, es müsste also insoweit mit der Figur des stillschweigenden (impliziten) Verzichts gearbeitet werden.[50]

b) Internationaler Strafgerichtshof

Der IStGH unterscheidet sich von den beiden Tribunalen grundlegend. Denn dieser beruht nicht auf einer Kap. VII-Resolution des UN-Sicherheitsrates, sondern auf einem multilateralen völkerrechtlichen Vertrag, dem sog. Rom-Statut[51]. Die beiden zuvor diskutierten Fragestellungen – zulässige Errichtung sowie Geltung des Immunitätsgrundsatzes – sind daher im Fall des IStGH gesondert zu untersuchen.

aa) Errichtung

Was die Errichtung angeht, liegen die Dinge beim IStGH zunächst relativ einfach: Mit dem Rom-Statut existiert ein völkerrechtlicher Vertrag, mittels dessen sich die Ausübung der internationalen Gerichtsbarkeit unmittelbar auf den Willen der am Statut beteiligten Staaten zurückführen lässt. Schwierigkeiten ergeben sich allerdings, wenn der Angeklagte Angehöriger eines Nicht-Vertragsstaates ist. Dann stellt sich die Frage, ob der IStGH überhaupt seine Gerichtsbarkeit ausüben darf oder ob er nicht durch das Verbot von Verträgen zu Lasten Dritter (*pacta tertiis nec nocent nec prosunt*, Art. 34 WVK) daran gehindert ist.

Das Statut des IStGH gestattet die Ausübung der Gerichtsbarkeit gegenüber Drittstaatsangehörigen in drei Fällen:[52] (1.) auf der Grundlage des Territorialitätsprinzips, sofern das Verbrechen auf dem Territorium einer Vertragspartei begangen worden ist, (2.) auf der Grundlage einer Sicherheitsratsresolution gem. Kap. VII UN-Charta sowie (3.) wenn der Drittstaat die Zuständigkeit des IStGH gem. Art. 12 Abs. 3 Rom-Statut anerkannt hat. Souveränitätsrechtlich am wenigsten bedenklich ist die letzte Alternative: Durch die Anerkennung gem. Art. 12 Abs. 3 Rom-Statut hat der Drittstaat auf seine souveränen Rechte verzichtet. Bisweilen mag ein Drittstaat sogar ein Interesse daran haben, sich der Gerichtsbarkeit des IStGH zu unterwerfen, um diesem eine Situation zur Aburteilung überweisen zu können.[53] Auch die zweite

---

[50] Krit. *P. Gaeta*, JICJ 7 (2009), 315 (321) mit Fn. 14; zustimmend hingegen *V. Klingberg*, in: GYIL 46 (2003), 537 (546 f.); *R. Uerpmann-Wittzack*, AVR 44 (2006), 33 (38); siehe auch *C. Kreß*, GA 2003, 25 (39 f.).

[51] Römisches Statut des Internationalen Strafgerichtshofs vom 17. Juli 1998, BGBl. 2000 II 1394.

[52] Vgl. *L. Buzzard*, American University Int'l L. Rev. 24 (2008–2009), 897 (921) mit Fn. 115.

[53] Vgl. die rechtliche Auseinandersetzung um die Erklärung Palästinas vom 22. Jan. 2009, hierzu *Y. Ronen*, J Int'l Crim Justice 8 (2010), 3 ff.; darauf antwortend *Y. Shany*, J Int'l Crim Justice 8 (2010), 329 ff.; siehe ferner *A. Pellet*, J Int'l Crim Justice 8 (2010), 981 ff.; *M. N. Shaw*, J Int'l Crim Justice 8 (2010), 301 ff. Die Anklagebehörde am IStGH hat am

Alternative leuchtet ohne weiteres ein: Wenn der Sicherheitsrat schon die Kompetenz besitzt, auf der Grundlage einer Kap. VII-Resolution eigens ein Straftribunal einzusetzen, so muss es ihm erst recht gestattet sein, sich für dieselben Zwecke des IStGH zu bedienen. Ob der Angeklagte Angehöriger einer Partei des Rom-Statuts ist oder nicht, erscheint insoweit irrelevant. Mit der Mitgliedschaft in den Vereinten Nationen haben die UN-Mitgliedstaaten vielmehr die Kompetenz des Sicherheitsrates zur Strafverfolgung dem Grunde nach anerkannt.

Souveränitätsrechtlich problematischer erscheint die erste Alternative: Wird durch die Ausübung der Strafgewalt gegenüber dem Angehörigen einer Nicht-Vertragspartei nicht deren Souveränität verletzt? Dies ist jedenfalls die Auffassung von Teilen der US-amerikanischen Völkerrechtsliteratur, die einen Verstoß gegen den Pacta-tertiis-Grundsatz reklamiert.[54] Diesem Einwand kann indes nicht gefolgt werden: Aus der Personalhoheit des Heimatstaates eines Straftäters folgt nicht dessen Anspruch, exklusiv über die Strafverfolgung entscheiden zu dürfen.[55] Vielmehr existiert mit dem Territorialitätsprinzip ein zweiter Anknüpfungspunkt, der die Ausübung von Strafgewalt über Drittstaatsangehörige gestattet. Wenn nun der Territorialstaat selbst die Strafverfolgung vornehmen dürfte, so muss es ihm erst recht gestattet sein, sich hierfür eines internationalen Gerichts zu bedienen. Die auf dem Territorialitätsprinzip gründende Ausübung der Strafgewalt durch den IStGH erweist sich damit ebenfalls als souveränitätsrechtlich unbedenklich.

bb) Immunität von Staatsoberhäuptern

Ist es dem IStGH somit nicht schon von vornherein verwehrt, über Drittstaatsangehörige zu urteilen, so stellen sich besondere Probleme im Zusammenhang mit der Immunität amtierender Staatsoberhäupter. Hierzu heißt es in Art. 27 Abs. 2 Rom-Statut:

„Immunität oder besondere Verfahrensregeln, die nach innerstaatlichem Recht oder nach dem Völkerrecht mit der amtlichen Eigenschaft einer Person verbunden sind, hindern den Gerichtshof nicht an der Ausübung seiner Gerichtsbarkeit über eine solche Person."

Es erscheint fraglich, ob die in der Bestimmung zum Ausdruck kommende Unbeachtlichkeit der Immunität *ratione personae et materiae* nur gegenüber den Vertragsparteien des Statuts gilt oder auch gegenüber Drittstaaten.[56] Diese Frage stellte

---

3. April 2012 entschieden, auf Palästina mangels Staatsqualität einstweilen Art. 12 Abs. 3 Rom-Statut nicht anzuwenden, vgl. www.icc-cpi.int/NR/rdonlyres/9B651B80-EC43-4945-BF5 A-FAFF5F334B92/284387/SituationinPalestine 030412ENG.pdf (letzter Aufruf 31. Aug. 2012).

[54] Vgl. *R. Wedgewood*, EJIL 10 (1999), 93 (99 ff.).

[55] *W. Schabas*, The International Criminal Court. A Commentary on the Rome Statute, 2010, 286.

[56] Keine Probleme bestehen hier wiederum, wenn der Heimatstaat auf die Souveränität verzichtet hat. Das mag bei amtierenden Staatsoberhäuptern so gut wie ausgeschlossen sein, nicht aber bei ehemaligen: Jedenfalls nach einem Machtwechsel mag die neue Regierung ein

sich in aller Schärfe im Fall des vor dem IStGH angeklagten sudanesischen Präsidenten Al Bashir, da der Sudan nicht Vertragspartei des Rom-Statuts ist.[57] Die Pre-Trial Chamber, welche die Anklage gegen Al Bashir zuließ, hat diese Frage in dem letztgenannten Sinne u. a. mit dem Argument bejaht, dass die Situation in Darfur vom Sicherheitsrat im Wege einer Kap. VII-Resolution an den Gerichtshof verwiesen worden sei.[58] Dem wird man folgen können:[59] Wenn der Sicherheitsrat die Kompetenz besitzt, die Gerichtsbarkeit des IStGH über einen Drittstaat zu begründen, muss die Verweisung zugleich dazu führen, etwaige Immunitätsregeln außer Kraft zu setzen.[60] Alles andere führte zu dem unerträglichen und in sich widersprüchlichen Ergebnis, dass der IStGH auf der Grundlage der Verweisung zwar prinzipiell seine Gerichtsbarkeit ausüben könnte, die Hauptverantwortlichen aber nicht zur Rechenschaft gezogen werden könnten. Dem sollte durch die Entwicklung der internationalen Strafgerichtsbarkeit gerade entgegengewirkt werden. Letztlich verbleibt die Argumentation auch hier im System konsensualer Rechtsetzung, da die UN-Mitgliedstaaten über ihre Mitgliedschaft in den Vereinten Nationen die betreffende Kompetenz des Sicherheitsrates akzeptiert haben.

Umso schwerer fällt es aber, die Unbeachtlichkeit der Immunität im Falle der bloß territorialen Anknüpfung der Gerichtsbarkeit zu begründen. Der Territorialstaat selbst dürfte sich nach der Rechtsprechung im Fall Kongo gegen Belgien ja gerade nicht über die Immunität *ratione personae* hinwegsetzen.[61] Versteht man die Rechtsprechungskompetenz des IStGH als von den Staaten abgeleitet, können dem Gerichtshof nicht mehr Kompetenzen zuwachsen, als die Staaten selbst besitzen (*nemo plus iuris transferre potest quam ipse habet*). Anders verhält es sich, wenn man im oben angedeuteten Sinne dem IStGH originäre Strafgewalt zubilligt: Dann würde der Gerichtshof für die „internationale Staatengemeinschaft" seine Gerichtsbarkeit ausüben. Die für die Staaten geltenden Beschränkungen wären dann nicht ohne weiteres einschlägig.

Es bestehen jedoch erhebliche Zweifel, der Staatengemeinschaft eine derart verselbständigte Rolle zuzubilligen. Zwar gehören dem Rom-Statut heute bereits mehr

---

ehemaliges Staatsoberhaupt an den IStGH überstellen und damit zumindest implizit auf die fortwirkende Immunität *ratione materiae* verzichten. Ein Beispiel hierfür liefert der Fall des ehemaligen ivorischen Staatspräsidenten Gbagbo (Fn. 34).

[57] Sudan ist zwar Unterzeichnerstaat, hat aber durch spätere Erklärung deutlich gemacht, dass es nicht ratifizieren wird, vgl. *S. Williams/L. Sherif*, Journal of Conflict & Security Law 1 (2009), 71 (78) mit Fn. 43.

[58] Az. ICC-02/05–01/09, Beschluss vom 4. März 2009, Rn. 45. Im Fall Gaddafi hat die Pre-Trial-Chamber lediglich auf die Begründung im Fall Al Bashir verwiesen, Az. ICC-01/11, Beschluss vom 27. Juni 2001, Rn. 9.

[59] Ebenso *Buzzard* (Fn. 52), 927; a.A. *Schabas* (Fn. 55), 451 f.; krit. auch *P. Gaeta*, JICJ 7 (2009), 315 (323 f.).

[60] Ebenso *R. Uerpmann-Wittzack*, AVR 44 (2006), 33 (41 f.); siehe auch *C. Kreß*, GA 2003, 25 (40).

[61] Siehe oben bei Fn. 39.

als die Hälfte der UN-Mitgliedstaaten an. Was aber befähigt die derzeit[62] 121 Vertragsstaaten, für „die Staatengemeinschaft" in ihrer Gesamtheit zu sprechen?[63] Wäre die Situation eine andere, wenn dem Rom-Statut heute beispielsweise erst die für das Inkrafttreten des Statuts erforderlichen 60 Staaten angehörten? Diese Überlegung führt zu der Einsicht, dass im Falle des IStGH zwar in der Tat nicht ein einzelner Staat zu Gericht sitzt – doch auch nicht die Staatengemeinschaft insgesamt. Vielmehr sitzen die im Rom-Statut verbundenen Staaten zu Gericht, und zwar durch einen internationalen Spruchkörper, den sie sogar mit eigener Rechtspersönlichkeit ausgestattet haben (Art. 4 Abs. 1 Satz 1 Rom-Statut). Das aber bedeutet, dass der Pacta-tertiis-Grundsatz hier voll zur Geltung kommt (kommen muss): Art. 27 Abs. 2 Rom-Statut ist daher einschränkend in dem Sinne auszulegen, dass gegenüber Drittstaaten im Falle einer auf dem Territorialitätsprinzip begründeten Gerichtsbarkeit die Immunität *ratione personae* nicht überwunden wird.[64] Wer dem nicht folgen will, kommt nicht umhin, eine gewohnheitsrechtliche Ausnahme von der Immunität *ratione personae* vor internationalen Gerichten zu postulieren.[65]

c) Ergebnis

Zu welchem Ergebnis führen uns die vorstehenden Überlegungen? Gewiss lässt sich festhalten, dass die Errichtung und Praxis der internationalen Strafgerichte das traditionelle völkerrechtliche Konsensprinzip z. T. bis an seine Grenzen geführt hat. Ein fundamentaler Paradigmenwechsel im Sinne einer verselbständigten Strafgewalt der „internationalen Gemeinschaft" lässt sich demgegenüber nicht feststellen. Das Völkerrecht bleibt auch weiterhin vom Konsens der Staaten getragen.

3. Responsibility to protect

Umso entscheidender ist nach alledem die Frage, ob durch die sog. „responsibility to protect" (R2P) das Völkerrecht seinen traditionellen Charakter als von den Staaten abgeleitete Rechtsordnung verloren hat. Die responsibility to protect ist ein wahrer „Shooting-Star" des Völkerrechts: Gerade einmal im Jahr 2001 von einer Experten-

---

[62] Stand: 31. Aug. 2012.

[63] *R. Uerpmann-Wittzack*, AVR 44 (2006), 33 (40 f.) verweist einerseits auf den schwach organisierten Charakter des Völkerrechts, der einzelne Staaten möglicherweise dazu befähigen könnte, für die internationale Gemeinschaft insgesamt zu handeln. Andererseits anerkennt er aber zutreffend (S. 42 ff.), dass die materielle Legitimation des IStGH durch Objektivität und Neutralität für sich genommen nicht ausreicht, um einen vertraglichen oder gewohnheitsrechtlichen Konsens der betroffenen Staaten zu ersetzen (S. 44).

[64] Ebenso *V. Klingberg*, in: GYIL 46 (2003), 537 (549 ff.); *Schabas* (Fn. 55), 450; siehe auch *L. A. Casey/D. B. Rivkin*, Virginia Journal of International Law 44 (2003), 63 (82).

[65] In diesem Sinne *P. Gaeta*, JICJ 7 (2009), 315 (320 ff.); vorsichtig in diese Richtung auch *C. Kreß*, GA 2003, 25 (40 f.); *Werle* (Fn. 36), Rn. 616; dagegen jedoch *R. Uerpmann-Wittzack*, AVR 44 (2006), 33 (45 ff.).

kommission aus der Taufe gehoben,[66] hat das Prinzip bereits Eingang in das Ergebnisdokument des UN-Weltgipfels von 2005 gefunden[67] und erfreut sich seither ungebrochener Beliebtheit in der Völkerrechtslehre.[68] Dabei ist nicht einmal klar, ob es sich bei der R2P überhaupt bereits um einen Bestandteil des geltenden Völkerrechts handelt.[69] Ihre Schöpfer sprechen von einem „emerging guiding principle",[70] das vom damaligen UN-Generalsekretär Kofi Annan eingesetzte UN-High Level Panel on Threats, Challenges and Change qualifizierte sie als eine „emerging norm" des Völkerrechts.[71] Zusätzliche Nahrung dürfte die Diskussion um den Rechtscharakter der R2P durch die Erwähnung in der Sicherheitsrats-Resolution 1973 erhalten haben, mit welcher die NATO-Intervention in Libyen autorisiert wurde.[72] Im Folgenden mag die Frage nach dem Rechtscharakter der R2P jedoch dahinstehen; stattdessen soll der Schwerpunkt auf den konzeptionellen Auswirkungen liegen, die diesem Prinzip innewohnen.

Die R2P ist letztlich eine Antwort auf Gräueltaten wie diejenigen von Somalia, Ruanda oder Srebrenica. Auch wenn sich die R2P bei weitem nicht in der Legitimierung humanitärer Interventionen erschöpft, liegt in diesem Punkt doch die eigentliche Sprengkraft des Prinzips. Zentral ist dabei das Verständnis von Souveränität als Verantwortung („sovereignty as responsibility"):[73] Während das traditionelle Souveränitätskonzept allein den negativen Aspekt des Ausschlusses fremder Staatsgewalt vom eigenen Territorium betont hat, ergänzt die R2P das Recht auf Souveränität um eine korrespondierende Pflicht, die eigene Bevölkerung vor massiven Menschenrechtsverletzungen zu bewahren. Kommt der Territorialstaat dieser Verpflichtung nicht nach – und hierin liegt die eigentliche Innovation – geht die Verantwortung für die betroffene Bevölkerung vom Territorialstaat auf die Staatengemeinschaft

---

[66] The Responsibility to Protect. Report of the International Commission on Intervention and State Sovereignty vom Dez. 2001, abrufbar unter http://responsibilitytoprotect.org/ICISS%20Report.pdf (letzter Aufruf 31. Aug. 2012).

[67] World Summit Outcome vom 16. Sept. 2005, Res. A/RES/60/1, Rn. 138 f.

[68] Aus der überreichen Fülle an Literatur vgl. etwa *A. v. Arnauld*, Friedens-Warte 84 (2009), 11 ff.; A. J. Bellamy u. a. (Hrsg.), The responsibility to protect and international law, 2011; *P. Hilpold*, SZIER 21 (2011), 231 ff.; J. Hoffmann/A. Nollkaemper (Hrsg.), Responsibility to protect. From Principle to Practice, 2012; *C. Kreuter-Kirchhof*, AVR 48 (2010), 338 ff.; *Rausch* (Fn. 21), *passim*; *C. Verlage*, Responsibility to protect, 2009; *A. Zimmermann*, in: FS Simma, 2011, 629 ff.

[69] Hierzu etwa *C. Stahn*, AJIL 101 (2007), 99 ff.; *Rausch* (Fn. 21), 41 ff.; *Verlage* (Fn. 68), 43 ff., jeweils m.w.N.

[70] ICISS-Bericht (Fn. 66), 2.24.

[71] A more secure world: our shared responsibility, A/59/565, Rn. 203; ebenso *K. Annan*, In larger freedom: towards development, security and human rights for all, A/59/2005, Rn. 135.

[72] SR-Res. 1973 (2011) vom 17. März 2011; hierzu z.B. *A. Pradetto*, in: ders. (Hrsg.), Demokratischer Frieden, „responsibility to protect" und die „humanitäre Intervention" in Libyen, Studien zur Internationalen Politik, Heft 1/2012, 53 ff.

[73] Hierzu insbesondere *A. Etzioni*, Orbis 50 (2006), 71 ff.; *G. Nolte*, in: Proceedings of the 99th Annual Meeting of the American Society of International Law, 2005, 389 ff.; *T. Reinold*, Friedens-Warte 84 (2009), 101 ff.

über. Auch hier begegnet uns also das Phänomen, dass die staatliche Souveränität in die „internationale Staatengemeinschaft" eingebunden wird.

Die Frage, auf die es für den vorliegenden Zusammenhang ankommt, lautet, ob es damit zu einer konzeptionellen Neubegründung des Völkerrechts gekommen ist. Dies ist jedenfalls die These von Anne Peters, die in der R2P einen Paradigmenwechsel vom staatszentrierten hin zu einem auf Humanität gegründeten Völkerrecht erblickt. Peters zieht dabei eine Parallele zum innerstaatlichen Bereich: Ebenso wie die Ausübung von Herrschaftsgewalt ehemals das nicht hinterfragbare Recht des souveränen Fürsten gewesen sei und doch heute legitimiert werden müsse durch die Rückbindung an den Willen des Souveräns – des Volkes –, vollziehe sich nun auf völkerrechtlicher Ebene eine ähnliche Entwicklung.[74] Hierdurch lasse das Völkerrecht den Absolutismus Hobbes'scher Prägung hinter sich und wende sich hin zum liberalen Gedankengut eines John Locke.[75]

Der Vergleich mit John Locke ist insofern klug gewählt, als jener es war, der die Schutzbedürftigkeit des Einzelnen *vor* dem Staat betonte – im Gegensatz zu Hobbes, der nur den Schutz des Einzelnen *durch* den Staat kannte.[76] Durch sein Verständnis vom Menschen als einem von Natur aus freien, gleichen und unabhängigen Wesen wurde er zu einem Vordenker des Grundrechtsschutzes heutiger Prägung.[77] Und doch trägt die Parallele letztlich nur auf den ersten Anschein: Denn mittels eines Gesellschaftsvertrags im Sinne Lockes lässt sich die Ausübung von Herrschaftsgewalt doch nur auf die im Staatsvolk zusammengefassten Bürger, also auf die mit politischen Mitwirkungsrechten ausgestatteten citoyens, zurückführen. Der R2P liegt allerdings nicht ein bürgerschaftliches, sondern ein menschenrechtliches Konzept zugrunde: Die Staaten sind zum Schutz ihrer Bevölkerung verpflichtet, unabhängig davon, ob es sich um ihre eigenen Angehörigen handelt oder nicht. Peters sieht diesen Widerspruch durchaus, lässt ihn aber letztlich unaufgelöst.[78]

Aufgrund dieses menschenrechtlichen Ansatzes ist die R2P aber am Ende ungeeignet, einen Wechsel der „Letztbegründung" für die Ausübung von Herrschaftsgewalt von den Staaten hin zum Einzelmenschen zu bewirken. Im Unterschied zum Staatsvolk, welches eine hinreichend konkret definierte Größe ist, um Träger des Souveränitätsrechts sein zu können, bilden die Einzelmenschen lediglich eine amorphe Masse. Dieser in einem rechtlich relevanten Sinne das Souveränitätsrecht zuzuschreiben, kommt nicht in Betracht. Wenn sich die Staaten mit der R2P daher zum

---

[74] *A. Peters*, EJIL 20 (2009), 513 (521).

[75] *A. Peters*, EJIL 20 (2009), 513 (526).

[76] Vgl. *J. Isensee*, in: FS Eichenberger, 1982, 23 (28).

[77] Statt vieler *H. Dreier*, in: ders. (Hrsg.), GG, Bd. 1, 2. Aufl. 2004, Vorbem. vor Art. 1 Rn. 4.

[78] *A. Peters*, EJIL 20 (2009), 513 (526): „A difference is that the liberal trust-givers are the citizens (the nation), whereas the ICISS principals are all persons within the state's territory, including foreigners."

Schutz der Bevölkerung verpflichten, dann tun sie das – um im Bild zu bleiben – nach dem Vorbild einer konstitutionellen Monarchie, nicht des freiheitlichen Rechtsstaats.

Führt die R2P somit zu keiner grundlegenden Neukonzeption im Verhältnis Staat-Einzelmensch, ist in einem weiteren Schritt das Verhältnis des Staates zur Staatengemeinschaft in den Blick zu nehmen. Hier ist zunächst einmal auf die bestehende Parallele zum internationalen Strafrecht hinzuweisen:[79] Ebenso wie nach dem Rom-Statut die Territorialstaaten vorrangig für die Strafverfolgung zuständig sind und die Zuständigkeit an den IStGH nur verlieren, wenn sie hierzu entweder nicht willens oder aber nicht in der Lage sind (Art. 17 Abs. 1 lit. a Rom-Statut), verhält es sich auch mit der Verantwortlichkeit im Sinne der R2P. Freilich ist hieraus, soweit ersichtlich, bislang nicht der Schluss gezogen worden, die Staatengemeinschaft sei originär für die Einhaltung der fundamentalen Menschenrechte zuständig und die Territorialstaaten übten diese Verantwortung nur mittels Delegation aus. Vielmehr beschreibt die Verantwortlichkeit der Staatengemeinschaft im Sinne der R2P eine Rückfallposition, die nur höchst ausnahmsweise aktiviert werden soll. Hinzuweisen ist ferner darauf, dass Ausübung der Verantwortung durch die Staatengemeinschaft – jedenfalls nach dem Gipfeldokument von 2005 – stets und nur in Übereinstimmung mit der UN-Charta erfolgen darf.[80] Eine nicht autorisierte humanitäre Intervention wie im Fall des NATO-Eingreifens im Kosovo wird hierdurch also gerade nicht legalisiert.[81]

Dann allerdings erscheint fraglich, welchen Mehrwert die R2P im Verhältnis zur bisherigen Dogmatik erbringen soll. Ein Eingreifen des Sicherheitsrates im Falle massiver Menschenrechtsverletzungen ist bereits durch den Übergang vom negativen zum positiven Friedensbegriff in Art. 39 UN-Charta begründbar.[82] Einer zusätzlichen Legitimation durch die R2P bedarf es hierfür nicht, so dass die Anrufung dieses Prinzips durch den Sicherheitsrat in der Libyen-Resolution letztlich redundant erscheint. Einen Unterschied bewirkt die R2P lediglich insofern, als die UN-Mitgliedstaaten diesem Konzept zufolge zu einem Eingreifen nicht nur berechtigt, sondern sogar verpflichtet sein können.[83] Gerade die Existenz einer derartigen Verpflichtung im Rechtssinne ist vor dem Hintergrund der gegenwärtigen Politik gegenüber Syrien und anderen Staaten jedoch mehr als fraglich.

---

[79] Zu dieser Parallele etwa auch *Benzing* (Fn. 41), 36 f.

[80] World Summit Outcome (Fn. 67), Rn. 139: „In this context, we are prepared to take collective action, in a timely and decisive manner, through the Security Council, *in accordance with the Charter*, including Chapter VII ..." (Hervorhebung durch den Verfasser).

[81] Wie hier wohl *A. v. Arnauld* Friedens-Warte 84 (2009), 11 (34 f.); a.A. *C. Kreuter-Kirchhof*, AVR 48 (2010), 338 (349): Die Frage nach der Zulässigkeit einer einseitigen Intervention sei bewusst offen gelassen worden.

[82] Vgl. *A. v. Arnauld* Friedens-Warte 84 (2009), 11 (30 f.).

[83] Hierzu *Verlage* (Fn. 68), 33 ff. m.w.N.

IV. Schluss

Dass die Fähigkeit der Staaten zu freier, ungebundener Entscheidung zu Beginn des 21. Jh. geringer ist als gegen Ende des 19. Jh., ist angesichts zunehmender internationaler Verrechtlichung eine Binsenweisheit. Durch sie wird die Souveränität, verstanden als Souveränität *im* Recht, jedoch nicht prinzipiell in Frage gestellt. Gewiss lässt sich nicht bestreiten, dass in dem Konzept der „Souveränität als Verantwortung", sollte sich die R2P auch als Rechtsprinzip durchsetzen, ein gewandeltes Souveränitätsverständnis zum Ausdruck kommt. Das belegt indes nur einmal mehr die Entwicklungsoffenheit des Souveränitätsbegriffs.

Der Begriff der „Staatengemeinschaft" erweist sich vor dem Hintergrund der vorstehenden Untersuchungen in erster Linie als ein politischer: Eine Berufung auf den Willen der Staatengemeinschaft impliziert die Legitimität des eigenen Handelns. Eine rechtliche Bedeutung, gar im Sinne eines verselbständigten Völkerrechtssubjekts „internationale Gemeinschaft", kommt dem Begriff hingegen nicht zu. Zwar hat das Phänomen der fehlenden Immunität von Staatsoberhäuptern vor internationalen Gerichten gezeigt, welche Schwierigkeiten es im Einzelfall bereiten kann, die Rückbindung an den souveränen Willen der Staaten zu wahren. Weder die R2P noch die Immunitätsfrage haben jedoch letztlich hinreichende Indizien dafür erbracht, von einem epochalen Bruch im Verständnis des Völkerrechts als einer konsensbasierten Rechtsordnung auszugehen. Die Kopernikanische Wende steht daher noch aus.

Völkerrechtliche Deliktsansprüche Privater – auf der Grundlage und in den Grenzen einer völkerrechtlichen Schutznormlehre

Von *Oliver Dörr*

Am 7. August 2012 veröffentlichte die *Trial Chamber I* des Internationalen Strafgerichtshofs (IStGH) im Rahmen des Strafverfahrens gegen *Thomas Lubanga* die erste Entscheidung des Gerichtshofs über „Grundsätze für die Wiedergutmachung" (*principles on reparation*) gemäß Art. 75 Abs. 1 Satz 1 IStGH-Statut.[1] Die „Grundsätze" sollen nach dem Konzept der Vertragsnorm sowohl den Wiedergutmachungsausspruch im konkreten Einzelfall (Art. 75 Abs. 2) tragen, als auch darüber hinaus weisen und dazu beitragen, eine generelle Praxis des Gerichtshofs zur Opferentschädigung zu entwickeln.[2] Im Kernsatz ihrer Entscheidung stellte die Spruchkammer lapidar fest, dass „the right to reparations is a well-established and basic human right"[3] und berief sich dafür auf universelle und regionale Menschenrechtsverträge, „other international instruments", „certain significant human rights reports" sowie auf die Spruchpraxis der regionalen Menschenrechtsgerichte.[4]

Auch wenn die Entscheidung ihrer normativen Grundlage entsprechend vor allem auf Wiedergutmachungsansprüche von Verbrechensopfern gegen Straftäter, also zwischen Privaten, zielte, so bietet sie – und vor allem diese Art der Begründung – doch Anlass, sich erneut mit einem „Dauerbrenner" des völkerrechtlichen Deliktsrechts zu beschäftigen: der Frage nach völkerrechtlichen Wiedergutmachungsansprüchen Einzelner. Es ist eine Frage, die sich seit Jahren in der politischen und judiziellen Praxis immer wieder stellt, die in der völkerrechtsdogmatischen Debatte aber bislang oft vernachlässigt und nicht selten, so scheint es, aus politisch-pragmatischen Gründen beiseite geschoben wird. Dabei liegt der Bezug zum wissenschaftlichen Werk *Eckart Kleins* auf der Hand: Die Frage nach dem Bestehen völkerrechtlicher Sekundäransprüche stellt sich vor allem bei der Verletzung von Menschenrechten, und diese gehören seit jeher zu den bevorzugten Themenfeldern des verehr-

---

[1] IStGH, *Situation in the Democratic Republic of the Congo in the Case of the Prosecutor v. Thomas Lubanga Dyilo*, Decision establishing the principles and procedures to be applied to reparations, 7 August 2012, No. ICC-01/04–01/06.

[2] Vgl. z. B. *D. Donat-Cattin*, in: O. Triffterer (Hrsg.), Commentary on the Rome Statute of the ICC, 2. Aufl. 2008, Art. 75 Rn. 15; *E. Dwertmann*, The Reparation System of the International Criminal Court, 2010, S. 45 f.

[3] IStGH (Fn. 1), Ziff. 185.

[4] IStGH (Fn. 1), Ziff. 185–186.

ten Jubilars. Und konkret in Bezug auf die individuelle Wiedergutmachung von Menschenrechtsverletzungen erinnere ich mich gut an *Kleins* Beitrag zu einem internationalen Kolloquium in Berlin-Dahlem[5], das dem jungen Berliner Habilitanden damals viele wertvolle Einblicke und Anregungen verschaffte.

Nach einer knappen Bestandsaufnahme von Wissenschaft, Praxis und speziellen Vertragsregimen soll es vor allem um die allgemeinen völkerdeliktsrechtlichen Grundlagen gehen, die der weiteren Debatte um Deliktsansprüche Privater Richtung und Antrieb geben können. Ihre Betrachtung ergibt, dass aus einer rechtsdogmatischen Sicht vor allem die Schutzrichtung verletzter Völkerrechtsnormen die Begründung individueller Wiedergutmachungsansprüche trägt – und gleichzeitig begrenzt. Eine völkerrechtliche Schutznormlehre zu akzeptieren und auszuarbeiten wird notwendig sein, um diese offene Flanke des völkerrechtlichen Deliktsrechts dogmatisch schlüssig und zugleich praktisch handhabbar zu schließen.

I. Ambivalenz in Wissenschaft und Praxis

Die Möglichkeit individueller Wiedergutmachungsansprüche im Völkerrecht setzt gedanklich natürlich voraus, dass Individuen überhaupt Völkerrechtssubjekte, also Träger völkerrechtlicher Rechte und Pflichten, sein können. Diesen Schritt hat die völkerrechtliche Dogmatik bekanntlich schon vor langer Zeit getan: Bereits 1928 hatte der Ständige Internationale Gerichtshof in seinem Gutachten zur Zuständigkeit der Danziger Gerichte klargestellt, dass dem Individuum durch einen völkerrechtlichen Vertrag eigene Rechte übertragen und Pflichten auferlegt werden können.[6] Im Anschluss daran ist heute nicht mehr bestritten, dass der Einzelne selbst Völkerrechtssubjekt sein kann, wenn und soweit Vertragsnormen in diesem Sinne auszulegen sind.[7] Die völkerrechtliche Judikatur verwendet hierfür sogar die Kategorie des subjektiven Rechts („individual right").[8] Auch eine selbständige Pflichtenstellung kann dem Individuum unmittelbar nach Völkerrecht zukommen, wie z.B. die junge Materie des Völkerstrafrechts und die – nicht mehr ganz so junge – der Privatrechtsgestaltung durch völkerrechtliche Verträge belegen.[9]

Obwohl diese Entwicklung und ihr Resultat, die partielle, abgeleitete Völkerrechtsfähigkeit von Einzelpersonen, praktisch unbestritten sind, scheint dieser Konsens im Rahmen des völkerrechtlichen Deliktsrechts, also den Regeln über die Fol-

---

[5] *E. Klein*, in: A. Randelzhofer/C. Tomuschat (Hrsg.), State Responsibility and the Individual, 1999, 27–42.

[6] StIGH, *Jurisdiction of the Courts of Danzig*, PCIJ Series B No. 15, S. 17 f.

[7] Statt aller *A. Randelzhofer*, in: ders./Tomuschat (Fn. 5), 213 (235–240); *J. Delbrück*, in: G. Dahm/J. Delbrück/R. Wolfrum, Völkerrecht, Bd. I/2, 2. Aufl. 2002, S. 261–264; *T. Stein/ C. v. Buttlar*, Völkerrecht, 13. Aufl. 2012, Rn. 496–504; *O. Dörr*, JZ 2005, 905 (906).

[8] IGH, *La Grand Case*, ICJ Reports 2001, 466, § 77; *Avena and Other Mexican Nationals*, ICJ Reports 2004, 12, § 40; ebenso schon der Interamerikanische Gerichtshof für Menschenrechte im Gutachten OC-16/99, HRLJ 2000, 24, § 84.

[9] *O. Dörr*, JZ 2005, 905 (912 f.).

gen von Völkerrechtsverstößen, bislang praktisch keine Folgen zu haben. Hier verharren weite Teile des völkerrechtlichen Schrifttums noch immer in den Strukturen von Fremdenrecht und diplomatischem Schutz: Auch bei Schädigungen Einzelner durch Staaten entstehe ein Wiedergutmachungsanspruch allein für die Heimatstaaten der betroffenen Individuen, so dass diese im Deliktsrecht weiterhin durch erstere mediatisiert sind.[10] Dieser ausschließlich zwischenstaatliche Charakter wird dem völkerrechtlichen Haftungsregime, von ausdrücklichen Sonderregelungen abgesehen, überwiegend auch bei Verletzungen von Menschenrechten[11] und Verstößen gegen das humanitäre Völkerrecht[12] zugewiesen.

Auch die internationale wie nationale Praxis des Völkerrechts ist offensichtlich sehr zurückhaltend damit, die Anerkennung des Individuums als Völkerrechtssubjekt in das Recht der Staatenverantwortlichkeit zu übertragen. Die von der ILC 2001 verabschiedeten *Articles on the responsibility of States for internationally wrongful acts* (ARSIWA), die von der UN-Generalversammlung förmlich zur Kenntnis genommen wurden[13] und heute im Kern als Zusammenfassung des Völkergewohnheitsrechts zur Staatenverantwortlichkeit gelten[14], beschränken sich auf zwischenstaatliche Deliktsansprüche, deuten allerdings in Art. 33 (2) immerhin an, dass die Verantwortlichkeit eines Staates auch anderen Personen gegenüber bestehen könnte.[15] In der Rechtsprechungspraxis des IGH spielt die Frage individueller Wiedergutmachungsansprüche erwartungsgemäß keine Rolle, da klageberechtigt dort eben nur Staaten sind und diese vorrangig ihre eigenen Ansprüche geltend machen. Immerhin findet sich im Rechtsgutachten zur israelischen Mauer in den besetzten palästinensischen Gebieten eine relevante Aussage, die allerdings ihrerseits einigermaßen kryptisch ist:

„… Israel has the obligation to make reparation for the damage caused to all the natural or legal persons concerned. […] The Court considers that Israel also has an obligation to com-

---

[10] Statt aller *A. Verdross/B. Simma*, Universelles Völkerrecht, 3. Aufl. 1984, § 1300; *M. Schröder*, in: W. Graf Vitzthum, Völkerrecht, 5. Aufl. 2010, VII Rn. 32; *Stein/v. Buttlar* (Fn. 7), Rn. 1160; *C. Tomuschat*, ZaöRV 56 (1996), 1, 22; *B. Simma/H.-P. Folz*, Restitution und Entschädigung im Völkerrecht, 2004, S. 112.

[11] Z. B. *Stein/v. Buttlar* (Fn. 7), Rn. 1160; *Tomuschat* (Fn. 10), 23; *ders.*, in: Randelzhofer/Tomuschat (Fn. 5), 1 (25); *T. Giegerich*, in: Liber Amicorum Brüggemeier, 2009, 577 (580).

[12] Vgl. z. B. *U. Kischel*, JZ 1997, 126, 130; *W. Heintschel v. Heinegg*, in: Entschädigung nach bewaffneten Konflikten, BerDGVR 40 (2003), 1 (25 f.); für die Zeit bis 1945 *A. Randelzhofer/O. Dörr*, Entschädigung für Zwangsarbeit?, 1994, S. 25, 35.

[13] Mit Resolution 56/83 v. 12. Dez. 2001.

[14] Vgl. z. B. IGH, *Application of the Convention on the Prevention and Punishment of the Crime of Genocide (Bosnia and Herzegovina v. Serbia and Montenegro)*, ICJ Reports 2007, 43, §§ 385, 388, 401, 407, 460; *J. Crawford*, State Responsibility, in: MPEPIL, Rn. 65; *A. v. Arnauld*, Völkerrecht, 2012, Rn. 375.

[15] Wenn es dort heißt: „This part is without prejudice to any right, arising from the international responsibility of a State, which may accrue directly to any person or entity other than a State". Wörtlich identisch Art. 33 Abs. 2 der ILC Draft articles on the responsibility of international organizations von 2011, UN Doc. A/66/10, para. 87.

pensate, in accordance with the applicable rules of international law, all natural or legal persons having suffered any form of material damage as a result of the wall's construction".[16]

Im Textzusammenhang dieser Passage bleibt nicht nur unklar, worauf sich der Gerichtshof mit den „applicable rules of international law" bezieht, sondern auch, ob er hier die Inhaber des Entschädigungsanspruchs oder schlicht dessen Inhalt beschreibt. Eine klare Aussage zu individuellen Deliktsfolgenansprüchen ergibt sich daraus also nicht.

Auf der internationalen Ebene finden sich bislang nur Passagen in verschiedenen nicht-rechtsverbindlichen Resolutionen, die sich für individuelle Wiedergutmachungsansprüche aussprechen. Zu den bekanntesten gehören im Rahmen der Vereinten Nationen die „Basic Principles and Guidelines on the Right to a Remedy and Reparation for Victims of Gross Violations of Human Rights Law and Serious Violations of International Humanitarian Law", die 2005 von der UN-Menschenrechtskommission und der UN-Generalversammlung angenommen wurden.[17] Diese Prinzipienerklärung zielt allerdings, wenn man genau hinschaut, ausschließlich auf eine Verpflichtung der Staaten, in ihren nationalen Rechtsordnungen wirksame Verfahren für Rechtsschutz und Wiedergutmachung vorzusehen, postuliert hingegen keine entsprechenden Individualrechte auf völkerrechtlicher Grundlage. Weiter geht für den Bereich des humanitären Völkerrechts die Resolution No. 2/2010 der *International Law Association*, mit der diese eine „Declaration of International Law Principles on Reparation for Victims of Armed Conflict" verabschiedet hat;[18] Art. 6 dieser Deklaration zielt offensichtlich auf einen genuin völkerrechtlichen Anspruch, wenn er postuliert: „Victims of armed conflict have a right to reparation from the responsible parties" – interessanterweise hatte der zuständige Berichterstatter der ILA noch wenige Jahre zuvor keine Grundlage für einen solchen Anspruch im geltenden Völkergewohnheitsrecht erkennen können.[19] Auch die 2005 veröffentliche Studie des IKRK zum humanitären Völkergewohnheitsrecht war hier noch sehr viel zurückhaltender und sah nur einen „increasing trend in favour of enabling individual victims of violations of IHL to seek reparation directly from the responsible State".[20]

In der deutschen Spruchpraxis hat sich vor allem das BVerfG mit merkwürdig ambivalenten Aussagen zu Rechten Einzelner aus Völkerrecht hervorgetan. In einem Verfahren, in dem es um Entschädigungsansprüche ehemaliger italienischer Kriegsgefangener gegen Deutschland ging, erkannte das Gericht einerseits einen individuellen Primäranspruch „der betroffenen Personen auf Einhaltung der Verbote des hu-

---

[16] IGH, *Legal Consequences of the Construction of a Wall in the Occupied Palestinan Territory*, ICJ Reports 2004, 136, §§ 152 f.

[17] Resolution 2005/35 v. 19. April 2005 (UN Doc. E/2005/23 und Corr. 1, chapter II, section A) bzw. Res. 60/147 v. 16. Dez. 2005 (UN Doc. A/RES/60/147).

[18] Abrufbar unter http://www.ila-hq.org.

[19] Vgl. *R. Hofmann*, in: FS Tomuschat, 2006, 341 (356).

[20] *J.-M. Henckaerts/L. Doswald-Beck* (Hrsg.), Customary International Humanitarian Law, Vol. I: Rules, 2005, S. 537 (541).

manitären Völkerrechts" an, der in dem „Völkerrechtsverhältnis" zwischen einem Besatzerstaat und der im besetzten Gebiet lebenden Bevölkerung bestehe; andererseits führe dieser Primäranspruch im Fall seiner Verletzung jedoch nicht zu einem „sekundärrechtlichen Schadensersatzanspruch" Einzelner, da ein solcher Anspruch nur „in dem Völkerrechtsverhältnis zwischen den betroffenen Staaten" bestehe.[21] Schon an dem behaupteten Primäranspruch, also einem allgemeinen Rechtsvollzugsanspruch der Bevölkerung besetzter Gebiete, sind erhebliche Zweifel anzumelden, doch besonders auffällig ist im vorliegenden Zusammenhang das vom BVerfG propagierte Auseinanderfallen von Primär- und Sekundärebene und die behauptete Exklusivität der zwischenstaatlichen Wiedergutmachung. Einen ähnlichen Standpunkt vertrat dieselbe Kammer des Gerichts in der Rechtssache *Distomo*, als es um Entschädigungsansprüche griechischer Beschwerdeführer ging: Zwar war die Kammer bereit anzuerkennen, dass Art. 3 des IV. Haager Abkommens „dem Schutz des Einzelnen bestimmt und damit mittelbar menschenrechtsschützender Natur" sei sowie dass Entwicklungen auf der Ebene des Menschenrechtsschutzes zur Anerkennung einer partiellen Völkerrechtssubjektivität des Individuums geführt hätten; ungeachtet dessen aber stünden „sekundärrechliche Schadensersatzansprüche wegen völkerrechtswidriger Handlungen eines Staates gegenüber fremden Staatsangehörigen grundsätzlich nach wie vor nur dem Heimatstaat zu".[22] Diese schwer nachvollziehbare Rechtsauffassung machte sich in einer ähnlichen pauschalen Formulierung nur wenig später auch der BGH in der Rechtssache *Varvarin* zu eigen.[23]

Nach Ansicht der höchsten deutschen Gerichte soll also die Verletzung eines völkerrechtlichen Primäranspruchs, selbst wenn er mittlerweile auch Individuen zustehen kann, stets im zwischenstaatlichen Deliktsfolgenregime aufgehen. Es zeigt sich hierin die bereits in Teilen des wissenschaftlichen Schrifttums konstatierte Auffassung, dass die Anerkennung von Indivdiualrechten im Völkerrecht keinerlei Folgen für das völkerrechtliche Deliktsrecht haben soll. Schon die Pauschalität der dabei gewählten Formulierungen legt nahe, dass dies so nicht richtig sein kann.

II. Spezialvertragliche Regelungen

Dass das moderne Völkerrecht deliktsrechtliche Wiedergutmachungsansprüche von Einzelpersonen kennt, verdeutlichen zunächst einige spezielle Vertragsregime, die entsprechende ausdrückliche Bestimmungen enthalten. Hier sind quasi zwei bekannte *dicta* des StIGH kombiniert in rechtsverbindliche Vertragspraxis umgesetzt, nämlich dass jeder Völkerrechtsverstoß eine Wiedergutmachungspflicht des Rechts-

---

[21] BVerfG (1. Kammer des Zweiten Senats) 2 BvR 1379/01 v. 28. Juni 2004, NJW 2004, 3257 (3258); ebenso wenig später in BVerfGE 112, 1 (32 f.) = NVwZ 2005, 560 (564).
[22] BVerfG (1. Kammer des Zweiten Senats) 2 BvR 1476/03 v. 15. Febr. 2006, NJW 2006, 2542, Rn. 20–21.
[23] BGH III ZR 190/05, BGHZ 169, 349 = JZ 2007, 532, Rn. 8.

verletzers zur Folge hat[24] und dass souveräne Staaten kraft ihrer prinzipiell unbegrenzten Gestaltungsmacht berechtigt sind, durch Vertrag völkerrechtliche Rechte Einzelner zu schaffen.[25]

Es ist den Staaten also unbenommen, durch spezielle vertragliche Vereinbarung völkerrechtliche Wiedergutmachungsansprüche Einzelner zu begründen. Prominente Beispiele aus dem völkerrechtlichen Menschenrechtsschutz finden sich in Art. 5 Abs. 5 EMRK und Art. 9 Abs. 5 IPbpR, welche jeweils einen völkerrechtsunmittelbaren Entschädigungsanspruch für rechtswidrig inhaftierte Personen enthalten.[26] Für den Bereich der Kriegsfolgen werden als Beispiele vor allem Art. 297 Abs. e) des Versailler Vertrages (1919) und Teil I, Art. 8 des Pariser Reparationsabkommen (1946)[27] genannt. Das europäische Unionsrecht kennt individuelle Wiedergutmachungsansprüche in Gestalt der richterrechtlich ausgeformten Regeln über die Unionshaftung (Art. 340 Abs. 2 AEUV) und die Staatshaftung (sog. *Francovich*-Rechtsprechung).

Abzugrenzen sind diese völkervertraglich begründeten Individualansprüche sowohl von der vertraglichen Verpflichtung, individuelle Ansprüche in der nationalen Rechtsordnung zu begründen, als auch von vertraglichen Kompetenznormen, die internationale Organe (regelmäßig gerichtliche oder gerichtsähnliche Beschwerdeinstanzen) dazu ermächtigen, Einzelpersonen eine Entschädigung zuzusprechen. Ersteres, die Verpflichtung zur innerstaatlichen Anspruchsbegründung, findet sich in Menschenrechtsverträgen wie in Konventionen zum Schutz anderer Rechtsgüter;[28] auch Art. 5 Abs. 5 EMRK enthält neben dem völkerrechtlichen Anspruch ein entsprechendes Normsetzungs- und -umsetzungsgebot.[29] Art. 3 Protokoll 7 zur EMRK, Art. 14 Abs. 6 IPbpR und Art. 10 AMRK verpflichtet die Vertragsparteien (wohl nur) dazu, einen innerstaatlichen Entschädigungsanspruch für den Fall einer rechtswidrigen Strafverurteilung zu schaffen.[30] Letzteres, die Befugnis internationaler Gremien zur Zuerkennung von Entschädigung im Einzelfall, ist in den wesentlichen Menschenrechtskonventionen enthalten: Art. 41 EMRK, Art. 63 Abs. 1

---

[24] StIGH, *Case concerning the Factory at Chorzów (Claim for Indemnity – Jurisdiction)*, PCIJ Series A No. 9, S. 21 (1927); bestätigt wenig später im selben Fall in *Case concerning the Factory at Chorzów (Claim for Indemnity – Merits)*, PCIJ Series A No. 17, S. 29 (1928).

[25] StIGH, *Jurisdiction of the Courts of Danzig* (Fn. 6).

[26] Zu Art. 5 Abs. 5 EMRK z. B. *O. Dörr*, in: R. Grote/T. Marauhn (Hrsg.), Konkordanzkommentar EMRK/GG, 2. Aufl. 2013, Kap. 13 Rn. 103; aus der deutschen Rechtsprechung z. B. BGHZ 45, 46 (49–52); 122, 268 (269 f.). Zu Art. 9 Abs. 5 IPbpR *M. Nowak*, CCPR Commentary, 2. Aufl. 2005, Art. 9 Rn. 53.

[27] UNTS 555, 69 (87 f.).

[28] Vgl. z. B. Art. 6 UN-Rassendiskriminierungsabkommen (1966), Art. 14 Abs. 1 UN-Folterkonvention (1984), Art. 35 UN-Konvention gegen Korruption (2003).

[29] *Dörr* (Fn. 26), Rn. 102.

[30] Vgl. *M. Breuer*, in: U. Karpenstein/F. C. Mayer, EMRK, 2012, Art. 3 ZP VII, Rn. 7; *Nowak* (Fn. 26), Art. 14 Rn. 96.

AMRK,[31] Art. 27 Abs. 1 des Protokolls zur Banjul-Charta über die Errichtung des Afrikanischen Menschenrechtsgerichtshofs (1998). Die Praxis des UN-Menschenrechtskomitees, aus Art. 2 Abs. 3 lit. a) IPbpR einen – dort nicht ausdrücklich enthaltenen – individuellen Wiedergutmachungsanspruch abzuleiten und dies zur Grundlage der eigenen Spruchpraxis zu machen, hat *Eckart Klein* auf dem erwähnten Dahlemer Symposium anschaulich beschrieben.[32] Eine Ermächtigung zur Zuerkennung von Entschädigung zwischen Privaten enthält der eingangs erwähnte Art. 75 Abs. 2 IStGH-Statut. Was den Gebrauch dieser vertraglichen Ermächtigungen und seine Folgen angeht, so ist für Art. 41 EMRK anerkannt, dass aus der konstitutiven Ermessensentscheidung des EGMR, wenn sie dem erfolgreichen Beschwerdeführer eine Entschädigung zuspricht, wiederum ein völkerrechtlicher Zahlungsanspruch des Einzelnen gegen den verurteilten Staat resultiert.[33]

Das geltende Völkerrecht kennt die Wiedergutmachung für Völkerrechtsverstöße zugunsten von Individuen also in speziell geregelten Zusammenhängen in dreierlei Gestalt: als völkerrechtsunmittelbaren Anspruch, als staatliche Verpflichtung zur Begründung innerstaatlicher Ansprüche und als Ermächtigung zur Begründung völkerrechtlicher Ansprüche. Alle drei Formen sollten nicht nur in der rechtsdogmatischen Betrachtung, sondern auch in der allfälligen Würdigung der internationalen Praxis und *opinio iuris* auseinandergehalten werden.

III. Deliktsrechtliche Grundlagen

Den Weg zu individuellen Wiedergutmachungsansprüchen über spezielle vertragliche Grundlagen hinaus weisen die allgemeinen Regeln der internationalen Verantwortlichkeit, also des völkerrechtlichen Deliktsrechts. Bekanntlich unterscheiden wir, um die programmatischen Grundlagen dieser Regeln zu erklären, die völkerrechtlichen Bindungen der Völkerrechtssubjekte in Primär- und Sekundärpflichten,[34] was zwar sehr holzschnittartig anmutet, aber doch für unseren Zusammenhang einigen Erklärungswert besitzt. Danach entstehen im Falle eines Völkerrechtsverstoßes zwischen verletzendem und verletztem Völkerrechtssubjekt neue Rechtsbeziehungen, die im Wesentlichen aus der Wiedergutmachungspflicht des Verletzers und korrespondierenden Ansprüchen des Verletzten bestehen.[35] Auch den Diskussionen und

---

[31] Zur Spruchpraxis z.B. *M. Reisman*, in: Randelzhofer/Tomuschat (Fn. 5), 63 (73–98).

[32] *Klein* (Fn. 5), 30–36.

[33] Vgl. *E. Klein*, in: D. Merten/H.-J. Papier (Hrsg.), Handbuch der Grundrechte, Bd. VI/1, 2010, § 150 Rn. 115; *O. Dörr* (Fn. 26), Kap. 33 Rn. 105; *E. Schwager*, Ius bello durante et bello confecto, 2008, S. 109.

[34] Statt aller *Wolfrum*, in: Dahm/Delbrück/Wolfrum (Fn. 7), Bd. I/3, § 173 II.1; *Stein / v. Buttlar* (Fn. 7), Rn. 1101; *v. Arnauld* (Fn. 14), Rn. 374; *Seegers*, Das Individualrecht auf Wiedergutmachung, 2005, S. 13 f.

[35] *Wolfrum*, in: Dahm/Delbrück/Wolfrum (Fn. 7), Bd. I/3, § 173 II.2; *Schröder* (Fn. 10), VII Rn. 8–9.

Entwürfen der ILC zur Staatenverantwortlichkeit[36] lag diese Zweiteilung erkennbar zugrunde.[37]

1. Primär- und Sekundäransprüche

Die Beteiligten des aus dem Normverstoß entstehenden Rechtsverhältnisses müssen sich, wenn diese Konstruktion sinnvoll sein soll, nach den Beteiligten des Primärpflichtverhältnisses bestimmen: Die Sekundärpflicht zur Wiedergutmachung trifft dasjenige Völkerrechtssubjekt, das an die Primärpflicht gebunden war und die Rechtsverletzung zu verantworten hat; den korrespondierenden Sekundäranspruch erwirbt dasjenige Völkerrechtssubjekt, demgegenüber die Primärpflicht zu erfüllen war.[38] Auch die ARSIWA der ILC gehen von einer personellen Adressierung der völkerrechtlichen Primärpflichten aus, wenn sie davon sprechen, dass jede diese Verpflichtungen (genauer wohl ihre Erfüllung) stets einem Staat oder einer Staatengruppe „geschuldet" wird („is owed to").[39] Dieser Verpflichtungsrichtung entspricht ein Rechtsanspruch des Erfüllungsadressaten auf Einhaltung der betreffenden Völkerrechtsnorm,[40] und im Falle ihrer Verletzung wird das auf der Primärebene einem Völkerrechtssubjekt zugeordnete Recht auf Normeinhaltung ergänzt um einen Wiedergutmachungsanspruch gegen das für die Verletzung verantwortliche Völkerrechtssubjekt. Eine regelrechte Umwandlung in den Sekundäranspruch findet allerdings nicht statt, denn der primäre Einhaltungsanspruch besteht ja grundsätzlich fort (vgl. Art. 29 ARSIWA).

Die Zuordnung des Primäranspruchs, die somit über den Inhaber des Wiedergutmachungsanspruchs entscheidet, ist durch Auslegung der betreffenden Völkerrechtsnorm zu bestimmen. Sie ergibt sich im Rahmen eines bilateralen Vertrages zunächst aus der Parteienstellung, bei multilateralen Verträgen unter den Parteien vor allem aus Schutzzweck und Erfüllungsstruktur: Sind die multilateral vereinbarten Pflichten nach dem System und Zweck des Vertrages stets nur in bilateralen Rechtsverhält-

---

[36] Oben bei Fn. 13 und 15.

[37] Zur Debatte der Unterteilung in der ILC z. B. *E. David*, in: J. Crawford/A. Pellet/S. Olleson (Hrsg.), The Law of International Responsibility, 2010, 27–33.

[38] *J. Ipsen*, in: ders., Völkerrecht, 5. Aufl. 2004, § 39 Rn. 17; *Seegers* (Fn. 34), S. 22–24; *Schwager* (Fn. 33), S. 141; *B. Stern*, in: The Law of International Responsibility (Fn. 37), 563 (567).

[39] Art. 42 und 48 Abs. 1 ARSIWA. Allerdings ist die Verknüpfung dieser Adressierung mit der personellen Ausrichtung der Sekundärpflichten im ILC-Entwurf nicht ganz klar, denn Art. 48 Abs. 1 ARSIWA statuiert ein Recht zur Geltendmachung für nicht verletzte Staaten („any State other than the injured State") in Fällen, in denen die Primärpflicht auch diesen geschuldet war: Nach dieser Sichtweise sind also die Begünstigten der Primärpflicht nicht identisch mit der Gruppe der durch eine Pflichtverletzung verletzten Staaten.

[40] *Ipsen* (Fn. 38), § 39 Rn. 31. Dass das Völkerrecht keine Rechtspflichten ohne korrespondierende Rechte kennt, formulierte bereits *R. Ago* als Berichterstatter in seinem zweiten Bericht zur Staatenverantwortlichkeit, ILC-Yearbook 1970, vol. II, 177, para. 46: „The correlation between a legal obligation on the one hand and a subjective right on the other admits of no exception".

nissen zu erfüllen (klassische Beispiele: die Pflichten aus der Wiener Diplomatenkonvention, der Wiener Konsularkonvention, aus multilateralen Auslieferungsverträgen), so ist die Vertragserfüllung jeweils nur gegenüber einer anderen Partei geschuldet, nur diese erwirbt ggf. einen Deliktsfolgenanspruch. Handelt es sich hingegen um einen Vertrag mit einer integralen Erfüllungsstruktur,[41] in dessen Rahmen ein objektives Pflichtenregime stets allen Vertragspartnern gegenüber zu erfüllen ist (klassisch: Menschenrechts- und Umweltschutzverträge), so ist jede dieser Parteien ein Opfer der Vertragsverletzung und kann daraus einen Wiedergutmachungsanspruch erwerben. Verträge dieser Art begründen regelmäßig Rechtspflichten *erga omnes partes*, was im Verletzungsfall alle Parteien zu Beteiligten des Sekundärrechtsverhältnisses macht, selbst wenn einige von ihnen von der Rechtsverletzung und ihren Folgen in einem physischen Sinne überhaupt nicht betroffen sind. Ähnliches ließe sich für entsprechend strukturierte Rechtspflichten aus Völkergewohnheitsrecht denken. Diese personelle Erweiterung der Berufungsfähigkeit einer Norm bildet den sachlichen Kern des Konzepts der völkerrechtlichen *erga-omnes*-Pflichten. Es hat Auswirkungen vor allem für das Recht zur Geltendmachung der Norm (Repressalie, Klage) sowie für die Zuordnung des Deliktsfolgenanspruchs.

Neben den Parteien selbst können auch Dritten durch völkerrechtliche Verträge eigene Rechte, also Primäransprüche eingeräumt werden, wenn dies dem im Vertragstext zum Ausdruck kommenden Parteiwillen entspricht. Für dritte Staaten regelt Art. 36 WVK diese Möglichkeit ausdrücklich, für internationale Organisationen entsprechend Art. 36 Abs. 2 der (noch immer nicht in Kraft getretenen) WVKIO von 1986. Für die Berechtigung von Einzelpersonen betonte bereits der StIGH die darauf gerichtete Gestaltungsfreiheit der souveränen Staaten;[42] sie liegt der nach dem Zweiten Weltkrieg einsetzenden Staatenpraxis des völkerrechtlichen Menschenrechtsschutzes zugrunde. Diese Begründung von Rechten Dritter bedeutet vertragsrechtlich die Erstreckung des Primäranspruchs auf Normeinhaltung auf diese und muss, wenn die Unterscheidung von Primär- und Sekundärpflichten konsequent angewendet wird, deliktsrechtlich zur Folge haben, dass den Dritten im Fall einer Normverletzung grundsätzlich eigene Sekundäransprüche zustehen. Gleiches sollte für Normen des Völkergewohnheitsrechts gelten können, wenn die sie tragende *opinio iuris* auf die Begründung von eigenen Rechten Dritter gerichtet ist.

Soweit also eine völkerrechtliche Norm – unabhängig davon, ob vertraglicher oder gewohnheitsrechtlicher Natur – wirklich Individuen zu Adressaten der Primärpflicht macht und ihnen damit eigene Primäransprüche zuweist, ist die rechtsdogmatische Konsequenz zwingend, dass aus ihrer Verletzung individuelle Sekundäransprüche entstehen. Es muss diese Ansprüche grundsätzlich geben, wenn das geltende

---

[41] Zu diesem Konzept *Verdross/Simma* (Fn. 10), §§ 539, 754; grundlegend *B. Simma*, Das Reziprozitätselement im Zustandekommen völkerrechtlicher Verträge, 1972, S. 176 ff., *ders.*, in: C. Schreuer (Hrsg.), Autorität und internationale Ordnung, 1979, 129 (136–144). Ganz ähnlich spricht die ILC in ihrem Kommentar zu den ARSIWA 2001 von „collective obligations", vgl. ILC-Yearbook 2001, vol. II, Part Two, Art. 42 Rn. 6 und 11–15.

[42] StIGH, *Jurisdiction of the Courts of Danzig* (Fn. 6).

Völkerrecht mit dem Konzept eines genuinen Menschenrechtsschutzes ernst machen soll und dieses Konzept sich, wie landläufig beschrieben,[43] fundamental vom klassischen Verständnis ausschließlich zwischenstaatlicher Rechtsbeziehungen mit einer Mediatisierung des Individuums unterscheiden soll. Denn das wesentliche Element dieser normativen Entwicklung ist nicht der Schutz von Individuen durch Normen, die in ihrem Interesse geschaffen werden – eine solche Schutzwirkung kennt bekanntlich das zwischenstaatliche Völkerrecht in Gestalt von Rechtsreflexen für „mediatisierte" Individuen auch. Den juristischen Kern des Menschenrechtsschutzes bildet die normative Ausrichtung der völkerrechtlichen Normen auf die von ihnen erfassten Einzelpersonen als Erfüllungsadressaten und die Konsequenzen dieser Ausrichtung im Fall von Normverstößen: Individuelle Sekundäransprüche sind daher der deliktsrechtliche Prüfstein dafür, wie ernsthaft und konsequent die Staatengemeinschaft die Idee des völkerrechtlichen Menschenrechtsschutzes verfolgt und in ihrer Rechtsordnung verwirklicht. Darüber hinaus sind bei Verträgen, die Rechte Dritter begründen, Sekundäransprüche dieser Dritten grundsätzlich die notwendige Folge der souveränen Gestaltungsentscheidung der Vertragsparteien, ihre Anerkennung also schlicht Ausfluss der Vertragsfreiheit souveräner Staaten.

Auch außerhalb des eigentlichen Menschenrechtsschutzes kennt das moderne Völkerrecht staatliche Verhaltenspflichten, deren Einhaltung Privaten geschuldet ist. Individuelle Primäransprüche können etwa zu finden sein im humanitären Völkerrecht, im Investitionsschutzrecht und im sonstigen Wirtschaftsvölkerrecht. In Zukunft mögen sich auch einzelne Bereiche des Umweltvölkerrechts in diese Richtung entwickeln. Schließlich können sich Verträge, die einmal zur Begründung rein zwischenstaatlicher Gewährleistungen geschlossen wurden, infolge einer veränderten Auslegung zu Verträgen mit Rechtsbegründungen für Dritte wandeln: Die Rechtsprechung des IGH zur Auslegung von Art. 36 Abs. 2 WÜK[44] ist hierfür das mittlerweile klassische Beispiel. Eine entsprechende Auslegung einzelner Bestimmungen der Genfer Konventionen zum humanitären Völkerrecht und ihrer Zusatzprotokolle ist sicherlich denkbar. Wo immer sich im geltenden Völkerrecht individuelle Primäransprüche, also Rechte auf Normeinhaltung ergeben, sind Individuen, soweit sie zu den aus der Norm Berechtigten gehören, passiv deliktsfähig, d. h. ggf. Opfer eines Völkerrechtsverstoßes[45] und damit Inhaber der sich ergebenden Deliktsfolgenansprüche.[46]

---

[43] Statt aller *K. Hailbronner/M. Kau*, in: Graf Vitzthum (Hrsg.) (Fn. 10), III Rn. 17; *V. Epping*, in: Ipsen (Fn. 38), § 7 Rn. 3–4.

[44] IGH *La Grand* (Fn. 8).

[45] Ebenso *Klein* (Fn. 5), S. 28 f.; *Schwager* (Fn. 33), S. 144; *R. Bank/E. Schwager*, GYIL 49 (2006), 367 (396); *A. Fischer-Lescano*, AVR 45 (2007), 299 (303 f.); wohl auch *Wolfrum*, in: Dahm/Delbrück/Wolfrum (Fn. 7), Bd. I/3, § 173 VI.3; *Ipsen*, in: Ipsen (Fn. 38), § 39 Rn. 30; *Schröder* (Fn. 10), VII Rn. 10; *v. Arnauld* (Fn. 14), Rn. 382.

[46] Ebenso *Schwager* (Fn. 33), S. 146–148; grundsätzlich auch *N. Matthiesen*, Wiedergutmachung für Opfer internationaler bewaffneter Konflikte, 2012, S. 342–344. Gegen eine solche rechtsdogmatische Folgerung aber *Seegers* (Fn. 34), S. 197–200, der allerdings hierfür wenig überzeugend auf die Tradition des Völkerrechts sowie die praktischen Schwierigkeiten

2. Geltendmachung von Sekundäransprüchen

Ist ein Völkerrechtssubjekt in einem seiner ihm durch die Völkerrechtsordnung zugewiesenen Rechte (Primäransprüche) verletzt, so stehen ihm grundsätzlich die Deliktsfolgenansprüche (Sekundäransprüche) sowie das Recht zu, diese Ansprüche geltend zu machen. Das Recht der Staatenverantwortlichkeit kennt allerdings Beispiele dafür, dass die Verletzteneigenschaft und das Recht zur Geltendmachung von Deliktsansprüchen auseinanderfallen können, und zwar durchaus in zwei verschiedene Richtungen:[47] Die *Draft Articles* der ILC von 2001[48] kennen sowohl das Recht zur Geltendmachung ohne eigene Rechtsverletzung, also quasi eine Art von Prozessstandschaft (Art. 48), als auch die Verletzung eigener Rechte ohne das Recht, diese geltend zu machen. Art. 42 lit. b) knüpft die Geltendmachung der Verletzung einer Primärpflicht, die mehreren Staaten oder der „internationalen Gemeinschaft als Ganzer" gegenüber besteht, an zwei alternative zusätzliche Voraussetzungen.

Unabhängig davon, ob letztgenannte Regel tatsächlich bestehendes Völkergewohnheitsrecht wiedergibt, zeigt sich immerhin, dass die Entstehung individueller Deliktsansprüche nicht zwingend bedeutet, dass die berechtigten Individuen diese Ansprüche auch tatsächlich geltend machen können. Auf der völkerrechtlichen Ebene kommen hierfür grundsätzlich nur zwei Wege in Betracht, nämlich die Anrufung einer zuständigen internationalen Instanz oder die Geltendmachung der individuellen Wiedergutmachungsansprüche im Wege diplomatischen Schutzes durch den Heimatstaat des Berechtigten. Ebenso wie die souveränen Staaten als originäre Normsetzer des Völkerrechts dafür verantwortlich sind, subjektive Rechte Einzelner zu begründen und damit die Saat für individuelle Wiedergutmachungsansprüche zu legen, liegt somit auch die tatsächliche Realisierung dieser Ansprüche in ihrer Hand – jedenfalls im Rahmen der Völkerrechtsordnung.[49]

Etwas differenzierter wird das Bild, wenn man die Möglichkeit der innerstaatlichen Durchsetzung völkerrechtlicher Deliktsansprüche in den Blick nimmt: Soweit eine nationale – oder auch eine supranationale – Rechtsordnung die Geltendmachung von subjektiven Rechten Einzelner aus Völkerrecht vor ihren Gerichten zulässt, können hierfür auch individuelle Wiedergutmachungsansprüche, die ihren Ursprung im Völkerrecht haben, in Betracht kommen. In entsprechend rezeptionsoffenen Staaten (oder Rechtssystemen) kann ein völkerrechtlicher Deliktsanspruch also dem Einzelnen den Zugang zu den allgemeinen Individualschutzverfahren eröffnen.[50] Unberührt davon bleibt im Übrigen die Möglichkeit, Ersatz- oder Entschädigungsansprü-

---

individueller Ansprüche verweist und statt dessen auf gewohnheitsrechtliche Ansprüche ausweicht (S. 200–208).

[47] Hierzu *Wolfrum*, in: Dahm/Delbrück/Wolfrum (Fn. 7), Bd. I/3, § 181, I.3.

[48] Fn. 13.

[49] Aus diesem Grund kritisch gegen eine „individualrechtsfreundliche Auslegung des Völkerrechts" *B. Grzeszick*, AVR 43 (2005), 312 (341–343).

[50] Für Individualrechte aus Völkerrecht allgemein *Grzeszick*, AVR 43 (2005), 312 (337).

che wegen der Verletzung von Völkerrecht nach nationalem Haftungsrecht geltend zu machen, was bekanntlich durch das geltende Völkerrecht nicht ausgeschlossen ist.[51] Die Praxis zum U.S.-amerikanischen *Alien Tort Claims Act*[52] und die im Fall *Varvarin* von OLG und BGH immerhin erwogene Anwendung des deutschen Amtshaftungsanspruchs[53] belegen, dass es sich hierbei nicht um eine nur theoretische Möglichkeit handeln muss. Wegen der allgemeinen Staatenimmunität kommen für ein solches Vorgehen, soweit es gegen Staaten gerichtet ist, allerdings grundsätzlich nur die Gerichte des Verletzerstaates selbst in Betracht.

IV. Die Bestimmung des Erfüllungsadressaten der Primärpflicht

Im völkerrechtlichen Deliktsrecht ergeben sich also individuelle Wiedergutmachungsansprüche, wenn eine Primärpflicht verletzt wird, die einem Völkerrechtssubjekt gegenüber einem Individuum oblag. Entscheidend ist somit in jedem Einzelfall, ob die verletzte völkerrechtliche Norm einen Primäranspruch, ein subjektives Recht des Betroffenen begründet. Dies setzt nicht nur – wie manche meinen[54] – eine individualschützende Zweckrichtung der Norm voraus (dieses Erfordernis findet sich als Haftungsvoraussetzung etwa in der unionsrechtlichen Amts- und Staatshaftung[55]), sondern darüber hinaus eine normative Verdichtung, die dem Einzelnen den mit der staatlichen Verhaltenspflicht korrespondierenden Normbefolgungsanspruch als Teil der eigenen Rechtssphäre zuordnet. Vieles hieran ist bislang noch ungeklärt, da sich Umrisse einer völkerrechtlichen Schutznormlehre in Praxis und Schrifttum erst langsam herausbilden.

Durch die Systematik des Deliktsrechts vorgegeben ist allerdings, dass es für das Entstehen eines individuellen Sekundäranspruchs entscheidend auf die normative Ausrichtung der Primärpflicht ankommt: Nur dem primär Anspruchsberechtigten kann ein solcher Anspruch zuteilwerden. Es genügt daher für einen deliktsrechtlichen Wiedergutmachungsanspruch nicht, dass der Einzelne infolge eines Völker-

---

[51] Gegen eine Exklusivität des völkerrechtlichen Deliktsfolgenrechts vor allem BVerfGE 94, 315 (330–333).

[52] Dazu z. B. *A. Heidbrink*, Der Alien Tort Claims Act (28 U.S.C § 1350): Schadensersatzklagen vor US-amerikanischen Gerichten wegen Verletzungen des Völkerrechts, 1989; *A. Scheffler*, Die Bewältigung hoheitlich begangenen Unrechts durch fremde Zivilgerichte, 1997, S. 127 ff.; *M. Rau*, IPRax 2000, 558 ff.; *T. Giegerich*, in: E. Klein/C. Menke (Hrsg.), Menschheit und Menschenrechte, 2002, 155; *M. Koebele*, Corporate responsibility under the Alien Tort Statute – enforcement of international law through US torts law, 2009.

[53] OLG Köln, NJW 2005, 2860 (2861–2863); BGH III ZR 190/05 (Fn. 23), Rn. 20–28. Ausführlich zum Problem *A. Dutta*, AöR 133 (2008), 191 ff.

[54] Z. B. *M. Traßl*, Die Wiedergutmachung von Menschenrechtsverletzungen im Völkerrecht, 1994, S. 108; *Fischer-Lescano*, AVR 45 (2007), 299 (302 f.); ähnlich *Matthiesen* (Fn. 46), S. 174, die immerhin noch die inhaltliche Bestimmtheit hinzufügt.

[55] Vgl. z. B. *A. v. Bogdandy/M. Jacob*, in: E. Grabitz/M. Hilf/M. Nettesheim, Recht der EU, Art. 340 AEUV Rn. 77 f. und 151; *Dörr* (Fn. 33), Rn. 122–124 und 139.

rechtsverstoßes tatsächlich einen kausalen Schaden erlitten hat – der sich darin erschöpfende Ansatz der ILA-Deklaration von 2010,[56] die den Opferbegriff auf den kausalen Schaden stützt und unmittelbar daran die Anspruchsentstehung knüpft, geht daher deutlich zu weit. Ebenso untauglich ist das pauschale Argument, zwischenstaatliche Primärpflichten seien vor dem allgemeinen Hintergrund der Entwicklung des völkerrechtlichen Menschenrechtsschutzes heute als individualberechtigend zu verstehen[57] – wird auf diese Weise die Anknüpfung an die konkrete verletzte Einzelnorm gelöst, so entfällt mit ihr die dogmatisch schlüssige Ableitung des Deliktsfolgenanspruchs und wird ersetzt durch eine – häufig durch beste Absichten motivierte – Rechtsfantasie.

Geht es um Ausrichtung und Inhalt, also das normative Programm der verletzten Völkerrechtsnorm, so kann sich die Antwort in jedem Einzelfall nur aus deren Auslegung ergeben: Für Rechte der Vertragsparteien kommt es vor allem auf Zweckrichtung und Erfüllungsstruktur des Vertrages an (oben III. 1.). Für Rechte Dritter, auch von Individuen, ist entscheidend, ob die Vertragsparteien (bzw. im Fall einer Gewohnheitsrechtsnorm die ermittelte *opinio iuris*) eine echte Berechtigung und nicht nur zwischenstaatliche Pflichten zum Schutz des Individuums begründen wollten und dies hinreichend klar im Vertragstext zum Ausdruck kommt.[58] Alle Auslegungstopoi der Art. 31–33 WVK stehen für die Beantwortung dieser Frage zur Verfügung. Der IGH stellte im Fall *La Grand* vor allem auf den Wortlaut von Art. 36 Abs. 1b) WÜK ab, der von „his rights" spricht, und zog ergänzend das systematische Argument heran, dass dem Betroffenen im folgenden Absatz ausdrücklich ein Widerspruchsrecht eingeräumt ist.[59] In der Anlage der konkret auszulegenden Norm wird ihre Genauigkeit, ihre Vollständigkeit entscheidend sein und für erstes auch, ob konkrete einzelne Personen in bestimmten Situationen berechtigt werden sollen oder nur ganz pauschal eine diffuse Personengruppe. Im Rahmen der Vertragssystematik wird eine Rolle spielen müssen, ob dem Einzelnen ein eigenes Beschwerderecht zur Verfügung steht oder ein solches wenigstens vorgesehen ist, um Vertragsverstöße zu rügen. Ein solches Verfahrensrecht ist keine notwendige Voraussetzung für die Ableitung eines materiellen Individualrechts aus dem Vertrag,[60] sein Bestehen

---

[56] Oben bei Fn. 18, darin Art. 4 und 6. Die pauschale Begründung ohne jeden Bezug zur jeweils verletzten Norm findet sich im Kommentar des Berichterstatters *Hofmann* zu Art. 4, unter (2). Ebenso schon Ziff. 8 der *UN-Basic Principles and Guidelines* (Fn. 17), die allerdings nur auf die Begründung nationaler Ansprüche zielen.

[57] So z.B. *Schwager* (Fn. 33), S. 131; ähnlich *Matthiesen* (Fn. 46), S. 279–284. Pauschal für eine „menschenrechtskonforme Auslegung von Völkervertragsrecht" A. *Peters*, JöR n.F. 59 (2011), 411 (433).

[58] Ebenso *Stein/v. Buttlar* (Fn. 7), Rn. 502 f.; *S. Hobe*, Einführung in das Völkerrecht, 9. Aufl. 2008, S. 167; in diesem Sinne auch BGH (Fn. 23), Rn. 8.

[59] IGH, *La Grand Case* (Fn. 8), § 77. Kritisch unter methodischen Gesichtspunkten *Grzeszick*, AVR 43 (2005), 312 (320–323).

[60] Ebenso z.B. *Randelzhofer* (Fn. 7), 233; *Stein/v. Buttlar* (Fn. 7), Rn. 501; *Hobe* (Fn. 58), S. 167; *Traßl* (Fn. 54), S. 108; *Matthiesen* (Fn. 46), S. 175–184. In der Sache auch schon StIGH, *Appeal from a Judgment of the Hungaro-Czechoslovak Mixed Arbitral tribunal (The*

stellt für diese jedoch ein wesentliches Indiz dar. Die nachfolgende Praxis der Vertragsparteien kann im Rahmen des Art. 31 Abs. 3 lit. a) und b) WVK Berücksichtigung finden: Bei einem sich nachträglich bildenden Konsens der Parteien oder auch durch die dynamische Anwendungspraxis eines Vertragsorgans, die von den Parteien geduldet wird, kann sich die ursprüngliche Ausrichtung eines Vertrages unter Umständen erheblich verändern.[61]

Subjektive Rechte Einzelner können danach nicht entstehen aus völkerrechtlichen Normen, die ausschließlich oder ganz vorrangig dem Schutz souveräner Staaten dienen, wie z. B. dem Gewaltverbot, den Regeln der Staatenimmunität oder nachbarrechtlichen Pflichten zum Schutz von Umwelt und territorialer Integrität. Auch das völkerrechtliche Fremdenrecht, also die Pflicht zur Behandlung fremder Staatsangehöriger nach einem völkergewohnheitsrechtlichen Mindeststandard, ist bekanntlich nur ein Recht der Staaten, seine Verletzung löst Deliktsfolgenansprüche nur für diese aus.[62]

In Bezug auf Verträge, die dem völkerrechtlichen Menschenrechtsschutz zugerechnet werden, ist besonders sorgfältig und für jede einzelne Norm zu differenzieren zwischen echten Individualrechten und individualschützenden Staatenpflichten. Letztere mag man als Menschenrechte im weiteren Sinne bezeichnen, echte Primärberechtigungen, deren Verletzung zu eigenen Sekundäransprüchen führen kann, begründen sie nicht. Die klassischen Gewährleistungen in Art. 6–27 IPbpR, in Art. 2–14 EMRK und den relevanten Protokollen zur EMRK sind ohne Zweifel als echte subjektive Rechte der betroffenen Einzelpersonen gemeint und werden in der Praxis auch als solche behandelt. Das Diskriminierungsverbot in Art. 5 UN-Rassendiskriminierungsabkommen enthält wohl ein völkerrechtsunmittelbares subjektives Gleichheitsrecht. Wie aber ist es mit den Gewährleistungen des IPwskR? Die sehr vage Formulierung in Art. 2 Abs. 1 des Sozialpaktes spricht dafür, in den – allerdings deutlich konkreter formulierten – Einzelbestimmungen eher individualbezogene Bemühenspflichten als wirkliche subjektive Rechte zu sehen.[63] Zwar soll durch das Fakultativprotokoll von 2008 ein Individualbeschwerdeverfahren nach dem Vorbild des Zivilpakts eingeführt werden, was auf längere Sicht die Möglichkeit eröffnen mag, durch eine dynamische Auslegungs- und Anwendungspraxis auch den Gewährleis-

---

Peter Pazmany University v. The State of Czechoslovakia), PCIJ Series A/B No. 61, S. 208, 231 (1933): „Again, it is scarcely necessary to point out that the capacity to possess civil rights does not necessarily imply the capacity to exercise those rights oneself". Dies verkennt *Grzeszick*, AVR 43 (2005), 312 (328).

[61] Im Einzelnen *O. Dörr*, in: ders./K. Schmalenbach (Hrsg.), Vienna Convention on the Law of Treaties, 2012, Art. 31 Rn. 70–88.

[62] Noch immer grundlegend StIGH, *The Mavrommatis Palestine Concessions*, PCIJ Series A No. 2, S. 12 (1924).

[63] So z. B. *Randelzhofer* (Fn. 7); *K. Doehring*, Völkerrecht, 2. Aufl. 2004, Rn. 978; *Stein/v. Buttlar* (Fn. 7), Rn. 1014; *Seegers* (Fn. 34), S. 65 f.; *Dörr*, JZ 2005, 905 (906). Die Praxis des zuständigen UN-Ausschusses (CESCR) unterstreicht den weichen Charakter der völkerrechtlichen Bindung, vgl. Comment No. 3 („The nature of States Parties obligations") v. 14. Dez. 1990, abrufbar unter http://www.ohchr.org.

tungen des Sozialpaktes den Charakter subjektiver Rechte beizulegen. Gegenwärtig aber ist das Protokoll in Ermangelung einer ausreichenden Zahl von Ratifizierungen noch nicht in Kraft getreten – obwohl insgesamt nur zehn Ratifizierungen notwendig sind.[64]

Die Völkermordkonvention von 1948 enthält zwar grundlegende Bestimmungen zum Schutz von Menschen, in ihrer rechtlichen Struktur aber ausschließlich Verhaltenspflichten der Vertragsstaaten, keine Rechte Einzelner. Die UN-Folterkonvention von 1984 begründet ganz überwiegend objektive Staatenpflichten (z. B. für die Verhinderung und Ahndung von Folter, für die Auslieferung oder Verfolgung von Folterern Sorge zu tragen) und nur einige Bestimmungen, die zwar ebenfalls als Staatenpflichten formuliert sind, aber wegen ihres klaren, auf einzelne Personen bezogenen Schutzgehalts als echte subjektive Rechte verstanden werden könnten: Das Verbot der Auslieferung in einen Folterstaat (Art. 3), das Recht auf ein Beschwerderecht (Art. 13) und das Recht auf eine einklagbare Entschädigung (Art. 14). Dafür spricht nicht zuletzt auch, dass das Beschwerdeverfahren der Konvention unter bestimmten Voraussetzungen auch Einzelpersonen offensteht (Art. 22).[65]

Ganz ähnlich wird auch im humanitären Kriegsvölkerrecht zu unterscheiden sein zwischen Normen, die – allein schon wegen der Zeit ihres Entstehens – von einer eigenen Rechtsstellung des Individuums nichts wissen (z. B. die Haager Landkriegsordnung von 1907), und solchen Bestimmungen, bei denen eine Interpretation in diesem Sinne immerhin möglich erscheint (z. B. für Kriegsgefangene gem. Art. 7 der III. Genfer Konvention oder allgemein für Personen *hors de combat* gem. Art. 4 Abs. 1 des II. Zusatzprotokolls).[66] In diesem Bereich wird wegen seiner überwiegend zwischenstaatlichen Implementierungsstruktur viel davon abhängen, ob die jeweils beteiligten Staaten sich auf eine individualrechtsorientierte Auslegung der vertraglichen Regeln einlassen oder nicht.

Andere, vor allem zeitlich jüngere Bestandteile der Völkerrechtsordnung dürften mit weniger Umständen als Grundlage subjektiver Rechte Einzelner zu verstehen sein. Ein Beispiel bietet das 1998 geschlossene Übereinkommen über den Zugang zu Informationen, die Öffentlichkeitsbeteiligung an Entscheidungsverfahren und den Zugang zu Gerichten in Umweltangelegenheiten, die sog. Århus-Konvention,[67] von deren Bestimmungen jedenfalls einige echte völkerrechtliche Individualrechte enthalten.[68] Größere Schwierigkeiten wird hingegen regelmäßig die Ermittlung ech-

---

[64] Von den Mitgliedstaaten der Europäischen Union haben bislang (Stand: 20. Sept. 2012) allein Spanien und die Slowakei ratifiziert.

[65] *Dörr*, JZ 2005, 905 (907).

[66] Zu pauschal für Individualrechte im humanitären Völkerrecht *Schwager* (Fn. 33), S. 92–94; wohl auch *P. Stammler*, Der Anspruch von Kriegsopfern auf Schadensersatz, 2009, S. 80. Differenzierter *Matthiesen* (Fn. 46), S. 199–213.

[67] BGBl 2006 II, 1252.

[68] Vgl. z. B. *M. Scheyli*, AVR 38 (2000), 217 (227); *C. Walter*, EuR 2005, 302 (306); *A. Schwerdtfeger*, Der deutsche Verwaltungsrechtsschutz unter dem Einfluss der Århus-Konvention, 2010, S. 22.

ter subjektiver Rechte aus Normen des Völkergewohnheitsrechts machen, da die *opinio iuris* von Staaten und Organen sich nur selten an Kategorien der Rechtsdogmatik orientiert und daher hier häufig in einem weiteren Sinne von „Rechten" („rights") die Rede sein wird, wenn doch nur der Schutz von Individuen durch völkerrechtliche Normen gemeint ist.

V. Offene Fragen

Das Bestehen völkerrechtlicher Wiedergutmachungsansprüche Privater fügt sich also nahtlos in die dogmatische Struktur der geltenden Völkerrechtsordnung ein, die subjektive Rechte von Individuen nicht nur theoretisch kennt, sondern in einigen Bereichen auch praktisch zur Geltung bringt. Die in dieser Rechtsordnung angelegte Unterscheidung von Primär- und Sekundärpflichten und der darin immanente personelle Gleichlauf beider Rechtsverhältnisse legt eine solche Ableitung nahe. Dennoch bleiben manche Fragen vorläufig offen, deren Behandlung sich hier aus Raumgründen verbot.

Die Einzelheiten der Schutznormlehre des modernen Völkerrechts gilt es auszuarbeiten, um klarer bestimmen zu können, unter welchen Voraussetzungen wirklich Primäransprüche von Individuen entstehen, deren Verletzung dann individuelle Deliktsansprüche zur Folge haben kann. Dabei können das deutsche Verwaltungsrecht und das europäische Unionsrecht,[69] die jeweils eigene Varianten des Schutznormkonzepts pflegen, wenigstens insoweit als Vorbilder taugen, als sie illustrieren, wie unterschiedlich dieses Konzept auf der Grundlage desselben dogmatischen Ausgangspunkts ausgestaltet sein kann. Um den Eigengesetzlichkeiten des Völkerrechts Rechnung zu tragen, wird dem Gestaltungswillen der souveränen Staaten, ihrer nachfolgenden Vertragspraxis und der Praxis von ihnen eingesetzter internationaler Organe eine maßgebliche Bedeutung zuzumessen sein. Jedenfalls für letzteres kann die Auslegungspraxis des EuGH im Rahmen eines immerhin im Ursprung völkerrechtlichen Systems durchaus als anschauliches Beispiel dienen. Im allgemeinen Völkerrecht dürfte sich angesichts der Heterogenität der Staatengemeinschaft bei genauer Betrachtung zeigen, dass der Bestand echter subjektiver Individualrechte deutlich kleiner ist als die Gruppe derjenigen Normen, die landläufig mit dem Etikett „Menschenrechte" belegt werden. Das Völkerrecht kennt – insoweit anders als das Unionsrecht – nach wie vor den Individualschutz ohne Begründung von Individualrechten.

Zweitens wäre denkbar, dass das völkerrechtliche Deliktsrecht weitere Voraussetzungen für die Geltendmachung von Sekundäransprüchen Einzelner herausbildet, und zwar nicht nur prozeduraler, sondern durchaus materiell-rechtlicher Natur. Das zwischenstaatliche Deliktsrecht kennt in Art. 42 ARSIWA hierfür Ansätze,[70] das europäische Unionsrecht beschränkt die Haftung von Union und Mitgliedstaaten

---

[69] Zu subjektiv-öffentlichen Rechten im Unionsrecht statt aller *T. v. Danwitz*, Europäisches Verwaltungsrecht, 2008, S. 510–518; *S. Kadelbach*, Allgemeines Verwaltungsrecht unter europäischem Einfluß, 1999, S. 368–442.

[70] Vgl. bei Fn. 48.

durchweg auf die „hinreichend qualifizierte" Verletzung von Schutznormen.[71] Auch Differenzierungen nach verschiedenen Typen von Verletzungshandlungen wären denkbar, etwa besonders restriktive Haftungsvoraussetzungen in Bezug auf Kriegshandlungen, um den Eigengesetzlichkeiten des bewaffneten Konflikts Rechnung zu tragen und nach seiner Beendigung die geordnete Rückkehr zu friedlichen Beziehungen zu ermöglichen.[72] Über Begrenzungen dieser Art kann – und sollte – man nachdenken, sie dürfen aber nicht dazu dienen, das Konzept individueller Sekundäransprüche, das notwendig im modernen Völkerrecht angelegt ist, insgesamt zu ignorieren.

Drittens gilt es auf völkerrechtlicher Ebene die Gestaltungs- und Dispositionsfreiheit souveräner Staaten als Folge ihrer Personalhoheit zu bedenken. Kraft derselben können Heimatstaaten anerkanntermaßen über Vermögensrechte ihrer Staatsangehörigen gegenüber anderen Staaten verfügen, also auch auf private Entschädigungsansprüche wirksam verzichten.[73] Diese Befugnis bezieht sich sowohl auf Ansprüche des Staates selbst für seine „mediatisierten" Staatsangehörigen als auch auf deren eigene Ansprüche[74] und findet seine Grenzen bislang nur im völkerrechtlichen *ius cogens*. Beschränkungen aus Menschenrechten oder nationalem Verfassungsrecht betreffen zunächst nur das „Dürfen" der Staaten, nicht aber ihr souveränitätsindiziertes völkerrechtliches „Können". Hier wäre in Zukunft zu untersuchen, wie weit diese Gestaltungsfreiheit heute noch geht: Kann es z.B. sein, dass Staaten in einem Vertragsregime oder im Völkergewohnheitsrecht Primäransprüche Einzelner begründen, gleichzeitig aber die korrespondierenden Sekundäransprüche ausschließen? Grundsätzlich müsste nach den allgemeinen Grundsätzen auch ein solches kupiertes Deliktsfolgenregime von der Freiheit des Staatenkonsenses umfasst sein, echte Wirksamkeitsgrenzen in Gestalt von Regeln des delikts- oder menschenrechtlichen *ius cogens* sind bislang wohl nicht erkennbar. Allerdings wird man angesichts der allgemeinen deliktsrechtlichen Regeln erwarten müssen, dass die beteiligten Staaten einen solchen Ausschluss ausdrücklich verabreden und nicht nur implizit unterstellen.

Damit hängt viertens die Frage zusammen, wie sich die Sekundäransprüche anderer Staaten, die sich aus der Verletzung individualrechtsbegründender Normen ergeben können (*erga-omnes*-Wirkung),[75] zu den aus demselben Rechtsverstoß entstehenden Sekundäransprüchen Privater verhalten. Gibt es jenseits der Dispositionsbefugnis der Heimatstaaten ein Vorrangverhältnis zwischen ihnen? Oder sind die Inhal-

---

[71] Dazu z.B. *v. Bogdandy/Jacob* (Fn. 55), Rn. 87–95 und 161–166; *v. Danwitz* (Fn. 69), S. 457–459 und 601 f.

[72] Für diesen Aspekt als Grund für den generellen Ausschluss individueller Deliktsansprüche *Tomuschat*, in: Randelzhofer/Tomuschat (Fn. 5), 1 (18–25).

[73] Vgl. z.B. BVerfGE 94, 315 (332 f.); *Randelzhofer/Dörr* (Fn. 12), S. 74–94 m.w.N.

[74] Gerade in der wirksamen Verfügung über eigene Vermögenswerte des einzelnen zeigt sich die völkerrechtliche Wirkung der Personalhoheit. Unrichtig daher *Seegers* (Fn. 34), S. 215–217.

[75] Dazu oben unter III. 1. bei Fn. 41.

te der Sekundäransprüche aufeinander abzustimmen, etwa um eine Überforderung des Anspruchsgegners zu verhindern? Die variablen Inhalte von Deliktsfolgenansprüchen (vgl. Art. 30, 34–37 ARSIWA) böten hierfür durchaus Ansatzpunkte.

Schließlich bleiben fünftens für jede staatliche Rechtsordnung die genauen Voraussetzungen für die innerstaatliche Durchsetzung völkerrechtlicher Sekundäransprüche zu untersuchen. Hier könnten sich rechtsvergleichende Untersuchungen zur Inkorporation völkerrechtlich begründeter Rechte, zur Funktion der unmittelbaren Wirkung in diesem Zusammenhang und zur innerstaatlichen Gerichtspraxis anbieten.

VI. Fazit

Die Entscheidung des IStGH vom 7. August 2012 über die *principles on reparation* rührt trotz ihrer eher speziellen Ausrichtung auf das Verhältnis zwischen Privaten an einen wunden Punkt der allgemeinen völkerrechtlichen Dogmatik: Wissenschaft und Praxis des Völkerrechts scheuen sich bislang davor anzuerkennen, dass eine konsequente Anwendung der Regeln der Staatenverantwortlichkeit auf die Verletzung von subjektiven Rechten Privater grundsätzlich zu individuellen Wiedergutmachungsansprüchen führen muss. Dies ist die notwendige Folge der Begründung von Primäransprüchen Einzelner, die regelmäßig als wesentlicher Entwicklungsschritt des Völkerrechts im 20. Jh. gefeiert wird, und der Tatsache, dass das völkerrechtliche Deliktsrecht bislang keine speziellen, von den allgemeinen Grundsätzen abweichenden Regeln zu den Folgen der Verletzung individueller Primäransprüche herausgebildet hat. Während die grundsätzliche Anerkennung individueller Deliktsansprüche im Völkerrecht schlicht ein Gebot dogmatischer Konsequenz und wissenschaftlicher Redlichkeit ist, stellt die Ausgestaltung einer völkerrechtlichen Schutznormlehre sowie eines dazu passenden Deliktsfolgenregimes ein Desiderat künftiger Forschung und Praxis dar. Wissenschaft und Praxis werden dafür auf prägende Gedanken *Eckart Kleins* zu den Menschenrechten, ihrer dogmatischen Struktur und ihrer praktischen Durchsetzung zurückgreifen können.

Der Menschenrechtsrat der Vereinten Nationen

Eine Standortbestimmung nach Abschluss des „Review"-Prozesses

Von *Robin Geiß*

I. Einleitung

Schon als die Generalversammlung der Vereinten Nationen am 3. April 2006 den Menschenrechtsrat als Nebenorgan der Generalversammlung mit Sitz in Genf einrichtete, wurde festgelegt, dass die Generalversammlung den Status des Rates binnen fünf Jahren überprüfen würde und dass der Rat seine Funktionsweise fünf Jahre nach seiner Einrichtung überprüfen wird.[1] Dieser zweigliedrige Überprüfungsprozess wurde im Jahr 2011 abgeschlossen. Nach siebenmonatigen Verhandlungen hat die Generalversammlung am 17. Juni 2011 ihre Resolution 65/281 zur „Überprüfung des Menschenrechtsrats" angenommen.[2]

Ähnlich wie bereits beim Übergang von der zuletzt immer stärker kritisierten Menschenrechtskommission zum Menschenrechtsrat im Jahr 2006 waren auch in den Überprüfungsprozess hohe Erwartungen gesetzt worden, die sich, wenn überhaupt, allenfalls teilweise realisiert haben. Viele der alt-bekannten Streitfragen – wie etwa die selektive Fokussierung des Rates auf Israel und die Menschenrechtssituation in den besetzten Gebieten, der Umstand, dass auch unter den Mitgliedern des Menschenrechtsrates Staaten mit höchst bedenklicher Menschenrechtsbilanz sind[3], und die Unfähigkeit auf schwerwiegende Menschenrechtsverletzungen, wie etwa im Falle Sri Lankas 2008[4], adäquat zu reagieren – konnten auch im Zuge des Überprüfungsprozesses keiner Lösung zugeführt werden. Dies zeigt sich auch daran, dass Re-

---

[1] UN Doc. A/RES/60/251/ v. 3. April 2006, Ziff.1 u. 16.

[2] UN Doc. A/RES/65/281 v. 20. Juli 2011. Zuvor hatte am 25. März 2011 bereits der Menschenrechtsrat einstimmig Resolution 16/21 und als deren Annex das „Ergebnis der Überprüfung der Tätigkeit und Funktionsweise des Menschenrechtsrats" angenommen: UN Doc. A/HRC/RES/16/21 v. 25. März 2011.

[3] *N. Schrijver*, Leiden Journal of International Law, 4 (2007), 809–823.

[4] Report of the Working Group on the UPR: Sri Lanka, UN Doc. A/HRC/8/46 v. 5. Juni 2008; *G. Sweeny/Y. Saito*, Human Rights Law Review 2 (2009), 203–223.

solution 65/281 allen Bemühungen zum Trotz letztlich nicht einstimmig, sondern nur mit 154 zu 4 Stimmen verabschiedet werden konnte.[5]

Auch nach Abschluss des Prozesses bleibt der Menschenrechtsrat somit bis auf weiteres ein Beispiel für einen „unvollendeten Reformprozess".[6] Gleichwohl lässt sich an den Diskussionen im Verlauf des Überprüfungsprozesses, in denen die Erfahrungen der ersten Arbeitsjahre des neu geschaffenen Gremiums zusammengetragen wurden, anschaulich aufzeigen, wo die wesentlichen rechtlichen und politischen Streitpunkte und Probleme liegen, welche der vielen im Vorfeld und im Verlauf des Prozesses unterbreiteten Verbesserungsvorschläge langfristig eine realistische Chance auf Umsetzung haben und wo der Funktionsfähigkeit des Menschenrechtsrates auch weiterhin Gefahren drohen. Daher sollen die Diskussionen in Genf und New York hier als Rahmen dienen für eine aktuelle Standortbestimmung des Menschenrechtsrates. Der Fokus liegt dabei auf den zentralen Kontroversen im Verlauf des Überprüfungsprozesses, die auch in den kommenden Jahren die Arbeit des Menschenrechtsrates maßgeblich beeinflussen werden.

II. Der New Yorker Überprüfungsprozess: Status und Mitgliedschaft

Resolution 65/281 vom 20. Juli 2011 bekräftigt und ergänzt die Gründungsresolution 60/251 vom 3. April 2006.[7] Die darin enthaltenen Änderungen sind weitgehend technischer Natur. So hat die Generalversammlung beschlossen, dass der jährliche Zyklus der Mitgliedschaft im Menschenrechtsrat ab 2013 am 1. Januar beginnt;[8] dass die kontroverse Praxis, den Tagesordnungspunkt „Bericht des Menschenrechtsrats" dem Plenum der Generalversammlung und dem Dritten Ausschuss zuzuweisen, in Einklang mit dem Beschluss 65/503 A beibehalten und somit institutionalisiert wird[9], und dass fortan der Jahresbericht des Menschenrechtsrats den Zeitraum vom 1. Oktober bis 30. September abdeckt.[10] Ungeachtet dieser bescheidenen Ergebnisse war der New Yorker Überprüfungsprozess bestimmt von erneuten Diskussionen um den Status des Menschenrechtsrates und die Voraussetzungen für eine Mitgliedschaft im Menschenrechtsrat.

---

[5] Die USA, Israel, Kanada und Palau stimmten gegen die Resolution, abrufbar unter: http://www.un.org/News/Press/docs//2011/ga11101.doc.htm (Stand Juli 2012).

[6] E. Klein/M. Breuer, in: H. J. Münk (Hrsg.), Die Vereinten Nationen sechs Jahrzehnte nach ihrer Gründung, 2008, 75–116.

[7] UN Doc. A/RES/65/281 v. 20 Juli 2011, Ziff. 1 u. 2.

[8] UN Doc. A/RES/65/281 v. 20 Juli 2011, Ziff. 4.

[9] UN Doc. A/RES/65/281 v. 20 Juli 2011, Ziff. 6.

[10] UN Doc. A/RES/65/281 v. 20 Juli 2011, Ziff. 7. Bisher war der Berichtszeitraum des Menschenrechtsrates vom 1. Juli bis zum 30. Juni.

1. Der Status des Menschenrechtsrates

Der Vorschlag, im Lichte der Entstehungsgeschichte und angesichts der in Artikel 1 Absatz 3 der Charta niedergelegten Zielvorgaben innerhalb der Vereinten Nationen ein für die Menschenrechte zuständiges Hauptorgan zu schaffen, ist nicht neu. Er entspricht geradezu der „Logik der Charta".[11] Aufgegriffen in dem Bericht der „Hochrangigen Gruppe zu Bedrohungen, Herausforderungen und Wandel" im Jahr 2004[12] und ungeachtet zahlreicher Fürsprecher,[13] konnte sich der Vorschlag bei der Gründung des Menschenrechtsrates 2005/2006 dennoch nicht durchsetzen.[14] Daran hat sich auch fünf Jahre später – wie zu erwarten war – nichts verändert. In Resolution 65/281 vom 20. Juli 2011 hat die Generalversammlung beschlossen, „den Status des Menschenrechtsrats als Nebenorgan der Generalversammlung beizubehalten" und die Statusfrage „zu gegebener Zeit nach frühestens zehn und spätestens fünfzehn Jahren erneut zu behandeln".[15] Die Angabe einer entsprechenden Zeitspanne war zwar nicht erforderlich, da die Generalversammlung den Menschenrechtsrat als ihr Nebenorgan im Sinne von Artikel 7 Absatz 2 i. V. m. Artikel 22 der Charta auch unabhängig von einer zeitlichen Vorgabe jederzeit überprüfen kann und auch die Kompetenz zur Änderung der Charta – wie sie für eine Aufwertung des Menschenrechtsrates zu einem Hauptorgan der Vereinten Nationen im Sinne von Artikel 7 Absatz 1 erforderlich wäre – gemäß Artikel 108 jederzeit in Anspruch genommen werden kann. Gleichwohl hatten im Verlauf des Überprüfungsprozesses verschiedene Staaten auf eine zeitliche Festlegung gedrungen, da damit zumindest klargestellt ist, dass eine Statusaufwertung des Menschenrechtsrates zu einem Hauptorgan der Vereinten Nationen als Option weiterhin aufrechterhalten wird. Allerdings ist die Statusaufwertung keineswegs als konkrete Zielvorgabe formuliert.[16] Bis auf Weiteres bleibt es daher bei der symbolisch-politischen Statusaufwertung, die der Menschenrechtsrat durch seine Errichtung als Nebenorgan der Generalversammlung erfahren hat. Die mit dieser Kompromisslösung einhergehenden Konsequenzen, die Aufwertung eines Nebenorgans verbunden mit der damit verbundenen (weiteren) Abwertung des Wirtschafts- und Sozialrates als Hauptorgan und das bestenfalls rudimentär geregelte Verhältnis des Menschenrechtsrates zu anderen Neben- und Hauptorganen, sind als pragmatische Interimslösungen und weitere Vorboten einer dringend notwendigen Strukturreform der Vereinten Nationen einstweilen hinzuneh-

---

[11] *J.M. Bertrand*, La Commission des droits de l'homme de l'ONU, 1975, 320.

[12] Report of the High-level-Panel on Threats, Challenges and Change: UN Doc. A/59/565 v. 1. Dezember 2004, Ziff. 291.

[13] UNGO Official Records, 60th Session, 72nd plenary meeting: UN Doc. A/60/PV.72 v. 15. März 2006.

[14] *M. Spohr*, Max Planck Yearbook of United Nations Law, 2010, 169, 177.

[15] UN Doc. GA/RES/65/281 v. 20 Juli 2011, Ziff. 3.

[16] Schon 2006 konnte sich ein entsprechender Formulierungsvorschlag, wonach der Status des Menschenrechtsrates „with a view to elevate it to a principal organ" hätte überprüft werden sollen, nicht durchsetzen: UN Doc. A/60/L.48 v. 24. Februar 2006.

men.¹⁷ Vor allem hat der Überprüfungsprozess auch gezeigt, dass die Frage nach einer Statusaufwertung des Rates nicht nur mit der Diskussion um eine Reform des Sicherheitsrates untrennbar verwoben ist. Da aus der Sicht der Gruppe der afrikanischen Staaten eine (weitere) Aufwertung des Menschenrechtsrates das Thema „Entwicklung" in den Hintergrund rücken könnte, müsste eine entsprechende Charta-Reform wohl auch eine Reform des Wirtschafts- und Sozialrates miteinbeziehen.

2. Wählbarkeitsvoraussetzungen, Prüfmechanismen und Wahlverfahren

Die Ausgestaltung der Wählbarkeitsvoraussetzungen und des Wahlprozesses war der wichtigste Diskussionspunkt des New Yorker Überprüfungsprozesses. Die Mitgliedschaft im Menschenrechtsrat steht nach der Gründungsresolution 60/251 „allen Mitgliedstaaten der Vereinten Nationen offen".¹⁸ Um Staaten mit schlechter Menschenrechtsbilanz von der Mitgliedschaft auszuschließen und damit einem wesentlichen Kritikpunkt an der Menschenrechtskommission, zu deren Mitgliedern zuletzt unter anderem der Sudan (2001) und Simbabwe (2002) gehört hatten, zu begegnen, verweist die Gründungsresolution auf den Beitrag der Kandidaten zur Förderung und zum Schutz der Menschenrechte und auf die zu diesem Zweck von den Bewerberstaaten eingegangenen freiwilligen Zusagen und Verpflichtungen.¹⁹ Allerdings handelt es sich hierbei bekanntlich nicht um verbindliche Wählbarkeitsvoraussetzungen, sondern lediglich um Umstände, die nach dem Wortlaut der Gründungsresolution zu *berücksichtigen* sind.²⁰ Direkte Pflichten werden weder mit Blick auf die wählenden Staaten noch in Bezug auf potentielle Beitrittskandidaten stipuliert.²¹ So ist es kaum verwunderlich, dass sich auch der Menschenrechtsrat heftiger Kritik an der Zusammensetzung seiner Mitglieder – zu denen etwa Libyen unter der Regierung Gaddafis gehörte – ausgesetzt sieht.²²

a) Materielle Wählbarkeitsvoraussetzungen

Die EU, USA und Kanada – anknüpfend an den früheren amerikanischen Vorschlag, die Ratsmitgliedschaft nur „echten Demokratien" vorzubehalten – haben sich im Review-Prozess erneut für verbindliche materielle Mitgliedschaftskriterien eingesetzt. Als Wählbarkeitsvoraussetzung diskutiert wurden unter anderem die Vor-

---

[17] Kritisch *B. Fassbender*, Essays in Honour of Bruno Simma, 2011, 443, 461.

[18] UN Doc. A/RES/60/251 v. 3. April 2006, Ziff. 7.

[19] UN Doc. A/RES/60/251 v. 3. April 2006, Ziff. 8.

[20] A/RES/60/251 v. 3. April 2006, Ziff. 8; *M. Breuer*, in: E. Klein/Ch. Menke (Hrsg.), Universalität – Schutzmechanismen – Diskriminierungsverbote, 2008, 220, 222.

[21] *D. Karrenstein:* Der Menschenrechtsrat der Vereinten Nationen, 2011, 133; *Ph. Alston*, Melbourne Journal of international law 1 (2006), 185, 198; *Breuer (*Fn. 20), 221 f.

[22] Siehe nur die Kritik der USA, abrufbar unter: http://www.un.org/News/Press/docs// 2011/ga11101.doc.htm. (Stand Juli 2012); *Schrijver* (Fn. 4), 822.

aussetzung der Ratifikation der wesentlichen Menschenrechtsschutzverträge einschließlich des Römischen Statuts und die Kooperation des Bewerberstaates sowohl mit den Vertragsorganen als auch mit den Charter-basierten Mechanismen.[23] Denkbar wären darüber hinaus auch klare Ausschlusskriterien, bei deren Vorliegen die Wählbarkeit eines Staates automatisch erlischt, wie etwa im Falle der Verhängung von Sanktionen durch den Sicherheitsrat oder die Überweisung der Situation in dem Bewerberstaat an den IStGH. Angesichts der in der Gründungsresolution enthaltenden Möglichkeit der Suspendierung der Mitgliedschaftsrechte im Falle von schweren und systematischen Menschenrechtsverletzungen erschiene ein solcher Automatismus konsequent.[24]

b) Prüfmechanismen für freiwillige Wahlzusagen

Zwar werden freiwillige Zusagen im Sinne der Resolution 60/251 im Vorfeld von Wahlen häufig abgegeben,[25] wie etwa das Versprechen, bestimmte Menschenrechtsschutzverträge innerhalb eines bestimmten Zeitraums zu ratifizieren.[26] Viele Wahlversprechen, und insbesondere diejenigen von Staaten mit kritischer Menschenrechtsbilanz, sind aber vage und entziehen sich einer genauen Überprüfung.[27] Die Gründungsresolution wie auch die Geschäftsordnung lassen es offen, wie freiwillige Wahlzusagen inhaltlich auszugestalten sind. Auch die Aufforderung des Büros der Hohen Kommissarin der Vereinten Nationen für Menschenrechte, spezifische und überprüfbare Wahlzusagen abzugeben und diese öffentlich zu machen sowie ein Katalog unverbindlicher Empfehlungen zur inhaltlichen Ausgestaltung freiwilliger Wahlzusagen, haben bislang nur wenig geändert.[28] Vor diesem Hintergrund wurde im Verlauf des Überprüfungsprozesses die Einrichtung eines öffentlichen Prüf- und Verifikationsmechanismus („*public pledge review mechanism*") bezüglich der Umsetzung freiwilliger (Wahl-)Zusagen diskutiert. Zwar wurden freiwillige Wahlzusagen bereits in der Vergangenheit zum Teil im Verfahren der allgemeinen regelmäßigen Überprüfung thematisiert. Ein institutionalisierter Prüfmechanismus könnte aber eine einheitliche und kontinuierliche Überprüfung der Wahlversprechen aller Mitglieder gewährleisten. Die Aussicht, einem solchen Verfahren unterzogen zu

---

[23] Amnesty international's guide to UN Human Rights Council Candidates, 2006, abrufbar unter: http://www.amnesty.org/en/united-nations (Stand Juli 2012); *M. Nowak/M. Birk/T. Crittin/J. Kozma*, European Yearbook on human rights 2011, 41, 82.

[24] *Karrenstein* (Fn. 21), 134.

[25] Siehe nur die Wahlzusagen der Bundesrepublik Deutschland im Zusammenhang mit der deutschen Kandidatur für eine Mitgliedschaft im Zeitraum 2013–2015, Annex to the letter dated 28 February 2012 from the Permanent Representative of Germany to the United Nations addressed to the President of the General Assembly: UN Doc. A/67/67 v. 6. März 2012.

[26] *O. A. Hathaway*, Yale Law Journal 2002, 1935, 2002.

[27] *P. Scanella/P. Splinter*, Human Rights Law Review 2007, 41–72.

[28] OHCHR, Suggested Elements for Voluntary Pledges and Commitments by Candidates for Election to the Human Rights Council, 2006, abrufbar unter: http://www2.ohchr.org/english/bodies/hrcouncil/elections.htm (Stand Juli 2012).

werden, würde zudem dazu beitragen, Staaten mit fragwürdiger Menschenrechtsbilanz von einer Kandidatur um eine Mitgliedschaft im Menschenrechtsrat fernzuhalten.[29] Gleichzeitig würde ein solches Verfahren es erforderlich machen, die vagen Vorgaben der Gründungsresolution bezüglich der Mindestvoraussetzungen für die Erfüllung freiwilliger Wahlzusagen im Sinne einer ordnungsgemäßen Kooperation konkreter auszugestalten.[30]

Seitens der Gruppe der blockfreien Staaten, der Organisation für Islamische Zusammenarbeit, der Russischen Föderation und Chinas wurden diese Vorschläge allerdings abgelehnt. Um verschiedene – aus Sicht der westlichen Staatengruppe inakzeptable – Gegenvorschläge betreffend eine verstärkte Kontroll- und Aufsichtsfunktion des Menschenrechtsrates bezüglich der Sonderverfahren und des Büros der Hochkommissarin für Menschenrechte abzuwehren, wurden die wichtigen Vorschläge für klarere Wählbarkeitskriterien und die Einrichtung eines Prüfmechanismus für freiwillige Wahlzusagen leider vollständig aufgegeben.[31] Letztlich konnten sich nicht einmal abgeschwächte Kompromissvorschläge, wie etwa die Forderung, im Vorfeld der Wahl zumindest einen interaktiven Dialog zwischen Menschenrechtsratskandidaten und zivilgesellschaftlichen Akteuren zuzulassen[32], oder die Forderung, dass freiwillige Wahlzusagen dem Menschenrechtsrat zumindest in öffentlicher Sitzung vorgetragen werden müssten, durchsetzen.[33]

c) Wahlverfahren

Der Menschenrechtsrat setzt sich aus 47 Mitgliedern zusammen, die nach dem Grundsatz der ausgewogenen geographischen Verteilung durch die Generalversammlung in geheimer Wahl mit einfacher Mehrheit für drei Jahre und maximal zwei aufeinanderfolgende Wahlperioden gewählt werden.[34] Im Vergleich zur früheren Menschenrechtskommission, in der öffentlich abgestimmt wurde und in der auch eine bloße Abstimmungsmehrheit ausreichte,[35] sind die Anforderungen somit erhöht

---

[29] Joint NGO statement on the review of the Council's status by the General Assembly, abrufbar unter: http://www.ishr.ch/general-assembly/1049-ngos-urge-general-assembly-to-create-a-public-pledge-review-mechanism (Stand Juli 2012).

[30] Joint NGO statement on the review of the Council's status by the General Assembly, abrufbar unter: http://www.ishr.ch/general-assembly/1049-ngos-urge-general-assembly-to-create-a-public-pledge-review-mechanism (Stand Juli 2012).

[31] International Service for Human Rights – New York Process, abrufbar unter: http://www.ishr.ch/review-of-the-council (Stand Juli 2012).

[32] Abrufbar unter: http://www.un.org/News/Press/docs//2011/ga11101.doc.htm (Stand Juli 2012).

[33] Revised version of the zero draft dated 2 May 2011, circulated by the co-facilitators of the review of the Human Rights Council, abrufbar unter: http://www.un.org/en/ga/president/65/issues/HRC%20Review%20-%2031%20May%202011.pdf (Stand Juli 2012).

[34] UN Doc. A/RES/60/251 v. 3. April 2006, Ziff. 7.

[35] *V. Chetail*, in: L. Boisson de Charzournes/M. Kohen (Hrsg.), International Law and the Quest of its Implementation, 2010, 193, 212.

worden.³⁶ Auch sollte der ausdrückliche Hinweis in Ziffer 7 der Gründungsresolution, wonach die Mitglieder des Menschenrechtsrats „unmittelbar und einzeln" gewählt werden, die Abkehr von der Praxis sogenannter „clean-slates" bekräftigen. Und es ist immerhin gelungen, einige Staaten mit höchst problematischer Menschenrechtsbilanz, wie etwa Weißrussland (2007), Sri Lanka (2008), Aserbaidschan (2009) und Iran (2010), aus dem Menschenrechtsrat fernzuhalten. Gleichwohl waren aber auch die bisherigen Wahlen um eine Mitgliedschaft im Menschenrechtsrat von der Abwesenheit eines echten Wettbewerbs gekennzeichnet.³⁷ 2009 etwa bewarben sich lediglich 20 Staaten um 18 Sitze, wobei es nur in zwei der fünf Regionalgruppen, Osteuropa und Afrika, überhaupt zu einem Wettbewerb kam. Ein ähnliches Bild ergab sich 2011, als sich lediglich 17 Staaten um 15 Sitze bewarben, wobei es in der Gruppe der afrikanischen, asiatischen und der westeuropäischen und anderen Staaten jeweils zu keinerlei Wettbewerb kam, da die Anzahl der zu vergebenden Sitze und der Kandidaten einander entsprachen.³⁸ Vor diesem Hintergrund war im Vorfeld des Überprüfungsprozesses insbesondere auch von Seiten der NGOs immer wieder gefordert worden, dass regionale Gruppen mehr Kandidaten präsentieren müssten, als Sitze zur Verfügung stehen. Denn bei gleicher Anzahl von Kandidaten und Sitzen ist ein Einzug in den Menschenrechtsrat entgegen der Gründungsresolution gänzlich unabhängig von der Einhaltung und Umsetzung der Menschenrechte durch den jeweiligen Kandidaten. Auch in dieser Hinsicht enthält die Abschlussresolution keinerlei Veränderungen, was wohl auch daran liegt, dass die EU und andere westliche Staaten, die sich 2006 noch nachdrücklich für eine Vermeidung der „open slates" eingesetzt hatten, bei den Wahlen 2009, 2010 und 2011 ebenfalls auf die Praxis verfielen, nur so viele Kandidaten aufzustellen, wie Sitze zur Verfügung standen.³⁹

III. Der Genfer Überprüfungsprozess:
Funktions- und Arbeitsweise des Menschenrechtsrates

Mit Resolution 16/21 vom 25. März 2011 hat der Menschenrechtsrat das „Ergebnis der Überprüfung der Tätigkeit und Funktionsweise des Menschenrechtsrats" einstimmig angenommen.⁴⁰ Die insgesamt wenig bedeutsamen Ergebnisse ergänzen das in den Resolutionen 5/1 und 5/2 vom 18. Juni 2007 niedergelegte sogenannte „*Institution-building-package*", das nicht erneut verhandelt wurde. Gleichwohl hat der

---

³⁶ *Klein/Breuer* (Fn. 6), 99; siehe auch *Breuer* (Fn. 20), 223.

³⁷ Joint NGO statement on the review of the Council's status by the General Assembly, abrufbar unter: http://www.ishr.ch/general-assembly/1049-ngos-urge-general-assembly-to-create-a-public-pledge-review-mechanism (Stand Juli 2012).

³⁸ Abrufbar unter: http://www.un.org/en/ga/65/meetings/elections/hrc.shtml (Stand Juli 2012).

³⁹ Siehe die Übersicht abrufbar unter: http://www2.ohchr.org/english/bodies/hrcouncil/elections.htm (Stand Juli 2012).

⁴⁰ UN Doc. A/HRC/RES/16/21 v. 25 März 2011; angenommen durch UN Doc. A/RES/65/281 v. 20. Juli 2011; Ziff. 10.

Genfer Review-Prozess zahlreiche konstruktive Verbesserungsvorschläge hervorgebracht und Defizite in der Funktions- und Arbeitsweise des Menschenrechtsrates benannt. Die drei wichtigsten und für die Zukunft des Menschenrechtsrates bedeutsamsten Aspekte sollen im Folgenden in den Blick genommen werden.

1. Dringende Menschenrechtssituationen

Seiner institutionellen Struktur nach ist der Menschenrechtsrat grundsätzlich besser geeignet, auf akute Krisensituationen zu reagieren, als die ehemalige Menschenrechtskommission.[41] Einerseits tagt der Menschenrechtsrat weitaus häufiger als die Menschenrechtskommission, andererseits bedarf es für die Einsetzung einer Sondersitzung lediglich der Unterstützung durch 1/3 der Mitglieder des Rates.[42] Mit einigen dringenden Situationen, wie etwa in Darfur, Somalia und Birma/Myanmar,[43] hat der Rat sich in der Tat wiederholt beschäftigt,[44] wenn auch teilweise nur mit schwachen Ergebnissen.[45] Gerade in jüngerer Zeit haben die Sondersitzungen zu den Situationen in Syrien, Libyen und der Elfenbeinküste, die zum Teil scharf formulierten Resolutionen und der Vorschlag, die Mitgliedschaftsrechte Libyens zu suspendieren, gezeigt,[46] dass der Menschenrechtsrat – den politischen Willen seiner Mitglieder vorausgesetzt – durchaus in der Lage ist, auf schwerwiegende Menschenrechtsverletzungen zu reagieren. Nichtsdestotrotz fällt die bisherige Bilanz des Menschenrechtsrates im Umgang mit akuten Krisen und schwerwiegenden Menschenrechtsverletzungen sehr durchwachsen aus. Insbesondere zeigt sich eine starke und vor allem im Verhältnis zu Israel unverhältnismäßige und selektive Fokussierung auf einzelne Staaten, während viele andere dringende Menschenrechtssituationen, wie etwa in Afghanistan, Guinea, der Russischen Föderation oder Bahrain, bislang kaum die Aufmerksamkeit des Menschenrechtsrats gefunden haben.[47]

Vor diesem Hintergrund stand das Anliegen im Vordergrund, schnellere und flexiblere Krisenreaktionsmöglichkeiten für den Menschenrechtsrat zu schaffen. Zentral war der Vorschlag, unabhängige Auslösemechanismen („Trigger") für eine Beschäftigung des Rates mit dringenden Menschenrechtssituationen zu kreieren.[48] Da

---

[41] *Nowak/Birk/Crittin/Kozma* (Fn. 23), 48.

[42] UN Doc. A/RES/60/251 v. 3. April 2006, Ziff. 10.

[43] UN Doc. A/HRC/12/50, 40 f., 91.

[44] *Nowak/Birk/Crittin/Kozma* (Fn. 23), 51.

[45] Decision S-4/101, UN Doc. A/HRC/4/80 v. 9 März 2007, Annex I, 28.

[46] Die Suspendierungen wurde mittlerweile wieder aufgehoben; UN Doc. A/RES/66/11 v. 18. November 2011. In Bezug auf die aktuelle Krise in Mali, UN Doc. A/HRC/Res/20/17 v. 17. Juli 2012.

[47] United Kingdom Foreign & Commonwealth Office, Annual Report on Human Rights 2009 (2010), 59, abrufbar unter: http://centralcontent.fco.gov.uk/resources/en/pdf/human-rights-reports/human-rights-report-2009 (Stand Juli 2012)

[48] Siehe nur Frankreich: Report of the Working Group, UN Doc. A/HRC/WG.8/2/1 v. 4. Mai 2011, 110.

bereits die bloße Einberufung einer Sondersitzung ein Politikum darstellt, könnten unabhängige Auslösemechanismen helfen, die Arbeit des Rates zu entpolitisieren und eine kohärentere und zeitnahe Befassung mit dringenden Menschenrechtssituationen gewährleisten.[49] Vorstellbar wäre einerseits die Erarbeitung objektiver Kriterien, bei deren Vorliegen der Menschenrechtsrat sich automatisch mit einer länderspezifischen Situation zu befassen hat, oder die Schaffung zusätzlicher institutioneller Auslösemechanismen, wie etwa eine Befähigung des Präsidenten des Menschenrechtsrates, der Hochkommissarin für Menschenrechte, der Generalversammlung, des Sicherheitsrates oder des Sonderberaters für die Verhinderung von Völkermord eine Beschäftigung des Menschenrechtsrates mit einer entsprechenden Situation zu veranlassen.[50]

Aus den gleichen Gründen erscheint auch eine Flexibilisierung der Arbeitsformen des Rates wünschenswert. Denkbar wären etwa informelle Informationssitzungen unterhalb der Schwelle formeller Sondersitzungen.[51] Aber auch schriftliche Anfragen des Präsidenten des Menschenrechtsrates an betroffene Staaten oder kurze (informelle) Berichterstattungen durch die Hochkommissarin für Menschenrechte oder die UN-Sonderberichterstatter könnten dazu beitragen, die Aufmerksamkeit des Menschenrechtsrates für dringende Situationen zu erhöhen. Ziffer 115 der Geschäftsordnung sieht „andere mögliche Arbeitsformen" wie Podiumsgespräche und Runde Tische zwar vor, legt aber gleichzeitig fest, dass diese Arbeitsformen „nicht verwendet werden [dürfen], um bestehende Menschenrechtsmechanismen und eingeführte Arbeitsmethoden zu ersetzen oder abzulösen".[52] Angesichts dieser vagen Aussagen und der bereits in der Geschäftsordnung enthaltenen Beschränkung, die eine Behinderung innovativer Arbeitsformen gerade im Zusammenhang mit politisch angespannten Krisensituationen jederzeit ermöglicht, wäre ein klares und uneingeschränktes Bekenntnis zu alternativen Arbeitsformen wünschenswert gewesen. Das Gleiche gilt im Hinblick auf Ziffer 118 der Geschäftsordnung, die vorsieht, dass andere Ergebnisse – wie etwa Empfehlungen, Schlussfolgerungen und Erklärungen des Präsidenten – Resolutionen und Beschlüsse lediglich ergänzen und nicht ersetzen sollen.[53] Eine Loslösung der Empfehlungen und Erklärungen des Präsidenten des Menschenrechtsrates von dieser Koppelung an Resolutionen und formelle Beschlüsse hätte die Reaktionsfähigkeit des Menschenrechtsrates deutlich erhöht.[54] Bedauerlicherweise hat letztlich keiner dieser konstruktiven Vorschläge Eingang in Resolution 16/1 gefunden.

---

[49] *Nowak/Birk/Crittin/Kozma* (Fn. 23), 65.

[50] *Th. Rathgeber*, Reviewing the UN Human Rights Council: Perspectives from Civil Society, 2010, 4 f., abrufbar unter. http://library.fes.de/pdf-files/iez/07625.pdf (Stand Juli 2012).

[51] Frankreich: WG Report of the Working Group, UN Doc A/HRC/WG.8/2/1 v. 4. Mai 2011, 107.

[52] UN Doc. A/HRC/RES/5/1 v. 18 Juni 2007, Ziff. 115.

[53] UN Doc. A/HRC/RES/5/1 v. 18 Juni 2007, Ziff. 118.

[54] *Rathgeber* (Fn. 50), 6.

2. Der Mechanismus
der allgemeinen regelmäßigen Überprüfung

Um Vorwürfen der Selektivität von vornherein zu begegnen und gleichzeitig eine sogenannte „Flucht in die Mitgliedschaft" zu verhindern, werden gemäß der Gründungsresolution des Menschenrechtsrats alle Staaten, einschließlich seiner Mitglieder, einer regelmäßigen Überprüfung unterzogen.[55] Die allgemeine regelmäßige Überprüfung wird daher als wichtigste Neuerung des Menschenrechtsrates gesehen.[56] Damit wird die Funktionsweise dieses Mechanismus aber gleichzeitig auch zum Lackmustest für die Effektivität des Menschenrechtsrats insgesamt.[57] Mittlerweile ist der erste Überprüfungszyklus abgeschlossen. Sämtliche Mitglieder der Vereinten Nationen wurden im Zeitraum von 2008–2011 überprüft.[58]

Auch wenn die Erfahrungen im Verlauf des ersten Zyklus grundsätzlich positiv waren und die Staaten im Rahmen des „Review"-Prozesses eher ein „Fine-Tuning" als eine grundlegende Umgestaltung anstrebten,[59] haben sich auch zahlreiche Defizite in der Funktionsweise des Mechanismus und bezüglich seiner Fähigkeit, tatsächliche Veränderungen herbeizuführen, gezeigt. Aus Sicht der westlichen Staatengruppe bestand Reformbedarf vor allem mit Blick auf die eingeschränkten Partizipationsmöglichkeiten für NGOs und nationale Menschenrechtsinstitutionen,[60] die häufige Praxis, die beschränkte Rednerliste durch befreundete Staaten, die sich einer Kritik – wie etwa im Falle Sri Lankas[61] – weitgehend enthalten, zu (über)füllen,[62] die häufig unklaren Antworten der Staaten in Bezug auf konkrete Empfehlungen und das Fehlen eines institutionalisierten „Follow-Ups", d. h. einer Prüfung bezüglich der Umsetzung der akzeptierten Empfehlungen. Die mit Resolution 16/21 vom 25. März 2011 und der Anschlussentscheidung 17/119 vom 17. Juni 2011 vorgenommenen marginalen Änderungen werden insgesamt kaum dazu beitragen, die erkannten De-

---

[55] UN Doc. A/RES/60/251 v. 3. April 2006, Ziff. 9; *Karrenstein* (Fn. 21), 209.

[56] *F. D. Gaer*, Human Rights Law Review 1 (2007), 109, 110; *N. Bernaz*, in: K. Boyle (Hrsg.): New Institutions for Human Rights Protection, 2009, 75.

[57] Stellungnahme der deutschen Präsidentschaft im Namen der EU in der UPR-Arbeitsgruppe, Genf, 13./14. Februar 2007, vgl. *J. Pfäfflin*, in N. Weiß (Hrsg.): Die Bedeutung von Menschenrechten für die Europäische Union, Studien zu Grund- und Menschenrechten, 2011, 9, 58.

[58] Im Juni 2012 hat der zweite Überprüfungszyklus begonnen, für den die im Rahmen des Überprüfungsprozesses vorgenommenen Anpassungen bereits gelten, siehe Human Rights Council decision 17/119: Follow-up to the Human Rights Council resolution 16/21 with regard to the universal periodic review: UN Doc. A/HRC/DEC/17/119 v. 19 Juli 2011.

[59] Siehe Vereinigtes Königreich: Report of the Working Group, UN Doc. A/HRC/WG.8/2/1 v. 4. Mai 2011, 26.

[60] Siehe Spanien: Report of the Working Group, UN Doc. A/HRC/WG.8/2/1, 30.

[61] Report of the Working Group on the UPR: Sri Lanka: UN Doc. A/HRC/8/46 v. 5. Juni 2008.

[62] *G. Sweeny/Y. Saito* (Fn. 4), 210.

fizite des Mechanismus zu verringern.⁶³ Vor allem mit Blick auf die Partizipationsmöglichkeiten von NGOs wurden keine wesentlichen Veränderungen vorgenommen.⁶⁴ Immerhin wird nationalen Menschenrechtsinstitutionen des überprüften Staates, die gemäß den sogenannten Pariser Grundsätzen akkreditiert sind,⁶⁵ nunmehr die Berechtigung eingeräumt, „bei der Annahme des Ergebnisses der Überprüfung durch das Plenum des Rates unmittelbar nach dem überprüften Staat das Wort zu ergreifen."⁶⁶

Der Schwerpunkt der Diskussion lag auf der effektiveren Umsetzung von Empfehlungen. Der eigentliche Sinn einer regelmäßigen Überprüfung besteht vor allem auch darin, Veränderungen des *status quo* über einen Zeitraum von vier beziehungsweise nunmehr viereinhalb Jahren nachzuvollziehen und festzustellen, inwiefern den im vorangegangenen Zyklus abgegebenen Empfehlungen entsprochen wurde.⁶⁷ Sollte der zweite Zyklus lediglich zu einer bloßen Wiederholung des ersten Zyklus geraten – was zahlreiche Staaten und NGOs befürchten – wäre der Mechanismus der regelmäßigen Überprüfung seiner Effektivität weitgehend beraubt.⁶⁸ Immerhin betont Resolution 16/21 diesen Aspekt, wenngleich in Anknüpfung an Ziffer 34 der Geschäftsordnung die vage und allzu offene Formulierung verwendet wird, wonach in den folgenden Zyklen „der Schwerpunkt der Überprüfung unter anderem auf der Umsetzung der angenommenen Empfehlungen und der Entwicklung der Menschenrechtssituation in dem überprüften Staat liegen [soll]". Außerdem sieht die Resolution vor, dass die Leitlinien für Berichte im Rahmen der allgemeinen regelmäßigen Überprüfung dieser Ausrichtung angepasst werden sollen.⁶⁹ Vorschläge, ein formalisiertes Implementierungsverfahren zu etablieren, konnten sich allerdings nicht durchsetzen.⁷⁰ Gemäß Resolution 16/21 erfolgt die Vorlage von Halbzeitberichten ausdrücklich auf freiwilliger Basis.⁷¹ Nur wenige Staaten haben im ersten Zyklus einen solchen Halbzeitbericht vorgelegt.⁷² Außerdem soll der überprüfte Staat fortan

---

⁶³ Für eine Übersicht aller Änderungen siehe: New UPR Modalities for the Second Cycle, abrufbar unter: http://www.upr-info.org/IMG/pdf/new_upr_modalities_second_cycle.pdf (Stand Juli 2012); So wird der zweite und alle folgenden Zyklen von 4 auf viereinhalb Jahre verlängert: UN Doc. A/HRC/RES/16/21 v. 12. April 2011, Ziff. 3; fortan wird es 14 Sitzungen pro Überprüfungszyklus geben, UN Doc. A/HRC/RES/16/21, Ziff. 3, wobei jeweils 14 Staaten pro Sitzung überprüft werden sollen, UN Doc. A/HRC/DEC/17/119, Ziff. 1.
⁶⁴ UN Doc. A/HRC/RES/16/21, Ziff. 17.
⁶⁵ Anlage zur Resolution UN Doc. A/RES/48/134 v. 20. Dezember 1993.
⁶⁶ UN Doc. A/HRC/RES/16/2116/21, Ziff. 13.
⁶⁷ Vorschlag der USA, UN Doc. A/HRC/WG.8/2/1, S. 52; Vorschlag Chiles, UN Doc. A/HRC/WG.8/2/1, 29.
⁶⁸ Vorschläge Japans und der USA, UN Doc. A/HRC/WG.8/2/1, 29, 52.
⁶⁹ UN Doc. A/HRC/DEC/16/21, Ziff. 6 f.
⁷⁰ *B. Finke/V. von Essen*, Menschenrechtsmagazin 16 (2011), 1, 23.
⁷¹ UN Doc. A/HRC/Res/16/21, Ziff. 18.
⁷² Siehe etwa den Zwischenbericht Japans zur Implementierung der Empfehlungen aus dem Jahr 2008 http://lib.ohchr.org/HRBodies/UPR/Documents/Session2/JP/Japan Follow-up.pdf (Stand Juli 2012).

„*vorzugsweise vor* der Plenartagung des Rates seine Standpunkte zu allen eingegangenen Empfehlungen klar in schriftlicher Form mitteilen".[73] Weitergehende Vorschläge, wie etwa eine Berichterstattung zu zusätzlich getroffenen Maßnahmen zur Verbesserung der nationalen Menschenrechtssituation oder die Möglichkeit, im ersten Überprüfungszyklus zurückgewiesene Empfehlungen nachträglich zu akzeptieren,[74] wurden hingegen nicht aufgenommen. Vor allem auch die wichtige Empfehlung, einen zusätzlichen Bericht des Büros der Hochkommissarin für Menschenrechte zuzulassen, der die Umsetzung der Empfehlungen des ersten Zyklus dokumentiert und auf Hindernisse bei der Umsetzung akzeptierter Empfehlungen hinweist, konnte sich bedauerlicherweise nicht durchsetzen.[75]

3. Die Sonderverfahren

Der Menschenrechtsrat hat die thematischen Mandate der Menschenrechtskommission ausnahmslos übernommen. Inzwischen sind verschiedene neue thematische Mandate hinzugekommen.[76] Höchst umstritten waren und sind hingegen die Aufrechterhaltung und Ausgestaltung zahlreicher länderspezifischer Mandate, wenngleich die Einsetzung eines Sonderberichterstatters für Iran sowie jüngst für Weißrussland und Eritrea zu begrüßen ist.[77] Dieser Dauerstreit innerhalb des Menschenrechtsrates setzte sich auch im „Review"-Prozess fort. Dementsprechend wurde seitens der blockfreien Staaten die Einführung einer 2/3-Mehrheit für die Einsetzung länderspezifischer Mandate und die Annahme länderspezifischer Resolutionen gefordert. Erkennbar war auch das Bestreben, die Mandate einzelner Sonderberichterstatter und unabhängiger Experten in Arbeitsgruppen zu überführen.[78] Im Gegensatz dazu schlug die EU vor, die zeitliche Dauer der länderspezifischen Mandate der (längeren) Dauer der thematischen Mandate anzugleichen[79] oder zumindest von gegenwärtig einem auf zwei Jahre zu erhöhen.[80] All dies konnte im Zuge gegenseitiger Kompromisse letztlich jedoch nicht umgesetzt werden.

Bezüglich der Sonderverfahren war der „Review"-Prozess aber vor allem bestimmt, durch erneute Versuche die Unabhängigkeit der Sonderberichterstatter –

---

[73] UN Doc. A/HRC/Res/16/21, Ziff. 16 [Hervorh. d. Verf.]; siehe auch *Rathgeber* (Fn. 50), 9.

[74] Vorschlag Japans, UN Doc. A/HRC/WG.8/2/1, 29.

[75] Vorschlag der USA, UN Doc. A/HRC/WG.8/2/1, 34.

[76] Vgl. die Auflistung der thematischen Mandate, OHCHR Human Rights Council – Thematic Mandates, abrufbar unter: http://www.ohchr.org/EN/HRBodies/SP/Pages/Themes.aspx/ (Stand Juli 2012).

[77] Resolution 20/13 und 20/20. Gegenwärtig gibt es 36 thematische Mandate und 12 Ländermandate. Res 16/9 für Iran.

[78] Vorschlag Chinas, UN Doc. A/HRC/WG.8/2/1, 56.

[79] Vorschlag Belgiens im Namen der EU, UN Doc. A/HRC/WG.8/2/1, 55.

[80] Vorschlag der Schweiz, UN Doc. A/HRC/WG.8/2/1, 57.

der Schlüssel zum Erfolg des gesamten Systems der Sonderverfahren[81] – weiter zu beschneiden. Bereits die Annahme eines "*Code of Conduct*" zur Regulierung der Aktivitäten der Sonderberichterstatter im Jahr 2007 wurde als Angriff auf die Unabhängigkeit der Sonderberichterstatter gewertet.[82] Seit der Annahme des Codes waren die interaktiven Dialoge der Sonderberichterstatter mit den Mitgliedern des Rates durch unzählige Ordnungsrufe und Diskussionen um die Einhaltung des „Code of Conduct" gekennzeichnet. Im Verlauf des „Review"-Prozesses forderten die Befürworter des „Code of Conduct", namentlich die Gruppe der afrikanischen Staaten, die Gruppe der blockfreien Staaten und die Organisation für Islamische Zusammenarbeit, darüber hinaus die Einrichtung eines Überwachungs- und Sanktionsmechanismus (*"Legal Committee on Compliance with the Code of Conduct"*) zur Durchsetzung des *"Code of Conduct"*. Wenngleich sich hinter der hochkontroversen Debatte auch die berechtigte Frage nach den inhaltlichen Standards für die Arbeit der Sonderberichterstatter und deren Verantwortlichkeit verbirgt[83], sind die aktuellen Ansätze im Menschenrechtsrat in erster Linie als Versuch zu werten, die Effektivität der Sonderverfahren weiter zu unterminieren. Dementsprechend stieß das Anliegen, einen zusätzlichen Kontrollmechanismus zu schaffen, auf den entschiedenen Widerstand insbesondere der westlichen Staaten. Gleichwohl wird dieser Vorschlag auch im weiteren Verlauf der Arbeit des Menschenrechtsrates eine Rolle spielen, sei es als *"bargaining-chip"* in zukünftigen Verhandlungen oder um dem Anliegen zahlreicher Staaten, die intergouvernementale Ausrichtung des Rates stärker zu betonen, Ausdruck zu verleihen.[84]

IV. Bewertung und Ausblick

Wie schon der Reformprozess 2005/2006 hat auch der „Review"-Prozess 2011 kaum dazu beigetragen, das Glaubwürdigkeits- und Legitimitätsdefizit des Menschenrechtsrates zu verringern oder seine Effektivität im Umgang mit dringenden Menschenrechtsfragen und akuten Krisen entscheidend zu verbessern. Erneut hat sich gezeigt, dass auch Menschenrechtspolitik Machtpolitik ist und dass jeder Versuch, den Menschenrechtsrat zu entpolitisieren,[85] seinerseits ein Politikum ist. Deshalb konnten selbst vergleichsweise kleine und gleichwohl wichtige Schritte, wie die Schaffung unabhängiger Auslösemechanismen für ein Tätigwerden des Rates in Krisensituationen, die Errichtung eines Mechanismus zur Überprüfung der Umsetzung der UPR-Empfehlungen oder der abgeschwächte Kompromissvorschlag, freiwillige

---

[81] Declaration of the representative of Argentina, Summary record of the 19th Meeting, UN Doc. A/HRC/1/SR.19 v. 14 Juli 2006, 3.

[82] Code of Conduct for Special Procedures Mandate-holders of the Human Rights Council, UN Doc. A/HRC Res. 5/2, 18. Juni 2007. Siehe dazu nur Declaration of the representative of Argentina, Summary record of the 19th Meeting, UN Doc. A/HRC/1/SR.19 v. 14. Juli 2006, 3.

[83] Vgl. insbesondere *Ph. Alston*, Harvard International Law Journal, vol. 52, 561, 649.

[84] Andere Staaten wollen stattdessen den Fokus auf das mittlerweile formell anerkannte Koordinierungskomitee legen, siehe Vorschlag der Schweiz, UN Doc. A/HRC/WG.8/2/1, 57.

[85] *G. Nooke*, in: E. Klein/Ch. Menke (Hrsg.) (Fn. 20), 206 (207).

Wahlzusagen – wenn schon nicht auf ihre Einhaltung zu überprüfen – zumindest im Plenum des Rates öffentlich vorzutragen, nicht umgesetzt werden.

Die unbefriedigenden Ergebnisse des „Review"-Prozesses belegen, wie schwierig es auf absehbare Zeit sein wird, entscheidende Strukturreformen zur Verbesserung der Arbeitsweise des Rates vorzunehmen. Nichtsdestotrotz lässt die Arbeit des Menschenrechtsrats vor allem in jüngerer Zeit durchaus auch hoffnungsvolle Ansätze erkennen. Rasch und entschlossen hat der Menschenrechtsrat auf die schwerwiegenden Menschenrechtsverletzungen in Libyen, Syrien und der Elfenbeinküste reagiert.[86] Auch der Umstand, dass 2011 anstelle einer Resolution zu dem hochkontroversen Thema der „Diffamierung von Religionen" eine deutlich ausgewogenere und mit erkennbarem Individualbezug versehene Resolution mit dem Titel *Bekämpfung von Intoleranz, negativer Stereotypisierung und Stigmatisierung von, bzw. die Diskriminierung, Aufruf zu Gewalt und Gewalt gegen Personen auf der Basis von Religion und Glauben* verabschiedet werden konnte, gibt Anlass zur Hoffnung.[87] Zudem konnte der Menschenrechtsrat einige wegweisende Resolutionen zum Schutz von Menschenrechtsverteidigern[88] und dem Recht auf sauberes Trinkwasser[89] verabschieden sowie ein optionales Zusatzprotokoll sowohl zum Sozialpakt[90] als auch zur Kinderrechtskonvention auf den Weg bringen.[91] Dies zeigt, dass der Menschenrechtsrat – den politischen Willen und die Kompromissbereitschaft seiner Mitglieder vorausgesetzt – auch innerhalb der bestehenden Strukturen in der Lage ist, effektiv zu arbeiten. Nur wenn es den Mitgliedern des Menschenrechtsrates gelingt, das für solche Erfolge erforderliche konstruktive Arbeits- und Vertrauensverhältnis auch über Einzelfälle hinaus im Menschenrechtsrat zu etablieren, wird sich die anhaltende Krise dieser Institution beheben lassen. Der Verlauf des „Review"-Prozesses hat allerdings gezeigt, dass es bis dahin noch ein langer Weg ist.

---

[86] UN Doc. A/HRC/RES/S-15/1 v. 3. März 2011. Siehe dazu *R. Geiß/M. Kashgar*, Vereinte Nationen 3/2011, 99 (100). Siehe auch UN Doc. A/HRC/20/17 v. 17. Juli 2012 zur Situation in Mali.

[87] UN Doc. A/HRC/RES/16/18 v. 12. April 2011; UN Doc. A/RES/66/167 v. 27. März 2012.

[88] UN Doc. A/HRC/RES/13/13 v. 15. April 2010; UN Doc. A/HRC/RES/7/8 v. 27. März 2008.

[89] UN Doc. A/HRC/RES/18/1 v. 22. Oktober 2011; UN Doc. A/HRC/RES/16/2 v. 8. April 2011; UN Doc. A/HRC/RES/15/9 v. 30. September 2010.

[90] UN Doc. A/HRC/RES/8/2 v. 18. Juni 2008; UN Doc. A/HRC/PRST 8/2 v 18. Juni 2008.

[91] UN Doc. A/HRC/RES/17/18 v. 14. Juli 2011.

Der Rechtsstaat im Völkerrecht

Von *Markus Kotzur*

I. Einleitung: Bewusste Ambivalenzen der Themenstellung

Wer den „Rechtsstaat im Völkerrecht" zum Thema macht, fragt – wie schon der Jubilar vor mehr als drei Jahrzehnten – nach der „Stellung des Staates in der internationalen Rechtsordnung"[1]. Mit seiner Fragestellung verrät er zugleich ein doppeltes Vorverständnis[2] und impliziert ein doppeltes Untersuchungsinteresse. Der Rechtsstaat ist für ihn einerseits ein wirkungsmächtiger völkerrechtlicher Akteur, der zur Universalisierung seines eigenen rechtsstaatlichen Selbstverständnisses[3] und damit zur normativen Verdichtung des Rechtsstaatsprinzips in transnationalen Verrechtlichungsprozessen einen wesentlichen – gewissermaßen „interkonstitutionellen"[4] oder, vollmundiger formuliert „weltrechtlichen"[5] – Beitrag leisten kann. Die Rechtsstaatlichkeit erscheint ihm andererseits als transnationales Prinzip, das sich im Völkerrecht wenigstens ein Stück weit in Gestalt einer „international rule of law" wiederfindet und vielleicht sogar konstitutionelle Qualität gewinnen kann.[6] Diese beiden ihrerseits interdependenten Perspektiven haben einen gemeinsa-

---

[1] *E. Klein*, ZVglRWiss 77 (1978), 79 ff.

[2] *J. Esser*, Vorverständnis und Methodenwahl in der Rechtsfindung, 1972; *H.-G. Gadamer*, Wahrheit und Methode, 1986, 281 ff.

[3] *H. Hofmann*, Der Staat 34 (1995), 1 ff.

[4] *M. Kotzur*, Rechtstheorie 39 (2008), 191 ff.

[5] *A. Emmerich-Fritsche*, Vom Völkerrecht zum Weltrecht, 2007 (mit besonderem Bezug zum konstitutionellen Potential der Rechtsstaatlichkeit etwa auf 363 und öfter); auch von Menschheitsrecht ist die Rede, etwa bei *R. Falk*, in: M. Lutz-Bachmann/J. Bohmann (Hrsg.), Frieden durch Recht. Kants Friedensidee und das Problem einer neuen Weltordnung, 1996, 170 ff.; *P. Häberle*, FS Zuleeg, 2005, 80 ff. Die Festschrift für K. Ginther (1999) vereinigt ihre Autoren unter dem programmatischen Titel: „Das humanitäre Völkerrecht auf dem Weg vom Zwischenstaaten- zum Weltrecht".

[6] Dazu findet sich mittlerweile ein breiter völkerrechtlicher Diskurs, siehe aus der Lit. etwa: *J. Carter*, Harv. Hum. Rts. J. 4 (1991), 1 ff.; *A. Watts*, GYIL 36 (1993), 15 ff.; *D. Thürer*, SZIER 5 (1995), 455 ff.; *I. Brownlie*, The Rule of Law in International Affair International Law at the Fiftieth Anniversary of the United Nations, 1998; *G. Hafner*, Liber Amicorum J. Delbrück, 2005, 307 ff.; *M. Wittinger*, JöR 57 (2009), 427 ff.; *S. Chesterman*, NYU School of Law. Public Law Research Paper No. 08–11, abrufbar unter: ssrn.com/abstract=1081738 (besucht am 14. Juni 2012); *ders.*, in: R. Wolfrum, MPEPIL (Online Edition); *J. E. Nijman*, Amsterdam Center for International Law. Research Paper Series, abrufbar unter: ssrn.com/abstarct=1522520 (besucht am 20. Mai 2012), 7.

men Fokus: die „rule of law at the international level"[7]. Ihre Ausgangspunkte aber unterscheiden sich: hier – staatsrechtlich geprägt und rechtsvergleichend weitergedacht – der Verfassungsstaat, der eines seiner elementaren Bauprinzipien in hochkomplexen Prozessen wechselseitiger Rezeption, Öffnung und Kooperation *transnationalisiert*[8]; dort – völkerrechtlich geprägt und das verfassungsstaatliche „Gemeingut" etwa über die allgemeinen Rechtsgrundsätze aus Art. 38 Abs. 1 lit. c IGH-Statut aufgreifend[9] – das (institutionelle) Völkerrecht, das in der „rule of law" ein originäres Bauprinzip erkennt und normativ ausformt.

Die Rede vom „Rechtsstaat im Völkerrecht" ist daher eine bewusst ambivalente, die sich, nicht minder bewusst, einer konstitutionellen Terminologie bedient.[10] Das freilich bedarf der Rechtfertigung. Wer zur „Vermessung der Welt"[11] eine konstitutionelle Matrix vorschlägt, kann sich auf idealistische Konzeptionen berufen, die das Völkerrecht instrumental in den Dienst des Menschen stellen[12] und in der Menschheit seinen letzten Geltungsgrund sehen.[13] Solcher Idealismus wäre aber mehr als kontraproduktiv, bliebe die *konstitutionelle Qualität* – und sei sie auch nur *in statu nascendi* ausgemacht – bloße Behauptung. Ganz offensichtlich ist die internationale Gemeinschaft keine „prästabilisierte Verfassungsgemeinschaft"[14], ganz zweifelsfrei wandeln sich völkerrechtliche „Grundnormen" (*H. Kelsen*) wie das „pacta sunt servanda" im Globalisierungszeitalter nicht unversehens zu Verfassungsprinzipien, ganz gewiss macht eine vom konstitutionellen Denken inspirierte Lesart die UN-Charta des Jahres 1945 nicht automatisch zur „Weltverfassung" des Jahres 2012.[15] Es geht vielmehr um punktuelle Nachweise für „verfassungsqualitative Momente"

---

[7] *J. E. Nijman*, Amsterdam Center for International Law. Research Paper Series, abrufbar unter: ssrn.com/abstarct=1522520 (besucht am 20. Mai 2012).

[8] *K. Vogel*, Die Verfassungsentscheidung des Grundgesetzes für eine internationale Zusammenarbeit, 1964; *P. Häberle*, in: ders., Verfassung als öffentlicher Prozess, 1998, 407 ff.; *U. di Fabio*, Das Recht offener Staaten, 1998; *S. Hobe*, Der offene Verfassungsstaat zwischen Souveränität und Interdependenz, 1998.

[9] *V.-D. Degan*, FinnYBIL 3 (1992), 1 ff.; *W. Weiß*, AVR 39 (2001), 394 ff.; *A. v. Arnauld*, in: K. Riesenhuber/K. Takayama (Hrsg.), Grundlagen und Methoden der Rechtsangleichung, 2006, 247 ff. m.w.N.

[10] Zur völkerrechtlichen Konstitutionalisierungsdebatte exemplarisch statt vieler etwa *Th. Kleinlein*, Konstitutionalisierung im Völkerrecht: Konstruktion und Elemente einer idealistischen Völkerrechtslehre, 2012; *J. L. Dunoff/J. P. Trachtmann*, Ruling the World? Constitutionalism, International Law, and Global Governance, 2009; *Ph. Allott*, Eunomia: New Order for a New World, 1990; *J. A. Frowein*, BDGVR 39 (1999), 427 ff.

[11] In Anspielung an den Titel eines im Jahre 2005 erschienenen Romans von *D. Kehlmann*.

[12] *J. P. Müller*, Wandel des Souveränitätsbegriffs im Lichte der Grundrechte, Symposion L. Wildhaber, 1997, 45 ff., 61 ff.; dazu *M. Kotzur*, Theorieelemente des internationalen Menschenrechtsschutzes, 2001, 324 ff. m.w.N.

[13] *P. Häberle*, FS Kriele, 1997, 1277 ff.; *ders*. (Fn. 5), 80 ff.

[14] *Ch. Ohler*, EuZW 2008, 630 (633).

[15] Einen wichtigen Debattenbeitrag hierzu leisten *P. M. Dupuy*, MPYIL 1 (1997), 1 ff., sowie *B. Fassbender*, Colum. J. Transnat'l L. 36 (1998), 529 ff.

(*D. Th. Tsatsos*), die – allen Fragmentierungen[16] respektive rechtspluralistischen Ausdifferenzierungen[17] zum Trotz – auf die Völkerrechtsordnung *insgesamt* qualitativ verändernden Einfluss nehmen können. So schwer diese in concreto zu spezifizieren sind, so leicht lässt sich die Notwendigkeit für einen qualitativen Veränderungsschub benennen. Die Begründung, Begrenzung und Kontrolle hoheitlicher Gewalt zählt zu den wesentlichen Funktionen einer „Verfassung"; je häufiger und intensiver „hoheitliche Gewalt" jenseits des staatlichen Verfassungsraumes ausgeübt wird, desto dringender wird die transnationale „konstitutionelle" Einhegung dieser Macht.[18] Wo einer immer weitergehenden Beschränkung der Reichweite und Steuerungskraft des nationalen Verfassungsrechts die Übertragung vormals klassischer Staatsaufgaben auf supra- bzw. internationale Organisationen korrespondiert[19], bedarf es deren konstitutioneller Bindung. Die „smart sanctions" des UN-Sicherheitsrates liefern ein Lehrbuchbeispiel.[20]

Bei der Suche nach verfassungsqualitativen Spurenelementen in staatenübergreifenden Rechtsräumen kommt der „Rechtsstaatlichkeit" besondere Bedeutung zu. *A. v. Arnauld* hat den entscheidenden Grund, der die Rechtsstaatlichkeit von manch anderen klassischen Verfassungsprinzipien unterscheidet, klar benannt: „Es mag paradox klingen: Der Rechtsstaat ist auf den Staat nicht angewiesen. Anders als das Demokratieprinzip ist das nomokratische Prinzip nicht an vermeintlich (?) ontologische Größen wie das „Volk" (oder eben auch den „Staat") gebunden, sondern knüpft allein an das Vorhandensein institutionalisierter Macht an." Gerade deshalb kann die Rechtsstaatlichkeit als Moment der Einheit im fragmentierten Völkerrecht wirken[21] und eine – wenngleich gewiss rudimentäre – gemeinschaftsbildende Funktion übernehmen.[22] Der für die Vereinten Nationen programmatische Grundsatz „friedlicher Streitbeilegung" (Art. 2 Nr. 3 UN-Charta) setzt „Rechtsstaatlichkeit" implizit voraus;[23] sie wird zum universellen Projekt.

---

[16] Dazu der „Report of the Study Group of the International Law Commission", vorgelegt von *M. Koskenniemi*, Fragmentation of International Law: Difficulties Arising From the Diversification and Expansion of International Law, UN-Dok. A/CN.4/L.682 (2006).

[17] *G. Teubner*, RJ 15 (1996), 255 (259 ff.).

[18] Vgl. *M. Kumm*, EJIL 15 (2004), 907 ff.

[19] *A. Peters*, LJIL 19 (2006), 579 ff.

[20] Nachweise bei *M. Kotzur*, EuGRZ 2008, 673 ff.

[21] *M. Prost*, The Concept of Unity in Public International Law, 2012.

[22] *A. Paulus*, Die internationale Gemeinschaft im Völkerrecht, 2001; *M. Nettesheim*, JZ 2002, 569 ff.; *Villalpando*, L'émergence de la communauté internationale dans la responsabilité des Etats, 2005.

[23] *S. Chesterman*, NYU School of Law. Public Law Research Paper No. 08–11, abrufbar unter: ssrn.com/abstract=1081738 (besucht am 14. Juni 2012), 14: „Yet closer examination reveals that rule of law assistance is supported because of perceived outcomes it may achieve in the recipient community: in addition to promoting human rights and providing a stable foundation for economic development, it has also been used to establish non-violent mechanisms for resolving political disputes".

II. Der Rechtsstaat als universelles Projekt

1. Die Idee des Rechtsstaats im Kontext des nationalen Verfassungsstaates

Das Universalisierungspotential der Rechtsstaatsidee lebt von der Vielzahl ihrer partikulären Ausformungen. In den konkreten politischen Gemeinschaften – für die prägende Phase des Konstitutionalismus sind das die Nationalstaaten – hat sich Rechtsstaatlichkeit historisch entwickelt und normative Konturen gewonnen[24], und zwar abhängig von den jeweiligen dogmengeschichtlichen Kontexten und staatstheoretischen Vorverständnissen.[25] In Deutschland etwa entstand der Rechtsstaat historisch-politisch als ein Gegenmodell zum Polizeistaat des 18. Jahrhunderts, in dem die Obrigkeit umfassend für Sicherheit und Wohlfahrt des Gemeinwesens zu sorgen hatte (die „gute Policey") und der einzelne Untertan zu einem bloßen Objekt dieser Fürsorge degradiert war.[26] Für den Rechtsstaat ist der Einzelne demgegenüber *würdebegabtes Rechtssubjekt*, Träger von Rechten und Pflichten. Diese Würde wurde, lange bevor sie in positiven Rechtstexten wie etwa Art. 1 Abs. 1 GG Niederschlag fand, von einer rechtsstaatlich geordneten Herrschaftsordnung stillschweigend vorausgesetzt und war zugleich deren Schutzgut.[27] Damit trägt das Rechtsstaatsdenken ebenso wie der Menschenwürdegrundsatz den *nucleus des Universellen* in sich.[28] Auf dieser Grundlage konnte es zu einem *Prinzip* erstarken, das gerade aufgrund seiner Prinzipiennatur die Möglichkeit eröffnet, den Rechtsraum seiner Entstehung zu transzendieren und damit staatenübergreifende Rechtsräume neu zu begründen, wenigstens neu zu begreifen.[29] So wurde etwa die „durchgängige Rechtsstaatlichkeit" zu einem konstitutiven Merkmal der europäischen Rechtskultur[30] und zur „raison d'être" gemeineuropäischer[31] Verfassungsstaatlichkeit.[32]

---

[24] Dazu etwa *K. Stern*, Das Staatsrecht der Bundesrepublik Deutschland, Bd. I, 1984, 764 ff.

[25] *K.-P. Sommermann*, in: H. v. Mangoldt/F. Klein/Ch. Starck (Hrsg.), Kommentar zum Grundgesetz, Bd. 2, 2010, Art. 20, Rn. 229.

[26] *M. Stolleis* (Hrsg.), Policey im Europa der Frühen Neuzeit, 1996; *Th. Simon*, „Gute Policey" – Ordnungsbilder und Zielvorstellungen politischen Handelns in der Frühen Neuzeit, 2004.

[27] Grundlegend *Ch. Enders*, Die Menschenwürde in der Verfassungsordnung, 1997, 220 ff.

[28] Dazu kulturwissenschaftlich und in weit ausgreifendem Rechtsvergleich vorgehend *P. Häberle*, in: J. Isensee/P. Kirchhof (Hrsg.), HStR, Bd. II, 2004, § 2.

[29] Zu den „Aufgaben einer prinzipienorientierten Rechtsdogmatik" grundlegend *A. v. Bogdandy*, in: ders./J. Bast (Hrsg.), Europäisches Verfassungsrecht, 2009, 13 ff., 17 ff., mit spezifischem Blick auf die Rechtsstaatlichkeit 32 ff.

[30] *P. Häberle*, Europäische Rechtskultur, 1994 (TB 1997), 24 f.

[31] *P. Häberle*, EuGRZ 1991, 261 ff.

[32] Zur Kategorie der Staatsräson mit spezifischem Blick auf die Bundesrepublik Deutschland *E. Klein*, in: G. Heydemann/E. Klein (Hrsg.), Staatsräson in Deutschland, 2003, 89 ff.

Es wäre vermessen, an dieser Stelle Entwicklungsgeschichte sowie spezifische Ausprägungsformen des Rechtsstaates, und sei es begrenzt auf seine terminologieprägende deutsche Spielart,[33] auch nur schlaglichtartig skizzieren zu wollen.[34] Es gilt vielmehr allein, von transnationalem Erkenntnisinteresse geleitet, die Quintessenz dessen zu unterstreichen, was den nationalen Rechtsstaat ausmacht. Ihm geht es um die eindeutige Absage an absolute Macht;[35] er weiß, inspiriert von seinen klassischen Vordenkern wie *I. Kant, R. v. Mohl, T. Ch. Welck* oder *J. Chr. Freiherr von Aretin*,[36] dass die umfassende Rechtsbindung aller hoheitlichen Gewalt Lebensbedingung, anders formuliert „anthropologische Notwendigkeit"[37], einer freiheitlichen Gesellschaft und in Freiheit geordneten politischen Gemeinschaft ist. Für diese freiheitssichernde Funktion bedarf es nicht nur *formaler* respektive prozeduraler Absicherung, sondern der Orientierung an *materialen* Gehalten. Dass der rein formale Rechtsstaat, will er durch die Pervertierung von Formen und Verfahren nicht in sein Gegenteil umschlagen, solch einer materialen Anreicherung bedarf, gehört zu den schmerzvollen Lehren aus den menschenverachtenden Totalitarismen des 20. Jahrhunderts.[38]

So verbinden sich in den wesentlichen Elementen des Rechtsstaatsprinzips formale und substantielle Garantien:[39] die Garantie der Verfassungsstaatlichkeit als solcher, die Menschenwürderadizierung der politischen Gemeinschaft, die Gewährleistung effektiven Rechtsschutzes, der Grundsatz der Gewaltenteilung, die Gesetzmäßigkeit der Verwaltung, die (Grund-) Rechtsbindung allen hoheitlichen Handelns, die

---

[33] Der „Rechtsstaat" ist gewiss eine spezifisch deutsche Wortprägung, siehe *K. Stern* (Fn. 24), 764, unter Verweis auf *K. Michaelis*, Die Deutschen und ihr Rechtsstaat, 1980, 5; ebenso *M. Knauff*, Der Regelungsverbund: Recht und Soft Law im Mehrebenensystem, 2010. Die im Begriff angelegte Idee umfassender Rechtsbindung aller hoheitlichen Gewalt findet aber in der „Herrschaft des Rechts" ein terminologisches Gegenbild, das den englischen („rule of law") oder französischen („prééminence du droit") prägend durchzieht, dazu *A. v. Bogdandy* (Fn. 29), 36; *J. Gerkrath*, L'émergence d'un droit constitutionnel pour l'Europe – Modes de formation et sources d'inspiration de la constitution des communautés et de l'union européenne, 1997, 347; vgl. auch *V. Röben*, Außenverfassungsrecht. Eine Untersuchung zur auswärtigen Gewalt des offenen Staates, 2007, 34.

[34] Aus der Grundliteratur etwa *E. Forsthoff/O. Bachof*, Begriff und Wesen des sozialen Rechtsstaats, VVDStRL 12 (1954), 8 ff. bzw. 37 ff.; *E.-W. Böckenförde*, FS Arndt, 1969, 52 ff. (auch in: *ders.*, Recht, Staat, Freiheit, 1992, 143 ff.); *P. Kunig*, Das Rechtsstaatsprinzip, 1996; *K. Sobota*, Das Prinzip Rechtsstaat, 1997; *E. Schmidt-Aßmann*, in: J. Isensee/P. Kirchhof (Hrsg.), HStR, Bd. II, 2004, § 26.

[35] *K. Stern* (Fn. 24), 765.

[36] Zur einordnenden Auseinandersetzung mit diesen Klassikern *K. Stern* (Fn. 24), 769 f.; allgemein über die Bedeutung von Klassikertexten *P. Häberle*, Klassikertexte im Verfassungsleben, 1981; *M. Kotzur*, JöR 49 (2001), 329 ff.

[37] *H. Ryffel*, Grundprobleme der Staats- und Rechtsphilosophie, 1969, 416.

[38] Für die detailgenaue Differenzierung zwischen formalen und materialen Elementen siehe *E. Benda*, in: ders./W. Maihofer/H.-J. Vogel (Hrsg.), Handbuch des Verfassungsrechts, 1994, § 17, 719 ff., dort Rn. 1–14.

[39] *K. Stern* (Fn. 24), 767.

Haftung des Staates für von ihm zu verantwortendes Unrecht, die Unabhängigkeit des Richters, die Grundsätze der Rechtssicherheit und der Verhältnismäßigkeit, um nur die ganz zentralen Aspekte hervorzuheben.[40] Sie verorten das Normative des Rechtsstaats im Spannungsfeld von Prinzip, Grundsatz und Regel.[41] Und sie bleiben auch dann für die Sicherung des menschenrechtlich radizierten individuellen Freiheitsanspruchs unverzichtbar, wenn Hoheitsgewalt nicht mehr allein vom nationalen Staatswesen ausgeübt wird. So mutet es in diesem menschenrechtlichen Kontext fast selbstverständlich an, dass die Rechtsstaatlichkeit, vom EuGH beglaubigt und dank reicher Kasuistik ausdifferenziert, zu den gemeinsamen Verfassungsüberlieferungen der Mitgliedstaaten nach Art. 6 Abs. 3 EUV zählt.[42] Damit weitet sich der Blick ganz selbstverständlich auf die Europäische Union hin.

2. Regionale Integration und Rechtsstaatlichkeit – das Europa der EU

Es wäre gewiss reizvoll, die unterschiedlichen regionalen Verantwortungsgemeinschaften vom Europa des Europarates bis hin zum Mercosur auf ihre Rechtsstaatsbindung hin vergleichend zu untersuchen. So hat etwa sehr früh der EGMR im Fall *Golder* (1975) die „rule of law" zum gemeinsamen Erbe an europäischen Verfassungstraditionen gerechnet.[43] Doch vorliegend sei die normativ am stärksten verdichtete Rechtsgemeinschaft der Europäischen Union als das eindrücklichste Beispiel herausgegriffen. Sie, die ihre politische Existenz primär der Integration durch Recht verdankt,[44] bekennt sich in Art. 2 EUV zur Rechtsstaatlichkeit als grundlegendem Wert.[45] Die Rechtsstaatlichkeit zählt zu den am stärksten Einheit stiftenden Momenten, die Vielfalt erst ermöglichen. Sie wurde lange vor der europäischen Verfassungsdebatte bereits als Verfassungsprinzip für das damalige Gemeinschaftsrecht postuliert.[46] A. v. Bogdandy hat diese einheitsstiftende Dynamik treffend auf den

---

[40] H. *Hofmann*, in: B. Schmidt-Bleibtreu/H. Hofmann/A. Hopfauf (Hrsg.), GG. Kommentar zum Grundgesetz, 2011, Art. 20, Rn. 58.

[41] So H. *Schulze-Fielitz*, in: H. Dreier (Hrsg.), GG-Kommentar, Bd. II, 1996, Art. 20, Rn. 41 ff., worauf K. *Nowrot* in seiner erst in Manuskriptfassung vorliegenden Habilitationsschrift („Das Republikprinzip in der Rechtsordnungengemeinschaft. Methodische Annäherungen an die Normalität eines Verfassungsprinzips") auf S. 636 in interessanter Strukturanalogie zum Republikprinzip hinweist.

[42] R. *Geiger*, in: ders./D.-E. Khan/M. Kotzur, EUV/AEUV, 2010, Art. 6 EUV, Rn. 35 ff.

[43] ILR 57 (1980), 201 (217).

[44] W. *Hallstein*, Die Europäische Gemeinschaft, 1979, 53; *ders.*, Der unvollendete Bundesstaat, 1969, 33 ff.

[45] R. *Geiger*, in: ders./D.-E. Khan/M. Kotzur, EUV/AEUV, 2010, Art. 2 EUV, Rn. 3; *v. Bogdandy* (Fn. 29), 36 ff.

[46] A. v. *Bogdandy*, ebd., verweist auf eine prägnante Formulierung von J. H. *Kaiser*, die bereits aus dem Jahre 1964 stammt: „Es ist Beruf unserer Zeit, einen europäischen Rechtsstaat zu schaffen.", Bewahrung und Veränderung demokratischer und rechtsstaatlicher Verfassungsstrukturen in den internationalen Gemeinschaften, VVDStRL 23 (1966), 1 (33).

Punkt gebracht: „Es ist zu zeigen, dass die Rechtsinstitute, die die Herrschaft des Gemeinschaftsrechts begründen, im Rechtsstaatsprinzip ihre verfassungsrechtlich passende Grundlage finden."[47] Er greift hier die beiden Prinzipien der Wirksamkeit („effet utile") und des umfassenden Rechtsschutzes gesondert heraus,[48] sie bleiben zu ergänzen etwa um die Rechtssicherheit, die Gesetzmäßigkeit der Verwaltung, das Bestimmtheitsgebot, den Grundsatz des Vertrauensschutzes und das Verhältnismäßigkeitsprinzip.[49] Art. 49 EUV macht die Rechtsstaatlichkeit zum wesentlichen Kriterium für einen möglichen Beitritt zur Union. Entspräche eine mitgliedstaatliche Verfassung nicht mehr rechtsstaatlichen Grundsätzen, so würde umgekehrt ein wesentliches Fundament der Zugehörigkeit des betreffenden Mitgliedstaates zur Union entfallen (vgl. Art. 7 EUV).

Das Bekenntnis zur Rechtsstaatlichkeit – mag eine rechtsstaatliche Ordnung auch für rein wirtschaftliche Integrationserfolge unabdingbar sein (Stichwort „Investitionssicherheit") – ist ein entscheidender „spill over"-Faktor von der Markt- hin zur politischen Integration. Für die Union wie für ihre Mitgliedstaaten bildet die „rule of law" eine unverzichtbare Legitimationsgrundlage politischer Macht.[50] Es ist zwar keine strukturelle Kongruenz der „Unionsgrundordnung" (*D. Th. Tsatsos*) in dem Sinne geboten, dass sie nach Art einer Staatsverfassung eingerichtet, in den Verfassungsprinzipien deckungsgleich sein müsste. Strukturadäquanz aber bleibt erforderlich, so wie umgekehrt die mitgliedstaatlichen Verfassungsordnungen durch die unionalen Ausprägungen der Rechtsstaatlichkeit nicht unbeeinflusst sind.[51] Für die mitgliedstaatliche wie für die europäische Verfassungsidentität wirkt die Rechtsstaatlichkeit gleichermaßen prägend.[52] Nationale Verfassungsgerichte und EuGH stehen in kooperativer Verantwortung für ihre effektive Garantie sowie ihre dynamische Fortentwicklung. Und sie wirkt strukturbildend für die Art und Weise, wie die Union und ihre Mitgliedstaaten kooperativ in die internationale Gemeinschaft eingebunden sind.

---

[47] *A. v. Bogdandy* (Fn. 29), 37.

[48] Ebd., 38 ff. Die „Wahrung des Rechts bei der Auslegung und Anwendung der Verträge", in Art. 19 Abs. 2 EUV dem EuGH zur Verfassungsaufgabe gemacht, verlangt gerade die „Wahrung" der unionalen rule of law.

[49] *R. Geiger*, in: ders./D.-E. Khan/M. Kotzur, EUV/AEUV, 2010, Art. 2 EUV, Rn. 3 sowie Art. 6 EUV, Rn. 35 mit zahlreichen weiteren Hinweisen auf die Rechtsprechung; *M. Wittinger*, JöR 57 (2009), 427 (435 f.).

[50] Zum Gesamtkontext *E. Klein*, Der Verfassungsstaat als Glied einer europäischen Gemeinschaft, VVDStRL 50 (1991), 56 ff.

[51] *E. Klein*, FS Stern, 1997, 1301 ff.

[52] *S. Korioth/A. v. Bogdandy*, Europäische und nationale Identität: Integration durch Verfassungsrecht?, VVDStRL 62 (2003), 117 ff. bzw. 156 ff.

3. Das Universalisierungspotential
der Rechtsstaatsidee auf der Weltebene

Das Kantische Projekt[53] einer universellen „rule of law" findet in völkerrechtlichen Texten durchaus Widerklang. So spricht die Präambel der Allgemeinen Erklärung der Menschenrechte (AEMR) aus dem Jahre 1948 in ihrem dritten Passus davon, „die Menschenrechte durch die Herrschaft des Rechts zu schützen" („that human rights should be protected by the rule of law").[54] Dass hoheitliche Gewalt nicht willkürlich ausgeübt werden darf, sondern umfassend rechtlich gebunden ist und auf der Prämisse *gleicher Freiheit* aller ihr Unterworfenen beruht,[55] versteht die UN-Generalversammlung bei Verabschiedung der AEMR als selbstverständliche Prämisse effektiven universellen Menschenrechtsschutzes. Sie erteilt damit einem rein formalen Verständnis der „rule of law" eine Absage, will sie vielmehr von den Menschenrechten her materiell deuten. Mehr als 50 Jahre später nimmt die Generalversammlung beim „World Summit 2005" wiederum direkten Bezug auf die „rule of law". Im Abschlussdokument betont sie das Bedürfnis nach „universal adherence to and implementation of the rule of law at both the national and international level" und bekennt sich ausdrücklich zu einer „international order based on the rule of law".[56] Eine genauere Definition, gar eine Akzentuierung von Legalität einerseits, Legitimität andererseits wird indes nicht gegeben. Es ist gerade diese *relative* Offenheit,[57] die das Rechtsstaatsdenken im internationalen Diskurs anschlussfähig hält und für sein Universalisierungspotential steht.

Dieses Universalisierungspotential lässt sich in drei Facetten aufschlüsseln: eine kommunikative, davon abhängig eine politisch-strategische und schließlich eine normative. Die Narrative vom Rechtsstaat ist in globalen Kommunikationsprozessen unter politischen Akteuren (aber auch medial vermittelt) gerade aufgrund ihrer schon skizzierten relativen Offenheit und ihrer positiven Konnotation höchst präsent. Die Rechtsstaatlichkeit wird von Verfassungsstaaten bewusst als Kommunikationsstrategie genutzt, zu denken ist von Deutschland aus z. B. an den Rechtsstaatsdialog mit China[58] oder Russland[59]. Der Diskurs über den Rechtsstaat hat dabei eine durch-

---

[53] *J. Habermas*, in: ders., Der gespaltene Westen, 2004, 113 ff.

[54] *S. Chesterman* (Fn. 6), MPEPIL, Rn. 1; *B. Fassbender*, Menschenrechteerklärung, 2009, 63.

[55] *S. Chesterman* (Fn. 6), MPEPIL, Rn. 2.

[56] 2005 World Summit Outcome Document, UN-Dok. A/RES/60/1 (2005), zitiert bei *S. Chesterman*, NYU School of Law. Public Law Research Paper No. 08–11, abrufbar unter: ssrn.com/abstract=1081738 (besucht am 14. Juni 2012), 2.

[57] Für das Zusammenspiel von relativer Offenheit und relativer Normativität *U. Fastenrath*, EJIL 4 (1993), 305 ff.

[58] *K. Levy*, Der deutsch-chinesische Rechtsstaatsdialog: die konstruktivistische Untersuchung eines außenpolitischen Instruments, DGAP-Schriften zur internationalen Politik, 2010; *Ch. Richter*, VRÜ 2007, 249 ff.; GTZ (Hrsg.), Der deutsch-chinesische Rechtsstaatsdialog: ein Überblick (2000–2009), 2009.

aus kritisch-desillusionierende Funktion. Er lenkt die weltöffentliche Aufmerksamkeit sehr bewusst auf zur „rule of law"-Orientierung gegenläufige Prozesse. Dabei ist nicht nur an hegemoniale Bestrebungen politischer Akteure zu denken, die machtpolitische Interessen über rechtliche Bindung stellen wollen.[60] Zu denken ist ebenso an eine prekäre Informalisierung (und Entformalisierung[61]) oder Privatisierung hoheitlichen Handelns, die rechtsstaatlich gebotene prozedurale Sicherungsmechanismen zu unterlaufen droht. Nicht minder prekäre Auswirkungen hat die zunehmende Fragmentierung des internationalen Rechts.

Die politische Seite des rechtsstaatlichen Universalisierungspotentials[62] wird dort besonders deutlich, wo Rechtsstaatsbildung im Mittelpunkt politischer Strategien steht (state building, nation building, Entwicklungshilfepolitik). Davon wird im Zusammenhang mit den Rechtsstaaten als völkerrechtlichen Akteuren noch die Rede sein. Für die normative Seite spielen Rechtsetzung und Rechtsdurchsetzung eine gleichbedeutende Rolle. Die „international rule of law" lebt von der Bereitschaft der völkerrechtlichen Akteure, Normen mit universellem Geltungsanspruch sowohl zu kreieren als auch zu akzeptieren – bis hin zu den Verpflichtungen *erga omnes* und dem *ius cogens*. Die Bereitschaft wird unterfüttert, wenn nationale Verfassungen den Staat für die (rechtliche) Mitgestaltung der Völkerrechtsordnung bewusst in die Pflicht nehmen.[63] Methodisch bedarf es des Rechtsvergleichs und der Bereitschaft zur wechselseitigen Rezeption von der nationalen auf die internationale Ebene und vice versa.[64] Was die Rechtsdurchsetzung, vor allem die gerichtliche Rechtsdurchsetzung anbetrifft, bedarf es einer *treuhänderisch-kooperativen Mitverantwortung* staatlicher bzw. regional-völkerrechtlicher Organe zur Durchsetzung des universellen Völkerrechts. Sie greift immer dort, wo auf der internationalen Ebene effektive Kontroll-, Rechtsschutz- und Rechtsdurchsetzungsinstrumente fehlen – hinzuweisen ist hier auf die *Kadi*-Konstellation. Solch ein Gedanke *verantwortungsteiliger Kooperation* findet im Konzept des Mehrebenen-Konstitutionalismus seinen paradigmatischen Anknüpfungspunkt,[65] ist aber in *G. Scelles* berühmter Formel

---

[59] Ostinstitut Wismar (Hrsg.), Wirtschaftspolitische Gespräche des Ostinstituts Wismar: Im russischen Spannungsbogen: Deutsche Wirtschaft und Politik zwischen Werten und Partnerschaft, 2012; *A. Rahr*, Der Kalte Freund. Warum wir Russland brauchen, 2011; zum Rechtsstaatsdialog der obersten deutschen und russischen Richter sei verwiesen auf www.kas.de/rumoskau/de/publications/31229.

[60] Klassisch *G. Schwarzenberger*, Power Politics, A Study of World Society, 1941. Für die Debatte über den Irak-Krieg *A. Paulus*, MJIL 25 (2004), 691 ff.

[61] *F. Schoch*, in: J. Isensee/P. Kirchhof (Hrsg.), HStR, Bd. III, 2005, § 37 (131 ff.).

[62] *J. Raz*, Ratio Juris 3 (1990), 331 ff.

[63] Wie es das deutsche Grundgesetz etwa schon in seiner Präambel tut.

[64] Dazu *A. Cassese*, RdC (1985-III), 331 ff.

[65] Vor allem *I. Pernice*, in: Walter Hallstein-Institut für Europäisches Verfassungsrecht (Hrsg.), Grundfragen der Europäischen Verfassungsentwicklung, Bd. 1, 2000, 11 ff.; *ders.*, VVDStRL 60 (2001), 148 ff.; *ders.*, in: Sinclair House Debates 16, Europe's Constitution – a Framework for the Future of the Union, 2001, 18 ff.; *ders.*, ELR 27 (2002), 511 ff.; zum

von der „funktionellen Verdoppelung" staatlicher und völkergemeinschaftlicher Organe („dédoublement fonctionnel") ebenso angelegt.[66] Das Bundesverfassungsgericht hat das „dédoublement", etwa in der *Jorgic*-Entscheidung, ernst genommen und dabei nicht nur eine aktive Rolle zur Durchsetzung des Völkerrechts gespielt, sondern auch seinen Beitrag zur Universalisierung des Rechtsstaatsprinzips geleistet.[67]

III. Rechtsstaaten als Akteure im Völkerrecht

Gewiss, das Potential nichtstaatlicher Akteure zur Herausbildung einer „international rule of law" sollte nicht unterschätzt werden.[68] Aber letztlich sind die Rechtsstaaten selbst gewissermaßen die „geborenen Rechtsstaatsmittler". Sie bedienen sich zur Weiterverbreitung rechtsstaatlicher Strukturen spezifischer internationaler Foren. *S. Chesterman* hat hier drei wesentliche Felder identifiziert:[69] Menschenrechtsverträge, Entwicklungspolitik, Frieden und Sicherheit. Der völkervertragliche Menschenrechtsschutz liegt besonders nahe, weil Menschenrechte ihrerseits ein Element materieller Rechtsstaatlichkeit formen und der prozeduralen Sicherungen bedürfen, die der formale Rechtsstaat vorhält. Wesentliche Kernbestandteile des Menschenrechtsschutzes und der „rule of law" erweisen sich letztlich als deckungsgleich: das in der „rule of law not men" angelegte Willkürverbot, die gleiche Freiheit und damit die Gleichheit vor dem Gesetz, schließlich die dafür notwendige Rechtsbindung aller staatlichen Gewalt.[70] Aber auch der Konnex von Entwicklungspolitik und Rechtsstaatlichkeit lässt sich schnell herstellen. Ökonomische Prosperität bedarf rechtlicher Sicherheit; je stärker Entwicklungspolitik und „constitution building" Hand in Hand gehen, je deutlicher Entwicklungshilfepolitik von rechtsstaatlichen Fortschritten abhängig gemacht wird, umso deutlicher tritt diese Wechselwirkung zu Tage. Die Weltbank, der Internationale Währungsfonds, die Europäische Union, zahlreiche Staaten und sonstige politische Akteure binden Entwicklungshilfeleistungen denn auch an eine rechtsstaatlichen Mindeststandards gehorchende „good governance".[71]

Und damit ist auch die Brücke zur Friedens- und Sicherheitsvorsorge geschlagen, für die „state building" und „constitution building" unter Wiederherstellung oder

---

Zusammenwirken der ebenendifferenzierten Konstitutionalisierungsprozesse *M. Knauff*, ZaöRV 68 (2008), 453 (482 ff.).

[66] Dazu *T. Schweisfurth*, Völkerrecht, 2006, 630.

[67] *M. Kotzur*, DÖV 2002, 195 ff.

[68] *J. E. Nijman*, Amsterdam Center for International Law. Research Paper Series, abrufbar unter: ssrn.com/abstarct=1522520 (besucht am 20. Mai 2012); allgemein *D. Held*, Global Transformations, 1999.

[69] *S. Chesterman* (Fn. 6), MPEPIL, Rn. 15 ff.

[70] *S. Chesterman*, NYU School of Law. Public Law Research Paper No. 08–11, abrufbar unter: ssrn.com/abstract=1081738 (besucht am 14. Juni 2012), 15, 18.

[71] Ebd., 21, unter anderem verweisend auf *G. Hyden*, in: R. Joseph (Hrsg.), State, Conflict and democracy in Africa, 1999, 179 ff.

Neuerrichtung der „rule of law" eine entscheidende Rolle spielen. Die vom UN-Sicherheitsrat etablierten Straftribunale für das ehemalige Jugoslawien (seit 1991) und für Ruanda (1994) wollen gerade dort im Sinne der Rechtsstaatlichkeit agieren, wo nationale Mechanismen bis hin zum vollständigen „state failure" versagen. Für den Internationalen Strafgerichtshof gilt Vergleichbares.[72] Gerade weil der Konnex von rechtsstaatlicher Bindung auf der einen, Frieden und Sicherheit auf der anderen Seite selbstverständlich scheint, ist es so prekär, wenn Rechtsstaaten im Namen von Frieden und Sicherheit rechtsstaatliche Mindeststandards preiszugeben bereit sind. Die heftigen Kontroversen über die Völkerrechtmäßigkeit des Irakkrieges waren immer auch Debatten über eine universelle „rule of law".[73] Wo die Möglichkeit der (Rettungs-)Folter wieder aufschimmert, wird diskursiv um die Bewahrung des Rechtsstaats gerungen.[74] Paralleles gilt für den globalen Kampf gegen den Terror, der einen permanenten Ausnahmezustand zu legitimieren und damit den Rechtsstaat an seine Grenzen (und darüber hinaus) zu führen droht.[75] Wie gefährlich die „Lockerung" rechtsstaatlicher Standards unter dem Deckmantel alternativloser Krisenbewältigung sein kann, macht indes nicht nur der „global war on terror"[76] deutlich; die Erosion des Rechts als Reaktion auf die Finanz- und Staatsschuldenkrise stimmt nicht minder bedenklich. Das „targeted killing" wäre ein Thema für sich.[77] Trotz aller Herausforderungen bleibt der Rechtsstaat als völkerrechtlicher Akteur gehalten, sich immer aufs Neue zu vergegenwärtigen, was *J. Menzel* „partizipatorische Weltverantwortung" nennt: Rechtsstaaten seien aufgrund ihrer eigenen Verfassungsentscheidungen für die Weltgemeinschaft dafür verantwortlich, ihren Teil zur „global governance" beizutragen.[78]

IV. Rechtsstaatliche Strukturen des Völkerrechts

So wie der nationale Rechtsstaat das würdebegabte Individuum als Träger von Rechten und Pflichten entdeckt hat, gründet auch die „international rule of law" in jener anthropozentrischen Neuorientierung, die im Einzelmenschen den Träger von völkerrechtlichen Rechten und Pflichten erkennt, ihm daher partielle Völker-

---

[72] Wiederum *S. Chesterman*, NYU School of Law. Public Law Research Paper No. 08–11, abrufbar unter: ssrn.com/abstract=1081738 (besucht am 14. Juni 2012), 24 f.

[73] *Ph. Sands*, Lawless World: America and the Making and Breaking of Global Rules, 2005.

[74] *P. Nitschke* (Hrsg.), Rettungsfolter im modernen Rechtsstaat? Eine Verortung, 2005; *W. Heinz/Schlitt/A. Würth*, Internationale Terrorismusbekämpfung und Menschenrechte, Deutsches Institut für Menschenrechte, 2003.

[75] *E. Klein*, in: J. Isensee (Hrsg.), Der Terror, der Staat und das Recht, 2004, 9 ff.

[76] *S. Chesterman*, MJIL 28 (2007), 553 ff.

[77] s. Buchbesprechung zu *N. Melzer*, Targeted Killings in International Law, 2008, von *S. Schmahl*, ZaöRV 69 (2009), 434 ff.

[78] *J. Menzel*, Internationales Öffentliches Recht. Verfassungs- und Verwaltungsgrenzrecht in Zeiten offener Staatlichkeit, 2011, 892.

rechtssubjektivität zugesteht.[79] Diese Neuorientierung bedingt nicht nur eine Relativierung absoluter Souveränität,[80] sondern eine umfassende menschenrechtliche Bindung aller hoheitlichen Gewalt. Deshalb können die (universellen) Menschenrechtsdeklarationen als „Maßstab der rechtsstaatlichen Ausrichtung des Rechts und der Politik" bezeichnet werden;[81] sie fordern auch transnational gedachte „checks and balances" effektiver Gewaltenkontrolle.[82] *J. Rawls* schreibt den Menschenrechten daher sowohl mit Blick auf den souveränen Nationalstaat als auch auf die Beziehungen zwischen den Nationalstaaten eine rechtsstaatlich limitierende, die rechtlichen Beziehungen umfassend gestaltende Rolle zu.[83] Das reicht, wie die bereits erwähnte *Kadi*-Konstellation belegt, bis hin zur Gestaltungsmacht des UN-Sicherheitsrates. Er kann sich nicht in die Rolle eines „aufgeklärten Absolutisten"[84] flüchten, dessen Maßnahmen normative Grenzen und gerichtliche Kontrolle nicht kennen. Um „künftige Geschlechter vor der Geißel des Krieges" zu bewahren, so die Präambel der UN-Charta, stehen dem Sicherheitsrat zwar weitreichende Befugnisse zu. Diese Befugnisse sind aber determiniert vom „Glauben an die Grundrechte des Menschen, an Würde und Wert der menschlichen Persönlichkeit", um einen weiteren Präambelpassus zu zitieren. Damit ist ein menschenrechtlich-rechtsstaatlicher Bindungsmaßstab aufgestellt, der für die Vereinten Nationen und all ihre Organe nicht ohne Konsequenzen bleiben kann.

Gleiches gilt für die rechtliche Architektur anderer internationaler Organisationen.[85] Sie operieren als Geschöpfe des Rechts durch rechtliche Mechanismen und sind auf (relative) Willkürfreiheit festgelegt. Die souveräne Gleichheit der Staaten (Art. 2 Abs. 1 UN-Charta) resultiert in der souveränen Gleichheit ihrer Mitglieder, die freilich vertraglich abbedungen werden kann (wie etwa im Falle des mitgliederprivilegierenden UN-Sicherheitsrates). Was „Rechtsstaatlichkeit" auf internationaler Ebene, sei sie auch im Recht internationaler Organisationen konkretisiert, vom demokratischen Rechtsstaat fundamental unterscheidet, ist die Art der Rechtserzeugung. Das Völkerrecht kennt keine zentrale Rechtsetzungsinstanz, sondern bindet

---

[79] *E. Klein*, in: ders./Ch. Menke (Hrsg.), Menschheit und Menschenrechte – Probleme der Universalisierung und Institutionalisierung, 2002, 133 ff.; *R. Wahl*, Der Staat 40 (2001), 45 ff.

[80] Zur Diskussion *B. Fassbender*, in: N. Walker (Hrsg.), Sovereignty in Transition, 2003, 115 ff.; *J. Kokott*, ZaöRV 64 (2004), 517 ff.; *M. Kotzur*, JöR 52 (2004), 197 ff.

[81] *M. Lendi*, FS Hangartner, 1998, 33 ff., 44; darauf mit ergänzenden Nachweisen verweisend *M. Knauff*, Der Regelungsverbund: Recht und Soft Law im Mehrebenensystem, 2010, 417 f. (Fn. 105); allgemein weiterführend *E. Klein*, Menschenrechte. Stille Revolution des Völkerrechts und Auswirkungen auf die innerstaatliche Rechtsanwendung, 1996; *ders.*, EuGRZ 1999, 109 ff.

[82] *E. Klein*, in: ders. (Hrsg.), Gewaltenteilung und Menschenrechte, 2006, 7 ff.

[83] *J. Rawls*, Das Recht der Völker, 2002, 30, 97, dort unter Verweis auf *T. Nardin*, Law, Morality, and the Relations of States, 1983.

[84] *M. Herdegen*, Die Befugnisse des UN-Sicherheitsrates – Aufgeklärter Absolutismus im Völkerrecht?, 1998.

[85] *S. Chesterman*, NYU School of Law. Public Law Research Paper No. 08–11, abrufbar unter: ssrn.com/abstract=1081738 (besucht am 14. Juni 2012), 25 ff.

alle Völkerrechtssubjekte in den Rechtsetzungsprozess ein (durch Vertrag, durch die Herausbildung von Gewohnheitsrecht, durch die „Entdeckung" allgemeiner Rechtsgrundsätze, durch richterliche Rechtsfortbildung, vgl. Art. 38 Abs. 1 IGH-Statut). Seine Implementierung erfolgt ebenso dezentral. Der Generalversammlung der Vereinten Nationen (Art. 13 Abs. 1 lit. a UN-Charta) und der International Law Commission kommt hier eine besondere rechtsstaatliche Verantwortung zu. Es kann bei der Herausbildung einer „international rule of law" aber nicht darum gehen, die *strukturellen* Divergenzen zwischen nationaler und internationaler Ebene zu verleugnen, wohl aber darum, *funktionelle* Gleichläufe zu betonen. Dazu gehören neben dem bereits skizzierten Souveränitätsmodell und der Menschenrechtsbindung die Idee des zwingenden Völkerrechts (*ius cogens*[86]), das Prinzip „pacta sunt servanda" als Gebot der Bindung an vertraglich gesetztes Recht, die Rechtssicherheit, das Rückwirkungsverbot, das völkerstrafrechtliche nulla poena, nullum crimen sine lege, die Publizität des Rechts, die Unabhängigkeit der Gerichte, der gleiche Zugang zu den Gerichten und, als entscheidendes Element nochmals betont, die Willkürfreiheit. Eine „international rule of law", die all diese Elemente schon verwirklicht hätte, ist noch längst nicht zu erkennen. Doch geht es auch nicht um einen erreichten Status, sondern um eine Funktion, um einen Entwicklungsmodus bei der Fortschreibung und schrittweisen Universalisierung des Völkerrechts.[87] Je mehr Rechtsstandards universelle Geltungskraft beanspruchen, umso drängender wird nämlich die rechte Balance zwischen *Stabilität* (Rechtssicherheit) und *Flexibilität* (Rechtsfortbildung), umso unverzichtbarer wird die *Orientierungsfunktion*, die die „rule of law" hier übernimmt. Ganz in diesem Sinne fordert die Friendly Relations Declaration in ihrer Präambel eine „promotion of the rule of law among nations".[88]

V. Schluss

Das Rechtsstaatsprinzip oder *die* „rule of law" gibt es nicht. Rechtsstaatskonzepte (bewusst im Plural) erweisen sich vielmehr als eine Melange ganz unterschiedlicher kulturspezifischer Elemente, die im Kontext des nationalen Verfassungsstaates kulturell partikulär entwickelt wurden. Europäische Rechtstraditionen spielen dabei eine prägende Rolle; politisches und rechtliches Denken in den Kategorien einer „Herrschaft des Rechts" gehört zum philosophischen ebenso wie rechtskulturellen Erbe „des Westens". Das gilt für den kontinentaleuropäischen Rechtsstaat ebenso wie für die anglo-amerikanische „rule of law". Die wesentlichen Rechtsstaatsfunktionen, hoheitliche Macht zu begründen, zu begrenzen und zu kontrollieren, sind aber keineswegs auf diesen vielberufenen Westen, seine *Revolutionen im Politischen* und

---

[86] *S. Kadelbach,* Zwingendes Völkerrecht, 1992; *J. A. Frowein,* in: R. Wolfrum, MPEPIL (Online Edition).

[87] So *S. Chesterman,* NYU School of Law. Public Law Research Paper No. 08–11, abrufbar unter: ssrn.com/abstract=1081738 (besucht am 14. Juni 2012), 38 f.; siehe schon *W. Friedmann,* The Changing Structure of International Law, 1964.

[88] UN-Dok. A/RES/2625 XXV (1970).

seine *Evolutionen im Denken* beschränkt. Von den spezifischen Funktionen her gedacht, hat das Rechtsstaatsprinzip ein großes Potential hin zu *universeller Geltung*. Es stiftet formale Legalität und ringt um Legitimität für das Handeln der völkerrechtlich relevanten Akteure.[89] Es ist Maßstab der Jurisdiktionsgewalt nationaler wie internationaler Streitschlichtungsinstanzen.[90] Es denkt alles Recht vom Menschen her und orientiert es auf den Menschen hin. In wechselseitigen Rezeptionsprozessen von der nationalen auf die regionale sowie die universelle Ebene (und vice versa) findet es produktive Fortschreibung.[91] Dazu bedarf es allerdings neben adäquaten Infrastrukturen und methodischer Absicherung engagierter, am rechtsstaatlichen Ethos orientierter Juristinnen und Juristen:

> „(…) the rule of law is an important scruple to hang onto, a key not only to moral health but also professional honor. Lawyers' self-esteem may initially be bound up with the skills and clever opinions that they pledge to their unscrupulous bosses, like the Robert Duvall character in the movie, *The Godfather*. But the legal profession's honor is bound up with something beyond that. It is bound up with the ethos of the rule of law. The intimate connection between the rule of law and good lawyering in government service applies equally in the international realm as it does in constitutional law, administrative law, or anywhere else."[92]

Der Jubilar, dem dieser Festschriftbeitrag gilt, ist in seinem wissenschaftlichen Wirken ebenso wie in seiner praktischen Arbeit nachdrücklich für das eben zitierte „ethos of the rule of law" eingetreten, hat es bezeugt und selbst „gelebt". Er steht für jenes „good lawyering (…) in the international realm", um das Völkerrechtswissenschaft und -praxis immer neu ringen müssen. Beide freuen sich auf noch viele konstruktive Beiträge von *Eckart Klein* – nicht nur, aber gewiss immer auch im Dienste einer „international rule of law".

---

[89] *Th. Franck*, The Power of Legitimacy among Nations, 1990.

[90] *P. W. Kahn*, in: J. Bornemann (Hrsg.), The Case of Ariel Sharon and the Fate of Universal Jurisdiction, 2004, 135 ff.

[91] *P. Häberle*, JZ 1992, 1033 ff.

[92] *J. Waldron*, Harvard Journal of Law & Public Policy, 30 (2006), 15 (29 f.).

Der Einfluss der Menschenrechte auf den Rechtsetzungsprozess im humanitären Völkerrecht: Das Beispiel der kriegerischen Repressalie

Von *Heike Krieger*

Der Siegeszug der menschenrechtlichen Idee seit 1945 hat dazu geführt, dass in den demokratischen Verfassungsstaaten im Grundsatz jede Regierungsentscheidung am Maßstab der Menschenrechte gemessen wird. Das gilt in zunehmendem Maße auch für sicherheitspolitische und militärische Entscheidungen selbst in den Mitgliedstaaten des Europarates, in denen derartige Maßnahmen bislang durch rechtliche Konstruktionen, wie die *royal prerogative* oder die *actes des gouvernments* u. U. der gerichtlichen Kontrolle entzogen waren. Ein Beispiel für diese Überprüfung von Maßnahmen, die Streitkräfte im Rahmen von militärischen Einsätzen ergreifen, am Maßstab der Menschenrechte und nicht des ebenso einschlägigen humanitären Völkerrechts oder des Völkerstrafrechtes sind die beiden Entscheidungen des Europäischen Gerichtshofs für Menschenrechte in den Fällen *Al-Jedda*[1] und *Al-Skeini*[2] aus dem Jahr 2011.

Die Wirkmacht der menschenrechtlichen Idee wird aber nicht nur in der gerichtlichen Kontrolle jeglichen Regierungshandelns am Maßstab der Menschenrechte deutlich, sondern kommt auch im Bereich der Rechtsetzung zum Tragen. Der menschenrechtliche Diskurs bestimmt die (rechts-)politische Entscheidungsfindung dabei derart, dass sich auch die Rechtsetzung im humanitären Völkerrecht diesem Einfluss nicht mehr entziehen kann. Ein Beispiel stellt die kriegerische Repressalie dar.

I. Die kriegerische Repressalie

Das Rechtsinstrument der kriegerischen Repressalie zielt auf die Durchsetzung des humanitären Völkerrechts. Danach ist eine Konfliktpartei berechtigt, Zwangsmaßnahmen gegenüber der gegnerischen Partei zu ergreifen, die an sich gegen humanitäres Völkerrecht verstießen, nunmehr aber als Antwort und zur Beendigung

---

[1] EGMR, *Al Jedda ./. United Kingdom*, 27021/08, Entsch. v. 7 Juli 2011; dazu *H. Krieger*, Military Law and Law of War Review 50 (2011), 419 ff.

[2] EGMR, *Al Skeini ./. United Kingdom*, 55721/07, Entsch. v. 7 Juli 2011.

eines rechtswidrigen Aktes des Gegners gerechtfertigt sind.[3] Um die Wirkungsweise der kriegerischen Repressalie zu demonstrieren, lässt sich ein in der Literatur dokumentierter Anwendungsfall aus dem amerikanischen Bürgerkrieg heranziehen, der Grund und herkömmliche Grenzen einer solchen Repressalie beschreibt: Nachdem ein Oberst der konföderierten Armee besonders erfolgreiche Operationen gegen die Versorgungslinien der Union durchgeführt hatte, antworteten Soldaten der Union hierauf, indem sie sieben Gefangene der Einheit des Oberst ohne Verfahren erhängten. Der Oberst reagierte seinerseits, indem er wiederum sieben Unionssoldaten hinrichten ließ, die sich in der Gewalt seiner Soldaten befanden. In einem Brief an den Befehlshaber der Unionstruppen, General Sheridan, erklärte er sodann, dass von nun an gefangene Unionssoldaten menschlich behandelt würden, es sei denn, ein neuer Akt der Barbarei seitens der Unionstruppen fände statt. Nach dem Krieg und dem Sieg der Union wurde der Oberst für diese Taten nicht wegen der Begehung von Kriegsverbrechen verfolgt.[4]

Das Beispiel zeigt einige der Grenzen, denen die rechtmäßige Ausübung einer kriegerischen Repressalie unterliegt. Kriegerische Repressalien müssen nicht nur als das letzte einsetzbare Mittel verhältnismäßig sein, sondern auch verschiedenen prozeduralen Voraussetzungen genügen. Sie dürfen unter keinen Umständen ein Instrument der Rache oder Vergeltung sein.[5] Heute umfassen die prozeduralen Voraussetzungen auch das Erfordernis einer Warnung und verlangen, dass der Einsatz einer Repressalie nur von der politischen Führung eines Staates angeordnet werden darf.[6]

Seit Anfang des letzten Jahrhunderts hat sich die Staatengemeinschaft wegen des hohen Eskalationspotentials der kriegerischen Repressalie schrittweise auf eine Beschränkung des Gebrauchs dieses Instrumentes geeinigt, gerade auch in Antwort auf seinen exzessiven und rechtswidrigen Gebrauch durch die deutsche Armee während des Zweiten Weltkrieges.[7] In den Genfer Konventionen und ein weiteres Mal im Ersten Zusatzprotokoll (ZP I) sind zahlreiche Personengruppen und Schutzobjekte aus dem Anwendungsbereich der Repressalie herausgenommen worden. Heute sind Repressalien vertragsrechtlich verboten, die sich richten gegen Personen, die durch die Genfer Konventionen geschützt werden, gegen Privateigentum der Zivilbevölkerung in besetzten Gebieten, gegen feindliche Ausländer im eigenen Staatsgebiet, gegen Objekte, die für die Zivilbevölkerung lebensnotwendig sind, die natürliche Umwelt, Anlagen und Eirichtungen, die gefährliche Kräfte enthalten sowie gegen Kulturgut. Der wohl entscheidende Schritt zur Begrenzung der kriegerischen Repressalie ist mit

---

[3] US, The Commander's Handbook on the Law of Naval Operations, Edition July 2007, 6.2.4.; *S. Oeter*, in: D. Fleck (Hrsg.), The Handbook of International Humanitarian Law, 2. Aufl. 2008, Rn. 476.

[4] *P. Sutter*, Journal of Conflict and Security Law 13 (2008), 93 (97 f.).

[5] *Sutter* (Fn. 4), 95.

[6] *Oeter* (Fn. 3), Rn. 477 f.

[7] *S. Darcy*, Military Law Review 175 (2003), 184 (194 f.).

Art. 51 Abs. 6 ZP I getan, demzufolge Angriffe gegen die Zivilbevölkerung oder gegen Zivilpersonen als Repressalie verboten sind.[8]

Allerdings ist vor allem diese letzte Beschränkung nicht für alle Staaten akzeptabel. Die USA, die das Erste Zusatzprotokoll nicht ratifiziert haben, gehen weiterhin davon aus, dass unter bestimmten Umständen kriegerische Repressalien gegen Zivilisten der gegnerischen Konfliktpartei ergriffen werden können, da sie der Ansicht sind, dass unter dem Völkergewohnheitsrecht die kriegerische Repressalie nicht verboten ist.[9] Das Vereinigte Königreich, das das Erste Zusatzprotokoll erst 1998 ratifiziert hat, hat einen ausführlichen Vorbehalt angebracht:

„The obligations of Articles 51 and 55 are accepted on the basis that any adverse party against which the United Kingdom might be engaged will itself scrupulously observe those obligations. If an adverse party makes serious and deliberate attacks, in violation of Article 51 or Article 52 against the civilian population or civilians or against civilian objects, or, in violation of Articles 53, 54 and 55, on objects or items protected by those Articles, the United Kingdom will regard itself as entitled to take measures otherwise prohibited by the Articles in question to the extent that it considers such measures necessary for the sole purpose of compelling the adverse party to cease committing violations under those Articles, but only after formal warning to the adverse party requiring cessation of the violations has been disregarded and then only after a decision taken at the highest level of government. Any measures thus taken by the United Kingdom will not be disproportionate to the violations giving rise there to and will not involve any action prohibited by the Geneva Conventions of 1949 nor will such measures be continued after the violations have ceased. The United Kingdom will notify the Protecting Powers of any such formal warning given to an adverse party, and if that warning has been disregarded, of any measures taken as a result."[10]

Andere NATO Staaten, wie Frankreich[11] und Deutschland[12], haben mit einer vergleichbaren Intention Erklärungen abgegeben, dass unter bestimmten Voraussetzungen eine kriegerische Repressalie gegen Zivilisten der gegnerischen Konfliktpartei immer noch nach dem Völkergewohnheitsrecht zulässig sein kann und sie sich vertraglich nicht am Einsatz dieses Rechtsdurchsetzungsinstrumentes gehindert sehen.

---

[8] *Oeter* (Fn. 3), Rn. 479.

[9] US, The Commander's Handbook on the Law of Naval Operations, Edition July 2007, 6.2.4.

[10] Der Text der Vorbehalte und Erklärungen findet sich unter: http://www.icrc.org (besucht am 15. Sept. 2012).

[11] Der Text der französischen Erklärung lautet: „Le gouvernement de la République Francaise déclare qu'il appliquera les dispositions du paragraphe 8 de l'article 51 dans la mesure ou l'interpretation de celles-ci ne fait pas obstacle a l'emploi, conformément audroit international, des moyens qu'il estimerait indispensables pour protéger sa population civile de violations graves, manifest et délibérées des Conventions de Genève et du Protocol par l'ennemi."

[12] Der Text der deutschen Erklärung lautet: „The Federal Republic of Germany will react against serious and systematic violations of the obligations imposed by Additional Protocol I and in particular its Articles 51 and 52 with all means admissible under international law in order to prevent any further violation."

Wegen der dezentralen Struktur des Völkerrechts und der zentralen Bedeutung des Völkergewohnheitsrechts sind die Staaten noch immer die wesentlichen Akteure des Normsetzungs- und Normfortbildungsprozesses. Daher können NATO-Staaten, wie die USA, das Vereinigte Königreich, Frankreich und Deutschland die Bildung strikterer völkergewohnheitsrechtlicher Standards blockieren, gerade wenn sich die Entwicklung des Vertragsrechts und des Gewohnheitsrechtes auseinander bewegt. Allerdings lässt sich die fehlende Bereitschaft demokratischer Rechtsstaaten, sich an strengere Standards des humanitären Völkerrechts zu binden, immer schwerer mit ihrer (Selbst-)wahrnehmung als Staaten vereinbaren, die sich ganz vorrangig der Gewährleistung von Menschenrechten verschrieben haben, wenn die in Frage stehenden Instrumente des Kriegsrechts mit zentralen Grundsätzen des Menschenrechtsschutzes kollidieren.

II. Die zweifelhafte Legitimität der kriegerischen Repressalie

Der Gedanke, dass Zivilisten leiden, allein weil Soldaten ihrer Nationalität das Kriegsrecht verletzen, ist nur schwer mit dem Grundsatz der individuellen Verantwortung zu vereinbaren, der die modernen Rechtsordnungen beherrscht.[13] Der kriegerischen Repressalie liegt die Annahme zugrunde, dass das Militär, die Regierung und die zivile Bevölkerung der gegnerischen Konfliktpartei als eine einheitliche Gruppe zu behandeln seien, so dass Maßnahmen, die gegen bestimmte Mitglieder der Gruppe ergriffen werden, andere, tatsächlich verantwortliche Mitglieder der Gruppe dazu veranlassen würden, ihr rechtswidriges Verhalten zu unterlassen.[14] Damit wird eine staatliche Zwangsmaßnahme gegen ein Individuum gerichtet, ohne dass das Individuum für die vorausgegangene Rechtsverletzung verantwortlich wäre, unmittelbar oder auch nur mittelbar.

Ein solcher Ansatz steht in direktem Widerspruch zur Idee der Menschenwürde, wie sie sich als Rechtskonzept vor allem im deutschen Verfassungsrecht entwickelt hat, zunehmend aber auch auf die europäische[15] und die internationale Ebene ausstrahlt.[16] Für die Bestimmung des Konzeptes der Menschenwürde wird im deutschen Verfassungsrecht die sog. Objektformel herangezogen:

„Ausgehend von der Vorstellung des Grundgesetzgebers, dass es zum Wesen des Menschen gehört, in Freiheit sich selbst zu bestimmen und sich frei zu entfalten, und dass der Einzelne verlangen kann, in der Gemeinschaft grundsätzlich als gleichberechtigtes Glied mit Eigen-

---

[13] *Y. Dinstein*, The Conduct of Hostilities under the Law of Armed Conflict, 2. Aufl. 2010, 259.

[14] *S. Darcy*, Yearbook of International Humanitarian Law 5 (2002), 107 (112).

[15] Z. B. EGMR, *Tyrer ./. Vereinigtes Königreich,* A 26, Entsch. v. 25. April 1978, § 33; Art. 1 der EuGrCH.

[16] Z. B. L. *R. Barroso*, Boston College International and Comparative Law Review 35 (2012), 331–395.

wert anerkannt zu werden, schließt es die Verpflichtung zur Achtung und zum Schutz der Menschenwürde vielmehr generell aus, den Menschen zum bloßen Objekt des Staates zu machen. Schlechthin verboten ist damit jede Behandlung des Menschen durch die öffentliche Gewalt, die dessen Subjektqualität, seinen Status als Rechtssubjekt, grundsätzlich in Frage stellt, indem sie die Achtung des Wertes vermissen lässt, der jedem Menschen um seiner selbst willen, kraft seines Personseins, zukommt."[17]

Das Individuum darf nicht zu einem reinen Mittel zum Zweck reduziert werden. Diese Interpretation, die sich letztlich auf die Philosophie Immanuel Kants stützt,[18] erklärt die Kritik an der kriegerischen Repressalie. Indem Zivilisten, die für die Begehung von Kriegsverbrechen nicht rechtlich, allenfalls in einem sehr weiten Sinne politisch verantwortlich sind,[19] benutzt werden, um die Befolgung des Kriegsrechts durch ihre Regierung und ihr Militär zu sichern, werden diese Zivilisten zu reinen Objekten staatlichen Handelns degradiert. Da es aber geradezu zentrale Idee des Menschenrechtsschutzes ist, den Einzelnen vorrangig als Individuum und nicht als beliebigen Teil einer Gruppe, insbesondere seines Staatsverbandes zu sehen, läuft ein solches Instrument der Menschenwürde zuwider.[20]

III. Die Rechtfertigung der kriegerischen Repressalie

Warum beharren dann einige demokratische Verfassungsstaaten auf der Rechtmäßigkeit der kriegerischen Repressalie gegenüber der Zivilbevölkerung der gegnerischen Konfliktpartei? Was soll ihren Gebrauch rechtfertigen? Zunächst ist die Rechtmäßigkeit der kriegerischen Repressalie wesentlich für die juristische Rechtfertigung der nuklearen Abwehrstrategie einiger NATO-Staaten.[21] Denn im Hinblick auf das Verbot der unterschiedslosen Kampfführung dürfte ein Nuklearschlag nur zu rechtfertigen sein, wenn er als kriegerische Repressalie eingesetzt wird, um die gegnerische Konfliktpartei von schwerwiegendsten Brüchen des humanitären Völkerrechts abzuhalten. Ein nuklearer Erstschlag ließe sich demgegenüber nicht rechtfertigen.[22] Der Internationale Gerichtshof hat in seinem Gutachten zur Rechtmäßig-

---

[17] BVerfGE 115, 118 (153).

[18] *M. Herdegen*, in: T. Maunz/G. Dürig (Hrsg.), Grundgesetz-Kommentar, 65. Ergänzungslieferung, 2012, Rn. 36.

[19] Zu diesem Argument: *C. Greenwood*, NYIL 20 (1989), 35 (61), der darauf abstellt, dass die Zivilbevölkerung der gegnerischen Partei anders als die Zivilbevölkerung in einem besetzten Gebiet, die vom GA IV geschützt wird, den weiteren Kriegsverlauf sehr wohl beeinflussen könne und damit in einem weiteren Sinne als verantwortlich betrachtet werden könne. Allerdings dürften weitreichende und schwerwiegende Verletzungen des humanitären Völkerrechts in der Regel eher von Staaten als Mittel der Kriegsführung eingesetzt werden, die auch vor erheblichen Rechtsverletzungen gegenüber ihrer eigenen Zivilbevölkerung nicht zurückschrecken.

[20] *Darcy* (Fn. 14), 113; *Dinstein* (Fn. 13), 259; *F. Karlshoven*, Belligerent Reprisals, 2. Aufl. 2005, 43.

[21] *Kalshoven* (Fn. 20), 348–353.

[22] *Oeter* (Fn. 3), Rn. 432.

keit des Einsatzes von Nuklearwaffen allerdings die Frage offengelassen, ob die kriegerische Repressalie als ein solches Rechtfertigungsinstrument dienen kann.[23] Hinzu kommt, dass der Gebrauch von Nuklearwaffen nicht vom ersten Zusatzprotokoll erfasst ist, da die Nuklearmächte während der Verhandlungen hinreichend deutlich gemacht haben, dass das Protokoll sich nur auf konventionelle Kriegsführung bezieht. Zudem haben das Vereinigte Königreich und die USA entsprechende Erklärungen bei der Unterzeichnung des Protokolls abgegeben. Dieser sog. „Nuklearkonsens" ist entscheidend für die Interpretation des Protokolls.[24] Hieraus lässt sich entnehmen, dass die Vorbehalte und Erklärungen zu Art. 51 Abs. 6 ZP I letztlich eine andere Zielsetzung verfolgen:

Im Vordergrund steht, dass die kriegerische Repressalie als eines der wichtigsten Instrumente gesehen wird, die Befolgung des humanitären Völkerrechts in einem dezentralen Rechtssystem unter den Bedingungen eines bewaffneten Konfliktes zu gewährleisten. Zwar gibt es nur wenige empirische Untersuchungen, dennoch gehen zahlreiche Autoren davon aus, dass der „intuitive Eindruck" bestünde, Reziprozität sei das wesentliche Mittel, die Befolgung des humanitären Völkerrechts auf der Grundlage von Abschreckung zu gewährleisten. Der Wille zur Befolgung des Kriegsrechts in der Ausnahmesituation des bewaffneten Konfliktes soll dann nur dann hervorgerufen werden können, wenn Staaten befürchten müssten, dass zumindest schwerwiegende Verstöße gegen das Kriegsrecht schwerwiegende Konsequenzen für die eigene Zivilbevölkerung zeitigen würden. Daher wird die kriegerische Repressalie sogar als das einzige effektive Mittel gesehen, die Befolgung des humanitären Völkerrechts im Verlauf eines bewaffneten Konfliktes zu erreichen.[25] Dabei kann diese Ansicht das Argument für sich in Anspruch nehmen, dass es zwar zahlreiche andere Mittel gibt, die Befolgung des humanitären Völkerrechts herbeizuführen, wie z.B. die Pflicht, Schadensersatz zu leisten, oder die individuelle Verantwortlichkeit für Kriegsverbrechen. Diese Instrumente ermöglichen aber nur ex post Abhilfe. Während des Konfliktes selbst wird eine Konfliktpartei vielmehr ein größeres Interesse daran haben, dass die Verletzungen sofort beendet werden, als dass sie an einer zukünftigen Kompensation interessiert ist.[26] Die unmittelbare Wirkung des Instrumentes der Repressalie wird als sein wesentlicher Wert gesehen. Daher mag die kriegerische Repressalie in der besonderen Ausnahmesituation des bewaffneten Konfliktes rechtfertigbar sein, weil sie ein Mittel ist, Rechtsbefolgung zu gewährleisten.

Diese Annahme findet darin Unterstützung, dass die Staaten die kriegerische Repressalie als ein Mittel betrachten, ihre Bevölkerung gegenüber schwerwiegendsten Verletzungen des Kriegsrechts zu schützen, wie der Wortlaut der Erklärungen zu

---

[23] IGH, Legality of the Threat or Use of Nuclear Weapons, Advisory Opinion v. 8. Juli 1996, § 46.

[24] *Oeter* (Fn. 3), Rn. 430.

[25] *Greenwood* (Fn. 19), 56–61; *Dinstein* (Fn. 13), 254; *F. Hampson*, ICLQ 38 (1988), 773 (838 ff.).

[26] *Dinstein* (Fn. 13), 254.

Art. 51 ZP I zeigt. Diese Intention wird am Text der französischen Erklärung zu Art. 51 Abs. 8 ZP I besonders deutlich. Hier heißt es, dass Frankreich diese Vorschrift nur insofern akzeptiert, als dass ihre Interpretation kein Hindernis dafür darstellt, dass Frankreich alle rechtmäßigen Mittel einsetzen kann, um seine Bevölkerung gegen schwerwiegende, manifeste und willentliche Verletzungen des humanitären Völkerrechts zu schützen.[27] Damit ist die Idee der Legitimität der kriegerischen Repressalie eng mit der Idee der Selbstverteidigung verbunden.

IV. Der Einfluss der Menschenrechte

Trotz der Überzeugungskraft dieses Argumentes ist die Debatte um die Legalität und Legitimität der kriegerischen Repressalie gegen die gegnerische Zivilbevölkerung nicht abgeklungen. Vielmehr ist die Fortentwicklung des Rechts erneut vom International Tribunal for the Former Yugoslavia (ICTY) angestoßen worden. Im *Kupreskic* Urteil aus dem Jahr 2000 hat das Tribunal behauptet, dass die kriegerische Repressalie gegen die Zivilbevölkerung der gegnerischen Konfliktpartei auch nach dem Völkergewohnheitsrecht verboten sei. Das Gericht argumentierte:

> „Admittedly, there does not seem to have emerged recently a body of State practice consistently supporting the proposition [of the unlawfulness of belligerent reprisals against the civilian population] ... This is however an area where the *opinio iuris sive necessitates* may play a much greater role than usus ... principles of international humanitarian law may emerge through a customary process under the pressure of the demands of humanity or the dictates of public conscience, even where State practice is scant or inconsistent."[28]

Dieser Gebrauch der Marten'schen Klausel ist rechtlich zweifelhaft und in der Literatur kritisiert worden.[29] Die Annahme, dass Staatenpraxis nicht länger relevant sei für die Feststellung eines gewohnheitsrechtlichen Verbotes, geht über den gesicherten Rechtsbestand hinaus.[30] Dennoch reflektiert das Urteil zutreffend Einflüsse, denen der Normsetzungsprozess im humanitären Völkerrecht gegenwärtig unterliegt. Die öffentliche Meinung, wie sie sich in Medien und durch die Arbeit gerade menschenrechtlicher NGOs herauskristallisiert, beeinflusst demokratische Regierungen in der Entscheidungsfindung. Hierdurch wird es in demokratischen Verfassungsstaaten schwieriger, Normen vorrangig durch Argumente militärischer Notwendigkeit oder der spezifischen Natur des bewaffneten Konfliktes zu rechtfertigen, jedenfalls in den Fällen, in denen ein deutlicher Widerspruch zu menschenrechtlichen Wertungen besteht. So entfalten die Aussagen des ICTY über die kriegerische

---

[27] Für den Text siehe oben Fn. 11.

[28] ICTY, Kupreškić et al. (IT-95-16) – „Lašva Valley", Entsch. v. 14 Jan. 2000, 207 f.

[29] *C. Greenwood*, in: H. Fischer/C. Kreß/S.R. Lüder (Hrsg.), International and National Prosecution of Crimes Under International Law: Current Developments, 2001, 539; *F. Kalshoven*, in: FS Cassese, 2003, 481.

[30] Anders *N. Petersen*, American University International Law Review 23 (2008), 275–310.

Repressalie einen andauernden Einfluss auf die Debatte um ihre Rechtmäßigkeit nach dem Völkergewohnheitsrecht. Beispielsweise findet sich in der Völkergewohnheitsrechtsstudie des IKRK fünf Jahre nach Verkündung des Urteils folgende Aussage:

> „The International Criminal Tribunal for the Former Yugoslavia, ... in its judgment in the *Kupreskic case* in 2000, found that there was such a prohibition already in existence, based largely on the imperatives of humanity and public conscience. These are important indications, consistent with a substantial body of practice now condemning or outlawing such reprisals."[31]

Zwar halten Staaten wie das Vereinigte Königreich und die USA explizit an der Rechtmäßigkeit der kriegerischen Repressalie gegen die Zivilbevölkerung der gegnerischen Konfliktpartei fest. So findet sich im *Military Manual* des Vereinigten Königreichs eine ausdrückliche Zurückweisung der Entscheidung des ICTY im *Kupreskic* Urteil.[32] Ebenso gehen die USA im *Handbook on the Law of Naval Operations* aus dem Jahr 2007 weiter von der Rechtmäßigkeit einer solchen Repressalie nach dem Völkergewohnheitsrecht aus.[33]

Deutschland aber beispielsweise ändert seine Haltung zur Rechtmäßigkeit der kriegerischen Repressalie in Folge der Entscheidung des ICTY schrittweise: Bei Erlass des Völkerstrafgesetzbuches anlässlich der Ratifizierung des Rom-Statuts[34] im Jahr 2002 hat der Gesetzgeber die Frage erörtert, ob das Völkerstrafgesetzbuch einen Rechtfertigungsgrund für den Fall enthalten sollte, dass Zivilisten in Folge einer kriegerischen Repressalie getötet worden sind. Der Gesetzgeber entschied sich unter Bezugnahme auf die *Kupreskic* Entscheidung gegen die Einführung eines solchen Rechtfertigungsgrundes:

> „Die neueste Entwicklung des humanitären Völkerrechts weist jedoch in Richtung einer weitgehenden Unzulässigkeit von Repressalien. ... Angesichts dieser Tendenz der Völkerrechtsentwicklung, die sich noch im Fluss befindet, empfiehlt es sich nicht, die Repressalie als Rechtfertigungsgrund im Völkerstrafgesetzbuch zu regeln. Für den schmalen Bereich, in dem die Repressalie derzeit nicht als Rechtfertigungsgrund in Betracht kommt, kann es der Rechtsprechung überlassen bleiben, im Einzelfall unter Berücksichtigung des jeweiligen Entwicklungsstandes des humanitären Völkerrechts zu entscheiden."[35]

---

[31] *J.-M. Henckaerts/Doswald-Beck*, Customary International Humanitarian Law, 2005, 523; zu einer Kritik der Behandlung der kriegerischen Repressalie in der Studie: *R. Cryer*, Journal of Conflict and Security Law 11 (2006), 239 (256).

[32] UK Ministry of Defence, Manual of the Law of Armed Conflict, 2004, 421.

[33] US, The Commander's Handbook on the Law of Naval Operations, Edition July 2007, 6.2.4.

[34] Bundesregierung, Entwurf eines Gesetzes zur Ausführung des Römischen Statuts des Internationalen Strafgerichtshofes vom 17. Juli 1998, BT-Drs. 14/8527, 13. Febr. 2002.

[35] Bundesratsvorlage zum Völkerstrafgesetzbuch, 18. Jan. 2002, BR-Drucksache. 29/02, 33–35, abgdr. in: S. Lüder/T. Vormbaum (Hrsg.), Materialien zum Völkerstrafgesetzbuch, Dokumentation des Gesetzgebungsverfahrens, 2002, 28 f.

An dem Beispiel des Wandels der Haltung Deutschlands lässt sich der Einfluss der Menschenrechte auf den Rechtsetzungsprozess im humanitären Völkerrecht ablesen. Denn die unterschiedlichen Haltungen der westlichen Verfassungsstaaten sind auch mit Unterschieden im Verfassungsverständnis gerade im Hinblick auf die Menschenwürde und das Konzept der offenen Staatlichkeit zu erklären. In einer Rechtsordnung, die auf der Achtung der Menschenwürde als Grundlage des verfassungsrechtlichen Wertesystems aufbaut,[36] könnte ein Durchsetzungsinstrument des humanitären Völkerrechts, das mit dem Konzept der Menschenwürde kollidiert, nur unter erheblichen politischen Kosten eingesetzt werden, selbst wenn sich der Einsatz völkerrechtlich rechtfertigen lässt. Der Gedanke der offenen Staatlichkeit führt zugleich dazu, dass eine Regierung wie die der Bundesrepublik eher bereit ist, sich der Rechtsprechung internationaler Tribunale zu unterwerfen, als dies z.B. für die USA gilt, wo eine verbreitete Auffassung der Rezeption des internationalen Rechts, wenn es durch Internationale Organisationen oder internationale Spruchkörper gesetzt wird, skeptisch gegenübersteht.[37] Daher ist es nicht erstaunlich, dass die deutsche Regierung anders als die amerikanische sogar bereit ist, die Kompetenz, eine Rechtsfortbildung festzustellen, einem Dialog der nationalen und internationalen Gerichte zu übertragen.

Dabei spielt auch die unterschiedliche Konzeption der Stellung der Streitkräfte im Verfassungsstaat eine Rolle.[38] Auch hier finden sich signifikante Unterschiede zwischen den USA und dem Vereinigten Königreich einerseits und der Bundesrepublik andererseits. So baut beispielsweise die militärische Strategie des Vereinigten Königreichs auf einem soweit möglich beschränkten Einsatz militärischer Gewalt auf. Zugleich gründet sie sich aber auch darauf, weitreichende Kampfeinsätze zu führen und einem hohen Eskalationspotential, wo erforderlich, zu genügen.[39] Im Unterschied dazu findet sich in Deutschland eine mittlerweile tief verwurzelte Kultur militärischer Selbstbeschränkung, die ihren Ausdruck in der deutschen Selbstwahrnehmung als Zivilmacht findet, und dazu führt, dass die deutschen Streitkräfte in der Regel eher für Stabilisierungsmissionen eingesetzt werden, als für (langandauernde) militärische Kampfeinsätze.[40] Dabei ist Deutschlands Haltung letzten Endes offensichtlich historisch bedingt. Der exzessive und oftmals rechtswidrige Gebrauch der kriegerischen Repressalie während des Zweiten Weltkrieges macht es politisch auch

---

[36] *Herdegen* (Fn. 18), Rn. 21.

[37] Dissenting opinion Justice *Scalia* zu *Sosa v. Alvarez-Machain* 542 U.S. 692 (2004); *J. McGinnis*, Northwestern University Law Review, 100 (2006), 303–330; *J. Rubenfeld*, in: G. Nolte (Hrsg.), European and US Constitutionalism, 2005, 280 (286 f.).

[38] Siehe dazu G. *Nolte/H. Krieger*, Europäische Wehrrechtssysteme – Ein Vergleich der Rechtsordnungen Belgiens, Dänemarks, Deutschlands, Frankreichs, Luxemburgs, der Niederlande, Polens, Spaniens und des Vereinigten Königreichs mit Harmonisierungsvorschlägen, 2002.

[39] *P. Vennesson/F. Breuer/C. de Franco/U. Schroeder*, Armed Forces and Society 35 (2009), 628 (640).

[40] Ibid.

heute noch unmöglich, ein solches Instrument als Mittel der Rechtsdurchsetzung im bewaffneten Konflikt zu nutzen.

Hinzu kommt schließlich, dass die kriegerische Repressalie nur noch dort zulässig ist, wo ein Staat seine Bevölkerung vor schwerwiegendsten Rechtsverletzungen des humanitären Völkerrechts schützen will. Der Zusammenhang zum Gedanken der Selbstverteidigung und dem Schutz der Bevölkerung trägt ohnehin nicht (in Gänze), wenn es um militärische Interventionen und asymmetrische Kriegsführung geht, die die meisten Einsätze der Gegenwart kennzeichnet. Denn der abschreckende Effekt, der von der Repressalie ausgehen soll, setzt Reziprozität voraus und verlangt einen Gegner, der Verantwortung für seine Bevölkerung übernimmt. Diese Voraussetzungen scheinen aber im asymmetrischen Konflikt und in zahlreichen Bürgerkriegssituationen, in denen westliche Streitkräfte gegenwärtig eingesetzt werden, nicht mehr zu existieren.[41] Damit gibt die deutsche Regierung letztlich nur ein Rechtsinstrument auf, das sie ohnehin nicht mehr nutzen kann.

V. Folgen der Unterschiede zwischen den NATO-Staaten

Die hohe Bedeutung des menschenrechtlichen Diskurses in den demokratischen Rechtsstaaten hat einen erheblichen Einfluss auf den Prozess der völkerrechtlichen Rechtsetzung. Auch wenn dieser Einfluss u. a. aus historischen Gründen in manchen Staaten ausgeprägter ist als in anderen, berührt er letztlich alle (NATO-)Staaten. Aus militärischer Perspektive besteht dabei die Besorgnis, dass die bereits zwischen den NATO-Staaten existierenden unterschiedlichen Interpretationen des humanitären Völkerrechts die Effektivität der gemeinsamen Militäreinsätze zu beeinträchtigen drohen. Zwar sind divergierende Standards seit Inkrafttreten der Zusatzprotokolle ein bekanntes Problem, aber der unterschiedliche Umgang mit dem Einfluss der Menschenrechte auf den Rechtsetzungsprozess dürfte die Unterschiede weiter verstärken. Der Disput zwischen Deutschland und den USA sowie dem Vereinigten Königreich um die Anwendung des Verhältnismäßigkeitsgrundsatzes in Afghanistan vor dem Jahr 2009 ist ein weiteres Beispiel für die entstehenden Schwierigkeiten.[42]

---

[41] *R. Geiss*, International Review of the Red Cross 87 (2006), 757 (770 f.); *N. Lamp*, Journal of Conflict and Security Law 16 (2011), 225 (248 f.).

[42] Die Bundesregierung, die den Einsatz in Afghanistan zunächst als Stabilisierungseinsatz charakterisiert hatte, hatte zunächst einen weitreichenden Vorbehalt zu den Rules of Engagement angebracht. Dieser Vorbehalt führte zur Anwendung eines eher an polizeirechtlichen Maßstäben orientierten Verhältnismäßigkeitsprinzips, mit der Folge, dass beispielsweise der Schusswaffengebrauch gegen Flüchtende, die erkennbar von ihrem Angriff abgelassen hatten, nicht zulässig war. Dieses Vorgehen wurde von den USA und dem Vereinigten Königreich kritisiert; *S. Köbel/A. Szander*, Not Licenced to Kill, Spiegel-Online vom 19. Mai 2008, http://www.spiegel.de/international/world/0,1518,554033,00.html; siehe auch Mail-Online vom 20. Mai 2008, http://www.dailymail.co.uk/news/article-1020488/German-army-officers-allow-Taliban-commander-escape-allowed-use-lethal-force.html; hierzu *H. Krieger*, in: D.

Gravierender sind aber wohl die Bedenken, die sich aus einem humanitären Blickwinkel ergeben. Denn es besteht die Besorgnis, dass das Festhalten an menschenrechtlich fragwürdigen Rechtsinstituten, wie der kriegerischen Repressalie, den Eindruck verstärkt, dass das humanitäre Völkerrecht ganz im Sinne des berühmten Zitats von Hersch Lauterpacht[43] rechtlich besonders schwach ausgestaltet und in besonderer Weise von machtpolitischen Interessen beeinflusst ist.

Weingärtner (Hrsg.), Die Bundeswehr als Armee im Einsatz – Entwicklungen im nationalen und internationalen Recht, 2010, 39–59.

[43] „If international law is at the vanishing point of the law international humanitarian law is at the vanishing point of international law"; *H. Lauterpacht*, BYIL 29 (1952–53), 360 (381).

Der Staat im Völkerrecht

Von *Karin Oellers-Frahm*

I. Einleitung

Der umfassende Tätigkeitsbereich von *Eckart Klein* spiegelt sich in dem Titel für seine Festschrift wider: Der Staat im Recht. Praktisch keine Materie ist ausgeschlossen, denn der Staat ist der wesentlichste Rechtsakteur sowohl nach innen, im gesamten innerstaatlichen Recht, als auch nach außen, im internationalen Recht. Während die Rolle des Staates im Verfassungsrecht und ganz allgemein im nationalen Recht weitgehend unumstritten ist, setzt sich im internationalen Bereich zunehmend eine Meinung durch, die einen deutlichen Wandel der Bedeutung des Staates und seiner Rolle im Völkerrecht sieht: der Staat und seine nur durch ihn beschränkbare Souveränität hat einen ernst zu nehmenden Gegenspieler in den Menschenrechten gefunden, eine Tatsache, die sehr wesentlich dem unermüdlichen und bewundernswerten Einsatz für die Menschenrechte von Persönlichkeiten wie *Eckart Klein* zu verdanken ist. Ob damit aber der Übergang vom staatsgeprägten Charakter des Völkerrechts zu einem individualzentrierten System verbunden werden kann oder soll, ist Gegenstand der folgenden Betrachtungen. Dabei wird zunächst in der gebotenen Kürze die traditionelle Rolle des Staates im Völkerrecht dargelegt (II.), dann werden beispielhaft zwei den neuen Tendenzen zugrundeliegende Entwicklungen dargestellt und analysiert (III.), gefolgt von einer Schlussbetrachtung (IV.).

II. Die traditionelle Rolle des Staates im Völkerrecht

1. Der Staat als Erzeuger und Subjekt des Völkerrechts

Der Staat bzw. genauer gesagt der moderne Territorialstaat ist Begründer und Erzeuger des Völkerrechts,[1] da nur Staaten „als allein unabhängige Einheiten völkerrechtliche Regeln begründen können".[2] Damit sind die Staaten Urheber der Rechtsordnung, die sie zu Inhabern von Rechten und Pflichten macht. Diese Tatsache setzt natürlich voraus, dass die Staatsqualität definiert wird, da nicht jedes Gebilde, das einen gewissen Ordnungsrahmen aufweist oder einem „Herrscher" untersteht, als

---

[1] K. *Doehring*, Völkerrecht, 2. Aufl. 2004, 12.

[2] H. *Mosler*, The International Society as a Legal Community, in: RdC, Bd. IV, 1974, 58.

Staat zu bezeichnen ist und weil feststehen muss, wer berechtigt ist, an der Erzeugung von Völkerrecht teilzunehmen.[3] Kennzeichnend für den Staat als Subjekt des Völkerrechts ist neben den drei Elementen Staatsvolk, Staatsgebiet und Staatsgewalt die staatliche Souveränität, die Ausdruck der (Befehls)Unabhängigkeit des Staates von anderen Staaten ist. Die moderne Völkerrechtsordnung, die in der Charta der Vereinten Nationen widergespiegelt wird, basiert auf der souveränen Gleichheit der Staaten, einem Rechtskonzept, das nach innen die oberste (Regierungs)Gewalt im Staat und nach außen die Unabhängigkeit von jeglicher übergeordneter Autorität beinhaltet.[4] Die externe Souveränität, die im vorliegenden Zusammenhang von wesentlich größerer Bedeutung ist als die interne Souveränität – mit der sie allerdings in einem sehr engen Zusammenhang steht –, wird also negativ definiert als das Fehlen einer übergeordneten Macht. Dies schließt nach innen die ausschließliche Kompetenz zur Wahl des politischen, wirtschaftlichen und sozialen Regimes des Staates ein und nach außen das Recht der territorialen Integrität, der politischen Unabhängigkeit und des Interventionsverbots. Die externe Souveränität ist jedoch nicht absolut, sondern begrenzt durch die souveräne Gleichheit der anderen Staaten und damit die zwischenstaatlichen Beziehungen. Sie ist aber rechtlich gesehen vor allem durch die internationalen Verpflichtungen beschränkt, die der Staat freiwillig übernimmt; die wesentlichen Verpflichtungen sind in der Charta der Vereinten Nationen niedergelegt, die für alle Staaten der Welt gilt. Die Charta, die als eine Art Verfassung der Völkerrechtsgemeinschaft verstanden wird, ist eindeutig staatszentriert, was der zur Zeit ihrer Ausarbeitung unbestrittenen exponierten Stellung des Staates entspricht: er war und ist das geborene Völkerrechtssubjekt,[5] andere Subjekte des Völkerrechts, z.B. internationale Organisationen, spielten primär nur eine untergeordnete Rolle,[6] die jedoch inzwischen eine erhebliche Entwicklung zu verzeichnen hat, und insbesondere dem Individuum wurde nur in extrem seltenen Konstellationen Völkerrechtssubjektivität zuerkannt.[7]

2. Das Konzept der externen Souveränität des Staates

Das wesentliche Merkmal der externen Souveränität ist die Gleichheit der Staaten: alle Staaten, die die im Völkerrecht etablierten Voraussetzungen erfüllen, genießen Souveränität, unabhängig von ihrer Größe, dem Umfang ihrer Bevölkerung, der Regierungsform, ihres Reichtums oder ihrer Armut, ihrer Macht oder Machtlosig-

---

[3] *Doehring* (Fn. 1), 24.

[4] *J. Salmon,* Quelle place pour l'État dans le droit international d'aujourd'hui?, in: RdC 347 (2010), 9 (22).

[5] *L. Oppenheim*, International Law. A Treatise, Vol. I, 1905, 341: „Since the Law of Nations is a law between States only and exclusively, States only and exclusively are subjects of the Law of Nations".

[6] *C. Tomuschat*, International Law: Ensuring the Survival of Mankind on the Eve of a New Century, in: RdC 281 (1999), 9 (124 ff.).

[7] *Tomuschat* (Fn. 6), 149.

keit, ihrer Autonomie oder wirtschaftlichen oder politischen Abhängigkeit von anderen Staaten.[8] Es sind die souveränen Staaten, die das Völkerrecht erzeugen durch den Abschluss von Verträgen oder Rechtspraxis, die zum Entstehen von Gewohnheitsrecht führt; jeder Beitritt zu einer internationalen Organisation, jede Unterwerfung unter die Zuständigkeit eines internationalen Gerichts ist Ausübung staatlicher Souveränität. Das heißt, völkerrechtliche Bindungen, die die Unabhängigkeit des Staates beschränken und ihn einer „Fremdbestimmung" unterwerfen, sind Ausdruck der Souveränität; sie sind nicht ohne die Zustimmung der Staaten zu erreichen.[9] Daher hängt die Entwicklung des Völkerrechts und der internationalen Gemeinschaft vom Willen der Staaten ab. Dass diese Tatsache durchaus auch negative Konsequenzen hat und der Entwicklung des Völkerrechts im Weg stehen kann und tatsächlich oft genug im Weg steht, wurde nie bestritten. Die Souveränität wurde gar bezeichnet als „a mistake, indeed a mistake built upon mistakes, which has barnacled an unfortunate mythology. A political idea describing the locus of ultimate legitimate authority in national society, ‚sovereignty' has been transmuted into an axiom of the inter-state system, which has become a barrier to international governance, to the growth of international law, and to the realization of human values."[10] Gerade der letzte Teil dieser Aussage, dass Souveränität die Um- und Durchsetzung der Menschenrechte bremst, wird zunehmend differenzierter gesehen; dem humanitären Aspekt des Völkerrechts wird nämlich verbreitet die Wirkung zugeschrieben, staatliche Souveränität zu unterminieren und den Konsens der Staaten bei der Umsetzung von Menschenrechten zu verdrängen.[11]

III. Staatliche Souveränität und Menschenrechte

Ein kurzer Rückblick auf die Entwicklung macht deutlich, dass das Individuum bis zum Beginn des 20. Jahrhunderts praktisch keine selbständige Rolle im Völkerrecht gespielt hat. Mit der Gründung der Vereinten Nationen und vor allem mit der Allgemeinen Erklärung der Menschenrechte von 1948 setzte ein deutlicher Wandel ein, denn nach den Erfahrungen des Zweiten Weltkriegs wurden der Schutz des Individuums und insbesondere die Menschenwürde zu einer Angelegenheit des Völkerrechts gemacht.[12] Obwohl die Menschenrechtserklärung von 1948 nicht verbindlich ist, beeinflusste sie nicht nur die nach dem Weltkrieg erlassenen Verfassungen, sondern war auch Ausgangspunkt für internationale Instrumente, wie die beiden Pakte von 1966, die nicht nur für die große Zahl der Vertragsstaaten[13] verbindlich sind, sondern inzwischen als Völkergewohnheitsrecht alle Staaten binden, was aller-

---

[8] *Salmon* (Fn. 4), 55.
[9] *M. Herdegen,* in: FS Herzog, 2009, 117 (119); *A. Tanzi,* in: FS Reisman, 2011, 299 (306).
[10] *L. Henkin,* Georgia Journal of International & Comparative Law 25 (1995/96), 31.
[11] *J. L. Cohen,* Ethics & International Affairs 18 (2004), Nr. 3, 1.
[12] *J. A. Frowein,* in: FS Reisman, 2011, 518 (519).
[13] *Ibid.,* 520.

dings nur die materiellen Verpflichtungen betrifft, nicht jedoch die Berichtspflichten oder die Zuständigkeit der jeweiligen Ausschüsse. Daneben wurde der Schutz der Menschenrechte auf regionaler Basis gestärkt, zunächst in der Europäischen Konvention zum Schutz der Menschenrechte von 1950 und dann durch das inter-amerikanische System des Menschenrechtsschutzes und das erst kürzlich effektiv gewordene System für Afrika; diese Systeme garantieren dem Individuum gerichtlichen Schutz seiner Rechte dem Staat gegenüber auf internationaler Ebene. Im vorliegenden Zusammenhang ist es entbehrlich, diese Entwicklung detaillierter nachzuzeichnen, weil vollkommen unstreitig ist, dass die Menschenrechte heute im Völkerrecht einen wesentlichen Platz einnehmen bzw. bereits „zum eigentlichen definitorischen Kernelement der gesamten Völkerrechtsordnung" werden.[14] Diese Tatsache impliziert, dass die Menschenrechte nicht nur die interne Souveränität des Staates prägen, sondern dass eine Verletzung der Menschenrechte auch Auswirkungen auf die externe Souveränität hat, die für die Vertragsparteien durch die Menschenrechtsinstrumente und ganz allgemein durch das Gewohnheitsrecht beschränkt ist. Die Frage, die sich aus dieser Feststellung ergibt, ist jedoch, ob, wie zunehmend vertreten wird, die zentrale Stellung der Menschenrechte im Völkerrecht „auch Rückwirkungen auf seine Strukturelemente, die Staaten, zeitigen muss".[15] Als anschauliche Beispiele für die Verdrängung des Staates, bzw. der staatlichen Souveränität, durch die Menschenrechte können hier nur zwei Bereiche angeführt werden: an erster Stelle die Schutzverantwortung des Staates, die eine rechtliche Basis für das bisher als humanitäre Intervention bekannte Institut liefern soll, und an zweiter Stelle die Verdrängung der Immunität des Staates vor nationalen Gerichten im Fall von schweren Menschenrechtsverletzungen. Es gibt jedoch weitere einschlägige Beispiele, die hier allerdings nicht dargestellt werden können.[16]

1. Die Schutzverantwortung des Staates

a) Entwicklung

Es war im Völkerrecht nie bestritten, dass die Souveränität des Staates nicht grenzenlos ist, sondern durch Völkergewohnheitsrecht und Verträge geregelt ist, und insbesondere, dass die interne Souveränität bestimmte Pflichten gegenüber den Individuen beinhaltet.[17] Sir Hersch Lauterpacht hat dies in der ihm eigenen Klarheit bereits 1933 treffend mit der Feststellung umschrieben: „No doubt it is true to say that international law is made for States, and not States for international law; but it is true

---

[14] *P. Hilpold*, Schweizer Zeitschrift für internationales und europäisches Recht 21 (2011), 231.

[15] *Ibid.*

[16] Hierzu zählt insbesondere das Problem der Kündigung menschenrechtlicher Verträge, das Eckart Klein kürzlich überzeugend behandelt hat: *E. Klein*, in: FS Simma, 2011, 477–487.

[17] *Tomuschat* (Fn. 6), 162.

only in the sense that the State is made for human beings, and not human beings for the State".[18] Probleme ergaben sich aus der Verletzung dieser „internen Schutzpflicht" und den sehr beschränkten Möglichkeiten Dritter bzw. der Staatengemeinschaft, diesen abzuhelfen. Da die UN Charta die uneingeschränkte gegenseitige Achtung der staatlichen Souveränität und das Verbot der Intervention und der Anwendung von Gewalt außer im Fall der Selbstverteidigung und mit Genehmigung des Sicherheitsrates festschreibt, sind die Mittel der Staatengemeinschaft zum Vorgehen gegen grobe Verletzungen der Menschenrechte äußerst begrenzt. Die humanitäre Intervention, die auch ohne Ermächtigung des Sicherheitsrates Gewaltanwendung gegen andere Staaten zu rechtfertigen versuchte, war immer rechtlich umstritten, jedoch moralisch akzeptiert.[19] Insbesondere die Reaktionen auf die einer rechtlichen Grundlage entbehrende NATO Intervention im Kosovo machte dieses Dilemma deutlich.[20] Angesichts der schweren Menschenrechtsverletzungen z. B. in Ruanda und im Kongo sowie in Srebrenica und im Jugoslawienkonflikt ganz allgemein, und der weitgehenden Machtlosigkeit des Sicherheitsrates, effektiv einzugreifen,[21] stieß UN Generalsekretär Kofi Annan mit seinem „Konzept der zwei Souveränitäten", wonach die staatliche Souveränität gegenüber der individuellen Souveränität abgewogen werden sollte, bzw. im Extremfall auch völlig unbeachtet bleiben könnte,[22] eine umfangreiche Diskussion an.[23] Diese führte über den ICISS Bericht,[24] den UN High-Level Expert Panel Bericht[25] und den Annan Report[26] zur Bestätigung der Verantwortlichkeit aller Staaten, „to protect populations from genocide, war crimes, ethnic cleansing and crimes against humanity" im Schlussdokument des UN-Weltgipfels von 2005.[27]

Der Ansatz im ICISS-Bericht ist relativ breit: er geht von der staatlichen Souveränität aus, die die Schutzpflicht gegenüber der eigenen Bevölkerung einschließt;

---

[18] *H. Lauterpacht*, The Function of Law in the International Community, 1933, 430–431.

[19] *P. Hilpold*, EJIL 12 (2001), 437–467; *Herdegen* (Fn. 9), 123.

[20] Cf. insbesondere *B. Simma*, EJIL 10 (1999), 1–22.

[21] *C. Tomuschat*, Human Rights. Between Idealism and Realism, 2. Aufl. 2008; *J. L. Holzgrefe/R. O. Keohane*, Humanitarian Intervention. Ethic, Legal and Political Dilemmas, 2003; *J. L. Cohen*, Ethics & International Affairs 18 (2004), vol. 3, 1–24.

[22] *Kofi Annan*, Two Concepts of Sovereignty, Economist, 18. September 1999, 49; *Hilpold*, Schweizer Zeitschrift für internationales und europäisches Recht 21 (2011), 231 (233).

[23] Siehe zu Details *A. Peters*, EJIL 20 (2009), 513 (522 ff.); *I. Winkelmann*, in: FS Tomuschat, 2006, 449–460; *A. von Arnauld*, Friedenswarte 84 (2009), 11–52; *P. Hilpold*, Max Planck Yearbook of United Nations Law 10 (2006), 35–69.

[24] *International Commission on Intervention and State Sovereignty*, The Responsibility to Protect, Ottawa 2001, http://iciss.ca/pdf/Commission-Report.pdf; cf. *A. Peters*, Revue de droit international et de droit comparé 79 (2002), 290; *T. G. Weiss*, Humanitarian Intervention, 2007; *N. J. Wheeler/F. Egerton*, Global Responsibility to Protect, 2009, 114 ff.; *H. Owada*, in: FS Simma, 505 (512 ff.).

[25] UN Doc. A759/565, sub-chapter 3, paras.199–203.

[26] UN Doc. A/59/2005 vom 21. März 2005.

[27] 2005 World Summit Outcome, UN Doc. A/60/L.1 vom 24. Oktober 2005.

wird diese Schutzpflicht gröblich verletzt, greift subsidiär die Verantwortung der Staatengemeinschaft ein, d. h. humanitäre Intervention, jetzt unter dem Begriff „responsibility to protect" (oder kurz R2P),[28] ist gerechtfertigt. Allerdings wird die R2P weiter gefasst und ist nicht nur auf eine Reaktion in Form humanitärer Intervention beschränkt, sondern schließt auch die Pflicht zur Prävention ein, nämlich vorbeugend Maßnahmen zu ergreifen, um schwere Menschenrechtsverletzungen zu verhindern und schließlich an dritter Stelle die Verpflichtung zum Wiederaufbau. Insbesondere wird die militärische Intervention auf Ausnahmefälle beschränkt, wie Kriegsverbrechen, Völkermord, Verbrechen gegen die Menschlichkeit und ethnische Säuberungen. Weiterhin sieht der Bericht Kriterien für die Wahrnehmung der Schutzpflicht vor.[29] Jedoch wurde sowohl vom High-Level-Panel als auch von Generalsekretär Kofi Annan betont, dass die Schutzpflicht der Staaten, wie im Bericht umschrieben, noch nicht den Charakter einer Völkerrechtsnorm hat, sondern „a guiding principle" bzw. eine „emerging norm" darstellt.[30] Der Charakter der R2P als Rechtsprinzip wurde dann im Abschlussdokument des Weltgipfels 2005 akzeptiert,[31] allerdings für den Preis der „Verwässerung" seines Umfangs und seiner Konturen.[32] Von Bedeutung war sowohl in der Praxis als auch in der Doktrin vor allem die Interventionsmöglichkeit, während die Aspekte Prävention und Wiederaufbau nahezu keine Rolle mehr spielen.[33] Damit ist die wesentliche Wirkung der R2P, Ausnahmen vom Interventions- und Gewaltverbot nicht nur in Fällen der Friedensbedrohung und -verletzung zuzulassen, sondern auch im Fall schwerer Menschenrechtsverletzungen, letztlich nur eine Legitimierung der Praxis des Sicherheitsrats, die seit der Resolution des Sicherheitsrats 841 (1993) zu Haiti wiederholt Anwendung gefunden hat.[34] Die Berechtigung zur Wahrnehmung der Schutzverantwortung im Wege der Intervention verbleibt jedoch grundsätzlich beim Sicherheitsrat und untersteht den Bestimmungen von Kapitel VII der Charta.[35]

---

[28] Cf. *A. Peters,* International Organizations Law Review 8 (2011), 15 (19), mit weiteren Nachweisen.

[29] Zu Details cf. *G. Evans,* The Responsibility to Protect, 2008, 31 ff.; *W. Magnuson,* Vanderbilt Journal of Transnational Law 43 (2010), 255 (272 ff.); *I. Winkelmann,* Responsibility to Protect, in: MaxPlanckEPIL, online mit weiteren Nachweisen; *V. P. Nanda,* Houston Jl of Int'l Law 34 (2011), 1 (23–39).

[30] Cf. dazu *G. Evans,* The Responsibility to Protect: Rethinking Humanitarian Intervention, ASIL Proceedings, 98th annual meeting, 2004, 78.

[31] Paras. 138 und 139 UN Doc A/60/L.1.

[32] *Hilpold,* Schweizer Zeitschrift für internationales und europäisches Recht 21 (2011), 231 (237).

[33] *Ibid.,* 240.

[34] *E. McClean,* Journal of Conflict & Security Law 13 (2008), 123; *Herdegen* (Fn. 9), 122.

[35] UN Doc. A/RES./60.1, § 139; *Peters,* EJIL 20 (2009), 513 (537).

In dieser verstärkten Berücksichtigung von Menschenrechten, – allerdings (bisher) nur bestimmter Menschenrechte[36] –, wird in der Literatur zunehmend eine Umkehrung oder zumindest eine Neuorientierung der traditionellen Beziehung zwischen Staat und Individuum gesehen mit der Folge, dass die staatliche Souveränität als „Letztbegründung" des Völkerrechts verdrängt wird,[37] weil die Anerkennung eines allgemeinen Prinzips des Menschenrechtsschutzes nicht mehr nur eine Beschränkung der Souveränität bedeutet, sondern dazu geführt hat, dass Souveränität nur noch den Status einer nachgeordneten Norm hat, die aus dem Schutz der grundlegenden Menschenrechte abgeleitet ist. Am Ende dieser Entwicklung wird dann das individualzentrierte Völkerrechtssystem stehen.[38]

b) Kritische Analyse

Eine kritische Analyse dieser „neuen Tendenz" im Völkerrecht muss zunächst fragen, ob hier wirklich „Neues" entstanden ist und ob diese Neuorientierung des Völkerrechts eine Verbesserung oder Effektuierung gegenüber der bisherigen Situation ist bzw. wäre.

Dass die staatliche Souveränität nicht schrankenlos ist und dass sie vor allem dem Individuum dienen muss, ist eine unbestrittene Tatsache. Daher gehört der Schutz der Menschenrechte zur Souveränität und erreicht den Bereich der externen Souveränität auf Grund der Tatsache, dass die Menschenrechte nicht mehr nur eine „innerstaatliche" Angelegenheit sind. Dies ist die Folge der umfassenden vertraglichen Regelungen des Menschenrechtsschutzes, die auf dem Willen der souveränen Staaten basieren und die Verantwortung widerspiegeln, die Staaten in diesem Bereich zu übernehmen bereit sind. Die breite Zustimmung zu den völkerrechtlichen und regionalen Menschenrechtsinstrumenten hat weitgehend auch zur Entstehung von entsprechendem Gewohnheitsrecht geführt. Dies alles ist aber keineswegs eine Änderung der traditionellen Entwicklung von Völkerrecht, sondern Ausdruck des staatszentrierten Charakters auch des humanitären Rechts.[39] „Neu" in diesem Zusammenhang ist allenfalls das Bestreben, dass zumindest massive Verletzungen der Menschenrechte das Eingreifen der Völkerrechtsgemeinschaft fordern. Es geht also um eine Stärkung

---

[36] R2P ist nur zum Schutz vor Völkermord, Kriegsverbrechen, ethnische Säuberung und Verbrechen gegen die Menschlichkeit zulässig, Abschlussdokument Weltgipfel 2005, § 138, (Fn. 31).

[37] *Peters,* EJIL 20 (2009), 513 (543/44) mit weiteren Nachweisen; *M. Koskenniemi,* Asian Journal of International Law 1 (2011), 61–70; *Magnuson,* Vanderbilt Journal of Transnational Law 43 (2010), 255 (272 ff.).

[38] *Peters,* EJIL 20 (2009), 513 (544); *Tomuschat* (Fn. 6), 162; *D. Albahary,* Journal of International Law, Michigan State University, 18 (2009/2010), 511 (517), der sogar die Meinung vertritt, dass die völlige Beachtung der Menschenrechte nur durch die Abschaffung des Staates erreicht werden kann oder wird, S. 553.

[39] *C.E. Sweeter,* EJIL 20 (2009), 550; *von Arnauld,* Friedenswarte 84 (2009), 11 (42/43); *Cohen,* Ethics & International Affairs 18 (2004), Nr. 3, 1 (20).

der zwangsweisen Durchsetzung von staatlichen Pflichten auf internationaler Ebene, ein seit jeher zentrales Problem des Völkerrechts.

Die zwangsweise Durchsetzung von Völkerrechtsverpflichtungen gegen Staaten ist letztlich jedoch auch nur mit Zustimmung der Staaten zulässig, was z. B. im Konsensprinzip zur Streitbeilegung, aber insbesondere in Kapitel VII UN Charta Ausdruck findet, einer vertraglichen Regelung, die der staatlichen Zustimmung bedurfte. Die Tatsache, dass der Aspekt der Souveränität, der den Menschenrechtsschutz betrifft, heute größere Bedeutung gewonnen hat und dass er völkerrechtliche Konsequenzen haben kann, beruht auf einer Entscheidung der in der Generalversammlung versammelten souveränen Staaten. Die Staaten haben das Schutzprinzip im Abschlussdokument des Weltgipfels von 2005 akzeptiert und damit ausgedrückt, dass sie mit ihren menschenrechtlichen Verpflichtungen Ernst machen wollen. Außerdem sind es auch nur die souveränen Staaten, die innerstaatlich die Beachtung der Menschenrechte garantieren und damit diesen Aspekt der internen Souveränität erfüllen können; ohne einen funktionierenden Staat ist das nicht möglich, wie die Erfahrungen mit „failed states" hinreichend belegen.[40]

Die Änderung, die mit der Annahme der R2P als Völkerrechtsprinzip oder gar Völkerrechtsverpflichtung verbunden ist, ist daher eher eine Ergänzung bzw. Festschreibung einer dynamischen Interpretation von Art. 39 UN Charter ohne formelle Vertragsänderung, aber im Konsens der Staatengemeinschaft. Die R2P ermächtigt (verpflichtet?) den Sicherheitsrat, bei massiven Menschenrechtsverletzungen verbindliche Maßnahmen zu ergreifen, wenn anders die Verletzungen nicht eingestellt werden können. Angesichts der Tatsache, dass der Sicherheitsrat ein politisches Organ ist und dass die Vetomächte die Wahrnehmung der R2P verhindern können, würde sich das Problem der Unwilligkeit, Menschenrechtsverletzungen zu verhindern oder zu beenden, daher nur von den verantwortlichen Staaten auf den Sicherheitsrat verlagern, ohne Garantie für einen effektiven Schutz. Um dennoch die Wahrnehmung der Schutzpflicht sicherzustellen, muss die Ausübung des Vetorechts rechtlichen Bindungen unterworfen werden, ein Ansatz, der in der völkerrechtlichen Doktrin keineswegs neu,[41] aber bisher ohne allgemeine Akzeptanz geblieben ist, was insbesondere wohl mit der mangelnden Durchsetzbarkeit zu erklären ist.[42]

Im Zusammenhang mit der R2P hat die Forderung, die Ausübung des Vetos rechtlichen Anforderungen zu unterstellen, wieder Befürworter gefunden, die mit gewichtigen Gründen darlegen, dass die Ausübung des Vetos unter bestimmten Umständen einen Rechtsmissbrauch darstellen und, wenn die Schutzpflicht sich als internationale Norm verfestigt hat bzw. einer bestehenden vertraglichen Schutznorm entspricht, wie im Fall der Konvention zur Verhütung und Bestrafung des Völkermor-

---

[40] *Herdegen* (Fn. 9), 125.

[41] Cf. z. B. *L. Goodrich/E. Hambro/A. Simons,* Charter of the United Nations, 1969, 203.

[42] *H. Kelsen,* The Law of the United Nations: A Critical Analysis of its Fundamental Problems, 1950, 154.

des, illegal sein kann.[43] Diese Auffassung wurde vor allem mit dem Argument kritisiert, dass sie zu einer Änderung des Charakters des Sicherheitsrats führt, der als politisches Organ nicht rechtlich gebunden ist.[44] Aber die Tatsache, dass der Sicherheitsrat ein „politisches" Organ ist, hat nicht zur Folge, dass er von rechtlichen Verpflichtungen völlig frei ist. Eines der wesentlichen Ziele der Vereinten Nationen ist die Achtung der Menschenrechte und Grundfreiheiten (Art. 1, Nr. 3 der Charta), die als Leitprinzip die Tätigkeit der Organisation bindet, und damit auch den Sicherheitsrat. In welchem Umfang die Tätigkeit des Sicherheitsrats an völkerrechtliche Vorgaben gebunden ist, muss hier nicht dargestellt werden, da jedenfalls unbestreitbar ist, dass auch bzw. gerade der Sicherheitsrat schwere Verletzungen der Menschenrechte nicht hinnehmen darf. Art. 24 Abs. 2 UN Charta überträgt ihm die Pflicht zum Handeln „im Einklang mit den Zielen und Grundsätzen der Vereinten Nationen", wozu Art. 1 Nr. 3, Achtung der Menschenrechte, gehört.[45] Der politische Charakter des Sicherheitsrats findet seinen Ausdruck hingegen darin, dass nicht nur rechtliche Erwägungen, sondern auch die Zweckmäßigkeit der Maßnahmen die Entscheidungen des Sicherheitsrats bestimmen, für die im Fall schwerer Menschenrechtsverletzungen allerdings nur wenig Raum bleiben wird. Die Verpflichtung zum Schutz vor bzw. zur Beendigung von schweren Menschenrechtsverletzungen bindet daher grundsätzlich die im Sicherheitsrat vertretenen Staaten, auch wenn diese nicht als Vertreter ihres Heimatstaats tätig werden, sondern als Vertreter aller Mitglieder der Vereinten Nationen (Art. 24 Abs. 1 UN Charta). Die berechtigte Skepsis hinsichtlich der Umsetzung einer derartigen Bindung der Mitglieder des Sicherheitsrats an menschenrechtliche Verpflichtungen und mehr noch die möglichen Folgen einer Verletzung dieser Verpflichtung[46] kann deren rechtlichen Charakter jedoch nicht berühren; mangelnde Durchsetzbarkeit verbindlicher Rechtsregeln ist bedauerlicherweise immer noch ein Wesensmerkmal des Völkerrechts, aber gerade Tendenzen wie die zunehmende Durchsetzbarkeit menschenrechtlicher Verpflichtungen stellen eine positive Entwicklung dar. Unter dem Aspekt der Stellung des Staates im Völkerrecht ist aber auch die rechtliche Bindung des Vetorechts an grundlegende Menschenrechte im Sicherheitsrat kein Zeichen für eine Verdrängung der staatlichen Souveränität, sondern Ausdruck derselben, da die im Sicherheitsrat vertretenen Staaten an die Völkerrechtsverpflichtungen gebunden bleiben und davon nur mit guten Gründen bezüglich der Effektivität und Zweckmäßigkeit ihres Abstimmungsverhaltens abweichen können. Es ist allerdings einzuräumen, dass diese rechtlichen Überlegungen in der Praxis

---

[43] *Peters*, EJIL 20 (2009), 513 (540); *A. Zimmermann*, in: FS Simma, 2011, 629–645; *Peters*, International Organizations Law Review 8 (2011), 15 (38 *et seq*).

[44] *E. Kidd White*, EJIL 20 (2009), 547.

[45] Cf. ausführlich dazu *Zimmermann* (Fn. 43), 638 ff.

[46] Auf die vielschichtigen Probleme der Haftung internationaler Organisationen (cf. ILC Draft Articles on Responsibility of International Organizations, angenommen 2011, 63. Sitzung, Yearbook of the ILC 2011, vol. II, Part Two) und deren Abgrenzung zur Haftung der Staaten für das Handeln in internationalen Organisationen kann hier nicht eingegangen werden. Dieses Problem würde sich aber gerade im Zusammenhang mit einer Schutzpflicht und der Ausübung des Vetorechts stellen.

bedauerlicherweise so gut wie keine Rolle spielen, wie zahlreiche Beispiele, zuletzt das Ringen um eine UN-Resolution gegen Syrien, belegen.

Die in Diskussion stehende, aber wohl zumindest heute noch wenig realistisch scheinende Anerkennung einer Schutzpflicht der Staaten stellt daher letztlich nur die Konkretisierung einer der Souveränität innewohnenden Pflicht dar, die beim jetzigen Stand der Völkergemeinschaft realisierbar(er) werden könnte. Da aber gerade Staaten diejenigen sind, an die diese Pflicht sich richtet und die auch die einzigen sind, die sie erfüllen können,[47] ist eher eine Stärkung zumindest aber Bestätigung der Stellung des Staates im Völkerrecht damit verbunden als eine Schwächung. Die erfreuliche Tatsache, dass Menschenrechte verstärkt durchsetzbar werden, ist Ausdruck der Entwicklung der Staatengemeinschaft bei der Beachtung von der Souveränität innewohnenden Pflichten, und nicht einer Umwälzung des Völkerrechtssystems und seiner Grundlagen. Außerdem scheint es sehr fraglich, ob die Überordnung der Menschenrechte und damit des Individuums über die staatliche Souveränität bzw. die Definition der Souveränität über die Menschenrechte eine Verbesserung des bisherigen Systems mit sich bringen würde, da nur eine organisierte Institution die Menschenrechte durchsetzen bzw. für deren Verletzung zur Verantwortung gezogen werden kann. Völkerrechtsverpflichtungen beruhen weiterhin auf der Zustimmung der Staaten und diese Zustimmung ist Ausdruck der staatlichen Souveränität. Auch wenn dieses Prinzip bisweilen die Völkerrechtsentwicklung behindern mag, so ist es doch weiterhin mangels einer besseren Alternative die einzig realistische Garantie nicht nur für die Funktionsfähigkeit des Systems, sondern auch für die Rechtssicherheit.[48]

2. Gerichtliche Immunität der Staaten

a) Die Ausgangsfälle

Ein weiteres anschauliches Beispiel für die Folgen der Verdrängung der zentralen Stellung des Staates im Völkerrecht durch die Rechte des Individuums, das hier jedoch nur noch kurz angesprochen werden kann, bieten die Versuche nationaler Gerichte, die gerichtliche Immunität des Staates im Fall schwerer Verletzungen der Menschenrechte zu verneinen. Insbesondere der italienische Kassationshof hat hier eine Vorreiterrolle übernommen und im Zusammenhang mit Klagen gegen Deutschland, in denen es um schwere Menschenrechtsverletzungen im Zweiten Weltkrieg ging, den Vorrang der Menschenrechte vor der gerichtlichen Immunität des Staates anerkannt.[49] Die Frage ist schließlich von Deutschland 2008 vor den IGH gebracht worden, um eine grundsätzliche Klärung zu erreichen.[50] Die Aus-

---

[47] *E. Dunlop*, EJIL 20 (2009), 560; *Hilpold* (Fn. 23), 67.

[48] *Hilpold* (Fn. 23), 67.

[49] *K. Oellers-Frahm*, in: FS Simma, 2011, 1055 *et seq.* mit Verweisen auf die umfangreiche Literatur.

[50] *Jurisdictional Immunities of the State (Germany v. Italy: Greece Intervening)*, Entscheidung vom 3. Februar 2012; cf. homepage of the ICJ, http://icj-cij.org.

gangsfälle⁵¹ betrafen mehrere Klagen, mit denen Einzelpersonen Schadensersatz wegen Verletzungen der Menschenrechte, die sie bzw. ihre Angehörigen im zweiten Weltkrieg erlitten hatten, vor italienischen Gerichten gegen Deutschland geltend gemacht hatten. Dabei ging es um Zwangsarbeit und um Verbrechen gegen die Menschlichkeit sowie zudem um die Vollstreckung eines Schadensersatzurteils aus Griechenland in deutsches, in Italien belegenes Vermögen.⁵² In allen Fällen hatte Deutschland die Zuständigkeit der italienischen Gerichte aufgrund seiner Immunität bestritten. Der italienische Kassationshof, das höchste Gericht in Zivil- und Strafsachen, entschied jedoch, dass die einschlägigen Menschenrechte ius cogens Charakter haben und damit an der Spitze der Normenhierarchie stehen und jedes entgegenstehende Recht verdrängen, so auch die Immunität des Staates, die keinen ius cogens Charakter hat. Außerdem führte er die besondere Schwere der Menschenrechtsverletzungen an und die Tatsache, dass die Verfahren vor den italienischen Gerichten „die letzte Möglichkeit" (last resort) für die Opfer waren, überhaupt eine Entschädigung zu erlangen. Der Kassationshof stellte in Bezug auf derartige Konstellationen ein „im Entstehen befindliches" Gewohnheitsrecht fest, dem er mit seinen Entscheidungen zum Durchbruch verhelfen wollte.

b) Das Urteil des IGH

Da keine vertragliche Regelung zwischen den beiden Staaten zur Klärung der Frage vorlag, musste der IGH das anwendbare Gewohnheitsrecht umschreiben, um festzustellen, ob die gerichtliche Immunität von Staaten im Fall schwerer Verletzungen der Menschenrechte und des humanitären Völkerrechts weiterhin Bestand hat oder nicht. Der Gerichtshof ist nach intensiver Auseinandersetzung mit der Staatenpraxis sowie nationaler und internationaler Rechtsprechung mit großer Mehrheit zu dem Ergebnis gekommen, dass nach heutigem Stand das Gewohnheitsrecht zumindest im Fall schwerer Menschenrechtsverletzungen im bewaffneten Konflikt keine Änderung bezüglich der Anwendbarkeit der Staatenimmunität enthält. Das Argument der Verdrängung des Immunitätsrechts durch den ius cogens Charakter der verletzten Menschenrechtsnormen wies der IGH ebenfalls zurück, weil es sich um Rechtsregeln verschiedener Qualität handelt, zwischen denen eine Kollision nicht möglich ist. Immunitätsregeln haben prozeduralen Charakter, während die menschenrechtlichen Verpflichtungen materiellen Charakter haben und unabhängig von der Möglichkeit ihrer Durchsetzung bestehen. Auch das Argument, dass der Schweregrad der Rechtsverletzung oder das Fehlen sonstiger Durchsetzungsmöglichkeiten die Immunitätsregeln verdrängen, teilte der Gerichtshof nicht.⁵³ Damit

---

⁵¹ Einen umfassenden Überblick über die Klagen enthalten die Pleadings vor dem IGH, http://icj-cij.org.
⁵² Zu den Fällen im Einzelnen cf. *Oellers-Frahm* (Fn. 49), 1056, Anm. 4.
⁵³ Cf. dazu insbesondere *E. Cannizzaro/B.I. Bonafé*, in: FS Simma, 2011, 825 (837).

hat der IGH in den Augen mancher Kritiker[54] eine Gelegenheit vergeben, zur Entwicklung des Völkerrechts und zur Stärkung der Menschenrechte beizutragen, was die Frage aufwirft, welche praktischen Folgen denn das gewünschte progressive, menschenrechtszentrierte Urteil gehabt hätte.

c) Die Bedeutung des Urteils für die Völkerrechtsordnung

Die Durchsetzung der Haftung der Staaten insbesondere für schwere Menschenrechtsverletzungen ist fraglos ein berechtigtes Interesse der Staatengemeinschaft und hat bereits bedeutende Erfolge zu verzeichnen. Beleg dafür sind die vielfältigen Instrumente zum Schutz der Menschenrechte und ihre Durchsetzungsmechanismen,[55] ebenso die Einrichtung internationaler Strafgerichte, die zwar nur zur Verfolgung von Individuen berechtigt sind, aber nicht mehr auf die Schranke der Immunität von Trägern von Staatsfunktionen stoßen.[56] Ganz allgemein ist die Haftung von Staaten für schwere Menschenrechtsverletzungen in den ILC Draft Articles on State Responsibility[57] niedergelegt, die weitgehend Gewohnheitsrecht widerspiegeln. Damit wird bereits deutlich, dass Menschenrechte einerseits erhebliche Bedeutung im heutigen Völkerrecht genießen, und zum anderen, dass zunehmend Mittel zu ihrer – auch zwangsweisen – Durchsetzung bereitstehen, bzw. zur Entschädigung für Opfer von Menschenrechtsverletzungen. Das alles heißt jedoch nicht, dass nicht noch Verbesserungen möglich sind; ob diese jedoch der zwischenstaatlichen Ebene enthoben, und unter Verdrängung des Immunitätsrechts auf nationale Gerichte übertragen werden sollen, ist eine andere, äußerst kritische Frage. Zwar mag es diskutabel sein, in bestimmten Konstellationen individuelle Schadensersatzklagen gegen fremde Staaten wegen Menschenrechtsverletzungen vor nationalen Gerichten zuzulassen, insbesondere wenn sonst überhaupt kein Rechtsmittel zur Verfügung steht.[58] Dies wird z. B. in neueren Entwicklungen reflektiert, die bisher in zwei internationalen Übereinkommen Ausdruck gefunden haben,[59] wonach zumindest bei schweren Verletzungen im Forumsstaat selbst bei hoheitlichem Handeln (acta iure imperii) die Immunität ausgeschlossen wird.[60] Wenn aber diese Ausnahme von der Staatenimmunität auch auf Fälle anwendbar sein soll, in denen es um Menschenrechtsverletzungen

---

[54] Cf. z. B. *M. Bothe*, The question of State immunity before national courts in cases of massive violations of human rights and of international humanitarian law, Legal Expert Opinion submitted for Amnesty International, 2011.

[55] *Frowein* (Fn. 12).

[56] Z.B. Art. 27 Statut des IStGH.

[57] UN Doc. A/CN.4/L.602/Rev.1.

[58] *L. Fisler Damrosch,* Vanderbilt Jl Int'l Law 44 (2011), 1185 (1200).

[59] Europäische Konvention über Staatenimmunität von 1972, ETS No. 74 und UN Convention on Jurisdictional Immunities of States and Their Property von 2004, UN Doc. A/RES/59/38.

[60] *Cannizzaro/Bonafé* (Fn. 53), 839.

im Krieg oder bewaffneten Konflikten geht, dann wären die Konsequenzen doch sehr problematisch, da damit der Weg zur Zulassung der individuellen Durchsetzung von Wiedergutmachungsansprüchen vor nationalen Gerichten gegen einen fremden Staat eröffnet würde. Diese Bedenken wachsen noch, wenn aus der Qualifikation der verletzten Menschenrechte als ius cogens zudem gefolgert wird, dass jedes entgegenstehende Recht, so auch das intertemporale Recht, irrelevant ist.[61] Das würde dazu führen, dass jede Person und ihre Nachkommen, die in (irgend)einem Krieg oder bewaffneten Konflikt Opfer einer schweren Menschenrechtsverletzung war, vor den nationalen Gerichten gegen den fremden Staat vorgehen kann, und zwar unabhängig davon, wann dieser Krieg stattfand, ob ein Friedensvertrag geschlossen wurde und ob auf zwischenstaatlicher Ebene Reparationen geleistet worden sind. Damit würden die Folgen eines bewaffneten Konflikts, der die „genuine" Ausübung hoheitlicher, politischer Gewalt darstellt, von der zwischenstaatlichen, auf die individuelle Ebene und nationale Gerichte verlagert – mit unabsehbaren Folgen. Welcher Staat wäre noch bereit, in einem Friedensvertrag Reparationen zu akzeptieren, wenn weitere unabsehbare individuelle Schadensersatzansprüche möglich wären, über die der „Feindstaat" entscheiden könnte? Auch wäre das ökonomische Ausmaß derartiger potentieller Klagen unermesslich, was die Bemühungen, friedliche Beziehungen zu erreichen, stark beeinträchtigen würde. Zudem wären es nationale Gerichte, die Tatsachen- und Rechtsfragen einer bewaffneten Auseinandersetzung zu beurteilen hätten, einschließlich gegebenenfalls der „Rechtmäßigkeit" der Auseinandersetzung, was erhebliche Bedenken weckt. Nationale Gerichte in jedem der an der Auseinandersetzung beteiligten Staaten wären außerdem einer kaum zu bewältigenden Klageflut ausgesetzt und die Durchsetzung ihrer Urteile wäre auch keineswegs gesichert. So bedauerlich jede Menschenrechtsverletzung, auch in kriegerischen Auseinandersetzungen, ist, so klar ist es auch, dass eine solche Situation allein auf zwischenstaatlicher Ebene geregelt werden kann, um überhaupt Frieden zu erreichen und um nicht jede Bereitschaft zur Zahlung von Entschädigung auf zwischenstaatlicher Ebene zu untergraben, weil nicht absehbar ist, welche Forderungen noch zeitlich völlig unbefristet auf individueller Basis erhoben werden können. Die Teilnahme an bewaffneten Konflikten stellt einen politischen Akt, einen Regierungsakt dar, der kein individuelles geschütztes Recht impliziert.[62] Aber selbst wenn anerkannt wird, dass auch aufgrund bewaffneter Konflikte individuelle Ansprüche entstehen können,[63] folgt daraus nicht, dass diese auf nationaler Ebene durchsetzbar sein müssten. Die oben aufgezeigten möglichen Folgen der Durchsetzung derartiger Ansprüche im

---

[61] *F. Marongiu Buonaiuti,* Diritti umani e diritto internazionale 5 (2011), 232 (260); *A. Atteritano,* ibid., 271 (295).

[62] So hatte auch der italienische Kassationshof entschieden: *Presidenza del Consiglio di Ministri v. Markovic,* Corte di Cassazione, Sezioni Unite Civili, Beschluss vom 5. Juni 2001, Nr. 1857.

[63] Art. 3 der Haager Konvention Nr. IV von 1907, bestätigt auch in Art. 91 I. Zusatzprotokoll zu den Genfer Konventionen von 1949; cf. auch Report of the ILA Committee on „Reparation for Victims of Armed Conflict", Report of the Seventy-Fourth Conference, The Hague, 2010, 291 ff.

Wege individueller Klagen vor nationalen Gerichten gegen fremde Staaten machen nicht nur deutlich, dass hier der einzig gangbare Weg die zwischenstaatliche Regelung ist, sondern auch, dass kaum zu erwarten ist, dass sich gegenteiliges Gewohnheitsrecht bilden wird.[64]

Diese Beurteilung gilt auch für den Fall, dass in einem Friedens- oder Reparationsvertrag bestimmte Gruppen nicht einbezogen wurden, wie im Fall der italienischen Zwangsarbeiter. Das Argument, dass gerade in einem solchen Fall als letztes Mittel zur Durchsetzung von Ansprüchen Klagen vor nationalen Gerichten gegen den fremden Staat zulässig sein müssen, kann nicht überzeugen. Die Tatsache, dass bestimmte Opfergruppen in Reparationsabkommen nicht berücksichtigt wurden, ist zunächst einmal dem Heimatstaat der Opfer anzulasten, der die Belange seiner Staatsangehörigen in jedem Friedens- und Reparationsabkommen zu vertreten hat. Ansprüche könnten daher primär gegen den eigenen Staat entstehen. Dieser wiederum könnte versuchen, durch Nachverhandlungen die entstandenen Ungerechtigkeiten auszugleichen.[65] Führen diese Verfahren nicht zu dem gewünschten Erfolg, dann kann dies nicht den Rechtsweg zu staatlichen Gerichten unter Aushebelung der gerichtlichen Immunität des beklagten Staates eröffnen, weil staatliche Immunität nicht vom Ausgang zwischenstaatlicher Verhandlungen abhängig sein kann,[66] sondern ein Prinzip des Völkerrechts darstellt, dass nur durch die Staaten selbst, nicht nationale Gerichte, geändert werden könnte.

IV. Schlussbetrachtung

Der Staat ist auch heute noch der wesentliche Akteur im Völkerrecht; er ist und bleibt der primäre Garant für die Entwicklung und Beachtung des Völkerrechts. Daran hat auch die Tatsache nichts geändert, dass Menschenrechte heute zurecht einen ganz zentralen Platz in der Völkerrechtsordnung einnehmen, denn diese Entwicklung stellt keinen Gegenpol zur staatlichen Souveränität dar, sondern ist Ausdruck der Wahrnehmung der Souveränität und der Verwirklichung der Verantwortung für die Menschen, die schon immer ein Aspekt der Souveränität war. Die Fokussierung auf die Menschenrechte reflektiert die soziale Verantwortung des Staates und die zahlreichen Mechanismen zur Durchsetzung der Menschenrechte zeigen, dass es sich hierbei nicht nur um hehre Ziele handelt, sondern dass gerade in diesem Bereich zunehmend Regeln zur effektiven Durchsetzung dieser Ziele entstehen. Diese Entwicklung stellt aber keinen Paradigmenwechsel dar, denn sie ist nur dem Willen der Staaten geschuldet und nur diese können national und international Menschenrechte durchsetzen; sie ist also vielmehr eine Manifestation der Souveränität und nicht Ausdruck eines Bedeutungsverlusts der Souveränität. In der jetzigen

---

[64] Cf. die Auseinandersetzung des IGH mit der Staatenpraxis, para. 62 ff. des Urteils (Fn. 50).
[65] IGH Urteil (Fn. 50), para. 104.
[66] IGH Urteil (Fn. 50), para. 101.

Völkerrechtsgemeinschaft ist nicht ersichtlich, was an die Stelle der Staaten bzw. der staatlichen Souveränität treten sollte, will man nicht auf Hegemonialkonzepte oder populistische Strukturen zurückgreifen, deren Folgen unkalkulierbar sind. Daher gibt es keine Alternative zum souveränen Staat als Förderer einer funktionalen humanitären Verteilung und Handhabung der Macht.[67] Die Entwicklung des Völkerrechts in Richtung auf verstärkte Beachtung der Menschenrechte und die damit einhergehende Verwirklichung der Schutzpflichten des Staates und der internationalen Gemeinschaft zeigen die positiven Effekte, zu denen das staatszentrierte Völkerrecht fähig ist. Die (traditionelle) Rolle des Staates im Völkerrecht hat mit der Stärkung der Stellung des Individuums eine dramatische Entwicklung befördert, die Ausdruck darin findet, dass der Staat nicht mehr der alleinige Akteur auf internationaler Ebene ist;[68] das stellt jedoch keine Entmachtung des Staates dar, sondern die Wahrnehmung eines Potentials, das durch eine Verdrängung des Staates im Völkerrechtssystem nur nachhaltig beschädigt werden könnte.

---

[67] *Tanzi* (Fn. 9), 321; *Klein* (Fn. 16), 487; *T. Giegerich*, in: C. Tomuschat/J.-M. Thouvenin (Hrsg.), The Fundamental Rules of the International Legal Order, 2006, 203 ff.

[68] *Owada* (Fn. 24), 512 und 520.

Staatenimmunität – eine Bestandsaufnahme

Von *Stefan Ulrich Pieper*[1]

I. Einführung

Seit Anfang der 1990er Jahre hat sich die Völkerrechtsordnung in nahezu atemberaubender Geschwindigkeit gewandelt: Kein Ende der Geschichte war zu verzeichnen, sondern ein neuer Abschnitt, der – für den herkömmlichen Entstehungsprozess des Völkerrechts eher ungewöhnlich – durch eine besondere Dynamik gekennzeichnet war. Zumindest in einigen Bereichen bildete das bisherige als Koordinations- und weiterreichend als Kooperationsrecht qualifizierte Völkerrecht – um einen Ausdruck *Doehrings*[2] zu verwenden – „subordinationsrechtliche" Strukturen aus. Auch auf fundamentale Institute des Völkerrechts wirkte sich dies aus, etwa auf die Staatenimmunität. Entwicklungen waren zu verzeichnen, die Befreiung eines Staates und seiner Funktionsträger von der Gerichtsbarkeit eines anderen Staates zu relativieren. Diskutiert wurde dies für Fälle schwerer Menschenrechtsverletzungen (tort exemption[3]); Stichworte sind der Fall *Pinochet* oder die Verurteilung der Bundesrepublik durch griechische und italienische Gerichte wegen Kriegsverbrechen an der Zivilbevölkerung im Zweiten Weltkrieg. Anders als viele völkerrechtliche Fragen ist die Reichweite der Staatenimmunität nicht nur für die zwischenstaatlichen Beziehungen relevant; sie ist vor allem für die Praxis der nationalen Gerichte wichtig.[4] So stellen sich Immunitätsprobleme oft bei arbeitsgerichtlichen Verfahren[5]

---

[1] Der Beitrag gibt ausschließlich die persönliche Auffassung des Verfassers wieder. Er beruht auf öffentlich zugänglichen Informationen. Ich danke Eckart Klein für viele lehrreiche Gespräche und Diskussionen und die freundschaftliche Verbundenheit, die sich seit 2001 entwickelt hat.

[2] *K. Doehring*, Völkerrecht, 2. Aufl. 2004, Rn. 659 spricht von „Subordinationssystem"; vgl. im Hinblick auf die EMRK EuGMRE (Al-Adsani), EuGRZ 2002, 403; ähnlich *C. Maierhöfer*, EuGRZ 2002, 391 (395).

[3] Zu dem insoweit z.T. konstatierten Wandel vgl. nur *O. Dörr*, AVR 41 (2003), 201 (218 f.); *A. Bianchi*, AJIL 99 (2005), 242 (247); *W. Cremer*, AVR 41 (2003), 137 (138 f.); *H.-E. Folz*, ZöR 61 (2006), 477 (478 f.); *C. Maierhöfer*, EuGRZ 2002, 391 (395); *S. Hobe*, IPrax 2001, 368 (369).

[4] In meinen Lehrveranstaltungen, die ich seit 2001 durch Vermittlung des Jubilars als Lehrbeauftragter an der juristische Fakultät der Universität Potsdam halte, spielt daher die Staatenimmunität in ihren unterschiedlichen Facetten eine Rolle, weil sie die oft ferne völkerrechtliche Praxis auch im juristischen Alltagsgeschäft deutlich macht.

[5] Vgl. etwa jüngst BAG, NZA 2012, 760; LAG München, Urt. v. 27.11.2009, BeckRS 2010, 65907; LAG München, Urt. v. 27.11.2009, BeckRS 2010, 65909; vgl. allgemein *C.F. Majer*, NZA 2010, 1395.

über das Straf- und Verwaltungsprozessrecht bis hin zum Zivilprozessrecht.[6] Die §§ 18–21 GVG tragen diesem zwischenstaatlich geltenden Immunitätsregime in Deutschland Rechnung.

Mit seiner Entscheidung vom 3. Februar 2012[7] erkannte der Internationale Gerichtshof (IGH) in Den Haag – auf eine Klage Deutschlands gegen Italien hin – an, dass Urteile italienischer Gerichte gegen den Grundsatz der Staatenimmunität verstoßen,[8] die Hinterbliebenen eines Massakers der Wehrmacht im toskanischen Civitella im Juni 1944 Entschädigungen zugesprochen hatten. Nicht zuletzt diese Entscheidung gibt Anlass zu einer Bestandsaufnahme.

II. Facetten der Staatenimmunität

1. Immunität

Generell bewirkt die Zuerkennung von Immunität dem begünstigten Rechtssubjekt oder Rechtsobjekt – wenn auch möglicherweise nicht gänzlich – Exemption von einer Gerichtsbarkeit.[9] Verfassungsrechtlich ist etwa die Immunität der Bundestagsabgeordneten in Art. 46 GG und die des Bundespräsidenten in Art. 60 Abs. 4 GG geregelt.[10] Bundespräsident und Bundestagsabgeordnete sind während ihrer Amtszeit – bei fortbestehendem staatlichem Anspruch auf Strafe – von Strafverfolgungsmaßnahmen, von sonstigen Beschränkungen der persönlichen Freiheit und schon von der Eröffnung eines Strafverfahrens freigestellt.[11] Schutzgut der Immunität ist hier nicht das persönliche Interesse des Amtsinhabers, sondern die freie Amtsführung. Wie innerstaatlich findet sich auch im zwischenstaatlichen Bereich eine Reihe von Immunitäten, die trotz vieler Differenzen unter dem Begriff der Staatenimmunität zusammengefasst werden können.

---

[6] Vgl. etwa BGH, Beschluss vom 25.11.2010 – VII ZB 120/09, BeckRS 2010, 30929; BGH, Beschluss vom 01.10.2009, VII ZB 37/08, BeckRS 2009, 86470.

[7] Abrufbar unter http://www.icj-cij.org/docket/files/143/16883.pdf; vgl. in einer ersten Bewertung *Kreicker*, ZIS (www.zis-online.com) 2012, 107 ff.

[8] Corte di Cassazione, 11.3.2004–5044/04; vgl. hierzu und zu dem parallelen Fall, dass der Kassationshof in Rom die Zwangsvollstreckung in bundesdeutsches Vermögen in Italien wegen einer Verurteilung in Griechenland (Distomo, Urteil LG Livadeia v. 30.10.1997; Areopag, Urteil v. 4.5.2000 11/2000, teilweise abgedruckt in KJ 2000, 472) zuließ, etwa *E.M. Frenzel/R. Wiedemann*, NVwZ 2008, 1088 ff.

[9] *Doehring* (Fn. 2), Rn. 656.

[10] Vgl. hierzu *S. Pieper*, in: V. Epping/Chr. Hillgruber (Hrsg.), Beckscher Online-Kommentar zum Grundgesetz, 14. Ed. (Stand: 1.4.2012), Art. 60, Rn. 22 m.w.N.; der Immunität des Bundespräsidenten liegt auch die Intention des Art. 61 GG zugrunde.

[11] Erstmals in der Geschichte der Bundesrepublik wurde von der Staatsanwaltschaft Hannover am 16. Februar 2012 ein Antrag an der Bundestag auf Aufhebung der Immunität des Bundespräsidenten gestellt (Art. 46 Abs. 2, Art. 60 Abs. 4 GG i.V.m. § 107 GOBT): Die Staatsanwaltschaft beabsichtigte gegen den Bundespräsidenten wegen Vorteilnahme in seiner früheren Funktion als Ministerpräsident zu ermitteln. Infolge dessen erklärte der Bundespräsident am 17. Feb. 2012 seinen Rücktritt, eine Immunitätsaufhebung erübrigte sich damit.

2. Staatenimmunität

a) Wirkung

Herkömmlich bezeichnet Staatenimmunität die fehlende Befugnis des Gerichts eines Staates, einen anderen Staat bzw. dessen Handlungen zum Gegenstand eines gerichtlichen Verfahrens zu machen.[12] Staatenimmunität befreit von der Jurisdiktion anderer Staaten oder internationaler Gerichte,[13] was eine freiwillige Unterwerfung aber nicht ausschließt. Die Staatenimmunität ist sowohl im Erkenntnis- als auch im Vollstreckungsverfahren zu beachten. Ihre verfahrensrechtliche Wirkung hat zur Folge, dass damit zur fraglichen Handlung des fremden Staates materiell-rechtlich keine Entscheidung getroffen wird. Mit anderen Worten: Auch wenn das Handeln eines Staates wegen der Staatenimmunität nicht zum Gegenstand eines Verfahrens gemacht werden kann, so bleibt sein Handeln gleichwohl ggf. rechtswidrig und stellt eine Rechtsverletzung von eigenem oder fremdem nationalem bzw. internationalem Recht dar. Die Verletzung von Völkerrecht führt materiell-rechtlich zur Staatenverantwortlichkeit.[14] Die Staatenimmunität setzt dem judikativen, exekutiven oder legislativen Zugriff des Staates gegenüber einem anderen Staat und dessen Organen Grenzen,[15] d.h. die Einstandspflicht eines Staates für eine von ihm begangene bzw. ihm zurechenbare Verletzung des Völkerrechts wird allein im zwischenstaatlichen Verhältnis gelöst.[16] Einem umfassenderen Verständnis folgend ist die Staatenimmunität eine Ausprägung des Grundsatzes, dass die Ausübung eigener Staats- bzw. Hoheitsgewalt mit Wirkung für einen anderen Staat beschränkt ist.[17] Sie erfasst also begrifflich alle Formen der einseitigen Ausübung staatlicher Jurisdiktion mit Wirkung gegenüber einem anderen Staat: Die Staatenimmunität ist nicht – auch wenn dies der hauptsächliche Anwendungsbereich ist – auf gerichtliche Verfahren beschränkt. Auch staatliche Exekutiven sind aus Gründen des Völkerrechts an der vollen Ausübung ihrer Funktionen gehindert, wenn es sich um die Beurteilung des Verhaltens eines fremden Staates handelt, und die Gesetzgebung ist ebenfalls gebun-

---

[12] *V. Epping*, in: K. Ipsen (Hrsg.), Völkerrecht, 5. Aufl. 2004 § 26, Rn. 17 ff.; *S. Hobe*, Einführung in das Völkerrecht, 9. Aufl. 2008, 370 ff.; *A. v. Arnauld*, Völkerrecht, 2012, Rn. 319 ff.; *K. Hailbronner/M. Kau*, in: W. Graf Vitzthum (Hrsg.), Völkerrecht, 5. Aufl. 2010, 3. Abschnitt, Rn. 89 ff.; *T. Stein/Chr. von Buttlar*, Völkerrecht, 13. Aufl. 2012, Rn. 713 ff.; *Doehring* (Fn. 2), Rn. 656 ff.; *C. Maierhöfer*, in: J. Menzel/T. Pierlings/J. Hoffmann (Hrsg.), Völkerrechtsprechung, 2005, 397 ff.; *A. Bleckmann*, Völkerrecht, 2001, Rn. 583; *R. Higgins*, Problems and Process, 1994, 78 ff.

[13] So explizit Berufungskammer der Zentralkommission f. d. Rheinschifffahrt v. 2.9.1992, 262 Z – 11/92 (Juris).

[14] Grundlegend IGH, ICJ-Rep. 1949, 4 ff. (Corfo Channel Case); vgl. ILC-Entwurf über die Staatenverantwortlichkeit, abgedruckt im Anhang zur Generalversammlungsresolution A/Res/56/83 v. 12.12.2001; *v. Arnauld* (Fn. 12), Rn. 371 ff.; *J.R. Crawford*, State responsibility, in: MPEPIL 9/2006 (www.mpepil.com); *Hobe* (Fn. 12), 249 ff.

[15] *P. Kunig*, NJW 1987, 2138.

[16] IGH, ICJ-Rep. 1980, 3 ff. (Teheraner Botschaftsfall).

[17] *Doehring* (Fn. 2), Rn. 658 ff. unter Verweis auf die act-of-state-doctrine.

den, wenn sie das Völkerrecht beachtet.[18] Dem ähnelt die dem angloamerikanischen Rechtskreis entstammende „act of state-doctrine".[19] Sie bezieht sich indes auch auf die materielle Rechtslage. Ausgeschlossen wird, dass Gerichte und andere staatliche Organe fremde Hoheitsakte in ihren Verfahren einer Rechtmäßigkeitsprüfung unterziehen[20] und zwar unabhängig davon, ob der Staat selbst Partei in dem fraglichen Verfahren ist; die „act of state-doctrine" begründet also nicht nur ein Verfahrenshindernis wie die Staatenimmunität, sondern die eigenen Hoheitsgewalt in Bezug auf fremdes Recht wird zurückgenommen.

b) Souveränität und Gleichheit der Staaten

Während die „act of state-doctrine" keiner völkerrechtlichen Verpflichtung entspricht,[21] beruht die Staatenimmunität auf der souveränen Gleichheit der Staaten,[22] also auf ihrer Gleichordnung und gegenseitigen Unabhängigkeit. Damit liegt ihr der schon im Mittelalter entwickelte Rechtsgedanke „par in parem non habet imperium"[23] zugrunde, für den die Jurisdiktion ein Unterfall ist.[24] Souveränität eines Staates[25] bedeutet nach klassischem Verständnis, dass ein Staat keiner höheren Autorität unterworfen ist, also frei seine inneren und äußeren Angelegenheiten regeln kann.[26] Souveränität hat die Gleichordnung der Staaten zur Folge, unabhängig von ihrer territorialen Größe oder der ihrer Bevölkerung oder der Macht eines Staates. Diese Form der zwischenstaatlichen Souveränität entwickelte sich aus der Souveränität der Fürsten im 16. Jahrhundert, die die mittelalterliche, hierarchische Ordnung ablöste:[27] Die Herrscher beanspruchten untereinander grundsätzlich gleichen Rang.

---

[18] So *Doehring* (Fn. 2), Rn. 656.

[19] Vgl. insgesamt: *J.-P. Fonteyne*, Acts of State, in: R. Bernhardt (ed), Encyclopedia of Public International Law, Vol. 1, 1992, 17 (19); *Hobe* (Fn. 12), 370 f.; *M. Berentelg*, Die Act of State Doktrin als Zukunftsmodell für Deutschland? Zur Nachprüfung fremder Hoheitsakte durch staatliche Gerichte, 2010; BVerfGE 92, 277, 322.

[20] *Stein/v. Buttlar* (Fn. 12), Rn. 715.

[21] *M. Herdegen*, Völkerrecht, 11. Aufl. 2012, § 37, Rn. 11; vgl. BVerfGE 46, 214, 219; 92, 277, 322; 95, 96, 129.

[22] *v. Arnauld* (Fn. 12), Rn. 319 (im Abschnitt über souveräne Gleichheit mit dem prägnaten Überschriftenzusatz: „Insbesondere"); *Hobe* (Fn. 12), 371; *Hailbronner/Kau* (Fn. 12), Rn. 89; *Stein/v. Buttlar* (Fn. 12), Rn. 714.

[23] *Bartolus Sassoferrato*, Tractatus repressaliarum, 1354, qu. I/3, Ziff. 10.

[24] Vgl. schon *A.B. Heffter*, Europäisches Völkerrecht, sechste Ausgabe, 1873, 71, unter Hinweis auf „par in parem non habet imperium".

[25] Vgl. *G. Dahm/J. Delbrück/R. Wolfrum*, Völkerrecht, § 23 I (215 f.); *v. Arnauld* (Fn. 12), Rn. 312 ff.

[26] *S. Pieper*, in: J. Bergmann (Hrsg.), Handlexikon der Europäischen Union, 4. Aufl. 2012, 821 ff.; historisch instruktiv zum Begriff etwa *Menzinger*, Stichwort Souveränität, völkerrechtliche, in: Görresgesellschaft (Hrsg.), Staatslexikon, Bd. 5, 1897, Sp. 165 f.; *Heffter* (Fn. 24), 40, 52, 89 ff.; zum Souveränitätskonzept des Grundgesetzes vgl. BVerfGE 123, 267, 346 ff. (Lissabon).

[27] Vgl. *S. Pieper*, JA 1995, 988–995.

Das hatte zur Folge, dass eine Unterwerfung unter eine fremde Gerichtsbarkeit nicht vorstellbar war. Dieses Souveränitätsverständnis ging mit der Entwicklung des modernen Staats von der Person des Herrschers über auf den Territorialstaat, der Träger der Souveränität und damit auch der Immunität gegenüber der Jurisdiktion eines anderen Staates wird. Das – oft als westfälisch bezeichnete[28] – System findet sich in Art. 2 Ziff. 1 der Satzung der Vereinten Nationen. Die internationale Rechtsordnung beruht bis heute im Grundsatz auf einem Nebeneinander souveräner und damit gleichberechtigter Staaten.[29] Ihre Hoheitsbereiche sind entsprechend der Gebiets- (und Personal-)hoheit mehr oder weniger gegeneinander abgegrenzt, mit der Folge, dass ein Staat keine Hoheitsgewalt im Bereich eines anderen Staates ausüben darf. Das Territorialitätsprinzip hat insoweit eine hoheitsgewalt-scheidende Funktion.[30]

Souveräne Gleichheit hat eine rechtliche, formelle Gleichheit im Rahmen des völkerrechtlichen Verkehrs, jenseits tatsächlicher wirtschaftlicher, sozialer, politischer oder sonstiger Unterschiede der Staaten zur Folge. Dies ist bis heute grundlegend für die Staatenimmunität. Denn in Kraft befindliche, universelle multilaterale Kodifizierungen der Staatenimmunität fehlen bis heute. Es existiert ein Vertragsentwurf der ILC[31] und eine Konvention im Rahmen der UN.[32] In Europa ist eine vertragliche Kodifizierung der Staatenimmunität im Europäischen Übereinkommen über Staatimmunität vom 16.05.1972[33] erfolgt. Allerdings haben lediglich acht Staaten[34] dieses Abkommen ratifiziert.

Die Verwurzelung der Staatenimmunität in der souveränen Gleichheit hat zur Folge, dass die Staatenimmunität normativ ganz überwiegend als Völkergewohnheitsrecht[35] eingeordnet wird.[36] Die Staatenimmunität ist somit bindendes Völker-

---

[28] Zur Begrifflichkeit v. *Arnauld* (Fn. 12), Rn. 312.

[29] *Dahm/Delbrück/Wolfrum* (Fn. 25), § 71 I (452 f.); v. *Arnauld* (Fn. 12), Rn. 298 ff.

[30] *Dahm/Delbrück/Wolfrum* (Fn. 25), § 47 I.1 (316 f.).

[31] YBILC 1991 II/2, 12 ff.

[32] United Nations Convention on Jurisdictional Immunities of States and their Property vom 2. Dez. 2004, noch nicht in Kraft.

[33] BGBl. II 1990, 35.

[34] Großbritannien, Bundesrepublik, Österreich, Belgien, Zypern, Luxemburg, Niederlande und Schweden.

[35] Art. 38 IGH-Statut erfordert eine empirisch feststellbare Staatenpraxis (zu den relevanten Trägern der Staatspraxis vgl. BVerfGE 66, 342, 367 f.), die Ausdruck einer entsprechenden Rechtsüberzeugung (opinio juris) ist (IGH, ICJ-Rep. 1969, 3, 42 ff. (Nordseefestlandsockel-Fall); ICJ-Rep. 1985, 6, 29 f. (Burkina Faso/Mali); ICJ-Rep. 1986, 14, 97 f. (Nicaragua/USA); vgl. BVerfGE 16, 27, 34; 66, 39, 64 f.; 68, 1, 83). Angesichts der besonderen Eigenart der Staatenimmunität, die vor innerstaatlichen Gerichten gewährt wird, kommt für den empirischen Befund der innerstaatlichen Gerichtspraxis besondere Bedeutung zu (so BVerfGE 66, 342, 367 f.; siehe auch *Higgins* (Fn. 12), 81).

[36] *Hailbronner/Kau* (Fn. 12), Rn. 89; *Stein/v. Buttlar* (Fn. 12), Rn. 714; wohl auch v. *Arnauld* (Fn. 12), Rn. 319 ff.; *Chr. Tomuschat*, Vanderbilt Journal of Transnational Law 44 (2011), 1105 (1116); s. schon früher ILC, YBILC 1980 II/2, 147.

recht und verpflichtet die Staaten. Vornehmlich im angloamerikanischen Rechtskreis wird diese normative – völkergewohnheitsrechtliche – Verortung aber teilweise bestritten: Die „act of state-doctrine" habe ihren Ausgangspunkt nicht im Völkerrecht, sondern vielmehr im nationalen Recht, die Exemption fremder Hoheitsakte von der staatlichen Beurteilung sei kein reines Völkerrecht:[37] Zwar befriedige die Staatenimmunität ein großes, praktisches Bedürfnis des internationalen Verkehrs, nämlich den Schutz von hoheitlichen Einrichtungen des Entsendestaates im Sitzstaat; es handele sich aber nicht um eine völkergewohnheitsrechtliche Norm, sondern sei Ausdruck internationaler Gepflogenheiten, der die Staaten folgten, aber aus eigenem Interesse und nicht aus rechtlicher Verpflichtung. Deshalb hätte eine Reihe von Staaten ebenfalls die Staatenimmunität innerstaatlich im Rahmen ihrer unabhängigen Gesetzgebung durch nationale Immunitätsregimes geregelt.[38] Im kontinentaleuropäischen Bereich wird die Staatenimmunität dagegen durch eine Staatenpraxis sichergestellt, die sich etwa an den Entscheidungen der Gerichte ablesen lässt; für die Bundesrepublik sind dies die grundlegenden Entscheidungen des Bundesverfassungsgerichts, das bei bestehenden Differenzen im Detail die beschränkte Staatenimmunität als gewohnheitsrechtlich anerkannt hat.[39] Und nach der Entscheidung des IGH vom 3. Februar 2012 ist schon hier festzuhalten, dass der Grundsatz der Staatenimmunität als Völkergewohnheitsrecht universelle Geltung beansprucht – selbst wenn die Immunität innerstaatlich durch nationale Immunitätsregimes wie im angloamerikanischen Rechtskreis gewährleistet wird.[40]

---

[37] So – m.w.N. – *L.M. Caplan*, AJIL 97 (2003), 741 (745 ff., 761 und passim); kritisch hierzu *C. Tomuschat*, Vanderbilt Journal of Transnational Law 44 (2011), 1105 (1116–1119).

[38] s. die Nachweise unten bei Fn. 72.

[39] BVerfGE 64, 1, 23 ff., 44 m.w.N. (Konten und Guthaben, die nicht hoheitlichen Zwecken dienen, können gepfändet werden). Zur deutschen höchstrichterlichen Rspr. in Bezug auf die Anerkennung der Unterscheidung acta iure imperii/acta iure gestionis: BAG, NZA 1996, 1229 (1230) m.w.N. (=BAGE 83, 262); LAG Hamburg v. 23.6. 1999, 5 Sa 76/98 (Revision BAG 2 ZAR 490/99; LAG Köln v. 5.4.2000, 7 Sa 663/99 (Revision BAG AZR 501/00); BVerwG, ZOV 1999, 381 (kein Ausschluss der Rückübertragung eines Botschaftsgrundstücks, wenn der ausländische Staat lediglich Bucheigentümer war); BVerwG, DVBl. 1989, 261 f. (keine Ladung eines ausländischen Verteidigungsministers als Zeuge wegen politischer Verfolgung); BGH, NJW 1984, 2039 (keine Einholung einer schriftlichen Auskunft einer ausländischen amtlichen Beweisperson wg. darin liegenden Eingriffs in die fremde Hoheitsgewalt); BGH, NJW 1979, 1101 f. (Staatenimmunität hoheitlicher Tätigkeit gegenüber einer privatrechtlichen Unterlassungsklage); BSG v. 26.1.1983, 1 S 2/82 (Gerichtsbarkeit gegeben wg. der Klage eines niederländischen Sozialversicherungsträgers auf Rückzahlung zu unrecht ausgezahlter Sozialbeträge; vgl. zur fehlenden Immunität ausländischer juristischen Personen des öffentlichen Rechts *O. R. Kissel/H. Mayer*, Gerichtsverfassungsgesetz, 6. Aufl. 2010, § 20 Rn. 10 m.w.N.); aus der internationalen Praxis vgl. etwa ILC-Draft Articles on Juridical Immunities and their Property, YbILC, 1991 II/2, 113, 36 ff.; *G. Ress*, First Report on Developments in the Field of State Immunity since 1982, in: Report of the Sixty Fourth Conference, 1990, 393 (395 f.).

[40] Urteil des IGH v. 3.2.2012 (Fn 7).

3. Weitere völkerrechtliche Immunitäten

Unter dem Begriff der Staatenimmunität lassen sich als Oberbegriff verschiedene Immunitätsfälle zusammenfassen, ohne dass es sich um ein einheitliches Rechtsinstitut handelt;[41] dies trifft dann zu, wenn man auf die unterschiedliche normative Verankerung, die mit der Exemption verbundenen Zwecke und die jeweilige Ausgestaltung abstellt. Allerdings ist die Rechtsfolge gleich – Ausschluss fremder staatlicher Gerichtsbarkeit. Differenzierungen ergeben sich namentlich danach, auf welches Schutzobjekt sich die Immunität bezieht: Immunität im zwischenstaatlichen Verkehr können Staaten als solche, Staatsoberhäupter, Regierungsmitglieder,[42] Diplomaten und Konsulen,[43] fremde Truppen sowie internationale Funktionäre genießen.[44] Auch Internationale Organisationen und deren Funktionsträger kommt in der Regel eine gewisse Immunität zu, deren Umfang sich an den Gründungsverträgen und allgemeinen Rechtsgarantien orientiert.[45]

Eine am Interesse ausgerichtete Betrachtung dieser unterschiedlichen Fälle der Immunität findet für die Differenzierung voneinander abweichende Gründe – ohne dass sich das auf den Typus[46] „Immunität" grundsätzlich auswirken würde.[47]

4. Schutzzwecke völkerrechtlicher Immunitäten

Wie die Staatenimmunität stehen auch die übrigen völkerrechtlichen Immunitäten in einem engen Zusammenhang mit der souveränen Gleichheit des Staates und stellen spezifische Ausprägungen dar.[48] Zusätzlich werden für die übrigen Ausprägungen der Staatenimmunität unterschiedliche Schutzzwecke bemüht. So soll der Schutzzweck der Immunität von Staatsoberhäuptern neben der Staatensouveränität auch in Gewährleistung der Würde des anderen Staates in der Person seines Repräsentanten liegen. Die Immunität von Diplomaten und Konsulen wie auch die inter-

---

[41] *Doehring* (Fn. 2), Rn. 656; *Higgins* (Fn. 12), 78, betont, die Staatenimmunität schütze den Staat selbst und seine Regierung.

[42] Hierzu *H.-E. Folz/M. Soppe,* NStZ 1996, 576.

[43] Historisch wurde die Exemption dieser Personen auch als Exterritorialität bezeichnet, vgl. *Schultheis*, Stichwort Exterritorialität, in: Görres-Gesellschaft (Hrsg.), Staatslexikon, Bd. 2, 1892, Sp. 761 f., hier bereits der Hinweis, „die Exemption trete nicht ein bei den im Gebiete des Aufenthaltsstaates belegene Immobile betreffenden Klagen"; siehe auch *Resch*, ebenda, Sp. 1185 ff.

[44] *Doehring* (Fn. 2), Rn. 657.

[45] Vgl. EuGMRE 1999, 393; *G. Ullrich*, ZaöRV 71 (2011), 157 ff.

[46] Vgl. zum Typus *S. Pieper*, Aufsicht, 2005, 210 ff. m.w.N.

[47] Dass die Unterschiede gering sind und vielleicht nicht nur für einen Typus, sondern entgegen der Einschätzung *Doehrings* sogar für ein Rechtsinstitut sprechen, verdeutlicht die fast in allen Lehrbüchern gemeinsame Darstellung der Immunitäten.

[48] *v. Arnauld* (Fn. 12), Rn. 324 f. für Staatsorgane.

nationaler Funktionäre wird mit dem Schutz der rechtlichen und politischen Beziehungen innerhalb der Staatengemeinschaft[49] und der Friedenssicherung begründet.

Allerdings zeigt sich auch hier die Akzeptanz der Souveränität als Immunität begründendes Element. Wie das Staatsoberhaupt werden Diplomaten und Konsulen als Organe ihrer Staaten tätig und nehmen damit an der Souveränität des Entsendestaates teil.[50] Wenn der Schutz von Diplomaten und Konsulen mit dem Schutz der zwischenstaatlichen Beziehungen gerechtfertigt wird, so ist das ein zusätzlicher Grund. Dieser trifft für die Staatenimmunität als solche ebenfalls zu. Denn die Exemption des Staates, seiner Organe bzw. deren Handlungen durchbricht die Rechtsbindung im Interesse der Erhaltung guter Beziehungen zwischen den Staaten, also aus politischen Gesichtspunkten.[51]

Ebenfalls mit der Staatenimmunität begründet wird die Immunität von fremden Truppen und Kriegsschiffen. Auch wenn ihr Aufenthalt im Hoheitsgebiet eines anderen Staates regelmäßig Gegenstand vertraglicher Regelungen ist, folgt ihre Immunität der in der Souveränität des Entsendestaates begründeten Staatenimmunität; die Immunität fremder Truppen und von Kriegsschiffen beschränkt die Souveränität der betroffenen Staaten.[52] Auch sie werden als Organe des Entsendestaates behandelt, die an deren Souveränität teilhaben.

Die Personen völkerrechtlich gewährleisteten Immunitäten haben dabei eine funktionale und eine persönliche Komponente:[53] Staatsoberhäupter, bestimmte Regierungsmitglieder, Diplomaten oder Konsulen genießen eine funktionale Immunität für ihr amtliches Verhalten. Darüber hinaus hat der IGH speziell für Außenminister eine absolute Immunität im Strafverfahren postuliert, unabhängig vom amtlichen Charakter ihres Handelns.[54] Soweit die übrigen Funktionsträger im Amt sind, kommt ihnen darüber hinaus auch persönliche Immunität für privates Verhalten zu. Mit dem Ausscheiden aus dem Amt endet jedenfalls die persönliche Immunität, so dass sie für private Verfehlungen auch von fremden Gerichten zur Rechenschaft gezogen werden können.[55] Die funktionale Immunität wirkt fort.

5. Funktionsschutz fremder Hoheitsgewalt

Sucht man neben der Souveränität nach einem anderen gemeinsamen Begründungselement der Staatenimmunität, so kann dieser im Schutz der staatlichen hoheitlichen Funktionen des fremden Staates gesehen werden. Neben dem – eher irrealen –

---

[49] IGH, ICJ Rep. 1979, Tz. 38/39 (Teheraner Geiselfall).

[50] Namentlich der Botschafter eines Staates gilt als persönlicher Vertreter seines Staatsoberhauptes, vgl. *S. Pieper*, in: Epping/Hillgruber (Fn. 10), Art. 59, Rn. 26.

[51] *Dahm/Delbrück/Wolfrum*, 453.

[52] *Doehring* (Fn. 2), Rn. 657, 692 ff.

[53] Vgl. *H.-E. Folz/M. Soppe*, NStZ 1996, 576 ff.

[54] IGH, ICJ Rep. 2002, 3 (Congo v. Belgium).

[55] Vgl. *v. Arnauld* (Fn. 12), Rn. 324.

Nimbus staatlicher Souveränität,[56] die sich in einer immer enger miteinander verflochtenen Welt, mit voneinander abhängigen Staaten zunehmend zu einem leeren Theorem verflüchtigt, legitimiert sich die Staatenimmunität zunehmend mit dem auf Gleichheit und Gegenseitigkeit angewiesenen Schutz und der Akzeptanz der fremden Hoheitsgewalt und ihrer Funktionsfähigkeit.

Dass dieser Aspekt maßgeblich ist, zeigt auch die Immunität von Internationalen Organisationen, deren Funktionsträgern und Richtern.[57] Diese Immunitätsgewährung ist weitgehend derjenigen von Diplomaten angenähert. Aber anders als jene kann sie nicht mit der Souveränität begründet werden, da internationale Organisationen nur eine abgeleitete Völkerrechtssubjektivität und keine Souveränität genießen. Folgerichtig wird der Grund hierfür in dem Bedürfnis gesucht, den ordnungsgemäßen, funktionsgerechten und sicheren internationalen Verkehr zwischen Völkerrechtssubjekten zu schützen,[58] also einem funktionalen Kriterium.[59]

Zudem wird Immunität in erster Linie für amtliche Handlungen gewährt. Zwar genießen Staatsoberhäupter wie Diplomaten zusätzlich eine Immunität ratione personae, aber auch diese soll ausschließen, dass die amtliche Funktion durch eine Verfolgung wegen persönlichen Verhaltens beeinträchtigt wird. Während die Immunität ratio personae mit dem Amt endet, besteht die Immunität ratione materiae weiter fort, weil Amtshandlungen dem Entsendestaat zuzurechnen sind und folglich Teil der Staatenimmunität sind.[60] Auch die Immunität des Staatsoberhauptes für amtliches Handeln endet nicht mit dem Ende des Amtes.

III. Fazit

Soweit sich Staatshandeln als hoheitlich qualifizieren lässt, kann es grundsätzlich nicht zum Gegenstand eines gerichtlichen Verfahrens gemacht werden, unabhängig davon wie die jeweiligen Hoheitsakte inhaltlich aussehen. Dabei ist zu beachten, worauf bereits zu Beginn hingewiesen worden ist: Die Staatenimmunität beinhaltet keine Entscheidung darüber, inwieweit das Handeln tatsächlich völkerrechtswidrig ist. Das bedeutet aber auch: Die Staatenimmunität schützt auch völkerrechtswidriges Handeln von Staaten bzw. ihren Organen, soweit es ihnen zuzurechnen ist.[61] Ver-

---

[56] *Dahm/Delbrück/Wolfrum* (Fn. 25), 453.

[57] Bei dieser Form handelt es sich nicht um *Staatenimmunität*, weshalb ich hierauf nicht näher eingehen möchte, sondern statt dessen auf die – für den Jubilar wohl charakteristisch – konzise und gleichwohl prägnante Darstellung der Immunitäten und Privilegien Internationaler Organisationen, in: W. Graf Vitzthum (Hrsg.), Völkerrecht, 4. Aufl. 2007, 4. Abschnitt Rn. 106 ff. verweise.

[58] *Doehring* (Fn. 2), Rn. 685.

[59] So treffend der Jubilar, in: Vitzthum (Fn. 57), Rn. 106 unter Verweis auf Art. 105 SVN.

[60] *Doehring* (Fn. 2), Rn. 679; *ders./G. Ress,* AVR 1998, 68 ff.

[61] Zu den seltenen Fällen, in denen fremdes staatliches Handeln doch zum Gegenstand nationaler Gerichtsverfahren – etwa in Spionagefällen – gemacht wurde, *H.-E. Folz/M. Soppe,* NStZ 1996, 576 (579 ff. m.w.N.).

schärft wird diese Staatenimmunität noch dadurch, dass – wie soeben verdeutlicht – ein Kernbereich des Staatshandelns unabhängig von der Qualifikation als hoheitlich oder nichthoheitlich einer Immunität unterstellt wird. Konkret wird damit – angesichts des Fehlens zentraler Instanzen – eine dezentrale Verfolgung von Völkerrechtsverbrechen durch staatliche Gerichte vereitelt, insbesondere weil sich Völkerrechtsverletzungen nicht selten im Kernbereich der jeweiligen Staatsgewalt abspielen.

IV. Durchbrechungen der Staatenimmunität

1. Von der absoluten zur beschränkten Staatenimmunität

Die Staatenimmunität hat seit dem 19. Jahrhundert – um einen Ausdruck *Dahms* zu verwenden – einen „Prozeß der Schrumpfung"[62] mitgemacht. Bis zum Ende des Ersten Weltkrieges war die Völkerrechtsgemeinschaft bereit, den Staaten eine absolute Immunität zuzubilligen.[63] Die Souveränität der Staaten wurde in der Weise als unbegrenzt anerkannt, dass von keinem Souverän ein höherer Rang als der eines anderen behauptet werden konnte: Streitigkeiten von Staaten untereinander waren allein Gegenstand des Völkerrechts. Die Rechtswidrigkeit eines staatlichen Verhaltens konnte daher auch nur mit Mitteln des Völkerrechts geltend gemacht werden, also etwa mit Repressalie, Krieg oder durch Anrufung internationaler Schiedsgerichte, soweit diese von beiden Seiten anerkannt waren.

Nach dem Ersten Weltkrieg entwickelte sich das Völkerrecht vom reinen Koordinationsrecht, dessen einzige Funktion darin bestand, die Rechte der Staaten zu harmonisieren und ein möglichst reibungsloses Nebeneinander der Staaten zu gewährleisten, zu einem Kooperationsrecht: Die Zusammenarbeit und ihre Regelung wurde in zunehmendem Maße Gegenstand des Völkerrechts. Zusätzlich änderte sich das Verhalten der Staaten selbst. Sie wurden zu Akteuren nicht nur der zwischenstaatlichen Beziehungen, sondern traten auch im wirtschaftlichen Verkehr als Vertragspartner auf, im Handel, als Kreditgeber und Kreditnehmer. Dieser bereits ins 19. Jahrhundert zurückreichende Prozess wirkte sich nach dem Zweiten Weltkrieg auf die Staatenimmunität aus. Die Teilnahme der Staaten am Wirtschaftsverkehr in derselben Form wie Private[64] ließ es nicht mehr notwendig erscheinen, Staaten auch für dieses wirtschaftliche Handeln eine privilegierte Stellung einzuräumen. Dementsprechend wurde die Staatenimmunität hierfür eingeschränkt. Vor allem die Staatshandelsländer und die angloamerikanischen Staaten[65] vertraten indes bis zum Ende der 1980er Jahre weiter den Grundsatz der absoluten Staatenimmunität: Die Einord-

---

[62] *G. Dahm*, in: FS Nikisch 1958, 153 ff.

[63] Vgl. auch BGH, NJW 1979, 1101.

[64] Vgl. nur *Doehring* (Fn. 2), Rn. 659; *Herdegen* (Fn. 21), Rn. 5 f.; *Higgins* (Fn. 12), 79 ff.

[65] Vgl. hierzu die Darstellung in BVerfGE 46, 342, 376 ff. des Foreign Sovereign Immunities Act of 1976; in Großbritannien gilt der State Immunity Act aus dem Jahre 1978 (ILM 17, 1978); vgl. dazu *F.A. Mann*, BYIL 50 (1979), 43 ff.

nung wirtschaftlichen Handelns als privat oder staatlich-hoheitlich sahen sie als souveräne Entscheidung an.

Heute wird allgemein von einer eingeschränkten Staatenimmunität für die Wirtschaftstätigkeit der Staaten ausgegangen: Dies entspricht den Interessen der Akteure in ökonomischen Beziehungen, in denen Staaten wie Private handeln. Eine Privilegierung von Staaten mindert deren wirtschaftliche Chancen. Zu Geschäften mit ihnen sind Private nur bereit, wenn sie ihre Ansprüche gegebenenfalls durchsetzen können und Private infolge der Staatenimmunität faktisch rechtlos bleiben, weil eine gerichtliche Durchsetzung ihrer Ansprüche gegenüber dem Geschäftspartner Staat nicht möglich wäre und lediglich ein diplomatischer Schutz des Heimatstaates zur Verfügung steht.[66] Für die Anwendung der beschränkten Staatenimmunität kommt es darauf an, ob ein Staat hoheitlich handelt. Ausgehend von der kontinentaleuropäischen Rechtsprechung[67] wird mithin danach unterschieden, ob eine öffentlich-rechtliche oder privatrechtliche Betätigung vorliegt.[68] Auch das Bundesverfassungsgericht[69] und ihm folgend die Fachgerichte[70] vertreten diese Konzeption. In der Staatenpraxis besteht zwar im allgemeinen Übereinstimmung über die Einschränkung der Staatenimmunität auf rein hoheitliches Handeln, auch wenn oft im Detail Differenzen bestehen.

In der Bundesrepublik gilt der gewohnheitsrechtliche Grundsatz der Staatenimmunität gem. Art. 25 GG als allgemeine Regel des Völkerrechts unmittelbar.[71] Nach der Rechtsprechung erfolgt die Abgrenzung zwischen hoheitlichem Tätigwerden und privatrechtlichem fremdem Staatshandeln grundsätzlich nach dem innerstaatlichen Recht des angerufenen Gerichts (lex fori).[72] Es kommt insoweit auf die Natur der jeweils zu beurteilenden Handlung an.[73] In der Regel wird hier ein sog. Pri-

---

[66] Die Finanzierung der Staatsschulden erfolgt am freien Markt: Hier tritt der Staat wie ein Privater auf mit dem Nimbus der Insolvenzunfähigkeit – sonst wäre es kaum zur Staatsschuldenkrise gekommen. Die Beschränkung der Staatenimmunität spielt auch in diesem Kontext eine Rolle, der hier nicht weiter nachgegangen werden kann, vgl. etwa *A. Szodruch*, Staatsinsolvenz und private Gläubiger, 2008, 378 ff.; auch *S. Schill*, ZaöRV 68 (2008), 45 (52 ff.).

[67] Vgl. die Nachweise bei *Dahm/Delbrück/Wolfrum* (Fn. 25), 458 (Fn. 3–7).

[68] *Dahm/Delbrück/Wolfrum* (Fn. 25), 458.

[69] BVerfGE 16, 27; 46, 342; 64, 1.

[70] Vgl. die Nachweise bei *Dahm/Delbrück/Wolfrum*, 458, sowie die nachfolgenden Fußnoten.

[71] BVerfGE 66, 342, 364 ff.; vgl. nur *R. Streinz*, in: M. Sachs (Hrsg.), Grundgesetz, Kommentar, 5. Aufl. 2009, Art. 25, Rn. 38 ff., 55 ff.

[72] Vgl. *T. Stein*, in: Seidl-Hohenveldern (Hrsg.), Lexikon des Völkerrechts, 2. Aufl. 1992, 134.

[73] BVerfGE 16, 27, 63 f.; BGH, NJW 1979, 1101; BAG, NZA 1996, 1229 (1230 m.w.N.); I Congreso del Partido (1983) 1 A.C. 244, 263 f. (per Lord Wilberforce); Section 1603 (d) U.S. Foreign Sovereign Immunities Act 1976 (FSIA), ILM 15 (1976), 1388 ff.; Section 2 Canada State Immunity Act 1982, ILM 21 (1982), 798 ff.; Art. 2 (2) ILC Draft Articles; Section 14 (2) Immunity Act 1978 (SIA), ILM 17 (1978), 1123 ff. (GB); ungeklärt ist bisher, inwieweit der Zweck staatlichen Handelns mit zu berücksichtigen ist, vgl. *T. Rensmann*, IPrax 1998, 44 (dort

vatpersonen-Test vorgenommen: Wenn die fragliche staatliche Handlung in gleicher Weise von einer Privatperson vorgenommen werden könnte, handle es sich um einen acta iure gestionis. Das Völkerrecht schränkt diese nach nationalem Recht vorzunehmende Beurteilung nur insoweit ein, als das Völkerrecht spezifische staatliche Handlungen als acta iure imperii qualifiziert. Hierzu gehören die auswärtige Gewalt, die Polizei und die Rechtspflege (als Kernbereich der Staatsgewalt).[74]

Die gewohnheitsrechtlich anerkannte, beschränkte Staatenimmunität schützt nur solche Handlungen des fremden Staates, die als Hoheitsakte (acta iure imperii) gelten. Soweit der Staat nicht hoheitlich handelt, sondern sich privaten Rechts- und Handlungsformen (acta jure gestiones) bedient, scheidet eine Exemption aus.[75] Deutlich wird dies an der differenzierenden Behandlung im Erkenntnis- und Vollstreckungsverfahren: Wird im Erkenntnisverfahren in Bezug auf einen acta jure gestiones ein Titel erwirkt, so ist im Vollstreckungsverfahren erneut danach zu differenzieren, ob der Vollstreckungsgegenstand hoheitlichen oder nichthoheitlichen Zwecken dient.[76] Hoheitlichen Zwecken dienende Gegenstände – wie Botschaftsgebäude, Botschaftskonten usw. – unterliegen der Staatenimmunität, eine Vollstreckung ist unzulässig.[77]

2. Ausnahmen von der Staatenimmunität bei Menschenrechtsverletzungen

Angesichts des zuvor für wirtschaftliches Handeln der Staaten geschilderten Schrumpfungsprozesses war es naheliegend, auch die wachsende Bedeutung von menschenrechtlichen Schutzstandards[78] immunitätsrechtlich zu berücksichtigen.

Trotz einer menschenrechtlichen Revolution im Völkerrecht sind bis heute Menschenrechtsverletzungen – befohlen, begangen, geduldet durch staatliche Organ- und Amtswalter oder in Folge Unterlassens ermöglicht – an der Tagesordnung. Die jährlichen Berichte von Menschenrechtsorganisationen über Menschenrechtsverletzungen verdeutlichen dies. Begünstigt wurden und werden diese staatlichen oder staatlich geduldeten Menschenrechtsverletzungen auch durch die Staatenimmunität bzw.

Fn. 13 f.); instriktiv insoweit *Higgins* (Fn. 12), 1994, 84 f.; etwa Kuwait Airways Corp. v. Iraqi Airways Co. House of Lords (1995) AllER 694 (Übernahme von beschlagnahmten Flugzeugen durch ein Staatsunternehmen als Hoheitsakt, nachfolgende Nutzung hingegen nicht).

[74] BVerfGE 16, 27, 63; BAG, NZA 1996, 1229 (1230).

[75] *Hobe* (Fn. 12), 371 f.; *v. Arnauld* (Fn. 12), Rn. 322; *Hailbronner/Kau* (Fn. 12), Rn. 90 f.; *Stein/von Buttlar* (Fn. 12), Rn. 716; *Maierhöfer*, in: Menzel/Pierlings/Hoffmann (Fn. 12), 400.

[76] Unabhängig davon muss der Titel rechtmäßig sein; vgl. BHGZ 155, 179, wonach eine in Deutschland geltende Vollstreckbarkeitserklärung des griechischen Distomo-Urteils ausgeschlossen ist, weil es entgegen der Deutschland zustehenden Staatenimmunität erlassen worden sei; s. auch BVerfG, NJW 2006, 2542 sowie EuGMR, EuGRZ 2011, 477.

[77] *v. Arnauld* (Fn. 12), Rn. 321 ff.; *F. Becker*, JuS 2004, 470; BVerfGE 46, 342 (Botschaftskonten); 117, 142, 152.

[78] Zur Entwicklung Internationaler Menschenrechte vgl. allgemein etwa *T. Buergenthal*, The International Protection of Human Rights, 1973; *K. Ipsen*, in: ders. (Fn. 12), § 48 ff.; prägnant: *E. Klein*, EuGRZ 1999, 109 ff.; *ders.*, Menschenrechtsmagazin 2005, 125 ff.

deren Ausprägungen, da sie eine gerichtliche Verfolgung von Staaten und auch ihren – meist verantwortlichen – Repräsentanten ausschließt. Anstrengungen zielten deshalb darauf ab, die Verfolgung von Menschenrechtsverletzungen dadurch zu effektuieren, dass für sie der Immunitätsschutz durchbrochen werden sollte.[79] Angesichts dessen stellt sich erstens die generelle Frage, ob und inwieweit die Geltung internationaler Menschenrechte den völkergewohnheitsrechtlichen Grundsatz der beschränkten Staatenimmunität einzuschränken in der Lage ist[80] und zweitens die speziellere Frage, wann und mit welcher Begründung eine solche weitere „Schrumpfung" der Staatenimmunität angenommen werden kann.

Zunächst setzten diese Versuche nicht bei der Staatenimmunität unmittelbar ein, sondern bei ihren Ausprägungen, den Immunitäten der Organ- und Amtswalter. Zwar war es seit den Nürnberger und Tokioter Tribunalen anerkannt, dass Organ- und Amtswalter verantwortlich gemacht werden können.[81] Allerdings blieb diese Entwicklung bis in das letzte Jahrzehnt des 20. Jahrhundert stecken. Dann aber erstarkte die strafrechtliche Verfolgung schwerer Menschenrechtsverletzungen durch internationale Gerichte. Außerdem wurden schwere Menschenrechtsverletzungen vor staatlichen Gerichten angeklagt.

3. Strafrechtlich begründete Durchbrechungen

a) Während die klassischen Menschenrechtskonventionen die Staaten auf ihre Einhaltung verpflichten, ohne dass die Täter und zum Teil Betroffene/Opfer die Möglichkeit erhielten, selbst Rechtsverletzungen zu rügen, setzte erst spät die Entwicklung ein,[82] den Menschenrechtsschutz dadurch zu effektuieren, dass zumindest bestimmte Menschrechtsverletzungen als „international crimes" definiert wurden;[83] als Kehrseite der menschenrechtsvertraglichen Verpflichtungen werden zumindest den Verantwortlichen Sanktionen angedroht: Als international crimes werden Kriegsverbrechen, Völkermord, Verbrechen gegen die Menschlichkeit wie Geisel-

---

[79] Vgl. etwa *Hailbronner/Kau* (Fn. 12), Rn. 96 m.w.N.; allgemein, *Chr. Appelbaum*, Einschränkungen der Staatenimmunität in Fällen schwerer Menschenrechtsverletzungen, 2007, 92 ff.

[80] Vgl. allgemein, *A. Cassese*, International Law, 2001, 145; *A. Bianchi*, Australian Journal of Public and International Law 1994, 145; *J. Kokott*, in: FS Bernhardt, 1995, 135.

[81] Instruktiv insoweit schon *W. Wengler*, Völkerrecht, 1964, 541 ff., 544 f., 955, der bereits die Möglichkeit beschreibt, die Staatenimmunität für besonders schwere Völkerrechtsverletzungen wie Angriffskrieg, schwere Verletzungen der Menschlichkeit usw. zu suspendieren. Unmittelbar nach dem Zweiten Weltkrieg und den maßlosen Verbrechen des nationalsozialistischen Deutschlands waren solche Überlegungen verbreiteter, vgl. etwa *E. Sauer*, Grundlehre des Völkerrechts, 1946, 171 ff.; *G. Dahm*, Völkerrecht, Bd. 1, 1958, 358 f. vertrat die Auffassung, Hoheitsakte, die das Völkerrecht in schwerster und verbrecherischer Weise verletzten, stellten ein nullum dar, so dass insoweit keine Immunität beansprucht werden könne.

[82] Zur strafrechtlichen Verantwortung von Amtsträgern wegen Verletzung von Völkerrecht *H.-E. Folz/M. Soppe*, NStZ 1996, 576 (581 ff.).

[83] Zur Entwicklungsgeschichte vgl. ausführlich *Hobe* (Fn. 12), 260 ff.

nahme und Folter angesehen, aber auch Piraterie und Apartheid[84] sowie Verbrechen zwischenstaatlicher Aggression.[85] Damit werden in erster Linie die menschenrechtlichen Verpflichtungen „Gewährleistung des Lebens" und „körperliche Unversehrtheit" geschützt. Das internationale Strafrecht verpflichtet nunmehr unmittelbar die Individuen.[86]

b) Diese Entwicklung setzte mit der Errichtung der zwei internationalen Strafgerichtshöfe für das ehemalige Jugoslawien und für Ruanda ein,[87] wo es zu massiven Menschenrechtsverletzungen gekommen war. Der Sicherheitsrat richtete ein weiteres Sondergerichte für Sierra Leone ein; durch vertragliche Vereinbarungen, etwa der Vereinten Nationen mit den jeweiligen Staaten, wurden weitere internationale Gerichte geschaffen, etwa für Kambodscha und den Libanon.[88]

Der Ad-hoc-Gerichtsbarkeit folgte die Errichtung eines Ständigen Internationalen Strafgerichtshofes, dessen vertragliche Grundlagen mit dem Rome Statut of the International Criminal Court am 17. Juli 1998 verabschiedet und der am 1. Juli 2002 etabliert wurde: Das Römische Statut legt nicht nur eine neue internationale Gerichtsbarkeit fest, sondern bestimmt auch ausdrücklich die materiellen Straftatbestände. Es sind dies zwar nur die schwersten Verbrechen (Art. 5–8)[89], aber erfasst werden damit die meisten Menschenrechtsverletzungen, die als Geißel der Menschheit zu beklagen sind.

Zwar richtet sich die Zuständigkeit des Internationalen Strafgerichtshofes (IStGH) allein darauf, Individuen wegen der fraglichen Verbrechen zur Verantwortung zu ziehen (Art. 25 II des Statuts). Aber genau hierin liegt der Fortschritt: eine völkerrechtliche Strafbarkeit für Täter schwerer Menschenrechtsverletzungen gab es davor faktisch nicht, verpflichtet waren allein die Staaten, deren Untaten – begangen durch Individuen – in bestimmten Fällen zwar im Wege der Staatenverantwortlichkeit geahndet werden konnten, aber nicht durch gerichtliche Instanzen. Die Verfolgung von Menschenrechtsverletzungen war dem zwischenstaatlichen Verkehr überlassen – mit der Folge, dass die Täter und die Verantwortlichen praktisch selten zur Rechenschaft gezogen wurden.

Dennoch lässt die eingeführte individuelle Verantwortlichkeit von Organ- und Amtswaltern nur einen Rückschluss in Bezug auf die Staatenimmunität zu: Da die

---

[84] *Stein/v.Buttlar* (Fn. 12), Rn. 1164; ausführlich *v. Arnauld* (Fn. 12), Rn. 1298 ff.

[85] Zur Revision des Art. 8 und der Einbeziehung des crimes of agression und des acts of agression vgl. *N. Blokker/C. Kress*, LJIL 23 (2010), 889 ff.; *T. Stein*, in: FS Jung, 2007, 935 ff.

[86] Ausführlich hierzu *H. Kreicker*, ZIS 2012, 107 (116 ff.).

[87] SC Res. 803 (1993), Einsetzung des International Criminal Tribunal for Yugoslavia, ICTY, sowie SC Res 827 (1993), Statut dieses Gerichts; SC Res. 955 1994, Einsetzung des International Criminal Tribunal for Rwanda, ICTR sowie das als Annex beigefügt Statut; vgl. dazu *G. Dahm/J. Delbrück/R. Wolfrum*, Völkerrecht, 2. Aufl. 2002, Bd. I/3, 1138 ff; ausführlich auch *Hobe* (Fn. 12), 257 ff.

[88] Vgl. die Übersicht bei *Stein/von Buttlar* (Fn. 12), Rn. 1189 a ff. m.w.N.

[89] Weitere materielle Strafrechtsvorschriften in den Art. 12 ff.

sanktionierten Taten regelmäßig als acta iure imperii eingestuft werden müssen und das Statut die Staatenverantwortlichkeit nicht erfasst,[90] lag die Annahme nahe, auch die Staatenimmunität müsse bei schweren Menschenrechtsverletzungen eingeschränkt sein. Denn gem. Art. 27 des Statuts genießen Staatsoberhäupter, Regierungsmitglieder und Parlamentarier keine Immunität in Verfahren vor dem IStGH. Auch wenn die Gerichtsbarkeit des IStGH nur eröffnet ist, wenn die Taten im Hoheitsgebiet eines Vertragsstaates begangen wurden bzw. von Staatsangehörigen eines Vertragsstaates (Art. 12 II des Statuts),[91] so muss erstens berücksichtigt werden, dass angesichts der Regelung des Art. 27 der Konflikt von Staatenimmunität und Verletzung von grundlegenden menschenrechtlichen Standards gesehen wurde und zweitens die Mehrheit der das Statut annehmenden Staaten[92] diese Einschränkung akzeptiert haben. Die materiell-rechtlichen Maßstäbe sind für alle Mitglieder der Völkerrechtsgemeinschaft verpflichtend. Dass an ihrer Einhaltung ein jeder Staat interessiert sein sollte, ist die Grundlage für die Verfolgung der Straftäter. Ist es dann aber konsequent, auch insoweit die Staatenimmunität vor nationalen Gerichten zu beschränken? Hierfür spricht in gewisser Weise etwa die Regelung des Art. 17 I a) und b) des Statuts, nach der die Zuständigkeit des IStGH subsidiär ist.[93]

Immerhin schränken die Art. 25, 27, 28 und Art. 33 des Römischen Statuts die Immunität der Staaten jedenfalls im Hinblick auf den IStGH ein. Denn hoheitliche Handlungen staatlicher Organ- und Amtswalter und damit des Staates werden einer fremden Gerichtsbarkeit unterworfen. Dass diese Gerichtsbarkeit nicht die eines anderen Staates ist, sondern eine internationale, mag einen qualitativen Unterschied machen, ändert aber letztlich nichts daran. Mit dem Römischen Statut ist völkervertragsrechtlich festgelegt, dass der IStGH seine Gerichtsbarkeit nur dann ausübt, wenn eine nationalstaatliche gerichtliche Verfolgung ausfällt (Art. 1 Satz 2, Art. 17 Absatz 2). Diesen Regelungen kommt im Zusammenhang mit Art. 27 Absatz 1 besondere Bedeutung zu, weil Immunitätsregelungen für nicht anwendbar erklärt werden und Art. 27 Absatz 1 die strafrechtliche Verantwortlichkeit nicht aufgrund von Immunitätsbestimmungen ausgeschlossen ist. Die aus der Etablierung eines internationalen Verbrechenskatalogs und der Errichtung des IStGH gezogenen Schlussfolgerungen für die Staatenimmunität sind so fernliegend nicht.

c) Denn die Immunität für hoheitliches Handeln der Staaten vor fremden Gerichten erfuhr – zumindest in einigen ihrer Ausgestaltungen – Einschränkungen. Im britischen Verfahren wegen des spanischen Auslieferungsersuchens für den ehemaligen Staatschef Pinochet kam das House of Lords zu dem Ergebnis, dass zumindest Verstöße gegen die Anti-Folterkonvention von 1984 zur Verwirkung der funktionalen Immunität des ehemaligen Staatsoberhauptes geführt hätten, so dass er ausgeliefert

---

[90] Vgl. *G. Seidel/C. Stahn*, JURA 1999, 14 (15).
[91] Weder passives Personalitätsprinzip noch Weltrechtsprinzip, vgl. *U. Fastenrath*, JuS 1999, 632 (634 m.w.N.).
[92] 120:7:21, *Fastenrath*, JuS 1999, 632 (634 m.w.N.).
[93] Vgl. hierzu *Seidel/Stahn*, JURA 1999, 14 (16).

werden könne.⁹⁴ Belgische Gerichte hatten – auf Grund einer besonders strengen Rechtslage⁹⁵ – gegen den Außenminister der Demokratischen Republik Kongo einen Haftbefehl erlassen, weil er des Völkermordes beschuldigt wurde.⁹⁶ Der vom Kongo angerufene IGH bestätigte indes die Immunität amtierender Regierungsmitglieder; die Exemption für diese Personengruppe binde aber lediglich nationale Strafgerichte, hingegen nicht internationale Gerichte. Der IGH ließ aber offen, ob diese Grundsätze auch gelten, wenn die Amts- und Organwalter nicht mehr im Amt sind.⁹⁷ Derzeit ist diese Frage vor dem IGH im Fall Belgien vs. Senegal wegen der Auslieferung eines ehemaligen Regierungsmitgliedes anhängig. Dass die (funktionale) Immunität von Regierungsmitgliedern jedenfalls nach dem Ende ihrer Amtszeit im Falle schwerster Menschenrechtsverletzungen erlischt, hat die strafrechtliche Behandlung der Regierungskriminalität in der ehemaligen DDR gezeigt.⁹⁸ Festzuhalten bleibt: Eine der zur Staatenimmunität zählenden Facetten hat eine tiefe Einschränkung erfahren.

4. Einschränkungen der Staatenimmunität in zivilrechtlichen Verfahren?

Versuche, die Ahndung von Menschenrechtsverletzungen zu effektuieren, gab es – trotz Zweifeln an der grundsätzlichen Geeignetheit, Menschenrechte auf diese Weise zu effektuieren⁹⁹ – auch durch zivilrechtliche Ersatzklagen für erlittene Schäden aufgrund von Menschenrechtsverletzungen, die gegen die verantwortlichen Staaten vor nationalen Gerichten geltend gemacht wurden:¹⁰⁰ Einige Staaten haben in ihren nationalen Immunitätsregimen festgelegt, dass die Grundsätze der Staatenimmunität dann unanwendbar sind, wenn den Schadenersatzansprüchen bestimmte internationale Verbrechen zugrunde liegen. So bestimmt der US-Foreign

---

⁹⁴ House of Lords, Urt. v. 24.3.1999, UKHL 17; vgl. dazu *K. Ambos*, JZ 1999, 16 (21 ff.); *A. Gattini*, Pinochet Case, in: MPEPIL 6/2007 (www.mpepil.com); *F. Brinkmeier*, Menschenrechtsverletzer vor nationalen Gerichten – Der Fall Pinochets im Lichte aktueller Entwicklungen des Völkerstrafrechts, 2003.

⁹⁵ Vgl. dazu *J. Hoffmann*, in: Menzel/Pierlings/Hoffmann (Fn. 12), 439 ff.; insbesondere 443 m.w.N. zur gerichtlichen Praxis in Bezug auf frühere und aktuelle Regierungsmitglieder bei schweren Menschenrechtsverletzungen.

⁹⁶ Auch ein französisches Gericht hatte sich mit einer ähnlichen Konstellation auseinanderzusetzen, vgl. *S. Zappalà*, EJIL 12 (2001), 595 ff.

⁹⁷ IGH, Urt. vom 14.2.2002, ICJ Rep. 2002, 3; vgl. dazu etwa *Dörr*, AVR 41 (2003), 201 ff.; *N. Schultz*, ZaöRV 62 (2002), 703 ff.

⁹⁸ BGHSt 40, 218; BVerfGE 95, 96, 129 (Mauerschützen); vgl. dazu *U. Fastenrath*, BDGV 35 (1996), 43.

⁹⁹ Kritisch *M. Rau*, IPrax 2000, 558 (560); *T. Rensmann*, IPrax 1999, 268 ff.; kritisch auch *Chr. Tomuschat*, in: A. Randelzhofer (Hrsg.), State responsability and the individual, 1999, 1 (18); zustimmend *J. Bröhmer*, State immunity and the violation of human rights, 1997, 196 ff.

¹⁰⁰ *J. Hoffmann*, in: Menzel/Pierlings/Hoffmann (Fn. 12), 439 ff.; insbesondere *K.F. Gärditz*, in: Menzel/Pierlings/Hoffmann (Fn. 12), 434 ff. m.w.N.

Sovereign Immunities Act[101], dass die Staatenimmunität bei Personenschäden und Tod nicht greift, die durch Folter, Mord, Angriffe auf den Luftverkehr, Geiselnahme verursacht werden bzw. durch Unterstützungshandlungen hierzu verursacht werden, auch wenn sie durch einen Staat bzw. seine Amtsträger in hoheitlicher Funktion begangen werden.[102] Die Staatenimmunität wird hier zwar nur für Staaten beschränkt, die das Department of State festgelegt hat (sog. Schurkenstaaten), und für Fälle, in denen die Handlungen außerhalb der Staaten begangen werden und die Opfer US-Bürger sind.[103]

Im Wesentlichen lassen sich folgende Begründungsansätze für eine Einschränkung der Staatenimmunität bei schweren Menschenrechtsverletzungen identifizieren:[104] Menschenrechtsverletzungen seien keine dem betreffenden Staat zuzurechnenden Hoheitsakte, sondern lägen in der nichtstaatlichen Sphäre der Täter.[105] Dies lehnt sich in gewisser Weise an die bereits anerkannte Einschränkung bei wirtschaftlichem Handeln eines Staates an, das als „privat" einzustufen ist. Ein ähnliches Argument liegt in der Annahme eines impliziten Verzichts auf die Staatenimmunität eines solchen Staates, dem schwere Menschenrechtsverletzungen zuzurechnen sind; denn der Bruch verpflichtenden Völkerrechts sei ein Missbrauch von Souveränität, die in einem solchen Fall verwirkt werde.[106] Ein weiterer Begründungsversuch rekurriert auf vertraglich oder gesetzlich vorgesehene Einschränkungen der Staatenimmunität für Rechtsverstöße des territorial geltenden Rechts (territorial tort exemption);[107] abgelehnt wird diese Auffassung aber, weil solche Regelungen erkennbar andere Fallgestaltungen erfassen sollten (Verkehrsunfälle etc.). Das naheliegende dogmatische Argument, das auch im Verfahren vor dem IGH eine Rolle spielte, rekurriert auf den ius-cogens-Charakter menschenrechtlicher Verpflichtungen. Bestimmte Menschenrechtsgarantien gehörten zum unabdingbaren völkerrechtlichen Normbestand, der alle Völkerrechtssubjekte verpflichte und darum der Staatenimmunität vorgehe. Verletzungen von ius cogens Normen würden nicht von der Staatenimmunität „privilegiert".[108] Die diesbezügliche gerichtliche Praxis für Schadensersatzan-

---

[101] USC Title 28, Chap. 97, § 1605.

[102] Antiterrorism and Effective Death Penalty Act of 1996, § 1605a (7), codified at 28 U.S.C.A. 1605; vgl. *M. Rau*, IPrax 2000, 558 (559, dort Fn. 28); vgl. auch *Stein/v. Buttlar* (Fn. 12), Rn. 721.

[103] Vgl. *C. Bianchi*, EJIL 10 (1999), 237 (266, dort Fn. 130).

[104] So auch *Tomuschat* (Fn. 37), 1105 (1133 ff.), in Bezug auf die Frage, ob die Beschränkung der Staatenimmunität eine neue Regel des Völkergewohnheitsrecht sei.

[105] *A. Orakhelashvili*, GermYBIntLL 2002, 227 (236).

[106] Vgl. hierzu die Darstellung bei *Tomuschat* (Fn. 37), 1105 (1122 f.) m.w.N. der amerikanischen Literatur; s.a. *Kokott* (Fn. 80), 135 (148).

[107] Zur territorial tort exemption vgl. *W. Cremer*, AVR 41 (2003), 137 (144 ff.); *N. Paech*, AVR 47 (2009), 36 (66 ff.).

[108] Vgl. zu diesem Begründungsansatz etwa *Orakhelashvili* (Fn. 105), 227 (258 ff.); *Paech*, AVR 47 (2009), 36 (65); auch der Italienische Kassationsgerichtshof hat sich hierauf gestützt (Fn. 8); Sondervoten zu EuGMR, Urt. v. 21.11.2001, EuGRZ 2002, 403 (Al Adsani).

sprüche wegen Menschenrechtsverletzungen ist spärlich[109] und uneinheitlich: Der EuGMR hatte sich mit der Frage auseinanderzusetzen, ob die Ablehnung nationaler Gerichtsverfahren wegen Schadenersatzes für schwere Menschenrechtsverletzungen gegen Art. 6 Abs. 1 EMRK verstößt.[110] Die Kläger hatten vorgetragen, Menschenrechtsgarantien wie das Folterverbot käme gegenüber der Staatenimmunität Vorrang (ius cogens) zu. Da die EMRK auf nationale Regelungen zur Ausgestaltung angewiesen sei, sei der Ausschluss von nationalen gerichtlichen Verfahren wegen der Staatenimmunität nicht unverhältnismäßig.[111] Die prominentesten Entscheidungen diesbezüglich trafen griechische und italienische Gerichte in Bezug auf Schadensersatzklagen für Kriegsverbrechen der deutschen Wehrmacht im Zweiten Weltkrieg.[112] Sie waren Auslöser für eine Befassung des IGH.

V. Die Entscheidung des Internationalen Gerichtshofes vom 3. Februar 2012

Mit seiner Entscheidung hat der Internationale Gerichtshof[113] auf die Klage der Bundesrepublik Deutschland gegen die Republik Italien grundlegende – m.E. völkerrechtspolitisch allerdings konservative – Aussagen getroffen und der Klage Deutschlands in vollem Umfang stattgegeben.[114]

Hintergrund der Klage der Bundesrepublik war eine Reihe von Entscheidungen italienischer Gerichte gegen die Bundesrepublik. Namentlich der Kassationsgerichtshof Italiens hatte 2008 die Bundesrepublik letztinstanzlich dazu verurteilt, Angehörige von Opfern zu entschädigen, die zwischen September 1943 und Mai 1945 als Zivilisten von Soldaten der deutschen Wehrmacht getötet wurden.[115] Auf Grundlage des rechtskräftigen Urteils fand die Zwangsvollstreckung in deutsches Vermögen in Italien statt, namentlich in die Villa Vigoni am Comer See, welche ein deutsches Kulturinstitut beherbergt. Die Bundesregierung erhob Ende 2008 vor dem IGH Klage gegen die Republik Italien wegen Verletzung ihrer völkerrechtlichen Immunität. Der IGH kam am 3.2.2012 zu dem Ergebnis, Italien verletzte seine Verpflichtung, die Immunität der Bundesrepublik Deutschland zu respektieren, indem es zugelassen hat, dass gegen die Bundesrepublik zivilrechtliche Klagen eingereicht wurden, aufgrund von Verletzungen des humanitären Völkerrechts, die zwischen 1943

---

[109] *Tomuschat* (Fn. 37), 1105 (1121 ff.).

[110] EuGMR, Urt. v. 21.11.2001, EuGRZ 2002, 403 (Al Adsani); vgl. auch EuGMR, Urt. v. 21.11.2001, EuGRZ 2002, 411 (Fogarty); EuGMR, Urt. v. 21.11.2001, EuGRZ 2002, 404 (McElimney); ausführlich *Caplan*, AJIL 97 (2003), 741 ff. m.w.N.

[111] Unberücksichtigt blieb – weil für das verfahrensbeteiligte Kuwait insoweit noch nicht in Kraft – Art. 14 Abs. 1 Antifolterkonvention, wo explizit eine Schadensersatzpflicht vorgesehen ist.

[112] Hierzu *B. Kempen*, in: FS Steinberger, 2002, 179; kritisch *S. Hobe*, IPrax 2001, 368 ff.

[113] Fn. 1.

[114] Urteil des IGH v. 3.2.2012 (Fn. 7), Rn. 139.

[115] Ausführlich zum historischen Hintergrund *Tomuschat* (Fn. 37), 1105 (1107–1116).

und 1945 durch das Deutsche Reich begangen wurden;[116] auch die Zwangsvollstreckungsmaßnahmen in die Villa Vigoni verletze die Staatenimmunität der Bundesrepublik sowie die Zulassung der Zwangsvollstreckung aufgrund von Urteilen griechischer Gerichte. Italien habe durch die Verabschiedung geeigneter Gesetze oder durch andere Mittel ihrer Wahl sicherzustellen, dass die Entscheidungen der italienischen Justiz, welche die Immunität der Bundesrepublik Deutschland verletze, außer Kraft gesetzt werden.

Mit seiner Entscheidung zur Staatenimmunität stellt der IGH zunächst klar, dass die Staatenimmunität völkergewohnheitsrechtlich verankert ist.[117] Er folgt damit nicht den geschilderten Auffassungen, nach denen die Staatenimmunität kein Völkerrecht darstelle bzw. maßgeblich nationalrechtlich zu verankern sei. Dies mag man im Sinne der Rechtssystematik des Völkerrechts begrüßen. Gewissermaßen als – aus Sicht der Bundesrepublik erfreulicher – Nebeneffekt ist die Gefahr einer privatrechtlichen Klagewelle von Opfern des Nationalsozialismus sowie deren Angehörigen gegen die Bundesrepublik vor den Zivilgerichten ihrer Heimatstaaten gebannt. Angesichts der 2008 prozessual anhängig gemachten Klagen stellte der IGH nicht auf intertemporale Aspekte des Falles ab, sondern auf das heute geltende Völkerrecht.

Andererseits erteilt der IGH aber allen Bestrebungen eine Absage, für die Staatenimmunität eine „tort exemption" zu schaffen. Die völkerrechtliche Immunität der Staaten hat also auch gegenüber Schadensersatzforderungen auf Grundlage schwerster Menschenrechtsverletzungen uneingeschränkt Bestand. Die Völkerrechtswidrigkeit von Handlungen eines Staates und seiner Funktionsträger führe nicht dazu, dass sie ihren Charakter als acta jure imperii verliere.[118] Dem von Italien vorgetragenen Argument, es gelte die territorial tort exemption, setzt er entgegen, dass diese Regelungen für andere Fälle gedacht seien und für Schäden infolge von Militäreinsätzen nicht anwendbar sein konnten;[119] eine Gerichtspraxis sei nicht feststellbar.[120] Er begründet dies damit, dass – ungeachtet einzelner Entscheidungen staatlicher Organe, denen diese Tendenzen zugrunde liegen – ein diesbezügliches Gewohnheitsrecht zurzeit nicht feststellbar sei.[121] Diese völkerrechtliche Regelung werde auch nicht im Hinblick auf die Schwere der Menschenrechtsverstöße eingeschränkt.[122] Zudem wendet sich der Gerichtshof gegen das Argument, dass völkerrechtliche Regeln – also eben auch menschenrechtliche Garantien – absoluten Vorrang genössen und infolgedessen Menschenrechtsverletzungen nicht unter die Staa-

---

[116] Urteil des IGH v. 3.2.2012 (Fn. 7), Rn. 52 ff.
[117] Urteil des IGH v. 3.2.2012 (Fn. 7), Rn. 56.
[118] Urteil des IGH v. 3.2.2012 (Fn. 7), Rn. 59 ff.
[119] Urteil des IGH v. 3.2.2012 (Fn. 7), Rn. 65 ff., zusammenfassend Rn. 76.
[120] Urteil des IGH v. 3.2.2012 (Fn. 7), Rn. 73 ff.
[121] So auch *Tomuschat* (Fn. 37), 1105 (1133 ff.) m.N. der disparaten Praxis.
[122] Urteil des IGH v. 3.2.2012 (Fn. 7), Rn. 81 ff., zusammenfassend Rn. 91.

tenimmunität fielen.[123] Denn ein Normkonflikt läge nicht vor, weil das fragliche jus cogens materiell-rechtliche Verpflichtungen für die Staaten enthielten, während die Staatenimmunität allein die Jurisdiktion eines Staates über einen anderen Staat ausschließe.[124] Das Staatenimmunitätsregime stehe nicht in Bezug zur Frage der Rechtmäßigkeit einer staatlichen Handlung unter Völkerrecht. Abschließend beschäftigt sich der IGH auch mit der Frage, ob die deutsche Immunität vor italienischen Gerichten deshalb ausscheide, weil Deutschland keine geeigneten Rechtsschutzmöglichkeiten für Opfer bereit halte;[125] eine völkerrechtliche Verpflichtung zum effektiven nationalen Rechtsschutz gebe es nicht, zumal es der völkerrechtlichen Praxis entspreche, Kriegsfolgen durch Reparationszahlungen und nicht durch individuelle Schadensersatzansprüche wieder gut zu machen.[126]

Der IGH hat damit eindeutig klargestellt, dass Ansprüche gegenüber anderen Staaten den besonderen Rechtswegen des Völkerrechts vorbehalten und somit nur im Verhältnis zwischen Staaten einklagbar sind. Eine Einschränkung der Staatenimmunität bei schweren Menschenrechtsverletzungen, um Klagen von Privatpersonen gegen fremde Staaten zu ermöglichen, hätte eine systemwidrige Aufweichung des Völkerrechts dargestellt.[127] Mit seiner Erkenntnis liegt der Gerichtshof auf der Linie, die bereits zuvor gegen die tort exemption vorgebracht wurde: kein Normzusammenhang zwischen Staatenimmunität und Menschenrechtsgarantien angesichts eines eher fragmentarischen Charakters des Völkerrechts. Diese sei kollektiv an den Staaten ausgerichtet und nicht auf individuelle Kompensation.[128] Zudem betonen erste Bewertungen, dass eine hinreichende Staatspraxis für die Beschränkung der Staatenimmunität bei schweren Menschenrechtsverletzungen nicht nachweisbar ist[129] und dem IGH insoweit auch zuzustimmen sei, keine Beschränkung der Staatenimmunität zuzulassen, wenn es um Entschädigungsklagen im Zusammenhang mit völkerrechtlichen Verbrechen geht.[130]

VI. Schlussbetrachtung

An der Entwicklung der Staatenimmunität ist die Entwicklung des Völkerrechts ablesbar. Wenn auch in der Staatspraxis in reiner Form wohl kaum feststellbar, war die absolute Staatenimmunität Abbild eines absoluten Souveränitätsverständnisses und der vollkommenen Handlungsfreiheit der Staaten. Diese wurden zunehmend re-

---

[123] Urteil des IGH v. 3.2.2012 (Fn. 7), Rn. 92 ff.
[124] Urteil des IGH v. 3.2.2012 Fn. 7), Rn. 93.
[125] Urteil des IGH v. 3.2.2012 (Fn. 7), Rn. 98 ff.
[126] Urteil des IGH v. 3.2.2012 (Fn. 7), Rn. 101 f.
[127] Nach *Kreicker*, ZIS 2012, 107 (115) verdient das Urteil insoweit völkerrechtspolitisch Zustimmung.
[128] So exemplarisch etwa *E. M. Frenzel/R. Wiedemann*, NVwZ 2008, 1088 (1091).
[129] So schon *Tomuschat* (Fn. 37), 1105 (1140).
[130] So *Kreicker*, ZIS 2012, 107 (113).

lativiert. Die heutige umfassende Anerkennung der nur noch eingeschränkten Staatenimmunität entfaltete sich in der zweiten Hälfte des 20. Jahrhunderts und ist damit jüngeren Datums. Der maßgebliche Grund liegt in einer gegenseitigen Gewährleistung der Funktion hoheitlichen Tätigwerdens. Wo dies nicht erforderlich ist, bedarf es keines Schutzes des staatlichen Handelns anderer Staaten. Nach der IGH-Entscheidung ist zu konstatieren: Die Menschenrechte und ihr Schutz haben auch heute noch nicht den Stellenwert, den offenbar ökonomische Interessen einzunehmen in der Lage waren. Die dogmatischen Argumente für die fehlende Anerkennung der „tort exemption" mögen schlüssig sein, aber sie bleiben wohlfeil, denkt man an das Leid der Opfer von Menschenrechtsverletzungen. Das Bild einer Völkerrechtsordnung ist kaum glaubhaft, in der nicht mehr die juristische Person des Staates – ein Konstrukt – in ihren Mittelpunkt gestellt wird, sondern der Mensch.[131] Tröstlich bleibt: Immerhin beschränkt sich der IGH in seinem Urteil vom 3.02.2012 auf zivilrechtliche Schadenersatzklagen. Es bleibt also bei der weitreichenden Einschränkung der Staatenimmunität im Bereich der Strafverfolgung wegen völkerrechtlicher Verbrechen.[132] Das Völkerstrafrecht einschließlich der Einrichtung einer internationalen Strafgerichtsbarkeit hat die persönliche Verantwortung dieser Funktionsträger in den Vordergrund gerückt. Allerdings hat der IGH auch hier eine eher restriktive Tendenz, wie sein Erkenntnis zur völkerrechtlichen Immunität amtierender Außenminister gezeigt hat.[133] Jedenfalls muss weiter zwischen individueller strafrechtlicher Verantwortung und Staatenverantwortung unterschieden werden.[134] Allerdings: Ein Fall individueller strafrechtlicher Verantwortlichkeit eines Organ- oder Amtswalters wird in der Regel – jedenfalls wegen der im Romstatut kodifizierten international crimes[135] – auch zur Staatenverantwortlichkeit des Staates führen, für den gehandelt wird.[136] Sonst liefen solche Rechtspflichten leer, an denen – wie der IGH betont – alle Staaten ein Interesse haben und die damit eine Verpflichtung erga omnes beinhalten: Aggression, Genozid, grundlegende Menschenrechte einschließlich Sklaverei und Rassendiskriminierung.[137] Denn wäre es wirklich adäquat, dass die handelnden Per-

---

[131] *v. Arnauld* (Fn. 12), Rn. 304 ff., 309 ff. m.w.N. konstatiert einen Paradigmenwechsel im Völkerrecht im Hinblick auf die menschenrechtliche Dimension.

[132] So mit einer umfangreichen völkerstrafrechtlichen Analyse im Hinblick auf die Entscheidung vom 3.2.2012 *Kreicker*, ZIS 2012, 107 (113 ff., 116 ff.).

[133] IGH, Urt. v. 14.2.2002 – Arrest Warrant of 11 April 2000 (Democratic Republic of Congo v. Belgium) = ICJ-Rep. 2002, 3. Dt. Übers. in EuGRZ 2003, 563.

[134] Zum Verhältnis vgl. *Hobe* (Fn. 12), 258 f.

[135] Zur Unterscheidung von internationale crimes und international delict vgl. *Doehring* (Fn. 2), Rn. 835 ff.: Internationale crimes sind Verletzungen grundlegender erga omnes wirkender Pflichten; auch wenn, wie Doehring betont, eine abschließende Aufzählung kaum gegeben werden kann, so ist m.E. davon auszugehen, da zumindest die im Romstatut aufgezählten Verbote hierzu zählen; zur fehlenden Einheitlichkeit der Begriffe *M. Schröder*, in: Vitzthum (Fn. 12), 7. Abschnitt, Rn. 38.

[136] Nach Art. 19 der ILC Draft Articles on State Responsibility lösen international crimes zumindest eine universelle Strafbarkeit aus; vgl. hierzu *Higgins* (Fn. 12), 62 ff.; zurückhaltend *Schröder*, in: Vitzthum (Fn. 12), 7. Abschnitt, Rn. 37.

[137] IGH, ICJ Rep. 1973, 3 para 33 (Barcelona Traction).

sonen zur Verantwortung gezogen werden, während die Staaten als „Dienstherren" selbst keinem Unwerturteil eines anderen Staates unterzogen werden, weil letztlich nicht der Staat bzw. sein Volk als Ganzes die schweren Völkerrechtsverletzungen bewirkt hat, sondern seine politische oder militärische Führung?[138]

Der Staat ist weder Mythos noch Selbstzweck, sondern die historisch gewachsene, global anerkannte Organisationsform einer handlungsfähigen politischen Gemeinschaft, also der sich selbst organisierenden Individuen. Auch völkerrechtlich wäre es angemessen, dem Konstruktionsmerkmal der Identität von Staat und Individuen gegenüber der der zwischenstaatlichen Rechtsordnung zugrundeliegenden Trennung von Staat und Individuen mehr Beachtung zu schenken. Im Jahre 2002 überschrieb der Jubilar einen Namensartikel in den Potsdamern Neuesten Nachrichten[139] mit dem Titel „Zeitenwende des Völkerrechts, Milosevic vor Gericht: Menschenrechtsverletzungen nicht mehr innere Angelegenheit." Zehn Jahre später ist im Hinblick auf die Staatenimmunität resignierend festzuhalten, dass Menschenrechtsverletzungen immer noch in Teilen innere Angelegenheit geblieben sind.

---

[138] So *Schröder*, in: Vitzthum (Fn. 12), 7. Abschnitt, Rn. 37.
[139] Potsdamer Neueste Nachrichten vom 13. März 2002, 26.

Deutschland und die Vereinten Nationen: Zwischen staatlicher Souveränität und multilateraler Kooperation

Von *Stefanie Schmahl*

I. Exposition: Fragestellung und Widmung

Es ist eine treffliche Koinzidenz, dass im Jahr 2013 nicht nur mein hochgeschätzter akademischer Lehrer, *Eckart Klein*, seinen 70. Geburtstag feiert, sondern auch die Bundesrepublik Deutschland ihren 40. Jahrestag als Mitglied der Vereinten Nationen begeht. *Eckart Klein* ist ein ausgewiesener Kenner des Rechts der Vereinten Nationen (VN); neben wissenschaftlicher Expertise[1] verfügt er über intensive rechtspraktische Erfahrungen, namentlich im UN-Menschenrechtsausschuss, dem er von 1995 bis 2002 angehörte.[2] Darüber hinaus hat *Eckart Klein* wie kaum ein anderer die Wiederherstellung der deutschen Einheit in den Mittelpunkt seiner Forschungsaktivitäten gestellt.[3] Was liegt für seine Schülerin also näher, als ihm zu seinem Jubiläum einen Beitrag in Dankbarkeit und herzlicher Verbundenheit zu widmen, der sich rückblickend, aber auch gegenwartsbezogen mit dem Verhältnis des deutschen Staates zur Weltorganisation beschäftigt?

Bei dem Versuch einer bilanzierenden Untersuchung der Beziehungen zwischen Deutschland und den VN in einem Aufsatz, dessen Seitenumfang begrenzt ist, muss notwendigerweise selektiv vorgegangen werden. Während die Einteilung in vier große Perioden angesichts der Chronologie der Ereignisse relativ leicht fällt, bietet sich für die Auswahl der zu analysierenden thematischen Gesichtspunkte eine Orientierung an den Hauptzielsetzungen der UN-Charta an. Abgesehen von dem zentralen Auftrag, bewaffnete Konflikte zu vermeiden oder zumindest schnellstmöglich beizulegen (Art. 1 Ziff. 1, Art. 2 Ziff. 4 SVN), haben es sich die VN von Anfang

---

[1] *Pars pro toto* sei genannt: E. *Klein*, Die Internationalen und Supranationalen Organisationen, in: W. Graf Vitzthum (Hrsg.), Völkerrecht, 1997, 267 ff. (nunmehr in 5. Aufl. 2010 zusammen mit S. *Schmahl*).

[2] In diesen Zeitraum fallen neben zahlreichen „Views" in Individualbeschwerdeverfahren verschiedene gewichtige „General Comments" des Ausschusses, etwa zur Zulässigkeit von Vorbehalten (1996), zur Fortsetzung von menschenrechtlichen Bindungen (1999), zum Recht der Freizügigkeit (2000), zur Gleichberechtigung von Mann und Frau (2001) und zu Fragen der Derogation von Menschenrechten in Zeiten des Notstands (2002).

[3] Neben zahlreichen Aufsätzen vgl. etwa E. *Klein*, Bundesverfassungsgericht und Ostverträge, 2. Aufl. 1985; *ders.*, Die territoriale Reichweite des Wiedervereinigungsgebotes, 2. Aufl. 1984; *ders.*, Das Selbstbestimmungsrecht der Völker und die deutsche Frage, 1990.

an zur Aufgabe gemacht, das Selbstbestimmungsrecht der Völker zu achten (Art. 1 Ziff. 2 SVN) sowie die internationale Zusammenarbeit zu intensivieren (Art. 1 Ziff. 3 SVN). Daneben wurde die weltweite Durchsetzung der Menschenrechte zu einer der vornehmsten Aufgaben der Weltorganisation und ihrer Untergliederungen (Art. 1 Ziff. 3, Art. 55 lit. c SVN). Ein weiterer Schwerpunkt liegt in der Fortentwicklung des Völkerrechts, vor allem durch die Kodifikation von Völkergewohnheitsrecht (vgl. Art. 13 Abs. 1 lit. a SVN).[4]

Vor diesem Hintergrund möchten sich die folgenden Überlegungen nicht nur mit den für Deutschland über lange Zeit in besonderem Maße relevanten institutionellen Fragen, sondern auch mit dem Beitrag befassen, den Deutschland zur Weiterentwicklung des allgemeinen und des speziellen Völkerrechts, etwa des Seevölkerrechts und des internationalen Menschenrechtsschutzes, gerade im Rahmen der VN geleistet hat.[5] Wie zu zeigen sein wird, haben beide Akteure, Deutschland und die Weltorganisation, im Laufe der Zeit voneinander profitieren können.

II. Komplikation: Zwei deutsche Staaten

1. Das Ringen um Anerkennung und Mitarbeit: 1949–1973

Sowohl die Bundesrepublik Deutschland als auch die DDR sind erst am 18. September 1973 den Vereinten Nationen beigetreten. Doch wäre es verfehlt zu glauben, dass Deutschland zuvor keinerlei Beziehungen zu den VN und ihren Mitgliedern gepflegt hätte. Abgesehen davon, dass die UN-Charta Nichtmitgliedstaaten insoweit adressiert, als es um die Wahrung des Weltfriedens geht (Art. 2 Ziff. 6 SVN),[6] war gerade die Nachkriegszeit gekennzeichnet durch das Bestreben beider deutscher Staaten, in der internationalen Staatengemeinschaft trotz des schweren historischen Erbes wieder Gehör zu finden, ihre internationale Rehabilitierung zu erreichen und im UN-System gleichberechtigt mitzuarbeiten. Den entsprechenden Engagements der beiden deutschen Staaten in den Jahren 1949 bis 1973 waren freilich nicht unerhebliche Grenzen gesetzt. Diese trafen besonders die DDR, aber auch die „alte" Bundesrepublik musste sich über einen langen Zeitraum mit einer Nebenrolle im Gesamtgefüge der Weltorganisation begnügen.

---

[4] Dazu eingehend *E. Klein*, in: H. Volger (Hrsg.), Grundlagen und Strukturen der Vereinten Nationen, 2007, 21 ff.

[5] Selbstverständlich haben auch die deutsche Fachgerichtsbarkeit und das BVerfG die Entwicklung des Völkerrechts begleitet und mitgestaltet. Dieser Aspekt soll hier jedoch nicht primärer Gegenstand der Betrachtung sein.

[6] Näher zu dieser Ordnungsvorschrift *E. Klein/S. Schmahl*, in: W. Graf Vitzthum (Hrsg.), Völkerrecht, 5. Aufl. 2010, Abschn. 4 Rn. 92; restriktiver *J.A. Frowein*, EA 1970, 256 (258).

a) Institutionelle Fragen

So hatte die Bundesrepublik Deutschland, anders als die DDR,[7] zwar schon relativ früh, seit dem 8. Oktober 1952, einen Beobachterstatus bei den UN-Hauptorganen (vgl. Art. 7 Abs. 1 SVN) und ihren verschiedenen Ausschüssen und Nebenorganen inne, der ihr ein Anwesenheits- und (eingeschränktes) Rederecht in diesen Gremien ermöglichte.[8] Doch war die Einrichtung dieses Beobachterstatus niemals unumstritten;[9] insbesondere die UdSSR bezweifelte seine Rechtmäßigkeit mit der Begründung, dass dieser in der UN-Charta nicht ausdrücklich vorgesehen sei. Mehrheitlich ging man aber davon aus, dass die bundesdeutsche Beobachtermission einen Status *sui generis* erfüllte, der auf Gewohnheitsrecht beruhte.[10] Heute ist der Status eines Beobachters in vielen internationalen Organisationen ständige Übung geworden, um Nichtmitglieder in die Kooperation mit der Organisation einzubeziehen.[11]

Auch die Mitgliedschaft der Bundesrepublik Deutschland in den UN-Sonderorganisationen ist wesentlich früher als 1973 begründet worden. Schon zu Beginn der 1950er Jahre trat die Bundesrepublik allen damals existierenden Sonderorganisationen bei. Die erste Mitgliedschaft erfolgte am 10. November 1950 in der technisch-fachlich ausgerichteten Landwirtschaftsorganisation FAO. 1951 kamen die Beitritte zur WHO, ILO und UNESCO, 1952 zur ITU und zu den beiden Bretton-Woods-Institutionen IMF und Weltbank hinzu.[12] Von 1954 bis 1956 erlangte die Bundesrepublik die Mitgliedschaft in den Sonderorganisationen WMO, UPU, ICAO und IFC; 1959/60 trat sie schließlich der IM(C)O und der IDA bei.[13] Obgleich die Bundesregierung in der Nachkriegszeit noch keinesfalls über die notwendige außenpolitische Handlungsfreiheit verfügte, erlaubte das Petersberger Abkommen vom 22. November 1949 eine erste eingeschränkte außenpolitische Tätigkeit der Bundesrepublik Deutschland, insbesondere die Teilnahme an denjenigen internationalen Organisationen, im Rahmen derer es zu erwarten stand, dass „German experience and

---

[7] Die DDR erhielt erst im November 1972 die Genehmigung des UN-Generalsekretärs zur Einrichtung einer Beobachtermission, vgl. *B. Lindemann,* in: U. Scheuner/B. Lindemann (Hrsg.), Die Vereinten Nationen und die Mitarbeit der Bundesrepublik Deutschland, 1973, 217 (253), dort Fn. 90.

[8] *G. Zieger,* in: ders. (Hrsg.), Deutschland und die Vereinten Nationen, 1981, 7 (31). Ein Rederecht bestand für die Bundesrepublik in den UN-Hauptorganen nicht; in den Nebenorganen gewährte man ihr das Recht zur Rede nur „in eigener Sache", vgl. *H. Dröge/F. Münch/ E. von Puttkamer,* Die Bundesrepublik Deutschland und die Vereinten Nationen, 1966, 22.

[9] Vgl. *A. Glenn Mower,* International Organisations 20 (1966), 266 ff.

[10] Eingehend *K. Köster,* Bundesrepublik Deutschland und Vereinte Nationen 1949 bis 1963, 2000, 39–58; *H. G. Wieck,* Jahrbuch für Auswärtige Politik, 1961, 26 f.

[11] *T. Rensmann,* MPEPIL, Vol. VI, 2012, 43, Rn. 9 ff.; *Klein/Schmahl* (Fn. 6), Abschn. 4 Rn. 89.

[12] Näher *H. Dröge,* VN 1964, 107 (109 ff.).

[13] Eingehend *Dröge/Münch/von Puttkamer* (Fn. 8), 79–105.

support can contribute to the general welfare".¹⁴ Die Beziehungen zu den UN-Sonderorganisationen wurden ferner dadurch erleichtert, dass die Bundesregierung aufgrund eines im September 1950 gefassten Beschlusses der Außenminister der drei West-Alliierten ein Auswärtiges Amt errichten durfte.¹⁵ Den (vorläufigen) Abschluss dieser Entwicklungen bildete der Deutschlandvertrag vom 23. Oktober 1954,¹⁶ der als „Überbrückungsvertrag" der Bundesrepublik das größtmögliche Maß an Rechten eines souveränen Staates zugestand.

Trotz dieser Entwicklungen kam ein Antrag auf Beitritt zur Hauptorganisation für die Bundesrepublik Deutschland zum damaligen Zeitpunkt nicht in Frage. Denn es war klar, dass die UdSSR ihre zur Aufnahme der Bundesrepublik unabdingbare Zustimmung im Sicherheitsrat nach Art. 4 Abs. 2 i.V.m. Art. 27 Abs. 3 SVN nur erteilen würde, wenn gleichzeitig die DDR als selbständiges Mitglied in die Weltorganisation aufgenommen würde.¹⁷ Ferner kam es der Bundesregierung in den 1960er Jahren darauf an, die Vertiefung der europäischen Integration voranzutreiben. Man befürchtete, eine Krise heraufzubeschwören, wenn man dem ökonomischen Sonderstatus, den die DDR mit der (damaligen) Europäischen Wirtschaftsgemeinschaft durch das Protokoll über den innerdeutschen Handel genoss,¹⁸ auch noch ein politisches Element hinzufügen würde.¹⁹ Als die DDR am 28. Februar 1966 in der Generalversammlung, vermittelt durch Polen, einen Beitrittsantrag stellte, blieb dieser wegen des zu erwartenden Vetos der Westmächte ebenfalls unbearbeitet liegen.²⁰ Ersichtlich war die damalige Deutschlandproblematik nicht nur eine innerdeutsche, sondern auch eine Viermächtefrage.²¹

Anders gestaltete sich indes die Situation bei den UN-Sonderorganisationen, deren Organe jeweils in eigener Zuständigkeit über die Aufnahme neuer Mitglieder entscheiden.²² Hier war es Leitidee, dass die Bundesrepublik in sämtlichen Sonderorganisationen die Mitgliedschaft erwerben sollte, um so den Alleinvertretungsanspruch für Deutschland durchzusetzen und einen Beitritt der DDR zu verhindern.²³ Diese deutschlandpolitisch motivierte Grundhaltung der Bundesregierung spiegelte

---

¹⁴ Vgl. Ziff. I des Abkommens, abgedruckt in: ZaöRV 14 (1951), 175 ff. Dazu vgl. auch BVerfGE 1, 351 (360 ff.).

¹⁵ *K. Hüfner*, DGVN-Dokument Nr. 102, 2007, 45 (46).

¹⁶ Vertrag über die Beziehungen zwischen der Bundesrepublik Deutschland und den Drei Mächten vom 26.5.1952 i.d.F. vom 23.10.1954 (BGBl. 1955 II S. 305).

¹⁷ *J. Delbrück*, VN 1985, 185 (187 f.).

¹⁸ Protokoll vom 25.3.1957 (BGBl. 1957 II S. 984).

¹⁹ Vgl. *S. Frhr. von Braun*, DGVN-Dokument Nr. 39, 1991, 7 (17).

²⁰ Dazu näher *E.-O. Czempiel*, Macht und Kompromiss, 1971, 120 f.; *A. Jüttner*, Die deutsche Frage, 1971, 206 ff.

²¹ *W. Gehlhoff*, DGVN-Dokument Nr. 39, 1991, 18 (24).

²² Näher *E. Klein*, MPEPIL, Vol. X, 2012, 489 (494 f.).

²³ *Zieger* (Fn. 8), 31; *Lindemann* (Fn. 7), 246 f. Die ostdeutschen Juristen hielten diese Politik für völkerrechtswidrig, vgl. *G. Schirmer*, Universalität völkerrechtlicher Verträge und internationaler Organisationen, 1966, 231 ff.; *J. A. Brückner*, VN 1973, 117 (118).

sich in den nachfolgenden Aktivitäten wider. Nachdem die Bundesrepublik den UN-Sonderorganisationen beigetreten war, hat sie recht schnell ihre Mitarbeit auf den unvermeidlichen Pflichtanteil beschränkt.[24] Stattdessen wurde im Jahre 1955, nach Aufnahme diplomatischer Beziehungen mit der Sowjetunion, der Alleinvertretungsanspruch der Bundesrepublik Deutschland noch einmal durch die sog. *Hallstein*-Doktrin intensiviert, wonach jeder Versuch, die DDR diplomatisch anzuerkennen, als unfreundlicher Akt bezeichnet wurde.[25] Mit dieser Doktrin gelang es der Bundesrepublik, die DDR nicht nur an der Mitwirkung in den UN-Sonderorganisationen, sondern auch an der Teilnahme an allen Weltkonferenzen zu hindern, die entsprechend der sog. „Wiener Formel" nur Mitgliedern der UN oder einer ihrer Sonderorganisationen oder anderweitig eingeladener Staaten vorbehalten waren.[26] Die DDR musste dementsprechend lange um ihre Mitgliedschaft in den „UN-Spezialorganisationen"[27] ringen. Sie begann ihre Bemühungen bereits am 3. Oktober 1951 mit der Beitrittserklärung zur Internationalen Fernmeldeunion. Der ITU-Verwaltungsrat lehnte die Mitgliedschaft der DDR am 20. Mai 1952 jedoch ab.[28] Auch andere Beitrittsanträge der DDR, etwa zur WMO, ILO oder WHO, sind bis zum Erreichen der Vollmitgliedschaft in den VN gescheitert.[29] Ihre erste Mitgliedschaft erlangte die DDR am 21. November 1972 in der UNESCO, nachdem der Grundlagenvertrag zwischen Bundesrepublik und DDR ausgehandelt worden war.[30]

b) Beitrag zur Weiterentwicklung des Völkerrechts

Inhaltlich haben die beiden deutschen Staaten in der unmittelbaren Nachkriegszeit nur wenig zur normativen Entwicklung des Völkerrechts beitragen können, was sich angesichts der weitreichenden Vorbehalte der Alliierten unmittelbar erklärt. Ferner hinderte der Umstand, dass Deutschland nach Kriegsende nicht als friedliebender Staat i.S.v. Art. 4 SVN angesehen wurde – was nicht nur im Potsdamer Abkommen

---

[24] In Bezug auf diese Einschätzung besteht wohl Einigkeit, vgl. nur *Czempiel* (Fn. 20), 158 ff.; *Hüfner* (Fn. 15), 47 ff.

[25] Ausführlich *W. Kilian*, Die Hallstein-Doktrin, 2001.

[26] Die „Wiener Formel", die in Art. 48 des Wiener Übereinkommens über die diplomatischen Beziehungen vom 18.4.1961 (BGBl. 1964 II S. 957) ihre Formulierung fand, wurde von der Generalversammlung im Jahre 1971 mit klarer Mehrheit für alle Konventionen und Staatenkonferenzen akzeptiert. Die von den sozialistischen Staaten vertretene „All-Staaten-Formel", wonach es dem UN-Generalsekretär obliege, zu entscheiden, ob ein bestimmtes Territorium als ein Staat im völkerrechtlichen Sinne anzusehen sei, konnte sich nicht durchsetzen, dazu näher *Czempiel* (Fn. 20), 112 f.; kritisch *Frowein*, EA 1970, 256 (262).

[27] In der DDR übersetzte man den Begriff der „specialized agencies" mit „Spezialorganisationen", während in der Bundesrepublik seit jeher von „Sonderorganisationen" die Rede ist.

[28] *J. Zenker*, DGVN-Dokument Nr. 102, 2007, 37.

[29] *Czempiel* (Fn. 20), 43 ff.

[30] Die Paraphierung des Grundlagenvertrages erfolgte am 8.11.1972. Zum Fortgang des Verfahrens *W. Bruns*, in: Jacobsen et al. (Hrsg.), Drei Jahrzehnte Außenpolitik der DDR, 1979, 753 (755 f.).

vom 2. August 1945,[31] sondern auch in den Feindstaatenklauseln der Art. 53 und Art. 107 SVN zum Ausdruck kam[32] – jede nachhaltige Einflussnahme Deutschlands auf die UN-Politik. Vielmehr prägte umgekehrt das Recht der Vereinten Nationen die Ausarbeitung des Grundgesetzes.[33]

aa) Deutschlandfrage

Bemerkenswert ist, dass weder die Deutschland- noch die Berlin-Frage jemals in den Vereinten Nationen substanziell diskutiert wurden.[34] Die UdSSR lehnte bereits am 3. Oktober 1948, wenige Monate, nachdem der sowjetische Vertreter aus dem Alliierten Kontrollrat ausgeschieden war,[35] die Befassung des Sicherheitsrates mit der Berlin-Blockade, die eine ernsthafte Bedrohung des Weltfriedens darstellte,[36] unter Berufung auf die dispensierenden Feindstaatenklauseln ab.[37] Diese Haltung behielt die UdSSR auch bei späteren Anlässen bei. So stimmte die Sowjetunion unter Hinweis auf Art. 107 SVN gegen die Aufnahme des Problems der Rückführung der deutschen Kriegsgefangenen auf die Tagesordnung der Generalversammlung im Jahre 1950.[38] Mit derselben Argumentation trat die UdSSR dem Antrag der Westmächte vom 5. November 1951 entgegen, die Errichtung einer UN-Kommission zur Durchführung freier gesamtdeutscher Wahlen von der Generalversammlung beschließen zu lassen.[39] Erst bei der zweiten Berlin-Krise, die 1958 begann und u. a. im Bau

---

[31] Vgl. British and Foreign State Papers, Vol. 45, 852. Dazu *J. A. Frowein*, EPIL, Vol. III, 1997, 1087 ff.

[32] Näher *W. Pflüger*, in: Zieger (Fn. 8), 73 (79 ff.); *D. Blumenwitz*, EPIL, Vol. II, 1995, 90 ff.

[33] So hat etwa die Allgemeine Erklärung der Menschenrechte vom 10.12.1948 erheblichen Einfluss auf die Formulierung des Grundrechtsteils des GG genommen, vgl. *K. J. Partsch*, in: Scheuner/Lindemann (Fn. 7), 109 (112 f.).

[34] *H. Arnold*, APuZ 1995, B 42, 27. Die Ereignisse des 17. Juni 1953 wurden in den VN noch nicht einmal angesprochen, vgl. *M. Steiner*, in: S. von Schorlemer (Hrsg.), „Wir, die Völker…" – Strukturwandel in der Weltorganisation, 2006, 1 (3).

[35] Zum Auszug des sowjetischen Vertreters am 20.3.1948 vgl. Archiv der Gegenwart 1948, 1428 H.

[36] Vgl. *A. Albano-Müller*, Die Deutschland-Artikel in der Satzung der Vereinten Nationen, 1967, 27 f.; *C. H. Pegg*, EA 1957, 9503 ff.

[37] Vgl. UN-Bulletin 5 (1948), 823–825; 925 f. Die UdSSR wandte sich in acht Sitzungen des Sicherheitsrates stets gegen die Annahme dieses Tagesordnungspunktes, vgl. Répertoire de la pratique du Conseil de Sécurité 1946–1951, 1954, S. 379. Die Beendigung der Blockade wurde schließlich im Mai 1949 durch eine Einigung der vier Besatzungsmächte erreicht, vgl. UN-Bulletin 6 (1949), 474 ff., sowie *P. Pawelka*, Die UNO und das Deutschlandproblem von 1949 bis 1967, 1971, 54.

[38] UNGA, 5th Sess., Plen. 285th mtg., Rn. 67; vgl. aber auch UN Dok. A/RES/741 (VIII) vom 7.12.1953.

[39] UN-Bulletin 12 (1951), 51 f. Im Dezember 1951 wurde gleichwohl – gegen die Stimmen der Ostblockstaaten und Israels – von der Generalversammlung die Einsetzung der geplanten Kommission beschlossen. Doch nach dem vergeblichen Versuch, die Zustimmung der DDR zur Einreise zu erlangen, beendete die Kommission ihr unverrichtetes Mandat am 30.4.1952.

der Mauer am 13. August 1961 kulminierte, brachte die Sowjetunion die Weltorganisation ins Spiel und relativierte damit ihren zuvor vertretenen Standpunkt.[40] Die Westalliierten nahmen den Vorschlag einer UN-Beteiligung an der zweiten Berlin-Krise jedoch nicht auf; insbesondere zeigten sie sich abgeneigt, UN-Behörden nach Berlin zu verlegen.[41] Auch die Bundesrepublik hatte ein besonderes Interesse daran, die Viermächteverantwortung zu unterstreichen und damit die deutsche Frage offenzuhalten.[42]

Formaljuristisch sind die Feindstaatenklauseln auch heute noch in Kraft. Sie sind jedoch als obsolet anzusehen. Bereits in den 1950er Jahren, nachdem alle ehemaligen Kriegsgegner bis auf Deutschland Mitglieder der VN geworden waren,[43] entwickelte sich die mehrheitliche Rechtsauffassung, dass die Feindstaatenklauseln nicht mehr anwendbar seien und gegenüber den allgemeineren Verpflichtungen aus der UN-Charta zurückzutreten hätten.[44] Erst 1995 konnte sich die Generalversammlung jedoch dazu durchringen, eine Resolution zu Charta-Fragen zu verabschieden, im Rahmen derer auch die Feindstaatenklauseln explizit als überholt bezeichnet wurden.[45] Die förmliche Streichung der Klauseln ist aber bis heute nicht erzielt worden.[46]

bb) Allgemeines Völkerrecht und Seevölkerrecht

Mehr Handlungsspielraum bestand in Bezug auf Bereiche, die mit der Deutschlandfrage nicht unmittelbar in Verbindung standen. So beteiligte sich die Bundesrepublik rege an Kodifikationskonferenzen, die unter der UN-Schirmherrschaft in den 1950/60er Jahren stattfanden.[47] Auch wenn keiner der beiden deutschen Staaten bei der Vorbereitung der Dritten Seerechtskonferenz, die durch den Meeresbodenaus-

---

Hierzu näher *W. Münchheimer*, VN 1965, 54 ff.; *W. Weber/W. Jahn*, Synopse zur Deutschlandpolitik 1941–1973, 1973, 133 ff.

[40] *M. Knapp*, in: S. Schmidt et al. (Hrsg.), Handbuch der deutschen Außenpolitik, 2007, 727 (730). Schon 1958 versuchte die UdSSR erfolglos, die VN einzuschalten, um West-Berlin zu einer „Internationalen Stadt" zu machen, vgl. *Dröge/Münch/von Puttkamer* (Fn. 8), 43.

[41] Vgl. Archiv der Gegenwart 1961, S. 9384 A. Erst das Viermächteabkommen über Berlin vom 3.9.1971 (UNTS, Vol. 880 [1973] 115) legte die zweite Berlin-Krise endgültig bei.

[42] Vgl. *J. Delbrück*, in: Scheuner/Lindemann (Fn. 7), 69 (102ff.).

[43] In den Jahren 1955 und 1956 wurden 16 Staaten, darunter mehrere Kriegsgegner, durch eine *en bloc*-Lösung aufgenommen, vgl. *H.C. Schneider*, Die Charter der Vereinten Nationen und das Sonderrecht für die im Zweiten Weltkrieg unterlegenen Nationen, 1967, 34.

[44] Vgl. nur *A. Spitz*, Außenpolitik 10 (1959), 301 ff.; *W. Kewenig*, in: Scheuner/Lindemann (Fn. 7), 307 (316ff.).

[45] UN Dok. A/RES/50/52 vom 11.12.1995.

[46] Der Streichungsvorschlag *Kofi Annans* aus dem Jahr 2005 (UN Dok. A/59/2005 vom 21.3.205, Rn. 217) ist nicht in die Tat umgesetzt worden, vgl. UN Dok. A/RES/60/1 vom 16.9. 2005, Rn. 177.

[47] Vgl. die Auflistung bei *Dröge/Münch/von Puttkamer* (Fn. 8), 64 f.

schuss in den Jahren 1967 bis 1973 erfolgte, mitwirkte,[48] geht die gewohnheitsrechtliche Anerkennung und spätere Kodifikation des seerechtlichen Schelfgrundsatzes auf die Initiative der Bundesrepublik Deutschland zurück. Das souveräne Recht der Küstenstaaten, den Festlandsockel zu erforschen und seine Ressourcen auszubeuten, fand zwar bereits mit der einseitigen Erklärung der USA im Jahr 1945[49] als seerechtliches Konzept Eingang in die Völkerrechtswissenschaft.[50] In seinem Urteil vom 20. Februar 1969 sprach der IGH diesem Grundsatz jedoch erstmalig gewohnheitsrechtliche Bedeutung zu,[51] und dies geschah auf eine Klage, die die Bundesrepublik gegen Dänemark und die Niederlande anlässlich einer Auseinandersetzung über die Aufteilung des östlichen Nordsee-Festlandsockels erhoben hatte.[52]

Auch heute noch stellt die Entscheidung des IGH den zentralen Präzedenzfall für das Recht der Festlandsockelabgrenzung dar. Sowohl die Verlängerungstheorie als auch die Ausrichtung vertraglicher Einigungen an „equitable principles"[53] sind Teil des UN-Seerechtsübereinkommens (SRÜ)[54] und haben die späteren Urteile zu Festlandsockelstreitigkeiten zwischen anderen Staaten entscheidend geprägt.[55] Über diese seerechtlichen Implikationen hinaus ist das IGH-Urteil für die Rechtsquellenlehre von Bedeutung. Hatte sich der IGH erstmals im *Asylum-Case* von 1950[56] zu den objektiven Anforderungen an Dauer und Einheitlichkeit der Entstehung von Völkergewohnheitsrecht geäußert, so misst er im *Nordsee-Festlandsockel-Fall* dem subjektiven Entstehungselement, nämlich der Rechtsüberzeugung, besondere Bedeutung bei. Danach muss der handelnde Staat sich bei jeder Vollziehung eines Aktes der Übung bewusst sein, in Erfüllung einer ihn treffenden Rechtspflicht zu handeln.[57]

---

[48] Die Bundesrepublik war freilich Beobachterin der ersten beiden Seerechtskonferenzen. An der dritten Konferenz, die im November 1973 begann und bis 1982 dauerte, nahmen dann beide deutschen Staaten als UN-Mitglieder teil, vgl. *R. Platzöder*, in: Zieger (Fn. 8), 123 f.

[49] Sog. Truman Proclamation vom 28.9.1945, US Department of State Bulletin Vol. 13, 484.

[50] Näher *P.-T. Stoll*, MPEPIL, Vol. II, 2012, 719 (720).

[51] IGH, ICJ Rep. 1969, 4, Rn. 39 ff. Die gewohnheitsrechtliche Anerkennung des Schelfgrundsatzes war nach Ansicht der Richter jedoch auf dessen eigene Gehalte beschränkt und zog keine abgrenzungsrechtlichen Konsequenzen – etwa mittels des Äquidistanzprinzips – nach sich, vgl. IGH, ebd., Rn. 43.

[52] Der Bundesrepublik, wiewohl damals weder Mitglied der UN noch des IGH-Statuts, war der Weg zum IGH nicht versperrt, wie Art. 93 Abs. 2 SVN und Art. 35 Abs. 2 IGH-Statut zeigen. Die Bundesrepublik hatte sich mit Dänemark und den Niederlanden jeweils per *compromis* i.S.v. Art. 36 Abs. 1 IGH-Statut darauf geeinigt, den IGH anzurufen.

[53] Vgl. IGH, ICJ Rep. 1969, 4, Rn. 41–44; 47–55; 83–85.

[54] Vgl. Art. 76 Abs. 1, Art. 83 Abs. 1 SRÜ.

[55] Vgl. nur IGH, ICJ Rep. 1982, 18 – *Tunesisch-Libyscher Festlandsockelstreit*; ICJ Rep. 1985, 13 – *Libysch-Maltesischer Festlandsockelstreit*; ICJ Rep. 1993, 38 – *Dänisch-Norwegischer Festlandsockelstreit*.

[56] IGH, ICJ Rep. 1950, 266 (277 f., 286).

[57] IGH, ICJ Rep. 1969, 4, Rn. 76–78.

2. Das weltpolitische Gegen- und Nebeneinander der beiden deutschen Staaten: 1973–1990

Erst nachdem die Ostverträge abgeschlossen[58] und im Grundlagenvertrag vom 21. Dezember 1972[59] die Beziehungen der Bundesrepublik Deutschland zur DDR hergestellt worden waren, war der Weg zu einer UN-Mitgliedschaft beider deutscher Staaten geebnet.[60] Am 18. September 1973 beschloss die Generalversammlung die Aufnahme beider Staaten in die Organisation, nachdem der Sicherheitsrat dies zuvor am 22. Juni 1973 empfohlen hatte.[61] Damit wuchsen die VN von ursprünglich 51 Mitgliedern auf 134 an. Das durch den Entkolonialisierungsprozess ohnehin schon neu geformte Bild der VN als einer nunmehr globalen Vereinigung[62] wurde somit um einen weiteren Aspekt ergänzt. Angesichts der damaligen weltpolitischen Bipolarität wurde die gleichzeitige Aufnahme der beiden deutschen Staaten weithin als Schritt zum Übergang zur Entspannungspolitik in der Welt und in Europa wahrgenommen.[63]

Verfassungsrechtlich erfolgte der Beitritt der Bundesrepublik zu den VN auf der Grundlage von Art. 59 Abs. 2 S. 1 i.V.m. Art. 24 Abs. 2 GG.[64] Das grundgesetzliche Wiedervereinigungsgebot, das über lange Zeit als normatives Hindernis für eine Mitwirkung des westdeutschen Staates in der Weltorganisation angesehen worden war,[65] stand diesem Schritt aufgrund der feinsinnigen Differenzierungen des BVerfG im Grundlagenvertragsurteil vom 31. Juli 1973 nicht mehr entgegen. Die dort niedergelegten Rechtsstandpunkte, dass die beiden deutschen Staaten füreinander kein Ausland seien und Beziehungen besonderer Art pflegten,[66] wurden von der Bundesrepublik gegen die von den sozialistischen Staaten vorgebrachte Argumentation einer endgültigen Zweiteilung Deutschlands auch später in den UN-Gremien erfolgreich vorgetragen.[67] Denn obgleich die DDR ihre staatliche Eigenständigkeit wiederkeh-

---

[58] Moskauer Vertrag vom 12.8.1970 (BGBl. 1972 II S. 353); Warschauer Vertrag vom 7.12.1970 (BGBl. 1972 II S. 361).

[59] BGBl. 1973 II S. 421. Flankiert wurde der Grundlagenvertrag vom Viermächteabkommen über Berlin (vgl. Fn. 41), näher *Th. Schweisfurth*, Völkerrecht, 2006, 171 f.

[60] Vgl. den Briefwechsel vom 8.11.1972 zwischen beiden deutschen Delegationen zum Grundlagenvertrag, referiert bei *Weber/Jahn* (Fn. 39), 1015, sowie die Gemeinsame Erklärung der Vier Mächte vom 9.11.1972 (Bulletin Nr. 157 vom 11.11.1972, 127).

[61] Vgl. UN Dok. A/RES/3050 (XXVIII) vom 18.9.1973 und UN Dok. S/RES/335 vom 22.6.1973.

[62] *U. Scheuner*, in: ders./Lindemann (Fn. 7), 31 f.

[63] Vgl. *Knapp* (Fn. 40), 731; *A. Graf York*, DGVN-Dokument Nr. 39, 1991, 65 (69).

[64] Das Vertragsgesetz ist abgedruckt in: BGBl. 1973 II S. 430.

[65] Das in der Präambel und in Art. 146 GG a.F. zum Ausdruck kommende Wiedervereinigungsgebot wurde als verpflichtendes Rechtsgebot verstanden, vgl. BVerfGE 5, 85 (126 f.); 36, 1 (17 f.); s. auch *I. von Münch*, ZRP 1970, 57 ff.

[66] BVerfGE 36, 1 (22 ff.). Vgl. auch BVerfGE 77, 137 (151, 161 f.).

[67] Im Einzelnen hierzu *D. Blumenwitz*, in: Zieger (Fn. 8), 35 (40 ff.); vgl. auch *G. Ress*, Der Staat 11 (1972), 27 (47 f.).

rend betonte,[68] war es auf internationaler Ebene unumstritten, dass die beiden deutschen Staaten nur unter der Bedingung des Fortdauerns des Viermächtestatus Deutschlands in die VN aufgenommen worden waren.[69] Im Übrigen waren sich beide deutsche Staaten seit ihrem Beitritt zur Weltorganisation darin einig, die VN und ihre Organe nicht als Forum für die „querelles allemandes" nutzen zu wollen.[70]

a) Institutionelle Distanz und Dissonanz

Mit dem Beitritt zu den VN stand den deutschen Staaten die Mitgliedschaft in allen Gremien der UN-Familie offen. Dies war vor allem für die DDR bedeutsam, die so erstmals die Gelegenheit erhielt, sich auf dem internationalen Parkett als handlungsfähiges Völkerrechtssubjekt zu präsentieren.[71] Sie ist umgehend zahlreichen UN-Konventionen beigetreten und hat darüber hinaus nicht nur intra-institutionell in der Hauptorganisation, sondern auch in einigen UN-Sonderorganisationen mitgewirkt. Diese Mitgliedschaft blieb freilich „handverlesen"; der Landwirtschaftsorganisation FAO und dem aus ihrer Sicht „kapitalistischen" Banken-Instrumentarium der VN (IMF und Weltbankgruppe) gehörte die DDR niemals an.[72]

Die Arbeit in den UN-Sonderorganisationen war, wenig erstaunlich angesichts ihrer Eingliederung in die antagonistischen Blöcke, häufig von konträren Positionen der beiden deutschen Staaten geprägt.[73] Während die Vertreter der westlichen Staaten Sonderorganisationen als funktionale Organisationen begriffen, die sich ausschließlich mit dem jeweiligen Sachgebiet zu befassen hätten, sah der Ostblock die Aufgabenstellung umfassender, also auch in flankierender Bezugnahme auf das sozialistische Weltbild.[74] Dies führte etwa zu Auseinandersetzungen im Rahmen der ILO, deren normsetzende Tätigkeit in Bereiche vorstieß, die für marktwirtschaftlich ausgerichtete Systeme inakzeptabel sind.[75] Auch die Debatte um die sog. „Neue Weltinformations- und Kommunikationsordnung", die im Rahmen der ITU und der UNESCO Platz griff, war von widerstreitenden Interessen der westlichen Länder

---

[68] Hierzu etwa *R. von Wechmar*, DGVN-Dokument Nr. 39, 1991, 40 f.

[69] *E. Klein*, Das Selbstbestimmungsrecht der Völker und die deutsche Frage, 1990, 73; *W. Seiffert*, in: Zieger (Fn. 8), 53 f.; vgl. auch *B. Zündorf*, Die Ostverträge, 1979, 285 ff.

[70] *M. Knapp*, VN 2003, 207 (210).

[71] *E. Klein* (Fn. 69), 75.

[72] Zum Verhältnis der DDR zu den „Spezialorganisationen" vgl. etwa *V. Rittberger*, DGVN-Dokument Nr. 33, 1990, 5 (11 f.); *P. Dietze*, in: S. Bock et al. (Hrsg.), Alternative deutsche Außenpolitik?, 2006, 156 (166 f.). Der Zivilluftfahrtorganisation ICAO trat die DDR indes noch Anfang 1990 bei (vgl. *Arnold*, APuZ 1995, B 42, 27 [29]); die Mitgliedschaft dauerte nur wenige Monate.

[73] Vgl. *G. Henze*, in: Zieger (Fn. 8), 111 (118).

[74] *J. Delbrück*, EA 1973, 564 (565). Zur Problematik allgemein *E. Klein*, MPEPIL, Vol. X, 2012, 489 (506 f.).

[75] Vgl. *Zenker* (Fn. 28), 40.

und der Ostblockstaaten geprägt.[76] Die USA traten gar im Dezember 1984 aus der UNESCO mit der Begründung aus, dass die Organisation den Grundsätzen des freien Informationsflusses zuwiderliefe.[77] Auch Großbritannien verließ die Organisation nur ein Jahr später. Die Bundesrepublik befand sich daraufhin in einem Dilemma, das sie dazu nutzte, eine Schlüsselposition in der UNESCO einzunehmen. Ein Austritt verbot sich nicht nur aus deutschlandpolitischen und historischen Gründen, auch europapolitische Erwägungen standen einem Ausscheiden der Bundesrepublik entgegen.[78]

Gelegentlich hemmten sich die beiden deutschen Staaten in den Sonderorganisationen aber auch aus „intrinsischen Motiven", da sie jeweils darauf zielten, sich der Weltöffentlichkeit als der bessere deutsche Staat zu präsentieren.[79] Als Beispiel für diesen deutsch-deutschen Systemwettbewerb dient wiederum die UNESCO, deren bildungspolitische Zielsetzungen viel Raum für divergierende ideologische Anschauungen boten.[80] Dennoch gab es dort auch gemeinsame Schritte. So waren beide deutschen Staaten von der Bedeutung des beruflichen Bildungszweigs überzeugt und bedauerten seine relative Unterschätzung in den Programmen der UNESCO. Es war die DDR, die im Jahre 1977 die Ausarbeitung eines Übereinkommens über die berufliche Bildung anregte, das am 10. November 1989 verabschiedet wurde.[81]

Rein technische Vorgänge konnten freilich gemeinsam geregelt werden; beide deutschen Staaten kooperierten etwa im Bereich der Meteorologie.[82] Sogar im Rahmen der Dritten Seerechtskonferenz wurde deutlich, dass das generelle Interessenspektrum der DDR dem der Bundesrepublik ähnlich war; der einzige Unterschied ideologischer Art wurde bei den Verhandlungen über ein internationales Tiefseebergbauregime ersichtlich.[83] Geradezu einmütig präsentierten sich die deutschen Staaten, als diese gemeinsam mit Österreich im Jahre 1974 die Initiative zur Errich-

---

[76] Näher *S. Schmahl*, MPYUNL 11 (2007), 197 (206 ff.).

[77] Im Jahre 2003 sind die USA wieder in die UNESCO zurückgekehrt; nach Aufnahme Palästinas in die Sonderorganisation am 31.10.2011 (UNESCO Records of the General Conference, 36th Sess., Vol. 1, S. 79, Rn. 76) haben die USA allerdings ihre Beitragszahlungen umgehend ausgesetzt. Der gegenwärtige Status Palästinas in internationalen Organisationen (hierzu *Mißling*, VN 2012, 147 ff.) weist im Übrigen verschiedene Parallelen zum Verhältnis des geteilten Deutschlands zu den VN bis 1973 auf.

[78] Näher zu den Gründen *Hüfner* (Fn. 15), 50 f.

[79] *H. Hoffmann-Loss*, in: Zieger (Fn. 8), 67 (71 f.).

[80] Vgl. etwa *W. Bruns*, Die Uneinigen in den Vereinten Nationen, 1980, 97 ff.; *H.-J. Micheel*, in: Bock (Fn. 72), 179 ff.

[81] *Hüfner* (Fn. 15), 52.

[82] *Bruns* (Fn. 80), 96.

[83] *Platzöder* (Fn. 48), 128 f.

tung eines Deutschen Übersetzungsdienstes (DÜD) beim UN-Sekretariat ergriffen.[84] Alle drei Staaten hatten sich zuvor bereit erklärt, für die Finanzierung des Dienstes aufzukommen.[85] Allerdings zog sich die DDR 1982 aus dem Gemeinschaftsunternehmen mit der Begründung wieder zurück, dass die Fachvokabeln in den Gesellschaftssystemen zu unterschiedlich seien.[86]

Soweit es um Standardisierungsfragen ging, war die Linie der deutschen Staaten sogar im Rahmen der internationalen Wirtschaftsorganisationen nicht konfrontativ, was wohl ihrer jeweiligen Außenhandelsabhängigkeit geschuldet war. In der Wirtschaftskommission der VN für Europa (ECE), die 1947 als Nebenorgan des ECOSOC mit dem Ziel gegründet worden war, zum Wiederaufbau und zur wirtschaftlichen Zusammenarbeit in West- und Ost-Europa beizutragen, arbeiteten die beiden deutschen Regierungsvertreter etwa zusammen, als es um das Abkommen über den Internationalen Straßengüterverkehr ging.[87] Diametral entgegengesetzte Positionen bestanden jedoch in Bezug auf die internationale Entwicklungshilfe und das Allgemeine Zoll- und Handelsabkommen (GATT). Die DDR konzentrierte ihr Engagement auf die UNCTAD und die Förderung des internationalen Handels zugunsten der Entwicklungsländer. Sie unterstützte den Entwurf einer „Neuen Weltwirtschaftsordnung" und stimmte für die vom Westen abgelehnte „Charta der ökonomischen Rechte und Pflichten der Staaten" von 1974.[88] Im Unterschied zur Bundesrepublik, die sich an multilateralen Entwicklungshilfeprogrammen finanziell beteiligte, verblieb die Position der DDR aber weitgehend im Theoretischen; sie lehnte jede Verpflichtung zur Entwicklungshilfe ab, da sie die Ursache für die Armut in den Entwicklungsländern allein den „imperialistischen Staaten" zuschrieb.[89] Für die Bundesrepublik war es hingegen von Anfang an von wirtschaftlicher Bedeutung, neben den Finanzsonderorganisationen auch dem GATT angeschlossen zu sein. Bereits am 1. Oktober 1951 trat die Bundesrepublik dem GATT als Vertragspartner bei;[90] die DDR nahm von diesem System, das sie als „kapitalistisch" empfand, dauerhaft Abstand.[91]

Unüberwindbare Schwierigkeiten bestanden auch im menschenrechtlichen und sicherheitspolitischen Bereich. Zwar ist die DDR in den drei Jahren (1984–1986) ihrer Mitgliedschaft in der UN-Menschenrechtskommission, die bis zu ihrer Ablö-

---

[84] Vgl. UN Dok. A/RES/3355 (XXIX) vom 19.12.1974. Seit dem 1. Juli 1975 gibt der DÜD alle Dokumente und Sekundärrechtsakte der UN-Hauptorgane in deutscher Sprache heraus.

[85] *Auswärtiges Amt*, 25 Jahre Mitgliedschaft Deutschlands in den Vereinten Nationen, 1998, 29.

[86] Vgl. *R. Paqué*, VN 1980, 165 (169); *G. van Well*, in: R. Wolfrum (Hrsg.), Handbuch Vereinte Nationen, 2. Aufl. 1991, Abschn. 10 Rn. 7.

[87] Näher *Köster* (Fn. 10), 173 ff.

[88] Vgl. UN Dok. A/RES/29/3281; dazu *Bruns* (Fn. 80), 30 ff.

[89] *Bruns* (Fn. 80), 78 ff.; *ders.*, in: Zieger (Fn. 8), 133 (142 f.).

[90] BGBl. 1951 II S. 173.

[91] Dies ist deswegen bemerkenswert, weil andere sozialistische Staaten dem GATT sehr wohl angehörten, vgl. *Dröge/Münch/von Puttkamer* (Fn. 8), 103 ff.

sung durch den UN-Menschenrechtsrat im Jahre 2006[92] als Unterorgan des ECOSOC mit Menschenrechtsfragen befasst war, nicht in signifikanter Weise hervorgetreten. Doch hat sie – gemeinsam mit den übrigen sozialistischen Staaten – stets die deutlichen Stellungnahmen der Kommission zum Apartheidsystem in Südafrika befürwortet[93] und ist darüber hinaus nachhaltig für das Selbstbestimmungsrecht der Völker, insbesondere zugunsten der Palästinenser, eingetreten.[94] Diese politischen Divergenzen zwischen den deutschen Staaten kamen auch in der Beschlussfassung der Generalversammlung zum Ausdruck. Die Konvention gegen Apartheid wurde durch die Resolution Nr. 3068 (XXVIII) vom 30. November 1973 mit 91 gegen 4 Stimmen bei 28 Enthaltungen angenommen. Die DDR befürwortete die Konvention; die Bundesrepublik enthielt sich der Stimme. Ausschlaggebend für das Abstimmungsverhalten der Bundesregierung war wohl die Maßlosigkeit der Strafbestimmungen in Art. III des Übereinkommens, die im Grunde jeden, der mit Südafrika Kontakt hatte, der Beihilfe zum Verbrechen der Apartheid bezichtigten.[95] Entsprechend verweigerte die Bundesrepublik auch die Zustimmung zu Resolutionen der Generalversammlung, die den Kampf gegen das Apartheid-Regime mit allen zur Verfügung stehenden Mitteln, also notfalls unter Rückgriff auf militärische Gewalt, legitimierten.[96] Auch der Beschluss der Generalversammlung vom 10. November 1975 (Res. 3379 [(XXX]), anhand dessen der Zionismus als eine Form von Rassismus festgehalten werden sollte, ist von der Bundesrepublik mit guten Gründen nicht mitgetragen worden.[97] Die DDR konnte sich hingegen noch nicht einmal zu einer Enthaltung durchringen.[98] Im Übrigen war die Bundesrepublik, anders als die DDR, immer sehr zurückhaltend in ihrem Abstimmungsverhalten in Bezug auf Israel und Palästina.[99] Selbst Resolutionen, die lediglich den Erwerb von Land durch Gewalt kritisierten,[100] lehnte die Bundesregierung gemeinsam mit anderen westlichen

---

[92] Vgl. UN Dok. A/RES/60/251 vom 15.3.2006.

[93] UN Dok. A/RES/32/130 vom 16.12.1977, Rn. 2.

[94] UN Dok. E/CN.4/1984/28 und E/CN.4/1984/29.

[95] *Ch. Tomuschat*, DGVN-Dokument Nr. 102, 2007, 31 (33). Die Konvention über die Bekämpfung und Bestrafung des Verbrechens der Apartheid (UNTS Vol. 1015, 243) ist am 18.7.1976 in Kraft getreten. Die DDR ratifizierte die Konvention am 12.8.1974.

[96] Vgl. UN Dok. A/RES/3151 (XXVIII)G vom 14.12.1973, Rn. 2; und A/RES/3324 E (XXIX) vom 16.12.1974, Rn. 1, sowie näher *E. Klein/S. Schmahl*, in: B. Simma et al. (Hrsg.), The Charter of the United Nations, 3rd edn. 2012, Art. 10 Rn. 13. Angesichts der fortdauernden rassistischen und aggressiven Politik Südafrikas verhängte der Sicherheitsrat 1977 ein Waffenembargo (UN Dok. S/RES/418/1977) und handelte damit erstmalig auf der Basis von Kapitel VII der UN-Charta, vgl. *E. Klein*, AVR 18 (1979), 182 (203); *ders.*, ZaöRV 39 (1979), 469 (471).

[97] *Tomuschat* (Fn. 95), 33. Auch weitere 34 Staaten stimmten gegen diese Resolution.

[98] Mit Ausnahme Rumäniens stimmte der gesamte Ostblock für die Anti-Zionismus-Resolution, was zu weltweiten Protesten führte, vgl. *Bruns* (Fn. 80), 37 f.

[99] Die Häufigkeit der westdeutschen Stimmenthaltungen wurde in den VN gelegentlich als „German vote" bespöttelt, vgl. *Rittberger* (Fn. 72), 16.

[100] Vgl. etwa UN Dok. A/RES/3414 (XXX) vom 5.12.1974, Rn. 3; A/RES/31/61 vom 9.12.1976, Rn. 5.

Staaten ab, während die DDR sich stets zum Befürworter der palästinensischen Interessen aufschwang.[101]

Übereinstimmung zwischen den deutschen Staaten herrschte lediglich in der Behandlung von Chile. Die Militärdiktatur von General *Pinochet* hatte sich derart eklatanter Menschenrechtsverletzungen schuldig gemacht, dass sie zu der deutlichen Verurteilung in Resolution Nr. 3348 (XXX) vom 9. Dezember 1975 führte. Beide deutsche Staaten unterstützten die Resolution.[102] Mit diesem Votum löste sich der sozialistische Osten von seiner bis dahin vertretenen Ansicht, dass eine kritische Beurteilung interner Vorgänge unter menschenrechtlichen Gesichtspunkten unzulässig sei.[103] Bereits hier wurde also ein erster Grundstein für die Einschränkung staatlicher Souveränität bei schweren und systematischen Menschenrechtsverletzung gelegt,[104] die heute mit der sog. „Responsibility to Protect" im Zentrum der Völkerrechtsdebatte steht.

b) Beitrag zur Weiterentwicklung des Völkerrechts

In der Epoche ihrer „doppelten" VN-Mitgliedschaft nutzten beide deutsche Staaten die Gelegenheit, die völkerrechtliche Rechtsordnung mitzuprägen. Wiewohl die DDR ihren sozialistischen Klassen- und Bündnisinteressen regelmäßig den Vorrang gegenüber multilateralen Rechtsverpflichtungen einräumte,[105] hat auch sie sich an der fortschreitenden Entwicklung des Völkerrechts beteiligt. So sind zahlreiche Konventionen, die unter dem Dach der VN entstanden und auch heute noch gültig sind, mit Unterstützung beider deutscher Staaten zustande gekommen.[106] Neben der Wiener Vertragsrechtskonvention, an deren Ausarbeitung in den 1960er Jahren freilich nur die Bundesrepublik teilnehmen konnte,[107] ist etwa der Vertrag über die Nichtverbreitung von Kernwaffen zu nennen, für den sich beide deutsche Staaten einsetzten.[108]

aa) Menschenrechtsschutz

Besonderer Hervorhebung verdient jedoch der Bereich der vertraglich kodifizierten Menschenrechte. Insbesondere die Bundesrepublik war in diesem Feld sehr aktiv und beförderte etwa die Ausarbeitung eines Fakultativprotokolls zur Abschaffung

---

[101] *Tomuschat* (Fn. 95), 35.

[102] Näher zum Abstimmungsverhalten *Tomuschat* (Fn. 95), 33 f.

[103] *Ch. Tomuschat*, Human Rights. Between Idealism and Realism, 2nd edn. 2008, 145 f.

[104] Zur Hegung des *domaine réservé* durch Menschenrechte vgl. *E. Klein*, Menschenrechte, 1997, 23.

[105] *W. Kötter/D. Weigert*, VN 1990, 131 (132).

[106] Die Internationale Konvention gegen Geiselnahme vom 17.12.1979 ist indes allein von der Bundesrepublik – nicht von der DDR – vorbereitet und befördert worden, vgl. *K.W. Platz*, ZaöRV 40 (1980), 276 (277 f.).

[107] Vgl. *C.-A. Fleischhauer*, JIR 15 (1971), 202 (205 ff.).

[108] Vgl. *H. Thielicke*, DGVN-Dokument Nr. 102, 2007, 11 (16); *A. von Wagner*, ebd., 21 f.

der Todesstrafe und setzte sich nachdrücklich für die 1984 verabschiedete Konvention gegen Folter ein.[109] Aber auch die DDR zog sich nicht zurück; im Gegenteil hinterlegte sie schon am 8. November 1973, also nur knapp zwei Monate nach ihrem UN-Beitritt, die Ratifikationsurkunden zu beiden UN-Menschenrechtspakten, also nicht nur zum Sozialpakt, sondern auch zum Bürgerrechtspakt.[110] Politisch war die Beteiligung am IPbpR für die DDR mit hohen Risiken verbunden, statuiert dieser Pakt doch zahlreiche Freiheiten, die für ein echtes demokratisches Gemeinwesen konstitutiv sind.[111] Zudem stand die in Art. 12 IPbpR verbürgte Freizügigkeit in erkennbarer Kollision zu Mauer und Schießbefehl.[112] Durch ihre schnelle Initiative wollte die DDR aber wohl nicht nur der sog. Dritten Welt gegenüber signalisieren, dass der Sozialismus die Menschenrechte in ihrer gesamten Breite gutheiße, sondern auch in der Rivalität mit der Bundesrepublik Punkte erzielen.[113] Die Ratifikation der Weltpakte durch den westdeutschen Teilstaat erfolgte in der Tat erst einige Wochen später, am 17. Dezember 1973.[114]

Trotz materiell-rechtlicher Bindungen an die universellen Menschenrechte war die DDR freilich nicht bereit, auch die Überwachung der Einhaltung dieser Standards internationalen Gremien zu überantworten. Daher hat sie weder die zwischenstaatliche Beschwerde nach Art. 41 IPbpR noch die Individualbeschwerde nach dem Ersten Fakultativprotokoll akzeptiert.[115] Soweit sie zu einem Dialog im Rahmen des obligatorischen Staatenberichtsverfahrens gezwungen war, setzte die DDR den Freiheitsrechten ihr sozialistisches Identitätsdogma entgegen[116] und betonte darüber hinaus, dass die Menschenrechte durch ihre Eingliederung in das jeweilige Verfassungssystem des Staates eine unterschiedliche nationale Färbung erhielten.[117] Es bedarf keiner näheren Erläuterung, dass ein solches Postulat letztlich die Idee des internationalen Menschenrechtsschutzes preisgibt.

---

[109] Vgl. *M. Palm-Risse*, VN 1988, 28 ff., sowie BGBl. 1992 II S. 291; BGBl. 1990 II S. 246.

[110] GBl. (DDR) 1974 II S. 57 und S. 105. Bis dahin hatte die DDR sich aufgrund der sog. Wiener Formel (vgl. Art. 48 IPbpR und Art. 26 IPwskR) gehindert gesehen, sich an den unter der Ägide der VN abgeschlossenen universellen Abkommen zu beteiligen.

[111] *Tomuschat* (Fn. 95), 31.

[112] Vgl. nur die kritischen Nachfragen der Ausschussmitglieder *Ch. Tomuschat*, YB HRC 1977–1978, Vol. 1, 229, Rn. 60; und *F. Ermacora*, YB HRC 1983–1984, Vol. 1, 528, Rn. 16.

[113] *Tomuschat* (Fn. 95), 31.

[114] BGBl. 1973 II S. 1533 und S. 1569.

[115] *F. Brinkmeier*, MRM Themenheft „25 Jahre Internationale Menschenrechtspakte", 2002, 97 (102).

[116] Kernthese war, dass in einer sozialistischen Gesellschaft keine Interessengegensätze zwischen Individuum und staatlicher Gemeinschaft bestünden, vgl. *M. Nowak*, EuGRZ 1984, 421 f.; *F. Ermacora*, in: FS Czaja, 1984, 117 (122 f.); *E. Klein/G. Brunner*, in: Brunner (Hrsg.), Menschenrechte in der DDR, 1989, 16 (21 f.).

[117] Vgl. *B. Graefrath*, Menschenrechte und internationale Kooperation, 1988, 62 ff.

Was die Bundesrepublik anbelangt, ist verwunderlich, dass diese sich den Pakten erst im Dezember 1973 anschloss, zumal sie die Voraussetzungen der sog. Wiener Formel seit jeher erfüllte, da sie früh schon Mitglied verschiedener UN-Sonderorganisationen geworden war. Vermutlich sorgte sich die Bundesregierung um die Durchsetzung der Gewährleistungen des Sozialpaktes, von denen man glaubte, dass sie im Gegensatz zum Grundgesetz stünden.[118] Diese Einschätzung dürfte sich heute als irrig erwiesen haben. Denn das Grundgesetz erkennt in seinen Zielbestimmungen der Art. 20 Abs. 1 und Art. 28 Abs. 1 GG das Sozialstaatsprinzip unmissverständlich an; mittlerweile hat das BVerfG Art. 20 Abs. 1 i.V.m. Art. 1 Abs. 1 GG sogar eine individualwirksame Ausrichtung gegeben.[119] In Bezug auf den Politischen Pakt gab es von Anbeginn an keinerlei Bedenken, enthält der Pakt doch Verbürgungen, die denen des Grundgesetzes ähnlich, partiell mit diesen sogar fast wortidentisch sind.[120] Dementsprechend unterwarf sich die Bundesrepublik auch von vornherein der Staatenbeschwerde gemäß Art. 41 IPpbR; die Individualbeschwerde wurde allerdings erst nach der Wiedervereinigung im Jahre 1992 angenommen.

Unterschiedlich war die Einstellung der deutschen Staaten zu den Menschenrechten der sog. dritten Dimension.[121] Bei der Abstimmung über das Recht auf Frieden im Jahr 1984 enthielt sich die Bundesrepublik Deutschland zusammen mit einer Gruppe von weiteren 33 Staaten der Stimme.[122] Ebenfalls gehörte sie 1986 zu der kleinen Gruppe der Enthaltungen (acht Staaten), als es um die Erklärung zum Recht auf Entwicklung ging, weil sie hierin eine Gefahr für die Entwicklungshilfepolitik erblickte.[123] Die DDR hingegen war einer der Befürworter dieser eher konturenlosen Kollektivrechte, die übrigens auch heute noch inhaltlich unbestimmt geblieben sind.[124]

bb) Allgemeines Völkerrecht und Seevölkerrecht

Im Bereich des allgemeinen Völkerrechts und des Seevölkerrechts tat sich (neben Großbritannien) erneut die Bundesrepublik dadurch hervor, dass sie mit ihrer Klage zum IGH anlässlich des sog. isländischen Kabeljaukonfliktes nicht nur die dogmatische Anerkennung und Ausprägung der *clausula rebus sic stantibus*,[125] sondern auch, wenngleich in begrenztem Umfang, die Weiterentwicklung der völkerrechtlichen Einteilung der See beförderte. Das zum isländischen Fischereistreit ergangene

---

[118] So auch die Vermutung von *Tomuschat* (Fn. 95), 32.

[119] Vgl. BVerfGE 125, 175 (248 f.).

[120] Dies bedeutet indes nicht, dass es keine Kritik von Seiten des Ausschusses an der politisch-bürgerlichen Menschenrechtslage in der Bundesrepublik der 1970er und 1980er Jahre gegeben hätte, dazu vgl. nur *Brinkmeier* (Fn. 115), 115 ff.

[121] *Rittberger* (Fn. 72), 15.

[122] UN Dok. A/RES/39/11 vom 12.11.1984.

[123] UN Dok. A/RES/41/128 vom 4.12.1986.

[124] Zutreffend *Tomuschat* (Fn. 95), 32. Beispiel ist etwa UN Dok. A/RES/61/169 vom 19.12.2006.

[125] Vgl. IGH, Urt. v. 2.2.1973 (*Jurisdiction*), ICJ Rep. 1973, 49, Rn. 37 f.

Urteil des IGH vom 25. Juli 1974[126] betraf in materieller Hinsicht u. a. die Rechtmäßigkeit der einseitigen Errichtung einer 50 sm breiten ausschließlichen Fischereizone durch Island und deren Auswirkungen auf die Fischereirechte der Bundesrepublik. Der IGH konnte sich zwar nicht zu der von der Bundesregierung beantragten Feststellung der Völkerrechtswidrigkeit der isländischen Fischereizone einfinden.[127] Doch steht außer Zweifel, dass das von der Bundesrepublik angestrengte Verfahren die Kompromissbereitschaft der Teilnehmerstaaten der Dritten Seerechtskonferenz beschleunigte, die Ausschließliche Wirtschaftszone vertraglich in Art. 55 ff. SRÜ zu etablieren.[128] Insgesamt sind sowohl der *Nordsee-Festlandsockel*-Streit von 1969 als auch das Verfahren um die isländische Fischereizone von 1974 wohl einer der Gründe, weshalb sich Deutschland mit seiner späteren Kandidatur um den Sitz des Internationalen Seegerichtshofs durchsetzen konnte.[129]

III. Peripetie: Die deutsche Wiedervereinigung und der „New World Order"

Der Zusammenbruch der kommunistischen Systeme 1989/90 und die deutsche Wiedervereinigung am 3. Oktober 1990 sorgten für einen grundstürzenden Paradigmenwechsel auf innerstaatlicher sowie auf internationaler Ebene. Beide Ereignisse beendeten nicht nur den „Kalten Krieg" zwischen Ost und West, sondern auch das rund 17-jährige distanzierte Nebeneinander der deutschen Staaten in der Weltorganisation. Von nun ab sollte sich das vereinigte Deutschland in den VN bewegen, was verschiedene institutionelle und materiell-rechtliche Fragen aufwarf.

1. Institutionelle Herausforderung

Wiewohl der Nachfolgetatbestand der Inkorporation in der Wiener Konvention über die Staatennachfolge von 1978 nicht ausdrücklich erwähnt wird,[130] leuchtet unmittelbar ein, dass mit dem Wegfall des Völkerrechtssubjekts DDR auch dessen mitgliedschaftlichen Rechte und Pflichten in den VN erloschen sind.[131] Die „neue" Bun-

---

[126] IGH, Urt. v. 25.7.1974 (*Merits*), ICJ Rep. 1974, 175. Die deutsche Unterwerfungserklärung, die noch vor dem Beitritt der Bundesrepublik zu den VN am 5.6.1972 abgegeben wurde, ist abgedruckt in: BGBl. 1972 II S. 551.

[127] IGH, ICJ Rep. 1974, 175, Rn. 52–54.

[128] Wie hier *T. Pierlings*, in: J. Menzel et al. (Hrsg.), Völkerrechtsprechung, 2005, 672 (676 f.); zurückhaltender indes *P. Tomka*, MPEPIL, Vol. IV, 2012, 78 (81, 83).

[129] Bereits 1980 hatte sich die Bundesrepublik um den Sitz des Seegerichtshofs beworben, also zu einem Zeitpunkt, als das SRÜ, dessen Art. 287 die Einrichtung eines Gerichtshofs vorsieht, noch nicht in Kraft getreten war. Seit 1996 hat der Seegerichtshof seinen Sitz in Hamburg.

[130] Vgl. ILM 17 (1978), 1488 ff.; *A. Zimmermann*, Staatennachfolge in völkerrechtliche Verträge, 2000, 589 ff.

[131] Der deutsche Botschafter bei den VN hat dies mit einer Note vom 17.12.1990 klargestellt, vgl. *T. Marauhn*, ZaöRV 53 (1993), 908 (1095).

desrepublik, deren UN-Mitgliedschaftsrechte sich seit dem Beitritt der ostdeutschen Länder zum Grundgesetz nach dem völkerrechtlichen Grundsatz der beweglichen Vertragsgrenzen (Art. 29 WVK) auf das vergrößerte Staatsgebiet erstreckten,[132] musste hingegen in ihre veränderte Rolle in der Weltorganisation erst hineinwachsen. Schon durch seine Bevölkerungsstärke und Wirtschaftskraft gehörte das geeinte Deutschland unvermittelt zu den Führungskräften der Welt.[133] Die aufgrund des Zwei-plus-Vier-Vertrages[134] wiedergewonnene Souveränität eröffnete außerdem neue außenpolitische Spielräume und Verantwortlichkeiten.

Im Gefüge der VN machte sich diese Veränderung zunächst in finanzieller Hinsicht bemerkbar. Schon früh war die Bundesrepublik ein wichtiger Geldgeber im VN-System. Mit einem Anteil von 6,8 % im Jahr 1973 und 8,08 % im Jahr 1989 war sie bereits vor der Wiedervereinigung der viertgrößte Beitragszahler. Der DDR-Beitrag lag dagegen am Anfang bei nur 1,2 % und stieg auch bis 1989 bloß auf 1,28 %.[135] Für das wiedervereinigte Deutschland ist der Beitragssatz für 1991 schlicht per Addition auf 9,36 % festgesetzt worden.[136] Seither steuert Deutschland nach den USA und Japan die drittgrößte Summe zum UN-Haushalt bei.[137]

Darüber hinaus wurde von dem nunmehr uneingeschränkt souveränen deutschen Mitgliedstaat recht umgehend die Bereitschaft zu größerer inhaltlicher Verantwortung erwartet,[138] zumal der weltpolitische Hintergrund wegen der 1990 ausgebrochenen (zweiten) Golf-Krise und der sich in den frühen 1990er Jahren häufenden regionalen Konflikte etwa in Somalia, Ruanda und Jugoslawien ein stärkeres Engagement nahelegte. Diese Situation führte zur innenpolitischen Diskussion um die deutsche Beteiligung an friedenserhaltenden und friedensschaffenden Maßnahmen der VN. Am 12. Juli 1994 wurde diese Frage durch das BVerfG geklärt, das Einsätze der Streitkräfte „out of area" auf der Grundlage von Art. 24 Abs. 2 GG für verfassungsrechtlich zulässig hält, wenn der Bundestag zustimmt.[139] Dadurch ist Deutschland auch auf den Gebieten des Peace-keeping und des Peace-enforcement ein wichtiges UN-Mitglied geworden; es ist mittlerweile eines der größten Truppensteller bei multilateralen Friedenseinsätzen.[140]

---

[132] *E. Klein*, EPIL, Vol. IV, 2000, 941 (944). Näher *D. Blumenwitz*, Staatennachfolge und die Einigung Deutschlands, 1992.

[133] So auch *Ch. Tomuschat*, in: K. Kaiser/J. Krause (Hrsg.), Deutschlands neue Außenpolitik, 1996, 97 f.; *J. Varwick*, in: T. Jäger et al. (Hrsg.), Deutsche Außenpolitik, 2011, 514 (517 f.).

[134] Vertrag über die abschließende Regelung in Bezug auf Deutschland, BGBl. 1990 II S. 1317.

[135] *Auswärtiges Amt* (Fn. 85), 21.

[136] *Marauhn*, ZaöRV 53 (1993), 908 (1095).

[137] Im Einzelnen vgl. *Klein/Schmahl* (Fn. 6), Abschn. 4 Rn. 215.

[138] *Knapp*, VN 2003, 207 (210).

[139] BVerfGE 90, 286 (354–357); bestätigt in: BVerfGE 104, 151 (209 f.); 121, 135 (157).

[140] Vgl. *S. Graf von Einsiedel*, VN 2004, 1 (4); *Varwick* (Fn. 133), 519 f.

Im Gegenzug bemüht sich Deutschland seither um verstärkte Mitspracherechte in den maßgeblichen UN-Gremien. So werben seit 1992 alle Bundesregierungen, freilich mit unterschiedlichem Nachdruck, für einen ständigen Sitz für Deutschland im Sicherheitsrat und für weitere Reformen des überlieferten UN-Systems.[141] Ob dieses Werben je von Erfolg gekrönt sein wird, ist wegen der hohen Anforderungen, die Art. 108 SVN an Charta-Änderungen stellt, eher zweifelhaft.[142] Vielleicht ist ein solcher Schritt auch nicht unbedingt entscheidend. Immerhin war die Bundesrepublik schon mehrfach nichtständiges Mitglied im Sicherheitsrat und konnte sich insoweit stets Gehör verschaffen.[143] Bereits zu Zeiten der Teilung des Landes wurde die (alte) Bundesrepublik für den Zeitraum von 1977–78 und von 1987–88 in den Sicherheitsrat gewählt.[144] In diesen beiden Phasen standen neben den Bemühungen um die Beendigung der 1985 ausgebrochenen Finanzkrise der VN vor allem die Namibia-Frage und der Iran/Irak-Konflikt im Vordergrund.[145] Als sie nach der Wiedervereinigung für die Jahre 1995/96 zum dritten Mal in den Sicherheitsrat gewählt wurde, zeigte sich die Bundesregierung etwa durch die Übernahme des Vorsitzes im Irak-Sanktionsausschuss und der Arbeit in der Jugoslawien-Kontaktgruppe mit gewachsenem Gestaltungswillen.[146] Überschattet wurde die Arbeit Deutschlands hingegen, als es am 30. September 2002 zum vierten Mal für die Jahre 2003/04 zum nichtständigen Mitglied des Sicherheitsrates gewählt wurde. Die Irak-Krise hatte bereits begonnen, und die fehlende deutsche Unterstützung für die Sicherheitsratsresolution Nr. 1441 (2003) führte bekanntlich zu einer in der Nachkriegszeit einmaligen Krise der deutsch-amerikanischen Beziehungen.[147] Auf der anderen Seite war man gefordert, in Vorbereitung auf den Weltgipfel 2005 konstruktiv an einer umfassenden Reform des UN-Systems mitzuwirken. Eines der wenigen sichtbaren Ergebnisse dieses Prozesses, die Einrichtung einer Kommission für Friedenskonsolidierung, geht auch auf deutsches Engagement zurück.[148] Im Rahmen seiner fünften Teilnahme als nichtständiges Mitglied im Sicherheitsrat in den Jahren 2011/12 hat Deutschland

---

[141] Details bei *Knapp* (Fn. 40), 743 ff.; *S. Gareis*, VN 2006, 147 (148 ff.); *Varwick* (Fn. 133), 524 ff.

[142] Vgl. jüngst *Ch. Schaller*, SWP-Aktuell 2010, 1 (3).

[143] Da Beschlüsse des Sicherheitsrats in jedem Fall der Zustimmung von mindestens neun Mitgliedern bedürfen (Art. 27 Abs. 2, Abs. 3 SVN), können bereits sieben nichtständige Mitglieder gemeinsam die Verabschiedung einer Resolution verhindern. Solche Allianzen sind daher nicht zu unterschätzen, vgl. *H. Volger*, VN 2012, 65 (66).

[144] Vgl. UN Dok. A/31/PV.41 vom 21.10.1976, 689 f.; sowie UN Dok. A/41/PV.40 vom 17.10.1986, 26 f. – Die DDR hat nur einmal, nämlich 1980–81, als nichtständiges Mitglied im Sicherheitsrat mitgewirkt. Diese Phase war durch vorbehaltlose Unterstützung der sowjetischen Politik gekennzeichnet, vgl. *Bruns* (Fn. 80), 72 f.

[145] *Ch. Freuding*, Deutschland in der Weltpolitik, 2000, 226 ff. und 313 ff.; vgl. auch *H.-W. Lautenschlager*, in: DGVN-Dokument Nr. 39, 1991, 53 (56 ff.).

[146] *Freuding* (Fn. 145), 473 ff.

[147] Vgl. *Graf von Einsiedel*, VN 2004, 1 (2 f.).

[148] *Schaller*, SWP-Aktuell 82 (2010), 1. Zur Kommission für Friedenssicherung näher *M. Ruffert/Ch. Walter*, Institutionalisiertes Völkerrecht, 2009, Rn. 407.

den Weg des Südsudans zu seiner Selbständigkeit unterstützt.[149] Die deutsche Enthaltung in Bezug auf die Libyen-Resolution 1973 (2011) dürfte indes die Fortentwicklung des Konzeptes der „Responsibility to Protect" eher behindert denn befördert haben.[150]

2. Grundlegung und Fortentwicklung von Individualrechten im Völkerrecht

Wie angedeutet waren die Veränderungen seit der Wiedervereinigung auf keinem anderen Feld der deutschen UN-Politik so tiefgreifend wie im Bereich der multilateralen Friedenssicherung; allein zwischen 1990 und 2000 hat sich die Bundeswehr in rund 20 vom Sicherheitsrat mandatierten Auslandseinsätzen engagiert.[151] Doch auch die Bemühungen zur Stärkung der Individualrechte im Völkerrecht nahmen nach der Zeitenwende 1989/1990 erheblich zu. Besonders intensiv setzte sich das geeinte Deutschland für die Effektivität des universellen Menschenrechtsschutzes ein, indem es etwa die Schaffung des Amtes eines UN-Hochkommissars für Menschenrechte unterstützte[152] und 1992 das Erste Fakultativprotokoll zum IPbpR ratifizierte, das ein Individualbeschwerdeverfahren zum UN-Menschenrechtsausschuss vorsieht.[153] Wiewohl die Rechtsauffassungen aller vertragsbasierten menschenrechtlichen Kontrollausschüsse selbst in Individualbeschwerdeverfahren rechtlich unverbindlich sind, nehmen sie zunehmend Einfluss auf die nationalen Rechtsordnungen und zwingen zu einem Umdenken der Grundstrukturen des Völkerrechts.[154]

Einen weiteren Schritt zur stärkeren Subjektivierung völkerrechtlicher Ansprüche brachte das Verfahren, das Deutschland im Fall *LaGrand* gegen die USA im Jahr 1999 angestrengt hatte. In diesem Fall ging es um Fragen der Gewährung konsularischen Beistandes für ausländische Strafgefangene bei drohender Todesstrafe aufgrund von Art. 36 Abs. 1 lit. b WKÜ. In seinem Urteil vom 27. Juni 2001 stellte der IGH erstmalig fest, dass aus dieser Norm nicht nur Rechte des Entsendestaates erwüchsen, sondern sie zugleich Individualrechte begründe.[155] Darüber hinaus hat die Rechtssache *LaGrand* den einstweiligen Rechtsschutz im Völkerrecht befördert. Der IGH bescheinigte den vorsorglichen Maßnahmen gemäß Art. 41 IGH-Statut Rechtsverbindlichkeit, da diese der Wahrung der Funktionsausübung des Gerichts dienten.[156] Die damit verbundene Verrechtlichung des internationalen Streitbeile-

---

[149] Näher *P. Wittig*, VN 2011, 3 ff.

[150] Vgl. *M. Fröhlich/Ch. Langehenke*, VN 2011, 159 (164 f.); *S. Schmahl*, in: P. Hilpold (Hrsg.), Responsibility to Protect, 2013, i.E.

[151] *Knapp*, VN 2003, 207 (211).

[152] *Knapp* (Fn. 40), 742; *van Well* (Fn. 86), Abschn. 10 Rn. 12.

[153] BGBl. 1992 II S. 1247.

[154] Vgl. *E. Klein*, in: Liber amicorum Jaenicke, 1998, 165 ff.; *ders.*, in: FS Fiedler, 2011, 541 (552 f.).

[155] IGH, ICJ Rep. 2001, 466, Rn. 75–77. Zu diesem Themenkomplex näher *Breuer*, in: GS Blumenwitz, 2008, 87 ff.

[156] IGH, ICJ Rep. 2001, 466, Rn. 102–109.

gungsverfahrens befindet sich mittlerweile auf einem Siegeszug. Nach den *Ad-hoc-Straftribunalen* für Ruanda und das ehemalige Jugoslawien ist es z.B. gerade auch mit deutscher Unterstützung gelungen, ein Statut zum Internationalen Strafgerichtshof auszuarbeiten, das am 1. Juli 2002 in Kraft trat und nunmehr seinerseits als Vorbild für verschiedene hybride (internationalisierte) Strafgerichte – wie etwa in Sierra Leone und Kambodscha – fungiert.[157]

IV. Retardation: Deutschland und die VN vor den Herausforderungen des 21. Jahrhunderts

Die Terroranschläge vom 11. September 2001, moderne Kommunikations- und Kriegstechnologien und die verstärkte Ökonomisierung nahezu aller Lebensbereiche stellen das Völkerrecht des 21. Jahrhunderts erneut vor zahlreiche Herausforderungen. Diese neuartigen Probleme sind nicht (allein) mit einer weiteren Individualisierung des Völkerrechts zu bewältigen. Vielmehr erfordert die wirksame Bekämpfung der diffusen und asymmetrischen Bedrohungen, denen sich die internationale Staatengemeinschaft zunehmend ausgesetzt sieht, ein zuverlässiges institutionelles Gefüge und ein gesichertes normatives Gerüst.

Ein Beitrag zur notwendigen Verrechtlichung der internationalen Beziehungen ist in der Entscheidung der Bundesrepublik Deutschland aus dem Jahre 2008 zu sehen, sich der Fakultativklausel des Art. 36 Abs. 2 IGH-Statut zu unterwerfen. Es mag erstaunen, dass dieser Schritt einer freiwilligen Unterwerfungserklärung erst so spät gegangen wurde,[158] führt man sich vor Augen, dass hierzu eine Verfassungsermächtigung gemäß Art. 24 Abs. 3 GG besteht,[159] dem Richtergremium des IGH bereits drei deutsche Richter angehörten,[160] und die Bundesrepublik aufgrund des Europäischen Streitschlichtungsabkommens schon früh verpflichtet war, grundsätzlich alle völkerrechtlichen Streitigkeiten zwischen ihr und anderen Vertragspartnern dem IGH zuzuweisen.[161] Der Grund für die lange Zurückhaltung der Bundesrepublik war freilich zum einen das besondere deutsch-deutsche Verhältnis, zum anderen die Sorge, durch die Erklärung gemäß Art. 36 Abs. 2 IGH-Statut ein Forum für die Geltendmachung von Ansprüchen im Zusammenhang mit dem Zweiten Weltkrieg zu eröffnen.[162] Die deutsche Unterwerfungserklärung von 2008 ist deshalb durch einen Rückwirkungsvorbehalt sowie einen doppelten Streitkräftevorbehalt be-

---

[157] Näher *S. Hobe*, Völkerrecht, 9. Aufl. 2008, 275 ff.

[158] Die DDR hat sich der Gerichtsbarkeit des IGH niemals unterworfen, da sie „Parteilichkeit" der Richter befürchtete, vgl. *M. Silagi*, in: Zieger (Fn. 8), 93 (104).

[159] Inhalt und Reichweite von Art. 24 Abs. 3 GG sind allerdings umstritten, vgl. *A. Randelzhofer*, in: Th. Maunz/G. Dürig (Hrsg.), Grundgesetz, Art. 24 III Rn. 6 ff.; *M. Bothe/E. Klein*, ZaöRV 67 (2007), 825 (827).

[160] *H. Mosler* (1976–1985), *C.-A. Fleischhauer* (1994–2003), *B. Simma* (2003–2012).

[161] Vgl. Europäisches Übereinkommen zur friedlichen Beilegung von Streitigkeiten vom 29.4.1957, BGBl. 1961 II S. 81.

[162] *Bothe/Klein*, ZaöRV 67 (2007), 825 (826).

schränkt.[163] Von Vorteil ist aber, dass durch die Erklärung nunmehr auch Fragen des allgemeinen Völkerrechts, die nicht vertraglich geregelt sind, dem IGH unmittelbar, d. h. ohne gesonderte Vereinbarung, unterbreitet werden können.

Eine weitere Maßnahme, um die neuartigen Friedensbedrohungen einzufangen, ist das – auch von Deutschland prinzipiell unterstützte – Konzept der „Responsiblity to Protect", das jeden Staat zur Übernahme einer menschenrechtlichen Verantwortung positiv verpflichten will. Kommt der Territorialstaat der ihm obliegenden Verantwortung, die eigene Bevölkerung vor massiven Menschenrechtsverletzungen zu bewahren, nicht nach, soll gar die Schutzverantwortung der internationalen Gemeinschaft als Residualverantwortung aufleben.[164] Die damit u. a. intendierte multilaterale Interventionspflicht stellt allerdings keinen völkerrechtlichen Rechtssatz dar.[165] Zudem hat die vom Konzept bezweckte menschenrechtliche Begrenzung der staatlichen Souveränität keine Auswirkungen auf das Prinzip der Staatenimmunität. Diese wird selbst bei schwerwiegenden Menschenrechtsverletzungen nicht durchbrochen.[166] Wie der IGH auf die von Deutschland gegen Italien angestrengte Klage in der Rechtssache *Ferrini* am 3. Februar 2012 judiziert hat, zielt die Staatenimmunität für *acta iure imperii* auf den Schutz vor nationalen Gerichtsbarkeiten anderer Staaten. Dieser Schutz gilt nach Ansicht der Richter losgelöst von den der Jurisdiktion zugrundeliegenden materiell-rechtlichen Vorwürfen. Die Staatenpraxis belege, dass es keine Regel gebe, wonach der Anspruch eines Staates auf Immunität vor fremder Gerichtsbarkeit von der Schwere des begangenen Unrechts abhänge.[167] Wie kaum eine andere Entscheidung der vergangenen Jahre verdeutlicht das IGH-Urteil, dass es auch in der Völkerrechtsordnung des beginnenden 21. Jahrhunderts trotz der Revolution, die die Menschenrechte bewirkt haben, noch maßgeblich auf die Sicherung staatlicher und zwischenstaatlicher Strukturen ankommt.

V. Lysis: Deutschland als Teil des institutionalisierten Völkerrechts

Bei aller Wandlung und der uneingeschränkt zu befürwortenden menschenrechtlichen Hegung ist die staatliche Souveränität ein Grundelement der Völkerrechtsord-

---

[163] Vgl. BGBl. 2008 II S. 713.

[164] Vgl. ICISS, The Responsibility to Protect, Bericht vom Dezember 2001, sowie UN Dok. A/59/2005 vom 21.3.2005, Rn. 135, UN Dok. A/RES/60/1 vom 16.9.2005, Rn. 138 f., und UN Dok. A/63/677 vom 12.1.2009, Rn. 13 f. Instruktiv hierzu *Ch. Verlage*, Responsibility to Protect, 2009; *A. Rausch*, Responsibility to Protect, 2011.

[165] *Klein/Schmahl* (Fn. 96), Art. 10 Rn. 15.

[166] Vgl. IGH, Urt. vom 3.2.2012, *Jurisdictional Immunities of the State*, Rn. 83 ff. S. auch *Ch. Tomuschat*, Vanderbilt Journal of Transnational Law 44 (2011), 1105 (1119 ff.).

[167] IGH, Urt. vom 3.2.2012, *Jurisdictional Immunities of the State*, Rn. 85, 92 ff. Zustimmend *B. Hess*, IPRax 2012, 201 (204 f.). Kritisch *S. Talmon*, Leiden Journal of Int'l Law 25 (2012), 979 ff.; differenzierend *Payandeh*, JZ 2012, 949 (955 ff.).

nung geblieben.[168] Die Bundesrepublik Deutschland ist Teil dieser Ordnung, die in den Vereinten Nationen seit nahezu sieben Jahrzehnten einen institutionalisierten Rahmen gefunden hat. Zu Recht nehmen alle Bundesregierungen die Verpflichtungen des in den VN eingebetteten globalen Multilateralismus Ernst.[169] Dies gilt für die „alte" Bundesrepublik ebenso wie für das geeinte Deutschland. In ihren ersten 40 Jahren war die Bundesrepublik als Welthandelsstaat und als westlicher Bündnispartner präsent. Sie war durch ihre besondere Position als „zerrissener Staat" und durch ihre politische Zurückhaltung vor allem eine global agierende Zivilmacht.[170] Heute trägt das seit zwei Jahrzehnten souveräne Deutschland gemeinsam mit seinen europäischen Partnern in besonderem Maße wirtschaftliche und sicherheitspolitische Verantwortung; es gilt vielen Ländern als ausgleichende Mittelmacht, ökonomischer Motor und als kooperationsbereiter Mitgliedstaat.[171]

Schon aus wohlverstandenem Eigeninteresse bleiben die VN und die dort organisierte multilaterale Zusammenarbeit nach wie vor für die Geschicke Deutschlands unverzichtbar. Die Weltorganisation ist die einzige verlässliche Stelle, wo die Staaten der Welt sich kontinuierlich begegnen und voneinander lernen können, wo Lösungsmöglichkeiten zur Konfliktbereinigung vorbereitet und neue Formen der Kooperation erschlossen werden.[172] Nicht zuletzt wegen ihrer regelbehafteten Institutionalisierung sind die Vereinten Nationen den dynamischen und wenig transparenten Gruppenformaten der „Global Governance", wie sie etwa die G-20 darstellen, vorzuziehen.

---

[168] *E. Klein*, in: FS Fiedler, 2011, 541 (543).

[169] Ein Beispiel für die gestiegene Aufmerksamkeit für UN-Themen ist auch der 1991 eingerichtete Unterausschuss „Vereinte Nationen" des Auswärtigen Ausschusses des Bundestags, vgl. *W. Ehrhart*, VN 1998, 131 ff.

[170] *Arnold*, APuZ 1995, B 42, 27 (34).

[171] Vgl. *Wittig*, VN 2011, 3 (4).

[172] *Varwick* (Fn. 133), 515; *Wittig*, VN 2011, 3 (7).

Die Völkerrechtsdoktrin im Nationalsozialismus. Rückblick nach 80 Jahren*

Von *Meinhard Schröder*

I. Gegenstand der Untersuchung

Geltung und Durchsetzung des Völkerrechts waren und sind für *Eckart Klein* stets ein besonderes Anliegen. In der ihm zugedachten Festschrift mag deshalb ein Beitrag, der sich mit dieser Thematik aus Anlass der achtzigjährigen Wiederkehr der nationalsozialistischen Machtergreifung im Jahr 2013 befasst, willkommen sein. Er demonstriert den Versuch der ideologischen Um- und Neubildung am Beispiel der Völkerrechtsdoktrin, die sich, sei es aus Überzeugung, sei es aus Opportunismus,[1] dem Nationalsozialismus gegenüber besonders offen gezeigt und bereitgefunden hat, dessen völkisch-rassische Ideen auf das Völkerrecht zu übertragen. Auch der Einfluss der Doktrin auf die Staatspraxis und die Entwicklung des Völkerrechts wird in den Blick genommen.

II. Entwicklungslinien der Doktrin

Der „beispiellosen Neuorientierung", die die nationalsozialistische Weltanschauung im innerstaatlichen Bereich bewirkt hat, wurden schon 1933 erhebliche Auswirkungen im zwischenstaatlichen Bereich zugeschrieben: „Rückkehr zu naturrechtlichem Denken, zielbewusste gruppenindividualistische Auffassung der Aufgaben und Zwecke der Staatengemeinschaft, Verengung ihres Aufgabenbereichs, Betonung bestimmter Grundrechte, wie Staatenehre, Gleichheit und Dasein, damit zugleich schärfere Herausarbeitung des sogenannten Interventionsprinzips, vor allem aber Einführung der völkischen Idee in das zwischenstaatliche System neben und an Stelle einer dort bisher vorherrschenden formalen Staatsauffassung".[2] Das „Durchdenken der Grundlagen des Völkerrechts von der Weltanschauung des Nationalsozialismus"[3] stand freilich zunächst nicht im Vordergrund. Vielmehr ging es um die Kritik am Versailler Vertrag, „um die Untersuchung und Unterstützung des politischen

---

* Heinhard Steiger danke ich für Ermutigung und Anregung.

[1] Zu den unterschiedlichen Einstellungen der Völkerrechtswissenschaft zum Nationalsozialismus *D. Vagts*, International Law and the Third Reich, AJIL 84 (1990), 661 (678 ff.).

[2] *H. Kraus*, Das zwischenstaatliche Weltbild des Nationalsozialismus, JW 1933, 2418.

[3] *F. Berber*, Die deutsche Völkerrechtswissenschaft, in: Geist der Zeit 17 (1939), 731 (732).

Kampfes des Führers um die Gleichberechtigung und Größe des deutschen Volkes"[4]. *Carl Schmitt* bemerkt dazu im Rückblick des Jahres 1940: Es kam zunächst darauf an, „die Positionen der staatlichen Souveränität und Geschlossenheit zu verteidigen und entehrenden Mißdeutungen nicht nachzugeben"[5]. Dazu dienten die so genannten Grundrechte der Staaten – ein klassischer Argumentationstopos,[6] der mit seinen Facetten der Unabhängigkeit, Gleichheit und des militärischen Selbstschutzes der Politik der Durchsetzung von Deutschlands Gleichberechtigung entsprach. Von einer Wiederbelebung der Doktrin kann deshalb keine Rede sein.[7] Vielmehr wird „das klassische Völkerrecht" „trotz mancher Lücken und Mängel" für das „Ringen Deutschlands um sein Dasein" in Anspruch genommen, dabei allerdings das Vertragsrecht missachtet,[8] wenn „Deutschland in Ausübung seines Rechts" „über den im Tiefsten unsäglichen und rechtswidrigen Versailler Vertrag hinwegschritt". Dies mit der Begründung, dass sittenwidrige Verträge und solche, die den tatsächlichen Machtverhältnissen oder dem Lebensrecht eines Volkes nicht entsprechen, nicht bindend sein könnten.[9] Das bestätigt die spätere Einschätzung, dass die Doktrin der Staatengrundrechte dem Bedürfnis nach staatlicher Machtausübung in besonderer Weise entgegenkommt.[10]

Gewiss hat es auch frühe Versuche einer neuen, nationalsozialistisch geprägten Systembildung gegeben, unter denen die Schrift von *Norbert Gürke*[11], einem Schüler von *Otto Koellreutter*, „Volk und Völkerrecht" (1935) hervorsticht. Bereits im Titel der Schrift deutet sich der „spezifische Beitrag der deutschen Völkerrechtswissenschaft im Nationalsozialismus" an, „die Betonung der Völkergemeinschaft anstelle der Völkerrechtsgemeinschaft".[12] Im Ganzen aber trifft zu, dass „die starke Aktualisierung" der nationalsozialistischen Außenpolitik „für größere systematische Arbeiten nicht eben günstig war".[13]

---

[4] *Berber* a.a.O.

[5] Über das Verhältnis von Völkerrecht und staatlichem Recht, ZAKDR 7 (1940), 4 (5); dazu auch *D. Majer*, Die Perversion des Völkerrechts, in: dies. (Hrsg.), Nationalsozialismus im Lichte der Zeitgeschichte, 2002, 159 ff.

[6] Vgl. nur *K. Gareis*, Institutionen des Völkerrechts, 1901, 91 ff.; *F. Liszt/M. Fleischmann*, Das Völkerrecht, 12. Aufl. 1925, 116 ff.; *A. Hold-Ferneck*, Lehrbuch des Völkerrechts, Bd. I, 1930, 120 ff.

[7] So *A. Nussbaum*, Geschichte des Völkerrechts, 1960, 313.

[8] *D. Majer*, Der Wahn von Reich und Großraum, in: dies. (Fn. 5), 150.

[9] Zitate und Argumente von *A. Freytagh-Loringhoven,* Deutschlands Außenpolitik 1933–1941, 9. Aufl. 1941, Vorwort zur 1. Aufl. VI, 59 ff., 133.

[10] *Ch. De Visscher*, Théories et Réalités en Droit International Public, 1953, 33 f.

[11] Zu ihm mit Werkanalyse eingehend: *E. Bristler*, Die Völkerrechtslehre des Nationalsozialismus, 1938, 130 ff.

[12] *I. Hueck*, Die deutsche Völkerrechtswissenschaft im Nationalsozialismus, in: D. Kaufmann (Hrsg.), Geschichte der Kaiser-Wilhelm-Gesellschaft im Nationalsozialismus, Bd. 2, 2000, 490 (514).

[13] *Berber* (Fn. 3), 733.

Mit der Expansion des Reiches nach 1938 und infolge des Weltkrieges – sie diente der Vergrößerung des territorialen Bestandes vorwiegend unter dem Gesichtspunkt der Wiedervereinigung und Rückgewinnung deutscher Gebiete – verschiebt sich der Blickwinkel der Doktrin raumbezogen und in hegemonialer Hinsicht.[14] Es geht jetzt „um die Neugestaltung der Staatengesellschaft auf unserem Erdball durch die Abgrenzung der naturgegebenen Großräume, um die Ausschaltung raumfremder Mächte".[15] Die Errichtung des Großdeutschen Reiches, das alle Deutschen des mitteleuropäischen Siedlungsgebietes zu einer völkischen Einheit zusammenschließen, den notwendigen Lebensraum sichern und die Aufgabe einer Großraumordnung übernehmen sollte,[16] gibt den Anstoß für die Beanspruchung einer deutschen Monroe-Doktrin. *Hitler* erläutert dazu im April 1939: Was würde wohl Roosevelt sagen, wenn er (Hitler) Auskunft über die Absichten der amerikanischen Politik gegenüber den anderen lateinamerikanischen Staaten fordern würde. Er „wird sich in diesem Falle sicherlich auf die Monroe-Doktrin berufen und eine solche Forderung als eine Einmischung in die inneren Angelegenheiten des amerikanischen Kontinents ablehnen. Genau die gleiche Doktrin vertreten wir Deutsche nun für Deutschland und Europa, auf alle Fälle aber für den Bereich und die Belange des Großdeutschen Reiches".[17] Ein Jahr später präzisiert der Außenminister *Ribbentrop*: die deutsche Monroe-Doktrin bedeute, dass es ein deutsches Interessengebiet im Osten Europas gebe, das England, Frankreich und andere westliche Länder nichts angehe und über das sich Deutschland nur mit einer einzigen Macht, Sowjetrussland, mit der ein Ausgleich bereits gefunden worden sei, auseinanderzusetzen habe.[18]

An diese Aussage knüpft *Carl Schmitt* alsbald an und rühmt sie als Gedanken „einer schiedlich-friedlichen Abgrenzung der Räume in einfacher Sachlichkeit", die geeignet seien, die Verwirrung zu beseitigen, „mit der ein ökonomischer Imperialismus die Monroe-Doktrin umnebelt hatte, indem es ihren vernünftigen Raumabgrenzungsgedanken in einen ideologischen Welteinmischungsanspruch umbog".[19] Den „vernünftigen" Raumabgrenzungsgedanken entfaltet er 1939 in der viel diskutierten und umstrittenen Schrift „Völkerrechtliche Großraumordnung mit Interventionsverbot für raumfremde Mächte."[20] Die Großraumordnung soll das bisherige uni-

---

[14] Dazu *Vagts,* AJIL 84 (1990), 661 (688 f.).

[15] Zitat von *Freitagh-Loringhoven* (Fn. 9), Vorwort zur 9. Aufl., VIII.

[16] Dazu W. *Stuckart/R. Schiedermair,* Neues Staatsrecht II: Die Errichtung des Großdeutschen Reiches, 18. Aufl. 1943, 14 ff.

[17] Zitiert nach *L. Gruchmann,* Nationalsozialistische Großraumordnung. Die Konstruktion einer „deutschen Monroe-Doktrin", 1962, 11.

[18] Zitiert nach *Gruchmann* a.a.O.

[19] *Carl Schmitt,* Großraum gegen Universalismus, in: ders. (Hrsg.), Positionen und Begriffe im Kampf mit Weimar – Genf – Versailles, 1940, 295 (302); siehe auch *H. Rogge,* Monroe-Doktrin und Weltordnung, Geist der Zeit 17 (1939), 457.

[20] Im Weiteren zitiert nach der 4. Aufl. 1941. Kontext und frühe Analyse bei *H. Hofmann,* Legitimität und Legalität, 1964, 226 ff.; danach monographisch, die seinerzeitigen Diskussionen ausführlich dokumentierend *M. Schmoeckel,* Die Großraumtheorie, 1994, 152 ff.; s. auch *R. Mehring,* Carl Schmitt, 2009, 393 ff.

versell-imperialistische Weltrecht überwinden[21] und eine Neuordnung der Staatenwelt unter den Vorzeichen von Geopolitik und Großraumwirtschaft ermöglichen.[22] Anklänge an diese Zielsetzung finden sich in den großraumbezogenen Elementen des Drei-Mächte-Paktes zwischen Deutschland, Italien und Japan vom 27. 9. 1940, der deshalb auch im Sinne der Großraumkonzeption interpretiert worden ist.[23] Dem rassisch-völkischen Standpunkt erscheint die Großraumkonzeption bei *Carl Schmitt* allerdings als eigenes Ordnungsprinzip zu sehr neben der völkischen Idee zu stehen[24] und deshalb nicht hinreichend als Baustein einer völkischen Gesamtordnung ausgewiesen, in der sich die gleichen Grundsätze, die das Deutsche Reich in vorbildlicher Weise gestaltet habe, im weiteren europäischen Lebensraum bewähren.[25]

III. Charakteristische Elemente des „neuen" Völkerrechts

1. Rassistische und völkische Grundlagen und Ausrichtung

a) Grundlagen

Im Mittelpunkt des nationalsozialistischen Rechtsdenkens steht bekanntlich die Volksgemeinschaft als eine rassisch und blutmäßig bedingte Gemeinschaft.[26] Nur das ist Recht, was der Volksgemeinschaft dient.[27] Von diesem „Brennpunkt jeder nationalsozialistischen Betrachtung"[28] aus ergeben sich für das Völkerrecht – hier beispielhaft verdeutlicht – Konsequenzen von unterschiedlicher Radikalität. Sie zielen

---

[21] Fn. 20, 49.

[22] *Carl Schmitt,* Großraumordnung (Fn. 20), 19; *ders.*, Raum und Großraum im Völkerrecht, ZfVR 24 (1940), 145 (147); auch *G. Küchenhoff,* Großraumgedanke und völkische Idee, ZaöRV 12 (1944), 34 (56 ff.). Zur geopolitischen Seite: *D. Diner,* „Grundbuch des Planeten". Zur Geopolitik Karl Haushofer, 1984, in: ders. (Hrsg.), Weltordnungen. Über Geschichte und Wirkung von Macht und Recht, 1993, 125 (150); *Schmoeckel* (Fn. 20), 81 ff., 88 ff.

[23] Siehe *Freitagh-Loringhoven* (Fn. 9), 312 ff. und *Küchenhoff* (Fn. 22), 36 f.

[24] *Küchenhoff* (Fn. 22), 39; hierzu auch *M. Stolleis,* Geschichte des öffentlichen Rechts in Deutschland, Bd. III, 1999, 391; *H. Dreier,* Die deutsche Staatsrechtslehre im Nationalsozialismus, VVDStRL 60 (2001), 9 (63).

[25] *R. Höhn,* Großraumordnung und völkisches Rechtsdenken, in Reich, Volksordnung, Lebensraum 1 (1941), 256 ff.; *ders.*, Reich-Großraum-Großmacht, ebd. 2 (1942), 97 ff.; zustimmend zitiert bei *Küchenhoff* (Fn. 22), 43 f.

[26] *Kraus* (Fn. 2), 2422; *G. Küchenhoff,* Volksgemeinschaft und Reich, in: HWB Rechtswiss., Bd. VIII, 1936, 773 (783); *H. Raschhofer,* Entwicklung und Funktion des Volksgruppenrechts, ZaöRV 11 (1942/43), 418 (427); *H.H. Bader,* Wir und die Anderen. Eine völkerrechtliche Studie, 1942, 83 ff., 92 ff., 107; dazu *R. Wolfrum,* Nationalsozialismus und Völkerrecht, in: F. J. Säcker (Hrsg.), Recht und Rechtslehre im Nationalsozialismus, 1992, 89 (90 f.) und *Schmoeckel* (Fn. 20), 158.

[27] *H. Messerschmidt,* Das Reich im nationalsozialistischen Weltbild, 5. Aufl. 1940, 38.

[28] Hitler auf dem Parteitag 1935 zit. nach *Küchenhoff* (Fn. 26), 782.

darauf, dass das Völkerrecht nicht länger als „Summierung mehr oder weniger zufälliger und formaler Regelungen", sondern als „wahrhaftes" Recht erscheint, „das eine auf Gerechtigkeit gegründete und in den lebendigen Strom der Geschichte gestellte Ordnung für die Gemeinschaft freier und gleichberechtigter Völker darstellt".[29]

Vergleichsweise noch moderat ist die Forderung nach „Anerkennung der sich aus der Existenz eines Volkes ergebenden Lebensrechte" als Grundlage für eine Völkerordnung, die nicht auf Machtkonstellationen, sondern als „Rechtsregelung nur auf der Anerkennung der Daseins-, Selbsterhaltungs-, Selbstbestimmungs- und Selbstverteidigungsrechte der Völker" beruht, „mithin von Grundrechten, welche mit dem Sein von selbst- und artbewussten Völkern ohne weiteres gegeben sind".[30]

Der eigentliche Angriff auf die Grundlagen des Völkerrechts erfolgt mit der Ansicht, die Politik müsse auf weite Sicht vom völkischen Grundelement bestimmt sein, eine völkische Völkerrechtsauffassung die völkische Entwicklung des Staates zur Grundlage der außenpolitischen Handlungen und der völkerrechtlichen Begriffsbildung machen.[31] Erst mit der rassisch-völkischen Weltanschauung sei ein Völkerrecht, das seinen Namen mit Recht trägt, überhaupt denkbar geworden.[32] Denn es gebe nichts, was aus der Zeit des 19. Jahrhunderts für das heutige Rechtsdenken im Kampf für ein deutsches Recht übernommen werden könne. Das gelte auch vom Völkerrecht liberaler Prägung, für das die Bezeichnung „Staatenrecht" zutreffender gewesen wäre.[33] Die wichtigsten Grundlagen des Völkerrechts seien zu einer Zeit entstanden, die das deutsche Volk seiner Selbstbestimmung beraubten. Weder vom Geist des westfälischen Friedens, noch der Ideen von 1789 und erst recht nicht von den ideellen und machtpolitischen Grundlagen von Versailles könne ein Völkerrechtssystem ausgehen, in dem das deutsche Volk seine Lebensmöglichkeit finde.[34] Das neue rassistisch-völkisch bestimmte Völkerrecht müsse weltstaatliche unvölkische Ideologien überwinden, es dürfe nicht als eine über den Völkern stehende abstrakt-individualistische Weltrechtsordnung angesehen werden.[35] Es bleibe auf jenen Teil der Menschheit beschränkt, der gewillt und fähig ist, seine völkische Existenz in staatliche Form zu bringen. Es könne nicht universelles, sondern nur partikulares Völkerrecht zwischen Völkern artverwandter Rassen mit gemeinsamen Rechtsgrundsätzen sein.[36] Ein Verzicht auf die Staaten als Bezugspunkt des Völkerrechts ist

---

[29] *Berber* (Fn. 3), 733; dazu nach 1945: *Hueck* (Fn. 12), 520.
[30] *Küchenhoff* (Fn. 26), 783.
[31] *N. Gürke*, Volk und Völkerrecht, 1935, 98.
[32] *Bader* (Fn. 26), 109.
[33] *Bader* (Fn. 26), 108.
[34] *Gürke* (Fn. 31), 3.
[35] *Gürke* (Fn. 31), 96; *Bader* (Fn. 26), 109.
[36] *Gürke* (Fn. 31), 99; *H. Nicolei*, Rassengesetzliche Rechtslehre, zit. bei *Kraus* (Fn. 2), 2420; *G. Kraaz*, Nationalsozialistisches Völkerrechtsdenken, RuPrVBl 1934, 9 ff. Dazu *Gruchmann* (Fn. 17), 138 ff.; *Stolleis* (Fn. 24), 383.

damit im Allgemeinen nicht verbunden. Immerhin gibt es auch radikale Stimmen, die den „Abschied vom ‚Völkerrecht'" zugunsten eines auf den Völkern aufgebauten Rechts fordern, in dem die Völker die eigentlichen Rechtssubjekte sind.[37]

b) Einzelne Konsequenzen

In der *Frage des Verhältnisses von völkerrechtlichem und innerstaatlichem Recht* wird am Dualismus festgehalten. Zwar widerspricht dieser in gewisser Weise nationalsozialistischer Rechtsauffassung, soweit das Volk als Bezugspunkt aller Rechte und Pflichten und nicht der Staat im Vordergrund stehen. Aber er prävaliert, um monistische Ergebnisse eines „wirklichkeitsfremden und politischen Pazifismus" abzuwehren[38] und den völkischen Staat vor einem interventionistischen Imperialismus zu schützen.[39]

Auch die fortdauernde Anerkennung von Grundbegriffen des Völkerrechts ist im Zusammenhang mit dem Schutz des völkischen Staates zu sehen. Im Konfliktfall wird dessen Erhaltung zum höchsten Wert des Völkerrechts, nicht die Aufrechterhaltung einzelner normativer Sätze.[40] Das führt im *Vertragsrecht* zur Abwertung des Grundsatzes pacta sunt servanda, der zum Teil nicht einmal rechtlich, sondern mit politischen Notwendigkeiten begründet wird,[41] zu Gunsten der clausula rebus sic stantibus.[42] Denn wichtigste politische Grundlage völkerrechtlicher Verträge ist, dass sie sich in die Grundforderungen staatlichen und daher völkerrechtlichen Denkens einfügen. Davon hängt in erster Linie ihr Bestand ab.[43] Das Lebensrecht des Volkes steht über dem Vertragsrecht,[44] wie überhaupt das Völkerrecht nicht durch Verträge, sondern durch politische Gegebenheiten bedingt ist, die den Verträgen vorausliegen, ihnen Sinn und Bestand verleihen.[45]

Auch die Stellungnahmen zum *Kriegsrecht* stehen unter dem Vorzeichen, dem völkischen Staat die Entwicklungsmöglichkeiten zu erhalten. Kritisiert wird deshalb die der Völkerbund-Satzung und dem Kellogg-Pakt zu Grunde liegende, von *Carl Schmitt* so genannte „Wendung zum diskriminierenden Kriegsbegriff", nämlich

---

[37] So *K.E. Keller*, Das Recht der Völker. 1. Abschied vom „Völkerrecht", 1938, 96, 116; *Bader* (Fn. 26), 111; dazu auch *Bristler* (Fn. 11), 139 ff. und *Stolleis* (Fn. 24), 383.

[38] *O. Koellreutter*, Allgemeine Staatslehre, 1933, 226.

[39] *G.A. Walz*, Völkerrechtsordnung und Nationalsozialismus, 1942, 42; *ders.*, Nationalsozialismus und Völkerrecht, Völkerbund und Völkerrecht 1, 1934/1935, 473. Siehe dazu *V. Gott*, The National Socialist Theory of International Law, AJIL 32 (1938), 704 (716); *D. Diner*, Rassistisches Völkerrecht (1989), in: ders. (Fn. 22), 77 (86).

[40] *Koellreutter* (Fn. 38), 229.

[41] *Bristler* (Fn. 11), 154 mit Fn. 356.

[42] *Gürke* (Fn. 31), 50 ff.; zum Folgenden auch *Gott*, AJIL 32 (1938), 704 (712); *Vagts*, AJIL 84 (1990), 661 (692); *Diner* (Fn. 39), 97 ff.; *Wolfrum* (Fn. 26), 94 f.

[43] *Gürke* (Fn. 31), 61.

[44] *Gürke* (Fn. 31), 81.

[45] *Gürke* (Fn. 31), 62.

die Gleichsetzung des ungerechten mit dem verbotenen Angriffskrieg und des gerechten mit dem Verteidigungskrieg.[46] Diese sei nur damit zu erklären, dass es dem herrschenden Völkerrecht an einem Gerechtigkeitsmaßstab fehle.[47] Kriegsbegriff und Angreifer seien indessen politisch geprägt und nicht rechtstheoretisch objektiv bestimmbar.[48] Die Entscheidung über Recht und Unrecht im politischen Lebensprozess der Völker werde daher in grotesker Verkennung historischer Entscheidungen und völkisch-politischer Notwendigkeiten usurpiert.[49] Mit der Abwehr der Beschränkung des ius ad bellum ist der Weg zum gerechten Krieg offen. Das Definitionsmonopol für den gerechten Kampf liegt beim völkischen Staat. Das gilt auch für die Frage, ob eine im Sinne der völkischen Staats- und Weltanschauung gerechte Ordnung besteht, die die staatlich-politische Wesenheit der Völker achtet und ihnen politisch-staatliche Entscheidungsmöglichkeiten schafft.[50] Der Frieden ist gleichfalls von der völkischen Staatsauffassung abhängig. Ihn gibt es nur, wenn eine lebensrichtige Ordnung zwischenstaatlicher Interessen besteht.[51] Ein gerechter Krieg kann geführt werden, um den Ausgleich einander überschneidender Lebensbereiche zu bewirken.[52]

2. Das Konzept der Großraumordnung

Kern der Großraumordnung ist nach *Carl Schmitt* „eine spezifisch völkerrechtliche Größe": das Reich. Als führende Macht strahlt es mit seiner politischen Idee und seinen politischen Grundsätzen in den Großraum aus.[53] Es übernimmt die offene Verantwortung für den Bestand der Gesamtordnung und die Existenz aller Glieder verfassungsrechtlich und völkerrechtlich[54] und schließt jede Intervention raumfremder Mächte aus.[55] Den darin zum Ausdruck kommenden hegemonialen Charakter des Großraums laden die Verfechter des völkischen Gedankens weiter auf: Die Gestaltung des Großraums erfolge durch ein Volk, das stark genug ist, seinen Volksraum zu einem Großraum zu erweitern.[56] In diesem erlange das Führungsvolk über die geführten Völker Macht, es richte die Völker einheitlich aus.[57]

---

[46] Die Wendung zum diskriminierenden Kriegsbegriff 1938.
[47] *Gürke* (Fn. 31), 64.
[48] *Gürke* (Fn. 31), 72.
[49] G.A. *Walz*, Nationalboykott und Völkerrecht, 1940, 31.
[50] *Gürke* (Fn. 31), 68.
[51] *Gürke* (Fn. 31), 72.
[52] *Gürke* (Fn. 31), 73.
[53] Völkerrechtliche Großraumordnung (Fn. 20), 36.
[54] E. R. *Huber*, Bau und Gefüge des Reiches, 1941, 51, 52.
[55] Carl *Schmitt*, Völkerrechtliche Großraumordnung (Fn. 20), 36.
[56] W. *Best*, Grundfragen einer deutschen Großraumverwaltung, in: Festgabe für H. Himmler, 1941, 33 ff. zitiert bei *Küchenhoff* (Fn. 22), 46.
[57] *Küchenhoff* (Fn. 22), 61.

Mit dem Großraumkonzept hört das Staatsgebiet auf, eine maßgebliche Raumvorstellung des Völkerrechts zu sein.[58] Es wird „antiuniversalistisch"[59] zum Raumprinzip uminterpretiert.[60] Eine weitere Folge ist die Nichtanwendung des Kriegsrechts und des humanitären Völkerrechts.[61] Denn innerhalb des Großraums gibt es keinen Krieg und folglich auch keinen Schutz der Kriegsgefangenen und der Bevölkerung vor der Ausübung der Besatzungsbefugnisse.[62]

Die anvisierte Großraumwirtschaft führt zu einer Art Wirtschaftsgemeinschaft, angedacht in den die Europaidee vereinnahmenden, aber nie realisierten Plänen des Reichswirtschaftsministeriums und des Auswärtigen Amtes für eine europäische Marktordnung mit Grundfreiheiten, einer gemeinsamen Währung und regelmäßigen Fachministerkonferenzen.[63]

3. Gesamtbild

Zwei Tendenzen bestimmen das Gesamtbild der nationalsozialistischen Völkerrechtsdoktrin. *Die eine* ist das Bestreben, die Gestaltungsprinzipien der innerstaatlichen Ordnung auf das Völkerrecht zu übertragen.[64] Die völkische Staatsidee soll ihre Ergänzung in einem von ihr geformten Weltbild finden und sich gegenüber den herrschenden Ideen vom Wesen der Staatengemeinschaft bzw. Menschheitsordnung durchsetzen.[65] Die Schwierigkeiten, die sich aus diesem Ansatz für die Begründung und Geltung des Völkerrechts ergeben, liegen auf der Hand: Wie kann aus einer rassisch-germanischen Weltanschauung eine konsistente Theorie des Völkerrechts werden, ohne dass daraus eine Art „droit public externe, de charactère unilateral, ordonné, comme le droit interne, au service de la communauté populaire"[66] entsteht? Die Doktrin weicht dieser Frage aus, indem sie das Völkerrecht auf rassische Völker bzw. Staaten beschränkt und dadurch „minimisiert."[67] Gegen ein universelles Völkerrecht und dessen Exponenten, den Völkerbund, wird daher durchgehend und mit histori-

---

[58] *Schmitt* (Fn. 20), 53.

[59] *F. Neumann*, Behemoth. Struktur und Praxis des Nationalsozialismus 1933–1944, 1977, 200.

[60] *R. Walther*, Imperialismus VII/2, in: O. Brunner/W. Conze/R. Koselleck (Hrsg.), Geschichtliche Grundbegriffe, Bd. 3, 1982, 228 (230).

[61] *Majer* (Fn. 5), 164.

[62] *Vagts,* AJIL 84 (1990), 661 (696).

[63] Vgl. *Dreier*, VVDStRL 60 (2001), 9 (64 ff.); siehe auch *A. Proelß*, Nationalsozialistische Baupläne für das europäische Haus?, forum historiae iuris, abrufbar unter http://forhistiur.de/zitat0305proelss.htm (v. 12. Mai 2003).

[64] Dazu *Joseph-Barthelemy*, Politique Interne et Droit International, RdC 1937 I, 425 (502 ff.); *Diner* (Fn. 39), 81.

[65] *Raschhofer* in der Besprechung von Gürke, Volk und Völkerrecht, ZaöVR 9 (1939/40), 194 (195).

[66] *A. Favre*, Principes du Droit des Gens, 1974, 97; in der Sache zuvor schon *G. Scelle*, Préface zu Bristler (Fn. 11), 8.

[67] *Bristler* (Fn. 11), 63 ff.

schen Argumenten[68] polemisiert.[69] Neue internationale Gedanken und Konzeptionen treten zugunsten des nationalsozialistischen Staatsbegriffes zurück.[70] Das Völkerrecht löst sich auf in Beziehungen zwischen Staaten artverwandter Völker und in Großraumbeziehungen, die rassisch-völkisch als Lebensräume bzw. machtstaatlich durch führende Völker zu Lasten der Staatengleichheit[71] bestimmt werden. Anstelle des Universalismus und seiner als abstrakt charakterisierten Normen tritt – für machtstaatliches Denken typisch[72] – die konkrete Ordnung, deren konkreteste das Großdeutsche Reich.[73] Die konkrete Wirklichkeit wird zum Geltungs- und Erkenntnisgrund des Rechts.[74]

Die zweite Tendenz ist die stark rechtspolitische Ausrichtung der Doktrin: Es geht mehr um den Aufbau eines künftigen als um die Analyse des bestehenden Völkerrechts. Auch damit kann man dem Konflikt zwischen einer rassisch-völkischen Konzeption und dem Völkerrecht ausweichen, mit dem die Staatspraxis notwendigerweise rechnen muss.[75]

IV. Die Doktrin im Kontext der nationalsozialistischen Staatspraxis und der Entwicklung des Völkerrechts

1. Hypothesen zum Einfluss der Doktrin auf die Staatspraxis

Die nationalsozialistische Staatspraxis hat sich im Laufe ihrer Wirksamkeit zunehmend vom geltenden Völkerrecht gelöst,[76] je mehr die strategische Verwirklichung der Lebensraumkonzeption als ihr bestimmender Inhalt hervortrat.[77] Kritik am Vorgehen des Regimes war dabei kaum zu befürchten, nachdem jüdische und international prominente Völkerrechtler frühzeitig vertrieben und durch Wortführer der nationalsozialistischen Richtung ersetzt worden waren. Auch wenn diese, wie im Gesamtbild festgehalten, mit ihren Arbeiten vielfach auf ein erst entstehendes,

---

[68] *Schmoeckel* (Fn. 20), 249: ein Charakteristikum der Völkerrechtswissenschaft jener Zeit; im gleichen Sinn B. *Faßbender*, Stories of War and Peace. On Writing the History of International Law in the Third Reich and After, EJIL 13 (2002), 479 (496).

[69] *Gruchmann* (Fn. 17), 51; *Walther* (Fn. 60), 230.

[70] *Kraus*, JW 1933, 2418 (2419, 2421).

[71] In Beziehung auf die Großraumbeziehungen hervorgehoben von *Schmoeckel* (Fn. 20), 272; allgemein: *Diner* (Fn. 39), 89 ff.

[72] H. *Lauterpacht*, International Law as Law, in: ders. (Hrsg.), International Law, Collected Papers 2/I, 1975, 36.

[73] *Neumann* (Fn. 59), 200; siehe auch *Diner* (Fn. 39), 78: wider die abstrakte Rechtsform.

[74] H.H. *Dietze*, „Europa als Einheit", ZVR 20 (1936), 295.

[75] *Bristler* (Fn. 11), 183.

[76] *Wolfrum* (Fn. 26), 96.

[77] K. D. *Bracher*, Die Deutsche Diktatur, 4. Aufl. 1972, 335.

künftiges Völkerrecht zielten,[78] sollte ihre Wirkung auf die Praxis nicht unterschätzt werden.[79]

Durch ihre *völkerrechtspolitische Argumentation* hat die Doktrin zur Verschleierung politischer Ziele und Bestrebungen beigetragen.[80] Im *Kampf gegen das Versailler „System"* (Austritt aus dem Völkerbund, Besetzung des Rheinlandes, Wiedergewinnung der Wehrhoheit, Aufhebung der Beschränkungen für die Nutzung internationaler Wasserstraßen) hat sie die Politik verständnisvoll erläutert, gestützt und gerechtfertigt. Dies geschah zwar prinzipiell auf der Basis des vorgefundenen „klassischen" Völkerrechts, aber doch, wie für das Vertragsrecht gezeigt (II., III. 1. b)), mit problematischen Argumentationslinien, die Sympathie für eine Machtphilosophie erkennen lassen, die dem demokratischen Kompromissgedanken das Freund/ Feind-Prinzip als Grundprinzip des Politischen entgegensetzt.[81] Ihre Anwendung führte dazu, dass bestehende Bindungen und Verpflichtungen als willkürlich, ungerecht oder das Lebensrecht des Volkes missachtend negiert wurden. *In der politisch-militärischen Expansion nach 1938*, die „alle Angehörigen eines Volkes unbekümmert um ihre Staatsangehörigkeit" in die Volksgemeinschaft" einbezieht und „die Größe eines Volkes auch für das Völkerrecht grundsätzlich bedeutsam" macht,[82] verleiht die Doktrin der Expansion mit dem Ziel einer „Neuordnung Europas und der Welt"[83] Plausibilität und dem „Schutzrecht des Mutterstaates über seine in fremden Staaten ansässigen Volksgenossen", „allem zuvor für die deutschen Volksgenossen" Anerkennung.[84] Mit den für betroffene Staaten und Individuen lebensgefährlichen Positionen zum ius ad bellum und in bello,[85] mit den raumgreifenden Konzeptionen zur Begründung machtpolitischer Einflusssphären oder des notwendigen Lebensraums leistet das „neue" Völkerrecht Argumentationshilfe.[86]

2. Auswirkungen auf die Entwicklung des Völkerrechts

Einiges spricht dafür, dass die „Theorie und Praxis des internationalen Rechts zwei Ausdrucksformen derselben Kräfte sind, die den Stil einer Epoche ebenso prä-

---

[78] Vgl. *Schmoeckel* (Fn. 20), 260: innovativer als die Praxis.

[79] Dazu *Nussbaum* (Fn. 7), 313; W. *Grewe*, Riskante Karrieren. Wie deutsche Völkerrechtler in die Politik verstrickt wurden, FAZ Nr. 157 vom 10.7.1993 (am Beispiel Carl Schmitts und Berbers); *Vagts,* AJIL 84 (1990), 661 (701).

[80] *Bristler* (Fn. 11), 193.

[81] Vgl. *Bracher* (Fn. 77), 49; *Vagts,* AJIL 84 (1990), 661 (695).

[82] *Raschhofer,* ZaöRV 11 (1942/43), 418 (428).

[83] Dazu *Freytagh-Loringhoven* (Fn. 9), 312 ff.

[84] Dazu *Freytagh-Loringhoven* (Fn. 9), 316 ff.; G. A. *Walz*, Völkerrechtsordnung und Nationalsozialismus, 1942, 104 ff.

[85] Einzelheiten bei *Vagts*, AJIL 84 (1990), 661 (696 ff.) und oben III. 2. b).

[86] In diesem Sinn für das Großraumkonzept C. Schmitts: M. *Koskenniemi*, The Gentle Civilizer of Nations, 2001, 421.

gen wie die sozialen, wirtschaftlichen und rechtlichen Ordnungsprinzipien".[87] In dieser Sicht ist die nationalsozialistische Völkerrechtsdoktrin nicht nur Teil der Wissenschaft des öffentlichen Rechts in Deutschland,[88] sondern auch der Völkerrechtswissenschaft und des Völkerrechts, vorausgesetzt, dass sie den Zeitraum von 1933 – 1945 als regionale Entwicklung Europas[89] mitgeprägt hat. Diskutieren lässt sich dies unter Gesichtspunkten, die auch Epochen übergreifend sind.

Die nationalsozialistische Doktrin hat durch ihre den vorherrschenden Grundsätzen der damaligen Staatengemeinschaft radikal widersprechenden Konzeptionen das geltende Völkerrecht grundsätzlich in Frage gestellt.[90] Dass dies auf einen ideologischen Irrweg zurückzuführen ist,[91] schließt sie nicht aus Analysen der Entwicklung aus.[92] Einerseits sind Nachwirkungen einzelner Elemente der Doktrin wie des Großraumkonzeptes nicht zu übersehen.[93] Zum anderen zeigen sich exemplarisch und in aller Schärfe die Gefahren einer Ideologisierung des Völkerrechts: Erschwerung von Kompromissen, besondere Härte und Skrupellosigkeit in Konflikten, Missachtung humanitärer und rechtlicher Schranken.[94] Da die Ideologisierung ihren Ausgangspunkt regelmäßig von staats- und gesellschaftsinternen Vorgängen nimmt, lenkt sie die Aufmerksamkeit zugleich auf den Zusammenhang, der zwischen der inneren Lage eines Staates und der Einstellung zum Völkerrecht besteht.

---

[87] *W. Grewe*, Epochen der Völkerrechtsgeschichte, 1984, 25.

[88] So der Ansatz bei *Stolleis* (Fn. 24), 380 ff.

[89] In diesem Sinn *L. Oppenheim/H. Lauterpacht,* International Law Vol. I., 8 Ed. 1955, § 29 d); *Nussbaum* (Fn. 7), 312 ff.

[90] *Oppenheim/Lauterpacht* a.a.O. Angriff; *W. Grewe*, History of the Law of Nations. World War I to World War II, 1984, in: R. Bernhardt (Hrsg.), Encyclopedia of Public International Law, Vol. II, 839 (848): Herausforderung der anglo-amerikanischen Vorherrschaft im Völkerrecht.

[91] *K.-H. Ziegler*, Völkerrechtsgeschichte, 2. Aufl. 2007, 209 f.

[92] So *Koskenniemi* (Fn. 86), 261 f.

[93] Dazu *Koskenniemi* (Fn. 86), 421; *Dreier,* VVDStRL 60 (2001), 9 (64).

[94] Dazu *W. Grewe*, Die Rolle der Ideologien im Völkerrecht (1985), in: ders. (Hrsg.), Machtpositionen und Rechtsschranken, 1991, 392 (400), und *Qu. Wright*, International Law and Ideologies, AJIL 48 (1954), 616 ff.; siehe auch schon *Bristler* (Fn. 11), 213.

Souveräne Gleichheit und faktische Ungleichheit der Staaten

Von *Gerd Seidel*

I. Einleitung

Eckart Klein hat es in seinen zahlreichen Publikationen in beeindruckender Weise verstanden, rechtstheoretische Fragestellungen mit den Belangen der Praxis sowie Rechtliches und Außerrechtliches miteinander zu verbinden. Dabei ist es ihm jeweils gelungen, die Probleme deutlich zu formulieren und auf den Punkt zu bringen.

In diesem Sinne sollen die nachfolgenden dem Jubilar gewidmeten Überlegungen einige Aspekte aufgreifen, die sich aus dem problemgeladenen Völkerrechtsprinzip der souveränen Gleichheit vor dem Hintergrund der in tatsächlicher Hinsicht bestehenden Ungleichheit der Staaten ergeben. Nach einer knappen theoretischen Grundlegung zum Grundprinzip zur souveränen Gleichheit der Staaten soll das Spannungsfeld zwischen Souveränität und Gleichheit charakterisiert und der Frage nachgegangen werden, welchen Beitrag das Völkerrecht zur Überwindung des Widerspruchs zwischen rechtlicher Gleichheit und faktischer Ungleichheit leisten kann, um daran anschließend ein kurzes Fazit zu ziehen.

II. Zum Stellenwert der Souveränität innerhalb des Prinzips der souveränen Gleichheit der Staaten

1. Zum Charakter des Prinzips der souveränen Gleichheit

Das Prinzip der souveränen Gleichheit der Staaten ist in mehrfacher Hinsicht eine völkerrechtliche Norm ganz besonderer Art. Die Tatsache, dass es gleich im ersten Absatz des Art. 2 UN-Charta aufgeführt und in der die Chartaprinzipien authentisch interpretierenden Prinzipiendeklaration der UN-Generalversammlung näher erläutert wird,[1] verweist auf die zentrale Bedeutung als *Grund*prinzip, d. h. als

---

[1] Art. 2 Abs. 1 UN-Charta; Declaration on Principles of International Law concerning Friendly Relations and Co-operation among States in accordance with the Charter of the United nations, Resolution 2625 (XXV) der UN-Generalversammlung vom 24. Oktober 1970, Quelle: UNYB 24 (1970) S. 788, Abschnitt The principle of sovereign equality of States, nachfolgend zitiert als Friendly Relations Declaration; dazu *B. Fassbender/A. Bleckmann*, Article 2 (1), in: B. Simma (Hg.), The Charter of the United Nations. A Commentary, Bd. I,

quasi verfassungsrechtliches Prinzip des Völkerrechts. In ihm widerspiegelt sich in konzentrierter Form das moderne Völkerrecht, das mit der UN-Charta seinen Ausgang genommen hat und das vor allem durch das Gewaltverbot, das Selbstbestimmungsrecht der Völker und das Gebot der friedlichen Zusammenarbeit der Staaten gekennzeichnet ist.[2] Der Inhalt des Prinzips der souveränen Gleichheit der Staaten wird ganz wesentlich durch diese anderen Chartaprinzipien mit bestimmt, weshalb es im Schnittpunkt zu diesen liegt.

Gleichzeitig liegt das Prinzip der souveränen Gleichheit auch an der Schnittstelle zwischen Völkerrecht und innerstaatlichem Recht. Das hängt insbesondere mit dem seit 1945 veränderten Inhalt des Prinzips zusammen. Die Chartaschöpfer haben sich für die Bezeichnung „souveräne Gleichheit" entschieden und die staatliche Souveränität damit zum Attribut der Gleichheit der Staaten gemacht. Eine zentrale Aussage der Norm besteht darin, dass alle Staaten gleiche Rechte und Pflichten haben sollen, „ungeachtet ihrer ökonomischen, sozialen, politischen und anderen Unterschiede".[3] Damit erhält das Prinzip die wichtige Funktion, eine Klammer zu bilden zwischen allen UN-Mitgliedstaaten, die hinsichtlich der territorialen und Bevölkerungsgröße sowie der wirtschaftlichen, politischen und militärischen Macht in der Tat kaum unterschiedlicher sein können. Die fiktiv angenommene rechtliche Gleichstellung der Staaten steht scheinbar im Widerspruch zum Begriff der Souveränität, der ursprünglich „Überlegenheit" bzw. „höchste und unbegrenzte Gewalt" bedeutete.[4] Dieser Widerspruch wird dadurch aufgelöst, dass dem modernen Souveränitätsbegriff eine veränderte Bedeutung beigemessen wird: Staatliche Souveränität beinhaltet aus völkerrechtlicher Sicht heute, dass der Staat nach innen das Letztentscheidungsrecht beim Erlaß, bei der Anwendung und bei der Durchsetzung seines Rechts auf seinem Territorium und gegenüber der dort lebenden Bevölkerung, also in Ausübung seiner Gebiets- und Personalhoheit, hat.[5] Bei der Gestaltung seiner Außenbeziehungen ist er grundsätzlich unabhängig von Entscheidungen anderer Staaten und unterliegt nur den Regeln des Völkerrechts. Es gilt *par in parem non habet imperium*.

2002, 68 ff.; *J. M. Castro-Rial*, States, Sovereign Equality, in: R. Bernhardt (Hg.), Encyclopedia of Public International Law, vol. IV, 2000, 682 (im Folgenden zitiert als EPIL).

[2] Vgl. *D. Thürer*, Modernes Völkerrecht. Ein System im Wandel und Wachstum – Gerechtigkeitsgedanke als Kraft der Veränderung?, in: ZaöRV Bd. 60 (2000), 557 ff.; *B. Fassender*, Die Souveränität des Staates als Autonomie im Rahmen der völkerrechtlichen Verfassung, in: FS für Erik Jayme, 2004, 1089 (1097).

[3] Friendly Relations Declaration (Fn. 1).

[4] Dazu *J. Kokott*, Souveräne Gleichheit und Demokratie im Völkerrecht, in: ZaöRV Bd 64 (2004), 516 (518); *S. Oeter*, Souveränität – ein überholtes Konzept?, in: FS für Helmut Steinberger, 2002, 259 (261).

[5] Vgl. *A. Randelzhofer*, Staatsgewalt und Souveränität, in: J. Isensee/P. Kirchhof (Hg.) Handbuch des Staatsrechts, Bd I, 2. Aufl. 1995, § 15, Rn. 23 ff.; *C. Hillgruber*, Souveränität – Verteidigung eines Begriffs, in: JZ 57 (2002), 1072 (1074).

2. Verändertes Souveränitätsverständnis

Das Souveränitätsverständnis hat sich damit seit 1945 grundlegend gewandelt.[6] Es ist nicht einfach dem Gleichheitsgebot attributiv beigefügt worden, sondern hat dabei zugleich eine veränderte inhaltliche Aussage erfahren, weg von einer auf Abgrenzung bedachten „absoluten Souveränität", die den Stärkeren das Recht gewährte, nach Belieben Kriege zu führen und damit den Grundsatz *pacta sunt servanda* letztlich zur Farce werden ließ und hin zu einer staatlichen Souveränität, die – im Rahmen einer sich stetig konstitutionalisierenden Völkerrechtsordnung – auf die friedliche Kooperation zwischen Gleichen gerichtet ist und auf der Anerkennung des Selbstbestimmungsrechts der Völker und der grundlegenden Menschenrechte beruht.[7]

Vor diesem Hintergrund kann das Prinzip der souveränen Gleichheit durchaus weiterhin auch kurz als Souveränitätsprinzip bezeichnet werden.

Der Souveränitätsgedanke wird mithin nicht schlechthin durch das Postulat der Gleichheit verdrängt. Er ist neben der Gleichheitsidee eine eigene unverzichtbare Komponente des Prinzips, die ein Wesensmerkmal der am Völkerrechtsverkehr teilnehmenden Staaten darstellt. Ein Staat ohne Souveränität ist nicht denkbar.[8] Er kann zwar auf einzelne souveräne Rechte, nicht aber auf seine Souveränität als Ganzes verzichten. Die Eigenschaft der Souveränität begleitet ihn, solange er Staat ist. Sogar bei den gescheiterten Staaten (failed States) wird – zur Wahrung der Kontinuität der Völkerrechtssubjektivität der betreffenden Staaten – bis zur Entstehung eines Neustaates auf dem Territorium weiter von deren Staatlichkeit und somit wohl auch von einer Art Restsouveränität ausgegangen.[9] Sie behalten ihre Mitgliedschaft in den Vereinten Nationen und anderen internationalen Organisationen, wie das Beispiel Somalias zeigt.

---

[6] *H. Steinberger*, Sovereignty, in: EPIL, Bd. IV, 2000, 500; *C. Tomuschat*, How the Classical Concept of Sovereignty Has Evolved, in: Essays in Honour of Vojin Dimitrjevic, 2003, 21 (24); *G. Nolte*, Zum Wandel des Souveränitätsbegriffs, in: Frankfurter Allgemeine Zeitung vom 6. April 2005, 8; *G. Biehler*, Souveränität im Wandel – Rückzug des Staates aus der internationalen Verantwortung? in: Der Staat 35 (1996), 99.

[7] Dazu *E. Klein*, Menschenrechte und jus cogens, in: FS für *Georg Ress*, 2005, 151 ff; *ders.*, Selbstbestimmungsrecht der Völker und territoriale Integrität von Staaten – zur Frage der Vereinbarkeit der beiden völkerrechtlichen Prinzipien – in: Bundesakademie für Sicherheitspolitik, Schriftenreihe zur Neuen Sicherheitspolitik, Jahresband 94/95, 1995, 31 ff; *B. Fassbender*, Die souveräne Gleichheit der Staaten – ein angefochtenes Grundprinzip des Völkerrechts, in: Aus Politik und Zeitgeschichte, Beilage zur Wochenzeitung „Das Parlament" vom 18. Oktober 2004, B 43/2004, 7 (11 f.).

[8] *B. Kingsbury*, Sovereignty and Inequality, in: EJIL 9 (1998), 599 ff.; *J. L. Cohen*, Whose sovereignty? Empire versus International Law, in: Ethics & International Affairs 18 (2004) 3, 1 ff.

[9] So auch *H. Schröder*, Die völkerrechtliche Verantwortlichkeit im Zusammenhang mit failed and failing States, 2007, 66 ff.

Die Scharnierfunktion zum innerstaatlichen Recht hat das Prinzip vor allem dank des Gebots der friedlichen internationalen Zusammenarbeit erlangt. In Ausübung ihrer Souveränität haben die Staaten nämlich zunehmend Materien, die früher ausschließlich den inneren Angelegenheiten zugeordnet waren, zum Gegenstand völkerrechtlicher Verträge gemacht und sie auf diese Weise internationalisiert. Regelungsbereiche wie die Menschenrechte erhalten so einen Doppelcharakter. Sie bleiben insofern innere Angelegenheiten, als ihre Gewährleistung nur im Verhältnis zwischen Bürger und Staat möglich ist.[10] Zugleich versprechen sich die Staaten in den zahlreichen Verträgen zum Schutz der Menschenrechte, die dort genannten Verpflichtungen zu erfüllen und akzeptieren internationale – und wie im Falle der EMRK recht strenge – Kontrollverfahren, ohne sich wie früher auf das Argument der Einmischung in die inneren Angelegenheiten zurückziehen zu können.[11] Solche internationalisierten Angelegenheiten veranschaulichen deutlich die über die staatliche Souveränität verlaufende Vernetzung von Nationalem und Internationalem.

3. Zur Souveränität im Staatenverbund

Diese Vernetzung erfährt einen besonders intensiven Grad bei denjenigen Staaten, die Mitglieder einer Integrationsgemeinschaft wie der Europäischen Union sind. Die zunehmende Übertragung souveräner Rechte der Mitgliedstaaten an die Gemeinschaft führte zu einem Staatenverbund mit eigener Rechtspersönlichkeit und eigener Rechtsordnung neben derjenigen der Mitgliedstaaten.[12] Die auf die Gemeinschaft übertragenen Souveränitätsrechte werden dem Staatenverbund zur gemeinsamen Ausübung bereitgestellt. Sie werden insofern nicht „geopfert". Dennoch erhalten sie dort eine neue Qualität und sind jedenfalls der alleinigen Verfügung der Mitgliedstaaten regelmäßig entzogen.

Es stellt sich die Frage, ob ein Mitgliedstaat der EU unbegrenzt souveräne Rechte auf die Union übertragen kann, ohne damit seine Unabhängigkeit als Staat, also seine Souveränität, zu verlieren. Immerhin ist die Souveränität keine bloße Hülle, sondern wird in der Regel aus den (souveränen) Hoheitsrechten gespeist. Gewiß gibt es keine nur quantitativ zu bemessende Anzahl von Hoheitsrechten, bei deren Übertragung auf die EU der Verlust der Unabhängigkeit des einzelnen Mitgliedsstaates festzustellen wäre. Die Entleerung der Souveränität dürfte aber dann einsetzen, wenn substantielle Hoheitsrechte, die den Kern der staatlichen Unabhängigkeit betreffen, wie z.B. das Haushaltsrecht, in einem Maße auf die Euro-

---

[10] Dazu *G. Seidel*, Die Völkerrechtsordnung an der Schwelle zum 21. Jahrhundert, in: AVR Bd. 38 (2000), 23, (31 f.).

[11] Vgl. u.a. *C. Grabenwarter*, Europäische Menschenrechtskonvention, 3. Aufl. 2009; *G. Seidel*, Handbuch der Grund- und Menschenrechte auf staatlicher, europäischer und universeller Ebene, 1996; *S.-R. Eiffler*, Die Auslegung unbestimmter Schrankenbegriffe der Europäischen Menschenrechtskonvention, 1999.

[12] BVerfGE 89, 155 ff.; dazu *T. Oppermann,* Wesen der Europäischen Union, in: ders./ C. Classen/M. Nettesheim, Europarecht, 4. Aufl. 2009, § 5 Rn. 4 ff.

päische Union übergehen, dass der einzelne Mitgliedstaat die eigenständige Handlungsfähigkeit verliert oder zu verlieren droht, ohne dass die Organe der EU zugleich auf eine entsprechende demokratische Legitimation verweisen können. Solange der Souverän über das Budget, das Volk, in dem einzelnen Mitgliedstaat die EU-Organe dazu nicht berechtigt hat, fehlt die Legitimation für die Souveränitätsübertragung. Diese kann in der Bundesrepublik Deutschland nur durch eine plebiszitäre Entscheidung herbeigeführt werden. Da das geltende Grundgesetz eine solche Möglichkeit nicht vorsieht, müßte dazu eine neue Verfassung auf der Grundlage des Art. 146 GG verabschiedet werden. Die Ausarbeitung einer neuen Verfassung könnte aber wegen der Komplexität des Vorhabens einen längeren Zeitraum benötigen, so dass übergangsweise auch an die Änderung des geltenden Grundgesetzes durch Aufnahme einer Plebiszitregelung sowie die Durchführung einer Volksbefragung über die Kompetenzübertragung an das Europäische Parlament zu denken wäre, was aber wiederum die kompetenzielle Stärkung des Europäischen Parlamentes voraussetzen und damit ebenfalls einen größeren Zeitrahmen in Anspruch nehmen würde. Würde man auf die Befragung des Volkes indes verzichten, so liefe dies offensichtlich auf eine Verletzung des Grundgesetzes hinaus.[13]

Eine Volksabstimmung wäre nicht nur nach der deutschen Rechtsordnung geboten, sondern es wäre wegen der Verzahnung der Prinzipien der souveränen Gleichheit der Staaten und des Selbstbestimmungsrechts der Völker auch aus völkerrechtlicher Sicht angezeigt. Denn „hinter dem Schutz staatlicher Souveränität steht als völkerrechtliche Letztbegründung das Selbstbestimmungsrecht der Völker und damit – verfassungsrechtlich gesprochen – das Prinzip der Volkssouveränität, das im Selbstbestimmungsrecht eine völkerrechtliche Anerkennung und Absicherung erfahren hat".[14] Nach A. Cassese erweist sich das Selbstbestimmungsrecht der Völker insoweit als „a corollary of the democratic principle of government with the consent of the governed".[15]

Damit wird deutlich, dass selbst in einer so verdichteten Integrationsgemeinschaft wie der EU der Souveränität der Mitgliedstaaten nach wie vor eine große Bedeutung zukommt. Wichtige Integrationsschritte bedürfen daher stets der Rückkopplung zum Souverän des jeweiligen Mitgliedstaates.

Die Mitgliedstaaten sind unverändert „Herren der Verträge" und wollen es auf absehbare Zeit auch bleiben. Davon zeugen nicht zuletzt die Regelungen über die Möglichkeit des Austritts aus der Union sowohl im Vertrag über die Europäische Union als auch im nationalen Recht.[16]

---

[13] *H. Dreier*, Die EU ist ein ganz spezielles Gebilde, in: Berliner Zeitung vom 9. Juli 2012, 2.

[14] *Hillgruber* (Fn. 5), 1077; *M. Ott*, Das Recht auf Sezession als Ausfluß des Selbstbestimmungsrechts der Völker, 2008, 103 ff.

[15] *A. Cassese*, The self-determination of peoples, in: L. Henkins (Hg.), The International Bill of Rights, The Covenant on Civil and Political Rights, 1981, 92–113 (102).

[16] Art. 50 EU; Art. 23 Abs. 1 GG.

Die Völker in den Mitgliedstaaten scheinen in absehbarer Zeit nicht gewillt zu sein, der Union eine allgemeine Kompetenz-Kompetenz zuzubilligen, denn damit wäre das Ende der Souveränität der Mitgliedstaaten verbunden. Der nach innen und außen unabhängige Staat ist eine historisch-soziale Einheit, die von den dort lebenden Menschen, ihrer Kultur und Umwelt im Laufe von Jahrhunderten geprägt wurde. Der Staat ist insofern der gewohnte Lebensraum dieser Menschen, den sie mehrheitlich offensichtlich nicht bereit sind aufzugeben, ohne einen Ersatz dafür zu erhalten. Zumindest müßten sie befragt werden, ob sie Europa als Substitut ihres Heimatstaates akzeptieren wollen. Ein von oben dekretierter europäischer Bundesstaat ohne das Plazet des Souveräns liefe hingegen Gefahr, Unfrieden statt Frieden zwischen den europäischen Völkern zu stiften.

III. Spannung zwischen rechtlicher Gleichheit und faktischer Ungleichheit der Staaten

1. Zum Inhalt des Gleichheitsgebots

Die zweite Komponente des Grundprinzips, das Postulat der Gleichheit der Staaten, ist nicht weniger problematisch als das Souveränitätselement. Sie stellt Fragen nach dem Verhältnis zwischen Norm und Wirklichkeit und nach der Wirksamkeit des Prinzips der souveränen Gleichheit. Ist die Staatenpraxis mit der völkerrechtlichen Forderung nach Gleichbehandlung der Staaten angesichts der für jeden sichtbaren faktischen Unterschiede zwischen ihnen nicht überfordert? Handelt es sich hierbei etwa um eine wirklichkeitsfremde, nicht umsetzbare Norm?

Das Prinzip der souveränen Gleichheit beruht auf einer Fiktion, die naturgemäß von den tatsächlichen Unterschieden abstrahiert. Das ist keine Besonderheit im Völkerrecht. Die Fiktion ist auch in anderen Rechtsordnungen üblich. Selbst die allgemeinste Definition des Rechts, wonach Recht gleicher Maßstab für ungleiche Subjekte ist, widerspiegelt diesen Umstand.

Das Prinzip der souveränen Gleichheit beschreibt die rechtliche Stellung aller Staaten als vor dem Völkerrecht gleich. Diese rechtliche Gleichstellung ist notwendig, denn ohne sie würde die Einordnung der verschiedenartigen Staaten in die moderne Völkerrechtsordnung nicht funktionieren. Im Unterschied zu früheren Völkerrechtsordnungen werden heute demzufolge hegemoniale Ansprüche einzelner Staaten nicht mehr geduldet.[17] Diese Fiktion ist damit sogar ein Wesensmerkmal des modernen Völkerrechts. Sie sagt nichts über die tatsächliche Lage der Staaten. Ihr ist aber die Aufforderung immanent, jeweils einen sachgerechten Ausgleich zwischen der Unterschiedlichkeit der Staaten zu schaffen, so dass die Beziehungen zwischen ihnen gerecht gestaltet werden können. Diese aus dem Prinzip der sou-

---

[17] *M. Cosnard*, Sovereign equality – „the Wimbledon sails on", in: M. Byers/G. Nolte (Hg.), United States Hegemony and the foundation of International Law, 2003, 117 ff.; *G. Stuby*, Macht Macht Völkerrecht?, in: Wissenschaft & Frieden, 2007–2, 1 ff.

veränen Gleichheit erwachsende Forderung zielt nun nicht etwa auf die völlige Aufhebung der Verschiedenartigkeit der Staaten im Sinne einer Gleichmacherei, zum Beispiel in Gestalt einer allgemeinen Vermögensverteilung o. ä. Es gab schon immer Unterschiede zwischen den Staaten hinsichtlich der politischen, ökonomischen und militärischen Stärke und ihrer Größe, und es wird sie weiterhin geben. Hier geht es vielmehr nur um die Herstellung eines sachgerechten und sachbezogenen Ausgleichs solcher gravierenden Unterschiede, die eine gedeihliche Zusammenarbeit auf Augenhöhe behindern oder erschweren können. M.a.W., es geht um die teilweise Annäherung des Niveaus der Beteiligten und mithin um die Schaffung gerechter *Voraussetzungen* für die Kooperation auf den verschiedenen Gebieten.

Dabei kommt es immer darauf an, zu fragen, bezüglich welcher spezifischer Eigenschaften eine faktische Ungleichheit bei der zwischenstaatlichen Zusammenarbeit besteht. Existiert zum Beispiel eine offensichtliche Ungleichheit hinsichtlich der wirtschaftlichen Leistungskraft, dann bedarf es eines Ausgleichs in dieser Beziehung. Dabei muss auch bedacht werden, dass wirtschaftlich starke Staaten bei der Ausgestaltung der Zusammenarbeit nicht überfordert werden. Dem wird zum Beispiel in der Weltbank-Satzung durch ein gewogenes Stimmrecht Rechnung getragen, bei dem die Verteilung der Kapitalanteile als Grundlage für die Aufteilung der Stimmrechte in den Organen der IBRD dient.[18]

Ungleichheiten können aber auch bei erheblichen Unterschieden hinsichtlich des politischen Gewichts sowie der Größe des Territoriums oder der Bevölkerung u. ä. bestehen. So stellt die Stimmengewichtung im Rat der EU in besonderer Weise auf die Bevölkerungsgröße der beteiligten Mitgliedstaaten ab.[19]

Wenn die faktische Ungleichheit von Staaten und deren Ausgleich in Rede steht, dann muss also stets der spezifische Sachgegenstand der Ungleichheit herausgearbeitet werden. Die Gegenüberstellung von großen und kleinen, starken und schwachen Staaten schlechthin, ist wenig hilfreich und kaum zielführend. Luxemburg ist – ähnlich wie Kiribati – ein territorial kleiner, im Unterschied zu diesem aber ein wirtschaftlich potenter Staat.[20] Niger rangiert in der UN-Statistik in Bezug auf die Gebietsgröße an 21. Stelle und hinsichtlich der Wirtschaftsleistung auf dem 142. Rang[21], usw.

---

[18] Vgl. Art. V Abschn. 3 Satzung der Internationalen Bank für Wiederaufbau und Entwicklung vom 22.7.1944, in: *F. Knipping/H. von Mangoldt/T. Rittberger* (Hg.), Das System der Vereinten Nationen und seine Vorläufer, Bd. I/2, 1995, 155 (181).

[19] Bis 1. November 2014 gilt bei der Abstimmung im Rat die Regelung der Stimmwägung nach den Nizza-Verträgen, Art. 16 Abs. 5 EU iVm. Art. 3 Protokoll Nr. 36. Auch bei der danach geltenden Regelung spielt die Bevölkerungsgröße eine maßgebliche Rolle, Art. 16 Abs. 4 EU; *M. Herdegen*, Europarecht, 13. Aufl. 2011, § 7, Rn. 26 ff.

[20] Vgl. *J. C. Duursma*, Fragmentation and the international relations of micro-states – self-determination and statehood, 1996; *D. McCann*, Small States in globalizing markets – the end of national economic sovereignty?, in: New York University Journal of International Law & Politics 34 (2001), 281 ff.

[21] Vereinte Nationen 1/2012, 44 (46).

2. Rechtliche Instrumente zur Milderung gravierender Unterschiede

Welches sind nun die rechtlichen Instrumente, mit deren Hilfe auf einen zumindest teilweisen Ausgleich zwischen verschiedenartigen Staaten hingewirkt werden kann?

Anders als im innerstaatlichen Bereich, wo der Staat z. B. einen sozialen Ausgleich zwischen Personengruppen mit Hilfe seiner Steuerpolitik gesetzlich reglementieren kann, funktionieren die Ausgleichsmechanismen im Völkerrecht infolge des dort maßgeblichen Vereinbarungscharakters anders. Hier wirken zum einen allgemeine, für alle Staaten geltende Rechtsprinzipien, insbesondere die völkerrechtlichen Grundprinzipien aus Art. 1 und 2 der UN-Charta. Darüber hinaus finden sich in multilateralen Verträgen Regelungen, die geeignet sind, einen Ausgleich bei der zwischenstaatlichen Zusammenarbeit herbeizuführen. Auf der Grundlage von Satzungen internationaler Organisationen sind deren Organe oft auch um einen Ausgleich bemüht. Schließlich kann ein solcher Ausgleich auch bilateral vereinbart werden.

a) Beitrag der völkerrechtlichen Grundprinzipien

Unter den völkerrechtlichen Grundprinzipien sind neben dem Prinzip der souveränen Gleichheit an vorderer Stelle das Gewaltverbot, das Interventionsverbot und das Prinzip der friedlichen Streitbeilegung zu nennen.

Das Gewaltverbot[22] verhindert, dass militärisch starke Staaten ihren Willen gegenüber schwächeren Staaten durch Anwendung oder Androhung von Gewalt durchsetzen können. Das Prinzip ist gewissermaßen die Grundversicherung für gleichberechtigte internationale Beziehungen und damit von besonderer Bedeutung für schwächere Staaten. Diese Staaten, die die übergroße Mehrheit der Staatengemeinschaft bilden, verteidigen deshalb das Prinzip gegen Versuche, das Gewaltverbot aufzuweichen.[23] So konnten die Bemühungen der damaligen US-amerikanischen Administration unter G. W. Bush, nach den Terroranschlägen von 2001 dem Gewaltverbot z. B. durch ein um „preemptive actions" erweitertes Selbstverteidigungsrecht einen völlig neuen Inhalt zu verleihen, nicht gelingen, weil für die Abänderung einer Jus-cogens-Norm wie des Gewaltverbots gem. Art. 53 Wiener Vertragsrechtskonvention die ausdrückliche Zustimmung der Staatengemeinschaft in ihrer Gesamtheit erforderlich gewesen wäre.[24] Eine solche Zustimmung gab es nicht. Die Mehrzahl der Staaten lehnt eine solche Änderung des Inhalts des Ge-

---

[22] Art. 2 Abs. 4 UN-Charta; statt vieler: *A. Randelzhofer*, Use of Force, in: EPIL, Bd. IV, 2000, 1246 ff.

[23] S. *C. Tomuschat*, A New World Order Dominated by a Hegemon?, in: Austrian Review of International and European Law, 8 (2003), 197 (201); *N. Krisch*, Amerikanische Hegemonie und liberale Revolution im Völkerrecht, in: Der Staat 43 (2004) 2, 257 (272).

[24] *G. Seidel*, Der Libanonkonflikt 2006 und das Völkerrecht, in: Verfassung und Recht in Übersee 40(2007), 352 (358).

waltverbots vielmehr ab. Sie befürchtet u. a., dass bei der Ausweitung des Selbstverteidigungsrechts militärisch potente Staaten willkürlich einseitige Militäraktionen ohne Mandat des Sicherheitsrates gegen einen militärisch schwächeren Staat unter dem Vorwand vornehmen könnten, dieser Staat würde Terroristen Unterschlupf gewähren.[25]

Die große Mehrheit der Entwicklungsländer hat damit gezeigt, dass multilaterale Regelungen mit universellem Anspruch ohne ihre Zustimmung weder zustande kommen noch geändert werden können, erst recht dann, wenn sie Jus-cogens-Charakter tragen. Das gilt sowohl für vertragliche als auch für gewohnheitsrechtliche Normen. Eine entsprechende „Sperrminorität" haben umgekehrt freilich auch die entwickelten Industrieländer, einschließlich der sog. Großmächte. Beide Gruppierungen sind aufeinander angewiesen und müssen Kompromisse bei der Normbildung und -anwendung suchen, insbesondere wenn es um Lebensbereiche geht, die die künftige Sicherung der menschlichen Existenz betreffen. Fehlt es an dieser Einsicht, so kann dies negative Folgen für den Fortbestand der Menschheit haben.[26]

Es ist kontraproduktiv und widerspricht dem Anliegen des Prinzips der souveränen Gleichheit, wenn auf universeller Ebene eine Gruppierung versucht, die jeweils andere zu übervorteilen, indem sie rücksichtslos die eigene Stärke einsetzt, ohne die Belange der anderen Seite zu berücksichtigen. So hatten Entwicklungsländer unter Nutzung ihrer zahlenmäßigen Überlegenheit im Rahmen des UN-Seerechts-Übereinkommens Regelungen, z. B. zum Tiefseebergbau, durchgesetzt, die für die wenigen ökonomisch mächtigen Staaten nicht akzeptabel waren. Die Arbeiten an der Beseitigung des so entstandenen Ungleichgewichts innerhalb des Übereinkommens nahmen Jahre in Anspruch, so dass das Seerechts-Übereinkommen erst mehr als ein Jahrzehnt später in Kraft treten konnte.[27]

Ähnlich verhält es sich mit der 1974 von der UN-Generalversammlung gegen die Stimmen der Industriestaaten angenommen Charta der wirtschaftlichen Rechte und Pflichten der Staaten, in der sich die Entwicklungsländer kraft ihrer zahlenmäßigen Übermacht Vorzugsrechte sichern wollten, die für die Industriestaaten nicht annehmbar waren und daher keinen Eingang in das allgemeine Völkerrecht fanden.[28] Daraus folgt, dass der Ausgleich zur Überwindung der faktischen Un-

---

[25] *D. Murswiek*, Die amerikanische Präventivstrategie und das Völkerrecht, in: NJW 2003, Heft 14, 1014 (1018 f.); *G. Seidel*, Quo vadis Völkerrecht?, in: AVR, Bd. 41 (2003), 449 (458 ff.).

[26] Z. B. Internationaler Klimaschutz: *A. Proelß*, Raum und Umwelt im Völkerrecht, in: W. Graf Vitzthum (Hg.), Völkerrecht, 5. Aufl. 2011, Kap. 5, Rn. 143 ff.; *D. Bodansky*, The Copenhagen Climate Change Conference: A Postmortem, in: AJIL 105 (2011), 230.

[27] BGBl II 1994, S. 1799; dazu *R. Wolfrum*, Hohe See und Tiefseeboden, in: W. Graf Vitzthum (Hg.), Handbuch des Seerechts, 2006, Kap. 4, Rn. 137 ff.

[28] Res. 3281 (XXIX) der UN-Generalversammlung vom 12.12.1947; dazu *C. Tomuschat*, Die Charta der wirtschaftlichen Rechte und Pflichten der Staaten, in: ZaöRV 36 (1976), 444 ff.

gleichheit zwischen Staaten nicht erzwungen werden kann, sondern stets im Konsens erarbeitet werden muss.

Generell wird man wohl sagen können, dass sich bis heute kein deutlicher Inhalt des Rechts auf Entwicklung erkennen läßt.[29] Es enthält wohl eher eine Zielvorgabe zur ökonomischen Vorzugsbehandlung der Entwicklungsländer als verbindliche Sollensvorschriften. Letztere finden sich dann gegebenenfalls in konkreten bi- oder multilateralen Kooperationsverträgen, wobei die vertragliche Hilfe für Entwicklungsländer an Konditionen wie gute Regierungsführung, Achtung der Menschenrechte und Korruptionsbekämpfung geknüpft werden kann.[30] M.a.W., das gegenwärtige Völkerrecht enthält auf universeller Ebene keine konkrete verbindliche Pflicht für die entwickelten Industrieländer zum Ausgleich des bestehenden ökonomischen Gefälles. Es beinhaltet höchstens die Aufforderung, in konkreten Verhandlungen auf den sukzessiven Abbau dieses Gefälles hinzuwirken. Bei der unmittelbaren Durchsetzung stößt man allerdings noch auf eine Reihe ungeklärter Fragen, z. B.: Wer ist auf welchem Gebiet der Entwicklungshilfe in welchem Umfang berechtigter und verpflichteter Staat?

Das Verbot der Einmischung in die inneren Angelegenheiten anderer Staaten ist ein anderes Chartaprinzip, das vor allem auf den Schutz von politisch, militärisch und ökonomisch schwächeren Staaten gerichtet ist. Es erscheint damit von seiner Zielrichtung her geeignet, ausgleichend zwischen faktisch ungleichen Staaten zu wirken. Allerdings ist diese Wirkung begrenzt. Das hat objektive und subjektive Ursachen. Das Einmischungsverbot hat vor allen Dingen im Zuge der mit der Globalisierung einhergehenden Zusammenarbeit der Staaten einen merklich reduzierten Schutzbereich erhalten, dessen Konturen überdies unscharf sind.[31] Der Bestand an ausschließlich inneren Angelegenheiten, d. h. an solchen, „die ihrem Wesen nach zur inneren Zuständigkeit eines Staates gehören",[32] ist dank der Übernahme von früher innerstaatlich geregelten Gegenständen in völkerrechtliche Verträge internationalisiert und damit dem Vorwurf der Einmischung entzogen worden. Die Anwendung des Prinzips wird zusätzlich noch dadurch erschwert, dass Maßstäbe dafür fehlen, welche Intensität der Eingriff eines Staates haben muß, um als Einmischung qualifiziert zu werden. Die gleiche Maßnahme eines Staates, die gegen einen wirtschaftlich schwachen Staat gerichtet existenzgefährdend und somit als Einmischung in dessen innere Angelegenheiten gewertet werden mag, würde, wenn der Zielstaat eine wirtschaftlich starke Macht ist, u. U. unbeachtet bleiben. Daraus ergibt sich, dass die Wertung eines Eingriffs offensichtlich nicht nur von dessen Schwere, sondern vor allem auch von der Stärke des Zielstaates abhängt.

---

[29] *T. Schweisfurth*, Völkerrecht, 2006, S. 576.

[30] U. a. *A. von Arnauld*, Völkerrecht, 2012, § 11, Rn. 901.

[31] *G. Seidel*, Völkerrechtliches Interventionsverbot, in: FS für Christian Tomuschat, 2006, 829 ff.; *E. Wehser*, Die Intervention nach gegenwärtigem Völkerrecht, in: B. Simma/E. Blenck-Knocke (Hg.), Zwischen Intervention und Zusammenarbeit, 1985, 23 ff.

[32] Art. 2 Abs. 7 UN-Charta.

Somit ist das Prinzip des Einmischungsverbots nur bedingt als Ausgleichsinstrument geeignet.

Unter den Chartaprinzipien, die zum Ausgleich zwischen faktisch ungleichen Staaten beitragen können, kommt dem Prinzip der friedlichen Streitbeilegung hingegen eine grundsätzliche Bedeutung zu. Es verpflichtet die Staaten, ihre Streitigkeiten jedenfalls friedlich beizulegen. Ob sie sich dabei diplomatischer oder gerichtlicher Mittel bedienen, unterliegt ihrer Disposition.[33] Ähnlich wie das Gewaltverbot schützt dieses Prinzip vor allem schwache Staaten. Schwächere Staaten sind meist intensiver darum bemüht, Mittel und Wege zu finden, um einen entstandenen Streit aus der Welt zu schaffen. Als Streitbeilegungsorgane auf universeller Ebene seien hier der Internationale Gerichtshof der UNO und das Streitbeilegungssystem der WTO erwähnt.

Vor dem IGH können jedoch nur dann Streitigkeiten geregelt werden, wenn sich die Streitparteien vor Eröffnung des Verfahrens der Gerichtsbarkeit unterworfen haben. Das war z. B. im Nicaragua-Verfahren der Fall, wo der IGH mit seinem Urteil von 1986 Nicaragua bestätigt hatte, dass die USA in ihrem Verhalten gegenüber dem Klägerstaat schwere Verletzungen des Völkerrechts begangen hatten.[34] Dabei wurden zugleich wichtige Eckpunkte zur Interpretation der völkerrechtlichen Grundprinzipien formuliert.[35] Mit diesem Urteil wurde der Nachweis erbracht, dass ein schwacher Staat sogar einer Großmacht auf dem Rechtsweg eine Niederlage beifügen kann. Diese Aussage wird auch nicht dadurch geschmälert, dass die USA als schlechte Verlierer im Verlaufe des Verfahrens ihre Unterwerfungserklärung unter die IGH-Gerichtsbarkeit zurückzogen und dem Urteil die Anerkennung verweigerten.

Da bisher insgesamt nur eine begrenzte Zahl von Staaten die obligatorische Gerichtsbarkeit des IGH anerkannt haben, sind die an der Streitlösung interessierten Staaten mitunter gehalten, nach anderen Möglichkeiten innerhalb des IGH-Systems zu suchen. Dabei haben die jeweils schwächeren Staaten bereits mehrfach auf das Gutachtenverfahren des IGH zurückgegriffen. Zwar sind solche Gutachten rechtlich nicht verbindlich, doch klären sie die Rechtslage und genießen eine hohe Autorität, so dass sie zumindest indirekt auch zur Streitbeilegung beitragen können. Zwei solcher Gutachtenverfahren seien hier genannt. Das eine betrifft das IGH-Gutachten zur Rechtmäßigkeit der Anwendung oder Androhung von Atomwaffen von 1996.[36] Darin sprach sich das Gericht mehrheitlich gegen die Zulässigkeit der Androhung

---

[33] *K. Oellers-Frahm,* Souveräne Gleichheit der Staaten in der internationalen gerichtlichen Streitbeilegung, in: FS für Tono Eitel, 2003, 169 ff.

[34] ICJ Reports 1986. Military and Paramilitary Activities in and against Nicaragua, Urteil vom 27. Juni 1986.

[35] *H. Fischer,* Friedenssicherung und friedliche Streitbeilegung, in: K. Ipsen, Völkerrecht § 59, Rn. 12 ff.

[36] ICJ Reports 1996, 226 Legality of the Threat or Use of Nuclear Weapons, Gutachten vom 8. Juli 1996.

und Anwendung von Kernwaffen aus.[37] Das war eine wichtige rechtliche Klarstellung, die die große Zahl von nicht Kernwaffen besitzenden Staaten allein von einer internationalen Gerichtsinstanz, nicht von einem politischen Organ einer internationalen Organisation erhalten konnten. Damit war die erhebliche Diskrepanz in der Rechtsauffassung zwischen Atomwaffen besitzenden und nicht Atomwaffen besitzenden Staaten zumindest insoweit gemildert, dass die Androhung und Anwendung dieser Waffen jedenfalls aus rechtlicher Sicht von dem hierfür zuständigen UN-Organ gutachtlich für prinzipiell unzulässig erklärt wurde.

Ein anderes Gutachten ist das über den israelischen Mauerbau in den besetzten palästinensischen Gebieten vom 9.7.2004.[38] Darin konstatierte der Gerichtshof, dass Israel durch die Errichtung der Grenzanlagen auf palästinensischem Gebiet nicht nur völkerrechtliche Grundprinzipien wie das Selbstbestimmungsrecht der Völker verletzt, sondern ebenso grundlegende Menschenrechte sowie Normen des humanitären Völkerrechts. Als Rechtsfolge hält es der IGH im Ergebnis für angezeigt, dass Israel den *status quo ante delictum* wieder herstellt, d.h. die Mauer auf palästinensischem Gebiet beseitigt und Wiedergutmachung für den dadurch entstandenen Schaden leistet, dass Drittstaaten sich jeder Anerkennung des illegalen Mauerregimes enthalten und dass UN-Organe Maßnahmen zur Beendigung der rechtswidrigen Situation einleiten.[39]

Beide Gutachten kamen dadurch zustande, dass eine große Zahl von Entwicklungsländern, aber auch weiterer Staaten, in der UN-Generalversammlung jeweils den Antrag auf Anfertigung eines Gutachtens durch den IGH gestellt hatten. Einem solchen Antrag der UN-Generalversammlung war der IGH bisher immer gefolgt. Da den hier betroffenen schwächeren Staaten der Klageweg verwehrt war und auch sonst kein Weg zur Minderung der faktischen Ungleichheit zur Verfügung stand, mobilisierten sie die an ihrer Seite stehende Mehrheit in der UNO, um wenigstens Rechtsklarheit in den jeweiligen streitigen Situationen zu erlangen. Die Gutachten führten im Ergebnis zu einer Schwächung der jeweils stärkeren Staaten, die sich nunmehr nicht mehr auf Völkerrecht berufen konnten. Dies mag Manchem nicht ausreichend erscheinen. Aus völkerrechtlicher Sicht, die maximalistische Erwartungen vermeidet, handelt es sich um einen nicht zu unterschätzenden Schritt zum teilweisen Ausgleich zwischen den in tatsächlicher Hinsicht ungleichen Staaten.

Maßgeblich für die Streitbeilegung im Welthandel ist das Streitbeilegungssystem der WTO. Dabei handelt es sich um ein mehrstufiges Streitschlichtungsverfahren, das für alle WTO-Mitglieder verpflichtend und dessen abschließender Bericht verbindlich ist.[40] Dadurch, dass es WTO-Mitgliedern vorab oder während des laufenden Verfahrens untersagt ist, einseitige Maßnahmen zu ergreifen, müssen

---

[37] *Thürer* (Fn. 2), 590.

[38] ICJ Reports 2004, 136, Legal Consequences of the Construction of a Wall in the Occupied Palestinian Territory, Gutachten vom 9. Juli 2004.

[39] *G. Seidel*, Die Palästinafrage und das Völkerrecht, in: AVR, Bd. 44 (2006), 221 (236).

[40] *Von Arnauld* (Fn. 30), § 12, Rn. 929 ff.

ökonomisch Schwächere nicht befürchten, von Stärkeren mit einseitigen Sanktionen überzogen zu werden.

Internationale Organisationen versuchen in ihren Satzungen, die faktischen Unterschiede zwischen den Mitgliedstaaten auf verschiedene Weise abzufangen. In den Satzungen der Weltbank-Gruppe geschieht dies über die Methode der Stimmenwägung, d. h. die Stimmenzahl für die Mitgliedstaaten nach der Höhe der finanziellen Einlagen zuzuweisen.[41] So soll vor allem verhindert werden, dass eine Gruppe von Staaten allein kraft ihrer numerischen Mehrheit über die Verwendung von Geldern einer Minderheit abstimmt.

b) Das Vetorecht im UN-Sicherheitsrat im Lichte des Prinzips der souveränen Gleichheit

Die Charta der Vereinten Nationen nimmt für den Sicherheitsrat, das hauptverantwortliche Organ für Weltfrieden und internationale Sicherheit, eine Stimmwägung nach dem politischen Gewicht der Mitgliedstaaten vor.[42] Die fünf Großmächte haben bei der Gründung der Weltorganisation weitgehende Privilegien erhalten. Zum ersten sind sie ständige Mitglieder des Rates, ohne sich wie die übrigen Mitglieder einer zweijährlichen Wahl stellen zu müssen. Zum zweiten kommen Beschlüsse zu allen Angelegenheiten, die nicht Verfahrensfragen sind, nicht ohne ihre Zustimmung zustande. Diese Privilegien waren bis 1990 vertretbar: Die betreffenden Staaten trugen eine besondere Verantwortung bei der Niederschlagung der Aggressoren des Zweiten Weltkrieges. Sie waren lange Zeit die einzigen Atomwaffen besitzenden Staaten. Damit hatten sie einen größeren Einfluss auf die die gesamte Staatengemeinschaft betreffenden Fragen.[43] In der Zeit der Bipolarität wurden durch Vetos dieser Staaten gewiss wichtige Entscheidungen verhindert. Zugleich war durch die Veto-Konstruktion der Charta aber gewährleistet, dass ein System das andere nicht überstimmen konnte. Auf diese Weise konnten gefährliche Situationen für den Weltfrieden verhindert werden. Insofern kann man sagen, dass die Sonderstellung der fünf Großmächte bis zum Ende der beiden Blöcke durchaus friedenssichernde Tendenzen aufwies und daher bis dahin hinnehmbar war.

Inzwischen sind diese Privilegien nicht mehr zu rechtfertigen. Die Zusammensetzung des Rates widerspiegelt in keiner Weise mehr das veränderte Kräfteverhältnis. Einige der sog. Großmächte, wie Großbritannien und Frankreich, haben weltpolitisch erheblich an Bedeutung eingebüßt, dafür sind sog. Schwellenländer in der weltpolitischen Bedeutung vorgerückt. Wollte man an der Unterscheidung zwischen ständigen und nichtständigen Ratsmitgliedern festhalten, so wäre eine

---

[41] *Schweisfurth* (Fn. 29), § 19, Rn. 50 ff.
[42] *B. Simma/S. Brunner*, Art. 27, in: Simma (Hg.) Kommentar (Fn.), Rn. 35 ff., *G. Pleuger*, Die Reform des Sicherheitsrates der Vereinten Nationen, in: S. von Schorlemmer (Hg.), Praxishandbuch UNO, 2003, 683.
[43] *H. Mosler*, Die Großmachtstellung im Völkerrecht, 1949, 9, 38 ff.

geografische Umverteilung der ständigen Mitglieder zugunsten des afrikanischen, südamerikanischen und asiatischen Kontinents erforderlich.

Jedenfalls erscheint die derzeitige Zusammensetzung des Sicherheitsrates als ungerecht. Sie vertieft das faktische Ungleichgewicht im Rat zu Lasten der großen Mehrheit der UN-Mitgliedstaaten, und sie könnte, wenn auf ihrer Beibehaltung insistiert wird, bis zur Spaltung der Organisation führen.

Die Organisation der Vereinten Nationen wird aber von allen Staaten gebraucht, von den kleinen und den großen. Dass die ständigen Mitgliedstaaten den in der jetzigen Zusammensetzung des Rates liegenden Sprengstoff erkannt haben und den Druck der großen Mehrzahl der UN-Mitgliedstaaten verspüren, zeigt der Umstand, dass die nichtständigen Mitglieder seit den 90er-Jahren über informelle Reformen der Arbeitsweise des Rates ihre frühzeitige und stärkere Mitwirkung bei der Ausarbeitung von Entscheidungen erreicht haben, wovon sie früher weitgehend ausgeschlossen waren.[44] Damit ist die bestehende Spannung geringfügig gemildert, aber nicht beseitigt. Ziel muss es weiterhin sein, die das derzeitige Abstimmungsverfahren im Sicherheitsrat zementierenden Regelungen der UN-Charta[45] zu überwinden und durch solche Bestimmungen zu ersetzen, die die gegenwärtigen internationalen Beziehungen adäquat widerspiegeln und damit dem Prinzip der souveränen Gleichheit der Staaten besser gerecht werden.

Das Beispiel zeigt die Notwendigkeit, völkerrechtliche Regelungen immer dann an die Erfordernisse des Prinzips der souveränen Gleichheit anzupassen, wenn sich die Kräfteverhältnisse in der Staatengemeinschaft in einem Maße ändern, dass die faktische Ungleichheit zwischen Staaten oder Staatengruppierungen in einem unvertretbaren Verhältnis zu der vom Völkerrecht geforderten rechtlichen Gleichheit der Staaten steht.

IV. Fazit

Die beiden Elemente des Grundprinzips, Souveränität und Gleichheit, sind gleichrangig und stehen in einem Spannungsfeld zueinander. Die daraus entstehenden Probleme können aus der Sicht eines Staates nach außen und nach innen weisen.

Das nach außen weisende Problem folgt aus dem Widerspruch bzw. dem Gebot der rechtlichen Gleichstellung und der faktischen Ungleichheit der Staaten. Der Auftrag zur Auflösung dieses Widerspruchs ergibt sich aus dem Grundprinzip selbst, nämlich in gravierenden Fällen der faktischen Ungleichheit einen sachgerechten und sachbezogenen Ausgleich zwischen den Parteien dergestalt zu erreichen, dass eine diskriminierungsfreie Zusammenarbeit möglich ist.

Das allgemeine Völkerrecht hält jedoch keine Regel des Gewohnheits- oder Vertragsrechts bereit, die eine konkrete Pflicht zum Ausgleich auf einem be-

---

[44] H. Volger, Partizipation und Legitimation, in: Vereinte Nationen 2/2012, 65 ff.
[45] Insb. Art. 23, 27, 108, 109 UN-Charta.

stimmten Gebiet und in einem bestimmten Umfang enthielte. Die Staaten müssen extreme, die gleichberechtigte Zusammenarbeit behindernde Ungleichheiten selbst erkennen und sie auf multilateraler oder bilateraler Ebene überwinden. Die Satzungen einer Reihe von internationalen Organisationen treffen dafür institutionelle Vorkehrungen, und internationale Rechtsprechungsorgane können unterstützend wirken.

In unserer globalisierten Welt sind große und kleine, starke und schwache Staaten nolens volens aufeinander angewiesen. Sie stehen gewissermaßen in einem globalen Sicherheitsverbund. Deshalb ist der Versuch einzelner Staaten oder Staatengruppen, die jeweils andere Seite kraft der eigenen Stärke zu übervorteilen, auf Dauer kontraproduktiv und kann u. U. zu einer Gefahr für die friedliche internationale Zusammenarbeit der Staaten insgesamt und für den Zusammenhalt von internationalen Organisationen werden.

Das nach innen reichende Problem aus dem Grundprinzip resultiert aus dem Inhalt des Grundsatzes der Souveränität. Es verpflichtet den Staat – in Verbindung mit dem Selbstbestimmungsrecht der Völker – darauf zu achten, dass er im Zuge der Zusammenarbeit, vor allem im Rahmen von Integrationsbündnissen, ohne Zustimmung des Staatsvolkes nicht die Kernbereiche seiner Souveränität zur Disposition stellt, so dass er seine Handlungsfähigkeit als Völkerrechtssubjekt verliert. In der gegenwärtigen Entwicklungsphase der internationalen Beziehungen ist der Erhalt souveräner und gleichberechtigter Staaten und ihr friedlicher Wettbewerb miteinander innerhalb und außerhalb von internationalen Organisationen und Staatenverbänden von großer Bedeutung für ein friedliches Miteinander der Völker.

Das Prinzip der souveränen Gleichheit hat – wie alle Rechtsprinzipien – notwendigerweise einen abstrakten Charakter und enthält durch seine allgemein gehaltenen Aussagen offene Flanken. Dennoch beinhaltet das Prinzip wichtige Maßstäbe, an denen die Staaten ihr Verhalten zueinander ausrichten können und müssen, um ein friedliches Zusammenleben zu gewährleisten. Das Prinzip kann also theoretisch wie praktisch durchaus fruchtbar gemacht werden.

Demokratie und Völkerrecht – eine schweizerische Perspektive zu einer komplexen Beziehung

Von *Daniel Thürer*

Demokratie sei, so heißt es, heute „the only game in town". In der Tat hat die Demokratie im Laufe der Geschichte einen wahren Siegeszug erlebt. Im 18. Jahrhundert gab es – in einem weiten Sinn verstanden – drei Demokratien: die USA, Frankreich und die Schweiz. 1941 waren es ein Dutzend. Nach Auflösung der Kolonialreiche und dem Zusammenbruch des Sowjetimperiums waren es mehr als hundert. Mit dem Arabischen Frühling ist eine neue Demokratisierungswelle entstanden, deren Gehalt, Gestalt und Zukunftschancen sich zurzeit noch schwer abschätzen lassen. Die Schweiz ist in der Welt der einzige Staat mit einer umfassend ausgebauten – teilweise – direkten Demokratie. Es ist zu hoffen, dass sich Institutionen der direkten Demokratie auch in anderen Staaten rasch entwickeln. Denn direktdemokratische Verfahren sind, so scheint es, einer modernen, gut informierten Gesellschaft angemessen. Für die Schweiz sind die Volksrechte unaufgebbar. Eine Schweiz ohne wesentliche Sachentscheidungskompetenzen der Stimmbürger wäre nicht mehr die Schweiz.

Seit dem Zweiten Weltkrieg (1945) und, in einem weiteren Schub, nach dem Ende des Kalten Krieges (1989) hat sodann das Völkerrecht eine rasche Ausdehnung und Vertiefung erfahren. „Ius-cogens"- und „Erga-omnes"-Normen haben sich als Kerne eines sich verdichtenden, kohärenter werdenden Regelungsgefüges herausgebildet, und Menschenrechte haben dem Völkerrecht als einer ursprünglich zwischen Staaten geltenden Ordnung eine neue, Menschen, Gruppen und gesellschaftliche Kräfte erfassende normative Dimension hinzugefügt.

Wie verhalten sich die beiden „Spiele" – das „game in town" und das „game on the globe" – zueinander: dasjenige also der Demokratie und dasjenige der Menschenrechte? Verfechter der Volkssouveränität, auf dem Platz Tahrir und an andern Stätten des revolutionären Aufbruchs, schätzen oft Institutionen des Rechtsstaates wie Grundrechte des Einzelnen, Gewaltentrennung etc. gering ein; sie empfinden sie als Hemmnisse des Fortschritts. In Menschenrechtskreisen dagegen hört man immer häufiger die Behauptung, Demokratie und Menschenrechte hätten einen antinomischen Charakter; die beiden Systeme würden, in letzter Konsequenz, unversöhnlich aufeinander prallen; Menschenrechte stellten – so diese Sichtweise – einer Festung gleich Errungenschaften der Zivilisation und des Rechts dar, die gegen Stürme von Volksbegehren intakt und integer zu halten seien.

Den nachfolgenden Überlegungen liegt die These zu Grunde, dass Menschenrechte und Demokratie auf einer gemeinsamen Idee der menschlichen Freiheit beruhen, dass sie im Recht miteinander und nebeneinander bestehen, sich ergänzen und sich gegenseitig stärken und dass im Falle von Spannungen nach harmonisierenden Lösungen, einer praktischen Konkordanz zu suchen ist. Material für die Veranschaulichung und Begründung der These suchen wir vor allem in der Schweiz, mit deren Recht und Rechtswirklichkeit ich in besonderem Maße vertraut bin, aber auch etwa in der amerikanische Literatur, die in manchen Stücken den Sensibilitäten der schweizerischen staatspolitischen Tradition besonders nahe steht.

Dieser kleine Aufsatz ist *Eckart Klein* gewidmet. Der Jubilar ist, wie nicht viele Andere, sowohl im Völkerrecht wie auch im Staatsrecht zu Hause; dies als Mann der Wissenschaft wie auch der Praxis. Seine „Vita" und ein Blick auf sein Publikationsverzeichnis[1] belegen sein vielfältiges Engagement auf eindrückliche Weise. Eckart Klein wird – so wie ich ihn seit unseren gemeinsamen Jahren als Referenten am Heidelberger Max-Planck-Institut kenne – nicht mit allen meinen Ausführungen einverstanden sein. Aber Dissonanzen machen ja gerade den Reiz des wissenschaftlichen Arbeitens aus. Sie treiben den Dialog und das gute Urteil voran, wenn sie in konstruktivem Geist betrieben werden. Und der Jubilar hat ja immer Freude an solchen Gesprächen.

I. Von der Würde und vom Nutzen der (direkten) Demokratie

1. Entwicklungen im internationalen und nationalen Bereich

Die politischen Rechte der Bürger stehen nicht im Zentrum des modernen politischen Diskurses. Das war nicht immer so. Die französische „Déclaration des Droits de l'Homme et du Citoyen" vom 26. August 1789 ging noch von der Leitvorstellung aus, „que les réclamations des citoyens, fondées désormais sur des principes simples et incontestables, tournent toujours au maintien de la Constitution et au bonheur de tous", und Artikel 6 hielt fest: „La loi est l'expression de la volonté générale. Tous les citoyens ont droit de concourir personnellement, ou par leurs représentants, à sa formation". In der von der UNO-Generalversammlung am 10. Dezember 1948 angenommenen „Allgemeinen Erklärung der Menschenrechte" fehlte dann jeder Hinweis auf politische Rechte der Bürger, und im „Internationalen Pakt über bürgerliche und politische Rechte" vom 19. Dezember 1966 wurde erst gegen Ende des Katalogs von

---

[1] Vgl. etwa *E. Klein,* Menschenrechte zwischen Universalität und Universalisierung, in: C. Böttheimer/N. Fischer/N. Gerwing (Hrsg.), Sein und Sollen des Menschen. Zum göttlichfreien Konzept vom Menschen, 2009, 2007 ff.; *ders.,* Menschenrechte und Ius cogens, in: Festschrift für Georg Ress, 2005, 151 ff.; *ders.,* Universalität der Menschenrechte, Düsseldorf 1996; *ders.,* Menschenrechte. Stille Revolution des Völkerrechts und Auswirkungen auf die innerstaatliche Rechsanwendung, Baden-Baden 1996; *ders.,* The Parliamentary democracy, in: U. Karpen (ed.), The Constitution of the Federal Republic of Germany (1988), zusammen mit Th. Giegerich.

Rechten neben dem allgemeinen Wahlrecht und dem Recht auf gleichen Zugang zu den Ämtern das Recht jedes Staatsbürgers statuiert, „an der Gestaltung der öffentlichen Angelegenheiten unmittelbar oder durch frei gewählte Vertreter teilzunehmen" (Art. 25). Der Europarat unterließ es, den Aktivbürgerrechten einen den klassischen Menschenrechten und den Sozialrechten ebenbürtigen Status zu verschaffen; lediglich im Zusatzprotokoll vom 20. März 1952 zur Europäischen Menschenrechtskonvention ist ein „Recht auf freie Wahlen" garantiert (Artikel 2). Die Pariser Charta der Organisation für Sicherheit und Zusammenarbeit in Europa von 1990 erwähnte bloss die repräsentative, nicht aber die direkte Demokratie.

Verglichen mit den in der Aufklärung entwickelten Lehren der Volkssouveränität hat der moderne Menschenrechtsdiskurs auf der internationalen Ebene also eine beträchtliche Verarmung erfahren. Doch haben sich die Prinzipien der Volkssouveränität und die politische Rechte im Rahmen einzelner nationaler Staatsordnungen zu etablieren, zu erhalten und fortzuentwickeln vermocht. So sahen etwa die amerikanische Verfassung von 1787 und die (erste) schweizerische Bundesverfassung von 1848 gleicherweise vor, dass sie nur durch Beschluss des Volkes und der Gliedstaaten revidiert werden konnten. In der Eidgenossenschaft wurden die Volksrechte Schritt für Schritt weiter ausgeformt: 1874 durch Einführung des fakultativen Gesetzesreferendums, 1891 durch Einführung der Volksinitiative auf Partialrevision der Bundesverfassung, 1921 durch Einführung und 1977 durch einen weiteren Ausbau des Staatsvertragsreferendums. Die politischen Rechte, die der Bürger auf Bundesebene besitzt, sind nunmehr in der Bundesverfassung von 1999 niedergelegt.

Es kann aber, wenn wir den Gesamtzusammenhang betrachten, nicht übersehen werden, dass sich die Volksrechte zunächst und in ausgeprägterem Maße auf Stufe der Gliedstaaten und Gemeinden entwickelten. Fritz Fleiner bezeichnete seinerzeit die schweizerischen Kantone als die „eigentliche Heimat" des „Volksstaates", und er wies darauf hin, dass dem schweizerischen (anders als dem deutschen) Staatsrecht der politische Gegensatz zwischen „Staatsverwaltung" und „Selbstverwaltung" fremd sei; denn im schweizerischen Volksstaat gehe alle Gewalt in der Staatsverwaltung wie auch in der von ihr unabhängigen Lokalverwaltung auf das Volk zurück.[2] Auch in den Vereinigten Staaten bildeten, wie Alexis de Tocqueville beobachtete, Gliedstaaten und lokale Gemeinwesen den Nährboden für die Entwicklung politischer Partizipationsrechte der Bürger.

Obwohl sich das Schwergewicht der politischen Macht sowohl in der Schweiz wie auch in den Vereinigten Staaten zum Zentralstaat hin verschob, ist doch für die Schweiz und – wenn auch in weit geringerem Maße – für die USA das traditionelle Bild charakteristisch, dass hier der Staat letztlich nicht als Eigenmacht, sondern als eine (in starkem Maße von unten nach oben wirkende) Einrichtung im Dienste der Bürger gedacht und gelebt wird. Kleine, überschaubare Räume sind gemäß dieser Sichtweise Laboratorien, Experimentierfelder zur Erprobung von Reformen. Vor

---

[2] *F. Fleiner*, Beamtenstaat und Volksstaat, in: Fritz Fleiner – Ausgewählte Schriften, Zürich 1941, 146 f.

allem hat die Partizipation der Bürger an der Politik im kleinen Gemeinwesen eine wichtige erzieherische Wirkung: sie schult Augenmaß, Urteilsvermögen sowie den Verantwortungssinn für das Ganze. Referendums- und Initiativrechte der Bürger, die in den Kantonen weiter ausgebaut sind als im Bund, fördern den Sinn für eine Politik „à la taille de l'homme", der nicht ohne Auswirkungen ist auf die – freilich besser sichtbare – nationale, ja sogar internationale und transnationale Politik.[3]

Das alles mag der Leserin und dem Leser als eher konventionelle, überholte, naive Rhetorik erscheinen. Ich wage aber zu behaupten, dass etwa die heutigen Missstände in der Europäischen Union, in der eine abgehobene, verflochtene und verselbständigte Funktionselite weit weg von den Menschen die Integrationsspirale in eigener Dynamik vorantreibt, nicht hätten entstehen können oder die Krise nicht die heutigen Ausmasse angenommen hätte, wenn die europäischen Staaten, die meist aus autoritären Herrschafts- und Verwaltungssystemen herausgewachsen sind, vermehrt im Geiste der autonomen Wahrnehmung öffentlicher Aufgaben im kleineren Raum verwurzelt gewesen wären.

2. Würdigung in Theorie und Praxis

Was bedeutet eine solche demokratische Staatsauffassung in der Theorie und in der Praxis? *Konzeptionell* scheint es wichtig, einen Blick auf die Gewichtung der verschiedenartigen Rechte der Bürger zu werfen. Während es das Hauptanliegen eines Großteils der klassischen Grund- und Menschenrechte (der sog. Freiheitsrechte) ist, Räume zu schaffen, in denen der Mensch gegen Missbräuche und Übergriffe der Staats*gewalt* geschützt ist und seine privaten Interessen wahrnehmen kann, stehen in einem Staat, der auf einer starken (direkt-)demokratischen Grundlage beruht, Misstrauen und stetige, instinktive Abwehrbereitschaft gegenüber Staat und Behörden weniger im Vordergrund, denn diese verkörpern grundsätzlich ja nicht „fremde", stets auf Erhaltung und Vermehrung ihrer Macht bedachte Institutionen, sondern sollen Interessen und Aufträge des Volkes wahrnehmen, also dem „Wir, das Volk" Ausdruck verleihen. Wichtiger scheint mir aber der Wandel des Selbstverständnisses und der Rolle zu sein, die der Einzelne durch Einbettung in die Demokratie als Bürger erfährt. Der amerikanische Politologe Benjamin R. R. Barber beschrieb den Prozess mit folgenden, pointierten Worten:

> „The citizen ... is the calculating egoist *educated* to public judgment; the citizen is the corrupt merchant *induced* to virtue; the citizen is the bigoted individual *conditioned* to tolerance; the citizen is the impulsive actor *trained* to deliberateness; the citizen is the adversary *taught* to seek common ground with her opponent. The standards will vary, but all traditional

---

[3] Vgl. hierzu zuletzt *D. Thürer*, Direkte Demokratie: Eine Form des Widerstands?, in: H. H. von Arnim (Hg.), Widerstand – Beiträge auf der 13. Speyerer Demokratietagung vom 27. bis 28. Oktober 2011 an der Deutschen Hochschule für Verwaltungswissenschaften Speyer, Berlin 2012 (mit weiteren Hinweisen).

political theory – liberal, republican, and democratic – insists, that citizens are created rather than born, products not of nature but of educational artifice."[4]

Die Entwicklung von Bürgersinn scheint mir auch eine wichtige Gegenkraft gegen die sich in starkem Maße entfaltende Überbewertung des ökomischen Denkens zu sein, das Tony Judt als „Malaise dans l'économisme"[5] bezeichnete.

Was die institutionelle und gelebte *Praxis* betrifft, scheint der Fall der Schweiz besonders instruktiv zu sein. Die Schweiz ist zwar, wie die meisten anderen Staaten auch, eine repräsentative Demokratie. Doch sind die politischen Rechte der Bürger nicht auf das Wahlrecht beschränkt. Der Bürger ist vielmehr auch mit Sachentscheidungsrechten ausgestattet. Die wichtigsten direktdemokratischen Instrumente sind das Referendum und die Volksinitiative. Das Referendum gibt dem Bürger das Recht in die Hand, eine Nachprüfung von (im Parlament ergangenen) Beschlüssen zu verlangen, was referendumsfähigen Gruppen eine beträchtliche „bargaining power" im Gesetzgebungsprozess selbst verleiht, aber auch Bürger vor missliebigen Akten des Staates schützt (und insofern eine freiheitssichernde Bedeutung hat). Mit der Volksinitiative kann eine Gruppe von Bürgern dem Gesamtvolk den Erlass, die Aufhebung oder die Änderung von Rechtsvorschiften vorschlagen; im Bund ist die Volksinitiative auf Verfassungsfragen beschränkt.

Mit den Mitteln der direkten Demokratie werden in der Schweiz ohne Unterlass lärmige Prozesse der politischen Auseinandersetzung inszeniert, die gewiss oft die Handlungsfähigkeit der Behörden hemmen und die Verwirklichung von Projekten verzögern, sehr häufig aber frische Impulse aus der Zivilgesellschaft und Innovation in den Behördenbetrieb einbringen. Oft bezogen sich solche Vorstöße aus der Mitte des Volkes auf Kernfragen des politischen Systems (wie etwa die Einführung des Proportionalwahlrechts für den Nationalrat im Jahre 1919, die Aufhebung des Vollmachtenregimes nach dem Zweiten Weltkrieg im Jahre 1949 oder den Beitritt der Schweiz zu den Vereinten Nationen im Jahre 2002). Oft hatten Volksinitiativen eigentliche Verfassungsfragen zum Gegenstand wie unlängst die (angenommene) Vorlage zur Einschränkung des Baus von Zweitwohnungen oder die (abgelehnte) Volksinitiative betr. die Besteuerung von Wohneigentum, doch bewegten sich Volksinitiativen oft auch am Rande der verfassungsmäßigen Relevanz wie etwa die zur Zeit der Niederschrift dieses Artikels angenommene Vorlage zur Förderung des Musikunterrichts an Schulen oder die abgelehnte Initiative gegen das Passivrauchen. All diese (verfassungsrechtlich gewährleisteten) Rechte von Bürgern zur Intervention in den behördlich-politischen Prozess führen zu einer lebendigen, im Alltag der Menschen verwurzelten Demokratie, und es ist gut vorstellbar, dass die modernen digitalen Kommunikationsmittel das Potenzial der direkten Demokratie in Zukunft noch massiv verstärken werden. Fragen der Verfassungsästhetik und Normenlogik kümmern die Bürger im Allgemeinen oft (zu) wenig. Die Verfassung ist für sie der Boden, auf den Hoffnungen, Wünsche und Ängste aus der Wirklichkeit des Alltag projiziert wer-

---

[4] *B. R. Barber*, A Passion for Democracy, Princeton 1998, 161/62.
[5] *T. Judt*, Contre le vide moral, Paris 2011, 41 ff.

den und auf dem um die Verwirklichung von Bedürfnissen und Interessen, aber auch von Werten gerungen wird, dies meist ohne besondere Rücksichtnahme auf (als puristisch empfundene) Kriterien der „Verfassungswürdigkeit" der Vorlagen. Wichtig ist insgesamt die Feststellung, dass Recht umso eher hält und befolgt wird, je stärker es von der Mitwirkung der Bürger getragen ist. Sei einmal entschieden, werde es „still" im Lande, meinte seinerzeit optimistisch der bekannte Staatsrechtslehrer und Nationalrat Carl Hilty in einer 1887 erschienenen Schrift.

II. Von Gefahren des Missbrauchs der (direkten) Demokratie

Demokratie ist die Staatsform der Gleichheit der Bürger, die Mehrheit der Gleichen entscheidet. Die Entscheide, sind sie einmal gefällt, gelten und sind zu achten. Demokratische Entscheide werden auch, da sie vom höchsten Legitimationsträger ausgehen, im Großen und Ganzen befolgt und loyal umgesetzt. Direkte Demokratie ist insofern effizient, und die Menschen im Land sind im Allgemeinen mit den Entscheidungsprozessen und -ergebnissen zufrieden. Dennoch stimmen einzelne Erfahrungen im Umgang mit den Volksrechten auch nachdenklich.

1. Strukturelle Defizite

Gedacht ist in diesem Zusammenhang vor allem an die Volksinitiative. Mit der Volksinitiative können, laut geltendem Recht, mindestens 100 000 Stimmberechtigte Änderungen der Bundesverfassung vorschlagen, über die das Volk abstimmen muss, sofern nicht die Bundesversammlung (National- und Ständerat) das Begehren wegen Verstoßes gegen die Prinzipien der Einheit der Form oder der Materie oder gegen zwingendes Völkerrecht als unzulässig erklärt (Artikel 139 Absatz 3 der Bundesverfassung); das Parlament kann auch Empfehlungen zuhanden der Stimmbürger abgeben und direkte Gegenvorschläge (auf Verfassungsebene) und indirekte Gegenvorschläge (auf Ebene der Gesetzgebung) ausarbeiten. Eine Volksinitiative ist angenommen, wenn sich die Mehrheit von Volk und Ständen (Kantonen) für sie ausgesprochen hat. Die Volksinitiative also ist, wie sich das Bundesgericht ausdrückte[6], ein „Antrag aus dem Volk an das Volk".

Ein wunder Punkt des Initiativverfahrens ist, dass Texte von Begehren von oft ad hoc und spontan agierenden, punktuell interessierten, kleinen Gruppen von Stimmbürgern (Initiativkomitees) formuliert sind. Die Erarbeitung eines Verfassungstextes ist aber eine anspruchsvolle Angelegenheit. Es geht um die Schaffung von höchstem Recht im Staat. Worte, die Präzision der Sprache und die Pflege von Details in der Formulierung sind bei der Schaffung von Verfassungsrecht wichtig. Differenzierungen sind nötig. Abwägungen im Spannungsfeld von Rechtsgütern, aber auch zeitgerechte Reaktionen auf komplexe, verwickelte Herausforderungen, die in raschem

---

[6] BGE 25 I 64 (77 Erw. 5).

Tempo an uns herantreten, gehören zur Kunst der Verfassunggebung.[7] Sorgfältige Systemeinpassungen in die nationalen und internationalen Rechtsordnungen sind geboten. Auch wenn solchen „Formalien" im schweizerischen Verfassungsdenken nicht der gleiche Stellenwert gegeben wird wie etwa in Deutschland, so scheint es doch falsch verstandene Ehrfurcht vor dem „Volk" zu bedeuten, kleinen, oft zufällig entstandenen und an einem Einzelthema interessierten Gruppierungen von Stimmbürgern im Wesentlichen abschließend das Recht zu geben, über den Gegenstand des „Verfassungsdialogs" zu entscheiden. Dazu kommt, dass Bestrebungen zunehmen, Texte von Verfassungsinitiativen marketinggerecht, plakativ zu formulieren, dies auch mit Hilfe von (kommerziellen) Beratern. Das ist nicht die Sprache der Verfassung. Volksinitiativen dürfen nicht als Propagandainstrumente missbraucht werden, Slogans gehören nicht in die Verfassung.

2. Bedrohungen für Minderheiten

Schwerer wiegt allerdings ein anderes, grundsätzlich-rechtsstaatliches Bedenken. Urnengänge, die in den letzten Jahren stattgefunden haben, zeigen, dass das Volk auch launenhaft, tyrannisch und ungerecht entscheiden kann. Wie die Bürger stimmen, kann auch von ihrer momentanen Stimmung abhängen. Diese lässt sich auch demagogisch beeinflussen. Opfer von Manipulationen sind – das lässt sich weltweit beobachten – vor allem Minderheiten. Ich denke etwa an Ausländer, vor allem Immigranten, Flüchtlinge oder Asylsuchende. Sie werden oft übersehen, oder ihre legitimen Anliegen werden missachtet. Von Mehrheiten werden sie auch leicht als Sündenböcke stigmatisiert. Latent bestehen in allen Gesellschaften xenophobe, hasserfüllte Potenziale, die in politischen Kampagnen leicht ausgebeutet werden können. Demokratie muss sich aber in fairen Verfahren abspielen, die auch den Anliegen derjenigen angemessen Rechnung tragen, die nicht stimm- und wahlberechtigt sind. Kern der Legitimität staatlichen Handelns ist das Maßhalten. Hatte nicht der Schweizer Arzt und Humanist Paracelsus gelehrt, dass die Dosis den Unterschied zwischen Heilmittel und Gift ausmacht („dosis sola venonum facit"), was nicht nur für die Medizin, sondern auch in Bezug auf die Gesundheit des sozialen Verhaltens gilt.

Liegen nicht Volksabstimmungen – ich denke an die Minarettinitiative und die Ausschaffungsinitiative – hinter uns, deren Anliegen zwar zum Teil nachvollziehbar waren, die aber gegen elementare Rechtsprinzipien wie das Verhältnismäßigkeitsprinzip verstießen: *alle* neuen Minarette sollten verboten werden, wurde beschlossen, ohne die gebotene Toleranz und Wertschätzung für religiöse Gefühle der Andersgläubigen, die im Lande leben; *jeder* Ausländer der sich bestimmte Verfehlungen zuschulden kommen ließ, soll – unabhängig von konkreten Umständen des Falls und den Gegebenheiten der Person – bei Vorliegen bestimmter (zum Teil geringfügiger) objektiver Tatbestände automatisch ausgeschafft werden. Das widerspricht

---

[7] Vgl. *D. Thürer*, Res publica – Von Menschenrechten, Bürgertugenden und neuen Feudalismen, in: Jahrbuch des öffentlichen Rechts 2012, 281 ff.

dem Gerechtigkeitsgedanken und höheren Werten, wie sie seit der Aufklärung in den staatlichen Verfassungsordnungen und nunmehr auch im Völkerrecht niedergelegt sind. Mit gutem Grund sprachen die Herausgeber der „Zeitschrift für Schweizerisches Recht" in Bezug auf diese Vorlagen im Vorwort zu einem ihrer Hefte die folgende Warnung aus:

> „Heute sind wir, so scheint uns, mit gefährlichen Missbräuchen direkt-demokratischer Instrumente konfrontiert. Hastig und unter dem Druck aktueller Geschehnisse werden Volksinitiativen für Verfassungsänderungen redigiert, die – wenn sie sich häufen – zu Krisen unserer staatsrechtlichen Institutionen führen können ... Ist es etwa, so fragen wir, unserer Verfassung würdig und wollen es die Autoren und Unterzeichner und später vielleicht die Stimmbürger wirklich, dass an keinem Orte der Schweiz, sei dies auch im abgelegensten Winkel des Landes oder inmitten eines Industriequartiers, ein Minarett gebaut werden darf, ganz unabhängig davon, ob es so hoch wie ein Schornstein oder wie ein Kirchturm sein und zu welchen Zwecken es praktisch dienen soll? ... Oder ist es in einem Rechtsstaat vertretbar, einen seit Jahren in der Schweiz niedergelassenen und vorbildlich integrierten Ausländer auszuweisen, nur weil er einen Einbruchdiebstahl begangen hat?... Marginale Bevölkerungsgruppen werden von Parteistrategen und ihren Gefolgsleuten ins Visier genommen, und weitere können folgen. Morgen vielleicht wieder die Juden? Die Türken? Die Zigeuner? Die ‚Farbigen'? Behinderte? Geisteskranke und andere ‚Anormale'?"[8]

Und die Autoren stellten ihren Aufruf unter das Motto einer Passage aus Shakespeares „Der Kaufmann von Venedig", wo es heißt:

> „Hat nicht ein Jude Augen? Hat nicht ein Jude Hände, Gliedmaßen, Werkzeuge, Sinne, Neigungen, Leidenschaften? Mit derselben Speise genährt, mit denselben Waffen verletzt, denselben Krankheiten unterworfen, mit denselben Mitteln geheilt, gewärmt, und gekältet von eben dem Winter und Sommer wie ein Christ?"[9]

Der genannte Aufruf war herausgefordert und geprägt von den zwei genannten, alarmierenden Volksbegehren, die – zum Erstaunen vieler guter Staatsbürger – die Zustimmung der Mehrheit des Volkes fanden. Sie machten aber ganz allgemein klar, dass – wie James Madison im Federalist No. 63 schrieb – „liberty may be endangered by the abuses of liberty, as well as by the abuses of power". Und es fragt sich heute, ob und welche substanziellen und institutionell-verfahrensrechtlichen Vorkehren getroffen werden können, um die in sich so wertvollen direktdemokratischen Prozesse in vernünftigen Bahnen zu halten.

III. Mögliche Reformen?

Kontrollinstrumente zur Vermeidung und Verringerung von Missbräuchen des Initiativrechts – zum Schutz also der Demokratie vor sich selbst – sind denkbar. Ich nenne drei Modelle. Modell Eins: Administrative Behörden prüfen den Text,

---

[8] *B. Dutoit/S. V. Berti/P. Isler/P. Pichonnaz/D. Thürer/H. P. Walter*, Volksiniativen: Gefahren des Missbrauchs, in: Zeitschrift für Schweizerisches Recht, Band 126 (2007) I, 429 f.

[9] *W. Shakespeare*, Der Kaufmann von Venedig, dritter Aufzug, erste Szene.

bevor die Sammlung von Unterschriften beginnt, auf die Einhaltung rechtlicher – vor allem völkerrechtlicher – Minimalanforderungen. Das ist ein von der Bundesverwaltung vorgeschlagenes Modell. Es wäre aber auch, zweitens, denkbar, eine Gruppe (oder Panels) von angesehenen Mitbürgern mit der Aufgabe zu betrauen, den Dialog mit Initianten zu führen, wobei Kritiken und Entgegnungen in die Unterschriftenbogen und Abstimmungsunterlagen eingehen sollten. Das wäre das Modell der Bürgerkommission. Und es fragt sich schließlich, im Blick auf ein mögliches drittes Modell, warum die Kontrollfunktion eigentlich nicht dem Richter – dem Verfassungsrichter – anvertraut werden könnte, scheint dieser doch als unabhängige und unparteiische Instanz, die allen, Mehrheiten und Minderheiten, rechtliches Gehör gewährt und fristgerecht und begründet entscheidet, hierzu besonders prädestiniert; auch die Ausübung der demokratischen Rechte in den Kantonen unterliegt ja schließlich der Kontrolle des Bundesgerichts. Die politische Debatte über mögliche Reformen der Volksinitiative ist noch offen, wiewohl zurzeit das erste Modell im Vordergrund steht. Ich verhehle aber nicht, dass ich für das dritte Modell große Sympathien hege.

Kommen wir zum Schluss: Die starke Präsenz der Stimmbürger im Verfahren der (Verfassungs-)Gesetzgebung ist aus dem schweizerischen Staatsrecht nicht wegzudenken; sie gehört zum eingespielten politischen Prozess, wie er sich grundsätzlich bewährt hat, und ist Bestandteil der politischen Identität des Landes. Die Demokratie in der Schweiz hat ihre historischem Wurzeln einerseits in den Lehren Jean-Jacques Rousseaus (und anderer Autoren der Aufklärung) über die Volkssouveränität und andererseits in der Landsgemeindetradition einiger Kantone der alemannischen Schweiz. Leser aus Deutschland mögen sich fragen, was die erwähnten Missstände betrifft, ob es nicht angezeigt wäre, einen Artikel 79 Absatz 3 des Grundgesetzes vergleichbaren revisionsfesten Verfassungskern förmlich in der Verfassung zu fixieren oder als ungeschriebene materielle Schranke der Verfassungsrevision anzuerkennen. Die heute positivrechtlich vorgesehene Revisionsschranke des „ius cogens" (Artikel 139 Absatz 3 BV) erfüllt teilweise diese Funktion, ja ist – wie ich meine – wegen ihrer Verortung im Grenzbereich zwischen Verfassungsrecht und Völkerrecht der deutschen Vorschrift überlegen. Wie ist sie zu definieren? Auszulegen? Welches ist ihr Potenzial? Die Behandlung dieser Fragen würde den mir zur Verfügung gestellten Raum sprengen und muss einer anderen Abhandlung vorbehalten bleiben. Das Ziel dieser Arbeit war es nur, die politischen Rechte der Bürger als tragenden Teil ihrer Freiheit mit den ihnen immanenten Werten, aber auch Gefährdungen ins Licht zu bringen und auf die Schwierigkeiten hinzuweisen, die sich bei Bemühungen um Harmonisierung von Prinzipien der Volkssouveränität mit solchen der Rechtsstaatlichkeit ergeben.

Der Jubilar gestatte mir nun, mit der Bemerkung abzuschließen, dass alle noch so weisen rechtlichen Konstruktionen früher oder später in sich zusammenbrechen, wenn sie nicht getragen sind von einem entsprechenden Geist und politischen Willen der Bürger. Hatte nicht Benjamin Franklin auf diesen Punkt hingewiesen, wenn er, im

Jahr 1787, einer Fragestellerin aus Philadelphia antwortete, dass der Verfassungskonvent eine „Republik" geschaffen habe, „Madam, if you can keep it"[10].

---

[10] So in *S. Breyer*, Making Our Democracy Work – A Judge's View, New York 2010, xi.

Positive Duties under General International Law

By *Christian Tomuschat*

I. Introduction

The international legal order has made great strides forward since the establishment of the United Nations Organization in 1945. The sovereign State still constitutes the centrepiece of the architecture that is designed to secure international peace and well-being of all nations, as shown by the prominent position of the principle of sovereign equality enunciated as the first proposition in Article 2 of the UN Charter (hereinafter: UNC). Yet international treaties, customary law, and secondary law of international organizations have restricted the entitlements flowing from sovereignty to a tremendous extent.[1] Even for an attentive observer, it has become increasingly difficult to perceive whether States' freedom to act must be considered to be the rule or the exception. The scope and wealth of substantive rules is impressive, almost oppressive. Judging on the legal texts alone, one would have to conclude that the world is in perfect shape since almost all of the urgent needs of humanity are covered by appropriate regulations. On the other hand, it is trivial to note that implementation and enforcement have not kept pace with the rapid increase in norm production.

The precarious situation of law compliance is of course not a new problem. History is replete with episodes of blatant breaches of the law governing international relations. However, in the world of today where the substantive legal rules provide answers to almost all emerging issues the glaring deficit in abidance and enforcement is felt as a more intriguing challenge than ever before. In the field of treaty law, one of the strategies most frequently resorted to almost in a routine fashion is nowadays the establishment of international mechanisms entrusted with monitoring the execution processes at national level and possibly even assuming true enforcement functions. Concerning human rights this method has been carried to a high degree of perfection.[2] The most prominent case in point is the system for the maintenance of international peace and security, with the Security Council as the overarching institution. However, even the most finely tuned mechanisms of collective supervision and control have their weaknesses or may simply be unable to operate effectively in specific circumstances. Such malfunctioning of enforcement machinery may lead to grave

---

[1] See, e.g., *C. Tomuschat*, Recueil des cours 241 (1993-IV), 299 *et seq.*

[2] See, e.g., *E. Klein*, in: E. Klein/C. Menke (eds.), Universalität – Schutzmechanismen – Diskriminierungsverbote, 2008, 159–171.

harm for the international community. The question then arises whether individual States may take enforcement into their own hands, acting as 'trustees' of the general interest of the international community. In nation States, it is generally hoped that the common man will not shy away from providing his assistance when a state of emergency has occurred through a breakdown of essential social services. On the international plane, individual States might assume a similar function. Many treaties provide for procedural means of redress that may indeed put into operation by third States.[3] The question to be examined in the following is more radical: are their instances where States are required to act for the defence of the international legal order, which is not an alien order, but the order which all of them have jointly established and which protects all of them? Is there any space left for such individual responsibility? It is well-known that during the last six decades most matters of common concern have been entrusted to international institutions. Therefore, only marginal space can be left for 'vigilantism', which might nonetheless perform an important role. Accordingly, the focus of this inquiry will simply be on whether modern international law has developed to a point where, under specific circumstances, individual States are required to act not for the furtherance of their own interests, but for the defence of particularly essential community interests.

II. Negative Duties as the Prototype of International Obligations

The traditional pattern of a society of States juxtaposed to one another is fairly simple. All States are equal, which means that every one of them is burdened with responsibility for everything within its territory, persons and occurrences. In other words, States are considered as autonomous entities, living next to one another, but being essentially self-responsible and independent. The territory of a State is at the same time its exclusive area of operation. Every one must respect the jurisdictional space thus demarcated. Accordingly, the duties incumbent on States vis-à-vis their neighbours are essentially of a negative nature. These duties were acknowledged already at early stages of the development of international law since they flow directly from the concept of territorial sovereignty. One of the prime examples epitomizing this ground rule of international relations is the *Trail Smelter* case where an arbitral tribunal reminded Canada of its obligation to respect the territorial integrity of the United States. *Trail Smelter* has in our time found acceptance in the earlier declarations of the UN conferences on the environment.[4]

It amounted to an inconsistent rupture of the line of thought flowing from the concept of equality of sovereignties to accept war as a fact of life, not being contrary to a

---

[3] See *C. Tams*, in: FS Simma, 2011, 379 *et seq.*

[4] Stockholm 1972, Principle 21; Rio de Janeiro 1992, Principle 2. The Rio+20 Declaration on Justice, Governance and Law for Environmental Sustainability, 20 June 2012, http://www.unep.org/rio20/Portals/24180/Rio20_Declaration_on_Justice_Gov_n_Law_4_Env_Sustainability.pdf, does not reiterate that principle.

legal proposition. Obviously, this 'acceptance' did not constitute a 'welcome' to war, but was the bitter fruit of resignation. Since no appropriate mechanisms existed able to avert or combat armed violence between and among States, there was no room for a substantive rule declaring war unlawful. It was only the Charter of the United Nations that filled in the conceptual and practical gap by introducing the principle of non-use of force (Article 2(4)). By then the system of duties of abstention designed to fend off any harmful attacks against national sovereignty had achieved its completion: the principle of non-use of force protects the territorial integrity and political independence even of the smallest States – for which this principle is obviously much more important than for larger States, which have a more solid basis of self-reliance and self-defence. Obviously, the ban on the use of force is not very demanding in factual terms: it just requires abstaining from any use of force beyond the national boundaries. No more than passivity is required. It is not difficult, viewed again in factual terms, to comply with such a duty of abstention. The same is true of the duty of non-intervention,[5] which rounds off the ban on harmful activities by extending its scope to other forms of coercion than use of force. Here, too, the demands of the rule can be complied with by sheer passivity.

The fact that the classic international legal order did not impose any positive duties on States[6] has outright philosophical underpinnings. Just as in a liberal democracy individuals enjoy personal autonomy as part of their general status of freedom, States were considered as the ultimate sources of power and legitimacy during the era of 'classic' international law in the second half of the 19th century. Indeed, before the establishment of the League of Nations in 1919, there existed no international institution endowed with a certain amount of true legitimacy regarding decision-making on matters of common interest.[7] Accordingly, States alone could claim to represent the rights and interests of human beings as the final beneficiaries of international law, everyone within its own territory and confined to that territory. No general interest of the international community had been identified. Accordingly, there could be no trustee legitimized to articulate such an interest. Likewise, no regime of international control and supervision could exist: governments owed accountability exclusively to their peoples. This state of affairs corresponded perfectly to the philosophy of *Hegel* for whom societal life had reached its perfect configuration in the (Prussian) State.[8] The concept of international community, suggested from time to time in writings of forward-looking international lawyers even at the heyday of 'classic' international

---

[5] Derived from Article 2(1) of the UN Charter and particularized in principle 3 of General Assembly resolution 2625 (XXV), 24 October 1970.

[6] This statement is confined to primary obligations, not taking into account duties of reparation under the rules on unlawful conduct.

[7] On the Holy Alliance and the Concert of Europe during the 19th century see *W.G. Grewe*, The Epochs of International Law, 2000, 429–436.

[8] *G. W. F. Hegel*, Grundlinien der Philosophie des Rechts, 1821, ed. Suhrkamp 1970, § 257: 'Der Staat ist die Wirklichkeit der sittlichen Idee'.

law in the course of the 19th century,[9] had not yet become a reality on the ground. International relations were conceived as a permanent power struggle, most tellingly embodied in the concept of balance of power, thought to be the only suitable regulatory mechanism in Europe.

Clearly, from time to time governments realized that certain aspects of international relations required a legal regime supported by all the members of the international society. Thus, at the end of the 19th century the need for clearly defined rules of armed conflict was generally shared. The two Hague Peace Conferences of 1899 and 1907 established indeed a regime that was not confined to the traditional type of negative obligations, but comprised also positive duties, in particular towards the population of a territory occupied by foreign armed forces (Regulations Respecting the Laws and Customs of War on Land). But such more far-reaching obligations had invariably to be brought into being by specific agreement. General international law, understood here as customary law,[10] did not require States to take concrete measures for the benefit of other States or the international community.

On a level of pragmatism, too, one understands easily why a general reluctance to conceive of 'positive' duties of States obtained. How can a State be made to take action for the furtherance of some general interest which is ill-defined? Interests must first be particularized before becoming suitable as true obligations under international law. As long as there existed no international authority empowered to define the concrete inferences to be drawn from an assumed common good, any needs of the international society remained at the level of political considerations and strategies. The system of negative duties corresponded perfectly well to the structure of the world of States as a system of juxtaposed individual entities, each of which determined for itself its policies, without any commitment towards its neighbours.

This state of affairs, dominated by the principle of sovereign equality, had clear advantages. It could be translated into an easily manageable system of jurisdiction that was tied essentially to territory as its foundation. The exclusivity of territorial sovereignty amounted to a prohibition for other States to interfere with this monopoly. Legally, no State could claim to be the master of the world. Every one had its specific area of jurisdiction, where it had to shoulder comprehensive responsibility.

Even with regard to their own populations, States were originally free from any legal constraints, let alone duties of protection. International law did not regulate the way in which governments should treat their citizens. It is well known that still during the first half of the 20th century human rights were not recognized as component el-

---

[9] A. W. Heffter, Das Europäische Völkerrecht der Gegenwart, 1844, 6 et seq. § 5; J.C. Bluntschli, Das moderne Völkerrecht der civilisirten Staten als Rechtsbuch dargestellt, 1868, 55 Leitsatz 6: 'Das Völkerrecht verbindet als allgemeines Menschenrecht Christen und Muhammedaner, Brahmanisten und Buddhisten, die Anhänger des Kongfutsü und die Verehrer der Gestirne, die Gläubigen und die Ungläubigen'.

[10] C. Tomuschat, What is 'general international law'?, in: FS Torres Bernárdez, 2010, 329 et seq.

ements of the international legal order. Accordingly, the protection of individuals against arbitrariness by public authorities rested solely on domestic law. For international law, the national space was 'off-limits'. The assumption prevailed that within the group of 'civilized States' every nation would be capable of ordering its internal system of governance in an autonomous fashion.

Thus, the confidence in the State as a regulatory mechanism had two complementary faces. On the one hand, the expectation was that sovereign States would be able to live peacefully with their neighbours. Notoriously, this expectation had its weaknesses since historical experience had always demonstrated that war cannot be banned and amounted to a 'fact of life'. On the other hand, it was also assumed or hoped that internally States would find balanced structures of governance fully suited to satisfy the needs of their citizens. This edifice of legal rules and empirical knowledge was the best arrangement conceivable as long as no institutional structures overarching the world of individual States could be established.

III. The Emergence of Common Concerns

The archaic representation of the world as being composed of individual States separated from one another by strict lines of demarcation derived from the principle of sovereign equality ('law of coexistence')[11] does not correspond any longer to the realities of the modern life of transnational relations. It is trivial to state, and has been observed time and again by observers from all walks of international politics, that in our time humankind shares an important number of common concerns which need not be listed in detail since they are all known: air pollution, climate change, overfishing of the oceans, scarcity of natural resources etc. on the side of the environment, nuclear proliferation, organized international crime and terrorism on the side of international security on the other hand, to name but a few. To settle all of these issues, concerted efforts are required.[12] Passive abstention is not sufficient any longer. What Voltaire recommended in his novel Candide: *'Il faut cultiver notre jardin'*,[13] cannot be a recipe for the problems of today – no matter how attractive it may be to withdraw just for a short while from the hectic turbulences of world politics.[14]

1. Duties to Act vis-à-vis Individuals

First of all, the concept of duties to act has seen its emergence in the field of human rights within the domestic legal space of States. The traditional human rights were all

---

[11] W. *Friedmann*, The Changing Structure of International Law, 1964, 60.

[12] See, e. g., E. *Klein* and S. *Schmahl*, in: W. *Graf Vitzthum* (ed.), Völkerrecht, 5th ed. 2010, 263 (271 margin note 2).

[13] Candide, 1759, Chapter 30.

[14] Of course, Voltaire's recommendation may be deemed to carry different contradictory meanings.

of a negative nature, requiring States to abstain from interference with individual natural freedom. Already in the Universal Declaration of Human Rights of 1948, however, this limitation *ratione materiae* was overcome. The Declaration contains an extended list of economic, social and cultural rights. In each case, it is incumbent upon States to engage their best efforts with a view to achieving the results aimed at by the relevant provisions. The adoption of the International Covenant on Economic, Social and Cultural Rights, ICESCR (together with the International Covenant on Civil and Political Rights, ICCPR) strengthened this tendency towards setting forth standards of diligence and care, according to which States are duty-bound to take action for the satisfaction of the vital needs of their citizens. At the same time, the jurisprudence under the ICCPR, following the example of the European Court of Human Rights,[15] came to the conclusion that the 'classic' rights contain elements of positive duties as well: States are not only required to abstain from interfering themselves, but must protect at least the core rights against attacks by private third persons.[16] Another stage of this new approach to the understanding of human rights was reached in 2005 by the clauses of the World Summit Outcome to the effect that all States must protect their populations against genocide, war crimes, ethnic cleansing and crimes against humanity (Responsibility to Protect, RtoP).[17] Seen objectively, this statement does not imply any innovation[18] and could even be regarded as a step backward in that only four types of breaches of human rights are mentioned. As just mentioned, according to the jurisprudence of the international bodies controlling the implementation of the international human rights treaties the obligation of States parties is much broader, extending to all of the relevant core rights. But it is true that the jurisprudence of international judicial bodies does not have the same political weight as a formal declaration of the General Assembly which endorses the protective dimension of the traditional rights. Additionally, the true innovative feature of the World Summit Outcome is constituted by the mandate given to the Security Council to make, as a measure of last resort, its powers under Chapter VII of the Chapter available for the enforcement of RtoP. Until that time, it was not self-evident that the Security Council, an institution charged with preserving peace in inter-State relations, could lawfully put those powers at the service of human rights although a long-standing practice of the Security Council pointed in that direction.[19]

However, States remain fairly hesitant in assuming undertakings in relation to individuals outside their national territory. Two of the major human rights treaties con-

---

[15] ECtHR. *Airey v. Ireland*, 9 October 1979, Series A Vol. 32, 14–16; *Young, James and Webster v. UK*, 13 August 1981, Series A Vol. 44, 22–26.

[16] Human Rights Committee, General Comment No. 31, adopted 29 March 2004, UN Doc. HRI/GEN/1/Rev.9 (Vol. I), 243, para. 8. See generally *E. Klein* (ed.), The Duty to Protect and to Ensure Human Rights, 2000.

[17] General Assembly resolution 60/1, 16 September 2005, paras. 138, 139.

[18] See *M.H. Arsanjani*, AJIL 106 (2012), 410 (414); *C. Powell*, ibid., 298 (300).

[19] The most significant precedents are two resolutions of the Security Council on Somalia: 767 (1992), 27 July 1992, and 794 (1992), 3 December 1992.

tain clauses specifying that the scope *ratione personae* or *ratione territorii* is limited. States parties are not required to respect and observe the relevant individual rights under any circumstances where their public authorities act, but only subject to certain conditions. Article 2(1) ICCPR provides that a State party has to respect and ensure the subsequent rights 'to all individuals within its territory and subject to its jurisdiction'. This formula, seemingly clear-cut and not open to any doubt, has given rise to many disputes. At an early stage already of the interpretive history, it was suggested that a 'disjunctive' construction of the clause might be a correct understanding.[20] The text would then be slightly corrected as if it read: 'all individuals within its territory and all individuals subject to its jurisdiction'. There are indeed good grounds to advocate such a broader meaning of the clause. The drafters did not wish to grant the States parties absolute leeway regarding their extraterritorial activities.[21] Their caution was motivated by the fear that States would hardly ever be in a position to live up to positive duties stipulated by the ICCPR on foreign territory. With regard to the prison in Guantánamo, an open controversy has broken out between the U.S. Government and the Human Rights Committee as the guardian of the integrity of the ICCPR.[22] The European Convention on Human Rights extends its benefits to all persons 'within their jurisdiction'. This limitation set out in the introductory clause reflects the preoccupation of the drafters that States should never be burdened with responsibilities they are not in a position to comply with. Where a person is under the jurisdiction of a State, that State possesses generally actual means of control and enforcement in case the right in issue requires more than just passive abstention.

The ICESCR does not contain any clause on its field of application.[23] Apparently, the drafters thought that the obligations of the States parties would be confined to their actual capacity to act. Under normal conditions, persons living outside their country of origin cannot be directly reached. Their general conditions of life are shaped by the legislation and the administrative practice of the host State. Only through legislative acts with extraterritorial effect can the State of nationality address its citizens. Generally, the actual degree of enjoyment of the rights to work, to health, or to social security are dependent on the conditions prevailing in the host State. To implement an international treaty for the protection of human rights requiring promotional action outside the national territory is indeed infinitely more difficult than to ensure its internal application. Through the jurisprudence of the European Court of Human Rights (ECtHR) it has emerged that the condition of a jurisdictional link aims to ex-

---

[20] *T. Buergenthal*, in: L. Henkin (ed.), The International Bill of Rights (1981), 72 (74).

[21] *C. Tomuschat*, individual opinion on final views of the Human Rights Committee on *López Burgos*, 29 July 1981, Yb of the Human Rights Committee 1981–1982 (II), 326.

[22] See, on the one hand, the concluding observations of the Human Rights Committee of 27 July 2006 on the US report, UN Doc. CCPR/C/USA/CO/3/Rev.1; on the other hand, the comments by the US Government on these concluding observations, UN Doc. CCPR/C/USA/CO/3/Rev.1/Add.1, 12 February 2008.

[23] For a study of the legal position see *L. Glanville*, Human Rights Law Review 12 (2012), 1 *et seq.*

clude from the scope of application of the ECHR only true combat activities, which are placed under the regime of IHL.[24] As soon, however, as a military force has established itself as the de facto power in foreign territory, it remains bound to act in accordance with the requirements of the ECHR.[25] The same tremors have shaped the jurisprudence of the US Supreme Court according to which the civil rights under the US. Constitution cannot be claimed by foreigners on foreign territory: Even the negative duties, the core of the constitutional guarantees, are hit by this stop order.[26] According to the philosophy of the Supreme Court, the international power game does not permit the same degree of civilization as it has been achieved within the domestic framework.

2. Duties to Act vis-à-vis Other States

Regarding inter-State relations proper, the question must be asked whether a similar type of change has occurred, supplementing the traditional negative duties by new duties that require positive action. Many elements can be found that point in that direction. Cooperation is the magic word of the day. The Charter of the United Nations symbolizes the perceived need of institutionalizing cooperation at the international level. On the basis of the Charter, the nations of the world have agreed to strive for accommodation in all fields of life where common interests are at stake. In Articles 55 and 56, specific aims in the fields of economic and social policy are highlighted. Thus, the ground is laid for common undertakings.

In this connection, it is worthwhile looking at the two most prominent principled documents of the last twelve years, the Millennium Declaration of 2000[27] as well as the World Summit Outcome of 2005.[28] The Millennium Declaration contains many outspoken statements to the effect that States accept a collective responsibility over and beyond their responsibility towards their own peoples. Thus, para. 2 proclaims:

> We recognize that, in addition to our separate responsibilities to our individual societies, we have a collective responsibility to uphold the principles of human dignity, equality and equity at the global level.

This general proposition is particularized in the subsequent paragraphs, especially with regard to development and poverty eradication (para. 11), the environment (para. 21) and the special needs of Africa (para. 27). All these pledges are reaffirmed in the World Summit Outcome, even with greater precision and in more specific detail. In other words, these instruments have purported to establish the world of States

---

[24] ECtHR, *Bankovic v. Belgium and Others*, Application No. 52207/99, 12 December 2001.

[25] ECtHR, *Al-Skeini v. UK*, Application No. 55721/07, 7. July 2011; *Al-Jedda v. UK*, Application No. 27021/08, 7 July 2011.

[26] *Johnson v. Eisentrager*, 339 U.S. 763 (1950). Partial distancing from that holding in *Hamdi v. Rumsfeld*, 542 U.S. 507 (2004).

[27] UN General Assembly resolution 55/2, 8 September 2000.

[28] Above note 17.

as a collective body with reciprocal rights and responsibilities where no State can shrug off the preoccupations of other States as not relevant for it. They can indeed be called the virtual constitution of a genuine international community.

Notwithstanding the perfection of many of the lofty propositions enunciated not only in the instruments just mentioned, but also in many other declarations and resolutions, a lawyer is compelled to ask what real substance is contained in them. Do they bring into being true entitlements, on the one hand, and true legal obligations, on the other? It is certainly not enough to observe that resolutions of the General Assembly are no more than recommendations, lacking true bindingness. International solidarity may have become a general principle that may be invoked even before international judicial bodies.[29] However, international practice seems to have stopped short of arriving at a point where actual consequences may be drawn from it. A long doctrinal battle on whether a right to development exists with true legal connotations has remained inconclusive. The Human Rights Council is desperately attempting to define its concrete meaning and scope.[30] Development aid constitutes a permanent feature in the relationship between industrialized countries and less favoured nations. But granting such assistance is never considered and automatic entitlement of the poorest nations.[31] Generally, reciprocal rights and duties are laid down in international agreements that specify punctiliously the duties which either side has to accomplish. To date, there has never been a single proceeding where an international court or quasi-judicial institution would have recognized a duty of the respondent to provide financial or other assistance to the claimant on the basis of general international law. One even must note certain retrograde developments. At the 2012 Rio+20 Conference the usual formula that all States 'have common but differentiated responsibilities' (Principle 7 of Rio 1992) was omitted, not inadvertently, but as the result of a deliberate political decision.

IV. A Residual Role for Individual States?

The fact that international institutions have taken over to a large extent the functions that are essential for the welfare of the international community is to be applauded. International institutions enjoy an infinitely higher degree of confidence that individual States that purport to assume a role of guardian of international law and order. Only powerful States possess the necessary factual capacities to vie for such a leadership role. Such hegemonic acting is therefore invariably considered with a high degree of suspicion. Yet, the competences of international institutions are mostly limited in scope. Large areas remain accordingly open for individual action. Three different situations can be distinguished in this regard:

---

[29] See R. *Wolfrum*, in: FS Tomuschat, 2006, 1087 *et seq.*

[30] See ultimately resolution 19/34, 18 April 2012.

[31] Thus, the developed members of the Human Rights Council voted against the adoption of resolution 18/5, 29 September 2011, on Human Rights and International Solidarity.

First, States have all the opportunities of international policy-making at their disposal, within the confines of the boundaries set by international law. They can try to prevail on other States, seeking to persuade them that they should steer a course which is fully compatible with the interests of the international community.

Second, international law may make available remedies specifically intended to protect the general interest. The outstanding clauses illustrating this configuration are Article 33 ECHR and Article 41 ICCPR. On the basis of these provisions, States parties to any of these two human rights treaties are entitled to bring an action against any other State party that allegedly does not comply with its obligations. On a more general level, Article 48 of the ILC Articles on responsibility of States for internationally wrongful act (ARS)[32] permits the responsibility of States to 'invoke' the responsibility of another State if the obligation allegedly breached serves the protection of a collective interest or is owed to the international community as a whole. This latter clause, introduced in 2001, designs a promising mechanism but has not yet been fully accepted by governments. Mostly, they rely on the available collective mechanisms, avoiding acting alone.

Countermeasures by third parties, which have not been directly affected by an internationally wrongful act, could as well be an effective instrument for the promotion of common interests. In this regard, the legal position is far from clear. The ILC avoided taking a clear stance. In Article 54 ARS, it opted for wording that leaves open whether third States are entitled, in conformity with Article 48 ARS, to take such measures against a wrong-doing State. This reticence does not seem to reflect the actual practice of States. One can find many examples where countermeasures were taken by third States that had a general interest in upholding certain basic principles of international law, in particular core human rights.

Unilateral humanitarian intervention undertaken with a view to securing the elementary rights of a population under lethal threat does not belong to the toolbox of instruments lawfully available. While before the World Summit Outcome of 2005, in the aftermath of the Kosovo War, quite a number of voices favoured acknowledging such a role for individual States *in extremis*. However, the conclusions of the Summit have rejected those suggestions, reserving the right of military action to the Security Council (para. 139). Accordingly, there is even less ground to reflect on a possible duty of unilateral intervention.[33]

The last alternative amounts to embarking on a more ambitious path. The question is whether under specific circumstances States are not only authorized, but moreover obligated to take positive action for the furtherance of the common weal. The concept of such third party vigilantism presupposes that unlawful action has been taken which deserves to be sanctioned by appropriate means.

---

[32] Taken note of by General Assembly resolution 56/83, 12 December 2001.
[33] See *E. Klein*, in: FS Schröder 2012, 43 (52).

A first alternative would be a duty to take action against a wrong-doing State, within the framework of the international legal order and without infringing any binding rules protecting the sovereign status of the State concerned. The most salient example in this regard is provided by the advisory opinion of the ICJ in the *Palestinian Wall* case. In paragraph D. of its dispositif, the Court stated that

> 'all States parties to the Fourth Geneva Convention ... have ... the obligation, while respecting the United Nations Charter and international law, to ensure compliance by Israel with international humanitarian law, as embodied in that Convention'.[34]

It is true that in formulating these conclusions the ICJ relied essentially on Article 1 of Geneva Convention No. IV, a treaty provision. However, since the four 1949 Geneva Conventions have been ratified by all States of the world, they have also been acknowledged as reflecting rules of customary international law. In its *Nicaragua* judgment, the ICJ held indeed that common Article 3 of the four Conventions constituted a 'minimum' [legal] yardstick'.[35] In its advisory opinion on the *Legality of the Threat or Use of Nuclear Weapons*, it reinforced that holding by adding that

> 'a great many rules of humanitarian law applicable in armed conflict are so fundamental to the respect of the human person and "elementary considerations of humanity" that they "are to be by all States whether or not they have ratified the conventions that contain them, because they constitute intransgressible principles of international customary law'.[36]

This observation was approvingly recited in the advisory opinion in the *Palestinian Wall* case.[37] Hence, the duty of 'all' States, emphasized by the ICJ, might also be deemed to flow from customary international law. This is an extraordinary departure from the general legal pattern of international law where States, as shown above, are generally subject to a duty of non-interference but are not legally required to engage their efforts for the achievement of common goals while being politically and morally expected to work in that direction. The ICJ is rather discrete in reaching its conclusion. It confines itself to referring to Article 1 of Geneva Convention IV without being more explicit regarding its inference that also third States are under an obligation to push for Israel's compliance with its obligations under IHL. Essentially, the ICJ seems to rely on 'the character and the importance of the rights and obligations involved'.[38] However, the reader looks vainly for an explanation of the decisive shift. Does one have to draw the inference that on all matters of crucial importance for the international legal order individual States are required, alongside with the Security

---

[34] ICJ, *Legal Consequences of the Construction of a Wall in the Occupied Palestinian Territory, Advisory Opinion*, ICJ Reports 2004, 136 (202).

[35] ICJ, *Military and Paramilitary Activities in and against Nicaragua (Nicaragua v. USA), Merits*, ICJ Reports 1986, 14 (114, para. 218).

[36] ICJ Reports 1996 (I), 226 (257, para. 79).

[37] ICJ Reports 2004, 199, para. 157.

[38] ICJ Reports 2004, 200, para. 159.

Council, to act as agents of the international community?[39] Following this approach, the concept of neutrality would tend to disappear since in essence all States would have to take action against a wrongdoing State which has allegedly breached fundamental principles of the international legal order. This would entail dramatic consequences for a number of current conflicts. It does not seem subject to any serious doubt that Syria's governmental security forces, in their fight against the rebel forces, have already committed and are continuing to commit grave breaches of the applicable standards of IHL, in particular common Article 3 of the four Geneva Conventions of 1949. Since these breaches do affect core values of the international community, in the same manner as stressed in the *Palestinian Wall* case, all States would be called upon to play an active role in attempting to induce the Syrian Government to return to strict compliance with the law. In other words, the philosophy advocated by the ICJ would establish a universal network where it would be incumbent on every State to act as watchdog of the core substance of the international legal order.

In practice, the dictum of the advisory opinion in the Palestinian Wall case does not seem to have produced any concrete effect. Third States, those not directly affected by the conflict between the Palestinian people and Israel, have not felt impelled to take any special initiatives. One may only take note of the fact that on a regular basis a broad majority in the General Assembly exhorts Israel to comply with its obligations under international law by refraining from establishing Jewish settlements in the occupied territory.[40] A plausible explanation of the general inertia is provided by States having conferred responsibility to the Security Council, the institution which has been endowed with the requisite powers for decisive action, both under Chapter VI and Chapter VII of the UN Charter. Most third States could only think of explaining their concerns to the competent Israeli authorities in talks which will not even become known to the public at large.

Instances where States are obligated to take action vis-à-vis another State will certainly remain a rare occurrence. On the other hand, cooperation in the prosecution of offenders is an area of considerable actual importance. The international community cannot lightly accept that persons having committed grave international crimes should enjoy impunity. Public interest requires that appropriate sanctions be imposed. Two different situations must be distinguished.

On the one hand, States must address crimes committed in their territory, primarily by their own nationals against other members of the national community. It needs not be emphasized that it is incumbent on every government to stop such unlawful conduct, an obligation flowing from general international law as reflected in RtoP. But the essential question is whether States must additionally initiate criminal pro-

---

[39] See criticism by judges *R. Higgins*, ICJ Reports 2004, 207 (216 para. 37); *P. Kooijmans*, ibid., 219 (232–234, paras. 46–50); comments by *A. Imseis*, AJIL 99 (2005), 102 (114–117).

[40] See ultimately General Assembly resolution 66/78, 9 December 2011, adopted by a vote of 162 against 7, with 4 abstentions.

secution against any alleged offender. Here, in any event, the individual State is an indispensable element in the quest for the establishment of effective international mechanisms of penal sanction. Only the governmental authorities of the territorial State concerned hold sway over individuals present there.

The necessities of effective prosecution through international cooperation found first their reflection in the Genocide Convention. According to Article VI of that instrument, persons charged with genocide 'shall be tried by a competent tribunal of the State in the territory of which the act was committed'. Since the Genocide Convention largely reflects international customary law, it can be assumed that non-signatory States of the Convention holding territorial jurisdiction are also bound to take appropriate measures of criminal prosecution. However, according to the text other States are not required to put alleged offenders on trial. The only obligation third States have assumed is to grant extradition in case a request to this effect is addressed to them, in particular by a State directly affected.[41] It remains open what they should do if no such request is received.[42] The customary status of *aut dedere aut judicare* has been explicitly opposed by a considerable number of governments[43] and is highly controversial within the ILC,[44] which has begun studying the topic in 2005.

Under the four 1949 Geneva Conventions on IHL, an attempt not to let escape any perpetrator of grave breaches of the regime of IHL has led to clauses providing for universal jurisdiction. Not only are States authorized to prosecute such offenders, they are moreover obligated to

'search for persons alleged to have committed, or to have ordered to be committed, such grave breaches, and shall bring such persons, regardless of their nationality, before its own courts'.[45]

---

[41] The Code of Crimes against the Peace and Security of Mankind, adopted by the ILC in 1996, contains the obligation *aut dedere aut judicare* in Article 9, YbILC 1996 II/2, 30. But the Code of Crimes has remained at the stage of an unfinished project.

[42] For a discussion see R. Roth, in: P. Gaeta (ed.), The UN Genocide Convention, 2009, 278 (304–306).

[43] See R. van Steenberghe, JICJ 9 (2011), 1117 (1102).

[44] [2011] ILC Report, UN doc. A/66/10, 271 ff. Draft article 4 reflects the lack of unanimity:

'International custom as a source of the obligation *aut dedere aut iudicare*

1. Each State is obliged either to extradite or to prosecute an alleged offender if such an obligation is deriving from the customary norm of international law.

2. Such an obligation may derive, in particular, from customary norms of international law concerning [serious violations of international humanitarian law, genocide, crimes against humanity and war crimes].

3. The obligation to extradite or prosecute shall derive from the peremptory norm of general international law accepted and recognized by the international community of States (jus cogens), either in the form of international treaty or international custom, criminalizing any one of acts listed in paragraph 2.

[45] GC IV, Article 146.

Obviously, in such instances, where the crimes concerned have taken place on foreign territory, States are used as agents of the general interest of the international community. In real terms, the relevant clauses have shown little practical effect. States are extremely reluctant to deal with criminal activities that have occurred outside their borders.[46] In legal doctrine, it has also been suggested that the obligation to 'search' materializes only when a perpetrator has entered national territory. This seems to be a reasonable construction of the jurisdictional clauses.

No general regulation in international law has been established for crimes against humanity. Again, two situations must be distinguished.[47] On the one hand, any national community must face up to the consequences of internal strife after a major breakdown of the rule of law, involving crimes against humanity, has occurred. This is a situation which international law leaves essentially to the political judgment of the governmental authorities concerned, in particular national parliamentary assemblies. General awareness has arisen that the normal mechanisms of criminal justice are not well suited to deal with such mass phenomena. Not everyone can be put on trial, and on the other hand even after the fall of a dictatorship and the restoration of democratic values one does not easily find judges who credibly represent the ideal of impartiality and independence. The ravages of a dictatorship invariably leave their traces also in the judiciary. As a consequence, an intense international debate has begun on 'transitional justice', the forms of reparation and punishment that should be resorted to where the ordinary patterns of responses to crime prove unsuitable.[48]

Should third States be under an obligation to prosecute alleged offenders present in their territory? Given that no general international regime has been established for crimes against humanity by way of international treaty-making, it would be much too bold to contend that a rule of customary law to that effect has emerged. International criminal law has instead brought into being a series of special regimes for certain types of crimes, in particular torture and terrorist crimes. Under the Anti-Torture Convention, persons charged with committing torture must be taken into custody (Article 6). Thereafter, a State shall either extradite that person upon request or, when no such request is received, submit the case to its competent authorities for the purpose of prosecution (Article 7(1)). The relevant conventions designed to prevent and suppress terrorist acts follow the same approach.[49] In these situations, the duty to act derives from the sole fact that the alleged perpetrator is in the territory of the State concerned. No reproach is made to the territorial State. It obligations are of an exclusively objective nature. Such obligations are not discharged with

---

[46] For an overview see W. *Ferdinandusse*, JICJ 7 (2009), 723 ff.

[47] It is the defect of *van Steenberghe's* reasoning (note 43) that he does not draw this distinction.

[48] See most recently T. *Almquist and C. Espósito* (eds.), The Role of Courts in Transitional Justice: Voices from Latin America and Spain, 2012.

[49] See, for instance, International Convention for the Suppression of the Financing of Terrorism, adopted by the UN General Assembly by resolution 54/109, 9 December 1999, Articles 9, 10.

great enthusiasm by States parties. The recent judgment of the ICJ in the dispute between Belgium and Senegal concerning the prosecution and/or extradition of former dictator Hissène Habré of Chad testifies amply to that reluctance.[50] To date, an international consensus able to support a rule of customary law seems to be far away. In its judgment, the ICJ could avoid taking a stance on that issue by concluding that the dispute centred exclusively on Senegal's obligation under conventional law, customary international law never having been invoked by Belgium as an additional basis for the alleged duty to initiate prosecution against Hissène Habré on account of torture and crimes against humanity.[51]

V. Concluding Observations

At its origins, international law consisted of a system of purely negative obligations governing inter-State relations. In order to satisfy the needs of a multi-connected globalized international community, progressively many public order functions have been entrusted to international institutions. Additionally, efforts have been undertaken to assign a more active role to States in the service of the international common good. In particular, States have been enjoined duties and responsibilities to take care of the well-being of their inhabitants. As far as the specific field of international relations is concerned, the international community has become aware of the necessity of cooperating in many fields of common concern. Lofty principles have been declared, in particular cooperation and solidarity. Essentially, however, these principles remain at a level of high abstraction, not engendering actual rights and duties. In some instances, such duties to act for the benefit of the international community have been established by way of international legislation. Experience shows, however, that States feel uncomfortable to act for the promotion of welfare goals of the international community where no specific benefits accruing to them are at stake. It is difficult to identify a single such duty under customary law.[52] As far as its framework of general international law is concerned, the legal architecture of the world still consists mainly of negative duties of abstention. It may be expected that this picture of today may rapidly change in the years to come.

---

[50] See ICJ, *Questions relating to the Obligation to Prosecute or Extradite (Belgium v. Senegal)*, Judgment, 20 July 2012, http://www.icj-cij.org/docket/index.php?p1=3&k=5e&case=144&code=bs&p3=4, para. 55.

[51] But see extensive elaboration by judge Abraham in his individual opinion, *ibid.* Abraham concludes that no such duty under customary international law exists (paras. 32–40).

[52] We agree with *Tams* (note 3), 400.

Rechtsfortbildung durch Europaratsrecht

Von *Robert Uerpmann-Wittzack*

I. Einleitung

Der Europarat hat in der rechtswissenschaftlichen Forschung lange ein Schattendasein geführt. Die Monographie von Karl Carstens aus dem Jahr 1956[1] blieb lange ein Solitär. Erst in den letzten Jahren ist eine größere Anzahl an grundlegenden Publikationen zu verzeichnen.[2] *Eckart Klein* gehört zu den Vorreitern dieser Entwicklung. Während andere Lehrbücher die Vereinten Nationen in den Vordergrund stellen und den Europarat nur als eine von zahlreichen regionalen Organisationen ansprechen,[3] stellt er in seinem Lehrbuchbeitrag zu den Internationalen und supranationalen Organisationen den Europarat als die „für Gesamteuropa wichtigst[e]" Internationale Organisation „mit generellem Aufgabenbereich" gleichberechtigt neben die Vereinten Nationen und die EG bzw. EU als Prototyp supranationaler Organisationen.[4]

Bis heute steht der Europarat im Schatten seines größten Erfolges, der Europäischen Menschenrechtskonvention (EMRK) mit dem Europäischen Gerichtshof für Menschenrechts (EGMR). Tatsächlich sind im Rahmen des Europarats neben der EMRK über 200 weitere völkerrechtliche Verträge entstanden.[5] Neben diesen rechtsverbindlichen Texten produzieren das Ministerkomitee, die Parlamentarische Versammlung sowie zahlreiche weitere Gremien des Europarats eine Fülle von Empfehlungen, Entschließungen und anderen Dokumenten. Damit entsteht ein Textkorpus,

---

[1] *K. Carstens*, Das Recht des Europarats, 1956.

[2] s. nur *F. Benoît-Rohmer/H. Klebes*, Das Recht des Europarats, 2006; *W. Hummer* (Hg.), Österreich im Europarat 1956–2006, 2 Bd., 2008; *T. Kleinsorge* (Hrsg.), Council of Europe, 2010; *M. Wittinger*, Der Europarat: Die Entwicklung seines Rechts und der „europäischen Verfassungswerte", 2005.

[3] s. nur *V. Epping*, in: K. Ipsen (Hrsg.), Völkerrecht, 5. Aufl. 2004, § 32, § 34 Rn. 2–8; *S. Hobe*, Einführung in das Völkerrecht, 9. Aufl. 2008, S. 142 f.

[4] *E. Klein*, in: W. Graf Vitzthum (Hrsg.), Völkerrecht, 4. Aufl. 2007, S. 265 ff., insb. Rn. 31; *ders./S. Schmahl*, in: W. Graf Vitzthum (Hrsg.), Völkerrecht, 5. Aufl. 2010, S. 263 ff., insb. Rn. 31; s. auch *E. Klein*, 50 Jahre Europarat, AVR 39 (2001), 121 ff.

[5] s. die Vertragssammlung des Europarats, online abrufbar unter: http://conventions.coe.int/ (alle Internetquellen zuletzt abgerufen am 22.10.2012). Im Folgenden werden Europaratsübereinkommen mit ihrer Nummer in der Vertragssammlung, der European Treaty Series (ETS) bzw., seit 2004, der Council of Europe Treaty Series (CETS), nachgewiesen; s. auch *Giegerich*, Menschenrechtsübereinkommen des Europarats, in: D. Merten/H.-J. Papier (Hrsg.), Handbuch der Grundrechte, Bd. VI/1, 2010, § 148.

den eine Kammer des EGMR in der Sache Sitaropoulos u. a./Griechenland 2010 als „Europaratsrecht" (*Council of Europe Law*)[6] bezeichnet hat. Diesem Europaratsrecht ist der vorliegende Beitrag gewidmet.

In einem ersten Schritt ist das Europaratsrecht in seiner Vielfalt vorzustellen (II.). Anschließend ist seine Rechtswirkung zu untersuchen. Dabei beschränkt sich die Analyse auf die Rechtsprechung. Hier kann dem Europaratsrecht eine Rechtswirkung zugesprochen werden, wenn es die Entscheidungsfindung des Gerichts beeinflusst. Drei Rechtsordnungen sollen untersucht werden. Zunächst ist zu klären, welche Rechtswirkung Europaratsrecht in der Rechtsprechung des EGMR entfaltet (III.). Anschließend wird knapper auf Rechtswirkungen in der Rechtsprechung des Gerichtshofs der Europäischen Union (EuGH; IV.) und der deutschen Rechtsprechung (V.) einzugehen sein, bevor ein Resümee gezogen werden kann (VI.).

II. Vielfalt des Europaratsrechts

Wichtigstes Handlungsinstrument des Europarats ist der Abschluss von Übereinkommen, den sog. Europaratskonventionen. Er wird in Art. 1 lit. b der Satzung des Europarats (ERS) ausdrücklich genannt. Diese Abkommen werden mit der Ratifizierung durch die Mitgliedstaaten rechtsverbindlich und wirken dann nach Maßgabe des nationalen Verfassungsrechts auch in den innerstaatlichen Raum hinein. In Deutschland kommt ihnen gemäß Art. 59 Abs. 2 S. 1 GG der Rang eines einfachen Bundesgesetzes zu.[7] Unabhängig von diesem vergleichsweise schlechten Rang[8] können sie ggf. zur Auslegung des einfachen Rechts oder sogar des Verfassungsrechts herangezogen werden. Von einer entsprechenden Berücksichtigungspflicht geht das Bundesverfassungsgericht namentlich bei der EMRK aus.[9] Diese Wirkung völkerrechtlicher Verträge ist vergleichsweise gut untersucht[10] und soll hier nicht vertieft werden.

Art. 15 lit. b ERS stattet das Ministerkomitee zudem mit der Befugnis aus, sog. Empfehlungen an die Mitgliedstaaten zu richten. Diese sind nicht rechtsverbindlich, doch handelt es sich um ein satzungsmäßiges Instrument, mit dem der Europarat auf

---

[6] EGMR, Urt. v. 8.7.2010, Sitaropoulos u. a./Griechenland, Rn. 35, 44; s. auch die entsprechende Überschrift im Überblick über die Rechtslage im Urt. v. 30.6.2009, Herri Batasuna u. Batsuna/Spanien, zwischen Rn. 50 und 51.

[7] *O. Rojahn*, in: I. v. Münch/P. Kunig (Hrsg.), Grundgesetzkommentar, 6. Aufl. 2012, Bd. 1, Art. 59 Rn. 44 f.

[8] Besser z. B. Art. 55 der Verfassung der französischen Republik vom 4.10.1958; Art. 91 Abs. 2 der Verfassung der polnischen Republik vom 2.4.1997, die Übergesetzesrang gewähren.

[9] BVerfGE 74, 358 (370); 111, 307 (315 ff.) – Görgülü; BVerfGE 128, 326 (366 ff.) – Sicherungsverwahrung.

[10] s. nur *C. Grabenwarter*, Wirkungen eines Urteils des Europäischen Gerichtshofs für Menschenrechte – am Beispiel des Falls M./Deutschland, JZ 2010, 857 (861); *P. Kunig*, Völkerrecht und staatliches Recht, in: W. Graf Vitzthum (Hrsg.), Völkerrecht, 5. Aufl. 2010, Rn. II 182.

die Mitgliedstaaten einwirken will. Während Empfehlungen gemäß Art. 20 lit. a i ERS an sich einstimmig verabschiedet werden müssen, sieht ein „Gentleman's Agreement" von 1994 vor, dass kein Mitglied eine Empfehlung blockieren soll, wenn eine Zweidrittelmehrheit erreicht ist.[11] Tatsächlich entscheidet das Ministerkomitee freilich regelmäßig ohne förmliche Abstimmung durch Konsens.[12] Daneben kann das Ministerkomitee einfache Entschließungen verabschieden, für die schon nach Art. 20 lit. d ERS eine Zweidrittelmehrheit ausreicht. In der Rechtsform der Entschließung verabschiedet das Ministerkomitee gegebenenfalls auch „Erklärungen" oder andere grundlegende Dokumente.

Geht man vom Wortlaut der Satzung aus, besitzt die Parlamentarische Versammlung keine Außenkompetenzen. Sie kann zwar gemäß Art. 22 S. 2 ERS ebenfalls Empfehlungen beschließen, doch richten sich diese an das Ministerkomitee und nicht an die Mitgliedstaaten. In der Praxis hat die Parlamentarische Versammlung ihr Handlungsinstrumentarium erweitert. Neben den Empfehlungen verabschiedet sie Entschließungen, die direkt an die Mitgliedstaaten gerichtet sein können.

Die Satzung kennt neben diesen beiden Organen nur das Sekretariat mit dem Generalsekretär an der Spitze.[13] In der Praxis hat sich daneben eine komplexe Struktur an Gremien und Einrichtungen entwickelt. Während sich manche Gremien, wie die wichtigen Lenkungsausschüsse, darauf beschränken, dem Ministerkomitee zuzuarbeiten, handeln andere Gremien mit Außenwirkung. Die Liste reicht von den Fachministerkonferenzen über den Kongress der Gemeinden und Regionen und den Menschenrechtskommissar bis hin zu Fachgremien wie der Kommission für Demokratie durch Recht (sog. Venedig-Kommission), der Europäischen Kommission gegen Rassismus und Intoleranz (ECRI) oder dem Europäischen Ausschuss zur Verhütung von Folter und unmenschlicher oder erniedrigender Behandlung oder Strafe (Antifolterausschuss). Ihre Rechtsgrundlagen sind unterschiedlich. Teils werden sie vom Ministerkomitee eingesetzt, wie der Menschenrechtskommissar,[14] teils beruhen sie auf Europaratsübereinkommen, wie der Antifolterausschuss.[15] Während manche Gremien, wie die Fachministerkonferenzen, aus Staatenvertretern bestehen, sind andere, wie die Venedig-Kommission, ECRI oder der Antifolterausschuss, mit unabhängigen Fachleuten besetzt. Diese Gremien produzieren Berichte, Empfehlungen und andere

---

[11] Doc. CM/Del/Dec (94) 519bis v. 14.11.1994, Entscheidung zu 2.2 unter C 1.

[12] *J. Polakiewicz*, Council of Europe (COE), in: R. Wolfrum (Hrsg.), Encyclopedia of Public International Law, Rn. 19 (abrufbar unter: http://www.mpepil.com; Stand des Beitrags: 2008); Draft Explanatory report to the Agreement on the Accession of the European Union to the Convention for the Protection of Human Rights and Fundamental Freedoms, Doc. CDDH (2011) 9 v. 14.10.2011, S. 15, Rn. 74.

[13] Art. 10, 36 ERS.

[14] Entschließung (99) 50 vom 7.5.1999.

[15] Art. 1 des Europäischen Übereinkommens zur Verhütung von Folter und unmenschlicher oder erniedrigender Behandlung oder Strafe vom 26.11.1987, ETS Nr. 126 mit Änderung durch zwei Protokolle v. 4.11.1993, ETS Nr. 151 und 152; BGBl. 1989 II, S. 947; 1996 II, S. 1115.

Dokumente. Vielfach geht es dabei darum, Standards für nationales Handeln zu formulieren, zu konkretisieren oder staatliches Handeln auf seine Vereinbarkeit mit solchen Standards zu überprüfen. All dies soll im Folgenden unter Europaratsrecht verstanden werden, wohlwissend, dass es sich um Dokumente handelt, die nicht förmlich rechtsverbindlich sind. Es geht also nicht um Rechtsquellen, sondern um Rechtserkenntnisquellen.[16]

III. Rezeption durch den Europäischen Gerichtshof für Menschenrechte

Gemäß Art. 19 EMRK hat der EGMR ausschließlich über die Garantien der EMRK zu urteilen. Rechte, die dort nicht garantiert sind, darf er nicht zur Grundlage seiner Entscheidung machen.[17] Das hat den EGMR freilich nicht gehindert, den ursprünglich fragmentarischen Grundrechtskatalog der EGMR in seiner Rechtsprechung tendenziell zu vervollkommnen oder jedenfalls abzurunden. Den technischen Wandel der letzten 60 Jahre greift er ebenso auf wie gewandelte europäische Wertanschauungen und Rechtsstandards. So versteht er die Konvention als lebendiges Instrument, das im Lichte heutiger Bedingungen ausgelegt werden müsse.[18] Dieser Spagat zwischen Konventionsbindung einerseits und Anpassung an heutige Standards andererseits ist heikel. Hier kommt dem Europaratsrecht eine besondere Bedeutung zu. Zieht der EGMR Europaratsrecht zur Auslegung der Konvention heran, verlässt er zwar den historischen Konsens der Konventionsstaaten von 1950. Er bewegt sich aber innerhalb der heutigen Rechtsstandards der 47 Europarats- und Konventionsstaaten. Dabei kommt den Abkommen, die im Rahmen des Europarats abgeschlossen wurden, für die Auslegung der EMRK entsprechend Art. 31 Abs. 3 lit. c der Wiener Vertragsrechtskonvention (WVK) besondere Bedeutung zu. Allerdings ist kaum eines dieser Abkommen von allen 47 Konventionsstaaten ratifiziert worden, so dass man an einem europaratsweiten Konsens zweifeln mag.[19] Damit kommen Empfehlungen und Entschließungen in den Blick. Sie besitzen zwar nicht die Bindungskraft eines Europaratsabkommens, können dafür aber durch ihren Annahmeprozess gegebenenfalls leichter einen gemeineuropäischen Konsens zum Ausdruck bringen. Tatsächlich greift der EGMR in den letzten Jahren

---

[16] W. *Hummer*, in: ders. (Fn. 2), Bd. 1, S. 1 (7), spricht von „unverbindlichem Sekundärrecht"; s. auch H. *Jung*, Die Empfehlungen des Ministerkomitees des Europarates; in: J. Bröhmer/R. Bieber u. a. (Hrsg.), FS für Ress, 2005, 519 (522 ff.) zur Rechtsqualität der Empfehlungen des Ministerkomitees.

[17] EGMR, Urt. v. 18. 12. 1986, Johnston u. a./Irland, Series A No. 112=EuGRZ 1987, 313, Rn. 53.

[18] Grundlegend EGMR, Urt. v. 25. 4. 1978, Tyrer/Vereinigtes Königreich, Series A No. 26=EuGRZ 1979, 162, Rn. 31; s. auch E. *Klein*, Der Schutz der Grund- und Menschenrechte durch den Europäischen Gerichtshof für Menschenrechte, in: Merten/Papier (Fn. 5), § 150 Rn. 37.

[19] *Giegerich* (Fn. 5), Rn. 31 f.

verstärkt auf solches Europaratsrecht zurück.[20] Die Beispiele sind mittlerweile so zahlreich, dass hier nur wenige Urteile betrachtet werden können.

In der Sache Demir und Baykara/Türkei[21] hat sich die Große Kammer grundsätzlich mit dem Rückgriff auf unverbindliche Europaratsdokumente befasst. In Rn. 74 führt sie zunächst Empfehlungen und Entschließungen des Ministerkomitees und der Parlamentarischen Versammlung an. In Rn. 75 werden dann andere Organe genannt, deren Dokumente die EMRK-Auslegung ebenfalls leiten, „even though those organs have no function of representing States Parties to the Convention". Im Gegenschluss sind die Dokumente von Ministerkomitee und Parlamentarischer Versammlung gerade deshalb wichtig, weil sich in ihnen der Willen der Vertragsstaaten widerspiegelt. Das entspricht im Ansatz der Auslegungsregel des Art. 31 Abs. 3 lit. a und b WVK, wonach ein Konsens[22] der Vertragsstaaten zum erweiterten Auslegungszusammenhang zählt, soweit er sich in einer Vereinbarung oder einem tatsächlichen Verhalten materialisiert. Allerdings fällt dabei zweierlei auf. Zunächst kümmert sich der EGMR nicht um die Abstimmungsmehrheit. Er zieht Beschlüsse des Ministerkomitees also unabhängig davon heran, ob sie tatsächlich den Willen aller Vertragsstaaten wiedergeben. Zum anderen zieht er auch Dokumente der Parlamentarischen Versammlung heran, obwohl Parlamentarier nach den Grundsätzen des Art. 7 WVK regelmäßig nicht in der Lage sind, den Staat in seiner Willensbildung nach außen zu vertreten. Hier zeigt sich ein demokratisches Verständnis der internationalen Willensbildung, das das klassische Völkerrecht überwindet. Während der Staat im klassischen Völkerrecht als Einheit erscheint, die durch die Exekutive nach außen vertreten wird,[23] stellt der EGMR hier auf die nationalen Delegationen der Parlamentarischen Versammlung ab, die die politischen Kräfteverhältnisse in ihren jeweiligen nationalen Parlamenten widerspiegeln.[24]

Mehrfach hat der EGMR beispielsweise die Entschließung 1165 (1998) zum Recht auf Privatheit vom 26.6.1998[25] herangezogen, mit der die Parlamentarische Versammlung auf den Unfalltod von Lady Diana reagierte. Die erste Rezeption findet sich im ersten Caroline-von-Hannover-Urteil vom 24.6.2004. Der EGMR gab zunächst die gesamte Entschließung wieder,[26] doch blieben die folgenden Bezugnah-

---

[20] s. auch *J. Polakiewicz*, Alternatives to Treaty-Making and Law-Making by Treaty and Expert Bodies in the Council of Europe, in: R. Wolfrum/V. Röben (Hrsg.), Developments of International Law in Treaty Making, 2005, S. 245 (262, 271 ff., 289).

[21] EGMR (GK), Urt. v. 12.11.2008, NZA 2010, 1425, Demir und Baykara/Türkei.

[22] Zum entscheidenden voluntativen Element *O. Dörr*, in: ders./K. Schmalenbach (Hrsg.), Vienna Convention on the Law of Treaties, 2012, Art. 31 Rn. 86–88.

[23] s. neben dem eben erwähnten Art. 7 WVK auch Art. 59 Abs. 1 GG zur Außenvertretung durch den Bundespräsidenten.

[24] Zur Zusammensetzung der Parlamentarischen Versammlung *F. Benoît-Rohmer/H. Klebes*, Das Recht des Europarats, 2006, S. 65 f.; *Polakiewicz* (Fn. 12), Rn. 23.

[25] Deutsche Übersetzung in BT-Drs. 14/507, S. 26 ff.

[26] EGMR, Urt. v. 24.6.2004, Caroline von Hannover/Deutschland, NJW 2004, 2647, Rn. 42.

men in ihrer Bedeutung für den Fall unklar.[27] Dies brachte dem EGMR Kritik ein.[28] 2011 hatte der EGMR in der Sache Mosley/Vereinigtes Königreich zu entscheiden, ob die Presse verpflichtet ist, eine Person vorab zu informieren, bevor sie über ihr Privatleben berichtet.[29] Der EGMR zog zahlreiche Rechtstexte und insbesondere auch die Entschließung 1165 (1998)[30] heran, zum zu begründen, dass eine solche Verpflichtung nicht besteht. 2012 zog schließlich die Große Kammer die Entschließung in den Sachen Caroline von Hannover Nr. 2 sowie Axel Springer AG heran um zu bestätigen, dass die Meinungsäußerungsfreiheit gemäß Art. 10 EMRK und der Schutz des Privatlebens grundsätzlich gleichrangig sind[31] und dass die Meinungsäußerungsfreiheit weniger Gewicht besitzt, wenn es sich um Details aus dem Privatleben handelt und die Presse allein die öffentliche Neugier befriedigen will.[32]

In der Sache Heinisch/Deutschland[33] musste sich der EGMR mit Whistleblowing auseinandersetzen. Dabei konnte er sich auf zwei Texte der Parlamentarischen Versammlung zu demselben Thema stützen, nämlich die Entschließung 1729 (2010) vom 29.4.2010 und die darauf aufbauende, gleichzeitig beschlossene Empfehlung 1916 (2010), wobei die Entschließung der Parlamentarischen Versammlung ihrerseits auf einem gründlichen Vergleich der europäischen und US-amerikanischen nationalen Rechtslagen beruht.[34] An zwei Stellen stützt sich der EGMR auf die Entschließung, um seine eigene Position abzusichern. So bekräftigt er zum einen seine Auffassung, dass sich ein Whistleblower an die Öffentlichkeit wenden darf, wenn interne Kanäle nicht funktionieren,[35] und zum anderen die Wertung, dass ein Whistleblower schutzwürdig ist, wenn er vernünftigen Anlass zu der Annahme hat, dass die von ihm offenbarte Information der Wahrheit entspricht.[36]

Dieses Vorgehen ist grundsätzlich positiv zu bewerten: Der EGMR nutzt Europaratsrecht, um gemeineuropäische Wertvorstellungen festzustellen, die die EMRK in evolutiver Auslegung in sich aufnimmt.[37] Indem der EGMR Europaratsrecht auf-

---

[27] EGMR, Caroline von Hannover (Fn. 26), Rn. 67, 70.

[28] *A. Halfmeier*, Privatleben und Pressefreiheit, AfP 2004, 417 f.; *M. Scheyli*, Konstitutioneller Ansatz des EGMR und Umgang mit nationalen Argumenten, EuGRZ 2004, 628, 632 f.; zusammenfassend *M. Lehr*, Ansätze zur Harmonisierung des Persönlichkeitsrechts in Europa, 2009, S. 107 f.

[29] EGMR, Urt. v. 10.5.2011, Mosley/Vereinigtes Königreich.

[30] EGMR, Mosley (Fn. 29), Rn. 57 f., 119, 124, 131.

[31] EGMR (GK), Urt. v. 7.2.2012, Caroline von Hannover/Deutschland Nr. 2, NJW 2012, 1053, Rn. 106; Urt. v. 7.2.2012, Axel Springer AG, NJW 2012, 1058, Rn. 87.

[32] EGMR (GK), Urt. v. 7.2.2012, Caroline von Hannover/Deutschland Nr. 2, NJW 2012, 1053 Rn. 110; Urt. v. 7.2.2012, Axel Springer AG, NJW 2012, 1058, Rn. 91.

[33] EGMR, Urt. v. 21.7.2011, Heinisch/Deutschland, NZA 2011, 1269.

[34] s. den Bericht vom 14.9.2009, Parlamentarische Versammlung, Doc. 12006, Rn. 14 f., 24–109.

[35] EGMR, Heinisch (Fn. 33), Rn. 73; Entschließung 1729 (2010), Rn. 6.2.3.

[36] EGMR, Heinisch (Fn. 33), Rn. 80; Entschließung 1729 (2010), Rn. 6.2.4.

[37] So etwa deutlich EGMR, Demir und Baykara (Fn. 21), Rn. 85.

greift, kommt es zu einem Wechselspiel zwischen dem Gericht, das zur verbindlichen Entscheidung befugt, aber nicht politisch-repräsentativ legitimiert ist, und politischen, repräsentativen Organen, die nicht zur verbindlichen Entscheidung befugt sind. Indem sich der EGMR die Autorität anderer Organe zu Eigen macht, stärkt er die Überzeugungskraft seiner Entscheidungen. Gleichzeitig setzt er deren Standards indirekt durch.[38] Er wird so zum „bewehrten Justizarm"[39] des Europaratsrechts.

Die eingangs genannte Sache Sitaropoulos u. a./Griechenland zeigt freilich auch die Grenzen eines solchen Vorgehens auf. Zu entscheiden war, ob die generelle Versagung des Wahlrechts für Auslandsgriechen mit der Wahlrechtsgarantie des Art. 3 Protokoll Nr. 1 vereinbar ist. Die Kammer des EGMR stützte sich auf eine Entschließung und eine Empfehlung der Parlamentarischen Versammlung von 2005 sowie auf Untersuchungen der Venedig-Kommission um einen entstehenden Konsens der Europaratsstaaten für das Auslandswahlrecht zu begründen.[40] Akzeptabel ist ein solches Vorgehen nur, wenn sich ein entsprechender Konsens bereits nachweisen lässt,[41] was hier durchaus zweifelhaft blieb. Für den dissentierenden Richter Vajić war insoweit nur ein Trend zu erkennen; mit Urteil vom 15.3.2012 hat sich die Große Kammer dieser zurückhaltenden Einschätzung angeschlossen.[42] Als Rechtsprechungsorgan darf der EGMR einen Wertewandel aufgreifen, der sich bereits vollzogen hat. Diese dynamische Auslegung ist eine Form zulässiger Rechtsfortbildung. Die Grenze zur Rechtsetzung wird jedoch überschritten, wenn der EGMR einen Wertewandel antizipiert, der sich im Europaratsrecht lediglich abzeichnet.

Teilweise zieht der EGMR Europaratsdokumente nicht als Rechtserkenntnisquelle heran, sondern als sachverständige Äußerung.[43] So hatte er sich in der Sache Hellig/Deutschland mit der Beschwerde eines Strafgefangenen auseinanderzusetzen, der nach einer körperlichen Auseinandersetzung nackt in eine Sicherheitszelle verbracht worden war.[44] Unter dem Gesichtspunkt einer unmenschlichen oder erniedrigenden Behandlung i.S.v. Art. 3 EMRK prüfte der Gerichtshof, ob es angemessen war, den Beschwerdeführer unbekleidet zu verwahren. Er zog einen Bericht des Antifolterausschusses von 1998 zu Finnland heran, demzufolge eine nackte Unterbringung „vollkommen inakzeptabel" sei; Gefangene sollten vielmehr mit reißfester

---

[38] s. auch *Giegerich* (Fn. 5), Rn. 26: Dem EGMR wachse eine „indirekte Durchsetzungszuständigkeit" zu.

[39] So *J.-F. Flauss*, Actualité de la Convention européenne des droit de l'homme, L'Actualité Juridique Droit Administratif (AJDA) 2010, 997: „bras armé judiciaire", zur Durchsetzung des Europaratsübereinkommens gegen Menschenhandel durch den EGMR in der Sache Rantsev/Zypern und Russland.

[40] O. Fn. 6, Rn. 44 f.

[41] s. EGMR, Urt. v. 8.7.2004, Vo/Frankreich, NJW 2005, 727, Rn. 82.

[42] Sondervotum Vajić zum Kammerurteil (o. Fn. 6), Rn. 5; EGMR (GK), Urt. v. 15.3.2012, Sitaropoulos u. a./Griechenland, Rn. 73, 75.

[43] *Polakiewicz* (Fn. 20), S. 271 f.

[44] EGMR, Urt. v. 7.7.2011, Hellig/Deutschland, NJW 2012, 2173, Rn. 8 f.

Kleidung ausgestattet werden.[45] Auf dieser Grundlage beanstandete der Gerichtshof, dass die Gefängnisverwaltung kein milderes Mittel wie die Verwendung reißfester Kleidung in Erwägung gezogen hatte, und stellte eine Verletzung von Art. 3 EMRK fest.[46] Mit der Qualifikation der nackten Unterbringung als „vollkommen inakzeptabel" stellt der Antifolterausschuss in seinem Bericht zwar auch einen normativen Standard auf. Für den EGMR scheint aber die Aussage wichtiger, dass reißfeste Kleidung als mildere Alternative in Betracht kommt. Er macht sich also nicht die juristischen Bewertungen des Ausschusses zu Eigen, sondern er nutzt die Sachkunde des Antifolterausschusses. Dass er den Ausschuss als sachverständiges Organ betrachtet, zeigt sich auch daran, dass er dem beklagten Staat durchaus die Möglichkeit einräumt, die Annahme, dass reißfeste Kleidung eine geeignete Alternative darstelle, zu widerlegen. Deutschland wird verurteilt, weil es keine „hinreichenden Gründe"[47] für die Notwendigkeit einer nackten Verwahrung vorgebracht hat.

Die doppelte Bedeutung der Organpraxis zur Bestätigung normativer Standards einerseits und zur Sachverhaltsfeststellung andererseits zeigt sich auch in der Sache D. H./Tschechien, in der der EGMR 2007 über Romadiskriminierung im Schulwesen zu befinden hatte. Der EGMR zog Dokumente unterschiedlicher Europaratseinrichtungen, der EU und der UNO heran. Für das Konzept mittelbarer Diskriminierung konnte er sich neben Unionsrecht auf eine ECRI-Definition stützen.[48] Hier wird also die Fachkompetenz der ECRI als unabhängige Expertenkommission genutzt, um ein dogmatisches Konzept abzusichern. Daneben zog der EGMR Dokumente verschiedener Expertengremien heran, um das Ausmaß der Zuweisung von Roma-Kindern an Sonderschulen zu belegen.[49] Hier dient die Bezugnahme der Sachverhaltsfeststellung. In beiden Fällen ist es offenbar der Expertstatus, der die Autorität der Dokumente begründet. Als der EGMR in der Sache V. C./Slowakei die unfreiwillige Sterilisation einer Roma-Frau zu beurteilen hatte, stützte er sich in ähnlicher Weise auf die Expertise des Menschenrechtskommissars und der ECRI.[50]

Betrachtet man die drei Grundwerte des Europarats: Menschenrechte, Herrschaft des Rechts und Demokratie,[51] liegt ein Schwerpunkt bei den Menschenrechten. Das gilt für den Europarat insgesamt. Der EGMR kann gemäß Art. 19, 33 f. EMRK formal überhaupt nur über Menschenrechte judizieren. Die Übergänge zur Herrschaft des Rechts und zur Demokratie sind jedoch fließend. Justizgarantien und der menschenrechtliche Gesetzesvorbehalt sind wichtige Elemente der Rechtsstaatlichkeit.

---

[45] CPT/Inf (96)28, Rn. 102; Übersetzung durch den Verf.
[46] EGMR, Hellig (Fn. 44), Rn. 56 f.
[47] EGMR, Hellig (Fn. 44), Rn. 57: „sufficient reasons".
[48] EGMR (GK), Urt. v. 13.11.2007, D. H. u. a./Tschechien, NVwZ 2008, 533, Rn. 184.
[49] EGMR (GK), D. H. (Fn. 48), Rn. 192.
[50] EGMR, Urt. v. 8.11.2011, V. C./Slowakei, Rn. 78–80, 146 f.
[51] *Polakiewicz* (Fn. 12), Rn. 6; *M. Gruden*, The Council of Europe Today and the Perspectives for the Future, in: Kleinsorge (Fn. 2), S. 216, 218 f.; s. auch *Wittinger* (Fn. 2), S. 219 und *passim*, die von „europäischen Verfassungswerten" spricht.

So zog der EGMR in der Sache Menchinskaya/Russland eine Stellungnahme der Venedig-Kommission sowie eine Entschließung der Parlamentarischen Versammlung heran, um zu begründen, dass eine Intervention des Vertreters des öffentlichen Interesses in einem Zivilprozess die Garantie eines fairen Verfahrens gemäß Art. 6 Abs. 1 EMRK verletzte.[52] Demokratie wird in Art. 8–11 EMRK ausdrücklich angesprochen, wenn Einschränkungen dieser Rechte auf das „in einer demokratischen Gesellschaft" Notwendige begrenzt werden. So spielt für den EGMR beispielsweise die demokratische Funktion der Presse als „öffentlicher Wachhund" eine wesentliche Rolle, wenn es um die Abwägung zwischen Meinungsäußerungsfreiheit und Schutz der Privatheit geht. Dementsprechend bewegt sich die Empfehlung (2003) 13 des Ministerkomitees vom 10. 7. 2003 über die Bereitstellung von Informationen über Strafverfahren durch die Medien, die der EGMR in der Sache Axel Springer AG/Deutschland herangezogen hat,[53] an der Schnittstelle der drei Bereiche: Menschenrechte, Rechtsstaatlichkeit und Demokratie. In der Sache Sitaropoulos u. a./Griechenland[54] ging es mit dem Ausländerwahlrecht sogar vorrangig um Demokratie.

Wie stark die Impulse des Europaratsrechts auf die Rechtsprechung des EGMR sind, zeigt sich nicht zuletzt daran, dass sich große Europaratsthemen wie Menschenhandel[55] und die Situation der Roma[56] in der EGMR-Rechtsprechung wiederfinden, obwohl sie im Text der EMRK kaum angelegt sind.

IV. Rezeption durch den EuGH

Europarat und EU haben ihr Verhältnis im Mai 2007 zum Gegenstand eines Memorandum of Understanding gemacht.[57] Darin wird der Europarat als der Maßstab (*benchmark*) für Menschenrechte, Herrschaft des Rechts und Demokratie in Europa bezeichnet.[58] Dies wird speziell für den Menschenrechtsschutz dahin präzisiert, dass EU-Dokumente die entsprechenden Europaratsnormen als Referenztexte zitieren sowie die Entscheidungen und Schlussfolgerungen der Überwachungsgremien berücksichtigen sollen.[59] Europarat und EU haben damit eine Forderung aufgegriffen, die der luxemburgische Premierminister Jean-Claude Juncker 2006 in seinem grund-

---

[52] EGMR, Urt. v. 15. 1. 2009, Menchinskaya/Russland, Rn. 19 f., 35, 38.
[53] EGMR, Axel Springer AG (Fn. 31), Rn. 50, 96.
[54] O. Fn. 6.
[55] EGMR, Urt. v. 7. 1. 2010, Rantsev/Zypern und Russland, NJW 2010, 3003, Rn. 91 ff., 158 ff.
[56] O. bei Fn. 48-50.
[57] Abrufbar unter: http://www.coe.int/t/der/docs/MoU_EN.pdf.
[58] Memorandum of Understanding (Fn. 57), Rn. 10.
[59] Memorandum of Understanding (Fn. 57), Rn. 17.

legenden Bericht: *Council of Europe – European Union: „A sole ambition for the European continent"*,[60] aufgestellt hat.

Der EuGH verwirklicht dieses Ziel, indem er seit mehreren Jahren vorbehaltlos auf die EGMR-Rechtsprechung zurückgreift, um den unionalen Grundrechtsstandard zu bestimmen.[61] Seitdem die Europäische Grundrechtecharta am 1.12.2009 mit dem Inkrafttreten des Vertrages von Lissabon rechtsverbindlich geworden ist, tritt der Text der EMRK zwar für den EuGH hinter dem der Grundrechtecharta zurück. Zur Auslegung der Grundrechtecharta greift der EuGH aber unmittelbar auf die EMRK-Rechtsprechung des EGMR zurück.[62] Sonstiges Europaratsrecht und namentlich Empfehlungen und Entschließungen des Ministerkomitees sowie der Parlamentarischen Versammlung finden sich in der Rechtsprechung des EuGH hingegen wesentlich seltener.

In der Sache Humanplasma hatte der EuGH zu entscheiden, ob Österreich den Import von Blutplasma schon dann verbieten konnte, wenn dem Spender Aufwendungen erstattet worden waren. Der EuGH zog die Empfehlung 95 (14) des Ministerkomitees vom 12.10.1995 über den Schutz der Gesundheit von Spendern und Empfängern bei Bluttransfusionen heran, die das Prinzip der unentgeltlichen Spende aufstellt[63] und dies dahin präzisiert, dass kleine Anerkennungen, Erfrischungen sowie die Erstattung unmittelbarer Reisekosten mit diesem Prinzip vereinbar sind.[64] Diese Prinzipien hatte die Unionsgesetzgebung im Erwägungsgrund 23 der Richtlinie 2002/98/EG[65] aufgegriffen. Der EuGH zitiert die Prinzipien[66] und sieht sich dadurch in seiner Auffassung bestätigt, dass ein Ausschluss jeder finanziellen Leistung an den Spender bis hin zur bloßen Fahrtkostenerstattung für den Gesundheitsschutz nicht erforderlich sei.[67]

Eine ähnliche Bezugnahme findet sich in der Sache *Hassen El Dridi*. Dort ging es um die Inhaftierung eines abzuschiebenden Ausländers. Der EuGH hatte die Richtlinie 2008/115/EG über gemeinsame Normen und Verfahren in den Mitgliedstaaten zur Rückführung illegal aufhältiger Drittstaatsangehöriger auszulegen, deren 3. Präambelerwägung auf die „20 Leitlinien zur Frage der erzwungenden Rückkehr" hin-

---

[60] Bericht vom 11.4.2006, S. 6, 7, 9, 18, 30; abrufbar unter: http://www.coe.int/t/der/docs/RapJuncker_E.pdf.

[61] s. *S. Douglas-Scott*, A Tale of two Courts: Luxembourg, Strasbourg and the Growing European Human Rights Acquis, CMLRev. 43 (2006), S. 629 (644 ff.); *R. Uerpmann-Wittzack*, in: A. v. Bogdandy/J. Bast, Europäisches Verfassungsrecht, 2. Aufl. 2009, S. 177 (217 f.).

[62] s. exemplarisch EuGH, verb. Rs. C-92 u. 93/09, Urt. v. 9.11.2010 – Schecke und Eifert, EuZW 2010, S. 939, Rn. 52, 59, 72, 87 zur Veröffentlichung von EU-Agrarbeihilfenempfängern.

[63] Appendix, Art. 1.

[64] Appendix, Art. 2 S. 2.

[65] ABl. 2002 Nr. L 33, S. 30

[66] EuGH, Rs. C-421/09, Urt. v. 9.12.2010, EuZW 2011, 188, Rn. 3, 7.

[67] EuGH, Rs. C-421/09, Urt. v. 9.12.2010, EuZW 2011, 188, Rn. 44 f.

weist, die das Ministerkomitee am 4.5.2005 beschlossen hat.[68] Konkret zog er die Leitlinie 8 heran, derzufolge jede Abschiebehaft so kurz wie möglich zu sein hat, um Art. 15 der Richtlinie, der die Abschiebehaft regelt, in diesem Licht auszulegen.[69]

Daneben zieht der EuGH auch solche Dokumente heran, die eher als Ausdruck besonderen Sachverstandes Autorität verdienen. Das gilt etwa für das Europäische Arzneibuch, dessen Ausarbeitung nach Art. 6 des Übereinkommens über die Ausarbeitung eines Europäischen Arzneibuchs[70] in der Verantwortung einer Expertenkommission liegt. Nach Ansicht des EuGH kann der unionsrechtliche Begriff der Darreichungsform unter Rückgriff auf die Definition im Europäischen Arzneibuch bestimmt werden.[71] Dies begründete der EuGH damit, dass das Unionsrecht in einem Richtlinienanhang[72] selbst auf das Europäische Arzneibuch verwies.[73]

Auch der EuGH ist also durchaus bereit, Europaratsrecht heranzuziehen, das formal nicht verbindlich ist, und zwar sowohl zur Feststellung rechtlicher Standards als auch als Ausdruck fachlicher Expertise. Allerdings tut er das nur, soweit die Unionsgesetzgebung auf solche Texte verweist und damit den Rückgriff legitimiert. Außerdem hat der EuGH, soweit ersichtlich, kein einziges Mal Dokumente der Parlamentarischen Versammlung herangezogen. Lediglich die Generalanwälte beziehen sich in ihren Schlussanträgen vereinzelt auf deren Entschließungen.[74]

V. Rezeption durch die deutsche Rechtsprechung

In Deutschland zeigt sich die Rezeption von Europaratsentschließungen beispielhaft an den Europäischen Strafvollzugsgrundsätzen, die das Ministerkomitee als Empfehlung (2006) 2 verabschiedet hat, und ihren Vorläufer. Während der EGMR die Europäischen Strafvollzugsgrundsätze unmittelbar als normativen Standard zur Konkretisierung der EMRK herangezogen hat,[75] nutzt das Bundesverfassungsgericht sie als Indiz für den Stand der Wissenschaft.[76] Ausgangspunkt ist die Annahme, dass der Gesetzgeber bei der Ausgestaltung des Strafvollzugs fundierte Erkenntnisse über die Wirksamkeit unterschiedlicher Ausgestaltungen und Maßnahmen zugrunde legen müsse. Würden internationale Standards missachtet, wie sie beispielsweise im Rahmen des Europarates beschlossen würden, deute dies auf eine unzureichende Be-

---

[68] Twenty guidelines on forced return; Doc. CM(2005)40 Addendum final v. 20.5.2005.
[69] EuGH, Rs. C-61/11, Urt. v. 28.4.2011, Rn. 43.
[70] ETS Nr. 50; BGBl. 1973 II, S. 703.
[71] EuGH, Rs. C-106/01, Slg. 2004, I-4403, Rn. 36–40 – Novartis.
[72] Richtlinie 91/507/EWG v. 19.7.1991, ABl. Nr. L 270, 32, Anhang Teil 2 E 1.
[73] EuGH, Rs. C-106/01, Slg. 2004, I-4403, Rn. 38 – Novartis.
[74] EuGH, Rs. C-13/94, Slg. 1996, I-2143, Schlussanträge Tesauro, Rn. 8 f. mit Fn. 4, 7; Rs. C-353/99 P, Slg. 2001, I-9565, Schlussanträge Generalanwalt Léger, Rn. 62.
[75] EGMR (GK), Urt. v. 4.7.2006, Ramirez Sanchez/Frankreich, EuGRZ 2007, 141, Rn. 130, 139; EGMR, Urt. v. 20.5.2008, Gülmez/Türkei, Rn. 35, 50, 63
[76] BVerfGE 116, 69 (90).

rücksichtigung vorhandener Erkenntnisse hin. Die Empfehlung des Europarats wird hier also nicht als Rechtserkenntnisquelle angesehen, sondern als Mittel der Tatsachenfeststellung. Die Technik ähnelt der des EGMR im Fall Hellig.[77] Auf dieser Grundlage und unter Rückgriff auf die Europäischen Strafvollzugsgrundsätze befand beispielsweise der Berliner Verfassungsgerichtshof, dass die mehrmonatige Unterbringung in einer 5,25 m^2 großen Zelle im konkreten Fall gegen die Menschenwürde verstoßen habe.[78] Demgegenüber schiebt das OLG Hamm in einem Beschluss vom 13. 6. 2008 die Strafvollzugsgrundsätze mit der Begründung beiseite, dass sie keine innerstaatliche Gesetzeskraft erlangt haben, und versucht dann, einen Verstoß gegen die Menschenwürde unabhängig von den Aussagen der Strafvollzugsgrundsätze festzustellen.[79]

Freilich wird Europaratsrecht keineswegs durchgehend rezipiert. So hat das Bundesverfassungsgericht 2009 den Einsatz von elektronischen Wahlgeräten bei der Bundestagswahl am Grundsatz der Öffentlichkeit der Wahl scheitern lassen und dabei sehr strenge Anforderungen für die elektronische Stimmabgabe bei Parlamentswahlen aufgestellt. Mit den entsprechenden Fragen der Transparenz und der Überprüfbarkeit der Wahlhandlung hat sich auch das Ministerkomitee in seiner Empfehlung (2004) 11 befasst.[80] Seine Standards, die tendenziell etwas großzügiger sind, werden vom Bundesverfassungsgericht nicht einmal erwähnt.

VI. Vom Europaratsrecht zum gemeineuropäischen Verfassungsrecht

Mit der Erweiterung und Vertiefung der Europäischen Union geriet der Europarat in der zweiten Hälfte der 1990er Jahre in eine Sinnkrise. Es erschien fraglich, welchen Platz er neben der EU noch würde einnehmen können. Dies führte zu einer Rückbesinnung auf die Kernkompetenzen des Europarates. Heute wird er als der Maßstab für Menschenrechte, Herrschaft des Rechts und Demokratie verstanden.[81] Seine Aufgabe ist es, die grundlegenden gemeineuropäischen Verfassungswerte zu konkretisieren, fortzuentwickeln und über ihre Einhaltung zu wachen. In dieser Funktion ist er für seine Mitgliedstaaten wie für die EU gleichermaßen unverzichtbar.

Hier zeigt sich die Bedeutung des Europaratsrechts. Formale Rechtsverbindlichkeit kommt zwar nur den ratifizierten Europaratskonventionen zu. Auch Empfehlungen, Entschließungen und Berichte kommen jedoch als Rechtserkenntnisquellen in Betracht, wenn es darum geht, die Verfassungsstandards der Europaratskonventio-

---

[77] O. bei Fn. 44 ff.

[78] BerlVerfGH, LKV 2010, 26 f. gegen KG, NStZ-RR 2008, 222.

[79] OLG Hamm, NJW-RR 2008, 1406.

[80] Empfehlung v. 30. 9. 2004 on legal, operational and technical standards for e-voting, Anhang, Rn. 20 ff.

[81] O. Fn. 51; s. auch das Memorandum of Understanding zwischen Europarat und EU, o. Fn. 57 f.

nen, des Unionsrechts und des nationalen Rechts zu entfalten. Dabei haben Empfehlungen des Ministerkomitees besonderes Gewicht, weil sie einen politischen Konsens der Vertragsstaaten widerspiegeln. Entschließungen der Parlamentarischen Versammlung beziehen ihre Autorität aus der unmittelbaren demokratischen Legitimation ihrer Mitglieder. Andere Einrichtungen repräsentieren unabhängiges Expertenwissen, wie es etwa auch in Art. 38 Abs. 1 lit. d IGH-Statut als Rechtserkenntnisquelle angesprochen wird. Damit tragen die verschiedenen Akteure des Europaratsrechts jeweils auf ihre Weise zur Herausbildung und Entwicklung gemeineuropäischen Verfassungsrechts bei.

Zuständigkeit des Internationalen Gerichtshofs und Treaty Bodies

Von *Andreas Zimmermann**

I. Problemstellung

Eckart Klein war nicht nur langjähriges Mitglied des Menschenrechtsausschusses, sondern hat sich immer wieder, so etwa zuletzt im Zusammenhang mit den Arbeiten der Deutschen Gesellschaft für Völkerrecht eine mögliche deutsche Erklärung nach Art. 36 II IGH-Statut betreffend,[1] auch mit der Zuständigkeit des Internationalen Gerichtshofes befasst.[2] Die Kombination beider Umstände mag es angezeigt erscheinen lassen, sich vorliegend mit den prozessualen Wechselbeziehungen zwischen der Zuständigkeit des Internationalen Gerichtshof einerseits und der Durchführung von Staatenbeschwerdeverfahren vor Überwachungsorganen internationaler Menschenrechtsschutzverträge, also den sogenannten ‚Treaty Bodies', andererseits zu befassen.

Zwar sind in den mittlerweile mehr als 60 Jahren seiner Existenz erst in jüngerer Zeit universelle Menschenrechtsschutzverträge Gegenstand von Prozessen vor dem Internationalen Gerichtshof geworden, so insbesondere, was streitige Verfahren anbelangt, die Völkermordkonvention in den beiden von Bosnien-Herzegowina beziehungsweise Kroatien angestrebten Klagen gegen die Bundesrepublik Jugoslawien/Serbien[3]; die UN-Konvention gegen Folter, die Rassendiskriminierungskonvention

---

* Ich danke Herrn J. J. Vasel für die wertvolle Hilfe bei der Zusammenstellung des relevanten Materials.

Der Verf. war Counsel für die Russische Föderation im Streitverfahren zwischen Georgien und der Russischen Föderation bei der auch die Frage des Verhältnisses zwischen den in der Rassendiskriminierungskonvention vorgesehenen speziellen Verfahren (‚procedures expressly provided for in this Convention') und der Zuständigkeit des IGH eine Rolle spielte. Die Ausführungen geben nur seine persönliche Auffassung wieder.

[1] Vgl. ‚Bericht einer Studiengruppe zur Anerkennung der Gerichtsbarkeit des IGH gemäß Art. 36 Abs. 2 IGH-Statut', bei der Eckart Klein einer der beiden Berichterstatter war, Text in ZaöRV 67 (2007), S. 825 ff.

[2] Vgl. aber auch bereits etwa *E. Klein*, Paralleles Tätigwerden von Sicherheitsrat und Internationalem Gerichtshof bei friedensbedrohenden Streitigkeiten, in: Festschrift für Hermann Mosler (1983), S. 467 ff.

[3] IGH, Application of the Convention on the Prevention and Punishment of the Crime of Genocide, (Bosnia and Herzegovina v. Serbia and Montenegro) Preliminary Objections, Judgment, ICJ Reports 1996, S. 595; IGH, Application of the Convention on the Prevention

sowie die Frauenrechtskonvention im ‚Case concerning Armed Activities on the Territory of the Congo (New Application: 2002)' zwischen der Demokratischen Republik Kongo und Ruanda[4]; der Internationale Pakt über Bürgerliche und Politische Rechte und die UN-Kinderrechtskonvention im Streitfall zwischen der Demokratischen Republik Kongo und Uganda[5]; wiederum der Internationale Pakt über Bürgerliche und Politische Rechte im ‚Case concerning Ahmadou Sadio Diallo' zwischen der Republik Guinea und der Demokratischen Republik Kongo[6]; erneut die Rassendiskriminierungskonvention im ‚Case concerning Application of the International Convention on the Elimination of All Forms of Racial Discrimination' zwischen Georgien und der Russischen Föderation[7] sowie zuletzt einmal mehr die UN-Konvention gegen Folter im ‚Case concerning Questions relating to the Obligation to Prosecute or Extradite' zwischen Belgien und Senegal.[8]

Hinzukommen aber immerhin noch zwei weitere Gutachtenverfahren, in denen solche Verträge vom Internationalen Gerichtshof als relevant angesehen worden, so erneut der Internationale Pakt über Bürgerliche und Politische Rechte im Gutachtenverfahren zur Zulässigkeit des Einsatzes von Nuklearwaffen[9] sowie neben diesem auch der Internationale Pakt über wirtschaftliche, soziale und kulturelle Rechte und die UN-Kinderrechtskonvention im Gutachtenverfahren zur Rechtmäßigkeit der israelischen Sperranlagen in den besetzten palästinensischen Gebieten.[10]

Zumindest einige dieser Fälle werfen – soweit Menschenrechtsschutzverträge betroffen waren, die über ein vertraglich gestütztes Überwachungsorgan in Form eines Treaty Body, und dabei speziell über ein Staatenbeschwerdeverfahren verfügen – die Frage auf, ob für den Internationalen Gerichtshof (beziehungsweise für ein in der je-

---

and Punishment of the Crime of Genocide (Bosnia and Herzegovina v. Serbia and Montenegro) Judgment, ICJ Reports 2007, 43.

[4] IGH, Armed Activities on the Territory of the Congo, (New Application: 2002) (Democratic Republic of the Congo v. Rwanda) Jurisdiction and Admissibility, Judgment, ICJ Reports 2006, 6.

[5] IGH, Armed Activities on the Territory of the Congo, (Democratic Republic of the Congo v. Uganda), Judgment, ICJ Reports 2005, 168.

[6] IGH, Case Concerning Ahmadou Sadio Diallo, (Republic of Guinea v. Democratic Republic of the Congo), Judgment, 30. 11. 2010. Abrufbar im Internet unter http://www.icj-cij.org/docket/files/103/16244.pdf.

[7] IGH, Case Concerning Application of the International Convention on the Elimination of All Forms of Racial Discrimination (Georgia v. Russian Federation), Preliminary Objections, Judgment, 1.4. 2011. Abrufbar im Internet unter http://www.icj-cij.org/docket/files/140/16398.pdf.

[8] IGH, Questions Relating to the Obligation to Prosecute or Extradite, (Belgium v. Senegal), Judgment, 20.7.2012. Abrufbar im Internet unter http://www.icj-cij.org/docket/files/144/17064.pdf.

[9] IGH, Legality of the Threat or Use of Nuclear Weapons, Advisory Opinion, ICJ Reports 1996, 226.

[10] IGH, Legal Consequences of the Construction of a Wall in the Occupied Palestinian Territory, Advisory Opinion, ICJ Reports 2004, 136.

weiligen kompromissarischen Klausel vorgesehenes Schiedsgericht) gegebenenfalls, soweit vorhanden, die vorherige Durchführung eines Staatenbeschwerdeverfahrens nach Maßgabe des jeweils einschlägigen Menschenrechtschutzvertrages zwingende Voraussetzung für die Ausübung seiner jeweiligen vertragsgestützten oder aber auf Art. 36 II IGH-Statut basierenden Jurisdiktion ist.

II. Vertragsgestützte Zuständigkeit des Internationalen Gerichtshofes und Staatenbeschwerdeverfahren

1. Problemstellung

Exemplarisch für die Bedeutung der Frage des Verhältnisses zwischen einem Staatenbeschwerdeverfahren vor einem Vertragsgremium und der vertragsgestützten Zuständigkeit des Internationalen Gerichtshofes ist die im Jahr 2008 von Georgien gegen Russland anhängig gemachte, auf Art. 22 der UN-Rassendiskriminierungskonvention (CERD) gestützte Klage.[11] Soweit vorliegend relevant, sieht Art. 22 CERD vor, dass nur solche Streitigkeiten jedenfalls auf dieser Grundlage vor den Internationalen Gerichtshof gebracht werden können, „die nicht auf dem Verhandlungsweg *oder nach den in diesem Übereinkommen ausdrücklich vorgesehenen Verfahren* beigelegt"[12] worden sind. Dementsprechend hatte die Russische Föderation als beklagter Staat in dem fraglichen Verfahren denn auch vorgetragen, eine Klage vor dem IGH sei nur zulässig und der IGH habe nur Jurisdiktion, sofern zuvor das in den Artikeln 11–13 der Rassendiskriminierungskonvention vorgesehene Staatenbeschwerdeverfahren durchlaufen worden sei.[13]

In der Tat sehen nicht wenige der bedeutenden Menschenrechtsschutzverträge, die im Rahmen der Vereinten Nationen beschlossen worden sind, sowohl die Schaffung vertraglicher Überwachungsgremien als auch Streitbeilegungsklauseln vor, welche (jedenfalls subsidiär) die Zuständigkeit des Internationalen Gerichtshofes begründen. Dies gilt etwa für den bereits eingangs erwähnten Art. 22 CERD aus dem Jahr 1965[14], für das Übereinkommen zur Beseitigung der Diskriminierung der Frau von 1979 und dessen Art. 29[15], für Art. 30 der UN-Anti-Folterkonvention von 1984[16],

---

[11] IGH, Case Concerning Application of the International Convention on *the* Elimination of All Forms of Racial Discrimination, (Georgia v. Russian Federation), Preliminary Objections, Judgment, 1.4.2011. Abrufbar im Internet unter http://www.icj-cij.org/docket/files/140/16398.pdf.

[12] Hervorhebung nicht im Original.

[13] IGH, Case Concerning Application of the International Convention on *the* Elimination of All Forms of Racial Discrimination, (Georgia v. Russian Federation), Preliminary Objections of the Russian Federation, 1.12. 2009, S. 107 ff. Abrufbar im Internet unter http://www.icj-cij.org/docket/files/140/16099.pdf.

[14] Dazu näher unten 2. a).

[15] Dazu näher unten 2. c).

Art. 92 der UN-Wanderarbeiterkonvention von 1990[17] und schließlich für Art. 42 der UN-Konvention gegen das Verschwindenlassen aus dem Jahre 2006.[18]

Auffällig ist jedoch, dass von diesen Verträgen, die eine kompromissarische, die Zuständigkeit des IGH begründende Klausel enthalten, lediglich zwei ausdrücklich eine Befassung des jeweiligen Vertragsgremiums als zwingendes Klageerfordernis zu erfordern scheinen. Dies ist umso überraschender, als – wie eingangs erwähnt – bereits der erste universelle Menschenrechtschutzvertrag, der ein Vertragsgremium zur Überwachung der Einhaltung der vertraglichen Verpflichtungen vorsah, eben CERD, die Jurisdiktionsausübung durch den Internationalen Gerichtshof von der vorherigen Befassung des Rassendiskriminierungsausschusses im Rahmen eines Staatenbeschwerdeverfahrens nach den Artikeln 11–13 CERD abhängig machte.

Vor diesem Hintergrund soll im Folgenden zunächst untersucht werden, ob und inwieweit die einzelnen Streitbeilegungsklauseln derjenigen Menschenrechtsschutzverträge, die Vertragsgremien als Überwachungsorgane geschaffen haben, deren Befassung als Voraussetzung für etwaige Klagen in Bezug nehmen.

2. Kompromissarische Klauseln in universellen UN-Menschenrechtsverträgen und Staatenbeschwerdeverfahren

a) Art. 22 Rassendiskriminierungskonvention

Art. 22 CERD sieht vor, dass

„Any dispute between two or more States Parties with respect to the interpretation or application of this Convention, which is not settled by negotiation *or by the procedures expressly provided for in this Convention,* shall, at the request of any of the parties to the dispute, be referred to the International Court of Justice for decision, unless the disputants agree to another mode of settlement."[19]

Diese Formulierung war das Ergebnis eines schwierigen Kompromisses im Verlauf des Entstehungsprozesses der Konvention: während eher souveränitätsorientierte Staaten – wenn überhaupt – allenfalls eine Überwachung der Einhaltung ihrer Verpflichtungen aus der Konvention durch den vertraglich zu schaffenden CERD-Ausschuss akzeptieren wollten, sollte nach Auffassung anderer Staaten eine umfassende, unbedingte und von dem Ausschussverfahren unabhängige Zuständigkeit des Internationalen Gerichtshofes begründet werden. Dementsprechend stellt Art. 22 CERD einen austarierten Kompromiss zwischen beiden Lagern dar, macht er doch die Befassung des IGH von der vorherigen Erfüllung weiterer Voraussetzungen abhängig, von denen sich eine speziell auf das Staatenbeschwerdeverfahren nach den Art. 11 –

---

[16] Dazu unten 2. d).
[17] Dazu unten 2. f).
[18] Dazu unten 2. h).
[19] Hervorhebung nicht im Original.

13 CERD bezieht und es damit den involvierten Staaten erlaubt, den streitigen Sachverhalt im Rahmen des CERD-Ausschusses zu diskutieren und gegebenenfalls ein Vermittlungsverfahren zur Streitbeilegung durchzuführen, bevor es zu einem Verfahren vor dem Internationalen Gerichtshof kommt.

Nicht zuletzt die in Art. 22 CERD benutzte Formulierung „ausdrücklich (‚expressly/expressément') in diesem Übereinkommen vorgesehen Verfahren" legt es dabei nahe, davon auszugehen, dass *zwingend* der CERD-Ausschuss befasst werden muss, bevor die Zuständigkeit des Internationalen Gerichtshofes eröffnet ist. Zudem war bereits frühzeitig während der Entstehung der Konvention die besondere Bedeutung des Staatenbeschwerdeverfahrens als Mittel zur Beilegung von Streitfällen, die im Rahmen der Konvention entstanden waren, hervorgehoben worden.[20]

Ferner hatte bereits die Ursprungsfassung der späteren kompromissarischen Klausel deutlich gemacht, dass eine Befassung des Internationalen Gerichtshofes nur nach einem vorherigen Durchlaufen des Staatenbeschwerdeverfahrens erfolgen können sollte, sah der Entwurf doch vor, dass:

„The States Parties to this Convention agree that any State Party complained of or lodging a complaint may, if no solution has been reached within the terms of article 13, paragraph 1, bring the case before the International Court of Justice, after the report provided for in article 13, paragraph 3, has been drawn up."[21]

Der Urheber des Vorschlags betonte dabei, dass eine direkte, unmittelbare Befassung des Internationalen Gerichtshofes nicht angezeigt sei, weil das nunmehr in Art. 13 CERD vorgesehene Vermittlungsverfahren besser geeignet sei, Streitfälle menschenrechtlichen Charakters beizulegen[22]; eine Sicht, die auch während der weiteren Arbeiten an dem Entwurf in der (damaligen) Menschenrechtskommission der Vereinten Nationen geteilt wurde.[23] Im Dritten Ausschuss der Generalversammlung, in dem sodann der Text weiterberaten wurde, drängte Polen, nachdem zuvor die kompromissarische Klausel von der Bestimmung über das Staatenbeschwerdeverfahren abgekoppelt worden war, darauf, die Befassung des Internationalen Gerichtshofes nur im Wege eines Compromis vorzusehen. Nachdem dies verhindert werden konnte, wurden aber in Art. 22 CERD auf Initiative Ghanas, Mauretaniens und der Philippi-

---

[20] IGH, Application of the International Convention on the Elimination of All Forms of Racial Discrimination (Georgia v. Russian Federation), Preliminary Objections of the Russian Federation, 1.12.2009, 109ff. Abrufbar unter http://www.icj-cij.org/docket/files/140/16099.pdf.

[21] Vgl. U.N. Economic and Social Council, Commission on Human Rights, Sub-Commission on Prevention of Discrimination and Protection of Minorities, Report of the Sixteenth Session of the Sub-Commission on Prevention of Discrimination and Protection of Minorities to the Commission on Human Rights, U.N. Doc. E/CN.4/873, E/CN.4/Sub.2/241, S. 57.

[22] U.N. Economic and Social Council, Commission on Human Rights, Sub-Commission on Prevention of Discrimination and Protection of Minorities, Summary record of the 427th Meeting, U.N. Doc. E/CN.4/Sub.2/SR.427, S. 12.

[23] U.N. Economic and Social Council, Commission on Human Rights, Summary record of the 810th Meeting, U.N. Doc. E/CN.4/SR.810, S. 7.

nen die Worte „or by the procedures expressly provided for in this Convention" hinter dem Wort ‚negotiation' eingefügt[24], damit das Konventionsverfahren durchlaufen werden müsse, bevor der Weg zum Gerichtshof beschritten werden könne[25], um damit sicherzustellen, wie es einzelne Delegierte ausführten, dass dieser lediglich als Streitbeilegungsmechanismus ‚of last resort' tätig werden könne.[26]

Zudem war bereits während der Arbeiten der Menschenrechtskommission auf das Vorbild des im Rahmen der UNESCO erarbeiteten ‚Protocol Instituting a Conciliation and Good Offices Commission to be Responsible for Seeking the settlement of any Disputes which may arise between States Parties to the Convention against Discrimination in Education' aus dem Jahre 1962 hingewiesen worden, dessen Art. 25 ebenfalls die vorherige Befassung eines vergleichbaren Mechanismus vorsieht.[27]

Geht man dementsprechend richtigerweise davon aus, dass die Rassendiskriminierungskonvention somit das vertragsinterne Streitbeilegungsverfahren durch den CERD-Ausschuss verbindlich als zwingende Jurisdiktionsvoraussetzung festlegen wollte, ist das in Art. 22 CERD enthaltene Erfordernis einer Streitbeilegung auf Verhandlungswege ‚oder' durch das in der Konvention vorgesehene Staatenbeschwerdeverfahren denn auch nicht als ein alternatives ‚oder', sondern als ein kumulatives ‚oder' zu verstehen, da andernfalls das von der Konvention vorgesehene Durchlaufen der Befassung des CERD-Ausschusses jederzeit umgangen werden könnte.[28]

Allerdings kann dieses Erfordernis jedenfalls in der Regel nur dann eingreifen, wenn die Ausübung der Zuständigkeit des IGH gerade auf Art. 22 CERD beruht. Umgekehrt bleibt die Ausübung der Zuständigkeit des IGH auch im Hinblick auf

---

[24] U.N. General Assembly, 20th session, Official Records, Annexes, Report of the Third Committee, U.N. Doc. A/6181 (18 December 1965), S. 38.

[25] U.N. General Assembly, 20th session, Official Records, Third Committee, Record of the 1367th meeting, U.N. Doc. A/C.3/SR.1367, S. 453, Hervorhebung durch den Autor; Mr. Lamptey (Ghana).

[26] U.N. General Assembly Official Records, Third Committee, Record of the 1344th meeting, U.N. Doc. A/C.3/SR.1344, S. 319.

[27] Vgl. dazu die Stellungnahme von Capotorti:

„The Commission could also rely on a precedent, one, moreover, on which Mr. Inglés had based his proposal: the Protocol to the Convention against Discrimination in Education adopted by UNESCO", vgl. U.N. Doc. E/CN.4/Sub.2/SR.428, S. 6.

Die Norm lautet:

„Any State may, at the time of ratification, acceptance or accession or at any subsequent date, declare, by notification to the Director-General, that it agrees, with respect to any other State assuming the same obligation, to refer to the International Court of Justice, after the drafting of the report provided for in Article 16, paragraph 3, any dispute covered by this Protocol on which no amicable solution has been reached in accordance with Article 17, paragraph 1."

[28] Offengelassen durch IGH, Case Concerning Application of the International Convention on the Elimination of All Forms of Racial Discrimination, (Georgia v. Russian Federation), Judgment, Preliminary Objections, 1.4.2011, para.133. abrufbar unter http://www.icj-cij.org/docket/files/140/16398.pdf.

Streitigkeiten, welche die Auslegung oder Anwendung der Rassendiskriminierungskonvention betreffen, unberührt, soweit die Zuständigkeit des IGH nicht auf Art. 22 CERD beruht, sondern vielmehr entweder auf anderen vertraglichen Grundlagen oder aber auf Art. 36 II IGH-Statut.[29] Dies wird eindrücklich durch Art. 16 CERD bestätigt, der deutlich macht, dass

> „[d]ie Bestimmungen dieses Übereinkommens über die Beilegung von Streitigkeiten (…) unbeschadet anderer in den Gründungsurkunden oder den Übereinkünften der Vereinten Nationen und ihrer Sonderorganisationen vorgesehener Verfahren zur Beilegung von Streitigkeiten (…) angewendet [werden] und (…) die Vertragsstaaten nicht daran [hindern], nach den zwischen ihnen in Kraft befindlichen allgemeinen oder besonderen internationalen Übereinkünften andere Verfahren zur Beilegung einer Streitigkeit in Anspruch zu nehmen."

b) Art. 44 Internationaler Pakt über Bürgerliche und Politische Rechte

Der Internationale Pakt über Bürgerliche und Politische Rechte wurde nur kurze Zeit nach der Rassendiskriminierungskonvention verabschiedet. Daher wäre es naheliegend gewesen, dort ebenfalls (und gegebenenfalls auch in den Pakt über Wirtschaftliche, Soziale und Kulturelle Rechte) eine kompromissarische Klausel aufzunehmen, welche nach dem Muster von Art. 22 CERD die Zuständigkeit des IGH begründet hätte und dann gegebenenfalls darin auch das Verhältnis zum Staatenbeschwerdeverfahren des Art. 41 IPBürg zu klären. Entsprechende Vorstöße waren aber bereits während eines frühen Stadiums der Vorarbeiten gescheitert. In der Tat hatte der von der Menschenrechtskommission im Jahre 1954 erarbeitete Entwurf zunächst noch als Teil der Bestimmungen zur Implementierung des Paktes vorgesehen, dass ein Staat, der an einem Staatenbeschwerdeverfahren beteiligt war, welches zu keiner Lösung nach den jetzigen Art. 41 Abs.1 lit. b) beziehungsweise Art. 42 Abs.7, lit. c) und d) geführt hat, Klage vor dem IGH erheben können sollte *nachdem* die dort jeweils vorgesehenen Berichte erstattet worden waren.[30] Der entsprechende Art. 46 des Entwurfs aus dem Jahr 1954 sah demnach im Kontext der Regelung des geplanten Staatenbeschwerdeverfahrens vor

> „The States Parties to this Covenant agree that any State Party complained of or lodging a complaint may, *if no solution has been reached within the terms of article 43, paragraph 1*, bring the case before the International Court of Justice after the report provided for in article 43, paragraph 3, has been drawn up."[31]

Damit wäre die Regelung *mutatis mutandis* parallel zu dem späteren Art. 22 CERD gewesen. Allerdings scheiterte der fragliche Vorschlag, anders als im Falle

---

[29] Dazu näher unter III.

[30] Vgl. im Einzelnen dazu K. *Das*, United Nations Institutions and Procedures Founded on Conventions on Human Rights and Fundamental Freedoms, in: K. Vasak (Hg.), The International Dimensions of Human Rights, Bd.1, 1982, 303 ff. (342).

[31] U.N. Commission on Human Rights, Report of the 10th session, U.N. Doc. E/2573, E/CN.4/705, S. 71; Hervorhebung nicht im Original.

von CERD, an vielfältigem Widerstand im Dritten Ausschuss der Generalversammlung[32] mit der Folge, dass in den Vertrag keinerlei wie auch immer formulierte kompromissarische Klausel aufgenommen wurde.

Immerhin wurde dann aber in Art. 44 IPBürg in Anlehnung an den zweiten Satzteil von Art. 16 CERD erneut eine Formulierung aufgenommen wonach „[d]ie Bestimmungen über die Durchführung dieses Paktes (...) die Vertragsstaaten nicht [hindern], in Übereinstimmung mit den zwischen ihnen in Kraft befindlichen allgemeinen oder besonderen internationalen Übereinkünften andere Verfahren zur Beilegung von Streitigkeiten anzuwenden." Auch der Pakt will damit also einer grundsätzlichen Koexistenz der vertragsinternen Streitbeilegungsverfahren (und dabei insbesondere des Verfahrens nach Art. 41 des Paktes) mit der Ausübung der streitigen, anderweitig begründeten Jurisdiktion seitens des IGH nicht im Wege stehen, will letzere nur eben – insoweit abweichend von Art. 22 CERD – nicht selbst eröffnen. Dies erklärt auch, warum keine Formulierung analog zum ersten Halbsatz des Art. 16 CERD, der auch und gerade die Streitbelegung nach Art. 22 CERD unberührt lässt, mit in Art. 44 IPBürg übernommen wurde.

Sowohl für die Zwecke des Art. 16 CERD als auch für die des Art. 44 IPBürg dürfte dabei richtigerweise davon auszugehen sein, dass unter ‚general (...) agreements' (‚allgemeinen (...) Übereinkünften' in der deutschen Übersetzung) auch sich entsprechende Erklärungen zweier Staaten nach Art. 36 II IGH-Statut zu verstehen sind, selbst wenn es sich technisch insoweit nicht um eine vertragliche Bindung im eigentlichen Sinne handelt[33], da andernfalls gerade einer der praktisch relevantesten Fälle, die von Art. 44 IPBürg/Art. 16 CERD und vergleichbaren Regelungen erfasst werden sollten, gerade nicht geregelt worden wäre. Allerdings hatte der Internationale Gerichtshof selbst noch keine Gelegenheit zu Art. 16 CERD oder der Parallelbestimmung des Art. 44 IPBürg Stellung zu nehmen, weil in den bisherigen streitigen Verfahren, in denen er auf der Grundlage von Art. 36 II IGH-Statut zu möglichen Verletzungen des Internationalen Paktes über Bürgerliche und Politische Rechte Stellung zu nehmen hatte, keiner der an den Verfahren beteiligten Staaten, nämlich die Demokratische Republik Kongo, Guinea sowie Uganda[34], das Staatenbeschwerdeverfahren nach Art. 41 IPBürg akzeptiert hatte.

Problematisch (wenn auch vielleicht eher unwahrscheinlich) könnte allenfalls noch sein, ob eine *gleichzeitige* Befassung des Ausschusses über Art. 41 IPBürg einerseits und des IGH über Art. 36 II IGH-Statut andererseits möglich ist, was jedenfalls zur Erlangung völkerrechtlich verbindlicher einstweiliger Maßnahmen durch

---

[32] Näher dazu M. *Nowak*, CCPR-Commentary, S. 792, sowie *Das* (Fn. 30), 343.

[33] IGH, Fisheries Jurisdiction (Spain v. Canada), Judgment, ICJ Reports 1998, S. 432, 452 ff.

[34] IGH, Case Concerning Ahmadou Sadio Diallo, (Republic of Guinea v. Democratic Republic of the Congo), Judgment, 30.11. 2010; IGH, Armed Activities on the Territory of the Congo, (Democratic Republic of the Congo v. Uganda), Judgment, ICJ Reports 2005, S. 168.

den IGH nach Art. 41 IGH-Statut³⁵ aus der Sicht des klagenden Staates nicht uninteressant sein könnte. Auch insoweit, und im Lichte der klaren Vorgaben des Art. 44 IPBürg, dürfte aber davon auszugehen sein, dass selbst wenn man eine solche prozessuale Sperrwirkung für andere kompromissarische Klauseln annehmen würde³⁶, diese jedenfalls aus der Sicht des Paktes³⁷ über die *lex specialis* des Art. 44 IPBürg ausgeschlossen ist.

c) Art. 29 Übereinkommen zur Beseitigung jeder Form von Diskriminierung der Frau

Der erste wichtige universelle Menschenrechtsschutzvertrag nach Verabschiedung der beiden Pakte, in den sowohl eine kompromissarische Klausel aufgenommen als auch in dem ein Überwachungsauschuss geschaffen wurde³⁸, ist die UN-Frauenrechtskonvention.

Die dort nunmehr in Art. 29 CEDAW enthaltene Streitbeilegungsklausel war während der Verhandlungen zur Schaffung der Konvention erst zu einem sehr späten Zeitpunkt Gegenstand der Diskussionen der an den Verhandlungen beteiligten Staaten. Dabei war die Debatte zugleich mit der bekanntlich damals (und auch noch im Rahmen des Fakultativprotokolls zu CEDAW) verneinten Frage verknüpft, ob im Rahmen von CEDAW überhaupt ein Staatenbeschwerdeverfahren vorgesehen werden sollte.³⁹ Nachdem diese Frage während der Verhandlungen endgültig negativ beantwortet worden war, erübrigte sich zugleich auch die Frage, ob in einer möglichen kompromissarischen Klausel auch eine Bezugnahme auf die Erschöpfung eines vertragsinternen zwischenstaatlichen Streitbeilegungsverfahrens vorgesehen werden sollte, so dass letztlich eine Fassung gewählt wurde, die (bis auf sprachliche Details) wortgleich Art. 16 der fast zeitgleich mit CEDAW verhandelten ‚International Convention Against the Taking of Hostages' entsprach, also einem Vertrag, der gerade *keinerlei* vertragsspezifisches Überwachungsorgan vorsieht.⁴⁰

---

³⁵ Vgl. dazu auch näher *K. Oellers-Frahm*, Art. 41, in A. Zimmermann et al. (Hg.), Commentary on the Statute of the ICJ (2. Auflage, 2012), Rn 27.

³⁶ Zur vergleichbaren Situation im Rahmen des CAT näher unten.

³⁷ Zur Frage einer möglichen Sperrwirkung wegen entsprechender Vorbehalte in Art. 36 II-Erklärungen näher unter C.

³⁸ Zwar enthält auch die Internationale Konvention zur Bekämpfung und Ahndung des Verbrechens der Apartheid aus dem Jahr 1973 in ihrem *Art. XII* eine kompromissarische Klausel, die allerdings nur eine einvernehmliche, nicht jedoch eine einseitige Anrufung des IGH vorsieht. Zudem sieht die Konvention weder ein Staatenbeschwerdeverfahren vor noch hat sie ein eigenes Vertragsüberwachungsgremium geschaffen.

³⁹ Näher hierzu *M. Freeman* et al. (Hg.), The UN Convention on the Elimination of All Forms of Discrimination against Women – a Commentary (2012), Art. 29, 598.

⁴⁰ Art. 29 Abs. 1 CEDAW lautet demnach:

„1. Any dispute between two or more States Parties concerning the interpretation or application of the present Convention which is not settled by negotiation shall, at the request of one of them, be submitted to arbitration. If within six months from the date of the request for

Evidenterweise bedeutet dies dann auch, dass keine wie immer geartete Befassung des CEDAW-Ausschusses erforderlich ist, bevor ein Streitfall vor das in Art. 29 CEDAW in Bezug genommene Schiedsgericht oder den Internationalen Gerichtshof gebracht werden kann.

d) Art. 30 UN-Übereinkommen gegen Folter und andere grausame, unmenschliche oder erniedrigende Behandlung oder Strafe

Das UN-Übereinkommen gegen Folter und andere grausame, unmenschliche oder erniedrigende Behandlung oder Strafe aus dem Jahr 1984 (CAT) ist der erste Menschenrechtsschutzvertrag, der *sowohl* in seinem Art. 21 ein Staatenbeschwerdeverfahren *als auch* in Art. 30 eine kompromissarische Klausel (mit der Begründung der Zuständigkeit eines Schiedsgerichts und letztlich des Internationalen Gerichtshofes) enthält ohne aber (anders als Art. 22 CERD) deren Verhältnis zueinander zu regeln.[41]

Seit Beginn der Verhandlungen über eine mögliche UN-Antifolterkonvention standen Vorschläge im Raum, eine Streitbeilegungsklausel mit aufzunehmen, die sich an Art. 22 CERD orientieren sollte.[42] Im Jahr 1983 unterbreiteten die Niederlande dann einen Vorschlag für den späteren Art. 30 CAT, der nunmehr allerdings keinerlei Hinweise auf das Staatenbeschwerdeverfahren mehr vorsah[43], obwohl die Aufnahme eines solchen Verfahrens in die Konvention zum fraglichen Zeitpunkt bereits zwischen den Verhandlungsstaaten politisch konsentiert war.[44]

Da die Frage einer zwingenden Zuständigkeit des Internationalen Gerichtshofes umstritten war, wurde zwar während der Verhandlungen die kompromissarische Klausel nach dem Muster von Art. 29 CEDAW[45] um eine Primärzuständigkeit eines Schiedsgerichts ergänzt und zusätzlich die Möglichkeit eines *opting-out* von

---

arbitration the parties are unable to agree on the organization of the arbitration, any one of those parties may refer the dispute to the International Court of Justice by request in conformity with the Statute of the Court."

[41] Zutreffend insoweit *M. Nowak/E. McArthur*, The United Nations Convention Against Torture – A Commentary, 2008, 854 f.; Absatz 1 der fraglichen Bestimmung lautet auszugsweise:

„1. Any dispute between two or more States Parties concerning the interpretation or application of this Convention which cannot be settled through negotiation shall, at the request of one of them, be submitted to arbitration. If within six months from the date of the request for arbitration the Parties are unable to agree on the organization of the arbitration, any one of those Parties may refer the dispute to the International Court of Justice by request in conformity with the Statute of the Court."

[42] Vgl. E/Cn.4/1982/L.40, § 83.

[43] E/CN.4/1983/WG.2/WP.10; Wortlaut auch bei *Nowak/McArthur* (Fn. 41), 857.

[44] *Nowak/McArthur* (Fn. 41), 859.

[45] Dazu bereits näher oben unter 2. c).

der Zuständigkeit desselben sowie der hilfsweisen Zuständigkeit des IGH geschaffen,[46] ohne jedoch zugleich (womöglich versehentlich?[47]) die Frage des Verhältnisses zum Staatenbeschwerdeverfahren nach Art. 21 der Konvention, welche sich bei Art. 29 CEDAW wegen des dort ja nicht vorhandenen Staatenbeschwerdeverfahrens nicht gestellt hatte, überhaupt anzusprechen.

Dies wirft jedenfalls für diejenigen Vertragsparteien, die sowohl das Staatenbeschwerdeverfahren nach Art. 21 CAT akzeptiert haben als auch für sich nicht die Zuständigkeit des Schiedsgerichts (beziehungsweise beim Scheitern des Schiedsverfahrens diejenige des Internationalen Gerichtshofes) nach Art. 30 CAT ausgeschlossen haben, erneut die Frage auf, ob dann eine gleichzeitige Befassung beider Streitbeilegungsorgane möglich ist beziehungsweise wie sich das Verhältnis beider Verfahren zueinander darstellt.

Ausgangspunkt ist dabei zunächst ein *argumentum e contrario* zu Art. 22 Abs. 5, lit. a) CAT, enthält doch Art. 21 CAT gerade keine Sperre für die Befassung des CAT-Ausschusses *im Wege einer Staatenbeschwerde* bei gleichzeitiger oder vorgängiger Befassung eines anderen Streitbeilegungsmechanismus. Damit scheint zwar die Frage beantwortet zu sein, dass der Ausschuss nach dem Übereinkommen seinerseits mit der Prüfung einer Mitteilung eines anderen Staates befasst werden kann, nachdem zuvor (oder gleichzeitig) das Schiedsgericht oder der Internationale Gerichtshof nach Art. 30 CAT angerufen wurde.[48] Gleichzeitig ist aber noch nicht zwingend etwas zu der umgekehrten Frage gesagt worden, ob nicht die Zuständigkeit des in Art. 30 CAT vorgesehenen Schiedsgerichts oder des Internationalen Gerichtshofes fraglich sein könnte, wenn nicht zuvor das Staatenbeschwerdeverfahren durchgeführt wurde oder wenn dieses bei Klageerhebung gerade anhängig ist.

Jedenfalls einer solchen *vertragsinduzierten* Sperrwirkung zu Lasten der Zuständigkeit des Internationalen Gerichtshofes[49] scheint aber zunächst der Wortlaut des Art. 30 CAT entgegenzustehen, der ja gerade nicht die Formulierung des Art. 22 CERD rezipiert hat, was als bewusste Entscheidung der Vertragsparteien hingenommen werden muss[50], zumal das Staatenbeschwerdeverfahren ja auch – anders als ein

---

[46] E/CN.4/1984/WG.2/WP.1.

[47] Von einem möglichen Versehen („might have overlooked") beziehungsweise gar einem Fehler („mistake") sprechen *Nowak/McArthur* (Fn. 41), 859; zur Parallelproblematik bei Art. 92 der Konvention über die Rechte von Wanderarbeitern und ihrer Familienangehörigen beziehungsweise bei Art. 42 der Konvention gegen Verschwindenlassen näher unten unter 2. f) beziehungsweise 2. h).

[48] Zu dieser Konstellation zutreffend *Nowak/McArthur* (Fn. 41), 863.

[49] Zur Frage, ob sich eine solche aus der Formulierung einschlägiger Art. 36 II-Erklärungen ergeben kann, soweit diese als Jurisdiktionsgrundlage dienen, näher unter III.

[50] So die Stellungnahme Belgiens im Verlauf der mündlichen Verhandlung im Case concerning Questions Relating to the Obligation to Prosecute or Extradite, (Belgium v. Senegal), CR 2012/6 Wood, para. 7, 19.3.2012. Abrufbar im Internet unter http://www.icj-cij.org/docket/files/144/16963.pdf.

streitiges Verfahren vor dem Internationalen Gerichtshof – keine völkerrechtlich verbindliche Entscheidung hervorbringt.[51]

Zudem ist zu beachten, dass eine solche Interpretation dazu führen würde, dass die Staaten, die keine Erklärung nach Art. 21 CAT abgegeben haben, sich mithin also *nicht* dem Staatenbeschwerdeverfahren des CAT unterworfen haben, andererseits aber auch keine *Opting-out*-Erklärung nach Art. 30 Abs. 2 CAT abgegeben haben, *leichter* vor dem in Art. 30 CAT in Bezug genommenen Schiedsgericht beziehungsweise dem IGH wegen Verstößen gegen die Konvention verklagt werden könnten, obwohl sie gerade ein weniger an Kontrolle durch dritte Instanzen akzeptieren wollten, was man als kaum gewolltes und gar widersinniges Ergebnis bezeichnen kann.

Allenfalls könnte man das Scheitern des Staatenbeschwerdeverfahrens nach Art. 21 CAT, und dabei namentlich eines etwaigen Vergleichsverfahrens, als Indiz dafür werten, dass spätestens zu diesem Zeitpunkt ein Streit im Sinne von Art. 30 CAT vorliegt[52], wobei jedoch zu berücksichtigen ist, dass der Internationale Gerichtshof für die Zwecke des Art. 22 CERD im Streitfall zwischen Georgien und der Russischen Föderation davon ausgegangen war, dass das dortige, mit Art. 30 CAT wortgleiche ‚dispute'-Erfordernis in Übereinstimmung mit allgemeinem Völkerrecht auszulegen sei und dass sich insoweit gerade keine vertragsspezifischen Modifikationen feststellen lassen.[53]

Schließlich ist angesichts des klaren Wortlauts des Art. 30 CAT, der ausdrücklich von einem Schiedsverfahren (‚arbitration') spricht, und zumal im Lichte der unterschiedlichen Regelungsgegenstände der fraglichen Normen, nicht davon auszugehen, dass – wie aber vereinzelt behauptet[54] – ein gescheiterter Versuch eines Vergleichsverfahrens nach Art. 21 Abs. 1 lit e) CAT (also ein Scheitern einer materiellen Einigung) zugleich eine fehlende Einigkeit über die *Ausgestaltung* des Schiedsverfahrens (also über Verfahrensfragen) im Sinne von Art. 30 Abs. 1 CAT darstelle und damit den direkten Zugang zum Internationalen Gerichtshof eröffne.

Insgesamt scheint sich damit zu ergeben, dass das Staatenbeschwerdeverfahren nach Art. 21 CAT und die kompromissarische Klausel des Art. 30 CAT unverbunden nebeneinander stehen. Allenfalls könnte man noch daran denken, dass sich eine Sperrwirkung zu Lasten der Befassung des in Art. 30 CAT vorgesehenen Schiedsgerichts beziehungsweise des Internationalen Gerichtshofes auf eben dieser Grundlage aus dem Umstand ergeben könnte, dass das Übereinkommen gegen Folter und andere grausame, unmenschliche oder erniedrigende Behandlung oder Strafe keine Bestimmung analog zu Art. 16 CERD/Art. 44 IPBürg enthält, die – wie erwähnt – eine ku-

---

[51] Wood, ebd.

[52] Vgl. hierzu *Nowak/McArthur* (Fn. 41), 864.

[53] IGH, Case Concerning Application of the International Convention on the Elimination of All Forms of Racial Discrimination, (Georgia v. Russian Federation), Preliminary Objections, Judgment, 1.4.2011, para. 115 ff. Abrufbar im Internet unter http://www.icj-cij.org/docket/files/140/16398.pdf.

[54] So aber offenbar *Nowak/McArthur* (Fn. 41), 864.

mulative Befassung von Ausschuss und Schiedsgericht beziehungsweise Internationalem Gerichtshof zulassen.[55] Allerdings regeln diese nur das Verhältnis zwischen den vertragsinternen Verfahren vor dem jeweiligen Ausschuss und der vertragsextern begründeten Zuständigkeit anderer Streitbeilegungssysteme, so dass sich aus dem Fehlen der entsprechenden Regelung ebenfalls keine Schlüsse für eine etwaige Sperrwirkung zu Lasten der Zuständigkeit des Internationalen Gerichtshofes auf der Grundlage von Art. 30 CAT für eine Konstellation ableiten lassen, in der vor der Befassung des Schiedsgerichts beziehungsweise des IGH (noch) kein Staatenbeschwerdeverfahren durchgeführt wurde.

e) Kinderrechtskonvention und Fakultativprotokoll zum Übereinkommen über die Rechte des Kindes betreffend ein Mitteilungsverfahren

Weder die Kinderrechtskonvention noch das (allerdings zudem auch noch nicht in Kraft getretene) dritte Fakultativprotokoll zum Übereinkommen über die Rechte des Kindes betreffend ein Mitteilungsverfahren aus dem Jahr 2011, welches in seinem Art. 12 erstmalig ein Staatenbeschwerdeverfahren vorsieht, enthalten eine kompromissarische, die Zuständigkeit des Internationalen Gerichtshofes begründende Bestimmung. Damit könnte sich – ein Inkrafttreten des dritten Fakultativprotokolls zur Kinderrechtskonvention unterstellt – ein Konflikt zwischen der Ausübung der streitigen Zuständigkeit des Internationalen Gerichthofes einerseits und der Befassung des Kinderrechtsausschusses im Wege der Staatenbeschwerde andererseits von vornherein nur dann ergeben wenn die Zuständigkeit des IGH bereits anderweitig begründet ist.

Ungeachtet des Fehlens einer Bestimmung analog zu Art. 16 CERD beziehungsweise Art. 44 IPBürg in dem dritten Fakultativprotokoll ist aber nicht ersichtlich, dass *aus der Sicht der Kinderrechtskonvention und ihres Zusatzprotokolls* die Durchführung des Staatenbeschwerdeverfahrens nach Art. 12 des Protokolls *conditio sine qua non* für eine Klage vor dem Internationalen Gerichtshof wegen Verstößen gegen die Kinderrechtskonvention (oder deren Protokolle) sein könnte, soweit gegebenenfalls für eine solche Klage eine anderweitige Zuständigkeit besteht. Insbesondere ist zu beachten, dass das dritte Fakultativprotokoll gerade zu einem erhöhten Maß an internationaler Überwachung führen sollte und es nachgerade widersinnig erschiene, daraus dann den Schluss ziehen zu wollen, das Protokoll habe nunmehr zugleich zur Folge, die Überwachung der Einhaltung der materiellen Vorgaben der Kinderrechtskonvention und ihrer Protokolle durch andere Mechanismen, insbesondere durch den Internationalen Gerichtshof auf der Basis anderweitiger Jurisdiktionsgrundlagen, beschränken oder bedingen zu wollen.

---

[55] Dazu bereits oben 2. a) und b).

f) Art. 92 Internationale Konvention zum Schutz der Rechte aller Wanderarbeitnehmer und ihrer Familienangehörigen (CRMW)

Anders als die UN-Kinderrechtskonvention, die – wie soeben erwähnt – weder eine kompromissarische Klausel vorsieht noch (zumindest in ihrer Ursprungsfassung) ein Staatenbeschwerdeverfahren kennt, enthält die nur wenige Monate nach der Kinderrechtskonvention verabschiedete Internationale Konvention zum Schutz der Rechte aller Wanderarbeitnehmer und ihrer Familienangehörigen in ihrem Art. 92 die ‚Standardform' einer kompromissarischen Klausel, die sich auch bereits in anderen Menschenrechtsschutzverträgen und dabei namentlich in Art. 29 CEDAW sowie in Art. 30 CAT findet.[56]

Während der unkontroversen Entstehungsgeschichte der Bestimmung wurde dabei ausdrücklich auf Art. 29 CEDAW (nicht jedoch auf Art. 30 CAT) Bezug genommen, ohne dass offenbar einmal mehr der strukturelle Unterschied zur Frauenrechtskonvention (und deren fehlendem Staatenbeschwerdeverfahren) gesehen wurde. Erneut findet sich mithin in Art. 92 CMRW (wie bereits in Art. 30 CAT) also keinerlei Bezugnahme auf den vertragsinternen Streitbeilegungsmechanismus in Form des Staatenbeschwerdeverfahrens, obwohl die Konvention, wie das UN-Folterübereinkommen, nicht nur einen Treaty Body errichtet hat, sondern auch in Art. 76 CMRW ein solches Staatenbeschwerdeverfahren kennt.

Immerhin wurde aber in Art. 78 CMRW nach dem Muster der Rassendiskriminierungskonvention und des Internationalen Paktes über Bürgerliche und Politische Rechte einmal mehr eine Unberührtheitsklausel aufgenommen, wonach das Staatenbeschwerdeverfahren anderweitig bestehende Streitbeilegungsmechanismen zwischen den Vertragsparteien nicht in Frage stellt.[57]

g) Übereinkommen der Vereinten Nationen über die Rechte von Menschen mit Behinderungen nebst Fakultativprotokoll

Die UN-Behindertenkonvention und das dazugehörende Fakultativprotokoll des Jahres 2006 haben zwar wie die anderen Menschenrechtsabkommen, die im Rahmen der Vereinten Nationen erarbeitet worden sind, einen Überwachungsausschuss ge-

---

[56] Art.92 Abs.1 der Konvention lautet dementsprechend:
„1. Any dispute between two or more States Parties concerning the interpretation or application of the present Convention that is not settled by negotiation shall, at the request of one of them, be submitted to arbitration. If within six months from the date of the request for arbitration the Parties are unable to agree on the organization of the arbitration, any one of those Parties may refer the dispute to the International Court of Justice by request in conformity with the Statute of the Court."

[57] Dazu bereits näher oben 2. a) und b).

schaffen. Jedoch enthalten beide Instrumente weder ein Staatenbeschwerdeverfahren noch eine kompromissarische Klausel.

h) Art. 42 Internationales Übereinkommen zum Schutz aller Personen vor dem Verschwindenlassen (CPED)

Art. 42 schließlich des ebenfalls im Jahr 2006 (und damit kurz nach der UN-Behindertenkonvention) verabschiedeten Internationalen Übereinkommens zum Schutz aller Personen vor dem Verschwindenlassen (CPED) ähnelt insoweit Art. 22 CERD als dort die Befassung des einem etwaigen Verfahren vor dem Internationalen Gerichtshof vorgeschalteten, in Art. 42 der Konvention vorgesehenen Schiedsgerichts nur zulässig ist, wenn der Streit „nicht durch Verhandlungen *oder durch die in diesem Übereinkommen ausdrücklich vorgesehenen Verfahren beigelegt werden kann*".[58]

Auffällig ist dabei zunächst, dass die im Jahr 1998 von der Sub-Commission on Prevention of Discrimination and Protection of Minorities der damaligen Menschenrechtskommission angenommene ‚Draft international convention on the protection of all persons from forced disappearance'[59] noch keinerlei Streitbeilegungsklausel enthalten hatte. Auch während der Arbeiten der im Rahmen der Menschenrechtskommission eingerichteten ‚Open-ended Working Group to elaborate a draft legally binding normative instrument for the protection of all persons from enforced disappearance' wurde der spätere Art. 42 CPED erst zu einem sehr späten Zeitpunkt überhaupt, nämlich auf deren letzten Sitzung im Jahr 2005, auf Initiative eines Staates diskutiert und zugleich gegen den Widerstand des Iran angenommen.[60]

Bedeutsam ist dabei zum einen, dass, obwohl anders als im Fall der Rassendiskriminierungskonvention das Durchlaufen des in Art. 32 CPED vorgesehenen Staatenbeschwerdeverfahrens bereits Voraussetzung für die Anrufung eines vorgelagerten Schiedsgerichts ist, der Abschlussbericht der mit der Ausarbeitung des Vertragstextes betrauten Arbeitsgruppe ausdrücklich darauf Bezug nimmt, dass sich die Formulierung der kompromissarischen Klausel in Art. 42 CPED an Art. 22 CERD anleh-

---

[58] Wörtlich heißt es in Art. 42 Abs. 1 der Konvention:
„1. Any dispute between two or more States Parties concerning the interpretation or application of this Convention which cannot be settled through negotiation *or by the procedures expressly provided for in this Convention* shall, at the request of one of them, be submitted to arbitration. If within six months from the date of the request for arbitration the Parties are unable to agree on the organization of the arbitration, any one of those Parties may refer the dispute to the International Court of Justice by request in conformity with the Statute of the Court."
Hervorhebung nicht im Original.

[59] U.N. Doc. E/CN.4/Sub.2/1998/19.

[60] Vgl. Commisison on Human Rights, 62nd session, Report of the Intersessional Open-ended Working Group to elaborate a draft legally binding normative instrument for the protection of all persons from enforced disappearance, E/CN.4/2006/57, 2 February 2006, § 153.

ne.⁶¹ Ungeachtet dieser Bezugnahme auf Art. 22 CERD dürfte jedoch ein struktureller Unterschied gegenüber CERD (neben dem Umstand, dass es sich bei Art. 42 CPED anders als bei Art. 22 CERD um eine Voraussetzung für die Durchführung eines Schiedsverfahrens handelt) darin zu sehen sein, dass das Staatenbeschwerdeverfahren nach den Art. 11–13 CERD zwingend ist⁶² während es bei der CPED fakultativ ist und zudem bislang nur von 12 der mittlerweile 33 Vertragsparteien der Konvention akzeptiert worden ist. Evidenterweise läuft damit für die gegenwärtig 21 übrigen Vertragsparteien das Erfordernis einer vorherigen Befassung des CPED-Ausschusses in Form einer Staatenbeschwerde leer, bevor zulässigerweise gegen sie einseitig ein schiedsgerichtliches Verfahren (und letztlich dann das Verfahren vor dem Internationalen Gerichtshof) angestrengt werden kann.

Ähnlich wie im Falle von CERD wird dabei im Sinne einer Effektuierung des Überwachungsmechanismus der Konvention davon auszugehen sein, dass in jedem Fall neben etwaigen Verhandlungen das Staatenbeschwerdeverfahren durchzuführen ist.⁶³

Ein besonderes Auslegungsproblem ergibt sich jedoch weiter aus dem Umstand, dass jedenfalls nach dem Wortlaut des Art. 42 CPED die Durchführung von Verhandlungen sowie die Befassung der im Vertrag vorgesehenen Streitbeilegungsverfahren lediglich Voraussetzungen für das dort vorgesehene *Schiedsverfahren* sind. Die Klageerhebung vor dem Internationalen Gerichtshof wiederum scheint jedenfalls nach dem Wortlaut des Art. 42 CPED allein davon abzuhängen, dass sich die Streitparteien nicht binnen sechs Monaten über dessen Modalitäten und Ausgestaltung einigen können. Damit sind Konstellationen denkbar, in denen zwar nicht das Staatenbeschwerdeverfahren als Prozessvoraussetzung des Schiedsverfahrens nach Art. 42 S. 1 CPED durchlaufen wurde, das Schiedsverfahren aber bereits wegen der Uneinigkeit der Parteien über die Modalitäten des Schiedsverfahrens nicht zustande gekommen ist mit der Folge, dass dann die Möglichkeit bestünde, einseitig ein Verfahren vor dem Internationalen Gerichtshof einzuleiten, ohne dass zuvor das Staatenbeschwerdeverfahren nach Art. 32 CPED durchgeführt wurde.

Neben dem Wortlaut des Art. 42 CPED scheint auch ein Vergleich mit Art. 22 CERD – bei dem ausdrücklich die im Vertrag vorgesehenen Verfahren mit der Klageerhebung vor dem Internationalen Gerichtshof verknüpft werden – dafür zu sprechen, dass dies in der Tat der Fall ist. Andererseits dürfte eine systematische Ausle-

---

⁶¹ Ebd. Bedeutsam ist aber, dass anstelle der Formulierung ‚not settled' (in Art. 22 CERD) stattdessen in Art. 42 CPED die Formulierung ‚cannot be settled' benutzt wurde, wie sie sich etwa auch in Art. 29 CEDAW findet.

⁶² Es ist bemerkenswert, dass bislang keine der mittlerweile 175 Vertragsparteien der Rassendiskriminierungskonvention einen Vorbehalt zu den Art. 11–13 CERD eingelegt hat.

⁶³ Zur entsprechenden Rechtslage nach Maßgabe von Art. 22 CERD IGH, Case Concerning Application of the International Convention on the Elimination of All Forms of Racial Discrimination, (Georgia v. Russian Federation), Preliminary Objections, Judgment, para. 115 ff., 1.4.2011. Abrufbar im Internet unter http://www.icj-cij.org/docket/files/140/16398.pdf.

gung des Art. 42 CPED zu einem anderen Ergebnis führen, hat Art. 42 CPED doch ein dreistufiges Verfahren vor Augen: nämlich als erste Stufe Verhandlungen beziehungsweise die vertraglich vorgesehenen Streitbelegungsverfahren; zweitens ein Schiedsverfahren und drittens als *ultima ratio* die Durchführung eines Verfahrens vor dem Internationalen Gerichtshof. Dies spricht dafür davon auszugehen, dass selbst dann, wenn das Schiedsverfahren wegen der fehlenden Einigkeit der Streitparteien über dessen Modalitäten (oder der Weigerung einer von ihnen, ein solches überhaupt durchzuführen) scheitert, gleichwohl die *ex ante*-Durchführung des Staatenbeschwerdeverfahrens nach Art. 32 CPED *conditio sine qua non* für die Bejahung der vertragsgestützten Zuständigkeit nach Maßgabe von Art. 42 CPED ist.

3. Bewertung

Insgesamt hat die Analyse der Streitbeilegungsklauseln der diversen Menschenrechtsschutzverträge ein wenig konsistentes Bild ergeben. Verträge mit oder ohne Staatenbeschwerdeverfahren, mit oder völlig ohne kompromissarische Klausel, die ferner nur vereinzelt auf etwaige Staatenbeschwerdeverfahren Bezug nehmen, reihen sich aneinander.

Zudem ist auch keine irgendwie geartete Tendenz sichtbar die spezifische Rolle der Treaty Bodies auch im Hinblick auf ein später folgendes gerichtsförmiges Verfahren anzuerkennen: es ist einerseits das Rassendiskriminierungsübereinkommen aus dem Jahre 1965 als *erstes* wichtiges universelles Menschenrechtsschutzabkommen und andererseits das Internationale Übereinkommen zum Schutz aller Personen vor dem Verschwindenlassen als vorläufig *letztes* Übereinkommen dieser Art, welche auf die jeweiligen Staatenbeschwerdeverfahren Bezug nehmen, während sich solche Bezugnahmen ansonsten selbst dort nicht finden, wo der jeweilige Vertrag, wie etwa im Falle des UN-Folterübereinkommens, sowohl ein Staatenbeschwerdeverfahren kennt als auch eine kompromissarische Klausel enthält.

Einmal mehr zeigt sich damit, dass die Verhandlungsstaaten als Herren der von ihnen abzuschließenden Menschenrechtsschutzverträge es in der Hand haben, ob, inwieweit und unter welchen Voraussetzungen sie den Internationalen Gerichtshof als Streitbeilegungsorgan vorsehen und wie sie, wenn überhaupt, dessen Verhältnis zu den jeweiligen Treaty Bodies ausgestalten, selbst wenn in der Sache vieles dafür spricht, eine vorherige Befassung des jeweiligen Überwachungsorgans zwingend vorzusehen, bevor jeweils eine Klage vor dem Internationalen Gerichtshof erhoben werden kann.[64]

---

[64] Dazu näher unten.

III. Zuständigkeit des Internationalen Gerichtshofes nach Art. 36 II IGH-Statut und Staatenbeschwerdeverfahren

1. Problemstellung

Neben der Frage, ob und wie sich die mangelnde Durchführung eines Staatenbeschwerdeverfahrens auf die Ausübung der *vertragsgestützten* Zuständigkeit des Internationalen Gerichtshofes nach Maßgabe der jeweiligen kompromissarischen Klausel in einem der erwähnten Menschenrechtschutzverträge auswirkt, ergibt sich das weitere Problem, ob ein solcher Umstand nicht auch zumindest unter gewissen Umständen Folgen für die Zuständigkeit des Internationalen Gerichthofes nach Art. 36 Abs. 2 IGH-Statut haben kann.

2. Art. 36 II-Erklärungen ohne Vorbehalt zugunsten anderer Streitbeilegungsverfahren

Auszugehen ist von dem bereits vom Ständigen Internationalen Gerichtshof betonten Prinzip, dass verschiedene, die Gerichtsbarkeit des Gerichtshof begründende Jurisdiktionsgrundlagen im Grundsatz unverbunden nebeneinander stehen und sich wechselseitig ergänzen anstatt sich negativ zu beeinflussen. Bereits der Ständige Internationale Gerichtshof hatte insoweit zutreffend zum Verhältnis zwischen einem jurisdiktionsbegründenden Vertrag einerseits und der Jurisdiktion auf der Grundlage übereinstimmender Art. 36 II-Erklärungen ausgeführt:

> „There is (…) no justification for holding that in so doing [d. h. durch den Abschluss eines jurisdiktionsbegründenden Vertrages, d. Verf.] they intended to weaken the obligations which they had previously entered into with a similar purpose, and especially where such obligations were more extensive than those ensuing from the Treaty.
>
> It follows that if, in a particular case, a dispute could not be referred to the Court under the Treaty, whereas it might be submitted to it under the declarations (…) accepting as compulsory the jurisdiction of the Court, in accordance with Article 36 of the Statute, the Treaty cannot be adduced to prevent those declarations from exercising their effects and disputes from being thus submitted to the Court."[65]

Etwas anderes könnte sich dementsprechend allenfalls dann ergeben, wenn zumindest die Unterwerfungserklärung einer der beiden (oder beider) Parteien solche Streitigkeiten von der Anerkennung der Zuständigkeit nach Art. 36 II IGH-Statut ausnimmt, im Hinblick auf welche die Streitparteien übereinstimmend ein anderes Mittel der friedlichen Streitbeilegung gewählt haben, zu denen dann gerade das vertraglich vereinbarte Staatenbeschwerdeverfahren gehören könnte.

---

[65] StIGH, Electricity Company of Sofia and Bulgaria (Belgium v. Bulgaria), Judgment, 1939, P.C.I.J., Series A/B, Nr. 77, S. 76.

3. Art. 36 II-Erklärungen mit einem Vorbehalt zugunsten anderer Streitbeilegungsverfahren

In der deutschen Art. 36 II-Erklärung aus dem Jahr 2008 heißt es (auszugsweise) wörtlich:

„Die Regierung der Bundesrepublik Deutschland erkennt im Einklang mit Artikel 36 Abs. 2 des Statuts des Internationalen Gerichtshofs die Zuständigkeit des Internationalen Gerichtshofs (...) an, mit Ausnahme von:

(i) Streitigkeiten, hinsichtlich derer sich die Streitparteien geeinigt haben oder einigen, sie durch ein anderes Mittel der friedlichen Streitbeilegung beizulegen, oder hinsichtlich derer sie übereinstimmend ein anderes Mittel der friedlichen Streitbeilegung gewählt haben; (...)".[66]

Allerdings ist dabei zunächst zu berücksichtigen, dass selbst wenn einem solchen Vorbehalt eine jurisdiktionsbegrenzende Wirkung auch im Hinblick auf Verletzungen von Menschenrechtsschutzverträgen zukommen sollte – sofern diese ein zwischen den Parteien anwendbares Staatenbeschwerdeverfahren vorsehen –, sich die Zuständigkeit des jeweiligen Vertragsgremiums im Rahmen eines Staatenbeschwerdeverfahrens immer nur auf Verstöße gegen den spezifischen Vertrag erstreckt. Dies hat zunächst zur Folge, dass sich eine Sperrwirkung für die Art. 36 II-gestützte Zuständigkeit des Internationalen Gerichtshofes aufgrund einer Vorrangregelung zugunsten eines Staatenbeschwerdeverfahrens immer nur für Vertragsverletzungen ergeben kann, jedoch weder für darüber hinausgehende Streitfragen noch für inhaltlich parallele Verstöße gegen Normen des Völkergewohnheitsrechts.[67]

Zum anderen ist fraglich, ob solche Vorbehalte, die immerhin 44 der insgesamt 67 Staaten formuliert haben, die eine Unterwerfungserklärung nach Art. 36 Abs. 2 IGH-Statut abgegeben haben, nicht nur solche Streitbeleilegungsmechanismen erfassen sollen, die zu einem völkerrechtlich *verbindlichen* Ergebnis führen. In diesem

---

[66] Wortlaut u. a. in BT-Drs. Drucksache 16/9218; dazu näher *A. Zimmermann*, Deutschland und die obligatorische Gerichtsbarkeit des Internationalen Gerichtshofes, ZRP 2006, S. 248 ff. sowie *C. Tams/Zimmermann*, „Deutschland und der Internationale Gerichtshof – Zeit für eine allgemeine Unterwerfungserklärung", DGVN Policy Paper 2/2007; *dies.*, „(..) the Federation shall accede to agreements providing for general, comprehensive and compulsory international arbitration" – Germany's Optional Clause Declaration of 1 May 2008, GYIL 2008, 391 ff., sowie *C. Eick*, Die Anerkennung der obligatorischen Gerichtsbarkeit des Internationalen Gerichtshofes durch Deutschland, ZaöRV 68 (2008), 763 ff.
Vergleichbare Vorbehalte zu ihren Unterwerfungserklärungen haben ferner Australien, Barbados, Belgien, Botswana, Deutschland, Dschibuti, Elfenbeinküste, Estland, Gambia, Griechenland, Großbritannien, Guinea, Honduras, Indien, Irland, Kambodscha, Kanada, Kenia, Liberia, Luxemburg, Madagaskar, Malawi, Malta, Mauritius, Mexiko, Neuseeland, Niederlande, Nigeria, Norwegen, Pakistan, Philippinen, Polen, Portugal, Senegal, Slowakische Republik, Spanien, Sudan, Surinam, Swasiland sowie Ungarn abgegeben. Hinzukommen Japan, Lesotho, Österreich sowie Peru; zu deren Erklärungen sogleich unten.
[67] Vgl. insoweit nur etwa IGH, Military and Paramilitary Activities in and against Nicaragua (Nicaragua v. United States of America), Merits, ICJ Reports 1986, 14 ff., paras. 177 und 179.

Sinne hatte sich etwa Belgien im Streitverfahren zwischen Belgien und dem Senegal im Hinblick auf Art. 21 CAT eingelassen.[68]

Hierfür könnte sprechen, dass nach der Struktur der fraglichen Art. 36 II-Erklärungen die dort in Bezug genommenen alternativen Methoden der Streitbeilegung ein bloßes *aliud* für die ansonsten bestehende Zuständigkeit des Internationalen Gerichtshofes darstellen sollen. Dementsprechend könnte man davon ausgehen, dass der jeweilige Staat es sich mit Abgabe der Erklärung gerade zum Ziel gesetzt hat, etwaige Streitfälle einer verbindlichen Entscheidung durch Dritte zuzuführen. Dementsprechend würden nur solche anderweitigen Verfahren, die zu einer eben solchen Entscheidung durch Dritte führen, die Reichweite der betroffenen Art. 36 II-Erklärung beschränken.

Dagegen spricht aber zum einen, dass der in den fraglichen Art. 36 II-Erklärungen benutzte Begriff der ‚friedlichen Streitbelegung' (‚peaceful settlement'/‚règlement pacifique') sich auch in der Überschrift zu Kapitel VI und ähnlich in Art. 33 Abs. 1 und 2 der Charta der Vereinten Nationen (‚settle their disputes by such [peaceful] means') findet. Dort umfasst er aber gerade auch solche Verfahren wie etwa Vermittlungen, die *nicht* zu einem für die Parteien verbindlichen Ergebnis führen.[69] Ferner ist generell anerkannt, dass die in der Liste des Art. 33 Abs. 1 der Charta enthaltenen möglichen Methoden zur Streitbelegung nicht abschließend sind[70], so dass auch Staatenbeschwerdeverfahren nach dem Muster etwa von Art. 41 IPBürg darunter fallen.

Hinzukommt, dass einzelne Staaten wie Japan, Lesotho, Österreich sowie Peru in ihren Art. 36 II-Erklärungen ausdrücklich nur solchen anderen Mitteln der friedlichen Regelung eine Sperrwirkung zu Lasten der Jurisdiktion des Gerichtshofes zumessen, die zu einer für die Streitparteien „endgültigen und bindenden Entscheidung" führen. Dies legt es in einem Umkehrschluss nahe, dass im Hinblick auf die anderen Staaten, die in ihren entsprechenden Vorbehalten zu ihren jeweiligen Art. 36 II-Erklärungen in Kenntnis etwa der österreichischen Erklärung, die bereits aus dem Jahre 1971 stammt, bewusst *keine* solche Begrenzung auf völkerrechtlich bindende Entscheidungen aufgenommen haben, auch Staatenbeschwerdeverfahren, obwohl nicht mit einer für die Parteien des Verfahrens bindenden Entscheidung endend, eine entsprechende Ausschlusswirkung in sich tragen.[71]

---

[68] IGH, Questions Relating to the Obligation to Prosecute or Extradite, (Belgium v. Senegal), CR 2012/6, para. 7 (Wood). Sowohl Belgien als auch der Senegal haben in ihren jeweiligen Erklärungen nach Art. 36 II IGH-Statut solche Streitfälle ausgeschlossen in denen „the parties have agreed or may agree to have recourse to another method of pacific settlement." (Belgien; Erklärung vom 17. Juni 1958) beziehungsweise Streitfälle „in regard to which the parties have agreed to have recourse to some other method of settlement" (Senegal, Erklärung vom 2. Dezember 1985).

[69] Näher dazu *C. Tomuschat*, Art. 33 UN Charter Rn. 16 ff., in A. Zimmermann et al (Hg.), Commentary on the Statute of the International Court of Justice (2. Auflage 2012)

[70] *Tomuschat* (Fn. 69), Rn. 14 (‚not exhaustive').

[71] So etwa *Eick* (Fn. 66), 770 f., für den entsprechenden deutschen Vorbehalt.

Dies gilt umso mehr auch deshalb, weil im System des Art. 36 II IGH-Statut ‚Vorbehalte' einen inhärenten Bestandteil der jeweiligen Unterwerfungserklärung, die ja gerade erst positiv die Zuständigkeit des Gerichtshofes begründet, bilden. Dies steht im Gegensatz etwa zum Streitbeilegungssystem der UN-Seerechtskonvention, wo Erklärungen nach Art. 298 UNCLOS eine ansonsten bestehende gerichtliche Zuständigkeit nachträglich beschränken[72]. Dementsprechend sind denn auch ‚Vorbehalte' im Rahmen des Art. 36 II IGH-Statut nicht eng auszulegen.[73]

Schließlich ist zu beachten, dass gerade auch Art. 22 CERD und Art. 42 CPED voraussetzen, dass Staatenbeschwerdeverfahren besondere, in dem jeweiligen Vertrag vorgesehene Verfahren sind, die zu einer Streitbeilegung führen können. Vor diesem Hintergrund liegt es nahe, davon auszugehen, dass solche zwischenstaatlichen, in dem spezifischen Vertrag, dessen Verletzung gerügt wird, vorgesehenen Staatenbeschwerdeverfahren (obwohl letztlich deren Ergebnis nicht verbindlich ist) auch für die Zwecke der Auslegung von Art. 36 II-Erklärungen als ein ‚anderes Mittel der friedlichen Streitbeilegung' angesehen werden müssen, welches von den Parteien übereinstimmend gewählt worden ist.

Zuletzt spricht für eine solche weite Ausschlusswirkung auch der Umstand, dass der Wortlaut der entsprechenden Vorbehalte jeweils nur auf anderweitige *Methoden* der friedlichen Streitbeilegung (‚methods of peaceful settlement')[74] beziehungsweise anderweitige Streitbeilegungs*verfahren* (‚means of peaceful settlement')[75] Bezug nimmt und damit die Art der Streitbeilegung als allein relevant angesehen wird, nicht aber die Art des Ergebnisses eines solchen Verfahrens.[76]

Insgesamt ergeben sich damit strukturelle Parallelen zur Rechtslage im Hinblick auf die oben analysierten kompromissarischen Klauseln in Menschenrechtsschutzverträgen: auch im Hinblick auf die Art. 36 II-basierte Zuständigkeit des IGH blockiert zwar die Möglichkeit ein Staatenbeschwerdeverfahren durchzuführen nicht *per se* die Jurisdiktion des Gerichtshofes. Die Staaten haben es aber hier, genauso wie bei der Formulierung der jeweiligen kompromissarischen Klauseln, in der Hand, eine solche Wirkung durch einen entsprechenden Vorbehalt zu ihren jeweiligen Art. 36 II-Erklärungen herbeizuführen, der auf alle Formen der zwischenstaatlichen Streitbeilegung einschließlich von Staatenbeschwerdeverfahren im Rahmen von Menschenrechtsschutzverträgen Bezug nimmt.

---

[72] IGH, *Fisheries Jurisdiction* (Spain v. Canada), Judgment, ICJ Reports 1998, S. 432 (453), para. 44.

[73] Ebd. para. 45.

[74] So der Wortlaut des entsprechenden australischen Vorbehalts.

[75] So der Wortlaut des entsprechenden Vorbehalts von Botswana.

[76] *Eick* (Fn. 66), 770 f.

IV. Schlussbemerkungen

In einer idealen Völkerrechtswelt spräche vieles dafür, etwaige Staatenbeschwerdeverfahren nach Maßgabe der einschlägigen Menschenrechtsschutzverträge einerseits und streitige IGH-Verfahren zum identischen Streitgegenstand andererseits im Sinne eines Erfordernisses der Erschöpfung des vertragsinhärenten Rechtsweges miteinander zu verknüpfen. Hierfür spräche insbesondere die Vermeidung von Doppelbelastungen, die Achtung und der Respekt vor anderen, sachnäheren Institutionen, die Nutzung einer bereits erfolgten Aufbereitung des konkreten Sachverhalts und des Fallmaterials und schließlich allgemeine Subsidiaritätsüberlegungen. Nicht zuletzt würde damit aber die Gefahr möglicher Konkurrenzen und Konflikte zwischen Treaty Bodies und dem IGH verringert und allgemein der vielbeschworenen Fragmentierung des Völkerrechts entgegengewirkt.

Die Analyse hat aber gezeigt, dass die Staaten als Herren der einzelnen Menschenrechtsschutzverträge diesen Weg in aller Regel nicht gewählt haben, sei es, dass sie überhaupt kein Staatenbeschwerdeverfahren vorgesehen haben, sei es dass sie keine kompromissarische Klausel in den jeweiligen Vertrag aufgenommen haben oder sei es schließlich, dass sie das Verhältnis des jeweiligen Treaty Bodies zum IGH überhaupt nicht regeln wollten oder diese Regelungsnotwendigkeit möglicherweise schlicht gar nicht erkannt haben.

Damit stehen in vielen Fällen Staatenbeschwerdeverfahren einerseits und die Zulässigkeit streitiger IGH-Verfahren andererseits, sei es auf der Grundlage der jeweiligen Streitbelegungsklauseln, sei es auf der Grundlage von Art. 36 II IGH-Statut (vorbehaltlich etwaiger Vorbehalte), weitestgehend unverbunden nebeneinander.

Auch die mittlerweile wahrzunehmende, positive Tendenz des IGH, die Spruchpraxis der Treaty Bodies bei der Auslegung der einzelnen Menschenrechtschutzverträge heranzuziehen, vermag daran nur begrenzt etwas zu ändern, da dadurch in aller Regel lediglich *allgemeine* Aussagen der Treaty Bodies zur Auslegung des jeweiligen Vertrages gewürdigt und rezipiert werden, nicht jedoch die *Ex-ante*-Befassung des sachnäheren Überwachungsgremiums für den konkreten Streit erzwungen wird.

E. Menschenrechte

Reservation to the International Covenant on Civil and Political Rights and the Human Rights Committee: Personal Experience of its former Member

By *Nisuke Ando**

I. Introduction

A reservation to a multilateral treaty is one of the most difficult problems of the law of treaties in international law, and multilateral human rights treaties are known for a multitude of reservations entered upon their signature, ratification and accession by States Parties. In this short article, the author attempts to deal with the problem basing himself on his experience as a member of the Human Rights Committee, a monitoring body established under the International Covenant on Civil and Political Rights. Though his experience as well as his dealings with the problem in this article is rather limited, he hopes that the article will be of some use in considering a larger issue of a reservation to a multilateral treaty in general.

In this article, the author will first look into the General Comment No. 24 adopted in 1994 by the Human Rights Committee on this issue[1], and secondly he introduces some critical observations made on the General Comment by the British government, the U.S. government and the French government, and sums up in contrast the major differences between the General Comment and the governments' critique. Thirdly, he examines the relevance of the related work of the United Nations International Law Commission, including the exchanges with the monitoring bodies of some international human rights treaties adopted under the U.N. auspices. He ends the article with some concluding remarks resulting from his analysis of the problem, particularly in connection with the issue of "the object and purpose of a specific treaty" and the issue of "severability of the treaty".

---

* The author served as a member of the Human Rights Committee for twenty years (1987–2006, Chair 1993–94) and enjoyed serving together with Professor Eckart Klein for eight years (1995–2002).

[1] "General Comment on issues relating to reservations made upon ratification [of] or accession to the Covenant or the Optional Protocol thereto, or in relation to declarations under article 41 of the Covenant" adopted on 2 November 1994. U.N.Doc. CCPR/C21/Rev.1/Add.6.

II. General Comment 24 of the Human Rights Committee[2]

Facing large numbers of reservations entered by States Parties upon ratifications or accessions to the International Covenant on Civil and Political Rights and its Optional Protocol, the Human Rights Committee decided to make its position clear by considering the issue for adoption of a General Comment, and after a year-long preparation, it adopted on 2 November 1994 the General Comment No. 24, whose main features may be summarized as follows:

As for the issue of a reservation to a multilateral treaty, there are certain provisions in the Vienna Convention on the Law of Treaties of 1969. According to these provisions, a State may enter a reservation when ratifying or acceding to a multilateral treaty unless the treaty prohibits that particular reservation or that reservation is not included among the categories of reservations specifically permitted by the treaty. Otherwise, a reservation is permissible if it is compatible with the object and purpose of the treaty, but it depends on other States Parties to the treaty to determine if the reservation at issue is compatible with the object and purpose of the treaty. As a result, other States Parties that determine the reservation is not permissible must raise their objection to the reservation within twelve months after being notified of the reservation and non-objection within the period is regarded as acceptance of the reservation. Between the reserving State Party and the objecting State Party, the multilateral treaty comes into force in regard to all other provisions of the treaty except the reserved one, unless the objecting State Party indicates otherwise. Between the reserving State Party and the accepting State Party the treaty comes into force with the reservation.

The Human Rights Committee considers that this Vienna Convention regime on reservations may well work if the multilateral treaty in question deals with a web of interstate exchanges of mutual obligations where the principle of reciprocity can check impermissible reservations by balancing the interest of the States Parties concerned. However, a multilateral human rights treaty is to set universally applicable human rights standards and does not directly concern interstate rights and obligations. Rather, it deals with a State obligations towards individuals under its jurisdiction or control, and consequently the objection system would not likely work to properly determine if the reservation at issue is permissible – compatible with "the object and purpose of the treaty".

Therefore, the General Comment suggests that it should fall on the Human Rights Committee, a monitoring body under the International Covenant on Civil and Political Rights, to determine if a particular reservation is compatible with the object and purpose of the Covenant. The object and purpose of the Covenant is, on the one hand,

---

[2] The description of II – IV that follows is largely based on the author's article "Reservations to Multilateral Human Rights Treaties: The General Comment of the Human Rights Committee and the Critique of the Governments" published in *Trilateral Perspectives on International Legal Issues: From Theory to Practice* (Eds. T. J. Schoenbaum et al., Transnational Publishers, 1998), pp.111–118. For the details of quotations, kindly refer to this article.

to clarify legally binding human rights standards which are universally applicable and States Parties have agreed to implement in their domestic law. On the other hand, the Covenant sets up an international mechanism to monitor domestic implementation by States Parties of the universally applicable human rights standards. Thus, at the procedural level, such reservations as to exclude the obligations to implement the standards or such reservations as to deny the Committee's monitoring competence are not permissible. At the substantive level, such reservations as to contradict the Covenant provisions representing customary rules of international human rights law, in particular rules with *jus cogens* character, are not permitted. For example, the General Comment enumerates as such rules the prohibition of slavery, torture and inhuman treatment, the arbitrary deprivation of life and the execution of minors and pregnant women.

With respect to the legal effect of an impermissible reservation, the General Comment states that such a reservation will not prevent the Covenant from coming into force to the reserving State. Instead, according to the Comment, such a reservation is generally severable from the Covenant and the Covenant will be operative for the reserving State without the benefit of the reservation.

III. Critique of the British, the U.S. and the French Governments

About eight months after the adoption of the General Comment No. 24, the British government submitted to the Human Rights Committee certain observations, which are critical about the General Comment.[3] The criticism focuses on three points: the applicability of the Vienna Convention "reservation regime" to a multilateral human rights treaty; the competence to determine permissibility of a reservation; and, the legal effect of an impermissible reservation in connection with the issue of severability.

First, the British government does not believe that a legal regime different from the Vienna Convention reservation regime is required to regulate a reservation to a multilateral human rights treaty. The government rejects the assumption that a human rights treaty does not comprise a web of interstate exchanges of mutual obligations. It also rejects the assumption that the principle of reciprocity does not work in the case of a human rights treaty. Those assumptions, the British government notes, did not constitute the basis of the well-known Advisory Opinion of the International Court of Justice on the Genocide Convention, from which the very notion of "compatibility with the object and purpose of a treaty" derives. Article 41 of the International Covenant concerning the interstate communication system as well as the States Parties' practice to invoke the Covenant provisions against other States Parties proves that the Covenant is built on a network of mutual obligations.

---

[3] GAOR, 50th Sess., Supp. No. 40 (A/50/40), Vol. I, at p.130.

Secondly, the British government does not believe that the Human Rights Committee is competent to "determine", with legally binding force, the permissibility of a reservation. Even if the Vienna Convention reservation regime is not adequate to apply to the issue of a reservation to a human rights treaty, it should not automatically authorize the Committee to exercise "power" which the Covenant does not explicitly confer on the Committee. The current Covenant provisions do not seem to envisage that the Committee may render a legally binding decision on the compatibility of a reservation with the object and purpose of the Covenant.

Thirdly and finally, the British government cannot accept the argument of the General Comment that an unacceptable reservation is generally severable in the sense that the Covenant will be operative for the reserving State without the benefit of the reservation. The above-mentioned Advisory Opinion of the International Court of Justice clearly states that a State entering an unacceptable reservation cannot be regarded as being a party to the treaty at issue. The British government doubts that States Parties to the Covenant have agreed to the use of term "severability" as indicated by the General Comment, and ultimately it rests with States Parties to decide the compatibility of a reservation with the object and purpose of the Covenant.

It may be added that the U.S. government considers that its reservation to the Covenant constitutes part of its consent to be bound by that international instrument.[4] Furthermore, in principle, the French government does not accept the concept of *jus cogens* in international law.[5]

IV. The Major Differences between the General Comment and the Governments' Critique

For the sake of convenience, the major differences between the General Comment and the critique of the three governments can be summed up in three issues:

(1) While the three governments consider that the Vienna Convention regime on a reservation to a multilateral treaty applies to a reservation to a multilateral human rights treaty as well, the General Comment emphasizes that it is inadequate to do, because the former deals with mutual obligations of interstate character whereas the latter with State obligations to individuals under its jurisdiction;

(2) Thus, the General Comment stresses that States cannot properly check, with the Vienna Convention regime of "objection", if a reservation is compatible with the object and purpose of a multilateral human rights treaty and that the compatibility of a reservation with the object and purpose of the treaty in question can best be determined by a monitoring body of the treaty, but the three governments maintain that ultimate decision does stay with States; and

---

[4] GAOR, 50th Sess., Supp. No. 40 (A/50/40), Vol. I, at p.126 (129).
[5] GAOR, 51st Sess., Supp. No. 40 (A/51/40), Vol. I, at p. 104.

(3) As to the effect of an impermissible reservation, the General Comment states the treaty continues to apply to the reserving State without the benefit of the reservation because such a reservation is severable from the operation of the treaty, the three governments reject the statement suggesting that the Vienna Convention regime on reservation should apply.

V. Relevance of the Related Work of the International Law Commission

As a matter of fact, the International Law Commission of the United Nations started its work on the topic of "the law and practice relating to reservations to treaties" in 1994, perhaps reflecting on actual cases of regional human rights courts as well as wide-spread discussion in academic circles. At the beginning, the tone of the debates in the Commission was closer to that of the above-mentioned three governments. However, with the adoption of the General Comment No. 24 by the Human Rights Committee and similar discussions in other human rights monitoring bodies under multilateral human rights treaties adopted by the United Nations, the Commission's Special Rapporteur of the topic, Mr. Alain Pellet, met and exchanged views with members of the Chairpersons' meeting of the monitoring bodies. Particularly, pursuant to a General Assembly's resolution, a formal consultation was held on 15 and 16 May 2007 between the representatives of the Commission and the monitoring bodies.[6] Finally, during its sixty-third session in 2011, the Commission adopted detailed guidelines entitled "Guide to Practice on Reservations to Treaties".[7] Of these guidelines, the following is relevant to the three issues as summed up above.

First, as to the issue of the regime to be applied to reservations to multilateral treaties including human rights treaties, the representatives of the monitoring bodies did not insist that a unique character of human rights treaties requires a special reservation regime different from the general regime on reservation of the Vienna Convention. Probably, due to the very general nature of the Vienna Convention provisions on reservations to multilateral treaties together with the possibility of flexible interpretation and application of those provisions, it seems that the representatives of the monitoring bodies dared not deny the applicability of the Vienna Convention to the issue of reservations to human rights treaties. Consequently, the guidelines have no provision concerning a special regime applicable only to reservations to human rights treaties. Indeed, when the United States entered a reservation to exclude the application of article 6, paragraph 5, which prohibits the sentencing of death to persons below eighteen years of age when ratifying the International Covenant on Civil and Political Rights, many European States Parties to the Covenant raised ob-

---

[6] U.N. Doc. A/RES/61/34; Meeting with Human Rights Bodies (15 and 16 May 2007), U.N.Doc. IL(LIX)/CPR.1.

[7] Report of the International Law Commission, 63rd Sess. UN GAOR, 65th Sess., Supp.-No.10 (A/65/10).

jection as the reservation is incompatible with the object and purpose of the Covenant. However, all of them considered that the Covenant operates between them and the United States with the reservation, which testifies the application of the Vienna Convention regime on reservation.

Second, as to the issue of the competence to determine the compatibility of a reservation to the object and purpose of the treaty in question, the guidelines clarify that treaty monitoring bodies as well as States Parties may assess the permissibility of reservations (3.2, hereafter the figures in parenthesis indicate the guideline numbers). In particular, the guidelines states that a treaty monitoring body may, for the purpose of discharging the functions entrusted to it, assess the permissibility of reservations formulated by a State (3.2.1) and that States which have formulated reservations to a treaty establishing a treaty monitoring body shall give consideration to that body's assessment of the permissibility of the reservations (3.2.3). At the same time, the guidelines add that the competence of the treaty monitoring body is without prejudice to the competence of States Parties to assess the permissibility of reservations to that treaty (3.2.4). Put the content of these two guidelines together, it can be concluded that, when a treaty establishes a monitoring body which assess the permissibility of a reservation in discharging its functions, States Parties to the treaty shall give consideration to the body's assessment, although they may make their own assessment on the permissibility of the reservation. Thus, there seems to be a possibility that the assessment of the monitoring body may be accepted by some but not all of the States Parties to the treaty. The situation is different when a dispute settlement body is competent to adopt decisions binding upon States Parties to a dispute, and the assessment of a reservation is necessary for the discharge of such competence by that body, such assessment is, as an element of the decision, legally binding upon the States Parties (3.2.5). This is certainly the case with the European Court of Human Rights as well as the Inter-American Court of Human Rights. However, none of the monitoring bodies established under the human rights treaties adopted by the United Nations is granted such competence.

Third, as to the effect of an impermissible reservation, the guidelines state that it depends on the intention expressed by the reserving State. Unless the reserving State has expressed a contrary intention, it is considered a party to the treaty without the benefit of the reservation, but it may express at any time its intention not to be bound by the treaty without the benefit of the reservation. If a treaty monitoring body expresses the view that a reservation is impermissible and the reserving State intends not to be bound by the treaty without the benefit of the reservation, it should express its intention to that effect within a period of twelve months from the date at which the treaty monitoring body made its assessment (4.5.3). This implies that the reserving State will become a party to the treaty without the benefit of the reservation if it does not express its contrary intention during the period, in which its status vis-à-vis the treaty is not certain. Furthermore, the fact remains that, so long as the view of the monitoring body is not legally binding, there is the possibility that the view of other States Parties may differ from the monitoring body's view.

VI. In the Place of Conclusion

Despite the consultation between the monitoring bodies of human rights treaties and the International Law Commission, the basic difficulty concerning the issue of a reservation to a multilateral treaty including a human rights treaty has not been clearly resolved, and one fundamental cause of the problem lies in the fact that it is often difficult to reach a common understanding about "the object and purpose of a treaty". Perhaps, a brief look at the case of *Kennedy v. Trinidad and Tobago*[8] before the Human Rights Committee is in place.

The case concerns an individual communication brought to the Committee by a prisoner in death row of Trinidad and Tobago. In fact, there have been many similar communications from prisoners in death row of the country as well as of Jamaica, and since the British Judicial Committee of the Privy Council, the final instance for criminal cases for Trinidad and Tobago and Jamaica, had earlier decided that keeping prisoners in death row for longer than five years constitutes cruel and inhuman treatment in violation of British and Trinidad and Tobago constitution, the government of the country, together with the government of Jamaica, requested that the Human Rights Committee would complete the consideration of these communications in certain short span of time, which was rejected by the Committee. Upon that rejection, Jamaica denounced its acceptance of the Optional Protocol, but Trinidad and Tobago, immediately after making a similar denouncement, re-acceded to the Optional Protocol with the reservation that the Human Rights Committee may consider any communication regarding Trinidad and Tobago except those from prisoners in death row.

Now, on 2 November 1999, the majority of the Committee decided that this reservation is not compatible with the object and purpose of the Covenant because it singles out a certain category of persons for lesser procedural protection than that which is enjoyed by the rest of the population. However, four members of the Committee (Messrs Ando, Bhagwati, Klein, and Kretzmer) issued a common dissenting opinion for the following reasons: In interpreting Article 26 of the Covenant, the Committee has consistently held that not every differentiations between persons amounts to discrimination, which should be applied here; The reservation at issue here relates not to the Covenant but to the Optional Protocol, which deals with a procedural matter; The point is to see whether there is any difference between communications submitted by persons in death row and communications submitted by all other persons; As the chronology of the re-accession to the Optional Protocol by Trinidad and Tobago shows, due to domestic constitutional constraint, a mere fact of the submission by persons in death row will necessarily result in the impossibility for Trinidad and Tobago to comply with the Committee's views, whereas Trinidad and Tobago can comply with the Committee's views for any submission by all other persons; Thus, the reservation serves a legitimate purpose and is compatible

---

[8] Report of the Human Rights Committee, UN GAOR 55th Sess. Supp. No. 40 (A/55/40), Vol. II, pp. 258 et seq.

with the object and purpose of the Optional Protocol, and as Trinidad and Tobago's re-accession is conditioned on the acceptance of the reservation, the Human Rights Committee should accept the re-accession of the country and declare this communication inadmissible.

In this case, the majority of the Committee based its views obviously on the General Comment No. 24 which indicates "[T]he normal consequence of an unacceptable reservation is not that the Covenant will not be in effect at all for a reserving party. Rather, such a reservation will generally be severable, in the sense that the Covenant will be operative for the reserving party without benefit of the reservation". Consequently, the majority proceeded to consider the merit of Mr. Kennedy's claim to find a violation of the Covenant. However, while the majority concludes that the reservation is incompatible with the object and purpose of "the Optional Protocol", it does not explain the reason, and this confusion between the Covenant, which deals with substantive rights, and the Optional Protocol, which deals with the procedural issues, is the point addressed by the minority opinion. Furthermore, the majority depends on the concept of "severability" which is criticized not only by the above-mentioned three governments but by very many international law experts. In any event, the case of *Kennedy v. Trinidad and Tobago* illustrates the difficulty of reaching a common understanding about "the object and purpose of a treaty" as well as about the issue of severability of obligations under a multilateral treaty.

Der Europäische Menschenrechtsschutz in Gefahren

Von *Rudolf Bernhardt*

I. Einführung

Der völkerrechtliche Schutz der Menschenrechte, sowohl weltweit als auch regional, gehört zu den Gebieten, denen *Eckart Klein* seine besondere Aufmerksamkeit gewidmet hat. Wir wollen dem europäischen System, wie es in der Europäischen Menschenrechts-Konvention niedergelegt ist und vom Europäischen Gerichtshof für Menschenrechte praktiziert wird, einige Betrachtungen widmen. Dabei sollen krisenhafte Aspekte und Entwicklungen im Vordergrund stehen. Verallgemeinernd lässt sich wohl sagen, dass zurzeit unklar ist, wohin die Reise geht. Das „Straßburger System" ist, wie im folgenden darzulegen ist, an die Grenzen seiner Kapazität gelangt. 27 der 47 Partner-Staaten der Konvention sind zugleich Mitglieder der Europäischen Union und prinzipiell an die europäische Grundrechte-Charta gebunden, sie haben zudem den Beitritt der Union zur Konvention versprochen. Die „Brighton-Declaration" des Ministerkomitees des Europarats vom April 2012[1] trägt mit seinen weitgehenden und zugleich sehr unterschiedlichen Reformvorschlägen zu der aktuellen Unsicherheit bei.

Schon 1950 unterzeichnet und 1953 in Kraft getreten, bindet die Konvention nunmehr 47 Staaten,[2] das sind alle europäischen Staaten mit Ausnahme von Belarus. Etwa 800 Millionen Menschen in Europa und darüber hinaus können sich mit ihren Beschwerden an den Europäischen Gerichtshof für Menschenrechte wenden, und eine beträchtliche, ständig ansteigende Zahl macht von dieser Möglichkeit Gebrauch. In den letzten Jahrzehnten wurde nicht selten die Befürchtung geäußert, die Konvention könne an ihrem eigenen Erfolg ersticken. Lassen wir zunächst einige Zahlen sprechen.

Der Jahresbericht des Gerichtshofes für 2011[3] berichtet, dass am 31. Dezember 2011 151.600 Beschwerden anhängig und den Entscheidungsinstanzen zugeordnet waren („Applications allocated to a judicial formation"), das sind 9 % mehr noch

---

[1] High Level Conference on the Future of the European Court of Human Rights – Brighton Declaration.

[2] s. *R. Bernhardt*, Entwicklung und gegenwärtiger Stand (der Europäischen Menschenrechts-Konvention), in: Detlef Merten / Hans-Jürgen Papier (Hrsg.), Handbuch der Grundrechte in Deutschland und Europa, Band VI/1, 2010, 45 ff.

[3] The European Court of Human Rights, Annual Report 2011.

nicht entschiedene Fälle als es zu Anfang des Jahres gab. Gegen 10 Staaten, angeführt von Russland, richteten sich etwa 67 % der Beschwerden, die restlichen 37 Staaten teilten sich die restlichen Beschwerden (22,4 %). Gegen fünf Staaten waren jeweils mehr als 10.000 Verfahren anhängig: 40.250 gegen Russland, 15.950 gegen die Türkei, 13.750 gegen Italien, 12.300 gegen Rumänien, 10.250 gegen die Ukraine.

Die im Jahresbericht 2011 vom Gerichtshof mitgeteilten Statistiken zeigen weiter, dass das Recht auf einen fairen Prozess, die Dauer der Gerichtsverfahren und das Recht auf effektiven Rechtsschutz in der Rechtsprechung eine erhebliche Rolle spielen. Damit sind wir bei den Abhängigkeiten der Europäischen Menschenrechts-Konvention von den jeweiligen staatlichen Rechtsschutzsystemen.

Unsere These, die im Folgenden knapp begründet werden soll, lautet: Das Straßburger Rechtsschutzsystem muss auf Dauer an Überlastung scheitern, wenn es nicht gelingt, auf staatlicher Ebene durchgängig konventionsgemäße Zustände zu schaffen. Gesetzgebung, Exekutive und Rechtsprechung müssen nicht nur die Straßburger Bindungen und die Rechtsprechung des Europäischen Gerichtshofs für Menschenrechte zur Kenntnis nehmen, sondern sie müssen auch die staatliche Rechtsordnung entsprechend ausgestalten und reformieren.

Natürlich sind auch auf der Straßburger Ebene weiterhin große Anstrengungen erforderlich, um der Fülle der Beschwerden gerecht zu werden, und es ist zu hoffen, dass das 14. Zusatzprotokoll zur Europäischen Menschenrechts-Konvention dazu wesentlich beiträgt. Aber wenn 47 europäische Richter und 600 Mitarbeiter in Straßburg bisher nicht in der Lage waren, das ständige Ansteigen der unerledigten Beschwerden zu verhindern, ist kaum zu erwarten, dass das in Zukunft gelingen wird. Zu Recht wird auch immer wieder betont, dass die Qualität der Rechtsprechung und die Solidität des Menschenrechtsschutzes nicht leiden dürfen. Insgesamt sind Reformen vor allem auf staatlicher Ebene erforderlich. Einige Felder bei solchen Reformen seien exemplarisch genannt:

1. Die Erschöpfung des innerstaatlichen Rechtsweges ist weiter von besonderer Bedeutung, aber er setzt einen effektiven Rechtsschutz voraus;

2. der Zugang zu den staatlichen Gerichten muss stets und durchgängig gesichert sein;

3. die gerichtlichen Verfahren müssen konventionsgemäß verlaufen, fair trial ist erforderlich;

4. die Staaten sind aufgerufen, bei behaupteten gravierenden Menschenrechtsverletzungen für effektive Untersuchungen zu sorgen;

5. staatliche Gerichtsurteile sind effektiv und zeitnah zu vollstrecken.

II. Die Erschöpfung der innerstaatlichen Rechtsbehelfe

Nach Artikel 35 Abs. 1 der Konvention kann sich der Gerichtshof „mit einer Angelegenheit erst nach Erschöpfung aller innerstaatlichen Rechtsbehelfe in Übereinstimmung mit den allgemein anerkannten Grundsätzen des Völkerrechts ... befassen". Diese Zulässigkeitsvoraussetzung für Beschwerden ist allgemein anerkannt und unentbehrlich, sie gibt den Staaten die Möglichkeit, etwaige Konventionsverletzungen zunächst von den staatlichen Organen, insbesondere den Gerichten, prüfen und korrigieren zu lassen.

In nicht wenigen Fällen ist umstritten, ob und welche innerstaatlichen Rechtsbehelfe bestehen und ob ein Beschwerdeführer von ihnen angemessenen Gebrauch gemacht hat. Der Rechtsprechung des Gerichtshofs lässt sich wohl entnehmen, dass die Regierung des betroffenen Staates im Zweifel die einschlägigen Rechtsbehelfe benennen und ihre Effektivität belegen muss. Man wird meines Erachtens der Rechtsprechung des Gerichtshof auch die Tendenz entnehmen können, die Warte des Beschwerdeführers zu betonen und zu prüfen, ob behauptete Rechtsbehelfe aus seiner Sicht wirksam erscheinen. Das alles ist sinnvoll bei einer Konvention zum Schutz der Menschenrechte, bei der der Staat in der Regel der Stärkere ist.

Die Grundsätze sind anerkannt, die Probleme liegen im Detail, diese sind rechtlicher und tatsächlicher Art. Ein wichtiges Beispiel: muss der Beschwerdeführer vor den nationalen Gerichten auch eine Verletzung der Konvention geltend machen oder genügt die Anrufung innerstaatlicher Garantien? Sicher ist es hilfreich, wenn auch eine Konventionsverletzung geltend gemacht wird. In nahezu allen Partner-Staaten der Konvention ist diese auch innerstaatlich verbindliches Recht, das gilt jedenfalls in der Theorie. Aber Diskussionen mit Juristen vieler Länder zeigen, dass nationale Richter und auch Anwälte oft mit der Konvention unzulänglich vertraut sind. Noch weniger kennen sie die Rechtsprechung des Straßburger Gerichtshofs, deshalb ist es so wichtig, dass die wichtigsten Straßburger Urteile in die Landessprachen übersetzt[4] und so den Richtern und vielen anderen erst zugängig werden. Es wird voraussichtlich noch viel Zeit vergehen, bis die Konvention im innerstaatlichen Bereich allgemein bekannt ist und in der Praxis eine größere Rolle spielt.

Und gerade das ist notwendig, wenn die Konvention in den Rechtsordnungen der Staaten die ihr zukommende Bedeutung erlangen soll. Das wieder ist erforderlich, damit der „Gang nach Straßburg" zur seltenen Ausnahme wird.

III. Der Zugang zum nationalen Gericht

Art. 6 der Konvention garantiert nicht nur ein faires Verfahren vor Gericht, sondern prinzipiell auch den Zugang zu einem Gericht bei Streitigkeiten über „zivilrechtliche Ansprüche und Verpflichtungen" und bei strafrechtlichen Anklagen. Es

---

[4] Die Homepage des Gerichtshofs berichtete kürzlich, dass Mittel für die Übersetzung der bedeutendsten Entscheidungen bereitgestellt wurden.

ist viel geschrieben und judiziert worden über den Begriff der zivilrechtlichen Ansprüche und Verpflichtungen, dabei ging es regelmäßig um die Grenze zwischen zivilrechtlichen und öffentlich-rechtlichen Positionen, bei letzteren erscheint Art. 6 nicht anwendbar. Wir wollen die wohl nie zu Ende gelangende Diskussion weder resümieren noch kommentieren, sondern nur feststellen, dass nach der Rechtsprechung die Qualifizierung einer Position im nationalen Recht nicht entscheidend ist. Die Suche nach anderen Kriterien, die konventionsgemäß erscheinen, dürfte weitergehen.

Ergänzend sei auf Art. 13 der Konvention hingewiesen, danach gibt es generell ein „Recht, bei einer innerstaatlichen Instanz eine wirksame Beschwerde zu erheben". Diese Vorschrift hat vor allem in letzter Zeit in der Rechtsprechung an Bedeutung gewonnen. Zusammen mit Art. 6 ist Art. 13 mitverantwortlich für die starke Belastung des Gerichts mit prozeduralen Fragen.

IV. Die Garantie eines fairen Verfahrens

Art. 6 der Konvention garantiert ein faires Verfahren, insbesondere vor Gericht und in Strafsachen. Die Vorschrift nennt Einzelheiten, die von Gerichten und Behörden zu beachten sind, sie wird ergänzt durch Art. 5, das Recht auf Freiheit und Sicherheit.

In der Straßburger Praxis gab und gibt es sowohl Fälle, in denen die staatliche Gesetzgebung mit diesen Garantien unvereinbar ist, als auch Fälle, in denen die mangelnde Fairness allein in der praktischen Handhabung eines Verfahrens liegt. Das erstere war etwa der Fall bei der Mitwirkung von Militärpersonen als Richter im Strafverfahren gegen Zivilisten in der Türkei, das letztere kann gegeben sein, wenn Angeklagten keine angemessenen Verteidigungsmöglichkeiten eingeräumt werden.

Eine besonders problematische Rolle spielt die Vorschrift, dass gerichtliche Verfahren innerhalb angemessener Frist verhandelt werden sollen. Italien hat in der Praxis besonders oft gegen dieses Gebot verstoßen, aber auch andere Staaten, u. a. Deutschland, verstoßen nicht selten gegen das Gebot, Rechtsschutz in angemessener Frist zu gewähren.

Gerade die Garantien in Art. 6 (und Art. 5) verlangen nach einer gründlichen Prüfung sowohl der innerstaatlichen Gesetzgebung als auch der staatlichen Praxis auf ihre Übereinstimmung mit der Konvention. Ein kurioses Beispiel aus der eigenen Erfahrung: Bei dem Besuch eines Untersuchungsgefängnisses in der Kaukasus-Region vor etwa 15 Jahren wurde meine Frage, ob ein Häftling schon einen Richter gesehen habe, von einem anwesenden Minister dahin beantwortet, den Richter werde der Häftling ja bei der Hauptverhandlung sehen, das genüge doch wohl.

V. Die staatliche Verpflichtung zur Untersuchung gravierender Menschenrechtsverletzungen

Das Recht auf Leben (Art. 2 der Konvention) und das Verbot der Folter und unmenschlicher Behandlung (Art. 3) haben die Straßburger Praxis oft vor das folgende Problem gestellt: Personen waren verschwunden oder tot aufgefunden worden, oder sie waren nach ihren eigenen Angaben in staatlichem Gewahrsam misshandelt worden. Die betroffene Regierung hat in vielen Fällen bestritten, dass staatliche Behörden involviert waren, es wurde unter anderem auf Terroristen als Urheber von Untaten verwiesen, oder die Angaben der Beschwerdeführer oder ihrer Angehörigen wurden als unwahr bezeichnet. Wem soll der Gerichtshof glauben? Soll – unter Umständen Jahre nach dem Vorfall – Beweis erhoben werden? Verstöße gegen die Konvention setzen nach der Straßburger Rechtsprechung eine Überzeugung des Gerichts „beyond reasonable doubt" hinsichtlich der Verantwortlichkeit des Staates voraus. Diese feste Überzeugung aber ist nach Jahren nicht mehr zu gewinnen. Ein inzwischen oft gefundener Ausweg ist die Feststellung des Gerichtshofs, dass die staatlichen Organe, und nur sie in der Lage gewesen wären, die behaupteten Vorgänge zu untersuchen, sie hätten das jedoch nicht getan. Die Unterlassung wurde als eigenständige Verletzung von Art. 2 oder Art. 3 angesehen.[5]

Diese Lösung mag manchem problematisch erscheinen, sie ist aber die einzige, die bei behaupteten Menschenrechtsverletzungen der Situation gerecht wird. Die Beweisschwierigkeiten sollen weder zu Lasten der Beschwerdeführer gehen, noch kann der Staat direkt für die Tötung oder Folter verantwortlich gemacht werden, weil die Vorgänge im einzelnen nicht mehr aufgeklärt werden können. In dieser Situation ist aber der Staat für das verantwortlich, was er hätte tun können und unterlassen hat: die umstrittenen Vorgänge angemessen zu untersuchen. Auch hier ist es erforderlich, dass in den Staaten bei den zuständigen Behörden, insbesondere bei der Polizei und der Staatsanwaltschaft, das Bewusstsein geweckt wird, dass Menschenrechtsverletzungen aufzuklären sind, wenn sie schon nicht mehr verhindert werden können.

VI. Die Vollstreckung von Urteilen

Nehmen wir an, ein Bürger habe in einem Verfahren, das mit Art. 6 der Konvention vereinbar ist, ein ihm günstiges Urteil erstritten, entweder gegen eine andere Person oder auch gegen den Staat selbst. Sein Versuch, ein dem Urteil entsprechendes Ergebnis zu erzielen, scheitert jedoch. Der Staat verwehrt dem Bürger jede Hilfe, das

---

[5] Ein neues Beispiel aus seiner umfangreichen Rechtsprechung: Urteil vom 31. Juli 2012 im Fall Makhashevy v. Russia; der Urteilstenor lautet u. a.: „The Court holds that there has been a violation of Article 3 of the Convention taken together with Article 14 of the Convention in respect of the failure to conduct an effective investigation into the applicants' ill-treatment at the hands of the police and the failure to investigate possible discriminatory motives behind the incident."

Urteil zu vollstrecken, und die im Prozess unterlegene Partei ist nicht bereit, sich freiwillig dem Urteil zu beugen.

Auch hier hat die neuere Rechtsprechung sich um eine angemessene Lösung bemüht. Art. 6 der Konvention würde in Zivilsachen leerlaufen, wenn ein rechtskräftiges Urteil nicht vollstreckbar wäre,[6] und zwar wiederum in angemessener Frist. Erneut ist der Staat verantwortlich für eigenes Unterlassen, diesmal für sein Unterlassen, von seinem Gewaltmonopol Gebrauch zu machen.

VII. Fazit

Am 3. September 2013 werden 60 Jahre seit dem Inkrafttreten der Europäischen Menschenrechts-Konvention vergangen sein. Die Europäische Menschenrechts-Kommission wurde 1954, der Gerichtshof 1959 gebildet. Die Individualbeschwerde zur Kommission und die Jurisdiktion des Gerichtshofs waren lange Zeit von speziellen Unterwerfungserklärungen der Staaten abhängig, und diese wurden nur zögerlich abgegeben. Das war einer der Gründe dafür, dass der Gerichtshof bis Anfang der 1980er Jahre nur wenige Fälle zu entscheiden hatte. Er hat jedoch in seinen Urteilen schon damals wichtige Prinzipien entwickelt. Natürlich war es in den ersten Jahrzehnten von zentraler Bedeutung, dass das Konventionssystem nur von den demokratischen Mitgliedstaaten des Europarats getragen wurde.

In den 1980er Jahren stieg die Zahl der Fälle, die vor den Gerichtshof gelangten, und damit auch die Zahl der Urteile allmählich, aber doch weiter nur langsam an.

Mit dem Ende des kommunistischen Regimes in Mittel- und Osteuropa 1989/90 änderte sich auch die Tragweite des Menschenrechtssystems grundlegend. Fast alle zuvor zum sowjetischen Machtbereich gehörenden europäischen Staaten drängten zur Mitgliedschaft im Europarat, sie waren auch bereit, die Menschenrechtskonvention und ihr Kontrollsystem anzuerkennen. Das hatte zunächst, in dem letzten Jahrzehnt des 20. Jahrhunderts, nur begrenzte Auswirkungen auf die Arbeit von Menschenrechts-Kommission und -Gerichtshof.

Das änderte sich drastisch seit dem 1. November 1998, dem Inkrafttreten des 11. Zusatzprotokolls zur Konvention. Der Gerichtshof wurde nunmehr mit hauptamtlichen Richtern besetzt, und die Beschwerde zum Gerichtshof war nicht länger von

---

[6] Eine ausführliche Begründung, etwa im Urteil vom 31. Oktober 2006, Jeličić v. Bosnia and Herzegovina, Rn. 266: The right of access to a court „would be illusory if a Contracting State's domestic legal system allowed a final, binding judicial decision to remain inoperative to the detriment of one party. It would be inconceivable that Article 6 § 1 should describe in detail the procedural guarantees afforded to litigants – proceedings that are fair, public and expeditious – without protecting the implementation of judicial decisions. To construe Article 6 as being concerned exclusively with access to a court and the conduct of proceedings would indeed be likely to lead to situations incompatible with the principle of the rule of the law which the Contracting States undertook to respect when they ratified the Convention. Execution of a judgment given by any court must therefore be regarded as an integral part of the 'trial' for the purposes of Article 6."

gesonderten Unterwerfungserklärungen abhängig. Das hatte nach wenigen Jahren die Flut von Beschwerden zur Folge, die am Anfang dieses Berichts angesprochen wurde. Schon im Jahre 2001 verkündete der neue Gerichtshof mehr Urteile, als der alte Gerichtshof während seiner ganzen Existenz, von 1959 bis zum 31. Oktober 1998, annehmen konnte. Und seit 2005 werden jedes Jahr mehr als 1000 Urteile in Straßburg verabschiedet.

Nach wie vor genießt das europäische System zum Schutz der Menschenrechte großes Ansehen, und nach wie vor bemüht man sich in Straßburg, zwei Aufgaben gerecht zu werden: dem Schutz des Einzelnen gegen gravierende Menschenrechtsverletzungen und die Schaffung rechtsstaatlicher Standards, die von allen Mitgliedstaaten des Europarates respektiert werden. Die auf der Überlastung des Gerichtshofs beruhenden Gefahren sind zugleich nicht zu übersehen, es wird weiterhin großer Anstrengungen bedürfen, um sie zu überwinden.

Access of indigenous peoples to natural resources from a human rights perspective

By *Ulrich Beyerlin*

I. Introduction

'As peoples, we affirm our rights to self-determination, and to own, control and manage our ancestral lands and territories, waters and other resources. Our lands and territories are at the corebase of our existence – we are the land and the land is us; we have a distinct spiritual and material relationship with our lands and territories and they are inextricably linked to our survival and to the preservation and further development of our knowledge systems and cultures, conservation and sustainable use of biodiversity and ecosystem management'.[1]

This solemn commitment of indigenous peoples (IPs) to human and natural sustainability during the International Indigenous Peoples Summit on Sustainable Development (South Africa, 20–23 August 2002) indicates that IPs all around the world have, at least in the past, played an important role as environmental stewards. However, during the last decades IPs got more and more under pressure by destructive external activities, such as forest clearing, mining, overexploitation of natural resources, road infrastructure and unsustainable development projects that are highly consumptive of indigenous lands and waters. Thus, today the international community must feel more than ever prompted to support disadvantaged and marginalized indigenous groups and to ensure their physical, social and spiritual well-being on their ancestral lands and territories. In this respect, a human rights protection that ensures an adequate access of IPs to land, water and wildlife may prove to be most helpful.

The subsequent deliberations are dedicated to *Eckart Klein*, a highly esteemed expert of and advocate for human rights, on the occasion of his 70th birthday.

II. Factual background

Notwithstanding the difficulties to define the term 'indigenous peoples',[2] today estimated 370 million IPs 'make up one third of the world's the poorest people, on average live 20 years less than non IP due to poor health care, face discrimination

---

[1] This statement is part of the so-called Kimberley Declaration; its text is available at http://www.yachaywasi-ngo.org/kimberley.htm (visited 30 May 2012).

[2] See below at the beginning of section III.

and human rights abuses, and are losing their lands and languages.'[3] In 2007 the United Nations Permanent Forum on Indigenous Issues (UNPFII)[4] stressed that '[i]ndigenous peoples' relationship with their traditional lands is said to form a core part of their identity and spirituality and to be deeply rooted in their culture and history... Through their deep understanding of and connection with the land, indigenous communities have managed their environments sustainably for generations. In turn, the flora, fauna and other resources available on indigenous lands and territories have provided them with their livelihoods and have nurtured their communities. However, according to indigenous leaders this relationship is increasingly at risk'.[5] Moreover, in recent years, questions of access to and benefit sharing from genetic resources, as well as protection of traditional knowledge have increasingly gained prominence on the international political agenda, 'with indigenous communities expressing fears over the expansion of biotechnology and bio-prospecting'.[6]

Traditional indigenous territories which make up about 22 % of the world's terrestrial surface coincide with areas which hold 80 % of the world's biodiversity. For a long time human societies have set aside special areas of the natural environment to meet ecological and cultural needs. Today, protected areas, such as game reserves and national parks, cover more than 10 % of the Earth's terrestrial surface. About 85 % of these protected areas are inhabited by IPs. Quite frequently, their establishment has affected the rights and interests of the IPs living there, with the result of subsequent conflict between conservationists and IPs. This is why there are good reasons to argue that 'successful and enduring implementation of conservation programs can only be guaranteed when there is consent for and approval by Indigenous peoples'.[7]

According to the UNPFII today's situation of forest resources is particularly precarious. Around 60 million IPs around the world depend almost entirely on forests for their survival. They continue to be forcibly displaced from their traditional forests as a result of laws that favour the interests of commercial companies. As reported, Indonesia is home to 10 % of the world's forest resources which provide livelihood for approximately 30 million IPs; and in eastern Africa and the Congo Basin the estab-

---

[3] *J. Alcorn*, Indigenous Peoples and Conservation, in: MacArthur Foundation Conservation White Paper Series (2010), at 7.

[4] *Cf. B. Kingsbury*, Indigenous Peoples, in: R. Wolfrum (ed.), Max Planck Encyclopedia of Public International Law; www.mpepil.com (2012), para. 16.

[5] UN Permanent Forum on Indigenous Issues, Indigenous Peoples – Lands, Territories and Natural Resources; http://www.un.org/esa/socdev/unpfii/documents/6_session_factsheet1.pdf (visited 30 May 2012).

[6] *Ibid.*

[7] *C. Sobrevila*, The Role of Indigenous Peoples in Biodiversity Conservation. The Natural but often Forgotten Partners, Paper of the World Bank, May 2008, at 7, citing Recommendation 24 of the 2003 IUCN World Parks Congress.

lishment of protected forest areas led to the displacement of tens of thousands of IPs and threatened their subsistence survival.[8]

III. International legal status and protection of indigenous peoples in general

Even though there are a number of international instruments protecting IPs, this term has not yet been defined authoritatively. R. L. Barsh, for instance, has suggested that this term historically and geographically encompasses 'distinct groups seeking greater control over traditionally used lands and living resources in order to protect or achieve good human-ecological relationships (rather than mere cultural distinctiveness)', while other 'groups may find it easier to claim rights as minorities ... or as non-self-governing territories'.[9]

The African Commission on Human and Peoples' Rights, in its Decision of 4 February 2010 in the *Endorois* case,[10] had to decide whether the 60,000 Endorois people, a semi-nomadic community that had been evicted from their homes at Lake Bogoria in central Kenya, is a group of IPs that is protected by the 1981 African Charter on Human and Peoples' Rights. Relying on four criteria for identifying IPs, namely 'the occupation and use of a specific territory; the voluntary perpetuation of cultural distinctiveness; self-identification as a distinct collectivity, as well as recognition by other groups; an experience of subjugation, marginalisation; dispossession, exclusion or discrimination',[11] the African Commission concluded that the Endorois are an indigenous community and that they fulfil the criterion of 'distinctiveness'; ... the Endorois consider themselves to be a distinct people, sharing a common history, culture and religion; [they] are a "people", a status that entitles them to benefit from provisions of the African Charter that protect collective rights'.[12] This very thorough reasoning of the African Commission in the *Endorois* case appears to indicate that a more precise definition of 'IPs may gradually evolve in international relevant practice'.[13]

---

[8] UN Permanent Forum on Indigenous Issues (note 5), referring to the Report of the UN Special Rapporteur on the situation of human rights and fundamental freedoms of indigenous people, R. Stavenhagen, Report to the Fourth Session of the UN Human Rights Council; UN Doc. A/HRC/4/32, 27 February 2007.

[9] R. L. Barsh, Indigenous Peoples in: D. Bodansky, et al (eds.), The Oxford Handbook of International Environmental Law (Oxford 2007) 829, at 835 et seq. For a survey of the various approaches to defining IPs see E. Desmet, Indigenous Rights Entwined with Nature Conservation (Cambridge 2011), at 72 et seq., with further references.

[10] CEMIRIDE v. Kenya, Communication 276/2003; text available at http://www.hrw.org/news/2010/02/04/kenya-landmark-ruling-indigenous-land-rights (visited 12 June 2012).

[11] Ibid., para. 150.

[12] Ibid., para. 162.

[13] Cf. Barsh (note 9), at 835.

The history of the protection of IPs in international law[14] traces back to the late 1950 s. Rather early IPs' organisations had to realize that, firstly, mere non-discrimination would not suffice to cure their tragic situations of marginalization and suppression, and secondly, that their protection under the generally applicable norms of the two 1966 International Human Rights Covenants and pertinent regional instruments should be complemented by a more targeted protection of their specific interests.

In this respect, a first important international instrument was the ILO Convention Concerning the Protection and Integration of Indigenous Populations and Other Tribal and Semi-Populations in the Independent Countries (Convention 107) of 2 June 1957. In the words of *S. J. Anaya*, this instrument was an expression of the spirit of time that was oriented towards 'nation-building' of the newly independent states.[15]

Initially 'reluctant to associate their claims with the individualistic framework of human rights law', IPs' organisations began in the 1980 s to participate in UN human rights bodies and to claim there collective or community rights, including property rights.[16]

There is no doubt that IPs share the right of 'all peoples' under Article 1 (2) of the two 1966 International Human Rights Covenants to freely dispose of their natural wealth and resources as part of self-determination.[17] Accordingly, the ICCPR Committee, in its 1999 concluding observations regarding Canada, acknowledged the conclusion of the Canadian Royal Commission on Aboriginal Peoples (RCAP) that 'without a greater share of lands and resources institutions of aboriginal self-government will fail' and recommended that 'decisive and urgent action be taken towards the full implementation of the RCAP recommendations on land and resource allocation' and that 'the practice of extinguishing inherent aboriginal rights be abandoned as incompatible with article 1 of the Covenant'.[18]

In line with that the Committee on the Elimination of Racial Discrimination (CERD), in its General Recommendation 23 (1997), called upon states parties 'to recognize and protect the rights of indigenous peoples to own, develop, control and use their communal lands, territories and resources and, where they have been

---

[14] For a concise survey see *S. Oeter*, in: Liber Amicorum Rüdiger Wolfrum (Leiden 2011), 477 *et seq.*

[15] *S. J. Anaya*, Indigenous Peoples in International Law (2nd ed. 2004), at 53 *et seq.*; *cf. Oeter* (note 14), at 478 *et seq.*

[16] *Barsh* (note 9), at 838.

[17] Article 1 (2) reads as follows: 'All peoples may, for their own ends, freely dispose of their natural wealth and resources without prejudice to any obligations arising out of international economic co-operation, based upon the principle of mutual benefit, and international law. In no case may a people be deprived of its own means of subsistence.'

[18] UN Doc. CCPR/C/79/Add.105, 7 April 1999, para. 8.

deprived of their lands and territories or otherwise inhabited or used without their free and informed consent, to take steps to return those lands and territories'.[19]

On 27 June 1989, the ILO adopted its Convention Concerning Indigenous and Tribal Peoples in Independent Countries (Convention 169). Recognising 'self-definition as indigenous or tribal ... as a fundamental criterion for determining the groups to which [its] provisions ... apply' (Article 1 [2]), Convention 169 confers to IPs 'the right to decide their own priorities for the process of development as it affects their lives, beliefs, institutions and spiritual well-being and the lands they occupy or otherwise use, and to exercise control, to the extent possible, over their own economic, social and cultural development' (Article 7). Article 7 (1) Convention 169 that guarantees rights 'to decide their own priorities for the process of development' and 'to exercise control, to the extent possible, over their own economic, social and cultural development' may even be understood as 'the nucleus of a right to have some kind of institutional autonomy'.[20] In the view of S. Oeter, 'ILO Convention 169 transcends traditional guarantees on non-discrimination, opens up the pathway towards new types of guarantees intended to protect the specific identity and culture of IPs, but remains rather cautious in spelling out what this may really mean when pushing it to its logical end'.[21]

In 1992 the Rio Conference acknowledged in Agenda 21 that IPs 'have developed over many generations a holistic traditional scientific knowledge of their lands, natural resources and environment'. This finding was followed by the recommendation: 'In view of the interrelationship between the natural environment and its sustainable development and the cultural, social, economic and physical well-being of indigenous people, national and international efforts to implement environmentally sound and sustainable development should recognize, accommodate, promote and strengthen the role of indigenous people and their communities'.[22]

On 26 August 1994, the Sub-Commission on Prevention of Discrimination and Protection of Minorities adopted the Draft United Nations Declaration on the Rights of Indigenous Peoples[23]. In 1995 a new predominantly governmental Working Group was mandated by the UN Commission on Human Rights to achieve a consensus on the 1994 Draft Declaration. In late June 2006, the UN Human Rights Council, the successor of the Commission on Human Rights, approved a compromise text of the Draft Declaration. With last changes made in the course of 2007, on 13 September

---

[19] General Recommendation 23 (Fifty-first session, 1997), UN Doc. A/52/18, annex V at 122 (1997), para. 5. Cf. also the 1994 General Comment No. 23, 'The rights of minorities (Art. 27)' of the ICCPR Committee; CCPR/C/21/Rev.1/Add.5, 08/04/94.

[20] Oeter (note 14), at 484, referring to R. Wolfrum, 59 (1999) Heidelberg Journal of International Law (ZaöRV), 369, at 374.

[21] Ibid., at 485.

[22] Agenda 21, para. 26.1.

[23] Report of the Sub-Commission on Prevention of Discrimination and Protection of Minorities, UN ESCOR, 46th Session, Art. 26, para. 105, UN Doc. E/CN.4/Sub.2/1994/45 (1994).

2007, the United Nations Declaration on the Rights of Indigenous Peoples (UN-DRIP) was adopted by UN General Assembly's Resolution 61/295 with overwhelming majority.[24] Particularly striking, if not revolutionary, is UNDRIP's unambiguous commitment to the right of self-determination, as well as autonomy or self-government in Articles 3 and 4.

IV. Access of indigenous peoples to natural resources[25]

1. Is there a specific human right to environment?

A specific human right to environment is not included in the two 1966 International Human Rights Covenants.[26] For a long time there have been voices advocating the stipulation of a human right to a sound or satisfactory environment at a proper place in universal human rights law. However, it would be difficult to enforce such a newly created human right to environment. Actually, such a right would neatly fit into the catalogue of guarantees contained in the ICESCR, even though a respective political agreement is more than unlikely.

At the regional level, two legally binding instruments provide a specific human right to a sound or satisfactory environment: Firstly, Article 24 of the 1981 African Charter provides that '[a]ll peoples shall have the right to a generally satisfactory environment favourable to their development'. This right is complemented by Article 21 according to which '[a]ll peoples shall freely dispose of their wealth and natural resources'. Secondly, Article 11 of the 1988 Inter-American 'Protocol of San Salvador' affirms that '[e]veryone shall have the right to live in a healthy environment and to have access to basic public services'.[27]

2. ILO

Part II (Articles 13–19) of ILO Convention 169 is entirely dedicated to land rights. It requires that '[t]he rights of ownership and possession of the peoples concerned over the lands which they traditionally occupy shall be recognised' (Article 14 [1]) and that '[t]he rights of the peoples concerned to the natural resources pertaining to their lands shall be specially safeguarded', with the inclusion of 'the right ... to participate in the use, management and conservation of these resources (Article

---

[24] UN Doc. A/RES/61/295, Annex, 13 September 2007. For an analysis of UNDRIP see S. *Wiesner*, United Nations Declaration on the Rights of Indigenous Peoples (2009); www.un.org/law/avl (visited 30 May 2012).

[25] The discussion that follows largely builds on an earlier study by the author; see U. *Beyerlin/T. Marauhn*, International Environmental Law (Oxford 2011), at 393 *et seq.*

[26] The International Covenant on Civil and Political Rights (ICCPR) and the International Covenant on Economic, Social and Cultural Rights (ICESCR) were both adopted in 1966 and entered into force in 1976.

[27] *Cf.* to the whole *Desmet* (note 9), at 188 *et seq.*, with further references.

15 [1]). According to Article 13 (2) of the Convention 169, the use of the term 'lands' in articles 15 and 16 includes 'the concept of territories, which covers the total environment of the areas which the peoples concerned occupy or otherwise use'. In *Barsh's* opinion, this clause 'extends the rights of indigenous peoples to living resources such as wildlife and fish, to water, whether located on lands they permanently "occupy" or lands that they traverse seasonally to "use"'.[28]

3. UNDRIP

Articles 25–29 UNDRIP deal with the rights of IPs to the lands, territories and resources in a way that goes far beyond what had been stipulated in earlier international legal documents.

In line with ILO Convention 169, Article 25 UNDRIP stresses that IPs have 'the right to maintain and strengthen their distinctive spiritual relationship with their traditionally owned or otherwise occupied and used lands, territories, waters and coastal seas and other resources and to uphold their responsibilities to future generations in this regard'.[29] Article 26 UNDRIP recognises that IPs have 'the right to the lands, territories and resources which they have traditionally owned, occupied or otherwise used or acquired', as well as 'the right to own, use, develop and control the lands, territories and resources that they possess by reason of traditional ownership or other traditional occupation or use, as well as those which they have otherwise acquired'. States are requested to 'give legal recognition and protection to these lands, territories and resources'.[30] Article 29 conveys IPs 'the right to the conservation and protection of the environment and the productive capacity of their lands or territories and resources'. Moreover it ensures that 'no storage or disposal of hazardous materials shall take place in the lands or territories of indigenous peoples without their free, prior and informed consent'.[31]

4. United Nations human rights system

As the two International Covenants on Human Rights remain silent about a right to environment, the only possibility for the two UN Human Rights Committees to develop an ecological human rights protection within the UN was the attempt of greening those human rights guarantees that show a certain closeness to conservation of nature or use of natural resources such as land, soil, water, flora and fauna. This holds true for two guarantees in the ICESCR, namely 'the right of everyone to an adequate standard of living for himself and his family, including adequate food, clothing and housing, and to the continuous improvement of living conditions' (Ar-

---

[28] In this sense *Barsh* (note 9), at 845 *et seq.*
[29] UNDRIP (note 24).
[30] Article 26 (1), (2), (3), *ibid.*
[31] *Ibid.*

ticle 11 [1]), and 'the right of everyone to the enjoyment of the highest attainable standard of physical and mental health' (Article 12 [1]). However, due to the weak clause on 'progressive realization' in Art. 2 (1) ICESCR, the effect of these guarantees on environmental protection is rather limited.

For years the international discussion on developing universally applicable resource-related human rights, particularly a right to water, centres on Article 11 (1) ICESCR. In late 2002, the Committee on Economic, Social and Cultural Rights (CESCR) has taken the lead in this debate by issuing its General Comment 15 (2000) with ground-breaking observations regarding the right to water (Articles 11 and 12 ICESCR).[32] Starting with the statement that '[t]he right to water clearly falls within the category of guarantees essential for securing an adequate standard of living, particularly since it is one of the most fundamental conditions for survival',[33] it assumes that Articles 11 and 12 include the right to water. It concludes that '[t]he right to water, like any human right, imposes three types of obligations on States parties: obligations to respect, obligations to protect and obligations to fulfil'.[34] As these obligations are subject to the limitations in Article 2 (1) ICESCR it considers some of them to be 'core obligations' entailing 'immediate effects'.[35] In the Committee's view these 'core obligations' are, *inter alia*, directed '[t]o ensure the right of access to water and water facilities and services on a non-discriminatory basis, especially for disadvantaged or marginalized groups' and '[t]o ensure equitable distribution of all available water facilities and services'.[36] Finally, the Committee takes from Articles 11 and 12 ICESCR some procedural obligations of states, such as the duty to grant individuals and groups of individuals full access to information, participation in all water-related decision-making processes, and 'effective judicial or other appropriate remedies at both national and international levels', albeit resorting to rather yielding obligation formulas.[37]

A number of cases submitted to the ICCPR Committee concern the land rights of IPs and their access to natural resources. In *Ominayak and Lubicon Lake Band v Canada* (1990) the Committee had to judge whether the provincial government of Alberta had deprived the complainants of their means of subsistence and their right of self-determination by leases for oil and gas explorations.[38] In *Länsman*

---

[32] UN Doc E/C.12/2002/11, 20 January 2002.

[33] *Ibid.*, para. 3.

[34] *Ibid.*, para. 20.

[35] *Ibid.*, paras. 37 *et seq.*

[36] *Ibid.*, para. 37 (b) and (c).

[37] *Ibid.*, paras. 48 and 55. – In a resolution of 26 July 2010 the UN General Assembly declared 'the right to safe and clean drinking water and sanitation as a human right that is essential for the full enjoyment of life and all human rights' (UN Doc. A/64/L.63/Rev.1). However, this political declaration does not provide for any further specification of this right in substance.

[38] View of 26 March 1990, Communication No. 167/1984; UN Doc. CCPR/C/38/D/167/1984 (1990).

and Others v Finland (1994) the Committee found no violation of Article 27 ICCPR[39] because Finland had taken adequate measures to minimize the impact of stone-quarrying activities on reindeer herding in the traditional lands of the Sami people.[40] In *Apirana Mahuika and Others v New Zealand* (2000) the Committee dealt with the problem of balancing indigenous rights to fishing resources with governmental efforts to conserve these resources. The Committee found that relevant governmental actions neither interfered with the rights of the Maori people to self-determination under Article 1 ICCPR nor violated Article 27 ICCPR.[41] In *Poma Poma v. Peru* (2009) the Committee endorsed the members of a Peruvian indigenous community in their view that governmental water diversion operations seriously affected the community's only means of subsistence and were therefore in violation of Article 27 ICCPR and that the claimants were deprived of their right to an effective remedy under Article 2 (3) (a) ICCPR.[42]

5. African human rights system

The African Commission on Human and Peoples' Rights is charged with the protection and promotion of human and peoples' rights laid down in the 1981 African Charter. In 1998 a protocol to the African Charter envisaging the establishment of the African Court of Human and Peoples' Rights was adopted.[43]

To date, the African Commission has dealt only twice with human rights cases involving specific environmental questions: in its decision of 27 October 2001 in the *Ogoni Land* case[44] and in its decision of 4 February 2010 in the *Endorois* case.[45]

In the *Ogoni Land* case the African Commission decided in favour of the Ogoni people who had severely suffered from the contamination of their environment by

---

[39] Article 27 ICCPR provides: 'In those States in which ethnic, religious or linguistic minorities exist, persons belonging to such minorities shall not be denied the right, in community with the other members of their group, to enjoy their own culture, to profess and practice their own religion, or to use their own language'.

[40] View of 8 November 1994, Communication No. 511/1992; UN Doc. CCPR/C/52/D/511/1992 (1994).

[41] View of 27 October 2000, Communication No. 547/1993; UN Doc. CCPR/C/70/D/547/1993 (2000).

[42] View of 27 March 2009, Communication No. 1457/2006; UN Doc. CCPR/C/95/D/1457/2006 (2009).

[43] The Protocol entered into force on 1 January 2004. However, the statute of the Court has not been promulgated and a seat for the Court has yet to be determined.

[44] *Social and Economic Rights Action Center and the Center for Economic and Social Rights v. Nigeria*, Communication No. 155/96, Decision of 27 October 2001; available at www.cesr.org/downloads/AfricanCommissionDecision.pdf (visited 12 June 2012).

[45] *Endorois* Decision, note 10. The African Commission's Decision of 29 July 2010 in the *Darfur* case, COHRE v. the Sudan, Communication 296/2005 (http://www1.umn.edu/hu manrts/africa/comcases/296-2005.html [visited 12 June 2012]) only marginally deals with environmental matters.

numerous oil spills avoidably caused by the Nigerian National Petroleum Company. It found that the Federal Republic of Nigeria committed violations of Articles 2, 4, 14, 16, 18 (1), 21 and 24 of the African Charter. The Commission unequivocally stated that '(t)he right to a general satisfactory environment, as guaranteed under Article 24 of the African Charter ... imposes clear obligations upon a government'.[46] In its view the right to health and the right to environment under Articles 16 and 24 of the African Charter 'obligate governments to desist from directly threatening the health and environment of their citizens. The State is under an obligation to respect the just noted rights and this entails largely non-interventionist conduct from the State'.[47] Moreover, it found that under Article 21 (1) African Charter '[g]overnments have a duty to protect their citizens, not only through appropriate legislation and effective enforcement but also by protecting them from damaging acts that may be perpetrated by private parties (...). This duty calls for positive action on part of governments'.[48] Finally, the African Commission appealed to the Nigerian government to ensure that 'appropriate environmental and social impact assessments are prepared for any future oil development' and to provide 'information on health and environmental risks and meaningful access to regulatory and decision-making bodies to communities likely to be affected by oil operations'.[49] This deduction of positive state obligations from the said guarantees of the African Charter makes the (legally non-binding) *Ogoni Land* decision of the African Commission most important.

In its 2010 *Endorois* decision, the African Commission found that 'in the pursuit of creating a Game Reserve, the Respondent State has unlawfully evicted the Endorois from their ancestral land and destroyed their possessions. [T]he upheaval and displacement of the Endorois from the land they call home and the denial of their property rights over their ancestral land is disproportionate to any public need served by the Game Reserve'.[50] Furthermore, the African Commission emphasized Kenya's duty 'not only to consult with the community, but also to obtain their free, prior and informed consent, according to their customs and traditions'.[51] Apart from that, the Commission explicitly stated that 'the Endorois ... were entitled to an equitable distribution of the benefits derived from the Game Reserve', and that Kenya 'is obligated to ensure that the Endorois are not left out of the development process or benefits'.[52] As a result, the Commission found that Kenya violated Articles 1, 8, 14, 17, 21 and 22 of the African Charter. It recommended Kenya, *inter alia*, to recognise rights of ownership to the Endorois and restitute Endorois ancestral land; ensure unrestricted access of the Endorois community to Lake Bogoria and surrounding sites

---

[46] *Ogoni Land* decision (note 44), para. 52.
[47] *Ibid.*
[48] *Ibid*, para. 57.
[49] *Ibid.*, para. 15.
[50] *Endorois* decision (note 10), para. 214.
[51] *Ibid.*, para. 291.
[52] *Ibid.*, paras. 297 and 298.

for religious and cultural rites and for grazing cattle; pay adequate compensation to the community for all the losses suffered.

The African Commission's *Endorois* landmark decision, which, in its long-term effects, may even surpass the *Ogoni Land* decision, repeatedly draws on the reasoning of other regional human rights courts, particularly the judgments made by the Inter-American Court of Human Rights in the cases *Mayagna (Sumo) Awas Tigni Community v Nicaragua* (2001) and *Saramaka People v Suriname* (2007).[53] It was praised by Human Rights Watch, Kenya, as 'a major victory for indigenous peoples across Africa'[54].

6. Inter-American human rights system

The two main institutions for the protection of human rights throughout the American hemisphere are the Inter-American Commission on Human Rights and the Inter-American Court of Human Rights.[55] Their case law is mainly based on the 1948 American Declaration of the Rights and Duties of Man and the 1969 American Convention on Human Rights.

In two country studies the Inter-American Commission paid particular attention to environmental rights of IPs in Ecuador[56] and Brazil.[57] In *Yanomani Indians v. Brazil* (1985) the Commission decided that the government violated Articles I, VIII and XI of the American Declaration by constructing a highway through Yanomani territory and authorising the exploitation of the territory's resources.[58] In *Mary and Carrie Dann v United States* (2002)[59] the Commission concluded that the United States failed to ensure the claimants' right to property under conditions of equality contrary to Articles II, XVIII and XXIII of the American Declaration in connection with their claims to property rights in the Western Shoshone ancestral lands. In *Maya Indigenous Community of the Toledo District v. Belize* (2004)[60] the Commission found that 'the State's failure to respect the communal right of the Maya people to property in the lands that they have traditionally used and occupied has been exacerbated by environmental damage occasioned by certain logging concessions granted in respect to

---

[53] See below section 6.

[54] UNHCR, Refworld, Kenya: Landmark Ruling on Indigenous Land Rights; http://www.unhcr.org/refworld/docid/4b71215bc.html (visited 30 May 2012).

[55] States not party to the 1969 American Convention on Human Rights are subject to the jurisdiction of the Inter-American Commission only.

[56] Inter-Am. C.H.R., Report on the Situation of Human Rights in Ecuador, OEA/Ser.L/V/II.96, doc. 10, rev.1 (1997).

[57] Inter-Am. C.H.R., Report on the Situation of Human Rights in Brazil, OEA/Ser.L/V/II.97, doc. 29, rev.1 (1997).

[58] IACommHR, Case 7615, Decision of 5 March 1985, Resolution 12/85, Annual Report 1984–1985.

[59] Case 11.140, Report No. 75/02, Inter-Am. C.H.R., Doc. 5 rev. 1 at 860 (2002).

[60] Case 12.053, Report No. 40/04, Inter-Am.C.H.R., OEA/Ser.L/V/II.122 Doc. 5 rev.1 at 727 (2004).

those lands, which in turn has affected the members of those communities'.[61] Furthermore, it emphasised that 'development activities must be accompanied by appropriate and effective measures to ensure that they do not proceed at the expense of the fundamental rights of persons who may be particularly and negatively affected, including indigenous communities and the environment upon which they depend for their physical, cultural and spiritual well-being'.[62]

In late 2005, the Inter-American Commission dealt with the *Inuit* petition against the United States alleging that the impact of climate change caused by acts and omissions of the United States violates the Inuits' fundamental human rights.[63] In November 2006, the Commission rejected this petition by stating that the information provided did not allow to determine whether the alleged facts suggest a human rights violation.[64]

The environment-related case law of the Inter-American Court includes two judgments which deserve closer attention: *Mayagna (Sumo) Awas Tigni Community v Nicaragua* (2001)[65] and *Saramaka People v Suriname* (2007).[66]

In the *Awas Tigni* case the Inter-American Court had to decide on an action of the said indigenous community against government-sponsored logging of timber in the Awas Tigni lands. In its judgment of 31 August 2001, the Court found that Nicaragua had violated the rights to property and judicial protection (Articles 21 and 25 American Convention). It declared the state to be obliged to create effective demarcating and title mechanisms for the properties of the indigenous communities, in accordance with customary law and indigenous values, uses and customs.

In the *Saramaka People* case, the Court dealt with an action of a community alleging that Suriname, also in violation of Articles 21 and 25 American Convention, had failed to recognise their rights to use and enjoy traditional lands. As it was clear that the Saramaka people are not indigenous to the region which they inhabit, because they are descendants of African slaves who had been brought to Suriname during the 17th century, they argued that they constitute a tribal community entitled to similar rights and protection under international law.

In its landmark judgment of 28 November 2007, the Inter-American Court considered the Saramaka people to be a tribal community to which the jurisprudence regarding indigenous land and resource rights applies. Referring to its *Awas Tigni* judgment, the Court concluded that the community's rights in lands are included in the

---

[61] *Ibid.*, para. 148.

[62] *Ibid.*, para. 150.

[63] Petition by S. Watt-Cloutier et al., 7 December 2005; www.inuitcircumpolar.com/files/uploads/icc-files/FINALPetitionICC.pdf (visited 12 June 2012).

[64] *Cf. L. Heinämäki*, in: T. Koivurova, E.C.H Keskitalo and N. Bankes (eds.), Climate Governance in the Arctic (2009) 207, at 210 et seq.

[65] Inter-Am. Ct.H.R., Series C No. 79 (31 August 2001).

[66] Inter-Am.Ct.H.R., Series C No. 172 (28 November 2007).

right to property (Article 21 American Convention). It emphasised that while Article 21 should not be interpreted in a way that absolutely precludes the state from acting with respect to natural resource exploration and exploitation within Saramaka territory, the restrictions on property rights of indigenous and tribal peoples must not amount to a denial of the traditions and customs in a way that endangers the very survival of the group.[67] To ensure that development is consistent with human rights and environmental protection, the Court set forth three safeguards: effective participation of the members of the Saramaka people regarding any development, investment, exploration or extraction plan within tribal territory; a guarantee that the Saramakas will receive a reasonable benefit from any such plan or project; and the performance of a prior environmental and social impact assessment.[68] Finally, the Court awarded compensation for the environmental damage and destruction of lands and resources traditionally used by the Saramakas.[69]

V. Conclusions

At the universal level, during the last two decades the two UN Human Rights Committees have provided for an ecological human rights protection that is broad enough to include IPs and their individual members. Their case law essentially meets the specific interests and needs of IPs regarding their access to, and use of, the natural resources pertaining to the lands traditionally inhabited by them. This attempt of 'greening' resource-related human rights guarantees, such as Articles 11 and 12 ICESCR, is most promising, although still in its infancy. As far as the African and Inter-American human rights systems are concerned, a look at the ecological human rights protection of IPs at the regional level reveals a similar picture. In both systems, there is a growing case law that directly deals with the close linkage between IPs and nature conservation. However, the effectiveness of such a protection for IPs leaves much to be desired both at the universal and regional levels. Neither the UN Human Rights Committees, nor the African Human Rights Commission are entitled to make legally binding decisions, while the Inter-American Court is empowered to do so. In spite of the important *Awas Tigni* and *Saramaka People* judgments its case law is too sporadic at this point.

Today, there is a clear tendency in human rights law that IPs and their individual members are not in need of any specific guarantees relating to access to, and use of, natural resources. Rather, there is much in favour of providing IPs with an equal extent and quality of protection as 'tribal communities' and other 'disadvantaged local communities'.[70]

---

[67] *Ibid.*, paras. 126–128.
[68] *Ibid.*, para. 129.
[69] *Ibid.*, paras. 200–202.
[70] In this sense also *R.C. Williams*, The African Commission "Endorois Case" – Toward a Global Doctrine of Customary Tenure?, stating that '... there is an arguable case that inter-

After all, said human rights guarantees, if interpreted and applied in the light of ILO Convention 169 and UNDRIP, are meaningful and flexible enough to include IPs in their scope of protection. With regard to the cultural, religious and spiritual relationship of IPs to their lands and natural resources, UNDRIP gives particularly clear and authoritative guidance for the interpretation of the 'greened' human rights guarantees.[71] Lastly, the rights of IPs flowing from these guarantees should correspond to their 'responsibilities to use and inhabit their biospheres in a sustainable manner'.[72]

---

national law should move from protecting land rights based on a formal finding that a community is "indigenous", as in the Endorois Case, to protecting land rights based on the underlying dynamic of dependence and attachment to informally held land seen among many of the world's poorest and most vulnerable citizens, "indigenous" or not'; http://terra0nullius.wordpress.com/2010/02/17/the-african-commission-endorois-case-toward-a-global-doctrine-of-customary-tenure/ (visited 6 June 2012).

[71] The Special Rapporteur on the situation of human rights and fundamental freedoms of indigenous people, S. J. Anaya characterised UNDRIP as 'an authoritative common understanding, at the global level, of the minimum content of the rights of indigenous peoples, upon a foundation of various sources of international human rights law'; UN Doc. A/HRC/9/9 (11 August 2008), para. 85.

[72] H. A. Strydom, Environment and Indigenous Peoples, in: R. Wolfrum (ed.), Max Planck Encyclopedia of Public International Law; www.mpepil.com (2011), para. 20.

Tatsachenfeststellung (Fact-finding) als Mittel der Durchsetzung von Menschenrechten und humanitärem Völkerrecht

Von *Michael Bothe*

Was ist eigentlich passiert? Diese Frage muss sich ein Organ, das die Anwendung und Durchsetzung des Rechts zur Aufgabe hat, regelmäßig stellen. Der Jubilar hat viele Jahre einem solchen Organ angehört. Er hat dabei vielfältige Erfahrungen mit Tatsachenfeststellung im Bereich der Menschenrechte sammeln können. Dies sei Anlass, Probleme der Tatsachenfeststellung einer systematischen Gesamtbetrachtung im Lichte neuerer Praxis zu unterziehen. Dabei sind die unter dem Gesichtspunkt der Tatsachenfeststellung streitigsten Fälle häufig Situationen verbreiteter Gewaltanwendung, ja bewaffnete Konflikte. Deshalb wird das heute in der (freilich nicht unumstrittenen) Praxis parallel zu den Menschenrechten angewandte humanitäre Völkerrecht[1] in die Betrachtung einbezogen.

I. Humanitäres Völkerrecht und Schutz der Menschenrechte: Bedeutung und Problematik von Tatsachenfeststellung (fact-finding)

Tatsachenfeststellung ist fundamental für die Rechtsanwendung. Geordnete und akzeptierte Tatsachenfeststellung ist unverzichtbare Voraussetzung für den Respekt der rule of law. Ohne gesicherte und verlässliche Tatsachenfeststellung gibt es keine Durchsetzung des Völkerrechts, besonders in Bereichen, in denen es um Schutz fundamentaler Werte geht (Menschenrechte, humanitäres Völkerrecht).[2] In manchen Regelungsregimes ist Tatsachenfeststellung sogar alleiniges oder jedenfalls hauptsächliches formelles Mittel der Rechtsdurchsetzung. Rechtsdurchsetzung durch Klarstellung ist wesentliches Element der Durchsetzung im Bereich der Menschen-

---

[1] In diesem Sinne insbesondere die ständige Rechtsprechung des IGH: Legality of the Threat or Use of Nuclear Weapons, Gutachten, 8. Juli 1996, § 24 ff.; Legal Consequences of the Construction of a Wall in the Occupied Palestinian Territory, Gutachten, 9. Juli 2004, §§ 104 ff.; dazu bekennt sich auch § 3 der Präambel der Resolution 3 „Reaffirmation and implementation of international humanitarian law" der 30. Internationalen Rotkreuz/Rothalbmond-Konferenz, 26.–30. Nov. 2007. Vgl. dazu *H. J. Heintze*, Theorien zum Verhältnis von Menschenrechten und humanitärem Völkerrecht, HuVI 24 (2011), 4 ff.; *M. Bothe*, in: FS Tomuschat, 2006, 63 ff.

[2] *T. Boutruche*, JCSL 16 (2011), 105 (108 ff.).

rechte, aber etwa auch im Bereich der Rüstungskontrolle.³ Auf der anderen Seite ist Tatsachenverzerrung eine beliebte Verteidigungsstrategie von Rechtsbrechern. Tatsachenbehauptungen sind auch Druckmittel zur Durchsetzung des Rechts oder zum Verzicht darauf.⁴

Neuere Entwicklungen bestätigen die Bedeutung der Tatsachenfeststellung. Im Folgenden wird eine Übersicht über die neuere Praxis versucht. Dabei zeigt sich, dass die Praxis unter rechtsstaatlichen Gesichtspunkten nicht immer unproblematisch ist. Wo Tatsachenbehauptungen, die nicht verlässlich und in einem akzeptierten Verfahren nachzuweisen sind, als Druckmittel verwandt werden, leidet die rule of law.

II. Verfahrensgestaltungen der Tatsachenfeststellung

Die Verfahrensgestaltung von Tatsachenfeststellungen ist eine Frage der Verfahrensarchitektur. Verfahren unterscheiden sich hinsichtlich der Organe, in deren Hand die Tatsachenfeststellung liegt, hinsichtlich der Auslösung des Verfahrens, der Beteiligten, der Mittel der Feststellung (Beweismittel), der Art der Feststellung eines Ergebnisses sowie hinsichtlich der Folgen, die gegebenenfalls an dieses Ergebnis geknüpft werden. Diese Verfahrensarchitektur ist abhängig unter anderem von den Eigenheiten des anwendbaren Rechts und den politischen Interessen wesentlicher Akteure.

1. Internationale Streitbeilegung

In Bezug auf die Verfahrensarchitektur sind bestimmte Verfahrenstypen zu unterscheiden. Ein klassisches Verfahren ist die internationale Streitbeilegung. In diesen Verfahren geht es um die Durchsetzung von Rechten und Interessen, oder die Abwehr der Behauptung solcher Rechte und Interessen, zwischen Parteien, in aller Regel Völkerrechtssubjekten, meist (aber nicht nur) Staaten. Kennzeichen der Verfahrensarchitektur sind die Gleichheit der Parteien, gleiche Verfahrensrechte derselben sowie die Unparteilichkeit des streitentscheidenden Organs. Typische Institutionen dieser Verfahrensarchitektur sind Schiedsgerichtsbarkeit und Gerichtsbarkeit, aber auch Vermittlungskommissionen. Tatsachenfeststellung ist wesentliches Element dieser Verfahren. Die „inquiry", d. h. reine Tatsachenfeststellung, ist eine Sonderform der internationalen Streitregelung, zuerst geregelt in der Zweiten Haager Konvention von 1907.⁵

---

³ *M. Bothe*, Compliance, insbesondere Rn. 33 ff., 114, in: R. Wolfrum (Hrsg.), Max Planck Encyclopedia of Public International Law (MPEPIL), www.mpepil.com (zuletzt aufgerufen 24. Aug. 2012).

⁴ Der in diesem Zusmmenhang verwandte Begriff „lawfare" ist pejorativ gemeint, vgl. *L. R. Blank*, Case Western Reserve Journal of International Law 43 (2010), 279 (282 f.). In Wahrheit ist er ambivalent.

⁵ Convention for the Pacific Settlement of International Disputes, 18. Okt. 1907: Art. 9 ff.

Das Recht bewaffneter Konflikte, für das sich der Name humanitäres Völkerrecht eingebürgert hat, ist jedenfalls traditionell konzipiert als Ausgleich zwischen den Interessen der kriegführenden Staaten. Insofern bietet sich die internationale Streitbeilegung als Mittel der Geltendmachung von Verletzungen an. Die Genfer Konventionen enthalten seit 1929 ein solches Verfahren in der Sonderform des Vermittlungsverfahrens in der Kriegsgefangenenkonvention[6] und in der Form der „inquiry" in der Konvention über Verwundete und Kranke.[7] Alle vier Konventionen von 1949 sehen sowohl ein Vermittlungsverfahren[8] als auch ein Untersuchungsverfahren[9] vor. Die in Art. 90 ZP I vorgesehene Humanitäre Ermittlungskommission ist eine Fortsetzung dieses Konzepts. Der Fortschritt gegenüber der zuvor bestehenden Rechtslage besteht darin, dass die Untersuchungskommission nicht mehr ad hoc von den Parteien bestimmt werden muss, sondern als ständiges Organ besteht. Ihre obligatorische Zuständigkeit besteht allerdings nur im Verhältnis zwischen den Vertragsparteien des Protokolls, die diese durch eine besondere Unterwerfungserklärung anerkannt haben, ein Verfahren, das der Fakultativklausel des IGH-Statuts nachgebildet ist.[10] Keines dieser im Rahmen der Genfer Konventionen geschaffenen Verfahren ist bislang in der Praxis gebraucht worden. Andere Verfahren zwischenstaatlicher Streitbeilegung spielen aber in der neueren Praxis des humanitären Völkerrechts durchaus eine Rolle.[11]

Auch menschenrechtliche Vertragsregime kennen internationale Streitregelungsverfahren, und zwar in der Form der Staatenbeschwerde. Entscheidungsorgan ist heute nach der EMRK der Gerichtshof, nach dem IPbpR und anderen universalen Menschenrechtsverträgen die nach diesen Verträgen gebildeten Ausschüsse. In der nunmehr 60jährigen Geschichte der EMRK gab es 11 Staatenbeschwerden, alle durch besondere politische Konfliktsituationen bedingt,[12] ein verschwindend geringer Anteil der insgesamt vom Gericht entschiedenen Verfahren. Von den zwischenstaatlichen Verfahren im Rahmen der universalen Menschenrechtsverträge wurde bislang überhaupt kein Gebrauch gemacht. Staaten sind offenbar wenig geneigt, andere Staaten nur zur Durchsetzung von Vertragsregimen in den dafür vorgesehenen Verfahren zur Verantwortung zu ziehen, wenn nicht erhebliche eigene Interessen im Spiel sind.

---

[6] Convention relative to the Treatment of Prisoners of War, 27. Juli 1929: Art. 87.

[7] Convention for the Amelioration of the Condition of the Wounded and Sick of the Armies in the Field, 27. Juli 1929: Art. 30.

[8] Art. 11, 11, 11, 12.

[9] Art. 52, 53, 132, 149.

[10] Vgl. zur Vorgeschichte *K. J. Partsch*, in: M. Bothe/K. J. Partsch/W.A Solf, New Rules for Victims of Armed Conflicts. Commentary on the Two 1977 Protocols Additional to the Geneva Conventions of 1949, The Hague et al. 1982, 540.

[11] Siehe unten insbesondere III. 4. (Georgien/RF).

[12] Vgl. Text zu Fn. 15 ff.

2. Individualbeschwerden

Mit den Menschenrechtsverträgen gerät die Perspektive des Individuums in den Blick. Sie bestimmt Verfahrensarchitektur der menschenrechtlichen Verfahren. Entsprechende Verfahren im Bereich des humanitären Völkerrechts gibt es nicht. Die Verfahrensarchitektur wird durch ein spezifisches Spannungsverhältnis von Interessen bestimmt. Auf der einen Seite steht das Interesse des Opfers an einer möglichst vollständigen Feststellung seiner Verletzung, auf der anderen Seite das Interesse des Staates an Handlungsfreiheit bei der Ausübung seiner Hoheitsrechte und daran, nicht als Rechtsbrecher an den Pranger gestellt zu werden. Dieses Spannungsverhältnis schlägt sich nieder in einer ganzen Reihe von Details der Verfahrensregelung, angefangen von einer mehr oder weniger engen Definition des Opferbegriffs (Beschwerdebefugnis). Das ist auch bedeutsam für das Verfahren der Tatsachenfeststellung. Ein Dilemma ist dabei, dass Fact-finding stark von staatlicher Kooperation abhängig ist.

3. Tatsachenfeststellung „im öffentlichen Interesse"

Die Vertragsregime des Menschenrechtsschutzes und des humanitären Völkerrechts schützen allerdings nicht nur individuelle Interessen der Konfliktparteien oder der Individuen, die Opfer von Rechtsverletzungen werden. Sie sind Ausdruck eines Bekenntnisses der internationalen Gemeinschaft zu Werten. Sie verkörpern ein öffentliches Interesse. Deshalb enthalten sie Pflichten, die nicht nur einen engeren Kreis von Betroffenen schützen, sondern erga omnes wirken.[13] Dieser Wertgehalt der Verpflichtungen schlägt sich auch in der Entwicklung von Durchsetzungsverfahren und in der Verfahrensarchitektur nieder.

Das klassisch gewordene Verfahren, das den objektiven Charakter der menschenrechtlichen Vertragsregime spiegelt, ist das Berichtssystem.[14] Allerdings haben sowohl die Staatenbeschwerde als auch die Individualbeschwerde das Potential, der Verwirklichung des objektiven Wertgehalts der jeweiligen Regime zu dienen. Man kann dann auch von einer altruistischen Beschwerde sprechen. Die altruistische Individualbeschwerde ist allerdings regelmäßig unzulässig, die altruistische Staatenbeschwerde ist durchaus möglich. Im Rahmen der EMRK ist sie in diesem Sinn in den Fällen Dänemark u. a. gegen Griechenland,[15] Frankreich u. a. gegen Türkei[16] sowie Dänemark gegen Türkei[17] angewandt worden. Es ist allerdings bezeichnend, dass

---

[13] *J. Abr. Frowein*, Obligations erga omnes, MPEPIL (Fn. 3).

[14] *Bothe*, Compliance (Fn. 3), Rn. 78; *P. T. Stoll*, Human Rights, Treaty Bodies, Rn. 14 ff., in: MPEPIL (Fn. 3).

[15] Dänemark, Norwegen und Schweden gegen Griechenland, Beschw. 3321–23/67 und 4448/70; Niederlande gegen Griechenland, Beschw. 3344/77.

[16] Frankreich, Norwegen, Schweden, Dänemark und Niederlande gegen Türkei, Beschw. 9940–9944/82.

[17] Beschw. 34382/97.

trotz der vielfältigen Kritik an der russischen Tschetschenien-Politik kein Staat die Initiative zu einer Staatenbeschwerde ergriffen hat.

Politisch motivierte Verfahren zur Durchsetzung multilateraler Regime vor dem IGH hat es in der Vergangenheit gegeben, sie waren letztlich nicht erfolgreich (Südwestafrika-Fälle)[18]. Zur Durchsetzung objektiver Ordnungen durch den IGH eignet sich eher das Gutachtenverfahren. In diesem Sinne wird er insbesondere von der Generalversammlung instrumentalisiert.[19]

Die altruistische Beschwerde ist auch im Rahmen des Art. 90 ZP I möglich. Denn Art. 90 Abs. 2 lit. a ZP I begründet die obligatorische Zuständigkeit der Ermittlungskommission zwischen allen Staaten, die sich dieser Zuständigkeit unterworfen haben, nicht nur zwischen Konfliktparteien.[20] Von einer praktischen Anwendung in diesem Sinne war allerdings bislang nicht die Rede.

Daneben gibt es internationale Institutionen, die als Träger des öffentlichen Interesses zur Durchsetzung des Menschenrechtsschutzes angesehen werden können. Dies sind vor allem internationale Organisationen und unter ihnen insbesondere die politischen Organe der Vereinten Nationen: die Generalversammlung (heute praktisch weniger wichtig), der Sicherheitsrat und der Generalsekretär.[21] Hinzu kamen in der Praxis die Menschenrechtskommission und nunmehr der Menschenrechtsrat. Ihr Verfahren hat sich in der Praxis nicht ohne Probleme entwickelt.[22] Bedeutsam sind heute auch die Organe von Regionalorganisationen, insbesondere in Amerika[23] und Afrika.[24] In diese Kategorie fällt für das humanitäre Völkerrecht auch das IKRK, allerdings mit sehr spezifischen Verfahren und Aufgaben.[25]

---

[18] IGH, South West Africa (Liberia v. South Africa; Ethiopia v. South Africa), Urteile vom 21. Dez. 1962 und 18. Juli 1966.

[19] Namibia-Gutachten: Legal Consequences for States of the Continued Presence of South Africa in Namibia (South West Africa) notwithstanding Security Council Resolution 276 (1970), IGH-Rechtsgutachten vom 21. Juni 1971; Atomwaffen-Gutachten: Legality of the Use by a State of Nuclear Weapons in Armed Conflict, IGH-Rechtsgutachten vom 8. Juli 1996; Mauer-Gutachten: Legal Consequences of the Construction of a Wall in the Occupied Palestinian Territory, IGH-Rechtsgutachten vom 9. Juli 2004.

[20] Bei der freiwilligen ad hoc-Befassung der Kommission nach Art. 90 Abs. 2 lit. d ist das anders.

[21] So die Aufzählung in der Resolution der Generalversammlung vom 9. Dez. 1991, UN-Doc. A/RES/46/59.

[22] Zur Entwicklung und zum heutigen Stand vgl *C. Chinkin*, U.N. Human Rights Council Fact-Finding Missions: Lessons from Gaza, in: M. H. Arsanjani u. a. (Hrsg.), Looking to the Future. Essays on International Law in Honour of W. Michael Reisman, 2011, 475–498. Siehe zu Einzelheiten die Darstellung unter VI.

[23] *E. Klein*, Human Rights, Activities of International Organizations, Rn. 15, in: MPEPIL (Fn. 3); *G. L. Neuman*, American Convention on Human Rights (1969), in: MPEPIL (Fn. 3).

[24] *Klein*, ebenda Rn. 14; *F. Ouguergouz*, African Charter on Human and Peoples' Rights (1981), in: MPEPIL (Fn. 3).

[25] Vgl. u. a. unten Text zu Fn. 41.

In einem weiteren Sinn können auch Nicht-Regierungsorganisationen wie Amnesty International und Human Rights Watch als Vertreter des öffentlichen Interesses angesehen werden. Es gibt Bemühungen, das Verfahren dieser Organisationen auf freiwilliger Basis etwas systematisch zu ordnen.[26]

Anders geartete Verfahren, die aber auch in die Kategorie der Verfahren zur Durchsetzung einer objektiven Ordnung gehören, bietet die Internationale Strafgerichtsbarkeit.[27]

Im Folgenden soll der Gebrauch der verschiedenen Verfahrenstypen in der neueren Praxis dargestellt werden.

III. Tatsachenfeststellung in der Praxis: zwischenstaatliche Streitbeilegung

1. Übersicht

Klassische Verfahren der zwischenstaatlichen Streitbeilegung zur Durchsetzung multilateraler Rechtsregime weisen ein grundlegendes Problem auf: Es hängt von Zufälligkeiten und mehr politisch als rechtlich bestimmten Entscheidungen von Staaten ab, ob sich jeweils ein Kläger findet, der gegen Verletzungen des Regimes vorgeht. Das Interesse an einer möglichst umfassenden und gleichmäßigen Sicherung der Beachtung solcher Regime vermögen sie darum nicht völlig zu befriedigen. Deswegen werden etwa im Rahmen der Vertragsregime der Rüstungskontrolle und des Umweltschutzes vorhandene Streitregelungsverfahren kaum benutzt.[28] Die Geschichte der Staatenbeschwerde im Rahmen der Europäischen Menschenrechtskonvention ist hierfür ein Beleg. Staaten haben davon nur in besonders gelagerten Interessenkonstellationen Gebrauch gemacht: Griechenland gegen Großbritannien wegen Zypern,[29] Österreich gegen Italien wegen Südtirol,[30] Irland gegen Großbritannien wegen Nordirland,[31] nunmehr auch Georgien gegen Russland.[32] Letzterer Konflikt hat allerdings eine sehr bunte Vielfalt von Rechtsverfahren mit sich gebracht, auf die noch zurückzukommen sein wird. Die altruistische Staatenbeschwerde ist, wie bereits erwähnt, die große Ausnahme.[33]

---

[26] Guidelines on International Human Rights Fact-finding Visits and Reports (The Lund-London Guidelines), gemeinsam veröffentlicht vom Raoul Wallenberg Institute of Human Rights and Humanitarian Law, Lund University, und der International Bar Association. www.factfindingguidelines.org/Guidelines.html.

[27] *W. Schomburg/J. C. Nemitz*, International Criminal Courts and Tribunals, Procedure, Rn. 23 ff., in: MPEPIL (Fn. 3).

[28] *L. Boisson de Chazournes*, RGDIP 99 (1995), 37 ff.

[29] Beschw. 176/56 und 299/57.

[30] Beschw. 788/60.

[31] Beschw. 5310/71 und 5451/72.

[32] Beschw. 13255/07 und 38263/08.

[33] Siehe oben Fn. 15 und 16.

Klassische schiedsgerichtliche oder gerichtliche Streitbeilegung hat es in jüngerer Zeit zu zwei Problemkomplexen gegeben: die bewaffneten Konflikte um die Großen Seen in Afrika (Kongo gegen Uganda) sowie der bewaffnete Konflikt zwischen Eritrea und Äthiopien.

2. Kongo gegen Uganda

Der erstgenannte Fall wurde durch einseitige Klageerhebung seitens der Demokratischen Republik Kongo aufgrund der Fakultativklausel vor den IGH gebracht.[34] In dem Verfahren ging es zunächst um Fragen des ius contra bellum: Welche der Konfliktparteien handelte in Selbstverteidigung? Es ging aber auch um Fragen der Verletzungen des humanitären Völkerrechts und der Menschenrechte. Als vorgreifliche Frage prüft der Gerichtshof insofern, ob Uganda eine kriegerische Besetzung errichtet hatte, was er nur für einen bestimmten Teil des kongolesischen Territoriums bejaht.[35]

Sodann ging es um eine Reihe von Behauptungen schwerer Verletzungen des humanitären Völkerrechts und der Menschenrechte durch ugandische Truppen. Das Gericht stellt in der Tat solche Verletzungen fest.

Rechtlich sind an dem Urteil vor allem hervorzuheben die Ausführungen zur Zurechnung und zur Verantwortlichkeit des Staates für jedes Verhalten seiner Truppen, zu den Überwachungspflichten einer Besatzungsmacht und zur parallelen Anwendung von Menschenrechten und humanitärem Völkerrecht. Insofern bestätigt der Gerichtshof seine bisherige Rechtsprechung. Hinsichtlich der Tatsachenfeststellung ist bemerkenswert, dass der Gerichtshof auf eine eigene unmittelbare Beweiserhebung praktisch verzichtet. Er stützt sich auf nicht angezweifelte Erklärungen der Parteien sowie vor allem auf UN Fact-finding, und zwar sowohl auf die Berichte der einschlägigen Peacekeeping Operation MONUC[36] als auch auf den Sonderberichterstatter der Menschenrechtskommission.[37] Ergänzend wird ein Bericht von Human Rights Watch herangezogen.[38] Das zeigt die überragende Bedeutung dieser Institutionen für die Feststellung der Verletzung von Menschenrechten und von humanitärem Völkerrecht gerade im Rahmen von bewaffneten Konflikten.

---

[34] Armed Activities on the Territory of the Congo (Democratic Republic of the Congo v. Uganda), Urteil vom 19. Dez. 2005.
[35] §§ 177 f. des Urteils.
[36] §§ 206 ff. des Urteils.
[37] §§ 206, 209 des Urteils.
[38] § 209 des Urteils.

3. Äthiopien – Eritrea

Der zweite Fall beruht auf einem Schiedsabkommen zwischen den beiden Konfliktparteien,[39] eine immer noch seltene Situation. Das Abkommen ist einer von drei Verträgen, mit denen die Parteien im Jahre 2000 ihren bewaffneten Konflikt beendeten. Durch dieses Abkommen wurde die Ethiopia-Eritrea Claims Commission (EECC) geschaffen. Dies wurde nicht zuletzt ermöglicht durch die Tatsache, dass beide Seiten an einer Stabilisierung der Lage interessiert waren und deshalb unter anderem ein Verfahren zum Ausräumen gegenseitiger Vorwürfe vereinbarten. Die Stabilisierung blieb trotz der Verfahren problematisch, aber sicher war diese Kooperation ein Beitrag dazu, dass der Konflikt nicht erneut in eine heiße Phase getreten ist. Diese Kooperation zeigte sich auch, und das ist wesentlich, im Verfahren. Dies hat umfangreiche Beweisaufnahmen zur Feststellung von Verletzungen des humanitären Völkerrechts erleichtert.

Gegenstand des Verfahrens waren Verletzungen der Kampfführungsregeln, vor allem aber die rechtswidrige Behandlung von Personen in der Hand des Feindes. Die Vorwürfe gingen in beide Richtungen.

Die Kommission ging die Beweisfrage grundsätzlich und systematisch an. Der angewandte Standard war der des „clear and convincing evidence",[40] mit einem großzügigeren Standard bei der Festlegung der Höhe von Entschädigungen. Sie führte umfangreiche Beweisaufnahmen durch.[41] Sie hörte Zeugen und Sachverständige, akzeptierte aber auch schriftliche Erklärungen und stützte sich teilweise auf Berichte internationaler Organisationen. Eine heikle Frage war der Zugang zu Berichten des IKRK, das hier wie häufig sonst den ersten Zugriff auf die Geschehnisse vor Ort hatte. Ein Grund für den erfolgreichen Zugang des IKRK zu den Schauplätzen von Rechtsverletzungen ist aber die Vertraulichkeit seiner Ermittlungen. Deshalb verweigerte das IKRK die Herausgabe vertraulicher Berichte und verbot auch den Parteien, die in ihrem Besitz befindlichen Berichte der Kommission auszuhändigen.[42] An dieser Stelle zeigt sich die spezifische Zielsetzung der Tatsachenfeststellung des IKRK, die zu respektieren ist und eine Trennung von sonstigen Verfahren der Rechtsdurchsetzung erfordert.

Unter dem Gesichtspunkt des Respekts der rule of law bei bewaffneten Konflikten ist die Arbeit der EECC sicher positiv zu bewerten.

---

[39] Agreement between the Government of the Federal Democratic Republic of Ethiopia and the Government of the State of Eritrea, 12. Dez. 2000. Vgl. Dazu *E. Greppi*, The 2000 Algiers Agreements, in: A. de Guttry/H. H.G. Post/G. Venturini (Hrsg.), The 1998–2000 War between Eritrea and Ethiopia. An International Legal Perspective, Den Haag 2009, 55 ff.

[40] Ausführliche Begründung: Partial Award „Prisoners of War, Eritrea's Claim 17", 1. Juli 2003, § 46.

[41] Siehe etwa Partial Award „Prisoners of War" (Fn. 40), §§ 58 f., Partial Award Western Front, Aerial Bombardment and Realted Claims, Ethiopia's Claims 1. 3. 5. 9–13, 14, 21, 25 & 26, 19. Dez. 2005, § 20.

[42] Partial Award „Prisoners of War" (Fn. 40), §§ 50 ff.

4. Georgien/Russische Föderation

In dem bewaffneten Konflikt zwischen Georgien und der Russischen Föderation 2008 stellte sich angesichts gegenseitiger Vorwürfe von Verletzungen des ius contra bellum und des ius in bello gleichfalls die Frage der Tatsachenfeststellung in einem Streitbeilegungsverfahren. Dazu wurden unterschiedliche Wege eingeschlagen. Georgien versuchte das Verhalten Russlands als Verstoß gegen die Rassendiskriminierungskonvention zu qualifizieren und rief den IGH aufgrund der Streitregelungsklausel dieser Konvention an – was letztlich zu dem verdienten Misserfolg führte. Der Gerichtshof verneinte seine Zuständigkeit.[43] Von beiden Seiten wurden Verletzungen der EMRK behauptet. Sie führten auf der einen Seite zu zwei Staatenbeschwerden Georgiens gegen die Russische Föderation[44] wegen Deportationen. Diese werden vor der Großen Kammer des Gerichts verhandelt. Auf der anderen Seite wurden über 3000 Individualbeschwerden gegen Georgien eingelegt, von denen allerdings 2011 über die Hälfte von der Verfahrensliste gestrichen wurden.[45]

Es wurde auch Tatsachenfeststellung im öffentlichen Interesse im dargestellten Sinn unternommen. Von Anbeginn des Konflikts suchten Drittstaaten und Organisationen auf die Lösung des Konflikts hinzuwirken, unter anderem durch Verfahren der Tatsachenermittlung. Relativ schnell vor Ort waren eine Kommission der Parlamentarischen Versammlung des Europarats[46] sowie der OSZE[47], ferner Human Rights Watch[48] und Amnesty International.[49] Die Parlamentarische Versammlung des Europarats nahm in zwei Resolutionen zu dem Konflikt Stellung,[50] grundsätzlich u. a. zur Frage des Fact-finding:[51]

> „8. The Assembly believes that truth is a precondition for reconciliation. Since the facts surrounding the outbreak of the war are disputed by both Georgia and Russia, they should be established, in an objective manner, by an independent international investigation".

---

[43] Case concerning Application of the International Convention on the Elimination of All Forms of Racial Discrimination (Georgia v. Russian Federation), Urteil vom 1. April 2011.

[44] Siehe oben Fn. 32.

[45] Daily News Online, 10. Jan. 2011, http://www.civil.ge/eng/_print.php?id=23029 (zuletzt aufgerufen 24. Aug. 2012).

[46] Ende August 2008 besuchten Berichterstatter des sog. Monitoring Committee Moskau und Tblisi sowie das Konflikt-Gebiet, Report, The consequences of the war between Georgia and Russia, Parliamentary Assembly Doc. 11724, 1. Okt. 2008.

[47] Die OSZE hatte seit 1992 eine Monitoring Mission in Georgien. Aus Anlass des Konflikts wurde die Zahl der Beobachter erhöht (PC/DEC/861, 19. Aug. 2008).

[48] HRW, Up in flames. Humanitarian law violations and civilian victims in the conflict over South Ossetia, Januar 2009, www.hrw.org/en/reports/2009/01/22/flames-0 (zuletzt aufgerufen 24. Aug. 2012).

[49] Amnesty International, Civilians in the Line of fire. The Georgia Russia Conflict, November 2008.

[50] Resolution 1633 (2008) und 1647 (2009).

[51] Resolution 1633 (2008), para. 8.

Hervorstechend, nicht zuletzt durch den betriebenen Aufwand, war dann die Bemühung der EU. Der Rat setzte eine hochrangige Ermittlungskommission ein, die Independent International Fact-Finding Mission on the Conflict in Georgia (IIFFMCR) und ernannte die Schweizer Diplomatin Heidi Tagliavini zur Vorsitzenden.[52] Der Kommission wurde ein umfangreiches Expertenteam zur Seite gestellt. Die Konfliktparteien haben die Arbeit der Kommission de facto geduldet. Formelle vertragliche Absprachen zwischen der EU und den Parteien liegen, soweit ersichtlich, nicht vor. Die Kommission legte relativ rasch am 30. September 2009 einen sehr umfangreichen Bericht vor.[53] Der Bericht befasst sich sowohl mit dem ius ad bellum als auch mit dem ius bello. In Wahrheit handelte es sich nicht nur um Tatsachenfeststellung. Der Bericht enthält vielmehr eine ausführliche rechtliche Würdigung, wie ein Gericht sie auch vornehmen würde. Während die Rechtsausführungen klar und gründlich sind, ist die Tatsachenfeststellung eher lückenhaft und oberflächlich. Es gibt zwar eine unmittelbare Beweisaufnahme durch Zeugenvernehmungen, die Kommission stützt sich aber sehr stark auf die Berichte von Human Rights Watch, AI und der Human Rights Assessment Mission (HRAM) der OSZE.[54] Bei einem großen Teil der geltend gemachten Rechtsverletzungen kommt die Kommission zu keinem Ergebnis. Wo die Kommission Rechtsverletzungen feststellt, werden diese sehr zurückhaltend formuliert („seems to indicate"). In aller Regel sieht die Kommission Rechtsverletzungen auf beiden Seiten. Von daher liest sich der Bericht eher als ein Werk diplomatischer Vermittlung. Als solchem kann man ihm eine Nützlichkeit nicht absprechen.

Die Russische Föderation hatte die Zuständigkeit der Internationalen Humanitären Ermittlungskommission nach Art. 90 ZP I anerkannt, Georgien nicht. Es lag also kein Fall der obligatorischen Zuständigkeit der Kommission vor. Dennoch ergriff die Kommission die Initiative, den Parteien ihre guten Dienste gemäß Art. 90 anzubieten,[55] was letztlich nicht erfolgreich war.

Insgesamt ist der Georgien-Konflikt ein Fall merkwürdigen forum shopping in Sachen Streitregelung und Fact-finding. Eine politische Erklärung aus den Interessen der Akteure zeigt insbesondere: Wichtig ist die Aktion wirkmächtiger Akteure. Die EU ist in diesem Zusammenhang eine wesentliche Macht. Sie hat an beide Seiten wirtschaftliche Vorteile zu vergeben und ist ihrerseits an guten wirtschaftlichen und politischen Beziehungen interessiert. Das entsprach insbesondere auch den russischen Interessen. Russland konnte angesichts der Interessen der EU erwarten, dass der Bericht keine für russische Interessen unakzeptablen Härten enthalten würde. Diese Erwartung wurde ja auch nicht enttäuscht. Andererseits konnte der Bericht

---

[52] Entscheidung des Rats 2008/901/GASP, 2. Dez. 2008.

[53] http://www.eeiig.ch/Report.html (zuletzt aufgerufen 24. Aug. 2012). Vgl. zu den Arbeiten der Kommission *Boutruche* (Fn. 2), 120 ff.

[54] Vgl. etwa S. 337.

[55] „L'enquête sur le conflit du Caucase pourrait passer par Genève", Le Temps, 8. Okt. 2008, S. 10 (Suisse).

durch die sozusagen institutionell neutrale Person der Vorsitzenden auf Akzeptanz rechnen.

IV. Tatsachenfeststellung in der Praxis: individuelle Rechtsbehelfe

Der internationale Menschenrechtsschutz lebt von der Individualbeschwerde, hauptsächlich in Europa. Aber auch sonst ist die Verfahrensauslösung durch Individuen wichtig. Durch die parallele Anwendung völkerrechtlicher Regeln zum Schutz der Menschenrechte und humanitärem Völkerrecht verstärkt die menschenrechtliche Individualbeschwerde auch die Durchsetzung des humanitären Völkerrechts. Deutliche und lehrreiche Beispiele aus der Rechtsprechung des EGMR[56] sind die Tschetschenien-Fälle,[57] in denen Russland verurteilt wurde, und die Fälle von Freiheitsentziehung durch britische Truppen im Irak.[58] Voraussetzung für die Anwendung der EMRK ist stets, dass der Beschwerdeführer, Opfer der Rechtsverletzung, der Hoheitsgewalt eines Vertragsstaates unterliegt. Bei nicht internationalen bewaffneten Konflikten auf dem Gebiet eines Vertragsstaates (Tschetschenien) oder Haft (Irak) ist das der Fall, aber nicht bei allen Arten von Verletzungen des humanitären Völkerrechts, wie der Fall Banković[59] zeigt.

Die Tatsachenfeststellung, d.h Beweiserhebung in Verfahren der menschenrechtlichen Individualbeschwerde zu Situationen des bewaffneten Konflikts, weist besondere Probleme der Kooperation auf.[60] Sie ist auf jeden Fall schwieriger als Beweiserhebung zu Sachverhalten in ruhigen Zeiten. In den Tschetschenien-Fällen[61] beklagt der EGMR mangelnde Kooperation der russischen bzw. tschetschenischen Stellen und die mangelnde Kommunikation relevanter militärischer Dokumente.[62] Es ging unter anderem um die Frage der Verhältnismäßigkeit von Luftangriffen,[63] die den Tod von Zivilisten zur Folge hatten. Ausgehend vom Recht auf Leben und den Ausnahmen der Garantie in Art. 2 Abs. 2 lit. c prüft das Gericht, ob die Angriffe einen legitimen Zweck im Sinne dieser Bestimmung verfolgten. Der Gerichtshof würdigt die vorgelegten Dokumente, die ihm aber offensichtlich lückenhaft erscheinen. Trotz

---

[56] Zu den Problemen dieses Gerichts in Bezug auf Tatsachenfeststellungen vgl. *P. Leach/C. Paraskeva/G. Uzelac*, Netherlands Quarterly of Human Rights 28 (2010), 41 ff.

[57] Dazu *W. Abresch*, EJIL 16 (2005), 741 ff.

[58] EGMR (GK), Al Skeini u.a. ./. Vereinigtes Königreich, Urteil v. 7. Juli 2011, Beschw. Nr. 55721/07.

[59] EGMR (GK), Banković ./. Belgien u.a., Entscheidung v. 19. Dez. 2001, Beschw. Nr. 15318/99.

[60] Vgl. *J. Nowak*, Staatliche Mitwirkung in Tatsachenfeststellungsverfahren zum Schutz vor Folter, Baden-Baden 1997.

[61] EGMR, Isayeva, Basayeva und Yusupova ./. RF, Beschw. Nr. 57947/00, 57948/00, 57949/00, Urteil v. 24. Feb. 2005, EuGRZ 2006, 32; Isayeva ./. RF, Beschw. Nr. 57950/00, Urteil vom 24. Feb. 2005, EuGRZ 2006, 41.

[62] Isayeva ./. RF, EuGRZ 2006, 41, § 182.

[63] Zur rechtlichen Bewertung *W. Abresch*, EJIL 16 (2005), 741 (760 ff.).

erheblicher Zweifel akzeptiert er den legitimen Zweck. Hingegen müssten, um den Erfordernissen der Verhältnismäßigkeit zu genügen, vom Militär notwendige Vorkehrungen getroffen worden sein, um vorhersehbare zivile Opfer zu vermeiden. Davon ist das Gericht nicht überzeugt. Es stützt sich dabei u.a. auf einen Bericht von Human Rights Watch[64] und Erklärungen von Rotkreuz-Mitarbeitern. Insofern habe die russische Regierung keine hinreichenden Beweise vorgelegt.[65] Der Begriff der Beweislast fällt hier nicht, Das Gericht verlangt aber offenbar, dass die Regierung, die sich auf Art. 2 Abs. 2 lit. c beruft, die Verhältnismäßigkeit beweist, jedenfalls wenn ein prima facie Beweis gegen sie spricht.

V. Tatsachenfeststellung „im öffentlichen Interesse"

Verträge des völkerrechtlichen Menschenrechtsschutzes und humanitäres Völkerrecht dienen nicht nur den Interessen einzelner Staaten, die in einer konkreten Situation von den Regeln des Regimes betroffen sein mögen. Sie schützen verfassungsmäßige Werte der internationalen Gemeinschaft. Deshalb schaffen sie erga omnes wirkende Verpflichtungen. Dies schlägt sich in objektiven Verfahren nieder, die die Einhaltung dieser Regime sichern sollen. Sie sind unterschiedlich gestaltet. Tatsachenfeststellung ist in allen diesen Verfahren notwendig und wichtig, ist aber unterschiedlich gestaltet. Teilweise schaffen die Vertragsregime selbst besondere Durchsetzungsverfahren, teilweise haben sich Mechanismen der Durchsetzung, auch der Durchsetzung mittels Tatsachenfeststellung, den Regimen angelagert.

Das klassische, in der Regel durch die Vertragsregime selbst eingerichtete objektive Verfahren zur Tatsachenfeststellung ist das Berichtssystem.[66] Da alle Mitgliedsstaaten zur Berichterstattung verpflichtet sind, vermeidet es die Schwäche vieler anderer Mechanismen der Rechtsdurchsetzung: Es ist nicht selektiv, es behandelt alle Rechtsunterworfenen gleich. Diese gleichmäßige Rechtsdurchsetzung ist wichtig unter dem Gesichtspunkt der rule of law. Die Vertragsorgane und anderen Institutionen, die die Berichte entgegennehmen und prüfen, haben Praktiken entwickelt, die diese Tatsachenfeststellung verlässlicher gemacht haben.

Bei der Tatsachenfeststellung durch die Organe internationaler Organisationen besteht dagegen ein großes Problem der Selektivität.[67]

Das IKRK, wichtiger Garant der Einhaltung des humanitären Völkerrechts, betreibt auch Tatsachenfeststellung. Sie ist die wesentliche Grundlage für Schritte humanitärer Diplomatie und schafft die notwendigen Informationen für sinnvolle Maßnahmen des Opferschutzes. Den notwendigen Zugang sichert sich das IKRK durch

---

[64] Isayeva u.a. ./. RF, EuGRZ 2006, 32, § 196 des Urteils, ; Isayeva ./. RF, EuGRZ 2006, 41, §§ 189 ff.

[65] Isayeva u.a. gg. RF, EuGRZ 2006, 32, §§ 182 ff.

[66] Siehe schon oben Text zu Fn. 14.

[67] Mehr dazu sogleich.

die grundsätzliche Vertraulichkeit seiner Ermittlungen. Damit ist seine Rolle innerhalb der Mechanismen der Rechtsdurchsetzung spezifisch und begrenzt. Mit seinen Aktivitäten strebt das IKRK allerdings Vollständigkeit nach Maßgabe der Not der Opfer an. Der Vorwurf der Selektivität wird ihm nicht gemacht.

Seit der Errichtung des Jugoslawien-Tribunals durch den Sicherheitsrat 1993[68] hat sich die internationale Strafgerichtsbarkeit als Akteur zur Durchsetzung des humanitären Völkerrechts etabliert. Durch die Errichtung des ICC besitzt sie nunmehr eine ständige Institution. Tatsachenfeststellung ist notwendiger Bestandteil ihrer Verfahren. Sie ist zunächst Aufgabe des Anklägers. Diese Tatsachenfeststellung weist einige spezifische Probleme auf. Ein wichtiger Aspekt ist der Kontakt zur vom Konflikt betroffenen Bevölkerung, der einerseits von zentraler Bedeutung für eine erfolgreiche Beweiserhebung und damit für eine effektive Bestrafung von Tätern ist, andererseits aber auf faktische und psychologische Barrieren stößt. Für den IStGH werden darum Strategien zum Umgang mit Opfern entwickelt, zu denen outreach-Aktivitäten gehören.[69]

Die Rolle, die in der heutigen Realität sog. NGOs zur Durchsetzung des humanitären Völkerrechts und der Menschenrechte spielen, ist nicht zu unterschätzen. Es gibt kaum einen Konflikt oder kaum einen Fall massiver Menschenrechtsverletzung, bei dem nicht sehr rasch ein Bericht von Amnesty International und/oder Human Rights Watch veröffentlicht wird. Man kann diese Organisationen durchaus als Träger eines öffentlichen Interesses bezeichnen. Diese Organisationen bedienen sich im Wesentlichen zweier Instrumente: sog. public interest litigation und Tatsachenfeststellungen, deren Veröffentlichung politischen Druck erzeugt (naming and shaming). Im Kreise der NGOs werden diese Instrumente bewusst systematisch gepflegt. In diesem Sinne wurden Guidelines für Fact-finding erarbeitet.[70]

VI. Tatsachenfeststellung im öffentlichen Interesse:
die Praxis der Vereinten Nationen

In der Praxis der Vereinten Nationen[71] hat das Fact-finding in den letzten Jahren eine zentrale Rolle bei Fragen der Durchsetzung internationaler Menschenrechte und des humanitären Völkerrechts gespielt. Die politischen Organe der Vereinten Nationen treten dabei neben und auch an die Stelle der Vertragsorgane des Menschenrechtsschutzes. Die Durchsetzung der Menschenrechte wird dabei eine hoch-politische Frage, Fact-finding ein politisches Instrument. Es entwickelt sich ein politisch motiviertes Konkurrenzverhältnis, gelegentlich auch eine Zusammenarbeit zwischen

---

[68] UN-Doc. S/RES/827, 25. Mai 1993.

[69] Vgl. dazu etwa die Bestandsaufnahme der ersten Überprüfungskonferenz des Rom-Statuts des IStGH: „The Impact oft the Rome Statute system on victims and affected communities", Doc. ICC-RC/11 Annex V(a), insbesondere S. 85 ff.

[70] Siehe oben Fn. 26.

[71] *Chinkin* (Fn. 22), 479 ff.

den zuständigen Organen der Vereinten Nationen. Die Generalversammlung bleibt zwar bedeutsam, Hauptakteure der Konkurrenz sind jedoch der Sicherheitsrat und der Menschenrechtsrat, die beide Fact-finding als Instrument einsetzen. Nachdem der Sicherheitsrat in den 90er Jahren zwei Strafgerichtshöfe geschaffen hatte, ist nunmehr die Verweisung an den Internationalen Strafgerichtshof ein wichtiges Instrument des Sicherheitsrats geworden. Dies alles sei an einigen Beispielen ausgeleuchtet.

1. Libanon

Der Libanon-Konflikt 2006 war der erste größere bewaffnete Konflikt, in dem sich der Menschenrechtsrat des Fact-finding auch zur Durchsetzung des humanitären Völkerrechts bediente. Der Sicherheitsrat hat zur Frage von Rechtsverletzungen in diesem Konflikt nichts gesagt.[72] Kritik an Israel kann die USA mit ihrem Vetorecht verhindern – es reicht ja oft schon die Drohung damit.

Die Spannungen zwischen Israel und Libanon, insbesondere der im Süden Libanons praktisch ohne Kontrolle der libanesischen Regierung tätigen Hisbollah, spitzten sich zu, als Hisbollah-Milizen am 12. Juli 2006 nicht nur israelisches Gebiet mit Raketen angriffen, sondern auch die Grenze überschritten. Israel beantwortete den Zwischenfall mit massiven Angriffen seiner Luft-, See- und Landstreitkräfte auf Ziele im Libanon. Alsbald erhoben sich Vorwürfe, dass bei diesen Angriffen das anwendbare humanitäre Völkerrecht, insbesondere die Regeln über den Schutz der Zivilbevölkerung bei Kampfhandlungen, in grober Weise verletzt würden. Am 11. August fasste der UN-Menschenrechtsrat den Entschluss[73] „to establish urgently and immediately dispatch a high-level commission of inquiry", deren Mandat wie folgt umschrieben wurde:[74]

„(a) To investigate the systematic targeting and killing of civilians by Israel in Lebanon,

(b) To examine the types of weapons used by Israel and their conformity with international law; and

(c) To assess the extent and deadly impact of Israeli attacks on human life, property, critical infrastructure and the environment".

Ein entscheidendes Problem dieser Resolution bestand darin, dass der Menschenrechtsrat in der Resolution praktisch das Ergebnis vorwegnahm, dass Israel in der Tat das Völkerrecht verletzt hatte. Diese Voreingenommenheit der Mehrheit des Menschenrechtsrats gegen Israel blieb ein wesentliches Problem der Tätigkeit des Menschenrechtsrats in Bezug auf den Nahost-Konflikt.[75] Dass Israel mit der Kommission nicht zusammenarbeiten und die Ergebnisse zurückweisen würde, war damit vorpro-

---

[72] In der Resolution 1701 vom 11. Aug. 2006 verlangt der Rat die Einstellung der Feindseligkeiten und stockt UNIFIL auf, um Waffenlieferungen besser zu verhindern.

[73] Resolution S-2/1: „The grave situation of human rights in Lebanon caused by Israeli military operations".

[74] OP 7 der Resolution.

[75] *Chinkin* (Fn. 22), 483.

grammiert. Die vom Präsidenten des Rates ernannte Dreier-Kommission war sich dieses Problems offenbar bewusst und versuchte, bei einzelnen analysierten Angriffen auch die Umstände, die möglicherweise zur Rechtfertigung dienen konnten, zu erfassen. Sie sah sich jedoch nicht als berechtigt an, sich systematisch auch mit dem Verhalten der Hisbollah zu befassen. Am 23. November 2006 legte die Kommission ihren Bericht vor.[76]

Die Kommission nahm umfangreiche Beweisaufnahmen durch Augenschein und Zeugenvernehmungen vor Ort vor, aber auch durch Anhörungen von Experten in Genf. Sie suchte insbesondere die Expertise aller Institutionen einzubeziehen, die einschlägige Erkenntnisse haben konnten: zahlreiche UN-Institutionen, aber auch NGOs und das IKRK. Die libanesische Regierung kooperierte, die israelische verweigerte dies.[77]

Die Kommission ermittelte nicht nur, wie ihr Titel nahe gelegt hätte, Tatsachen. Sie führte eine umfangreiche rechtliche Bewertung durch und stellte eine Fülle von Rechtsverletzungen durch Israel fest, insbesondere hinsichtlich der Regeln über den Schutz der Zivilbevölkerung bei Kampfhandlungen. Hinsichtlich der Bombardierung von Wohngebieten und ziviler Infrastruktur[78] geht die Kommission ausführlich auf die israelische Rechtfertigung ein, diese Objekte seien von der Hisbollah (möglicherweise) genutzt worden, zum Teil als Abschussbasen oder Waffenlager. Jedenfalls Letzteres macht, wenn es zutrifft, die Objekte zu militärischen Zielen – aber die Kommission hat dafür keinen Nachweis gefunden.[79] Hier zeigt sich ein ganz grundlegendes Problem des Berichts: Irgendwo in der fraglichen Gegend muss es Waffenlager und Abschussbasen gegeben haben. Wenn nicht an den bombardierten Orten, wo dann? Eine belastbare rechtliche Aussage darüber, ob ein ziviles Objekt oder ein militärisches Ziel angegriffen wurde, ist ohne Berücksichtigung des Informationsstandes des Angreifers nicht möglich, und schon gar nicht eine Aussage darüber, ob der Angreifer die rechtlich gebotenen Vorsichtsmaßnahmen ergriffen hat, um einen Angriff auf zivile Objekte oder einen unverhältnismäßigen zivilen Begleitschaden zu vermeiden.

Eine Untersuchung im öffentlichen Interesse kennt eben kein „Versäumnisurteil", bei dem der Beklagte oder Beschuldigte, der sich nicht verteidigt, den Nachteil zu tragen hat. Eine Untersuchung, die der Durchsetzung der objektiven Rechtsordnung dient, muss für die Allgemeinheit, jedenfalls für die überwiegende Mehrheit der Staaten akzeptabel sein. Das ist sie nicht, wenn wesentliche Bausteine einer schlüssigen Argumentation fehlen, mag das nun auf ein vorwerfbares Verhalten des betroffenen Staates zurückzuführen sein oder nicht. Deswegen kann die Libanon-Untersuchung kaum als Präzedenzfall in die Geschichte des Fact-finding des Menschen-

---

[76] UN-Doc. A/HRC/3/2.
[77] Report (Anm.76), § 19.
[78] Report (Anm. 76), §§ 91 ff.
[79] Z.B. Report (Anm. 76), § 102.

rechtsrats eingehen.[80] Sie hat aber die Probleme bewusst gemacht, was sich in der Folge auch zeigte.

2. „Operation Cast Lead"

Nachdem Israel 2005 seine physische Präsenz im Gaza-Streifen beendet hatte, wurde das Gebiet immer mehr zum Ausgangspunkt von Raketenangriffen auf Israel. Bemühungen um einen dauerhaften Waffenstillstand unter ägyptischer Vermittlung fruchteten nicht. Israel antwortete schließlich mit einem massiven Angriff („Operation Cast Lead"), ab 27. Dezember 2008 mit Luftangriffen, ab 3. Januar 2009 mit einer Bodenoffensive. Es kam zu erheblichen Kämpfen und Zerstörungen mit hohen Verlusten, vor allem unter der palästinensischen Zivilbevölkerung.

Der Sicherheitsrat fasste am 8. Januar 2009 eine Resolution,[81] in der er seine Besorgnis über die Situation ausdrückte sowie den israelischen Rückzug aus Gaza und einen dauerhaften Waffenstillstand forderte.

Vor dem Menschenrechtsrat geißelte die UN-Hochkommissarin für Menschenrechte in deutlichen Worten die massiven Rechtsverletzungen durch beide Seiten, zu denen es gekommen war. Sie verlangte unter anderem als ersten Schritt „credible, independent, and transparent investigations to identify violations and establish responsibilities".[82] Damit waren ersichtlich beide Seiten gemeint. Der Menschenrechtsrat beschloss jedoch am 12. Januar 2009 eine Resolution,[83] in der es wie folgt heißt:

„The Human Rights Council,

strongly condemns the ongoing Israeli operation carried out in the Occupied Palestinian Territory, particularly in the occupied Gaza Strip, which has resulted in massive violation of the human rights of the Palestinian people and systematic destruction of Palestinian infrastructure;

...

14. Decides to dispatch an urgent, independent international fact-finding mission, to be appointed by the President of the Council, to investigate all violations of international human rights law and international humanitarian law by the occupying Power, Israel, against the Palestinian people throughout the Occupied Palestinian Territory, particularly in the occupied Gaza Strip, due to the current aggression, and calls upon Israel not to obstruct the process of investigation and to fully cooperate with the mission".

Es dauerte fast vier Monate, bis der Präsident des Menschenrechtsrats in der Person von Richard Goldstone (ehemaliger Richter am Verfassungsgericht von Südafrika und Ankläger des Internationalen Jugoslawien-Tribunals) einen Vorsitzenden

---

[80] Die Resolution des Menschenrechtsrats, die den Bericht „billigend zur Kenntnis nimmt", ist denn auch sehr lakonisch, Resolution 3/3, 8. Dez. 2006.

[81] Resolution 1860 (2009).

[82] Presseerklärung vom 9. Jan. 2009.

[83] Resolution S-9/1, angenommen mit 33 gegen 1 (Kanada) Stimmen bei 13 Enthaltungen (im Wesentlichen die westlichen Staaten). Kein europäischer Staat (außer Russland) hat zugestimmt.

fand, der bereit war, diese „mission impossible" zu übernehmen. Das ist bezeichnend für die politische Problematik. Goldstone bestand darauf,[84] dass die „terms of reference" der Kommission offener waren als das in der Resolution des Menschenrechtsrats umschriebene Mandat, nämlich Rechtsverletzungen durch beide Seiten, auch solche vor dem Ausbruch der Feindseligkeiten am 28. Dezember 2008, einschlossen. Diese Öffnung hat Israel freilich nicht zu einer Kooperation veranlasst.

Damit hatte die Kommission mit den gleichen Schwierigkeiten zu tun wie die Libanon-Untersuchung. Die Kommission war sich jedoch in anderer Weise als die Libanon-Untersuchung dieses Problems bewusst und versuchte, durch sorgfältige Beweisführung darüber hinwegzukommen. Sie hatte zwar Zugang zum Ort der Kampfhandlungen und konnte die Opfer hören und die Zerstörungen in Augenschein nehmen, war aber nicht in der Lage, den Informationsstand zu überprüfen, der israelische Befehlshaber veranlasste, Ziele von Angriffen aus der Luft oder am Boden so festzulegen, wie sie es taten. Was die Kommission tun konnte und auch tat, war, dass veröffentlichte israelische Rechtfertigungen für bestimmte Aktionen ausführlich berücksichtigt wurden. Alles in allem ist das Werk der Kommission schon durch den ungeheuren Arbeitsaufwand und die zügige Arbeit beeindruckend. Am 15. September 2009 legte sie einen über 500 Seiten langen Bericht vor.[85]

Auch dieser „Bericht" ist, wie andere vor und nach ihm, kein reines Fact-finding. Er ist eine umfassende und sorgfältige (was immer man zu einzelnen Feststellungen sagen mag) rechtliche und tatsächliche Bewertung der Vorgänge und des Verhaltens aller Parteien (auch der palästinensischen) vor, während und nach der Operation Cast Lead. Es bezieht auch die israelische Besatzungspolitik im Westjordanland und die israelische Blockade des Gazastreifens ein. Dies hier im Einzelnen darzustellen, würde den Rahmen dieser Untersuchung sprengen. Es muss reichen, auf die wesentlichen Feststellungen hinzuweisen.

Folgende Problemkomplexe wurden behandelt:[86] Israelische Angriffe auf Regierungsstellen und Polizei im Gazastreifen (der Bericht lehnt die israelische These ab, dies seien militärische Ziele gewesen), Verpflichtung der palästinensischen Seite, Vorkehrungen zum Schutz der Zivilbevölkerung zu treffen (zurückhaltende Vorwürfe gegenüber der palästinensischen Seite), Verpflichtung Israels, Vorsichtsmaßnahmen zum Schutz der Zivilbevölkerung zu ergreifen (mangelnde Wirksamkeit der Warnungen und mangelnde Berücksichtigung möglicher Kollateralschäden kriti-

---

[84] R. *Goldstone*, Reconsidering the Goldstone Report on Israel and war crimes, The Washington Post, 2. April 2011.

[85] UN-Doc. A/HRC/12/48.

[86] Zur inhaltlichen Kritik an den Feststellungen des Goldstone-Berichts zu Verletzungen des humanitären Völkerrechts *L. R. Blank,* Yearbook of International Humanitarian Law 12 (2009), 347–402, zusammenfassend 401 f. ; *N. Rostow,* Israel Yearbook on Human Rights 40 (2010), 275 ff., positiver hingegen *M. Sterio,* Case Western Reserve Journal of International Law 43 (2010), 229 ff.; *C. J. Tams,* Vereinte Nationen 58 (2010), 243 ff. Zur Behandlung ähnlicher Probleme durch die EU fact-finding-Mission im Konflikt zwischen Georgien und der RF vgl. *Boutruche* (Fn. 2), 120 ff.

siert), insbesondere unterschiedslose Angriffe (wird in zwei Fällen bejaht), gezielte Angriffe auf Zivilisten (in zehn von elf Fällen war kein militärisches Ziel für die Angriffe ersichtlich), Einsatz bestimmter Waffen, insbesondere weißer Phosphor (nicht generell verboten, aber konkreter Einsatz in bewohnten Gebieten zweifelhaft), Angriffe auf die Infrastruktur im Gazastreifen (Verbot unterschiedsloser Angriffe und willkürlicher Zerstörung von Eigentum verletzt), Benutzung von Palästinensern als menschliche Schutzschilde (Verbot verletzt), Praxis der Freiheitsentziehung, Bewertung von Israels Taktik und Strategie der Zielfindung (als rechtlich problematisch bezeichnet[87]), Blockade des Gazastreifens (ungenügende Berücksichtigung der Mindestbedürfnisse der Bevölkerung). Auf der anderen Seite wird behandelt und rechtlich kritisiert die fortdauernde Haft eines israelischen Soldaten in den Händen der Hamas, gewaltsames Vorgehen der Hamas gegen Fatah und schließlich die Raketenangriffe auf Südisrael (verbotene unterschiedslose Angriffe, auch nicht als Repressalien zu rechtfertigen). Die Kommission verlangt angemessene Untersuchungen der festgestellten Rechtsverletzungen auf allen Seiten.

Die israelische Reaktion auf den Bericht war heftig.[88] Das Ganze sei nur Teil einer politischen Kampagne. Die terroristische Bedrohung Israels werde nicht berücksichtigt. Die Beweiswürdigung sei voreingenommen (evidentiary double-standards). Über manche Feststellungen lässt sich in der Tat streiten.[89]

Der Menschenrechtsrat setzte anschließend eine Kommission ein, die die Umsetzung der Empfehlungen des Goldstone-Reports überprüfen sollte.[90] Dieses Verfahren eines follow-up ist im Prinzip nützlich.[91] Die Kommission[92] kam hinsichtlich der drei betroffenen Parteien zu unterschiedlichen Ergebnissen.[93] Sie zeigte sich zufrieden mit den Umsetzungsanstrengungen der Palästinensischen Regierung, jedoch überhaupt nicht mit denen der Hamas. Sie anerkennt, dass es in Israel Untersuchungen gäbe, sieht sich jedoch außerstande, deren Angemessenheit letztlich zu beurteilen. Sie kritisiert, dass es offenbar keinerlei Bemühungen gäbe, die israelische Strategie, die sich insbesondere in einer bestimmten Zielfindungspolitik verwirklichte, rechtlich zu überprüfen. Zum weiteren follow-up setzte der Menschenrechtsrat eine weitere Kommission ein,[94] die etwas anders zusammengesetzt war. Sie anerkannte die weiteren Bemühungen Israels, Untersuchungen zu einzelnen Vorkommnissen durchzuführen, blieb aber im Übrigen bei der Kritik, insbesondere hinsichtlich der Überprüfung von Israels Strategie. Das Verhalten der Hamas wird weiter kritisiert.

---

[87] Diese Kritik unterstreicht *J.-P. Kot*, Leiden Journal of International Law 24 (2011), 961 ff.
[88] Presseerklärung des israelischen Außenministeriums vom 24. Sept. 2009.
[89] Vgl. auch die Kritik von *Blank* (Fn. 86).
[90] A/HRC/RES/13/9, 14. April 2010.
[91] Häufig wird der High Commissioner for Human Rights mit einem Follw-up beauftragt.
[92] A/HRC/15/50, 23. Sept. 2010. Vgl. *C. Tomuschat*, Vereinte Nationen 58 (2010), 249 ff.
[93] §§ 899 ff. des Berichts.
[94] A/HRC/15/6, 6. Okt. 2010.

Ein weiteres follow-up kam von Goldstone selbst,[95] das – obwohl teilweise missverständlich[96] und faktisch unrichtig[97] – ein Licht auf die erwähnten Schwierigkeiten wirft. Goldstone bedauert, dass wegen der Nichtkooperation Israels die Kommission nicht in der Lage war, zu erklären, warum bestimmte „Zivilisten" in Gaza gezielt angegriffen wurden „because it probably would have influenced our findings about intentionality and war crimes". Er belegt dies an einem bezeichnenden Beispiel: Was sich für die Kommission auf der Grundlage ihrer Informationen in einem Fall als vorsätzliche Tötung von Zivilisten dargestellt hat, beruhte auf der Fehlinterpretation einer Luftaufnahme durch den verantwortlichen israelischen Befehlshaber, war also wohl eher fahrlässig. Da gerät Fact-finding, auch wenn es um Unparteilichkeit bemüht ist, an seine Grenzen. Es sollte Untersuchungskommissionen bewusst sein, dass dann, wenn eine wesentliche Informationsquelle ausfällt, das Ergebnis, das sich nach der Beweislage aufzudrängen scheint, fehleranfällig ist. Es bedarf dann äußerster Vorsicht und Umsicht bei der Beweiswürdigung und der Feststellung von Ergebnissen.

3. Der „Mavi Marmara"-Zwischenfall

In den frühen Morgenstunden des 31. Mai 2010 hielt die israelische Marine eine Flotte von sechs Schiffen auf Hoher See unweit der Küsten des Gaza-Streifens an, deren Ziel es war, ohne israelische Genehmigung (Hilfs?-)Güter nach Gaza zu bringen. Das größte dieser Schiffe war die unter türkischer Flagge fahrende Mavi Marmara. Die Schiffe wurden unter Anwendung erheblicher, auch tödlicher Gewalt aufgebracht und in einen israelischen Hafen gebracht. In dem politischen Streit um die rechtliche Bewertung dieses Vorgangs entwickelte sich eine Konkurrenz unterschiedlicher Verfahren des Fact-finding, dem man mit der Qualifikation als absurd wohl nicht Unrecht tut.

Am Abend des 31. Mai trat der Sicherheitsrat zusammen, der am 1. Juni das folgende Presidential Statement[98] annahm:

> „The Security Council deeply regrets the loss of life and injuries resulting from the use of force during the Israeli military operation in international waters against the convoy sailing to Gaza. The Council, in this context, condemns those acts which resulted in the loss of at least ten civilians and many wounded ...
>
> The Security Council ... calls for a prompt, impartial, credible and transparent investigation conforming to international standards".

---

[95] Washington Post (Fn. 84).

[96] Der oft zitierte Satz am Anfang „If I had known then what I know now, The Goldstone Report would have been a different document" wird durch die folgenden Ausführungen nicht gedeckt. Diese sind keineswegs ein Widerruf der Feststellungen der Kommission, siehe das Folgende.

[97] Goldstone beruft sich auf den 2. der soeben genannten UN-Berichte und behauptet, dieser Bericht habe Israel korrektes Verhalten attestiert. Das ist zumindest übertrieben. Es bleibt Kritik an Israel.

[98] UN-Doc. S/PRST/2010/9.

Die Auslegung des letzteren Absatzes war streitig. Da der Rat keine „unabhängige" Untersuchung verlangte, waren die Vereinigten Staaten der Meinung, dass auch eine Untersuchung durch Israel selbst diesen Anforderungen genügen könne, was von anderen Staaten, insbesondere der Türkei bestritten wurde. Der UN Generalsekretär nahm alsbald Konsultationen mit der Türkei, Israel und anderen Staaten auf, um eine internationale Untersuchungskommission zu schaffen, was erst nach monatelangen Bemühungen gelang.

Der Menschenrechtsrat tagte am 2. Juni und nahm folgende Resolution an:[99]

„The Human Rights Council

…

1. Condemns in the strongest terms the outrageous attack by the Israeli forces against the humanitarian flotilla of ships which resulted in the killing and injuring of many innocent civilians from different countries;

…

7. Welcomes the Statements of the Secretary-General and the United Nations High Commissioner for Human Rights condemning the Israeli attacks and calls for the full accountability and credible independent inquiries into these attacks.

8. Decides to dispatch an independent international fact finding mission to investigate violations of international law, including international humanitarian law and human rights law, resulting from the Israeli attacks on the flotilla of ships carrying humanitarian assistance".

Während im Falle Libanon und der Operation Cast Lead der Gegensatz zwischen dem Sicherheitsrat und dem Menschenrechtsrat noch eher unterschwellig war, tritt er hier offen zutage. Es gibt zwei unterschiedliche Untersuchungsaufträge von zwei verschiedenen UN-Organen mit unterschiedlichen Zielvorstellungen.

Ermutigt durch die amerikanische Haltung, machte sich Israel an die Errichtung einer eigenen Untersuchungskommission. Am 14. Juni gab die Regierung die Bildung einer Kommission unter Vorsitz eines im Ruhestand befindlichen angesehenen Richter, Yaacov Turkel, bekannt (Public Commission to Examine the Maritime Incident of 31 May 2010). Der Kommission wurden zwei internationale Beobachter beigeordnet: der nordirische Friedensnobelpreisträger Lord David Trimbel und ein im Ruhestand befindlicher angesehener kanadischer Militärjurist, General Kenneth Wadkin. Die formelle Stellung dieser Beobachter blieb etwas unklar, sie hatten jedenfalls kein Stimmrecht. Diese Kommission konnte allerdings nicht unmittelbar im militärischen Bereich Beweis erheben. Dies war allein einer internen militärischen Untersuchung vorbehalten, die dann der Turkel-Kommission berichtete. Alles in allem eine komplexe Konstruktion, die nicht gerade zur internationalen Glaubwürdigkeit der Ergebnisse beitragen konnte. Die Türkei kooperierte nicht mit dieser Kommission. Es gab auch eine eigene türkische Untersuchung.

---

[99] Resolution 14/1, angenommen mit 32 gegen 3 (Italien, Niederlande, USA) Stimmen bei 9 Enthaltungen.

Dem Generalsekretär der Vereinten Nationen gelang schließlich (2. August 2010) die Bildung einer Kommission, an der Israel und die Türkei unter einem als neutral akzeptierten Vorsitzenden beteiligt waren. Von Tatsachenfeststellung durch den Sicherheitsrat gelangt man also wieder zur internationalen zwischenstaatlichen Streiterledigung. Vorsitzender wurde der ehemalige neuseeländische Außenminister Sir Geoffrey Palmer.

Das weitere Verfahren der Feststellung von Verletzungen des auf diesen Zwischenfall anwendbaren Rechts verlief also dreispurig. In allen drei Verfahren ging es allerdings um dieselben Rechts- und Tatfragen, die in drei Problemkomplexe aufgeteilt werden können:

(a) die Rechtmäßigkeit der Blockade des Gaza-Streifens (und damit auch des Anhaltens und Aufbringens der Flotte) durch Israel, im Wesentlichen eine Rechtsfrage,

(b) die beim Aufbringen der Schiffe angewandte Gewalt, eine Rechts- und Tatfrage,

(c) die Behandlung der Personen, die bei der Aufbringung festgenommen wurden, schwerpunktmäßig eine Tatfrage.

Als erste war die Kommission des Menschenrechtsrats mit ihrer Arbeit fertig.[100] Sie konzentrierte sich auf einen Fragenbereich, wo die Rechtsverletzung am wenigsten zu bestreiten war, nämlich auf die menschenrechtswidrige Behandlung der Personen, die auf den Schiffen von den israelischen Truppen gefangen genommen wurden. Allerdings wurde nicht nur insofern festgestellt, dass Israel rechtswidrig gehandelt hatte.

Die Turkel-Kommission[101] kam erwartungsgemäß zu dem Ergebnis, dass die israelische Aktion in jeder Hinsicht rechtmäßig war.

Die Palmer-Kommission[102] nutzte als Grundlage im Wesentlichen die israelischen und türkischen Untersuchungsberichte und kam auf dieser Grundlage zu eigenen Bewertungen. Der Vorsitzende und sein Stellvertreter versuchten etwas, was Tagliavini als Vorsitzender der Untersuchungskommission zwischen Georgien und der Russischen Föderation gelungen war, nämlich einen Kompromiss: Einerseits sei die Sperrung der Küsten des Gaza-Streifens und damit auch das Aufbringen der Schiffe rechtmäßig gewesen, andererseits sei die dabei eingesetzte Gewalt unverhältnismäßig gewesen. Auf dieser Grundlage solle Israel eine Entschuldigung abgeben und den Opfern Schadenersatz leisten. Die nationalen Mitglieder der Kommission widersprachen jeweils der für ihr Land ungünstigen Aussage. Mit diesem Kompromiss war die israelische Regierung auch nicht zu leben bereit. Als die Türkei wegen der unverhältnismäßigen Gewalt von Israel in der Tat eine Entschuldigung verlangte, wurde dies von Israel verweigert und die Beziehungen zwischen beiden Staaten verschlechterten sich dramatisch.

---

[100] A/HRC/15/21, 2. Sept. 2010.

[101] www.turkel-committee.com (zuletzt aufgerufen 24. Aug. 2012).

[102] www.un.org/News/dh/infocus/middle_east/Gaza_Flotilla_Panel_Report.pdf (zuletzt aufgerufen 24. Aug. 2012).

Der Versuch, aus Anlass des Mavi Marmara-Zwischenfalls die Achtung der Menschenrechte und des humanitären Völkerrechts durch Untersuchungen zu fördern, muss insgesamt als gescheitert gelten.

4. Der Konflikt in der Elfenbeinküste

Als das Ergebnis der Präsidenten-Wahlen in der Elfenbeinküste im Jahr 2010 von dem unterlegenen bisherigen Amtsinhaber Gbagbo nicht anerkannt wurde, kam es zu erheblichen Gewaltakten zwischen verfeindeten Gruppen, die zu bürgerkriegsähnlichen Verhältnissen führten. Es gab offensichtlich schwere Verletzungen der Menschenrechte. Der Menschenrechtsrat verurteilte diese Verletzungen in seiner Resolution vom 23. Dezember 2010.[103] In einer weiteren Resolution[104] setzte der Menschenrechtsrat am 23. März 2011 eine Untersuchungskommission mit folgendem Mandat ein:[105]

> „to investigate the facts and circumstances surrounding the allegations of serious abuses and violations of human rights committed in Côte d'Ivoire following the presidential election of 28 November 2010, in order to identify those responsible for such acts and to bring them to justice...".

Der Menschenrechtsrat enthält sich hier, anders als in anderen Fällen, jeder Vorverurteilung. Die neue Regierung, die international anerkannt wurde, kooperierte mit der Kommission, die deswegen den notwendigen Zugang zu relevanten Orten und Personen hatte. Sie hat am 14. Juni 2011 einen Bericht vorgelegt, der besonders auf Leiden und Lage der unterschiedlichen Kategorien von Opfern der Gewalt (Kinder, Alte und Behinderte, Opfer sexueller Gewalt, Flüchtlinge, IDPs) eingeht.[106] Die Verantwortlichkeit verschiedener Seiten (neue Regierung, nicht-staatliche Akteure) wird festgestellt.[107] Die Ergebnisse sind im Wesentlichen akzeptiert.

Da Côte d'Ivoire, ohne Vertragspartei des ICC-Statuts zu sein, die Zuständigkeit des Internationalen Strafgerichtshofs nach Art. 12 Abs. 3 des Statuts anerkannt hatte, konnte der Ankläger die Situation in diesem Staat nach Art. 16 Abs. 1 vor den ICC bringen. Dies hat die Vorverfahrenskammer durch Entscheidung vom 3. Oktober 2011 zugelassen.[108] Bisher läuft nur ein Verfahren gegen den ehemaligen Präsidenten Gbagbo. Es sind aber Verfahren auch gegen Angehörige der anderen, siegreichen Partei in Vorbereitung.

---

[103] A/HRC/S-14/1.
[104] A/HRC/16/25.
[105] Resolution 16/25, angenommen ohne Abstimmung.
[106] §§ 99 ff.
[107] §§ 108 ff.
[108] Rs. ICC-12/11.

5. Libyen

Auch im Falle Libyen besteht das Problem einer parallelen Arbeit von Menschenrechtsrat und Sicherheitsrat. Allerdings bestand nicht in gleicher Weise ein Gegensatz wie in den Israel betreffenden Fällen.

Am 25. Februar 2011 errichtete der Menschenrechtsrat die International Commission of Inquiry on Libya (ICIL)[109] mit einem weiten Mandat:

> „to investigate all alleged violations of international human rights law in Libya, to establish the facts and circumstances of such violations and, where possible, to identify those responsible, to make recommendations, in particular, on accountability measures, all with a view to ensuring that those individuals responsible are held accountable".

Mitglieder der ICIL waren Philipp Kirsch (ehemaliger Präsident des ICC, Vorsitz), Cherif M. Bassiouni und Asma Khader. Als die Resolution angenommen wurde, richtete sich die Hauptsorge der internationalen Gemeinschaft auf die Rechtsverletzungen durch das Gaddafi-Regime. Die ICIL verstand jedoch ihren Auftrag von Anbeginn dahin, dass er alle Rechtsverletzungen in Libyen betraf, von welcher Seite auch immer sie begangen wurden, d. h. auch Rechtsverletzungen durch die Rebellen, die sich dann im National Transitional Council (NTC) organisierten und schließlich zur anerkannten Regierung Libyens wurden. Das Mandat umfasste auch Rechtsverletzungen durch Drittstaaten, die in den Konflikt intervenierten. Festzustellen waren nicht nur Verletzungen menschenrechtlicher Normen, sondern auch solche des humanitären Völkerrechts. Damit fielen auch die behaupteten Verletzungen des humanitären Völkerrechts durch NATO-Truppen unter das Mandat. Die ICIL legte ihren ersten Bericht am 1. Juni 2011[110] sowie den Abschlussbericht am 2. März 2012[111] dem Menschenrechtsrat vor.

Auch der Sicherheitsrat beschäftigte sich seit Februar 2011 mit der Situation in Libyen. Am 26. Februar[112] entschied er,

> „to refer the situation in the Libyan Arab Jamahiriya since 15 February 2011 to the Prosecutor of the International Criminal Court".

Am 17. März erteilte er ein begrenztes Mandat zum Einsatz militärischer Gewalt.[113] Er ermächtigte

> „Member States that have notified the Secretary-General, acting nationally or through regional organization or arrangements, and acting in cooperation with the Secretary-General, to take all necessary measures ... to protect civilian and civilian populated areas under threat of attack in the Libyan Arab Jamahariya, including Benghazi, while excluding a foreign occupation force of any form on any part of Libyan territory ...".

---

[109] UN-Doc. A/HRC/RES/S-15/1.
[110] UN-Doc. A/HRC/17/44.
[111] UN-Doc. A/HRC/19/68.
[112] Resolution 1970, 26. Feb. 2011.
[113] Resolution 1973, 17. März 2011.

Dies war die Rechtsgrundlage für die Luftangriffe einer Reihe von NATO-Staaten, die für den Ausgang des Konflikts entscheidend werden sollten.

Nach der fundmentalen Änderung der Verhältnisse in Libyen errichtete der Sicherheitsrat die United Nations Support Mission in Libya (UNSMIL),[114] um die neuen libyschen Behörden bei ihrer Arbeit des Aufbaus neuer staatlicher Institutionen zu unterstützen, insbesondere bei der Wiederherstellung der öffentlichen Sicherheit und Ordnung. Das Mandat wurde mehrfach verlängert und läuft nunmehr bis März 2013.[115] Mehrfach berichteten die UN Hochkommissarin für Menschenrechte, Navi Pillay, und der Sondergesandte des Generalsekretärs, Ian Martin, dem Sicherheitsrat.[116]

Ein wesentlicher Streitpunkt im Sicherheitsrat, der allerdings auch im Menschenrechtsrat eine wesentliche Rolle spielte, war die Militäroperation der NATO. Sie war aus zwei Gründen umstritten. Zum einen behaupteten eine Reihe von Staaten, die NATO-Staaten hätten das oben dargestellte Mandat des Sicherheitsrats überschritten, indem sie sich nicht auf den Schutz der Bevölkerung beschränkten, sondern ein „regime change" herbeibombten. Kritiker waren insbesondere die sog. BRIC-Staaten. Dies ist vor allem eine Rechtsfrage, nämlich die nach der rechtlichen Tragweite der Ermächtigung des Sicherheitsrats, aber auch eine Frage der Tatsachen, nämlich dahin, ob ein Bombardement dieses Ausmaßes zum Schutz der Bevölkerung erforderlich war. Der zweite Streitpunkt war die Tatsache, dass einige der NATO-Luftangriffe Opfer unter der Zivilbevölkerung kosteten. Russland und China behaupteten, dass diese Angriffe das humanitäre Völkerrecht verletzten, da sie entweder überhaupt nicht gegen militärische Ziele gerichtet waren oder der durch die Angriffe verursachte Schaden außer Verhältnis zu dem erreichten militärische Nutzen stand, im Wesentlichen eine Tatfrage, wobei die Verhältnismäßigkeit auch eine Frage der rechtlichen Bewertung ist.

Die geschilderte sich wandelnde Lage stellte eine komplexe Herausforderung für die rechtliche Bewertung und die Feststellung der relevanten Tatsachen dar. Die Tatsachenfeststellung wurde zwar nicht vom Sicherheitsrat und vom Menschenrechtsrat jeweils durch unterschiedliche Institutionen betrieben, jedoch legte der Sicherheitsrat jeweils Wert auf eigene Tatsachenfeststellung, die ihm von Generalsekretär und von der Hochkommissarin für Menschenrechte geliefert wurden. Die Untersuchungskommission des Menschenrechtsrats erfüllte ihre Aufgabe durch zwei große Berichte,[117] die als Einheit gesehen werden müssen. Der zweite und abschließende Bericht stellt noch einmal die Entwicklung des Konflikts und das anwendbare Recht dar. Denn es zeigte sich einmal mehr, dass sog. Fact-finding nicht ohne eine rechtliche Bewertung auskommt, da ohne diese Bewertung keine Aussage über die Relevanz bestimmter Fakten möglich ist.

---

[114] Resolution 2009, 16. Sept. 2011.
[115] Resolutionen 2022, 2. Dez. 2011 und 2040, 12. März 2012.
[116] Sitzungen des Sicherheitsrats vom 25. Jan. 2012, 29. Feb. 2012, 8. März 2012.
[117] UN-Doc. A/HRC/17/44, 1. Juni 2011; 19/68, 8. März 2012.

Die wesentlichen Feststellungen des Berichts sind nach Themen geordnet: unverhältnismäßiger Einsatz von Gewalt, unrechtmäßige Tötungen, willkürliche Haft, gewaltsames Verschwindenlassen, Folter und andere Formen der Misshandlung, Angriffe auf bestimmte Ortschaften, sexuelle Gewalt, Angriffe auf Zivilisten und zivile Objekte sowie auf andere besonders geschützte Personen und Objekte (unter besonderer Berücksichtigung der NATO-Luftangriffe), verbotene Waffen, Söldner, Kindersoldaten und Plünderungen. Es werden jeweils Ausführungen zu den auf diese Tatkomplexe anwendbaren Rechtsregeln gemacht, gefolgt von einer ausführlichen Analyse der Beweismittel, die der Kommission vorlagen. Das Ergebnis sind ausgewogene Schlussfolgerungen, ob das anwendbare Recht jeweils verletzt wurde oder nicht, sei es von den Parteigängern und Streitkräften Gaddafis, sei es von Seiten der einstigen Rebellen, die nun zur Regierung Libyens geworden waren, sei es von den Streitkräften der NATO-Staaten. Trotz dieser rechtlichen Bewertung von Tatsachen bleibt es eine spezifische Form des Fact-finding. Der Bericht ist nicht einem gerichtlichen Urteil gleichzusetzen, er unterscheidet sich bewusst davon. Er lässt nämlich das non liquet zu:

> „The Commission ... was not seeking evidence of a standard to support a criminal conviction, but an assessment based on a 'balance of probabilities' ...".[118]

Wesentliche für ein Gerichtsurteil typische Begrifflichkeiten kommen nicht vor: Beweislast, Unschuldsvermutung, Nachweis „beyond reasonable doubt". Hinsichtlich der NATO-Angriffe schließt die Kommission, die Streitkräfte „conducted a highly precise campaign with a demonstrable determination to avoid civilian casualties". Nur in einigen Fällen „[the targets] showed no evidence of military utility", was zu ihrer Qualifizierung als militärische Ziele erforderlich gewesen wäre. Da eine endgültige Aussage auf der Grundlage der vorhandenen Informationen nicht möglich war, empfahl die Kommission eine weitere Untersuchung (zu der es – man muss sagen: selbstverständlich – nicht gekommen ist).

Offen blieb die Frage eines follow-up. Einige Staaten befürworteten dies im Menschenrechtsrat, andere Staaten zeigten eine Haltung, die man wohl am besten umgangssprachlich als „mauern" bezeichnen kann. Ein großer Teil der Auseinandersetzung scheint hinter den Kulissen gelaufen zu sein, und das einzige klare öffentliche Ergebnis ist das Schweigen des Menschenrechtsrats zu dieser Frage, die die Kommission ausdrücklich auf den Tisch gelegt hatte. An dieser Stelle war die politische Unterstützung für das Fact-finding dann offenbar geschwunden.

Mit ihrem methodischen Ansatz hat die Kommission ein Musterbeispiel, einen wichtigen Präzedenzfall für zeitgenössische Tatsachenfeststellung im öffentlichen Interesse geschaffen. Dies ist einerseits das persönliche Verdienst der Mitglieder der Kommission, die sich durch hohe Kompetenz sowie diplomatische und strafrichterliche Erfahrung auszeichneten. Andererseits wurde der Erfolg durch bestimmte Umstände begünstigt, die nicht bei allen hier dargestellten Verfahren der Tatsachen-

---

[118] UN-Doc. A/HRC/19/68, § 6.

feststellung gegeben waren. Der größere Teil der Arbeit fand in einem Umfeld bereitwilliger Kooperation statt. Für die neue Regierung war diese Untersuchung eine vertrauensbildende Maßnahme gegenüber dem Rest der Welt. Das positive Bild, das die Kooperation im Rest der Welt erzeugte, überwog die Nachteile, die sich aus der Feststellung von Rechtsverletzungen ergeben konnten, die die Rebellen und die neuen Organe einer Regierung im Werden in einer chaotischen Situation des Umbruchs begangen haben könnten.

Wie ausschlaggebend ein solches kooperatives Ambiente für eine erfolgreiche Untersuchung ist, zeigt die Problematik der NATO-Luftangriffe. Nachdem diese Angriffe im Sicherheitsrat hochstreitig diskutiert wurden, war die NATO in Grenzen kooperativ und lieferte Informationen. Wesentliche Details der Zielfindung wurden jedoch als geheimhaltungsbedürftig deklariert und entsprechende Information zurückgehalten. Daran ist denn auch jede weitere Tatsachenfeststellung bezüglich dieser Angriffe gescheitert.

6. Syrien

Der neueste Fall, in dem Behauptungen und große Unklarheiten über Verletzungen der Menschenrechte und des humanitären Völkerrechts auf beiden Seiten bestehen, ist der Konflikt in Syrien. Auch dieser Fall ist gekennzeichnet durch ein Spannungsverhältnis zwischen dem Sicherheitsrat (in seiner Handlungsfähigkeit beschränkt durch russisch-chinesische Vetos)[119] auf der einen und Generalversammlung und Menschenrechtsrat auf der anderen Seite.

Nach dem Ausbruch der Unruhen in Syrien im Frühjahr 2011 befasste sich der Sicherheitsrat mit der Lage. Eine Resolution konnte zunächst nicht gefasst werden, es gab drei Presidential Statements.[120] Im ersten wurden noch die Verletzung der Menschenrechte und die Anwendung von Gewalt gegen Zivilisten durch die syrische Regierung verurteilt, in den beiden weiteren ging es nur noch um die Beendigung der Gewalt und das Erreichen einer politischen Lösung durch Syrien selbst, wobei die Mission des Sondergesandten Kofi Annan unterstützt wurde. Erst im April 2012 kam es zu einer Resolution,[121] auf deren Grundlage dann eine Peacekeeping Mission eingerichtet wurde, deren Aufgabe es sein sollte:

„to monitor a cessation of armed violence in all its forms by all parties ... ".

Das war kein Mandat zur Feststellung von Rechtsverletzungen, lief aber praktisch darauf hinaus. Denn es ging immer wieder darum, wer eigentlich für Fälle von Blutvergießen verantwortlich war.

Die Generalversammlung bezog klare Stellung. In ihrer Resolution vom 21. Februar 2012[122] verurteilt sie in scharfer Form die Verletzung der Menschenrechte

---

[119] 6711. Sitzung am 4. Feb. 2012, Press Release SC/10536.
[120] PRST/2011/16, 3. Aug. 2011; 2012/6, 21. März 2012; 2012/10, 5. April 2012.
[121] S/RES/2042, 14. April 2012.
[122] A/RES/66/253.

durch die syrische Regierung, aber auch durch andere Konfliktparteien. Sie stellt sich auch ausdrücklich hinter die Aktivitäten des Menschenrechtsrats.

Dieser befasste sich seit Frühjahr 2011 mit der Lage in Syrien. In seiner Resolution vom 29. April 2011[123] verurteilt er eindeutig

„the use of lethal violence against peaceful protesters by the Syrian authorities".

Er beauftragt die Hochkommissarin für Menschenrechte, eine Mission nach Syrien zu entsenden,

„to investigate all alleged violations of international human rights law and to establish the facts and circumstances of such violations…".

Der Bericht der Hochkommissarin fiel vernichtend aus.[124] Sie berichtete auch dem Sicherheitsrat und forderte die Überweisung der Situation an den Internationalen Strafgerichtshof (was aber natürlich nicht geschah). Eine Schwierigkeit für die Tatsachenfeststellung bestand darin, dass die syrische Regierung den Vertretern der Hochkommissarin den Zugang nach Syrien verwehrte. Inzwischen waren aber so viele Zeugen und Opfer einschließlich Überläufern ins Ausland geflohen, dass eine hinreichend verlässliche Tatsachenfeststellung durch die Vernehmung unmittelbarer Zeugen möglich schien.

Dieser Bericht der Hochkommissarin war die Grundlage weiterer Resolutionen des Menschenrechtsrats. In der Resolution vom 23. August 2011[125] setzte er unter anderem eine unabhängige internationale Untersuchungskommission ein

„to investigate all alleged violations of international human rights law since March 2011 in the Syrian Arab Republic, to establish the facts and circumstances that may amount to such violations and of the crimes perpetrated and, where possible, to identify those responsible with a view to ensuring that perpetrators of violations, including those that may constitute crimes against humanity, are held accountable".

Diese Kommission legte mehrere Berichte vor.[126] Als Maßstab wandte sie auch das humanitäre Völkerrecht an, da sich die Ereignisse seit der ersten Resolution des Menschenrechtsrats den Charakter eines nicht-internationalen bewaffneten Konflikts angenommen hatten. Auch diese Kommission hatte keinen Zugang zum syrischen Gebiet. Es musste also, wie schon bei der Untersuchung durch die Hochkommissarin, auf die Vernehmung von Zeugen außerhalb Syrien und die Auswertung nach außen überbrachter Beweismittel zurückgegriffen werden. Dieser Mangel

---

[123] HRC/RES/S-16/1.

[124] Statement by Ms. Navi Pillay, UN High Commissioner for Human Rights to the Human Rights Council 17th Special Session on „Situation of human rights in the Syrian Arab Republic", 22. Aug. 2011.

[125] HRC/RES/S-17/1. Durch die Resolution S-19/1 vom 1. Juni 2012 erhielt die Kommission einen zusätzlichen spezifischen Auftrag, die Vorkommnisse in Al-Houda zu untersuchen.

[126] UN-Doc. A/HRC/S-17/2Add.1, A/HRC/19/69 und A/HRC/21/50, letzterer vom 10. Aug. 2012.

wurde durch die Peacekeeping Mission nur teilweise ausgeglichen. Diese war zwar in Syrien präsent, hatte aber auch nicht überall Zugang, wo es notwendig gewesen wäre.

Der angewandte Beweismaßstab der Kommission des Menschenrechtsrats war „reasonable grounds to believe". Nach diesem Maßstab stellte die Kommission ganz erhebliche Rechtsverletzungen durch beide Seiten fest. Es liegt in der Natur der Sache, dass dies für die Genauigkeit von Tatsachenfeststellungen je nach Art der Rechtsverletzung Schwierigkeiten bereitet, etwa bei der Feststellung der Verletzung des Verbots unterschiedsloser Angriffe.[127] Da sollte es deutlicher nachvollziehbar sein, wer genau die Opfer waren und mit welchem Informationsstand der Angreifer eigentlich auf wen geschossen wurde. Diesbezügliche Ergebnisse der Kommission wurden kritisiert.[128] Bei der Feststellung des Einsatzes sexueller Gewalt[129] lesen sich die Ergebnisse der Ermittlungen deutlich überzeugender, da Täter und Opfer aufgrund der Zeugenaussagen besser individualisiert sind. Insgesamt erreicht der Bericht nicht die Qualität der Libyen-Untersuchung und konnte sie nicht erreichen. Es entsteht aber ein für beide Seiten vernichtendes Gesamtbild von schwerwiegenden Rechtsverletzungen, die nach einer strafrechtlichen Aufarbeitung rufen. An ihr fehlt es bislang.

7. Schlussfolgerungen aus der Praxis

Tatsachenfeststellung durch verschiedene Institutionen und insbesondere Organe der Vereinten Nationen spielt ganz offenbar bei der Regelung gewaltsam ausgetragener innerstaatlicher und internationaler Konflikte eine wichtige Rolle. So hat sich in den letzten Jahren eine reiche Praxis entwickelt. Diese kann allerdings nur als erratisch bezeichnet werden. Festzustellen ist ein Nebeneinander von Verfahren, die teilweise konkurrieren, teilweise sich ergänzen. Die Verfahren sind in unterschiedlicher Weise vernetzt oder auch nicht. Teilweise bauen sie aufeinander auf und verwenden die Ergebnisse anderer Tatsachenfeststellungen, teilweise wird das gerade abgelehnt. Neben den Verfahren, deren Hauptzweck Tatsachenfeststellung ist, muss das Potential der Beobachterfunktion von Peacekeeping-Operationen betont werden. In dieser Vernetzung ist auch die Rolle von Nicht-Regierungsorganisationen wesentlich.

Eine Kategorisierung der Verfahren in reines Fact-finding und Feststellung von Rechtsverletzungen erscheint nach der Praxis nicht möglich. Keine der dargestellten Untersuchungskommissionen hat sich auf die Feststellung von Tatsachen beschränkt, alle haben rechtliche Bewertungen abgegeben. Offenbar waren sinnvolle Ergebnisse sonst nicht möglich.[130] Damit scheint sich der Unterschied zwischen

---

[127] A/HRC/21/50, §§ 90 ff.

[128] *R. Hermann*, Keine Gewissheit. Der neue UN-Bericht zum Massaker im syrischen Hula klärt nicht die offenen Fragen, F.A.Z. v. 21. Aug. 2012, S. 8.

[129] §§ 96 ff.

[130] Vgl. *Boutruche* (Fn. 2), 110 ff.

einem Verfahren der Tatsachenfeststellung und gerichtlichen Verfahren zu verwischen. Immerhin haben die Kommissionen die Unterschiede zu gerichtlichen Verfahren betont.[131]

In dieser Vielfalt von Verfahren ist die internationale Strafgerichtsbarkeit sozusagen ein ruhender Pol, da sie präzis rechtlich geordnet ist. Allerdings ist insofern die Verweisungspraxis des Sicherheitsrats, die eine wichtige Rolle spielt, auch politisch determiniert. Mangels Universalität des ICC-Statuts ist eine umfassende Praxis der Strafverfolgung durch die Anklagebehörde noch nicht möglich. Insofern wird sich gegebenenfalls eine Praxis der Ausübung des Ermessens bei Einleitung von Verfahren entwickeln müssen. Gegenwärtig ist festzustellen, dass die Existenz des IStGH Tatsachenfeststellungsverfahren anderer Art nicht überflüssig gemacht hat.[132]

Die Strafgerichtsbarkeit und die Vertragsorgane des Menschenrechtsschutzes haben gegenüber anderen Verfahren einen großen Vorteil: sie verfügen über eine klare Rechtgrundlage und ein rechtlich geordnetes, rechtsstaatlichen Ansprüchen genügendes Verfahren. Das verschafft ihnen Legitimität und Akzeptanz. Bei den politischen Organen der Vereinten Nationen sind diese zumindest problematisch.[133] Zu diesen formellen Mängeln tritt der Vorwurf der Selektivität und mangelnden Unparteilichkeit.

Ein Ursprung dieser Probleme liegt in den gegenläufigen politischen Präferenzen des Sicherheitsrats und des Menschenrechtsrats. Die „Politisierung" des Menschenrechtsrats zu bedauern, trifft das Problem nicht ganz. Es sind eben beides politische Organe, nur bestehen jeweils andere Mehrheiten. Die Lösung kann also wohl nur in der Entwicklung eines anderen, rechtlich geordneten und schlagkräftigen Verfahrens liegen, das sich aber gegenwärtig nicht abzeichnet.[134]

In Grenzen hat sich die Praxis der Vereinten Nationen als lernfähig erwiesen. Wichtig für eine im Sinne des crisis management erfolgreiche Tatsachenfeststellung ist die Kooperation der betroffenen Konfliktparteien.[135] Nur wenn solche Kooperation vorhanden ist, können wirklich alle relevanten Umstände in die Tatsachenfeststellung einfließen. Mangelnde Kooperation kann nur begrenzt durch Vorsicht bei der Beweiswürdigung ausgeglichen werden. Dies wirft das Problem der Beweisstandards auf, bei dem große Unsicherheit herrscht.[136] Gerichte müssen mindestens „clear and convincing evidence" verlangen. Bei den fact-finding Missionen finden wir Standards wie „assessment based on a balance of probabilities" (Libyen) oder „reasonable grounds to believe" (Syrien).

---

[131] Für Libyen s. z. B. oben Text zu Fn. 118.

[132] Vgl. Report on strengthening legal protection of victims of armed conflicts, 31st International Conference of the Red Cross and Red Crescent, Document prepared by the ICRC, Geneva, October 2011, S. 11.

[133] *Chinkin* (Fn. 22), 482 ff., 493.

[134] Zu den Reformentwicklungen sogleich.

[135] *Chinkin* (Fn. 22), 488.

[136] Vgl. *Boutruche* (Fn. 2), 112 ff.

Nur wenn die Beweiswürdigung für die Parteien glaubwürdig ist, hat das Ergebnis das Potential, schließlich von allen Parteien akzeptiert zu werden, im Konflikt vertrauensbildend zu wirken und somit zur Konfliktlösung beizutragen. Mandate der Tatsachenfeststellung, die Vorverurteilungen enthalten, bieten diese Chance überhaupt nicht. Vorsitzende von Ermittlungskommissionen des Menschenrechtsrats haben teilweise versucht, dieses Problem durch eine Auslegung der Mandate oder Aushandeln ihrer Terms of Reference zu behandeln.

Trotz dieser Probleme mag man die von den politischen Organen der Vereinten Nationen durchgeführten Verfahren gegenwärtig noch als unverzichtbar ansehen. Wie soll ohne sie die notwendige Skandalisierung der öffentlichen Meinung aufrecht erhalten werden? Wie sonst kann verhindert werden, dass die Welt angesichts massiver Verletzungen der Menschenrechte und des humanitären Völkerrechts zur Tagesordnung übergeht?[137] Auch so umstrittene Dokumente wie der Goldstone Report fördern den notwendigen internationalen Diskurs um die Achtung von Menschenrechten und humanitärem Völkerrecht.[138] Allerdings ist dies eine gefährliche Gratwanderung. „Lawfare"[139] birgt eben auch die Gefahr, den Rechtsstaat zu schädigen.

Angesichts dieser Probleme ist abschließend nochmals zu fragen, ob die Geltendmachung von Rechtsverletzungen im Wege der zwischenstaatlichen Streitbeilegung bessere Perspektiven bietet. Positive Erfahrungen bietet insofern die Regelung zwischen Eritrea und Äthiopien. Zwei Probleme stehen dem entgegen. Zum einen ist weder die Fakultativklausel des Art. 36 IGH-Statut noch die des Art. 90 ZP I hinreichend universal, um die Möglichkeit der einseitigen Anrufung des IGH oder der IHEK in einer hinreichenden Zahl von Problem-Fällen zu gewährleisten. Zum anderen lehrt die Erfahrung, dass der politische Wille der Staaten, diese Mechanismen zu nutzen, sei es als „Kläger", sei es als „Beklagter", sehr begrenzt ist.

VII. Tatsachenfeststellung als Mittel der Durchsetzung des humanitären Völkerrechts: Reformfragen

Es wurde aus all diesen Beispielen deutlich, dass Tatsachenfeststellung ein wesentliches Instrument der Durchsetzung des humanitären Völkerrechts und der Menschenrechte ist. Beide Rechtsbereiche sind bei bewaffneten Konflikten parallel anwendbar, und dies hat auch bei den Verfahren der Tatsachenfeststellung zu Überschneidungen geführt. Sowohl im Bereich des Menschenrechtsschutzes als auch im Bereich des humanitären Völkerrechts gibt es in den jeweiligen Vertragsregimen rechtlich vorgesehene und geordnete Verfahren. Im Bereich des Menschenrechtsschutzes sind dies die Vertragsorgane, die aufgrund des Berichtssystems an sich eine sozusagen flächendeckende Feststellung von Verletzungen gewährleisten sollen. Offenbar reicht dies nicht, um Rechtsverletzungen im Rahmen bewaffneter Kon-

---

[137] *Chinkin* (Fn. 22), 496.
[138] *Sterio* (Fn. 86), 253 ff.
[139] Siehe oben Fn. 4.

flikte hinreichend zu erfassen. Die Staatenbeschwerde spielt dabei praktisch kaum eine Rolle. Individualbeschwerden sind wichtig, aber nicht flächendeckend möglich.

Im Bereich des humanitären Völkerrechts gibt es vergleichbare Verfahren nicht. Ausdrücklich vorgesehen ist die IHEK, die aber im Grunde aus ähnlichen Gründen praktisch nicht zum Zuge kommt, wie dies bei der menschenrechtlichen Staatenbeschwerde der Fall ist.

Für beide Bereiche, allerdings mehr für das humanitäre Völkerrecht spielt nunmehr die internationale Strafgerichtsbarkeit eine immer stärker werdende Rolle. Ihre Zuständigkeit ist jedoch nicht lückenlos, selbst wenn der Sicherheitsrat die Befugnis hat, sie flächendeckend einzusetzen. Sie muss sich auf die Feststellung individueller strafrechtlicher Verantwortlichkeit (mit den dazu gehörenden Verfahrensgarantien) beschränken, was den Bedarf an Feststellung von Rechtsverletzungen auch nicht völlig deckt.

Die bestehenden Verfahren decken also offenbar den Bedarf an Tatsachenfeststellung als Instrument der Rechtsdurchsetzung nicht ab. So hat sich neben diesen Verfahren eine politisch motivierte Tatsachenfeststellung durch die Organe der Vereinten Nationen entwickelt, die aber nur in wenigen Fällen zu wirklich akzeptierten Ergebnissen geführt hat.

Besteht angesichts dieser Situation Reformbedarf? Wenn eine unbefriedigende Situation ein hinreichender Indikator ist, sicherlich.[140] Das IKRK hat sich seit einigen Jahren systematisch der Prüfung notwendiger Fortentwicklung des humanitären Völkerrechts gewidmet und hat im Jahre 2011 vier Themen zur Debatte gestellt, von denen in den Konsultationen mit Staaten zwei als prioritär ausgewählt wurde: der Status von Personen, denen im Zusammenhang mit einem bewaffneten Konflikt die Freiheit entzogen wird, und die Durchsetzung („implementation") des humanitären Völkerrechts.[141]

Der diesbezügliche Bericht des IKRK für die 31. Internationale Rotkreuz/Rothalbmond-Konferenz im November 2011 konstatiert den unbefriedigenden Stand der Durchsetzung des humanitären Völkerrechts. Heißt Reformbedarf, dass neue Institutionen geschaffen werden müssen? Doch nicht notwendigerweise. Es sollte doch vorrangig versucht werden, bestehende Institutionen zu stärken und zu beleben. Die Analyse der Schwächen durch das IKRK stellt unter anderem heraus, dass das Verfahren der IHEK von der Zustimmung der Staaten abhängig sei.[142] Das ist sicher nur teilweise richtig. Die Verhandlungserfahrung vieler Jahrzehnte zeigt, dass Verfahren

---

[140] Vgl. ICRC, Improving compliance with international humanitarian law, ICRC Expert Seminar, Geneva, October 2003, S. 17 ff.

[141] Rede des Präsidenten des IKRK *J. Kellenberger*, "Strengthening Legal Protection of Victims of Armed Conflicts. The ICRC Study on the Current State of International Humanitarian Law", IRRC 92 (2010), no. 879, S. 799 ff.

[142] Report on strengthening legal protection of victims of armed conflict, 31st International Conference of the Red Cross and Red Crescent, Document prepared by the ICRC, Geneva, October 2011, S. 10 ff.

ohne Zustimmung kaum erreichbar sind und auch wenig praktikabel sind. Für die IHEK spricht auch ihre Legitimität als Vertragsorgan,[143] wie oben entwickelt ein wesentlicher Umstand.

Reformvorschläge hat das IKRK im Vorfeld der Konferenz nicht gemacht. Es gibt insbesondere keinen Vorschlag für ein geordnetes Verfahren, mit IHEK oder ohne sie, das Aussicht auf Annahme hätte und die Zustimmung der betroffenen Staaten nicht vorsähe. An diesem Dilemma hat sich, soweit bekannt, in den Konsultationen, die nach der Konferenz im Laufe des Jahres 2012 stattgefunden haben,[144] nichts geändert.

VIII. Tatsachenfeststellung und rule of law in den internationalen Beziehungen

Wenn also Tatsachenfeststellung ein wesentliches, ja unverzichtbares Mittel der Durchsetzung der Menschenrechte und des humanitären Völkerrechts ist, so muss sich die Debatte über Entwicklung und Reformen an grundlegenden Forderungen der rule of law in den internationalen Beziehungen orientieren. Eine Debatte um rule of law wird in der Generalversammlung der Vereinten Nationen geführt, ihre Ergebnisse sind bislang nicht sonderlich gehaltvoll. Einige Eckpunkte verdienen, festgehalten zu werden.

Rule of law fordert Beachtung von Kompetenzen. An einer klaren Kompetenzabgrenzung zwischen unterschiedlichen Organen der Rechtsdurchsetzung und Tatsachenfeststellung fehlt es, es herrscht eine bedauernswerte Unübersichtlichkeit. Die dargestellte Konkurrenz und Vernetzung von Verfahren der Tatsachenfeststellung, die der Beachtung des anwendbaren Völkerrechts dienen sollen, rufen nach einer rationalen Ordnung.

Rule of law erfordert Achtung vor dem Gleichheitssatz. Rechtsdurchsetzung muss gleichmäßig sein. Das bedeutet, dass nicht auf die Initiative politischer Akteure gesetzt werden kann, jedenfalls nicht allein. Deren Tätigkeit ist notwendig selektiv, von politischen Präferenzen geprägt. Allerdings bleiben die politischen Akteure wichtig, da nur sie gegebenenfalls auch die Macht haben, dem Recht gegen Widerstand zur Durchsetzung zu verhelfen. Es ist wichtig, dass politische Präferenzen von einem politischen Klima inspiriert werden, das auf angemessene Rechtsdurchsetzung Wert legt. Akteure, die als Vertreter des öffentlichen Interesses an Rechtsdurchsetzung dienen können, müssten ihre Selektivität unter nachvollziehbaren rechtlichen Gesichtspunkten einschränken. Wird das erreicht, ist es wohl der Rechtsdurchsetzung der Regime des Menschenrechtsschutzes und des humanitären Völkerrechts durch zwischenstaatliche Streitregelung, einschließlich der altruistischen Staatenbeschwerde, vorzuziehen.

---

[143] *C. Garraway*, Commonwealth Law Bulletin 34 (2008), 813 (815); *E. Mikos-Skuza*, in: FS Bothe, 2008, 481 (487).

[144] Grundlage: Res. 1 der 31sten Rotkreuz/Rothalbmond-Konferenz, Strengthening Legal Protection for Victims of Armed Conflicts, §§ 6 und 7.

Gleichmäßige Rechtsdurchsetzung bedeutet auch, dass es nicht möglich sein darf, dass ein Staat sich durch ein einfaches „nein" zu einem Verfahren der Rechtsdurchsetzung endgültig entziehen kann.

Rule of law erfordert effektive Rechtsdurchsetzung. Das bedeutet, dass verlässliche Verfahren der Tatsachenfeststellung angewandt und entwickelt werden müssen. Das geht nicht ohne eine gewisse Intrusivität der Verfahren, wobei allerdings berechtigte Interessen aller Beteiligten gewahrt werden müssen. Dabei folgen Verfahren der Tatsachenfeststellung anderen Regeln als richterliche Verfahren, selbst wenn auch reine Tatsachenfeststellungsberichte rechtliche Aussagen enthalten. Allerdings sollten sich die Beweismaßstäbe in der Praxis verstetigen. Diese Forderungen sind eine schwierige Aufgabe für Verfahrensdesign.

Menschenrechtskultur –
Zwischen Vision und Wissenschaft

Von *K. Peter Fritzsche*

„I am convinced that the development of a culture of human rights throughout the world is one of the most important contributions that can be made to future generations. The foundation for this culture is enshrined in the principles of the Universal Declaration. A culture of human rights would result in a profound change in how individuals, communities, States and the international community view relationships in all matters. Such a culture would make human rights as much a part of the lives of individuals as are language, customs, the arts, faith and ties to place".[1]

Mit diesen Ausführungen unterstreicht der frühere UN-Kommissar für Menschenrechte Jose Ayala Lasso Ende der 90er Jahre die Bedeutung eines neuen Konzepts, das zunehmend Eingang gefunden hat in den menschenrechtlichen Diskurs: die Menschenrechtskultur. Lasso skizziert damit etwas, das offensichtlich noch fehlt, dessen Wurzeln aber bereits in der Allgemeinen Erklärung der Menschenrechte gelegt sind und das für die künftige Entwicklung der Menschenrechte unverzichtbar ist. Um dieses Ziel zu erreichen, ist ein tiefer Wandel in den horizontalen wie vertikalen Beziehungen der individuellen und kollektiven Akteure erforderlich. 15 Jahre später definiert die UN-Deklaration zu Menschenrechtsbildung und Training die Zielstellung einer universellen Kultur der Menschenrechte folgendermaßen:

„Developing a universal culture of human rights, in which everyone is aware of their own rights and responsibilities in respect of the rights of others, and promoting the development of the individual as a responsible member of a free, peaceful, pluralist and inclusive society".[2]

I. Lernen von der „Politischen Kulturforschung"

Der Begriff der Menschenrechtskultur ist einerseits normativ hoch aufgeladen, anderseits ist er analytisch noch weitgehend unbestimmt. Wenn wir klären wollen, was wir unter dem noch recht vagen Begriff verstehen wollen und wie wir ihn nicht nur als Ausdruck einer menschenrechtlichen Vision begreifen, sondern ihn auch als kritisch-analytisches Instrument zur Untersuchung realer menschenrechtlicher Verhältnisse nutzen können, dann ist es hilfreich, zunächst Orientierung beim älteren sozialwissenschaftlichen Konzept der „politischen Kultur" zu suchen. Dies

---

[1] http://findarticles.com/p/articles/mi_m1309/is_n4_v34/ai_20518046/pg_2/?tag=content; col1 (besucht am 20.06.2012).

[2] www.hrea.org/resource.php?base_id=1323&language_id=1 (besucht am 20.06.2012).

macht deshalb Sinn, da dieser Ansatz forschungsgeschichtlich einen anknüpfungsfähigen Rahmen bietet und da zudem die Menschenrechtskultur inhaltlich große Überschneidungen mit der politischen Kultur aufweist.

Das Konzept der politischen Kultur („political culture") geht von der Erfahrung aus, dass politische Institutionen und Strukturen für ihr Funktionieren und für ihre Stabilität einer Anerkennung und Unterstützung durch die Vorstellungen, Einstellungen und Haltungen der Bürger und der politisch verantwortlichen Akteure bedürfen.[3] Die objektiven politischen Verhältnisse müssen durch den „subjektiven Faktor", das politische Bewusstsein und Verhalten der Bürger und Politiker getragen werden. Das, was Bürger vom politischen System, von der Regierung, von den Politikern wissen und halten und wie sie sich selbst politisch verhalten, ist ein wesentlicher Teil der „politische Kultur". Neben dem Bürgerbewusstsein und -verhalten wird die politische Kultur aber auch durch das politische Selbstverständnis und die Kompetenzen der „politischen Klasse" getragen. Konzeptionell wichtig ist, dass es sich nicht um das politische Bewusstsein und Verhalten Einzelner handelt, sondern um das „Ensemble" und Zusammenwirken aller relevanten Akteure. „The political culture of a nation is the particular distribution of patterns of orientation toward political objects among the members of the nation."[4] Werden die politischen Institutionen nicht von einer politischen Kultur unterstützt (Beispiele: Weimarer Republik, DDR, Ägypten), kann es zum Zusammenbruch des politischen Systems kommen.

Historisch entwickelte sich die Politische Kulturforschung angesichts der Frage, ob denn die neuen Demokratien in Italien und Deutschland nach dem Ende von Faschismus und Nationalsozialismus nicht nur durch die neuen demokratischen Institutionen und Strukturen gekennzeichnet seien, sondern ob es sich nun auch um Demokratien mit Demokraten handeln würde. Dahinter steckte die Frage nach der Stabilität der neuen Demokratien, die – so die Kernthese – ausreichend verbreitete und ausreichend belastbare demokratische Einstellungen in Gesellschaft und Politik benötigen, um mehr als „Schönwetterdemokratien" zu sein, von der sich die Bürger bei den ersten größeren Krisen und Belastungen abwenden.

Bahnbrechend für die damalige Forschung war die „Civic-Culture-Studie" von Almond und Verba Mitte der 50er Jahre.[5] In ihrer Studie entwickelten sie u. a. folgende Gedanken:

– Das politische Interesse und Engagement der Bürger richtet sich nicht notwendig auf das gesamte politische System, sondern auf Teilbereiche, wie die demokratischen (oder undemokratischen) Entscheidungsprozesse, die Entscheidungsträger oder nur auf die Ergebnisse staatlicher Politik.

---

[3] *D. Berg-Schlosser/J. Schissler* (Hrsg.), Politische Kultur in Deutschland. Bilanz und Perspektiven der Forschung, 1987.

[4] *G. Almond/S. Verba*, The Civic Culture, 1963, 14 f.

[5] *Almond/Verba* (Fn. 4).

– Die Beziehung der Bürger zur Politik, zum politischen System oder zu Politikern kann gleichgültig, ablehnend oder zustimmend sein.

– Die politische Kultur ist nicht einheitlich, sondern setzt sich aus unterschiedlichen Mustern oder Teilkulturen zusammen, sie ist eine Mischung aus Elementen einer parochialen Kultur, in der sich die Menschen vor allem um Belange ihrer engsten Umgebung kümmern, einer Untertanenkultur, in der die Bürger an den Ergebnissen der Politik, nicht aber an ihrem demokratischen Zustandekommen interessiert sind und einer partizipatorischen politischen Kultur, in der die Bürger möglichst ausgiebig an allen Entscheidungsprozessen beteiligt sein möchten. Die These von Almond und Verba war, dass ein Mischungsverhältnis aus allen drei Kulturen optimal für die Stabilität eines politischen Systems sei. Sie nannte diese Mischung, die am Vorbild amerikanischer, politscher Kultur orientiert war, eine „civic culture".

– Nach einem politischen Systemwechsel wird es politisch-kulturelle Kontinuitätslinien aus dem überwundenen System geben. Es gehört zur Aufgabe von politischer Bildung, dazu beizutragen, dass die Bürger eine solche politische Kultur entwickeln, die ausreichend das neue System unterstützt.

– Die Studie inspirierte die Forschung aber nicht nur durch ihre konzeptionellen Innovationen, sondern durch ihre empirischen Untersuchungen von politischen Kulturen in fünf Staaten: USA, GB, BRD, Italien und Mexiko.

Der ursprüngliche Ansatz ist mehrfach in der Politikwissenschaft differenziert und erweitert worden, v. a. um dessen einseitige Orientierung am Ziel der Stabilität und am amerikanischen Vorbild zu überwinden. Zentral blieb aber stets die Frage: Welche Unterstützung erhält das politische System durch die politische Kultur? Der Begriff der politischen Kultur ist im alltäglichen Sprachgebrauch einseitig normativ besetzt. Gleichwohl liegt das eigentliche Potenzial des Ansatzes in seiner analytischen Verwendung. Für die Reflexion über die Kultur der Menschenrechte bietet er vielfältige Anknüpfungsmöglichkeiten.

II. Menschenrechtskultur revisited

Auch die Menschenrechte haben eine strukturelle und eine kulturelle Seite, eine objektive und subjektive Dimension. Ohne eine stützende, förderliche Menschenrechtskultur können die Menschenrechte so wie sie „auf dem Papier stehen", keine Kraft entfalten. Die Menschenrechtskultur markiert eine Ressource, die für die nachhaltige Verankerung und Entwicklung der Menschenrechte in Ergänzung zu ihren Strukturen und Institutionen unerlässlich ist. Das Konzept der Menschenrechtskultur geht von der Kernthese aus, dass es nicht reicht, dass Menschenrechte kodifiziert sind, sondern sie müssen gewusst, gewollt und gelebt werden, damit sie ihr Potenzial entfalten können.

Die vorherrschende Verwendung des Begriffs der Menschenrechtskultur ist (noch) normativ und entwirft die Vision gelingender Achtung, Verteidigung und Förderung der Menschenrechte auf der Grundlage eines verbreiteten Menschenrechtsbewusstseins in Gesellschaft und Staat.

Der Begriff hat aber darüber hinaus eine oft übersehene analytische Dimension. Er markiert nämlich auch die real existierenden Menschenrechtskulturen, die meist noch hinter ihren Zielbestimmungen zurück bleiben. Analytisch gewendet verstehen wir unter Menschenrechtskultur das gesellschaftliche Gesamt an Akzeptanz, Indifferenz oder Ablehnung, das in einer Gesellschaft gegenüber den Menschenrechten herrscht. Das Konzept der Menschenrechtskultur fordert auf zur kritischen Analyse misslingender, retardierter und gegenläufiger Entwicklungen. Gefragt wird nach dem jeweils erreichten Entwicklungsniveau der Menschenrechtskultur und nach den Gründen der Hindernisse und Gegenströmungen.

Die Beziehungen der Menschen zu den Menschenrechten können sich in sehr unterschiedlichen Einstellungen, Haltungen und Verhaltensweisen ausdrücken.[6] Idealtypisch lassen sich folgende Varianten benennen:

1. Die Gegner und Ablehner der Ideale gleicher Würde und Rechte;
2. die Verletzer von Menschenrechten;
3. die Relativierer, die aus kulturellen, historischen und/ oder politischen Gründen Einschränkungen unterstützen;
4. die Indifferenten, die sich nicht betroffen und besorgt zeigen;
5. die Opfer, die ihre Rechte nicht kennen und sich nicht wehren;
6. die Opfer, die sich wehren und ihre Rechte, die sie verletzt glauben, einfordern;
7. die Engagierten, die sich mit den Opfern von Menschenrechtsverletzungen solidarisieren;
8. die Kritischen und Kompetenten, die auch die Menschenrechtspolitik der Regierung kontrollieren (wollen);
9. die Überzeugten, die die Menschenrechte auch zur Richtschnur des Verhaltens in der Zivilgesellschaft machen;
10. die Verantwortlichen, die sich um die Achtung und den Schutz derer bemühen, für die sie Verantwortung tragen.

Alle diese Typen (und sicher noch viele andere mehr) prägen mit ihrem Bewusstsein und Verhalten die jeweilige Menschenrechtskultur eines Landes. Ihre Verteilung und die Art ihrer Ausprägung bestimmen das erreichte Niveau einer Menschenrechtskultur. Es wird die Aufgabe künftiger Theoriebildung sein, Typologien unterschiedlicher Menschenrechtskulturen zu identifizieren, wie beispielsweise: rudimentäre, gespaltene, fragmentierte, fragile oder konsolidierte Menschenrechtskulturen.

---

[6] *K. Peter Fritzsche*, Menschenrechte, 2. Aufl., 2009.

Zur Schärfung eines analytischen Begriffs der Menschenrechtskultur sollten weiterhin noch folgende Überlegungen bedacht werden:

– Menschenrechtskulturen haben sowohl einen nationalen als auch einen globalen Referenzrahmen.

– Menschenrechtskulturen werden getragen vom menschenrechtlichen Verhältnis zwischen Bürger und Staat wie auch der (Welt-)Bürger untereinander.

– Menschenrechtskulturen reagieren nicht nur auf bestehende Standards und Institutionen, sondern sie bereiten auch neue Interpretationen und Institutionen der Menschenrechte vor.

– Das Konzept der Menschenrechtskultur sollte auch mit dem der Rechtskultur verknüpft werden, mit den „values, expectations and attitudes towards law and legal institutions, which some public or some parts of the public holds".[7] Entscheidend für einen Dialog der Disziplinen (der selbst ein Baustein einer Kultur der Menschenrechte ist), ist die Frage, wie der „magic circle" (Friedmann) der Juristen die Menschenrechte interpretiert, wie sehr sie sie ausschließlich als Rechte verstehen und welche Bedeutung sie deren moralischen und politischen Dimensionen zusprechen.

III. Menschenrechtskultur in der Spannung von Gleichwertigkeit und Diskriminierung

Eine der größten Herausforderungen für die Entwicklung einer Menschenrechtskultur ist, dass sie sich als eine Kultur der Anerkennung gleicher Würde und Rechte durchsetzen muss gegen die weltweit verbreiteten Strömungen und Haltungen, die Menschen auf der Basis unterschiedlicher Merkmale, Eigenschaften, Herkünfte, Abstammungen oder Zuschreibungen diskriminieren. Die Menschenrechte sind ja gerade eine Reaktion auf diese Ideologien und Politiken der Ungleichwertigkeit und die Auseinandersetzung mit diesen Gegenströmungen bleibt eine permanente Aufgabe. Bislang ist deren Lösung bestenfalls partiell gelungen. Zwar haben wir beispielsweise mit der UN-Antirassismus-Konvention ein wichtiges Instrument, das Staaten verpflichtet, die in der Konvention festgeschriebenen Menschenrechte der Nicht-Diskriminierung zu achten, zu schützen und zu gewährleisten. Allerdings kann erst eine verbreitete Anerkennung und Respektierung der den Menschenrechten zugrunde liegenden Werte und Normen der Nicht-Diskriminierung durch die Mitglieder der Gesellschaft zu ihrem vollen Erfolg führen. Auch wenn dem Staat mit seiner Anti-Diskriminierungspolitik eine entscheidende Verantwortung zukommt, bleiben auch ein Jeder und eine Jede in der Verantwortung eines menschenrechtskonformen Verhaltens. Menschenrechtskulturen manifestieren sich also nicht nur in den Beziehungen der Bürger zum Staat, sondern auch in den Beziehungen der Bürger untereinander.

Wie groß die Anti-Diskriminierungsdefizite bei der Entwicklung von Menschenrechtskulturen weltweit sind, zeigen sowohl die jeweiligen Berichte der UN-Aus-

---

[7] *L. Friedman*, The legal system: A Social Science Perspective, 1975, 223.

schüsse als auch die vielfältigen wissenschaftlichen Studien zu Rassismus, Antisemitismus, Islamophobie, Homophobie. Weiterführend sind in diesem Zusammenhang auch die vergleichenden jährlichen Studien der Forschergruppe zur „gruppenbezogenen Menschenfeindlichkeit" (zuerst nur für Deutschland, jetzt auch für andere europäische Länder), die empirisch aufzeigen, welche Zusammenhänge zwischen unterschiedlichen Formen der Diskriminierung und Abwertung bestehen.[8] Zukünftige Reflexionen zur Menschenrechtskultur müssen diese Befunde systematisch berücksichtigen und Antworten suchen auf die Frage, wie sich die Werte und Haltungen der Gleichwertigkeit und Gleichberechtigung durchsetzen können gegen die Ideologien, Interessen und Machtressourcen derjenigen, die diskriminieren. Wie sehr eine Menschenrechtskultur sich entwickelt (hat), wird sich vorrangig daran „messen" lassen, wie sehr Diskriminierungen in Staat und Gesellschaft kritisiert, begrenzt, zurückgedrängt und sanktioniert werden.

IV. Menschenrechtskultur in der Spannung von Entgrenzung und Begrenzung

Eine radiale Herausforderung für uns alle sind Menschenrechte von Flüchtlingen. Wir alle müssen uns fragen, inwiefern wir bereit sind, Menschenrechte allen Menschen zuzugestehen und nicht nur exklusiv in der Form der Bürgerrechte für Staatsbürger zu reservieren. Unterstützen „wir" den Menschenrechtsschutz von Flüchtlingen oder bemühen wir uns um Schutz vor den Flüchtlingen? Analytisch ist zu fragen, inwieweit die real existierenden Menschenrechtskulturen eher ausschließende oder aufnehmende, eher diskriminierende oder anerkennende Tendenzen beinhalten. Normativ ist zu fragen, was denn eine anzustrebende Menschenrechtskultur für den Umgang mit Flüchtlingen bedeuten müsste. Inwieweit ist die europäische Flüchtlings- und Migrationspolitik, die zunehmend mit dem Begriff der „Festung Europa" kritisiert wird, Widerspielung eines gesellschaftlichen Klimas oder schafft sie dieses erst? Gerade in der Auseinandersetzung mit der „Flüchtlingsfrage" vermag das Konzept der Menschenrechtskultur seine kosmopolitische, seine Grenzen sprengende Radikalität zu zeigen. Aufgabe künftiger Theorieentwicklung wird es sein, stärker die nationale und die globale Dimension von Menschenrechtskulturen zu integrieren.

V. Menschenrechtskultur in der Spannung von unteilbaren und halbierten Menschenrechten

Wenn man über „die Menschenrechte" spricht, hat man nur in seltenen Fällen alle Menschenrechte im Blick. Zumeist geht es um ein bestimmtes Menschenrecht, das gefährdet ist oder verletzt wird oder um bestimmte Gruppen von Menschenrechten. Die selektive Fokussierung auf bestimmte Menschenrechte kann sowohl durch un-

---

[8] *A. Zick/ B. Küpper/ A. Hövermann*, Die Abwertung der anderen: Eine europäische Zustandsbeschreibung zu Intoleranz, Vorurteilen und Diskriminierung, 2011.

terschiedliche Betroffenheit und Problemlagen verursacht werden, wie auch durch unterschiedliche ideologische Deutungen der Menschenrechte, die deren Wahrnehmung und Wertschätzung beeinflussen. Seit der Wiener Weltmenschenrechtskonferenz 1993 gehört es zum Diktum des internationalen Menschenrechtsdiskurses, dass die Menschenrechte als unteilbar anzusehen sind. Dies ist eine klare und starke Zielstellung für die Entwicklung einer Menschenrechtskultur, in der keine Menschenrechte als vor- oder nachrangig angesehen werden sollen. Damit sollte v. a. die ideologisch aufgeladene Entgegensetzung von politisch-bürgerlichen Rechten, die eher durch „den Westen" favorisiert wurden und den wirtschaftlichen, sozialen und kulturellen Rechten, die besonders von „dem Osten" bevorzugt wurden, überwunden werden. Aber auch wenn nach dem Ende der Block-Konfrontation endlich neu über alle Generationen von Menschenrechten gesprochen werden konnte, führte dies nicht gleich zu einer allgemein verbreiteten gleichrangigen Wahrnehmung (und auch nicht zu einem gleichrangigen Schutz!). Für die Analyse der real existierenden Menschenrechtskulturen stellt sich deshalb die drängende Frage: Wie weit ist diese „Botschaft" der unteilbaren Rechte bereits in den Staaten und Gesellschaften angekommen oder prägen noch Kontinuitätslinien einseitiger Wahrnehmungen und Wertschätzungen eine „halbierte" Menschenrechtskultur?

VI. Menschenrechtskultur in der Spannung von Universalität und Partikularität

Das Konzept der Menschenrechtskultur vermag auch die Debatte über die Universalität der Menschenrechte zu bereichern. Zusätzlich zu den teils akademischen teils politischen Zurückweisungen einer Relativierung der Menschenrechte, bleiben wir herausgefordert zu zeigen, wie sich das Projekt der Universalisierung der Menschenrechte entwickeln kann angesichts von vielfältigen ablehnenden Haltungen von Menschen, die bedingt durch ihre Geschichte, Tradition, Kultur, Religion und / oder Gesellschaft eine andere Sicht auf die Menschenrechte haben. Wie kann es gelingen, den Universalitätsanspruch der Menschenrechte so durchzusetzen, dass relativierende Einwände nicht nur argumentativ zurückgewiesen werden, sondern, dass die mit diesen Einwänden verbundenen menschenrechtsskeptischen und -kritischen Einstellungen überwunden werden können? Wenn man sich einig ist, was denn die Essentials der Menschenrechte sind, die universelle Anerkennung beanspruchen, wäre empirisch zu prüfen, wie sich die Konflikte und Kontroversen zwischen den „Lagern" der Anerkennenden und denen, die diese Anerkennung verweigern, entwickeln. Zum Konzept einer universellen Kultur der Menschenrechte gehört nicht nur die normative Bestimmung, welche spezifischen Auslegungen der Menschenrechte noch mit dem Anspruch universell gültiger Menschenrechte kompatibel sind. Ein Konzept zur Entwicklung einer universellen Kultur der Menschenrechte müsste auch analysieren, wer von den Ablehnern und Relativierern für die Anerkennung der Menschenrechte zu gewinnen ist.

VII. Menschenrechtskultur in der Spannung von Exklusion und Inklusion

Die UN-Konvention zum Schutz der Rechte von Menschen mit Behinderungen markiert einen Paradigmenwechsel von einer Behindertenpolitik der Wohltätigkeit zu einer Behindertenpolitik der Menschenrechte und vom Defizit- zum Diversity-Ansatz: Menschen mit Behinderungen sollen als anders, aber nicht als defizitär behandelt werden, sie sind als Teil gesellschaftlicher Normalität anzuerkennen. Sie haben ein Recht auf selbst bestimmte Lebensführung und gleichberechtigte Teilnahme am öffentlichen Leben, dies muss durch Barrierenbeseitigung und den Ausgleich behinderungsbedingter Nachteile ermöglicht werden. Der Begriff der „Inklusion" steht für eine zentrale Forderung der UN-Behindertenrechtskonvention insgesamt, der über das hinausgeht, was traditionell mit „Integration" gemeint ist. Die Konvention ist ein instruktives Beispiel für eine Dynamik, in der entscheidende Impulse für die Entwicklung der Menschenrechtskultur von den Institutionen ausgehen können! Einerseits lässt sich zwar konstatieren, dass die Konvention selbst ein verändertes Bewusstsein ausdrückt, andererseits aber wirkt – zumindest für Deutschland lässt sich das belegen – die Konvention wie ein Motor, der die Diskussion über die Politik und gesellschaftliche Praxis der Inklusion weit voran getrieben hat. Auch wenn die Europäische Grundrechte-Agentur weiterhin Diskriminierungen dokumentiert[9], so gibt es doch eine neue Öffentlichkeit für das Thema. Auch wenn ein geringer Kenntnisstand der allgemeinen Bevölkerung zu beklagen ist, und sich eine Veränderung eher noch in behindertenpolitischen Fachdiskussionen ausdrückt, so ist doch auch ein Ausstrahlen der Inklusionsdebatte auf andere Diskurse festzustellen.[10]

VIII. Menschenrechtskultur als kommunale Alltagskultur und globale Kultur

Schon Eleanor Roosevelt hatte im Kontext der Erarbeitung der Allgemeinen Erklärung der Menschenrechte unterstrichen, dass die Menschenrechte gerade in unserem Alltag wahrnehmbar sein müssen. Ein Raum, in dem diese Erfahrbarkeit besonders gegeben ist, ist der kommunale Erfahrungsraum der Stadt. Diejenigen Städte, die sich der „Europäischen Charta für den Schutz der Menschenrechte in der Stadt" verpflichtet haben, haben besondere Möglichkeiten geschaffen, damit Menschenrechte als „Alltagskultur" erlebbar werden. Ein gutes Beispiel in Europa ist die Stadt Salzburg, die auch in einer Studie ihre kommunale Menschenrechtsarbeit reflektiert und dokumentiert hat. Sie ist bemüht, dass „die abstrakten Menschenrechtsnormen auf kommunaler Ebene für die einzelnen Menschen als Trägerinnen und Träger der Menschenrechte tatsächlich bewusst, wirksam, spürbar und erfahrbar

---

[9] fra.europa.eu/fraWebsite/disability/disability_en.htm (besucht am 20.06.2012).

[10] Inklusion als menschenrechtliche Leitnorm – staatliche Verpflichtung und zivilgesellschaftliche Verantwortung, Jahrestagung 2012 des Vereins für Sozialplanung, Steinbach, 24./25.05.2012.

gemacht werden, um im Sinne einer Kultur des gegenseitigen Respekts die städtische Solidarität im Zusammenleben zu befördern und zu sichern."[11] Dieser Ansatz kommunaler Verankerung und Verortung verbindet das Argument des nahen Raums mit dem der Alltäglichkeit und Erlebbarkeit. Menschenrechtskultur wird hier verstanden als eine Lebensweise, die sich an den Werten orientiert, die den Menschenrechten zugrunde liegen.[12]

Die Menschenrechte haben neben dem lokalen Fokus aber auch eine globale Dimension. Seit 1948 erleben wir einen Prozess zunehmender internationaler Verantwortung für den Schutz der Menschenrechte, und einen Prozess wachsender globaler Öffentlichkeiten gegenüber Menschenrechtsverletzungen. Das, was anfangs zunächst nicht mehr als ein Ideal weltweiter Aufmerksamkeit und eine Solidarisierungsbereitschaft mit Opfern von Menschenrechtsverletzungen war, wurde mit der Entwicklung transnationaler NGOs mehr und mehr Wirklichkeit. Gestützt auf die Ressourcen des Internet haben sich neue Öffentlichkeiten entwickelt, in denen weltweite Wellen und Bewegungen der Empörung und des Engagements möglich wurden. Wenn die globalen Mobilisierungskampagnen auch oft ohne die erwünschte Nachhaltigkeit bleiben, so hat doch das Beispiel der weltweiten Kampagne „Stop Kony" gezeigt, wie es möglich ist, mit Hilfe neuer Medien in kürzester Zeit über 80 Millionen Menschen für ein Menschenrechtsthema zu interessieren. Auch diese globale Dimension ist Bestandteil der sich entwickelnden Menschenrechtskulturen, die sich in der Spannung von lokaler, nationaler, regionaler und globaler Kultur entwickeln.[13]

IX. Menschenrechtskultur und Protestbewegungen

Das Konzept der Menschenrechtskultur beinhaltet aber nicht nur die Perspektive der Anerkennung und der Konsolidierung bereits kodifizierter Menschenrechte und der Unterstützung bestehender Menschenrechtsinstitutionen. Der Blick richtet sich auch auf Möglichkeiten des politischen und sozialen Wandels als Folge eines Bewusstseinswandels entrechteter Menschen. So erforderlich es für die Stärkung bestehender Menschenrechtsinstitutionen ist, dass sie kulturell gestützt werden, so „bewegend" ist es, wenn Menschen, denen die Wahrnehmung ihrer Rechte verweigert wird, sich für diese einsetzen und damit auch um andere Verhältnisse ringen. Es macht Sinn, gerade auch Menschenrechtsbewegungen in autoritären und diktatorischen Verhältnissen unter der Perspektive einer sich entwickelnden Menschenrechtskultur zu untersuchen. Welche Kraft des Wandels vermögen diejenigen zu entfalten, die um ihre vorenthaltenen Rechte wissen und für sie kämpfen. Wie sehr gelingt es, aus zunächst nur partikularen Interessen einzelner diskriminierter Gruppen, ein übergrei-

---

[11] www.stadt-salzburg.at/pdf/menschenrechtsstadt_salzburg_bericht_2010.pdf (besucht am 20.06.2012).

[12] www.menschenrechte-salzburg.at/fileadmin/menschenrechte/user/mr-berichte/MR-Bericht.2010.pdf (besucht am 20.06.2012).

[13] www.kony2012.com/ (besucht am 20.06.2012).

fendes Engagement für die Rechte aller zu entfachen? Wie erfolgreich führen an den Menschenrechten orientierte Protestbewegungen schließlich zu neuen Verhältnissen und auch neuen Institutionen, die die Menschenrechte dauerhaft schützen können? Inwiefern und wann wird eine neu entwickelte Menschenrechtskultur zu einer Art Sprengkraft gegenüber repressiven und diskriminierenden Verhältnissen und Institutionen? Die Protestbewegungen während des „arabischen Frühlings" sind ein Beispiel für eine Entwicklung, in der gewandelte Menschenrechtskulturen nach neuen Institutionen des Schutzes suchten. Gleichzeitig wird aber auch die Aufmerksamkeit auf die Kräfte gelenkt, die die Menschenrechte aus Gründen der Macht oder der Religion ablehnen oder relativieren.

X. Menschenrechtskultur braucht Menschenrechtsbildung

Nach dieser Skizze zu Menschenrechtskulturen, bleibt noch die Frage, welche Faktoren denn die Entwicklung von Menschenrechtskulturen fördern? Historische Erfahrungen und kollektive Lernprozesse können sicherlich zu den wesentlichen Faktoren gezählt werden. Aber auch der Bildung wird ein starker Einfluss zugeschrieben. Jose Ayala Lasso gibt in seiner anfangs zitierten Rede folgende Antwort:

> „But where do we actually begin the work of building such a culture? How can the impact of the Universal Declaration be felt most personally? A culture of human rights can only be achieved by educating people of all ages, in positions of influence and positions of vulnerability, about what human rights are and what is required for their continued protection…".[14]

Education matters! So lautet die Devise und Hoffnung. Das was von Lasso hier noch allgemein als Bildung ins Feld geführt wird, hat sich mittlerweile als Menschenrechtsbildung ausdifferenziert und ist mehr als nur eine Vision.

Die Entwicklung der Menschenrechtsbildung hat sich sowohl auf einer programmatisch-normativen als auch auf einer praktischen Ebene vollzogen. Auf nationaler Ebene hatte die deutsche Kulturministerkonferenz bereits im Jahr 1980 differenzierte Empfehlungen zur Menschenrechtsbildung formuliert (die so auch für Gesamtdeutschland 2000 noch einmal bestätigt wurden). International gelangte die Menschenrechtsbildung in der Folge der UNESCO-Weltkonferenz 1993 in Montreal verstärkt ins Bewusstsein einer breiten internationalen Öffentlichkeit. In den Dokumenten der UN-Dekade für Menschenrechtsbildung, des Weltprogramms und zuletzt in der UN-Deklaration für Menschenrechtsbildung und Training wurde die Menschenrechtsbildung auf ihren Beitrag zur Entwicklung der Menschenrechtskultur verpflichtet. Folgende große Entwicklungslinien der Menschenrechtsbildung lassen sich erkennen: die Profilierung ihrer Inhalte, die Internationalisierung ihrer Förderung, die NGOisierung der Bildungsangebote, die Differenzierung ihrer Angebote gemäß den Adressatengruppen, die Professionalisierung der Bildner, die Sensibili-

---

[14] *Lasso* (Fn. 1).

sierung für unterschiedliche politische und kulturelle Kontexte. Das Recht auf Menschenrechtsbildung ist mittlerweile selbst zu einem anerkannten Menschenrecht geworden.[15]

Trotz ihrer wachsenden Professionalisierung sieht sich die Menschenrechtsbildung einer Herkules-Aufgabe bei der Entwicklung von Menschenrechtskulturen gegenüber, denn sie ist mit all dem konfrontiert, was ich vorher als Bestandteil real existierender Menschenrechtskulturen skizziert habe. Die Widerstände und Ablehnungen, die Ideologisierungen und Instrumentalisierungen, die Intoleranz und Indifferenz gehören auch zu ihren Ausgangsbedingungen und Herausforderungen. Gleichwohl: Wenn sie sich nicht durch äußere Erwartungen überfordern lässt und wenn Bildungsangebote, die nur mittel- und langfristig Wirkung entfalten können, nicht verwechselt werden mit kurzfristigen politischen Interventionen, dann kann die Menschenrechtsbildung dazu beitragen, dass aus rudimentären Menschenrechtskulturen konsolidierte Menschenrechtskulturen werden. Und auch für diese gilt: Nicht alle müssen alles über die Menschenrechte wissen und nicht ein Jeder und eine Jede muss sich für alle Menschenrechtsfälle engagieren. Dort, wo sich Expertise mit Engagement verbindet und verbündet, werden Menschenrechtskulturen sich weiter entwickeln. Zur Entwicklung von Expertise und zur Stärkung des Engagements bleibt Menschenrechtsbildung unverzichtbar.

---

[15] *K. Peter Fritzsche*, in: A. Pollmann/G. Lohmann (Hrsg.), Menschenrechte, Ein interdisziplinäres Handbuch, 2012, 443 ff.

Is the European Court of Human Rights in the danger of overreaching?

By *Jochen A. Frowein*

I. The background

This author was a member of the European Commission of Human Rights during the period when what he had frequently called a "sleeping beauty", the European Convention on Human Rights, was waken up by the Commission.[1] In several important cases which the Commission brought before the Court the case-law was beginning to influence member States. Of course, there were quite a few cases where States at first argued that the Commission and then the Court had gone too far. When the Commission declared admissible the case of Farrell v. The United Kingdom there was an uproar in the British press. The case concerned the use of deadly force against people presumed to be IRA terrorists, who, however, turned out to be simple criminals. The Commission declared the case admissible because the British soldiers who killed the criminals had orders to shoot to kill without making it possible to arrest the victims. The Commission saw an issue because Art. 2 of the Convention does not permit the killing of people in order to arrest as the Government had argued. The death may be the consequence of the use of firearms, but can never be the intended result where an arrest should take place. The case was settled by a friendly settlement where the Commission insisted that some, although light criticism of the British practice was shown.[2]

Another case where the issue of overreaching was seen to be present by many British lawyers at first was the case Tyrer v. The United Kingdom. The famous dissenting opinion by Sir Gerald Fitzmaurice, the British judge at the Court, a very renowned international lawyer, showed this approach.[3] However, it did not take long until British lawyers accepted that the Tyrer Report by the Commission and the Judgment of the Court finding degrading treatment in the procedure of birching and therefore a violation of Art. 3 was correct. There are, however, some more recent judgments by the Grand Chamber of the European Court of Human Rights which raise the issue of overreaching again. The cases of Hirst v. The United Kingdom and Herrmann v. Germany are examples for the problem.

---

[1] See *Ed Bates*, The Evolution of the European Convention on Human Rights, 2010.
[2] DR (Decisions and Reports) 30, 96; friendly settlement DR, 38, 44.
[3] A 26 (1978), 14 ff; dissenting opinion.

II. The right of prisoners to vote

In Hirst the Court has found that the absolute ban by British law for convicted prisoners to vote is a violation of the Convention.[4] In earlier times the Commission had held that a Dutch rule according to which prisoners serving a longer sentence could not vote was compatible with the Convention.[5] In the case of Scoppola v. Italy of 22 Mai 2012 the Court confirms that a system under which a prisoner convicted for life time may not vote is not a violation of the Convention.[6] The question arises how the Court can draw the line between a violation and a non-violation when considering different systems regulating the right of prisoners to vote. The Court rightly underlines that prisoners do not, by serving a prison sentence, loose all Convention rights. They do not enjoy the right to personal liberty guaranteed by Art. 5 of the Convention because of the conviction. However, they may enjoy many other Convention rights. This author remembers well the cases of Hamer and Draper concerning the right to marry in prison where the Commission held that it was a violation of the Convention not to make it possible for prisoners to marry.[7] The United Kingdom changed the practice without bringing the cases before the Court. The right to marry is a fundamental human right and there is no reason to limit a prisoner's right in that respect even if there is no possibility of cohabitation.

The right to vote is the only political right in the Convention. In the history of institutions it can be said that the right to vote is connected with the idea of a free man or a free person. A prisoner is not, in this sense, a free man or a free person. He or she has forfeited his or her right to liberty. The European Court of Human Rights, in the Hirst case, accepts that the limitation by the British system pursues the aim of preventing crime by sanctioning the conduct of convicted prisoners and also of enhancing civic responsibility and respect for the rule of law.[8] The Court does not exclude these aims as untenable or incompatible per se with the right guaranteed under Art. 3 of Protocol No. 1. If this is correct, it is difficult to argue that the rule of proportionality may be applied under those circumstances. One would think that if the aim argued by the British Government to enhancing civic responsibility and respect for the rule of law are compatible with the Convention the fact alone that somebody is convicted to a prison sentence must be sufficient for loosing the right to vote during the time in prison. It is not the intention to submit that this is the most appropriate rule. More nuanced systems are much preferable. However, what is very difficult to understand is that the Court accepts the aim to enhance civic responsibility and respect for the rule of law as proper aims for the restriction but nevertheless uses the proportionality principle to come to a violation of the Convention where an absolute ban exists. This is at least near a contradiction.

---

[4] Hirst v. UK (No. 2), 6 October 2005.

[5] DR 33, 246.

[6] Scoppola v. Italy (No. 3), 22 May 2012.

[7] Hamer DR 24, 14; Draper DR 24, 72.

[8] Par. 74.

In the judgment Scoppola v. Italy the Court deals with the criticism by the United Kingdom Government of the reasoning in the Hirst case. It reaffirms the principle that when the disenfranchisement affects a group of people generally, automatically and indiscriminately based solely on the fact that they are serving a prison sentence, irrespective of the length of the sentence and irrespective of the nature or gravity of their offence and their individual circumstances it is not compatible with Art. 3 of Protocol No. 1.[9] The Court rejects the idea expressed by a Chamber that the decision must be taken by a judge. However, the Court does not at all deal with the question whether the aim recognized in Hirst can really be reached by a system which does not automatically deprive prisoners of the right to vote. If the aim recognized in Hirst to further the respect for the rule of law and have a certain educational effect it does not seem consistent to limit that to specific prison sentences. This is even more striking if one compares it with the approach the Court showed when confronted with very far-reaching limitations by underlining that the States develop their "democratic vision" in shaping electoral laws.[10]

III. Hunting rights on foreign property

By the judgment of Herrmann v. Germany the Court held on 26 June 2012 that a violation of Art. 1 of Protocol No. 1 occurs where hunting rights can be exercised against the decision of the landowner.[11] The Court concludes that the obligation to tolerate hunting on their property imposes a disproportionate burden on landowners who, like the applicant in the present case, are opposed to hunting for ethical reasons.[12] In a dissent it is stated that the Court has allowed itself to be drawn unnecessarily into the micro management of problems which do not need a solution at European level and would be better solved by national parliaments and national hunting authorities. In the view of the dissenters this is an excellent example of a case in which the principle of subsidiarity should be taken very seriously.

Hunting rights are in all countries influenced by the specific history of the country and the question to what extent property rights, by themselves, always include the right to hunt. In the cases Chassagnou v. France, Schneider v. Luxembourg and Herrmann v. Germany the Court found that the obligation to tolerate hunting on their property imposes a disproportionate burden on landowners who are opposed to hunting for ethical reasons.[13] This means that the Court has introduced a specific right of owners of large agricultural or forest properties to refuse abiding by general legislation because of ethical reasons. This is a far-reaching step. Considering to what extent

---

[9] Par. 96.
[10] Zdanoka v. Latvia, 3.11.2006, par. 103.
[11] Herrmann v. Germany, 26 June 2012.
[12] Par. 93.
[13] Chassagnou and others v. France, 29 April 1999; Schneider v. Luxembourg, 10 July 2007.

agricultural and forest properties are subject to severe regulations concerning the preservation of forests, the possibility to use agricultural land and to plant or not to plant crops which have not been used on the property one wonders whether ethical grounds cannot be found to refuse the application of legislation in many other situations. The problem of gene alterations may be a good example. Commission and Court have held in many cases that there are no reasons to refuse to pay taxes for ethical reasons.[14] The Court in the cases concerning hunting does not address the issue why the situation is different here. The dissenting judges underline that the applicant had inherited the property from his mother and did not, for 10 years, complain about a human right's violation. They further stress that he was not even aware that animals were being raised on his property for slaughter by a farmer. This seems to show that the applicant created a specific case by construing his ethical objections to hunting after 10 years.

IV. Conclusion

Overreaching is certainly a difficult notion in the context of developing the case-law of the European Court of Human Rights. However, it would seem that the Court must be aware of the difficulties arising if many member States gain the impression that the Court goes beyond what can be considered a reasonable consensus as to European standards. Eckart Klein to whom these thoughts are dedicated is fully aware of the dangers of overreaching as is shown by his masterly commentaries on the limits of the jurisdiction of the German Federal Constitutional Court.[15]

---

[14] DR 37, 142, 147; Leyla Sahin v. Turkey, 2005-XI, par. 105.

[15] Compare *E. Klein* in: Benda/Klein, Verfassungsprozessrecht, 3. Aufl. 2012, § 39, p. 541 seq.

„Third Parties" im Verfahren vor dem Europäischen Gerichtshof für Menschenrechte

Von *Christoph Grabenwarter*

I. Einleitung

Vor internationalen Gerichten ist – ähnlich wie im Verfahren vor nationalen Gerichten – vorgesehen, dass der Kreis der Verfahrensbeteiligten im Wesentlichen auf die Parteien des Verfahrens beschränkt ist. Dies gilt auch für die internationalen Menschenrechtsgerichtshöfe, namentlich den Interamerikanischen Gerichtshof für Menschenrechte (IAGMR) und den Europäischen Gerichtshof für Menschenrechte (EGMR).

Vor beiden Gerichtshöfen ist jedoch vorgesehen, dass auch jenseits der Parteien dritte Personen oder Organisationen intervenieren können. Der folgende Beitrag beschäftigt sich mit der Beteiligung Dritter am Verfahren der Individualbeschwerde vor dem Europäischen Gerichtshof für Menschenrechte, einem Organ des internationalen Menschenrechtsschutzes, in dem auch *Eckart Klein* gewirkt hat.[1] Nach Art. 36 EMRK können unter bestimmten Voraussetzungen Dritte am Verfahren vor dem EGMR beteiligt werden. Der folgende Beitrag unternimmt es, eine Typologie der Drittbeteiligten („*third parties*") zu entwerfen, um anschließend die Praxis des EGMR zu beleuchten und im Schlussteil Probleme dieser Praxis mit möglichen Perspektiven für die Zukunft zu erörtern.

II. Die Rechtsgrundlagen

Art. 36 EMRK und Art. 44 der Verfahrensordnung des EGMR (VerfO) sehen unter bestimmten Voraussetzungen die Beteiligung Dritter am Verfahren der Individualbeschwerde vor („*third party intervention*"). Die Beteiligung kann entweder von Amts wegen oder auf Antrag bzw. Anzeige erfolgen. Voraussetzung ist die Zustellung der Beschwerde an die Regierung jenes Staates, gegen den die Beschwerde gerichtet ist.

Von Amts wegen können – abgesehen von den Verfahrensparteien – alle Mitgliedstaaten und „jede betroffene Person", die nicht Beschwerdeführer ist, im Interesse

---

[1] *Eckart Klein* wirkte neben seiner langjährigen Tätigkeit im Menschenrechtsausschuss der Vereinten Nationen an mehreren EGMR-Verfahren als Ad-hoc-Richter mit, zuletzt etwa in EGMR, *Wasmuth ./. Deutschland*, 12.884/03, Urt. vom 17. Feb. 2011. In diesem Verfahren traten die deutschen Kirchen als Drittbeteiligte auf.

der Rechtspflege durch den Kammerpräsidenten beteiligt werden (Art. 36 Abs. 2 EMRK, Art. 44 Abs. 3 lit. a VerfO).

Eine Beteiligung kann auch auf Antrag erfolgen, wobei die Verfahrensordnung bestimmte Anforderungen an diese Anträge stellt. Diese müssen mit einer „gebührenden" Begründung versehen werden und innerhalb von zwölf Wochen nach Zustellung der Beschwerde an die beschwerdegegnerische Regierung schriftlich in einer der Amtssprachen eingereicht werden (Art. 44 Abs. 3 lit. b VerfO).

III. Typologie von Drittbeteiligten

Die Praxis der Intervention von Drittbeteiligten reicht in die siebziger Jahre des 20. Jahrhunderts zurück, als es hierfür noch keine Rechtsgrundlage in der EMRK gab. Im Fall *Young, James und Webster* ließ der EGMR eine Stellungnahme der britischen Gewerkschaft Trade Union Congress (TUC) zu, im Fall *Winterwerp* nahm mit Großbritannien erstmals ein vom belangten Staat verschiedener Mitgliedstaat im Wege einer Stellungnahme an einem Beschwerdeverfahren gegen die Niederlande teil.[2]

Der Text der EMRK enthält Hinweise auf drei verschiedene Arten von Drittbeteiligten. Art. 36 Abs. 1 enthält eine Regelung für die Beteiligung anderer Mitgliedstaaten. Abs. 3 enthält eine Sonderregel für den Kommissar für Menschenrechte des Europarates und Abs. 2 erwähnt neben den anderen Mitgliedstaaten „betroffene Personen".

Vor dem Hintergrund dieser Regelung lassen sich im Spiegel der Praxis des Gerichtshofes im Wesentlichen vier verschiedene Arten von Drittbeteiligten unterscheiden:

1. die vom belangten Staat verschiedenen Mitgliedstaaten,

2. Internationale Organisationen und ihre Organe,

3. Nichtregierungsorganisationen (NGOs) und Verbände sowie schließlich

4. Verfahrensparteien im innerstaatlichen Verfahren.

1. Mitgliedstaaten

Mitgliedstaaten können auf Antrag oder von Amts wegen beteiligt werden. Für Mitgliedstaaten, die nicht von vornherein Partei eines Verfahrens sind, gibt es zwei verschiedene Möglichkeiten der Beteiligung. Ist der Beschwerdeführer Staatsangehöriger des betreffenden Staates, so kann dieser Mitgliedstaat ohne weitere Vor-

---

[2] EGMR, *Young, James und Webster ./. Großbritannien*, 7601/76; 7806/77, Urt. vom 13. Aug. 1981, Z. 8; EGMR, *Winterwerp ./. Niederlande*, 6301/73, Urt. vom 24. Okt. 1979, Z. 7.

aussetzung in allen bei einer Kammer oder der Großen Kammer anhängigen Rechtssachen schriftliche Stellungnahmen abgeben und an der mündlichen Verhandlung teilnehmen (Art. 36 Abs. 1 EMR). Nach Art. 44 Abs. 1 lit. b VerfO müssen solche Mitgliedstaaten ihre Absicht einer schriftlichen Stellungsnahme bloß anzeigen. Überdies ist für diese Staaten die Möglichkeit der Teilnahme an der Verhandlung ohne Einschränkungen vorgesehen.

Für die übrigen Mitgliedstaaten gilt die allgemeine Regelung des Art. 36 Abs. 2 EMRK. Hier liegt es formal im Ermessen des Präsidenten des Gerichtshofes (in der Praxis des Kammerpräsidenten), dem Staat Gelegenheit zu geben, schriftlich Stellung zu nehmen oder (ausnahmsweise) an den mündlichen Verhandlungen teilzunehmen. Die Praxis des Gerichtshofes zeigt, dass Staaten jedenfalls dann, wenn sie von sich aus Stellung nehmen möchten, regelmäßig vom Präsidenten zugelassen werden.

2. Internationale Organisationen und ihre Organe

Deutlich vielfältiger ist das Bild bereits bei Internationalen Organisationen und ihren Organen. Je nach Organisationszweck und Kompetenz einzelner Organe dient ihre Beteiligung ganz unterschiedlichen Zielen. Vergleichbar der Beteiligung von Mitgliedstaaten kann auch hier die Interessenwahrung im Vordergrund stehen.[3]

Der EGMR kann aber auch die Beteiligung von Amts wegen in einer Art *amicus curiae*-Beteiligung zulassen, um Hilfestellungen bei der Rechtsfindung zu erhalten. Naheliegenderweise bedient sich hier der EGMR auch sachverständiger Einrichtungen des Europarates. Unter diesem Aspekt hat der EGMR in der Vergangenheit wiederholt die Venedig-Kommission beteiligt, ein Expertengremium in Verfassungsfragen im Rahmen des Europarates, das mangels Rechtspersönlichkeit und wohl auch mangels Betroffenheit streng genommen gar nicht den Tatbestand des Art. 36 Abs. 2 EMRK erfüllt.[4] Die Venedig-Kommission erstattete gestützt auf Art. 36 Abs. 2 EMR Stellungnahmen in zwei Verfahren, in denen es um Menschenrechtsverletzungen am Balkan ging.[5]

Der vor einigen Jahren im Europarat eingerichtete Kommissar für Menschenrechte wurde ebenfalls bereits wiederholt als *amicus curiae* beteiligt. Er hat mit dem 14. Protokoll zur EMRK überhaupt eine Sonderstellung erhalten. Nach Art. 36 Abs. 3 EMR darf er in allen bei einer Kammer oder der Großen Kammer anhängigen Rechtssachen schriftliche Stellungnahmen abgeben und an den mündlichen Ver-

---

[3] Vgl. die Beteiligung der EG-Kommission in: EGMR, *Bosphorus Hava Yolları Turizm ve Ticaret Anonim Şirketi ./. Irland* (GK), 45036/98, Urt. vom 30. Juni 2005, Z. 9; s. *L. Hennebel*, RTDH 2007, 641 (652 f.).

[4] Dazu *Hennebel*, RTDH 2007, 647 f.

[5] EGMR, *Bijelić ./. Montenegro und Serbien*, 11890/05, Urt. vom 28. Apr. 2009; EGMR, *Sedić und Finci ./. Bosnien und Herzegovina* (GK), 27996/06 und 34836/06, Urt. vom 22. Dez. 2009.

handlungen teilnehmen. Er ist damit jenen Mitgliedstaaten gleichgestellt, die intervenieren, wenn der Beschwerdeführer deren Staatsangehörigkcit innehat.[6]

Einen Sonderfall, den man wegen seiner Partikularität jedenfalls am Vorabend des Beitritts der Europäischen Union zur EMRK zwar prominent erwähnen, im Übrigen aber für die Zwecke dieser Analyse beiseite lassen sollte, bilden die Organe der Europäischen Union. Ihre Beteiligung hat ähnliche Zwecke wie die Beteiligung von Mitgliedstaaten, nämlich die Wahrung von Interessen der Organisation; mit der Mitgliedschaft der Europäischen Union in der EMRK wird die Union in den meisten wesentlichen Belangen den Staaten gleichgestellt.[7]

Jenseits dessen sind aber internationale Organisationen in unterschiedlichster Ausprägung unter den Drittbeteiligten vertreten. Hervorzuheben sind Organe der Vereinten Nationen und Organe und Einrichtungen, die zur „Europarats-Familie" gehören. Diese Organisationen und Organe fungieren meist nicht zur Vertretung eigener Interessen, sondern (jedenfalls primär) als Sachverständige im Verfahren, die als *amici curiae* zur Entscheidungsfindung des EMGR beitragen.

3. Nichtregierungsorganisationen und Verbände

In grundsätzlichen Fragen werden regelmäßig Nichtregierungsorganisationen (NGOs) – auf Antrag oder von Amts wegen – beteiligt, deren Zweck der Schutz der Menschenrechte allgemein oder bestimmter Rechte ist.[8] Diese sollen zunächst allgemein zur Auslegung der Menschenrechte und zur Ermittlung der Praxis des Menschenrechtsschutzes beitragen. Die Unterstützung des konkreten Beschwerdeführers ist mit Sicherheit regelmäßig auch ein Ziel der intervenierenden NGOs. Daneben verfolgen internationale NGOs mit menschenrechtlichem Fokus auch die Ziele der Fortentwicklung des Völkerrechts, der Unterstützung der Einwerbung von Spenden etc. und schließlich ganz allgemein der Erzielung von öffentlicher Aufmerksamkeit für menschenrechtliche Themen.[9] Das Auftreten vor internationalen Gerichten wird von diesen NGOs mitunter geradezu als ein wesentlicher Teil ihrer Strategie zur Erreichung ihrer Ziele angesehen.[10]

Ein prominentes Beispiel für zahlreiche Drittbeteiligte insbesondere aus dem Kreis der NGOs bildet das Schulkreuz-Verfahren *Lautsi gegen Italien*[11] vor der Gro-

---

[6] *L. Burgorgue-Larsen*, FS Costa, 2011, 67 (75 ff.).

[7] Statt vieler *W. Obwexer*, EuR 2012, 115 ff.

[8] So wurde im Fall *Karner* die ILGA-Europe (European Region of the International Lesbian and Gay Association) als Verfahrensbeteiligte zugelassen: EGMR, *Karner ./. Österreich*, 40016/98, Urt. vom 24. Juli 2003, Z. 8.

[9] *M. Frigessi di Rattalma*, in: T. Treves et al. (Hrsg.), Civil Society, International Courts and Compliance Bodies, 2005, 57 (58).

[10] *L. van den Eynde*, in: W. Benedek et al (Hrsg.), European Yearbook on Human Rights 11, 2011, 539 (542 ff.).

[11] EGMR, *Lautsi et al. ./. Italien* (GK), 30814/06, Urt. vom 18. März 2011.

ßen Kammer. Zum einen schritten 33 Mitglieder des Europäischen Parlaments ein, daneben der griechische Helsinki-Monitor, eine italienische Organisation zur Gedankenfreiheit (Associazione Nazionale del Libero Pensiero), das European Center for Law and Justice, Eurojuris, die Internationale Juristenkommission, Interights und Human Rights Watch, welche zusammenwirkten. Interessant ist, dass hier auch NGOs zugelassen wurden, die neben nicht weniger als 10 Mitgliedstaaten[12] gegen die Beschwerdeführer auftraten und kollidierende Grundrechte geltend machten, nämlich kirchliche Laienorganisationen aus Deutschland, Frankreich und Italien. In der mündlichen Verhandlung traten neun Vertreter von Mitgliedstaaten auf, ein Teil von ihnen hielt mündliche Plädoyers. Im Fall *Wasmuth gegen Deutschland*, in dem der Beschwerdeführer eine Verletzung in Art. 8 EMRK durch das Verfahren der Erhebung der Kirchensteuer geltend machte, schritten – wiederum gegen den Beschwerdeführer – sowohl die Evangelische Kirche Deutschlands (EKD) als auch der Verband der Diözesen Deutschlands (VDD) als Drittbeteiligte ein.[13]

4. Innerstaatliche Verfahrensbeteiligte

Die Stellung dieser letzten Gruppe ist in der Verfahrensordnung, vor allem aber in der Praxis des EGMR am schwächsten ausgebildet.[14] In Betracht kommen insbesondere Personen, die an den dem Individualbeschwerdeverfahren vorausgegangenen innerstaatlichen Verfahren beteiligt waren, zumeist als (im innerstaatlichen Bereich erfolgreiche) Verfahrensgegner des Beschwerdeführers. Mitunter werden an der Stelle oder an der Seite dieser Privatpersonen nationale Verbände als Drittbeteiligte zugelassen.[15] Ihre Beteiligung erscheint in innerstaatlicher Perspektive geradezu selbstverständlich, in völkerrechtlicher Perspektive hingegen zunächst scheinbar als Fremdkörper. Gerade deshalb wirft diese Gruppe in der Praxis die größten rechtlichen Probleme auf, wie unten zu zeigen sein wird.

IV. Die Zwecke der Drittbeteiligung

Die Übersicht hat gezeigt, dass die Zwecke der Beteiligung von Drittparteien im Verfahren vor dem EGMR verschieden sind. Drei Zwecke lassen sich unterscheiden, die Bereitstellung von Sachverstand, die Interessenvertretung und die Wahrung individueller Rechtspositionen.

---

[12] Armenien, Bulgarien, Zypern, Russland, Griechenland, Litauen, Malta, Monaco, Rumänien und San Marino.
[13] EGMR, *Wasmuth ./. Deutschland*, 12884/03, Urt. vom 17. Feb. 2011.
[14] *Hennebel*, RTDH 2007, 641 (652 m. w. N.).
[15] Im Verfahren im Fall *von Hannover* wurde etwa der Verband deutscher Zeitschriftenverleger (VDZ) als Drittbeteiligter zugelassen: EGMR, *von Hannover ./. Deutschland*, 59320/00, Urt. vom 24. Juni 2004, Z. 6; *Hennebel*, RTDH 2007, 655.

Das erste Ziel liegt dem Grundgedanken des *amicus curiae*-Systems am nächsten. Organe internationaler Organisationen und Expertengremien verschaffen dem EGMR *Spezialwissen* in Fragen, die nicht zum täglichen Geschäft des Straßburger Gerichtshofes gehören. Die Beteiligung entsprechender Institutionen reduziert den Aufwand des Gerichtshofes bei der Recherche und der Begründung und sie erhöht die Autorität der Entscheidungen des EGMR.

Bei der *Interessenvertretung* ist wiederum zu unterscheiden. Weltweit agierende NGOs benutzen Verfahren vor internationalen Gerichten mittlerweile zum Teil strategisch zur Durchsetzung ihrer Ziele, die sich allesamt im Wesentlichen der Förderung des weltweiten oder regionalen Menschenrechtsschutzes verschrieben haben.[16]

Ähnliche Ziele verfolgen Interventionen von NGOs, die auf nationaler Ebene eingerichtet sind und agieren. Gerade im mehrpoligen Grundrechtsverhältnis können aber auch Organisationen und Verbände einschreiten, die kollidierende Grundrechtspositionen geltend machen, wie sich in der Vergangenheit vor allem in Fällen im Zusammenhang mit der Religionsfreiheit durch die Beteiligung von Kirchen und kirchennahen Organisationen gezeigt hat. Ebenfalls in die Kategorie der Interessenvertretung gehört die Beteiligung anderer Mitgliedstaaten. Hier geht es schlicht darum, nationale und öffentliche Interessen von Mitgliedstaaten frühzeitig in das Verfahren einzubringen, die andernfalls erst in einem späteren Verfahren zur Sprache kämen.

Was das dritte Ziel der Verteidigung *individueller Interessen* betrifft, so sind hier die Drittbeteiligten überwiegend Beteiligte im innerstaatlichen Verfahren, die häufig Rechtspositionen verteidigen, die jenen des Beschwerdeführers entgegengesetzt sind. Ihre Beteiligung hat aus der Sicht des individuellen Grundrechtsschutzes vor allem die Funktion, die Waffengleichheit, die im innerstaatlichen Verfahren für die entsprechenden Prozessstadien gefordert ist, auf internationaler Ebene fortzusetzen und zu erhalten.

V. Fragen der Praxis

In den ersten Jahrzehnten der Geltung der EMRK gab es noch keine Rechtsgrundlage für die Beteiligung Dritter. Auch der heutige Konventionstext bildet das Spektrum der Praxis nur eingeschränkt ab. Zu bedenken ist, dass Art. 36 Abs. 2 EMRK Drittbeteiligte „im Interesse der Rechtspflege" zulässt und den Kreis auf „betroffene Personen" erstreckt. Der Wortlaut dieser Bestimmung legt es wesentlich näher, im Verfahren vor nationalen Instanzen beteiligte Personen dem Verfahren zuzuziehen, als das große Spektrum von NGOs. Völlig unstreitig muss dabei sein, dass es nicht darauf ankommen kann, ob es sich um natürliche oder juristische Personen handelt, in der Systematik der Konvention muss man den Begriff der Person in Art. 36 EMRK weit verstehen, mag auch Art. 34 EMRK ausdrücklich zwischen natürlichen Personen und nicht staatlichen Organisationen und Personengruppen unterscheiden. Das

---

[16] Vgl. *R. Bayko*, EJM 2010, 33 ff.; *L. van den Eynde*, in: W. Benedek et al. (Hrsg.), European Yearbook on Human Rights 2011, 2011, 539 ff.

Kriterium der Betroffenheit, soll es irgendeine Abgrenzungsfunktion haben, wird in der Praxis des EGMR freilich ambivalent gehandhabt. Es ist nichts dagegen einzuwenden, wenn die Betroffenheit im Einklang mit dem Zweck einer Organisation dann bejaht wird, wenn eine Organisation in einem Fall interveniert, der Personen betrifft, deren Schutz sich eine NGO zum Ziel gesetzt hat. Angesichts dessen muss jedoch jede Restriktion in der Praxis in Bezug auf Organisationen und Personen im nationalen Recht, die durch ein Verfahren betroffen sind, fragwürdig erscheinen. Dies ist insbesondere mit Blick auf Betroffene, die nicht auf Seiten des Beschwerdeführers stehen, zu betonen, sofern die Praxis des EGMR hier mitunter Tendenzen der Restriktion zeigt.

Es fällt auf, dass der EGMR mit Blick auf die Zulassung von Drittbeteiligten auf Seiten des Beschwerdeführers und von Mitgliedstaaten großzügiger ist als bei verfahrensbeteiligten Personen. Während er für erstere das Kriterium der Betroffenheit keineswegs streng prüft, werden Verbände mitunter selbst dann unter Hinweis auf die mangelnde Erforderlichkeit im Interesse der Rechtspflege nicht zugelassen, wenn der Ausgang des Beschwerdeverfahrens die Rechtsstellung ihrer Mitglieder unmittelbar berühren kann.[17] Besonders problematisch ist der Umstand, dass Beteiligte am innerstaatlichen Ausgangsverfahren mit ihrem Antrag auf Zulassung als Drittbeteiligte sehr leicht an der Zwölfwochenfrist scheitern können, und zwar weniger deshalb, weil diese zu kurz wäre, sondern vor allem, weil sie vom fristauslösenden Umstand der Zustellung an die Regierung nicht rechtzeitig Kenntnis erlangen.[18] Denn nur in jenen Fällen, in denen der Beschwerdeführer Staatsangehöriger eines vom gegnerischen Staat verschiedenen Mitgliedstaates ist, erhält dieser Staat gleichzeitig mit der beschwerdegegnerischen Regierung eine Kopie der Beschwerde (Art. 44 Abs. 1 lit. a VerfO). In allen anderen Fällen erfährt ein betroffener Dritter nur durch Zufall oder mit Hilfe dritter Stellen vom Beginn der Frist. Es ist für die Wahrung der Waffengleichheit zu fordern, dass der Kammerpräsident Verfahrensbeteiligte des innerstaatlichen Verfahrens entweder von Amts wegen nach Art. 36 Abs. 2 EMRK bzw. Art. 44 Abs. 3 lit. a VerfO beteiligt oder wenigstens von der Zustellung der Beschwerde an die Regierung informiert.

Stattdessen verweist der EGMR Drittbeteiligte in jüngerer Zeit auf das Datum der Kundmachung im Internet. Dieses Vorgehen geht an den Bedingungen eines fairen Verfahrens vorbei. Zum einen stellt die Verfahrensordnung für die Berechnung der Zwölfwochenfrist ausschließlich auf den Zeitpunkt der Zustellung an die Regierung ab, der nicht mit dem Zeitpunkt der Kundmachung im Internet zusammenfällt. Zum anderen ist es nur schwerlich zumutbar, dass jedermann, der in einem innerstaatli-

---

[17] So wurde im Fall *Schüth ./. Deutschland* der Antrag des Verbands der (katholischen) Diözesen Deutschlands auf Beteiligung unter Hinweise auf das Interesse der Rechtspflege und auf die Zwölfwochenfrist abgelehnt, obwohl der Fall Auswirkungen für das kirchliche Arbeitsrecht nicht nur im Bistum Essen, sondern in ganz Deutschland haben konnte (EGMR, *Schüth ./. Deutschland*, 1620/03, Urt. vom 23. Sept. 2010).

[18] Zwar ist der Kammerpräsident ermächtigt, eine andere Frist zu bestimmen, von dieser Ermächtigung wird aber nur sehr selten Gebrauch gemacht.

chen Verfahren in letzter Instanz obsiegt oder dessen Verfahrensgegner auch im Verfassungsbeschwerdeverfahren vor dem nationalen Verfassungsgericht erfolglos geblieben ist, auf die Kundmachung einer zugestellten Individualbeschwerde seines (ehemaligen) Verfahrensgegners zu achten hat.

Für Verfahrensbeteiligte in Beschwerdeverfahren gegen Deutschland sind die negativen Konsequenzen insoweit abgemildert, als die Bundesregierung (konkret die Verfahrensbevollmächtigte im Bundesministerium der Justiz) Beteiligte des innerstaatlichen Ausgangsverfahrens über die Zustellung einer Beschwerde informiert. Dieses begrüßenswerte Vorgehen kann jedoch kein Ersatz für eine angemessene Beteiligung durch den EGMR sein, trägt doch dieser und nicht der Mitgliedstaat als Verfahrenspartei die Verantwortung für ein faires Verfahren. Insgesamt ist auch im Hinblick auf die Beteiligung Dritter am Verfahren darauf zu achten, dass die wesentlichen Grundsätze des fairen Verfahrens beachtet werden. Das heißt, dass erstens das Antragsrecht nicht verkürzt werden darf. Zweitens muss im Fall der Zulassung als Drittbeteiligter eine Frist zur Stellungnahme eingeräumt werden, die im Sinne der Durchführung eines geordneten Verfahrens angemessen ist.[19]

Eine letzte Beobachtung ist anzuschließen. Vor allem in Verfahren vor der Großen Kammer wird häufig der „große Bogen" der Entwicklung der Menschenrechte allgemein mit Hilfe von international agierenden NGOs gespannt. Hier findet, nicht zuletzt auch mit Blick auf das größere öffentliche und mediale Interesse, eine Beteiligung Dritter in höherer Zahl und in größerer Vielfalt statt. Aber auch für die Kammern muss festgehalten werden, dass die gegenwärtige Praxis tendenziell die Beteiligung von internationalen NGOs gegenüber nationalen Akteuren begünstigt.

VI. Ausblick

Die Schilderung der Rechtsgrundlage im Kontrast mit der gegenwärtigen Praxis zeigt doch ein deutliches Auseinanderklaffen zwischen Recht und Wirklichkeit. Es wäre an der Zeit, die Rechtsgrundlage in Art. 36 EMRK im Zuge des nächsten Änderungsprotokolls fortzuentwickeln. Der EGMR selbst hätte es schon davor in der Hand, die Verfahrensordnung im Rahmen des geltenden Art. 36 EMRK anzupassen und wenigstens die Stellung der innerstaatlichen Verfahrensbeteiligten in einer Weise mit dem Beschwerdeführer gleichzustellen, die den Grundwertungen des in Art. 6 EMRK verankerten Grundsatzes der Waffengleichheit entspricht. Worüber man sich aber bei diesem Befund im Klaren sein muss, ist die Tatsache, dass Menschenrechtsschutzverfahren vor einem internationalen Gericht, die sukzessive einer verfassungsgerichtlichen Funktion angenähert werden sollen, auch des Ausbaus der Verfahrensposition von Personen bedarf, deren Rechte mit jenen des Beschwerdeführers kollidieren. Nur dann, wenn insoweit eine Verstärkung der Verfahrensrechte erfolgt, kann der EGMR seinen Anspruch, ein europäischer Wahrer der Menschen-

---

[19] Vgl. auch *L. Burgorgue-Larsen* (Fn. 6), 67 ff.

rechte mit quasi-verfassungsgerichtlichen Eigenschaften zu sein, auch prozessual und mit der nötigen Akzeptanz verwirklichen.

Der EGMR wurde in der Vergangenheit häufig schon mit einem europäischen Verfassungsgericht verglichen oder gar als solches bezeichnet. Die Einsicht, dass bei solchen Begrifflichkeiten Vorsicht geboten ist, verdanken wir *Eckart Klein*. Der Jubilar hat in mehreren seiner Publikationen – vor dem Hintergrund praktischer Erfahrungen auf beiden Ebenen – die Rechtsschutzsysteme des Menschenrechtsausschusses der Vereinten Nationen einerseits und des Europäischen Gerichtshofes für Menschenrechte andererseits miteinander verglichen und die Vorzüge des justizförmig gestalteten Rechtsschutzmechanismus der EMRK betont.[20] Dabei hatte er die Bedeutung des EGMR in der Geschichte des Europarates hervorgehoben und gleichzeitig davor gewarnt, dass die modernen Entwicklungen der Globalisierung und der Konstitutionalisierung durch Begriffe gekennzeichnet werden, die mehr auszusagen scheinen, als tatsächlich existiert. Die dem Einzelnen entgegentretende Hoheitsgewalt – so *Eckart Klein* – ist nicht mehr nur aus einem staatlichen Guss, sondern tritt in vielgestaltiger Erscheinung auf. Hier hat der EGMR seine endgültige Rolle noch nicht gefunden.[21] Unbestritten aber ist, dass der EGMR im Rahmen des Europarates feste und verbindliche organisatorische Rahmenbedingungen vorfindet,[22] welche die Voraussetzung dafür bilden, dass der Gerichtshof auch mehrpolige Grundrechtsverhältnisse prozessual angemessen verarbeiten kann.

---

[20] *F. Brinkmeier/E. Klein*, CCPR und EGMR – Der Menschenrechtsausschuß der Vereinten Nationen und der Europäische Gerichtshof für Menschenrechte im Vergleich, Vereinte Nationen 2001, 17 (20); *dies.*, Internationaler Pakt und EMRK – Ein Vergleich der Rechtsprechung des Menschenrechtsausschusses der Vereinten Nationen und des Europäischen Gerichtshofs für Menschenrechte, Vereinte Nationen 2002, 99 (103).

[21] Dazu *C. Grabenwarter*, EuGRZ 2012, 507 (511 ff.).

[22] *E. Klein*, 50 Jahre Europarat – Seine Leistungen beim Ausbau des Menschenrechtsschutzes, AVR 2001, 121 (140 f.).

Deutsche, Ausländer, Gastarbeiter, Flüchtlinge, Migranten, ausländische Mitbürger – Überlegungen zur Entwicklung der Menschenrechte im Ausländerrecht

Von *Kay Hailbronner*

I. Die Menschenrechte im Wandel des Ausländerrechts

Ausländer halten sich aus sehr verschiedenen Gründen und mit unterschiedlichen Aufenthaltstiteln in anderen Ländern kurz- oder längerfristig auf. Vom Touristen über den Saisonarbeitnehmer, Flüchtling oder in der dritten Generation im Aufnahmeland lebenden Abkömmling eines eingewanderten Wanderarbeitnehmers regelt das Ausländerrecht eine Vielfalt unterschiedlicher Lebenssituationen. Für die große Mehrheit der Aufnahmeländer gilt freilich, dass sich in der zweiten Hälfte des 20. Jahrhunderts der Regelungsgegenstand des Ausländerrechts durch eine Entwicklung der Migration vom eher kurzfristigen Aufenthalt zum länger dauernden Aufenthalt verschoben hat. Das Bild des typischen Ausländers wird heute nicht mehr, wie noch in der ersten Hälfte des 20. Jahrhunderts, durch den nur vorübergehend sich im Ausland aufhaltenden Fremden, sondern durch den „Migranten" geprägt. Freilich verbergen sich auch hinter dem Begriff des „Migranten" unterschiedliche Lebenssituationen, die vom „ursprünglich vorübergehend erwerbstätigen Gastarbeiter" über humanitäre Flüchtlinge bis zum „Einwanderer" reichen.

Das Ausländerrecht ist von dieser Entwicklung des „Migrationsgeschehens" nicht unbeeinflusst geblieben. Ein maßgeblicher Anteil hierfür kommt der Entwicklung der Grund- und Menschenrechte zu. Die Menschenrechte haben, wie Eckart Klein festgestellt hat,[1] nicht nur die traditionelle Stellung des Staatsangehörigen gegenüber seinem Heimatstaat verändert, sondern auch die Emanzipation der rechtlichen Stellung des Fremden von seinem Herkunftsstaat gefördert. War das traditionelle völkerrechtliche Fremdenrecht noch untrennbar der Regelung des Verhältnisses zwischen den Staaten verhaftet, so sind im modernen Völkerrecht die Rechte des „Fremden" in sehr viel stärkerem Maße individualisiert und damit der Disposition durch Herkunftsstaat oder Aufnahmestaat entzogen. Damit verliert auch die Zugehörigkeit zu einem bestimmten Herkunftsstaat und die Fremdeneigenschaft als solche ihre bis-

---

[1] *E. Klein*, in: K. Hailbronner (Hrsg.), Die allgemeinen Regeln, 2000, 95, 102.

lang zentrale Bedeutung. Die Individualität des Menschen, nicht seine Herkunft aus einem bestimmten Staat, ist die Grundlage für einen ständig bedeutsamer werdenden Bestand von Rechten, die nicht mehr an die Staatsangehörigkeit und die Fremdeneigenschaft anknüpfen, sondern an die jeweilige Lebenssituation als Teil der „Bevölkerung" eines Staates. Dass diese auch durch die fremde Staatsangehörigkeit und die damit verbundenen Rechte und Bindungen geprägt sein kann, wird dadurch nicht in Abrede gestellt.

Die Erosion des herkömmlichen nach der Fremdeneigenschaft differenzierenden Ausländerrechts wirft zahlreiche Fragen auf. Inwieweit der Staat aus menschenrechtlicher Perspektive eingeschränkt ist, das Maß der „Zugehörigkeit" durch die Regelung des aufenthaltsrechtlichen Status und schließlich durch das Staatsangehörigkeitsrecht zu bestimmen, ist nur eine der Fragen, die sich in diesem Kontext stellen. Eine andere betrifft die durch die internationale Gerichtsbarkeit und die Verfassungsgerichte betriebene „proaktive" dynamische Auslegung der seit dem Ende des Zweiten Weltkrieges abgeschlossenen menschenrechtlichen Verträge und insbesondere der Europäischen Menschenrechtskonvention zugunsten der Rechte von Ausländern und zu Lasten der traditionellen Souveränitätsrechte der Staaten im Bereich der Entscheidung über Einreise und Aufenthalt von Ausländern.

Die längerfristigen Folgen der menschenrechtlichen „Überlagerung" des Ausländerrechts sind kaum zu überschätzen. Nicht nur im Hinblick auf die Verfügbarkeit des Herkunftsstaats über die Rechte „seiner" Staatsangehörigen in den zwischenstaatlichen Beziehungen, sondern auch für die schrittweise Weiterentwicklung des völkerrechtlichen Fremdenrechts zum völkerrechtlichen „Migrationsrecht", in dem unterschiedlichen Lebenssituationen von Ausländern durch unterschiedliche Rechte Rechnung getragen wird, dokumentiert sich ein irreversibler Prozess der Rechtsentwicklung.[2]

Diese Entwicklung erscheint nur konsequent. Die Menschenrechte sind ihrem Wesen nach auf die Eigenschaft als Mensch bezogen und daher keiner Unterscheidung nach Staatsangehörigkeit zugänglich. Mit der Ausweitung und Differenzierung des Regelungsgegenstandes verändern sich auch die völkerrechtlichen Rahmenbedingungen nationalen Ausländerrechts. Folgerichtig sind mit der Weiterentwicklung der Menschenrechte Rechtspositionen, die traditionell noch eigenen Staatsangehörigen vorbehalten waren, schrittweise auf Staatsangehörige anderer Staaten, freilich in unterschiedlichem Maße, je nach ihrer Lebenssituation und nach ihrem aufenthaltsrechtlichen Status, ausgedehnt worden.

Im Bereich der „klassischen Freiheitsrechte", wie z.B. Meinungsfreiheit, freie Entfaltung der Persönlichkeit, Glaubens- und Religionsfreiheit, wurden spätestens mit der Allgemeinen Menschenrechtsdeklaration von 1948, dem Internationalen Pakt über bürgerliche und politische Rechte vom 19. Dezember 1966 und den nach-

---

[2] Vgl. zur individualrechtlichen Perspektive des Migrationsrechts *J. Bast*, Aufenthaltsrecht und Migrationssteuerung, 2011, 101 ff.

folgenden Menschenrechtsverträgen, die spezifische Rechte von Frauen, Kindern und anderen besonders schutzbedürftigen Personen regelten, auch die Rechte von Ausländern in Bereichen erweitert, die herkömmlich eigenen Staatsangehörigen ganz oder teilweise vorbehalten geblieben waren.

Der Übergang vollzog sich freilich nicht immer bruchlos. Insbesondere soweit die Ausübung von Menschenrechten mit traditionellen Souveränitätsvorstellungen und öffentlichen Interessen in Konflikt geriet, stieß die Expansion der Menschenrechtsidee auf Grenzen.

Einen Niederschlag hat diese Konfliktlage bereits im Grundgesetz mit der Unterscheidung zwischen „Deutschengrundrechten" und „Jedermannsgrundrechten" gefunden. Neben der Berufsfreiheit sind auch die Versammlungs- und Vereinsfreiheit sowie die Freizügigkeit nur Deutschen verfassungsrechtlich garantiert. Auch die Europäische Menschenrechtskonvention enthält noch in Art. 16 EMRK die Einschränkung, dass die in Art. 10 (Freiheit der Meinungsäußerung), Art. 11 (Versammlungs- und Vereinsfreiheit) und Art. 14 (Diskriminierungsverbot) garantierten Rechte nicht so auszulegen sind, als untersagten sie es den Vertragsstaaten, die politische Tätigkeit ausländischer Personen zu beschränken.

Die restriktive Handhabung und Anwendung dieser Klauseln zeigt die gewaltige Macht der Menschenrechtsidee und ihrer Bedeutung für die Einschränkung staatlicher Kontrollbefugnisse über Ausländer. Das Bundesverfassungsgericht hat schon bald auch im Bereich von Deutschengrundrechten Ausländern eine Berufung auf Art. 2 Abs. 1 GG zugestanden und damit einen weitgehend gleichartigen Schutz der Betätigungsfreiheit von Ausländern eröffnet.[3] Die Kritik an dieser Position[4] lässt sich spätestens seit der nicht nur faktischen, sondern auch rechtlich gewollten Entwicklung der Bundesrepublik Deutschland zu einem Land, in dem die mit Anwerbevereinbarungen eingewanderten Migranten und ihre Nachkommen dauerhaft ihren Lebensmittelpunkt gefunden haben, nicht mehr aufrechterhalten.[5] Der Prozess eines „Statuswandels" nach der Gebietszulassung ist grundrechtlich vorgegeben, auch wenn dem Grundgesetz keine bestimmte verfassungsrechtliche Konzeption zur Gestaltung der Migrationspolitik entnommen werden kann.[6]

Ob ungeachtet dessen den Deutschenvorbehalten noch eine praktische verfassungsrechtliche Bedeutung zukommt und ob insbesondere die Beschränkung extremistischer politischer Betätigung von Ausländern und Ausländervereinen ohne eine entsprechende Klausel verfassungsrechtlich zweifelhaft wäre,[7] bedarf für die vorlie-

---

[3] Vgl. BVerfGE 35, 382 (399); 49, 168 (180 ff.); 78, 179 (196 ff.).

[4] Vgl. z. B. *K. Hailbronner*, NJW 1983, 2105 (2110 ff.).

[5] Rechtlich findet dies auch in der Zweckbeschreibung des AufenthG von 2005, die auch die Integration mit einbezieht, einen Ausdruck, vgl. dazu insbesondere *D. Thym*, Migrationsverwaltungsrecht, 2010, 257 ff.

[6] *Thym* (Fn. 5), 73 ff.

[7] So *M. Heintzen*, in: D. Merten/H.-J. Papier (Hrsg.), Handbuch der Grundrechte in Deutschland und Europa, Bd. II, 2006, § 50, Rn. 42.

gende Analyse keiner Entscheidung. Die praktische Bedeutung von Betätigungsverboten ist jedenfalls gering.[8] Parallel hierzu wird berichtet, dass die politischen Einschränkungen, die Art. 16 EMRK erlaubt, in ihrer praktischen Bedeutung ebenfalls gering geblieben sind.[9]

Eine Ursache für den zumindest partiellen Bedeutungsverlust von Art. 16 EMRK könnte darin gesehen werden, dass jedenfalls für die Reichweite politischer Betätigungsfreiheit eines Teils der dauerhaft im Land lebenden Wohnbevölkerung, gleichgültig ob sie noch eine ausländische Staatsangehörigkeit besitzt oder eingebürgert worden ist, es als politisch kaum vertretbar erscheint, bei der Freiheit zur politischen Meinungsäußerung Unterschiede zu machen, soweit ausländerpolitische Aktivitäten nicht den den eigenen Staatsangehörigen vorbehaltenen engeren Bereich der Ausübung politischer Mitbestimmungsrechte betreffen. Dass im letzteren Bereich der menschenrechtlichen Expansion unter Berufung auf das Gebot der Gleichbehandlung aller „Mitbürger" gleich welcher Nationalität Grenzen gesetzt sind, hat das Bundesverfassungsgericht freilich 1989 in seinen Entscheidungen zum kommunalen Ausländerwahlrecht festgestellt.[10] Politische Wahlrechte sind ausschließlich Staatsangehörigen vorbehalten. Das Demokratieprinzip gebietet danach die Beschränkung politischer Mitbestimmungsrechte auf deutsche Staatsangehörige. Mit Ausnahme des nunmehr ausdrücklich in der Verfassung verankerten kommunalen Wahlrechts für Unionsangehörige kann daher die Gleichbehandlung für Ausländer ohne Rücksicht auf Aufenthaltsstatus und Aufenthaltsdauer nicht auf fremde Staatsangehörige ausgedehnt werden.

Ein etwas anderes Bild im Hinblick auf die Dynamik der Menschenrechte zeigt sich im Bereich menschenrechtlich fundierter Ansprüche auf Einreise und Aufenthalt und Zugang von Ausländern zu Sozialvergünstigungen. Zwar fehlt es nicht an Versuchen, die Menschenwürde, das Verbot der Diskriminierung nach Rasse, Herkunft oder ethnischer Zugehörigkeit und den Eigentumsschutz und zum Teil auch eher traditionelle, aus der Staatsangehörigkeit abgeleitete Rechte auf Ausländer, die sich in einer vergleichbaren Situation wie eigene Staatsangehörige befinden, auszudehnen.

Einen kühnen Schritt in diese Richtung hat der Menschenrechtsausschuss der Vereinten Nationen im Hinblick auf die Auslegung von Art. 12 des Internationalen Pakts über bürgerliche und politische Rechte unternommen.[11] Art. 12 Abs. 4 gewährleistet das (allerdings nicht unbeschränkbare) Recht, in sein „eigenes Land" einzureisen.

---

[8] Zum Stichtag 29. Februar 2012 waren nach Auskunft der Bundesregierung im Ausländerzentralregister vierzehn Personen gespeichert, deren politische Betätigung eingeschränkt oder untersagt wurde, von denen zwölf zum Stichtag noch aufhältig waren. Dabei dürfte es sich in allen Fällen um Betätigung für extremistische Vereinigungen handeln wie auch im Fall der Verbotsverfügung der Stadt Stuttgart gegen M. Ayata, vgl. hierzu BT-Drs. 17/0076 v. 22. März 2012.

[9] Vgl. *J. Meyer-Ladewig*, Handkommentar EMRK, 2011, Art. 16, Rn. 2.

[10] Vgl. BVerfGE 83, 37 ff. (60 ff.).

[11] Vgl. dazu *Klein* (Fn. 1), 97 ff.

Einiges spricht nach Entstehungsgeschichte und Zweck der Vorschrift für eine enge Auslegung, die das „eigene Land" auf den Heimatstaat beschränkt. Der Ausschuss ist darüber hinausgegangen und versteht darunter auch das Land, zu dem besonders enge Bindungen bestehen und erwähnt in diesem Zusammenhang auch langfristig Aufenthaltsberechtigte oder Staatenlose. Vom Ergebnis her deckt sich dies zumindest partiell mit der Rechtsprechung des Europäischen Gerichtshofs für Menschenrechte (EGMR) zu Art. 8 EMRK, die ebenfalls die Einschränkung und den Verlust einmal gewährter Aufenthaltsrechte am Maßstab der Verhältnismäßigkeit misst. Danach ist eine „willkürliche" Entziehung eines einmal gewährten Aufenthaltsrechts unverhältnismäßig. Ungeachtet dessen ist die Auslegung nicht unproblematisch, weil sie an die Einreise von Ausländern anknüpft und damit an einen Bereich, in dem eine weitgehende Entscheidungsfreiheit der Staaten besteht. Die Konfliktlage hat auch der Ausschuss offenbar gesehen, indem er im Fall Stewart[12] zwar an der Doktrin festgehalten, ihren Anwendungsbereich aber deutlich beschränkt hat.[13]

Als besonders wirkungsmächtig erwies sich die verfassungsrechtlich und menschenrechtlich fundierte Verpflichtung zur Gleichbehandlung. Zwar ist die Staatsangehörigkeit kein absolut untersagtes Unterscheidungsmerkmal des Völker– und Verfassungsrechts, wie z. B. Rasse, Geschlecht oder ethnische Herkunft. Die Staatsangehörigkeit wird jedoch angesichts der unterschiedlichen Lebenssituationen von Ausländern als Touristen, Gastarbeiter, Flüchtlinge, Migranten oder „ausländische Mitbürger" nicht mehr aus sich heraus als Differenzierungsgrund akzeptiert. Ihre Funktion ist völkerrechtlich durch die Zuordnung zu einem Staat gekennzeichnet;[14] verfassungsrechtlich ist sie Anknüpfungspunkt bestimmter Rechtspositionen, wie z. B. des Aufenthaltsrechts und politischer Rechte, abhängig von der jeweiligen Ausgestaltung im innerstaatlichen Recht. Staatsangehörigkeit rechtfertigt aber rechtspolitisch nicht (mehr) aus sich heraus den Ausschluss von einfachgesetzlich gewährleisteten Rechten, die im Sozialstaat dem Einwohner gewährt werden, soweit es nicht um die politischen Mitbestimmungsrechte geht.

Das Bundesverfassungsgericht hat in zahlreichen Fällen den Zugang von Ausländern zu sozialen Rechtspositionen am Maßstab des Art. 3 Abs. 1 GG gemessen.[15] Damit ist dem Gesetzgeber die Aufgabe einer differenzierenden Betrachtung der Lebenssituation von Ausländern aufgegeben. Die aufenthaltsrechtliche Situation von Ausländern, das Ausmaß ihrer „Zugehörigkeit" zur Wohnbevölkerung, die gesetzgeberische Funktion sozialer Maßnahmen und ihrer Wirkung im gesellschaftlichen

---

[12] Communication 538/1993, UN Doc. CCPR/C/21/Rev.1 Add.1(1989).

[13] Im konkreten Fall war Art. 12 Abs. 4 nicht als einschlägig angesehen worden, u.a. deshalb, weil sich der Ausländer nicht um seine Einbürgerung bemüht hatte und Kanada die Einbürgerung auch nicht übermäßig erschwert hatte, vgl. dazu *Klein* (Fn. 1), 99.

[14] Vgl. dazu K. *Hailbronner*, in: R. Bauböck/E. Ersböll u.a. (ed.), Acquisition and Loss of Nationality, Vol. 1 (2006), 35–105.

[15] Vgl. BVerfGE 111, 160, 169f.; 116, 229, 238; vgl. A. *Wallrabenstein*, in: K. Barwig/S. Beiche-Benedetti/G. Brinkmann (Hrsg.), Gleichheit, 2012, 416ff.

System einer auf Integration angelegten „multinationalen"[16] Gesellschaft bestimmen die Kriterien, an denen sich ein Ausschluss von Ausländern letztlich messen lassen muss.

Dabei zeigen sich durchaus unterschiedliche Tendenzen und Rechtsentwicklungen im Völkerrecht und nationalen Verfassungsrecht. Die verbreitete Auffassung, dass nationale Verfassungsgerichte quasi von der internationalen Verfassungsgerichtsbarkeit getrieben im Wesentlichen nur menschenrechtliche Entwicklungen der völkerrechtlichen Ebene nachvollziehen, ist jedenfalls in dieser Allgemeinheit kaum zutreffend. Vielmehr hat es gelegentlich den Anschein, als ob in einigen Bereichen, insbesondere beim Zugang zu sozialen Rechten, nationale Verfassungsgerichte als „Trendsetter" wirken, während in anderen Bereichen, wie z. B. dem Einreise- und Aufenthaltsrecht, Menschenrechtsexpansion primär durch die internationale Gerichtsbarkeit, insbesondere diejenige des Europäischen Gerichtshofs für Menschenrechte, vorangetrieben wird.

II. Staatliche Souveränität und Einreise und Aufenthalt von Ausländern

Die staatliche Befugnis, über Einreise und Aufenthalt von Ausländern zu entscheiden, gehört zum Kernbestand staatlicher Souveränität. Auch die internationale Gerichtsbarkeit akzeptiert diesen Ausgangspunkt. Kaum eine Entscheidung des EGMR oder des UN-Menschenrechtsausschusses, die sich mit Fragen der Einreise und des Aufenthalts von Ausländern beschäftigt, versäumt es, ausdrücklich darauf hinzuweisen, dass weder das Völkergewohnheitsrecht, noch die einschlägigen Menschenrechtskonventionen das Recht des Staates in Frage stellen, die Einreise, den Aufenthalt und die Ergreifung aufenthaltsbeendender Maßnahmen von Ausländern zu regeln.[17]

An diese Feststellung knüpft sich allerdings regelmäßig die Einschränkung, dass aufenthaltsbeendende oder auch aufenthaltsverweigernde Maßnahmen „Fragen" im Hinblick auf die Gewährleistung menschenrechtlicher Positionen aufwerfen können und daher zu einer Einschränkung der souveränen Rechte der Vertragsstaaten der EMRK oder des UN-Menschenrechtspakts führen können.[18]

Die weitaus größte praktische Bedeutung kommt dabei der Rechtsprechung des EGMR zu Art. 3 EMRK (Verbot der Folter und unmenschlicher oder erniedrigender Behandlung oder Strafe) und Art. 8 EMRK (Schutz des Familienlebens und der Privatsphäre) zu.

---

[16] Der Begriff „multikulturell" wird hier bewusst vermieden, weil er darüber hinausgehend auch eine kulturelle Umgestaltung der Gesellschaft impliziert.

[17] Vgl. z. B. EGMR, Urteil v. 28. Mai 1985, *Abdulaziz, Cabales und Balkandali/Vereinigtes Königreich*, § 67, Series A Nr. 94.

[18] *Abdulaziz* a.a.O., Rn. 94; Praxis des UN-Menschenrechtsausschusses; *Klein* (Fn. 1), 97 ff.; *M. Nowak*, CCPR Commentary, 1993, Art. 2, Rn. 43, Art. 12, Rn. 4 ff.

In ständiger Rechtsprechung misst der EGMR aufenthaltsbeendende Maßnahmen gegenüber Ausländern am Maßstab der Verhältnismäßigkeit, wenn dadurch ein Ausländer in seinen im Aufenthaltsstaat bestehenden familiären Beziehungen beeinträchtigt wird.[19] Nach den „Boultif-Kriterien"[20] sind bei aufenthaltsbeendenden Maßnahmen u. a. die Aufenthaltsdauer, das Verhalten des Betroffenen, die Staatsangehörigkeit, die familiäre Situation, sowie die bestehenden Bindungen und Lebenssituation im Aufenthaltsstaat und im Heimatstaat im Fall einer Ausweisung oder Abschiebung zu berücksichtigen. Diese Rechtsprechung hat wesentlich dazu beigetragen, dass Ausweisungen, die in aller Regel auf strafrechtliche Verurteilungen gestützt sind, bei langer Aufenthaltsdauer und regelmäßig bestehenden familiären Bindungen ungeachtet eines erheblichen Rückfallrisikos als unverhältnismäßig qualifiziert werden. Allerdings ist die Mehrheit des Gerichtshofs bisher noch nicht so weit gegangen, die Ausweisung im Aufenthaltsstaat geborener oder dort aufgewachsener Ausländer analog dem Ausweisungsverbot für eigene Staatsangehörige generell zu verbieten.[21]

Diese Rechtsprechung entsprach einem auch im nationalen Ausländerrecht vorherrschenden Trend, die Ausweisung als traditionelles Disziplinierungsinstrument gegenüber Ausländern, die zum Bestandteil der Wohnbevölkerung geworden waren, deutlich zu beschränken, was sich in differenzierenden nationalen Bestimmungen über einen mit Aufenthaltsstatus und Aufenthaltsdauer wachsenden Schutz vor Ausweisung niederschlug.[22] Auf Ausländer, die sich nur vorübergehend oder auch illegal im Inland faktisch aufhielten, waren diese Prinzipien aber nicht anwendbar. Der Staat schien hier noch beinahe unbeschränkt in Ausübung seiner ausländerrechtlichen Souveränität zu sein.

Dies änderte sich grundlegend durch zwei Weiterentwicklungen der EGMR Rechtsprechung. Die erste betraf die aufenthaltsrechtliche Nutzung des in Art. 8 EMRK ebenfalls garantierten Rechts auf Privatleben. Erforderte bislang der Schutz vor Ausweisung den Nachweis der Beeinträchtigung familiärer Bindungen, so genügt nunmehr der Hinweis auf die jedenfalls mit einem längeren Aufenthalt verbundenen sonstigen persönlichen, wirtschaftlichen und sozialen Beziehungen[23], um eine aufenthaltsbeendende Maßnahme auf die Vereinbarkeit mit dem Verhältnismäßig-

---

[19] Für einen Überblick vgl. *D. Sander*, Der Schutz des Aufenthalts durch Art. 8 EMRK, 2008; *Thym* (Fn. 5).

[20] EGMR, Urteil v. 2. Aug. 2001, *Boultif/Switzerland*, 54273/00, Rn. 58.

[21] Vgl. EGMR, Urteil v. 10. Juli 2003, *Benhebba/France*, 53441/99, Rn. 37 f.; vgl. auch *C. Grabenwarter*, Europäische Menschenrechtskonvention, 4. Aufl. 2009, 226.

[22] Zum Systemwechsel im Ausweisungsrecht siehe *K.G. Mayer*, Verwaltungsarchiv 2011, 483 ff.

[23] Vgl. EGMR, Urteil v. 18. Okt. 2006, *Üner/Netherlands*, 46410/99, Rn. 59; *F. Fritzsch*, Der Schutz sozialer Bindungen von Ausländern, 2009, 102.

keitsprinzip überprüfen zu können. Die „Verwurzelung" als neuer Topos des Ausländerrechts trat damit ihren Siegeszug auch in der nationalen Rechtsprechung an.[24]

Der zweite Schritt war die Ausweitung dieser Rechtsprechung auch auf den illegalen Aufenthalt. In einer Reihe von Entscheidungen hat der EGMR den aufenthaltsrechtlichen Schutz des Privatlebens auch auf den „prekären" Aufenthalt erstreckt und damit den Startschuss für eine Rezeption dieser Rechtsprechung in der Diskussion um den Status von illegal aufhältigen Drittstaatsangehörigen in den EU Mitgliedstaaten gegeben.[25] Allerdings hat der EGMR seine Rechtsprechung in Fällen entwickelt, die sich durch die historische Sondersituation der aufenthaltsrechtlichen Regelung von russischen Staatsangehörigen in den baltischen Staaten von der Normallage eines illegal aufhältigen Drittstaatsangehörigen erheblich unterscheidet. Auch im Fall Rodrigues da Silva[26] ging es nicht um die Frage der Aufenthaltslegalisierung, sondern um die Erteilung eines Aufenthaltsrechts zum Zweck der Aufrechterhaltung aktueller familiärer Beziehungen, wobei allerdings die Frage zu entscheiden war, ob der illegale Aufenthalt die Erteilung des Aufenthaltsrechts auszuschließen geeignet ist. Es ist daher fraglich, inwieweit die Rechtsprechung zur Verallgemeinerung der Diskussion um ein Recht auf aufenthaltsrechtliche Legalisierung taugt.

Unproblematisch sind Verallgemeinerungen schon deshalb nicht, weil sie ein Kernprinzip des Aufenthaltsrechts, wonach aus der Verletzung der Ausreisepflicht und der evt. Verhinderung aufenthaltsbeendender Maßnahmen keine Rechtspositionen abgeleitet werden können,[27] in Frage stellen und Anreize geben, sich durch Vereitelung von aufenthaltsbeendenden Maßnahmen ein Aufenthaltsrecht im Widerspruch zum aufenthaltsrechtlichen Regelwerk zu erschleichen. Dieser Einwand besteht aber auch – wenn auch in eingeschränktem Maße – gegen die „Verwurzelung", sofern die Aufenthaltsdauer und die damit verknüpften Bindungen dem aufenthaltsrechtlichen Status zuwiderlaufen. Das staatliche Recht, auch nach längerer Aufenthaltsdauer einen für humanitäre oder sonstige Zwecke vorübergehend erlaubten oder geduldeten Aufenthalt auch wieder zu beenden, wenn der Aufenthaltszweck erreicht ist, kann nicht durch eine wie auch immer definierte „Verwurzelung" unterlaufen werden. Entsprechendes gilt aber auch für die staatliche Befugnis, aus Gründen der öffentlichen Ordnung den Aufenthalt eines Ausländers auch nach langdauerndem Aufenthalt zu beenden.[28]

---

[24] BVerfG, Urteil v. 10. Mai 2007, 2 BvR 304/07; Urteil v. 10. Aug. 2007, 2 BvR 535/06; BVerwG, Urteil v. 23 Okt. 2007, 1 C 10/06; vgl. dazu *M. Eckertz-Höfer*, ZAR 2008, 41 ff. (93 ff.); *J. Bergmann*, ZAR 2007, 128; *D. Thym*, DVBl 2008, 1346 (1349); *Thym* (Fn. 5), 241 ff.; *Mayer* (Fn. 22), 486 ff.

[25] Vgl. insbes. EGMR, Urteil v. 9. Okt. 2003, *Slivenko u. a./Lettland*, 48321/99.

[26] EGMR, Urteil v. 31. Januar 2006, 50435/99.

[27] Vgl. auch *C. Langenfeld*, FS Herzog, 2009, 247 (252).

[28] Mit Recht hat daher das BVerwG einer noch weitergehenderen Einschränkung der Ausweisung bei „nachhaltiger Verwurzelung" durch den VGH Baden-Württemberg v. 18. März 2011, 11 S 2/11 im Sinne eines generellen Ausschlusses einer generalpräventiven

Eine wesentlich zurückhaltendere Position zur Einschränkung der staatlichen Befugnis, über die erstmalige Einreise und das Aufenthaltsrecht zu entscheiden, hat der Gerichtshof eingenommen, wenn es um positive Schutzpflichten zugunsten der Herstellung oder Realisierung eines Familienlebens oder einer Ehe durch Gestattung des Familiennachzugs geht. Seit der Entscheidung im Fall Abdulaziz[29] vertritt der Gerichtshof die Auffassung, dass aus Art. 8 EMRK kein individuelles Recht auf Einreise und Aufenthalt zum Zweck des Familienlebens abgeleitet werden kann. Die Staaten sind grundsätzlich nicht verpflichtet, die Wahl eines Aufenthaltsstaats zum Zweck des gemeinsamen Familienlebens zu respektieren. Es besteht lediglich eine Pflicht, bei der Entscheidung über einen Antrag auf Erteilung einer Aufenthaltserlaubnis zu berücksichtigen, inwieweit gerade nur in diesem Staat ein Ehe- oder Familienleben realisiert werden kann.[30] Nur unter „außergewöhnlichen Umständen", die einen Verweis auf jede andere Möglichkeit, ein Familienleben realisieren zu können, ist nach dem Grundsatz des „fair balance of interests" eine konventionsrechtliche Pflicht zur Gewährung eines Nachzugsrechts anzunehmen.[31]

Ein etwas anderes Bild im Hinblick auf die Balance zwischenstaatlicher Souveränität bei der Entscheidung über Einreise und Aufenthalt zeigt die Rechtsprechung des EGMR im Anwendungsbereich des Art. 3 EMRK. Synonym zu Art. 8 EMRK vertritt der EGMR in ständiger Rechtsprechung die Auffassung, dass Ausweisungen, Abschiebungen, Auslieferungen oder andere Maßnahmen zur Rückführung eines Ausländers in seinen Herkunfts- oder Heimatstaat gegen Art. 3 EMRK, das Verbot der Folter oder unmenschlicher oder erniedrigender Behandlung oder Strafe verstoßen, wenn dem Betroffenen im Fall seiner Rückführung ein reales Risiko einer Art. 3 EMRK widrigen Behandlung durch staatliche oder auch private Akteure droht, sofern kein ausreichender Schutz durch staatliche Organe erlangt werden kann.[32] Der Schutz ist im Gegensatz zu dem „non refoulement"-Verbot des Art. 33 der Genfer Flüchtlingskonvention absolut und steht daher auch Terroristen zu, die eine unmittelbare Gefahr für die staatliche Ordnung des Aufenthaltsstaates darstellen.[33]

Ausweisung auch bei schwersten Straftaten deutlich widersprochen, BVerwG, Urteil v. 14 Feb. 2012, 1 C 7/11.

[29] EGMR, Urteil v. 28. Mai 1985, 9214/80, u. a.

[30] Sog. „elsewhere approach", wonach ein Familiennachzug nur dann gestattet werden muss, wenn nicht anderswo die Familieneinheit z. B. im Heimatstaat des Nachzugswilligen hergestellt werden kann, vgl. EGMR, Urteil v. 19. Feb. 1996, *Gül/Schweiz*, 53/1995/559/645; EGMR, Urteil v. 28. Nov. 1996, *Ahmut/Niederlande*, Rec. 1996.

[31] Dies hat der Gerichtshof u. a. in einem Fall bejaht, bei dem eine seit langem in den Niederlanden lebende türkische Familie mit dort geborenen Kindern ein Kind in der Türkei zurückgelassen hatte, das nach dem Verlust seiner Bezugsperson seiner Familie in die Niederlande nachfolgen wollte, EGMR, Urteil v. 21. Dez. 2001, *Sen/Niederlande*, 31465/96.

[32] Vgl. EGMR, Urteil v. 20. März 1991, *Cruz Varas/Schweden*, 15576/89.

[33] EGMR, Urteil v. 15. Nov. 1996, *Chahal/Vereinigtes Königreich*, 22414/93; für einen Überblick vgl. *J. Wouters*, International legal standards for the protection from refoulement, 221 ff.

Der Gerichtshof hat diese Rechtsprechung, die ursprünglich auf die Konstellation einer staatlichen oder zumindest dem Staat zurechenbaren intensiven Verfolgungshandlung analog dem Schutz der Genfer Flüchtlingskonvention zugeschnitten war, schrittweise im Sinne eines dynamischen Verständnisses der Konvention immer weiter ausgedehnt. Weggefallen sind damit nicht nur die Einschränkungen, die die Genfer Flüchtlingskonvention bei schwer kriminellen und die Sicherheit des Staates bedrohenden Flüchtlingen vorsieht. Entfallen ist auch eine Reihe von Voraussetzungen, die ursprünglich aus der Begrenzung des Schutzanspruchs gegenüber „Verfolgung" resultierten. In seiner „St. Kitts-Entscheidung"[34] hat der EGMR Abschiebungsschutz auch in einem Fall gewährt, in dem der Betroffene in einem fortgeschrittenen Stadium an AIDS litt und seine Rückführung wegen der in St. Kitts bestehenden schlechten medizinischen Versorgungsmöglichkeiten zu einer drastischen Verschlechterung seines Gesundheitszustandes hätte führen können.[35]

Bedeutete das menschenrechtliche Refoulementverbot ursprünglich nur die im Einklang mit der völkerrechtlichen Praxis stehende Anwendung einer humanitären Schutzpflicht über den Kreis der politisch Verfolgten im Sinne der Genfer Konvention hinaus auf diejenigen Personen, die gleichartige oder sogar schwerwiegendere Verfolgungsmaßnahmen zu befürchten haben, ohne dass einer der in der Genfer Konvention genannten Verfolgungsgründe der Rasse, Religion, ethnischer Herkunft usw. vorlagen, so hat sich in der Folgezeit Art. 3 EMRK weit über die Konturen des herkömmlichen Asylrechts hinaus zu einem eigenständigen „humanitären Flüchtlingsrecht" entwickelt. Zwar wird der Gerichtshof nicht müde, zu betonen, dass die EMRK kein Grundrecht auf Asyl vorsieht. Ungeachtet dessen ist der Anwendungsbereich des Refoulement-verbots immer weiter ausgedehnt worden im Sinne einer Schutz- und Aufnahmepflicht für Ausländer, denen in ihrem Herkunfts- oder Heimatstaat als mit Art. 3 EMRK unvereinbar angesehene Lebensbedingungen drohen.

Von der ursprünglichen Verfolgungskonstellation des internationalen Flüchtlingsrechts hat sich diese Rechtsprechung immer weiter entfernt. Zwar hat der Gerichtshof unter Hinweis auf die Praxis der Europäischen Menschenrechtskommission wiederholt betont, dass aus der EMRK keine Verpflichtung zu finanziellen Hilfeleistungen an Flüchtlinge abgeleitet werden könne.[36] In der Entscheidung M.S.S./Belgien und Griechenland relativiert der Gerichtshof diese Aussage jedoch durch den Hinweis, dass sich eine Pflicht zur Versorgung verarmter Asylsuchender mit einer Unterkunft und einer angemessenen materiellen Ausstattung (im Kontext des Dubliner Zuständigkeitssystems) für Griechenland aus positivem Recht, d. h. aus nationalem griechischen Recht und der EU-Aufnahmerichtlinie, ergebe. Dies führt nach Auffassung des Gerichtshofs dazu, dass in einer Situation „extremer materieller Armut", auf Grund derer ein Asylsuchender nicht in der Lage ist, seine elementaren Bedürfnisse

---

[34] EGMR, Urteil v. 2. Mai 1997, *D/Vereinigtes Königreich*, 30240/96.

[35] Kritisch hierzu *K. Hailbronner*, in: Hailbronner (Fn. 1), 1 (6 ff).

[36] Vgl. auch die Entscheidung des House of Lords in: *Regina/Secretary of State* (2005), UKHL 66, Rn. 7.

nach Nahrung, Hygiene und Unterkunft zu befriedigen, die Schwelle des Art. 3 EMRK überschritten wird.[37]

Ob die Argumentation in methodischer Hinsicht überzeugt, soll dahinstehen. Für den Anwendungsbereich des Refoulementverbots bedeutet sie jedenfalls, dass eine Aufnahmepflicht auch dann besteht, wenn für die Rückführung ein wie auch immer zu definierender materieller Mindeststandard nicht gewährleistet ist. Angesichts der ökonomischen, sozialen und politischen Lebensbedingungen in großen Teilen der Welt kann die rechtliche Bedeutung einer derart formulierten Pflicht zum Schutz und zur Gewährung vorläufiger Aufnahme, wenn auch nur zum Zweck der Durchführung eines Prüfungsverfahrens, ob die Voraussetzungen des Art. 3 EMRK im Einzelfall erfüllt sind, kaum überschätzt werden.

Nun bedeutet das Refoulementverbot auch nach Auffassung des EGMR kein allgemeines Einreise- und Aufenthaltsrecht für alle Ausländer, die auf der Suche nach besseren Lebensbedingungen um Einreise und Aufenthalt nachsuchen. Die Genfer Flüchtlingskonvention (Art. 33) erfasst nach Wortlaut und Zweck die „Ausweisung oder Zurückweisung über die Grenzen von Gebieten" und ist damit jedenfalls im Grundsatz begrenzt auf die territoriale Schutzgewährung. Es wäre unmenschlich, jemanden, der sich bereits auf fremdem Territorium in Sicherheit gebracht hat, der Verfolgung oder unmenschlichen Behandlung preiszugeben.

Der EGMR hat aus durchaus nachvollziehbaren Gründen die Pflicht zur Nichtzurückweisung eines Flüchtlings, der die schützenden Grenzen eines Staates erreicht hat, auch auf die Ausübung quasi territorialer Hoheitsgewalt außerhalb des Staatsgebiets, wie z. B. im Falle einer militärischen Besetzung eines fremden Staatsgebiets, ausgedehnt.[38] Dieser Ausgangspunkt wird aber verlassen, wenn ein Staat zum Zweck der Ausübung staatlicher Befugnisse außerhalb seines Staatsgebiets tätig wird, aber nicht mehr über die Möglichkeit, unmittelbaren territorialen Schutz zu gewähren, verfügt.

In der Entscheidung Hirsi Jamaa/Italien[39] hält der EGMR zwar noch an dem Erfordernis einer „full and exclusive control" fest, dehnt dies aber auch auf die Überwachung der Außengrenzen der Europäischen Union in internationalen Gewässern durch Küstenwachboote, die im Rahmen von Frontex illegale Grenzübertritte verhindern sollen, aus. Verständlich erscheint zwar, dass dem EGMR die Aufbringung und Zurückverbringung von Flüchtlingen aus Somalia und Eritrea auf der Grundlage einer Vereinbarung Italiens mit der libyschen Regierung als Garantie nicht ausreiche, um eine menschliche Behandlung der zurückgeführten Flüchtlinge hinreichend sicherzustellen. Die Folgerung, im Hinblick auf die Unverfügbarkeit der Menschenwürde sei auch außerhalb der eigenen Hoheitsgewalt bei der Ausübung staatlicher Befugnisse Schutz und Zugang zu einem Prüfungsverfahren im Hinblick auf eine po-

---

[37] A.a.O., Rn. 252 ff.
[38] EGMR, Urteil v. 23. März 1995, *Loizidou/Türkei*, § 62, Series A, Nr. 310.
[39] EGMR, Urteil v. 23. Feb. 2012, 27765/09.

tenzielle Verletzung von Art. 3 EMRK zu gewähren, überschreitet jedoch die durch die EMRK vorgegebenen Grenzen humanitärer Aufnahmepflichten. Hinzu kommt eine weit über die Grenzen von Wortlaut, Systematik und Zweck des Art. 4 des Vierten Zusatzprotokolls hinausgehende Anwendung des Verbots kollektiver Ausweisungen von Ausländern auf den Fall einer versuchten illegalen Einreise einer Gruppe von Ausländern, die über kein Einreise- und Aufenthaltsrecht verfügen.

Mit Recht kann man sich fragen, ob eine andere Entscheidung im Hinblick auf ethische Anforderungen überhaupt vorstellbar wäre, wenn ihre Konsequenz darin läge, Menschen in der Situation von Bootsflüchtlingen dem ungewissen Schicksal eines Verbleibs in Flüchtlingslagern unter miserablen Lebensbedingungen auszusetzen. Dies darf aber nicht den Blick dafür verengen, dass die politische Entscheidung über die humanitäre Bewältigung von Flüchtlingsbewegungen in einem wesentlich umfassenderen politischen Kontext und unter Einbeziehung politischer Handlungsalternativen und unter Abschätzung ihrer migrationspolitischen Folgerungen getroffen werden muss. Sicher schließt die Ausdehnung des Refoulementverbots auf den extraterritorialen Grenzschutz andere humanitäre Handlungsalternativen, wie z.B. den Schutz in der Region oder die Entwicklung internationaler monitoring regime, nicht von vornherein aus. Es präjudiziert aber durch seine potentiell weitreichenden Folgen die politischen Handlungsmöglichkeiten, ohne dass auch nur ansatzweise eine demokratische Legitimation der Entscheidung ersichtlich ist. Vielmehr wird letztlich eine zentrale Frage der Gestaltung humanitärer Aufnahmepflichten demokratischer Entscheidungsfindung der Mitgliedsstaaten des Europarats entzogen.

Das Dilemma der Entscheidung wird sichtbar, wenn sich der Gerichtshof mit der Frage der Folgewirkungen – wenn auch nur ansatzweise – auseinandersetzt. Der Gerichtshof erkennt offenbar, dass seine Auslegung faktisch auf eine beinahe unbegrenzte Verpflichtung zur Gewährung von Einreise und Aufenthalt für Ausländer führt, die aus welchen Gründen auch immer auf der hohen See oder in fremden Territorialgewässern von zur Grenzüberwachung gegebenenfalls in Kooperation mit den Herkunftsländern eingesetzten Küstenwachbooten aufgebracht werden. Ausgesprochen wird diese Folgerung nicht. Vielmehr spekuliert der Gerichtshof in höchst unklarer Weise über die Verpflichtung, an Bord eines Küstenwachboots Übersetzer und Personen bereit zu halten, die eine Überprüfung von Ansprüchen auf internationalen Schutz in Übereinstimmung mit den Verfahrensgrundsätzen der EU-Staaten durchführen können. Dass diese Spekulationen an der Realität vorbeigehen, bedarf kaum eines Nachweises.[40] Ähnlich widersprüchlich artikuliert sich auch die Europäische Kommission in ihrer Stellungnahme an den Gerichtshof, indem sie einerseits den Anwendungsbereich des non refoulement-Grundsatzes nicht auf Grenzüberwachungsaktivitäten ausdehnen will, sondern auf Asylanträge, die auf dem Territorium der Mitgliedstaaten gestellt werden, beschränkt. Andererseits soll Frontex auch ver-

---

[40] Daher kommt auch *M. Dembour* in ihrem Blog zur Hirsi-Entscheidung zum Ergebnis, dass allen Flüchtlingen Aufnahme in der EU gewährt werden muss; www.strasbourgobservers.com/2012/03/01/interception-at-sea-illegal-as-currently-practiced-hirsi-and-others-v-italy (besucht am 28.06.2012).

pflichtet sein, das Refoulementverbot zu beachten, wenn Grenzschutzaktivitäten im Einklang mit dem Schengener Grenzkodex ausgeführt werden[41].

Wie immer man auch die menschenrechtlichen Aspekte der Frontex Grenzkontrollen beurteilen mag, so scheint doch eines offenkundig: Die praktischen Folgen einer Ausdehnung menschenrechtlich begründeter Pflichten zur vorläufigen Schutzgewährung führen zu weitreichenden Konsequenzen für die Art und Weise der Durchführung von Frontexoperationen und zur Kontrollierbarkeit der Außengrenzen der Europäischen Union. Sie können darüber hinaus kontraproduktive Effekte im Sinne eines Anreizes, sich der Flucht mittels nur bedingt seetauglicher Schiffe auf der Suche nach Frontexbooten zu bedienen, und damit die menschenrechtliche Gefährdungslage noch erheblich vergrößern. Es hat nicht den Anschein, als ob sich der EGMR mit dieser Problematik hinreichend auseinandergesetzt hätte. Darüber hinaus mag man sich die Frage stellen, ob die Argumentation des Gerichts im Hinblick auf den menschenrechtlichen „effet utile" nicht auch bedeuten muss, dass jedenfalls bei substantiierter Geltendmachung unmenschlicher Lebensbedingungen Visum und materielle Hilfe zur Erreichung der EU gewährt werden müssen.

III. Menschenwürde und soziale Gleichbehandlung von Ausländern

Verglichen mit der menschenrechtlichen Dynamik bei der Ausweitung menschenrechtlich fundierter Schutzpflichten zugunsten von Ausländern hat die internationale Rechtsprechung bislang eher vorsichtig bei der Inanspruchnahme menschenrechtlicher Gewährleistungen zur Begründung sozialer Ansprüche agiert. Dies mag unter anderem darauf zurückzuführen sein, dass in diesem Bereich die Mitgliedstaaten besonders stark darüber gewacht haben, ihre souveränen Rechte zur Gestaltung der Sozialpolitik, insbesondere auch im Bereich der Ausländerpolitik, zu behalten. Soziale Rechte wurden daher eher zurückhaltend und mit erheblichen Einschränkungen versehen in der Europäischen Sozialcharta als Pendant zur Europäischen Menschenrechtskonvention ohne Anspruch auf unmittelbare Durchsetzbarkeit und ohne Möglichkeit einer Kontrolle durch den EGMR postuliert.[42] Symptomatisch für die Zurückhaltung der Staaten bei der Gewährung von sozialen Rechten an Ausländer ist auch das Schicksal der Europäischen Wanderarbeitnehmerkonvention[43] und der internationalen Konvention über den Schutz der Rechte von Migranten und ihren Familienmitgliedern vom 18. Dezember 1990.[44] Beide Konventionen sind im Wesentlichen nur von einigen Herkunftsländern ratifiziert worden, haben aber nie eine hin-

---

[41] Vgl. Brief v. 15. Juli 2009 durch *J. Barrot* an den Präsidenten des Europäischen Parlaments, zit. in der Hirsi-Entscheidung, Rn. 34.

[42] Siehe aber die Befugnisse des European Committee of Social Rights zur Überprüfung von Individualbeschwerden nach Art. 25 ESC.

[43] European convention on the legal status of migrant workers v. 14. Nov. 1977, ETS Nr. 93.

[44] U.N.G.A. Res. 45/158.

reichende Akzeptanz durch die Hauptaufnahmeländer von Wanderarbeitnehmern erfahren.[45]

Der Europäische Gerichtshof für Menschenrechte hat im Fall Gaygusuz/Österreich[46] das Zusatzprotokoll Nr. 1 dazu herangezogen, um die Zulässigkeit des Ausschlusses vom Zugang von Ausländern zu sozialen Leistungen zu überprüfen. In seiner Entscheidung verpflichtet der Gerichtshof Österreich zur Gleichbehandlung bei der Gewährung einer besonderen sozialen Hilfe in Notlagen unabhängig von der Staatsangehörigkeit eines sich rechtmäßig in Österreich aufhaltenden Ausländers. Nach Auffassung des Gerichtshofs beinhaltet der Eigentumsschutz ungeachtet einer zumindest teilweisen Finanzierung durch Steuern eine Verpflichtung zur Gleichbehandlung bei quasi verdienten Sozialleistungen. Noch einen Schritt weiter ging der Gerichtshof in einer Entscheidung von 2003.[47] Den Zugang zu einer spezifischen Behindertenleistung eines sich rechtmäßig in Frankreich aufhaltenden Ausländers müsse auf Grund der Eigentumsgarantie des Art. 1 des ersten Zusatzprotokolls auch Ausländern gewährt werden, obwohl die Behindertenleistung ausschließlich steuerfinanziert war.

Im Endergebnis erscheint dies zwar sachgerecht, wenngleich die gewählte Rechtsgrundlage mangels eines allgemeinen Gleichbehandlungsgrundsatzes in der Europäischen Menschenrechtskonvention unzutreffend quasi hilfsweise auf eine kaum nachvollziehbare Ausdehnung des Eigentumsbegriffs gestützt wird. Auch das Gleichbehandlungsgebot der Konvention verbietet eine Diskriminierung nur bei den Rechten, die spezifisch durch die Konvention gewährleistet sind.[48] Es erscheint daher rechtsdogmatisch mehr als zweifelhaft, inwiefern der Eigentumsschutz zur Ausweitung menschenrechtlich fundierter Ansprüche auf Sozialleistungen herangezogen werden kann.

Neuerdings hat der EGMR in verstärktem Maße auch Art. 3 EMRK zur Postulierung eines Anspruchs auf Leistungen zur Deckung eines Mindestbedarfs zur Gewährleistung elementarer Lebensbedürfnisse herangezogen.[49] In Übereinstimmung mit der Verfassungsgerichtsbarkeit leitet der EGMR aus Art. 2 und Art. 3 ein Recht auf ein Mindestmaß sozialen Schutzes ab. Eine Gleichbehandlung im Bezug auf Sozialleistungen, die Inländern nach dem nationalen Sozialhilfesystem

---

[45] Vgl. zur Rechtsstellung von Wanderarbeitnehmern *R. Cholewinski*, in: International migration law, 2007, 255; *ders.*, Study on Obstacles to effective access of irregular migrants to minimum social rights, Straßburg, Dez. 2005, 58, 273 (hier auch eine Übersicht über den Ratifikationsstand).

[46] EGMR, Urteil v. 16. Sept. 1996, Rec. 1996 IV.

[47] EGMR, Urteil v. 30. Sept. 2003, *Kouapoirrez/Frankreich*, 4092/98.

[48] *E. Eichenhofer/C. Abig*, Zugang zu steuerfinanzierten Sozialleistungen nach dem Staatsangehörigkeitsprinzip, 2004, 46.

[49] Vgl. auch den freilich nur im Rahmen der Anwendung und Durchführung des Unionsrechts anwendbaren Art. 34 der EU-Grundrechtscharta, der ein Recht auf soziale Unterstützung und Gewährung von Unterkunft zur Gewährleistung menschenwürdiger Bedingungen vorsieht.

gewährt werden, kann aber daraus nicht hergeleitet werden. In seinem Chapman-Urteil hat es der Gerichtshof sogar noch abgelehnt, aus Art. 3 EMRK eine Verpflichtung zur Gewährung von Unterkunft für jeden tatsächlich auf dem Territorium weilenden Ausländer zu gewähren.[50] Erstmals geht der Gerichtshof in der M.S.S. Entscheidung über diesen Standard hinaus, wenn auch auf zweifelhafter methodischer Grundlage.[51]

Ein kohärentes Bild menschenrechtlichen Schutzes auf Zugang zu Sozialleistungen für Ausländer, abgestuft nach Dauer des Aufenthalts, Zweck und aufenthaltsrechtlichem Titel lässt sich aber daraus bisher nicht ableiten. Einer Untätigkeit des Gesetzgebers, auf Veränderungen in der Zusammensetzung der ausländischen Bevölkerung und ihrem Bedarf an sozialer Integration begegnet die Verfassungsgerichtsbarkeit in zunehmendem Maße durch Rekurs auf die Menschenrechte. Das Bundesverfassungsgericht hat in seinem Urteil vom 9. Februar 2010[52] zur Regelung von Sozialhilfeansprüchen arbeitsloser Personen Art. 1 Abs. 1 GG (Menschenwürde) herangezogen, um einen Anspruch auf ein menschenwürdiges Existenzminimum zu konkretisieren. Insoweit nehmen die Entscheidungsgründe in Anspruch, auch für die soziale Stellung von Ausländern Leitlinien zu errichten.

Das Grundgesetz gibt danach dem Gesetzgeber die Verpflichtung vor, ein menschenwürdiges Dasein für alle Menschen zu sichern, die sich in Deutschland aufhalten. Zwar können dabei Besonderheiten berücksichtigt werden, wie sie sich insbesondere aus der Art und der Dauer des Aufenthalts ergeben. Auch Ausländern steht aber der Anspruch auf materielle Leistungen zu, die für ein menschenwürdiges Dasein unabdingbar sind. Ob und inwieweit sich daraus für die Höhe und die Berechnungsart unserer Sozialleistungssysteme für vorübergehend aufhältige Ausländer, wie sie z. B. im „Asylbewerberleistungsgesetz" niedergelegt sind, Kriterien ableiten lassen, ist derzeit noch nicht verfassungsrechtlich abschließend geklärt. Im Grundsatz ist aber unbestritten, dass auch ausreisepflichtige Ausländer, ebenso wie aus humanitären Gründen vorübergehend aufhältige Ausländer, einen Anspruch auf Unterkunft, Nahrung und sonstige Leistungen zur Deckung des notwendigen Bedarfs besitzen.

Darüber hinaus hat das Bundesverfassungsgericht eine Ungleichbehandlung bei der Gewährung von Sozialleistungen am Maßstab von Art. 3 Abs. 1 GG (Anspruch auf Gleichbehandlung) gemessen. Zwar kann damit keine allgemeine Verpflichtung zur Gleichbehandlung aller Kategorien von Ausländern, ohne Rücksicht auf Aufenthaltsrecht und Aufenthaltsdauer abgeleitet werden. Es ist sachlich gerechtfertigt, dass der Gesetzgeber Personen mit einem vorübergehenden Aufenthaltsrecht beim Zugang zu Sozialleistungen beschränkt oder ausschließt. Auch liegt es im Ermessen des Gesetzgebers, für Ausländer mit ungesichertem Aufenthaltsstatus ein eigenes Konzept zur materiellen Existenzsicherung zu entwickeln und dabei auch Regelun-

---

[50] EGMR, Urteil v. 18. Jan. 2001, *Chapman/Vereinigtes Königreich*, 27238/95.
[51] Siehe oben II.
[52] Vgl. BVerfGE 125, 175.

gen über die Gewährung finanzieller Leistungen abweichend vom allgemeinen Sozialhilferecht vorzusehen.[53]

Einschränkungen hat das Bundesverfassungsgericht allerdings insoweit gemacht, als die Sozialleistung ihrer Funktion nach keinen sachlichen Bezug zur Aufenthaltsdauer aufweist. So wurde z. B. für die Anrechnung von Schmerzensgeld im Asylbewerberleistungsrecht ein sachlicher Differenzierungsgrund mit dem Argument verneint, das Schmerzensgeld diene eben dem Ausgleich erlittenen Unrechts, nicht dagegen zur materiellen Existenzsicherung.[54]

In noch stärkerem Maße relativiert das Bundesverfassungsgericht auch die Zulässigkeit der Anknüpfung an die Staatsangehörigkeit. Der Beschluss vom 7. Februar 2012 zum bayrischen Erziehungsgeld, das deutschen Staatsangehörigen vorbehalten war, schränkt die Differenzierung nach der Staatsangehörigkeit bei der Gewährung von Sozialleistungen erheblich ein. Weder fiskalische Interessen noch das völkerrechtliche Prinzip der Gegenseitigkeit könne eine Ungleichbehandlung dann rechtfertigen, wenn nach dem Zweck der betreffenden Sozialleistung eine Differenzierung nicht gerechtfertigt werden könne. Das Anliegen des Gesetzgebers, berufstätigen Eltern mit dem zusätzlichen Erziehungsgeld die persönliche Betreuung ihres Kindes zu ermöglichen, komme jedoch bei Ausländern und ihren Kindern auf gleiche Weise zum Tragen wie bei Deutschen.

Damit scheint eine Entwicklung angestoßen, die über das Völkerrecht hinausgehend Menschenwürde und Gleichbehandlung als Instrumente zur sozialen Integration von Ausländern einsetzt. Das Risiko besteht, wie auch bei der internationalen Rechtsprechung darin, dass der gesetzgeberische Spielraum zu Gunsten verfassungsgerichtlicher Entscheidungsbefugnis zu eng gezogen wird und die kurz- und langfristigen Folgen der komplexen Gestaltungsaufgabe, Ausländern abgestuft nach Dauer und Art des Aufenthaltsrechts, einen gerechten Anteil an den Errungenschaften des Sozialstaats zuzubilligen, keine ausreichende Berücksichtigung finden, ist es doch nicht die Aufgabe von Verfassungsgerichten langfristig wirksame politische Entscheidungen zu treffen. Letztlich muss auch hier in einem demokratischen und offenen Entscheidungsprozess die Ausgestaltung des Sozialstaats verantwortet werden. Dass hierbei innenpolitische Gesichtspunkte (Vermeidung von Anreizen für wirtschaftlich induzierte Wanderungsbewegungen) und europapolitische Erwägungen (vergleichbare materielle Lebensbedingungen für Flüchtlinge und aus humanitären Gründen vorübergehend Aufgenommene) eine Rolle spielen können, wird in der Diskussion um die Funktion der Verfassungsgerichtsbarkeit in der Wahrung der Menschenrechte nicht immer hinreichend gesehen.[55]

---

[53] Vgl. BVerfGE 116, 229 (238).

[54] Vgl. BVerfGE 116, 240.

[55] Vgl. zu den migrationspolitischen Effekten sozialer Leistungssysteme *R. Hansen*, The centrality of employment in immigrant integration in Europe, MPI Paper, Feb. 2012, der in einer Untersuchung über die Wirkung von erhöhten oder reduzierten Sozialleistungen auf die

IV. Fazit

Die menschenrechtliche Entwicklung hat tiefgreifende Auswirkungen in allen Bereichen des Ausländerrechts. Sie ermöglicht auch in Abkehr von einer bloßen Gegenüberstellung von Ausländer und Inländer, eigenen Staatsangehörigen und Fremden eine differenziertere Betrachtung der verschiedenen Kategorien von Ausländern und ihrer Rechte in Abwägung mit den öffentlichen Interessen. Dabei gilt es freilich auch zu beachten, die Menschenrechte nach Maßgabe des geltenden Recht einzusetzen und rechtspolitische Wünschbarkeit nicht mit geltendem Recht zu verwechseln. Eckart Klein hat unter Bezug auf ein behauptetes Recht auf Erwerb der Staatsangehörigkeit im Internationalen Pakt über bürgerliche und politische Rechte mit Recht festgestellt, dass die Menschenrechte von Juristen gezielt aber verantwortungsvoll und nicht als Streuwaffe eingesetzt werden sollten.[56] Dies gilt auch für die schwierige, aber unvermeidliche Aufgabe, das Ausländerrecht mit der sozialen Wirklichkeit in Übereinstimmung zu bringen.

Bereitschaft zur Arbeitsaufnahme und die Arbeitslosigkeit im Vergleich zwischen Inländern und Ausländern in Kanada und Australien hinweist.

[56] *Klein* (Fn. 1), 98.

Die heikle Weltherrschaft der Menschenrechte

Zur Dialektik ihrer Universalität

Von *Josef Isensee*

> „Dem Herrlichsten, was auch der Geist empfangen,
> Drängt immer fremd und fremder Stoff sich an;
> Wenn wir zum Guten dieser Welt gelangen,
> Dann heißt das Bessere Trug und Wahn."
>
> *Goethe, Faust, Der Tragödie Erster Teil*

> „Wen solche Lehren nicht erfreun,
> Verdienet nicht, ein Mensch zu sein."
>
> *Sarastro in der „Zauberflöte"*
> *von Schikaneder/Mozart*

> „Wer allzuviel umarmt, der hält nichts fest."
>
> *Die Marschallin im „Rosenkavalier"*
> *von Hofmannsthal/Strauss*

I. Die universale Idee

Die Menschenrechte, seien sie geschrieben oder ungeschrieben, gründen auf der Idee, dass jeder Mensch kraft seines Menschseins Person ist, mit Würde ausgestattet, dazu berufen, sich seinen Anlagen und Neigungen gemäß in der Gemeinschaft mit anderen frei zu entfalten. Die Idee liegt allen konkreten menschenrechtlichen Forderungen und Verbürgungen voraus. Sie inspiriert und sie legitimiert sie. Sie drängt darauf, sich über das positive Recht zu verwirklichen und zu Rechtsansprüchen zu verfestigen. Sie ist auf das positive Recht angewiesen. Aber sie geht in ihm nicht auf.[1] Sie behält ihren Selbstand. Als Norm der Normen inspiriert sie die Kreation konkreter Rechte und führt ihnen Anerkennung zu. Die Entwicklung geht von der Erkenntnis naturrechtlicher Positionen über ihre Positivierung durch das Staatsrecht zur Positivierung durch das Völkerrecht und von dort auf das Staatsrecht zurück. Die Idee als

---

[1] Näher mit Nachw. *Ludger Kühnhardt*, Die Universalität der Menschenrechte, 1987, 86 ff.; *Eckart Klein*, EuGRZ 1999, 109 ff.; *Josef Isensee*, in: D. Merten/H.-J. Papier (Hrsg.), HGR II, 2006, § 26 Rn. 1 ff., 67 ff. Zur naturrechtlichen Begründung *Gilbert H. Gornig*, GS D. Blumenwitz, 2008, 409 ff.; *Klaus Stern*, in: J. Isensee/P. Kirchhof (Hrsg.), HStR IX, 2011, § 184 Rn. 18 ff., 114 ff.

solche beansprucht eherne Notwendigkeit und setzt sich ab von der Kontingenz der konkreten Rechte, die sie unter den jeweiligen raum-zeitlichen Umständen gezeugt hat und die sich auf sie als Ursprung berufen. Die Idee lässt sich nicht durch die historischen Umstände relativieren. Sie hat absoluten Charakter. Sie akzeptiert keine andere Idee, die sie als ebenbürtig anerkennen, mit der sie konkurrieren oder sich duellieren würde. Wer die Idee der Menschenrechte verwirft oder bekämpft, ist aus ihrer Sicht un-menschlich, verlässt den Kreis der gesitteten Menschheit, „verdienet nicht, ein Mensch zu sein".

Die Idee hebt sich über Recht und Macht empor und nimmt sakrale Züge an. Die Französische Revolution spricht die Menschenrechte heilig: „les droits ... sacrés de l'homme",[2] „ces droits sacrés et inaliénables".[3] Als politische Glaubenssätze übernehmen sie den Anspruch der christlichen Glaubenssätze auf Universalität. In ihnen fokussiert sich, „quod ubique, quod semper, quod ab omnibus creditum est".[4] Ihrer Idee nach haben die Menschenrechte immer schon gegolten, auch wenn sie ihre Geschichte nicht verleugnen können. Sie sind zu einem bestimmten Zeitpunkt unter einer bestimmten Konstellation der politischen und philosophischen Gestirne in die geschichtliche Welt eingetreten.[5] Doch die Idee als solche ist nach Inhalt und Geltungsanspruch antigeschichtlich. Sie stellt sich als ewige, unverrückbare Wahrheit dar, die zwar vergessen und missachtet, nicht aber in Frage gestellt und abgewandelt werden kann. Davon ging die französische Nationalversammlung 1789 aus, als sie verkündete, dass „die Unkenntnis, das Vergessen oder die Verachtung der Menschenrechte die einzigen Ursachen des öffentlichen Unglücks und der Verderbtheit der Regierungen sind", und beschloss, „die natürlichen, unveräußerlichen und heiligen Rechte der Menschen in einer feierlichen Erklärung darzulegen, damit diese Erklärung allen Mitgliedern der Gesellschaft beständig vor Augen ist und sie unablässig an ihre Rechte und Pflichten erinnert".[6] Diese „Wahrheit" lässt sich freilich nicht empirisch oder logisch beweisen, sondern nur bekennen: als säkularer Glaubenssatz. Die ewige „Wahrheit" der Menschenrechte wehrt sich gegen die Historisierung ihres Inhalts.

In der Sache gleich, im Duktus nüchterner proklamiert die Unabhängigkeitserklärung der Vereinigten Staaten von Amerika unter Berufung auf Naturrecht und göttliches Gesetz bestimmte Wahrheiten als selbstverständlich, darunter die, dass alle Menschen gleich geschaffen und von ihrem Schöpfer mit gewissen unveräußerlichen Rechten ausgestattet seien, dass dazu Leben, Freiheit und das Streben nach Glück

---

[2] Präambel der Déclaration des droits de l'homme et du citoyen vom 26. Aug. 1789.

[3] Präambel der Verfassung von 1793.

[4] Zitat: die Formel des katholischen Kanons aus dem 5. Jahrhundert (434) von *Vincentius Lerinensis*, Commonitorium II, 5.

[5] *Kühnhardt* (Fn. 1), 86 ff.; *Andreas Haratsch*, Die Geschichte der Menschenrechte, 2010, 11 ff., 28 ff.

[6] Präambel (Fn. 2).

gehörten.⁷ Die Rechte dieser Art, so die Bill of Rights von Virginia, seien allen Menschen wesenseigen („inherent"); sie alle seien von Natur aus frei und unabhängig („by nature equally free and independent").⁸ Die Aussagen erfolgen in einer bestimmten politischen Situation, in der die Akteure sich der religiösen und philosophischen Grundlagen ihrer Entscheidung vergewissern. Sie greifen zurück auf die Lehren des Christentums und auf den philosophischen Individualismus, wie ihn John Locke repräsentiert.

Die Idee der Menschenrechte beansprucht Geltung für den ganzen Erdkreis.⁹ Sie kennt keine Grenzen der Staaten, der Kontinente und der Kulturräume. Die Idee an sich ist kosmopolitisch,¹⁰ auch wenn sie an verschiedenen Orten und zu verschiedenen Zeiten unterschiedlich wahrgenommen wird. Der kosmopolitische Zug der Idee verlangt geradezu nach weltweiten Gewährleistungen durch positives Völkerrecht. Dennoch war erst nach dem zweiten Weltkrieg die Zeit reif für die Menschenrechtsdeklarationen und -pakte auf Weltebene. Es bedurfte der Erfahrung der Greuel, zu denen die Missachtung der Menschenrechte geführt hatte, zumal der Erfahrung des Völkermordes, dass die Generalversammlung der Vereinten Nationen 1948 die Menschenrechte als „Grundlage der Freiheit, Gerechtigkeit und Frieden in der Welt" proklamierte.¹¹ Als sich Deutschland 1949 zu neuer staatlicher Ordnung erhob, nahm es die Formel auf und bekannte sich zu den universalen Menschenrechten.¹²

Der Universalität des Geltungsanspruchs korrespondiert die Allgemeinheit des Begriffs. „Der Mensch" als Träger der prototypischen, der liberalen Menschenrechte ist ein Abstraktum, entkleidet aller individuellen Besonderheiten. Er ist nicht männlich und nicht weiblich, nicht jung und nicht alt, nicht Vater und nicht Sohn, nicht weiß und nicht farbig, weder Staatsangehöriger noch Ausländer. Das Begriffskonstrukt eines Menschen ohne Eigenschaften ermöglicht, Individuen jedweder möglicher Eigenschaften zu erfassen. Dadurch, dass die Kunstfigur des Menschen die rea-

---

⁷ Einstimmige Erklärung der 13 Vereinigten Staaten von Amerika v. 4. Juli 1776.

⁸ Virginia Bill of Rights v. 12. Juni 1776, Section 1. Die geläufige Übersetzung von „inherent" als angeboren (so in *Günther Franz*, Staatsverfassungen, 1964, 7) gibt den Inhalt nur ungenau wieder.

⁹ Außerhalb des Themas bleiben die regional-völkerrechtlichen Gewährleistungen wie die EMRK und die supranationale Grundrechte-Charta der EU.

¹⁰ Zum Universalitätsanspruch *Eckart Klein*, Menschenrechte, 1997, 23 ff., *ders.* (Fn. 1), 109 ff. Vgl. auch *Kühnhardt* (Fn. 1), 67 ff., 107 ff., 222 ff.; *Gornig* (Fn. 1), 409 ff.; *Rolf Zimmermann*, in: E. Klein/C. Menke (Hrsg.), Universalität – Schutzmechanismen – Diskriminierungsverbote, 2008, 17 ff.; *Bardo Fassbender*, in: J. Isensee (Hrsg.), Menschenrechte als Weltmission, 2009, 11 ff.; *Otto Depenheuer*, ebd., 81 ff.; *Klaus Stern*, in: D. Merten/H.-J. Papier (Hrsg.), HGR VI/2, 2009, § 185 Rn. 7 ff., 13 ff., 44 ff.

¹¹ Allgemeine Erklärung der Menschenrechte vom 10. Dez. 1948. Zitate: Präambel Abs. 2 und 1. – Geschichte und Interpretation *Bardo Fassbender*, Menschenrechteerklärung, 2009, 4 ff., 54 ff.

¹² Zu Art. 1 Abs. 2 GG *Isensee* (Fn. 1), § 26 Rn. 67 ff., 80 ff.

len Unterschiede ignoriert, vermag sie, die Gleichheit aller im Recht zu verbürgen.[13] Sie erfasst den Menschen sowohl als biologisches Gattungswesen wie auch als Person im Rechtssinne, nicht jedoch als Persönlichkeit in der Einmaligkeit ihrer Existenz.[14] Blind für alles, was die Individualität ausmacht – individuum est ineffabile –, respektiert sie das Individuum in seiner Einmaligkeit als Vorgabe des Rechts und sichert ihm die Freiheit, sich in seiner Individualität zu behaupten und nach eigener Fasson zu entfalten. In ihrer abstrakten Allgemeinheit fragen die liberalen Menschenrechte nicht danach, ob ihr jeweiliger Inhaber überhaupt die Fähigkeiten und die Neigungen hat, sie auszuüben. Die Eigentumsgarantie gilt auch für den Habenichts, die Vereinigungsfreiheit für den Eigenbrötler, die Freizügigkeit für den Sesshaften, die Freiheit der Religionsausübung für den religiös Unmusikalischen.

Der Universalismus der Menschenrechte entspricht dem rationalistischen Naturell der Aufklärung,[15] die allein die Vernunft als Legitimationsgrundlage menschlicher Ordnung anerkennt und traditionale, charismatische wie auch sakrale Begründungen verwirft.[16] Alles Bestehende, alles Planen und Handeln muss sich vor dem Tribunal der Vernunft rechtfertigen. Die Vernunft setzt sich über die historisch-kulturelle Vielgestalt alles Bestehenden hinweg und baut die politisch-rechtliche Welt nach eigenem Entwurf neu auf. Am Anfang steht die Freiheit des Individuums. Pflichten gegenüber den anderen sind sekundär. Die Freiheit bildet den archimedischen Punkt, von dem aus die Vernunft die politische Welt zu bewegen vermag, um aus dem Willen des Einzelnen über hypothetische (Gesellschafts-)Verträge die Gesellschaft, die (Willens-)Nation, den Staat, die supranationalen und internationalen Verbände mit deren Verfassungen abzuleiten.[17]

Die Gesetze der praktischen Vernunft gelten wie jene der Logik universal zu jeder Zeit, an jedem Ort, für alle Menschen. Jedoch anders als die formalen Gesetze der Logik sind die der praktischen Vernunft ausgerichtet auf materiale Werte: die Würde des Menschen, Freiheit und Gleichheit. In der Idee der Menschenrechte verbindet sich die Vernunft mit der Humanität. Die humane Grundintention reicht freilich nicht aus, um zu verhindern, dass die Idee glaubenskriegerische Brisanz erlangt, wie sie allen universal-absoluten Lehren eigen ist.

---

[13] „Universalismus ist das Kennzeichen dessen, ..., das Gültigkeit für immer, überall und für alle beansprucht und deshalb von der Voraussetzung ausgeht, dass die Menschen unter einem gewissen, distanzierten Blickwinkel ‚gleich' sind" (*Sybille Tönnies*, Der westliche Universalismus, 1997, 15 ff.). Zu den rechtlichen Folgen *Depenheuer* (Fn. 10), 85.

[14] Zum Begriffspaar Person und Persönlichkeit *Harry Westermann*, Person und Persönlichkeit als Wert im Zivilrecht, 1957, 7 ff.

[15] Zu den älteren Wurzeln der Menschenrechte: *Kühnhardt* (Fn. 1), 44 ff., 63 ff., 86 ff.; *Hans Maier*, FS Lerche, 1993, 43 (45 ff.); *Haratsch* (Fn. 5), 11 ff., 28 ff.; *Josef Isensee*, in: D. Merten/H.-J. Papier (Hrsg.), HGR IV, 2011, § 87 Rn. 55 ff. (Nachw.).

[16] *Max Webers* Typen der Legitimation: Wirtschaft und Gesellschaft (1922), Ausgabe Winckelmann, 2 Hbb., 1964, 157 ff.

[17] Zum Zusammenhang der individuellen mit der kollektiven Selbstbestimmung: *Dietrich Murswiek*, Der Staat 23 (1984), 523 ff.; *Helmut Quaritsch*, in: J. Isensee/P. Kirchhof (Hrsg.), HStR VIII, ¹1995, § 193 Rn. 1 ff.

II. Primärer Adressat der Menschenrechte: der Staat

Ungeachtet der Universalität der menschenrechtlichen Idee ist der eigentliche Raum der menschenrechtlichen Wirksamkeit der Staat. Wie die geborenen Träger der Menschenrechte die einzelnen Menschen sind, so ist ihr notwendiger Adressat die Staatsgewalt. Diese verfügt über die institutionellen Fähigkeiten, die Menschenrechte zu gewährleisten, damit auch über jene „force publique", deren sie, so die französische Deklaration von 1789, zu ihrer Sicherung bedarf.[18] Von der Staatsgewalt her droht aber auch die Gefahr der Unterdrückung und der Verletzung. In den Menschenrechten wirken die traumatischen Erfahrungen staatlicher Tyrannei und Willkür nach. Daher sind sie darauf angelegt, die Ausübung der Staatsgewalt zu disziplinieren, zu begrenzen und zu steuern. Sie bilden die Gegenstrukturen zu denen des modernen Staates.[19] Seiner Souveränität und virtuellen Allzuständigkeit setzen sie das Prinzip der ursprunghaften, genuin unbegrenzten Freiheit entgegen, vor der sich jedweder Eingriff der Staatsgewalt rechtfertigen muss.[20] In der Polarität von Individuum und Staatsgewalt erlangen die Menschenrechte konkrete Gestalt: als Freiheit von staatlichem Zwang (status negativus), als Genuss staatlicher Leistungen (status positivus), als Mitwirkung an der staatlichen Willensbildung (status activus).[21]

Der moderne Staat bietet die organisatorischen Voraussetzungen, um den Menschenrechten praktische Geltung zu vermitteln: die Entscheidungshoheit, um sie allgemeinverbindlich zu interpretieren und in positives Recht umzusetzen; das Gewaltmonopol, um sie vor Übergriffen Privater zu schützen und einen Gesamtzustand der Sicherheit herzustellen, in dem die Freiheit des einen neben der Freiheit des anderen nach verallgemeinerungsfähigen Kriterien bestehen kann; vollends die Gewaltenteilung, die ermöglicht, dass das handelnde (also menschenrechtsgefährdende) Staatsorgan durch ein unbeteiligtes, unabhängiges anderes Staatsorgan kontrolliert wird und somit nicht als Richter in eigener Sache entscheidet.[22] Das Optimum ihrer möglichen Wirksamkeit erreichen die Menschenrechte, wenn sie mit rechtsstaatlicher Form und demokratischer Willensbildung zur Ganzheit des Verfassungsstaates verschmelzen.

Dem Staat obliegt es, seine Rechtsordnung den Menschenrechten gemäß auszugestalten und die überpositive Idee in positive Grundrechte der Verfassung umzusetzen. Die Grundrechte haben teil an der Urkundlichkeit und Stringenz, an der erhöhten Bestandskraft, an der Judiziabilität und am Vorrang der Verfassung. Sie durchsäuern

---

[18] Art. 12 S. 2 Déclaration (Fn. 2).

[19] Dazu mit Nachw. *Josef Isensee*, in: J. Isensee/P. Kirchhof (Hrsg.), HStR II, 2004, § 15 Rn. 65 ff., 82 ff.

[20] Zum „rechtsstaatlichen Verteilungsprinzip" *Carl Schmitt*, Verfassungslehre, 1928, 126.

[21] Status-Lehre: *Georg Jellinek*, Das System der subjektiven öffentlichen Rechte, 1905, 81 ff., 94 ff.

[22] Zu diesen Wirksamkeitsvoraussetzungen *Josef Isensee*, in: J. Isensee/P. Kirchhof (Hrsg.), HStR IX, 2011, § 190 Rn. 9 ff., 119 ff.

wie der biblische Sauerteig das ganze staatliche Recht, aber sie entfalten sich auch in ihm und erreichen praktikable Konkretheit.²³ Insofern erfüllt sich die Idee der Menschenrechte in den staatlichen Grundrechten. Sie büßt damit ihre Universalität nicht ein, weil sie sich an alle Staaten der Erde richtet.

Mit der europäisch-atlantischen Wunschbrille gelesen, enthält die Menschenrechte-Erklärung von 1948 geradezu einen Individualanspruch auf Herstellung des Verfassungsstaates, nämlich ein Menschenrecht auf die objektiven Voraussetzungen zur Ausübung der Menschenrechte: „Jeder hat Anspruch auf eine soziale und internationale Ordnung, in der die in dieser Erklärung verkündeten Rechte und Freiheiten voll verwirklicht werden können" (Art. 28). Bei näherem Hinsehen verwandelt sich dieser „Anspruch" freilich in den Nebel frommer Verheißungen und leerer Konsensformeln, denen auch totalitäre und autoritäre Staaten vorbehaltlos zustimmen können.

Eine terminologische Anmerkung: Der Sprachgebrauch „Menschenrechte" ist uneinheitlich. Der Begriff „Menschenrechte" sollte auf überstaatliche Rechte beschränkt bleiben, solche des überpositiven (naturrechtlichen) oder des positiv-völkerrechtlichen Charakters, indes „Grundrechte" positiv-staatliche Rechte mit Verfassungsrang sind, wie die „nachfolgenden Grundrechte" des Grundgesetzes, auf die Art. 1 Abs. 3 GG verweist.²⁴ Dagegen beziehen sich die „Menschenrechte", zu denen sich das Grundgesetz in Art. 1 Abs. 2 bekennt, auf die unverrückbare überpositive Idee als den Leitstern des positiven Verfassungsrechts; darin liegt aber nicht eine dynamische Verweisung auf das Völkerrecht mit seinen fließenden, immer mehr anschwellenden „Menschenrechts"-Verbürgungen.²⁵ Grundrechte und Menschenrechte unterscheiden sich auch in ihrer inhaltlichen Ausrichtung. Menschenrechte sind von ihrem Träger her konzipiert, dem einzelnen Menschen, Grundrechte dagegen von ihrem Adressaten her, dem Staat.²⁶ „Grundrechte" stehen jedem zu, der der Gebiets- oder Personalhoheit des Staates unterliegt (arg. Art. 1 Abs. 3 GG), „Menschenrechte" jedem, der Menschenantlitz trägt. „Menschenrechte" gelten erga omnes: gegenüber jeglicher Macht, die den Einzelnen beeinträchtigen könnte, mag sie staatlich, überstaatlich oder unstaatlich sein. Sie richten sich sogar gegen

---

²³ Dazu *Matthias Jestaedt*, Grundrechtsentfaltung im Gesetz, 1999, 8 ff., 262 ff.; *Isensee* (Fn. 1), § 26 Rn. 25 ff.

²⁴ Eine Ausnahme, welche die semantische Regel bestätigt, bildet die Charta der „Grundrechte" der Europäischen Union. Der Staatenverbund schmückt sich mit einem staatsrechtlichen Begriff und gibt damit seinen Drang zu erkennen, Staatsqualität zu gewinnen. Überdies demonstriert die Europäische Union, dass sie dem deutschen Grundrechtsvorbehalt genügen will, wie er in der Solange-Rechtsprechung des Bundesverfassungsgerichts (erstmals E 37, 271 [279 ff.]) und in Art. 23 Abs. 1 S. 1 GG zum Ausdruck gelangt. Zur Terminologie Menschenrechte/Grundrechte *Isensee* (Fn. 22), § 190 Rn. 25 ff. (Nachw.).

²⁵ So aber *Erhard Denninger*, JZ 1996, 585 (589 f.); *Matthias Herdegen*, in: T. Maunz/G. Dürig (Begr.), Grundgesetz Kommentar, Stand 2003/05, Art. 1 Abs. 2 Rn. 30 ff.; *ders.*, FS Hablitzel, 2005, 177; *Philip Kunig*, in: I. v. Münch/P. Kunig (Hrsg.), Grundgesetz-Kommentar, Bd. 1, ⁶2012, Art. 1 Rn. 44. Kritik *Isensee* (Fn. 1), § 26 Rn. 90 f.; *ders.* (Fn. 15), § 87 Rn. 39 ff.; *Christian Hillgruber*, GS D. Blumenwitz, 2008, 123 ff.

²⁶ *Isensee* (Fn. 22), § 190 Rn. 30 ff.

Terrorgruppen im failed state. Tendenziell nehmen sie jeden einzelnen Menschen in die Pflicht, so dass dieser ihr Adressat und ihr Träger zugleich ist.[27]

Auch heute enthebt die internationale Gemeinschaft die Staaten nicht ihrer genuinen Verantwortung für die Wahrung der Menschenrechte.[28] Vielmehr baut sie nur eine zusätzliche Ebene positivrechtlicher Garantien auf, die zu den staatlichen Garantien hinzutreten und diese, soweit sie unzulänglich sind, ergänzen, notfalls sogar ersetzen und einen weltweiten Mindeststandard bieten. Sie stärken den menschenrechtlichen Schutz des Einzelnen, aber sie greifen nur subsidiär ein[29] und lösen den Schutz durch den Staat nicht ab. Vielmehr sind sie auf die Umsetzung durch diesen angewiesen. Ihre Wirksamkeit hängt ab von seiner rechtsstaatlichen Organisation und von seiner Loyalität. Weiterhin entscheidet sich das Schicksal der Menschenrechte im staatlichen Raum. Der Staat ist in der Praxis der primäre Pflichtenadressat der Menschenrechte geblieben. Wie eh und je gehen von ihm die eigentlichen Gefährdungen aus. Dagegen sind die Reibungsflächen zwischen den internationalen Organisationen und den Individuen nur schmal.[30]

III. Menschenrechtliche Umwandlung des Völkerrechts

Seit dem zweiten Weltkrieg sind die Menschenrechte Thema des Völkerrechts geworden. Die globalen wie die kontinentalen Deklarationen, Pakte und Konventionen nehmen zu an Zahl, an gegenständlichem Umfang und an normativem Anspruch.[31] Elementare menschenrechtliche Gewährleistungen verfestigen sich zu Völkergewohnheitsrecht, dessen Kern sich als ius cogens der Disposition des einzelnen Staates entzieht.[32] Einmal eingegangene vertragliche Bindungen an die Menschenrechte lassen sich, wenn überhaupt, nur schwer auflösen. Der internationale Pakt über bürgerliche und politische Rechte ist für die Vertragspartner unkündbar. Nach Auffassung des UN-Menschenrechtsausschusses geht der Schutz der Rechte, wenn die Menschen seiner einmal teilhaftig geworden sind, mit dem Territorium über und haftet an ihm wie eine Grundschuld, „ungeachtet der Tatsache eines Systemwechsels, einschließlich der Auflösung eines Staates, einer Staatensukzession oder irgendeiner

---

[27] *Christian Tomuschat*, Europa-Archiv 1994, 677 (681, 683); *Klein* (Fn. 10), 27. Anders wohl *Fassbender* (Fn. 11), 40 f. Skeptisch *Ralph A. Lorz*, in: E. Klein/C. Menke (Hrsg.), Menschheit und Menschenrechte, 2002, 105 (126 ff.).

[28] *Charlotte Kreuter-Kirchhof*, AVR 48 (2010), 338 (344, 347 f.).

[29] *Klein* (Fn. 1), 115; *Fassbender* (Fn. 10), 29; *Kreuter-Kirchhof* (Fn. 28), 348 f.

[30] Das gilt aber nicht für die Europäische Union, die unmittelbar in Individualgrundrechte eingreifen kann. Hier besteht die Notwendigkeit eines eigenständigen supranationalen Grundrechtsschutzes, wie ihn das Unionsrecht denn auch leistet.

[31] *Eckart Klein*, in: C. Böttigheimer et alii (Hrsg.), Sein und Sollen des Menschen, 2009, 207 ff.; *Fassbender* (Fn. 10), 11 ff.

[32] Dazu *Klein*, Menschenrechte (Fn. 10), 15 f.; *Fassbender* (Fn. 10), 19, 22 f., 34. *Matthias Herdegen*, Völkerrecht, 2012, § 16 Rn. 14.

nachfolgenden Aktion, die darauf abzielt, die Menschen dieser Rechte zu berauben".[33]

Das System des Völkerrechts wandelt sich und erlebt eine „stille Revolution".[34] Die Wahrung der Menschenrechte ist mehr als nur innere Angelegenheit des einzelnen Staates, die andere Staaten wie die Weltgemeinschaft nichts anginge. Vielmehr gewinnt sie – wenigstens virtuell – globale Relevanz. Allmählich entwickelt sich eine völkerrechtliche Schutzverantwortung für die Menschenrechte.[35] Diese schmälert die staatliche Souveränität, und sie gibt ihr eine teleologische Ausrichtung. Die formale Kategorie wird inhaltlich gefüllt, gleichsam menschenrechtlich aufgeladen.[36] Der domaine réservé schrumpft wie die Gletscher im Klimawandel. Im Zeichen der Menschenrechte werden die Personal- und die Gebietshoheit relativiert. Die vormals impermeable Staatlichkeit wird in einem bestimmten Grade durchlässig. Eine Weltstrafjustiz bricht die völkerrechtliche Immunität staatlicher Amtsträger auf, wenn diese an staatlich organisierten Menschenrechtsverstößen beteiligt sind. Die Wellen der Menschenrechtseuphorie unterspülen die völkerrechtlichen Dämme der nationalen Jurisdiktion, wenn Gerichte der USA die Weltzuständigkeit für Schadensersatzklagen bei Menschenrechtsverstößen beanspruchen, ohne nach einer Anknüpfung an die eigene Staatlichkeit zu fragen.[37] Opfer von Kriegsschäden versuchen, der völkerrechtlichen Staatenimmunität zum Trotz ihre Ansprüche direkt gegen den Schädigungsstaat einzuklagen und zu vollstrecken.[38] Erkannte das klassische Völkerrecht nur souveräne Staaten als seine Subjekte an, so erlangt nunmehr auch das Individuum als Träger der Menschenrechte unmittelbare Völkerrechtssubjektivität.[39]

IV. Humanitäre Intervention

Das schärfste Instrument, dessen sich die internationale Gemeinschaft bedienen kann, um ihrer Verantwortung für den Schutz der Menschenrechte zu genügen, ist die humanitäre Intervention, der Einsatz oder die Androhung militärischer Gewalt im

---

[33] *Klein* (Fn. 1), 111.

[34] *Eckart Klein*, Menschenrechte. Stille Revolution des Völkerrechts und Auswirkungen auf die innerstaatliche Rechtsanwendung, 1997. Vgl. auch *ders.* (Fn. 10), 111.

[35] Responsibility to Protect: Resolution der Generalversammlung, 2005, World Summit Outcome, UN Dok. A/RES/60/1 v. 24. Okt. 2005 (Outcome Dokument), Abschnitte 138 ff. Dazu *Kreuter-Kirchhof* (Fn. 28), 353 ff.; *Herdegen* (Fn. 32), § 1 Rn. 25 ff.

[36] Zum „wertegebundenen" Souveränitätsverständnis *Kreuter-Kirchhof* (Fn. 28), 340, 344 f., 375 f.

[37] Zur Renaissance des Alien Tort Claims Act von 1789 in den USA: *Alfried Heidbrink*, Der Alien Tort Claims Act (28 U.S.C., § 1350), Diss. Bonn, 1989; *Thomas Giegerich*, in: Klein/Menke (Fn. 27), 155 ff.

[38] Bislang freilich nur mit Zwischenerfolgen in Griechenland und Italien. Ablehnend BGH, in: NJW 2003, 3488 (3489); EGMR, in: NJW 2004, 273 (275); JGH, Juris dictional Immunities of the State (Germany v. Italy), Urt. v. 3.2.2012.

[39] *Klein* (Fn. 10), 26.

Gebiet eines fremden Staates, um die Menschenrechte seiner Untertanen zu schützen.[40] Das heutige Völkerrecht macht den Weg frei, dass die internationale Gemeinschaft einem Genozid, einer ethnischen Säuberung und vergleichbaren Greueln nicht tatenlos zusehen muss, und beginnt, ein weltpolizeiliches, zwangsbewehrtes System der Gefahrenabwehr aufzubauen.

Der Sicherheitsrat kann kraft seiner Kompetenz, militärische Maßnahmen zur Wahrung des Weltfriedens und der internationalen Sicherheit anzuordnen (Art. 42 UN-Charta), auch Maßnahmen zur Verhinderung schwerer Verstöße gegen die Menschenrechte vorsehen. Diese Verstöße werden – in schöpferischer Rechtsfortbildung – als Bruch des Weltfriedens behandelt.[41] Der Begriff des Friedens weitet sich vom herkömmlichen negativen Verständnis als Abwesenheit von physischer Gewalt zwischen den Staaten zu einem positiven Verständnis als Unversehrtheit der Menschenrechte in aller Welt.[42] Freilich macht der Sicherheitsrat von seiner Kompetenz, zu einer humanitären Intervention zu ermächtigen, nur selten Gebrauch, weil unter seinen Mitgliedern tiefer Dissens über Inhalt und Anwendung der Menschenrechte herrscht und jedes der ständigen Mitglieder kraft seines Vetorechts ein Interventionsmandat vereiteln kann. Allerdings unterläuft die Praxis das prätendierte Gewaltmonopol des Sicherheitsrates. Einzelne Staaten oder Staatenverbindungen intervenieren kraft Selbstermächtigung, so die NATO im Kosovo, um der albanischen Minderheit[43], so Russland in Georgien, um der russischen Minderheit menschenrechtliche Nothilfe zu leisten.

Die Reaktivierung der humanitären Intervention, die lange im historischen Arsenal des Völkerrechts dahingerostet hat,[44] mag als Sieg der Menschenrechtsidee über das Prinzip der staatlichen Impermeabilität erscheinen. Doch der Preis ist hoch, und es erhebt sich die Frage, ob nicht am Ende die Menschenrechte selber Schaden neh-

---

[40] Definition und Zulässigkeitskriterien: Europäisches Parlament, Entschließung zum Recht auf Intervention aus humanitären Gründen vom 20. April 1994 (ABl. 1994, Nr. C 128, 225). Ähnlich die fünf „Legitimitätskriterien" für militärische Maßnahmen nach Kapitel VII der UN-Charta, nach dem Vorschlag der UN-Reformkommission in ihrem Bericht vom Dezember 2004 (abgedruckt bei *Herdegen* [Fn. 32], § 4 Rn. 26). Literatur: *Albrecht Randelzhofer*, in: B. Simma (Hrsg.), Charta der Vereinten Nationen, Komm. 1991, Art. 2 Ziff. 4 Rn. 49; *Josef Isensee*, JZ 1995, 421 ff.; *Dietrich Murswiek*, Der Staat 35 (1996), 31 ff.; *Christian Hillgruber*, JRP 2000, 288 ff.; *Michael Bothe*, in: W. G. Vitzthum (Hrsg.), Völkerrecht, 2004, 605 ff.; *Karl Doehring*, Völkerrecht, 2004, Rn. 1008 ff. – Zum kontroversen Zusammenhang der humanitären Intervention mit der responsibility to protect: *Kreuter-Kirchhof* (Fn. 28), 362 ff.; *Herdegen* (Fn. 32), § 41 Rn. 25 ff.

[41] *Matthias Herdegen*, BDGVR 34 (1996), 49 (58 ff.); *Fassbender* (Fn. 10), 28.

[42] *Albrecht Randelzhofer*, in: J. Delbrück (Hrsg.), Völkerrecht und Kriegsverhütung, 1979, 13 ff.; *ders.*, FS Lerche, 1993, 51 (55 ff.); *Murswiek* (Fn. 40), 33 ff.; *Matthias Herdegen*, Die Befugnis des UN-Sicherheitsrates, 1998, 11 ff.; *ders.*, FS Tomuschat, 2006, 899 (904 ff.).

[43] Die völkerrechtliche Zulässigkeit der Kosovo-Intervention bejahen: *Knut Ipsen*, Die Friedens-Warte 74 (1999), 19 ff.; *Christian Tomuschat*, ebd., 33 ff. Gegenposition *Michael Bothe*, SZIER 2 (2000), 177 ff. (184).

[44] Zur Geschichte *Helmut Rumpf*, Der internationale Schutz der Menschenrechte und das Interventionsverbot, 1981, 76 ff.

men. Denn die Intervention durchbricht das völkerrechtliche Gewaltverbot, das den Frieden zwischen den Staaten mit ihren jeweils eigenen, vielfach einander unverträglichen Verfassungen gewährleistet. Ein klarer Rechtsbefehl wird aufgeweicht zugunsten disparater Normen, die umgeben sind von einem Schwarm diffuser, widersprüchlicher Rechtsvorstellungen, aus denen sich die Interventionsinteressenten bedienen können. Die aus menschenrechtlicher Sicht allzu schwerfälligen Entscheidungsprozeduren des Sicherheitsrates haben jedenfalls die heilsame Wirkung, die völkerrechtliche Regel des Gewaltverbots wider mögliche Ausnahmen zu festigen. Eine Parteinahme auswärtiger Staaten im Bürgerkrieg widerspricht auch dem Selbstbestimmungsrecht des Staatsvolkes, das seinerseits den Schutz des Völkerrechts genießt und das Interventionsverbot abstützt.[45] Das Verbot findet sich bereits in Kants Friedensschrift. Kant verwirft eine Einmischung, weil sie die „Rechte eines nur mit seiner inneren Krankheit ringenden, von keinem andern abhängigen Volks" verletze und die Autonomie aller Staaten unsicher mache.[46]

Das Instrument der humanitären Intervention kann nur handhaben, wer über größere militärische Macht verfügt. In der Praxis ist die humanitäre Intervention eine Waffe für Großmächte, vornehmlich für die USA, die ihrerseits – schon wegen ihres Vetorechts im Sicherheitsrat – eine Intervention nicht zu fürchten haben. Interventionsgefährdete kleine und mittlere Staaten sind gut beraten, sich unter den Schutzmantel einer Großmacht zu begeben, wie Israel und Kuwait unter den der USA oder Serbien und Syrien unter den Russlands. Im realen Ergebnis stabilisiert die Möglichkeit einer humanitären Intervention das globale Regime der Hegemonen.[47]

Der Intervenient ist notwendig befangen, weil er – eingebunden in die politische Machtlage – von den guten wie den schlimmen Folgen einer Intervention notwendig mitbetroffen ist, mag diese nun gelingen oder scheitern. Rein menschenrechtlicher Altruismus bewegt schwerlich einen Staat oder eine Staatengruppe, sich des Aufwands und Risikos einer humanitären Intervention zu unterziehen. Vielmehr kommen durchwegs eigennützige ökonomische oder politische Ziele hinzu. Die Forderung des Europäischen Parlamentes, dass die Interventionsmacht kein besonderes Eigeninteresse an der Situation besitzen dürfe, „so dass der Schutz der Menschenrechte das Hauptziel ist und keine politischen oder wirtschaftlichen Gründe mitspielen",[48] ist weltfremd. Die Apathie der westlichen Staaten angesichts der Massenmorde, Verfolgungen und Vertreibungen in Nigeria, Ruanda, Sudan wie überhaupt das menschenrechtliche Desaster in weiten Teilen Afrikas erklärt sich – auch – daraus,

---

[45] *Hillgruber* (Fn. 40), 288 ff.

[46] *Immanuel Kant*, in: ders., Werke (hrsg. von Wilhelm Weischedel), Bd. VI, 1969, 191 (199).

[47] Auf der Gipfelkonferenz von Kuala Lumpur sprachen sich über 100 Staaten gegen die Zulässigkeit der humanitären Intervention aus (Final Document of the XIIIth Conference of Heads of State or Government of the Non-Aligned Movement, Kuala Lumpur, 24–25 Feb. 2003, Nr. 16, zitiert nach *Matthias Herdegen*, ZaöRV 2004, 57 f.).

[48] Entschließung des Europäischen Parlaments (Fn. 40), 10d.

dass keine erheblichen Eigeninteressen (etwa an der Energieversorgung) im Spiel sind. Auch die (begriffsprägenden) humanitären Interventionen des 19. Jahrhunderts, die sich angeblich zugunsten christlicher Minderheiten auf dem Balkan gegen das Osmanische Reich richteten, hatten machtpolitischen Hintersinn, wenn sie nicht gar – in Vorwegnahme heutiger Menschenrechtsheuchelei – das humanitäre Ziel nur als Tarnung nutzten.[49]

Wenn die Pandorabüchse des Gewaltverbots einmal geöffnet worden ist, fällt es schwer, das Gewaltpotential, das ihr entwichen ist, rechtlich zu bändigen. Ob, aufs Ganze gesehen, die Menschenrechte mehr gewinnen als Schaden nehmen, stehe dahin. Die humanitäre Intervention kann sich zum Sprengsatz der Friedensordnung des Völkerrechts erweisen. Es fragt sich, ob sie überhaupt als Instrument des Völkerrechts taugt, weil sie sich schwerlich nach Kriterien einer realen, also nicht nur nominellen Verallgemeinerungsfähigkeit bestimmen lässt. Die Befürworter einer Weltpolizei für Menschenrechte setzen das westliche Verständnis der Menschenrechte voraus wie auch eine für den Westen grosso modo vorteilhafte Machtlage. Sie blenden die Möglichkeit aus, dass sich der Spieß umkehren und gegen den Westen richten könnte. Die Zulässigkeit einer humanitären Intervention kann, wenn überhaupt, nicht von dem vagen Ziel des „Schutzes der Menschenrechte" bestimmt werden, sondern nur von klar definierten Gefahrentatbeständen.[50]

V. Menschheitshoffnung und Weltmission

Stärker als die Wirksamkeit ihrer völkerrechtlichen Garantien und Sanktionen ist die politische Macht der Menschenrechte. Ihre Idee übt heute eine geistige Weltherrschaft aus, der sich alle politischen Mächte beugen oder wenigstens so tun, als täten sie es. Ein Unterdrückungsregime handelte unklug, wenn es sich in offenen Widerspruch zu der ideellen Großmacht setzte und sich so vor der inneren Opposition wie vor der öffentlichen Weltmeinung eine Blöße gäbe.

In repressiven Staaten findet die illegalisierte Opposition ihre Maßstäbe und ihre Argumente in den Menschenrechten und vermag sich so in den internationalen Diskurs einzubringen. Als selbstmächtige Sachwalter der universalen Menschenrechte treten Nichtregierungsorganisationen, Kirchen, Medien, Spontandemonstrationen, Aktivbürger aller Zonen auf. Diese privaten Instanzen sind die aufmerksamsten, sensibelsten, einsatzfreudigsten, wenngleich nicht durchwegs die politisch klügsten Hüter der Menschenrechte in aller Welt.[51] Die moderne Kommunikationstechnik ar-

---

[49] Zur Geschichte: *Rumpf* (Fn. 44), 76 ff.; *Wilhelm G. Grewe*, Epochen der Völkerrechtsgeschichte, 1988, 765 ff.; *Christian Hillgruber,* Der Staat 40 (2001), 165 ff.

[50] Dazu u. IX, 15.

[51] *Hauke Brunkhorst*, in: Klein/Menke (Fn. 10), 115 ff.; *Norman Weiß*, ebd., 232 ff.; *Klaus W. Grewlich*, in: J. Isensee/P. Kirchhof (Hrsg.), HStR X, 2012, § 223. Zur Effektivität der Mittel des Menschenrechtsschutzes *Eckart Klein* (Hrsg.), Stille Diplomatie oder Publizität?, 1996.

beitet ihnen zu. Sie erzeugt eine anarchische Sphäre oberhalb der staatlich beherrschbaren, rechtlich regulierbaren Welt. Sie bahnt Informationswege über staatliche Grenzen hinweg und bricht Informationsmonopole. Sie knüpft überwachungsresistente Netzwerke. Sie bietet sich an für subversive Dienste und macht der Despotie, die die geistigen Freiheiten unterdrücken will, das Leben schwer.

Die Menschenrechte sind Menschheitshoffnungen, die über alles tatsächlich und rechtlich Mögliche hinausschießen. Sie inspirieren zu Visionen und Utopien. Ungeachtet ihres rational-aufklärerischen Ursprungs entbinden sie Schwarmgeisterei.[52] Ein gesinnungsethischer Menschenrechtsrigorismus setzt die Realpolitik unter Druck. „Die Idee der Menschenrechte erlegt jedermann eine Verpflichtung auf, die prinzipiell grenzenlos ist. Darin zeigt sich ihr theologischer Kern, der alle Säkularisierungen überstanden hat. Jeder soll für alle verantwortlich sein. In diesem Verlangen ist die Pflicht enthalten, Gott ähnlich zu werden; denn es setzt Allgegenwart, ja Allmacht voraus. Da aber alle unsere Handlungsmöglichkeiten endlich sind, öffnet sich die Schere zwischen Anspruch und Wirklichkeit immer weiter. Bald ist die Grenze zur objektiven Heuchelei überschritten: dann erweist sich der Universalismus als moralische Falle."[53] Doch Heuchelei ist nun einmal, mit dem Wort eines französischen Moralisten, der Zoll, den das Laster der Tugend entrichtet.

Die Menschenrechte haben säkularen Charakter wie der moderne Staat, auf den sie sich beziehen. Gleichwohl bilden sie so etwas wie die neue Weltreligion, die im säkularen Bereich das Erbe der christlichen Weltreligion antritt, der sie entsprossen sind. Die Ringparabel Lessings bietet ein menschenrechtliches Evangelium: Im Namen der religiösen Toleranz werden die Jenseitsreligionen vergattert, ihren Wahrheitsanspruch zurückzustecken und miteinander in humanitären Leistungen diesseitig zu konkurrieren. An die Stelle der alten Wahrheiten tritt die neue, die menschenrechtliche Wahrheit, die ihrerseits keine anderen Wahrheiten neben sich duldet. Das Gebot der Toleranz ist intolerant. Die menschenrechtliche Wahrheit reklamiert für sich Heiligkeit („droits sacrés"). Sie beansprucht Absolutheit, die sich gegen kulturelle wie historische Relativierung sperrt, ihrerseits aber den Absolutheitsanspruch einer Religion verwirft und den Relativismus als Weltanschauung etabliert. Sie empfindet religiöse Eigenart als anstößig und sucht religiöse Unterschiede einzuebnen (Beschneidung, Kindertaufe, religiöse Sexualmoral, Zölibat). Als Glaube an ein Absolutes enthält sie den Zündstoff zum Glaubenskrieg.

Risiken dieser Art lassen sich nicht leichter Hand mit dem Hinweis abtun, dass die Menschenrechte inhaltlich begrenzt seien und keine Jenseitsreligion, keine letzten Wahrheiten, keine ganzheitliche Weltsicht böten.[54] Recht verstanden, sind die Menschenrechte zwar in Reichweite und Inhalt begrenzt. Doch an ihnen entzünden sich

---

[52] Absage an „Menschenrechtsschwärmerei" und „Wunschdenken": *Klein*, Menschenrechte (Fn. 10), 10.

[53] *Hans-Magnus Enzensberger*, Aussichten auf den Bürgerkrieg, 1996, 74.

[54] So aber *Heiner Bielefeldt*, in: G. Nooke et alii (Hrsg.), Gelten Menschenrechte universal?, 2008, 98 (119).

unbegrenzte Hoffnungen, holistische Doktrinen, politischer Erlösungsglaube. Die thematische Beschränkung auf das Diesseits entschärft nicht das Risiko der Zivilreligion. Alle totalitären Bewegungen seit den Jakobinern entspringen diesseitsgerichteten Ideologien.

Die Menschenrechte drängen zur Weltmission.[55] Diese hat mehr oder weniger die christliche Weltmission abgelöst und, was von dieser verblieben ist, in ihren Dienst genommen. Von keinem Zweifel an ihrer Sendung angefochten, von heiligem Eifer getrieben, sucht sie, die rückständigen wie die rückfälligen Staaten zu belehren und zu bekehren. Nicht zimperlich in der Wahl der Mittel, verschmäht sie nicht, mit Zuckerbrot von Handelsvorteilen und Finanzhilfen zu winken und mit der Peitsche von Boykott, Embargo, Intervention zu drohen. Die Allgemeine Erklärung der Menschenrechte von 1948 erteilt den Missionsauftrag für „das von allen Völkern und Nationen zu erreichende gemeinsame Ideal", auf dass „jeder einzelne und alle Organe der Gesellschaft sich diese Erklärung stets gegenwärtig halten und sich bemühen, durch Unterricht und Erziehung die Achtung vor diesen Rechten und Freiheiten zu fördern und durch fortschreitende nationale und internationale Maßnahmen ihre allgemeine und tatsächliche Anerkennung und Einhaltung durch die Bevölkerung zu gewährleisten." Westliche Staaten machen die Verteidigung und die Durchsetzung der Menschenrechte zum Ziel ihrer Außenpolitik.[56] Ein vertrautes Bild: dass deutsche Regierungsmitglieder belehrend, mahnend, drängend – nicht immer ohne Peinlichkeit – den Regierungen von Russland und China, von Nigeria und der Ukraine die menschenrechtlichen Leviten lesen. Die Interventionstruppen der USA und ihrer Alliierten, die in Afghanistan eigentlich nur aufgrund des Rechts zur Selbstverteidigung den Gefahrenherd des Terrorismus hätten beseitigen sollen, nutzen die missionarische Chance, Menschenrechte und Demokratie am Hindukusch zu installieren.

VI. „Politische" Aufladung der Menschenrechte

Carl Schmitt hatte in seiner „Verfassungslehre" von 1928 die Grundrechte als „bürgerlich-rechtsstaatliche", mithin unpolitische Elemente der Verfassung ausgewiesen und von den „politischen", den demokratischen Elementen abgesetzt.[57] Als das „Politische" in Reinform galt ihm die Außenpolitik, kraft deren die Staaten als „politische Einheiten" ihr Verhältnis zueinander nach Freund oder Feind bestimmten und über Krieg oder Frieden entschieden.[58] Im Binnenraum der politischen

---

[55] *Depenheuer* (Fn. 10), 90 ff. Zu den völkerrechtlichen Bedingungen *Matthias Herdegen*, ARSP-Beiheft 65, 117 ff.

[56] Perspektive des Völkerrechts: *Herdegen* (Fn. 55), 117 ff. – Perspektive des deutschen Verfassungsrechts: *Christian Waldhoff*, in: Isensee (Fn. 10), 43 ff.

[57] *Schmitt* (Fn. 20), 125 ff., 200 ff.

[58] *Carl Schmitt*, Der Begriff des Politischen (Text von 1932), 1963, 20 ff., 54 ff. – Umstritten ist, ob und wieweit dieser Begriff mit dem der „Verfassungslehre" übereinstimmt. Bejahend *Ernst-Wolfgang Böckenförde*, in: H. Quaritsch (Hrsg.), Complexio Oppositorum, 1988, 283 (289 ff.); dazu Aussprache 301 ff.

Einheit Staat war diese Frage vorab entschieden zugunsten des Friedens, durch institutionelle Ausschaltung des Bürgerkrieges. Hier gab es keinen Feind mehr, sondern allenfalls den Störer des Polizeirechts. Im umgrenzten, entpolitisierten Internum des Staates konnten „bürgerlich-rechtsstaatliche", liberale Grundrechte Geltung erlangen. Doch sie ließen sich nicht auf die „politischen" Außenbeziehungen der Staaten übertragen. „Menschheit ist kein politischer Begriff, ihm entspricht auch keine politische Einheit oder Gemeinschaft und kein *Status*. [...] Die Menschheit der naturrechtlichen und liberal-universalistischen Doktrinen ist eine universale, d. h. alle Menschen umfassende soziale Idealkonstruktion, ein System von Beziehungen zwischen einzelnen Menschen, das erst dann wirklich vorhanden ist, wenn die reale Möglichkeit des Kampfes ausgeschlossen und jede Freund- und Feindgruppierung unmöglich geworden ist. In dieser universalen Gesellschaft wird es dann keine Völker als politische Einheiten, aber auch keine kämpfenden Klassen und keine feindlichen Gruppen mehr geben."[59]

Manche Anzeichen deuten darauf hin, dass sich diese „soziale Idealkonstruktion" heute der Realisierung nähert. Tendenzen in Stichworten: Globalisierung und Staatenverflechtung; Verrechtlichung der internationalen Beziehungen und Konstitutionalisierung der Weltgemeinschaft; Mutation der hergebrachten Außenpolitik in eine Weltinnenpolitik; Gewaltmonopol der Vereinten Nationen; Ablösung des Kriegsrechts durch Weltpolizeirecht; weltweiter Pazifismus. Der Krieg als Begriff wird tabuiert. Doch der Krieg als Möglichkeit und Wirklichkeit ist darum nicht verschwunden. Atavistische Formen unstaatlicher Gewalt wie die Piraterie leben wieder auf, und die neuartigen Gefahren des Terrorismus ziehen Kriegserklärungen auf sich. Die Unsicherheit der internationalen Ordnung greift über auf die befriedete innerstaatliche Ordnung. Die Menschenrechte, die sich auf internationaler Ebene zu bewähren haben, geraten aus ihrem „bürgerlich-rechtsstaatlichen" in den „politischen" Aggregatzustand, der sich ohnehin der juristischen Abgrenzung entzieht.[60]

Es liegt nahe, die internationalen Menschenrechte von vornherein als politisch im Sinne Carl Schmitts zu deuten. Die ersten Menschenrechtsproklamationen der Vereinten Nationen waren – auch – Fanale der westlichen Sieger des zweiten Weltkriegs und des Triumphes ihrer Prinzipien über die (Nazi-)Feinde, deren barbarische Akte „das Gewissen der Menschheit mit Empörung erfüllen".[61] Im kalten Kriege sollten die liberalen Menschenrechte zur stärksten geistigen Waffe des Westens gegen die kommunistische Heilslehre des Ostblocks werden und dazu beitragen, das totalitäre System zu delegitimieren. Nach der Auflösung dieser Freund-Feind-Konstellation stößt die Idee der Menschenrechte auf keine Gegenidee, die es mit ihr aufnehmen könnte. Ihr ist die geistige Hegemonie zugefallen wie den USA die politische Hegemonie, und diese wie jene sind miteinander verbündet.

---

[59] *Schmitt* (Fn. 58), 55 f.
[60] *Böckenförde* (Fn. 58), 284 f.
[61] Zitat: S. 1 der Präambel der Allgemeinen Erklärung der Menschenrechte (Fn. 11).

Unterdrückung der Menschenrechte rechtfertigt für die USA wie für ihre Verbündeten politischen Druck, wirtschaftliche Sanktionen und militärische Interventionen, Unterstützung von Dissidenten, Parteinahme im Bürgerkrieg. Die Menschenrechte zeichnen „neue Freundschaftslinien".[62] Jenseits dieser Linien liegen postkommunistische Diktaturen, postkoloniale Despotien, vor allem islamistische Bewegungen und Regime, wenngleich es Gebot der political correctness ist, die Gefahr eines Kampfes der westlichen und der islamischen Kulturen[63] zu dementieren. Die Interventionen im Namen der Menschenrechte ähneln in ihrem formalen Legitimationsmodus zunehmend den Interventionen des vormaligen sowjetischen Staatenblocks nach der Breschnew-Doktrin. – Die „neuen Freundschaftslinien" entsprechen den monozentrischen Machtstrukturen unter der Weltmacht der USA. Sie können sich verschieben, wenn konkurrierende Weltmächte auf den Plan treten, zumal solche wie China, denen die genuin europäische Idee der Menschenrechte fremd ist.

In der universalen Idee der Menschenrechte und im Begriff der Menschheit sind eigentlich alle politischen Gegensätze versöhnt, aufgehoben im Hegel'schen Doppelsinn. Das aber schließt nicht aus, daß die Menschenrechte gewaltsam durchgesetzt und verbreitet und Kriege im Namen der Menschenrechte geführt werden. Carl Schmitt beschreibt die Okkupation universaler Begriffe wie Frieden, Gerechtigkeit, Fortschritt, Zivilisation durch eine Kriegspartei, die diese der anderen abspricht: „‚Menschheit' ist ein besonders brauchbares Instrument imperialistischer Expansionen und in ihrer ethisch-humanitären Form ein spezifisches Vehikel des ökonomischen Imperialismus. Hierfür gilt, mit einer naheliegenden Modifikation, ein von Proudhon geprägtes Wort: ‚Wer Menschheit sagt, will betrügen'." In letzter Konsequenz werde dem Feind die Qualität des Menschen abgesprochen: hors-la-loi und hors l'humanité.[64] Die gegenwärtige Kritik aus der Dritten Welt am menschenrechtlich verbrämten Imperialismus wird hier vorweggenommen.

Der Terrorist mag sich in diesem Feindbild wiedererkennen. Er ist kein Kombattant im Sinne des Kriegsvölkerrechts, noch nicht einmal Partisan. Aber er ist auch kein gesetzestatbestandlich erfaßter Störer im Sinne des Polizeirechts. Er ist der Feind neuer Art, für den weder völkerrechtliche noch rechtsstaatliche Regeln gelten sollen – eben der menschenrechtliche Feind. Die Weltmacht USA, die, kein Menschenrechtstribunal über sich anerkennend, die Definitionsmacht über die Menschenrechte beansprucht, zögert, dem gefangenen (mutmaßlichen) Terroristen den Status des Menschen im Sinne der Menschenrechte zuzuerkennen; aber sie zögert nicht, den Terroristen als den absoluten Feind zu töten, wo immer ihre Drohnen und ihre Einsatzkommandos ihn erreichen.[65]

---

[62] *Carl Schmitt*, Der Nomos der Erde, 1950, 299.

[63] *Samuel P. Huntington*, The Clash of Civilizations, New York, ¹1996. Ablehnend *Klein* (Fn. 1), 115.

[64] *Schmitt* (Fn. 58), 55.

[65] Wichtige Klärung der völkerrechtlichen Lage: *Eckart Klein*, in: J. Isensee (Hrsg.), Der Terror, der Staat und das Recht, 2004, 9 ff. Zur staatsrechtlichen Lage *Bernd Grzeszick*, ebd., 55 (68 ff.); *Otto Depenheuer*, Selbstbehauptung des Rechtsstaates, 2007, 11 ff.

Wer die menschenrechtlich begründeten Interventionen, die nicht Kriege, sondern weltpolizeiliche Maßnahmen sein wollen, an den polizeirechtlichen Maßstäben der Verhältnismäßigkeit misst, wird oftmals zweifeln, ob das menschenrechtliche Ziel die menschenrechtlichen Opfer – zumal die „Kollateralschäden" – aufwiegt. Das gilt vor allem für die Menschenleben unter den kämpfenden Parteien wie unter der Zivilbevölkerung. Deren Zahl kann erheblich höher ausfallen, als die Zahl derer, die der jeweilige Tyrann, wäre die Intervention unterblieben, vernichtet hätte. Freilich ist für die Menschenrechte das Leben ein „Höchstwert",[66] aber doch „der Güter höchstes nicht"; das ist die Würde des Menschen und mit ihr seine Freiheit. Aber wie kann menschenrechtlicher Individualismus die Tötung Unschuldiger legitimieren? Dürfen für menschheitliche Freiheitsideale Menschenopfer gebracht werden?[67]

Die Dialektik der Aufklärung,[68] in ihr die Dialektik der Menschenrechte, wird gepredigt vom Oberpriester im freimaurerischen Sonnentempel der Mozartoper: „Wen solche Lehren nicht erfreuen, / verdienet nicht, ein Mensch zu sein". Verheißung schlägt um in Drohung, Freiheit vom Zwang in Zwang zur Freiheit, Beseitigung von Privilegien in Verpflichtung aller zur Gleichbehandlung aller (Antidiskriminierung), Meinungsfreiheit in political correctness, Chancengleichheit in Quote. Der freiheitliche Aufbruch der französischen Revolution ging denn auch über in den Terror der Tugend. Der Liberalismus des 19. Jahrhunderts zeugte kulturkämpferischen Fundamentalismus. Der Feminismus des 20. Jahrhunderts brachte die Freigabe der Abtreibung. Der medizinische und biotechnische Fortschritt des 21. Jahrhunderts drängt auf genetische Selektion der Nachkommenschaft und auf Nutzung des menschlichen Embryos für Forschung, Therapie und Eugenik. Eine zweck-konforme Neudeutung des Lebensrechts und der Menschenwürde macht am Ende den Weg frei für sanfte oder unsanfte Nötigung zur Tötung der pflegebedürftigen Alten. Wird der menschenrechtliche Universalismus in ein globales, zentralregulierendes Nivellement allen sittlichen Lebens einmünden? Franz Grillparzer prophezeite, der Weg der neueren Bildung gehe von Humanität über Nationalität zur Bestialität. Könnte der Weg künftig über die Universalität gehen?

VII. Defizitäre Normativität

Bildete die Allgemeine Erklärung der Menschenrechte von 1948 eine bloße Empfehlung, so sind die Menschenrechtspakte von 1966 – wie auch weitere Abkommen – auf rechtliche Verbindlichkeit angelegt. Die Annahme durch die meisten Staaten scheint dem Ideal einer positivrechtlich verwirklichten Universalität nahezukom-

---

[66] BVerfGE 39, 1 (42).

[67] Zu dem Dilemma *Depenheuer* (Fn. 65), 75 ff.

[68] *Max Horkheimer/Theodor W. Adorno*, Dialektik der Aufklärung, Amsterdam 1947. Zum Umschlagen der Humanität in Barbarei und von Toleranz in Repression *Depenheuer* (Fn. 10), 92 f.

men. Doch das schöne Bild wird getrübt durch die Vielzahl disparater Vorbehalte, mit denen viele Staaten ihre Zustimmung verknüpfen, um politisch unerwünschten Folgen vorzubeugen.[69] Darin bestätigen sie die Beobachtung Carl Schmitts, daß das Völkerrecht „in besonders hohem Grade ein Vorbehaltsrecht" ist. „Vor normativistischen Verallgemeinerungen und universalistischen Auflösungen findet die Wirklichkeit schließlich in solchen Vorbehalten ihre eigentliche Stätte".[70] Überhaupt ergibt die juridische Analyse, dass die völkerrechtlichen Gewährleistungen vielmals in bloßer Menschenrechtssemantik steckengeblieben sind und dass politische Wünsche als verbindliches Recht deklariert werden, was den Wünschen nicht hilft, aber der Autorität des Rechts schadet.[71] Menschenrechtsproklamationen sind zu einem erheblichen Teil symbolische Politik. „Man macht sich etwas vor, wenn man den hohen Ratifikationsstand der Menschenrechtsverträge für bare Münze nimmt."[72] Die effektive Geltung bleibt hinter der ausufernden Programmatik zurück. Dass sich 1948 in den Vereinten Nationen bei der Abstimmung über die Menschenrechte-Erklärung die kommunistischen Staaten, Saudi-Arabien und Südafrika der Stimme enthielten, war eine Anwandlung von Redlichkeit, vielleicht auch nur politische Vorsicht. Später meinten die kommunistischen Staaten, keine Vorsicht mehr üben zu müssen, als sie, ungeachtet des Ost-West-Konflikts, den Menschenrechtspakten zustimmten, die freilich, so schien es zunächst, nur einen Formelkonsens ohne praktische Relevanz enthielten. Denn wenn sie die (liberalen) Menschenrechte im westlichen Verständnis ernstgenommen und umgesetzt hätten, wäre das ihr politischer Selbstmord gewesen. Dennoch: am Ende sind die kommunistischen Systeme zusammengebrochen – auch deshalb, weil ihre Bürger sie beim menschenrechtlichen Wort nahmen, das ihre Regierungen so nicht gemeint hatten.[73] Das Wort kann, wenn die Zeit reif ist, die Sache nach sich ziehen.

Es liegt an ihrer Rechtsnatur, dass die völkerrechtlichen Gewährleistungen nicht jenen Grad an rechtlicher Wirksamkeit erreichen, der den Grundrechten im Verfassungsstaat möglich ist. Das Sanktionssystem ist rudimentär.[74] Vollends fehlen auf der Ebene der UN die institutionalen Voraussetzungen, um den Geltungsanspruch flächendeckend, effektiv, nach verallgemeinerungsfähigen Kriterien zu verwirklichen. Die Vereinten Nationen verfügen nicht über eine eigene Exekutivmacht; sie sind auf die freiwilligen Dienste ihrer Mitgliedstaaten angewiesen, um ihre Entscheidungen durchzusetzen. Die Weltorganisation selbst entspricht nicht den gewaltenteiligen Anforderungen an checks and balances, vollends nicht der gerichtlichen Kon-

---

[69] Kritisch *Klein* (Fn. 1), 110; *ders.*, Menschenrechte (Fn. 10), 21 f.; *ders.* (Fn. 31), 214 f. (zum Scharia-Vorbehalt); *Fassbender* (Fn. 10), 33 f., 39.

[70] *Carl Schmitt*, Völkerrechtliche Großraumordnung, ³1941, S. 15 f.

[71] Vgl. *Stefan Haack*, in: J. Isensee/P. Kirchhof (Hrsg.), HStR X, 2012, § 205 Rn. 37.

[72] *Fassbender* (Fn. 10), 39.

[73] Zum KSZE-Prozess *Otto Luchterhandt*, in: J. Isensee/P. Kirchhof (Hrsg.), HStR I, 2003, § 10 Rn. 147 ff., zum innerdeutschen Menschenrechtsdissens ebd., Rn. 144 ff. Vgl. auch *ders.*, in: Klein/Menke (Fn. 10), 581 (595 ff.).

[74] Dazu *Klein* (Fn. 1), 111 ff.; *ders.* (Fn. 10), 16 ff.

trolle. Die Gremien, denen die amtliche Auslegung der Menschenrechte obliegt, setzen sich aus den Vertretern der parteilich befangenen Staaten zusammen. Die vetoberechtigten Mitglieder des Sicherheitsrates genießen faktische Immunität bei Menschenrechtsverletzungen. In ihren menschenrechtlichen Vorstellungen waltet offener wie versteckter Dissens.

Der Geltungsanspruch der Menschenrechte bricht sich an der Machtlage. So wird denn mit mehrerlei Maß gemessen, ob es sich – vor 1990 – um die Sowjetunion oder um Südafrika und – nach 1990 – um Saudi-Arabien oder um Burma handelt. Realpolitische Rücksichten hemmen die Kritik an den USA wegen der Folter- und Haftbedingungen von Guantanamo, indes sich der menschenrechtliche Impetus gegenüber Weißrussland ausleben darf. Menschenrechtsverstöße werden selektiv geahndet, soweit es den Interessen der politischen Mächte entspricht. Es ist aufschlussreich, dass die USA, der Hegemon der Menschenrechte, sich der Jurisdiktion des Internationalen Strafgerichtshofs nicht unterwerfen, wie sie auch wichtige Menschenrechtsvereinbarungen nicht übernommen haben.[75] Sie stellen sich nicht selber unter das Gesetz, das sie gegen andere exekutieren. Es bleibt dunkel, ob und wieweit ihnen die Menschenrechte Ziel oder nur Mittel ihrer Politik sind. Im Übrigen haben die EU-Staaten, die in Afghanistan intervenieren, sich von der dortigen Übergangsregierung zusichern lassen, dem Internationalen Gerichtshof nicht vorgeführt zu werden.[76] Der Vorwurf des Menschenrechtsimperialismus erhält immer wieder Nahrung.

Die Menschenrechtspakte relativieren ihren universalen Geltungsanspruch durch ihre Anfangsartikel, die allen Völkern (sc. den in Staaten organisierten und über sie handelnden Völkern) das Recht auf Selbstbestimmung zusprechen, kraft dessen sie frei über ihren politischen Status entscheiden und in Freiheit ihre wirtschaftliche, soziale und kulturelle Entwicklung gestalten,[77] mithin auch von sich aus und für sich über die Anwendung und Auslegung der universalen Menschenrechte befinden und so jedenfalls über das Recht zur Erstinterpretation verfügen, die in praxi durchwegs auch das letzte Wort bedeutet.

Ungeachtet ihrer normativen Schwäche können die völkerrechtlich positivierten Menschenrechte in ihrer diffusen, wandelbaren, dahinwehenden Interpretation bewirken, dass die staatlich positivierten Grundrechte an Identität, Konsistenz und Kontur verlieren und in die völkerrechtliche Diffusion hineingesogen werden – dann nämlich, wenn sich ihre Interpretation an die völkerrechtlichen Menschenrechte anschließt, sei es in dynamischer Verweisung auf deren jeweiligen Stand,[78] sei es in völkerrechtskonformer Auslegung, welche die internationale Entwicklung berück-

---

[75] *Herdegen* (Fn. 32), § 16 Rn. 4. Vgl. auch *Fassbender* (Fn. 10), 38.

[76] *Herdegen* (Fn. 32), § 16 Rn. 4.

[77] Art. 1 Abs. 1 IPbürgR, Art. 1 Abs. 1 IPwirtR.

[78] *Herdegen* (Fn. 25), Art. 1 Abs. 1 Rn. 3, 19, Abs. 2 Rn. 1 ff.; *ders.*, Verfassungsauslegung (Fn. 25), 178 ff.; *ders.*, in: R. Gröschner/O. W. Lembcke (Hrsg.), Das Dogma der Unantastbarkeit, 2009, 100 (102 f.). Kritik *Hillgruber* (Fn. 25), 123 ff.; *Isensee* (Fn. 15), § 87 Rn. 39 ff.

sichtigt.⁷⁹ Diese Tendenzen unterlaufen den Vorrang der Verfassung, die das Grundgesetz sowohl für das Völkergewohnheits- wie das Völkervertragsrecht einfordert.

VIII. Wachsende Komplexität – abnehmende Konsistenz

Seit der Allgemeinen Erklärung von 1948 sind die positivierten Menschenrechte an Inhalt und Reichweite, an Dichte und Geltungsanspruch gewachsen. Sie nehmen neue Bedürfnisse auf, passen sich veränderten Gefahrenlagen an und erleben mancherlei Metamorphosen, so dass sich unter dem Namen Menschenrechte heterogene Substanzen sammeln. Richten sich die klassischen liberalen Menschenrechte („erste Generation") auf Beschränkung der Staatsgewalt, so die sozialen („zweite Generation") auf deren Aktivierung. Wollen diese staatlichen Eingriffen wehren, so führen jene Eingriffe in Vertragsfreiheit und Eigentum Dritter herbei, und das bilaterale Verhältnis Individuum – Staat wandelt sich in ein multilaterales mit gegenläufigen Individualrechten. Die sozialen Rechte „auf Arbeit", „auf einen angemessenen Lebensstandard", „auf das für ihn erreichbare Höchstmaß an körperlicher und geistiger Gesundheit", „auf Bildung"⁸⁰ enthalten Voraussetzungen dafür, dass die liberalen Menschenrechte allgemein ausgeübt werden können.⁸¹ Damit finden freiheitsscheue Staaten eine wohlfeile Ausrede, die Anerkennung von Freiheitsrechten hinauszuschieben, bis deren Voraussetzungen vollständig hergestellt sein werden, also auf einen dies incertus an, incertus quando. Dagegen ist freilich klarzustellen, dass elementare Rechte wie die Freiheit der Person, die Religions- und die Meinungsfreiheit, die sofortige, vorbehaltlose Geltung verlangen und vertragen, wie unzulänglich auch ihre Voraussetzungen sind.⁸² Den Abwehrrechten, die unmittelbar gelten und einklagbar sind, droht, auf das Normniveau der sozialen und kulturellen Rechte abzusinken, die, ungeachtet ihrer rhetorischen Form als „Rechte auf ..." nur objektive, gesetzlich umzusetzende Staatsaufgaben unter dem Vorbehalt des Möglichen enthalten.⁸³ Die Diskriminierungsverbote beschränken die Freiheitsausübung der einen, um die der anderen zu schützen. Zu voller Konsequenz entwickelt, könnten sie die Privatautonomie, das Atmungsorgan der liberalen Menschenrechte, ersticken.⁸⁴ – Die Menschenrechte der „dritten Generation", gerichtet „auf Entwicklung", „auf Frieden", „auf Teilhabe am gemeinsamen Erbe der Menschheit",⁸⁵ heben überhaupt

---

⁷⁹ So zur EMRK BVerfGE 74, 358 (370); 83, 119 (128); 111, 307 (329). Kritik: *Christian Hillgruber*, JZ 2011, 861 (870 f.).

⁸⁰ Art. 6, 9, 11, 12, 13 IPwirtR.

⁸¹ *Isensee* (Fn. 22), § 190 Rn. 81 ff., 160 ff.

⁸² *Klein* (Fn. 1), 114; *ders.*, Menschenrechte (Fn. 10), 15. Vgl. auch *Isensee* (Fn. 22), § 190 Rn. 86, 115 ff.

⁸³ *Dietrich Murswiek*, in: J. Isensee/P. Kirchhof (Hrsg.), HStR IX, 2011, § 192 Rn. 44 ff., 55 ff.

⁸⁴ *Tilman Repgen*, in: J. Isensee (Hrsg.), Vertragsfreiheit und Diskriminierung, 2007, 11 ff.; *Thomas Lobinger*, ebd., 97 ff.

⁸⁵ Dazu *Kühnhardt* (Fn. 1), 311 ff.; *Fassbender* (Fn. 10), 26 f.; *Stern* (Fn. 1), § 184 Rn. 97.

ab vom einzelnen Menschen als Träger der Menschenrechte und mutieren zu Rechten der Staaten.

Ein weiterer Sprung in der Evolution der Menschenrechte geht dahin, das Bürgerrecht auf politische Teilhabe[86] zu einem Menschenrecht auf Demokratie auszubauen,[87] das Organisations- und Legitimationsmodell der Demokratie individualrechtlich zu unterfangen und so die hergebrachte Indifferenz des Völkerrechts gegenüber der Binnenorganisation der Staaten, der Staatsform also, aufzugeben. Ein Menschenrecht auf Demokratie wäre die menschenrechtliche Kampfansage an alle autokratischen Systeme, an absolutistische Monarchien, Militärdiktaturen, Mullah-Hierokratien, kommunistische Partei-Oligarchien. Zu voller Konsequenz getrieben, wäre damit die Aufgabe des Völkerrechts, das friedliche Nebeneinander unterschiedlich verfasster Staaten zu sichern, aufgesprengt. Ansätze in dieser Richtung zeigen sich, wenn Demokratien eine Art völkerrechtliches Mobbing gegen nichtdemokratische Staaten betreiben, in Bürgerkriege gegen Diktaturen (wie den libyschen 2011) zugunsten der aufständischen Partei eingreifen, bei Wahlbetrug der betrogenen Partei durch Intervention zu ihrem Recht verhelfen (wie 1994 die USA in Haiti) oder die Autokratie als solche bereits als Störung des Weltfriedens ächten und militärisch bekämpfen. Die klügeren unter den Despotien weichen freilich den Konflikten tunlichst aus, dem Vorbild der totalitär-sozialistischen Staaten folgend, indem sie sich selbst als „wahre" Demokratie ausweisen, pseudodemokratische Rituale veranstalten und das Begriffschamäleon Demokratie in ihrem Sinne nutzen. Die Identifikation des Völkerrechts mit dem demokratischen Prinzip fördert weniger die Sache als die postbabylonische Verwirrung der Begriffe. Ein „Menschenrecht auf Demokratie" im westlichen Sinne ist dem Völkerrecht fremd. Es ist unvereinbar mit dem Selbstbestimmungsrecht der (Staats-)Völker.

Mit der Expansion und Komplexität der Menschenrechte verringert sich ihre innere Konsistenz. Die Regelungen verlieren Kontur. Widersprüche reißen auf. Die Idee wird kraftlos und hält die disparaten positivrechtlichen Regelungen nicht mehr zusammen und überlässt den Menschenrechtsnominalismus sich selbst. Eine Weltautorität ist nicht vorhanden, die als unabhängiges Gericht, in Distanz zu den politischen Konflikten, getragen von der Könnerschaft und dem Ethos einer universellen Jurisprudenz, der Diffusion wehren, den Normenpluralismus zu praktischer Konkordanz führen und Normenkonflikte ausgleichen könnte. Das macht einen wesentlichen Unterschied zu den Grundrechten im Verfassungsstaat, die sich üppig entfalten und facettenreich ausdifferenzieren; sie wachsen auf dem Boden einer nationalen, relativ homogenen Rechtskultur, gehegt durch die rechtlich verfasste Entscheidungs-, Legitimations- und Machteinheit der gewaltenteiligen Demokratie.[88]

---

[86] Art. 25 IPbürgR.

[87] So *Winfried Bausback*, in: E. Klein (Hrsg.), Gewaltenteilung und Menschenrechte, 2006, 146 (155 ff.). Kritisch dagegen *Fassbender* (Fn. 10), 35.

[88] Zu den menschenrechtlichen Anforderungen an die Staatsorganisation *Bausback* (Fn. 87), 155 ff.

IX. Menschenrechts-Imperialismus?

Sobald die Menschenrechte konkreten Inhalt annehmen und auf weltweite Wirksamkeit drängen, stoßen sie in der „Dritten Welt", aber nicht nur dort, auf den Einwand, dass sie europäische Rechtsvorstellungen der ganzen Menschheit überstülpen wollten und einem Imperialismus des Westens als Waffe dienten.[89]

In der Tat entsprang die Idee der Menschenrechte dem Boden Europas und seiner transatlantischen Kolonien in einer historisch einzigartigen Konstellation religiöser, kultureller, mentaler und politischer Faktoren. Der christlichen Lehre von der Personalität, der Würde und Gleichheit aller Menschen vor Gott und von der Einheit des Menschengeschlechts waren korrespondierende säkular-ethische Prinzipien der Humanität entwachsen. Diese verbanden sich im 18. Jahrhundert mit Strebungen der Aufklärung, mit Individualismus und Rationalismus, Aktivismus und Utilitarismus. Das Individuum emanzipierte sich von hergebrachten Autoritäten und begründete die gesellschaftlichen Ordnungen neu, aus dem eigenen Willen nach den Maximen der Vernunft. Die Etablierung des modernen Staates, seinerseits ein Vernunftkonstrukt, provozierte die Selbstbestimmung und Selbstbehauptung des Individuums gegenüber der staatlichen Gewalt. Die frühen amerikanischen und französischen Deklarationen prägen bis heute Inhalt und Duktus der positiven Menschenrechte.[90]

Das Europa des 18. Jahrhunderts, das die Menschenrechte verkündete, sah sich als Sachwalterin und Lehrmeisterin der außereuropäischen Menschheit, über die sie herrschte oder doch zu herrschen sich berufen fühlte. Die eigene Kultur galt als die allgemein-menschheitliche, welche die Höhe aufklärerischer Vernunft erreicht hatte. Die fremden Kulturen, allenfalls mit dem ästhetischen Reiz des Exotischen ausgestattet (Chinoiserien), erschienen rückständig und unerleuchtet, folglich als Kolonial- und Missionsgebiete. Freilich regte sich bereits in der Aufklärung europäische Selbstkritik. Schon Voltaire kritisierte: „Wir haben die Rituale der Chinesen darum falsch beurteilt, weil wir ihre Gebräuche nach den unsrigen glaubten beurteilen zu können, denn wir tragen die Vorurteile unseres herrschsüchtigen Geistes bis an das Ende der Welt."[91] Voltaire beklagte darum die Inder: sie wären das glücklichste Volk auf Erden, wenn sie den Tataren und den Europäern unbekannt geblieben wären.

---

[89] Zum Vorwurf des kulturellen Chauvinismus *Kühnhardt* (Fn. 1), 285 ff. Grundsätzliche Kritik an „eurozentrischen Verengungen" der Menschenrechte und ihren „kulturgenetischen Vereinnahmungen" durch Europa: *Bielefeldt* (Fn. 54), 122 ff.

[90] Näher *Martin Kriele*, FS Scupin, 1973, 187 ff.; *Kühnhardt* (Fn. 1), 44 ff., 63 ff., 86 ff.; *Josef Isensee*, FS Schambeck, 1994, 213 ff.; *Klaus Stern*, in: D. Merten/H.-J. Papier (Hrsg.), HGR I, 2004, § 1 Rn. 4 ff.; *Haratsch* (Fn. 5), 11 ff.

[91] *Voltaire*, Essais sur les moeurs et l'esprit des nations, zitiert nach *Urs Bitterli*, Die „Wilden" und die „Zivilisierten", 1976, 272. Zu *Voltaires* Kolonialkritik ebd., 270 ff. In einem zur Napoleonzeit spielenden Roman von *Ivo Andric* bekennt ein französischer Diplomat, der im osmanischen Bosnien tätig ist, wie falsch die Franzosen handelten, dass sie bei ihren Eroberungszügen durch Europa von Land zu Land allen Menschen ihre Auffassungen, ihre „streng und ausschließlich vom Verstand diktierte Lebens- und Regierungsweise aufdrängen" wollten (Wesire und Konsuln, 1945, dt. 1961, 95).

Voltaires Kritik hat ihren Biss noch nicht verloren, obwohl die Globalisierung der technischen Standards, der ökonomischen Zustände, der politischen Verhältnisse, des gesellschaftlichen Habitus weit vorangeschritten ist und der amerikanische Zivilisationsketchup sich in mehr oder weniger dicker Lage über alle regionalen Kulturen gelegt hat. Doch die kulturellen Differenzen sind darum nicht eingeebnet. Sie lassen sich auch nicht als Gleichzeitigkeit des Ungleichzeitigen marginalisieren, weil niemand weiß, ob die allgemeine Entwicklung – hier schneller, dort langsamer – auf dasselbe Fortschrittsziel hinausläuft und ob dieses Endziel, so wünschbar es auch sein mag, die Verwirklichung der Idee der Menschenrechte ist. Gleichwohl eine grausige Zukunftsvision menschenrechtlicher Universalität: die Ablösung der kulturellen Vielgestalt durch die amerikanisierten Welt-Einheitsläden der Mac-Human-Rights, die nur noch folkloristische Nischen aufweisen als Anreize für den Tourismus.

Prinzipiell ist dagegenzuhalten: kulturelle Besonderheiten fallen aus den abstrakten Rastern aufklärerischer Vernunft heraus, mit ihnen Religion und Moral, Tradition und Brauchtum, mentale und soziale, räumliche und klimatische Gegebenheiten. Aristoteles sah bereits, dass das Recht, auch das „natürliche" Recht, nicht überall auf Erden dieselbe Kraft habe und nicht dem Feuer gleiche, das bei den Griechen so gut brenne wie bei den Persern.[92] Es ist nicht die Menschheit als Abstraktum, welche die Menschenrechte annimmt und verwirklicht; vielmehr sind es die Menschen als Individuen und die Kulturen, die sie hervorbringen, sowie die von ihnen gebildeten Staaten in ihren jeweiligen Besonderheiten. Diese sind denn auch nur bedingt und begrenzt aufnahmefähig für die Vielzahl der internationalen Menschenrechte, vollends für die immer weiterreichenden, immer subtileren Folgerungen, welche die Interpretation aus ihnen ableitet. Die Gleichberechtigung der Frau, wie sie sich in Europa im 20. Jahrhundert mühsam durchgesetzt hat, reibt sich an patriarchalischen Strukturen. Die Libertinage westlicher Lebensführung, die mit den Menschenrechten einzieht, stößt auf Tabus von Religion, Moral und Sitte. Geschmacklose, amoralische Ausübung der Meinungs-, Medien- und Kunstfreiheit beleidigt das Schamgefühl und verletzt das Ethos der persönlichen, der familiären und der religiösen Ehre. Streng islamischen Gesellschaften schlechthin unerträglich wäre die Einführung der Homo-Ehe (diese vielleicht noch ausgestattet mit Adoptionsrecht). Die deutschen Medienprivilegien stießen in Russland schwerlich auf Akzeptanz, ebensowenig in China die Verästelungen und Wucherungen der deutschen Datenschutzjudikatur.

Über dem Pathos, dass alle Menschen Brüder werden, kann der praktische Sinn dafür verkümmern, für den wirklichen Bruder, für den Nächsten zu sorgen. Der Export des menschenrechtlichen Individualismus europäischen Musters in afrikanische und asiatische Länder kann hergebrachte Loyalitäten auflösen und intakte Solidargemeinschaften pulverisieren, die Lebensunterhalt und soziale Geborgenheit gewährleisten, ohne dass funktionstüchtige Auffangsysteme bereitstehen.[93] Die An-

---

[92] *Aristoteles*, Nikomachische Ethik, II 1134b, 24–29.

[93] Für Differenzierung der Menschenrechtsanwendung nach der persönlichen oder unpersönlichen Sozialstruktur *Klein* (Fn. 31), 215 f.

spruchsmentalität, die mit den Menschenrechten einzieht, kann ein überlebenswichtiges Pflichtenethos zersetzen. Nicht überall in der Welt und nicht für alle Menschen ist die rechtliche Garantie, dass jeder Einzelne seinen eigenen Lebensentwurf erstellen und verwirklichen darf, den Preis der seelischen Desorientierung, der kulturellen Neurose und der sozialen Unsicherheit wert.[94] Die „sozial" ausgeflaggte, materialistische Menschenrechtsmission des Westens kann dazu führen, dass Gesellschaften religiös, moralisch und kulturell veröden.[95]

Die Wirksamkeit der Menschenrechte im europäischen Sinn hängt ab von vielfältigen Voraussetzungen realer und rechtlicher, spontaner und institutioneller Art.[96] Zu diesen gehören die Säkularität des Staates, seine gewaltenteilige Organisation und das Prinzip des Amtes (darin das Bestechungsverbot), aber auch deren soziokulturelle Fundamente. Wo diese Voraussetzungen nicht oder nicht in dem Maße erfüllt sind wie im Verfassungsstaat, können auch die Menschenrechte nicht gedeihen. Wenn der Staat sich nicht von der Religion emanzipiert hat, kann er nicht jedermann die Freiheit bieten, nach seiner eigenen Fasson selig zu werden. Daher regen sich Zweifel, ob der Islam, dem die Trennung von Staat und Religion fremd ist, jemals zu einem modus vivendi wird finden können mit dem säkularen Verfassungsstaat, mit der Religionsfreiheit wie überhaupt mit individuellen Freiheits- und Gleichheitsrechten.[97] Für den auf Glaubenseinheit gegründeten Staat ist jeder Ansatz zum Pluralismus eine Bedrohung seiner Existenz und die Religionsfreiheit ein Angriff auf die Religion.[98] Er mag dem Ungläubigen Toleranz gewähren, doch nicht die Freiheit, seinen Unglauben öffentlich zu verkünden. Wo Recht und Moral identisch sind, wird die Moral zwangsbewehrt, und das Recht wird zu einer Sache der Gesinnung.[99] Identität verträgt keinen Pluralismus. Freiheit wird positiv bestimmt: das vorab und allgemein definierte Gute und Richtige zu tun, doch nicht nach eigener Fasson zu glauben, zu reden und zu handeln.[100] Dem moralischen Rigorismus des Islam erscheint die Wirklichkeit westlicher Freiheit als hedonistisch und gemeinwohlvergessen, verderbt und verspielt, obszön und dekadent.

---

[94] Zur „postmodernen Verunsicherung des individuellen Selbstbewußtseins" *Depenheuer* (Fn. 10), 89 f.

[95] *Papst Benedikt XVI.* kritisiert die auf rein technisch-materielle Prinzipien ausgerichtete Entwicklungshilfe des Westens, die mit dem Stolz der Besserwisserei die Menschen von Gott abgedrängt und erst die Dritte Welt zur Dritten Welt im heutigen Sinne gemacht habe. „Sie hat die gewachsenen religiösen, sittlichen und sozialen Strukturen beiseitegeschoben und ihre technizistische Mentalität ins Leere hineingestellt. Sie glaubte, Steine in Brot verwandeln zu können, aber sie hat Steine für Brot gegeben." (*Joseph Ratzinger*, Jesus von Nazareth, Bd. 1, 2007, 60 f., 62 f., 72).

[96] *Isensee* (Fn. 22), § 190 Rn. 4 ff., 81 ff., 119 ff., 160 ff.

[97] Dazu *Kühnhardt* (Fn. 1), 174 ff. Zum Koran *Bielefeldt* (Fn. 54), 133 f.

[98] Zum historischen Abwehrkampf der katholischen Kirche gegen die Religionsfreiheit *Josef Isensee*, ZRG kan. Abt. LXXIII (1987), 296 ff.

[99] Zu dieser Voraussetzung *Depenheuer* (Fn. 10), 88 ff.

[100] Zu der Unterscheidung von negativer und positiver Freiheit im Verfassungsstaat *Josef Isensee*, FS Schmidt-Jortzig, 2011, 269 (282 ff.).

Es ist kein Zufall, dass die Menschenrechte in außereuropäischen Kulturkreisen anders gesehen werden als in Europa. Die Adaption einer „Allgemeinen Islamischen Menschenrechtserklärung" von 1981 hat mit der UN-Erklärung von 1948 wenig mehr als den Namen gemeinsam,[101] nicht anders übrigens als die Umdeutung der Menschenrechte durch den Marxismus-Leninismus der weiland sozialistischen Staaten.[102] Dem semantischen Konsens über die Menschenrechte korrespondiert ein tiefgreifender, kulturbedingter Fundamentaldissens über Inhalt und Konsequenzen, so dass der Austausch der kulturellen Interpretationsfolie zu anderen praktischen Ergebnissen führt. Ein Gedankenexperiment: dass die letztverbindliche Auslegung und Durchsetzung der Menschenrechte der Generalversammlung der Vereinten Nationen überantwortet würde. Es stünde zu befürchten, dass die Mehrheit der annähernd 200 Mitgliedstaaten die klassisch-liberalen Menschenrechte, also ihren aus westlicher Sicht harten Kern, aufweichen, wenn nicht aufknacken würde.

Die Misstrauens- und Abwehrreflexe, welche die völkerrechtlichen Menschenrechte wegen ihrer europäischen Herkunft auslösen, richten sich aber nicht gegen das völkerrechtliche Modell des Staates, obwohl auch dieses auf europäischem Boden unter den besonderen Gegebenheiten des alten Kontinents entwickelt worden ist: „Glanzstück europäischer Form und okzidentalen Rationalismus."[103] Das Konzept des souveränen Staates, im Europa der Gegenwart bereits relativiert, weckt keine postkolonialistischen Ressentiments. Im Gegenteil: alle vormaligen Kolonien sind eifersüchtig darauf bedacht, jenen völkerrechtlichen Status zu erlangen, den die vormaligen Kolonialherren besessen haben und (vermeintlich noch) besitzen. Doch es ist ein Widerspruch in sich, Staatlichkeit zu wollen und Menschenrechte abzulehnen. Es handelt sich um komplementäre Strukturen. Der Entscheidungs- und Machteinheit des Staates korrespondiert das menschenrechtliche System staatsrechtlich gewährleisteter Freiheit, welche die Entscheidungs- und Handlungsmacht begrenzt, fordert und rechtfertigt. Die europäische „Erfindung" der Menschenrechte war eine historische Folge der europäischen „Erfindung" des modernen Staates. Das Völkerrecht macht sich diesen Zusammenhang zu eigen, wenn es als Preis für die Anerkennung als Staat fordert, dass dieser seinerseits die Menschenrechte anerkennt.

X. Leitsätze einer Synthese

Der Hiatus zwischen dem Universalitätsanspruch der Menschenrechte und ihrer europäischen Herkunftsprägung und Wirksamkeitsbedingtheit lässt sich schließen.

1. Die *naturrechtliche Idee* der Menschenrechte beansprucht Universalität. Ob und wieweit deren ethische und rechtliche Derivate, die konkreten Menschenrechte im Einzelnen, daran teilhaben, bedarf jeweils des Nachweises.

---

[101] Näher *Kühnhardt* (Fn. 1), 174 ff. Zur Religionsfreiheit *Wolfgang Loschelder*, in: Essener Gespräche 20 (1986), 149 ff.

[102] *Kühnhardt* (Fn. 1), 150 ff.

[103] *Schmitt* (Fn. 58), 10 – freilich als Nachruf auf den Staat.

2. Die Idee als solche schwebt auf einer Abstraktionsebene *oberhalb aller kulturellen Differenzen*. Das gilt auch für die Essentialia der Idee: die Prinzipien der Würde und des Personseins, der Freiheit und der Gleichheit, des Rechts auf Rechte.[104] Die Idee reibt sich nicht an außereuropäischen Wertvorstellungen. Wohl aber können sich diese an den praktischen Derivaten reiben, eben an den konkreten Menschenrechten.

3. „In gewisser Weise steht das anspruchsvolle Konzept der Menschenrechte sozusagen quer zu allen Kulturen, aber sie alle können die Kraft entwickeln, ohne Selbstaufgabe diesem Anspruch gerecht zu werden, der immer wieder und in jeder Generation neu bestimmt werden muß."[105] Die Einebnung der *kulturellen Vielfalt,* damit auch der Ungleichheit der gesellschaftlichen Strukturen, ist kein menschenrechtliches Ziel, wenn und soweit diese in Freiheit gewachsen sind und vom Willen der Beteiligten getragen werden. Unter dieser Bedingung werden kulturelle Besonderheiten und soziale Unterschiede sogar von den Menschenrechten legitimiert. Doch es gibt keine Kultur der Sklaverei und keine Kultur des Tötens. Die Menschenrechte begründen und verfestigen keine gesellschaftlichen und staatlichen Unterdrückungssysteme.

4. Die kulturelle Vielfalt findet ihr institutionelles Gehäuse im *Pluriversum der Staaten*.[106] Im Nationalstaat kann die Idee der Menschenrechte Wurzeln im Rechtsbewusstsein treiben, inhaltliche Bestimmtheit und Wirksamkeit erlangen. In diesem begrenzten Raum lassen sich auch die Prioritäten der Werte entscheiden und Antinomien lösen: zwischen Freiheit und Sicherheit, Freiheit und Gleichheit, zwischen individueller Selbstbestimmung und familiärer Solidarität, zwischen Meinungsfreiheit und Ehrenschutz.[107] Der Nationalstaat hat kraft seines Selbstbestimmungsrechts die Erstkompetenz zur Interpretation der naturrechtlichen Postulate. Von ihm gehen die Impulse aus zur internationalen Entwicklung der Menschenrechte, die sich im offenen Prozess des kompetitiven und des kooperativen Staatenföderalismus vollzieht. Der Universalitätsanspruch der Menschenrechte stößt auf seine, freilich schwer bestimmbare Grenze im Selbstbestimmungsrecht der (Staats-)Völker.[108]

5. Zwischen *Recht* und *Moral* ist zu unterscheiden. Universale ethische Prinzipien haben nicht notwendig menschenrechtlichen Charakter.

6. Moralvorstellungen wie Rechtsnormen in den Bereichen der *Ehe,* der *Familie* und des *gesellschaftlichen Lebens* widerstreben grundsätzlich einer Universalisierung. „Es gibt keinen guten rechtlichen Grund, über die Brücke der Menschenrechte

---

[104] Dazu *Christoph Enders*, Die Menschenwürde in der Verfassungsordnung, 1997, 503, passim.

[105] *Klein* (Fn. 1), 115.

[106] *Josef Isensee*, ZSE 1 (2003), 7 ff. (27 ff.).

[107] Kasuistik legitimer Differenzierungen nach der regionalen Rechtskultur *Klein* (Fn. 31), 215 ff.

[108] *Fassbender* (Fn. 10), 35.

,progressive', z. B. in Amerika zulässige Sexualpraktiken auch in Saudi-Arabien notwendig für zulässig zu halten."[109]

7. Universalität verlangt einen gewissen Grad an *Primitivität*.[110] Nur das Einfache kann allgemeinverständlich und allgemeinverträglich sein. Die Komplexität des Menschenrechts- und Grundrechtsverständnisses in Europa oder in Deutschland taugt dazu nicht.

8. Unter deren *positiv-völkerrechtlichen Gewährleistungen* ist der Geltungsgrundlage nach zu unterscheiden zwischen den (nur) vertraglich und den gewohnheitsrechtlich fundierten, zwingenden Rechten, dem Geltungsgrad nach zwischen dispositivem und zwingendem Recht, zwischen nur appellativen Normen, wie sie die sozialen Menschenrechte (der „zweiten Generation") darstellen, und imperativen, wie sie sich vornehmlich unter den liberalen Menschenrechten (der „ersten Generation") finden. Das eigentliche Konfliktpotential beschränkt sich auf einen harten Kern von zwingenden Menschenrechtsgarantien. Diesen umgibt ein weites sozialethisches und politisches Umfeld, das unzählig viele Konfliktmöglichkeiten enthält, doch eben nicht solche rechtlicher Natur, sondern sozialethischer und politischer Art.

9. Behutsamkeit und Augenmaß[111] sind angezeigt in der Bestimmung des völkerrechtlichen *ius cogens:* Die Aufgabe gleicht jener, die Zarin Katharina die Große für ihre Gesetzgebung erkannte, als sie im Jahre 1767 die Stadt Kasan mit eigenen Augen sah: „In dieser Stadt gibt es zwanzig verschiedene Völker, die sich überhaupt nicht ähnlich sind. Und doch muss man ihnen ein Kleid schneidern, das für alle passt. Allgemeine Grundsätze lassen sich leicht aufstellen. Aber im Detail steckt der Teufel. Und um welche Details geht es hier! Es gilt, fast eine Welt zu schaffen, zu vereinen und zu bewahren. Damit komme ich nie zu einem Ende, es gibt einfach zu viele Schnittmuster."[112] Die Bedingungen der Anerkennung von zwingendem Völkergewohnheitsrecht dürfen nicht durch Wunschdenken ersetzt werden. Politische Lippenbekenntnisse beweisen keine opinio necessitatis, und Postulate einer Weltethik ersetzen keinen usus diuturnus universalis.

10. Nur ein Mindestbestand des positivrechtlichen Normenmaterials kommt als ius cogens in Betracht.[113] Der Kern des Kerns ist das Verbot des *Völkermords*. Mit diesem Thema hat die Positivierung der Menschenrechte durch die Vereinten Nationen eingesetzt.[114] Die Genozide des 20. Jahrhunderts bilden die finstere Folie, vor der sich die Leuchtschrift der Menschenrechtsproklamationen strahlend abhebt.

---

[109] *Klein* (Fn. 1), 115, auch 114.

[110] Zum Erfordernis der Primitivität *Stefan Haack*, Der Staat 51 (2012), 57 ff.

[111] *Klein* (Fn. 31), 216.

[112] Brief an Voltaire 25. Mai/9. Juni 1767, in: Hans Schumann (Hrsg.), Katharina die Große/Voltaire, Monsieur – Madame, 1991, 54 f.

[113] *Fassbender* (Fn. 10), 23.

[114] Über die Verhütung und Bestrafung des Völkermordes vom 9. Dez. 1948.

11. Ein *Menschenrecht auf Demokratie* gehört nicht dazu.[115] Es widerspräche dem Selbstbestimmungsrecht des (Staats-)Volks über seine Staats- und Regierungsform. Das Modell des Verfassungsstaates partizipiert nicht en bloc an der Universalität der Menschenrechte, obwohl diese in ihm ihre bestmögliche Erfüllung finden können.

12. Auch wenn bestimmte Ansprüche, Gebote und Verbote als abstrakte Normen dem ius cogens zugerechnet werden, ist damit die *Anwendung auf den konkreten Fall* noch nicht vorweggenommen, wenn das Recht des Einzelnen mit den Rechten anderer und denen der Allgemeinheit kollidiert und Abwägung geboten ist. Indem das zwingende Völkerrecht das Folterverbot sanktioniert,[116] so löst es noch nicht das Dilemma der sog. Rettungsfolter, wenn Menschenrecht wider Menschenrecht streitet, das Abwehrrecht des Entführers wider den Schutzanspruch des Entführten.[117]

13. Die Verwirklichung der Menschenrechte hängt weitgehend ab von *Voraussetzungen*, die in vielen Ländern nicht oder nur unzulänglich vorhanden sind. Der Geltungsanspruch erlischt nicht; aber er muss sich den defizitären Gegebenheiten anpassen, um sich wenigstens so weit wie möglich realisieren zu können.[118] Es gibt kein Alles oder Nichts. Wo die Verwirklichung der Menschenrechte auf (derzeit) unüberwindliche Hindernisse stößt, sind Lösungen angebracht, die ihnen näher kommen als der menschenrechtsdefizitäre status quo.[119] Gleichwohl gelten voraussetzungslos und unverkürzt bestimmte fundamentale menschenrechtliche Gebote, das Tötungs- und das Misshandlungsverbot, der Schutz vor Versklavung und willkürlicher Festnahme.

14. Die *Souveränität des Staates* ist kein Argument gegen die universale Geltung der Menschenrechte. Diese sind keine von außen auferlegte Last des Staates, sondern sein Wesensbestandteil, Element seiner ratio essendi. Damit wird die Souveränität von vornherein relativiert und determiniert. Die völkerrechtliche Souveränität bildet ohnehin keinen Kanon von Kompetenzen. Sie ist vielmehr eine rechtliche Eigenschaft im Rahmen und nach Maßgabe des Völkerrechts in seinem jeweiligen Entwicklungsstand.

15. Widerstand gegen eine internationale Zwangsmission im Namen der Menschenrechte leisten das völkerrechtliche Gewaltverbot und das Recht der Völker auf Selbstbestimmung. Auf diesen Widerstand trifft die *humanitäre Intervention*. Der Schutz der Menschenrechte als allgemeines Ziel bietet ihr keine Rechtfertigung, auch wenn sie sich als Mittel zu diesem Ziel dem Grundsatz der Verhältnismäßigkeit

---

[115] *Herdegen* (Fn. 32), § 50 Rn. 2.

[116] Dem Kanon zugerechnet von *Klein* (Fn. 31), 213 f.; *Fassbender* (Fn. 10), 22; *Herdegen* (Fn. 32), § 16 Rn. 14.

[117] Nachweise zur Kontroverse *Josef Isensee*, in: J. Isensee/P. Kirchhof (Hrsg.), HStR IX, ³2011, § 191 Rn. 313 f.

[118] *Isensee* (Fn. 22), § 190 Rn. 96 ff.

[119] Analoge Probleme der deutschen Wiedervereinigung bei der Realisierung des Rechtsstaats unter unzulänglichen Voraussetzungen: *Josef Isensee*, in: J. Isensee/P. Kirchhof (Hrsg.), HStR IX, ¹1997, § 202 Rn. 183 ff.

beugt und in eine weltpolizeiliche Generalklausel fügt. Der Schutz der Menschenrechte mag als Letztbegründung plausibel sein, nicht aber als Eingriffstitel. Die Frage der Zulässigkeit sollte sich von der allgemeinen Menschenrechtsdiskussion abkoppeln und sich auf einzelne, konkret beschriebene Unrechtstatbestände beziehen, die nach ihrem Gewicht einem Bruch des Weltfriedens gleichkommen und in deren Verwerfung, jedenfalls in abstracto, sich Staaten aller Kulturkreise einig sind, so dass selbst die Täterstaaten ihre Verstöße aus Scham oder Vorsicht zu verbergen suchen. Erste Versuche, einen Katalog der Interventionstatbestände zu entwerfen, liegen vor.[120]

16. Die Idee der Menschenrechte ist nicht angewiesen auf Weltpolizei, auf militärischen Zwang, auch nicht auf politische und ökonomische Pression. Die Idee als solche ist Macht genug. Als *geistige Macht* hat sie den Machtbeton totalitärer Systeme zerbrochen, Mauern und Grenzen übersprungen. Keine Gegenidee hat ihren Siegeszug dauerhaft aufhalten können. Die Idee wirbt aus sich heraus. Ihre Botschaft ist die Freiheit. Zur Freiheit aber kann man nicht zwingen.

17. Zur Freiheit aber kann man erziehen und die Tugend einüben, welche die Bedingung ihrer Wirksamkeit ist: die Zumutung, die Freiheit der anderen auszuhalten.

18. Die Universalisierung der menschenrechtlichen Semantik ist nahezu gelungen. Offen ist dagegen, ob und wieweit deren Substanz, die europäischen Staatsgedanken und Humanitätsideale, universalisierbar sind und tatsächlich über den christlich vorgeprägten Kulturkreis hinauswachsen. Wie alle großen Ideen sind auch die Menschenrechte dem Zugriff der Mächte ausgesetzt, die sich ihrer für Zwecke bedienen, die ihrer ursprünglichen Bestimmung fremd sind und sie in ihr Gegenteil verkehren können. So lässt sich noch nicht absehen, ob die Universalisierung der Menschenrechte den Zugewinn an gesicherter Humanität, den sie verheißt, auch weltweit einlösen und die Einbußen, die sie nach sich zieht, die Schäden und Kollateralschäden aufwiegen wird. Das *planetarische Experiment* läuft, von der Hoffnung geleitet, dass der Mensch in seinen kulturellen und politischen Widersprüchen dennoch zu seinem Recht kommt.

---

[120] UN-Generalversammlung (Fn. 35), Abschnitte 138 ff. Dazu *Kreuter-Kirchhof* (Fn. 28), 353 ff.

Menschenrechtliche Anforderungen an Investitionsgarantien der Bundesrepublik Deutschland

Von *Markus Krajewski*

I. Einleitung

In seinen abschließenden Bemerkungen zu Deutschland befasste sich der Ausschuss für wirtschaftliche, soziale und kulturelle Rechte (WSK-Ausschuss) im Juli 2011 auch mit der deutschen Außenwirtschaftspolitik, konkret der Förderung und dem Schutz von Investitionen deutscher Unternehmen im Ausland. Der Ausschuss verlieh „seiner Besorgnis darüber Ausdruck, dass bei der Formulierung der Politik des Vertragsstaates im Hinblick auf Auslandsinvestitionen deutscher Unternehmen sowie bei der Förderung solcher Investitionen die Menschenrechte nicht gebührend berücksichtigt werden." Daher forderte er Deutschland auf, „dafür Sorge zu tragen, dass seine Politik im Hinblick auf Auslandsinvestitionen deutscher Unternehmen den wirtschaftlichen, sozialen und kulturellen Rechten in den Zielländern dienlich ist."[1]

Die Befassung mit der deutschen Auslandsinvestitionspolitik durch den WSK-Ausschuss ist aus mehreren Gründen zunächst überraschend. Der Ausschuss hat sich – soweit ersichtlich – in seinen Bemerkungen bislang noch nicht zur Investitionspolitik der Vertragsstaaten des Internationalen Paktes über wirtschaftliche, soziale und kulturelle Rechte (IPwskR) geäußert. Im Übrigen wurde das Thema weder in der Fragenliste, die der Ausschuss im Jahre 2010 an Deutschland übermittelte,[2] noch in den von zahlreichen Nichtregierungsorganisationen vorgelegten sog. Parallelberichten angesprochen.[3]

---

[1] WSK-Ausschuss, Concluding observations of the Committee on Economic, Social and Cultural Rights – Germany, UN-Dok. E/C.12/DEU/CO/5 (2011), Absatz 10. Deutsche Übersetzung des Bundesministeriums für Arbeit und Soziales, im Internet unter http://www.bmas.de/SharedDocs/Downloads/DE/bemerkungen-ausschuss-zum-5staatenbericht.html (besucht am 20. Juni 2012).

[2] WSK-Ausschuss, List of issues to be taken up in connection with the consideration of the fifth periodic report of Germany concerning articles 1 to 15 of the International Covenant on Economic, Social and Cultural Rights (E/C.12/DEU/5), UN-Dok. E/C.12/DEU/Q/5 (2010).

[3] In einer gemeinsamen Stellungnahme des Diakonischen Werks der EKD, FIAN Deutschland, Gegenströmung, der Deutschen Kommission Justitia et Pax, Misereor, dem Nürnberger Menschenrechtszentrum und urgewald wurde zwar ausführlich auf die deutsche Außenhandelspolitik, Weltbank- und Entwicklungspolitik eingegangen. Hinweise auf investitionspolitische Fragen finden sich jedoch nicht, siehe Diakonisches Werk der EKD u. a., Extraterritorial State Obligations – List of Issues in response to the 5th Periodic Report of the

Mit seinen Bemerkungen zur Investitionspolitik Deutschlands steht der WSK-Ausschuss allerdings nicht alleine: So beziehen sich auch die durch den Sonderberichterstatter *John Ruggie* entwickelten und 2011 vom Menschenrechtsrat angenommenen Leitprinzipien der Vereinten Nationen für Wirtschaft und Menschenrechte „Protect, Respect and Remedy" auf Investitionsgarantien.[4] In Prinzip 4 dieser Leitprinzipien heißt es: „States should take additional steps to protect against human rights abuses by business (...) that receive substantial support and services from State agencies such as export credit agencies and official investment insurance or guarantee agencies (...)." In den Kommentaren zu diesen Leitprinzipien werden die Staaten aufgefordert, dafür Sorge zu tragen, dass Investitionsgarantieagenturen eine menschenrechtliche Sorgfaltsprüfung durchführen („Human rights due dilligence") und dies auch von den Unternehmen zu verlangen, welche diese Garantien erhalten.[5]

Die Hinweise in den Bemerkungen des WSK-Ausschusses zu Deutschland und in den Leitlinien für Wirtschaft und Menschenrechte werden zum Anlass genommen, der Frage nachzugehen, ob und inwieweit internationale Menschenrechtsverpflichtungen auf die Vergabe von Investitionsgarantien der Bundesrepublik Deutschland anwendbar sind und welche Folgen sich hieraus für die Vergabepraxis ergeben. Dazu werden in einem ersten Schritt die Rechtsgrundlagen und die Praxis des deutschen Investitionsgarantiesystems skizziert (II.). Anschließend sollen potentielle Konfliktfelder zwischen Menschenrechten und durch Investitionsgarantien geförderten Projekten aufgezeigt werden (III.), um dann die Anwendbarkeit der Menschenrechte auf Investitionsgarantien, insbesondere unter dem Gesichtspunkt der extraterritorialen Wirkung und internationalen Reichweite von Menschenrechten, zu untersuchen (IV.). Schließlich wird gezeigt, welche konkreten Folgen sich aus der menschenrechtlichen Bindung für die einzelnen Schritte bei der Vergabe einer Investitionsgarantie ergeben können (V.).

II. Rechtsgrundlage und Vergabepraxis von Investitionsgarantien der Bundesrepublik Deutschland

Investitionsgarantien sind staatliche oder zwischenstaatliche Garantien, die einen ausländischen Investor gegen typische nicht-kommerzielle Beeinträchtigungen (wie Enteignung, Vertragsbruch durch den Staat) schützen und somit die damit verbunde-

---

Federal Republic of Germany on the implementation of the International Covenant on Economic, Social and Cultural Rights, im Internet unter http://www2.ohchr.org/english/bodies/cescr/docs/ngos/FIAN_Germany45.pdf (besucht am 20. Juni 2012).

[4] Menschenrechtsrat, Guiding Principles on Business and Human Rights: Implementing the United Nations „Protect, Respect and Remedy" Framework, UN-Dok. A/HRC/17/31 (2011).

[5] Menschenrechtsrat (Fn. 4), 10.

nen Risiken minimieren.⁶ Die Bundesrepublik Deutschland gewährt Garantien für ausländische Direktinvestitionen aus Mitteln des Bundeshaushalts. Als Rechtsgrundlage für die Garantiegewährung dient das Haushaltsgesetz, in welchem das jährliche Maximalvolumen für Garantien festgelegt ist. Genauere Vorgaben über die Voraussetzungen der Garantiegewährung finden sich in Richtlinien des Bundeswirtschaftsministeriums.⁷ Danach sind Investitionen insbesondere dann förderungswürdig, wenn sie die Beziehung zum Anlageland verbessern, dort Arbeitsplätze schaffen oder erhalten, den Transfer neuer Technologien ermöglichen und positive Auswirkungen auf die Infrastruktur zu erwarten sind.⁸ Besonders berücksichtigt wird die Auswirkung der abzusichernden Investition auf die Umwelt.⁹ Menschenrechtliche Gesichtspunkte finden sich in den Richtlinien dagegen nicht.¹⁰ Die Investoren sind zwar angehalten, die OECD-Leitsätze für multinationale Unternehmen zu befolgen.¹¹ Eine rechtliche Verpflichtung besteht jedoch nicht.

Die Entscheidung über die Gewährung von Garantien erfolgt durch einen interministeriellen Ausschuss, dem unter Führung des Bundeswirtschaftsministeriums auch Vertreter des Bundesfinanzministeriums, des Auswärtigen Amtes sowie des Bundesministeriums für wirtschaftliche Zusammenarbeit und Entwicklung angehören. Die Prüfung der Garantievoraussetzungen sowie die Verwaltung und Organisation obliegt dagegen privatwirtschaftlichen Mandataren (PricewaterhouseCoopers AG (PwC) und Euler Hermes Kreditversicherungs-AG).

Das Verfahren der Vergabeentscheidung ist vollkommen intransparent, da weder Bewilligungen noch Ablehnungen veröffentlich werden, so dass auch unklar ist, welche Gesichtspunkte für die jeweilige Entscheidung maßgeblich waren. Der Prozess ist ausschließlich exekutivisch gesteuert, eine inhaltliche Kontrolle durch den Bundestag findet nicht statt. Es ist daher auch unmöglich, die Auswirkungen der durch die deutschen Investitionsgarantien geförderten Projekte auf die Situation der Menschenrechte in den Zielländern konkret zu bewerten.¹²

---

⁶ A. Ziegler/L. Gratton, in: P. Muchlinski/F. Ortino/C. Schreuer (eds), The Oxford Handbook of International Investment Law, 2008, 524 ff. und R. Dolzer/C. Schreuer, Principles of International Investment Law, 2008, 207 ff.

⁷ Richtlinien für die Übernahme von Garantien für Direktinvestitionen im Ausland (Investitionsgarantien), Neufassung 2004, http://agaportal.de/pdf/dia_ufk/formulare/ dia_richtlinien.pdf (besucht am 20. Juni 2012).

⁸ Garantievoraussetzungen Nr. 5, http://agaportal.de/pages/dia/grundlagen/garantie/voraus setzungen.html (besucht am 20. Juni 2012).

⁹ Umweltfragen, http://www.agaportal.de/pages/dia/grundlagen/umweltfragen.html (besucht am 20. Juni 2012).

¹⁰ P. Täger, Der Schutz von Menschenrechten im internationalen Investitionsrecht – Unter besonderer Beachtung der Rechte und Pflichten des Exportstaates, 2011, 206.

¹¹ OECD-Leitsätze für multinationale Unternehmen, 2011, unter http://dx.doi.org/ 10.1787/9789264122352-de. (zuletzt besucht am 30. Juni 2012).

¹² C. Scheper/H. Feldt, Außenwirtschaftsförderung und Menschenrechte – Eine Bestandsaufnahme deutscher Investitions- und Exportkreditdeckungen aus menschenrechtlicher Perspektive, INEF Forschungsreihe 4/2010, 50.

III. Potentielle Konfliktfelder zwischen Auslandsinvestitionen und Menschenrechten

Ausländische Investitionen können sich in vielfältiger Weise auf die Situation von Menschenrechten in den jeweiligen Zielländern der Investition auswirken. Dabei kann der Beitrag ausländischer Investoren zur wirtschaftlichen Entwicklung eines Landes zu einer Verbesserung der Menschenrechtssituation führen, insbesondere wenn die Investition zur Armutsbekämpfung beiträgt, was jedoch nur unter bestimmten Voraussetzungen der Fall ist.[13]

Ausländische Investitionen können jedoch auch zu Menschenrechtsgefährdungen beitragen oder diese gar auslösen. Zwar sind Investoren als privatwirtschaftliche Unternehmen nicht unmittelbar an die Menschenrechte gebunden.[14] Sie können jedoch in Menschenrechtsverletzungen der Gaststaaten verstrickt sein oder von Menschenrechtsverletzungen profitieren.[15] Insbesondere bei demokratisch nicht legitimierten oder korrupten Regierungssystemen kann es so zu einem kollusiven Zusammenwirken zwischen Staat und Investor zu Lasten der Menschenrechte kommen. Menschenrechte können auch gefährdet werden, wenn der Staat seiner Schutzverantwortung (duty to protect[16]) gegenüber Unternehmen nicht nachkommt und das Verhalten von Investoren nicht hinreichend regelt oder entsprechende Regeln nicht durchsetzt. Das kann z. B. bei Arbeitsschutzstandards oder dem Verbot von Kinderarbeit der Fall sein.

In diesem Sinne werden im Folgenden einige Situationen skizziert, bei denen Konflikte zwischen Menschenrechten und ausländischen Investitionen sichtbar werden können. Eine erste typische menschenrechtliche Gefährdungslage besteht bei großen Infrastrukturprojekten, die zu Umsiedlungen oder Vertreibungen führen.[17] Regelmäßig ist dies bei der Errichtung von Staudämmung und der Aufstauung von Flüssen zur Elektrizitätsgewinnung der Fall, wie das Beispiel des Ilisu-Staudamms in der Türkei zeigt.[18] Wenn die Aufstauung dazu führt, dass Menschen ihre angestammten Siedlungen verlassen müssen, kann neben dem Recht auf Eigentum (Art. 17 AEMR) das Recht auf Wohnung und einen angemessenen Lebensunterhalt (Art. 11 IPwskR) verletzt werden. Das gilt insbesondere, wenn den jeweiligen Personen keine Entschädigungen gewährt werden oder vergleichbare neue Wohn-

---

[13] *A. Mold*, Revue Région et Développement (2004), 92 (113).

[14] *A. Hennings,* Über das Verhältnis von Multinationalen Unternehmen zu Menschenrechten – Eine Bestandsaufnahme aus juristischer Perspektive, 2009, 37 und 43; *K. Schmalenbach*, AVR 39 (2001), 57 (63).

[15] Menschenrechtsrat (Fn. 4), 14.

[16] Dazu *O. de Schutter*, International human rights law: cases, materials, commentary, 2010, 365.

[17] WSK-Ausschuss, General Comment No 7, The right to adequate housing (Art.11.1): forced evictions (1997), Absatz 7.

[18] *F. Coomans/R. Künnemann*, Cases and Concepts on Extraterritorial Obligations in the Area of Economic, Social and Cutural Rights, 2012, 61 ff.

und Lebensumstände ermöglicht werden. Eine ähnliche Gefährdungslage kann bei Bergbauprojekten, die zu Zwangsumsiedlungen führen, bestehen.[19]

Menschenrechte können auch bei der Privatisierung von essentiellen Dienstleistungen wie Leistungen der Daseinsvorsorge beeinträchtigt werden.[20] Dies hat sich wiederholt bei der Privatisierung der Wasserversorgung gezeigt.[21] Führt die Übertragung der öffentlichen Wasserversorgung auf private Unternehmen zu einer erheblichen Preissteigerung oder zur ungerechtfertigten Unterbrechung oder zu einer Verschlechterung der Versorgung kann das Recht auf Wasser (Art. 11 und 12 IPwskR) verletzt sein.[22]

Besondere menschenrechtliche Gefährdungen können von Investitionen in Konfliktregionen ausgehen.[23] Hier besteht die Gefahr, dass sich ausländische Investoren indirekt an bewaffneten Auseinandersetzungen oder Kriegsverbrechen beteiligen oder hiervon profitieren. Aufgrund einer in diesen Fällen oft nur begrenzt oder gar nicht vorhandenen staatlichen Autorität sind potentielle Opfer von Menschenrechtsverletzungen besonders schutzlos gestellt.

Schließlich drohen Menschenrechtsverletzungen, wenn sich die Arbeitnehmer oder die von dem Investitionsprojekt betroffene lokale Bevölkerung gegen Maßnahmen und Praktiken des jeweiligen Unternehmens zur Wehr setzen und Widerstand leisten. Dabei kann es zu Verletzungen der Versammlungs- und Vereinigungsfreiheit (Art. 22 des Internationalen Pakts über bürgerliche und politische Rechte – IPbpR), zu Verstößen gegen Gewerkschaftsrechte (Art. 8 IPwskR) und sogar zu Verletzungen des Rechts auf Leben oder der Freiheit und Sicherheit der Person (Art. 6 und 9 IPbpR) kommen. So wurde dem US-amerikanischen Unternehmen Unocal im Zusammenhang mit dem Bau einer Pipeline in Myanmar (Burma) vorgeworfen, gewusst oder wenigstens billigend in Kauf genommen zu haben, dass das für die Sicherheit der Pipeline zuständige burmesische Militär zahlreiche Menschenrechtsverletzungen wie Mord, Folter und Vergewaltigungen begangen hatte.[24] Auch die Ermordung von Gewerkschaftsführern und die mögliche Beteiligung eines Unternehmens hieran, stellt in diesem Zusammenhang eine erhebliche Verletzung und Beeinträchtigung zahlreicher Menschenrechte dar. Der kolumbianischen Tochter des Nestlé-Konzerns wird vorgeworden, durch Diffamierungen eines Gewerkschaftsführers

---

[19] *J. von Bernstorff*, AVR 49 (2011), 34 (45 ff.).

[20] *von Bernstorff*, AVR 49 (2011), 34 (43 ff.).

[21] Mit Blick auf Argentinien siehe *Coomans/Künnemann* (Fn. 18), 39 ff.

[22] WSK-Ausschuss, General Comment No 15 (2002), The right to water (arts. 11 and 12 of the International Covenant on Economic, Social and Cultural Rights), UN-Dok. E/C.12/2002/11 (2002), Abs. 12 und 24.

[23] Menschenrechtsrat (Fn. 4), 10 f.

[24] Doe v. Unocal, 248 F.3d, 915 (9th Cir. 2002). Dazu ausführlich *A. Seibert-Fohr*, ZaöRV 63 (2003), 195 (197 ff.)

und durch die Kooperationen mit Paramilitärs erheblich zu dessen Ermordung beigetragen zu haben.[25]

IV. Anwendbarkeit von Menschenrechten auf Investitionsgarantien

1. Extraterritoriale Wirkung von Menschenrechten

Werden die an Menschenrechtsverletzungen beteiligten Investoren und ihre Investitionen durch staatliche oder internationale Investitionsgarantien geschützt, stellt sich die Frage, ob menschenrechtliche Gesichtspunkte bei der Vergabeentscheidung eine Rolle spielen können und sollten. Dies betrifft vor allem die räumliche Reichweite von wirtschaftlichen, sozialen und kulturellen Menschenrechten. Unproblematisch lässt sich zunächst festhalten, dass die Entscheidung über die Vergabe einer Investitionsgarantie als staatliche Maßnahme, die auf dem Territorium des betreffenden Staates stattfindet, an die jeweils geltenden Menschenrechte gebunden ist. Daher muss die Bundesrepublik Deutschland bei der Vergabe von Investitionsgarantien die Anforderungen des IPwskR beachten.

Allerdings ist fraglich, ob von der Bindung des die Investitionsgarantie vergebenden Staates an Menschenrechte nur die auf dem Territorium des jeweiligen Staats lebenden oder seiner Herrschaftsgewalt unterworfenen Personen geschützt werden, oder ob die Menschenrechte auch extraterritoriale Schutzwirkungen entfalten können. Anders als Art. 2 IPbpR, dessen Anwendbarkeit ausdrücklich auf alle im Gebiet eines Staates befindlichen und seiner Herrschaftsgewalt unterstehenden Personen beschränkt ist, enthält Art. 2 IPwskR keine Formulierung, die auf eine territoriale Einschränkung des IPwskR hindeuten würde.[26] Hieraus wird teilweise geschossen, dass der IPwskR extraterritoriale Verpflichtungen enthalten könne.[27]

In seinem Gutachten zur Israelisch-Palästinensischen Mauer stellte der IGH jedoch fest, dass die wirtschaftlichen, sozialen und kulturellen Menschenrechte im Wesentlichen territoriale Rechte seien.[28] Er beschränkte die territoriale Wirkung der Menschenrechte allerdings nicht auf das betroffene Staatsgebiet, sondern stellte klar, dass der IPwskR auch im Falle einer Besetzung anwendbar ist.[29] Zu einer darüber hinaus gehenden extraterritorialen Schutzwirkung der wsk-Rechte nahm der IGH jedoch nicht Stellung. Die Sicht des IGH schließt es daher nicht aus, dass ein

---

[25] Zum Sachverhalt: European Center for Constitutional and Human Rights, Sondernewsletter zur Strafanzeige gegen Nestlé im Fall des ermordeten kolumbianischen Gewerkschafters Luciano Romero, im Internet abrufbar unter www.ecchr.de/index.php/ nestle.html (besucht am 22. Juni 2012).

[26] *F. Coomans*, Human Rights Law Review 11 (2011), 1 (7).

[27] *S. I. Skogly/M. Gibney*, Human Rights Quarterly 24 (2002), 781 (790–791).

[28] IGH, Legal *Consequences of the Construction of a Wall in the Occupied Palestinian Territory, Advisory Opinion*, I. C. J. Reports 2004, 136, Nr. 112.

[29] IGH (Fn. 28), Nr. 112.

Staat menschenrechtliche Verpflichtungen in Bezug auf eine Situation hat, die auf seinem Territorium stattfindet, sich jedoch auf die Menschenrechtslage in einem anderen Land auswirkt.

Teilweise wird vertreten, dass eine derartige Interpretation dem ursprünglichen Willen der Verhandlungsführer, die den IPwskR aushandelten, widersprechen würde.[30] Die Entstehungsgeschichte und die Umstände des Vertragsschluss sind jedoch nur eine zusätzliche Interpretationsquelle nach Art. 32 der Wiener Vertragsrechtskonvention. Im Übrigen werden völkerrechtliche Menschenrechtsverträge regelmäßig dynamisch interpretiert, so dass der ursprüngliche Wille weniger relevant ist als die Orientierung der Interpretation an den Bedürfnissen des modernen Menschenrechtsschutzes.

Als besonders fruchtbar für das Verständnis der extraterritorialen Reichweite der wirtschaftlichen, sozialen und kulturellen Rechte erweisen sich die sog. Maastricht Principles on the Extraterritorial Obligations of States in the area of Economic, Social and Cultural Rights („Maastricht Principles").[31] Diese Grundsätze wurden von einer Gruppe internationaler Experten aus Wissenschaft und Praxis, darunter mehrere gegenwärtige und ehemalige Sonderberichterstatter der Vereinten Nationen, im September 2011 formuliert, um den gegenwärtigen Stand des Völkerrechts bezüglich der extraterritorialen Dimension wirtschaftlicher, sozialer und kultureller Menschenrechte zusammen zu fassen. Die Maastricht Principles können insoweit als Rechtserkenntnisquelle im Sinne des Art. 38 Abs. 1 lit. d) IGH-Statut angesehen werden, zu denen neben den Lehrmeinungen im engeren Sinne im gegenwärtigen Völkerrecht auch die Beiträge international zusammengesetzter Fachgremien wie der International Law Commission oder der International Law Association gezählt werden.[32]

In Prinzip Nr. 3 der Maastricht Principles wird unter Berufung auf verschiedene Menschenrechtsverträge darauf hingewiesen, dass die staatlichen Pflichten, die sich aus internationalen Menschenrechtsverbürgungen ergeben, sowohl territorialer als auch extraterritorialer Natur sein können.[33] Extraterritoriale Verpflichtungen sind in diesem Sinne u. a. Verpflichtungen, die sich aus Handlungen und Unterlassungen eines Staates sowohl innerhalb als auch außerhalb seines Territoriums verstanden, die sich auf die Wahrnehmung von Menschenrechten außerhalb des jeweiligen Ter-

---

[30] *M. Dennis*, AJIL 99 (2005), 119 (127–128).

[31] Maastricht Principles on Extraterritorial Obligations of States in the area of Economic, Social and Cultural Rights, 2011, unter www.maastrichtuniversity.nl/web/Institutes/MaastrichtCentreForHumanRights.htm (besucht am 20. Juni 2012).

[32] *H. Heintschel von Heinegg*, in: K. Ipsen (Hrsg.), Völkerrecht, 5. Aufl. 2004, § 21 Rn. 6.

[33] „All States have obligations to respect, protect and fulfil human rights, including civil, cultural, economic, political and social rights, both within their territories and extraterritorially."

ritoriums auswirken.[34] In diesem Sinne kann die Entscheidung eines Staates, eine Investitionsgarantie zu vergeben, extraterritoriale Menschenrechtsverpflichtungen begründen, auch wenn der die Investitionsgarantie vergebende Staat nicht mit extraterritorialer Wirkung handelt, da er über die Förderungswürdigkeit eines Projekts eines Unternehmens entscheidet, das über seine Staatszugehörigkeit verfügt.

Allerdings ist festzuhalten, dass eine mögliche menschenrechtliche Verpflichtung des Heimatstaates eines mit einer Investitionsgarantie geförderten Unternehmens die grundsätzliche menschenrechtliche Verpflichtung des Gaststaates, d. h. des Staates, auf dessen Territorium die Menschenrechtsverletzung stattfindet, nicht reduzieren kann.[35] Vielmehr verbleibt es bei der grundsätzlichen Verantwortung des Gaststaates, auch das Verhalten eines ausländischen Investors im Sinne der Schutzdimension der Menschenrechte zu regulieren. Dieser Grundsatz wurde auch in Prinzip Nr. 4 der Maastricht Principles festgehalten.[36] In der Erläuterung zu diesem Prinzip heißt es, dass extraterritoriale Verpflichtungen anderer Staaten zur Realisierung von Menschenrechten auf dem Territorium eines Staates in keinem Fall von der Verpflichtung dieses Staates die Menschenrechte auf größtmögliche Weise zu sichern, ablenken dürfe.[37] Diese grundsätzliche Pflicht des Gaststaates schließt jedoch eine zusätzliche oder ergänzende menschenrechtliche Verpflichtung des Heimatstaates nicht aus.

2. Reichweite der Schutzwirkung der Menschenrechte

Geht man davon aus, dass sich aus den wirtschaftlichen, sozialen und kulturellen Menschenrechten extraterritoriale Verpflichtungen ergeben können, ist in einem nächsten Schritt zu fragen, wie weit diese Schutzpflichten reichen. Bezogen auf die Vergabe von Investitionsgarantien bedeutet dies, welche Menschenrechtsverletzungen des geförderten Unternehmens und welche negativen Auswirkungen des Projekts von der extraterritorialen Verpflichtung erfasst werden.

Hierzu können allgemeine Zurechnungsgrundsätze herangezogen werden, die sich in der Menschenrechtsdogmatik entwickelt haben. So hat der Menschenrechtsausschuss dem Recht auf Leben (Art. 6 IPbpR) und dem Folterverbot (Art. 7 IPbpR) die Verpflichtung entnommen, dass eine Person nicht abgeschoben oder ausgewiesen werden dürfe, wenn substantielle Gründe die Annahme rechtfertigen würden, dass

---

[34] Prinzip 8: „For the purposes of these Principles, extraterritorial obligations encompass: a) obligations relating to the acts and omissions of a State, within or beyond its territory, that have effects on the enjoyment of human rights outside of that State's territory (…)."

[35] *A. Emmerich-Fritsche*, AVR 45 (2007), 541 (544).

[36] „Each State has the obligation to realize economic, social and cultural rights, for all persons within its territory, to the maximum of its ability."

[37] *O. De Schutter u. a.*, Commentary to the Maastricht Principles on Extraterritorial Obligations of States in the area of Economic, Social and Cultural Rights, Advance unedited version 29 February 2012, im Internet unter http://danton1066.files.wordpress.com/2012/03/maastricht-principles-commentary.pdf (besucht am 30. Juni 2012).

ein erhebliches Risiko für die Verletzung dieser Rechte im Aufnahmestaat besteht.[38] In dieser Situation wird dem ausweisenden oder abschiebenden Staat die mögliche Menschenrechtsverletzung im Aufnahmestaat zugerechnet. Der gleiche Ansatz findet sich in der Rechtsprechung des EGMR[39] und in Artikel 3 Absatz 2 des Übereinkommens gegen Folter und andere grausame, unmenschliche oder erniedrigende Behandlung oder Strafe. Hieraus lässt sich ableiten, dass eine extraterritoriale Zurechnung einer Rechtsverletzung in einem anderen Staat dem internationalen Menschenrechtsschutz dann nicht fremd ist, wenn eine klare und vorhersehbare Beteiligung vorliegt.

In der Literatur wird als Zurechnungsmöglichkeit auch die Beihilfe zu völkerrechtswidrigen Verhaltens nach den Grundsätzen der Staatenverantwortlichkeit genannt.[40] Danach ist ein Staat für die Unterstützung eines völkerrechtlichen Delikts verantwortlich, wenn der Staat die Umstände des Völkerrechtsverstoßes kannte und der Völkerrechtsverstoß ohne die Unterstützungsleistung nicht begangen worden wäre.[41] Die Unterstützungshandlungen müssen einen signifikanten Beitrag zur Rechtsverletzung geleistet haben, aber nicht essential gewesen sein.[42] In diesem Sinne wurde die Übernahme einer Investitionsgarantie für ein Projekt, das der Gaststaat nicht hinreichend reguliert, als möglicher Beitrag zu einer Menschenrechtsverletzung angesehen.[43] *McCorquodale* und *Simons*, die sich mit den menschenrechtlichen Problemen der Baku-Tiflis-Ceyhan Pipeline und der Tschad-Kamerun Pipeline befassten, kommen zu dem Ergebnis, dass Staaten, die die genannten Projekte finanziell unterstützen, als Gehilfen eines völkerrechtlichen Delikts, d. h. der Verletzung von Menschenrechten, angesehen werden können.[44]

In eine vergleichbare Richtung deuten die Maastricht Principles. Nach Prinzip Nr. 9 erstrecken sich die Verpflichtungen eines Staats bezüglich der wirtschaftlichen, sozialen und kulturellen Menschenrechte u. a. auf Situationen, bei denen Handlungen oder Unterlassungen des Staates einen vorhersehbaren Effekt auf die Realisierung der Menschenrechte haben und auf Situationen, auf die der Staat einen entscheidenden Einfluss für die Realisierung der Menschenrechte hat.[45] Dieses Prinzip kann auf

---

[38] Menschenrechtsausschuss, General Comment No. 31, The Nature of the General Legal Obligation Imposed on States Parties to the Covenant, UN-Dok. CCPR/C/21/Rev.1/Add. 13 (2004), Abs. 12; Menschenrechtsausschuss, *Byahuranga ./. Denmark* (No. 1222/2003), Auffassungen vom 9. Dezember 2004, UN-Dok. CCPR/C/82/D/1222/2003 (2004), Abs. 11.2.

[39] EGMR, *Al Moaoyad ./. Deutschland*, 35865/03, Entsch. vom 20. Feb. 2007, Rn. 62.

[40] *von Bernstorff*, AVR 49 (2011), 34 (60 ff.).

[41] Art. 16 des ILC-Artikel zur Staatenverantwortlichkeit.

[42] ILC Draft Articles on Responsibility of States for Internationally Wrongful Acts with Commentaries, 2001, Report of the International Law Commission on the work of its fifty-third session, 2001, 66.

[43] *von Bernstorff*, AVR 49 (2011), 34 (61).

[44] R. *McCorquodale*/P. *Simons*, Modern Law Review 70 (2007), 598 (613).

[45] Prinzip Nr. 9: „A State has obligations to respect, protect and fulfil economic, social and cultural rights in any of the following: a) situations over which it exercises authority or

Investitionsgarantien angewendet werden. Danach bestehen menschenrechtliche Verpflichtungen bei der Vergabe von Investitionsgarantien immer dann, wenn ein negativer Effekt des Projekts auf die Menschenrechte vorhersehbar ist oder wenn die Investitionsgarantievergabe sich entscheidend auf die Menschenrechtssituation auswirkt, z. B. dadurch, dass bestimmte arbeitsschutzrechtliche Vorgaben bei einem ausländischen Investor oder in dessen Lieferkette[46] nicht befolgt werden.

V. Konkretisierung der menschenrechtlichen Anforderungen an Investitionsgarantien

Geht man davon aus, dass die Vergabe von Investitionsgarantien auch an den Auswirkungen des geförderten Projektes auf die Menschenrechte im Gastland zu messen ist, stellt sich die Frage, wie eine derartige menschenrechtliche Bindung konkretisiert werden kann.

1. Länder- und Projektauswahl

Auf einer ersten Ebene könnten die menschenrechtlichen Vorgaben bereits bei der Auswahl der Projekte und der Länder, in denen sie durchgeführt werden sollen, berücksichtigt werden. Es wäre z. B. denkbar, dass Investitionsgarantien für Projekte in Ländern, in denen schwerste Menschenrechtsverletzungen an der Tagesordnung sind, von der Förderbarkeit ausgeschlossen werden oder jedenfalls einer besonders strengen Prüfung unterzogen werden müssen. So verlangt beispielsweise der US-amerikanische Foreign Assistance Act, dass Investitionsgarantien der Overseas Private Investment Corporation (OPIC)[47] nicht für Projekte in Ländern mit andauernder Praxis schwerster Menschenrechtsverletzungen vergeben werden dürfen. Dazu zählen das Folterverbot, Verschwindenlassen oder ähnliche Verletzungen des Rechts auf Leben, Freiheit und Sicherheit, wenn die Unterstützung nicht direkt der notleidenden Bevölkerung zu Gute kommt.[48] Diese generelle Menschenrechtsklausel stellt allerdings nicht auf die Gefahr der Beteiligung des ausländischen Investors an Menschenrechtsverletzungen ab, sondern zielt auf eine allgemeine Beeinflussung der Regie-

---

effective control, whether or not such control is exercised in accordance with international law; b) situations over which State acts or omissions bring about foreseeable effects on the enjoyment of economic, social and cultural rights, whether within or outside its territory; c) situations in which the State, acting separately or jointly, whether through its executive, legislative or judicial branches, is in a position to exercise decisive influence or to take measures to realize economic, social and cultural rights extraterritorially, in accordance with international law."

[46] Zur Bedeutung der Lieferkette für den Schutz der Menschenrechte siehe Menschenrechtsrat (Fn. 4), Nr. 13 b).

[47] Allgemein zur OPIC *A. L. Masser*, Fordham International Law Journal 32 (2008), 1698 (1704); *A. Khachaturian*, Connecticut Law Review 38 (2006), 1041 und *R.B. Shanks*, Hastings International and Comparative Law Review 9 (1986), 417.

[48] Sec. 239 (i) in Verbindung mit Sec. 116 (a) Foreign Assistance Act von 1961 in der geltenden Fassung (P.L. 87–195).

rung des betroffenen Landes ab. Ein alternativer Ansatz, der konkreter auf mögliche Beteiligungen an Menschenrechtsverletzungen durch die Investoren abstellen würde, könnte sich an den Hinweisen des UN-Rahmens für Wirtschaft und Menschenrechte zu Konfliktregionen orientieren[49] und Projekte in diesen Regionen einer besonders strengen Prüfung unterziehen.

Neben einer Auswahl der Länder ist vor allem die konkrete Projektauswahl an menschenrechtlichen Anforderungen zu messen. Auch hier lässt sich die US-amerikanische Praxis als Beispiel heranziehen. So gehören große Staudammprojekte nach den internen OPIC-Richtlinien grundsätzlich nicht zu den förderbaren Projekten, wenn die Errichtung des Staudamms eine unumkehrbare negative Auswirkung auf die Möglichkeit der örtlichen Bevölkerung, ein Auskommen zu verdienen, hat.[50] Projekte, die zu Umsiedlungen von mehr als 5000 Menschen führen, sind in keinem Fall förderbar.[51] Damit wird deutlich, dass das US-amerikanische Investitionsgarantiesystem bestimmte Projekttypen, bei denen es regelmäßig zur Gefährdung von Menschenrechten kommt, einer besonderen strengen Prüfung unterwirft. Generell verlangt die OPIC, dass das zu fördernde Projekt die wesentlichen Arbeitsnormen der ILO einhält.[52]

Wie bereits erwähnt, finden sich derartige Anforderungen in der deutschen Vergabepraxis von Investitionsgarantien derzeit nicht einmal ansatzweise. Die Bundesrepublik Deutschland kann auf diese Weise nicht sicherstellen, dass ihre Investitionsgarantien nicht zu Menschenrechtsverletzungen beitragen.

2. Menschenrechtliche Folgenabschätzungen des geförderten Projekts

Ein weiterer Ansatz, der zum extraterritorialen Menschenrechtsschutz beitragen könnte, ist die Verpflichtung des zu fördernden Unternehmens, menschenrechtliche Folgenabschätzungen durchzuführen. Diesbezüglich kann auf die Praxis der Multilateralen Investitionsgarantieagentur (MIGA)[53], einer Tochter der Weltbank, verwiesen werden. Nach den MIGA-Vergabekriterien ist ein Investor verpflichtet, verletzbare und benachteiligte Individuen und Gruppen zu identifizieren, die durch das Pro-

---

[49] Siehe dazu oben Fn. 23.

[50] „Projects involving the construction of ‚large dams' that significantly and irreversibly: (A) disrupt natural ecosystems upstream or downstream of the dam, or (B) alter natural hydrology, or (C) inundate large land areas, or (D) impact biodiversity, or (E) displace large numbers of inhabitants (5.000 persons or more) or (F) impact local inhabitants' ability to earn a livelihood." OPIC, Investor Screener, Nr. 4, http://www.opic.gov/what-we-offer/investor-screener (besucht am 30. Juni 2012).

[51] OPIC (Fn. 50), ebenda.

[52] OPIC (Fn. 50), Nr. 7.

[53] Dazu S. *Schill*, Multilateral Investment Guarantee Agency (MIGA), in: Max Planck Encyclopedia of Public International Law, unter http://www.mpepil.com (besucht am 30. Juni 2012).

jekt negativ beeinflusst werden können. Auf dieser Grundlage muss der Investor einen Plan entwickeln, wie er auf diese negativen Einflüsse reagieren will.[54]

Die MIGA-Kriterien stellen zwar nicht explizit auf Menschenrechte ab. Die genannten Anforderungen lassen sich jedoch auf eine menschenrechtliche Folgeabschätzung übertragen. In diesem Sinne lassen sich dem UN-Rahmen für Wirtschaft und Menschenrechte erneut wichtige Impulse entnehmen. Der Rahmen beschreibt in insgesamt fünf Prinzipien, welche konkreten Elemente eine menschenrechtliche Folgenabschätzung („Due dilligence") enthalten sollte. Demzufolge sind Unternehmen verpflichtet, alle tatsächlichen oder potentiellen Beeinträchtigungen von Menschenrechten, an welchen sie direkt oder durch ihre wirtschaftlichen Beziehungen beteiligt sind, zu identifizieren und zu bewerten.[55]

Unternehmen, deren Tätigkeiten die Gefahr schwerer Menschenrechtsbeeinträchtigungen enthalten, sollen darüber berichten, wie sie hierauf reagieren wollen.[56] Es ist nicht nachvollziehbar, warum diese Pflicht auf Situationen beschränkt ist, in denen schwere Menschenrechtsbeeinträchtigungen zu befürchten sind. Vielmehr sollte es Teil jeder menschenrechtlichen Folgenabschätzung sein, auch reaktive und proaktive Maßnahmen zu enthalten. So sollten die durch eine Investitionsgarantie geförderten Unternehmen aufgefordert werden, sowohl Maßnahmen vorzusehen, die sie treffen werden, falls sich eine Menschenrechtsgefährdung realisiert als auch Maßnahmen, mit denen entsprechende Menschenrechtsverletzungen vermieden werden können.

So könnte ein Unternehmen in seiner menschenrechtlichen Folgeabschätzung als eine potentielle Gefährdung Verstöße gegen das Kinderarbeitsverbot in der Lieferkette identifizieren. Auf dieser Grundlage wäre dann darzulegen, wie das Unternehmen reagieren will, wenn sich diese Gefahr realisiert (Thematisierung des Problems gegenüber dem Lieferanten, Drohung mit dem Abbruch der Lieferbeziehung, u. ä.) und wie derartige Verstöße vermieden werden können (Verpflichtungserklärungen des Lieferanten, Kontrollbesuche durch unabhängige Experten, Schulungen und Bewusstseinsbildung, u. ä.).[57]

3. Beobachtung und Begleitung der Investition

Die Entscheidung über die Vergabe einer Investitionsgarantie wird typischerweise vor dem Beginn des Projekts erteilt. Die menschenrechtlichen Auswirkungen des Projekts können jedoch konkret erst nach dessen Beginn festgestellt werden oder sich während der Laufzeit des Projekts verändern. Aus diesem Grunde ist es zunächst

---

[54] Multilateral Investment Guarantee Agency's Performance Standards on Social & Environmental Sustainability, unter http://www.miga.org/documents/performance_standards_social_and_env_sustainability.pdf (besucht am 30. Juni 2012). Dazu auch *Täger* (Fn. 10), 217–223.

[55] Menschenrechtsrat (Fn. 4), Prinzip Nr. 18.

[56] Menschenrechtsrat (Fn. 4), Prinzip Nr. 21.

[57] Vgl. die Kommentare zu Prinzip Nr. 19, Menschenrechtsrat (Fn. 4).

wichtig, dass die oben erwähnte menschenrechtliche Folgeabschätzung während der Laufzeit des Projekts laufend angepasst und fortgeschrieben wird.

Darüber hinaus kommt auch den Staaten, die Investitionsgarantien vergeben, eine Beobachtungs- und Begleitpflicht zu, die ihrerseits wiederum durch die menschenrechtliche Folgeabschätzung des Unternehmens und seiner entsprechenden Berichte geprägt wird. In jedem Fall muss es der Investitionsgarantievergabestelle möglich sein, festzustellen, ob und wie sich das geförderte Projekt während seiner Laufzeit auf die Menschenrechte auswirkt. Sollten sich hier Verschlechterungen ergeben, müsste die Investitionsgarantiestelle auch Interventionsmöglichkeiten haben. Wenn z. B. erkannt wird, dass im Rahmen einer für das Projekt erforderlichen Umsiedlung keine Entschädigungen gezahlt werden oder sich das Unternehmen an Verletzungen von kollektiven Arbeitsrechten beteiligt, muss die Garantievergabestelle in der Lage sein, zu intervenieren. Als ultima ratio muss auch der Abbruch der Förderung, d. h. die Rückförderung der Garantie, als Reaktionsmöglichkeit zur Verfügung stehen.

4. Abhilfemaßnahmen und Rechtsschutz

Der UN-Leitlinien „Protect, Respect and Remedy" legen neben der menschenrechtlichen Folgeabschätzung einen Schwerpunkt auf Abhilfemaßnahmen und Rechtsschutz. In diesem Sinne werden zunächst Anforderungen an die Staaten formuliert. Diese müssen den potentiellen Opfern von Menschenrechtsverletzungen, an denen Unternehmen beteiligt waren, einen Zugang zu Rechtsschutz gewähren.[58] Dies betrifft sowohl den Rechtsschutz im Gaststaat als auch möglichen Rechtsschutz gegen das Unternehmen in seinem Heimatstaat.

Für Investitionsgarantien sollten spezielle Beschwerdeverfahren für die von einer geförderten Investition negativ betroffenen Menschen oder Gruppen errichtet werden. Als Vorbild für nationale Investitionsgarantieagenturen kann das Office of the Compliance Advisor/Ombudsman (CAO), das für die Überprüfung von Projekten der MIGA und der International Finance Corporation (IFC) errichtet wurde, dienen. Der CAO-Ombudsman prüft Beschwerden von Nichtregierungsorganisationen, Gewerkschaften, örtlichen Gemeinschaften oder anderen organisierten Gruppen von Individuen in den jeweiligen Ländern, deren Interessen von den durch MIGA oder IFC geförderten Projekten negativ betroffen werden. Beschwerdegegenstände betreffen dabei sowohl ökologische als auch soziale Auswirkungen der Projekte. Gut 80 % der geprüften Fälle betreffen IFC-Beteiligungen, 10 % beziehen sich auf Projekte, die von MIGA und IFC gefördert werden und weitere 10 % betreffen Investitionen, die nur eine MIGA-Förderung erhalten haben.[59] So befasste sich der CAO-Ombudsman zwischen 2008 und 2011 mit einer Beschwerde, die ein MIGA-unterstütztes Projekt der Wasserversorgung in Ecuador betraf. Die Beschwerdeführer beklagten

---

[58] Prinzip 25, Menschenrechtsrat (Fn. 4).

[59] Office of the Compliance Advisor/Ombudsman (CAO), Independent Accountability Mechanism for IFC & MIGA, Annual Report 2011, 8.

u. a. Unterbrechungen der Wasserversorgung bei armen Haushalten und eine mangelnde Abwasserentsorgung. Nach mehreren Verhandlungen einigten sich die Beschwerdeführer und das betroffene Unternehmen unter Vermittlung des CAO auf eine Reihe von konkreten Verbesserungen und Begleitmaßnahmen.[60] Denkbar wäre es auch, dass sich ein Überprüfungsmechanismus für nationale Investitionsgarantien an den Nationalen Kontaktstellen für die Überprüfung der OECD Leitlinien für multinationale Unternehmen orientiert.[61] In jedem Fall sollte den betroffenen Individuen und Gruppen aus den jeweiligen Gaststaaten die Möglichkeit eröffnet werden, sich gegen die Beteiligung der Investitionsgarantie an einer Menschenrechtsverletzung zu wehren. Damit könnten auch die Anforderungen der Leitlinien für Wirtschaft und Unternehmen für Investitionsgarantien umgesetzt werden.

V. Zusammenfassung und Ausblick

Die vorstehenden Ausführungen haben gezeigt, dass menschenrechtliche Anforderungen an Investitionsgarantien mit dem gegenwärtigen Verständnis von Menschenrechten vereinbar sind, obwohl damit extraterritoriale Schutzpflichten begründet werden. Es konnte auch gezeigt werden, dass eine progressive Deutung der wirtschaftlichen, sozialen und kulturellen Menschenrechte sogar zu einer Verpflichtung von Investitionsgarantieagenturen, bei der Förderung von ausländischen Investitionen deren Auswirkungen auf die Menschenrechte im Gastland zu berücksichtigen, gelangen muss. Eine derartige Ausrichtung von Investitionsgarantien entspricht sowohl dem UN-Rahmen für Unternehmen und Menschenrechte als auch den Forderungen des WSK-Ausschusses in seinen abschließenden Bemerkungen zu Deutschland.

Die menschenrechtlichen Anforderungen an Investitionsgarantien lassen sich mit Hilfe des UN-Rahmens aber auch unter Einbeziehung der Praxis der US-amerikanischen Investitionsgarantieagentur OPIC und der Multinationalen Investitionsgarantieagentur (MIGA) konkretisieren. Das deutsche Investitionsvergabesystem entspricht menschenrechtlichen Anforderungen derzeit nicht. Jedenfalls lassen sich aus den öffentlich verfügbaren Quellen keine Aussagen darüber ableiten, ob die Auswirkungen der geförderten Projekte auf Menschenrechte bei der Entscheidung über die Garantievergabe überhaupt eine Rolle spielen. Die Bundesrepublik Deutschland wäre gut beraten, ihr Investitionsgarantiesystem in dem genannten Sinne zu reformieren und dies dem WSK-Ausschuss beim nächsten Bericht im Jahre 2016 mitzuteilen.

---

[60] CAO (Fn. 59), 42.
[61] Dazu *H. Brankamp*, MRM 1/2010, 41 (44); *Hennings* (Fn. 14), 137 ff.

Die Meinungs- und Pressefreiheit des Art. 10 EMRK und die Bildung von Kategorien und Fallgruppen

Von *Dieter Kugelmann*

I. Zu Funktion und Inhalt des Art. 10 EMRK

Der Europäische Gerichtshof für Menschenrechte nimmt eine essentielle Funktion für den Schutz der Menschenrechte in Europa ein.[1] Für die Durchsetzung und die Akzeptanz seiner Entscheidungen spielt es eine wichtige Rolle, wie eng oder weit der Gerichtshof den Spielraum versteht, der den Mitgliedstaaten im Rahmen der Beschränkung grundrechtlicher Positionen zusteht.[2] Eindrucksvolle und aufschlussreiche Entscheidungen hat der Gerichtshof insbesondere zum Spielraum der Staaten im Fall von Eingriffen in die Meinungsfreiheit des Art. 10 EMRK gefällt.[3]

Die Meinungs- und Pressefreiheit nach Art. 10 EMRK nimmt in der Rechtsprechung des Gerichtshofes eine zentrale Rolle ein.[4] Schon in frühen Entscheidungen betont der Gerichtshof diese Rolle, die sich in der rechtlichen Dogmatik des Art. 10 EMRK und ebenso in der politischen Tragweite der einschlägigen Entscheidungen niederschlägt. In der Leitentscheidung Handyside stellt der Gerichtshof klar, dass die Meinungsfreiheit ein Grundpfeiler der demokratischen Gesellschaft und zugleich eine Grundvoraussetzung der Selbstentfaltung des Einzelnen ist.[5] Aufgrund ihrer Ausschlag gebenden Bedeutung für die politische Meinungsbildung sind gerade diese Menschenrechte ein Gradmesser für die demokratische Ausgestaltung einer Gesellschaft und zugleich Instrument für eine Demokratisierung mittels Intensivierung von Kommunikation. Da die EMRK keine spezifischen Rechte politischer Parteien enthält, die etwa Art. 21 GG ähneln würden, bietet Art. 10 EMRK eine Handhabe, um Rechte der parlamentarischen und insbesondere außerparlamentarischen Opposition zu stärken. Kritik an der Regierung ist Ausübung von Meinungsfreiheit. Auch das Recht, eine Meinung zu bilden und zu haben, ist geschützt.[6] Im Zusammen-

---

[1] Zusammenfassend *E. Klein*, in: D. Merten/H.-J. Papier (Hrsg.), Handbuch der Grundrechte, Bd. VI/1, 2012, § 150.

[2] *Ch. Grabenwarter/K. Pabel*, EMRK, 5. Aufl. 2012, § 18, Rn. 20 ff.

[3] *J. Abr. Frowein/W. Peukert*, EMRK-Kommentar, 3. Aufl. 2009, Art. 10, Rn. 31 ff.

[4] *R. Grote/N. Wenzel*, in: R. Grote/Th. Marauhn (Hrsg.), EMRK/GG, Konkordanzkommentar zum europäischen und deutschen Grundrechtsschutz, 2006, Kap. 18, Rn. 1 ff.

[5] EGMR, 7. Dez. 1976, Nr. 5493/72, *Handyside/Vereinigtes Königreich*, Ziff. 49.

[6] *E. Klein*, AfP 1994, 9.

spiel mit der Vereinigungs- und Versammlungsfreiheit des Art. 11 EMRK gewährleistet ein umfassendes Verständnis der Meinungsäußerungsfreiheit und der Pressefreiheit des Art. 10 EMRK, dass in den Mitgliedstaaten des Europarates durch den Gerichtshof auf eine lebendige und kontroverse öffentliche Meinungsbildung hingewirkt werden kann. Dies entspricht dem Leitbild einer offenen demokratischen Gesellschaft, das die Konvention insgesamt prägt.[7] Die Pressefreiheit schließt insoweit die Rundfunkfreiheit mit ein, deren aus Art. 10 Abs. 1 Satz 3 EMRK resultierenden Besonderheiten[8] hinsichtlich des grundsätzlichen Freiheitsanspruchs keine eigene Rolle spielen.[9] Bei allem notwendigen judicial self-restraint bieten die Kommunikationsrechte eine Handhabe, um auf die rechtlichen Rahmenbedingungen für freiheitliche Gesellschaften einzuwirken und die offene Demokratie zu fördern.

Der nicht zuletzt demokratietheoretisch und politisch motivierte Impetus für die Konstruktion eines starken und effektiven Menschenrechts auf Meinungs- und Pressefreiheit hat rechtsdogmatische Konsequenzen. Nicht nur die Vielzahl der Entscheidungen,[10] sondern zuvörderst ihre Intensität und Reichweite erfordern eine differenzierte und nachhaltige Dogmatik des Art. 10 EMRK. Dem ist der Gerichtshof gerecht geworden, wobei die besonderen Bedingungen seiner Tätigkeit Berücksichtigung finden. Ein Gerichtshof, der über Fälle in sehr unterschiedlichen Rechtsordnungen mit unterschiedlichen Traditionen entscheidet, muss vorsichtig darin sein, eine kohärente und fein ziselierte Dogmatik einer Rechtsnorm zu entwerfen, die dann auch die Ergebnisse in allen Fällen tragen soll. Die Dogmatik des Art. 10 EMRK ist dennoch kaum weniger ausformuliert als etwa die Rechtsprechung des Bundesverfassungsgerichts zu Art. 5 GG.[11]

Der Gerichtshof erkennt dem Art. 10 Abs. 1 EMRK einen weiten Anwendungsbereich zu.[12] Das Menschenrecht auf Meinungsfreiheit sichert die kommunikative Entfaltung in der freiheitlichen Gesellschaft. Sowohl der Einzelne wie auch Gruppen können das Recht in Anspruch nehmen. Dem Einzelnen gewährleistet Art. 10 Abs. 1 EMRK eine umfassende Meinungsäußerungsfreiheit unabhängig von der Kommunikationsform, die auch moderne technisch geprägte Erscheinungsformen privater In-

---

[7] EGMR, 26. Apr. 1979, Nr. 6538/74, *Sunday Times/Vereinigtes Königreich*, EuGRZ 1979, 386, Ziff. 65; *C. Mensching*, in: U. Karpenstein/F. C. Mayer (Hrsg.), EMRK, 2012, Art. 10 Rn. 2.

[8] Dabei geht es insbesondere um die faktische Unvertretbarkeit von Rundfunkmonopolen und weitere Fragen der Organisation des Rundfunks; s. EGMR, 24. Nov. 1993, Nr. 13914/88 u. a., *Informationsverein Lentia/Österreich*, EuGRZ 1994, 549 = AfP 1994, 281 m. Anm. *Kugelmann*.

[9] EGMR, 23. Sept. 1994, Nr. 15890/89, *Jersild/Dänemark*, NStZ 1995, 237 = HRLJ Vol. 15 (1994), 361.

[10] Zwischen 1959 und 2010 hat der Gerichtshof in 447 Fällen eine Verletzung des Art. 10 EMRK festgestellt, so *Mensching* (Fn. 7), Art. 10 Rn. 1.

[11] Vgl. *Th. Giegerich*, RabelsZ 1999, 471.

[12] *H.-J. Blanke*, in: D. Merten/H.-J. Papier (Hrsg.), Handbuch der Grundrechte, Bd. VI/1, 2012, § 142, Rn. 19.

dividualkommunikation einschließt.¹³ Presse und Rundfunk spielen eine zentrale Rolle in dem freien Austausch von Meinungen. Aber auch Parteien oder Verbände können Rechtsträger sein. In der Rechtsprechung des Gerichtshofes kommt der Abwehr staatlicher Maßnahmen, die sich gegen gesellschaftliche Kritik an staatlichen Einrichtungen, Organen oder Funktionsträgern richten, eine herausgehobene Bedeutung zu.¹⁴

II. Einschränkungen der Meinungs- und Pressefreiheit

1. Strukturelle Gefährdungen der Meinungs- und Pressefreiheit

Die Garantie der Meinungs- und Pressefreiheit ist ein Kernelement der freiheitlichen Demokratie. In modernen Verfassungsstaaten scheint diese Garantie mehr oder weniger eine Selbstverständlichkeit. Doch diese Selbstverständlichkeit kann sich schnell als trügerisch erweisen, wie das Beispiel Ungarn zeigt. Der Mitgliedstaat der Europäischen Union und des Europarates, der seit 20 Jahren über ein demokratisches Regierungssystem verfügt, hat im Jahr 2010 durch eine Gesetzgebung Schlagzeilen gemacht, die als Angriff auf Meinungs- und Pressefreiheit gesehen wurde.¹⁵ Diese stand im Kontext einer Reihe von rechtlichen Neuerungen, die etwa auch die Unabhängigkeit der Justiz und des Datenschutzbeauftragten betrafen. Auf Druck des Europarates und der Europäischen Union hat der ungarische Gesetzgeber Korrekturen vorgenommen. Die Europäische Kommission hat Vertragsverletzungsverfahren eingeleitet, um die ungarische Regierung dazu zu bringen, für europarechtskonforme Regelungen zu sorgen. Das ungarische Verfassungsgericht hatte sich im Dezember 2011 mit dem Mediengesetz zu beschäftigen, wobei unter anderem Fragen der Frequenzvergabe eine Rolle spielten. Die Befürchtung stand im Raum, dass regierungskritischen Medien das Arbeiten erschwert oder gar unmöglich gemacht werden sollte. Eine Untersuchung im Auftrag der Medienbeauftragten der OSZE äußerte erhebliche Kritik und sah weitreichenden Reformbedarf.¹⁶ Ein besonderer Akzent lag auf der Sorge um die Unabhängigkeit der Aufsichts- und Regulierungsbehörden. Auch der Menschenrechtsbeauftragte des Europarates, Thomas Hammarberg, zeigte sich skeptisch und mahnte unter Verweis auf Art. 10 EMRK insbesondere die Unabhängigkeit des ungarischen Medienrates von politischen Parteien und die Sicherung des Quellenschutzes an.¹⁷ Eine Reform des Mediengesetzes, die

---

¹³ *D. Kugelmann*, EuGRZ 2003, 16.

¹⁴ Vgl. *J. Meyer-Ladewig*, EMRK, 3. Aufl. 2011, Art. 10 Rn. 57 f.

¹⁵ Näher *M. Cornils*, in: FS Schröder, 2012, 125.

¹⁶ *K. Nyman-Metcalf*, Analysis of the Hungarian Media Legislation, The Office of the OSCE Representative on Freedom of the Media, 28 February 2011, http://www.osce.org/fom/75990 (Referenz vom 18. Juni 2012).

¹⁷ Presseerklärung vom 25. Februar 2011, http://derstandard.at/1297818976958/Ungarisches-Mediengesetz-Europarat-fordert-komplette-Reform-des-Gesetzes (Referenz vom 5. Juni 2012).

den Schutz journalistischer Quellen beinhaltet, wurde vom ungarischen Parlament am 24. Mai 2012 verabschiedet, um auf das Verfassungsgerichtsurteil und die internationale Kritik zu reagieren.[18] In einer ersten Stellungnahme zeigt sich die Beauftragte der OSZE für die Freiheit der Medien, Dunja Mijatovic, mit der Reform nicht zufrieden, da zwar Verbesserungen erreicht seien, aber insbesondere die Besetzung und Rolle der Aufsichts- und Regulierungsbehörden nach wie vor Bedenken auslösten.[19]

Der Europarat kann auf strukturelle Gefährdungen der Meinungs- und Medienfreiheit politisch reagieren, indem das Ministerkomitee und der Menschenrechtsbeauftragte tätig werden. Dabei liegt ein kooperatives Vorgehen mit anderen internationalen Organisationen nahe. Die Beauftragte der OSZE für die Freiheit der Medien ist dabei sicherlich eine wesentliche Akteurin. Das Konventionssystem ist auf ein Vorgehen gegen die strukturelle Gefährdung von Meinungs- und Pressefreiheit zwar grundsätzlich vorbereitet, weil die Staatenbeschwerde des Art. 33 EMRK keine Verletzung eigener Rechte erfordert.[20] Die Mitgliedstaaten ziehen aber in der Rechtspraxis das Ausüben politischen Drucks vor. Das seltene Einlegen einer Staatenbeschwerde bedarf eines staatlichen Interesses. Dies ist der Fall, wenn der Staat sich als Sachwalter von Individualinteressen seiner Staatsbürger versteht oder wenn er ein objektives Interesse des Menschenrechtsschutzes vertritt.[21] Staatenbeschwerden wurden letztlich dann erhoben, wenn hinter ihnen politische Konflikte der Vertragsstaaten standen.[22] Gefährdungen der Meinungs- oder Pressefreiheit dürften nur selten taugliche Ansatzpunkte für derartige verbrämte politische Auseinandersetzungen sein. Journalisten oder Presseunternehmen sind Private, die den Schutz ihres Heimatstaates gegen den Sitzstaat deshalb selten erhalten dürften, weil damit immer auch die Inhalte der Berichterstattung in das Blickfeld geraten. Eine Ausnahme könnte die persönliche Gefährdung von Auslandskorrespondenten sein, die allerdings bereits das Presse- oder Rundfunkunternehmen gegenüber dem gefährdenden Staat rügen kann. Im Mittelpunkt des Interesses der EMRK stehen aber individuelle Gefährdungen der Meinungs- und Pressefreiheit, die mittels der Individualbeschwerde des Art. 34 EMRK gerügt werden. Freie Kommunikation in der demokratischen Gesellschaft wird durch jede rechtswidrige Unterdrückung einer freien Meinungsäußerung beeinträchtigt.

---

[18] Süddeutsche Zeitung Nr. 120 vom 25. Mai 2012, S. 15. Der ungarische Staatspräsident hat das Gesetz aus formalen Gründen zunächst nicht verkündet, ein weiterer Beschluss des Parlaments dürfte erforderlich sein.

[19] Presseerklärung vom 25. Mai 2012, http://www.osce.org/fom/90823 (Referenz vom 5. Juni 2012).

[20] *U. Karpenstein/C. Johann*, in: U. Karpenstein/F. C. Mayer (Hrsg.), EMRK, 2012, Art. 33 Rn. 1.

[21] *Grabenwarter/Pabel* (Fn. 2), § 10, Rn. 2.

[22] *Karpenstein/Johann* (Fn. 20), Art. 33 Rn. 2.

2. Individuelle Gefährdungen der Meinungs- und Pressefreiheit in der Rechtsprechung des Bundesverfassungsgerichts

Die Meinungsfreiheit und die Pressefreiheit müssen ständig verteidigt und in ihren Schutzgehalten fortgeschrieben werden. Dies betrifft nicht nur Staaten wie die Türkei, aus der ein Großteil der Straßburger Verfahren zu Art. 10 EMRK stammt. Es betrifft auch Staaten wie die Bundesrepublik Deutschland, wobei es hier oftmals um Feinjustierungen in einem ausdifferenzierten Grundrechtssystem geht. Wenn die Meinungsfreiheit bereits durch Verwaltung und allgemeine Gerichtsbarkeit beachtet und gesichert wird, sind große Paukenschläge der Verfassungsgerichtsbarkeit nur selten notwendig. Dennoch besteht zu Selbstzufriedenheit kein Anlass. Die Rechtsprechung des Bundesverfassungsgerichts veranschaulicht, dass eine andauernde Vergewisserung über das Grundverständnis von Meinungsfreiheit und Pressefreiheit zu den rechtlichen Notwendigkeiten der freiheitlichen Demokratie gehört.

Das Bundesverfassungsgericht vertritt ein freiheitsorientiertes Verständnis der Meinungsfreiheit und der Pressefreiheit des Art. 5 GG, wofür insbesondere die Entscheidung zu der Äußerung „Soldaten sind Mörder" als Beleg dienen kann.[23] Der Wunsiedel-Beschluss hat insoweit eine gewisse Unsicherheit geschaffen, weil das Gutheißen der nationalsozialistischen Gewalt- und Willkürherrschaft im Tatbestand der Volksverhetzung des § 130 Abs. 4 StGB als zulässige Ausnahme vom Verbot des Sonderrechts nach Art. 5 Abs. 2 GG konstruiert wurde.[24] In einer Reihe von Kammerentscheidungen hat das Bundesverfassungsgericht jedoch deutlich gemacht, dass aus dem Wunsiedel-Beschluss keine grundlegende Änderung der Rechtsprechung zur Meinungsfreiheit des Art. 5 Abs. 1 GG folgt. Nach wie vor umfasst die Freiheit der Meinungsäußerung auch, dass grundlegende Wertungen der Verfassung in Frage gestellt werden können.[25] Denn das Grundgesetz erzwingt keine Werteloyalität.[26] Selbst den Holocaust leugnende Äußerungen können im Kontext darüber hinausgehender Meinungsäußerungen vom Schutzbereich der Meinungsfreiheit umschlossen sein.[27] Zu Recht hält das Bundesverfassungsgericht im Kern an einer umfassenden Garantie der Meinungsfreiheit fest, die auch verletzende oder verfassungsfeindliche Äußerungen umfassen kann. Weitere Ausnahmen von der Notwendigkeit eines allgemeinen Gesetzes zur Beschränkung der Meinungsfreiheit sind verfassungsrechtlich nicht zulässig. Eine weitere verfassungsimmanente und zugleich gegenbildlich identitätsstiftende Aussage, die der Ablehnung des nationalsozialistischen Unrechtsregimes gleichstünde, ist dem Grundgesetz nicht zu entnehmen.[28]

---

[23] BVerfGE 93, 266 = NJW 1995, 3303.
[24] BVerfGE 124, 300 = NJW 2010, 47.
[25] BVerfG, 1. K des 1. Senats, NJW 2010, 2193 (2194); AfP 2012, 141.
[26] So auch schon BVerfGE 124, 300 = NJW 2010, 47, Rn. 49.
[27] BVerfG, 1. K des 1. Senats, NJW 2012, 1498 (1499).
[28] Vgl. *M. Hong*, ZaöRV 70 (2010), 73.

Die Pressefreiheit des Art. 5 Abs. 1 S. 2 GG ist Gegenstand der verfassungsgerichtlichen Rechtsprechung zum Beispiel unter den Vorzeichen des Informantenschutzes und des Redaktionsgeheimnisses sowie im Zusammenhang von Abwägungen, die für oder gegen eine Veröffentlichung sprechen.

Das Cicero-Urteil zur Reichweite des Informantenschutzes, das die Durchsuchung von Redaktionsräumen betraf, ist ohne gesetzgeberische Folgen geblieben.[29] Allerdings spielt das Thema selbst immer wieder eine Rolle, wie etwa eine Kammerentscheidung zur Durchsuchung von Geschäftsräumen eines Rundfunksenders zeigt, in der die Verhältnismäßigkeit verneint wurde.[30] Die Einzelfragen des Presserechts werden von der allgemeinen Gerichtsbarkeit behandelt. Einzelne Klärungen des Bundesverfassungsgerichts sind aber gelegentlich doch erforderlich, oftmals auf der Ebene der Kammerentscheidungen. So hat es das Recht der Gegendarstellung dahin präzisiert, dass verdeckte Aussagen in einem Presseartikel nur dann ein Gegendarstellungsrecht auslösen, wenn sie sich dem Leser als unabweisbare Schlussfolgerung aufgedrängt haben.[31]

Grundrechtliche Positionen, die der Pressefreiheit zuwiderlaufen, führen zur Notwendigkeit der Abwägung. Eine wichtige Konstellation der Abwägung, die man auch als Fall der Herstellung praktischer Konkordanz verstehen kann, ist das Austarieren des Verhältnisses der Pressefreiheit zum allgemeinen Persönlichkeitsrecht und dem Schutz der Privatsphäre, die in Art. 8 EMRK gewährleistet sind. In der Folge des ersten Urteils des Europäischen Gerichtshofes zur Berichterstattung über Caroline v. Hannover[32] sind in der Rechtsprechung der Zivilgerichte Anpassungen vorgenommen worden, die auch vom Bundesverfassungsgericht aufgegriffen und fortgeführt werden. Die vorherige Rechtsprechung von Bundesgerichtshof (BGH) und Bundesverfassungsgericht[33] wurde modifiziert.[34] Die Kriterien des Kunsturhebergesetzes, insbesondere die Unterscheidung zwischen absoluten und relativen Personen der Zeitgeschichte, spielen in der Rechtsprechung des BGH insoweit keine Rolle mehr, vielmehr werden differenzierende Abwägungen des allgemeinen Persönlichkeitsrechts mit der Pressefreiheit vorgenommen.[35] Eine vom Bundesverfassungsgericht herausgearbeitete Wertigkeit, die zu berücksichtigen ist, besteht zwischen der Bildberichterstattung und der Wortberichterstattung, da die Veröffentlichung des

---

[29] BVerfGE 117, 244 = NJW 2007, 1117; die in Erwägung gezogene Straflosstellung der Beihilfe zum Geheimnisverrat in § 353b StGB ist bisher nicht verwirklicht.

[30] BVerfG, 1. K des 1. Senats, Beschl.v.10. Dez. 2010, DVBl. 2011, 161; s. auch BVerfGE 107, 299 = NJW 2003, 1787, dazu *D. Kugelmann*, NJW 2003, 1777.

[31] BVerfG, 1. K des 1. Senats, Beschl. v. 19. Dez. 2007, NJW 2008, 1654.

[32] EGMR, 24. Apr. 2004, Nr. 59320/00, *Caroline von Hannover I/Deutschland*, EuGRZ 2004, 404 = NJW 2004, 2647.

[33] BVerfGE 101, 361 = NJW 2000, 1021 – *Caroline von Hannover I*.

[34] *Ch. Teichmann*, NJW 2007, 1917.

[35] BVerfGE 120, 280 = NJW 2008, 1793, Rn. 78 ff. – *Caroline von Hannover II*; dazu *W. Hoffmann-Riem*, NJW 2009, 20.

Bildes einer Person deren Persönlichkeit grundsätzlich stärker berührt als ein Wortbericht.[36]

3. Kategorien individueller Gefährdungslagen in der Rechtsprechung des Gerichtshofes

Ein Blick auf die Rechtsprechung des Gerichtshofes zu Art. 10 EMRK in den letzten Jahren erlaubt ohne Anspruch auf Vollständigkeit eine gewisse Kategorienbildung. Meinungsäußerungen von Journalisten bilden eine überaus wichtige Gruppe. Künstlerische und insbesondere satirische Meinungsäußerungen betreffen ebenfalls die Kritik an herrschenden Verhältnissen und Staatsorganen. Eine eigene Gruppe bilden die Fälle, in denen eine Abwägung des Art. 10 EMRK zu anderen Konventionsrechten erforderlich ist. Darüber hinaus nimmt Art. 10 EMRK eine Art Auffangfunktion wahr, um insbesondere politische Meinungsäußerungen im weitesten Sinne dem Schutz der EMRK zu unterwerfen. Dies betraf bereits den Fall Vogt, in dem sich eine Lehrerin gegen ihre Entfernung aus dem Schuldienst aufgrund ihrer Zugehörigkeit zur DKP wandte.[37] Auch der Fall Heinisch wurde an der Meinungsäußerung der Beschäftigten festgemacht, die Missstände in einer Pflegeeinrichtung öffentlich gemacht hatte und darauf von ihrem Arbeitgeber die Kündigung erhielt.[38]

Im Vordergrund der Rechtsprechung des Gerichtshofes stehen die klassischen Konstellationen, in denen Meinungsfreiheit und Pressefreiheit als Abwehrrechte gegen staatliche Maßnahmen dienen. Der Betroffene erhebt Beschwerde gegen den staatlichen Eingriff. Gegenstand sind vielfach Verurteilungen der Beschwerdeführer durch die Strafgerichte aufgrund von Meinungsäußerungen, wobei es sich bei den Beschwerdeführern in einer Reihe von Fällen um Presseangehörige handelt. Ein österreichischer Journalist wandte sich gegen die Verurteilung wegen übler Nachrede im Zusammenhang mit einem politischen Kommentar.[39] Ein Anwalt ging gegen seine Verurteilung wegen Kritik am Verfassungsgericht der Republik Moldau vor.[40] Die Individualbeschwerde eines Gewerkschaftsführers richtete sich gegen eine Verurteilung durch ungarische Gerichte wegen kritischer Äußerungen zu den Arbeitsbedingungen bei bestimmten Arbeitgebern in Zeitungsinterviews.[41] In Frankreich wurde ein Journalist wegen „öffentlicher Verleumdung eines Amtsträgers" durch einen Bericht über eine gerichtliche Voruntersuchung verurteilt.[42] Ein Schwei-

---

[36] BVerfG, 1. K des 1. Senats, Beschl. v. 25. Jan. 2012, EuGRZ 2012, 241; Beschl. v. 14. Sept. 2010, EuGRZ 2011, 69.

[37] EGMR, 26. Sept. 1993, Nr. 7851/91, *Vogt/Deutschland*, NJW 1996, 375 = EuGRZ 1995, 590.

[38] EGMR, 11. Juli 2011, Nr. 28274/08, *Heinisch/Deutschland*, EuGRZ 2011, 555.

[39] EGMR, 2. Nov. 2006, Nr. 19710/02, *Standard Verlags GmbH und Krawagna-Pfeifer/Österreich*, MR 2007, 23.

[40] EGMR, 20. Apr. 2004, Nr. 60115/00, *Amihalachioaie/Moldau*, RUDH 2004, 426.

[41] EGMR, 20. Jan. 2009, Nr. 12188/06, *Csanics/Ungarn*.

[42] EGMR, 14. Febr. 2008, Nr. 20893/03, *July und Sarl Libération/Frankreich*, NJW 2009, 3145.

zer Journalist ging gegen die strafrechtliche Verurteilung aufgrund der Veröffentlichung vertraulicher Informationen aus einer diplomatischen Quelle vor.[43]

In aus der Türkei stammenden Fällen ist mehrfach die verfassungsrechtlich verankerte säkulare Grundordnung des Staates von Bedeutung. Mit der Trennung von Staat und Religion sind dabei Vorschriften des Strafgesetzbuches vereinbar, die eine Beleidigung Gottes und des Heiligen Buches ebenso unter Strafe stellen wie Straftaten gegen das Andenken Atatürks. Die Meinungsäußerungen beinhalten insoweit eine religiöse oder anti-religiöse Komponente, wodurch die Wertungen der Religionsfreiheit des Art. 9 EMRK mit ins Gewicht fallen. Ein Journalist erhob erfolgreich Beschwerde gegen seine Verurteilung wegen Beschimpfung des Islam, die in dem Verfassen eines kritischen Buches über den Koran bestand.[44] Keinen Erfolg hatte die Beschwerde eines Verlegers, der einen Roman publizierte, in dem Äußerungen enthalten waren, die von türkischen Gerichten als Blasphemie angesehen wurden.[45] Eine Verletzung des Art. 10 EMRK stellte der Gerichtshof in einem Fall fest, in dem der Beschwerdeführer wegen Verunglimpfung Atatürks verurteilt worden war.[46]

Da die EMRK keine ausdrückliche Erwähnung der Kunstfreiheit enthält, fasst der Gerichtshof Ausdrucksformen von Kunst unter die Meinungsäußerung. Künstlerische Ausdrucksformen wie Satire werden von Art. 10 EMRK geschützt. Der Gerichtshof hatte strafrechtliche Verurteilungen in Frankreich wegen Ehrenbeleidigung eines prominenten Politikers in einem Roman zu prüfen.[47] In einem Fall zur Beurteilung einer satirischen Passage in einem Zeitschriftenartikel sprach der Gerichtshof dem Verfasser eine Entschädigung zu.[48] Das Ausstellungsverbot für ein satirisches Gemälde war Gegenstand eines Falles aus Österreich.[49]

Die Medienfreiheit des Art. 10 EMRK umfasst nicht nur die freie Meinungsäußerung der Presseangehörigen, sondern auch den Schutz der Presse und des Rundfunks in ihren spezifischen Tätigkeiten. Die Untersagung des Vertriebs von Kopien einer Fernsehreportage über die Rolle der Schweiz im 2. Weltkrieg durch Schweizer Behörden war Gegenstand einer Beschwerde.[50] Ein wichtiges Element der Medientätigkeit ist der Schutz journalistischer Quellen, der gerade für investigative Recherchen unverzichtbar ist. Dies hat der Gerichtshof in Fällen aus den Niederlanden[51] und aus Belgien hervorgehoben.[52]

---

[43] EGMR, 10. Dez. 2007, Nr. 69698/01, *Stoll/Schweiz*, NJW-RR 2008, 1141.

[44] EGMR, 2. Mai 2006, Nr. 50692/99, *Aydin Tatlav/Türkei*, NVwZ 2007, 314.

[45] EGMR, 13. Sept. 2005, Nr. 42571/98, *I.A./Türkei*, NJW 2006, 3263.

[46] EGMR, 21. Febr. 2006, Nr. 50959/99, *Odabasi und Kocak/Türkei*, NVwZ 2007, 313.

[47] EGMR, 22. Okt. 2007, Nr. 21279/02, 36448/02, *Lindon, Otchakovsky-Laurens und July/ Frankreich*, MR 2007, 419 = NJOZ 2009, 2203.

[48] EGMR, 22. Febr. 2007, Nr. 5266/03, *Nikowitz und Verlagsgruppe News GmbH/Österreich*, MR 2007, 71.

[49] EGMR, 25. Jan. 2007, Nr. 68354/01, *Vereinigung bildender Künstler/Österreich*.

[50] EGMR, 21. Sept. 2006, Nr. 73604/01, *Monnat/Schweiz*, NJW-RR 2007, 1524.

[51] EGMR, 22. Nov. 2007, Nr. 64752/01, *Voskuil/Niederlande*, NJW 2008, 2563.

Die dogmatisch kompliziertesten und im Ergebnis am schwierigsten vorhersehbaren Konstellationen betreffen die Abwägung der Meinungs- und Pressefreiheit mit dem Recht auf Achtung des Privatlebens aus Art. 8 EMRK. Ein Zeitungsverleger erhob Beschwerde, weil in einem Streit über den Schutz von Personen des öffentlichen Lebens in Österreich vor Gerüchten über ihr Privatleben nach Abschluss eines Vergleichs vor dem Zivilgericht das Beschwerderecht entfallen war.[53] Im Fall eines Eingriffes in das Privatleben durch die Verletzung des guten Rufs standen sich Meinungsäußerungsfreiheit und Ehrenschutz gegenüber.[54] Die bekanntesten und von der Großen Kammer entschiedenen Fälle betreffen Veröffentlichungen der Presse in Deutschland über das Privatleben von Caroline von Hannover. Der Gerichtshof hat in seinen Entscheidungen vom 7. Februar 2012 zur Veröffentlichung von Fotos aus dem Privatleben von Prominenten die Meinungsäußerungsfreiheit des Art. 10 EMRK mit dem Schutz der Privatsphäre nach Art. 8 EMRK erneut austariert und Aussagen zu Differenzierungen im Hinblick auf Einschätzungsspielraum und Verhältnismäßigkeit getroffen.[55]

III. Systematisierungen der Rechtsprechung des Gerichtshofes

1. Der Einschätzungsspielraum nach der Erklärung von Brighton

Differenzierungen können an der Prüfung der Verhältnismäßigkeit, den entsprechenden Kriterien der Abwägung und am damit zusammenhängenden Einschätzungsspielraum anknüpfen.[56] Der Einschätzungsspielraum der Mitgliedstaaten (margin of appreciation)[57] bezeichnet die Reichweite der Kontrolldichte der Rechtsprechung des Gerichtshofes und damit zugleich die Möglichkeit der Mitgliedstaaten, eigene Traditionen oder besondere gesellschaftliche und rechtliche Gegebenheiten

---

[52] EGMR, 27. Nov. 2007, Nr. 20477/05, *Tillack/Belgien*, NJW 2008, 2565; Quellenschutz wird hier als Teil der Informationsfreiheit bezeichnet.

[53] EGMR, 4. Juni 2009, Nr. 21277/05, *Standard Verlags GmbH/Österreich (Nr. 2)*, MR 2009, 181 = NJW 2010, 751.

[54] EGMR, 28. Apr. 2009, Nr. 39311/05, *Karakó/Ungarn*, MR 2009, 121.

[55] EGMR, 7. Febr. 2012, *Caroline von Hannover II/Deutschland, Nr. 2*, Nr. 40660/08 und 60641/08, NJW 2012, 1053; 7. Febr. 2012, Nr. 39954/08, *Axel Springer AG/Deutschland*, NJW 2012, 1058; dazu *W. Frenz*, NJW 2012, 1039.

[56] *J. Kühling*, in: S. Heselhaus/C. Nowak (Hrsg.), Handbuch der Europäischen Grundrechte, 2006, § 23, Rn. 54 ff.

[57] Der Begriff des Einschätzungsspielraumes wird hier bevorzugt, weil die Begriffe des Ermessensspielraumes oder des Beurteilungsspielraumes verwaltungsrechtlich konnotiert sind, wodurch gerade in der entscheidenden Frage der Kontrolldichte unzutreffende Assoziationen gezogen werden könnten.

festzuhalten.[58] Das Vereinigte Königreich hat in seiner Kritik an angeblich zu weit in die nationale Rechtsordnung eingreifenden Urteilen des Europäischen Gerichtshofes für Menschenrechte auf eine Stärkung des nationalen Einschätzungsspielraums gedrungen. Im Abschlussdokument der Konferenz von Brighton, die das Vereinigte Königreich während seines Vorsitzes im Ministerkomitee initiiert hat, wird dem Zusammenspiel von Gerichtshof und innerstaatlichen Behörden besonderes Gewicht beigemessen. Die Erklärung von Brighton über die Zukunft des Europäischen Gerichtshofes für Menschenrechte sieht den margin of appreciation als Ausdruck der Subsidiarität des Konventionssystems (Ziff. 11).[59] Die Doktrin des Einschätzungsspielraums und das Prinzip der Subsidiarität, wie sie vom Gerichtshof entwickelt wurden, sollen im Wege der Vertragsänderung in die Präambel der EMRK aufgenommen werden (Ziff. 12 lit. b Brighton Declaration).

Als Teil der Verhältnismäßigkeitsprüfung ist die Untersuchung, ob der Eingriff in einer demokratischen Gesellschaft notwendig ist, zwingend erforderlich. Der insoweit bestehende Einschätzungsspielraum des innerstaatlichen Gerichts oder der innerstaatlichen Behörde ist nicht allein Ausdruck einer subsidiären Prüfungsbefugnis des Gerichtshofes, sondern Anwendung des EMRK-Systems zum Zwecke effektiven Grundrechtsschutzes. Zum einen geht es um die Abgrenzung der Prüfungsbereiche des Gerichtshofes und der innerstaatlichen Gerichte, zum anderen um eine Prüfung der innerstaatlichen Wertungen am Maßstab der EMRK. Eine Verankerung der Doktrin des Einschätzungsspielraumes, wenn sie denn tatsächlich mittels einer Vertragsänderung zustande kommen sollte, ändert daher nichts an der Notwendigkeit, dass der Gerichtshof die gebotene Zurückhaltung gegenüber nationalen Traditionen und Gegebenheiten an den Tag legt. Überschreitungen der Grenze des judicial self-restraint aus Sicht einer Regierung können notwendige Korrekturen im Dienste effektiven Menschenrechtsschutzes aus Sicht des Gerichtshofes sein.

2. Differenzierungen von Verhältnismäßigkeit und Einschätzungsspielraum

Das Konzept des Einschätzungsspielraums ermöglicht eine unterschiedliche Kontrolldichte in unterschiedlichen Konstellationen. Der Kontrolldichte in den Bewertungen des Gerichtshofes entspricht die Strenge seiner Verhältnismäßigkeitsprüfung. Im Grundsatz gilt: Je enger der Einschätzungsspielraum der Mitgliedstaaten, desto strikter die Prüfung der Verhältnismäßigkeit. Diese Differenzierungen können an faktischen Gegebenheiten der Fallkonstellation oder an den betroffenen Schutzgütern ansetzen. Der Gerichtshof scheint beide Ansatzpunkte zu verbinden und ein

---

[58] *E. Brems*, ZaöRV 56 (1996), 240; *J. Calleweart*, GS Ryssdal, 2000, 147; *Ch. Calliess*, EuGRZ 1999, 293; *U. Prepeluh*, ZaöRV 61 (2001), 771.

[59] High Level Conference on the Future of the European Court of Human Rights, Brighton Declaration vom 20. April 2012; auffindbar unter www.coe.int/en/20120419-brighton-declaration (Referenz vom 5. Juni 2012).

in sich bewegliches Kriterienraster anzuwenden, in dem vielfältige Zusammenhänge zwischen den enthaltenen Differenzierungskriterien bestehen.

Bei der Untersuchung des Art. 10 EMRK ist die zu Grunde liegende Konstante die demokratische Funktion der Kommunikationsfreiheit.[60] Je bedeutender der Einfluss von Meinungsäußerungen auf die politische Meinungsbildung in der Gesellschaft ist, desto stärker ist ihr Schutz. Kriterien, die Einfluss auf die Prüfungsmaßstäbe nehmen, sind beispielsweise der Wahrheitsgehalt der Aussage, weil bewusst unwahre Aussagen grundsätzlich keinen Schutz genießen, die Person des Äußernden, weil (Oppositions-) Politiker besonders schützenswert sind, oder auch das Mittel der Kommunikation, weil insbesondere die Massenmedien schützenswert sind.[61] Einen Unterschied macht der Gerichtshof zwischen beweisbaren Tatsachen mit hoher Kontrolldichte und Werturteilen, bei denen den staatlichen Stellen größere Einschätzungsspielräume zustehen.[62]

Die Weite des Einschätzungsspielraums wird auch in das Verhältnis zum Eingriffsziel gesetzt.[63] Der Schutz der Moral kann vom Gerichtshof am wenigsten kontrolliert werden, weil es an einem einheitlichen Standard in den Mitgliedstaaten fehle.[64] Mit ähnlicher Argumentation wird der weite Einschätzungsspielraum bei dem Schutz religiöser Gefühle begründet, der sich zudem zwischen den Regionen und Mitgliedstaaten unterscheiden kann.[65] Die Verletzung intimer persönlicher Vorstellungen über Moral und Religion erlaubt einem Mitgliedstaat Maßnahmen, wobei aber der weite Einschätzungsspielraum überprüfbar ist, zumal es um eine Abwägung zwischen zwei Freiheitsrechten geht.[66] Demgegenüber steht den Mitgliedstaaten bei Maßnahmen zum Schutz der nationalen Sicherheit ein deutlich geringerer Einschätzungsspielraum zu.[67]

Aus der Rechtsprechung lässt sich eine Differenzierung ableiten, die sich auf die im Fall betroffenen Rechtspositionen bezieht. Geht es um die Verteidigung der Meinungs- oder Pressefreiheit gegen einen staatlichen Eingriff, verfügt der Mitgliedstaat über einen engen Einschätzungsspielraum und sieht sich einer strengen Verhältnismäßigkeitsprüfung gegenüber, falls der Eingriff die demokratische Meinungsbil-

---

[60] EGMR, 8. Juli 1986, Nr. 12/1984/84/131, *Lingens/Österreich*, EuGRZ 1986, 424.

[61] *Kühling* (Fn. 56), Rn. 55 ff.

[62] EGMR, 2. Mai 2006, Nr. 50692/99, *Aydin Tatlav/Türkei*, NVwZ 2007, 314, Ziff. 21.

[63] *Grote/Wenzel* (Fn. 4), Rn. 100.

[64] EGMR, 29. Okt. 1992, Nr. 64/1991/316/387–388, *Open Door und Dublin Well Woman/Irland*, EuGRZ 1992, 484 = NJW 1993, 773.

[65] EGMR, 20. Sept. 1994, Nr. 11/1993/406/485, *Otto Preminger Institut/Österreich*, ÖstJZ 1995, 154.

[66] EGMR, 2. Mai 2006, Nr. 50692/99, *Aydin Tatlav/Türkei*, NVwZ 2007, 314, Ziff. 24 ff.; 13. Sept. 2005, Nr. 42571/98, *I.A./Türkei*, NJW 2006, 3263, Ziff. 25 ff.; unter Bezugnahme auf die st.Rspr. z. B. in EGMR, 25. Nov. 1996, Nr. 19/1995/525/611, *Wingrove/Vereinigtes Königreich*, ÖJZ 1997, 714, Ziff. 53, 58; 10. Juli 2003, Nr. 44179/98, *Murphy/Irland*, Ziff. 67, 68.

[67] EGMR, 8. Juli 1999, Nr. 23168/94, *Karatas/Türkei*, Ziff. 48–54.

dung erschwert. Entscheidend für die Bewertung ist das betroffene Schutzgut, das den Eingriff rechtfertigen soll. Sind dagegen zwei in der EMRK verbürgte Menschenrechte in ihrem Schutzbereich betroffen, ist eine Abwägung erforderlich. Da es sich um die Auslegung der Regelungen der EMRK handelt, nimmt der Gerichtshof auch hier eine strenge und intensive Verhältnismäßigkeitsprüfung vor, die er aber weniger an den betroffenen Schutzgütern als an den faktischen Gegebenheiten festmacht.

Dies hat der Gerichtshof im Fall Caroline v. Hannover II für die Abwägung von Art. 8 und 10 EMRK verdeutlicht.[68] Zunächst ist jede betroffene Rechtsposition einzeln zu würdigen, dann sind sie gegeneinander abzuwägen. Der Angriff auf den guten Ruf einer Person durch einen Bericht in den Medien wiegt dann weniger schwer, wenn die Verletzung die vorhersehbare Folge einer Handlung der betroffenen Person ist, etwa weil diese eine Straftat begangen hat, über die berichtet wird.[69] Der Gerichtshof stellt an die Spitze der Interessenabwägung den Bezug der Meinungsäußerung bzw. Medienberichterstattung zur öffentlichen Meinungsbildung. Weitere Kriterien der Abwägung sind der Bekanntheitsgrad des Betroffenen, dessen vorheriges Verhalten, Inhalt sowie Form und Folgen der Veröffentlichung und die Umstände des Erstellens der Fotos. Diese Kriterien prüft der Gerichtshof selbst im Einzelnen.[70] Betont wird, dass die deutschen Gerichte die Rechtsprechung des Gerichtshofes ausdrücklich berücksichtigt haben.[71] Damit ist für die innerstaatlichen Gerichte ein Prüfungsraster entwickelt worden, das bei der Abwägung zwischen der Freiheit der Medien und dem Schutz der Privatsphäre abgearbeitet werden kann. Der Gerichtshof lässt im Fall der Herstellung praktischer Konkordanz also durchaus Beurteilungsspielräume zu, prüft sie aber detailliert nach. Dies dient der Sicherung seiner Herrschaft über die Interpretation der Konventionsrechte und damit auch ihres Verhältnisses zueinander.

IV. Kategorienskepsis des Gerichtshofes und Kategorienbildung zu Art. 10 EMRK

Der Europäische Gerichtshof für Menschenrechte steht eigenen rechtlichen Kategorienbildungen zurückhaltend gegenüber. Grundrechtsdogmatische Kategorien aus den innerstaatlichen Rechtsordnungen könnten verborgene Subtexte transportieren, weil sie im Kontext einer Rechtsordnung stehen, die eine bestimmte Tradition und bestimmte Verständnisse der Rechtsprechung enthält. Die Rechtsprechung, die über die Wahrung der Grundrechte entscheidet, steht in unterschiedlichen Rechtsord-

---

[68] EGMR, 7. Febr. 2012, *Caroline von Hannover II/Deutschland, Nr. 2*, Nr. 40660/08 und 60641/08, NJW 2012, 1053, Ziff. 104 ff.

[69] So in EGMR, 7. Febr. 2012, Nr. 39954/08, *Axel Springer AG/Deutschland*, NJW 2012, 1058, Ziff. 83.

[70] Dies halten Richter *López Guerra* und die vier Richter, die sich seinem Sondervotum angeschlossen haben, für zu weitgehend, vgl. *W. Frenz*, NJW 2012, 1039 (1041).

[71] EGMR, 7. Febr. 2012, *Caroline von Hannover II/Deutschland, Nr. 2*, Nr. 40660/08 und 60641/08, NJW 2012, 1053, Ziff. 125.

nungen in unterschiedlichem Verhältnis zu Exekutive und Legislative.[72] Die Ausgestaltung der Gewaltentrennung in den Demokratien des Europarates ist Gegenstand staatlicher Souveränität. Die Staatsorganisation insgesamt ist von der Stellung und Rolle der jeweiligen innerstaatlichen Grundrechte geprägt. Wenn der Gerichtshof Kategorien der Grundrechtsdogmatik übernimmt, müssen sie einen übergreifenden Charakter tragen. So erhält sich der Gerichtshof die Flexibilität seiner Rechtsprechung. Die Bedeutung des Grundsatzes der Verhältnismäßigkeit verdeutlicht, dass eine Konturierung der Rechtsprechung durch Kategorien und Kriterien durchaus möglich und sinnvoll ist.

Die Rechtsprechung zu Art. 10 EMRK zeigt, dass der Gerichtshof bei der Bewertung innerstaatlicher rechtlicher Kategorien, die im Zusammenhang einzelner Fallkonstellationen eine Rolle spielen, noch sehr viel kritischer ist, als bei der grundrechtsdogmatischen Unterfütterung seiner eigenen Rechtsprechung. Rechtsfiguren des innerstaatlichen einfachen Rechts wie die absolute oder relative Person der Zeitgeschichte können eine umfassende Prüfung nach der EMRK nicht wesentlich beeinflussen. Der Gerichtshof fordert von den innerstaatlichen Gerichten eine sorgfältige Untersuchung des Falles anhand inhaltlicher Kriterien. Die Bekanntheit eines Beschwerdeführers oder sein Verhalten vor einer bestimmten Presseveröffentlichung spielen für Art. 10 EMRK eine größere Rolle als von der innerstaatlichen Rechtsprechung entwickelte Kategorien. Aus der Perspektive des Gerichtshofes kann er dergestalt den Gegebenheiten in den 47 Mitgliedstaaten besser Rechnung tragen. Aus der Perspektive der innerstaatlichen Gerichte wird es für Obergerichte schwerer, eine einheitliche Rechtsprechung zu entwickeln, die für die Untergerichte klare Leitlinien vorgibt.

Zudem erweist sich dergestalt die Rechtsprechung des Europäischen Gerichtshofes für Menschenrechte als schwer vorhersehbar. Ihr können zwar Eckpunkte und Rechtsprechungslinien entnommen werden. Die spezifischen Besonderheiten eines Einzelfalles können aber dazu führen, dass der Gerichtshof bei parallelen dogmatischen Strukturen eine andere Akzentuierung vornimmt. Seine Wertungen berücksichtigen insbesondere bei Verletzungen des Schutzes der Moral auch innerstaatliche Wertvorstellungen, wodurch ähnliche Sachverhalte in unterschiedlichen Staaten zu unterschiedlichen Einschätzungen der Notwendigkeit des Eingriffs in einer demokratischen Gesellschaft führen können.[73]

Die Entscheidungen des Europäischen Gerichtshofes für Menschenrechte haben aber auch Bedeutung für die innerstaatlichen Gesetzgeber bei der menschenrechtskonformen Ausgestaltung der innerstaatlichen Rechtsordnung und bedürfen in besonderem Maße der Akzeptanz. Für die innerstaatlichen Gerichte ist es in dem Bemühen, die EMRK angemessen zu würdigen, notwendig, die Rechtsprechung des Gerichtshofes nicht nur zu kennen, sondern auch einschätzen zu können. Denn

---

[72] Vgl. *A. Weber*, Europäische Verfassungsvergleichung, 2010, Kapitel 12, Rn. 1 ff.
[73] EGMR, 20. Sept. 1994, Nr. 11/1993/406/485, *Otto Preminger Institut/Österreich*, ÖstJZ 1995, 154.

das Konventionssystem ist auf die Erschöpfung einer innerstaatlichen Rechtsprechung angelegt, die den Menschenrechten bereits einen angemessenen Stellenwert zumisst. Dies hat auch Einfluss auf die quantitative Belastung des Gerichtshofes. Deshalb sind die Bemühungen der Wissenschaft, die Rechtsprechung des Gerichtshofes zu konturieren, weiter zu verfolgen. Die vorstehenden Versuche, Fallgruppen zu bilden, verstehen sich insoweit als Beitrag zur Verringerung der Unvorhersehbarkeit – wohl wissend, dass der Gerichtshof immer für eine Überraschung gut ist.

Die Kriterien für eine Differenzierung des Einschätzungsspielraums und der Verhältnismäßigkeit wurden aus der Rechtsprechung des Gerichtshofes gewonnen. Er hat jedoch insoweit keine restlos klaren Kategorien entwickelt. Den entwickelten Kategorien wohnt daher ein Element der Rechtsfortbildung inne. Dreh- und Angelpunkt der dogmatischen Konstruktionen ist die zentrale Rolle der durch Art. 10 EMRK gewährleisteten Freiheiten für die demokratische Gesellschaft. Darauf beruht die Rechtsprechung des Gerichtshofes, die Art. 10 EMRK als Grundlage der freien Kommunikation in der Demokratie konstituiert. Kommt die abwehrrechtliche Dimension zum Tragen, ist der Einschätzungsspielraum des eingreifenden Staates klein und die Verhältnismäßigkeitsprüfung des Gerichtshofes streng. Geht es um positive Verpflichtungen der Staaten im Sinne von Schutzpflichten, verfügen sie über einen weiter gehenden Spielraum, die Kontrolldichte wird zurückgenommen. Wenn Art. 10 EMRK mit einem anderen Menschenrecht, etwa der Religionsfreiheit des Art. 9 EMRK oder insbesondere dem Schutz der Privatsphäre nach Art. 8 EMRK, in Einklang zu bringen ist, verfügt der Mitgliedstaat zwar durchaus über gewisse Einschätzungsspielräume, diese werden aber vom Gerichtshof im Wege einer strikten Verhältnismäßigkeitsprüfung kontrolliert.[74] Dabei sind Fallgruppen und Kategorien zu bilden, um durch eine nachvollziehbare Rechtsprechung Akzeptanz zu erreichen. Die Menschenrechte und Grundfreiheiten in der Auslegung durch den Europäischen Gerichtshof für Menschenrechte können dann auch weiterhin Einfluss auf die Ausgestaltung und Sicherung der demokratischen Grundordnung in den Mitgliedstaaten des Europarates nehmen.

---

[74] Zu gestuften Konzepten auch *Grote/Wenzel* (Fn. 4), Rn. 104 und *Kühling* (Fn. 56), Rn. 54 ff.

Das Streikverbot für Beamte unter dem Anpassungsdruck des Europarechts

Von *Hans-Werner Laubinger*

I. Einführung

„Die Vorstellung, daß der Menschenrechtsschutz durch die MRK weiterreichen könnte, als er durch das deutsche Recht, insbesondere das Grundgesetz, gewährleistet ist, ist früher kaum erwogen worden", konstatierte der Jubilar[1] vor einem Vierteljahrhundert. Mehrere Verfahren, in denen die Bundesrepublik vor dem Europäischen Gerichtshof für Menschenrechte (EGMR) unterlegen war, hätten jedoch gezeigt, dass „der nationale Grundrechtsschutz hinter den MRK-Garantien – jedenfalls in der Auslegung durch die Straßburger Instanzen – zurückbleiben" könne. Das hat sich in den letzten Jahren zunehmend bestätigt. Das Straßburger Gericht ist – so scheint es manchem – in einen „grundrechtlichen Überbietungswettbewerb"[2] mit dem BVerfG eingetreten. In ein paar Jahren könnte der EGMR nun darüber zu entscheiden haben, ob das Streikverbot für Beamte mit der Koalitionsfreiheit des Art. 11 EMRK, wie der EGMR sie versteht, zu vereinbaren ist.

Bis vor wenigen Jahren war es fast einhellige Ansicht von Judikatur und Literatur, das Dienstrecht der Beamten (ebenso das der Richter und Soldaten) müsse vom Staat einseitig durch Gesetze, Rechtsverordnungen und Verwaltungsvorschriften ausgestaltet werden, Beamtentarifverträge und der Beamtenstreik seien unzulässig[3].

---

[1] *E. Klein*, in: Entwicklung der Menschenrechte innerhalb der Staaten des Europarates, hrsg. von der Deutschen Sektion der Internationalen Juristen-Kommission, 1987, 43 (46). Ähnlich *ders.*, Menschenrechte, 1997, 31 f.

[2] *U. Volkmann*, JZ 2011, 835 (842).

[3] Siehe etwa BVerfG, Beschluss vom 11. Juni 1958, BVerfGE 8, 1, 15 (einseitige Bestimmung der Beamtenbezüge), 17 (Beamtenstreik); Beschluss vom 19. Sept. 2007, BVerfGE 119, 247, 264 (Streikverbot), 267 (einseitige Regelungskompetenz des Beamtengesetzgebers); BVerwG, Beschluss vom 19. Sept. 1977, BVerwGE 53, 330; *P. Badura*, in: Th. Maunz/G. Dürig, GG, München, Stand: 24. Lfg./Jan. 2012, Art. 33 Rn. 58 (Stand: 58. Lfg./April 2010); *U. Battis*, in: M. Sachs, GG, 6. Aufl. 2011, Art. 33 Rn. 53 f.; *K. J. Grigoleit*, in: K. Stern/F. Becker (Hrsg.), Grundrechte-Kommentar, 2010 Art. 33 Rn. 75 (einseitige Regelung), 77 (Streikverbot); *M. Jachmann*, in: H. v. Mangoldt/F. Klein/C. Starck (Hrsg.), GG, 6. Aufl. 2010, Art. 33 Rn. 44; *H. D. Jarass*, in: H. D. Jarass/B. Pieroth, GG, 11. Aufl. 2011, Art. 9 Rn. 56; *Ph. Kunig*, in: I. v. Münch/Ph. Kunig, GG, 6. Aufl. 2012, Art. 33 Rn. 63 (S. 2098 f.); *W. G. Leisner*, in H. Sodan (Hrsg.), GG, 2. Aufl. 2011, Art. 33 Rn. 29 f.; *S. U. Pieper*, in: B. Schmidt-Bleibtreu/H. Hofmann/A. Hopfauf (Hrsg.), GG, 12. Aufl. 2011, Art. 33 Rn. 156. Eingehend mit zahlreichen Nachweisen aus älterer Zeit *J. Isensee*, Beamtenstreik,

Neuen Auftrieb erhalten hat die Diskussion kürzlich durch zwei Entscheidungen des EGMR[4]. In *Demir und Baykara/Türkei* (Nr. 34503/97) entschied die Große Kammer durch Urteil vom 12. November. 2008[5], Art. 11 EMRK verpflichte den Staat als Arbeitgeber ohne Rücksicht darauf, ob seine Beziehungen zu den Bediensteten dem öffentlichen oder dem Privatrecht zuzuordnen sind. Das Recht, Kollektivverhandlungen mit einem Arbeitgeber zu führen, sei inzwischen ein wesentlicher Bestandteil der in Art. 11 EMRK gewährleisteten Vereinigungsfreiheit geworden und gelte grundsätzlich auch für die Angehörigen des öffentlichen Dienstes[6]. Noch einen Schritt darüber hinaus ging die III. Sektion des EGMR in ihrem Urteil vom 21. April 2009 in *Enerji Yapi-Yol Sen/Türkei* (Nr. 68959/01)[7]. In ihm leitete das Gericht aus Art. 11 EMRK auch das Streikrecht ab. Ein Streikverbot greife in von Art. 11 EMRK garantierte Rechte ein und bedürfe der Rechtfertigung nach Art. 11 Abs. 2 EMRK. Dies gelte grundsätzlich auch für die öffentlichen Bediensteten. Es könne allerdings mit der Gewerkschaftsfreiheit vereinbar sein, Streiks von Angehörigen des öffentlichen Dienstes zu verbieten, die im Namen des Staates Hoheitsgewalt ausüben.

Diese beiden zu türkischen Fällen ergangenen Entscheidungen haben die rechtsdogmatische und rechtspolitische Diskussion in Deutschland neu beflügelt. Der DGB und seine Mitgliedsgewerkschaft feiern die beiden Judikate als Meilensteine auf dem Weg zum Streikrecht für Beamte[8]. In der wissenschaftlichen Literatur mehren sich die Stimmen, die auf unterschiedlichen Wegen Konsequenzen aus den bei-

---

1971; *P. J. Tettinger*, ZBR 1981, 357; *H.-W. Laubinger*, Beamtenorganisationen und Gesetzgebung, Maschinenschrift 1974, 195–202. Ich habe die Arbeit 2004 eingescannt. Sie kann unter http://www.jura.uni-mainz.de/Dateien/Laubinger_Beamtenorganisationen_und_Gesetzgebung.pdf kostenlos heruntergeladen werden. Die hier angegebenen Seitenzahlen beziehen sich stets auf die eingescannte Fassung.

[4] Zu den beiden Entscheidungen u. a. *J. F. Lindner*, DÖV 2011, 305; *K. Lörcher*, AuR 2009, 229; *M. Niedobitek*, ZBR 2010, 361; *C. Schubert*, AöR 137 (2012), 92; *A. Seifert*, KritV 2009, 357; *N. Weiß*, EuZA 2010, 457.

[5] Auszugsweise Übersetzung von *J. Meyer-Ladewig* und *H. Petzold* in NZA 2010, 1425.

[6] *Demir und Baykara*, Rn. 154: „Consequently, the Court considers that, having regard to the developments in labour law, both international and national, and to the practice of Contracting States in such matters, the right to bargain collectively with the employer has, in principle, become one of the essential elements of the ‚right to form and to join trade unions for the protection of [one's] interests' set forth in Article 11 of the Convention, it being understood that States remain free to organise their system so as, if appropriate, to grant special status to representative trade unions. Like other workers, civil servants, except in very specific cases, should enjoy such rights, but without prejudice to the effects of any ‚lawful restrictions' that may have to be imposed on ‚members of the administration of the State' within the meaning of Article 11 § 2 – a category to which the applicants in the present case do not, however, belong (…)."

[7] Auszugsweise Übersetzung von *J. Meyer-Ladewig* und *H. Petzold* in NZA 2010, 1423.

[8] Siehe etwa *I. Schaad/K. Löber*, GEW-Arbeitsbereich Angestellten- und Beamtenpolitik, Aktuelles aus der Rechtsprechung: „Die beiden Urteile des EGMR lassen darauf hoffen, dass sich auch in der Bundesrepublik eine Wende in der Frage nach der Rechtmäßigkeit von Beamtenstreiks vollziehen kann" (http://www.gew.de/Binaries/Binary52566/09_08_19_Infoblatt_EGMR.pdf).

den Entscheidungen für das deutsche Beamtenrecht ziehen wollen. Die Gerichte haben bis dato (Juli 2012) unterschiedlich auf die Entscheidungen reagiert.

Am weitesten ist das VG Kassel in seinem Urteil vom 27. Juli 2011[9] gegangen, das die gegen eine Lehrerin wegen der Teilnahme an einem Streik verfügte Missbilligung aufhob mit der Begründung, die Klägerin habe nicht gegen die ihr obliegenden Beamtenpflichten verstoßen, weil sie durch die Streikteilnahme ihr grundgesetzlich garantiertes (Art. 9 Abs. 3 GG) Streikrecht wahrgenommen habe, das nach Ansicht der Kammer entgegen der höchstrichterlichen Rechtsprechung auch Beamten zustehen könne, es sei denn, sie seien hoheitlich tätig. Die Teilnahme an dem rechtmäßigen Streik stelle einen Rechtfertigungsgrund dar, sodass die Klägerin nicht rechtswidrig gehandelt habe.

Vorsichtiger verfuhr das VG Düsseldorf in seinem Urteil vom 15. Dezember 2010[10]. Wegen Teilnahme an einem dreitägigen Warnstreik war gegen eine beamtete Lehrerin per Disziplinarverfügung eine Geldbuße von 1500 € verhängt worden. Das Gericht hob diese auf mit der Begründung, auch nach der neuen Rechtsprechung des EGMR bleibe es dabei, dass in Deutschland Beamte nicht streiken dürfen. Täten sie dies gleichwohl, begingen sie ein Dienstvergehen, das die Einleitung eines Disziplinarverfahrens nach sich ziehe. Die Verhängung einer Disziplinarmaßnahme wegen der Streikteilnahme sei jedoch unzulässig, wenn der Beamte nicht zu dem in Art. 11 Abs. 2 Satz 2 EMRK beschriebenen Kernbereich hoheitlicher Staatsverwaltung gehöre. In derartigen Fällen sei das Disziplinarverfahren vielmehr einzustellen, da nur so der EMRK Rechnung getragen werden könne.

Inzwischen hat das OVG NRW mit einem eingehend begründeten Urteil vom 7. März 2012[11] die Entscheidung des VG Düsseldorf kassiert. Das Berufungsgericht stellt einleitend fest, die Klägerin habe durch ihr Fernbleiben vom Dienst, der zu Unterrichtsausfall führte, vorsätzlich gegen ihre Dienstpflichten verstoßen. Ihr Fernbleiben vom Dienst sei weder verfassungs- noch völker- und europarechtlich gerechtfertigt gewesen. Weder aus der EMRK noch aus den Entscheidungen des EGMR ergebe sich ein Streikrecht für deutsche Beamte. Aber selbst wenn man davon ausginge, dass die EMRK ein Streikrecht auch für deutsche Beamte oder zumindest für diejenigen, die nicht hoheitsrechtliche Funktionen wahrnehmen, verbürge, werde dadurch das in Art. 33 Abs. 5 GG verfassungsrechtlich verankerte Streikverbot für deutsche Beamte nicht in Frage gestellt. Auch aus den IAO-Übereinkommen 87, 98 und 151 sowie dem unmittelbar geltenden EU-Recht lasse sich für deutsche Beamte ein Streikrecht nicht herleiten.

Schon vor dem OVG NRW hatte das VG Osnabrück[12] sich für das Festhalten am Streikverbot für alle Beamten ausgesprochen. Auch in den ihm vorliegenden Fällen war gegen Lehrer

---

[9] ZBR 2011, 386 Zustimmend *P. Gooren*, ZBR 2011, 400 (405); *R. Buschmann*, AuR 2012, 38. Ablehnend *C. Bitsch*, ZTR 2012, 78.

[10] ZBR 2011, 177. Zustimmend *K. Löber*, AuR 2011, 76, mit der Ankündigung, die GEW werde bis zu einer abschließenden Klärung „den Instanzenzug – notfalls bis zum EGMR – beschreiten". Vgl. ferner *J. Kutzki*, DÖD 2011, 169; *M. Schlachter*, RdA 2011, 341.

[11] ZBR 2012, 170. Zustimmend *A. W. Sonntag/C. Hoffman*, RiA 2012, 137; *T. Hebeler*, ZBR 2012, 325. Kritisch *M. Sachs*, NWVBl. 2012, 317.

[12] Urteile vom 19. Aug. 2010, ZBR 2011, 389 bzw. AuR 2011, 375. Kritisch *J. M. Hoffmann*, NdsVBl. 2012, 151. Vgl. ferner die ausgewogene Entscheidungsentsprechung von *H. Wißmann*, Zeitschrift für das Juristische Studium (ZJS) 2011, 395. Nach Abschluss des Manuskripts hat das NdsOVG durch zwei Urteile vom 12. Juni 2012 (NdsVBl. 2012, 266 bzw. AuR 2012, 329) die Berufung der Kläger zurückgewiesen mit der Begründung, beamtete Lehrer genössen nach wie vor kein Streikrecht. Ob das Streikverbot mit Art. 11 EMRK vereinbar ist, hat das OVG offengelassen. Eine völkerrechtskonforme Auslegung des dem

wegen Teilnahme an einer gewerkschaftlichen Protestveranstaltung während der Unterrichtszeit eine Geldbuße in Höhe von 100 € verhängt worden. Ihre dagegen gerichteten Anfechtungsklagen wurden vom VG als unbegründet abgewiesen. Zwar spreche vieles dafür, dass das absolute Streikverbot für Beamte in Deutschland dem Art. 11 EMRK widerspreche. Diese Einschätzung führe jedoch nicht dazu, dass das dogmatisch ausdifferenzierte deutsche Berufsbeamtentum automatisch verändert werde. Denn für eine solche Anpassung sei das BVerfG als maßgeblicher Interpret des Grundgesetzes oder der verfassungsändernde Gesetzgeber zuständig.

Es ist davon auszugehen, dass diese Probleme die Gerichte und die Literatur und vielleicht auch den Gesetzgeber in den nächsten Jahren weiter beschäftigen werden. Dazu soll hier ein bescheidener Beitrag geleistet werden.

II. Die Rechtsprechung des EGMR zur Koalitionsfreiheit

Art. 11 Abs. 1 EMRK, der die Grundlage der beiden EGMR-Judikate bildet, gewährleistet jedermann das Recht, zum Schutze seiner Interessen Gewerkschaften[13] zu gründen und Gewerkschaften beizutreten[14]. Von Tarifautonomie und Streikrecht ist weder hier noch in irgendeiner anderen Bestimmung der Konvention die Rede.

1. Die Entwicklung der Rechtsprechung des EGMR

Bei der Interpretation jener Vorschrift hat der EGMR zunächst lange Zeit Zurückhaltung geübt. In seinem Urteil vom 27. Oktober 1975[15] führte er aus, Art. 11 Abs. 1 EMRK gewährleiste den Gewerkschaften zwar ein Recht darauf, gehört zu werden, aber kein Recht auf Konsultationen[16]. In *Schmidt und Dahlgrün/Schweden*[17] heißt es,

---

Streikrecht entgegenstehenden Verfassungsrechts (Art. 33 Abs. 4 und 5 GG) sei ihm nicht möglich. Das Streikverbot sei ein tragender Verfassungsgrundsatz, zu dessen Änderung es einer Verfassungsänderung oder zumindest einer Änderung der Rechtsprechung des Bundesverfassungsgerichts bedürfe (Rn. 66).

[13] Gewerkschaften im Sinne des Art. 11 EMRK sind privatrechtlich organisierte, vom Staat unabhängige Zusammenschlüsse abhängig Beschäftigter (Arbeitnehmer) zur Vertretung ihrer Interessen aus dem Beschäftigungsverhältnis; vgl. *J. A. Frowein*, in: J. A. Frowein/W. Peukert, EMRK, 3. Aufl. 2009, Art. 11 Rn. 13; *J. Meyer-Ladewig*, EMRK, 3. Aufl., 2011, Art. 11 Rn. 18.

[14] Art. 11 EMRK verpflichtet den Staat zur Gewährleistung der Koalitionsfreiheit sowohl in seiner Eigenschaft als Träger hoheitlicher Gewalt als auch in seiner Eigenschaft als Arbeitgeber und Dienstherr, und zwar ohne Rücksicht darauf, ob das Beschäftigungsverhältnis zivil- oder öffentlich-rechtlicher Natur ist: EGMR, Urteil vom 6. Febr. 1976, Nr. 5589/72, *Schmidt und Dahlström/Schweden*, Rn. 33. Ebenso das Urteil vom selben Tage Nr. 5614/72, *Schwedische Lokführergewerkschaft/Schweden*, Rn. 37.

[15] *Nationale Gewerkschaft der Belgischen Polizei/Belgien*, Nr. 4464/70, Rn. 38–40.

[16] „La Cour relève que l'article 11 par. 1 (art. 11–1) présente la liberté syndicale comme une forme ou un aspect particulier de la liberté d'association; il ne garantit pas aux syndicats, ni à leurs membres, un traitement précis de la part de l'État et notamment le droit d'être

der Staat müsse es zwar den Gewerkschaften gestatten und ermöglichen, die Interessen ihrer Mitglieder zu vertreten, doch bleibe es den Staaten überlassen, welche Mittel sie den Gewerkschaften dafür zur Verfügung stellen. Die Einräumung des Streikrechts sei zweifellos eines der wichtigsten dieser Mittel, aber es gebe auch andere[18]. In der am selben Tage entschiedenen Sache *Schwedische Lokführergewerkschaft/Schweden*[19] erklärte der Gerichtshof, die Vorschrift garantiere den Gewerkschaften nicht das Recht auf Abschluss von Kollektivvereinbarungen[20]. 2002 bekräftigte der EGMR[21] seinen Standpunkt nochmals und erklärte, Art. 11 Abs. 1 EMRK garantiere den Gewerkschaften nicht bestimmte Handlungsformen, sondern überlasse den einzelnen Mitgliedstaaten die Festlegung der Mittel, die den Gewerkschaften zur Verfügung stehen, um sich Gehör zu verschaffen. Kollektivverhandlungen könnten zwar ein wirksames Mittel sein, sie seien aber nicht unverzichtbar[22]. Das bestä-

---

consultés par lui. ... De l'avis de la Cour, il s'ensuit qu'en vue de la défense de leurs intérêts les membres d'un syndicat ont droit à ce qu'il soit entendu. Assurément, l'article 11 par. 1 (art. 11–1) laisse à chaque État le choix des moyens à employer à cette fin; la consultation en constitue un, mais il y en a d'autres."

[17] Urteil vom 6. Febr. 1976 (Fn. 14).

[18] Rn. 36: „The Court recalls that the Convention safeguards freedom to protect the occupational interests of trade union members by trade union action, the conduct and development of which the Contracting States must both permit and make possible (National Union of Belgian Police judgment, 27 October 1975, Series A no. 19, p. 18, para. 39). Article 11 para. 1 (art. 11–1) nevertheless leaves each State a free choice of the means to be used towards this end. The grant of a right to strike represents without any doubt one of the most important of these means, but there are others." Kritisch dazu *Th. Marauhn*, RabelsZ 63 (1999), 537 (547): Der völlige Ausschluss des Streikrechts „dürfte danach nicht mehr mit Art. 11 EMRK vereinbar sein". Ebenso *Frowein* (Fn. 13), Art. 11 Rn. 18. Ähnlich auch *J. Bröhmer*, in: R. Grote/ Th. Marauhn (Hrsg.), EMRK/GG – Konkordanzkommentar, 2006, S. 1057 f. (Kap. 19 Rn. 102).

[19] EGMR, Urteil vom 6. Febr. 1976 (Fn. 14), Rn. 39. Zur Beteiligung der Beamtenkoalitionen in Schweden *Laubinger* (Fn. 3), 554 ff.

[20] „The Court notes in this connection that while Article 11 para. 1 (art. 11–1) presents trade union freedom as one form or a special aspect of freedom of association, the Article (art. 11) does not secure any particular treatment of trade unions, or their members, by the State, such as the right that the State should conclude any given collective agreement with them. Not only is this latter right not mentioned in Article 11 para. 1 (art. 11–1), but neither can it be said that all the Contracting States incorporate it in their national law or practice, or that it is indispensable for the effective enjoyment of trade union freedom. It is thus not an element necessarily inherent in a right guaranteed by the Convention."

[21] EGMR, Urteil vom 2. Juli 2002, Nr. 30668/96 u. a., *Wilson, National Union of Journalists u. a./UK*, Rn. 42 ff.

[22] „A trade union must thus be free to strive for the protection of its members' interests, and the individual members have a right, in order to protect their interests, that the trade union should be heard (...). Article 11 does not, however, secure any particular treatment of trade unions or their members and leaves each State a free choice of the means to be used to secure the right to be heard (...)." ... „... although collective bargaining may be one of the ways by which trade unions may be enabled to protect their members' interests, it is not indispensable for the effective enjoyment of trade union freedom."

tigte der Gerichtshof nochmals im Jahre 2006 in *Tüm Haber Sen/Türkei*[23], in dem eine türkische Gewerkschaft öffentlicher Bediensteter gegen ihre Auflösung klagte; diese war damit begründet worden, dass die Gewerkschaft das Recht auf Kollektivverhandlungen und Streik für sich in Anspruch genommen hatte, was das türkische Recht untersagte.

2. Die Änderung der Rechtsprechung durch Demir und Baykara und Enerji Yapi-Yol Sen

Mit dieser ständigen Rechtsprechung bricht *Demir und Baykara* radikal, indem das Gericht behauptet, das Recht, Tarifverhandlungen[24] mit dem – privaten oder öffentlichen – Arbeitgeber zu führen, sei ein wesentliches Element der Koalitionsfreiheit. Begründet wird dieser Meinungsumschwung mit der Entwicklung der Normsetzung und Staatenpraxis, und zwar unter Hinweis auf die Übereinkommen (ÜE) 87, 98 und 151 der Internationalen Arbeitsorganisation (IAO, engl. International Labour Organisation, ILO)[25], die Europäische Sozialcharta (ESC), die Europäische Grundrechtecharta (GRCh) sowie auf die Spruchpraxis der Kontrollausschüsse der IAO und des Europäischen Ausschusses für soziale Rechte des Europarats. Außerdem sei das Recht der Angehörigen des öffentlichen Dienstes, Kollektivverhandlungen mit der Verwaltung zu führen, in der großen Mehrheit der europäischen Staaten anerkannt, wobei allerdings verschiedene Ausnahmen vorgesehen seien. Insbesondere sei das Recht der Angehörigen örtlicher Verwaltungen, die keine Staatsgewalt im eigentlichen Sinne ausüben, Kollektivverhandlungen über Besoldung und Arbeitsbedingungen zu führen, in der Mehrheit der Konventionsstaaten anerkannt. Auf diese Weise gelangte der EGMR „unter Berücksichtigung der Fortentwicklung des internationalen und staatlichen Arbeitsrechts und der Praxis der Konventionsstaaten" zu der Auffassung, das Recht, Kollektivverhandlungen mit dem Arbeitgeber zu führen, sei grundsätzlich ein wesentliches Element des von Art. 11 EMRK garantierten Rechts geworden[26]. Vom EGMR für unvereinbar mit Art. 11 EMRK erklärt wurden die staat-

---

[23] EGMR, Urteil vom 21. Febr. 2006, Nr. 28602/95, Rn. 28: „A trade union must thus be free to strive for the protection of its members' interests, and the individual members have a right, in order to protect their interests, that the trade union should be heard (…). Article 11 does not, however, secure any particular treatment of trade unions or their members and leaves each State a free choice of the means to be used to secure the right to be heard (…)."

[24] So Rn. 154 in der deutschen Übersetzung (Fn. 5). Die englische Fassung spricht von „right to bargain collectively". Ob die – an sich sehr verdienstvolle – deutsche Übersetzung in diesem Punkt zutrifft, ist zweifelhaft. Siehe weiter unten III. 3. a).

[25] Einen guten Überblick über Organisation und Arbeitsweise der IAO in Hinblick auf das deutsche Beamtenrecht gibt *K. Ganser-Hillgruber*, ZBR 1998, 15. Dazu ferner *Laubinger* (Fn. 3), 215 ff.

[26] In seiner *Separate Opinion* zu der Entscheidung weist der Richter *Zagrebelsky* zu Recht darauf hin, seit den soeben genannten früheren Entscheidungen, mit denen das Gericht nunmehr bricht, habe sich mit einer Ausnahme nichts Wesentliches geändert. „In reality, the new and recent fact that may be regarded as indicating an evolution internationally appears to be only the proclamation (in 2000) of the European Union's Charter of Fundamental Rights." Das

lichen Maßnahmen, die den von der beschwerdeführenden Gewerkschaft mit dem Rat einer Stadt abgeschlossenen Kollektivvertrag für nichtig erklärt hatten[27].

Es ist jedoch zweifelhaft, ob das Gericht den Gewerkschaften darüber hinaus einen Anspruch darauf zuerkennen wollte, dass der Staat in seiner Eigenschaft als Arbeitgeber in Kollektivverhandlungen eintritt. Hiergegen spricht die (nicht ins Deutsche übersetzte) Bemerkung an späterer Stelle, der Gegenstand der Beschwerde, über die in *Demir und Baykara* zu entscheiden war, erstrecke sich nicht auf die Tatsache, dass die neue türkische Gesetzgebung den Behörden nicht die Verpflichtung auferlege, mit den Gewerkschaften der öffentlichen Bediensteten in Kollektivverhandlungen einzutreten[28]. Die Entscheidung garantiert also wohl lediglich das Recht der Gewerkschaften, *unbehelligt durch den Staat Kollektivverhandlungen zu führen* (und wohl auch, Kollektivvereinbarungen abzuschließen), aber keinen Anspruch darauf, dass sich die (privaten oder öffentlichen) Arbeitgeber darauf einlassen; insofern erscheint der üblicherweise verwendete Ausdruck „Recht auf Kollektivverhandlungen", der auch im Folgenden benutzt wird, vielleicht missverständlich.

In ihrer (nicht ins Deutsche übersetzten) Concurring Opinion zu *Demir und Baykara* machten sich die Richter *Spielmann, Bratza, Casadevall* und *Villiger* Gedanken darüber, was die Anerkennung des Rechts auf Kollektivverhandlungen bedeuten könnte. Es sei – so führen sie unter 5. aus – irrig anzunehmen, dass Kollektivverhandlungen im öffentlichen Dienst nur ein einziges Ergebnis haben könnten, nämlich Kollektivvereinbarungen. Es dürfe nicht vergessen werden, dass die Rechtsverhältnisse der öffentlichen Bediensteten in vielen Rechtsordnungen durch Gesetze und Verordnungen geregelt seien, die durch individuelle Vereinbarungen nicht abgeändert werden könnten. Die Anerkennung einer unbegrenzten Vertragsfreiheit durch eine entsprechende Auslegung des Art. 11 EMRK würde drastische Auswirkungen auf das öffentliche Dienstrecht vieler Staaten zur Folge haben.

An späterer Stelle (unter 8.) fügen die vier Richter hinzu, obgleich das Recht auf Kollektivverhandlungen nicht länger in Frage gestellt werden könne, müssten für den öffentlichen Dienst gewisse Ausnahmen oder Grenzen möglich sein, vorausgesetzt allerdings, dass die Mitwirkung der Bedienstetenvertretung bei der Ausarbeitung der anzuwendenden Dienstbedingungen oder Regelungen gewährleistet bleibe.

Und schließlich (unter 9.) meinen sie abschließend, das grundlegende Problem sei, was mit *collective bargaining* gemeint ist. Das Recht der öffentlichen Bediensteten (*public officials*), sich Gehör zu verschaffen, umfasse das Recht auf einen sozialen Dialog mit ihrem Dienstherrn, nicht aber notwendigerweise auch das Recht, Kollektivvereinbarungen abzuschließen, oder die

---

Gericht hat in Wirklichkeit nicht auf Änderungen reagiert, sondern schlicht seine frühere Ansicht geändert.

[27] Rn. 169: „The Court thus finds that the impugned interference, namely the annulment ex tunc of the collective agreement entered into by the applicants' union following collective bargaining with the authority was not ‚necessary in a democratic society', within the meaning of Article 11 § 2 of the Convention."

[28] Rn. 158: „...the Court points out that the object of the present application does not extend to the fact that the new Turkish legislation fails to impose on the authorities an obligation to enter into collective agreements with civil servants' trade unions, or to the fact that those unions do not have the right to strike in the event that their collective bargaining should prove unsuccessful."

Verpflichtung der Staaten, die Existenz solcher Vereinbarungen zu ermöglichen. Den Staaten müsse deshalb eine gewissen Wahlfreiheit in diesen Angelegenheiten (*a certain freedom of choice in such matters*) erhalten bleiben.

Diese Bemerkungen geben Anlass zu der Überlegung, ob es den Anforderungen von *Demir und Baykara* möglicherweise genügen würde, wenn das in § 118 BBG, § 53 BeamtStG nur spärlich geregelte Beteiligungsverfahren weiter ausgebaut würde, was in der Literatur schon des Öfteren vorgeschlagen worden ist[29].

So wortreich (und oft redundant) die Begründung des EGMR in *Demir und Baykara* ist, so karg begründet *Enerji Yapi-Yol Sen* das Streikrecht: Der Streik gestatte es einer Gewerkschaft, sich Gehör zu verschaffen, und stelle ein wichtiges Mittel für die Mitglieder einer Gewerkschaft dar, ihre Interessen zu schützen. Es sei von den Kontrollorganen der IAO als untrennbarer Teil der von dem IAO-Übereinkommen 87 geschützten Koalitionsfreiheit (droit d'association syndicale) anerkannt worden. Auch die Europäische Sozialcharta anerkenne das Streikrecht als ein Mittel, die wirksame Wahrnehmung des Rechts auf Kollektivverhandlungen zu sichern[30].

Andererseits betont das Gericht (Rn. 32 f.), das Streikrecht sei nicht absolut. Es könne von Voraussetzungen abhängig gemacht und beschränkt werden. So sei es mit der Koalitionsfreiheit vereinbar, Streiks solcher öffentlicher Bediensteter zu verbieten, die Hoheitsgewalt im Namen des Staates ausüben. Das Streikverbot könne über bestimmte Kategorien von Beamten, aber nicht über die Beamtenschaft im Allgemeinen oder über die Angestellten der staatlichen Wirtschafts- und Industrieunternehmen verhängt werden[31].

---

[29] U.a. von *U. Battis/H.-D. Schlenga*, PersR 1995, 50; *E. Benda/D. C. Umbach*, Der beamtenrechtliche Beteiligungsanspruch, 1995; *L. M. Büchner*, ZTR 1993, 142 und 185; *H. Plander*, Die beamtenrechtliche Vereinbarungsautonomie, 1991; *ders.*, PersR 1992, 81; *T. von Roetteken*, PersR 1997, 521; *D. Wunder*, PersR 1992, 90. Zur Beteiligung der Beamtenorganisationen bei der Ausgestaltung des Beamtenrechts bis Anfang der 1970er Jahre umfassend *Laubinger* (Fn. 3). Siehe ferner unten IV. 1.

[30] Rn. 24: „La grève, qui permet à un syndicat de faire entendre sa voix, constitue un aspect important pour les membres d'un syndicat dans la protection de leurs intérêts (Schmidt et Dahlström, précité, § 36). La Cour note également que le droit de grève est reconnu par les organes de contrôle de l'Organisation internationale du travail (OIT) comme le corollaire indissociable du droit d'association syndicale protégé par la Convention C87 de l'OIT sur la liberté syndicale et la protection du droit syndical (pour la prise en compte par la Cour des éléments de droit international autres que la Convention, voir Demir et Baykara, précité). Elle rappelle que la Charte sociale européenne reconnaît aussi le droit de grève comme un moyen d'assurer l'exercice effectif du droit de négociation collective."

[31] Rn. 32: „Ainsi, le principe de la liberté syndicale peut être compatible avec l'interdiction du droit de grève des fonctionnaires exerçant des fonctions d'autorité au nom de l'Etat. Toutefois, si l'interdiction du droit de grève peut concerner certaines catégories de fonctionnaires (voir, mutatis mutandis, Pellegrin c. France [GC], no 28541/95, §§ 64–67, CEDH 1999-VIII), elle ne peut pas s'étendre aux fonctionnaires en général, comme en l'espèce, ou aux travailleurs publics des entreprises commerciales ou industrielles de l'Etat."

III. Die Begründung des EGMR für seine Meinungsänderung

Das Gericht enthält sich weitestgehend einer eigenständigen Begründung seines Meinungsumschwungs, sondern beruft sich im Wesentlichen auf drei IAO-Übereinkommen, die Europäische Sozialcharta, die Europäische Grundrechtecharta sowie auf die Spruchpraxis der Kontrollausschüsse der IAO und die des Europäischen Ausschusses für soziale Rechte (ECSR). Außerdem sei das Recht der Angehörigen des öffentlichen Dienstes, Kollektivverhandlungen mit der Verwaltung zu führen, in der großen Mehrheit der europäischen Staaten anerkannt. Der Gerichtshof rechtfertigt diese Vorgehensweise damit, es müsse bei der Interpretation der EMRK auch alle Regeln und Grundsätze des Völkerrechts berücksichtigen, die zwischen den Vertragsstaaten gelten[32]. Die folgende Darstellung überprüft die Tragfähigkeit des Fundaments, auf dem *Demir und Baykara* und *Enerji Yapi-Yol Sen* aufbauen, und gibt Hinweise darauf, wohin sich die Rechtsprechung des EGMR entwickeln könnte, wenn er sich auch künftig der Spruchpraxis der IAO-Kontrollgremien und des ECSR anschließen sollte.

1. Übereinkommen der Internationalen Arbeitsorganisation (IAO)

Der EGMR beruft sich auf die ÜE 87, 98 und 151 sowie auf die dazu gefassten Beschlüsse zweier Ausschüsse der IAO.

a) Die Übereinkommen 87, 98 und 151

aa) Durch Art. 11 ÜE 87[33] haben sich die IAO-Mitglieder, die – wie die Bundesrepublik – das Abkommen ratifiziert haben, verpflichtet, alle erforderlichen und geeigneten Maßnahmen zu treffen, um den Arbeitnehmern und den Arbeitgebern die freie Ausübung des Vereinigungsrechtes zu gewährleisten[34]. Regeln darüber, welcher Mittel sich die Gewerkschaften bedienen dürfen, enthält der Wortlaut des Übereinkommens nicht. Erwähnt wird weder das Recht zu Kollektivverhandlungen noch das Streikrecht. Gemäß Art. 9 Abs. 1 bestimmt die innerstaatliche Gesetzgebung, inwieweit die in dem Übereinkommen vorgesehenen Rechte auf das Heer und die Polizei Anwendung finden. Ob daraus zu schließen ist, dass diejenigen Angehörigen des öffentlichen Dienstes, die nicht zu diesen beiden Gruppen zählen, unter den Anwendungsbereich des Übereinkommens fallen, ist streitig[35].

---

[32] *Demir und Baykara*, Rn. 67.

[33] Übereinkommen Nr. 87 über die Vereinigungsfreiheit und den Schutz des Vereinigungsrechts, am 9. Juli 1956 von der Allgemeinen Konferenz der IAO beschlossen.

[34] Die maßgebliche englische Fassung lautet: „Each Member of the ILO for which this Convention is in force undertakes to take all necessary and appropriate measures to ensure that workers and employers may exercise freely the right to organise."

[35] *Ganser-Hillgruber*, ZBR 1998, 15 (20); *Laubinger* (Fn. 3), 216 f., jeweils m.w.N.

bb) Art. 4 ÜE 98[36] verpflichtet die Vertragsstaaten, erforderlichenfalls den Landesverhältnissen entsprechende Maßnahmen zu treffen, „um im weitesten Umfange Entwicklung und Anwendung von Verfahren zu fördern, durch die Arbeitgeber oder Organisationen von Arbeitgebern einerseits und Organisationen von Arbeitnehmern andererseits freiwillig über den Abschluss von Gesamtarbeitsverträgen zur Regelung der Lohn- und Arbeitsbedingungen verhandeln können". Gemäß Art. 6 lässt das Übereinkommen jedoch die Stellung der öffentlichen Bediensteten (*public servants, fonctionnaires publics*) unberührt. In einer Denkschrift zur Ratifikationsmitteilung des ÜE 135 an den Generaldirektor des IAO hat die Bundesregierung erklärt, dieses Übereinkommen gelte nicht für die Vertreter der Bediensteten im Bereich der öffentlichen Verwaltung[37].

cc) Anders als die beiden zuvor genannten Übereinkommen bezieht sich das ÜE 151[38] speziell auf den öffentlichen Dienst. Gemäß Art. 7 sind, soweit erforderlich, den innerstaatlichen Verhältnissen entsprechende Maßnahmen zu treffen, um die uneingeschränkte Entwicklung und Anwendung von Verfahren und Einrichtungen zur Aushandlung von Beschäftigungsbedingungen zwischen den beteiligten öffentlichen Stellen und den Verbänden der öffentlich Bediensteten oder von anderen Verfahren zu fördern, die eine Mitwirkung der Vertreter der öffentlich Bediensteten an der Festsetzung dieser Bedingungen erlauben. Art. 8 statuiert die Verpflichtung, die Beilegung von Streitigkeiten über die Festsetzung der Beschäftigungsbedingungen entsprechend den innerstaatlichen Verhältnissen durch Verhandlungen zwischen den Parteien oder durch unabhängige und unparteiische Verfahren, wie Vermittlung, Schlichtung und Schiedsverfahren, anzustreben, deren Einführung in einer Weise erfolgt, dass die beteiligten Parteien ihnen Vertrauen entgegenbringen. Das ÜE 151 ist zwar seit dem 25. Februar 1981 in Kraft, bindet aber die Bundesrepublik nicht, weil sie es – ebenso wie zahlreiche andere Staaten[39] – bewusst nicht ratifiziert hat. Das hat die Bundesregierung bei ihrer Unterrichtung des Bundestages[40] mit folgenden Worten begründet:

> „Das grundsätzlich für alle im öffentlichen Dienst Beschäftigte geltende Übereinkommen ist für Angestellte und Arbeiter, deren Beschäftigungsbedingungen durch Tarifverträge geregelt werden, erfüllt. Hinsichtlich der Beamten, deren Beschäftigungsbedingungen aufgrund verfassungsrechtlicher Bestimmung (Artikel 33 Grundgesetz) durch den Gesetzgeber

---

[36] Übereinkommen Nr. 98 über die Anwendung der Grundsätze des Vereinigungsrechtes und des Rechtes zu Kollektivverhandlungen 1949, am 1. Juli 1949 von der Allgemeinen Konferenz der IAO beschlossen und am 18. Juli 1951 in Kraft getreten. Zu ihm *Ganser-Hillgruber*, ZBR 1998, 15 (21); *Lörcher*, AuR 2009, 229 (232); *Laubinger* (Fn. 3), 217.

[37] *Ganser-Hillgruber*, ZBR 1998, 15 (21).

[38] Übereinkommen 151 über den Schutz des Vereinigungsrechts und über Verfahren zur Festsetzung der Beschäftigungsbedingungen im öffentlichen Dienst, 1978, am 7. Juni 1978 von der Allgemeinen Konferenz der IAO beschlossen und am 25. Febr. 1981 in Kraft getreten. Zu ihm *Ganser-Hillgruber*, ZBR 1998, 15 (21); *Lörcher*, AuR 2009, 229 (232).

[39] Siehe die (kurze!) Ratifikationstabelle http://www.ilo.org/ilolex/cgi-lex/ratifce.pl?C151.

[40] BT-Drs. 10/2123 vom 16. Okt. 1984, S. 8.

geregelt werden, ist nicht auszuschließen, daß die Interpretation der Artikel 7 und 8 des Übereinkommens durch die zuständigen Gremien der Internationalen Arbeitsorganisation in der Weise erfolgt, daß diese Bestimmungen mit der innerstaatlichen Rechtslage nicht vereinbar sind. Eine Ratifizierung ist daher nicht möglich.

Die Bundesrepublik Deutschland ist nach der Verfassung der Internationalen Arbeitsorganisation zur Vorlage aller von Internationalen Arbeitskonferenzen verabschiedeten Übereinkommen an die gesetzgebenden Körperschaften verpflichtet. Da eine Ratifizierung nicht möglich ist, wird das Übereinkommen hiermit den gesetzgebenden Körperschaften zur Kenntnisnahme zugeleitet."

dd) Die drei Übereinkommen verpflichten die Bundesrepublik m. E. weder dazu, für die öffentlichen Bediensteten ein Tarifvertragssystem nach deutschem Muster einzuführen, noch dazu, den Beamtenstreik zu legalisieren[41]. Die beiden zuständigen Kontrollorgane der IAO sehen dies allerdings – zumindest teilweise – anders, wie sich sogleich zeigen wird.

b) Die Spruchpraxis des Ausschusses für Vereinigungsfreiheit

Der *Ausschuss für Vereinigungsfreiheit* (AfV) des Verwaltungsrats der IAO[42] vertritt in seinem *Digest of decisions and principles*[43], in dem er von Zeit zu Zeit seine Spruchpraxis zusammenfasst, die Ansicht, aufgrund des ÜE 87 stehe grundsätzlich allen öffentlichen Bediensteten das Streikrecht zu (Rn. 572 ff.). Dessen Versagung oder Einschränkung komme in Betracht nur (1) für solche öffentlichen Bediensteten, die öffentliche Gewalt im Namen des Staates ausüben, und (2) für Beschäftigte, die in wesentlichen (essentiellen) Bereichen im engsten Sinne tätig sind, nämlich in Bereichen, deren Unterbrechung das Leben, die persönliche Sicherheit oder Gesundheit der ganzen Bevölkerung oder ihrer Teile gefährden würde[44]. Staatliche Hoheitsgewalt werde beispielsweise ausgeübt von Justiz- und Zollbediensteten (Rn. 578 f.). Mehrfach wird betont, dass der Lehrerstreik durch die Koalitionsfreiheit gewährleistet sei (Rn. 588 ff.).

Ebenso sollen aufgrund des ÜE 98 grundsätzlich alle öffentlichen Bediensteten berechtigt sein, mit ihren Arbeitgebern *Kollektivverhandlungen* zu führen. Eine Ausnahme soll auch hier nur für solche Bediensteten gelten, die staatliche Hoheitsgewalt

---

[41] *Laubinger* (Fn. 3), 224; so auch *Ganser-Hillgruber*, ZBR 1998, 15 (24).

[42] Freedom of Association Committee of the Governing Body of the ILO.

[43] 5. Aufl. 2006, abrufbar unter http://www.ilo.org/wcmsp5/groups/public/-ed_norm/ –normes/documents/publication/wcms_090632.pdf.

[44] Digest Rn. 576: „The right to strike may be restricted or prohibited: (1) in the public service only for public servants exercising authority in the name of the State; or (2) in essential services in the strict sense of the term (that is, services the interruption of which would endanger the life, personal safety or health of the whole or part of the population)."

ausüben[45]. Hervorgehoben wird wiederum, dass Lehrer nicht von dem Recht auf Kollektivverhandlungen ausgenommen seien (Rn. 900 f.).

Zur Frage des Verhältnisses der Übereinkommen untereinander betont der AfV mehrfach, die ÜE 98 und 151 schränkten in keiner Weise die Rechte ein, die allen Arbeitnehmern und allen öffentlichen Bediensteten aufgrund des ÜE 87 zuständen (Rn. 1051–1064). Art. 7 ÜE 151 gestatte mit Rücksicht auf die Besonderheiten des öffentlichen Dienstes ein gewisses Maß an Flexibilität bei der Wahl des Verfahrens zur Festlegung der Arbeitsbedingungen (Rn. 891, 1042). So seien mit dem ÜE 151 beispielsweise gesetzliche Bestimmungen vereinbar, die es dem Parlament oder der Finanzbehörde gestatten, Ober- und Untergrenzen für Lohnverhandlungen festzulegen[46]. Mit den ÜE 98, 151 und 154 nicht zu vereinbaren, sei hingegen ein System, in dem die öffentlichen Bediensteten nur schriftliche Stellungnahmen abgeben dürfen, die nicht verhandelbar sind, und in dem die Behörden das ausschließliche Entscheidungsrecht haben (Rn. 1043). Art. 8 ÜE 151 erlaube es, zur Beilegung von Auseinandersetzungen zwischen Verhandlungen und anderen Verfahren (wie Mediation, Vermittlung und Schlichtung) zu wählen (Rn. 890).

c) Die Spruchpraxis des Sachverständigenausschusses

aa) Der *Sachverständigenausschuss zur Anwendung der Übereinkommen und Empfehlungen* (SVA)[47] stellt in seinem *General Survey* für die 101. Sitzung der Allgemeinen Konferenz der IAO im Jahre 2012[48] die Anwendung von acht Übereinkommen, darunter die ÜE 87 und 98, dar. Die von diesen Übereinkommen verbürgten Rechte würden weltweit angewendet und verlangten Beachtung von allen Staaten,

---

[45] Digest Rn. 886: „All public service workers other than those engaged in the administration of the State should enjoy collective bargaining rights, …". Rn. 887: „A distinction must be drawn between, on the one hand, public servants who by their functions are directly engaged in the administration of the State (that is, civil servants employed in government ministries and other comparable bodies), as well as officials acting as supporting elements in these activities and, on the other hand, persons employed by the government, by public undertakings or by autonomous public institutions. Only the former category can be excluded from the scope of Convention No. 98." Rn. 892: „To sum up, all public service workers, with the sole possible exception of the armed forces and the police and public servants directly engaged in the administration of the State, should enjoy collective bargaining rights."

[46] Digest Rn. 1038 unter Bezugnahme auf den General Survey 1994 des Sachverständigenausschusses.

[47] Committee of Experts on the Application of Conventions und Recommendations.

[48] General Survey on the fundamental Conventions concerning rights at work in light of the ILO Declaration on Social Justice for a Fair Globalization, 2008 – Third item on the agenda: Information and reports on the application of Conventions and Recommendations – Report of the Committee of Experts on the Application of Conventions and Recommendations (articles 19, 22 and 35 of the Constitution) – Report III (Part 1B). Abgerufen unter http://www.ilo.org/wcmsp5/groups/public/@ed_norm/@relconf/documents/meetingdocument/wcms_174846.pdf.

auch von den Mitgliedern der IAO, die sie nicht ratifiziert haben (sic!)[49]. Der SVA geht davon aus, dass sich aus dem ÜE 87 auch das Streikrecht ergibt (Rn. 117), räumt jedoch ein, dass dies von den Repräsentanten der Arbeitgeber im SVA immer wieder nachdrücklich bestritten wird[50]. Der Ausschuss betont, das Streikrecht sei nicht absolut und schrankenlos (Rn. 119).

In Übereinstimmung mit dem Ausschuss für Vereinigungsfreiheit (s. o. b)) vertritt der SVA die Auffassung, aufgrund des ÜE 87 genössen grundsätzlich auch alle öffentlichen Bediensteten das Streikrecht, mit Ausnahme nur derjenigen, die staatliche Hoheitsgewalt ausüben[51]. Lehrer fielen nicht hierunter (Rn. 130, 134). Daneben gebe es eine zweite Kategorie von Bereichen, in denen das Streikrecht ausgeschlossen oder beschränkt werden könne: die *essential services*, d.h. Bereiche, wo die Unterbrechung des Betriebs das Leben, die persönliche Sicherheit oder die Gesundheit der Bevölkerung oder eines ihrer Teile gefährden würde[52]. Als derartige Bereiche haben die beiden IAO-Aufsichtsorgane beispielsweise angesehen: Verkehrsüberwachungs-, Wasser- und Elektrizitätsversorgungseinrichtungen, Telefondienste, Feuerwehr, Ambulanzen und Gefängnisse (Rn. 135). Nicht dazu gezählt werden u. a. Lehrer, Eisenbahner und Postler (Rn. 134).

Der Anwendungsbereich des Übereinkommens 98 umfasst nach Meinung des SVA alle Arbeiter und Arbeitgeber sowie ihre Organisationen sowohl im privaten als auch im öffentlichen Sektor ohne Rücksicht darauf, ob sie wesentlich („*essential*") sind oder nicht. Die einzigen Ausnahmen bildeten die Streitkräfte, die Polizei und diejenigen öffentlichen Bediensteten, die staatliche Verwaltungsaufgaben wahrnehmen[53]. Der Ausschuss legt diese Ausnahmeklausel bewusst eng aus, wie er selbst betont (Rn. 170). Wer zu dieser Kategorie gehört, müsse von Fall zu Fall entschieden werden, und zwar anhand von Kriterien, die Bezug haben zu den besonderen Befugnissen der öffentlichen Behörden, insbesondere ihrer Befugnis, Vorschriften und Verpflichtungen aufzuerlegen und durchzusetzen und deren Verletzung zu bestrafen[54].

---

[49] General Survey 2012 Rn. 3: „The rights covered by these Conventions are of universal application requiring respect from all countries even where they have not been ratified." Ähnlich nochmals Rn. 52 und 165.

[50] General Survey 2012, Rn. 117 Kasten auf S. 47.

[51] General Survey 2012 Rn. 129: „... the Committee of Experts and the Committee on Freedom of Association consider that States may restrict or prohibit the right to strike of public servants ‚exercising authority in the name of the State'."

[52] General Survey 2012 Rn. 131: „The Committee considers that essential services, for the purposes of restricting or prohibiting the right to strike, are only those ‚the interruption of which would endanger the life, personal safety or health of the whole of part of the population'".

[53] General Survey 2012 Rn. 168: „Convention No. 98 covers all workers and employers, and their respective organizations, in both the private and the public sectors, regardless of whether the service is essential. The only exceptions authorized concern the armed forces and the police, as well as public servants engaged in the administration of the State."

[54] General Survey 2012 Rn. 171: „...the determination of this category of workers is to be made on a case-by-case basis, in light of criteria relating to the prerogatives of the public

Man wird dies dahin auslegen dürfen, dass maßgebend sein soll, ob die Bediensteten hoheitliche Eingriffsbefugnisse ausüben. Nicht in diese Kategorie fallen wiederum die Lehrer (Rn. 172). Das Recht auf Kollektivverhandlungen soll auch den Organisationen des Gefängnispersonals und der Feuerwehr zustehen (Rn. 209).

Der SVA (Rn. 212) räumt ein, einige Staaten, in denen alle oder gewisse Arbeitsbedingungen der öffentlichen Bediensteten gesetzlich geregelt werden, seien der Ansicht, dass der Status öffentlicher Bediensteter mit dem Gedanken von Kollektivverhandlungen oder Koalitionsfreiheit unvereinbar ist. Andere Staaten hätten hingegen Systeme entwickelt, die es ermöglichten, den Status öffentlicher Bediensteter mit Kollektivverhandlungen zu vereinbaren. So könnten beispielsweise in Spanien die Behörden und die Gewerkschaften Kollektivvereinbarungen (*collective accords*) abschließen, die von den Behörden dann als Gesetzentwürfe eingebracht werden[55]. Diese Vorgehensweise wird vom SVA allerdings wohl nur für diejenigen öffentlichen Bediensteten akzeptiert, die Hoheitsgewalt ausüben.

bb) Im *Teil 1 A seines Berichts für die 101. Sitzung der International Labour Conference im Jahre 2012*[56] registrierte der SVA einerseits mit Befriedigung die Entscheidung des VG Düsseldorf vom 15. Dezember 2010[57] und andererseits mit Unmut die Stellungnahme der Bundesregierung, sie halte am Streikverbot für alle Beamten fest, weil es ein hergebrachter Grundsatz im Sinne des Art. 33 Abs. 5 GG sei und die Beamten kraft ihrer Treuepflicht gehalten seien, ihre Aufgaben ohne Unterbrechung zu erfüllen. Das vermochte den Ausschuss indessen nicht zu überzeugen. Er forderte die Bundesregierung vielmehr erneut auf, in ihrem nächsten Bericht anzugeben, welche konkreten Maßnahmen unternommen oder beabsichtigt seien, um allen öffentlichen Bediensteten, die keine staatliche Hoheitsgewalt ausüben, das Streikrecht zu sichern.

Ebenfalls mit Unwillen nahm der SVA die Mitteilung der Bundesregierung zur Kenntnis, den Beamten stehe – im Gegensatz zu den Arbeitnehmern des öffentlichen Dienstes – das Recht auf Kollektivverhandlungen nicht zu, weil ihre Rechtsverhältnisse gemäß Art. 33 Abs. 5 GG gesetzlich zu regeln seien. Gleichwohl forderte der Ausschuss die Bundesregierung auf, in ihrem nächsten Bericht mitzuteilen, welche konkreten Maßnahmen sie unternommen habe oder beabsichtige, um gemeinsam mit den Gewerkschaften zu ermitteln, auf welche Weise das derzeit geltende System weiterentwickelt werden könne, um allen öffentlichen Bediensteten – mit Ausnahme

---

authorities (and particularly the authority to impose and enforce rules and obligations, and to penalize non-compliance)".

[55] In diese Richtung zielen auch Überlegungen zum Ausbau des Beteiligungsrechts der Beamtenorganisationen in Deutschland (s. o. Fn. 29 und zugehörigen Text).

[56] Report of the Council of Experts on the Application of Conventions and Recommendations (articles 19, 23 and 35 of the Constitution – Third item on the agendas: Information and reports on the application of Conventions and Recommendations – Report III (Part 1 A), S. 157 f. Abgerufen unter http://www.ilo.org/wcmsp5/groups/public/–ed_norm/–relconf/documents/meetingdocument/wcms_174843.pdf.

[57] s. o. Fn. 10.

derjenigen, die staatliche Hoheitsgewalt ausüben – Verhandlungsrecht einzuräumen. Eine gewisse Konzession an die verfassungsrechtliche Situation in Deutschland scheint die Bemerkung zu enthalten, die Verhandlungen brauchten nicht notwendigerweise zu rechtlich verbindlichen Absprachen zu führen[58].

d) Kritik der Spruchpaxis der beiden IAO-Ausschüsse

Die forsche Spruchpraxis der beiden Ausschüsse, die die ÜE 87 und 98 außerordentlich extensiv interpretiert und das Übereinkommen 151 weitgehend vernachlässigt, provoziert Bedenken. Ob das ÜE 87 tatsächlich das Streikrecht gewährleistet, obwohl in ihm davon nicht auch nur ansatzweise die Rede ist, erscheint auch aus folgendem Grunde zweifelhaft. Der Streik dient zumindest in erster Linie (nach deutschem Arbeitsrecht sogar ausschließlich) der Effektuierung des Kollektivverhandlungsrechts. Dieses ist aber erst Jahre später durch das ÜE 98 verbürgt worden, in dem ebenfalls vom Streikrecht keine Rede ist. Problematisch ist ferner, ob diese beiden Übereinkommen auf die Angehörigen des öffentlichen Dienstes anwendbar sind. Das ÜE 151, das auf den öffentlichen Dienst zugeschnitten ist und insofern eine lex specialis darstellt, ist bisher nur von wenigen Staaten ratifiziert worden, von der Bundesrepublik ganz bewusst nicht, weil sie Kollektivverhandlungen und das Streikrecht von Beamten ablehnt. Sie befindet sich dabei zwar in einer Minderheitenposition, aber keineswegs allein auf weiter Flur.

2. *Europäische Sozialcharta und Europäischer Ausschuss für Soziale Rechte*

a) Europäische Sozialcharta

Die Europäische Sozialcharta (ESC) verheißt in Teil I Nr. 6 allen Arbeitnehmern und Arbeitgebern das Recht auf Kollektivverhandlungen[59]. Der Teil I enthält die Absichtserklärung der Signatarstaaten, mit allen zweckdienlichen Mitteln staatlicher und zwischenstaatlicher Art eine Politik zu verfolgen, die darauf abzielt, geeignete Voraussetzungen zu schaffen, damit die tatsächliche Ausübung der folgenden Rechte und Grundsätze gewährleistet ist.

Erst der Teil II enthält bindende Verpflichtungen der Vertragsstaaten. Um die wirksame Ausübung des Rechtes auf Kollektivverhandlungen zu gewährleisten, *verpflichteten sich* die Vertragsparteien in Art. 6,

1. gemeinsame Beratungen zwischen Arbeitnehmern und Arbeitgebern zu fördern;

---

[58] „The Committee reiterates that negotiations need not necessarily lead to legally binding instruments so long as account is taken in good faith of the results of the negotiations in question."

[59] Die (neben der französischen) maßgebliche englische Fassung lautet: „All workers and employers have the right to bargain collectively."

2. Verfahren für freiwillige Verhandlungen zwischen Arbeitgebern oder Arbeitgeberorganisationen einerseits und Arbeitnehmerorganisationen andererseits zu fördern, soweit dies notwendig und zweckmäßig ist, mit dem Ziele, die Beschäftigungsbedingungen durch Gesamtarbeitsverträge zu regeln;

3. die Einrichtung und die Benutzung geeigneter Vermittlungs- und freiwilliger Schlichtungsverfahren zur Beilegung von Arbeitsstreitigkeiten zu fördern;

und *anerkennen*

4. das Recht der Arbeitnehmer und der Arbeitgeber auf kollektive Maßnahmen einschließlich des Streikrechts im Falle von Interessenkonflikten, vorbehaltlich etwaiger Verpflichtungen aus geltenden Gesamtarbeitsverträgen.

Zu den Arbeitnehmern im Sinne der Nr. 4 zählen die Beamten – nach allerdings umstrittener Ansicht – nicht[60]. Auch die Bundesregierung hat bei der Einbringung des „Entwurfs eines Gesetzes zur Europäischen Sozialcharta vom 18. Oktober 1961"[61] die Arbeitnehmereigenschaft der Beamten in einer dem Gesetzentwurf beigefügten Denkschrift nachdrücklich verneint:

> „Unter Arbeitnehmern versteht die Charta Arbeiter und Angestellte. Personen, die in einem öffentlich-rechtlichen, durch Staatshoheitsakte individuell begründeten Dienst- und Treueverhältnis stehen (Beamte, Richter und Soldaten), fallen nicht unter den Begriff des Arbeitnehmers."

Nur unter dieser Prämisse hat die Bundesrepublik die Sozialcharta ratifiziert.

Aus Art. 6 ESC ergibt sich daher weder unmittelbar ein Recht der Beamtenkoalitionen gegen den Staat als Dienstherrn auf Kollektivverhandlungen und das Streikrecht noch eine Verpflichtung der Bundesrepublik, den Beamtenkoalitionen derartige Rechte durch Gesetz einzuräumen.

b) Europäischer Ausschuss für Soziale Rechte

Der *Europäische Ausschuss für Soziale Rechte* des Europarats (European Committee of Social Rights, ECSR), auf den sich der EGMR beruft, sieht das freilich anders. Bereits in seiner Stellungnahme[62] zu dem ersten Bericht der Bundesregierung im Jahre 1969 rügte er, die völlige Verweigerung des Streikrechts für die öffentlichen Bediensteten sei mit der Charta unvereinbar[63]. Der Ausschuss habe Kenntnis genom-

---

[60] Eingehende Begründung bei *Laubinger* (Fn. 3), 212 ff.

[61] BT-Drs. IV/2117 vom 25. März 1964, S. 28 (29).

[62] Der Ausschuss gibt aufgrund jährlicher Berichte der Mitgliedstaaten des Europarates in Form von „Schlussfolgerungen" (Conclusions) ein Urteil darüber ab, ob die rechtliche und tatsächliche Situation in dem betreffenden Staat den Anforderungen der ESC gerecht wird. Dazu *Schlachter*, RdA 2011, 341 (345 f.), die dem Ausschuss angehört. Vgl. ferner *Lörcher*, AuR 2009, 229 (233, 239); *Weiß*, EuZA 2010, 457 (460).

[63] Conclusion vom 31. Mai 1969, Conclusions I. http://hudoc.esc.coe.int/esc2doc/ escesec/doc/200140/c-1-en/c-1-en-288.doc.

men von einem Schreiben des Ständigen Vertreters der Bundesrepublik beim Europarat, wonach „*civil servants (Beamte), judges and members of the armed forces entitled to a pension*" das Streikrecht „*for reasons of public order and state security*" nicht genießen. Dies sei – so der Ausschuss – nicht ausreichend, um eine ganze Personengruppe vom Anwendungsbereich der Art. 5 und 6 ESC auszuschließen. In seinen 2010 beschlossenen Schlussfolgerungen erinnert der Ausschuss daran, das Streikrecht derjenigen öffentlichen Bediensteten (*civil servants*), die keine Hoheitsgewalt (*public authority*) ausüben, dürfe zwar eingeschränkt, nicht aber ausgeschlossen werden[64].

Aber auch sonst – dies nur zur Abrundung des Bildes – ist der Ausschuss sehr unzufrieden mit Deutschland. So rügte er 2001, 2005 und 2010, dass hierzulande nach ständiger arbeitsgerichtlicher Rechtsprechung nur solche Streiks zulässig sind, die tariffähige Ziele verfolgen und von einer Gewerkschaft getragen werden. Würde sich der EGMR diese Auffassung, die auch von den Kontrollorganen der IAO geteilt wird, ebenfalls zu eigen machen, würde unser gesamtes kollektives Arbeitsrecht in seinen Grundfesten erschüttert.

3. *Europäische Union und Streikrecht*

a) Europäische Grundrechtecharta und Rechtsprechung des EuGH

Die Große Kammer verweist in *Demir und Baykara* ferner auf Art. 12 und 28 GRCh. Gemäß Art. 12 hat jedermann das Recht, sich im gewerkschaftlichen Bereich frei mit anderen zusammenzuschließen, Gewerkschaften zu gründen und ihnen beizutreten. Art. 28 gewährleistet den Arbeitnehmern und Arbeitgebern nebst ihren Organisationen das Recht, Tarifverträge auszuhandeln und abzuschließen sowie bei Interessenkonflikten kollektive Maßnahmen, einschließlich Streiks, zu ergreifen.

Unklar ist, ob unter „Tarifverträgen" ausschließlich solche des deutschen Rechts zu verstehen sind. Die englische Fassung spricht von „*collective agreements*", die französische von „*conventions collectives*". *W. Frenz*[65] stellt fest, der Begriff Tarifvertrag werde in den Mitgliedstaaten sehr unterschiedlich ausgelegt. Von dem in Art. 28 GRCh[66] verwendeten Begriff seien alle nach einzelstaatlichen Rechtsvorschriften und Gepflogenheiten zulässigen Kollektivvereinbarungen erfasst. In Übereinstimmung damit führt *E. Riedel*[67] aus, der Begriff Kollektivverhandlungen umfasse zwar vor allem das Recht, Tarifverträge auszuhandeln und abzuschließen; der

---

[64] Conclusions XIX-3 (2010) – Germany, S. 104: „The Committee recalls that in the case of civil servants who are not exercising public authority only a restriction can be justified, not an absolute ban ...".

[65] *W. Frenz*, Handbuch Europarecht – Bd. 4: Europäische Grundrechte, 2009, Rn. 3718 (S. 1114) sowie Rn. 3739 f. (S. 1120).

[66] Die englische Fassung lautet: „Article 28 Right of collective bargaining and action – Workers and employers, or their respective organisations, have, in accordance with Union law and national laws and practices, the right to negotiate and conclude collective agreements at the appropriate levels and, in cases of conflicts of interest, to take collective action to defend their interests, including strike action."

[67] *E. Riedel*, in: M. Meyer (Hrsg.), GRCh, 3. Aufl. 2011, Art. 28 Rn. 22.

Begriff des Tarifvertrages sei „jedoch nicht im deutschen Sinne (als Normenvertrag im Sinne des § 3 TVG) zu verstehen, sondern umfasst auch andere Vereinbarungen, die nach deutschem Recht keine Tarifverträge darstellen würden. Es ist wohl davon auszugehen, dass alle Arten von kollektiven Vereinbarungen, die vom nationalen Recht zugelassen werden, den Schutz des Art. 28 genießen und der deutsche Wortlaut insofern missverständlich ist." Nach *H. D. Jarass*[68] betrifft Art. 28 GRCh Tarifverträge sowie vergleichbare Vereinbarungen; daher fielen auch Betriebsvereinbarungen unter die Vorschrift.

Das Recht, Tarifverträge auszuhandeln und abzuschließen sowie zu streiken, besteht nur nach Maßgabe des Unionsrechts sowie der einzelstaatlichen Rechtsvorschriften und Gepflogenheiten, wie Art. 28 GRCh hervorhebt. Hierbei handelt es sich um einen Regelungsvorbehalt zugunsten der nationalen Gesetzgeber, der ihnen weitreichende Einschränkungen des Verhandlungs- und Streikrechts gestattet[69]. Daraus könnte man schließen, dass es den Mitgliedstaaten erlaubt ist, ihren öffentlichen Bediensteten das Kollektivverhandlungs- und das Streikrecht zu verweigern. Dabei ist jedoch zu berücksichtigen, dass die Gewährleistungen der Grundrechtecharta nicht so interpretiert werden dürfen, dass sie hinter den entsprechenden Garantien der EMRK (hier dessen Art. 11) zurückbleiben (arg. Art. 52 Abs. 3 GRCh)[70].

Für die EU-Mitgliedstaaten gilt die Grundrechtecharta gemäß ihrem Art. 51 Abs. 1 Satz 1 „ausschließlich bei der Durchführung des Rechts der Union". Unionsrecht, das das Recht zu Kollektiverhandlungen und Arbeitskampfmaßnahmen regelt, existiert nicht und ist auch nicht zu erwarten, weil der Union die Regelungskompetenz fehlt, wie sich aus Art. 153 Abs. 5 AEUV ergibt. Er verweigert der Union ausdrücklich die Befugnis, das Arbeitsentgelt, das Koalitionsrecht und die Austragung von Arbeitskämpfen zu regeln, sodass diese Materien in die ausschließliche Zuständigkeit der Mitgliedstaaten fallen[71]. Mangels Regelungsbefugnis der EU fehlt dem Art. 28 GRCh daher ein direkter und eigenständiger Schutzgehalt[72]; die Vorschrift wird denn auch als überflüssige Norm bezeichnet[73].

Allerdings hat der EuGH bereits vor Inkrafttreten der Grundrechtecharta das Streikrecht als Bestandteil des (ungeschriebenen) Gemeinschaftsrechts anerkannt;

---

[68] *H. D. Jarass*, Charta der Grundrechte, 2010, Art. 28 Rn. 6.

[69] *Jarass* (Fn. 68), Art. 28 Rn. 14. *M. Holoubek*, in: J. Schwarze (Hrsg.), EU-Kommentar, 3. Aufl. 2012, Art. 28 GRCh Rn. 22 (S. 2684), spricht dem staatlichen Gesetzgeber einen weiten Ermessensspielraum zu.

[70] *Jarass* (Fn. 68), Art. 52 Rn. 63.

[71] *U. M. Gassner*, in: Ch. Vedder/W. Heintschel von Heinegg (Hrsg.), Europäisches Unionsrecht, 2012, Art. 153 AEUV Rn. 14; *R. Geiger/D.-E. Khan/M. Kotzur*, EUV/AEUV, 5. Aufl. 2010, Erl. zu Art. 28 GRCh (S. 1006); *S. Krebber*, in: Ch. Calliess/M. Ruffert (Hrsg.), EUV/AEUV, 4. Aufl. 2011, Art. 28 GRCh Rn. 4 (S. 2902); *R. Rebhahn/M. Reiner*, in: Schwarze (Fn. 69), Art. 153 AEUV Rn. 66.

[72] *H.-P. Folz*, in: Vedder/Heintschel von Heinegg (Fn. 71), Art. 28 Rn. 3; ähnlich *Frenz* (Fn. 65), Rn. 3720 (S. 1115). Anders *Niedobitek*, ZBR 2010, 361 (364), der jedoch einräumt, eine Berufung auf das Streikrecht als Unionsgrundrecht sei beim gegenwärtigen Stand des sekundären Unionsrechts nicht erfolgversprechend.

[73] So von *Krebber* (Fn. 71), Art. 28 GRCh Rn. 4.

seine Ausübung könne jedoch bestimmten Beschränkungen unterworfen werden, die das Gericht nicht näher bezeichnet hat.

In seinem *Viking Line*-Urteil[74] und seiner *Laval*-Entscheidung[75] führte das Gericht in wörtlicher Übereinstimmung aus, das Recht auf Durchführung einer kollektiven Maßnahme einschließlich des Streikrechts sei sowohl in unterschiedlichen internationalen Rechtsakten, bei denen die Mitgliedstaaten mitgewirkt haben oder denen sie beigetreten sind – wie der Europäischen Sozialcharta, die überdies ausdrücklich in Art. 136 EG erwähnt sei, und dem IAO-Übereinkommen 87, als auch in solchen Rechtsakten anerkannt worden, die die Mitgliedstaaten auf Gemeinschaftsebene oder im Rahmen der Union erarbeitet haben, wie in der ebenfalls in Art. 136 EG erwähnten Gemeinschaftscharta der sozialen Grundrechte der Arbeitnehmer und in der am 7. Dezember 2000 in Nizza proklamierten Charta der Grundrechte der Europäischen Union. Demnach sei zwar das Recht auf Durchführung einer kollektiven Maßnahme einschließlich des Streikrechts als ein Grundrecht anzuerkennen, das fester Bestandteil der allgemeinen Grundsätze des Gemeinschaftsrechts sei, deren Beachtung der Gerichtshof sicherstellt, doch könne seine Ausübung bestimmten Beschränkungen unterworfen werden. Denn wie in Art. 28 GRCh erneut bekräftigt werde, würden die genannten Rechte nach dem Gemeinschaftsrecht und den einzelstaatlichen Rechtsvorschriften und Gepflogenheiten geschützt.

b) Europäisches Dienstrecht und Streik

Zu den Entscheidungen *Viking Line* und *Laval* sowie zu den Art. 12 und 28 GRCh steht das derzeit geltende Dienstrecht der EU in offensichtlichem Widerspruch. Gemäß Art. 336 AEUV, der durch den Vertrag von Lissabon unverändert aus Art. 283 EGV übernommen worden ist, soll das Dienstrecht der EU-Bediensteten auch fürderhin einseitig durch das Europäische Parlament und den Rat per Verordnung (und nicht etwa durch Kollektivvereinbarungen) geregelt werden. Maßgebend sind noch immer das 1968 erlassene, inzwischen jedoch unzählige Male geänderte *Statut der Beamten der Europäischen Gemeinschaften* (BeaSt) und die *Beschäftigungsbedingungen für die sonstigen Bediensteten* (BSB), beide erlassen als Teile der Verordnung (EWG, Euratom, EGKS) Nr. 259/68 des Rates vom 29. Februar 1968 (ABl. L 56 vom 4. März 1968).

Das EU-Recht unterscheidet Beamte und sonstige Bedienste. Beamter ist gemäß Art. 1a Abs. 1 BeaSt, wer bei einem der Organe der Gemeinschaften durch eine Urkunde der Anstellungsbehörde dieses Organs nach den Vorschriften des Statuts unter Einweisung in eine Dauerplanstelle zum Beamten ernannt worden ist. Der Beamtenbegriff ist also wie im deutschen Recht streng formalisiert und unabhängig von der tatsächlich ausgeübten Funktion. Wie im deutschen Recht sind auch die Rechte und Pflichten der Beamten in dem Beamtenstatut detailliert geregelt. Die „Beschäfti-

---

[74] EuGH, Urteil vom 11. Dez. 2007, Rs. C-438/05, *International Transport Workers' Federation, Finnish Seamen's Union/Viking Line ABP*, Rn. 43 f.
[75] EuGH, Urteil vom 18. Dez. 2007, Rs.C-341/05, *Laval un Partneri Ltd/Svenska Byggnadsarbetareförbundet...*, Rn. 90 f. Zu diesen beiden Entscheidungen Th. *von Danwitz*, EuZA 2010, 6; M. *Franzen*, EuZA 2010, 453; P. *Fütterer*, EuZA 2011, 505; *Niedobitek*, ZBR 2010, 361 (365 f.).

gungsbedingungen für die sonstigen Bediensteten" gelten gemäß Art. 1 BSB für alle Bediensteten, die durch Vertrag eingestellt sind. Auch ihre Arbeitsbedingungen sind durch mehr als 130 Artikel detailliert geregelt.

Gemäß Art. 24b BeaSt und Art. 7b BSB genießen die Beamten und die sonstigen Bediensteten Vereinigungsfreiheit und können insbesondere Gewerkschaften oder Berufsverbänden der europäischen Beamten angehören. Die Wörter Tarifvertrag, Kollektivvereinbarung, Kollektivverhandlungen und Streik kennen weder das Beamtenstatut noch die Beschäftigungsbedingungen. Die Bediensteten der EU wirken trotz der gemäß Art. 336 AEUV vordergründig einseitigen Regelung durch Verordnungen auf unterschiedlichen Wegen bei deren Zustandekommen mit[76]. Denn bevor die Kommission dem EU-Parlament und dem Rat einen Verordnungsentwurf unterbreitet, muss sie gemäß Art. 10 Abs. 2 BeaSt den *Statusbeirat* anhören, der zu gleichen Teilen aus Vertretern der Organe der Gemeinschaften und Vertretern ihrer Personalvertretungen besteht. Dessen Stellungnahme ist nicht bindend. Der Statusbeirat kann auch seinerseits Vorschläge zur Änderung des Statuts vorlegen. Darüber hinaus sieht Art. 10b Abs. 2 BeaSt vor, dass die Vorschläge der Kommission Gegenstand von Konsultationen mit den repräsentativen Gewerkschafts- und Berufsverbänden sein können. Ob den EU-Bediensteten das Streikrecht zusteht, ist umstritten[77]. Man darf gespannt sein, ob, wann und in welcher Weise die EU ihr Dienstrecht, das in den Grundzügen dem deutschen Beamtenrecht sehr ähnelt, den Art. 12 und 28 GRCh und der Rechtsprechung des EuGH anpassen wird.

4. Praxis der Europäischen Staaten

Die Große Kammer beruft sich zur Begründung ihres Sinneswandels schließlich auch darauf, in einer großen Mehrheit der europäischen Staaten sei anerkannt, dass die Angehörigen des öffentlichen Dienstes berechtigt seien, Kollektivverhandlungen zu führen. Davon ausgenommen seien allerdings bestimmte Bereiche (Disziplinarverfahren, Ruhebezüge, Krankenversicherung, Gehälter der höheren Bediensteten) oder bestimmte Kategorien von Bediensteten, die ausschließliche Rechte des Staates innehaben (Angehörige der Streitkräfte und der Polizei, Richter, Diplomaten, Laufbahnbeamte des Bundes)[78]. Anerkannt sei insbesondere das Recht derjenigen Ange-

---

[76] Eingehend *Eggers/Linder*, in: E. Grabitz/M. Hilf/M. Nettesheim (Hrsg.), Das Recht der Europäischen Union, Bd. III, Stand: 46. ErgLfg./Okt. 2011, Art. 336 AEUV Rn. 23 ff.

[77] *S. Steinle,* in: R. Streinz (Hrsg.), EUV/AEUV, 2. Aufl. 2012, Art. 336 AEUV Rn. 21; V. Mehde, in: J. Ph. Terhechte (Hrsg.), Verwaltungsrecht der Europäischen Union, 2011, Kap. 38 Rn. 35 (S. 1383). *Eggers/Linder* (Fn. 76), Rn. 26, bejahen das Streikrecht unter Hinweis auf § 24b BeaSt und Art. 28 GRCh mit der Begründung, es gebe keine anderweitige gesetzgeberische Regelung, gemeint ist wohl: eine solche, die das Streikrecht ausschließt.

[78] *Demir und Baykara* Rn. 52: „As to the practice of European States, it can be observed that, in the vast majority of them, the right for public servants to bargain collectively with the authorities has been recognised, subject to various exceptions so as to exclude certain areas (disciplinary procedures, pensions, medical insurance, wages of senior civil servants) or certain categories of civil servants who hold exclusive powers of the State (members of the armed

hörigen örtlicher Verwaltungen, die keine Staatsgewalt ausüben, über Besoldungs- und Arbeitsbedingungen zu verhandeln. Belegt wird das vom Gericht nicht. In der Literatur[79] wird denn auch darauf hingewiesen, dass es eine Reihe von Staaten gibt, in denen die Rechtsverhältnisse eines nicht unbeträchtlichen Teils der öffentlichen Bediensteten unter Ausschluss des Verhandlungsrechts einseitig hoheitlich geregelt werden, wie dies in Deutschland und – wie soeben dargelegt – auch in der EU geschieht. Problematisch ist überdies, dass das EMRK auf die (angebliche) *Mehrheit* der Staaten abstellt und auf diese Weise eine Majorisierung der abweichenden Staaten vornimmt, statt die *allen* Mitgliedstaaten des Europarates *gemeinsame* Staatenpraxis seiner Entscheidung zugrunde zu legen[80].

5. Kritik der Argumentationsbasis der neuen Rechtsprechung des EGMR

Wie sich gezeigt hat, ist das Fundament, auf dem der EGMR seine neue Judikatur aufbaut, nicht sonderlich solide. Der Gerichtshof hat sich unkritisch der Spruchpraxis der Kontrollorgane der IAO und der des ESCR angeschlossen, ohne auf die gegen sie bestehenden Bedenken einzugehen[81]. Der Hinweis auf Art. 28 GRCh vermag nicht zu überzeugen. Die Argumentation mit der Praxis in der Mehrheit der Staaten ist methodisch problematisch und nicht belegt.

Trotz dieser Zweifel und Bedenken wird im Folgenden in Übereinstimmung mit *Demir und Baykara* und *Enerji Yapi-Yol Sen* davon ausgegangen, dass Art. 11 Abs. 1 EMRK auch das Recht zu Kollektivverhandlungen und das Streikrecht verbürgt, und zwar grundsätzlich auch für die öffentlichen Bediensteten[82]. Damit stellt sich die Frage, ob das geltende deutsche Beamtenrecht mit Art. 11 EMRK zu vereinbaren ist.

---

forces and of the police, judges, diplomats, career civil servants at federal level)." Verkürzt wiederholt in Rn. 151.

[79] *Seifert*, KritV 2009, 357 (367).

[80] Dies rügt auch *Seifert*, KritV 2009, 357 (367).

[81] Zu den methodischen Einwänden gegen die Argumentation des EGMR *Schlachter*, RdA 2011, 341 (345 ff.); *Schubert*, AöR 137 (2012), 92 (99 ff.); *Weiß*, EuZA 2010, 457 (467 f.); besonders eingehend *Seifert*, KritV 2009, 357 (362 ff.).

[82] Das Streikrecht der Angehörigen des öffentlichen Dienstes wird grundsätzlich bejaht von *Frowein* (Fn. 13), Art. 11 Rn. 18; *Meyer-Ladewig* (Fn. 13), Art. 11 Rn. 19, 22; *Ch. Grabenwarter/K. Pabel*, Europäische Menschenrechtskonvention, 5. Aufl. 2012, S. 364 f. (§ 23 Rn. 94); *Bröhmer* (Fn. 18), S. 1057 f. (Kap. 19 Rn. 102).

IV. Vereinbarkeit des deutschen Beamtenrechts mit Art. 11 EMRK in der Auslegung des EGMR

1. Die Koalitionsfreiheit der Beamten nach deutschem Recht

Art. 9 Abs. 3 Satz 1 GG gewährleistet jedermann und für alle Berufe das Recht, zur Wahrung und Förderung der Arbeits- und Wirtschaftsbedingungen Vereinigungen zu bilden. Nach ganz h.M enthält die Vorschrift ein Doppelgrundrecht: Es gilt für die einzelnen Menschen und für die von ihnen gebildeten Koalitionen. Dem Einzelnen gewährleistet Art. 9 Abs. 3 GG u. a. das Recht, sich mit anderen zu Koalitionen (der Arbeitnehmer oder Arbeitgeber) zusammenzuschließen und sich in ihnen und für sie zu betätigen. Den Koalitionen garantiert Art.9 Abs. 3 GG u. a. das Recht, sich zum Zwecke der Wahrung und Förderung der Arbeits- und Wirtschaftsbedingungen ihrer Mitglieder zu betätigen. Dieses Betätigungsrecht umfasst u. a. auch das Recht, Tarifverträge abzuschließen und Arbeitskämpfe durchzuführen[83].

Art. 9 Abs. 3 GG kommt grundsätzlich auch den Beamten zugute, aber eben nicht in jeder Hinsicht. Die Beamtengesetze des Bundes und der Länder bestätigen den Beamten ausdrücklich das Recht, sich in Gewerkschaften und Berufsverbänden zusammenzuschließen sowie diese mit ihrer Vertretung zu beauftragen; sie untersagen es darüber hinaus, Beamte wegen ihrer Betätigung für eine Gewerkschaft oder einen Berufsverband dienstlich zu maßregeln oder zu benachteiligen (§ 116 BBG, § 52 BeamtStG und die entsprechenden Vorschriften der Landesbeamtengesetze).

Die Tarifautonomie und das Streikrecht hingegen steht den Beamten und ihren Koalitionen nicht zu Gebote[84]. Aufgrund eines hergebrachten Grundsatzes des Berufsbeamtentums im Sinne des Art. 33 Abs. 5 GG werden die Rechtsverhältnisse der Beamten ausschließlich durch Gesetze, Rechtsverordnungen und Verwaltungsvorschriften ausgestaltet. Dieser Grundsatz hat seinen Niederschlag in einfachgesetzlichen Vorschriften gefunden, die ein Abweichen von den gesetzlichen Regelungen ausdrücklich untersagen (z. B. § 2 BBesG, § 3 BeamtVG).

Dem Ausgleich für das Fehlen der Tarifautonomie und des Streiksrechts dient die von Art. 9 Abs. 3 GG gebotene Beteiligung der Beamtenkoalitionen bei der Regelung der beamtenrechtlichen Verhältnisse[85] gemäß § 118 BBG, § 53 BRRG und den ihnen entsprechenden Vorschriften der Landesbeamtengesetze. Diese Bestimmungen sind auf der Ebene des Bundes und in mehreren Ländern durch Vereinbarungen zwischen den Beamtenverbänden und den für das Beamtenrecht zuständigen obersten Dienstbehörden präzisiert worden. Die Beteiligung mündet bei ihrer derzei-

---

[83] Eingehend *Laubinger* (Fn. 3), 169 ff.

[84] Nachweise oben Fn. 3.

[85] *Laubinger* (Fn. 3), 202 ff.; *W. Fürst*, ZBR 1989, 257. So nunmehr auch die Bundesregierung in ihrem Entwurf des Beamtenstatusgesetzes (BT-Drs. 16/4027 vom 12. Jan. 2007, S. 35 zu § 54, an dem unverändert § 53 hervorgegangen ist): „Diese Beteiligung ist als Ausgleich für die für Beamtinnen und Beamte nicht bestehende Tarifautonomie nach Artikel 9 Abs. 3 GG und das Streikverbot zu sehen."

tigen gesetzlichen und vertraglichen Ausgestaltung allerdings nicht in eine bindende Vereinbarung, aus der sich unmittelbar Recht und Pflichten der Beamten ergäben. Ohne Verletzung verfassungsrechtlicher Grundsätze wäre ein weiterer Ausbau dieser Beteiligungsrechte durchaus möglich und könnte das deutsche Beamtenrecht den Anforderungen des Art. 11 EMRK weiter angenähert werden; darauf kann hier aus Platzgründen nicht eingegangen werden[86].

2. Vereinbarkeit des Ausschlusses der Tarifautonomie und des Streikrechts mit Art. 11 EMRK

Es unterliegt keinem Zweifel, dass die deutschen Beamten zu den Personen zählen, die die von Art. 11 Abs. 1 EMRK gewährleistete Koalitionsfreiheit genießen. Ob die Versagung der Tarifautonomie und des Streikrechts damit vereinbar ist, hängt davon ab, ob die Voraussetzungen des Art. 11 Abs. 2 EMRK vorliegen. Er ermächtigt die Mitgliedstaaten, die sich aus Abs. 1 ergebenden Rechte durch Gesetz solchen Einschränkungen zu unterwerfen, die

– für die nationale oder öffentliche Sicherheit,

– zur Aufrechterhaltung der Ordnung oder zur Verhütung von Straftaten,

– zum Schutz der Gesundheit oder der Moral oder

– zum Schutz der Rechte und Freiheiten anderer

in einer demokratischen Gesellschaft notwendig sind.

Ferner bestimmt Abs. 2 Satz 2, dass „dieser Artikel" (gemeint ist der Abs. 1) rechtmäßigen Einschränkungen der Ausübung dieser Rechte durch Angehörige der Streitkräfte, der Polizei oder der Staatsverwaltung nicht entgegensteht.

Die Einschränkungsmöglichkeiten der Sätze 1 und 2 stehen selbständig nebeneinander, die eine schließt die andere nicht aus. Sie überschneiden einander teilweise, ein dahinterstehendes System ist nicht erkennbar. Das beruht möglicherweise darauf, dass Art. 11 EMRK nicht nur die Vereinigungsfreiheit (einschließlich der Koalitionsfreiheit), sondern auch die Versammlungsfreiheit gewährleistet und ihnen allen dieselben Einschränkungsmöglichkeiten überstülpt.

a) Einschränkungen

Der Abs. 2 gestattet nur *Einschränkungen* der Koalitionsfreiheit, nicht deren völlige Aufhebung. Wie bereits gesagt, setzt sich die Koalitionsfreiheit aus mehreren Komponenten zusammen, darunter die Tarifautonomie und das Streikrecht. Wird den Beamten eine von ihnen oder werden ihnen beide vorenthalten, so stellt dies eine bloße Einschränkung, keine Aufhebung der durch Art. 11 Abs. 1 EMRK gewährleisteten Koalitionsfreiheit dar.

---

[86] Siehe dazu oben bei Rn. 29.

b) Angehörige der Staatsverwaltung

Art. 11 Abs. 2 Satz 2 EMRK ermächtigt die Mitgliedstaaten dazu, die Koalitionsfreiheit der „*Angehörigen der Staatsverwaltung*" („*members of the administration of the State*", „*membres de l'administration de l'Etat*") einzuschränken, also ihnen das Recht auf Kollektivverhandlungen und das Streikrecht vorzuenthalten.

Was unter diesem Schlüsselbegriff zu verstehen ist, lassen die beiden EGMR-Entscheidungen weitgehend im Dunkeln. In *Enerji Yapi-Yol Sen* (Rn. 32) heißt es lediglich, es könne mit der Gewerkschaftsfreiheit vereinbar sein, Streiks von *Angehörigen des öffentlichen Dienstes, die im Namen des Staates Hoheitsgewalt ausüben (fonctionnaires exerçant des fonctions d'autorité au nom de l'Etat)*, zu verbieten. In *Demir und Baykara* (Rn. 97) wird ohne Begründung[87] behauptet, *Gemeindebedienstete, deren Tätigkeit nicht zur Verwaltung des Staates gehöre*, seien grundsätzlich nicht den „Angehörigen der Staatsverwaltung" gleichzustellen[88]. Später (Rn. 107) heißt es, die türkische Regierung habe im vorliegenden Falle nicht dargetan[89], wieso es die von den beschwerdeführenden Gemeindebediensteten ausgeübten Funktionen notwendig machten, sie als Angehörige der Staatsverwaltung anzusehen. In dem nicht in deutscher Übersetzung vorliegenden Schlussteil liest man schließlich (Rn. 166), aus den Akten ergebe sich nichts dafür, dass die beschwerdeführende Gewerkschaft öffentliche Bedienstete vertrete, die mit der Verwaltung des Staates betraut waren, nämlich solche *Bedienstete, die Tätigkeiten ausführen, die kennzeichnend für die Staatsverwaltung sind und die Voraussetzungen der in Art. 6 des IAO-Übereinkommens 98 vorgesehenen Ausnahmen in der Auslegung durch den Sachverständigenausschuss der IAO erfüllen*[90].

Gemäß dem vom EGMR zitierten Art. 6 lässt das ÜE 98 die Stellung der öffentlichen Beamten (*public servants, fonctionnaires publics*) unberührt. Dazu zählt der IAO-Sachverständigenausschuss, wie bereits dargestellt (oben III. 1. c)), ausschließlich die Streitkräfte, die Polizei und diejenigen öffentlichen Bediensteten, die staat-

---

[87] Der Gerichtshof verweist lediglich auf Rn. 35–40 und 50 seiner *Tüm Haber Sen*-Entscheidung vom 21. Febr. 2006, Nr. 28602/95, die in dieser Hinsicht völlig unergiebig ist; eine Rn. 50 existiert dort überhaupt nicht.

[88] „Moreover, in the Court's view, it is incumbent on the State concerned to show the legitimacy of any restrictions to such persons' right to organise. The Court further considers that municipal civil servants, who are not engaged in the administration of the State as such, cannot in principle be treated as ‚members of the administration of the State' and, accordingly, be subjected on that basis to a limitation of their right to organise and to form trade unions ...".

[89] Einem deutschen Juristen mutet es merkwürdig an, dass einer Prozesspartei die Darlegungs- und Beweislast in einer *Rechts*frage (sic) aufgebürdet wird.

[90] *Demir und Baykara*, Rn. 166: „There is no evidence in the case file to show that the applicants' union represented ‚public servants engaged in the administration of the State', that is to say, according to the interpretation of the ILO's Committee of Experts, officials whose activities are specific to the administration of the State and who qualify for the exception provided for in Article 6 of ILO Convention No. 98."

liche Verwaltungsaufgaben wahrnehmen[91]. Wer zu dieser Kategorie gehört, müsse von Fall zu Fall entschieden werden, und zwar anhand von Kriterien, die Bezug haben zu den besonderen Befugnissen der öffentlichen Behörden, insbesondere ihrer Befugnis, Vorschriften und Verpflichtungen aufzuerlegen und durchzusetzen und deren Verletzung zu bestrafen[92]. Man wird dies dahin auslegen dürfen, dass maßgebend sein soll, ob die Bediensteten hoheitliche Eingriffsbefugnisse ausüben.

Die übrige Judikatur des EGMR trägt nicht viel zur Klärung bei. In dem *Vogt*-Urteil[93] und der *Volkmer*-Entscheidung[94] heißt es, der Begriff „Staatsverwaltung" („*administration of the State*") müsse im Lichte der von dem Bediensteten bekleideten Position (*post*) eng ausgelegt werden[95].

Ob Lehrer ein Amt der Staatsverwaltung im Sinne von Art. 11 Abs. 2 Satz 2 wahrnehmen, ließ das Gericht in beiden Judikaten als nicht entscheidungserheblich offen[96]. In *Volkmer* ging das Gericht jedoch offenkundig davon aus, der beschwerdeführende angestellte Gymnasiallehrer gehöre zu den „holders of public authority"[97].

Ob alle deutschen Beamten oder welche Gruppen von ihnen als „Angehörige der Staatsverwaltung" im Sinne von Art. 11 Abs. 2 Satz 2 EMRK zu qualifizieren sind, lässt sich nach den bisherigen Äußerungen des EGMR noch nicht mit Gewissheit sagen. Sollte der Gerichtshof – wofür einiges spricht – der oben (III. 1. b) und c), 2. b)) dargestellten Linie der IAO-Kontrollausschüsse und des ECSR folgen, dürften große Teile der deutschen Beamten (z. B. die Lehrer) nicht zu den Angehörigen der Staatsverwaltung zählen, sodass ihnen das Kollektivverhandlungs- und das Streikrecht einzuräumen wäre, falls sie nicht unter eine der Ausnahmen des Art. 11 Abs. 2 Satz 1 EMRK zu subsumieren sind. Ob der EGMR tatsächlich bereit wäre,

---

[91] General Survey 2012 Rn. 168: „Convention No. 98 covers all workers and employers, and their respective organizations, in both the private and the public sectors, regardless of whether the service is essential. The only exceptions authorized concern the armed forces and the police, as well as public servants engaged in the administration of the State."

[92] General Survey 2012 Rn. 171: „...the determination of this category of workers is to be made on a case-by-case basis, in light of criteria relating to the prerogatives of the public authorities (and particularly the authority to impose and enforce rules and obligations, and to penalize non-compliance)".

[93] Urteil vom 26. Sept. 1995, Nr. 17851/91, *Vogt/Deutschland*, Rn. 67.

[94] Entscheidung vom 22. Nov. 2001, Nr. 39799/98, *Volkmer/Deutschland*, S. 12, NJW 2002, 3087 ff., 3089.

[95] „In this respect the Court agrees with the Commission that the notion of ‚administration of the State' should be interpreted narrowly, in the light of the post held by the official concerned."

[96] A.a.O. (Fn. 93), Rn. 68, und a.a.O. (Fn. 94).

[97] A.a.O. (Fn. 94), S. 9: „As regards the aim of the measure in dispute, the Court considers that it pursued a legitimate aim, namely to ensure that holders of public authority who had abused their authority within the political system of the former GDR, ...".

diese außerordentlich schwerwiegende Konsequenz zu ziehen, erscheint zweifelhaft[98].

Denkbar (und m. E. vorzugswürdig) ist aber auch eine andere Interpretation der bisherigen Rechtsprechung des EGMR. Geht man mit *Enerji Yapi-Yol Sen* (Rn. 32) davon aus, dass Angehörige der Staatsverwaltung diejenigen öffentlichen Bediensteten sind, die im Namen des Staates Hoheitsgewalt ausüben (*fonctionnaires exerçant des fonctions d'autorité au nom de l'Etat*), so lässt sich das wohl mit *Ausübung hoheitlicher Befugnisse* übersetzen. Diese ist gemäß Art. 33 Abs. 4 GG den Beamten vorbehalten (Funktionsvorbehalt). Die Vorschrift schließt es nicht aus, dass auch solche Bedienstete verbeamtet werden, die keine hoheitlichen Befugnisse auszuüben haben. Dem schieben jedoch die Beamtengesetze (§ 5 BBG, § 3 Abs. 2 BeamtStG und die entsprechenden Vorschriften der Landesbeamtengesetze) einen Riegel vor, indem sie festlegen, dass die Berufung in das Beamtenverhältnis nur zulässig ist zur Wahrnehmung

1. hoheitlicher Aufgaben oder
2. von Aufgaben, die zur Sicherung des Staates oder des öffentlichen Lebens nicht ausschließlich solchen Personen übertragen werden dürfen, die in einem privatrechtlichen Arbeitsverhältnis stehen.

Diese Bestimmungen werden zwar oft in der Diskussion übersehen und mögen nicht selten in der Praxis missachtet werden. Das ändert jedoch nichts daran, dass die Beamten nicht nur durch ihren Status, sondern auch durch die von ihnen zu erfüllenden Funktionen definiert werden. Der Einwand, gelegentlich führten Beamte und Angestellte in einer Behörde die gleichen Tätigkeiten aus, verfängt deshalb nicht. Daraus folgt, dass alle Beamten „Angehörige der Staatsverwaltung" im Sinne des Art. 11 Abs. 2 Satz 2 EMRK sind[99].

Das gilt auch für die *Kommunalbeamten*. Die Landesbeamtengesetze erklären sie – wie auch die Beamten der anderen juristischen Personen des öffentlichen Rechts –

---

[98] Siehe den besorgten Hinweis der Richter *Spielmann, Bratza, Casadevall* und *Villiger* in ihrer Concurring Opinion zu *Demir und Baykara*, die Anerkennung einer unbegrenzten Vertragsfreiheit könne drastische Auswirkungen auf das öffentliche Dienstrecht vieler Staaten zur Folge haben (oben II. 2.). Die Auswirkungen der Anerkennung des Streikrechts wären noch viel gravierender.

[99] Im Ergebnis ebenso *Lindner*, DÖV 2011, 305 (308), mit der Begründung, die Gruppe der Beamten stelle nur einen Teil der Angehörigen des öffentlichen Dienstes dar. A.M. *Schlachter*, RdA 2011, 341 (347); *Gooren*, ZBR 2011, 400 (405 f.), der unter Rückgriff auf die Rechtsprechung des EuGH zu Art. 45 Abs. 4 AEUV meint, das Streikverbot gelte nur noch für den Bereich der klassischen Eingriffsverwaltung (etwa für Streitkräfte, Polizei, sonstige Ordnungskräfte, Rechtspflege und Ministerialbeamte, soweit sie überwiegend auch hoheitliche Gewalt konkret ausüben). Zu dem gleichen Ergebnis gelangt *Schubert*, AöR 137 (2012), 92 (105), unter Hinweis auf die Rechtsprechung des EGMR zu Art. 6 EMRK. Ähnlich *S. Werres*, DÖV 2011, 873 (880): Das Streikrecht sei jedenfalls solchen Beamten zuzubilligen, deren Dienstpflichten nicht für den Bereich der öffentlichen Verwaltung charakteristisch und die nicht im allgemeinen Interesse des Staates an der Ausübung der Staatsgewalt unmittelbar beteiligt sind.

expressis verbis zu mittelbaren Staatsbeamten[100]. Das ist auch sachlich gerechtfertigt, weil die Kommunen neben ihren Selbstverwaltungsaufgaben in großem Umfange staatliche Aufgaben wahrzunehmen haben.

Das lässt sich übrigens auch mit der Judikatur des EGMR in Einklang bringen. In *Demir und Baykara* heißt es ohne nähere Erläuterung, „die Gemeindebediensteten, deren Tätigkeit nicht zur Verwaltung des Staates an sich gehört" (*municipal civil servants, who are not engaged in the administration of the State as such*), seien grundsätzlich nicht den Angehörigen der Staatsverwaltung gleichzustellen (Rn. 97). Ausgeschlossen werden durch diese Formulierung nicht alle Kommunalbediensteten, sondern nur diejenigen, die keine staatlichen, sondern Selbstverwaltungsaufgaben erfüllen. Aber selbst das gilt nur grundsätzlich (*in priciple*), also nicht ausnahmslos. Dies wird bestätigt, wenn das Gericht später (Rn. 107) ausführt, die türkische Regierung habe nicht dargetan, weshalb es die von den beschwerdeführenden Gemeindebediensteten ausgeübten Funktionen notwendig machten, sie als „Angehörige der Staatsverwaltung" im Sinne von Art. 11 Abs. 2 Satz 2 EMRK anzusehen. Das Gericht sagt also keineswegs, die (alle) Kommunalbediensteten seien keine Angehörigen der Staatsverwaltung, sondern es verlangt lediglich den Nachweis, dass diejenigen Kommunalbediensteten, denen die Rechte aus Art. 11 Abs. 1 abgesprochen werden, staatliche Aufgaben wahrnehmen.

Mit besonderer Inbrunst kämpfen die Kontrollorgane der IAO für das Kollektivverhandlungsrecht und das Streikrecht der *Lehrer*. Gleiches gilt für die DGB-Gewerkschaften, die auch hinter den eingangs (oben I.) erwähnten verwaltungsgerichtlichen Auseinandersetzungen stehen. In Deutschland (und nicht nur dort) haben die Lehrer an öffentlichen Schulen traditionell den Status von Beamten, und es lässt sich mit guten Gründen behaupten, dies sei so von Verfassungs wegen. Denn Art. 143 Abs. 3 WRV bestimmte: „Die Lehrer an öffentlichen Schulen haben die Rechte und Pflichten der Staatsbeamten."[101]

Anschütz konstatierte in seinem maßgeblichen Kommentar zur WRV[102], nach der in der Wissenschaft herrschenden Ansicht seien die öffentlich-rechtlich angestellten Lehrer in allen öffentlichen Schulen – Volks- und Berufsschulen, höheren Lehranstalten (Gymnasien, Oberrealschulen, höheren Mädchenschulen usw.), Lehrerbildungsanstalten, Hochschulen – unmittelbare Staatsbeamte, soweit nicht das Gesetz etwas anderes bestimme. Dabei sei gleichgültig, ob die Anstalt, an welcher der Lehrer tätig sei, vom Staat oder von einer Gemeinde oder von einem Dritten, z.B. einer Stiftung, unterhalten werde. Die Lehrer seien Staatsbeamte deshalb, weil der Inhalt

---

[100] So z.B. § 3 Abs. 2 LBG RP: „(2) Ein Beamter, der das Land zum Dienstherrn hat, ist unmittelbarer Landesbeamter. Ein Beamter, der eine Gemeinde (Gemeindeverband) oder eine sonstige der Aufsicht des Landes unterstehende Körperschaft, Anstalt oder Stiftung des öffentlichen Rechts zum Dienstherrn hat, ist mittelbarer Landesbeamter."

[101] Eine ähnliche Vorschrift enthielt bereits Art. 23 Abs. 2 der preußischen Verfassung von 1850. Siehe dazu auch *Wißmann*, ZJS 2011, 395 (401).

[102] G. *Anschütz*, Die Verfassung des Deutschen Reichs, 14. Aufl. 1933, Art. 143 Anm. 4 (S. 670).

ihrer dienstlichen Tätigkeit in der Ausübung staatlicher Funktionen bestehe, indem nicht nur die Regelung und Beaufsichtigung, sondern auch die Erteilung des Unterrichts an öffentlichen Schulen zu jenen „inneren Angelegenheiten" gehöre, die nach übereinstimmendem deutschen Landesrecht der Staat nicht den Gemeinden oder anderen innerstaatlichen Verbänden übertragen, sondern sich selbst vorbehalten habe.

Es spricht daher einiges dafür, dass die Lehrer und Hochschullehrer grundsätzlich von Verfassungs wegen zu Beamten ernannt werden müssen[103]. Deshalb ist dem BVerfG[104] zu widersprechen, wenn es schlankweg behauptet, die Einstellung von Lehrern im Angestelltenverhältnis sei mit Art. 33 Abs. 4 GG vereinbar, weil Lehrer in der Regel nicht schwerpunktmäßig hoheitlich geprägte Aufgaben wahrnehmen, die der besonderen Absicherung durch den Beamtenstatus bedürften. Gerade in der heutigen Zeit ist der Beamtenstatus für Lehrer von größter Wichtigkeit, weil sie häufig von Schülern und deren Eltern in aggressiver Form unter Druck gesetzt werden, ohne dass die Schulbehörden willens oder in der Lage sind, ihnen beizustehen. Für Hochschullehrer bildet der Beamtenstatus ein wichtiges, wenn nicht unentbehrliches Instrument zur Absicherung der von Art. 5 Abs. 3 GG gewährleisteten Wissenschaftsfreiheit. Die Bedeutung der persönlichen Unabhängigkeit der Beamten für die Funktionsfähigkeit des Berufsbeamtentums hat das Bundesverfassungsgericht zu Recht immer wieder hervorgehoben[105].

c) Angehörige der Polizei

Nach Art. 11 Abs. 2 Satz 2 EMRK kann die Koalitionsfreiheit der Angehörigen der Polizei eingeschränkt werden. Das wirft die Frage auf, welche Personengruppen der „Polizei"[106] zuzurechnen sind. Dazu gehören ohne Frage die Angehörigen der Schutz- und der Kriminalpolizei sowie die Wasserschutz- und die Bereitschaftspolizei. Polizeiliche Aufgaben erfüllen aber auch andere staatliche und kommunale Behörden, die vor der sog. „Entpolizeilichung"[107] als Gewerbe-, Bau-, Ausländerpolizei usw. bezeichnet wurden und nach wie vor – ähnlich der uniformierten Polizei – Aufgaben der staatlichen Gefahrenabwehr wahrnehmen. Wie verhält es sich mit den drei Geheimdiensten des Bundes (Verfassungsschutz, Militärischer Abschirmdienst und Bundesnachrichtendienst), die keine polizeilichen Befugnisse haben, aber dennoch Aufgaben der Gefahrenabwehr erfüllen? Sie dienen im Übrigen auch der nationalen und öffentlichen Sicherheit, der Aufrechterhaltung der Ordnung und der Verhütung von Straftaten, die nach Art. 11 Abs. 2 Satz 1 EMRK Einschränkungen der Koalitionsfreiheit zu rechtfertigen vermögen.

---

[103] So auch *Bitsch*, ZTR 2012, 78 (83).

[104] BVerfG, Beschluss vom 19. Sept. 2007, BVerfGE 119, 247 (267, Rn. 65).

[105] Siehe schon allein den Beschluss vom 19. Sept. 2007 (Fn. 104), Rn. 49, 54, 70, 75 und 79.

[106] Zur sehr wechselvollen Entwicklung des Polizeibegriffs s. *H. Boldt/M. Stolleis*, in: Lisken/Denninger, Handbuch des Polizeirechts, 5. Aufl. 2012, 3 ff.

[107] Zu ihr *Boldt/Stolleis* (Fn. 106), 28 ff.

d) Sonstige Gruppen im Sinne von Art. 11 Abs. 2 Satz 1 EMRK

Art. 11 Abs. 2 Satz 1 EMRK gestattet es den Signatarstaaten, die Koalitionsfreiheit u. a. auch solcher Personen einzuschränken, deren Tätigkeit für die Aufrechterhaltung der öffentlichen Ordnung[108], den Schutz der Gesundheit oder der Moral oder zum Schutz der Rechte und Freiheiten anderer von Bedeutung ist. Darunter könnten etwa die Bediensteten der Gesundheitsämter, der staatlichen und kommunalen Krankenhäuser sowie der Justizverwaltung fallen, und zwar auch dann, wenn sie keine Beamten sind.

e) Zusammenfassung

Es spricht einiges dafür, dass alle deutschen Beamten „Angehörige der Staatsverwaltung" im Sinne von Art. 11 Abs. 2 Satz 2 EMRK sind, weil sie kraft der Beamtengesetze des Bundes und der Länder zu dem Zweck angestellt werden, hoheitliche oder solche Aufgaben wahrzunehmen, deren Erfüllung zur Sicherung des Staates oder des öffentlichen Lebens unerlässlich ist. Da jedoch keineswegs sicher ist, dass sich der EGMR dieser Sichtweise anschließen wird, soll im Folgenden – gewissermaßen hilfsweise – erörtert werden, welche Konsequenzen sich für Deutschland ergäben, wenn lediglich die Angehörigen der Streitkräfte, der Polizei und bestimmte Teile der Staatsverwaltung (etwa der Ministerial-, Justiz- und Steuerverwaltung) als „Angehörige der Staatsverwaltung" qualifiziert würden.

V. Anpassung des deutschen Rechts an die neue Rechtsprechung des EGMR

1. Bindung Deutschlands an die beiden Entscheidungen des EGMR

Die beiden Entscheidungen des EGMR wirken nur inter partes, d. h. zu Lasten der Türkei; eine dem § 31 BVerfGG entsprechende Vorschrift enthält die EMRK nicht. Da die Bundesrepublik nicht an den beiden Verfahren beteiligt war, äußern die Urteile keine unmittelbare Wirkung für sie. Die Entscheidungen des EGMR in Verfahren gegen andere Vertragsparteien geben den nicht beteiligten Staaten jedoch unter Umständen Anlass, ihre nationale Rechtsordnung zu überprüfen und sich bei einer möglicherweise erforderlichen Änderung an der einschlägigen Rechtsprechung des Gerichtshofs zu orientieren[109].

---

[108] *Bitsch*, ZTR 2012, 78 (81, 84), rechtfertigt das Streikverbot für Beamte mit einer Gefährdung der öffentlichen Ordnung.
[109] BVerfG, Beschluss vom 14. Okt. 2004 (*Görgülü*), BVerfGE 111, 307 (320, Rn. 39) = JZ 2004, 1171 mit krit. Anm. *E. Klein.*

2. Auswirkungen auf Geltung und Auslegung des deutschen Rechts

a) Völkerrechtliche Verpflichtung zur Anpassung des deutschen Rechts an die EMRK

Die EMRK ist ein mehrseitiger völkerrechtlicher Vertrag. In ihrem Art. 1 sichern die Vertragsparteien allen ihrer Hoheitsgewalt unterstehenden Personen die in Abschnitt I bestimmten Rechte und Freiheiten zu. Kraft Völkerrechts ist die Bundesrepublik als Signatarstaat, der die Konvention auch ratifiziert hat, verpflichtet, ihr Recht mit der EMRK stetig in Einklang zu halten, es also nötigenfalls anzupassen[110]. Das gilt auch für das deutsche Verfassungsrecht; selbst das Grundgesetz muss geändert werden, wenn es mit der EMRK in der Auslegung des EGMR in Widerspruch gerät, etwa dadurch, dass der Gerichtshof seine Rechtsprechung ändert. Dem steht nicht der Umstand entgegen, dass die EMRK in Deutschland innerstaatlich nur den Rang eines einfachen Bundesgesetzes[111] hat und damit unterhalb des Grundgesetzes rangiert. Denn gemäß Art. 27 des Wiener Übereinkommens über das Recht der Verträge (WVK) kann eine Vertragspartei sich nicht auf ihr innerstaatliches Recht berufen, um die Nichterfüllung eines Vertrags zu rechtfertigen[112].

b) Geltungsvorrang des EMRK vor untergesetzlichen Vorschriften des Bundes und vor Landesrecht

Da die EMRK in Deutschland den Rang eines förmlichen Bundesgesetzes hat, geht sie nach dem Grundsatz lex superior derogat legi inferiori sowohl dem Verordnungsrecht des Bundes als auch nach Art. 31 GG dem gesamten Landesrecht vor. Soweit diese Vorschriften dem Art. 11 EMRK in der Auslegung durch den EGMR widersprechen, sind sie nichtig[113] und dürfen jedenfalls von den Gerichten[114] nicht an-

---

[110] *J. Meyer-Ladewig*, NJW 2005, 15 (18), weist zu Recht darauf hin, dass sich die Anpassungspflicht nicht aus Art. 46 Abs. 1, sondern aus Art. 1 EMRK ergibt. Im selben Sinne S. 19: Art. 1 EMRK verpflichte die Vertragsstaaten, die Konvention in der Gestalt anzuwenden, wie sie in der Rechtsprechung des EGMR konkretisiert worden ist. Auf Art. 1 EMRK führt die „Orientierungswirkung" von EGMR-Entscheidungen auch *Ch. Grabenwarter*, JZ 2010, 857 (861), zurück.

[111] BVerfG, Beschluss vom 14. Okt. 2004 (*Görgülü*), BVerfGE 111, 307 (317, Rn. 30 f.); Urteil vom 3. Mai 2011 (Sicherungsverwahrung), BVerfGE 128, 325 (367); *Th. Giegerich*, in: Grote/Marauhn (Fn. 18), S. 82 (Kap. 2 Rn. 43) m.w.N. Das BVerfG betont, dass die EMRK kein Gesetz ist, sondern ein völkerrechtlicher Vertrag, der als solcher nicht unmittelbar, sondern nur vermittels des deutschen Zustimmungsgesetzes in die staatliche Rechtsordnung eingreifen kann (*Görgülü* Rn. 164).

[112] *Lindner*, DÖV 2011, 305 (306); *Schubert*, AöR 137 (2012), 92 (114).

[113] Vgl. *Grabenwarter/Pabel* (Fn. 82), S. 22 (§ 4 Rn. 12); *Giegerich* (Fn. 111), S. 83 (Kap. 2 Rn. 43); *F. C. Mayer*. in: U. Karpenstein/F. C. Mayer (Hrsg.), EMRK, 2012, Einleitung Rn. 78; *M. Breuer*, in: Karpenstein/Mayer, Art. 46 Rn. 64.

gewendet werden; eine Vorlage an das Bundesverfassungsgericht im Wege der konkreten Normenkontrolle nach Art. 100 Abs. 1 GG ist nicht statthaft. Welche Konsequenzen sich daraus für das Beamtenrecht der Länder, das großenteils durch Vorgaben des Bundesrechts geprägt ist, ergäben, ist nur schwer abzusehen.

c) Verpflichtung zur Auslegung des Grundgesetzes an die EMRK in der Auslegung des EGMR

Die EMRK ist dagegen nicht in der Lage, Rechtssätze des Grundgesetzes (wie etwa die hergebrachten Grundsätze des Berufsbeamtentums im Sinne von Art. 33 Abs. 5 GG) zu überwinden. Daran ändern Entscheidungen des EGMR nichts. Nach der Rechtsprechung des BVerfG ist die Judikatur des EGMR jedoch mit Rücksicht auf die Völkerrechtsfreundlichkeit des Grundgesetzes bei dessen Auslegung zu berücksichtigen[115].

„Berücksichtigen" bedeute – so das BVerfG in seinem Görgülü-Beschluss –, die Konventionsbestimmung in der Auslegung des Gerichtshofs zur Kenntnis zu nehmen und auf den Fall anzuwenden, soweit die Anwendung nicht gegen höherrangiges Recht, insbesondere gegen Verfassungsrecht verstößt (S. 329, Rn. 62). Das Grundgesetz wolle „keine jeder verfassungsrechtlichen Begrenzung entzogene Unterwerfung unter nichtdeutsche Hoheitsakte" (S. 319, Rn. 36), gemeint ist: unter die Judikatur des EGMR. Verwaltungsbehörden und Gerichte könnten sich nicht unter Berufung auf eine Entscheidung des EGMR von der rechtsstaatlichen Kompetenzordnung und der Bindung an Gesetz und Recht lösen. Zur Bindung an Gesetz und Recht gehöre aber auch die Berücksichtigung der Gewährleistungen der EMRK und der Entscheidungen des EGMR im Rahmen methodisch vertretbarer Gesetzesauslegung. Sowohl die fehlende Auseinandersetzung mit einer Entscheidung des Gerichtshofs als auch deren gegen vorrangiges Recht verstoßende schematische „Vollstreckung" könnten deshalb gegen Grundrechte in Verbindung mit dem Rechtsstaatsprinzip verstoßen (S. 323, Rn. 47). Es sei Aufgabe der nationalen Gerichte, eine Entscheidung des EGMR in den betroffenen Teilrechtsbereich der nationalen Rechtsordnung einzupassen, weil es weder der völkervertraglichen Grundlage noch dem Willen des Gerichtshofs entsprechen könne, mit seinen Entscheidungen gegebenenfalls notwendige An-

---

[114] Ob auch den Behörden ein Verwerfungsrecht zusteht, ist nach wie vor streitig; vgl. *K. P. Sommermann*, in: H. v. Mangoldt/F. Klein/C. Starck (Hrsg.), GG, 6. Aufl. 2010, Art. 20 Abs. 3 Rn. 271; *M. Sachs*, in: ders. (Hrsg.), GG, 6. Aufl. 2011, Art. 20 Rn. 97; *H. Maurer*, Allgemeines Verwaltungsrecht, 18. Aufl. 2011, S. 92 ff. (§ 4 Rn. 60–68). Darauf kann hier nicht eingegangen werden. *E. Klein* (Fn. 1), S. 48, schreibt, wenn die EMRK-Garantien umfassender sind als anderweitige, auch grundrechtliche Rechtsgewährleistungen, hätten Exekutive und Judikative die EMRK zu beachten und nicht anders zu reagieren, als wenn diese Rechte durch ein anderes Bundesgesetz geschützt würden. Dort (S. 50 ff.) auch zur „lex posterior-Problematik" für den Fall, dass ein förmliches Bundesgesetz in Widerspruch zu der (gleichrangigen) EMRK steht.

[115] BVerfG, Beschluss vom 14. Okt. 2004 (*Görgülü*), BVerfGE 111, 307; Urteil vom 4. Mai 2011 (Sicherungsverwahrung), BVerfGE 128, 325. Dazu *Grabenwarter/Pabel* (Fn. 82), S. 18 ff. (§ 3 Rn. 6–10). Die Berücksichtigungs*pflicht* hat *E. Klein* (Fn. 1), 54, bereits 1987 angemahnt, zugleich aber betont, diese Pflicht reiche nur so weit, wie der Wortlaut der GG-Norm eine solche Auslegung gestattet.

passungen innerhalb einer nationalen Teilrechtsordnung unmittelbar selbst vorzunehmen (Rn. 58).

In seinem Urteil zur Sicherungsverwahrung[116] fügt das BVerfG hinzu, die Heranziehung der EMRK als Auslegungshilfe für die Bestimmungen des Grundgesetzes sei – wie die EMRK selbst im Hinblick auf ihre innerstaatliche Durchsetzung – ergebnisorientiert (S. 370, Rn. 91). Grenzen der völkerrechtsfreundlichen Auslegung ergäben sich aus dem Grundgesetz. Die Möglichkeiten einer konventionsfreundlichen Auslegung endeten dort, wo diese nach den anerkannten Methoden der Gesetzesauslegung und Verfassungsinterpretation nicht mehr vertretbar erscheint (S. 371, Rn. 93). Wo die Möglichkeit der konventionskonformen Interpretation des nationalen Rechts endet, beginne die Aufgabe des nationalen Gesetzgebers, das nationale Recht der EMRK anzupassen.

Bei Zugrundelegung dieser verfassungsgerichtlichen Grundsätze ergibt sich Folgendes. Art. 33 Abs. 5 GG versagt nach ganz herrschender Auffassung in Rechtsprechung und Schrifttum allen Beamten die Tarifautonomie und das Streikrecht[117]. Auf diesem Fundament beruht das gesamte Beamtenrecht, das bis ins kleinste Detail durch Gesetze, Rechtsverordnungen und Verwaltungsvorschriften durchnormiert ist. Dieses seit weit mehr als hundert Jahren etablierte System lässt sich nicht im Wege der konventionskonformen Interpretation dergestalt umwandeln, dass den Beamten insgesamt oder bestimmten Beamtenkategorien (etwa den Lehrern) die Tarifautonomie und das Streikrecht zuerkannt wird[118]. Das übersteigt bei weitem auch die Möglichkeit der Fortentwicklungsklausel des Art. 33 Abs. 5 Satz 2 GG.[119] Die Anpassung des deutschen Rechts an Art. 11 EMRK kann deshalb – wenn sie denn überhaupt erforderlich sein sollte – nur durch den verfassungsändernden Gesetzgeber erfolgen[120]. Aber auch für diesen Fall muss vor einer Illusion gewarnt werden: Das Streikrecht lässt sich nicht auf Dauer mit den Vorteilen des Beamtenstatus kombinieren[121].

VI. Schlussbemerkung

Abschließend sei die Frage erlaubt: Wünschen sich die Beamten das Streikrecht überhaupt? Die Lebenserfahrung spricht dagegen. Um nur ein Beispiel zu nennen: Angestellte Lehrer, die das Streikrecht „genießen", tun alles nur Mögliche und nehmen fast jeden Nachteil in Kauf (z. B. einen Umzug oder den Wechsel in ein anderes Bundesland), um verbeamtet zu werden. Die Einführung des Streikrechts mit den

---

[116] BVerfGE 128, 326.

[117] Nachweise oben Fn. 3.

[118] Die Möglichkeit einer konventionskonformen Auslegung durch die Fachgerichte wird dagegen bejaht von *Gooren*, ZBR 2011, 400 (405 f.); *Hoffmann*, NdsVBl. 2012, 151; *Lörcher*, AuR 2009, 229 (242). Offengelassen von *Niedobitek*, ZBR 2010, 361 (368). *U. Battis*, ZBR 2011, 397 (399), meint, das Streikverbot könne wohl vom BVerfG durch eine Korrektur seiner Rechtsprechung beseitigt werden.

[119] So auch *Seifert*, KritV 2009, 357 (375); *M. Schlachter*, RdA 2011, 341 (343, 348).

[120] Ebenso *Bitsch*, ZTR 2012, 78 (81); *Schlachter*, RdA 2011, 341 (348); *Schubert*, AöR 137 (2012), 92 (115); *Seifert*, KritV 2009, 357 (375 f.). A.M. *Werres*, DÖV 2011, 873 (880).

[121] Darauf weist auch *Wißmann*, ZJS 2011, 395 (401), hin.

damit notwendigerweise verbundenen nachteiligen Konsequenzen erscheint daher als eine „aufgedrängte Bereicherung". Profiteure wären vermutlich die Gewerkschaften; deshalb verwundert es nicht, dass die für die Beamten „zuständigen" DGB-Gewerkschaften – im Gegensatz zum Deutschen Beamtenbund (DBB) – seit Jahren unverdrossen die Legalisierung des Beamtenstreiks fordern.

Menschenrechte zwischen Verfassung und Völkerrecht

Von *Georg Lohmann*

I. Einleitung: Verfassungen und Menschenrechte

Die Menschenrechte stehen nach dem zweiten Weltkrieg in den Schnittkreisen von Verfassungen und Völkerrecht. Einmal sind sie systematisch und historisch auf demokratische *einzelstaatliche* Verfassungen ausgerichtet und angewiesen. Historisch sind in Nordamerika und in Frankreich die ersten Menschenrechts*erklärungen* zugleich Gründungs*akte* und Bestand*teile* der ersten modernen demokratischen Verfassungen. Und fast alle neueren Verfassungsgebungen nach der Abschaffung von Diktaturen (Griechenland, Spanien, Portugal, die Länder des ehemaligen Ostblocks und des ehemaligen Jugoslawien) haben wie selbstverständlich die Menschenrechte als verfaßte Grundrechte in ihre demokratischen Neukonstitutionen aufgenommen. Als verfasste Grundrechte stehen sie in der Normenhierarchie oben, sind Rechte 1. Ordnung und regulieren die Rechtssetzung und -anwendung. Sie „sorgen" so dafür, dass das verfasste Gemeinwesen im Ganzen die Menschenrechte beachtet.

Zum anderen aber sind die Menschenrechte nach dem zweiten Weltkrieg im Rahmen des Völkerrechts durch die Vereinten Nationen als Bestandteil des internationalen Rechts neu bestimmt worden.[1] Die Allgemeine Erklärung der Menschenrechte (AEMR) von 1948 ist eine nun *internationale* Deklaration souveräner Staaten. Durch die sich dann entwickelnden internationalen Menschenrechtskonventionen und den Institutionen des internationalen und regionalen Menschenrechtsschutzes verändert sich dann der Charakter ihrer völkerrechtlich konstitutiven Souveränität. Diese, nach einer treffenden Bezeichnung von Eckhart Klein, „Stille Revolution des Völkerrechts"[2] bewirkt, dass, zumindest dem prinzipiellen Anspruch nach, wenn auch oftmals nicht faktisch, der verfasste Menschenrechtsschutz eines Staates nun „im Rahmen seiner bestehenden völkerrechtlichen Verpflichtungen zu einer internationalen Angelegenheit (*international concern*) geworden"[3] ist. Gleichwohl machen die zahlreichen Defizite des internationalen Menschenrechtsschutzes deut-

---

[1] *E. Klein*, in: H. Volger (Hrsg.), Grundlagen und Strukturen der Vereinten Nationen, 2007, 21–66.

[2] *E. Klein*, Menschenrechte. Stille Revolution des Völkerrechts und Auswirkungen auf die innerstaatliche Rechtsanwendung, 1997.

[3] *E. Klein*, in: A. Pollmann, G. Lohmann (Hrsg.), Menschenrechte. Ein interdisziplinäres Handbuch, 2012, 123.

lich, dass man auf den Menschenrechtsschutz im Rahmen von einzelstaatlichen Verfassungen nicht verzichten sollte oder kann.

Ich will diese Verhältnisse im Folgenden aus der Perspektive von Verfassungen betrachten und dabei auch die Wandlungen der Verfassungskonzeptionen beachten, die notwendig sind, um, motiviert durch den universellen normativen Gehalt der Menschenrechtsidee, auch eine „Konstitutionalisierung des Völkerrechts" entwerfen und anstreben zu können.

Der Begriff „Verfassung" (engl. *constitution*) wird im hier relevanten Sinne im Zuge der Bildung neuer demokratischer Staaten in Europa und Amerika im 17. Jahrhundert geprägt.[4] Er „verkörpert die Idee, die politische Ordnung eines Gemeinwesens durch Unterwerfung unter das Recht zu rationalisieren"[5] und auf diese Weise die politische Herrschaft zu legitimieren. Demokratische Verfassungen schränken aber nicht nur (vorgegebene) politische Herrschaft durch Recht ein, sie bestimmen auch die Genese politischer Macht, indem sie die Entstehung von Recht an eine republikanische Selbstgesetzgebung binden, in der „Alle über Alle, mithin ein jeder über sich selbst"[6] öffentlich entscheidet. Ein „Volk" im modernen demokratischen Sinne bildet sich erst durch diese allgemeine Gesetzgebung von freien und gleichen Bürgern.[7] Verfassungen lassen sich so als Rechtsordnungen zweiter Ordnung definieren, die a) durch eine „übergeordnete Legitimationsinstanz und eine Normenhierarchie"[8] gekennzeichnet sind, in denen b) ein Gemeinschaftsinteresse eines Staatsvolkes oder einer Rechtsgemeinschaft zum Ausdruck kommt und in denen c) die Interessen der einzelnen Menschen durch die Durchsetzung ihrer Menschenrechte als verfasste Grundrechte geschützt werden. Moderne demokratische Verfassungen haben daher neben einem Grundrechtsteil, in dem die Menschenrechte als subjektive Rechte jedes Menschen und jedes Bürgers spezifiziert sind, einen institutionellen Organisationsteil, in dem Gewaltenteilung, Rechtsförmigkeit und Kompetenzverteilungen geregelt sind und durch den erst die faktische Geltung und der Schutz der Menschenrechte geregelt und sichergestellt wird.

Unterschiedliche Konzeptionen von Verfassungen ergeben sich auch aus unterschiedlichen Modi der Verfassungsgebung oder der Weisen, in denen Verfassungen Legitimität beanspruchen können:

a) Verfassungen können einmal *als Resultat von Verträgen konzipiert* werden. Besonders im angelsächsischen Kontext führen Verfassungen ihre Legitimität auf einen wechselseitigen Vertragsschluß der beteiligten Bürger zurück. Das klassische Naturrecht erklärt gewissermaßen die Verfassungsgebung als zurückführbar auf einen

---

[4] Siehe *D. Grimm*, Die Zukunft der Verfassung, 1991.

[5] Siehe *U. K. Preuss*, in: J. Ritter u. a. (Hrsg.), Historisches Wörterbuch der Philosophie, Bd. 11, 2001, Sp. 636–643, hier: Sp. 636.

[6] *I. Kant*, Über den Gemeinspruch: Das mag in der Theorie richtig sein, taugt aber nichts für die Praxis, in: Kants Werke, Akademie-Ausgabe Bd. VIII, 294.

[7] Siehe *I. Maus*, Über Volkssouveränität, 2011, 17.

[8] *B.-O. Bryde*, Der Staat 42 (2003), 63.

wechselseitigen zivilen Vertrag der Bürger, die sich dadurch erst zu Staatsbürgern verwandeln. Auch historisch waren die vormodernen Verfassungen Resultat von Verträgen des Königs mit dem Adel und dann mit dem aufkommenden Bürgertum. Während aber solche „Organisationsverfassungen"[9], die die Herrschaftsausübung einer schon bestehenden politischen Macht (z. B. des Königs) nur einschränken und strukturieren, diese aber nicht legitimieren, legitimieren „Gesellschaftsverträge" auch noch die Herrschaftsausübung selbst als im wechselseitigen und gleichmäßigen Interesse der beteiligten Bürger liegend, dem Selbstverständnis nach also nach Gerechtigkeitskriterien.

b) Verfassungen können aber auch durch einen ursprünglichen Gesetzgebungsakt in Kraft gesetzt werden und in diesem Sinne *als Gesetz konzipiert* sein.[10] Die verfassungsgebende Gewalt (*pouvoir constituant*) wird in den revolutionären Neugründungen dem Volk zugeschrieben. Die Verfassung selbst als unmittelbar geltendes Gesetz führt ihre Legitimität auf das Konzept der demokratischen Selbstgesetzgebung zurück, die Verfassungsgebung (einschließlich der Verfassungsänderungen) wird verrechtlicht und erscheint als besonders qualifizierter Gesetzgebungsprozess. Die westlichen modernen Verfassungsdemokratien entwickeln vor dem Hintergrund einer kulturellen Hochschätzung individueller Autonomie einen Maßstab für legitime Volkssouveränität, nach dem die einzelnen Bürger als gleichberechtigte Autoren und als gleichzubehandelnde Adressaten ihrer selbstgesetzten Gesetze rechtlich zu institutionalisieren sind. Sie binden so die gesetzte Verfassung an gleiche Grundrechte für alle Bürger, postulieren gemeinsame Werte und setzen die rechtlichen Regelungen, die Organisation und den Vollzug staatlicher Gewalten einer verfassungsrechtlichen Überprüfung aus, in der Regel durch ein mehr oder weniger unabhängiges Verfassungsgericht. Historisch hat sich diese Konzeption einer Verfassung als Gesetz als vorbildhaft und dominant erwiesen.

c) Hinzu kommt noch, dass die modernen Verfassungen auch einen *programmatischen Aspekt* haben, der mehr oder weniger stark die Legitimität beeinflussen kann. So kann man sogar die Deklarationen der Menschenrechte in den Verfassungsgebungen von Virginia und der französischen Republik als *politisches Manifest*[11] deuten. Aber auch gegenwärtige Verfassungen enthalten *programmatische Forderungen*[12], die zu verwirklichen seien, und die über die strikte Anwendung gesetzter Gesetze hinausgehen, z. B. in der BRD: das Prinzip des Sozialstaates, das Ziel des Umweltschutzes, die Forderungen der Förderung von Familien und der Gleichstellung der Geschlechter.

Vor dem Hintergrund dieser hier nur skizzierten Charakteristika von Verfassungen will ich nun, mit Betonung auf der Rolle von Verfassungen, die Verhältnisse von

---

[9] Siehe hierzu *G. Frankenberg*, in: L. Wingert/K. Günter (Hrsg.), Die Öffentlichkeit der Vernunft und die Vernunft der Öffentlichkeit, 2001, 509 ff.

[10] *Frankenberg* (Fn. 9), 519 ff.

[11] *Frankenberg* (Fn. 9), 513 ff.

[12] Siehe hierzu *Th. Osterkamp*, Juristische Gerechtigkeit, 2004, 172 ff.

Menschenrechten zwischen Verfassungen und Völkerrecht untersuchen. Die Menschenrechte beziehen sich einmal auf die Prozesse der Verfassungsgebung und -änderung, als verfasste Grundrechte bestimmen sie zweitens die Praxis der normativen Rechtsordnung und politischen Herrschaftsausübung, drittens aber auch bedürfen sie zu ihrem Schutz der Anwendung und Durchsetzung von verfasstem Recht und des sich wandelnden internationalen Rechts. Menschenrechte und Verfassung setzen sich daher wechselseitig voraus oder bestimmen sich wechselseitig. Menschenrechte sind Verfassungen sowohl vorgeschrieben wie auch eingeschrieben; Verfassungen sind sowohl rechtlicher Geltungsrahmen von Menschenrechten wie Mittel ihres Schutzes.

Diese Verhältnisse sollen nun zunächst auf der *einzelstaatlichen* Ebene, dann auf einer *transnationalen, regionalen* (der Europäischen Union) und schließlich auf der *globalen* Ebene untersucht werden. Ich untersuche zunächst eine ideale Verfassungskonzeption auf der nationalen Ebene, und frage dann, ob auf der regionalen und dann globalen Ebene die völkerrechtliche Institutionalisierung der Menschenrechte nicht einen Verfassungscharakter bekommen hat oder bekommen sollte.

II. Die ideale Lösung: Menschenrechte im konstitutionellen nationalen Rechtsstaat mit Verfassungsgerichtsbarkeit – und ihre Defizite

Betrachtet man die Prozesse der Verfassungsgebung, so streiten liberale Auffassungen mit republikanischen und deliberativen Positionen[13]. Aus völkerrechtlicher Perspektive unterliegen, seit 1948, alle Neugründungen von Staaten den normativen Ansprüchen der Menschenrechte, freilich nur, soweit diese als Völkergewohnheitsrecht verstanden werden können. Konkret aber, das zeigen noch die jüngsten gewaltsamen politischen Umbrüche in den nordafrikanischen Staaten, spiegeln die Zusammensetzungen der verfassungsgebenden Versammlungen einen jeweiligen Kompromiss zwischen Gewalt, traditionellen Machtstrukturen und normativer Menschenrechtsorientierung. Diese historischen Kontingenzen einer ursprünglichen Verfassungsgebung verlieren freilich ihr Recht, wenn auch nicht ihre faktischen Wirkungen, wenn es um die Frage einer normativ vorbildlichen Verfassung selbst geht.

Eine paradigmatische Beziehung zwischen Menschenrechten und Verfassung hat Robert Alexy vorgeschlagen. Für Alexy[14] sind Menschenrechte universale, moralische, fundamentale, vorrangige und abstrakte Rechte, deren Institutionalisierung sowohl international wie innerstaatlich geboten ist. Insoweit vertritt Alexy eine liberale Position, gemäß der die moralisch gefassten, vorkonstitutionellen Menschenrechte eine beschränkende Funktion für die Demokratie haben. Auf der anderen Seite müs-

---

[13] *J. Habermas*, in: ders., Die Einbeziehung des Anderen, 1996, 277–292; *G. Lohmann*, in: Jahrbuch für Recht und Ethik, Bd. 19 (2011), 145–162.

[14] *R. Alexy*, in: S. Gosepath/G. Lohmann (Hrsg.), Philosophie der Menschenrechte, 1998, 244 ff.

sen die Menschenrechte in positives Recht transformiert werden, weil nur so 1. ihre Durchsetzung, 2. klare Entscheidungen in strittigen Fällen (Erkenntnisargument) und 3. ihre Erfüllung bei positiven Pflichten, nämlich durch die Schaffung von notwendigen gemeinschaftlichen Organisationen (Organisationsargument), gesichert werden kann.

Einmal also benötigen die Menschenrechte zu ihrer Gewährleistung eine staatliche Rechtsordnung, zum anderen sind sie Abwehrrechte gegenüber staatlicher Willkür und beanspruchen, den demokratischen Prozeß zu normieren. Alexy versucht diese Spannung zwischen Angewiesenheit und kritischer Distanz in die Struktur der demokratischen Ordnung mit aufzunehmen, indem er diese als eine in sich differenzierte *Selbstbindung* beschreibt. Welche Art von staatlicher Ordnung benötigen die Menschenrechte? Alexy geht eine Reihe von konzeptionellen Vorschlägen durch:

a) Ein *formeller Rechtsstaat,* definiert durch Rechtssystem und Gewaltenteilung, sei nur eine notwendige, keine hinreichende Bedingung für die Sicherung der Menschenrechte.

b) Im *demokratischen Rechtsstaat* werden die Menschenrechte in die Verfassung aufgenommen und verwandeln sich in Grundrechte. Über die Einhaltung der Grundrechte entscheidet der demokratische Prozess, also in der Regel das Parlament, das wegen der Mehrheitsregel und überhaupt als Souverän an die Beachtung der Menschenrechte nur durch Selbstbindung gebunden ist.[15]

c) Im *demokratischen Verfassungsstaat* werden deshalb die Konflikte zwischen Grundrechten und Demokratie, die in jeder *realen* Demokratie aufbrechen können, durch eine Konkretisierung und Binnendifferenzierung dieser Selbstbindung geregelt: Alexy gesteht den Menschenrechten in einer nationalstaatlichen Verfassung einen normativen Vorrang zu, der sich auf dem Wege einer Verfassungsgerichtsbarkeit gleichwohl als demokratische Selbstbindung verstehen lässt. Die Bürger sind als Adressaten und als Autoren ihrer Gesetze gleichmäßig beachtet, die unterschiedlichen Menschenrechte selbst sind als Freiheitsrechte, politische Mitwirkungsrechte, „juristische" Rechte und schließlich auch als soziale Teilhaberechte in dem Grundrechtskatalog konstitutionell abgesichert und wirken ihrerseits auf die Ausübung der politischen Gewalten, die Rechtsanwendung und Rechtssetzung. Eine Verfassungsgerichtsbarkeit kontrolliert und schlichtet mögliche Konflikte. „Wenn sich (ein) ... Reflexionsprozess zwischen Öffentlichkeit, Gesetzgeber und Verfassungsgericht dauerhaft stabilisiert, kann von einer gelungenen Institutionalisierung der Menschenrechte im demokratischen Verfassungsstaat gesprochen werden".[16]

So ist dann in der Tat, vom moralischen Gehalt der Menschenrechte aus gesehen, ein demokratischer Verfassungsstaat mit Verfassungsgericht die beste, und insofern normativ geforderte paradigmatische Institutionalisierung der positiv rechtlichen Transformation der Menschenrechte in eine Verfassung. Eine, unter diesen idealen

---

[15] Entspricht in wesentlichen Hinsichten der Lage in England.
[16] *Alexy* (Fn. 14), 264.

Bedingungen, gut funktionierende Verfassung macht auch die Probleme und Paradoxien einer ursprünglichen Verfassungsgebung vergessen. Die souveränen Akte der Verfassungsgebung verwandeln sich in den fortlaufenden Prozess der Verfassungsänderungen, Verfassung wird zu einer „prozeduralisierten Volkssouveränität"[17].

Dass damit das Spannungsverhältnis zwischen Menschenrechten und demokratischem Verfassungsstaat keineswegs problemlos und harmonisch geworden ist, zeigen die vielfältigen Konflikte zwischen dem moralischen Universalismus der Menschenrechte und dem Partikularismus der Demokratie. Man kann hier Probleme eines „internen Universalismus" der Menschenrechte (Beschränkung der sozialen Rechte auf Staatsbürger; Probleme des Menschenrechtsschutzes von Nichtstaatsbürgern; Asylrecht und Umgang mit Migranten; Minderheitenschutz) von solchen eines „externen Universalismus"[18] (globale Menschenrechtsverpflichtungen; Weltarmut; globaler Umweltschutzes; globale Ungleichheiten usw.[19]) unterscheiden. Diese Konflikte bleiben jeder demokratischen Verfassung immanent. Verstärkt wird ihr transzendierender Impuls noch, wenn die neue normative Rolle des Begriffs der Menschenwürde in den Menschenrechtsdokumenten seit 1945 beachtet wird.[20] Der moralische Universalismus der Menschenrechte und der Menschenwürde treibt die zunehmende, transnationale Realisierung der Institutionalisierung des normativen Gehalts der Menschenrechte an. Die Fragen sind nun, ob die bisherigen völkerrechtlichen Institutionalisierungen dafür ausreichen, oder ob eine stärkere Demokratisierung und Konstitutionalisierung transnationaler und internationaler Beziehungen nötig und möglich sind.

III. Menschenrechte und europäische Verfassung

Überlegungen zu einem transnationalen, letztlich dann globalen, konstitutionellrechtlichen Menschenrechtsschutz greifen in der Regel auf Kant zurück. Kant hatte zwei Versionen diskutiert: idealiter und rein aus Vernunftgründen erfordere der moralische Universalismus der Menschenrechte ein Weltbürgerrecht in einer demokratischen Weltrepublik. Da Kant diese positive Vernunftlösung aus interessanten, normativen und empirischen Gründen nicht für möglich hielt, erschien ihm nur ein „negatives Surrogat" erwägenswert: ein Völkerbund aller Staaten, der zumindest die Kriegsgefahr des gesetzlosen Zustandes müsste abwehren können.[21] Von den Men-

---

[17] *J. Habermas*, Faktizität und Geltung, 1992, 626.

[18] Zu diesen Begriffen *G. Lohmann*, in: W. Kersting (Hrsg.), Politische Philosophie des Sozialstaats, 2000, 362 ff.

[19] *G. Lohmann*, in: H.-H. Gander (Hrsg.), Menschenrechte. Philosophische und juristische Positionen, 2009, 35–58.

[20] *G. Lohmann*, zeitschrift für menschenrechte Jg. 4., 2010 b, Nr. 1, 46–63; *J. Habermas*, in: ders., Zur Verfassung Europas, 2011, 37 f., *G. Lohmann*, in: N. Knoepffler u. a. (Hrsg.), Facetten der Menschenwürde, 2011.

[21] Siehe *I. Kant*, Zum Ewigen Frieden, in: Kants Werke, Akademie Ausgabe Bd. VIII, 341–386.

schenrechten bleibt unter diesen Umständen nur ein Weltbürgerrecht als allgemeines Besuchs- oder Gastrecht, und auch dies ohne eine rechtliche Verbürgtheit. Seit Kants genialem und wahrlich kreativem Vorschlag bewegen sich viele Diskussionen einer Verbindung von Völkerrecht und Menschenrechten im Bann dieser beiden Modelle. Erst in jüngster Zeit haben sich Modellvorschläge[22] artikuliert, die vom Sog beider Modelle nicht ergriffen werden. Paradigmatisch sind dafür Entwicklungen in der Europäischen Union, so dass nun die regionale Ebene eine international vorbildhafte Rolle für eine mögliche, wenn auch umstrittene, globale Konstitutionalisierung der Menschenrechte gewinnt.[23] Ich kann hier nur einige Problemstellungen skizzieren.

Zunächst ist daran zu erinnern, dass gegen den Ruf nach einer europäischen Verfassung bis heute bedenkenswerte Einwände erhoben werden.[24] Dabei wurde aber zumeist von den Gegnern das nationalstaatliche Verfassungsmodell als Maßstab genommen, von den Befürwortern hingegen ein gewandeltes Verfassungsverständnis zur Orientierung konzipiert. Unter den Schlagwörtern einer „entstaatlichten Verfassung", einer „zivilen Verfassung" oder einer „Mehrebenen-Verfassung auf Basis von Verträgen" wurden Modelle entworfen, die durchaus die prinzipielle Möglichkeit einer europäischen Verfassung sichtbar und akzeptabel erscheinen lassen. Inzwischen gab es einen Europäischen Verfassungsentwurf[25], der eher technokratisch von nationalen Regierungsbeauftragten vorgelegt wurde, und der den Mitgliedern der EU zur Ratifizierung und Wahl gestellt war. Dieser Prozeß einer gewissermaßen nachträglichen Verfassungsgebung ist durch die gescheiterten Referenden in Frankreich und Holland ins Stocken geraten oder gescheitert, und durch den *Vertrag von Lissabon* als einen völkerrechtlichen Vertrag von 27 Mitgliedstaaten der *Europäischen Union* (EU) ersetzt worden (in Kraft getreten 1. Dezember 2009). Inhaltlich übernimmt dieser Vertrag aber wesentliche Elemente des ursprünglichen Verfassungsentwurfs. Mit Bezug auf die Menschenrechte ist festzuhalten, dass in Art.2 festgelegt wird: „Die Werte, auf die sich die Union gründet, sind die Achtung der Menschenwürde, Freiheit, Demokratie, Gleichheit, Rechtsstaatlichkeit und die Wahrung der Menschenrechte …". Neu ist, dass die Charta der Grundrechte der Europäischen Union (von 2000), die dem Verfassungsentwurf eingefügt war und bislang nicht rechtskräftig war, nun in Art. 6, Abs. 1 durch den EU-Vertrag rechtskräftig geworden ist. Zu fragen ist, ob dadurch auch eine transnationale und in diesem Sinne „regionale" Konstitutionalisierung der Menschenrechte in Europa auf den Weg gebracht ist.

---

[22] Siehe *M. Zürn*, PVS 52 (2011), 78–118.

[23] *J. Habermas*, in: ders: Der gespaltene Westen, 2004, 113–193.

[24] Siehe dazu beispielhaft die Auseinandersetzung zwischen Dieter Grimm und Jürgen Habermas: *D. Grimm*, Braucht Europa eine demokratische Verfassung?, 1995; *J. Habermas*, in: ders., Die Einbeziehung des Anderen, 1996, 185–191.

[25] Die Europäische Verfassung, 2004.

Zwar hat es weder eine demokratische Verfassungs*gebung* gegeben, noch kann man von einer verfassungsgemäßen *Anwendung* der Menschenrechte sprechen, der Schutz der Menschenrechte ist aber gleichwohl auf europäischer Ebene auf zweierlei Weise quasi „konstitutionell" rechtlich geregelt[26]:

1. Im Rahmen der EMRK (Europäische Menschenrechtskonvention vom 4.11. 1950, mit zahlreichen ergänzenden Protokollen).
2. Im Rahmen des Vertrags von Lissabon statt der (gescheiterten) EU-Verfassung als EU-Grundrechtscharta (vom 7.12.2000).

Die EMRK ist zunächst ein internationaler Vertrag der Staaten des Europarates. Sie hat gegenüber den Verfassungen der einzelnen Staaten einen „jeweils spezifischen Rechtsstatus"[27]. In Deutschland hat sie Gesetzesrang und muss durch nationale Zustimmungsgesetze in national gültige Gesetze transformiert werden. Rechtsschutz ist durch zwei Verfahren geregelt: Individualbeschwerde und Staatenbeschwerde. Seit 1994 gilt das rechtspolitisch wichtigere Individualbeschwerdeverfahren unbeschränkt. „Es existiert eine objektive Gerichtsbarkeit"[28], die einen subsidiären Grundrechtsschutz für den einzelnen gewährt, d. h. es müssen vorher alle innerstaatlichen Rechtswege ausgeschöpft sein. Der Menschenrechtsschutz der EMRK beschränkt sich aber auf Abwehrrechte gegen Freiheitseinschränkungen, enthält keine Leistungs- oder sozialen Rechte, wohl aber Gewährleistungsansprüche auf aktiven positiven Schutz. Nimmt man das Modell des demokratischen Verfassungsstaates als Kriterium, so sind in dieser Hinsicht die Menschenrechte in Europa nicht konstitutionell verankert.

In der Praxis und durch Entscheidungen des Europäischen Menschenrechtsgerichtshofes (EGMR) hat die EMRK aber den Charakter einer vorrangigen objektiven Rechtsordnung gewonnen, auch als „constitutional instrument of European public order" bezeichnet[29]. Sie hat so, ohne selbst explizit eine Verfassung zu sein, einen allgemein anerkannten „verfassungsmäßigen Charakter" gewonnen. Dies zeigt sich insbesondere an folgenden Rechtsfolgen:

– „Die EMRK gewährt nicht nur reziproke Rechte" (wie bei normalen Verträgen), „sondern absolute Rechte der Individuen gegenüber jedem Konventionsstaat".

– „Das betroffene Individuum muss nicht Angehöriger des Konventionalstaates sein".

– „Berechtigter ist an erster Stelle das Individuum selbst".

– Ferner ist eine „dynamische, teleologische Auslegung … angemessen", und die Konventionsrechte „entfalten eine mittelbare Drittwirkung", d.h. zunächst sind

---

[26] Ich folge hier weitgehend der Darstellung von *A. Peters*, Einführung in die Europäische Menschenrechtskonvention, 2003.

[27] *Peters* (Fn. 26), 2 f.

[28] *Peters* (Fn. 26), 6.

[29] *Peters* (Fn. 26), 12 ff.

Verpflichtete die Konventionalstaaten, aber dann gilt auch der „Anspruch auf Schutz durch den Staat gegen Eingriffe durch Private"[30].

Die zunächst separat erstellte *Charta der Grundrechte* der EU vom 7.12.2000 unterscheidet sich von der EMRK und gilt parallel dazu auf Grund des Lissabon-Vertrages.[31] Auf diese komplizierte Weise bewirkt aber der zunächst nur völkerrechtlich konzipierte, vertragliche Menschenrechtsschutz geradezu eine Konstitutionalisierung des Völkerrechts, d.h. eine Wandlung zu einer regionalen Verfassung, ohne dass es schon ein regionales Staatsvolk und entsprechende Gesetzgebungsprozesse und eine explizite Verfassung geben muss. Wenn man so will: die vertragliche Institutionalisierung eines europäischen Menschenrechtsregimes konstituiert ihrerseits so etwas wie eine europäische Verfassung: Eine ganze Reihe der oben genannten Charakteristika von Verfassung treffen zu. Dadurch bekommen die Menschenrechte in der Gestalt von EMRK und Grundrechtscharta einen konstitutionellen Charakter, basieren aber auf völkerrechtlichen Verträgen und nicht auf einem demokratischen Selbstbestimmungsprozess. Der ist aber sowohl dem republikanischen Sinn moderner Verfassungen immanent[32] wie einer republikanischen Interpretation der Menschenwürde und der Menschenrechte zu entnehmen.[33]

Dieses demokratische Manko[34] hätte eine angemessene, demokratische Verfassungsgebung der europäischen Verfassung korrigieren können. Auf diese Weise könnte man, wenn man an dem Projekt festhält, wenn auch in vielen Hinsichten noch unzureichend, die Legitimität der Verordnungen der Europäischen Kommission und der europäischen Gesetzgebung verstärken. Aber wie soll man nun die Idee der Selbstgesetzgebung (Souveränität) auf die europäischen Völker ausweiten, europaweite Wahlen zu einem in seinen Kompetenzen freilich beschnittenen Europaparlament organisieren, und ein komplexes und differenziertes Prozedere von intergouvernementalen *und* parlamentarischen Willensbildungen institutionalisieren? Die Streitfragen liegen offen: Kann die klassische, einzelstaatliche demokratische Verfassungsgebung auf einen regionalen Zusammenschluss mehrerer Staaten ausgedehnt werden[35] und hat Europa noch eine „zweite Chance"[36], oder muss man sich

---

[30] Alle Zitate *Peters* (Fn. 26), 13 ff.

[31] Siehe A. Marchetti/C. Demesmay (Hrsg.), Der Vertrag von Lissabon. Analyse und Bewertung, 2010. *Ch. Calliess*, Die neue Europäische Union nach dem Vertrag von Lissabon. Ein Überblick über die Reformen unter Berücksichtigung ihrer Implikationen für das deutsche Recht, 2010.

[32] Das betont, aber bezogen auf nationale Verfassungen, *I. Maus*, Über Volkssouveränität, 2011.

[33] *G. Lohmann,* Die rechtsverbürgende Kraft der Menschenwürde. Zum menschenrechtlichen Würdeverständnis nach 1945, in: zeitschrift für menschenrechte, Jg. 4., 2010 b, Nr. 1, 46–63.

[34] Siehe die Kritik von *Frankenberg* (Fn. 9), 535 ff.

[35] Siehe jetzt neu *J. Habermas,* Zur Verfassung Europas, 2011.

[36] *H. Brunkhorst*, in: P. Niesen/B. Herborth (Hrsg.), Anarchie der kommunikativen Freiheit, 2007, 321–349.

mit der völkerrechtlichen Vertragsgebung als Verfassungsersatz begnügen?[37]. Ich will diese Fragen nun nicht mehr auf der regionalen, europäischen Ebene durchspielen, sondern (aus Platzgründen) gleich auf die globale Ebene beziehen.

IV. Konstitutionalisierung des Völkerrechts und globaler Menschenrechtsschutz

Dabei will ich die Themenfolge gegenüber den vorherigen Ebenen umkehren. Der globale Menschenrechtsschutz durch das geltende Völkerrecht scheint in wesentlichen Hinsichten dem Menschenrechtsschutz im Rahmen einer „entlasteten" Weltverfassung zu entsprechen. Deshalb will ich (a) das für den völkerrechtlichen Menschenrechtsschutz gleichwohl bestehende Desiderat einer Konstitutionalisierung aufzeigen, um (b) dann nach den Vorschlägen zum Prozedere einer Welt-Verfassungsgebung zu fragen. Ich beziehe mich dabei im Wesentlichen auf Vorschläge von Habermas.

a) Habermas beschränkte in seinem ersten Vorschlag einer Weltverfassung den globalen Menschenrechtsschutz auf die Einhaltung und Durchsetzung der *Beachtung* negativer Pflichten[38]: Es geht um das Unterbinden schwerwiegender Menschenrechtsverletzungen, wie massenhafte Folter, Völkermord etc. Das entspricht in etwa den Menschenrechtsverletzungen, die auch der internationale Strafgerichtshof ahndet. Ganz ausgeblendet sind soziale Menschenrechte; sie sollen auf der ersten, nationalen Ebene geschützt und gewährt werden. Und ebenso sind die politischen Mitwirkungsrechte halbiert; nur soweit sie für eine globale Meinungsbildung relevant sind, sind sie zu schützen, aber nicht, soweit sie eine gesetzte Willensbildung im globalen Rahmen organisieren und durchführen könnten.

Nun ist diese selektive Interpretation der Menschenrechte auf globaler Ebene vor dem Hintergrund eines subsidiär gestaffelten, Mehrebenen-Menschenrechtsschutzes zu sehen. Während die nationale Ebene alle Menschenrechte, auch die sozialen, vollumfänglich schützt, und die regionale Ebene (EU) dies noch bedingt schafft, ist der globale Menschenrechtsschutz im obigen Sinne beschränkt. Auf diese Weise ging Habermas damit nicht wesentlich über den gegenwärtigen Stand des *völkerrechtlichen* Menschenrechtsschutzes hinaus.

Juristen unterscheiden hier bei der Diskussion des universellen und egalitären Anspruchs der Menschenrechte drei Aspekte[39]: 1. das Problem der Formulierung von Standards, die universell und für alle gleich gelten können; 2. die Klärung der Verpflichtungsart und -intensität der Staaten durch die Menschenrechte; und 3. Fragen der Implementierung und Durchsetzung von Menschenrechtsverpflichtungen. Eine

---

[37] *I. Maus,* in: P. Niesen/B. Herborth (Hrsg.), Anarchie der kommunikativen Freiheit, 2007, 350–382.

[38] *Habermas* (Fn. 23), 142.

[39] Ich stütze mich im Folgenden auf *E. Riedel,* in: ders., Die Universalität der Menschenrechte, 2003, 105 ff.

genauere Diskussion dieser Aspekte verdeutlicht aber die sinnvolle und normativ zu fordernde Konstitutionalisierung.

Ad 1. Seit der *Allgemeinen Erklärung der Menschenrechte* (AEMR) hat sich, besonders durch die beiden Pakte von 1966 und weitere völkerrechtliche Verträge, ein „Kernbestand von Menschenrechten" herauskristallisiert, „die generell als völkerrechtliche menschenrechtliche Mindeststandards akzeptiert werden"[40]. Ein Kernbereich der 30 Artikel der AERM gilt heute als „Völkergewohnheitsrecht", zusätzlich abgestützt durch regionale Menschenrechtspakte. Zu diesem Kernbereich gehören die wichtigsten Freiheitsrechte, das Recht auf Leben und faire Teilnahme an Rechtsverfahren und einige der politischen, wirtschaftlichen, sozialen und kulturellen Rechte.

Hinsichtlich der Rechtsstandards im Einzelnen mag es zwar noch einige Differenzen geben, im Großen und Ganzen aber herrscht Einigkeit über die allgemein akzeptierten Menschenrechte. Es gibt auf der Welt fast keinen Staat mehr, der sich offiziell der Geltung der Menschenrechte bereits auf prinzipieller Ebene widersetzt. Freilich ist das Bekenntnis zu den Menschenrechten oft nicht mehr als ein Lippenbekenntnis. Aber auch, wenn man von den oftmals rhetorischen und ideologischen Formulierungen absieht, die Idee der Menschenrechte verlangt, dass diese Rechte den Menschen nicht paternalistisch von wohlwollenden Experten gegeben werden, sondern dass sie selbst über sie urteilen und in politischen Rechtsetzungen auch konkretisieren können. Deshalb bleibt hier, auch wenn es eine weitgehende globale Einigkeit über gegenwärtige Menschenrechtsstandards gibt, gleichwohl noch die Frage offen, wie denn Weiterentwicklungen oder auch Veränderungen in diesem Bereich geregelt werden können: Das ginge angemessen nur durch eine weltbürgerliche Verfassungsfortentwicklung, also durch demokratische Aktivitäten einer Verfassungsgebung.

Ad 2. Dieses Problem wird auch deutlich, wenn wir die Verpflichtungsarten und ihre Intensität betrachten. Dass weitgehend Einigkeit über die allgemein anzuerkennenden Menschenrechtsstandards herrscht, heißt ja noch nicht, dass die Staaten sich auch einer allgemeinen Kontrolle der Einhaltung dieser Standards in der gleichen Weise unterworfen haben. Der Pakt über bürgerliche und politische Rechte von 1966 sieht diesbezüglich drei Verfahren vor: 1. periodische und obligatorische Staatenberichte, 2. fakultative Staatenbeschwerden und 3. fakultative Individualbeschwerden. Diese Verfahren können freilich nur bei vorheriger freiwilliger Zustimmung durch die Staaten wirken und sind oft von politischen Interessenkonflikten und -Koalitionen abhängig.[41] Das kann man aber nicht Experten überlassen, sondern müsste eigentlich bestimmt und kontrolliert werden durch eine globale Willensbildung. Das zeigt sich auch bei der Neukonzipierung des Menschenrechtsschutzes durch den Menschenrechtsrat.[42] Auch hier erfordert eine Verbesserung des Men-

---

[40] *Riedel* (Fn. 39), 108; siehe auch *Klein* (Fn. 1).
[41] Weitere Hinweise bei *Riedel* (Fn. 39).
[42] *E. Klein/M. Breuer*, in: H. J. Münk (Hrsg.), Die Vereinten Nationen sechs Jahrzehnte nach ihrer Gründung, 2008, 75–116.

schenrechtsschutzes ergänzende und kontrollierende Maßnahmen in der Art einer globalen demokratischen Verfassungsgebung.

Ad 3. Entscheidend für eine Verbesserung wird aber die Etablierung einer rechtlich erzwingbaren Durchsetzung des Menschenrechtsschutzes auf globaler Ebene sein. Sie ist bisher unzureichend und mit großen regionalen Unterschieden realisiert. Vorbildhaft wäre der *Europäischen Gerichtshof für Menschenrechte*, der für Europa einen weitgehend akzeptablen Menschenrechtsschutz mit individueller Klagebefugnis gewährt. Vergleichbare Rechtsregime fehlen (noch) in anderen Regionen der Welt. Obwohl vom Mandat eingeschränkter und auch in der internationalen Zustimmung noch sehr lückenhaft, ist auch der *Internationale Strafgerichtshof* ein Schritt in die richtige Richtung. Die weltweit einhellige Kritik an der Blockadepolitik der USA zeigt zudem, dass es auch hier keine allgemein akzeptablen Argumente mehr zu geben scheint, die gegen diese Prozesse sprechen können. Offen ist, wie auch sonst häufig, die faktische Wirkung und Umsetzung.

Auf der Agenda einer global verfassten Staatengemeinschaft stehen besonders das weite Problemfeld der „humanitären Intervention" bei gravierenden Menschenrechtsverletzungen und die strafrechtliche Anklage von Menschenrechtsverbrechen durch staatliche Täter, die vormals durch die völkerrechtliche Immunität geschützt waren. An diesen Themen kann man ablesen, wie weit schon der Prozess einer informellen und gewissermaßen latenten „Konstitutionalisierung des Völkerrechts" vorangeschritten ist und ob die Umwandlung des Völkerrechts in ein stärker mit den Menschenrechten kompatibles internationales Recht gelingen kann.[43] Die Durchsetzungen der Schutzverpflichtungen bleiben aber bislang Forderungen einer globalen, freilich immer nur punktuell mobilisierbaren zivilen Weltöffentlichkeit. Um die universelle und nicht parteilich-selektive Durchsetzung der Menschenrechte zu sichern, ist daher politisch der Druck einer empörten Weltöffentlichkeit zu mobilisieren. Und auch wenn Aktionen der NGOs, die Monitoring- und Assessmentverfahren der UN-Menschenrechtskommissionen[44] und die Berichte kritischer Medien vieles erreichen können, können sie nicht vergessen machen, dass der Menschenrechtsschutz in globaler Hinsicht noch weit verbesserungsbedürftig ist.

b) Hier setzen nun Habermas' Vorschläge für eine Weltverfassungsordnung und -gebung an[45]. Zunächst hatte Habermas eine US-amerikanische Strategie der Universalisierung eines amerikanischen Werte-Ethos und zugleich der gewaltsamen Durchsetzung eines imperialen Rechts abgewehrt, um so den Boden frei zu bekommen für seine „mittlere" Variante einer globalen Konstitutionalisierung. In ihr verändert er

---

[43] Zum Problem der „humanitären Intervention" siehe z. B. *J. M. Welsh*, Humanitarian intervention and international relations, 2004; G. Meggle (Hrsg.), Humanitäre Interventionsethik: was lehrt uns der Kosovo-Krieg?, 2004; G. Beestermöller (Hrsg.), Die humanitäre Intervention – Imperativ der Menschenrechtsidee? Rechtsethische Reflexionen am Beispiel des Kosovo-Krieges, 2003.

[44] Siehe dazu *Riedel* (Fn. 39).

[45] Ich beziehe mich hier auf *Habermas* (Fn. 23).

mehrere Charakteristika der Entwicklung des nationalen Verfassungsprojektes, die ich hier nur stichwortartig nennen kann: Entstaatlichung der Verfassung; Mehrebenenverfassung: nationale, regionale und globale Verfassungsebenen; Subsidiaritätsprinzip: unterschiedliche Aufgaben je nach Ebene; nur was die untere Eben nicht leisten kann, wird auf der nächsthöheren geregelt; liberale, vertragliche Herrschaftsbegrenzung statt republikanische Herrschaftsbegründung; mit anderen Worten, statt Rechts*staat*lichkeit: „rule of law"; statt direkte Legitimation durch globale Willensbildung indirekte Legitimationszuflüsse; statt „starke Öffentlichkeiten" mit institutionellen demokratischen *Willens*bildungsprozessen Forcierung „schwacher Öffentlichkeiten" einer globalen kritischen und interventionistischen *Meinungs*bildung; Beschränkung der Exekutive auf zwei Aufgaben: 1. Sicherung des Friedens zwischen den Staaten und 2. Schutz der Menschenrechte.

Auf kritische Einwände[46] zu diesen ersten Vorschlägen hat Habermas einen neuen Vorschlag zur konstitutionellen Reform der Vereinten Nationen gemacht[47]. Ausgangspunkt ist nun eine neue Rekonstruktion der Lage der Europäischen Union nach dem Lissabon-Vertrag, die auch Vorbild für einen gewandelten Entwurf eines globalen Menschenrechtsschutzes sein kann. Ich verstehe ihn so, dass damit die Menschenrechte nicht mehr *entweder* konstitutionell *oder* völkerrechtlich zu institutionalisieren seien, sondern dass das „zwischen" des „Menschenrechte zwischen Verfassung und Völkerrecht" zu einem „sowohl – als auch" sich wandelt: Ausgangspunkt bleiben die, durch die Achtung der Menschenwürde jedes einzelnen Menschen verbürgten, Rechte des Einzelnen[48], aber auf dieser, gewissermaßen vorkonstitutionellen, Basis spricht Habermas für die Gesetzgebungsprozesse nun von einer „geteilten Souveränität" zwischen Bürgern und Staaten, was für den Einzelnen bedeutet, dass er sowohl als Staatsbürger wie auch als Weltbürger[49] beteiligt ist. Zum einen geht es ihm um die „Unterordnung der gewaltmonopolisierenden Mitgliedstaaten" unter ein globales Verfassungsrecht, zum anderen geht er bei der notwenigen Verfassungsgebung von einer „Teilung der Souveränität zwischen den verfassungsgebenden Subjekten der Bürger und der Staatsvölker"[50] aus. Dabei bleibt es bei der Entlastung der „demokratischen Verfassung der Weltgesellschaft" von Aufgaben: Es bleiben globale Friedenssicherung und Schutz der Menschenrechte. Zudem spezifiziert er die utopisch erscheinende Idee eines Weltparlaments als rechtsetzender Institution durch den Vorschlag, dass in ihm die Bürger als Weltbürger und als Staatsbürger die universellen Gehalte der Menschenrechte mit den besonderen Fassungen je partikularer Staatstraditionen in einer rationalen Weise zum Ausgleich bringen können. Das erscheint ihm auch deshalb nicht ganz undenkbar, weil in diesem Streit, in dem es um die Abwägung und Lösung zwischen konfligierenden Menschenrech-

---

[46] Siehe z.B. die Beiträge in: P. Niesen, B. Herborth (Hrsg.), Anarchie der kommunikativen Freiheit, 2007.
[47] *Habermas* (Fn. 35), 82 ff.
[48] *Habermas*(Fn. 35), 68.
[49] *Habermas*(Fn. 35), 87.
[50] *Habermas*(Fn. 35), 83.

ten und Konflikten ihrer Anwendung geht, rein moralische Gründe ausreichen, „weil die Menschenrechte genau den Teil der universalistischen Moral umschreiben, der ins Medium des zwingenden Rechts übersetzt werden kann".[51] Diese Reduzierung der zu erwartenden Aufgaben lässt dann auch die Wahlen zum Weltparlament nicht als normale politische Wahlen zu je untereinander konkurrierenden und partikularen Gesetzgebungsinstitutionen erscheinen, sondern „die Wahl zu einem Weltparlament wäre der einzige *vollständig inklusive* Vorgang dieser Art."[52]

Wie immer man diesen und andere Vorschläge zu einer kosmopolitischen Demokratie[53] auch bewertet, und wie naheliegend alle möglichen kritischen Einwände auch sein mögen: Sie antworten auf die Fehlentwicklungen und gravierenden Probleme einer deregulierten Globalisierung. Der auf internationaler Ebene im traditionellen Völkerrecht selektive und unzureichende Menschenrechtsschutz, der oftmals nur die faktischen Machtverhältnisse nationaler Interessen und internationaler Machtkompromisse widerspiegelt, lassen uns keine Wahl, als diese Versuche weiter zu entwickeln[54] und zu testen. Die Menschenrechte sind auch hier ein historisch offenes Projekt, dessen angemessene Konstitutionalisierungen, wie auch sonst in der Geschichte der Menschenrechte, erst gegen Widerstände erkämpft werden müssen. Dass diese Anstrengungen normativ geboten und nicht von vornherein illusorisch sind, das wollten diese Überlegungen zu den Menschenrechten zwischen Verfassung und Völkerrecht zeigen.

---

[51] *Habermas* (Fn. 35), 91 f.

[52] *Habermas* (Fn. 35), 90.

[53] Siehe jetzt statt vieler: *G. W. Brown/ D. Held* (Hrsg.), The Cosmopolitan Reader, 2010.

[54] Siehe jetzt den auf den Europäischen Bereich bezogenen Vorschlag von *P. Bofinger/J. Habermas/J. Nida-Rümelin*, Einspruch gegen die Fassadendemokratie, FAZ v. 4. Aug. 2012, 33.

Endlich gleichberechtigt –
die Anerkennung der Justiziabilität
von wirtschaftlichen, sozialen und
kulturellen Rechten!

Von *Claudia Mahler*

I. Einleitung

Dieser Aufsatz hat das Ziel, die Unteilbarkeit, die Gleichwertigkeit und die Universalität der Menschenrechte zu untermauern, indem die oft negierte Justiziabilität von wirtschaftlichen, sozialen und kulturellen Rechten für Deutschland vergegenwärtigt wird. Hierbei werden die in Deutschland, bereits seit 1973 verbrieften Rechte, des UN-Paktes für wirtschaftliche, soziale und kulturelle Rechte (Sozialpakt)[1] im Vordergrund stehen.[2] Im Sozialpakt geregelt, sind beispielsweise das Recht auf Arbeit, das Recht auf soziale Sicherheit, das Recht auf Gesundheit oder das Recht auf Bildung. All diese Rechte sind bereits durch die Ratifikation des Sozialpakts für Deutschland verbindlich geworden. Die Auffassung, wirtschaftliche, soziale und kulturelle Rechte seien lediglich politische Zielbestimmungen oder Programmsätze, ist nicht mehr zeitgemäß. Während der Wiener Weltmenschenrechtskonferenz haben sich die Mitgliedstaaten der Vereinten Nationen auf die Unteilbarkeit, die Gleichwertigkeit und die Universalität aller Menschenrechte ohne Einschränkung geeinigt. Individualrechtliche Rechtspositionen sind sowohl in den wirtschaftlichen, sozialen und kulturellen Rechten als auch in den bürgerlichen und politischen Rechten verankert. Den individualrechtlichen Charakter der im Sozialpakt enthaltenen Normen bestätigt das im Jahr 2008 verabschiedete Fakultativprotokoll zum Pakt, welches ein Individualbeschwerdeverfahren vorsieht. Auch die jeweiligen Fachausschüsse stellen bei bürgerlichen und politischen wie auch bei wirtschaftlichen, sozialen und kulturellen Rechten auf die Verpflichtung der Staaten zur Achtung, zum Schutz und zur Gewährleistung der Menschenrechte ab.

Im ersten Abschnitt diese Abhandlung werden die historische Entwicklung der Menschenrechte und die Zweiteilung in die Zwillingspakte beleuchtet. Nach einer kurzen Klarstellung, was unter den wirtschaftlichen, sozialen und kulturellen Rechten zu verstehen ist, werden die Impulse des Fakultativprotokolls zum Sozialpakt für

---

[1] BGBl. 1976 II 428.

[2] Ähnliche Rechte sind auch in der Sozialcharta des Europarates geregelt, die für Deutschland auch Gültigkeit hat – in Kraft getreten am 26. Febr. 1965 (vgl. BGBl. II 1261 und BGBl. II 1122).

die Justiziabilität dargestellt. Hieran schließen sich kurze Ausführungen, was man unter Justiziabilität verstehen kann. Die Rechtsbereiche in denen wirtschaftliche, soziale und kulturelle Rechte in Deutschland direkt anwendbar sind und die in Deutschland bereits ergangene Rechtsprechung wir im Anschluss vorgestellt.

II. Einführung

Die aus dem Jahre 1948 stammende Allgemeine Erklärung der Menschenrechte vereint wirtschaftliche, soziale und kulturelle und bürgerliche und politische Rechte. Durch die Vereinigung aller Menschenrechte in einem Dokument werden die Gleichwertigkeit, die Unteilbarkeit und die Universalität der Menschenrechte manifestiert. Aufgrund des Kalten Krieges, in dem sehr unterschiedliche politische Positionen herrschten, konnte sich die Staatengemeinschaft nicht darauf einigen, einen verbindlichen Vertrag aus der unverbindlichen Allgemeinen Erklärung der Menschenrechte zu entwickeln.[3] Die Menschenrechtskommission konnte den Auftrag einen verbindlichen Konventionsentwurf sowohl für bürgerliche und politische Rechte als auch den wirtschaftlichen, sozialen und kulturellen Rechten mit geeigneten Durchsetzungsverfahren zu erarbeiten nicht erfolgreich umsetzen.[4] Einen besonders schwierigen Verhandlungspunkt stellte die Justiziabilität von wirtschaftlichen, sozialen und kulturellen Rechten dar. Die Justiziabilität der wirtschaftlichen, sozialen und kulturellen Rechte wurde von den Verhandlern der westlichen Staaten bestritten. Hierdurch konnte der ursprüngliche Entwurf der alle Rechte und ein Durchsetzungsverfahren für alle enthielt nicht vorgelegt werden. Die erarbeiteten Durchsetzungsverfahren enthielten neben dem Staatenberichtsverfahren, auch ein Staatenbeschwerde- und Individualbeschwerdeverfahren. Nach zwei Jahren Stagnation wurde dann die Aufspaltung in zwei Pakte beschlossen.[5] Deshalb mussten zwei Vertragsentwürfe erarbeitet werden, um sowohl den Westlichen Staaten und den von ihnen favorisierten bürgerlichen und politischen Rechten als auch dem Ostblock den von ihnen unterstützten wirtschaftlichen, sozialen und kulturellen Rechten Rechnung zu tragen und die Verbriefung der Menschenrechte in verbindlichen Verträgen zu ermöglichen. Durch die Zweiteilung in die beiden Pakte sollten die unterschiedlichen Rechtegruppen angemessen berücksichtigt werden und dies galt auch für die unterschiedlichen Ansichten bezogen auf die Durchsetzung der Rechte.[6] Dennoch wurde von der Menschenrechtskommission zur Wahrung der Einheit der Menschenrechte eine weitge-

---

[3] Siehe auch *A. Haratsch,* Die Geschichte der Menschenrechte, 4. Aufl. 2010.

[4] *M. Craven,* The International Covenant on Economic, Social, and Cultural Rights – A Perspective on its Development, 1995, 19.

[5] *K. Klee,* Die progressive Verwirklichung wirtschaftlicher, sozialer und kultureller Menschenrechte – eine Interpretation von Art. 2 Abs. 1 des Internationalen Paktes für wirtschaftliche, soziale und kulturelle Rechte, 2000, 65.

[6] *K. J. Partsch,* in: B. Simma (Hrsg), Charta der Vereinten Nationen, 1991, Art. 55 (c), Rn. 39.

hende Homogenität beider Verträge gefordert.[7] Vom Entwurf der beiden Pakte 1954 bis zum Abschluss der Änderungen in der Generalversammlung vergingen noch einige Jahre. Die besonders unterschiedlichen Positionen der westlichen Staaten und der sozialistischen Staaten und ihre gegenläufigen Verständnisse und Prioritäten der Menschenrechte waren die Auslöser für die Verzögerungen.[8]

Erst im Dezember 1966 hat die Generalversammlung der Vereinten Nationen, sowohl den Internationalen Pakt über wirtschaftliche, soziale und kulturelle Rechte (Sozialpakt) als auch den Internationalen Pakt über bürgerliche und politische Rechte (Zivilpakt) einstimmig verabschiedet.[9] Für den Zivilpakt war bereits von Anfang an ein Fakultativprotokoll ausgehandelt worden. Durch die Ratifikation dieses Fakultativprotokolls haben die Staaten ein Individualbeschwerdeverfahren für bürgerliche und politische Rechte zugelassen. Dem Sozialpakt wurde bei der ursprünglichen Fassung kein Fakultativprotokoll zur Seite gestellt und somit auch kein internationales Verfahren, um dem Einzelnen die individuelle Durchsetzbarkeit auf internationaler Ebene zu ermöglichen. Es dauerte weitere zehn Jahre bis beide Pakte im Jahr 1976 nach Hinterlegung der jeweils notwenigen 35 Ratifikations- oder Beitrittsurkunden in Kraft treten konnten.

171 Mitgliedstaaten der Vereinten Nationen haben sich 1993 auf der Wiener Weltmenschenrechtskonferenz auf die Unteilbarkeit, die Gleichwertigkeit und die Universalität aller Menschenrechte ohne Einschränkung geeinigt.

„All human rights are universal, indivisible and interdependent and interrelated. The international community must treat human rights globally in a fair and equal manner, on the same footing, and with the same emphasis. While the significance of national and regional particularities and various historical, cultural and religious backgrounds must be borne in mind, it is the duty of States, regardless of their political, economic and cultural systems, to promote and protect all human rights and fundamental freedoms."[10]

Diese vielzitierte Aussage beruht einerseits darauf, dass die meisten Rechte sowohl bürgerliche politische Komponenten beinhalten als auch andererseits darauf, dass die Rechte ineinander verschränkt sind und die bürgerlichen und politischen Rechte nicht ohne ein Mindestmaß an wirtschaftlichen, sozialen und kulturellen Absicherung vollständig umgesetzt und eingefordert werden können und dies umgekehrt genauso zutrifft.

Diese Gedanken haben sich auch in den jüngeren Menschenrechtskonventionen durchgesetzt, sowohl die UN-Frauenrechtskonvention[11] und die UN-Kinderrechts-

---

[7] UN-Resolution 543 (VI) vom 5. Febr. 1952.
[8] Hierzu auch ausführlich E. Riedel, in: Bundeszentrale für politische Bildung (Hrsg.) Menschenrechte, Dokumente und Deklarationen, Berlin 2004, 11–40 (15).
[9] UN-Resolution 2200 (XXI) vom 16 Dez. 1966.
[10] UN-Dok. A/CONF.157/23 Teil I Abs. 5.
[11] Übereinkommen zur Beseitigung jeder Form von Diskriminierung der Frau, Convention on the Elimination of All Forms of Discrimination against Women (CEDAW) vom 18. Dez.

konvention¹² als auch die UN-Behindertenrechtskonvention¹³ verbürgen sowohl bürgerliche und politische als auch wirtschaftliche, soziale und kulturelle Rechte, die auch mit Individualbeschwerden durchgesetzt werden können. Speziell bei der UN-Behindertenrechtskonvention wurde von Anfang an ein Individualbeschwerdeverfahren im Fakultativprotokoll angedacht und von den meisten Staaten mitratifiziert, sodass das Anzweifeln der Justiziabilität der wirtschaftlichen, sozialen und kulturellen Rechte wohl der Vergangenheit angehört.¹⁴

Eine weitere Förderung und Weiterentwicklung erfuhren die wirtschaftlichen, sozialen und kulturellen Rechte durch die Arbeit des Internationalen Fachausschusses für wirtschaftliche, soziale und kulturelle Rechte der 1987 seine Tätigkeit zur Überprüfung der Umsetzungen des Sozialpaktes aufnahm.¹⁵ Ebenso haben die Sonderberichterstatterinnen und Sonderberichterstatter zu einzelnen Rechten des Menschenrechtsrates zum Bedeutungszuwachs der Rechte und zur praktischen Durchsetzung beigetragen.¹⁶

Nach intensiven Forderungen¹⁷ wurden schließlich doch die ersten Überlegungen zur Ausgestaltung über ein Fakultativprotokoll unternommen. Nach langen und zähen Verhandlungen in einer unabhängigen Arbeitsgruppe wurde mit der Verabschiedung durch die Resolution der Generalversammlung am 10. Dezember 2008 das Verfahren zur Entwicklung eines Fakultativprotokolls abschließend beendet.¹⁸ Das Fakultativprotokoll kann seit 2009 gezeichnet und ratifiziert werden und tritt drei Monate nach der zehnten Ratifikation in Kraft. Dies würde einen weiteren Mei-

---

1979. Resolution 34/180 der Generalversammlung der UNO. In Kraft getreten am 03. Sept. 1981; für Deutschland in Kraft getreten am 09. Aug. 1985, BGBl. 1985 II 647.

[12] Übereinkommen über die Rechte des Kindes, Convention on the Rights of the Child (CRC) vom 20. Nov. 1989. Resolution 44/25 der Generalversammlung der UNO. In Kraft getreten am 02. Sept. 1990; für Deutschland in Kraft getreten am 05. Apr. 1992, BGBl. 1992 II 121.

[13] Übereinkommen über die Rechte von Menschen mit Behinderungen, Convention on the Rights of Persons with Disabilities (CRPD) vom 13. Dez. 2006. Resolution 61/106 der Generalversammlung der UNO. In Kraft getreten am 03. Mai 2008; für Deutschland in Kraft getreten am 26. März 2009, BGBl. 2008 II 1419.

[14] Hierzu für viele *H. Bielefeldt*, Zum Innovationspotenzial der UN-Behindertenrechtskonvention, 3. Aufl. 2009.

[15] Für weiterführende Informationen und weitere Nachweise siehe http://www2.ohchr.org/english/bodies/cescr/index.htm.

[16] Beispielsweise zum Recht auf Bildung http://www.ohchr.org/EN/Issues/Education/SREducation/Pages/SREducationIndex.aspx; zum Recht auf Nahrung http://www.ohchr.org/EN/Issues/Food/Pages/FoodIndex.aspx und zum Recht auf Gesundheit http://www.ohchr.org/EN/Issues/Health/Pages/SRRightHealthIndex.aspx.

[17] Vgl. „Die bisherige Entwicklung zeigt, dass Menschenrechte nirgendwo einen leichten Siegeszug angetreten haben; sie mussten überall erstritten, oft genug erkämpft werden.[…]". *E. Klein*, in: G. Nooke/G. Lohmann/G. Wahlers (Hrsg.), Gelten Menschenrechte Universal?, 2008, 213–217 (215).

[18] GA Res. 63/117 vom 10. Dez. 2008.

lenstein für die Justiziabilität der Rechte aus dem Sozialpakt bedeuten. Derzeit fehlen noch zwei Ratifikationen.[19]

III. Gibt es eine Definition von wirtschaftlichen, sozialen und kulturellen Rechten?

Im internationalen Pakt für wirtschaftliche, soziale und kulturelle Rechte sind nicht alle möglichen wirtschaftlichen, sozialen und kulturellen Rechte enthalten. Dennoch werde ich mich für diesen Aufsatz an den Paktrechten orientieren. Besonders auffällig ist, dass das Recht auf Eigentum, welches zu den wirtschaftlichen Rechten zu zählen wäre, nicht im Sozialpakt enthalten ist.

Im letzten Jahrzehnt haben die wirtschaftlichen, sozialen und kulturellen Rechten in der wissenschaftliche Literatur vermehrt im Fokus gestanden, was ihnen in den allgemeinen Diskussionen auch mehr Platz eingeräumt hat, nachdem bisher die bürgerlichen und politischen Rechte in den wissenschaftlichen Auseinandersetzungen vorherrschend waren. Dennoch ist es schwierig eine klare Definition für die wirtschaftlichen, sozialen und kulturellen Rechte zu finden. Meist wird die Umschreibung gewählt, dass darunter die Rechte des Sozialpaktes verstanden werden. Wie das Beispiel des Eigentums zeigt, ist die Aufzählung auch im Vertrag nicht vollständig und auch von der Zeit geprägt in der er ausgehandelt wurde.

Die Ansicht, dass wirtschaftliche, soziale und kulturelle Rechte nur Leistungsrechte sind überzeugt nach der herrschenden Meinung nicht mehr, da auch in den wirtschaftlichen, sozialen und kulturellen Rechten Abwehr-, Schutz und Gewährleistungsdimension als Staatenpflichten enthalten sind.

Asbjorn Eide hatte einen deskriptiven Ansatz gewählt und zeigt die wirtschaftlichen, sozialen und kulturellen Rechte anhand eines exemplarisch gewählten Rechtes auf.[20] Anhand dieses Beispiels charakterisiert er auch alle anderen Rechte die in diese Unterkategorie fallen. Hieraus lassen sich die Elemente ableiten, die dann die charakteristischen Elemente für eine allgemeine Definition der wirtschaftlichen, sozialen und kulturellen Rechte liefern. Die wirtschaftlichen Rechte werden als die wirtschaftliche Tätigkeit als die Grundlage des Einkommens des Menschen und damit der Sicherung eines angemessenen Lebensstandards, der aus eigener Kraft erreicht werden kann, beschrieben. Aus den sozialen Rechten wird abgeleitet, dass diese die Rechte seien, die jedem Menschen die materielle Absicherung seiner Lebensgrundlage gewähren und dies in den Fällen, in denen es für den Einzelnen nicht möglich ist sich diese selbst zu erwirtschaften. Die kulturellen Rechte liefern die Grundlage für

---

[19] http://treaties.un.org/Pages/ViewDetails.aspx?src=TREATY&mtdsg_no=IV-3-a&chapter=4&lang=en.

[20] *A. Eide*, in: A. Eide/C. Krause/A. Rosas (Hrsg.), Economic, Social and Cultural Right, 2. Aufl. 2001, 9–28 (17 ff.).

den Schutz und die Durchsetzung der Bedürfnisse des Menschen, an der Teilhabe beispielsweise an Bildung und kulturellem Leben.[21]

Die im Sozialpakt verbürgten Rechte lassen sich den schon im Namen genannten Kategorien zuordnen. Die wirtschaftlichen Rechte sind in den Art. 6–8 geregelt und zu ihnen zählen das Recht auf Arbeit, das Recht auf gerechte Arbeitsbedingungen und Gewerkschaftsrechte. Die sozialen Rechte sind in den Artikeln 9 bis 12 kodifiziert, hierzu zählen das Recht auf soziale Sicherheit, den Schutz der Familie, das Recht auf einen angemessenen Lebensstandard und das Recht auf Gesundheit. Die kulturellen Rechte verbürgen die Artikel 13 bis 15, hierzu zählen das Recht auf Bildung und kulturelles Leben, das Recht auf Schutz der eigenen wissenschaftlichen und künstlerischen Interessen sowie die Kunst und Wissenschaftsfreiheit. Da die meisten Rechte zu mehreren Kategorien zugeordnet werden können, bietet sich die Darstellung nur als Orientierung an und kann nicht als starre Einteilung bestehen bleiben. Dennoch stellen diese Kategorien die Schwerpunkte des jeweiligen Rechts in den Vordergrund.

IV. Das Fakultativprotokoll zum Sozialpakt

Mit der Einführung des Fakultativprotokolls zum Sozialpakt wird die Unteilbarkeit und die Gleichwertigkeit aller Menschenrechte erneut manifestiert. Die deutsche Regierung hat den langen Entstehungsweg des Fakultativprotokolls zum Sozialpakt besonders in der Endphase positiv unterstützt und im internationalen Diskurs auf die Wichtigkeit des Fakultativprotokolls zur Stärkung der wirtschaftlichen, sozialen und kulturellen Rechte hingewiesen. Durch das Fakultativprotokoll wird ein Individualbeschwerdemechanismus, ein Verfahren für eine Staatenbeschwerde und ein Untersuchungsverfahren eingerichtet.

Die Entwicklung des Fakultativprotokolls[22] zum Sozialpakt endete mit der Verabschiedung der Resolution durch die Generalversammlung am 10. Dezember 2008.[23] Seit dem 24. September 2009 können die Vertragsstaaten auch das Fakultativprotokoll zum Sozialpakt zeichnen und ratifizieren. In 2010 sind die ersten Ratifikationsurkunden hinterlegt worden. Spanien hat als erster europäischer Staat das Fakultativprotokoll ratifiziert.[24] Deutschland befindet sich noch im Prüfprozess einer Ratifikation.[25] Das Fakultativprotokoll tritt erst drei Monate nach der zehnten

---

[21] So herausgearbeitet von S. Söllner, Studiengebühren und das Menschenrecht auf Bildung, 2007, 44.

[22] V. Aichele, VN 2009, 72–78; J. Wiegandt, MenschenRechtsMagazin 2010, 161–181.

[23] GA Res. 63/117 vom 10. Dez. 2008.

[24] http://treaties.un.org/Pages/ViewDetails.aspx?src=TREATY&mtdsg_no=IV-3-a&chapter=4&lang=en.

[25] Hierzu C. Mahler, in: Deutsches Institut für Menschenreche (Hrsg.), aktuell 2/2011.

Ratifikation in Kraft. Derzeit haben acht Staaten ihre Ratifikationsurkunde hinterlegt.[26]

Nach in Kraft treten des Fakultativprotokolls kann sich eine Einzelperson an den UN-Fachausschuss wenden und eine Individualbeschwerde einbringen. In dieser Beschwerde kann sie darlegen, warum sie der Meinung ist durch ihren Vertragsstaat in einem oder mehreren Konventionsrechten verletzt zu sein. Diese Möglichkeit steht aber erst nach der Erschöpfung des innerstaatlichen Rechtsweges offen.

Der Expertenausschuss[27] prüft die Zulässigkeit der Beschwerde und erst, wenn diese hohe Hürde genommen wurde, setzen sich die Experten mit dem Beschwerdevorbringen inhaltlich auseinander.

Der Vertragsstaat wird zur Stellungnahme aufgefordert und erst nach einer eingehenden Prüfung teilt der Expertenausschuss dann seine Auffassung, ob eine Verletzung vorliegt oder nicht, mit und verbindet diese oft mit Handlungsempfehlungen an den Staat. Der inhaltliche Dialog zwischen dem Ausschuss und dem Vertragsstaat kann auch als Chance gesehen werden alle Standpunkte und Rechtsansichten ausführlich zu diskutieren. Dieser inhaltlichen Diskussion kann im Individualbeschwerdeverfahren viel mehr Raum eingeräumt werden als dies im Staatenberichtsverfahren derzeit möglich ist. Die Entscheidungen des Ausschusses sind rechtlich nicht bindend, dennoch ist der Vertragsstaat dazu aufgefordert sich mit der Auffassung der Experten auseinanderzusetzen und muss sich innerhalb von sechs Monaten schriftlich in einer Antwort äußern. Eine für den Ausschuss zufrieden stellende Antwort muss die Umsetzung der Empfehlungen, alle vorgenommenen Handlungen und Reaktionen enthalten.

V. Was versteht man unter der Justiziabilität?

Die Auffassung, der UN-Sozialpakt beinhalte ausschließlich Programmsätze, gilt als überwunden.[28] Entscheidend ist demnach die klare Anerkennung der Justiziabilität der einzelnen Paktrechte. Hierfür muss die hinreichende Bestimmtheit der jeweiligen Norm für die innerstaatliche Rechtsanwendung vorliegen. Eine Norm aus einem innerstaatliche geltenden völkerrechtlichen Vertrag ist unmittelbar anwendbar, wenn aus ihr Rechtsfolgen für konkrete Einzelfälle abgeleitet werden können. Dies liegt dann vor, wenn unmittelbare Anwendbarkeit nicht explizit ausgeschlossen wurde und die inhaltliche Bestimmtheit der Norm zur Rechtsanwendung ausreichend ist.

---

[26] Argentinien, Bolivien, Bosnien und Herzegowina, Ecuador, El Salvador, Mongolei, Slowakei und Spanien, http://treaties.un.org/Pages/ViewDetails.aspx?src=TREATY&mtdsg_no=IV-3-a&chapter=4&lang=en.

[27] http://www2.ohchr.org/english/bodies/cescr/index.htm.

[28] Dazu *J. Schneider*, Die Justiziabilität der wirtschaftlichen, sozialen und kulturellen Rechte, 2004, m.w.N.

Dennoch gib es noch keine einheitlich anerkannte Definition, was der Begriff Justiziabilität bedeuten soll. Die Nutzung des Begriffs auf der internationalen Ebene baut auf der Möglichkeit ein Recht vor einem Gericht oder einer quasi-gerichtlichen Einrichtung einzuklagen oder ein Recht vor Gericht oder einer quasi gerichtlichen Einrichtung geltend zu machen auf.[29] Auch die International Commission of Jurist verwendet einen sehr weiten Begriff der Justiziabilität:

„The term justiciability refers to the ability to claim a remedy before an independent and impartial body when a violation has occurred or is likely to occur."[30]

In der Arbeit von Surez Franco sind die meisten Dimensionen und Definitionen noch mal zusammengeführt, diese liest sich wie folgt:

„Justiziabilität ist die Eignung eines Rechts per se zur gerichtlichen oder quasi-gerichtlichen Überprüfung, geleitet von der Möglichkeit, innerhalb einer bestimmten Rechtsordnung ein Recht bzw. zumindest einige seiner Dimensionen einzuklagen, mit dem Ziel, in einem angemessenen Zeitraum eine Entscheidung erwirken zu können, die die Verletzung als solche feststellt, die Wiedergutmachung des entstandenen Schadens ermöglicht und Maßnahmen anordnet, um der Wiederholung einer solchen Verletzung vorzubeugen."[31]

Der Sozialpaktausschuss selbst hat in vielen seiner Allgemeinen Bemerkungen ausgeführt, dass die Paktrechte oder bestimmte Komponenten der Rechte in den nationalen Verfahren zur Durchsetzung der Rechte angewandt werden können, somit also justiziabel sind.[32] Es finden sich auch viele Beispiele in nationalen Rechtsprechungen, die deutliche Belege dafür liefern, dass die wirtschaftlichen sozialen und kulturellen Rechte ausreichend bestimmt sind, um direkt in nationalen gerichtlichen oder auch quasigerichtlichen Verfahren angewandt zu werden.[33]

VI. WSK-Rechte in der deutschen Rechtsordnung

Der UN-Sozialpakt wurde von Deutschland ratifiziert und ist dadurch gemäß Art. 59 Abs. 2 GG verbindlicher Bestandteil der deutschen Rechtsordnung im

---

[29] Vgl. *M. Scheinin,* in: A. Eide/C. Krause/A. Rosas (Hrsg.), Economic, Social and Cultural Right, 2. Aufl. 2001, 29.

[30] Hierzu *E. Riedel,* Constitutionalism-Old Concept, New Worlds, German Contributions to the VIth Congress of the International Association of Constitutional Law (IACL) Santiago de Chile 2004, 107.

[31] *A. M. Suarez Franco,* Die Justiziabilität wirtschaftlicher, sozialer und kultureller Menschenrechte, 2009, 50.

[32] Beispielsweise die frühen Ausführungen in seiner Allgemeine Bemerkung Nr. 4 UN-Dok E/1992/23, 114–120, 13. Dez. 1991. In späteren Allgemeinen Bemerkungen wurde diese Komponente noch vermehrt hervorgehoben.

[33] Siehe hierzu für viele *F. Coomans* (Hrsg), Justiciability of Economic and Social Rights, Experiences from Domestic Systems, 2006.

Rang eines einfachen Bundesrechts[34] geworden. Im Jahr 1976 ist der Sozialpakt[35] für die Bundesrepublik Deutschland in Kraft getreten. Nach Artikel 20 Abs. 3 GG führen der Rechtsanwendungsbefehl und die Rangzuweisung als einfaches Bundesrecht dazu, dass alle staatlichen Organe, auch die Behörden und Gerichte der Länder, die Normen des UN-Sozialpaktes als anwendbares Völkervertragsrecht wie anderes Gesetzesrecht des Bundes zu beachten haben.[36] Alle Rechtsanwender sind an die für Deutschland in Kraft getretenen menschenrechtliche Verträge, somit auch den Sozialpakt, im Rahmen ihrer Zuständigkeit kraft Gesetzes gebunden und haben deren Gewährleistungen bei der Rechtsanwendung ausreichend zu berücksichtigen.[37]

Nach dem Gebot der Auslegung innerstaatlichen Rechts im Einklang mit den völkerrechtlichen Verpflichtungen Deutschlands ist innerstaatliches Recht grundsätzlich so auszulegen, dass ein völkerrechtskonformes Ergebnis daraus folgt. Dieses Gebot ergibt sich aus der Völkerrechtsfreundlichkeit des Grundgesetzes und seiner inhaltlichen Ausrichtung auf die Menschenrechte. Die völkervertragsrechtlichen Menschenrechtsgarantien sind dabei auch bei der Interpretation der Grundrechte des Grundgesetzes zu berücksichtigen; sie sind als Auslegungshilfe für die Bestimmung von Inhalt und Reichweite der Grundrechte heranzuziehen.[38] Dies gilt für Menschenrechtsverträge der Vereinten Nationen ebenso wie für die Europäische Menschenrechtskonvention.[39]

Demnach beeinflusst der UN-Sozialpakt als Menschenrechtsübereinkommen nicht nur die Auslegung einfachen Rechts, sondern auch die Auslegung der Grundrechte und rechtsstaatlichen Grundsätze des Grundgesetzes.[40] Solange im Rahmen geltender methodischer Standards Auslegungs- und Abwägungsspielräume eröffnet sind, trifft deutsche Behörden und Gerichte die Pflicht, der konventionsgemäßen Auslegung den Vorrang zu geben.[41]

Die wirtschaftlichen, sozialen und kulturellen Rechte sind im Grundgesetz deutlich geringer repräsentiert als die bürgerlichen und politischen Rechte.[42] Beispielsweise zählen hierzu Artikel 5 Abs. 3 GG Freiheit von Kunst und Wissenschaft, Artikel 6 GG Schutz von Ehe, Familie und Kindern, Artikel 9 Abs. 3 GG Recht auf Bil-

---

[34] BVerfG, 2 BvR 2115/01 vom 19. Sept. 2006, Absatz-Nr. 52, unter Verweis auf BVerfGE 74, 358 (370); 82, 106 (120); 111, 307 (317); *R. Geiger,* Grundgesetz und Völkerrecht, 5. Aufl. 2010, 156 f.

[35] BGBl. 1973 II 428, 1570.

[36] Vgl. BVerfG, 2 BvR 2115/01 vom 19. Sept. 2006, Absatz-Nr. 52.

[37] Vgl. BVerfGE 111, 307 (323 f.), erneut bekräftigt durch BVerfG, 1 BvR 420/09 vom 21. Juli 2010, Absatz-Nr. 74.

[38] BVerfGE 74, 358 (370); 11, 307 (317); BVerfG 2 BvR 882/09 v. 23. März 2011, Absatz-Nr. 52; 2 BvR 2365/09 v. 4. Mai 2011, Absatz-Nr. 86; stRspr.

[39] Vgl. BVerfG, 2 BvR 882/09 v. 23. März 2011, Absatz-Nr. 52.

[40] Vgl. BVerfGE 111, 307 (317).

[41] BVerfGE 111, 307 (329).

[42] *E. Riedel,* in: FS Schwartländer, 1992, 111–126 (118).

dung von Gewerkschaften, Artikel 12 Abs. 1 Satz 1 GG Recht auf freie Berufswahl und Art. 14 Abs. 1 GG das Recht auf Eigentum. Auf der anderen Seite ist auch sicherlich dem Recht auf Leben und körperliche Unversehrtheit (Art. 2 Abs. 2 S. 1 GG) eine wirtschaftliche und soziale Komponente enthalten. Aus Art. 1 Abs. 1 GG ist abzuleiten, dass die materiellen Bestimmungen des GG im Sinne der universell geltenden Menschenrechte verstanden werden müssen.[43] Beispielsweise enthält das Sozialstaatsprinzip des Art. 20 Abs. 1 GG Grundgedanken der wirtschaftlichen, sozialen und kulturellen Rechte. So wird aus Art. 20 Abs. 1 GG i.V.m. der in Art. 1 Abs. 1 GG geregelten Menschenwürdegarantie das Existenzminimum abgeleitet.[44]

Das Bundesverfassungsgericht hat in seiner Entscheidung vom 9. Februar 2010 das soziale Grundrecht auf ein menschenwürdiges Existenzminimum manifestiert, welches aus einer Kombination wie gerade dargestellt aus zwei Bestimmungen des GG abgeleitet wird.

In seiner Entscheidung vom 9. Februar 2010 (BvL 1/09) hat das Bundesverfassungsgericht seine Rechtsprechung zum Grundrecht auf Gewährleistung eines menschenwürdigen Existenzminimums für alle in Deutschland lebenden Menschen fortentwickelt. Das eigenständige Recht gründet sich auf Art. 1 Abs. 1 GG (Menschenwürde) in Verbindung mit Art. 20 Abs. 1 GG (Sozialstaatsprinzip).[45] Es besteht damit grundsätzlich unabhängig von der Staatsangehörigkeit oder dem Aufenthaltsstatus einer Person.[46] Aus dem Grundrecht leitet sich eine objektiv-rechtliche Verpflichtung des Staates verbunden mit einem subjektiv-rechtlichen Leistungsanspruchs des hilfebedürftigen Grundrechtsträgers ab.[47] Es sichert jedem Hilfebedürftigen diejenigen materiellen Voraussetzungen zu, die für seine physische Existenz und für ein Mindestmaß an Teilhabe am gesellschaftlichen, kulturellen und politischen Leben unerlässlich sind.[48] Den individuellen Anspruch auf Gewährleistung eines menschenwürdigen Existenzminimums besitzt jedes Mitglied einer Bedarfsgemeinschaft, dies trifft auch auf Kinder zu.[49] Die Ausgestaltung der Norm muss auf die Deckung der existenznotwendigen Bedarfe jedes individuellen Grundrechtsträgers ausgerichtet sein. Die Bedarfsbemessung muss transparent und nachvollziehbar sein und die Höhe der Bedarfe muss regelmäßig überprüft werden.[50]

---

[43] *P. Kirchhof,* EuGRZ 1994, 16 (42).
[44] BVerGE 82, 60 (85).
[45] BVerfG, 1 Bvl 1/09 vom 9. Febr. 2010, Absatz-Nr. 133.
[46] Siehe auch *K.-H. Hohm,* ZFSH SGB 5/2010, 269 (271); *C. Janda/F. Wilksch,* SGb 10/10, 565 (569).
[47] BVerfG, 1 Bvl 1/09 vom 9. Febr. 2010, Absatz-Nr. 134, und auch *K.-H. Hohm,* ZFSH SGB 5/2010, 269 (271).
[48] BVerfG, 1 Bvl 1/09 vom 9. Febr. 2010, Absatz-Nr. 135.
[49] BVerfG, 1 Bvl 1/09 vom 9. Febr. 2010, Absatz-Nr. 159.
[50] *C. Mahler/ P. Follmar-Otto,* ZAR 11/12 (2011), 378.

VII. WSK-Rechte in der deutschen Rechtsprechung

Jede Person kann nach der Verletzung seiner Rechte durch die öffentliche Gewalt den Rechtsweg beschreiten (Art. 19 Abs. 4 GG). Auch für Verletzungen unmittelbar anwendbarer internationaler Menschenrechtsnormen, die gem. Art. 59 Abs. 2 bzw. Art. 25 GG Bestandteil des innerstaatlichen Rechts sind, muss der Rechtsweg offen sein.[51] Da der UN-Sozialpakt gem. Art. 59 Abs. 2 GG in innerstaatliches Rechte umgesetzt worden ist, können Verletzungen von Rechten die unmittelbar anwendbar und unmittelbare wirksam sind, auch vor innerstaatlichen Gerichten geltend gemacht werden.[52]

Obwohl die Justiziabilität nach den vorher ausgeführten Argumentation als Ergebnis dazu kam, dass diese ganz klar gegeben ist. Fällt es sehr schwer in der bisherigen Spruchpraxis deutscher Gerichte Anknüpfungspunkte zu finden.[53] Auf den Sozialpakt geht die deutsche Rechtsprechung bisher nur sehr spärlich ein und nicht immer mit den richtigen Schlüssen. Dies zeigt, dass in diesem Bereich noch viel zu tun ist und man den Rechtsanwendern die menschenrechtlichen Normen und speziell die des Sozialpakts noch näher bringen muss. Durch die Urteile des BVerfG einerseits vom 9. Februar 2010 und andererseits zur verfassungsrechtlichen Prüfung einzelner Normen des Asylbewerberleistungsgesetzes vom 18. Juli 2012[54] könnten die sozialen Rechte und die Anerkennung ihrer Gleichwertigkeit und Justiziabilität doch etwas Aufschwung erhalten haben.

Nur ganz vereinzelt tauchten Verweise auf den UN-Sozialpakt in der deutschen Rechtsprechung auf, meist geht sie nicht wirklich auf die unmittelbare Anwendbarkeit der Paktrechte ein und es ist auch aus den bisherigen Entscheidungen noch keine völlig einheitliche Bewertung abzulesen und abzuleiten. Dennoch ist der Rechtsprechung die Tendenz speziell in den jüngeren Entscheidungen zu entnehmen eine unmittelbare Anwendbarkeit des UN-Sozialpaktes anzunehmen. Hierzu einige Beispiele aus der Rechtsprechungspraxis.

In einer sehr frühen Entscheidung führt beispielsweise der VGH Baden-Württemberg in einem Urteil vom 17. Dezember 1991 noch aus,[55] dass der Sozialpakt nur Programmsätze enthalte, die zu ihrer Durchführung weiterer staatlicher Rechtsakte bedürften, wie sich aus Art. 2 Abs. 1 Sozialpakt ergebe.

---

[51] *B. Simma/D. E. Khan/M. Zöckler/R. Geiger* in: B. Conforti/F. Francioni, Enforcing International Human Rights in Domestic Courts, 1997, 71 (80).

[52] *Schneider* (Fn. 27), 39.

[53] Mit weiteren Urteilen und Nachweisen *S. Söllner*, Studiengebühren und das Menschenrechte auf Bildung, 2007, 145–147.

[54] 1 BvL 10/10 und 1 BvL 2/11.

[55] Aktenzeichen 9 S 2163/90, nicht veröffentlicht, wiedergegeben in *A. Zimmermann*, ZaöRV 1993, 360 (366).

Ohne weitere Ausführungen zur unmittelbaren Anwendbarkeit stellt das BVerfG in einem Beschluss vom 12. Mai 1987[56] fest, dass sich aus Art. 2 Abs. 1, 10 Nr. 1 Sozialpakt keine Verpflichtungen der Bundesrepublik zur Änderung der im konkreten Fall angegriffenen Aufenthaltsregelung und Ehebestandszeit ergäben.

Das LSG Bayern prüft in einem Urteil vom 29. März 2001 (Aktenzeichen: L 9 EG 18/97), ob sich aus dem Sozialpakt (und anderen internationalen Abkommen, auf die sich der Kläger berief) ein Anspruch auf Erziehungsgeld ergeben kann und verneint dies. Nach allgemeinen Ausführungen zur unmittelbaren Anwendbarkeit völkerrechtlicher Verträge stellt das Gericht unter Bezug auf das Diskriminierungsverbot des Art. 2 Abs. 1 i.V.m. Art. 9–11 Sozialpakt fest, dass sich ein *„den Staatsangehörigen sämtlicher Vertragsstaaten des IPR zustehender Anspruch auf eine spezifische familienpolitische Leistung wie das Erziehungsgeld nicht entnehmen"* lässt. Außerdem sehe der für die Verwirklichung der Ziele des Paktes maßgebliche Teil IV lediglich Berichte der Vertragsstaaten und Empfehlungen des Wirtschafts- und Sozialrates der Vereinten Nationen vor.[57]

Das Gericht zieht also die fehlenden bzw. schwachen Durchsetzungsmechanismen des Sozialpaktes auf internationaler Ebene zur Beurteilung seiner Justiziabilität heran.

Das BVerwG geht in seinem Urteil vom 15. Dezember 2010 nur knapp auf den Sozialpakt ein und führt aus:

„[Der] Landesgesetzgeber war nicht durch Art. 13 Abs. 2 Buchst. c des Internationalen Paktes vom 19. Dezember 1966 über wirtschaftliche, soziale und kulturelle Rechte (IPwskR) an der Einführung allgemeiner Studiengebühren gehindert. Aus dieser Vorschrift könnten selbst im Fall ihrer unmittelbaren Anwendbarkeit keine Rechte hergeleitet werden, die nicht bereits auf der Ebene des nationalen Verfassungsrechts durch das – hier gewahrte – Recht auf Teilhabe an den staatlichen Ausbildungsressourcen gewährleistet sind. Da der Landesgesetzgeber durch die Einführung der allgemeinen Studiengebühren das System einer von finanziellen Ausgrenzungen freien Hochschulbildung nicht verlassen hat, scheidet auch ein Verstoß gegen ein etwa aus Art. 2 Abs. 1 Sozialpakt ableitbares Verbot regressiver Maßnahmen aus."[58]

Die unmittelbare Anwendbarkeit wird in diesem Urteil also offen gelassen.

In einem Beschluss des VG Frankfurt vom 23. Oktober 1997 wird der Sozialpakt (genauer Art. 6 Abs. 2 Sozialpakt) zur Auslegung der Hessischen Verfassung herangezogen:

„Bei Ausländern, die keine Angehörigen der Mitgliedstaaten der Europäischen Gemeinschaften sind, deren dauerhafter Verbleib im Inland aber mit hoher Wahrscheinlichkeit zu erwarten ist, folgt aus Art. 6 Abs. 2 Sozialpakt i.V.m. Art. 67 S. 2 HV, dass eine Versagung der chancengleichen Beteiligung am Auswahlverfahren zum pädagogischen Vorberei-

---

[56] NJW 1988, 626 (636); Aktenzeichen: 2 BvR 101/84, 2 BvR 313/84.
[57] Rn. 50, zitiert nach juris.
[58] Rn. 30, zitiert nach juris.

tungsdienst im Rahmen der Ermessensentscheidung gemäß § 1 Abs. 3 S. 4 HessLAG (SchulLehrG HE) nur in Ausnahmefällen zulässig ist."[59]

Eine eindeutige Aussage zur unmittelbaren Anwendbarkeit hat das VG Frankfurt formuliert:

„Die Annahme, der Sozialpakt sei ungeeignet, innerstaatliche Wirkungen wie ein entsprechendes nationales Gesetz auszulösen, sei unzutreffend, denn die Rechte des Sozialpaktes seien gerade darauf ausgerichtet, für einzelne Personen zu wirken und sich nicht bloß auf die Gestaltung rein völkerrechtlicher Beziehungen und Gegenstände zu beschränken."[60]

Die Rechtsprechung hat in früheren Entscheidungen die unmittelbare Anwendbarkeit des Sozialpaktes überwiegend abgelehnt, oder die Frage gänzlich offen gelassen. Es wäre wünschenswert, wenn wie dies in einigen jüngeren Entscheidungen geschehen ist, die einzelne Menschenrechtsnorm auf ihre unmittelbare Anwendbarkeit hin geprüft wird. Dies führt zur Anerkennung, dass jedem einzelnen Recht eine Achtungs-, Schutz- und Gewährleistungspflicht enthalten ist und die Rechte in großen Teilen justiziabel sind.[61] Denn nur hierdurch wird die Untrennbarkeit von wirtschaftlichen, sozialen und kulturellen als auch bürgerlichen und politischen Rechten und ihrer Gleichwertigkeit Rechnung getragen.

VIII. Fazit

Durch viele wissenschaftliche Bemühungen der Verwirklichung der wirtschaftlichen, sozialen und kulturellen Rechte ist die Justiziabilität der wirtschaftlichen, sozialen und kulturellen Rechte in den verschiedenen Dimensionen anerkannt worden. Sowie die vereinten Anstrengungen des Sozialpaktausschusses als auch der UN-Sonderberichterstatterinnen und -Sonderberichterstatter wurde die Justiziabilität der wirtschaftlichen, sozialen und kulturellen Rechte gestärkt. Dass die wirtschaftlichen, sozialen und kulturellen Rechte justiziabel sind muss auch noch von den Rechtsanwendern in der Praxis zur Kenntnis genommen werden. Hierzu würde die Ratifikation des Fakultativprotokolls sicherlich ein entscheidendes Signal senden. Dennoch zeigt sich durch diese Ausführungen auch, dass die Justiziabilität auf internationaler und nationaler Ebene nur ein Aspekt ist, der den effektiven Schutz von wirtschaftlichen und sozialen Rechten vorantreiben kann. Die Justiziabilität gibt einen neuen Impuls zur rechtlich bindenden Wirkung der wirtschaftlichen, sozialen und kulturellen Rechte und der daraus abzuleitenden Pflichten der Staaten, sodass die wirtschaftlichen, sozialen und kulturellen Rechte und die bürgerlichen und politischen Rechte und ihre Unteilbarkeit, Gleichwertigkeit und ihre Universalität noch klarer werden und in die Praxis umgesetzt werden können.

---

[59] Aktenzeichen: 9 G 1638/97 (1), ZBR 1998, 219.
[60] VG Frankfurt a.M., 9. Nov. 1998, NVwZ-RR 1999, 325 (330).
[61] *Simma/Khan/Zöckler/Geiger* (Fn. 50), 86. (weitere Nachweise siehe Fn. 368).

Die Verantwortung des Staates für das Handeln Dritter auf der Grundlage der Europäischen Konvention für Menschenrechte

Von *Angelika Nußberger*[*]

I. Einführung

In der deutschen Grundrechtsdogmatik wurde schon zu Beginn der Rechtsprechungstätigkeit des Bundesverfassungsgerichts Anfang der 50er Jahre das Problem der Anwendbarkeit von Grundrechten im Rahmen von Streitigkeiten zwischen Privatpersonen erkannt und im *Lüth*-Urteil die Idee einer auf den Grundrechten beruhenden „objektiven Wertordnung" als richtungsweisender Ansatz entwickelt.[1] Der neu geprägte Begriff der „Drittwirkung", der nur schwer in andere Sprachen übersetzbar ist, wurde auch in der rechtswissenschaftlichen Doktrin einer Reihe von europäischen und außereuropäischen Ländern rezipiert[2] und kann als einer der Exportschlager der deutschen Rechtswissenschaft gelten. In der Rechtsprechung des Europäischen Gerichtshofs für Menschenrechte wird allerdings nur in Sondervoten explizit von „Drittwirkung" gesprochen.[3] Alternativ werden die Begriffe „horizontal effect" und „third party effect" verwendet.[4] Nichtsdestotrotz ist die Grundproblematik omnipräsent.[5] Bei den jüngsten wichtigen Urteilen gegen Deutschland zum Arbeits-[6]

---

[*] Der Artikel gibt ausschließlich die persönliche Sicht der Verfasserin wieder.

[1] BVerfGE 7, 198 ff.

[2] Vgl. die einzelnen Länderberichte in *D. Oliver/J. Fedtke* (Hrsg.), Human Rights and the Private Sphere. A Comparative Study, 2007.

[3] Vgl. z.B. EGMR, *Gustafsson ./. Schweden (GK)*, 15573/89, Urt. vom 30. Juli 1998, Sondervotum von Richter *Jambrek*; EGMR, *Silih ./. Slowenien (GK)*, 71463/01, Urt. vom 9. Apr. 2009, Sondervotum von Richter *Zupančič*.

[4] Vgl. z.B. EGMR, *Pla and Puncernau ./. Andorra*, 69498/01, Urt. vom 13. Juli 2004, Sondervotum von Richter *Garlicki*, der den Begriff *„horizontal effect"* folgendermaßen definiert: „an effect prohibiting private parties from taking action which interferes with the rights and liberties of other private parties".

[5] Vgl. *E. A. Alkema*, in: FS Wiarda, 1988, 33 ff.; *D. Spielmann*, in: D. Oliver/J. Fedtke (Hrsg.), Human Rights and the Private Sphere. A Comparative Study, 2007, 127 ff.

[6] EGMR, *Schüth ./. Deutschland*, 1620/03, Urt. vom 23. Sept. 2010; EGMR, *Obst ./. Deutschland*, 425/03, Urt. vom 23. Sept. 2010; EGMR, *Siebenhaar ./. Deutschland*, 18136/02, Urt. vom 3. Febr. 2011; EGMR, *Heinisch ./. Deutschland*, 28274/08, Urt. vom 21. Juli 2011.

und Medienrecht[7] beispielsweise geht es nicht um unmittelbare Auseinandersetzungen zwischen Staat und Individuum. Vielmehr werden Menschenrechtsverletzungen gerügt, weil der Staat nicht oder in konventionswidriger Weise in Streitigkeiten zwischen Privatpersonen eingegriffen und damit keinen ausreichenden Schutz gewährt habe.

Die Konvention war ursprünglich nur auf den Schutz des Einzelnen gegen staatliche Übergriffe fokussiert; nur hier wurde die Notwendigkeit eines Eingriffes von außerhalb in den innerstaatlichen Bereich für nötig befunden. Aber schon von Anfang an wurde die Anwendbarkeit der Grundrechte auch auf Individuen mit Blick auf den Rechten korrespondierende Verpflichtungen diskutiert. So fragt etwa Marc-André Eissen in einer Publikation im Jahr 1961:

> „Pourtant, la menace totalitaire ne provient pas uniquement du Prince: il arrive hélas que des individus, des parties, des associations, des fractions, sapent les fondements de la démocratie et cherchent à conquérir le pouvoir en vue d'imposer leur idéologie ‚liberticide'."[8]

Eissen bejaht entsprechende konventionsrechtliche Pflichten der Einzelnen und reflektiert, ob dann nicht der Staat für potentielle Verletzungen – ohne selbst verantwortlich zu sein – zu haften hätte. Im Ergebnis lässt er das Bestehen einer entsprechenden „garantie contre les violations perpétrées par ces individus"[9] aber offen.

Die Rechtsprechung von Kommission und Gerichtshof brauchte trotz der frühen theoretischen Studien[10] vergleichsweise lange, bis sie eine Verantwortung des Staates in Drittwirkungsfällen bejahte. Der Beginn dieser Entwicklung ist auf das im Jahr 1982 ergangene Urteil zur negativen Vereinigungsfreiheit im Fall *Young, James, Webster v. Vereinigtes Königreich*[11] zu datieren, in dem es um die Rechte im Verhältnis Arbeitnehmer – Arbeitgeber bei „closed-shop-Regelungen" ging. Aus den 80er und frühen 90er Jahren lassen sich nur vergleichsweise wenige Beispiele in der Rechtsprechung finden, mit denen die Verantwortung des Staates für Menschenrechtsverletzungen in Rechtsbeziehungen zwischen Privaten geltend gemacht

---

[7] EGMR, *von Hannover Nr. 2 ./. Deutschland* (GK), 40660/08; 60641/08, Urt. vom 7. Febr. 2012; EGMR, *Springer Verlag Nr. 2 ./. Deutschland* (GK), 39954/08, Urt. vom 7. Febr. 2012.

[8] *M.-A. Eissen*, La Convention et les devoirs de l'individu, in: Direction des Droits de l'homme du Conseil de l'Europe, La protection internationale des droits de l'homme dans le cadre européen, 1961, 167 (170).

[9] *Eissen* (Fn. 8), 191 (192).

[10] Vgl. auch weitere Studien aus der Frühzeit des Gerichtshofs, die sich mit dem Problem auseinandersetzen: *M.-A. Eissen*, La Convention européenne des Droits de l'Homme et les obligations de l'individu: une mise à jour, in: FS René Cassin, 1971, 156 ff.; *A. Drzemczewski*, The European Human Rights Convention and Relations between Private Parties, Netherlands International Law Review 1979, 163 ff.; *D. Spielmann*, L'effet pontentiel de la Convention européenne des droits de l'homme entre personnes privées, 1995, 26 ff.

[11] EGMR, *Young, James and Webster ./. Vereinigtes Königreich*, 7601/76; 7806/77, Urt. vom 13. Aug. 1981.

wurde.[12] Mittlerweile aber ist die dynamische Entwicklung gerade in diesem Bereich als eines der Charakteristika der Rechtsprechung des Gerichtshof anzusehen, die die Auslegung einer Vielzahl von Einzelbestimmungen der EMRK betrifft.

Nach dem berühmten *Obiter dictum* in *Tierfabriken v. Schweiz*[13] versperrt sich der Gerichtshof allerdings bewusst einer dogmatischen Durchdringung des Phänomens:

„the Court does not consider it desirable, let alone necessary, to elaborate a general theory concerning the extent to which the Convention guarantees should be extended to relations between private individuals inter se."[14]

Diese Zurückhaltung steht allerdings einer fortgesetzten Ausdifferenzierung des Fallrechts zur konventionsrechtlichen staatlichen Verantwortung für von Privaten begangene Menschenrechtsverletzungen nicht entgegen.

Über die mit der Theorie der Drittwirkung im engeren Sinn erfassten Probleme hinaus stellt sich die Frage der Verantwortung des Staates für das Handeln Dritter auch noch in anderen Konstellationen, etwa – ausgehend von *Soering v. Deutschland*[15] – bei der Zurechnung von potentiell von Drittstaaten begangenen Menschenrechtsverletzungen in Ausweisungs- und Auslieferungsfällen, oder auch bei der Frage, inwieweit die Vertragsstaaten der EMRK für das Handeln supra- oder internationaler Organisationen, an die sie hoheitliche Kompetenzen übertragen haben, einzustehen haben.

Im Folgenden soll daher die Frage der konventionsrechtlichen Verantwortung des Staates für das Handeln „Dritter" in diesem weiten Sinn aufgegriffen und unter diesem Blickwinkel die Rechtsprechungsentwicklung des Europäischen Gerichtshofs für Menschenrechte thematisiert werden, zu der Eckart Klein als Ad-Hoc Richter in wichtigen gegen Deutschland gerichteten Fällen beigetragen hat. Hervorzuheben sind insbesondere der Fall *Waite und Kennedy v. Deutschland*[16] oder in jüngster Zeit die Fälle *Siebenhaar v. Deutschland*[17] und *Wasmuth v. Deutschland*.[18]

---

[12] Vgl. z. B. EGMR, *X and Y ./. die Niederlande*, 8978/80, Urt. vom 26. Mär. 1985, Series A, Nr. 91, § 23; EGMR, *Plattform „Ärzte für das Leben" ./. Österreich*, 10126/82, Urt. vom 21. Juni 1988, Series A, Nr. 139; EGMR, *Rommelfänger ./. Deutschland*, 12242/86, Urt. vom 6. Sept. 1989.

[13] EGMR, *Verein gegen Tierfabriken ./. Schweiz*, 24699/94, Urt. vom 28. Juni 2001.

[14] EGMR, *Verein gegen Tierfabriken ./. Schweiz*, 24699/94, Urt. vom 28. Juni 2001, para. 46.

[15] EGMR, *Soering ./. Deutschland*, 14038/88, Urt. vom 7. Juli 1989.

[16] EGMR, *Waite and Kennedy ./. Deutschland* (GK), 26083/94, Urt. vom 18. Febr. 1999.

[17] EGMR, *Siebenhaar ./. Deutschland*, 18136/02, Urt. vom 3. Febr. 2011.

[18] EGMR, *Wasmuth ./. Deutschland*, 12884/03, Urt. vom 17. Febr. 2011.

II. Die Zulässigkeitshürde *ratione personae*

Nach Art. 34 EMRK kann nur eine Individualbeschwerde erheben, wer geltend macht, Opfer einer Menschenrechtsverletzung durch „eine der Hohen Vertragsparteien" zu sein. Nach der Rechtsprechung des Gerichtshofs ist daher Voraussetzung für die Zulässigkeit einer Beschwerde, dass sie auch tatsächlich gegen staatliche Organe eines Mitgliedstaates gerichtet ist. So lautet die oft verwendete Interpretationsformel zu Art. 34 EMRK:

> „The Court recalls that, according to Article 34 of the Convention, it can only deal with applications alleging a violation of the rights guaranteed by the Convention claimed to have been committed by State bodies. The Court has no jurisdiction to consider applications directed against private individuals or businesses."[19]

1. Abweisung von gegen Privatpersonen gerichteten Beschwerden ratione personae

Daher hat der Gerichtshof etwa Beschwerden gegen im staatlichen Eigentum stehende, im Übrigen aber wie private Arbeitgeber handelnde Unternehmen, etwa gegen die österreichische Eisenbahn,[20] abgewiesen.[21] Anders kann dies allerdings – wie auch im innerstaatlichen Recht bei der „Flucht ins Privatrecht" – sein, wenn ein Unternehmen trotz der Privatisierung institutionell und operationell in staatliche Strukturen eingebunden bleibt. So hat der Gerichtshof etwa eine gegen ein ehemaliges Staatsunternehmen, das Evakuierungsaufgaben in Tschernobyl übernommen hatte, gerichtete Beschwerde nicht *ratione personae* abgewiesen, sondern den Staat für die Nicht-Zahlung von Lohnrückständen verantwortlich gemacht:[22]

> „In this respect the Court considers that the Government have not demonstrated that Atomspetsbud enjoyed sufficient institutional and operational independence from the State to absolve the latter from responsibility under the Convention for its acts and omissions."[23]

Allerdings ist Art. 34 EMRK nicht die einzige für die Zulässigkeit *ratione personae* relevante Vorschrift. Ergänzend ist auch ein Blick auf den sehr weit formulierten Art. 1 EMRK, der die Jurisdiktion des Gerichtshofs definiert, zu werfen. Danach wird der Staat verpflichtet, jedermann die in der Konvention niedergelegten Rechte

---

[19] Vgl. *Reynbach ./. Russische Föderation*, 23405/03, Urt. vom 29. Sept. 2005, *Ciprová ./. Tschechische Republik* 33273/03, Entsch. vom 22. März 2005; *Mihăilescu ./ Romania*, 47748/99, Entsch. vom 26. Aug. 2003; *Sanglier ./. France*, 50342/99, Urt. vom 27. Mai 2003, para. 39.

[20] Vgl. EGMR, *Predota ./. Austria*, 28962/95, Entsch. vom 18. Jan. 2001.

[21] Vgl. z. B. EGMR, *Tumilovich ./. Russland*, 47033/99, Urt. vom 22. Juni 1999; vgl. auch EGMR, *Mihăilescu ./. Rumänien*, 47748/99, Urt. vom 26. Aug. 2003.

[22] EGMR, *Mikhailenko ./. Ukraine*, 18389/03, Urt. vom 15. Mai 2008.

[23] EGMR, *Mikhailenko ./. Ukraine*, 18389/03, Urt. vom 15. Mai 2008, para. 44.

zu gewährleisten.²⁴ Art. 1 EMRK bestimmt nicht explizit, auf wen die Verletzungshandlung zurückgehen muss. Nach der Rechtsprechung des Gerichtshofs folgt daraus zwar eine primär negative Verpflichtung des Staates, Eingriffe in die von der Konvention garantierten Rechte zu unterlassen. Zugleich können der Konvention aber auch „positive Verpflichtungen" inhärent sein.²⁵ „Positive Verpflichtungen" können präventiv, protektiv oder investigativ sein und dabei ebenso zu Handlungen im Vorfeld einer Rechtsverletzung durch einen Privaten wie auch zu Handlungen *ex post* verpflichten. In all diesen Konstellationen gibt es neben dem Staat einen „Hauptverantwortlichen" für die Menschenrechtsverletzung. Dennoch wäre keine Abweisung *ratione personae* zu besorgen.

2. Abweisung von gegen Internationale Organisationen gerichteten Beschwerden ratione personae

Ähnliche Unterscheidungen werden in der Rechtsprechung des Gerichtshofs auch gemacht, wenn die unmittelbare Verantwortung für die Menschenrechtsverletzung nicht Privatpersonen, sondern internationale Organisationen trifft. Auch hier erfolgt grundsätzlich eine Abweisung der Beschwerde *ratione personae* mit der Begründung, dass nicht der beklagte Staat, sondern eine andere juristische Person, die nicht Vertragspartner sei, gehandelt habe.

„Elle [la Cour] constate qu'à aucun moment la France ou la Belgique ne sont intervenues, directement ou indirectement, dans ce litige, et ne relève en l'espèce aucune action ou omission de ces Etats ou de leurs autorités qui serait de nature à engager leur responsabilité au regard de la Convention."²⁶

Allerdings kann die Bestimmung, wem eine bestimmte Handlung oder Unterlassung im Einzelfall zuzurechnen ist, sehr komplex und schwierig sein.²⁷ Zudem kann bereits in der Übertragung von hoheitlichen Kompetenzen an eine internationale Organisation eine Eigenverantwortung des Staates gesehen werden, wenn dadurch der von der Konvention garantierte Schutz ausgehöhlt würde. Dies wäre nach der Recht-

---

²⁴ „... shall secure to everyone within [its] jurisdiction the rights and freedoms defined in ... [the] Convention".

²⁵ „...in addition to the primarily negative undertaking of a State to abstain from interference in the rights guaranteed by the Convention, there may be positive obligations inherent' in those rights". Vgl. EGMR, *Marckx ./. Belgium*, 6833/74, Urt. vom 13. Juni 1979, Series A, Nr. 31, § 31; EGMR, *Young, James and Webster ./. Vereinigtes Königreich*, 7601/76; 7806/77, Urt. vom 13. Aug. 1981, Series A, Nr. 44, para. 49.

²⁶ Vgl. EGMR, *Boivin ./. 34 Staaten des Europarats*, 73250/01, Entsch. vom 9. Sept. 2008; vgl. auch EGMR, *Connolly ./. 15 Staaten der EU*, 73274/01, Entsch. vom 9. Dez. 2008; EGMR, *Beygo ./. 46 Staaten des Europarats*, 36099/06, Entsch. vom 16. Juni 2009; EGMR, *Lopez Cifuntes ./. Spanien*, 16798/90, Entsch. vom 9. Dez. 1994.

²⁷ EGMR, *Behrami and Saramati ./. Frankreich et. al.* (GK), 71412/01; 78166/01, Urt. vom 2. Mai 2007; EGMR, *Kasumaj ./. Griechenland*, 6974/05, Entsch. vom 5. Juli 2007; EGMR, *Beric et al. ./. Bosnien-Herzegowina*, 36357/04; 36360/04; 38346/04, Entsch. vom 16. Okt. 2007.

sprechung des Gerichtshofs jedenfalls dann der Fall, wenn die internationale Organisation grundsätzlich keinen gleichwertigen Schutz der Rechte gewährleisten würde bzw. dieser im Einzelfall klar defizitär wäre.[28]

3. Abweisung von gegen Drittstaaten gerichteten Beschwerden ratione personae

Ist ein nicht durch die Konvention gebundener Staat für eine Menschenrechtsverletzung verantwortlich, ist eine gegen ihn gerichtete Beschwerde ebenfalls *ratione personae* abzuweisen. Allerdings gibt es auch zu dieser Regel Ausnahmen, wenn das Handeln eines Vertragsstaats unmittelbar kausal für potentiell von Drittstaaten begangene Menschenrechtsverletzungen ist. Anknüpfungspunkt für die konventionsrechtliche Verantwortung ist dann nicht die Verletzungshandlung, sondern der Beitrag zu einer Kausalkette, die zu der Verletzung führt oder führen könnte. Illustrativ in diesem Zusammenhang ist der Fall *Abu Qatada v. Vereinigtes Königreich*,[29] bei dem es um die Auslieferung eines Terrorverdächtigen nach Jordanien ging. Dort würden, so befürchtete der Gerichtshof, auf Folter beruhende Geständnisse im Prozess gegen *Abu Qatada* verwendet und damit Fundamentalgarantien eines fairen Verfahrens verletzt. Für den in Jordanien durchgeführten Prozess könne das Vereinigte Königreich zwar nicht verantwortlich gemacht werden, wohl aber für die – vorhersehbaren – Folgen der vom Vereinigten Königreich zu verantwortenden Auslieferung.[30]

Dies bedeutet, dass die nach Art. 34 EMRK mögliche Abweisung einer Beschwerde *ratione personae*, wenn ein Dritter, sei es ein Privater, eine internationale Organisation oder auch ein anderer Staat handelt, dann nicht die Regel sein muss, wenn auch der beklagte Vertragsstaat zumindest (Mit)Verantwortung zu tragen hat.

III. Fallgruppen

Das Einstehen des Staates für das Handeln Dritter kann in unterschiedlicher Weise begründet werden. Eine wesentliche „Schaltstelle" für die konventionsrechtliche Verantwortlichkeit sind die Gerichte. Wird der Zugang zu den staatlichen Gerichten in unzulässiger Weise verweigert oder berücksichtigen die Gerichte bei der Auslegung des nationalen Rechts die Konventionsgarantien nicht in ausreichender

---

[28] Vgl. die Argumentation in EGMR, *Gasparini ./. Italien und Belgien*, 10750/03, Entsch. vom 12. Mai 2009. Hier wird die Zuständigkeit des Gerichtshofs *ratione personae* implizit angenommen, der Vorwurf, das Rechtsschutzverfahren sei defizitär, aber als offensichtlich unbegründet abgewiesen.

[29] EGMR, *Otman (Abu Qatada) ./. Vereingtes Königreich*, 8139/09, Urt. vom 17. Jan. 2012.

[30] EGMR, *Otman (Abu Qatada) ./. Vereinigtes Königreich*, 8139/09, Urt. vom 17. Jan. 2012. Vgl. die grundsätzlichen Ausführungen der Problematik in EGMR *Bosphorus Hava Yollan Turizm ve Ticaret Anonim Sirketi ./. Ireland* (GV), 45036/98, Urt. vom 30. Juni 2005 – VI.

Form, können Konventionsverletzungen geltend gemacht werden. Eine zweite Fallgruppe bilden die Beschwerden, die sich auf ein Unterlassen des Staates gründen, sei es im Vorfeld einer Menschenrechtsverletzung, wenn der Staat seinen Schutzpflichten nicht nachgekommen ist, sei es im Nachgang, wenn nicht genug unternommen wurde, um eine Menschenrechtsverletzung aufzuklären. Hierzu gehören auch die Fälle der Übertragung hoheitlicher Gewalt auf internationale Organisationen ohne ausreichende Absicherung eines gleichwertigen Rechtsschutzes. Die dritte Fallgruppe bilden schließlich Menschenrechtsverletzungen, in denen dem Staat vorzuwerfen ist, das Handeln seiner Organe sei kausal für bereits eingetretene oder in der Zukunft zu besorgende Rechtsverletzungen.

1. Erste Fallgruppe: Defizitärer gerichtlicher Schutz

Das Gewaltmonopol des Staates bedingt, dass Einzelpersonen, werden ihre Rechte verletzt, zur Durchsetzung ihrer Rechte auf ein funktionierendes Justiz- und Vollstreckungssystem angewiesen sind. Auf diesem Ansatz basiert die erste Gruppe von Fällen, in denen die staatliche Verantwortung für Konventionsverletzungen von Dritten entweder durch die Verweigerung des Zugangs zum Gericht oder aber durch eine inadäquate Streitbeilegung begründet wird.

a) Fehlender Zugang zum Gericht

Beispiele wären etwa die gegen Deutschland einerseits von protestantischen Pfarrern und andererseits von Mitgliedern der Heilsarmee eingereichten Beschwerden in den Fällen *Baudler v. Deutschland*,[31] *Reuter v. Deutschland*[32] und *Müller v. Deutschland*.[33] Die Beschwerdeführer rügten in der Sache die – aus ihrer Sicht – ungerechtfertigte Entlassung bzw. Versetzung in den Warte- und Ruhestand durch ihre kirchlichen Arbeitgeber. Dabei handelte es sich im Grunde um Auseinandersetzungen zwischen Kirche und Pfarrer, in die der Staat nicht involviert war. Die konventionsrechtliche Verantwortung des Staates nach Art. 6 EMRK begründeten die Beschwerdeführer damit, ihnen sei der Zugang zu den staatlichen Gerichten verweigert worden. Daher hätten sie ihre zivilrechtlichen Ansprüche nicht, wie von Art. 6 EMRK gefordert, vor einem „unabhängigen und unparteiischen, auf Gesetz beruhenden Gericht" geltend machen können, da die innerkirchlichen Gerichte diesen Voraussetzungen nicht entsprächen. Diese Argumentation impliziert, der Staat trage Verantwortung, nicht für die den Betroffenen durch ihre Arbeitgeber zugefügten Rechtsverletzungen, wohl aber für die Versagung der Chance, die Rechtsverletzung wieder gut zu machen. Im Ergebnis wies der Gerichtshof die Beschwerden allerdings ab, sei es *ratione materiae*, weil bereits keine auf staatliches Recht gestützten Ansprüche gel-

---

[31] EGMR, *Baudler ./. Deutschland*, 38254/04, Entsch. vom 6. Dez. 2011.
[32] EGMR, *Reuter ./. Deutschland*, 32741/06; 19568/09, Entsch. vom 17. Jan. 2012.
[33] EGMR, *Hanna und Peter Müller ./. Deutschland*, 12986/04, Entsch. vom 6. Dez. 2012.

tend gemacht wurden (*Baudler, Reuter*), sei es wegen offensichtlicher Unbegründetheit, weil die nur begrenzte Überprüfung der geltend gemachten Rechte aufgrund der Religionsfreiheit gerechtfertigt war (*Müller*).

Derselbe Vorwurf wird Staaten in den Fällen gemacht, in denen sie internationalen Organisationen in ungerechtfertigter Weise Immunität zuerkennen und daher einen Zugang zu staatlichen Gerichten verweigern. So musste etwa Frankreich im Fall *Sabeh El Leil*[34] im Ergebnis dafür einstehen, dass die kuwaitische Botschaft ihren Mitarbeiter ungerechtfertigt und ohne eine Entschädigung zu leisten entlassen hatte. Zwar konnte Frankreich dafür nicht unmittelbar verantwortlich gemacht werden. Der Konventionsverstoß lag allerdings darin, dass die französischen Gerichte Sabeh El Leil keine Möglichkeit eingeräumt hatten, gegen das ihm widerfahrene Unrecht vorzugehen; ein entsprechendes unterinstanzliches Urteil war in der höheren Instanz aufgehoben worden. Der Gerichtshof argumentierte, der von den französischen Gerichten angewandte völkerrechtliche Grundsatz der Immunität sei einzuschränken, gehe es um bestimmte aus dem Arbeitsverhältnis resultierende Rechte bei bestimmten Kategorien von Botschaftsangestellten, die keine besondere Verantwortung tragen und keine besondere Funktion erfüllen. Der französische Staat musste einen materiellen Schadensersatz in Höhe von 60.000 Euro zahlen und damit einen Großteil des ursprünglich vom unterinstanzlichen Gericht zugesprochenen Schadensersatzes in Höhe von etwas über 80.000 Euro übernehmen.[35]

b) Fehlende Berücksichtigung grundrechtlich geschützter Rechtspositionen

Ähnlich ist die Zurechnung der staatlichen Verantwortung, wenn die staatlichen Gerichte bei ihrer Rechtsprechung die Konventionsgarantien nicht in ausreichendem Umfang berücksichtigen. Dies gilt insbesondere bei so genannten mehrpoligen Grundrechtsverhältnissen, bei denen es um einen Ausgleich verschiedener in gleicher Weise grundrechtlich geschützter Rechtspositionen geht, etwa im Presserecht bei der Abwägung zwischen dem Schutz der Privatsphäre und dem Schutz der Meinungs- und Pressefreiheit oder im Familienrecht bei der Abwägung zwischen den Rechten des Vaters und der Mutter oder auch zwischen den Rechten der Eltern und den Rechten der Kinder. Auch hier kann ein jüngst zu Deutschland entschiedener Fall die Problematik illustrieren: Im Fall *Schüth* wurde der Staat im Ergebnis für die Folgen der Kündigung eines Organisten durch seinen kirchlichen Arbeitgeber haftbar gemacht, weil die Gerichte in dem Dreiecksverhältnis Staat – Kirche – Arbeitnehmer die relevanten Rechtspositionen, die Religionsfreiheit einerseits und das

---

[34] EGMR, *Sabeh el Leil ./. Frankreich* (GK), 34869/05, Urt. vom 29. Juni 2011.

[35] Vgl. den ähnlich gelagerten Fall EGMR, *Cudak ./. Litauen* (GK), 15869/02, Urt. vom 23. März 2010.

Recht auf Familienleben andererseits, nicht in adäquater Weise zum Ausgleich gebracht hatten.[36]

Auf Grundlage der Rechtsprechung des Europäischen Gerichtshofs für Menschenrechte entsteht so eine Art von Staatshaftung für konventionsrechtlich nicht vertretbare Gerichtsurteile.[37]

2. Zweite Fallgruppe: Unterlassen präventiver oder repressiver Maßnahmen

Schon früh hat der Gerichtshof in seiner Rechtsprechung aus verschiedenen Artikeln der Konvention staatliche Schutzpflichten abgeleitet.[38] Ein erstes Beispiel ist der belgische Sprachenfall,[39] in dem die Bereitstellung von Schulen in den Minderheitensprachen eingefordert wird. Wegweisend ist auch der Fall *Airey v. Irland*,[40] in dem der Gerichtshof über den Wortlaut von Art. 6 EMRK hinaus eine Pflicht zur Zahlung von Prozesskostenhilfe auch in zivilrechtlichen Gerichtsverfahren gefordert hat.

Mittlerweile ist diese Rechtsprechung zu den einzelnen Konventionsartikeln, insbesondere zu Art. 2, 3 und 8 EMRK, sehr ausdifferenziert. Unterscheiden lassen sich präventive Schutzpflichten und Aufklärungs- und Verfolgungspflichten *ex post*.

a) Verletzung von Schutzpflichten

So ist der Staat nicht nur grundsätzlich verpflichtet, Verletzungen des Rechts auf Leben oder auch schwerwiegende Misshandlungen bei sehr konkreten Gefährdungen zu verhindern,[41] sondern auch systemischen Verletzungen, etwa im Gesundheitsbereich[42] oder bei häuslicher Gewalt,[43] vorzubeugen. Besonders wichtig ist die Ver-

---

[36] EGMR, *Schüth ./. Deutschland*, 1620/03, Urt. vom 23. Sept. 2010.

[37] Kritisch zur Rechtsprechung des Gerichtshofs zu Konventionsverstößen durch nationale Gerichte in Drittwirkungsfällen vgl. *F. Bydlinski*, in: A. Fenyves/E. Kerner/H. Koziol/E. Steiner (Hrsg.), Tort Law in the Jurisprudence of the European Court of Human Rights, 2011, 129 ff, 168 ff.

[38] Vgl. den Entscheidungsüberblick bei *D. Spielmann*, in: F. Sudre (Hrsg.), L'interprétation de la Convention des droits de l'homme, 1998, 136, Fn. 11.

[39] EGMR, *Belgischer Sprachenfall ./. Belgien*, 1474/62, Urt. vom 23. Juli 1968.

[40] EGMR, *Airey ./. Irland*, 6289/73, Urt. vom 6. Febr. 1981.

[41] Vgl. zu Fällen unter Art. 2 EMRK: EGMR, *Mastromatteo ./. Italy* (GK), 37703/97, Urt. vom 24. Okt. 2002, ECHR 2002-VIII, para. 67–68; EGMR, *Maiorano et al. ./. Italien*, 28634/06, Urt. vom 15. Dez. 2009; EGMR, *Gongadze ./. Ukraine*, 34056/02, Urt. vom 8. Nov. 2005; EGMR, *Dink ./. Türkei*, 2668/07; 6102/08; 30079/08, Urt. vom 14. Sept. 2010; zu Fällen unter Art. 3 EMRK: EGMR, *A. ./. the United Kingdom*, 25599/94, Urt. vom 23. Sept. 1998, § 22, *Reports of Judgments and Decisions* 1998-VI; EGMR, *M.C. ./. Bulgaria*, 39272/98, Urt. vom 4. Dez. 2003, §§ 149–150, ECHR 2003-XII.

[42] EGMR, *Calvelli und Ciglio ./. Italien*, 32967/96, Urt. vom 17. Jan. 2002: „Those principles apply in the public-health sphere too. The aforementioned positive obligations therefore

antwortung des Staates für das Handeln Dritter im Bereich von Gefängnissen; hier obliegt dem Staat eine besondere Schutzpflicht insbesondere auch bei von Mithäftlingen ausgehenden Gefahren.[44] Insoweit wird die Verantwortung der eigentlichen Täter – konkret derer, die den Mord oder die Misshandlung begangen haben – konventionsrechtlich ausgeblendet.

Besonders interessant sind diejenigen Fälle, in denen dem Staat ein gesetzgeberisches Unterlassen vorgeworfen wird. Das jüngst ergangene Urteil im Fall *E.S. v. Schweden*,[45] in dem eine Verantwortung des Staates von einer Mehrheit von vier Richtern verneint, von drei Richtern aber bejaht wurde, zeigt die Schwierigkeit der Entscheidungsfindung. In dem Fall ging es um eine Strafbarkeitslücke im schwedischen Recht. Der Versuch, unbemerkt Nacktfotos von einer Minderjährigen anzufertigen, konnte strafrechtlich nicht geahndet werden mit der Folge, dass das Opfer auch keinen Schadensersatz bekam. Die Minderheit der Richter sah den schwedischen Gesetzgeber als dafür verantwortlich an und bejahte eine Verletzung von Art. 8 EMRK;[46] die Mehrheit argumentierte, nicht jede potentielle Straftat sei vorherzusehen; aufgrund des Grundsatzes „nulla poena sine lege" seien derartige Schutzlücken unvermeidbar.

Als Verletzung von Schutzpflichten im weiteren Sinn ist es auch anzusprechen, wenn Staaten Hoheitsrechte an internationale Organisationen übertragen, ohne in ausreichendem Maße sicherzustellen, dass diese die von der Konvention eingeforderten Standards garantieren. In diesen Fällen, die die Rechtsprechung des Gerichtshofs als mögliche Konventionsverletzungen ausgewiesen hat, ohne aber je eine konkrete Verletzung festzustellen, ist allerdings problematisch, auf welchen Zeitpunkt bei der Verantwortung des Staates abgestellt wird: auf den Zeitpunkt der Übertragung der Rechte an die entsprechende internationale Organisation[47] oder aber auf den Zeitpunkt, zu dem der Betroffene seine Rechte als durch die internationale Organisation verletzt ansieht.[48]

---

require States to make regulations compelling hospitals, whether public or private, to adopt appropriate measures for the protection of their patients' lives. They also require an effective independent judicial system to be set up so that the cause of death of patients in the care of the medical profession, whether in the public or the private sector, can be determined and those responsible made accountable (...)".

[43] EGMR, *Opuz ./. Türkei*, 33401/02, Urt. vom 9. Juni 2009.

[44] EGMR, *Stasi ./. Frankreich*, 25001/07, Urt. vom 20. Okt. 2011.

[45] EGMR, *E.S. ./. Schweden*, 5786/08, Urt. vom 21. Juni 2012.

[46] Vgl. das Minderheitenvotum der Richter *Spielmann*, *Power-Forde* und *Villiger* zu der Entscheidung EGMR, *E.S. ./. Schweden*, 5786/08, Urt. vom 21. Juni 2012.

[47] So explizit nach den Ausführungen in EGMR, *Gasparini ./. Italien und Belgien*, 10750/03, Entsch. vom 12. Mai 2009.

[48] So die in Bosphorus erfolgte Prüfung der Gleichwertigkeit des Schutzes; vgl. EGMR, *Bosphorus Hava Yolları Turizm ve Ticaret Anonim Şirketi ./. Ireland* (GK), 45036/98, Urt. vom 30. Juni 2005, ECHR 2005-VI, para. 155, 156.

b) Verletzung von Aufklärungs- und Verfolgungspflichten

Besonders stark ausgeweitet wurden die prozeduralen Pflichten des Staates auf der Grundlage von Art. 2 und Art. 3 EMRK. Hier wird inzwischen sogar schon bei fahrlässiger Tötung durch einen Dritten eine Verletzung einer aus Art. 2 EMRK abzuleitenden Pflicht angenommen, wenn die staatlichen Behörden das Geschehen nicht schnell genug aufklären und dies sogar dann, wenn der eigentliche Täter im Ergebnis straf- und zivilrechtlich zur Verantwortung gezogen wird.[49] Entwickelt worden waren die prozeduralen Schutzpflichten ursprünglich als eine Art Kompensationsmechanismus in den Fällen, in denen ein unmittelbares Verschulden staatlicher Stellen für den gewaltsamen Tod eines Menschen nicht nachweisbar war.[50] Die Übertragung dieses Ansatzes auf die Nicht-Aufklärung oder nicht ausreichende Aufklärung von Verbrechen, die private Dritte begangen haben, ist ein substantiell sehr gewichtiger Schritt, mittlerweile aber ständige Rechtsprechung.

Mit dem Postulat einer effektiven Aufklärung des Geschehens rückt auch der eigentlich Verantwortliche der Menschenrechtsverletzung in den Blick. Allerdings kann auf der Grundlage der Konvention keine Verurteilung erzwungen werden. Im Zweifel muss der Staat dem Opfer für die fehlende Aufklärung und Strafverfolgung Kompensation leisten. Ein konventionsrechtlicher Verstoß kann auch bei einer zu milden Bestrafung festgestellt werden.[51] Auch dies hat aber nur eine Zahlungsverpflichtung des Staates, nicht aber eine – auf rechtsstaatlicher Grundlage auch gar nicht mehr mögliche – Verschärfung der Bestrafung zur Folge. Wirkung entfaltet diese Rechtsprechung damit in der Regel nur für Fälle in der Zukunft.[52]

3. Dritte Fallgruppe: Kausalbeitrag zu potentiellen Menschenrechtsverletzungen

Zur dritten Gruppe von Fällen, die die staatliche Verantwortung über den Beitrag einer zu einer Menschenrechtsverletzung führenden Kausalkette begründet, gehören vor allem Auslieferungs- und Ausweisungsfälle. War in diesen Fällen ursprünglich ein bestimmtes Handeln oder Unterlassen des Drittstaates – etwa die Androhung und Vollstreckung der Todesstrafe, die ein Warten in der „death row" notwendigerweise mit sich bringen würde – vorausgesetzt gewesen, um eine konventionsrechtliche Verantwortung zu begründen, ließ der Gerichtshof in dem berühmten Fall *D. v. Vereinig-*

---

[49] EGMR, *Sergiyenko ./. Ukraine*, 47690/07, Urt. vom 19. Apr. 2012.

[50] EGMR, *Assenov ./. Bulgarien*, 90/1997/874/1086, Urt. vom. 28. Okt. 1998; vgl. dazu auch *I. Schübel-Pfister*, in: Karpenstein/Meyer, EMRK – Konvention zum Schutz der Menschenrechte und Grundfreiheiten, Art. 2, Rd. 32.

[51] EGMR, *Gäfgen ./. Deutschland* (GK), 22978/05, Urt. vom 1. Juni 2010, para. 115–119, *Aleksakhin ./. Ukraine*, 31939/06, Entsch. vom 19. Juli 2012.

[52] Vgl. dazu auch *F. Bydlinski* (Fn. 37), 162 ff.

tes Königreich[53] sogar ein strukturelles Versagen des Gesundheitssystems im Zielstaat genügen. Dabei wurde allerdings insofern eine hohe Schwelle festgelegt, als ein „unmenschliches Handeln" des ausweisenden Staates erst in einem Stadium kurz vor dem Tod des Betroffenen gesehen wurde.

Grundsätzlich aber ist das Kriterium der „Kausalität" nicht besonders geeignet, um klar abzugrenzen, inwieweit Konventionsstaaten für das Handeln oder Unterlassen von Drittstaaten einzustehen haben. Abzugrenzen sind Fälle von unmittelbarer Kausalität, wenn bereits die Rückführung in einen Drittstaat den weiteren unweigerlich zu einer Menschenrechtsverletzung führenden Geschehensablauf in Gang setzt; Beispiel wäre der Fall *Soering v. Vereinigtes Königreich*.[54] Anders ist dies dagegen, wenn das tatsächliche Eintreten einer Menschenrechtsverletzung von einer Vielzahl von weiteren Faktoren abhängt und letztlich ungewiss ist. Dies gilt vor allem dann, wenn die Gefährdung nicht auf dem Handeln des Drittstaates oder einem systemischen Problem – etwa dem Fehlen einer gesundheitlichen Versorgung –, sondern auf dem Handeln von Privatpersonen beruht. Illustrativ dafür ist der Fall *Ali Atik v. Schweden*,[55] in dem die Beschwerdeführer, eine Mutter mit ihren zum Teil noch minderjährigen Kindern, geltend machen, dass ihnen in ihrem Heimatstaat Jordanien aufgrund von Racheakten ihrer Verwandten eine vom Staat nicht sanktionierte „unmenschliche Behandlung" drohe und zudem Gewalt gegen Ehefrauen sowie die Zwangsverheiratung minderjähriger Töchter ungeahndet bliebe. Dem Drittstaat wäre hier kein positives Tun, sondern allenfalls ein Unterlassen mit Blick auf Schutzpflichten gegenüber Schwächeren vorzuwerfen. Ob allerdings tatsächlich eine Verletzung von Art. 3 EMRK eintritt, ist ungewiss; das Handeln der in Jordanien verbliebenen Verwandten ist, anders als etwa die Verhängung der Todesstrafe, nicht von einem Gesetz bestimmt und auch nicht mit Sicherheit vorhersehbar. Der Gerichtshof hat daher auch eine Grenze gezogen und derartige potentiell von Privatpersonen im Drittstaat verursachte Menschenrechtsverletzungen nicht dem ausliefernden Staat zugerechnet.

IV. Folgeprobleme einer Ausweitung staatlicher Verantwortung

Wie eingangs dargelegt, war die Konvention ursprünglich nach ihrer Konzeption nicht darauf angelegt, den Vertragsstaaten auch Verantwortung für das Handeln von Privaten sowie von internationalen Organisationen und Nicht-Vertragsstaaten zuzuweisen. Da mit der rechtsfortbildenden Interpretation der Konvention aber keine Änderungen der sonstigen Regeln einhergingen, haben sich verschiedene Verwerfungen ergeben.

---

[53] EGMR, *D. ./. Vereinigtes Königreich*, 30240/96, Urt. vom 2. Mai 1997.
[54] Vgl. Fn. 15.
[55] EGMR, *Ali Atik et al. ./. Schweden*, 14499/09, Urt. vom 21. Juni 2012.

1. Recht auf rechtliches Gehör

Zum einen betrifft dies die Stellung der Dritten im Prozess. Während nach der Prozessordnung des Bundesverfassungsgerichts bei einer gegen eine gerichtliche Entscheidung gerichteten Verfassungsbeschwerde dem durch die Entscheidung Begünstigten *ex officio* Gelegenheit zur Äußerung zu geben ist (§ 94 Abs. 3 BVerfGG), ist dies nach den Verfahrensregeln des Straßburger Gerichtshofs nur eine Option.[56] Es ist bereits vielfach kritisiert worden, dass diese Regelung im Hinblick auf ein faires Verfahren problematisch sein kann. Zu bedenken ist aber auch, dass dies gleichermaßen auch gilt, wenn indirekt das Verhalten von Nicht-Konventionsstaaten oder internationalen Organisationen beurteilt wird. Stellt der Gerichtshof fest, in einem außereuropäischen Staat drohe den Betroffenen Folter oder unmenschliche Behandlung oder moniert er, das Streitschlichtungsverfahren in einer internationalen Organisation verstoße gegen Mindeststandards, haben diejenigen, gegen die sich ein derartiges Verdikt der Sache nach richtet, kein Recht auf rechtliches Gehör und müssen eine politisch im Zweifel mit negativen Folgen behaftete indirekte Verurteilung hinnehmen. Das Ungleichgewicht wird dadurch verstärkt, dass der Gerichtshof in der Regel Berichte von Nicht-Regierungsorganisationen und sonstigen Dritten heranzieht, um die Fakten zu eruieren. Da weder die Drittstaaten noch die Internationalen Organisationen Vertragsstaaten sind, ergeben sich für sie zwar aus dem Urteil keine unmittelbaren Rechte und Pflichten (Art. 34 WVK). Dennoch ist eine Art von „Kollateralschaden" festzustellen. So ist etwa der seit dem Urteil *Abu Qatada v. Vereinigtes Königreich*[57] im Raum stehende Vorwurf, Jordanien verwende in Strafverfahren auf Folter beruhende Geständnisse, gewissermaßen „gerichtsfest".

In diesem Zusammenhang ist auch der Beitritt der EU zur EMRK zu sehen. Einer der wesentlichen Aspekte ist, dass in direkt oder indirekt gegen die EU gerichteten Verfahren die EU als „co-respondent" beteiligt werden würde und damit eine adäquate prozessrechtliche Stellung hätte.[58] Für andere Internationale Organisationen ebenso wie für Nicht-Konventionsstaaten, deren Akte gleichfalls dem Gericht zumindest mittelbar zur Prüfung vorgelegt werden, ist ein vergleichbarer Lösungsweg des Grundsatzproblems aber nicht erkennbar.

---

[56] Vgl. Art. 36 Abs. 2 der Verfahrensregeln: „The President of the Court may, in the interest of the proper administration of justice, invite any High contracting Party which is not a party to the proceedings or any person concerned who is not the applicant to submit written comments or take part in the hearing."

[57] Siehe Fn. 30.

[58] Vgl. Art. 3 des Entwurfs für einen Beitrittsvertrag www.coe.int/t/dghl/standardsetting/hrpolicy/CDDH-UE/CDDH-UE_documents/CDDH-UE_2011_16_final_en.pdf (besucht am 18. Juni 2012).

2. Schwierigkeiten bei der Schadensersatzberechnung

Die schwierigen Fragen, die eine Verantwortungsübertragung auf den Mitgliedstaat aufwirft, werden auch bei der Zuerkennung von Schadensersatz deutlich. Anschauliches Beispiel ist hier der Fall *Schüth v. Deutschland*.[59] Der Organist Schüth verlangte, nachdem der Gerichtshof eine Verletzung seiner auf Art. 8 EMRK beruhenden Rechte ausgesprochen hatte, vom Staat so gestellt zu werden, als hätte die Kirche nie eine Kündigung ausgesprochen und forderte Gehaltszahlungen bis zum Erreichen des Rentenalters sowie einen Ausgleich für entsprechende rentenrechtliche Verluste.[60] Deutschland als Beschwerdegegner bestritt dagegen jedwede Kausalität zwischen Konventionsverletzung und geltend gemachtem Schaden. Hieran zeigt sich, dass es unklar ist, wie das mittelbare Verschulden des Staates im Verhältnis zu dem unmittelbaren Verschulden des Dritten rechtlich – und wirtschaftlich – zu werten ist. Der Gerichtshof versucht einen billigen Ausgleich zu finden und spricht eine Kompensation zu, die in den Fällen der „Drittverantwortung" allerdings in der Regel nur einen Bruchteil des eingeforderten Schadensersatzes darstellt. Allerdings gibt es, wie etwa in dem Fall *El Sabeh v. Frankreich*,[61] auch Konstellationen, in denen der Gerichtshof dem Staat die eigentlich gegenüber dem Dritten geltend zu machende Summe in nahezu vollem Umfang auferlegt. Da die Entscheidung des Gerichtshofs auf Billigkeit beruht und oft auch nicht explizit „non-pecuniary damage" von „pecuniary damage" abgegrenzt wird, sind die sich in diesem Zusammenhang stellenden Fragen dogmatisch noch nicht befriedigend gelöst.[62] Der eigentlich richtige Weg der Schadensgutmachung in den Fällen, in denen die Verantwortung des Staates auf einer Rechtsprechung beruht, die die Konventionsrechte nicht ausreichend berücksichtigt, wäre in jedem Fall die Wiederaufnahme des Verfahrens. In Deutschland war dies aber bisher aufgrund der Übergangsregelung[63] sowie der zu knappen Frist von fünf Jahren nach dem rechtskräftigen letztinstanzlichen Urteil nicht möglich.[64] Diese ist allerdings jüngst reformiert worden.[65]

V. Der Staat – ein allzu bequemer Sündenbock?

Die Verantwortung für eine Menschenrechtsverletzung kann grundsätzlich nur dann sinnvoll zugewiesen werden, wenn auch die Möglichkeit zu einem rechtmäßigen Alternativhandeln besteht. So ist die Philosophie des internationalen Menschen-

---

[59] Vgl. Fn. 6.

[60] EGMR, *Schüth ./. Deutschland*, 1620/03, Urt. vom 28. Juni 2012, Satisfaction équitable, para. 8 ff.

[61] Siehe Fn. 31.

[62] *Bydlinkski* (Fn. 37), 129 ff.

[63] Anwendbarkeit der Restitutionsklage nur für nach dem 31. Dez. 2006 rechtskräftig abgeschlossene Verfahren; vgl. § 35 EGZPO i.V.m. § 580 Abs. 8 ZPO.

[64] § 586 Abs. 2 ZPO.

[65] Vgl. das Gesetz zur Änderung der ZPO vom 21. Okt. 2011.

rechtsschutzes, Fehlentwicklungen, die „von innen" bewusst oder unbewusst ignoriert werden, „von außen" zu monieren, um in der konkreten Situation Abhilfe zu schaffen, zugleich aber auch zukünftigen Verletzungen vorzubeugen. Nach dem Grundsatz „*impossibilium nulla est obligatio*" kann der Gerichtshof den Mitgliedstaaten aber nicht Pflichten auferlegen, die nicht erfüllbar sind.

In den diskutierten Fallgestaltungen ist in der Regel klar erkennbar, was dem Staat, auch wenn er nicht unmittelbar für die Menschenrechtsverletzung verantwortlich ist, vorgeworfen wird. Das Spektrum reicht, wie ausgeführt, von unterlassenen Nachforschungen bis zu Gerichtsurteilen, die die Konventionsrechte nicht angemessen berücksichtigen.

Allerdings gibt es auch Grenzfälle. Dies gilt zum einen dann, wenn ein Staat nach der Rechtsprechung des Gerichtshofs für das Tätigwerden einer internationalen Organisation einstehen muss, bei der zum Zeitpunkt des Beitritts zwar ein zur Konvention gleichwertiger Schutz gegeben war, dieser aber nachfolgend unter das Konventionsniveau abgefallen ist („manifestly deficient"). Hier kann ein Einzelstaat, insbesondere bei universellen Organisationen, in der Regel wenig ausrichten, da Veränderungen zumeist einstimmig oder zumindest mit großer Mehrheit verabschiedet werden müssen. Zugleich ist bei universellen Organisationen wie etwa der UNO oder ihren Unterorganisationen ein Austritt wegen einzelner Konventionsverstöße – etwa gegen Art. 6 EMRK – mit Blick auf das Interesse an internationaler Kooperation kaum zumutbar und oftmals auch nicht möglich. Hier befindet sich der Mitgliedstaat dann in einer Dilemmasituation, für die kein klarer Ausweg erkennbar ist.

Problematisch ist auch, wenn die Rechtsprechung des Gerichtshofs über zuvor vertretene Positionen deutlich hinausgeht oder diese aufgegeben oder verändert werden. Auch in diesen Fällen droht den Staaten, wegen Menschenrechtsverletzungen verurteilt zu werden, die sie nicht vorhersehen und auch nicht vermeiden konnten. Daher ist der Gerichtshof zu Recht sehr zurückhaltend, seine Rechtsprechung zu revidieren; die Notwendigkeit der Fortentwicklung des Rechts gilt es gegen das hohe Gut der Rechtssicherheit abzuwägen.[66]

Ganz grundsätzlich aber stellt sich die Frage, ob der (Vertrags)Staat nicht als allzu bequemer Sündenbock genommen und von der eigentlichen Verantwortung für die Menschenrechtsverletzung abgelenkt wird. Es macht einen Unterschied, ob der Staat einem Vater ein Kind wegnimmt, oder ob die Mutter es entführt und die staatlichen Instanzen dem Unrecht nicht schnell genug abhelfen. Es macht einen Unterschied, ob Gefängnisbeamte einen Gefangenen töten oder ob sie nicht adäquat darüber wachen, dass ihm im Gefängnis durch Dritte kein Leid geschieht. Soweit im ersten Fall eine Verletzung von Art. 8 EMRK, in letzterem Fall eine Verletzung von Art. 2 EMRK ausgesprochen würde, hat der Gerichtshof im Tenor keine Möglichkeit, sein Unwerturteil zu differenzieren. Mit Blick auf die ursprüngliche Stoßrichtung der Konvention

---

[66] A. *Nußberger*, Europäische Menschenrechtskonvention, HStR X, 2012, Rn. 32 ff.

zur Abwehr von Menschenrechtsverletzungen in totalitären Regimen[67] sollte man aber doch im Blick behalten, dass Konventionsverletzung nicht immer gleich Konventionsverletzung ist. Die Verantwortung des Staates für das Handeln Dritter ist im Vergleich zu unmittelbar von staatlichen Organen begangenen Menschenrechtsverletzungen ein *Aliud,* das es als *Aliud* zu werten gilt.

Nichtsdestotrotz werden mit der Rechtsprechung des Gerichtshofs, die die Verantwortung des Staates für das Handeln Dritter in den Blick nimmt, wichtige Reformen angestoßen, Schutzpflichten weiter entwickelt und Aufklärungspflichten bewusst gemacht. Dies trägt erkennbar zu einem Paradigmenwechsel[68] und im Ergebnis zur weiteren Verbesserung des Menschenrechtsschutzes in Europa bei.

---

[67] *E. Bates,* The Evolution of the European Convention on Human Rights. From its Inception to the Creation of a Permanent Court of Human Rights, 2010, 5 ff.; *L. Wildhaber,* in: ders., The European Court of Human Rights 1998–2006: History, Achievements and Reform, 2006, 136 (137 f.).

[68] So die Grundthese von *A. Clapham,* Human Rights and Obligations of Non-State Actors, 2006.

The Categorical Imperative to End Modern-Day Slavery: Subsidiarity, Privatization, and the State's Duty to Protect

By *Roza Pati*

> "We all know quite well that the enjoyment of human rights can also be threatened by non-State actors. Private persons may exercise a considerable constraint on other individuals. This fact is putting the State in a situation where it may have to intervene into the relations existing between the individuals, drawing limitations to their freedom to act."[1]

It is an uncommon privilege to be part of the choir that sings the praises of a brilliant and prolific scholar, a consummate academic professional, and an extraordinary human being. It is particularly humbling in my case, for Professor Eckart Klein is my *maestro* – my teacher, my *Doktorvater,* a most venerated colleague, and an exceptional friend. From their inception, St. Thomas University School of Law's LL.M. and J.S.D. Programs in Intercultural Human Rights have benefited from Professor Klein's invaluable lectures and his most generous guidance and advice. In expressing my gratitude, I know I speak on behalf of eleven years of alumni of our program that by now have spread their wings in defense of human rights and human dignity in all four corners of the world.

More personally, the pioneering work of Professor Klein on states' obligations under the International Covenant on Civil and Political Rights, his contributions as Member of the United Nations Human Rights Committee, as well as his absolute dedication to the dignity of the human person have vastly inspired and influenced my work, particularly as it addresses the scourge of trafficking in human beings – modern-day slavery.

The following essay is a tribute to his devotion and perseverance in trying to convince states of their indispensable role in the process of establishing a world public order of human dignity on this planet.

I. Old Wolf in New Sheep's Clothing

It suffices to look at two 2012 studies and reports on human trafficking – one from the ILO, the other from the U.S. State Department – to conclude that despite the good

---

[1] *E. Klein*, in: E. Klein (ed.), The Duty to Protect and to Ensure Human Rights, 2000, 19.

strides that the world community has made in the past decade or so, we are way too far from eradicating modern-day slavery. With all due respect to skeptics and to politically correct fanatics, the fact of the matter is that slavery has never left us. Except for the fact that slavery is no longer institutionalized in any political and legal system and that modern slaves are no longer a legally registered *investment*,[2] the types of exploitation, degradation and mistreatment encompassing any or all features attached to the right of ownership in situations of absolute control of one person over another, induced through force, fear, fraud and coercion are starkly similar to the old phenomenon of chattel slavery. Facts and figures indicate that there is no such a thing as a world free from modern slavery, and an answer is warranted to the question as to "what abolition means in the face of modern-day slavery."[3]

The first study offers a global estimate of forced labor by the International Labor Organization: 20.9 million people are considered to be victims of forced labor worldwide.[4] All of them coerced or deceived into doing jobs they are not free to leave. This number does not include organ trafficking, forced marriages or child adoptions. Considered to be a conservative estimate, it encompasses the "full realm of human trafficking for forced labor and sexual exploitation."[5]

90 % of the victims are used and abused in the private economy, by individuals and enterprises, and 22 % of this group is forced into commercial sexual exploitation. 9.1 million victims are migrants, internally or internationally moved across states' borders and administrative lines.[6] 26 % of the victims are children.[7]

The other report comes from the U.S. Department of State. Its annual Trafficking in Persons Report, launched on June 19, 2012, evidences progress, but also points out cases of "standing still or even sliding backwards," to quote U.S. Secretary of State Hillary Clinton.[8] The report maintains that "slavery persists in the United States and around the globe," and as many as 27 million men, women, and children around the world are victims of "human trafficking."[9] The cost of coercion: 20 billion dollars

---

[2] *T. Obokata*, Trafficking of Human Beings from a Human Rights Perspective: Towards a Holistic Approach, 2006, 174.

[3] Letter from Secretary Clinton, in: U.S. Department of State, Trafficking in Persons Report, June 2012, at http://www.state.gov/j/tip/rls/tiprpt/2012/192348.htm (last visited July 14, 2012).

[4] ILO Global Estimate of Forced Labour 2012: Results and Methodology, 01 June 2012, at 13, available at http://www.ilo.org/wcmsp5/groups/public/—ed_norm/—declaration/documents/publication/wcms_182004.pdf (last visited July 14, 2012).

[5] *Id.*

[6] *Id.*

[7] *Id.* at 14.

[8] U.S. Department of State, Statement by Secretary Clinton, June 19, 2012, at http://www.state.gov/j/tip/rls/ tiprpt/2012 (last visited July 14, 2012).

[9] U.S. Department of State, Trafficking in Persons Report 2012, at 7, at http://www.state.gov/documents/ organization/192587.pdf (last visited July 14, 2012).

annually.[10] In Europe, for instance, in the year 2011 there were 10,185 victims identified, out of which only 1,796 were survivors of forced labor.[11] Compare this number to the ILO estimate for Europe that approximates the number of victims of forced labor to be over 3 million.[12] The TIP data indicate that a meager 42,291 victims were identified globally in 2011, out of which 15,205 were survivors of labor trafficking[13] – compare the latter number to the 21 million estimated by the ILO.

Clearly, the present picture is dim. But, what is the present state of affairs in antitrafficking efforts? The 2000 Palermo Protocol, supplementing the Transnational Organized Crime Convention, mandated the States parties to enact legislation that would confront human trafficking. Nation-states acted and criminal law in many parts of the world addressed the issue of modern-day slavery. According to the 2012 TIP report, 7,909 prosecutions were conducted globally and they resulted in 3,969 convictions, the majority of which constitute cases of commercial sexual exploitation. Only 278 convictions resulted out of a scant total of 456 prosecutions worldwide that dealt with labor trafficking.[14] So, while slavery persists and flourishes in our modern times, governments and civil society have a long way to go and they can neither waver in their coordinated forces to tackle this pernicious and persistent phenomenon, nor wait for the market to phase out slavery.

II. Tackling Modern-Day Slavery – A Categorical Imperative

Why, exactly, should we combat modern-day slavery? First of all, in Kant's philosophy, this obligation follows from this formulation of the categorical imperative: "Act in such a way that you treat humanity, whether in your own person or in the person of any other, never merely as a means to an end, but always at the same time as an end."[15] Slavery, classical or modern, violates this absolute and universal moral obligation. In this respect, though it might have been hard, particularly centuries ago, to bring everyone from every culture to agree on a moral principle that condemns enslavement,[16] the fact of the matter is that the law, as Gustav Radbruch's ethical minimum, has now universally prohibited that phenomenon. The prohibition of slavery

---

[10] *Id.* at 11.

[11] *Id.* at 55.

[12] ILO Global Estimate (Fn. 4), 16.

[13] TiP Report 2012 (Fn. 9), 44.

[14] Global Law Enforcement Data, TiP Report 2012, at http://www.state.gov/j/tip/rls/ tiprpt/ 2012/192361.htm (last visited July 14, 2012).

[15] *I. Kant*, Grounding for the Metaphysics of Morals (3rd ed., J. W. Ellington trans.) [1785], 1993, 30.

[16] In fact, *Aristotle* considered the status of slavery part of natural law. *Aristotle*, Politics (B. Jowett trans., Random House 1943), (350 B.C.E.), 58.

has reached the rare and exceptional status of a *jus cogens* norm.[17] Beyond that, it was considered a crime against humanity in the Nuremberg Charter,[18] the Tokyo Charter,[19] and the Statutes of the ICTY[20] and ICTR,[21] though there is no definition of the term *per se* in any of these documents. Human rights conventions have also prohibited "slavery" on a universal and regional level, though they also fail to include any express definition. Various cases in the context of World War II could be read as including forced or compulsory labor under enslavement as a crime against humanity.[22] What about human trafficking? Can one argue legally that certain forms and situations of human trafficking resemble the old phenomenon of enslavement? Let us see some of the recent developments in this field.

The 1998 Rome Statute of the International Criminal Court included "enslavement" as a crime against humanity in its article 7(1)(c).[23] It also defined "enslavement" as "the exercise of any or all of the powers attaching to the right of ownership over a person and includes the exercise of such power in the course of trafficking in persons, in particular women and children".[24] This language was clarified in great detail by the International Criminal Tribunal for the former Yugoslavia in its 2002 Trial Chamber judgment in the case of *Prosecutor v. Kunarac et al.*[25] In this groundbreaking decision, Kunarac and Kovac were convicted, *inter alia,* of the crime of enslavement.[26] In determining the meaning of "slavery", the Trial Chamber started with the 1926 Slavery Convention's definition, as listed above,[27] of "the status or condition of a person over whom any or all of the powers attaching to the right of ownership are

---

[17] Cf. *R.G. Wetzel/D. Rauschning*, The Vienna Convention on the Law of Treaties: Travaux Préparatoires, 1978, arts. 53, 60.

[18] Charter of the Int'l Military Trib. of 1945, art. 6(c), August 8, 1945, 59 Stat. 1544, 82 U.N.T.S. 279.

[19] Charter of the Int'l Military Trib. for the Far East, art. 5(c), January 19, 1946, T.I.A.S. 1589, 4 Bevans 20.

[20] Statute of the Int'l Crim. Trib. for the Former Yugoslavia, S.C. Res. 827, art. 5(c), U.N. Doc. S/RES/827 (May 25, 1993).

[21] Statute of the Int'l Crim. Trib. for Rwanda, S.C. Res. 49/955, art. 3(c), U.N. Doc. S/Res/955/Annex (Nov. 8, 1994).

[22] IMT Judgment, *reprinted in* 22 Trial of Major War Criminals Before the International Military Tribunal, 565–66 (1947) (regarding Baldur von Schirach), trans. available at http://avalon.law. yale.edu/imt/I0–01–46.asp; U.S. v Milch, Opinion and Judgment of the U.S. Military Trib. II, *reprinted in* Trials of War Criminals Before the Nuernberg Military Tribunals under Control Council Law No. 10 773, 789 (1997); U.S. v Oswald Pohl and Others, Opinion and Judgment of the U.S. Military Trib. II of November 3, 1947, *reprinted in* 5 Trials of War Criminals Before the Nuernberg Military Tribunals under Control Council Law No. 10, 958, 970 (1997).

[23] Rome Stat. of the Int'l Crim. Ct. of 1998, art. 7(1)(c), July 17, 1998, 2187 UNTS 9.

[24] *Id.* art. 7(2)(c).

[25] Prosecutor v. Dragoljub Kunarac et. al., Case No. IT-96–23-T & IT-96–23/1-T, Trial Court Judgment, 178, para. 520 (Int'l Crim. Trib. for the Former Yugoslavia Feb. 22, 2001).

[26] *Id.* at 281, para. 883.

[27] Slavery Convention, Sept. 25, 1926, T.S. 778, 60 LNTS 253, art. 1(1).

exercised", noting its nearly universal acceptance and repetition in the 1956 Supplemental Convention,[28] and concluding that this definition reflects customary international law.[29] This conclusion was also buttressed by the Trial Chamber's reference to the International Law Commission's (ILC) 1996 Draft Code of Crimes against the Peace and Security of Mankind, which included enslavement as a crime against humanity.[30] Due to the expertise of this body, the Trial Chamber considered this work, at least on this issue, to be evidence of customary international law.[31] The Trial Chamber thus defined enslavement in line with the 1926 Slavery Convention, as a "crime against humanity in customary international law consist[ing] of the exercise of any or all of the powers attaching to the right of ownership over a person".[32]

The key progress made in this judgment was the fact that the Trial Chamber identified elements of exploitation and the surrounding factors that were sufficient to constitute the exercise of "any or all" powers of ownership. It is thus necessary to reproduce verbatim the Trial Chamber's amplifications on this issue:

> Under this definition, indications of enslavement include elements of control and ownership; the restriction or control of an individual's autonomy, freedom of choice or freedom of movement; and, often, the accruing of some gain to the perpetrator. The consent or free will of the victim is absent. It is often rendered impossible or irrelevant by, for example, the threat or use of force or other forms of coercion; the fear of violence, deception or false promises; the abuse of power; the victim's position of vulnerability; detention or captivity, psychological oppression or socio-economic conditions. Further indications of enslavement include exploitation; the exaction of forced or compulsory labour or service, often without remuneration and often, though not necessarily, involving physical hardship; sex; prostitution; and human trafficking.[33]

Applying these factors to the case at bar, the Chamber found Defendant Kunarac guilty of enslavement. The ICTY's Appeals Chamber agreed with this definition and the Trial Chamber's application of it in this case.[34] The analysis of the crime of en-

---

[28] See Supplementary Convention on the Abolition of Slavery, the Slave Trade, and Institutions and Practices Similar to Slavery, Sept. 7, 1956, 18 U.S.T. 3201, 266 UNTS 40, art. 7.

[29] Prosecutor v. Kunarac (Fn. 25), 178, para. 520.

[30] Rep. of the Int'l Law Comm'n, 48th sess., May 26-July 26, 1996, U.N. Doc. A/51/10, 93 (Art. 18Code); GAOR, 51st sess, Supp. No. 10 (1996). In the ILC Draft Code, "enslavement" was defined to mean the act of: [E]stablishing or maintaining over persons a status of slavery, servitude or forced labour contrary to well-established and widely recognized standards of international law, such as: the 1926 Slavery Convention (slavery); the 1956 [Supplementary Slavery Convention] (slavery and servitude); the [ICCPR] (slavery and servitude); and the 1957 [Forced Labour Convention] (forced labour). *Id.* at 98.

[31] Prosecutor v. Kunarac (Fn. 25), 191–92, para. 537.

[32] *Id.* at 192, para. 539.

[33] *Id.* at 193, para. 542.

[34] Prosecutor v. Dragoljub Kunarac et. al., Case No. IT-96–23 & IT-96–23/1-A, Appeals Chamber Judgment, 38, para. 124 (Int'l Crim. Trib. for the Former Yugoslavia June 12, 2002) ("the Appeals Chamber is of the opinion that the Trial Chamber's definition of the crime of

slavement in the judgment of the ICTY shows a clear resemblance of enslavement to the crime of human trafficking, which is nevertheless noted as part of ICC Statute, article 7(1)(c). The ICTY opened the doors for a better understanding of the elements of a human trafficking crime and laid the foundation for applying the prohibition of slavery to human trafficking, or *modern-day* slavery. Later on, in 2010, it is the European Court of Human Rights, in the case of *Rantsev*[35] that introduced *Kunarac*'s definition of enslavement to the prohibition of slavery under article 4 of the European Convention on Human Rights and goes a step further to consider human trafficking as falling per se within the scope of article 4.[36] International criminal law and the premier system of human rights law therefore agree on the inclusion of certain forms of human trafficking in the concept of enslavement or slavery.

For those who would rather look at human trafficking, in Kantian terms, as a hypothetical imperative, i. e. a standard that is not universal or absolute, the paradigm of the status of anti-trafficking efforts worldwide represents nevertheless a necessity conditioned on a subjectively set, but worthy goal. And, if the objective is the achievement of a world free from slavery, commonly seen as worthy, then the community worldwide should engage in a series of acts that would lead to the realization of that goal. In my view, the engine that would pull forward the anti-trafficking action is the *state*, and its role does not end with enacting of anti-trafficking laws or with the prosecution of offenders. From Cicero's maxim *salus populi suprema lex esto*[37] to John Locke's reference to it as a fundamental rule of good government,[38] the state has a crucial role in ensuring the security of its people, in safeguarding their freedom. Freedom from slavery is the *alpha* of all freedoms. Thus the state has to execute its duty to protect and, as Professor Klein writes, it has to also intervene in the relations amongst private actors, as needed.[39] I have discussed the duties of the state regarding human trafficking in detail elsewhere.[40] These duties have to be placed in the context of comprehensive policies designed to prevent and stop this outrage as well as to prosecute the offenders and rehabilitate the victims and injured society. A model of such integral policy, based on interdisciplinary problem analysis, is the 2005 Miami De-

---

enslavement is not too broad and reflects customary international law at the time when the alleged crimes were committed").

[35] Rantsev v. Cyprus and Russia, App. No. 25965/04 (Eur. Ct. H.R. 2010).

[36] For a detailed analysis of this case, see R. *Pati*, Boston University J. Int'l L. 29 (2011), 79.

[37] *Marcus Tullius Cicero*, De Legibus, (book III, part III, sub. VIII).

[38] John Locke used the maxim as epigraph to his Second Treatise on Civil Government (1690).

[39] *Klein* (Fn. 1), 300. As to a discussion on the issue of a hierarchy of human rights as an ideal solution or a fallacy see E. *Klein*, Israel Law Review (2008), 477.

[40] *Pati*, Boston University J. Int'l L. 29 (2011), 131–137; R. *Pati*, in: FS Koufa, 2009, 319; R. *Pati*, NJW 2011, 128.

claration of Principles on Human Trafficking.[41] There are a number of avenues for reaching the goals of rooting out trafficking and restore the dignity of its victims. This is true also for the actors who are to be called on to serve in this struggle. In a free society, where these goals can be reached by government or the private sector, recently called "civil society", it is often an underlying political philosophy which drives the decision as to who performs what function. Conservatives in the American mould would favor the least government involvement, and, if that, on the lowest level, whereas progressives would rely on the state to a much larger degree in order to reach their goals and be wary of increasing privatization. Both would agree, however, that the prosecution and conviction of perpetrators of human trafficking would remain a function of the state. Other functions, such as raising awareness of human trafficking and the rehabilitation of its victims, are subject to debate as to whether the government, and at which level, or the private sector should carry out these tasks.

Back in 1989, writing about the trend of the time – the practice of delegating originally public duties to private entities –, John Donahue noted that, when looking for efficient alternatives to governmental action, one should not look for the cheapest solution, but the evaluation of alternatives of carrying out public business should be measured by "the yardstick of *fidelity to the public's values*, whatever they may be. If the citizenry cares about *how* goods and services are produced, about how equally they are distributed, about the pay, benefits, and working conditions of those who produce them, then any legitimate measure of efficiency must incorporate these concerns".[42]

Coincidentally, Donahue enumerated certain values that are intrinsically linked with the process of production and services rendered today by modern slaves. Also, such enumeration comes in the context of his analysis of privatization in light of what he calls "productive efficiency", which in his view, is not "the cardinal virtue" of civil service.[43] It would be reasonable to say that the majority of our society would find human trafficking one of the most egregious problems of our time. However, a proper assessment of community's values is done by those closer to the citizen, and under this assumption the arguments that follow will be looking into the feasibility of delegating certain functions in the struggle against human trafficking that are presently centered in the government to private entities. It will further explore the kinds of tasks that could and should be privatized, and the duties that the public sector should retain.

---

[41] The Miami Declaration of Principles on Human Trafficking, February 10, 2005, Intercultural Human Rights L. Rev. 1 (2006), 11. In an interdisciplinary workshop, which I had the pleasure of facilitating, national experts from practice and academia studied the issue and formulated 42 pertinent policy recommendations. For details, see R. Pati, Intercultural Human Rights L. Rev. 1 (2006), 5.

[42] *J. Donahue*, The Privatization Decision: Public Ends, Private Means, 1989, 12.

[43] *Id.* at 216.

One guiding light for the discussion of the respective roles of civil society and the state is the principle of subsidiarity, developed in Catholic social doctrine to structure the relationship between the government and the private sector; reflected, within government, in the architecture of the European Union and, more profoundly, in the idea of federalism as well as human rights; and revived today in the sharing of responsibilities between the government and civil society, the *idée du jour* of public-private partnerships. I will deal with these important concepts, as applicable to the struggle against human trafficking, seriatim.

III. The Principle of Subsidiarity

1. Subsidiarity in the Social Doctrine of the Catholic Church

One of the basic canons of the Catholic Church's social doctrine is the principle of the common good, which indicate "the sum total of social conditions, which allow people either as groups or as individuals to reach their fulfillment more fully and more easily".[44] Stemming from the dignity, unity and equality of all people, it has a social and a community dimension, as it belongs to each and everyone and remains *common*.[45] A good society is one that remains at the service of the dignity of the human being – for the good of all people and the good of the whole person.[46] But, the dignity of the human being can only be promoted amongst an aggregate of cultural, economic, social, and professional relationships between the individual and the social groupings he or she belongs to. It is this network of relationships, central to the identity of the individual, that create the apt ground for the common good. The principle of subsidiarity thus requires of societies of a superior order to adopt attitudes of *subsidium* with respect to lower-order societies. Pope Leo XIII in the first great social encyclical, *Rerum Novarum*,[47] suggested that the government is supposed to assume only such enterprise that is beyond the capacity of the individual or a private group. Any acts or functions that can be performed by the private sector with the same effectiveness as when undertaken by the government should be performed by society. As Jacques Maritain stated it, the government should "leave to the multifarious organs of the social body the autonomous initiative and management of all the activities which by nature pertain to them".[48] In applying this principle of subsidiarity, the

---

[44] Second Vatican Ecumenical Council, Gaudium et Spes, 26 AAS 1966, 58.

[45] Pontifical Council for Justice and Peace, Compendium of the Social Doctrine of the Church, 2011, 72.

[46] Catechism of the Catholic Church, 1912. Also, for a good analysis of human dignity as a normative concept, the meaning of the inherent dignity of the human person, the conduct incompatible with it, as well as the relation of human dignity to human rights, see *E. Klein*, in: D. Kretzmer/E. Klein (eds.), The Concept of Human Dignity in Human Rights Discourse, 2002, 145–159.

[47] *Pope Leo XIII*, Encyclical Letter Rerum Novarum: Acta Leonis XIII, 1892, 11, 101–102, 123.

[48] *J. Maritain*, Man and the State, 1957, 23.

Church indicates that the activities of the civil society represent the best avenues for the individual to develop his or her social, or communal, dimension. It helps the individual to express him- or herself fully and exercise an active presence in life.[49] Simultaneously, the principle mandates that the higher order entity supports the lower order entity when in need, while it also helps it coordinate its activity with the rest of society,[50] as guided by the common good. Thus, within the context of Catholicism, subsidiarity involves the government having negative and positive obligations to secure the common good.[51] The principle strikes a balance between completely authoritarian regimes and an entirely "hands off" system of governance.

2. Subsidiarity in the Context of the European Union

The governance within the European Union exemplifies the implementation of the principle of subsidiarity in an intergovernmental context.[52] The principle was first incorporated into the governance of the European Union through the Maastricht Treaty with the goal of allocating power in a way that recognizes the sovereignty of the individual member states and provides for the betterment of the European Community as a collective, centralized whole.[53] The use of the principle and its definition in the treaty has two dimensions: a negative one and a positive one. The negative dimension directs that a higher body, the European Community, is obligated not to interfere with the lower, localized body, i.e. the member states, when the proposed action can be sufficiently achieved by the lower body. Its positive dimension requires that if the lower body cannot sufficiently achieve its goal then the higher body has an obligation, or a duty, to help.[54] The principle of subsidiarity was further fleshed out in the Treaty of Amsterdam, Amending the Treaty on European Union,

---

[49] Compendium (Fn. 45), 180.

[50] *Pope John Paul II*, Centesimus Annus 1991, 48.

[51] *C. Kaczor*, Seven Principles of Catholic Social Teaching, available at CatholicCulture.org (last visited July 14, 2012).

[52] See *C. Henkel*, Berkeley J. Int'l L. 20 (2002), 359 for a detailed analysis of the relationship between the centralized European Community and the individual autonomous states. See also M. *Wilke*, Subsidiarity: Approaches to Power-Sharing in the European Community, 1990; A. *Adonis*, Subsidiarity and the Community's Constitutional Future, 1991.

[53] *Henkel*, Berkeley J. Int'l L. 20 (2002), 360–363. See Treaty Establishing the European Community, consolidated version, Nov. 10, 1997, art. 5 (ex art. 3(b)), O.J. (C 340) 173 ("The Community shall act within the limits of the powers conferred upon it by this Treaty and of the objectives assigned to it therein. In areas which do not fall within its exclusive competence, the Community shall take action, in accordance with the *principle of subsidiarity*, only if and in so far as the objectives of the proposed action cannot be sufficiently achieved by the Member States and can therefore, by reason of the scale or effects of the proposed action, be better achieved by the Community. Any action by the Community shall not go beyond what is necessary to achieve the objectives of this Treaty.") (emphasis added).

[54] *Henkel*, Berkeley J. Int'l L. 20 (2002), 368.

and the Treaties Establishing the European Communities.[55] Its Protocol and Guidelines are based on four criteria: (1) the close-to-the-citizen criterion ("to ensure that decisions are taken as closely as possible to the citizens of the Union"); (2) the sufficiency criterion (the action must bring value over and above that which could be achieved by individual Member-State's government action alone); (3) the benefits criterion ("action at Community level would produce clear benefits by reason of its scale or effects compared with action at the level of the Member States"); and (4) the autonomy criterion ("the action should secure greater freedoms for the individual"). These criteria would be a good basis for assessing, by analogy, the feasibility of when and at what extent the principle of subsidiarity can be applied to possible solutions for the societal problem of trafficking in persons.

3. Subsidiarity in the United States and other Federal Systems

More fundamentally, the principle of subsidiarity undergirds, in many respects, the structure of federalism in its birthplace, the United States. Specifically, the "founding fathers made clear in *The Federalist Papers* [that] the U.S. Constitution was designed to leave many issues of great importance in the hands of the states. The federal government was to do only those things which the individual states could not effectively do for themselves."[56] The Constitution enumerates the legislative powers of the federal government, with protecting the residual powers of the states by the Tenth Amendment. The interests of the states on the level of federal decision making are, *inter alia*, represented through the U.S. Senate; and homogeneity is envisaged as being ensured through the guarantee clause of Article IV, Section 4 of the Constitution. The Constitution establishes a structure of "dual sovereignty". Also, it provides that the power to make treaties is reserved for the federal government, specifically the President of the United States,[57] but the implementation of the obligations arising from the various treaties is decided on a more localized level. In particular, evidence of the notion of subsidiarity in the United States is seen in the Tenth Amendment to the U.S. Constitution, which provides that "The powers not delegated to the United States by the Constitution, nor prohibited by it to the States, are reserved to the States respectively, or to the people."[58] Other scholars opine that the United States has been moving away from subsidiarity and towards the idea of a "welfare state" since

---

[55] G. de Búrca, Reappraising Subsidiarity's Significance after Amsterdam, Jean Monnet Center Working Paper, 1999, at http://centers.law.nyu.edu/jeanmonnet/archive/papers/99/990701.html (last visited July 14, 2012).

[56] D.A. Bosnich, The Principle of Subsidiarity, Acton Institute: Religion & Liberty, July/Aug. 1996, at http://www.acton.org/pub/religion-liberty/volume-6-number-4/principle-subsidiarity (last visited July 14, 2012).

[57] U.S. Const. art. II, § 2, cl. 2.

[58] U.S. Const., amend. X.

the New Deal era.⁵⁹ The commerce clause as a vehicle of expansion of federal power has, however, been limited by cases such as *U.S. v. Lopez,*⁶⁰ as reconfirmed by the Supreme Court's June 28, 2012 decision on the Patient Protection and Affordable Care Act.⁶¹ In a broader context, federalism creates the milieu for the principle of subsidiarity to flourish, as it links individuals and groups in a union that has greater capacities to provide for the common good, while preserving the self-composition of the parties involved.⁶² It is seen as increasing access to power by individuals and thus enhancing the experience of democracy; balancing pluralism and homogeneity; deciding issues at the place where their solution is being felt, and where the affected individuals reside; protecting minorities and empowering them through the territorial structuring of decision-making processes; and effectively distributing governmental services⁶³ – generally, as an architecture for freedom.⁶⁴

4. Subsidiarity in the Context of Human Rights

The basic premise of human rights is that each person has inherent and inalienable rights simply because they were born and not because it is something given to them by a higher authority. The principle of subsidiarity "presupposes that human flourishing requires freedom" and conditions to reach the ultimate fulfillment.⁶⁵ Therefore, the inherent right to freedom that is held by all individuals should be protected through the negative and positive dimensions of subsidiarity by the government in a human rights perspective. To put this idea in the human trafficking context, an individual's human dignity and worth can be affirmed by being free from slavery. Each level of society is then responsible for promoting the lower level's aims that point towards helping the individual obtain freedom from slavery, but the higher levels would violate the subsidiarity principle if they took on the tasks that would be more effectively undertaken by a lower level body. More specifically, international law promotes a standard of basic human rights, including the right to be free from slavery, enshrined in treaties and customary law. A federal state would subscribe to such law through the ratification of treaties, something the lower level authorities cannot do, and then the states would delegate responsibilities to the component states

---

⁵⁹ *Bosnich* (Fn. 56).

⁶⁰ 514 U.S. 549 (1995).

⁶¹ National Federation of Independent Business v. Sebelius, 567 U.S._(2012).

⁶² *Henkel*, Berkeley J. Int'l L. 20 (2002), 363.

⁶³ A. E. Dick Howard, New Europe L. Rev. 1 (1993), 143.

⁶⁴ *S. Wiessner*, New Europe L. Rev. 1 (1993), 129 (141) [Federalism, as an "architecture for freedom", would constitute a "more or less intense union of territorially-based communities voluntarily entered into and continuously reaffirmed, while preserving the individuality of its principally equal constituent parts. This characterization reflects a combination of diversity and unity. It means recognizing differences while ensuring greater access of all individuals to all the processes of shaping and sharing of values."].

⁶⁵ *P. G. Carozza*, AJIL 97 (2003), 38 (43) [referring to freedom in the context of being free "to act in such a way as to participate fully in the goods of an authentically human life"].

and private entities for ensuring that each individual remains free from slavery in the most effective way. One such responsibility could be the training of local law enforcement. This is something that can be done by individual municipalities, towns and communities or through a partnership with the *third sector,* i.e. civil society. The federal government would be infringing on the negative dimension of subsidiarity if it insisted on taking on the responsibility of training every group of local law enforcement nationally. However, a legislative activity, such as making federal and state criminal laws against trafficking, could only be performed at the level of the state due to its mandatorily public prescriptive functions.[66] The local municipality or public-private partnership would eventually benefit from such a legislation, and that indicates the positive dimension of the principle of subsidiarity.[67] This way, problems are solved by those who best understand them and are most affected by them.

When dealing with human rights issues, it is important to recognize the autonomy of the various countries, and that there will be differences among cultures when trying to apply international norms consistently, but subsidiarity recognizes those issues that must be overcome and presumes the idea of a common good that each state will seek to achieve.[68] The principle promotes a shared responsibility among higher and lower-ranked authorities. International law will set the standard and must entrust the implementation to the individual states down to their local authorities unless it is shown that the standards cannot be met sufficiently. In this respect, Tara Melish argues that the United States only realizes partial subsidiarity because it considers most human rights treaties non-self-executing, and it fails to promote implementing laws, particularly with respect to positive rights to health care and the essentials of life, which could be the best way to ensure an individual's protection in the human trafficking context.[69] In other words, the United States focuses on the negative dimension of subsidiarity but does not allow for the positive dimension to come to life.[70] Defining each level's obligations to further the common good, which in this case would be ending modern-day slavery, as well as monitoring the implementation of those obligations appears to be a way how the principle of subsidiarity can be made operational in any architecture of authority.

---

[66] The government, at least in U.S. constitutional doctrine, may delegate minor legislative functions, but only if it formulates "intelligible principles" to be followed. J.W. Hampton, Jr., & Co. v. United States, 276 U.S. 394 (1928) (doctrine of non-delegation).

[67] It is a "help that does not destroy [the lower levels] but enables them to perform their own functions better and thus to contribute to the good of all." *Carozza,* AJIL 97 (2003), 38 (44).

[68] *Id.* at 58.

[69] *T. J. Melish,* Yale J. Int'l L. 34 (2009), 389 (391).

[70] *Id.* at 392, 440. The United States prefers to be in control by keeping treaties non-self-executing, by not accepting adjudicatory functions of the treaties, and by maintaining the ability to use its own discretion whenever possible. *Id.* at 441–43.

Exempli gratia, the principle of subsidiarity was put to good use in the context of child abuse.[71] It had turned out that health care institutions and schools were the major reporters of child abuse, hence it was decided that they were in a better position to also provide professional assessment and assistance to abusive families, instead of the bureaucratic state agencies.[72]

IV. Subsidiarity and Private-Public Partnerships to End Modern Slavery

1. A Brief Account of PPPs

In the above sections, this study explored the principle of subsidiarity as a potential basis for creating the best conditions for the anti-trafficking efforts to yield results. In this last section, it looks at public-private partnerships as a mechanism to operationalize the subsidiarity principle. Public-private partnerships ("PPPs") are depicted to be contractual agreements between an agency of the public sector and a private entity for the purposes of delivering services or facilities for the use of the general public.[73]

Though traditionally provision of public services is the monopoly of the state, in many cases the increased need for services and the speed at which the services are required, create difficulties for the public sector to be able to deliver in an efficient and timely fashion. In these situations, the private sector could help out, with its combined resources: human, technological, capital, experience. Such agreements would harness the shared skills and assets of each sector. Both the public and the private sector also share the potential rewards, responsibilities, the risks of the undertaking, as well as accountability for the services rendered.[74] Normally, PPPs provide for services such as utilities, electrical and water treatment plants, correctional facilities, hospitals, roads, railroads, seaports, and more. Through an authorizing statute, the public partner will authorize public funds for a private entity to build, operate, and maintain the site for a finite, contractual, period of time in order for the private partner to receive the rewards (profit from the fees charged to the public users) from building and operating the facility. Thereafter, the public partner will take over the operation and maintenance of the project,[75] or alternatively, the public partner may then hire the private partner back to operate the facility. Can such models of private-public partnerships be utilized to confront trafficking in human beings? Would this be an effective tool?

---

[71] *J. Dixon Weaver*, Virginia J. Soc. Pol'y & L. 18 (2011), 247.

[72] *Id.* at 253–54.

[73] *J. P. Davis*, Public-Private Partnerships, Procurement Lawyer 44 (2008), 9.

[74] *R. Norment*, Fundamentals of Private-Public Partnerships, August 30, 2007, at http://www.ncppp.org/resources/ papers/puertorico_norment.pdf (last visited July 14, 2012).

[75] Or the private partner may be given unlimited amount of time (automatically renewed) to manage the operation.

2. Monopoly of the State or Who Does It Best?

The use of PPPs to fight human trafficking can be a useful tool to help states to fully realize the principle of subsidiarity and to see a change in the statistics on human trafficking. The private sector seems to be in the best position to fill some of the gaps where trafficking legislation falls short, specifically in the area of rescuing, rehabilitating and restoring victims of trafficking. Therefore, applying the principle of subsidiarity, the government would provide support for enabling the private sector to use its resources to fill this gap and assist only in those ways that the lower levels – the local, private businesses and non-governmental organizations – cannot help themselves, namely in providing the statutory framework, if needed, for the performance of certain functions, such as the setting up and managing of shelters for trafficking survivors; the establishing of training programs that would empower survivors to earn sets of skills necessary to join the labor market; the establishing and running of centers of one-stop service provision such as psycho-social and mental counseling, legal aid and work authorization referrals as well as the teaching of basic life skills and the rebuilding of self-esteem. On the other hand, enacting legislation to criminalize all forms of human trafficking, to prosecute and try the perpetrators and to mandate the treatment of victims as such and not as criminals, ought to remain within the sole jurisdiction of the state.

This kind of qualified cooperation is in line with the positive obligations of the state, its duty to ensure that it is taking all the necessary measures to adequately confront human trafficking and guarantee the security of the person. However, in doing so, new private players join the anti-trafficking ranks. The state would have to keep an eye that these new private actors govern themselves in line with the values of the society and the common good. So, a private actor running a survivors' shelter should be trained not to turn the shelter into a detention center, but to respect the survivor's agency and autonomy to leave as she pleases and without chaperone. A profit motive should also not lead to provision of substandard food and living conditions. This oversight by the government is in line with its duty to protect, which also includes the intervention of the state into labor relations that occur in the supply chain of corporations. The private sector is in the perfect position to identify instances of human trafficking and prevent harm, should it so choose. A number of businesses in the private sector have already set up policies that trace and monitor their supply chains for efficiency and financial concerns, but also for the ways the goods they use are procured.[76] Furthermore, the private sector has the ability and resources to be continually innovative in their practices, and they can use those skills and resources to come up with preferred ways to do business paying due regard to human rights.[77]

However, in cases when there is no willingness on the part of businesses to take action to cut slave labor and services, the state, complying with its obligations to pro-

---

[76] *J. Todres*, Cal. L. Rev. Circuit 3 (2012), 80 (86).
[77] *Id.*

tect, should intervene using its public authority. One successful example is California's Transparency in Supply Chains Act of 2010, which mandates that any manufacturer or retailer with worldwide annual gross receipts of at least $100 million that is 'doing business' in the State of California disclose on its website its policies on, and measures undertaken to, combat forced labor and trafficked persons in its supply chain.[78]

Developing best practices for PPPs in general, the National Council for Public-Private Partnerships issued a list for "7 Keys to Successful PPPs": (1) Use public figures as spokespersons and advocates for projects; (2) Have a statutory foundation for the implementation of each partnership; (3) The public sector should have an organized team dedicated for PPP projects and programs; (4) Each PPP contract should include a detailed business plan; (5) Each PPP should have a clearly defined revenue stream; (6) There should be open and candid communication with stakeholders to minimize potential resistance to establishing each partnership; and (7) Pick your partner carefully.[79] These maxims constitute good advice for public-private cooperation in the field of trafficking as well.

There are multiple initiatives currently working towards the fight against human trafficking that operate like PPPs. First, Kristi House in Miami has developed a program that utilizes community collaboration, prevention and treatment to respond to child sexual exploitation.[80] The organization has had a partnership with Miami-Dade County since 2007. Its newest initiative is called Project GOLD (Girls Owning Their Lives and Dreams). The Project works closely with "community partners to maintain a strong continuum of care without duplicating services". The Project is involved in training of school staff, law enforcement and community-based organizations, which is in line with their role as an effective localized body in the principle of subsidiarity. Kristi House is also working closely with the public sector to provide safe housing for victims of trafficking.

Second, a PPP was formed between Polaris Project, a large U.S. anti-trafficking organization and operator of a national human trafficking hotline, and California Attorney General Kamala D. Harris. On June 18, 2012, she announced an innovative program with Yahoo! and Polaris Project to "combat human trafficking by harnessing the power of the Internet to direct users to the national human trafficking hotline whenever certain terms related to human trafficking are searched through Yahoo!". The goal is to "identify more victims of human trafficking by connecting

---

[78] California Transparency in Supply Chains Act of 2010, SB 657 (entered into force on January 1, 2012).

[79] The National Council for Public-Private Partnerships, How PPPs work: 7 Keys to Successful PPPs, at http://www.ncppp.org/howpart/index.shtml (last visited July 14, 2012).

[80] Information on Kristi House is located at http://www.kristihouse.org/csec.html (last visited July 14, 2012).

survivors and community members to resources and support".[81] Prior to that, Lexis-Nexis, a leading global provider of content-enabled workflow,[82] had supported Polaris Project in creating a "web-based system that allows all hotline employees to access the same information in real time". This allows Polaris Project to work more efficiently and reach more victims. The executive leadership at LexisNexis recognized that "efforts to end human trafficking hinge on the ability of corporations, governments and NGOs to effectively work together in creative ways".

Finally, the project of a Human Trafficking Academy, undertaken this year by St. Thomas University with funding support by the U.S. Department of Justice, not only raises public awareness by creating public service announcements about the issue, it also trains local law enforcement, social workers, health professionals, members of the faith communities, schools and others in identifying and helping victims of trafficking, and researches the issue at round-tables, symposia and conferences with experts from all over the United States and abroad.[83]

These partnerships can serve as models for how other organizations can collaborate with the public sector to become involved in anti-trafficking initiatives and utilize the principle of subsidiarity so that each sector can be as efficient and successful as possible in their individual roles and no one body needs to carry the entire burden.

V. Conclusion

Purely ideological considerations about the proper role of the state should not stand in the way of a most effective strategy to end the scourge of human trafficking. Within the governmental sector, and between the state and civil society, the principle of subsidiarity provides a good starting-point for efforts to harness all persons of good will to participate in the struggle. As the old Chinese proverb says, "It does not matter whether a cat is black or white but that it catches mice". In other words, the most effective arms in the arsenal of weapons against human traffickers and their trade should be used, including public-private partnerships wherever appropriate. Finally, since we are judged by what we finish, not by what we start, government and civil society should trustingly work together to send human trafficking to where it belongs: the dustbin of history.

---

[81] Attorney general teams with Yahoo!, Polaris Project to fight human trafficking, help victims online, Lake County News, June 19, 2012, at http://www.lakeconews.com/index.php?option=com_content&view=article&id=25578:attorney-general-teams-with-yahoo-polaris-project-to-fight-human-trafficking-helpvictims-online&catid=1:latest&Itemid=197 (last visited July 14, 2012).

[82] Information on the Polaris Project/LexisNexis partnership is located at http://www.lexisnexis.com/media/press-release.aspx?id=1256843120963451 (last visited July 14, 2012).

[83] Information on St. Thomas' Human Trafficking Academy is to be found at http://www.stu.edu/LLMPrograms/LLMJSDinInterculturalHumanRights/HUMANTRAFFICKINGACADEMY/tabid/3759/Default.aspx (last visited July 14, 2012).

Heimkehr aus der Sklaverei

Der Schriftsteller Hermann Broch als vergessener Vordenker des völkerrechtlichen Zusammenhangs von Menschenrechten und Menschenwürde*

Von *Arnd Pollmann*

„Im Chor der Opfer gibt es keine Dissonanzen."
Eckart Klein

Im Jahre 1937, am Vorabend des Zweiten Weltkrieges, richtet der in Wien geborene Schriftsteller Hermann Broch einen Appell an führende Intellektuelle in Westeuropa und den USA, um diese für eine groß angelegten Friedensinitiative zu gewinnen. Broch hat eine „Völkerbund-Resolution"[1] verfasst; ein programmatisches Statut, mit dem er der 1920 gegründeten Organisation in Genf zu neuer politisch-rechtlicher Schlagkraft verhelfen will. Der drohende Krieg soll in letzter Minute abgewendet werden. Der Völkerbund hat zu diesem Zeitpunkt bereits vehement an politischer Bedeutung und auch Legitimation eingebüßt und befindet sich am Rande seiner Auflösung: Die Tatenlosigkeit der Staatengemeinschaft beim japanischen Angriff auf China (1931), ihr Versagen beim italienischen Überfall auf Abessinien (1935), die anhaltende Weigerung des Bundes, in den Spanischen Bürgerkrieg (1936–1939) einzugreifen, und auch dessen Untätigkeit beim Einmarsch deutscher Truppen in die entmilitarisierte Zone des Rheinlands (1936) hatten jede Hoffnung, dass der Völkerbund ein wirkmächtiges Instrument zur internationalen Friedenssicherung sein könnte, zerplatzen lassen. Und so sieht sich der Schriftsteller und Intellektuelle Broch, der kurz zuvor die Arbeit an seinem antifaschistischen Roman *Die Verzauberung*[2] abgeschlossen hatte, nunmehr dazu angehalten, endgültig die literarische „Isolierung im Elfenbeinturm"[3] aufzugeben, um stattdessen unmittelbar politisch-publizistisch tätig zu werden.

---

* Der Verfasser dankt den Verantwortlichen der DFG-Kollegforschergruppe „Normenbegründung in Medizin und Bioethik" an der Universität Münster für ein großzügiges Fellowship, in dessen Rahmen u. a. auch dieser Text entstehen konnte.

[1] *H. Broch*, „Völkerbund-Resolution" (1937), in: ders., Menschenrecht und Demokratie, 1978, 31–73.

[2] *H. Broch*, Die Verzauberung, Kommentierte Werkausgabe, Bd. 3, 1976.

[3] *H. Broch*, Briefe, Gesammelte Werke, Bd. 8, 1957, 131. Zu Leben und Werk von Broch insgesamt: *P. M. Lützeler*, Hermann Broch, 1985.

Broch korrespondiert in dieser Angelegenheit zunächst mit Thomas Mann, der einst zwar den Ersten Weltkrieg verteidigt hat, der sich nunmehr aber bereits seit 1933 aufgrund seiner Kritik an der Machtergreifung der Nationalsozialisten im Schweizer Exil befindet. Der Literaturnobelpreisträger des Jahres 1929 sagt Broch und dessen Völkerbund-Resolution umgehend seine Unterstützung zu. Der Textentwurf geht zugleich auch an Stefan Zweig, der sich zuletzt vehement gegen den europäischen Nationalismus eingesetzt und für die Idee eines geistig geeinten Europas ausgesprochen hat und der im Jahre 1934 nach einer für ihn gefährlichen Denunziation von Österreich nach London emigriert war. Ein weiteres Exemplar der Völkerbund-Resolution wird Albert Einstein geschickt, der seit 1932 in den USA lebt und der schon kurz darauf – zusammen mit Mann – auch die Ausreise Brochs nach Amerika ermöglichen wird. Zudem soll der französische Philosoph Jacques Maritain eingebunden werden, der einige Jahre später, unmittelbar nach dem Zweiten Weltkrieg, eine UNESCO-Kommission[4] zur Vorbereitung einer Internationalen Menschenrechtserklärung leiten und damit zu einem bedeutenden Wegbereiter der 1948 verabschiedeten Allgemeinen Erklärung der Menschenrechte (AEMR) werden wird. Auch Aldous Huxley wird kontaktiert, der Autor des dystopischen Romas *Brave New World* (1932), der nach dem Krieg ebenfalls Mitglied in der von Maritain geleiteten UNESCO-Kommission sein wird. Darüber hinaus will Broch bedeutende Friedensorganisationen für seine Resolution gewinnen, z. B. das Rote Kreuz in Genf sowie die 1922 in Paris gegründete Internationale Menschenrechtsliga (FIDH), deren prominentester Vertreter der Jurist und Diplomat René Cassin ist, der seinerzeit Frankreich als Abgesandter im Völkerbund vertritt und gut zehn Jahre später als einer der Mitautoren der AEMR in die Geschichte eingehen wird.[5]

Viele der kontaktierten Personen und Organisationen reagieren mit großem Interesse und erheblicher Zustimmung auf Brochs Ansinnen. Und dennoch: Die programmatische Resolution bleibt politisch folgenlos, ja, sie wird nicht einmal mehr veröffentlicht. Denn die historischen Ereignisse überschlagen sich, der Völkerbund wird endgültig obsolet und verfällt in Agonie. Der Plan einer konzertierten Friedensinitiative scheitert. Und in einer gelassenen Mischung aus Enttäuschung und Sarkasmus wird Broch, der kurz darauf das Land verlassen muss, mit etwas zeitlicher Distanz über seinen Resolutionsentwurf sagen: „[W]äre die Veröffentlichung erfolgt, so

---

[4] Siehe dazu und für das Folgende die in der historischen Menschenrechtsforschung bislang wenig bekannte, aber hochinteressante Textdokumentation: UNESCO (Hrsg.), Human Rights. A Symposium, 1948, abrufbar unter: http://unesdoc.unesco.org/images/ 0015/001550/ 155042eb.pdf (besucht am 1. August 2012).

[5] Ob *Brochs* Schrift mittelbar einen konkreten Einfluss auf das Menschenrechtsdenken der genannten Personen gehabt haben mag, kann an dieser Stelle nur vermutet werden. Auch ist die damalige Korrespondenz überwiegend leider nicht erhalten. Dazu und für das Folgende s.a. das Vorwort des Herausgebers *P. M. Lützeler* zu *Broch*, Menschenrecht und Demokratie (Fn. 1), 8 ff.

hätte ich das Nazigefängnis, in dem ich mich einige Wochen befunden hatte, kaum mehr verlassen."[6]

Doch auch wenn Brochs intellektuelle Friedensinitiative erfolglos blieb und der besagte Resolutionstext – samt einiger weiterer, programmatisch damit eng verknüpfter Essays[7] – daraufhin fast vollständig in Vergessenheit geraten ist: Liest man Brochs Völkerbund-Resolution in einem Abstand von nunmehr genau 75 Jahren sowie im Lichte jener „stillen Revolution des Völkerrechts"[8], die sich bald nach 1945 mit Blick auf die internationale Menschenrechtsentwicklung ereignen wird, so lassen sich aus Sicht der Menschenrechtsforschung im politischen Werk von Broch – der heute vielen allenfalls noch als Romancier bekannt sein dürfte – einige faszinierende konzeptionelle Entdeckungen machen: Bereits im Jahre 1937, d.h. noch vor dem Zweiten Weltkrieg und den totalitären Barbareien der Nazis, legt Broch mit seiner Völkerbund-Resolution eine dezidiert *menschenrechtliche* Völkerrechtskonzeption vor, die er dabei ausdrücklich und ausführlich auf die normative Grundnorm der *Menschenwürde* gründet (1). Dabei wird auch der konkrete Inhalt der von ihm propagierten Menschenrechte *ex negativo* aus historischen Erfahrungen der Verletzung einer allen Menschen gleichermaßen eigenen Würde abgeleitet, die von Broch allesamt als moderne Formen demütigender „Sklaverei" rekonstruiert werden (2). Daraus resultieren – zum einen – unmittelbar *strafrechtliche* Forderungen nach einer Kriminalisierung und Ahndung regierungsamtlicher Menschenrechtsverbrechen, und zwar sowohl auf nationaler Ebene wie auch im Rahmen eines von Broch ausdrücklich geforderten „Internationalen Strafgerichtshofes" (3). Zum anderen ergibt sich daraus aber auch eine äußerst fortschrittliche und dezidiert *demokratietheoretische* Begründung der Menschenrechte, die auf eine Überwindung menschenunwürdiger Sklaverei durch das politische Prinzip der Volkssouveränität setzt und mithin darauf, dass die Bürgerinnen und Bürger fortan *selbst* die Herrschaft übernehmen (4). Damit sollte Broch aus heutiger Sicht als ein geradezu visionärer, wenn auch zu Unrecht vergessener Vordenker genau jenes völkerrechtlichen Menschenrechtsverständnisses gelesen werden, das dann erst nach 1945 und historisch stufenweise implementiert werden wird, und zwar auf Ebene der den Völkerbund beerbenden Vereinten Nationen.

---

[6] So *Broch* in dem 1941 verfassten Rückblick „Völkerbundtheorie 1936–1937", Kommentierte Werkausgabe, Bd. 11, 1978, 233–238 (237).

[7] Die wichtigsten dieser politischen Schriften sind vom Suhrkamp-Verlag in dem von *Lützeler* besorgten Sammelband *Broch* (Fn. 1) zusammengestellt worden. Aus dieser Ausgabe werde ich im Folgenden zitieren. Dieselben Texte finden sich auch (mit anderen Seitenzahlen) in Bd. 11 der ebenfalls von *Lützeler* besorgten Kommentierten Werkausgabe, 1978. Insgesamt sind diese Schriften für die völkerrechtliche Menschenrechtsdiskussion bislang kaum erschlossen. Für eine Ausnahme s. *W. Graf Vitzthum*, „Brochs demokratie- und völkerbundtheoretische Schriften", in: P. M. Lützeler (Hrsg.), Hermann Broch, 1986, 289–307. Dort geht es aber eher um eine zeithistorische Einordnung und weniger um eine systematische Rekonstruktion der besagten Schriften.

[8] *E. Klein*, Menschenrechte. Stille Revolution des Völkerrechts und Auswirkungen auf die innerstaatliche Rechtsanwendung, 1996.

I. Die Völkerbund-Resolution

Programmatischer Ausgangspunkt von Brochs Überlegungen zu einer auf dem Prinzip der Menschenwürde fußenden Menschenrechtskonzeption des Völkerrechts ist, wie schon angedeutet, dessen Völkerbund-Resolution von 1937. Zwar hatte Broch bereits kurz nach dem Ersten Weltkrieg einige eher zeitdiagnostische Erwägungen zur diktatorischen Gefahr inhumaner staatlicher Verbrechen vorgelegt und mithin darauf verwiesen, „daß jede imperative Vergewaltigung der Freiheit an sich, ausgeübt von Menschen gegen Menschen, daß jede Beleidigung der Menschenwürde fluchwürdigstes Verbrechen ist".[9] Doch blieben diese Überlegungen aus dem Jahre 1919 noch unmittelbar auf den nationalstaatlichen Zusammenhang und die seinerzeit akute Frage nach den Chancen und Risiken der sozialistischen Revolution beschränkt. Erst in der Völkerbund-Resolution und angesichts des erneut drohenden Weltkrieges eröffnet sich ihm nun auch eine internationale, völkerrechtliche Perspektive. Und so beginnt die Resolution – in ganz ähnlichem Wortlaut wie die spätere Charta der Vereinten Nationen von 1945 – mit der Überzeugung, dass ein menschenrechtliches Bekenntnis zur „Menschenwürde" völkerrechtlich leitend sein muss, wenn es der Staatengemeinschaft um eine langfristige *internationale Friedenssicherung* gehen soll:

> „[Z]utiefst überzeugt, daß Friede und Menschenwürde in einem sehr innigen Zusammenhang stehen, und dennoch tief entsetzt vor dem Anblick einer terrorerfüllten Zeit, die mit Menschenleben und Menschenwürde und Menschenleid so unbedenklich wüstet, daß sie sowohl sich selbst als auch den Menschen zu einem bloßen Provisorium erniedrigt, erachten die Unterfertigten es für ihre unabweisliche Pflicht [...] festzustellen, daß jegliche öffentliche Verfügung, sei sie nun innerstaatliches Gesetz oder zwischenstaatliche Vereinbarung, ausschließlich der Würde und dem Wohle der von solchen Maßnahmen betroffenen Menschen sowie dem Schutze ihres realen Lebens in physischer, geistiger und seelischer Beziehung zu dienen habe".[10]

Wie weiter unten noch deutlicher werden wird, enthält diese – der Resolution nach Art einer Präambel vorangestellte Vorbemerkung – bereits alle wichtigen Grundzüge der Broch'schen Menschenrechtskonzeption. Zunächst soll hier aber ein kurzer Überblick über den inhaltlichen Aufbau des Resolutionstextes vermittelt werden. Hauptabschnitt A („Prinzipien") nennt und erläutert zunächst genau sieben grundlegende Richtlinien[11] der völkerrechtlich neu zu organisierenden Staatengemeinschaft:

---

[9] *Broch*, „Konstitutionelle Diktatur als demokratisches Rätesystem" (1919), in: ders., Politische Schriften, Bd. 11, 1978, 11–23 (14).

[10] *Broch*, „Völkerbund-Resolution" (Fn. 1), 31. Im Folgenden füge ich die betreffenden Seitenzahlen direkt in den Text ein.

[11] In der berühmten „Friedensschrift" von *I. Kant*, die Broch als Vorbild gedient haben mag, werden diese Grundprinzipien „Präliminarartikel" genannt. Siehe *Kant*, Zum ewigen Frieden, Akademie Ausgabe, Bd. VIII, 341–386.

(1) Völkerrechtlichen Respekt verdienen laut Broch allein diejenigen Staaten, die ihrerseits grundlegende „Pflichten jeglicher Herrschaftsinstitution gegenüber dem Einzelmenschen" anerkennen, da es, so Broch, ohne dieses „pakttragende Ethos" keinen Frieden geben könne (32);

(2) Dabei ist es die „ethische Absolutheit" der jedem einzelnen Menschen auf die gleiche Weise innewohnenden „Würde", deren Verteidigung das „erste und natürlichste Recht" des Menschen sei und mit Blick auf die es nach Broch ausdrückliche „keine innerstaatliche Autonomie" oder – völkerrechtlich gesprochen – keine innerstaatliche Souveränität geben dürfe (32 f.);

(3) Oberste Zielsetzung des Völkerbundes müsse daher die Bekämpfung jeglicher Art von Verbrechen sein, die gegen die „absolute Würde des Menschen" verstoßen und somit eine „Vergewaltigung der natürlichen humanen Rechte" darstellen – wobei der Krieg laut Broch ausdrücklich nur *eine*, wenn auch eine besonders gravierende Form der Menschenwürdeverletzung darstellt (33 f.);

(4) Besondere völkerrechtliche Aufmerksamkeit gelte dabei solchen nationalstaatlichen Regierungspraktiken, die darauf abzielen, eine menschenunwürdige Politik nicht nur faktisch zu betreiben, sondern zudem auch noch *gesetzlich*[12] zu verankern, wodurch eine „legalisierte Ungerechtigkeit" geschaffen werde, die auf dem diskriminierenden Irrglauben beruhe, dass von der absoluten Würde zumindest *einiger* Menschen „irgendwelche Abstriche" gemacht werden dürften (34 f.);

(5) Als Formen eines gefährlichen „Verrats am Frieden" müssten seitens des Völkerbundes sowohl „passive" als auch „aktive" Verstöße gegen die Menschenwürde gebrandmarkt werden – wobei Erstere nach Broch vor allem dann vorliegen, wenn eine Regierung es unterlässt, Menschenwürdeverletzungen innerstaatlich unter Strafe zu stellen, während es zu Letzteren kommt, wenn die Bürgerinnen und Bürger nicht nur des eigenen Landes, sondern auch anderer Länder grundlegend *ungleich* bzw. als „Menschen zweiter Klasse" behandelt werden (35 ff.);

(6) Eine besondere Dringlichkeit, so Broch, stelle dabei die Abschaffung der längst „zur staatlichen Gepflogenheit" gewordenen Praxis der „Ausbürgerung" dar, weil jeder dieser regierungsamtlichen Versuche, „unerwünschte Personen" loszuwerden, zu einer Form der subjektiver Entrechtung, Schutzlosigkeit und „Vogelfreiheit" führe, die grundlegender kaum sein könnte (37 f.)[13];

---

[12] *Broch* hat hier vor allem die sogenannten Nürnberger Gesetze von 1935 vor Augen.

[13] Hier zeigt sich eine deutliche Nähe zu *H. Arendt* und ihrem berühmten Diktum, Flüchtlinge und Staatenlose benötigten vor allem ein „Recht, Rechte zu haben". *Broch* war nach dem Zweiten Weltkrieg, im New Yorker Exil, mit *Arendt* befreundet und stand mit ihr auch in Fragen der Menschenrechte im intellektuellen Austausch. In Reaktion auf einen anderen, später noch genauer zu betrachtenden Broch-Text wird sie ihn später bitten, „einen Artikel über Human Rights zu lesen, den ich halb um Ihres Artikels wegen schrieb". In dem besagten Artikel Arendts taucht das „Recht, Rechte zu haben" erstmals auf. Siehe *Arendt/ Broch*, Briefwechsel 1946–1951, 1996, 14.

(7) So erst werden der Schutz und die „Unantastbarkeit" der jeweils individuellen Menschenwürde in den Rang eines „regulativen Prinzips" gehoben, dessen konkrete Achtung als friedensstiftend betrachtet und damit nicht nur zu einer Bedingung völkerrechtlichen Respekts wird, sondern zugleich auch zu einer unentbehrlichen Zielvorgabe nationalstaatlicher Verfassungsgebungsprozesse (38 f.).

Im Anschluss an diese völkerrechtlichen Grundprinzipen beschäftigt sich Broch in Hauptabschnitt B des Resolutionsentwurfes („Desiderata") dann zunächst mit einigen eher empirischen Fragen nach den politischen Realisierungschancen des Vorhabens (39 f.), nach der politischen Dringlichkeit einer an die heutige Praxis der Menschenrechtsbildung erinnernden „Propagierung des Völkerbundgeistes" (40 f.), nach Errichtung einer internationalen Kommission zur Eindämmung politischer Kriminalisierung und Verfolgung (41 f), nach einer Präzisierung des Begriffs „Verbrechen gegen die Menschenwürde" sowie nach organisatorischen Hindernissen, die der Reform des Völkerbundes auf nationalstaatlicher und völkerrechtlicher Ebene entgegenstehen (42 ff.). Schlussabschnitt C („Anhang") enthält dann einige systematische und weiterführende Erläuterungen insbesondere mit Blick auf anthropologische (45 ff.), zeitdiagnostische (47 ff.), rechtsphilosophische (57 ff.) und demokratietheoretische (60 ff.) Prämissen und Implikationen der vorgelegten Völkerrechtskonzeption. Auf die jeweils wichtigsten dieser Überlegungen werden wir später zurückkommen. Zentral und augenfällig sind hier aber zunächst die sieben Leitlinien des ersten Hauptabschnittes, die einen weiten Bogen spannen: vom absoluten Grundprinzip der jeweils individuell zu schützenden Menschenwürde über die sich aus diesem regulativen Prinzip ergebenden und nationale Souveränitätsansprüche durchbrechenden Ansprüche auf menschenrechtlichen Schutz bis hin zur völkerrechtlichen und zudem auch dezidiert strafrechtlichen Überwachung dieser Menschenrechte auf Ebene eines somit grundlegend reformierten Völkerbundes, der fortan zugleich im Dienste der internationalen Friedenssicherung wie auch des internationalen Menschenrechtsschutzes steht.

Diese konzeptionellen Überlegungen mögen aus heutiger Sicht vertraut, ja, geradezu selbstverständlich erscheinen, aber sie stammen zunächst allesamt aus dem Jahre 1937. Zu diesem historischen Zeitpunkt findet ein derart auf die Idee der Menschenwürde gründendes und dabei zugleich völkerrechtlich flankiertes Menschenrechtsverständnis noch nirgends eine vergleichbare rechtstheoretische (geschweige denn *reale*) Entsprechung. Es wird sich vielmehr erst noch ein weiterer schrecklicher Weltkrieg ereignen, und es werden unvorstellbare totalitäre Gräueltaten geschehen, bis sich dieses – bei Broch bereits entfaltete – Völkerrechtsverständnis auch rechtshistorisch Bahn bricht: Erst im Jahre 1945 wird die Völkergemeinschaft mit der Charta der Vereinten Nationen, „unseren Glauben an die Grundrechte des Menschen, an Würde und Wert der menschlichen Persönlichkeit" bekräftigen und sich wechselseitig versprechen, „unsere Kräfte zu vereinen, um den Weltfrieden und die internationale Sicherheit zu wahren". Und erst die AEMR wird wenig später proklamieren, dass die „Nichtanerkennung und Verachtung der Menschenrechte zu Akten der Barbarei geführt haben, die das Gewissen der Menschheit mit Empörung erfüllen", und dieses historisch ‚neue' Menschenrechtsverständnis dann erstmals im Einzelnen konkretisieren.[14] Es ist jedoch genau dieses neue Menschenrechtsverständnis, das die Schlussworte von Brochs Völkerbund-Resolution bereits vorwegnehmen:

„[E]s ist nur eine Hoffnung, aber eine umso berechtigtere, als der Augenblick nicht mehr fern sein dürfte, in welchem die Völker, müde des Mordens, müde des selbsterzeugten Elends, wahrhaft schreckensmüde sein werden, der Sehnsucht voll, (…) heimkehren zu können aus den Sphären des Massenwahns, des Blutvergießens, des Grauens und der gegenseitigen Verknechtung (…). Der Menschheit hierzu behilflich zu sein und sie dem automatenhaften Gespenstertum ihres Fatalismus zu entreißen, ihr und ihre Seele, aber auch ihrem Bewußtsein wieder die ewigtröstliche Leitvorstellung kultureller Humanität zu geben, das ist die Aufgabe des Völkerbundes: er deklariere deshalb von der Höhe seines Friedensforums aus, daß er die Würde des Menschen in seinen Schutz nehme" (72).

II. Der Schutz der Menschenwürde als Kampf gegen jede Form vom Sklaverei

Der zeitdiagnostisch sensible Broch scheint bereits 1937 zu ahnen und aus den politischen Umbrüchen jener Zeit herauslesen zu können, dass sich das nach dem Zweiten Weltkrieg grundlegend neu formierende Menschenrechtsdenken aus dem Wissen um die extreme Verletzbarkeit der Menschenwürde sowie aus der Erfahrung inhumaner Erniedrigung und barbarischer Entmenschlichung speisen wird.[15] Während er aber die drohende Massenvernichtung bei der Ausfertigung seiner Völkerbund-Resolution allenfalls als Vorahnung vor Augen gehabt haben kann[16], schlagen sich seine Kenntnisse in Bezug auf die in den darauffolgenden Jahren verübten Nazi-Verbrechen in späteren publizistischen Arbeiten dann jeweils umgehend nieder.[17] Mit dem Wissen um die totalitären Gräueltaten erhalten seine bereits früher dargelegten Überzeugungen zum Zusammenhang von Menschenrechten und Menschenwürde somit eine dramatische und unmittelbar zeithistorische Vertiefung. Diese aber macht es ihm zugleich zunehmend unmöglich, das, was geschehen ist, im Lichte des traditionell „naturrechtlichen" Menschenrechtsdenkens zu rekonstruieren. Vielmehr

---

[14] Dazu *Klein* (Fn. 8). Zu diesem historischen Bruch siehe aus philosophischer Sicht Ch. *Menke/ A. Pollmann*, Philosophie der Menschenrechte zur Einführung, 2006.

[15] In einer geradezu als ‚Vision' zu bezeichnenden Rede zum 50. Geburtstag *Brochs* sagt *E. Canetti* im Jahre 1936: „Hermann Brochs Werk steht zwischen Krieg und Krieg, Gaskrieg und Gaskrieg. Es könnte sein, dass er die giftigen Partikel des letzten Krieges noch jetzt irgendwo spürt. Doch das ist unwahrscheinlich. Sicher aber ist, dass er, der besser zu atmen versteht als wir, schon heute am Gas erstickt, dass uns anderen, wer weiß wann erst, den Atem benehmen wird". *Canetti*, „Hermann Broch", in: M. Durzak (Hrsg.), Hermann Broch. Perspektiven der Forschung, 1972, 11–23 (23).

[16] Zur historischen Einordnung: Die von den Nazis als „Endlösung" bezeichnete Auslöschung des europäischen Judentums wird im Frühsommer 1941 beschlossen.

[17] Zu nennen sind hier vor allem die beiden Texte: „Bemerkungen zur Utopie einer ‚International Bill of Rights and of Responsibilities'" (1946) und „Die Demokratie im Zeitalter der Versklavung" (1949), beide in: *Broch*, Menschenrecht und Demokratie (Fn. 1), 87–129 u. 130–231.

werden die historischen Beobachtungen und Erfahrungen bei Broch in der bereits unmittelbar nach dem Ende des Zweiten Weltkriegs notierten Erkenntnis münden:

> „Kurzum, das Konzentrationslager bietet die Handhabe zu einer säkularisierten Neufundierung des Naturrechtes, und zwar ausgehend von dem anscheinend banalen, dennoch so überaus fundierungswürdigen und fundierungspflichtigen Satz: ‚Der Mensch darf den Menschen nicht versklaven.' All die übrigen Begriffe, wie eben ‚Freiheit', ‚Menschenwürde' usw., lassen sich aus diesen Zentralsatz des Menschenrechtes ableiten."[18]

Trotz der unterschiedlichen Entstehungszeiten der hier herangezogenen Texte ist damit eine wichtige konzeptionelle Gemeinsamkeit benannt, die *zugleich* eine rechtshistorisch und ideengeschichtlich äußerst bedeutsame Frage klären hilft: Warum hat es erst nach 1945 zur menschenrechtlichen Prominenz des Begriffs ‚Menschenwürde' kommen können, während ältere Menschenrechtserklärungen stets den Begriff ‚Freiheit' in den Mittelpunkt rückten und den Würdebegriff bis 1945 völlig unerwähnt ließen.[19] Im für Broch zentralen Bild der *Sklaverei* sind der ‚alte' menschenrechtliche Freiheitsgedanke sowie der ‚neue' menschenrechtliche Würdegedanke direkt miteinander verzahnt: Der Sklave, der sich seinem Herrn und dessen Willen unterworfen sieht, ist unfrei *und* entwürdigt zugleich. Und erst die historische Erfahrung totalitärer Sklaverei hat gezeigt, dass diese beiden inhumanen Aspekte auseinandergehalten werden müssen, da die mit ihnen jeweils einhergehenden Verletzungserfahrungen als *Steigerungsformen der Sklaverei* zu verstehen sind. Die Deportation ins Konzentrationslager, so Broch, stellt offenkundig nicht nur eine Erfahrung des Freiheitsentzuges dar:

> „Eine äußerste Ver-Sachung des Menschen findet statt; er wird mit jeder Faser seines Seins und Denkens zum ‚Besitz' des Staates gemacht (…). Das Konzentrationslager ist die letzte Steigerung dieser Versklavung, jeder Versklavung. Der Mensch wird seines letzten Ich-Bewusstseins entkleidet; statt seines Namens erhält er einen Nummer und soll sich auch nur mehr als Nummer fühlen. Er ist zur Leiche geworden, bevor er noch gestorben ist, und ob er nun verhungert oder erfriert, ob er ohne Hilfeleistung an seinen Wunden und Gebrechen zugrunde geht oder hingerichtet wird, er leidet und erleidet es als Tier und wie ein Tier, abschiedslos, weil er keine Welt mehr besitzt."[20]

Damit ist, wie Broch sagt, nunmehr eine „absolute Grenze der menschlichen Moral" übertreten. Das im Grunde „Unvorstellbare" sei eingetreten: die systematisch betriebene „Voll-Versklavung" des Menschen, für die das Konzentrationslager fortan das historische „Paradigma" oder „Symbol" sein wird.[21] Das aber bedeutet auch: Im Lichte eines historisch bereits verfügbaren und ursprünglich, wie Broch mutmaßt,

---

[18] *Broch*, „Die Demokratie im Zeitalter der Versklavung" (Fn. 17), 133.

[19] Dazu in systematischer Hinsicht: A. *Pollmann*, „Und die Moral von der Geschicht': Menschenwürde und Menschenrechte als Antworten auf die totalitäre Barbarei", in: A. Schäfer/Ch. Thompson (Hrsg.), Werte, 2010, 109–128.

[20] *Broch*, „Menschenrecht und Irdisch-Absolutes" (1949), in: ders., Geist und Zeitgeist, 1997, 176–227 (203).

[21] Ebd., 187f.

auf Immanuel Kant zurückgehenden „Antisklaverei-Arguments", nach dem der Mensch „niemals als Sache behandelt werden"[22] dürfe, stellt die totalitäre Unmenschlichkeit keine vollends *neue* historische Erfahrung dar, wohl aber eine Erfahrung von neuer Qualität und Quantität. Anders gesagt: Das Konzentrationslager ist der barbarische Kulminationspunkt einer sich bis in die Moderne fortsetzenden Versklavung, die umso menschenrechtswidriger erscheint, je stärker es dabei – über konkrete Formen der Freiheitsberaubung hinaus – zu einer völligen Entmenschlichung und Entwürdigung der Opfer kommt. Auf diesem Wege *addieren* sich zu eben jenen menschenrechtlichen Grundansprüchen, die auch vorher schon zur Verteidigung der menschlichen Freiheit ins Felde geführt wurden, nunmehr auch solche Forderungen, die gewissermaßen *tiefer* ansetzen: Sie sollen verhindern, dass Menschen nicht nur ihrer Freiheit beraubt, sondern als „Untermenschen" oder gar „wie Vieh" behandelt werden.[23]

Doch welche *konkreten* Rechtsansprüche ergeben sich aus dieser auf die Erinnerung an totalitäre Würdeverletzungen aufruhenden Menschenrechtskonzeption? Broch selbst will es bei diesen zunächst abstrakten normativen Bestimmungen nicht belassen, und er erweist sich auch dabei in zwei bedeutenden Hinsichten als konzeptionell hellsichtig: Zum einen unterbreitet schon Broch einen dezidert *methodischen* Vorschlag zur genaueren Bestimmung des menschenrechtlichen Würdebegriffs, der in der heutigen Debatte im Grunde erst seit wenigen Jahren ernst genommen und etwas eingehender diskutiert wird. Broch schlägt vor, sich der Frage, was die Menschenwürde *inhaltlich* ist und welche universellen Ansprüche im Einzelnen sich daraus ergeben, vom „negativen Pol" erlittener Verletzungserfahrungen zu nähern: „Ohne zu wissen, was der Mensch sein sollte, läßt sich kaum über Politik sprechen, aber konkret läßt sich erst darüber sprechen, wenn man weiß, was der Mensch nicht sein soll, nicht sein darf."[24] Zum anderen dient ihm dabei erneut das Bild der Sklaverei als inhaltliche Richtschnur, die zugleich erkennen lässt, in welchen *unterschiedlichen inhaltlichen Dimensionen* das moderne menschliche Leben – und hier ausdrücklich nicht nur das im Konzentrationslager – Gefahr läuft, auf entwürdigende Weise versklavt zu werden. Denn der bereits erwähnten, auf existenzieller, vitaler Ebene ansetzenden „Voll-Versklavung" in Form z. B. von Deportation, Freiheitsverlust, Folter und Mord können weitere Formen der Sklaverei vorausgehen; und zwar, wie Broch sagt, eine dezidiert „politische Versklavung"[25] einerseits sowie eine „öko-

---

[22] Ebd., 195. Bei Kant steht dieser Anti-Sklavereigedanke freilich nicht unmittelbar in Zusammenhang mit der Idee ‚natürlicher Rechte'. Anders jedoch bei *Locke* und auch schon in Diskussionen der spanischen Spätscholastik.

[23] Ganz ähnlich die Überlegungen bei A. *Margalit*, Politik der Würde, 1995.

[24] *Broch*, „Menschenrecht und Irdisch-Absolutes" (Fn. 20), 205 u. 178. Zu diesem methodischen Neuansatz in der aktuellen philosophischen Würdedebatte siehe etwa die Beiträge in: P. Kaufmann et al. (Hrsg.), Humiliation, Degradation, Dehumanization. Human Dignity Violated, 2010.

[25] *Broch*, „Die Demokratie im Zeitalter der Versklavung" (Fn. 17), 136 ff.

nomische Sklaverei"[26] andererseits. Erstere sei das Resultat einer fortschreitenden innerstaatlichen Entdemokratisierung in der Folge imperialer und diktatorischer Machtausdehnung. Letztere hingegen ergebe sich aus den spezifisch wirtschaftlichen Zwängen der kapitalistischen, aber durchaus auch der kommunistischen Ausbeutung. Damit ist ersichtlich schon bei Broch das inhaltlich komplexe Bild eines *umfassend* menschenwürdigen Lebens umrissen, das einen ganzen Katalog an Menschenrechten vorsieht und deren – heute gängige – Dreiteilung in ‚negative Freiheitsrechte', ‚politische Partizipationsrechte' und ‚sozioökonomische Teilhaberechte' vorwegnimmt.[27]

Mit dieser ausdrücklich „empirischen" Verankerung der Menschenrechte in konkreten Unrechtserfahrungen verändert sich allerdings zugleich auch die philosophische Bedeutung des Würdebegriffs. Folgt man Broch, so lässt sich die Menschenwürde angesichts des historischen Unrechts massenhafter Entwürdigung nunmehr nicht länger – wie z. B. noch in der christlichen Tradition – als eine göttliche „Mitgift"[28] verstehen, die von vornherein allen Menschen qua Gottesebenbildlichkeit zukommt und damit unverlierbar innewohnt. Angesichts der totalitären Barbareien wird die Würde vielmehr zu einer Art *Auftrag*, den es allererst noch zu erfüllen gilt, und zwar sowohl mit Hilfe des nationalen Verfassungsrechts als auch mit Unterstützung des Völkerrechts. Dem post-totalitären Würdebegriff wird damit bei Broch ausdrücklich eine „kopernikanische Wendung" gegeben,

> „eine Wendung vom Über-Irdischen (der Ebenbildhaftigkeit) zum Irdischen (des Konzentrationslager-Grauens), eine Wendung von der bloß logischen Spekulation zum inhaltlichen, dennoch nicht minder absoluten Faktum, und die Notwendigkeit dieser Wendung hat sich aus der Erfahrung der totalitären Schrecknisse ergeben."[29]

Zur Kennzeichnung dieses historisch gewandelten Würdeverständnisses wird Broch fortan die bewusst ein wenig paradox anmutende Formulierung vom „Irdisch-Absoluten" verwenden: Das neue Würdeverständnis ist insofern *irdisch*, als es an empirischen und geradezu biologischen Bedürfnissen und Verletzungserfahrungen wirklicher Menschen ansetzt und nicht etwa am „homo noumenon", wie bei Kant, der dem empirisch-bedürftigen Menschen, dem „homo phaenomenon",

---

[26] Ebd., 143 ff. *Broch* fordert bereits 1940 und im Zusammenhang eines weiteren, mit zahlreichen bedeutenden Intellektuellen betriebenen Großprojekts namens „The City of Man. A Declaration on World Democracy" einen Katalog spezifisch wirtschaftlicher Menschenrechte. Siehe *Broch*, „Forderung nach einer ‚Bill of Economic Rights' (1940)", in: ders., Menschenrecht und Demokratie (Fn. 1), 74–77.

[27] Noch deutlicher wird dies freilich – etwa zur selben Zeit – bei dem zu Anfang bereits erwähnten *J. Maritain* und in dessen erstmals 1941 publizierten Schrift: Die Menschenrechte und das natürliche Gesetz, 1951, 63–97. Auch er stellt den Bezug zu unterschiedlichen Stufen der „Knechtschaft" (92) her. Und es ist anzunehmen, dass Broch diese Schrift gekannt hat.

[28] Der Ausdruck „Mitgifttheorien" der Würde geht zurück auf: *H. Hoffmann*, „Die versprochene Menschenwürde", in: AöR 118 (1993), 353–377.

[29] *Broch*, „Die Demokratie im Zeitalter der Versklavung" (Fn. 17), 247.

eine solche Würde nicht zutraute.[30] Das neue Würdeverständnis ist aber trotz dieser empirischen Anfälligkeit zugleich auch *absolut*, insofern es seine kategorische Geltungskraft aus einer das Empirische übersteigenden Idee höheren „Rechts an sich" bezieht, das es niemandem erlaube, am menschenrechtlichen Prinzip des Schutzes der Menschenwürde auf diskriminierende Weise „Abstriche" zu machen: „weder für die absolute Würde, noch für das absolute Ethos, noch für den Menschen als den Träger solcher Absolutheit sind Abstufungen und verschiedene Klassengrade zulässig."[31] Zugleich aber ändert sich mit diesem inhaltlich und empirisch konkreten Verständnis von der Menschenwürde auch deren normative Beziehung zu den einzelnen Menschenrechten. Vorderhand kann zwar ein basales Recht auf „Nichtversklavung" als das für die Würde prioritäre oder „oberste Recht" betrachtet werden[32], doch die konkreten *einzelnen* Rechte ergeben sich aus den unterschiedlichen empirischen Erscheinungsformen entwürdigender Sklaverei:

> „Denn ein Naturrecht, das der Rückverweisung zur Erde, der Rückverweisung zum Menschen dienen will, muss Menschenrecht, ausschließlich Menschenrecht sein (…): sukzessive aus Rechtssätzen entstehend, von denen jeder einzelne vom empirischen Anlaß ausgeht und empirisch aussagt, was dem Menschen, sofern er Mensch bleiben soll, nicht angetan werden darf".[33]

Dies bringt eine weitreichende und rechtsphilosophisch provokante Konsequenz für das Verhältnis von Menschenwürde und Menschenrechten mit sich: Deren normative Wechselbeziehung kann fortan nicht länger so konzipiert werden, wie das auch heute noch vielerorts üblich ist, und zwar als ein unmittelbarer Ableitungszusammenhang: Weil Menschen *immer schon* Würde haben, haben sie *auch* entsprechende Menschenrechte. Diese Art von Begründung erweist sich als verfehlt, wenn man bedenkt, dass der Besitz der Menschenwürde, so Broch, gerade nicht das immer schon vorhandene, „dogmatisch am Anfang" stehende Fundament ist, aus dem sich die Menschenrechte direkt ableiten lassen. Vielmehr wird aus der Menschenwürde und dem menschenwürdigen Leben bei Broch ausdrücklich das „Ende einer Definitionsreihe" bzw. ein „Definitionsziel der unendlichen Annäherung" und damit ein *Endzweck*, den es allererst *durch* Menschenrechte in die Welt zu tragen und zu realisieren gilt.[34]

---

[30] Zu dieser zentralen Unterscheidung bei *Kant*: *F. Ricken*, „Homo noumenon und homo phaenomenon. Ableitung, Begründung und Anwendbarkeit der Formel von der Menschheit als Zweck an sich selbst", in: O. Höffe (Hrsg.), Grundlegung zur Metaphysik der Sitten. Ein kooperativer Kommentar, 2000³, 234–252.

[31] *Broch*, „Völkerbund-Resolution" (Fn. 1), 34. Vgl. *ders.*, „Menschenrecht und Irdisch-Absolutes" (Fn. 20), 187–192.

[32] *Broch*, „Die Demokratie im Zeitalter der Versklavung" (Fn. 17), 194.

[33] *Broch*, „Menschenrecht und Irdisch-Absolutes" (Fn. 20), 191.

[34] Ebd., 191. Zu diesem begründungstheoretischen Unterschied s.a. *A. Pollmann*, „Menschenwürde nach der Barbarei", in: Zeitschrift für Menschenrechte, 1/2010, 26–45 (37 ff.).

III. Das strafrechtliche Gesetz
zum Schutze der Menschenwürde

Wenn aber die Realisierung menschenwürdigen Lebens – im Sinne einer Abschaffung jeder Form von Sklaverei – als der eigentliche Endzweck der Menschenrechte betrachtet werden muss und wenn der Satz von der unbedingten Verwerflichkeit der menschlichen Versklavung als „irdisch-absolut" gilt sowie allen konkreten Menschenrechten vorausgeht, dann kompromittieren staatlicherseits verübte Würdeverletzungen nicht nur irdisch-absolute Rechtsansprüche *einzelner* Menschen, sondern die „Komplettheit jeglichen Rechtssystems".[35] Und umso dringlicher erscheint es daher, derart doppelt ruinöses Regierungshandeln zu verhindern. Brochs Feststellung, dass es sich dabei ausdrücklich um *staatlicherseits* verübte Menschenrechtsverstöße handelt, sollte nun aber nicht so verstanden werden, als sei ein abstraktes Gebilde wie der „Staat" zu derartigen Würdeverletzungen fähig. Es sind vielmehr – wie auch sonst in strafrechtlichen Zusammenhängen – stets konkrete Einzelmenschen, z. B. Regierende, Amtsinhaber, Polizisten, die lediglich *in Stellvertretung* ihres jeweiligen Staates derartige Verbrechen begehen.[36] Das bedeutet: Auch in menschenrechtlichen Zusammenhängen, d. h. nicht nur im traditionellen Strafrecht, muss

> „Konkretes gegen Konkretes geschützt werden; und in Wahrheit gibt die ‚Bill of Rights' nicht dem abstrakten ‚Staat', sondern den konkreten Organen seiner legislativen, exekutiven und richterlichen Amtsbehörden gewisse Verhaltensvorschriften, um diese konkreten Personen vor Übergriffen gegen des konkreten Bürgers Freiheit und Menschenwürde zurückzuhalten."[37]

Brochs Pointe dieser konkreten Adressierung menschenrechtlicher Verpflichtungen ist eine dezidert kriminologische: Während man gegen Staaten oder Regierungen lediglich *politisch* vorgehen könne, müsse man individuellen Verbrechern direkt mit dem Strafrecht begegnen.[38] Dies allerdings setzt voraus, dass es sowohl auf nationaler wie auch auf völkerrechtlicher Ebene entsprechende Strafgesetze, Gerichte und auch effektive Durchsetzungsmechanismen gibt, die solche Menschenrechtsverletzungen nicht bloß symbolisch-politisch, sondern konkret und individuell ahnden. Daher fordert Broch bereits in seiner Völkerbund-Resolution von 1937, „dass der Bund eine juristische Gruppierung und Kodifikation jener Handlungen anbahne, welche in allen Mitgliedstaaten uneingeschränkt als friedensgefährdende, kriegsfördernde ‚Verbrechen gegen die Menschenwürde' einheitlich verfolgt und bestraft wer-

---

[35] *Broch*, „Menschenrecht und Irdisch-Absolutes" (Fn. 20), 218.

[36] Zugleich sieht *Broch* auch schon eine *Drittwirkung* der Menschenrechte in Bezug auf private Straftaten vor: „Im Schutz des Menschen vor dem Nebenmenschen ist die wirksamste und vielleicht sogar die einzige Gewähr für die Erhaltung der Demokratie zu sehen. Denn ist die Würde des konkreten Menschen Schädigungen durch den Nebenmenschen ausgesetzt, so wird mittelbar auch der Staat als demokratische Institution geschädigt". *Broch*, „Bemerkungen zur Utopie einer ‚International Bill of Rights and of Responsibilities'" (Fn. 17), 107.

[37] *Broch*, „Bemerkungen zur Utopie einer ‚International Bill of Rights and of Responsibilities'" (Fn. 17), 106.

[38] Ebd., 116.

den sollen."[39] Und unmittelbar nach Ende des Zweiten Weltkriegs wird diese Idee dann von Broch zu einem „Gesetz zum Schutz der Menschenwürde"[40] systematisch ausgebaut: In diesem programmatischen Gesetzesentwurf finden sich nicht nur konkrete Definitionen der zu ahnenden menschenrechtswidrigen Straftatbestände und Forderungen nach Einrichtung eines Internationalen Strafgerichtshofes eigens zur Verurteilung dieser Verbrechen, sondern auch konkrete Hinweise zur Einhaltung des Rechtsweges, der bei den jeweils innerstaatlichen Gerichten zu beginnen hätte und nur bei mangelnder nationaler Strafverfolgungsbereitschaft dem Völkerbund obliegen würde, sowie prozedurale Vorschläge in Bezug auf die konkrete Strafverfolgung. Das Ganze wird flankiert von einigen scharfsinnigen zeitdiagnostischen Einschätzungen Brochs mit Blick auf mögliche Realisierungschancen eines solchen völkerstrafrechtlichen Gesetzesvorhabens angesichts des offenkundigen Beharrungsvermögens nationalstaatlicher Souveränitätsansprüche.

Abgesehen davon, dass Broch mit diesen Überlegungen bereits auf die spätere Völkerstrafrechtsentwicklung in Bezug auf das Römische Statut von 1998 und den seit 2002 arbeitenden Internationalen Strafgerichtshof (ICC) in Den Haag vorausgreift: Sehr viel konsequenter, als es auch heute noch die zweifellos meisten juristischen und philosophischen Menschenrechtstheorien intendieren oder gar fordern würden, plädiert Broch nicht nur für eine rechtliche Positivierung der Menschenrechte in Form von nationalstaatlichen Verfassungen und völkerrechtlichen Überwachungsmechanismen, sondern zudem auch für eine konsequente Kriminalisierung und Strafverfolgung konkreter Verletzungen der Menschenrechte. Auch der heutige ICC, so wegweisend, ja, sensationell dessen Einrichtung aus weltpolitischer Sicht auch erscheinen mag, besitzt bislang bekanntlich ein Mandat nur für schwerste Menschenrechtsverletzungen (‚Völkermord', ‚Verbrechen gegen die Menschlichkeit', ‚Kriegsverbrechen' und ‚Verbrechen der Aggression'). Broch fordert aber von Beginn an mehr: nicht nur einen Internationalen Strafgerichtshof aktueller Prägung und auch nicht bloß solche Menschenrechtsgerichtshöfe, wie man sie bislang auf regionaler Ebene vor allem in Europa, aber auch in Amerika und Afrika kennt, in denen bislang lediglich „abstrakte" Vertragsstaaten im Sinne Brochs belangt werden können. Er selbst ist auf einen mit sehr viel breiterem Mandat ausgestatteten Internationalen Strafgerichtshof für Menschenrechte aus, vor dem sich individuelle *Einzeltäter* in Bezug auf *sämtliche* Menschenrechtsverbrechen zu verantworten hätten – eine Idee, wie Broch selbst zugesteht, „die zwar heute noch im Utopischen liegt, dennoch schon im Ureigensten Gebiet des Völkerbundes".[41]

---

[39] *Broch*, „Völkerbund-Resolution" (Fn. 1), 42.

[40] Dazu und für das Folgende: *Broch*, „Bemerkungen zur Utopie einer ‚International Bill of Rights and of Responsibilities'" (Fn. 17), 108–117.

[41] *Broch*, „Völkerbund-Resolution" (Fn. 1), 42. Mit diesem dezidiert strafrechtlichen Verfolgungsauftrag ginge dieser Gerichtshof auch noch einmal über einen „Weltgerichtshof für Menschenrechte" hinaus, wie ihn heute beispielsweise M. Nowak fordert. Siehe *ders.*, „Ein Weltgerichtshof für Menschenrechte", in: Vereinte Nationen 5 (2008), 205–211.

Wohl um das ‚alte' Friedensanliegen des Völkerbundes unmittelbar mit dessen ‚neuen' menschenrechtlichen Schutzaufgaben zu verschmelzen, leitet Broch eine entsprechende Pflicht der Staatengemeinschaft, Menschenrechtsverletzer fremder Staaten zu verfolgen, zunächst aus der konkreten Kriegsgefahr ab, die durch die strafrechtliche Tatenlosigkeit der ursprünglich zuständigen Einzelstaaten heraufbeschworenen wird. Eine entsprechende Missachtung des Völkerrechts durch eben jene untätigen Einzelstaaten sei nicht nur eine Negation der jeweils eigenen Rechtstaatlichkeit, sondern zudem auch eine eklatante Kampfansage an die Völkergemeinschaft, sodass „die Enforcement-Aktion, die da zu unternehmen ist, sich in einem de facto bereits eingetretenen Kriegszustand abspielt."[42] Auch wenn diese empirische Verknüpfung von *innerstaatlichen* Menschenrechtsverletzungen einerseits und *außenpolitischer* Kriegsneigung andererseits aus politikwissenschaftlicher Sicht heute vielfach angezweifelt wird, so ist doch zugleich zu beobachten, dass ein massives Aufkommen an Menschenrechtsverletzungen zumindest die Gefahr von *innenpolitischen* Unruhen oder gar Bürgerkriegen mit sich bringt.[43] Auch darum, so Broch, muss das traditionelle „Souveränitätsdenken" des Völkerrechts zugunsten der „Humanität" aufgebrochen und durch das neu zu schaffende internationale „Gesetz zum Schutze der Menschenwürde" strafrechtlich beschränkt werden; auch wenn die Durchsetzung dieses Gesetzes bis auf Weiteres weltpolitisch unrealistisch erscheinen mag.[44] Wie aber genau begründet Broch diesen völkerrechtlich revolutionären Neuanfang, der einen deutlichen Bruch mit dem für das traditionelle Völkerrecht zentralen Souveränitätsprinzip darstellt und heute auf UN-Ebene auch unter dem Stichwort „responsibility to protect"[45] diskutiert wird?

IV. Zur demokratischen Begründung des völkerrechtlichen Menschenrechtsschutzes

Bei der Frage, *warum* das geforderte Strafgesetz zum Schutz der Menschenwürde selbst das traditionelle nationalstaatliche Souveränitätsprinzip aushebelt, verfolgt Broch eine – erneut wegweisende – Doppelstrategie: Zum einen bringt Broch die

---

[42] *Broch*, „Bemerkungen zur Utopie einer ‚International Bill of Rights and of Responsibilities'" (Fn. 17), 115. Auch hier erinnert das Argument stark an *Kants* Friedensschrift, die ja nicht nur den Hobbes'schen Gedanken des kriegerischen Naturzustandes auf den Bereich des Zwischenstaatlichen überträgt, sondern zugleich auch die Einführung eines völkerrechtlich flankierten „Weltbürgerrechts" als friedensstiftende Maßnahme versteht und damit als „eine nothwendige Ergänzung des ungeschriebenen Codex sowohl des Staats- als Völkerrechts zum öffentlichen Menschenrechte überhaupt und so zum ewigen Frieden, zu dem man sich in der continuirlichen Annäherung zu befinden nur unter dieser Bedingung schmeicheln darf" (*Kant*, AA, VIII, 360).
[43] *O. Thoms/J. Ron*, „Do Human Rights Violations Cause Internal Conflict?", Human Rights Quarterly 3 (2007), 674–705. Diesen Hinweis verdanke ich *C. Schmelzle*.
[44] *Broch*, „Bemerkungen zur Utopie einer ‚International Bill of Rights and of Responsibilities'" (Fn. 17), 87 ff.
[45] UN Doc. S/RES/1674, Abs. 4, 28. April 2006.

bis heute in Bezug auf völkerrechtliche Menschenrechtsverträge, aber auch in Bezug auf Verträge insgesamt als gängig zu bezeichnende Begründung ins Spiel, nach der eine *freiwillig* auferlegte Vertragsverpflichtung nicht schon eine Begrenzung der eigenen Freiheit darstellen kann: „Vertragliche Bindungen, die ein Staat eingeht, bilden keine Einschränkung seiner Souveränitätsrechte."[46] Doch bei dieser geläufigen Begründung belässt Broch es nicht, sondern er ergänzt sie durch eine spezifisch *demokratietheoretische* Rechtfertigung; wobei er diese wiederum in konzeptioneller Parallele zu der Frage entwickelt, warum man den *individuellen* Menschenrechtsverletzter strafrechtlich belangen dürfe, wenn doch auch dessen Menschenwürde geschützt werden müsse. In die Rechte des menschenrechtlichen Straftäters, so Broch, dürfe schlicht deshalb eingriffen werden, weil der Täter – in seiner Eigenschaft als verantwortlicher Amtsträger – vorab seinerseits die Menschenrechte verletzt habe.[47] Auf vergleichbare Weise soll deshalb auch der Staat, der einen Menschenrechtsverletzter beherbergt, die eigene *äußere* Souveränität verwirken, sobald er im eigenen *Innern*, und zwar durch die nicht-erfolgte Ahndung menschenrechtlicher Verbrechen, die Regeln demokratischer Volkssouveränität verletzt – was Broch dann auf die griffige, aber durchaus erläuterungsbedürftige Formel bringen wird, dass staatliche Unterlassungen in Bezug auf eine entsprechende Strafverfolgung „Selbstmordaktionen der Demokratie"[48] seien.

Erläuterungsbedürftig ist diese markante Formel in mehrerlei Hinsicht: Zunächst ist auffallend, dass Broch hier ausdrücklich von „Demokratie" spricht, während er dabei doch vor allem solche Staaten vor Augen haben dürfte, die *keine* Demokratien, sondern diktatorische Unrechtsstaaten sind. Dies spricht in begründungstheoretischer Hinsicht dafür, dass nach Broch die Demokratie *das* normative Legitimationsmodell ist, an dem sich auch alle sonstige Formen politischer Vergemeinschaftung bis hin zu Monarchien und Diktaturen messen lassen müssen.[49] Selbst Diktaturen nämlich sind auf ein Restmaß an Zustimmung seitens ihrer Untertanen angewiesen

---

[46] *Broch*, „Bemerkungen zur Utopie einer ‚International Bill of Rights and of Responsibilities'" (Fn. 17), 97.

[47] *Broch*, „Völkerbund-Resolution" (Fn. 1), 34 f. Diese allein auf verantwortliche Amtsträger abzielende Menschenrechtsbegründung dürfte heute strittig sein, darf aber nicht mit einer *allgemeinen* Begründung strafrechtlicher Eingriffe oder gar rechtsstaatlichen Entzugs von Grundrechten, z.B. im Zuge der Terrorbekämpfung, verwechselt werden. Terroristen und andere Schwerverbrecher sind in der Regel keine staatlichen Repräsentanten und deshalb auch nicht Träger *menschenrechtlicher* Pflichten. Deren strafrechtliche Verfolgung ist folglich *anders* zu begründen.

[48] *Broch*, „Die Demokratie im Zeitalter der Versklavung" (Fn. 17), 204.

[49] Vgl. *Broch*, „Trotzdem: Humane Politik. Verwirklichung einer Utopie" (1950), in: ders., Menschenrecht und Demokratie (Fn. 1), 232–272 (232). Auch weist *Broch* an anderer Stelle auf eine interessante Parallele in Bezug auf den Gedanken politisch-rechtlicher „Gleichheit" hin: „Sowohl Totalitarismus wie Demokratie setzen die Gleichheit des Menschen voraus, diese in radikaler Auflehnung des Individuums gegen die Institution und daher mit dem Ziel allgemeiner Freiheit, jener in radikaler Unterwerfung unter die Institution und daher mit dem Ziel allgemeiner Unfreiheit." Siehe *ders.*, „Die Demokratie im Zeitalter der Versklavung" (Fn. 17), 177.

und damit auf den imaginären Akt der gemeinsamen Delegation und Legitimierung von Herrschaft; und sei es auch nur in Form des Ausbleibens gewaltsamer Revolutionen. Selbst diktatorische Regime sollten sich folglich nicht jenes legitimatorischen Restes berauben, falls sie politisch überleben wollen:

> „(E)s mündet jedwede Tyrannis, selbst wenn sie, sei es als abstraktes Amt, sei es als konkret diktatorische Person, den Kollektivwillen verkörpert, und selbst wenn sie den Forderungen des politischen Alltags noch so vortrefflich genügt, letztlich in ihr eigenes Verderben, und dieses ist zumeist auch das des Kollektivs: Wer die Freiheit des Beherrschten mißachtet, verliert die Freiheit seiner Herrschaft".[50]

Damit knüpft Broch an einen demokratietheoretischen Grundgedanken an, den Karl Marx seinerzeit wie folgt umrissen hat:

> „Ist er [der Fürst, A.P.] aber souverän, insofern er die Volkseinheit repräsentiert, so ist er also selbst nur Repräsentant, Symbol der Volkssouveränität. Die Volkssouveränität ist nicht durch ihn, sondern umgekehrt er durch sie. [...] Die Demokratie ist die Wahrheit der Monarchie, die Monarchie ist nicht die Wahrheit der Demokratie. [...] Die Demokratie ist das aufgelöste Rätsel aller Verfassungen."[51]

Mit diesen Überlegungen wird der nationalstaatliche Souveränitätsgedanke, der zunächst nach *innen* wirkt, aber im traditionellen Völkerrecht auch *äußerlich* bzw. zwischenstaatlich Geltung entfaltet, auf seine ursprünglich demokratischen bzw. republikanischen Wurzeln in der imaginären, aber jegliche staatliche Gewaltausübung allererst legitimierenden Selbstregierung des Staatsvolkes zurückgeführt.[52] Mit anderen Worten: Der Souverän ist einzig das sich demokratisch selbst regierende Volk und nicht etwa der abstrakte Staat bzw. dessen konkrete Amtsträger. Deren Handeln besitzt Legitimität vielmehr erst dann, wenn es als ‚Ausdruck' der besagten Volkssouveränität verstanden werden kann. Und entsprechend kann das außenpolitische Auftreten eines Staates *nicht* länger als Ausdruck interner Zustimmung verstanden werden, wenn die sogenannte Volksvertretung nicht mehr länger den sie allererst legitimierenden Volkswillen verkörpert. Dabei dürfte es nach Ansicht von Broch kaum etwas geben, was – in diesem Sinne – *weniger* legitimiert wäre, als etwaige Menschenrechtverletzungen seitens staatlicher Funktionsträger:

> „Nichts jedoch schien bei der Demokratiestiftung so widersinnig und ist vielen sogar auch noch heute so sehr unvorstellbar, als dass der common man sich je mit Hilfe seiner demokratischen Freiheiten gegen die Freiheit wenden könnte und seine ‚Bill of Rights' benutzen würde, um diese selber sowie die durch sie garantierte Menschenwürde aufzuheben; nur Verbrechern oder Irrsinnigen ließ sich ein solcher Anschlag etwa noch zutrauen".[53]

---

[50] *Broch*, „Völkerbund-Resolution" (Fn. 1), 67.

[51] *K. Marx*, Kritik des Hegelschen Staatsrechts, MEW, Bd. 1, 1956, 229 ff.

[52] *Broch*, „Völkerbund-Resolution" (Fn. 1), 58 f. An diese – vor allem durch *J.-J. Rousseau* geprägte – Idee der Volkssouveränität erinnert heute mit besonderer Vehemenz *I. Maus*, Über Volkssouveränität: Elemente einer Demokratietheorie, 2011.

[53] *Broch*, „Bemerkungen zur Utopie einer ‚International Bill of Rights and of Responsibilities'" (Fn. 17), 101.

Heute wird diese demokratietheoretische Begründung der Menschenrechte bisweilen auch so formuliert, dass sich die „Adressaten" dieser Rechte zugleich auch als deren „Autoren" verstehen können müssen und dass sich diese Autoren, wenn man sie denn tatsächlich fragte, kaum auf ein Rechtssystem einließen, das ihnen als Adressaten *keine* grundlegenden subjektiven Rechtsansprüche gegenüber der öffentlichen Ordnung zuerkennen würde.[54] Oder wie Broch selbst sagt: Bei den Menschenrechten handelt es sich um solche Rechtsansprüche, die erst noch „dem monarchischen Regime hatten abgerungen werden müssen, um kraft ihrer Ewigkeitsgeltung für alle künftigen Generationen festgelegt zu werden", und zwar zugleich als Bedingungen und Resultate der „Demokratiestiftung in der Konstitution".[55] Zugleich ergibt sich bei Broch aus eben dieser demokratietheoretischen Begründung der Menschenrechte am Ende auch das gesuchte Recht der *Staatengemeinschaft*, etwaige Menschenrechtsverletzer in ihrer – immer bloß stellvertretenden – Herrschaftsausübung zu beschränken und gegebenenfalls auch zu bestrafen. Denn der völkerrechtliche Anspruch auf Achtung zwischenstaatlicher Souveränität steht und fällt mit dem Ausmaß an *innerstaatlicher* Souveränität – im Sinne der kollektiven Selbstregierung – und wird durch Verletzungen der Menschenrechte ausdrücklich verwirkt.[56] Kurz: Das völkerrechtliche Nichteinmischungsgebot besteht dann nicht, wenn ein Staat durch nicht-geahndete Menschenrechtsverletzungen das interne Demokratieprinzip missachtet. Damit ist Brochs „Gesetz zum Schutz der Menschenwürde" nunmehr auch auf völkerrechtlicher Ebene begründet.

V. Schluss

Allerdings sieht auch Broch, dass die weltpolitische Großwetterlage seiner Zeit die völkerrechtliche Implementierung derartiger Überlegungen zunächst in weite Ferne hat rücken lassen. Wenn es *vor* dem Zweiten Weltkrieg vor allem die faschistische Bedrohung gewesen ist, die den Völkerbund und damit etwaige Hoffnungen auf eine internationale Verwirklichung der Menschenrechte hat scheitern lassen, so ist es *nach* 1945 nunmehr die neuerliche Kriegsfurcht, der man auf Ebene der neu gegründeten Vereinten Nationen nun ausgerechnet dadurch begegnen will, dass man am völkerrechtlichen Nichteinmischungsgebot *festhält*. Genau das aber, so Broch, lässt den internationalen Menschenrechtsschutz vorerst uneffektiv bleiben.[57] Dennoch hat Broch bereits in seiner Völkerbund-Resolution darauf hingewiesen, dass der Menschheit langfristig nur eine duale weltpolitische Alternative bleibe:

---

[54] *J. Habermas*, „Zur Legitimation durch Menschenrechte", in: H. Brunkhorst/P. Niesen (Hrsg.), Das Recht der Republik, 1999, 386–403.

[55] *Broch*, „Bemerkungen zur Utopie einer ‚International Bill of Rights and of Responsibilities'" (Fn. 17), 101.

[56] Eine ganz ähnliche philosophische Völkerrechtsbegründung hat vor wenigen Jahren *J. Rawls* vorgelegt. Siehe *ders.*, Das Recht der Völker, 2002.

[57] *Broch*, „Bemerkungen zur Utopie einer ‚International Bill of Rights and of Responsibilities'" (Fn. 17), 88 f.

„[D]ie wachsende Zivilisationseinheit der Welt [drängt] unabweislich zu einem allumfassenden Entweder-Oder, dessen Radikalität lediglich Totalitätssiegel kennt, entweder den der Ratio und eines allgemeinen human-kulturellen Wiederanstieges, oder den des Wahnwitzes und des Rückfalles in eine Barbarei, die sich den gesamten Erdkreis unterwerfen wird."[58]

Zunächst wird sich dann spätestens ab 1939 tatsächlich jener „Rückfall in die Barbarei" ereignen, der Brochs Anliegen einer Wiederbelebung des Völkerbundes vorerst obsolet werden lässt. Aber bereits im Jahre 1945 setzt dann auf Ebene des UN-Völkerrechts eine bis heute unabgeschlossene (und keineswegs unumkehrbare) menschenrechtliche Entwicklung ein, die vieles von dem verwirklichen wird, was Broch in seinen damaligen Schriften konzeptionell vorgedacht hat. Damit ist Broch als ein noch weitgehend unentdeckter „Klassiker" unseres heutigen Menschenrechtsverständnisses zu betrachten. Und die in Politik und Wissenschaft agierenden Protagonisten jener „stillen Revolution des Völkerrechts"[59] scheinen noch gar nicht recht zu ahnen, wie viel sie von diesem Klassiker in theoretisch-konzeptioneller Hinsicht lernen könnten.

---

[58] *Broch*, „Völkerbund-Resolution" (Fn. 1), 49. Diese dramatische Dualität erklärt auch, warum Broch an verschiedenen Stellen seines Werks – und aus heutiger Sicht etwas irritierend – von der rhetorisch etwas überspannten Option einer „totalen Demokratie" spricht.

[59] *Klein* (Fn. 8).

Statusvertragliche Interpretationsprobleme der EMRK beim Dayton-Peace Agreement

Von *Georg Ress*

I. Das Problem

In seiner Arbeit über Statusverträge im Völkerrecht hat *Eckart Klein* auch zu den Problemen der Auslegung von Statusverträgen Stellung genommen.[1] Die Frage, ob territorialbezogene Friedensverträge, die für die Zukunft einen bestimmten Status eines Gebietes regeln, also eine im Allgemeininteresse geschaffene Ordnung über den Kreis der Parteien hinaus wirksam werden lassen,[2] hat auch bei der Auslegung des Dayton-Peace Agreements in der Rechtsprechung des Europäischen Gerichtshofs für Menschenrechte[3] eine Rolle gespielt oder besser gesagt: hätte spielen sollen. In diesem Urteil ging es um die Frage, ob die im Dayton-Peace Agreement[4] getroffene Regelung über die Zusammensetzung staatlicher Einrichtungen mit den Vorschriften der Europäischen Menschenrechtskonvention, die von Bosnien und Herzegowina[5] ratifiziert worden ist, in Einklang stehen. Dabei könnte die schon von *Eckart Klein* aufgeworfene Frage, ob sich die in einem Statusvertrag enthaltene Ordnungsbehauptung auch gegenüber Drittstaaten und wenn ja, in welcher Weise[6] als durchsetzbar erweist, insofern eine Rolle spielen, ob mit dem Dayton Agreement eine Ordnungsregelung vorliegt, die auch gegenüber an die EMRK gebundenen Staaten rechtliche Wirkung entfaltet – und zwar mit der Folge, daß sie auch bei der Auslegung der sich aus der EMRK ergebenden Pflichten zu berücksichtigen ist. Aus der Ordnungsbehauptung und der Respektierungspflicht ergeben sich auch für Drittstaaten konkrete Rechte und auch Pflichten, also auch unter Umständen für die

---

[1] *Eckart Klein*, Statusverträge im Völkerrecht. Rechtsfragen territorialer Sonderregime, 1980, 329 ff.

[2] Siehe dazu *Klein* (Fn. 1), 69 ff.

[3] Case of *Sejdic and Finci v. Bosnia and Herzegovina*, judgment (GC), 27.12.2009, no 27996/06 and 34836/06.

[4] Vom 14. Dezember 1995.

[5] Bosnien und Herzegowina wurden im Jahr 2002 in den Europarat aufgenommen, nachdem sie die EMRK ratifiziert hatten. In diesem Zusammenhang übernahm es Bosnien-Herzegowina „to review within one year, with the assistance of the European Commission for Democracy through Law (Venice Commission), the electoral legislation in the light of Council of Europe standards, and to revise it where necessary" [opinion 234 (2002) of the Parliamentary Assembly of the Council of Europe of 22 January 2002, § 15 (iv) (b)].

[6] *Klein* (Fn. 1), S. 70, sowie S. 133 und zur Regelungszuständigkeit *erga omnes* S. 191 ff.

Vertragsstaaten der europäischen Menschenrechtskonvention gegenüber den Vertragsstaaten des Dayton-Peace Agreements. Es ist ganz offensichtlich, daß die Regelung über die drei „konstituierenden Völker" im Anhang 4 (the Constitution of Bosnia and Herzegovina) des Dayton-Peace Agreements zu den wesentlichen Kompromissen des Abkommens gehört. Personen, die keine Zugehörigkeit zu einer der drei Völker (Bosniacs, Croats, Serbs) erklären, werden als „andere" (others) bezeichnet.

Für den Europarat ging es darum, diese auf ethnischen Kriterien aufbauende staatliche Teilhabe und Wahlberechtigung durch eine allgemeine staatsbürgerschaftliche Anknüpfung (civil representation) zu ersetzen. Dieses Anliegen beruhte auf der (mittlerweile) offensichtlichen Diskriminierung jener Bevölkerungsteile, die sich nicht als zu einem der drei Teilvölker gehörend erklären (vor allem Juden und Roma). Angesichts des auch für Minderheiten etablierten völkerrechtlichen Grundsatzes der Selbstdeklaration ist zweifelhaft, ob diese Regelung im Lichte der EMRK wirklich inakzeptabel ist.

Ob das Dayton-Peace Agreement die Regelung des Rechtszustandes dieses Gebietes im Friedensvertrag nur *inter partes* und keinesfalls als eine nach außen gerichtete Ordnungsbehauptung regeln wollten, ist eine Frage, die, wie so häufig, sich nur aus einer genauen Analyse der in dem Vertrag enthaltenen Ordnungsbehauptung wird beantworten lassen.

II. Statusverträge in der Rechtsprechung des Europäischen Gerichtshofs für Menschenrechte

Da das Dayton-Peace Agreement für Bosnien-Herzegowina schon vor dem Beitritt zur Europäischen Menschenrechtskonvention verbindlich geworden ist,[7] stellt sich die Frage nach dem temporalen Verhältnis beider Verträge. Wäre es den Parteien der EMRK verboten, eine statusvertragliche-friedensvertragliche Regelung einzugehen, die nicht in jeder Hinsicht mit den Verpflichtungen aus der EMRK in Übereinstimmung steht? Oder anders gesagt: wenn auf dem Gebiet von Bosnien-Herzegowina einschließlich der Republika Srpska[8] ein statusvertragliches Regime mit erga omnes-Wirkung existiert, hatte dann der Gesamtstaat überhaupt die internationale Befugnis, die Verpflichtungen aus der EMRK zu übernehmen? War der

---

[7] Das Dayton-Peace Agreement wurde von Bosnien-Herzegowina am 14.12.1995 zusammen mit den anderen Vertragsparteien in Paris nach 44 Monaten intensiver Verhandlungen unter den Auspizien der Internationalen Konferenz über das ehemalige Jugoslawien und der sog. Contact Group unterzeichnet und trat – zusammen mit 12 Anhängern – am selben Tage in Kraft. Die EMRK trat für diesen Staat im Jahre 2002 in Kraft.

[8] Die „Constitution of Bosnia and Herzegovina" (the „State Constitution" im Gegensatz zu jenen der Teilstaaten [Entity-Verfassungen]) ist integraler Bestandteil des Dayton-Peace Treaty mit Bosnien und Herzegowina und der Republika Srpska. Daneben besteht aufgrund eines Schiedsspruchs vom 5. März 1999 der Brčko-District unter der Souveränität des Gesamtstaates.

Staat insofern schon souverän geworden?⁹ Eine vergleichbare Frage hatte sich – zumindest nach meinem separaten Votum – im Fall *Prince Hans-Adam von Liechtenstein v. Germany*¹⁰ bezüglich der Souveränität des Nachkriegsdeutschlands gestellt. Während es in diesem Fall um die Frage ging, ob die Einhaltung von Art. 6 EMRK (Rechtsschutz) garantiert werden konnte, geht es im Fall von Bosnien-Herzegowina um die Frage, ob dieser Staat die Einhaltung von Art. 3 des 1. Zusatzprotokolls (gleiches Wahlrecht für das Parlament) garantieren konnte. Abgesehen von der Frage, ob Art. 3 überhaupt einschlägig ist, da er – wie Judge *Giljana Mijovic* in ihrer dissenting opinion unterstreicht – kein Wahlverfahren für das Parlament (House of People), das ein „non-elective organ" ist, gibt, sondern nur Entsendungen ihrer Mitglieder, dürfte Bosnien-Herzegowina auch nicht die internationale Befugnis besessen haben, die Einhaltung von Art. 3 (im Sinne eines Rechts auf gleiches Wahlverfahren) zu garantieren.¹¹

Die Frage berührt ein generelles Problem. Wieweit könnte und dürfte die EMRK den Abschluß von Friedensverträgen überhaupt behindern? Diese Frage ist im Zusammenhang mit einer möglichen vertraglichen „Regelung" des Zypern-Problems diskutiert worden.¹² Muß eine solche „Regelung" – etwa auf der Basis des *Annan-Planes* – z. B die eigentumsrechtliche Garantie des Art. 1 des 1. Zusatzprotokolls in jeder Hinsicht beachten oder genügt es, wenn sie dies „im Prinzip" tut? Der EGMR hat im Fall *Xenides-Arestis*¹³ festgestellt, daß es ausreichend ist, wenn eine Regelung über ein Entschädigungsverfahren durch die *de facto*-Verwaltung in Nordzypern den rechtlichen Vorgaben des Art. 1 des 1. Zusatzprotokolls „im Prinzip" entspricht. Diese Qualifikation hat die Große Kammer des EGMR später im Fall *Demopoulos and others*,¹⁴ gestützt auf das sog. *Namibia-Prinzip* des IGH, bestätigt. Im Ergebnis läßt sich festhalten, daß die EMRK gegenüber statusbezogenen bzw. friedensvertraglichen Regelungen oder solchen, die Teile eines Friedensvertrages mit statusbezogenen Regelungen vorwegnehmen, zurücktritt und Zwischenregelungen Raum läßt. Das Perfekte darf nicht Feind des Vernünftigen sein.

Da diese Verpflichtungen aus dem Dayton-Peace Agreement schon vor dem Beitritt zur EMRK bestanden, hätte Bosnien und Herzegowina unter Beachtung von

---

⁹ Vgl. zur Entwicklung der Souveränität von Bosnien Herzegowina die Darstellung im Urteil *Sejdic and Finci v. Bosnia and Herzegovina* (Fn. 3), §§ 6 ff.

¹⁰ No. 42527/98 judment (GC) vom 12.7.2001.

¹¹ In der dissenting opinion von *L. Mijovic* findet sich insofern ein Anklang wenn es heißt: „Bosnia and Herzegovina (were not) totally aware of the possible consequences of ratifying all Convention Protocols when they did so."

¹² Aber auch im Zusammenhang mit den vertraglichen Regelungen der Deutschlandfrage ist das parallele Problem diskutiert worden, wieweit für solche Regelungen genügt, wenn sie „näher am Grundgesetz" stehen. Siehe dazu *K. Doehring*, in: ders./W. Kewenig/G. Ress (Hrsg.), Staats- und völkerrechtliche Aspekte der Deutschland- und Ostpolitik, 1971, 19 ff.

¹³ *Xenides-Arestis v. Turkey*, no. 46347/99 (sect. 3/judgment of 22.12.2005).

¹⁴ *Demopoulos and others v. Turkey* (GC), decision of 1.3.2010, no. 46113/99, 3843/02, 13751/02, 13466/03, 10200/04, 14163/04, 19993/04, 21819/04.

Art. 57 EMRK durch einen entsprechenden Vorbehalt möglicherweise eine Kollision ausschließen können. Aber es hätte ein relativ genereller Vorbehalt sein müssen, der durch Art. 57 gerade ausgeschlossen wird. Also bleibt als Lösung nur eine eingeschränkte Interpretation der EMRK, d. h. der aus ihr fließenden Verpflichtungen. Genau dieser Weg ist aber vom EGMR in dem Fall *Sejdic and Finci v. Bosnia and Herzegovia* verbaut worden.

III. Die Umstände des Falles Sejdic and Finci

In diesem Fall wurde den Beschwerdeführern, obwohl sie Staatsbürger von Bosnien und Herzegowina waren, durch die Verfassung das Recht verweigert, an Wahlen für die Volkskammer und die Präsidentschaft angeblich aufgrund ihrer Rasse/Ethnizität teilzunehmen. Die Regierung argumentierte, daß diese Diskriminierung auf historischen und politischen Gründen beruhe, weil die gegenwärtige verfassungsrechtliche Struktur in Bosnien und Herzegowina durch den Friedensvertrag (Dayton-Peace Agreement) festgelegt worden war, eines Vertrages, der auf den Verhandlungen zwischen den drei wesentlichen ethnischen Gruppierungen – den „konstituierenden Völkern" – beruhte. Die Regierung war der Auffassung, daß die Zeit noch nicht reif gewesen ist für eine Änderung in Richtung eines politischen Systems, welches auf der einfachen Mehrheitsregel beruhte, zumal da es in Bosnien-Herzegowina eine Vorherrschaft der sog. mono-ethnischen politischen Parteien gibt und die internationale Verwaltung von Bosnien-Herzegowina andauert. Der EGMR kam in dem schon erwähnten Urteil zu der Schlußfolgerung, daß es eine Verletzung des Diskriminierungsverbotes[15] sei, selbst wenn im Dayton-Peace Agreement und in der Verfassung von Bosnien-Herzegowina nur Kroaten, Bosnier und Serben als wahlberechtigte Gruppen erwähnt und andere Gruppierungen wie die Roma und Juden unerwähnt geblieben seien. Da die Beschwerdeführer eine *Zugehörigkeit* zu einer der konstituierenden Gruppierungen nicht erklären wollten, blieben sie außerhalb der Wahlberechtigung, obwohl die Anerkennung der konstituierenden Volksgruppen nach den Regeln des Dayton-Peace Agreement zu den grundlegenden Mechanismen der Friedensregelung gehörte. Trotzdem kam der Gerichtshof zum Ergebnis, daß die fortgesetzte Unwählbarkeit der Beschwerdeführer im Rahmen der Wahlverfahren für die Volkskammer und die Präsidentschaft von Bosnien und Herzegowina einer objektiven und vernünftigen Rechtfertigung ermangelte und daß deshalb Art. 14 in Verbindung mit Art. 3 des 1. Zusatzprotokolls und Art. 1 des neuen 12. Zusatzprotokolls verletzt seien. Wie diese Verletzung des Prinzips der Nicht-Diskriminierung beseitigt werden könnte und wie man von dem Prinzip der Selbsterklärung (self declaration to belong to one of the three constituent ethnics) Abstand nehmen könnte, blieb in dem Urteil unerwähnt. Der

---

[15] Art. 14 i.V.m. Art. 3 des 1. Zusatzprotokolls „as regards the ineligibility to stand for election to the House of People of Bosnia and Herzegovina" und Art. 1 des Zusatzprotokolls Nr. 12 „as regards the applicant's ineligibility to stand for election to the Presidency of Bosnia and Herzegovina".

Gerichtshof wies selbst darauf hin, wie es zu dieser Regelung gekommen war, denn nach seiner Einschätzung

„the provisions (of the Dayton-Peace Agreement) were designed to end a brutal conflict marked by genocide and 'ethnic clancing'. The nature of the conflict was such that the approval of the 'constituent people' (namely the Bosniaks, Croats and Serbs) was necessary to ensure peace. This could explain, without necessarily justifying, the absence of representatives of the other communities (such as local Roma and Jewish Communities) at the peace negotiations and the participants preoccupation with effective equality between the „constituent people" in the post-conflict society[16]".

IV. Die Qualifikation als Status-Vertrag

Nicht alle Friedensverträge lassen sich als Statusverträge qualifizieren, sondern nur diejenigen, die als territoriale Verträge bestimmte Regelungen im Allgemeininteresse enthalten wie zum Beispiel über den Gebrauch von Wasserstraßen oder eine sonstige allgemeine Ordnungsregelung, woraus sich eine Regelungsbefugnis und Wirkung erga omnes ergibt. In den Anhängen zum Dayton-Agreement sind nicht nur Grenzregelungen und Demarkationsbestimmungen zwischen den „two entities, the Federation of Bosnia and Herzegovina and Republic of Srpska" (art. III) enthalten, sondern auch „arrangements that have been made concerning the constitution of Bosnia and Herzegovina" und vor allem Festsetzungen eines „election's program to Bosnia and Herzegovina" mit dem Zusatz, daß „the parties shall fully respect and promote fulfilment of that program". Diese Regelungen sind Bestandteil eines territorialen Sonderregimes, dessen rechtliche Wirkungen über die Vertragsparteien, nämlich die Republik von Bosnien und Herzegowina, die Republik Kroatien und die Bundesrepublik Jugoslawien hinausgeht. Deshalb war die Bestätigung und Anerkennung der „agreed basic principles", die dem Abkommen vorausgingen und ihm zugrunde lagen, von zentraler Wichtigkeit. An den Verhandlungen nahmen, wie Art. XI des Vertrages ausweist, die Europäische Union, die Französische Republik, die Bundesrepublik Deutschland, die Russische Föderation und das Vereinigte Königreich und die Vereinigten Staaten von Amerika teil, damit auch die Hauptmächte des Zweiten Weltkrieges als dessen Folgewirkungen auch der Zerfall Jugoslawiens und damit der Konflikt in Bosnien und Herzegowina angesehen werden kann. Die in Annexe 4 vorgesehenen Verfassungsprinzipien für Bosnien und Herzegowina enthalten auch die Unterscheidung zwischen „constituing people" and „others".

„Constituent people are persons who declare affiliation with Bosniacs, Croats and Serbs and others are members of ethnic minorities and persons who do not declare affiliation with any particular group because of intermarriage, mixed parenthood and other reasons". Diese grundlegende Unterscheidung, von der das Wahlrecht zu den vorgesehenen Verfassungsorganen in Bosnien-Herzegowina ab-

---

[16] Vgl. § 45 des Urteils.

hängt, gehört zu den für den Friedensschluß nach dem Dayton Agreement wesentlichen Regeln, auch wenn diese verfassungsrechtlichen Verständigungen nicht in den *agreed basic principles* enthalten waren. Die „constitutional arrangements" wurden zwar erst später aufgrund der Forderungen einzelner Konfliktsparteien in den Dayton Friedensvertrag aufgenommen,[17] sind aber über die Staatsverfassung Bestandteil des Vertrages. Eine Überprüfung der ethnischen Zugehörigkeit war nicht vorgesehen und fand nicht statt. Es konnte also jeder aufgrund einer Selbsteinschätzung eine solche Zugehörigkeit erklären.

Auch wenn diese Regelungen nicht ein territoriales, sondern nur ein institutionelles Sonderregime enthalten, das freilich territorial begrenzt ist, ist dieser Regelung doch trotz ihrer Abänderbarkeit durch Beschlüsse des vorgesehenen Parlaments eine Statusbezogenheit eigen, die es in die Nähe zu klassischen Statusverträgen – wie dem Antarktisvertrag[18] – rückt. Es kann kein Zweifel daran bestehen, daß trotz der sehr frühzeitig erkannten möglichen Konflikte mit menschenrechtlichen Anforderungen die getroffenen Regelungen dem Allgemeininteresse zu dienen bestimmt sind. Der Verfassungsgerichtshof von Bosnien-Herzegowina hat, nachdem er zunächst der Europäischen Menschenrechtskonvention keinen Vorrang im Verhältnis zur Verfassung von Bosnien-Herzegowina einräumen wollte,[19] später im Rahmen der EMRK die Diskriminierung untersucht und sie für akzeptabel unter den aktuellen Umständen in diesem Land angesehen. Wörtlich heißt es in dem Urteil des Verfassungsgerichtshofes:

„There is no dispute that the provision of art. V of the Constitution of Bosnia and Herzegovina as well as the provision of art. 8 of the election act 2001 have a restrictive character in a way that they restrict the right of citizens with respect to the candidacy of Bosniacs and Croats from the territory of the Republic Srpska and the Serbs from the territory of the Federation of Bosnia and Herzegovina to stand for election as members of the presidency of Bosnia and Herzegovina. However, the purpose of those provisions is strengthening of the position of *constituent people* in order to secure that the presidency is composed of the representatives of among these three constituent people. Taking into account the current position in Bosnia and Herzegovina, the restriction imposed by the constitution and Election Act 2001, which exist with respect to the appellant's rights in terms of differential treatment of the applicant's candidacy in relation to the candidacy of other candidates which are Serbs and are directly elected from the territory of the Republica Srpska, is justified at this moment since there is a *reasonable justification* for such treatment. Therefore, given the current situation in Bosnia and Herzegovina a specific nature of its constitutional order as well as bearing in mind the current constitutional and law arrangements

---

[17] Siehe *G. Nystuen*, Achieving peace or protecting human rights: conflicts between norms regarding ethnic discrimination in the Dayton Peace Agreement, 2005, 192; *J. O'Brien*, in: W. I. Zartman/V. Kremenyuk (eds.), Peace v. Justice: Negotiating forward – and backwards – looking outcomes, 2005, 105.

[18] Siehe dazu *Klein* (Fn. 1), 62 ff. und passim; *U. Nußbaum,* Rohstoffgewinnung in der Antarktis, 1985, 104 ff.

[19] Siehe Nachweise im Urteil des EGMR im Fall *Sejdic and Finci v. Bosnia-Herzegovina* (Fn. 3), § 13.

the challenged decisions of the Court of Bosnia and Herzegovina and the Central Election Commission did not violate the appellant's rights under art. 1 of protocol no. 12 of the European Convention and art. 25 of the international covenant on civil and political rights, since the mentioned decisions are not arbitrary and are based on the law. It means that they serve a legitimate aim, that they are reasonably justified and that they do not place an excessive burden on the applicants given that the restrictions imposed on the applicants rights are proportional to the objective of general community in terms of preservation of the established peace, continuation of dialogue, and consequently creation of conditions for amending the mentioned provisions of the constitution of Bosnia and Herzegovina and election act 2001".[20]

Viele Verträge, die von Bosnien-Herzegowina nach dem Dayton-Peace Agreement abgeschlossen wurden, sahen Verpflichtungen zur Gleichbehandlung vor und deshalb waren die Bestimmungen des Dayton-Peace Agreements kritischen Kommentaren und der Forderung nach Anpassung ausgesetzt,[21] wobei unklar blieb, ob Anpassungen der Verfassung in die Kompetenz des *High Representative* fallen.[22] Immerhin war *Lord Ashdown* als High Representative der Meinung, daß „provided Dayton is observed, the powers of the High Representative begin and end with the Dayton text, and that any alteration to the Constitution therein is a matter for the people of Bosnia and Herzegovina and their elected representatives to consider"[23]. Ich halte es für durchaus möglich und angesichts der Ziele des Dayton-Peace Agreements, die enormen Spannungen zu überwinden, für konsequent, wenn eine solche Befugnis zur Abänderung der gesamtstaatlichen Verfassung auch in die Befugnis des *High Representative* fällt.

Auch als Bosnien und Herzegowina Mitglied des Europarats im Jahr 2002 wurden, wurde die verfassungsrechtliche Regelung über die Wahlberechtigung beanstandet und eine Verfassungsregelung angemahnt „with a view to replacing the mechanisms of ethnic representation by representation based on the civic principle, notably by ending the constitutional discrimantion against ‚others'"[24]. Es ist nicht von der Hand zu weisen, daß das Dayton-Peace Agreement ein Vertrag mit Territorialregelungen im allgemeinen Interesse ist. Dafür spricht auch der sehr weit gefaßte Kreis der Vertragsparteien und die Tatsache, daß das Abkommen unter den Auspizien der Vereinten Nationen zustande kam. Der internationale Verwalter für Bosnien und Herzegowina (High Representative) wurde mit der Autorisation des Sicherheitsrats der Vereinten Nationen als eine „enforcement measure under chap-

---

[20] Siehe Nachweise im Urteil *Sejdic and Finci v. Bosnia-Herzegovina* (Fn. 3), § 14.

[21] Vgl. die concluding observations des Committee on the elimination of racial discrimination und die concluding observations on Bosnia and Herzegovina of the Human Rights Committee (in dem erwähnten Urteil abgedruckt unter § 19 und § 20).

[22] Die Befugnisse des High Representative sind ziemlich umfassend (siehe EGMR Entscheidung im Fall *Berić and others v. Bosnia and Herzegovina*, nos. 36357/04 et al., ECHR 2007-XII).

[23] Session Report from the 60th Plenary Session of the Venice Commission, CDL-PV (2004) 003 of 3 November 2004, 18.

[24] Siehe Nachweise im Urteil *Sejdic and Finci v. Bosnia-Herzegovina* (Fn. 3), § 14.

ter VII of the United Nations Charter" etabliert.²⁵ Die Tatsache, daß die Verfassung in Art. X die Befugnis zur Änderung der Verfassung durch das Parlament mit 2/3-Mehrheit vorsieht,²⁶ spricht nicht dagegen, daß auch der High Representative eine solche Änderungsbefugnis – gerade für die Konfliktsfälle – besitzt. Gerade eine solche Änderungsbefugnis spricht für den Statuscharakter der Gesamtregelung.

Statusvertragliche Überlegungen wegen des *erga omnes*-Effekts würden dafür sprechen, die aus der EMRK und den Zusatzprotokollen hergeleitete Pflicht zur Veränderung des Wahlverfahrens – Erstreckung auf andere Gruppen als die „constituant people" – im Lichte der friedenserhaltenen Funktion des Dayton-Peace Agreement restriktiv zu interpretieren. So hat schon *Judge Bonello* in seiner dissenting opinion zu dem erwähnten Urteil auf die filigrane Konstruktion des Dayton-Peace Agreement als eines wesentlichen Kompromisses, um einen brutalen Konflikt, der Völkermord und ethnische Ausrottung beenden sollte, hingewiesen. Diese warnende Stimme hat – wie versucht wurde darzulegen – einen allgemeinen Hintergrund, nämlich den einer statusvertraglichen Regelung. Zum Dayton-Peace Agreement sagte *Bonello:* „It may not be perfect architecture but it was the only one that indused the contenders to substitute dialogue for dynamite. It was based on a distribution of powers.... regulating how three ethnicities where to exercise power-sharing in the various representative organs of the state"²⁷. *Judge Bonello* war sich nicht sicher, ob es zu den Befugnissen des Gerichtshofes gehöre „to behave as the uninvited guest in peace-keeping multilateral exercises and treaties that have already been signed, ratified and executed". *Judge Bonello* warf auch die Frage auf, ob die Befugnisse des Gerichtshofs „include that of undoing an international treaty, all the more so if that treaty was engineered by states and international bodies, some of which are neither signatories of the convention and no defendants before the Court in this case. More specifically, does the Court have jurisdiction, by way of granting releave, to subword the sovereign action of the European Union and of the United States of America, who together fathered the Dayton Accords, of which the Bosnia and Herzegovina Constitution, impugned before the Court, is a mere annexe?"

Natürlich wollte *Judge Bonello* nicht eine rassische oder ethnische Diskriminierung rechtfertigen.²⁸ Nach Ansicht des Gerichtshofs ist die ganze Aufteilung in

---

²⁵ Siehe UNSC Resolution 1031 vom 15. Dezember 1995.

²⁶ Art. X der Gesamtverfassung sieht vor: „Amendment procedure (1). This constitution may be amended by a decision of the Parliamentary Assembly, including a 2/3-majority of those present and voting in the House of Representatives.(2). No amendment to this constitution may eliminate or diminish any of the rights and freedoms referred to in art. II of this constitution or alter the present paragraph".

²⁷ Judge *Bonello*, Dissenting opinion zum Urteil *Sejdic and Finci v. Bosnia-Herzegovina* (Fn. 3).

²⁸ Siehe §§ 43, 44 und 45 des zitierten Urteils *Sejdic and Finci v. Bosnia-Herzegovina* (Fn. 3): „Racial discrimination is a particularly egregious kind of discrimination and, in view of its perilous consequences requires from the authorities special vigilance and a vigorous reaction"... In this context, where a difference in treatment is based on race or ethnicity, the

„constituant people" eine ethnische und rassische (Bosniacs, Croats and Serbs) und damit der gesamte „power-sharing mechanism" mit der Konvention (Art. 3 des 1. Zusatzprotokolls und Art. 1 des 12. Zusatzprotokolls) nicht vereinbar. In dem gesamten Urteil fehlt nicht nur – wie von Richter *Bonello* bemängelt wird –, ein Hinweis auf die tragischen Ereignisse, die dem Dayton-Peace Agreement vorausgingen, sondern auch eine Würdigung der Frage, wohin eine Änderung dieses filigranen Machtverteilungsgefüges führen würde.[29] Das Urteil des EGMR ist ein gutes Beispiel dafür, daß die eigentlichen völkerrechtlichen Fragen, insbesondere die Probleme im Zusammenhang mit einer statusvertraglichen Sicht, überhaupt nicht erörtert werden. Das beginnt schon mit der Frage, ob die Einteilung in die drei konstituierenden Völker als Grundlage des gesamten Kompromisses als Anknüpfungspunkt für die Selbsteinschätzung nicht wegen der völkerrechtlichen Praxis bei Minderheitenabkommen gerechtfertigt werden könne. Genaugenommen liegt gar keine Anknüpfung an die Rasse oder Ethnizität vor, sondern eine Anknüpfung an die persönlich darauf gestützte „Selbsteinschätzung" der Bewohner. Diese mag einen ethnischen bzw. rassischen Hintergrund haben, formal kann sich jedoch jemand, der über seine eigene Einordnung nicht im Klaren ist, sich der einen oder anderen Gruppe als zugehörig erklären. Dies ist nicht anders, als wenn jemand in Schleswig-Holstein sich zur dänischen Minderheitengruppe für zugehörig erklärt, ohne wirklich abstammungsmäßig ein Däne zu sein.

Die zweite Unterlassung des Gerichtshofs liegt darin, daß er den *friedensvertraglichen* Hintergrund der gesamten Regelung und den vorausgegangenen Genocid – siehe die Situation und das Massaker in Srebrenica – nicht in die Interpretation des gesamten Kontextes einbezieht. Die dritte Unterlassung besteht darin, daß der Gerichtshof wahrscheinlich sich nicht bewußt war, „of its responsibility in re-opening the Dayton process, in order to bring it into line with its judgment"[30]. Überhaupt fehlt in dem Urteil jeder Hinweis darauf, wie die Vollstreckung des Urteils erfolgen und ob eine alleinige Änderung der Gesamtverfassung genügen würde. Wie sagte *Judge Bonello:* „Now this Court has taken it upon itself to disrupt all that. Strasburg has told both, the former belligerants and the peace-devising do-gooders that they got it all wrong. They had better start all over again. The Dayton formular was inept, the Strasburg-non-formula hence-forth takes its place." Der Hinweis auf das „non-formula" zeigt, daß es bisher nicht gelungen ist, die Gefahr „of destablising the national equilibrium" zu überwinden.

---

notion of objective and reasonable justification must be interpreted as strictly as possible (see *D.H. and others v. the Czech Republic* (GC) no. 57325/00, ECHR 2007, § 196).

[29] Siehe dazu die Diskussion bei *G. Ress*, in: J. Bröhmer (ed.), The protection of human rights at the beginning of the 21th century, 2012, 172 ff.

[30] Siehe Judge *Bonello* (Fn. 27).

V. Schlußbemerkung

Judge Bonello hat mit seiner dissenting opinion die wesentlichen aus einer statusvertraglichen Betrachtung folgenden Bedenken gegen die sehr formale und insofern wenig überzeugende Argumentation im Fall *Sejdic and Finci v. Bosnia and Herzegovina* offengelegt. Der Gerichtshof hat die Chance einer vertieften völkerrechtlichen Betrachtung der diesem Fall zugrundeliegenden Probleme versäumt. Diese Erörterung hätte auch zur Anreicherung der Diskussion um den sog. „Statusvertrag" beitragen können, einer Vertragskategorie, die zwar schon durch *G. Dahm*[31] und *P. Guggenheim*[32] thematisiert, aber erst durch *Eckart Klein* als Ordnungselemente des Völkerrechts, wenn auch nicht unkritisch, etabliert worden sind. Ob das Dayton-Peace Agreement ein derartiges objektives (territoriales) Regime etabliert hat wie es von *Sir Humphrey Waldock* im Art. 63 seines Vorschlages zum Völkervertragsrecht der International Law Commission vorgeschlagen worden war,[33] muß mit gewissem Fragezeichen versehen bleiben. Immerhin ist die Schlußfolgerung berechtigt, daß auch Verträge, die *in die Nähe* eines klassischen Statusvertrages reichen, die aus der *erga omnes*-Wirkung fließenden Einwirkungen auf die Pflicht zum Erhalt des Regimes und zur entsprechenden Statuswahrung auch im Verhältnis zu nachfolgenden völkerrechtlichen Verträgen auslösen.

---

[31] *G. Dahm*, Völkerrecht, Band 1, 1958, 23 ff.
[32] *P. Guggenheim*, Lehrbuch des Völkerrechts, Band 1, 1948, 90.
[33] Siehe die Nachweise bei *Klein* (Fn. 1), 349.

Die Verteidigung tradierter Identitätsräume als Schranke der Religionsfreiheit

Von *Dagmar Richter*

I. Einführung

1. Der Kampf um die religiöse Prägung des öffentlichen Raums

Erleben wir nach einer Ära des Minderheitenschutzes ein Zeitalter, in dem örtliche Mehrheiten ihre angestammten Räume vor den Zumutungen des kulturellen Pluralismus verteidigen? Dieser Beitrag beschäftigt sich mit dem Kampf um die religiöse Prägung des öffentlichen Raums. Es geht dabei um jenen *exklusiven* Anspruch auf religiöse „Außendarstellung", der den Ansprüchen religiöser Minderheiten auf abweichende Formen der öffentlich sichtbaren Entfaltung entgegensteht. Dieser Konflikt entzündet sich an Symbolen wie Kultusbauten, religiösen Zeichen oder religiös motivierter Kleidung, aber auch im Zusammenhang mit der Durchsetzung religionskonformer Verhaltensweisen in bestimmten Gegenden. Es geht hier nicht um eine Wiederholung der alt bekannten Diskussionen um Minarette, Kruzifixe, Kopfbedeckungen und dergleichen, sondern um das Anliegen bedrohter oder sich bedroht fühlender Mehrheiten, die auf einem „angestammten" Territorium traditionell gelebte Identität zu verteidigen, indem die wahrnehmbaren Symbole anderer, insbesondere zugewanderter Gemeinschaften abgewehrt werden. Wir sehen dabei archetypische Revierkämpfe, wie sie sich um Räume rivalisierende Gruppen seit Jahrtausenden geliefert haben, in lediglich zeitgemäßeren neuen Formen. Dabei stellen sich Fragen wie zum Beispiel die, ob territorialstaatliche Ansätze heute noch zur Lösung zuwanderungsbedingter Konflikte beitragen können, wieweit demokratische Mehrheitsfindung die religiös-kulturellen Rechte von Minderheiten relativieren und welche Rolle das Selbstbestimmungsrecht des (Mehrheits-)Volkes als Gegengewicht zu den Rechten zugewanderter Minderheiten spielen darf.

2. Die Macht der Symbole

Der hier behandelte Konflikt ist in erster Linie ein Streit um Symbole, der immer einen stellvertretenden Charakter hat. Ein Symbol ist ein Ausdruck, Name oder Bild, der bzw. das aus dem täglichen Leben vertraut ist, aber zusätzlich zu seinem konventionellen Sinn besondere Nebenbedeutungen – über das Alltägliche hinausweisende

Bedeutungen – hat: Es drückt zugleich etwas Unbestimmtes, Unbekanntes oder Unsichtbares aus und hat in diesem Sinne einen symbolischen Gehalt.[1] Ein Wort, Bild oder Gegenstand ist symbolisch, wenn es mehr enthält, als man auf den ersten Blick erkennen kann. Aus der Sicht der Psychologie erlaubt die Beschäftigung mit Symbolen dem menschlichen Geist Vorstellungen, die sich dem Zugriff des Verstandes entziehen. Weil der Mensch insbesondere außerstande ist, ein göttliches Wesen zu definieren, verwendet er religiöse Symbole. Sie weisen als Zeichen auf das Unaussprechliche, das Absolute, Unendliche hin.[2] Soziologisch gesehen kann das regelmäßig wieder gebrauchte Massensymbol selbst große Gemeinschaften wie Nationen oder Religionsgemeinschaften ihrer Zusammengehörigkeit und Kontinuität versichern und so die Kohäsion festigen.[3]

Die wissenschaftlichen Bewertung ist nicht gerade vorteilhaft: Vertreten wird, dass der Gebrauch von Symbolen mit einem eher niedrigen Zivilisationsniveau einhergeht, d.h. ein Stadium unkritischer Fixierung und Anschlusssuche reflektiert; hiermit wird wiederum erklärt, warum vor allem religiöse Symbole leicht zu „Katalysatoren der Aggression" werden können.[4] So wie sie Gemeinschaften verbinden können, trennen sie sie auch von anderen.[5] Religiöse Konflikte werden besonders unnachgiebig ausgetragen; denn in Fragen der Religion verstehen die Menschen „keinen Spaß". Die eigenen religiösen Überzeugungen und Lebensweisen sind nicht verhandelbar, andere allenfalls tolerierbar.

Religiöse Symbole wie z.B. das Kruzifix oder Bauwerke mit symbolischem Charakter wie z.B. das Minarett können als Markierungszeichen dienen, mithilfe derer das Streben nach Vorherrschaft an bestimmten Orten sichtbar wird.[6] Umgekehrt findet mit dem Einreißen religiöser Bauwerke oder der Zerstörung religiöser Symbole[7] eine „rituelle Tötung" der repräsentierten Gruppe statt.[8] Schon zu Zeiten der konfessionellen Spaltung in Deutschland bemühten sich katholische Gemeinschaften auf der einen Seite und protestantische auf der anderen, den jeweils höchsten Kirchturm oder das in seinen Ausmaßen gewaltigste Gotteshaus zu errichten. Der Kultuszwe-

---

[1] Auch zum Folgenden *C. G. Jung*, in: ders. et al. (Hrsg.), Der Mensch und seine Symbole, 4. Aufl. der Sonderausgabe, 1968, 20 (20f.).

[2] Vgl. *H. Saner*, in: ders. (Hrsg.), Macht und Ohnmacht der Symbole, 1993, 225 (233).

[3] Vgl. *E. Canetti*, Masse und Macht, Sonderausgabe Fischer, 1992, 187.

[4] Vgl. *L. L. Vallauri*, in: E. Dieni et al. (Hrsg.), Symbolon/diabolon: simboli, religioni, diritti nell'Europa multiculturale, 2005, 13 (14).

[5] *S. Mancini*, Cardozo L. Review 30 (2008–2009), 2629 (2630).

[6] Vgl. *A. Kley*, in: R. Pahud de Mortanges (Hrsg.), Religion und Integration aus der Sicht des Rechts, Grundlagen – Problemfelder – Perspektiven, 2010, 229 (233): Zurschaustellen religiöser Symbole beanspruche stets einen Richtigkeits- und Herrschaftsanspruch.

[7] Siehe z.B. UNGA Res. 55/254 (Protection of religious sites) vom 11. Juni 2001 zur Zerstörung der Buddha-Statuen von Bamiyan/Afghanistan im März 2001; UNSC Res. 2056 (2012) vom 5. Juli 2012 zur Zerstörung von UNESCO-Weltkulturerbe in Timbuktu/Mali.

[8] Vgl. zur Zerstörung von Denkmälern politischer Führer *A. Jaffé*, in: Jung et al. (Fn. 1), 235.

cken dienende Turm symbolisiert dabei in doppelter Form das Hoch-hinaus-Wollen – vergleichbar norditalienischen Geschlechtertürmen oder modernen Wolkenkratzern – und zugleich die dahinter stehende Gemeinschaft.

3. Die „Säkularisierung" religiöser Symbole

Anders als manche Modernisierungstheorie[9] es für wünschenswert hält, verabschiedet sich die Menschen nicht gerne von ihren traditionellen Lebensformen. Statt immer weltlicher zu werden, legen sie in neuerer Zeit sogar wieder mehr Wert auf religiöse Ausdrucksformen. Die neue Bedeutung religiöser Symbole wird damit erklärt, dass es der zunehmend säkularen und multikulturell-pluralistischen Gesellschaft an gemeinsamen Werten fehle; dies führe zu einer „*Deprivatisierung der Religionen*", welche immer stärker in den öffentlichen Raum drängten; als Teil dieses Prozesses würden die Symbole der christlichen Mehrheitsgesellschaft zu Ausdrücken einer historisch gewachsenen kulturellen und nationalen Identität umgeformt und die Symbole der zugewanderten, insbesondere islamischen Minderheit im gewollten Kontrast hierzu als Ausdrücke illiberaler, nicht demokratischer Werte interpretiert.[10] Hier stellt sich eine fatale *doppelte Symbolik* ein: Minarett und Kirchturm sind nicht irgendwelche Turmbauten mit vordergründiger Orientierungsfunktion, sie symbolisieren nicht nur bestimmte Religionen, sondern zugleich auch bestimmte kulturelle und politische Werte, die den jeweiligen religiösen Gemeinschaften – zutreffend oder nicht – zugeschrieben werden. Diese Projektion der religiösen Unterschiedlichkeit auf das politisch-gesellschaftlich-zivilisatorische Feld vertieft die Verschiedenheit der Gruppen, die sich nunmehr nicht nur in der religiösen Zugehörigkeit, sondern auch in ihrem (vermeintlichen) weltlichen Verhalten und politischen Grundhaltungen unterscheiden, was erfahrungsgemäß das Konfliktpotential verschärft. Im Grunde sehen wir hier eine spezielle Form von *Säkularisierung* der religiösen Zugehörigkeiten: Eine überwiegend christliche, aber schon stark säkulare Mehrheitsgesellschaft erregt sich nicht über irgendwelche religiösen Symbole, nur weil sie eine fremde Religionsgemeinschaft repräsentieren; sie stößt sich fast ausschließlich an Symbolen des islamischen Glaubens, weil in diesem Falle verstärkende Elemente aus dem politisch-weltlichen Bereich hinzutreten.

Der öffentliche Raum ist nicht neutral oder bedeutungslos[11]: Er spiegelt immer auch gesellschaftliche Verhältnisse, kulturelle Prägungen und politische Machtverhältnisse wider. Jede Teilhabe an Öffentlichkeit wie insbesondere der Einsatz von Symbolen unterliegt daher einer Deutung bzw. dem Abgleich mit dem Vorhandenen. Bevölkerungsgruppen, die schon länger auf einem bestimmten Territorium anwesend sind, haben die Gestaltung des öffentlichen Raums längst unter sich geregelt.

---

[9] s. etwa *J. Berger*, Leviathan, 1/1996, 8 ff.

[10] Vgl. *Mancini,* Cardozo L. Review 30 (2008–2009), 2629 (2630 f.).

[11] s. auch zum Folgenden *M. Baumann/A. Tunger-Zanetti,* kunst und kirche 4/2008, 32 (32 f.). Eingehend zum Thema: *S. Ferrari/S. Pastorelli* (Hrsg.), Religion in Public Spaces, A European Perspective, 2012.

Je länger der Aushandlungsprozess zurückliegt, umso mehr nimmt sie den Charakter des „Normalen" an; die in einer bestimmten Form realisierten Ansprüche erlangen, soweit sie nicht durch geschriebenes Recht (z. B. Bau- und Planungsrecht) reflektiert werden, *„implizite Normativität"*. Wird diese durch massive Einflüsse von außen, etwa durch starke Zuwanderung, infrage gestellt, verläuft der Aushandlungsprozess krisenhaft und wird der öffentliche Raum als gefährdet und verteidigungsbedürftig wahrgenommen.

II. Der Streit um tradierte religiöse Prägungen in Innen- und Außenräumen – exemplarische Betrachtungen

Im Folgenden sollen zwei zentrale Konfliktkonstellationen, christliche Kruzifixe für die Prägung von Innenräumen und muslimische Sakralbauten für die Prägung von Außenräumen, paradigmatisch herangezogen werden: Im einen Fall will der Staat bzw. die Mehrheit in der Bevölkerung ein umstrittenes Symbol (Kruzifix) ausstellen, wogegen Angehörige der religiösen Minderheit bzw. Nichtgläubige opponieren. Im anderen Fall will die religiöse Minderheit mit repräsentativen Symbolbauten (z. B. Minarettbau) in die Öffentlichkeit treten, was wiederum den Angehörigen der religiös-kulturellen und oft zugleich gesellschaftlich-politischen Mehrheit missfällt. Betrachtet man beide Fallkonstellationen von der Angriffsrichtung her, stehen in den Kruzifix-Fällen die Individualrechte der Angehörigen religiöser Minderheiten und Nichtgläubiger im Vordergrund, beim Verbot von Minaretten hingegen die Reichweite der Befugnisse der Mehrheit, die sich mittelbar über den Gesetzgeber oder unmittelbar als Souverän im Wege der Volksentscheidung äußert. Im einen Fall geht es um Innenräume, die unausweichlich aufgesucht werden müssen, im anderen Fall um das Ortsbild in einer grundsätzlich frei begehbaren und begrenzt vermeidbaren Außenwelt. Ungeachtet dieser Unterschiede berühren beide Konstellationen im Kern dieselbe Frage, inwieweit nämlich die kulturell-religiöse Bevölkerungsmehrheit, die zugleich die politische Mehrheit im Sinne des Demokratieprinzips stellen und damit mittelbar gesetzgeberische Macht erlangen kann, einen exklusiven Anspruch auf die Prägung des öffentlichen Raumes besitzt.

1. Kruzifixe als Identitätsmarker in öffentlichen Gebäuden

Kreuze und Kruzifixe sind Symbole, die nicht nur im öffentlichen Raum, im Stadtbild wie in Gebäuden, eine markierende Funktion haben, sondern sie werden auch von Privatleuten auf privatem Grund eingesetzt,[12] um eines ganz klar zu machen: Dies hier ist „unser Land", das Land einer Gesellschaft, die sich in der christlich-abendländischen Tradition verankert sieht. Welche Rolle solche Aspekte von

---

[12] Zum Fall eines über sieben Meter großen, nachts beleuchteten Kreuzes, das ein Privatmann in der Schweiz auf seinem Grundstück errichten wollte: Schweizerisches Bundesgericht, 1 P.149/2004, Urt. v. 21. Juni 2004. Dazu *Kley*, in: Pahud de Mortanges (Fn. 6), 243 f.

Raumprägung und Identität bei den Streitigkeiten um das Kruzifix in Bayern und in Italien spielte, soll im Folgenden beleuchtet werden.

a) Das Scheitern des kulturneutralen Ansatzes im bayerischen Kruzifix-Streit

Der Kruzifix-Beschluss des Bundesverfassungsgerichts vom 16. Mai 1995[13] erschütterte die Grundfesten christlich-katholischer Identität in Bayern und hat auch in der Wissenschaft zu langanhaltenden, unüberbrückbaren Meinungsverschiedenheiten geführt.[14] Im Mittelpunkt stand eine inzwischen aufgehobene bayerische Regelung, wonach in allen Klassenräumen der öffentlichen Schulen in Bayern Kruzifixe obligatorisch anzubringen waren. Zu den Kruzifixen erläuterte der Bayerische Ministerpräsident im Verfahren, dass das Staatsvolk im Wege eines Volksentscheids mehrheitlich für die in der Landesverfassung umrissene Gemeinschaftsschule christlicher Prägung votiert habe. Darauf müsse der von den Beschwerdeführern geforderte „Schutz der religiösen Vorstellung einer Minderheit" Rücksicht nehmen. Die an den bayerischen Schulen zu unterrichtenden Grundsätze der christlichen Bekenntnisse umfassten Werte und Normen, die zwar maßgeblich vom Christentum geprägt, aber auch weitgehend zum Gemeingut des abendländischen Kulturkreises geworden seien. Wie das Grundgesetz (Präambel) habe auch die Bayerische Verfassung „nach dem vorrechtlichen Gesamtbild" einen „christlich-abendländischen Gottesbegriff vor Augen gehabt"[15]. Über diese Aussage gehe das Schulkreuz nicht hinaus, sondern konkretisiere sie nur.[16]

Das Bundesverfassungsgericht teilte die These vom unspezifischen Symbolwert des Kruzifixes nicht, sondern qualifizierte es als das Glaubenssymbol des Christentums schlechthin.[17] Da die Schulkinder kraft der Schulpflicht unausweichlich mit dem Kreuz konfrontiert seien, entstehe ein Konflikt zwischen positiver und negativer Religionsfreiheit, der sich nicht nach dem Mehrheitsprinzip zugunsten der christlichen Religion lösen lasse; Andersdenkenden müssten zumutbare, nicht diskriminierende Ausweichmöglichkeiten gelassen werden.[18] Mit diesem Standpunkt nahm das Bundesverfassungsgericht eine kulturneutrale, streng liberale Position ein, die eine

---

[13] BVerfGE 93, 1 ff.

[14] Siehe statt vieler *W. Brugger/S. Huster* (Hrsg.), Der Streit um das Kreuz in der Schule – Zur weltanschaulich-religiösen Neutralität des Staates, 1998; *A. v. Campenhausen*, in: ders. (Hrsg.), Kirchenrecht und Kirchenpolitik, 1996, 324 ff.; *M. Heckel*, DVBl. 1996, 453 ff.; *J. Isensee*, ZfR 1996, 10 ff.; *M. Jestaedt*, Journal für Rechtspolitik 1995, 237 ff.; *D. Merten*, in: FS Klaus Stern, 1997, 987 ff.

[15] Zugleich unterliegt der Freistaat Bayern heute wie damals einem ausdrücklichen Verbot der Staatskirche (Art. 142 Abs. 1 BayVerf); seine staatlichen Institutionen dürfen sich nicht mit bestimmten Religionsgemeinschaften identifizieren (Identifizierungsverbot).

[16] BVerfGE 93, 1 (8 f.).

[17] BVerfGE 93, 1 (19).

[18] BVerfGE 93, 1 (24).

Bewertung anhand der Kategorien kulturell-religiöse Mehrheit einerseits und Minderheit andererseits strikt ablehnte. Es zog sich dabei den besonderen Zorn der Kruzifix-Befürworter zu, indem es ebenso sprachverliebt wie zugespitzt formulierte, dass die Kinder in Bayern „unter dem Kreuze" lernen müssten.[19] Denn während diese Formulierung Assoziationen der Unterwerfung und Unfreiheit weckte, wollte das Land Bayern das christliche Kreuz gerade als Sinnbild für Toleranz, Menschenwürde und die Freiheit im modernen Verfassungsstaat verstanden wissen. Die gewünschte Extension der religiösen Symbole in die säkulare Welt – christliche Symbole stehen für Toleranz und Menschenwürde, Symbole anderer Religionen für Anderes – vollzog es nicht mit, sondern sprach stattdessen sogar von Zwang und Unausweichlichkeit. Dem entsprechend fühlte man sich nicht nur missverstanden, sondern geradezu in das kulturell-politische Gegenlager gestellt: Nicht nur die kulturelle, sondern auch die politische Identität schien hier in Zweifel gezogen worden zu sein. Auch das erklärt die Heftigkeit der Reaktionen auf die Entscheidung. Der bayerische Ministerpräsident machte sehr deutlich, dass der Beschluss des Bundesverfassungsgerichts respektiert, aber nicht akzeptiert würde; Staatsregierung und Kirchen demonstrierten mit Tausenden von Menschen für den Erhalt der Kruzifixe.[20]

In der Folgezeit setzte das Land Bayern ein neues Gesetz über die Anbringung von Kruzifixen in öffentlichen Schulen in Kraft, das zwar eine Ausgleichs- und Widerspruchslösung vorsah, das Recht Einzelner, die Abhängung von Kreuzen zu verlangen, aber von der Berücksichtigung des Interesses der jeweiligen Mehrheit abhängig machte.[21] Die Gesetzesbegründung führt insoweit aus, dass Bayern geschichtlich und kulturell wesentlich vom Christentum geprägt sei und „als Kulturstaat" (Art. 3 BayVerf) die kulturelle Überlieferung zu schützen habe. Deshalb halte es der Freistaat – unter Beachtung des Neutralitätsgebots – für gerechtfertigt, die religiöse Lebensform und Tradition des Volkes in die Schulerziehung einzubringen.[22] Infolge der neuen Regelung hängen die Kruzifixe bis heute in den bayerischen Schulen; denn nur verschwindend wenige Einzelne haben sich der Mehrheit offensiv entgegengestellt.[23]

---

[19] BVerfGE 93, 1 (18).

[20] *H. Vorländer*, Aus Politik und Zeitgeschichte (Beilage zu „Das Parlament"), 35–36/2011.

[21] Art. 7 Abs. 3 BayEUG: „Angesichts der geschichtlichen und kulturellen Prägung Bayerns wird in jedem Klassenraum ein Kreuz angebracht. Damit kommt der Wille zum Ausdruck, die obersten Bildungsziele der Verfassung auf der Grundlage christlicher und abendländischer Werte unter Wahrung der Glaubensfreiheit zu verwirklichen. Wird der Anbringung des Kreuzes aus ernsthaften und einsehbaren Gründen des Glaubens oder der Weltanschauung durch die Erziehungsberechtigten widersprochen, versucht die Schulleiterin bzw. der Schulleiter eine gütliche Einigung. Gelingt eine Einigung nicht, hat er nach Unterrichtung des Schulamts für den Einzelfall eine Regelung zu treffen, welche die Glaubensfreiheit des Widersprechenden achtet und die religiösen und weltanschaulichen Überzeugungen aller in der Klasse Betroffenen zu einem gerechten Ausgleich bringt; dabei ist auch der Wille der Mehrheit, soweit möglich, zu berücksichtigen."

[22] Begründung der bay. Staatsregierung (zum neuen Art. 7 Abs. 3 BayEUG), LT–Drs. 13/2947, 4 f. Siehe auch BayVerfGH, NJW 1997, 3157 (3158).

[23] Siehe etwa zur Klage eines Lehrers BayVerwGH, NVwZ 2002, 1000 ff.

Damit ist die vom Bundesverfassungsgericht als zwingend erachtete Ausgleichslösung weitgehend Theorie geblieben und wurden seine Ausführungen zur Irrelevanz des Mehrheitsprinzips offen ignoriert. Der Frage, ob die neue bayerische Regelung noch innerhalb der im Kruzifix-Beschluss von 1995 gezogenen Grenzen liegt, entzog sich das Bundesverfassungsgericht jedoch, indem es die Sache nicht mehr zur Entscheidung annahm.[24]

b) Renaissance der Kulturräume im italienischen Kruzifix-Streit?

aa) Der Fall Lautsi

Mit dem Fall *Lautsi* leitete die Große Kammer des Europäischen Gerichtshofs für Menschenrechte (EGMR) 2011 eine spektakuläre Wende hin zur stärkeren Gewichtung der Interessen einer alteingesessenen Bevölkerungsmehrheit bzw. der Identitätszuschreibung des von dieser dominierten Staates ein.[25] Anders als noch die Kammer[26] gelangte die Große Kammer nämlich zu dem Schluss, dass die offiziell säkulare (!) Republik Italien das Recht habe, in staatlichen Schulen die überlieferte Tradition und Identität auch mithilfe obligatorischer Kruzifixe als *christlichem* Symbol zu bewahren. In diesem Fall hatte sich eine aus Finnland stammende italienische Staatsangehörige dagegen beschwert, dass ihre beiden Kinder in den staatlichen Schule in Klassenräumen lernen mussten, die obligatorisch mit einem Kruzifix an der Wand ausgestattet waren. Die Große Kammer prüfte diesen Fall anhand von Art. 2 Satz 2 ZP 1 (Recht auf Bildung und religiöses Erziehungsrecht der Eltern), las ihn jedoch im Lichte des Art. 9 EMRK (Religionsfreiheit), der auch das negative Recht enthalte, einer Religion nicht anzuhängen, und den Vertragsstaaten eine „Pflicht zur Neutralität und Unparteilichkeit" auferlege. Dennoch gelangte der EGMR (GK) zu einem für Italien günstigen Ergebnis: Wenn Art. 2 ZP 1 dem Staat gebiete, die religiösen Überzeugungen der Eltern zu respektieren, bedeute dies nur, dass er weder missionieren noch indoktrinieren dürfe. Zwar sei das Kruzifix ein religiöses Symbol der Bevölkerungsmehrheit; allein das Aufhängen dieses per se *„passiven Symbols"* habe aber keinen Einfluss auf die zu Unterrichtenden und begründe insbesondere nicht den Tatbestand des Indoktrinierens, denn es gehe weder mit einer zwangsweisen Unterweisung im Christentum noch mit Intoleranz gegenüber den Schülern und Schülerinnen anderen Glaubens einher. Folglich sei Art. 2 ZP 1 nicht verletzt.[27]

Angesichts dieser Argumentation ist davon auszugehen, dass der EGMR (GK) bereits den Eingriff in das Konventionsrecht verneinte, so dass eine Prüfung auf der Rechtfertigungsebene gar nicht mehr erforderlich war. Damit erklärt es sich auch,

---

[24] BVerfG, NJW 1999, 1020 f.
[25] EGMR (Gr. Kammer), *Lautsi et al. ./. Italien*, 30814/06, Entsch. vom 18. März 2011.
[26] EGMR, *Lautsi ./. Italien*, 30814/06, Entsch. vom 3. Nov. 2009.
[27] EGMR (Gr. Kammer), *Lautsi et al. ./. Italien*, 30814/06, Entsch. vom 18. März 2011, insbes. Rn. 60, 62, 66, 71 f., 74, 77.

dass die Große Kammer nicht etwa selbst die Plausibilität des geltend gemachten staatlichen Interesses beurteilte, sondern nur – aber immerhin – die Motivation der italienischen Regierung, an den obligatorischen Kruzifixen festzuhalten, referierte. Wie die Regierung im *Lautsi*-Fall angab, existiere eine historisch gewachsene Praxis, die den Kruzifixen nicht nur eine religiöse, sondern auch eine *identitätsbezogene Konnotation* verleihe, die mit einer Tradition korrespondiere, deren Perpetuierung der Staat Italien für wichtig halte. Dazu merkte der EGMR (GK) zwar an, dass Bezugnahmen auf die Tradition allein niemals die Verpflichtungen aus der Konvention und ihren Protokollen relativieren könnten; angesichts des fehlenden Konsenses der europäischen Staaten in dieser Frage falle die Entscheidung zur Fortsetzung der genannten Tradition aber noch in den Beurteilungsspielraum (*margin of appreciation*) der italienischen Regierung.[28]

Damit wandte sich die Große Kammer vor allem von der Kernaussage der vorgehenden Kammerentscheidung ab, wonach Kruzifixe gerade von jüngeren Schulkindern als „machtvolle externe Symbole" wahrgenommen würden, welche die Atmosphäre der Schule prägten und daher einen erheblichen Einfluss auf die Kinder ausübten. Diese grundlegende Bewertung hatte die Kammer noch zu dem Schluss geführt, dass jede betroffene Person die Entfernung der Kreuze ungeachtet des Willens der Mehrheit verlangen könne. Die Große Kammer setzte sich hingegen über die mögliche Wirkung von Kruzifixen auf Kinder hinweg, indem sie den Maßstab für relevante Beeinflussungen – ganz im Sinne einer neueren Strömung in der U.S.-amerikanischen Debatte[29] – drastisch erhöhte, d. h. nur nach einer missionierenden, indoktrinierenden, zwangsbelehrenden Wirkung fragte. An die Stelle des auf Zurückhaltung zielenden Maßstabs des Art. 2 ZP 1, wie er im Begriff des Respektierens zum Ausdruck kommt, trat eine äußerste Grenze für die staatliche Gestaltung, nämlich ein Verbot des aktiven, nötigenden Einwirkens.

Hätte die Große Kammer die von ihr angeführte „Pflicht zur Neutralität und Unparteilichkeit" strikt verstanden und die obligatorischen Kruzifixe in staatlichen Räumen für konventionswidrig erklärt, hätte dies erhebliche Konsequenzen für eine Reihe europäischer Staaten und Gliedstaaten gehabt. Nicht nur Italien, sondern auch Österreich[30] und Polen wäre der Weg zur Identitätsbefestigung mithilfe religiö-

---

[28] EGMR (Gr. Kammer), *Lautsi et al. ./. Italien*, 30814/06, Entsch. vom 18. März 2011, insbes. Rn. 67–70.

[29] Siehe etwa G. *Sapir/D. Statman*, Law and Philosophy 24 (2005), 467 (insbes. 495 f.): Freiheit von der Religion nur im (eng interpretierten) Fall von „coercion". Hauptargument hierfür ist, dass die Religionsfreiheit als spezielles Grundrecht nicht die persönliche Autonomie im umfassenden Sinne, sondern positives religiöses Verhalten als Wert anerkenne (ibid. 491). Noch radikaler A. *Ellis*, Law and Philosophy 25 (2006), 219 ff.: Selbst religiöse Unterrichtung sei nicht per se mit Zwang verbunden und daher kraft demokratischer Mehrheitsentscheidung zu rechtfertigen.

[30] Art. 2 b Abs. 1 Bundesgesetz vom 13. Juli 1949, betreffend den Religionsunterricht in der Schule (Religionsunterrichtsgesetz; BGBl. Nr. 190/1949): „In den unter § 1 Abs. 1 fallenden Schulen, an denen die Mehrzahl der Schüler einem christlichen Religionsbekenntnis angehört, ist in allen Klassenräumen vom Schulerhalter ein Kreuz anzubringen." Diese Norm

ser Symbole verschlossen worden. Weitere Staaten bzw. Gliedstaaten hatten zumindest in der Vergangenheit versucht, die Schulräume mit Kruzifixen auszustatten, waren jedoch schon an der innerstaatlichen Rechtsprechung gescheitert.[31] Letztlich überantwortete der EGMR (GK) den Streit um die Ausstattung öffentlicher Räume mit religiösen Symbolen der demokratischen Mehrheitsentscheidung und reduzierte zugleich das freiheitliche Interesse der Angehörigen der Minderheit auf einen elementaren Schutz vor Indoktrination und Zwangsbelehrung.

Auch hier verdeutlichen schroffe Stellungnahmen der Regierung der Republik Italien und anderer italienischer Institutionen zum Kammer-Urteil im Fall *Lautsi*, das noch gegen Italien ausgefallen war, die politische Brisanz des Gegenstandes. Der damalige Ministerpräsident Berlusconi bewertete das Urteil als „absolut inakzeptabel", weil Italien ein Land sei, in dem das Christentum gleichbedeutend mit der eigenen Geschichte sei; es handele sich um eine derjenigen Entscheidungen, die einen am „guten Sinn dieses Europa" zweifeln lasse.[32] Zahlreiche Bürgermeister italienischer Gemeinden kündigten nach dem Urteil an, zusätzliche Kruzifixe anzuschaffen und diese persönlich in den Schulräumen aufzuhängen. Man lasse sich das Kruzifix in den Schulen nicht wegnehmen, denn es repräsentiere „die Wurzeln unserer Zivilisation, eines der Symbole der Einheit unseres Landes"[33]. Der Vatikan begrüßte die Absicht der italienischen Regierung, die Große Kammer anzurufen und rief andere Staaten zur Unterstützung dieses Schrittes auf.[34] Unter diesen Umständen sah sich der EGMR in der Situation, eine Machtprobe mit Beteiligten zu wagen, die wie im Falle der italienischen Kommunen bereits offenen Widerstand gegen das Kammerurteil angekündigt hatten, und die er, ohne eigene Vollstreckungsmittel zu besitzen,[35] nicht gewinnen konnte.

Es ist gerade in diesem Zusammenhang von Bedeutung, dass die Große Kammer sich die Rechtfertigungsgründe der italienischen Regierung nicht zu eigen machte:

---

ist „Grundsatzbestimmung". Darüber hinaus verlangen die Schulorganisationsgesetze etlicher Bundesländer die Anbringung von Kreuzen ausnahmslos in jedem Klassenzimmer. s.a. (mit Bezug auf Kindergärten) den Grundsatzentscheid des österreichischen Verfassungsgerichtshofs vom 9. März 2011, G 287/09 – 25.

[31] Siehe zum Fall einer schweizerischen Gemeinde sowie zur spanischen Praxis *C. Panara*, European Public Law 17 (2011), 139 (150 f.).

[32] Wortlaut im Original: „Chel' Italia sia un Paese in cui il cristianesimo è la sua stessa storia lo sappiamo da sempre. ... – E'una delle decisioni che, molto spesso, ci fanno dubitare del buonsenso di questa Europa." Zitiert nach La Repubblica vom 4. Nov. 2009 (http://www.repubblica.it/2009/11/sezioni/scuola_e_universita/servizi/crocefissi-aule/bertone-su-sentenza/bertone-su-sentenza.html?ref=search; Abfrage v. 26. Aug. 2012).

[33] Übersetzung durch Verf. Wortlaut im Original: „Il crocifisso nelle scuole non si tocca perché rappresenta le radici della nostra civiltà, uno dei simboli dell' unità del nostro Paese." s. zur Quelle Fn. 32.

[34] La Repubblica (Fn. 32).

[35] s. zur Vollstreckung von Urteilen des EGMR Art. 46 EMRK und die Regeln des Ministerkomitees für die Überwachung der Durchführung von Urteilen und von Bestimmungen gütlicher Einigungen v. 10. Mai 2006, Council of Europe Doc. CM/Del/Dec (2006) 964.

An keiner Stelle der Entscheidung findet sich nämlich die Aussage, dass die Verteidigung der staatlichen Identität durch ein Symbol des christlichen Glaubens ein legitimes öffentliches Interesse darstellt. Auch dies wollte der EGMR (GK) offenbar nicht festmeißeln; um es nicht zu müssen, löste er sich sogar von überkommenen dogmatischen Strukturen: Einerseits soll die obligatorische Konfrontation mit dem Kruzifix im Klassenraum schon gar keinen relevanten Eingriff darstellen; andererseits soll die italienische Praxis aber noch im Rahmen des den Staaten verbleibenden Beurteilungsspielraums liegen. Beides passt nicht zusammen und kann nur bedeuten, dass der EGMR (GK) die Lehre vom „margin of appreciation" nicht mehr wie bislang nur im Rahmen der Rechtfertigung von Eingriffen heranzieht, sondern in religiösen Fragen sogar die tatbestandliche Reichweite des Konventionsrechts innerhalb eines äußersten Rahmens (Indoktrinationsverbot) von der Beurteilung des jeweiligen Staates abhängig macht, zumindest dann, wenn es noch keine einheitliche Staatenpraxis gibt. Damit relativiert die Große Kammer trotz aller gegenteiligen Beteuerungen letztlich die Reichweite und mithin auch die Geltung und Unverbrüchlichkeit des elterlichen Erziehungsrechts in Religionsfragen und der Religionsfreiheit selbst.

Die Argumentation des EGMR (GK) leidet auch an einem dogmatischen Konstruktionsfehler. Denn sie zieht zwar den „margin of appreciation" in atypischer Weise für die Frage heran, ob überhaupt ein relevanter Eingriff in ein Konventionsrecht vorliegt; das Erfordernis der Widerspruchsfreiheit des staatlichen Handelns übergeht sie jedoch; dieses wird nicht in gleicher Weise von der Rechtfertigungs- auf die Tatbestandsebene transformiert. Dann hätte nämlich der Staat, der sich für die Beschränkung von Konventionsrechten auf bestimmte „rechtfertigende" Gründe stützt, diese auch selbst in seiner innerstaatlichen Rechtsordnung konsequent und konsistent implementieren müssen. Im Falle Italiens lässt die Geltung des Prinzips der Säkularität als höchstrangiger Verfassungswert dagegen Zweifel aufkommen, ob die obligatorische Ausstattung der Klassenräume mit Kruzifixen für die Erreichung der geltend gemachten staatlichen Ziele überhaupt geeignet und erforderlich ist.

Der Dreh- und Angelpunkt für die mehrheitsfreundliche Interpretation in der Entscheidung *Lautsi* ist die Interpretation des Respekts vor den religiösen oder areligiösen Vorstellungen der Erziehungsberechtigten, wie ihn Art. 2 ZP 1, aber auch das negative Recht aus Art. 9 EMRK einfordern: Je enger man die Pflicht zum Respekt nämlich fasst, umso mehr kann die Mehrheit den öffentlichen Raum durch ihre religiösen Symbole prägen. Während Einzelne kein Recht haben, vor der mehr oder minder zufälligen Begegnung mit den religiösen Bekundungen anderer Privater in der Öffentlichkeit verschont zu werden,[36] handelt es sich hier um religiöse Bekundungen des Staates, der die Zurkenntnisnahme religiöser Symbole mithilfe der Schulpflicht erzwingt. Respekt bzw. Rücksichtnahme, wie Art. 2 ZP 1 sie im Schul-

---

[36] s. etwa BVerfGE 93, 1 (16); sowie Schweizerisches Bundesgericht, BGE 118 Ia 46 (Erw. 4c).

wesen einfordert, korrespondiert aber gerade mit dieser Unausweichlichkeit und bezieht aus ihr ihren besonderen Sinn. Deshalb muss die Vorschrift einen weiter reichenden Schutz als lediglich den Schutz vor zwangsweiser Indoktrinierung verleihen. Die Verpflichtung zur Rücksichtnahme bedeutet mehr als nur ein bloßes „Achten" oder ein „in Betracht ziehen" elterlicher Erziehungsvorstellungen.[37] Dafür spricht auch, dass der ursprünglich für Art. 2 ZP 1 vorgesehene Begriff „berücksichtigen" (*have regard to*) durch den Begriff „achten" (*respect*) ersetzt wurde.[38] Zudem beinhaltet der Begriff des Respekts nicht nur ein Verbot der Behelligung und des Übergriffs, sondern auch eine Anerkennung des jeweils Anderen als gleichwertig, d. h. ein Recht auf einen grundsätzlich gleichen Status. Dieser Anspruch auf weltanschauliche Gleichberechtigung schließt es aus, Angehörigen von religiösen Minderheiten oder Nichtgläubigen in der staatlichen Schule die Botschaft zu vermitteln, dass der öffentliche Raum zugleich ein Raum der religiösen Mehrheit ist, in dem sie Außenseiter bleiben. Das gilt umso mehr, wenn es sich um Kinder und Jugendliche handelt, die „dazu gehören" möchten. All diese Überlegungen laufen jedoch leer, weil der EGMR den Prüfungsmaßstab dergestalt lockerte, dass jegliches Limit außerhalb ihrer Reichweite liegt.

bb) Italiens säkulare Kruzifixe

In Italien selbst gibt es eine reichhaltige und durchaus disparate Fallpraxis zur Frage der obligatorischen Kruzifixe, die nicht nur Schulen, sondern auch Wahlräume oder Gerichtssäle betrifft. Grundlage hierfür ist eine Rechtslage, die im Laufe der Jahrzehnte immer wieder zwischen Staatskirchentum und Trennsystem schwankte und mit ihren unterschiedlichen Entstehungsschichten bis heute Signale in verschiedene Richtungen gibt. Während das junge Königreich Italien mit Art. 1 des Albertinischen Statuts von 1848 den Katholizismus zur „einzigen Religion des Staates" erklärt und den übrigen Kulten nur Toleranz im Rahmen der Gesetze verhießen hatte, erlebte Italien gegen Ende des 19. Jahrhunderts eine Art Kulturkampf, in dessen Folge die katholische Kirche auch hier aus den öffentlichen Räumen verwiesen wurde.[39] Als sich das Blatt in der Frühphase des Faschismus wieder wandte, wurden jene beiden königlichen Dekrete von 1924 und 1928 erlassen, auf die sich auch noch im Fall *Lautsi* die obligatorische Anbringung von Kruzifixen in Schulräumen stützte. Art. 1 des Konkordats von 1929 (Lateranverträge) setzte sogar die ursprüngliche Formel vom Katholizismus als einziger Religion des Staates wieder in Kraft. Erst als das „Neue Konkordat" von 1984 diese Formel explizit strich, stellte sich die Frage, ob dadurch zumindest implizit auch die Verpflichtung zur Anbringung von Kruzifixen in Schulräumen aufgehoben worden sein sollte. Dies verneinte der Staatsrat in einem grundlegenden Gutachten von 1988, demzufolge das Kruzifix universelle Werte ver-

---

[37] EGMR, *Efstratiou ./. Greece*, 24095/94, Rep. 1996-VI, 2347, § 28. s.a. *C. Langenfeld*, in: O. Dörr/R. Grote/Th. Marauhn (Hrsg.), Konkordanzkommentar EMRK-GG, 2. Aufl. 2013 (im Erscheinen), Kap. 24 Rn. 16.

[38] EGMR, *Campbell u. Cosans ./. United Kingdom*, 7511/76, A 48, § 37 (m.N.).

[39] Auch zum Folgenden eingehend *Panara*, European Public Law 17 (2011), 139 ff., m.N.

körpere, die nicht auf eine bestimmte Konfession beschränkt seien und zum Erbe der italienischen Nation gehörten; die bloße Präsenz des Kruzifixes könne die Freiheit Andersgläubiger nicht beeinträchtigen.[40] 1989 stellte das italienische Verfassungsgericht klar, dass das Prinzip der Säkularität zu den höchstrangigen Werten der italienischen Verfassungsordnung zähle. Gemeint seien damit aber weder Aversion noch Gleichgültigkeit in religiösen Fragen, sondern der Schutz der religiösen Freiheit innerhalb eines Systems, das sich auf den konfessionellen und kulturellen Pluralismus gründe (sog. positive Säkularität oder Laizität).[41]

Italien stellt sich demnach als ein Staat dar, der auf der einen Seite die Aufhängung von Kruzifixen in staatlichen Schulen gesetzlich vorschreibt und sich zugleich verfassungskräftig zum Prinzip der Säkularität bekennt. Dieser Spagat gelingt nur, indem die Bedeutung der Kreuze neutralisiert bzw. säkularisiert wird, die Kruzifixe also zu Symbolen umgedeutet werden, die – in den Worten des Staatsrats – „universelle Werte" verkörpern.[42] Entsprechend zerrissen stellt sich die Rechtsprechung in Italien dar. Auf der einen Seite wurde die Ausstattung öffentlicher Schulen mit Kruzifixen für klar unvereinbar mit den Prinzipien der Säkularität und der Neutralität erklärt, u. a. deshalb, weil Kruzifixe in der zunehmend multikulturellen Gesellschaft gar kein gemeinsames Erbe mehr symbolisierten. Dem entsprechend ordnete z. B. ein Regionalgericht 2003 im Fall eines muslimischen Bürgers an, dass die Kruzifixe auch ohne besonderes Verlangen abzuhängen seien[43] – und löste damit einen Aufruhr im betroffenen Schulort aus.[44] 2009 entschied ein anderes Regionalgericht im völligen Gegensatz hierzu, dass Säkularität auf der Meinungs- und Religionsfreiheit sowie dem gegenseitigen Respekt ungeachtet jeder Religion beruhe, weshalb es das Prinzip der Säkularität selbst sei, welches die Disposition der Kruzifixe erlaube.[45] Zwar kann daraus nicht schon auf einen grundsätzlichen Tendenzwechsel in der italienischen Rechtsprechung zugunsten der Zulässigkeit der Kruzifixe, womöglich unter dem Einfluss des „Drucks der Straße", geschlossen werden; es zeigt sich aber wie schon im Falle der beiden Straßburger Entscheidungen in der Sache Lautsi, dass die Bewertung von Konflikten um religiöse Symbole auch innerhalb eines Rechtssystems zu völlig gegensätzlichen Ergebnissen führt. Entscheidend für die Weichenstellung in die eine oder die ganz andere Richtung ist dabei, ob und wie

---

[40] Consiglio di Stato, 2. Abteil., Gutachten Nr. 63 v. 27. 4. 1988. Dazu *Panara,* European Public Law 17 (2011), 139 (141).

[41] Corte costituzionale, sentenza N. 203 vom 12. April 1989 (http://www.giurcost.org/decisioni/). Dazu *Panara,* European Public Law 17 (2011), 139 (142 m.w.N.).

[42] A.A. Schweizerisches Bundesgericht, BGE 116 Ia 252 – *Primarschule Cadro:* Aufhängung von Kreuzen in öffentlichen Schulen verstößt gegen das Gebot der konfessionellen Neutralität. s.a. *P. Karlen,* ZBl (Zentralblatt) 1989, 12 ff.

[43] s. *Panara,* European Public Law 17 (2011), 139 (153 f.), zur Entscheidung des Tribunals von L'Aquila im Fall *Adel Smith* (2003); m.N.

[44] Die betroffene Kommune soll als „Gegenmaßnahme" ein großes Kruzifix vor der Schule installiert haben. Siehe *Panara,* European Public Law 17 (2011), 139 (154).

[45] s. *Panara,* European Public Law 17 (2011), 139 (155 f.), zur Entscheidung des Tribunals von Terni im Fall *Coppoli* (2009); m.N.

weit die originär religiösen Symbole säkularisiert werden und mit welchen Methoden ihre Wirkung auf die verschiedenen Beteiligten festgestellt wird.

2. Das Minarettverbot: Identitätsbehauptung im Stadtbild

Auseinandersetzungen um die Sakralbauten muslimischer Zuwanderer spielen in einer Reihe europäischer Staaten und keineswegs nur in der Schweiz eine zunehmende Rolle.[46] Auch in anderen Staaten wurde versucht, Moscheebauten im Wege des Bürgerbegehrens zu unterbinden,[47] teilweise auch in verschleierter Form. So wurde z. B. im österreichischen Bundesland Kärnten auf Betreiben der FPÖ Anfang 2008 das Landesortsbildpflegegesetz so geändert, dass Bauvorhaben mit außergewöhnlicher Architektur oder Größe, sofern sie von der örtlichen Bautradition wesentlich abweichen, unterbunden werden können.[48]

Die schweizerische „Minarettinitiative" wird hier exemplarisch als eine extreme Form der Bekämpfung symbolischer Bauten einer ganz bestimmten Minderheit behandelt. Sie zielte, wie richtig bemerkt wurde, auf den Erlass eines „Symbolverbots"[49] im Stadtbild. Es handelt sich um eine Volksinitiative, die im Ergebnis zur Ergänzung der Schweizerischen Bundesverfassung (BV) um einen neuen Art. 72 Abs. 3 mit dem Wortlaut „Der Bau von Minaretten ist verboten" führte.[50] Diese Initiative, welche die rechtspopulistische Schweizerischen Volkspartei und die evangelikalen Kreisen nahe stehende Eidgenössische Demokratische Union betrieben hatten, wurde in der Volksabstimmung vom 29. November 2009 von 57,5 % der teilnehmenden wahlberechtigten Bevölkerung sowie von der Mehrheit der „Stände" (Kantone), nämlich 17 Kantonen und 5 Halbkantonen, unterstützt.[51] Selten waren Volk und Regierung so weit voneinander entfernt, wie in diesem Konflikt um die kulturell-religiöse Prägung des öffentlichen Außenraumes: Die schweizerische Regierung (Bundesrat) hatte den Abstimmenden wegen drohender Verletzung von Verfassungs-

---

[46] Eingehend zu einer Reihe von deutschen Gerichtsfällen betreffend Moschee- und Minarettbauten *D. Gaudernack*, Muslimische Kultstätten im öffentlichen Baurecht, 2011, 235 ff.

[47] Zum Bürgerbegehren „Pro Köln" und anderen Fällen sowie einer gegen islamische Sakralbauten gerichteten Petition an den Deutschen Bundestag *Gaudernack* (Fn. 46), 263 f., 267 f. Die Autorin weist auch darauf hin, dass sämtliche Bürgerbegehren in Deutschland daran scheiterten, dass abschließende Entscheidungen in Verfahren der Bauleitplanung wegen der hier erforderlichen komplexen Abwägung kein zulässiger Gegenstand von Bürgerentscheiden sind (m.N.).

[48] Dazu sowie zum Vorstoß der FPÖ, ein Bauverbot für Minarette in die österreichische Bundesverfassung einzufügen, *Gaudernack* (Fn. 46), 268 f.

[49] *Kley,* in: Pahud de Mortanges (Fn. 6), 235.

[50] Siehe i.E. Botschaft des Bundesrates vom 27. August 2008 zur Volksinitiative „Gegen den Bau von Minaretten", BBl (Bundesblatt) 2008, 7603 ff.

[51] Siehe Sachverhalt zu EGMR, *Hafid Ouardiri ./. Switzerland*, 65840/09, NVwZ 2012, 289 (289).

und Völkerrecht die Ablehnung der Initiative empfohlen.[52] Die Bundesversammlung kam zum selben Ergebnis, erklärte die Initiative aber nicht wegen Unvereinbarkeit mit zwingendem Völkerrecht (Art. 139 Abs. 2 BV) für ungültig.[53] Zudem lehnten die wichtigsten gesellschaftlichen Kräfte, u. a. der Wirtschaftsdachverband, die Gewerkschaften und die großen christlichen Kirchen, die Initiative ab.[54] Dass es dennoch zur Annahme der Initiative kam, wird mit einem stark ausgeprägten Rechts-Links-Schema erklärt, das wiederum mit einem ungewöhnlichen Verhalten der politischen Mitte zusammentraf, die sich mehrheitlich gegen die Stimmempfehlung ihrer Parteien wandte.[55]

Der Kampf gegen die Minarette ist deshalb erstaunlich, weil nur zwei neuere Bauanträge zur Debatte standen und in der gesamten Schweiz bis zur Volksabstimmung insgesamt nur vier Minarette tatsächlich errichtet wurden.[56] Dieses Missverhältnis zwischen der minimalen Wahrnehmbarkeit islamischer Kultusbauten in der Schweiz und der gleichzeitigen Toleranz bzw. Gleichgültigkeit gegenüber den Bauten anderer Religionsgemeinschaften,[57] zeigt die besondere Symbolbedeutung der umstrittenen Bauten an. In die Minarettinitiative floss nicht nur das Unbehagen am muslimischen Sakralbau in der schweizerischen Provinz, sondern auch alles Andere ein, was am Verhalten oder Vorhandensein muslimischer Einwanderer störte.[58] Das erstrebte Minarett-Verbot sollte speziell die in der Schweiz lebenden Muslime „in die Schranken weisen"[59], weil man gerade aus dieser Richtung den Vorrang der eigenen Kultur bedroht sah. Die alteingesessene Bevölkerung verstand die Baugesuche nicht nur im Sinne von „wer baut, der bleibt", sondern erkannte auch, dass hier eine konkurrierende muslimische Kultur mit ihren Symbolen den Anspruch auf Repräsentanz in der

---

[52] Botschaft des Bundesrates (Fn. 50).

[53] Bundesversammlung der Schweizerischen Eidgenossenschaft, Bundesbeschluss über die Volksinitiative „Gegen den Bau von Minaretten", BBl 2009, 4381 ff.

[54] Dazu i.E. *D. Angst,* zfmr 1/2010, 158 (158 f.).

[55] Zur Ergebnisanalyse *Angst,* zfmr 1/2010, 158 (165 m.N. insbes. zur VOX-Analyse).

[56] *Angst,* zfmr 1/2010, 158 (161). Zu den Einzelheiten des besonders umstrittenen Bauantrags für ein Minarett in Wangen bei Olten *Kley,* in: Pahud de Mortanges (Fn. 6), 245 f. s.a. Schweizerisches Bundesgericht, Urt. v. 4. Juli 2007, 1P.26/2007 (www.bger.ch).

[57] *A. Kley/A. Schaer,* in: M. Tanner et al. (Hrsg.), Streit um das Minarett, 2009, 87 (94); *dies.,* Jusletter vom 1. März 2010, http://jusletter.weblaw.ch, sub III.2.; mit Hinweis auf den Sikh-Tempel in Langenthal und den buddhistischen Tempel in Gretzenbach. Eine kurze Auflistung aller nicht-christlicher Sakralbauten in der Schweiz findet sich bei *Baumann/Tunger-Zanetti,* kunst und kirche 4/2008, 32 (39), eine Vorstellung der vorhandenen muslimischen Bauten bei *F. Müller/M. Tanner,* in: M. Tanner et al. (siehe zuvor), 21 (32 ff.). s.a. die Zusammenstellung des Zentrums Religionsforschung der Universität Luzern: http://www.religionenschweiz.ch/bauten/liste.html (Abfrage v. 12. Sept. 2012).

[58] Das zeigte sich insbesondere in reißerischen Plakaten der Initianten, die eine schwarz verhüllte Frau vor einem Wald von Minaretten zeigten, und den Vorwurf des Rassismus aufkommen ließen. Dazu *Kley,* in: Pahud de Mortanges (Fn. 6), 246 f. Aufschlussreich zur Vermengung zahlreicher weiterer Themen mit der Minarettinitiative das Manifest des Komitees „Ja zum Minarett-Verbot" (Fn. 65).

[59] *Kley,* in: Pahud de Mortanges (Fn. 6), 249.

Öffentlichkeit[60] bzw. auf Mitgestaltung des öffentlichen Raums erhob. Man stritt aber nicht nur um die Minarette selbst, sondern setzte die Symbolpolitik sogar noch in einem Folgestreit um die bildliche Darstellung des Abstimmungsgegenstands auf öffentlich ausgehängten Plakaten fort.[61]

Die Initiative erstrebte die Beseitigung einer Rechtslage, der zufolge Sakralbauten wie alle anderen Bauvorhaben genehmigt werden mussten, wenn die Bauvorschriften und dabei insbesondere die sog. Zonenkonformität eingehalten waren.[62] Infolge des Neutralitätsgebots und der Verpflichtung zur Gleichbehandlung aller Religionen galt auch in der Schweiz die Regel „Wo eine Kirche zulässig ist, ist es auch eine Moschee"[63] bzw. wo der Kirchturm stehen kann, kann es auch das Minarett. Darüber hinaus griffen und greifen immer noch die Religionsausübungsfreiheit (Art. 15 BV) und das Diskriminierungsverbot (Art. 8 Abs. 2 BV) zugunsten des Begehrens, ein Minarett im Kontext einer Moschee zu errichten, ein. Eine Möglichkeit, konkrete Bauvorhaben durch Volksabstimmung zu Fall zu bringen, bestand nach wohl vorherrschender Auffassung vor der Verfassungsänderung nicht.[64] Deshalb blieb den Gegnern des Minaretts nur, aber immerhin die Möglichkeit, die Ausdrucksformen der im Speziellen und allein als bedrohlich angesehenen Religionsgemeinschaft im Wege einer Verfassungsänderung einzudämmen. Dabei bemühte man sich zu begründen, dass man den Muslimen die Religionsfreiheit keineswegs absprechen wolle, sondern diese die Religionsfreiheit angeblich missbrauchten, indem sie Minarette zur Demonstration politischer Macht errichten wollten.[65]

Über die Vereinbarkeit der Initiative bzw. des neuen Verfassungsartikels mit Verfassungs- und Völkerrecht ist in der Schweiz intensiv diskutiert worden. Nahezu alle rechtswissenschaftlichen Studien gelangen zu dem Ergebnis, dass das verfassungsrechtliche Minarett-Verbot die Religionsfreiheit und das Verbot der Diskriminierung anhand des Merkmals der Religion, wie sie sich aus den internationalen Verpflichtungen der Schweiz (Art. 9, 14 EMRK, Art. 2 Abs. 1, 18, 27 IPbpR) ergeben, verletzt.[66] Auch Rassismus-Vorwürfe stehen im Raum, weil mit der gegen islamische Bauformen und Verhaltensregeln gerichteten Initiative ganz überwiegend Menschen

---

[60] Vgl. *Müller/Tanner*, in: Tanner et al. (Fn. 57), 40 f.: Anspruch auf Öffentlichkeit.

[61] Zum „Plakatverbot" *Kley*, in: Pahud de Mortanges (Fn. 6), 246 f.: Die eine Symbolpolitik überlagerte sich mit einer anderen.

[62] So auch zum streitauslösenden Fall des in Wangen bei Olten geplanten Minaretts Schweizerisches Bundesgericht, Urt. v. 4. Juli 2007, 1P.26/2007 (www.bger.ch).

[63] *R. Pahud de Mortanges*, in: U. Altermatt et al. (Hrsg.), Der Islam in Europa, 2006, 265 (270).

[64] *Kley/Schaer*, in: Tanner et al. (Fn. 57), 87 (93); m.w.N.

[65] s. etwa das Manifest „Nein zur Islamisierung der Schweiz" vom 29. Nov. 2010 des Komitees „Ja zum Minarett-Verbot", http://www.minarette.ch/downloads/101129-manifest.pdf (Abfrage v. 12. Sept. 2012): „Das Minarett ist das Symbol der politischen Islamisierung. ...".

[66] s. statt vieler *Y. Hangartner*, AJP 2010, 441 ff.; *Kley*, in: Pahud de Mortanges (Fn. 6), 247 f.; *R. Zimmermann*, ZaöRV 69 (2009), 829 (836 ff.).

aus bestimmten Ethnien zum Opfer gezielter Beschränkung wurden.[67] Allerdings scheiterten die Versuche eines in der Schweiz wohnhaften französischen Muslims sowie mehrerer Verbände, das Verbot des Baus von Minaretten vor dem EGMR anzugreifen, schon an der Zulässigkeit. Denn die Beschwerdeführer konnten konkrete Auswirkungen des Verbots gerade auf sie selbst nicht hinreichend plausibel machen, so dass es an ihrer „Opfereigenschaft" i.S.v. Art. 34 EMRK fehlte.[68] Eine Klärung der heiklen Frage ist für den EGMR erst dann unausweichlich, wenn z. B. ein Verband mit einem konkreten Baugesuch an der neuen Verfassungsbestimmung scheitert. Immerhin hat die Parlamentarische Versammlung des Europarates von der Schweiz die Aufhebung des Minarett-Verbots verlangt.[69]

Das Minarett-Verbot spaltet die Schweiz bis heute in zwei Lager: eines, das die neue Verfassungsbestimmung als Sieg des demokratischen Souveräns im Kampf gegen die kulturelle Eroberung der schweizerischen Heimat feiert, und eines, das sie als Schandmal für die Schweiz begreift, das deren Vorbildrolle im internationalen menschenrechtlichen Diskurs beschädigt. Die Volksinitiative selbst geriet in den Fokus der Kritik, da die Schweiz Gefahr läuft, von der eigenen Bevölkerung auch in Zukunft in Völkerrechtsverletzungen unterhalb der Schwelle der Verletzung zwingenden Völkerrechts getrieben zu werden. Diskutiert wird, ob die Volksinitiative künftig ein Instrument zur Unterdrückung von Minderheiten werden könnte und solche „Diktatur der Mehrheit" jedenfalls im Anwendungsbereich internationaler Menschenrechte weiter einzudämmen sei, d. h. über die bestehende Pflicht zur Beachtung „zwingenden" Völkerrechts (Art. 139 Abs. 2 BV) hinaus.[70] Doch letztlich konnte sich der Bundesrat nicht zu einer Neujustierung des Verhältnisses zwischen dem Demokratieprinzip (Volksrechten) auf der einen Seite und dem Rechtsstaatsprinzip (Grundrechte) und dem Völkerrecht (Menschenrechte) auf der anderen Seite entschließen; er plädierte nur für eine vorsichtige Ausweitung der materiellen Schranken von Volksinitiativen auf „grundrechtliche Kerngehalte", – die das Minarett-Verbot aber nicht verhindert hätte.[71] Der endgültige Ausgang der Geschichte ist noch offen. Eine Prognose besteht darin, dass sich Symbolverbote wie das Minarett-Verbot selbst zu Fall bringen könnten, indem infolge der durch den Streit gesteigerten Aufmerksamkeit das unterdrückende Gesetz an die Stelle des unterdrückten Symbols tritt.[72] Auf lange Sicht dürfte die Symbolkraft von Gesetzen aber derjenigen von vi-

---

[67] Siehe Fn. 58.

[68] EGMR, *Ouardiri ./. Switzerland* (Fn. 51); sowie EGMR, *Ligue des musulmans de Suisse et autres*, 66274/09, Urt. v. 28. Juni 2011.

[69] Resolution vom 23. Juni 2010. Dazu *Jurius*, Minarett-Verbot, Jusletter vom 28. Juni 2010 (http://jusletter.weblaw.ch).

[70] Dazu *Angst*, zfmr 1/2010, 158 (168 f.).

[71] Bericht des Bundesrats vom 5. März 2010 zum Verhältnis von Völkerrecht und Landesrecht, BBl (Bundesblatt) 2010, 2263 ff., und Zusatzbericht vom 30. März 2011, BBl 2011, 3613 (insbes. 3652 f.).

[72] So die These von *Kley*, in: Pahud de Mortanges (Fn. 6), 236, 255.

suell wahrnehmbaren Sakralbauten so stark unterlegen sein, dass eine nachhaltige Neutralisierung des Verbots eher unwahrscheinlich ist.

III. Überlegungen zum Kulturfrieden

1. Problemanalyse

Wesentlich für das Verständnis der hier behandelten Konfliktlagen ist, dass ein zuvor unbestrittenes Monopol der christlichen Kultur durch zugewanderte, insbesondere islamische Bevölkerung infrage gestellt wird, während zugleich der Anteil der christlichen Bevölkerung zurückgeht.[73] Die Angst vor „Islamisierung" zeigt dabei an, dass die Gesellschaften im traditionell christlichen Europa sich ihrer religiös-kulturellen Verankerungen gerade nicht mehr gewiss sind und ihre religiöse Affinität schon deutlich eingebüßt haben.[74] Sowohl im Falle der Kruzifixe als auch der Sakralbauten sind auf Seiten der Mehrheitsbevölkerung keinesfalls nur Gläubige engagiert. Es geht umfassender um die vertraute Umgebung, um dadurch vermittelte Gefühle von Heimat und Einbindung, d. h. um die kulturelle Prägung im Sinne einer „christlich-abendländischen Tradition", wie sie die Betroffenen – eher religiös oder eher säkular – interpretieren. Der Konflikt entsteht, weil Individuen oder Gruppen von ihrer positiven oder negativen Religionsfreiheit Gebrauch machen und dadurch die Identitätsbedürfnisse und -ansprüche einer alteingesessenen Bevölkerungsmehrheit infrage stellen. Deshalb verläuft die eigentliche Konfliktlinie nicht zwischen religiöser Mehrheit und religiöser Minderheit, sondern zwischen der Betätigung oder Ablehnung von Religion und der Verteidigung von Identität. Auch wenn die religiöse Komponente noch eine verstärkende Rolle spielt, findet auf Seiten der Verteidiger von Identität und Heimat argumentativ bereits eine *Säkularisierung der religiösen Symbole* statt, weshalb selbst das Kruzifix – auch, aber nicht nur aus prozesstaktischen Erwägungen – als religiös neutrales, allgemein identitätsstiftendes Symbol der politischen Gemeinschaft präsentiert wird.[75]

Der Konflikt bricht vor allem dort aus, wo eine starke Zuwanderung eine sich im Besitz alter Rechte glaubende, traditionell ansässige Mehrheit bedrängt. Diese nimmt nicht nur eine Veränderung ihrer unmittelbaren Lebensumwelt wahr, sondern erfährt auch, dass sie hiergegen nichts ausrichten kann: Die Sakralbauten der zugewanderten Minderheit können durch Prozesse um die Erfüllung von Stellplatzverpflichtungen nicht wirklich verhindert werden; der aufgrund gesellschaftlicher Vorurteile entstehende Wertverlust von Privatgrundstücken im Sichtbereich der Moschee wird von Gerichten für baurechtlich unerheblich erklärt.[76] Unter diesem Ein-

---

[73] s. a. *Baumann/Tunger-Zanetti*, kunst und kirche 4/2008, 32 (34).
[74] s. *R.A. Rhinow*, NZZ Nr. 286 v. 9. Dez. 2009, 13: Sie glaubten nicht mehr an die Stärke des eigenen Christentums und es fehle ihnen an gesundem Selbstvertrauen.
[75] s. o. B. I. 2.
[76] s. u. D. II.

druck von Ohnmacht kommt es zur *politischen Aufladung* des Konflikts, indem sich christkonservative und rechtspopulistische Parteien des Themas bemächtigen und einseitige Lösungen auf der Basis politischer Majorisierung versprechen; das Kreuz wird – zum Missfallen der christlichen Kirchen – zum pseudochristlichen Code und Kampfsymbol in der politischen Auseinandersetzung.[77]

Wie der Beitrag zeigt, richtet sich die „bedrohte Mehrheit" keineswegs konsequent gegen alle als fremdartig empfundenen Symbole, sondern vornehmlich gegen islamische Sakralbauten. Dies wird zum Teil damit erklärt, dass das Ansehen einer religiösen Minderheit innerhalb der Mehrheitsgesellschaft eine wesentliche Rolle spiele, d. h. erst das *gute Ansehen* die Sichtbarkeit durch repräsentative Sakralbauten ermögliche.[78] Damit wird allerdings in problematischer Weise eine Mitschuld der Minderheit an ihrer Ablehnung suggeriert, ohne dass feststeht, inwieweit das Ansehen einer zugewanderten Religionsgemeinschaft überhaupt fair und unparteilich beurteilt wird. Wahrscheinlicher ist, dass sich der Widerstand der vorhandenen Mehrheit selektiv gegen solche Minderheiten richtet, die ihr nach Größe und Stärke als bedrohlich erscheinen bzw. aufgrund ihrer Größe und Anwesenheitsdauer einen besonders vernehmlichen („provokanten") Anspruch auf Teilhabe an der Gestaltung der Öffentlichkeit erheben. Das hängt auch damit zusammen, dass die lange als *„neue Minderheiten"* apostrophierten Gruppen inzwischen in dritter und vierter Generation in Europa leben, viele die Staatsangehörigkeit angenommen haben und nun zu klassischen Minderheiten geworden sind.[79]

Inwieweit das Gelingen der Akzeptanz überhaupt durch Integrationsbemühungen gefördert werden kann und welche Seite dabei welche Integrationspflichten hat, ist eine hoch umstrittene Frage, deren Beantwortung sich immer noch in der experimentellen Erprobung befindet.[80] Im Bereich der baulichen Symbole wird sogar über einen möglichen Zusammenhang zwischen der *Modernität der Sakralbauten* einer Minderheit und deren Akzeptanz durch die Mehrheitsgesellschaft diskutiert, wobei an-

---

[77] s. z. B. Grundsatzprogramm der CSU vom 28. Sept. 2007 (Teil III: Christliche Werte, Eigenverantwortung, Zusammenhalt), 29: „Der christliche Religionsunterricht und das Kreuz in den Klassenzimmern und in allen öffentlichen Gebäuden sind unverzichtbar. ...". Zu „Österreichs Rechten" *E. Henckel*, in: Die Welt, 28. Mai 2009. Zur politischen Funktionalisierung in Italien (Mussolini, Berlusconi) und in der Schweiz (SVP und EDU) oben B. I. 2. b), II.

[78] *M. Baumann/A. Tunger-Zanetti*, Herder Korrespondenz 65, 8/2011, 407 (409).

[79] s. *E. Klein*, in: M. Scheinin/R. Toivanen (Hrsg.), Rethinking Non-discrimination and Minority Rights, 2004, 15 ff.; *ders.*, in: M. Honecker et al. (Hrsg.), Evangelisches Soziallexikon, 2001, Sp. 1083 ff. Zur Kontroverse um die Minderheiteneigenschaft von Migrant(inn)en: *I. Gogolin/S. Oeter*, RdJB 2011, 30 ff.; *H. Esser*, RdJB 2011, 45 ff. S.a. *J. Künzli/A. Achermann*, RdJB 2011, 93 ff.

[80] Siehe dazu Art. 2 Abs. 1 Verordnung des (schweizerischen) Bundesrates v. 24. Okt. 2007 über die Integration von Ausländerinnen und Ausländern (SR 142.205): „Ziel der Integration ist die chancengleiche Teilhabe der Ausländerinnen und Ausländer an der schweizerischen Gesellschaft." s.a. *W. Kälin*, Grundrechte im Kulturkonflikt, 2000; sowie Fn. 82.

genommen wird, dass die Mehrheitsbevölkerung moderne Sakralbauten tendenziell als Zeichen für die „Offenheit" einer Migrationsgruppe, traditionelle Bauten hingegen als Zeichen der Verschlossenheit und des religiösen Traditionalismus interpretiert.[81] Wäre es tatsächlich so, könnten religiöse Minderheiten die Akzeptanz ihrer Sakralbauten allein durch äußerliches Design beeinflussen. Es fragt sich allerdings, ob sich gerade jene konservativ-heimatliebenden Kräfte, die gegen Moschee- und Minarettbauten zu Felde ziehen, von moderner Architektur bezaubern ließen. Zunehmenden Anklang finden zumindest in der Wissenschaft jene Lösungsansätze, die das Konzept der *Integration* als „zweiseitiges Geschäft" konzipieren und durch Spielregeln – Gewährung kultureller Autonomie gegen Achtung der Verfassungswerte – präzisieren wollen.[82] Hieraus folgt aber allenfalls ein Leitprinzip für einen langfristigen Prozess, das zwar die Auslegung einzelner Rechte und Pflichten erleichtern mag; eine Antwort auf die Frage nach der Identitätsbewahrung, die ohne Homogenitätsanspruch nicht vorstellbar ist, gibt das Ideal einer gegenseitigen Rücksichtnahme aber nicht.

2. „Ideelle Immissionen", „Kulturvorbehalt" und andere Beschränkungsvorschläge

Die bisherige Handhabung der Problematik blendet den eigentlichen Konflikt aus. Das zeigt sich in der für europäische Rechtsstaaten typischen Prüfung der Streitfälle je nach Symbolart und -kontext anhand der Religionsfreiheit, des Diskriminierungsverbots oder des elterlichen Erziehungsrechts, welche das anzuwendende Spezialrecht (z. B. Schulrecht, Dienstrecht, Bauplanungsrecht) überformen. Vor allem die baurechtlichen Streitigkeiten um von der Religionsfreiheit geschützte Moschee- und Minarettbauten verdeutlichen, dass sich ein nicht adressierbarer Kernkonflikt auf Stellvertreterthemen verlagert: In den gerichtlich entschiedenen Fällen geht es um Bauhöhen, Stellplatzverpflichtungen, die Lärmbelastung oder allenfalls etwas deutlicher um die angebliche Wertminderung von Nachbargrundstücken im Sichtfeld einer Moschee.[83] Soweit hingegen im Einzelfall versucht wird, allein aus der religiösen „Andersartigkeit" die Geltung eines Sonderregimes für islamische Sakralbauten abzuleiten oder diesen per se die Fähigkeit zur Einfügung in bestimmte Baugebiete oder Zonen abzusprechen, hat dies zu Recht wenig Erfolg.[84] Das Ergebnis, wonach Moschee und Minarett in puncto Religionsausübungsfreiheit und baulicher Freiheit genauso zu behandeln sind wie Kirche und Kirchturm, ist de lege lata völlig zutreffend, löst aber die Konflikte nicht.

---

[81] *E. Egeter*, Neue Sakralbauten von Migranten in der Schweiz zwischen Tradition und Modernität, 2009, insbes. 41 (veröffentlicht bei: Zentrum Religionsforschung der Universität Luzern, http://www.religionenschweiz.ch; Abfrage v. 12. Sept. 2012).

[82] *W. Kälin/J. Wyttenbach*, in: Tanner et al. (Fn. 57), 262 f. s.a. *J. Limbach*, RdJB 2011, 5 ff., zum „Leitprinzip der Gegenseitigkeit" bei der Integration durch Sprache.

[83] s. *Gaudernack* (Fn. 46), 235 ff.

[84] s. z. B. VG München, Beschl. v. 7. Juni 2005, Az. M 8 SN 05.1628, KirchE 47, 234–245 (2005).

An ebenso kreativen wie fragwürdigen Vorschlägen fehlt es nicht: So wurde z. B. in der Schweiz erwogen, die sichtbaren Ausdrucksformen einer zugewanderten Minderheit als sog. „ideelle Immissionen" zu behandeln und entsprechend einzuschränken.[85] Auch wurde wenig überzeugend versucht, zwischen „starken" (störenden) und „schwachen" (weniger störenden) Symbolen zu unterscheiden.[86] Zielgerichtete, aber einseitige Antworten geben vor allem jene, welche sich für einen *Kulturvorbehalt* zugunsten der christlich-abendländischen Kultur einsetzen, um daraus Beschränkungen der Religionsausübungsfreiheit zulasten ungeliebter Minderheiten abzuleiten.[87] Die behaupteten Kulturvorbehalte lassen sich aber in kaum einer europäischen Verfassungsordnung wirklich überzeugend nachweisen.[88]

Soweit sie de lege ferenda gefordert werden, dürfte ihre Einführung zwar nicht per se mit den einschlägigen menschenrechtlichen Verpflichtungen (Art. 9, 14 EMRK, Art. 2 Abs. 1, 18, 27 IPbpR) unvereinbar sein.[89] Die Religionsfreiheit ist als innerstaatliches Grundrecht wie auch als menschenrechtliche Garantie einschränkbar.[90] Der EGMR hat aber auch verdeutlicht, dass das friedliche Zusammenleben der Religionen nur in neutraler, unparteilicher Weise geregelt werden darf und Staaten, in denen mehrere Religionen vertreten sind, die Rolle des *„neutralen und unparteilichen Organisierers"* zufällt.[91] Auf ein schützenswertes bzw. überwiegendes öffent-

---

[85] Kritisch dazu *Kley*, in: Pahud de Mortanges (Fn. 6), 250 f.

[86] Kritisch zum betreffenden Ansatz des schweizerischen Bundesgerichts im Falle einer Kopftuch tragenden Lehrerin *Kälin/Wyttenbach*, in: Tanner et al. (Fn. 82), 255 (266), m.N.

[87] s. exemplarisch *C. Hillgruber*, JZ 1999, 538 ff.; weitere Nachweise bei *Gaudernack* (Fn. 46), 203 f.

[88] s. in Bezug auf das Grundgesetz *Gaudernack* (Fn. 46), 203 ff. Zur *invocatio dei* in der Präambel der Schweizerischen Bundesverfassung („[i]m Namen Gottes des Allmächtigen! …") Bundesrat *A. Koller*, Amtl. Bull. NR (ReformBV) 1998, 129: „Der Gott, der hier angerufen wird, ist allerdings nicht für jedermann derselbe. (…) Die Anrufung Gottes deutet zwar auf ein christlich-abendländisches Verständnis von Staat und Gesellschaft hin, kann aber heute auch als Gemeingut säkularisierter Humanität verstanden werden." Entsprechend Nationalrat *A. Gross*, Amtl.Bull. NR (ReformBV) 1998, 460: „Bei der Anrufung Gottes bezieht man sich nicht nur auf die christliche Religion, sondern auch auf andere Religionen."

[89] s. etwa EGMR (GK), *Buscarini ./. San Marino*, 24645/94, Rep. 1999-I, §§ 36 ff. Hier hatte der EGMR die Methode des Vertragsstaats, die vormalig christliche Prägung zu einer fortgeltenden traditionellen Prägung zu erklären, nicht grundsätzlich beanstandet, sondern in diesem Kontext vom Gestaltungsspielraum des Staates gesprochen. Für unverhältnismäßig hielt er aber dann die Verpflichtung neu gewählter Parlamentsabgeordneter, auf dieser Basis einen Eid u. a. auf „die Evangelien" zu schwören. Ferner EGMR, *Efstratiou ./. Greece*, 24095/94, Rep. 1996-VI. Auch in diesem Fall wurde Art. 3 Abs. 1 der griechischen Verfassung von 1975 („The dominant religion in Greece is that of the Christian Eastern Orthodox Church. …") nicht per se beanstandet.

[90] Siehe i.E. *C. Walter*, in: Dörr/Grote/Marauhn (Fn. 37), Kap. 17 Rn. 119 ff. (bez. EMRK) und Rn. 136 ff. (bez. GG).

[91] EGMR (GK), *Refah Partisi et al. ./. Turkey*, 41340/98 et al., Rep. 2003-II, § 91: „The Court has frequently emphasised the State's role as the neutral and impartial organiser of the exercise of various religions, faiths and beliefs, and stated that this role is conducive to public

liches Interesse an Kulturvorbehalten könnten sich die Staaten jedenfalls nicht berufen, wenn die behauptete christlich-abendländische Prägung gar nicht (mehr) besteht, Minderheiten unterdrückt oder die Religionsfreiheit Anderer mehr als unbedingt erforderlich beschränkt würden. In jedem Falle dürften sich explizite Vorbehalte zugunsten der christlich-abendländischen Kultur für jene Staaten faktisch nachteilig auswirken, die wie die meisten europäischen Staaten auf Einwanderung auch aus nicht-christlichen Kulturen angewiesen sind.

3. Konturen einer (Not-)Lösung

a) Ausweisung sensibler Räume als Kulturräume bestimmter Prägung

Wo sich Menschen beheimaten und ihre Identität finden, hängt nicht nur vom sozialen Kontext mit seinen religiösen, sprachlichen und sonstigen Eigenheiten ab, sondern auch von der städtebaulichen Landschaft oder der Dekoration öffentlicher Gebäude. Aus der Fülle der in einen gemeinsamen Rahmen passenden Eindrücke und damit konform gehender Symbole entsteht jener „Kulturraum", der sich von anderen unterscheidet. Wie stark dabei gerade die Art und Weise der Bebauung mit Identität verbunden ist, zeigen auch ganz andere Fälle der „Ideologisierung des Bau- und Planungsrechts" aus dem nicht-religiösen Bereich.[92] Dass nicht nur kulturell-religiöse Minderheiten, sondern auch die Mehrheit ein legitimes Interesse am Erhalt ihrer kulturellen Identität hat,[93] zeigt die Überlegung, dass sich die Mehrheit als „Volk", hätte sie noch keinen Staat gebildet, für dieses Anliegen auf das Selbstbestimmungsrecht der Völker berufen könnte.[94] Zwar erledigt sich der originäre Selbstbestimmungsanspruch mit der Bildung eines Staates, in dem die kulturelle Mehrheit sich als politisch-demokratische Mehrheit selbstbestimmen kann; in der Substanz geht das Selbstbestimmungsrecht dadurch aber nicht verloren. Das heißt weder, dass es zwangsläufig zur Koinzidenz von kultureller und politischer Mehrheit kommen muss, noch, dass sich das Interesse der demokratischen Mehrheit ohne Rücksicht auf die geschützten Interessen Anderer durchsetzen kann.

Kulturräume können ebenso wie Sprachräume, in denen nur eine bestimmte Sprache als Amtssprache gelten soll, geformt werden. Unter „Kulturraumformung" ver-

---

order, religious harmony and tolerance in a democratic society." Siehe bereits EGMR, *Kokkinakis ./. Greece*, 14307/88, A 260-A, § 33.

[92] s. zur in der Schweiz geführten Debatte über Rundholzbauten (Blockhäuser), die in sensiblen Gebieten zum falschen Identitätsträger geworden seien und – vergleichbar dem Minarett im christlich-abendländisch geprägten Baugebiet einen „Fremdkörper" darstellten, *F. Müller*, in: Tanner et al. (Fn. 57), 61 (75 f.).

[93] s. i.E. *D. Richter*, in: G. Lüdi et al. (Hrsg.), Sprachenvielfalt und Kulturfrieden, 2008, 253 ff.

[94] s. zum Recht der Völker, ihre eigene kulturelle Entwicklung zu gestalten, den fünften Teil der Friendly Relations Declaration der UN-Generalversammlung vom 24. Okt. 1970, Anhang zu UNGA Res. 2625 (XXV).

steht man die gezielte Gestaltung eines Kulturraumes mit dem Ziel, auf das mentale Wahrnehmungsbild einzuwirken, um eine Identifikation des Raumes mit seiner Bevölkerung durch Ansässige wie außenstehende Beobachter zu erreichen, zu befestigen und letztlich auch, um territoriale Ansprüche zu legitimieren.[95] Hier geht es allerdings nicht um kulturelle Eroberung, sondern um eine defensive Festschreibung des überlieferten Charakters eines bestimmten Gebiets. Das Anliegen rebellierender Mehrheiten, wie es hier anhand der Streitigkeiten um Sakralbauten und Kruzifixe gezeigt wurde, ist einerseits im Interesse des Kultur- und Religionsfriedens ernst zu nehmen. Andererseits darf es nicht dazu kommen, dass das unfriedlichste Verhalten und die aggressivsten „Gebietsforderungen" zu den größten Erfolgen führen. Deshalb verlangt die gesetzliche Ausweisung eines *sensiblen Gebiets* als äußerlich von einer bestimmten Kultur bzw. Religion geprägt – z. B. Altötting vom Katholizismus – nach einer objektiv-wissenschaftlichen Analyse der Vor-Ort-Situation anhand aller relevanter Kriterien. Das können sein: die besonders hohe Dichte der schon vorhandenen Sakralbauten und Symbole, die im gewählten Beispiel ganz überwiegend katholische Bevölkerung, die fortdauernde Traditionspflege und Lebendigkeit der Kultur, eine lange Überlieferungsgeschichte, etc. Die so fundierte *„kulturelle Ausweisung"* kann, vergleichbar der in der Schweiz praktizierten sogenannten „sprachlichen Ausscheidung", ein Instrument sein, das auf der Basis des Territorialitätsprinzips die Stellung einer traditionell ansässigen Mehrheit gegen den allzu heftigen Veränderungsdruck infolge von Zuwanderung schützt. Ihre Wirkung liegt darin, das kulturelle „Umkippen" von Gebieten zu verlangsamen und allein dadurch – wie im analogen Fall des Sprachfriedens – den „kulturellen Frieden" zu erhalten.[96]

b) Gleichberechtigung der Kulturen, Minderheitenschutz
und Offenheit für den kulturellen Wandel

Wie die Erfahrungen der Schweiz mit der Integration von vier identitätsbildenden Sprach- und Kulturgruppen in einen gemeinsamen Staat zeigen, können territorialstaatliche Lösungen heute nicht mehr schematisch angewandt werden. Vielmehr bedarf das Territorialitätsprinzip, das in Europa seit den Zeiten des Augsburger Religionsfriedens mit der Ausweisung der konfessionellen Zugehörigkeit von Gebieten („cuius regio eius religio") praktiziert wird, der rechtsstaatlichen Überformung und Sublimierung. Ein Gebiet kann zwar in Bezug auf die Amtssprachenordnung als französischsprachig oder in Bezug auf das Städtebau- und Planungsrecht als „kulturkatholisch" oder „islamisch" ausgewiesen werden; dies darf aber weder zur Unterdrückung altansässiger Minderheiten dienen noch stellt es die Grund- und Men-

---

[95] Zum Begriff *J. Joachimsthaler*, Orbis Linguarum 21 (2002), 109 (109 ff.). Siehe auch *M. K. Lasatowicz* (Hrsg.), Kulturraumformung, 2004.
[96] Eingehend zu den Mechanismen des sprachlichen Territorialitätsprinzips einschließlich der „sprachlichen Ausscheidung" *D. Richter*, Sprachenordnung und Minderheitenschutz im schweizerischen Bundesstaat, 2005, insbes. 145 ff.

schenrechte Einzelner infrage.[97] Das bedeutet, dass die gesetzliche Ausweisung einer besonderen Prägung von Gebieten nur ein verstärktes öffentliches Interesse am Erhalt der schon vorhandenen Prägung begründet, das aber gleichwohl im Einzelfall mit kollidierenden Interessen, insbesondere Individualrechten und Anforderungen des Minderheitenschutzes, abzuwägen ist.

Zu den Spielregeln, die dabei im Interesse des kulturellen Friedens zu beachten sind, zählt insbesondere auch, dass alle im Lande vertretenen Kulturen grundsätzlich *gleichwertig* sind: Jede Kultur kann in bestimmten Gebieten prägend sein oder es in Zukunft werden. Das deckt sich mit der gezeigten menschenrechtlichen Anforderung, wonach die Religionsfreiheit nur in neutraler und unparteilicher Form eingeschränkt werden darf. Sollte es eines Tages z. B. dazu kommen, dass in bestimmten Stadtteilen von Köln oder Berlin die islamische Kultur stadtbildprägend und ihrerseits wieder von einer neuartigen Zuwanderungswelle bedrängt würde, käme also auch für sie eine fixierende Ausweisung als spezifischer Kulturraum in Betracht; dies könnte allerdings nicht zur Verdrängung der noch vorhandenen christlichen Sakralbauten führen, da das Territorialitätsprinzip nicht als Instrument zur Unterdrückung alteingesessener Minderheiten dienen darf.[98]

Die Ausweisung eines Gebiets als äußerlich von einer bestimmten Kultur bzw. religiösen Tradition geprägt hätte zur Folge, dass Symbole einer anderen Kultur grundsätzlich ferngehalten werden könnten, so wie z. B. deutschsprachige Aufschriften und Reklametafeln in französischsprachigen Kantonen oder rätoromanischen Gemeinden der Schweiz unterbunden werden können, um den sprachkulturellen Charakter dieser Gebiete zu erhalten.[99] Wollte z. B. ein islamischer Verein eine Moschee in Oberammergau errichten und wäre dieser Ort gesetzlich als „kulturkatholisch" definiert, könnte nur ein überwiegendes, insbesondere religiöses Interesse ausnahmsweise die Durchbrechung der gesetzlich festgelegten Prägung gebieten, etwa eine Situation, in der das geschützte religiöse Interesse der islamischen Bevölkerung anderenorts oder auf eine die fixierte Prägung nicht störende Weise gar nicht mehr verwirklicht werden könnte. Trotz aller Abwägung mit kollidierenden Gütern hat allerdings jede Anwendung des Territorialitätsprinzips homogenisierende bzw. „assimilierende" Wirkungen,[100] die zu seinem Wesen gehören und als Kehrseite seiner sta-

---

[97] Vgl. auch Artikel 34 Erklärung der UN über die Rechte der indigenen Völker, UNGA Res. 61/295 vom 13. Sept. 2007, wonach indigene Völker das Recht haben, ihre institutionellen Strukturen, Traditionen und Rechtsgewohnheiten „im Einklang mit den internationalen Menschenrechtsnormen" zu fördern, weiterzuentwickeln und zu bewahren.

[98] Vgl. zum Sprachenrecht Schweizerisches Bundesgericht, *Brunner*, BGE 106 Ia 299 (302) = EuGRZ 1981, 221 (Auszug).

[99] s. *Richter* (Fn. 96), 1036 f. m.w.N.

[100] Zur grundsätzlichen Pflicht von Zuwanderern, sich sprachlich zu „assimilieren", soweit es die Sprache im öffentlichen Raum betrifft: Schweizerisches Bundesgericht, *Association de l'Ecole française*, BGE 91 I 480 (487). Siehe auch *Richter* (Fn. 96), 180 ff.

bilisierenden Funktion in Grenzen hinzunehmen sind.[101] Am Einsatz dieses Prinzips zum Erhalt einer möglichst einheitlichen Prägung besteht aber dann kein legitimes Interesse (mehr), wenn andere Kulturen schon einen erheblichen Anteil an der Sichtbarkeit im öffentlichen Raum erlangt haben, das betreffende Gebiet also ebenfalls in merklicher Weise mit prägen. Das führt auf den Aspekt des möglich bleibenden Kulturwechsels:

> Die Ausweisung als spezifisch geprägter Kulturraum ist, vergleichbar der Ausweisung eines Gebiets als deutsch- oder italienischsprachig, nicht für alle Zeiten gegen Veränderung gefeit. Sinn der territorialen Lösung ist es, eine geordnete Entwicklung zu ermöglichen, bei der die Kulturen nicht ungebremst aufeinander prallen, nicht hingegen, Gebiete nach Art eines Reviers einer bestimmten Kulturgruppe endgültig zuzuweisen. Folglich kann ein Kulturwechsel wie im vergleichbaren Fall des Sprachenwechsels stattfinden, sobald eine zugewanderte Kulturgruppe sich dauerhaft etabliert hat, also über mehrere Generationen ansässig ist, und eine starke Minderheit innerhalb der Bevölkerung stellt, z. B. mehr als 30 % der Bevölkerung ausmacht. Welche weiteren Kriterien darüber hinaus erfüllt sein sollten, muss mit Blick auf die Eigenarten von Kulturräumen herausgearbeitet werden.[102] Wechsel bedeutet dabei zunächst nur, dass die prägende Kultur ihre Alleinstellung verliert und eine weitere im betreffenden Gebiet Anerkennung findet, die in fernerer Zukunft möglicherweise selbst zur prägenden Kraft wird. Während der faktische Sprachenwechsel bei den Amtssprachen allerdings anhand der dauerhaft veränderten sprachlichen Zusammensetzung relativ einfach festgestellt werden kann, ist die Veränderung von Kulturräumen viel komplexer. Man könnte sogar meinen, dass sie logisch ausgeschlossen ist, sofern eine kulturelle Ausweisung des Raumes gerade den Zweck hat, die Symbole anderer Kulturgemeinschaften zum Zwecke des Erhalts der überlieferten Prägung fernzuhalten. Doch sind auch hier maßgeschneiderte faktische und normative Kriterien für die Annahme des Wechsels vorstellbar, z. B., dass die vormaligen Kulturträger und -trägerinnen zur kleinen Minderheit geworden sind, die vormals prägende Kultur keine Bedeutung mehr für sie hat, sie nicht mehr „gelebt" wird, etc.

c) Sonderfall „öffentliche Schule"

Es ist ein Unterschied, ob das staatliche Recht anerkennt, dass ein bestimmtes Gebiet von einer benannten Kultur geprägt ist und aus diesem Grunde die Träger und Trägerinnen dieser Kultur (insbesondere auch Religionsgemeinschaften) bei der Errichtung von Symbolen (Kirchtürme oder Minarette) gegenüber denen einer anderen Kultur privilegiert, oder ob der Staat solche Symbole selbst etabliert (Kruzifixe in der

---

[101] Zur Vereinbarkeit des sprachlichen Territorialitätsprinzips mit der EMRK EGMR, Case *Relating to Certain Aspects of the Laws of the Use of Languages in Education in Belgium ./. Belgium*, 1474/62 et al., A 6, 33, insbes. § 42: Ein System, das die sprachliche Einheit in den einsprachigen Gebieten favorisiert, beinhaltet grundsätzlich keine Diskriminierung.

[102] s. zu den möglichen, stark umstrittenen Kriterien im Sprachenrecht *Richter* (Fn. 96), 678 ff.

staatlichen Schule). Im letzteren Fall betätigt er sich nicht mehr als „neutraler Organisierer"[103] im Konfliktfeld der Kulturen, sondern polarisiert selbst. Auch wenn die Ausstattung staatlicher Gebäude mit Kruzifixen dabei die Zustimmung der Bevölkerungsmehrheit finden mag, handelt es sich nicht um kulturelle Symbole der Gesellschaft, sondern um Ausdrucksformen einer Staatskultur.

Während das Hinzufügen islamischer Sakralbauten eine örtlich vorhandene „christlich-abendländische" Prägung beschädigen kann (und umgekehrt), löst das Weglassen der Kruzifixe in öffentlichen Gebäuden jedenfalls keine störenden Wirkungen auf eine vorhandene Prägung und Identität aus. Gleichwohl kann ihr Abhängen bei Teilen des Publikums Verlustgefühle auslösen, die Wiedererkennbarkeit von und Vertrautheit mit bestimmten Räumen und damit auch die Identifizierung mit dem Staat auf einer gemeinsamen Wertebasis schwächen. Die Wurzeln dieses Problems liegen allerdings darin, dass der Staat ab irgendeinem Zeitpunkt das Kreuz für eigene Prägezwecke instrumentalisiert hat und diese Prägung wirksam geworden bzw. geblieben ist. Entscheidend ist letztlich jedoch, welche Wirkung von den zur Prägung eingesetzten Symbolen ausgeht und ob diese Andersdenkenden, die ihre implizite Botschaft ablehnen und sich auf Individualrechte (insbes. Erziehungsrechte und negative Religionsfreiheit) berufen können, zumutbar ist. Dabei unterscheidet sich der Außenraum wesentlich vom Innenraum, in den sich die Person zur Erfüllung öffentlich-rechtlicher Pflichten oder Wahrnehmung von Rechten hineinbegeben muss. Je unausweichlicher das Symbol, etwa infolge der Geltung der Schulpflicht in öffentlichen Schulen, ist, umso mehr Rücksicht muss auf die „Gegner" insbesondere religiöser Symbole genommen werden. Denn so wie der Staat nicht den Inhalt, Gebote und Praktiken einer Religion vorgeben kann, kann er auch nicht die *Relevanz oder Irrelevanz der Wirkung religiöser Symbole* vorgeben: Sie ist deshalb im Zweifel vorhanden.[104] Und je mehr ein Staat betont, wie unabdingbar das Kruzifix in öffentlichen Gebäuden zur Festigung der staatlichen Identität sei, umso mehr Wirkung misst er dem Symbol selbst zu, umso mehr spricht er Anders- und Nichtgläubigen die Identifizierung mit der staatlichen Gemeinschaft ab. Eine Wahl, den religiösen Charakter der Symbole oder deren Wirksamkeit zu leugnen, besteht mit Blick auf diese Lage nicht. Deshalb ist das Kruzifix in Gebäuden zwar ein Prägefaktor, der die kulturelle Ausweisung von Räumen komplettieren und intensivieren kann, in seiner Intensität aber zu weit geht und daher kein erlaubtes Mittel ist.

d) Der weite Weg zur Toleranz

Der Beitrag hat den Versuch unternommen, einen territorial ansetzenden Mechanismus zur Bewältigung sprachlicher Vielfalt für die Bewältigung religiös-kultureller Vielfalt nutzbar zu machen. Trotz allem muss von einer „Notlösung" gesprochen werden; denn jeder Rückgriff auf territorialstaatliche Lösungen bedeutet letztlich

---

[103] s. Fn. 91.
[104] Zur Begründung bereits oben B. I. 2. a).

einen Rückfall in frühmoderne Konzepte: Indem einzelne Gebiete als einer bestimmten Sprache, Religion oder Kultur zugehörig ausgewiesen werden, kehrt der alte Nationalstaat in die Teilgebiete eines Staates zurück. Dennoch kann das kulturelle Territorialitätsprinzip den konflikthaften, allzu schnellen Übergang in den kulturellen Pluralismus regulieren, wo eine altansässige Bevölkerungsmehrheit noch nicht bereit ist, die traditionelle, einheitliche Raumprägung aufzugeben und die Symbole anderer Kulturen zu tolerieren. Der Kulturfrieden kann jedenfalls in sensiblen Gebieten nur gewahrt werden, wenn der Gesetzgeber den schmerzhaften Prozess der Veränderung aktiv reguliert und zeitlich in die Länge zieht. Dazu bedarf es des Schutzes der überlieferten Prägung eines Gebiets und der Festlegung jener Kriterien des Kulturwandels, welche die „implizite Normativität" der vorgefundenen Prägung entkräften können. Das ändert nichts daran, dass eine von Kulturräumen abgelöste Anwendung von Individualrechten jener Welt gemäß ist, in der territoriale Begrenzungen so wie die Staaten selbst zunehmend an Bedeutung verlieren: Tolerant ist eine Gesellschaft, die mit kulturneutralen Beschränkungen der Religionsausübungsfreiheit gegenüber den Angehörigen der Mehrheit wie auch der Minderheiten auskommen kann.

Global Human Rights Protection at the Crossroads: Strengthening or Reforming the System

By *Eibe Riedel*

I. Introduction

When the process of human rights protection started in earnest after the end of the Second World War, it was generally accepted that the traditional way of treating issues of human rights and fundamental freedoms at the national level had dismally failed. The dogma of national sovereignty still prevailed, and it served as a shield for preventing international concern with matters claimed to be internal matters, and amounting to intervention into internal affairs. The United Nations Charter, although for the first time stating that human rights protection would serve as one of the three key functions of the new world organization, alongside peacekeeping and social progress, nevertheless, in its opening articles re-iterated the key role reserved for state sovereignty and the principle of non-intervention. Moreover, while chapters V – VII of the UN-Charter specifically spelled out in some detail the organization's peace-keeping and collective security functions, the second pillar, relating to human rights protection, merely received scant mention in a couple of articles that mainly addressed procedural questions.[1] It was clear that for a number of different reasons, a specific catalogue of human rights could not be agreed upon in 1945, and so it was left for future activities of the UN to address the issue of a Universal Bill of Rights that ought to have been included in the Charter, like in many constitutions of UN member States. As we know, and therefore need not dwell upon, that task was undertaken by the Human Rights Commission (CHR) which in 1948 produced the Universal Declaration of Human Rights (UDHR[2]). While attempts to lay down the UDHR not as a mere resolution in a more formalized declaration without binding legal effect, but instead in a treaty with binding legal obligations for member States, that project failed, and it took another 20 years before the two UN Covenants on Economic, Social, and Cultural Rights, and on Civil and Political Rights were finally adopted in 1966, entering into forth ten years later[3]. The sovereignty dogma, and

---

[1] For a fuller description, see *E. Riedel/J.-M. Arend*, Article 55 c, in: B. Simma et al (eds.), Commentary of the Charter of the United Nations, 3rd ed. 2012; *E. Riedel/G. Giacca*, Article 68, same volume.

[2] UNGA Res. 217 A (III) of 10 December 1948.

[3] UNGA Res. 2200 A (XXI) of 16 December 1966, both in force 1976.

the notion of internal affairs for which the UN was not to have powers of intervention, except in exceptional circumstances laid down in Article 2 (7) of the UN Charter, restated the older concept of the *domaine réservé* of each State, and still pervaded international law generally, thus also shaping the UN Charter approach. Subsequent developments have brought about a fundamental change of approach: the UDHR gradually became entrenched as binding customary international law in most of its provisions, with the exception perhaps of the right to property[4] which was not taken up in the two UN Covenants of 1966. Subsequently, the UDHR and the two Covenants were seen as the Universal Bill of Rights, that had been envisioned in 1948. Moreover, after 1960, when nearly 100 former colonies achieved independence, many provisions of the UDHR were incorporated in national constitutions. Slow and gradual treaty body practice eventually led to a new vision of human rights protection.

The nation State, having functions of respecting, protecting and fulfilling human rights, no longer is seen as the ultimate judge of human rights issues, but its role has been transformed and functionalized: the State has obligations to fulfil the human rights which it has recognized by ratifying the relevant human rights treaties. It became clear that a new treaty network emerged transcending the traditional, sovereignty-based *do ut des*-treaties of the pre-war years. Apart from the numerous traditional treaties in the private law analogy, which continued to be drafted, a new category of treaty gradually developed: that of objective regimes, status treaties, and treaties with self-effecting fulfilment structures, treaties of an integral type.[5] The role of the State thereby has gradually changed to one of being trustee for public interests of the community of States, not just of its own individual State interests.[6] Under this new vision of community of States interest treaties the States merely have the function of setting the treaty regime in motion, and the institutions set up by such integral treaties then take on their own life, even monitoring the ratifying State's own human rights situation domestically, thus piercing the veil of the black box of sovereignty under traditional international law.

During the long period of the Cold War between the Socialist States and Western States human rights realization suffered from the political and ideological controversies raging at that time. As a result, both Western and Eastern States for different reasons relied on their economic and political systems, whereby Eastern States favoured economic and social rights – thinking that those rights would fit their societal model better –, Western States concentrated almost exclusively on civil and political rights,

---

[4] The right to property, still contained in the UDHR in 1948, was not taken up in the text of either of the two Covenants, for details, see *E. Riedel*, Theorie der Menschenrechtsstandards, 1986, 37–45.

[5] "Verträge mit integraler Erfüllungsstruktur", *E. Klein*, Statusverträge im Völkerrecht, 1980, particularly at 234 et seq; see also *R. Wolfrum*, Die Internationalisierung staatsfreier Räume, 1984, 688, with references.

[6] *E. Riedel*, in: J. Delbrück (ed.), New trends in international lawmaking – International legislation in the public interest, 1997, 61–98.

holding that only these were compatible with the philosophy of free market economies, while social rights would be costly, and would entail planned market economies like in Socialist States, to be avoided from the beginning.[7] This ideological cleavage went on until 1990 and the demise of the Soviet Union, and was overcome only at the Vienna World Conference on Human Rights of 1993,[8] where the universality, indivisibility, interdependence and equality of all rights was reaffirmed, and the Office of the High Commissioner of Human Rights (OHCHR) propagated[9] and subsequently created to structure the further human rights developments.[10] Since then, the ideological positions – although still maintained by some States – have gradually been lessened, if not overcome. It is against this background that the evolution of the human rights protection system has to be assessed.

II. Charter-Based Approaches

Beset by the scant human rights references in the text of the UN Charter and the ideological divides between East and West, and after 1990 between North and South, between developing and developed States, the UN pursued a double strategy for better human rights protection: On the one hand, it was sought to develop protection mechanisms from a Charter-based approach, on the other hand, human rights protection was tried to be enhanced along the treaty avenue. The Charter-based approach relied on the inter-governmental track of dealing with political issues, and looked at human rights from this political perspective. The result was quite impressive: the Human Rights Commission (CHR) was set up, a system of special procedures dealing with the issues of gross and massive violations of human rights, for which Special Rapporteurs either for country analyses or specific thematic issues were established. These institutional steps contributed a lot to raise awareness of human rights situations all over the world, and to exert pressure on violating States – particularly on those that had not accepted the human rights treaties – to remedy the alleged human rights violations. And while the member States of the UN retained full powers over whether to accept or reject such criticism, in fact, the 'naming and shaming' function did a lot to entice States to voluntarily change their practices. Instead of providing a real court-like sanction, such global monitoring set up pillories, and no State

---

[7] *E. Riedel*, in: E. Riedel (ed.), Constitutionalism – Old Concepts, New Worlds, German Contributions to the VIth World Congress of the International Association of Constitutional Law (IACL), Santiago de Chile (2004), 2005, 105–121 with further references; see also *E. Riedel*, in: C. Krause/M. Scheinin (eds.), International Protection of Human Rights: A Textbook, 2009, 129 (134 et seq.).

[8] World Conference on Human Rights, Vienna 1993, UN Doc. A/CONF.157/23 of 12 July 1993.

[9] See *M. G. Schmidt*, in: R. Hanski/M. Suksi (eds.), An Introduction to The International Protection of Human Rights, A Textbook, 2nd ed. 1999, 169 (170 et seq).

[10] UNGA Res. 48/141, adopted on 20 December 1993.

likes being put in a pillory. The functions of other CHR mechanisms worked in a similar, almost surreptitious manner[11]:

Initially, individuals had sent petitions to the UN Secretary-General, hoping that the UN might put pressure on the State that allegedly had violated basic human rights. When 30.000 to 40.000 petitions reached the Secretary-General, such appeals could no longer be ignored. While previously, such requests were shelved and disregarded, such petitions later were channelled into a petitions system, according to ECOSOC resolutions 728 F (XXXIII) 1959, 1235 (XLII) 1967 and 1503 (XLVIII) 1970. At the time of Resolution 728 F, it was still generally accepted that the UN possessed no powers to take any specific measures to redress complaints about human rights violations, but this gradually changed: The CHR succeeded to examine such petitions via Resolution 1235 for public, and Resolution 1503 for confidential complaints. The CHR made it clear that this petitions procedure did not establish individual complaints, but enabled examination of human rights violations, if "a consistent pattern of reliably attested gross violations of human rights" could be alleged. The supposed violations thus had to be really grave, in that the State institutions either tolerated or even sanctioned such massive violations.[12] Only on this basis could these human rights violations be acted upon by the CHR on a non-treaty basis.

The non-treaty Charter-based procedures[13] that developed clearly had some beneficial effects, but in sum only produced marginal changes of State behaviour. The same can be said of the system of special procedures[14] which by now have risen to 36 thematic and 12 country mandates. States, on the whole, much prefer the thematic approach, as they can hide behind a veil of anonymity, unlike with country reports. Again, this illustrated that States are only willing to accept such procedures, if little or no immediate action is required of them. They will easily agree on criticizing other States, but exclude self-analyses, according to the maxim "wash my fur, but don't make me wet"[15].

The CHR from 2000 onwards became more and more discredited and politicized, because hypocritically some States with a record of gross violations of human rights had been elected to the Commission, and when Iran and other States that clearly had violated human rights on a massive scale even assumed leading functions of the CHR, the calls for drastic change of the whole system grew stronger.

---

[11] For the following, see generally *Riedel* (fn. 1); *E. Riedel*, International Covenant on Economic, Social and Cultural Rights (1966), in: MPEPIL, 2010, No. 836.

[12] On this see generally *Riedel/Giacca* (fn. 1), Article 68 UN Charter, marginal notes 60–63.

[13] For a full analysis see *A. Clapham*, in: Krause/Scheinin (fn. 7), 79–103.

[14] See overview by *Clapham* (fn. 13), 92–94.

[15] *B. Simma*, in: E. Klein (ed.), The Monitoring System of Human Rights Treaty Obligations, Colloquium Potsdam, 22/23 November 1996, 1998, 31 (47).

In 2006 it was decided to abolish the CHR, to be replaced by a Human Rights Council (HRC).[16] While many had hoped that the new Council would be a small and effective body, in analogy to the Security Council, and in order to become a member of the HRC candidate States would have to present a clean record of human rights compliance, these initiatives were quickly watered down, and in the end, the new Council membership was only fractionally reduced to 47 instead of 53 members, and the membership criteria were kept as loose as under the Commission. The 1235/1503 procedure was kept under a different name, with only minor changes of procedure,[17] but the Sub-Commission on the Promotion and Protection of Human Rights was abolished, and replaced by an Advisory Committee which unlike the Sub-Commission now only can act if specifically mandated by the HRC.[18]

This, and the other measures taken by the new HRC, emphasized the dominant inter-governmental nature of the human rights agenda, where States are judges in their own cause. Needless to say, there is merit in such inter-governmental human rights politics, because it can increase problem awareness and may lead to voluntary political measures for better national implementation. But for the people on the ground at national level, very little actual redress of grievances is offered by this diplomacy and policy approach.

There is, however, one really new and potentially beneficial aspect of the inter-governmental approach, and that is the set-up of a universal peer review, the so-called *Universal Periodic Review (UPR)*.[19] The UPR now assesses the general human rights situation in all UN member States and has evolved in such a way that the HRC will make recommendations to each and every State at regular intervals of four years, based on information collected and summarized by the OHCHR, and containing analyses of the State's report and recommendations made by human rights treaty bodies, and by civil society organizations. A working group of the Council then drafts conclusions on the regular UPR State report, and suggests recommendations, following a plenary discussion of only three hours in the HRC, to which the State adds summary conclusions. The State can either accept the recommendations, reject some of them, or reserve judgment on them, which seems to be a diplomatic way of saying

---

[16] For the following see in particular *V. Chétail*, in: Liber Amicorum Vera Gowlland-Debbas, 2010, 193–241; *P. Scannella/P. Splinter*, HRLR 7:1 (2007), 41–72; *P.G. Lauren*, Human Rights Quarterly 29 (2007), 307–345; *M. Abraham*, Building the New Human Rights Council, Outcome and analysis of the institution-building year, Friedrich Ebert Stiftung, Occasional Papers Geneva No. 33/August 2007.

[17] *Abraham* (fn. 16), 20–23.

[18] See *Abraham* (fn. 16), 16–19.

[19] See literature mentioned in fn. 16, and in particular *Abraham* (fn. 16), 34 et seq.; see also *T. Rathgeber*, The HRC Universal Periodic Review: A preliminary assessment, Friedrich Ebert Stiftung, Briefing Paper 6 July 2008, Geneva; *T. Rathgeber*, New Prospects for Human Rights? The Human Rights Council between the Review Process and the Arab Spring, Friedrich Ebert Stiftung, International Policy Analysis, FES Geneva, March 2012; *O. de M. Frouville*, in: M.C. Bassiouni/W. Schabas (eds.), New Challenges for the UN Human Rights Machinery, 2011, 241–266; *C. de la Vega/T. N. Lewis*, in: Bassiouni/Schabas, a.a.O., 353–386.

that nothing will be done about such recommendations. To create a new human rights institution at considerable costs, giving States the power to reject recommendations out of hand without further justification seems a real step back in the quest for better human rights protection world-wide. But what is to be expected from a body composed of State representatives, acting on direction of their respective governments, whose main interest seems to be to be praised for its achievements, and to belittle problem areas which, needless to emphasize, all States to a larger or lesser degree have when it comes to human rights realization at the national level.

The reform drive for the HRC clearly saw these difficulties and it was said that judgment could only be passed at the end of the first round of all 194 States to be reviewed. That has now happened. But judgments are reserved because one wishes to assess the second round of the UPR, to see what follow-up steps the States have taken on the recommendations of the first round. I have serious doubts about that process, but a number of clear positive effects of this human rights politics approach are also emerging: for one, the UPR is on the agenda, both internationally and nationally, and this has led to some serious rethinking on human rights procedures at the national level, which is quite remarkable, leaving aside those States that remain serious human rights violators, as under the CHR. The UPR also engages non-governmental organizations (NGOs) in a very considerable way, and the visibility and awareness-raising function of the UPR procedure is quite notable, and exceeds that of the treaty body monitoring practice by far. That was to be expected with a government-driven procedure at the international level, where public media attention can be mustered much as at the national level. On balance, therefore, the set-up of the UPR probably is a useful addition to the many efforts of improving the human rights situation in all countries of the world.

III. The Treaty-Based Approaches

With the two international covenants on economic, social and cultural rights and civil and political rights in 1966, in force since 1976, the treaty approach to human rights problems took on the task that the UDHR of 1948 had set in motion: the monitoring of national human rights realization by independent human rights experts at the international level. By ratifying, acceding or succeeding to human rights treaties, a clear legal obligation for member States to respect, protect and fulfil the duties detailed in those treaties was established. The monitoring bodies are to receive a State report at regular 4- or 5-year intervals, then to critically examine those reports, adopt so-called list of issues that the government report only covers insufficiently, or does not cover at all, receive government answers to those list of questions from States to be reviewed, and then to conduct a dialogue of one day[20] with a delegation from the State to be reviewed. At the end, the committees of each treaty hand down concluding

---

[20] In the case of the Committee on Economic, Social and Cultural Rights (CESCR), $1\frac{1}{2}$ days for initial reports, and one day for periodic reports.

observations, which formulate suggestions and recommendations that the State party should bear in mind when applying them in their domestic legal order.

The approach taken by the monitoring committees is based on the philosophy of a "constructive dialogue", rather than on a "violations" approach. Only if a State does nothing at all to implement recommendations made, and where the human rights situation of the population remains unchanged or where serious violations continue to occur, despite all previous recommendations, the committees will resort to the violations approach, and the language of recommendations changes from suggestions, via requests, to acknowledging serious shortcomings, and even clear breaches of international obligations accepted upon ratification.[21] As no State likes being put in the pillory, stigmatized as a human rights violator, these recommendations have had a strong persuasive effect, and if one compares the human rights situation of the 1960-ies with that of today, considerable progress has been made in many countries. Even though the recommendations are not per se legally binding, entitling to clear remedies at the national level, their persuasive authority nevertheless cannot be underrated. Unfortunately, though, the concluding observations which should be widely publicized at the domestic level, often are ignored or disappear in cupboards of government ministries until the next periodic report is due. While NGOs and National Human Rights Institutions (NHRI) by now have stepped up the plea for fulfilling the monitoring needs at the national level to a considerable degree,[22] the overall effects of all this has been relatively marginal only.

The second monitoring device under the by now nine core human rights treaties, the communications procedures, have had a beneficial effect where they apply.[23] It opens the way for individual complaints being raised at the international level, and that case-by-case approach has led to very much more visibility and media attention, both internationally and nationally, and consequently frequently has led to redress of grievances. For journalists and usually non-expert television moderators, it is much easier to focus on a particular right of an individual, such as equal access to education, or labour conditions, or denial of freedom rights, such as religious freedoms, freedom of speech and of assembly, to be free from torture or other inhuman and degrading treatment, to name but some, rather than on the more abstract and complex overall situation of a particular human rights treaty.

---

[21] On the language used in concluding observations of the CESCR, see *F. Sitrin*, Evaluation of the Study on the language used in Concluding Observations of the CESCR, student paper, 19 May 2011, on file with the author.

[22] National Human Rights Institutions, History, Principles, Roles and Responsibilities, United Nations, Professional Training Series No.4/Rev.1, New York/Geneva 2010, HR/P/PT/4/Rev.1.

[23] See *R.K.M. Smith*, in: M.A. Baderin/M. Ssenyonjo (eds.), International Human Rights Law, Six Decades after the UDHR and Beyond, 2010, 215 (229 et seq.); *A. Rosas/M. Scheinin*, in: A. Eide/C. Krause/A. Rosas (eds.), Economic, Social and Cultural Rights, A Textbook, 2nd ed. 2001, 425 (439 et seq.); *Ch. Tomuschat*, Human Rights Between Idealism and Realism, 2nd ed. 2008, chapter 8, 193–229; *J. Rehman*, International Human Rights Law, A Practical Approach, 2003, chapter 3, 53 (89 et seq.).

While most of the core human rights treaties by now have more than 150 ratifications, the number of ratifications for communications procedures is still much smaller, although increasing. States can easily make out that the monitoring practice there is much more to the point, and more difficult to deal with by evasion at the domestic law level. The Human Rights Committee (HRCee) which set the trail for these individual complaint procedures now has over 100 ratifications for that procedure, the Optional Protocol (OP). The other treaties with OPs are still lagging behind considerably. Of the nine treaty bodies only six by now can utilize the communications procedure, while for three committees the minimum number of ratifications has not yet been achieved.

In addition to State reporting and communications procedures, some treaties or protocols also provide for the possibility of inter-State complaints, but that, so far, has not played any role at the universal level, nor does it seem likely in future, bearing in mind that it would carry the danger of over-politicization of issues, and might entice States accused to retaliate in a similar political fashion. At the regional level in Europe there have been a few such proceedings, and probably the main function of this inter-State monitoring is its potentiality, in cases of extreme human rights violations, such as, for example, happened with Greece under the military regime and Turkey.[24]

IV. Challenges to the Existing Monitoring System

As the High Commissioner for Human Rights in her most recent report of 2012 has summarized,[25] since 2000 the acceptance and expansion of the treaty body system has more than doubled in size since 2004. However, the existing treaty bodies and the funding of their work have faced serious challenges. If all States parties to the nine core human rights treaties were to submit their reports on time, the system would soon collapse. As it is, the HRCee only receives 20 % and the CESCR 29 % of the reports due.[26] As it is, some 20 % of States under the ICESCR, ICCPR and CAT have never ever submitted their initial reports. Furthermore, the backlog of reports submitted but not yet examined has reached 281 State reports by 2012.[27] Although measures, such as granting extraordinary sessions to committees, have helped to alleviate the greatest problems, they clearly did not solve them.

As the costs for all treaty body monitoring has more than doubled during the last decade, while the funding has not increased to the same degree, it is foreseeable that the whole system will come to a grinding halt, or worse still lose much of its effec-

---

[24] See *E. Riedel*, in: FS Simma, 2011, 574 (584).

[25] *N. Pillay*, Strengthening the United Nations human rights treaty body system, A report by the United Nations High Commissioner for Human Rights, United Nations Office of the High Commissioner, June 2012, (Strengthening Report), 17.

[26] See note by the Secretary-General, States Parties to the Covenant an states of submission of Reports, UN Doc. E/C.12/49/2 of 25 July 2012.

[27] For figures, see Strengthening Report (fn. 25), 26.

tiveness, because of having to reduce the technical and conceptual support needed, and by having to cut down the amount of time spent on monitoring State party reports, thereby rendering the whole reporting process more superficial. As a result, States parties may no longer face in-depth and well-prepared analyses of their human rights performance, which quite a number of them may even welcome. Moreover, while only 76 % of the total resources for the treaty bodies came from allocations under the regular UN budget, nearly a quarter of all resources originated from voluntary contributions. As such resources only come at a very late stage, and often are quite unpredictable in their volume, this renders longer-term planning more difficult. It also forces the system to employ many junior professional officers with short-term contracts and relatively little experience, rather than regular permanent staff, whose number has not increased to the level needed for the increased workload of all committees. This entails that the treaty bodies do not always receive the fully qualified experience and technical support needed, as it takes quite some time before secretariat work can be fulfilled to the satisfaction of the OHCHR and the treaty bodies as such. High Commissioner Navanethem Pillay in her recent report was very outspoken in her plea that "when a treaty mechanism can only function by tolerating an 84 % rate of non-compliance in reporting, serious measures are in order"[28].

While this reflects the situation in 2012, trends towards overburdening the treaty monitoring system were predicted for many years, and several strengthening measures were proposed from 1997 onwards: A report by Philip Alston on enhancing the long-term effectiveness of the system,[29] the Secretary-general's report on strengthening the UN of 2002,[30] and two expert meetings on overall reform of the treaty bodies in Malbun/Liechtenstein[31] paved the way for High Commissioner Louise Arbour's proposal of a *concept paper* for establishing a single unified standing treaty body, looking at various reform options.[32] But this proposal was not adopted. It faced serious challenge from treaty body members who feared that the "*acquis des droits de l'homme*" of specific human rights treaties might be endangered and that the expertise of nearly 180 independent experts under the existing – admittedly cumbersomesystem might not be preserved in a standing committee of around 20–30 members only. Moreover, the concept paper of the High Commissioner was proposed without

---

[28] Strengthening Report (fn. 25), 28.

[29] *P. Alston*, Enhancing the long-term effectiveness of the UN human rights treaty system, UN Doc. A/44/668/A/CONF.157; PC/62/Add.11/Rev.1, E/CN 4/ 1997/74.

[30] HRI/MC/2006/2 of 22 March 2006.

[31] Strengthening Report (fn. 25), 28; see also letter from *Ch. Wenaweser*, Strengthening of the United Nations System, Human Rights Questions: implementation of human rights instruments, of 13 June 2003, UN Doc. A/58/123 of 8 July 2003; Report of a brainstorming meeting on reform of the human rights treaty body system, (Malbun II), Triesenberg/Liechtenstein, 14–16 July 2006, UN Doc. HRI/MC/2007/2 of 8 August 2006.

[32] The Concept Paper on the High Commissioner's Proposal for a United Standing Treaty Body, 14 HRI/MC/2006/CRP.1 and Annexes I-III regarding statistical data on overdue reports; see further *M. O'Flaherty/C. O'Brian*, HRLR 7:1 (2007), 141–172; *R. L. Johnstone*, HRLR 7:1 (2007), 173–200; *M. Bowman*, HRLR 7:1 (2007), 225–249.

prior broad consultation with the existing treaty bodies who feared that their roles were to be redesigned without being heard or without their active participation, and only at extremely short notice. But the proposal was merely a "concept paper", outlining some of the difficulties faced by the system as a whole, and really merited closer attention. Although that initiative failed early on, it was successful in another way: it stung the thinking of treaty bodies, stimulating serious thought about alternatives below the level of full reforms.

Consequently, since 2008, more than 20 consultation meetings with treaty body members, academia, civil society and States parties have taken place, shifting the focus away from full reforms – which would need treaty amendments difficult to be had, to strengthening the system by looking at the possibilities for improving working methods of all committees, seeking to harmonize procedures, and this task was carried out meticulously by inter-committee meetings and chairpersons' meetings between 2006 and 2009.[33]

As an immediate result, and as a first harmonization effort, States parties were invited to present two parts of their reports in future: one relating to general questions affecting all or several committees, such as in relation to issues of equality and non-discrimination, the "*Common Core Document*", the other relating to the "*treaty specifics*". This makes it easier for States parties to several treaties to report on general issues only once, thus leaving more time for specific treaty article analysis, yet also reducing the time and space needed for treaty specifics. It also meant that the common core document dealing with the general legal and constitutional situation of the State and with derogation and limitation clauses would have to be updated more regularly, avoiding situations where complete system changes, new constitutions or legal developments and new case law had not been explained in the core document, and taking up too much time from the dialogue contingent, often negatively affecting the intensity and accuracy of the State party's report assessment. In fact, up until recently, the core document often was more than 10 years behind actual developments. Under the new procedure, regular updating of the core document should have beneficial effect on the monitoring practice of the committees.

While the new harmonization efforts have begun to be put into practice, experience in committees show that the actual monitoring procedure has not yet changed considerably since then. It remains to be seen how duplication of examination under the common core document can be avoided when 3 or 4 committees have to deal with these general issues. To give an example: in one instance Australia complained that it had to deal 5 times in one year with the same issue of aboriginal rights. While States, thus, often criticize committees for needlessly repeating general issues already covered by other committees in the same year, there may be instances of widespread violations where it is understandable that several committees continue to raise the same matter, if the State has not taken any steps to remedy the situation.

---

[33] Strengthening Report (fn. 25), 29–30.

Cutting down the time allocated for the dialogues with States parties, and improving harmonization measures of all treaty bodies, and also by taking steps to strengthen the role of chairpersons via enhanced competency of the regular chairpersons meetings, and by cutting down on the number of pages of reports, concluding observations, summary records, and accompanying documentation, may perhaps result in better working methods. Moreover, more focussed concluding observations and reduced numbers of recommendations when dealing with periodic reports may render the whole monitoring exercise more effective. Cutting down the number of pages might, indeed, encourage more precise, more focussed and thus more convincing recommendations, and might even encourage the setting of priority concerns, which has been suggested by many stakeholders for a long time, but so far with little success. Such cut-downs in the paper volume might, on the other hand, lead to leaving out important issues, and to reducing the content, or rendering the concluding observations short, vague and too generalized to be of practical value.[34]

By enhancing the role of country rapporteurs, who could be empowered to suggest the few priority concerns, which would then be adopted by the committees, the article-by-article analysis of the State report could be curtailed. This change in working methods of the committees, agreed in principle, could be a major step in improving the quality of concluding observations. As discussion on what should be prioritized takes extra time, this would probably have to be done in private informal meetings, or by small working groups for each country, ideally with one member from each world region. Various modalities are being piloted at the moment in several treaty bodies, and this should lead to improved working methods as well.

Amongst the strengthening measures proposed by the OHCHR is the introduction of a *Comprehensive Reporting Calendar*, whereby all States over a five-year period would have definite reporting dates, helping them to prepare their reports in good time.[35] This might also affect the great number of non-reporting States, and ultimately cut down the existing backlog in dealing with State reports, that at present often are submitted either late, or incomplete, and due to the haphazard submission impair the planning process for the treaty bodies which unfairly produces long waiting times after submission of the report for those States that are faithfully fulfilling their reporting obligations. In fact, sometimes the reports are three years old, and the situation may have changed considerably in the meantime. The dialogue with the State party delegation then is rendered more complicated, in order to take on board recent developments, which arose between the report submission and consideration at the dialogue stage. With non-reporting added on top, and the practice of allowing several reports to be merged into one for those States that are long overdue with their reporting obligation, in the interest of equal treatment of all member States something has to be done at short notice, and all committees have started work on that. The High

---

[34] Dublin II Conference, Strengthening the UN Treaty Body System, Dublin II Meeting, Dublin 10–11 November 2011, Outcome Document.

[35] Strengthening Report (fn. 25), 37–46 and Annex 1, 95–96.

Commissioner's report thus addresses a key problem of how to improve the working methods of all treaty bodies.

But the Comprehensive Calendar approach can only succeed if States parties are prepared to fully cooperate, and that – unfortunately – is quite doubtful, judging by present practice. The fixed calendar could easily break down, if a sufficient number of States continued to fail in their reporting duties. But generally, the Comprehensive Reporting Calendar deserves support, at least for a trial period, to see whether it can work properly or not. Its implementation would, however, require quite a substantial increase in staff support.

Under the High Commissioner's proposal, the five-year schedule seems workable: it would mean that each State party would be required to present no more than two reports per year, and the scheduling would be regularized in such a way that in year 1 ICCPR and ICESCR, in year 2 CRC and the Optional Protocols of CRC, in year 3 CAT and CED, in year 4 ICERD and CEDAW, and in year 5 ICRMW and CRPD would be examined at the set times.[36]

In practice, this model would function as follows: the submitted reports would be spaced out to a maximum of two reports per year, so that the State over the span of five years would submit reports to all nine treaty bodies. 20 % of all States parties would be considered per year, so that at the end of the cycle all States parties to particular treaties would have been reviewed in all relevant committees. The spacing of the reporting would be such that every report would be examined exactly one year following its submission, thus solving the problems of dated reports, currently besetting treaty body working methods. It will give the treaty body secretariats predictable and workable timelines to properly prepare the dialogue with the State party. Needless to add, the common core document would also have to be updated regularly.

From this proposal it becomes evident that both the treaty bodies and the States parties themselves will have to do their homework better, if the State reporting procedure is to become more efficient, effective and acceptable to all stakeholders.[37]

Another important initiative is the introduction of a *"Simplified Reporting Procedure"* (SRP).[38] It grew out of pilot projects by CAT, later the HRCee and recently also the Migrant Workers Committee. All three committees report acceptance by over 75 %, and that results apparently have been satisfactory. Other treaty bodies are still waiting for an evaluation report from the three committees before joining in. The basic idea is what used to be called *list of issues prior to reporting* (LoIPR). The process is based on the treaty body sending a list of questions referring to previous concluding observations, with the aim to better structure the report, the dialogue and the adoption of concluding observations. Such an SRP thus has the potential to achieve more focussed reports, which will help to make the concluding obser-

---

[36] Strengthening Report (fn. 25), 38.
[37] See Strengthening Report (fn. 25), 37–46, and Annex I, 95 et seq.
[38] Strengthening Report (fn. 25), 47–50.

vations more focussed, targeted, precise and easier to implement. The issue of prioritizing would automatically be included in this new reporting procedure. From a resources perspective, the SRP will definitely cut translation costs, because the longish process of written replies to lists of issues would be abolished. But this new procedure will have to tackle the problem that the human rights situation of a particular State under review cannot merely focus on implementation efforts of previous committee recommendations, but newer problems that have arisen during the reporting cycle must be addressed at the same time. But that counter-argument can be disproved, if the preparation of the SRP/LoIPR duly takes into account those newer developments. Input by Specialized Agencies, NGOs, NHRIs and other civil society actors will be of the essence, to enable treaty bodies to ask really relevant questions, without knowing the State party's views on them, beyond issues already dealt with in previous reports and concluding observations.

While all these and other strengthening steps seem laudable, and likely to improve the working methods of each treaty body, the strengthening measures can only be seen as first steps in a long-term perspective. The very forceful plea of High Commissioner Navanethem Pillay should be borne in mind when she concludes her recent report by reminding all stakeholders that the human rights treaties:

> "codify universal values and establish procedures to enable every human being to live a life of dignity. By accepting them, States voluntarily open themselves to a periodic public review by bodies of independent experts. By resigning ourselves to the 'inevitability' of non-compliance and inadequate resources (the system) stands on the verge of drowning in its growing workload"[39].

While all the suggestions mentioned in the report of the High Commissioner of June 2012 seem sensible and, in fact, treaty bodies already have begun to put the proposals into practice, it is submitted that these strengthening efforts will not solve the huge problems encountered by the ever-growing number of human rights treaties, and new committees, and of the co-existence of treaty bodies and the HRC procedures, despite all the necessary and valuable harmonization and streamlining efforts undertaken.[40] What is needed in addition are real reforms of the entire international human rights system, addressing the root causes of problems encountered.

V. Possible Real Reforms of the System

One suggestion that is increasingly being propagated by human rights experts is the creation of a *World Court of Human Rights*. This suggestion is based on the proposition that where there are no remedies there are no rights. While the treaty body monitoring merely results in political or quasi-judicial recommendations without im-

---

[39] Strengthening Report (fn. 25), 94.

[40] E. Riedel, in: G. Baum/E. Riedel/M. Schaefer (eds.), Menschenrechtsschutz in der Praxis der Vereinten Nationen, 1998, 25 (26); P. Alston, AJIL 78 (1984), 607 et seq.; see also UNGA Res. 411/120 (1986), para. 4.

mediately binding effect, such a World Court would hand down legally binding decisions, and would have the power to order reparation, compensation and guarantees of non-repetition. The Court, according to Manfred Nowak's and Martin Scheinin's proposals would sit as a permanent Court,[41] would be able to deal with individual complaints, or complaints brought by groups or by legal entities, alleging violations of human rights found in any of the human rights treaties, as far as the duty-bearers are bound by them. Of course, exhaustion of local remedies would be required, as at the regional level in Europe, the Americas and Africa, and as already existing in the quasi-judicial communications procedures at the universal level.[42]

A variant of this proposal foresees both an international court and national human rights courts, complementing each other. If no redress was available at the national level, the World Court could be the last instance. It might also be considered to empower the International Court of Justice (ICJ) with these functions, or setting up a Human Rights Chamber at the ICJ, in analogy to the Sea-Bed Disputes Chamber of the Law of the Sea Tribunal.

The idea of a World Court, although attractive at an abstract level, at present does not enjoy much support from States. And the experience of regional courts is not without problems either: Apart from the fact that in the Asian and Arab regions no regional or sub-regional human rights courts exist, and the lawyers' proposition of a World Court does not appear to be all that attractive to many States and to non-lawyers generally. It would certainly take away some weight of the human rights policy approach of the Human Rights Council. The non-existence of an Asian regional human rights court not only is based on the great variety of cultural traditions, but some also query whether legal solutions developed in the context of State systems, rather than seeking political solutions, always provide the Panacea for all human rights problems at the universal level. Maybe in the very long run, after national implementation of internationally accepted human rights obligations has become a full reality, whereby national implementation processes, national human rights commissions and other human rights institutions are accepted in many countries, will the time be ripe for a World Court of Human Rights, as the crowning apex of human rights protection. It looks, however, that this solution will not materialize in the near future. But it should be remembered that it took nearly half a century of propagation, before an International Criminal Court was established.[43] Those arguing in favour of a World Court of Human Rights correctly point out that work has to start now, if such a court were to be created within one generation. In any event, even if one does not belong to those favouring the set-up of such a court in the near future,

---

[41] *M. Nowak*, HRLR 7:1 (2007), 251–259; *J. Kozma/M. Nowak/M. Scheinin*, A World Court of Human Rights – Consolidated Statute and Commentary, 2010; *M. Nowak*, Protecting Dignity, An Agenda for Human Rights, Swiss Federal Department for Foreign Affairs/Geneva Academy of International Humanitarian Law and Human Rights, available at www.UDHR60.ch; *M. Nowak,* in: Bassiouni/Schabas (fn. 19), 17–33.

[42] *Kozma/Nowak/Scheinin* (fn. 41), 13, 74, 93.

[43] *Riedel*, in: Krause/Scheinin (fn. 7), 149.

any interim strengthening or reform steps should always bear in mind the possibility of such a World Court, and at least should seek to avoid reforms that ultimately would render the introduction of the World Court more difficult or even impossible.

A less radical solution below the level of full justiciability[44] might be to reform the existing communications procedure, by (a) either merging the functions of all individual communications procedures into one integrated communications/complaints procedure (ICP), which would be composed of between 20–30 full-time members, while leaving intact the existing treaty bodies for the usual State reporting; (b) an alternative would be merging only the HRCee and CESCR in individual communications, for a trial period; or (c) setting up a joint working group on communications with one member from each committee, as originally proposed by CERD[45]. Later on, all other communications might be joined, and ultimately, even all treaty bodies for all treaty body functions might be merged to act like the former European Commission on Human Rights. If cases arose where issues of other human rights treaties would be at stake, a system of *ad hoc*-appointments of one or two committee members from those treaty bodies could be envisioned, or the relevant treaty body could present specialist expert opinions to be taken into account before a decision/view were taken.

But the key issue for any ICP model will be costs. To create another treaty body that would have to be a standing committee, sitting throughout the year, unlike the existing ones, and that would be composed primarily of lawyers, accustomed to dealing with procedural and legal questions of admissibility and merits of cases, would need a considerable amount of resources. Some, but certainly not all the costs might be met by reducing the actual number of committee members for each treaty body, or by delegating 2 or 3 members from each committee elected for a maximum period of two terms.[46] However, reduction of treaty body sizes would not be popular with many States, even though the monitoring of State reports, it is submitted, could well be carried out by 10–12 members rather than 18 or even more per committee. Under the present "strengthening" efforts of rights protection, this would raise serious questions of viability, because as was pointed out above, the present system can only function because only 20–30 % of State reports are submitted on time. If all States reported punctually, smaller sizes of committees would aggravate the situation of managing the increased workload. Smaller committees would, of course, entail important changes of working methods, accelerating already tried-out introductions of work in small chambers or committee working groups. It does not seem necessary to have 18 or even over 20 experts sitting in plenary to adopt concluding observations

---

[44] On justiciability generally, see *J. Schneider*, Die Justiziabilität wirtschaftlicher, sozialer und kultureller Menschenrechte (The Justiciabilty of ESC Rights), German Institute for Human Rights, Berlin, February 2004, 9–11; *E. Riedel*, Committee on Economic, Social and Cultural Rights (CESCR), in: MPEPIL, 2010, no.765, marginal note 19.

[45] Strengthening Report (fn. 25), 68.

[46] That would be in line with mandate limitation proposals of the Dublin II Conference (fn. 34) above, paras. 19–24.

on each State report, it is submitted, as long as the proposals by small chambers or working groups can easily be challenged by the plenary committee. It would, however, require a considerable enlargement of the Treaty Body Division of the OHCHR. To have a permanent committee dealing with communications would also entail a new way of selecting committee members. Under the High Commissioner's Strengthening Report several options for that are available.[47]

At the Dublin II Conference this suggestion was discussed, and a general limitation of mandates to two election periods, i.e. 8 years, was broadly agreed upon by those present, but treaty body chairpersons withheld judgment. The issue is controversial, the counter position usually arguing that longer membership would assure continuity and quality of committee work, and enable committee members to fully interact with other stakeholders and other committees. It may take several sessions before committee members can shape actively the substantive, conceptual work of their committees, and to pre-draft a general comment or even a committee statement usually takes several years. The interest of States parties, on the other hand, may lie in shorter mandates, preventing the committee from taking too innovative or radical reform steps. Some committee members may have a natural gift for networking in an international organization setting, but on average, all this takes time. My own suggestion would be to limit the membership to 2–3 election periods, or better still, to just one period of 10 years, without re-election possibility, to assure fullest independence of the treaty body members. A limitation of mandates is, however, called for, considering that many treaties have over 150 ratifications, and a certain degree of rotation amongst member States is a question of fairness, but also of rejuvenation, on the assumption – which may be wrong – that new and younger members might be more open to newer developments than those having served for a long time, with the tendency at least to keep everything as it stands, because every new step carries with it new difficulties.

But it has to be remembered that in order to attract qualified members for such a new communications committee, the position could not be based, as at present, on a purely part-time, unpaid basis, but would require a very balanced system of national nomination and international appointment. For these and other reasons, it will require much more in-depth discussion and analysis, before such proposals could be instituted by an amending treaty, or by a completely separate Optional Protocol.

VI. Tackling Substance Questions

It is most unlikely that in the strengthening or reform debate questions of substance will be tabled. Many fear that this would open a Pandora box, and that the *acquis des droits de l'homme,* rather than being entrenched, might even be lessened, because many States are realizing that to accept human rights obligations entails real and measurable implementation measures at the national and international

---

[47] Strengthening Report (fn. 25), 74–77.

level, which many States, despite paying lip-service to human rights treaty obligations, feel hesitant or uncomfortable about. Human rights law has, however, developed remarkably during the last decades, particularly since the Vienna World Conference on Human Rights in 1993. In the literature, questions about human rights general principles, *ius cogens*-positions, and rules of customary law human rights alongside traditional customary international law have been raised increasingly, and have supplemented the strict treaty-based approach to human rights protection. This cannot be pursued here, but should be borne in mind in any serious reform debate. For instance, how to deal with responsibility of non-State actors at the national and international levels will increasingly be problematized and dealt with in the State reporting dialogues.[48]

The most important steps in the strengthening and reform debate in future undoubtedly will centre on national implementation[49]: empowering national human rights institutions to take part in the preparation of State reports – by being heard and consulted before governments complete their reports –, by enhancing the role of civil society at the domestic level, by involving parliamentary committees more fully on questions of implementing human rights obligations, and on follow-ups to recommendations handed down by treaty bodies, involving lawyers associations and other professional bodies, and academia, will all improve the acceptance of obligations undertaken long time ago, but often without changing the human rights situation on the ground. Enhancing the visibility of human rights issues through greater involvement of the mass media, more focussed teaching at schools and universities – for instance by setting up Human Rights Chairs – or training of the police and of administrators, would seem necessary measures that could be taken reasonably quickly and without huge costs. All that would be needed is a change of mind-set of the executive branch of government, by not hiding behind the veil of discretion or alleged incursions of the democracy principle.

These effects could be channelled and focussed, if an independent national permanent human rights body tasked with overseeing the implementation of all core human rights treaties were to be created in an Ombuds- or High Commission-, or High Commissioner-function. Governments, particularly of Western States, will usually counter by saying that the existing judicial and extra-judicial procedures already provide ample solutions, and can adequately deal with the human rights questions in

---

[48] See *J. Ruggie*, State Responsibilities to Regulate and Adjudicate Corporate Activities under the United Nations' core Human Rights Treaties, 2007; *J. Ruggie*, Final Report of the Special Representative of the Secretary-general on the issue of human rights and transnational corporations and other business enterprises, Guiding Principles on Business and Human Rights: Implementing the United Nations' "Protect, Respect and Remedy" Framework, UN Doc. A/HRC/17/31 of 21 March 2011; for an insightful analysis see also *A. Heinemann*, in: FS Simma, 2011, 718 (725 et seq.); on non-State actors generally, and corporations and human rights, see the seminal monograph of *A. Clapham*, Human Rights Obligations of Non-State Actors, 2006, in particular 195–270; see also *M. Ssenyonjo*, Economic, Social and Cultural Rights in International Law, 2009, 142–144.

[49] *P. Lynch/B. Schokman*, in: Bassiouni/Schabas (fn. 19), 173–192.

the national constitutional and legislative context. In theory that may be correct, in practice the international obligations all too often are not even discussed or taken into account in case decisions. The concluding observations of all treaty bodies at the international level disprove that governmental assertion completely. In every State human rights problems exist which are not adequately dealt with in legislation, administrative practice, or even in the Constitution, and a reviewing commission, ombudsperson or other special institution to focus entirely on the implementation of international human rights obligations at the domestic level would be a major step forward. The workload of such a national institution would even diminish, once the existing judicial and other procedures regularly and directly apply the internationally accepted human rights norms. But it is still a long way before that target will be reached in many States.

To conclude, the existing procedural challenges facing the international human rights system cannot be answered squarely in favour of either strengthening or reforming the system of protection. What should be done soon is taking complementary steps that together may lead to much needed strengthening and even reforms.

The Effectiveness of the Human Rights Committee and the Treaty Body Reform

By *Yuval Shany**

The Human Rights Committee (HRC), on which Prof. *Eckart Klein* served between 1995–2002, constitutes the 'centerpiece' of the UN human rights system.[1] Its prominent status in the universe of international human rights law has been attained not only by reason of the centrality of the International Covenant on Civil and Political Rights (ICCPR)[2] – the instrument whose implementation has been entrusted to the HRC – but also through the impressive expertise of many HRC members and the quality of the Committee's work. This work has resulted in the creation of a rich body of jurisprudence, which has affected significantly our understanding of human rights law, including in areas such as the law of emergency situations,[3] the extra-territorial application of human rights,[4] the positive obligations entailed by human rights norms[5] and the substantive balancing between rights and interests.[6]

Still, a recent report issued by the High Commissioner for Human Rights (hereinafter 'the Pillay Report'), as part of a process designed to strengthen the UN human rights treaty bodies, suggests that the HRC, like the other treaty bodies, suffers from a number of serious chronic problems:

---

* Hersch Lauterpacht Chair in Public International Law. The paper was written with the support of he European Research Council (Starting Grant for Frontier Research). Thanks are due to the other members of the research group on assessing conditions for effective international adjudication: Thorbjorn Bjornsson, Shai Dothan, Rotem Giladi, Sigall Horovitz, Henry Lovat, Sivan Shlomo, Maria Varaki, and Victor Peskin.

[1] See Statement by the United Nations High Commissioner for Human Rights, 6 Nov. 1998, UN Doc. CCPR/C/SR.1728/Add.1 (1999).

[2] International Covenant on Civil and Political Rights, 16 Dec. 1966, 999 UNTS 171.

[3] Human Rights Committee, General Comment 29: States of Emergency (article 4), UN Doc. CCPR/C/21/Rev.1/ Add.11, General Comment No. 29 (2001).

[4] See e.g., *Lopez Burgos v. Uruguay*, Communication [Comm.] No. 52/1979, UN Doc. CCPR/C/13/D/52/1979 (1981).

[5] Human Rights Committee, General Comment No. 31: The Nature of the General Legal Obligation Imposed on States Parties to the Covenant, UN Doc. CCPR/C/21/Rev.1/Add. 13 (2004)

[6] See e.g., Human Rights Committee, General Comment No. 34: Article 19 – Freedom of Opinion and Expression, UN Doc. CCPR/C/GC/34 (2011).

We stand at a critical juncture... [By] resigning us to the "inevitability" of non-compliance and inadequate resources, the system was left to suffer a long history of benign neglect to the point where, today, it stands on the verge of drowning in its growing workload.[7]

Thus, the positive reputation of the HRC (and some of the other treaty bodies) has not translated itself into high levels of compliance with the state-parties' procedural reporting obligations;[8] nor, perhaps, to a high degree of compliance with the Committee's substantive recommendations.[9] In addition, the HRC and the other treaty bodies face significant backlogs in their work,[10] and have been forced to reduce the average time allocated to the review of each country report[11] – endangering thereby the quality of their output.

The tension between the widely perceived quality of the HRC's work, on the one hand, and the serious difficulties the Committee encounters in adequately performing its tasks, on the other hand, complicates attempts to assess its overall record of achievement. Put differently, it is difficult to ascertain whether the HRC is, on the whole, an effective body. In any event, whether the HRC is considered more or less effective, one may still discuss the merits or demerits of specific proposals aimed at improving its effectiveness.

This chapter will apply to the study of the HRC the goal-based approach to evaluating the effectiveness of international institutions developed by the present author elsewhere.[12] In Part One, I will briefly present the goal-based approach, and identify within its framework the principal goals of the HRC. In Part Two, I will evaluate the main findings of the Pillay Report in light of the goal-based approach. While I find many of the recommendations found in the Pillay Report conducive to strengthening the effectiveness of the HRC and other treaty bodies, I criticize some recommendations as problematic for: (1) trading breadth (increase in the number of reviewed reports) for depth of review, and therefore producing arguably only limited effectiveness dividends; and (2) accepting as *fait accompli* some of the most inefficient features of the existing treaty body system (such as the limited-in-time expert meeting sessions). Part Three concludes.

To be clear, I will not conduct within the modest confines of the present chapter an independent analysis of the effectiveness of the HRC– an endeavor requiring far more time and space than the present author could invest here. Instead, I will delin-

---

[7] *Navanethem Pillay*, Strengthening the United Nations Human Rights System, UN Doc. A/66/860 (2012) 94, (hereinafter 'Pillay Report').

[8] Pillay Report, at p. 9 (only 16 % of state parties to the UN human rights treaties report on time).

[9] See 1 Report of Human Rights Committee, UN GAOR, 66th Sess., Supp. No. 40 (A/66/40) (2011) 129–229.

[10] Pillay Report, at p. 23.

[11] Pillay Report, at p. 31.

[12] *Yuval Shany*, 'Assessing the Effectiveness of International Courts: A Goal-Based Approach', 106 AJIL (2012) 225.

eate a framework of analysis within which the Pillay Report can be evaluated on the basis of my model for institutional effectiveness.

I. A Goal Based Approach to HRC Effectiveness

1. The Goal-Based Model

According to a rich body of literature developed in sociology under the sub-field of organizational studies, an effective organization is one that meets its goals within a designated time frame.[13] Elsewhere, I have applied such a goal-based approach to the study of international courts and tribunals, arguing that their purposive analysis provides key insights for understanding their structures and procedures and for proposing or evaluating reforms thereof. A goal-based approach also facilitates a framework for understanding the relations between international courts and tribunals and key constituencies – most importantly, their mandate providers: the states and international organizations that create them, fund their activities and monitor their operations.[14] Finally, by identifying certain generic goals of international courts and tribunals – promoting norm-compliance, problem-solving, regime support and legitimation[15] – the goal-based model allows for drawing comparisons across different judicial institutions.

The goal-based approach can also be applied, with a few adaptations, to quasi-judicial bodies and to expert committees such as the HRC. According to this approach, the HRC is effective if it realizes over time the goals set for it by its key constituencies – primarily, its mandate providers: the state parties to the ICCPR. Even if these goals have not been fully met at the time of the review – as is often the case with international institutions – one can still evaluate whether the HRC is equipped with adequate structures and has embraced internal processes that would enable it to maximize the attainment of the said goals through its operations.[16] One should note, however, that effectiveness is not the only criteria for evaluating the quality of performance of institutions such as the HRC: Efficiency – that is, evaluation of the overall positive and negative impact of the institution, and cost-effectiveness – that is, evaluation of goal-attainment in light of the costs of operation, should also be considered in this regard. Time and space constraints dictate however that I focus here exclusively on effectiveness – i.e., goal attainment.

---

[13] See e. g., *Amitai Etzioni*, Modern Organizations (1964) 8; *Jeffrey Pfeffer*, Organizations And Organization Theory (1982) 41; *James L. Price*, 'The Study Of Organizational Effectiveness', 13 Soc. Q. (1972) 3, 3–7.

[14] See *Shany, supra* note 12.

[15] See *ibid*, at pp. 244–247.

[16] For a discussion of a process-oriented approach to organizational effectiveness, which focuses on goal-attainment optimizing processes, see *Richard M Steers*, Organizational Effectiveness: A Behavioral View (1977) 4.

2. The Goals of the HRC

The first step in evaluating effectiveness under a goal-based approach is to ascertain the goals of the institution in question: i.e., the ends its principal constituencies expect it to attain. As already indicated, a key constituency of the HRC is its mandate providers – the state parties to the ICCPR, which created the Committee, and which may change its legal powers by way of amending the Covenant, introducing new protocols or enter unilateral declarations accepting the Committee's jurisdiction over inter-state communications.[17] The state-parties also exert some control over the Committee through their power to nominate and elect Committee members.[18] Finally, the state-parties have a particular stake in the work of the HRC, as they are the bearers of duties under the Covenant. Notably, some state representatives have expressed the view that their unique status as treaty creators imposes upon them an obligation to strive to strengthen the system of protection the Covenant introduced.[19]

Another key constituency with significant influence over the HRC is the UN Organization, which provides logistical support to the Committee and funds its operations (initially, through the Office of the Secretary General,[20] now also through the Office of the High Commissioner for Human Rights); the HRC also reports on its activities to the UN principal organs (the General Assembly through ECOSOC).[21] Since the membership of the ICCPR (167 members) largely overlaps with that of the UN (193 members), the ICCPR member states can exert significant influence over the HRC both directly (as mandate providers) and indirectly (through the UN system).

The goals set by the state-parties for the HRC are not explicitly articulated in the Covenant. Instead they have to be surmised from a combination of Covenant provisions, relating to the object and purpose of the Covenant as a whole, and the functions designated to the Committee under the Covenant. The *travaux preparatoires* of the Convention may help further in ascertaining the goals of the original mandate providers, as do discussions among the mandate providers held after the Committee was established.

The preamble to the Covenant posits that the member-states recognize that:

> The ideal of free human beings enjoying civil and political freedom and freedom from fear and want can only be achieved if conditions are created whereby everyone may enjoy his civil and political rights, as well as his economic, social and cultural rights.

---

[17] ICCPR, art. 28, 41, 51; Optional Protocol to the International Covenant on Civil and Political Rights, 16 Dec. 1966, 999 UNTS 302 (OP1).

[18] ICCPR, art. 29.

[19] Office of the United Nations High Commissioner for Human Rights, Report of the Third Consultation with State Parties (New York, April 2012), at p. 4.

[20] ICCPR, art. 35–36.

[21] ICCPR, art. 45.

Furthermore, the preamble reiterates the UN Charter obligation "to promote universal respect for, and observance of, human rights and freedoms".

Arguably, the 18 provisions of the Covenant dealing with the structure of the HRC and its functions (out of a total of 53 Covenant provisions) are intimately tied to the broader goals of the Covenant – creating conditions for the enjoyment of and promoting respect for and observance of human rights. From this perspective, the functions of the Committee – the studying of periodic state reports, the issuance of general comments[22] and the consideration of individual and inter-state communications[23] – can be understood as aimed at contributing to the creation of conditions conducive to enjoyment of human rights and at promoting respect for and observance of human rights.

The view that the primary goal of the Committee is to promote respect and observance of the human rights obligations under the Covenant through monitoring compliance with state party obligations and advising state-parties on necessary reforms finds further support in the *travaux preparatoires* of the ICCPR and the Optional Protocol,[24] and in statements issued by the mandate providers after the conclusion of the Covenant (in 1966). A recent manifestation of the mandate providers' views of the goals of the HRC can be found, for example, in the statements offered during the consultations with state parties conducted by the Office of the High Commissioner for Human Rights as part of the Treaty Body Strengthening Process, which led to the writing of the Pillay Report. A number of state representatives involved in this process confirmed the "centrality in the promotion and protection of human rights" of the treaty body system,[25] and opined that the constructive dialogue between the HRC and the state-parties "should be seen as an opportunity to seek guidance so as to improve the level of implementation of the treaties' obligations at the national level".[26] In the same vein, the preamble to General Assembly Resolution 66/254, adopted by a significant majority of states on 23 February 2012, refers to:

> "Reaffirming that the full and effective implementation of international human rights instruments by States parties is of major importance to the efforts of the United Nations to promote universal respect for and observance of human rights and fundamental freedoms, and that the effective functioning of the human rights treaty body system is indispensable for the full and effective implementation of such instruments,

---

[22] ICCPR, art. 40.

[23] ICCPR, art. 41; OP1, art. 5.

[24] For a review of the *travaux preparatoires* of the Covenant and the Optional Protocol, see Dominic McGoldrick, The Human Rights Committee: Its Role in the Development of the International Covenant on Civil and Political Rights (1992) 9–10; Yogesh Tyagi, The UN Human Rights Committee: Practice and Procedure (2011) 59–64.

[25] Office of the High Commissioner for Human Rights, Report on the Second Consultation for States on Treaty Body Strengthening (Geneva, February 2012) at para. 9.

[26] Office of the High Commissioner of Human Rights, Report of the Informal Technical Consultation with State Parties in Sion, 12–13 May 2011, at p. 9.

Recognizing the important, valuable and unique role and contribution of each of the human rights treaty bodies to the promotion and protection of human rights and fundamental freedoms, including through examination of the progress made by States parties to respective human rights treaties in fulfilling their relevant obligations and by providing recommendations to such States on their implementation."[27]

Accordingly, there seems to be widespread support for the proposition that the principal goal of the HRC is to promote the implementation of the substantive obligations of the state-parties of the ICCPR, and that the main avenue identified by them for realizing this goal is the HRC's dual function of monitoring progress in the implementation process and recommending necessary improvements therein.

Like other international institutions, the HRC may be expected to pursue multiple goals – i.e., goals other than promoting implementation of the ICCPR. One such possible goal, attendant to the inter-state communication procedure pursuant to article 41 of the ICCPR, arguably involves facilitating dispute settlement between state-parties who find themselves in a state of conflict: Not only does this procedure allow for adjustment of the matter "to the satisfaction of both States Parties";[28] the HRC is also instructed to "make available its good offices to the States Parties concerned with a view to a friendly solution of the matter".[29] Though, as with the mediation role of the European Court of Human Rights,[30] any settlement reached through the HRC must be made "on the basis of respect for human rights and fundamental freedoms".[31] Thus, the dispute-settling role of the Committee under the (never utilized) article 41 of the Covenant must be exercised subject to its overriding norm compliance-inducing mandate.

The relative marginality of the HRCs dispute-settling mission, in law and in practice, is underscored, however, by the eventual acquiescence of the state-parties to the issuance of concluding observations by the Committee after examining periodic state reports. Although initial attempts by the Committee to evaluate state performance under the treaties were criticized by some governments as incompatible with the need to advance friendly relations among UN member-states, the practice continued and the criticism abated.[32]

Interestingly enough, there is little, if any, indication in the text of the First Optional Protocol or their *travaux preparatoires* that individual communication procedures were designed to serve goals other than implementation promotion. Contrary

---

[27] General Assembly Resolution 66/254, adopted on 23 February 2012, UN Doc. A/RES/66/254 (2012).

[28] ICCPR, art. 41(1)(b).

[29] ICCPR, art. 41(1)(e).

[30] European Convention for the Protection of Human Rights and Fundamental Freedoms, 4 Nov. 1950, ETS 5 (as amended by Protocol 14, ETS 194), art 39(1).

[31] ICCPR, art. 41(1)(e).

[32] *Walter Kälin*, 'The Reporting System', in UN Human Rights Treaty Bodies: Law and Legitimacy (Geir Ulfstein and Hellen Keller eds., 2012) 16, 35–36.

to the inter-state communications procedure, the HRC has not been invested with the authority to encourage a friendly solution when engaged in the review of individual communications.[33] As a result, it is fair to regard the individual communication procedure – as suggested by the preamble to the First Optional Protocol[34] – primarily as an extension of the Committee's monitoring and advisory roles, and thus as being closely tied to its primary goal of implementation inducement.

Two other goals, which international courts normally pursue – regime support and legitimization[35] (in the context of the Committee, that would be promoting the goals of the broader human rights system, and legitimating human rights norms and institutions) – have only limited support in the text of the Covenant and in the reactions of the mandate providers to the post-1966 practice of the Committee. It is clear that the Committee performs a certain systemizing role: Although it was established at a time when no UN human rights system worth mentioning was yet in existence, numerous human rights institutions have been created over the years at the UN level, including nine other treaty bodies and several Charter bodies. The jurisprudence of the HRC has become part and parcel of this new system, which is founded upon the notion of the indivisibility of human rights.[36] Moreover, given the prominence of the Committee's membership and the centrality of the ICCPR in the universe of human rights law, the HRC has assumed, in fact, a leadership role in coordinating the normative development of the system.[37]

Although the Committee's systemizing role seems to have been tacitly accepted by the mandate providers (who continue to "note with appreciation" the annual reports of the HRC that include a discussion of its involvement with other human rights bodies);[38] there is little evidence that they attribute any great significance to this role. In fact, proposals to centralize the UN human rights system by way of creating one unified treaty body, which could have resulted in improved levels of systemic coor-

---

[33] See Pillay Report, at pp. 72–73.

[34] OP1, preamble ("Considering that in order further to achieve the purposes of the International Covenant on Civil and Political Rights (hereinafter referred to as the Covenant) and the implementation of its provisions it would be appropriate to enable the Human Rights Committee set up in part IV of the Covenant (hereinafter referred to as the Committee) to receive and consider, as provided in the present Protocol, communications from individuals claiming to be victims of violations of any of the rights set forth in the Covenant").

[35] *Shany, supra* note 12, at pp. 246–247.

[36] ICCPR, preamble ("Recognizing that, in accordance with the Universal Declaration of Human Rights, the ideal of free human beings enjoying civil and political freedom and freedom from fear and want can only be achieved if conditions are created whereby everyone may enjoy his civil and political rights, as well as his economic, social and cultural rights").

[37] See e.g., *Andreas Mavrommatis*, 'Solid Foundations', in Towards Implementing Universal Human Rights – Festschrift for the Twenty-Fifth Anniversary of the Human Rights Committee (Nisuke Ando, ed., 2004) 73, 75.

[38] See e.g., 61 Yearbook of the United Nations (2007) 676.

dination, have been strongly resisted by many states.[39] Thus, the HRC's systemizing role cannot not be said to constitute part of its original mandate, and there is little evidence that the mandate providers have intended to add it on, subsequently, as a prominent goal.

As for the Committee's potential legitimating role, this can be surmised from the drafters' decision to entrust the functions of monitoring compliance and advising on implementation to an independent body of experts – independence and professionalism serving as important building blocks of institutional legitimacy (which may confer legitimacy on other norms and institutions).[40] However, the non-binding nature of the Committee's output, and the rejection of some key HRC doctrine by important state-parties,[41] suggests that, here too, the mandate providers have not placed a high premium upon the HRC's ability to confer legitimacy upon certain legal constructions of their ICCPR obligations.

3. Exploring HRC Structures and Processes

The effectiveness of the HRC should thus be tied, first and foremost, to its ability to induce better implementation of the Covenant by the state-parties. Still, as is often the case in studies exploring the effectiveness of pubic organization generating hard-to-quantify public goods, evaluating the outcomes generated by the HRC is very difficult.[42] Not only is it hard to gauge changes in norm compliance by ICCPR state-parties;[43] it is even harder to establish causation between such changes and the work of the Committee – i.e., to illustrate the extent to which any change in national human rights practices are exclusively attributable to the operation of the HRC, as opposed to the combined effect of a multiplicity of other factors. This is especially the case when shifts in human rights practices are drawn out and extend over considerable periods of time. In such cases, it may be particularly hard to accurately track the influence of the work of the HRC on new human rights practices.

---

[39] See e.g., 60 Yearbook of the United Nations (2006) 770; *Ivan Shearer*, 'World Peace Through Human Rights, Law of the Sea, and the United Nations: A Tribute to Louis B. Sohn', 16 Willamette J. Int'l L. & Dispute Res. (2008) 225, 237.

[40] See *Shany, supra* note 12, at pp. 266–267.

[41] See e.g., Observations by the Governments of the United States and the United Kingdom on Human Rights Committee General Comment No. 24 (52) relating to reservations, 15 HRLJ (1994) 464; Michael J. Dennis, 'Application of Human Rights Treaties Extraterritorially in Times of Armed Conflict and Military Occupation', 99 A.J.I.L. (2005) 119, 123–127.

[42] See *Shany, supra* note 12, at p. 239.

[43] For quantitative research works trying, nonetheless, to measure changes in compliance with civil and political rights, see *Todd Landman*, Protecting Human Rights: A Comparative Study (2005) 136–137, *Linda Camp Keith*, 'The United Nations International Covenant on Civil and Political Rights: Does It Make a Difference in Human Rights Behavior?', 36 Journal of Peace Research (1999) 95; *Open Society Justice Initiative*, From Judgment to Justice: Implementing International and Regional Human Rights Decisions (2011) 129–131.

One possible solution to the difficulties associated with measuring outcomes against goals involves 'reverse engineering' – in the present case, investigating whether the structure of the Committee and the procedures it employs are well-geared to contribute to the attainment of its norm-compliance inducing goal.[44] Such an examination of the capacity to attain goals should be sensitive to the relevant temporal dimension (that is, to the duration of time through which the process can generate the anticipated outcomes) and to relevant environmental factors (that is, to what extent can HRC processes generate the preferred outcomes in light of the political and other relevant contexts in which the Committee operates). The question to be asked then is whether the structure of the HRC – the material and non-material resources that have been invested into its operations – and the process it actually follows, can, realistically speaking, lead to goal attainment – that is, improve the level of implementation of the Covenant by the state-parties. If not, structural and procedural reforms may be warranted.

The structural components of the Committee include its budget of operations, the quantity and quality of its support staff, the meeting facilities and the allocation of meeting time; they also include the quality of the experts on the Committee (their level of expertise, independence, etc.). Another set of important structural factors involves the Committee's legal powers. A cursory look at these factors suggests that the HRC may encounter serious difficulties in realizing its goal-attaining potential: the Committee meets for nine weeks a year, and is manned by unpaid experts who perform their role as Committee members on a voluntary basis. Even if one accepts that the personal dedication of Committee members provides sufficient guarantees of quality performance, it is hard to imagine how the Committee can meaningfully review with the narrow confines of its session time the implementation records of dozens of state-parties (about a quarter of the membership of the ICCPR in every year) – not to mention also process numerous individual communications and author general comments.

In addition, the HRC's lack of formal legal power to issue binding decisions may be viewed as a structural weakness that might reduce the Committee's ability to effect changes in state practice (at least when compared to institutions, such as the European Court of Human Rights, endowed with binding authority).[45] In the same vein,

---

[44] See *Shany, supra* note 12, at p. 239.

[45] As a result, the Committee must appeal to non-legal avenues of influence such as moral appeal, public shaming or mobilization of civil society. See e.g., *Manfred Nowak*, The UN Covenant on Civil and Political Rights – A Commentary (1993) 710; *Alexandra R. Harrington*, 'Don't Mind the Gap: The Rise of Individual Complaint Mechanisms Within International Human Rights Treaties', 22 Duke J. Comp. & Int'l L. (2012) 153, 176; *Beth Simmons*, Mobilizing for Human Rights: International Law in Domestic Politics (2009) 165. For the position that the decisions of the Committee generate binding legal obligations, though largely unenforceable, see *Martin Schwinn*, 'The Human Rights Committee's Pronouncements on the Right to An Effective Remedy – An Illustration of the Legal Nature of the Committee's Work under the Optional Protocol', in Towards Implementing Universal Human Rights, *supra* note 37, at 101, 105–106.

the inapplicability of the individual communications procedure to state-parties that have not ratified the First Optional Protocol reduces the potential impact of this important monitoring and advisory mechanism, excluding from its reach a good part of the Covenant's state-parties. (Again, the structure of the HRC compares unfavorably to that of the European Court of Human Rights – an institution endowed with compulsory jurisdiction over individual complaints brought against all of the state-parties).

As for process-related factors: At the heart of the process occurring before the HRC is constructive dialogue with the state-parties. This process encompasses review of periodic state reports and of individual communications, involving a series of exchanges of data and views (in writing and orally) that allows the Committee to monitor human rights conditions in the state-parties and to formulate recommendations aimed at better implementation of the Covenant. This process is further supported by general comments formulated by the Committee, which serve as a pro-active method for conveying to state-parties clearer and more specific expectations regarding the implementation of the ICCPR.[46] The effectiveness of the HRC depends to a large extent on the quality of this process – the nature of its engagement with the state-parties, and the compliance-pull of the observations, views and comments – and on their perceived legitimacy.[47] As we will see in the next segment, the Pillay Report identifies serious shortcomings in the quality of constructive dialogue between the UN treaty bodies and the state-parties (which are also tied to the aforementioned structural problems of inadequate legal and material capacity). To the extent that such shortcomings prevent the Committee from realistically meeting its goals, such procedural weaknesses may adversely affect the HRC's effectiveness.

The aforementioned structural and procedural weaknesses of the HRC may affect not only its potential for goal attainment, but also the time period within which these goals might be attained. The actual impact of these deficiencies on the HRC's ability to attain its goals is also necessarily mediated by the Committee's political and legal environment. For example, the effectiveness problems stemming from the Committee's lack of power to issue binding decisions may be exacerbated if a significant number of state-parties are *de facto* immune to moral arguments about the need to abide by HRC recommendations, are not susceptible to public shaming and/or lack vibrant national courts and civil societies capable of seizing on to the recommendations of the Committee. At the same time, flaws in the constructive dialogue processes may lead to less serious results across a membership of liberal states strongly

---

[46] *Abdelfattah Amor*, 'Le comite de droits de l'homme des nations-unies – aux confins d'une juridiction internationale des droits l'homme?', in Towards Implementing Universal Human Rights, *supra* note 37, at 41, 51–52; *Philip Alston*, 'The Historical Origins of the Concept of "General Comments"', in The International Legal System in Quest of Equity and Universality: Liber Amicorum Georges Abi-Saab (Laurence Boissons des Chazournes and Vera Gowland-Debbas eds., 2001) 763 *et passim*; *Alex Conte / Scott Davidson / Richard Burchill*, Defining Civil and Political Rights (2005) 6; Pillay Report, at p. 82.

[47] See generally, *Thomas M. Franck*, The Power of Legitimacy among Nations (1990) 16.

committed to human rights values, sensitive to their reputations in the field of human rights and endowed with a vibrant local human rights constituency. In other words, the more there is a need for the HRC to effectively monitor and advice member states, the more important it is that weaknesses in the Committee's structure and process are attended to in any strengthening process.

II. The Pillay Report

1. The contents of the Report

A recent report titled "Strengthening the United Nations Treaty Bodies System", authored by the UN High Commission for Human Rights, Navi Pillay, seeks to promote a number of procedural reforms to "enhance the visibility, accessibility and impact of the treaty body system" and "to create a more rational, coherent, coordinated and effective system which should deliver the goals for which it was established".[48] This latter allusion to goals implies that from the perspective of the goal-based approach, the Pillay Report strives to improve the effectiveness of the treaty body system (including the HRC).

It should be noted that the Pillay Report is not the first of its kind – earlier attempts to reform the UN human rights treaty body system have been made in the 1990 s and mid 2000 s, under the leadership of Philip Alston (an independent expert appointed by the UN Secretary General to submit reform proposals)[49] and Louis Arbour (the previous High Commissioner for Human Rights).[50] Both attempts failed in gaining significant political momentum – a fact that may explain Pillay's more timid approach to the reform process, entailing, as discussed below, no changes in the text of the treaties and the basic features of the system.

Although the functions of the treaty body system are described by Pillay in language mirroring that used above to describe the functions of the HRC (reflecting the treaty bodies' performance-monitoring and advisory roles),[51] her vision for the future of the system and the strengthening process is couched in language which appears to be minimalist in nature. It focuses primarily on process (debate and dialogue) and does not spell out in concrete terms its desired outcome (improved implementation of treaty obligations):

---

[48] Pillay Report, at p. 28.

[49] *Philip Alston*, Final Report on Enhancing the Long-Term Effectiveness of the United Nations Human Rights Treaty System, UN Doc. E/CN.4/1997/74 (1996).

[50] High Commissioner for Human Rights, The OHCHR Plan of Action: Protection and Empowerment (2005), available at http://www2.ohchr.org/english/planaction.pdf.

[51] Pillay Report, at p. 8 ("Treaty bodies are custodians of the legal norms established by the human rights treaties. Based on their legal commitments under the core international human rights treaties, States parties report periodically to the treaty bodies, which review legislation and policies and advise States on ways to achieve better compliance with human rights obligations").

"An effective and sustainable treaty body system contributing to a national debate and international dialogue through predictable, periodic, non-politicized, non-discriminatory and expert-led independent review of the implementation of legally binding treaty obligations by States, harmonized with other human rights mechanisms, namely, the Special Procedures and the Universal Periodic Review, and enhancing the protection of human rights for all."[52]

After describing the functions of the treaty bodies and the goals of the strengthening process, the Pillay Report proceeds to diagnose the main shortcomings of the existing system. Pillay notes with apprehension the low rate of compliance by stateparties with their periodic reporting obligations under the different human rights treaties (only 16 % of the state parties report on time; a significant percentage of states have never submitted even an initial report).[53] At the same time, she notes that the pressures on the system are increasing as a result of the rise in the number of state parties, the growing number of late reports and the increased length of report pages (all requiring multi-language translations).[54] Such pressures exceed the existing system's capacity to preform its monitoring and advisory functions, and, as a result, serious backlogs have developed in processing periodic reports and individual communication.[55] The paradox observed by Pillay is that the system survives, if only barely, largely by reason of the chronic non-compliance of states with their reporting obligations – a state of affairs she deems "unacceptable".[56] Even this unhappy situation will not continue indefinitely, moreover: Since the expansion of the treaty body system has not been matched by a significant allocation of new resources to the UN human rights system, Pillay believes that the *status quo* can no longer be sustained.[57] Finally, the Pillay Report expresses or implies concerns about other systemic problems encountered by all of the treaty bodies, such as the coherence of jurisprudence across the UN human rights system,[58] the quality of national reporting processes,[59]

---

[52] Pillay Report, at pp. 11–12. Not surprisingly perhaps, given her position as the UN official overseeing the UN human rights system, Pillay emphasizes in her Report the systemic features of the work of the treaty bodies – that is, their inter-connections and the relevance of their work to the operation of the Charter bodies. See also Pillay Report, at p. 8 ("Treaty body recommendations and general comments frequently constitute early warning and implementation guidance tools for States, provide an advocacy platform for national human rights institutions and civil society, and contribute to a strong substantive basis for the UPR and the work of the Special Procedures. The competence of treaty bodies to receive and consider individual communications provides a framework for the direct protection of individuals and groups, as well as the development of dynamic human rights jurisprudence").

[53] Pillay Report, at pp. 20–23.

[54] Pillay Report at pp. 23–24.

[55] Pillay Report, at p. 23.

[56] Pillay Report, at p. 9.

[57] Pillay Report, at p. 28.

[58] Pillay Report, at pp. 25–26.

[59] Pillay Report, at pp. 12–13.

the limited visibility of the work of the treaty bodies[60] and a sub-optimal process for selecting experts to sit on the treaty bodies.[61]

The solutions proposed by Pillay address all of the above concerns, and are designed to strengthen the ability of the treaty bodies to fulfill their functions and attain their goals. They include:

- Establishing a comprehensive reporting calendar ensuring strict compliance with human rights treaties and equal treatment of all States parties;
- Enhancing independence and impartiality of members, and strengthening the election process;
- Establishing a structured and sustained approach to capacity building for States parties for their reporting duties;
- Ensuring continued consistency of treaty body jurisprudence in individual communications;
- Increasing coordination among the treaty bodies on their work on individual communications and their adoption of common guidelines on procedural questions;
- Increasing accessibility and visibility of the treaty body system, through webcasting of public meetings and use of other new technologies;
- A simplified focused reporting procedure to assist States parties to meet their reporting obligations with cost savings for them and the UN while maintaining the quality of the process;
- Alignment of other working methods to the maximum extent without contradicting the normative specificities of the treaties;
- Limitation of the length of documentation[62].

According to Pillay, the above recommendations can be implemented jointly or separately. Nonetheless, she emphasizes that since some of the recommendations are inter-related and are of a mutually reinforcing nature, the more comprehensive the changes introduced are, the better the synergy and positive externalities they would generate.[63]

2. Evaluation of the Pillay Report

Although the Pillay Report largely deals with the treaty bodies as a single category, its findings are relevant to the work of the HRC *per se*. The ability of the Committee to improve the implementation of ICCPR rights by the state-parties – the principal goal of the HRC – is indeed hampered by many of the structural and procedural

---

[60] Pillay Report, at p. 34.
[61] Pillay Report, at p. 74.
[62] Pillay Report, at pp. 10–11.
[63] Pillay Report, at p. 11.

factors identified by Pillay: limited resources, which translate into much shorter meeting sessions than needed and inadequate numbers of support staff; chronic delays in meeting reporting obligations, which undermines the monitoring and advisory functions of the Committee (or, at least, render it more cumbersome); low visibility of the Committee's work, which detracts from the impact of its recommendations; concerns about the independence of certain Committee members, resulting from the less-than-transparent nomination and election process and their ties to national governments;[64] and a need for improved procedural and substantive coordination across different international human rights bodies.[65] Furthermore, some of the solutions espoused by Pillay appear to be pertinent for the HRC too, as well as relatively cost-neutral: For example, webcasting would improve the Committee's visibility, greater focus on capacity development at state level would improve the quality of state reports, and inter-committee consultations would ensure better coordination across the UN treaty body system.

Still, the Pillay Report appears to fall short in two key aspects: On the one hand, the report fails to render explicit the breadth for depth trade-offs that it offers, while on the other hand, Pillay acquiesces to the most fundamental deficiencies of the treaty body system. With regard to both aspects, the Pillay Report should be evaluated against the backdrop of a goal-based approach to organizational effectiveness, which may enable us to assess the desirability of embracing the Report's recommendations, in part or as a whole.

First, the Report opts to address the increased mismatch between the growing work load of the treaty bodies and their limited capacity, by (1) calling for budgetary allocations that would enable the Office of the High Commissioner and other UN department to provide better administrative support to the expert committees; and, more controversially, (2) reducing the treaty bodies' work-loads. Reduction of work-loads would occur as a result of a combination of measures: strict page limits for reporting,[66] fewer translations of summary records,[67] a restricted number of committee sessions per state party report,[68] narrowing of the time gap between submission of reports and their review by the treaty bodies (through the adoption of a comprehensive reporting schedule),[69] and a move from comprehensive to more focused reporting and concluding observations.[70] All of these measures, applied separately or cumulatively, are likely to enable the HRC (and the other treaty bodies) to process

---

[64] See e.g., *McGoldrick, supra* note 24, at p. 44.

[65] For an early discussion of the matter, see *Theodor Meron*, 'Norm Making and Supervision in International Human Rights: Reflections on Institutional Order', 76 A.J.I.L. (1982) 754.

[66] Pillay Report, at pp. 54–56.

[67] Pillay Report, at pp. 59–60.

[68] Pillay Report, at p. 58.

[69] Pillay Report, at pp. 37–47.

[70] Pillay Report, at pp. 48–52, 60–63.

more reports every year, and perhaps also to handle a greater number of individual communications.

The changes proposed are hardly cost free, however. Rather, they imply that the constructive dialogue of the HRC with each member state will be more limited in scope: The Committee would address fewer issues, and would devote less time to monitoring and advising each state party. As a result, one may view some of Pillay's proposals as trading depth (quality of dialogue) for breadth (number of reports reviewed). So, while we may have at the end of the strengthening process a treaty body mechanism that better meets quantitative output expectations (i.e., that disposes of more reports in a shorter time), it is not clear whether such a mechanism will necessarily be more effective in the sense of contributing to attainment of the goal of improved implementation of human rights treaties. The experience of the Universal Periodic Review system, where standardized processes of submission and review run smoothly, but often result in only superficial and low-impact dialogue with states,[71] should serve as a warning signal in this regard.

At the same time, moving to focused reporting and concluding observations for each of the member states strikes in the opposite direction – arguably, trading breadth (number of issues surveyed per states) for depth (focused treatment of priority issues). Here again, it is not clear whether the combined effect of less time and fewer issues per state will necessarily lead to improved implementation of the Covenant. This shift may, of course, result in improved implementation of some ICCPR provisions for some states, but may also result in weaker-than-before implementation of other ICCPR provisions for the same or different state-parties.

Arguably, a better approach, however, would have involved a move away from standardized constructive dialogue (preferred by the High Commissioner, one may speculate, owing to a commitment to equality of treatment of all state-parties), and towards dedicating more time and space to discussion of issues of greatest importance for the Committee's implementation mandate. Relevant considerations in differentiating between states, in this regard, may include their acceptance of other review mechanisms on the global or regional level (which may affect the added value of the HRC involvement), the seriousness of the human rights issues member-states are confronting, the need to empower local implementation procedures, and the likelihood that Committee intervention would improve implementation of the Covenant. Such a differentiated approach would allow investing the scarce resources of the Committee in the manner most conducive to advancing its implementation mandate.

A second problem in Pillay's Report involves a refusal to acknowledge the "elephant in the room" – namely, what appears to be a conscious decision by a significant number of state-parties to maintain the treaty bodies under permanent condi-

---

[71] See e.g., *Purna Sen*, 'The First Two Year of the UPR: An Analysis and Summary', in Universal Periodic Review: Lessons, Hopes and Expectations (Purna Sen ed., 2011) 39, 44–45.

tions of under-effectiveness. The most obvious solution to the growing backlog problem encountered by the UN treaty bodies, including the HRC, is an increase in the committees' meeting time (and a concomitant shift from reliance on non-paid volunteers to salaried experts, so to ensure the quality and time-availability of Committee members); the most obvious solution to the problem of coordination across treaty bodies is the creation of a unified review mechanism;[72] and the most obvious solution to the problem of low levels of compliance on the part of the state-parties is to increase the treaty bodies' legal powers and follow-up capacities.

The fact that many states-parties have opposed, by and large, past attempts to seriously explore such fundamental changes[73] suggests, however that they do not wish to strengthen the treaty body system. The unhappy situation of the UN treaty bodies may thus be explained in large part by a tension between a superficial commitment by many state-parties to the goal of human rights promotion and a *realpolitik* aversion to actual treaty implementation.[74] In other words, the existence of treaty bodies entrusted with an implementation mandate may have symbolic importance in the eyes of the state-parties, but that does not imply that they are likely to be allowed to develop any real "bite" in a way that would constrain the member states' freedom of action. From an effectiveness point of view, the critical factor in understating the limited ability of the HRC (and other treaty bodies) to obtain its goals would seem to be the political environment in which it operates, comprising government that by and large have a limited interest in meeting the Committee's resource needs, and no interest whatsoever in strengthening its legal powers.

The Pillay Report pays lip service to the need of overcoming the stagnancy of the *status quo* and criticizes the resignation of some to the "'inevitability' of non-compliance and inadequate resources".[75] Still, the Report dismisses any solution to the crisis involving treaty amendment, implying that to do otherwise would not respect the treaties;[76] Pillay also fails to explain why increases in meeting time and emolument for the experts– measures not requiring treaty amendment – have not been seriously considered during the strengthening process. By these omissions the Report might, regrettably, further entrench the chronic mismatch between tasks and capacities as inevitable. By aiming low – offering reforms that do not entail a radical overhaul of the treaty body system, the High Commissioner may have increased the

---

[72] The move to a permanent body (substituting all treaty bodies) has been proposed by Louise Arbour, Pillay's predecessor in the position of High Commissioner. High Commissioner for Human Rights, Plan of Action, UN Doc. A/59/2005/Add.3, Annex, para 147.

[73] See e. g., *Walter Kälin / Jörg Künzli*, The Law of International Human Rights Protection (2009) 220.

[74] It is perhaps instructive to see the list of state sponsors of General Assembly Resolution 66/254 that calls for the strengthening of the treaty bodies; the list is largely composed of states with troubling human rights records.

[75] Pillay Report, at p. 95.

[76] Pillay Report, at p. 10 ("proposals must respect the treaties and not require treaty amendments").

likelihood of acceptance of her recommendations by the member-states (escaping thereby the fate of previous reform initiatives); this may come, however, at the high price of putting on permanent hold the most critical reforms the system needs.

III. Conclusion

The HRC is only effective to the extent to which it fulfills its goals – most important of which is the promotion of ICCPR's implementation by the state-parties through the Committee's monitoring and advisory services. While the Committee has an impressive record in developing human rights law and clarifying the obligations of the member states to the ICCPR, its ability to promote its implementation mandate has been hampered, like most other treaty bodies, by serious capacity problems and limited legal powers. These deficiencies are, however, perhaps simply reflective of the ambivalent attitude of many state-parties towards international human rights mechanisms – governments may value rhetorical commitment to the success of such mechanisms and to their lofty goals, but at the same time have little appetite to provide them with the material resources and legal powers needed to render them effective. As a result, the formal legal mandate of the HRC has not been backed up with adequate structures and procedures.

The Pillay Report correctly diagnoses many of the problems afflicting the work of the treaty bodies – in particular, the problems of overdue reporting and work backlog. Still, some of the solutions Pillay suggests might be of limited value – trading depth for breadth (or vice versa), and failing to confront, let alone recognize explicitly the inevitably limited effectiveness of treaty bodies which are based on a grossly inadequate organizational structure (voluntary service by unpaid experts for a few weeks every year), and are not endowed with real legal power. As long as these fundamental problems remain unaddressed, the HRC is likely to remain a body enjoying only a limited degree of effectiveness.

Menschenrechtliche Bestrafungspflichten: Inhalt und Einfluss auf das Weltrechtsprinzip sowie die Immunität *ratione materiae*

Von *Dominik Steiger*

Die jährlichen Tagungen des MenschenRechtsZentrums der Universität Potsdam waren immer herausragende Ereignisse in meiner Zeit als studentische Hilfskraft und als wissenschaftlicher Mitarbeiter am Lehrstuhl des Geehrten. Für meine Forschungen zu meiner Dissertation zum Folterverbot[1] besonders wichtig war der Tagungsband „The Duty to Protect and to Ensure Human Rights". Eine Ausprägung dieser Schutzpflicht ist die „duty to prosecute", also die Bestrafungspflicht. Zwar findet sie in den Referaten zum Internationalen Pakt über bürgerliche und politische Rechte (IPbpR)[2] und zur Europäischen Menschenrechtskonvention (EMRK)[3] Erwähnung, ausführlicher wird sie aber nur im Referat zum Interamerikanischen Menschenrechtssystem behandelt.[4] Dies ist folgerichtig, da die Rechtsprechung des Europäischen Gerichtshofs für Menschenrechte (EGMR) und des Menschenrechtsausschusses (MRA) 1999 in dieser Hinsicht im Vergleich zum Interamerikanischen Gerichtshof für Menschenrechte (IAGMR) noch unterwickelt war, obgleich der MRA im Bereich der Bestrafungspflichten schon 1982 eine Vorreiterrolle übernommen hatte.[5] Dies hat sich in den letzten Jahren jedoch geändert, der Schutz bestimmter Menschenrechte durch eine Bestrafungspflicht ist stärker in den Fokus der Menschenrechtsorgane gerückt. Daher wird zunächst unter Berücksichtigung dieser Entwicklungen ein allgemeiner Überblick über die Bestrafungspflichten, ihre Herleitung und ihren Inhalt gegeben (I.). Bislang kaum beachtete Konsequenzen der Bestrafungspflichten werden anschließend aufgezeigt: Zum einen haben Bestrafungspflichten, die *Ius-cogens*-Normen schützen, selbst *Ius-cogens*-Wirkung. Daraus folgt u. a. die Pflicht der Staaten, das Weltrechtsprinzip für diese Taten einzuführen (II.). Zum anderen lässt sich mit Hilfe von Bestrafungspflichten auch das Problem der

---

[1] *D. Steiger*, Das völkerrechtliche Folterverbot und der ‚Krieg gegen den Terror', 2013.

[2] *E. Klein*, in: ders. (Hrsg.), The Duty to Protect and to Ensure Human Rights, 2000, 295 (311).

[3] *G. Ress*, in: E. Klein (Hrsg.), The Duty to Protect and to Ensure Human Rights, 2000, 165 (191).

[4] *J. Kokott*, in: E. Klein (Hrsg.), The Duty to Protect and to Ensure Human Rights, 2000, 235 (266 ff.).

[5] Menschenrechtsausschuss, *Bleier ./. Uruguay* (30/1978), Auffassung v. 29. März 1982, UN-Dok. A/37/40 X, Nr. 15.

strafrechtlichen Immunität *ratione materiae* dogmatisch befriedigend für jene Fälle lösen, in denen die Menschenrechtsverletzung vorliegt, sofern sie auf Staatsorgane zurückgeführt werden kann. Dies ist etwa bei der Folter und dem Verschwindenlassen der Fall (III.).

I. Inhalt und Begründung der menschenrechtlichen Bestrafungspflicht

Repressive Schutzpflichten sind Pflichten des Staates, die den Menschen und seine Rechte schützen sollen, aber erst nach der Verletzungshandlung einsetzen. Sie lassen sich in Untersuchungs-, Wiedergutmachungs- und Bestrafungspflichten unterteilen.[6] Untersuchungspflichten verlangen von Staaten, dass sie Fällen angeblicher Menschenrechtsverletzungen nachgehen und sie untersuchen. Wiedergutmachungspflichten verpflichten die Staaten, Opfer von Menschenrechtsverletzungen so weit wie möglich so zu stellen, als wäre die Verletzungshandlung nicht vorgenommen worden. Bestrafungspflichten verlangen von den Staaten, dass derjenige, der verantwortlich für die Menschenrechtsverletzung ist, strafrechtlich zur Verantwortung zu ziehen ist. Sie beziehen sich auf die Bestrafung durch nationale Organe nach nationalem Recht. Das Völkerstrafrecht, d.h. die Bestrafung durch internationale Organe nach Völkerrecht, ist davon zu trennen.[7] Neben ausdrücklichen Bestrafungspflichten (1.) haben die Menschenrechtsorgane Bestrafungspflichten aus den allgemeinen Menschenrechtsverträgen abgeleitet (2.). Umstritten ist, ob aus ihnen auch ein subjektives Recht auf Bestrafung folgt (3.). Einzelfragen wie die Höhe des Strafmaßes oder die Zulässigkeit von Amnestien werden abschließend besprochen (4.).

1. Ausdrückliche Bestrafungspflichten

Nicht wenige der speziellen Menschenrechtsverträge normieren ausdrückliche Bestrafungspflichten. Die erste Normierung einer Bestrafungspflicht findet sich in der Genozid-Konvention von 1948. Deren Art. III sieht vor, dass Staaten nicht nur Genozid, sondern auch Verschwörung zur Begehung von Genozid, die unmittelbare und öffentliche Anreizung zur Begehung von Völkermord, den Versuch und die Teilnahme unter Strafe zu stellen haben. Zwar ließe sich daran denken, dass der in Art. III Genozidkonvention benutzte Begriff „punish" nicht notwendigerweise auf eine strafrechtliche Sanktionierung hindeutet – damit könnte auch eine dienstrechtliche De-

---

[6] Siehe allgemein zu Schutzpflichten unter der EMRK *H. Krieger*, in: R. Grote/T. Marauhn (Hrsg.), EMRK/GG, Konkordanzkommentar zum europäischen und deutschen Grundrechtsschutz, 2. Auflage 2013, Kapitel 6; unter dem IPbpR s. *M. Nowak*, CCPR Commentary, 2. Aufl. 2005, Art. 2, Rn. 20–22; unter der IAMRK s. *S. Stahl*, Schutzpflichten im Völkerrecht – Ansatz einer Dogmatik, 2012, 113 ff., 244 ff.; sowie die Nachweise in den Fn. 2 bis 4.

[7] *F. Brinkmeier*, Menschenrechtsverletzer vor nationalen Strafgerichten – Der Fall Pinochet im Lichte aktueller Entwicklungen des Völkerstrafrechts (Studien zu Grund- und Menschenrechten, Bd. 8), 2003, 12 ff.; *D. Oehler*, Internationales Strafrecht, 2. Aufl. 1983, 123 ff.; *M. Schröder*, in: W. Vitzthum (Hrsg.), Völkerrecht, 5. Aufl. 2010, Rn. 40.

gradierung, Verringerung der Dienst- und/oder Altersbezüge, unehrenhafte Entlassung aus dem Dienst oder eine Verpflichtung zur Geldzahlung durch behördliche oder zivilrechtliche Verfahren gemeint sein[8] –, Art. VI Genozidkonvention stellt aber klar, dass der Täter vor ein Gericht zu stellen ist und damit eine strafrechtliche Sanktionierung gemeint ist. Zudem spricht Art. I Genozidkonvention von „crime". Nach Art. IV Genozidkonvention sind *genocidaires* ohne Ansehung ihres Amtes zu bestrafen, Strafen müssen nach Art. V Genozidkonvention effektiv sein. Nähere inhaltliche Vorgaben macht die Genozidkonvention jedoch nicht. Dies gilt ebenso für die vier Genfer Konventionen von 1949, die die Staaten ausdrücklich verpflichtet, strafrechtliche Sanktionen zu verhängen, sofern es zu schweren Verstößen („grave breaches") gegen die Genfer Konventionen gekommen ist.[9] Art. 85 des Zusatzprotokolls I von 1977 erklärt die Pönalisierungspflichten der Genfer Konventionen auch für das Zusatzprotokoll für anwendbar und weitet sie inhaltlich aus.

Die UN-Antifolterkonvention von 1984 (CAT) trifft die bis dahin ausführlichsten Regelungen. So sieht Art. 4 CAT vor, dass Folter sowie die Teilnahme daran unter Strafe zu stellen und angemessene Strafen anzudrohen sind, die die außerordentliche Schwere der Tat berücksichtigen. Art. 6 CAT sieht Regeln vor, die verhindern sollen, dass Verdächtige ihr Aufenthaltsland verlassen, um so der Bestrafung zu entgehen. Art. 7 CAT bestimmt, dass der Staat, auf dessen Territorium sich ein der Folter Verdächtiger befindet, Fälle von Folter den zuständigen Behörden zum Zwecke der Strafverfolgung zu unterbreiten hat, es sei denn er liefert den Täter aus (*Aut-dedere-aut-iudicare*-Klausel). In der Literatur wird angemerkt, dass ein Vergleich zu Art. III und IV der Genozidkonvention zeige, dass die Bestrafungspflicht der UN-Antifolterkonvention weit weniger stark ausgeprägt sei, da sie nicht „explicitly require[s] that a prosecution take place, let alone that punishment be imposed and served."[10] Dieser Unterschied in der Formulierung zeigt aber lediglich, dass in den knapp 40 Jahren, die zwischen beiden Konventionen liegen, menschenrechtliche Verfahrensgarantien Eingang in das Völkerrecht gefunden haben. Dies wird in der Sprache des Art. 7 CAT reflektiert.[11] Im Fall der Unschuld des Angeklagten ist dieser selbstverständlich nicht zu verurteilen. Deshalb ist der deutschen Übersetzung der „Bestra-

---

[8] Ebenso *M. Scharf*, Law and Contemporary Problems 41 (1996), 41 (50). So hat auch der IAGMR, *Velásquez-Rodriguez ./. Honduras*, Urteil v. 29. Juli 1988, Ser. C No. 4, von „punish" gesprochen, jedoch hat er die honduranische Regierung nicht verpflichtet, strafrechtliche Ermittlungen aufzunehmen, obwohl er darum ausdrücklich gebeten wurde; *D. F. Orentlicher*, Yale Law Journal 100 (1991), 2537 (2568), liest daraus schon die Notwendigkeit strafrechtlicher Sanktionen ab.

[9] Art. 49 GK I, 50 GK II, 129 GK III, Art. 146 GK IV. In der jeweils nachfolgenden Norm finden sich die Taten, die „grave breaches" darstellen, dazu gehören etwa vorsätzlicher Mord, Folterung oder unmenschliche Behandlung, einschließlich biologischer Experimente und das Nehmen von Geiseln.

[10] *D. F. Orentlicher*, Yale Law Journal 100 (1991), 2537 (2604); zustimmend *A. Boulesbaa*, The UN Convention on Torture and the Prospect of Enforcement, 1999, 217 f.

[11] *M. Scharf*, Law and Contemporary Problems 41 (1996), 41 (46 f.). Zustimmend auch *C. Tomuschat*, in: FS Steinberger, 2002, 315 (336).

fungspflicht" auch die Annahme immanent, dass sich die Schuld des Angeklagten in einem Gerichtverfahren, in dem die entsprechenden Verfahrensgarantien beachtet wurden, zweifelsfrei herausgestellt hat. In ganz ähnlicher Weise enthält die ein Jahr jüngere Interamerikanische Antifolterkonvention (IACPPT) neben der Pflicht, Folter unter Strafe zu stellen (Art. 6 Abs. 1 und 2 ICPPT) auch die Pflicht, Folter strafrechtlich zu verfolgen (Art. 8 Abs. 2 IACPPT). Anders als die UN-Antifolterkonvention verlangt die IACPPT nicht lediglich „angemessene" („appropriate") Strafen sondern „harte" („severe") Strafen. Art. 3 IACPPT regelt den Täterkreis und umfasst auch die Teilnahme.

Am ausführlichsten regelt die Konvention gegen das Verschwindenlassen von 2006 (CPED) die Bestrafungspflicht. Nach der zentralen Norm des Art. 4 CPED muss das Verschwindenlassen nach nationalem Recht strafbar sein.[12] Art. 6 CPED bestimmt den Personenkreis und die Handlungsmodalitäten, die strafrechtlich zu ahnden sind, näher. So ist etwa ein Vorgesetzter auch dann zu bestrafen, wenn er Hinweise, die eindeutig darlegen, dass seine Untergebenen das Verbrechen des Verschwindenlassens begehen, bewusst außer Acht lässt und nicht alle in seiner Macht stehenden Maßnahmen ergreift, obwohl er die tatsächliche Verantwortung und Kontrolle trägt. Damit ist die CPED die erste menschenrechtliche Konvention, die die Vorgesetztenverantwortlichkeit regelt.[13] Selbst die Interamerikanischen Konvention gegen das Verschwindenlassen von 1994, die ebenfalls Bestrafungspflichten enthält und die als Vorbild für die CPED fungierte, sieht ähnliches nicht vor. Ebenfalls müssen der Versuch und die Teilnahme bestraft werden. Nach Art. 7 CPED müssen die Strafen angemessen sein und die außerordentliche Schwere der Tat berücksichtigen. Auch hier bestehen Regeln hinsichtlich des Verfahrens, so ist der Verdächtige in Gewahrsam zu nehmen (Art. 10 CPED).

Weitere Bestrafungspflichten finden sich in Art. 4 Anti-Rassismuskonvention, Art. 6 Anti-Sklavereikonvention, Art. 1 Konvention zur Unterbindung des Menschenhandels und der Prositution anderer, Art. IV Anti-Apartheidkonvention sowie Art. 3 des 2. Zusatzprotokolls zur Kinderrechtskonvention betreffend Kinderhandel, Kinderprostitution und Kinderpornografie. Diese Pflichten sind – mit Ausnahme des Zusatzprotokolls zur Kinderrechtskonvention – allerdings weitaus weniger elaboriert als die der hier besprochenen Konventionen.[14]

2. Abgeleitete Bestrafungspflichten

Die allgemeinen Menschenrechtsverträge sehen im Gegensatz dazu keine expliziten Bestrafungspflichten vor. Dennoch werden sie von der Rechtsprechung der ver-

---

[12] Zur Frage, ob es in Deutschland eines besonderen Straftatbestandes bedarf oder ob die bestehenden Straftatbestände ausreichen, s. *L. v. Braun/ D. Diehl*, IPrax 2011, 214

[13] *A. Seibert-Fohr*, Prosecuting Serious Human Rights Violations, 2009, 177.

[14] Siehe dazu überblicksartig *Seibert-Fohr* (Fn. 13), 168 ff.

schiedenen Menschenrechtsorgane in ständiger Rechtsprechung[15] anerkannt. Zwar ließ sich die Rechtsprechung anfangs noch so auslegen, dass die Ausschüsse und Gerichte nicht unbedingt auf eine strafrechtliche Pflicht abstellten, da sie die nicht eindeutige Formulierung „punish"[16] oder „bring to justice"[17] benutzten, inzwischen sprechen die Menschenrechtsorgane aber ausdrücklich von „prosecuted"[18] oder „criminially prosecute",[19] von „criminal proceedings"[20] oder „criminal-law provisions"[21] und verlangen damit ausdrücklich eine strafrechtliche Rechtsverfolgung. Dabei ist nach der Rechtsprechung des IAGMR die Teilnahme[22] umfasst, die anderen Organe haben sich – soweit ersichtlich – dazu noch nicht geäußert. Der EGMR hat aber zumindest zu der Unterscheidung von Fahrlässigkeit und Vorsatz Stellung genommen und betont, dass in Fahrlässigkeitsfällen eine Strafbarkeit zwar nicht immer gegeben sein muss,[23] aber doch in Fällen besonders grober Fahrlässigkeit verlangt sein kann.[24]

---

[15] Die Afrikanische Menschenrechtskommission soll in der folgenden Betrachtung ausgespart bleiben, da sie bislang noch nicht versucht hat, die Bestrafungspflichten zu systematisieren. In Einzelfällen hat sie sie aber anerkannt. So erkannte sie bislang, dass die strafrechtliche Verfolgung des Täters nicht dem Ausmaß der Verletzung des Rechts auf Leben und des Folterverbots entsprach, *Amnesty International u. a. ./. Sudan* (Nr. 48/90, 50/91, 52/91, 89/93), Auffassung v. 15. November 1999, Nr. 51, 56; dass Amnestien unzulässig seien, M*ouvement ivoirien des droits humains (MIDH) ./. Elfenbeinküste* (Nr. 246/02), Auffassung v. 29. Juli 2008, Nr. 98; dass das Recht auf eine wirksame Beschwerde verletzt ist, wenn kein strafrechtliches Verfahren eingeleitet wurde, *Sudan Human Rights Organisation & Centre on Housing Rights and Evictions (COHRE) ./. Sudan* (Nr. 279/03–296/05), Auffassung v. 27. Mai 2009, Nr. 102, s. auch Nr. 180 ff; und dass Nigeria verpflichtet ist, Strafverfolgungsmaßnahmen im Kontext der Verfolgung des Volkes der Ogoni einzuleiten, *Social and Economic Rights Action Center (SERAC) and Center for Economic and Social Rights (CESR) ./. Nigeria* (Nr. 155/96), Auffassung v. 27. Oktober 2001. Diese Auffassung kann als paradigmatisch gelten: die Kommission setzt sich mit der Frage der Bestrafungspflichten nicht auseinander, sondern tenoriert lediglich die Pflicht.

[16] Menschenrechtsausschuss, *Muteba ./. Zaire* (Nr. 124/1982), Auffassung v. 24. Juli 1984, UN-Dok. CCPR/C/OP/2, Nr. 13; IAGMR, *Velásquez-Rodriguez ./. Honduras*, Urteil v. 29. Juli 1988, Ser. C No. 4, Nr. 166.

[17] Menschenrechtsausschuss, *Bleier ./. Uruguay* (30/1978), Auffassung v. 29. März 1982, UN-Dok. A/37/40, Annex X, Nr. 15.

[18] IAGMR, *Las Palmeras ./. Kolumbien*, Urteil v. 26. November 2002, Ser. C No. 96, Nr. 65.

[19] Menschenrechtsausschuss, *Bautista de Arellana ./. Kolumbien* (Nr. 563/1993), Auffassung v. 27. Oktober 1995, UN-Dok. CCPR/C/OP/6, Nr. 8.8.

[20] Menschenrechtsausschuss, *Njaru ./. Kamerun* (Nr. 1353/2005), UN-Dok. CCPR/C/89/D/1353/2005, Nr. 8.

[21] EGMR, *Kiliç ./. Türkei*, 22492/93, Urteil v. 28 März, RJD 2000-III, Nr. 62.

[22] IAGMR, *Las Palmeras ./. Kolumbien*, Urteil v. 26. November 2002, Ser. C No. 96, Nr. 67 f.; *Trujillo Oroza./. Bolivien*, Urteil v. 27. Februar 2002, Ser. C No. 92, Nr. 99.

[23] EGMR, *Calvelli und Ciglio ./. Italien*, 32967/96, Urteil v. 17. Januar 2002, Nr. 51.

[24] EGMR, *Öneryildiz ./. Türkei*, 48939/99, Urteil v. 30. November 2004, RJD 2004-XII, Nr. 93.

Hinsichtlich der Anerkennung solcher Menschenrechte, die durch eine Bestrafungspflicht geschützt sind, geht der IAGMR am Weitesten. Für ihn ziehen alle Menschenrechtsverletzungen eine Bestrafungspflicht nach sich.[25] Der EGMR und der MRA haben eine derartige pauschale Aussage bezüglich der geschützten Menschenrechte nicht getroffen, sondern bisher lediglich im Einzelfall entschieden. Nach der Rechtsprechung des EGMR müssen Vergewaltigungen Privater bestraft werden,[26] ebenso wie die staatliche Handlung der Folter, grausamer und unmenschlicher Behandlung.[27] Das Gleiche gilt für Verletzungen des Rechts auf Leben, ganz gleich, ob Private oder Staatsangestellte gehandelt haben.[28] Der MRA hat das Vorliegen einer Bestrafungspflicht ausdrücklich für staatliches Handeln wie das Verschwindenlassen und Verletzungen des Rechts auf Leben,[29] willkürliche Verhaftungen,[30] die Verletzung des Rechts auf menschliche und würdevolle Behandlung von Personen, denen die Freiheit entzogen ist,[31] die Folter[32] sowie die Verletzung des Rechts auf ein zügiges Verfahren,[33] und nicht-staatliches Handeln wie häusliche Gewalt,[34] weibliche Zwangsbeschneidung,[35] und Frauen- und Kinderhandel[36] festgestellt. Die von den Organen getroffene Unterscheidung zwischen staatlichem und nicht-staatlichem

---

[25] IAGMR, *Las Palmeras ./. Kolumbien*, Urteil v. 26. November 2002, Ser. C No. 96, Nr. 66; *Trujillo Oroza./. Bolivien*, Urteil v. 27. Februar 2002, Ser. C No. 92, Nr. 99.

[26] EGMR, *X. und Y. ./. Niederlande*, 16/1983/72/110, Urteil v. 27. Februar 1985, A91, Nr. 27; *I.G. ./. Moldawien*, 53519/07, Urteil v. 15. Mai 2012, Nr. 42.

[27] EGMR, *Gäfgen ./. Deutschland*, 22978/05, Urteil v. 1. Juni 2010, Nr. 118.

[28] EGMR, *Kiliç ./. Türkei*, 22492/93, Urteil v. 28 März, RJD 2000-III, Nr. 62.

[29] Menschenrechtsausschuss, *Bautista de Arellana ./. Kolumbien* (Nr. 563/1993), Auffassung v. 27. Oktober 1995, UN-Dok. CCPR/C/OP/6, Nr. 8.6; *Arhuacos ./. Kolumbien* (Nr. 612/1995), Auffassung v. 29. Juli 1997, UN-Dok. CCPR/C/OP/6, Nr. 8.8.

[30] Menschenrechtsausschuss, *Minanga ./. Zaire* (Nr. 366/1989), Auffassung v. 2. November 1993, UN-Dok. A/49/40 II, Annex IX.J, Nr. 7, *Bozize ./. Zentralafrikanische Republik* (Nr. 428/1990), Auffassung v. 7. April 1994, UN-Dok. A/49/40 II, Annex IX.S, Nr. 7.

[31] Menschenrechtsausschuss, *Minanga ./. Zaire* (Nr. 366/1989), Auffassung v. 2. November 1993, UN-Dok. A/49/40 II, Annex IX.J, Nr. 7; *Bozize ./. Zentralafrikanische Republik* (Nr. 428/1990), Auffassung v. 7. April 1994, UN-Dok. A/49/40 II, Annex IX.S, Nr. 7; *Hylton ./. Jamaika*, (Nr. 407/1990), UN-Dok. CCPR/C/51/D/407/1990, Nr. 11.1.

[32] Menschenrechtsausschuss, *Rajapakse ./. Sri Lanka* (Nr. 1250/2004), Auffassung v. 14. Juli 2006, UN-Dok. A/61/40 II, Annex V, Nr. 9.3; *Minanga ./. Zaire* (Nr. 366/1989), Auffassung v. 2. November 1993, UN-Dok. A/49/40 II, Annex IX.J, Nr. 7; *Bozize ./. Zentralafrikanische Republik* (Nr. 428/1990), Auffassung v. 7. April 1994, UN-Dok. A/49/40 II, IX.S, Nr. 7; *Hylton v. Jamaika*, (Nr. 407/1990), UN-Dok. CCPR/C/51/D/407/1990, Nr. 11.1.

[33] Menschenrechtsausschuss, *Bozize ./. Zentralafrikanische Republik* (Nr. 428/1990), Auffassung v. 7. April 1994, UN-Dok. A/49/40 II, Annex IX.S, Nr. 7.

[34] Menschenrechtsausschuss, Concluding Observation *Mali*, 16. April 2003, UN-Dok. CCPR/CO/77/MLI, Nr. 12; Concluding Observation *Uganda*, 4. Mai 2004, UN-Dok. CCPR/CO/80/UGA, Nr. 11.

[35] Menschenrechtsausschuss, Concluding Observation *Uganda*, 4. Mai 2004, UN-Dok. CCPR/CO/80/UGA, Nr. 10.

[36] Menschenrechtsausschuss, Concluding Observation *Slovenia*, 25. Juli 2005, UN-Dok. CCPR/CO/84/SVN, Nr. 11.

Handeln ist nicht nur dogmatisch zwingend,[37] sondern liegt auch in der Natur der Bestrafungspflichten. Diese sind immer dann von erhöhter Bedeutung, wenn es um Taten geht, die staatliche Organträger im – vermeintlichen – Interesse des Staates ausgeführt haben, da hier die Motivation des Staates, strafrechtliche Sanktionen zu verhängen, kleiner ist. Außerdem ist der Abschreckungscharakter von Strafen immer dann größer, wenn die bestrafte Tat keine Affekttat ist, sondern als zweckrationales Mittel zur Durchsetzung bestimmter Interessen – z. B. der „Staatssicherheit" – dient. Auch deshalb hat die Interamerikanische Menschenrechtskommission Gerichtsverfahren und die Verurteilung von Menschenrechtsverletzern in einem Verfahren gegen Mitglieder der el-salvadorianischen Armee als „perhaps the single most effective means of enforcing such rights" bezeichnet.[38]

Die bisherige Beschränkung der Menschenrechtsorgane auf einige wenige Menschenrechte – bis auf Ausnahme des IAGMR – mag auf den ersten Blick überraschen, insbesondere wenn man die Ableitung der Bestrafungspflicht näher analysiert. Sie rekurrieren hierbei nämlich zwar auch auf die materielle Norm – insbesondere der EGMR, der von dem „prozeduralen Aspekt" des jeweiligen materiellen Rechts spricht[39] –, verknüpfen diese aber regelmäßig mit allgemeinen Vorschriften der Verträge, so dass die Aussagen zu den Bestrafungspflichten auch allgemeiner Natur sind und sich dem Grunde nach auf alle Menschenrechte erstrecken: So stellt der MRA auf Recht auf eine wirksame Beschwerde (Art. 2 Abs. 3 IPbpR)[40] ab, der EGMR leitet die Bestrafungspflicht aus der *Respect-and-Ensure*-Vorschrift des Art. 1 EMRK[41] ab. Zudem scheint er sich teilweise ebenfalls auf das Recht auf eine wirksame Beschwerde nach Art. 13 EMKR zu berufen.[42] Ein genauerer Blick zeigt aber, dass er aus Art. 13 EMRK lediglich eine Pflicht ableitet, die Untersuchung einer Menschenrechtsverletzung so zu gestalten, dass sie zu einem strafrechtlichen Verfahren führen kann. Der EGMR bezieht sich hier also primär auf die Untersuchung und nicht die Bestrafungspflicht. Der IAGMR beruft sich sowohl auf die *Respect-and-Ensure-*

---

[37] Vgl. *Seibert-Fohr* (Fn. 13), 31 ff.; s. auch *K. Wiesbrock*, Internationaler Schutz der Menschenrechte vor Verletzungen durch Private, 1999.

[38] IAKMR, *Las Hojas Massacre./. El Salvador* (10.287), Entscheidung v. 24. September 1992, Bericht Nr. 26/92 = 14 HRLJ 1993, S. 167, 169.

[39] Siehe z. B. EGMR, *Silih ./. Slowenien*, 71463/01, Urteil v. 9. April 2009, Rn. 211.

[40] Menschenrechtsausschuss, *Bautista de Arellana ./. Kolumbien* (Nr. 563/1993), Auffassung v. 27. Oktober 1995, UN-Dok. CCPR/C/OP/6, Nr. 8.6; *Arhuacos ./. Kolumbien* (Nr. 612/1995), Auffassung v. 29. Juli 1997, UN-Dok. CCPR/C/OP/6, Nr. 8.8; *Bousroual ./. Algerien* (Nr. 992/2001), Auffassung v. 30. März 2006, UN-Dok. A/61/40 II, Annex V, Nr. 11; *Boucherf ./. Algerien* (Nr. 1196/2003), Auffassung v. 30. März 2006, UN-Dok. A/61/40 II, Annex V, Nr. 11

[41] EGMR, *M.C. ./. Bulgarien*, 39272/98, Urteil v. 13. November 2003, RJD 2003-XII, Nr. 149 i.V.m. 153.

[42] EGMR, *Kaya ./. Türkei*, 158/1996/777/978, Urteil v. 19. Februar 1998, Nr. 107; *Bitiyeva und X ./. Russland*, 57953/00, 37392/03, Urteil v. 21. Juni 2007, Nr. 156.

Vorschrift (Art. 1 Abs. 1 IAMRK)[43] wie auch auf das Recht auf eine wirksame Beschwerde (Art. 25 IAMRK).[44] Zusätzlich argumentiert er noch mit dem Recht auf ein faires Verfahren (Art. 8 Abs. 1 IAMRK).[45] Trotz dieser Fundierung der Bestrafungspflicht auf Normen, die unabhängig sind vom einzelnen Menschenrecht, wird man aber annehmen müssen, dass die Beschränkung auf einige wenige Menschenrechte richtig ist: Bestrafungspflichten werden von den Menschenrechtsorganen nämlich vor allem damit begründet, dass strafrechtliche Sanktionen den effektiven Schutz der Grundnorm – etwa des Tötungsverbotes – verstärken.[46] Auch der Schutz der „rule of law" als weiteres allgemeines Schutzgut wird genannt.[47] Kann dieser effektive Schutz auch über verwaltungs- und zivilrechtliche Normen hinreichend sichergestellt werden kann, widerspräche eine strafrechtliche Sanktionierung, die ja einen wesentlichen Eingriff in die Freiheitsrechte des Betroffenen darstellt, dem menschenrechtlichen Übermaßverbot. Strafrecht ist lediglich *ultima ratio*, weshalb die Bestrafungspflichten auf schwere Menschenrechtsverletzungen beschränkt sind.[48]

3. Subjektives Recht auf Bestrafung?

Die Ableitung der Bestrafungspflichten durch die Menschenrechtsorgane impliziert, dass schwerpunktmäßig ein objektiver Schutz der Menschenrechte durch die Bestrafungspflichten intendiert ist, weniger ein subjektiver Schutz des jeweiligen

---

[43] IAGMR, *Baldeón García ./. Peru*, Urteil v. 6. April 2006, Ser. C No. 147, Nr. 156; IAGMR, *Plan de Sánchez Massacre ./. Guatemala*, Urteil v. 19. November 2004, Ser. C No. 116, Nr. 94.

[44] IAGMR, *Plan de Sánchez Massacre ./. Guatemala*, Urteil v. 19. November 2004, Ser. C No. 116, Nr. 94; *Durand und Ugarte ./. Peru*, Urteil v. 16. August 2000, Ser. C No. 68, Nr. 130; *Las Palmeras ./. Kolumbien*, Urteil v. 6. Dezember 2001, Ser. C No. 96, Nr. 65.

[45] IAGMR, *Plan de Sánchez Massacre ./. Guatemala*, Urteil v. 19. November 2004, Ser. C No. 116, Nr. 94, s. dazu die Kritik bei *Seibert-Fohr* (Fn. 13), 62 ff.; *Las Palmeras ./. Kolumbien*, Urteil v. 6. Dezember 2001, Ser. C No. 96, Nr. 65; *Durand und Ugarte ./. Peru*, Urteil v. 16. August 2000, Ser. C No. 68, Nr. 130.

[46] IAGMR, *Villagrán Morales u. a. ./. Guatemala ("Street Children" Case)*, Urteil v. 26 Mai 2001. Ser. C No. 77, Nr. 100; Menschenrechtsausschuss, General Comment No. 31: *The Nature of the General Legal Obligation Imposed on States Parties to the Covenant (Art. 2)*, 26. Mai 2004, UN-Dok. CCPR/C/21/Rev.1/Add.13, Nr. 18; EGMR, *X. und Y. ./. Niederlande*, 16/1983/72/110, Urteil v. 27. Februar 1985, A91, Nr. 27; *Mahmut Kaya ./. Türkei*, 22535/93, Urteil v. 28 März 2000, RJD 2000-III, Nr. 85; EGMR, *Kiliç ./. Türkei*, 22492/93, Urteil v. 28 März, RJD 2000-III, Nr. 62; *Mastromatteo ./. Italien*, 37703/97, Urteil v. 24. Oktober 2002, Nr. 67; *Gäfgen ./. Deutschland*, 22978/05, Urteil v. 1. Juni 2010, Nr. 119. Der IAGMR stellt – wie schon an seiner Herleitung der Bestrafungspflicht deutlich wird – daneben auch darauf ab, dass durch die Bestrafungspflicht das Recht des Verletzten selbst geschützt wird, *Bámaca Velásquez ./. Guatemala*, Urteil v. 25. November 2000, Ser. C No. 70, Nr. 129; s. dazu die Kritik von *Seibert-Fohr* (Fn. 13), 57 ff.

[47] EGMR, *Öneryildiz ./. Türkei*, 48939/99, Urteil v. 30. November 2004, RJD 2004-XII, Nr. 96; *Anguelova ./. Bulgarien*, 38361/97, Urteil v. 13. Juni 2002, Nr. 140.

[48] *D. F. Orentlicher*, Yale Law Journal 100 (1991), 2537 (2578); *Seibert-Fohr* (Fn. 13), 199; *C. Tomuschat*, in: FS Steinberger, 2002, 315 (324); *T. Schilling*, ZÖR 54 (1999), 357 (378 ff.).

Opfers einer schweren Menschenrechtsverletzung.[49] Daher betonen MRA[50] und EGMR[51] in ständiger Rechtsprechung, dass mit den Bestrafungspflichten kein subjektives Recht auf Bestrafung einhergeht.

Dies ist allerdings letztlich inkonsequent. Dies liegt zum einen daran, dass MRA und EGMR lediglich die strafrechtliche Komponente der repressiven Schutzpflichten ausdrücklich nicht als subjektives Recht anerkennen, diese Formulierung aber nicht im Rahmen der Wiedergutmachungs- oder Untersuchungspflichten wiederholen, obwohl die Ableitung dieser Pflichten in vergleichbarer Weise vorgenommen wird.[52] Zum anderen gründet zumindest der MRA die Bestrafungspflicht auch auf das subjektive Recht auf eine wirksame Beschwerde. Auch die neuere Entwicklung in der Rechtsprechung des EGMR zeigt, dass dieser inzwischen trotz ausdrücklicher Beibehaltung der Ansicht, dass kein subjektives Recht auf Bestrafung existiere, einer subjektiv-rechtlichen Betrachtungsweise nicht abgeneigt ist: Im Fall Gäfgen stellte die Große Kammer fest, dass Deutschland gegen Art. 3 EMRK verstoßen habe, weil dem Beschwerdeführer vom Vizepolizeipräsident der Frankfurter Polizei, Wolfgang Daschner, „Schläge, wie er sie noch nie erlebt hat" angedroht wurden.[53] Der Beschwerdeführer berief sich dabei zwar nicht auf eine Verletzung der Bestrafungspflicht, sondern auf eine Verletzung der Grundnorm des Art. 3 EMRK. Diese Verletzung durfte der EGMR aber nur feststellen, weil der Opferstatus (vgl. Art. 34 EMRK) aufgrund der mangelhaften strafrechtlichen Verfolgung noch bestand.[54] Damit folgte aus der Nichtbefolgung der Bestrafungspflicht der Erfolg der Beschwerde.[55] Auch der UN-Antifolterausschuss folgt einer subjektiv-rechtlichen Betrachtungsweise. So hat er Art. 4 CAT – der die Pflicht zur Verhängung von angemessenen Strafen vorsieht – in einem Individualbeschwerdeverfahren als verletzt angesehen.[56] Der IAGMR, der sich für die Begründung der Norm auch auf das Recht auf ein faires Ver-

---

[49] Zu subjektiven Rechten im Völkerrecht, s. *D. Steiger*, in: C. Binder/ /C. Fuchs/ M. Goldmann/T. Kleinlein/K. Lachmeyer (Hrsg.), Völkerrecht im innerstaatlichen Bereich, 2010, 129.

[50] Menschenrechtsausschuss, *Bautista de Arellana ./. Kolumbien* (Nr. 563/1993), Auffassung v. 27. Oktober 1995, UN-Dok. CCPR/C/OP/6, Nr. 8.6; *Arhuacos ./. Kolumbien* (Nr. 612/ 1995), Auffassung v. 29. Juli 1997, UN-Dok. CCPR/C/OP/6, Nr. 8.8; *Rajapakse ./. Sri Lanka* (Nr. 1250/2004), Auffassung v. 14. Juli 2006, UN-Dok. A/61/40 II, Annex V, Nr. 9.3.

[51] EGMR, *Calvelli und Ciglio ./. Italien*, 32967/96, Urteil v. 17. Januar 2002, Nr. 51; EGMR, *Öneryildiz ./. Türkei*, 48939/99, Urteil v. 30. November 2004, RJD 2004-XII, Nr. 96.

[52] EGMR, *McCann u. a. ./. Vereinigtes Königreich*, 18984/91, Urteil v. 27. September 1995, A324, Nr. 161; Menschenrechtsausschuss, General Comment No. 20: *Prohibition of Torture*, 3. April 1992, UN-Dok. HRI/GEN1/Rev. 7, Nr. 14.

[53] Siehe ausführlich zu dem Fall *S. Schmahl/D. Steiger*, AVR 43 (2005), 358.

[54] EGMR, *Gäfgen ./. Deutschland*, 22978/05, Urteil v. 1. Juni 2010, Rn. 120 ff.

[55] EGMR, *Gäfgen ./. Deutschland*, 22978/05, Urteil v. 1. Juni 2010, Rn. 131 f.

[56] CAT, *Guridi ./. Spanien* (212/2002), Auffassung v. 17. Mai 2005, UN-Dok. A/60/44, Annex VIII, Nr. 6.7; vgl. dazu *M. Nowak/ E. MacArthur*, The United Nations Convention Against Torture – A Commentary, 2008, Art. 4, Rn. 52 ff.

fahren und auf eine wirksame Beschwerde stützt, geht konsequenterweise von der subjektiven Rechtsqualität aus.[57]

Man wird daher neben der Pflicht zur Bestrafung auch das Recht auf Bestrafung anerkennen müssen. Zwar ließe sich einwenden, dass ein solches Recht dazu führen könnte, dass jedes angebliche Opfer einer schweren Menschenrechtsverletzung den Staat zur Strafverfolgung zwingen könnte und dies selbst dann, wenn gar keine Straftat vorlag oder der vermeintliche Täter unschuldig ist. Dem ist entgegenzuhalten, dass eine gewisse Wahrscheinlichkeitsschwelle für das Vorliegen einer solchen schweren Menschenrechtsverletzung überschritten sein muss, bevor der Staat verpflichtet ist, Maßnahmen zu ergreifen, etwa eine Untersuchung, die dem gerichtlichen Verfahren vorgelagert ist.[58] Die Bestrafungspflicht ist zudem eine Verhaltenspflicht, keine Pflicht, ein bestimmtes Ergebnis zu erzielen.[59] Wenn dann auch noch die menschenrechtlichen Verfahrensgarantien Anwendung finden und die Gerichte unabhängig sind, wird dieser Einwand gegenstandslos.

4. Ausnahmen von der Bestrafungspflicht, Stellung der Opfer, Umgang mit Beweismitteln und Strafmaß

Ausnahmen von der Bestrafungspflicht für schwerste Menschenrechtsverletzungen werden grundsätzlich nicht anerkannt. Nach der Rechtsprechung des IAGMR sind Verjährungsvorschriften inkompatibel mit der IAMRK,[60] ebenso wie Amnestien.[61] Auch der MRA sieht Amnestien als rechtswidrig an,[62] der EGMR hingegen steht ihnen offener gegenüber,[63] allerdings musste er bislang nur in einem Einzelfall entscheiden. Verjährungsvorschriften stehen beide Rechtsprechungsorgane skeptisch

---

[57] IAGMR, *Las Palmeras ./. Kolumbien*, Urteil v. 6. Dezember 2001, Ser. C No. 96, Nr. 65; *Durand und Ugarte ./. Peru*, Urteil v. 16. August 2000, Ser. C No. 68, Nr. 130.

[58] So hat der EGMR verlangt, dass der Staat erst dann eine Untersuchung initiieren muss, sobald eine Person einen „arguable claim" vorbringt, *Assenov u. a. ./. Bulgarien*, 90/1997/874/1086, Urteil v. 28. Oktober 1998, RJD 1998-VIII, Nr. 103 i.V.m. Nr. 106.

[59] *N. Roht-Arriaza*, California Law Review 78 (1990), 449 (471); s. in Hinblick auf die Untersuchungspflichten EGMR, *Koky u. a. ./. Slowakische Republik*, 13624/03, Urteil v. 12. Juni 2012, Nr. 215.

[60] IAGMR, *Rochela Massacre ./. Kolumbien*, Urteil v. 11. Mai 2007, Ser. C No. 163, Nr. 292.

[61] IAGMR, *Barrios Altos ./. Peru*, Urteil v. 14. Mai 2001, Series C No. 75, Nr. 41; *Trujillo Oroza./. Bolivien*, Urteil v. 27. Februar 2002, Ser. C No. 92, Nr. 106; *Rochela Massacre ./. Kolumbien*, Urteil v. 11. Mai 2007, Ser. C No. 163, Nr. 294.

[62] Menschenrechtsausschuss, *Rodríguez ./. Uruguay* (Nr. 322/1988), UN-Dok. CCPR/C/51/D/322/1988, Nr. 12.4; *Laureano Atachahua ./. Peru* (Nr. 540/1993), UN-Dok. CCPR/C/56/D/540/1993, Nr. 10. Ebenso CAT, *General Comment No. 2*, 24. Januar 2008, UN-Dok. CAT/C/ GC/2, Nr. 5.

[63] EGMR, *Dujardin ./. Frankreich*, 16734/90, Urteil v. 2. September 1991, Decisions and Reports 72, 236 (244).

gegenüber.⁶⁴ In Bezug auf Amnestien beruht dies u. a. darauf, dass diese – in den Worten des Geehrten – „in general, did nothing to restore the rule of law but, on the contrary, encouraged the persistence of reprehensible practices".⁶⁵ Auch zu lange Verfahren werden von den drei vertragsbasierten Menschenrechtsorganen als Verstoß gegen die Bestrafungspflicht gewertet.⁶⁶ Nach der CPED, die anders als etwa die CAT oder die Genozidkonvention zu diesen Fragen Stellung nimmt, können mildernde Umstände anerkannt werden, beispielsweise wenn der Täter dazu beiträgt, dass die verschwundene Personen lebend gefunden wird. Eine Verjährung der Taten ist möglich, die Zeitspanne muss aber u. a. „von langer Dauer" sein (Art. 8 CPED).

Hinsichtlich der Stellung der Opfer der Menschenrechtsverletzung im Verfahren ist von der Rechtsprechung anerkannt worden, dass dem Opfer und/oder seinen Angehörigen bestimmte Verfahrensrechte zustehen. Sie müssen gehört werden, das Gehörte muss ernsthaft und vollständig berücksichtigt werden und sie müssen Zugang zu den Akten zu haben.⁶⁷ In Bezug auf die Aus- und Bewertung von Beweismitteln verlangen der IAGMR und der EGMR vor allem, dass die nationalen Behörden *de lege artis* vorzugehen haben. Dazu gehört u. a., dass Beweismittel zu sichern seien – so wird u. a. die Notwendigkeit einer Autopsie immer wieder betont –,⁶⁸ dass Zeugenaussagen vor Gericht nicht aufgrund zweifelhafter Kriterien – z. B. Verwandtschaft mit dem Opfer der ursprünglichen Menschenrechtsverletzung – unberücksichtigt gelassen werden dürfen,⁶⁹ und dass eine vollständige Analyse der Beweismittel stattfinden muss.⁷⁰

---

⁶⁴ Der MRA verlangt, dass diese nicht zu kurz bemessen sein dürfen, Menschenrechtsausschuss, General Comment No. 31: *The Nature of the General Legal Obligation Imposed on States Parties to the Covenant (Art. 2)*, 26. Mai 2004, UN-Dok. CCPR/C/21/Rev.1/Add.13, Nr. 18; *Angelova und Iliev ./. Bulgarien*, 55523/00, Urteil v. 26. Juli 2007, Nr. 101–103.

⁶⁵ So in Bezug auf ein peruanisches Amnestiegesetz E. *Klein*, Menschenrechtsausschuss, Summary record of the 1519th meeting: Peru, 18. Juli 1996, UN-Dok. CCPR/C/SR.1519, Nr. 73.

⁶⁶ Menschenrechtsausschuss, *Rajapakse ./. Sri Lanka* (Nr. 1250/2004), Auffassung v. 14. Juli 2006, UN-Dok. A/61/40 II, Annex V, Nr. 9.5; EGMR, *Nikolova und Velichkova ./. Bulgarien*, 7888/03, Urteil v. 20. Dezember 2007, Nr. 59. Der IAGMR bindet diese Verletzung in den Kontext von Art. 8 IAMRK ein, *Paniagua Morales u. a. ./. Guatemala*, Urteil v. 8. März 1998, Ser. C No. 37, Nr. 152; *Las Palmeras ./. Kolumbien*, Urteil v. 26. November 2002, Ser. C No. 96, Nr. 62 ff.

⁶⁷ IAGMR, *Bueno Alves ./. Argentinien*, Urteil v. 11. Mai 2007, Ser. C No. 164, Nr. 211; *Rochela Massacre ./. Kolumbien*, Urteil v. 11. Mai 2007, Ser. C No. 163, Nr. 195; EGMR, *Anguelova ./. Bulgarien*, 38361/97, Urteil v. 13. Juni 2002, Nr. 140; *Cesim Yildirim u. a. ./. Türkei*, 29109/03, Urteil v. 17. Juni 2008, Nr. 54.

⁶⁸ Siehe IAGMR, *Villagrán Morales u. a. ./. Guatemala („Street Children" Case)*, Urteil v. 19. November 1999. Ser. C No. 63, Nr. 231; EGMR, *Salman v. Türkei*, 21986/93, Urteil v. 26. Juni 2000, RJD 2000-VII, Nr. 106; *Gül ./. Türkei*, 22676/93, Urteil v. 14. Dezember 2000, Nr. 89.

⁶⁹ IAGMR, *Villagrán Morales u. a. ./. Guatemala („Street Children" Case)*, Urteil v. 19. November 1999, Ser. C No. 63, Nr. 232.

⁷⁰ IAGMR, *Villagrán Morales u. a. ./. Guatemala („Street Children" Case)*, Urteil v. 19. November 1999, Ser. C No. 63, Nr. 233.

In Bezug auf das Strafmaß sehen selbst Art. 4 Abs. 2 CAT und Art. 7 CPED lediglich vor, dass die Strafe angemessen sein und die Schwere der Tat berücksichtigen muss. Dies überrascht aber nicht, vergleicht man die nationalen strafrechtlichen Normen, die bezüglich der Höhe der Strafe ebenfalls einen sehr weiten Spielraum für die nationalen Gerichte eröffnen. Auch die Menschenrechtsorgane sind nicht viel genauer – sie sind aber auch keine Superrevisionsinstanz, sondern überwachen lediglich, ob eine „manifest disproportion between the gravity of the act and the punishment imposed"[71] vorliegt. Der MRA verlangt, dass die Strafen so streng sein müssen, dass sie in der Lage sind, vor weiteren Menschenrechtsverletzungen abzuschrecken.[72] Der IAGMR verlangt, dass die Strafen sich an den üblichen Strafen im nationalen Recht zu orientieren haben und sie in Bezug auf die Natur des Verbrechens, der Schwere der Tat und des Ausmaßes der Schuld verhältnismäßig sein müssen.[73] Der EGMR bekräftigt, dass das Strafmaß eine Frage des nationalen Rechts sei, die er grundsätzlich nicht zu adressieren habe.[74] Trotz dieser ausdrücklichen Zurückhaltung in Bezug auf die Überprüfbarkeit des Strafmaßes ist er in einigen Fällen, z. B. im Fall Gäfgen,[75] tief in die Prüfung eingestiegen. Hierbei stellte die Große Kammer fest, dass eine Strafe in Höhe von 90 bzw. 60 Tagessätzen als Strafen für eine erniedrigende Behandlung nicht ausreichend war, zumal sie nach § 59 StGB unter Strafvorbehalt ausgesprochen wurden.[76] Letztendlich wird man den Vertragsstaaten – i.S.d. der *Margin-of-Appreciation*-Doktrin – einen relativen Ermessensspielraum zubilligen müssen.[77]

5. Zwischenfazit

Bestrafungspflichten sind mithin allgemein anerkannt, unabhängig davon, ob sie ausdrücklich positiviert sind oder ob sie aus den allgemeinen Menschenrechtsverträgen abgeleitet werden. Sind sie abgeleitet, so gründen sie auf der materiellen Norm i.V.m. der Pflicht, die Menschenrechte allen Personen unter der Jurisdiktionsgewalt des Staates zu gewährleisten bzw. dem Recht auf eine wirksame Beschwerde. Ob ein bestimmtes Menschenrecht durch Bestrafungspflichten geschützt werden muss, ist

---

[71] EGMR, *Nikolova und Velichkova ./. Bulgarien*, 7888/03, Urteil v. 20. Dezember 2007, Nr. 62.

[72] Menschenrechtsausschuss, Concluding Observation *Dominikanische Republik*, 5. Mai 1993, UN-Dok. CCPR/C/79/Add.18, Nr. 10.

[73] IAGMR, *Rochela Massacre ./. Kolumbien*, Urteil v. 11. Mai 2007, Ser. C No. 163, Nr. 196.

[74] So ausdrücklich in *Öneryildiz ./. Türkei*, 48939/99, Urteil v. 30. November 2004, RJD 2004-XII, Nr. 93; *Nachova u. a. ./. Bulgarien*, Urteil v. 6. Juli 2005, 43577/98, 43579/98, RJD 2005-VII, Nr. 147; *Gäfgen ./. Deutschland*, 22978/05, Urteil v. 1. Juni 2010, Nr. 123.

[75] EGMR, *Nikolova und Velichkova ./. Bulgarien*, 7888/03, Urteil v. 20. Dezember 2007, Nr. 61 ff.; *Ali und Ayşe Duran ./. Türkei*, 42942/02, Urteil v. 8. April 2008, Nr. 66 ff.

[76] EGMR, *Gäfgen ./. Deutschland*, 22978/05, Urteil v. 1. Juni 2010, Nr. 124, 130.

[77] Der Menschenrechtsausschuss billigt den einzelnen Staaten hinsichtlich ihrer Schutzpflichten einen weiten Ermessensspielraum („margin of appreciation") zu, auch wenn er es selbst nicht so nennt, *Klein* (Fn. 2), 315.

davon abhängig, ob ein effektiver Menschenrechtsschutz eine strafrechtliche Sanktionierung verlangt. Hierbei ist das Übermaßverbot zu beachten.

II. Bestrafungspflichten als Völkergewohnheitsrecht und *Ius cogens*

Bestrafungspflichten beruhen wie eben gesehen zwar auf Vertragsrecht, sie sind darüber hinaus inzwischen aber auch Teil des Völkergewohnheitsrechts. Auch können sie am *Ius-cogens*-Charakter der Grundnorm teilhaben. Die daraus resultierenden Folgen mögen überraschen, sind aber dogmatisch zwingend.

Schon die völkergewohnheitsrechtliche Geltung von Bestrafungspflichten ist allerdings umstritten. Einigkeit besteht insoweit, dass eine derartige Verfolgungs- und Strafpflicht nur für schwerste Menschenrechtsverletzungen diskutiert werden kann.[78] Ebenso ist unstrittig, dass das Verbot schwerster Menschenrechtsverletzungen völkergewohnheitsrechtlich gilt. Hinsichtlich der Bestrafungspflichten wird die neben der *opinio iuris* notwendige Staatenpraxis jedoch vielfach verneint.[79] Sofern man akzeptiert, dass auch eine „Verbalpraxis" als Staatenpraxis gelten kann,[80] lässt sich die notwendige Praxis jedoch keineswegs leugnen. So erkennt die Generalversammlung eine Bestrafungspflicht für schwerste Menschenrechtsverletzungen an,[81] außerdem hat die Staatengemeinschaft in Absatz 6 der Präambel des IStGH-Statuts eine solche völkergewohnheitsrechtliche Geltung vorausgesetzt.[82] Auch Amnestiegesetze sprechen nicht gegen eine entsprechende Staatenpraxis: Haben Staaten Amnestien beschlossen, so haben sie diese mit den Besonderheiten der Situation ge-

---

[78] Vgl. dazu *K. Ambos*, AVR 37 (1999), 318 (328 ff.); *D.F. Orentlicher*, Yale Law Journal 100 (1991), 2537 (2584); *N. Roht-Arriaza*, California Law Review 78 (1990), 449 (499 f.); *A. Schlunck*, Amnesty versus Accountability. Third Party Intervention Dealing with Gross Human Rights Violations in Internal and International Conflicts, 2000, 45 ff.

[79] *K. Ambos*, AVR 37 (1999), 318 (330), der aber einen allgemeinen Rechtsgrundsatz bejaht; *T. Schilling*, ZÖR 54 (1999), 357 (383), der auch das Vorliegen eines allgemeinen Rechtsgrundsatzes verneint (387), allerdings eine Strafpflicht aus überpositiven Rechtsgrundsätzen, basierend auf der materiellen Gerechtigkeit, bejaht (388 f); *K. Traisbach*, MenschenRechtsMagazin 2000, 154 (157), spricht von einer „ungleichen Staatenpraxis", die durch die Opinio iuris ausgeglichen werden könne. S. auch ausführlich *A. Orakhelashvili*, Peremptory Norms in International Law, 2006, 292 ff., insb. 301 f.; bzgl der Folter: *E. de Wet*, EJIL 15 (2004), 97 (107); *C.J. Tams*, AVR 40 (2002), 331 (348 f).

[80] So etwa die Vorgehensweise des IGH, *Nicaragua ./. Vereinigte Staaten*, Urteil v. 1986, ICJ Rep. 1986, Nr. 187 ff.; kritisch *B. Simma*, Collected Courses of the Academy of European Law IV-2 (1993), 153 (213 ff.).

[81] Generalversammlung, Basic Principles and Guidelines on the Right to a Remedy and Reparation for Victims of Gross Violations of International Human Rights Law and Serious Violations of International Humanitarian Law, UN-Dok. A/RES/60/147, Nr. 4.

[82] Ebenso *H. Kreicker*, Völkerstrafrecht im Ländervergleich, 2007, 13 f. Auch *G. Werle/F. Jeßberger*, JZ 2002, 725 (727) und *Orakhelashvili* (Fn. 79), 301, bejahen die völkergewohnheitsrechtliche Pflicht.

rechtfertigt, nicht aber die grundsätzliche Bestrafungspflicht geleugnet.⁸³ Zwar ist es richtig, dass in vielen Fällen den Bestrafungspflichten nicht nachgekommen wird, dies ist aber noch nicht *per se* Ausdruck einer Staatenpraxis, sondern kann genauso als rechtswidriges, weil gegen die Bestrafungspflicht verstoßendes, Verhalten verstanden werden. Ein Rechtsbruch kann aber – jedenfalls ohne gleichzeitig geäußerte Überzeugung der Rechtmäßigkeit der in Frage stehenden Handlung – kein neues Recht schaffen. Würde man alleine auf die Fälle abstellen, in denen ein Rechtsbruch stattfindet, so könnte man ebenso den Einwand zulassen, dass es angesichts der vielen Menschenrechtsverletzungen keine Staatenpraxis hinsichtlich der betroffenen Menschenrechte selbst gäbe.

Sollte man eine solche völkergewohnheitsrechtliche Geltung ablehnen, so ließe sich der völkergewohnheitsrechtliche Charakter der Bestrafungspflichten auch entsprechend der Rechtsprechung der Menschenrechtsorgane ableiten: Da die Bestrafungspflicht auf einer Zusammenschau des materiellen Rechts mit der *Respect-and-Ensure*-Vorschrift und/oder dem Recht auf eine wirksame Beschwerde beruht und die Menschenrechte, die *Respect-and-Ensure*-Vorschrift⁸⁴ und das Recht auf eine wirksame Beschwerde⁸⁵ völkergewohnheitsrechtlichen Charakter besitzen, muss auch die Bestrafungspflicht für schwere Menschenrechtsverletzungen Völkergewohnheitsrecht sein.

Darüber hinaus haben einige völkergewohnheitsrechtlich geltenden Bestrafungspflichten sogar am *Ius-cogens*-Charakter der Grundnorm teil.⁸⁶ Zwar gilt „[that] it is necessary to draw a clear distinction, on the one hand, between the legal nature of the norm prohibiting genocide [or any other *ius-cogens*-norm, D.S.], and, on the other, the implementation or enforcement of that norm."⁸⁷ Es lässt sich aber darauf abstellen, dass aus den *Ius-cogens*-Normen folgende Pflichten selbst *Ius-cogens*-Charakter besitzen können, da der *Ius-cogens*-Charakter einer Norm auf dem besonderen Wert des von ihr geschützten Interesses für die Staatengemeinschaft insgesamt und nicht

---

⁸³ N. *Roht-Arriaza*, California Law Review 78 (1990), 449 (496); C. *Edelenbos*, Leiden Journal of International Law 7 (1994), 6 (21).

⁸⁴ „The obligation to respect, ensure respect for and implement international human rights law and international humanitarian law [...] emanates from [inter alia c]ustomary international law.", UN-Dok. A/RES/60/147, Nr. 1 b).

⁸⁵ J. J. *Paust*, Harvard International Law Journal Online 51 (2010), 1 (9).

⁸⁶ So soll die effektive Bekämpfung von „grave crimes" *Ius-cogens*-Charakter besitzen, IGH, *Kongo ./. Belgien (Arrest Warrant)*, Urteil v. 14. Februar 2002, ICJ Rep. 2002, S. 3, Dissenting Opinion Judge *Al-Khasawneh*, Nr. 7.

⁸⁷ IGH, *Bosnien-Herzegowina ./. Jugoslawien (Genozid-Konvention)*, Urteil v. 11. Juli 1996, ICJ Rep. 1996, 595, Dissenting Opinion Judge *Kreca*, Nr. 101. Anders wohl Lord *Hope of Craighead*, House of Lords, Urteil v. 24. März 1999, *Regina ./. Bow Street Metropolitan Stipendiary Magistrate et al., Ex parte Pinochet Ugarte* (No. 3), Weekly Law Reports 1999, 827 (881), der aus dem *Ius-cogens*-Charakter des Folterverbots schließt, dass dieses „imposes an obligation erga omnes to punish such conduct".

für einzelne Staaten beruht.[88] Diesen besonderen Wert teilen die Bestrafungspflichten mit den Verbotsvorschriften – jedenfalls sofern sie mit einer Bestrafungspflicht geschützt werden müssen –, da sie dasselbe Rechtsgut schützen. Damit gilt: Schützen die Bestrafungspflichten nicht nur ein „gewöhnliches" Völkergewohnheitsrecht, sondern ein *Ius-cogens*-Recht, so sind sie auch *Ius-cogens*-Normen. Dies ist auch deshalb folgerichtig, weil ansonsten ein völkerrechtlicher Vertrag, der den Inhalt hat, dass beide Staaten die Verletzung eines *Ius-cogens*-Menschenrechts zwar nicht erlauben – das wäre ein Verstoß gegen die Grundnorm mit der Folge der Nichtigkeit (Art. 53 WVK) –, aber auch nicht mehr strafrechtlich verfolgen werden, rechtmäßig und wirksam wäre. Ein solcher Vertrag würde das Verbot der Menschenrechtsverletzung aber *ad absurdum* führen, da er – ähnlich einem Entschuldigungstatbestand – dem Einzelnen das Signal senden würde, dass die Verletzung nun eben doch erlaubt sei. Dergestalt würde das betroffene Menschenrecht seiner Effektivität beraubt werden. *Ius-cogens*-Normen verlangen aber gerade, dass von ihnen nicht abgewichen werden darf. Dementsprechend muss ein solcher Vertrag als ein Verstoß gegen die am *Ius-cogens*-Charakter der Grundnorm teilhabende Bestrafungspflicht nichtig sein, sofern der effektive Schutz der Grundnorm Bestrafungen verlangt, d.h. bei schwersten Menschenrechtsverletzungen.[89]

Die oben genannten Überlegen haben folgenreiche Auswirkungen. Dies betrifft vor allem Verträge über Straffreistellungen aber auch unilaterale Akte wie Amnestien,[90] die aus völkerrechtlicher Perspektive nicht nur rechtswidrig sondern auch nichtig sind.[91] Bislang weitestgehend unbeachtet geblieben ist die Folge, dass auf-

---

[88] *Orakhelashvili* (Fn. 79), 59; *B. Simma*, RdC Vol. 250 (1994-VI), 217 (288); ICTY, *The Prosecutor ./. Furundzija*, IT-95–17/1-T, Urteil v. 10. Dezember 1998, Nr. 154; *L. Hannikainen*, Peremptory Norms (Jus Cogens) in International Law: Historical Development, Criteria, Present Status, 1988, S. 11; s. auch IGH, *Belgien ./. Spanien (Barcelona-Traction)*, Urteil v. 5. Februar 1970, ICJ Rep. 1970, S. 3, Nr. 33.

[89] Zustimmend *S. Kadelbach*, Zwingendes Völkerrecht, 1992, 306 f.; *C.J. Tams*, AVR 40 (2002), 331 (342 f.) führt aus, dass im Al-Adsani-Urteil des EGMR, *Al-Adsani ./. Vereinigtes Königreich*, 35763/97, Urteil v. 21. November 2001, RJD 2001-XI, implizit zum Ausdruck komme, dass die „Pflicht, Folteropfern eine Möglichkeit zur gerichtlichen Geltendmachung ihrer Rechte einzuräumen", *Ius-cogens*-Charakter besitzt. Auch der IAGMR und der ICTY verweisen im Zusammenhang mit Bestrafungspflichten auf den *Ius-cogens*-Charakter der Grundnorm. Sie argumentieren aber zumindest nicht ausdrücklich, dass die Bestrafungspflichten *Ius-cogens*-Charakter innehaben, ICTY, *The Prosecutor ./. Furundzija*, IT-95–17/1-T, Urteil v. 10. Dezember 1998, Nr. 155; IAGMR, *La Cantuta Massacre ./. Peru*, Urteil v. 29. November 2006, Ser. C No. 162, Nr. 160; *C. Bassiouni/ E.M. Wise*, Aut dedere, aut judicare. The Duty to Extradite or Prosecute in International Law, 1995, 51 ff., für das Prinzip des *aut dedere aut judicare*.

[90] ICTY, *The Prosecutor ./. Furundzija*, IT-95–17/1-T, Urteil v. 10. Dezember 1998, Nr. 155, spricht davon, dass es „sinnlos" sei, wenn entsprechende unilaterale Akte wirksam wären; zum Einfluss des *Ius cogens* auf unilaterale Akte s. *Orakhelashvili* (Fn. 79), 205 ff.

[91] Allgemein zu Folgen von *Ius cogens* s. *Orakhelashvili* (Fn. 79), 133 ff.

grund der *Erga-omnes*-Wirkung aller *Ius-cogens*-Normen[92] die Staaten verpflichtet sind, das Weltrechts- oder Universalitätsprinzip einzuführen.[93] Diese beruht auf folgender Überlegung: Schon aus den allgemeinen *Respect-and-Ensure*-Vorschriften folgt, dass der Staat seiner Bestrafungspflicht immer dann genügen muss, wenn der Täter seiner Hoheitsgewalt untersteht. Dies ist beim Territorialitätsprinzip immer der Fall, kann aber auch nach dem Personalitäts- oder Weltrechtsprinzip geschehen, wenn der Täter sich auf dem Territorium des Staates aufhält. Allerdings ist der Staat nach herrschender Auffassung grundsätzlich nicht verpflichtet, letzteres einzuführen – Ausnahmen bestehen auf Vertragsbasis nach der CAT und der CEPD. Teilweise wird die Einführung des Weltrechtsprinzips sogar als Verstoß gegen das Interventionsverbot gewertet. Damit wäre es ohne Rechtfertigung, z.B eine Einwilligung des betroffenen Staates, rechtswidrig. In diesem Fall ließe sich die Einführung des Weltrechtsprinzips im Wege des Repressalienrechts rechtfertigen: Wird einer *Erga-omnes*-Norm nämlich nicht nachgekommen, sind alle anderen Staaten verletzt. Ein solcher Verstoß öffnet – wenngleich umstrittenerweise[94] – ebenso wie ein Verstoß gegen die Grundnorm die Tür zum Repressalienrecht. Repressalien sind gewaltfreie, an sich völkerrechtswidrige Akte, die aber aufgrund einer vorangegangen Verletzung gerechtfertigt sind, sofern es ihr Ziel ist, die noch andauernde Rechtsverletzung in verhältnismäßiger Weise abzustellen. Ein Strafverfahren gegenüber Menschenrechtsverletzern dient der Abstellung der Verletzung der Bestrafungspflicht, ist jedenfalls dann verhältnismäßig, wenn die strafprozessualen Verfahrensgarantien eingehalten werden und ist gewaltfrei. Aus der *Erga-omnes*-Wirkung folgt damit konsequenterweise, dass das Weltrechtsprinzip im Wege der Repressalie zulässig sein muss.[95] Staaten dürfen damit das Weltrechtsprinzip einführen.

Darüber hinausgehend wird aus dieser Berechtigung, Jurisdiktion zu ergreifen, durch die völkerrechtlichen Bestrafungspflichten mit *Ius-cogens*-Charakter die

---

[92] Nach weit überwiegender Ansicht wirken alle *Ius-cogens*-Normen auch *erga omnes*, *Orakhelashvili* (Fn. 79), 269 mwN.; *C. J. Tams*, Enforcing obligations erga omnes in international law, 2005, 146 mwN.

[93] *G. Goodwin-Gill*, in: FS Brownlie, 1999, 199 (220); *C. Bassiouni*, Law and Contemporary Problems 59 (1996), 63 (66).

[94] Bejahend *E. Klein*, Gegenmaßnahmen, in: Deutsche Gesellschaft für Völkerrecht (Hrsg.), Gegenmaßnahmen. Referate und Thesen der 25. Tagung der Deutschen Gesellschaft für Völkerrecht in Zürich vom 19. bis 22. März 1997, Bd. 37, 1998, 39 (51); *C. Hillgruber*, in: C. Tomuschat/ J.-M. Thouvenin (Hrsg.), The Fundamental Rules of the International Legal Order. Jus Cogens and Obligations Erga Omnes, 2006, 265 (277); *Tams* (Fn. 93), 250; s. auch *Institut de Droit International*, Resolution On Obligations Erga Omnes in International Law, angenommen in Krakau 2005, nach deren Art. 5 Repressalien ausdrücklich gestattet sind, abrufbar unter: http://www.idi-iil.org/idiE/resolutionsE/2005_kra_01_en.pdf (besucht am 15. Juli 2012). Zweifelnd *S. von Schorlemer*, in: E. Klein (Hrsg.), Menschenrechtsschutz durch Gewohnheitsrecht, 2003, 238 (277 ff.).

[95] Zustimmend, aber ohne auf das Repressalienrecht abzustellen, *G. Goodwin-Gill*, in: FS Brownlie, 1999, 199 (221). ICTY, *The Prosecutor ./. Furundzija*, IT-95–17/1-T, Urteil v. 10. Dezember 1998, Nr. 156, kommt zu dem gleichen Ergebnis, rekurriert aber nur auf den *Ius-cogens*-Charakter, nicht die *Erga-omnes*-Wirkung.

Pflicht, die Jurisdiktion über solche Fälle tatsächlich auch zu begründen. Die Staaten könnten nämlich die Bestrafungspflichten leerlaufen lassen, indem sie darauf verzichten, strafrechtliche Jurisdiktion zu begründen.[96] Zwar gilt grundsätzlich, dass eine Auslieferung zum Zwecke der Strafverfolgung an einen anderen Staat mit Jurisdiktion ebenfalls möglich ist (*aut dedere aut iudicare*).[97] Hiervon bestehen allerdings Ausnahmen. So kommt eine Auslieferung nicht in Betracht, wenn das Refoulement-Verbot eine Auslieferung verbietet oder wenn der andere Staat keine Strafverfolgung einleiten will.[98] Der Staat muss deswegen überall dort, wo er Hoheitsgewalt innehat – also zumindest auf seinem Territorium –, diese auch gegenüber Ausländern, die sich auf seinem Territorium aufhalten, ausüben, auch wenn sie die Taten im Ausland begangen haben. Alle Staaten sind also verpflichtet, das Weltrechtsprinzip einzuführen.[99] Dies gilt, da sich diese Pflicht auf die Bestrafungspflichten mit *Ius-cogens*-Charakter bezieht, nur für schwerste Menschenrechtsverletzungen. Ausdrücklich enthalten beispielsweise Art. 5 Abs. 1 CAT, Art. 8 Abs. 1 CEPD Art. 12 Abs. 1 IACPPT und Art. 4 Abs. 1 der ICEPD diese Pflicht zur Begründung von Jurisdiktion für das Territorial- und das Personalitätsprinzip und der jeweilige Absatz 2 für das Weltrechtsprinzip. Im Rahmen des Weltrechtsprinzips gilt lediglich zusätzlich die Wahlfreiheit, den Verdächtigen auszuliefern.

Damit lässt sich als Fazit festhalten, dass im Fall von Menschenrechtsverletzungen eine Bestrafungspflicht immer dann eine *Ius-cogens*-Norm darstellt, wenn die Grundnorm dies auch ist. Weiterhin gilt, dass aufgrund der Bestrafungspflicht sowie dem Recht eines jeden Staates, das Weltrechtsprinzip im Fall von *Ius-cogens*-Verletzungen einzuführen, auch eine Pflicht zur Anwendung des Weltrechtsprinzips in diesen Fällen folgt.

---

[96] Vgl. IGH, *Kongo ./. Belgien (Arrest Warrant)*, Urteil v. 14. Februar 2002, ICJ Rep. 2002, S. 3, Dissenting Opinion Judge *van den Wyngaert*, Nr. 46.

[97] Dazu *Bassiouni/ Wise* (Fn. 90). Zum Verhältnis zwischen *dedere* und *iudicare* s. C. Maierhöfer, „Aut dedere – aut iudicare". Herkunft, Rechtsgrundlagen und Inhalt des völkerrechtlichen Gebotes zur Strafverfolgung oder Auslieferung, 2006, 351 f.

[98] *Maierhöfer* (Fn. 98), 50.

[99] A.A. *R. Cryer*, Prosecuting International Crimes. Selectivity and the International Criminal Law Regime, 2005, 105ff, insb. 110ff.; s. auch IGH, *Bosnien-Herzegowina ./. Jugoslawien (Genozid-Konvention)*, Urteil v. 11. Juli 1996, ICJ Rep. 1996, Nr. 31: „[T] he rights and obligations enshrined by the Convention are rights and obligations *erga omnes*. The Court notes that the obligation each State thus has to prevent and to punish the crime of genocide is not territorially limited by the Convention." Allerdings stellt der Gerichtshof in seinem Urteil v. 26. Februar 2007, Nr. 154, klar, dass sich dies Ausführungen alleine auf den allgemeinen Art. I Genozidkonvention und nicht auf Art. VI Genozidkonvention beziehen. Später im Urteil führt er aus, dass nach Art. VI Genozidkonvention keine Pflicht zur Begründung von Jurisdiktion für Taten außerhalb des eigenen Hoheitsgebiets besteht, Nr. 442. Eine solche Pflicht dennoch bejahend *O. Ben-Naftali*, in: P. Gaeta (Hrsg.), The UN-Genocide Convention – A Commentary, 2009, 27 (47 ff.).

III. Bestrafungspflichten und Immunität
ratione materiae

Bestrafungspflichten können sich überdies auf die Immunität *ratione materiae* ehemaliger Staatsorgane auswirken. Die Begründung für die Aufhebung der Immunität ehemaliger Staatsorgane sind Legion, aber eine dogmatisch saubere Lösung ist bislang ausgeblieben. Paradigmatisch ist hier das Pinochet-Urteil: Obwohl die Richter alle zu demselben Ergebnis – der Aufhebung der Immunität *ratione materiae* des ehemaligen Staatspräsidenten Chiles, Augusto Pinochet, – kommen, teilt keiner von ihnen die Begründung seiner Kollegen.[100] Die Durchbrechung der Immunität *ratione materiae* ist heute weitestgehend anerkannt, die dogmatische Unsicherheit besteht jedoch fort.[101]

Zumindest für die Fälle, in denen die Amtsträgereigenschaft Bestandteil des Tatbestandes der Verbotsnorm ist, kann die Immunität aus logisch zwingenden Gründen jedoch nicht mehr gelten: Zwar sind Immunitätsregeln und Bestrafungspflichten grundsätzlich voneinander zu trennen, weshalb sich nicht argumentieren lässt, dass allein die Bestrafungspflicht die Immunität aufhebt.[102] Die völkerrechtlichen Bestrafungspflichten stellen aber ein wichtiges Puzzlestück in der Zurückdrängung von Immunität dar. Weitere Puzzlestücke bilden die Pflicht der Staaten, Jurisdiktion über bestimmte Menschenrechtsverletzungen zu begründen sowie eine Grundnorm, die als Tatbestandsmerkmal die Amtsträgereigenschaft des Täters fordert.

Diese Puzzlestücke fügen sich im Fall der Folter und des Verschwindenlassens zusammen: Die Amtsträgereigenschaft des Täters ist Tatbestandsmerkmal der Folterdefinition und der Definition des Verschwindenlassens (Art. 1 CAT und Art. 2 CEPD). Staaten sind verpflichtet, Folter und Verschwindenlassen zu bestrafen. Dadurch, dass die Staaten das Weltrechtsprinzip zwingend einführen müssen, müssen die Staaten auch ausländische Täter bestrafen, sofern der Täter sich auf ihrem Territorium aufhält. Ein ausländischer Täter – der aufgrund der Definition ein Staatsorgan sein muss – genießt aber grundsätzlich immer Immunität, so dass die Bestrafungspflicht hier nicht greifen könnte.[103] Die Bestrafungspflichten würden dann für Fälle, in denen das Weltrechtsprinzip zwingend einzuführen wäre – also im Fall vertraglicher Regelung (Art. 5 Abs. 2 CAT, Art. 4 Abs. 2 CEPD) sowie wenn die Bestrafungspflicht *Ius-cogens*-Charakter besitzt – *immer* leerlaufen. Die Pflicht,

---

[100] *U. Häußler*, MenschenRechtsMagazin 1999, 96 (98).

[101] Siehe den Überblick bei *Steiger* (Fn. 1), 555 ff.

[102] IGH, *Kongo ./. Belgien (Arrest Warrant)*, Urteil v. 14. Februar 2002, ICJ Rep. 2002, Nr. 59. Ebensowenig kann aus dem *Ius-cogens*-Charakter folgen, dass die Immunität zurücktritt, da es hier zu keinem Normkonflikt kommt. Dies hat der IGH 2012 in seinem Urteil zur zivilrechtlichen Immunität Deutschlands vor italienischen Gerichten bestätigt, *Deutschland ./. Italien*, Urteil v. 3. Februar 2012, Nr. 93.

[103] Darauf weist auch Lord *Browne-Wilkinson*, House of Lords, Urteil v. 24. März 1999, *Regina ./. Bow Street Metropolitan Stipendiary Magistrate et al., Ex parte Pinochet Ugarte* (No. 3), Weekly Law Reports 1999, 827 (847 f.) hin.

das Weltrechtsprinzip für Verletzungen von *Ius-cogens*-Normen einzuführen, würde im Fall der Folter und des Verschwindenlassens so jegliche Wirkung verlieren. Eine Auslegung, die Normen *jegliche* Wirkung abspricht, ist jedoch unzulässig. Deshalb kann die Immunität in diesen Fällen nicht einschlägig sein, weil diese Kollision zwischen Bestrafungspflicht nach dem Weltrechtsprinzip einerseits und der Immunität andererseits nur aufgelöst werden kann, wenn die Immunität *ratione materiae* in diesen Fällen zurücktritt. Dies gilt für alle Staatsorgane, da die Immunität *ratione materiae* unmittelbar aus der Staatenimmunität fließt. Damit sind im Rahmen der Immunität *ratione materiae* „normale" Staatsorgane und Staatsoberhäupter gleich zu behandeln.[104] Dies gilt aber nicht für die Immunität *ratione personae* – die zumindest dem Staatsoberhaupt, dem Regierungschef und dem Außenminister zukommt –, da mit der Zurückdrängung der Immunität *ratione materiae* ein Anwendungsbereich für die Norm eröffnet wurde.

IV. Fazit und Schluss

Die Bestrafungspflichten sind kein Allheilmittel, um Menschenrechtsverletzungen ein für allemal zu beenden. Ebenso wie die Grundnorm – z. B. das Genozid- oder Folterverbot – vielfach nicht eingehalten wird, so wird der Bestrafungspflicht oftmals nicht hinreichend nachgekommen. So hat selbst *Barack Obama* auf eine strafrechtliche Aufarbeitung der Folter im „Krieg gegen den Terror" verzichtet. Dies darf aber nicht davon ablenken, dass auf normativer Ebene solche Bestrafungspflichten bestehen. Sie dienen der Sicherung der Grundnorm und tragen erheblich zum Schutz vor schweren Menschenrechtsverletzungen bei. Darüber hinaus verpflichten sie die Staaten aufgrund ihrer *Erga-omnes*-Wirkung, das Weltrechtsprinzip für schwerste Menschenrechtsverletzungen einzuführen. Als Alternative zur Strafverfolgung kommt lediglich die Auslieferung in Betracht, sofern durch sie nicht gegen das Refoulement-Verbot verstoßen wird. Dementsprechend muss der Staat, auf dessen Territorium sich der Täter befindet, grundsätzlich die Strafverfolgung aufnehmen. In Fällen, in denen der Täter ein ehemaliges Staatsorgan ist, steht die Immunität *ratione materiae* einer Strafverfolgung nach weitverbreiteter Ansicht nicht entgegen. Keine Einigkeit besteht bislang ob der Frage, wie diese Zurückdrängung der Immunität von Statten geht. Mit Hilfe der Bestrafungspflichten und der Pflicht, Jurisdiktion über schwere Menschenrechtsverletzungen zu begründen, lässt sich aber jedenfalls in den Fällen, in denen die Amtsträgereigenschaft notwendiges Tatbestandsmerkmal der Grundnorm ist, dogmatisch überzeugend begründen, weshalb die Immunität *ratione materiae* keinen Bestand haben kann. Es zeigt sich, dass

---

[104] „This [...] is common ground.", Lord *Millet*, House of Lords, Urteil v. 24. März 1999, *Regina ./. Bow Street Metropolitan Stipendiary Magistrate et al., Ex parte Pinochet Ugarte* (No. 3), Weekly Law Reports 1999, 827 (906); Lord *Browne-Wilkinson*, House of Lords, Urteil v. 24. März 1999, *Regina ./. Bow Street Metropolitan Stipendiary Magistrate et al., Ex parte Pinochet Ugarte* (No. 3), Weekly Law Reports 1999, 827 (847); *N.S. Rodley*, Nordic Journal of International Law 69 (2000), 11 (23); *M. Bothe*, ZaöRV 31 (1971), 246 (265).

der Einfluss der „duty to protect" und ihrer spezielle Ausprägung der „duty to prosecute" auf das Völkerrecht weitaus größer ist als allgemein angenommen.

« L'homme ne doit pas faire de l'homme un esclave! »

Les droits de l'homme dans les débats des intellectuels européens émigrés aux Etats-Unis

Par *Wolfgang Graf Vitzthum*

Nous savons tous qu'*Eckart Klein* fait partie de ce petit cercle de publicistes allemands qui, tout en donnant parfois des cours comme professeur invité dans des universités américaines, enseigne également en France, avec un engagement admirable, et publie en français. Parallèlement, notre collègue s'est concrètement, comme peu d'entre nous, occupé de la question « law and literature », et cela avec beaucoup de succès[1]. Il n'est donc pas surprenant que plusieurs travaux de Klein soient, eux aussi, presque des pièces de littérature[2]. Mais les liens les plus étroits qui se sont tissés entre lui et moi au cours des deux dernières décennies ont évidemment, comme terrain commun, le droit international public. Nous coopérons avant tout étroitement dans la rédaction commune de l'ouvrage « Völkerrecht »[3]. Dans cette oeuvre, le grand chapitre « Les organisations internationales et les organisations supranationales », dont Klein est l'auteur[4], connaît, de réédition en réédition et de traduction en traduction[5], un rayonnement tout spécial, ce que les commentateurs ont, à bon droit, toujours souligné. En plus de ces points communs, il faut mentionner le vif et constant intérêt d'Eckart Klein pour les droits de l'homme: leur genèse, leur développement, leur réalisation[6]. Deux aspects intéressent particulièrement le spécialiste de droit constitutionnel et de droit international: d'une part la discussion sur les droits de l'homme au niveau mondial, dirigée par les

---

[1] *E. Klein*, Demokratie und Egalität als Utopien? Bemerkungen zu dem Roman « Schwarzenberg » von Stefan Heym, in: FS für Peter Schneider, 1990, pp. 179 et suiv. (« Schwarzenberg » a été publié à Munich en 1984).

[2] *E. Klein*, Völker und Grenzen im 20. Jahrhundert, in: Der Staat 32 (1993), pp. 357 et suiv.; du même auteur, Staat und Zeit, 2006.

[3] *W. Graf Vitzthum* (éd.), Völkerrecht. Lehrbuch, 1ère éd. 1997, 687 pp.; 5ème éd. 2010, 769 pp.

[4] *E. Klein/S. Schmahl*, Die Internationalen und die Supranationalen Organisationen, in: Graf Vitzthum (Fn. 3), 5ème éd., pp. 263 et suiv.

[5] En chinois: Peking 2002, 955 pp.; en russe: Moscou 2011, 961 pp.

[6] *E. Klein* (éd.), Globaler demokratischer Wandel und Schutz der Menschenrechte, 2005; du même auteur, Menschenrechte und Jus Cogens, in: FS für Georg Ress, 2005, pp. 151 et suiv.

deux Conventions internationales de 1966 sur la protection des droits de l'homme, d'autre part l'influence des catalogues nationaux des droits fondamentaux, créés lors des derniers processus de démocratisation en Europe de l'Est, en Asie et en Afrique. Si je me permets aussi d'insérer, dans ma contribution juridique dédiée à notre ami, quelques observations personnelles, et de mentionner quelques rencontres, également personnelles – la vie d'un universitaire est « un hasard sauvage », pour citer Max Weber –, on comprend facilement la raison du choix de mon sujet: une esquisse des réflexions de quelques écrivains germanophones émigrés aux Etats-Unis, faites entre 1938 et 1968, et portant sur une démocratie universelle et sur les droits de l'homme.

I. L'emblématique fauteuil en osier d'Hermann Broch dans la maison Kahler

« Schau, Erich, der Wolfgang sitzt auf dem Stuhl vom Hermann! » (Regarde, Erich, Wolfgang est assis dans le fauteuil d'Hermann!). « Wolfgang », c'était moi, un étudiant allemand, qui venait de débarquer à l'université de Princeton pour y faire des études. « Erich », c'était Erich von Kahler[7], historien et philosophe de la culture et également philosophe de l'amitié[8].

Et « Hermann »? C'était Hermann Broch, écrivain avant-gardiste et intellectuel antitotalitaire[9]. Les spécialistes comparent l'importance de Broch, comme écrivain, à celle d'André Gide, de James Joyce ou de Robert Musil.

---

[7] Voir *G. Lauer*, Die verspätete Revolution: Erich von Kahler. Wissenschaftsgeschichte zwischen konservativer Revolution und Exil, 1994. – *E. von Kahler*, Der Beruf der Wissenschaft, Berlin 1920; du même auteur: Der deutsche Charakter in der Geschichte Europas, Zürich 1937; Man the Measure. A New Approach to History, New York 1943; The Tower and the Abyss. An Inquiry into the Transformation of the Individual, New York 1957; Die Philosophie von Hermann Broch, Tübingen 1962; The Meaning of History, New York 1964; Stefan George. Größe und Tragik, Pfullingen 1964; The Jews among the Nations, New York 1967; The Orbit of Thomas Mann, Princeton 1969; Untergang und Übergang. Essays, München 1970; Briefwechsel Friedrich Gundolf/Erich von Kahler, éd. *K. Pott / P. Kuse*, 2 volumes, Göttingen 2012.

[8] A Heidelberg, Kahler était en contact avec le poète Stefan George (1868–1933) et avec le groupe d'amis proches du poète (Gundolf, Wolfskehl etc.), tous des personnalités spirituelles et artistiques, un cénacle choisi, soupçonné d'élitisme. George, dans le premier numéro de sa revue « Blätter für die Kunst » (Les feuillets pour l'art), publié en 1892, voulait, à une époque de crise profonde, „un art de nature spirituelle, sur la base d'une sensibilité nouvelle" et il s'engagea à créer un art pour l'art. La revue se tient à l'écart du réalisme et du naturalisme, mais aussi de tout commerce avec « les projets visant à améliorer le monde ou avec les rêves de bonheur idéal ». Pendant toute sa vie, George fut d'avis que les grands artistes et poètes sont des créateurs, des médiateurs, des gardiens du feu sacré, et que la constitution d'un petit cercle d'amis était une condition préalable à chaque renouvellement culturel.

[9] Voir *P. M. Lützeler*, Hermann Broch. Eine Biographie, 1985; *M. Durzak*, Hermann Broch, 2011. – *Lützeler* (éd.), Hermann Broch. Kommentierte Werkausgabe, 13 volumes, 1978 et suiv.; du même auteur, (éd.), Hermann Broch. Menschenrecht und Demokratie. Politische Schriften, 1978; *E. Kiss* (éd.), Herrmann Broch. Werk und Wirkung, 1985; Hermann Broch.

« L'homme ne doit pas faire de l'homme un esclave! »   1347

Né en 1886 à Vienne, d'origine juive, Broch fut arrêté par la police dans la prison de Bad Aussee, en 1938, après l'annexion de l'Autriche. Avec l'aide de Joyce, d'Albert Einstein – depuis 1933 à l'Institute of Advanced Study à Princeton – et de Thomas Mann, Broch put émigrer aux États-Unis. A New York, il se lia d'amitié avec un autre intellectuel de l'ancienne Autriche, Erich von Kahler, né à Prague en 1885, un sage doté de grandes qualités de coeur, d'humour et d'une vaste culture. Ces deux auteurs croyaient au pouvoir du mot, qui éclaire et donne forme aux choses[10]. Leur amitié était pour tous deux une richesse exceptionnelle, sur le plan humain et professionnel. Ils y voyaient également une anticipation exemplaire de l'homme nouveau, un modèle de réconciliation, même de fraternisation des hommes, à une époque où beaucoup d'idéologues propageaient et pratiquaient l'absolue séparation entre amis et ennemis[11]. De 1942 à 1948, Broch loua le studio de la maison de Kahler. One Evelyn Place, Princeton N.J., devint un centre de réflexions intellectuelles sur l'art, l'exil et la « massification », une enclave de la vieille Europe sur la côte est des Etats-Unis. Par le travail des intellectuels, dans un esprit de fraternité, les deux amis espéraient que l'on pourrait encore une fois orienter le monde vers le bien: travail et amitié comme promesse du maintien de l'humanité parmi les hommes.

Sur le « porch », la véranda de Kahler, il y avait un fauteuil en osier, à haut dossier. Toutes les photos de Broch que l'on voit habituellement dans les livres le montrent assis dans ce fauteuil, l'air attentif, absorbé dans ses pensées. C'est ici et dans son studio, au deuxième étage, que Broch, poeta doctus par excellence et écrivain pour écrivains, a travaillé pendant trois années, avec Kahler, à son grand oeuvre « La Mort de Virgile ». Le roman, plus lyrique que narratif, parut en 1945 à New York, en même temps en allemand et en anglais[12]. Un moment de gloire: la

---

Literature, Philosophy, Politics. The Yale Broch Symposium 1986, éd. *S. D. Dowden*, 1988; *M. Klinger*, Hermann Broch und die Demokratie, 1994; *A. Stevens/F. Wagner/S. P. Scheichl* (éds.), Hermann Broch. Modernismus, Kulturkrise und Hitlerzeit. Londoner Symposion 1911, 1994; *Lützeler* (éd.), Freundschaft im Exil. Thomas Mann und Hermann Broch, 2004; du même auteur, (éd.), Hermann Broch. Briefe an Erich von Kahler, 2010; du même auteur: Herrmann Broch und die Moderne. Roman, Menschenrecht, Biographie, 2011.

[10] Dans les années 1950/1960, les spécialistes de littérature, surtout aux Etats-Unis, se sont intensivement occupés de Broch. Aujourd'hui, même son roman « La Mort de Virgile », à l'époque considéré comme un classique moderne, est passé à l'arrière-plan. Est-il possible que la survalorisation de l'oeuvre d'art, à laquelle, dans la première partie du 20ème siècle, on attribuait une force rédemptrice, conduise aujourd'hui à une réaction contraire? – Les romans de Broch, « Die Schlafwandler » (« Les Somnambules ») et « Der Versucher » (« Le Tentateur ») ont également fait de Broch, à l'époque, l'un des auteurs modernes classiques les plus renommés au monde. Des écrivains et intellectuels de notre époque, comme George Steiner, Carlos Fuentes, Susan Sontag, Bernard-Henri Lévy, Milan Kundera et Durs Grünbein, ont reconnu la signification de Broch comme penseur politique et critique de son temps.

[11] Voir *Lauer* (Fn. 7), pp. 414 et suiv.; *B. Picht*, Erzwungener Ausweg. Hermann Broch, Erwin Panofsky und Ernst Kantorowicz im Princetoner Exil, 2008, pp. 82 et suiv.

[12] Le mouvement « law and literature » n'a pas encore suffisamment reconnu toute la signification de « La Mort de Virgile » concernant la place de l'écrivain dans l'Etat. Dans cet

grande littérature, qui rend compte de ce que la sociologie, l'histoire, les sciences sociales ne peuvent pas dire, n'était donc pas morte.

C'est donc dans ce légendaire fauteuil que, sans connaître les histoires d'arrière-plan ayant un lien intellectuel avec ce meuble, j' avais pris place, en septembre 1967, seize ans après la dernière visite de Broch, ce qu'Alice (« Lili ») von Kahler fit gaiement remarquer à son mari. Ce beau fauteuil est pour moi l'emblème de la collaboration fraternelle des intellectuels européens émigrés aux Etats-Unis. Ses entrelacs, à la fois solides et élastiques, symbolisent leur engagement commun et durable pour la démocratie et les droits de l'homme. Cette collaboration donna lieu à trois documents. Du point de vue du droit international et de la théorie de la démocratie, ces textes historiques sont aussi intéressants aujourd'hui qu' à l'époque de la guerre et de l'après-guerre.

II. Le projet de Princeton: une démocratie universelle fondée sur les droits de l'homme

Les sujets politiques dominaient les entretiens et les projets des intellectuels émigrés à Princeton. Albert Einstein, le plus célèbre d'entre eux, obtint en 1940 la nationalité américaine. Il mourut en 1955, à l'âge de 76 ans, à Princeton. Déjà en 1939, peu avant le début de la Deuxième Guerre mondiale, il signa l'appel bien connu au Président Franklin D. Roosevelt. L'avertissement d'Einstein quant au danger d'une « bombe allemande nouveau type » fit progresser le « Manhattan Project », c'est-à-dire le développement de la bombe atomique américaine. Après la guerre, Einstein, qui aimait les hommes (et les femmes) et son violon, s'engagea pour le désarmement[13] et pour un contrôle international de l'armement.

Hermann Broch, Thomas Mann, également à Princeton de 1938 à 1941[14], ainsi que son gendre Giuseppe Antonio Borgese, historien, philosophe et intellectuel

---

ouvrage, Broch éclaire la signification de l'écrivain pour l'Etat: pour son mythe, sa légitimation et son ancrage dans le coeur des citoyens. Le roman montre combien l'écrivain est indispensable à l'Etat. C'est Schiller qui, dans son « Wilhelm Tell », a donné à la Confédération suisse son mythe fondateur. – Voir *P. Eide-Offe*, Das Reich der Demokratie. Hermann Brochs « Der Tod des Vergil », 2011, pp. 122 et suiv.

[13] *A. Einstein*, Über den Frieden: Weltordnung und Weltuntergang, 2004; *A. Zimmermann*, Einsteins Idee der Weltregierung und die Praxis der Weltorganisation – Tendenzen einer Supranationalisierung im Völkerrecht, in: S. Albrecht/R. Braun/T. Held (éds.), Einstein weiterdenken. Thinking beyond Einstein, 2007.

[14] Voir *H. R. Vaget*, Thomas Mann, der Amerikaner. Leben und Werk im amerikanischen Exil 1938–1952, 2011, pp. 53 et suiv.: « Je fais la guerre » écrit Thomas Mann en français, devenu alors un combattant politique contre l' Allemagne de Hitler. Et il la fait avec tous les moyens qui sont à sa disposition. Certes, pas plus qu'avant, il était devenu un parfait démocrate, malgré son discours « Vom zukünftigen Sieg der Demokratie » (1938). Il ne pouvait pas se représenter une démocratie sans « la nécessaire coloration de l'aristocratie de l'esprit ». Face aux désastreux développements que connaissait l'Europe, il était même prêt à soutenir une « dictature éclairée ».

sicilien, d'un tempérament volcanique[15], s'engagèrent sur une voie différente. Ils formulèrent, pour la période de l'après-guerre, la vision d'une société démocratique universelle. Ils participèrent au projet collectif du livre « The City of Man » (New York 1940), commencé en 1940 et rapidement terminé. Dans cette « Declaration on World Democracy » – tel est le sous-titre de ce document, dirigé contre le totalitarisme, mais aussi contre un capitalisme effréné –, un groupe socialement et politiquement homogène de 17 intellectuels idéalistes, parmi lesquels le trio d'émigrés européens cité ci-dessus, conçut, dans une prose emphatique et dans un esprit anti-isolationniste, un État universel, démocratique et centralisé, modelé par les valeurs humanistes. Son fondement devait être une loi garantissant la protection de la dignité de l'homme. Broch était convaincu de la validité universelle des droits de l'homme. Responsable, dans le livre commun du groupe de Princeton, de la partie consacrée aux réflexions d'ordre économique, Broch, inspiré par le « New Deal » du président Roosevelt et par l'économiste John Maynard Keynes, mais d'une grande indépendance d'esprit, plaida pour une combinaison d'économie de marché et de dirigisme étatique.

Comme le souligne la citation de Broch reproduite dans le titre « L'homme ne doit pas faire de l'homme un esclave! », la même idée – un leitmotiv des théologiens et philosophes du siècle des Lumières – était exprimée par Immanuel Kant, 150 ans plus tôt, dans les « Fondements de la métaphysique des mœurs » et dans la « Critique de la raison pratique »: « l'être humain ne doit jamais être traité comme une chose »[16]. Hermann Broch, dans sa « Théorie de la folie des masses », avait, dans un langage assez flou, qualifié cette idée de « principe fondamental du droit de l'humain »[17]. En même temps, Broch, qui était témoin des malheurs de la

---

[15] *G. A. Borgese*, Goliath. The March of Fascism, New York 1937; *G. di Stefano*, « Italienische Optik, furios behauptet ». Giuseppe Antonio Borgese – der schwierige Schwiegersohn, in: Thomas-Mann-Jahrbuch 8 (1995), pp. 139 et suiv.

[16] *W. Graf Vitzthum*, Die Menschenwürde als Verfassungsbegriff, in: Juristenzeitung 1985, pp. 201 et suiv. Voir Déclaration universelle des droits de l'homme (1948), article 4: « Nul sera tenu ni esclave ni en servitude; l'esclave et la traite des esclaves sont interdits sous toutes les formes. » – Déjà pour Platon et les stoïciens, tout homme est citoyen de la Cité universelle. Aristote, au contraire, dans sa « Politique », déclare qu'il est « naturel » qu'il existe des maîtres et des serviteurs. Il ose considérer comme « naturel » que les plus intelligents soient dirigés par les plus aptes, voir *M. Villey*, Le droit et les droits de l'homme, 2009, pp. 84/85.

[17] *H. Broch*, Théorie de la folie des masses, éd. établie par P. M. Lützeler, 2008, p. 9: « J'espère », écrit Broch en 1949, « que mon travail apportera ma petite pierre à la construction future du monde. La théorie … me semble apparaître pour l'instant comme la seule voie par laquelle l'écrivain … peut parvenir à engager un débat avec la situation actuelle du monde. » Une fois qu'il a cédé à la folie des masses et à ses phénomènes d'esclavage physique et spirituel, l'homme, selon Broch, a besoin d'une « conversion aux valeurs de l'humanité ». Au centre de ces mesures éducatrices modernes, il y a, chez Broch, le droit de l'homme (singulier!): sur le plan éthique un « absolu terrestre ». Pour Broch, il s'agit avant tout d'un nouveau fondement éthique des droits de l'homme. Pour cela, il propose une « loi pour la protection des droits de l'homme », ainsi qu'une Cour internationale de l'ONU, pour poursuivre ceux qui enfreignent les droits de l'homme. Voir *M. Welan*, Hermann Broch und die Menschenrechte, in: Österreichische Liga für Menschenrechte (éd.), Hermann Broch – ein

démocratie en Europe, essaya, avec un certain humanisme militant, de défendre la démocratie contre elle-même[10] et développa l'idée provocatrice d'une « démocratie totalitaire ». Cette idée fut reprise plus tard dans le concept de « streitbare Demokratie » (démocratie combative). Cette expression de Broch n'est pas très heureuse, elle rappelle le « despotisme éclairé » et l'esprit de caserne du roi de Prusse au 18ème siècle. Selon Broch, la dictature de l'idée d'humanité, sur la base d'une loi protégeant la dignité de l'homme, est l'unique forme de pouvoir porteuse d'espoir[19]. Malgré ce lapsus sur le plan terminologique, on ne peut douter de l'hostilité profonde de Broch et des autres intellectuels de Princeton à l'égard de la tyrannie, voire de la simple hypertrophie de l'autorité[20].

J'aimerais rappeler aussi que, dans les années 30, Broch était en contact avec le philosophe néothomiste Jacques Maritain, qui était en train de développer des idées semblables. Après la guerre, le philosophe français, qui enseigna à l'université de Princeton entre 1948 et 1960, collabora, entre autres, à la rédaction de la Déclaration universelle des droits de l'homme, aux Nations unies, en 1948, à laquelle fait suite, en1950, la Convention européenne des droits de l'homme. Une profession de foi sans ambiguïté pour la démocratie imprégnait, à cette époque, ses écrits[21].

Selon ces intellectuels de Princeton, le temps des Etats nationaux était (ou devait être) passé[22]. L'État démocratique universel futur – son caractère démocratique

Engagierter zwischen Literatur und Politik, 2004, pp. 9 et suiv.; du même auteur: Das Menschenrecht Hermann Brochs, in: FS für Peter Pernthaler, 2005, pp. 429 et suiv. – En ce qui concerne « la folie des masses », voir déjà G. *Le Bon*, La psychologie des foules, Paris 1895; O. *y Gasset*, La rebellión de las masas, Madrid 1929; E. *Canetti*, Masse und Macht, 1960.

[18] *W. Graf Vitzthum*, Brochs demokratie- und völkerbundtheoretische Schriften, in: P. M. Lützeler (éd.), Hermann Broch, 1986, pp. 289 et suiv. – En 1941, Thomas Mann défendit aussi l'idée que la démocratie se devait d'être militante, pour un simple motif de survie. Dans un monde d'esclavage général, tel que le concevait la Gestapo, il n'y aurait pas de démocratie.

[19] *H. Broch*, Politische Schriften, éd. P. M. Lützeler, 1978, pp 24 et suiv. (« Zur Diktatur der Humanität innerhalb einer totalen Demokratie »), pp. 110 et suiv. (« Die Demokratie im Zeitalter der Versklavung »).

[20] *Eiden-Offe* (Fn. 12), p. 21, refuse mon interprétation de Broch concernant sa malheureuse expression « démocratie totalitaire », ambiguë et provocatrice. Malgré tout, Broch reste pour moi un précurseur de la « démocratie combative » prévue par la Loi fondamentale créée en 1948. Eiden-Offe se réfère à des théories actuelles, de Jacques Derrida par exemple, inspirées par le danger de terrorisme pour la démocratie.

[21] Voir *J. Maritain*, Les Droits de l'homme et la loi naturelle, New York 1942; du même auteur: Christianisme et démocratie, New York 1943; Principes d'une politique humaniste, New York 1944. Il s'agissait pour Maritain, dans ces oeuvres, comme pour Broch dans les siennes, de protéger la liberté démocratique et d'éviter la dictature. Ainsi Maritain fit, en 1942, à partir de bases philosophiques, un catalogue de 26 droits de l'homme.

[22] La résistance anti-hitlérienne en Allemagne n'était pas un phénomène homogène. Il y avait, entre autres, une importante opposition des éléments conservateurs libéraux. Ce sont, parmi eux, surtout les « jeunes » et les membres éminents du Cercle de Kreisau, qui se sont ouverts à l'idée que le temps des Etats nationaux était passé et qu'une coopération européenne et internationale était à l'ordre du jour.

(pour Kant son caractère « républicain ») était, selon eux, la condition première d'une paix universelle – devait être représenté par un parlement mondial. Ce dernier ne devait pas être une assemblée de députés des différents Etats nationaux, ce qu'est l'Assemblée générale des Nations unies depuis 1945[23]. Le parlement mondial futur devait, au contraire, être élu au suffrage universel par l'humanité entière, d'après « les principes du libre suffrage, de l'égalité et de la justice ». Jürgen Habermas, philosophe de l'Ecole de Francfort, inspiré par des idées généreuses, développe aujourd'hui des conceptions analogues concernant la représentation universelle: une idée dictée par la volonté de créer un régime mondial, censé garantir une justice universelle, mais – disent les critiques – qui reflète un certain esprit autoritaire qui n'est pas sans danger.

III. Le projet de Chicago: une constitution mondiale fondée sur les devoirs et les droits de l'homme

Peu de temps après – le lancement des deux bombes atomiques sur le Japon venait d'avoir lieu – Borgese et Kahler participèrent à un projet similaire à l'Université de Chicago, à l'époque donc de la menace atomique devenue réalité. Le résultat du travail commun du « Committee to Frame a World Constitution » fut le « Preliminary Draft of a World Constitution », publié en 1948 dans la revue « Common Cause: A Journal of One World », et également sous forme de livre à New York. Cette « Chicago Constitution » n'était rien moins que l'ébauche d'une unique république mondiale, démocratique, fédérale et non capitaliste. « Le gouvernement mondial de la justice », tel qu'il était conçu dans cette ébauche peu réaliste, devait être fondé sur les devoirs et les droits de l'homme, ces derniers étant, bien entendu, dirigés contre l'Etat lui-même.

Il est intéressant de souligner que l'on commençait, à Chicago, par les devoirs de l'homme et non par les droits (et il s'agit de devoirs juridiques, non seulement de devoirs moraux). Dans la célèbre Déclaration des droits de l'homme et du citoyen de 1789, par contre, les droits de l'homme étaient mentionnés en premier, et presque de façon exclusive. De plus, cette « Chicago constitution » stipulait que « chaque loi concernant les droits (et les devoirs) civiques et politiques des individus devait être complétée par une loi équivalente concernant les droits (et les devoirs) économiques ». Certes, il y avait, derrière cette idée nouvelle, à côté du grand mouvement des « Word Federalists », la conviction que les droits classiques à la liberté – par exemple le droit de tout individu à la liberté de pensée, de conscience et de religion, le droit à la liberté d'opinion et d'expression, le droit à la liberté de

---

[23] Article 9–1: « L'Assemblée générale se compose de tous les membres des Nations unies. » Article 3: « Sont membres ... des Nations unies les Etats... ». Dès 1946, Einstein se déclara en faveur d'une révision fondamentale de la Charte des Nations unies, afin de rendre possible un gouvernement mondial, le point essentiel devant être la parlementarisation des Nations unies, c'est-à-dire la transformation de l'Assemblée générale en un parlement mondial.

réunion et d'association pacifique, le droit à la vie et à la résistance à la tyrannie, le droit à la liberté et à la sûreté de la personne, le droit de circuler librement, de choisir sa résidence à l'intérieur de son pays, de quitter tout pays, y compris le sien, et le droit d'y revenir, le droit d'asile, le droit à une nationalité, le droit de se marier et de fonder une famille, le droit à la propriété, le droit de grève, etc. – , face à l'inégalité économique et sociale existante, ne peuvent pas être pareillement vécus par tous les hommes. La critique de Lassalle et de Marx, concernant le droit à la propriété tel que le concevait John Locke, qui favorisait davantage les possédants que les non-possédants, allait déjà dans ce sens.

La « première génération » des droits de l'homme avait donc besoin d'être complétée par une « deuxième génération », celle des droits socio-économiques de l'homme – cette conviction s'est imposée très tôt –, pour ne pas perpétuer les inégalités existant en fait, mais pour les réduire. Et alors, déjà à l'horizon, se dessinait une « troisième génération » des droits de l'homme: droit au travail, droit à la sécurité sociale et à la santé, droit au repos et aux loisirs, droit au logement, droit à l'éducation, droit à la culture, droit à un environnement propre, droit à l'eau, droit au développement, droit à la paix, etc.

Aujourd'hui, le projet « Weltethos » (éthique universelle) du théologien de Tuebingen, Hans Küng, tend, dans un langage certes trop général, vers un but semblable: équilibrer les droits de l'homme par « les responsabilités de l'homme »: aucun droit sans responsabilités, aucune proclamation des droits de l'homme sans l'accompagnement d'une proclamation des responsabilités de l'homme; l'acceptation des responsabilités est indispensable à la réalisation des droits de l'homme[24]. La Déclaration solennelle de 1948 incluait déjà l'article 29–1: « L'individu a des devoirs envers la communauté, dans laquelle seul le libre et plein développement de sa personnalité est possible »; alors, pas de danger pour les libertés individuelles, libertés auxquelles Küng, tout comme Broch et Kahler, fut toujours attaché de tout son être.

Nous voyons ici combien les idées des 20ème et 21ème siècles ont changé, par rapport aux idées des 18ème et 19ème siècles. Autrefois, il s'agissait d'assurer les droits de l'individu face à l'autorité de l'Etat. Dans une démocratie, le citoyen est, au contraire, un élément constitutif de la communauté. C'est pourquoi il a aussi des devoirs notables vis-à-vis de la communauté de l'Etat démocratique. En effet, celle-ci ne peut subsister durablement et se développer que si le citoyen y contribue par son engagement, son travail et sa loyauté. Cette idée s'est développée à partir du « contrat social » de Rousseau. Elle se retrouve dans la transformation de l'Etat de

---

[24] Voir *H. Küng*, Menschen-Verantwortlichkeiten stärken Menschenrechte, in: J. Goddhill (Hrsg.), Menschenpflichten. Eine Liebes-Erklärung in 19 Artikeln, JAHR, pp. 22 et suiv.; du même auteur, Projekt Weltethos, 1993; Dokumentation zum Weltethos, 2002. Voir, au contraire, *C. Tomuschat*, Grundpflichten des Individuums im Völkerrecht, in: AVR 21 (1983), pp. 289 et suiv. Voir aussi les devoirs de l'individu selon le droit international lors de crimes contre le droit international.

droit libéral en Etat de droit social, et ceci dans de multiples domaines[25]. L'idée des devoirs de l'homme ne signifie pas, du reste, qu'il faille abandonner, ni même seulement relativer les droits de l'homme classiques, ceux qui garantissent les libertés individuelles. Ces dernières, au contraire, sont garanties très précisément dans l'ébauche de la « Chicago constitution ».

Nouvelle, même révolutionnaire, était, par contre, cette déclaration de la « World Constitution », élémentairement socialiste, et j'entends « élémentairement » au double sens du terme: « les quatre éléments de la vie – la terre, l'eau, l'air et l'énergie –, sont déclarés bien commun du genre humain. Leur gestion et l'utilisation que l'on en fait doivent être, dans tous les cas, subordonnées à l'intérêt du bien public ». Ce que cette décision dramatique devait avoir comme conséquence dans le détail n'était pas prévu dans le texte de Chicago. Mais ces idées concernant la propriété commune ne sont pas tout à fait tombées dans l'oubli, ainsi que je le montrerai par la suite.

IV. Le projet de Santa Barbara: une constitution pour les océans, fondée sur le principe du patrimoine commun de l'humanité

La fille cadette de Thomas Mann, Elisabeth (1918–2002), avait collaboré à cette constitution mondiale de Chicago. Elisabeth – « Medi » dans le jargon familial –, la principale figure enfantine de l'émouvante nouvelle de Thomas Mann « Unordnung und frühes Leid » (Désordre et chagrin précoce), publiée en 1925, avait épousé, en 1939, à l'âge de 21 ans, à Princeton, Giuseppe Antonio Borgese, brillant orateur et fougueux antifasciste, de 36 ans plus âgé qu'elle. Elisabeth connaissait et admirait depuis longtemps les écrits de Borgese. Hermann Broch fut l'un des membres du trio témoin au mariage de ce couple d'émigrés. Klaus, le frère d'Elisabeth, et le compositeur américain Roger Sessions furent les deux autres témoins. La volontaire Elisabeth travailla d'abord comme secrétaire, puis comme assistante et finalement comme coauteur de son mari et père de leurs deux enfants, qui mourut en 1952.

Elisabeth reprit, en 1968, d'importants éléments du concept d'Etat mondial et de bien commun, en tant qu' « associate » (« senior fellow ») au « Center for the Study of Democratic Institutions » à Santa Barbara, en Californie, un laboratoire d'idées interdisciplinaires, totalement indépendant. Elisabeth transposa ces idées mondialistes, centralistes et socialistes, exprimées par les projets de Princeton et de Chicago, et créa un nouvel ordre international des mers, dans son ouvrage « The Ocean Regime. A Suggested Statute for the Peaceful Uses of the High Seas and the Sea-Bed Beyond the Limits of National Jurisdiction » (Santa Barbara 1968). Qu'Elisabeth ait fait du sauvetage des océans et d'une internationalisation des ressources de la mer le nouveau but de sa vie, était la conséquence de ces idées de

---

[25] *F. Glum*, Einführung, in: Ist eine Weltregierung möglich? Vorentwurf einer Weltverfassung, 1951, pp. 10 et suiv.

constitution et de démocratie universelles, fondées sur les droits de l'homme, telles qu'elles avaient été développés à Princeton et Chicago: à savoir que les océans ne doivent pas être l'objet d'une exploitation excessive de la part des puissances mondiales; qu'il doit y avoir une responsabilité commune, qui préserve tous les intérêts, et en particulier ceux des générations futures et de la nature. Par là, le nouvel ordre des mers deviendrait le levier d'un nouvel ordre mondial plus juste.

Cela fait partie des nombreux hasards heureux de ma vie d'avoir pu, par l'intermédiaire de Lili et d'Erich von Kahler, faire la connaissance d'Elisabeth à New York, à l'hôtel « Pierre », fréquenté alors par les artistes et les intellectuels (comme l'hôtel « Bedford » dans les années 30 et 40). Dans le hall trônait Salvador Dali, reconnaissable à sa moustache retournée vers le haut et à sa canne à pommeau d'argent (il pensait ainsi échapper à l'ennui des conventions). J'ai ensuite, à partir de 1969, travaillé pendant plusieurs années aux côtés d'Elisabeth à ce vaste projet « Pacem in Maribus » (Paix dans les mers, « PIM »), conçu dans l'esprit progressiste et optimiste d'un nouvel ordre international des océans[26]. Elisabeth était une personnalité qui n'aimait pas regarder en arrière; elle se levait chaque matin à 5 heures et avait déjà, avant de prendre son petit déjeuner, expédié une correspondance nombreuse. Si elle se sentait abattue – cela pouvait parfois arriver à cette merveilleuse optimiste qui accomplissait toute forme de travail avec rapidité et facilité –, elle allait en ville et achetait des casseroles.

La première grande conférence consacrée à PIM – 32 autres devaient suivre – eut lieu à l'été 1970 à Malte, dans une chaleur africaine. Cette conférence demanda à Elisabeth un très grand engagement intellectuel et un énorme travail d'organisation. Hardie et timide, déployant des qualités de stratège, n'oubliant pas le plus petit détail musical ou culinaire, Elisabeth était le centre. Cette conférence réunit plus de 250 personnes – spécialistes, diplomates, jounalistes –, dont un assez grand nombre venu des pays socialistes et des pays du tiers-monde. L'intensité des débats n'excluait pas une atmosphère légère et joyeuse.

Parallèlement aux conférences consacrées à PIM eut lieu, à partir de 1973, la troisième Conférence sur le droit de la mer, organisée par les Nations unies. Son résultat, la Convention des Nations unies sur le droit de la mer, de 1982, reprend le concept de « Common heritage of mankind » (Patrimoine commun de l'humanité),

---

[26] Pacem in Maribus. Ocean Enterprises, éd. *E. H. Burnell/P. von Simson*, 1970; *W. Graf Vitzthum*, Pacem in Maribus, in: AöR 96 (1971) pp. 100 et suiv.; Pacem in Maribus. Legal Foundations of the Ocean Regime, Malta 1971; *E. Mann Borgese* (éd.), Pacem in Maribus, 1972; *D. Krieger* (éd.), Proceedings Pacem in Maribus Convocation, 1974; *E. Mann Borgese* (éd.), The Drama of the Oceans, 1975; du même auteur: A Constitution for the Oceans, in: San Diego Law Review 15 (1978), pp. 371 et suiv.; The Mines of Neptune. Minerals and Metals from the Sea, 1985; The Future of the Oceans. A Report to the Club of Rome, 1986; The Oceanic Circle. Governing the Sea as a Global Resource, 1989; The Common Heritage of Mankind. From Non-living to Living Resources and beyond, in: Liber Amicorum Judge Shigeru Oda, 2002, pp. 1334 et seq.; *H. Pils/K. Kühn* (éds.), Elisabeth Mann Borgese und das Drama der Meere, 2012.

appliqué aux fonds marins profonds et à ses précieuses ressources naturelles[27]. Ce concept, approfondi et développé dans le cadre inofficiel de PIM, signifie que l'exploitation des fonds marins profonds doit être au service du profit général, en particulier celui des pays du tiers-monde, et soustraite à la mainmise incontrôlée de quelques Etats ou entreprises néocolonialistes et avides de progrès, et doit être, au contraire, administrée par une autorité internationale dispensatrice de licences.

L'ambassadeur maltais Arvid Pardo (1914–1999), en 1967 aux Nations unies, à New York, (ironie du hasard, c'était le moment ou je prenais place, à Princeton, dans le fameux fauteuil d'osier de Broch)[28], et Elisabeth Mann Borgese dans son projet « The Ocean Regime », en 1968 à Santa Barbara, en ont été les précurseurs[29]. Tout deux, géographiquement et mentalement de grands voyageurs, cosmopolites liés par une amitié solide et par une étroite collaboration, comme l'avaient été à Princeton Broch et Kahler, dégagèrent du désordre de la « lex lata » un nouvel ordre, jusqu'alors en grande partie inconnu. Et même si les résultats de leur engagement commun n'ont pas complètement répondu à leurs conceptions idéalistes, pacifistes et écologistes – même le principe de « patrimoine commun de l'humanité » avait été très affadi –, leurs idées et leurs personnalités ont, à juste titre, connu une forte reconnaissance internationale.

Il en est presque toujours ainsi: les rêves et les visions peuvent transformer le monde, du moins assouplir des positions endurcies et insuffler un vent nouveau dans les têtes et les chancelleries. Avec Pardo et Elisabeth, plus qu'une nouvelle façon de penser le droit de la mer, c'est un nouvel ordre du monde, basé sur le « patrimoine commun de l'humanité », qui prit le large. Il est vrai que les idées étaient grandes, générales et progressistes, mais elles étaient portées par une autorité morale convaincante.

V. Des idées originales comme résultat d'une coopération fraternelle et conçues dans un esprit moderne

En conclusion, deux remarques s'imposent. La première: toutes les idées ci-dessus exposées doivent paraître à Eckart Klein bien impraticables, sinon irréalistes et illusoires, et peu dignes d'être mentionnées. Mais, une fois conçues et lancées dans le monde, des idées originales, mêmes vagues dans leur formulation, semblant venir d'une autre planète, ne peuvent-elles pas, à une autre époque et dans une autre

---

[27] *W. Graf Vitzthum*, Die Bemühungen um ein Regime des Tiefseebodens. Das Schicksal einer Idee, in: ZaöRV 38 (1978), pp. 744 et suiv.; du même auteur: Der Rechtsstatus des Meeresbodens. Völkerrechtliche Probleme der Zuordnung und Nutzung des Grundes und Untergrundes der Hohen See ausserhalb des Festlandsockels, 1972.

[28] United Nations. Statement of Ambassador Arvid Pardo. General Assembly Docs., A/C 1/PV 1515 and 1516, November 1, 1967; *A. Pardo*, Who will Control the Seabed?, in: Foreign Affairs 45 (1968), pp. 123 et suiv.

[29] *W. Graf Vitzthum* (éd.), Die Plünderung der Meere. Ein gemeinsames Erbe wird zerstückelt, 1981.

réalité internationale, porter leurs fruits[30]? Nous ne vivons certes pas la fin des visions et des mythes. Les idées originales ne se laissent pas effacer, ni réduire en cendres.

La seconde remarque: toutes les idées mentionnées ont été conçues lors de débats entre amis, à l'intérieur de petits groupes inspirés par un même idéal. C'est l'expérience de Princeton, de Chicago, de Santa Barbara et, j'aimerais ajouter, de Berlin, lieu de la publication de notre livre commun « Völkerrecht ». De notre coopération fraternelle – et je ne cite que les noms de Michael Bothe, Rudolf Dolzer, Kai Hailbronner, Marcel Kau, Philip Kunig, Alexander Proelß, Stefanie Schmahl et Meinhard Schröder, tous coauteurs de ce livre –, en a résulté, si je peux me permettre de le dire, beaucoup de bien pour nos étudiants et pour notre science juridique, ce qui était le but d'Eckart Klein, le sens profond de son engagement, de son admirable ténacité, et la raison de son rayonnement.

---

[30] « Ce qui a été pensé une fois ne peut plus être retiré ». C'est là le message essentiel de Friedrich Dürrenmatt quant aux dangers liés à la découverte de la physique nucléaire et à l'attente suscitée par cette idée que tout ce qui est pensable sera une fois pensé, aujourd'hui ou demain. Dans sa comédie « Die Physiker » (Les physiciens), Zürich 1980, il s'agit de préserver le monde de la science et de préserver la science de la tentation du pouvoir. Mais il y a aussi une démarche contraire: ce qui a été pensé une fois peut, au moment de sa découverte, paraître irréaliste, même utopiste; mais plus tard, quand les réalistes d'aujourd'hui appartiennent depuis longtemps au passé, cela peut devenir un élément constructif, que la communauté peut utiliser de façon utile.

The State and Indigenous Peoples: The Historic Significance of ILA Resolution No. 5/2012

By *Siegfried Wiessner**

The state has always had a special place in our distinguished honoree's, Professor *Eckart Klein's*, view of the world, of international relations, and of international law. Even though he might not be willing to go as far as Hegel as to see it as the actual reality of the ethical idea, he views the state as the original actor of international law. In a work of serene erudition, he even explored all the possible relationships between state and time.[1] On the other hand, Eckart Klein would be the first to say that the interests of individual human beings, put fetters on the legal ability of states to do anything they pleased – affirming, starting with the UN Charter of 1945, the priority of human beings and their rights in the values-based international law environment post-World War II.[2]

Buoyed by the majestic words of Article 1 of the German Basic Law of 1949, Eckart Klein strove to give the word "human dignity" a meaning far beyond the confines of that unprecedented text. He explored it comparatively, and internationally.[3] Animating the Universal Declaration of Human Rights, as stated in its preamble, the term also underlay the two UN human rights covenants of 1966. Eckart Klein had the honor of serving as a Member of the UN Human Rights Committee from 1995 through 2002.[4] In this position, he left a lasting legacy of interpretation of this most important codification of elemental human rights. For many years, he built and led the Human Rights Centre of the University of Potsdam. The LL.M. Program in Intercultural Human Rights at St. Thomas University School of Law had the good fortune of him lecturing on the Covenant on Civil and Political Rights since its in-

---

* Professor of Law and Director, Graduate Program in Intercultural Human Rights, St. Thomas University School of Law, Miami, Florida; Chair, ILA Committee on the Rights of Indigenous Peoples. The author expresses his deep appreciation to our honoree, Professor Eckart Klein, for his loyalty and dedication, as a teacher and advisor, to our Graduate Program in Intercultural Human Rights. Above all, he treasures his friendship, as tested over time.

[1] *E. Klein*, Staat und Zeit, 2006.

[2] *E. Klein*, Menschenrechte. Stille Revolution des Völkerrechts und Auswirkungen auf die innerstaatliche Rechtsanwendung, 1996.

[3] *D. Kretzmer/E. Klein* (eds.), The Concept of Human Dignity in Human Rights Discourse, 2002.

[4] As to its structure and function, see *E. Klein,* in: Volger (ed.), A Concise Encyclopedia of the United Nations, 2002, 229.

ception in 2001. Professor Klein has also brilliantly supervised some outstanding doctoral candidates from our LL.M. program.

It is thus not a coincidence that this contribution to the volume honoring Eckart Klein focuses on an area of his special concern, the concept of human rights. It explores the recognition of collective human rights, particularly in the case of indigenous peoples, as the completion of the holistic framework of human rights – similar to Richard Thoma's famed statement that an individual's right to effective remedies in court constituted the capstone in the architecture of a state based on the rule of law. This contribution aims at describing the need for such collective rights (I.), their particular development in the case of indigenous peoples leading to the 2007 UN Declaration on the Rights of Indigenous Peoples[5] (II.), and their recognition through the scholarly work of the International Law Association's Committee on the Rights of Indigenous Peoples, culminating in the passage, by the 75th Biennial Meeting of the International Law Association in Sofia of Resolution No. 5/2012 on the Rights of Indigenous Peoples,[6] which recognized, for the first time, collective rights of indigenous peoples under customary international law (III.).

I. Why Collective Human Rights?

The term "collective human rights" has engendered, at times, fierce opposition. This may have had different reasons. For one, the first human rights declarations could only conceive of the dichotomy between the individual and the state; *tertia non datur*. One such example is the 1789 *Déclaration des droits de l'homme et du citoyen*; the other one is the American Bill of Rights of 1791. Based on thoughts of the Enlightenment and the natural rights philosophy of John Locke, the individual rights to liberty and property were seen as central to the happiness of the individual; to protect them was seen as the first task of the state. In John Locke's mind, if these rights were violated by the government of the state, the citizen had a right to revolution. A second consideration was that the modern territorial state, having thrown off the personal rulers of feudal origin, was jealously guarding its preeminence, the all-encompassing power of sovereignty. It was afraid that intermediate groups vested with rights might mitigate, even weaken and check its own projections of control over the land and its people. In the 20th century, especially after World War II, the Cold War generated another source of suspicion regarding collective rights: they were seen as closely tied conceptually to the collectivization of individually held lands and industrial properties in the various Communist revolutions and takeovers of the time.

---

[5] United Nations Declaration on the Rights of Indigenous Peoples, GA Res. 61/295, 13 September 2007.

[6] Rights of Indigenous Peoples, Resolution No. 5/2012, 75th Biennial Meeting of the International Law Association, Sofia, adopted August 30, 2012, available at http://www.ila-hq.org/en/committees/index.cfm/cid/1024 (last visited October 25, 2012).

The latter does not hold true for the rights claims of indigenous peoples: they are based on their existential need to survive and flourish as a culture, not as a political or economic unit. Indigenous peoples also are not competing for economic or political power with the state, the cultural groundedness and cultural boundedness[7] of their claims to autonomy and lands insulate them from any such charge. Most importantly, however, their rights termed "collective" are the ones that are necessary to their happiness and full self-realization as individuals. If the law should serve human beings and allow them to realize their dreams, it must recognize that an empirical assessment of human beings yields the result that individuals cannot flourish alone; they are social animals, as Aristotle recognized in his characterization of a human being as a *zoon politicon*.[8] Interaction with and reliance upon others are *conditiones sine qua non* for human existence.[9] Groups, whether we are born into them as members of a particular race or gender or tribe, or whether we deliberately joined them, are part of our individual identity: we can influence them, and they influence us back, as George Herbert Mead recognized, but they are essential to a complete life.[10] As far as indigenous peoples are concerned, they are typically making the strongest claim to share all aspects of their lives, as they are sustaining themselves exclusively on the lands used by them since time immemorial. While non-organic groups such as women or ethnic groups do not typically wish to share a common life with the other members of their group, and thus are satisfied with protections against discrimination, organic groups[11] such as indigenous peoples need communal rights such as the ones to autonomy and their lands to survive as a culture which is a group phenomenon. As indigenous leaders emphasize, there is no "individual culture".[12] Article 27 of the International Covenant on Civil and Political Rights (ICCPR) is limited to the guarantee of cultural rights to individual members of a group. As discussed, this is not sufficient to achieve the goal of promoting global cultural diversity underlying the universal recognition of indigenous rights over the last several years and decades.

---

[7] *S. Wiessner*, EJIL 22 (2011), 121 (129).

[8] *W. Kullmann*, Hermes 108 (1980), 419.

[9] *S. Wiessner*, UCLA J. Int'l L. & Foreign Affairs 15 (2010), 239 (260), with further references. See also *L. Underkuffler*, J. Law, Medicine & Ethics 35 (2007), 383 (384–385).

[10] In the constant interplay between the individual and society's constituent groups, not only is the individual self shaped and changed, but general patterns of group behavior are reconstructed and modified as well. See, e.g., *C. W. Morris* (ed.), George Herbert Mead, Mind, Self and Society: From the Standpoint of a Social Behavioralist, 1934; *A. Strauss* (ed.), George Herbert Mead, On Social Psychology: Selected Papers, 1964.

[11] For details, see *S. Wiessner*, in: G. Alfredsson/P. Macalister-Smith (eds.), The Living Law of Nations, 1996, 217 (218, 221–222).

[12] *R.M. Torres*, in: L. Meyer/B.M. Alvarado (eds.), New World of Indigenous Resistance, 2010, 213 (217) ("The notion of individual culture is unacceptable for indigenous peoples who claim the collective production, throughout history, of all systemic expressions of their particular cultures."). See also *G. Estevez*, in: ibid., 115 (121) ("Among all indigenous peoples, the condition of the strong 'we' is expressed existentially and in the language itself, for this is the subject of *comunalidad*, the first layer of existence, formed by the interlocking of the networks of real relationships that make up each person.").

Rudolf v. Jhering recognized as early as 1872, in his lecture *Der Kampf um's Recht*, that rights and, for that matter, all legal protections, had, over the course of history, to be wrested away from others who opposed them; rights will also be lost if they are not used or defended.[13] This goes for individual rights as well collective rights, particularly of those groups considered vulnerable. Let us retrace the way indigenous peoples have travelled on the path toward legal recognition of their rights within the last half-century. Their story of success has been not only remarkable, but unique.

II. The Development of Indigenous Peoples' Rights

Many moons ago, at the inception of at least the honoree's and the author's academic careers, the word "indigenous" or "indigenous peoples" had no valence in the language of international law. It was a term mostly used by anthropologists and other social scientists. International law, if at all, saw them as mere inhabitants of *terrae nullius* that were swept up and occupied by the European powers in the great game of colonization. As stated in the famous *Cayuga* arbitration of 1929, they were seen as, if anything, a mere "unit of domestic law".[14] International law had bid them good-bye. Or so it seemed.

Indigenous peoples, however, had not vanished from the Earth. Quite a number of their communities had survived not only the blunt military onslaught of their Western conquerors; they had resisted successfully the temptations of progress, the more abiding and profound threat to their ways of life. In the 1970s, they decided to overcome the *divide et impera* policies of the conquerors, and they bonded beyond borders to work through the venues of international law to achieve a betterment of their status. Following a report of Special Rapporteur José Martinez Cobo, a working group on the rights of indigenous people was created within the UN Human Rights Commission. The working group's charismatic and energetic leader, Dr. Erica-Irene Daes, succeeded in 1993 in presenting a Draft Declaration on the Rights of Indigenous Peoples. After a number of changes in a state-dominated working group, the instrument was ultimately adopted, in 2006, by the newly constituted UN Human Rights Council, and, on September 13, 2007, by the United Nations General Assembly. The vote was overwhelming: 144 countries voted in favor of the Declaration on the Rights of Indigenous Peoples; four voted against, and 11 states abstained.[15] Sub-

---

[13] *R. v. Jhering*, Der Kampf um's Recht, 1872, 1:

"The life of the law is struggle, a struggle of nations, state power, classes, interest groups, and individuals. All law is the result of strife; every important rule had to be wrested from those who opposed it, and it remains alive only as long as those who support it stand ready to defend it. Law is not an abstract idea, but a living force." (author's translation).

[14] Cayuga Indians (Great Britain) v. United States, 6 R.I.A.A. 173, 176 (1926).

[15] UN Permanent Forum on Indigenous Issues, Declaration on the Rights of Indigenous Peoples, at http://social.un.org/index/IndigenousPeoples/DeclarationontheRightsofIndigenousPeoples.aspx (last visited October 25, 2012). For details of the process, see *S. Wiessner*, Vanderbilt J. Transnat'l L. 41 (2008), 1141 (1159–1162).

sequently, all of the original no votes have been reversed; the governments of Australia, New Zealand, Canada and the U.S. now all endorse the Declaration. What has been achieved by now is a virtual consensus on the content and desirability of these rights.[16] The exact legal nature of this declaration remains interesting – short of being binding *per se*, it may be seen as asking for "maximum compliance".[17]

The Declaration was necessary as it filled the gap between existing human rights protections and the specifically collective claims of indigenous peoples to their lands, their cultures, and self-government. Some of those claims were addressed in ILO Convention No. 169 of 1989; this treaty, however, has been ratified by only 22 countries, mostly from Latin America.[18] Other instruments address concerns of indigenous peoples in very specific, but not comprehensive ways, such as the 2003 UNESCO Convention for the Safeguarding of the Intangible Cultural Heritage,[19] and the 2005 Convention for the Protection of the Diversity of Cultural Expression.[20]

Article 8(j) of the Convention on Biological Diversity focuses on the protection of indigenous peoples' traditional knowledge; Article 27 ICCPR guarantees members of cultural communities the right, "in community with the other members of their group, to enjoy their own culture, to profess and practise their own religion, or to use their own language". The Human Rights Committee's General Comment No. 23 on Article 27 states that this provision protects "individual rights", but that the obligations owed by states are collective in nature.[21] In its jurisprudence, it has consistently stated that the right to enjoyment of culture, practice of religion, or use of language can only be meaningfully exercised "in a community", i.e., as a group.[22] Also, indigenous peoples have the right to self-determination under Article 1 of the ICCPR, a right monitored through the review of state reports.

---

[16] *Wiessner* (Fn. 9), 253.

[17] In UN practice, as a "declaration," it is a "solemn instrument resorted to only in very rare cases relating to matters of major and lasting importance where maximum compliance is expected." U.N. Econ. & Soc. Council [ECOSOC], Mar. 19 – Apr. 14, 1962, *Report of the Comm'n on Human Rights*, ¶ 105, U.N. Doc. E/3616/Rev. *Accord* ILA Resolution No. 5/2012 (Fn. 5), Conclusion No. 3. Though not legally binding *per se*, a declaration may become binding to the extent that its various provisions are reflected in conforming state practice and *opinio juris*. This distinct body of customary international law concerning indigenous peoples may not necessarily be coextensive with the full reach of the UN Declaration.

[18] ILOLEX Database of International Labour Standards, Ratifications of C169 – Indigenous and Tribal Peoples Convention, 1989 (No. 169), available at http://www.ilo.org/ilolex/english/newratframeE.htm.

[19] UNESCO Convention for the Safeguarding of the Intangible Cultural Heritage, UNESCO Doc. MISC/2003/CLT/CH/14 (Oct. 17, 2003). See also *F. Lenzerini*, EJIL 22 (2011), 101.

[20] UNESCO Convention on the Protection and Promotion of the Diversity of Cultural Expressions, UNESCO Doc. CLT-2005/CONVENTION DIVERSITE-CULT REV (Oct. 20, 2005).

[21] General Comment No. 23, UN Doc. HRI/GEN/1/Rev.1, 38 (1994), para. 6(2).

[22] *A. Vrdolyak*, in: F. Francioni/M. Scheinin (eds.), Cultural Human Rights, 2008, 61, with further references, including the *Kitok, Ominayak, Länsman* and *Apriana Mahuika* cases.

Most importantly, Article 21 of the Inter-American Convention on Human Rights, the right to property, has been "evolutionarily" reinterpreted as mandating indigenous peoples' collective rights to land due to the overriding objective of protecting their cultural identity bound to their land. The Inter-American Court of Human Rights, in its celebrated *Awas Tingni* judgment of 31 August 2001,[23] affirmed the existence of an indigenous people's collective right to its land. This decision set in motion a *jurisprudence constante*, including a recent decision involving Suriname,[24] that included the right to life, including a dignified communal existence, the right to collective property over lands, territories, and natural resources, the right to consultation and consent, and the right to political participation in accordance with their traditional ways of life.

This international consensus has been joined by most important progress in the domestic laws of states. From the changes in the Constitutions of Brazil and Canada to the High Court of Australia's *Mabo* decision, to Guatemala's peace treaty, the Indigenous Peoples' Rights Act in the Philippines – to mention but a few hallmarks of this sea change in domestic laws brought about by the global renascence of indigenous nations –, a close analysis of state practice and *opinio juris* of the specially affected states at the end of the last century could only conclude that customary international law was not only emerging, but had arisen and included indigenous peoples' rights to cultural integrity, autonomy and their traditional lands.[25] Other scholars reviewed this evidence and largely concurred in the result.[26]

---

[23] Mayagna (Sumo) Awas Tingni Community v. Nicaragua, 31 August 2001, Inter-American Court of Human Rights, reprinted in: Arizona J. Int'l & Comp. L. 19 (2002), 395 (430–31, 440).

[24] *Saramaka People* v. *Suriname*, 28 November 2008, Inter-American Court of Human Rights, Preliminary Objections, Merits, Reparations, Costs, Ser. C, No. 172. See also Moiwana Village v. Suriname, 15 June 2005, Inter-American Court of Human Rights, Ser. C, No. 124; Yakye Axa Indigenous Community v. Paraguay, 17 June 2005, Inter-American Court of Human Rights, Ser. C, No. 125; Sawhoyamaxa Indigenous Community v. Paraguay, 29 March 2006, Inter-American Court of Human Rights, Ser. C, No. 146.

[25] S. *Wiessner*, Harvard Human Rights J. 12 (1999), 57, concluding, as to the content of customary international law, at 127:

"First, indigenous peoples are entitled to maintain and develop their distinct cultural identity, their spirituality, their language, and their traditional ways of life. Second, they hold the right to political, economic and social self-determination, including a wide range of autonomy and the maintenance and strengthening of their own system of justice. Third, indigenous peoples have a right to demarcation, ownership, development, control and use of the lands they have traditionally owned or otherwise occupied and used. Fourth, governments are to honor and faithfully observe their treaty commitments to indigenous nations."

[26] S.J. *Anaya*, Indigenous Peoples in International Law (2d ed.), 2004, 49–72; *S.J. Anaya & R. Williams*, Harvard Human Rights J. 14 (2001), 33; *C. Oguamanam*, Queen's L.J. 30 (2004), 348. For a concurring analysis of indigenous land rights under customary international law and UNDRIP, see *S. Stevenson*, Fordham Int'l L.J. 32 (2008), 298. A recent monograph on the protection of groups in international law also concluded that "there is sufficient proof of State practice and *opinio juris* among States to suggest the existence of a right to autonomy for indigenous peoples in international law". *N. Wenzel*, Das Spannungsverhältnis zwischen

In order to clarify the content of international law in this field, the august body of the International Law Association (ILA)[27] at its 72d Biennial Meeting in Toronto established a Committee on the Rights of Indigenous Peoples.

III. ILA Resolution No. 5/2012 on the Rights of Indigenous Peoples

The Committee on the Rights of Indigenous Peoples was given the task of writing an authoritative commentary on indigenous peoples' rights, including, as stated later, the meaning of the 2007 UN Declaration. In its final composition, it featured no less than 30 expert members from all inhabited continents.[28] Its original chair was Professor S. James Anaya, a noted authority in the field. In 2008, Professor Anaya was appointed UN Special Rapporteur on the Rights of Indigenous Peoples. In this position, he could no longer chair the committee, and he resigned. At the 73rd ILA Biennial Meeting in Rio de Janeiro, the author was appointed chair, and the committee established ten subcommittees, dealing with distinct themes such as the legal nature of the Declaration and its rights, the definition *vel non* of indigenous peoples, the right to self-determination and autonomy, the rights to cultural identity, education and the media, the rights to traditional lands, including free, prior and informed consent, treaty rights, and the right to development, to name a few. The new Rapporteur of the Committee, Professor Federico Lenzerini from the University of Siena, coordinated the process, integrating work done at an intersessional workshop at the European University Institute in Florence, Italy, and combined subcommittee reports in a 52-page interim report for the ILA's 74th Biennial Meeting in The Hague. After another intersessional meeting conducted at the University of Anchorage in Alaska in August 2011, at the invitation of Inuit Committee member Dalee Sambo Dorough, the final report of the committee and a resolution for the ILA's 75th Biennial Meeting in Sofia was prepared. The final report supplemented the interim report of 2010. The package of both the interim and the final report plus the resolution were presented for discussion and adoption at the Open Session of the Committee on August 28, 2012. This session was open to all members of the ILA.

Gruppenschutz und Individualschutz im Völkerrecht, 2008, 508. Accord *M. Weller*, EJIL 20 (2009), 111 (116). But see also *A. Xanthaki*, Melbourne J. Int'l L. 10 (2009), 27.

[27] The International Law Association, now headquartered in London, was founded in Brussels in 1873. Its objectives are "the study, clarification and development of international law, both public and private, and the furtherance of international understanding and respect for international law". The ILA has consultative status, as an international non-governmental organization, with various United Nations specialized agencies. Its membership, presently about 3500, "ranges from lawyers in private practice, academia, government and the judiciary, to non-lawyer experts from commercial, industrial and financial spheres, and representatives of bodies such as shipping and arbitration organisations and chambers of commerce." http://www.ila-hq.org/en/about_us/index.cfm (last visited October 25, 2012).

[28] For a list of all members, see http://www.ila-hq.org/en/committees/index.cfm/cid/1024/member/1.

The session was chaired by Ralph Wilde (University College London) and was well attended. Upon presentation of the report and resolution by the Chair and Rapporteur, interventions from the floor from amongst the Committee members present – Dalee Sambo Dorough, Mahulena Hofmann, Willem van Genugten, Rainer Hofmann, Ana Vrdolyak, Christina Binder, and Katja Goecke - and comments and questions from non-Committee members of the ILA, all supportive and informative, the Chairman of the Session put the Committee's proposal to a vote. All ILA members voting in that room raised their hands emphatically in favor – save one abstention by a late arrival to the meeting, who did not feel knowledgeable enough about the subject to cast a substantive vote.

After this decision, the ILA Steering Committee put its finishing touches on the resolution, without changing the substance of the Committee's proposal. A question was asked as to why the resolution did not include a definition of the term "indigenous peoples". The author responded that the Committee as a whole, in particular, its indigenous members, was unwilling to present a formal definition as this was seen, inter alia, as another attempt at colonization. Still, in the final report, a section had been included to clarify the understanding of the term. Two essential elements of that multifactorial description of indigenous peoples were self-identification as such, and indigenous peoples' special, often spiritual relationship with their ancestral lands.[29] The Steering Committee was satisfied with this response.

At the closing plenary session of August 30, 2012 in the aula of the University of Sofia, the Chairman of the ILA Executive Council, The Rt Hon the Lord Mance, Justice of the United Kingdom Supreme Court, and Open Session Chairman Wilde introduced Resolution No. 5/2012. Dr. Wilde stated:

> This resolution represents the culmination of six years of very hard work on this important and cutting-edge topic. Its conclusions and recommendations are based on a wide-ranging and rigorous study of state practice in this area, as reflected in the Committee's two lengthy reports. The resolution and those reports are clearly destined to play a major role in influencing the understanding and development of international law in this field.

And then he commended the adoption of the Resolution – to the rousing applause of the audience. As with the prior resolutions, Lord Mance, after waiting for objections, which did not come, declared the resolution properly offered, seconded, and passed. The session fittingly ended with a violinist playing Beethoven's "Ode to Joy".

This resolution is historic. Not only does it recognize collective human rights[30]; it also specifies a number of rights that have become part and parcel of customary international law. These include:

---

[29] ILA Committee on the Rights of Indigenous Peoples, Final Report, Sofia 2012, 2–3, available at http://www.ila-hq.org/en/committees/index.cfm/cid/1024.

[30] ILA Resolution No. 5/2012 (Fn. 5), Conclusion No. 1: "Indigenous peoples are holders of collective human rights aimed at ensuring the preservation and transmission to future generations of their cultural identity and distinctiveness. ...".

1. The right to self-determination to the extent it is recognized under international law.³¹ Using the template of the distinction between external and internal self-determination, the interim report, as integrated into the final report and resolution, made clear that indigenous peoples would have a right to secede only if such a right, under any condition, were to be recognized by the international community with respect to any other people as well.³² Indigenous peoples would have the same rights as other peoples in this respect, no less.³³

2. More content-filled is the right to autonomy, the right to internal and local self-government as laid down in Article 4 of the Declaration.³⁴ It includes, inter alia, the right of an indigenous people to continue its structures of leadership and traditions, commonly designated as their customary law.³⁵ In its generality and global reach, this specific right of indigenous peoples under international law is unprecedented.³⁶ This

---

³¹ *Id.*, Conclusion No. 4: "States must comply with the obligation – consistently with customary and applicable conventional international law – to recognize, respect, protect, fulfil and promote the right of indigenous peoples to self-determination, conceived as the right to decide their political status and to determine what their future will be, in compliance with relevant rules of international law and the principles of equality and non-discrimination."

³² In the extra-colonial context, legal affirmations of such a right have been few and far between. The Canadian Supreme Court in its advisory opinion on the status of Québec referred to a potential right of all peoples to "external self-determination […] where a definable group is denied meaningful access to government to pursue their political, economic, social and cultural development". Re: *Secession of Quebec*, [1998] 2 S.C.R. 217, Supreme Court of Canada, in 37 I.L.M. 1340 (1373), para. 138.

³³ *J. Van Dyke*, in: ILA Committee on the Rights of Indigenous Peoples, The Hague Interim Report 2010, 10, available at http://www.ila-hq.org/en/committees/index.cfm/cid/1024 ("In this and other self-determination-related respects, indigenous peoples must be exactly considered as all other peoples").

³⁴ ILA Resolution No. 5/2012, Conclusion No. 5: "States must also comply – according to customary and applicable conventional international law – with the obligation to recognize and promote the right of indigenous peoples to autonomy or self-government, which translates into a number of prerogatives necessary in order to secure the preservation and transmission to future generations of their cultural identity and distinctiveness. These prerogatives include, *inter alia*, the right to participate in national decision-making with respect to decisions that may affect them, the right to be consulted with respect to any project that may affect them and the related right that projects significantly impacting their rights and ways of life are not carried out without their prior, free and informed consent, as well as the right to regulate autonomously their internal affairs according to their own customary laws and to establish, maintain and develop their own legal and political institutions."

³⁵ It helps here to understand law, in line with policy-oriented jurisprudence, as a process of authoritative and controlling decision within any community, be it territorial or personal. *W. M. Reisman / S. Wiessner / A. R. Willard*, Yale J. Int'l L. 32 (2007), 575, (587–88, 591–92); *S. Wiessner*, Asia Pacific L.J. 18 (2010), 45 (47–49).

³⁶ There have been a number of minority rights arrangements under specific treaty regimes, especially after World War I, but no such general legal right of a group under international law has been recognized before. Domestic law, on the other hand, knows of many such arrangements, which created, inter alia, the basis for the customary international law conclusion. For details, see *E. Klein*, Minderheitenschutz im Völkerrecht, Schriftenreihe Kirche und Gesell-

autonomy can take many forms; as every provision in the Declaration and the general law of indigenous peoples it has to be interpreted from its *telos*, i. e. the safeguarding and flourishing of indigenous peoples' cultures and traditions.[37] As against the rights of individual members, limits to this self-rule of the group are the customary international law of individual human rights as well as rights under treaties the state, on whose territory the indigenous peoples reside, has accepted.[38]

3. Indigenous peoples' rights to their cultural identity have to be recognized, respected, protected and fulfilled by the state.[39] The customary international law obligation here does not translate into a general positive right.[40] Rather, it is to be seen as a right not to be denied the right to speak and teach their own language, the ever more threatened anchor of their culture.[41] They also have the right to establish schools and media of their own.[42]

4. The key right of indigenous peoples under customary international law translates into a state obligation to "recognize, respect, safeguard, promote and fulfil the rights of indigenous peoples to their traditional lands, territories and resources",[43] which includes, in the first place, the demarcation, titling, and equivalent forms of legal recognition of these resources. This right recognizes the conceptually indispensable link of the peoples to the areas with which they have a special, often spiritual connection. It also recognizes the special role indigenous peoples have played in the preservation of these lands, making them their trusted guardians.

---

schaft Nr. 123, 1994; *id.*, 'Minderheiten', 'Minderheitenrechte', 'Minderheitenschutz', in: M. Honecker et al. (eds.), Evangelisches Soziallexikon, 2001, Sp. 1083–1088.

[37] *Wiessner* (Fn. 7), 129.

[38] ILA Final Report 2012 (Fn. 29), 3.

[39] ILA Resolution No. 5/2012, Conclusion No. 6: "States are bound to recognize, respect, protect and fulfil indigenous peoples' cultural identity (in all its elements, including cultural heritage) and to cooperate with them in good faith – through all possible means – in order to ensure its preservation and transmission to future generations."

[40] ILA Final Report 2012, 15: "At the moment, ... the legal evolution occurred in this respect has probably not yet reached the point of leading to the existence of a rule of customary international law dictating a *positive* State obligation to take all possible measures in order to allow indigenous peoples to preserve their languages and transmit them to future generation. At the same time, it is reasonably indubitable that such an obligation actually exists in *negative* terms, in the sense that States are bound not to create any obstacles to the efforts and activities carried out by indigenous peoples in order to preserve their own languages as an element of their cultural identity."

[41] A. *Dussias*, Intercultural Human Rights L. Rev. 3 (2008), 5; as to the importance of language to human dignity, see *E. Klein*, in: K. Grözinger (ed.), Sprache und Identität im Judentum, 1998, 59.

[42] ILA Resolution No. 5/2012, Conclusion No. 8: "States must recognize the right of indigenous peoples to establish their own educational institutions and media, as well as to provide education to indigenous children in their traditional languages and according to their own traditions. States have the obligation not to interfere with the exercise of these rights." For details, see ILA Final Report 2012, 15.

[43] ILA Resolution No. 5/2012, Conclusion No. 7.

Their use typically was oriented not at exploitation of the resource to the point of exhaustion, but at the preservation of those lands for future generations, making them a model for modern environmental law's quest for sustainability. Maybe this right is the most consequential one as it may collide with the interests of other actors in the use of these very lands, sometimes with the national interest.[44]

5. The right to free, prior and informed consent to governmental measures affecting indigenous peoples leads usually only to the right of the affected communities to be consulted. This consultation, however, must include the active participation of indigenous peoples in the planning of such projects. If a project significantly endangers the very essence of an indigenous people's culture, then consent is required, under customary international law.[45] It, however, ought not to be arbitrarily denied.

6. Reparations and redress for wrongs are also addressed, with due regard for their proper format, adequacy and effectiveness.[46]

IV. Conclusion

UN Special Rapporteur James Anaya, in his enthusiastic endorsement of the report and resolution, wrote that the resolution is "highly authoritative" and may, as intended, assist him and other decision makers in their work of interpreting, applying and implementing indigenous peoples' rights.[47] Earlier, in 2011, the ICSID Arbitral

---

[44] For a good analysis, see V. *Vadi*, Columbia Human Rights L. Rev. 42 (2011), 797.

[45] "When the essence of their cultural integrity is at significant risk, obtaining the free, prior and informed consent of the indigenous peoples concerned becomes mandatory." ILA Final Report 2012, 10.

[46] ILA Resolution No. 5/2012, Conclusion No. 10: "States must comply with their obligations – under customary and applicable conventional international law – to recognize and fulfil the rights of indigenous peoples to reparation and redress for wrongs they have suffered, including rights relating to lands taken or damaged without their free, prior and informed consent. Effective mechanisms for redress – established in conjunction with the peoples concerned – must be available and accessible in favour of indigenous peoples. Reparation must be adequate and effective, and, according to the perspective of the indigenous communities concerned, actually capable of repairing the wrongs they have suffered." For different ways to effectuate reparations, see F. *Lenzerini* (ed.), Reparations for Indigenous Peoples: International and Comparative Perspectives, 2009.

[47] *S. James Anaya*, Statement of Endorsement of Committee Final Report and Resolution, at ILA Final Report 2012, 31, 32:
"The committee's work before you reflects the highest standards of our profession. ... Given the thorough research undertaken by the committee, the conclusions as formulated in its final report and resolution are highly authoritative. I am confident that, as intended, this expert commentary will reduce confusion and contention over the content and normative status of the provisions of the UN Declaration and of indigenous peoples' rights in general. It will help me in my work as Special Rapporteur as I endeavor to guide states toward ever close compliance with the new regime of indigenous peoples' human rights.
The commentary will be available to practitioners and advocates, governments, courts and tribunals, academics and indigenous organizations, to draw on and refer to in dealing with the

Tribunal in the *Grand River Case* had referred to the work of the Committee and its interim report in finding that there "may well be [...] a principle of customary international law requiring governmental authorities to consult indigenous peoples on governmental policies or actions significantly affecting them".[48]

Generally, resolutions of the International Law Association, just as those of the International Law Commission, have been recognized as evidence of international law. The *Third Restatement of Foreign Relations Law of the United States* affirms this characterization,[49] as does the most recent leading textbook of international law in Germany – which our honoree is a distinguished co-author of. As Graf Vitzthum stated there, global resolutions of a body as qualified and diverse as the International Law Association are stating a rare consensus amongst, at times, radically different cultures and value traditions, and thus should be especially appreciated and valued.[50] This is particularly true when, as in this case, they pass not only uncontested, but with emphatic support.

On such firm ground, Resolution No. 5/2012 transcends the writings of individual scholars, no matter how well-researched and persuasive their work is. It has come about to help complete the circle of protection for the most vulnerable and precious peoples on the face of the Earth. May they avail themselves in their peaceful legal fight for survival of this new arm in their quiver, and may thus law achieve its noblest end: to make peace through justice, ever aiming for a public order in which dignity for all is assured.

---

important issues that concern indigenous peoples. Accordingly, it will be a hallmark of the work of the International Law Association in the new environment of the values-based international law of the 21st century."

[48] Grand River Enterprises Six Nations, Ltd., et al. v. United States of America, 12 January 2011, available at http://www.state.gov/documents/organization/156820.pdf (last visited October 25, 2012), para. 210.

[49] *American Law Institute,* Third Restatement of the Foreign Relations Law of the United States, § 103 Reporters' Notes No. 1 (1987).

[50] *W. Graf Vitzthum*, in: W. Graf Vitzthum (ed.), Völkerrecht (3d ed.), 2004, 72, para. 147.

The Freedom of Religion: New, or Not so New, Challenges

By *Rüdiger Wolfrum**

I. Introduction

In Germany the freedom of religion has its roots in early constitutional developments dating back to the 'Augsburger Religionsfrieden' (1555) and the Westphalian Peace Treaties (1648).[1] These instruments marked the beginning of the separation of State and religion. However, it was a long way from the separation of State and religion, the acknowledgement of the duty for neutrality and tolerance of the State towards religions, to the recognition of an individual right to the freedom of religious belief.[2] Art. 4, paragraphs 1 and 2 German Basic Law ('Grundgesetz') not only guarantees the right to the freedom of religious belief but also a collective right to the exercise of religion in services and ceremonies.[3] Similar provisions are contained in most national constitutions such as in Art. 16 of the Constitution of Spain, Art. 41 of the Constitution of Portugal, Art. 15 of the Constitution of South Africa, Art. 6 of the Interim National Constitution of Sudan and others. Today one may safely state that the right to freedom of religion and conscience is one of the constitutional core guarantees. The reason why it took several hundred years before an individual right to freedom of religion was recognized was that the acknowledgment of the existence of different religions and a corresponding individual right necessarily meant the renunciation by the States concerned of a potential basis for the State, as well as a mechanism to serve as one foundation for forming and preserving the identity of that

---

* I wish to thank Ms Olivia Danai for her valuable assistance in finalizing the text.

[1] *Instrumentum Pacis Osnabrugense:* Treaty of Peace between the Holy Roman Empire and Sweden and the Treaty of Peace between France and the Holy Roman Empire, signed and entered into force 24 October 1648, 1648–49, Consolidated Treaty Series, Bd. 1, S. 198, 319; both instruments did not provide for the freedom of religion but acknowledged the existence of two, respectively three, religions. Nevertheless, this guarantee constituted an essential step towards the separation of State and religion which again is one of the preconditions for the individual right to freedom of religion.

[2] *A. von Campenhausen*, in: A. Emilianides (Hrsg.), Religious Freedom in the European Union, 2011, 175 ff.

[3] It is generally held that the Charter of Rhode Island of 1663 is the first constitutional text providing for an individual right to freedom of religion, though couched in the term "freedom of conscience". This right is equally contained in the Bill of Rights (1791) to the US Constitution and the French Declaration des Hommes et des Citoyens of 1789.

State.[4] It is well accepted that until the Reformation, Catholicism had served as a mechanism for the formulation of the State identity of several States;[5] in some States Catholicism was replaced by Protestantism. As far as Christian Churches are concerned, they ceased to be State churches with very few exceptions. For example, Sweden in 2012 put an end to the Lutheran Church as a State church. The situation is different in several Muslim States such as Iran and Saudi Arabia.

Considering this development it is quite astonishing that the distribution of the Quran in several thousand copies caused a political discussion in Germany and even resulted in several judgments of administrative courts in Germany prohibiting the distribution of the Quran on the streets.[6] This reaction is even more astonishing if one takes into consideration that the membership in the Christian Churches is declining to an extent in Germany that in some parts of the country persons belonging to one or another Christian religion are becoming a minority. Nevertheless, religiously inspired behavior of individuals such as wearing a headscarf or the ritually correct slaughtering of animals, the organization of graveyards, etc. always draw the attention of the public and, as a consequence, politicians. It may be assumed that the critical attitude of the public, politicians and some of the mass media is less inspired by a traditional Christian attitude of the people but by other perhaps subconscious considerations.

In the following sections, after providing for a brief description and assessment of the constitutional protection of the freedom of religion in Germany, this paper shall deal with some particular legal problems that have arisen lately.

II. The Protection of the Freedom of Religion under Art. 4, paragraph 1 and 2 Grundgesetz

Art. 4, paragraph 1 Grundgesetz declares the freedom of faith and conscience, as well as the freedom of religious or philosophical creed ('Weltanschauung') to be inviolable. Its paragraph 2 guarantees the undisturbed practice of religion.[7] Although the right to freedom of religion is divided into several individual rights one must proceed according to the majority view in the literature as well as the jurisprudence of the

---

[4] *U. Mager*, in: I. von Münch/P. Kunig (Hrsg.), Grundgesetzkommentar, 2012, Art. 4, Rn. 1. She points out that the recognition of an individual freedom of religion requires the neutrality of States in religious matters (Rn. 2). It is equally true that without such neutrality having been accepted there would have be no possibility for accepting the individual right to religious freedom.

[5] *W. G. Grewe*, Epochen der Völkerrechtsgeschichte, 1984, 168; as to the consequences of the Reformation on the development towards a right to freedom of religion see *M. Heckel*, ZevKR 1966/67, 1.

[6] See below at III.

[7] (1) Freedom of faith and of conscience, and freedom to profess a religious or philosophical creed shall be invioable.

(2) The undisturbed practice of religion shall be guaranteed.

Federal Constitutional Court of one unified freedom.[8] Special arrangements for the relationship of the State to religious communities are contained in Art. 7 and Art. 140 Grundgesetz. They are to a certain extent supplemented or implemented through particular agreements between states of the Federal Republic of Germany and some religious communities.

As far as Art. 4 Grundgesetz is concerned its paragraph 1 addresses the individual, while paragraph 2 refers to individuals as well as to the collective. The latter also embraces the right to set up and manage religious organizations and to perform religious practices, which includes performance in public as required by the rules of the specific religion.

As can be taken from the wording of Art. 4 Grundgesetz, the article contains several rights which are distinct as well as interrelated. The freedom of faith and religion primarily refer to the internal conscience (*forum internum*) of individuals, including the process of how to develop the same.[9] In spite of being privately formulated and kept inside they deserve protection against indoctrination or external pressure. In particular it is prohibited for public authorities to influence the process of forming religious ideas positively or negatively.

The freedom to profess a religious creed embraces the right to express one's creed or not to do so in whatever form, be it orally, in writing, in paintings or otherwise, such as by one's own dress, hair style, beard etc.[10] Finally, soliciting for a religious creed is permissible. The latter point is controversial under international law. Whereas Art. 18 Universal Declaration on Human Rights provides for such a right[11] the International Covenant for Civil and Political Rights does not.[12] The various national systems differ in this respect.[13]

---

[8] *Mager* (Fn. 4), Rn. 9 with further references.

[9] *M. Morlok*, in: H. Dreier (Hrsg.), Grundgesetz-Kommentar, Bd. I, 2. Aufl., 2004, Art. 4, Rn. 58.

[10] *Mager* (Fn. 4), Rn. 17, 25 with further references. She distinguishes whether a particular dress, for example, reflects the demands of a particular religion or is worn for demonstrative purposes.

[11] Art. 18 reads: "Everyone has the right to freedom of thought, conscience and religion; this right includes freedom to change his religion or belief, and freedom, either alone or in community with others and in public or private, to manifest his religion or belief in teaching, practice, worship and observance." The inclusion of this right caused, amongst others, Saudi Arabia to abstain on the vote of the Declaration as being irreconcilable with the teaching of Islam, see *A. Scolnicov*, The Right to Religious Freedom in International Law, 2011, S. 11.

[12] See Art. 18, paragraph 1, which only refers to the freedom "to have and to adopt a religion". See also Art. 10 of the Islamic Declaration of Human Rights, Art. 18 of the Covenant on Civil and Political Rights is contemplated by its Art. 27 which guarantees the rights of individuals rather than of a collective.

[13] *M. Nowak*, U.N. Covenant on Civil and Political Rights: CCCPR Commentary, 1993, 320–321.

It is commonly held in Germany[14] and confirmed by the Federal Constitutional Court[15] that the rights under Art. 4, paragraph 1 and 2 Grundgesetz belong to the core of human rights[16] and are essential for the protection of an individual's human personality. Apart from that, Art. 4, paragraph 1 and 2 Grundgesetz is, according to the well-established jurisprudence of the Federal Constitutional Court, part of the objective value system established by the Grundgesetz. This objective value system – a distinctive feature of the German human rights system – also influences the interpretation of the normative legal order of Germany in general. Therefore this provision impacts the interpretation of civil, criminal and administrative law.[17] For example, it is prohibited for society or groups to exercise coercive influence on individuals with the view to inducing adherence, or non-adherence, to a certain religion.

According to the German legal system the freedom of religion cannot be restricted by law; nor is it limited by reference to civil obligations. In this respect the constitutional guarantee is identical to the provision on the protection of human dignity[18] or the provision on the protection of arts and sciences.[19] The unlimited guarantee of the freedom of religion is a particularity of the Grundgesetz which sets it apart from Art. 135 Weimarer Reichsverfassung[20] and from many other constitutions as well as from the European Convention on Human Rights.[21] This does not mean, though, that the freedom of religion is unlimited. According to the jurisprudence of the Federal Constitutional Court of Germany, limitations of the freedom of religion may be inherent in the freedom of religion itself. Limitations of the right of freedom of religion result on the one hand from mitigating the impact its exercise may have on the exercise of human rights by others and on the other hand from those limitations necessary to protect the unity of the Grundgesetz, including its constitutional princi-

---

[14] Among others see *Morlok*, (Fn. 9), Rn. 42.

[15] BVerfGE 33, 28.

[16] *C. Walter*, Freedom of religion and conscience, in: R. Grote /T. Marauhn (Hrsg.), EMRK/GG: Konkordanzkommentar, 2006, 817. (819).

[17] For some examples see below.

[18] Art. 1, paragraph 1 Grundgesetz: "Human dignity shall be inviolable. To respect and protect it shall be the duty of all state authority".

[19] Art. 5, paragraph 3 Grundgesetz: "Arts and sciences, research and teaching shall be free. The freedom of teaching shall not release any person from allegiance to the constitution."

[20] See on this: *R. Bäumlin/E.-W. Böckenförde*, Das Grundrecht der Gewissensfreiheit, 1970, 33 (35).

[21] See, for example Art. 49, paragraph 2, of the Swiss Constitution or Art. 14, paragraph 2, of the Federal Constitution of Austria. According to Art. 9, paragraph 2, of the European Human Rights Convention the "Freedom to manifest one's religion or beliefs shall be subject only to such limitations as are prescribed by law and are necessary in a democratic society in the interest of public safety, for the protection of public order, health or morals, or the protection of the rights and freedom of others."

ples.[22] The jurisprudence of the Federal Constitutional Court is based upon the premise that the human rights referred to in the Grundgesetz form a unit and cannot be interpreted and implemented in isolation. Conflicts resulting from the exercise of Art. 4 Grundgesetz are to be resolved by balancing the religious freedom with other basic rights with which it comes into conflict, as well as other constitutional values or principles. In this balancing exercise account must be taken of the fact that the freedom of religion is unlimited in principle.[23] It is well established that allegedly religious practices or customs such as ritual killings would be in violation of human dignity and thus prohibited under German law.

As far as the freedom of religion is concerned it may be safely stated – and this is one of the explanations for it being invoked more frequently now than in the past – that it is instrumentalized as a mechanism to protect cultural or traditional customs of immigrants.[24] The Grundgesetz does not provide directly for the protection of minorities as groups, nor does it protect culturally based or motivated behavior. For this reason individuals or groups involved in such practices have recourse to Art. 4 Grundgesetz. This is well justified since many such customs or forms of behavior have religious roots,[25] although these customs may not always belong to the core elements of the religion concerned. This development gives the right to freedom of religion a new relevance but also makes it more complicated to protect this right in the context of other human rights and within the overarching constitutional principles as they have developed over the years. Due notice should be taken of the fact that neither the interpretation and implementation of human rights in general, nor interpretation of the constitutional principles of the Grundgesetz, remain static. The interpretation and implementation of the right to freedom of religion constitutes no exception thereto. It is also evident that such developments influence each other, which means that the interpretation and implementation of constitutional principles may influence the exercise of human rights, including the right to freedom of religion; likewise, the exercise of human rights may influence the interpretation and implementation of the constitutional principles.

---

[22] On this dogmatically sophisticated jurisprudence see *Bäumlin/Böckenförde* (Fn. 20), 59; *D. Grimm*, Multikulturalität und Grundrechte, in: R.Wahl/J. Wieland (Hrsg.), Das Recht der Menschen in der Welt, 2003, 135 (144 ff.).

[23] BVerfGE 32, 98 (108); 33, 23 (29); for further details see *Mager* (Fn. 4) Rn. 46 ff.

[24] The same development is true for the European Court of Human Rights. The first judgment of the European Court of Human Rights on Art. 9 was in 1993: ECtHR, *Kokkinakis ./. Greece,* Entsch. vom 25. Mai 1993. Until 2001 there were not yet 30 cases decided by the European Court of Human Rights dealing with the freedom of religion. Since then more than 60 additional cases concerning the freedom of religion have been filed. On this see *C. Evans*, The Journal of Law and Religion 2010/11, 321 f.. See also *J. Duffar*, in: A. Emilianides (Hrsg.), Religious Freedom in the European Union, 2011, 1 ff.

[25] *Grimm*, (Fn. 22), 138.

III. Modern Challenges to the Freedom of Religion

What are the challenges the freedom of religion faces today in a society which seeks to coexist with new groups bringing with them different styles of living? As far as these different styles of living or customs are based upon a religion, they are in principle covered by the scope of Art. 4 Grundgesetz. The notion of religion embraces all religions. The occasional reference to 'new' religions is irrelevant for the interpretation and application of Art. 4 Grundgesetz. This provision covers all religions, including those which were introduced into Germany even after the Grundgesetz had entered into force.

Occasionally the question has arisen whether a particular group is a religious one and whether a philosophical creed constitutes a religion. Although the practical relevance of such a determination is limited since the scope of Art. 4 Grundgesetz embraces religions and philosophical creeds alike, such a determination by a German court may already constitute an infringement of the freedom of religion.[26] Whether a particular group is to be considered as religious or not should be a matter of auto-determination rather than decided by a State authority. In that regard there is a parallel to the identification of minorities: it is by now established in international law that identification as a minority group depends first and foremost upon the auto-determination of its members and of the group concerned.[27] A parallel issue arises if it is questioned whether a particular custom is required by a religion. Here again national courts cannot decide upon this issue, at a minimum it is necessary to seek legal advice in this respect from an independent institution from within the environment of that particular religion.

Considering the case law of the Federal Constitutional Court and of the administrative courts it becomes evident that there are neither conflicts concerning the core area of the exercise of the freedom of religion nor are there laws directed against a particular religion. Conflicts arise, however, in respect of the interpretation and application of general German laws which unintentionally touch upon the one or other custom or practice. One may distinguish between two situations. The first involves German laws that require a particular behavior which is considered to be contrary to a religiously based custom. One prime example is the obligation to wear a helmet while riding a bicycle or a motorcycle, a rule that is difficult for Sikhs to accommodate. Another area of conflict may be where a religion requires a certain behavior that is prohibited by German law. For example, Islamic rules on interment require that

---

[26] The Federal Constitutional Court of Germany takes a different position: It stated "The mere claim and self-understanding that a community professes a religion and is a religious community cannot justify for it or its members the appeal to the freedom guarantee of Art. 4 (1) and (2) GG; rather there actually has to be a religion and a religious community in terms of spiritual content and external appearance. In the event of a dispute it is up to the state organs, ultimately the courts, to verify this as the application of a state regulation" (BverfGE 84, 341).

[27] Critical on both *Scolnicov* (Fn. 11), 26.

the deceased is buried within three days wrapped in cotton cloth, whereas the German rules require a coffin. Another area of conflict may arise if religious groups claim privileges or support from the State granted to other groups but not to them.[28] Particularly in respect of the first mentioned scenario, two problems arise for the national courts. They must first decide whether the custom or practice comes under the scope of Art. 4 Grundgesetz. For example, does the religion in question require that children are to be taught at home and accordingly are to be exempted from compulsory schooling?[29] Or does the Jewish religion and the Islam require a ritual slaughtering of animals and does it follow as a necessary consequence that such slaughtering must be permitted although it is contrary to the German law on the protection of animals?[30] After having established the religious foundation of the custom or practice in question, it is necessary to assess the objective of the conflicting law and whether such an objective has a foundation in the German Grundgesetz. Finally, this objective must be balanced against the freedom of religion, which includes seeking a compromise solution without infringing upon the exercise of the freedom of religion more than is necessary to accommodate the objective of the law in question. This exercise should actually be undertaken by the law maker rather than by courts. In practice, the accommodation of religious practices and customs is being shifted in Germany increasingly to courts. Two examples may demonstrate whether they are able to live up to this task.

As indicated at the outset of this contribution the distribution of the Quran by a particular Islamic group has caused negative reactions in political circles and the mass media in Germany. This activity was prohibited by some municipalities. The municipalities in question could refer to the reasoning of several administrative court (courts of appeal) judgments[31] confirming the prohibition to distribute booklets by Scientology. The reasoning is based upon the relevant laws on the usage of public streets which are – according to the relevant laws – dedicated to the common use for traffic. The municipalities did not consider the distribution or selling of booklets to be covered by this objective even in an area dedicated for pedestrian use only. The freedom of religion was referred to in the judgments but it was stated that the obligation to ask for special permission meant no infringement of the freedom of religion. Whether or not the result of these judgments is sustainable is not the point here. Rather, it is that the judgments did not fully honor the necessity to balance the right to freedom of religion, which certainly encompasses the right to advertise for one's religion, with the right of pedestrians to use the streets freely. In particular, the judgments

---

[28] For these and other examples see *Grimm* (Fn. 22), 136 ff.

[29] See on this BVerfGE 41, S. 29 (47 ff.); 93, S. 1 (21).

[30] See BVerfGE 104, 337 which tried to avoid dealing with the conflict between the law on the protection of animals and Art. 4 Grundgesetz.

[31] Verwaltungsgerichtshof Baden-Württemberg, Urteil vom 31. Janaur 2002, NVwZ-RR 2002, 740; Hamburgisches Oberverwaltungsgericht, Urteil vom 19. Januar 2012, DVBl 2012, 504; Oberverwaltungsgericht Lüneburg, Beschluss vom 15. März 2004, NVwZ-RR, 2004, 884. This seems to be the prevailing jurisprudence.

did not take into consideration the particular status attributed to the freedom of religion.

Another area of contention is the surveillance and dissolution of religious associations. It is disputed whether religious associations may be dissolved on the basis of a law promulgated by parliament.[32] The Supreme Federal Administrative Court ('Bundesverwaltungsgericht') followed this approach using the limitations provided for in the basic right on the freedom of associations (Art. 9, paragraph 2 Grundgesetz).[33] This meant religious associations were treated like other associations.[34] Considering that religious associations also come under the protective scope of the freedom of religion it is necessary to apply the jurisprudence of the Federal Constitutional Court on the inherent limits of the freedom of religion. This means one has to balance the right of the freedom of religion with the interest of the State to protect its basic principles as referred to in Art. 79, paragraph 3 Grundgesetz, as well as its institutions and its citizens, against illegal conspiracy.[35] The result of the judgment may not be controversial, yet the reasoning is. The Court concentrated too much on the limits for associations and used them as a starting point. It should have proceeded from the freedom of religion, spelling out more in detail the inherent limitations to that right. The judgment equally shows that by balancing the right of the freedom of religion with other, potentially conflicting rights, courts perform a legislative rather than a judicial function.

Finally, a third area may be mentioned where through legislative action it was possible to find a balance between the interests of the Muslim and Jewish communities in the accommodation of their internal rules with the ones practiced in Germany. Considering their share in the German population, this is a matter of some significance. There are at least three issues[36] which are decisive for these communities, namely whether Islamic or Jewish communities have the right to organize their own graveyards, alternatively, whether they may have the right to separate areas, whether they must use a coffin and whether the graves remain as such without time limitations. Most of the *Länder* of the Federal Republic of Germany have revised or at least modified the legal rules on graveyards to accommodate the wishes of the Islamic community and of the Jewish community respectively.[37] The process of modifying the existing rules on graveyards entailed controversial discussions since it was not clear whether

---

[32] On the controversy see *Mager* (Fn. 4), Rn. 50 with further references.

[33] Paragraph 2 reads: "Associations whose aims or activities contravene the criminal laws, or that are directed against the constitutional order, or the concept of international understanding shall be prohibited."

[34] BVerwGE 37, 344. This jurisprudence has been rightly criticized; in particular since the law on associations until 2001 exempted religious associations from its applications; see *Mager* (Fn. 4), Rn. 50.

[35] Bundesverwaltungsgericht, Urteil vom 27. November 2002 prohibiting the association 'Kalifatsstaat', NVwZ 2003, 986.

[36] *D. Zacharias*, DÖV 2012, 48 ff. provides for a comprehensive analysis on this issue.

[37] *Dies.*, 51 ff.

the particular rituals for the burial are just customs, and thus not necessarily mandatory under the rules of these communities. This leads back to the general question raised above, namely who has the final authority to decide what is required from the point of view of the religions concerned? As indicated earlier such decision should rest with the community and its members. Only if religious communities are able to decide for themselves what is part of their religion, is the autonomy of the religion, as well as the counterpart thereto, the neutrality of the State, fully honored. Apart from that, it is not required that such religious customs are mandatory from an objective point of view – to establish this would be difficult anyway since Islam has no central authority to decide on what is mandatory and what is part of perhaps even older customs. It is sufficient that the individual concerned believes a certain custom to be part of his/her religious feeling and is bound to observe it. The maximum which may be required is that the individual or the group concerned must be able to make a plausible argument that the observance of a particular custom is based upon religious considerations and that the individual's intention is to honor it.[38]

As far as the three contentious issues are concerned the rules, the *Länder* or the municipalities provided for solutions. Muslim communities have not claimed graveyards of their own, but they may claim a particular area of graveyards managed by municipalities. This means that Art. 4 Grundgesetz would not only work as a defensive right, i. e. defending against infringements from the public authority, but would also establish a claim to a certain performance of the public authority concerned.[39] The denial of the right to be buried somewhere and somehow certainly does not honor the guarantee on the freedom of religion. Some of the *Länder* provide for the possibility of interment without a coffin. For those *Länder* which do not, it will be necessary to balance the religiously based right to be buried without a coffin with the objective pursued by the requirement that the interment must take place in a coffin. Such a balance will tilt towards the freedom of the religion. It is much more complicated to achieve a compromise in respect of the desire that graveyards and also graves are protected as such without limitation.

IV. Conclusion

One may briefly conclude that the implementation, and to a certain extent the interpretation, of the freedom of religion meets new challenges. This is so for two reasons. The religious pluralism in Germany makes it more complicated to accommodate religious customs and practices. The exercise of these customs and practices may be contrary to German laws which serve a different objective, but may require a behavior or may prohibit it without being cognizant that this means an infringement of the freedom of religion. The other reason why the guarantee of the freedom of re-

---

[38] *Zacharias* (Fn. 36), 50 with further references.
[39] Sceptical: *Zacharias* 52.

ligion is being invoked more frequently rests on the fact that Art. 4 Grundgesetz is used as an escape clause for the preservation of customs and practices exercised by immigrants. The Grundgesetz neither provides for the protection of minorities nor for the protection of cultural rights. Therefore reference to Art. 4 Grundgesetz becomes a matter of last resort. To find a solution for the tension between German law and religiously based customs and practices is a responsibility of the legislature, and not of courts that are called upon in fact to find the adequate balance on a case by case basis. The ensuing jurisprudence does not always reflect the paramount relevance of the freedom of religion.

Schriftenverzeichnis von Prof. Dr. iur. utr. Eckart Klein

(ohne Buchbesprechungen)

I. Selbständige Veröffentlichungen

1. Die verfassungsrechtliche Problematik des ministerialfreien Raumes. Ein Beitrag zur Dogmatik weisungsfreier Verwaltungsstellen, Berlin 1974, 242 S.
2. Bundesverfassungsgericht und Ostverträge, Bonn 1977, 59 S./2. erweiterte Aufl. 1985, 95 S.
3. Die territoriale Reichweite des Wiedervereinigungsgebotes, Bonn 1979, 16 S./ 2. Aufl. 1984.
4. Statusverträge im Völkerrecht – Rechtsfragen territorialer Sonderregime, Beiträge zum ausländischen öffentlichen Recht und Völkerrecht Bd. 76, Berlin/Heidelberg 1980, 396 S.
5. Föderalistische Strukturen in der Bundesrepublik Deutschland und in den Vereinigten Staaten von Amerika, Veröffentlichungen der Deutsch-Amerikanischen Juristenvereinigung e.V., Heft 6, Bonn 1985, 20 S.
6. Das Vertragsrecht internationaler Organisationen. Der Konventionsentwurf über Verträge zwischen Staaten und Internationalen Organisationen im Vergleich zur Wiener Vertragsrechtskonvention von 1969, Berlin 1985, 197 S. (zus. mit M. Pechstein).
7. Unmittelbare Geltung, Anwendbarkeit und Wirkung von Europäischem Gemeinschaftsrecht, Vorträge, Reden und Berichte aus dem Europa-Institut/Nr. 119 (1988), 30 S.
8. Überlegungen zur Verfassungsreform in der DDR. Jakob-Kaiser-Stiftung e. V., Entwicklung in Deutschland, Manuskripte zur Umgestaltung in der DDR (1990), 86 S. (zus. mit S. Lörler).
9. Das Selbstbestimmungsrecht der Völker und die deutsche Frage, Berlin 1990, 110 S.
10. Der Verfassungsstaat als Glied einer europäischen Gemeinschaft (zus. mit H. Steinberger und D. Thürer), VVDStRL 50 (1991), darin: S. 56–96.
11. Lehrbuch des Verfassungsprozeßrechts, Heidelberg 1991, 553 S. (zus. mit E. Benda).
12. Handkommentar zum EWG-Vertrag (zus. mit K. Hailbronner, S. Magiera, C. Müller-Graff), Köln 1991, darin: Art. 100, 100 a, 100 b, 101, 102.
13. Diplomatischer Schutz im Hinblick auf Konfiskationen deutschen Vermögens durch Polen, Bonn 1992, 79 S.
14. Minderheitenschutz im Völkerrecht, Schriftenreihe Kirche und Gesellschaft Nr. 123, 1994, 16 S.
15. Handkommentar zum Vertrag über die Europäische Union (EUV/EGV) (zus. mit K. Hailbronner/S. Magiera/C. Müller-Graff), Köln 1996, darin: Art. 210–226, 229–237, 239–248 EGV; Art. F, L bis S EUV.

16. Universalität der Menschenrechte, Industrie-Club Düsseldorf 1996, 21 S.

17. Menschenrechte. Stille Revolution des Völkerrechts und Auswirkungen auf die innerstaatliche Rechtsanwendung, Veröffentlichungen der Potsdamer Juristischen Gesellschaft Heft 1, Baden-Baden 1996, 33 S.

18. Handkommentar zum Vertrag über die Europäische Union (EUV/EGV) (zus. mit K. Hailbronner/S. Magiera/C. Müller-Graff), Köln 1997, darin: Art. 4, 5, 198a bis 198c EGV; Art. A, D EUV.

19. Völkerrecht (zus. mit Bothe/Hailbronner/Kunig/Schröder/ Graf Vitzthum), darin: Die Internationalen und Supranationalen Organisationen als Völkerrechtssubjekte, Berlin 1997, S. 267–397.

20. Gegenmaßnahmen/Countermeasures (zus. mit Fiedler/ Schnyder), Berichte der Deutschen Gesellschaft für Völkerrecht Bd. 37, Heidelberg 1998, darin: S. 39–71.

21. Handkommentar zum Vertrag über die Europäische Union (EUV/EGV) (zus. mit K. Hailbronner/S. Magiera/C. Müller-Graff), Köln 1998, darin: Art. 130r bis 130 t (zus. mit F. Kimms); Art. 130u bis 130y (zus. mit E. Schmid); Art. B und C (zus. mit C. Zacker); Art. E (zus. mit A. Haratsch).

22. Verfassungsprozeßrecht. Ein Lehr- und Handbuch, Heidelberg, 2. Aufl. 2001, 587 S. (zus. mit E. Benda).

23. Völkerrecht (zus. mit Bothe/Dolzer/Hailbronner/Kunig/Schröder/Graf Vitzthum), darin: Die Internationalen und Supranationalen Organisationen, Berlin, 2. Aufl. 2001, S. 267–377.

24. Dasselbe (N 22), chinesische Übersetzung, 2002, S. 346–501.

25. Völkerrecht (zus. mit Bothe/Dolzer/Hailbronner/Kunig/Schröder/Graf Vitzthum), darin: Die Internationalen und Supranationalen Organisationen, Berlin, 3. Aufl. 2004, S. 245–355.

26. Gesetzgebung ohne Parlament?, Schriftenreihe der Juristischen Gesellschaft zu Berlin Nr. 175, Berlin 2004, 28 S.

27. Staat und Zeit, Schönburger Gespräche zu Recht und Staat Bd. 7, Paderborn 2006, 103 S.

28. Völkerrecht (zus. mit Bothe/Dolzer/Hailbronner/Kunig/Schröder/Graf Vitzthum), darin: Die Internationalen und Supranationalen Organisationen, Berlin 4. Aufl. 2007, S. 272–385.

29. Dasselbe (Nr. 27) russische Übersetzung, Moskau/Berlin 2011, S. 341–492.

30. Völkerrecht (zus. mit Bothe/Dolzer/Hailbronner/Kau/Kunig/Proelß/Schmahl/Schröder/ Graf Vitzthum), darin: Die Internationalen und Supranationalen Organisationen (zus. mit S. Schmahl), Berlin, 5. Aufl. 2010, S. 263–387.

31. Verfassungsprozessrecht. Ein Lehr- und Handbuch (zus. mit E. Benda und O. Klein), Heidelberg, 3. Aufl. 2012, 624 S.

32. Ein neues NPD-Verbotsverfahren? Rechtsprobleme beim Verbot politischer Parteien, Veröffentlichungen der Potsdamer Juristischen Gesellschaft Heft 15, Baden-Baden 2012, 30 S.

II. Beiträge zu Sammelwerken

1. Federal Republic of Germany: The Protection of Human Rights in 1968 – A Survey of Legislation, Judicial Decisions and International Agreements, United Nations Yearbook on Human Rights for 1968, New York 1970, S. 122–144.

Schriftenverzeichnis von Prof. Dr. iur. utr. Eckart Klein 1381

2. Freiheit im politischen Raum, in: Neckarauer Hefte Nr. 20 (1973), S. 4–21.

3. The Principle of Equality and its Protection in the Federal Republic of Germany, in: T. Koopmans (Hg.), Constitutional Protection of Equality, Leyden 1975, S. 69–124.

4. Die verfassungsrechtliche Relevanz des Sozialrechts (zus. mit E. Benda), in: Schriftenreihe des deutschen Sozialgerichtsverbands Bd. XIV (1975), S. 32–49.

5. Die Befugnisse des Gesamtstaates im Bildungswesen: Österreich, Schriftenreihe Bildung und Wissenschaft Bd. 9 (1976), S. 255–301.

6. Zur Rechtslage Deutschlands und der Deutschen nach dem Beschluß des Bundesverfassungsgerichts zu den Ostverträgen, Jahrbuch der Albertus-Universität zu Königsberg/Preußen Bd. 25 (1975),1977, S. 23–40.

7. Die materielle Bedeutung der Europäischen Menschenrechtskonvention für das Europäische Gemeinschaftsrecht, in: Grundrechtsschutz in Europa, Beiträge zum ausländischen öffentlichen Recht und Völkerrecht Bd. 72 (1977), S. 133–145.

8. Das Verhältnis zwischen dem Grundrechtsschutz durch die Organe der Europäischen Menschenrechtskonvention und der Europäischen Gemeinschaften, Überlegungen de lege ferenda, in: Beiträge zum ausländischen öffentlichen Recht und Völkerrecht Bd. 72 (1977), S. 160–180.

9. Die rechtliche Qualifizierung der innerdeutschen Grenze in: G. Zieger (Hg.), Fünf Jahre Grundvertragsurteil des Bundesverfassungsgerichts, Symposium 2. – 4. Oktober 1978, Schriften zur Rechtslage Deutschlands Bd. 1 (1979), S. 95–112.

10. Die Rechtsprechung des Bundesverfassungsgerichts zu den Ostverträgen, insbesondere zu den Rechtspositionen der Ostdeutschen, in: H.-J. Uibopuu/A. Uschakow/E. Klein/ G. Zieger, Die Auslegung der Ostverträge und Fragen der gesamtdeutschen Staatsangehörigkeit der Ostdeutschen,1980, S. 67–83.

11. International Fruit Company Case, in: Encyclopedia of Public International Law, ed. by R. Bernhardt, Instalment 2, Amsterdam 1981, S. 138–140; EPIL Vol. 2 (1995), S. 1144–1146.

12. Reparation for Injuries Suffered in Service of UN (Advisory Opinion), in: ebd., S. 242–244; EPIL Vol. 4 (2000), S. 174–176.

13. Genocide Convention (Advisory Opinion), in: Encyclopedia of Public International Law, ed. by R. Bernhardt. Instalment 2, Amsterdam 1981, S. 107–109; EPIL Vol. 2 (1995), S. 544–546.

14. Mergé Claim, in: ebd. S. 185–187; EPIL Vol. 3 (1997), S. 353–354.

15. South West Africa/Namibia (Advisory Opinions and Judgments), in: ebd., S. 260–270; EPIL Vol. 4 (2000), S. 491–500.

16. Beihilfe zum Völkerrechtsdelikt, in: Staatsrecht-Völkerrecht-Europarecht, Festschrift für Hans-Jürgen Schlochauer, 1981, S. 425–438.

17. Genocide Convention (Advisory Opinion), in: Encyclopedia of Public International Law, ed. by R. Bernhardt, Instalment 2, Amsterdam 1981, S. 107–109; EPIL Vol. 2 (1995), S. 544–546.

18. Das Selbstbestimmungsrecht der Ostdeutschen unter Berücksichtigung der Selbstbestimmungsdiskussion in den Vereinten Nationen, in: Reden zu Deutschland 1980, 1981, S. 74–91.

19. Selbstverteidigung, in: Luchterhands Lexikon des Rechts, Völkerrecht, 1982, 2 S.; 2. Aufl. 1992, S. 289–290.

20. Zuständigkeiten und Rolle der Bundesregierung, in: Bernhardt/Beyerlin (Hg.), Deutsche Landesreferate zum Öffentlichen Recht und Völkerrecht, XI. Internationaler Kongreß für Rechtsvergleichung Caracas 1982,1982, S. 55–76.

21. Kommentierung zu Art. 22 GG, in: Kommentar zum Bonner Grundgesetz (Bonner Kommentar), Zweitbearbeitung 1982, 68 S.

22. United Nations, Specialized Agencies, in: Encyclopedia of Public International Law (ed. by R. Bernhardt), Instalment 5 (1983), S. 349–369; EPIL Vol. 4 (2000), S. 1172–1193.

23. University for Peace, in: ebd., S. 387–389; EPIL Vol. 4 (2000), S. 1240–1243.

24. Paralleles Tätigwerden von Sicherheitsrat und Internationalem Gerichtshof bei friedensbedrohenden Streitigkeiten, in: Völkerrecht als Rechtsordnung, Internationale Gerichtsbarkeit, Menschenrechte, Festschrift für Hermann Mosler, 1983, S. 467–491.

25. The Concept of the Basic Law, in: Main Principles of the German Basic Law (ed. by C. Starck), 1983, S. 15–35.

26. Kontinuitätsproblematik und Rechtsstellung der deutschen Ostgebiete, in: Meissner/Zieger (Hg.), Staatliche Kontinuität unter besonderer Berücksichtigung der Rechtslage Deutschlands, 1983, S. 129–141.

27. Nation und Demokratie. Sachzusammenhänge und deutsche Frage, in: Recht, Wirtschaft, Politik im geteilten Deutschland, Festschrift für Siegfried Mampel, 1983, S. 345–360.

28. Vereinte Nationen und Selbstbestimmungsrecht. in: Blumenwitz/Meissner (Hg.), Das Selbstbestimmungsrecht der Völker und die deutsche Frage, 1984, S. 107–122.

29. Treaties, Effect of Territorial Changes, in: Encyclopedia of Public International Law (ed. by R. Bernhardt), Instalment 7 (1984), S. 473–476; EPIL Vol. 4 (2000), S. 941–945.

30. Wiedervereinigungsgebot und Völkerrecht, in: Deutschlandvertrag, westliches Bündnis und Wiedervereinigung, Studien zur Deutschlandfrage Bd. 9 (1985), S. 55–76.

31. Wiedervereinigungsklauseln in Verträgen der Bundesrepublik Deutschland, in: Sowjetsystem und Ostrecht, Festschrift für Boris Meissner zum 70. Geburtstag, 1985, S. 775–791.

32. Die Verantwortung der Bundesrepublik Deutschland für Deutschland als Ganzes, in: Zieger/Meissner/Blumenwitz (Hg.), Deutschland als Ganzes, Rechtliche und historische Überlegungen,1985, S. 159–173.

33. Samuel Pufendorf und die Anfänge der Naturrechtslehre in: Semper Apertus, 600 Jahre Ruprecht-Karls-Universität Heidelberg 1386–1986, Bd. 1 (1986), S. 414–439.

34. Die deutsche Frage in der Europäischen Gemeinschaft, in: Blumenwitz/Meissner (Hg.), Die Überwindung der europäischen Teilung und die deutsche Frage, 1986, S. 65–82.

35. Kommentierung des Art. 81 GG, in: Kommentar zum Bonner Grundgesetz (Bonner Kommentar), Zweitbearbeitung 1986, 71 S.

36. International Régimes, in: Encyclopedia of Public International Law (ed. by R. Bernhardt), Instalment 9 (1986), S. 202–207; EPIL Vol. 2 (1995), S. 1354–1359.

37. International Schools and Universities, in: Encyclopedia of Public International Law (ed. by R. Bernhardt), Instalment 9 (1986), S. 216–220; EPIL Vol. 2 (1995), S. 1368–1371.

38. Free Cities, in: Encyclopedia of Public International Law (ed. by R. Bernhardt), Instalment 10 (1987), S. 189–191; EPIL Vol. 2 (1995), S. 465–467.

39. Der Individualrechtsschutz in der Bundesrepublik Deutschland bei Verstößen gegen die Menschenrechte und Grundfreiheiten der Europäischen Menschenrechtskonvention, in:

Mahrenholz/Hilf/Klein, Entwicklung der Menschenrechte innerhalb der Staaten des Europarates, 1987, S. 43–66.

40. Human Rights of the Third Generation, in: C. Starck (ed.), Rights, Institutions and Impact of International Law According to the German Basic Law (1987), S. 63–73.

41. Vertragsauslegung und „spätere Praxis" Internationaler Organisationen, in: Bieber/Ress (Hg.), Die Dynamik des Europäischen Gemeinschaftsrechts/The dynamics of EC-Law, 1987, S. 733–743.

42. Die Staatssymbole, in: Isensee/Kirchhof (Hg.), Handbuch des Staatsrechts der Bundesrepublik Deutschland, Bd. I (1987), S. 733–743.

43. Subsidiarität der Verfassungsgerichtsbarkeit und Subsidiarität der Verfassungsbeschwerde, in: Festschrift für Wolfgang Zeidler, 1987, S. 1305–1323.

44. Free Cities, in: Encyclopedia of Public International Law (ed. by R. Bernhardt), Instalment 10 (1987), S. 189–191; EPIL Vol. 2 (1995), S. 465–467.

45. South African Bantustan Policy, in: Encyclopedia of Public International Law (ed. by R. Bernhardt), Instalment 10 (1987), S. 393–397; EPIL Vol. 4 (2000), S. 477–480.

46. The Parliamentary Democracy, in: U. Karpen (ed.), The Constitution of the Federal Republic of Germany, 1988, S. 141–168 (zus. mit Th. Giegerich).

47. Die völkerrechtliche Lage – Menschenrechte in den Staaten des Warschauer Paktes (1988), Bundestagsdrucksache 11/1344, S. 9–20.

48. Dasselbe, in: Menschenrechte in den Staaten des Warschauer Paktes, 1988, S. 15–33.

49. Ehe und Familie – Menschenrechte in den Staaten des Warschauer Paktes, Bundestagsdrucksache 11/1344, S. 115–136.

50. Dasselbe, in: Menschenrechte in den Staaten des Warschauer Paktes, 1988, S. 201–238.

51. Beitragspflichten und Stimmrecht. Notwendigkeit und Möglichkeit, das Entscheidungsverfahren über Ausgaben der Vereinten Nationen neu zu strukturieren, in: R. Wolfrum (Hg.), Die Reform der Vereinten Nationen. Möglichkeiten und Grenzen, 1988, S. 69–94.

52. Das Abkommen zwischen der Regierung der Bundesrepublik Deutschland und der Regierung der Deutschen Demokratischen Republik über kulturelle Zusammenarbeit, in: Verfassungsrecht und Völkerrecht, Gedächtnisschrift für Wilhelm Karl Geck, 1989, S. 467–492.

53. Die Staatsräson der Bundesrepublik Deutschland, in: Staat und Völkerrechtsordnung, Festschrift für Karl Doehring, 1989, S. 459–478.

54. Internationale Menschenrechtsverpflichtungen der DDR (zus. mit G. Brunner), in: G. Brunner (Hg.), Menschenrechte in der DDR, 1989, S. 15–48.

55. Ehe und Familie, in: G. Brunner (Hg.), Menschenrechte in der DDR, 1989, S. 153–200.

56. Datenschutz, in: Bürger und Staat. Eine vergleichende Untersuchung zu Praxis und Recht der Bundesrepublik Deutschland und der Deutschen Demokratischen Republik, 1990, S. 52–59.

57. Der exekutive Zugriff auf den Bürger – Polizei- und Ordnungsrecht als Beispiel der Eingriffsverwaltung, in: Bürger und Staat (Nr. 56), S. 221–250.

58. Staatshaftung, in: Bürger und Staat (Nr. 56), S. 301–319.

59. Zusammenfassung und Gesamtbilanz, in: Bürger und Staat (Nr. 56), S. 321–330.

60. Demokratie und Egalität als Utopien? Bemerkungen zu dem Roman „Schwarzenberg" von Stefan Heym, in: Kritik und Vertrauen, Festschrift für Peter Schneider, 1990, S. 179–191.

61. Die innerdeutschen Beziehungen und das Wiedervereinigungsgebot, in: 40 Jahre innerdeutsche Beziehungen, 1990, S. 11–32.

62. The States of Emergency According to the Basic Law of the Federal Republic of Germany, in: Reports on German Law, XIIIth International Congress of Comparative Law Montréal 1990, 1990, S. 63–83.

63. Namibia, in: Encyclopedia of Public International Law (ed. by R. Bernhardt), Instalment 12 (1990), S. 232–241; EPIL Vol. 3 (1997), S. 485–495.

64. The Position under International Law, in: G. Brunner et al., Before Reforms. Human Rights in the Warsaw Pact States, 1990, S. 1–26.

65. Marriage and the Family, in: G. Brunner et. al., Before Reforms. Human Rights in the Warsaw Pact States, 1990, S. 233–280.

66. Kommentierung der Art. 10–12 SVN, in: Simma (Hg.), Charta der Vereinten Nationen, Kommentar, 1991, S. 183–224 (zusammen mit K. Hailbronner).

67. Bundesstaatlichkeit im vereinten Deutschland, in: Kirchhof/Klein/Raeschke-Kessler, Die Wiedervereinigung und damit zusammenhängende Rechtsprobleme, 1991, S. 23–43.

68. Die europäische Integration im Licht unterschiedlicher Rechtssysteme, in: E. Kroker/B. Dechamps (Hg.), Europa – ein Weg zum Frieden?, Königsteiner Forum 1991, S. 115–135.

69. Deutschlands Rechtslage, in: W. Weidenfeld/K.-R. Korte (Hg.), Handwörterbuch zur deutschen Einheit, 1991, S. 236–244.

70. Konzeption und Durchsetzung des Minderheitenschutzes, in: Neubestätigung und Weiterentwicklung von Menschenrechten und Volksgruppenrechten in Mitteleuropa, 1991, S. 51–60.

71. Vereinheitlichung des Verwaltungsrechts im europäischen Integrationsprozeß, in: C. Starck (Hg.), Rechtsvereinheitlichung durch Gesetze, 1992, S. 117–146.

72. Paralleles Tätigwerden von Sicherheitsrat und Internationalem Gerichtshof bei friedensbedrohenden Streitigkeiten (chinesische Übersetzung), in: International Law: Current German Perspectives, 1992, S. 395–42.

73. La democracia parlamentaria, in: U. Karpen (ed.), La Constitution de la Republica Federal de Alemania (1992), S. 145–173 (zus. mit Th. Giegerich).

74. Kommentar zu den Deutungen und Perspektiven aus rechtswissenschaftlicher Sicht, in: R. Hrbek (Hg.), Die Entwicklung der EG zur Politischen Union und zur Wirtschafts- und Währungsunion unter der Sonde der Wissenschaft, 1993, S. 24–30.

75. Funktionsstörungen in der Staatsorganisation, in: Isensee/ Kirchhof (Hg.), Handbuch des Staatsrechts der Bundesrepublik Deutschland, Bd. VII (1993), S. 361–386.

76. Der innere Notstand, ebd., S. 387–414.

77. Europäische Kommission für Menschenrechte, in: Monar/Neuwahl/Noack (Hg.), Sachwörterbuch zur Europäischen Union, 1993, S. 100.

78. Europäische Menschenrechtskonvention, ebd., S. 103–104.

79. Europäischer Gerichtshof für Menschenrechte, ebd., S. 113.

80. Menschenrechtspolitik der EG, ebd., S. 245–246.
81. Unmittelbare Geltung/Anwendbarkeit des Gemeinschaftsrechts, ebd., S. 336–337.
82. Deutschlands Rechtslage, in: W. Weidenfeld/K.-R. Korte (Hg.), Handbuch zur deutschen Einheit, 1993, S. 226–233.
83. Az alapjogok meghatározása az alhotmányban (Ausgestaltung der Grundrechte in der Verfassung), in: Alhotmányfejlöés és jogállami gyahorlat, Budapest 1994, S. 67–91.
84. Die Teilnahme der Bundesrepublik Deutschland an der Europäischen Union im Lichte des Urteils des Bundesverfassungsgerichts vom 12. Oktober 1993, in: W. Hummer (Hg.), Die Europäische Union und Österreich, Wien 1994, S. 153–161.
85. Preferred Freedoms-Doktrin und deutsches Verfassungsrecht, in: Grundrechte, soziale Ordnung und Verfassungsgerichtsbarkeit, Festschrift für Ernst Benda, 1995, S. 135–152.
86. Grundrechtsdogmatische und verfassungsprozessuale Überlegungen zur Maastricht-Entscheidung des Bundesverfassungsgerichts, in: Gedächtnisschrift für Eberhard Grabitz, 1995, S. 271–286.
87. Die Staatssymbole, in: J. Isensee/P. Kirchhof (Hg.), Handbuch des Staatsrechts der Bundesrepublik Deutschland, Bd. 1, 2. Aufl. 1995, S. 733–743.
88. Art. 10–12, in: B. Simma (ed.), The Charter of the United Nations, A Commentary, Oxford 1995, S. 226–264 (zus. mit K. Hailbronner).
89. Überlegungen zum Schutz von Minderheiten und Volksgruppen im Rahmen der Europäischen Union, in: Recht zwischen Umbruch und Bewahrung, Festschrift für Rudolf Bernhardt, 1995, S. 1211–1224.
90. Some Thoughts on Preventive Protection of Human Rights, in: E. Klein (ed.), The Institution of a Commissioner for Human Rights and Minorities and the Prevention of Human Rights Violations, 1995, S. 9–16.
91. Die Zukunft der Verfassungsbeschwerde, in: M. Piazolo (Hg.), Das Bundesverfassungsgericht. Ein Gericht im Schnittpunkt von Recht und Politik, 1995, S. 227–242.
92. Objektive Wirkungen von Richtlinien, in: Festschrift für Ulrich Everling, 1995, S. 641–650.
93. Minderheitenschutz im Völkerrecht, in: G. Baadte/A. Rauscher (Hg.), Minderheiten, Migration und Menschenrechte, 1995, S. 127–153.
94. Der Status der deutschen Volkszugehörigen und die Minderheiten im Ausland, in: J. Isensee/P Kirchhof (Hrsg.), Handbuch des Staatsrechts, Bd. VIII, 1995, § 200 (S. 623–662).
95. Selbstbestimmungsrecht der Völker und territoriale Integrität von Staaten – Zur Frage der Vereinbarkeit der beiden völkerrechtlichen Prinzipien –, in: Bundesakademie für Sicherheitspolitik, Schriftenreihe zur neuen Sicherheitspolitik, Jahresband 94/95, 1995, S. 31–43.
96. Deutsche Einigung und Rechtsprechung des Bundesverfassungsgerichts, in: Verfassungsrecht im Wandel. Zum 180-jährigen Bestehen der Carl Heymanns Verlag KG, 1995, S. 91–107.
97. Die Verantwortung des Wissenschaftlers für seine Forschung und deren Folgen aus rechtlicher Sicht, in: P. Caesar (Hg.), Zur ethischen Verantwortung von Wissenschaftlerinnen und Wissenschaftlern, Bericht der Bioethik-Kommission Rheinland-Pfalz, 1995, S. 61–82.
98. La démocratie parlementaire, in: U. Karpen (ed.), La Constitution de la République Fédérale d'Allemagne (1996), S. 145–171 (zus. mit Th. Giegerich).

99. Germany – Re-Unification and the Restoration of Legal Unity, in: Örücü/Atwool/Coyle (eds.), Studies in Legal Systems: Mixed and Mixing, London 1996, S. 281–296 (zus. m. Frank Kimms).

100. Anspruch auf diplomatischen Schutz?, in: G. Ress/T. Stein (Hg.), Der diplomatische Schutz im Völker- und Europarecht, 1996, S. 125–136.

101. Die völkerrechtlichen Verpflichtungen Deutschlands und ihre Bedeutung für die drei Staatsgewalten, in: P. Koeppel (Hg.), Kindschaftsrecht und Völkerrecht, 1996, S. 31–48.

102. Der Einfluß des Europarechts auf das deutsche Steuerrecht, in: Steuerrecht im Europäischen Binnenmarkt, Bd. 19 der Veröffentlichungen der Deutschen Steuerjuristischen Gesellschaft e. V., 1996, S. 7–29.

103. Deutschlands Rechtslage, in: W. Weidenfeld/K.-R. Korte (Hg.), Handbuch zur deutschen Einheit, Neuausgabe 1996, S. 216–225.

104. Die Kompetenz der Europäischen Gemeinschaft zum Abschluß umweltrelevanter Verträge, in: U. Di Fabio (Hg.), Jahrbuch des Umwelt- und Technikrechts 1996, S. 53–75 (zusammen mit F. Kimms).

105. Bürger und SED-Staat, in: R. Eppelmann/H. Möller/G. Nooke/D. Wilms (Hg.), Lexikon des DDR-Sozialismus, 1996, S. 135–140.

106. Dasselbe, in: R. Eppelmann/H. Möller/G. Nooke/D. Wilms (Hg.), Lexikon des DDR-Sozialismus, Bd. 1, 2. Aufl. 1997, S. 180–186.

107. Demokratischer Zentralismus, ebenda (N. 105), S. 157–158.

108. Dasselbe, ebenda (N 106), Bd. 1, 2. Aufl. 1997, S. 208–210.

109. Vier Mächte, in: R. Eppelmann/H. Möller/G. Nooke/D. Wilms (Hg.), Lexikon des DDR-Sozialismus, 1996, S. 661–664.

110. Dasselbe, ebenda (N 106), Bd. 2, 2. Aufl. 1997, S. 899–903.

111. Gedanken zur Europäisierung des deutschen Verfassungsrechts, in: Verfassungsstaatlichkeit, Festschrift für Klaus Stern, 1997, S. 1301–1315.

112. Die Arbeit des Menschenrechtsausschusses der Vereinten Nationen: Ziele – Erfolge – Grenzen, in: Deutsche Gesellschaft für die Vereinten Nationen (Hg.) Internationale Durchsetzung der Menschenrechte: Ziele – Erfolge – Hindernisse, Blaue Reihe Nr. 68, 1997, S. 22–28.

113. The Concept and Implementation of Minority Protection, in: J. Thesing (ed.) The Rule of Law, 1997, S. 174–183.

114. Proteción de las minorías: concepción y vigencia, in: J. Thesing (ed.), Estado de Derecho y Democracia, 1997, S. 257–274.

115. Völkerrechtliche Aspekte des deutsch-polnischen Verhältnisses, in: De Ecclesia Silesia, FS zum 25jährigen Bestehen der Apostolischen Visitatur Breslau, 1997, S. 117–127.

116. Stichwort: Selbstverteidigung, in: Ergänzbares Lexikon des Rechts, Völkerrecht, 3 S.; Neubearbeitung 1998.

117. The Reporting System under the International Covenant on Civil and Political Rights, in: E. Klein (ed.), The Monitoring System of Human Rights Treaty Obligations, 1998, S. 17–29.

118. Die verfassungsrechtliche Bewältigung der Wiedervereinigung, in: K. Eckart/J. Hacker/S. Mampel (Hg.), Wiedervereinigung Deutschlands, Festschrift für die Gesellschaft für Deutschlandforschung, 1998, S. 417–428.

119. Die Erweiterung des Grundrechtsschutzes auf die universelle Ebene – Auswirkungen auf den Grundrechtsschutz in Europa, in: K. F. Kreuzer/D. H. Scheuing/U. Siebert (Hg.), Europäischer Grundrechtsschutz, 1998, S. 39–54.

120. Zwei-plus-Vier-Vertrag und deutsche Verfassunggebung, in: Wandel durch Beständigkeit, Festschrift für Jens Hacker, 1998, S. 101–116.

121. Das Bekenntnis der Brandenburgischen Verfassung zu international garantierten Grundrechten, in: P. Macke (Hg.), Verfassung und Verfassungsgerichtsbarkeit auf Landesebene, 1998, S. 33–50.

122. Fall Faurisson zur Holocaust-Lüge, in: G. Baum/E. Riedel/M. Schaefer (Hg.), Menschenrechtsschutz in der Praxis der Vereinten Nationen, 1998, S. 121–128.

123. Menschenwürde und Sprache, in: K.E. Grözinger (Hg.), Sprache und Identität im Judentum, 1998, S. 59–74.

124. Some Thoughts on the Legal Status of the People's Republic of China Relating to the International Covenant on Civil and Political Rights, in: V. Götz/P. Selmer/R. Wolfrum (Hg.), Liber amicorum Günther Jaenicke, 1998, S. 165–176.

125. Deutschlands Rechtslage, in: W. Weidenfeld/K.-R. Korte (Hrsg.), Handbuch zur deutschen Einheit, Neuausgabe 1999, S. 282–291.

126. Staatshaftung (Anhang nach § 839), in: Soergel, Bürgerliches Gesetzbuch, Kommentar, Bd. 5/2, 12. Aufl. 1999, S. 513–653 (teilw. zus. mit A. Krekel).

127. Individual Reparation Claims Under the International Covenant on Civil and Political Rights – The Practice of the Human Rights Committee, in: A. Randelzhofer/C. Tomuschat (Hg.), State Responsibility and the Individual, 1999, S. 27–41.

128. Die Rolle Internationaler Organisationen bei der Normierung und Durchsetzung der Menschenrechte, in: B. v. Behr/L. Huber/A. Kimmi/M. Wolff (Hg.), Perspektiven der Menschenrechte, 1999, S. 147–170.

129. Probleme verfassungsrechtlicher Aufarbeitung der SED-Diktatur und ihrer Folgen, in: Enquete-Kommission „Überwindung der Folgen der SED-Diktatur im Prozeß der deutschen Einheit" (Hg.), Opfer – Elitenwechsel – justitielle Aufarbeitung, 1999, S. 929–1005.

130. Die Rolle der Staatengemeinschaft beim Kampf um die Selbstbestimmung für Tibet, in: K. Ludwig (Hg.), Perspektiven für Tibet, 2000, S. 60–76.

131. Menschenrechtsausschuß, in: H. Volger (Hg.), Lexikon der Vereinten Nationen, 2000, S. 343–347.

132. Menschenrechtskonventionen, Internationaler Pakt über bürgerliche und politische Rechte, in: H. Volger (Hg.), Lexikon der Vereinten Nationen, 2000, S. 354–357.

133. Menschenrechtskonventionen, Internationaler Pakt über wirtschaftliche, soziale und kulturelle Rechte, in: H. Volger (Hg.), Lexikon der Vereinten Nationen, 2000, S. 358–360.

134. Die Rechtsstellung des Ausländers in der Praxis des Menschenrechtsausschusses der Vereinten Nationen, in: K. Hailbronner (Hg.), Die allgemeinen Regeln des völkerrechtlichen Fremdenrechts, 2000, S. 91–104.

135. Should the binding effect of the judgments of the European Court of Human Rights be extended?, in: P. Mahoney/F. Matscher/H. Petzold/L. Wildhaber (Hg.), Protecting Human Rights: The European Perspective – Studies in Memory of Rolv Ryssdal, 2000, S. 705–713.

136. The Duty to Protect and to Ensure Human Rights Under the International Covenant on Civil and Political Rights, in: E. Klein (ed.), The Duty to Protect and to Ensure Human Rights, 2000, S. 295–325.

137. Europäische Verfassung im Werden, in: Bremische Bürgerschaft (Hg.), Charta der Grundrechte der Europäischen Union, Dokumentation der Fachtagung vom 26. September 2000, 2000, S. 79–87.

138. Zum Geltungs- und Wirkungsbereich des Grundgesetzes, in: Staaten und Steuern, Festschrift für Klaus Vogel, 2000, S. 277–289.

139. Das Grundgesetz als gesamtstaatliche Verfassung, in: Die Macht des Geistes, Festschrift für Hartmut Schiedermair, 2001, S. 125–141.

140. General Comments, in: Recht – Staat – Gemeinwohl, Festschrift für Dietrich Rauschning, 2001, S. 301–311.

141. Die Völkerrechtsverantwortung des Bundesverfassungsgerichts – Bemerkungen zu Art. 100 Abs. 2 GG -, in: Völkerrecht und deutsches Recht, Festschrift für Walter Rudolf, 2001, S. 293–304.

142. Minderheiten, Minderheitenrechte, Minderheitenschutz, in: Honecker u.a. (Hg.), Evangelisches Soziallexikon, 2001, Sp. 1083–1088.

143. Verfahrensgestaltung durch Gesetz und Richterspruch: Das „Prozeßrecht" des Bundesverfassungsgerichts, in: Badura/Dreier (Hg.), Festschrift 50 Jahre Bundesverfassungsgericht, 2001, S. 507–531.

144. Auf dem Weg zum „europäischen Staat"?, in: Holtmann/Riemer (Hg.), Europa: Einheit und Vielfalt – eine interdisziplinäre Betrachtung, 2001, S. 261–280.

145. Stichwort: Selbstverteidigung, in: Seidl-Hohenveldern (Hg.), Lexikon des Rechts, Völkerrecht, 3. Aufl. 2001, S. 371–373.

146. Die Verantwortung der Vertragsparteien – Überlegungen zu einer effektiveren Durchsetzung menschenrechtlicher Verpflichtung, in: Tradition und Weltoffenheit des Rechts, Festschrift für Helmut Steinberger, 2002, S. 243–258.

147. Human Dignity in German Law, in: Kretzmer/Klein (eds.), The Concept of Human Dignity in Human Rights Discourse, 2002, S. 145–159.

148. Human Rights Committee, in: Volger (ed.), A Concise Encyclopedia of the United Nations, 2002, S. 229–233.

149. Human Rights Conventions, CCPR – International Covenant on Civil and Political Rights, in: Volger (ed.), A Concise Encyclopedia of the United Nations, 2002, S. 238–242.

150. Human Rights Conventions, CESCR – International Covenant on Economic, Social and Cultural Rights, in: Volger (ed.), A Concise Encyclopedia of the United Nations, 2002, S. 253–256.

151. Die Bedeutung der Menschenrechte für die Regelung der Staatsangehörigkeit, in: Hailbronner/Klein (Hg.), Flüchtlinge – Menschenrechte – Staatsangehörigkeit, 2002, S. 233–243.

152. Kommentierung von Art. 10–12 (zus. mit K. Hailbronner), in: B. Simma (ed.), The Charter of the United Nations, A Commentary, 2nd edition, 2002, S. 257–298.

153. Zur Rechtsträgerschaft von Individuen im Völkerrecht, in: Klein/Menke (Hg.), Menschheit und Menschenrechte, 2002, S. 133–140.

154. Der entschlüsselte Mensch – Die internationalen Rahmenbedingungen –, in: Stiftung Gesellschaft für Rechtspolitik und Institut für Rechtspolitik an der Universität Trier (Hg.), Bitburger Gespräche Jahrbuch 2002/II, 2003, S. 81–97.

155. Brandenburg und Bashkortostan als Glieder ihres Gesamtstaates, in: Klein/Schulze (Hg.), Der gerichtliche Schutz der Grundrechte in Brandenburg und Bashkortostan, 2003, S. 5–14.

156. Völkerrechtliche Betrachtungen zum einstweiligen Rechtsschutz durch IGH, den UN-Menschenrechtsausschuß und den Europäischen Menschenrechtsgerichtshof, in: v. Schorlemer (Hg.), Praxishandbuch UNO, 2003, S. 359–368.

157. Die Staatsräson der Bundesrepublik Deutschland – Staats- und völkerrechtliche Elemente, in: Heydemann/Klein (Hg.), Staatsräson in Deutschland, 2003, S. 89–103.

158. Institutionelle Kohärenz in der Europäischen Union und der Europäischen Gemeinschaft, in: M. Ruffert (Hg.), Recht und Organisation, 2003, S. 119–131.

159. Participation in the International Covenant on Civil and Political Rights: How States Become States Parties, in: Verhandeln für den Frieden. Negotiating for Peace, Liber Amicorum Tono Eitel, 2003, S. 369–379.

160. Bedeutung des Gewohnheitsrechts für den Menschenrechtsschutz, in: Klein (Hg.), Menschenrechtsschutz durch Gewohnheitsrecht, 2003, S. 11–28.

161. Zur Wechselwirkung von Bundes- und Landesgrundrechten, in: Knippel (Hg.), Verfassungsgerichtsbarkeit im Land Brandenburg, 2003, S. 29–36.

162. Von der Spaltung zur Einigung Europas, in: Merten/Papier (Hg.), Handbuch der Grundrechte, Bd. I, 2004, S. 201–268 (§ 5).

163. Traditional and New Minorities in Germany: Different Degrees of Protection, in: Scheinin/Toivanen (Hg.), Rethinking Non-discrimination and Minority Rights, 2004, S. 15–23.

164. Die Herausforderung durch den internationalen Terrorismus – hört hier das Völkerrecht auf?, in: Isensee (Hg.), Der Terror, der Staat und das Recht, 2004, S. 9–39.

165. A Comment on the Issue of Reservations to the Provisions of the Covenant Representing (Peremptory) Rules of General International Law, in: Ziemele (Hg.), Reservations to Human Rights Treaties and the Vienna Convention Regime, 2004, S. 59–65.

166. Reflections on Article 5 of the International Covenant on Civil and Political Rights, in: Nisuke Ando (ed.), Towards Implementing Universal Human Rights – Festschrift for the Twenty-fifth Anniversary of the Human Rights Committee, 2004, S. 127–143.

167. Menschenrechtsbildung aus der Sicht des UN-Menschenrechtsausschusses, in: Mahler/Mihr (Hg.), Menschenrechtsbildung, Bilanz und Perspektiven, 2004, S. 83–92.

168. Die Staatssymbole, in: Isensee/Kirchhof (Hg.), Handbuch des Staatsrechts der Bundesrepublik Deutschland, Bd. II, 3. Aufl. 2004, S. 193–208.

169. Menschenrechte und Ius cogens, in: Internationale Gemeinschaft und Menschenrechte, Festschrift für Georg Ress, 2005, S. 151–163.

170. Impact of Treaty Bodies on the International Legal Order, in: Wolfrum/Röben (eds.), Developments of International Law in Treaty Making, 2005, S. 571–579.

171. Ergänzungen zum gerichtlichen Rechtsschutz im Bereich der Menschenrechte, in: Karl (Hg.), Internationale Gerichtshöfe und nationale Rechtsordnung, 2005, S. 145–165.

172. Die Allgemeinen Bemerkungen und Empfehlungen der VN-Vertragsorgane, in: Deutsches Institut für Menschenrechte (Hg.), Die „General Comments" in den VN-Menschenrechtsverträgen, 2005, S. 19–31.

173. Der Eigentumsschutz in der Rechtsprechung des Europäischen Gerichtshofs für Menschenrechte, in: Kempen (Hg.), Die rechtsstaatliche Bewältigung der demokratischen Bodenreform, Kölner Schriften zu Recht und Staat, Band 26, 2005, S. 67–91.

174. Wesensgehalt von Menschenrechten, in: Weltinnenrecht – Liber amicorum Jost Delbrück, 2005, S. 385–399.

175. Die vorsätzliche Tötung unbeteiligter Personen durch den Staat, in: Recht – Kultur – Finanzen, Festschrift für Reinhard Mußgnug, 2005, S. 71–83.

176. Staatshaftung (Anhang zu § 839), in: Soergel, Bürgerliches Gesetzbuch, Kommentar, Bd. 12, 13. Aufl. 2005, S. 697–812 (teilw. zus. mit A. Krekel und M. Breuer).

177. Globaler demographischer Wandel und Schutz der Menschenrechte, Einleitung, in: Klein (Hg.), Globaler demographischer Wandel und Schutz der Menschenrechte, 2005, S. 9–21.

178. Ulrich Scheuner (1903–1981), in: Klein/Saar/Schulze (Hg.), Zwischen Diktatur und Rechtsstaat – Deutsche Juristen im 20. Jahrhundert, 2006, S. 85–105.

179. Religionsfreiheit und Internationaler Pakt über bürgerliche und politische Rechte, in: Zimmermann (Hg.), Religion und Internationales Recht, 2006, S. 127–156 (zus. mit B. Schäfer).

180. Auswirkungen eines Beitritts der Türkei auf die Europäische Union, in: Stiftung Gesellschaft für Rechtspolitik und Institut für Rechtspolitik an der Universität Trier (Hg.), Bitburger Gespräche Jahrbuch 2005/II, 2006, S. 95–109.

181. Gewaltenteilung und Menschenrechte, Einführung, in: Klein (Hg.), Gewaltenteilung und Menschenrechte, 2006, S. 7–14.

182. Zur Auslegung von völkerrechtlichen Verträgen der EG mit Drittstaaten, in: Epiney/Rivière (Hg.), Auslegung und Anwendung von Integrationsverträgen, 2006, S. 1–21.

183. Völkerrechtliche Grenzen des staatlichen Verzichts auf diplomatischen Schutz, in: Völkerrecht als Wertordnung – Common Values in International Law, Festschrift für Christian Tomuschat, 2006, S. 361–376.

184. Germany, in: Center for International Relations (Hg.), The Fundamental Rights Agency – views from the new Member States and Germany, 2006, S. 73–90 (zus. mit M. Breuer).

185. Die Rundfunkfreiheit als europäische Rechtsgarantie, in: Stern (Hg.), Die Bedeutung des Europäischen Rechts für den nationalen Rundfunk, 2006, S. 11–28.

186. Die Vereinten Nationen und die Entwicklung des Völkerrechts, in: Volger (Hg.), Grundlagen und Strukturen der Vereinten Nationen, 2007, S. 21–66.

187. Stufen der Verfassungsverletzung?, in: Staat im Wort, Festschrift für Josef Isensee, 2007, S. 169–182.

188. Dogmatische und methodische Überlegungen zur Einordnung der Europäischen Menschenrechtskonvention in den Grundrechtsfundus der Europäischen Union, in: Rechtsstaatliche Ordnung Europas, Gedächtnisschrift für Albert Bleckmann, 2007, S. 257–268.

189. Eine neue Zuständigkeit des Bundesverfassungsgerichts – Bemerkungen zu Art. 93 Abs. 2 GG, in: Rechtsstaat und Grundrechte, Festschrift für Detlef Merten, 2007, S. 223–234.

190. Europäische Menschenrechtskonvention und deutsche Grundrechtsordnung: Zwei Seiten einer Medaille, in: Spenlé (Hg.), Die Europäische Menschenrechtskonvention und die nationale Grundrechtsordnung – Spannungen und gegenseitige Befruchtung, Basler Schriften zur europäischen Integration Nr. 83, Europainstitut der Universität Basel, 2007, S. 11–28.

191. Zur Modernisierung des Finanzierungssystems der Europäischen Union – Die Entschließung des Europäischen Parlaments vom 29. März 2007 zur Zukunft der Eigenmittel der Europäischen Union, in: Quo vadis Wirtschaftspolitik? Ausgewählte Aspekte der aktuellen Diskussion, Festschrift für Norbert Eickhof, 2008, S. 339–353.

192. (Un-)Vollendete Reformschritte in den Vereinten Nationen: die Beispiele Sicherheitsrat und Menschenrechtsrat, in: H. J. Münk (Hg.), Die Vereinten Nationen sechs Jahrzehnte nach ihrer Gründung, 2008, S. 75–116 (zus. mit M. Breuer).

193. Aktualisierung Kommentierung des Art. 81 GG, S. 65–74, in: Bonner Kommentar, Stand: 2008.

194. Ein Vorschlag zur Erneuerung des Identifikationsangebots der Europäischen Union – Leitlinien für eine künftige europäische Verfassungsentwicklung, in: H.-J. Bücking/E. Jesse (Hg.), Deutsche Identität in Europa, 2008, S. 203–218 (zus. mit M. Breuer).

195. Bemerkungen zur Rechtsprechung des Bundesverfassungsgerichts zum Auslandseinsatz deutscher Streitkräfte, in: Frieden in Freiheit – Peace in liberty – Paix en liberté, Festschrift für Michael Bothe, 2008, S. 157–173.

196. Kommentierung des Art. 22 GG, in: Bonner Kommentar (Drittbearbeitung), Stand: 2008, S. 1–145.

197. Grundlagenvertragsurteil – Revisited, in: Iustitia et Pax – Gedächtnisschrift für Dieter Blumenwitz, 2008, S. 1219–1235.

198. Bundeshauptstadt, in: Isensee/P. Kirchhof (Hg.), Handbuch des Staatsrechts, Band VI, 3. Aufl. 2008, § 131, S. 383–411.

199. Zur Effektuierung des vertragsbasierten Menschenrechtsschutzes – Kommentar, in: Klein/Menke (Hg.), Universalität – Schutzmechanismen – Diskriminierungsverbote, 2008, S. 159–171.

200. Al-Adsani Case, in: Wolfrum (ed.), The Max Planck Encyclopedia of Public International Law, online edition (www.mpepil.com), 2008, 5 pp.; Printausgabe: MPEPIL Vol. I (2012), S. 275–279.

201. Movement, Freedom of, International Protection, in: ibid., 9 pp.; Printausgabe: MPEPIL Vol. VII (2012), S. 395–403.

202. Self-contained Regime, in: ibid., 8 pp.; Printausgabe: MPEPIL Vol. IX (2012), S. 97–103.

203. United Nations, Specialized Agencies, in: ibid., 21 pp.; Printausgabe: MPEPIL Vol. X (2012), S. 489–509.

204. Human Rights, Activities of International Organizations, in: ibid., 2009, 11 pp.; Printausgabe: MPEPIL Vol. IV (2012), S. 1031–1040.

205. Elf Bemerkungen zur Universalität der Menschenrechte, in: Nooke u. a. (Hg.), Gelten Menschenrechte universal? Begründungen und Infragestellungen, 2008, S. 213–217.

206. Menschenrechte zwischen Universalität und Universalisierung, in: Böttigheimer/Fischer/Gerwing (Hg.), Sein und Sollen des Menschen. Zum göttlich-freien Konzept vom Menschen, 2009, S. 207–219.

207. L'idée républicaine en Allemagne: considérations historiques, contexte actuel, in: Krulic (éd.), La République en perspectives, 2009, S. 81–95.

208. Der Potsdamer Flaggenstreit in der Weimarer Republik, in: Staatsrecht und Politik. Festschrift für Roman Herzog, 2009, S. 191–204.

209. „Allgemeine Bemerkungen" der UN-Menschenrechtsausschüsse, in: Merten/Papier (Hg.), Handbuch der Grundrechte, Band VI/2, 2009, § 177, S. 395–418.

210. Der Schutz der Grund- und Menschenrechte durch den Europäischen Gerichtshof für Menschenrechte, in: Merten/Papier (Hrsg.), Handbuch der Grundrechte, Band VI/1, 2010, § 150, S. 593–660.

211. Das Verhältnis des Europäischen Gerichtshofs zum Europäischen Gerichtshof für Menschenrechte, in: Merten/Papier (Hrsg.), Handbuch der Grundrechte, Band VI/1, 2010, § 167, S. 1269–1320.

212. Bemerkungen zur hierarchischen Hochschulstruktur, in: Recht des Wohnens – Gestalten mit Weitblick: Festschrift für Werner Merle zum 70. Geburtstag, 2010, S. 193–206.

213. Human Rights Committee, in: Volger (ed.), A Concise Encyclopedia of the United Nations, 2nd ed., 2010, S. 291–295.

214. Human Rights Conventions, CCPR, in: Volger (ed.), A Concise Encyclopedia of the United Nations, 2nd ed., 2010, S. 301–306.

215. Human Rights Conventions, CESCR, in: Volger (ed.), A Concise Encyclopedia of the United Nations, 2nd ed,. 2010, S. 321–324.

216. Staatliches Gewaltmonopol, in: Depenheuer/Grabenwarter (Hrsg.), Verfassungstheorie, 2010, § 19, S. 635–656.

217. Bemerkungen zum Lissabon Urteil des Bundesverfassungsgerichts, in: Baus u. a. (Hrsg.), Europäische Integration und deutsche Verfassungsidentität, 2010, S. 99–109.

218. Völkerrecht und Menschenrechte in: Maskevic/Belling (Hg.), Woche des Deutschen Rechts in Moskau 2009, 2010, S. 171–191.

219. Raison d'État of an „open constitutional State", in: Krulic (éd.), Raison(s) d'État(s) en Europe. Traditions, usages, recompositions 2010, S. 197–211.

220. Integration in Freiheit – Chancen und Hindernisse. Eine Einführung, in: Bitburger Gespräche, Jahrbuch 2010/I, 2010, S. 11–17.

221. Völkerrecht, in: Sandkühler (Hg.), Enzyklopädie Philosophie, Band 3, 2010, S. 2912–2918.

222. Denunciation of Human Rights Treaties and the Principle of Reciprocity, in: From Bilateralism to Community Interest: Essays in Honour of Bruno Simma, 2011, S. 477–487.

223. Stimmen Zweck und Mittel im internationalen Menschenrechtsschutz überein? Überlegungen anhand des Menschenrechtsausschusses der Vereinten Nationen, in: Verfassung – Völkerrecht – Kulturgüterschutz, Festschrift für Wilfried Fiedler, 2011, S. 541–555.

224. Überlegungen zu Kompetenzausstattung und Kompetenzhandhabung des Bundesverfassungsgerichts, in: Staat, Verwaltung und Rechtsschutz, Festschrift für Wolf-Rüdiger Schenke, 2011, S. 201–212.

225. Einführung: Der Mensch als Person und Rechtsperson, in: Klein/Menke (Hg.), Der Mensch als Person und Rechtsperson. Grundlage der Freiheit, 2011, S. 9–14.

226. Zum Verhältnis von Ziel und Mitteln des internationalen Menschenrechtsschutzes. Gedanken zur Praxis des UN-Menschenrechtsausschusses, in: Rechtsvergleichende Analyse der Rechtsanwendungspraxis der Europäischen Menschenrechtskonvention im Hinblick

auf das Strafvollzugssystem Russlands und anderer Länder, Samara 2011, S. 131–143 (russisch).

227. Human Dignity – Basis of Human Rights, in: Coexistence, Cooperation and Solidarity. Liber Amicorum Rüdiger Wolfrum, Vol. I, 2012, S. 437–452.

228. Die Grundrechtsgesamtlage, in: Der grundrechtsgeprägte Verfassungsstaat. Festschrift für Klaus Stern zum 80. Geburtstag, 2012, S. 389–403.

229. Wechselwirkungen zwischen internationalem und nationalem Recht unter besonderer Berücksichtigung der Rechtsprechung der internationalen und deutschen Gerichte, in: Moskauer Staatliche Juristische O.E. Kutafin Akademie für Rechtswissenschaft (Hrsg.), Kutafinsche Lesungen, Moskau 2012, S. 98–104 (russisch).

230. Samuel von Pufendorf, in: Pollmann/Lohmann (Hg.), Menschenrechte. Ein interdisziplinäres Handbuch, 2012, S. 26–29.

231. Die völkerrechtliche Entwicklung, in: ebd., S. 123–128.

232. Völkerrechtsschichten, in: Dynamik und Nachhaltigkeit des Öffentlichen Rechts, Festschrift für Meinhard Schröder, 2012, S. 43–55.

233. Von der Wirkung in die Ferne, in: Begegnungen mit Martin Cramer, 2012, S. 179–182.

234. The Human Rights Committee and the European Court of Human Rights – Comparative Remarks –, in: Bröhmer (ed.), The Protection of Human Rights at the Beginning of the 21st Century, 2012, S. 63–75.

235. Status des deutschen Volkszugehörigen und Minderheiten im Ausland, in: Isensee/Kirchhof (Hg.), Handbuch des Staatsrechts, Bd. X, 3. Aufl. 2012, S. 225–264.

236. Richterwahl und Amtsdauer. Überlegungen zum Staatsgerichtshof der Freien Hansestadt Bremen, in: Festschrift für Uwe Lissau, 2012, S. 41–49.

237. Sondervoten beim VN-Menschenrechtsausschuss, in: Festschrift für Wolfram Karl, 2012, S. 38–48.

238. Art. 10–12, in: Simma/Khan/Nolte/Paulus (eds.), The Charter of the United Nations, A Commentary, 3rd edn. Oxford 2012, S. 461–524 (zus. mit S. Schmahl).

III. Aufsätze in Zeitschriften

1. Begeht ein Soldat, der zur Kriegsdienstverweigerung auffordert, ein Dienstvergehen?, Neue Zeitschrift für Wehrrecht 1969, S. 93–100.

2. Anmerkung zum Beschluß des Bundesverfassungsgerichts vom 15.07.1969, DVBl. 1970, S. 109–111.

3. Haftung nach § 830 Abs. 1 Satz 2 BGB trotz potentieller Selbstschädigung?, NJW 1971, S. 453–456.

4. Wahlanfechtung und Funktionsfähigkeit des Parlaments. Zur Entscheidung des österreichischen Verfassungsgerichtshofs vom 24. Juni 1970, Zeitschrift für ausländisches öffentliches Recht und Völkerrecht (ZaöRV) Bd. 31 (1971), S. 521–547.

5. Neue Möglichkeiten der Gesetzesverkündung – Entlastung des Gesetzesblattes und das Loseblatt-System, DÖV 1972, S. 300–304.

6. Die Kostenentscheidung bei einseitiger Erledigungserklärung durch die beklagte Partei. Zur Anwendung von § 161 Abs. 2 VwGO, DVBl. 1972, S. 572–573.

7. Ministerielle Weisungsbefugnis und Stellvertretung in der Befehls- und Kommandogewalt – Zu BVerwG, NJW 1973, 865, JuS 1974, S. 362–367.

8. Das richterliche Prüfungsrecht in den Vereinigten Staaten zu Beginn des vorigen Jahrhunderts, ZaöRV Bd. 34 (1974), S. 83–111.

9. (zus. mit Ernst Benda), Das Spannungsverhältnis von Grundrechten und übernationalem Recht, DVBl. 1974, S. 389–396.

10. (zus. mit Michael Bothe), Das Recht auf eine gesunde Umwelt (USA, Schweiz), ZaöRV Bd. 34 (1974), S. 351–371.

11. Politische Staatssekretäre und parlamentarische Kontrolle, DÖV 1974, S. 590–592.

12. Rechtsprobleme einer deutschen Beteiligung an der Aufstellung von Streitkräften der Vereinten Nationen, ZaöRV Bd. 34 (1974), S. 429–451.

13. Zur Beschränkung von Mitgliedschaftsrechten in den Vereinten Nationen, Vereinte Nationen Bd. 23 (1975), S. 51–56.

14. (zus. mit Ernst Benda), Bemerkungen zur richterlichen Unabhängigkeit, DRiZ 1975, S. 166–171.

15. Sekundäres Gemeinschaftsrecht und deutsche Grundrechte, Zum Beschluß des Bundesverfassungsgerichts vom 29. Mai 1974 – Stellungnahme aus der Sicht des deutschen Verfassungsrechts, ZaöRV Bd. 35 (1975), S. 67–78.

16. Nationale Befreiungskämpfe und Dekolonialisierungspolitik der Vereinten Nationen: Zu einigen völkerrechtlichen Tendenzen, ZaöRV Bd. 36 (1976), S. 618–653.

17. Diplomatischer Schutz und grundrechtliche Schutzpflicht. Unter besonderer Berücksichtigung des Ostvertragsbeschlusses des Bundesverfassungsgerichts, DÖV 1977, S. 704–710.

18. Tätigkeit der Vereinten Nationen in völkerrechtlichen Fragen (Berichtszeitraum: 01.01.1976–31.12.1976), Archiv des Völkerrechts Bd. 17 (1977/78), S. 371–410.

19. Die Stellung des Staates in der internationalen Rechtsordnung, Zeitschrift für vergleichende Rechtswissenschaft Bd. 77 (1978), S. 79–100.

20. Deutsche Staatsangehörigkeit und Inlandbegriff, Zur Auslegung von § 25 Abs. 1 RuStAG, DVBl. 1978, S. 876–879.

21. Schlußwort: Diplomatischer Schutz und grundrechtliche Schutzpflicht, DÖV 1979, S. 39–40.

22. Tätigkeit der Vereinten Nationen in völkerrechtlichen Fragen (Berichtszeitraum: 01.01.1977–31.12.1977), Archiv des Völkerrechts Bd. 18 (1979), S. 182–225.

23. Die Nichtanerkennungspolitik der Vereinten Nationen gegenüber den in die Unabhängigkeit entlassenen südafrikanischen homelands, ZaöRV Bd. 39 (1979), S. 469–495.

24. Tätigkeit der Vereinten Nationen in völkerrechtlichen Fragen (Berichtszeitraum: 01.01.1978–31.12.1978), Archiv des Völkerrechts Bd. 18 (1979/80), S. 393–443.

25. Aktuelle Bedeutung des Deutschland-Vertrags, Außenpolitik Bd. 31 (1980), S. 394–405.

26. Ostpolitik and Allied Rights Regarding Germany, German Foreign Affairs Review, Bd. 31 (1980), S. 395–406.

27. Bericht zum ersten Beratungsgegenstand der Tagung der Vereinigung der Deutschen Staatsrechtslehrer in Innsbruck 1980 – Die Verfassungsgerichtsbarkeit im Gefüge der Staatsfunktionen, DVBl. 1980, S. 990–991.

28. Zur Gleichgestimmtheit zwischen Gemeindevertretung und kommunalen Wahlbeamten, DÖV 1980, S. 853–862.
29. Die Kompetenz- und Rechtskompensation. Überlegungen zu einer Argumentationsfigur, DVBl. 1981, S. 661–667.
30. Tätigkeit der Vereinten Nationen in völkerrechtlichen Fragen (Berichtszeitraum: 01.01.1979–31.12.1979), ArchVR Bd. 19 (1981), S. 287–335.
31. Zur objektiven Funktion der Verfassungsbeschwerde, DÖV 1982, S. 797–805.
32. DDR-Staatsbürgerschaftserwerb und deutsche Staatsangehörigkeit, NJW 1983, S. 2289–2292.
33. Selbstbestimmungsrecht – Idee und Aufgabe, Politische Studien 272 (1983), S. 635–647.
34. Verfassungsprozeßrecht – Versuch einer Systematik an Hand der Rechtsprechung des Bundesverfassungsgerichts, AöR 108 (1983), S. 410–444 und S. 561–624.
35. Vom besonderen Gewaltverhältnis zur öffentlich-rechtlichen Sonderbindung. Bemerkungen zu dem gleichnamigen Buch von Wolfgang Loschelder, Die Verwaltung Bd. 17 (1984), S. 91–96.
36. Die Behauptung der Kommunen als Ort dezentraler Entscheidung und Initiative im sozialen Rechtsstaat der Bundesrepublik Deutschland. Bemerkungen zu den Bänden 1–4 des Handbuchs der kommunalen Wissenschaft und Praxis, Die Verwaltung Bd. 17 (1984), S. 197–207.
37. Der Rechtsschutz des Gewerbetreibenden im Baurecht, Wirtschaft und Verwaltung, 1984, S. 182–204 (zus. mit A. Coridaß).
38. Neuere Entwicklungen des Rechts der Europäischen Gemeinschaften, DÖV 1984, S. 1010–1016.
39. Zulässigkeit von Wirtschaftssanktionen der EWG gegen ihre Mitgliedstaaten, RIW/AWD 1985, S. 291–297.
40. Neuere Entwicklungen des Rechts der Europäischen Gemeinschaften, DÖV 1985, S. 900–909.
41. Schwarz-Rot-Gold und Schwarz-Rot-Gold mit Hammer und Sichel im Ährenkranz, Mitteilungsblatt Königsteiner Kreis 1986/1, S. 18–21.
42. Neuere Entwicklungen des Rechts der Europäischen Gemeinschaften, DÖV 1986, S. 951–957.
43. Die Bedeutung des Staatsbürgerschaftsrechts der DDR für die (gesamt-) deutsche Staatsangehörigkeit – BVerwG, NJW 1986, 1506, JuS 1987, S. 279–283.
44. Kommunale Wirtschaft und Finanzen. Bemerkungen zu den Bänden 5 und 6 des Handbuchs der kommunalen Wissenschaft und Praxis, Die Verwaltung Bd. 20 (1987), S. 101–105.
45. Entwicklungsperspektiven für das Europäische Parlament, EuR 1987, S. 97–112.
46. Grenzen des Ermessens bei der Bestimmung des Wahltages, AöR 112 (1987), S. 544–585 (zus. mit Th. Giegerich).
47. Perspectivas de desarollo para el Parlamento Europeo, Revista de las Cortes Generales 1988, S. 39–58.
48. Neuere Entwicklungen des Rechts der Europäischen Gemeinschaften, DÖV 1988, S. 244–250.

49. Der territoriale Umfang des Verfassungsgebotes zur Wiedervereinigung Deutschlands und des Friedensvertragsvorbehalts hinsichtlich der deutschen Frage, in: Literatur-Spiegel 1988, S. 1–20.

50. Völkerrecht im Umbruch. Spannungsfeld zwischen klassischen Fundamenten und neuen Grundsätzen, Rhein-Zeitung vom 30.01.1989, S. 22.

51. Wie Europa und deutsche Einheit zum Einklang finden, Frankfurter Allgemeine Zeitung v. 09.06.1989, S. 13.

52. Grundrechtliche Schutzpflicht des Staates, NJW 1989, S. 1633–1640.

53. Parliamentary Democracy under the Basic Law: Characteristics and Status, Universitas 31 (1989), S. 29–35.

54. The Parliamentary Organs of the Federal Republic of Germany, Universitas 31 (1989), S. 135–142 (zus. mit T. Giegerich).

55. La democracia parlamentaria bajo la ley Fundamental: Caracteristicas y status, Universitas 26 (1989), S. 303–310 (zus. mit T. Giegerich).

56. Deutschlandrechtliche Grenzen einer Integration der Bundesrepublik Deutschland in die Europäischen Gemeinschaften, DÖV 1989, S. 957–962.

57. Neuere Entwicklungen des Rechts der Europäischen Gemeinschaften, DÖV 1990, S. 179–189 (zus. mit M. Beckmann).

58. An der Schwelle zur Wiedervereinigung Deutschlands. Anmerkungen zu Deutschlands Rechtslage im Jahr 1990, NJW 1990, S. 1065–1073.

59. Ein Gruppenrecht macht Minderheiten resistenter, Frankfurter Allgemeine Zeitung vom 18.06.1991, S. 10.

60. Der Einigungsvertrag – Verfassungsprobleme und -aufträge, DÖV 1991, S. 569–578.

61. The Protection of Minorities – Conception and Implementation, Law and State 44 (1991), S. 79–91.

62. Völkerrechtliche Aspekte des Golfkonflikts (1990/91), ArchVR 29 (1991), S. 421–435.

63. Kunallisen itsehallinnon viimeaikainen kehitys Saksassa (Neuere Entwicklungen im Recht der kommunalen Selbstverwaltung in der Bundesrepublik Deutschland), Lakimies 1992, S. 179–190.

64. Die Bedeutung der Nürnberger Prozesse für die Bewältigung des SED-Unrechts, Zeitschrift für Rechtspolitik 1992, S. 208–213.

65. Sanctions by International Organizations and Economic Communities, ArchVR 30 (1992), S. 101–113.

66. Hochschulpolitik nach Maastricht, Mitteilungen des Hochschulverbandes 1992, S. 262–264.

67. Erweiterte Verantwortung in der Welt. Zur Anpassung des Grundgesetzes an außenpolitische Notwendigkeiten, Eichholz Brief, Zeitschrift zur politischen Bildung 4/1992, S. 12–18.

68. Fallmethode oder systematische Stoffpräsentation? – Zu den Lehrmethoden an amerikanischen und deutschen Rechtsfakultäten, JuS 1993, S. 272–276 (zus. mit R.L. Weaver).

69. Völker und Grenzen im 20. Jahrhundert, Forschungsmagazin der Johannes Gutenberg-Universität Mainz 1993/1, S. 21–27.

70. Konzentration durch Entlastung? Das fünfte Gesetz zur Änderung des Gesetzes über das Bundesverfassungsgericht, NJW 1993, S. 2073–2077.

71. Neuere Entwicklungen des Rechts der Europäischen Gemeinschaften – 1. Teil, DÖV 1993, S. 785–798 (zus. mit A. Haratsch).
72. Völker und Grenzen im 20. Jahrhundert, Der Staat 32 (1993), S. 357–378.
73. Landesverfassung und Landesverfassungsbeschwerde, DVBl. 1993, S. 1329–1334.
74. Zwischen Autonomie und Separatismus. Zur Fortentwicklung des Minderheitenschutzes in Europa, Eichholz Brief, Zeitschrift zur politischen Bildung 4/93, S. 77–86.
75. L'influenza del diritto communitario sul diritto amministrativo degli stati membri, Riv. Ital. Dir. Pubbl. Comunitario 1993, S. 683–704.
76. Legal Education in Germany, Oregon Law Review 72 (1993), S. 953–956.
77. Landesverfassung und Bundesrecht – BerlVerfGH, NJW 1993, 515, JuS 1994, S. 559–564 (zus. mit A. Haratsch).
78. Neuere Entwicklungen des Rechts der Europäischen Gemeinschaften – 2. Teil, DÖV 1994, S. 133–142 (zus. mit A. Haratsch).
79. Einwirkungen des europäischen Menschenrechtsschutzes auf Meinungsäußerungsfreiheit und Pressefreiheit, AfP 1994, S. 9–18.
80. Der Einfluß des Europäischen Gemeinschaftsrechts auf das Verwaltungsrecht der Mitgliedstaaten, Der Staat 33 (1994), S. 39–57.
81. Das Aufenthaltsrecht der Studenten, die Unionsbürgerschaft und intertemporales Gemeinschaftsrecht, JuS 1995, S. 7–12 (zus. mit A. Haratsch).
82. Die finanziellen Voraussetzungen für die Neugliederung der Länder Berlin und Brandenburg, Landes- und Kommunalverwaltung LKV, 1995, S. 341–344 (zus. mit Frank Kimms).
83. Staatliche Souveränität im Europa der Gegenwart, WeltTrends Nr. 8 (1995), S. 135–148.
84. Der völkerrechtliche Status Tibets, in: Tibet-Forum 2/95, S. 12.
85. Kindesentführung, Kindeswohl und Grundgesetz, IPRax 1997, S. 106–109.
86. Durchsetzbarkeit von Menschenrechten unter politischer Konditionalität: Rechtliche, politische und wirtschaftliche Zusammenhänge, Menschenrechtsmagazin des Menschenrechtszentrums der Universität Potsdam, Heft 3 (1997), S. 5–10.
87. Menschenrechte und politische Konditionalität, KAS-Auslandsinformation 02/97, S. 11–18.
88. Individuelle Wiedergutmachungsansprüche nach dem Internationalen Pakt über bürgerliche und politischen Rechte – Die Praxis des Menschenrechtsausschusses, Menschen-RechtsMagazin (MRM) Themenheft: 50 Jahre Allgemeine Erklärung der Menschenrechte, 1997, S. 67–78.
89. Mitgliedstaatliche Regionalförderung insbesondere zugunsten kleiner und mittlerer Unternehmen (KMU) aus der Sicht des EG-Rechts, EWS 1997, S. 410–420 (zus. mit A. Haratsch).
90. Der fundamentale Zusammenhang von Menschenrechten, Demokratie und Frieden, Das Parlament 1998, Nr. 51, S. 13.
91. Universeller Menschenrechtsschutz – Realität oder Utopie?, EuGRZ 1999, S. 109–115.
92. Das nationale Recht im Zugriff des Europäischen Gemeinschaftsrechts, Tag der Juristischen Fakultät der Universität Potsdam, 1999, S. 11–26.

93. The Universal Protection of Human Rights – Reality or Utopia?, Law and State vol. 59/60, 1999, S. 61–77.

94. Die neue NATO-Strategie und ihre völkerrechtlichen und verfassungsrechtlichen Implikationen, Recht und Politik 4/1999, S. 198–209 (zus. mit S. Schmahl).

95. Maßstäbe für die Freiheit der öffentlichen und privaten Medien, DÖV 1999, S. 758–766.

96. Dass., in: Duales Rundfunksystem und europäisches Recht, Zukunftsforum Politik, Schriftenreihe der Konrad-Adenauer-Stiftung, 2000, S. 5–23.

97. Die Landesverfassungsbeschwerde – Ein Instrument zur Überprüfung der Anwendung von Bundesrecht?, Juristische Schulung 2000, S. 209–215 (zus. mit A. Haratsch).

98. CCPR und EGMR – Der Menschenrechtsausschuß der Vereinten Nationen und der Europäische Gerichtshof für Menschenrechte im Vergleich, Vereinte Nationen 2001, S. 17–20 (zus. mit F. Brinkmeier).

99. 50 Jahre Europarat – Seine Leistungen beim Ausbau des Menschenrechtsschutzes, Archiv des Völkerrechts Bd. 39 (2001), S. 121–141.

100. Möglichkeiten und Grenzen der Genfer Flüchtlings-Konvention für die Arbeit im 21. Jahrhundert – Bedeutung der Genfer Konvention für die Zukunft, in: Sächs. Landtag, Drs. 3/4444 (05.09.2001), S. 23–34, und AWR 2001, S. 92–101.

101. Neuerungen im Verfahren des UN-Menschenrechtsausschusses, MenschenRechtsMagazin (MRM) Themenheft 25 Jahre Internationale Menschenrechtspakte, 2002, S. 55–64.

102. Internationaler Pakt und EMRK – Ein Vergleich der Rechtsprechung des Menschenrechtsausschusses der Vereinten Nationen und des Europäischen Gerichtshofs für Menschenrechte, Vereinte Nationen 2002, S. 99–103 (zus. mit F. Brinkmeier).

103. Schutz der Grund- und Menschenrechte durch die Verwaltungsgerichtsbarkeit, LKV 2003, S. 74–77.

104. Einige Betrachtungen zu General Comment No. 29 (2001) des Menschenrechtsausschusses, in: MenschenRechtsMagazin (MRM) 2003, S. 126–131.

105. Der Schutz der Menschenrechte in bewaffneten Konflikten, in: MenschenRechtsMagazin (MRM) 2004, S. 5–17.

106. Anmerkung zum Beschluß des 2. Senats des BVerfG zur Bindung staatlicher Organe an Entscheidungen des EGMR, BVerfG, Beschluss vom 14.10.2004 – 2 BvR 1481/04 (Görgülü), in: JZ 2004, S. 1176–1178.

107. Menschenrechte im Spiegel der Globalisierung, in: MenschenRechtsMagazin (MRM) 2005, S. 125–135.

108. Das Gesetz zur Neuregelung von Luftsicherheitsaufgaben (LuftSiG) auf dem Prüfstand, in: Zeitschrift für Gesetzgebung 2005, S. 289–299.

109. Möglichkeiten und Grenzen der Zivilgesellschaft beim Schutz der Grundrechte der Bürger, in: MenschenRechtsMagazin (MRM) 2006, S. 161–167.

110. Bericht einer Studiengruppe zur Anerkennung der Gerichtsbarkeit des IGH gemäß Art. 36 Abs. 2 IGH-Statut, in: ZaöRV 67 (2007), S. 825–841 (zusammen mit M. Bothe).

111. La libertà di opinione e la tutela della personalità secondo il Patto internazionale sui diritti civili e politici, in: Antonianum Jg. LXXXII (2007), hrsg. von Pontificiae Universitatis Antonianum Rom, S. 699–715.

112. Establishing a Hierarchy of Human Rights: Ideal Solution or Fallacy? in: Israel Law Review 41 (2008), S. 477–488.

113. International Sanctions from a Human Rights Law Perspective: Some Observations on the Kadi-Judgment of the European Court of Justice, in: Intercultural Human Rights Law Review 4 (2009), S. 111–122.

114. Der republikanische Gedanke in Deutschland – Einige historische und aktuelle Überlegungen, DÖV 2009, S. 741–747.

115. Internationale Menschenrechtsinstrumente und extraterritoriale Staatspflichten, in: MenschenRechtsMagazin (MRM) 2010, S. 18–21.

116. Some Remarks on the Universality of Human Rights, in: Review of Social Sciences 2010, S. 88–94 (vietnamesisch).

117. Some thoughts on the value of individual complaint mechanisms on the universal plane, in: Human Rights Law Journal (HRLJ) 29 (2008/2011), S. 40–42.

118. Ein neues NPD-Verbotsverfahren?, in: studerc. Rechtszeitschrift der Universität Potsdam 2012/1, S. 26–34.

119. Bedeutung und Verständnis der Menschenrechte im Denken der katholischen Kirche und der evangelischen Kirche in Deutschland, Zeitschrift für evangelisches Kirchenrecht 57 (2012), S. 410–428.

IV. Herausgeberschaft

1. Schriftenreihe des Menschenrechtszentrums der Universität Potsdam, Berliner Verlag/Berliner Wissenschaftsverlag, Band 1 (1995) bis Band 33 (2011), ab Band 13 (2002) zus. mit C. Menke.

2. MenschenRechtsMagazin der Universität Potsdam von 1996–2012, seit 2002 zus. mit C. Menke, seit 2010 zus. mit A. Zimmermann, seit 2011 auch zus. mit L. Gunnarsson.

3. Studien zu Grund- und Menschenrechten, Heft 1 (1998) bis Heft 16 (2011); Mitherausgabe wie Nr. 2.

4. Studien zum Öffentlichen Recht, Völker- und Europarecht, Peter Lang Verlag, Frankfurt a.M. u.a., Band 1 (1999) bis Band 20 (2011).

5. Verfassungsentwicklung in Deutschland nach der Wiedervereinigung, Schriftenreihe der Gesellschaft für Deutschlandforschung Bd. 41, Berlin 1994, 113 S.

6. Grundrechte, soziale Ordnung und Verfassungsgerichtsbarkeit, Festschrift für Ernst Benda, Heidelberg 1995, 522 S.

7. Deutschland in der Weltordnung 1945–1995, Schriftenreihe der Gesellschaft für Deutschlandforschung Bd. 47, Berlin 1996, 150 S. (zus. mit K. Eckart).

8. The European Court of Human Rights – Organisation and Procedure – Questions concerning the implementation of Protocol No. 11 to the European Convention on Human Rights, Strasbourg 1998, 266 S. (zus. mit H. Stender, H. Petzold, R. Liddell).

9. Die Rolle des Bundesrates und der Länder im Prozeß der deutschen Einheit, Schriftenreihe der Gesellschaft für Deutschlandforschung Bd 66, Berlin 1998, 137 S.

10. Einwanderungskontrolle und Menschenrechte – Immigration Control and Human Rights, Heidelberg 1999, 217 S. (zus. mit K. Hailbronner).

11. The Concept of Human Dignity in Human Rights Discourse, The Hague 2002, 313 S. (zus. mit David Kretzmer).

12. Flüchtlinge – Menschenrechte – Staatsangehörigkeit. Menschenrechte und Migration, Heidelberg 2002, 268 S. (zus. mit Kay Hailbronner).

13. Staatsräson in Deutschland, Schriftenreihe der Gesellschaft für Deutschlandforschung, Band 83, Berlin 2003, 171 S. (zus. mit G. Heydemann).

14. Zwischen Diktatur und Rechtsstaat – Deutsche Juristen im 20. Jahrhundert, Frankfurt a. M., 2006, 177 S. (zus. mit S. Saar und C. Schulze).

15. Das Parteienspektrum im wiedervereinigten Deutschland, Schriftenreihe der Gesellschaft für Deutschlandforschung, Bd. 94, Berlin 2007, 199 S. (zus. mit E. Jesse).

V. Kleinere Beiträge

1. VVDStRL
   41 (1983), S. 138–140.
   49 (1990), S. 133–135.
   50 (1991), S. 164–166; 190–193.
   51 (1992), S. 120–121.
   53 (1994), S. 113–114.
   54 (1995), S. 149–150.
   55 (1996), S. 161–162.
   58 (1999), S. 92–94.
   62 (2003), S. 201–202.
   63 (2004), S. 74–75.
   66 (2007), S. 433–434.
   67 (2008), S. 119–120.
   68 (2009), S. 367–368.
   71 (2012), S. 90.

2. BerDGVR
   24 (1984), S. 99–100.
   26 (1986), S. 130–132.
   28 (1988), S. 133–135.
   29 (1988), S. 112–113; S. 119–120.
   30 (1990), S. 178–179.
   37 (1998), S. 123–126; S. 144–145
   39 (2000), S. 289–291.
   41 (2005), S. 384.
   42 (2007), S. 118–120.
   43 (2008), S. 118–119.
   44 (2010), S. 96–97; S. 280.
   45 (2012), S. 63–64.

3. Diskussionsbeitrag in: T. Stein (Hg.), Die Autorität des Rechts. Verfassungsrecht, Völkerrecht, Europarecht, 1985, S. 93–95.

4. Einführung, in: A. Bleckmann, Studien zum Europäischen Gemeinschaftsrecht, 1986, S. V–VII.

5. Diskussionbeiträge in: D. Eisenmann/G. Zieger (Hg.), Zur Rechtslage Deutschlands – innerstaatlich und international –, 1990, S. 58 und 104.

6. Diskussionsbeitrag in: P. Hommelhoff/P. Kirchhof (Hg.), Der Staatenverbund der Europäischen Union, 1994, S. 103–106.

7. Einführung, in: E. Klein (Hg.), Verfassungsentwicklung in Deutschland nach der Wiedervereinigung, 1994, S. 9–11.

8. Diskussionsbeiträge, in: K. Stern (Hg.), Vier Jahre Deutsche Einheit, 1995, S. 44 und 123/124.

9. Einführung, in: E. Klein/K. Eckart (Hg.), Deutschland in der Weltordnung, 1996, S. 7–11.

10. Die Frage der Minderheitendefinition, in: M. Mohr (Hg.), Friedenssichernde Aspekte des Minderheitenschutzes in der Ära des Völkerbundes und der Vereinten Nationen in Europa, 1996, S. 211–213.

11. Grenzen des politischen Streits, Märkische Allgemeine Zeitung vom 16. Juli 1998, S. 4.

12. Einführung, in: E. Klein (Hg.), Die Rolle des Bundesrates und der Länder im Prozeß der deutschen Einheit, 1998, S. 7–9.

13. Humanitäre Intervention – Kosovo-Krieg und Völkerrecht, Märkische Allgemeine Zeitung vom 4. Juni 1999, S. 4.

14. Keine innere Angelegenheit, Frankfurter Allgemeine Zeitung vom 21. Juni 1999, S. 15.

15. Anmerkung zum EuGH-Urteil vom 02.12.1997, Rs. C-188/95 – Fantask, WuB/März 1999, S. 247–250 (zus. mit S. Schmahl).

16. Keine Enteignungsentschädigung für Lärmimmissionen nach Bestandskraft des Planfeststellungsbeschlusses, Anmerkung zum BGH-Urteil vom 21.01.1999, III ZR 168/97, Lindemaier-Möhring, Nachschlagewerk des Bundesgerichtshofs, Entscheidungen in Zivilsachen, Lieferung 7/1999, S. 1255 ff., S. 1262–1264 (zus. mit S. Schmahl).

17. Anmerkung zum EuG-Urteil vom 21.01.1999, verb. Rs. T-129/95, T-2/96 – Neue Maxhütte, WuB/Dezember 1999, S. 1353–1357 (zusammen mit S. Schmahl).

18. Diskussionsbeiträge, in: H. Bogs (Hrsg.), Urteilsverfassungsbeschwerde zum Bundesverfassungsreicht, 1999, S. 134 und S. 144–145.

19. Ein Europa, das Angst macht, Frankfurter Allgemeine Zeitung vom 14. März 2000, S. 16.

20. Die Ereignisse des 11. September, fraktion aktuell, Informationen der SPD-Landtagsfraktion Brandenburg, Nr. 70, Oktober/November 2001, S. 11.

21. Zeitenwende des Völkerrechts, Milosevic vor Gericht: Menschenrechtsverletzungen nicht mehr innere Angelegenheit, Potsdamer Neueste Nachrichten vom 13. März 2002, S. 26.

22. Diskussionsbeiträge, in: J. Delbrück (Hg.), International Law of Cooperation and State Sovereignity, 2002, S. 67 f., S. 196 f.

23. Einführung, in: G. Heydemann/E. Klein (Hg.), Staatsräson in Deutschland, 2003, S. 7–21.

24. Diskussionsbeiträge: Influenza del diritto comunitario sul diritto nazionale e ricerca dell'identità nazionale (S. 130–131)/Attuazione del patto di stabilità nei Länder e nelle regioni degli stati membri (S. 219), in: Sanviti, La scienza del diritto pubblico e l'integrazione europea nella seconda metà del XX secolo – Il federalismo fiscale, Parma 2004.

25. Diskussionsbeiträge, in: ZaöRV 64 (2004), S. 584, 598 f., 666.

26. Diskussionsbeiträge, in: W. Karl (Hg.), Internationale Gerichtshöfe und nationale Rechtsordnung, 2005, S. 172–173.

27. Diskussionsbeitrag, in: Iliopoulos-Strangas/Bauer (Hg.), Die Neue Europäische Union, SIPE 1 (2006), S. 73–74.

28. Anmerkung zum BGH-Beschluss vom 9. Februar 2006, WuB/Juli 2006, S. 515–516 (zus. mit M. Breuer).

29. Christian Tomuschat 70 Jahre, in: JZ 2006, S. 720–721.

30. Zehn Thesen zum Verfassungsschutz, in: Ministerium des Innern des Landes Brandenburg (Hg.), Rückblicke, Ausblicke, Weitblicke, 15 Jahre Verfassungsschutz Brandenburg, 2006, S. 45–47.

31. Diskussionsbeiträge in: H. Schäffer/J. Iliopoulos-Strangas (Hg.), Staatenmodernisierung in Europa/State Modernization in Europe, SIPE 3 (2007), S. 71 f. und S. 291.

32. Einführung, in: E. Jesse/E. Klein (Hg.), Das Parteienspektrum im wiedervereinigten Deutschland, Schriftenreihe der GfD, Bd. 94, 2007, S. 7–11 (zusammen mit E. Jesse).

33. Einführung, in: E. Klein (Hg.), Meinungsäußerungsfreiheit versus Religions- und Glaubensfreiheit, 2007, S. 7–13.

34. Vorwort, in: E. Klein/S. Pieper/G. Ress (Hrsg.), Rechtsstaatliche Ordnung Europas, Gedächtnisschrift für Albert Bleckmann, 2007 (gemeinsam mit S. Pieper/G. Ress), S. VII-X.

35. Einführung, in: E. Klein/C. Menke (Hg.), Universalität – Schutzmechanismen – Diskriminierungsverbote, 2008, S. 9–13 (gemeinsam mit C. Menke).

36. Nachruf Ernst Benda, JZ 2009, S. 737.

Autorenverzeichnis

Univ.-Prof. em. Dr. *Nisuke Ando*, Universität Kyoto

Univ.-Prof. Dr. *Andreas von Arnauld*, Westfälische Wilhelms-Universität Münster

Univ.-Prof. Dr. *Hartmut Bauer*, Universität Potsdam

Univ.-Prof. em. Dr. Dr. h.c. *Rudolf Bernhardt*, Max-Planck-Institut für ausländisches öffentliches Recht und Völkerrecht, Heidelberg

Apl. Prof. Dr. *Ulrich Beyerlin*, Max-Planck-Institut für ausländisches öffentliches Recht und Völkerrecht, Heidelberg

Hon. Prof. Dr. *Heinz Joachim Bonk*, Honorarprofessor der Universität Potsdam

Univ.-Prof. em. Dr. *Michael Bothe*, Goethe-Universität Frankfurt am Main

Univ.-Prof. Dr. *Marten Breuer*, Universität Konstanz

Prof. Dr. *Wolf-Rüdiger Bub*, Rechtsanwälte Bub, Gauweiler & Partner

Univ.-Prof. Dr. *Christian Calliess*, Freie Universität Berlin

Hon. Prof. *Michael Dawin*, Honorarprofessor der Universität Potsdam

Prof. Dr. *Matthias Dombert*, Dombert Rechtsanwälte

Univ.-Prof. Dr. *Oliver Dörr*, LL.M. (Lond.), Universität Osnabrück

Univ.-Prof. Dr. *Astrid Epiney*, LL.M., Universität Freiburg / Schweiz

Univ.-Prof. Dr. *K. Peter Fritzsche*, Otto-von-Guericke-Universität Magdeburg

Univ.-Prof. em. Dr. Dres. h.c. *Jochen A. Frowein*, Max-Planck-Institut für ausländisches öffentliches Recht und Völkerrecht, Heidelberg; Ruprecht-Karls-Universität Heidelberg

Jun.-Prof. Dr. *Robin Geiß*, LL.M. (NYU), Universität Potsdam

Univ.-Prof. Dr. *Thomas Giegerich*, LL.M. (Virginia), Universität des Saarlandes, Saarbrücken

Frank Glienicke, Biedenkopf Rechtsanwälte

Univ.-Prof. Dr. Dr. *Christoph Grabenwarter*, Verfassungsrichter, Wien

Univ.-Prof. em. Dr. Dr. h.c. *Rolf Grawert*, Ruhr-Universität Bochum

Univ.-Prof. em. Dr. Dr. h.c. *Kay Hailbronner*, LL.M., Universität Konstanz

Univ.-Prof. Dr. *Andreas Haratsch*, FernUniversität in Hagen

Univ.-Prof. Dr. *Stephan Hobe*, LL.M., Universität zu Köln

Univ.-Prof. Dr. *Peter M. Huber*, Bundesverfassungsrichter, Karlsruhe / München

Univ.-Prof. em. Dr. Dr. h.c. *Josef Isensee*, Rheinische Friedrich-Wilhelms-Universität Bonn

PD Dr. *Norbert Janz*, Universität Potsdam

Univ.-Prof. Dr. *Daniel-Erasmus Khan*, Universität der Bundeswehr München

Univ.-Prof. Dr. Dr. h.c. mult. *Paul Kirchhof*, Ruprecht-Karls-Universität Heidelberg

Univ.-Prof. em. Dr. *Hans Hugo Klein*, Georg-August-Universität Göttingen

Dr. iur. *Oliver Klein*, Bundeskanzleramt, Berlin

Univ.-Prof. Dr. *Markus Kotzur*, LL.M., Universität Hamburg

Univ.-Prof. Dr. *Markus Krajewski*, Friedrich-Alexander-Universität Erlangen-Nürnberg

Dr. *Kai-Holmger Kretschmer*, Sächsisches Staatsministerium des Innern

Univ.-Prof. Dr. *David Kretzmer*, Professor em. an der Faculty of Law, Hebrew University of Jerusalem; Professor of Law am Sapir Academic College, Israel

Univ.-Prof. Dr. *Heike Krieger*, Freie Universität Berlin

Univ.-Prof. Dr. *Dieter Kugelmann*, Deutsche Hochschule der Polizei Münster

Univ.-Prof. Dr. *Christine Langenfeld*, Georg-August-Universität Göttingen

Univ.-Prof. em. Dr. *Hans-Werner Laubinger*, M.C.L., Johannes Gutenberg-Universität Mainz

Univ.-Prof. Dr. *Georg Lohmann*, Otto-von-Guericke-Universität Magdeburg

Univ.-Prof. Dr. *Wolfgang Loschelder*, Rektor a.D. der Universität Potsdam

Dr. *Claudia Mahler*, Wissenschaftliche Referentin am Deutschen Institut für Menschenrechte, Abteilung Menschenrechtspolitik Inland/Europa, Berlin

Univ.-Prof. Dr. *Werner Meng*, Universität des Saarlandes, Saarbrücken

Univ.-Prof. Dr. *Christoph Menke*, Goethe-Universität Frankfurt am Main

Univ.-Prof. Dr. *Dietrich Murswiek*, Albert-Ludwigs-Universität Freiburg

Univ.-Prof. Dr. *Andreas Musil*, Universität Potsdam

Univ.-Prof. em. Dr. *Reinhard Mußgnug*, Ruprecht-Karls-Universität Heidelberg

Univ.-Prof. Dr. *Martin Nettesheim*, Eberhard Karls Universität Tübingen

Univ.-Prof. em. Dr. *Michael Nierhaus*, Universität Potsdam

Univ.-Prof. Dr. Dr. h.c. *Angelika Nußberger*, M.A., Europäischer Gerichtshof für Menschenrechte, Straßburg

Dr. *Karin Oellers-Frahm*, Max-Planck-Institut für ausländisches öffentliches Recht und Völkerrecht, Heidelberg

Univ.-Prof. em. Dr. *Esin Örücü*, University of Glasgow; Erasmus University Rotterdam

Univ.-Prof. Dr. *Roza Pati*, LL.M., St. Thomas University School of Law, Miami, Florida

Univ.-Prof. Dr. *Matthias Pechstein*, Europa-Universität Viadrina Frankfurt (Oder)

Apl. Prof. Dr. *Stefan Ulrich Pieper*, Westfälische Wilhelms-Universität Münster

PD Dr. habil. *Arnd Pollmann*, Otto-von-Guericke-Universität Magdeburg

Univ.-Prof. em. Dr. Dr. h.c. *Dietrich Rauschning*, Georg-August-Universität Göttingen

Univ.-Prof. em. Dr. Dr. h.c. mult. *Georg Ress*, Universität des Saarlandes, Saarbrücken

Prof. Dr. *Dagmar Richter*, apl. Prof. Universität Heidelberg; Vertretungsprofessorin an der Universität St. Gallen

Univ.-Prof. em. Dr. *Eibe Riedel*, Universität Mannheim; gegenwärtig Inhaber des Schweizerischen Lehrstuhls für Menschenrechte am Hochschulinstitut für internationale Studien und Entwicklung in Genf

Univ.-Prof. em. Dr. *Alfred Rinken*, Universität Bremen

Univ.-Prof. em. Dr. *Walter Rudolf*, Johannes Gutenberg-Universität Mainz

Univ.-Prof. Dr. *Matthias Ruffert*, Friedrich-Schiller-Universität Jena

Univ.-Prof. Dr. *Michael Sachs*, Universität zu Köln

Univ.-Prof. em. Dr. *Wolf-Rüdiger Schenke*, Universität Mannheim

Univ.-Prof. Dr. *Stefanie Schmahl*, LL.M. (E), Julius-Maximilians-Universität Würzburg

Univ.-Prof. Dr. *Thorsten Ingo Schmidt*, Universität Potsdam

Univ.-Prof. em. Dr. *Meinhard Schröder*, Universität Trier

Univ.-Prof. Dr. *Carola Schulze*, Universität Potsdam

Univ.-Prof. em. Dr. *Gerd Seidel*, Humboldt-Universität zu Berlin

Univ.-Prof. Dr. *Yuval Shany*, Hebrew University of Jerusalem

Dr. *Dominik Steiger*, Freie Universität Berlin

Univ.-Prof. em. Dr. *Torsten Stein*, Universität des Saarlandes, Saarbrücken

Univ.-Prof. em. Dr. Dr. h.c. mult. *Klaus Stern*, Universität zu Köln

Univ.-Prof. Dr. *Rudolf Streinz*, Ludwig-Maximilians-Universität München

Univ.-Prof. em. Dr. Dr. h.c. *Daniel Thürer*, LL.M. (Cambridge), Universität Zürich

Univ.-Prof. em. Dr. *Christian Tomuschat*, Humboldt-Universität zu Berlin

Univ.-Prof. Dr. *Robert Uerpmann-Wittzack*, Universität Regensburg

Univ.-Prof. Dr. *Dirk A. Verse*, M.Jur. (Oxford), Johannes Gutenberg-Universität Mainz

Univ.-Prof. em. Dr. Dr. h.c. *Wolfgang Graf Vitzthum*, LL.M. (Columbia), Eberhard Karls Universität Tübingen

Univ.-Prof. Dr. *Christian Walter*, Ludwig-Maximilians-Universität München

Dr. *Norman Weiß*, MenschenRechtsZentrum der Universität Potsdam; Professurvertreter an der Helmut-Schmidt-Universität/Universität der Bundeswehr Hamburg

Univ.-Prof. *Siegfried Wiessner*, LL.M., St. Thomas University School of Law, Miami, Florida

Univ.-Prof. Dr. *Heinrich Amadeus Wolff*, Europa-Universität Viadrina Frankfurt (Oder)

Univ.-Prof. Dr. *Rüdiger Wolfrum*, Max-Planck-Institut für ausländisches öffentliches Recht und Völkerrecht, Heidelberg; Ruprecht-Karls-Universität Heidelberg

Univ.-Prof. Dr. *Andreas Zimmermann*, LL.M. (Harvard), Universität Potsdam

Im Dienste des Menschen: Recht, Staat und Staatengemeinschaft

Forschungskolloquium anlässlich der Verabschiedung von Eckart Klein

Herausgegeben von
Marten Breuer, Astrid Epiney, Andreas Haratsch, Stefanie Schmahl, Norman Weiß

Wissenschaftliche Abhandlungen und Reden
zur Philosophie, Politik und Geistesgeschichte, Band 56
181 S. 2009 ⟨978-3-428-13227-0⟩ € 44,-

Auch als E-Book erhältlich

Der Band versammelt die Ergebnisse eines Forschungskolloquiums, das zur Verabschiedung von Prof. Dr. iur. Eckart Klein in den Ruhestand am 18. und 19. Juli 2008 an der Universität Potsdam abgehalten wurde. Unter dem Oberthema „Im Dienste des Menschen" wurden vier Bereiche vertiefend behandelt, die in der wissenschaftlichen Forschung und Lehre Eckart Kleins eine hervorgehobene Rolle gespielt haben: internationale Friedenssicherung, internationaler Menschenrechtsschutz, Europarecht sowie Verfassungsprozessrecht.

Norman Weiß: Einleitungsworte — **Georg Nolte:** Zusammenarbeit der Staaten bei der Friedenssicherung: Steuerung durch Verantwortlichkeit und Haftung — **Christian Tomuschat:** Herausforderungen und Perspektiven des internationalen Menschenrechtsschutzes — **Rudolf Streinz:** Vom Marktbürger zum Unionsbürger — **Martin Nettesheim:** Die Unionsbürgerschaft: Mehr als ein Status des Bourgeois? – Kommentar — **Thomas Giegerich:** Die Verfassungsgerichtsbarkeit in Deutschland, den USA und Europa als Trägerin einer gemeinsamen Rechtswahrungsaufgabe — **Karin Oellers-Frahm:** Verfassungsgerichtsbarkeit in Italien — **Christoph Menke:** Das Staunen des Juristen

Duncker & Humblot · Berlin

Internet: www.duncker-humblot.de